ŒUVRES

PHILOSOPHIQUES, MORALES ET POLITIQUES

DE

FRANÇOIS BACON

BARON DE VERULAM, VICOMTE DE SAINT-ALBAN

LORD CHANCELIER D'ANGLETERRE

AVEC UNE NOTICE BIOGRAPHIQUE

PAR J. A. C. BUCHON

PARIS

LIBRAIRIE CH. DELAGRAVE

15, RUE SOUFFLOT, 15

PANTHÉON LITTÉRAIRE

LITTÉRATURE ANGLAISE

PHILOSOPHIE

FRANÇOIS BACON.

NÉ EN 1561. — MORT EN 1626.

> Il parts allure thee, tkink how Bacon shined,
> The greatest, wisest, meanest of mankind.
> POPE.

Dans son discours historique sur les sciences métaphysiques, morales et politiques, dont j'ai publié la traduction en 1820 [1], Dugald Stewart s'exprime ainsi sur le mérite de Bacon :

« L'état des sciences à la fin du XVIᵉ siècle présentait un champ d'observation bien fait pour attirer la curiosité et éveiller le génie de Bacon. Fils d'un des ministres d'Élisabeth, sa position dans la vie favorisa surtout ses avantages personnels, en lui ouvrant partout où il se présentait un accès facile dans les sociétés les plus éclairées de l'Europe. Il n'avait encore que dix-sept ans lorsque son père lui fit quitter Cambridge pour Paris, où sans doute le spectacle nouveau de la scène littéraire continua beaucoup à entretenir la libéralité et l'indépendance naturelle de son esprit. Sir J. Reynolds a dit fort élégamment dans un de ses discours académiques, « que les sanctuaires consacrés aux sciences sont comme entourés d'une atmosphère flottante de connaissances, qui, comme les particules de l'air, se compose, s'analyse et se transforme selon les constitutions différentes des êtres qui la respirent. » Il eût pu ajouter encore : que c'est une atmosphère d'autant plus salutaire qu'on a été plus habitué à y vivre. La remarque de ce peintre philosophe s'étend à des sciences plus élevées encore que celles qu'il décrivait, et nous fait voir en passant l'avantage de l'application d'une telle idée à l'éducation de la jeunesse.

« Le mérite de Bacon, comme créateur de la philosophie expérimentale, est si universellement reconnu qu'il serait entièrement superflu d'en rien dire ici. La lumière qu'il a versée sur les diverses branches de la philosophie de l'esprit humain n'a point attiré la même attention, et cependant l'ensemble et le but de toutes ses réflexions montrent que son esprit était plus fortement et plus heureusement disposé pour cette étude que pour celle du monde matériel. Ce n'est point, comme quelques-uns semblent l'avoir pensé, parce que sa pénétration avait prévu la possibilité de quelques découvertes faites depuis dans les sciences physiques, que ces écrits eurent une influence si prodigieuse sur les progrès de cette science. Ses connaissances physiques étaient bien inférieures par leur étendue et leur justesse à celles de beaucoup de ses prédécesseurs; mais il les surpassait tous par sa connaissance profonde des lois, des ressources et des limites de l'entendement humain. La confiance avec laquelle il espérait tant de l'avenir était fondée sur des idées vastes de la capacité, inconnue encore, de l'esprit humain, et sur la conviction intime où il était que, par le moyen des règles de la logique, on pouvait fortifier et guider les facultés, organes et instruments nécessaires à la recherche de la vérité. « De telles règles, dit ce philosophe, équivalent en pouvoir à l'esprit même de l'homme, et lui cèdent à peine en activité. Si à l'aide de la main seule on veut tracer une ligne ou décrire un cercle, il y aura une grande différence selon qu'on y est plus ou moins habitué ; mais quelle différence y a-t-il si on se sert d'une règle ou d'un compas ? »

« Ce n'est pas seulement comme logicien que Bacon mérite nos éloges. Il serait difficile de trouver avant Locke un écrivain dont les ouvrages soient enrichis d'un aussi grand nombre d'observations justes sur les phénomènes intellectuels. Les plus précieux se rapportent aux lois de la mémoire et de l'imagination; il semble surtout avoir étudié cette dernière avec une attention particulière. Dans un paragraphe fort beau, quoique très court, sur la *poésie* (acception qui peut embrasser toutes les diverses créations de l'imagination), il a épuisé tout ce que la philosophie et le bon sens ont pu offrir jusqu'ici sur ce qui, depuis, a été appelé le beau idéal, sujet qui a donné lieu aux critiques français de nous donner leurs raffinements si recherchés, et aux métaphysiciens exaltés et obscurs de l'école allemande de nous prodiguer leurs systèmes extravagants et mystiques. En considérant l'imagination comme liée avec le système nerveux, et plus particulièrement surtout avec cette espèce de sympathie à laquelle les médecins ont donné le nom d'imitation, il a fait entrevoir des découvertes importantes qu'aucun de ses successeurs n'a développées, et a en même temps laissé un exemple de précaution scrupuleuse dans ses recherches, digne d'être imité par tous ceux qui après lui chercheront à observer les lois qui règlent l'union entre l'esprit et le corps [1].

---

[1] *Histoire abrégée des sciences métaphysiques, morales et politiques, depuis la renaissance des lettres*, traduite de l'anglais de Dugald Stewart, et précédée d'un discours préliminaire, par J.-A.-C. Buchon, 3 vol. in-8°, Levrault.

[1] Bacon donne à cette branche de la philosophie de l'esprit le titre de *Doctrina de fœdere, sive de communi vinculo animœ et corporis* (*De Augm. Scient.*, liv. IV, c. 1). Dans cet article il mentionne, parmi plusieurs autres *desiderata*, une recherche qu'il recommande aux médecins, concernant l'influence de l'imagination sur le corps. Ses expressions sont re-

PANTHÉON LITTÉRAIRE
CHEFS-D'ŒUVRE DE L'ESPRIT HUMAIN

THÉOLOGIE.

Monuments primitifs de l'Église chrétienne	1 vol.
S. Jérôme. Œuvres diverses	1 —
Choix d'ouvrages mystiques	1 —
Lettres édifiantes (tomes II, III et IV sous presse)	4 —
Livres sacrés d'Orient	1 —
Fleury. Œuvres diverses	1 —

SCIENCES.

Bacon. Œuvres philosophiques	1 vol.
Descartes. Œuvres philosophiques	1 —
Montaigne. Œuvres complètes	1 —
Moralistes français : Charron, Pascal, La Rochefoucault, La Bruyère, Vauvenargues	1 —

BELLES-LETTRES.

Petits poèmes grecs	1 vol.
Les Mille et un Jours, contes persans	1 —
Les Mille et une Nuits, contes arabes	1 —

HISTOIRE.

Hérodote, Ctésias, Arrien	1 vol.
Polybe, Hérodien, Zozime. Histoire de la République romaine	1 —
Thucydide et Xénophon. Œuvres complètes	1 —
Flavius Joseph. Œuvres complètes	1 —
Gibbon. Histoire de la décadence et de la chute de l'Empire romain	2 —

HISTOIRE DE FRANCE.

Anonyme grec : Dorothée, Théodule ou Thomas Magister; Ramon Muntaner; Bernard d'Es lot; Anonyme sicilien. Chroniques	1 vol.
Froissart. Chroniques de France et d'Angleterre. — Anonyme. — Jean le Maigre, dit Boucicault. Le livre des faits (1327 à 1408)	3 —
Anonyme Chroniques de Du Guesclin. — Cabaret d'Oronville; Christine de Pisan; Juvénal des Ursins; Miguel de Werms; Baudoin d'Avesnes; Guillaume de Gaian; Mignon de Rochefort	1 —
Enguerrand de Monstrelet. Chroniques (1402 à 1444)	1 —
Georges Chastellain. Chroniques des ducs de Bourgogne (1444 à 1460)	1 —
Mathieu de Coussy; Jean de Troyes; Guillaume Gruel — Anonyme : Chronique de la Pucelle et de son procès. — Guy de Laval; Perceval de Boulgumarck; Mathieu Thomassin; Christine de Pisan; Pierre de Fenin. — Anonyme : Journal d'un bourgeois de Paris. — Anonyme : Poème anglais, sur la bataille d'Azincourt	1 —
Philippe de Comines; Guillaume de Villeneuve; Olivier de la Marche; Charolais; Jean Boucher	1 —
Jacques du Clercq; Francisco de Trasne; Saad-Eddin-Effendi; Le Febvre de Saint-Rémy; Bonamy	1 —
Loyal serviteur, Histoire de Bayard. — Guillaume de Marillac; Antoine de Laval; Jacques Bonaparte; Robert de la Mark; Louise de Savoie; Martin du Bellay	1 —
Blaise de Monluc. Mémoires de 1525 à 1570	1 —
Jean de Saulx-Tavannes; Boyvin du Villars. Mémoires	1 —
Bertrand de Salignac de la Mothe-Fénelon; G. de Coligny; Cl. de la Chastre; G. de Rochechouart; M. de Castelnau; J de Mergey; E. de la Noue, dit Bras-de-Fer; A. Gamon; J. Philippi; H de la Tour d'Auvergne, vicomte de Turenne; G. de Saulx-Tavennes; Marguerite de Valois; J.-A. de Thou; J. Choisnin; M. Merle.	1 —
De la Place; Regnier de la Planche; Th. Agrippa d'Aubigné; F. de Rabutin	1 —
Robert Macquereau; les deux Hurault; J. Pape; J. Gillot; F. Chrestien, N. Rapin, Pithou, Passerat, G. Durand	1 —
Palma Cayet; M. de Marillac; Villeroy, Ch. de Valois (1576 à 1604)	2 —
Jeannin (Président). Négociations (1598 à 1620)	1 —

Chaque volume contient la matière de 10 à 12 volumes in-8°, et coûte 7 fr. 50.

Ses éclaircissements sur les différentes classes de préjugés inhérents à la nature humaine sont, pour leur utilité pratique, au moins égaux à tout ce qu'on trouve sur le même sujet dans Locke, qui cependant, sans qu'on sache s'en expliquer la cause, revient à différentes fois sur cet important sujet, sans mentionner jamais le nom de son illustre prédécesseur. La principale amélioration faite par Locke dans le développement de cette théorie, est d'avoir appliqué la théorie des associations de Hobbes à l'explication de l'origine primitive de ces préjugés.

« Toutes les fois que, dans le cours de ses observations, Bacon rencontre un sujet qui se trouve lié à la philosophie de l'esprit humain proprement dite, on est étonné de l'exactitude de ses idées sur le but véritable de cette science. Il est évident qu'il avait réfléchi longtemps et avec succès sur les progrès de son entendement, et avait étudié avec une sagacité rare le caractère intellectuel des autres hommes. Il nous a donné sur ces deux sujets de nombreux et intéressants résultats de ses réflexions et observations, et en général il les a émis sans les rapporter en rien à aucune théorie physiologique sur leur cause, ou à aucune explication analogue sur les caprices du langage métaphorique. Si dans quelques occasions il adopte l'existence des esprits animaux comme un moyen de communication entre l'âme et le corps, il faut se rappeler que c'était alors la croyance universelle des savants, et que, bien longtemps après, Locke n'y a pas ajouté moins de foi; il faut remarquer aussi à l'honneur de ces deux auteurs que, toutes les fois qu'ils mentionnent ce fait, ils le font de manière à ce que le lecteur puisse le détacher aisément de la théorie. Quant aux questions scolastiques sur la nature et l'essence de l'esprit, sur son étendue ou non étendue, sur la relation qu'il peut avoir à l'espace ou au temps, sur l'importance de savoir s'il existe, comme d'autres l'ont prétendu, partout en général, mais nulle part en particulier, Bacon les a toujours passées dans le silence le plus dédaigneux, et n'a pas moins contribué probablement à les discréditer par cette déclaration indirecte de son opinion que s'il est descendu jusqu'à l'emploi ingrat d'exposer leurs absurdités.

« Cependant, tandis que Bacon évite soigneusement ces inutiles discussions sur la nature de l'esprit, il exprime formellement sa conviction : que les facultés de l'homme diffèrent, non-seulement en degré, mais en espèce, de l'instinct des brutes.

marquables, surtout vers la fin, où il remarque l'effet produit par la fixité et la concentration d'attention qui donnent à un objet purement idéal toute la force d'une réalité. (*Ibid.*) Il propose aussi, comme un problème intéressant, de terminer jusqu'à quel point il est possible de fortifier et d'exalter l'imagination, et quels sont les meilleurs moyens d'y arriver. Cette classe de faits se rapporte évidemment à ceux sur lesquels les prétentions de Mesmer et de Perkins ont appelé depuis l'attention des philosophes. »

« Je n'approuve pas, dit-il, cette méthode confuse et indistincte avec laquelle les philosophes s'accoutument à traiter de la pneumatologie, comme si l'âme humaine n'était au-dessus de celle des brutes que de la même manière que le soleil est au-dessus des planètes, ou l'or au-dessus des autres métaux. »

« Parmi les différentes questions que Bacon propose à la considération des logiciens futurs, il n'a point oublié la question concernant l'influence réciproque de la pensée et du langage l'un sur l'autre ; ce problème est peut-être le plus intéressant de ceux que la logique présente. « Les hommes, dit-il, pensent que leur raison gouverne leurs paroles; mais il arrive souvent que les paroles ont assez de pouvoir pour réagir sur la raison. » Cet aphorisme peut être regardé comme le texte de la partie la plus intéressante de l'Essai de Locke, celle qui traite de l'imperfection et de l'abus des mots; mais ce n'est que depuis vingt ans qu'on en a vu la profondeur et l'importance dans toute leur étendue; nous voulons parler de l'époque où parurent les excellents mémoires de M. Prévost et de M. De Gerando sur les signes considérés dans leurs rapports avec les opérations intellectuelles. L'idée conçue d'avance par Bacon sur cette branche de la logique moderne qui traite de la grammaire universelle, ne fait pas moins d'honneur à son génie. « La grammaire, dit-il, est de deux espèces, l'une littéraire et l'autre philosophique. La première a pour objet de donner les règles de construction d'une langue particulière, de manière à en faciliter l'acquisition à un étranger ou à le mettre en état de la parler avec correction et pureté. L'autre dirige l'attention, non pas sur l'analogie que les mots ont entre eux, mais sur l'analogie qu'ils ont avec les choses », ou, selon qu'il l'explique ensuite plus clairement[1], « avec le langage considéré comme l'image ou la représentation sensible des procédés de l'esprit. » Il donne un plus grand développement à cette pensée en faisant remarquer combien le génie propre aux différentes langues sert à jeter de lumière sur la connaissance des caractères et des habitudes des peuples qui les parlaient. « Ainsi, ajoute-t-il, il est aisé de voir que les Grecs étaient adonnés à la culture des arts, et que les Romains se livraient tout entiers aux affaires, en observant que les distinctions techniques introduites avec les progrès du raffinement réclament l'aide de mots composés, tandis que les affaires ordinaires de la vie n'ont pas besoin d'un langage si artificiel[2]. » De telles idées sont depuis quelques années devenues très communes et pour ainsi dire triviales, mais il en était bien autrement il y a deux siècles.

« Ceux qui ont réfléchi sur les progrès lents et irréguliers de la raison humaine ne s'étonneront pas de voir Bacon, au milieu de ses vues saines et

(1) *De Augm. Scient.* lib. VI, c. 1.
(2) *De Augm. Scient.* lib. VI, c. 1.

grandes de la philosophie de l'esprit humain, laisser échapper de temps en temps des remarques qui se ressentent de la manière de penser généralement répandue de son temps. On en trouve un curieux exemple dans le même chapitre qui contient son excellente définition de la grammaire universelle. « Une chose digne de remarque, dit-il, c'est que les langues anciennes étaient hérissées de déclinaisons, de cas, de conjugaisons et d'autres semblables inflexions, tandis que les langues modernes, qui en sont presque entièrement dépourvues, arrivent nonchalamment au même but à l'aide des prépositions et des verbes auxiliaires. De là, continue-t-il, on pourrait conclure, en dépit de la haute idée que nous avons de notre supériorité, que l'intelligence humaine était beaucoup plus subtile dans les anciens temps qu'elle ne l'est aujourd'hui[1]. » Il y a bien loin de cette dernière réflexion au style ordinaire de Bacon. Cela conviendrait beaucoup mieux à la philosophie de M. Harris et de lord Monboddo; aussi a-t-elle reçu l'approbation de ces deux savants auteurs. Si notre mémoire ne nous trompe pas, c'est le seul passage de Bacon que lord Monboddo ait jamais daigné citer.

« Ces observations nous donnent l'occasion de remarquer l'extension et les progrès de l'esprit philosophique depuis le commencement du dix-septième siècle. Cette courte citation de Bacon renferme deux erreurs grossières qui sont aujourd'hui presque universellement rangées par les hommes d'éducation parmi les plus ridicules préjugés de la multitude. L'une est de supposer que les déclinaisons et conjugaisons des langues anciennes, et les prépositions et les verbes auxiliaires que les modernes y ont substitués, soient dus au calcul systématique des grammairiens. L'autre, encore moins analogue à la manière ordinaire de raisonner de Bacon, c'est que les facultés de l'homme aillent en déclinant à mesure que les siècles se succèdent. On peut dire que ces erreurs ont entièrement disparu aujourd'hui. La dernière surtout doit paraître si absurde à la génération qui s'élève qu'il faudrait en quelque sorte se justifier d'en avoir parlé. Depuis longtemps nous avons regardé comme une maxime logique incontestable : que les capacités de l'esprit humain ont été les mêmes dans tous les siècles, et que la diversité des phénomènes qu'offre notre espèce est simplement le résultat des diverses circonstances dans lesquelles les hommes sont placés. Telle est même l'influence d'une première instruction, qu'aujourd'hui cela nous semble une chose que le simple bon sens suffit pour démontrer; et cependant, jusque vers le temps de Montesquieu cette idée était bien loin d'être reçue par le monde savant assez généralement pour avoir une influence sensible sur la manière de penser en Europe. L'application de cette idée fondamentale à l'histoire naturelle ou théorétique de la société dans ses divers points de vue, à l'histoire des langues, des arts, des sciences, des lois, du gouvernement, des mœurs et de la religion, est un des titres particuliers de gloire de la dernière moitié du dix-huitième siècle, et forme dans sa philosophie un trait caractéristique que Bacon même n'avait pas prévu.

« Ce serait à n'en plus finir que de vouloir détailler les idées originales émises par Bacon sur tout ce qui se lie à la science de l'esprit. Le petit nombre de celles que nous avons citées suffira pour faire juger du reste. Nous ne les avons pas choisies parce qu'elles étaient les plus importantes que continssent ses ouvrages; mais comme elles se trouvaient avoir laissé la plus forte impression sur notre mémoire, nous les avons crues aussi bien choisies que toute autre pour inviter la curiosité de nos lecteurs à approfondir les riches mines d'où elles sont tirées.

« Ses recherches sur la morale sont toutes pratiques. Il n'a rien dit des deux questions de théorie si vivement agitées dans la Grande-Bretagne au dix-huitième siècle, sur le principe et l'objet de l'approbation morale; mais il a présenté des aperçus neufs et intéressants sur l'influence de la coutume et la formation des habitudes. Aucun écrivain depuis Aristote n'avait traité cet article important de la philosophie morale avec plus de talent et d'utilité. En parlant de ses ouvrages de morale, on ne doit pas oublier le petit volume auquel il a donné le titre d'Essais; c'est le plus connu et le plus populaire de ses ouvrages; c'est aussi celui dans lequel brille le mieux la supériorité de son génie; la nouveauté et la profondeur de ses réflexions doivent souvent un nouveau lustre à la trivialité de son sujet. On peut le lire tout entier en quelques heures, et cependant, après l'avoir lu vingt fois, on y trouve toujours quelque chose de nouveau. C'est là en effet le trait distinctif de tous les ouvrages de Bacon; ils fournissent un aliment inépuisable à nos pensées et donnent une activité nouvelle à nos facultés engourdies.

« Les idées de Bacon sur l'amélioration de la philosophie politique forment un contraste aussi marqué aux systèmes étroits des hommes d'état de son siècle que sa logique inductive diffère de la logique des écoles. Quelle profondeur, quelle grandeur de vues dans les passages suivants, si on les compare à ceux du fameux traité *De jure belli ac pacis!* Ce dernier ouvrage, publié pour la première fois environ un an avant la mort de Bacon, a pourtant continué pendant plus de cent cinquante ans à être regardé comme un trésor inépuisable de sagesse en jurisprudence et en morale!

« Le but que le législateur doit se proposer, dit Bacon, et auquel il doit soumettre tous ses décrets, toutes ses ordonnances, c'est de rendre les citoyens heureux; pour cela il faut leur donner une éducation religieuse; il faut les accoutumer à la bonne morale; il faut les garantir des ennemis

---

[1] *De Augm. Scient.* lib. VI, c. 1.

étrangers par des dispositions militaires convenables ; il faut qu'ils soient protégés contre les séditions et les injures particulières par des réglements salutaires ; il faut qu'ils soient loyaux envers le gouvernement, obéissants envers les magistrats ; il faut enfin qu'ils possèdent en abondance la richesse et les autres ressources nationales. — La connaissance de tels objets appartient sans doute plus particulièrement à ceux qui, par l'habitude des affaires publiques, ont été conduits à embrasser en grand l'ordre social, les intérêts du public, les règles de l'équité naturelle, les mœurs des nations et les différentes formes des gouvernements, et qui se trouvent préparés ainsi à raisonner sur la sagesse des lois par des considérations à la fois de justice et de politique. La grande chose à faire est donc, en scrutant les principes de la justice naturelle et de l'utilité politique, de donner un modèle théorique de législation qui, en servant de base pour juger de l'excellence comparative des codes municipaux, puisse indiquer à ceux qui ont vraiment à cœur de faire le bonheur des hommes les moyens de les corriger et de les améliorer [1]. »

« Si l'on veut savoir combien précise était l'idée que Bacon se formait d'un système philosophique de jurisprudence qui pût servir de moyen d'appréciation pour les divers codes municipaux, il suffit de s'arrêter à une phrase remarquable dans laquelle il prescrit pour devoir, à ceux qui voudraient mettre son plan à exécution, d'examiner ces LEGES LEGUM, *ex quibus informatio peti possit quid in singulis legibus bene aut perperam positum aut constitutum sit*. Nous ne savons pas si, dans l'espoir qu'il concevait des progrès futurs des sciences physiques, il y a rien qui caractérise davantage la grandeur et la justesse de ses conceptions que cette courte définition. Nous en serons plus frappés encore si nous considérons combien Grotius, dans un ouvrage consacré particulièrement à l'examen de cette question, devait ensuite s'écarter hors du droit chemin par l'idée vague et incertaine qu'il se faisait du but de ses recherches.

« On ne peut bien apprécier la sagacité déployée dans ces passages et dans d'autres qui leur sont analogues, sans remarquer en même temps les maximes de précaution et de modération inculquées par l'auteur au sujet des innovations politiques. « Il faut aussi bien se mettre en garde contre l'attachement routinier aux vieilles coutumes que contre un désir irréfléchi de nouveautés. Le temps est le plus grand des innovateurs. Pourquoi n'imiterions-nous pas le temps, dont les renouvellements silencieux s'opèrent sans que nous puissions les remarquer ? » A côté de ces aphorismes on peut citer les réflexions profondes contenues dans le premier livre du *De Augmentis Scientiarum* sur la nécessité de proportionner les institutions nouvelles aux caractères et aux circonstances des ples pour lesquels elles sont destinées, et sur le danger particulier aux gens de lettres de négliger cette considération, par la familiarité que leurs premières études leur donnent avec les idées et les sentiments des classiques anciens.

« La remarque de Bacon sur la politique systématique de Henri VII, lui a été évidemment suggérée par la même manière de raisonner. « Ses lois, si l'on y fait attention, étaient profondes et peu communes ; elles n'étaient point faites pour le présent seul, mais elles embrassaient les besoins de l'avenir. Semblables à la législation des temps anciens et héroïques, elles devaient de jour en jour ajouter au bonheur du peuple. » Il importe peu de savoir jusqu'à quel point les législateurs de l'antiquité, ou le prince loué par Bacon, méritaient un tel éloge. Nous ne le citons qu'à cause de la distinction importante et philosophique qu'il exprime indirectement, entre des lois profondes et des lois vulgaires. Les premières arrivent à leur but sans donner une commotion violente et sans heurter les sentiments et les intérêts de la génération existante, mais en donnant aux causes naturelles le temps et l'occasion d'opérer, et en élaguant de la société les obstacles artificiels qui s'opposent à sa tendance naturelle à s'améliorer.

« Après tout cependant, il faut avouer que c'est plutôt dans ses vues et dans ses maximes générales que dans l'application de sa théorie politique que la sagacité de Bacon brille dans son plus grand jour. Ses notions sur la politique commerciale semblent surtout erronées. Il faut sans doute l'attribuer à l'opinion trop favorable qu'il avait de l'efficacité des lois, dans des matières où il eût fallu laisser agir les causes naturelles.

« Hume remarque que les statuts de Henri VII sur l'administration du royaume, partent en général d'un jugement plus sain que ses règlements commerciaux. Le même écrivain ajoute que « les idées les plus simples d'ordre et d'équité suffisent pour guider un législateur dans tout ce qui concerne l'administration intérieure de la justice, mais que les principes de commerce sont beaucoup plus compliqués, et demandent une longue expérience et de profondes réflexions pour être bien compris ; que souvent sur ce point la conséquence réelle est tout-à-fait en opposition avec les premières apparences. » Il y a peu de raisons de s'étonner qu'on se soit si souvent mépris sur cet objet sous le règne de Henri VII ; on peut affirmer que, même au temps de Bacon, on n'avait sur ce point que des idées très imparfaites et très erronées.

« Les exemples cités par Hume en confirmation de ces remarques générales ne peuvent que plaire à ceux qui aiment à voir les progrès lents, mais certains de la raison et du libéralisme. « Sous le règne de Henri VII, dit-il, il était défendu d'exporter des chevaux, comme si cette exportation

---

[1] *De Augm. Scient.* lib. VIII, c. 3.

été un encouragement a l'amélioration ... races et à leur multiplication dans le royaume. On avait aussi fixé par des lois le prix des draps de laine, des chapeaux et des bonnets, et le salaire des ouvriers. Il est évident que tout cela doit être libre et laissé au cours commun des affaires et du commerce. Par la même raison, la loi contre les enclos et pour l'entretien des fermes est loin de mériter les éloges que lui donne Bacon. Si les fermiers s'entendent en agriculture, et ont le moyen de vendre leurs produits, on n'a pas besoin de craindre la diminution des gens employés aux travaux de la campagne. Pendant plus cent cinquante ans après cette époque, on vit se succéder les lois et les édits contre la dépopulation; ce qui prouverait bien qu'aucun n'avait été exécuté. Le cours naturel des améliorations sociales y apporta enfin un remède. »

« Ces remarques ingénieuses et décisives sur l'impolitique de quelques lois applaudies par Bacon montrent bien quelles étaient les vues fausses et étroites d'économie politique conçue par les hommes d'état et les philosophes les plus distingués, il y a deux siècles. Nous y voyons en même temps une preuve que déjà des opinions justes et éclairées commençaient à s'introduire dans la Grande-Bretagne sur cette branche importante de la législation. Toutes les fois que de telles doctrines prennent leur place dans l'histoire, on en peut conclure que l'esprit public est disposé à les accueillir.

« Les idées de Bacon, sur l'éducation de la jeunesse, étaient telles qu'on pouvait les attendre d'un homme d'état philosophe. Dans différentes parties de ses ouvrages il a suggéré d'excellentes idées, sur l'éducation en général, dans ses effets sur le développement et l'amélioration du caractère intellectuel. Mais ce qui nous semble surtout digne de remarque, c'est l'extrême importance qu'il a attachée à l'éducation du peuple. Il compare en plusieurs endroits les effets d'une active culture sur l'entendement et le cœur à la moisson abondante qui récompense le laboureur diligent des fatigues du printemps. Il semble avoir particulièrement cherché à attirer l'attention de ses lecteurs sur cette analogie, en donnant à l'éducation le nom de *Géorgiques de l'esprit*, identifiant par cette métaphore heureuse deux des plus nobles fonctions confiées aux législateurs, l'encouragement de l'agriculture et le soin de l'instruction nationale. Dans toutes les deux le législateur déploie un pouvoir de production ou de création : dans l'une il force le désert inutile à lui prodiguer ses richesses cachées ; dans l'autre il vivifie les germes engourdis de génie et de vertu, et arrache aux champs négligés de l'intelligence humaine une moisson nouvelle et inattendue qui doit contribuer à enrichir l'héritage légué aux hommes. »

Après cette appréciation aussi juste qu'ingénieuse des écrits de Bacon, je me contenterai d'ajouter quelques mots sur sa personne, tâche ingrate et véritablement pénible, car le caractère moral de Bacon était loin d'être d'une trempe aussi vigoureuse que son intelligence.

François Bacon naquit à Londres, dans le Strand, le 28 janvier 1561. Sir Nicolas Bacon, son père, fut longtemps garde-des-sceaux d'Elisabeth et mérita l'estime universelle par ses vertus et son savoir. François Bacon, qui était le plus jeune de ses enfants, fut dès sa jeunesse traité avec amitié par la reine Elisabeth, qui éveilla de bonne heure son ambition en l'appelant son jeune garde-des-sceaux. Pour se rendre digne de cet honneur il entra, dès 1573, à l'université de Cambridge, et s'y distingua par son esprit observateur et son ardeur scientifique. Après trois ans de séjour dans les colléges, son père l'envoya à Paris, en 1577, comme attaché à son ami sir Amyas Paulet, ambassadeur en France. Bacon visita le Blaisois et plusieurs de nos provinces, et résida même quelque temps à Poitiers. La mort de son père le rappela en Angleterre en 1579. Il entra alors à Gray's Inn et se fit recevoir avocat.

L'étude des lois n'était pour lui qu'un moyen de parvenir aux emplois publics. Les détails de la procédure gênaient son vaste esprit qui aimait à s'élever à des vues d'ensemble, et le désir de se frayer une voie sûre à travers la législation anglaise, encombrée comme elle l'est d'arrêts et de précédents qui finissent par acquérir l'autorité des lois, lui fit naître, dès ces premiers moments, la pensée d'un digeste de la loi commune. Ses méditations se portaient en même temps sur la philosophie, âme du droit comme de toutes les autres sciences.

Soit que Bacon pensât, ainsi que l'ont fait plusieurs savants du premier rang, que la science était d'un intérêt si élevé, si universel, si permanent, qu'on devait lui sacrifier jusqu'à la gloire des vertus publiques, toutes les fois qu'un tel sacrifice pouvait lui conférer une protection de plus, soit que son ambition ardente, son désir du faste, et le désordre de ses affaires, lui fissent au contraire en ce moment regarder la science comme un instrument d'élévation ou une consolation des mauvais jours, on le voit dans toutes ses lettres, dans toutes ses actions, dans toutes ses paroles, réclamer, solliciter, mendier le pouvoir. Il n'est pas plus tôt nommé député à la chambre des communes qu'il renonce à une velléité d'opposition et passe dans les rangs ministériels pour obtenir un emploi. Cette apostasie ne lui réussit pas suffisamment, il a recours à tous les moyens. Il flatte la vanité féminine d'Elisabeth par les éloges les plus emphatiques et les plus ridicules. Il s'adresse à ses parents, au favori Essex, à tous ceux qui possèdent ce pouvoir qu'il convoite. Le favori tombe, il l'abandonne. Il fait plus ; comblé de ses bienfaits, il ne rougit pas de se faire son accusateur, de poursuivre sa condamnation, de demander sa tête, et il l'obtient. Il avait obtenu en même temps une faible, mais indigne récompense dans le titre d'avocat au conseil, indigne en effet par les moyens qu'il avait pris pour l'obtenir, quand ses talents ne pouvaient manquer de lui faire confier plus tard une plus haute autorité. Poursuivi par la réprobation publique pour cette lâcheté, la seule excuse que peut présenter son esprit si fécond en ressources, c'est qu'il avait été contraint par la reine, c'est qu'il avait tremblé.

En payant son adulation, ses complaisances politiques et judiciaires des places secondaires de la magistrature, Elisabeth refusa toujours de l'élever au poste qu'avait longtemps possédé son père. A peine le pédant Jacques Ier avait-il succédé à la rivale impitoyable de sa mère Marie Stuart, que Bacon fit agir tous les ressorts pour se faire remarquer de lui. Il fut longtemps avant d'obtenir d'autre faveur que le titre de chevalier, à l'aide duquel il espérait tenter et tenta en effet la vanité de la fille d'un alderman, qui devint lady Bacon dans l'année 1606. Cependant les dépenses augmentaient et les emplois n'arrivaient pas. La science, appelée par Bacon pour le consoler de l'oubli des cours, vint encore lui porter assistance. La publication de la Grande Restauration appela sur lui l'attention publique. Elu député, il montra beaucoup d'éloquence, une activité infatigable, une grande habileté dans les affaires, et surtout une grande disposition à faire servir l'une et l'autre à la défense de l'autorité royale; et en 1607 il reçut enfin la nomination tant désirée de solliciteur général. Dans ces fonctions et dans celles de député, Bacon rendit de véritables services à son pays. Sur toutes les questions, sa rare intelligence présentait une solution neuve et juste, et son esprit de conciliation sut entretenir et ramener constamment la bonne harmonie entre le roi et le parlement. Il en fut récompensé par la place d'attorney-général en 1614.

De moins nobles services, une persévérance infatigable de sollicitation auprès du roi, et une cour assidue au nouveau favori de Jacques Ier, le jeune Villiers, depuis duc de Buckingham, lui obtinrent enfin, en 1617, l'emploi si désiré de garde-des-sceaux. Le roi, en lui remettant les sceaux, lui fit jurer : « qu'il ne les apposerait à aucune pièce qu'après mûre délibération, qu'il serait équitable dans les jugements à rendre entre les particuliers, et qu'il n'étendrait pas trop loin la prérogative royale. » Cette dernière condition, de la part d'un roi aussi absolu de son pouvoir que l'était Jacques Ier, prouve quelle avait dû être l'étendue des complaisances de Bacon.

Ces complaisances se continuèrent pourtant envers lui et envers son favori, dans tout ce qui concernait l'office de garde-des-sceaux et l'office de lord grand-chancelier, qui lui fut confié en 1618, avec le titre de baron de Vérulam d'abord, et trois ans après de vicomte de Saint-Alban. Elles allèrent si loin que l'attention de la chambre des communes en fut éveillée. Des monopoles supprimés par les communes avaient été renouvelés par lettres patentes qu'il avait complaisamment revêtues des sceaux de l'Etat; des faveurs abusives de toute nature avaient été concédées sous la sanction de Bacon au favori et à ses parents et amis; il n'était pas de demande à laquelle Bacon se refusât pour se rendre agréable. Les murmures commencèrent à s'élever jusqu'au favori lui-même dont il n'était que l'instrument, et pour sauver Buckingham. Jacques n'hésita pas à sacrifier le chancelier. Il fut mis en jugement.

Ce malheureux penchant à capter les faveurs des puissants et à se chercher partout à lui-même des créatures et des appuis, cette soif de pouvoir, ce puéril amour pour un vain éclat extérieur, avaient amené de grands désordres dans la maison du lord chancelier. Des faveurs avaient été vendues par ses gens; et lui-même, ainsi qu'il l'avoua dans une déclaration écrite de sa main, avait accepté des présents en argent, que ses ennemis représentèrent comme le prix de jugements rendus. Bien que les sentiments de justice naturels à un si haut esprit paraissent l'avoir guidé dans toutes ses décisions, et que malgré ses aveux humiliants aucun de ses arrêts n'ait été attaqué, il n'en reste pas moins prouvé par ses propres déclarations qu'il avait, en différentes occasions, reçu de l'argent avant la décision même du procès. En vain se défendit-il par l'exemple de ses prédécesseurs; si la morale relâchée de son siècle pouvait l'acquitter, la morale plus éclairée des siècles suivants ne saurait l'absoudre, et la sentence de la chambre des communes qui le priva de tous ses emplois, en lui laissant ses titres de noblesse, doit être regardée comme un jugement équitable dont la rigueur était encore tempérée par la considération universelle qu'on avait pour une aussi vaste intelligence. Les communes eussent pu sans doute frapper avec équité en frappant plus haut; mais ce n'est pas un homme comme Bacon qui peut faire valoir en sa faveur l'entraînement de la puissance ou la séduction de l'exemple.

Le roi Jacques lui fit grâce de l'emprisonnement et plus tard de l'amende de 40,000 liv. st. (un million) à laquelle il avait été condamné; il lui permit même ensuite de revenir à Londres; mais malgré ses plus humbles supplications, Bacon ne put jamais rentrer dans les emplois publics; et après quelques années traînées dans les souffrances d'esprit produites par le désappointement de son ambition, et dans les souffrances de corps qui arrivèrent à la suite, et à peine soulagées par l'approbation universelle donnée aux nobles ouvrages qui échappaient fréquemment de sa plume féconde, il mourut d'un excès de travail le 9 avril 1626.

La table chronologique suivante, dont les éléments sont en partie tirés de la vie de Bacon de M. de Vauzelles, servira à faire embrasser d'un seul coup d'œil l'ensemble de sa vie active et de sa vie intellectuelle.

- **1561.** Naissance de François Bacon.
- **1573.** Il entre à l'université de Cambridge.
- **1576.** Il quitte l'université de Cambridge.
- **1577.** Il suit à Paris sir Amyas Paulet, ambassadeur d'Angleterre.
- **1578.** Sir Amyas Paulet est remplacé par Edward Strafford, et François Bacon voyage dans le Blaisois et se fixe à Poitiers.
- **1579.** La mort de son père le rappelle en Angleterre.
- **1580.** Il entre à Gray's Inn pour se faire recevoir avocat.
- **1586.** Il écrit en anglais *La plus grande production du temps* et un *Eloge de la reine Elisabeth*.
- **1588.** Il est nommé *queen's counsel*.
- **1591.** Il est nommé membre du parlement pour le comté de Middlesex.

  Greffier en survivance de la Chambre Étoilée (il n'eut la place effective que vingt ans après).
- **1593.** Le comte d'Essex lui fait don d'une habitation dans le parc de Twickenham.
- **1595.** Ecrits politiques et judiciaires, *Eléments de droit coutumier*, etc.

  Fête donnée par Essex à Elisabeth. Bacon est chargé de composer une allégorie. Essex lui fait présent d'un domaine de 50,000 fr.
- **1597.** Première édition anglaise des *Essais de morale et de politique*, et des *Couleurs du bien et du mal*, insérés depuis dans le *de Augmentis*.
- **1598.** Il est arrêté pour dettes.
- **1600.** Bacon porte la parole contre Essex.
- **1601.** Il est chargé de l'instruction du procès d'Essex, qui a la tête tranchée.

  Il écrit un ouvrage pour justifier Elisabeth et accuser la mémoire d'Essex.
- **1602.** Il défend dans le parlement la prérogative de la reine.
- **1603.** Après la mort d'Elisabeth il publie l'*Apologie* de sa conduite dans l'affaire d'Essex.

  Bacon est nommé chevalier le **22** juillet, à l'occasion du couronnement.
- **1604.** Rapport à Jacques sur les moyens d'unir les deux royaumes d'Écosse et d'Angleterre.

  Il est réélu membre de la chambre des communes.
- **1605.** De *l'Avancement des sciences* en deux livres, en anglais.

  Il épouse Alix Barnham, fille de Benoît Barnham, alderman de la cité de Londres.
- **1606.** Il écrit le *Récit des premières années de Jacques VI* et demande sans succès à être invité par le roi à écrire l'histoire de la Grande-Bretagne.

  Fil du labyrinthe, Aphorismes sur les auxiliaires de l'entendement, Production virile du siècle (*Temporis partus masculus*), *Sentences sur l'interprétation de la nature*, Plan et suite de la seconde partie de la *Grande Restauration*.
- **1602.** *Pensées et vues sur l'interprétation de la nature*.

  Il est nommé solliciteur général et s'occupe avec assiduité de travaux de législation.
- **1609.** Traité de la *Sagesse des anciens*.
- **1611.** Juge de la cour du palais.

  Travaux juridiques.
- **1612.** Nommé attorney général, il est autorisé par exception, en vertu d'une décision de la chambre des communes, de continuer à siéger dans son sein.
- **1615.** Avis à sir Georges Villiers.
- **1616.** Il écrit contre la découverte de Galilée.

  Réquisitoire contre la comtesse et le comte de Sommerset.

  Projet de *révision* et de *codification des lois anglaises*.

  Membre du conseil privé en conservant les fonctions d'attorney général.
- **1617.** Créé lord garde du grand sceau.

  Pendant l'absence du roi et des ministres il s'aliène tous les esprits par son faste.

  Le roi, à son retour, l'accueille fort mal, puis lui rend sa faveur.
- **1618.** Il est nommé lord grand-chancelier (**4** janvier).

  Il est créé baron de Vérulam (**12** juillet).
- **1619.** Il reçoit du roi la ferme très productive du bureau des aliénations.
- **1620.** *Nouvelle Atlantide*.

  Histoire naturelle (*Silva silvarum*) et divers ouvrages scientifiques.

  Novum Organum, Nouvel Organe ou nouvelle méthode.
- **1621.** Créé vicomte de Saint-Alban (**27** janvier).

  Travaux philosophiques complémentaires.

  Les communes présentent le **19** mars une accusation en forme contre Bacon, accusé de corruption et de prévarication.

  Bacon adresse le **29** avril, à la chambre des lords, une *humble confession*, dans laquelle il avoue, article par article, les divers dons qu'il a acceptés.

  Arrêts rendus contre Bacon le **3** mai par les lords. Il est condamné :
  - 1° A payer une amende de 40,000 liv. st.;
  - 2° A être emprisonné à la Tour tant qu'il plaira au roi;
  - 3° A ne pouvoir plus exercer de fonctions publiques salariées ou honorifiques;
  - 4° A ne pouvoir plus siéger au parlement,
  - 5° A ne jamais se montrer dans l'étendue du ressort de la cour.

  C'est le premier jugement connu qui condamne un pair à ne plus siéger au parlement

1621. Le 2 juin il est élargi de sa prison par l'ordre du roi.

Il arrête le plan de la *Grande Restauration*, distribuée en six parties, et écrit le discours préliminaire.

Il fait traduire son ouvrage en latin et refond son *Avancement des sciences* en neuf livres.

Travaux complémentaires de la *Grande Restauration*.

Il obtient, sur la fin de l'année, la permission de revenir passer quelques jours à Londres, et le 17 octobre le roi lui fait grâce entière, avec restitution de ses biens confisqués.

1622. Il termine l'*Histoire d'Henri VII*.

Il obtient au mois de mars la permission définitive de revenir à Londres.

Il offre de rédiger un *digeste des lois anglaises*.

Traité sur la guerre sacrée après la bataille de Lépante.

1623. Publication du traité en neuf livres, sur *la dignité et l'accroissement des sciences*, en latin.

Il sollicite inutilement la place de principal du collège d'Exeter.

1624. *Considérations politiques sur la guerre contre l'Espagne.*

Dissertation sur la vraie grandeur de la Grande-Bretagne.

Le roi accorde à Bacon, au mois d'août, un bill de pardon plein et entier.

1625. *Essais de morale et de politique*, publiés d'une manière plus complète sous le titre de *Sermones fideles*.

1626. Il tombe malade et meurt le 9 avril.

La meilleure édition des œuvres complètes de Bacon est celle en 5 volumes in-4°, London, Miller, 1765.

Une autre édition des œuvres complètes a été publiée en 10 vol. in-8°, à Londres, en 1803.

Une nouvelle en 1824, aussi en 10 vol. in-8°, contenant toute sa correspondance.

Une quatrième enfin, qui est la plus correcte et la plus complète de toutes, aussi en 10 vol. in-8°, a été publiée en 1825, avec 5 portraits de Bacon à différents âges.

Chacun des traités philosophique, politique et judiciaire a eu un nombre considérable d'éditions en Angleterre et en Hollande.

Dans l'année 1834, M. Bouillet, professeur de philosophie, a publié à Paris une excellente édition latine de ses œuvres philosophiques, en 3 vol. in-8°, et n'a rien omis pour donner une utilité réelle à ses travaux. Chacun des volumes et chacun des grands traités est précédé d'une notice analytique très bien faite. Les diverses parties de la *Grande Restauration* y sont pour la première fois classées dans l'ordre le plus méthodique, et conformément aux vues de l'auteur, étudiées avec conscience dans ses divers écrits. Les recherches de M. Bouillet m'ont toujours servi de guide.

Dès l'année 1619 les essais de Bacon avaient été traduits en français par J. Baudouin, qui a publié aussi divers autres traités du même auteur. Cette traduction est plate et illisible aujourd'hui.

Le *Silva silvarum* a été traduit par Pierre d'Amboise, sieur de la Magdeleine (Paris, in-8°), sous le titre d'*Histoire naturelle de Bacon*.

Golifer a publié, en 1632 (in-4°), le traité de l'Accroissement et de la dignité des sciences; Maugars, les Considérations politiques sur la guerre contre l'Espagne (Paris, in-4°, 1634); l'abbé Raguet, la Nouvelle Atlantide (Paris, 1702, in-12); l'abbé Gouget, les Essais (1734, in-12).

Antoine de La Salle avait entrepris de donner une traduction de ses œuvres complètes. Il en a publié 15 vol. in-8° (Dijon, 1800), qui contiennent les ouvrages principaux, qu'il a fait précéder d'une exposition de la philosophie de Bacon et accompagné de longues notes, destinées à réfuter les principes philosophiques de Bacon ou à redresser ses erreurs scientifiques. Il restait un bon nombre de morceaux philosophiques à publier par La Salle, mais ils n'ont jamais paru. J'ai pris la traduction de La Salle pour les ouvrages principaux, et j'ai complété cette édition en y joignant la traduction de divers morceaux anglais et latins qui m'ont paru les plus propres à faire apprécier l'intelligence de Bacon sous toutes ses faces. Ces divers morceaux supplémentaires ont été traduits par MM. Dufey fils, Guy, Collet et moi; et je les ai revus tous avec soin sur les textes anglais ou latins.

Depuis la publication de la traduction de La Salle, M. de Vauzelles a publié la traduction de l'Essai sur la justice universelle, et une Vie de Bacon, en 2 vol. in-8°, qui renferme les documents les plus complets sur l'auteur et l'époque. La lecture de Bacon, par M. de Vauzelles, est d'une utilité incontestable à tous ceux qui veulent étudier le grand philosophe anglais; ce sont, avec l'édition de M. Bouillet, les meilleurs travaux publiés sur ce sujet, non-seulement en France, mais en Angleterre même.

Paris, le 20 septembre 1836.

J.-A.-C. BUCHON.

GRANDE RESTAURATION DES SCIENCES.

(*INSTAURATIO MAGNA.*)

EXPOSITION DE L'OUVRAGE.

Certain que l'entendement humain se suscitait à lui-même des difficultés, et qu'il ne savait point user, avec assez de modération et de dextérité, de ces ressources très réelles que la nature a mises à la portée de l'homme, que de cette source dérivent l'ignorance d'une infinité de choses et les maux sans nombre qu'elle traîne à sa suite, François de Verulam, après s'être rendu compte de ses méditations, a pensé qu'il était du plus haut intérêt pour les generations présentes et à venir, de proclamer la nécessité de faire tous ses efforts pour restaurer entièrement, s'il était possible, ou du moins pour améliorer ce commerce que la science établit entre l'esprit et les choses, commerce auquel il n'est presque rien de comparable sur la terre, ou du moins dans les choses terrestres. Or, d'espérer qu'en abandonnant l'esprit à lui-même, les erreurs qui ont déjà pris pied, ou qui pourront s'établir dans toute la suite des temps, pussent se corriger naturellement et par la force propre de l'entendement humain, ou par les secours et les adminicules de la dialectique, un tel espoir eût été sans fondement; d'autant plus que ces premières notions que l'esprit reçoit, qu'il serre, qu'il entasse, pour ainsi dire, avec tant de négligence et de facilité, et d'où naissent tous les autres inconvénients, que ces notions, dis-je, sont vicieuses, confuses, extraites des choses sans une méthode fixe, et que, soit dans les secondes notions, soit dans les suivantes, il ne règne pas moins de caprice et d'inconstance. Ainsi tout cet appareil scientifique dont la raison humaine fait usage dans l'étude de la nature n'est qu'un amas de matériaux mal choisis et mal assemblés, et ne forme qu'une sorte de monument pompeux et magnifique, mais sans fondement; car, tandis qu'on admire et qu'on vante les forces imaginaires de l'esprit humain, on néglige, on perd ses forces réelles, du moins celles qu'il pourrait avoir si on lui procurait des secours convenables, et qu'il sût lui-même se rendre docile et obéissant aux choses, au lieu de leur insulter, comme il le fait dans son audacieuse faiblesse. Restait donc à recommencer tout le travail, en recourant à des moyens plus réels, à entreprendre une totale restauration des sciences, des arts, en un mot de toutes les connaissances humaines; enfin à reprendre l'édifice par les fondements, et à le faire reposer sur une base plus solide. Or, quoiqu'une telle entreprise, au premier coup d'œil, semble infinie et paraisse excéder la mesure des forces humaines, néanmoins qu'on ose essayer, et l'on y trouvera plus d'avantages réels et de stabilité que dans tout ce qu'on a fait jusqu'à présent. Car du moins ce que nous proposons ici a une fin, au lieu que cette marche qu'on suit ordinairement dans les sciences n'est qu'une sorte de tournoiement perpétuel, d'agitation san fin et sans terme. Il n'ignorait pas non plus dans quelle solitude se trouve quiconque forme une telle entreprise, combien ce qu'il a à dire est difficile à persuader et semble incroyable. Cependant il n'a pas cru devoir s'abandonner soi-même, ni renoncer à son dessein, avant d'avoir tenté et parcouru la seule route qui soit ouverte à l'entendement humain. Après tout, ne vaut-il pas mieux tenter une entreprise qui peut avoir un terme, que

homme qui ajoute quelque chose de notable aux découvertes de son prédécesseur? Cependant nous voyons que le contraire a lieu dans les arts mécaniques, lesquels, comme s'ils étaient pénétrés d'un certain esprit vivifiant, croissent et se perfectionnent de jour en jour; assez grossiers et presque onéreux, presque informes dans les premiers inventeurs, puis enrichis par degrés de nouveaux moyens et de nouvelles facilités, et cela au point qu'on voit les désirs même languir ou changer d'objet plus promptement que ces arts n'arrivent à leur perfection ou à leur plus haut période. La philosophie au contraire et les sciences intellectuelles, semblables à des statues, sont encensées et adorées, mais demeurent immobiles. De plus, si quelquefois elles fleurissent avec leur premier auteur, elles ne font ensuite que dégénérer; car une fois que les hommes se sont coalisés pour s'assujettir à l'opinion d'un seul (comme autant de sénateurs pédaires), ils n'ajoutent plus rien au corps même des sciences; mais, semblables à autant d'esclaves, ils se mettent à la suite de certains auteurs pour leur servir de cortége et de décoration. Et qu'on ne vienne pas nous dire que les sciences croissant peu à peu arrivent enfin à une sorte d'état, et qu'alors enfin, comme ayant fourni leur carrière, elles fixent en quelque manière leur domicile dans les ouvrages d'un petit nombre d'auteurs; que, ne pouvant plus rien découvrir de meilleur, ce qu'on put faire de mieux ce fut de cultiver et d'orner ce qui était déjà inventé. Eh! plût à Dieu que les choses se fussent passées ainsi! Mais voulons-nous parler avec plus de vérité et d'exactitude? disons : que tout cet esclavage scientifique n'est autre chose qu'un effet de l'audace d'un petit nombre d'hommes et de la mollesse, de l'inertie des autres; car une fois que les sciences ont été cultivées et traitées par parties avec assez de soin, tôt ou tard s'élève quelque esprit plus hardi qui sait se rendre agréable et se faire un nom par des méthodes abréviatives, par des simplifications, et qui du moins, quant à l'apparence, forme un corps d'art, mais qui au fond ne fait que dénaturer les productions des anciens; or, ce genre de service ne laisse pas d'être agréable à la postérité, parce qu'il abrége le travail; on est sitôt las d'une étude soutenue et si prompt à se débarrasser d'une nouvelle recherche! Que si quelqu'un, s'en laissant imposer par le consentement unanime et invétéré, le regardait comme une sorte de jugement rendu par le temps, qu'il sache que rien n'est plus trompeur et plus faible que cette raison sur laquelle il s'appuie. Car d'abord nous ignorons en très grande partie ce qui, dans les arts et dans les sciences, a pu être mis au jour et publié en différents temps et en différents lieux; encore moins savons-nous ce que chacun a pu tenter et projeter dans le secret. Ainsi ni les enfants du temps ni ses avortons ne se trouvent tous dans les fastes. Et il ne faut pas non plus s'exagérer l'universalité de cet assentiment ni sa durée; car bien qu'il y ait différentes formes pour la politique, l'état des sciences n'en doit avoir qu'une seule. Cette forme est, fut et sera toujours populaire. Or, qu'est-ce qui a cours auprès du peuple? Ce sont les doctrines contentieuses et bruyantes ou celles qui ont de belles formes et peu de fonds, qui sont telles en un mot qu'elles doivent être, pour surprendre son assentiment ou flatter ses passions. Ainsi nul doute que les esprits surtout n'aient, dans chaque âge, souffert une sorte de violence, lorsque des hommes d'une intelligence et d'une pénétration au-dessus du commun, et néanmoins uniquement occupés de leur réputation, se sont bassement soumis au jugement de leur siècle et de la multitude. C'est pourquoi s'il y eut jamais quelques spéculations plus serrées et plus exactes, elles furent ballottées et éteintes par le vent des opinions vulgaires, en sorte que le temps, semblable à un fleuve, charrie jusqu'à nous les choses légères et enflées, coulant à fond celles qui ont plus de poids et de solidité. De plus, ces auteurs même qui ont usurpé une sorte de dictature dans les sciences, et qui prononcent surtout avec tant de confiance, ne laissent pas, lorsque de temps en temps ils reviennent à eux-mêmes, de se répandre en plaintes sur la subtilité de la nature, sur l'obscurité des choses, sur la complication des causes, enfin sur la faiblesse de l'esprit humain; et pour se plaindre ainsi, ils n'en sont pas plus modestes, aimant mieux s'en prendre à la commune condition des hommes et des choses que confesser leur propre faiblesse. De plus, presque tous ont cela de commun que ce à quoi leur art ne peut atteindre, ils ne manquent pas, d'après les règles de cet art même, de le déclarer impossible. Eh! comment l'art pourrait-il être con-

PRÉFACE.

damné dans ce procès? il est lui-même juge et partie. Aussi ne s'agit-il pour eux que de mettre leur ignorance à couvert et de lui épargner un affront. Telle est à peu près l'idée qu'on doit se faire de ces sciences qui nous ont été transmises et qui sont aujourd'hui en vogue; elles sont aussi stériles en effets que fécondes en disputes. Rien de plus tardif et de plus languissant que leur progrès. Elles ont un air d'embonpoint dans leur tout, mais rien n'est plus maigre que leurs parties; ce n'est qu'un fatras de maximes populaires suspectes à leurs auteurs même. Aussi a-t-on grand soin de les remparer avec un certain artifice et de les étaler avec une certaine adresse. Il y a plus; parlons-nous de ceux qui ont résolu d'essayer leurs forces, de s'appliquer sérieusement aux sciences et de reculer leurs limites? ceux-là même n'ont osé s'éloigner des routes battues et puiser aux sources mêmes des choses; mais ils s'imaginent avoir fait quelque chose de grand, s'ils ont pu y ajouter et y greffer un peu du leur, considérant avec une sorte de prudence qu'ils pourront tout à la fois se donner une apparence de modestie par leur déférence aux opinions reçues, et par ces additions, une apparence de liberté. Mais tandis qu'on respecte ainsi les opinions et les usages, toutes ces précautions pour garder le milieu tournent au grand préjudice des sciences, car il est rarement donné de pouvoir tout à la fois admirer les autres et les surpasser. Il en est de cela comme des eaux qui ne s'élèvent jamais au-dessus de leur source. Aussi les hommes de cette trempe corrigent-ils certaines choses, mais ils avancent peu les sciences; leurs progrès sont en mieux et non en plus. Ce n'est pas qu'il n'y ait eu assez de personnages qui, prenant un essor plus hardi, se sont cru tout permis, et qui, s'abandonnant à toute l'impétuosité de leur génie, ont su en abattant et ruinant tout ce qui était devant eux, se frayer un chemin à eux-mêmes et à leurs opinions; mais au fond qu'avons-nous gagné à tout ce fracas, nous qui voyons qu'ils visaient moins à étendre la philosophie et les arts par les œuvres et les effets, qu'à changer les systèmes reçus et à faire prédominer leur opinion? efforts qui n'étaient rien moins qu'utiles, attendu qu'entre les erreurs opposées, les causes d'illusion sont presque communes. Que s'il s'en est trouvé qui, n'étant esclaves ni de leurs propres opinions ni de l'opinion d'autrui, mais partisans de la seule liberté, ont assez ardemment aimé la vérité pour souhaiter que les autres la cherchassent avec eux, ceux-là sans doute ont eu des intentions assez louables, mais leurs efforts ont été impuissants, car ils paraissent ne s'être attachés qu'aux probabilités; emportés par le tourbillon des arguments, ils n'ont fait que tournoyer dans un cercle, et s'étant permis de chercher la vérité par toutes sortes de voies, ils se sont relâchés de cette sévérité qu'exigeait l'étude de la nature; il ne s'en est trouvé aucun qui ait fait dans les choses mêmes et dans l'expérience un séjour suffisant. D'autres, au contraire, qui se sont abandonnés aux flots de l'expérience au point d'en être devenus presque de purs artisans mécaniques, ne laissent pas, tout en y restant attachés, de suivre une sorte de méthode vagabonde et ne militent pas pour elle d'après des règles fixes. Ce n'est pas tout; la plupart d'entre eux se proposent je ne sais quels buts mesquins, croient avoir fait quelque chose de grand lorsqu'ils ont pu faire telle ou telle découverte, genre d'entreprise aussi mince que peu judicieux, vu que, lorsqu'on veut connaître la nature d'une chose, ce n'est pas dans cette chose même qu'on est le plus sûr de la découvrir et qu'on la voit le mieux; et après avoir laborieusement varié leurs expériences, ils ne peuvent se reposer sur ce qu'ils ont trouvé; ils trouvent toujours quelque autre chose à chercher. Mais une méprise surtout qu'il ne faut pas oublier, c'est que ceux qui ont fait preuve de quelque industrie à faire des expériences n'ont pas manqué de courir d'abord à certains procédés qu'ils avaient en vue, s'efforçant de les saisir avant le temps. Je veux dire qu'on a cherché les expériences fructueuses et non les expériences lumineuses; loin d'imiter cet ordre qu'a suivi Dieu même, qui le premier jour ne créa que la lumière, consacra un jour entier à ce seul travail, et ce jour-là ne produisit aucun ouvrage grossier, mais ne s'abaissa que les jours suivants aux œuvres de cette espèce. Quant à ceux qui ont fait jouer le premier rôle à la dialectique et qui se sont flattés d'en tirer des secours effectifs, ils ont à la vérité assez vu que l'entendement humain, abandonné à lui-même, doit être tenu pour suspect. Mais il s'en faut de beaucoup que le remède soit aussi fort que le mal et il n'est pas lui-même exempt de mal;

car, bien que cette dialectique qui est en vogue soit d'un très bon service dans les arts et dans les affaires civiles, toutes choses qui roulent sur les discours et les opinions, néanmoins il s'en faut de beaucoup qu'elle puisse saisir ce que la nature a de plus subtil; et s'efforçant d'embrasser ce qu'elle ne saisit point, elle sert plutôt à établir et à fixer les erreurs qu'à frayer le chemin à la vérité.

Mais, pour résumer en peu de mots ce que nous avons dit, il ne paraît pas que les hommes aient beaucoup gagné à faire fonds dans les sciences sur leur propre industrie, ou à les recevoir sur la foi d'autrui, vu principalement qu'il est peu de fonds à faire sur les méthodes et les expériences déjà connues. Car l'édifice de cet univers est par sa structure une sorte de labyrinthe pour l'entendement humain qui le contemple; labyrinthe où se présentent de tous côtés tant de routes incertaines, tant de similitudes trompeuses de signes et de choses, tant de nœuds, de tours et de retours qui se croisent en tous sens et qui s'embarrassent les uns dans les autres! Or, c'est à la lumière incertaine des sens, lumière qui tantôt brille et tantôt se cache, qu'il faut faire route à travers les forêts de l'expérience et des faits particuliers. Il y a plus, ceux qui se donnent pour guides, comme nous l'avons dit, ne sont pas moins embarrassés que les autres, et ne font qu'augmenter le nombre des erreurs et de ceux qui les commettent. Parmi tant de difficultés, il faut désespérer du jugement humain, soit quant à la force qui lui est propre, soit quant à un heureux hasard qui le ferait rencontrer juste; car il n'est ni supériorité de génie, ni chance heureuse, quelque nombre de fois qu'elle se répète, qui puisse surmonter de telles difficultés. Il nous faut un fil pour diriger notre marche; il nous faut tracer la route tout entière depuis les premières perceptions des sens jusqu'aux principes. Et qu'on ne prenne pas ce que nous disons ici en ce sens: que depuis tant de siècles il n'y aurait eu absolument rien de fait; car nous ne sommes pas trop mécontents de ce qu'on a inventé jusqu'ici; et nul doute que les anciens, dans tout ce qui peut dépendre du génie et d'une méditation abstraite, n'aient été des hommes admirables. Mais de même que, dans les premiers siècles, les hommes n'ayant que l'observation des étoiles pour se diriger dans leurs navigations, ils ne pouvaient que longer les côtes de l'ancien continent, ou tout au plus traverser les mers méditerranées et de peu d'étendue, et que, pour pouvoir traverser l'Océan et découvrir les régions du nouveau monde, il a fallu d'abord inventer la boussole et y trouver un guide plus fidèle et plus certain; de même aussi, ce que jusqu'ici on a inventé dans les arts et les sciences, il suffisait de l'usage, de la méditation, de l'observation, du raisonnement pour le découvrir, attendu que ces connaissances-là sont assez voisines des sens et presque immédiatement subordonnées aux notions communes. Mais, pour pouvoir aborder aux parties les plus reculées et les plus cachées de la nature, il faut absolument découvrir et adopter une manière plus sûre et plus parfaite de mettre en œuvre l'entendement humain.

Pour nous, animés sans contredit d'un éternel amour de la vérité, nous nous sommes lancés courageusement dans des routes incertaines et difficiles où il fallait marcher seul. Appuyés et faisant fonds sur l'assistance divine, nous nous sommes aussi fortifiés contre la violence des opinions qui se présentaient devant nous comme autant d'armées rangées en bataille, contre nos propres et secrètes irrésolutions, contre les scrupules de toute espèce, enfin contre l'obscurité des choses, contre ces nuages et ces fantômes qui voltigeaient dans notre esprit, afin de nous mettre une fois en état de procurer à nos contemporains et à la postérité des secours plus effectifs et plus assurés. Et si, dans cette nouvelle route, nous avons fait quelques pas, la seule méthode qui nous ait frayé le chemin n'est autre que ce soin même que nous avons d'humilier sincèrement et autant qu'il est nécessaire l'esprit humain; car tous ceux qui, avant nous, se sont appliqués à l'invention des arts, contents de jeter un coup d'œil sur les choses, sur les exemples et l'expérience, comme si l'invention n'était qu'une certaine manière d'imaginer, se sont hâtés d'invoquer en quelque manière leur propre esprit, afin qu'il leur rendît des oracles. Quant à nous, qui nous tenons modestement et perpétuellement dans les choses mêmes, et ne nous éloignons des faits particuliers qu'autant qu'il est nécessaire pour que les images et les rayons des choses puissent se réunir dans l'esprit, comme ils se réunissent au fond de l'œil, nous donnons peu aux forces et à la supériorité du génie. Or, cette méthode si humble, que nous suivons dans l'invention, nous la suivons aussi dans l'exposition ; car on ne nous voit pas ici, par de fastueuses réfutations ou par d'ambitieux appels à l'antiquité, ou en usurpant une certaine autorité, ou encore en nous couvrant du voile d'une obscurité mystérieuse, nous efforcer de donner à nos inventions un certain air imposant, une sorte de majesté ; toutes choses qui ne seraient pas bien difficiles à trouver pour qui serait plus jaloux de donner de l'éclat à son nom que de faire briller la vérité aux yeux des autres : on ne nous voit pas, dis-je, faire violence ou tendre des piéges aux jugements humains ; et ce que nous n'avons point encore fait à cet égard, notre dessein n'est pas non plus de le faire par la suite. Mais nous rappellerons les hommes aux choses mêmes et aux vrais rapports qui les unissent, afin qu'ils voient eux-mêmes ce qu'ils possèdent, et ce qu'ils doivent corriger, ajouter et mettre à la masse. Quant à nous, si dans le cours de cet ouvrage l'on nous voit de temps à autre pécher par excès de crédulité, ou sommeiller quelque peu, ou nous relâcher de notre intention, ou manquer de force en chemin et interrompre notre recherche, la manière nue et franche dont nous présentons les choses a du moins cet avantage que nos erreurs sont faciles à apercevoir et à corriger avant qu'elles puissent teindre plus profondément la masse de la science, et que, par la même raison, nos travaux sont faciles à continuer. Par ce moyen, nous croyons marier à jamais, et d'une manière aussi stable que légitime, la méthode empirique et la méthode rationnelle, méthodes dont le divorce malheureux et les fâcheuses dissonances ont troublé tout dans la famille humaine. Ainsi, comme le succès de notre entreprise ne dépend nullement de notre volonté, nous adressons à Dieu en trois personnes nos très humbles et très ardentes supplications, afin qu'abaissant ses regards sur les misères du genre humain et sur le pélerinage de cette vie, qui se réduit à si peu de jours et assez malheureux, il daigne dispenser par nos mains ses nouveaux bienfaits à la famille humaine. Nous souhaitons de plus que les choses humaines ne nuisent pas aux choses divines et que le fruit de la peine que nous prenons pour frayer la route des sens ne soit pas de faire naître une certaine incrédulité et de répandre une certaine obscurité dans les esprits par rapport aux divins mystères ; mais que plutôt, avec un entendement pur, dégagé d'idées fantastiques, purgé de vanité, et qui n'en soit pas moins soumis, que dis-je, totalement asservi aux oracles divins, on donne à la foi ce qui appartient à la foi ; qu'enfin ayant évacué le poison de la science que le serpent a fait couler dans les esprits et qui les enfle, nous n'ayons point l'ambition d'être plus sages qu'il ne faut, et que, sans passer jamais les limites prescrites, nous cultivions la vérité dans un esprit de charité.

Ces vœux une fois prononcés, nous tournant vers les hommes, nous avons encore quelques avertissements salutaires à leur donner et quelques demandes assez justes à leur faire. Le premier avertissement que nous leur donnerons (et nous les en avons déjà priés) c'est de maintenir leur sens dans le devoir par rapport aux choses divines ; car le sens, en cela semblable au soleil, dévoile la face du globe terrestre, mais c'est en voilant celle du globe céleste. Cependant qu'ils prennent garde en évitant cet excès, de donner dans l'excès contraire, et ils y donneront sans contredit, pour peu qu'ils s'imaginent que l'étude de la nature est divisée dans quelques-unes de ses parties en vertu d'une espèce d'interdit. Car ce n'est pas cette science pure et sans tache à la lumière de laquelle Adam imposa aux choses leurs noms tirés de leurs propriétés ; ce n'est pas cette science-là qui a été le principe et l'occasion de sa chute, mais le désir ambitieux de cette science impérative qui se fait juge du bien et du mal, et cela en vue de se révolter contre Dieu, de s'imposer des lois à soi-même. Telle fut la cause et le mode de sa tentation. Mais quant à ces sciences qui contemplent la nature, voici ce que prononce la philosophie sacrée. « La gloire de Dieu est de cacher son secret, et la gloire d'un roi est de le trouver. » Comme si la nature divine se plaisait à ce jeu innocent des enfants, lesquels se cachent afin qu'on ne les trouve qu'après les avoir long-temps cherchés, et qu'elle souhaitât, en vertu de son indulgence et de sa condescendance pour les hommes, que l'âme humaine le jouât avec elle. Enfin, nous souhaitons que tous les hommes ensemble soient avertis de ne point perdre de vue la fin véritable de la science, et sachent une fois qu'il ne ne faut point la rechercher comme une sorte de passe-temps, ou comme un sujet propre à la dispute, ou pour mépriser les autres, ou en vue de son propre intérêt, ou pour se faire une réputation, ou pour augmenter sa puissance, ou pour tout autre motif de cette espèce, mais pour se rendre utile et pour l'appliquer aux usages de la vie. Nous souhaitons enfin qu'ils la perfectionnent et la dirigent par l'esprit de charité; car c'est la soif de la puissance qui a causé la chute des anges, et la soif de la science qui a causé celle des hommes. Mais la charité ne peut pécher par excès, et jamais par elle ange ou homme ne fut en danger.

Or, nos demandes se réduisent aux suivantes. Nous ne disons rien de nous-mêmes; quant à ce dont il s'agit, nous demandons : que les hommes ne le regardent point comme une opinion, mais comme une œuvre, et qu'ils tiennent pour certain que notre désir n'est nullement de jeter les fondements de telle secte et de tel système, mais ceux de l'utilité et de la grandeur humaine. Nous demandons encore : que les hommes, consultant leur véritable intérêt et se dépouillant de tout esprit de parti, tendent uniquement au bien commun ; que, tirés par notre secours de toutes ces fausses routes et délivrés de tous les obstacles qu'ils y eussent rencontrés, ils prennent part eux-mêmes au travail qui reste à faire. De plus, nous les engageons à tout espérer, à ne point se faire une fausse idée de notre restauration, en se la figurant comme quelque chose d'infini et la croyant au-dessus des mortels, vu qu'au fond elle est la fin et le terme d'une erreur qui sans elle n'eût point eu de fin et de terme; et que, n'oubliant point la faiblesse humaine et notre mortalité, loin de nous flatter qu'une telle entreprise puisse s'achever dans le cours de la vie d'un seul homme, nous la léguons à d'autres afin qu'ils la continuent. Nous souhaitons enfin qu'ils ne cherchent point des sciences orgueilleuses dans les cassetins de l'esprit humain, dans le petit monde de l'homme, mais qu'ils les cherchent modestement dans le monde majeur. Or, rien ordinairement n'est plus vaste que les choses vides, au lieu que les choses solides sont plus resserrées et occupent moins d'espace.

Enfin, de peur qu'on ne veuille tirer avantage contre nous des risques mêmes de l'entreprise, nous nous croyons fondés à demander que les hommes considèrent jusqu'à quel point sur cette assertion qu'il nous faut soutenir (pour peu que nous veuillions être d'accord avec nous-mêmes), ils se croient en droit d'opiner et de porter leur jugement. Il est clair que tout ce produit de la raison humaine, produit précoce, anticipé, extrait des choses au hasard et beaucoup trop tôt, nous le rejetons, quant à l'étude de la nature, comme quelque chose de trop inégal, de trop peu méthodique et de mal organisé, et l'on ne doit pas exiger que nous nous en rapportions au jugement de ce qui est soi-même appelé en jugement.

DISTRIBUTION DE L'OUVRAGE

EN SIX PARTIES.

I. Revue et répartition des sciences; de leur dignité et de leur accroissement (*Partitiones scientiarum; de dignitate et augmentis scientiarum*).

II. *Novum organum*, ou Méthode pour l'interprétation de la nature.

III. Phénomènes de l'univers (*Phenomena universi*), ou Histoire naturelle et expérimentale propre à servir de base à la philosophie.

IV. Echelle de l'entendement (*Scala intellectûs*).

V. Science provisoire, prodrome ou anticipations de la philosophie (*Prodromi*).

VI. Science définitive, ou philosophie seconde et science active, qui se compose des vérités découvertes par la vraie méthode seule, et doit diriger l'homme dans l'action (*Philosophia secunda*).

SUJETS DE CES DIFFÉRENTES PARTIES.

Le soin de tout exposer avec autant de franchise et de clarté qu'il est possible fait partie de notre dessein; car la nudité de l'âme est en tout temps, comme celle du corps le fut autrefois, compagne de l'innocence et de la simplicité. Ainsi nous commencerons par exposer l'ordre et le plan de cet ouvrage.

Nous le diviserons en six parties. La première présente le sommaire de cette partie de la science dont le genre humain est déjà en possession. Nous avons cru devoir ainsi nous arrêter un peu sur les acquisitions déjà faites afin de perfectionner plus aisément les découvertes et de frayer le chemin à de nouvelles inventions; car nous sommes également jaloux de cultiver les parties déjà connues et de faire de nouvelles acquisitions. Cette méthode tend aussi à faciliter la persuasion, et elle est conforme à cette maxime : « L'ignorant ne reçoit point les paroles de la science si l'on ne commence par dire ce qu'il recèle au fond de son cœur. » Ainsi longer, pour ainsi dire, les côtes des différentes sciences et des différents arts, et y importer telle ou telle chose utile, c'est ce que nous ne manquerons pas de faire comme en passant. Cependant les divisions dont nous faisons usage dans la distribution des sciences sont de telle nature qu'elles n'embrassent pas seulement les choses déjà inventées et connues, mais aussi les choses omises, quoique nécessaires; car le globe intellectuel, ainsi que le globe terrestre, offre des pays cultivés et des régions désertes. Ainsi on ne doit pas être étonnés que nous nous écartions des divisions reçues; car les additions, en variant le tout, varient aussi ses parties et leurs divisions. Or, les divisions reçues ne conviennent qu'à la totalité des sciences reçues, qu'à leur état actuel.

Quant aux choses que nous indiquerons comme omises, nous ne nous contenterons pas de proposer de simples titres, des sommaires concis de ce qui peut manquer; mais, pour peu que le sujet que nous aurons rangé dans cette classe soit de quelque importance ou enveloppé de quelque obscurité, et tel que nous ayons lieu de craindre qu'on ne saisisse pas aisément ce que nous avons en vue et la nature de l'ouvrage que nous embrassons dans notre pensée, nous aurons soin continuellement de donner quelques préceptes sur la manière de traiter un ouvrage de cette nature, et, ce qui est beaucoup plus, une partie de l'ouvrage même et de notre propre composition, afin d'aider en chaque chose et de nos conseils et de notre travail; car nous croyons qu'il n'importe pas seulement à l'utilité des autres, mais même à notre réputation, d'empêcher qu'on ne pense que nous n'avons qu'une notion superficielle de ce que nous proposons, et que tous ces regrets que nous témoignons par rapport aux parties omises, que nous souhaitons pouvoir saisir, se réduisent à de simples vœux. Le fait est qu'elles sont de nature à être à la disposition des hommes pour peu qu'ils ne s'abandonnent pas eux-mêmes, et que nous sommes, relativement à ces différents objets, en possession d'une méthode certaine et bien éprouvée; car, loin de nous contenter de mesurer les régions à la manière des augures, et seulement pour prendre les auspices, nous entrons nous-mêmes dans les routes que nous montrons aux autres, étant jaloux de nous rendre utiles à titre de guides.

Telle est donc la première partie de l'ouvrage.

II. Ayant une fois traversé la région des arts anciens, nous aiderons l'entendement à passer au-delà. C'est pourquoi nous traiterons, dans la seconde partie, de cette doctrine qui apprend a faire un usage plus méthodique et plus parfait de sa raison, méthode dont l'effet sera (autant toutefois que le comporte la faiblesse et la mortalité humaine) d'élever l'entendement, d'étendre ses facultés, de le rendre capable de percer les obscurités de la nature et de gravir ses sentiers les plus escarpés. Or, cet art que nous proposons et auquel nous donnons ordinairement le nom d'interprétation de la nature, cet art, dis-je, est une sorte de logique, quoiqu'il y ait une différence infinie entre celle-ci et la science à laquelle on donne ordinairement ce nom; car cette logique vulgaire fait bien profession de destiner et de procurer à l'entendement des secours et des appuis, et c'est ce que les deux logiques ont de commun ; mais elles diffèrent principalement en trois choses, savoir : quant au but même, puis quant à l'ordre des démonstrations, enfin quant à la manière de commencer la recherche.

En effet, la fin de la science que nous proposons n'est pas d'inventer des arguments, mais des arts ; non des choses conformes aux principes, mais les principes mêmes ; non des probabilités, mais des indications de nouveaux procédés. Ainsi les intentions et les vues étant différentes, les effets ne doivent pas non plus être les mêmes ; car là, ce qu'on se propose de vaincre et de lier, pour ainsi dire, par la dispute, c'est son adversaire ; ici c'est la nature, et c'est par les œuvres qu'on tend à ce but.

Or, la nature et l'ordre des démonstrations même s'approprie à une telle fin ; car dans la logique vulgaire tout le travail a pour objet le syllogisme. Quant à l'induction, à peine les dialecticiens paraissent-ils y avoir pensé sérieusement ; ils ne font que toucher ce sujet en passant, se hâtant d'arriver aux formules qui servent dans la dispute. Quant à nous, nous rejetons toute démonstration qui procède par la voie du syllogisme, parce qu'elle ne produit que de la confusion et fait que la nature nous échappe des mains. En effet, quoiqu'il soit hors de doute que deux choses qui s'accordent dans le moyen terme s'accordent aussi entre elles (ce qui a une sorte de certitude mathématique), cependant il y a ici de la supercherie, en ce que le syllogisme est composé de propositions, les propositions de mots, et que les mots sont les signes et comme les étiquettes des notions. Si donc les notions mêmes de l'esprit, qui sont comme l'âme des mots et comme la base de tout l'édifice, sont vagues, extraites des choses au hasard ou par une fausse méthode, si elles ne sont pas bien déterminées et suffisamment circonscrites, si enfin elles pèchent de mille manières, dès lors croule tout l'édifice. Ainsi nous rejetons le syllogisme, et cela non-seulement quant aux principes par rapport auxquels eux-mêmes n'en font aucun usage, mais même quant aux propositions moyennes que le syllogisme parvient sans contredit à déduire et à enfanter bien ou mal, mais qui sont tout-à-fait stériles en œuvres, éloignées de la pratique et incompétentes quant à la partie active

des sciences ; car, bien que nous laissions au syllogisme et aux démonstrations si fameuses et si vantées de cette espèce leur juridiction dans les arts populaires qui roulent sur l'opinion, attendu que nous ne changeons rien dans cette partie, néanmoins s'il est question de pénétrer dans la nature des choses, nous faisons partout usage de l'induction, tant pour les mineures que pour les majeures, et nous pensons que c'est l'induction qui est vraiment cette forme qui garantit les sens de toute erreur, qui suit de près la nature, qui est voisine de la pratique et va presque s'y mêler.

Ainsi l'ordre de la démonstration est aussi tout-à-fait opposé à la marche ordinaire ; car jusqu'ici l'on s'y est pris de telle manière que des sensations et des faits particuliers on saute tout d'un coup aux principes les plus généraux, comme à des pôles fixes autour desquels puissent rouler des disputes, et que de ces principes-là on déduit tous les autres à l'aide des propositions moyennes, méthode sans contredit très expéditive, mais précipitée, incapable de nous conduire dans les voies de la nature, et tout-à-fait favorable et appropriée aux disputes, au lieu que, selon nous, il faut faire germer les axiomes insensiblement par une marche tellement graduée qu'on n'arrive qu'en dernier lieu aux principes généraux. Or, ces principes très généraux ne seront point des généralités purement idéales, mais des principes bien déterminés, tels en un mot que la nature les avouera pour siens et qu'ils sympathiseront avec les choses mêmes.

Quant à la forme même de l'induction et au jugement qu'elle doit diriger, c'est là surtout que nous devons faire les plus grands changements ; car cette induction dont parlent les dialecticiens, et qui procède par voie de simple énumération, est quelque chose de puéril ; elle ne conclut que précairement ; elle est exposée à être renversée par le premier exemple contradictoire qui peut se présenter ; elle n'envisage que les choses les plus familières ; enfin elle est sans issue.

Mais dans les vraies sciences nous avons besoin d'une induction qui soit capable d'analyser l'expérience, de la décomposer, et qui conclue nécessairement à l'aide des exclusions et des éliminations convenables. Que si ce jugement banal des dialecticiens a exigé tant de travaux et exercé de si grands génies, que sera-ce donc de cet autre jugement qui ne se tire pas simplement du fond de l'esprit humain, mais des entrailles même de la nature?

Et ce n'est pas encore tout; car de plus, nous consolidons, nous baissons davantage les fondements des sciences, et nous reprenons de plus haut le commencement de la recherche que les hommes ne l'ont encore fait, soumettant à l'examen ces choses mêmes que la logique vulgaire reçoit sur la foi d'autrui. En effet, les dialecticiens empruntent des sciences particulières les principes de ces mêmes sciences; de plus ils ont une sorte de vénération pour les notions premières de l'esprit humain; enfin ils se reposent sur les informations des sens bien disposés. Quant à nous, nous avons statué que la véritable logique devait entrer dans les différentes provinces des sciences avec de plus grands pouvoirs que ceux dont leurs principes sont revêtus; qu'elle doit forcer ces principes putatifs à rendre des comptes et à montrer jusqu'à quel point ils peuvent se soutenir. Quant à ce qui regarde les notions premières, de tout ce que l'entendement abandonné à lui-même va entassant, il n'est rien que nous ne tenions pour suspect, et nous ne le ratifions en aucune manière, à moins qu'il n'ait soutenu une nouvelle épreuve et qu'on ne prononce d'après cette nouvelle vérification. Il y a plus : nous discutons en mille manières les informations du sens même; car il n'est pas douteux que les sens sont trompeurs. Cependant ils indiquent eux-mêmes leurs erreurs; mais ces erreurs sont, pour ainsi dire, sous la main, au lieu que les indices qui servent à les reconnaître sont tirés de fort loin. Or, le sens commet deux espèces de fautes : ou il nous abandonne, ou il nous trompe; car, en premier lieu, il est une infinité de choses qui échappent aux sens très bien disposés et débarrassés de tout obstacle, et cela,

Ou par la subtilité de tout le corps de l'objet,
Ou par la petitesse de ses parties,
Ou par la grandeur de la distance,
Ou encore par l'extrême lenteur ou même l'extrême vitesse des mouvements,
Ou par la trop grande familiarité de l'objet,
Ou par toute autre cause.

Il y a plus : lors même que le sens a saisi son objet, rien de moins ferme que ses perceptions; car le témoignage et l'information du sens ne donne qu'une relation à l'homme, et non une relation à l'univers; et c'est se tromper grossièrement que de dire que le sens est la mesure des choses.

Ainsi, c'est pour remédier à ces inconvénients que nous avons rassemblé de toutes parts des secours pour les sens, en prêtant notre ministère avec toute l'ardeur et la fidélité dont nous étions capables, afin de pouvoir remédier aux déficits par des substitutions, et aux variations par des rectifications. Et ces remèdes, ce n'est pas des instruments que nous les tirons, mais des expériences; car la subtilité des expériences est infiniment plus grande que celle du sens, fût-il même aidé des instruments les plus parfaits. Nous parlons d'expériences qui aient été imaginées avec sagacité, et appropriées, d'après les règles de l'art, au but que nous nous proposons ici. Ainsi nous ne donnons pas beaucoup à la perception immédiate et propre des sens; mais nous amenons la chose à tel point que le sens ne juge que de l'expérience, et que c'est l'expérience qui juge de la chose même. Ainsi, ces sens dont nous parlons et dont il faut tout tirer dans l'étude de la nature (à moins qu'on ne veuille extravaguer), nous croyons nous être portés à leur égard pour de religieux ministres et pour interprètes de leurs oracles avec quelque sorte d'habileté; en sorte que cet hommage, cette espèce de culte que les autres se piquent de rendre aux sens, il me semble que c'est nous qui le leur rendons réellement. Tels sont les moyens que nous avons préparés pour saisir la lumière de la nature et la répandre sur les objets; moyens qui par eux-mêmes pourraient suffire, si l'entendement était plus uni, mieux aplani et semblable à une table rase. Mais les esprits étant si remplis d'inégalités qu'il nous manque absolument une surface bien nette et bien unie pour recevoir les vrais rayons des choses, nous sommes dans une sorte de nécessité de chercher encore un remède à cet inconvénient.

Les fantômes dont l'esprit humain est préoccupé sont ou étrangers ou innés. Quant aux fantômes étrangers, c'est des systèmes et des sectes philosophiques ou des mauvaises formes de démonstrations qu'ils ont émigré et sont venus s'établir dans les esprits. Mais les fantômes innés sont inhérents à la nature de l'entendement même, qui est beaucoup plus enclin à l'erreur que le sens. Car les hommes ont beau se complaire en leurs propres pensées, ils ont beau rester toujours en admiration et presque en adoration devant l'esprit humain, il n'en est pas moins certain que, de même qu'un miroir inégal fléchit et altère les rayons des objets en raison de sa figure et de sa coupe, de même aussi l'esprit humain, lorsqu'il est soumis à l'action des choses par l'entremise des sens, en formant ou ruminant ses notions, mêle d'assez mauvaise foi à la nature des choses, greffe, pour ainsi dire, sur elle sa propre nature.

Or ces deux premières espèces de fantômes sont assez difficiles à écarter. Quant à ceux de la dernière espèce, il est tout-à-fait impossible de les chasser entièrement. Reste donc à les indiquer, ces fantômes, à marquer cette force qui tend des embûches à l'esprit humain; à la prendre, pour ainsi dire, sur le fait, de peur qu'après avoir détruit les anciennes illusions, de nouveaux rejetons d'erreur ne pullulent en vertu de la mauvaise complexion de l'esprit humain, et que, tout examiné, pour dernier résultat, au lieu d'extirper ces erreurs, on n'ait fait que les changer; mais afin qu'au contraire il soit décidé, arrêté à jamais que l'entendement ne peut juger que par le moyen de l'induction et de sa véritable forme. Ainsi cette doctrine, dont le but est de nettoyer l'entendement, comprend trois censures ou critiques, savoir : censures des philosophies, censure des démonstrations, censure de la raison naturelle de l'homme. Ces différents points une fois expliqués, quand nous aurons vu nettement ce que comportent la nature des choses et la nature de l'esprit humain, nous pourrons sans doute nous flatter d'avoir en quelque sorte marié l'esprit humain à l'univers, sous les auspices de la bonté divine. Et s'il est permis de faire leur épithalame et d'y joindre un vœu : puisse cette union produire une race d'inventions et de ressources de toute espèce, capable d'adoucir et de dompter, en quelque manière, les nécessités et les misères humaines! Telle est donc la seconde partie de cet ouvrage.

III. Or notre dessein n'est pas seulement de montrer et de tracer la route, mais encore d'y entrer nous-mêmes; ainsi la troisième partie de notre ouvrage embrasse les phénomènes de l'univers, c'est-à-dire les expériences de toute espèce; une histoire naturelle, en un mot, qui

soit de nature à pouvoir servir de base à la philosophie. Car eût-on trouvé une méthode de démonstration, une manière d'interpréter la nature assez parfaite pour garantir l'esprit humain de toute erreur, de toute chute, elle n'en serait pas plus suffisante pour lui fournir la matière première de la science; mais quant à ceux dont le dessein n'est pas de conjecturer, de faire les devins, mais d'inventer, de savoir, qui ne se contentent pas de rêver des mondes imaginaires, espèces de singes du grand, mais dont le dessein est de pénétrer dans la vraie nature de ce monde que voilà et de le disséquer pour ainsi dire, ceux-là doivent tout puiser dans les choses mêmes. Or ce travail-là, cette recherche, cette espèce de promenade dans l'univers, il n'est aucune force de génie, aucune méthode d'argumentations qui puisse y suffire et tenir lieu des faits, non pas même quand les esprits de tous les hommes, parfaitement d'accord entre eux, concourraient à un tel dessein; il faut donc se procurer une telle histoire ou renoncer tout-à-fait à l'entreprise. Mais, jusqu'à ce jour, les hommes se sont, à cet égard, conduits de telle manière qu'il n'est nullement étonnant que la nature ne se soit pas laissé approcher.

Car en premier lieu l'information des sens même est trompeuse et insuffisante; l'observation, paresseuse, inégale et une sorte de jeu de hasard; la tradition, vaine et composée de bruits populaires; la pratique, toute attachée à la main-d'œuvre et toute servile; la méthode expérimentale, aveugle, stupide, vague et ne marchant que par bonds; enfin l'histoire naturelle, superficielle et pauvre. Rien de plus vicieux que les matériaux qu'ils ont fournis à l'entendement pour les sciences et la philosophie.

Puis tous ces raisonnements subtils qu'on fait après coup pour éplucher tout cela ne sont qu'un remède appliqué trop tard et quand tout est déjà désespéré; ils ne réparent nullement le mal et n'ôtent pas les erreurs. Si donc il reste quelque espoir de progrès et d'accroissement, il ne peut naître que d'une sorte de restauration des sciences.

Or, une opération de cette espèce doit commencer à l'histoire naturelle, mais à une histoire d'un genre et d'un appareil tout-à-fait nouveau; car lorsqu'on manque d'images, à quoi sert de polir le miroir? Il faut donc commencer par préparer à l'entendement, non pas seulement des secours effectifs, mais aussi une matière sur laquelle il agisse ; et c'est encore en cela que notre histoire diffère de la logique qui est en usage, savoir : par sa fin ou son office, par sa masse et son ensemble, enfin par la finesse de son tissu et même par son choix, par sa constitution appropriée à ce qui doit suivre.

1° Le véritable avantage de notre histoire naturelle n'est pas d'amuser les spectateurs par la variété des objets qu'elle met sous les yeux, ni d'encourager par l'utilité présente de certaines expériences, mais d'éclairer notre marche dans la recherche des causes et de donner en quelque manière le premier lait à la philosophie ; car bien que nous nous attachions principalement aux œuvres, à la partie active des sciences, cependant nous savons attendre la moisson ; nous ne nous hâtons pas de cueillir de la mousse, et pour nous servir d'une expression proverbiale, de moissonner notre blé en herbe ; car nous savons que les vrais axiomes, une fois découverts, traînent après eux des légions de procédés nouveaux, et les présentent non un à un, mais par poignées. Quant à cette ardeur puérile qui porte à vouloir saisir avant le temps certains nouveaux procédés comme autant de gages, nous la condamnons absolument, la regardant comme la pomme d'Atalante, qui n'est bonne que pour retarder notre course. Tel est donc l'office de notre histoire naturelle.

Quant à la manière de la composer, l'histoire que nous projetons n'est pas seulement celle de la nature, libre, dégagée de tout lien, et telle qu'elle est lorsqu'elle coule d'elle-même et exécute son œuvre sans obstacle ; telle qu'est l'histoire des corps célestes, des météores, de la terre et de la mer, des minéraux, des plantes, des animaux ; mais bien plus celle de la nature liée et tourmentée, c'est-à-dire de la nature telle qu'elle se trouve, lorsque, par le moyen de l'art et par le ministère de l'homme, elle est chassée de son état, pressée et comme forgée. C'est pourquoi nous faisons entrer dans notre histoire toutes les expériences des arts mécaniques, toutes celles dont se compose la partie active des arts libéraux ; enfin toutes celles d'où résultent une infinité de pratiques qui ne forment pas encore proprement un corps d'art, et cela autant que la recherche nous en a été possible et que ces expériences vont à notre but. Il y a plus, s'il faut tout dire ; peu touchés de l'orgueil de certaines gens et peu séduits par les belles apparences, nous nous occupons plus spécialement de cette partie, et nous en attendons plus de secours que de celle dont nous parlions d'abord, attendu que la nature se décèle mieux par les tourments que l'art lui fait subir que lorsqu'elle est abandonnée à elle-même et laissée dans toute sa liberté.

Et non content de former l'histoire des corps, nous avons cru que ce soin et cette exactitude, dont nous nous piquons, nous faisaient une loi de former aussi à part une histoire des qualités elles-mêmes, je veux dire de celles qui peuvent être regardées comme cardinales dans l'univers et qui constituent proprement les forces primordiales de la nature, et qui sont comme ses premières passions et ses premiers désirs. Telles sont la densité, la rareté, le chaud et le froid, la consistance et la fluidité, la gravité et la légèreté, et un assez grand nombre d'autres semblables.

Que si nous venons à parler de la finesse du tissu, qu'on sache que nous rassemblons un certain genre d'expériences beaucoup plus délicates et plus simples que celles qui se présenteraient d'elles-mêmes, car nous tirons de l'obscurité et mettons au grand jour des choses que tout autre qu'un homme qui marche à la recherche des causes par une route constante et toujours la même, ne se serait jamais avisé de chercher ; en sorte qu'on voit clairement que ce n'est pas pour elles-mêmes qu'on les a cherchées, mais qu'elles sont, relativement aux choses et aux œuvres, ce que les lettres de l'alphabet sont par rapport aux discours et aux mots ; lettres qui par elles-mêmes sont inutiles, et qui sont pourtant les éléments de tout discours.

Or, dans le choix des narrations nous croyons avoir mieux servi les hommes que ceux qui jusqu'ici se sont occupés de l'histoire naturelle, car nous n'y faisons rien entrer dont nous n'ayons été nous mêmes témoins oculaires, ou du moins que nous n'ayons bien examiné, et nous ne recevons rien qu'avec une sévérité qui ne se dément jamais ; en sorte que nous ne rapportons rien qui tienne du merveilleux, aucun fait exagéré, et toutes nos relations sont dépouillées de faste, purgées de vanité et parfaitement pures. Il y a plus, nous notons et proscrivons nommément tous ces mensonges reçus et si vantés, qui, par une négligence très étonnante, ont eu cours durant tant de siècles et se sont invétérés, afin qu'ils ne fassent plus obstacle aux sciences. Quelqu'un a observé très judicieusement que les fables, les contes superstitieux, et toutes ces sornettes dont les nourrices bercent les enfants et qu'elles regardent comme un badinage, ne laissent pas de dépraver très sérieusement leur esprit; c'est cette raison-là même qui éveille notre sollicitude; nous craignons que dès le commencement, et lorsque nous manions et gouvernons, pour ainsi dire, l'enfance de la philosophie, en traitant l'histoire naturelle, elle ne s'accoutume à des futilités. Ainsi, dans toute expérience nouvelle et un peu délicate, quoique certaine et bien vérifiée, du moins à ce qu'il nous semble, nous n'avons pas laissé de décrire avec clarté la manière dont nous nous y sommes pris pour la faire, afin qu'ayant bien considéré notre procédé et notre résultat, d'autres voient plus aisément ce qu'il peut s'y glisser d'erreur et s'y attacher de faux, et qu'ils s'évertuent eux-mêmes pour trouver des épreuves plus sûres et plus délicates, s'il s'en trouve de telles. En un mot, nous semons partout des avertissements, des doutes, des précautions, chassant et réprimant tous les fantômes par une sorte de religion et d'exorcisme.

Enfin, comme nous ne savons que trop combien l'expérience et l'histoire émoussent l'esprit le plus aigu, combien il est difficile, surtout aux esprits sans vigueur ou préoccupés, de se familiariser dès le commencement avec la nature, nous ne manquons pas d'ajouter nos observations, comme autant de premiers essais par lesquels l'histoire semble se tourner, se pencher un peu vers la philosophie et y donner un coup d'œil, afin que ces premières vues tiennent lieu aux hommes de garantie qu'ils ne seront pas toujours détenus dans les flots de l'histoire, et qu'à l'époque où nous en viendrons à l'œuvre même de l'entendement, toutes choses se trouvent plus sous la main. Or, nous nous flattons qu'à l'aide d'une histoire naturelle telle que celle dont nous donnons l'idée, nous ouvrons une route sûre et commode vers la nature, et que nous fournissons à l'entendement une matière de bon choix et bien préparée.

Or, après avoir fortifié l'entendement par des secours et des appuis bien effectifs, et avoir, en quelque manière, rassemblé l'armée des œuvres divines avec le choix le plus sévère, il paraît qu'il ne nous reste plus qu'à mettre la main à la philosophie même. Cependant, sur une entreprise aussi difficile et exposée à tant de doutes, il est encore un avertissement que nous devons faire précéder, soit pour répandre plus de lumière sur ce qui doit suivre, soit pour en faire usage dans cet instant même.

IV. Le premier point, c'est de proposer des exemples de recherche et d'invention selon notre marche et notre méthode, et présentés dans quelques sujets, mais en choisissant les sujets les plus dignes d'attention et ceux qui diffèrent le plus entre eux, afin qu'on ne manque pas d'exemples dans chaque genre. Or, nous ne parlons pas ici de ces exemples qu'on ajoute à chaque précepte et à chaque règle pour l'éclaircir, car c'est dans la seconde partie que nous avons abondamment fourni des exemples de cette espèce; mais nous voulons dire des types, des modèles proprement dits, qui montrent tout le procédé, la marche continue, l'ordre que l'esprit doit suivre, en inventant, dans certains sujets remarquables et variés, et qui le mettent comme sous les yeux. En effet, nous voyons qu'en mathématiques, lorsque la figure est sous les yeux, la démonstration devient claire et facile, au lieu que, sans ce secours, tout paraît enveloppé et plus subtil qu'il ne l'est en effet. C'est pourquoi nous avons consacré aux exemples de cette espèce la quatrième partie de cet ouvrage, qui n'est au fond que l'application particulière et développée de la seconde.

V. Quant à la cinquième partie, nous n'en faisons usage que pour le moment et jusqu'à ce que le reste soit achevé. C'est une sorte d'àcompte dont il faut se contenter jusqu'à ce qu'on ait fait fortune; car nous ne courons pas à notre but si aveuglément que nous négligions ce qui se rencontre d'utile sur notre chemin. Ainsi la cinquième partie sera composée de ce que nous avons pu nous-mêmes inventer, vérifier ou ajouter; et cela non pas d'après nos préceptes et notre méthode d'interprétation, mais d'après cette marche même que suivent les autres dans la recherche et l'invention. En effet, comme, d'après le soin que nous avons de nous familiariser continuellement avec la nature, ce que nous attendons de nos méditations surpasse infiniment tout ce que nous pourrions espérer des seules forces de notre esprit, ces premières observations peuvent être regardées comme autant de tentes placées sur notre route, et où l'esprit, tendant à des connaissances plus certaines, puisse, en attendant, se reposer quelque peu. Néanmoins, nous déclarons que nous ne prétendons point répondre de ces choses-là mêmes qui n'ont point été inventées ou vérifiées par la vraie méthode d'interprétation. Or, quant à cette suspension de jugement dont nous usons sur ce point, elle ne doit rien avoir de choquant dans une doctrine qui n'affirme pas simplement qu'on ne peut rien savoir, mais seulement qu'on ne peut rien savoir sans un certain ordre et une certaine méthode, et qui cependant détermine certains degrés de certitude, pour aider le travail et faciliter la pratique, jusqu'à ce que l'explication des causes fournisse un point d'appui. Car ces écoles-là même qui professaient purement et simplement l'acatalepsie n'étaient en rien inférieures à celles qui tranchaient sur tout avec le plus de hardiesse. Cependant ces mêmes écoles ne procuraient point de secours aux sens et à l'entendement, comme nous le faisons, mais elles ôtaient toute espèce de croyance et d'autorité, ce qui est bien différent et presque opposé.

VI. Enfin, la sixième partie de notre ouvrage, à laquelle les autres sont subordonnées, et dont elles ne sont que les ministres, dévoile cette philosophie que la méthode pure et légitime de recherche, que nous avons commencé par enseigner, prépare, enfante et constitue; mais d'achever cette dernière partie et de la conduire à sa fin, c'est une entreprise qui est au-dessus de nos forces et qui passe nos espérances. Quant à nous, nous pouvons peut-être nous flatter d'en avoir donné un commencement qui n'est pas à mépriser; mais, quant à sa fin, c'est de la fortune du genre humain qu'il faut l'attendre; fin qui peut-être sera telle que, dans l'état présent des choses et des esprits, les hommes pourraient à peine l'embrasser et la mesurer par leur pensée; car il ne s'agit pas ici d'une simple félicité contemplative, mais de l'affaire du genre humain, de sa fortune, de toute cette puissance qu'il peut acquérir par la science active. En effet, l'homme, interprète et ministre de la nature, ne conçoit et ne réalise ses conceptions qu'en proportion de ce qu'il sait découvrir dans l'ordre de la nature, soit par l'observation, soit par la réflexion; il ne sait et ne peut rien de plus, car il n'est point de force qui puisse relâcher ou rompre la chaîne des causes; et si l'on peut vaincre la nature, ce n'est qu'en lui obéissant; ainsi ces deux buts, la science et la puissance humaine, coïncident exactement dans les mêmes points; et si l'on manque les effets, c'est par l'ignorance des causes.

L'essentiel est de ne jamais détourner des choses les yeux de l'esprit et de recevoir leurs images précisément telles qu'elles sont; car Dieu sans doute ne permettrait pas que nous donnassions pour une copie fidèle du monde un pur rêve de notre imagination. Espérons plutôt que, moyennant sa faveur et sa bonté, nous serons en état d'écrire l'Apocalypse et la véritable vision des vestiges et des caractères que l'auteur des choses a imprimés dans ses créatures.

Daigne donc, ô père de toute sagesse, qui donnas à la créature les prémices de la lumière visible, et qui, mettant la dernière main à tes œuvres, fis briller sur la face humaine la lumière intellectuelle, daigne favoriser et diriger cet ouvrage, qui, étant parti de ta bonté, doit retourner à ta propre gloire! Toi, lorsque tu tournas tes regards vers l'œuvre que tes mains avaient opérée, tu vis que tout était bon; mais l'homme, lorsqu'il se tourne vers l'œuvre de ses mains, voit que tout n'est que vanité et tourment d'esprit, et ne trouve aucun repos. Si donc nous arrosons de nos sueurs l'œuvre de ta main, tu daigneras nous rendre participants de ta vision et de ton sabbat. Daigne fixer dans nos cœurs ces sentiments si dignes de toi, et dispenser à la famille humaine de nouvelles aumônes, par nos mains et par les mains de ceux à qui tu auras inspiré d'aussi saintes intentions

PREMIÈRE PARTIE

DE LA GRANDE RESTAURATION DES SCIENCES

DE LA DIGNITÉ ET DE L'ACCROISSEMENT DES SCIENCES

(DE DIGNITATE ET AUGMENTIS SCIENTIARUM LIBRI NOVEM.)

LIVRE PREMIER.

Sous l'ancienne roi, monarque plein de bonté, on distinguait des offrandes volontaires et des sacrifices journaliers ; les derniers étaient prescrits par le rituel, les premiers étaient le fruit d'une pieuse allégresse. Je pense que les sujets doivent quelque chose de semblable à leurs souverains ; je veux dire que chacun ne leur doit pas seulement le tribut de son emploi, mais, de plus, des gages de son amour. Or, j'ose espérer que je ne manquerai pas au premier de ces devoirs. Quant au second, j'ai été quelque peu embarrassé sur le choix que j'avais à faire ; et, tout examiné, j'ai cru devoir préférer un sujet qui se rapportât plutôt à l'excellence de votre personne qu'aux affaires de votre couronne.

Pour moi, en m'occupant fréquemment de Votre Majesté comme je le dois, et oubliant, pour un instant, vos vertus et les dons de votre fortune, je suis frappé du plus grand étonnement lorsque je considère en vous ces facultés que vous possédez au degré le plus éminent, et que les philosophes qualifient d'intellectuelles ; je veux dire, cette étendue de génie qui embrasse tant et de si grandes choses, cette tenue de mémoire, cette vivacité de conception, cette pénétration de jugement, enfin cet ordre et cette facilité d'élocution qui vous distinguent. Toutes ces grandes qualités me rappellent sans doute ce dogme de Platon, que « la science n'est autre chose qu'une réminiscence ; que l'âme humaine, rendue à sa lumière native que la caverne du corps avait comme éclipsée, connaît naturellement toutes les vérités. » C'est ce dont, sans contredit, l'on voit un exemple frappant dans Votre Majesté, dont l'esprit est si prompt à prendre feu à la plus légère occasion qui l'excite, et à la moindre étincelle de la pensée d'autrui qui vient à briller ; car, de même que l'Écriture dit du plus sage des rois, qu'il eut « un cœur semblable au sable de la mer[1], » dont la masse est immense et dont néanmoins les parties sont si déliées, c'est ainsi que l'Être suprême a doué Votre Majesté d'une complexion d'esprit admirable, qui, tout en embrassant les plus grands objets, saisit aussi les plus petits, et n'en laisse échapper aucun, quoique, dans l'ordre naturel, il paraisse très difficile, ou plutôt impossible, qu'un même instrument exécute les plus grands et les moindres ouvrages. Quant à votre élocution, elle me rappelle ce que Tacite dit de César-Auguste[2] :

(1) Rois, III. c. 4, v. 29. (2) TAC., Annales, XIII, c. 8

« Auguste, dit-il, eut cette éloquence naturelle et soutenue qui sied à un prince. » Certes, si nous y faisons bien attention, toute diction laborieuse ou affectée, ou trop imitative, quelques beautés qu'elle puisse avoir d'ailleurs, a je ne sais quoi de servile et qui ne sent pas son homme libre ; mais quant à votre diction, elle est toute royale, coulant comme de source, et néanmoins, comme l'exige l'ordre naturel, distribuée en ses ruisseaux, pleine de douceur et de facilité ; telle, en un mot, que, n'imitant qui que ce soit, elle est elle-même inimitable. Et comme dans les choses qui concernent soit votre royaume, soit votre maison, la vertu semble rivaliser avec la fortune, les mœurs les plus pures avec la plus heureuse administration, vos espérances d'abord si patiemment et si sagement contenues avec l'heureux événement qui vous a mis si à propos au comble de vos vœux, la sainte foi du lit conjugal avec la belle lignée qui est l'heureux fruit de cette union, un amour pour la paix, si religieux et si convenable à un prince chrétien, avec une disposition toute semblable dans les princes vos voisins, qui tous conspirent si heureusement au même but ; ainsi on voit s'élever entre les éminentes facultés de votre entendement une sorte d'émulation et de rivalité, dès qu'on vient à comparer celles que vous ne devez qu'à la nature et qui sont en vous comme infuses, avec les richesses de l'érudition la plus variée et la connaissance d'un grand nombre d'arts, avantages que vous ne devez qu'à vous-même. Et il ne serait pas facile de trouver, depuis l'ère chrétienne, un autre monarque qu'on pût comparer à Votre Majesté pour la culture et la variété des lettres divines et humaines. Parcoure qui voudra la suite des rois et des empereurs, il sera forcé d'être de mon sentiment. Communément les rois croient avoir fait quelque chose de grand si, en ne cueillant que la fleur de l'esprit des autres, ils peuvent ainsi avoir une teinte de chaque genre de connaissances et s'attacher quelque peu à l'écorce de la science, ou enfin s'ils savent tout au moins aimer les lettrés et les avancer. Mais un roi, et un roi né tel, avoir puisé aux sources de l'érudition, en être lui-même une source, c'est ce qui tient presque du miracle ! Et ce qu'on admire de plus dans Votre Majesté, c'est que, dans ce trésor de votre esprit, les lettres sacrées se trouvent réunies avec les lettres profanes ; en sorte que, semblable à Hermès le Trismégiste, une triple gloire vous distingue, savoir : la puissance du roi, l'illumination du prêtre, et la science du philosophe. Ainsi, comme vous l'emportez de beaucoup sur tous les autres souverains par ce genre de mérite qui est proprement à vous, il est juste que non-seulement il fasse le sujet de l'admiration du siècle présent ou que la lumière de l'histoire le fasse connaître à la postérité, mais encore qu'il soit gravé sur quelque solide monument qui puisse tout à la fois manifester la puissance d'un grand roi et retracer l'image d'un monarque si éminemment savant.

Ainsi, pour revenir à mon dessein, je n'ai trouvé aucun présent plus digne de vous qu'un traité tendant à ce but. Un tel sujet se divise naturellement en deux parties. Dans la première, qui est la moins essentielle et que pourtant nous n'avons garde d'oublier tout-à-fait, nous traiterons de l'excellence et de la dignité des sciences et des lettres en toutes circonstances, et en même temps du mérite de ceux qui, avec autant d'intelligence que d'ardeur, travaillent à leur avancement. Quant à la dernière partie, qui est la plus importante, elle exposera ce qu'en ce genre on a fait et terminé jusqu'ici ; elle touchera de plus les parties qui paraissent avoir été omises et avoir besoin d'être suppléées. A l'aide de ces indications, quoique je n'ose mettre à part et choisir moi-même tel ou tel objet pour le recommander spécialement à Votre Majesté, je puis du moins, en faisant passer sous vos yeux un si grand nombre d'objets et si variés, éveiller vos pensées royales, et vous exciter à fouiller dans les trésors de votre propre esprit et à en tirer, d'après l'impulsion de votre propre magnanimité et la direction de votre propre sagesse, ce qui s'y trouve de meilleur pour reculer les limites des sciences et des arts.

A l'entrée de la première partie, pour nettoyer le chemin et comme pour commander le silence, afin que ces témoignages que nous rendons de la dignité des lettres puissent, malgré le murmure des objections tacites, se faire entendre aisément, j'ai résolu de commencer par délivrer les lettres de l'opprobre et du mépris dont l'ignorance s'efforce de les couvrir ; l'ignorance, dis-je, qui se montre et se décèle sous plus d'une forme, savoir : dans la jalousie des théologiens, dans le dédain des politiques, et dans les erreurs même des lettrés. J'entends les premiers dire que la science est de ces choses qu'il ne faut adopter qu'avec mesure et avec précaution ; que le trop grand désir de savoir a été le premier péché de l'homme et la cause de sa chute ; qu'aujourd'hui même je ne sais quoi de vénéneux qu'y a glissé le serpent tentateur y demeure attaché, vu que partout où elle entre elle occasionne une enflure. « La science enfle[1], » disent-ils. Salomon lui-même témoigne qu'il est de ce sentiment, lorsqu'il dit : « La composition des livres est un travail sans fin : la grande lecture est l'affliction de la chair[2] ; » et ailleurs. « Avec une grande sagesse se trouve toujours une grande indignation ; qui augmente sa science, augmente ses douleurs[3]. » Saint-Paul, ajoutent-ils, nous donne le même avertissement, en disant : « Ne nous laissons point abuser par une vaine philosophie[4]. » Bien plus, disent-ils encore, l'expérience même atteste que les plus savants hommes ont été les coryphées de l'hérésie ; que les siècles les plus savants ont été enclins à l'athéisme. Ils disent enfin que la contemplation des causes secondes déroge à l'autorité de la cause première.

Mais qu'il est facile de montrer la fausseté de cette assertion et de faire voir combien elle est mal fondée ! En effet, qui ne voit que ceux qui parlent ainsi oublient que ce qui causa la chute de l'homme, ce ne fut point cette science naturelle, pure et première-née, à la lumière de laquelle, lorsque les animaux furent amenés devant l'homme dans le paradis, il leur imposa des noms analogues à leur nature ; mais cette science orgueilleuse du bien et du mal dont il eut l'ambition de vouloir s'armer pour secouer le joug de Dieu et ne recevoir de loi que de lui-même ? Or, certes, il n'est point de science, quelque grandeur, quelque volume qu'on puisse lui supposer, qui enfle l'esprit, attendu que rien ne peut l'emplir, encore moins le distendre, sinon Dieu même et la contemplation de Dieu. Aussi Salomon, parlant des deux principaux sens qui fournissent des matériaux à l'invention (la vue et l'ouïe), nous dit-il : « L'œil ne se rassasie point de voir, ni l'oreille d'entendre[5]. » Que s'il n'y a point de réplétion, il s'ensuit que le contenant est plus grand que le contenu ; car c'est l'idée qu'il nous donne de la science elle-même et de l'esprit humain, dont les sens sont comme les émissaires, par ces mots qu'il place à la fin de son calendrier et de ses éphémérides, où il marque le temps de chaque chose, concluant ainsi : « Dieu a tout ordonné, pour que chaque chose fût belle en son temps. Il a gravé aussi dans leur esprit l'image du monde même ; cependant l'homme ne peut concevoir entièrement l'œuvre que Dieu exécute depuis le commencement jusqu'à la fin[1] ; » paroles par lesquelles il fait entendre assez clairement que Dieu a fait l'âme humaine semblable à un miroir capable de réfléchir le monde entier, n'ayant pas moins soif de cette connaissance que l'œil n'a soif de la lumière, et non-seulement curieuse de contempler la variété et les vicissitudes des temps, mais non moins jalouse de scruter et de découvrir les immuables décrets et les lois inviolables de la nature. Et quoiqu'il semble insinuer, par rapport à cette souveraine économie de la nature, qu'il désigne par ces mots : « L'œuvre que Dieu exécute depuis le commencement jusqu'à la fin, » que l'homme ne peut la découvrir, cependant cela n'ôte rien à l'entendement humain et ne doit s'entendre que des obstacles que rencontre la science, tels que la courte durée de la vie, le peu d'accord des études, la manière infidèle et inexacte de transmettre les sciences, et une infinité d'autres inconvénients qui enlacent l'industrie humaine. Car ailleurs il nous apprend assez clairement qu'aucune partie de l'univers n'est étrangère aux recherches de l'homme, lorsqu'il dit : « L'esprit de l'homme est comme le flambeau de Dieu, flambeau à l'aide duquel il découvre les secrets les plus intimes[2]. » Si donc telle est l'immense capacité de l'esprit humain, il est manifeste que nous n'avons rien à redouter de la quantité de la science, quelque grande qu'elle puisse être, ni lieu de craindre qu'elle occasionne quelque enflure ou quelque excès ; et que, s'il est quelque danger à redouter, c'est seulement de la part de la qualité, laquelle, quelque faible que puisse être la dose, ne laisse pas, si on la prend sans antidote, d'avoir je ne sais quoi de malin et de vénéneux pour l'esprit humain, et qui le remplit de vent.

---

(1) S. Paul, aux Corint. l, c. 8, v. 1. (2) Eccl. c. 12, v. 12. (3) Id. c. 1, v. 18. (4) S. Paul, aux Coloss. c. 2, v. 8 (5) Eccl. c. 1, v. 8.

(1) Eccl. c. 3, v. 11. (2) Proverbes, c. 20, v. 27.

Cet antidote, ce parfum qui, mêlé avec la science, la tempère et la rend très salubre, c'est la charité. C'est même ce que l'apôtre joint au passage déjà cité, en disant : « La science enfle, mais la charité édifie [1]; » à quoi se rapporte également bien ce qu'il dit ailleurs : « Quand je parlerais toutes les langues des anges et des hommes, si je n'ai la charité, je ne suis plus qu'un airain sonnant, qu'une cymbale retentissante [2]. » Non que ce soit quelque chose de si grand de parler les langues des anges et des hommes, mais parce que si tous ces talents sont séparés de la charité et ne sont pas dirigés vers le bien commun du genre humain, ils produiront plutôt une vaine gloire que des fruits solides. Quant à ce qui regarde la censure de Salomon, relativement à l'excès dans la lecture ou la composition des livres, le tourment d'esprit qui résulte de la science, et cet avertissement de Saint-Paul, « de ne nous pas laisser abuser par une vaine philosophie [3]; » si on prend ces passages dans leur véritable sens, ils marquent très distinctement les vraies limites où la science humaine doit être circonscrite de manière cependant qu'il lui est libre d'embrasser la totalité de la nature des choses sans que rien la restreigne, car ces limites sont au nombre de trois :

1º Ne plaçons pas tellement notre félicité dans la science que l'oubli de notre mortalité se glisse dans notre âme.

2º Ne faisons pas un tel usage de la science qu'elle ne produise pour nous que de l'inquiétude, au lieu de cette tranquillité d'âme qu'elle doit produire.

3º N'espérons point pouvoir, par la seule contemplation de la nature, atteindre à la parfaite intelligence des mystères divins.

Quant au premier point, Salomon s'explique très clairement dans un autre passage du même livre, lorsqu'il dit : « J'ai assez compris que la sagesse est aussi éloignée de la folie que la lumière l'est des ténèbres. Le sage a des yeux à la tête, l'insensé va errant dans les ténèbres, mais en même temps j'ai appris que la nécessité de mourir est commune à tous deux [4]. »

Quant au second point, il est certain qu'aucune anxiété, aucun trouble d'esprit ne résulte naturellement de la science, si ce n'est accidentellement; car toute science et toute admiration (qui est le germe de la science) est agréable par elle-même, mais lorsque nous en déduisons des conséquences qui, appliquées avec peu de justesse à nos propres affaires, engendrent de lâches terreurs ou des désirs immodérés, alors enfin naît ce tourment et ce trouble d'esprit dont nous parlons, car c'est alors que la science n'est plus une lumière sèche, comme l'exigeait cet Héraclite si obscur, lorsqu'il disait : « Lumière sèche, excellent esprit; » elle n'est désormais qu'une lumière humide et comme trempée dans les humeurs des passions.

La troisième règle demande une discussion un peu plus exacte, et ce ne serait pas assez de la toucher en passant; car, s'il est quelque mortel qui, de la seule contemplation des choses sensibles et matérielles, espère tirer assez de lumières pour dévoiler la nature ou la volonté divine, voilà l'homme qui se laisse abuser par une vaine philosophie. En effet, la contemplation de la nature, quant aux créatures elles-mêmes, produit la science, mais quant à Dieu, l'admiration seulement, qui est une sorte de science mutilée. Aussi est-ce un mot d'un grand sens que celui de ce platonicien qui a dit « que le sens humain ressemble au soleil qui dévoile le globe terrestre, mais en voilant le globe céleste et les étoiles. » C'est ainsi que les sens manifestent les choses naturelles et couvrent d'un voile les choses divines; et c'est par cette raison même que, dans ce petit nombre des plus savants, quelques-uns sont tombés dans l'hérésie lorsque, portés sur les ailes de cire des sens, ils ont voulu s'élever aux choses divines; car s'il est question de ceux qui présument que trop de science fait pencher vers l'athéisme et que l'ignorance des causes secondes enfante une religieuse déférence pour la cause première, je les interpellerais volontiers par cette question de Job : « Faut-il donc mentir en faveur de Dieu, et convient-il, pour se rendre agréable à lui, de tenir des discours artificieux [1]?» Il est évident que, dans le cours ordinaire de la nature, Dieu ne fait rien que par les causes secondes. Or, s'ils voulaient nous persuader le contraire, ce serait alors soutenir une pure imposture en faveur de Dieu, et ce ne serait autre chose qu'immoler à l'auteur de toute vérité,

---

(1) S. Paul, aux Corint. ép. I, c. 8, v. 1. (2) Id. ép. 1, c. 13, v. 1. (3) Eccl. c. 12, v. 12, et S. Paul, aux Coloss. c. 2, v. 8. (4) Eccl. c. 2, v. 13 et 14.

(1) Job, c. 13, v. 7.

l'immonde victime du mensonge. Bien plus, il est hors de doute et c'est ce qu'atteste l'expérience, que, quand on ne fait encore que goûter de la philosophie, elle peut porter à l'athéisme ; mais l'a-t-on pour ainsi dire bue à longs traits, alors elle ramène à la religion. Car à l'entrée de la philosophie, lorsque les causes secondes, comme étant plus voisines des sens, s'insinuent dans l'esprit humain, que l'esprit même s'y arrête et y fait un trop long séjour, l'oubli de la cause première peut s'y glisser ; mais si, poursuivant sa route, on envisage la suite, la dépendance mutuelle, l'enchaînement des causes secondes et le tout ensemble des œuvres de la Providence, alors, conformément à la mythologie des poètes, on croira aisément que l'anneau le plus élevé de la chaîne naturelle est attaché au pied du trône de Jupiter.

En un mot, qu'on n'aille pas, affectant une sobriété et une modération qui serait déplacée, s'imaginer qu'on peut faire de trop grands progrès dans les livres, soit des Écritures, soit des créatures, par la théologie ou la philosophie ; mais qu'au contraire les hommes s'éveillent et s'élancent courageusement dans les deux routes, sans crainte d'y faire trop de chemin, prenant garde seulement de ne pas faire usage de la science pour satisfaire leur orgueil, mais dans un esprit de charité ; non pour faire un vain étalage, mais pour en tirer une véritable utilité ; qu'enfin, distinguant avec soin ces deux doctrines, la théologie et la philosophie, ils prennent garde de mêler et confondre imprudemment leurs eaux.

Passons maintenant aux reproches que les politiques font aux lettres. Les arts, disent-ils, énervent les âmes et les rendent inhabiles aux travaux glorieux de l'art militaire. Dans l'état politique ils corrompent les esprits en les rendant ou trop curieux par cette grande diversité d'objets à laquelle ils les accoutument, ou trop raides par la rigueur des règles qu'ils prescrivent, ou trop superbes par la grandeur imposante des exemples qu'ils y proposent, ou trop étrangers à leur siècle par la disparité de ces mêmes exemples ; ou tout au moins, d'une manière ou de l'autre, ils détournent les esprits des affaires et de l'action, en leur inspirant peu à peu l'amour de la retraite et du repos, et introduisent dans les républiques le relâchement de la discipline en rendant chacun plus prompt à disputer qu'à obéir. Aussi, ajoutent-ils, voyons-nous que Caton le censeur, lorsqu'il vit la jeunesse romaine accourant de toutes parts vers le philosophe Carnéade, qui était venu à Rome en qualité de député, attirée par la douceur et la majesté de son éloquence, que Caton, dis-je, d'accord sur ce point avec les plus sages mortels, fut d'avis en plein sénat d'expédier les affaires qui l'avaient amené et de renvoyer au plus tôt cet homme dangereux, de peur qu'infectant et fascinant les esprits il n'introduisît, sans qu'on s'en aperçût, de pernicieuses nouveautés dans les mœurs et dans les coutumes de la patrie. C'est cette même raison qui portait Virgile (lequel ne faisait pas difficulté de préférer la gloire de sa patrie à ses propres goûts) à séparer les arts politiques des arts littéraires, et à réclamer les premiers pour les Romains, en abandonnant les derniers aux Grecs, comme il le dit dans ces vers célèbres :

Tu regere imperio populos, Romane, memento :
Hæ tibi erunt artes [1].

Nous voyons aussi qu'Anytus, accusateur de Socrate, pour premier chef d'accusation, lui reprochait que, par la force et la variété de ses discours et de ses disputes, il ébranlait dans les jeunes esprits l'autorité et la vénération due aux lois et aux coutumes de la patrie ; que, pour tout métier, il professait un art dangereux, pernicieux même, et tel que qui le possèderait bien se verrait en état de ressusciter la plus mauvaise cause, et d'accabler la vérité même sous l'appareil et le poids de son éloquence.

Mais ces accusations et toutes celles de même trempe respirent plutôt je ne sais quelle gravité affectée que la candeur de la vérité ; et c'est l'expérience qui atteste que, comme ce furent précisément les mêmes hommes, ce furent aussi précisément les mêmes temps qu'on vit briller par la gloire des exploits militaires et par celle des arts libéraux. Et quant à ce qui regarde les hommes, choisissons pour exemple ce noble couple de capitaines, Alexandre-le-Grand et Jules-César dictateur, l'un disciple d'Aristote, et l'autre rival de Cicéron en élo-

---

(1) Toi, Romain, souviens-toi de régir l'univers ;
Donne aux vaincus la paix, aux rebelles des fers·
Fais chérir de tes lois la sagesse profonde ;
Voilà les arts de Rome et des maîtres du monde.
Æneid. liv. VI, trad. de DELILLE.

quence; ou, si l'on aime mieux envisager des lettrés qui soient devenus grands capitaines que de grands capitaines qui soient devenus lettrés, nous trouvons sous notre main Épaminondas, Thébain, et Xénophon, Athénien, deux personnages dont l'un fut le premier qui ruina la puissance des Spartiates, et l'autre le premier qui fraya le chemin aux Grecs pour renverser la monarchie des Perses. Or, ce mariage des armes et des lettres est encore plus frappant dans les temps que dans les personnages, et cela en proportion qu'un objet, tel qu'un siècle tout entier, l'emporte par sa grandeur sur un seul individu. Car ce furent les mêmes, absolument les mêmes temps, qui, chez les Egyptiens, les Assyriens, les Perses, les Grecs et les Romains, furent tout à la fois les plus renommés pour la gloire militaire et les plus illustrés par les lettres; en sorte que les plus graves ecrivains, les philosophes les plus profonds et les plus grands capitaines ont vécu dans le même siècle. Et pouvait-il en être autrement, quand on sait que dans l'homme la vigueur du corps et celle de l'esprit mûrissent presque en même temps, si ce n'est que celle là précède de quelque peu? De même, dans les républiques, la gloire militaire et la gloire littéraire, dont la première répond au corps et la dernière à l'âme, sont contemporaines ou se suivent de fort près.

Au reste, que l'érudition soit plutôt un obstacle qu'un secours en politique, c'est ce qui n'est rien moins que probable; car nous convenons tous que c'est une sorte de témérité de confier le soin de son corps et de sa santé à ces médecins empiriques qui vont sans cesse vantant un petit nombre de remèdes qui, selon eux, sont autant de panacées, et auxquels ils se fient tellement qu'il n'est rien que, dans cette confiance, ils n'osent tenter, quoiqu'ils ne connaissent ni les causes des maladies, ni le tempérament du malade, ni les dangers qu'annoncent les symptômes, ni la vraie méthode curative. Nous voyons tomber dans la même méprise ceux qui, pour la défense de leurs causes et la conduite de leurs procès, se reposent sur certains légistes plus versés dans la pratique que dans les livres de droit, et à qui il est si facile de fermer la bouche à la première difficulté qui se rencontre et qui est hors du chemin battu de leur expérience. De même on ne peut que s'exposer au plus grand danger en confiant à certains conseillers empiriques le destin des Etats. Au contraire, à peine peut-on citer un seul exemple d'une république dont l'administration ait été malheureuse lorsque de savants hommes étaient assis au timon. Car, quoique les politiques soient dans l'usage de décorer les lettrés de l'épithète de pédants, cependant l'histoire, qui est la seule maîtresse de toute vérité, fait foi par plus d'un exemple que des princes encore en tutelle l'ont emporté de beaucoup sur des princes adultes, par cette cause-la même dont les politiques font aux lettres un sujet de reproches, parce qu'alors l'Etat était gouverné par des pédagogues. Qui ne sait que, durant ces cinq premières années si vantées de Néron, tout le poids des affaires portait sur Sénèque son pédagogue? Ce fut aussi à Misithée, son pédagogue, que Gordien-le-jeune dut dix années d'un règne glorieux; et l'administration d'Alexandre-Sévère ne fut pas moins heureuse durant sa minorité, temps où les femmes gouvernaient tout, mais d'après les conseils de ses précepteurs. Il y a plus; tournons les yeux vers l'administration pontificale, et nommément vers celle de Pie V et de Sixte-Quint nos contemporains, lesquels, au commencement de leur règne, étaient regardés comme des moines tout-à-fait novices dans les affaires; nous trouverons que les actes des papes de cette classe sont ordinairement plus mémorables que les actes de ceux qui, ayant été élevés dans les affaires et nourris dans les cours des princes, se sont ensuite élevés à la papauté. Car, quoique ceux qui ont consumé la plus grande partie de leur vie dans la culture des lettres soient moins versatiles, moins souples, moins prestes à saisir les occasions et à s'accommoder aux circonstances (genre d'habileté auquel se rapporte ce que les Italiens appellent des Raisons d'Etat, dont Pie V détestait jusqu'au nom, ayant coutume de dire que c'étaient de pures inventions d'hommes pervers et diamétralement opposées à la religion et aux vertus morales), ce qui fait une ample compensation à ces désavantages, c'est que ceux qui méprisent tous ces expédients marchent avec autant de promptitude que de facilité, par la route sûre et bien aplanie de la religion, de la justice, de l'honnêteté et des vertus morales; route telle que ceux qui ont le courage de s'y tenir constamment n'ont pas plus besoin de ces autres ressources qu'un corps en santé n'a besoin de médecine. D'ailleurs, le cours de la vie d'un seul homme ne peut fournir assez d'exemples pour régler la conduite d'une vie entière, pas même celle d'un seul homme ; car, de même qu'il arrive quelquefois que le petit-fils ou l'arrière-petit-fils ressemble plus à son aïeul ou à son bisaïeul qu'à son père, de même aussi il n'est pas rare que les affaires présentes quadrent mieux avec les exemples très anciens qu'avec les exemples plus modernes. Enfin, l'esprit d'un seul homme le cède autant à la vaste étendue des lettres prises en entier que les revenus d'un particulier le cedent au trésor public.

Si l'on accorde que ces dépravations et ces obstacles, que les politiques imputent aux lettres, aient quelque influence et quelque réalité, il faut convenir pourtant que dans chaque circonstance la science fournit plus de remèdes qu'elle ne cause de maux. En effet, accordons que les lettres, par une certaine force cachée, jettent l'esprit dans l'incertitude et la perplexité, d'un autre côté, il est hors de doute qu'elles nous apprennent comment nous pouvons nous dégager de la foule de nos pensées, jusqu'à quel point il faut délibérer, et quel est le moment où il faut prendre un parti. De plus, elles apprennent comment on peut, en attendant, suspendre ses desseins et tirer les choses en longueur. Accordons aussi qu'elles rendent les esprits plus raides et plus difficiles ; mais en même temps elles nous apprennent à distinguer les choses qui sont appuyées sur des démonstrations de celles qui ne sont fondées que sur des conjectures, et elles ne nous font pas moins connaître l'usage des distinctions et des exceptions que la solidité des règles et des principes. Accordons encore qu'elles séduisent les esprits et les font dévoyer par l'inégalité ou la disparité des exemples. Je ne sais trop ce qui en est ; mais je sais assez qu'elles ne nous font pas moins connaître la force des circonstances que le peu d'exactitude des comparaisons, et les distinctions à faire dans les applications ; en sorte qu'à tout prendre elles corrigent plus les esprits qu'elles ne les dépravent. Et ces remèdes-là, les lettres les insinuent, les font pour ainsi dire entrer par toutes les portes, à l'aide de cette abondante variété d'exemples qu'elles fournissent. En effet, considérez les fautes de Clément VII, si bien décrites par Guicciardini, qui semble avoir toujours vécu avec lui, ou les vacillations de Cicéron, qu'il a lui-même tracées au vif de sa propre main dans ses lettres à Atticus, et vous tâcherez de vous préserver tout-à-fait de l'inconstance et des fréquents changements de résolution. Jetez les yeux sur les fautes de Phocion, et vous aurez en horreur l'excessive opiniâtreté. Si vous lisez la fable d'Ixion, vous bannirez de votre cœur les espérances excessives, vous efforçant de dissiper toutes ces vapeurs, tous ces nuages. Enfin si l'on envisage Caton d'Utique, on se gardera bien d'émigrer, pour ainsi dire, aux antipodes de son pays et de marcher en sens contraire de son siècle.

Quant à ceux qui pensent que les lettres amollissent l'âme par la douceur du repos et de la retraite, ils nous étonneront fort s'ils parviennent à nous faire voir que ces talents qui accoutument l'esprit à une perpétuelle agitation sont les patrons de l'indolence. On serait au contraire fondé à soutenir que, de toutes les espèces d'hommes, il n'en est point qui aime les affaires pour les affaires mêmes, si ce n'est les lettrés ; car les uns aiment les affaires et les occupations en vue du gain, comme les mercenaires aiment le travail en vue du salaire ; les autres ont la gloire pour but ; tandis qu'ils travaillent, ils vivent, pour ainsi dire, dans les yeux d'autrui, toujours esclaves de leur réputation qui s'évanouirait sans cela. D'autres aspirent à la puissance et ne recherchent que cette prérogative que donne la fortune, pour récompenser leurs amis et se venger de leurs ennemis. Il en est qui, en travaillant, ne pensent qu'à exercer telle de leurs facultés dont ils sont amoureux pour se féliciter plus souvent à ce titre et se sourire à eux-mêmes ; d'autres enfin pour atteindre tel ou tel but qu'ils se proposent. En sorte que ce qu'on dit ordinairement des glorieux, que « leur courage est dans les yeux de ceux qui les regardent, » on peut l'appliquer à tous les hommes de cette trempe. Dans tous ces travaux auxquels ils se condamnent, dans tous ces mouvements qu'ils se donnent, ils ne paraissent avoir d'autre but que celui de s'attirer les applaudissements des autres ou de s'applaudir à eux-mêmes. Les lettrés sont les seuls qui se délectent dans leurs affaires et leurs occupations, les regardant comme des actions conformes à leur nature et non moins salutaires à l'âme que l'exercice l'est au corps, n'envisageant que la chose même et non ses émoluments ; en sorte qu'ils sont de tous les hommes les plus infatigables, pourvu que ce qui les occupe soit de nature à fixer, à remplir l'âme en proportion de sa dignité. S'il s'en trouve qui, très ardents à la lecture, deviennent mous et lâches dès qu'il s'agit de mettre la main à l'œuvre, ce défaut, on ne doit pas l'attribuer aux lettres, mais à une certaine faiblesse, à une certaine mollesse de corps et d'âme. Ce sont des hommes de cette espèce que désigne Sénèque lorsqu'il dit : « Il en est qui aiment tellement l'ombre que tout ce qui est exposé au jour leur paraît trouble [1]. » Vous en trouverez peut-être qui, se connaissant bien à cet égard, s'adonnent aux lettres ; mais ce n'est pas la science elle-même qui donne et qui enfante un tel caractère. Que si quelqu'un, n'en voulant pas démordre, disait encore que les lettres consument trop de temps, et un temps qui pourrait être mieux employé à autre chose, je dis : qu'il n'est point d'homme tellement obsédé par les affaires qu'il n'ait ses heures de loisir, en attendant le retour des heures du travail et le reflux de l'action, à moins qu'il ne soit prodigieusement lent à expédier, ou que, par une ambition peu honorable, il ne tâche de s'emparer de toutes sortes d'affaires. Reste donc à savoir en quoi et comment il faut employer ces heures de loisir qu'on aura su se ménager. Sera-ce aux études ou aux voluptés ? à exercer son génie ou à se donner du bon temps ? Ici se place très bien la réponse que fit Démosthènes à Eschine, homme adonné aux voluptés. Celui-ci lui objectant, par forme de reproche, que ses harangues sentaient la lampe : « Sans doute, répondit-il, elles la sentent ; mais encore y a-t-il grande différence entre ce que toi et moi faisons à la lumière de cette lampe. » Il n'est donc nullement à craindre que les lettres donnent l'exclusion aux affaires ; tout au contraire elles garantissent l'âme de l'oisiveté et de la volupté, qui, sans cela, ne manquent guère de s'y insinuer peu à peu, au double préjudice des lettres et des affaires.

Enfin nous objectent-ils que les lettres détruisent le respect dû aux lois et à l'autorité ; je réponds que c'est une pure calomnie, et qu'une telle accusation n'a pas le moindre degré de probabilité ; car quiconque ose prétendre qu'une aveugle obéissance lie plus fortement qu'un amour éclairé de son devoir, doit en même temps assurer qu'un aveugle, que l'on conduit par la main, marche plus sûrement que celui qui, en plein jour, fait usage de ses yeux. De plus, il est hors de toute dispute que les arts adoucissent les mœurs, qu'ils rendent les âmes douces, souples, ductiles et dociles au commandement ; qu'au contraire l'ignorance les rend opiniâtres, réfractaires et séditieuses. Et c'est ce que l'histoire laisse hors de doute ; car on voit que les temps d'ignorance, de grossièreté et de barbarie sont aussi les temps les plus sujets aux troubles, aux séditions et aux grandes innovations.

Quant au jugement de Caton le censeur, qu'il suffise de dire qu'il porta la juste peine de ses blasphèmes contre les lettres, lorsqu'on le vit, à l'âge de plus de soixante-dix ans, redevenir pour ainsi dire enfant et s'appliquer avec tant d'ardeur à la langue grecque ; preuve que cette prétendue censure qu'il exerça contre les lettres partait plutôt d'une certaine gravité affectée que de ses vrais sentiments. Quant à ce qui regarde les vers de Virgile, il a pu, se donnant carrière, insulter à l'univers entier et réserver pour les Romains les arts propres au commandement, en abandonnant aux autres nations les autres arts comme serviles et populaires. Il est pourtant un fait qu'il ne pouvait nier, savoir : que les Romains ne se sont élevés au faîte de la puissance qu'à l'époque même où les arts étaient parvenus au comble de la perfection ; car les deux premiers Césars, hommes si supérieurs dans l'art de gouverner, eurent pour contemporains ce Virgile même, le premier des poètes ; Tite-Live, le premier des historiens ; Varron, le premier de tous les antiquaires ; et Cicéron, le premier des orateurs ou peu s'en faut ; c'est-à-dire tous les hommes qui, au jugement de tous les siècles, furent les premiers chacun dans son genre. Enfin, quant à l'accusation intentée à Socrate, voici ce que je me contenterai d'y répondre. Rappelons-nous le temps où elle fut intentée. Ne fut-ce pas au temps des trente tyrans, les plus cruels, les plus odieux de tous les mortels et les plus indignes du commandement ? Mais lorsque cette période si courte de temps et de choses fut révolue, ce même Socrate, cet

---

(1) Épître III, vers la fin.

homme si criminel, fut mis au nombre des héros, et sa mémoire fut comblée de tous les honneurs divins et humains. Il y a plus ; ces entretiens, que d'abord on regardait comme capables de corrompre les mœurs, furent célébrés par la postérité comme les antidotes les plus efficaces et les plus sûrs pour l'esprit et les mœurs.

Que ce peu de mots suffise pour réfuter ces politiques qui, par une orgueilleuse sévérité ou une gravité affectée, ont osé faire injure aux lettres ; réfutation qui, sans le doute où nous sommes que ce fruit de nos travaux parvienne jamais à la postérité, paraîtrait assez peu nécessaire dans un temps où l'aspect et la faveur de deux souverains très éclairés, la reine Elisabeth et Votre Majesté, *Lucida Sidera*[1] qui nous retracent Castor et Pollux, ont concilié aux lettres parmi nous tant d'amour et de respect.

Nous voici arrivés au troisième genre de reproches qui rejaillit des lettrés sur les lettres même, et qui communément pénètre plus avant que les deux autres. Ces reproches se tirent ou de leur fortune, ou de leurs mœurs, ou de leurs études. Quant au premier point il ne dépend pas d'eux ; le deuxième est hors de la question ; en sorte que le troisième est le seul qui mérite quelque discussion. Cependant, comme ce qui est ici à considérer est moins le vrai poids des choses que le jugement du vulgaire, il ne sera pas inutile de dire quelques mots des deux autres.

Je dis donc que le discrédit et le déshonneur qui rejaillit de la fortune des lettrés sur les lettres se tire ou de leur pauvreté et même de leur indigence, ou de leur genre de vie obscur et retiré, ou du genre même de leurs occupations, qui ne semble pas des plus nobles.

Quant à la pauvreté, si l'on voit tous les jours que les lettrés sont indigents, que la plupart sont d'une extraction assez obscure et qu'ils ne s'enrichissent pas aussi vite que d'autres qui ne halètent qu'après le gain, l'éloge de la pauvreté est un fort beau sujet ; mais c'est aux religieux mendiants qu'il vaudrait mieux abandonner le soin de le traiter (soit dit sans les offenser), religieux dont Machiavel ne faisait pas un faible éloge lorsqu'il disait d'eux : « Depuis long-temps le règne des prêtres serait passé si la vénération pour les frères et les religieux mendiants n'eût balancé l'effet du luxe et des vices des évêques. » C'est ainsi qu'on peut dire hardiment que de cette prospérité et de cette magnificence qui donnent tant d'éclat aux princes et aux grands, on serait dès long-temps retombé dans la misère et la barbarie si l'on n'avait, à ces mêmes lettrés si misérables, l'obligation de la décence et des agréments de la vie civile. Mais, laissant de côté ces éloges captieux, attachons-nous à un autre fait bien digne de remarque ; il s'agit de cette vénération et de cette espèce de consécration où la pauvreté fut chez les Romains durant tant de siècles ; chez les Romains, dont la république ne se gouvernait point par des paradoxes ; car c'est ainsi qu'en parle Tite-Live dans son préambule : « Si l'amour de mon sujet ne me séduit, je peux dire qu'il n'y eut jamais république plus grande, plus sainte et plus riche en bons exemples ; qu'il n'y en eut point où le luxe et la cupidité vinrent si tard s'établir, où l'on rendit de si grands honneurs, et durant tant d'années, à la pauvreté et à l'économie[1]. » Il y a plus ; dans ces temps où Rome avait déjà dégénéré et à l'époque où César témoignait que son dessein était de relever la république, le sentiment d'un de ses amis fut que rien ne mènerait plus promptement à ce but que d'ôter tout crédit et tout honneur aux richesses : « Ces maux-là, disait-il, et tous les autres maux disparaîtront avec cette prérogative dont jouit l'or, sitôt que les magistratures et toutes ces distinctions auxquelles aspire le vulgaire cesseront d'être vénales. » Enfin comme on a dit que la « rougeur est la couleur de la vertu, » quoique ce soit assez souvent une faute qui nous fait rougir, on peut dire avec autant de vérité que « la pauvreté est la fortune de la vertu, » quoiqu'elle ait quelquefois pour cause le luxe et l'incurie. C'est sans contredit à Salomon qu'appartient cette sentence : « Celui qui court aux richesses ne sera pas long-temps innocent[2] ; » ainsi que ce précepte : « Achète la vérité, mais toi ne vends pas la science et la prudence[3] ; » comme s'il lui paraissait convenable d'employer les richesses à acquérir la science, et non d'employer la science à amasser des richesses.

---

(1) Astres lumineux. Hor. liv. I, ode 3, v. 2.

(1) Tite-Live, préface, vers la fin. (2) *Proverbes*, c. 8, v. 20. (3) *Id.* c. 23, v. 23.

Qu'est-il besoin de parler de cette vie obscure et retirée qu'on reproche aux lettrés? Soutenir que le repos et la retraite (pourvu toutefois qu'on en ôte le luxe et la paresse) sont préférables à la vie contentieuse et active, par suite de la sécurité, la liberté, les douceurs, l'existence honorable qui en sont les fruits, ou tout au moins à cause de la facilité qu'on y trouve à se garantir des indignités, c'est un sujet si rebattu et tellement usé par tous les écrivains que, de tous ceux qui se mêlent de le traiter, il n'en est aucun qui ne le traite bien, tant cette maxime est à l'unisson du sentiment humain quant à l'expérience, et de la raison universelle quant à l'approbation qu'on peut lui donner. Tout ce que je me contenterai d'ajouter est, que ces lettrés, qui demeurent cachés dans les républiques et qui vivent loin des yeux des hommes, sont semblables aux images de Cassius et de Brutus; car Tacite, en nous apprenant qu'elles ne furent point portées aux funérailles de Junie, quoiqu'on y en portât un grand nombre d'autres, s'exprime ainsi : « Elles y brillaient d'autant plus qu'on ne les y voyait point[1]. »

Quant à ce que l'on dit de la bassesse des occupations que l'on abandonne aux lettrés, cela nous fait penser à l'usage où l'on est de leur confier l'éducation des enfants et des adolescents, âge exposé à un mépris qui retombe sur les maîtres eux-mêmes ; mais l'on sentira aisément combien ce reproche est injuste, pour peu qu'examinant la chose, non d'après l'opinion vulgaire, mais d'après la direction d'un jugement sain, l'on considère que tout le monde se hâte d'imbiber un vase neuf plutôt qu'un vieux et choisit avec plus de soin la terre qu'il met autour d'une plante encore tendre que celle qu'il approche d'une plante adulte ; par où l'on voit que ce sont les commencements des corps et de toutes choses qui sont le principal objet de notre sollicitude. Daignez prêter l'oreille aux rabbins lorsqu'ils vous disent : « Vos jeunes gens auront des visions et vos vieillards des songes[2]. » De ce texte ils concluent que la jeunesse est l'âge qui mérite le plus notre attention et nos égards, et cela d'autant mieux que nous avons des révélations plus claires par les visions que par les songes. Mais une conduite qui mérite vraiment d'être remarquée, c'est que de notre temps, quoique les pédagogues, regardés comme une espèce de singes des tyrans, soient les jouets du théâtre, on ne cesse pas, dans le choix qu'on en fait, de mettre la même inattention et la même insouciance; ce n'est pourtant pas d'aujourd'hui seulement que cette négligence a été remarquée et que les plaintes à cet égard se sont fait entendre; mais depuis les siècles les plus vertueux et les plus sages jusqu'à nos jours on s'est plaint que les républiques ne s'occupaient que trop des lois et pas assez de l'éducation. Or cette partie si importante de l'ancienne discipline a été, jusqu'à un certain point, comme rappelée de l'exil dans les colléges des Jésuites ; et lorsque je considère leur industrie et leur activité, tant pour cultiver les sciences que pour former les mœurs, je me rappelle ce mot d'Agésilas à Pharnabaze : « Tel que je te vois, plût à Dieu que tu fusses des nôtres ! » Mais en voilà assez sur les reproches qu'on fait aux gens de lettres par rapport à leur fortune et à leur condition.

Quant à ce qui concerne les mœurs des lettrés, c'est un point qui regarde plutôt les personnes même que leurs études; car on trouve sans doute parmi eux, comme dans tous les autres ordres et genres de vie, et des bons et des méchants ; ce qui ne donne nullement atteinte à cette vérité si connue : « Que nos mœurs se moulent sur notre genre d'études, » et que les lettres, à moins qu'elles ne tombent dans des esprits tout-à-fait dépravés, corrigent entièrement le naturel et le changent en mieux.

Mais en y regardant de fort près et en appréciant les choses avec toute l'attention et la sincérité dont je suis capable, je ne vois aucun déshonneur qui puisse rejaillir des mœurs des lettrés sur les lettres, à moins qu'on ne leur reproche comme un vice ce défaut même qu'on a reproché à Démosthènes, à Cicéron, à Caton d'Utique, à Sénèque et à plusieurs autres : que les temps dont ils lisent l'histoire étant meilleurs que ceux où ils vivent, et les préceptes valant toujours mieux que les actions, ils s'efforcent beaucoup plus qu'il ne le faudrait de ramener un siècle corrompu à la pureté des préceptes et des dogmes dont ils sont nourris, et d'imposer à un temps de dissolution des lois qui ne conviennent qu'à la sévérité des mœurs antiques. Mais s'ils ont besoin de quelque aver-

---

[1] *Annales*, III, c. 76. [2] Joël, ch. 2, v. 28.

tissement à cet égard, ils sont à même de le puiser dans leurs propres sources; car Solon, comme on lui demandait s'il avait donné à ses concitoyens les meilleures lois possibles, répondit : « Non les meilleures possibles, mais les meilleures de celles qu'ils eussent voulu accepter. » Platon aussi, voyant les mœurs de ses concitoyens corrompues à un tel degré qu'il ne pouvait les supporter, s'abstint de tout emploi public, prétendant « qu'il fallait se conduire avec la patrie comme avec ses parents, user de douces persuasions et non de violence, supplier et non contester; » et c'est une précaution que n'oubliait pas non plus ce conseiller de César, qui disait : « Nous n'avons garde de vouloir rappeler aux anciennes institutions ce qui dès long-temps est le jouet d'un peuple corrompu. » Cicéron également, relevant les méprises de Caton d'Utique dans une de ses lettres à Atticus : « Rien de plus pur, dit-il, que les sentiments de Caton, mais il ne laisse pas de nuire quelquefois à la république; il nous parle comme si nous étions dans la république de Platon, et non dans cette lie de Romulus[1]. » Ce même Cicéron, excusant, à l'aide d'une bénigne interprétation, ce que les préceptes et les décisions des philosophes avaient de trop sévère et de trop dur : « Si ces précepteurs et ces maîtres, dit-il, semblent avoir reculé les limites de nos devoirs beaucoup plus loin que la nature humaine ne le comporte, c'était afin que, par les efforts mêmes que nous ferions pour nous élever au plus haut degré de perfection, nous puissions du moins prendre pied au degré convenable[2]. » Cependant, lui aussi il pouvait dire :

Monitis sum minor ipse meis[3]

Car il a donné dans le même écueil, quoiqu'il ne s'y soit pas heurté aussi lourdement que bien d'autres. Un autre défaut que l'on reproche aux lettrés avec quelque sorte de raison, c'est de préférer la gloire et l'avantage de leur patrie ou de leurs souverains à leur propre fortune et à leur propre sûreté. C'est ainsi que Démosthènes parle à ses concitoyens : « Mes conseils, ô Athéniens! ne sont pas de telle nature que je puisse, en vous les donnant, devenir plus grand parmi vous, et que vous, en les suivant, vous puissiez devenir pour les Grecs un objet de mépris; ils sont tels au contraire que le plus souvent il n'est pas trop sûr pour moi de vous les donner, mais que vous il vous est toujours utile de les suivre. » C'est dans ce même esprit que Sénèque, après les cinq premières années de Néron, n'abandonna point son poste dans le temps même où ce prince était déjà souillé des crimes les plus honteux et ne cessa point de lui donner ses conseils avec une noble confiance et une généreuse liberté; conduite qu'il ne put soutenir sans s'exposer lui-même au danger le plus imminent, et qui fut enfin cause de sa perte. Et en pouvait-il être autrement? la science pénètre l'âme humaine du profond sentiment de sa propre fragilité, et en même temps de la dignité de l'homme et des devoirs que lui imposent ses hautes destinées; toutes considérations telles que ceux qui ne les perdent jamais de vue ne peuvent en aucune manière se persuader qu'ils doivent regarder comme le souverain bien et comme leur principale fin leur propre agrandissement. C'est pourquoi ils vivent comme devant rendre compte à Dieu, et à leurs maîtres après Dieu, que ces maîtres soient des rois ou des républiques, et rendre compte sous cette formule : « Voilà ce que j'ai gagné pour toi; » et non sous celle-ci : « Voilà ce que j'ai gagné pour moi. » Mais la tourbe des politiques, dont les esprits ne sont point instruits et confirmés dans la doctrine des devoirs et dans la contemplation du bien universel, rapportent tout à eux-mêmes, se regardant comme le centre du monde, et, comme si toutes les lignes devaient concourir vers eux et leurs fortunes, s'embarrassent peu du vaisseau de la république, quoique battu par la tempête, pourvu qu'ils puissent sauver leur petite barque et échapper seuls au naufrage. Mais ceux qui connaissent mieux le poids des devoirs et les limites de l'amour de soi demeurent attachés à leurs fonctions et restent à leur poste, quelque risque qu'il y ait à le faire. Que s'ils échappent au danger au milieu des séditions et des innovations, ce bonheur ils ne le doivent point à l'artifice et à un génie versatile, mais à ce respect que la probité impose naturellement et qu'elle arrache à des ennemis même. Au reste, quant à ce qui re-

---

(1) *Lettres à Atticus*, liv. II, ép. 1. — (2) *Pour Murena*, c. 31.
(3) A mes leçons je manque le premier.
Ovid. *Art d'aimer*, II, v. 548.

garde la constance, la fidélité et la religion des devoirs, toutes choses que la science, sans contredit, insinue dans les âmes, quoique la fortune semble quelquefois les punir et qu'on ose même les condamner d'après les faux principes des politiques, elles ne laissent pas de s'attirer à la longue l'approbation universelle; mais tout cela est si clair que j'ai presque honte d'insister si long-temps sur ce point.

Un autre défaut familier aux gens de lettres, et qu'il est plus aisé d'excuser que de nier, c'est de ne savoir pas s'ajuster et s'accommoder aux personnes avec lesquelles ils ont à vivre et à traiter, défaut qui vient de deux causes. L'une est la grandeur même de leur âme, qui les empêche de s'abaisser au point de ne se dévouer qu'à un seul homme. « Nous sommes l'un pour l'autre un théâtre assez grand; » ce mot est d'un amant et non d'un sage. Je ne disconviendrai pas néanmoins que celui qui n'a pas la faculté de contracter et de dilater à volonté son esprit, comme la prunelle de son œil, est privé d'une faculté bien nécessaire dans la vie active. La seconde cause est leur probité et la simplicité de leurs mœurs, ce qui est plutôt la preuve d'un choix judicieux qu'un vrai défaut. En effet, les limites véritables et légitimes de l'assiduité qu'on peut avoir auprès de tel ou tel personnage se réduisent à étudier ses mœurs, afin de pouvoir traiter avec lui sans le choquer, l'aider de ses conseils au besoin et pourvoir en même temps à sa propre sûreté en toutes circonstances; mais scruter les secrètes affections d'un autre homme, afin de le plier, de le manier, de le tourner à son gré, c'est le propre d'un homme peu candide, d'un homme rusé, d'un homme double; et ce qui serait déjà très vicieux en amitié devient un crime dès qu'il s'agit des princes; car cette coutume de l'Orient, qui défend de fixer les yeux sur les souverains, a, quant à l'usage même, je ne sais quoi de barbare; mais quant à ce qu'elle signifie, elle ne laisse pas d'avoir son mérite. Il n'appartient pas aux sujets de scruter les cœurs de leurs maîtres, que l'Ecriture-Sainte a déclarés impénétrables.

Reste un autre défaut par lequel je terminerai cette partie et qu'on impute aux lettrés, savoir : que dans les petites choses, dans les choses extérieures, comme l'air du visage, le geste, la démarche, les entretiens journaliers et autres circonstances de cette espèce, ils n'observent pas le décorum; et ces fautes si légères, ces petites inattentions, les hommes sans jugement en prennent occasion pour juger de leur capacité dans les grandes choses; mais un jugement de cette espèce est presque toujours trompeur. Qu'ils sachent de plus que Thémistocle leur a dès long-temps répondu d'avance. Comme on l'invitait à jouer de la flûte, il répondit avec assez d'orgueil sans doute, puisqu'en cette occasion il parlait de lui-même, mais d'une manière pourtant qui rentre très bien dans ce que nous disons, « qu'à la vérité il ne savait pas jouer de la flûte, mais qu'en récompense il savait fort bien comment d'une petite ville on pouvait faire une grande cité[1]. » Il est sans doute bien des personnages dont on peut dire que tous les ressorts politiques leur sont parfaitement connus, et rien pourtant n'est plus gauche et plus maladroit qu'eux dans la vie ordinaire et dans ces petites choses qui reviennent à chaque instant. Enfin renvoyons ces détracteurs à cet éloge que Platon faisait de son maître : « Il ressemble, disait-il, aux boîtes des pharmaciens, qui au dehors présentent des figures de singes, de hibous et de satyres, mais qui au dedans contiennent des liqueurs précieuses et des remèdes admirables, » avouant ainsi qu'au jugement du vulgaire, et selon l'estimation commune, son maître ne laissait pas d'avoir à l'extérieur quelques légers défauts et même des difformités, tandis qu'au dedans son âme était toute pleine de talents supérieurs et de sublimes vertus. Mais en voilà assez sur les mœurs des gens de lettres.

Au reste, nous croyons devoir prévenir que notre dessein n'est nullement d'excuser les mœurs abjectes et sordides de certains philosophes de profession, mœurs par lesquelles ils ont déshonoré et les lettres et eux-mêmes. Tels étaient chez les Romains, dans les derniers siècles, ces philosophes qu'on voyait attachés aux maisons des riches, qui ne bougeaient de leur table, et qu'on aurait pu avec raison qualifier de parasites à grande barbe. De ce genre était celui que Lucien dépeint si facétieusement. Une dame de distinction l'ayant chargé de porter dans sa litière son petit chien de Malte, comme il se prêtait à ce service avec beaucoup de com-

---

(1) Cic. *Tusculanes*, I, c. 2.

plaisance et très peu de dignité, un petit valet de cette dame le railla, en disant : « J'ai peur que notre philosophe, de stoïcien ne devienne cynique. » Il n'est rien qui ait plus nui à la dignité des lettres que cette grossière et basse adulation à laquelle certains personnages qui n'étaient rien moins qu'ignorants ont abaissé leurs plumes et leurs esprits, transformant, selon l'expression de Du Bartas, Hécube en Hélène et Faustine en Lucrèce. Et je ne suis pas non plus trop porté à louer cette coutume reçue de dédier les livres à des patrons, surtout des livres qui, étant dignes de ce nom, ne devraient avoir d'autres protecteurs que la raison et la vérité. J'aime mieux ces anciens qui dédiaient leurs livres à leurs amis et à leurs égaux, ou qui mettaient même en tête de leurs traités les noms de ces amis. Que si par hasard ils dédiaient leurs ouvrages aux rois ou à d'autres hommes puissants, ils ne le faisaient que dans le cas où le sujet même du livre convenait à de tels personnages.

En parlant ainsi je ne prétends pas inculper ceux d'entre les gens de lettres qui savent s'accommoder aux humeurs des heureux de ce monde et autres hommes puissants; car c'est avec raison que Diogène, comme quelqu'un lui demandait par dérision comment il se faisait que les philosophes recherchassent les riches et que les riches ne recherchassent pas les philosophes, répondit, non sans causticité, « que cela venait de ce que les philosophes savaient fort bien ce qui leur manquait, au lieu que les riches ne le savaient pas. » A quoi ressemble beaucoup cette réponse d'Aristippe; ce philosophe, voyant que Denis ne faisait aucune attention à je ne sais quelle demande qu'il lui faisait, il se jeta, dans une attitude d'adoration, aux pieds du tyran, qui alors fit attention à sa demande et la lui accorda. Peu après, certain défenseur de la dignité philosophique lui ayant reproché qu'en se jetant ainsi aux pieds d'un tyran pour si peu de chose, il avait fait affront à la philosophie. « Que voulez-vous? répondit Aristippe ; est-ce ma faute à moi si Denis a les oreilles aux pieds? » On regarda aussi comme un trait de prudence et non de pusillanimité la réponse de certain autre philosophe qui, dans une dispute avec Adrien, ayant pris le parti de lui céder, s'excusa en disant « qu'il était juste de céder à un homme qui commandait à trente légions. »

Il ne faut donc pas se hâter de condamner les savants lorsqu'ils savent au besoin relâcher de leur gravité, soit que la nécessité le leur commande ou que l'occasion les y invite ; car, bien qu'une telle conduite semble au premier coup d'œil avoir je ne sais quoi de bas et de servile, cependant, en y regardant de plus près, on jugera que c'est au temps et non à la personne qu'ils s'assujettissent ainsi.

Passons maintenant aux erreurs et aux frivolités qui se rencontrent dans les études mêmes des savants et qui s'y mêlent accidentellement, ce qui est principalement et proprement notre sujet ; en quoi notre dessein n'est pas de défendre les erreurs mêmes, mais au contraire de les relever et de les extirper afin d'extraire ensuite du tout ce qui peut s'y trouver de sain et de solide, et de le garantir de la calomnie; car nous voyons que les envieux sont dans l'usage de se prendre à ce qu'il y a de plus mauvais dans chaque chose pour attaquer ce qui s'y trouve de bon et d'intact. C'est ainsi que, dans la primitive église, les païens imputaient aux chrétiens les vices des hérétiques. Cependant notre dessein n'est pas non plus d'examiner en détail, dans les erreurs et les obstacles qu'éprouvent les lettres, ce qu'il y a de plus caché et de plus éloigné de la portée du vulgaire, mais seulement ce que le commun des esprits y peut apercevoir aisément ou ce qui ne s'en éloigne pas beaucoup.

Je dis donc que je relève trois espèces de vanités et de frivolités dans les lettrés, vanités qui ont donné prise à l'envie pour les déprimer. Or, ces choses que nous qualifions de vaines, ce sont celles qui sont ou fausses ou frivoles, c'est-à-dire où manque soit la vérité, soit l'utilité. En fait de personnes, nous traitons de vaines et de légères celles qui ajoutent trop aisément foi au faux ou qui s'attachent avec trop de curiosité à des choses de peu d'utilité; et cette curiosité a pour objet ou les choses mêmes ou les mots, c'est-à-dire qu'elle a lieu, ou lorsqu'on donne trop d'attention à des choses inutiles, ou lorsqu'on s'attache trop aux délicatesses du langage. En quoi ce ne sera pas moins se conformer à la droite raison qu'à l'expérience bien constatée que de distinguer trois vices ou mauvaises constitutions de doctrines, savoir : la doctrine fantastique, la doctrine litigieuse, enfin la doctrine fardée et sans nerfs, ou de choisir cette autre division : vaines imaginations, vaines altercations, vaines affectations. Nous commencerons par la dernière.

Ce genre d'excès ou de vice, qui consiste en un certain luxe de style et qui n'a pas laissé autrefois d'avoir cours de temps à autre, s'est étonnamment accrédité vers le temps de Luther. La raison de cette vogue est qu'on s'efforçait alors de donner aux discours publics toute la chaleur et l'efficacité possible pour flatter et attirer le peuple. Or, un but de cette espèce demandait un genre de diction populaire; à quoi se joignaient la haine et le mépris que commençaient à inspirer les scolastiques qui usaient d'un style et d'un genre de diction tout-à-fait différent, forgeant sans retenue des mots étranges et barbares, et s'embarrassant peu des ornements et de l'élégance du discours, pourvu qu'ils pussent éviter les circonlocutions et exprimer leurs idées et leurs conceptions avec une certaine finesse. Mais qu'en arriva-t-il? Que peu après on commença à s'attacher plus aux mots qu'aux choses, la plupart estimant plus une phrase bien peignée, une période bien arrondie, des désinences bien cadencées et l'éclat des tropes que le poids des choses, et courant après ces agréments. Alors fleurit l'éloquence fastueuse et diffuse d'Osorius, évêque portugais. Alors aussi Sturmius consuma un temps et des peines infinies à analyser l'orateur Cicéron et le rhéteur Hermogènes. Alors encore Carr de Cambridge et Asham, parmi nous, élevant jusqu'aux cieux Cicéron et Démosthènes dans leurs livres et leurs leçons, invitèrent la jeunesse à ce genre de doctrine élégant et fleuri. Alors enfin Erasme saisit l'occasion d'introduire ce ridicule écho : « *Decem annos consumpsi in legendo Cicerone* (j'ai consumé dix années dans la lecture de Cicéron). » A quoi l'écho répondait : ὄνε, âne[1]. Mais la doctrine des scolastiques, désormais jugée âpre et barbare, commença à tomber en discrédit. Enfin, et pour tout dire en un mot, le goût dominant et l'étude de ce temps-là se portaient plus vers l'abondance que vers le poids des choses.

Tel est donc le premier genre d'excès dans les lettres, excès qui, comme nous l'avons dit, consiste à s'attacher aux mots et non aux choses. Or, quoique nous ayons tiré des temps les plus voisins du nôtre les exemples de ce genre d'excès, ce genre d'inepties n'a pas laissé de plaire autrefois, tantôt plus, tantôt moins, et plaira encore un jour. Mais il ne se peut que cela même ne contribue singulièrement à relever ou à rabaisser la réputation de la science, même auprès du vulgaire ignorant, attendu qu'il voit que les écrits des savants ressemblent fort à la première lettre d'un diplôme, laquelle, quoique bigarrée de traits de plumes et de petits ornements, ne forme après tout qu'une seule lettre. Or, je trouve qu'une image très fidèle et une espèce d'emblème de cette sorte de goût, c'est la manie de Pigmalion; car au fond que sont les mots, sinon les images des choses? et ces images, si la vigueur des raisons ne leur donne de l'âme et de la vie, s'y attacher si fort, c'est être amoureux d'une statue.

Cependant il ne faut pas non plus condamner tout homme qui prend peine à polir et à relever par l'éclat des mots ce que la philosophie peut avoir de rude et d'obscur. Nous voyons de grands exemples de ces ornements dans Xénophon, Cicéron, Sénèque, Plutarque et Platon lui-même; et l'utilité en cela n'est pas moindre que l'agrément; car, quoique la recherche de ces ornements nuise quelque peu à la connaissance de la vérité et à une étude plus profonde de la philosophie, parce qu'elle assoupit l'esprit avant le temps, éteignant le désir et la soif des découvertes ultérieures, néanmoins, si l'on a le dessein d'appliquer la science aux usages de la vie commune et aux différentes circonstances où il s'agit de discourir, de consulter, de persuader, de raisonner, et autres semblables, ce dont on aura besoin en ce genre, on le trouvera tout préparé et tout orné dans ces écrivains. Cependant c'est avec justice que tout excès en ce genre est méprisé. De même qu'Hercule, voyant dans un temple la statue d'Adonis (de ce jeune homme qui fut les délices de Vénus), s'écria dans son indignation : « Va, tu n'as rien de divin! » de même aussi ces laborieux athlètes, ces hercules littéraires, qui s'appliquent avec ardeur et sans relâche à la recherche de la vérité, n'auront pas de peine à mépriser toutes les délicatesses et tous les raffinements de cette espèce, comme n'ayant rien de divin.

Un autre genre de style un peu plus sain,

---

[1] Vocatif grec d'ὄνος, âne.

mais qui n'est pas non plus entièrement exempt de vanité, c'est celui qui, dans chaque époque, succède presque immédiatement à cette abondance et à ce luxe dont nous venons de parler. Celui-ci n'a d'autre but que d'aiguiser les expressions, de rendre les sentences concises, et de faire que le style, au lieu de couler naturellement, soit plein de tours recherchés. L'effet de cet artifice est de faire paraître tout ce qu'on dit plus ingénieux qu'il n'est réellement. C'est une adresse dont Sénèque a abusé plus que tout autre, et de nos jours il n'y a pas long-temps que les oreilles ont commencé à s'en accommoder. Mais ce raffinement plaît aux esprits médiocres, de manière à donner aux lettres une sorte de relief. Cependant c'est avec raison que les esprits plus sévères le dédaignent, et on peut le regarder comme un vice de la littérature, attendu que ce n'est qu'une sorte de chasse aux mots et qu'une recherche dans la manière de les agencer. Voilà donc ce que nous avions à dire sur cette première intempérie des lettres.

Suit ce vice dans les choses mêmes que nous avons mis au second rang et désigné par ces mots de subtilité litigieuse. Celui-ci est un peu plus mauvais encore que le premier. En effet, comme l'importance des choses l'emporte sur l'agrément des mots, de même, et par la raison des contraires, la vanité est plus choquante dans les choses que dans les mots. Sur quoi cette réprimande de saint Paul ne convient pas moins bien à notre temps qu'à celui où il parlait, et ne s'applique pas seulement à la théologie, mais même à toutes les sciences : « Evitez, dit-il, les profanes innovations de mots et toutes ces oppositions qui usurpent le nom de science[1], » paroles par lesquelles il nous montre deux espèces de signes pour reconnaître toute science suspecte et mensongère. Le premier est la nouveauté des mots et l'audacieux néologisme; l'autre, la rigueur des dogmes qui amène nécessairement des oppositions, puis des altercations et des disputes. Certes, de même qu'il est une infinité de corps qui sont pleins de force tant qu'ils sont entiers, mais qu'ensuite on voit se corrompre et se résoudre en vers, de même aussi il n'arrive que trop qu'une saine et solide connaissance des choses se dissout et se résout en questions subtiles, vides de sens, insalubres, et,

s'il est permis de s'exprimer ainsi, toutes vermoulues, questions qui, par un certain mouvement et une certaine agitation, ont un air de vie, mais qui ne laissent pour résidu qu'une matière infecte et de nul usage.

Cette espèce de doctrine moins saine et qui se corrompt elle-même s'est principalement accréditée chez un grand nombre de scolastiques qui, jouissant d'un grand loisir et doués d'un esprit aussi actif que pénétrant, mais ayant peu de lecture (attendu que leurs esprits étaient comme emprisonnés dans les écrits d'un petit nombre d'auteurs, et surtout dans ceux d'Aristote leur dictateur, comme leurs corps l'étaient dans leurs cellules), ignoraient presque totalement l'histoire de la nature et des temps, et, contents d'une petite quantité de fil, mais, à l'aide de la perpétuelle agitation de leur esprit, allant et revenant sans fin et sans terme comme une navette, ont fabriqué ces toiles si laborieuses et si compliquées qui composent le tissu de leurs livres. En effet, l'esprit humain, lorsqu'il opère sur une matière bien réelle en contemplant les œuvres de Dieu et de la nature, est dans son travail dirigé par cette matière même, et elle lui fait trouver un terme, une fin ; mais quand il revient sur lui-même, semblable à l'araignée qui forme sa toile de sa propre substance, alors il n'est plus de fin pour lui, et il ourdit certaines toiles scientifiques, admirables sans doute par la finesse du fil et la délicatesse de la main-d'œuvre, mais tout-à-fait frivoles et sans utilité.

Or, cette subtilité excessive et cette inutile curiosité est de deux espèces, et on l'observe, ou dans la matière même comme dans une vaine spéculation, ou dans une frivole controverse, ce dont on voit bien des exemples dans la théologie et dans la philosophie, ou dans la méthode et la manière de traiter ces sciences. Voici à quoi se réduisait cette méthode chez les scolastiques. Sur chaque sujet proposé on formait des objections, puis venaient les solutions de ces difficultés, solutions qui pour la plupart n'étaient que de simples distinctions, quoique la force de toute science, comme celle du faisceau de ce vieillard de l'apologue, réside, non dans les verges dont il est composé, prises une à une, mais dans leur assemblage et dans le lien qui les tient unies. En effet, la considération du tout ensemble d'une science, toute com-

---

[1] *Ep. à Timothée*, 1, c. 4, v. 27.

posée de parties mutuellement dépendantes les unes des autres et qui se soutiennent réciproquement, est et doit être la méthode la plus sûre et la plus facile pour réfuter toutes les petites objections. Que si au contraire vous tirez tous les axiomes un à un, comme ce vieillard séparait les brins du faisceau, vous les trouverez tous faibles, et il vous sera facile de les faire fléchir ou de les rompre tous successivement ; en sorte que, comme l'on disait de Sénèque, « qu'en pulvérisant tout à l'aide des mots il ôtait aux choses tout leur poids[1], » on peut dire aussi des scolastiques que, pulvérisant tout par leurs controverses sans nombre, ils ôtent aux sciences tout leur poids. Dites-moi s'il ne vaudrait pas mieux, dans une salle spacieuse, allumer un seul flambeau ou suspendre un seul lustre garni de lumières pour éclairer toutes les parties à la fois, que d'aller promenant une petite lanterne dans tous les coins, comme le font ceux qui s'étudient moins à éclaircir la vérité par des raisonnements bien nets, par des exemples et des autorités, qu'à lever toutes les petites difficultés, à résoudre toutes les petites objections, à dissiper tous les doutes? Que gagnent-ils par cette méthode? Ils font que chaque question enfante de nouvelles questions sans fin et sans terme ; comme nous voyons, dans la similitude dont nous usions plus haut, que la lanterne portée dans un certain coin abandonne toutes les autres parties et les laisse dans l'obscurité ; en sorte que la vive image de ce genre de philosophie est la fable de Scylla, qui, au rapport des poètes, présentait par le haut le visage et la poitrine d'une fille jeune et belle, mais qui, dans les parties inférieures du corps était :

Candida succinctam latrantibus inguina monstris[2].

De même vous trouverez chez les scolastiques certaines généralités assez belles pour le discours et qui ne sont pas trop mal imaginées ; mais en vient-on aux distinctions et aux décisions, alors, au lieu d'une matrice féconde en moyens utiles à la vie humaine, le tout aboutit à des questions monstrueuses et à un vain fracas de mots. Il n'est donc pas étonnant que ce genre de doctrine soit si exposé au mépris, même auprès du vulgaire, qui dédaigne ordinairement la vérité à cause des disputes qu'elle occasionne, qui s'imagine que des gens qui ne sont jamais d'accord entre eux se trompent tous, et qui, lorsqu'il voit de savants hommes ferrailler sans cesse les uns contre les autres pour le moindre sujet, se saisit aussitôt de ce mot de Denis de Syracuse : « Ce sont propos de vieillards oisifs. » Mais il est hors de doute que si les scolastiques, à cette soif inextinguible de la vérité et à cette perpétuelle agitation d'esprit qui leur est propre, eussent joint des lectures et des méditations assez étendues et assez variées, ils n'eussent été de grandes lumières en philosophie et n'eussent fait faire de grands pas aux sciences et aux arts.

Quant à la troisième espèce d'excès, qui regarde le mensonge et la fausseté, c'est la plus honteuse de toutes ; elle détruit la nature même et l'âme de la science, qui est l'image de la vérité ; car la réalité d'existence et la vérité de connaissance ne sont qu'une seule et même chose et ne diffèrent pas plus entre elles que le rayon direct et le rayon réfléchi. Ainsi ce vice est double ou plutôt il est doublé ; c'est ou imposture ou crédulité ; l'une trompe, l'autre est trompée. Et, quoique ces deux choses semblent être de nature très différente, l'une ayant pour principe une certaine duplicité et l'autre une certaine simplicité, néanmoins elles se trouvent presque toujours ensemble, comme il est dit dans ce vers :

Percontatorem fugito, nam garrulus idem est[1].

Par où le poète nous fait entendre que celui qui est curieux est aussi indiscret ; de même on peut dire que tout homme qui croit aisément trompe tout aussi volontiers. En effet, nous voyons tous les jours, par rapport à la renommée et aux bruits qui courent, que les hommes qui ajoutent aisément foi aux premières nouvelles sont aussi ceux qui sont les plus portés à les enfler ; et c'est ce que Tacite exprime judicieusement en ce peu de mots : « Ils mentent et croient tout ensemble. » Tant il est vrai qu'il n'est rien de plus voisin que ces deux choses,

---

(1) Quint. liv. X, c. 1, § 130.
(2) Entourée, vers les parties de la génération, de monstres aboyants. Virg. *Ecl.* VI, 75.

(1) Fuyez les grands questionneurs, car ce sont en même temps de grands bavards. Hor. liv. I, ép. 18, v. 69.

la volonté de tromper et la facilité à croire!

Or, cette facilité à croire et à recevoir toutes choses, quoiqu'appuyées sur la plus faible autorité, est de deux espèces, et varie en raison du sujet de la croyance; car l'on peut croire ou une narration, c'est-à-dire le fait, suivant l'expression des jurisconsultes, ou le droit. Quant au premier genre, nous voyons combien les erreurs de cette nature, en se mêlant à certaines histoires ecclésiastiques, ont fait de tort à la dignité de ces histoires, qui se sont prêtées trop aisément à recevoir et à transmettre je ne sais quels miracles opérés par les martyrs, les ermites, les anachorètes et autres saints personnages, ainsi que par leurs reliques, leurs sépulcres, leurs chapelles, leurs images, etc. C'est ainsi que nous voyons qu'on fait entrer dans l'histoire naturelle une infinité de prétendus faits avec bien peu de choix et de jugement, comme il paraît par les écrits de Pline, de Cardan et d'un grand nombre d'Arabes; écrits qui fourmillent de contes et de relations fabuleuses, je ne dis pas seulement incertaines, mais même controuvées et convaincues de faux, et cela au grand déshonneur de la philosophie, devant les hommes graves et judicieux. C'est en quoi surtout brille la sagesse et l'intégrité d'Aristote qui, après avoir écrit avec toute l'exactitude et le soin possible une histoire des animaux, y a mêlé si peu de relations fabuleuses. Bien plus, et dans un esprit opposé, toutes ces relations étonnantes qu'il a jugées dignes de mémoire, il les a rejetées dans un seul petit recueil, considérant avec sagesse que les faits bien constatés qui, étant appuyés sur la base solide de l'expérience, devaient servir de fondement à la philosophie et aux sciences, ne devaient point être mêlés sans précaution avec des traditions justement suspectes; et que, d'un autre côté, par rapport à ces choses rares et extraordinaires qui semblent incroyables à la plupart des hommes, il ne devait point les supprimer tout-à-fait et les dérober à la connaissance de la postérité.

Mais cet autre genre de crédulité qui se rapporte, non aux histoires et aux narrations, mais aux arts et aux opinions, est de deux espèces; car c'est ou aux arts mêmes, ou aux auteurs qui traitent de ces arts qu'on ajoute foi trop aisément. Or, les arts, qui tiennent plus de l'imagination et de la foi que de la raison et des démonstrations, sont surtout les trois suivants: l'astrologie, la magie naturelle et l'alchimie; arts dont les fins ne sont rien moins que méprisables; car l'astrologie fait profession de dévoiler l'influence et l'ascendant des choses supérieures sur les inférieures; la magie naturelle se propose de rappeler la philosophie de la variété des spéculations à la grandeur des œuvres; et la chimie se charge de séparer et d'extraire les parties hétérogènes de la matière qui se trouvent cachées et combinées dans les corps, d'épurer ces corps mêmes de ce qui s'y trouve embarrassé, et d'achever ce qui n'est pas encore au point de maturité. Mais les voies et les méthodes qui paraissent conduire à ces fins, tant dans la théorie que dans la pratique de ces arts, ne sont qu'un amas d'erreurs et de futilités; et la tradition même de ces arts manque d'une certaine candeur, se retranchant dans son jargon et son obscurité. Cependant le moins que nous devions à la chimie, c'est de la comparer à ce vieux cultivateur dont parle Ésope, et qui, près de mourir, dit à ses fils qu'il leur avait laissé dans sa vigne une grande quantité d'or, mais qu'il ne se rappelait pas bien l'endroit où il l'avait enfoui. Et voilà ses enfants retournant partout la terre de cette vigne; ils n'y trouvèrent pas d'or à la vérité, mais, en récompense, comme ils avaient remué la terre autour des racines des ceps, ils eurent l'année suivante une vendange très abondante. Tout en travaillant à faire de l'or, les alchimistes ont allumé un flambeau, à la lumière duquel on a fait un assez grand nombre de découvertes et d'expériences utiles, soit comme éclairant l'étude de la nature, soit comme applicables aux usages de la vie.

Or, cette crédulité qui a revêtu tels auteurs des sciences d'une certaine prérogative de dictateur pour statuer, et non d'une simple autorité de sénateur pour conseiller, a fait un tort infini aux sciences. C'est la principale cause de leur décadence et de leur abaissement. C'est là ce qui fait qu'aujourd'hui, manquant de substance, elles ne font que languir et ne prennent plus d'accroissement sensible. De là il est arrivé que, dans les arts mécaniques, les premiers inventeurs ont fait peu de découvertes, et que le temps a fait le reste; mais que, dans les sciences, les premiers auteurs ayant été fort loin, le temps n'a fait que miner et ruiner leur ouvrage.

Aussi voyons-nous que les arts de l'artillerie, de la navigation, de l'imprimerie, arts d'abord imparfaits, presque informes et onéreux à ceux qui les exerçaient, se sont dans la suite des temps perfectionnés et appropriés à nos usages. Au contraire, les philosophies et les sciences d'Aristote, de Platon, de Démocrite, d'Hippocrate, d'Euclide et d'Archimède, qui, dans les inventeurs, étaient saines et vigoureuses, n'ont fait à la longue que dégénérer et n'ont pas peu perdu de leur éclat; différence dont la véritable cause est que, dans les arts mécaniques, un grand nombre d'esprits ont concouru vers un seul point, au lieu que, dans les sciences et les arts libéraux, un seul esprit a écrasé tous les autres par son poids et son ascendant. Et ces esprits supérieurs, trop souvent leurs sectateurs, les ont plutôt altérés qu'enrichis. Car, de même que l'eau ne s'élève jamais au-dessus de la source d'où elle est dérivée, de même aussi la doctrine d'Aristote ne s'élèvera jamais au-dessus de la doctrine de ce même Aristote. Ainsi, quoique cette règle qui dit « que tout homme qui apprend doit se résoudre à croire » ne nous déplaise nullement, il est bon pourtant d'y joindre cette autre règle : « Que tout homme déjà suffisamment instruit doit user de son propre jugement. » Car ce que les disciples doivent à leurs maîtres, c'est seulement une sorte de foi provisoire, une simple suspension de jugement, jusqu'à ce qu'ils se soient bien pénétrés de l'art qu'ils apprennent; mais ils ne lui doivent jamais un entier renoncement à leur liberté et une perpétuelle servitude d'esprit. Ainsi, pour terminer ce que nous avions à dire sur cette partie, nous nous contenterons d'ajouter ce qui suit : Rendons aux grands maîtres l'hommage qui leur est dû; mais sans déroger à ce qui est dû aussi à l'auteur des auteurs, au père de toute vérité, au temps.

Nous avons désormais fait connaître les deux espèces de vices ou de maladies auxquelles la science est sujette. Il en est encore d'autres qui sont moins des maladies décidées que des humeurs vicieuses; maladies qui pourtant ne sont pas si secrètes et si cachées que bien des gens ne les aperçoivent et n'en fassent le sujet de leur critique. Ainsi elles ne sont nullement à négliger.

La première de ces erreurs est un certain engouement pour ces deux extrêmes, l'antiquité et la nouveauté; en quoi ces deux filles du temps ne ressemblent pas mal à leur père; car de même que le temps dévore ses enfants, les deux sœurs se dévorent aussi réciproquement, attendu que l'antiquité envie les nouvelles découvertes, et que la nouveauté, peu contente d'ajouter ce qu'elle a pu découvrir, veut encore exclure et rejeter tout ce qui l'a précédée. Certes le conseil du prophète est la véritable règle à suivre en ceci : « Tenez-vous d'abord sur les voies antiques, puis considérez quel est le chemin le plus droit et le meilleur, et marchez-y [1]. » Telle doit être la mesure de notre respect pour l'antiquité. Il est bon de s'y arrêter un peu et d'y faire quelque séjour; mais ensuite il faut regarder de tous côtés autour de soi pour trouver le meilleur chemin; et cette route une fois bien reconnue, il ne faut pas s'amuser en chemin, mais avancer à grands pas. Mais, à dire la vérité, l'antiquité des temps est la jeunesse du monde; et, à proprement parler, c'est notre temps qui est l'antiquité, le monde ayant déjà vieilli; et non pas celui auquel on donne ordinairement ce nom, en suivant l'ordre rétrograde et en comptant depuis notre siècle

Une autre erreur, originaire de la précédente, c'est une sorte de soupçon et de défiance qui fait qu'on s'imagine qu'il est désormais impossible de découvrir quelque chose de nouveau et dont le monde ait été si long-temps privé; comme si on pouvait appliquer au temps cette objection que Lucien fait à Jupiter et aux autres dieux du paganisme. Il s'étonne qu'ils aient tant procréé d'enfants autrefois et que de son temps ils n'en fassent plus. Il leur demande, en se jouant, si par hasard ils ne seraient pas septuagénaires et intimidés par la loi Pappia portée contre les mariages des vieillards. C'est ainsi que les hommes semblent craindre que le temps ne soit devenu stérile et inhabile à la génération; mais il est sur ce point une manière de juger qui montre bien la légèreté et l'inconstance des hommes. Tant qu'une chose n'est pas faite, ils s'étonnent si on leur dit qu'elle est possible; et dès qu'elle se trouve faite, ils s'étonnent au contraire qu'elle ne l'ait pas été plus tôt. C'est ainsi que l'expédition d'Alexandre fut d'abord regardée comme une entreprise

(1) JÉRÉMIE, c. 6, v. 16.

vaste et difficile, et qu'il a plu ensuite à Tite-Live d'en faire assez peu de cas pour dire « qu'Alexandre[1] n'avait eu d'autre mérite que celui de mépriser un vain épouvantail. » C'est ce qu'éprouva aussi Colomb par rapport à son voyage aux Indes occidentales. Mais cette variation de jugement a lieu encore plus fréquemment par rapport aux choses intellectuelles. C'est ce dont on voit un exemple dans la plupart des propositions d'Euclide. Avant la démonstration, elles paraissent étranges et l'on n'y donnerait pas volontiers son consentement; mais la démonstration une fois vue, l'esprit les saisit par une sorte de retrait (suivant l'expression des jurisconsultes), comme s'il les eût connues et comprises dès long-temps.

Une autre erreur, analogue à la précédente, est celle de ces gens qui s'imaginent que de toutes les sectes et les opinions antiques, une fois qu'elles ont été bien discutées et bien épluchées, c'est toujours incontestablement la meilleure qui demeure la tenante et qui fait abandonner toutes les autres; que, si l'on prenait la peine de recommencer toutes les recherches, de rappeler tout à un nouvel examen, tout ce que l'on pourrait faire serait de retomber dans quelques-unes des opinions rejetées, et qui, après cette exclusion, se sont entièrement effacées de la mémoire des hommes; comme si l'on ne voyait pas la multitude et les sages eux-mêmes, pour la flatter, donner plutôt leur approbation à des opinions populaires et superficielles qu'à celles qui ont plus de base et de profondeur; car le temps, semblable à un fleuve, charrie jusqu'à nous les choses légères et enflées, entraînant à fond celles qui ont plus de poids et de solidité.

Une autre erreur différente des précédentes, c'est cette impatience et cette impudence avec laquelle on s'est hâté de former des corps de doctrines pour les réduire en art et de les ramener à des méthodes. Ce pas une fois fait, la science n'avance plus ou n'avance que bien peu. En effet, de même que nous voyons que les jeunes gens, quand une fois leurs membres et les linéaments de leur corps sont entièrement formés, ne croissent presque plus, de même aussi la science, tant qu'elle est dispersée dans des aphorismes et des observations détachées, peut encore croître et s'élever ; mais est-elle une fois circonscrite et renfermée dans des cadres méthodiques, on peut bien encore lui donner un certain poli, un certain éclat ; mais on a beau faire alors, sa masse ne prend plus d'accroissement.

Une autre erreur qui succède à celle que nous venons de relever est qu'une fois que les sciences et les arts sont répartis par classes, la plupart des hommes renoncent bientôt, en faveur de cette spécialité, à la connaissance générale des choses et à la philosophie première. Et cependant, c'est sur les tours et autres lieux élevés qu'on se place ordinairement pour découvrir au loin, et il est impossible d'apercevoir les parties les plus reculées et les plus intimes d'une science particulière, tant qu'on reste au niveau de cette même science et que l'on ne monte pas pour ainsi dire sur une science plus élevée, pour la considérer de là comme d'un beffroi.

Il est une autre espèce d'erreur qui découle de cette vénération excessive, de cette sorte d'adoration où l'on est devant l'entendement ; sorte de culte dont l'effet est que les hommes abandonnent la contemplation de la nature et l'expérience pour se rouler en quelque manière dans leurs propres méditations, dans les fictions de leur esprit. Au reste, ces merveilleux conjectureurs, et, s'il est permis de s'exprimer ainsi, ces intellectualistes qui ne laissent pas d'être décorés du titre de sublimes, de divins philosophes, c'est avec raison qu'Héraclite leur a lancé ce trait en passant : « Les hommes cherchent la vérité dans leur petit monde à eux et non dans le grand. »

Ils dédaignent cet abécédé de la nature et cet apprentissage dans les œuvres divines. Sans ce mépris, ils auraient peut-être pu, en marchant par degrés et pas à pas, apprendre à connaître d'abord les lettres simples, puis les syllabes, enfin s'élever au point de lire couramment le texte même et le livre entier des créatures. Mais eux, au contraire, dans une perpétuelle agitation d'esprit, ils sollicitent et invoquent, pour ainsi dire, leur génie, afin qu'il prophétise en leur faveur et qu'il leur rende des oracles qui les trompent agréablement et les séduisent comme ils le méritent

Une autre erreur, fort voisine de la précédente, est que les hommes trop attachés à cer

[1] Tite-Live, liv. IX, c. 1ᵉʳ

taines opinions et a certaines conceptions qui leur sont propres et qu'ils ont principalement en admiration, ou aux arts auxquels ils se sont plus particulièrement adonnés et comme consacrés, en imbibent et en infectent leurs théories et leurs doctrines, donnant à tout la teinte de ces genres dont ils font leurs délices ; sorte de fard qui les trompe en flattant leurs goûts. C'est ainsi que Platon a mêlé à sa philosophie la théologie, Aristote la logique, la seconde école de Platon (savoir Proclus et les autres) les mathématiques ; car ces arts-là, ils étaient accoutumés à les caresser comme leurs enfants bien-aimés, comme leurs premiers-nés. Les chimistes de leur côté, munis d'un petit nombre d'expériences, nous ont, dans la fumée de leurs fourneaux, forgé une nouvelle philosophie, et Gilbert lui-même, notre compatriote, n'en a-t-il pas tiré encore une autre de ses observations sur l'aimant. C'est ainsi que Cicéron, faisant la revue des opinions diverses sur la nature de l'âme, tombe sur certain musicien qui décidait hardiment que l'âme était une harmonie, et dit plaisamment : « Celui-ci ne s'est pas éloigné de son art [1]. » C'est sur ce genre d'erreurs qu'Aristote fait cette remarque si judicieuse et si conforme à ce que nous disons ici : « Ceux qui voient peu sont fort décisifs. »

Une autre erreur encore, c'est cette impatience qui, en rendant incapable de supporter le doute, fait qu'on se hâte de décider, au lieu de suspendre son jugement, comme il est nécessaire et aussi long-temps qu'il le faut. Car les deux routes de la contemplation ne diffèrent point des deux routes de l'action dont les anciens ont tant parlé ; routes dont l'une, disaient-ils, unie et facile au commencement, devient, sur la fin, tout-à-fait impraticable, et l'autre, rude et scabreuse à l'entrée, est, pour peu qu'on y pénètre, tout-à-fait libre et aplanie. C'est ainsi que dans la contemplation, si l'on veut commencer par la certitude, on finira par le doute, au lieu que si, commençant par le doute, on a la patience de l'endurer quelque temps, on finira par la certitude.

Une erreur toute semblable se montre dans la manière de transmettre les sciences, manière qui le plus souvent, au lieu d'être franche et aisée, est impérieuse et magistrale, plus faite enfin pour commander la foi que pour se soumettre elle-même à l'examen. Je ne disconviendrai pas que dans les traités sommaires et consacrés à la pratique, on ne puisse retenir cette forme de style ; mais dans des traités complets sur les sciences, mon sentiment est qu'il faut éviter également les deux extrêmes, savoir : celui de l'épicurien Velléius « qui ne craignait rien tant que de paraître douter de quelque chose [1] », ainsi que celui de Socrate et de l'académie, qui laissaient tout dans le doute. Il vaux mieux ne se piquer que d'une certaine candeur et exposer les choses avec plus ou moins d'assurance, selon que, par le poids des raisons mêmes, elles sont plus ou moins fortement prouvées.

Il est d'autres erreurs qui se rapportent aux différents buts que les hommes se proposent ; car les plus ardents coryphées des lettres doivent avoir pour principal but d'ajouter quelque découverte importante à l'art qu'ils professent. Ceux dont nous parlons ici, contents du second rôle, ne briguent que la réputation de subtil interprète, d'antagoniste véhément et nerveux ou d'abréviateur méthodique ; conduite dont l'effet est tout au plus d'augmenter les revenus et le produit des sciences, sans que le patrimoine et le fonds prenne d'accroissement.

Mais de toutes les erreurs, la plus grande, c'est cette déviation par laquelle on s'éloigne de la fin dernière des sciences ; car les hommes qui ambitionnent la science sont déterminés par différents motifs. Chez les uns, c'est une certaine curiosité native et inquiète ; les autres n'y cherchent qu'un passe-temps et qu'un amusement. D'autres veulent se faire par ce moyen une certaine réputation ; d'autres encore, ne voulant que s'escrimer, y voient un moyen pour avoir toujours l'avantage dans la dispute ; la plupart n'ont en vue que le lucre et n'y voient qu'un moyen pour gagner leur vie. Il en est peu qui pensent à employer pour sa véritable fin la raison dont les a doués la Divinité pour l'utilité du genre humain. Voilà leurs différents motifs, sans doute, comme s'il ne s'agissait, en acquérant la science, que d'y trouver ou un lit de repos pour assoupir leur génie bouillant et inquiet, ou encore un portique où l'on pût se promener librement et errer au gré de ses dé-

---

(1) Cic. *Tuscul.* I, c. 10.

(1) Cic. *Nature des dieux*, I, c. 8.

sirs, ou une tour élevée d'où l'âme ambitieuse et superbe pût abaisser des regards dédaigneux, ou même une citadelle, un fort pour combattre sans risques tout ce qui se présente, ou enfin une boutique destinée au gain et au commerce, et non un arsenal bien fourni, un riche trésor consacré à la gloire de l'auteur de toutes choses et à l'adoucissement de la condition humaine. Car s'il existait un moyen de mettre la science en honneur et de l'elever dans l'opinion des hommes, ce serait sans contredit d'unir, par un lien plus étroit qu'on ne l'a fait jusqu'ici, la contemplation et l'action ; genre de conjonction qui serait tout-à-fait semblable à celle qui a lieu entre les deux planètes supérieures lorsque Saturne, qui préside au repos et à la contemplation, se rencontre avec Jupiter qui préside à la pratique et à l'action. Cependant, par ce que je dis ici de la pratique et de l'action, je n'entends nullement cette doctrine dont on fait une sorte de métier lucratif; car je n'ignore pas combien cela même nuit au progrès et à l'accroissement de la science. Il en est d'un but de cette espèce comme de la pomme d'or jetée devant les yeux d'Atalante ; car, tandis qu'elle se baisse pour la ramasser, elle cesse de courir, et, comme dit le poète :

Declinat cursus, aurumque volubile tollit [1].

Mon dessein n'est pas non plus d'imiter Socrate « en évoquant du ciel la philosophie et la forçant à demeurer sur la terre [2] », je veux dire d'exclure la physique pour ne mettre en honneur que la morale et la politique. Mais de même que le ciel et la terre conspirent et sont si parfaitement d'accord pour conserver la vie des hommes et augmenter leur bien-être, la fin de cette double philosophie doit être, en rejetant les vaines spéculations et tout ce qui se présente de frivole et de stérile, de ne penser qu'à conserver tout ce qui se trouve de solide et de fructueux ; par ce moyen, la science ne sera plus une sorte de courtisane, instrument de volupté, ni une espèce de servante, instrument de gain, mais une sorte d'épouse légitime, destinée à donner des enfants, à procurer des avantages réels et des plaisirs honnêtes.

Je crois désormais avoir assez bien montré, et, en quelque manière, anatomisé la totalité ou du moins les principales de ces humeurs vicieuses qui n'ont pas seulement fait obstacle au progrès des lettres, mais qui ont de plus donné prise sur elles aux détracteurs. Que si, en faisant cette anatomie, j'ai tranché dans le vif, on doit se souvenir que « les blessures d'un ami sont des preuves de fidélité et que les baisers d'un ennemi sont des trahisons. » Quoi qu'il en soit, je crois avoir du moins gagné un point, c'est de mériter d'en être cru sur l'éloge qui va suivre, ayant usé d'une si grande liberté dans la censure qui a précédé. Cependant je n'ai point du tout le projet de composer le panégyrique des lettres et de chanter un hymne en l'honneur des muses, quoiqu'il y ait déjà long-temps qu'on n'a célébré leur fête comme elle aurait dû l'être; mon dessein est seulement de faire connaître le vrai poids des sciences comparées aux autres choses et de déterminer leur véritable prix, et cela sans ornements superflus, sans hyperboles, mais seulement d'après les témoignages divins et humains.

Ainsi, en premier lieu, cherchons la dignité des sciences dans l'archétype ou l'original, c'est-à-dire dans les attributs et les actes de Dieu même, en tant que l'homme les connaît par la révélation et que, sous la condition d'une certaine réserve, ils peuvent être le sujet de nos recherches. Sur quoi je remarquerai que ce mot de doctrine n'est point du tout le terme propre. Car, toute doctrine proprement dite est acquise, au lieu qu'en Dieu, toute connaissance est non acquise, mais originelle. Cherchons donc un autre nom ; je trouve celui de sagesse qui est indiqué par l'Ecriture elle-même.

Voici quelle est l'idée qu'on doit s'en former. Nous voyons dans les œuvres de la création deux émanations de la vertu divine, dont l'une se rapporte à la puissance et l'autre à la sagesse. La première se manifeste principalement dans la création de la masse de la matière, et la seconde dans la beauté de la forme qui lui a été donnée. Cela posé, il faut observer que, dans l'histoire de la création, nous ne voyons rien qui nous empêche de penser que cette masse confuse du ciel et de la terre et toute cette matière ne furent créées en un seul instant, tandis que six jours furent employés à la disposer et à l'ordonner ; tant est visible et manifeste le

---

(1) Elle se détourne de son chemin pour enlever cet or qui roule devant elle. Ovid. *Métam.* x, v. 667.
(2) Cic. *Tusc.* V, c. 4.

soin avec lequel Dieu a distingué les œuvres de sa puissance de celles de sa sagesse. A quoi il faut ajouter que, par rapport à la création de la matière, l'histoire sainte ne fait nullement entendre que Dieu ait dit : « Que le ciel et la terre soient faits ; » comme il est dit des œuvres suivantes ; mais qu'il est dit d'une manière nue et simplement historique : « Dieu créa le ciel et la terre[1], » en sorte que la matière semble avoir été comme faite à la main, et que le discours qui exprime l'introduction de la forme a le style d'une loi ou d'un décret.

De Dieu passons aux anges, dont la nature est celle qui, pour la dignité, approche le plus de la nature divine. Nous voyons dans les ordres des anges (autant du moins qu'on peut ajouter foi à cette céleste hiérarchie, publiée sous le nom de Denis l'aréopagite), nous voyons, dis-je, que les séraphins, qui sont les anges d'amour, occupent le premier lieu ; que les chérubins ou anges de lumière occupent le second ; que le troisième et les suivants sont abandonnés aux trônes, aux principautés et aux anges de puissance et de ministère ; en sorte que, par cet ordre et cette distribution, il est clair que les anges de science et d'illumination marchent devant les anges d'empire et de puissance.

Si des esprits et des intelligences nous descendons aux formes sensibles et matérielles, nous lisons que la première des formes créées fut la lumière, qui est dans les choses naturelles et corporelles ce que la science est dans les choses spirituelles et incorporelles.

Aussi, dans la distribution des jours, voyons-nous que le jour où Dieu se reposa et contempla ses œuvres fut béni par-dessus tous les autres jours où fut créée et construite toute la machine de l'univers.

Après la création absolue, nous lisons que l'homme est placé dans le paradis, afin d'y travailler ; genre de travail qui ne pouvait être autre que celui qui est propre à la contemplation, c'est-à-dire dont la fin ne saurait être rapportée à quelque nécessité que ce fût, mais bien à quelque genre de plaisir et d'activité sans fatigue. Comme alors, il n'y avait nulle résistance dans les créatures, nulle sueur sur le visage de l'homme, il s'ensuit que les actions humaines tendaient uniquement au plaisir et à la contemplation et nullement au travail et à l'exécution de quelque ouvrage. De plus, les premières actions que l'homme fit dans le paradis embrassaient les deux parties sommaires de la science, savoir : l'inspection des créatures et l'imposition des noms ; car cette science qui fut cause de sa chute, comme nous l'avons observé plus haut, ce ne fut pas cette science naturelle qui a pour objet les créatures, mais la science morale qui a pour objet le bien et le mal et qui se fonde sur cette supposition : que les commandements et les défenses de Dieu ne sont pas les seuls principes du bien et du mal, mais que la moralité des actions a une autre origine, dont l'homme rechercha la connaissance avec une ambitieuse curiosité, afin de se révolter contre Dieu et s'appuyer entièrement sur lui-même et sur sa propre volonté.

Venons aux événements qui ont suivi la chute de l'homme. Nous voyons (et cela d'autant plus que les Saintes Écritures renferment une infinité de mystères, sans jamais violer la vérité historique et littérale), nous voyons, dis-je, l'image des deux genres de vie différents, savoir, de la vie contemplative et de la vie active, tracées dans les personnes de Caïn et d'Abel et dans leurs premières occupations ; dans ces deux personnages, dis-je, dont l'un qui était pasteur doit être, à cause du loisir, du repos et de l'aspect des cieux dont il jouissait, regardé comme le type de la vie spéculative ; et l'autre qui, étant cultivateur, était comme tel harassé de travaux et avait les yeux toujours fixés vers la terre, est le type de la vie active ; par où il est aisé de voir que la faveur et l'élection divine fut le partage du pasteur et non du cultivateur.

C'est ainsi qu'avant le déluge les fastes sacrés, qui nous apprennent si peu de choses sur ce siècle-là, n'ont pas dédaigné de faire mention des inventeurs de la musique et des procédés de la métallurgie. Dans le siècle qui suivit le déluge, la peine la plus grave que Dieu infligea à l'orgueil humain, ce fut la confusion des langues, c'est-à-dire, celui de tous les genres d'obstacles qui intercepte le plus le libre commerce de la science et la communication réciproque des lettres.

Descendons actuellement à Moïse législateur, et en quelque sorte premier secrétaire de Dieu, que les Écritures distinguent par cet éloge : « Il fut instruit dans toute la science des

---

[1] *Genèse*, c. 1, 7. 1.

Égyptiens, » nation que l'on regarde comme une des plus anciennes écoles du monde ; car Platon introduit certain prêtre égyptien parlant ainsi à Solon : « Vous autres Grecs, vous êtes toujours enfants, n'ayant ni antiquité de science ni science de l'antiquité. » Parcourons la loi cérémonielle de Moïse; nous trouverons que quelques-uns des plus savants rabbins, outre ces figures prophétiques qui annoncent le Christ, la distinction que Dieu fit de son peuple d'avec les Gentils, l'exercice de l'obéissance et les autres rites de la même loi, ont étudié cette loi avec le plus grand succès, afin d'en tirer sans cesse, tantôt le sens naturel, tantôt le sens moral des cérémonies et des rites. Par exemple, lorsqu'il y est dit sur la lèpre : « Si la lèpre fleurit et se répand çà et là sur la peau, l'homme sera jugé pur et ne sera pas mis dehors; mais si l'on aperçoit la chair vive sur son corps, il sera condamné comme immonde et séparé à la volonté du prêtre[1]. » De cette loi l'un de ces rabbins déduit cet axiome de physique : « Que les maladies putrides sont plus contagieuses avant qu'après la maturité. » Un autre en tire cette maxime de morale : « Que les hommes entièrement souillés de crimes corrompent moins les mœurs publiques que ceux qui ne sont que médiocrement méchants et qui ne le sont qu'à certains égards. » Tant il est vrai que, dans ce passage et autres semblables de cette loi, outre le sens théologique, l'on rencontre çà et là une infinité de choses qui appartiennent à la philosophie !

Que si l'on examine avec quelque attention cet excellent livre qui porte le nom de Job, on le trouvera tout rempli et comme gros des mystères de la philosophie naturelle. Tel est le passage suivant, par rapport à la cosmographie et à la rondeur de la terre : « Celui qui étend l'aquilon sur le vide et qui tient la terre suspendue sur le néant[2]; » passage où l'état de suspension de la terre, le pôle arctique et la convexité du ciel aux extrémités de l'horizon, sont assez clairement indiqués. Tel est aussi cet autre passage par rapport à l'astronomie et aux astérismes : « Ce fut lui qui décora les cieux, et sa main aidant à l'enfantement, on vit naître le serpent tortueux[3]. » Et dans un autre endroit : « Sera-ce toi qui pourras rapprocher les brillantes pléiades ou disperser les étoiles qui forment le cercle de l'Ours[1] ? » passage où est très élégamment indiquée la figure constante des constellations, les étoiles étant placées à des distances invariables les unes des autres. Tel est encore cet autre passage : « Celui qui fait l'Ours et Orion, et les Hyades, et l'intérieur du Midi[2]; » passage où il indique l'abaissement du pôle antarctique, qu'il désigne par ces mots, « l'intérieur du Midi, » attendu que les étoiles australes ne sont pas visibles dans notre hémisphère. Puis sur la génération des animaux : « N'est-ce pas toi qui m'as trait comme le lait et coagulé comme le fromage[3] ? » Enfin sur les procédés métallurgiques : « L'argent a les principes de ses veines; l'or a un lieu où il se forme; le fer se tire de la terre, et la pierre dissoute par le feu se convertit en airain[4]. » Il en faut dire autant de ce qui suit dans le même chapitre.

De même, si nous considérons la personne de Salomon, nous voyons que le don de la sagesse fut préféré à tous les biens de la félicité terrestre et temporelle ; et c'est ce qui paraît, soit par la demande qu'il en fit lui-même, soit par la volonté divine qui le lui accorda. Or, en vertu de ce don et de cette concession, Salomon éminemment instruit n'écrivit pas seulement ces paraboles fameuses, ces aphorismes de la philosophie divine et morale, mais composa de plus l'histoire naturelle de tous les végétaux, « depuis le cèdre qui croît sur la montagne jusqu'à la mousse qui croît sur les murailles[5] » (ce qui est une sorte d'ébauche de la plante qui tient le milieu entre l'herbe et les substances en putréfaction), et enfin l'histoire de tout ce qui a vie et mouvement. De plus, ce même Salomon, quoiqu'il l'emportât sur les autres souverains par ses richesses, par la magnificence de ses édifices, par sa flotte, par ses nombreux domestiques, par la célébrité de son nom et par tant d'autres avantages qui se rapportent à la gloire, ne cueillit néanmoins et ne prit pour lui, de toute cette moisson de gloire, que l'honneur de chercher la vérité et de la trouver, comme il le dit lui-même si éloquemment : « La gloire de Dieu est de cacher son secret, et celle

---

(1) *Lévitique*, c. 13, v. 12. (2) Job, c. 26, v. 7. (3) *Id.* c. 26, v. 13.

(1) Job, c. 38, v. 31. (2) *Id.* c. 9, v. 9. (3) *Id*, c. 10, v. 10 (4) *Id.* c. 28, v. 1 et 2. (5) *Rois*, III, c. 4, v. 33.

du roi de tâcher de le découvrir[1]. » Comme si la divine majesté se plaisait à ce jeu innocent des enfants dont les uns se cachent, tandis que les autres tâchent de les trouver, et que rien ne fût plus honorable pour les rois, que de jouer avec elle ce même jeu, eux surtout qui commandent à tant d'esprits, qui ont tant de moyens à leur disposition et à l'aide desquels il n'est point de secrets qu'on ne puisse découvrir.

Or, après que notre Sauveur eut commencé à paraître dans le monde, Dieu ne fit point une autre dispensation et il manifesta d'abord sa puissance en combattant l'ignorance, lorsqu'il disputait dans le temple avec les prêtres et les docteurs avant de subjuguer la nature par ces miracles si grands et en si grand nombre, qu'il a opérés. L'avénement de l'Esprit-Saint fut aussi figuré et exprimé par la similitude et le don des langues qui ne sont que les véhicules de la science.

C'est ainsi que, dans le choix de ces instruments que Dieu employa pour semer la foi, il appela d'abord des hommes ignorants et sans lettres (si ce n'est depuis le temps où ils furent éclairés par l'inspiration du Saint-Esprit), afin de manifester plus clairement sa vertu immédiate et divine et humilier toute sagesse humaine. Ainsi dès que ses desseins dans cette partie furent entièrement accomplis, et dans les temps qui suivirent immédiatement, il envoya dans le monde sa divine vérité accompagnée des autres doctrines qui sont comme ses suivantes. Aussi la plume de saint Paul, qui de tous les apôtres fut le seul lettré, est-elle en effet celle que Dieu a le plus employée pour écrire le Nouveau-Testament.

De même ne voyons-nous pas que grand nombre d'anciens évêques et pères de l'Église étaient éminemment versés dans toute l'érudition des païens. Aussi cet édit de Julien, qui défendait aux chrétiens d'envoyer leurs enfants aux écoles et aux gymnases, fut-il regardé comme la plus perfide mesure qu'il pût prendre pour ruiner la foi chrétienne et jugée plus funeste que les plus cruelles persécutions des empereurs précédents. Et il ne faut pas croire que cette émulation et cette jalousie de Grégoire I, évêque de Rome (personnage d'ailleurs au-dessus du commun), qui prenait à tâche d'effacer entièrement la mémoire des auteurs païens et des antiquités profanes ; que cette jalousie, dis-je, ait été prise en bonne part, même par les personnes pieuses. Je dirai plus : l'Église chrétienne n'est-elle pas la seule qui, au milieu des inondations des Barbares qui accouraient des rivages septentrionaux, ou des Sarrazins partis des côtes orientales, ait, pour ainsi dire, recueilli dans son sein et conservé les précieux débris de l'érudition des Gentils qui sans cela eût été entièrement perdue pour nous ? Que si nous tournons nos regards vers les jésuites qui dans ces derniers temps, en partie par ce zèle qui leur est propre, en partie par émulation contre leurs adversaires, se sont appliqués aux lettres avec tant d'ardeur, nous voyons combien par cette érudition ils ont prêté de force et d'appui au siége de Rome pour se rétablir et s'affermir.

Ainsi pour terminer cette dernière partie, nous distinguerons deux espèces d'offices et de ministères dont les belles-lettres, outre ce lustre et cet éclat qu'elles savent donner à tout, s'acquittent envers la foi et la religion, double tribut qu'elles paient. L'un est que ce sont de puissants aiguillons qui excitent à exalter et à célébrer la gloire de Dieu ; car, de même que les psaumes et les autres écritures nous invitent fréquemment à contempler et à chanter les merveilles et la magnificence des ouvrages de Dieu, de même encore, en nous attachant uniquement à leur apparence extérieure, et en les considérant comme elles se présentent à nos sens, nous ferions la même injure à la majesté divine qu'un homme qui voudrait juger de l'opulence et des ressources d'un lapidaire distingué d'après le peu de bijoux qu'il expose dans sa montre.

L'autre est que la philosophie fournit un remède et un antidote singulièrement efficaces contre les erreurs et l'infidélité ; car le Sauveur même nous parle ainsi : « Vous errez, ignorant les Écritures et la puissance d'un Dieu[1] ; » paroles par lesquelles il nous invite à feuilleter deux livres, pour ne pas tomber dans l'erreur. L'un est le volume des Écritures, qui révèle la volonté de Dieu, et l'autre le volume des créatures, qui manifeste sa puissance ; deux livres dont le dernier est la clef du premier, et dont

---

(1) *Prov.* c. 25, v. 2.

(1) Mathieu, c. 2, v. 29

l'avantage n'est pas seulement d'ouvrir l'entendement en le rendant capable de saisir le véritable esprit des Ecritures d'après les règles générales de la raison et les lois du discours, mais encore de développer notre foi et de nous exciter à nous plonger dans des méditations plus profondes sur la puissance de Dieu, dont les caractères sont empreints, gravés dans ses ouvrages. Voilà ce que nous avions à dire sur les témoignages et les jugements divins, en faveur de la dignité et du véritable prix des sciences.

Quant aux témoignages et aux arguments humains, le champ qui s'ouvre devant nous est si vaste que dans un traité aussi succinct et aussi serré que celui-ci il faut plutôt regarder au choix qu'au nombre. Premièrement donc le souverain degré d'honneur chez les païens fut d'être mis au nombre des dieux et d'obtenir des autels, ce qui est pour les chrétiens comme le fruit défendu ; mais nous ne parlons ici que des jugements humains considérés séparément. Ainsi, comme nous avons commencé à le dire, chez les païens, ce que les Grecs appelaient l'apothéose, et les Latins élévation au rang des dieux, fut le plus grand honneur que l'homme pût rendre à l'homme, surtout quand cet honneur n'était pas simplement déféré en vertu d'un décret ou d'un édit émané de quelque autorité (comme il était d'usage pour les Césars chez les Romains), mais qu'il était l'effet spontané de l'opinion des hommes et de l'intime persuasion. Et cet honneur si élevé avait au-dessous de lui un certain degré qui en approchait, une sorte de terme moyen ; car au-dessus des honneurs humains on comptait les honneurs héroïques et les honneurs divins. Or, tel était l'ordre qu'observaient les anciens dans cette distribution. Les fondateurs de républiques, les législateurs, ceux qui avaient tué les tyrans, les pères de la patrie et tous ceux qui, dans l'état civil et politique, avaient bien mérité de leurs concitoyens, ceux-là étaient décorés du titre de héros, de demi-dieux ; tels furent Thésée, Minos, Romulus et autres semblables. D'un autre côté, les inventeurs et auteurs des arts, et ceux qui enrichissaient la vie humaine de nouveaux moyens et de nouvelles commodités, furent toujours consacrés parmi les grands dieux, et tel fut le partage de Cérès, de Bacchus, de Mercure, d'Apollon, distinction qui certainement était fondée et qui était le fruit d'un jugement très sain. En effet, les services des premiers sont presque renfermés dans les limites d'un seul âge et d'une seule nation, et ils ressemblent assez à ces pluies bienfaisantes et qui viennent à propos, mais qui, bien que fructueuses et désirables, ne sont utiles que dans le temps où elles tombent et dans l'étendue de terrain qu'elles arrosent, au lieu que les bienfaits des derniers, semblables à ceux du soleil et aux présents des cieux, sont infinis par le temps et par le lieu. Observez de plus que les premiers ne vont guère sans troubles et sans débats, au lieu que les derniers ont le vrai caractère de l'avénement de la Divinité, et ils arrivent comme sur un vent léger, sans tumulte et sans bruit.

Nul doute que ce genre de services que rendent les sciences dans l'état de société, et qui consiste à prévenir le mal que l'homme peut faire à l'homme ou à y remédier, ne le cède que de bien peu à cet autre genre de services qu'elles nous rendent, en allégeant toutes ces nécessités que nous impose la nature même. Or ce genre de mérite est fort bien caractérisé par la fiction du théâtre d'Orphée, où les animaux terrestres et les oiseaux du ciel se rassemblaient en foule ; et là, oubliant leurs appétits naturels, tels que ceux qui ont pour objet la chasse, les jeux et les combats, se tenaient ensemble paisiblement, amicalement, attirés et apprivoisés par les accords et la suave mélodie de la lyre. Mais dès que le son de cet instrument venait à cesser ou à être couvert par un plus grand bruit, aussitôt ces animaux retournaient à leur naturel ; fable par laquelle on représente élégamment le génie et les mœurs des hommes, qui tous sont sans cesse agités par des passions sans frein et sans nombre, telles que celles du gain, de la volupté et de la vengeance, et qui, néanmoins, tant qu'ils prêtent l'oreille aux préceptes et aux insinuations de la religion, des lois, des maîtres, dont la voix se fait entendre si éloquemment et avec une si douce mélodie dans les livres, les entretiens particuliers et les discours publics, vivent en paix les uns avec les autres et goûtent ensemble les douceurs de la société ; mais cette voix si douce vient-elle à se taire ou à être couverte par le bruit éclatant des émeutes et des séditions, à l'instant tout l'assemblage se dissout, tout se dissipe, et l'on retombe dans l'anarchie et la confusion.

Mais c'est ce qu'on voit encore plus clairement lorsque les rois eux-mêmes, ou les grands, ou leurs lieutenants, sont éclairés jusqu'à un certain point; car bien qu'on puisse regarder comme un peu trop amoureux de son sujet celui qui a dit « que les républiques seraient enfin heureuses lorsqu'on verrait les philosophes régner ou les rois philosopher [1]; » l'expérience même atteste néanmoins que c'est sous les princes ou les chefs de républiques éclairés que les Etats ont été le plus heureux; car quoique les rois eux-mêmes aient leurs erreurs et leurs vices, et qu'ils soient, comme les autres hommes, sujets à des passions et à de mauvaises habitudes, toutefois si la lumière des sciences vient se joindre à l'autorité dont ils sont revêtus, certaines notions anticipées de religion, de prudence, d'honnêteté, ne laissent pas de les réprimer, de les garantir des plus lourdes fautes, de tout excès irrémédiable et de toute erreur grossière, ces premières leçons venant continuellement frapper leur oreille, même lorsque leurs conseillers et ceux qui les approchent gardent le silence. Je dirai plus : les sénateurs eux-mêmes et les conseillers, dont l'esprit est cultivé, s'appuient sur des principes plus solides que ceux qui sont instruits par la seule expérience, les premiers prévoyant de plus loin les inconvénients et prenant de bonne heure des mesures pour s'en garantir, au lieu que les derniers ne voient le mal que de près et n'ont qu'une sagesse de courte portée, ne voyant jamais que le péril imminent et se flattant qu'ils pourront enfin, grâce à l'agilité de leur esprit, se tirer d'affaire au moment même du danger.

Or, cette félicité dont les empires ont joui sous des princes éclairés (pour ne point me départir de cette brièveté dont je me suis fait une loi et pour n'employer que les exemples les plus choisis et les plus illustres), cette félicité, dis-je, se montre sensiblement dans le siècle qui s'écoula depuis la mort de Domitien jusqu'au règne de Commode; période qui embrasse une succession non interrompue de princes savants, ou du moins très favorables aux sciences, et qui, de tous les siècles que vit Rome, qui était alors comme l'abrégé de l'univers, peut être réputé le plus florissant, si nous ne regardons qu'aux biens temporels; et c'est ce qui fut annoncé en songe à Domitien la veille de sa mort, car il lui sembla qu'une tête d'or lui était survenue derrière le cou; prophétie qui sans contredit fut accomplie dans le temps qui suivirent. Nous allons parler de chacun de ces princes en particulier, mais en peu de mots.

Nous trouvons de suite : Nerva, homme savant, l'ami et presque le disciple de cet Apollonius, pythagoricien si renommé et qui mourut presque en récitant ce vers d'Homère : « Phœbus, arme-toi de tes traits pour venger nos larmes [1]. » Trajan, qui à la vérité ne fut pas savant lui-même, mais grand admirateur de la science, très libéral envers les savants, fondateur de bibliothèques, et à la cour duquel (quoique ce fût un empereur très belliqueux) les savants de profession et les instituteurs furent très bien accueillis; Adrien, le plus curieux de tous les mortels, et qui avait, pour toute espèce de nouveautés et de secrets, une soif que rien ne pouvait éteindre; Antonin, homme subtil et presque scolastique, à qui ce tour d'esprit valut le sobriquet de « coupeur de grains de millet. » De ces deux frères, qui furent mis au rang des dieux, Lucius-Commode fut versé dans un genre de littérature plus délicat. Marcus aussi fut un vrai philosophe et en eut même le surnom. Or ces empereurs furent autant de princes non moins bons que savants. Nerva fut un empereur plein de clémence, et si nous lui refusons tout autre mérite, il eut du moins celui d'avoir donné Trajan à l'univers. Trajan, de tous les hommes qui commandèrent fut le plus florissant dans les arts de la guerre et de la paix. Ce fut ce même prince qui recula le plus loin les bornes de l'empire, et ce fut encore lui qui relâcha modestement les rênes de l'autorité. Ce fut aussi un grand amateur d'architecture; on lui doit de magnifiques monuments, et cela au point que Constantin, voyant son nom gravé sur tant de murailles, le surnommait par jalousie le Pariétaire. Adrien fut le rival du temps même, car en toute espèce de genre il répara les ravages et les injures du temps par ses soins et sa munificence. Antonin fut un prince d'une grande piété, comme le dit son surnom, un homme doué d'une certaine bonté native, agréable à tous les

---

(1) PLATON, *de la République*, liv. V.

(1) *Iliade*, I, v. 42.

ordres, et son règne, qui ne laissa pas d'être assez long, fut exempt de toute espèce de calamités. Lucius-Commode à la vérité le cédait à son frère pour la bonté, mais à d'autres égards il l'emportait sur un grand nombre d'autres empereurs. Marcus fut formé sur le modèle de la vertu même, et un bouffon, au banquet des dieux, n'eut rien à lui reprocher que son excessive indulgence pour les vices de sa femme. Voilà donc une suite continue de six princes où l'on peut voir les plus heureux fruits de la science assise sur le trône, peints dans le plus grand tableau de l'univers.

Or ce n'est pas seulement sur l'état politique et sur les arts pacifiques que la science a de l'influence ; c'est encore sur la vertu militaire qu'elle exerce cette force et cette influence, comme on le voit clairement par l'exemple d'Alexandre-le-Grand et de César dictateur, personnages dont nous avons déjà dit un mot en passant, mais sur lesquels nous allons nous étendre un peu plus. Il serait superflu de spécifier et de dénombrer leurs vertus militaires et les grandes choses qu'ils ont faites par les armes, attendu que personne ne disconvient qu'en ce genre ils aient été des merveilles du monde ; mais ce qui ne sera pas étranger à notre sujet, ce sera d'ajouter quelques mots sur leur amour et leu goût pour les lettres et de montrer combien eux-mêmes ils y ont excellé.

Alexandre fut élevé, instruit par Aristote (grand philosophe s'il en fut jamais), et qui lui dédia quelques-uns de ses ouvrages philosophiques. Auprès de ce prince se tenaient toujours Callisthènes et autres très savants hommes qui suivaient son armée et qui étaient pour lui, dans tous ses voyages et toutes ses expéditions, comme autant de compagnons inséparables. Nous avons assez d'exemples du prix qu'il attachait aux lettres. Tel est le sentiment par lequel il jugeait Achille digne d'envie et bien heureux d'avoir eu, pour chanter ses exploits et composer son éloge, un poète tel qu'Homère. Tel est aussi le jugement qu'il porta sur ce coffre si précieux de Darius, qu'on avait trouvé parmi ses dépouilles. Une dispute s'était élevée à ce sujet pour savoir ce qui méritait le mieux d'être renfermé dans ce coffre ; et les sentiments étant partagés, il donna la préférence aux ouvrages d'Homère. Telle est encore cette lettre qu'il écrivit à Aristote après que ce philosophe eut publié ses livres de physique, lettre où il lui reproche d'avoir révélé les mystères de la philosophie et où il ajoute qu'il aimerait mieux s'élever au-dessus des autres hommes par la science et les lumières que par l'empire et la puissance. Il est encore d'autres exemples qui prouvent la même chose ; mais quant à lui, qui ne sait combien il avait, à l'aide des sciences, cultivé son esprit ? et c'est ce qui paraît, ou plutôt ce qui brille dans ses dits et réponses, toutes pleines d'érudition et dans lesquelles, quoiqu'il ne nous en reste qu'un petit nombre, on voit des traces profondes de chaque genre de connaissances.

Parlons-nous de la morale ? considérez cet apophthegme d'Alexandre sur Diogène et voyez, je vous prie, s'il n'établit pas une des plus importantes questions que cette science puisse proposer, savoir : « Lequel est le plus heureux de celui qui jouit des biens extérieurs ou de celui qui sait les mépriser ? » Car voyant Diogène se contenter de si peu, il se tourna vers ceux qui l'accompagnaient et leur dit : « Si je n'étais Alexandre, je voudrais être Diogène. » Mais Sénèque, dans son parallèle entre le philosophe et e héros, donne hautement la préférence à Diogène en disant : « Les choses que Diogène n'eût pas daigné accepter étaient en beaucoup plus grand nombre que celles qu'Alexandre eût pu lui donner [1]. »

S'agit-il des sciences naturelles ? qu'on fasse attention à ce mot qu'il avait si fréquemment à la bouche : « Qu'il reconnaissait sa mortalité principalement à deux choses, savoir : le sommeil et la génération. » Parole qui sans contredit est tirée des profondeurs de la physique, et qui sent moins son Alexandre que son Aristote ou son Démocrite. Rien ne montre plus sensiblement le défaut et l'excès auxquels la nature humaine est sujette que les deux choses désignées par ce mot, et qui sont comme les arrhes de la mort.

Est-il question de poétique ? le sang coulant en abondance de ses blessures, il appela un de ses flatteurs qui le qualifiait souvent de Dieu : « Regarde, lui dit-il, c'est bien là du sang, du vrai sang d'homme, et non de cette liqueur qui, selon Homère, coula de la main de Vénus lorsqu'elle fut blessée par Diomède, » se riant

---

(1) *Des Bienfaits*, liv V. c. 4, § 4.

ainsi et des poètes, et de ses flatteurs, et de lui-même.

Quant à la dialectique, voyez cette critique qu'il fait des arguties qu'elle fournit pour rétorquer les arguments et battre un adversaire avec ses propres armes, voyez-la, dis-je, dans ce mot par lequel il reprit Cassander, rebutant certains délateurs qui accusaient Antipater, son père. Alexandre ayant dit par hasard : « Crois-tu que ces gens-ci eussent entrepris un si long voyage s'ils n'eussent eu quelque juste sujet de plainte ? — C'est cela même, répondit Cassander, qui leur a donné cœur ; ils espéraient que la longueur du voyage empêcherait de les soupçonner de calomnie. — Bon ! répartit Alexandre, voilà de ces arguties d'Aristote qui servent à défendre le pour et le contre. » Cependant cet art-là même qu'il critiquait dans les autres il savait fort bien s'en prévaloir dans l'occasion et l'employer à son avantage. C'est ce qu'il fit contre Callisthènes, qu'il haïssait secrètement, parce que ce philosophe ne goûtait point du tout son apothéose. Voici comme la chose se passa. Les convives dans un festin, invitant le philosophe, qui passait pour un homme très éloquent, à choisir un sujet à volonté et à le traiter sur-le-champ par forme de divertissement, Callisthènes y consentit, et prenant pour sujet l'éloge des Macédoniens, il le traita si éloquemment qu'il fut universellement applaudi. Alexandre, à qui ces applaudissements ne plaisaient point du tout, lui dit : « Il n'est pas bien difficile d'être éloquent dans une bonne cause ; mais prends un peu le contre-pied, et voyons ce que tu sauras dire contre nous. » Callisthènes accepta le parti et mêla, dans ce second discours, tant de railleries et de traits piquants contre les Macédoniens qu'Alexandre l'interrompit en disant : « Un méchant esprit peut, tout aussi bien qu'une bonne cause, rendre éloquent tel qui sans cela ne le serait pas. »

Passons à la rhétorique, art auquel appartient l'usage des tropes et autres ornements. Voici l'élégante métaphore dont il se servit contre Antipater, gouverneur impérieux et tyrannique. Je ne sais quel ami de ce capitaine le louant devant Alexandre de sa grande modération et de ce qu'au lieu d'imiter le luxe des Perses, comme ses autres lieutenants, il dédaignait l'usage de la pourpre et avait gardé l'antique manteau macédonien : « Oui, répondit Alexandre ; mais au dedans cet Antipater est tout de pourpre. » Lisez encore cette métaphore si connue. Parménion s'étant approché de lui dans les champs d'Arbelle, et lui montrant l'immense armée des ennemis campée au-dessous d'eux durant la nuit, armée qui, couvrant la campagne d'un nombre infini de feux, semblait un autre firmament tout semé d'étoiles, et ce général lui conseillant de combattre la nuit : « Non, non, répondit-il, je ne veux pas dérober la victoire. »

En politique, considérez cette distinction si importante et si judicieuse (adoptée depuis par toute la postérité), et par laquelle il caractérise si bien ses deux principaux amis, Ephestion et Cratère, lorsqu'il dit que l'un aimait Alexandre et l'autre le roi, établissant ainsi, même parmi les plus fidèles serviteurs des rois, cette différence d'un si grand poids, savoir : que les uns sont plus spécialement attachés à la personne même de leurs maîtres et les autres à leurs devoirs envers la royauté. Voyez aussi avec quelle sagacité il relève une méprise ordinaire aux conseillers des rois, lesquels donnent souvent des conseils plus proportionnés à leur âme et à leur fortune qu'à celle de leurs maîtres. Darius faisant de grandes offres à Alexandre pour obtenir la paix : « Pour moi, dit Parménion, si j'étais Alexandre, j'accepterais ces conditions. — Et moi aussi, répartit Alexandre, si j'étais Parménion. » Enfin analysez cette réponse si énergique et si fine qu'il fit à ses amis lorsque, le voyant distribuer tout son patrimoine à ses capitaines, ils lui dirent : « Et toi, seigneur, que te réserves-tu ? — L'espérance, » leur répondit-il ; car il savait fort bien que, tout supputé, l'espérance est le vrai lot et comme l'héritage de ceux qui aspirent aux grandes choses. Tel fut le partage de César lorsque, partant pour les Gaules, il eut épuisé toute sa fortune par ses largesses et ses profusions. Tel fut aussi le lot de Henri, duc de Guise, grand prince sans contredit, quoiqu'un peu trop ambitieux, et dont on a dit si souvent « qu'il était le plus grand usurier de toute la France, attendu qu'il avait prêté tout son bien et converti tout son patrimoine en obligations. » Mais mon admiration pour ce prince, que je devais considérer non comme Alexandre-le-Grand, mais seulement comme le disciple d'Aristote, m'a peut-être entraîné un peu trop loin.

Quant à Jules-César, il n'est pas besoin, pour nous faire une idée de la vaste étendue de ses connaissances, de tirer des conjectures de son éducation, de ses amis et de ses réponses, vu qu'elles brillent dans ses écrits et dans ses livres, dont les uns subsistent bien que les autres malheureusement soient perdus. Or, 1° cette admirable histoire de ses guerres, à laquelle il s'est contenté de donner le modeste titre de Commentaires, est entre nos mains; histoire où toute la postérité admire le solide poids des choses et la vive peinture tant des actions que des personnes, unie à la pureté du style le plus châtié et à la plus grande netteté dans la narration qu'il n'avait pas simplement reçu de la nature, mais qui était un talent acquis et qu'il devait aux préceptes et aux règles; c'est ce que témoigne celui de ses livres qui porte pour titre de l'Analogie, livre qui n'était autre chose qu'une sorte de grammaire philosophique, où il prenait à tâche de donner des préceptes pour apprendre à parler avec facilité sans s'écarter des règles et pour assujettir le langage reçu à la loi des convenances, et dont le but était de faire que les mots, qui sont les images des choses, s'accommodassent aux choses mêmes et non au caprice du vulgaire.

Nous avons aussi un calendrier corrigé par ses ordres et qui n'est pas moins un monument de sa science que de sa puissance, calendrier qui témoigne qu'il ne se faisait pas moins gloire de connaître les lois des astres dans les cieux que de donner des lois aux hommes sur la terre.

Par cet autre livre, auquel il donna le titre d'Anti-Caton, il est constant que, n'étant pas moins jaloux de vaincre par l'esprit que par les armes, il entreprit un combat de plume contre l'orateur Cicéron, le plus grand athlète de ce temps-là.

De plus, dans le recueil d'apophthegmes qu'il composa, nous voyons qu'il jugea qu'il lui serait plus honorable de se changer, pour ainsi dire, lui-même en tablettes et en codicilles, en rapportant les dits les plus graves et les plus judicieux des autres, que de souffrir que l'on consacrât ses paroles comme autant d'oracles, comme certains princes ineptes et séduits par la flatterie souhaitent qu'on le fasse pour eux. Si cependant je voulais faire l'énumération de la plupart de ses dits, comme je l'ai fait pour Alexandre, on trouverait qu'ils sont de la nature de ceux dont Salomon a dit : « Les paroles du sage sont comme autant d'aiguillons, autant de clous qui s'enfoncent bien avant[1]. » C'est pourquoi je n'en proposerai que trois, qui ne sont pas tant admirables par leur élégance que par leur force et leur efficace.

Premier exemple. Quel plus grand maître dans l'art de parler que celui qui sut apaiser une sédition dans une armée, à l'aide d'un seul mot. Or, voici comment la chose se passa. C'était un usage chez les Romains que les généraux, en haranguant leur armée, se servissent de ce mot, *Milites* (soldats), et que les magistrats, en parlant au peuple, employassent celui de *Quirites* (citoyens). Les soldats de César s'étant révoltés faisaient grand bruit autour de lui et lui demandaient leur congé d'un ton séditieux; non qu'ils eussent fort à cœur ce congé, mais ils espéraient que, s'ils pouvaient gagner ce point, ils le forceraient ensuite à leur accorder d'autres demandes. Lui, sans s'ébranler, ayant fait faire silence, commença ainsi : « *Ego, Quirites, etc.* (pour moi, citoyens), mot par lequel il leur signifiait qu'ils étaient déjà licenciés. Les soldats frappés de sa fermeté, et étourdis par ce mot, interrompirent continuellement son discours, abandonnant désormais leur demande de congé et le suppliant avec instance de leur rendre le titre de soldats.

Voici quel fut le second. César soupirait après le titre de roi. Dans cette vue, quelques-uns de ses partisans furent apostés pour le saluer à son passage par une acclamation populaire en lui donnant ce titre, et c'est ce qu'ils firent. Mais César, s'apercevant que l'acclamation était faible et n'entendant qu'un petit nombre de voix, prit le parti de tourner la chose en plaisanterie, et comme si l'on se fût trompé dans son surnom : « Je ne suis pas roi, dit-il, mais César; » parole telle que, si on l'analyse avec soin, on trouvera qu'il est difficile d'en faire sentir tout le poids et toute la force. D'abord il se donnait l'air de refuser ce titre de roi; mais ce refus n'était rien moins que sérieux. De plus, par ce mot il témoignait un certain sentiment de sa supériorité et une rare magnanimité. Il donnait à croire que le nom

---

[1] *Eccles.* c. 12, v. 11.

de César lui semblait plus illustre que le titre de roi; et c'est ce qui est en effet arrivé et a encore lieu aujourd'hui. Mais ce qui lui importait le plus, c'était que par ce mot il allait à ses fins avec une adresse admirable. A l'aide de ce mot, il faisait entendre que le sénat et le peuple romain contestaient pour fort peu de chose avec lui qui était déjà en possession de toute la réalité de la puissance royale, savoir, pour un simple mot, et encore pour un mot qui servait de nom à plusieurs familles obscures; car ce surnom de *Rex* (le Roi), était celui de plusieurs familles parmi les Romains, à peu près comme parmi nous, où ce nom est assez commun.

Voici quel est le dernier mot que nous croyons devoir rappeler ici. César, la guerre commencée, s'étant emparé de Rome, et ayant forcé le trésor public qui était regardé comme sacré, pour s'emparer de tout l'argent qu'on y avait ramassé et s'en servir dans ses expéditions, Métellus, en vertu de sa qualité de tribun, voulut s'y opposer. César, irrité de cette résistance, lui dit : « Si tu persistes, tu es mort » ; puis revenant un peu à soi, il ajouta : « Jeune homme, tu sais qu'il m'est plus difficile de le dire que de le faire; » mot si admirable et si bien choisi pour exprimer la clémence et inspirer la terreur que je ne connais rien au-dessus.

Enfin, pour terminer avec César, il est clair que lui-même avait le sentiment de ses grandes lumières, comme le prouve le trait suivant. Quelques-uns témoignant devant lui leur étonnement sur cette résolution que prit Sylla d'abdiquer la dictature : « Ne vous en étonnez pas, leur dit-il en jouant sur le mot[1], Sylla ignorait les lettres; voilà pourquoi il n'a pas su dicter. »

Il est temps désormais de mettre fin à cette dissertation sur l'étroit lien qui unit la vertu militaire et les talents littéraires; car qui pourrait-on citer en ce genre après Alexandre et César? Cependant je suis tellement frappé de ce qu'a de grand et d'extraordinaire un autre exemple où l'on voit un passage rapide de la raillerie au merveilleux, que je ne puis m'empêcher de le rapporter. C'est celui du philosophe Xénophon, qui, sortant de l'école de Socrate, partit pour l'Asie avec Cyrus-le-Jeune, lors de l'expédition que ce prince entreprit contre son frère Artaxerxe. Ce Xénophon était très jeune alors et n'avait encore vu ni bataille ni camp; il n'avait pas même d'emploi dans l'armée; il n'était parti qu'en qualité de volontaire et à cause de l'amitié qui le liait avec Proxènes. Il était par hasard présent à l'arrivée de Falinus, député par le grand roi vers les Grecs, après que Cyrus eut péri dans la bataille. Or, les Grecs, qui n'étaient qu'une poignée d'hommes et sans général, se trouvaient au milieu des provinces de la Perse, et séparés de leur patrie par une distance de plusieurs milliers de milles et par des fleuves très larges et très profonds. La députation avait pour but d'engager les Grecs à mettre bas les armes et à se soumettre à la clémence du roi. Avant qu'on fît une réponse publique à ces députés, quelques officiers de l'armée des Grecs s'entretenaient familièrement avec Falinus. De ce nombre était Xénophon, qui lui parla ainsi : « En un mot, Falinus, il ne nous reste plus que deux choses, nos armes et notre courage; si nous livrons nos armes, ce courage à quoi nous servira-t-il ? » Falinus lui répondit en souriant : « Jeune homme, si je ne me trompe, tu es Athénien et tu as étudié la philosophie; ce que tu dis là est assez joli; mais tu te trompes fort si tu te flattes que ce courage puisse balancer les forces du roi. » Voilà la raillerie et voici le miracle. Ce novice à peine sorti de l'école, ce philosophe, après que tous les généraux et les officiers eurent été tués en trahison, ramena de Babylone en Grèce dix mille fantassins, à travers les provinces du roi et malgré les efforts de toutes ses troupes pour lui couper la retraite; retraite qui frappa les nations du plus grand étonnement, mais qui, remplissant les Grecs d'ardeur et de confiance, les mit en état de ruiner la monarchie des Perses. C'est ce qui fut prévu et prédit par Jason, Thessalien, tenté et ébauché par Agésilaüs, Spartiate, enfin achevé par Alexandre, Macédonien, tous hommes de lettres et excités par le mémorable exploit de ce guerrier philosophe qui les avait précédés.

De la vertu militaire et propre aux généraux d'armée, passons à la vertu morale et propre aux hommes privés. Quoi de mieux fondé que cette sentence du poète :

Scilicet ingenuas didicisse fideliter artes
Emollit mores, nec sinit esse feros[1].

---

(1) *ctatura, dictare.*

(1) Rien n'adoucit autant les mœurs et n'en bannit la féro-

En effet, la science bannit des âmes humaines la barbarie et la férocité. Cependant il faut appuyer sur le mot *fideliter* (avec constance) ; car une étude précipitée, confuse, produit l'effet contraire. Je dis donc que la science bannit la légèreté, la témérité et cette présomption qui accompagne l'ignorance ; car, en présentant les choses, elle les montre environnées de dangers et de difficultés ; elle balance les raisons et les arguments de part et d'autre ; elle tient pour suspect tout ce qui se présente d'abord à l'esprit et lui rit excessivement ; elle apprend à bien reconnaître la route avant de s'y hasarder. C'est elle aussi qui extirpe le vain et excessif étonnement, vraie source de toute faiblesse dans les résolutions ; car les choses étonnent, ou parce qu'elles sont nouvelles, ou parce qu'elles sont grandes. Quant à la nouveauté, tout homme profondément imbu des lettres et de la contemplation des choses aura toujours présente à l'esprit cette sentence : « Il n'est rien de nouveau sur la terre [2]. » Et le jeu des marionnettes n'aurait rien d'étonnant pour qui, mettant la tête derrière le rideau, verrait les fils et les machines qui servent à mouvoir ces figures. Quant à la grandeur, de même qu'Alexandre, accoutumé à de grandes batailles et à de grandes victoires en Asie, lorsque de temps à autre il recevait des lettres de Grèce contenant la nouvelle de certaines expéditions qu'on y avait faites, de certains combats qu'on y avait livrés, et où il s'agissait le plus souvent de s'emparer d'un pont, d'un château, ou tout au plus de quelque ville ; de même, dis-je, qu'Alexandre en recevant de telles lettres avait coutume de dire : « qu'il lui semblait qu'on lui apportait la nouvelle de ce combat de rats et de grenouilles qu'a chanté Homère ; » de même aussi aux yeux de qui contemple l'immensité des choses et la totalité de l'univers, le globe terrestre, avec tous les hommes qui l'habitent, si vous en ôtez ce que les âmes ont de divin, ne semblera rien de plus qu'un petit groupe de fourmis, dont les unes chargées de grains, les autres portant leurs œufs, d'autres à vide, rampent et trottent autour d'un petit tas de poussière. Ainsi la science détruit ou du moins diminue beaucoup la crainte de la

cité que de se dévouer avec constance à l'étude des beaux-arts. Ovid. *Lettres du Pont*, liv. II, ép. 9, v. 48.
(2) *Eccl.* c. 1, v, 10.

mort et de l'adversité, crainte si préjudiciable à la vertu et aux mœurs. Tout homme dont l'âme sera bien pénétrée de la pensée de la mort et de la nature corruptible de toutes choses n'aura pas de peine à être du sentiment d'Epictète qui, rencontrant un jour au sortir de sa maison une femme qui pleurait parce qu'elle avait brisé sa cruche, et le lendemain en rencontrant une autre qui pleurait la mort de son fils, dit : « Hier j'ai vu briser une chose fragile, et aujourd'hui mourir une chose mortelle. » C'est donc avec beaucoup de sagesse que Virgile accouple la connaissance des causes avec le mépris de toute espèce de crainte, comme marchant toujours ensemble :

Felix qui potuit rerum cognoscere causas
Quique metus omnes et inexorabile fatum
Subjecit pedibus, strepitumque Acherontis avari [1].

Il serait trop long de parcourir en détail tous les remèdes que la science fournit pour les diverses maladies de l'âme, tantôt en faisant évacuer les mauvaises humeurs, tantôt en résolvant les obstructions, quelquefois en aidant la concoction, d'autres fois excitant l'appétit, souvent encore guérissant les plaies et les ulcères, et produisant mille effets semblables. Je finirai par une réflexion qui pourra s'étendre sur le tout, c'est que la science dispose et fléchit l'âme de manière qu'on ne la voit jamais se reposer tout à coup sur ce qu'elle possède et se geler, pour ainsi dire, dans ses défauts ; mais qu'au contraire elle s'excite sans cesse elle-même et n'aspire qu'à faire de nouveaux progrès. L'ignorant ne sait ce que c'est que de descendre en soi-même et de se rendre compte de toutes ses actions. Il ne sait pas combien il est doux de se sentir devenir de jour en jour meilleur. Si par hasard il est doué de quelque vertu, il la vantera sans doute et l'étalera en toute occasion ; peut-être même saura-t-il en tirer parti ; mais il ne saura pas la cultiver et l'augmenter. Si au contraire il est entaché de quelque vice, il ne manquera pas d'art et d'industrie pour le voiler et le

(1) Heureux le sage instruit des lois de la nature,
  Qui du vaste univers embrasse la structure,
  Qui dompte et foule aux pieds d'importunes erreurs,
  Le sort inexorable et les fausses terreurs,
  Qui regarde en pitié les fables du Ténare,
  Et s'endort au vain bruit de l'Achéron avare !
      Virg. *Géorg.* liv. II, trad. de Delille.

pallier ; mais il n'en aura pas pour le corriger ; semblable à un mauvais moissonneur, qui va toujours moissonnant et n'aiguisant jamais sa faulx. L'homme éclairé, au contraire, ne se contente pas d'user des facultés de son âme et d'exercer sa vertu, mais il s'amende continuellement et sa vertu va croissant de jour en jour. Enfin, pour tout résumer en peu de mots, il est hors de doute qu'il n'y a entre la vérité et la bonté d'autre différence que celle qui se trouve entre le cachet et son impression ; car la vérité est le sceau de la bonté, et c'est au contraire des nuages de l'erreur et du mensonge que s'élancent avec fracas les tempêtes des vices et des passions immodérées.

De la vertu passons à l'empire et à la puissance, et voyons s'il est une puissance et une domination comparable à celle dont la science revêt, pour ainsi dire, et couronne la nature humaine. Nous voyons que la dignité du commandement se proportionne à la dignité de ceux à qui l'on commande. L'empire sur les animaux, soit grands, soit petits, tels que celui des bouviers et des bergers, est chose vile ; commander à des enfants, comme les maîtres d'école, est peu honorable ; régner sur des esclaves est plutôt un déshonneur qu'un honneur ; et l'empire d'un tyran sur un peuple servile, sans courage et sans générosité, n'est guère plus honorable. Aussi pensa-t-on dans tous les temps que les honneurs sont plus doux dans les monarchies libres et dans les républiques que sous les tyrans, parce qu'il est plus honorable de commander à des hommes qui obéissent volontairement qu'à ceux dont l'obéissance est contrainte et qui ne cèdent qu'à la force. C'est pourquoi Virgile, usant de tout son art, et voulant parmi les honneurs, choisir les plus exquis pour les adjuger à Auguste, emploie ces expressions mêmes :

Victorque volentes
Per populos dat jura, viamque affectat Olympo [1].

Mais l'empire de la science est infiniment plus élevé que l'empire sur la volonté, suppo-

---

[1] Lorsque César, l'amour et l'effroi de la terre,
. . . .
Rendait son joug aimable à l'univers dompté,
Et marchait à grands pas vers l'immortalité.
Virg. *Géorg.* liv. II, trad. de Delille.

---

sée même parfaitement libre et dégagée de toutes entraves ; car la première commande à la raison, à la foi, à l'entendement même, qui est la partie la plus haute de l'âme et règne aussi sur la volonté. En effet, il n'est aucune puissance terrestre qui s'érige un trône, et qui siége, pour ainsi dire, dans les esprits, dans les âmes, dans les pensées, dans les imaginations, par l'assentiment et la foi, si ce n'est la science et la doctrine. Aussi voyons-nous de quelle immense et détestable volupté sont pénétrés et comme ravis les hérésiarques, les faux prophètes et tous les grands imposteurs, quand ils s'aperçoivent qu'ils ont commencé à régner sur la foi et la conscience des hommes ; volupté telle que, dès qu'un homme en a une fois goûté, il n'est plus de persécution ni de supplice qui puisse le contraindre à abdiquer cette sorte d'empire. Or, c'est cela même qui, dans l'Apocalypse, est appelé l'abîme, les profondeurs de Satan. De même, et par la raison des contraires, un juste et légitime empire sur les esprits, établi par l'évidence même et la douce recommandation de la vérité, a beaucoup d'analogie avec la puissance divine et en approche autant qu'il est possible.

Quant à la fortune et aux honneurs, la munificence de la science n'enrichit pas tellement les royaumes entiers et les républiques, qu'elle n'agrandisse et n'élève aussi parfois la fortune des hommes privés. Car ce n'est pas d'aujourd'hui qu'on a observé qu'Homère avait plus nourri d'hommes que ne le purent jamais faire Sylla, César et Auguste, par tant de largesses prodiguées soit aux armées, soit au peuple, et par tant de distributions de terre. Certes il n'est pas facile de dire lesquelles des armes ou des lettres ont le plus établi de fortunes. De plus, parlons-nous de la souveraine puissance ? nous voyons que, si l'on doit ordinairement la couronne aux armes ou au droit d'hérédité, plus souvent encore le sacerdoce, qui rivalisa toujours avec la royauté, est le partage des lettres. Enfin, si dans la science vous envisagez le plaisir et les douceurs qu'elle procure, nul doute que ce genre de plaisir ne l'emporte de beaucoup sur toutes les autres voluptés. Eh quoi ! le plaisir dérivé de certaines affections ne l'emporte-t-il pas autant sur les plaisirs des sens que la jouissance que nous procure l'heureux succès de nos entreprises l'emporte sur le mincé plaisir d'une chanson ou d'un repas? et les plaisirs de l'entendement ne l'emportent-ils pas en même proportion sur les plaisirs dérivés des affections? Dans les autres genres de volupté, la satiété est voisine de la jouissance; et pour peu que le plaisir ait de durée, sa fleur et sa beauté se flétrissent; ce qui nous apprend que ce ne sont pas là les vraies, les pures voluptés, mais seulement des ombres, des fantômes de plaisir, moins agréables par leur qualité propre que par la nouveauté. Aussi voit-on souvent les voluptueux finir par se jeter dans un cloître, et la vieillesse des princes ambitieux presque toujours triste et assiégée par la mélancolie. Au contraire, celui qui aime la science ne s'en rassasie jamais; sa vie est une alternative perpétuelle de jouissance et d'appétit; en sorte qu'on est forcé d'avouer que le bien que procure ce genre de volupté est vraiment un bien pur et tel par essence, et non un bien accidentel et illusoire. Et ce n'est pas un plaisir qui doive occuper, dans l'âme humaine, le dernier lieu que celui dont parle Lucrèce, dans ce morceau :

Suave mari magno, turbantibus œquora ventis, etc. [1].

« C'est un doux spectacle, dit-il, soit qu'on s'arrête ou se promène sur le rivage de la mer, de contempler un vaisseau battu par la tempête. Il n'est pas moins doux de voir, d'une tour élevée, deux armées se livrant bataille dans la plaine; mais rien n'est plus doux pour l'homme que de sentir son âme placée par la science sur la citadelle de la vérité, d'où il peut abaisser ses regards sur les erreurs et les maux des autres hommes. »

Enfin laissant de côté ces arguments si rebattus, « que, par la science, l'homme surpasse l'homme en ce par quoi il est lui-même supérieur aux brutes; » que, moyennant la science, l'homme peut s'élever en esprit jusqu'aux cieux, où son corps ne peut monter, et autres sentences de ce genre, terminons cette dissertation sur l'excellence des lettres par la considération de ce bien auquel, avant tout, aspire l'âme humaine, je veux dire l'immortalité et l'éternité; car c'est à ce but que tendent la génération des enfants, l'ennoblissement des familles, les édifices, les fondations, les monuments de toute espèce, la **réputation, en un mot tous les désirs humains**. Or, nous voyons combien les monuments de la science et du génie l'emportent, pour la durée, sur les ouvrages que la main exécute. Voyez les ouvrages d'Homère! n'ont-ils pas déjà duré vingt-cinq siècles et plus, sans qu'il s'en soit perdu une seule syllabe, une seule lettre? espace de temps où tant de palais, de temples, de châteaux, de villes, sont tombés en ruines ou ont été rasés. Il n'est déjà plus possible de retrouver les portraits et les statues de Cyrus, d'Alexandre, de César et d'une infinité de rois et de princes beaucoup plus modernes. Les originaux, usés par le temps, ont péri, et les copies perdent de jour en jour de leur ressemblance; mais les images des esprits demeurent toujours entières dans les livres, n'ayant rien à craindre des ravages du temps, car on peut les renouveler continuellement. Mais à proprement parler, ce nom d'images ne leur convient point; et cela d'autant moins, qu'elles engendrent pour ainsi dire perpétuellement, et que, répandant leurs semences dans les esprits, elles enfantent et suscitent dans les siècles suivants une infinité d'actions et d'opinions. Que si l'on a regardé comme une découverte grande et admirable l'invention du vaisseau qui, important et exportant les richesses et les productions des différents climats, associe les nations diverses par la communication des fruits et des commodités de toute espèce, et rapproche les contrées les plus séparées par la distance des lieux, à combien plus juste titre ne doit-on pas honorer les lettres, qui, comme autant de vaisseaux, sillonnant l'océan du temps, marient en quelque sorte entre eux, par la communication des esprits et des inventions, les siècles les plus éloignés les uns des autres. Or, nous voyons que ceux d'entre les philosophes qui étaient le plus profondément plongés dans les jouissances des sens, qui n'étaient rien moins que divins, et qui niaient le plus obstinément l'immortalité de l'âme, ont néanmoins, convaincus par la force de la vérité, accordé que tous les mouvements et les actes que peut faire l'âme humaine, sans l'entremise des organes du corps, doivent, selon toute probabilité, subsister après la mort. Or, tels sont les mouvements de l'entendement, et non ceux des affections; tant il est vrai que la science leur a paru quelque chose d'immortel et d'incor-

---

[1] LUCRÈCE, *sur la Nature des choses*, liv. II, v. 1.

ruptible. Mais nous, qu'éclaire une révélation divine, foulant aux pieds tous ces informes essais, toutes ces illusions des sens, nous savons que non-seulement l'esprit, mais même les affections purifiées, non pas seulement l'âme, mais même le corps, s'élèveront dans leur temps à l'immortalité, et auront, pour ainsi dire, leur assomption. Cependant qu'on n'oublie pas que, soit ici, soit ailleurs, et autant qu'il sera nécessaire dans ces preuves de la dignité des sciences, j'ai, dès le commencement, séparé les témoignages divins des témoignages humains ; méthode que j'ai constamment suivie en exposant les uns et les autres séparément.

Mais quoi que j'aie pu faire à cet égard, je ne présume pas et je ne me flatte point du tout que, par aucun plaidoyer ou factum en faveur de la science, je puisse jamais parvenir à faire casser le jugement, soit du coq d'Ésope, lequel préféra un grain d'orge à un diamant, soit celui de Midas, qui, ayant été choisi pour arbitre entre Apollon qui préside aux muses, et Pan qui préside aux troupeaux, adjugea le prix à l'opulence ; ou encore celui de Pâris qui, méprisant la puissance et la sagesse, donna la palme à la volupté et à l'amour ; ou celui d'Agrippine, qui exprima ainsi son choix : « Qu'il tue sa mère, peu importe, pourvu qu'il règne, » souhaitant l'empire à son fils quoiqu'avec une condition si détestable ; ou enfin le jugement d'Ulysse, qui préféra sa vieille maîtresse à l'immortalité, véritable image de ceux qui, aux meilleures choses, préfèrent celles auxquelles ils sont accoutumés ; ou tant d'autres jugements populaires de cette espèce ; car ces jugements seront toujours ce qu'ils sont et ce qu'ils ont été. Mais ce qui subsistera aussi, et sur quoi en tout temps la science repose comme sur le fondement le plus solide, fondement que rien n'ébranlera jamais, c'est cette vérité : « La sagesse a été justifiée par ses enfants[1]. »

LIVRE DEUXIÈME.

PRÉAMBULE.

Il paraît convenable, quoiqu'il arrive quelquefois autrement, roi plein de bonté, que ceux qui, ayant une nombreuse lignée, y voient pour ainsi dire de loin leur immortalité, prennent plus que tous les autres mortels intérêt à l'état où pourront être les choses dans les temps qui doivent suivre celui où ils vivent, temps auxquels ils comprennent assez que ces gages si chers à leur cœur seront tôt ou tard comme transmis. La reine Élisabeth, attendu le célibat où elle a vécu, a été plutôt étrangère en ce monde qu'elle n'en a été un habitant ; elle a toutefois illustré son siècle et à plus d'un titre bien mérité de ses contemporains. Mais, à Votre Majesté, à qui la bonté divine a accordé de si nombreux enfants, dignes sans contredit de la perpétuer, et à qui l'âge encore dans toute sa force et un lit fécond en promettent encore d'autres, à Votre Majesté, dis-je, il convient par toutes sortes de motifs, non-seulement de jeter des rayons sur son siècle comme elle le fait, mais encore d'étendre ses soins à des choses qui puissent vivre à jamais dans la mémoire des hommes et fixer les regards de l'éternité tout entière. Or, parmi les objets qui peuvent l'occuper, si mon amour pour les lettres ne me fait illusion, je n'en vois point de plus important et de plus noble que celui de léguer à l'univers entier de nouvelles découvertes dans les sciences, qui soient solides et fructueuses. En effet, jusqu'à quand regarderons-nous une poignée d'écrivains comme les colonnes d'Hercule, comme un *ne plus ultrà* qui doit arrêter notre marche, nous qui possédons Votre Majesté, laquelle, semblable à un astre lumineux et propice, peut diriger notre navigation et la rendre heureuse ?

Ainsi, pour revenir à notre dessein, examinons et considérons attentivement ce en quoi les princes et autres hommes puissants ont con-

(1) MATTH. XI, v. 19.

tribué au progrès des lettres et ce qu'ils ont négligé. Mais cette discussion, faisons-la d'une manière serrée et distincte, en usant d'un certain style mâle et actif, sans digressions et sans amplifications. Posons donc d'abord ce principe qui ne peut être contesté : que tout ouvrage grand et difficile ne peut être exécuté et conduit à sa fin qu'à l'aide de ces trois choses : la grandeur des récompenses, la prudence et la sagesse des dispositions, enfin le concert des travaux; trois moyens dont le premier excite à faire des efforts, le second épargne les détours et ôte les erreurs, le troisième enfin prête secours à la fragilité humaine. Or, de ces trois moyens, celui qui mérite le premier rang c'est la prudence des dispositions, laquelle consiste à montrer et à tracer la route la plus droite et la plus facile vers le but proposé; car, comme on le dit ordinairement, « un boiteux qui est dans la route devance un bon coureur qui est hors de la route, » et je ne vois rien qui s'applique mieux ici que cette sentence de Salomon : « Si le fer est émoussé il faudra employer plus de force ; mais ce qui prévaut surtout, c'est la sagesse[1] : » paroles par lesquelles il fait entendre que le choix judicieux des moyens contribue plus efficacement au succès que l'augmentation des efforts ou l'accumulation des forces. Et quand nous parlons ainsi, c'est que (sauf l'honneur dû à tous ceux qui ont en quelque manière que ce soit bien mérité des lettres) nous nous apercevons que la plupart des hommes puissants, dans leurs actions et leurs dispositions relativement aux lettres, ont eu plutôt en vue une certaine magnificence et la gloire de leur nom que les progrès réels des sciences, et qu'ils ont plutôt augmenté le nombre des lettrés qu'ils n'ont fait prendre aux lettres mêmes un sensible accroissement. Or, les actes et les dispositions tendantes à l'accroissement des lettres ont trois objets, savoir : le domicile des lettres, les livres et les personnes mêmes des lettrés. Car de même que l'eau, soit qu'elle descende du ciel, soit qu'elle jaillisse des sources, se perdrait aisément si l'on n'avait soin de la ramasser dans des réservoirs où elle pût par cette union et cette accumulation se soutenir et s'alimenter elle-même, but en vue duquel l'industrie humaine a imaginé les aqueducs, les citernes, les réservoirs, et les a décorés de divers ornements afin que leur beauté et leur magnificence répondit à leur utilité et à leur nécessité, de même cette liqueur si précieuse des sciences, soit qu'elle découle de l'inspiration divine, soit qu'elle jaillisse des sens, se perdrait toute et s'évanouirait en peu de temps si on ne la conservait dans les livres, dans les traditions, dans les entretiens, et plus que tout dans les lieux destinés à recevoir ces sciences, comme les écoles, les académies, les colléges, où elles ont un domicile fixe et où elles trouvent de plus l'occasion et la facilité de croître et de s'accumuler.

Or, les dispositions qui regardent le domicile des lettres sont au nombre de quatre, savoir : construction d'édifices, assignation de revenus, concessions de priviléges, et établissement d'une règle, d'une discipline ; toutes choses qui le plus ordinairement contribuent à procurer aux gens de lettres la retraite et le loisir nécessaires et moyennant lesquels ils sont exempts de soins et d'inquiétudes, conditions toutes semblables à celles qu'exige Virgile pour l'établissement des ruches où les abeilles composent leur miel.

Principio sedes apibus statioque petenda
Quo neque sit ventis aditus, etc... [1].

Mais il est deux principales dispositions à faire par rapport aux livres. 1º Il faut des bibliothèques, sortes de mausolées où sont déposées les reliques des saints des temps anciens, reliques pleines de vertu ; 2º de nouvelles éditions d'auteurs, décorées et munies d'impressions plus correctes, de versions plus fidèles, de commentaires plus utiles, d'annotations plus exactes et autre secours de toute espèce.

Quant aux dispositions qui concernent les personnes mêmes des lettrés, outre qu'il faut les honorer et les avancer, elles sont au nombre de deux, savoir : récompense et choix de professeurs enseignant les arts déjà inventés et connus, récompense et choix d'écrivains pour traiter des parties de la science qui n'ont pas encore été assez cultivées et élaborées.

---

(1) *Eccl.* c. 10, § 10.

(1) D'abord de tes essaims établis le palais
En un lieu dont le vent ne trouble point la paix.
Virg. *Géorg.* liv. IV, v. 8, trad. de Delille.

Tels sont en gros les actes et les dispositions par rapport auxquelles la munificence des princes illustres et autres personnages distingués s'est principalement signalée en faveur de la république des lettres. Comme je pensais à faire une mention spéciale de tel ou tel qui peut avoir bien mérité des lettres, je me suis rappelé cette délicatesse de Cicéron qui le détermina, après son retour de l'exil, à remercier ses partisans et ses amis tous ensemble et indistinctement. « Il est difficile, disait-il à ce sujet, de n'oublier personne, et il serait ingrat d'oublier tout le monde. » Envisageons, suivant le conseil de l'Ecriture, l'espace qui nous reste à parcourir dans la lice, plutôt que de tourner nos regards vers celui que nous avons laissé derrière nous.

Quand je considère tous ces colléges fondés en Europe, et qui forment de si beaux établissements, je suis étonné de les voir tous affectés à certaines professions particulières, à certains genres déterminés; mais je n'en vois aucun qui soit consacré à l'étude libre et universelle des arts et des sciences; car si l'on pense que toute science doit se rapporter à l'usage et à la pratique, on a raison. Cependant il est facile de tomber par cela même dans cette erreur si bien relevée par cette fable fort ancienne, où il est dit que toutes les parties du corps intentèrent procès à l'estomac, lui reprochant de ne donner ni le mouvement comme les membres, ni le sentiment comme la tête. Voilà ce qu'ils disaient; mais ils ne disaient pas que ce même estomac, après avoir opéré la concoction et la digestion des aliments, les distribuait à toutes les autres parties; c'est ainsi, ainsi absolument que tout homme qui s'imagine que l'étude qui a pour objet la philosophie et les contemplations universelles est inutile, oiseuse, ne fait pas attention que c'est de là que se tire tout le suc, toute la force qui se distribue à toutes les professions et à tous les arts. Quant à moi, je tiens pour certain qu'une des plus puissantes causes qui aient nui au progrès des sciences est cela même : qu'on ne s'est occupé qu'en passant de ces sciences fondamentales, au lieu de s'en abreuver à longs traits. Car, si vous voulez qu'un arbre donne plus de fruits qu'à l'ordinaire, en vain vous occuperez-vous des branches ; c'est la terre même qu'il faut remuer autour de la racine, c'est une terre plus grasse et plus active qu'il faut en approcher, autrement vous n'aurez rien fait. Il ne faut pas oublier non plus que cet usage où l'on est d'affecter les colléges et autres sociétés littéraires à certains genres déterminés de professions et de doctrines n'a pas seulement été nuisible au progrès des sciences, mais non moins préjudiciable aux royaumes et aux républiques ; car il arrive de là que, lorsque les rois ont à faire choix de ministres capables de gérer les affaires publiques, ils trouvent autour d'eux un vide étonnant d'hommes de cette espèce, parce qu'il nous manque un collège d'éducation générale, particulièrement consacré à cet objet, où les hommes que la nature semble avoir composés, organisés tout exprès pour de tels emplois, puissent, outre les autres genres de connaissances, faire une étude particulière de l'histoire, des langues modernes, des livres et des traités de politique, pour arriver ensuite, suffisamment habiles et instruits, aux emplois civils.

Or, comme l'on peut dire que les fondateurs de colléges plantent, et que les fondateurs de chaires arrosent, l'ordre de notre sujet exige que nous parlions actuellement de ce qui manque dans les leçons publiques. D'abord j'improuve la mesquinerie des appointements assignés aux professeurs, soit des arts, soit des professions, surtout parmi nous ; car il importe surtout aux progrès des sciences que les professeurs en chaque genre soient choisis parmi les plus habiles et les plus versés, attendu que leurs travaux ne sont pas d'une utilité passagère, et qu'ils tendent à multiplier les enfants de la science et à la perpétuer à jamais. Or, c'est un but auquel on ne peut arriver qu'en leur assurant des récompenses et un traitement dont le plus habile dans chaque art puisse être pleinement satisfait, et l'être au point qu'il ne lui paraisse pas dur de mourir dans son emploi, de manière qu'il ne songe plus à embrasser une profession active. Sur quoi, si l'on veut faire fleurir les sciences, il faut observer la loi militaire de David, loi qui portait « que ceux qui descendraient au combat et ceux qui demeureraient à la garde du bagage auraient parts égales [1] ; » autrement le bagage sera mal gardé. De même les professeurs dans les sciences sont comme les conservateurs et les gardiens de tout l'appareil littéraire, appareil qui sert ensuite à fournir

---

(1) *Rois*, I, c. 30, v. 24.

des instruments à la pratique et des munitions à la milice des sciences. Il est donc juste que leurs récompenses égalent les gains des praticiens. Autrement, si l'on n'adjuge pas des prix assez grands et assez magnifiques aux pères des sciences ; on pourra dire de leurs enfants.

Invalidique patrum referunt jejunia nati [1].

Pour remédier a un autre défaut que j'ai encore à remarquer, il faudrait appeler a notre secours un alchimiste; espèce d'hommes qui conseillent aux gens d'étude de vendre leurs livres, de construire des fourneaux et de laisser là Minerve et les Muses, qu'ils regardent comme autant de vierges stériles, pour faire leur cour a Vulcain. Il faut convenir cependant que, tant pour donner plus de profondeur à la théorie que pour rendre la pratique fructueuse dans certaines sciences (et surtout dans la philosophie naturelle), ce n'est pas seulement des livres qu'il faut tirer des secours. En quoi la munificence des hommes ne s'est point tout-à-fait relâchée, car nous voyons qu'on ne prend pas seulement à tâche d'acquérir et de fournir aux gens d'étude des livres, mais aussi des sphères, des globes, des astrolabes, des mappemondes et autres instruments semblables, comme autant d'adminicules pour l'astronomie et la cosmographie. Nous voyons aussi que certains lieux destinés à l'étude de la médecine ont des jardins où l'on peut observer et étudier les simples de chaque espèce. Nous ne manquons pas non plus de cadavres pour les observations anatomiques. Cela est vrai, mais tout cela ne mène pas bien loin. En général, qu'on tienne pour certain qu'on ne peut espérer de faire de grands progrès dans l'étude de la nature et de pénétrer dans ses mystères, si l'on épargne les dépenses nécessaires pour multiplier les expériences, soit de Dédale, soit de Vulcain, c'est-à-dire celles qui se font à l'aide des fourneaux ou des machines, ou de tout autre moyen. Ainsi, comme on permet aux conseillers et aux émissaires des princes de présenter le compte des dépenses qu'ils ont faites pour épier et découvrir les nouveautés et les secrets d'état, de même aussi ces hommes qui épient et guettent pour ainsi dire la nature, il faut leur tenir compte de leurs dépenses. Car, si Alexandre-le-Grand a fourni de si grandes sommes à Aristote pour le mettre en état de louer des chasseurs, des oiseleurs, des pêcheurs et autres hommes de cette espèce afin qu'il ne lui manquât rien pour composer son histoire naturelle des animaux, certes on doit de plus grands secours encore à ces hommes qui ne se contentent pas d'errer dans les forêts de la nature, mais qui se fraient un chemin dans le labyrinthe des arts.

Un autre défaut qui mérite d'être observé, et qui sans contredit est d'une grande importance, c'est que les recteurs des universités sont fort négligents à faire des consultations, et les rois ou autres hommes supérieurs à faire des visites afin d'examiner et de considérer attentivement si ces leçons, ces disputes et tous ces exercices scolastiques, institués depuis long-temps et qui se sont conservés jusqu'à nos jours, doivent être conservés, ou si plutôt il ne serait pas à propos d'abolir tout cela et d'y substituer quelque chose de meilleur. Car, parmi les règles les plus sages de Votre Majesté, je trouve celle-ci : « Quand il s'agit d'apprécier quelque coutume ou quelque exemple, il faut considérer le temps où cette coutume a été établie et cet exemple donné. Que si l'on trouve que ce fut dans des temps de confusion et d'ignorance, cette circonstance lui ôte toute autorité et doit rendre la chose suspecte. » Ainsi, puisque la plupart des académies ont été établies dans des temps qui, pour les lumières et les connaissances, ne le cédaient pas peu au nôtre, c'est une forte raison de plus pour les soumettre de nouveau à l'examen. Je choisirai un ou deux exemples en ce genre, les tirant de ce qu'il y a de plus connu et de plus familier. Il est passé en usage parmi nous, quoique fort mal à propos ce me semble, que ceux qui étudient les lettres s'adonnent beaucoup trop tôt à la logique et à la rhétorique, arts qui certainement conviennent plutôt à des hommes plus avancés en âge qu'à des enfants et des commençants. En effet, ces deux arts sont des plus importants, attendu que ce sont en quelque manière les arts des arts, l'un ayant pour objet le jugement, et l'autre l'ornement. De plus, ils renferment les règles à suivre pour disposer ou embellir les choses et les sujets qu'on traite. Ainsi vouloir que des esprits ignorants et tout neufs, qui ne sont point encore munis de ce que Cicéron appelle

---

[1] Et d'un père affaibli naît un enfant débile.
VIRG. *Georg.* liv. III, v. 128, trad. de Delille.

la pépinière ou le mobilier, c'est-à-dire la matière ou l'abondance des choses, vouloir, dis-je, qu'ils commencent par ces arts-là (comme si l'on voulait leur apprendre à peser, à mesurer ou à orner le vent), c'est vouloir que la vertu et la force de ces arts (qui sont grandes sans contredit, et qui s'étendent au loin) languissent presque méprisées et dégénèrent en sophismes puérils ou en affectations ridicules, ou du moins perdent beaucoup de leur crédit. Il y a plus; cet usage où l'on est de faire étudier ces arts-là aux jeunes gens avant le temps a un autre inconvénient; c'est qu'on est forcé de les transmettre et de les traiter d'une manière maigre, et en délayant excessivement les pensées; en un mot, d'une manière qui se proportionne à la faible intelligence de cet âge. Une autre espèce de défaut très ordinaire dans les colléges, c'est que, dans les exercices scolastiques, l'on sépare trop l'exercice de la mémoire de celui de la faculté inventive; car, dans ces lieux-là, tous les discours sont, ou tout-à-fait prémédités et conçus précisément dans les termes imaginés auparavant, et alors on ne laisse rien à faire à l'invention, ou tout-à-fait *ex-abrupto*, ce qui ne laisse rien à faire à la mémoire, quoique, dans la vie commune et dans la pratique, on exerce rarement ces deux facultés séparément, et qu'au contraire on les exerce presque toujours toutes les deux à la fois; je veux dire qu'il est ordinaire tout à la fois de s'aider de notes et de commentaires, et de parler sur-le-champ; en sorte que, d'après cette disposition, les exercices ne sont nullement appropriés à la pratique, et que les études ne sont rien moins que l'image de la vie ordinaire. Car c'est un principe dont il ne faut jamais s'écarter dans l'éducation, que tout dans les études doit, autant qu'il est possible, représenter ce qui se passe dans la vie ordinaire; autrement ces études, au lieu de préparer les mouvements et les facultés de l'âme, ne feront que les pervertir. C'est une vérité dont on est à même de se convaincre, lorsque ces hommes sortis des écoles commencent à exercer leurs professions ou les autres fonctions de la vie civile; c'est alors qu'ils aperçoivent bien en eux-mêmes le défaut dont nous parlons; mais les autres le voient encore mieux. Au reste, je terminerai ces observations sur la réforme des institutions académiques par cette phrase tirée de la fin d'une lettre de César à Oppius et à Balbus : « Quant aux moyens d'exécuter cela, dit-il, il m'en est venu plusieurs à l'esprit, et l'on en peut imaginer beaucoup d'autres; au reste, je souhaite que vous vous chargiez vous-mêmes d'y songer. »

J'observe un autre défaut qui pénètre un peu plus avant que le précédent. De même que le progrès des sciences dépend beaucoup de la sagesse du régime et des institutions des diverses académies, on aurait aussi de grandes facilités pour arriver à ce but si les académies qui sont répandues dans l'Europe contractaient entre elles l'union et l'amitié la plus étroite; car il est, comme nous le voyons, beaucoup d'ordres, de corps d'arts et de métiers qui, quoique placés dans des royaumes différents et séparés par de grands espaces, ne laissent pas de cultiver et d'entretenir entre eux une société et une fraternité durables, en sorte qu'ils ont des chefs, les uns provinciaux, les autres généraux auxquels tous obéissent. Et nul doute que de même que la nature crée la fraternité dans la famille, que les arts mécaniques contractent une fraternité par le compagnonnage, que l'onction divine établit une fraternité de roi à roi et d'évêque à évêque, que les vœux et les instituts monastiques en établissent une dans les ordres, nul doute, dis-je, qu'il ne s'établisse aussi une généreuse et noble fraternité entre les hommes, par les doctrines et par les rayons qu'elles répandront les unes sur les autres, attendu que Dieu lui-même est appelé le père des lumières.

Enfin, je me plains (et c'est un point que j'ai déjà touché plus haut) qu'on n'a jamais, ou du moins qu'on a bien rarement pensé à désigner publiquement des personnes d'une capacité suffisante pour écrire ou pour faire des recherches sur les parties des sciences qui n'ont pas encore été suffisamment élaborées; but auquel on parviendrait plus aisément si l'on faisait le dénombrement et le recensement des sciences, afin de mieux distinguer celles qui sont déjà riches et qui ont pris le plus grand accroissement de celles qui sont encore pauvres et dépourvues; car une des grandes causes d'indigence, c'est l'opinion même où l'on est de son opulence. Or, la multitude des livres est moins une preuve d'opulence qu'un signe de luxe; redondance à laquelle (si l'on s'en fait une juste idée) il ne faudrait nullement remédier en brûlant les livres déjà existants, mais plutôt en en composant de meilleurs, qui pussent, comme le serpent de Moïse, dévorer les serpents des mages.

Le remède à tous ces défauts, dont nous avons fait l'énumération (sans compter le dernier, ou plutôt en comptant ce dernier, du moins quant à sa partie active qui concerne la désignation des écrivains), est une entreprise vraiment royale, et par rapport à laquelle tous les efforts et toute l'industrie d'un particulier ressembleraient fort à la situation de ce Mercure placé à l'entrée d'une route fourchue, et qui peut bien montrer du doigt la route, mais qui n'y saurait mettre le pied. Quant à la partie spéculative qui a pour objet l'examen des sciences (je veux dire dont le but est de reconnaître ce qui manque dans chacune), elle est encore ouverte à l'industrie d'un homme privé; mon dessein est donc d'entreprendre cette espèce de promenade dans les sciences, ce recensement général et exact dont j'ai parlé; et cela en y joignant une recherche laborieuse et aussi exacte des parties qui sont encore incultes et négligées, espérant qu'un tableau et un enregistrement de cette espèce servira comme de flambeau aux entreprises publiques et aux travaux spontanés des particuliers; en quoi pourtant mon dessein en ce moment est seulement de noter les parties omises et les choses à suppléer, et non de relever les erreurs et les tentatives malheureuses.

Or, ce dessein, en me disposant à l'exécuter, je n'ignore pas quel immense travail j'entreprends et quel pesant fardeau je m'impose. J'ignore encore moins combien mes forces sont peu proportionnées à ma bonne volonté. Cependant, ce qui me fait concevoir de hautes espérances, c'est que, si mon ardent amour pour les lettres ne m'entraîne pas trop loin, je trouverai mon excuse dans cette affection même, car il n'est pas donné à tout homme d'aimer et d'être sage tout ensemble. Enfin, je sais que je dois laisser aux autres la même liberté de jugement dont j'use moi-même, et je ne trouverai pas mauvais qu'on remplisse avec moi, comme je le remplis avec les autres, ce devoir de l'humanité exprimé par ces mots : « Celui qui montre poliment le chemin à un homme qui s'égare, etc. » Je prévois aussi que le soin que je prends de rapporter, dans cette espèce de registre, bien des choses omises et à suppléer, encourra plus d'une censure. On dira des unes qu'elles sont exécutées il y a long-temps et qu'elles existent déjà ; des autres, que cela sent son homme trop curieux et promet peu de fruits ; des autres enfin, qu'elles sont difficiles, impossibles même, et passent la portée de l'homme. Or, quant aux deux premières critiques, les choses mêmes plaideront leur propre cause, et quant à la dernière, voici ce que je pense sur ce sujet. Je regarde comme possible, comme faisable, tout ce qui peut être exécuté par certains hommes sans pouvoir l'être par toutes sortes de gens; par plusieurs individus réunis, sans pouvoir l'être par un homme isolé; par la succession des siècles, sans être possible à un seul siècle ; enfin, par les soins et les dépenses publiques, sans être à la portée des moyens et de l'industrie des particuliers; si cependant on aime mieux se prévaloir contre moi de ce mot de Salomon : « Le lion est sur le grand chemin, dit le paresseux [1], » que s'en tenir à ce mot de Virgile :

Possunt quia posse videntur [2].

ce sera assez pour moi de gagner ce point que mes travaux soient regardés comme des vœux, comme des souhaits de la meilleure espèce ; car de même que pour déterminer bien à propos et bien précisément l'état d'une question, il ne faut pas être tout-à-fait neuf dans la matière que l'on traite, de même aussi ce n'est pas manquer tout-à-fait de sens que de former des souhaits qui n'ont rien de déraisonnable.

CHAPITRE PREMIER

Division générale de la science humaine en histoire, poésie et philosophie; division qui se rapporte aux trois facultés de l'entendement, mémoire, imagination, raison ; que la même division convient à la théologie.

La division la plus exacte que l'on puisse faire de la science humaine se tire de la considération des trois facultés de l'âme humaine, qui est le siège propre de la science. L'histoire se rapporte à la *mémoire*, la poésie à l'*imagi-*

---

[1] *Proverbes*, c. 26, v. 14.
[2] Ils peuvent parce qu'ils croient pouvoir.
Virg. *Enéide*, liv. V, v. 231.

nation, et la philosophie à la *raison*[1]. Par poésie nous n'entendons ici autre chose qu'une histoire feinte ou des fables, car le vers n'est qu'un certain genre de style, et il se rapporte aux formes du discours, sujet que nous traiterons en son lieu.

L'objet propre de l'histoire, ce sont les individus, en tant qu'ils sont circonscrits par le temps et le lieu; car quoique l'histoire naturelle semble s'occuper des espèces, néanmoins, si elle le fait, ce n'est qu'à cause de la ressemblance qu'ont entre elles, à beaucoup d'égards, les choses naturelles comprises sous une seule espèce, en sorte que qui en connait une les connait toutes, ressemblance qui porte à les confondre. Que si l'on rencontre quelquefois des individus uniques en leur espèce, comme le soleil et la lune, ou qui à certains égards s'écartent beaucoup de leur espèce, on n'est pas moins fondé à les décrire dans une histoire naturelle qu'à décrire les individus humains dans l'histoire civile; or, toutes ces choses appartiennent à la mémoire.

La poésie, en prenant ce mot dans le sens que nous avons déterminé, a aussi pour objet les individus, mais composés à l'imitation de ceux dont il est fait mention dans l'histoire naturelle, avec cette différence pourtant qu'elle exagère ce qu'elle décrit, et qu'elle imagine à son gré ou réunit des êtres tels qu'on n'en trouve jamais dans la nature ou qu'on n'y voit jamais ensemble, à peu près comme le fait la peinture; toutes choses qui sont l'œuvre de l'imagination.

La philosophie laisse les individus et n'embrasse pas non plus les premières impressions des sens, mais seulement les notions qui en sont extraites, et prend peine à les composer et à les diviser conformément à la loi de la nature et à l'évidence même des choses. Or, ceci est proprement l'œuvre et l'office de la raison

Que les choses soient ainsi, c'est ce dont il est aisé de s'assurer en remontant à l'origine des choses intellectuelles. Les seuls individus frappent les sens, qui sont comme la porte de l'entendement. Les images des individus ou les impressions reçues par les sens se gravent dans la mémoire et s'y logent d'abord comme en leur entier et telles qu'elles se présentent; puis l'âme humaine les récole et les rumine. Enfin, ou elle en fait simplement le recensement, ou elle les imite par une sorte de jeu, ou elle les digère en les composant et les divisant. Il demeure donc constaté que de ces trois sources, la mémoire, l'imagination, la raison, dérivent ces trois genres, l'histoire, la poésie et la philosophie; qu'il n'en est point d'autres et ne peut y en avoir davantage, car nous regardons l'histoire et l'expérience comme une seule et même chose; il en faut dire autant de la philosophie et des sciences.

Et nous ne pensons pas que la théologie ait besoin d'une autre distribution. Nul doute qu'il n'y ait de la différence entre les informations de l'oracle et celle des sens, et cela, soit quant à la nature de cette information même, soit quant à la manière dont elle est insinuée. Mais l'esprit humain est un, et ses coffrets, ses cassetins sont de part et d'autre absolument les mêmes. Il en est de cela comme d'une liqueur qui serait versée par plusieurs entonnoirs dans un seul et même vaisseau. Ainsi la théologie se compose, ou de l'histoire sacrée, ou des paraboles, qui sont une sorte de poésie divine, ou des préceptes et des dogmes, qui sont une sorte de philosophie éternelle. Quant à cette partie qui semble être redondante, je veux dire la prophétie, ce n'est au fond qu'un certain genre d'histoire; car l'histoire divine a, sur l'histoire humaine, cette prérogative que, relativement aux faits qu'elle rapporte, la narration peut tout aussi bien précéder l'événement que le suivre.

CHAPITRE II.

Division de l'histoire en naturelle et civile, ecclésiastique et littéraire, laquelle est comprise dans l'histoire civile. Autre division de l'histoire naturelle en histoire des générations, des prêter-générations et des arts.

L'histoire est ou naturelle ou civile. Dans l'histoire naturelle sont rapportés les actes et les exploits de la nature; dans l'histoire civile ceux de l'homme. Nul doute que les choses divines ne brillent dans l'une et dans l'autre, mais davantage dans la partie civile; en sorte qu'elles constituent aussi une espèce propre d'histoire que nous appelons ordinairement histoire sacrée ou ecclésiastique. Quant à nous,

---

[1] Voyez le tableau ci-joint, qui est le résumé des divisions des sciences dont le développement fait la matière des chapitres qui suivent.

l'importance des lettres et des arts nous paraît telle que nous croyons devoir lui attribuer une histoire propre et particulière, que notre dessein est de comprendre dans l'histoire civile, ainsi que l'histoire ecclésiastique.

Quant à la division de l'histoire naturelle, nous la tirons de la considération de l'état et de la condition de la nature, laquelle peut se trouver dans trois états différents, et subir, en quelque manière, trois espèces de régimes. Car, ou la nature est libre et se développe dans son cours ordinaire, comme dans les cieux, dans les animaux, dans les plantes, et dans tout ce que la nature présente à nos yeux ; ou elle est, par la mauvaise disposition et par l'opiniâtre résistance de la matière rebelle, chassée de son état, comme dans les monstres; ou enfin, par l'art et l'industrie humaine, elle est resserrée, figurée, et en quelque manière rajeunie, comme dans les ouvrages artificiels. Soit donc l'histoire naturelle divisée en histoire des générations, des préter-générations et des arts. Cette dernière, nous l'appelons ordinairement histoire mécanique et expérimentale. La première de ces histoires a pour objet la liberté de la nature, la seconde ses écarts, la troisième ses liens. C'est sans regret que nous formons de l'histoire des arts une des espèces de l'histoire naturelle, car il est une opinion qui s'est invétérée ; on s'imagine voir une grande différence entre la nature et l'art, entre les choses naturelles et les choses artificielles, d'où est résulté cet inconvénient que les écrivains sur l'histoire naturelle croient avoir tout fait dès qu'ils ont pu composer une histoire des animaux, ou des végétaux, ou des minéraux, abandonnant ainsi les expériences des arts mécaniques. Un autre préjugé qui s'est établi dans les esprits, c'est de regarder l'art comme une sorte d'appendice de la nature, d'après cette supposition que tout ce qu'il peut faire, c'est d'achever, il est vrai, la nature, mais la nature commencée, ou de l'amender quand elle tend au pire, ou enfin de la débarrasser des obstacles, et point du tout de la changer tout-à-fait, de la transformer et de l'ébranler jusque dans ses fondements; ce qui a rendu, avant le temps, les affaires humaines tout-à-fait désespérées. Les hommes auraient dû, au contraire, se pénétrer profondément de ce principe : que les choses artificielles ne diffèrent pas des choses naturelles par la forme ou par l'essence, mais seulement par la cause efficiente ; car l'homme n'a aucun autre pouvoir sur la nature que celui que lui peut donner le mouvement ; et tout ce qu'il peut faire, c'est d'approcher ou d'éloigner les uns des autres les corps naturels. Quand cet éloignement et ce rapprochement sont possibles, en joignant, comme le disent les scolastiques, les actifs aux passifs, il peut tout ; hors de là il ne peut rien. Et lorsque les choses sont disposées pour produire un certain effet, que cela se fasse par l'homme ou sans l'homme, peu importe. Par exemple, l'or s'épure par le moyen du feu ; cependant on trouve quelquefois dans les sables fins ce métal tout pur. De même, dans la région supérieure, l'iris se forme dans un nuage très chargé de particules aqueuses, et ici-bas on l'imite assez bien par l'aspersion d'une certaine quantité d'eau. Ainsi, c'est la nature qui régit tout. Or, ces trois choses sont subordonnées les unes aux autres, le cours de la nature, ses écarts et l'art, c'est-à-dire l'homme ajouté aux choses. Il convient donc de comprendre ces trois objets dans une histoire naturelle. C'est ce que n'a pas manqué de faire Pline, le seul de tous les naturalistes qui ait donné à l'histoire naturelle une étendue proportionnée à son importance, mais qui ne l'a pas traitée comme il convenait, tranchons le mot, qui l'a traitée d'une manière pitoyable.

La première de ces trois parties est passablement cultivée ; les deux autres sont traitées d'une manière si mesquine et tellement inutile qu'il faut absolument les mettre au nombre des choses à suppléer ; car nous n'avons aucune collection assez riche de ces œuvres de la nature, qui s'écartent du cours ordinaire de ses générations et de ses mouvements, et qui peuvent être, ou des productions particulières à certaines régions et à certains lieux, ou des événements extraordinaires, quant au temps, ou ce que tel écrivain qualifie de jeux du hasard, ou encore des effets de propriétés occultes, ou enfin des choses uniques en leur espèce dans la nature. Je ne disconviendrai pas qu'on ne trouve assez et trop de livres tout remplis d'expériences fabuleuses, de prétendus secrets, de frivoles impostures, et qui n'ont d'autre but que ce plaisir que donne la rareté et la nouveauté. Mais parlons-nous d'une narration grave et sévère, des hétéroclites ou des merveilles de la nature soigneusement examinées et décrites avec exactitude, c'est, dis-je, ce que je ne trouve nulle part; surtout une histoire où l'on ait soin de rejeter, comme on le doit, et de proscrire, pour ainsi dire, publiquement les contes et les fables qui se sont accrédités. A la manière dont les choses vont aujourd'hui, pour peu que des mensonges sur les choses naturelles aient pris pied et soient en honneur, soit que tel puisse être sur les esprits le pouvoir de la vénération pour l'antiquité, soit qu'on ne veuille que s'épargner la peine de les soumettre de nouveau à l'examen, soit enfin qu'on les regarde comme de merveilleux ornements pour le discours, à cause des similitudes et des comparaisons qu'ils fournissent, on ne peut plus se résoudre à les rejeter tout-à-fait ou à les remanier.

Un ouvrage de ce genre, qu'Aristote a honoré de son exemple, n'a nullement pour objet de gratifier les esprits curieux et frivoles, à l'imitation de certains débitants de miracles et de prodiges, mais il a deux buts très graves et très sérieux. L'un est de remédier au peu de justesse des axiomes dont la plupart ne sont fondés que sur des exemples triviaux et rebattus; l'autre est de faire que, des miracles de la nature aux miracles de l'art, le passage soit libre et facile. Et après tout ce n'est pas une si grande affaire; il ne s'agit au fond que de suivre la nature à la trace, avec une certaine sagacité, lorsqu'elle s'égare spontanément, afin de pouvoir ensuite, à volonté, la conduire, la pousser vers le même point. Je ne conseillerais pas non plus d'exclure totalement d'une semblable histoire toutes les relations superstitieuses de maléfices, de fascinations, d'enchantements, de songes, de divinations et autres choses semblables, quand d'ailleurs le fait est bien constaté; car on ne sait pas encore en quoi et jusqu'à quel point les effets qu'on attribue à la superstition participent des causes naturelles. Ainsi, quoique nous regardions comme très condamnable tout usage et toute pratique des arts de cette espèce, néanmoins de la simple contemplation et considération de ces choses-là nous tirerons des connaissances qui ne seront rien moins qu'inutiles, non-seulement pour bien juger des faits de ce genre, mais aussi pour pénétrer plus avant dans les secrets de la nature. Et il ne faut nullement balancer à entrer et à pénétrer dans ces antres et ces recoins, pour peu qu'on n'ait d'autre but que la recherche de la vérité. C'est ce que Votre Majesté a confirmé par son exemple, lorsque, armée de deux yeux si clairvoyants, celui de la physique et celui de la religion, elle a pénétré dans ces ténèbres avec tant de prudence et de sagacité qu'elle s'est montrée en cela semblable au soleil qui éclaire les lieux les plus infects sans y contracter aucune souillure. Au reste, il est bon d'avertir que ces narrations, mêlées de détails superstitieux, doivent être réunies ensemble, rédigées à part, et non mêlées avec les faits d'une histoire naturelle pure et sincère. Quant à ce qui regarde les relations et narrations de miracles et de prodiges, qui sont des objets de religion, ou ces faits sont absolument faux, ou, s'ils sont vrais, n'ayant absolument rien de naturel, ils n'appartiennent point à l'histoire naturelle.

Quant à l'histoire de la nature travaillée et factice, histoire que nous qualifions de mécanique, je trouve, à la vérité, certaines collections sur l'agriculture et même sur plusieurs arts libéraux. Mais ce qu'il y a de pire en ce genre, c'est cette fausse délicatesse qui fait qu'on rejette toujours les expériences familières et triviales en chaque art, expériences qui servent néanmoins autant ou plus pour l'interprétation de la nature que celles qui sont moins rebattues. Car il semble que les lettres contracteraient une sorte de souillure si de savants hommes s'abaissaient à la recherche ou à l'observation des détails propres aux arts mécaniques, à moins que ce ne soient de ces choses qui sont réputées des secrets de la nature, ou des raretés, ou des procédés très délicats; ce qui annonce un orgueil si puéril et si méprisable que Platon, avec juste raison, le tourne en ridicule, lorsqu'il introduit Hippias, sophiste plein de jactance, disputant avec Socrate, philosophe qui cherchait la vérité avec autant de jugement que de sincérité. La conversation étant tombée sur le beau, et Socrate, selon sa méthode libre et développée, alléguant divers exemples, d'abord celui d'une fille jeune et belle, puis celui d'une belle cavale, enfin celui d'une belle marmite de potier, d'une marmite parfaitement bien faite, Hippias, choqué de ce dernier exemple, lui dit : « Je m'indignerais si les lois de l'urbanité ne m'obligeaient a quelque complaisance, de disputer avec un homme qui va ramasser des exemples si vils et si bas. — Je le crois bien, lui repartit Socrate ; cela te sied à toi qui portes de si beaux souliers et des vêtements si magnifiques, » et il continua sur ce ton d'ironie. Mais on peut être assuré que les grands exemples ne donnent pas une aussi parfaite et aussi sûre information que les petits. C'est ce qui est assez ingénieusement indiqué par cette fable si connue d'un philosophe qui, levant les yeux pour regarder les étoiles, tomba dans l'eau ; car s'il eût baissé les yeux il eût pu aussitôt voir les étoiles dans cette eau, au lieu qu'en les levant vers les cieux, il ne put voir l'eau dans les étoiles. C'est ainsi qu'assez souvent les choses petites et basses servent plutôt à connaître les grandes que les grandes ne servent à connaître les petites. Aussi voyons-nous qu'Aristote a remarqué « que la meilleure méthode, pour découvrir la nature de chaque chose, est de la considérer dans ses portions les plus petites ; » c'est pourquoi, quand il veut découvrir la nature de la république, il la cherche dans la famille et dans les plus petites combinaisons de la société, savoir : dans celle du mari et de la femme, des parents et des enfants, du maître et de l'esclave, toutes combinaisons qu'on rencontre dans la première cabane. C'est précisément ainsi que, pour découvrir la nature de cette grande cité de l'univers et sa souveraine économie, il faut la chercher dans le premier composé harmonique qui se présente et dans les plus petites portions des choses. Aussi voyons-nous que la propriété qu'a le fer de se tourner vers les pôles du monde, et qui est regardée comme un des plus grands secrets de la nature, s'est laissé voir, non dans des leviers de fer, mais dans des aiguilles.

Quant à moi, si mon jugement est ici de quelque poids, je ne craindrai pas d'assurer que l'histoire mécanique est, par rapport à la philosophie naturelle, d'une utilité vraiment radicale et fondamentale. Mais par philosophie naturelle j'entends une philosophie qui ne s'évanouisse pas en fumée de spéculations subtiles ou sublimes, mais une philosophie qui mette la main à l'œuvre et qui travaille efficacement à adoucir les misères de la condition humaine ; car par là elle ne serait pas d'une simple utilité actuelle en apprenant à lier ensemble et à transporter les observations d'un art dans un autre art pour en rendre l'usage commun à tous et à en tirer de nouvelles commodités, ce qui ne peut manquer d'arriver lorsque les expériences des divers arts auront été soumises à l'observation et aux réflexions d'un seul homme ; mais de plus elle servirait comme de flambeau pour la recherche des causes et la déduction des axiomes des arts. En effet, de même qu'on ne peut guère apercevoir et saisir le naturel d'une personne qu'en la mettant en colère, et que le Protée de la fable, qui prend tant de formes différentes, ne se montre sous sa véritable forme que lorsqu'on lui met pour ainsi dire les menottes, de même aussi la nature, irritée et tourmentée par l'art, se manifeste plus clairement que lorsqu'on l'abandonne à elle-même et qu'on la laisse dans toute sa liberté.

Mais avant de quitter cette partie de l'histoire naturelle à laquelle on donne le nom de mécanique ou d'expérimentale, nous devons ajouter que le corps d'une semblable histoire ne doit pas être seulement composé des arts mécaniques proprement dits, mais aussi de la partie active des arts libéraux, et de ce grand nombre de procédés de toute espèce qui n'ont point encore été réunis en un seul corps et réduits en art, afin de ne rien négliger de ce qui peut aider et former l'entendement. Telle est donc la première division de l'histoire naturelle.

CHAPITRE III.

Division de l'histoire naturelle, relativement à son usage et à sa fin, en narrative et inductive. Que la fin la plus importante de l'histoire naturelle est de prêter son ministère à la philosophie et de lui servir de base, ce qui est la véritable fin de l'induction. Division de l'histoire des générations en histoire des corps célestes, histoire des météores, histoire de la terre et de la mer, histoire des grandes masses ou congrégations majeures.

L'histoire naturelle, considérée par rapport à son sujet, se divise en trois espèces, comme nous l'avons déjà dit ; de même, envisagée par rapport à son usage, elle se divise en deux autres espèces ; car on l'emploie, ou pour acquérir la simple connaissance des choses que l'on confie à l'histoire, ou comme matière première de la philosophie. Or, la première espèce qui plaît par l'agrément des narrations, ou qui aide par l'utilité des expériences, et qui n'a en vue qu'un plaisir ou une utilité de cette espèce.

doit être mise fort au-dessous de celle qui est comme la pépinière et le mobilier d'une induction véritable et légitime, et qui donne le premier lait à la philosophie. Ainsi nous diviserons de nouveau l'histoire naturelle en narrative et inductive; nous plaçons cette dernière parmi les choses à suppléer. Il ne faut pas s'en laisser imposer par les grands noms des anciens, ni par les gros volumes des modernes. Nous n'ignorons pas que nous possédons une histoire naturelle, fort ample quant à sa masse, fort agréable par sa variété, et d'une exactitude souvent minutieuse. Cependant, si vous en ôtez les fables, les remarques sur l'antiquité, les citations d'auteurs, les vaines controverses, la philologie en un mot et les ornements, toutes choses fort bonnes pour servir de matière aux conversations dans les festins, ou pour amuser les savants durant leurs veilles, mais qui ne sont nullement propres à servir de base à la philosophie, si vous en ôtez, dis-je, toutes ces inutilités, vous trouverez que cette histoire se réduira presque à rien. Oh! combien elle est loin de celle que nous embrassons dans notre pensée. Car, 1° les deux parties de l'histoire naturelle, dont nous parlions il n'y a qu'un instant, savoir, celle des préter-générations et celle des arts, auxquelles nous attachons la plus grande importance, ces deux parties, dis-je, nous manquent absolument; 2° l'histoire qui reste, savoir, celle des générations, ne remplit qu'un seul des cinq objets qu'elle devrait embrasser; car elle a cinq parties subordonnées les unes aux autres. La première est l'histoire des corps célestes, qui n'embrasse que les purs phénomènes, abstraction faite de toute opinion positive. La seconde est celle des météores, y compris les comètes, et celle de ce qu'on appelle les régions de l'air; car, sur les comètes, les météores ignés, les vents, les pluies, les tempêtes et autres phénomènes semblables, nous ne trouvons pas d'histoire qui soit de quelque prix. La troisième est celle de la terre et de la mer (en tant qu'elles sont des parties intégrantes de l'univers), des montagnes, des fleuves, des marées, des sables, des forêts, des îles, enfin de la figure même des continents et de leur contour; mais tous ces détails ne doivent être que de simples descriptions qui tiennent plus de l'histoire naturelle que de la cosmographie. La quatrième est celle des masses communes de matière, que nous appelons les congrégations majeures, vulgairement appelées éléments; car, sur le feu, l'air, l'eau, la terre, sur leurs natures, leurs mouvements, leurs opérations, leurs impressions, nous n'avons pas non plus de narrations qui forment un corps complet d'histoire. La cinquième et la dernière est celle des assemblages réguliers de la matière, que nous désignons par les mots de congrégations mineures, et connus sous le nom d'espèces. C'est dans cette dernière partie que s'est le plus signalée l'industrie des écrivains; de manière cependant qu'on y trouve plus de luxe et de choses superflues, telles que sont des figures d'animaux et de plantes dont on les a renflées, que d'observations exactes et solides, ce qui est pourtant ce qu'on doit rencontrer partout dans une histoire naturelle. En un mot, toute cette histoire naturelle que nous possédons ne répond, ni pour le choix, ni pour l'ensemble, à ce but dont nous avons parlé; savoir, à celui de fonder une philosophie. Ainsi nous décidons que l'histoire inductive nous manque. Mais en voilà assez sur l'histoire naturelle.

CHAPITRE IV.

Division de l'histoire civile en histoire ecclésiastique, histoire civile proprement dite et histoire littéraire. Que l'histoire littéraire nous manque. Préceptes sur la manière de la composer.

L'histoire civile nous paraît se diviser en trois espèces : 1° l'histoire sacrée ou ecclésiastique; 2° l'histoire civile proprement dite, qui retient le nom du genre; 3° enfin, l'histoire des lettres et des arts. Nous commencerons par cette espèce que nous avons placée la dernière, parce que nous possédons les deux premières; au lieu que nous jugeons à propos de ranger celle-ci, je veux dire l'histoire des lettres, parmi les choses à suppléer. Or, nul doute que si l'histoire du monde était destituée de cette partie, elle ne ressemblerait pas mal à la statue de Polyphème ayant perdu son œil. Car alors la partie qui manquerait à son image serait précisément celle qui aurait pu le mieux indiquer le génie et le caractère du personnage. Quoique nous décidions que cette partie nous manque, néanmoins nous n'ignorons pas que, dans les sciences particulières et propres aux jurisconsultes, aux mathématiciens, aux rhéteurs, aux philosophes, on entre dans certains détails, on donne certaines narrations assez maigres sur les sectes, les écoles, les livres, les auteurs de ces sciences, et sur la manière dont elles se sont succédées ; qu'on trouve aussi sur les inventeurs des arts et des sciences certains traités tout aussi maigres et tout aussi infructueux. Mais parle-t-on d'une histoire complète et universelle des lettres, jusqu'ici on n'en a point encore publiée de telle ; nous le disons hardiment. Nous indiquerons donc le sujet d'une telle histoire.

Quant au sujet, il ne s'agit que de fouiller dans les archives de tous les siècles, et de chercher quelles sciences et quels arts ont fleuri dans le monde ; dans quels temps et dans quels lieux ils ont été plus ou moins cultivés ; de marquer dans le plus grand détail leur antiquité, leurs progrès, leurs migrations dans les différentes parties de l'univers (car les sciences ont leurs migrations, ainsi que les peuples) ; de plus, leur décadence, les temps où ils sont tombés dans l'oubli, et ceux de leur renaissance ; de spécifier, par rapport à chaque art, l'occasion de son invention ; de dire quelles règles et quelles disciplines on a observées en les transmettant ; quelles méthodes et quels plans l'on s'est fait pour les cultiver et les exercer ; d'ajouter à cela les sectes et les plus célèbres controverses qui aient occupé les savants ; les calomnies auxquelles les sciences ont été exposées ; les éloges et les distinctions dont on les a honorées ; d'indiquer les principaux auteurs, les meilleurs livres en chaque genre, les écoles, les établissements successifs, les académies, les collèges, les ordres, enfin tout ce qui concerne l'état des lettres. Avant tout, nous voulons (et c'est ce qui fait toute la beauté, et qui est comme l'âme d'une telle histoire) qu'avec les événements on accouple leurs causes ; c'est-à-dire qu'on spécifie la nature des régions et des peuples qui ont eu plus ou moins de disposition et d'aptitude pour les sciences ; les conjectures et les accidents qui ont été favorables ou contraires aux sciences ; le fanatisme et le zèle religieux qui s'y est mêlé ; les pièges que leur ont tendus les lois, et les facilités qu'elles leur ont procurées ; enfin les vertus et l'énergie qu'ont déployées certains personnages pour l'avancement des lettres et autres choses semblables

Or, toutes ces choses, nous souhaitons qu'on les traite, non pas à la manière des critiques, en perdant le temps à des éloges ou à des censures, mais en les rapportant tout-à-fait historiquement, et en n'y mêlant des jugements qu'avec réserve.

Or, quant à la manière dont une telle histoire doit être composée, le principal avertissement que nous devons donner, c'est que non-seulement il faut en tirer les matériaux et les détails des historiens et des critiques, mais de plus, en marchant siècle par siècle ou prenant de plus petites périodes, et en suivant toujours l'ordre des temps (en remontant jusqu'à l'antiquité la plus reculée), consulter les principaux livres qui ont été écrits dans chaque espace de temps, afin qu'après les avoir, je ne dis pas lus et relus, ce qui n'aurait point de fin, mais les avoir du moins parcourus, pour en observer le sujet, le style et la méthode, l'on puisse évoquer par une sorte d'enchantement le génie littéraire de chaque temps.

Quant à ce qui regarde l'usage, le but des détails que nous demandons n'est pas de donner aux lettres de l'éclat et du relief, et d'en faire une sorte d'étalage par ce grand nombre d'images qui les environneraient.

Qu'on ne s'imagine pas non plus que, séduit par mon ardent amour pour les lettres, j'aie à cœur de chercher, de savoir et de conserver tout ce qui, en quelque manière que ce soit, concerne leur état, et de pousser ces détails jusqu'aux minuties ; c'est un motif plus grave et plus sérieux qui nous détermine ; ce motif est que nous pensons qu'une histoire telle que celle dont nous avons donné l'idée pourrait augmenter plus qu'on ne pense la prudence et la sagacité des savants dans l'administration et l'application de la science ; et nous pensons de plus qu'on peut, dans une semblable histoire, observer les mouvements et les troubles, les vertus et les vices du monde intellectuel, tout aussi bien qu'on observe ceux du monde politique, et tirer ensuite de ces observations le meilleur régime possible. Car, s'il s'agissait d'acquérir la prudence d'un évêque ou d'un théologien, les ouvrages de Saint-Augustin ou de Saint-Ambroise ne mèneraient pas aussi sûrement à ce but, qu'une histoire ecclésiastique lue avec attention et souvent feuilletée ; et nous ne doutons nullement que les savants ne tirent un tel avantage d'une histoire littéraire. Car il y a toujours du hasard et de l'incertitude dans tout ce qui n'est pas appuyé sur des exemples et sur la mémoire des choses. Voilà ce que nous avions à dire sur l'histoire littéraire.

CHAPITRE V.

De la dignité et de la difficulté de l'histoire civile.

Suit l'histoire civile, qui, par son importance et son autorité, tient le premier rang parmi les écrits humains ; car c'est à sa foi que sont commis les exemples de nos ancêtres, les vicissitudes des choses, les fondements de la prudence civile, et même le nom et la réputation des hommes. A l'importance de l'entreprise se joint la difficulté, qui n'est pas moindre. En effet, reporter son esprit dans le passé, et le rendre pour ainsi dire antique ; observer et scruter les mouvements des siècles, les caractères des personnages, les vacillations dans les conseils, les conduits souterrains des actions (semblables à autant d'aqueducs), les vrais motifs cachés sous les motifs simulés, les secrets d'État ; découvrir, dis-je, toutes ces choses, et les rapporter avec autant de liberté que de sincérité, et, par l'éclat d'une diction lumineuse, les mettre pour ainsi dire sous les yeux du lecteur, c'est un travail immense et délicat, qui demande autant de jugement que d'activité, pour peu surtout que l'on considère que tous les événements très anciens sont incertains, et que ce n'est pas sans danger qu'on écrit l'histoire des temps plus modernes. Aussi ce genre d'histoire est-il tout environné de défauts. La plupart n'écrivent que des relations pauvres et triviales, qui sont l'opprobre de l'histoire ; d'autres cousent à la hâte de petites relations et de petits commentaires, dont ils forment un tissu tout plein d'inégalités ; d'autres encore effleurent tout et ne s'attachent qu'au gros des événements ; d'autres au contraire vont courant après les plus minutieux détails, qui n'influent point sur le fond des actions ; quelques-uns, trop amoureux de leur propre esprit, inventent audacieusement des faits ; d'autres n'impriment pas tant aux choses l'image de leur esprit que celle de leurs passions, ne perdant jamais de vue l'intérêt de leur parti et se montrant toujours témoins peu fidèles des événements. Il en est qui mêlent partout, bon gré mal gré, dans leurs livres, les réflexions politiques dans lesquelles ils se complaisent, se jetant dans toutes sortes de digressions et interrompant à tout propos le fil de la narration ; d'autres qui manquent de sens et ne savent pas s'arrêter, entassent discours sur discours, harangues sur harangues, et se perdent dans des narrations sans fin. En sorte qu'il est constant qu'on ne trouve rien de plus rare, parmi les écrits humains, qu'une histoire bien faite et accomplie en tous ses points. Mais notre but pour le moment est de faire la distribution des parties de l'histoire civile, pour marquer les choses omises, et non une censure, pour relever les défauts. Continuons à chercher les différents genres de divisions de l'histoire civile : en proposant ainsi différentes distributions, nous confondrons moins les espèces que si nous affections de suivre minutieusement toutes les ramifications d'une seule.

CHAPITRE VI.

Distribution de l'histoire civile en mémoires, antiquités et histoire complète.

L'histoire civile se divise en trois espèces fort analogues aux trois différentes espèces de tableaux et de statues ; car parmi les tableaux et les statues, il est des ouvrages imparfaits et auxquels l'art n'a pas mis la dernière main, d'autres qui sont parfaits, et d'autres enfin que le temps a mutilés et défigurés. C'est ainsi que nous divisons l'histoire civile, qui est comme l'image des temps et des choses, en trois espèces qui répondent à celles des tableaux, savoir : les mémoires, les antiquités et l'histoire complète. Les mémoires sont une histoire commencée, ou les premiers et grossiers linéaments d'une histoire ; les antiquités sont une histoire défigurée, ou les débris de l'histoire échappés au naufrage des temps.

Les mémoires, ou préparations à l'histoire, sont de deux espèces, dont l'une peut prendre le nom de commentaires et l'autre celui d'archives. Les commentaires exposent d'une manière nue la suite et l'enchaînement des actions et des événements, sans parler des vrais motifs et des prétextes de ces actions, de leurs principes et de leurs occasions, abstraction faite aussi des délibérations et des discours, en un mot, de tout l'appareil des actions ; telle est proprement la nature des commentaires, quoique, dans ce genre, César, par une sorte de modestie unie à une certaine magnanimité, n'ait donné que le simple nom de commentaires à la plus parfaite histoire qui existe. Mais les archives sont de deux espèces, car elles embrassent tout ce qu'il y a de plus remarquable et dans les choses et dans les personnes, exposé suivant l'ordre des temps, tels que les ouvrages qui portent le nom de fastes ou de chronologies, ou ce que les actes ont de solennel, comme les édits des princes, les décrets des sénats, la marche des procédures, les discours publics, les lettres envoyées publiquement, et autres choses semblables, mais d'une manière décousue et sans être liés par le fil d'une narration continue.

Les antiquités, ou les débris des histoires, sont, comme nous l'avons déjà dit, des planches de naufrage, une sorte de dernière ressource dont on use lorsque la mémoire des choses venant à manquer et étant comme submergée, néanmoins des hommes pleins d'industrie et de sagacité, par une sorte de diligence opiniâtre et religieuse, se prennent aux généalogies, aux fastes, aux titres, aux monuments, aux médailles, aux noms propres, au style, aux étymologies de mots, aux proverbes, aux traditions, aux archives et autres semblables instruments, soit publics, soit privés, aux fragments d'histoire qui se trouvent dispersés en différents lieux, dans des livres qui ne sont rien moins qu'historiques, et à l'aide de la totalité de ces choses, ou de quelques-unes, tâchent d'enlever au déluge du temps quelques débris, et de les conserver ; genre d'entreprise laborieuse sans doute, mais agréable, et à laquelle est attachée une certaine vénération, et qui, une fois qu'on s'est déterminé à effacer les origines fabuleuses des nations, mérite de remplacer ces mensonges, mais qui a d'autant moins d'autorité que ce dont le petit nombre se mêle est soumis au caprice de ce petit nombre.

Il ne me semble pas fort nécessaire de relever quelques défauts dans les histoires imparfaites de ce genre, attendu que ce n'est qu'une sorte de mélanges imparfaits et que leurs défauts tiennent à leur nature même. Quant aux abrégés, qu'on peut regarder comme les vermines de l'histoire, nous voulons qu'on les rejette absolument, attendu qu'ils ont rongé le corps d'un grand nombre d'histoires intéressantes, et les ont enfin réduites à une sorte de résidu inutile.

CHAPITRE VII.

Division de l'histoire complète en chroniques, vies et relations. Développement de ces trois parties.

Mais l'histoire complète est de trois espèces, en raison de l'objet qu'elle se propose de représenter ; car ou elle représente quelque partie du temps, ou quelque personnage individuel et digne de mémoire, ou telle action, tel exploit des plus mémorables. On donne au premier genre le nom de chronique, au second celui de vies, au troisième celui de relations. De ces trois différentes espèces, le genre de mérite des chroniques consiste dans leur célébrité et leur authenticité ; celui des vies, dans les exemples et autres fruits qu'on en peut tirer ; enfin celui des relations dépend de la vérité et de la sincérité avec laquelle elles sont écrites. Car les chroniques considèrent les actes publics dans toute leur grandeur ; elles montrent la physionomie extérieure des personnages et cette partie de leur visage qui est tournée vers le public, laissant de côté et passant sous silence tous les légers détails relatifs tant aux choses qu'aux personnes. Mais comme c'est un artifice propre à la divine sagesse que de faire dépendre les plus grandes choses des plus petites, il arrive quelquefois que les histoires de cette espèce, à cause de cette grandeur même qu'elles recherchent, étalent plutôt ce que les affaires ont de pompeux et de solennel qu'elles n'en indiquent les vrais principes et les textures les plus délicates. Il y a plus ; quoiqu'elles ajoutent et mêlent à la narration les causes et les motifs, néanmoins, toujours à cause de cette même grandeur à laquelle elles se plaisent, elles supposent, dans les actions humaines, plus de prudence et de sérieux qu'il ne s'y en trouve en effet ; en sorte que telle satire serait un tableau plus vrai de la vie humaine que telle de ces histoires. Au contraire, les vies, pour peu qu'elles soient écrites avec exactitude et avec jugement (car il n'est pas question ici des éloges et autres futiles histoires de cette espèce), comme elles se proposent pour sujet un certain individu, et que pour en donner une juste idée elles sont obligées de mêler et de combiner ensemble ses actions, tant légères que graves, tant petites que grandes, tant privées que publiques, présentent sans contredit des narrations plus vives et plus fidèles des choses, et dont on peut, avec plus de sûreté et de succès, tirer des exemples et des modèles. Mais quant aux relations particulières, telles que la guerre du Péloponèse, l'expédition de Cyrus, la conjuration de Catilina et autres semblables, on a droit d'y exiger plus d'impartialité, de candeur et de sincérité que dans les histoires complètes des temps; car lorsqu'il s'agit des premières, on peut dans le nombre choisir un sujet commode, limité et de telle nature qu'on puisse se procurer tous les documents et toute la certitude nécessaire pour le bien traiter; au lieu que l'histoire des temps, surtout celle d'un temps beaucoup plus ancien que celui de l'écrivain, manque souvent de faits et qu'on y trouve de grands espaces vides qu'on ne manque guère de remplir à force d'esprit et de conjectures. Néanmoins ce que nous disons ici de la sincérité des relations doit être entendu avec exception. Car les choses humaines péchant toujours par quelque côté, et les inconvénients étant toujours mêlés avec les avantages, ce n'est pas sans raison, il faut l'avouer, qu'on tient pour suspectes les relations de cette espèce, surtout celles qu'on publie dans le temps même des événements rapportés, et qui le plus souvent sont dictées par l'envie et la flatterie. D'une autre part, à côté de cet inconvénient naît le remède, car ces relations-là même, comme ce n'est pas d'un seul côté qu'on en publie, mais que, par suite des factions et de l'esprit de parti qui règnent alors, chaque partie publie les siennes, ces relations, dis-je, fraient ainsi à la vérité un chemin entre les deux extrêmes. Puis, lorsque les animosités sont attiédies, elles peuvent fournir à un historien impartial et judicieux de bons matériaux et une bonne semence pour une histoire plus parfaite.

Quant à ce qui peut manquer dans ces deux genres d'histoire, nul doute que plusieurs histoires particulières (nous parlons de celles qui peuvent exister), que des histoires, dis-je, d'une certaine perfection, ou qui atteignent du moins au degré de la médiocrité, ne nous aient manqué jusqu'ici, au grand préjudice de la gloire et de la réputation des royaumes et des républiques; mais il serait trop long de les spécifier en détail. Au reste, abandonnant aux nations étrangères le soin de l'histoire des étrangers, et pour ne point porter un œil curieux dans les affaires d'autrui, je ne puis m'empêcher de me plaindre à Votre Majesté de la bassesse et de la mesquinerie de cette histoire d'Angleterre dont nous sommes en possession, quant au corps de cette histoire prise en entier, comme aussi de la partialité et du peu de sincérité de l'histoire d'Écosse, du moins quant à l'auteur le plus récent et le plus complet. Ces défauts considérés, je pense qu'on exécuterait un ouvrage bien honorable à Votre Majesté et fort agréable à la postérité, si, de même que cette île de la Grande-Bretagne, désormais réunie en une seule monarchie, se transmet elle-même dans son unité aux siècles suivants, de même aussi l'on comprenait dans une seule histoire tous les événements qui la concernent en remontant jusqu'aux siècles passés; à peu près comme l'Ecriture-Sainte fait marcher de front l'histoire des dix tribus du royaume d'Israël et celle des deux tribus du royaume de Juda, deux histoires qui sont, pour ainsi dire, jumelles. Que si vous pensez que la masse et la difficulté de cette histoire, assez grande sans doute, empêchent qu'on ne la traite avec exactitude et d'une manière qui réponde à son importance, n'avez-vous pas cette période mémorable et beaucoup plus courte, quant à l'histoire d'Angleterre; je veux dire celle qui s'est écoulée depuis la réunion des deux Roses jusqu'à celle des royaumes, espace de temps qui, à mon sentiment, renferme un plus grand nombre d'événements variés et peu communs qu'on n'en pourrait trouver dans une suite d'un égal nombre de princes, en quelque royaume héréditaire que ce pût être. Cette période commence à l'époque où la couronne fut acquise d'une manière mixte, savoir: en partie par les armes, en partie par le droit; car ce fut le fer qui fraya le chemin au trône et ce fut un mariage qui l'affermit. Survinrent des temps fort analogues à ces commencements et semblables à des flots qui, après une grosse tempête, conservent leur volume et leur agitation, mais sans qu'aucun coup de vent d'une certaine force les soulève de nouveau, flots dont un habile pilote, celui de tous vos prédécesseurs qui s'est le plus signalé par sa prudence, a surmonté la violence. Immédiatement après vient un roi, dont les actions, qui témoignaient plus d'impétuosité que de prudence, n'ont pas laissé d'avoir un grand poids dans la balance de l'Europe, et de la faire pencher à droite ou à gauche selon qu'il se portait de l'un ou de l'autre côté. C'est aussi sous son règne qu'a commencé cette grande innovation dans l'état ecclésiastique, vrai coup de théâtre tel qu'on en voit peu. Suit un roi mineur; puis un essai de tyrannie, qui fut à la vérité de courte durée et comme une sorte de fièvre éphémère, suivi du règne d'une femme mariée à un roi étranger, et de celui d'une autre femme encore qui vécut dans la solitude du célibat. Enfin a succédé à tous ces événements un événement tout à la fois heureux et glorieux; je veux parler de cette époque où l'île de la Grande-Bretagne, qui est séparée du reste du monde, s'est réunie avec elle-même; réunion par laquelle cet ancien oracle rendu à Énée et qui montrait dans l'éloignement le repos en ces termes:

Antiquam exquirite matrem [1].

s'est accompli en faveur de deux nations généreuses, les Anglais et les Écossais, qui désormais sont comprises sous le nom de Grande-Bretagne, leur antique mère, comme un gage et un symbole qui annoncent que nous sommes arrivés à la fin des erreurs et du voyage, et que nous touchons au terme. En sorte que, de même que les corps très pesants, lorsqu'ils ont été lancés, éprouvent certaines trépidations avant de se poser et de s'arrêter tout-à-fait; de même il paraît probable que la divine Providence a voulu que cette monarchie, avant qu'elle eût été affermie et qu'elle reposât tout-à-fait en la personne de Votre Majesté et dans sa royale lignée dans laquelle nous nous flattons qu'elle est établie pour jamais, que cette monarchie, dis-je, éprouvât ces révolutions et ces vicissitudes si fréquentes, comme autant de préludes de sa stabilité.

Quand je tourne mes réflexions vers les vies particulières, je ne laisse pas d'être étonné que notre temps connaisse si peu ses biens, en voyant qu'on prend si peu la peine d'écrire la vie de ceux qui se sont distingués dans notre siècle; car quoique les rois et ceux qui jouissent de la puissance absolue ne puissent être qu'en petit nombre, et que les citoyens distingués dans les républiques (la plupart étant déjà changées en monarchies) ne soient pas non plus en fort grand nombre, néanmoins il y a eu, même sous des rois, assez d'hommes illustres qui méritaient quelque chose de plus qu'une reputation vague et incertaine ou que d'arides et maigres éloges. En effet, il existe à ce sujet une fiction dont un poète moderne (l'Arioste) a enrichi une fable ancienne, et qui n'est pas sans élégance. « A l'extrémité du fil des Parques, dit-il, est suspendue une médaille ou une pièce de métal précieux, sur laquelle est gravé le nom de chaque défunt. Le temps emprunte les ciseaux d'Atropos, coupe le fil, enlève la médaille, puis les emportant toutes avec lui, il les tire de son sein et les jette dans le fleuve Léthé. Autour de ce fleuve voltigent une infinité d'oiseaux qui saisissent ces médailles à leur chute; puis les tenant quelque temps dans leur bec et les promenant çà et là, les laissent tomber par mégarde dans le fleuve. Mais parmi ces oiseaux il est quelques cygnes qui saisissent telle de ces médailles avec le nom qui s'y trouve gravé et la portent aussitôt dans un certain temple consacré à l'immortalité. » Voilà ce que dit le poète; mais on peut dire que de notre temps ces cygnes-là sont bien rares. Or, quoique la plupart des hommes, plus mortels par leurs soins et leurs passions que par leurs corps, se soucient peu de la mémoire de leur nom, regardant la gloire comme une sorte de vent et de fumée,

Animi nil magnæ laudis egentes [1].

néanmoins cette philosophie et cette sévérité dont ils se targuent n'a d'autre source que celle-ci : « Nous ne commençons à mépriser les louanges qu'au moment où nous cessons de faire des choses louables. » Mais une telle manière de penser ne forme point à nos yeux un préjugé contre ce jugement de Salomon : « La mémoire des justes est accompagnée d'éloges, mais le nom des impies tombera en pourriture comme leur corps [2]. » L'un fleurit perpétuellement; l'autre où tombe aussitôt dans l'oubli, ou exhale en se dissolvant une odeur infecte. C'est pourquoi par ce style et par

---

(1) Allez, et recherchez la terre paternelle.
Virg. *Énéide*, liv. III, v. 9. trad. de Delille.

(1) Tout ce qui, peu touché des promesses des dieux,
. . . .
Préfère à tant d'éclat un destin plus tranquille.
Virg. *Énéide*, liv. V, v. 751, trad. de Delille.
(2) *Proverbes*, c. 10, v. 7

cette formule dont on use avec tant de raison en parlant des morts : « d'heureuse mémoire, de précieuse mémoire, de bonne mémoire, » nous semblons reconnaître ce que Cicéron a avancé, en l'empruntant de Démosthènes, « que la seule fortune des morts est la bonne réputation ; » genre de possession (je ne puis m'empêcher de l'observer) qui, de notre temps, est le plus souvent fort mal cultivé, et que la négligence des hommes a laissé en jachère. Quant aux relations, il serait tout-à-fait à souhaiter qu'on s'en occupât beaucoup plus qu'on ne le fait ordinairement ; car il n'est point d'action un peu illustre qui ne trouve à portée quelqu'une des meilleures plumes qui pourrait s'en emparer et prendre peine à l'écrire. Mais l'homme capable d'écrire une histoire complète, d'une manière qui réponde à son importance, faisant partie d'un bien petit nombre (comme on le voit assez par le petit nombre des historiens même médiocres), si du moins les actions particulières, dans le temps même où elles se sont passées, étaient consignées dans quelque écrit supportable, on pourrait espérer qu'il s'élèverait tôt ou tard des écrivains qui, à l'aide de ces relations, pourraient composer une histoire complète. Elles seraient une sorte de pépinière dont on pourrait au besoin tirer de quoi planter un jardin ample et magnifique.

CHAPITRE VIII.

Division de l'histoire des temps en histoire universelle et histoire particulière. Avantages et inconvénients de l'une et de l'autre.

L'histoire des temps ou Chronique est ou universelle ou particulière. La dernière n'embrasse que les actes de tel royaume, de telle république, de telle nation ; la première ceux de l'univers entier. Car il n'a pas manqué d'écrivains qui se sont piqués d'avoir écrit une histoire du monde depuis son origine, donnant pour une histoire un assemblage confus de narrations sommaires, un vrai fatras. D'autres se sont flattés de pouvoir embrasser, comme dans une histoire complète, tous les événements de leur temps, tout ce qui s'est fait de mémorable dans le monde entier ; entreprise magnanime sans doute et dont l'utilité répond à sa grandeur ; car les choses humaines ne sont pas tellement séparées par les limites des régions et des empires qu'elles n'aient entre elles une infinité de relations. Aussi aime-t-on à voir rassemblées et comme peintes dans un seul tableau les destinées réservées à tout un siècle ou à tout un âge. De là il arrive aussi que grand nombre d'écrits qui ne sont pas à mépriser, écrits tels que sont ces relations dont nous avons déjà parlé et qui sans ces histoires eussent péri ou n'eussent pas été souvent réimprimés, ou que du moins des sommaires de ces relations, trouvant place dans ces vastes collections, se fixent ainsi et se conservent. Néanmoins, si l'on y fait plus d'attention, l'on reconnaîtra que les règles d'une histoire complète sont si sévères qu'il est presque impossible, dans un si vaste sujet, de les observer toutes, en sorte que la majesté de l'histoire est plutôt diminuée qu'augmentée par la grandeur de sa masse. En effet, il ne se peut qu'un auteur, qui va recherchant tant de faits de toute espèce, ne perde peu à peu de son exactitude, et que son attention, qui s'étend à tant de choses, se relâchant par cela même dans chacune, il ne se saisisse des bruits de ville, des contes populaires et ne compose son histoire de relations très peu authentiques et de matériaux légers de cette espèce. Ce n'est pas tout : forcé, pour ne pas donner à son ouvrage une étendue immense, d'omettre bien des choses qui méritent d'être rapportées, il retombe ainsi à la mesure étroite des abrégés. Il est encore un autre inconvénient qui n'est pas petit et qui est diamétralement opposé au but d'une histoire universelle ; c'est que, si une histoire de ce genre conserve telle narration, qui sans elle eût péri, au contraire, d'autres narrations assez utiles, qui sans elle eussent vécu, sont étouffées par suite de ce goût excessif qu'ont les hommes pour la brièveté.

CHAPITRE IX.

Division de l'histoire des temps en annales et en journaux.

On est fondé à diviser encore l'histoire des temps en annales et en journaux, et cette division, quoique tirée des périodes du temps, ne laisse pas d'avoir quelque rapport avec le choix des faits. Car c'est avec raison que Tacite, lorsqu'il vient à parler de certains édifices magnifiques, ajoute aussitôt : « on a jugé convenable à la dignité du peuple romain de ne confier aux annales que les grands événements et de renvoyer aux journaux de la ville les détails de cette espèce[1], « attribuant aux annales tout ce qui concerne l'état de la république, et aux journaux les actes et les accessoires de moindre importance. Mon sentiment sur ce sujet est que nous aurions besoin d'une sorte d'art héraldique pour régler le rang des livres comme celui des hommes ; et de même que rien ne nuit autant à l'état civil que la confusion des ordres et des grades, de même aussi ce n'est pas peu déroger à l'autorité d'une histoire grave que de mêler à la politique de si frivoles détails, tels que les fêtes, les cérémonies, les spectacles et autres choses semblables. Et il serait sans doute à souhaiter qu'on s'accoutumât à faire cette distinction-là même. Mais de notre temps, on n'est dans l'usage de tenir des journaux que dans les voyages de mer et les expéditions militaires. Chez les anciens, on avait soin, pour faire honneur aux rois, de rapporter dans des journaux les actes de leurs palais, et nous voyons que cet usage était suivi sous Assuérus, roi de Perse, qui, une certaine nuit, étant travaillé d'insomnie, demanda le journal qui rappela à sa mémoire la conjuration des eunuques. Les journaux d'Alexandre contenaient des détails si minutieux que, si par hasard il avait dormi à table, on consignait cela parmi ses actes. Et qu'on ne s'imagine pas qu'on ait affecté aux annales les grands événements, réservant les petits détails pour les journaux ; mais, et grandes et petites choses, on faisait tout entrer, pêle-mêle et à la hâte, dans ces journaux.

CHAPITRE X.

Division de l'histoire civile en pure et en mixte.

Enfin soit divisée l'histoire civile en pure et en mixte. Il est deux espèces très connues de mélanges ; l'une qui se tire de la science civile, et l'autre, en grande partie, de la science naturelle. Quelques auteurs ont introduit un certain genre d'écrits où l'on trouve, non pas des narrations auxquelles un fil continu donne la liaison d'une histoire, mais des faits détachés que l'auteur choisit à son gré ; puis il les médite, il les rumine et prend occasion de ces faits pour disserter sur la politique ; genre d'histoire philosophique que nous goûtons singulièrement, pourvu toutefois que l'auteur soit fidèle à son plan et qu'il avertisse de son dessein. Mais qu'un homme qui écrit *ex-professo* une histoire complète mêle partout des réflexions politiques, et que, dans cette vue, il interrompe à tout propos le fil de l'histoire, c'est quelque chose de déplacé et de fatigant. Nul doute que toute histoire qui a quelque profondeur ne soit comme grosse de préceptes et de remarques politiques ; mais encore l'écrivain ne doit-il pas se faire, en quelque sorte, accoucher lui-même.

Une autre espèce d'histoire mixte, c'est l'histoire cosmographique ; car il y entre une infinité de choses. Elle emprunte, de l'histoire naturelle, la description des régions mêmes, de leur situation et de leurs productions ; de l'histoire civile, celle des villes, des empires, des mœurs ; des mathématiques, la détermination des climats, des configurations célestes auxquelles répondent ces régions ; genre d'histoire ou plutôt de science par rapport auquel nous avons lieu de féliciter notre siècle ; car, de notre temps, le globe terrestre est singulièrement dévoilé à notre curiosité et les fenêtres s'y sont, en quelque manière, multipliées. Nul doute que les anciens n'eussent connaissance des zones et des antipodes,

Nosque ubi primus equis Oriens afflavit anhelis,
Illic sera rubens accendit lumina Vesper[1].

Néanmoins c'était plutôt par des démonstrations que par les voyages. Mais que le plus frêle vaisseau ait pu faire le tour entier du globe terrestre par une route plus oblique et plus tortueuse encore que celle que suivent les corps célestes, c'est une prérogative qui était réservée à notre siècle. En sorte que cet âge du monde peut prendre pour sa devise non-seulement ces mots *plus ultra* (plus avant), où les anciens prenaient celle-ci, *non ultra* (pas plus avant), ou cette autre, *imitabile fulmen* (l'imitable foudre), où ils prenaient cette dernière, *non imitabile fulmen* (l'inimitable foudre)·

Demens ! qui nimbos et non imitabile fulmen[2].

(1) Et lorsque ses coursiers nous soufflent la lumière,
   Pour eux l'obscure nuit commence sa carrière.
   Virg. *Georg.* liv. I, v. 250 et 251, trad. de Delille.

(2) Insensé qui du ciel, prétendu souverain,
   . . . .
   Du tonnerre imitait le bruit inimitable.
   Virg. *Énéide*, liv. VI, v. 590, trad. de Delille.

[1] *Annales*, liv. XIII, c. 31.

et mieux encore cette autre qui passe toute admiration, *imitabile cœlum* (l'imitable ciel), à cause de ces grandes navigations par lesquelles nous faisons le tour du monde entier comme les corps célestes.

Or, ces succès si heureux dans l'art de naviguer et de découvrir les parties du globe nous font concevoir les plus hautes espérances par rapport au progrès et à l'accroissement des sciences ; surtout à nous a qui il semble que, par un décret divin, il ait été donné que ces deux genres de succès seraient contemporains. Car c'est ainsi que s'exprime le prophète Daniel en parlant des derniers temps : « Grand nombre d'hommes voyageront et la science sera augmentée[1], » comme si cet avantage de parcourir le monde et de faire faire aux sciences les plus grands pas était réservé à notre siècle ; et c'est ce qui est déjà en grande partie accompli, en même temps que, pour les connaissances anciennes, notre temps le cède de bien peu à ces deux premières périodes ou révolutions ; savoir : celle des Grecs et celle des Romains, et que dans d'autres connaissances il l'emporte de beaucoup.

CHAPITRE XI.

Division de l'histoire ecclésiastique en histoire ecclésiastique spéciale, histoire prophétique et histoire de Némésis.

L'histoire ecclésiastique admet presque les mêmes divisions que l'histoire civile ; car il y a les chroniques ecclésiastiques, les vies des saints pères, les relations des synodes et d'autres assemblées qui intéressent l'Eglise. L'histoire ecclésiastique proprement dite se divise en celle qui retient le nom du genre, en histoire prophétique et en histoire de Némésis ou de la Providence. La première envisage les temps de l'Eglise militante et son état de variation, soit qu'elle flotte comme l'arche dans le déluge, soit qu'elle voyage comme l'arche dans le désert, soit qu'elle s'arrête comme l'arche dans le temple ; c'est-à-dire l'Eglise considérée dans l'état de persécution, dans l'état de mouvement et dans l'état de paix. Je ne vois pas qu'il manque rien en ce genre ; je vois au contraire beaucoup plus de superfluités que de choses omises : je souhaiterais seulement qu'à sa masse énorme répondissent le choix et la sincérité des narrations.

La seconde partie, qui est l'histoire prophétique, est composée de deux parties corrélatives, savoir : la prophétie même et son accomplissement. Le plan d'une telle histoire doit être de réunir chaque prophétie tirée de l'Ecriture avec l'événement qui justifie la prédiction, et cela pour tous les âges du monde, tant afin d'affermir la foi qu'afin de pouvoir donner des règles et former une sorte d'art pour interpréter les prophéties qui restent à accomplir ; mais il faut admettre dans ces choses-là cette latitude qui est propre et familière aux oracles divins, et bien comprendre que leur accomplissement a lieu, tantôt d'une manière continue, tantôt dans un temps précis. Ils retracent la nature de leur auteur, « pour qui un seul jour est comme mille années et mille années sont comme un seul jour[1]. » Or, quoique la plénitude et le plus haut point de leur accomplissement soient le plus souvent réservés à tel âge ou même à tel moment, ils ont toutefois certains degrés, certaine échelle d'accomplissement dans les différents âges du monde. Or, ce genre d'ouvrage, je décide qu'il nous manque absolument ; mais il est de telle nature que ce n'est qu'avec beaucoup de sagesse, de réserve et de respect qu'il faut le traiter, autrement il faut l'abandonner tout-à-fait.

La troisième partie, qui est l'histoire de Némésis ou de la Providence, a exercé la plume de quelques pieux personnages, non sans que l'esprit de parti s'en soit mêlé, et son objet est d'observer la divine harmonie qui règne quelquefois entre la volonté révélée de Dieu et sa secrète volonté ; car bien que les conseils et les jugements de Dieu soient si obscurs qu'ils sont impénétrables pour l'homme animal et que souvent ils se dérobent aux yeux mêmes de ceux qui, du tabernacle, tâchent de les découvrir, néanmoins il a plu, de temps en temps, à la sagesse divine, soit pour fortifier les siens, soit pour confondre ceux qui sont pour ainsi dire « sans Dieu en ce monde, » de les écrire en plus gros caractères et de les rendre tellement visibles que tout homme, suivant le langage du prophète, « pût les lire en courant ; » c'est-à-dire afin que les hommes purement sensuels et voluptueux, qui franchissent à la hâte les jugements divins et n'y arrêtent jamais leurs

[1] DANIEL. c. 12, v. 4.

[1] *Psaumes*, 89, v 4.

pensées, fussent, tout en courant et en faisant autre chose, forcés de les reconnaître. Telles sont les vengeances tardives et inopinées, les conversions subites et inespérées, les conseils divins, qui, après avoir pour ainsi dire suivi les longs détours d'un labyrinthe tortueux, se montrent tout à coup à découvert, non pas seulement pour porter la consolation dans les âmes des fidèles, mais encore pour convaincre et pour frapper les consciences des méchants.

CHAPITRE XII.

Des appendices de l'histoire, lesquels envisagent les paroles des hommes comme l'histoire elle-même considère leurs actions. Leur division en harangues, en épîtres et en apophthegmes.

Or, ce n'est pas seulement la mémoire des actions des hommes qui doit être conservée, c'est encore celle de leurs paroles. Nul doute qu'on ne donne quelquefois à ces paroles une place dans les histoires, en tant qu'elles peuvent servir à éclaircir les narrations des actions et leur donner plus de poids. Mais ces paroles des hommes, ces dits humains, ce sont les recueils de harangues, d'épîtres et d'apophthegmes qui en sont les vrais dépôts. Or, on ne peut disconvenir que les harangues des personnages d'une prudence consommée sur les affaires et les causes importantes et difficiles ne servent aussi bien à augmenter ses connaissances qu'à nourrir son éloquence. Mais s'agit-il d'acquérir une certaine prudence dans les affaires, on tirera de plus grands services des lettres écrites par des hommes de marque sur des sujets sérieux ; car, parmi les paroles humaines, il n'est rien de plus sain et de plus instructif que les lettres de ce genre ; elles ont plus de naturel que les discours publics et plus de maturité que les entretiens subits. Que s'il s'agit d'une correspondance suivie selon l'ordre des temps, condition qui se trouve dans les lettres des lieutenants généraux, gouverneurs de provinces et autres hommes d'état, aux rois, aux sénats ou autres supérieurs, et réciproquement des supérieurs aux subalternes, c'est sans contredit pour l'histoire un mobilier des plus précieux. Quant aux apophthegmes, leur utilité ne se réduit pas au seul plaisir et à la simple utilité qu'ils peuvent procurer pour le moment ; ils sont aussi susceptibles d'une infinité d'applications à la vie active et aux usages de la société. Ce sont, pour me servir de l'expression d'un écrivain, « comme autant de haches et de stylets » qui, à l'aide d'une sorte de pointe et de taillant, percent tout et tranchent les nœuds des affaires. Les occasions font le cercle ; et ce qui fut commode un jour, peut encore être employé et redevenir utile, soit qu'on le donne comme sien ou qu'on l'attribue aux anciens. Comment pourrait-on douter qu'un genre d'ouvrage que César a honoré de son propre travail puisse être utile dans la vie active ? Et ce livre, plût à Dieu qu'il existât ! car ce que jusqu'ici on nous a donné en ce genre nous paraît rassemblé avec bien peu de choix. En voilà assez sur l'histoire et sur cette partie de la science qui répond à l'une des loges ou des cases de l'entendement.

CHAPITRE XIII.

Du second des principaux membres de la science, savoir : de la poésie. Division de la poésie en narrative, dramatique et parabolique. Trois exemples de la poésie parabolique.

Nous voici arrivés à la poésie. La poésie est un genre qui le plus souvent est gêné par rapport aux mots, mais fort libre et même licencieux quant aux choses. Aussi, comme nous l'avons dit au commencement, il se rapporte à l'imagination, qui feint et arrange, entre les choses, des mariages et des divorces tout-à-fait irréguliers et illégitimes. Or, ce mot de poésie, comme nous l'avons fait entendre ci-dessus, peut être pris en deux sens différents, dont l'un regarde les mots et l'autre les choses. Dans le premier sens, c'est un certain caractère de discours, et le vers n'est qu'un genre de style, qu'une certaine forme d'élocution et qui n'a rien de commun avec les différences des choses ; car on peut écrire en vers une histoire vraie et en prose une fiction. Dans le dernier sens, nous l'avons, dès le commencement, constitué l'un des membres principaux de la doctrine, et nous l'avons placé près de l'histoire, vu qu'elle n'en est qu'une imitation agréable. Quant à nous qui, cherchant les véritables veines des choses, ne donnons presque rien à la coutume et aux divisions reçues, nous écartons de notre sujet les satires, les élégies, les épigrammes, les odes et autres pièces de ce genre, les renvoyant à la philosophie et aux artifices du discours. Sous le nom de poésie, nous ne traitons que d'une histoire inventée à plaisir.

La distribution la plus vraie de la poésie et qui dérive le mieux de ses propriétés, outre ces divisions qui lui sont communes avec l'histoire (car il y a des chroniques feintes, des vies feintes, des relations feintes), est celle qui la divise en narrative, dramatique et parabolique. La narrative imite tout à-fait l'histoire au point de faire presque illusion, si ce n'est qu'elle exagère les choses au-delà de toute croyance. La dramatique est, pour ainsi dire, une histoire visible; elle rend les images des choses comme présentes, au lieu que l'histoire les représente comme passées. Mais la parabolique est une histoire avec un type qui rend sensibles les choses intellectuelles.

Quant a la poésie narrative, ou, si l'on veut, héroïque, pourvu toutefois qu'on n'entende par là que la matière et non le vers, cette poésie dérive d'une source tout-à-fait noble ; plus que toute autre chose elle se rapporte à la dignité de la nature humaine. En effet, comme le monde sensible est inférieur en dignité à l'âme humaine, la poésie semble donner à la nature humaine ce que l'histoire lui refuse et contenter l'âme d'une manière ou de l'autre par des fantômes de choses au défaut de semblables réalités qu'elle ne peut lui donner ; car, si l'on médite attentivement sur ce sujet, on reconnaîtra dans cet office de la poésie une forte preuve de cette vérité : que l'âme humaine aime dans les choses plus de grandeur et d'éclat, d'ordre et d'harmonie, d'agrément et de variété qu'elle n'en peut trouver dans la nature même depuis la chute de l'homme. C'est pourquoi, comme les actions et les événements qui font le sujet de l'histoire véritable n'ont pas cette grandeur dans laquelle se complaît l'âme humaine, apparaît aussitôt la poésie qui imagine des faits plus héroïques. De plus, comme les événements que présente l'histoire véritable ne sont point de telle nature que la vertu puisse y trouver sa récompense ni le crime son châtiment, la poésie redresse l'histoire à cet égard et imagine des issues, des dénouements qui répondent mieux à ce but et qui sont plus conformes aux lois de la Providence. De plus, comme l'histoire véritable, par la monotonie et l'uniformité des faits qu'elle présente, rassasie l'âme humaine, la poésie réveille son goût en lui présentant des tableaux d'événements extraordinaires, inattendus, variés, pleins de contrastes et de vicissitudes, en sorte que cette poésie est moins recommandable par le plaisir qu'elle peut procurer que par la grandeur d'âme ou la pureté de mœurs qui en peuvent être le fruit. Ainsi ce n'est pas sans raison qu'elle semble avoir quelque chose de divin, puisqu'elle élève l'âme et la ravit, pour ainsi dire, dans les hautes régions, accommodant les simulacres des choses à nos désirs, au lieu de soumettre l'âme aux choses mêmes, comme le font la raison et l'histoire. Ainsi c'est par ces charmes et cette convenance qui flattent l'âme humaine, et en se mariant avec les accords de la musique pour s'insinuer plus doucement dans les âmes, que la poésie s'est frayé un passage en tous lieux, au point qu'elle a été en honneur dans les siècles les plus grossiers et chez les nations les plus barbares lorsque tous les autres arts en étaient totalement bannis.

La poésie dramatique, qui a le monde pour théâtre, serait d'un plus grand usage si elle était morale; car le théâtre ne saurait devenir une école de dépravation et de corruption; et pourtant, la corruption en ce genre n'est pas ce qui nous manque; mais de notre temps la discipline des mœurs est entièrement négligée. Cependant, quoique dans les républiques modernes on regarde l'action théâtrale comme une sorte de jeu, à moins qu'elle ne tienne beaucoup de la satire et ne soit mordicante, néanmoins les anciens n'avaient rien négligé pour en faire une école de vertu. Il y a plus : les grands hommes et les plus sages philosophes la regardaient comme l'archet des âmes. Au reste, il est hors de doute, et c'est encore un secret de la nature, que dans les lieux où les hommes sont rassemblés les âmes sont plus susceptibles d'affections et d'impressions.

Mais la poésie parabolique tient un rang distingué parmi les autres genres de poésie et semble avoir quelque chose d'auguste et de sacré, d'autant plus que la religion elle-même emprunte son secours à chaque instant pour entretenir un commerce continuel entre les choses divines et les choses humaines. Cependant elle a, comme les autres, ses taches et ses défauts qui ont pour cause cette frivolité des esprits et cette facilité avec laquelle ils se paient d'allégories. Elle est d'un usage équivoque, et on l'emploie pour des fins opposées. Elle sert tantôt à envelopper et tantôt à éclaircir. Dans le dernier cas, c'est une espèce de méthode d'enseignement ; dans le premier, c'est un certain art de voiler. Or, cette méthode d'enseignement qui sert à éclaircir a été fort en usage dans les premiers siècles ; car les inventions et les conclusions de la raison humaine (même celles qui aujourd'hui sont triviales et rebattues) étant alors nouvelles et extraordinaires, les esprits n'avaient pas assez de prise sur ces vérités abstraites, à moins qu'on ne les approchât des sens à l'aide de similitudes et d'exemples de cette nature. Aussi chez eux tout retentissait de fables de toute espèce, de paraboles, d'énigmes et de similitudes. De là les emblèmes de Pythagore, les énigmes du Sphinx, les fables d'Esope et autres fictions semblables. Ce n'est pas tout : les apophthegmes des anciens sages se développaient presque toujours par des similitudes. C'est ainsi que Menenius Agrippa chez les Romains, nation qui n'était alors rien moins qu'éclairée, apaisa une sédition à l'aide d'une fable. Enfin, comme les hiéroglyphes sont plus anciens que les lettres, de même aussi les paraboles ont précédé les arguments ; et les paraboles sont aujourd'hui même, comme elles l'ont toujours été, d'un grand effet, attendu que ni les arguments n'ont autant de clarté, ni les exemples réels autant d'aptitude.

La poésie parabolique a un autre usage presque opposé au premier ; elle sert, comme nous l'avons dit, à envelopper les choses dont la dignité exige qu'elles soient couvertes d'une sorte de voile ; c'est ainsi qu'on revêt de fables et de paraboles les secrets et les mystères de la religion, de la politique et de la philosophie. Mais est-il vrai que les fables anciennes des poètes renferment un sens mystérieux ? C'est ce qui peut paraître douteux. Quant à nous, nous l'avouons hardiment, nous penchons pour l'affirmative ; et quoiqu'on abandonne ces fictions aux enfants et aux grammairiens, ce qui ne laisse pas de les avilir, nous n'en serons pas plus prompts à les mépriser, attendu qu'au contraire les écrits qui contiennent ces fables sont, de tous les écrits humains, les plus anciens après l'Écriture-Sainte, et que les fables mêmes sont encore plus anciennes que ces écrits, puisque ces écrivains les rapportent comme étant déjà adoptées et reçues depuis long-temps, et non comme les ayant eux-mêmes inventées.

Elles semblent être une sorte de souffle léger qui, des traditions des nations les plus anciennes, est venu s'insinuer dans les flûtes des Grecs. Mais comme jusqu'ici les tentatives pour interpréter ces paraboles ont été faites par des hommes peu éclairés, et dont la science ne s'élevait pas au-dessus des lieux communs, et qu'enfin elles ne nous satisfont nullement, nous croyons devoir rapporter, parmi les choses à suppléer, la philosophie cachée sous les fables antiques. Ainsi nous allons donner un ou deux exemples de ce genre d'ouvrages, non que la chose en elle-même soit d'un si grand prix, mais afin d'être fidèles à notre plan. Or, ce plan, par rapport aux ouvrages que nous classons parmi les choses à suppléer, et lorsqu'il se rencontre quelque sujet un peu obscur, est de donner toujours des exemples et des préceptes sur la manière de le traiter, de peur qu'on ne s'imagine que nous n'avons nous-mêmes qu'une très légère notion des sujets que nous proposons, et que, contents de mesurer les régions par la pensée, à la manière des augures, nous ne connaissons pas assez bien les routes que nous montrons aux autres pour pouvoir y pénétrer nous-mêmes. Je ne crois pas qu'il manque aucune partie dans la poésie. Disons plutôt que la poésie est une plante qui a germé dans une terre excessivement active, sans qu'on en ait semé la graine qui d'ailleurs n'est pas trop bien connue ; qu'elle a pris beaucoup plus d'accroissement que les autres genres, et que, s'étendant en tous sens, elle a fini par les couvrir tous. Mais nous allons en donner des exemples. Ce sera assez de trois : le premier tiré des sciences naturelles ; le second de la politique, et le troisième de la morale.

Premier exemple de la philosophie selon les paraboles antiques, dans les sciences naturelles. De l'univers représenté par la fable de Pan.

Les anciens laissent dans le doute la génération de Pan. Les uns le disent fils de Mercure ; d'autres, lui donnant une autre origine, disent que tous les prétendants ayant eu commerce avec Pénélope, de ce commerce indistinct naquit Pan, qui est leur enfant commun. Voici une autre manière d'expliquer cette génération qu'il ne faut pas oublier. Pan, disent-ils, est fils de Jupiter et d'Hybrée, c'est-à-dire de l'injure. Mais, quelque origine qu'on lui attribuât, on lui donnait pour sœurs les Parques, qui se tenaient dans un antre. Pour lui, il demeurait toujours en plein air. Voici le portrait qu'on faisait de lui : son front est armé de cornes qui se terminent en pointes et s'élèvent jusqu'aux cieux ; son corps est tout hérissé de poils et de soies ; sa barbe surtout est fort longue ; sa forme tient de deux espèces : de l'espèce humaine quant aux parties supérieures, et de la bête quant aux inférieures, qui se terminent par des pieds de chèvre. Pour marques de sa puissance, il porte dans la main gauche une flûte à sept tuyaux, et dans la droite une sorte de crosse ou de bâton recourbé par le haut ; une peau de léopard lui sert d'habillement. Quant aux pouvoirs et aux fonctions qu'on lui attribuait, il était regardé comme le dieu des chasseurs et même des pasteurs, et en général des habitants de la campagne. Il présidait aussi aux montagnes. Il était messager des dieux, ainsi que Mercure, et immédiatement après lui pour la dignité. On le regardait comme le chef et le général des nymphes qui dansaient perpétuellement autour de lui. Il avait aussi pour cortége les satyres, et les silènes beaucoup plus âgés qu'eux. On lui attribuait le pouvoir d'envoyer des terreurs, surtout des terreurs vaines et superstitieuses, qui de son nom ont été appelées paniques. Les actions qu'on rapporte de lui sont en assez petit nombre ; on dit surtout qu'il défia à la lutte Cupidon, par lequel il fut vaincu ; qu'il embarrassa le géant Typhon dans des filets et le tint assujetti. On raconte de plus que Cérès étant triste et affligée de l'enlèvement de Proserpine, comme les dieux la cherchaient avec inquiétude et s'étaient pour cela dispersés sur différents chemins, Pan fut le seul qui eut le bonheur de la trouver, étant à la chasse, et de la leur montrer. Il osa aussi disputer à Apollon le prix de la musique, prix que Midas, choisi pour arbitre, lui adjugea, ce qui valut à ce roi des oreilles d'âne, mais ces oreilles étaient cachées. On ne suppose à Pan aucunes amours ; du moins il en eut peu, ce qui peut paraître assez étonnant dans la troupe des dieux qui, comme l'on sait, prodiguait si aisément ses amours. On dit seulement qu'il aima Echo, qui fut aussi regardée comme sa femme, et une autre nymphe appelée Syrinx, dont Cupidon, pour se venger de ce qu'il avait osé le défier à la lutte, le rendit amoureux. On prétend qu'autrefois il évoqua la lune dans de hautes forêts, et qu'il n'eut pas non plus d'enfants, ce qui n'est pas moins étonnant, attendu que les dieux, surtout les mâles, étaient merveilleusement prolifiques, si ce n'est qu'on lui donne pour fille une certaine femmelette qui était servante et se nommait Iambe, femme qui ordinairement amusait ses hôtes par des contes plaisants, et qu'on croyait un fruit de son mariage avec Echo.

Pan, comme le dit son nom même, représente l'univers ou l'immensité des choses. Or, il y a, et il peut y avoir, sur l'origine du monde deux sentiments différents ; ou il est sorti de Mercure, c'est-à-dire du Verbe divin, ce que l'Écriture-Sainte met hors de doute, et ce qu'ont vu les philosophes mêmes, du moins ceux qui ont été regardés comme les plus appliqués à la théogonie, ou il est provenu des semences confuses des choses. En effet, quelques philosophes ont prétendu que les semences des choses sont infinies, même en substance ; d'où est dérivée cette hypothèse des Homoiomères, qu'Anaxagore a ou inventée ou rendue célèbre. Quelques-uns cependant, doués d'une plus grande pénétration, pensent que c'est assez, pour expliquer la variété des composés, de supposer que les principes des choses sont identiques quant à la substance et ne diffèrent que par leurs figures, mais par des figures fixes et déterminées, et que tout le reste ne dépend que de leurs situations respectives et de la manière dont ils se combinent ; source d'où est émanée l'hypothèse des atomes qu'adopta Démocrite, après que Leucippe l'eût inventée. Mais d'autres n'admettaient qu'un seul principe, lequel, selon Thalès, était l'eau, selon Anaximène l'air, et selon Héraclite le feu ; et néanmoins ce même principe, ils le croyaient unique, quant à l'acte, mais variable en puissance et susceptible de différentes modifications, et tel que les semences des choses s'y trouvaient cachées. Mais ceux qui, à l'exemple de Platon et d'Aristote, ont supposé une matière totalement dépouillée de qualités, sans forme constante et indifférente à toutes les formes, ont beaucoup plus approché du sens de la parabole ; car ils ont regardé la matière comme une sorte de femme publique, et les formes comme les prétendants. En sorte que toutes les opinions sur les principes des choses reviennent à ceci et se réduisent à cette distribution: le monde a pour principe, ou Mercure, ou Pénélope et ses prétendants. Quant à la troisième génération de Pan, elle est de telle nature qu'il semble que les Grecs, soit par l'entremise des Égyptiens, soit de toute autre manière, aient eu quelque connaissance des mystères des Hébreux. Elle se rapporte à l'état du monde, considéré, non tel qu'il était à son origine, mais tel qu'il fut après la chute d'Adam, c'est-à-dire lorsqu'il fut devenu sujet à la mort et à la corruption; et cet état fut, en quelque manière, fils de Dieu et de l'injure, c'est-à-dire du péché; il subsiste même aujourd'hui, car le péché d'Adam tenait de l'injure, puisqu'il voulait se faire semblable à Dieu. Ainsi ces trois sentiments sur la génération de Pan sembleront vrais, si l'on distingue avec soin les temps et les choses. En effet, ce Pan, tel que nous l'envisageons en ce moment, tire son origine du Verbe divin, moyennant toutefois la matière confuse, qui était elle-même l'ouvrage de Dieu, la prévarication, et par elle la corruption, s'y étant introduites.

Les destins, ou les natures des choses, sont avec raison regardées comme sœurs. Car, par ce mot de destins sont désignés leurs commencements, leurs durées et leurs fins, ainsi que leurs accroissements et leurs diminutions, leurs disgrâces et leurs prospérités; en un mot, toutes les conditions de l'individu; conditions pourtant qu'on ne peut reconnaître que dans un individu d'une espèce noble, tel qu'un homme, une ville, ou une nation. Or, c'est Pan, ou la nature des choses, qui fait passer ces individus par ces conditions si diverses; en sorte que, par rapport aux individus, la chaîne de la nature et le fil des Parques ne sont qu'une seule et même chose. De plus, les anciens ont feint que Pan demeure toujours en plein air, que les Parques habitent un souterrain, et qu'elles volent vers les hommes avec la plus grande vitesse parce que la nature et la face de l'univers sont visibles et exposées à nos regards, au lieu que les destinées des individus sont cachées et rapides. Que si l'on prend ce mot *destinée* dans une signification plus étendue et qu'on entende par là quelque espèce d'événement que ce puisse être, et non pas seulement les plus frappants, néanmoins, en ce sens-là même, ce nom convient fort bien à la totalité des choses, au grand tout, attendu que, dans l'ordre de la nature, il n'est rien de si petit qui n'ait sa cause, et au contraire rien de si grand qui ne dépende de quelque autre chose; en sorte que l'assemblage même, l'ensemble de la nature, renferme dans son sein toute espèce d'événement, le plus grand comme le plus petit, et qu'elle le produit dans son temps d'après une loi dont l'effet est certain. Ainsi rien d'étonnant, si l'on a supposé que les Parques étaient les sœurs de Pan, et ses sœurs très légitimes, car la fortune est fille du vulgaire et ne plaît ordinairement qu'aux esprits superficiels. Certes, Épicure ne tient pas seulement un langage profane; mais il me paraît extravaguer tout-à-fait, lorsqu'il dit « qu'il vaut mieux croire à la fable des dieux, que supposer un destin; » comme s'il pouvait y avoir dans l'univers quelque chose qui, semblable à une île, fût détaché de la grande chaîne des êtres. Mais Épicure, comme on le voit par ses propres paroles, a accommodé et assujetti sa philosophie naturelle à sa morale, ne voulant admettre aucune opinion qui pût affliger, inquiéter l'âme, et troubler cette euthymie dont Démocrite lui avait donné l'idée. C'est pourquoi, plus jaloux de se bercer dans de douces pensées que capable de supporter la vérité, il secoua entièrement le joug, et rejeta la nécessité du destin aussi bien que la crainte des dieux. Mais en voilà assez sur la fraternité de Pan avec les Parques.

Si l'on attribue au monde des cornes plus larges par le bas et plus aiguës à leur sommet, c'est que toute la nature des choses est comme aiguë et semblable à une pyramide; car le nombre des individus qui forment la large base de la nature est infini. Ces individus se réunissent en espèces, qui sont aussi en grand nombre; puis les espèces s'élèvent en genres, lesquels, à mesure que les idées se généralisent, vont en se resserrant de plus en plus, en sorte qu'à la fin la nature semble se réunir en un seul point; et c'est ce que signifie cette figure pyramidale des cornes de Pan. Mais il ne faut pas s'étonner que ces cornes, par leurs extrémités, touchent au ciel, attendu que les choses les plus élevées de la nature, c'est-à-dire les idées universelles, touchent en quelque manière aux choses divines. Aussi avait-on feint que cette fameuse chaîne d'Homère, c'est-à-dire celle des causes naturelles, était attachée au pied du trône de Jupiter. Et comme il est facile de s'en assurer, il n'est point d'homme, traitant la métaphysique et ce qu'il y a dans la nature d'éternel et d'immuable, et détournant un peu son esprit des choses variables et passagères, qui ne tombe aussitôt dans la théologie naturelle, tant le passage du sommet de cette pyramide à Dieu même est rapide et facile.

C'est avec autant d'élégance que de vérité qu'on représente le corps de la nature comme hérissé de poils, par suite de ces rayons qu'on trouve partout; car les rayons sont comme les crins, comme les poils de la nature, et il n'est rien qui ne soit plus ou moins rayonnant. C'est ce qui est très sensible dans la faculté visuelle, ainsi que dans toute vertu magnétique et dans toute opération à distance. Mais la barbe de Pan surtout a beaucoup de saillie, parce que les rayons des corps célestes, et principalement ceux du soleil, exercent leur action de fort loin; et cette action pénètre fort avant, et cela au point qu'ils ont travaillé et totalement changé la surface de la terre, et même son intérieur jusqu'à une certaine profondeur. Or, la figure qui concerne la barbe de Pan est d'autant plus juste que le soleil lui-même, lorsque sa partie supérieure étant couverte par un nuage ses rayons s'échappent par dessous, semble avoir une barbe.

C'est aussi avec raison que le corps de la nature est représenté comme participant de deux formes, vu la différence des corps supérieurs et des corps inférieurs; car les premiers, à cause de leur beauté, de l'égalité, de la constance de leur mouvement et de leur empire sur la terre et les choses terrestres, sont fort bien représentés par la figure humaine, la nature humaine participant de l'ordre et de la domination. Mais les derniers, à cause de leur désordre et de leurs mouvements peu réglés, et parce qu'ils sont en bien des choses gouvernés par les corps célestes, peuvent être désignés par la figure d'un animal brute. De plus, cette duplicité de forme se rapporte à l'enjambement réciproque des espèces; car il n'est pas dans la nature d'espèce qui paraisse absolument simple; mais chaque espèce participe de deux autres et semble en être composée. L'homme, par exemple, tient quelque peu de la brute, la brute quelque peu de la plante, la plante quelque peu du corps inanimé. Et à proprement parler, tout participe de deux formes, tenant et de l'espèce inférieure et de l'espèce supérieure, dont elle n'est que l'assemblage. Or, la parabole des pieds de chèvre représente fort ingénieusement l'ascension des corps subtils vers les régions de l'atmosphère et du ciel, où ils demeurent ainsi suspendus, et de là sont précipités vers la région inférieure plutôt qu'ils n'en descendent; car la chèvre est un animal qui aime à gravir, à se suspendre aux rochers, à s'attacher aux corps pendants sur des précipices. C'est ce que font aussi tous les corps, même ceux qui sont destinés au globe inférieur. Aussi n'est-ce pas sans raison que Gilbert, qui a fait de si laborieuses recherches sur l'aimant, et cela en procédant par la voie expérimentale, a fait naître ce doute, savoir : si les corps graves placés à une grande distance de la terre ne perdraient pas peu à peu leur mouvement vers le bas.

On place dans les mains de Pan deux attributs : l'un est celui de l'harmonie, l'autre est celui de l'empire. Il est manifeste que la flûte à sept tuyaux représente le concert et l'harmonie des choses, ou cette combinaison de la concorde avec la discorde, résultante du mouvement des sept étoiles errantes; car on ne trouve point dans le ciel d'autres écarts que ceux des sept planètes, écarts qui, tempérés par l'égalité des étoiles fixes et la distance perpétuellement invariable où elles sont les unes des autres, peuvent bien être la cause et de la constance des espèces et de l'instabilité des individus. Mais s'il existe quelques planètes plus petites qui ne soient point visibles, s'il y a dans le ciel quelque changement plus considérable, tels que peuvent être ceux qu'y occasionnent certaines comètes plus élevées que la lune, ce sont comme autant de flûtes, ou tout-à-fait muettes, ou dont le son est de peu de durée, attendu que leur action ne parvient pas jusqu'à nous ou qu'elle ne trouble pas long-temps cette harmonie des sept tuyaux de la flûte de Pan. Le bâton recourbé, qui est un attribut du commandement, est une élégante métaphore pour figurer les voies de la nature, lesquelles sont en partie droites et en partie obliques. Et si c'est principalement à son extrémité supérieure que ce bâton ou cette verge est recourbée, c'est parce que les desseins de la Providence s'exécutent par des détours et des circuits, en sorte que ce qui semble se faire est toute autre chose que ce qui se fait; signification toute semblable à celle de la parabole de Joseph vendu en Égypte. Il y a plus; dans tout gouvernement humain, ceux qui sont assis au gouvernail, lorsqu'il s'agit de suggérer et d'insinuer au peuple ce qui lui est utile, y réussissent mieux à l'aide de prétextes et par des voies obliques que par les voies directes; et ce qui peut paraître étonnant, c'est que dans les choses purement naturelles on réussit mieux en trompant la nature qu'en voulant la forcer. Tant il est vrai que les choses qui se font trop directement sont maladroites et se font obstacle à elles-mêmes, au lieu que les voies obliques et d'insinuation font que toutes choses coulent plus doucement et obtiennent plus sûrement leur effet! Rien de plus ingénieux encore que la fiction qui suppose que le manteau et l'habit de Pan est une peau de léopard, vu ces espèces de taches qu'on trouve partout dans la nature. Car le ciel, par exemple, est tacheté d'étoiles, la mer est tachetée d'îles, et la terre l'est de fleurs. Il y a plus; les corps particuliers sont presque tous mouchetés à leur surface, qui est comme le manteau, l'habit de la chose.

Quant à l'office de Pan, il n'est rien qui l'explique mieux et qui le peigne plus au vif que de supposer qu'il est le dieu des chasseurs; car toute action, et par conséquent tout mouvement et tout état progressif, n'est autre chose qu'une chasse. Par exemple, les sciences et les arts chassent aux œuvres qui leur sont propres; les conseils humains chassent à leurs buts respectifs, et toutes les choses naturelles chassent à leurs aliments pour se conserver, et à leurs voluptés, à leurs délices pour se perfectionner. Car toute chasse a pour objet une proie ou un divertissement, et cela par des moyens ingénieux et pleins de sagacité.

*Torve Leæna lupum sequitur, lupus ipse capellam,
Florentem cytisum sequitur lasciva capella*[1].

Pan est aussi le dieu des habitants de la campagne, parce que les hommes de cette classe vivent plus selon la nature, au lieu qu'à la cour et dans les villes la nature est corrompue par l'excessive culture; en sorte que ce vers du poète qui peint si bien les effets de l'amour s'applique aussi à la nature, à cause des raffinements de cette espèce:

Pars minima est ipsa puella sui[1].

Pan est dit présider aux montagnes, parce que sur les montagnes et autres lieux élevés la nature, se développant mieux, est plus exposée à nos regards et à nos observations. Or, que Pan soit, immédiatement après Mercure, le messager des dieux, c'est là une allégorie tout-à-fait divine, attendu qu'immédiatement après le Verbe divin, l'image même du monde est l'éloge le plus magnifique de la sagesse et de la puissance divine; et c'est ce que le poète divin a ainsi chanté: « Les cieux mêmes chantent la gloire de Dieu, et le firmament annonce les œuvres de ses mains[2]. » Ces nymphes qui divertissent le dieu Pan, ce sont les âmes, car les délices du monde sont comme les délices des êtres vivants. C'est avec raison qu'on le regarde comme leur chef, attendu que, dansant pour ainsi dire autour de lui, chacune comme à la manière de son pays et avec une variété infinie, elles se maintiennent ainsi dans un mouvement perpétuel. C'est aussi avec beaucoup de sagacité que certain auteur moderne a réduit au mouvement toutes les facultés de l'âme et a relevé la précipitation et le dédain de quelques anciens qui, envisageant et contemplant d'un œil trop fixe la mémoire, l'imagination et la raison, ont oublié la force cogitative qui joue le principal rôle. Car se souvenir et même n'avoir qu'une simple réminiscence, c'est penser; imaginer, c'est également penser; et raisonner, c'est encore penser. Enfin, l'âme, soit qu'on la suppose avertie par les sens ou abandonnée à elle-même, soit qu'on la considère dans les fonctions de l'entendement ou dans celles des affections et de la volonté, danse pour ainsi dire à la mesure de nos pensées; c'est ce qui est figuré par cette danse des nymphes. Ces satyres et ces silènes qui accompagnent perpétuellement le dieu Pan, ce sont la jeunesse et la vieillesse; car il est dans toutes les choses de ce monde, un âge de gaîté et d'activité, et un autre âge où elles soupirent après le repos et aiment à

---

(1) L'hyène cruelle poursuit le loup qui à son tour poursuit la chèvre, et la chèvre lascive poursuit le cytise fleuri. Virg. *Ecl.* II, v. 68.

(1) La pauvre enfant n'est plus que la moindre partie d'elle-même. Ovid. *Rem. d'amour*, v. 343. — (2) *Psaumes*, 18, v. 2.

boire. Or, aux yeux de tout homme qui se fait des choses une juste idée, les goûts de ces deux âges peuvent paraître quelque chose de difforme et de ridicule, comme le sont les satyres et les silènes. Quant à l'allégorie des terreurs paniques, elle renferme un sens très profond; car la nature a mis dans tous les êtres vivants la crainte et la terreur en qualité de conservatrice de leur vie et de leur essence, et pour les porter à éviter et à repousser tous les maux qui les affligent ou les menacent. Cependant cette même nature ne sait point garder de mesure, et à ces craintes salutaires elle en mêle de vaines et de puériles, en sorte que, si l'on pouvait pénétrer dans l'intérieur de chaque être, on verrait que tout est plein de terreurs paniques, surtout les âmes humaines, et plus que tout encore le vulgaire, qui est prodigieusement agité et travaillé par la superstition (laquelle au fond n'est autre chose qu'une terreur panique), principalement dans les temps de détresse, de danger et d'adversité. Et ce n'est pas seulement sur le vulgaire que règne cette superstition; mais des opinions de ce vulgaire, elle s'élance dans les âmes des plus sages; en sorte qu'Épicure, s'il eût réglé sur un même principe tout ce qu'il a avancé sur les dieux, eût tenu un langage vraiment divin lorsqu'il a dit « que ce qui est profane, ce n'est pas de nier les dieux du vulgaire, mais bien d'appliquer aux dieux les opinions de ce même vulgaire. »

Quant à l'audace de Pan et à cette présomption qu'il eut de défier Cupidon à la lutte, cela signifie que la matière n'est pas sans quelque tendance, sans quelque penchant à la dissolution du monde, et qu'elle le replongerait dans cet ancien chaos si la concorde, qui prévaut contre elle et qui est ici figurée par l'Amour ou Cupidon, en mettant un frein à sa malice et à sa violence, ne la forçait pour ainsi dire à se ranger à l'ordre. Ainsi c'est par un destin propice aux hommes et aux choses, ou plutôt par l'infinie bonté de l'Être suprême, que Pan a le dessous dans ce combat et se retire vaincu. C'est ce que signifie aussi cette allégorie de Typhon embarrassé dans des rets; car, quoique toutes choses soient sujettes à des gonflements prodigieux et extraordinaires, et c'est ce que signifie ce mot de Typhon, soit que ce soit la mer, la terre ou les nuages qu'on voie s'enfler, c'est en vain qu'en s'enflant ainsi elles s'efforcent de sortir de leurs limites; la nature les embarrasse dans un rets inextricable et les lie pour ainsi dire avec une chaîne de diamant.

Or, quand on attribue à ce dieu le bonheur d'avoir trouvé Cérès, pendant une chasse, en refusant cette chance aux autres dieux, on nous donne en cela un avertissement très sage et très fondé; c'est que, s'il s'agit de l'invention de toutes les choses utiles, soit aux nécessités, soit aux agréments de la vie, il ne faut nullement l'attendre des philosophes abstraits (qui sont comme les grands dieux), y employassent-ils les forces de leur esprit, mais de Pan, c'est-à-dire de l'expérience unie à une certaine sagacité, et de la connaissance universelle des choses de ce monde, laquelle assez ordinairement rencontre des inventions de cette espèce par une sorte de hasard et comme en chassant. Les plus utiles inventions sont dues à l'expérience, et sont comme autant de présents que le hasard a faits aux hommes.

Quant à ce combat musical et à son issue, il nous présente une doctrine bien capable d'inspirer de la modération et de donner des liens à la raison et au jugement de l'homme lorsqu'il s'abandonne trop à ses goûts et à sa présomption. En effet, il paraît y avoir deux espèces d'harmonie et pour ainsi dire de musique, savoir : celle de la sagesse divine et celle de la raison humaine; car, au jugement humain et en quelque manière aux oreilles humaines, l'administration de ce monde et les jugements les plus secrets de la Divinité ont je ne sais quoi de dur et de discordant : genre d'ignorance qui est avec raison figuré par les oreilles d'âne. Mais ces oreilles, c'est en secret qu'on les porte et non en public; ce genre de difformité, le vulgaire ou ne l'aperçoit pas, ou ne le remarque point.

Enfin, il n'est pas étonnant qu'on n'attribue à Pan aucunes amours, si ce n'est son mariage avec Echo; car le monde jouit de lui-même et en lui-même jouit de tout. Or, qui aime veut jouir; mais au sein de l'abondance il n'est plus de place pour le désir. Ainsi le monde ne peut avoir ni amour ni désir, vu qu'il se suffit à lui-même, à moins qu'on ne le dise amoureux des discours. Et c'est ce que représente la nymphe Echo, qui n'est rien de solide, et se réduit à un pur son. Si ces discours sont un peu soignés, ils sont alors figurés par Syrinx : je veux dire les paroles qui sont réglées par certains nombres, soit poétiques, soit oratoires, et qui forment une sorte de mélodie. C'est donc avec raison que, parmi les discours et les voix, l'on choisit Echo pour la marier avec le monde ; car la vraie philosophie, après tout, c'est celle qui rend fidèlement les paroles du monde même, et qui est pour ainsi dire écrite sous sa dictée, qui n'en est que le simulacre, l'image réfléchie, qui n'y ajoute quoi que ce soit du sien, et se contente de répéter ce qu'il dit et de faire entendre précisément le même son. De plus, lorsqu'on feint qu'autrefois Pan évoqua la lune dans de hautes forêts, cette fiction désigne le commerce des sens avec les choses célestes ou divines. Car autre est le commerce de la lune avec Endymion, autre son commerce avec Pan. Quant à Endymion, elle s'abaisse à venir d'elle-même le trouver durant son sommeil. C'est ainsi que les inspirations divines s'insinuent dans l'entendement assoupi et dégagé des sens. Mais si elles sont pour ainsi dire invitées et appelées par les sens (que Pan représente ici), alors elles ne nous donnent plus que cette faible lumière,

*Quale sub incertam lunam, sub luce malignâ,
Est iter in sylvis*[1].

Que le monde se suffise à lui-même et ait tout ce qu'il lui faut, c'est ce qu'indique la fable en disant qu'il n'engendre point. En effet, le monde engendre par parties ; mais comment par son tout pourrait-il engendrer, vu que, hors de lui, il n'est point de corps ?

Quant à cette femmelette, à cette Iambe, fille putative de Pan, c'est une addition fort judicieuse à la fable. Elle représente toutes ces doctrines babillardes sur la nature des choses, qui vont errant çà et là dans tous les temps : doctrines infructueuses en elles-mêmes, qui sont comme autant d'enfants supposés, agréables quelquefois par leur babil, mais quelquefois aussi importunes et fatigantes.

Second exemple de la philosophie selon les paraboles antiques, en politique. De la guerre, figurée par la fable de Persée.

La fable rapporte que Persée, étant né en Orient, fut envoyé par Pallas pour couper la tête de Méduse, vrai fléau pour un grand nombre de peuples situés à l'Occident et vers les extrémités de l'Ibérie. Ce monstre, d'ailleurs cruel et barbare, avait de plus un air féroce et si terrible qu'à son seul aspect les hommes étaient changés en pierre. Méduse était une des Gorgones, mais la seule d'entre elles qui fût mortelle, les autres n'étant nullement passives. On feint donc que Persée, se préparant à ce grand exploit, emprunta de trois dieux des armes et des dons, savoir : de Mercure, des ailes, mais des ailes au talon et non aux épaules ; de Pluton, un casque ; de Pallas, un bouclier et un miroir. Cependant, muni d'un si grand appareil, il n'alla pas d'abord droit à Méduse, mais, se détournant de sa route, il alla trouver les Grées. Celles-ci étaient sœurs utérines des Gorgones. Dès leur naissance elles portaient des cheveux blancs et ressemblaient à de petites vieilles. Elles n'avaient à elles trois qu'un seul œil et qu'une seule dent, que chacune d'elles prenait à son tour lorsqu'elle voulait sortir, et qu'en rentrant elle déposait. Elles prêtèrent donc à Persée cet œil et cette dent. Alors enfin, se voyant suffisamment armé pour son dessein, il alla droit à Méduse, à grandes journées et comme en volant. Il la trouva endormie ; cependant il n'osa s'exposer à ses regards directs, craignant que par hasard elle ne s'éveillât. Mais tournant la tête et fixant la vue sur le miroir de Pallas, pour diriger ses coups par ce moyen, il coupa la tête à Méduse. De son sang répandu sur la terre naquit aussitôt Pégase, animal ailé. Or, cette tête ainsi coupée, il la plaça sur le bouclier de Pallas ; et ce visage, même après la mort, conserva sa force au point que tous ceux qui y portaient la vue devenaient raides d'étonnement et comme paralysés.

Cette fable paraît avoir pour objet la manière de faire la guerre avec prudence. Tout homme qui entreprend une guerre doit y être envoyé par Pallas, et non par Vénus, comme le furent tous ceux qui allèrent à la guerre de Troie, ou par quelque autre motif aussi frivole ; car tout dessein de cette nature doit être fondé sur des motifs solides. Puis cette fable nous donne trois préceptes très sages et très importants sur le choix de l'espèce de guerre qu'on doit faire. Le premier est de ne pas trop s'occuper de subjuguer les nations voisines. En

---

[1] Tel, lorsqu'un voile épais des cieux cache l'azur,
Au jour pâle et douteux de leur lumière avare,
Dans le fond des forêts le voyageur s'égare.
Virg. *Enéide*, liv. VI, v. 270, trad. de Delille.

effet, autre est la manière d'augmenter son patrimoine, autre celle de reculer les limites d'un empire. Dans les possessions privées, le voisinage des terres est une circonstance à laquelle on a égard. Mais s'agit-il d'étendre un empire, alors l'occasion, la facilité qu'on peut trouver à faire la guerre, et les fruits qu'on en peut tirer, tiennent lieu du voisinage. C'est pourquoi Persée, quoique Oriental, ne balança pas à entreprendre une expédition lointaine et jusqu'aux extrémités de l'Occident. C'est ce dont nous avons un exemple frappant dans la manière très différente de faire la guerre de deux rois, père et fils, je veux dire de Philippe et d'Alexandre. Le premier, toujours occupé à faire la guerre à ses voisins, ajouta peu de villes à son empire, encore ne fût-ce pas sans de grands dangers et de grandes difficultés, puisqu'en plus d'une occasion, et surtout à la bataille de Chéronée, il fut obligé de risquer le tout. Mais Alexandre, pour avoir osé entreprendre une expédition lointaine contre les Perses, subjugua une infinité de nations, plus fatigué par ses voyages que par ses combats. C'est ce qu'on voit encore plus clairement par la manière dont les Romains étendirent leur empire, les Romains, dis-je, qui, dans le temps même où, du côté de l'Occident, leurs armées n'avaient guère pénétré au-delà de la Ligurie, avaient porté leurs armes et étendu leur empire dans les provinces d'Orient jusqu'au mont Taurus; ainsi que par l'exemple de Charles VIII, roi de France, qui n'eut pas de fort brillants succès dans sa guerre contre la Bretagne, guerre qui fut enfin terminée par un mariage, mais qui vint à bout de cette expédition si lointaine contre le royaume de Naples avec une facilité et un bonheur surprenants. Ces expéditions, dans les lieux éloignés, ont plus d'un avantage ; d'abord ceux qu'on a en tête ne sont nullement accoutumés aux armes et à la manière de faire la guerre de celui qui fait l'invasion ; il n'en est pas de même à l'égard d'une nation voisine. On fait aussi pour les expéditions de cette nature de plus grands préparatifs, et on les fait avec plus de soin, sans compter que cette audace même et cette confiance qui les font entreprendre inspirent la terreur aux ennemis. De plus, dans les expéditions lointaines, ces ennemis qu'on va trouver de si loin ne sont pas à même de prendre leur revanche par quelque diversion ou invasion sur vos propres terres, moyen qu'on emploie si souvent dans les guerres avec des nations limitrophes. Mais le point capital, c'est que lorsqu'on veut subjuguer des nations voisines, on est fort à l'étroit par rapport au choix des occasions, au lieu que, si l'on ne craint pas de s'éloigner de son pays, on peut à son gré transporter la guerre dans des lieux où la discipline militaire est le plus relâchée, où les forces de la nation qu'on veut attaquer sont le plus épuisées, où des dissensions civiles surviennent le plus à propos; en un mot, dans ceux où se présente quelque facilité de cette espèce. Le second point est que la guerre doit toujours avoir une cause juste, honnête et de nature à faire honneur à celui qui l'entreprend, et à faire naître en sa faveur une prévention favorable. Or, de toutes les causes de guerre, la plus favorable est celle des guerres entreprises pour combattre la tyrannie sous laquelle un peuple est écrasé et languit sans force et sans courage, comme à l'aspect de Méduse. Ce fut à de tels motifs qu'Hercule dut les honneurs divins. Il n'est pas douteux que les Romains ne se soient fait une loi d'accourir avec autant d'ardeur que de courage au secours de leurs alliés, dès que ceux-ci étaient opprimés de quelque manière que ce fût. De plus, les guerres qui ont eu pour but une juste vengeance ont presque toujours été heureuses. Telle fut la guerre contre Brutus et Cassius, pour venger la mort de César ; celle de Sévère, pour venger la mort de Pertinax; celle de Junius-Brutus, pour venger la mort de Lucrèce ; en un mot, tous ceux qui font la guerre pour réparer des injures ou pour adoucir des calamités militent sous Persée. Le troisième point, c'est qu'avant de se résoudre à la guerre il faut bien mesurer ses propres forces et bien considérer si cette guerre est de telle nature qu'on puisse espérer la conduire heureusement à sa fin, de peur d'embrasser de trop vastes projets et de se repaître d'éternelles espérances. Car c'est avec prudence que Persée, parmi les Gorgones, s'adressa à celle qui de sa nature était mortelle et se garda bien de tenter l'impossible. Voilà donc ce que nous enseigne cette fable par rapport aux délibérations sur la guerre à entreprendre ; le reste regarde la guerre considérée dans le temps même où on la fait.

Ce qu'il y a de plus utile dans la guerre, ce sont ces trois présents des dieux, et cela au point qu'ils maîtrisent et entraînent avec eux la fortune ; car Persée reçut de Mercure la célérité ; de Pluton l'adresse à cacher ses desseins, de Pallas la prévoyance. Et ce n'est pas la partie la moins ingénieuse de cette allégorie que ces ailes, instrument de célérité dans l'exécution (car en guerre la célérité peut beaucoup); que ces ailes, dis-je, fussent au talon et non aux épaules. En effet, ce n'est pas tant dans le commencement d'une guerre que dans les opérations ultérieures et destinées à appuyer les premières, que la célérité est nécessaire ; car c'est une faute assez ordinaire dans les guerres que de ne point se soutenir après avoir bien commencé, et de se relâcher de manière que la suite ne répond point du tout à la vigueur des commencements. Mais ce casque de Pluton, dont la propriété est de rendre invisibles ceux qui le portent, est une allégorie dont le sens est fort clair. L'adresse à cacher ses desseins est, après la célérité, ce qui peut le plus dans la guerre, et c'est un but auquel tend cette célérité même ; elle a l'avantage de prévenir la découverte de vos desseins. Ce que signifie encore ce casque de Pluton, c'est qu'il faut que la conduite d'une guerre ne soit confiée qu'à un seul homme et qu'il ait carte blanche ; car toutes ces délibérations entre un grand nombre de personnes ont je ne sais quoi qui tient plus du panache de Mars que du casque de Pluton. Ce casque désigne encore les différents prétextes, les diverses feintes, et ces bruits qu'on sème devant soi pour étonner ou dérouter les esprits et mettre ses desseins dans l'obscurité, ainsi que les précautions soupçonneuses et les défiances à l'égard des lettres, des députés, des transfuges, et autres choses semblables, qui toutes garnissent et lient pour ainsi dire le casque de Pluton. Et il n'importe pas moins de découvrir les desseins des ennemis que de cacher les siens. C'est pourquoi, au casque de Pluton il faut joindre le miroir de Pallas, lequel sert à découvrir les forces des ennemis, leur disette, leurs secrets partisans, les dissensions, les factions qui règnent parmi eux, leurs marches, en un mot, leurs desseins. Or, comme il entre tant de hasard dans la guerre qu'il ne faut faire trop de fond ni sur son adresse à cacher ses propres desseins ou à découvrir ceux de l'ennemi, ni sur la célérité même, il faut donc avant tout prendre le bouclier de Pallas,

c'est-à-dire celui de la prévoyance, afin de laisser le moins possible à la fortune. C'est à quoi tendent d'abord le soin de reconnaître toutes les routes avant d'y entrer, et celui de fortifier son camp, ce qui est presque tombé en désuétude dans la milice moderne, au lieu que les Romains avaient un camp qui semblait une ville fortifiée, pour se ménager, en cas de défaite, une dernière ressource ; puis une armée stable et bien rangée, car il ne faut pas trop compter sur les troupes légères ni sur la cavalerie ; enfin, toute la vigilance et toute la sollicitude nécessaires pour se préparer à une vigoureuse défense, attendu que dans la guerre on a plus souvent besoin du bouclier de Pallas que de l'épée de Mars. Mais Persée a beau être muni de troupes et de courage avant de commencer la guerre, il lui reste encore une autre chose à faire, qui est de la plus grande importance ; c'est d'aller trouver les Grées. Ces Grées, ce sont les trahisons, qui sont les sœurs des guerres, non pas les sœurs de père et de mère, mais en quelque sorte d'une moins haute extraction. Car les guerres ont je ne sais quoi de noble et de généreux, mais la trahison a quelque chose de bas et de honteux. Rien de plus élégant que de supposer, en faisant leur portrait, que dès leur naissance elles portent des cheveux blancs et ressemblent à de petites vieilles ; cela peint les soucis et les inquiétudes où les traîtres vivent perpétuellement. Or, leurs forces, avant qu'elles fassent leur explosion et se terminent par une défection manifeste, sont ou dans leur œil, ou dans leur dent ; car toute faction aliénée d'un Etat et penchante à la trahison épie et mord. Cet œil et cette dent sont en quelque manière communs à tous les factieux ; tout ce qu'ils ont pu apprendre et découvrir, ils le font circuler et se le passent pour ainsi dire de main en main. Et quant à ce qui regarde cette dent, ils semblent mordre tous avec une seule bouche et s'entendent pour répandre les calomnies, en sorte que qui entend l'un les entend tous. Ainsi Persée doit se concilier la faveur de ces Grées et implorer leur secours, surtout afin qu'elles lui prêtent leur œil et leur dent ; l'œil pour découvrir, la dent pour semer des bruits, exciter l'envie et solliciter les esprits. Mais, après avoir fait tous ses préparatifs pour la guerre, il faut, à l'exemple de Persée. tâcher de trouver Méduse endormie.

Car tout prudent capitaine n'attaque jamais l'ennemi que lorsque celui-ci ne s'y attend pas et qu'il est dans la plus grande sécurité ; enfin, quand il est question d'agir et d'attaquer, il faut jeter les yeux sur le miroir de Pallas. Il est beaucoup de gens qui, avant le danger, ne manquent pas d'attention et d'habileté pour pénétrer dans les desseins de l'ennemi ; mais au moment du péril ils l'envisagent trop à la hâte ou le regardent trop de front ; d'où il arrive qu'ils s'y jettent témérairement, uniquement occupés de la victoire, mais pas assez des coups à parer. Il faut éviter également ces deux extrêmes, et regarder dans le miroir de Pallas en tournant la tête, afin de mieux diriger ses attaques, et garder un juste milieu entre la crainte et la fureur.

La guerre une fois achevée et la victoire une fois remportée, deux effets s'ensuivent, savoir : d'abord cette génération de Pégase et sa faculté de voler, laquelle désigne assez clairement la renommée qui vole en tous lieux, célèbre la victoire et rend le reste de la guerre plus facile et les événements plus conformes à nos vœux ; en second lieu cet avantage qu'il eut de porter la tête de Méduse sur son bouclier, car il n'est point d'avantage comparable à celui-là. Il suffit en effet d'un seul exploit brillant, mémorable et heureusement exécuté, pour emporter tout le reste ; il raidit en quelque manière les membres des ennemis et les rend comme paralytiques.

Troisième exemple de la philosophie selon les paraboles antiques, en morale. De la passion, figurée par la fable de Bacchus.

Sémélé, suivant la fable, ayant engagé Jupiter à jurer par le Styx qu'il lui accorderait la première demande qu'elle lui ferait, et sans restriction, elle souhaita que ce dieu l'approchât avec tout cet éclat qu'il avait en approchant Junon ; mais elle ne put supporter cette approche et périt dans les flammes. Quant à l'enfant qu'elle portait dans son sein, Jupiter l'en tira et le cacha dans sa cuisse, qu'il recousut, jusqu'à ce que le nombre des mois nécessaires à l'accroissement du fœtus fût révolu. Cependant ce poids incommodait le dieu et le faisait boiter un peu ; c'est pourquoi l'enfant, à cause de cette pesanteur et des picotements qu'il faisait éprouver à Jupiter tandis que ce dieu le portait dans sa cuisse, reçut le nom de Dyonisius. Lorsqu'il fut venu au monde, il fut nourri, dans ses premières années, chez Proserpine ; mais lorsqu'il fut devenu grand il avait l'air si féminin que son sexe en paraissait équivoque. On dit aussi qu'il mourut et fut enseveli durant quelque temps, mais qu'il ressuscita peu après. Durant sa première jeunesse il fut le premier inventeur et le premier maître dans l'art de cultiver la vigne, de faire le vin et d'en faire usage. Devenu célèbre, illustre même par cette invention, il subjugua toute la terre et poussa ses conquêtes jusqu'aux extrémités de l'Inde. Il était porté sur un char traîné par des tigres. Autour de lui dansaient certains démons très difformes, appelés Cobales, Acratus et autres. Les Muses faisaient aussi partie de son cortége. Il prit pour femme Ariadne, après qu'elle eût été délaissée par Thésée. Le lierre lui était consacré. On le regardait aussi comme l'inventeur de certaines cérémonies, de certains rits sacrés ; mais ces rits étaient d'un genre fanatique, pleins de dissolution, et de plus très cruels. Il y parut bien dans ses orgies, où les femmes, poussées par la fureur qu'il inspirait, mirent en pièces deux personnages illustres, savoir : Panthée et Orphée, le premier en punition de la curiosité qu'il avait eue de monter sur un arbre pour considérer leurs actions ; l'autre à cause des sons harmonieux qu'il tirait de sa lyre. Enfin on confond souvent les actes de ce dieu avec ceux de Jupiter.

Cette fable paraît avoir pour objet les mœurs, et elle est si juste qu'il serait difficile de trouver quelque chose de mieux dans la philosophie morale. Sous le personnage de Bacchus est représentée la nature de la passion, c'est-à-dire des affections et des agitations de l'âme. S'agit-il d'expliquer la naissance de la passion, je dis que l'origine de toute passion, même de la plus nuisible, est le bien apparent ; car de même que l'image du bien réel est mère de la vertu, de même aussi l'image du bien apparent est mère de la passion. L'une est l'épouse légitime de Jupiter, sous la figure duquel est ici représentée l'âme humaine ; l'autre n'est que sa concubine, laquelle pourtant envie les honneurs de Junon, comme Sémélé. En effet, la passion est conçue dans le vœu illicite auquel on s'abandonne avant de l'avoir bien jugé et bien apprécié ; mais lorsqu'une fois il a commencé à s'allumer, sa mère, qui est la nature et l'apparence du bien, est consumée par ce grand incendie et périt. Or, voici la marche que suit la passion une fois qu'elle est conçue. L'esprit humain, qui en est le père, la nourrit et la cache principalement dans sa partie inférieure qui est comme sa cuisse. Elle le picote, le tiraille et l'abat tellement qu'elle gêne toutes ses actions et toutes ses résolutions, et le fait, pour ainsi dire, boiter. De plus, une fois qu'elle s'est fortifiée par notre consentement et par sa durée, une fois qu'elle a fait son éruption en actes, et que les mois de la gestation étant, pour ainsi dire, révolus, elle est tout-à-fait née et mise au monde, elle est d'abord élevée chez Proserpine durant quelque temps, c'est-à-dire qu'elle cherche à se cacher, qu'elle est clandestine et comme souterraine, jusqu'à ce qu'ayant tout-à-fait rompu le frein de la honte et de la crainte, et son audace étant portée à son comble, elle se couvre du prétexte de quelque vertu ou méprise l'infamie même. Il est également certain que toute affection violente tient des deux sexes, qu'elle a tout à la fois l'énergie d'un homme et la faiblesse d'une femme. C'est une très belle allégorie que celle qui feint Bacchus mort, puis ressuscité. Les passions semblent quelquefois assoupies, éteintes ; mais il ne faut pas s'y fier, fussent-elles même ensevelies ; car sitôt qu'on leur fournit l'aliment et l'occasion, elles ressuscitent.

La parabole de l'art de cultiver la vigne renferme un sens profond ; car toute affection est singulièrement adroite et ingénieuse à chercher tout ce qui peut la nourrir et la fomenter ; mais de tout ce qui est parvenu à la connaissance des hommes, le vin est ce qu'il y a de plus puissant et de plus efficace pour exciter et allumer les passions, et il est leur commun aliment. C'est avec beaucoup d'élégance qu'on représente la passion comme une grande conquérante et comme entreprenant une expédition sans fin ; car jamais elle ne se repose sur les acquisitions déjà faites, mais, aiguillonnée par un appétit sans fin et sans mesure, elle veut toujours aller en avant et halète sans cesse après de nouvelles conquêtes. C'est avec autant de jugement qu'on feint que les tigres parquent, pour ainsi dire, avec les passions, et sont quelquefois attelés à leur char ; car une fois que la passion, cessant d'être pédestre, est devenue currule, qu'elle est victorieuse de la raison, et devenue, en quelque manière, triomphatrice, elle est cruelle, indomptable, impitoyable envers tous ceux qui la contrarient et qui lui font quelque résistance. C'est une fiction assez plaisante que celle qui représente ces démons si laids et si ridicules, gambadant autour du char de Bacchus. Toute affection très vive occasionne dans les yeux, dans le visage même et dans le geste certains mouvements indécents et irréguliers, des mouvements à soubre-sauts et tout-à-fait choquants ; en sorte que tel qui, dans une affection, comme la colère, l'orgueil, l'amour, s'imagine avoir un air très noble et très agréable, et se complaît en lui-même, ne laisse pas de paraître aux autres si laid et si ridicule qu'ils en rougissent pour lui. On voit aussi les Muses dans le cortège de la passion ; car il n'est point d'affection, quelque vile et dépravée qu'elle puisse être, qui n'ait trouvé quelque doctrine toute prête à la flatter. C'est ainsi que la basse complaisance ou l'impudence de certains esprits a si prodigieusement rabaissé la majesté des Muses, et cela au point que ces Muses, qui auraient dû être les guides et comme les porte-enseignes de la vie, ne sont trop souvent, pour nos passions, que des suivantes, des complaisantes.

Mais ce qu'il y a de plus beau dans cette allégorie, c'est de feindre que Bacchus prodigue ses amours à une femme délaissée et dédaignée par un autre ; car il est hors de doute que les affections appètent et briguent ce que dès longtemps l'expérience a rebuté. Que tous sachent donc que ceux qui, s'assujettissant et s'abandonnant à leurs passions, attachent un prix si exorbitant aux jouissances (soit qu'ils soupirent après les honneurs, les femmes, la gloire, la science ou tout autre bien), ne désirent que des objets de rebut, objets qu'une infinité de gens, et cela dans tous les siècles, ont, après l'épreuve, rebutés et comme répudiés. Que le lierre soit consacré à Bacchus, cela n'est pas sans mystère. Cette fiction s'applique de deux manières aux passions : la première consiste en ce que le lierre conserve sa verdure durant l'hiver ; la seconde, en ce qu'il serpente et s'entortille en s'élevant autour d'une infinité de corps, comme arbres, murs, édifices. Quant au premier point, toute passion croit en vertu de la résistance même et des défenses qu'on lui oppose, et, par une sorte d'*antipéristase* et d'effet semblable à celui que produit sur le lierre le froid de l'hiver, elle n'en verdit que mieux et n'en acquiert que plus de vigueur. En second lieu, dès qu'une affection prédomine dans l'âme humaine, elle s'entortille comme le lierre autour de toutes ses actions et de toutes ses résolutions, et il n'est alors presque rien de pur à quoi elle n'attache ses filaments. Et il n'est point étonnant qu'on attribue à Bacchus des rits superstitieux, vu que presque toute affection désordonnée est une source inépuisable de fausses religions ; en sorte que cette engeance des hérétiques a enchéri sur les bacchanales des païens, et leurs superstitions n'étaient pas moins cruelles que honteuses. Doit-on s'étonner que ce soit Bacchus qui envoie les fureurs quand on voit que toute affection, dans son excès, est une courte fureur, et que, s'il survient quelque redoublement, elle dégénère trop souvent en vraie folie ? Quant à ce qui regarde la catastrophe de Penthée et d'Orphée, mis en pièces durant les orgies de Bacchus, cette parabole a un sens fort clair, vu que toute affection très violente se montre très âpre et très acharnée contre deux choses dont l'une est la curiosité de ceux qui l'épient, et l'autre toute réprimande salutaire. Il ne sert de rien que cette recherche dont elle est l'objet soit purement contemplative, de pure curiosité, semblable à celle de ce Penthée qui monte sur un arbre, et sans aucune teinte de malignité. Il ne sert de rien non plus que cette réprimande soit faite avec douceur et dextérité ; mais, de quelque manière que ce puisse être, les orgies ne peuvent endurer Penthée ni Orphée. Enfin cette habitude où l'on est de confondre les personnages de Jupiter et de Bacchus peut aussi avoir un sens allégorique ; car les actions grandes et illustres ont pour principe tantôt la vertu, la droite raison, la grandeur d'âme, tantôt une secrète affection, une passion cachée, attendu que l'une et l'autre mènent également à la gloire et à la célébrité ; en sorte qu'il n'est pas facile de distinguer les faits de Bacchus de ceux de Jupiter.

Mais nous demeurons trop long-temps sur le théâtre ; passons au palais de l'âme, palais dont il faut toucher le seuil avec plus de respect et d'attention sur soi-même.

LIVRE TROISIÈME.

CHAPITRE PREMIER.

Division de la science en théologie et philosophie. Division de la philosophie en trois doctrines qui ont pour objet Dieu, la nature et l'homme. Constitution de la philosophie première, comme mère de toutes les sciences.

Toute histoire, roi plein de bonté, marche terre à terre et sert plutôt de guide que de flambeau. Quant à la poésie, ce n'est qu'une sorte de rêve savant ; genre de doctrine qui sans contredit ne manque pas de douceur et de variété, et qui veut paraître avoir je ne sais quoi de divin ; prérogative que les songes lui disputent. Mais il est temps que je m'éveille et que je m'élève de terre, en sillonnant le liquide éther de la philosophie et des sciences.

La science est semblable aux eaux. Or, de ces eaux les unes viennent du ciel, les autres jaillissent de la terre. La première distribution des sciences doit aussi se tirer de leurs sources.

De ces sources les unes sont situées dans la région supérieure et les autres ici-bas. Car toute science se compose de deux sortes de connaissances ; l'une est inspirée par la divinité, l'autre tire son origine des sens. Quant à cette science qu'on répand dans les esprits par l'enseignement, elle est acquise et non originelle. Et il en est de même des eaux, qui, outre leurs sources primitives, s'enflent de tous les ruisseaux qu'elles reçoivent. Nous diviserons donc la science en théologie et philosophie. Par théologie on entend ici la théologie inspirée ou sacrée, et non la théologie naturelle, dont nous parlerons dans un moment. Mais quant à la première, je veux dire celle qui est inspirée, nous la réservons pour la fin de cet ouvrage, et c'est par elle que nous le terminerons, vu qu'elle est comme le port et le lieu de repos de toutes les spéculations humaines.

La philosophie a trois objets : Dieu, la nature et l'homme. Les rayons par lesquels les choses nous éclairent sont aussi de trois espèces. La nature frappe l'entendement par un rayon direct. La Divinité, à cause de l'inégalité du milieu (je veux dire des créatures), le frappe par un rayon réfracté. Enfin l'homme montré et présenté à lui-même, le frappe par un rayon réfléchi. Il convient donc de diviser la philosophie en trois doctrines, savoir : doctrine sur Dieu, doctrine sur la nature, doctrine sur l'homme. Or, comme les divisions des sciences ne ressemblent nullement à des lignes différentes qui coïncident en un seul point, mais plutôt aux branches d'un arbre qui se réunissent en un seul tronc, lequel dans un certain espace demeure entier et continu, il est à propos, avant de suivre les membres de la première division, de constituer une science universelle qui soit la mère commune de toutes les autres et qu'on puisse regarder comme une portion de route qui est commune à toutes jusqu'au point où ces routes se séparent et prennent des directions différentes. C'est cette science que nous décorons du nom de philosophie première ou de sagesse (ce qu'on définissait autrefois la science des choses divines et humaines); mais cette science n'en a point qui lui réponde et qui lui soit opposée, vu qu'elle diffère plutôt des autres par les limites où elle est circonscrite que par le fond et le sujet même, car elle ne considère que ce que les choses ont de plus élevé, que leurs sommités. Or cette science, je ne sais trop si elle doit être rangée parmi les choses à suppléer, mais, toute réflexion faite, je crois qu'elle y doit être classée. En effet, je trouve bien un certain fatras, une masse indigeste de matériaux tirés de la théologie naturelle, de la logique, de quelques parties de la physique, comme de celles qui ont pour objet les principes et l'âme; masse qu'à l'aide de cette pompe de style propre aux hommes qui aiment à s'admirer eux-mêmes, l'on a placée comme au sommet des sciences. Quant à nous, méprisant ce faste, nous voulons seulement qu'on désigne quelque science qui soit le réservoir des axiomes, non de ceux qui sont propres à chaque science particulière, mais de ceux qui sont communs à plusieurs.

Qu'il y ait un grand nombre de tels axiomes, c'est ce dont on ne peut pas se douter. Par exemple « si à deux quantités inégales on ajoute deux quantités égales, les deux sommes seront inégales ; » c'est une règle de mathématiques. Mais cette même règle a lieu en morale, du moins quant à la justice distributive ; car dans la justice commutative la raison d'équité veut qu'on assigne à des hommes inégaux des choses égales, mais dans la distribution, ne pas donner à des hommes inégaux des choses inégales, ce serait commettre une très grande injustice. « Deux choses qui s'accordent par rapport à une troisième s'accordent aussi entre elles, » est encore une règle de mathématiques; mais de plus elle a en logique une telle influence qu'elle est le fondement du syllogisme. « C'est dans les plus petites choses que la nature se décèle le mieux. » Cette règle a tant de force en physique qu'elle a produit les atomes de Démocrite. Cependant c'est avec raison qu'Aristote en a fait usage en politique, lui qui, de la considération d'une simple famille, s'élève à la connaissance de la république. « Tout se transforme, rien ne périt ; » c'est encore là une règle de physique qu'ordinairement on énonce ainsi : « La quantité de la matière n'augmente ni ne diminue. » Cette même règle convient à la théologie naturelle, pour peu qu'on lui donne cette autre forme : « Faire quelque chose de rien, ou réduire quelque chose au néant, sont des actes qui n'appartiennent qu'à la toute-puissance. » Et c'est ce que témoigne aussi l'Écriture : « J'ai appris que toutes les œuvres que Dieu a faites demeurent éternellement; nous ne pouvons y rien ajouter ni en rien retrancher[1]. » « On empêche la destruction d'une chose en la ramenant à ses principes, » est une règle de physique. Cette même règle a sa force en politique (et c'est ce que Macchiavelli a judicieusement remarqué), vu que le principal moyen pour empêcher les républiques de périr est de les réformer et de les ramener aux mœurs antiques. « Une maladie putride est plus contagieuse dans ses commencements qu'à son point de maturité ; » c'est encore une règle de physique qui s'applique très bien à la morale ; les hommes les plus dissolus, les scélérats les plus décidés corrompent moins les mœurs publiques que ceux dont les vices sont alliés de quelques vertus et qui ne sont qu'en partie méchants. « Ce qui tend à conserver la plus grande forme agit plus puissamment, » est

(1) *Eccl.* c. 3, v. 14.

aussi une règle en physique. En effet cette loi, en vertu de laquelle les corps s'opposent à leur solution de continuité et empêchent ainsi que le vide n'ait lieu, cette loi, dis-je, tend à la conservation du grand tout. Mais cette autre loi par laquelle les corps graves tendent à se réunir à la masse du globe terrestre tend seulement à conserver la région des corps denses. Ainsi le premier de ces mouvements maîtrise-t-il le dernier. La même règle a lieu en politique : « Ce qui tend à conserver la forme même de gouvernement dans sa nature propre est plus puissant que ce qui contribue seulement au bien-être des membres individuels de la république. » Cette même règle s'applique aussi à la théologie; car la charité, qui de toutes les vertus est la plus communicative, tient le premier rang parmi les vertus théologales. « La force d'un agent est augmentée par l'antipéristase de son contraire, » est une règle en physique ; règle qui en politique a des effets étonnants; car toute faction est violemment irritée par l'opposition de la faction contraire. « Une dissonance qui se termine tout à coup par un accord rend l'harmonie plus agréable; » c'est une règle en musique. Mais cette même règle a lieu en morale et dans les passions. Ce trope musical, qui consiste à échapper tout doucement à la finale ou à la désinence au moment où l'on s'y croit arrivé, ressemble à cette figure de rhétorique qui consiste à éluder l'attente. Le son tremblotant de certains instruments à corde procure à l'oreille le même plaisir que donne à l'œil la lumière qui joue dans l'eau ou dans un diamant.

.... *Splendet tremula sub lumina pontus* [1].

Les organes des sens ont de l'analogie avec les organes de l'optique. C'est ce qui a lieu dans la perspective, car l'œil est semblable à un miroir ou aux eaux. Et dans l'acoustique l'organe de l'ouïe a de l'analogie avec cet obstacle qui, dans une caverne, arrête le son et produit un écho. Ce petit nombre de principes communs à différentes sciences doit suffire à titre d'exemples. Il y a plus : la magie des Perses, qui a fait tant de bruit, consistait surtout, à observer ce qu'il y a d'analogue et de commun dans les composés, soit de l'ordre naturel, soit de l'ordre politique. Mais tout ce que nous venons de dire et tout ce qu'on peut dire de semblable, il ne faut pas le regarder comme de simples similitudes (ainsi que pourrait le penser tel qui manquerait d'une certaine pénétration); mais ce sont des vestiges, des caractères de la nature absolument identiques; caractères qu'elle a imprimés à différentes matières et à différents sujets. C'est une science que jusqu'ici l'on n'a point traitée avec le soin qu'elle mérite. Tout au plus dans les écrits émanés de certains génies élevés trouverez-vous répandus çà et là quelques axiomes de cette espèce, et seulement à l'usage du sujet qu'ils traitent. Mais un corps de pareils axiomes qui, étant comme le sommaire, comme l'esprit de toutes les sciences, pussent, en en donnant une première teinte, en faciliter l'étude, personne ne l'a encore composé, et ce serait pourtant de tous les ouvrages le plus propre à faire bien sentir l'unité de la nature, ce qui est regardé comme l'office de la philosophie première.

Il est une autre partie de cette philosophie première qui, si l'on ne regarde qu'aux mots, est ancienne, mais si l'on envisage la chose même que nous avons en vue est vraiment neuve; je veux parler d'une recherche sur les conditions accidentelles des êtres, conditions auxquelles nous pouvons donner le nom de transcendantes; par exemple, sur ce qui dans la nature est en grande ou en petite quantité, semblable ou différent, possible ou impossible, et même sur l'être ou le non-être et autre chose semblable; car de telles recherches ne sont pas proprement l'objet de la physique, et une dissertation purement dialectique sur ce sujet est plus appropriée aux méthodes d'argumentation qu'à la réalité des choses. Or, une recherche de cette importance, au lieu de l'abandonner comme on l'a fait, on devrait lui donner quelque place dans les divisions des sciences. Cependant notre sentiment est que le sujet doit être traité d'une toute autre manière qu'on ne le traite ordinairement. C'est ainsi que de tous ceux qui ont parlé de la grande et petite quantité des choses il n'en est aucun qui ait eu pour but d'expliquer pourquoi dans la nature certaines choses sont en si grande abondance et si communes, ou le pourraient être, tandis que d'autres sont si rares et en si petite quantité. Par exemple, il

---

(1) . . . . La lune complaisante
Éclaire au loin les eaux de sa clarté tremblante.
Virg. *Énéide*, liv. VII, v. 9, trad. de Delille.

ne se peut que dans la nature il y ait autant d'or que de fer, autant de roses que d'herbe, autant de corps spécifiques que de corps non spécifiques. Il en est peu aussi qui, en parlant de la similitude et de la diversité, nous aient dit pourquoi l'on trouve toujours comme interposés entre les diverses espèces, certains êtres mi-partis qui sont d'une espèce équivoque, comme la mousse entre la matière en putréfaction et la plante, les poissons qui s'attachent à un certain lieu et qui n'en bougent pas entre l'animal et la plante; les souris, les rats et autres êtres semblables entre les animaux qui naissent de la putréfaction et ceux qui proviennent d'une semence; les chauves-souris entre les oiseaux et les quadrupèdes; les poissons volants (qui sont déjà très connus) entre les oiseaux et les poissons; les phoques entre les poissons et les quadrupèdes, et autres êtres de cette nature. On n'a pas non plus cherché pourquoi, malgré ce principe qui dit : « Que le semblable cherche son semblable, » le fer n'attire pas le fer comme le fait l'aimant, et pourquoi l'or n'attire pas l'or, quoique ce métal attire le mercure.

Sur toutes ces choses et autres semblables, dans les dissertations qui ont pour objet les choses transcendantes, on garde un profond silence; car on s'attache plus à ce qui peut donner de l'élévation au discours qu'à ce qu'il y a de plus caché dans les choses même. Ainsi une recherche sincère et solide sur ces choses transcendantes ou ces conditions accidentelles des êtres, non pas d'après les lois du discours, mais d'après les lois de la nature, doit trouver place dans la philosophie première. Mais en voilà assez sur la philosophie première ou la sagesse, que nous avons, avec quelque sorte de raison, classée parmi les choses à suppléer.

CHAPITRE II.

De la théologie naturelle et de la doctrine qui a pour objet les anges et les esprits, doctrine qui en est un appendice.

Ayant donc pour ainsi dire installé sur son siége la mère commune des sciences, semblable à la déesse Cybèle, qui voit avec complaisance les cieux peuplés de sa nombreuse lignée,

Omnes cœlicolas, omnes supera alta tenentes [1].

(1) Et dans ses petits-fils embrasse autant de dieux.
Virg. *Énéide*, liv. VI, v. 788, trad. de Delille.

revenons à notre division de la philosophie en trois espèces, savoir : la philosophie divine, naturelle et humaine; car ce n'est pas avec moins de fondement que la théologie naturelle est qualifiée de philosophie divine. Or, s'il s'agit de définir cette dernière, disons que c'est une science, ou plutôt une étincelle de science telle tout au plus qu'on peut l'acquérir sur Dieu par la lumière naturelle et la contemplation des choses, science qui peut être regardée comme divine quant à son objet, et comme naturelle quant à la manière dont elle est acquise. Actuellement, si nous voulons marquer les vraies limites de cette science, nous dirons qu'elle est destinée à réfuter l'athéisme, à le convaincre de faux, à faire connaître la loi naturelle, qu'elle ne s'étend que jusque-là et qu'elle ne va point jusqu'à établir la religion. Aussi voyons-nous que Dieu ne fit jamais de miracle pour convertir un athée, attendu que la lumière naturelle suffisait à cet athée pour le conduire à la connaissance de Dieu; mais les miracles ont eu pour but manifeste la conversion des idolâtres et des hommes superstitieux, qui à la vérité reconnaissaient la Divinité, mais qui s'abusaient par rapport au culte qui lui est dû. La seule lumière naturelle ne suffit pas pour manifester la volonté de Dieu et pour faire connaître son culte légitime; car de même que les œuvres montrent bien la puissance et l'habileté de l'ouvrier et ne montrent point son image, de même aussi les œuvres de Dieu peignent, il est vrai, la sagesse et la puissance de l'auteur de toutes choses, mais ne retracent nullement son image; et c'est en quoi l'opinion des païens s'éloigne de la vérité sacrée; selon eux le monde est l'image de Dieu, et l'homme l'image du monde. Mais la Sainte Ecriture ne fait point au monde cet honneur de le qualifier, en quelque lieu que ce soit, d'image de Dieu, mais seulement d'ouvrage de ses mains; c'est l'homme qu'elle qualifie d'image de Dieu, le plaçant immédiatement après lui. Et quant à la manière de traiter ce sujet, que Dieu existe, qu'il soit souverainement puissant, sage, prévoyant et bon, qu'il soit le rémunérateur et le vengeur suprême, qu'il mérite notre adoration, c'est ce qu'il est facile d'établir et de démontrer même par ses œuvres. On peut aussi, sous la condition d'une certaine réserve, tirer de la même source et dévoiler une infinité de vérités admirables et cachées, sur ses attributs, et beaucoup plus encore sur la manière dont il régit et dispense toute chose dans l'univers; c'est un sujet que quelques écrivains ont traité dans des ouvrages vraiment utiles; mais vouloir, d'après la seule contemplation des choses naturelles et les seuls principes de la raison humaine, raisonner sur les mystères de la foi ou même les persuader avec plus de force, ou encore les analyser dans un certain détail et les éplucher, c'est à mon sentiment une entreprise dangereuse. « Donnez à la foi ce qui appartient à la foi; » car les païens eux-mêmes, dans cette fable si connue et vraiment divine sur la chaîne d'or, accordent eux-mêmes « que ni les dieux ni les hommes ne furent assez forts pour tirer Jupiter des cieux sur la terre, mais que Jupiter le fut assez pour tirer de la terre dans les cieux et les hommes et les dieux; » ainsi ce serait faire d'inutiles efforts que de vouloir adapter à la raison humaine les célestes mystères de la religion. Il conviendrait plutôt d'élever notre esprit jusqu'au trône de la céleste vérité, afin de l'adorer. Ainsi tant s'en faut que dans cette partie de la théologie naturelle je trouve quelque chose à suppléer, qu'elle pèche plutôt par excès; et c'est pour noter cet excès que je me suis jeté dans cette courte digression, attendu les inconvénients et les dangers qui en résultent tant pour la religion que pour la philosophie; car c'est précisément cet excès qui a enfanté l'hérésie ainsi que la philosophie fantastique et superstitieuse.

Il faut penser tout autrement de ce qui regarde la nature des anges et des esprits, dont la connaissance n'est ni impossible ni interdite; connaissance à laquelle l'affinité même de la nature de ces esprits avec l'âme humaine fraie, en grande partie, le chemin. Il est sans doute un précepte de la Sainte Ecriture, qui dit : « Que personne ne vous abuse par la sublimité de ses discours, et par cette partie de la religion qui a les anges pour objet, s'ingérant dans les choses qu'il ne connaît pas[1]. » Cependant cet avertissement, si nous l'analysons avec soin, nous n'y trouverons que deux défenses : l'une est de leur adresser ce genre d'adoration qui n'est dû qu'à Dieu, et de concevoir d'eux des opinions fanatiques, ou qui les élèvent au-dessus du rang de la créature, ou enfin de se piquer d'avoir sur ce point des lumières qui excèdent le degré de connaissance auquel on est réellement parvenu. Mais une recherche modeste dont ils seraient l'objet, une recherche qui s'élève à la connaissance de leur nature par l'échelle des choses corporelles, ou qui l'envisage dans l'âme humaine comme dans un miroir, une telle recherche n'est nullement interdite. Il en faut dire autant de ces esprits immondes qui sont déchus de leur état. Tout pacte avec eux, tout recours à leur assistance est sans doute illicite, et beaucoup plus encore toute espèce de culte et de vénération pour eux; mais la contemplation et la connaissance de leur nature, de leur puissance, de leurs illusions, tirée non-seulement des différents passages de l'Ecriture-Sainte, mais encore de la raison et de l'expérience, n'est pas la moindre partie de la sagesse spirituelle; et c'est ainsi sans contredit que s'exprime l'apôtre sur ce sujet : «Nous n'ignorons pas ses stratagèmes. » Mais il n'est pas plus défendu d'étudier la nature des démons dans la théologie, que celle des poisons dans la physique, et celle des vices dans la morale. Or, cette partie de la science qui a pour objet les anges et les démons, il n'est pas permis de la ranger parmi les choses à suppléer, attendu qu'un assez grand nombre d'écrivains ont essayé de la traiter. Mais la plus grande partie de ces écrivains, il conviendrait plutôt de les taxer de vanité, de superstition, ou d'une frivole subtilité.

CHAPITRE III.

<small>Division de la philosophie naturelle en théorique et pratique. Que ces deux parties doivent être séparées, et dans l'intention de celui qui les traite et dans le corps même du traité.</small>

Laissant donc la théologie naturelle, à laquelle nous avons attribué la recherche des esprits à titre d'appendice, passons à la seconde partie, savoir : à la science de la nature ou à la philosophie naturelle. C'est avec beaucoup de jugement que Démocrite a dit : « Que la science est ensevelie dans la profondeur des mines, et cachée dans le fond des puits. » Les chimistes également ont eu raison de dire que Vulcain est une seconde nature, attendu qu'il achève en très peu de temps ce que la nature

---

[1] S. Paul, aux Coloss. c. 2, v. 5 et 18.

n'exécute ordinairement que par de longs détours et à force de temps. Eh bien ! que ne divisons-nous la philosophie en deux parties, savoir : en mines et en fourneaux, constituant ainsi deux métiers différents pour les philosophes, et les divisant en mineurs et en forgerons ? Néanmoins, quoiqu'il semble que nous ne fassions ici que plaisanter, nous ne laissons pas de regarder comme très utile une division de cette espèce, pour peu que, la proposant en termes familiers et propres à l'école, on divise la science de la nature en recherche des causes et production des effets, en théorique et pratique. L'une fouille dans les entrailles de la nature ; l'autre la forge, pour ainsi dire, sur l'enclume. Je n'ignore pas combien sont étroitement liées ces deux choses, la cause et l'effet ; je sais qu'on est quelquefois obligé de réunir l'explication de l'une et celle de l'autre. Cependant, puisque toute philosophie naturelle, solide et fructueuse, emploie une double échelle, savoir, l'échelle ascendante et l'échelle descendante ; l'une qui monte de l'expérience aux axiomes, l'autre qui descend des axiomes à de nouvelles inventions, il nous paraît très convenable de séparer ces deux parties, la théorique et la pratique, et dans l'intention de celui qui les traite, et dans le corps même du traité.

CHAPITRE IV.

Division de la science spéculative de la nature en physique spéciale et métaphysique ; la physique ayant pour objet la cause efficiente et la matière, et la métaphysique considérant la cause formelle et la cause finale. Division de la physique en doctrine sur les principes des choses, doctrine sur la structure de l'univers ou le système du monde, et doctrine sur la variété des choses. Division de la doctrine sur la variété des choses en science des abstraits et science des concrets. La distribution de la science des concrets est renvoyée aux mêmes divisions que reçoit l'histoire naturelle. Division de la science des abstraits en science des modifications de la matière et science des mouvements. Deux appendices de la physique particulière, savoir : les problèmes naturels et les opinions des anciens philosophes. Division de la métaphysique en science des formes et science des causes finales.

Cette partie de la philosophie naturelle, qui est toute spéculative, toute théorique, nous croyons devoir la diviser en physique spéciale et métaphysique. Or, par rapport à cette division, l'on doit faire bien attention que nous prenons ce mot de métaphysique dans un sens bien différent de l'acception commune. Et c'est ici le lieu de faire connaître la règle que nous suivons dans le choix des mots dont nous faisons usage ; cette règle consiste en ce que, dans ce mot même de métaphysique que nous venons d'employer, comme dans les autres, lorsque nos conceptions et nos idées sont nouvelles et s'éloignent des idées reçues, nous conservons l'ancien langage avec une sorte de religion, espérant que l'ordre même et la netteté avec laquelle nous nous efforçons d'expliquer toutes choses empêcheront qu'on n'attache de fausses significations aux termes que nous employons. Dans tous les autres cas, nous avons à cœur (autant toutefois que cela se peut faire sans préjudice pour les sciences et la vérité) de nous écarter le moins qu'il est possible, soit des opinions, soit du langage des anciens. En quoi nous avons lieu d'être étonnés de l'excessive présomption d'Aristote, qui, poussé par je ne sais quel esprit impétueux de contradiction, et déclarant la guerre à toute l'antiquité, ne s'est pas seulement arrogé la licence de forger de nouveaux termes d'art, mais s'est de plus efforcé d'éteindre et d'effacer toute l'antique sagesse, et cela au point de ne nommer jamais les auteurs anciens et de ne faire aucune mention de leurs dogmes, si ce n'est lorsqu'il trouve occasion de leur lancer quelque trait ou de critiquer leurs opinions. Certes, s'il n'avait d'autre but que de se faire un grand nom et un grand nombre de partisans, cette conduite était très bien appropriée à son dessein ; car il en est de la vérité philosophique à établir ou à recevoir comme de la vérité divine. « Je suis venu au nom de mon Père, et vous ne me recevez point ; mais si quelque autre vient en son propre nom, celui-là vous le recevrez [1]. » Ainsi, de ce céleste aphorisme, si nous tournons nos regards vers celui qu'il désigne principalement, savoir vers l'Antechrist, le plus grand imposteur de tous les siècles, nous sommes en droit d'en conclure : que venir en son propre nom, sans aucun égard pour l'antiquité, et, s'il est permis de s'exprimer ainsi, sans respect pour la paternité, cette marche est de mauvais augure pour la découverte de la vérité, quoiqu'elle soit le plus souvent accompagnée du succès exprimé par ces mots : « Vous le recevrez. » Au reste, au sujet de cet Aristote, si

[1] S. JEAN, C. 5, v. 45.

grand et si admirable par la pénétration de son génie, je n'aurais pas de peine à croire que cette ambition lui fut inspirée par son disciple, avec lequel il rivalisait peut-être, se proposant, tandis que celui-ci subjuguait toutes les nations, de subjuguer lui-même toutes les opinions, et de se bâtir dans les sciences une sorte de monarchie universelle. Néanmoins il pourrait se trouver des hommes caustiques et de mauvaise humeur, qui décoreraient du même titre et le disciple et le maître, appelant le premier :

Felix terrarum prœdo, non utile mundo
Editus exemplum [1].

et le dernier :

Felix doctrinæ prœdo [2].

Quant à nous, d'autre part, qui (autant que notre plume peut avoir d'influence) avons à cœur d'établir dans les lettres, entre les anciens et les modernes, une alliance et un commerce de lumières, notre ferme résolution est d'accompagner l'antiquité jusqu'aux autels et de conserver les termes anciens, quoique nous en changions le plus souvent la signification et les définitions; suivant en cela cette manière d'innover si modérée et si louable en politique, qui consiste à changer l'état des choses, en laissant subsister le langage public et reçu, et que Tacite désigne ainsi : « Les noms des magistratures étaient toujours les mêmes [3]. »

Revenons donc à l'acception du mot de métaphysique, pris dans le sens que nous lui donnons. On voit, par ce que nous avons dit ci-dessus, que nous séparons la philosophie première d'avec la métaphysique, deux sciences qui jusqu'ici ont été regardées comme une seule et même chose. Quant à la première, nous l'avons définie la mère commune de toutes les sciences, et la dernière, une portion de la philosophie naturelle seulement. Or, c'est à la première que nous avons assigné les axiomes généraux et communs à toutes les sciences. Rappelons aussi, par rapport aux conditions relatives et accidentelles des êtres, conditions que nous avons qualifiées de transcendantes,

telles que la grande et la petite quantité, l'identité et la diversité, la possibilité et l'impossibilité, que nous les avons aussi attribuées à la même science, en avertissant seulement qu'il fallait traiter ce sujet physiquement et non logiquement. Quant à la recherche qui a pour objet un Dieu unique et bon, les anges et les esprits, nous l'avons rapportée à la théologie naturelle. On serait donc fondé à nous faire cette question : Qu'est-ce donc enfin que vous laissez à la métaphysique? Rien, sans doute, répondrons-nous, qui soit hors de la nature, mais bien la partie la plus importante de cette nature même. Nous pouvons encore répondre, sans blesser la vérité et sans nous écarter jusqu'ici du sentiment des anciens, que la physique traite des choses entièrement plongées dans la matière et variables, la métaphysique considérant les choses plus abstraites et plus constantes. Nous pouvons dire de plus que la physique ne suppose dans la nature que la simple existence, le mouvement et la nécessité naturelle, mais que la métaphysique suppose de plus l'intention et l'idée; car c'est à cela peut-être que revient ce que nous dirons à ce sujet. Quant à nous, abandonnant toute élévation de style, et n'employant, pour ces distributions, que le langage le plus clair et le plus familier, nous avons divisé la philosophie naturelle en recherche des causes et production des effets. Nous avons rejeté la recherche des causes dans la théorie, et cette théorie nous l'avons divisée en physique et métaphysique. D'où il s'ensuit nécessairement que la vraie différence de ces deux sciences doit se tirer de la nature des causes qui sont l'objet de leurs recherches. Ainsi, toute obscurité et toute circonlocution ôtée, la physique est cette science qui a pour objet la recherche de l'efficient et de la matière, et la métaphysique, celle de la forme et de la fin.

La physique embrasse donc ce que les causes ont de vague, d'incertain et de variable selon la nature du sujet, et non ce que ces causes ont de constant. Elle ne dit pas

Limus ut hic durescit, et hæc ut cera liquescit
Uno eodemque igne [1].

---

(1) Heureux voleur de l'univers, et assez mauvais exemple donné au monde. LUCAIN, X, v. 24.
(2) Heureux voleur de science. *Id.* v. 27 (3) *Annales*, I, c. 3.

(1) Pourquoi d'un côté le limon durcit, et de l'autre la cire s'amollit par l'action d'un seul et même feu. VIRG. *Egl.* VIII, v. 80.

Le feu est bien la cause de la dureté, mais dans le limon ; et le feu est encore la cause de la liquéfaction, mais dans la cire. Nous divisons la physique en trois sciences différentes. La nature est, en effet, ou réunie en un seul corps, ou éparse et morcelée. Or, si la nature se réunit en un seul corps, c'est ou parce que les diverses choses ont des principes communs, ou parce que la totalité de l'univers ne forme qu'un seul système parfaitement un.

Ainsi cette unité de la nature a enfanté les deux parties de la physique : l'une qui a pour objet les principes des choses, et l'autre l'ensemble de l'univers ou le système du monde ; deux parties que nous appelons assez ordinairement sciences des grandes masses.

La troisième doctrine, qui traite de la nature **éparse ou** répandue, présente la variété des choses considérées dans toute leur diversité et dans les petites masses. Par où l'on voit que les parties de la physique se réduisent à trois, savoir : celle des principes des choses, celle de l'ensemble des choses ou du système de l'univers, enfin celle de la nature multiple et diversifiée ; laquelle, comme nous l'avons dit, embrasse toute la variété des espèces. Et c'est comme une première glose ou paraphrase sur l'interprétation de la nature.

Quant à la physique éparse ou à celle qui traite de la variété des choses, nous la subdivisons en deux parties, savoir : la physique des concrets et la physique des natures ou des abstraits. Nous dirons de l'une, en employant le langage de la logique, qu'elle considère les substances dans toute la variété de leurs accidents, et de l'autre qu'elle considère les accidents dans toute la variété des substances. Par exemple, soit l'objet de la recherche le lion ou le chêne ; l'un et l'autre peuvent supporter pour ainsi dire une infinité d'accidents. Au contraire, si l'objet de la recherche est la chaleur ou la gravité, ces deux natures peuvent se trouver dans une infinité de substances. Or, toute physique occupe le milieu entre l'histoire naturelle et la métaphysique. La première de ces deux parties, si l'on y fait bien attention, est plus près de l'histoire naturelle, et la dernière de la métaphysique. La physique concrète reçoit les mêmes divisions que l'histoire naturelle. Elle peut avoir pour objet, ou les corps célestes, ou les météores, ou le globe de la terre et de la mer, ou les grandes masses (qui prennent le nom d'éléments), ou les petites masses (qui prennent celui d'espèces), ou encore les prétergénérations, ou enfin les arts mécaniques. En effet, dans toutes ces choses, l'histoire naturelle se contente de bien observer le fait et de le rapporter ; mais la physique cherche de plus les causes ; ce qui ne doit s'entendre que des causes variables, c'est-à-dire de la matière et de l'efficient. Parmi ces différentes parties de la physique, il en est une qui est tout-à-fait imparfaite et inutile : c'est celle qui a pour objet les corps célestes. C'est cependant celle qui par la grandeur et la beauté de son sujet mérite le plus l'attention des hommes. En effet, l'astronomie est assez bien fondée sur les phénomènes ; mais elle s'élève peu et manque tout-à-fait de solidité. Quant à l'astrologie, en bien des choses elle manque même de fondement. Certes, on peut dire que l'astronomie offre à l'entendement humain une victime qui ressemble fort à celle que Prométhée offrit à Jupiter pour le tromper. Il lui présenta, au lieu d'un bœuf véritable, une simple peau de bœuf, rembourrée de paille, de feuilles et d'osier. C'est ainsi que l'astronomie présente l'extérieur des phénomènes célestes ; je veux dire le nombre, la situation, le mouvement et les périodes des astres, ce qui est comme la peau du ciel, peau fort belle sans doute et très artistement figurée en système, mais à laquelle manquent des entrailles, c'est-à-dire les raisons physiques dont on puisse, en y joignant des hypothèses astronomiques, tirer une théorie, non pas une théorie qui se contente de satisfaire aux phénomènes (car on peut imaginer une infinité de spéculations ingénieuses de cette espèce), mais une théorie qui fasse connaître la substance, le mouvement et l'influence des corps célestes, en un mot les choses telles qu'elles sont ; car dès long-temps on a rejeté cette hypothèse d'un premier mobile entraînant tous les astres, et de la solidité du ciel, en supposant les étoiles fixées dans leurs orbites comme des clous dans un lambris ; et ce n'est pas avec beaucoup plus de fondement qu'on assure que les pôles du zodiaque sont différents de ceux du monde ; qu'il existe un second mobile qui résiste au premier et qui entraîne tous les astres en sens contraire ; que tout dans les cieux fait sa révolution dans des cercles parfaits ; qu'il y a des excentriques et des épicycles; supposition imaginée pour sauver l'hypothèse des mouvements constants dans des cercles parfaits; que la lune ne produit aucun changement, aucune perturbation dans les corps situés au-dessus d'elle. Or, c'est l'absurdité de ces suppositions qui a fait tomber les astronomes dans celle du mouvement diurne de la terre (hypothèse que nous croyons absolument fausse). Mais il est en astronomie une infinité d'objets par rapport auxquels il n'est presque personne qui ait cherché les causes physiques. Telle est la substance des corps célestes, tant celle des étoiles mêmes que celle qui remplit leurs intervalles; telles encore la vitesse et la lenteur respective de ces corps; tels les différents degrés de vitesse considérés dans une même planète; telle aussi la détermination du mouvement d'Orient en Occident, ou en sens contraire. Même négligence par rapport à ces mouvements en vertu desquels les astres sont directs, stationnaires ou rétrogrades; à ceux par lesquels ils s'élèvent à leur apogée ou descendent à leur périgée; relativement aussi à cette liaison de mouvements combinés, par lesquels ils vont et reviennent d'un tropique à l'autre, en décrivant une sorte d'hélice, ou par des lignes tortueuses, auxquelles on donne le nom de dragons. Même oubli par rapport à la situation des pôles; on ne nous dit point pourquoi ils sont dans telle partie du ciel plutôt que dans telle autre. Enfin il en faut dire autant de la cause qui maintient les planètes à une distance déterminée du soleil. Une recherche un peu sérieuse de cette espèce a été à peine tentée. On ne s'occupe que d'observations et de démonstrations mathématiques. Or, ces observations et ces démonstrations peuvent bien fournir quelque hypothèse ingénieuse pour arranger tout cela dans sa tête et se faire une idée de cet assemblage, mais non pour savoir au juste comment et pourquoi tout cela est réellement dans la nature. Elles indiquent tout au plus les mouvements apparents, l'assemblage artificiel, la combinaison arbitraire de tous ces phénomènes, mais non les causes véritables et la réalité des choses. Et quant à ce même sujet, c'est avec fort peu de jugement que l'astronomie est rangée parmi les sciences mathématiques, classification qui déroge à sa dignité. Elle devrait, au contraire, pour peu qu'elle voulût soutenir son rôle, se constituer la partie la plus noble de la physique; car quiconque saura mépriser cette prétendue séparation des corps superlunaires d'avec les corps sublunaires, et apercevoir les appétits et les passions les plus universelles de la matière qui exercent une si puissante influence dans les deux mondes et qui pénètrent à travers l'immensité des choses, qui aura bien vu ces choses-là tirera des observations qu'il aura faites ici-bas de grandes lumières sur les phénomènes célestes; et de ce qu'il aura observé dans les cieux, il tirera une infinité de vues sur les mouvements inférieurs, et cela non en tant que les derniers sont régis par les premiers, mais en tant que les uns et les autres ont des passions communes. Ainsi nous décidons que cette partie de l'astronomie qui est vraiment physique est à suppléer. Nous la qualifions d'astronomie vivante, pour la distinguer de ce bœuf rembourré qu'offrit Prométhée, et qui n'avait du bœuf que la figure.

Mais l'astrologie est tellement infectée de superstitions qu'on a peine à y trouver quelque chose de sain. Nous pensons néanmoins qu'au lieu de la rejeter entièrement il vaut mieux la bien épurer. Que si quelqu'un prétendait que cette science est fondée, non sur la raison ou les spéculations, mais sur l'aveugle expérience et sur les observations d'un grand nombre de siècles, qu'en conséquence on doit rejeter l'examen des raisons physiques (et c'est ce que les Chaldéens prétendaient si hautement), il ne lui reste plus qu'à rappeler les augures et les aruspices, l'inspection des entrailles, et à digérer, s'il le peut, toutes les fables de cette espèce; car, ces choses-là aussi, on les donnait pour des pratiques dictées par une longue expérience et pour des vérités transmises de main en main. Quant à nous, nous recevons l'astrologie comme une vraie portion de la physique, mais nous ne lui donnons pas plus que ne lui accordent la raison et l'évidence même des choses, ayant soin de la dégager de toute espèce de fables et de superstitions. Or, si nous y regardons de plus près, quoi de plus frivole que cette supposition : « que les différentes planètes règnent tour à tour et d'heure en heure; » en sorte que, dans l'espace de vingt-quatre heures, chacune règne trois fois, si l'on en ôte les trois heures surnuméraires? C'est pourtant à cette belle imagination que nous devons la division de la semaine (division si ancienne et reçue en tant de lieux) comme on le voit très clairement par la succession alternative des différents jours, la planète qui règne au commencement de chaque jour étant la quatrième en rang après celle qui régnait au commencement du jour précédent, à cause de ces trois heures que nous avons qualifiées de surnuméraires. En second lieu, nous ne balançons pas non plus à rejeter, comme une imagination tout aussi frivole, cette doctrine sur les thèmes du ciel, rapportés à des instants précis, avec la distribution des maisons, toutes choses qui font les délices des astrologues qui ont fait dans les cieux une sorte de carnaval. Et l'on ne peut trop s'étonner de voir des hommes distingués et qui tiennent le premier rang en astrologie appuyer de telles imaginations sur un fondement si léger. Car s'il est vrai, disent-ils, et c'est ce qu'atteste l'expérience même, que les solstices, les équinoxes, les nouvelles et pleines lunes, et les grandes révolutions de cette espèce, ont une influence très sensible sur les corps naturels, il s'ensuit nécessairement que les différences plus déliées dans la position des étoiles produisent aussi des effets plus délicats ou plus cachés. Mais ils auraient dû mettre d'abord de côté toutes les actions qu'exerce le soleil en vertu d'une chaleur manifeste, ainsi que cette espèce de force magnétique de la lune par laquelle cet astre influe sur l'accroissement des marées qui a lieu tous les quinze jours (car le flux et reflux de tous les jours est autre chose). Tout cela une fois mis de côté, ils trouveront que les autres actions des planètes (du moins si l'on ne s'en rapporte sur ce point qu'à l'expérience) sont faibles, très peu sensibles et échappent, pour ainsi dire, à l'observation, même celles qui se rapportent aux grandes révolutions. Ainsi, de leur principe, ils auraient dû tirer la conséquence diamétralement opposée, savoir : que puisque ces grandes révolutions ont déjà si peu d'influence, ces différences si exactes et si déliées dans la position des astres sont absolument de nul effet. En troisième lieu, nous rejetons ces prétendues fatalités en vertu desquelles, selon eux, l'heure de la naissance ou de la conception influe sur toute la destinée du fœtus; l'heure où l'on commence une entreprise décide du succès; l'heure où l'on agite une question décide du résultat de la recherche. En un mot, notre sentiment est : que les doctrines sur les nativités, les élections, les questions et autres bagatelles de ce genre, n'ont pour la plupart rien de certain ou de solide, et qu'elles ne tiennent point contre les raisons physiques. Mais une question qu'on serait mieux fondé à nous faire, c'est celle-ci : « Qu'est-ce donc enfin que vous conservez et approuvez dans l'astrologie? et parmi les choses que vous approuvez lesquelles vous paraissent avoir besoin d'être suppléées? » question d'autant plus naturelle que c'est cela même, je veux dire les choses à suppléer, qui est le véritable objet de notre discours; car, comme nous l'avons souvent dit, nous n'avons pas le temps de nous occuper des critiques. Or, parmi les choses reçues, nous trouvons que la doctrine des révolutions a plus de solidité que tout le reste; mais il serait bon de se faire d'avance certaines règles à l'aide desquelles on pût apprendre à apprécier et à peser ces opinions astrologiques, et cela afin de connaître ce qui s'y trouve d'utile en rejetant toutes les frivolités.

Posons d'abord celle dont nous avons déjà parlé, et disons : qu'il faut conserver les grandes révolutions en abandonnant les plus petites, qui se rapportent aux horoscopes et aux maisons ; car les premières sont comme autant de grandes pièces d'artillerie qui frappent de fort loin, et les dernières comme autant de petits arcs de très courte portée. La seconde règle est que l'action des corps célestes n'a point lieu sur toute espèce de corps terrestres, mais seulement sur les plus mous et les plus susceptibles, tels que les humeurs, l'air et les esprits. Cependant nous en exceptons les effets de la chaleur du soleil et des autres corps célestes, chaleur qui pénètre sans contredit jusqu'aux métaux et jusqu'à d'autres corps cachés dans l'intérieur de la terre. La troisième règle est que toute action des corps célestes s'exerce plutôt sur les grandes masses que sur les individus. Il faut convenir pourtant qu'elle parvient indirectement jusqu'à certains individus, c'est-à-dire jusqu'à ceux d'une même espèce, qui sont les plus susceptibles et semblables à une cire molle, et c'est ce qui arrive lorsqu'une constitution pestilentielle de l'air attaque les corps qui opposent moins de résistance et épargne ceux qui résistent davantage. La quatrième règle, qui diffère peu de la précédente, est que toute action des corps célestes découle et domine, non dans les parties extrêmement petites du temps et du lieu, mais seulement dans de grands espaces. Ainsi les prédictions relative à la température d'une année peuvent être justes. Quant à celles qui regardent chaque jour, on peut les regarder comme nulles. La dernière règle, que les judicieux astrologues ont aussi toujours adoptée, c'est qu'il n'y a dans les astres aucune espèce de nécessité fatale, mais qu'ils produisent, tout au plus, certaines inclinations et non des effets nécessaires. Nous ajouterons encore (et c'est par là surtout qu'on verra clairement que nous défendons la cause de l'astrologie, pourvu toutefois qu'elle soit épurée), nous ajouterons, dis-je, que nous ne doutons nullement que les corps célestes n'aient en eux-mêmes quelque autre influence que celle de leur chaleur et de leur lumière, influence qui pourtant doit être également astreinte aux règles que nous avons déjà posées, sans quoi elle ne mérite aucune considération ; mais celle-ci est, pour ainsi dire, cachée dans les profondeurs de la physique et exige une plus longue discussion. Ainsi, tout ce que nous avons dit plus haut bien considéré, nous avons cru devoir ranger parmi les choses à suppléer l'astrologie conforme aux principes que nous venons de poser ; et de même que l'astronomie qui s'appuie sur les raisons physiques, nous la qualifions d'astronomie vivante, de même aussi cette autre astrologie, qui est dirigée par ces mêmes raisons, nous la qualiferons d'astrologie saine. Mais s'il s'agit de savoir de quelle manière on doit la traiter, quoique ce que nous avons dit jusqu'ici ne soit pas inutile à ce dessein, nous ne laisserons pas d'y joindre, suivant notre coutume, d'autres observations pour montrer clairement de quoi elle doit être composée et à quoi on doit l'employer. 1º Il faut, dans l'astrologie saine, donner une place à la doctrine sur le mélange des rayons, qui est l'effet des conjonctions et des oppositions et autres sizygies ou aspects réciproques des planètes. Nous assignons aussi à cette partie la position des planètes dans les signes du zodiaque et leur situation sous ces mêmes signes ; car la situation d'une planète sous un signe n'est autre chose que sa conjonction avec les étoiles de ce même signe. Il y a plus : les oppositions et les autres sizygies des planètes, ainsi que leurs conjonctions par rapport aux étoiles des signes, doivent être observées avec soin ; mais c'est ce qu'on n'a pas encore fait assez complètement. Quant à la considération du mélange réciproque des rayons des étoiles fixes, elle est utile à la recherche qui a pour objet le système du monde et la nature des régions subjacentes ; mais elle ne sert de rien pour les prédictions, parce que les situations de ces étoiles sont toujours les mêmes. 2º Il faut aussi, par rapport à chaque planète, faire entrer dans l'astrologie saine la considération de son éloignement et de son rapprochement de la perpendiculaire, eu égard aux différents climats ; car chaque planète, ainsi que le soleil, a ses étés et ses hivers où elle lance ses rayons avec plus ou moins de force, selon que leur direction est plus perpendiculaire ou plus oblique. En effet, nous ne doutons nullement que la lune, lorsqu'elle est placée sous le lion, n'agisse plus fortement sur les corps naturels d'ici-bas que lorsqu'elle est dans les poissons, non que la lune placée sous le lion se rapporte au cœur, et aux pieds lorsqu'elle est dans les poissons, comme on l'a imaginé, mais parce que, dans le premier cas, elle approche davantage de la perpendiculaire et des plus grandes étoiles ; effet tout-à-fait semblable à ce qu'on observe par rapport au soleil. 3º Il faut y faire entrer les apogées et les périgées des planètes, en cherchant, comme il convient, d'où dépend la force de la planète en elle-même, et sa proximité de notre globe ; car une planète dans son apogée et son élévation est plus active, et dans son périgée plus communicative. 4º Pour tout résumer en peu de mots, il faut avoir égard à tous les accidents du mouvement des planètes, telles que sont les circonstances en vertu desquelles chaque planète marche plus vite ou plus lentement, est directe, stationnaire, rétrograde ; leurs distances du soleil, les inflammations qu'elles éprouvent, l'accroissement ou le décroissement de leur lumière, leurs éclipses, et autres observations semblables ; toutes choses qui contribuent à augmenter ou diminuer la force des rayons des planètes, à varier leurs actions et leurs vertus. Or, ces quatre points regardent les radiations des étoiles. 5º Il faut donner place dans cette science à tout ce qui peut aider à découvrir et à dévoiler la nature des étoiles tant errantes que fixes, et considérées dans leur essence et leur activité propre, c'est-à-dire afin de savoir quelle est leur couleur et leur aspect, de quelle manière elles scintillent et lancent leurs rayons ; quelle est leur situation à l'égard des pôles et de l'équinoxe ; quels sont leurs astérismes ; quelles sont les étoiles qui se trouvent plus mêlées avec d'autres ou plus solitaires ; lesquelles sont plus élevées ou plus basses ; lesquelles encore sont situées dans le voisinage du soleil et des planètes, c'est-à-dire du zodiaque, ou sont hors de ce cercle ; lesquelles des planètes ont un mouvement plus ou moins rapide ; lesquelles se meuvent dans l'écliptique ou s'en écartent en latitude ; lesquelles peuvent être rétrogrades ou ne peuvent le devenir ; lesquelles sont susceptibles de se trouver à toutes sortes de distances du soleil ou sont maintenues à une distance déterminée de cet astre ; lesquelles se meuvent plus rapidement dans leur apogée ou dans leur périgée. 6° Il faut y faire entrer les anomalies de Mars, les écarts de Vénus, et les variations, espèce de travail qu'on a souvent observé dans cette dernière planète, et les autres phénomènes de cette espèce, s'il s'en présente. 7° Enfin, il faut adopter aussi, d'après la tradition, ce qu'on rapporte sur la nature et les inclinations particulières des planètes, et même sur celles des étoiles fixes ; toutes choses qui, nous ayant été transmises par un grand nombre d'écrivains qui sur ce point se trouvent parfaitement d'accord, ne doivent pas être rejetées sans examen, à moins qu'elles ne soient manifestement incompatibles avec les raisons physiques.

C'est donc d'observations de cette espèce qu'il faut composer l'astrologie saine, et c'est d'après de telles observations seulement qu'il faut interpréter et composer les différentes figures du ciel.

Or, quant à l'emploi de l'astrologie saine, on s'en sert avec plus de confiance pour les prédictions et avec plus de réserve pour les élections. Mais quant à l'un et l'autre emploi, il faut le renfermer dans les limites prescrites. On pourrait hasarder des prédictions sur les comètes futures (qui, autant que nous le pouvons conjecturer, peuvent être prédites), sur tous les genres de météores, sur les déluges, les sécheresses, les grandes chaleurs, les gelées, les tremblements de terre, les éruptions de feux, les inondations, les vents et les grandes pluies, les différentes températures de l'année, les contagions, les épidémies, l'abondance et la cherté des denrées, les guerres, les séditions, les sectes, les transmigrations de peuples ; enfin, sur toutes les perturbations et les grandes innovations qui peuvent avoir lieu dans la nature ou dans les Etats.

Ces prédictions pourraient, quoique avec moins de certitude, être poussées jusqu'aux événements les plus particuliers et les plus individuels, si, après qu'on aurait bien reconnu les inclinations générales des temps de cette espèce, elles étaient, à l'aide d'une grande pénétration de jugement, soit en physique, soit en politique, appliquées aux espèces et aux individus qui sont les plus sujets à ces sortes d'accidents. Ce serait ainsi que, prévoyant la température d'une année, on trouverait, par exemple, qu'elle serait plus favorable ou plus contraire aux oliviers qu'aux vignes, aux phthisiques qu'à ceux qui ont le foie attaqué, aux habitants des montagnes qu'à ceux des vallées, aux religieux qu'aux gens de cour, à cause de la différence de leur manière de vivre ; ou que, partant de la connaissance qu'on aurait de l'influence des corps célestes sur les esprits humains, on trouverait que cette année-là est plus avantageuse ou plus préjudiciable aux peuples qu'aux rois, aux savants et autres hommes curieux qu'aux hommes courageux et guerriers, aux voluptueux qu'aux gens d'affaires et aux politiques. Il est une infinité de prédictions de cette espèce ; mais, comme nous l'avons dit, ce n'est pas assez, pour être en état de les faire, de la connaissance générale qui se tire des astres qui sont les agents ; il faut y joindre la connaissance particulière des sujets, qui sont les patients. Il ne faut pas non plus rejeter tout-à-fait les élections ; mais il faut s'y fier moins qu'aux prédictions. Car nous voyons que, lorsqu'il s'agit de planter, de semer ou de greffer, la précaution d'observer l'âge de la lune n'est pas tout-à-fait inutile. Il est une infinité d'autres petites attentions de cette espèce. Or, ces élections, beaucoup plus encore que les prédictions, doivent être astreintes à nos règles. Mais ce qu'il ne faut pas perdre de vue, c'est que les élections ne doivent avoir lieu que dans les cas où la vertu des corps célestes n'est pas de nature à passer dans un instant, et où l'effet produit sur les corps inférieurs n'est pas non plus tout-à-fait subit; et c'est ce qui a lieu dans les exemples que nous avons allégués; car ni les accroissements de la lune, ni ceux des plantes, ne sont l'affaire d'un instant. Quant à toute détermination d'instants précis, il ne faut pas y songer. Or, on trouve à faire une infinité d'observations de cette espece, et même, ce qu'on n'imaginerait pas, dans les élections qui se rapportent aux choses civiles. Que si quelqu'un nous interpellait en disant: «Vous nous montrez fort bien d'où l'on doit tirer cette astrologie corrigée et à quoi l'on peut l'employer utilement, mais vous ne nous dites point du tout comment il faut la tirer de ces sources!» Rien ne serait plus injuste que de nous faire une telle question, en exigeant de nous des préceptes sur un art que nous ne sommes nullement obligés d'enseigner. Cependant, sur cela même qu'on nous demande, nous ne laisserons pas d'avertir qu'il est quatre manières de se frayer le chemin dans cette science; d'abord par les expériences futures, puis par les expériences passées, ensuite par les traditions, enfin par les raisons physiques.

Quant aux expériences futures, que puis-je dire? Il ne faut pas moins qu'un grand nombre de siècles pour en rassembler en suffisante quantité; ce serait folie à un seul homme que de l'entreprendre, et quant aux expériences passées, elles sont sous notre main, quoiqu'une telle entreprise exige bien du loisir et de l'activité; car les astrologues, s'ils ne s'abandonnaient pas eux-mêmes, pourraient tirer du dépôt de l'histoire tous les grands événements, comme inondations, pestes, combats, séditions, morts de rois (s'il leur plaisait), et autres semblables, et considérer quel était dans le même temps la situation du ciel, non suivant la méthode subtile des thèmes, mais d'après les règles que nous avons tracées relativement aux révolutions; et lorsqu'ils trouveraient que les événements des deux espèces s'accordent et conspirent manifestement, ils auraient en cela un modèle raisonnable de prédictions. Quant aux traditions, il faudrait les analyser de manière que celles qui se trouveraient en contradiction avec les raisons physiques fussent mises à l'écart, et que celles qui seraient parfaitement d'accord avec ces raisons jouissent de toute l'autorité qu'elles méritent. Enfin, quant aux raisons physiques, les mieux appropriées à cette recherche sont celles qui ont pour objet les appétits et les passions universelles de la matière, les mouvements simples et naturels des corps; car c'est sur ces ailes-là qu'on peut sans danger s'élever à la partie matérielle des choses célestes.

Quant aux extravagances astrologiques, outre les rêves et les imaginations que nous avons notées dès le commencement, reste une autre division que nous ne devons point du tout négliger; division qui pourtant doit être séparée de l'astrologie saine et transportée dans ce qu'on appelle la magie céleste. Elle a rencontré une invention qui fait grand honneur à l'esprit humain. Si nous l'en croyons, il est tel aspect favorable des astres qui peut être reçu dans un cachet ou un sceau (par exemple, de métal, si vous voulez, ou de quelque pierre précieuse appropriée à ce dessein); et ce cachet retenant le bonheur attaché à cette heure-là, bonheur qui sans cette précaution s'envolerait aussitôt, fixe, pour ainsi dire, sa volatilité. Aussi je ne sais quel poète se plaint-il hautement que ce bel art, dont les anciens étaient en possession, soit perdu désormais.

Annulus infuso non vivit mirus Olympo,
Non magis ingentes humili sub lumine Phœbus
Fert gemma, at celso divulsus cardine lunus [1].

Nul doute que l'Église romaine n'ait adopté les reliques des saints et leurs vertus; car le laps de temps ne fait point obstacle dans les choses divines et immatérielles; mais de croire qu'on puisse renfermer dans une petite boîte les reliques du ciel, afin de continuer et de ressusciter, pour ainsi dire, l'heure qui s'est enfuie et qui est comme morte, c'est une pure superstition. Laissons donc ces bagatelles, à moins que les Muses ne soient déjà devenues de vieilles radoteuses.

Nous décidons que la physique abstraite peut, avec très juste raison, être divisée en deux parties, savoir: en doctrine sur les modifications de la matière, et doctrine sur ses ap-

---

(1) On ne voit plus un anneau, tout pénétré de la vertu céleste, avoir une source de vie; on ne voit plus un diamant retenir sous une humble lumière la force du soleil et de la lune qui roule dans une région élevée et supérieure à la nôtre.

pétits et ses mouvements. Nous ferons en passant le dénombrement de leurs parties, afin de donner une sorte d'esquisse de la vraie physique des abstraits. Voici quelles sont les modifications de la matière : elle peut être dense ou rare, pesante ou légère, chaude ou froide, tangible ou aériforme, volatile ou fixe, solide ou fluide, humide ou sèche, grasse ou crue, dure ou molle, fragile ou malléable, poreuse ou compacte, spiritueuse ou privée d'esprit, simple ou composée, exactement ou imparfaitement mêlée, tissue de fibres et de veines ou d'une texture simple et uniforme, similaire ou dissimilaire, figurée ou non figurée en espèces distinctes, organisée ou non organisée, animée ou inanimée ; nous n'irons pas plus loin. Quant à la distinction d'être sensible ou insensible, raisonnable ou privée de raison, nous la renvoyons à la science de l'homme. Or, il est deux genres d'appétits et de mouvements ; car il est des mouvements simples, dans lesquels est contenue la racine de tous les autres mouvements, en raison pourtant des modifications de la matière, puis les mouvements composés et produits. C'est de ces derniers que part la philosophie reçue, qui saisit bien peu du corps de la nature. Les mouvements composés de cette espèce, comme la génération, la corruption et autres semblables, doivent plutôt être regardés comme des combinaisons de mouvements simples que comme des mouvements primitifs. Les mouvements simples sont le mouvement d'antitypie, auquel on donne ordinairement le nom d'impénétrabilité de la matière ; le mouvement de cohésion, connu sous le nom d'horreur du vide ; le mouvement de liberté, qui empêche qu'un corps ne soit comprimé ou étendu au-delà de ses limites naturelles ; le mouvement tendant au changement de volume, soit à la raréfaction ou à la condensation ; le mouvement de seconde cohésion, qui s'oppose à la solution de la continuité ; le mouvement d'agrégation majeure, par lequel les corps tendent vers la masse de leurs congénères, et qui prend ordinairement le nom de mouvement naturel ; le mouvement d'agrégation mineure, vulgairement appelé sympathie et antipathie ; le mouvement dispositif, ou qui tend à donner aux parties le meilleur arrangement possible dans le tout ; le mouvement d'assimilation, par lequel un corps tend à s'assimiler les autres corps et à multiplier sa propre nature ; le mouvement d'excitation, par lequel l'agent le plus puissant excite le mouvement caché et assoupi dans un autre ; le mouvement de cachet ou d'impression, c'est-à-dire toute opération qui a lieu sans communication de substance ; le mouvement royal, par lequel le mouvement prédominant réprime tous les autres mouvements ; le mouvement sans terme ou de rotation spontanée ; le mouvement de trépidation ou de systole et de diastole d'un corps qui se trouve placé entre les avantages et les inconvénients ; enfin, l'inertie ou l'horreur du mouvement, qui sert aussi à expliquer une infinité de choses. Ce sont là les mouvements simples qui sortent du sanctuaire même de la nature ; mouvements qui, combinés ensemble, continués, alternés, réprimés, réitérés, constituent ces mouvements composés, ces sommes de mouvements dont on parle tant, comme génération, corruption, augmentation, diminution, altération et mouvement de transport, à quoi il faut ajouter la mixtion, la séparation et la transmutation. Reste donc ce qu'on peut regarder comme des espèces d'appendices de la physique, les mesures des mouvements, ou la science qui considère ce que peut la quantité ou la dose de la nature ; ce que peut la distance, et ce qu'on appelle avec assez de raison, la sphère d'activité ; ce que peuvent encore la lenteur et la vitesse, la longue ou la courte durée, la force ou la faiblesse de la matière, l'aiguillon de la péristase. Telles sont donc les parties dont se compose naturellement la physique des abstraits. En effet, si vous réunissez les modifications de la matière, les mouvements simples, les sommes ou agrégations de mouvements, vous avez une physique complète des abstraits ; car pour ce qui est du mouvement volontaire dans les animaux, du mouvement qui a lieu dans les sensations, du mouvement de l'imagination, de l'appétit et de la volonté, du mouvement de l'esprit, du décret et de tout ce qui regarde les choses intellectuelles, nous les renvoyons aux doctrines qui leur sont propres ; mais un avertissement que nous devons réitérer, c'est qu'en traitant dans la physique toutes les choses dont nous avons parlé, il faut s'en tenir à la matière et à l'efficient ; car on les remanie dans la métaphysique, quant aux formes et aux fins

Nous joindrons à la physique des appendices remarquables qui se rapportent moins au sujet même de la recherche qu'à la manière de la faire; je veux dire les problèmes naturels et les opinions des anciens philosophes. La première est un appendice de la nature éparse et variée ; la dernière, de la nature considérée dans son unité, ou des sommes. La destination de l'une et de l'autre est de conduire à un doute judicieux, partie de la science qui n'est nullement à mépriser ; car les problèmes embrassent les doutes particuliers, et les opinions embrassent les doutes généraux sur les principes et le système du monde. Or, quant à ces problèmes, nous en trouvons un exemple remarquable dans les livres d'Aristote ; genre d'ouvrage qui ne méritait pas seulement d'être célébré par les éloges de la postérité, mais aussi d'être continué par les travaux des modernes, attendu que de nouveaux doutes s'élèvent de jour en jour. Cependant il est à ce sujet une précaution de la plus grande importance qu'il ne faut pas négliger. Ce soin de rappeler et de proposer les doutes a deux avantages : l'un, de fortifier la philosophie contre les erreurs, et c'est un avantage qu'on obtient lorsqu'on a la sagesse de ne point hasarder de jugement ni d'assertion sur ce qui n'est pas encore parfaitement éclairci, de peur qu'une première erreur n'enfante d'autres erreurs, et qu'avant d'être suffisamment informé on ne rende aucun jugement positif ; l'autre est que ces doutes ainsi rapportés dans des codicilles sont comme autant d'éponges qui pompent et attirent, en quelque manière, pour les sciences, de nouveaux accroissements ; d'où il arrive que les mêmes choses sur lesquelles, si ces doutes n'eussent précédé, on n'eût fait que passer légèrement, une fois averti par ces doutes, on les observe avec attention et on s'en fait une étude. Mais il est un inconvénient à peine compensé par ces deux avantages, qui est tout prêt à se glisser ici si l'on n'a grand soin de l'en écarter ; cet inconvénient est que ce doute, une fois qu'on l'a admis comme fondé et qu'il est devenu comme authentique, suscite aussitôt une infinité de gens prêts à défendre le pour et le contre, et qui transmettent à la postérité ce doute licencieux ; en sorte que les hommes ne s'appliquent plus désormais, ne tendent plus les ressorts de leur esprit que pour nourrir ce doute, et non pour le terminer ou le dissiper. C'est ce dont on voit à chaque instant des exemples parmi les jurisconsultes et les académiciens, lesquels, le doute une fois admis, veulent qu'il soit perpétuel, et ne se font pas moins une loi de douter que d'affirmer ; quoique le seul usage légitime qu'on puisse faire de son esprit soit de travailler à convertir le doute en certitude, et non à révoquer en doute les choses les plus certaines. Ainsi je décide qu'un journal des doutes et des problèmes à résoudre dans la nature est un ouvrage qui nous manque, et j'approuve fort quiconque l'entreprendra, pourvu qu'on n'oublie pas, lorsque la science augmentera de jour en jour (ce qui ne manquera pas d'arriver, pour peu que les hommes daignent nous prêter l'oreille), au moment où ces doutes seront parfaitement éclaircis, de les rayer de l'album. A ce journal je souhaiterais qu'on en ajoutât un autre non moins utile ; car, comme en toute recherche on trouve trois espèces de choses, des opinions manifestement vraies, des opinions douteuses et des opinions manifestement fausses, il serait très utile de joindre au journal des doutes un journal des faussetés et des erreurs populaires qui s'introduisent, soit dans l'histoire naturelle, soit dans la partie dogmatique, afin qu'ils ne fussent plus incommodes aux sciences.

Quant aux opinions des anciens philosophes, tels que Pythagore, Philolaüs, Xénophane, Anaxagore, Parménide, Leucippe, Démocrite et autres semblables ; genre d'écrits que les hommes parcourent ordinairement avec une sorte d'indifférence dédaigneuse, il serait mieux d'y jeter les yeux avec un peu plus de modestie ; et quoique Aristote, à l'exemple des souverains ottomans, ait cru qu'il ne pourrait jamais régner en sûreté s'il ne commençait par massacrer tous ses frères, néanmoins, quiconque ne prétend point au personnage de roi ou de maître, et n'a d'autre but que la découverte ou l'éclaircissement de la vérité, ne peut que regarder comme très utile un ouvrage qui le mettrait en état d'envisager, comme d'un seul coup d'œil, les diverses opinions des philosophes sur la nature des choses. Ce n'est pas que nous espérions que de ces théories ou d'autres spéculations de cette espèce puisse sortir quelque vérité bien pure ; car, comme les mêmes phénomènes et les mêmes calculs s'ajustent et aux principes astronomiques de Ptolémée et à ceux de Copernic, de même l'expérience vulgaire, dont nous faisons usage, et la première face que présentent les choses, peut s'appliquer à une infinité de théories différentes. Mais lorsqu'il s'agit d'une sérieuse recherche de la vérité, il est alors besoin d'une toute autre sévérité. En effet, comme le dit élégamment Aristote : « Les enfants qui commencent à balbutier donnent le nom de mère à la première venue ; puis ils apprennent à mieux distinguer leur véritable mère. » C'est ainsi que l'expérience, encore dans l'enfance, traite de mère toute espèce de philosophie, mais qu'une expérience vraiment adulte reconnaît sa véritable mère. Il ne laisse pas d'être agréable en attendant de pouvoir examiner les diverses philosophies, comme autant de gloses différentes sur la nature, dont les unes sont plus ou moins correctes en certains points, et d'autres en d'autres. Je souhaiterais donc que des vies des anciens philosophes, du petit traité sommaire de Plutarque sur leurs opinions, des citations d'Aristote, des différents morceaux sur ce sujet, qui se trouvent dans les autres livres, tant ecclésiastiques que païens, tels que Lactance, Philon, Philostrate et les autres, on composât avec toute la diligence et le jugement requis, un ouvrage sur les opinions des anciens philosophes ; car nous ne voyons pas qu'un pareil ouvrage existe encore. Cependant, cet exposé-là, j'engage les écrivains à le faire d'une manière distincte, c'est-à-dire qu'il faut donner séparément tout l'ensemble, tout le système de chaque philosophie, au lieu de les donner par morceaux détachés et par ordre de matière, comme l'a fait Plutarque ; car toute espèce de philosophie, quand elle est en son entier, se soutient elle-même, et ses dogmes se prêtent une lumière et une force mutuelles ; si on les morcelle, elles ont je ne sais quoi d'étrange et de mal sonnant. Certainement quand je lis dans Tacite les actions de Néron ou de Claude, revêtues de toutes les circonstances des temps, des personnes et des occasions, je n'y vois rien qui s'éloigne absolument de la vraisemblance ; mais quand je lis les mêmes faits dans Suétone, présentés par masses détachées et sous la forme de lieux communs, sans égard à l'ordre des temps, alors c'est pour moi quelque chose d'incroyable, de monstrueux. On observe la même différence entre une philosophie présentée en entier et la même philosophie dépecée et comme disséquée. Or, de cette collection des opinions philosophiques je n'exclus pas les théories et les dogmes des modernes, tels que le système de Théophraste Paracelse, dont Severin le Danois a fait avec tant d'éloquence un seul corps, et auquel il a donné une sorte d'harmonie philosophique ; ou celui de Télesio de Cosenza, qui, rétablissant la philosophie de Parménide, a tourné les armes des péripatéticiens contre eux-mêmes ; ou encore celui de Patrice de Venise, qui a tellement sublimisé les fumées du platonisme ; ou enfin celui de Gilbert, notre compatriote, qui a renouvelé les dogmes de Philolaüs ; ou de tout autre, pourvu qu'il en mérite la peine. Or, comme les ouvrages de ceux-ci subsistent en leur entier, il suffirait d'en donner un extrait et de le joindre aux autres. En voilà assez sur la physique et ses appendices.

Quant à la métaphysique, nous lui avons attribué la recherche des causes formelles et finales, attribution qui peut sembler inutile quant aux formes ; car il est une opinion accréditée et désormais invétérée qui fait croire qu'il n'est point d'industrie humaine suffisante pour découvrir les formes essentielles ou les vraies différences des choses, opinion qui nous donne beaucoup en nous accordant du moins que, de toutes les parties de la science, l'invention des formes est celle qui mérite le plus nos recherches, et en supposant que cette découverte soit possible. Quant à ce qui regarde la possibilité de l'invention, ce sont de bien lâches navigateurs et bien peu faits pour les découvertes que ceux qui, du moment qu'ils ne voient plus que le ciel et la mer, s'imaginent qu'il n'y a plus de terre au-delà de leur horizon. Mais il est clair que Platon, homme d'un sublime génie, qui, promenant ses regards sur toute la nature, semblait contempler toutes choses d'un rocher élevé, a très bien vu, dans sa doctrine des idées, que les formes sont le véritable objet de la science, quoiqu'il ait lui-même perdu tout le fruit de cette opinion si bien fondée en envisageant et en s'efforçant d'embrasser des formes tout-à-fait immatérielles et non déterminées dans la matière, méprise dont l'effet pour lui a été de se tourner vers les spéculations théologiques, ce qui a infecté et souillé toute sa philosophie naturelle. Que si, avec la diligence, le soin et la sincérité dont nous sommes capables, nous tournons nos regards vers l'action et l'utilité, il ne nous sera pas difficile de chercher et de connaître les formes dont la connaissance peut enrichir le genre humain et assurer son bonheur; car les formes des substances (si on en excepte l'homme seul dont l'Ecriture dit : « Il forma l'homme du limon de la terre et souffla sur sa face un souffle de vie[1], » à la différence des autres espèces dont elle dit « que les eaux produisent[2], que la terre produise[3] »); les espèces, dis-je, des créatures, telles qu'on les trouve aujourd'hui, multipliées par leurs combinaisons et leurs transformations, sont tellement croisées et mêlées les unes avec les autres qu'il faut ou renoncer à toute recherche dont elles sont l'objet, ou la remettre à un autre temps, et attendre pour la faire que les formes des natures plus simples aient été bien examinées et qu'elles soient parfaitement connues. Car, de même qu'il ne serait ni facile ni même utile en aucune manière de chercher la forme de tel son qui compose tel mot (le nombre des mots que peuvent former les lettres par leurs combinaisons et leurs transpositions étant infini), mais que la recherche de la forme du son qui constitue telle lettre simple, c'est-à-dire de celle où il s'agit de savoir par quelle espèce de choc et d'application des instruments de la voix il est formé, que cette recherche, dis-je, est non-seulement possible, mais même facile ; et que ce sont pourtant ces formes des lettres qui, une fois connues, conduisent aussitôt à la connaissance de celles des mots; de même précisément en cherchant la forme du lion, du chêne, de l'or ou même celle de l'eau ou de l'air, l'on perdrait ses peines ; mais découvrir la forme de l'une ou de l'autre des natures exprimées par ces mots : dense, rare, chaud, froid, pesant, léger, tangible, pneumatique, volatile, fixe et autres semblables manières d'être, soit modifications de la matière, soit mouvements, que nous avons dénombrées dans la physique comme devant y être traitées, et que nous appelons ordinairement formes de la première classe, qui, semblables en cela aux lettres de l'alphabet, ne sont pas en si grand nombre qu'on pourrait le penser, et qui ne laissent pas néanmoins de constituer les essences, les formes de toutes les substances, et de leur servir de base ; c'est à cela, à cela même que tendent tous nos efforts. C'est là proprement ce qui constitue et définit cette partie de la métaphysique dont nous sommes actuellement occupés, ce qui n'empêche nullement que la physique ne considère aussi ces mêmes formes comme nous l'avons dit, mais seulement quant aux causes variables. Par exemple, cherche-t-on la cause de la blancheur qu'on observe dans la neige ou l'écume ; c'est en donner une juste explication que de dire : que ce n'est qu'un subtil mélange de l'air avec l'eau ; mais il s'en faut de beaucoup que ce soit là précisément la forme de la blancheur, attendu que l'air, mêlé aussi avec le verre ou le cristal pulvérisé, produit la blancheur tout aussi bien que par son mélange avec l'eau ; et ce n'est là qu'une cause efficiente, laquelle n'est autre chose que le véhicule de la forme. Mais si vous faisiez la même recherche en métaphysique, vous trouveriez à peu près le résultat suivant, savoir : que deux corps diaphanes mêlés l'un avec l'autre par portions optiques disposées dans un ordre simple ou uniforme constituent la blancheur. Je trouve que cette partie de la métaphysique est à suppléer, et c'est ce qui ne doit nullement étonner ; car, avec la méthode qu'on a suivie jusqu'ici dans les recherches, jamais on ne parviendra à faire apparaître les formes des choses. Or, la véritable source de ce mal et de tous les autres, c'est que les hommes éloignent trop et trop tôt leurs pensées de l'expérience et des choses particulières pour se livrer totalement à leurs méditations et à leurs raisonnements.

Cette partie de la métaphysique que je range parmi les choses à suppléer est d'une éminente utilité, et cela par deux raisons : l'une est que l'office et la vertu propre des sciences est d'abréger les détours et les longueurs de l'expérience (autant toutefois que le permet la vérité), et est par conséquent de remédier à un ancien sujet de plainte, savoir : la courte durée de la vie et les longueurs de l'art. Or, le meilleur moyen pour arriver à ce but, c'est de lier ensemble et d'unir étroitement les axiomes des sciences pour les convertir en axiomes plus généraux et qui s'appliquent à tous les sujets individuels ; car les sciences sont comme autant de pyramides dont l'histoire et l'expérience sont l'unique base, et par conséquent la

---

[1] *Genèse*, c. 2, v. 7. [2] *Id.* c. 1, v. 20. [3] *Id.* c. 1, v. 24.

base de la philosophie naturelle est l'histoire naturelle ; l'étage le plus voisin de la base est la physique, et le plus voisin du sommet la métaphysique. Quant au sommet du cône, au point le plus élevé, je veux dire « l'œuvre que Dieu opère depuis le commencement jusqu'à la fin [1] », loi sommaire de la nature ; en un mot, je ne sais (et je n'ai que trop de raisons pour en douter) si l'intelligence humaine peut y atteindre. Au reste, ce sont là les trois vrais étages des sciences, et ce sont pour les hommes enflés de leur propre science et qui ont l'audace de combattre Dieu même, comme ces trois montagnes qu'entassèrent les géants,

> *Ter sunt conati imponere Pelio Ossam,*
> *Scilicet atque Ossæ frondosum involvere Olympum* [2].

Mais pour ceux qui, s'anéantissant eux-mêmes, rapportent tout à la gloire de Dieu, c'est quelque chose de semblable à cette triple acclamation : *sanctus! sanctus! sanctus!* car Dieu est saint dans la multitude de ses œuvres, saint dans l'ordre qu'il y a mis, et saint dans leur harmonie. Aussi l'idée suivante de Parménide et de Platon (quoique ce ne soit au fond qu'une pure spéculation) n'en a-t-elle pas moins de justesse et de grandeur : Toutes choses, disent-ils, s'élèvent par une sorte d'échelle à l'unité. Or, la science, qui sans contredit tient le premier rang, c'est celle qui débarrasse l'entendement humain de la multiplicité des objets. Et quelle autre pourrait-ce être que la métaphysique ? elle qui considère principalement les formes des choses que nous avons qualifiées ci-dessus de formes de la première classe, attendu que ces formes, quoique en fort petit nombre, ne laissent pas de constituer par leurs proportions et leurs coordinations la variété des choses. Il est un second avantage qui distingue la partie de la métaphysique qui a les formes pour objet et qui ouvre à la pratique le champ le plus vaste et le mieux aplani. La physique conduit l'industrie humaine par des routes étroites et embarrassées, semblables aux sentiers tortueux de la nature abandonnée à son cours ordinaire.

Mais de larges voies sont ouvertes au sage dans toutes les directions ; car c'est la sagesse, celle, dis-je, que les anciens définissaient la science des choses divines et humaines, qui peut seule, par une abondante variété de moyens, se suffire à elle-même. En effet, la cause physique donne, il est vrai, des lumières et des moyens pour faire des découvertes dans une matière analogue ; mais celui à qui la forme est connue connaît aussi le plus haut degré de possibilité d'introduire la nature en question dans toute espèce de matières, et il en est d'autant moins astreint dans ses opérations, soit à la base matérielle, soit à la condition de l'efficient. C'est ce même genre de science que Salomon décrit élégamment par ces mots : « Tes voies ne seront point réservées, et en courant tu ne rencontreras point de pierre d'achoppement [1], » paroles par lesquelles il nous fait entendre que les voies de la sagesse ne sont point sujettes à être resserrées ni embarrassées par des obstacles.

La seconde partie de la métaphysique est la recherche des causes finales, partie que nous notons ici, non comme oubliée, mais comme mal placée ; car ces causes, on est dans l'habitude de les chercher parmi les objets de la physique et non parmi ceux de la métaphysique. Mais s'il n'en résultait d'autre inconvénient que le défaut d'ordre, je n'y verrais pas tant de mal ; car l'ordre, après tout, n'a pour but que l'éclaircissement de la vérité et ne tient point à la substance des sciences. Il faut convenir pourtant que ce renversement d'ordre a donné naissance à un défaut très notable et introduit un grand abus dans la philosophie ; c'est cette manie de traiter des causes finales dans la physique qui en a chassé et comme banni la recherche des causes physiques. Elle a fait que les hommes, se reposant sur des apparences, sur des ombres de causes de cette espèce, ne se sont pas attachés à la recherche des causes réelles et vraiment physiques, et cela au grand préjudice des sciences ; car je trouve que cette méprise n'est pas particulière à Platon, qui jette toujours l'ancre sur ce rivage-là, mais qu'il faut l'imputer aussi à Aristote, à Galien et à quelques autres qui donnent à chaque instant sur ces bas-fonds. En effet, si, pour expliquer certaines dispositions et conformations

---

(1) *Eccles.* c. 3, § 1.
(2) Trois fois roulant des monts arrachés des campagnes,
 Leur audace entassa montagnes sur montagnes,
 Ossa sur Pélion, Olympe sur Ossa.
   Virg. *Georg.* liv. I. 281. v. 2. trad. de Delille.

(1) *Proverbes.* c. 4, v.

du corps humain, l'on disait : que les paupières, avec les poils qui les couvrent, sont comme une haie, comme un rempart pour les yeux ; ou que la fermeté de la peau dans les animaux a pour but de les garantir du chaud et du froid ; ou que les os sont comme autant de colonnes ou de poutres que la nature a élevées pour servir d'appui à l'édifice du corps humain ; ou encore que les arbres poussent des feuilles afin d'avoir moins à souffrir de la part du soleil ou des vents ; que les nuages se portent vers la région supérieure afin d'arroser la terre par des pluies ; ou enfin que la terre a été condensée et consolidée afin qu'elle pût servir de demeure stable, de base aux animaux ; et autres choses semblables, ces raisons pourraient convenablement être alléguées en métaphysique ; mais en physique elles sont tout-à-fait déplacées. Disons donc (et c'est ce que nous avons déjà commencé à dire) que toutes les explications de cette espèce sont semblables à ces rémora qui, comme l'ont imaginé certains navigateurs, s'attachent aux vaisseaux et les arrêtent ; que ces explications ont, pour ainsi dire, retardé la navigation et la marche des sciences, les ont empêchées de se tenir dans leur vraie route et les ont comme forcées de rester là ; elles ont fait que dès long-temps la recherche des causes physiques languit négligée. Aussi la philosophie de Démocrite et des autres contemplatifs qui ont écarté Dieu du système du monde et attribué la formation de l'univers a ce nombre infini de tentatives et d'essais de la nature qu'ils désignaient par le seul mot de destin ou de fortune, ne reconnaissant pour cause des choses particulières que la seule nécessité sans l'intervention des causes finales, cette philosophie, dis-je, autant du moins qu'on en peut juger par ses fragments et ses débris, nous paraît, quant aux causes physiques, avoir beaucoup plus de solidité et avoir pénétré plus avant dans la nature que celles de Platon et d'Aristote, par cette raison-là même que les premiers ne se sont jamais occupés des causes finales, au lieu que les derniers n'ont fait que rebattre ce sujet-là. Et c'est en quoi il faut accuser plus Aristote que Platon, attendu que le premier ne dit pas un seul mot de la source des causes finales, c'est-à-dire de Dieu, qu'il met la nature à sa place, et que c'est en amateur de logique et non de théologie qu'il a embrassé les causes finales. Quand nous parlons ainsi, ce n'est pas que les causes finales nous paraissent n'avoir aucune réalité et ne mériter aucunement nos recherches dans les spéculations métaphysiques ; mais c'est que, dans les excursions et les irruptions continuelles que font les causes finales dans les possessions des causes physiques, elles ravagent et bouleversent tout dans ce département ; autrement ce serait se tromper lourdement que d'imaginer que les causes finales, une fois bien circonscrites dans leurs limites, puissent combattre et lutter contre les causes physiques ; car l'explication, qui consiste à dire que les paupières sont le rempart des yeux, n'a rien d'incompatible avec cette autre qui dit que les poils naissent ordinairement près des orifices des parties humides,

Muscosi fontes, etc. [1]

Et cette explication qui veut que la consistance de la peau dans les animaux soit destinée à garantir le corps des injures de l'air n'a rien de contraire à cette autre : que la consistance de la peau a pour cause la contraction des pores, occasionnée dans les parties extérieures du corps par le froid et par la déprédation de l'air ; et il en est de même des autres. Ces deux espèces de causes s'accordent parfaitement bien ; avec cette différence pourtant, que l'une désigne une intention, et l'autre un simple effet. De telles observations ne mettent nullement en doute la Providence divine et ne lui ôtent rien ; disons plutôt qu'elles donnent plus de grandeur et de solidité à l'idée que nous en avons ; car, de même que, dans les relations de la vie ordinaire, si un homme savait, pour aller à ses fins et pour satisfaire ses désirs, se prévaloir de l'assistance des autres sans leur communiquer ses desseins, et cela de manière qu'il les engageât à faire tout ce qu'il voudrait sans qu'ils s'aperçussent jamais qu'ils ne sont que ses instruments, la politique de cet homme-là nous paraîtrait sans doute plus profonde et plus admirable que s'il mettait dans sa confidence tous les ministres de sa volonté ; de même aussi la sagesse divine se fait bien plus admirer, si, tandis que la nature fait une chose, la Providence en tire une autre, que si les caractères de cette Providence étaient imprimés dans toute

[1] Les fontaines couvertes de mousse, etc.
Virg. *Eclog.* VII, v. 45.

texture de corps et dans tout mouvement naturel. Et en effet, Aristote, après avoir peint la nature comme grosse, pour ainsi dire, de causes finales, et répété souvent « que la nature ne fait rien en vain et qu'elle vient toujours à bout de ses desseins orsque des obstacles n'arrêtent point sa marche, » avec une infinité d'autres assertions de cette espèce, n'eut absolument plus besoin de Dieu. Quant à Démocrite et Épicure, tant qu'ils se contentèrent de vanter leurs atomes, on les laissa dire, et jusque-là, quelques esprits des plus pénétrants les supportèrent; mais dès qu'ils prétendirent expliquer la formation de l'univers par le seul concours des atomes, sans qu'un esprit y eût la moindre part, ils eurent pour réponse un rire universel. Ainsi, tant s'en faut que la considération des causes physiques détourne les hommes de Dieu et de la Providence, qu'il faut plutôt dire que les philosophes, qui ont fait tant d'efforts pour les découvrir, n'ont trouvé d'autre moyen pour se tirer d'affaire que de recourir enfin à l'hypothèse d'un Dieu et de sa Providence. Voilà ce que nous avions à dire sur la métaphysique. Or, nous ne disconvenons pas que la partie de cette science qui a pour objet les causes finales ne soit traitée dans les livres de physique et dans ceux de métaphysique; mais nous disons que dans les derniers elle est à sa place, et qu'elle est déplacée dans les premiers, vu les inconvénients qui en ont résulté.

CHAPITRE V.

Division de la science pratique de la nature en mécanique et en magie, deux sciences qui répondent aux deux parties de la théorique, savoir : la mécanique à la physique, et la magie à la métaphysique. Epuration du mot de magie. Deux appendices de la science pratique, savoir : l'inventaire des richesses humaines et le catalogue des polychrestes.

Nous diviserons aussi la science pratique de la nature en deux parties, déterminés à cela par une sorte de nécessité, cette seconde division étant subordonnée à la première division de la science théorique, attendu que la physique ou la recherche des causes, efficiente et matérielle, produit la mécanique, et que la métaphysique ou la recherche des formes produit la magie; car la recherche des causes finales est stérile, et, semblable à une vierge consacrée à Dieu, elle n'engendre point. Or, nous n'ignorons pas qu'il est une mécanique presque toujours purement empirique et ouvrière, qui ne dépend point de la physique; mais celle-là, nous la rejetons dans l'histoire naturelle, la séparant ainsi de la philosophie naturelle. Nous ne parlons ici que de la mécanique à laquelle on joint les causes physiques. Il est pourtant entre deux une certaine mécanique qui, sans être tout-à-fait ouvrière, ne touche pas non plus tout-à-fait à la philosophie. Car de toutes les inventions actuellement connues, les unes sont dues au seul hasard et ont été comme transmises de main en main par la tradition; les autres sont le fruit de recherches faites à dessein. Or, de ces choses inventées exprès, on est arrivé aux unes à la lumière des causes et des axiomes, ou à l'aide d'une sorte d'extension, de translation ou de combinaison des découvertes déjà faites; ce qui suppose plutôt un certain génie et une certaine sagacité qu'un esprit vraiment philosophique. Or, cette dernière partie que nous n'avons garde de mépriser, nous la traiterons lorsque dans la logique nous dirons un mot de l'expérience guidée. Mais cette mécanique dont il est ici question, Aristote l'a traitée d'une manière générale et indistincte, ainsi que Hiéron dans son ouvrage sur les substances aériformes. Nous avons encore Georges Agricola, écrivain récent, qui l'a traitée avec beaucoup de soin dans sa minéralogie. Enfin, une infinité d'autres l'ont fait aussi par rapport à des sujets particuliers; en sorte que je n'ai rien à dire sur les choses omises dans cette partie, sinon que les modernes auraient dû, avec plus de zèle, appliquer leur travail à la continuation de cette mécanique indistincte dont Aristote leur avait donné un exemple, surtout en préférant, parmi les procédés mécaniques, ceux dont la cause est plus difficile à découvrir ou dont les effets sont plus remarquables. Malheureusement ceux qui s'attachent à cet objet ne font, pour ainsi dire, que longer les côtes :

Premendo littus iniquum [1].

Car mon sentiment est : qu'il est bien difficile de faire dans la nature quelque transformation radicale, de produire quelque chose de vrai-

---

[1] Côtoyant un rivage dangereux.
HORACE. *Odes*, liv. II, ode 10, v. 7.

ment nouveau, soit à l'aide de certains heureux hasards, soit par le tâtonnement expérimental, soit à la lumière des causes physiques, et qu'on ne peut atteindre à ce but que par la découverte des formes. Si donc nous avons décidé que la partie de la métaphysique qui traite des formes est à suppléer, il s'ensuit que la magie naturelle qui s'y rapporte nous manque également. Mais c'est ici le lieu de demander qu'on rende à ce mot de magie, qui depuis si long-temps est pris en mauvaise part, la signification honorable qu'il eut autrefois. En effet, la magie, chez les Perses, était regardée comme la plus haute sagesse et comme la science des consentements universels des choses. Nous voyons aussi que les trois rois qui vinrent d'Orient adorer le Christ étaient décorés du titre de mages. Quant à nous, nous entendons par ce mot la science qui, de la connaissance des formes cachées, déduit des opérations étonnantes, et qui en joignant, comme l'on dit, les actifs avec les passifs, dévoile les grands mystères de la nature. Car pour ce qui est de cette magie naturelle qui voltige en tant d'écrits et qui embrasse je ne sais quelles traditions et observations crédules et superstitieuses sur les sympathies et les antipathies, sur les propriétés occultes et spécifiques, avec une infinité d'expériences pour la plupart frivoles, et qui excitent l'admiration plutôt par l'adresse avec laquelle on en cache les procédés, et par l'espèce de masque dont on les couvre, que par la valeur réelle de leurs produits, ce ne serait pas se tromper de beaucoup que d'avancer que ces relations, quant à la vérité de la nature, s'éloignent autant de la science que nous cherchons, que les relations des exploits d'Arthur de Bretagne ou de Huon de Bordeaux et d'autres héros obscurs de cette espèce diffèrent des Commentaires de César, quant à la vérité historique. Car il est manifeste que César a fait réellement de plus grandes choses que tout ce que ces romanciers ont su imaginer en faveur de leurs héros, et cela par des moyens qui n'avaient rien de fabuleux. Ce qui nous donne une juste idée des doctrines de ce genre, c'est la fable d'Ixion qui, aspirant aux faveurs de Junon, déesse de la puissance, eut affaire à une nuée qui échappa aussitôt à ses embrassements, puis enfanta les centaures et les chimères. C'est ainsi que ceux qu'une passion insensée et sans frein entraîne vers les objets qu'ils croient voir à travers les nuages et les vapeurs de leur imagination, ne recueillent pour fruit de leurs efforts, au lieu d'effets réels, que de vaines espérances, que des fantômes difformes et monstrueux. Or, l'effet de cette magie naturelle, superficielle, et si indigne de son origine sur les hommes qui s'en occupent, ressemble fort à celui de certains narcotiques qui excitent à dormir, et qui, durant ce sommeil, procurent des songes riants et flatteurs ; car, en premier lieu, ils assoupissent l'entendement en chantant des propriétés spécifiques, des vertus occultes et comme envoyées du ciel, qu'on ne peut apprendre que par le chuchotement des gens à secrets ; d'où il arrive que les hommes ne savent plus s'exciter et s'éveiller eux-mêmes pour s'appliquer à la recherche des véritables causes, se reposant sur des opinions oiseuses de cette espèce et adoptées sur parole. En second lieu, elle insinue peu à peu dans l'esprit une infinité d'images agréables, et semblables à ces rêves riants dans lesquels on aime à se bercer. Or, une observation à faire sur les sciences qui tiennent trop de l'imagination et de la foi, telles que la magie superficielle dont nous parlons ici, l'alchimie, l'astrologie et autres semblables, c'est que leurs moyens et leurs théories ont quelque chose de plus monstrueux que la fin même, que le but auquel elles tendent.

La transmutation de l'argent, du mercure ou de tout autre métal en or, est sans doute une chose difficile à croire ; cependant il est plus vraisemblable qu'un homme qui aurait bien analysé et qui connaîtrait à fond la nature de la pesanteur, de la couleur jaune, de la malléabilité, de la ductilité, de la fixité, de la volatilité, et qui aurait aussi pénétré bien avant dans la nature des premières semences, des premières menstrues des minéraux, pourrait enfin, à force d'essais et de sagacité, faire de l'or, qu'il ne l'est que quelques gouttes d'un élixir puissent en quelques minutes convertir en or les autres métaux ; d'un élixir, dis-je, assez actif pour achever l'ouvrage de la nature et la débarrasser de tout obstacle. De même la possibilité de retarder la vieillesse, et de rajeunir jusqu'à un certain point, n'est pas facile à croire. Cependant il est infiniment plus probable qu'un homme, qui connaîtrait bien la nature du dessèchement et de la déprédation que l'esprit exerce sur les solides du corps humain, et qui sachant aussi d'où dépend le plus ou le moins de perfection de l'alimentation et de l'assimilation, connaîtrait de plus la nature des esprits et de l'espèce de flamme répandue dans le corps et qui est disposée tantôt à consumer les parties, tantôt à réparer leurs pertes; il est plus probable, dis-je, qu'un tel homme, à l'aide de diètes, de bains, d'onctions, de remèdes bien choisis, d'exercices appropriés à ce dessein et d'autres moyens semblables, pourrait prolonger la vie et rappeler jusqu'à un certain point la vigueur de la jeunesse, qu'il ne l'est qu'on puisse parvenir au même but à l'aide de quelques gouttes, de quelques scrupules d'une certaine liqueur précieuse, d'une quintessence. Enfin qu'on puisse, par la seule inspection des astres, prédire les destinées des hommes et des choses, c'est ce qu'on ne croira pas aisément et au premier mot ; mais de croire que l'heure de la naissance (qu'une infinité d'accidents naturels peuvent avancer ou retarder), décide de la fortune d'une vie entière et que l'heure où l'on agite une question est liée par une sorte de confatalité avec la chose même que l'on cherche, c'est s'amuser à des bagatelles. Telle est pourtant la présomption de la race humaine et son penchant vers l'excès, que non-seulement elle se promet des choses impossibles, mais qu'elle se flatte même de pouvoir, sans travail et sans sueur, exécuter les choses les plus difficiles. Quoi qu'il en soit, c'est assez parler de la magie ; au reste nous avons effacé la note d'infamie qui était attachée à son nom, et appris à distinguer son visage réel de son masque.

Or, cette partie de la science pratique de la nature a deux appendices qui sont tous deux également d'un grand prix ; l'un est l'inventaire des richesses humaines, où l'on doit faire entrer et dénombrer, d'une manière succincte, tous les biens, toute la fortune du genre humain, soit qu'elle fasse partie des fruits, des productions de la nature ou de celles de l'art : d'abord les biens dont les hommes sont déjà en possession et ont la jouissance, en y ajoutant ceux dont on ne peut douter que les anciens n'aient eu connaissance, mais qui aujourd'hui sont perdus. Et cet ouvrage, s'il faut s'en occuper, c'est afin que ceux qui se disposent à faire de nouvelles découvertes ne s'épuisent pas à réinventer ce qui est déjà connu et existant. Or cet inventaire aura plus de méthode et d'utilité si l'on y réunit et les choses qui dans l'opinion commune sont réputées tout-à-fait impossibles, et celles qui, étant presque impossibles, ne laissent pas d'être en notre possession. De ces deux dernières collections, l'une aura l'avantage d'aiguiser la faculté inventive, l'autre celui de la diriger jusqu'à un certain point. C'est par ce double moyen qu'on pourra exécuter ce qui se réduit encore à de simples vœux, et rattacher plus promptement la puissance à l'acte. Le second appendice est un registre de cette espèce d'inventions qu'on peut regarder comme vraiment polychrestes, c'est-à-dire qui contribuent et qui conduisent à d'autres inventions. Par exemple, l'expérience de la congélation artificielle de l'eau à l'aide de la glace mêlée avec du sel commun mène à une infinité de choses. Ce procédé de condensation révèle un secret qui est pour l'homme d'une éminente utilité ; car le feu est sous notre main pour opérer des raréfactions ; mais s'agit-il des condensations, nous sommes en défaut. Or, rien de plus propre à faciliter l'invention que de donner place à ces polychrestes dans un catalogue approprié à ce dessein.

CHAPITRE VI.

Du grand appendice de la philosophie naturelle, tant théorique que pratique, c'est-à-dire les mathématiques ; qu'elles doivent plutôt être placées parmi les appendices que parmi les sciences substantielles. Division des mathématiques en pures et en mixtes.

C'est avec raison qu'Aristote a dit que la physique et les mathématiques engendrent la pratique ou la mécanique. Ainsi, comme nous avons déjà traité les parties de la science de la nature tant théorique que pratique, c'est ici le lieu de parler des mathématiques, qui sont pour l'une et l'autre une science auxiliaire ; car dans la philosophie reçue on la joint ordinairement à la physique et à la métaphysique, à titre de troisième partie. Quant à nous, qui remanions et révisons tout cela, si notre dessein était de la désigner comme une science substantielle et fondamentale, il serait plus conforme à la nature de la chose même et aux règles d'une distribution bien nette de la constituer comme une partie de la métaphysique, car la quantité, qui est le sujet propre des mathématiques, appliquée à la matière, étant comme la dose de la nature et servant à rendre raison d'une infinité d'effets dans les choses naturelles, ce serait parmi les formes essentielles qu'il faudrait la ranger. En effet, la puissance de la figure et des nombres a paru si grande aux anciens que Démocrite a donné le premier rang aux figures des atomes parmi les principes de la variété des choses, et que Pythagore n'a pas craint d'avancer que les nombres étaient les principes constitutifs de la nature. Au reste il est hors de doute que la quantité est, de toutes les formes naturelles, telles que nous les entendons, la plus abstraite et la plus séparable de la matière, et c'est par cette raison-là même qu'on s'en est tout autrement occupé que des autres formes qui sont plus profondément plongées dans la matière; car comme, en vertu d'un penchant vraiment inné, l'esprit humain se plait beaucoup plus dans les choses générales, qu'il regarde comme des champs vastes et libres, que dans les faits particuliers où il se croit enseveli comme dans une forêt et renfermé comme dans un clos, on n'a rien trouvé de plus agréable et de plus commode que les mathématiques pour satisfaire ce désir de se donner carrière et de méditer sans contrainte. Or, quoique dans ce que nous disons ici il n'y ait rien que de vrai, néanmoins à nous, qui n'avons pas simplement en vue l'ordre et la vérité, mais encore l'utilité et l'avantage des hommes, il nous a paru plus convenable, vu la grande influence des mathématiques, soit dans les matières de physique et de métaphysique, soit dans celles de mécanique et de magie, de les désigner comme un appendice de toutes et comme leur troupe auxiliaire. Et c'est à quoi nous sommes en quelque manière forcés par l'engouement et l'esprit dominant des mathématiciens, qui voudraient que cette science commandât presque à la physique; car je ne sais comment il se fait que la logique et les mathématiques, qui ne devraient être que les servantes de la physique, se targuant toutefois de leur certitude, veulent absolument lui faire la loi. Mais au fond que nous importe la place et la dignité de cette science? C'est de la chose même qu'il faut nous occuper.

Les mathématiques sont ou pures ou mixtes. Aux mathématiques pures se rapportent les sciences qui ont pour objet la quantité, abstraction faite de la matière et des axiomes physiques. Elles se divisent en deux espèces, savoir : la géométrie et l'arithmétique, dont l'une traite de la quantité concrète, et l'autre de la quantité discrète. Ces deux arts, sans doute, on n'a pas manqué d'industrie et de pénétration pour y faire des découvertes et pour les traiter. Et cependant aux travaux d'Euclide en géométrie on n'a rien ajouté qui fût en proportion avec un si grand espace de temps. Et quant à la partie qui traite des solides, ni ancien, ni moderne ne l'a enrichie et perfectionnée en raison de son importance et de son utilité. Quant à l'arithmétique, on n'a point encore inventé d'abréviations de calculs assez variées et assez commodes, surtout à l'égard des progressions, qui sont du plus grand usage en physique; l'algèbre non plus n'est pas complète. Quant à cette arithmétique pythagorique et mystique qu'on a commencé à renouveler à la faveur des ouvrages de Proclus et de quelques fragments d'Euclide, ce n'est qu'un certain écart de spéculation; car l'esprit humain a cela de propre que, lorsque les choses solides sont au-dessus de sa portée, il se rabat sur les choses frivoles. Les mathématiques mixtes ont pour sujet les axiomes et une certaine portion de la physique. Elles considèrent la quantité en tant qu'elle peut servir à éclaircir, à démontrer et à réaliser ce qu'elles empruntent de cette science; car il est dans la nature une infinité de choses qu'on ne peut comprendre parfaitement, démontrer assez clairement ni appliquer à la pratique avec assez de sûreté et de dextérité sans le secours et l'intervention des mathématiques. De ce genre sont la perspective, la musique, l'astronomie, la cosmographie, l'architecture, la science des machines et quelques autres. Au reste, je ne vois pas qu'il y ait dans les mathématiques mixtes aucune partie à suppléer en entier; mais je prédis qu'il y en aura beaucoup par la suite, pour peu que les hommes ne demeurent point oisifs. Car à mesure que la physique, croissant de jour en jour, produira de nouveaux axiomes, il faudra bien tirer de nouveaux secours des mathématiques; d'où naîtront différents genres de mathématiques mixtes.

Nous avons désormais parcouru la science de la nature et noté ce qui s'y trouve à sup pléer. En quoi, si nous nous sommes quelquefois écartés des opinions anciennes et reçues, et si à ce titre nous avons donné quelque prise à la contradiction, quant à ce qui nous regarde, comme nous sommes très éloignés de vouloir innover par la même raison, nous n'avons nullement envie de disputer. Et si nous pouvons dire :

Non canimus surdis, respondent omnia sylvæ[1].

la voix des hommes aura beau réclamer, celle de la nature criera encore plus fort qu'eux. Or, de même qu'Alexandre Borgia avait coutume de dire, en parlant de l'expédition des Français dans le royaume de Naples : « Qu'ils étaient venus la craie en main pour marquer leurs étapes, et non l'épée au poing pour faire une invasion, » c'est ainsi que nous préférons une méthode douce par laquelle la vérité s'introduit paisiblement partout où les esprits sont pour ainsi dire marqués de la craie et disposés à recevoir un tel hôte, à la méthode violente qui aime à ferrailler et à se frayer chemin par des querelles et des combats. Ainsi ayant terminé ce que nous avions à dire sur les deux parties de la philosophie qui traitent de Dieu et de la nature, il nous reste à parler de la troisième, qui traite de l'homme.

LIVRE QUATRIÈME.

CHAPITRE PREMIER.

Division de la doctrine sur l'homme en philosophie de l'humanité et philosophie civile. Division de la philosophie de l'humanité en doctrine sur le corps humain, et doctrine sur l'âme humaine. Constitution d'une doctrine générale de la nature ou de l'état de l'homme. Division de la doctrine de l'état de l'homme en doctrine de l'homme individu, et doctrine de l'alliance de l'âme et du corps. Division de la doctrine de l'homme individu en doctrine des misères de l'homme et doctrine de ses prérogatives. Division de la doctrine de l'alliance en doctrine des indications et doctrine des impressions. Attribution de la physiognomonie et de l'interprétation des songes à la doctrine des indications.

Si quelqu'un, roi plein de bonté, prenant occasion de ce que j'ai proposé jusqu'ici, ou de ce que je proposerai par la suite, s'avisait de m'attaquer ou de me blesser, outre que je dois être en sûreté sous la protection de Votre Majesté, qu'il sache qu'il déroge en cela aux usages et à la discipline militaires. Car, moi qui ne suis qu'une sorte de trompette, je ne vais point au combat, et je ne puis tout au plus être regardé que comme un de ceux dont Homère dit :

Χαίρετε, κήρυκες, Διὸς ἄγγελοι ἠδὲ καὶ ἀνδρῶν [2].

vu que les hommes de cette espèce allaient et venaient partout, même parmi les ennemis les plus âpres et les plus acharnés, sans crainte qu'on insultât leurs personnes. Or, si cette trompette que j'embouche appelle et éveille les hommes, ce n'est point du tout pour les exciter à se déchirer réciproquement par des contradictions, mais plutôt pour les engager à faire la paix entre eux, et à réunir leurs forces pour attaquer la nature même des choses, conquérir ses forteresses les plus escarpées, et reculer (autant que le pourra permettre la bonté divine) les limites de l'empire de l'homme.

Passons donc à la science à laquelle nous conduit un antique oracle, je veux dire à la science de nous-mêmes. Or, cette science, plus elle est importante pour nous, et plus elle exige de notre part d'étude et d'application. C'est pour l'homme la fin de toutes les sciences ; mais, au fond, ce n'est qu'une portion de la science de la nature elle-même. Et posons pour règle générale : que toutes ces divisions, pour les bien entendre et les bien appliquer, il ne faut pas oublier qu'elles ont plutôt pour but de caractériser et de distinguer les sciences que de les détacher les unes des autres et de les séparer. Et c'est ainsi que l'on évitera dans les sciences toute solution de continuité ; car l'esprit opposé à celui-là rend les sciences stériles, infructueuses et erronées, vu qu'une fois séparées elles cessent d'être nourries, substantées et rectifiées par leur source et leur aliment commun. C'est ainsi que nous voyons l'orateur Cicéron, se plaignant de Socrate et de son école, dire « que ce philosophe fut le premier qui sépara la philo-

---

[1] Ce n'est pas pour des sourds que nous chantons ; mais les forêts elles-mêmes sauront répondre à tout. VIRG. *Eccl.* X, v. 8.

[2] Salut, hérauts ! vous êtes les messagers et de Jupiter et des mortels. HOM. *Il.* I, v. 334.

sophie d'avec la rhétorique[1], et que, par cette séparation, il fit de la rhétorique un art vain et babillard. Il n'est pas moins évident que le sentiment de Copernic sur le mouvement de rotation de la terre (sentiment aujourd'hui accrédité), ne peut, vu son accord avec les phénomènes, être réfuté par les seuls principes astronomiques, mais que cependant il peut l'être par les principes de la philosophie naturelle, une fois bien établie. Enfin, nous voyons que l'art de la médecine, lorsqu'il est privé du secours de la philosophie naturelle, ne l'emporte que de bien peu sur la routine des empiriques. Cela posé, venons à la science de l'homme : elle se divise en deux espèces ; car elle considère l'homme ou comme séparé et isolé, ou comme rassemblé et vivant en société. Nous donnons à l'une de ces deux parties le nom de philosophie de l'humanité, et à l'autre celui de philosophie civile. La philosophie de l'humanité se compose des parties toutes semblables à celles dont l'homme lui-même est composé, savoir : des sciences qui se rapportent au corps, et de celles qui se rapportent à l'âme.

Mais avant de suivre les distributions particulières, constituons une science générale de la nature et de l'état de l'homme ; c'est une partie qui mérite bien d'être dégagée des autres parties de cette science et de former un corps de science à part. Elle se compose des choses qui sont communes au corps et à l'âme. De plus, cette science de la nature et de l'état de l'homme peut se diviser en deux parties, en attribuant à l'une la nature indivisible de l'homme, à l'autre le lien même de l'âme et du corps. Nous appelons la première, doctrine de l'homme individuel, et la seconde, doctrine de l'alliance. Or, il est clair que toutes ces considérations étant communes au corps et à l'âme, et réciproques, elles ne doivent pas être assignées à la première division, en sciences relatives au corps et sciences relatives à l'âme.

La doctrine de l'homme individu se compose principalement de deux choses, savoir : la contemplation des misères du genre humain et celle de ses prérogatives ou de sa supériorité. Or, quant à la partie qui consiste à déplorer les calamités humaines, c'est un sujet qu'ont traité, avec autant d'élégance que de fécondité, un grand nombre d'écrivains, tant philosophes que théologiens, genre d'ouvrage tout à la fois agréable et salutaire.

Mais celle qui traite des prérogatives nous a paru mériter d'être rangée parmi les choses à suppléer. C'est sans doute avec son élégance ordinaire que Pindare, faisant l'éloge d'Hiéron, dit qu'il « cueillait les sommités de toutes les vertus[1]. » Quant à moi, je pense que ce ne sera pas peu faire pour la gloire du genre humain et pour nourrir la grandeur d'âme, que de rassembler dans un livre ce que les scolastiques appellent les ultimités, et ce que Pindare nomme les sommités de la nature humaine, en les tirant surtout du dépôt de l'histoire, je veux dire en marquant le dernier degré, le plus haut point où ait jamais pu s'élever par elle-même la nature humaine dans chacune des facultés du corps et de l'âme. Quelle prodigieuse facilité n'attribue-t-on pas à Jules-César, lorsqu'on nous dit qu'il dictait à cinq secrétaires à la fois ? De plus, les exercices des anciens rhéteurs, comme Protagoras, Gorgias, et même de certains philosophes, tels que Callisthène, Posidonius, Carnéade, exercices qui les mettaient en état de parler sur-le-champ avec autant d'élégance que de fécondité sur quelque sujet que ce fût, en défendant le pour et le contre, ne donnent-ils pas la plus haute idée des forces de l'esprit humain ? Un autre genre de perfection, moins utile sans doute, mais plus imposant et qui exige peut-être encore plus de talent, c'est ce que Cicéron rapporte d'Archias, son maître, « qu'il était en état de composer sur-le-champ un grand nombre de vers excellents sur les affaires du moment[2]. » Que Cyrus ou Scipion aient pu retenir les noms de tant de milliers d'hommes, n'est-ce pas une preuve de la mémoire humaine ? Mais les vertus morales ne sont pas moins signalées que les facultés intellectuelles. Quel prodige de fermeté nous offre cette histoire si connue d'Anaxarque, qui, étant appliqué à la torture, coupa sa langue avec ses dents, cette langue qu'on voulait forcer à parler, et la cracha au visage du tyran. Un autre exemple qui ne le cède pas à celui-là pour la fermeté, mais qui le cède beaucoup pour la noblesse, c'est celui

---

(1) Cic. *De l'orateur*, liv. III, c. 16 et 31.

(1) Pind. *Olymp.* I, Antistr. col. 17.
(2) Cic. *Disc. pour Archias*, c. 8.

d'un certain Bourguignon de notre temps, assassin du prince d'Orange ; cet homme, tandis qu'on le fouettait avec des verges de fer et qu'on le déchirait avec des tenailles ardentes, ne poussa pas le moindre gémissement. Il fit plus : un fragment de je ne sais quoi, étant tombé par hasard sur la tête d'un des assistants, ce coquin, à demi rôti et au milieu même des tourments, se mit à rire, lui qui, un peu auparavant, au moment où on coupait ses cheveux, qui étaient fort beaux, n'avait pu s'empêcher de verser des larmes. Plusieurs personnages ont fait preuve aussi d'une admirable sérénité et sécurité d'âme au moment de la mort. Telle fut celle du centurion dont parle Tacite. Comme le soldat qui avait ordre de le faire mourir lui recommandait de tendre fortement le cou : « Plaise à Dieu, lui répondit-il, que tu frappes aussi fortement ! » Jean, duc de Saxe, comme on lui apportait, au moment où il jouait aux échecs, la sentence qui le condamnait à la mort et qui marquait l'exécution pour le lendemain, appela un des spectateurs et lui dit en souriant : « Voyez si ce n'est pas moi qui ai le meilleur jeu ; car je ne serai pas plus tôt mort que celui-ci (en montrant son adversaire) prétendra que sa partie était la meilleure. » Quant à Morus, notre compatriote, et chancelier d'Angleterre, la veille du jour qu'il devait être exécuté, voyant paraître un barbier qu'on avait envoyé pour lui raser la tête, de peur que sa longue chevelure ne lui donnât un air plus propre à exciter la compassion du peuple, et ce barbier lui demandant s'il ne voulait pas se faire raser : « Non, lui répondit-il ; j'ai un procès avec le roi au sujet de ma tête, et jusqu'à ce qu'il soit terminé, je ne veux pas faire de dépense pour elle. » Ce même personnage, à l'instant même de recevoir le coup mortel, et ayant déjà posé sa tête sur le fatal billot, la releva un peu, et rangeant doucement sa barbe : « Celle-ci, dit-il, n'a certainement pas offensé le roi. » Mais nous n'avons pas besoin de nous étendre sur ce sujet ; l'on voit assez ce que nous avons en vue ; nous souhaitons qu'on rassemble, dans un ouvrage de quelques volumes, les miracles de la nature humaine, des exemples du plus haut degré de force et de faculté, soit de l'âme, soit du corps, ouvrage qui sera comme les fastes des triomphes humains ; et c'est en quoi nous approuvons fort le dessein de Valère Maxime et de Pline, mais en regrettant toutefois que l'exactitude et le jugement leur aient manqué.

Quant à la doctrine de l'alliance et du lien commun de l'âme et du corps, elle peut se diviser en deux parties ; car, de même qu'entre des confédérés il existe une communication réciproque de leurs moyens et des offices mutuels, de même aussi cette alliance du corps et de l'âme comprend deux points, lesquels consistent à faire voir comment ces deux choses, l'âme et le corps, se découvrent réciproquement, et comment elles agissent l'une sur l'autre, savoir, par la connaissance ou l'indication, et par l'impression. La première, où il s'agit de montrer comment on peut connaître l'âme par les dispositions du corps, et les dispositions du corps d'après les dispositions accidentelles de l'âme, a enfanté à elle seule deux arts, qui tous deux ont pour objet les prédictions ; l'une a été honorée des recherches d'Aristote, l'autre de celles d'Hippocrate. Or, quoique dans ces derniers temps ces deux arts aient été infectés de notions superstitieuses et fantastiques, néanmoins, étant bien épurés et totalement restaurés, ils ont dans la nature un fondement très solide et sont d'une grande utilité dans la vie commune. Le premier est la physiognomonie, qui, par les linéaments du corps, indique les propensions de l'âme ; l'autre est l'interprétation des songes naturels, qui décèlent l'état et la disposition du corps par les agitations de l'âme. J'aperçois dans la première telle partie qui est à suppléer, vu qu'Aristote a traité avec beaucoup de pénétration et de sagacité tout ce qui regarde la conformation extérieure du corps, considéré dans l'état de repos ; quant à ce qui regarde ses mouvements, c'est-à-dire les gestes, il n'en dit mot, quoique ces mouvements ne soient pas moins soumis aux observations de l'art et soient d'un plus grand usage. En effet, les linéaments du corps indiquent bien les propensions générales de l'âme ; mais les mouvements du visage et des autres parties, les gestes, en un mot, indiquent de plus les côtés accessibles, les moments de facilité, et, pour tout dire, les signes de la disposition et de la volonté actuelle.

Et pour employer l'expression aussi élégante que juste de Votre Majesté : « La langue frappe les oreilles, mais le geste parle aux yeux. »

C'est ce que n'ignorent pas certains hommes fins et rusés, dont les yeux sont pour ainsi dire toujours cloués sur le visage et les gestes des autres, et qui savent bien se prévaloir de ces observations ; car c'est en cela même que consiste la plus grande partie de leur prudence et leur adresse. On ne peut disconvenir que cela même ne soit dans un autre un indice mystérieux de dissimulation, et ne nous donne un utile avertissement par rapport au choix des moments et des occasions d'aborder les personnes, ce qui n'est pas la moindre partie de l'usage du monde ; mais qu'on n'aille pas s'imaginer que ce genre d'habileté n'ait de prix que par rapport aux individus, et qu'il ne soit pas susceptible d'être ramené à des règles ; car nous rions, nous pleurons, nous rougissons et fronçons le sourcil, tous à peu près de la même manière, et le plus souvent il en est de même des mouvements plus fins. Que si quelqu'un pensait ici à la chiromancie, qu'il sache que ce n'est qu'une science chimérique, et qui ne mérite pas d'être nommée dans un ouvrage tel que celui-ci. Quant à ce qui regarde l'interprétation des songes naturels, c'est un sujet que plusieurs écrivains ont traité ; mais leurs ouvrages fourmillent d'inepties. Je me contenterai de remarquer qu'on n'a pas pensé à faire porter cette théorie sur la base la plus solide. Voici cette base : « Lorsque les effets produits par la cause intérieure sont semblables à ceux que produirait la cause extérieure, on rêve à l'acte extérieur qui produit ou accompagne ordinairement la disposition physique produite par cette cause intérieure. » Par exemple, l'oppression qu'occasionne dans l'estomac une vapeur épaisse, ressemble à l'effet d'un poids qui serait appuyé sur cette partie. Aussi ceux qui ont le cauchemar rêvent-ils qu'un poids énorme les écrase, à quoi se joignent une infinité de circonstances analogues à cette illusion. Les nausées qu'excitent l'agitation des flots lorsqu'on est sur mer ont quelque analogie avec celles qu'occasionnent les flatuosités logées dans les intestins. Les hypocondriaques rêvent souvent qu'ils sont sur mer et qu'ils sont portés çà et là. Il est une infinité d'autres exemples de ce que nous disons ici.

La dernière partie de la doctrine de l'alliance, à laquelle nous avons donné le nom d'impression, n'a pas encore été réduite en art ;

on s'est contenté de la toucher quelquefois en passant, et dans des traités sur d'autres sujets. Cette partie a, comme la première, sa réciproque ; car elle considère, ou comment et jusqu'à quel point les humeurs et le tempérament du corps modifient l'âme et agissent sur elle, ou réciproquement, comment et jusqu'à quel point les passions et les perceptions de l'âme modifient le corps et agissent sur lui. Nous voyons que, dans la médecine, la première de ces deux parties est traitée ; mais c'est un sujet dont les religions se sont mêlées à un point surprenant ; car les médecins prescrivent des remèdes pour les maladies de l'âme, par exemple, pour la manie et la mélancolie. Ils en donnent aussi pour égayer l'âme, pour fortifier le cœur et augmenter le courage par ce moyen, pour aiguiser l'esprit, pour fortifier la mémoire et pour d'autres fins semblables. Mais les diètes et les choix d'aliments, tant liquides que solides, les ablutions et les autres observances relatives au corps, qu'on trouve prescrites dans la secte des pythagoriciens, dans l'hérésie des manichéens et dans la loi de Mahomet, excèdent toute mesure. Les ordonnances de la loi cérémonielle, qui défendaient l'usage de la graisse et du sang, et qui distinguaient avec tant de soin les animaux mondes des immondes (du moins à titre d'aliments), étaient en grand nombre et formelles. Il y a plus : le christianisme, qui est dégagé du nuage des cérémonies, et qui jouit d'une plus grande sérénité, retient pourtant l'usage des jeûnes, des abstinences et autres observances, qui toutes ont pour but la macération et l'humiliation du corps ; et ces observances-là, il ne les regarde pas comme de simples rits, mais de plus comme des pratiques utiles. Or, la racine de tous ces préceptes, outre le rit et l'exercice de l'obéissance, consiste en cela même dont nous parlons ici, je veux dire en ce que l'âme est affectée comme le corps. Que si quelque esprit faible allait s'imaginer que ces observations, relatives aux impressions du corps sur l'âme, tendent à révoquer en doute l'immortalité de l'âme ou dérogent à l'empire que l'âme doit exercer sur le corps, à un doute frivole suffira une réponse de même espèce. S'il veut des exemples, qu'il considère l'enfant dans le sein de sa mère, lequel sympathise avec celle qui le porte, par les affections qui leur sont communes, et ne laisse pas d'éclore dans son temps ; ou bien les monarques qui, tout-puissants qu'ils sont, ne laissent pas de se laisser quelquefois fléchir par les efforts de leurs sujets, sans atteinte pourtant à la royale majesté.

Quant à la partie réciproque, qui a pour objet l'action de l'âme et de ses affections sur le corps, elle a aussi trouvé place dans la médecine ; il n'est point de médecin un peu versé qui ne considère et ne modifie les dispositions accidentelles de l'âme, les regardant comme un objet très digne de considération dans le traitement, et comme pouvant ou aider l'action des remèdes, ou en empêcher l'effet. Mais une autre question qui a ici sa place, et dont on ne s'est guère occupé, ou du moins pas en raison de son utilité et de sa difficulté, c'est de savoir jusqu'à quel point, abstraction faite des affections, l'imagination même de l'âme, une pensée, dis-je, très fixe, et exaltée au point de devenir une sorte de foi, peut modifier le corps de celui qui imagine ; car, quoiqu'une telle pensée ait manifestement le pouvoir de nuire, il ne s'ensuit nullement qu'elle ait au même degré celui d'être utile ; pas plus certainement que si, de ce qu'il est tel air pestilentiel qui peut tuer sur-le-champ, on en concluait qu'il est aussi d'autres espèces d'air qui peuvent guérir subitement un malade, et le remettre aussitôt sur pied. Cette recherche serait sans doute d'une éminente utilité ; mais, comme dit Socrate, il nous faudrait ici un plongeur de Délos, car elle est plongée bien avant. De plus, parmi les doctrines de l'alliance ou de l'action réciproque du corps et de l'âme, il n'en est point qui pût être plus nécessaire que celle qui a pour objet la détermination des siéges ou domiciles assignés aux diverses facultés de l'âme dans le corps et ses organes. Ce genre de science, il s'est trouvé assez d'écrivains qui l'ont cultivé ; mais ce qu'ils ont dit sur ce sujet est contesté ou manque de profondeur. Ainsi, cette recherche exigerait plus d'application et de sagacité ; car l'opinion avancée par Platon, qui place l'entendement dans le cerveau comme dans une citadelle[1], le courage (qu'il confond assez mal à propos avec l'irascibilité, quoiqu'il approche plus de l'enflure et de l'orgueil) dans le cœur, et la concupiscence, la sensualité, dans le foie ;

cette opinion, dis-je, il ne faut ni la mépriser tout-à-fait ni se hâter de l'adopter. Enfin, cette autre opinion qui place les trois facultés intellectuelles, savoir : l'imagination, la raison et la mémoire, dans les ventricules du cerveau, n'est pas non plus exempte d'erreur. Nous avons désormais expliqué la doctrine de l'homme individu, et celle de l'alliance de l'âme et du corps.

CHAPITRE II.

Division de la doctrine qui a pour objet le corps humain, en médecine et en science de la volupté. Division de la médecine en trois fonctions, savoir : conservation de la santé, guérison des maladies et prolongation de la vie ; que la dernière partie, qui traite de la prolongation de la vie, doit être séparée des deux autres.

La doctrine qui a pour objet le corps humain reçoit la même division que les biens du corps même qu'elle est destinée à servir. Or, les biens du corps sont de quatre espèces : santé, beauté ou agréments de la personne, force, et volupté, auxquelles répondent autant de sciences : médecine, cosmétique, athlétique et science de la volupté, que Tacite appelait un luxe savant[1].

L'art de la médecine est des plus nobles, et rien de plus illustre que son origine, si nous en croyons les poètes. Ils ont représenté Apollon comme le premier dieu de la médecine, lui donnant pour fils Esculape, dieu aussi et médecin de profession. Car, si d'un côté le soleil, parmi les corps naturels, est l'auteur, la source de la vie, de l'autre le médecin en est le conservateur, et, en quelque manière, la seconde source. Mais ce qui donne encore plus de relief à la médecine, ce sont les œuvres du Sauveur, qui fut médecin du corps et de l'âme ; et comme il fit de l'âme l'objet de sa céleste doctrine, il constitua aussi le corps humain comme l'objet propre de ses miracles. Car nous ne lisons nulle part qu'il ait fait aucun miracle relativement aux honneurs, à l'argent (à l'exception de celui qu'il fit pour payer le tribut à César), mais seulement par rapport au corps humain, soit pour le conserver, soit pour le substanter, soit pour le guérir.

Ce sujet de la médecine, je veux dire le corps humain, est, de tous ceux que la nature a for-

---

(1) Dans le Timée.

(1) Annales, liv. XVI, c. 18.

més, le plus susceptible de remèdes ; mais, d'un autre côté, l'art d'administrer ces remèdes est de tous les arts le plus sujet à l'erreur. Car la délicatesse, et la variété même du sujet, qui ouvre à l'art de guérir un si vaste champ, fait qu'il est facile de s'y égarer. Ainsi, comme cet art, à la manière du moins dont on le traite aujourd'hui, est regardé comme très conjectural, l'étude n'en est, par cela même, que plus difficile et n'en exige que plus d'application. Mais nous n'irons pas pour cela extravaguer avec Paracelse et les alchimistes, au point de croire qu'on trouve dans le corps humain des choses qui répondent aux diverses espèces dispersées dans l'immensité des choses, par exemple, aux étoiles ou aux minéraux, comme ils l'ont imaginé, traduisant grossièrement cette expression emblématique des anciens : que l'homme est un microcosme ou un abrégé du monde entier, et l'ajustant à leur chimérique opinion. Mais enfin cette opinion même revient à ce que nous avons commencé à dire : que parmi les corps naturels, il n'en est point de plus composé et de plus mélangé que le corps humain. Car nous voyons que les herbes et les plantes se nourrissent de terre et d'eau ; les animaux, d'herbes et de fruits ; l'homme, de la chair des animaux (quadrupèdes, oiseaux, poissons), et même d'herbes, de graines, de fruits, de sucs et de liqueurs de toute espèce ; à quoi il faut ajouter le nombre infini d'espèces d'assaisonnements et de préparations que subissent tous ces corps avant de lui servir d'aliments. Ajoutez encore que la manière de vivre des animaux est plus simple, et que, chez eux, les affections qui agissent sur le corps sont en plus petit nombre et agissent d'une manière presque uniforme, au lieu que l'homme, par l'effet du changement de lieu, d'exercices, d'affections, par la vicissitude du sommeil et de la veille, éprouve un nombre infini de variations. Tant il est vrai que, de toutes les substances, la masse du corps humain est la plus fermentée et la plus mélangée. Mais l'âme, au contraire, est la plus simple de toutes les substances ; et c'est ce qu'a fort bien exprimé le poète qui a dit :

Purumque reliquit
Æthereum sensum, atque auraï simplicis ignem [1].

[1. L'âge ayant effacé tous les vices du corps,
Et du rayon divin purifié les flammes...
Virg. *Enéide*, liv. VI, v. 745, trad. de Delille.]

Il n'est donc pas étonnant que l'âme ainsi logée ne trouve point de repos, suivant l'axiome qui dit : « Que le mouvement des choses placées hors de leur lieu est rapide, et paisible lorsqu'elles sont dans ce lieu. » Cette composition et cette structure si délicate et si variée du corps humain en a fait une sorte d'instrument de musique d'un travail difficile et exquis, et qui perd aisément son harmonie. Ainsi, c'est avec beaucoup de raison que les poètes réunissent, dans Apollon, l'art de la musique et celui de la médecine, attendu que le génie de ces deux arts est presque semblable, et que l'office du médecin consiste proprement à monter et à toucher la lyre du corps humain, de manière qu'elle ne rende que des sons doux et harmonieux. Disons donc enfin que l'inconstance et la variation de ce sujet n'en a rendu l'art que plus conjectural. Et c'est par cela même que cet art est conjectural qu'il a ouvert un si vaste champ, non-seulement à l'erreur, mais même à l'imposture. Car, lorsqu'il s'agit des autres arts, on en juge par le talent et les fonctions qui leur sont propres, et non par les résultats et les succès. Par exemple, on juge de l'habileté d'un avocat par le talent même dont il fait preuve dans la composition et le débit, non par l'issue du procès. De même, un pilote fait ses preuves par l'adresse avec laquelle il manie le gouvernail, et non par le succès de l'expédition ; au lieu que le médecin, et peut-être aussi le politique, ont à peine un petit nombre d'actions qui leur soient propres, et à l'aide desquelles ils puissent donner une preuve bien claire de leur talent et de leur habileté. Mais c'est presque toujours à l'événement qu'ils doivent les honneurs qu'on leur rend ou l'infamie dont on les couvre, manière de juger tout-à-fait inique.

Car, au fond, qui sait, lorsque le malade meurt ou se rétablit, lorsque la république prospère ou décline, si c'est un effet du hasard ou de la marche qu'on a suivie ? Aussi n'arrive-t-il que trop souvent qu'un imposteur remporte la palme tandis que la vertu ne recueille que le blâme. Disons plus : telle est la faiblesse et la crédulité humaine que trop souvent l'on préfère la première donneuse de recettes et le premier charlatan au plus savant médecin. Aussi les poètes ont-ils prouvé qu'ils avaient des yeux et fait preuve d'une grande pénétration, lorsqu'ils ont donné pour sœur à Esculape l'enchanteresse Circé, en supposant que l'un et l'autre étaient enfants du soleil. C'est ce qu'on voit dans ces vers sur Esculape, fils de Phébus :

> Ille, repertorem medicinæ talis et artis,
> Fulmine Phœbigenam Stygias detrusit ad undas [1].

Et par ces autres vers sur Circé, fille du soleil :

> Dives inaccessos ubi Solis filia lucis
> Urit odoratam nocturna in lumina cedrum [2].

Car c'est dans tous les temps qu'on voit, du moins quant à l'opinion vulgaire et à la renommée, les charlatans, les vieilles femmes, les imposteurs, rivaliser en quelque manière avec les médecins et lutter avec eux pour la célébrité des cures. Mais qu'en arrive-t-il ? que les médecins se disent à eux-mêmes ce que Salomon se disait aussi, mais sur un sujet plus grave : « Si le succès de l'insensé et le mien sont absolument les mêmes, à quoi m'aura servi de m'être appliqué davantage à la sagesse [5] ? » Quant à moi, je veux moins de mal aux médecins quand je les vois s'adonner à tout autre genre d'étude dans lequel ils se complaisent plus que dans l'art même qu'ils professent ; car vous trouverez parmi eux des poètes, des antiquaires, des critiques, des rhéteurs, des politiques, des théologiens, et plus versés dans ces arts-là que dans leur profession même ; et ce n'est pas, je pense, parce qu'ayant continuellement sous les yeux des objets tristes et dégoûtants, ils ont besoin de s'en distraire par d'autres occupations, comme le leur a objecté je ne sais quel déclamateur contre les sciences, mais ceux d'entre eux qui sont hommes croient que rien d'humain ne leur est étranger ; mais par la raison même dont nous parlons ici, parce qu'ils pensent qu'il importe peu à leur réputation et à leur fortune qu'ils restent dans leur art au degré de la médiocrité ou qu'ils s'élèvent au plus haut point de perfection. Car l'ennui d'être malade, l'amour de la vie, les illusions de l'espérance, la recommandation de leurs amis font que les hommes ne donnent que trop aisément leur confiance aux médecins, quels qu'ils puissent être ; mais si l'on y fait plus d'attention, l'on trouvera que cette raison-là même tend plus à inculper les médecins qu'à les excuser. Eh ! pourquoi aussi perdent-ils sitôt l'espérance et n'ont-ils pas le courage de redoubler d'efforts ? Car si l'on daignait s'éveiller un peu pour observer et pour regarder peu à peu autour de soi, on verrait aisément, d'après des exemples fréquents et familiers, combien est grand l'empire que la pénétration et la subtilité d'entendement peut exercer sur la variété, soit de la matière, soit de la forme des choses. Rien n'est plus varié que les visages ; cependant la mémoire en retient toutes les différences. Il y a plus : un peintre, à l'aide de quelques petites coquilles de couleurs, de la justesse de son coup d'œil, de la force de son imagination et de la sûreté de sa main, serait en état d'imiter, avec son pinceau, les visages de tous les hommes qui existent, de ceux qui ont existé, et même de ceux qui existeront, s'ils étaient là. Rien de plus varié certainement que la voix humaine, et cependant nous en discernons toutes les différences dans les divers individus. Bien plus : il est des bouffons et des pantomimes qui savent imiter la voix de qui il leur plaît et la copier au point qu'on les croirait présents. Rien de plus varié que les sons articulés, je veux dire les mots ; on a pourtant trouvé le moyen de les réduire au petit nombre des lettres de l'alphabet. Convenons donc une fois que si l'on voit tant de doute et d'incertitude dans les sciences, ce n'est pas que l'esprit humain manque de pénétration et d'étendue, c'est plutôt parce que l'objet est placé trop loin de sa vue ; car, de même que les sens, lorsqu'ils sont fort éloignés de l'objet, se trompent le plus souvent, et qu'au contraire, lorsqu'ils s'en approchent suffisamment, ils ne se font plus illusion, il en est de même de l'entendement. Or, les hommes sont dans l'habitude de contempler la nature comme d'une tour élevée et de s'attacher trop aux généralités. Que s'ils daignaient descendre de là, s'abaisser aux faits particuliers, considérer

---

(1) Jupiter, indigné que cet art criminel
  Osât aux lois du sort arracher un mortel,
  En plongea l'inventeur dans ce même Cocyte...
  VIRG. Énéide, liv. VII, v. 772, trad. de Delille.
(2) Ou la belle Circé, fille du dieu du jour,
  Tantôt . . . .
  Charme de ses doux chants son île insidieuse,
  Tantôt dans son palais où des bois précieux
  Prodiguent dans la nuit leurs parfums et leurs feux...
  VIRG. Énéide liv. VII, v. 11, trad. de Delille.
(3) Eccl. c. 2, v. 15.

les choses mêmes avec plus d'attention et de constance, ce serait alors qu'ils acquerraient des connaissances plus réelles et plus utiles. Ainsi le remède à cet inconvénient n'est pas seulement d'aiguiser l'organe même ou de le fortifier, mais c'est aussi de l'approcher davantage de l'objet. Il n'est donc pas douteux que si les médecins, abandonnant un peu ces généralités, allaient au-devant de la nature, ils parviendraient à ce degré de sûreté que le poète exprime ainsi :

Et quoniam variant morbi, variabimus artes;
Mille mali species, mille salutis erunt[1].

Ce à quoi ils sont d'autant plus obligés que les philosophies mêmes sur lesquelles se fondent les médecins, soit méthodistes, soit chimistes (car toute médecine qui n'est pas fondée sur la philosophie est quelque chose de bien faible), que ces philosophies, dis-je, ne sont pas d'un grand prix. Si donc les principes trop généraux (en supposant même qu'ils soient vrais) ont l'inconvénient de ne pas conduire assez sûrement à la pratique, que sera-ce donc des autres généralités qui sont fausses en elles-mêmes, et qui, au lieu de conduire, séduisent ?

Ainsi la médecine, comme nous nous en sommes assurés, est tellement constituée qu'on peut dire qu'on l'a plus traitée que cultivée et plus cultivée qu'augmentée, attendu que le résultat de tous les travaux dont elle a été l'objet a été plutôt de tourner dans un cercle que de faire des pas en avant ; car j'y vois assez de répétitions, mais j'y vois peu de véritables additions. Nous la diviserons en trois parties que nous appellerons ses trois offices : la première est la conservation de la santé ; la seconde est la guérison des maladies ; la troisième la prolongation de la vie ; et cette dernière, les médecins ne paraissent pas l'avoir regardée comme une des parties essentielles de leur art, mais l'avoir mêlée assez mal à propos avec les deux autres ; car ils s'imaginent que s'ils pouvaient prévenir les maladies ou les guérir, la prolongation de la vie s'ensuivrait nécessairement.

C'est ce qui n'est nullement douteux, cependant ils n'ont pas la vue assez fine pour voir que l'un et l'autre de ces deux offices ne se rapportent proprement qu'aux maladies et à la prolongation de la vie à laquelle elles font obstacle. Ainsi allonger le fil de la vie et éloigner la mort qui vient à pas lents et qui a pour cause la simple dissolution et l'atrophie de la vieillesse, c'est un sujet qu'aucun médecin n'a traité d'une manière qui réponde à son importance. Et il ne faut pas se laisser ici arrêter par un vain scrupule et s'imaginer que notre dessein est de rappeler à l'office et à la juridiction de l'art ce qui est commis au destin et à la divine Providence ; car il n'est pas douteux que la Providence ne dispose également de toute espèce de mort, soit violente, soit occasionnée par les maladies, soit enfin de celle qui est le simple effet de l'âge. Mais cela n'empêche pas qu'il ne soit permis d'user à cet égard de préservatifs et de remèdes. Or, l'art et l'industrie ne pouvant commander au destin et à la nature, ils ne peuvent que les aider en leur obéissant ; mais c'est ce dont nous parlerons ci-après. Il nous suffira d'avertir ici d'avance de ne pas confondre mal à propos ce troisième office de la médecine avec les deux premiers, et c'est ce qu'on a toujours fait jusqu'ici.

Quant à l'office qui a pour objet la conservation de la santé, ce qui est le premier des deux offices dont nous avons parlé d'abord, le grand nombre d'auteurs qui ont écrit sur ce sujet l'ont fait à plusieurs égards avec bien peu d'intelligence, mais surtout en donnant trop à la qualité des aliments et trop peu à la quantité. Bien plus : lorsqu'il est question de la quantité, semblables à autant de moralistes, ils ont trop vanté la médiocrité, attendu que les jeûnes tournés en habitude, et un régime plus plein, une fois qu'on y est accoutumé, conservent plus sûrement la santé que tous ces milieux si vantés dont l'effet est presque toujours de rendre la nature paresseuse et incapable de supporter au besoin soit l'excès, soit le défaut. Quant aux différentes espèces d'exercices qui contribuent le plus à conserver la santé, aucun médecin ne les a encore suffisamment distingués et spécifiés, quoiqu'il n'y ait presque point de disposition à quelque maladie qui ne puisse être corrigée par certains exercices bien appropriés. Le jeu de boules est bon pour les ma-

---

[1] Les maladies varient ; eh bien ! nous varierons nos méthodes de traitement ; à mille espèces de maux nous opposerons mille espèces de remèdes.
Ovid. *Remède d'amour*, v. 525.

ladies des reins, l'exercice de l'arc pour celles du poumon, la promenade, soit à pied, soit celle où l'on se fait porter, pour la faiblesse d'estomac, et d'autres exercices pour d'autres maladies. Mais la partie qui traite de la conservation de la santé, ayant été traitée en son entier, il n'entre pas dans notre plan d'en noter en détail les moindres défauts.

Quant à ce qui regarde la guérison des maladies, c'est la partie de la médecine dont on s'est le plus laborieusement occupé, mais avec assez peu de fruit. Elle renferme la doctrine sur les maladies auxquelles le corps humain est le plus sujet, en y joignant leurs causes, leurs symptômes et leurs remèdes. Il est, dans ce second office de la médecine, bien des choses à suppléer. Je n'en indiquerai qu'un petit nombre des plus remarquables, et ce sera assez d'une simple énumération sans nous astreindre à aucun ordre ou à aucune méthode marquée.

La première omission, c'est de n'avoir pas continué le travail si utile et si exact d'Hippocrate qui avait soin d'écrire une relation circonstanciée de tout ce qui arrivait aux malades, en spécifiant quelle avait été la nature de la maladie, quel le traitement, quelle l'issue. Or, ayant sous la main un exemple si bien approprié et si distingué dans un personnage qui a passé pour le père de l'art, il n'est nullement besoin de chercher des exemples au dehors et d'en emprunter des autres arts, par exemple, de la prudence des jurisconsultes qui ont grand soin de conserver par écrit la mémoire des cas les plus célèbres et des décisions nouvelles afin d'être mieux munis et mieux préparés pour les autres cas qui peuvent survenir ; je dis donc que cette continuation des narrations médicinales, surtout de narrations rédigées en un seul corps et digérées avec tout le soin et le jugement requis, est un ouvrage qui nous manque. Mais notre idée n'est pas qu'on donne à cette collection assez d'étendue pour y faire entrer les observations familières et triviales, ce qui serait sans fin et n'irait pas au but, ni assez peu pour ne tenir compte que des faits les plus étonnants et les plus frappants, comme l'ont fait certains auteurs ; car bien des choses, nouvelles quant à la manière dont elles arrivent et à leurs circonstances, n'ont pourtant, quant à leur genre, rien de nouveau. Mais il n'est point d'observateur un peu attentif qui, dans les faits les plus communs, ne trouve bien des choses qui méritent d'être observées.

De même, dans les recherches anatomiques, il arrive le plus souvent que ce qui convient au corps humain en général, on l'observe avec la plus grande attention, se jetant, même sur ce sujet, dans les plus minutieux détails; mais s'agit-il des différences qui se trouvent dans les corps divers, alors l'exactitude des médecins est en défaut. Ainsi, tout en assurant que l'anatomie simple a été amplement traitée, nous décidons que l'anatomie comparée est à suppléer. Ce n'est pas qu'on n'observe assez bien les différentes parties, leurs degrés de consistance, leur figure, leurs situations ; mais parlons-nous des différences qui existent dans les divers sujets, quant à la configuration et à l'état de ces parties, voilà ce qu'on n'observe point, et voici quelle est, selon nous, la cause de cette omission. Pour les recherches de la première espèce, c'est assez de l'observation d'un ou de deux sujets anatomiques ; mais pour celles de la seconde espèce (qui sont comparatives et où il entre beaucoup de hasard), il faut un grand nombre de dissections et d'observations faites avec beaucoup d'attention et de sagacité. Les premières sont aussi pour les savants un moyen de se faire valoir dans leurs leçons et devant un nombreux auditoire ; mais le premier genre de connaissances ne peut être le fruit que d'une longue et silencieuse expérience. Au reste, il est hors de doute que la figure et la structure des parties internes le cède de fort peu, pour la variété et la différence des linéaments, à celle des parties externes ; que les cœurs, les foies et les ventricules sont susceptibles d'autant de différences dans les divers individus que les fronts, les nez et les oreilles. Or c'est dans ces différences mêmes que consistent trop souvent les causes continues d'une infinité de maladies; et c'est faute de cette considération que les médecins accusent quelquefois les humeurs, quoiqu'elles ne soient nullement peccantes et que le mal doive être imputé au seul mécanisme de certaines parties. Dans les maladies de cette espèce, c'est perdre ses peines que d'employer des remèdes altérants (attendu qu'il n'est point là question d'altération); mais il faut se contenter de corriger le vice, d'adoucir le mal ou de le pallier à l'aide d'un régime convenable et de remèdes habituels. C'est encore à l'anatomie comparée qu'appartiennent des observations exactes tant sur les humeurs de toute espèce que sur les traces et les impressions que laissent les maladies dans les divers corps soumis aux dissections ; car ces humeurs, dans les sujets anatomiques, on les laisse de côté, les regardant comme des espèces d'immondices, comme des objets de dégoût. Cependant il serait surtout nécessaire d'observer le nombre, la nature et les qualités des différentes espèces d'humeurs qui se trouvent dans le corps humain, en ne donnant pas trop sur ce point aux divisions reçues, et de déterminer dans quels réservoirs, dans quels départements elles fixent ordinairement leur résidence, et enfin de déterminer dans le plus grand détail en quoi elles sont utiles ou nuisibles, et autres choses semblables. Il faudrait de même observer avec soin, dans les divers sujets d'anatomie, les vestiges et les impressions des maladies, les lésions et les désordres qu'elles ont occasionnés dans les parties internes, comme aposthumes, ulcères, solutions de continuité, putréfactions, corrosions, consomptions, et de plus les extensions, contractions, convulsions, luxations ou dislocations, obstructions, réplétions, tumeurs, sans oublier toutes les espèces de substances prêter-naturelles qu'on trouve dans le corps humain, comme calculs, carnosités, tubérosités, vers ; toutes ces choses, dis-je, il faut les observer avec le plus grand soin à l'aide de ce que nous appelons l'anatomie comparée, et des observations réunies d'un grand nombre de médecins ne former qu'un seul corps. Mais cette diversité d'accidents, dans les différents sujets anatomiques, est une matière qu'on traite superficiellement ou qu'on néglige tout-à-fait.

Quant à cette autre omission qu'on peut relever dans l'anatomie et qui consiste en ce qu'on n'est pas dans l'usage de disséquer des corps vivants, qu'en pouvons-nous dire ? C'est quelque chose d'odieux et de barbare, et que Celse a justement condamné. Mais il n'en est pas moins vrai (et c'est ce que les anciens avaient aussi observé) qu'il est une infinité de pores, de méatus, d'ouvertures des plus déliées qui ne paraissent point dans les dissections, vu que dans les cadavres elles sont fermées ou masquées, au lieu que dans le vivant elles sont dilatées et peuvent être rendues visibles. Ainsi, afin de pourvoir à l'utilité en respectant les droits de l'humanité, je dis que, sans rejeter tout-à-fait l'anatomie du vivant ni se rabattre sur les observations que le hasard peut offrir aux chirurgiens (comme le fait Celse), on peut fort bien remplir cet objet par les dissections d'animaux vivants, lesquels, nonobstant les différences qu'on observe entre leurs parties et celles de l'homme, peuvent, à l'aide d'un certain discernement, suffire pour ces recherches.

De même, dans cette autre recherche qui a pour objet les maladies, il en est qu'ils déclarent incurables, les unes dès le commencement de l'attaque, les autres après une certaine période révolue, en sorte que les proscriptions de Sylla et des triumvirs n'étaient rien auprès de celles des médecins qui, par leurs très iniques arrêts, dévouent à la mort un si grand nombre d'hommes dont la plupart, en dépit des docteurs, échappent plus aisément que ne le firent autrefois ces proscrits de Rome.

Je ne balancerai donc pas à ranger parmi les choses à suppléer un ouvrage sur la cure des maladies réputées incurables, afin d'évoquer en quelque manière des médecins distingués et d'une âme élevée, et de les exciter à entreprendre sérieusement cet ouvrage autant que le comporte la nature des choses ; car déclarer incurables ces maladies, cela même est sanctionner par une sorte de loi la négligence et l'incurie ; c'est garantir l'ignorance d'une infamie trop méritée.

Je dirai de plus, en insistant sur ce sujet, que l'office du médecin n'est pas seulement de rétablir la santé, mais aussi d'adoucir les douleurs et les souffrances attachées aux maladies, et cela non pas seulement en tant que cet adoucissement de la douleur considérée comme symptôme périlleux contribue et conduit à la convalescence, mais encore afin de procurer au malade, lorsqu'il n'y a plus d'espérance, une mort douce et paisible ; car ce n'est pas la moindre partie du bonheur que cette euthanasie (qu'Auguste souhaitait si fort pour lui-même), et qu'on observa aussi au décès d'Antonin-le-Pieux, qui semblait moins mourir que tomber peu à peu dans un sommeil doux et profond. On rapporte aussi d'Epicure qu'au moment où sa maladie ne laissait plus d'espérance, il se procura une pareille mort en se gorgeant de vin et noyant, pour ainsi dire, l'estomac et le sentiment, ce qui donna lieu à ce trait d'une épigramme :

Hinc Stygias ebrius hausit aquas[1];

c'est-à-dire qu'à l'aide du vin il masqua l'amertume des eaux du Styx. Mais de notre temps les médecins semblent se faire une loi d'abandonner les malades dès qu'ils sont à l'extrémité ; au lieu qu'à mon sentiment, s'ils étaient jaloux de ne point manquer à leur devoir ni par conséquent à l'humanité, et même d'apprendre leur art plus à fond, ils n'épargneraient aucun soin pour aider les agonisants à sortir de ce monde avec plus de douceur et de facilité. Or, cette recherche, nous la qualifions de recherche sur l'euthanasie extérieure que nous distinguons de cette autre euthanasie qui a pour objet la préparation de l'âme, et nous la classons parmi les choses à suppléer.

Voici encore ce que je trouve à suppléer par rapport à la cure des maladies. J'avoue que les médecins de notre temps suivent assez bien les intentions générales des cures. Quant aux remèdes particuliers qui, en vertu d'une certaine propriété spécifique, conviennent à telle ou telle maladie, ou ils ne les connaissent pas assez, ou ils ne s'y attachent pas assez scrupuleusement ; car les médecins, grâces à leurs décisions magistrales, nous ont fait perdre tout le fruit des traditions et de l'expérience bien constatée, ajoutant une chose, en retranchant une autre, et changeant tout par rapport aux remèdes, sans autre règle que leur caprice, et faisant des espèces de quiproquo d'apothicaire. Mais en commandant si orgueilleusement à la médecine ils ont fait que la médecine ne commande plus à la maladie. Si vous ôtez la thériaque, le mithridate, peut-être encore le diascordium, la confection d'alkermès et quelques autres remèdes en petit nombre, il n'est presque point de médicament auquel ils s'astreignent avec assez de scrupule et de sévérité ; car ces médicaments que l'on vend dans les boutiques sont plutôt faites pour les intentions générales qu'appropriés aux cures particulières, et ils ne se rapportent spécialement à aucune maladie, mais seulement à certains effets généraux, comme ceux d'ouvrir les obstructions, de favoriser les concoctions, de détruire les dispositions morbifiques. Voilà pourquoi nous voyons des empiriques et des vieilles femmes réussir mieux dans les cures que les plus savants médecins, par cela même qu'ils se sont attachés avec plus de scrupule et de fidélité à la composition de remèdes bien éprouvés. Je me rappelle un certain médecin, praticien célèbre en Angleterre, lequel, quant à la religion, tenait un peu du juif, et qui, par sa prodigieuse lecture, était une sorte d'Arabe ; il avait coutume de dire : « Vos médecins d'Europe, il est vrai, sont de savants hommes, mais ils n'entendent rien aux cures particulières. » De plus, raillant sur ce sujet avec assez d'indécence, il ajoutait : « Vos médecins ressemblent à vos évêques ; ils ont les clefs pour lier et délier et rien de plus. » Mais s'il faut dire sérieusement ce qui en est, nous pensons qu'il importe fort que les médecins distingués tout à la fois par leur expérience et leur érudition entreprennent un ouvrage sur les remèdes vérifiés et bien éprouvés relativement aux maladies particulières. Si quelqu'un, s'appuyant sur une raison spécieuse, s'avisait de dire qu'il convient à un sage médecin d'avoir égard au tempérament des malades, à l'âge, à la saison, aux habitudes et autres circonstances de cette espèce, et de varier plutôt ses remèdes suivant les cas que de s'assujettir à certaines règles prescrites, qu'on sache qu'il n'est rien de plus trompeur que cette méthode si vague, qu'en parlant ainsi on ne donne pas assez à l'expérience, mais beaucoup trop au jugement ; car, de même que dans la république romaine on regardait comme les citoyens les plus utiles et les mieux constitués ceux qui, étant consuls, favorisaient le peuple, ou qui, étant tribuns, penchaient vers le parti du sénat, de même aussi, dans ce genre dont nous parlons, nous aimons fort ces médecins qui, tout en faisant preuve d'une grande érudition, attachent beaucoup de prix à la pratique, ou qui, étant renommés pour la pratique, ne dédaignent pas les méthodes et les principes généraux de l'art. Que s'il est quelquefois besoin de modifier les remèdes, il faut le faire plutôt dans leurs véhi

---

[1] Ce fut ainsi que dans son ivresse il but aux eaux du Styx. Diog. Laerce, X, § 9, trad. d'Henri Etienne, p. 717, édit. de 1594.

cules que dans le corps même de ces remèdes, point sur lequel il ne faut pas innover sans la plus évidente nécessité. Ainsi la partie qui traite des remèdes positifs et authentiques nous décidons qu'elle est à suppléer; mais c'est un genre d'ouvrage qui, exigeant tout à la fois la plus grande pénétration et le jugement le plus sévère, ne doit être tenté que dans une espèce de synode de médecins d'élite.

De même, quant à la préparation des médicaments, nous avons lieu d'être étonnés (surtout dans un temps où les chimistes vantent si fort et ont tellement mis en vogue les remèdes tirés des minéraux, si de plus l'on considère que les remèdes de cette espèce sont moins dangereux, appliqués extérieurement que pris intérieurement), nous avons lieu, dis-je, d'être étonnés que personne encore n'ait pris à tâche d'imiter, par le moyen de l'art, les thermes naturels et les sources médicinales, quoiqu'on ne disconvienne pas que ces thermes et ces fontaines doivent leurs vertus aux veines de minéraux qu'elles traversent. Disons plus : une preuve manifeste de ce que nous avançons ici, c'est que l'industrie humaine serait en état de discerner, à l'aide de certaines analyses, de quels genres de minéraux ces eaux sont teintes; par exemple, si c'est du soufre, du vitriol, du fer, ou tout autre semblable minéral, qui entre dans leur composition. Or, cette teinture naturelle des eaux, si l'on pouvait la ramener à des méthodes et en faire une sorte d'art, il serait alors au pouvoir de l'homme de composer des eaux d'une infinité d'espèces et de régler à son gré leur tempérament. Ainsi la partie de l'imitation de la nature qui consiste dans les bains artificiels, travail sans contredit de la plus éminente utilité, et qui est à notre portée, nous pensons qu'elle est à suppléer.

Mais, pour ne pas entrer dans de plus grands détails qu'il ne convient à notre plan et à la nature de ce traité, nous terminerons cette partie en indiquant un autre défaut qui nous paraît de grande importance ; je veux dire que la méthode aujourd'hui en usage nous paraît de beaucoup trop simple, pour qu'on puisse, en s'y tenant, exécuter quelque chose de grand et de difficile. En effet, ce serait, à notre avis, une opinion plus flatteuse que vraie, de s'imaginer qu'il puisse exister quelque remède assez puissant et assez efficace, pour pouvoir, employé seul, opérer quelque grande cure. Ce serait sans doute un merveilleux discours que celui qui, prononcé une seule fois, ou même souvent réitéré, serait suffisant pour corriger, pour extirper un vice dès long-temps enraciné. Il n'en est certainement point qui ait un tel pouvoir. Mais ce qui, dans la nature, est vraiment puissant, c'est l'ordre, la suite, la persévérance et une alternation méthodique. Or, cette méthode, s'il faut un jugement peu commun pour l'enseigner et une rare constance pour la suivre, toute cette peine et cette attention qu'elle exige, elle la compense abondamment par la grandeur de ses effets. A voir les peines que se donnent les médecins, en visitant les malades, en se tenant fort long-temps auprès d'eux, en leur prescrivant des remèdes, ne dirait-on pas qu'ils n'épargnent aucun soin pour assurer la cure, et que, dans le traitement, ils sont guidés par une méthode certaine? Mais si vous regardez d'un peu près tous ces remèdes qu'ils prescrivent, vous ne verrez, dans toute leur marche, qu'inconstance et irrésolution ; vous reconnaîtrez qu'ils se contentent d'ordonner ce qu'ils peuvent imaginer sur-le-champ ou ce qui se présente de soi-même à leur esprit, sans s'être fait d'avance une méthode fixe qui puisse assurer leur marche. Ils auraient dû pourtant, dès le commencement, après avoir bien examiné, bien reconnu la nature de la maladie, et après de mûres réflexions, se tracer une marche de traitement où il y eût de la suite et de l'ordre, et ne s'en point écarter sans les plus fortes raisons. Que les médecins se persuadent bien que deux ou trois remèdes, par exemple, très capables d'opérer la cure de quelque maladie grave, auront cet heureux effet s'ils sont administrés dans l'ordre et à des intervalles convenables, mais que, si on les prend seuls, si l'on renverse l'ordre selon lequel ils doivent être pris ou qu'on ne garde pas les intervalles nécessaires, ils seront plus nuisibles qu'utiles. Nous ne voulons cependant pas qu'on attache un si grand prix aux méthodes minutieuses ou superstitieuses, et qu'on les regarde comme les meilleures (pas plus que nous pensons que tout chemin étroit conduit au ciel) ; mais nous voulons que la route soit aussi droite qu'elle est étroite et difficile. Or, cette partie, à laquelle nous donnons le nom de fil médicinal, nous la rangeons parmi les choses à ajouter. Voilà donc ce que nous trouvons à suppléer dans la doctrine de la guérison des maladies, si ce n'est qu'il reste un seul point plus essentiel que tout ce qui précède ; je veux dire qu'il nous manque une philosophie naturelle, vraie et active, qui puisse servir de base à la médecine ; mais ce n'est pas ici sa place.

La partie de la médecine que nous avons mise au troisième rang est la prolongation de la vie, partie tout-à-fait neuve et qui nous manque absolument. C'est sans contredit la plus noble de toutes. Si l'on pouvait inventer quelque chose de semblable, ce serait alors que la médecine cesserait d'être embourbée dans les ordures du traitement des maladies, et que les médecins eux-mêmes ne seraient plus honorés à raison de la seule nécessité, mais aussi à cause de ce don qu'ils feraient aux mortels ; don qui semble être le plus grand parmi les choses terrestres, et dont ils seraient, selon Dieu, les dispensateurs et les économes. Car, quoiqu'aux yeux de l'homme vraiment chrétien, qui soupire sans cesse après la terre promise, ce monde soit comme un désert, néanmoins, si l'on pouvait faire que ceux qui voyagent dans ce désert même usassent moins leurs vêtements et leurs chaussures (je veux dire le corps, qui est comme l'habit et la chaussure de l'âme), que ces vêtements, dis-je, s'usassent moins, cela même pourrait être regardé comme un don de la grâce divine. Or, comme cet art, dont nous parlons ici, est de la plus haute importance, nous allons, suivant notre coutume, donner sur ce sujet des avertissements, des indications et des préceptes.

Quant aux avertissements, le premier est que, parmi les écrivains qui ont traité cette matière, il n'en est point qui ait découvert rien de grand, pour ne pas dire d'utile. Aristote, il est vrai, a publié sur ce sujet un petit traité, où il ne laisse pas de faire preuve d'une grande pénétration ; mais, à son ordinaire, il veut que ce soit là tout. Quant aux modernes, ils ont traité cette matière avec tant de négligence et de superstition, que la mauvaise réputation qu'ils se sont faite à cet égard a rejailli sur le sujet même, qui commence à être réputé pour frivole et pour chimérique.

Le deuxième avertissement est que les vues des médecins sur ce sujet ne sont d'aucun prix, et elles en détournent plutôt les esprits qu'elles ne les dirigent vers ce but. La mort, nous disent-ils, a pour cause l'épuisement du chaud et de l'humide. En conséquence il ne s'agit que de renforcer la chaleur naturelle et de nourrir l'humide radical, comme s'il ne s'agissait, pour parvenir à un si grand but, que de tel jus, ou de mauves et de laitues, ou d'amidon, ou de jujubes, ou encore d'aromates, ou même de quelque vin généreux, ou enfin d'esprit-de-vin et d'huiles chimiques, toutes choses plus nuisibles qu'utiles.

En troisième lieu, nous avertissons les hommes de renoncer à ces bagatelles, et de n'être pas assez simples pour imaginer qu'une aussi grande entreprise que celle d'arrêter le cours de la nature, ou de la faire rétrograder, on puisse en venir à bout, à l'aide de telle petite potion qu'on prendrait le matin, ou de quelque médicament précieux. Non, il n'est question ni d'or potable, ni d'essence de perles, ni de bagatelles semblables. Mais qu'on se persuade bien que la prolongation de la vie est une très laborieuse entreprise ; qu'il ne faut pas moins qu'un grand nombre de remèdes, et enchaînés l'un avec l'autre d'une manière convenable. Et qu'on ne soit pas assez stupide pour croire que ce qui n'a jamais été fait, puisse l'être autrement que par des moyens qui n'ont jamais été tentés.

En quatrième lieu, nous avertissons les hommes de bien distinguer et de séparer avec soin ce qui peut rendre la vie saine de ce qui peut la rendre longue ; car il est une infinité de choses qui, servant à augmenter l'activité des esprits, la vigueur des fonctions et à éloigner les maladies, ne laissent pas de retrancher du total de la vie et d'accélérer cette atrophie qui constitue la vieillesse et qui n'est point l'effet des maladies. Il en est d'autres qui servent à prolonger la vie, à éloigner l'atrophie de la vieillesse, et dont cependant on ne peut faire usage, sans risques pour sa santé ; en sorte que, si l'on s'en sert dans cette vue, il faut en même temps parer aux inconvénients qui peuvent résulter de l'usage qu'on en fait. Voilà les avertissements que nous avions à donner.

Quant à ce qui regarde les indications, telle est l'esquisse de cet art que nous embrassons par notre pensée ; les choses se conservent et durent de deux manières, ou dans leur identité, ou par réparation ; dans leur identité, comme la mouche ou la fourmi dans le succin ; comme une fleur, un fruit, du bois, dans une glacière ; un cadavre dans le baume.

Quiconque travaille à la prolongation de la vie doit employer ces deux espèces de moyens, car séparés ils sont moins puissants ; il faut, dis-je, employer pour conserver le corps humain les moyens qui conservent les corps inanimés et ceux qui conservent la flamme, et enfin, jusqu'à un certain point, ceux qui conservent les machines. Ainsi, à ce but de la prolongation de la vie se rapportent trois espèces d'intentions, savoir : le retardement de la consomption, la perfection de réparation et le renouvellement de ce qui commence à vieillir. La consomption a pour cause deux espèces de déprédations : la déprédation de l'esprit inné et la déprédation de l'air ambiant. On l'empêche de deux manières : en rendant ces agents moins déprédateurs ou en rendant les patients (savoir les sucs du corps) moins aisés à consumer. L'esprit devient moins déprédateur par les moyens qui rendent sa substance plus dense ou par l'usage des opiats et des substances nitreuses, ou par les affections qui tiennent de la tristesse, ou encore en diminuant sa quantité, effet que produisent les régimes pythagoriques et monastiques, ou enfin en adoucissant ses mouvements, ce qui est l'effet du repos et de la tranquillité. L'air ambiant devient moins déprédateur lorsqu'il est moins exposé aux rayons du soleil, comme dans les régions froides, dans les cavernes, sur les montagnes, sur les colonnes de certains anachorètes, ou en l'éloignant du corps, effet résultant des moyens qui rendent la peau plus compacte, ou des plumes d'oiseaux employés pour les vêtements, ou de l'usage de l'huile et des onguents, sans parties aromatiques. On rend les sucs du corps moins aisés à consumer, soit en leur donnant plus de consistance, soit en les rendant plus onctueux ou plus huileux, plus résistants, dis-je, en menant une vie dure, en vivant dans un air froid, en faisant beaucoup de ces exercices qui demandent de la force, ou encore en faisant usage de certains bains minéraux. On les rend plus onctueux par l'usage des aliments doux, par l'abstinence des substances salines et acides, et avant tout, par l'usage d'une boisson mélangée, qui soit composée de parties très ténues et très subtiles, mais destituées de toute acrimonie et de toute acidité. La réparation se fait par le moyen des aliments; or, on facilite l'alimentation de quatre manières, savoir : en augmentant la force concoctive des viscères et les rendant plus capables d'extraire et de pousser les molécules alimentaires, ce qui est l'effet des substances qui fortifient les viscères principaux ; ou en excitant les parties extérieures à attirer l'aliment, soit par des exercices et des frictions convenables, soit enfin à l'aide de certaines onctions et de certaines espèces de bains appropriés à ce but, par la préparation de l'aliment même, afin qu'il s'insinue plus aisément, et soit, jusqu'à un certain point, comme digéré avant qu'on le prenne, effet qu'on obtient par différentes et ingénieuses manières d'assaisonner les aliments, de mélanger les boissons et de faire fermenter le pain, mais surtout en combinant ensemble et réunissant dans un seul aliment les vertus de ces trois espèces de moyens ; enfin, en fortifiant le dernier acte de l'assimilation même, effet du sommeil pris à propos et de l'application de certaines substances à l'extérieur. Le renouvellement de ce qui commence à vieillir s'opère de deux manières, ou en amollissant toute l'habitude du corps, ce qui est l'effet propre des émollients, soit bains, soit emplâtres, soit onctions, toutes choses qui doivent être de nature à répercuter à l'intérieur, non à tirer au dehors, ou en évacuant le vieux suc et y substituant un suc nouveau; but auquel on parvient en employant et réitérant à propos les purgations, les saignées et les diètes atténuantes ; en général, tout ce qui peut remettre le corps dans sa fleur. Voilà ce que nous avions à dire sur les indications.

Quant aux préceptes, quoiqu'on en puisse déduire un grand nombre des indications mêmes, nous ne laisserons pas d'en joindre à ceux-là trois qu'on peut regarder comme les principaux. Le premier est que, cette prolongation de la vie, il faut l'attendre plutôt de certaines observances ou diètes réitérées et placées à des intervalles réglés que de tel ou tel régime passé en habitude, ou de l'éminente qualité des médicaments particuliers. En effet, les moyens assez puissants pour faire rétrograder la nature ont le plus souvent tant d'action et de force altérante qu'il serait imprudent de les combiner tous ensemble dans tel ou tel remède, et beaucoup plus encore de les distribuer dans son régime familier; reste donc à les employer successivement avec un certain ordre, à des intervalles de temps marqués et suivant des périodes fixes.

Le second précepte est, qu'il faut attendre plutôt la prolongation de la vie des opérations sur les esprits et de l'amollissement des parties du corps que de telle ou telle méthode d'alimentation. En effet, comme le corps humain, abstraction faite des causes extérieures, est soumis à l'action de trois choses, savoir : à celle des esprits, à celle des parties et à celle des aliments, la manière de prolonger la vie qui procède par les différentes méthodes d'alimentation est longue, pleine de détours et de circuits. Celles qui procèdent par les opérations sur les esprits et sur les parties sont beaucoup plus courtes et mènent plus directement au but désiré, attendu que les esprits reçoivent aussitôt les impressions des vapeurs et des parties qui ont sur eux un pouvoir étonnant, et les parties ne sont pas moins promptement affectées par les bains, les onctions ou les emplâtres dont elles reçoivent les impressions.

Le troisième précepte est que, pour amollir par dehors les parties, on doit employer des matières consubstantielles, répercussives et faisant l'office d'une sorte de lut ; car c'est par cela même que les matières consubstantielles s'unissent volontiers aux parties, que celles-ci les happent avec tant de facilité, et ce sont proprement de telles substances qui amollissent. Or, les matières répercussives, comme autant de véhicules, portent plus aisément et à une plus grande profondeur la vertu des émollients, et ces substances produisent aussi un certain degré d'expansion dans les parties. Les substances qui bouchent les pores retiennent la vertu des unes et des autres, la fixent quelque temps dans les parties et empêchent la perspiration qui a des effets opposés à ce but de l'amollissement, attendu qu'elle dépouille le corps de son humidié. C'est donc à l'aide de ces trois espèces de moyens, mais plutôt en les disposant et les faisant se succéder dans un certain ordre qu'en les mêlant ensemble, qu'on peut enfin arriver au but. Au reste, nous avertissons à ce sujet que le but de cet amollissement n'est pas de nourrir les parties par dehors, mais seulement de les rendre plus habiles à la nutrition ; car plus un corps est aride, moins il a d'activité pour assimiler. Mais en voilà assez sur la prolongation de la vie, qui est la troisième partie de la médecine et que nous y avons nouvellement agrégée.

Passons à la cosmétique. Elle a des parties utiles dans la vie ordinaire et d'autres parties qui ne conviennent qu'à des efféminés ; car c'est avec raison qu'on regarde la propreté du corps et un extérieur soigné comme l'effet d'une certaine modestie de caractère et d'un certain respect, d'abord envers Dieu même, dont nous sommes les créatures, puis envers la société où nous vivons, enfin envers nous, qui ne devons pas avoir moins de respect pour nous-mêmes que pour les autres ; mais cette parure mensongère, où l'on fait entrer le fard et tout l'appareil de la toilette, mérite bien les inconvénients qui l'accompagnent toujours ; car, malgré tous ses prestiges, elle n'est jamais assez adroite pour faire entièrement illusion, et d'ailleurs elle est assez embarrassante. Enfin, ses effets ne sont pas entièrement innocents et la santé en souffre quelquefois. Nous sommes étonnés que cette habitude même de se farder ait si long-temps échappé aux censures, tant civiles qu'ecclésiastiques, qui se sont pourtant montrées si sévères contre le luxe des habits et les coiffures efféminées. Nous lisons sans doute, au sujet de Jézabel, qu'elle se fardait le visage ; quant à Esther et à Judith, on ne nous dit d'elles rien de semblable.

Passons à l'athlétique. Nous donnons à la signification de ce mot un peu plus d'étendue qu'on ne lui en donne ordinairement ; car nous rapportons à cet art tout ce qui a pour but de procurer quelque bonne disposition que ce puisse être et dont le corps humain est susceptible, soit agilité, soit force de résistance. Or, l'agilité a deux parties, savoir : vigueur et vitesse. La force de résistance a aussi deux parties, savoir : patience à endurer les besoins naturels et fermeté dans la douleur ; toutes choses dont on voit souvent des exemples frappants dans les hommes qui dansent sur la corde, dans la vie dure de certains sauvages, dans les forces prodigieuses des maniaques et dans la fermeté dont quelques-uns ont fait preuve au milieu de tourments recherchés. De plus, s'il se trouve quelque autre faculté qui ne se place point dans la première division, comme celle qu'on observe souvent dans les plongeurs qui ont une force étonnante pour retenir leur haleine, nous voulons qu'on l'agrège à ce même art. Or, que toutes ces choses soient possibles, c'est ce qui n'est pas douteux; mais de les considérer d'un œil philosophique et d'en chercher les causes, c'est ce qu'on a tout-à-fait négligé; et la raison de cette omission me paraît être, que les hommes sont persuadés que les tours de force de cette nature sont plutôt dus à la disposition particulière de certains individus (ce qui n'est pas susceptible d'être soumis à des règles) ou à une longue habitude contractée dès l'enfance, ce qu'on est plutôt dans l'usage de commander que d'enseigner. Mais quoiqu'il entre un peu de faux dans ces allégations, qu'est-il besoin au fond de noter les méprises de cette nature? Désormais les jeux olympiques sont abolis et un degré médiocre d'habileté en ce genre suffit pour l'usage ordinaire. Quant à l'avantage d'y exceller, il n'est bon que pour un certain étalage mercenaire.

Nous voici enfin arrivés aux arts de volupté; ils se distribuent comme les sens mêmes qui en sont les objets. Au plaisir des yeux se rapporte la peinture, avec une infinité d'autres arts qui tous ont pour objet une certaine magnificence dans les édifices, les jardins, les vêtements, les vases, les coupes, les pierres précieuses et autres choses semblables. L'oreille est flattée par la musique, art muni d'un grand appareil de voix, de soufflets, de cordes, toutes choses qui se compliquent et se diversifient à l'infini. Les machines hydrauliques étaient aussi regardées autrefois comme des chefs-d'œuvre de l'art; mais elles sont presque entièrement tombées en désuétude. Les arts qui se rapportent à la vue et à l'ouïe ont été plus que tous les autres qualifiés de libéraux. Ces deux sens sont plus chastes que les autres, et les sciences qui s'y rapportent sont plus riches en connaissances, attendu que dans leur famille elles possèdent les mathématiques à titre de servante. De plus, la première a quelque rapport avec la mémoire et les démonstrations, et l'autre avec les mœurs et les affections de l'âme. Les plaisirs des autres sens et les arts qui s'y rapportent sont moins en honneur, comme tenant plus du luxe que de la magnificence. Les parfums, les odeurs, les raffinements et les délicatesses de la table, mais principalement tous les honteux moyens qui provoquent le libertinage, ont plus besoin d'un censeur que d'un maître. C'est avec beaucoup de jugement que quelques-uns ont observé qu'à la naissance et durant l'accroissement des ré-

publiques fleurissent les arts militaires; à leur plus haut point de prospérité, les arts libéraux; enfin lorsqu'elles penchent vers leur déclin et leur décadence, les arts voluptueux. J'ai bien peur que notre siècle, comme étant au déclin de sa prospérité, ne penche vers les derniers arts. Ainsi abandonnons un tel sujet; j'accouple avec les arts voluptueux ces autres arts qui consistent en jeux et en tours d'adresse; car les illusions faites aux sens doivent aussi être rangées parmi les plaisirs des sens.

Ayant désormais parcouru toutes les doctrines qui ont pour objet le corps humain (médecine, cosmétique, athlétique, science de la volupté), nous finirons par un avertissement que nous devons donner en passant. Il est, dans le corps humain, tant de choses à considérer, comme parties, humeurs, fonctions, facultés, accidents, que, si nous eussions été entièrement les maîtres de cette distribution, il nous eût fallu constituer un corps de doctrine sur le corps humain, assez étendu pour embrasser toutes ces choses et semblable à la doctrine de l'âme dont nous allons parler; mais, de peur de trop multiplier les arts et de transposer plus qu'il ne faut leurs anciennes limites, nous faisons entrer dans l'ensemble de la médecine la doctrine qui a pour objet les parties du corps humain, les humeurs, les fonctions, la respiration, le sommeil, la génération, le fœtus et son séjour dans la matrice, l'accroissement, la puberté, les cheveux blancs, l'embonpoint et autres choses semblables, quoiqu'elles ne se rapportent pas proprement aux trois buts dont nous avons parlé, mais par cette seule raison que le corps de l'homme est, sous toutes sortes de rapports, le sujet propre de la médecine. Quant au mouvement volontaire et au sentiment, nous les renvoyons à la doctrine de l'âme, attendu que dans ces deux choses c'est l'âme qui joue le principal rôle. C'est ainsi que nous terminons la doctrine qui a pour objet le corps humain, qui est, pour ainsi dire, la demeure de l'âme.

CHAPITRE III.

Division de la partie de la philosophie humaine qui a l'âme pour objet, en doctrine du souffle de vie et doctrine de l'âme sensible ou produite. Seconde division de la même philosophie en doctrine de la substance et des facultés de l'âme, et doctrine de la destination ; des objets de ces facultés. Deux appendices de la doctrine des facultés de l'âme, doctrine de la divination naturelle et doctrine de la fascination. Division des facultés de l'âme sensible en mouvement et sentiment.

Passons à la doctrine de l'âme humaine ; de ses trésors sont tirées les autres sciences. Elle a deux parties ; l'une traite de l'âme rationnelle, qui est divine, l'autre de l'âme irrationnelle, qui nous est commune avec les brutes. Nous avons marqué ci-dessus, en parlant des formes, les différences si frappantes qui distinguent ces deux émanations et qui se montrent si sensiblement au moment de la première création de l'une et de l'autre, savoir, : que l'une tire son origine du souffle divin, et l'autre des matrices des éléments ; car tel est le langage de l'Écriture, lorsqu'elle parle de la génération primitive de l'âme rationnelle : « Il forma l'homme du limon de la terre, et souffla sur sa face un souffle de vie [1] ; » au lieu que la génération de l'âme irrationnelle, c'est-à-dire de celle des brutes, fut l'effet de ces paroles : « Que l'eau produise, que la terre produise [2]. » Or, cette dernière espèce d'âme, telle qu'elle se trouve dans l'homme, n'est par rapport à l'âme rationnelle qu'un simple organe ; et semblable en cela à celle des brutes, elle tire elle-même son origine du limon de la terre ; car il n'est pas dit : « Il forma le corps de l'homme » du limon de la terre, mais : « il forma l'homme, » c'est-à-dire l'homme tout entier, à l'exception du souffle de vie. Ainsi cette première partie de la doctrine sur l'âme humaine, nous l'appellerons doctrine sur le souffle vital, et la seconde, nous la qualifierons de doctrine de l'âme sensible ou produite. Cependant, comme jusqu'ici nous ne traitons encore que la seule philosophie, ayant renvoyé la théologie sacrée à la fin de l'ouvrage, nous n'emprunterions pas cette division à la théologie, si une telle distribution n'était aussi d'accord avec les principes de la philosophie. En effet, l'âme humaine a une infinité de caractères de supériorité qui la distinguent de l'âme des brutes, caractères sensibles même pour ceux qui ne philosophent que d'après les sens. Or, partout où se trouvent des caractères si marqués d'excellence et en si grand nombre, la règle est d'y établir une différence vraiment spécifique. Ainsi nous ne goûtons pas trop la manière confuse et indistincte dont les philosophes ont traité des fonctions de l'âme; il semble, à les entendre, qu'il n'y ait entre l'âme humaine et celle des brutes que la simple différence du plus au moins, et non une différence vraiment spécifique, à peu près comme entre le soleil et les autres astres, l'or et les autres métaux.

Avant d'entrer dans le détail des espèces, il faut ajouter ici une autre distribution de la doctrine sur l'âme humaine ; car ce que nous dirons ensuite des espèces s'appliquera aisément à ces deux divisions, tant à celle que nous avons déjà exposée qu'à celle que nous allons proposer. Soit donc la seconde de ces deux divisions : doctrine de la substance et des facultés de l'âme et doctrine de la destination et des objets de ces facultés.

Ces deux divisions une fois déterminées, passons aux espèces. La doctrine du souffle vital, laquelle ne diffère en rien de celle de l'âme rationnelle, comprend les recherches suivantes sur sa nature ; savoir : si elle est native ou adventice, séparable ou inséparable, mortelle ou immortelle, jusqu'à quel point elle est liée aux lois de la matière et jusqu'à quel point elle en est dégagée, et autres semblables questions. Or, quoique toutes les questions de cette nature soient susceptibles, même en philosophie, de recherches plus exactes et plus profondes que celles dont elles ont été l'objet jusqu'ici, néanmoins c'est à la religion qu'il faut abandonner le soin de les résoudre et de les décider, sans quoi nous serons exposés à des erreurs sans nombre et aux illusions des sens.

En effet, comme la substance de l'âme humaine, au moment où elle fut créée, ne fut point extraite de la masse du ciel et de la terre, mais produite par l'inspiration immédiate de Dieu, que d'ailleurs les lois du ciel et de la terre sont le sujet propre de la philosophie, comment pourrions-nous tirer de cette seule philosophie la connaissance de l'âme rationnelle ? Il est clair que cette connaissance doit être tirée de la

---

[1] Genèse, c. 2, v. 7. [2] *Id.* c. 1, v. 20 et 24.

même inspiration divine dont la substance de l'âme est émanée.

Or, la doctrine sur l'âme sensible ou produite, même ce qui concerne sa substance, est bien une recherche dont on s'occupe, mais cette recherche-là nous paraît aussi presque à suppléer ; car enfin que font à la doctrine sur la substance de l'âme, l'acte dernier, la forme du corps et autres fadaises logiques, puisque l'âme sensitive, ou celle des brutes, doit être regardée comme une substance tout-à-fait corporelle, substance atténuée par la chaleur, et rendue invisible par cette atténuation ; puis c'est, dis-je, un fluide tenant de la nature de l'air et de celle de la flamme, doué de la souplesse de l'air pour recevoir ses impressions, et de l'activité du feu pour darder son action, nourri en partie de substances huileuses, en partie de substances aqueuses, caché sous l'enveloppe du corps, ayant, chez les animaux parfaits, son principal siége dans la tête, parcourant les nerfs et réparant ses pertes à l'aide d'un sang spiritueux que fournissent les artères. Telle est l'idée qu'en ont donnée Bernard Télésius et Augustin Donius, son disciple, idée qui, à certains égards, n'est pas sans quelque utilité. Ainsi, cette doctrine doit être le sujet de recherches plus exactes ; et cela d'autant plus que c'est pour n'avoir pas assez approfondi ce sujet qu'on est tombé dans des opinions superstitieuses, profanes, et qui vont à rabaisser odieusement la dignité de l'âme humaine ; je veux dire celle de la métempsychose, celle de la purification des âmes durant certaines grandes périodes, enfin celle de l'analogie complète de l'âme humaine avec celle des brutes. Or, celle-ci est, dans les brutes, l'âme principale, et le corps des brutes est son organe ; au lieu que, dans l'homme, ce n'est qu'un organe de l'âme rationnelle ; et quant à cette dernière, on devrait plutôt la désigner par le nom d'esprit que par celui d'âme. En voilà assez sur la substance de l'âme humaine.

Les facultés de l'âme les plus connues sont l'entendement, la raison, l'imagination, la mémoire, l'appétit, la volonté, enfin toutes celles qui sont les objets de la logique et de la morale ; mais c'est dans la doctrine même de l'âme qu'il faut traiter de leurs origines, et cela physiquement, et en tant qu'elles sont innées dans l'âme, qu'elles y sont inhérentes, en n'attribuant aux autres arts dont nous venons de parler que la destination et les objets de ces facultés. Mais je ne vois pas que, sur cette partie-là, on ait fait de découverte vraiment grande ; cependant nous n'avons garde de dire qu'elle nous manque entièrement. Cette même partie a aussi deux appendices sur les facultés de l'âme, deux sciences qui, vu la manière dont on les traite, n'ont produit que certaines fumées d'opinions obscures, et pas la moindre étincelle de vérité. L'un de ces appendices est la doctrine de la divination naturelle, l'autre celle de la fascination.

C'était avec raison que les anciens divisaient la science de la divination en deux parties, savoir : l'artificielle et la naturelle. L'artificielle, raisonnant d'après les indications que fournissent les signes, tire ses prédictions de ces raisonnements ; la naturelle pronostique d'après un certain pressentiment intérieur de l'âme et sans le secours des signes.

L'artificielle est de deux espèces : l'une raisonne d'après la connaissance des causes ; l'autre d'après la seule expérience, à laquelle elle donne aveuglément une certaine autorité ; la dernière est le plus souvent superstitieuse. Telles étaient les règles des païens sur l'inspection des entrailles, le vol des oiseaux, etc. L'astrologie des Chaldéens fut encore plus célèbre et n'en valait pas mieux ; mais ces deux espèces de divinations artificielles se trouvent dispersées dans les différentes sciences. L'astrologue a ses prédictions fondées sur l'inspection de la situation des astres. Le médecin a aussi les siennes sur les approches de la mort, sur la convalescence, sur les symptômes futurs des maladies ; prédictions qu'il tire de l'inspection des urines, du pouls et de l'extérieur des malades ; enfin le politique a les siennes : « O ville vénale ! et qui périrait bientôt s'il se trouvait un acheteur [1] ; » prédiction qui ne tarda pas à s'accomplir, d'abord en la personne de Sylla, puis en celle de César. Ainsi les prédictions de cette espèce n'entrent pas dans le plan de l'ouvrage dont nous parlons ici, et elles doivent être renvoyées aux beaux-arts auxquels elles sont propres. Mais enfin, c'est de la divination qui tire sa vigueur d'une certaine force intérieure de l'âme, c'est de

---

[1] SALL. *Jugurtha*, c. 35 vers la fin.

celle-là seulement qu'il s'agit ici. Elle est de deux espèces; l'une native, l'autre produite par une sorte d'influence. La native s'appuie sur le fondement suivant : elle suppose que l'âme n'étant plus répandue dans les organes du corps, mais recueillie et concentrée en elle-même, a, en vertu de son essence, quelque prénotion de l'avenir; et c'est ce dont on voit des exemples frappants dans les songes, dans les extases, aux approches de la mort, rarement durant la veille ou lorsque le corps est sain et vigoureux. Or, cet état de l'âme, on peut le produire, ou du moins le faciliter par les abstinences et par tous les moyens dont l'effet est de dégager l'âme de ses fonctions relatives au corps, et qui la mettent en état de jouir de sa propre nature sans que les causes extérieures puissent l'en empêcher. La divination par influence se fonde sur une autre supposition; c'est que l'âme, semblable à un miroir, reçoit une certaine illumination secondaire de la prescience de Dieu et des esprits. Et c'est encore un état auquel, comme au premier, la disposition du corps et le régime peuvent contribuer; car cette même abstraction de l'âme la rend aussi plus capable de jouir pleinement de sa propre nature et plus accessible aux influences divines, si ce n'est que, dans cette divination par influence, l'âme est dans une sorte d'effervescence et semble ne pouvoir soutenir la présence de la Divinité (ce que les anciens qualifiaient de fureur sacrée), au lieu que, dans la divination native, sa disposition approche davantage d'un état de repos et de tranquillité.

Quant à la fascination, c'est une force, un acte puissant de l'imagination sur le corps d'un autre individu; car, pour ce qui est de la force qu'exerce l'imagination sur le corps de celui même qui imagine, nous avons ci-dessus touché ce point en passant, et c'est en quoi l'école de Paracelse et tous ceux qui cultivent la fausse magie naturelle ont donné dans l'excès au point d'égaler la force et l'appréhension de l'imagination à la foi qui opère des miracles. D'autres, qui approchent plus de la vraisemblance, considérant avec plus de pénétration les énergies et les impressions occultes des choses, les irradiations des sens, les contagions qui se transmettent de corps à corps, et cette propriété qu'a la vertu magnétique d'agir à distance, en vinrent jusqu'à penser qu'à beaucoup plus forte raison, d'esprit à esprit, ces impressions, ces transmissions et ces communications pouvaient avoir lieu, l'esprit étant ce qu'il y a de plus fort et de plus actif et en même temps de plus susceptible d'impressions, de plus facile à affecter. De là sont nées quelques opinions devenues presque populaires, comme celle d'un génie supérieur, celle qui fait croire que certains hommes portent malheur et sont de mauvais présage, celle des coups d'amour et d'envie, et autres semblables. A cette recherche s'en joint une autre où il s'agit de savoir comment on peut fortifier l'imagination et augmenter son intensité; car, s'il est vrai qu'une imagination forte ait la puissance qu'on lui attribue, il serait utile sans doute de savoir par quels moyens on peut l'exalter et faire qu'elle se surpasse, pour ainsi dire, elle-même, ce qui fournirait un moyen, indirect à la vérité, mais pourtant dangereux, de pallier et de défendre jusqu'à un certain point la plus grande partie de la magie cérémonielle. Ce serait en effet un prétexte assez spécieux que de dire que ces cérémonies, ces caractères, ces enchantements, ces gesticulations, ces amulettes, et autres moyens semblables dont ils font usage, ne doivent point leur force à un certain pacte avec les mauvais esprits, soit tacite, soit confirmé par quelques sacrements, mais qu'ils ont simplement pour but de fortifier et d'exalter l'imagination, à peu près comme dans la religion on emploie les images pour fixer les esprits dans la contemplation et pour exciter la dévotion de ceux qui prient. Mon sentiment néanmoins est qu'en accordant même que l'imagination ait cette force et cette puissance qu'on lui attribue, que de plus ces cérémonies augmentent cette force et lui donnent plus d'intensité, qu'en accordant enfin que ces cérémonies tendent sincèrement et uniquement à ce but, que c'est même une sorte de remède physique, sans qu'il y entre le plus faible degré d'intention d'implorer le secours des esprits; mon sentiment, dis-je, est que de tels moyens doivent être tenus pour illicites, attendu qu'ils résistent et regimbent, pour ainsi dire, contre la sentence que Dieu a portée contre l'homme à cause de son péché : « Tu mangeras ton pain à la sueur de ton front[1]. » Les fruits si

(1) Genèse, c. 3, v. 19.

doux que Dieu a constitués comme le salaire du travail, cette sorte de magie les propose pour prix d'un petit nombre d'observances faciles et qui n'exigent aucun travail.

Restent deux doctrines qui se rapportent principalement aux facultés de l'âme inférieure ou sensible, attendu qu'elles ont les relations les plus étroites avec les organes corporels ; l'une traite du mouvement volontaire, l'autre du sentiment et de l'être sensible. Dans la première, que d'ailleurs on a traitée d'une manière assez mesquine, il manque une partie presque en entier. En effet, s'agit-il de déterminer quelle est la fonction et la structure la plus parfaite des nerfs, des muscles et autres instruments requis pour ce mouvement, quelle partie se repose tandis que telle autre se meut, de savoir aussi pourquoi c'est l'imagination qui maîtrise ce mouvement, et qui est ici en quelque manière le cocher, en sorte que l'image à laquelle tend le mouvement venant à disparaître, le mouvement est aussitôt intercepté, arrêté, comme nous le voyons par ce qui nous arrive à nous-mêmes lorsque nous nous promenons ; car si alors il nous survient quelque pensée vive et un peu fixe, nous nous arrêtons aussitôt ; s'il s'agit enfin de tout cela et de quelques autres remarques assez fines, l'observation et les recherches se sont tournées de ce côté-là. Mais demande-t-on comment les compressions, les dilatations et les agitations de l'esprit, qui est sans contredit le principe du mouvement, peuvent fléchir, exciter, pousser une masse aussi grossière que celle du corps humain ; c'est un sujet sur lequel on n'a pas fait encore des recherches assez exactes et qu'on n'a pas assez manié. Et doit-on en être étonné quand on voit que l'âme sensible elle-même a été jusqu'ici regardée plutôt comme une entéléchie, comme une sorte de fonction, que comme une vraie substance ? Mais quand on se serait déjà assuré que c'est une substance vraiment corporelle, une vraie matière, encore resterait-il à savoir par quelle espèce de force une vapeur si déliée et en si petite quantité peut mettre en mouvement une masse d'une si grande consistance et d'un si grand volume ; ainsi cette partie est à suppléer, et l'on doit en faire l'objet d'une recherche particulière.

Quant au sentiment même et à l'être sensible, on a poussé beaucoup plus loin les recherches sur ce sujet, tant dans les traités généraux composés dans cette vue que dans certains arts particuliers, tels que la perspective et la musique ; mais, s'il faut dire la vérité, c'est d'une manière qui ne répond nullement au but, puisqu'après tout il n'est pas permis d'agréger cette partie aux choses à suppléer. Il est pourtant dans cette doctrine même deux parties, vraiment importantes et dignes de considération, qui nous paraissent manquer : l'une a pour objet la différence de la perception et du sentiment, l'autre la forme de la lumière.

Or, quant à la détermination très exacte de la vraie différence qui existe entre la perception et le sentiment, c'est ce que les philosophes auraient dû mettre en tête de leurs traités sur le sentiment et l'être sensible. C'est un point vraiment fondamental ; car nous voyons qu'il existe dans tous les corps naturels une certaine faculté de percevoir et même une sorte de choix en vertu duquel ils s'unissent avec les substances amies et fuient les substances ennemies. Or, nous ne parlons pas ici des perceptions les plus subtiles, telles que celles qui ont lieu lorsqu'on voit l'aimant attirer le fer, la flamme s'élancer vers le naphte, une bulle approchée d'une autre bulle s'y réunir, les rayons de lumière se réfléchir sur un corps blanc, le corps d'un animal s'assimiler les substances qui lui sont utiles et se débarrasser de l'inutile par les excrétions, la partie d'une éponge élevée au-dessus du niveau de l'eau attirer ce fluide en chassant l'air, et autres semblables phénomènes. En effet, qu'est-il besoin de dénombrer les exemples de cette espèce ? Ne sait-on pas que jamais corps approché d'un autre corps ne le change et n'est changé par lui, si cette opération n'est précédée d'une perception réciproque ? Un corps perçoit les pores dans lesquels il s'insinue ; il perçoit le choc d'un autre corps auquel il cède. Lorsqu'un corps étant retenu par un autre corps celui-ci vient à s'éloigner, le premier, en se rétablissant, perçoit cet éloignement. Il perçoit sa solution de continuité, à laquelle il résiste pendant quelque temps. Enfin la perception se trouve partout. La perception que l'air a du froid et du chaud est si délicate que son tact à cet égard est plus fin que le tact humain, qu'on regarde ordinairement comme la mesure du chaud et du froid. Ainsi les hommes ont commis, relativement à cette doctrine, deux espèces de fautes : l'une est que le plus souvent ils l'ont négligée et laissée comme intacte, quoiqu'elle soit des plus importantes ; l'autre, que ceux qui ont tourné leurs vues de ce côté-là ont été beaucoup trop loin, attribuant le sentiment à tous les corps sans exception ; en sorte que, selon eux, ce serait une sorte de sacrilège que d'arracher une branche d'arbre et s'exposer à l'entendre pousser des gémissements, comme celle de Polydore. Ils auraient dû pourtant chercher la véritable différence qui est entre la perception et le sentiment, et cela non pas seulement en comparant les êtres sensibles avec les êtres insensibles quant à la totalité de leur corps, comme les plantes et les animaux ; mais de plus tâcher de savoir pourquoi, même dans un seul corps sensible, il est tant d'actions qui s'exécutent sans le moindre sentiment, pourquoi les aliments sont digérés et rejetés par les excrétions ; pourquoi les humeurs et les sucs se portent tantôt vers le haut, tantôt vers le bas ; pourquoi le cœur et les artères font leurs vibrations ; enfin pourquoi tous les viscères, comme autant d'ateliers vivants, exécutent toutes leurs fonctions ; et cependant tout cela, ainsi qu'une infinité d'autres choses, sans que le sentiment ait lieu et les fasse apercevoir. Mais les hommes n'ont pas eu la vue assez fine pour découvrir en quoi consiste l'action qui constitue la sensation, ni quel genre de corps, quelle durée, quel redoublement d'impression est nécessaire pour que le plaisir et la douleur s'ensuivent. Enfin ils nous paraissent ne connaître en aucune manière la différence qui existe entre le sentiment et la perception, ni savoir jusqu'à quel point la perception peut avoir lieu sans le sentiment. Et ce n'est pas ici une simple dispute de mots, mais une question de la plus grande importance. Ainsi cette doctrine, singulièrement utile et qui mène à une infinité de connaissances, mérite aussi des recherches plus approfondies ; car c'est encore l'ignorance sur ce point qui a eu assez de pouvoir sur quelques anciens philosophes pour les porter à croire que tous les corps sans distinction étaient doués d'une âme. Ils ne concevaient pas comment un mouvement avec choix pouvait avoir lieu sans le sentiment, ni comment le sentiment pouvait avoir lieu sans une âme.

Quant à la forme de la lumière, qu'on n'ait pas fait sur ce sujet les recherches nécessaires après tant de travaux sur la perspective, n'est-ce pas une négligence bien faite pour étonner? En effet, ni dans la perspective ni ailleurs on ne trouve de recherche qui mérite attention. On parle assez de la marche des rayons de la lumière ; quant à ses origines, on n'en dit mot. Mais l'usage où l'on est de placer la perspective dans les mathématiques est la véritable cause de cette omission, ainsi que d'une infinité d'autres, parce qu'on s'est trop tôt éloigné de la physique. Or la manière dont on traite de la lumière et de ses causes, même quand on lui donne place dans la physique, est presque toujours superstitieuse. Il semble qu'on la regarde comme une substance moyenne entre les choses divines et les choses naturelles, et cela au point que tel platonicien a avancé qu'elle était plus ancienne que la matière même ; que l'espace étant une fois développé, il fut d'abord rempli par la lumière, puis par les corps de toute espèce. Tel est le conte qu'ils ont imaginé, quoique l'Écriture sainte dise positivement que la masse ténébreuse du ciel et de la terre fut créée avant la lumière ; mais dans les ouvrages où l'on traite ce sujet physiquement, et d'après les sensations, on se hâte de descendre aux détails de la marche des rayons, en sorte qu'il n'est point sur ce sujet de recherche vraiment physique. Les hommes auraient dû pourtant rabaisser un peu leur contemplation et chercher ce qu'il y a de commun entre tous les corps lumineux, c'est-à-dire la forme de la lumière. En effet, quelle différence infinie, quant à la matière (si nous les considérons par rapport à leur dignité), entre le soleil et le bois pourri, et même les écailles putréfiées des poissons. Ils auraient dû aussi chercher pourquoi certains corps, étant chauffés, deviennent lumineux, et d'autres point ; pourquoi le fer, les métaux, les pierres, le verre, les bois, l'huile, le suif, sont enflammés par le feu, ou du moins poussés jusqu'au rouge, tandis que l'eau et l'air exposés à une chaleur très forte et comme furieuse, n'ont pourtant rien de lumineux et sont sans éclat. Que si quelqu'un, pour rendre raison de cette différence, prétendait que le propre du feu est de luire, et que l'eau, ainsi que l'air, sont tout-à-fait ennemis du feu, cet homme-là n'aura donc jamais été à la rame sur mer durant une nuit obscure, et par un temps chaud ; car alors il aurait vu les gouttes d'eau que le choc des rames fait sautiller toutes brillantes et toutes lumineuses. C'est ce qu'on observe aussi dans l'écume d'une mer fort agitée, et ce qu'on appelle poumon marin. Enfin qu'ont de commun avec la flamme et les corps rougis au feu les vers luisants, les lucioles, et cette mouche de l'Inde, qui éclaire toute une chambre, et les yeux de certains animaux, qui étincellent dans les ténèbres, et le sucre, qui brille lorsqu'on le râpe ou qu'on le broie, et la sueur de certain cheval galopant durant la nuit, sueur qui était toute lumineuse, et une infinité de phénomènes semblables. Il y a plus : les hommes ont des vues si bornées sur ce sujet qu'ils s'imaginent que les étincelles qu'on tire d'un caillou sont de l'air enflammé par le frottement. Cependant, puisque l'air ne prend point feu et qu'il ne laisse pas de devenir sensiblement lumineux, comment se peut-il que les hiboux, les chats et quelques autres animaux, voient durant la nuit? Il faut bien supposer que l'air même (car la vision ne peut avoir lieu sans la lumière), que l'air, dis-je, recèle une certaine lumière native et originelle, quoique faible et peu sensible ; lumière qui pourtant, étant proportionnée à leurs rayons visuels, les met en état de voir durant la nuit. Mais la source de cette erreur et d'une infinité d'autres est que les hommes ne s'attachent pas assez aux faits particuliers pour en extraire les formes communes des natures, formes que nous avons constituées comme le sujet propre de la métaphysique, qui n'est elle-même qu'une partie de la physique ou de la science de la nature. Ainsi il faut faire de la forme et des causes de la lumière le sujet de nouvelles recherches, et en attendant la classer parmi les choses à suppléer. Voilà donc ce que nous avions à dire sur la doctrine de la substance de l'âme, tant rationnelle que sensitive, considérée avec ses facultés, et sur les appendices de cette science.

LIVRE CINQUIÈME.

CHAPITRE PREMIER.

Division de la doctrine sur la destination et les objets des facultés de l'âme humaine, en logique et morale. Division de la logique en art d'inventer, de juger, de retenir et de transmettre.

La doctrine de l'entendement, roi plein de bonté, et cette autre qui a pour objet la volonté de l'homme, sont, à leur naissance, comme deux sœurs jumelles. En effet, la pureté d'illumination et la liberté de volonté n'ont eu qu'un même commencement et qu'une même fin, et il n'est point, dans l'immensité des choses, de sympathie plus intime que celle du vrai et du bon ; raison de plus pour les savants de rougir de honte, si, étant par leur science comme autant d'anges ailés, ils sont, par leurs passions, comparables à des serpents, rampant à terre et promenant leurs âmes à la ronde ; semblables, il est vrai, à un miroir, mais à un miroir taché.

Passons donc à la doctrine qui a pour objet la destination et les objets des facultés de l'âme. Elle a deux parties, toutes deux fort connues et généralement reçues, savoir : la logique et la morale. Cependant comme nous avons déjà dégagé de la masse la science civile, qu'on place ordinairement dans la morale comme en étant une partie, et que nous l'avons déjà constituée comme science complète de l'homme rassemblé ou vivant en société, nous ne traiterons ici que de l'homme isolé. La logique a pour objet l'entendement et la raison ; la morale considère la volonté, l'appétit et les affections. L'une enfante les résolutions, l'autre les actions. Il n'en est pas moins vrai que dans l'un et l'autre département l'imagination fait l'office d'une sorte de messager, d'entremetteur, allant et revenant sans cesse de l'un à l'autre. Car le sens livre à l'imagination les images de toute espèce, images dont ensuite la raison juge. Mais réciproquement la raison, après les avoir choisies et approuvées, les transmet à l'imagination avant l'exécution du décret ; car le mouvement volontaire est toujours précédé et excité par l'imagination, en sorte que l'imagination est pour toutes deux, tant pour la raison que pour la volonté, un instrument commun, à moins qu'on ne la regarde comme une sorte de Janus à deux visages tournés de deux côtés opposés; la face tournée vers la raison offrant l'image de la vérité, et la face tournée vers la volonté présentant l'image de la bonté; deux visages qui sont tels :

Quales decet esse sororum[1].

Or, l'imagination n'est pas un simple messager, mais elle reçoit ou usurpe une autorité qui n'est pas petite, outre son office de porteur d'ordre; car c'est avec raison qu'Aristote a dit : « L'empire que l'âme sensitive exerce sur le corps est semblable à celui qu'un maître exerce sur son esclave; mais la raison commande à l'imagination, comme dans une cité libre le magistrat commande au citoyen, » c'est-à-dire à un homme qui peut commander à son tour. Nous voyons en effet que dans les choses qui concernent la foi et la religion l'imagination s'élève au-dessus de la raison même. Non que l'illumination divine ait lieu dans l'imagination, car ce serait plutôt dans le fort de l'esprit et de l'entendement; mais de même qu'en fait de vertus la grâce divine use des mouvements de la volonté, de même aussi dans les illuminations la grâce divine use des mouvements de l'imagination. Voilà pourquoi la religion s'efforça toujours de se frayer un chemin dans les esprits par le moyen des similitudes, des types, des paraboles, des visions et des songes. De plus, l'empire de l'imagination n'est pas moins grand dans l'art de persuader et lorsqu'il s'agit d'insinuer les opinions par la force de l'éloquence. Lorsque, par la magie du discours, les âmes sont flattées, enflammées, entraînées à droite et à gauche au gré de l'orateur, il n'obtient tous ces effets qu'en éveillant l'imagination, qui, se méconnaissant alors, ne se contente pas d'insulter à la raison, mais lui fait même une sorte de violence, partie en l'aveuglant, partie en l'aiguillonnant. Néanmoins je ne vois aucune raison pour nous écarter de notre première division. Car, à proprement parler, l'imagination n'enfante aucune science, vu que la poésie, que dès le commencement nous avons attribuée à l'imagination, doit plutôt être regardée comme un jeu d'esprit que comme une science. S'agit-il de la puissance de l'imagination dans les choses naturelles? nous l'avons assignée, il n'y a qu'un moment, à la doctrine de l'âme. Mais s'il s'agit du rapport qu'elle a avec la rhétorique, nous renvoyons ce sujet à cet art même, dont nous parlerons plus bas.

Quant à la partie de la philosophie humaine qui se rapporte à la logique, il est une infinité d'esprits dont elle ne flatte guère le goût et le palais; elle ne leur paraît qu'une sorte de subtilité épineuse, de piége, de filet. Et de même qu'on a raison de dire que la science est l'aliment de l'âme, on peut dire aussi que, lorsqu'il s'agit d'appéter et de choisir cet aliment, la plupart ont un palais semblable à celui des Israélites dans le désert, lesquels soupiraient après les marmites pleines de chair et brûlaient d'y retourner, s'étant déjà dégoûtés de la manne, qui, toute céleste qu'elle était, leur semblait moins savoureuse et moins appétissante. C'est ainsi qu'ordinairement les sciences qu'on goûte le plus sont celles qui ont quelque chose de plus succulent, de plus substantiel, telles que sont l'histoire civile, la morale et la politique; sciences qui intéressent nos passions, nos réputations, nos fortunes, et qui, à ce titre, excitent plus aisément notre attention. Mais la lumière sèche de la logique offense la plupart des esprits et semble les brûler. Au reste, si nous voulons mesurer chaque chose sur son degré d'importance, nous trouverons que les sciences rationnelles sont les clefs de toutes les autres; et de même que la « main est l'instrument des instruments, et que l'âme est la forme des formes, » de même aussi les genres dont nous parlons sont les arts de tous les arts; et leur effet n'est pas seulement de diriger, mais encore de fortifier, comme l'effet de l'habitude de tirer de l'arc n'est pas seulement d'apprendre à tirer plus juste, mais encore à tendre un arc plus fort.

La logique se divise en quatre arts différents, division qui se tire des différentes fins auxquelles elle peut tendre; car dans les choses où l'homme use de sa raison, ou il trouve ce qu'il a cherché, ou il juge ce qu'il a trouvé, ou il retient ce qu'il a jugé, ou enfin il transmet ce qu'il a retenu. Il y a donc nécessaire-

---

[1] Que doivent l'être ceux de deux sœurs.
Ovid. *Métam.* II, v. 11

ment tout autant d'arts rationnels, savoir : l'art de chercher ou de l'invention, l'art de juger ou du jugement, l'art de retenir ou de la mémoire, enfin l'art de parler ou de la transmission ; arts que nous allons considérer chacun séparément.

CHAPITRE II.

Division de la faculté inventive en inventive des arts et inventive des arguments. Qu'il nous manque la première de ces deux parties qui tient le premier rang. Division de l'inventive des arts en expérience guidée et nouvel organe. Esquisse de l'expérience guidée.

Il est deux espèces d'inventions qui diffèrent beaucoup entre elles. L'une est l'invention des arts et des sciences, l'autre celle des arguments et des discours. Nous prononçons que la première de ces deux parties manque absolument ; déficit qui nous paraît fort semblable à celui qu'on annoncerait si, après avoir fait l'inventaire des biens d'un homme qui vient de mourir, on venait dire : « D'argent comptant, point du tout ; » car, comme à l'aide de l'argent on acquiert aisément tout le reste, de même cet art-ci sert à acquérir tous les autres. Et de même qu'on n'eût jamais pu découvrir les Indes occidentales si l'invention de la boussole n'eût précédé, quoiqu'il y ait bien peu de proportion entre l'étendue de ces régions immenses et le léger mouvement de cette aiguille, on ne doit pas non plus être étonné que lorsqu'on a tenté d'avancer les arts et d'y faire des découvertes, on n'ait pas fait de fort grands progrès, puisque l'art d'inventer les sciences et d'y voyager est encore ignoré.

Que cet art nous manque, c'est ce dont personne ne disconvient ; car d'abord la dialectique ne fait pas profession d'inventer les arts, soit les arts mécaniques, soit ceux qu'on qualifie de libéraux ; elle n'y pense même pas ; ni même de déduire les procédés qui font partie des premiers, ou d'extraire les axiomes qui appartiennent aux derniers ; mais elle parle aux hommes comme en passant et les congédie en leur criant qu'il faut s'en rapporter, sur chaque art, à ceux qui l'exercent. Celse, qui n'est pas seulement un grand médecin, mais de plus un homme d'un grand sens, quoique chacun soit dans l'habitude de se répandre en éloge sur son art, ne laisse pas, en parlant des sectes de médecins, soit empiriques, soit dogmatiques, de faire cet aveu avec autant d'ingénuité que de gravité : « Les médicaments, dit-il, et les remèdes furent d'abord inventés ; puis on disputa sur leurs causes et leurs raisons. Et il ne faut pas s'imaginer qu'on ait, en suivant l'ordre contraire, tiré de l'observation de la nature la connaissance des causes, puis profité de leur lumière pour inventer les remèdes[1]. » Platon nous dit aussi (et il y revient à chaque instant) : « Que le nombre des faits particuliers est infini ; que d'un autre côté les idées générales fournissent des documents moins certains ; qu'ainsi toute la moelle des sciences, que ce qui distingue le maître d'avec le novice dans chaque art, se trouve dans les propositions moyennes, que dans chaque science l'on doit aux leçons de l'expérience. » Il y a plus, ceux qui ont parlé des premiers inventeurs en tout genre et de l'origine des sciences en ont fait honneur au hasard plutôt qu'aux hommes, et ont représenté les animaux brutes, quadrupèdes, oiseaux, poissons, reptiles, comme ayant été, plus que les hommes, nos maîtres dans les sciences.

Dictamnum genitrix Cretœâ carpit ab Ida,
Puberibus caulem foliis et flore comantem
Purpureo ; non illa feris incognita capris
Gramina, quum tergo volucres hæsere sagittæ[2] ;

En sorte que, comme les anciens étaient dans l'usage de consacrer les inventeurs des choses utiles, il n'est nullement étonnant que chez les Egyptiens, nation ancienne, à qui un grand nombre d'arts doivent leur origine, les temples fussent tout remplis d'effigies d'animaux et presque vides d'effigies d'hommes.

Omnigenumque deum monstra et latrator Anubis,
Contrà Neptunum et Venerem, contràque Minervam
Tela tenent[3].

(1) *Sur la Médecine*, liv. I, préface.
(2) Sa mère en gémissant va cueillir sur l'Ida
Cette herbe que le ciel à nos maux accorda,
Le dictame sacré, poussant de sa racine
Sa feuille cotonneuse et sa fleur purpurine.
Tout ressent son pouvoir ; et quand le daim blessé
Emporte au fond des bois le trait qui l'a percé,
Suivant et le besoin et son instinct pour maître,
Parmi cent végétaux il sait le reconnaître.
VIRG. *Enéide*, liv. XII, v. 412, trad. de Delille.
(3) Ensemble conjurés, le mugissant Apis,
Le crocodile impur, l'aboyant Anubis,
En vain osent encor, partageant sa fortune,
Lutter contre Vénus et Minerve et Neptune.
VIRG. *Enéide*, liv. VIII, v. 698 et 699, trad. de Delille.

Que si, d'après la tradition des Grecs, vous aimez mieux faire honneur aux hommes de l'invention des arts, encore n'oseriez-vous dire que Prométhée dut à ses méditations la connaissance de la manière d'allumer du feu, et qu'au moment où il frappait un caillou pour la première fois, il s'attendait à voir jaillir des étincelles ; mais vous avouerez bien qu'il ne dut cette invention qu'au hasard, et que, suivant l'expression des poètes, il fit un larcin à Jupiter; en sorte que par rapport à l'invention des arts, c'est à la chèvre sauvage que nous devons celle des emplâtres, au rossignol celle des modulations de la musique, à la cigogne celle des lavements, à ce couvercle de marmite qui sauta en l'air celle de la poudre à canon; en un mot, c'est au hasard et à toute autre chose qu'à la dialectique que nous avons obligation de toutes ces découvertes. Une méthode d'invention qui ne diffère pas beaucoup de celle dont nous parlons ici, c'est celle dont Virgile donne l'idée lorsqu'il dit :

*Ut varias usu meditando extunderet artes
Paulatim* [1].

Car la méthode qu'on nous propose ici n'est autre que celle dont les brutes mêmes sont capables et qu'elles emploient fréquemment; je veux dire une attention soutenue, une perpétuelle sollicitude, un exercice sans relâche par rapport à une seule chose ; méthode dont le besoin même de se conserver fait à ces animaux une loi et une nécessité. Ce n'est pas avec moins de vérité que Cicéron dit : « Le long usage d'un homme adonné à une seule chose peut triompher de la nature et de l'art[2]. » Si donc on dit de l'homme :

*Labor omnia vincit
Improbus, et duris urgens in rebus egestas* [3],

on fait aussi, par rapport aux brutes, les questions suivantes :

Quis expedivit psittaco suum χαῖρε [4]*?*

(1) Enfin, l'art à pas lents vint adoucir nos peines.
　　　　VIRG. *Georg.* liv. I, v. 133, trad. de Delille.
(2) Cic. *Pour Corn. Balb.* c. 18.
(3) Tout cède aux longs travaux et surtout aux besoins.
　　　　VIRG. *Georg.* liv. I, v. 145, trad. de Delille.
(4) Qui a appris au perroquet à dire son bonjour?
　　　　PERSE, *Prol.* v. 8.

Quel était le conseiller de ce corbeau qui, durant une grande sécheresse, jetait de petits cailloux dans le creux d'un arbre, où il avait aperçu de l'eau, pour faire monter le niveau à portée de son bec? Qui a montré le chemin aux abeilles qu'on voit traversant les plaines de l'air comme un vaste océan et parcourant les champs fleuris, quoique fort éloignés de leurs ruches, puis revenant à leurs rayons? Qui a appris à la fourmi à ronger d'abord tout autour le grain qu'elle serre dans son petit magasin, de peur que ce grain, venant à germer, ne trompe ainsi ses espérances? Que si, dans ce vers de Virgile, nous arrêtons notre attention sur ce mot, *extunderet*, qui exprime si bien la difficulté de la chose ; et sur cette autre expression, *paulatim*, qui en indique la lenteur, nous reviendrons précisément au point d'où nous sommes partis, c'est-à-dire aux dieux des Egyptiens, vu que jusqu'ici les hommes, pour faire des découvertes, n'ont fait que très peu d'usage de leur raison et n'ont en aucune manière employé pour les faire le secours de l'art.

En second lieu, une preuve de cela même que nous avançons ici, pour peu qu'on approfondisse ce sujet, c'est la forme d'induction que propose la dialectique, et qui, selon elle, doit diriger l'entendement, lorsqu'il s'agit d'inventer ou de vérifier les principes, forme tout-à-fait vicieuse et incompétente. Et tant s'en faut qu'elle ait le pouvoir d'achever l'ouvrage de la nature, qu'au contraire elle ne fait pour ainsi dire que la tordre et la renverser; car si, d'un œil pénétrant, on envisage la méthode qu'il faut suivre pour recueillir cette rosée céleste des sciences, rosée semblable à celle dont le poète dit :

Aerei mellis cælestia dona [1],

puisque les sciences elles-mêmes sont extraites des faits particuliers, soit naturels, soit artificiels, comme le miel est extrait des fleurs des champs ou des jardins, on trouvera certainement que l'esprit abandonné à lui-même fait, en vertu de sa force native, des inductions beaucoup plus parfaites que celle dont les dialecticiens nous donnent l'idée, attendu que conclure de la simple énumération des faits parti

(1) . . . . . Le miel, ce doux présent des cieux.
　　　　VIRG. *Georg.* liv. IV, v. 1, trad. de Delille.

culiers, lorsqu'on ne rencontre point de fait contradictoire à la proposition qu'on veut établir (ce qui est la méthode ordinaire des dialecticiens), c'est tirer une conclusion très vicieuse. Et d'une induction de cette espèce, il ne peut résulter qu'une conjecture probable; car qui peut s'assurer que, tandis qu'il n'envisage que d'un seul côté favorable à son opinion les faits particuliers qu'il connaît ou qu'il se rappelle, il ne lui échappe pas quelque autre fait plus caché qui combat cette opinion? C'est comme si Samuel se fût contenté de voir ceux des fils d'Isaac qui étaient à la maison et qu'on avait amenés en sa présence, et qu'il n'eût pris aucune information au sujet de David qui était alors dans les champs. Cette forme d'induction, s'il faut dire la vérité tout entière, est si superficielle et si grossière qu'il semblerait incroyable que des esprits aussi pénétrants et aussi subtils que ceux qui ont tourné leurs méditations de ce côté-là aient pu la produire dans le monde, si l'on ne savait combien ils étaient pressés d'établir leurs dogmes et leurs théories, abandonnant les faits particuliers par une sorte de dédain et de faste mal placé, et surtout n'aimant point à s'y arrêter pendant un certain temps; car ils ne se servaient de ces exemples et de ces faits particuliers que comme d'autant de licteurs et d'appariteurs, pour écarter la multitude et frayer le chemin à leurs dogmes, au lieu de les appeler, pour ainsi dire, au conseil dès le commencement, afin de ne rien arrêter qui ne fût conforme aux lois de la nature, et de bien mûrir leurs délibérations. Certes on ne peut se défendre d'une sorte d'étonnement religieux quand on voit que, dans les choses divines et humaines, on a suivi les mêmes traces qui conduisent à l'erreur; car de même que, lorsqu'il s'agit de concevoir la divine vérité, on a peine à prendre assez sur soi pour redevenir, en quelque manière, enfant, c'est ainsi qu'à ceux qui ont déjà fait des progrès dans les connaissances humaines, ce modeste soin de relire et de remanier les éléments des inductions, et d'épeler, pour ainsi dire, à la manière des enfants, semble une occupation basse et presque méprisable.

En troisième lieu, quand on accorderait que les principes des sciences peuvent être établis à l'aide de l'induction qui est en usage, ou par le seul secours des sens et de l'expérience, il n'en serait pas moins vrai que, dans les choses naturelles et participantes de la matière, le syllogisme n'est point une forme assez exacte et assez sûre pour déduire les axiomes inférieurs. Tout ce qu'on peut faire par le moyen du syllogisme, c'est de ramener les propositions aux principes à l'aide des propositions moyennes. Or, cette forme de preuve ou d'invention doit avoir lieu dans les sciences populaires, telles que la morale, la politique, les lois, et même en théologie, puisqu'il a plu à la bonté divine de s'accommoder à la faiblesse de l'entendement humain. Mais si en physique, où il s'agit de lier la nature par les œuvres et non d'enlacer un adversaire par des arguments, on s'en tient au syllogisme, la vérité échappe des mains, attendu que la subtilité du discours ne peut jamais égaler celle des opérations de la nature; en sorte que le syllogisme succombant tout-à-fait, il faut en revenir à l'induction, mais à la véritable induction, je veux dire à l'induction corrigée, tant pour les principes les plus généraux que pour les propositions moyennes; car le syllogisme est composé de propositions, les propositions le sont de mots, et les mots sont comme les étiquettes des notions. Or, si les notions mêmes, qui sont comme l'âme des mots, sont extraites au hasard et sans une méthode fixe, tout l'édifice croule de lui-même. Et il ne faut pas croire qu'on puisse, par un laborieux examen des conséquences des arguments ou de la vérité des propositions, réparer entièrement le mal, attendu que, comme disent les médecins, l'erreur est dans la première digestion, qui ne peut être rectifiée par les fonctions ultérieures. Ainsi, ce n'est pas sans des raisons puissantes et faciles à apercevoir qu'un grand nombre de philosophes, et quelques-uns même des plus célèbres, devenant académiciens et sceptiques, ont pris le parti de nier la certitude des sciences et des principes, prétendant que, sur ce point, on ne pouvait atteindre tout au plus qu'au degré de la vraisemblance et de la probabilité. Je ne disconviendrai pourtant pas que quelques-uns aient pensé que Socrate, lorsqu'il renonçait à toute certitude dans les sciences, ne le faisait que par ironie, et qu'en dissimulant ainsi sa propre science, il voulait en donner une plus haute idée, feignant d'ignorer ce qu'il savait afin de paraître savoir ce qu'il ignorait. Et même, dans la nouvelle académie, dont Cicéron adopta les idées, ce n'était rien moins qu'avec sincérité qu'on défendait cette opinion de l'acatalepsie; car ceux qui se distinguaient par leur éloquence ne manquaient pas de préférer cette secte, afin de faire parade de leur fécondité, en défendant le pour et le contre. Voilà comment ils s'écartèrent du droit chemin qu'ils devaient suivre pour aller à la vérité, se promenant, pour ainsi dire, dans les divers genres de connaissances et n'en faisant qu'un objet d'amusement. Il est certain néanmoins que quelques-uns par-ci par-là, dans l'ancienne académie et dans la nouvelle, mais beaucoup plus encore parmi les sceptiques, tenaient formellement et dans toute sa rigueur le dogme de l'acatalepsie. Leur plus grand tort en cela était de calomnier les perceptions des sens, ce qui n'allait pas à moins qu'à déraciner toutes les sciences. Or, quoique les sens ne nous trompent que trop souvent ou nous laissent en défaut, ils peuvent néanmoins, à l'aide d'une certaine industrie, suffire pour les sciences; et cela non pas tant par le moyen des instruments (quoique cela même puisse être de quelque utilité), mais à l'aide d'expériences de telle nature qu'à des objets trop subtils, qui échappent aux sens, soient substitués des objets de même espèce sur lesquels les sens puissent avoir prise. Mais ce qui peut se trouver de défectueux dans cette partie, ils devaient plutôt l'imputer tant aux erreurs de l'entendement qu'à l'esprit de rébellion qui fait qu'on ne veut pas s'assujettir aux choses mêmes, et l'attribuer aussi aux mauvaises démonstrations et à ces fausses règles d'après lesquelles on veut raisonner et tirer des conclusions des perceptions des sens. Quand nous parlons ainsi, ce n'est pas pour déprécier l'entendement ou pour engager à abandonner l'entreprise, mais bien afin qu'on tâche de préparer et de fournir à l'entendement de puissants secours qui le mettent en état de surmonter les difficultés des sciences et l'obscurité de la nature; car il n'est point d'homme qui ait la main assez sûre et assez exercée pour être en état de tirer une ligne bien droite, ou de tracer un cercle parfait, à l'aide de cette main seule, et c'est pourtant ce qu'il n'aurait pas de peine à faire à l'aide d'une règle et d'un compas. C'est à ce but-là même que tendent tous nos efforts; ce sont des instruments de cette espèce que nous préparons. Nous voulons, par ce moyen, mettre l'esprit au niveau des choses mêmes. Notre vœu est d'inventer un certain art d'indiquer et de diriger, qui serve, soit à découvrir les autres arts et leurs axiomes, soit à les produire à la lumière, car nous ne sommes que trop fondés à décider que cet art est à suppléer.

Or, cet art de l'indication (c'est le nom que nous lui donnons) a deux parties; car l'esprit, en profitant des indications, marche, ou de certaines expériences à d'autres expériences, ou des expériences aux axiomes, qui eux-mêmes ensuite indiquent de nouvelles expériences. Quant à la première de ces deux parties, nous la qualifions d'expérience guidée, et nous donnons à la seconde le nom d'interprétation de la nature ou de nouvel organe (*novum organum*). La première, comme nous l'avons déjà fait entendre en passant, ne peut être regardée comme un art, comme une partie de la philosophie; c'est plutôt une sorte de sagacité; et c'est pourquoi nous l'appelons quelquefois la chasse de Pan (en empruntant ce nom à la fable). Cependant, de même qu'un homme, lorsqu'il se transporte d'un lieu à un autre, peut marcher de trois manières, car ou il va tâtonnant dans les ténèbres, où, y voyant peu lui-même, il se laisse conduire par la main, ou il se sert d'une lumière pour éclairer sa marche; de même, lorsque l'on tente des expériences de toute espèce, sans suite et sans méthode, ce n'est là qu'un pur tâtonnement; mais lorsqu'on fait des expériences avec un certain ordre et une certaine direction, c'est alors comme si l'on était mené par la main. Or, c'est cela précisément que nous entendons par expérience guidée; car pour ce qui est de la lumière même, qui est le troisième point, c'est de l'interprétation de la nature et du nouvel organe qu'il faut la tirer.

L'expérience guidée, ou la chasse de Pan, traite des différentes manières de faire des expériences. Comme nous avons décidé qu'elle manquait, et que d'ailleurs ce n'est pas là une de ces choses qu'on puisse saisir au premier coup d'œil, nous allons en donner quelque idée, suivant notre coutume et conformément à notre plan. Les principaux procédés de la méthode expérimentale sont les suivants: variation de l'expérience, prolongation de l'expérience, translation de l'expérience, renversement de l'expérience, compulsion de l'expérience, application de l'expérience, copulation de l'expérience, enfin hasards de l'expérience. Or, tous les procédés doivent s'arrêter en-deçà du point où commence la découverte de tel ou tel axiome. Or, l'autre partie, qui traite du nouvel organe, réclame toute opération où l'esprit marche des expériences aux axiomes, ou des axiomes aux expériences.

La variation de l'expérience peut avoir lieu : 1° par rapport à la matière ; je veux dire, quand une expérience déjà connue, mais où l'on s'est presque toujours attaché à une certaine espèce de matière, est tentée sur d'autres matières analogues aux premières. C'est ainsi que, pour la fabrique du papier, on n'a encore fait d'essai que sur le linge, et point du tout sur les tissus de soie, si ce n'est peut-être à la Chine, ni sur les matières filandreuses composées de soies et de poils d'animaux, dont on fabrique ce que nous appelons le camelot, ni enfin sur les tissus de laine et de coton, ou sur les peaux, bien que ces trois espèces de matières, comparées avec les premières, puissent paraître trop hétérogènes ; aussi seraient-elles peut-être moins utiles, employées seules que mêlées avec les premières. De même la greffe sur les arbres à fruit est en usage, mais la greffe sur les arbres sauvages a été rarement tentée. On dit pourtant que l'orme, enté sur un autre orme, donne de très belles feuilles et un ombrage admirable. La greffe des plantes à fleurs est aussi fort rare ; cependant on a commencé à l'essayer sur les roses musquées, qu'on a greffées sur des roses communes, et cet essai a réussi. Nous rangeons aussi parmi les variations dans la matière les variations d'une partie à l'autre du sujet. Nous voyons, par exemple, qu'un rejeton inséré dans le tronc d'un arbre pousse mieux que si on l'eût mis dans la terre. Une graine d'oignon, insérée dans la tête d'un autre oignon, ne germerait-elle donc pas mieux que mise simplement dans la terre ? Or, ici la variation consiste à substituer la racine au tronc, en sorte que c'est une sorte de greffe dans la racine. 2° La variation peut avoir lieu dans la cause efficiente. Par exemple, l'intensité de la chaleur des rayons du soleil est augmentée par le moyen des miroirs brûlants, au point d'enflammer des matières très combustibles ; je demande si l'action des rayons de la lune ne pourrait pas, à l'aide de ces mêmes miroirs, être augmentée au point de produire un faible degré de chaleur, afin de savoir si tous les corps célestes ont la faculté d'échauffer ? De même les miroirs brûlants augmentent l'intensité des chaleurs rayonnantes ; les chaleurs opaques, telles que sont celles des métaux et des pierres, avant qu'ils soient chauffés jusqu'au point de l'incandescence, ces chaleurs, dis-je, seraient-elles susceptibles d'être augmentées par le moyen de ces miroirs ? ou faut-il croire plutôt que la lumière a ici quelque part ? De même le succin et le jais étant frottés attirent les pailles : les attireraient-ils encore si on les chauffait un peu en les approchant du feu ? 3° La variation de l'expérience peut avoir lieu dans la quantité de matière, et c'est ce qui exige bien des précautions et de petites attentions, ce sujet étant tout environné d'erreurs ; car on croit communément qu'il suffit d'augmenter la quantité de matière pour augmenter proportionnellement la vertu au prorata ; et ce préjugé, on en fait une supposition, une demande, comme s'il avait toute la certitude mathématique, ce qui est pourtant absolument faux. Une balle de plomb d'une livre, qu'on laisse tomber du haut d'une tour, emploie un certain temps à descendre, supposons celui de dix battements de pouls ; une balle de deux livres (balle où cette force, ce mouvement, qu'on qualifie de naturel, doit être doublé) frappera-t-elle la terre après cinq battements de pouls ? Non ; le temps de sa chute sera presque égal à celui de la première, et son mouvement ne sera nullement augmenté en raison de l'augmentation de sa masse. De même une dragme de soufre, par exemple, mêlée avec une demi-livre d'acier, le liquéfie et le rend coulant ; une once de soufre, mêlée avec quatre livres d'acier, suffira-t-elle pour les liquéfier ? Voilà ce qu'on demande. Mais le fait ici n'est nullement d'accord avec le raisonnement ; car il est certain que, lorsqu'on augmente proportionnellement la quantité de matière de l'agent et du patient, la qualité réfractaire de la matière augmente en plus grande proportion dans le patient que la vertu dans l'agent : ainsi le trop ne fait pas moins illusion que le trop peu. En effet, dans la dépuration et l'affinage des métaux, une erreur très ordinaire, c'est que, pour avancer l'opération, on augmente la chaleur du fourneau ou la quantité de cette matière qu'on jette dans le creuset avec le métal; mais ces deux choses, augmentées outre mesure, nuisent à l'opération; car, par leur grande activité et leur force pénétrante, elles convertissent en fumée une grande partie du métal pur, et, en s'exhalant elles-mêmes, l'emportent avec elles, de manière qu'il en résulte un déchet et que la masse restante n'en devient que plus dure et plus réfractaire. Ainsi on ne devrait jamais perdre de vue cette plaisanterie d'Ésope sur une femme qui espérait avoir deux œufs au lieu d'un en doublant la mesure d'orge qu'elle donnait chaque jour à sa poule. Qu'en arriva-t-il? la poule engraissa et ne pondit plus. Ainsi il ne faut pas trop faire fonds sur quelque expérience que ce soit, à moins qu'on n'ait éprouvé les effets de la plus grande et de la plus petite quantité. En voilà assez sur la variation de l'expérience.

La prolongation de l'expérience peut avoir lieu de deux manières, par répétition ou par extension, c'est-à-dire qu'on peut, ou simplement réitérer l'expérience, ou la pousser jusqu'à un certain degré de subtilité. Voici un exemple de la répétition. L'esprit-de-vin est le produit d'une seule distillation du vin, et il est plus actif et plus fort que le vin même. On demande actuellement si l'esprit-de-vin lui-même, distillé et sublimé, ne deviendrait pas encore plus fort? Mais cette répétition donne aussi lieu à des méprises; car tantôt l'effet de la seconde distillation n'égale pas celui de la première, tantôt l'effet de ces réitérations de l'expérience est qu'après que l'opération est arrivée à un certain état, à un certain maximum, la nature, loin d'aller en avant, commence à rétrograder; ainsi cette sorte de procédés exige beaucoup de discernement. Le mercure, enveloppé dans un linge, ou dans toute autre chose, et placé dans le milieu du plomb fondu, au moment où ce dernier métal commence à se refroidir, se fixe et cesse d'être coulant; il s'agit de savoir si ce mercure, souvent plongé ainsi et avec les mêmes conditions, finirait par se fixer au point de devenir malléable. Voici un exemple de l'extension. Si dans un vase, en partie rempli de vin mêlé d'eau, on plonge un autre vase contenant de l'eau seulement dans sa partie supérieure, où elle soit comme suspendue, et qui soit terminé par un tuyau fort étroit et d'une certaine longueur, le tuyau, dis-je, étant plongé dans le vase inférieur, l'eau se séparera du vin, le vin gagnant peu à peu le haut du vase supérieur, et l'eau allant occuper le fond du vase inférieur; on demande si, de même que le vin et l'eau, qui sont deux corps d'espèces différentes, sont séparés par ce moyen, les parties les plus subtiles du vin, qui ne forme qu'un seul corps, pourraient aussi être séparées des parties les plus grossières, de manière qu'il se fît une sorte de distillation par le moyen du poids seul, et qu'on trouvât, au haut du vase supérieur, une liqueur approchant de l'esprit-de-vin, mais peut-être plus délicate. Ainsi, l'aimant attire un morceau de fer entier, il s'agit de savoir si un morceau d'aimant plongé dans une dissolution de fer attirerait encore les particules du fer et s'envelopperait d'une croûte de ce métal. De même encore l'aiguille d'une boussole tourne ses deux extrémités vers les pôles du monde; mais, pour prendre cette direction, suit-elle la même route, tourne-t-elle dans le même sens que les corps célestes? Voici ce que je veux dire. Si l'on plaçait une aiguille aimantée dans une situation contraire à sa situation naturelle, c'est-à-dire son pôle boréal vers le pôle austral du monde, et qu'après l'avoir maintenue quelque temps dans cette situation on la laissât aller, choisirait-elle, pour retourner à la situation désirée, le côté oriental ou le côté occidental? L'or s'imbibe d'argent vif lorsque ce dernier métal est en contact avec le premier. Je demande si l'or saisit le vif-argent et le reçoit dans ses pores sans augmenter de volume, et de manière qu'il en résulte une certaine nouvelle espèce de corps plus massif et plus pesant que l'or même. Ainsi, on aide la mémoire en plaçant des images de personnes dans des lieux déterminés; obtiendrait-on le même effet en laissant de côté les lieux et en se contentant d'attacher les images des actions et des attitudes aux images de ces personnes mêmes? Mais c'est assez parlé de la prolongation de l'expérience.

La translation de l'expérience peut avoir lieu de trois manières: soit de la nature ou du hasard dans l'art, soit d'un art ou d'une pratique dans un autre art ou dans une autre pratique; soit enfin de telle partie d'un certain art dans une partie différente de ce même art. Or, les exemples de la translation de la nature ou du hasard dans l'art sont innombrables; en sorte que presque tous les arts mécaniques n'ont eu que de bien faibles commencements, dus à la nature ou au hasard. Un ancien proverbe disait : « Raisin contre raisin mûrit plus tôt » ; et c'est ce qu'on a souvent appliqué aux services et aux offices mutuels de l'amitié. C'est aussi ce que, chez nous, ceux qui font le cidre (espèce de vin de pommes) savent très bien imiter ; car ils ont soin, avant de piler les pommes ou de les mettre au pressoir, de les tenir en tas pendant quelque temps, afin qu'elles mûrissent mieux par leur contact mutuel, ce qui corrige l'excessive acidité de cette boisson. De même c'est à l'imitation des iris naturels produits par un nuage chargé de pluie qu'on produit des iris artificiels par l'aspersion d'une assez grande quantité d'eau réduite en petites gouttes. Ainsi, l'art des distillations a pu tirer son origine de l'observation de la région supérieure, je veux dire des pluies ou de la rosée, ou de l'expérience banale des gouttes d'eau qui s'attachent aux plats qu'on pose sur l'ouverture d'une marmite remplie d'eau bouillante. Mais qui eût osé entreprendre d'imiter la foudre et les éclairs, si le couvercle de ce moine chimiste, lancé en l'air avec tant de violence et de fracas, n'en eût donné la première idée ? Or, plus les exemples en ce genre sont nombreux, moins il est besoin d'en alléguer. Mais, pour peu que les hommes eussent été jaloux de faire des recherches vraiment utiles, ils auraient dû s'attacher à observer les opérations et les procédés de la nature, les considérer un à un dans le plus grand détail et à dessein, puis méditer sur tout cela, y penser et repenser sans cesse, afin de voir ce qu'on pourrait transporter de là dans les arts ; car la nature est le miroir de l'art. Quant aux expériences qui pourraient être transportées d'un art à un autre art ou d'une pratique à une autre pratique, elles ne sont pas en moindre nombre, quoique cette translation ne soit guère en usage. La nature est toujours sous la main, au lieu que les procédés de chaque art ne sont guère connus que de ceux qui l'exercent. On a inventé les lunettes pour aider les vues faibles ; ne pourrait-on pas imaginer quelque instrument qui, appliqué aux oreilles des personnes un peu sourdes, les aidât de même à entendre ? Ainsi, l'on conserve les cadavres en les embaumant ou en les enduisant de miel ; ne pourrait-on pas transporter dans la médecine une partie de ce procédé, et le rendre utile aussi aux corps vivants ? L'usage de graver différentes figures dans la cire, le ciment ou le plomb, est fort ancien ; et c'est ce qui a conduit à l'idée d'imprimer sur le papier, c'est-à-dire à l'art typographique. De même aussi le sel, dans l'art de la cuisine, sert à assaisonner la viande, et cela mieux l'hiver que l'été ; ne pourrait-on pas transporter utilement cette pratique aux bains, pour fixer ou changer au besoin leur température ? De même encore le sel, dans l'expérience qu'on a faite dernièrement sur les congélations artificielles, a une très grande force condensative ; ne pourrait-on pas appliquer cela à la condensation des métaux, attendu qu'on sait depuis long-temps que les eaux-fortes extraites de certains sels précipitent les petites particules d'or que recèlent certains métaux moins denses que l'or même ? Ainsi enfin la peinture renouvelle la mémoire d'un objet par le moyen de son image ; n'a-t-on pas transporté cela dans l'art auquel on donne le nom de mémoire artificielle ? Nous donnerons à ce sujet un avertissement général ; c'est que rien ne serait plus capable de produire une sorte de pluie d'inventions utiles, et, qui plus est, neuves et comme envoyées du ciel, que de faire des dispositions telles que les expériences d'un grand nombre d'arts vinssent à la connaissance d'un seul homme, ou d'un petit nombre d'hommes qui, par leurs entretiens, s'exciteraient mutuellement et se donneraient des idées, afin qu'à l'aide de cette expérience guidée dont nous parlons ici, les arts pussent se fomenter, et, pour ainsi dire, s'allumer réciproquement, par le mélange de leurs rayons. Car, bien que cette méthode rationnelle qui procède par le nouvel organe promette de plus grandes choses, cependant, à l'aide de la sagacité qui s'exerce par le moyen de l'expérience guidée, on pourrait saisir une infinité de choses qui se trouveraient plus à portée pour les jeter au genre humain, à peu près comme ces présents de toute espèce que, chez les anciens, on jetait à la multitude. Reste à parler de la translation d'une partie d'un art dans une autre partie, laquelle diffère peu de la translation d'art en art. Mais, comme certains arts occupent de si grands espaces qu'ils peuvent se prêter à cette translation des expériences, même dans leurs limites, c'est une raison qui nous a déterminés à parler aussi de cette espèce de translation, et cela d'autant plus qu'il est des arts où elle est de la plus grande importance. Par exemple, rien ne contribuerait plus à enrichir l'art de la médecine que de transporter les expériences de la partie qui traite de la cure des maladies dans les autres parties qui ont pour objet la conservation de la santé et la prolongation de la vie. Car, s'il existait quelque opiat assez puissant pour réprimer cette violente inflammation des esprits qui a lieu dans une maladie pestilentielle, qui doute qu'une substance de cette espèce à dose convenable, et devenue familière, ne pût réprimer et retarder, jusqu'à un certain point, cette autre inflammation qui croît insensiblement, qui semble venir pas à pas, et qui est le simple effet de l'âge? Mais en voilà assez sur la translation des expériences.

Le renversement de l'expérience a lieu lorsqu'un fait étant constaté par l'expérience, on cherche aussi la preuve du contraire. Par exemple, les miroirs augmentent l'intensité de la chaleur; mais augmentent-ils aussi l'intensité du froid? De même la chaleur, en se répandant en tout sens, se porte toutefois plus volontiers de bas en haut; le froid, en se répandant, se porte-t-il de préférence vers le bas? Par exemple, prenez une verge de fer, chauffez-la à l'une de ses extrémités; puis redressez cette verge, en plaçant en bas la partie chauffée; cela posé, si vous approchez la main de la partie supérieure, vous vous brûlerez aussitôt. Mais, si vous placez en haut la partie chauffée, et la main en bas, vous ne vous brûlerez pas si promptement. Actuellement, supposons qu'on chauffe toute la verge, et qu'on plonge l'une de ses extrémités dans la neige ou qu'on la mouille avec une éponge trempée dans l'eau froide; je demande si la neige ou l'éponge étant placée en haut, le froid se portera plus vite vers le bas qu'il ne se fût porté vers le haut si le corps refroidissant eût été placé en bas. De même les rayons du soleil se réfléchissent sur le blanc et s'éparpillent, au lieu qu'ils se rassemblent sur le noir. Il faut voir si de même les ombres se dispersent sur un corps noir et se rassemblent sur un corps blanc. Et c'est, comme nous le voyons, ce qui arrive dans une chambre obscure, où l'on fait entrer la lumière par un trou fort petit, et où les images des objets extérieurs viennent se peindre sur un papier blanc, et nullement sur un papier noir. De même on ouvre la veine du front pour adoucir les douleurs de la migraine; ne pourrait-on pas scarifier aussi tout un côté du crâne pour adoucir une douleur qui occupe toute la tête? Voilà ce que nous avions à dire sur le renversement de l'expérience.

La compulsion de l'expérience a lieu lorsqu'on pousse l'expérience jusqu'au point d'anéantir ou d'en faire disparaître totalement la vertu; car, dans les autres espèces de chasses, on se contente de prendre la bête, mais dans celle-ci on la tue. Voici un exemple de compulsion. L'aimant attire le fer; tourmentez donc l'aimant; tourmentez aussi le fer, de manière qu'enfin il n'y ait plus d'attraction. Voyez, par exemple, si l'aimant étant brûlé et macéré dans les eaux-fortes, il se dépouille totalement de sa vertu ou en perd la plus grande partie. Voyez au contraire si le fer, converti en safran de mars, ou en une substance connue sous le nom d'acier préparé, ou enfin dissous dans l'eau-forte, serait encore attiré par l'aimant. De plus, l'aimant attire le fer à travers tous les milieux que nous connaissons, soit qu'on interpose de l'or, de l'argent, du verre; cherchez, cherchez bien, jusqu'à ce que vous ayez trouvé quelque milieu qui intercepte sa vertu, si toutefois il en est de tels. Éprouvez le mercure, éprouvez l'huile, les gommes, le charbon ardent, et toutes les autres substances qui n'ont point encore subi cette épreuve. De même on a inventé, dans ces derniers temps, certains instruments d'optique qui amplifient prodigieusement les plus petits objets visibles; poussez-en l'usage aussi loin qu'il peut aller, en les appliquant, d'un côté, à des objets si petits qu'ils ne puissent plus servir à les rendre visibles, et de l'autre, à des objets si grands, que les images paraissent confuses. Pourront-ils servir à apercevoir, dans l'urine, des molécules que sans ce secours on n'y eût jamais aperçues? Pourront-ils rendre visibles, dans les diamants qui paraissent bien nets et d'une belle eau, les bulles ou les petites taches, et faire voir sous un volume sensible les petits grains de cette poussière qui voltige au soleil, et qu'on objectait si mal à propos à Démocrite en prétendant que c'étaient là ses atômes et les principes des choses? Pourraient-ils faire voir assez distinctement les parties d'une poussière quelque peu grossière, et composée de cinnabre et de céruse, au point qu'on distinguât ici un grain rouge, là un grain blanc ; amplifier les grandes images, comme celle du nez, de l'œil, autant en proportion qu'ils amplifient les petites, comme celle d'une puce, d'un vermisseau ; faire paraître un tissu de lin, ou toute autre espèce de toile très fine, mais un peu claire, la faire paraître, dis-je, si remplie de trous qu'elle ait l'air d'un filet. Au reste, nous ne nous arrêtons pas à ces compulsions d'expériences, parce qu'elles sont presque hors des limites de l'expérience guidée, et se rapportent plutôt aux causes, aux axiomes et au nouvel organe ; car partout où l'on peut établir une négative, une privative ou une exclusive, on commence déjà à voir jour à la découverte des formes. En voilà assez sur les compulsions des expériences.

L'application d'une expérience n'en est qu'une ingénieuse traduction par laquelle on la transporte à quelque chose d'utile. En voici un exemple : chaque corps a son volume et son poids déterminés ; l'or a plus de poids et moins de volume que l'argent. Il en est de même de l'eau par rapport au vin. On tire de là une expérience utile qui consiste à emplir successivement et exactement de différentes matières une certaine mesure déterminée et à les peser avec la même exactitude. Par ce moyen l'on sait combien il y a eu d'argent mêlé avec l'or ou d'eau mêlée avec le vin, ce qui fut précisément l'εὕρηκα (je l'ai trouvé) d'Archimède. Ainsi les chairs se putréfient plus vite dans certains garde-mangers que dans d'autres. Il serait utile de tirer de cette expérience un moyen pour discerner les différentes espèces d'air plus ou moins salubres, afin d'habiter de préférence les lieux où les chairs sont plus long-temps préservées de la putréfaction. Une autre application qu'on en pourrait tirer, ce serait de distinguer les temps de l'année les plus salubres ou les plus pestilentiels ; mais il est une infinité d'applications de cette espèce faciles à faire, pourvu que les hommes s'éveillent et tournent leurs regards tantôt vers la nature des choses, tantôt vers l'utilité de leurs semblables. Mais en voilà assez sur l'application des expériences.

La copulation de l'expérience est cette liaison et cet enchaînement d'applications qui a lieu lorsque telles choses, qui seules ne seraient pas utiles, sont rendues telles par leur réunion. Par exemple, voulez-vous avoir des roses ou des fruits tardifs, vous parviendrez à ce but en arrachant les boutons les plus précoces ; vous obtiendrez le même effet en mettant les racines à nu et les laissant exposées à l'air jusqu'à ce que le printemps soit fort avancé, mais plus sûrement encore en réunissant ces deux moyens. De même la glace et le nitre ont au plus haut degré la propriété de refroidir et mieux encore lorsqu'ils sont mêlés ensemble ; mais c'est un point dont personne ne doute. Il pourrait cependant se glisser ici quelque erreur, comme dans toutes les expériences où l'on n'est point guidé par la lumière des axiomes ; par exemple, si l'on combinait ensemble des substances qui agissent de manières très différentes et qui semblent même se combattre.

Restent donc les hasards de l'expérience. Or, cette manière de faire des tentatives a quelque chose de déraisonnable et de fou ; car quoi de plus fou, à la première vue, que de tenter une expérience, non parce que la raison ou quelque autre fait vous y a conduit, mais seulement parce que rien de semblable n'a jamais été tenté. Il se pourrait pourtant que sous cette extravagance même se cachât je ne sais quoi de vraiment grand, je veux dire si l'on avait le courage de remuer, pour ainsi dire, toutes les pierres dans la nature ; car tous les grands secrets de la nature sont hors des sentiers battus et de la sphère de nos connaissances. Mais si la raison présidait à de tels essais, c'est-à-dire que si, tout en s'assurant que rien de semblable n'a jamais été tenté, on avait pourtant quelque raison puissante pour essayer, alors ces tentatives hardies auraient de grands avantages et pourraient forcer la nature à révéler son secret. Par exemple, lorsque le feu exerce son action sur quelque corps naturel, il arrive toujours l'une de ces deux choses : ou une partie de la substance s'exhale (comme la flamme ou la fumée dans la combustion ordinaire), ou il se fait une séparation locale de parties qui se portent à une certaine distance, comme dans les distillations où les parties fixes se déposent, lorsque les vapeurs, après avoir joué quelque temps, vont enfin se rassembler dans les récipients. Quant à la distillation dans les vaisseaux clos (car tel est le nom que nous pouvons lui donner), c'est ce qu'aucun mortel n'a encore tenté. Or, il est vraisemblable que si la chaleur, une fois emprisonnée dans les limites d'un corps, était à même d'exercer toute sa force altérante et de jouer tout son jeu, comme alors il n'y aurait aucune déperdition de substance, aucun dégagement de parties volatiles, alors enfin tenant ce protée de la matière pour ainsi enchaîné, garrotté, on le forcerait à se transformer d'une infinité de manières, pourvu toutefois qu'on eût soin de tempérer la chaleur en l'augmentant et l'affaiblissant tour à tour pour prévenir la rupture des vaisseaux ; car ce serait là une sorte de matrice semblable aux matrices naturelles, où la chaleur exercerait son action sans émission ni séparation de substance, si ce n'est que dans la matrice animale il y a de plus l'alimentation ; mais quant à la transformation, il paraît que c'est à peu près la même chose. Tels sont donc les hasards de l'expérience. Au reste, il est encore, au sujet de cette sorte d'expérience, un avertissement à donner ; c'est qu'il ne faut pas, pour quelque tentative où l'on aura échoué, se décourager tout-à-fait et perdre, pour ainsi dire, la tête. Les succès, il est vrai, sont plus flatteurs, on s'y complaît davantage ; mais la plupart des tentatives, pour être malheureuses, n'en sont pas moins instructives, et ce qu'il ne faut jamais perdre de vue et que nous nous efforçons perpétuellement d'inculquer, c'est qu'il faut s'attacher bien plus aux expériences lumineuses qu'aux expériences fructueuses. Voilà donc ce que nous avions à dire sur l'expérience guidée, laquelle, comme nous l'avons déjà fait entendre, est plutôt une sorte de sagacité, de flair de chien de chasse, qu'une véritable science. Nous ne dirons rien pour le moment du nouvel organe, et notre dessein n'est pas d'en donner ici un avant-goût ; car ce sujet étant sans contredit ce qu'il y a de plus grand en philosophie, nous nous proposons, moyennant la faveur divine, de composer sur cette matière un ouvrage complet.

CHAPITRE III.

Division de l'invention des arguments en provision oratoire et en topique. Division de la topique en générale et particulière. Exemple de la topique particulière dans la recherche sur la pesanteur et la légèreté.

L'invention des arguments n'est pas proprement une invention ; car inventer, c'est découvrir les choses inconnues et non recevoir ou rappeler seulement ce qui est connu. Or, la destination et l'office de ce genre d'invention n'est autre, ce me semble, que d'extraire, avec une certaine dextérité, de cette masse de science qu'on a ramassée et, pour ainsi dire serrée dans son esprit, tout ce qui peut être utile à la question ou à l'affaire dont il s'agit ; car lorsqu'on n'a que peu ou point de connaissances sur le sujet proposé, les lieux d'invention ne servent de rien, au lieu que celui qui de longue main aura fait toutes ses provisions en ce genre pourra, sans art, sans lieux communs, mais avec un peu moins de promptitude et de facilité qu'avec ce secours, trouver enfin et produire au dehors des arguments sur le sujet proposé ; en sorte que ce genre d'invention, comme nous l'avons dit, n'est point proprement une invention, mais une simple opération de la mémoire, qui nous présente et nous suggère ce qu'ensuite nous appliquons. Cependant, comme ce terme est fort en usage et qu'il est reçu, à la bonne heure ! appelons cela une invention ; car on peut dire que poursuivre la bête dans l'enceinte d'un parc ou d'une remise, ce n'est pas moins la lancer et l'éventer que si on la poursuivait dans une forêt ouverte. Mais laissant de côté toutes ces délicatesses de langage, il est certain que le but et la fin de cet art-ci est plutôt une certaine promptitude et une certaine facilité à faire usage de nos connaissances déjà acquises qu'un art de les étendre et de les augmenter.

Or, il est deux méthodes pour trouver aisément la matière de l'invention. D'abord, on peut ou avoir quelque méthode qui indique et montre, pour ainsi dire, du doigt les lieux vers lesquels on doit tourner ses recherches, et c'est ce que nous appelons la topique, ou rassembler, pour s'en servir au besoin, des arguments composés d'avance sur tous les cas qui peuvent survenir et faire le sujet d'une discussion, et c'est ce que nous appelons la provision. Or, cette dernière partie mérite à peine le nom de science ; c'est plutôt une sorte d'activité prévoyante qu'une science vraiment méthodique. Néanmoins, c'est sur ce sujet même qu'Aristote, avec assez d'esprit sans doute, mais non sans quelque danger, tournant en ridicule les sophistes de son temps, dit qu'ils ressemblaient à un cordonnier qui, se donnant pour tel, n'enseignerait pas la manière de faire un soulier, et qui se contenterait d'étaler des chaussures de toute forme et de toute grandeur. On aurait pu toutefois lui répliquer que, si ce cordonnier n'avait point dans sa boutique de souliers tout faits, et qu'il n'en fît qu'à mesure qu'on lui en commanderait, cette boutique sentirait la misère et qu'il trouverait peu d'acheteurs. Mais Notre Sauveur, dans un esprit bien opposé, parlant de la science divine, s'exprime ainsi : « Tout scribe vraiment savant sur le royaume des cieux est semblable à un père de famille qui tire de son trésor et le neuf et le vieux[1] . » Nous voyons aussi que les anciens rhéteurs recommandaient aux orateurs d'avoir toujours sous leur main des lieux communs de toute espèce composés depuis long-temps, tout élaborés et tout ornés, à l'aide desquels ils pussent au besoin défendre le pour et le contre, par exemple, pour l'esprit de la loi, contre la lettre de la loi, pour les preuves de raisonnement, contre les preuves par témoins ; et au contraire Cicéron lui-même, instruit par une longue expérience, n'a pas craint d'avancer qu'un orateur diligent et assidu pouvait avoir, sur quelque sujet que ce fût, des discours tout prémédités et tout travaillés, en sorte qu'au moment de défendre une cause il n'y aurait plus rien de nouveau et d'extraordinaire à insérer dans le plaidoyer, si ce n'est de nouveaux noms et quelques circonstances particulières et propres à l'affaire. Mais la prévoyance et la sollicitude de Démosthènes fut poussée à tel point que ce grand orateur, qui savait trop combien l'exorde et le préambule dans une cause a de force et de puissance pour préparer les auditeurs, pensait qu'il était nécessaire de composer d'avance des exordes qui pussent s'ajuster à toutes sortes de discours et de harangues, et de les tenir tout prêts. Ces exemples et ces autorités suffisent sans doute pour balancer l'opinion d'Aristote, qui nous conseillerait volontiers de troquer notre garde-robe contre une paire de ciseaux. Ainsi, nous n'avons pas dû passer sous silence cette partie de la doctrine qui a pour objet la provision oratoire ; mais ce que nous en disons ici doit suffire pour le moment. Cette partie étant commune à la logique et à la rhétorique, nous n'avons dû, dans la logique, la toucher qu'en passant, nous réservant de la traiter plus amplement dans la rhétorique.

Quant à l'autre partie de l'invention, savoir la topique, nous la diviserons en générale et particulière ; la générale est celle qu'on a traitée avec autant d'étendue que d'exactitude dans la logique, en sorte qu'il n'est pas besoin de nous arrêter à l'expliquer. Il paraît toutefois nécessaire d'avertir en passant que cette topique n'est pas seulement utile lorsqu'il s'agit d'argumenter, et pour ainsi dire d'en venir aux mains avec les autres, mais encore dans les méditations, lorsque nous pensons aux mêmes choses étant seuls et en discourant avec nous-mêmes. Je dirai plus ; son avantage ne se réduit pas à nous suggérer et à nous indiquer ce que nous devons affirmer et soutenir, mais encore à nous diriger dans nos questions et nos interrogations ; car, savoir interroger avec dextérité est presque la moitié de la science, et c'est avec raison que Platon a dit : « Celui qui cherche une chose saisit déjà, par une certaine notion générale, la chose même qu'il cherche ; autrement, comment pourrait-il, après l'avoir trouvée, la reconnaître ? » D'où il suit que plus cette notion anticipée aura d'étendue et de certitude, plus la recherche sera directe et expéditive. Ainsi, ces mêmes lieux, qui nous serviront à fouiller dans les trésors de notre entendement et à en tirer la science que nous y avons amassée, nous serviront aussi à tirer la science de dehors ; en sorte que, si nous avons à notre portée un homme habile et suffisamment versé, guidés par ces lieux, nous saurons l'interroger avec autant de dextérité que de prudence, et nous saurons de plus choisir et consulter les auteurs, les livres et les parties de livres qui pourront nous instruire et nous donner des connaissances sur ce que nous cherchons.

Mais la topique particulière mène plus sûrement aux différents buts que nous venons d'indiquer et doit être regardée comme la plus utile. Nous ne pouvons disconvenir que certains écrivains n'en aient fait quelque légère mention, mais parlons-nous de la traiter complétement et d'une manière qui réponde à son importance ? c'est ce que certainement ils n'ont pas fait. Mais laissons de côté ce vice et ce faste qui ont si long-temps régné dans les écoles ; je veux

---

[1] S. Math. c. 13. v. 52.

dire que, ce que tout le monde sait, ils sont fort ingénieux à l'expliquer, mais que, ce qui est un peu moins à la portée des esprits, ils n'y touchent même pas. Quant à nous, adoptons la topique particulière comme une partie éminemment utile, c'est-à-dire les lieux de recherche et d'invention appropriés aux sujets divers et aux sciences particulières. Ces lieux ne sont autre chose qu'un certain mélange tiré de la logique et de la matière même propre à chaque science ; car il n'est qu'un esprit étroit et superficiel qui puisse s'imaginer qu'il est possible de découvrir un art d'inventer les sciences qui, dès le commencement, atteigne à sa perfection, et tel qu'ensuite il ne reste plus qu'à le mettre en œuvre et à l'exercer. Mais que les hommes, au contraire, tiennent pour certain : qu'un solide et véritable art d'inventer va grandissant et croissant avec les inventions mêmes, en sorte qu'au moment où l'on commence à approfondir une science on peut bien se faire un certain nombre de préceptes d'invention assez utiles, mais qu'à mesure qu'on y fait de plus grands progrès, on peut et l'on doit imaginer de nouveaux préceptes pour faciliter les découvertes ultérieures. Il en est de cet art de l'invention comme du chemin qu'on fait dans un pays de plaines ; car, lorsqu'on a parcouru un certain espace, ce qu'alors on a gagné, ce n'est pas seulement d'être plus près du terme du voyage, mais aussi de voir plus nettement l'espace qui reste à parcourir. Il en est de même dans les sciences ; y a-t-on fait un peu de chemin ? non-seulement on a l'avantage de laisser derrière soi ce chemin déjà fait, mais encore celui de voir de plus près le chemin qui reste à faire. Or, comme nous avons rangé cet art parmi les choses à suppléer, nous allons en donner un exemple.

Topique particulière, ou articles de la recherche qui a pour objet la pesanteur et la légèreté.

1º Cherchez, d'un côté, quels sont les corps les plus susceptibles du mouvement de gravité, et, de l'autre, les plus susceptibles du mouvement de légèreté. Voyez de plus s'il en est qui tiennent le milieu et qui soient d'une nature indifférente à cet égard.

2º Après la recherche simple sur la gravité et la légèreté, il faut procéder à la recherche comparée, c'est-à-dire chercher quels sont, parmi les graves, ceux qui pèsent plus ou moins sous le même volume, et de même parmi les corps légers ceux qui se portent vers le haut avec plus ou moins de vitesse.

3º Cherchez quelle peut être et quelle est en effet l'influence de la quantité de matière du corps sur le mouvement de la pesanteur. Or, cette recherche-là, au premier coup d'œil, paraîtra superflue, et il semble que les mouvements doivent croître précisément en raison de la quantité de matière ; mais il s'en faut de beaucoup que cette proposition soit la véritable ; car, quoique dans les bassins d'une balance la quantité de matière compense la gravité du corps, les forces de ce corps se réunissant de toutes parts en vertu de la réaction ou de la résistance des bassins et du fléau, néanmoins, lorsque la résistance est très petite, comme dans la chute des corps à travers l'air, la quantité de matière influe peu sur la vitesse de la descente ; vingt livres de plomb et une livre emploient à peu près le même temps à tomber.

4º Cherchez si la quantité de matière du corps ne pourrait pas être augmentée à tel point que le mouvement de gravité cessât tout-à-fait, ce qui a lieu dans le globe terrestre qui demeure suspendu et ne tombe point. Voyez donc s'il n'y aurait pas d'autres masses assez grandes pour se soutenir elles-mêmes ; car ce prétendu mouvement de transport vers le centre de la terre n'est qu'une supposition chimérique. Or, une masse un peu grande a horreur de toute espèce de mouvement de translation, à moins que cette disposition ne soit surmontée par une autre tendance plus forte.

5º Cherchez quelle peut être et quelle est en effet, sur la loi du mouvement de gravité, l'influence de la résistance du milieu, c'est-à-dire du corps qui se trouve à la rencontre de celui qui tombe. Or, ou le corps qui tombe pénètre et divise le corps qui se trouve à sa rencontre, ou celui-ci l'arrête ; s'il le pénètre, cette pénétration est accompagnée, ou d'une faible résistance, comme dans l'air, ou d'une forte, comme dans l'eau. S'il est arrêté, ou la résistance qu'il éprouve étant plus faible que son mouvement il l'emporte par l'excès de sa pesanteur, comme lorsqu'on met du bois sur de la cire, ou les résistances sont égales de part et l'autre, comme lorsqu'on met de l'eau sur d'autre eau ou du bois sur d'autre bois de même espèce ; et c'est ce que l'école, en s'appuyant sur une vaine supposition, exprime en disant : « qu'un corps ne pèse point, si ce n'est hors de son lieu. » Or, toutes ces circonstances varient le mouvement de gravité ; car autre est le mouvement des graves dans les bassins d'une balance, autre quand ils tombent. Il y a plus (et c'est ce qui pourra paraître étonnant) ; ce mouvement n'est pas le même dans des bassins suspendus dans l'air que dans ces mêmes bassins plongés dans l'eau, ni le même dans les corps qui tombent à travers l'eau que dans ceux qui surnagent ou qui sont portés sur l'eau.

6° Qu'on cherche ce que peut et fait la figure du corps qui tombe pour modifier le mouvement de gravité, par exemple, une grande surface avec peu d'épaisseur, sa figure cubique, oblongue, ronde, pyramidale, ce qui arrive lorsque les corps se retournent en tombant et quand ils gardent la situation qu'ils avaient au moment où on les a lâchés.

7° Cherchez ce que peut et ce que fait la continuation et le progrès de la chute même pour augmenter l'élan ou la vitesse des corps tombants. Cherchez aussi dans quelle proportion et jusqu'à quel point croît cette vitesse ; car les anciens, qui avaient peu approfondi ce sujet, s'imaginaient que ce mouvement, qu'ils qualifiaient de naturel, devait croître sans fin et sans terme.

8° Cherchez ce que peut et ce que fait la distance ou la proximité où le corps tombant est de la terre, pour le faire tomber plus rapidement ou plus lentement, ou même pour l'arrêter tout-à-fait, en supposant qu'il se trouve hors de la sphère d'activité de la terre, ce qui est l'opinion de Gilbert. Cherchez aussi ce qui arrive au corps lorsqu'il est plongé plus avant dans la profondeur de la terre ou lorsqu'il est placé plus près de la surface ; car cette circonstance varie aussi le mouvement, comme ceux qui travaillent aux mines s'en sont bien aperçus.

9° Cherchez ce que peut et ce que fait la différence des corps par le moyen desquels le mouvement de la gravité se répand et se communique ; s'il se communique aussi bien à l'aide des corps mous et poreux qu'à l'aide de corps durs et compactes : par exemple, en supposant que le fléau d'une balance, d'un côté de la languette, soit d'argent, et que, de l'autre côté, il soit de bois, les deux bras étant aussi supposés de même poids, voyez si cela même ne produit pas quelque variation dans les bassins. Voyez encore si un morceau de métal, posé sur de la laine ou sur une vessie enflée, pèse autant que lorsqu'il porte sur le fond même du bassin de la balance.

10° Cherchez ce que peut et ce que fait, dans la communication du mouvement de la gravité, la distance où le corps est du contre-poids, c'est-à-dire avec quelle promptitude ou quelle lenteur la dépression ou l'effet du poids qui s'appuie se fait sentir. Par exemple, voyez si dans les balances où l'un des bras du fléau est plus long que l'autre, ces bras toutefois pesant également, cela même fait pencher la balance, comme dans les tubes recourbés ou siphons, tubes où l'on sait que la branche la plus longue attire l'eau, quoique la branche la plus courte, supposée même d'une capacité beaucoup plus grande, contienne par cette raison une quantité d'eau qui pèse beaucoup plus.

11° Cherchez ce que peut le mélange et l'accouplement des corps légers avec les corps graves, pour diminuer la gravité dans les animaux, soit vivants, soit morts.

12° Observez les secrètes ascensions et descensions des parties graves et des parties légères dans les limites d'un même corps pris en entier, d'où résultent souvent des séparations très délicates ; ce dont on voit des exemples dans le petit appareil où le vin se sépare d'avec l'eau, dans l'ascension de la fleur du lait, et autres faits semblables.

13° Cherchez quelle est la ligne et la direction du mouvement de la gravité, et jusqu'à quel point elle se rapporte au centre de la terre ou au centre du corps même, c'est-à-dire à la force de cohésion de ses parties ; car ces centres, dont la supposition est assez commode dans les démonstrations, ne valent rien dans l'étude de la nature.

14° Faites une autre recherche qui ait pour objet la comparaison du mouvement de gravité avec les autres mouvements, pour connaître ceux qu'il surmonte et ceux auxquels il cède. Par exemple, dans ce mouvement auquel on donne le nom de violent, le mouvement de gravité est arrêté pendant un certain temps, ou même lorsqu'un petit aimant attire un morceau de fer beaucoup plus pesant, le mouvement de gravité cède au mouvement de sympathie.

15º Cherchez, par rapport au mouvement de l'air, s'il se porte naturellement vers le haut ou s'il est comme indifférent à cet égard, point difficile à décider et qui ne peut l'être qu'à l'aide des expériences les plus délicates. Car, si l'on voit l'air s'élever du fond de l'eau, c'est plutôt l'effet du choc de l'eau que celui du mouvement naturel de l'air, vu que le bois présente le même phénomène ; or, l'air mêlé à d'autre air ne bouge point, quoique l'air placé dans l'air ne donne pas moins de signe de légèreté que l'eau placée dans l'eau n'en donne de gravité. Or, dans une bulle où ce fluide est enveloppé d'une pellicule il demeure quelque temps immobile.

16º Montrez quel est le terme de la légèreté. Car, je ne puis m'imaginer que, de même qu'ils ont supposé que le centre de la terre est le centre des graves, ils supposent aussi que la convexité des cieux est le terme des corps légers, et voyez si plutôt il ne faut pas dire que les corps graves semblent tendre à cette convexité jusqu'à ce qu'ils aient trouvé un lieu où ils soient appuyés, c'est-à-dire tendre, en quelque manière, au repos ; de même aussi les corps légers tendent à se mouvoir jusqu'à ce qu'ils puissent circuler, et tendent pour ainsi dire au mouvement sans terme.

17º Cherchez pourquoi les vapeurs et les exhalaisons s'élèvent jusqu'à ce qu'elles soient arrivées à cette hauteur qu'on appelle la moyenne région de l'air, quoiqu'elles soient d'une matière quelque peu grossière et que l'action des rayons solaires cesse périodiquement, savoir toutes les nuits.

18º Faites une recherche sur la détermination du mouvement de la flamme vers le haut ; recherche d'autant plus difficile que la flamme périt à chaque instant, si ce n'est peut-être lorsqu'elle se trouve placée dans le milieu d'une flamme beaucoup plus grande. En effet, toute flamme dont la continuité est interrompue dure peu.

19º Faites aussi une recherche sur le mouvement de bas en haut de l'activité même de la chaleur, comme on en voit un exemple dans le fer en incandescence, où la chaleur se porte plus vite vers le haut que vers le bas.

Voilà donc un exemple de la topique particulière. Au reste, cet avertissement que nous avons déjà commencé à donner, nous le réitérons ici ; je veux dire : que les hommes doivent changer de temps en temps leurs topiques ; de manière qu'après avoir fait des progrès notables dans une recherche, ils doivent s'en faire une autre, et après de plus grands progrès une autre encore, si toutefois ils sont jaloux de s'élever au faîte des sciences. Quant à nous, nous attachons un tel prix à ces topiques particulières que notre dessein est de composer en ce genre un ouvrage *ex-professo*, où nous choisirons pour exemple les sujets les plus importants et les plus obscurs ; car nous sommes maîtres des questions et non des choses mêmes. Nous terminerons ici ce que nous avions à dire sur l'inventive.

CHAPITRE IV.

Division de l'art de juger, en jugement par induction et jugement par syllogisme. On agrège le premier au nouvel organe. Seconde division du jugement par syllogisme, en réduction directe et réduction inverse. Seconde division de cette seconde partie en analytique et en doctrine des critiques. Division de la doctrine des critiques en réfutation des sophismes, critique de l'herméneutique, et examen critique des images ou fantômes. Division des fantômes en fantômes de tribu, fantômes de caverne et fantômes de commerce. Appendice sur l'art de juger, lequel a pour objet l'analogie des démonstrations avec la nature de chaque sujet.

Passons donc au jugement ou à l'art de juger, art où il s'agit des preuves ou démonstrations. Or, dans cet art de juger, du moins dans celui qui est reçu, on conclut ou par induction ou par syllogisme : car l'enthymème et les exemples ne sont que des simplifications de ces deux formes. Or, quant au jugement par induction, je n'y vois rien qui doive nous arrêter ; car ce que l'on cherche, c'est par une seule et même opération de l'esprit qu'on l'invente et qu'on le juge ; et il n'est pas besoin pour cela de moyen ou d'intermédiaire, l'opération est immédiate, et tout se passe ici comme dans les sensations ; car le propre du sens, quant à ses objets immédiats, est qu'en même temps qu'il saisit l'objet il en reconnaît la vérité. Il en est tout autrement du syllogisme, dont la preuve n'est pas immédiate et a besoin d'un moyen. Ainsi autre chose est l'invention du moyen, autre chose le jugement de la conséquence de l'argument ; car d'abord l'esprit court çà et là pour trouver la preuve ou pour l'examiner; puis il acquiesce à la vérité lorsqu'il l'a trouvée. Mais nous donnons l'exclusion à la forme vicieuse d'induction qui est en usage; et, quant à la véritable forme, nous la renvoyons au *novum organum*. Ainsi nous ne dirons rien de plus ici sur l'induction.

Quant à l'autre manière de conclure par le syllogisme, qu'en pouvons-nous dire après que la lime des plus subtils esprits l'a pour ainsi dire usé et réduit en parcelles infiniment petites? Et l'on ne doit pas s'en étonner, c'est une méthode qui sympathise merveilleusement avec l'entendement humain. Car ce à quoi tend et aspire avec le plus d'effort l'esprit humain, c'est à ne point demeurer en suspens et à trouver quelque chose d'immobile, une sorte de point fixe sur lequel il puisse s'appuyer dans ses recherches et ses excursions. Certes, de même qu'Aristote s'efforce de prouver qu'en tout mouvement des corps il est je ne sais quoi qui demeure en repos (et cette antique fable d'Atlas, qui, restant lui-même dans une attitude droite soutenait le ciel sur ses épaules, il l'applique fort élégamment aux pôles du monde, autour desquels se font toutes les révolutions); de même aussi les hommes souhaitent ardemment de trouver en eux-mêmes et dans leurs pensées une sorte d'Atlas et de pôles qui puissent mettre quelque sorte de règle dans leurs fluctuations et leurs vertiges, craignant sans doute que leur ciel ne s'écroule. Aussi se sont-ils pressés d'établir les principes des sciences comme autant de points fixes, autant de pivots sur lesquels puissent rouler leurs disputes de toute espèce, sans avoir de chutes et de ruines à craindre, ignorant cette vérité : que qui veut trop tôt saisir la certitude finira par le doute, au lieu que celui qui sait pour un temps suspendre son jugement arrivera enfin à la certitude.

Il est donc manifeste que l'art de juger par le syllogisme n'est autre chose que l'art de ramener les propositions aux principes, à l'aide des moyens termes. Quant aux principes, on les regarde comme des choses reçues et on ne les met point en question; et quant à l'invention des moyens termes, on l'abandonne à la pénétration et à l'activité des esprits, qu'on laisse parfaitement libres à cet égard. Or, cette réduction est de deux espèces, savoir: la directe et l'inverse. La directe a lieu lorsqu'on ramène la proposition en question au principe même, et c'est ce qu'on appelle preuve ostensive. L'inverse a lieu lorsque la contradictoire de la proposition en question est ramenée à la contradictoire du principe dont cette proposition en question est une conséquence, et c'est ce qu'on appelle preuve *per incommodum*. Or, le nombre ou l'échelle des moyens termes augmente ou diminue selon que la proposition est plus ou moins éloignée du principe. Cela posé, conformément à une division presque universellement reçue, nous diviserons l'art de juger en analytique et doctrine des réfutations: l'analytique montre la vérité, la dernière préserve de l'erreur. L'analytique est celle qui montre les vraies formes sur lesquelles il faut se régler pour tirer des conséquences bien justes, formes telles que, si quelqu'un s'en écarte, on aperçoit par là même le vice de sa conclusion. Or, cela même renferme quelque sorte de critique ou de réfutation; car la ligne droite, comme on dit, est juge d'elle-même et de la ligne courbe. Mais il est plus sûr d'employer les réfutations; ce sont comme autant d'avertissements à l'aide desquels on découvre plus aisément les prestiges qui, sans ce secours, pourraient enlacer le jugement. Or, nous ne trouvons pas qu'il manque rien dans l'analytique; elle nous paraît bien plutôt être surchargée de superfluités qu'avoir besoin d'additions.

Quant à la doctrine des réfutations, nous croyons la devoir diviser en trois parties, savoir: réfutation des sophismes, critique de l'herménie et examen critique des images ou fantômes. La doctrine de la réfutation des sophismes est de la plus grande utilité; car, quoique Sénèque ait judicieusement comparé le genre le plus grossier de paralogisme aux tours de main des joueurs de gobelets[1], attendu que dans les uns et les autres on ne voit pas au juste en quoi consiste l'illusion, quoiqu'on voie fort bien que la chose est tout autrement qu'elle ne paraît, cependant les sophismes plus subtils n'ont pas seulement pour effet d'embarrasser au point qu'on ne sait qu'y répondre, mais de plus ils offusquent le jugement et qu'ils semblent vrais.

Cette partie de la réfutation des sophismes,

---

(1) *Ep.* 45, § 7.

Aristote l'a fort bien traitée, du moins quant aux préceptes; Platon encore mieux quant aux exemples; et cela non pas seulement en la personne de tel ou tel sophiste, tel que Gorgias, Hippias, Protagoras, Euthydème et autres, mais encore sous le personnage de Socrate lui-même, qui, prenant à tâche de ne rien affirmer, mais d'infirmer tout ce que les autres avancent de positif, dévoile fort ingénieusement le faible des objections et des raisonnements captieux, ainsi que la manière de les réfuter. Ainsi, dans cette partie, nous n'avons rien à désirer. Il est cependant une chose à remarquer; c'est que bien que nous ayons dit que le principal et légitime usage de cette doctrine est de réfuter les sophismes, on peut toutefois en abuser en s'emparant de ces sophismes mêmes pour contredire les autres et les embarrasser par des raisonnements captieux; genre de talent fort estimé et qui n'est pas d'une petite ressource pour ceux qui le possèdent, quoique je ne sais quel auteur ait judicieusement observé qu'il y a entre l'orateur et le sophiste cette différence; que l'un, semblable au lévrier, l'emporte par la légèreté à la course, au lieu que l'autre, semblable au lièvre, sait mieux tromper par des détours celui qui le poursuit.

Suivent les critiques de l'herménie; car c'est ainsi que nous les appellerons, empruntant d'Aristote plutôt le mot que sa signification. Rappelons donc aux hommes ce que nous disions plus haut sur les conditions transcendantes et adventices des êtres, ou les adjoints, lorsque nous traitions de la philosophie première; je veux dire celles qui sont exprimées par ces mots : plus grand, plus petit, beaucoup, peu, antérieur, postérieur, le même, différent, la puissance, l'acte, l'habitude, la privation, le tout, les parties, l'agent, le patient, le mouvement, le repos, l'être, le non-être, et autres semblables.

Qu'ils se souviennent surtout et remarquent bien qu'il est différentes manières de considérer ces conditions; je veux dire qu'on peut les traiter ou physiquement ou logiquement. Quant à la considération physique, nous l'avons assignée à la philosophie première : reste donc la considération logique; et c'est cela même qu'en ce moment nous appelons doctrine des critiques de l'herménie. Or, c'est sans contredit une partie de la science aussi utile que saine; car ces notions générales et communes ont cela de propre qu'elles se présentent à chaque instant dans toutes les disputes; en sorte que si, dès le commencement, on n'use de tout son jugement et de toute sa diligence pour les bien définir et les bien distinguer, elles répandront une épaisse obscurité sur tous les sujets qu'on pourra traiter, et amèneront les choses au point que toutes les discussions dégénéreront en disputes de mots. En effet, les équivoques et les mauvaises acceptions de mots sont des sophismes de sophismes. C'est pourquoi nous avons cru mieux faire en décidant qu'elle devait être traitée à part qu'en la recevant dans la philosophie première ou métaphysique, ou en la subordonnant en partie à l'analytique, comme l'a fait Aristote en confondant les genres. Quant au nom que nous lui avons donné, nous l'avons tiré de son usage; car son véritable usage est proprement de faire la critique des mots et de donner des avertissements sur la signification qu'on y doit attacher. Il y a plus : la partie qui traite des prédicaments ou catégories, notre sentiment est que, pour peu qu'elle soit traitée comme elle doit l'être, son principal usage est d'empêcher qu'on ne confonde et qu'on ne transpose les limites des définitions et des divisions; aussi aimons-nous mieux le rapporter à cette partie. En voilà assez sur les critiques de l'herménie.

Quant à ce qui regarde l'examen critique des images ou des fantômes, il est certain que ces fantômes sont les plus profondes illusions de l'esprit humain; leur effet n'est pas seulement de tromper comme les autres sur tel ou tel point, en obscurcissant le jugement et lui tendant des pièges; mais ils trompent en vertu de la disposition même de l'esprit avant de juger et du vice de sa constitution, qui tend pour ainsi dire à défigurer et à infecter toutes les premières vues; car tant s'en faut que l'esprit humain, enveloppé et offusqué comme il l'est par le corps, soit semblable à un miroir bien poli et bien net, qu'au contraire c'est une sorte de miroir magique et enchanté qui ne présente que des fantômes. Or, les fantômes qui en imposent à l'entendement dérivent de trois sources : ou de la nature même et universelle du genre humain, ou de la nature particulière de chaque individu, ou enfin des mots, c'est-à-dire de la nature communicative. Ceux du premier genre, nous les appelons ordinairement fantômes de tribu; ceux du second fantômes de caverne, ceux du troisième fantômes de commerce. Il est aussi un quatrième genre que nous désignons par le nom de fantômes de théâtre et qui est comme entassé sur les autres par les mauvaises théories ou philosophies et par les fausses règles de démonstration; ce dernier genre, on peut l'abjurer et s'en débarrasser. C'est pourquoi nous n'en dirons rien pour le moment. Quant aux autres, disons qu'ils assiègent réellement l'esprit et qu'il est impossible de les extirper entièrement. Il ne faut donc pas nous demander sur ce sujet une sorte de traité analytique ; car cette partie de la doctrine des critiques, qui a pour objet les fantômes, est tout-à-fait radicale et élémentaire. Et s'il faut dire la vérité tout entière, la doctrine des fantômes n'est pas susceptible d'être réduite en art; tout ce qu'on peut faire pour s'en garantir, c'est d'user d'une certaine prudence contemplative. Quant à un traité complet et détaillé sur ce sujet, nous le renvoyons au *novum organum*, nous contentant de donner ici quelques observations générales.

Soit pour premier exemple des fantômes de tribu celui-ci : l'entendement humain est de nature à s'affecter plus vivement et plus fortement des opinions affirmatives et actives que des négatives et des privatives, quoiqu'en bonne logique il dût se prêter également aux unes et aux autres. Mais par l'effet d'une disposition toute opposée, il suffit qu'un événement ait lieu de temps en temps pour qu'il reçoive à ce sujet une impression beaucoup plus forte que celle qu'il recevrait en sens contraire si l'événement trompait son attente ou si le contraire arrivait plus souvent, ce qui est comme la source de toute superstition et de toute vaine crédulité. Aussi est-ce une réponse fort judicieuse que celle de cet homme qui, voyant suspendus dans un temple les portraits de ceux qui, ayant fait des vœux au fort du danger, s'en étaient acquittés après être échappés au naufrage, et qui, pressé par cette question : « Eh bien! actuellement reconnaissez-vous la divinité de Neptune ? » leur répliqua : « A la bonne heure ! mais où sont les portraits de ceux qui, ayant aussi fait des vœux, n'ont pas laissé de périr ?» Il en faut dire autant de toutes les superstitions semblables, telles que les rêves de l'astrologie, les songes mystérieux, les présages et autres pareilles imaginations. Voici l'autre exem-

ple : L'esprit humain, vu qu'il est lui-même, quant à sa substance, égal et uniforme, présuppose et imagine, dans la nature des choses, plus d'égalité et d'uniformité qu'il ne s'y en trouve réellement. De là ce préjugé des mathématiciens : que tout dans les cieux fait sa révolution dans des cercles parfaits, et cela ils le disent en rejetant les lignes spirales. C'est d'après ce même préjugé que, bien qu'il y ait dans la nature tant de choses uniques en leur espèce et tout-à-fait différentes des autres, l'esprit humain ne laisse pas d'imaginer entre toutes ces choses des relations, des analogies, une sorte de parallélisme. C'est encore de cette source qu'est dérivée l'hypothèse de l'élément du feu avec son orbe, comme pour faire la partie carrée avec les trois autres, la terre, l'eau et l'air. Quant aux chimistes, inspirés par je ne sais quel fanatisme, ils ont rêvé que l'immensité des choses forme une sorte de bataillon carré, supposant ridiculement que dans leurs quatre éléments se trouvent des espèces tout-à-fait semblables les unes aux autres, espèces qui, selon eux, se correspondent et sont comme parallèles. Le troisième exemple qui touche de bien près au précédent est cette supposition : que l'homme est comme la règle et le miroir de la nature. On ne saurait croire (pour peu qu'on veuille entrer sur ce sujet dans certains détails) quelle armée de fantômes a introduit dans la philosophie le préjugé d'après lequel on s'imagine que les opérations de la nature ressemblent aux actions humaines, je veux dire, que la nature fait des choses toutes semblables à celles que fait l'homme, préjugé qui ne vaut guère mieux que l'hérésie des anthropomorphites, née dans les cellules et la solitude de certains moines stupides, ni que l'opinion d'Epicure qui, dans le paganisme, répondait à celle-ci et qui attribuait aux dieux la forme humaine. Et qu'avait besoin l'épicurien Velléius de demander « pourquoi Dieu, semblable à un édile, s'était amusé à garnir le ciel d'étoiles et de lampions[1] ?» Si en effet Dieu eût voulu faire l'édile, il eût donné aux étoiles quelque autre disposition plus belle, plus élégante et tout-à-fait semblable à ces plafonds si curieusement travaillés qu'on admire dans les palais. Mais tout au contraire, dans ce nombre infini

(1) Cic. *Sur la nat. des dieux*, liv. I, c. 9.

d'étoiles, il serait difficile d'en montrer qui par leur arrangement formassent une figure parfaitement carrée, triangulaire ou rectiligne, tant il est pour l'harmonie de différence entre l'esprit de l'homme et l'esprit de l'univers.

Quant aux fantômes de caverne, ils dérivent de la nature propre et particulière de l'âme et du corps de chaque individu, ainsi que de l'éducation, de l'habitude et de toutes les causes fortuites et accidentelles qui modifient les hommes. En effet, c'est un très bel emblème que celui de l'antre de Platon[1] ; car si, laissant de côté ce que cette parabole peut avoir de plus fin et de plus ingénieux, nous supposions qu'un homme, qui depuis sa plus tendre enfance jusqu'à l'âge de maturité eût vécu dans une caverne obscure et profonde, vînt à sortir tout à coup et à paraître au grand jour, nul doute que cet homme, en contemplant ce magnifique et vaste appareil du ciel et des choses, frappé de ce spectacle si nouveau pour lui, ne conçût une infinité d'opinions fantastiques et extravagantes. Quant à nous, à la vérité, nous vivons sous l'aspect des cieux ; mais nos âmes pourtant demeurent renfermées dans nos corps comme dans autant de cavernes, en sorte qu'il est force qu'elles reçoivent une infinité d'images trompeuses et mensongères si elles ne sortent que très rarement de leurs cavernes et pour un temps fort court, au lieu de demeurer perpétuellement dans la contemplation de la nature et comme en plein air. A cet emblème de Platon répond parfaitement bien cette parabole d'Héraclite : « Que les hommes cherchent les sciences dans leurs propres mondes et non dans le grand. »

Mais rien de plus incommode que les fantômes de commerce qui se sont insinués dans l'entendement humain en vertu d'une convention tacite entre les hommes par rapport aux mots et à l'imposition des noms ; car en imposant ces noms on est obligé de les proportionner à l'intelligence du vulgaire et de ne diviser les choses que par des différences qu'il puisse saisir. Mais lorsqu'un esprit plus pénétrant ou un observateur plus exact veut les distinguer avec plus de précision, les mots s'y opposent à grand bruit ; et le moyen qu'on emploie pour remédier à cet inconvénient, je veux dire les définitions, n'est rien moins que suffisant pour réparer le mal, ces définitions elles-mêmes étant composées de mots. Il arrive ainsi que les mots enfantent d'autres mots ; car, bien que nous nous flattions de commander aux mots et qu'il soit aisé de dire : « Il faut parler comme le vulgaire et penser comme les sages; » que de plus les termes consacrés aux arts, lesquels ont cours seulement parmi ceux qui y sont versés, semblent suffire pour remplir cet objet ; qu'enfin les définitions dont nous avons parlé, mises en tête des arts, suivant la louable coutume des mathématiciens, puissent, jusqu'à un certain point, corriger les mauvaises acceptions de mots, néanmoins toutes ces précautions seront insuffisantes et n'empêcheront pas que les prestiges et les enchantements des mots, se tournant de nouveau contre l'entendement à la manière de ces Tartares qui combattent en fuyant, ne lui renvoient les traits qui en sont partis et ne lui fassent une sorte de violence. C'est pourquoi ce mal exige un remède nouveau et qui pénètre plus avant ; mais ce sujet, nous ne faisons ici que le toucher en passant, nous contentant pour le moment de prononcer qu'il nous manque cette doctrine que nous appelons les grands sophismes ou doctrine des fantômes, soit natifs, soit adventices de l'esprit humain, renvoyant au *novum organum* le traité où ce sujet est présenté comme il doit l'être.

Reste un certain appendice notable de l'art de juger, appendice que nous rangeons aussi parmi les choses à suppléer ; car Aristote a bien indiqué ce sujet-là, mais sans rien dire de la manière de le traiter. Cette science considère quelle démonstration l'on doit choisir et à quelles matières, à quels sujets l'on doit les appliquer ; en sorte que cette doctrine renferme, pour ainsi dire, les jugements des jugements mêmes. Et c'est avec beaucoup de fondement que ce philosophe dit qu'il ne faut demander ni des démonstrations aux orateurs, ni du pathétique aux mathématiciens ; en sorte que si l'on se méprend dans le choix de la preuve, on ne peut juger définitivement, attendu qu'il est quatre sortes de démonstrations, savoir : par le consentement immédiat et les notions, ou par l'induction, ou par le syllogisme, ou enfin par ce qu'Aristote appelle avec raison la démonstration en cercle, non à l'aide de choses plus

---

[1] Cic. *Rep.* liv. III.

connues et plus élevées, mais en restant, pour ainsi dire, sur le même plan. Chacune de ces quatre espèces de démonstrations a dans les sciences ses matières, ses sujets, auxquels elle s'applique naturellement, et il en est d'autres qui l'excluent; car la rigueur et l'esprit minutieux qui fait qu'en certains sujets l'on exige des preuves trop sévères, et beaucoup plus encore la facilité à se relâcher qui porte dans d'autres sujets à se contenter de preuves fort légères, sont les deux genres d'excès qui ont porté le plus de préjudice et fait le plus obstacle aux sciences. Mais en voilà assez sur l'art de juger.

CHAPITRE V.

Division de l'art de retenir, en doctrine des adminicules de la mémoire et doctrine de la mémoire même. Division de la doctrine de la mémoire en prénotion et emblème.

Nous diviserons l'art de retenir et de conserver en deux doctrines, savoir : en doctrine des adminicules de la mémoire et doctrine de la mémoire même. L'adminicule de la mémoire, c'est proprement l'écriture. Mais le premier avertissement que nous devons donner ici, c'est que sans cet adminicule les sujets qui ont beaucoup d'étendue et qui exigent beaucoup d'exactitude surpassent les forces de la mémoire, et que sans le secours d'un écrit elle est non-recevable ; règle qui a aussi lieu dans la philosophie inductive et dans l'interprétation de la nature ; car autant vaudrait dire qu'un homme peut, à l'aide de sa seule mémoire et sans le secours d'aucun écrit, faire tous les calculs d'un livre d'éphémérides, que de soutenir que la simple méditation, les forces natives et toutes nues de la mémoire suffisent dans l'interprétation de la nature. En un mot, elle ne peut rien sans le secours de tables bien ordonnées. Mais laissant de côté l'interprétation de la nature qui est une doctrine tout eneuve, je dis que, même dans les sciences anciennes et populaires, il n'est peut-être rien de plus utile qu'un adminicule de la mémoire solide et bien choisi, je veux dire une collection nourrie et bien dirigée de lieux communs ; car je n'ignore pas que l'usage de mettre tout ce qu'on lit ou qu'on apprend sous la forme de lieux communs est réputé fort préjudiciable à l'instruction, et qu'on suppose qu'il n'a d'autre effet que de ralentir le cours de la lecture et de rendre la mémoire plus paresseuse. Cependant, comme dans les sciences c'est vouloir en imposer que de se piquer de posséder un esprit vif et précoce, si cet esprit n'est en même temps enrichi de connaissances variées et doué d'une certaine solidité, la peine et le soin qu'on se donne pour rassembler des lieux communs nous parait être de la plus grande utilité, et propre à donner aux études de la fermeté, attendu qu'ils fournissent des matériaux pour l'invention et qu'ils aiguisent le jugement en le faisant concourir en un seul point. Mais il faut convenir que, parmi les méthodes et les systèmes de lieux communs que nous avons pu rencontrer jusqu'ici, nous n'en trouvons point qui aient la moindre valeur, vu qu'à en juger par les titres ils sentent plus l'école que le monde, n'employant que des divisions banales et pédantesques et non de ces divisions qui pénètrent, en quelque manière que ce soit, dans l'intérieur, dans la moelle même des choses.

Quant à la mémoire même, les recherches qu'on fait sur ce sujet ont je ne sais quoi de mou et de languissant. Ce n'est pas que nous n'ayons quelques écrits sur cet art, mais nous sommes assurés que non-seulement on pourrait avoir quelque chose de meilleur sur ce sujet, et que, soit la théorie, soit la pratique de cet art pourraient être portées à un plus haut point de perfection. Cependant nous ne doutons nullement que, pour peu qu'on veuille en abuser, on ne puisse par ce moyen faire certains tours de force qui tiennent du miracle ; mais à la manière dont on l'emploie, ce n'est après tout qu'un talent presque stérile et de peu d'usage dans la vie ordinaire. Nous ne lui reprocherons pas pour cela de détruire et de surcharger la mémoire (ce qui est l'objection ordinaire), mais seulement de manquer de moyens assez ingénieux pour procurer à la mémoire de vraies facilités dans les affaires et les choses sérieuses. Notre manière de voir à nous, et ce tour d'esprit nous le devons peut-être à notre genre de vie tout politique, est de faire peu de cas de ce qui ne va qu'à faire valoir l'art sans être au fond d'aucune utilité ; car de retenir un grand nombre de noms et de mots récités une seule fois et de les répéter précisément dans le même ordre, ou de composer impromptu un grand nombre de vers sur quelque sujet que ce soit, ou encore de tourner en ridicule tout ce qui se présente, à l'aide de certaines similitudes, ou de tourner en plaisanterie toutes les choses sérieuses, ou enfin d'éluder les raisons les plus fortes par d'adroites contradictions ou par des arguments captieux, et autres choses semblables, dont nous n'avons que trop bonne provision dans les facultés de l'âme, et qui, à force d'esprit et d'exercice, peuvent être portées jusqu'à un degré presque miraculeux ; tous ces talents-là et autres de cette espèce, nous n'en faisons guère plus de cas que des tours de souplesse des danseurs de corde et des tours de main des joueurs de gobelets ; car c'est au fond à peu près la même chose, les premiers abusant des forces de l'âme comme les derniers abusent des forces du corps. Tout cela peut avoir quelque chose d'étonnant, mais bien peu d'importance et de dignité.

Or, l'art de la mémoire s'appuie sur deux moyens, sur la prénotion et l'emblème. Nous appelons prénotion une idée anticipée qui sert à resserrer et limiter une recherche sans fin. Lorsqu'on veut se rappeler quelque chose, si l'on n'en a une certaine prénotion, un certain aperçu, on cherche sans doute et l'on prend bien de la peine, l'esprit errant çà et là et se perdant pour ainsi dire dans l'infini. Mais si l'on a quelque notion de ce que l'on cherche, dès lors l'infini est en quelque manière resserré, et la mémoire va cherchant plus près d'elle ; il en est de cela comme de la chasse au daim dans un parc. Aussi l'ordre aide-t-il manifestement la mémoire. Nous sommes alors aidés par cette prénotion, que ce que nous cherchons doit avoir quelque rapport avec cet ordre. C'est ainsi que les vers sont plus aisés à apprendre par cœur que la prose ; car si quelque mot ne se présente pas d'abord, nous avons sous la main cette prénotion que ce mot doit être de nature à s'ajuster au vers. Or la prénotion est la première partie de la mémoire artificielle. En effet, dans la mémoire artificielle nous avons déjà des lieux tout préparés et tout arrangés. Quant aux images, nous les composons sur-le-champ et selon que l'exigent les circonstances ; mais toujours avec cette prénotion que l'image doit avoir quelque analogie avec le lieu, ce qui agace la mémoire et l'arme en quelque manière, pour trouver ce que nous cherchons.

Quant à l'emblème, il rend sensible les choses intellectuelles ; car le sensible frappe toujours plus fortement la mémoire et s'y grave plus aisément que l'intellectuel. C'est pourquoi nous voyons que la mémoire des brutes est excitée par le sensible et nullement par l'intellectuel. Aussi retiendrez-vous plus aisément l'image d'un chasseur poursuivant un lièvre, ou celle d'un pharmacien arrangeant des boîtes, ou celle d'un pédant prononçant un discours, ou encore celle d'un enfant récitant de mémoire une pièce de vers, ou enfin celle d'un acteur faisant des gestes sur la scène, que les notions mêmes d'invention, de disposition, d'élocution, de mémoire et d'action. Il est d'autres points qui se rapportent aux secours qu'on peut donner à la mémoire, comme nous le disions il n'y a qu'un instant. Cependant l'art dont nous sommes en possession n'est composé que de ces deux parties déjà indiquées ; mais de suivre en détail tous les défauts des arts, ce serait nous écarter de notre plan. Ainsi nous ne dirons rien de plus sur l'art de la mémoire.

L'ordre naturel de notre sujet nous a enfin amenés au quatrième des membres de la logique qui traite de la transmission et de l'élocution.

LIVRE SIXIÈME.

CHAPITRE PREMIER.

Division de la traditive en doctrine sur l'organe du discours, doctrine sur la méthode du discours, et doctrine sur l'embellissement du discours. Division de la doctrine sur l'organe du discours en doctrine sur les marques des choses, sur la locution et sur l'écriture, parties dont les deux dernières constituent la grammaire et en sont les deux divisions. Division de la doctrine sur les signes des choses, en hiéroglyphes et caractères réels. Seconde division de la grammaire en littéraire et philosophique. Agrégation de la poésie, quant au mètre, à la doctrine sur la locution. Agrégation de la doctrine des chiffres à la doctrine sur l'écriture.

Nul doute, roi plein de bonté, qu'il ne soit permis à chacun de se jouer de lui-même et de ses occupations. Qui sait donc si par hasard cet ouvrage que nous donnons ici ne serait pas tiré de quelque vieux manuscrit trouvé dans cette fameuse bibliothèque de Saint-Victor, dont maître François Rabelais a donné le catalogue? car on y trouve un livre portant pour titre : *Formicarium artium*[1]. Quant à nous, sans doute, nous n'avons fait que former un petit tas de poussière, sous lequel nous avons serré une infinité de grains des arts et des sciences, afin que les fourmis pussent trotter vers cet asile et s'y reposer quelque peu avant de se remettre à l'ouvrage. Or, c'est à la fourmi que le plus sage des rois renvoie tous les paresseux[2]. Pour nous, nous déclarons tels tous ceux qui, contents d'user des acquisitions déjà faites, ne sont point jaloux de faire dans les sciences de nouvelles semailles et de nouvelles moissons.

Passons donc à l'art de transmettre, d'exprimer et d'énoncer ce qu'on a déjà inventé, jugé et déposé dans sa mémoire ; nous le désignerons par le nom général de traditive. Il embrasse tous les arts qui ont pour objet les mots et les discours ; car, bien que la raison soit comme l'âme du discours, néanmoins, lorsqu'il s'agit de traiter de tels sujets, la raison et le discours doivent, ainsi que l'âme et le corps, être considérés chacun à part. Nous diviserons la traditive en trois parties, savoir : doctrine sur l'organe du discours, doctrine sur la méthode du discours, doctrine sur l'embellissement ou l'ornement du discours.

La doctrine sur l'organe du discours communément reçue, et qui porte le nom de grammaire, se divise en deux parties, l'une qui traite de la locution, l'autre de l'écriture ; car c'est avec raison qu'Aristote dit que les mots sont les étiquettes des choses et les lettres les étiquettes des mots. Nous assignerons l'un et l'autre à la grammaire ; mais pour reprendre la chose de plus haut, avant d'en venir à la grammaire et à ses parties déjà indiquées, il est à propos de faire quelques observations générales sur l'instrument propre à l'art de transmettre. Cet art paraît avoir quelques autres enfants que les mots et les lettres. Commençons donc par poser ce principe : que tout ce qui est susceptible de différences en assez grand nombre pour pouvoir représenter distinctement toutes les notions diverses (pourvu toutefois que ces différences soient sensibles), peut être d'homme à homme le véhicule des pensées ; car nous voyons que des nations qui diffèrent par le langage ne laissent pas de commercer assez bien à l'aide des seuls gestes ; et nous voyons aussi que certains individus, sourds et muets de naissance, mais qui ne manquent pas d'intelligence, s'entretiennent d'une manière admirable avec ceux de leurs amis qui ont appris la signification de leurs gestes. Il y a plus ; on a commencé à s'assurer qu'à la Chine et dans les contrées les plus reculées de l'Orient, on fait usage aujourd'hui de certains caractères réels et non pas nominaux, caractères qui chez eux n'expriment ni des lettres, ni des mots, mais les choses et les notions mêmes, et qu'un grand nombre de ces nations qui diffèrent tout-à-fait par le langage, mais qui s'accordent quant à l'usage de cette espèce de caractères, communs à un grand nombre de contrées, communiquent entre elles par ce moyen, en sorte qu'un livre écrit en caractères de cette espèce, chacune de ces nations peut le lire et le traduire en sa propre langue.

Nous disons donc que ces signes des choses

---

(1) *Pantagruel*, liv. II, c. 7, p. 76 de l'édit. du *Panthéon*.
(2) SALOM. *Prov.* c. 6, v. 6.

qui, sans le secours et l'entremise des mots, expriment ces mêmes choses, sont de deux espèces, dont la première est fondée sur l'analogie, et la seconde est purement arbitraire. Du premier genre sont les hiéroglyphes et les gestes ; du dernier sont ce que nous avons appelé les caractères réels. L'usage des hiéroglyphes est fort ancien ; on y attachait même une certaine vénération, surtout chez les Egyptiens, nation fort ancienne. Ainsi les hiéroglyphes sont une sorte d'écriture première-née et plus vieille que les éléments mêmes des lettres, si ce n'est peut-être chez les Hébreux, et les gestes sont une espèce d'hiéroglyphes volants ; car de même que les paroles volent et que les écrits restent, de même aussi ces hiéroglyphes exprimés par les gestes passent, au lieu que les hiéroglyphes peints demeurent. Lorsque Périandre, consulté sur la manière d'affermir la tyrannie, ayant ordonné à l'envoyé de s'arrêter et de le regarder faire, se promenait dans ce jardin et faisait sauter avec sa baguette les têtes des fleurs les plus hautes, voulant dire qu'il fallait faire sauter ainsi les têtes des grands, en agissant ainsi il n'usait pas moins d'hiéroglyphes que s'il eût peint son action sur le papier. Quoi qu'il en soit, il est clair que les hiéroglyphes et les gestes ont toujours quelque analogie avec la chose signifiée, que ce sont des espèces d'emblèmes ; et c'est par cette raison que nous les avons qualifiés d'emblèmes fondés sur l'analogie. Quant aux caractères réels, ils n'ont rien d'emblématique et sont absolument sourds, semblables en cela aux éléments mêmes des lettres ; ils sont purement arbitraires, et c'est la coutume qui leur a donné cours en vertu d'une certaine convention tacite. On voit aussi que ce genre d'écriture exige une infinité de caractères ; car il doit y en avoir autant qu'il y a de mots radicaux. Ainsi la partie de la doctrine relative à l'instrument du discours, nous la rangeons parmi les choses à suppléer ; et quoiqu'elle puisse paraître d'une assez mince utilité, les mots et l'écriture étant pour la traditive des instruments suffisants, nous avons cru toutefois devoir ici en faire quelque mention comme d'un sujet qui n'est pas tout-à-fait à mépriser ; car nous traitons ici, en quelque manière, de la monnaie des choses intellectuelles ; et il ne sera pas inutile sur ce point de savoir que, de même qu'on peut fabriquer de la monnaie avec toute autre matière que l'or et l'argent, on peut aussi fabriquer des signes d'idées avec toute autre chose que les mots et les lettres.

Passons donc à la grammaire. Cette science est, à l'égard des autres, une sorte de commissionnaire dont l'emploi, à la vérité, n'est pas des plus nobles, mais pourtant des plus nécessaires, surtout dans ces derniers siècles où l'on puise les sciences dans les langues savantes et non dans les langues maternelles. On ne la jugera pas de peu d'importance, si l'on considère qu'elle fait la fonction d'une espèce d'antidote contre la malédiction de la confusion des langues ; car l'industrie humaine fait tout ce qu'elle peut pour se relever et pour se réintégrer dans les bénédictions dont elle est déchue par sa faute. Or, contre la première malédiction dont l'effet est la stérilité de la terre, en mangeant son pain à la sueur de son front, elle se fortifie et s'arme de tous les autres arts, et contre la seconde malédiction, dont l'effet est la confusion des langues, elle appelle à son secours la grammaire, art qui, à la vérité, n'est pas d'une grande utilité dans les langues maternelles, mais dont l'usage est plus étendu quand il est question d'apprendre les langues étrangères, et infiniment plus encore lorsqu'il s'agit des langues qui ont cessé d'être vulgaires et qui ne se perpétuent que dans les livres.

Nous diviserons la grammaire en deux parties, dont l'une sera littéraire et l'autre philosophique. L'une n'est d'usage que pour les langues, savoir : pour les apprendre plus vite ou les parler plus purement et plus correctement ; mais l'autre est de quelque utilité en philosophie. Nous nous rappelons à ce sujet que César avait composé un livre sur l'analogie. Il nous est d'abord venu dans l'idée que ce pouvait bien être la grammaire philosophique dont nous parlons ici. Nous soupçonnons toutefois qu'il ne s'y trouvait rien de si profond ou de si relevé, et qu'elle ne renfermait que les préceptes à suivre pour acquérir une diction correcte et châtiée, une diction qui ne s'écartât jamais du meilleur usage et qui n'eût aucune teinte d'affectation. Néanmoins, en partant de cette idée même, nous avons embrassé par notre pensée le projet d'une sorte de grammaire philosophique où l'on observerait avec soin, non l'analogie des mots entre eux, mais l'analogie qui règne entre les mots et les choses, ou la raison, en deçà toutefois des limites de cette herménie qui est subordonnée à la logique. Nul doute que les mots ne soient des vestiges de la raison. Or, les traces fournissent aussi quelques indications sur le corps même qui a passé ; nous donnerons donc ici une légère esquisse de cette grammaire. 1° Nous ne goûtons nullement la recherche minutieuse que Platon, génie du premier ordre, n'a pourtant pas dédaignée, je veux dire celle qui a pour objet la première imposition des noms, l'étymologie des mots, recherche où l'on part de la supposition, qu'à l'origine des langues l'invention des mots ne fut rien moins qu'arbitraire, mais qu'elle fut dirigée par une sorte de raisonnement, et qu'elle fut dérivée, déduite avec une certaine intelligence. C'est sans contredit un fort beau sujet ; c'est une cire flexible dont on fait tout ce qu'on veut. De plus, comme cette science-là semble pénétrer dans le sanctuaire des antiquités, elle jouit d'une sorte de vénération, quoiqu'au fond l'on y trouve peu de vérité et encore moins d'utilité. Mais enfin, si l'on voulait avoir une grammaire vraiment excellente, il faudrait qu'un homme versé dans beaucoup de langues, soit savantes, soit vulgaires, traitât de leurs différentes propriétés, et nous dit en quoi chacune excelle et en quoi elle pèche ; c'est ainsi que les langues peuvent s'enrichir par leur commerce mutuel, et que, de ce qu'on trouverait de plus beau dans chaque langue, on pourrait former une image de discours parfaitement belle, une sorte de modèle exquis et semblable à la Vénus d'Apelle, à l'aide duquel on exprimerait convenablement les conceptions et les sentiments de l'âme. Et ce qu'on ne serait guère porté à croire, c'est que d'une telle grammaire on pourrait encore tirer des indications assez fortes et très dignes d'observation sur les mœurs et le génie des peuples et des nations, je veux dire, par la simple considération de leurs langues. J'aime à entendre Cicéron lorsqu'il remarque que « chez les Grecs manquait le mot qui répond au mot *ineptus* (inepte) des Latins, par la raison, dit-il, que ce vice était si familier aux Grecs qu'ils ne l'apercevaient pas même en eux [1]; » censure vraiment digne de la gravité romaine. D'où vient aussi que les Grecs se donnaient tant de licence par rapport aux compositions de mots, et que les Romains, au contraire, étaient si sévères sur cet article ? N'en serait-ce pas assez pour conclure que les Grecs étaient plus propres pour les arts, et les Romains pour l'action ? car les distinctions nécessaires dans les arts exigent de fréquentes compositions de mots, au lieu que les affaires et l'action demandent un langage plus simple. De plus, les Hébreux avaient tant d'aversion pour les compositions de mots qu'ils aimaient mieux abuser d'une métaphore que d'introduire un nouveau terme composé. Ce n'est pas tout encore ; leurs mots sont en si petit nombre et si peu mélangés qu'on voit bien à sa langue même que cette nation était vraiment nazaréenne et séparée des autres. N'est-ce pas encore une chose bien digne de remarque (quoique nous autres modernes nous ne laissions pas d'avoir un peu de vent), que, quoique les langues anciennes fussent si bien pourvues de déclinaisons, de cas, de conjugaisons, de temps et autres choses semblables, les modernes en soient presque totalement dépourvues et que le plus souvent elles se tirent lâchement d'affaire, à l'aide des prépositions et des verbes auxiliaires ? Différence qui ferait soupçonner (malgré cette douce complaisance que nous avons pour nous-mêmes) que, dans les premiers siècles, les esprits avaient plus de finesse et de pénétration que de notre temps. Il est une infinité d'observations de cette espèce dont on pourrait faire un bon volume. Ce ne sera donc pas une attention étrangère à notre sujet que de distinguer la grammaire philosophique de la grammaire simple et littéraire.

Nous croyons devoir aussi rapporter à la grammaire toutes les différences accidentelles, dont les mots sont susceptibles : son, mesure, accent, etc. Quant aux causes et aux circonstances, qui sont comme le berceau des lettres, je veux dire, si l'on demande par quel choc de la langue, quelle ouverture de la bouche, quel rapprochement des lèvres, quel effort du gosier, chaque lettre est engendrée, ces considérations-là n'appartiennent point du tout à la grammaire, mais c'est une portion de la doctrine des sons, laquelle doit être traitée au chapitre du sentiment et des choses sensibles. Ce son grammatical, dont nous parlons ici, ce n'est que celui qui se rapporte aux euphonies et aux dysphonies. Il en est qui sont communs à toutes

[1] Cic. *De l'Orateur*, II, c. 4, vers la fin.

les langues : par exemple, il n'en est point qui n'évite avec soin l'hiatus qui résulte du concours des voyelles et les aspérités, les chocs résultant du concours de certaines consonnes. Il en est d'autres qui sont particuliers aux différentes langues, et qui, flattant l'oreille de telle nation, choquent celle de telle autre, et réciproquement. La langue grecque fourmille de diphthongues ; le latin en a beaucoup moins. L'espagnol repousse les lettres dont le son est grêle et les convertit aussitôt en lettres moyennes. Les langues venues des Goths aiment les aspirations. Il est beaucoup d'observations semblables à faire, mais celles-ci même sont peut-être déjà de trop.

Mais la mesure des mots a enfanté un art dont le corps est immense. C'est de la poésie qu'il s'agit, non pas quant à la matière, sujet déjà traité, mais quant au style et à l'arrangement des mots ; je veux parler du vers, de la versification, en un mot. C'est un genre où l'art semble bien pauvre, mais où l'on trouve des exemples fort éclatants et dont le nombre est infini ; et néanmoins cet art, auquel les grammairiens donnent le nom de prosodie, ne devrait pas se borner à enseigner les différents genres et les différentes mesures de vers ; on devrait encore y joindre des préceptes qui indiquassent quelle espèce de vers convient à chaque genre de matière ou de sujet. Les anciens consacraient les vers héroïques aux histoires et aux panégyriques, les vers élégiaques aux sujets plaintifs, les vers iambiques aux satires, les lyriques aux odes et aux hymnes, et c'est une attention qu'ont eue aussi les poètes modernes, chacun dans sa langue. Tout ce que j'y trouve à reprendre, c'est que certains amateurs excessifs de l'antiquité ont voulu ajuster les langues modernes aux mesures antiques (héroïques, élégiaques, saphiques), mesures que la constitution même de ces langues repousse et que l'oreille ne repousse pas moins. Dans ces sortes de choses, c'est plus au sentiment qu'aux préceptes de l'art qu'il faut s'en rapporter, à l'exemple de celui qui a dit :

Cœnæ fercula nostræ
Mallem convivis quam placuisse cocis [1] *;*

car ce n'est pas là proprement l'art, ce n'en est

que l'abus, attendu que ces raffinements, loin de perfectionner la nature, ne font que la pervertir. Quant à ce qui regarde la poésie, soit qu'on parle des fictions ou du mètre, c'est, comme nous l'avons déjà dit, une herbe qui pousse partout, qui vient sans graine et en vertu de la vigueur même du sol ; aussi la voit-on serpenter en tous lieux et se répandre au loin, en sorte qu'il est inutile de s'amuser à en rechercher les défauts, et que le mieux est de nous débarrasser de ce soin. Quant à l'accent tonique des mots, nous n'avons garde de traiter un sujet si mince, à moins qu'on ne juge nécessaire d'observer qu'on a fait des remarques très fines sur les accents des mots, sans rien dire sur les accents des sentences mêmes. C'est néanmoins un usage commun au genre humain tout entier que de baisser la voix sur la fin de la phrase, de l'élever dans les interrogations, et les observations de ce genre ne sont pas en petit nombre. Voilà ce que nous avions à dire sur la partie de cette grammaire qui a pour objet la locution.

Quant à ce qui regarde l'écriture, on emploie dans cette vue, ou l'alphabet vulgaire et généralement reçu, ou des caractères occultes et particuliers, dont on est convenu avec ses correspondants et auxquels on donne le nom de chiffres. Mais l'orthographe vulgaire a aussi donné lieu à une question et occasionne des disputes ; il s'agit de savoir si l'on doit écrire les mots précisément comme on les prononce, ou s'il ne vaut pas mieux se conformer entièrement à l'usage ; mais l'écriture qui se donne pour réformée, je veux dire celle qui se conforme à la prononciation, est une de ces subtilités qu'on peut regarder comme inutiles ; car enfin la prononciation même varie à chaque instant et n'a rien de fixe, ce qui fait disparaître entièrement les dérivations de mots, surtout de ceux qui sont tirés des langues étrangères. Enfin, comme l'écriture qui se conforme à l'usage n'empêche en aucune manière de prononcer les mots comme on l'entend, mais qu'elle laisse toute liberté à cet égard, à quoi bon cette innovation ?

Il faut donc en venir aux chiffres, dont les différents genres ne sont pas en petit nombre ; car il y a les chiffres simples, les chiffres mêlés de caractères non signifiants, les chiffres où un seul caractère représente plusieurs lettres, les chiffres à roues, les chiffres à clef, les chiffres

---

[1] J'aimerais mieux que la bonne chère de notre souper eût plu à mes convives qu'à mes cuisiniers. MART. X, 82, v. 14.

de mots et beaucoup d'autres. Or, les conditions requises dans un chiffre sont au nombre de trois : 1° ils doivent être faciles et ne pas exiger trop de temps, soit pour les écrire, soit pour les lire ; 2° ils doivent être sûrs, et tels qu'il soit tout-à-fait impossible de les déchiffrer. J'ajouterai enfin qu'il faut, autant qu'il est possible, qu'ils ne fassent naître aucun soupçon ; car si la lettre vient à tomber entre les mains de gens qui aient quelque autorité sur ceux qui l'ont écrite ou à qui elle est adressée, le chiffre a beau être sûr et le déchiffrement impossible, néanmoins cela même donne lieu à des recherches et à un examen quelquefois rigoureux, à moins que le chiffre ne soit de nature à ne faire naître aucun soupçon ou à éluder l'examen. Quant à ce but d'éluder l'examen, il suffit d'un moyen aussi nouveau qu'utile, que nous connaissons ; et comme il est sous notre main, à quoi bon ranger cet article parmi les choses à suppléer, au lieu de proposer ce moyen même ? or, voici en quoi il consiste. Ayez deux alphabets, l'un de lettres véritables, l'autre de lettres non signifiantes, puis enveloppez l'une dans l'autre deux lettres différentes, dont l'une contienne le secret et l'autre soit de ces lettres que celui qui écrit aurait, selon toute apparence, pu envoyer dans les circonstances données, sans y rien mettre toutefois qui puisse exposer. Que si l'on vous interroge avec sévérité sur ce chiffre, présentez l'alphabet des lettres non signifiantes, en les donnant pour les vraies lettres, et réciproquement ; par ce moyen, l'examinateur tombera sur cette lettre extérieure, et comme il la jugera vraisemblable, il n'aura aucun soupçon par rapport à la lettre intérieure ; mais afin d'éloigner toute espèce de soupçon, nous ajouterons un autre moyen que nous imaginâmes dans notre première jeunesse, durant notre séjour à Paris, et c'est une invention qui même aujourd'hui ne nous paraît pas indigne d'être conservée ; car elle a un avantage qu'on peut regarder comme le plus haut degré de perfection d'un chiffre, celui d'être propre à exprimer tout à l'aide de tout, de manière cependant que la lettre qu'on enveloppe a cinq fois moins de volume que celle dans laquelle elle est enveloppée ; elle n'exige aucune autre condition ou restriction. Voici en quoi elle consiste : 1° réduisez tout l'alphabet à deux simples lettres, à l'aide de la seule transposition ; car si vous placez deux lettres en cinq lieux différents, vous aurez trente-deux différences, ce qui est beaucoup plus que vingt-quatre, qui, chez nous, est le nombre des lettres de l'alphabet. Voici un exemple de cet alphabet.

EXEMPLE

DE L'ALPHABET BILITTÉRAIRE.

A   B   C   D   E   F
aaaaa, aaaab, aaaba, aaabb, aabaa, aabab,
G   H   I   K   L   M
aabba, aabbb, abaaa, abaab, ababa, ababb,
N   O   P   Q   R   S
abbaa, abbab, abbba, abbbb, baaaa, baaab,
T   V   W   X   Y   Z
baaba, baabb, babaa, babab, babba, babbb.

Et cet alphabet, son effet ne se réduit pas à un léger avantage qu'on gagne en passant ; mais cette idée même fournit un moyen à l'aide duquel, à toute distance, et par des objets sensibles à la vue ou à l'ouïe, on pourrait exprimer et porter ses pensées, pourvu que ces objets fussent susceptibles de deux différences seulement, comme à l'aide des cloches, des trompettes, des feux, des coups de canon ; mais pour revenir à notre objet, lorsque vous voudrez écrire, vous décomposerez la lettre intérieure, et l'écrirez en caractères tirés de cet alphabet bilittéraire. Soit la lettre intérieure celle qui suit :

FUGE.

Exemple de cette décomposition.

F   U   G   E.
aabab, baabb, aabba, aabaa.

Ayez sous votre main un autre alphabet qui soit double, c'est-à-dire qui présente, sous une double forme, chacune des lettres de l'alphabet ordinaire, tant capitales que petites lettres, et de la manière qui vous sera la plus commode.

Exemple de l'alphabet sous deux formes.

a. b. a. b. a. b. a. b. a. b. a. b. a. b. a. b.
A. *A.* a. *a.* B. *B.* b. *b.* C. *C.* c. *c.* D. *D.* d. *d.*
a. b. a. b. a. b. a. b. a. b. a. b. a. b. a. b.
E. *E.* e. *e.* F. *F.* f. *f.* G. *G.* g. *g.* H. *H.* h. b.

a. b. a. b. a. b. a. b. a. b. a. b. a. b.
I. *I*. i. *i*. K. *K*. k. *k*. L. *L*. l. *l*. M. *M*. m. *m*.
a. b. a. b. a. b. a. b. a. b. a. b. a. b.
N. *N*. n. *n* O. *O*. o. *o*. P. *P*. p. *p*. Q. *Q*. q. *q*.
a. b. a. b. a. b. a. b. a. b. a. b. a. b.
R. *R*. r. *r*. S. *S*. s. *s*. T. *T*. t. *t*. V. *V*. v. *v*.
a. b. a. b. a. b. a. b. a. b. a. b. a. b.
W. *W*. w. *w*. X. *X*. x. *x*. Y. *Y*. y. *y*. Z. *Z*. z. *z*.

Cela posé, vous ajusterez, lettre par lettre, la lettre extérieure à la lettre intérieure déjà écrite en caractère de l'alphabet bilittéraire, et vous l'écrirez ensuite. Soit la lettre extérieure :

Manere te volo, donec venero.

Exemple de la manière d'ajuster les deux lettres.

F	U	G	E.
aabab.b	aa	bb.aa	bba.aa	baa
Manere	te	volo,	donec	ven.ero.

Nous avons ajouté ici un autre exemple plus étendu de ce même chiffre, qui sert à tout écrire à l'aide de tout. Voici la lettre intérieure, qui n'est autre que la lettre même des Éphores de Sparte, jadis envoyée sur la Scytale.

Perditæ res : Mindarus cecidit, milites esuriunt, neque hinc nos extricare, neque hic diutiùs manere possumus.

Lettre extérieure tirée de la première épître de Cicéron, et dans laquelle est enveloppée la lettre des Spartiates.

Ego omni *officio*, ac *potius* pietate *erga* te, caeteris satis*facio* omnibus; *Mihi* ipse nun*quam* satisfacio. *Tanta* est *enim* magnitudo tuorum erga me meritorum, ut quoniam tu, nisi perfecta re, de me non conquiesti, ego, quia non idem in tua causa efficio, vitam mihi esse acerbam putem. In causa haec sunt: Ammonius Regis Legatus aperte pecunia nos oppugnat. Res agitur per eosdem creditores, per quos, quum tu aderas, agebatur. Regis causa, si qui sunt qui velint, qui pauci sunt, omnes ad Pompeium rem deferri volunt. Senatus religionis calumniam, non religione, sed malev. olentia, et illius regiae largitionis invidia, comprobat, etc.

Or, la doctrine qui a les chiffres pour objet entraîne avec soi une autre doctrine qui lui correspond, je veux dire l'art de déchiffrer ou de deviner les chiffres, quoiqu'on ignore la clef du chiffre ou le moyen dont on est convenu pour en cacher la signification. C'est sans contredit un travail des plus pénibles et des plus ingénieux; et il est, comme le premier, consacré au service des princes. Néanmoins, à l'aide d'un peu d'adresse et de précaution, on pourrait le rendre inutile, quoiqu'à la manière dont on s'y prend, il soit aujourd'hui d'un grand usage. En effet, si l'on inventait des chiffres vraiment sûrs, on en trouverait beaucoup qui éluderaient toute la sagacité du déchiffreur, et qui ne laisseraient pas d'être susceptibles d'être, soit lus, soit écrits, avec autant de promptitude que de facilité; mais l'impéritie et l'ignorance des secrétaires et des commis, dans les cours des princes, est portée à tel point que le secret des plus grandes affaires est confié à des chiffres dont la clef est trop facile à découvrir.

Cependant il se pourrait qu'on nous soupçonnât de n'avoir dans ce dénombrement et cette espèce de revue que nous faisons des arts d'autre but que de développer les troupes scientifiques que nous rangeons, pour ainsi dire en bataille, afin de les grossir et de les multiplier à la vue, quoiqu'au fond, dans un traité aussi succinct, il soit plus facile de faire un étalage de leur multitude que de bien développer leurs forces. Mais nous, fidèles à notre plan, nous allons toujours pressant l'exécution de notre dessein, et en formant ce globe des sciences, nous ne voulons rien omettre, pas même les plus petites iles ou les plus éloignées. Qu'on ne pense pas non plus que ces arts, que nous ne faisons que toucher en passant, nous nous contentons de les effleurer. Qu'on dise plutôt que, travaillant sur un tas immense, nous en tirons, pour ainsi dire, les amendes et la moelle avec un instrument aigu. Quant au jugement que l'on doit porter sur notre travail, nous l'abandonnons aux hommes les plus versés dans les arts de cette espèce. En effet, comme la plupart de ces hommes, qui veulent passer pour des hommes universels et qui ne manquent pas de faire parade des termes de tous les dehors de l'art, surprennent ainsi l'admiration des ignorants, tandis que les maîtres se moquent d'eux, nous espérons que nos efforts, obtenant un succès tout-à-fait opposé, arrêteront l'attention des plus habiles dans cet art, tandis que les autres y attacheront moins de prix. Quant aux arts qui peuvent être regardés comme d'un rang inférieur, si quelqu'un s'imaginait que nous y attachons trop d'importance, qu'il regarde autour de lui, et il verra que les mêmes hommes, qui dans leurs provinces jouissent de la plus haute considération et y sont regardés comme de grands hommes, des hommes célèbres, s'ils viennent à passer dans la capitale, y sont presque entièrement confondus dans la foule et y sont à peine aperçus. De même il n'est nullement étonnant que les arts moins importants, lorsqu'ils se trouvent placés auprès des arts principaux et suprêmes, ne perdent beaucoup de leur dignité, quoiqu'ils paraissent à ceux qui en font leur principale occupation, quelque chose de beau et de grand ; mais en voilà assez sur l'instrument du discours.

CHAPITRE II.

doctrine sur la méthode du discours est constituée comme une partie principale et substantielle de la traditive ; on la qualifie de prudence de la traditive. Dénombrement des divers genres de méthodes, avec leurs avantages et leurs inconvénients.

Passons à la doctrine sur la méthode du discours ; c'est une science que l'on traite ordinairement dans la dialectique, dont on la regarde comme une partie. Elle a aussi trouvé place dans la rhétorique sous le nom de disposition ; mais l'usage où l'on est de la mettre ainsi au service des autres sciences a été cause qu'on a omis une infinité de choses qui s'y rapportent et qui seraient utiles. C'est pourquoi nous avons cru devoir constituer une doctrine positive et principale de la méthode, et nous la désignons sous le nom général de prudence de la traditive. Ainsi la méthode ayant une grande diversité de genres, nous en donnerons plutôt l'énumération que la division.

Quant à la méthode unique et aux perpéquelles dichotomies, il est inutile d'en parler ici ; ce n'a été qu'une sorte de nuage scientifique qui a passé rapidement ; c'est un genre de méthode tout-à-fait superficielle et nuisible aux sciences. En effet, lorsque les hommes de cette trempe tordent les choses pour les ajuster aux lois de leur méthode, et qu'ils suppriment et contournent en dépit de la nature tout ce qui ne se moule pas dans leurs dichotomies, ils font que les amandes et les graines des sciences leur échappent, et qu'il ne leur reste dans les mains que des noyaux, que des gousses desséchées et entièrement vides. Ce genre de méthodes n'enfante que de stériles simplifications et ruine tout ce que les sciences ont de solide.

Constituons donc la première différence de la méthode de manière qu'elle se divise en magistrale et initiative. Or, quand nous employons ce mot d'initiative, notre idée n'est pas que la dernière ne sert que pour enseigner les éléments des sciences, et la première pour transmettre la science en son entier ; mais, au contraire, empruntant un terme des choses sacrées, nous tenons pour initiative celle dont l'office est de découvrir et de dévoiler les mystères des sciences ; car la méthode magistrale apprend à user de ce qu'on enseigne, et l'initiative apprend plutôt à le soumettre à l'examen ; l'une adresse ses leçons au vulgaire des disciples, l'autre aux enfants de la science ; enfin l'une a pour but la manière de faire usage des sciences en les laissant telles qu'elles sont, et l'autre a pour objet leur continuation et leur avancement. La dernière de ces méthodes est une sorte de route abandonnée et inaccessible ; car à la manière dont on s'y prend même aujourd'hui pour enseigner les sciences, et les maîtres et les disciples semblent réunir leurs efforts et s'entendre pour entasser des erreurs. En effet, celui qui enseigne a grand soin de choisir une méthode dont l'effet soit qu'on ajoute foi à ce qu'il dit et non une méthode qui le rende plus facile à examiner, et celui qui apprend n'est pas fâché que le maître lui donne l'exemple de ne pas s'attacher à des recherches trop rigoureuses, et il a plus à cœur de ne point douter que de ne point se tromper ; en sorte que le maître, séduit par l'amour de la gloire, prend bien garde de déceler le faible de sa science et que le disciple en haine du travail ne veut pas éprouver ses forces. Cependant la science, qu'on transmet comme une toile à ourdir, doit être insinuée dans l'esprit des disciples par la même méthode qui a guidé les premiers inventeurs. Or, cette marche-là même, on pourrait sans contredit la suivre dans la science acquise par voie d'induction ; mais, dans cette autre science anticipée et prématurée, qui est en usage, lorsqu'on a acquis des connaissances en la suivant, il ne serait pas facile de dire comment l'on y est arrivé. Cependant nul doute que du plus au moins l'on ne puisse réviser sa propre science, repasser par la route qu'on a suivie en acquérant des connaissances, vérifier les consentements qu'on a donnés successivement, et par ce moyen transplanter la science dans l'esprit du disciple, comme elle a germé dans l'esprit du maître. Et il en est sur ce point des arts comme des plantes. Si votre dessein n'est que de faire usage d'une plante, vous ne vous occupez guère de la racine; mais si votre dessein est de la transplanter dans un autre sol, il est plus sûr d'employer dans cette vue les racines que les rejetons. C'est ainsi que les méthodes d'exposition, aujourd'hui en usage, présentent des espèces de troncs scientifiques, troncs fort beaux à la vérité et d'un très bon service pour le charpentier, mais tout-à-fait inutile au planteur. Que si vous voulez voir croître la science, laissez là ces troncs; tâchez seulement d'enlever les racines bien intactes et avec un peu de la terre qui s'y attache. Or, le genre d'exposition dont nous parlons a quelque analogie avec la méthode que suivent les mathématiciens dans le sujet qui leur est propre; mais à parler en général, je ne vois pas que rien de semblable soit en usage, ni que personne se soit appliqué sérieusement à cette recherche. Ainsi nous la compterons parmi les choses à suppléer, et nous l'appellerons tradition, transmission de la lampe ou méthode consacrée aux enfants de la science.

Suit une autre différence qui paraît avoir de l'affinité avec l'intention précédente, mais qui, dans le fait, y est presque opposée; car ces deux méthodes ont cela de commun qu'elles séparent le vulgaire des auditeurs d'avec les disciples d'élite, et cela d'opposé que la première montre tout à découvert, au lieu que l'autre use de certains voiles. Disons donc, en partant de cette différence, que l'une est une méthode exotérique, et l'autre une méthode acroamatique. En effet, la différence que les anciens ont mise principalement dans les livres qu'ils publiaient, nous la transporterons à la méthode d'enseignement. De plus, la méthode acroamatique était fort en usage chez les anciens, et ce fut avec beaucoup de prudence et de jugement qu'ils l'employèrent; mais ce genre d'exposition acroamatique ou énigmatique a été avili dans ces derniers temps par certains auteurs qui en ont abusé comme d'un faux jour pour débiter plus aisément leurs marchandises contrefaites.

Le but de cette méthode mystérieuse et de ce voile dont elle couvre tout, paraît être d'écarter du sanctuaire des sciences le vulgaire (le vulgaire profane, s'entend) et de n'y donner entrée qu'à ceux qui, ou aidés par les maîtres devineraient le sens des paraboles, ou pourraient, par leur seule pénétration et leur propre sagacité, percer ces voiles.

Suit une autre différence qui est de la plus grande importance dans les sciences; c'est celle qui distingue l'exposition sous forme d'aphorismes de l'exposition méthodique; car ce qui mérite surtout d'être observé, c'est la mauvaise habitude où sont la plupart des hommes de s'emparer d'un petit nombre d'axiomes et d'observations sur quelque sujet que ce soit et d'en composer un fantôme d'art complet et imposant, en le renflant de je ne sais quelles réflexions de leur crû, en le décorant d'exemples éclatants et liant tout cela à l'aide du fil de la méthode. Cependant l'autre méthode d'exposition sous forme d'aphorismes porte avec soi une infinité d'avantages auxquels n'atteint point l'exposition méthodique. Elle donne une idée de la capacité de l'écrivain et met à portée de juger s'il n'a fait qu'effleurer la science qu'il traite ou s'il s'en est pénétré bien profondément. Il est force que ces aphorismes, sous peine d'être tout-à-fait ridicules, soient tirés des profondeurs, de la moelle même des sciences; car là il n'est plus question d'embellissements et de digressions, plus de fil ni d'enchaînement de conséquences, plus de pratique détaillée; en sorte qu'il ne reste plus pour la matière des aphorismes qu'une riche collection d'observations. Aussi ne sera-t-on pas en état de composer des aphorismes, et même n'y songera-t-on pas, si l'on ne se sent la tête meublée de connaissances aussi étendues que solides. Mais dans l'usage de la méthode,

Tantùm series juncturaque pollet,
Tantùm de medio sumptis accedit honoris [1],

[1] Tant l'enchaînement et la liaison des idées a de charme et peut ajouter de prix à des sujets communs.
Hor. *Art poét.* v. 242.

on trouve ainsi moyen de donner un certain vernis scientifique à des choses qui, pour peu qu'on les analysât et qu'on les considérât une à une et toutes nues, se réduiraient presqu'à rien. En second lieu, l'exposition méthodique, bonne pour surprendre la croyance et l'assentiment des disciples, ne fournit pas d'indications pour la pratique. Elle présente bien en effet une sorte de démonstration en cercle et d'ensemble dont les parties s'éclairent réciproquement, et c'est en quoi elle plaît davantage à l'entendement. Cependant, comme dans la vie ordinaire les actions sont éparses et non arrangées dans un ordre marqué, les documents épars s'y rapportent mieux et sont plus utiles pour les diriger. Enfin, les aphorismes présentent les sciences comme par pièces et par morceaux, ils invitent le lecteur à y ajouter quelque chose du sien, au lieu que l'exposition méthodique, leur donnant l'air d'être complètes, jette les hommes dans la sécurité et les porte à croire qu'ils ont saisi le tout.

Suit une autre différence qui est aussi d'un grand poids, et c'est celle qui se trouve entre deux sortes d'expositions, dont l'une présente les assertions avec leurs preuves, et l'autre les questions avec leurs solutions. Quant à cette dernière méthode, lorsqu'on s'y attache excessivement, elle ne nuit pas moins au progrès des sciences que ne nuirait et ne ferait obstacle à la marche et aux succès d'une armée un général qui s'amuserait à attaquer tous les petits châteaux et toutes les bicoques qu'il trouverait sur son chemin. En effet, si vous gagnez la bataille et vous attachez constamment au fort de cette guerre, toutes ces petites places capituleront d'elles-mêmes. Il faut convenir pourtant qu'il ne serait pas trop sûr de laisser derrière soi quelque ville grande et fortifiée. C'est ainsi que, dans l'exposition des sciences, il faut, en y entremêlant les réfutations, n'en user qu'avec épargne et seulement pour ruiner les fortes préoccupations, les gros préjugés, mais nullement pour exciter et provoquer les doutes les plus légers.

Suit une autre différence de méthode qui consiste à bien approprier cette méthode au sujet qu'on traite ; car autre est la manière dont on enseigne les mathématiques, qui sont ce que, dans les sciences, il y a de plus abstrait et de plus simple, autre la manière d'enseigner la politique, qui est ce qu'il y a de plus embarrassé et de plus compliqué ; et, comme nous l'avons déjà dit, une méthode uniforme ne convient point du tout dans une matière très diversifiée. Quant à nous, par la même raison que nous avons approuvé la topique particulière dans l'invention, nous voulons qu'on emploie aussi jusqu'à un certain point des méthodes particulières dans l'exposition.

Suit une autre différence de méthode dans l'exposition des sciences, méthode qu'il faut employer avec jugement ; c'est celle qui profite des lumières et des vues sur la science à enseigner qui ont été d'avance comme versées et fixées dans les esprits ; car autre est la manière dont on doit enseigner une science qui est tout-à-fait nouvelle et étrangère pour les disciples, autre est la méthode qui convient à une science qui a de l'affinité avec les opinions dont leur esprit est déjà imbu, et qui est, pour ainsi dire, de la même famille. Aussi Aristote, lorsqu'il veut, sur ce point, railler Démocrite, ne fait-il réellement que lui donner un éloge ; « Voulons-nous, lui dit-il, disputer sérieusement ? Eh ! laissons là les similitudes ; » lui reprochant ainsi de faire un trop grand usage des comparaisons. Cependant ceux dont les opinions sont déjà basées sur les opinions populaires n'ont autre chose à faire que de bien poser la question et de prouver ce qu'ils avancent. Au contraire, ceux dont les dogmes s'élèvent au-dessus des opinions populaires ont deux choses à faire : 1º à faire bien entendre ce qu'ils veulent dire, puis 2º à prouver leurs assertions ; en sorte que c'est une nécessité pour eux de recourir aux similitudes et aux métaphores, afin de s'insinuer dans les moindres esprits. Aussi voyons-nous que, durant l'enfance des sciences et dans les siècles les plus grossiers, temps où ces principes, aujourd'hui triviaux et rebattus, étaient encore nouveaux et paraissaient étrangers, tout était plein de paraboles et de similitudes. Autrement que fût-il arrivé ? qu'on n'eût pas remarqué ces nouvelles propositions et qu'on n'y eût pas fait l'attention qu'elles méritaient, ou qu'on les eût rejetées comme autant de paradoxes. En effet, c'est une sorte de règle dans la traditive que toute science qui ne s'ajuste pas aux idées qui la précèdent dans les esprits doit emprunter le secours des similitudes et des comparaisons.

Voilà donc ce que nous avions à dire sur les divers genres de méthodes, je veux dire sur ceux que d'autres jusqu'ici n'avaient pas indiqués ; car pour ce qui est des autres méthodes l'analytique, la systatique, la diéritique, ainsi que des méthodes cryptiques, homériques et autres semblables, elles ont été heureusement imaginées et appliquées, et je ne vois aucune raison pour nous y arrêter.

Voilà donc les divers genres de méthodes. Quant aux parties, elles se réduisent à deux, savoir : celle qui regarde la disposition de l'ouvrage entier ou du sujet du livre, et celle qui a pour objet la limitation des propositions ; car l'architecture ne doit pas seulement s'occuper de la structure de l'édifice pris en entier, mais aussi de la forme des colonnes, des poutres et autres parties semblables. Or, la méthode est comme l'architecture des sciences. Dans cette partie-ci, Ramus a rendu de plus grands services en renouvelant ces excellentes règles, καθόλου πρῶτον, κατὰ παντός, καθ' αὑτὸ, qu'en voulant à toute force faire adopter sa méthode unique et ses dichotomies. Mais je ne sais en vertu de quel malheureux destin il se fait que ce qu'il y a de plus précieux dans les choses humaines (comme les poètes le feignent souvent) est toujours confié aux pires gardiens. Ce sont certainement les tentatives pénibles qu'a faites Ramus pour perfectionner les propositions qui l'ont jeté dans les abrégés et l'ont fait donner sur ces bas-fonds ; car il faut travailler sous les plus favorables auspices et être guidé par le plus heureux génie pour oser entreprendre de rendre les axiomes conversibles sans les rendre en même temps circulaires et tels qu'ils reviennent sur eux-mêmes. Je ne disconviendrai pourtant pas que le travail de Ramus, sur cette partie, n'ait eu son utilité.

Mais il reste deux autres espèces de limitations des propositions, outre celles qui servent à les rendre conversibles : l'une regarde leur extension ; l'autre leur prolongement ; car, si l'on y fait bien attention, on trouve que les sciences, outre la profondeur, ont encore deux autres dimensions, savoir : la largeur et la longueur. La profondeur se rapporte à leur vérité et à leur réalité ; car ce sont ces conditions qui donnent de la solidité aux connaissances. Quant aux deux autres, la largeur doit être prise et mesurée d'une science à l'autre, et la longueur se prend de la proposition la plus élevée jusqu'à la plus basse, dans une même science. L'une considère les bornes et les limites de chaque science ; elle apprend à traiter les propositions dans leur véritable lieu et à ne point confondre les genres, à éviter les répétitions, les digressions et toute espèce de confusion. L'autre donne des règles pour savoir jusqu'à quel point, jusqu'à quel degré de particularité l'on doit déduire les propositions des sciences. Au reste, nul doute qu'en ceci l'on ne doive laisser quelque chose à faire à l'exercice et à la pratique, et il nous faut tâcher d'éviter l'excès où a donné Antonin-le-Pieux, de peur d'être comme lui de ces gens qui coupent en quatre un grain de millet, et de multiplier minutieusement les divisions. Ainsi il est bon de savoir comment nous nous gouvernons nous-mêmes sur ce point ; car nous voyons que les principes trop généraux, si l'on n'en tire des conséquences, donnent peu de lumières, et qu'elles ont plutôt l'inconvénient d'exposer les sciences au mépris des praticiens, attendu que ces généralités ne servent pas plus dans la pratique que la chorographie universelle d'Ortelius ne sert pour montrer le chemin de Londres à York. C'est avec assez de justesse que l'on compare les meilleures règles aux miroirs de métal où, à la vérité, l'on voit les images, mais seulement après qu'ils ont reçu le poli. C'est ainsi qu'enfin les règles et les préceptes deviennent utiles, lorsqu'ils ont été sous la lime de l'exercice. Que si pourtant l'on pouvait, dès le commencement, en les polissant suffisamment, leur donner une certaine netteté, une limpidité en quelque manière cristalline, ce serait ce qu'on pourrait faire de mieux, vu qu'alors on n'aurait pas besoin d'un exercice si assidu. Voilà donc ce que nous avions à dire sur la science de la méthode que nous avons désignée par le nom de prudence de la tradive ; mais ce qu'il ne faut pas oublier ici, c'est que certains personnages, qui avaient plus d'enflure que de véritable science, ont pris bien de la peine pour nous procurer une méthode qui ne mérite certainement pas ce nom, et qu'on doit plutôt regarder comme une imposture méthodique, méthode qui ne laisse pas d'être du goût de certaines gens qui se piquent de tout savoir. Elle consiste à arroser de quelques gouttes de science des matières qu'on n'entend pas, ce qui donne à un demi-savant l'air de les entendre et lui sert à se faire valoir. Tel est l'art de Lulle, telle la typo-cosmie que certains auteurs ont fabriquée avec tant de peine, qui n'est qu'un amas de mots techniques, collection dont tout l'avantage consiste en ce qu'un homme qui est familier avec les termes de l'art paraît avoir appris l'art même ; mais un ramas de cette espèce ressemble à la boutique d'un chiffonnier, où l'on trouve assez de pièces et de loques, mais pas un morceau qui soit de quelque prix.

CHAPITRE III.

Des fondements et de l'office de la rhétorique ; trois appendices de la rhétorique qui n'appartiennent qu'à l'art de s'approvisionner, savoir : les teintes du bien et du mal, tant simple que comparé ; le pour et le contre et les petites formules du discours.

Nous voici arrivés à la doctrine de l'embellissement du discours ; c'est celle qui prend le nom de rhétorique ou d'art oratoire. C'est une science éminente par elle-même, et d'ailleurs éminemment cultivée par les écrivains. Or, aux yeux de qui sait attacher aux choses leur véritable prix, l'éloquence le cède de beaucoup à la sagesse, et nous voyons à quelle distance celle-ci laisse l'autre derrière elle, si nous en jugeons par les paroles qu'employa Dieu même en parlant à Moïse, lorsque celui-ci refusa l'emploi qu'il lui avait conféré, alléguant la difficulté de sa prononciation : « Tu as sous ta main Aaron qui te servira d'orateur, et toi tu seras pour lui comme un Dieu[1]. » Mais si nous parlons des fruits et de l'estimation populaire, la sagesse le cède de beaucoup à l'éloquence ; et c'est ainsi que s'exprime Salomon à ce sujet : « Celui dont l'esprit est sage sera qualifié d'homme prudent. Quant à celui dont l'éloquence est douce, son rôle sera encore plus brillant[2] ; » paroles par lesquelles il fait entendre assez clairement que la sagesse peut bien procurer une certaine réputation, exciter une certaine admiration, mais que dans les affaires et dans la vie commune c'est l'éloquence qui a plus de pouvoir. Quant à la culture de cet art, l'émulation d'Aristote contre les rhéteurs de son temps et le génie tout à la fois ardent et infatigable de Cicéron, deux hommes qui n'épargnèrent rien pour donner du relief à leur art, ces deux choses unies à une longue expérience ont été cause que dans les livres qu'ils ont publiés sur ce sujet ils se sont surpassés eux-mêmes ; puis les riches exemples en ce genre que nous avons dans les oraisons de Démosthènes et de Cicéron, réunis à la profondeur et à la justesse des préceptes ; ont doublé ses progrès. Aussi trouvons-nous que ce qui peut manquer dans cet art regarde plutôt certaines collections qui devraient être comme autant de suivantes à leur ordre, que la méthode même et l'usage de l'art ; car lorsque dans la dialectique nous avons fait mention d'un certain magasin, nous avons promis d'en donner dans la rhétorique un plus grand nombre d'exemples.

Cependant, pour fendre un peu la motte et remuer un peu la terre autour des racines de cet art, suivant notre coutume, disons que la rhétorique est au service de l'imagination comme la dialectique est au service de l'entendement ; et si l'on pénètre un peu profondément dans ce sujet, on trouve que l'office et l'emploi de la rhétorique n'est autre chose que « d'appliquer et de faire agréer à l'imagination les suggestions de la raison, afin d'exciter l'appétit et la volonté. » Car le gouvernement de la raison peut être attaqué et troublé de trois manières, savoir : par l'enlacement des sophismes, ce qui appartient à la dialectique ; ou par les prestiges des mots, ce qui regarde la rhétorique ; ou par la violence des passions, ce qui est l'objet de la morale. Et de même que dans les affaires que l'on traite avec les autres on peut être subjugué et mené plus loin qu'on ne veut par la ruse, l'importunité ou la violence, de même aussi dans les affaires que nous traitons avec nous-mêmes nous sommes ou menés par les supercheries et les artifices des arguments, ou sollicités et inquiétés par la fréquence des impressions et par ces idées qui passent et repassent dans notre esprit, ou enfin ébranlés et entraînés par le choc des passions. Or la condition de la nature humaine n'est pas si malheureuse que les arts et les facultés, qui ont tant de pouvoir pour troubler la raison, n'en aient aussi pour la fortifier et l'affermir. Disons au contraire que c'est pour produire cet effet même qu'elles en ont le plus ; car la fin de la dialectique étant d'enseigner la forme des arguments pour secourir l'entendement, et non pour lui dresser des embûches,

(1) *Exode*, c. 4, v. 14, 15, 16. (2) *Prov.* 16, v. 21.

la fin de la morale est aussi de régler les passions de manière qu'elles militent pour la raison au lieu de l'attaquer. Enfin le but de la rhétorique est de remplir l'imagination d'objets et d'images qui prêtent secours à la raison, et non de fantômes qui l'oppriment. Car l'abus de l'art n'y intervient qu'indirectement et en tant que c'est un inconvénient à éviter, non en tant que c'est un précepte à observer.

Ainsi c'est avec une souveraine injustice que Platon (quoiqu'il ne le fît qu'en haine des rhéteurs de son temps, haine bien méritée), que Platon, dis-je, classait la rhétorique parmi les arts voluptueux, l'assimilant à l'art de la cuisine et prétendant qu'elle n'a pas moins l'effet de corrompre les aliments salutaires que de donner aux aliments pernicieux une saveur agréable, en abusant et du talent qu'elle a de varier les assaisonnements, et de tous les raffinements qu'elle a imaginés[1]. Mais à Dieu ne plaise que l'éloquence s'occupe moins à orner les choses honnêtes qu'à vernir les choses basses et honteuses, ce qui en effet n'arrive que trop souvent! car il n'est personne qui ne mette plus d'honnêteté dans ses discours que dans ses opinions et ses actions. Thucydide a judicieusement observé qu'on reprochait quelque chose de semblable à Cléon, en disant de lui que comme il épousait toujours le plus mauvais parti, c'était pour cette raison-là même qu'il se donnait tant de peine pour devenir éloquent et donner à ses discours toute la grâce possible, ne sachant que trop qu'il n'est pas donné à tout homme de bien parler sur des sujets bas et odieux, au lieu que sur les choses honnêtes il n'est personne qui ne le puisse[2]. Rien de plus élégant que le mot de Platon à ce sujet, quoiqu'il soit déjà devenu trivial : « Si la vertu, dit-il, pouvait devenir visible, à l'instant tous les hommes en deviendraient éperdument amoureux[3]. » Or c'est la rhétorique qui a vraiment le talent de peindre la vertu, c'est elle qui sait la rendre visible. En effet, comme il est impossible de la montrer sous une image corporelle, reste donc à employer la magie du discours pour la représenter à l'imagination le plus vivement qu'il est possible et la rendre perpétuellement présente. Car c'est avec raison que Cicéron tourne en ridicule les Stoïciens[1], qui se donnaient des peines infinies pour faire entrer la vertu dans les âmes à l'aide de sentences concises et fines, genre d'élocution qui n'a que très peu d'affinité avec l'imagination et la volonté.

Certes, si l'on pouvait bien ordonner les affections et les rendre tout-à-fait dociles à la raison, tous les moyens de persuasion, toutes les voies d'insinuation qui servent à se frayer un chemin dans les âmes ne seraient plus d'un grand usage; il suffirait alors de présenter la vérité toute nue et dans le style le plus simple. Malheureusement il n'en est rien. Quelles dissensions au contraire n'occasionnent pas les affections, et quels troubles, quelles séditions n'excitent-elles pas dans les âmes! et c'est ce que disent ces vers si connus :

Video meliora proboque
Deteriora sequor[2].

En sorte que la raison, réduite à elle seule, serait bientôt entraînée dans la servitude et tout-à-fait captive; mais la déesse de persuasion empêche l'imagination d'épouser la cause des passions, et par son entremise ménageant une alliance entre la raison et l'imagination, les ligue toutes deux contre les passions; car il est bon d'observer que les affections elles-mêmes se portent toujours vers le bien apparent; et c'est en cela qu'elles ont quelque chose de commun avec la raison; mais il y a entre elles cette différence : que les affections envisagent principalement le bien présent, au lieu que la raison, portant ses regards plus au loin, envisage aussi l'avenir, et en tout considère la somme. Ainsi, tant que les objets présents remplissent l'imagination et la frappent plus fortement, la raison succombe et est comme subjuguée; mais dès que par la magie de l'éloquence et par la force de la persuasion les objets futurs et éloignés sont rendus visibles et comme présents, alors enfin l'imagination passant du côté de la raison, la raison demeure victorieuse.

Concluons donc que nous ne devons pas plus faire un crime à la rhétorique du talent qu'elle a de donner une apparence d'honnêteté à la plus mauvaise cause, qu'à la dialectique

---

(1) Dans Gorgias. (2) Thucyd. liv. III. (3) Dans Phèdre.

(1) *De l'Orat.* II, c. 38.
(2) Je vois le meilleur et je le goûte, mais c'est le pire que je choisis. Ovid *Métam.* VII, v. 90.

d'enseigner à fabriquer des sophismes. En effet, qui ne sait que la marche des contraires est la même, quoique leurs usages soient bien opposés. De plus la dialectique ne diffère pas seulement de la rhétorique en ce que (comme on le dit communément) l'une ressemble au poing, et l'autre à la paume de la main, ce qui signifie que le style de l'une est plus serré, et celui de l'autre plus développé; mais beaucoup plus encore en ce que la dialectique considère la raison dans son état naturel, au lieu que la rhétorique l'envisage telle qu'elle est dans les opinions vulgaires. Ainsi c'est avec sagesse qu'Aristote place la rhétorique entre la dialectique et la morale, jointe à la politique, attendu qu'elle participe de l'une et de l'autre; car les preuves et les démonstrations de la dialectique sont communes à tous les hommes, au lieu que les preuves et les moyens de persuasion de la rhétorique doivent être variés à raison des auditeurs; en sorte que semblable en cela à un musicien, s'accommodant aux oreilles diverses, elle soit :

Orpheus in sylvis, inter delphinas Arion[1].

Or, ce soin d'approprier et de varier le discours (pour peu qu'on soit jaloux de s'élever au plus haut degré de perfection) doit être porté au point que, si l'on a précisément les mêmes choses à dire à différents hommes, il faut employer tels mots avec l'un, tels autres mots avec l'autre, et les varier pour chaque individu. Mais cette partie de l'éloquence (je veux parler de celle qui est d'usage en politique, dans les affaires, dans les entretiens particuliers) manque presque toujours aux plus grands orateurs, parce que, courant toujours après les ornements et les formes élégantes, ils n'acquièrent point ce tact fin et prompt qui met en état d'ajuster sur-le-champ ses expressions à chaque individu, ce qui vaudrait mieux que leurs grandes phrases. Ainsi, sur le sujet même dont nous parlons ici, il ne sera rien moins qu'inutile d'établir une recherche expresse et de la désigner sous le nom de prudence dans les entretiens particuliers, et de la placer parmi les choses à suppléer. Plus on réfléchira sur le mérite d'un traité de cette nature, plus on y attachera de prix. Mais faut-il le placer dans la rhétorique ou dans la politique? c'est ce qui au fond est assez indifférent.

Il est temps de descendre aux choses à suppléer, qui, comme nous l'avons dit, sont de nature à devoir être regardées plutôt comme des appendices que comme des portions de cet art même, et qui appartiennent à l'art de s'approvisionner. Nous ne trouvons personne qui, jaloux d'imiter la prudence et la sollicitude d'Aristote en ce genre, ait continué son travail comme il l'eût fallu ou l'ait suppléé. Ce philosophe avait commencé à rassembler[1] les signes les plus ordinaires ou les couleurs du bien et du mal apparent, tant absolu que comparé, couleurs qui sont les vrais sophismes de la rhétorique, et dont la connaissance fournit les plus utiles directions dans les affaires et les entretiens particuliers. Mais le travail d'Aristote sur ces couleurs pèche en trois choses : 1° il n'en énumère que fort peu, quoiqu'elles soient en grand nombre; 2° il n'y joint pas les réfutations; 3° il semble avoir ignoré en partie leur véritable usage, qui n'est pas tant de servir de preuve que d'affecter et d'émouvoir, vu qu'il est bien des formes d'élocution qui signifient la même chose et qui ne laissent pas d'affecter très différemment : car ce qui est aigu pénètre beaucoup plus avant que ce qui est obtus, en supposant même que l'un et l'autre frappent avec des forces égales. Certes il n'est personne qui ne soit plus ému lorsqu'on lui dit : « Ce sera un grand sujet de triomphe pour vos ennemis, »

Hoc Ithacus velit, et magno mercentur Atridæ[2],

que si on lui disait simplement : « Cela nuira à vos affaires. » Ainsi ces pointes, ces aiguillons du discours ne sont nullement à négliger. Mais comme nous rangeons cette partie parmi les choses à suppléer, nous l'appuierons d'exemples, suivant notre coutume; car de simples préceptes l'éclairciraient moins bien.

EXEMPLES
DES COULEURS DU BIEN ET DU MAL APPARENT TANT ABSOLU QUE COMPARÉ.

I.

Sophisme. « Ce que louent et vantent les

---

(1) Un Orphée dans les bois et un Arion parmi les dauphins. Virg. *Ecl.* VIII. v. 56.

(1) *Rhétor.* liv. II, c. 3-8.
(2) Quel plaisir pour Ulysse et pour les fiers Atrides! Virg. *Enéide*, liv. II, v. 104, trad. de Delille.

hommes est un bien ; ce qu'ils blâment et critiquent est un mal. »

Réfutation. Ce sophisme trompe de quatre manières, savoir : ou à cause de l'ignorance de ceux qui portent de tels jugements, ou à cause de leur mauvaise foi, ou à cause de leur partialité et des factions dont ils sont membres, ou enfin à cause de leur naturel. A cause de l'ignorance : qu'importe le jugement du vulgaire quand il s'agit de juger du bien et du mal? Croyons-en plutôt à Phocion, qui, voyant que le peuple l'applaudissait contre son ordinaire, dit à ses voisins : « Eh ! me serait-il par hasard échappé quelque sottise ? » A cause de la mauvaise foi : car et les panégyristes et les détracteurs n'ont en vue que leur propre intérêt et ne disent rien moins que ce qu'ils pensent.

Laudat venales qui vult extrudere merces [1].

« Cela ne vaut rien, rien du tout, » dit l'acheteur ; mais lorsqu'il aura acheté, il ira partout vantant son emplette. A cause des factions : car qui ne sait que la plupart des hommes élèvent jusqu'aux cieux ceux de leur parti et dépriment autant qu'ils peuvent ceux du parti contraire? A cause de leur naturel ; il est des hommes que la nature semble avoir composés et organisés tout exprès pour la servile adulation, et d'autres qui sont naturellement railleurs et caustiques ; en sorte que les uns en louant et les autres en blâmant ne font que suivre la pente de leur naturel, s'embarrassant peu de la vérité.

II.

Sophisme. « Ce qui est pour les ennemis même un sujet d'éloge est un grand bien, et ce qui est pour les amis même un sujet de critique est un grand mal. »

Ce sophisme paraît s'appuyer sur ce fondement : que ce que nous disons malgré nous et contre notre inclination semble nous être arraché par la force de la vérité.

Réfutation. Ce sophisme nous fait illusion en ce que ces éloges des uns et ces critiques des autres ne sont qu'une ruse, car nos ennemis nous donnent quelquefois des louanges, non pas malgré eux et contraints à cela par la force de la vérité, mais en choisissant une espèce d'é-

[1] Celui qui veut débiter sa marchandise la vante tant qu'il peut. Hor. II, ép. 2, v. 11.

loges dont tout l'effet est d'exciter la jalousie contre nous et de nous mettre en danger. Aussi chez les Grecs régnait je ne sais quelle superstition qui faisait croire que lorsqu'une personne en louait une autre à mauvaise intention et en vue de lui nuire, il venait une pustule au nez de celle-ci. Il trompe encore en ce que ces éloges que nous donnent quelquefois nos ennemis sont comme autant de petites préfaces, à la faveur desquelles ils nous calomnient ensuite en toute liberté et en donnant carrière à leur malignité.

D'un autre côté ce sophisme trompe aussi, parce que certaines critiques de nos amis ne sont qu'une ruse ; car s'ils reconnaissent et publient de temps en temps les vices de leurs amis, ce n'est point du tout qu'ils y soient contraints par la force de la vérité, c'est au contraire qu'ils le font à dessein et en choisissant l'espèce de critique qui ne peut faire aucun tort à ceux qu'ils censurent et pour faire croire qu'à tout autre égard ce sont des hommes parfaits. Ce sophisme trompe encore en ce que ces critiques de nos amis (semblables en cela à ces éloges que nous donnent nos ennemis, et dont nous avons parlé) sont comme autant de préfaces, à la faveur desquelles ils peuvent aussitôt après se répandre en éloges à notre sujet.

III.

Sophisme. « Ce dont la privation est bonne est par cela même un mal, et par la même raison ce dont la privation est mauvaise est par cela même un bien. »

Réfutation. Le faux de ce sophisme consiste en deux choses : en ce que le bien et le mal sont susceptibles de plus et de moins, et en ce que le bien peut succéder au bien et le mal au mal. Quand on accorderait qu'il a été utile au genre humain d'être privé de l'usage du gland, il ne s'ensuit pas que cet aliment soit mauvais ; mais il se peut que Dodone soit excellente et que Cérès soit encore meilleure. Et quoique ç'ait été un mal pour le peuple de Syracuse d'être privé de Denys-l'Ancien, il ne s'ensuit point du tout qu'il ait été bon, mais seulement qu'il était moins méchant que Denis-le-Jeune. Enfin à cause de la succession, car la privation d'un bien ne donne pas toujours lieu à un mal, mais quelquefois à un bien encore plus grand ; par exemple lorsque la fleur tombe, le fruit lui succède. Et la privation d'un mal ne donne pas toujours lieu à un bien, mais quelquefois à un mal plus grand ; car Milon, en se débarrassant de son ennemi, perdit en même temps une abondante source de gloire.

IV.

Sophisme. « Ce qui est voisin du bon ou du mauvais est, par cela même, bon ou mauvais. Ce qui est éloigné du bon est mauvais ; et ce qui est éloigné du mauvais est bon. »

Il n'est rien de plus ordinaire dans la nature que de voir les choses qui se rapprochent par leur nature se rapprocher aussi par le lieu ; au lieu que les choses contraires sont aussi séparées par de grandes distances, vu que chaque chose tend à s'associer ce qui lui est ami, et à écarter ce qui lui est ennemi.

Réfutation. Mais ce sophisme trompe de trois manières : 1º à cause de l'appauvrissement ; 2º à cause de l'obscurcissement ; 3º à cause de la protection. A cause de l'appauvrissement, car ce qu'il y a de plus excellent, de plus grand, en chaque genre, attirant tout à soi, autant qu'il est possible, appauvrit ainsi tout ce qui l'avoisine, et le fait, en quelque manière, mourir d'inanition. Aussi voit-on rarement les arbrisseaux prospérer dans le voisinage des grands arbres. C'est encore avec beaucoup de justesse que quelqu'un a dit que les valets des riches sont souverainement valets. Et c'est une assez bonne plaisanterie que celle de cet homme qui les comparait aux vigiles qui touchent de fort près aux fêtes, et qui pourtant sont consacrées aux jeûnes. A cause de l'obscurcissement ; en effet, on peut dire aussi que ce qu'il y a de plus éminent en chaque genre, en supposant même qu'il n'exténue et n'appauvrisse pas ce qui l'approche, ne laisse pas de l'obscurcir et de le mettre dans l'ombre. C'est également ce qu'observent les astronomes par rapport au soleil, lorsqu'ils prétendent que son aspect est bénin, mais que sa conjonction et son approche est maligne. Enfin, à raison de la protection, car ce n'est pas toujours en vertu de leur analogie et de la similitude de leur nature, que certaines choses se rapprochent et se réunissent ; c'est quelquefois par la raison contraire ; car l'on voit aussi (surtout dans les relations civiles) le mauvais se réfugier près du bon, afin de se cacher et de jouir de sa protection. Aussi voit-on les plus grands scélérats chercher un asile dans les temples des dieux et se réfugier à l'ombre de la vertu.

Sœpe latet vitium proximitate boni [1].

Au contraire, le bon s'agrége quelquefois au méchant, non à cause de leur analogie, mais afin de le convertir et de le changer en mieux. Aussi voyons-nous que les médecins fréquentent plus les malades que les hommes sains, et qu'on reprochait à Notre Sauveur de fréquenter les publicains et les gens de mauvaise vie.

V.

Sophisme. « L'homme à qui ses concurrents, et le parti auquel les autres partis défèrent unanimement le second rang, tandis que chacun réclame le premier pour soi-même, paraît l'emporter sur les autres, car c'est par intérêt que chacun s'arroge la première place, au lieu qu'en assignant la seconde on a égard à la vérité et au mérite. »

C'était à l'aide d'un semblable raisonnement que Cicéron tâchait de prouver que la secte des académiciens, qui tenait l'acatalepsie, était la première des philosophies. « Demandez, dit-il, à un stoïcien quelle est la première de toutes les sectes ? il ne manquera pas de vous dire que c'est la sienne. Mais si vous lui demandez quelle est la seconde, il conviendra que c'est la secte académique. Faites la même question à un épicurien qui oserait à peine envisager un stoïcien ; et après avoir placé sa secte au premier rang, il mettra l'académie au second [2]. » De même, lorsqu'une charge vient à vaquer, si le prince interrogeait chacun des compétiteurs à part, en lui disant : « Quel est celui qu'après vous-même vous voudriez me recommander plus que tout autre ? » selon toute apparence, leurs seconds vœux seraient tous pour le personnage le plus digne de cet emploi.

Réfutation. Ce sophisme trompe à cause de l'envie. En effet, la plupart des hommes, après eux-mêmes et leur faction, donnent la préférence à ceux qui leur paraissent avoir le moins de nerf et de courage, et dont ils ont eu le moins à se plaindre, en haine de ceux qui les ont souvent insultés ou incommodés.

---

(1) Souvent le vice parvient à se cacher en s'approchant de la vertu. Ovid. *Art d'aimer*, II, v. 662.

(2) *Acad. à Varron,* fragment.

VI.

Sophisme. « Toute chose qui, dans son plus haut degré, et même dans son excès, est meilleure qu'une autre, doit être regardée comme meilleure dans tous ses degrés. »

C'est à ce principe que se rapportent toutes les formules si usitées : « Ne nous perdons pas dans les vagues généralités ; comparons plutôt tel sujet particulier à tel autre sujet particulier, etc. »

Réfutation. Ce sophisme paraît assez nerveux et sent plus la dialectique que la rhétorique, cependant il trompe quelquefois ; car il est bien des choses dont le succès est fort incertain, et qui cependant, lorsqu'elles réussissent, l'emportent sur toutes les autres, en sorte qu'à envisager leur genre elles sont pires, parce qu'elles réussissent plus rarement et trompent souvent l'attente ; mais à ne considérer que l'individu, lorsqu'elles s'y rencontrent, elles n'en ont que plus d'éclat. De ce nombre est le bouton de Mars, au sujet duquel les Français ont ce proverbe : « Enfant de Paris et bouton de Mars, si un seul vient à bien, il en vaudra dix autres. » C'est ainsi qu'on observe que ce sont les climats les plus chauds qui produisent les esprits les plus pénétrants ; mais que ceux qui dans les climats froids se distinguent, l'emportent sur les génies les plus pénétrants des pays chauds. Il trompe, en second lieu, parce que la nature des choses est plus égale et plus uniforme dans certains genres et dans certaines espèces que dans d'autres. De même, dans bien des armées, si l'affaire se décidait par autant de combats d'homme à homme qu'il s'y trouve de couples, la victoire se porterait d'un côté ; et si l'on combattait d'armée à armée, elle se porterait de l'autre. En effet, il entre bien du hasard dans les degrés éminents et dans les extrêmes, au lieu que les genres sont gouvernés par la nature ou la méthode. Il y a plus ; en général, le métal est plus précieux que la pierre, cependant le diamant est plus précieux que l'or.

VII.

Sophisme. « Ce qui conserve une chose en son entier est bon ; ce qui est sans retraite est mauvais ; car ne pouvoir se tirer d'une affaire où l'on est engagé est un genre d'impuissance, et la puissance est un bien. »

C'est à ce sujet qu'Esope a inventé la fable de deux grenouilles qui, durant une grande sécheresse, ne trouvant d'eau nulle part, délibéraient sur ce qu'elles avaient à faire pour trouver une dernière ressource. « Descendons dans ce puits si profond, dit l'une, il n'est pas probable que l'eau y manque.—Oui, lui répondit l'autre sur-le-champ, mais si par hasard il ne s'y trouve point d'eau, comment ferons-nous pour remonter ? » Le fondement de ce sophisme est que les actions humaines sont si incertaines et si hasardeuses, que le moyen qu'on regarde comme le meilleur est celui qui ménage le plus de retraites. C'est à quoi ont trait ces formules si usitées : « Vous serez tout-à-fait lié, vous ne pourrez plus vous tirer de là ; quand il s'agit de la fortune on n'en prend pas autant que l'on veut, etc. »

Réfutation. Ce sophisme trompe en ce que, dans les actions humaines, souvent la nécessité force à prendre une résolution quelconque ; car, comme quelqu'un l'a dit élégamment : « Ne point prendre de parti, cela même est en prendre un ; » en sorte que souvent cette irrésolution nous jette dans de plus grands embarras que si nous nous fussions décidés à quelque chose. Or, c'est une sorte de maladie de l'âme qui nous semble avoir quelque analogie avec celle qu'on observe dans les avares, mais en la transportant du désir de retenir son bien au désir de rester maître de ses résolutions ; car, si l'avare ne veut pas jouir, c'est de peur de diminuer sa somme ; et de même, si cette espèce de sceptique dont nous parlons ne veut rien exécuter et ne se décide point, c'est afin de rester maître de sa volonté. Le sophisme trompe, en second lieu, parce que la nécessité même et ce caractère décidé qui fait dire : « Le dé est jeté, » aiguillonne le courage, comme le pensait celui qui a dit : « Egaux à vos ennemis à tout autre égard, vous avez de plus la nécessité qui vous rend supérieurs [1]. »

VIII.

Sophisme. « Toute disgrâce qu'on s'attire par sa faute est plus grande que celle qui vient de la faute d'autrui. »

La raison de cette maxime est que le repentir double notre malheur ; au lieu que, lorsqu'on peut se dire à soi-même qu'on n'est pas

---

[1] Tite-Live, liv. IV, c. 28.

malheureux par sa faute, cela seul est un grand sujet de consolation. Aussi voyons-nous les poètes exagérer et peindre, comme très voisin du désespoir, l'état d'angoisse d'un homme qui s'accuse lui-même, et dont le sentiment de sa faute fait le supplice :

Seque unum clamat causamque caputque malorum[1];

au lieu que les malheurs d'un grand personnage sont fort allégés et fort adoucis par le sentiment qu'il a de son innocence et de son propre mérite. De plus, lorsque notre malheur vient des autres, nous sommes libres de nous plaindre; ce qui nous met à portée d'exhaler notre douleur et la rend moins suffocante. En effet, lorsqu'on peut imputer son malheur à l'injustice des autres hommes, on est indigné, on rêve aux moyens de se venger, on implore la justice divine ou on l'attend; et même, si c'est un coup de la fortune, on peut, jusqu'à un certain point, se soulager en accusant le destin :

Atque Deos, atque astra vocat crudelia mater[2].

Mais lorsque c'est par sa faute qu'on est tombé dans le malheur, alors les pointes de la douleur se tournent vers le dedans, elles fouillent plus avant dans notre âme et font des blessures plus profondes.

Réfutation. Ce sophisme trompe : en ce qu'on n'y a point égard à l'espérance, qui est le grand antidote de tous les maux. En effet, il est souvent en notre pouvoir de réparer nos fautes; quant à celles de la fortune, nous n'en sommes pas les maîtres. Aussi Démosthènes, parlant à ses concitoyens, leur tient-il souvent ce langage[3] : « Ce qui vous décourage, lorsque vous envisagez le passé, est ce qui doit vous encourager si vous tournez vos regards vers l'avenir. De quoi s'agit-il donc? de cela même que c'est votre propre faute, votre propre incurie qui a ruiné vos affaires; car si en tout vous eussiez fait ce qu'on avait droit d'attendre de vous, et que, malgré tous vos efforts, vos affaires fussent dans le triste état où elles sont, ce serait alors véritablement que vous

(1) Elle s'accuse alors des maux de sa famille.
Virg. *Énéide*, liv. XII, v. 600, trad. de Delille.
(2) Cette mère infortunée accuse les dieux et les astres cruels. Virg. *Égl.* V, v. 23.
(3) Démost. *Philipp.* I.

auriez d'autant plus lieu de vous décourager que vous n'auriez pas même l'espoir d'un mieux. Mais, attendu que ce sont vos propres fautes qui ont causé tous vos malheurs, soyez donc pleins de confiance, et espérez qu'en les réparant vous recouvrerez cet état dont vous êtes déchus. » De même Epictète, parlant des différents degrés de tranquillité d'âme, assigne le dernier rang à ceux qui accusent les autres, place immédiatement après ceux qui s'accusent eux-mêmes, et met au premier rang ceux qui n'accusent ni eux-mêmes ni les autres. En second lieu, ce sophisme trompe à cause de l'orgueil inné dans le cœur humain, orgueil tel qu'il est difficile d'amener les hommes à reconnaître leurs propres fautes. Et c'est pour s'épargner la honte d'un tel aveu que les maux où ils sont tombés par leur faute sont quelquefois ceux qu'ils endurent avec le plus de patience. En effet, de même que nous voyons que, lorsqu'une faute ayant été commise l'auteur est encore inconnu, tout le monde est excessivement irrité et l'on fait grand bruit; que si l'on vient à découvrir que le coupable est ou un fils, ou une épouse, ou quelque autre personne aussi chère, à l'instant tout ce bruit cesse et l'on ne dit mot. C'est ce qui nous arrive aussi lorsque quelque disgrâce méritée nous met dans la nécessité d'en rejeter la faute sur nous-mêmes; et ce qu'on observe surtout dans les femmes, lorsque, contre l'avis de leurs parents ou de leurs amis, elles ont pris quelque parti qui ne leur réussit point; quelque disgrâce qui en soit la suite, elles la dissimulent avec le plus grand soin.

IX.

Sophisme. « Le degré de la privation semble plus grand que celui de la diminution; et, par la raison des contraires, le degré d'une chose qui commence paraît plus grand que celui de son accroissement. »

C'est une règle en mathématique que la raison de rien à quelque chose égale zéro. Ainsi les degrés du néant et de l'être paraissent plus grands que les degrés de l'accroissement et du décroissement. De même que c'est pour un borgne un plus grand malheur de perdre le seul œil qui lui reste que pour un homme qui a deux yeux d'en perdre un, de même aussi un homme qui a eu plusieurs enfants est plus affligé de la perte du dernier qui lui reste que de la perte des premiers. Aussi la Sibylle, ayant brûlé deux de ses livres, doubla-t-elle le prix du troisième ; car la perte de ce dernier eût été un degré de privation et non diminution.

Réfutation. Ce sophisme fait illusion en ce que, 1° il n'a pas égard aux choses dont toute l'utilité dépend d'une certaine quantité suffisante, d'une certaine proportion convenable, c'est-à-dire consiste en une quantité déterminée. En effet, si vous êtes obligé, sous telle peine, de payer telle somme à une certaine échéance, vous serez plus affligé s'il ne vous manque qu'un seul écu, que si, en supposant que vous n'eussiez pu vous procurer ce même écu, il vous en manquait encore dix autres. De même lorsqu'on se ruine, le premier acte par lequel on commence à obérer et à entamer sa fortune est plus préjudiciable que celui qui réduit à l'indigence. C'est à quoi se rapportent ces maximes si connues : « Il est bien temps d'économiser quand on voit le fond de sa bourse ; n'avoir rien du tout ou avoir quelque chose qui ne sert à rien, c'est tout un. » 2° Ce sophisme trompe à cause de ce principe dont on voit tant d'exemples dans la nature, « que la corruption d'une chose est la génération de l'autre. » En sorte que le degré de dernière privation est quelquefois moins préjudiciable, parce qu'il nous excite à changer de conduite et nous fait trouver de nouvelles ressources ou nous force à les chercher. C'est de ce même principe que part Démosthènes, dans cette plainte qu'il adresse si souvent à ses concitoyens : « Ces conditions si peu utiles et si peu honorables, leur dit-il, que Philippe vous impose et auxquelles vous vous soumettez, ne sont autre chose qu'un aliment de paresse et de lâcheté. Mieux vaudrait qu'une telle ressource vous manquât ; car alors la nécessité même où vous seriez éveillerait votre industrie et vous forcerait à chercher d'autres ressources. » Un médecin de notre connaissance, lorsque certaines femmes délicates se plaignaient à lui de leur mauvaise santé, en lui témoignant beaucoup d'aversion pour tous les remèdes, leur répondait plaisamment, quoique avec un peu d'humeur : « Vous auriez besoin, mesdames, d'être tout-à-fait malades, car alors vous n'auriez plus de répugnance pour aucun remède. » Il y a plus, le dernier degré de la privation ou de l'indigence peut être salutaire, non-seulement pour éveiller l'industrie, mais aussi pour inspirer la patience.

Quant au second membre de ce sophisme, il porte sur le même fondement que le premier, savoir : sur les degrés du néant et de l'être.

C'est d'après ce principe qu'on attache tant d'importance aux commencements en toutes choses.

Dimidium facti, qui bene cœpit, habet [1].

De là aussi cette superstition des astrologues, qui jugent de la disposition et de la destinée d'un homme par le moment précis de la naissance et de la conception.

Réfutation. Ce sophisme trompe : 1° par la raison que, dans certains cas, les commencements ne sont autre chose que ce qu'Epictète, dans sa philosophie, appelle des essais, c'est-à-dire des premières ébauches, qui ne sont rien par elles-mêmes, si on ne les réitère et si on ne continue. Ainsi, dans ce cas, le second degré est plus important et plus puissant que le premier. C'est ainsi que, dans les chariots, nous voyons que le dernier cheval contribue plus que le premier au mouvement de la voiture. Et ce n'est pas une sentence inepte que celle qui dit que « c'est l'invective rendue qui est la cause du combat. » En effet, sans la réplique, la première injure tomberait d'elle-même. Ainsi c'est la première qui a donné naissance au mal, mais c'est la dernière qui en a ôté toute mesure. Ce sophisme trompe encore à cause du mérite de la persévérance qui est dans la continuation, et non dans le premier acte. Le hasard ou la nature peuvent enfanter le premier élan ; mais il n'est qu'une affection bien mûre et un jugement solide qui puissent produire la constance. 2° Il trompe par rapport aux choses dont la nature et le cours ordinaire est en sens contraire de la chose commencée, en sorte que l'effet des premiers actes est perpétuellement détruit, si l'on n'emploie perpétuellement les forces qu'on a employées d'abord. C'est ce que dit cette maxime connue : « Ne pas avancer, c'est reculer ; ne pas gagner, c'est perdre, » comme il arrive à ceux qui courent en gravissant une montagne, ou qui rament dans la direction contraire à celle des eaux qui se portent vers un gouffre.

(1) Celui qui a bien commencé a fait la moitié de la besogne. Hor. l, ep. 2, v. 40.

Au contraire, si celui qui court suit la pente de la montagne et celui qui rame le cours de l'eau, c'est alors le premier acte qui joue le plus grand rôle. Or, cette couleur-là ne s'étend pas seulement du degré conçu comme allant de la puissance à l'acte, comparé avec le degré conçu comme allant de l'acte à l'accroissement, mais aussi du degré qui va de l'impuissance à la puissance, comparé au degré qui va de la puissance à l'acte ; car le degré de l'impuissance à la puissance est plus grand que le degré de la puissance à l'acte.

X.

Sophisme. « Ce qui se rapporte à la vérité est plus grand que ce qui ne se rapporte qu'à l'opinion. Or la manière et le signe des choses qui ne tiennent qu'à l'opinion consistent en ce que si l'on se croyait vu, on ne les ferait pas. »

C'est ainsi que les épicuriens prononçaient sur le genre de félicité que les stoïciens plaçaient dans la vertu : qu'elle ressemblait à la félicité dont jouit un histrion sur la scène ; lequel, si les yeux et les applaudissements des spectateurs l'abandonnent, perd aussitôt courage. Aussi, pour avilir la vertu, la qualifiaient-ils de bien théâtral. Il en est autrement des richesses, au sujet desquelles certain homme s'exprimait ainsi [1] :

Populus me sibilat, at mihi plaudo [1].

Il en faut dire autant de la volupté.

*Grata sub imo
Gaudia corde premens, vultu simulante pudorem* [2].

Réfutation. Le prestige de ce sophisme est un peu subtil, quoiqu'il soit facile de répondre à l'exemple qu'on allègue pour l'appuyer ; car ce n'est pas simplement en vue du souffle et de l'approbation populaire qu'on préfère la vertu, attendu qu'il est un précepte qui dit : « qu'il faut se respecter soi-même plus que tout autre. » En sorte qu'un homme de bien sera le même dans la solitude et sur le théâtre, quoiqu'il se puisse que les louanges tendent un peu plus les ressorts de sa vertu, de même que la chaleur est augmentée par la réflexion ; mais si cette observation suffit pour infirmer la supposition, ce n'est pas assez pour démêler le faux du sophisme. Or, voici en quoi consiste ce faux : en accordant même que la vertu, surtout celle qui a des travaux et des combats à soutenir, ne soit préférée qu'en vertu des éloges et de la réputation qui l'accompagnent, il ne s'ensuivrait nullement, par rapport à l'appétit et au mouvement qui porte vers elle, qu'on ne la recherche pas pour elle-même ; car la réputation pourrait n'être qu'une simple cause impulsive ou *sine quâ non*, et non une cause efficiente ou constituante. Par exemple, supposons qu'on ait deux chevaux, dont l'un, sans qu'on fasse usage de l'éperon, exécute tous les mouvements qu'on lui demande, et l'autre, moyennant l'éperon, surpasse de beaucoup l'autre ; ce dernier, je pense, emportera la palme et passera pour le meilleur cheval ; et il n'est point d'homme d'un jugement sain qui fût forcé à changer d'opinion sur ce point par cette formule : « Fi du cheval dont l'âme est dans les éperons du cavalier ! » Car l'éperon étant un instrument dont un cavalier ne manque guère, instrument qui d'ailleurs n'est ni d'un grand poids ni fort embarrassant, quoiqu'un cheval ait besoin d'être piqué, il n'en devra pas être moins estimé ; et cet autre qui, sans le secours de l'éperon, fait merveilles, n'en est pas meilleur pour cela ; on peut dire seulement qu'il est plus fin. C'est ainsi que la gloire et l'honneur servent à la vertu d'aiguillon et d'éperon ; et quoique la vertu sans ce mobile en devînt peut-être un peu plus languissante, néanmoins, comme il est toujours sous sa main sans même être appelé, rien n'empêche qu'on ne souhaite d'aimer et rechercher la vertu pour elle-même. C'est donc avec raison qu'on relève cette assertion : « La preuve que dans le choix d'une chose on est déterminé par l'opinion et non par des motifs de vertu, c'est que, si l'on n'était pas vu, on ne la ferait pas. »

XI.

Sophisme. « Ce qu'on a acquis par son propre travail et sa propre vertu est un plus grand bien ; ce qu'on doit aux bienfaits d'autrui, ou à la faveur de la fortune, est un moindre bien. »

---

[1] Le peuple me siffle, je le sais ; mais moi, je m'applaudis. Hor. I, sat. 3, v. 66.

[2] Renfermant sa douce joie dans le fond de son cœur, et ne laissant paraître sur son visage que la honte. *Id.*

Voici les raisons sur lesquelles on peut appuyer cette maxime : en premier lieu l'espérance dans l'avenir. Car la faveur des autres et le vent favorable de la fortune sont des choses sur lesquelles on ne peut guère compter, au lieu que notre propre industrie et notre propre vertu sont toujours en notre disposition ; en sorte que, lorsque nous avons acquis quelque bien par ce moyen, il nous reste le même instrument tout prêt pour de nouveaux usages, instrument que l'habitude et d'heureux succès rendent d'un meilleur service. En second lieu, lorsque nous devons quelque avantage au bienfait des autres, nous contractons en cela une dette envers les autres, au lieu que ce que nous avons acquis par nous-mêmes ne porte avec soi aucune charge ; et même si la bonté divine répand sur nous quelque grâce, cette faveur exige aussi de notre part quelque rétribution, genre d'obligation qui pèse aux impies et aux hommes dépravés, au lieu que par rapport au premier genre de succès, ils éprouvent le sentiment que le prophète leur attribue lorsqu'il dit : « Ils se réjouissent, ils triomphent, rendant hommage à leurs piéges et sacrifiant à leurs filets[1]. »

En troisième lieu, ce qui n'est point le fruit de notre propre vertu, ne produit pour nous aucun éloge, aucune marque d'estime. Quant aux succès que nous devons à la fortune, ils peuvent bien exciter une certaine admiration, mais ils ne nous procurent aucun éloge, et c'est ce que Cicéron fait entendre à César[2] lorsqu'il lui dit : « Nous avons assez de choses à admirer, nous en attendons que nous puissions louer. » En quatrième lieu, ce que nous devons à notre propre industrie, ce n'a pas été sans travail et sans contention que nous l'avons acquis ; ce qui a en soi je ne sais quoi de suave, comme l'observe Salomon : « Bien doux est l'aliment qu'on doit à sa chasse. »

Réfutation. Mais on trouve quatre couleurs contraires qui font pencher la balance du côté opposé, et qui peuvent être regardées comme autant de réfutations des premières. Les succès que nous ne devons qu'à notre bonheur sont une sorte de signe et de caractère de la faveur divine. Or, ce bonheur embrasse aussi les choses fortuites auxquelles la vertu peut à peine aspirer. Nous en voyons un exemple dans ce mot de César au patron de barque dont il voulait ranimer le courage : « Tu portes César et sa fortune, lui dit-il. » S'il lui eût dit : tu portes César et sa vertu, c'eût été une bien froide consolation pour un homme que la tempête mettait dans le danger le plus imminent. En second lieu : ce qui procède de notre propre vertu et de notre propre industrie peut être imité, et est ainsi à la portée des autres ; mais le bonheur est une chose inimitable, et c'est en quelque manière une prérogative de l'individu. Aussi voyons-nous qu'on préfère ce qui découle de la seule nature à ce qui n'est que l'effet de l'art, parce que les productions du premier genre ne sont pas susceptibles d'être imitées ; car ce qui est imitable est au pouvoir de tout le monde. En troisième lieu : les avantages que nous ne devons qu'à notre bonheur semblent être des biens gratuits et non achetés par le travail, au lieu que ce que l'on doit à sa propre vertu semble avoir coûté. Et c'est avec beaucoup d'élégance que Plutarque, parlant des exploits de Timoléon (mortel singulièrement heureux dans ses entreprises), et les comparant avec ceux d'Agésilas et d'Épaminondas, ses contemporains, dit : « qu'ils ressemblaient aux vers d'Homère, lesquels, outre qu'en eux-mêmes ils étaient excellents, avaient de plus cela de propre qu'ils coulaient de source et sentaient le génie. » En quatrième lieu : les succès qu'on n'avait pas espérés et qui trompent l'attente sont plus agréables, et répandent dans notre cœur une joie plus vive et plus douce. Or, c'est ce qu'on ne peut dire des succès qu'on ne doit qu'à ses propres soins et à sa propre peine.

XII

Sophisme. « Ce qui est composé d'un grand nombre de parties divisibles paraît plus grand que ce qui a peu de parties et se rapproche davantage de l'unité ; car tout ce que l'on considère par parties semble plus grand. Ainsi la pluralité de parties porte avec elle une idée de grandeur. Or, cette pluralité de parties fait encore plus d'effet lorsque ces parties sont sans ordre ; car ce désordre fait que le tout semble infini et qu'on ne peut l'embrasser. »

Le prestige de ce sophisme est visible au premier coup d'œil et comme palpable ; car ce n'est pas seulement la pluralité de parties, c'est aussi la grandeur de ces mêmes parties qui

---

(1) Habac. c. I, v. 15 et 16. (2) Or. pour *Marcellus*, c. 2.

peut faire paraître le tout plus grand. Néanmoins ce sophisme ne laisse pas d'entraîner l'imagination; il y a plus, il tend un piége aux sens. En effet, un chemin situé dans une plaine où l'on ne rencontre aucun objet qui puisse rompre la vue paraît, au premier coup d'œil, plus court qu'un chemin de même longueur situé dans un canton où l'on voit en même temps des arbres, des édifices et d'autres objets qui peuvent mesurer et diviser l'espace; c'est ainsi que lorsqu'un homme qui a du comptant a une fois séparé et mis en ordre ses coffres et ses sacs, cette distribution impose à son imagination, et il lui semble qu'il est plus riche. C'est aussi un moyen pour amplifier les choses que de les diviser en plusieurs portions et de les traiter chacune à part. Mais ce qui remplit encore davantage l'imagination, c'est de les placer confusément et sans ordre; car cette confusion fait naître une idée de multitude, vu que, lorsqu'on montre, on propose ces choses avec ordre. Cela même a le double effet de les faire paraître plus limitées et d'assurer qu'on n'a rien oublié, au lieu que celles qu'on présente confusément, outre qu'alors elles paraissent en plus grand nombre, donnent de plus lieu de soupçonner qu'il reste encore bien des choses qu'on a supprimées.

Réfutation. Ce sophisme trompe de plus d'une manière: d'abord lorsque, par l'effet d'une certaine prévention, une chose paraît plus grande qu'elle n'est réellement, car alors la distribution même détruit cette fausse opinion; elle fait paraître la chose telle qu'elle est et sans exagération. Aussi voyons-nous que, lorsqu'on est malade ou souffrant, les heures paraissent plus longues si l'on est sans horloge ou sans clepsydre que si l'on avait des instruments pour mesurer le temps; car si l'ennui et la douleur occasionnés par la maladie nous font paraître le temps plus long qu'il n'est réellement, la mesure de ce temps corrige cette erreur et le fait paraître plus court. C'est ainsi que dans une plaine il arrive quelquefois le contraire de ce que nous disions; car, quoique cette route, faute d'objets qui la divisent, paraisse plus courte qu'elle n'est réellement, cependant si, d'après cette idée, s'étant d'abord imaginé qu'on avait moins de chemin à faire, l'on vient ensuite à découvrir son erreur, le chemin alors paraîtra beaucoup plus long qu'il n'est réellement, et semblera ne jamais finir. Ainsi, lorsque quelqu'un se fait une idée exagérée de la grandeur d'un objet, voulez-vous entretenir cette idée? gardez-vous des distributions et amplifiez la chose en présentant le tout. Ce sophisme trompe encore lorsque les parties de ce tout qu'on a divisé sont fort dispersées et de manière qu'elles ne puissent frapper la vue toutes ensemble; aussi lorsque dans un jardin les fleurs sont distribuées en plusieurs plates-bandes, cette distribution les fait paraître en plus grand nombre que si elles croissaient toutes ensemble sur une seule plate-bande, pourvu toutefois que ces plates-bandes se présentent toutes ensemble à la vue, sans quoi leur réunion ferait plus d'effet que leur morcellement. C'est ainsi qu'un homme dont les terres et les possessions sont réunies dans un seul arrondissement paraît plus riche; si elles étaient dispersées, il ne serait pas si facile de les voir toutes à la fois. Ce sophisme trompe en troisième lieu, à cause de la prééminence de l'unité sur la multitude; car toute composition est de tous les signes d'indigence le plus certain, et c'est ce qui a fait dire:

Et quæ non prosunt singula, multa juvant[1].

Ainsi le premier rôle est celui de Marie. « Marthe, Marthe, vous vous mêlez de trop de choses; c'est assez d'une[2]. » De là cette fable d'Ésope sur le chat et le renard. Le renard se vantait d'avoir beaucoup d'expédients et de faux-fuyants pour échapper aux chiens, à quoi le chat répondait: « Pour moi, je n'en ai qu'un sur lequel je compte beaucoup; c'est quelque peu de facilité à grimper. » Et l'événement prouva que ce moyen unique valait mieux que les mille rubriques du renard. De là ce proverbe: « Le renard sait bien des choses; le chat n'en sait qu'une, mais qui les vaut toutes. » C'est ce que fait aussi entendre la moralité de cette fable; car un seul ami fidèle et puissant est une ressource plus assurée que tous les expédients et toutes les petites ruses.

Ce peu d'observations doivent suffire à titre d'exemples, et il nous reste un assez grand nombre de ces couleurs que nous avons rassem-

---

(1) Telles choses qui, étant prises une à une, ne sont bonnes à rien, ne laissent pas, étant réunies en grand nombre, d'être fort utiles. Ovid. Rem. d'amour, v. 420.
(2) Luc, c. 10, v. 41, 42.

blées durant notre première jeunesse, mais sans ornements et sans réfutations. Pour le moment nous n'avons pas le loisir de les orner. Or, de présenter ces couleurs-là toutes nues et sans leurs décorations (tandis que celles-ci se présentent, pour ainsi dire, toutes vêtues), ce serait manquer à la convenance. Au reste, nous observerons que ce genre de composition, quelque idée qu'on puisse s'en faire, ne laisse pas (du moins à notre sentiment) d'être d'un assez grand prix, attendu qu'il participe de la philosophie première, de la politique et de la rhétorique. Mais en voilà assez sur les signes populaires ou couleurs du bien et du mal apparent, tant absolu que comparé.

La seconde collection, qui appartient à l'art de s'approvisionner et qui est aussi à suppléer, c'est celle que Cicéron, comme nous le disions plus haut, a en vue dans la logique, lorsqu'il recommande d'avoir sous sa main des lieux-communs pour et contre, tout médités et tout travaillés; par exemple : pour les paroles de la loi, pour l'esprit de la loi et pour nous. Ce précepte, nous l'étendons à d'autres genres et pensons qu'on doit le suivre, non-seulement dans le genre judiciaire, mais même dans les genres délibératif et démonstratif. En un mot, ces lieux, qui sont d'un si fréquent usage pour les preuves et les réfutations, les persuasions et les dissuasions, les éloges et les critiques, nous voulons absolument qu'on les ait tout prémédités, et qu'avec toutes les forces de son esprit on s'efforce d'exalter et de rabaisser les choses, et de les exagérer avec une sorte d'adresse quelque peu friponne. Et quant à la manière de former cette collection, tant pour la rendre d'un usage plus commode que pour en diminuer le volume, le mieux serait de la resserrer en la réduisant à un certain nombre de sentences aiguës et concises, qui seraient comme autant de pelotons dont on pourrait ensuite, dans des discours plus étendus, développer le fil tant qu'on voudrait. C'est un soin que Sénèque aussi n'a pas manqué de prendre, mais seulement par rapport aux hypothèses et aux cas qui peuvent survenir. Comme nous avons beaucoup de matériaux en ce genre, nous avons cru devoir en offrir ici quelques parties à titre d'exemples; nous les désignerons sous le nom de *pour* et *contre*.

EXEMPLES DU POUR ET DU CONTRE.

I. NOBLESSE.

Pour.

Dire de ceux en qui une haute naissance a comme planté la vertu, qu'ils ne veulent pas être méchants, ce n'est pas dire assez; il faut dire qu'ils ne le peuvent.

La noblesse est un laurier dont le temps couronne les hommes.

Nous qui révérons si fort l'antiquité dans de monuments tout-à-fait morts, à combien plus forte raison devons-nous la révérer dans les monuments vivants?

Si vous méprisez la noblesse des familles, quelle différence après tout restera-t-il entre la race des hommes et celle des brutes?

La noblesse soustrait la vertu à l'envie et la livre à la faveur.

Contre.

Rarement la noblesse dérive de la vertu, et plus rarement encore la vertu découle de la noblesse.

Les nobles se font plus souvent de leur naissance une excuse qu'un titre pour parvenir aux honneurs.

L'industrie des hommes nouveaux est si supérieure que les nobles auprès d'eux semblent autant de statues.

Dans la carrière, les nobles regardent trop à droite et à gauche, ce qui est le propre d'un mauvais coureur.

II. BEAUTÉ.

Pour.

Les personnes laides se vengent ordinaire-

Contre.

La vertu, semblable à un diamant précieux,

ment sur les autres du tort que leur a fait la nature.

La vertu n'est autre chose qu'une beauté intérieure, et la beauté n'est autre chose qu'une vertu extérieure.

Les personnes laides tâchent, à force de malignité, de se garantir du mépris.

La beauté fait briller les vertus et rougir les vices

a plus de jeu lorsqu'elle est montée sans or et sans ornement.

Ce qu'un habit élégant est pour un homme laid, la beauté l'est pour un méchant.

On observe la même légèreté de caractère dans ceux que décore la beauté et dans ceux qu'elle séduit.

III. JEUNESSE.

Pour.

Les premières pensées et les résolutions des jeunes gens tiennent plus de l'inspiration divine.

Les vieillards sont plus sages sans doute; oui, pour leur propre compte; mais pour les autres et pour la république, beaucoup moins.

Si l'on pouvait pénétrer dans l'intérieur des hommes, on verrait que la vieillesse défigure encore plus l'âme que le corps.

Les vieillards craignent tout, hors les dieux.

Contre.

La jeunesse est le champ du repentir.

Le mépris pour l'autorité de la vieillesse est un sentiment inné dans les jeunes gens ; c'est afin que chacun devienne sage à ses propres dépens.

Les délibérations auxquelles le temps n'est point appelé, le temps ne les ratifie point.

Chez les vieillards, les plaisirs sont remplacés par les bonnes grâces.

IV. SANTÉ.

Pour.

Les soins perpétuels qu'il faut prendre pour sa santé dégradent l'âme et l'assujettissent au corps.

Pour l'âme humaine, un corps bien sain est un hôte; un corps maladif est un geôlier.

Rien n'aide à expédier le gros des affaires comme une santé prospère; une santé faible met trop souvent en vacances.

Contre.

De fréquentes convalescences sont un fréquent rajeunissement.

Le prétexte d'une mauvaise santé est une selle à tous chevaux, dont les gens très bien portants font aussi usage.

Une santé inaltérable lie trop étroitement l'âme et le corps.

Tel personnage a, de son lit, gouverné un grand empire, et tel autre a, de sa litière, commandé de grandes armées.

V. UNE ÉPOUSE ET DES ENFANTS.

Pour.

L'amour de la patrie commence à la famille.

La tendresse qu'inspirent une épouse et des enfants est une leçon continuelle d'humanité ; les célibataires sont durs et austères.

Le célibat et la viduité ne sont bons qu'à éviter.

Celui qui n'engendre point d'enfants sacrifie à la mort.

Si les gens mariés, heureux à tout autre égard, sont si souvent malheureux par leurs enfants, c'est de peur que le lot d'un mortel n'approche trop du partage des dieux.

Contre.

L'homme qui s'est donné une épouse et des enfants a donné des otages à la fortune.

Engendrer, avoir des enfants, sont des œuvres purement humaines; mais créer, agir, voilà les œuvres vraiment divines.

Se perpétuer par ses enfants, c'est l'éternité des brutes ; un grand nom, des services éclatants, d'utiles institutions, telle est la seule éternité digne de l'homme.

L'intérêt de la famille ruine presque toujours l'intérêt public.

Il est des gens qui aimeraient le partage de Priam, lequel survécut à tous les siens.

VI. RICHESSES.

Pour.

Si certaines gens méprisent les richesses, c'est qu'ils désespèrent de s'enrichir.

C'est l'envie qu'excitent les richesses qui a placé la vertu au rang des déesses.

Tandis que les philosophes perdent le temps à douter s'il faut tout rapporter à la vertu ou à la volupté, tâchez de vous procurer des instruments pour l'une et pour l'autre.

C'est par les richesses que la vertu tourne au bien commun.

Les autres biens ne gouvernent tout au plus qu'une province ; les richesses gouvernent tout.

Contre.

Voici tout le fruit des richesses : la peine de les garder, le soin de les dépenser, ou le plaisir de les étaler, voilà tout ; mais d'utilité, point.

Ne voyez-vous pas qu'on a été obligé d'imaginer un prix à certains cailloux brillants, afin que les richesses fussent bonnes à quelque chose?

Bien des gens, en se flattant qu'avec leurs richesses ils pourraient tout acheter, se sont eux-mêmes mis en vente.

On peut dire que les richesses ne sont que le bagage de la vertu, bagage tout à la fois nécessaire et embarrassant.

L'opulence, bonne servante, mauvaise maîtresse.

VII. HONNEURS.

Pour.

Les honneurs sans doute sont des jetons ; non pas ceux des tyrans, comme on le dit communément, mais bien ceux de la divine Providence.

Les honneurs mettent en vue les vertus et les vices, et c'est ainsi qu'ils aiguillonnent les premières et répriment les derniers.

Nul ne peut savoir au juste quels progrès il a faits dans la vertu si les honneurs ne lui ouvrent un vaste champ.

Il en est de la vertu comme de toute autre chose ; lorsqu'elle est hors de son lieu, rien de plus rapide que son mouvement vers ce lieu ; y est-elle, rien alors de plus paisible. Or, le vrai lieu de la vertu, c'est l'honneur.

Contre.

Tandis qu'on court aux honneurs, on abandonne sa liberté

Les honneurs ne donnent guère de pouvoir que par rapport aux choses que le plus grand bonheur possible est de ne pas vouloir, et le plus grand, après celui-là, est de ne pas pouvoir.

Le sentier qui mène aux honneurs est escarpé, le séjour glissant, la chute rapide.

Ceux qui jouissent des grands honneurs sont obligés, pour se croire heureux, d'emprunter l'opinion vulgaire.

VIII. DU COMMANDEMENT ET DU POUVOIR.

Pour.

Jouir soi-même de la félicité est sans doute un grand bien ; mais c'est un plus grand bien encore que de pouvoir la dispenser aux autres.

Les rois ne sont pas seulement une certaine espèce d'hommes, mais une sorte d'astres, tant ils ont d'influence et sur les individus et sur les siècles mêmes.

Oser résister à ceux qui sont ici-bas les représentants de Dieu même, n'est pas seulement

Contre.

Quel état plus misérable que de n'avoir rien à désirer et d'avoir tout à craindre?

La condition de ceux qui sont dans le commandement ressemble à celle des corps célestes : beaucoup de respects et point de repos.

Si quelquefois un mortel est admis au banquet des dieux, ce n'est que pour y servir de jouet.

un crime de lèse-majesté, mais même une sorte de théomachie.

IX. LOUANGES, ESTIME.

Pour.

Les louanges sont les rayons réfléchis de la vertu.

La louange est le genre d'honneurs auxquels on parvient en vertu de libres suffrages.

Quant aux honneurs, ce sont les gouvernements divers qui ont le pouvoir de les conférer; mais les éloges sont partout un présent de la liberté.

La voix du peuple a je ne sais quoi de divin; autrement comment tant de têtes pourraient-elles être précisément du même avis?

Si le vulgaire parle avec plus de sincérité que les personnages plus éminents, n'en soyez pas étonné; c'est qu'il risque moins à dire ce qu'il pense.

Contre.

La renommée est un mauvais courrier, et un juge encore pire.

Qu'a de commun l'homme de bien avec le bavardage de la multitude?

La renommée, semblable à un fleuve, soulève les choses légères et entraîne à fond celles qui ont plus de solidité.

Le vulgaire estime les vertus du plus bas étage et admire les vertus moyennes; quant aux vertus sublimes, il n'en a pas même le sentiment.

La réputation est plutôt le prix d'un certain étalage que d'un vrai mérite, d'une certaine boursouflure que d'une grandeur réelle.

X. LA NATURE.

Pour.

L'effet de l'habitude suit une progression arithmétique, et celui de la nature une progression géométrique.

Ce que, dans les Etats, les lois communes sont aux coutumes particulières, dans les individus, la nature l'est à l'habitude.

L'habitude exerce une sorte de tyrannie contre la nature, tyrannie peu durable et qui est renversée à la plus légère occasion.

Contre.

Nous pensons d'après la nature, nous parlons d'après nos maîtres, mais c'est d'après nos habitudes que nous agissons.

La nature est une sorte de pédant; l'habitude une espèce de magistrat.

XI. LA FORTUNE.

Pour.

Les vertus éclatantes attirent des éloges; les vertus cachées enrichissent.

Les vertus morales ne procurent que des éloges; ce sont les talents qui mènent à la fortune.

La fortune, semblable à la voie lactée, n'est qu'un assemblage de petites vertus obscures et sans nom.

Il faut honorer la fortune, ne fût-ce qu'en considération de ses deux filles, la confiance et l'autorité.

Contre.

C'est la sottise de l'un qui fait la fortune de l'autre.

Ce que je louerais le plus volontiers dans la fortune, c'est que, ne choisissant point, elle est par cela même impartiale.

Tels personnages, tout en déclinant l'envie qu'excitaient leurs vertus, se sont trouvés être du nombre des adorateurs de la fortune.

XII. LA VIE.

Pour.

C'est une inconséquence que d'aimer l'accessoire de la vie plus que la vie même.

Une vie longue vaut mieux qu'une courte, même pour pratiquer la vertu.

Sans une vie un peu longue, on n'a le temps ni d'achever, ni d'apprendre, ni de se repentir.

Contre.

Les philosophes, avec tout leur appareil contre la mort, n'ont fait que la rendre plus terrible.

Les hommes craignent la mort, par la même raison que les enfants ont peur dans les ténèbres, parce qu'ils ne savent pas de quoi il s'agit.

Parmi les affections humaines, il n'en est point de si faible qui, pour peu qu'elle soit exaltée, ne surmonte la crainte de la mort.

Pour mépriser la mort, il n'est pas besoin de courage, de malheurs, de sagesse ; c'est assez quelquefois de l'ennui de vivre.

XIII. SUPERSTITION.

Pour.

Ceux qui pèchent par excès de zèle ne méritent certainement pas d'être approuvés ; mais ils méritent du moins d'être aimés.

Dans les choses morales, nous devons tendre au milieu ; mais dans les choses divines, c'est aux extrêmes qu'il faut tendre.

Le superstitieux est, en quelque manière, un homme religieux désigné.

J'aime encore mieux ajouter foi à tous les prodiges fabuleux de telle religion que ce soit, que de croire que tout ce que je vois marche sans l'impulsion d'une divinité.

Contre.

La ressemblance que le singe peut avoir avec l'homme ne rend cet animal que plus difforme ; il en est de même de la superstition, qui n'est que le singe de la religion.

Autant l'affectation est odieuse dans les choses civiles, autant la superstition l'est dans les choses divines ; il vaut mieux n'avoir absolument aucune opinion touchant les dieux que d'avoir d'eux une idée qui leur soit injurieuse.

Ce n'est pas l'école d'Épicure, mais bien celle de Zénon, qui a bouleversé les anciennes républiques.

L'esprit humain est de telle nature qu'il ne peut exister de véritable athée par principes. Mais les vrais athées, ce sont les grands hypocrites, qui manient sans cesse les choses sacrées et ne les respectent jamais.

XIV. ORGUEIL.

Pour.

L'orgueil est un vice insociable, même par rapport aux autres vices.

De même qu'un poison chasse un autre poison, il n'est point de vice que l'orgueil ne puisse chasser.

Un homme facile est assujetti aux vices des autres comme à ses propres vices : l'orgueilleux du moins n'est sujet que des siens.

Contre.

Si l'orgueil pouvait s'élever du mépris pour les autres au mépris pour soi-même, il deviendrait enfin philosophie.

L'orgueil est le lierre de toutes les vertus et de tous les biens.

Les autres vices sont simplement contraires aux vertus ; l'orgueil est le seul qui soit contagieux.

Ce peu que les autres vices ont de bon, l'orgueil ne l'a pas ; je veux dire qu'il ne sait pas se cacher.

L'orgueilleux, en méprisant les autres, se néglige lui-même.

XV. INGRATITUDE.

Pour.

Le crime de l'ingratitude n'est au fond qu'une certaine pénétration qui fait découvrir le vrai motif du bienfait.

À force de vouloir nous montrer reconnaissants envers certaines personnes, nous oublions d'être justes envers les autres et de défendre notre propre liberté.

On est d'autant moins obligé de reconnaître un bienfait que le prix n'en est pas fixé.

Contre.

Ce n'est point par des supplices qu'on punit le crime de l'ingratitude ; mais on en abandonne le châtiment aux Furies.

Les bienfaits nous lient plus étroitement que les devoirs mêmes. Ainsi celui qui est ingrat est injuste aussi ; il est tout.

Telle est la condition humaine que nul n'est tellement né pour l'utilité publique qu'il ne se doive tout entier à la reconnaissance et à la vengeance particulière.

XVI. ENVIE.

Pour.

Il est naturel de haïr ceux dont l'élévation semble nous reprocher notre abaissement.

L'envie est dans les républiques une sorte de salutaire ostracisme.

Contre.

L'envie n'a point de jours de fête.

Il n'est rien qui puisse réconcilier l'envie avec la vertu, sinon la mort.

C'est l'envie qui force la vertu à travailler sans relâche, témoin les travaux imposés à Hercule par Junon.

XVII. IMPUDICITÉ.

Pour.

Si la chasteté est devenue une vertu, c'est à la jalousie qu'on en a l'obligation.

Il faut être de bien mauvaise humeur pour regarder les plaisirs de l'amour comme une affaire sérieuse.

Eh ! pourquoi aussi vous avisez-vous de mettre au rang des vertus un certain régime, un certain genre de propreté ou la fille de l'orgueil ?

Les objets de nos amours, semblables en cela aux oiseaux sauvages, n'ont point de propriétaires, et à cet égard la simple possession transfère le droit.

Contre.

La pire transformation de Circé, c'est l'impudicité. L'impudique a tout-à-fait perdu le respect pour soi-même, qui est le frein de tous les vices.

Tous ceux qui, à l'exemple de Pâris, donnent la palme à la beauté, sont punis, comme lui, par la perte de la prudence et de la puissance.

Alexandre rencontra une vérité peu commune lorsqu'il dit : que le sommeil et la génération étaient les arrhes de la mort.

XVIII. CRUAUTÉ

Pour.

Il n'est point de vertu qui soit aussi souvent coupable que la clémence.

La cruauté, quand elle a pour but la vengeance, est justice ; et si elle tend à éloigner le danger, c'est prudence.

Avoir pitié de son ennemi, c'est être sans pitié pour soi-même.

Contre.

Marcher ainsi à travers le sang et le carnage est d'une bête féroce ou d'une furie.

La cruauté, aux yeux d'un homme bon, semble toujours n'être qu'une fable, qu'une fiction tragique.

Les saignées ne sont pas moins souvent nécessaires dans les Etats que dans le traitement des maladies.

XIX. VAINE GLOIRE.

Pour.

Celui qui aspire à se faire un grand nom désire par cela seul l'utilité publique.

Cet homme si discret qui ne se mêle jamais des affaires d'autrui, j'ai grand peur qu'il ne se mêle pas davantage des affaires publiques et ne les regarde comme lui étant étrangères.

Les caractères qui ont quelque chose de vain n'en sont que plus disposés à s'occuper utilement de la république.

Contre.

Les glorieux sont tous factieux, menteurs, mobiles, excessifs.

Le glorieux est la proie du parasite.

Il est honteux pour celui qui peut prétendre à la maîtresse de solliciter la servante. Or, la gloire n'est que la servante de la vertu.

XX. JUSTICE.

Pour.

Tous les pouvoirs, toutes les formes de gouvernement établi, ne sont que des suppléments à la justice; et cette justice, si on pouvait l'exercer autrement, on n'aurait plus besoin de tout cela.

Si tel homme est pour un autre homme un dieu et non un loup, c'est à la justice qu'on en a l'obligation.

La justice, il est vrai, ne peut extirper tous les vices, mais du moins elle empêche qu'ils ne nuisent.

Contre.

Si ne pas faire aux autres ce que nous ne voudrions pas qu'on nous fît, c'est être juste, la clémence, après tout, est donc justice.

S'il faut rendre à chacun ce qui lui est dû, il faut donc accorder de l'indulgence à l'humanité; elle lui est bien due.

Que me parlez-vous d'équité, à moi qui sais qu'aux yeux du sage toutes choses sont inégales?

Voyez avec quelle douceur, chez les Romains, on traitait les criminels, et dites hardiment que la justice n'est rien moins qu'utile à la république.

La justice vulgaire, c'est le philosophe à la cour; elle ne sert qu'à faire respecter ceux qui commandent.

XXI. COURAGE.

Pour.

Il n'est rien de terrible si ce n'est la terreur même. Où la crainte porte ses atteintes, il n'est plus ni solidité dans les plaisirs, ni force dans la vertu.

Le même homme qui envisage le péril les yeux ouverts, et qui sait l'affronter, a, par cela même, la présence d'esprit nécessaire pour l'éviter.

Les autres vertus nous délivrent de la domination des vices; le courage est la seule qui nous affranchisse de la tyrannie de la fortune.

Contre.

L'admirable vertu que celle de vouloir se perdre soi-même pour perdre les autres!

La sublime vertu que celle que le vin même peut donner!

Quiconque est prodigue de sa propre vie menace celle d'autrui.

Le courage est la vertu de l'âge de fer.

XXII. TEMPÉRANCE.

Pour.

C'est presque la même force d'âme qui rend capable de s'abstenir et de soutenir.

L'uniformité, l'accord et les mouvements mesurés sont des choses toutes célestes et des caractères d'éternité.

La tempérance est comme un froid salutaire qui réunit et concentre les forces de l'âme.

Une sensibilité trop fine et trop vague rend nécessaire l'usage des narcotiques; il en est de même des affections.

Contre.

Je n'aime point du tout les vertus négatives; elles produisent plutôt l'innocence qu'un mérite effectif.

Toute âme qui est sans excès est sans force.

J'aime les vertus qui tendent à renforcer l'action et non celles dont tout l'effet est d'affaiblir la passion.

Lorsque vous supposez que les mouvements de l'âme sont d'accord, vous supposez, par cela même, qu'ils sont en petit nombre; car le soin de compter son troupeau est un signe de pauvreté.

Les préceptes : Garde-toi de jouir de peur de désirer; garde-toi de désirer de peur de craindre, sentent trop la défiance et la pusillanimité.

XXIII. CONSTANCE.

Pour.

La base des vertus est la constance.

Malheureux qui ne sait pas lui-même ce qu'il sera un jour.

La faiblesse de l'esprit humain le rend incapable de s'accorder avec les choses; qu'il soit du moins d'accord avec lui-même.

La constance donne aux vices mêmes un certain éclat.

Si à l'inconstance de la fortune nous joignons notre propre inconstance, dans quelles ténèbres allons-nous vivre?

Il en est de la fortune comme de Protée; pour peu qu'on persévère, on la force à reparaître sous sa véritable forme.

Contre.

La constance, semblable à une portière de mauvaise humeur, chasse beaucoup d'idées utiles.

Il est trop juste que la constance endure de bonne grâce l'adversité, attendu qu'elle en est presque toujours la cause.

La folie la plus courte est toujours la meilleure.

XXIV. MAGNANIMITÉ.

Pour.

Sitôt que l'âme se propose des fins généreuses, elle a pour cortége non-seulement toutes les vertus, mais la Divinité même.

Les vertus qui ne sont que le produit de l'habitude et des préceptes ne sont que des vertus banales. C'est par la fin seule qu'elles deviennent héroïques.

Contre.

La magnanimité est une vertu poétique.

XXV. SCIENCE, CONTEMPLATION.

Pour.

La seule volupté, selon la nature, c'est celle dont on ne se rassasie jamais.

Quoi de plus doux que d'abaisser ses regards sur les erreurs d'autrui!

Qu'il est sage de rendre la sphère de son esprit concentrique à celle de l'univers!

Toutes les affections dépravées ne sont que de fausses estimations. Ainsi la bonté et la vérité ne sont qu'une seule et même chose.

Contre.

La contemplation n'est qu'une imposante oisiveté. Bien penser ne vaut guère mieux que faire de beaux rêves.

Quant à l'univers, un Dieu y pense; vous, pensez à votre patrie.

Il est tel qui, par politique, sème aussi des spéculations.

XXVI. LES LETTRES.

Pour.

Si les livres entraient dans les plus petits détails, on n'aurait presque plus besoin d'expérience.

Lire, c'est converser avec les sages; agir, c'est traiter avec les fous.

Quand une science ne serait par elle-même d'aucun usage, il ne faudrait pas pour cela la regarder comme inutile, si d'ailleurs elle avait l'avantage d'aiguiser l'esprit et d'y mettre de l'ordre.

Contre.

Dans les collèges on n'apprend qu'à croire.

Y eût-il jamais un art qui apprît à faire à propos usage de l'art?

La science qui s'acquiert à l'aide des préceptes, et celle qu'on doit à l'expérience, ont des méthodes si diamétralement opposées que qui est accoutumé à l'une est inhabile à l'autre.

Le plus souvent l'art est de bien peu d'usage, pour ne pas dire tout-à-fait inutile.

Tous les gens de collège ont cela de propre que la moindre chose leur suffit pour voir ce qu'ils ont à faire, mais qu'ils ne savent pas apprendre ce qu'ils ignorent.

XXVII. PROMPTITUDE.

Pour.

Toute prudence qui manque de promptitude manque d'à-propos.

Qui se trompe vite se détrompe aussi vite.

Celui dont la prudence marche à pas comptés, et qui ne sait rien voir à la volée, ne fait rien de grand.

Contre.

La prudence, qui est si fort à la main, manque de profondeur.

Il en est de la prudence comme d'un habit; c'est le plus léger qui est le plus commode.

Si la prudence ne mûrit pas vos délibérations, l'âge ne mûrira pas non plus votre prudence.

Ce qu'on imagine en un moment ne plait qu'un moment.

XXVIII. DE LA DISCRÉTION.

Pour.

On ne tait rien a qui sait se taire, parce qu'on sait qu'en lui confiant tous ses secrets on ne risque rien. Celui qui dit aisément ce qu'il sait dit tout aussi aisément ce qu'il ne sait pas.

Les secrets doivent aussi être couverts d'un voile comme les mystères.

Contre.

Le meilleur moyen pour cacher le fond de son âme, c'est l'instabilité de caractère.

La discrétion est la vertu d'un confesseur.

On tait tout à l'homme qui se tait, on lui rend son silence.

Un homme couvert et un homme inconnu, c'est à peu près la même chose.

XXIX. LA FACILITÉ.

Pour.

J'aime un homme qui sait se plier aux affections d'autrui, mais sans rendre son jugement tout-à-fait esclave du leur.

Etre flexible, c'est avoir, par sa ductilité, de l'affinité avec l'or

Contre.

La facilité de caractère est une sorte d'ineptie et de défaut de jugement.

Les bienfaits des gens faciles semblent des dettes, et leurs refus des injures.

Quand on obtient quelque chose d'un homme facile, on n'en rend grâces qu'à soi-même.

Un homme facile est pressé par des difficultés de toute espèce, parce qu'il se mêle de tout.

Il est rare qu'un homme facile se tire sanhonte d'une affaire.

XXX. LA POPULARITE.

Pour.

Les sages sont tous du même avis; cependant il est bon de se prêter un peu aux variations des fous.

Honorer le peuple c'est s'honorer soi-même.

Les hommes qui ont une certaine grandeur personnelle n'adressent pas leurs respects à tel ou tel homme, mais au peuple tout entier.

Contre

L'homme qui s'entend si bien avec les fous est lui-même justement suspect.

L'homme qui plaît à la multitude est ordinairement l'homme qui soulève la multitude.

Rien de modéré ne plaît au vulgaire.

La pire espèce d'adulation est celle qui s'adresse au vulgaire.

XXXI. DU BABIL.

Pour.

Tout homme qui se tait se défie ou des autres ou de lui-même.

Tout état de surveillance est un état malheureux, mais la pire garde c'est celle du silence.

Le silence est le talent des sots; ainsi les sots ont raison de se taire, et on peut dire à un homme qui se tait : Si tu as de l'esprit tu es un sot, et si tu es un sot tu as de l'esprit.

Le silence, ainsi que la nuit, est fort commode pour tendre des embûches.

Les pensées qui coulent de source sont les plus saines.

Le silence est une espèce de solitude; celui qui se tait se vend à l'opinion.

Le silence a l'inconvénient de ne point évacuer les mauvaises pensées et de ne point distribuer les bonnes.

Contre.

Le silence donne à tout ce qu'on dit ensuite de la grâce et de l'autorité.

Le silence est une espèce de sommeil qui nourrit la prudence.

Le silence n'est que la fermentation de nos pensées.

Le silence est le style de la prudence

Le silence vise à la vérité.

XXXII. DISSIMULATION.

Pour.

La dissimulation est une sagesse abrégée.

Nous ne sommes pas obligés de dire toujours

Contre.

Dans l'impuissance où nous sommes de rendre nos pensées conformes aux choses mêmes,

précisément la même chose, mais d'avoir toujours le même but.

Toute espèce de nudité est choquante, même celle de l'âme.

La dissimulation impose aux autres et nous met en sûreté.

La haie qui garantit nos desseins, c'est la dissimulation.

Il est des hommes qui gagnent à être trompés.

Celui qui ne dissimule jamais trompe tout aussi bien que celui qui dissimule, car les autres ne le comprennent pas ou ne le croient pas.

Ce caractère si ouvert, cette franchise si outrée n'est au fond qu'une certaine faiblesse d'âme.

rendons du moins nos discours conformes à nos pensées.

A ceux dont les moyens vraiment politiques passent la portée ordinaire, la dissimulation tient lieu de prudence.

Celui qui dissimule se prive de l'instrument le plus nécessaire pour l'action, de la confiance des autres.

Notre dissimulation excite les autres à dissimuler aussi.

Qui dissimule n'est pas libre

XXXIII. L'AUDACE.

Pour.

Celui qui rougit apprend aux autres à le blâmer.

Ce que l'action est pour l'orateur, l'audace l'est pour un homme du monde; c'est le premier, le second et le troisième point, c'est tout.

J'aime la honte qui fait des aveux, et je hais celle qui accuse.

Une certaine confiance de caractère aide à gagner les cœurs.

J'aime un visage obscur et un discours clair.

Contre.

L'audace est l'appariteur de la folie.

L'effronterie n'est bonne que pour soutenir une imposture.

L'excessive confiance en soi-même est la reine des sots et le jouet des sages.

L'audace n'est qu'un certain défaut de sensibilité uni à la malice de la volonté.

XXX. MANIÈRES, FORMALITÉS, AFFECTATION.

Pour.

Une certaine décence et une certaine mesure dans le geste et l'air du visage sont le véritable assaisonnement de la vertu.

Si nous avons de la déférence pour le vulgaire par rapport au langage, que doit-ce être par rapport à nos gestes et à tout notre extérieur?

Celui qui, dans les petites choses, dans les choses de tous les jours, ne garde pas le décorum, a beau être un grand homme, sachez qu'il n'est sage qu'à certaines heures.

La vertu et la prudence, sans l'usage du monde, sont une sorte de langue étrangère; le vulgaire ne l'entend pas.

Celui qui, à l'aide du seul sentiment de la convenance, ne sait pas découvrir ce que le vulgaire a dans l'âme et qui ne l'a pas non plus appris par l'observation, est le plus sot de tous les hommes.

Les belles manières sont une traduction de la vertu en langue vulgaire.

Contre.

Quoi de plus choquant que de transporter le théâtre dans la vie ordinaire?

Le seul vrai décorum est celui qui dérive de l'ingénuité; celui qu'on ne doit qu'à l'art est odieux. J'aimerais mieux un visage fardé, ou une coiffure tirée, comme on dit, à quatre épingles, qu'un caractère fardé et des mœurs si bien peignées.

Quiconque abaisse son esprit à des observations si minutieuses est incapable de l'élever à de grandes pensées.

L'affectation d'ingénuité ressemble à la lumière du bois pourri.

XXXV. PLAISANTERIE.

Pour.

La plaisanterie est le refuge des orateurs.

Celui qui sait assaisonner tout ce qu'il dit d'un modeste enjouement maintient son âme en liberté.

C'est être plus politique qu'on ne pense que de savoir passer aisément du badinage au sérieux et du sérieux au badinage.

Souvent une plaisanterie sert de véhicule telle vérité qui, sans cela, n'arriverait pas.

Contre.

Ces gens qui sont toujours à l'affût des ridicules, des jolies choses, qui peut s'empêcher de les mépriser?

Avilir les plus grandes choses par la plaisanterie est un artifice condamnable.

Quand vous aurez bien ri, examinez avec un peu d'attention ce qui vous aura fait rire.

Tous ces plaisans de profession ne pénètrent guère au-delà de l'écorce des choses, où est le siége de la plaisanterie.

Lorsque la plaisanterie peut avoir une certaine influence sur les choses sérieuses, c'est alors un enfantillage déplacé

XXXVI. SUR L'AMOUR.

Pour.

Ne voyez-vous pas que tous se cherchent, et que l'amant est le seul qui se trouve.

Jamais l'âme n'est mieux ordonnée que lorsqu'elle est gouvernée par une grande passion.

Que tout homme sage ait soin de se procurer des désirs; car tout homme qui n'est pas animé par quelque désir un peu vif ne trouve goût à rien, et s'ennuie de tout.

Pourquoi chaque individu, qui ne fait qu'un, ne se contenterait-il pas de l'unité?

Contre

Le théâtre doit beaucoup à l'amour, mais la vie ne lui doit rien.

Il n'est rien qui mérite autant de qualifications différentes que l'amour; c'est ou une chose si folle qu'elle ne sait pas même se connaître, ou une chose si honteuse qu'elle est obligée de se cacher sous le fard.

Je n'aime point les gens qui ne rêvent qu'à une seule chose.

L'amour n'est qu'une spéculation fort étroite.

XXXVII. L'AMITIÉ.

Pour.

L'amitié fait les mêmes choses que le courage, mais d'une manière plus douce.

L'amitié est le plus doux assaisonnement de tous les biens.

La pire solitude, c'est celle d'un homme qui n'a point d'amis.

Le châtiment bien mérité de la mauvaise foi, c'est d'être sans amis.

Contre.

Celui qui contracte des liaisons fort étroites ne fait que s'imposer de nouvelles nécessités.

C'est le propre d'une âme faible que de ne pouvoir porter seul tout le poids de sa fortune.

XXXVIII. ADULATION.

Pour.

Si l'on s'abaisse à flatter, c'est moins pour nuire que pour se conformer à l'usage.

Instruire en donnant des éloges fut toujours un ménagement dû aux hommes puissants.

Contre.

L'adulation est le style des esclaves.

L'adulation est la chaux des vices.

L'adulation est une sorte d'appeau qui sert à tromper les oiseaux en imitant leur voix.

L'adulation est d'une laideur vraiment comique; mais elle a des effets tragiques.

Ce qu'il y a de plus difficile à guérir, c'est le mal d'oreilles.

XXXIX. VENGEANCE.

Pour.

La vengeance particulière est une sorte de justice sauvage.

Celui qui rend violence pour violence ne viole que la loi, et non l'homme.

La crainte des vengeances particulières est un frein nécessaire; car trop souvent les lois sommeillent.

Contre.

Celui qui fait une injure donne naissance au mal; mais celui qui s'en venge en ôte toute mesure.

Plus la vengeance est naturelle, plus il est nécessaire de la réprimer.

Celui qui rend injure pour injure vient le dernier, peut-on dire : oui, quant au temps, mais non quant à la volonté.

XL. INNOVATIONS.

Pour.

Tout remède est une innovation.

Qui fait les nouveaux remèdes appelle de nouveaux maux.

Le plus grand des novateurs, c'est le temps; pourquoi ne pas l'imiter?

Les exemples anciens ne s'appliquent point aux derniers siècles, temps où la corruption et l'ambition ont fait de plus grands progrès.

Permettez aux ignorants et aux hommes contentieux de se régler sur des exemples.

De même que ceux qui introduisent la noblesse dans leur famille ont en cela plus de mérite que leur postérité, de même aussi les novateurs l'emportent sur ceux qui ne savent que suivre des modèles.

Cette raideur de caractère qui fait qu'on se tient si fort attaché aux coutumes anciennes, n'excite pas moins de troubles que les innovations.

Les choses allant toujours de pis en pis, si nos méthodes ne vont pas de mieux en mieux, quelle sera la fin de nos maux?

Les hommes esclaves de la coutume sont les jouets du temps.

Contre.

Les fétus extraordinaires sont des monstres.

Le seul conseiller qui plaise, c'est le temps.

Il n'est point d'innovation qui ne fasse tort à quelqu'un, parce qu'elle arrache ce qui est établi.

En supposant même que les choses auxquelles un long usage a fait prendre pied soient mauvaises, elles ont du moins cet avantage qu'elles s'ajustent les unes aux autres.

Où est le novateur qui sache imiter le temps, lequel insinue les nouveautés avec tant de douceur qu'on ne s'aperçoit pas du changement.

Toutes les choses qui trompent l'attente sont moins agréables à ceux à qui elles sont utiles, et plus choquantes pour ceux à qui elles sont nuisibles.

XLI. LES DÉLAIS.

Pour

La fortune vend à qui se hâte une infinité de choses qu'elle donne à qui sait attendre.

Tandis que nous nous hâtons de saisir les commencements de chaque chose, nous n'embrassons que des ombres.

Tant que la balance ne fait que vaciller, il faut se tenir attentif; dès qu'elle commence a trébucher, il faut agir.

Il faut confier à Argus le commencement de toute action, et la fin à Briarée.

Contre.

L'occasion présente d'abord l'anse du vase, puis la panse.

L'occasion, semblable à la Sibylle, diminue ses offres en augmentant son prix.

La célérité est le casque de Pluton.

XLII. PRÉPARATIFS.

Pour.

Celui qui ne fait que de petits préparatifs pour une grande entreprise se forge des facilités imaginaires pour se repaître d'espérances.

En faisant peu de préparatifs, ce n'est pas la fortune qu'on achète, mais la prudence..

Contre.

Le vrai moment de mettre fin aux préparatifs, c'est celui d'agir.

Vous aurez beau faire des préparatifs, vous ne parviendrez jamais à lier la fortune.

Alterner entre les préparatifs et l'action est la méthode vraiment politique; mais à séparer ces deux choses, beaucoup d'étalage et peu de succès.

Les grands préparatifs prodiguent et le temps et les choses

XLIII. S'OPPOSER AUX COMMENCEMENTS.

Pour.

Parmi les maux dont nous sommes menacés, il en est plus qui trompent notre attente qu'il n'en est qui surmontent nos efforts.

On a moins à faire en remédiant au mal dès qu'il est né qu'à observer ses esprits et à faire sentinelle pour l'empêcher de croître

Sitôt que le péril paraît léger il cesse d'être tel.

Contre.

Tout l'effet de la vigilance anticipée est d'aider le mal à croître et de fixer le mal par le remède même.

Toutes les précautions qu'on prend contre le danger ne sont pas elles-mêmes sans danger.

Il vaut mieux avoir affaire à un petit nombre de remèdes bien éprouvés que d'être ainsi à l'affût de chacun des maux qui menacent.

XLIV. DES CONSEILS VIOLENTS.

Pour

Ceux qui aiment des voies si douces s'imaginent apparemment que l'accroissement du mal est salutaire.

La même nécessité qui donne les conseils violents les exécute.

Contre.

Tout remède violent est gros d'un nouveau mal.

Qu'est-ce qui donne des conseils violents, sinon la crainte et la colère?

XLV. SOUPÇON.

Pour.

La défiance est le nerf de la prudence, mais le soupçon est un remède pour la goutte.

Toute fidélité que le soupçon peut ébranler est justement suspecte. Le soupçon ne la relâche que lorsqu'elle est faible. Est-elle forte, il lui donne plus de force.

Contre.

Le soupçon absout la mauvaise foi.

La maladie du soupçon est une sorte de manie morale.

XLVI. LES PAROLES DE LA LOI.

Pour.

S'écarter de la lettre, ce n'est plus interpréter, mais c'est vouloir deviner.

Le juge qui s'écarte de la lettre devient législateur.

Contre.

C'est de l'ensemble des mots qu'il faut tirer le sens, qui, une fois bien saisi, servira ensuite à les interpréter un à un.

La pire tyrannie est celle qui met la loi sur le chevalet.

XLVII. POUR LES TÉMOINS CONTRE LES PREUVES.

Pour.

Celui qui se fonde sur les preuves prononce d'après l'orateur et non d'après le fond de la cause.

Celui qui s'en rapporte plus aux preuves qu'aux témoins doit aussi s'en rapporter plus à son esprit qu'à ses sens.

On pourrait s'en fier aux preuves si les hommes n'étaient jamais inconséquents.

Lorsque les preuves sont contraires aux témoignages, elles font bien que le fait paraît étonnant, mais elles ne font pas qu'il soit vrai.

Contre.

S'il en faut croire les témoins plus que les preuves, il suffit que le juge ne soit pas sourd.

Les preuves sont un antidote contre le poison des témoignages.

Il est plus sûr de s'en fier aux preuves, attendu qu'elles mentent plus rarement.

Or, les exemples du *pour* et *contre* que nous venons de proposer ne sont peut-être pas d'un si grand prix; cependant, comme nous les avions tout préparés et tout rassemblés de longue main, nous n'avons pas voulu que le fruit du travail de notre jeunesse fût perdu; mais en quoi l'on peut voir que c'est l'ouvrage d'un jeune homme, c'est que, de ces exemples, il en est beaucoup plus dans le genre moral et dans le genre démonstratif que dans les genres délibératif et judiciaire.

La troisième collection, qui appartient à l'art de s'approvisionner et qui est aussi à suppléer, c'est celle à laquelle nous croyons devoir donner le nom de petites formules. Elles sont comme les vestibules, les derrières, les antichambres, les cabinets, les dégagements du discours, genre d'accessoires qui s'adaptent indistinctement à toute sorte de sujets. Tels sont les préambules, les conclusions, les digressions, les transitions, les promesses, les échappatoires, et autres choses de cette espèce; car de même que, dans les édifices, ce qui contribue tout à la fois à l'agrément et à l'utilité c'est la commode distribution des frontispices, des escaliers, des portes, des fenêtres, des entrées, des communications et autres parties semblables; de même aussi, dans le discours, ces accessoires et ces intermédiaires, lorsqu'ils sont figurés et placés avec autant d'élégance que de jugement, donnent plus de grâce et d'aisance à toute la structure du discours. Il suffira de donner un exemple ou deux de ces formules, et notre dessein n'est pas de nous y arrêter plus long-temps; car quoique ces choses-là soient d'un assez grand usage, néanmoins, comme nous n'ajoutons rien ici du nôtre, nous contentant d'extraire quelques formules toutes nues de Démosthènes, de Cicéron ou de quelques autres orateurs choisis, elles ne semblent pas mériter que nous nous y arrêtions

EXEMPLES
DE PETITES FORMULES.

Conclusion dans le genre délibératif. « C'est ainsi que, par rapport au passé, vous pourrez aisément réparer vos fautes, et par rapport à l'avenir prévenir les inconvénients. » **Démosth.**, *Philipp.* 1.

Corollaire d'une division exacte. « C'est afin que tous soient bien convaincus que notre dessein n'est pas de décliner aucune objection par d'adroites réticences, ni de les affaiblir en les exposant. » Cic. *pour Cluentius*, c. 1.

Transition avec avertissement. « Mais laissons de côté ces choses-là, de manière pourtant qu'en les laissant derrière nous nous tournions fréquemment nos regards de ce côté-là et ne les perdions pas de vue. » Cic. *pour Sextius*, c. 5.

Manière de faire revenir les auditeurs d'une forte prévention. « Je me conduirai de manière que dans toute la cause vous verrez nettement ce qui appartient à la chose même, ce que l'erreur a pu y supposer, et ce que l'envie y a ajouté pour enfler les choses. » Cic. *pour Cluentius*, c. 4.

Ce peu d'exemples doit suffire, et c'est par là que nous terminerons les appendices de la rhétorique, qui se rapportent à l'art de s'approvisionner.

CHAPITRE IV.

Deux appendices généraux de la traditive, savoir : la critique et l'art d'instruire la jeunesse.

Restent deux appendices de la traditive, prise en général, dont l'un est la critique et l'autre l'art d'instruire la jeunesse. En effet, comme la partie la plus essentielle de la traditive est la composition des livres, la partie correspondante est la lecture de ces mêmes livres. Or, dans cette lecture, ou l'on est dirigé par des maîtres, ou on ne l'est que par ses propres lumières, et tel est l'objet des deux doctrines dont nous venons de parler.

1° A la critique appartient le soin de revoir les auteurs approuvés, de les faire pour ainsi dire passer sous la lime, et d'en donner des éditions bien correctes ; genre de travail qui a le double avantage de contribuer à la gloire des auteurs et d'éclairer la marche des gens d'étude. Mais ce qui en ce genre n'a pas été peu préjudiciable, c'est la téméraire sollicitude de certains hommes de lettres. Car il est des critiques qui, lorsqu'ils rencontrent des passages qu'ils n'entendent point, se hâtent de supposer une faute dans l'exemplaire. C'est ce qu'ils ont fait par rapport à certain passage de Tacite. Au rapport de cet historien, certaine colonie réclamant auprès du sénat son droit d'asile, le sénat et l'empereur ne goûtaient point du tout leurs raisons ; mais les envoyés, qui se défiaient de leur cause, s'étant avisés de donner à Titus Vinius une grosse somme d'argent pour l'engager à les appuyer : « Alors, dit Tacite, la dignité et l'antiquité de la colonie devint une fort bonne raison[1], » comme si cet argent eût donné du poids à leurs arguments, qui auparavant paraissaient trop légers. Mais ce critique, qui n'est pas des moins intelligents, a effacé ce mot *tùm* (alors) et y a substitué le mot *tantùm* (tant) ; et l'effet de cette mauvaise habitude a été (comme quelqu'un l'a judicieusement observé) « que trop souvent ce sont précisément les exemplaires qu'on a corrigés avec le plus de soin qui sont les moins corrects. » Osons dire plus ; si les critiques ne sont eux-mêmes versés dans les sciences traitées dans les livres dont ils donnent des éditions, leur prétendue exactitude n'est pas sans danger.

2° A la critique appartiennent l'interprétation et l'explication des auteurs, les commentaires, les remarques, les notes, les spicilèges. Dans cette partie de la littérature il est des écrivains atteints d'une certaine espèce de maladie propre aux critiques, laquelle consiste à franchir un grand nombre de passages des plus obscurs pour s'arrêter et se donner carrière sur des endroits assez clairs d'eux-mêmes, et cela au point d'en devenir fastidieux ; et alors il ne s'agit pas tant de bien éclaircir l'auteur même que de mettre ce prétendu critique à même de faire parade à tout propos de ses lectures variées et de sa vaste érudition. Il serait surtout à souhaiter (observation pourtant qu appartient plutôt à la traditive proprement dite qu'à ses appendices) que l'écrivain qui traite des sujets un peu obscurs et d'une certaine importance prît lui-même la peine de joindre à son ouvrage ses propres explications, afin que le texte ne fût pas ainsi coupé par des digressions ou des commentaires, et que les notes ne s'écartassent point de l'esprit de l'écrivain. Car c'est une faute où nous soupçonnons qu'on est tombé à l'égard du Théon d'Euclide.

3° C'est encore à la critique (et c'est même de là qu'elle tire son nom) qu'il appartient d'in-

---

(1) *Hist.* liv. I, c. 66.

sérer dans les ouvrages qu'on publie quelques jugements en peu de mots sur les auteurs mêmes, et de les comparer avec les autres écrivains qui traitent le même sujet. Par une censure de cette espèce, les gens d'étude sont dirigés dans le choix des livres et mieux préparés en commençant leur lecture. Mais ce dernier point est, pour ainsi dire, le fort des critiques, fort que de notre temps ont fait disparaître certains écrivains distingués, et à notre sentiment, très au-dessus de ce métier de critique dont ils daignent se mêler.

Quant à ce qui regarde l'art d'instruire la jeunesse, le plus court serait de dire : Voyez les écoles des jésuites ; car parmi les établissements de ce genre nous ne voyons rien de mieux. Quant à nous cependant, nous ne laisserons pas d'ajouter ici quelques avertissements, suivant notre coutume, et comme en glanant. D'abord nous goûtons tout-à-fait l'éducation en grand qu'on donne à l'enfance et à la jeunesse dans les colléges, et non celle qu'elles reçoivent dans la maison paternelle ou sous des maîtres particuliers. On trouve de plus, dans les colléges, cette émulation qu'excite dans les jeunes gens la concurrence de leurs égaux ; on y trouve de plus le visage, les regards des hommes graves, qui les accoutument à la décence et qui forment de bonne heure ces âmes tendres sur de bons modèles. En un mot, l'éducation publique a une infinité d'avantages. Quant à l'ordre et au mode, aux détails de la discipline, je conseillerai de se garder de ces méthodes qui abrégent excessivement, et d'une certaine précocité de doctrine dont tout l'effet est d'inspirer de la présomption aux élèves, et qui tend plus à les faire briller qu'à leur faire faire de véritables progrès. Il faut aussi favoriser quelque peu la liberté des esprits ; et si quelque élève, tout en remplissant la tâche que lui impose la règle, dérobe quelque temps pour des études qui soient plus de son goût, il ne faut pas s'y opposer ; mais ce qui doit surtout fixer l'attention (et c'est une observation qui n'a peut-être pas encore été faite), c'est qu'il est deux manières d'accoutumer, d'exercer et de préparer les esprits, manières dont chacune est pour ainsi dire le pendant de l'autre. L'une commence par les choses les plus faciles et conduit peu à peu aux choses plus difficiles ; l'autre commande d'abord la tâche la plus rude et presse de la remplir, afin qu'ensuite on ne trouve plus que du plaisir dans les choses les plus faciles. Car autre chose est la méthode d'apprendre à nager avec des outres qui aident à flotter, autre chose d'apprendre à danser avec des souliers de plomb qui appesantissent ; et il n'est pas aisé de faire sentir combien une judicieuse combinaison de ces deux méthodes contribue à perfectionner les facultés, tant de l'âme que du corps. De la même manière, le soin d'appliquer et d'approprier les études à la nature des divers esprits qu'on a à instruire est un point d'une éminente utilité et qui exige le plus grand discernement. Or, ces dispositions naturelles des esprits, après les avoir bien examinées et bien reconnues, c'est une connaissance que les maîtres doivent aux parents des élèves, afin de les diriger dans le choix du genre de vie auquel ils destinent leurs enfants. Mais ce qu'il faut observer avec un peu plus d'attention, c'est que l'effet d'une bonne méthode n'est pas seulement d'accélérer les progrès des élèves dans les genres auxquels ils se portent naturellement, mais que de plus, par rapport aux autres genres auxquels ils sont le plus inhabiles, on trouve dans les études bien choisies et bien appropriées à ce but, un remède, une sorte de traitement pour cette espèce de maladie. Par exemple, l'esprit d'un élève est-il de nature à s'emporter aisément comme les oiseaux et n'a-t-il point assez de tenue, on trouve un remède à cette disposition dans les mathématiques, science telle que, pour peu que l'esprit s'écarte, il faut recommencer toute la démonstration. Les exercices jouent aussi un grand rôle dans l'institution ; mais ce que peu de personnes ont observé, c'est que ces exercices, non-seulement il faut les régler avec prudence, mais de plus les interrompre à propos ; car Cicéron a fort bien observé que « dans les exercices on n'exerce pas moins ses défauts que ses talents. » En sorte que quelquefois l'on contracte par ce moyen une mauvaise habitude qui s'insinue avec la bonne. Ainsi il est plus sûr d'interrompre de temps en temps les exercices, et de les reprendre quelque temps après, que de les continuer avec trop d'assiduité et de s'y attacher avec trop d'opiniâtreté. Mais en voilà assez sur ce sujet. Ces détails, sans doute, au premier aspect, n'ont rien de fort grand et de fort imposant ;

mais, en récompense, tous ces petits moyens ont leur utilité et sont du plus grand effet. Car, de même que dans les plantes, ce qui contribue le plus à les faire prospérer et languir, ce sont les secours qu'elles reçoivent ou les chocs qu'elles essuient lorsqu'elles sont encore tendres; de même encore que certains politiques attribuent l'accroissement immense de l'Empire romain à la vertu et à la prudence des six rois, qui, durant son enfance, lui servirent comme de tuteurs et de nourriciers; de même aussi sans contredit la culture et l'institution des premières années et de l'âge tendre, ont la plus puissante influence, influence qui, bien que secrète et de nature à n'être pas visible pour tous les yeux, ne laisse pas d'être telle que, par la suite, ni la longue durée, ni le travail le plus assidu, ni les efforts les plus soutenus, ne peuvent en aucune manière la balancer dans l'âge mûr. Il ne sera pas non plus inutile d'observer que des talents même médiocres, s'ils tombent en partage à de grandes âmes et sont appliqués à de grandes choses, ne laissent pas de produire de temps à autre des effets aussi puissants qu'extraordinaires. C'est ce dont nous citerons un exemple mémorable, exemple que nous alléguons d'autant plus volontiers que les jésuites paraissent ne pas dédaigner ce genre d'exercice, et c'est à notre avis une preuve de leur grand sens. C'est un genre de talent qui, lorsqu'on en fait un métier, est réputé infâme, mais qui, lorsqu'on en fait une partie de l'éducation, est de la plus grande utilité. Je veux parler de l'action théâtrale; car elle fortifie la mémoire, elle règle et adoucit le ton de la voix et de la prononciation, donne de la grâce au geste et à l'air du visage, inspire une noble assurance, et accoutume les jeunes gens à soutenir les regards d'une nombreuse assemblée. Nous en tirerons un exemple de Tacite : il s'agit d'un certain Vibulenus, autrefois comédien, et qui servait alors dans les légions de Pannonie. Cet homme, peu après la mort d'Auguste, avait excité une sédition, et Blesus, qui commandait dans le camp, avait fait emprisonner quelques-uns des séditieux. Les soldats, ayant attaqué la garde, rompirent les portes de la prison et délivrèrent leurs compagnons. Vibulenus, à cette occasion, haranguant les soldats, leur parla ainsi : « Vous venez de rendre l'air et la lumière à vos compagnons aussi innocents qu'infortunés ; mais qui rendra le jour à mon frère, qui me le rendra à moi, ce frère, député vers vous par l'armée de Germanie pour conférer avec vous sur nos intérêts communs, et que la nuit dernière il a fait égorger par ses gladiateurs, qu'il nourrit et qu'il arme pour la perte des soldats? Réponds, Blésus, où as-tu jeté le cadavre? Un ennemi même ne refuse pas la sépulture. Lorsqu'à force de baisers et de larmes j'aurai soulagé ma douleur, fais-moi aussi égorger, moi, pourvu qu'après cette mort, qui ne sera point le châtiment d'un crime, mais le prix des services que nous aurons rendus aux légions, ces compagnons nous ensevelissent aussi[1]. » Par ce discours il excita une telle indignation et une telle sédition que, si l'on ne se fût assuré peu après que rien de ce qu'il avait avancé n'était vrai, et qu'il n'avait jamais eu de frère, peu s'en serait fallu que les soldats ne portassent la main sur le commandant. Or, tout ce qu'il disait là, il le débitait comme s'il eût joué un rôle sur la scène.

Nous voici donc arrivés à la fin de notre traité sur les doctrines rationnelles. Que si, dans cette énumération, nous nous sommes de temps à autre écartés des divisions reçues, qu'on ne s'imagine point que nous improuvions ces divisions dont nous n'avons fait aucun usage. Car deux motifs nous imposaient la nécessité de les transporter ; l'un est que ces deux desseins réunis, de ranger dans une même classe les choses les plus analogues entre elles par leur nature, et de jeter dans un seul tas toutes celles dont on se propose de faire usage pour le moment; que ces deux desseins, dis-je, sont tout-à-fait différents par rapport à l'intention et à la fin. Par exemple, tel secrétaire d'un roi ou d'une république ne manque pas de distribuer ses papiers dans son cabinet de manière que tous les papiers de même nature se trouvent ensemble : ici, les traités ; là, les ordres reçus ; ailleurs, les lettres de l'étranger ; à une autre place, les lettres du pays, et ainsi de suite; mais toujours chaque espèce de papier à part. Au contraire, il jettera dans quelque carton particulier, et mettra tous ensemble, ceux qui, selon toute apparence, doivent lui être nécessaires pour le moment. C'est ainsi que, dans

(1) Tac. *Annales*, I, c. 22.

cette espèce de dépôt général des sciences, les divisions doivent être appropriées à la nature des choses mêmes ; au lieu que, si nous eussions eu à traiter de quelque science particulière, nous eussions suivi des partitions mieux appropriées à l'usage et à la pratique. L'autre motif qui nécessite ce changement de divisions, c'est que le dessein d'ajouter aux sciences les choses à suppléer et de les réunir avec les autres en un seul corps entraîne avec soi comme conséquence celui de transposer les divisions des sciences mêmes. Pour nous faire mieux entendre, supposons que les arts dont nous sommes en possession soient au nombre de quinze, et qu'en y ajoutant ceux qui nous manquent leur nombre soit de vingt. Cela posé, je dis que les parties du nombre quinze ne sont pas les mêmes que celles du nombre vingt ; car les parties du nombre quinze sont trois et cinq ; celles du nombre vingt sont deux, quatre, cinq et dix. Ainsi, il est clair que nous ne pouvions à cet égard nous conduire autrement. Voilà ce que nous avions à dire sur les sciences logiques.

LIVRE SEPTIÈME.

CHAPITRE PREMIER.

Division de la morale en doctrine du modèle et géorgique de l'âme. Division du modèle, c'est-à-dire du bien, en bien absolu et bien comparé. Division du bien absolu en bien individuel et bien de communauté.

Nous voici arrivés, roi plein de bonté, à la morale, qui envisage la volonté humaine et qui en fait son objet. Or, la volonté est conduite par la droite raison et séduite par le bien apparent. Les aiguillons de la volonté sont les affections, et ses ministres sont les organes et les mouvements volontaires. C'est d'elle que Salomon a dit : « Avant tout, ô mon fils ! garde ton cœur ; car c'est de là que procèdent toutes les actions de la vie[1]. » Lorsqu'il s'est agi d'écrire sur cette science, ceux qui l'ont traitée nous paraissent avoir suivi une méthode fort semblable à celle d'un homme qui, ayant promis d'enseigner l'art d'écrire, se contenterait de présenter de beaux exemples, tant des lettres simples que des lettres combinées, et qui ne dirait rien de la manière de conduire la plume et de former les caractères. C'est ainsi que les moralistes nous ont proposé des modèles fort beaux et fort magnifiques sans contredit, et donné des descriptions fort exactes, de fidèles images du bien, de la vertu, des devoirs, de la félicité, comme étant les vrais objets et les véritables buts de la volonté et des affections humaines. Mais ces buts, excellents à la vérité et très bien déterminés par eux, comment peut-on y adresser juste ? je veux dire d'après quelles règles peut-on travailler les âmes et leur donner les dispositions nécessaires pour y atteindre ? Voilà ce qu'ils ne disent pas, ou s'ils en parlent, ce n'est qu'en passant et avec bien peu d'utilité. Discourons tant que nous voudrons sur ce sujet ; disons que les vertus morales sont dans l'âme humaine un produit de l'habitude et non de la nature ; faisons une pompeuse distinction entre les âmes généreuses et l'ignoble vulgaire, en observant que les premières sont déterminées par le poids des raisons, tandis que le dernier l'est par l'espoir de la récompense ou par la crainte du châtiment ; ajoutez à cela cet ingénieux précepte : « Il en est de l'âme humaine comme d'un bâton, et pour la redresser il faut la plier en sens contraire de celui où elle est déjà fléchie ; » enfin, à ces observations et à ces comparaisons, ajoutez-en mille autres semblables ; vous aurez beau faire, il s'en faudra de beaucoup que tous ces accessoires suffisent pour rendre excusable l'omission dont nous nous plaignons ici.

Or, la vraie cause de cette négligence ne me paraît autre que cet écueil où ont donné tant de barques scientifiques et sur lequel elles ont fait naufrage, je veux dire que les écrivains dédaignent d'abaisser leur esprit aux sujets populaires et rebattus où ils ne trouvent point assez de subtilité pour en faire le sujet de leurs disputes ou assez d'éclat pour se prêter à l'ornement. Il est difficile, à l'aide du seul discours,

[1] *Prov.* c. 4, v. 23.

de faire suffisamment sentir le préjudice qu'a porté aux sciences l'habitude que nous indiquons : que les hommes, en vertu d'un orgueil inné et séduits par la vaine gloire dans le choix des matières qu'ils traitent et des manières de les traiter, ont préféré les sujets et les formes qui peuvent faire briller leur esprit, au lieu d'envisager l'utilité des lecteurs. C'est avec raison que Sénèque a dit que « l'éloquence nuit à ceux qu'elle rend amoureux, non des choses, mais d'eux-mêmes[1]. » En effet, les écrits doivent être de nature à rendre plutôt les lecteurs amoureux de la doctrine que des docteurs. Ainsi ceux-là seuls tiennent la droite route qui peuvent dire hautement de leurs conseils ce que Démosthènes disait des siens, et les terminer par une conclusion semblable. « Ces conseils, ô Athéniens ! si vous les suivez, non-seulement vous ferez pour le présent l'éloge de l'orateur par cette déférence, mais de plus vous aurez dans quelque temps sujet de vous louer vous-mêmes pour avoir, en les suivant, amélioré l'état de vos affaires[2]. » Quant à moi, excellent prince (pour parler de moi-même, comme l'occasion m'y invite), je puis dire que, dans ce que je publie actuellement et dans ce que je me propose de publier par la suite, j'abjure la dignité de mon esprit et de mon nom (si toutefois je jouis de quelque réputation), et que je la sacrifie, de dessein prémédité, à l'utilité du genre humain ; car moi, qui devrais, selon toute apparence, faire les fonctions d'architecte dans les sciences et la philosophie, je m'abaisse jusqu'au rôle de manœuvre et de porte-faix, à tout ce qu'on veut ; et une infinité de choses telles qu'il faut absolument qu'elles se fassent, voyant que d'autres les dédaignent par cet orgueil qui fait le fond de leur caractère, je m'en charge et je les exécute. Mais pour revenir à notre sujet et suivre ce que nous avons commencé à dire, je dis donc que les philosophes se sont choisis dans la morale une certaine masse de matière pompeuse, éclatante, et qui leur paraissait la plus propre à faire ressortir la pénétration de leur esprit et la vigueur de leur éloquence ; mais tout ce qui pouvait enrichir la pratique, comme ils n'auraient pu le brillanter aussi aisément, ils l'ont en grande partie supprimé.

Cependant ces écrivains si superbes n'auraient pas dû désespérer d'obtenir le succès que le poète Virgile avait osé se promettre et qu'il a en effet obtenu, poète qui n'a pas fait avec moins de gloire briller son éloquence, son génie et son érudition, en entrant dans les détails de l'agriculture qu'en chantant les exploits héroïques d'Énée.

Nec sum animi dubius verbis ea vincere magnum
Quàm sit, et angustis hunc addere rebus honorem[1].

Certes, si les hommes avaient eu à cœur, non de composer des ouvrages oiseux pour des lecteurs oisifs, mais d'enrichir réellement la vie active et de la pourvoir de moyens, ils n'auraient pas une moins haute idée de cette géorgique de l'âme que de l'héroïque effigie de la vertu, du bien et de la félicité, dont ils se sont si laborieusement occupés.

Ainsi nous diviserons la morale en deux doctrines principales : l'une qui traite du modèle ou de l'image du bien ; l'autre du régime et de la culture de l'âme, partie que nous désignons aussi par le nom de géorgique de l'âme. La première analyse la nature du bien ; la dernière prescrit les règles à suivre pour rendre l'âme capable d'atteindre à ce but.

La doctrine du modèle, c'est-à-dire celle qui envisage la nature du bien et qui en fait l'analyse, le considère ou comme absolu, ou comme comparable ; je veux dire qu'elle considère ou ses divers genres, ou ses différents degrés. Quant à cette dernière partie, qui a donné lieu à des disputes sans fin et à ces éternelles spéculations sur le suprême degré du bien qu'ils qualifiaient de félicité, de béatitude, de souverain bien, et qui tenaient lieu de théologie aux païens, le christianisme les a enfin terminées et nous en a débarrassés ; car de même qu'Aristote dit « qu'à la vérité les jeunes gens peuvent être heureux, mais seulement par l'espérance[2], » de même aussi, éclairés par la foi et devant tous nous considérer comme autant d'adolescents et de mineurs, nous ne devons aspirer qu'au seul genre de félicité qui consiste dans l'espérance.

---

(1) Sen. ép. 100, à la fin, et ép. 115, au commencement.
(2) *Olynth.* II, vers la fin.

(1) Et moi, puissé-je orner cette aride matière !
Des ronces, je le sais, hérissent ma carrière.
Virg. *Georg.* liv. III, v. 289 et 290, trad. de Delille.
2) *Mor. à Nicom.* liv. I, c 10.

Nous voilà donc, sous d'heureux auspices, débarrassés de la doctrine qui était comme le ciel des païens, et par laquelle ils attribuaient certainement à la nature humaine une élévation à laquelle elle ne peut atteindre; car voyez sur quel ton tout-à-fait tragique Sénèque nous dit : « Quoi de plus grand que de voir un être aussi fragile que l'homme atteindre à la sécurité d'un Dieu[1] ! » Quant aux autres écrits qu'ils nous ont laissés sur la doctrine du modèle, écrits où l'on trouve plus de vérité et de modestie, nous ne risquons rien de les adopter en grande partie. En effet, quant à ce qui regarde la nature du bien simple et positif, ils en ont fait les plus belles descriptions, et en ont pour ainsi dire donné des portraits pleins de vie, comme dans d'excellents tableaux, mettant sous nos yeux dans le plus grand détail les diverses formes des vertus et des devoirs, leurs attitudes, leurs genres, leurs affinités, leurs parties, leurs sujets, leurs départements, leurs actions, leurs dispensations. Et ce n'est pas tout : ces connaissances si détaillées, ils se sont efforcés d'en faire sentir le prix et d'en inspirer le goût par des raisonnements aussi vifs que profonds, et par la douceur de leur éloquence. De plus, autant qu'on le peut faire par de simples discours, toutes ces vérités, ils les ont, pour ainsi dire, fortifiées contre les attaques et les insultes des opinions erronées et populaires. Quant à la nature du bien comparé, ils n'ont rien épargné non plus pour bien traiter ce sujet, en constituant les trois ordres de devoirs dont on a tant parlé ; en faisant un parallèle de la vie contemplative et de la vie active; en distinguant la vertu accompagnée de résistance et de combat, de la vertu déjà affermie et dans un état de sécurité; en traitant des cas où l'utile et l'honnête sont en conflit; en balançant l'une avec l'autre les différentes vertus, pour déterminer celle qui l'emporte sur les autres, et par d'autres semblables distinctions; en sorte que la partie qui traite du modèle nous paraît avoir été fort bien cultivée, et les anciens, en traitant ce sujet, ont fait preuve de talents admirables, de manière pourtant que le christianisme a laissé bien loin derrière lui les philosophes; car la diligence et l'activité des théologiens s'est singulièrement occupée d'examiner et de déterminer les devoirs, les vertus morales et les limites des différentes sortes de péchés.

Néanmoins, pour revenir aux philosophes, si, avant de s'attacher aux notions populaires et reçues, ils eussent fait une courte pause pour chercher les racines mêmes du bien et du mal et analyser fibre à fibre ces racines, ils eussent, à mon avis, répandu le plus grand jour sur ce qui eût pu ensuite être l'objet de leurs recherches. Si, avant tout, ils n'eussent pas moins consulté la nature même des choses que les principes de la morale, ils eussent donné à leurs doctrines plus de précision et de profondeur. Or, comme c'est un point qu'ils ont tout-à-fait omis ou traité fort confusément, nous le remanierons en peu de mots, tâchant de découvrir et de nettoyer les sources mêmes des vérités morales avant de passer à la doctrine de la culture de l'âme, que nous regardons comme étant à suppléer ; et le fruit des observations que nous allons faire devra être, si nous ne nous trompons, de donner de nouvelles forces à la doctrine du modèle.

Il est dans chaque chose un appétit naturel, inné, en vertu duquel elle tend à deux espèces de bien, l'un par lequel elle est en elle-même un tout, l'autre par lequel elle fait partie de quelque autre tout plus grand. Or, ce dernier est plus noble et plus puissant, vu qu'il tend à la conservation de la forme la plus vaste. Appelons le premier bien individuel ou personnel, et le dernier bien de communauté. Le fer, en vertu d'une sympathie particulière, se porte vers l'aimant; mais pour peu qu'il ait plus de poids, il abandonne ces amours-là, et en bon citoyen, en bon patriote, il se porte vers la terre qui est la région de ces congénères. Disons quelque chose de plus. Les corps denses et graves se portent vers la terre, qui est la grande assemblée des corps denses; mais, plutôt que de souffrir que la nature éprouve une solution de continuité, et, pour user de l'expression commune, par horreur pour le vide, les corps de cette espèce se porteront vers la région supérieure, et ils abandonneront leur devoir envers la terre pour rendre au monde entier ce qui lui est dû. Ainsi c'est une loi presque perpétuelle, que la conservation de la forme la plus commune maîtrise les tendances moins générales. Mais où cette prérogative du bien de commu-

---

(1) Ep 53, § 12.

nauté déploie le plus sensiblement son caractère, c'est dans l'homme, pour peu qu'il n'ait point dégénéré ; et c'est ce que l'on voit dans une parole mémorable du grand Pompée. Dans un temps où Rome était affamée, on l'avait préposé au soin de faire venir des vivres. Comme ses amis le conjuraient instamment de ne point s'exposer en mer durant une tempête affreuse, ce grand homme répondit : « Il est nécessaire que j'aille et non que je vive ; » en sorte que, dans cette âme élevée, l'amour de la vie, qui est ce qu'il y a de plus fort dans l'individu, le cédait à l'amour et à la fidélité envers la république. Mais à quoi bon nous arrêter à de pareils traits ? Dans toute l'étendue des siècles, on ne trouve point de philosophie ou de secte, point de religion, point de loi ou de discipline qui ait, autant que notre sainte religion, exalté le bien commun et ravalé le bien individuel ; par où nous voyons clairement que c'est un seul et même Dieu qui a établi dans la nature les lois auxquelles toute créature est soumise et qui a donné aux hommes la loi chrétienne. Aussi lisons-nous que quelques-uns des élus et des saints personnages souhaitaient se voir plutôt rayés eux-mêmes du livre de vie que d'apprendre que leurs frères n'eussent pu parvenir au salut, élevés à ce généreux désir par une sorte d'extase de charité et de soif immodérée pour le bien universel.

Ce principe, une fois posé et tenu pour inébranlable, termine les plus importantes controverses dans la philosophie morale. Il décide d'abord cette question, savoir : si la vie contemplative doit être préférée à la vie active, et cela contre le sentiment d'Aristote ; car toutes les raisons qu'il allègue en faveur de la vie contemplative ne militent que pour le bien privé et ne regardent que le plaisir ou la dignité de l'individu ; en quoi certainement la vie contemplative remporte la palme. En effet, c'est une comparaison assez juste que celle dont usait Pythagore pour donner de l'éclat et du relief à la contemplation et à la philosophie. Hiéron lui demandant qui il était, il fit cette réponse : « Pour peu que vous ayez assisté aux jeux olympiques, vous n'ignorez pas qu'il y vient une infinité de personnes dans différentes vues ; les uns pour éprouver la fortune dans les combats ; les autres à titre de négocians pour débiter leurs marchandises ; d'autres seulement pour voir leurs amis qui arrivent de toutes part et pour passer le temps avec eux dans la joie et les festins ; d'autres enfin pour être simplement spectateurs du tout ; je suis un de ceux qui se contentent de ce rôle de spectateur [1]. »
Voilà ce qu'il disait ; mais les hommes doivent savoir qu'il n'appartient qu'à Dieu même ou aux anges d'être simples spectateurs, et il ne se peut que dans l'église on ait jamais mis cela en question, quoiqu'il s'y soit trouvé beaucoup de gens qui avaient continuellement à la bouche ce mot : « qu'aux yeux de Dieu, la mort de ses saints est précieuse [2] ; » passage dont ils se prévalaient pour donner une haute idée de la mort civile des religieux et des institutions de la vie monastique et régulière ; si ce n'est peut-être qu'on doit observer que la vie monastique n'était pas purement contemplative, mais toute occupée des fonctions ecclésiastiques, telles que la prière perpétuelle, le soin d'offrir à Dieu en sacrifice les vœux des fidèles, la composition des livres de théologie, dans le grand loisir dont ils jouissaient et en vue de propager la doctrine de la loi divine, à l'exemple de Moïse, qui passa tant de jours en retraite sur la montagne. De plus, Hénoch, le septième personnage depuis Adam, lequel paraît avoir été le premier qui ait mené une vie contemplative, car il est dit de lui « qu'il marchait avec Dieu [3], » n'a pas laissé de faire présent à l'Église du livre de prophéties qui est cité par Saint-Jude [4]. Quant à une vie purement contemplative, qui n'ait d'autre but qu'elle-même et qui ne jette aucun rayon de chaleur ou de lumière sur la société, celle-là certainement la théologie ne daigne pas l'avouer.

Notre principe décide aussi cette question si contentieusement agitée entre les écoles de l'antiquité, qui formaient comme deux grands partis ; d'un côté étaient l'école de Zénon et celle de Socrate, qui plaçaient la félicité dans la vertu, ou seule, ou pourvue de ses accessoires ; de l'autre étaient un grand nombre d'écoles ou de sectes ; d'abord celles des cyrénaïques et des épicuriens, qui plaçaient le souverain bien dans la volupté et qui (à l'imitation de ce qu'on voit

---

(1) Cic. *Tusc.* V, c. 3, seulement au lieu d'Hiéron c'est Léonce, prince des Phéniciens, qui est mentionné dans le passage original.

(2) *Psaumes*, 115, v. 7.   (3) *Genèse*, c. 5, v. 24.   (4) *Ep. de S. Jude*, v. 14.

dans certaines comédies où la maîtresse change d'habit avec la servante) ne faisaient de la vertu qu'une sorte de domestique, sans laquelle, disaient-ils, la volupté ne pouvait être bien servie. Puis l'autre école fondée par Epicure, qui se donnait pour réformée et qui prétendait que la félicité n'était autre chose que la tranquillité et la sérénité d'une âme dégagée de tous soins et exempte de toute espèce de trouble, comme s'ils eussent voulu détrôner Jupiter et ramener Saturne avec le siècle d'or, heureux temps où il n'y avait ni été, ni hiver, ni printemps, ni automne, mais où une seule température uniforme et toujours la même régnait durant toute l'année. Enfin, l'école d'Heryllus et de Pyrrhon, dont les opinions furent aussitôt rejetées, et qui prétendaient que la félicité consistait à débarrasser son âme de toute espèce de scrupules, n'établissant aucune nature fixe et constante de bien et de mal, mais tenant les actions pour bonnes ou pour mauvaises selon qu'elles procédaient d'un mouvement de l'âme pure et libre, ou, au contraire, d'un mouvement accompagné d'aversion et de résistance, opinion qui n'a pas laissé de revivre dans l'hérésie des anabaptistes, qui mesuraient tout d'après l'instinct et les mouvements de l'esprit, la constance ou la vacillation de la foi.

Enfin, notre principe réfute aussi la philosophie d'Epictète, qui s'appuie sur la supposition, qu'il faut placer son bonheur dans les choses qui ne dépendent pas des hommes, afin de n'être point exposé aux caprices de la fortune; comme si, avec des intentions et des fins généreuses qui embrassent l'utilité commune, on n'était pas cent fois plus heureux, même en voyant son attente trompée et en échouant dans ses desseins, qu'en réussissant perpétuellement dans tout ce qui ne tend qu'à notre agrandissement particulier, et en voyant de tels desseins toujours couronnés par le succès. Et c'est dans cet esprit que Gonzalve de Cordoue, montrant du doigt à ses soldats la ville de Naples, éleva sa voix généreuse et leur dit : « Oui, il serait beaucoup plus à souhaiter pour moi de marcher, en avançant un seul pied, à une mort certaine, que de prolonger ma vie pour un grand nombre d'années en reculant d'un seul pas. » Un autre personnage qui chantait, pour ainsi dire, à l'unisson, c'est ce général, cet empereur vraiment céleste, qui a prononcé qu'une bonne conscience est un festin perpétuel[1]; paroles par lesquelles il fait entendre clairement qu'une âme qui a le sentiment de ses bonnes intentions ne laisse pas, lors même qu'elle échoue dans ses desseins, de faire goûter une joie plus vraie, plus pure et plus conforme à sa nature, que tout l'appareil dont tel homme peut s'environner pour satisfaire tous ses désirs ou assurer son repos.

Notre principe relève également cet abus de la philosophie qui commença à s'introduire vers le temps d'Epictète; je veux dire que la philosophie était regardée comme une sorte de métier et pour ainsi dire réduite en art; comme si le véritable but de la philosophie n'était pas de réprimer et d'amortir les passions, mais d'éviter avec soin jusqu'aux plus petites causes ou occasions qui peuvent les exciter, et qu'il fallût pour cela embrasser un certain genre de vie particulier. Ils voulaient sans doute procurer à l'âme un genre de santé tout semblable à celui qu'Herodicus s'était procuré par rapport au corps, cet Herodicus, dont Aristote a parlé, et dont il dit qu'il ne fit durant toute sa vie autre chose qu'avoir soin de sa santé, s'abstenant d'une infinité de choses et se privant ainsi presque entièrement de l'usage de son corps; au lieu que si les hommes avaient à cœur de remplir leurs devoirs envers la société, le genre de santé qui leur paraîtrait le plus à désirer serait celui qui les mettrait en état de supporter toutes sortes de changements et de soutenir toutes espèces de chocs. C'est ainsi que la seule âme qui doive être réputée saine et vigoureuse est celle qui peut se faire jour à travers toute espèce de tentations et de violentes émotions. En sorte que c'était avec beaucoup de sagesse que Diogène avait coutume de dire : qu'il estimait la force de l'âme qui servait, non à s'abstenir timidement, mais à résister avec courage, force dont l'effet est d'arrêter sa course sur le bord des précipices, et à laquelle elle doit cette qualité si estimée dans un cheval bien dressé, de pouvoir faire un arrêt et changer de main dans le moindre espace possible.

Enfin, notre principe relève cette excessive susceptibilité, cette inaptitude à se plier aux usages, observée dans quelques-uns des plus anciens philosophes, surtout dans ceux qui

---

[1] Salom. Prov. c. 15. v. 15.

jouissaient de la plus grande vénération, philosophes qui se dérobaient trop aisément aux affaires, afin de se garantir des indignités et des troubles de toute espèce, et de vivre, pour ainsi dire, intacts et comme inviolables, du moins à ce qu'ils croyaient; au lieu que la constance d'un homme vraiment moral devrait être semblable à celle que ce même Gonsalve, dont nous parlons, exigeait dans un guerrier. « Je veux, disait-il, que l'honneur d'un soldat soit comme une toile forte et capable de résistance, non comme une toile mince qu'un rien peut égratigner ou déchirer. »

CHAPITRE II.

Division du bien individuel ou personnel en bien actif et bien passif. Division du bien passif en bien conservatif et bien perfectif. Division du bien de communauté en offices généraux et offices respectifs.

Revenons donc au bien individuel ou personnel, et suivons ses divisions. Nous le diviserons en bien actif et bien passif. En effet, cette différence de bien fort analogue, cette distinction que faisaient les Romains dans leurs affaires domestiques (je veux parler de ce qu'ils appelaient *promus* et *condus*, le maître-d'hôtel et l'intendant), cette différence, dis-je, se trouve empreinte dans toute la nature des choses; mais où elle se manifeste le plus sensiblement, c'est dans le double appétit des choses créées : l'un, en vertu duquel elles tendent à se conserver et à se garantir ; l'autre, par lequel elles tendent à se propager et à se multiplier. Or, ce dernier, qui est l'actif, et qui répond au *promus*, paraît le plus noble et le plus puissant; et le premier, qui est le passif, et qui répond au *condus*, doit être regardé comme inférieur. En effet, dans l'immensité des choses, c'est la nature céleste qui est l'agent, et la nature terrestre qui est le patient. Nous voyons aussi que dans les voluptés des animaux le plaisir de la génération est plus vif que celui de la nutrition. De plus, les oracles divins prononcent « qu'il est plus doux de donner que de recevoir[1]. » Ajoutez que dans la vie ordinaire il n'est point d'homme d'un caractère si mou et si efféminé qui ne soit infiniment plus charmé d'achever une entreprise qu'il avait à cœur, et de la conduire à sa fin, que de goûter quelque plaisir sensuel ou quelque volupté que ce puisse être. Or, on aura une bien plus haute idée de la prééminence du bien actif, pour peu qu'envisageant la condition humaine l'on considère qu'elle est mortelle et exposée aux coups de la fortune. Car, si les voluptés humaines étaient susceptibles de certitude et de perpétuité, nul doute que cet avantage n'y ajoutât beaucoup de prix, à cause de la durée et de la sécurité des jouissances qui en seraient l'effet. Mais il n'en est rien. Et comme ce qui en est paraît revenir à ceci : « Nous croyons que mourir plus tard c'est gagner beaucoup. Ne te vante pas par rapport au lendemain, car tu ne sais pas ce qu'enfantera la journée ; » il n'est nullement étonnant que nous nous portions de toutes nos forces vers les objets qui n'ont rien à craindre des ravages du temps. Or, quelles choses peuvent avoir cet avantage, si ce n'est nos propres œuvres ? comme il est dit : « Leurs œuvres leur survivent[1]. » Il est une autre prééminence du bien actif, qui n'est pas de petite considération, prééminence qui est produite et appuyée par cette affection inhérente à la nature humaine et qui en est comme la compagne inséparable, je veux dire l'amour de la nouveauté et de la variété. Cet amour, dans les voluptés sensuelles (lesquelles font la plus grande partie du bien passif), n'a pas une fort grande latitude et se trouve renfermé dans des limites fort étroites. « Considère combien il y a de temps que tu fais et refais les mêmes choses; repas, sommeil, jeu, voilà le cercle où tu roules : vouloir mourir ! il n'est pas besoin de courage, de grands malheurs, ni de sagesse pour avoir cette volonté ; c'est assez du dégoût[2]. » Mais dans les actions de notre vie, dans nos projets, dans nos prétentions, règne une étonnante variété ; et cette variété, l'on y trouve un plaisir infini, tandis qu'on va ébauchant son ouvrage, le continuant, se reposant de temps à autre, reculant, pour ainsi dire, pour mieux prendre son élan, approchant du terme, enfin touchant au but et autres choses semblables ; en sorte qu'on a grande raison de dire que la vie d'un homme sans but est livrée à la langueur et à l'incertitude ; et c'est ce qui s'applique tout à la fois aux sages et aux fous, comme le dit Salomon : « L'écervelé tâche de se donner des

---

(1) *Actes des ap.* c. 20, v. 35.

(1) *Apoc.* c. 4, v. 13. (2) Sén. ép. 24, § 23-25.

désirs et se mêle de tout[1]. » De plus, nous voyons que les monarques les plus puissants, qui n'avaient besoin que d'un signe pour appeler tout ce qui flatte les sens, avaient soin pourtant de se ménager de temps en temps certaines petites jouissances frivoles et au-dessous d'eux. C'était ainsi que Néron se plaisait à jouer de la guitare, Commode à faire le gladiateur, Antonin à conduire un char, et que d'autres avaient d'autres goûts semblables ; jouissances pourtant qu'ils préféraient à toute l'affluence des voluptés sensuelles qui étaient à leurs ordres : tant il est vrai que l'action procure des plaisirs plus vifs qu'une jouissance purement passive !

Au reste, ce qu'il faut observer avec un peu plus d'attention, c'est que le bien actif individuel diffère totalement du bien de communauté; car, quoique ce bien actif individuel enfante quelquefois des œuvres de bienfaisance, lesquelles se rattachent aux vertus de communauté, néanmoins il y a entre l'un et l'autre cette différence que, si les hommes attachent tant de prix aux œuvres qui sont le produit du premier, ce n'est pas en tant qu'elles peuvent aider les autres et les rendre plus heureux, mais seulement en vue d'eux-mêmes et en tant qu'elles peuvent servir à leur propre agrandissement et a augmenter leur propre puissance. C'est ce qu'on voit clairement lorsque ce bien actif vient donner dans quelque dessein contraire au bien de communauté. La disposition gigantesque de l'âme qui entraîne les grands perturbateurs du globe, tels que Sylla et une infinité d'autres (quoique dans de moindres proportions), dont le vœu perpétuel est que tous les hommes soient heureux ou malheureux, selon qu'ils leur sont amis ou ennemis, et que le monde entier porte leur image, ce qui est une sorte de théomachie, cette disposition, dis-je, les fait tous aspirer au bien actif individuel, du moins apparent, quoique dans la vérité ils s'éloignent fort du bien de communauté.

Mais nous diviserons le bien passif en bien conservatif et bien perfectif. En effet, il est dans chaque être, par rapport au bien individuel ou personnel, un triple appétit, appétit inné. Par le premier il tend à se conserver, par le second à se perfectionner, par le troisième à se multiplier et à se propager. Or, ce dernier appétit se rapporte au bien actif dont nous venons de parler. Restent donc les deux autres espèces de biens que nous avons ainsi qualifiés. Le bien perfectif doit être regardé comme le premier, vu que laisser une chose dans l'état où elle est, c'est moins faire que de l'élever à une nature plus sublime ; car il est, dans l'immensité des choses, certaines natures plus nobles, à la dignité et à la hauteur desquelles aspirent les natures inférieures comme à leurs sources et à leurs origines ; et c'est ainsi que certain poëte, parlant des hommes, a rendu cette pensée :

Igne est ollis vigor et cœlestis origo[1].

Car la véritable assomption de l'homme, ce qui le fait approcher de la nature divine ou angélique, c'est la perfection de sa forme. Or, la fausse et mensongère imitation de ce bien actif est le vrai fléau de la vie humaine, c'est un tourbillon rapide qui entraîne et renverse tout ; je veux parler de ces hommes qui, au lieu d'une exaltation formelle et essentielle, prenant l'essor d'une aveugle ambition, n'aspirent plus qu'à une élévation purement locale. Et, de même que les malades, lorsqu'ils ne trouvent point de remède à leur mal, changent continuellement d'attitude et s'agitent sans cesse, se tournant et se retournant d'un côté sur l'autre, comme s'ils pouvaient, en changeant de lieu, se fuir eux-mêmes et échapper au mal intérieur, ainsi les ambitieux, attirés par je ne sais quel fantôme d'exaltation de leur nature, ne parviennent qu'à une élévation purement locale, à une certaine hauteur physique.

Or, le bien conservatif n'est autre chose que l'acquisition et la jouissance des choses conformes à notre nature ; et quoique ce bien-là soit simple et naturel, il paraît que, de tous les biens, c'est le plus flasque et le moins noble De plus, ce bien-là même est susceptible d'une certaine différence sur laquelle tantôt le jugement humain a vacillé, tantôt on a omis toute recherche ; car toute la dignité et tout le prix de la jouissance, ou de ce qu'on nomme l'agréable,

---

(1) *Prov.* c. 24. v. 26.

(1) De la divinité ce rayon précieux
En sortant de sa source est pur comme les cieux.
Virg. *Énéide*, liv. VI, v. 730, trad. de Delille.

consiste ou dans la pureté de cette jouissance, ou dans son intensité; deux choses dont l'une est l'effet de l'uniformité, et l'autre celui de la variété, de la vicissitude. L'une est moins mélangée de mal, l'autre a une teinte plus forte et plus vive de bien. Mais laquelle est préférable? c'est ce qu'on n'a point décidé. Enfin, la nature humaine peut-elle retenir l'un et l'autre à la fois? c'est ce qu'on n'a pas même pris la peine de chercher.

Or, quant à ce point, qui n'est pas décidé, c'est une question qu'ont commencé à discuter Socrate et certain sophiste, Socrate soutenant que la félicité consiste dans la paix de l'âme et dans une inaltérable tranquillité, et le sophiste prétendant que la félicité consiste à désirer beaucoup et à jouir d'autant. Puis des arguments ils passèrent aux injures, le sophiste disant que la félicité de Socrate ressemblait à celle d'une souche ou d'une pierre, et Socrate répliquant que la félicité du sophiste était celle d'un galeux éprouvant de perpétuelles démangeaisons et prenant plaisir à se gratter sans cesse. Cependant l'un et l'autre sentiment ne manquent pas de raisons qui les appuient. Un sentiment qui s'accorde avec celui de Socrate, c'est celui de l'école même d'Epicure, qui regardait la vertu comme contribuant beaucoup au bonheur. S'il en est ainsi, il est trop certain que la vertu est d'un plus grand usage pour apaiser les passions que pour obtenir les choses désirées. Et ce qui appuie le sentiment du sophiste, c'est l'assertion dont nous parlions il n'y a qu'un moment, savoir: que le bien perfectif a la prééminence sur le bien conservatif, parce que l'accomplissement de nos désirs semble perfectionner peu à peu notre nature; et quoiqu'il n'ait rien moins qu'un tel effet, néanmoins ce mouvement en cercle a quelque apparence de mouvement progressif.

Quant à la seconde question, savoir: si la nature humaine ne peut pas retenir à la fois la tranquillité d'âme et l'intensité de la jouissance? une fois bien décidée, elle rendrait la première oiseuse et superflue; car ne voit-on pas assez souvent des hommes constitués et organisés de manière à goûter même vivement les plaisirs lorsqu'ils s'offrent à eux, et à en supporter la perte assez patiemment? En sorte que cette gradation philosophique : « Garde-toi de jouir, de peur de désirer; garde-toi de désirer, de

BACON.

peur de craindre, » a je ne sais quoi de timide et de pusillanime. Certes, la plupart des doctrines des philosophes nous paraissent trop timides, et prendre, en faveur des hommes, plus de précautions que la nature ne le veut; par exemple, lorsque, voulant remédier à la crainte de la mort, ils ne font que l'augmenter. Comme ils ne font de la vie humaine qu'une sorte de préparation à sa fin, d'apprentissage de la mort, il est force qu'un ennemi contre lequel on fait tant de préparatifs paraisse bien terrible et bien redoutable. J'aime mieux ce poete

Qui spatium vitæ extremum inter munera ponit Naturæ [1].

C'est ainsi qu'en toutes choses les philosophes se sont efforcés de rendre l'âme humaine trop uniforme et trop harmonique, en ne faisant rien pour l'accoutumer aux mouvements contraires et aux extrêmes. Et la cause de cette méprise nous paraît être qu'ils s'étaient consacrés à une vie privée, à une vie exempte de toute espèce d'affaires et d'assujettissement. Que n'imitaient-ils la prudence du lapidaire, qui, lorsqu'il trouve dans un diamant quelque petit nuage, quelque petite bulle qu'il peut enlever sans trop diminuer le volume de la pierre, a soin de l'ôter, et qui, dans le cas opposé, prend le parti de n'y pas toucher? C'est ainsi qu'il faut pourvoir à la sécurité des âmes, de manière cependant à ne point détruire la magnanimité. Mais en voilà assez sur le bien individuel.

Ainsi, après avoir parlé du bien personnel (que nous qualifions aussi ordinairement de bien particulier, privé, individuel), revenons au bien de communauté, qui envisage la société. On le désigne ordinairement par le nom de devoir; car le nom de devoir se rapporte plus proprement à l'état d'une âme bien disposée à l'égard des autres, et le nom de vertu à une âme bien constituée, bien disposée par rapport à elle-même. Mais il semble, au premier coup d'œil, que cette partie doive être assignée à la science civile. Cependant, pour peu qu'on y fasse d'attention, l'on verra qu'il en doit être tout autrement; car elle traite de l'empire et du commandement que chacun peut exercer sur

---

[1] Qui appelle la fin de la vie la dernière fonction de la nature. Juv. X, v. 360.

lui-même, non de celui qu'il peut exercer sur les autres. Et de même que, dans l'architecture, autre chose est de figurer les piliers, les poutres et les autres parties de l'édifice, et de les préparer pour bâtir ensuite, autre chose de les ajuster les unes aux autres et de les assembler; de même encore que, dans la mécanique, fabriquer un instrument ou construire une machine n'est point du tout la même chose que la mettre sur pied, la mouvoir et la mettre en œuvre; c'est ainsi que la doctrine qui a pour objet la réunion même des hommes en cité ou en société diffère de celle qui les figure, les façonne, et en fait des instruments commodes pour cette société.

Cette partie des offices se divise ainsi en deux portions, dont l'une traite des devoirs communs à tous les hommes, l'autre des devoirs particuliers et respectifs, eu égard à la profession, à la vocation, à l'état, à la personne, au rang. Nous avons déjà dit que cette première partie était suffisamment cultivée, et que les anciens, ainsi que des écrivains modernes, l'avaient développée avec le plus grand soin. Quant à l'autre, nous trouvons qu'à la vérité on l'a traitée par parties, mais qu'on ne l'a pas digérée et réunie en un seul corps complet. Et ce que nous trouvons ici à reprendre, ce n'est pas qu'on l'ait ainsi morcelée; nous pensons au contraire que ce sujet-là, il vaudrait beaucoup mieux le traiter par parties. Car où est l'homme qui ait assez de pénétration et de confiance en ses propres lumières pour vouloir et pouvoir discuter et déterminer, avec autant de justesse que de sagacité, les devoirs particuliers et respectifs de chaque ordre et de chaque condition? Or, les traités qui ne sentent pas l'expérience, et qui ne sont tirés que d'une connaissance générale et purement scolastique sur un tel sujet, manquent de suc et deviennent inutiles. Et quoique assez souvent celui qui regarde le jeu voie bien des choses qui échappent aux joueurs mêmes, et qu'on rebatte certain proverbe tant soit peu plus impertinent que solide, au sujet de la censure qu'exerce le vulgaire sur les actions des princes, savoir: « que celui qui est dans la vallée, découvre fort bien ce qui se passe sur la montagne; » néanmoins ce qui serait le plus à souhaiter, ce serait qu'il n'y eût que des gens très versés et très consommés qui se mêlassent de pareils sujets.

Car toutes ces laborieuses productions des écrivains spéculatifs sur les matières de pratique ne sont guère plus estimées des praticiens que les dissertations de Phormion sur la guerre ne le furent d'Annibal, qui les regardait comme autant de rêves et de produits du délire. Il n'est qu'un seul défaut inhérent à ceux qui traitent des sujets qui ont trait à leur emploi ou à leur art; c'est qu'ils ne tarissent point sur les éloges qu'ils font de leurs occupations; ce sont pour eux comme autant de petites Spartes auxquelles ils s'efforcent sans cesse de donner du relief.

Mais, en parlant des livres de ce genre, ce serait une sorte de sacrilége que ne point se rappeler cet excellent ouvrage, fruit des veilles de Votre Majesté, sur les devoirs d'un roi. Cet écrit renferme en lui-même une infinité de trésors, soit visibles, soit cachés, de la théologie, de la morale et de la politique, et avec une forte teinte des autres arts. C'est, à mon sentiment, de tous les écrits que j'ai pu lire un des plus sains et des plus solides. En aucun endroit il ne se ressent trop de l'effervescence de l'invention ni de cette espèce de sommeil ou d'engourdissement où jette une froide exactitude. On n'y voit point l'auteur, saisi d'une sorte de vertige, perdre de vue le plan qu'il s'était fait et s'en écarter. Il n'est point coupé par ces digressions, à l'aide desquelles un écrivain, par une sorte d'écarts tortueux, s'efforce de faire entrer dans son plan ce qui ne s'y encadre pas; il n'est point non plus brillanté par des ornements recherchés, et tels que ceux dont fait usage un écrivain plus jaloux de donner du plaisir au lecteur que de s'attacher à l'esprit de son sujet. Avant tout, je puis dire que cet ouvrage a autant d'âme que de corps, vu qu'il est tout à la fois conforme à la vérité et très bien approprié à la pratique. Il y a plus; il est tout-à-fait exempt du défaut dont nous parlions il n'y a qu'un moment, défaut qui serait, plus que dans tout autre, supportable dans un roi et dans un écrit sur la majesté royale; je veux dire qu'il n'exalte point excessivement, et d'une manière qui puisse éveiller l'envie, l'autorité et la prérogative royale. Car, ce roi que Votre Majesté a si bien peint, ce n'est point un roi d'Assyrie ou un roi de Perse, tout éclatant d'un luxe et d'un faste étranger à sa personne; mais c'est véritablement un Moïse, un David, un de ces rois pasteurs de leurs peuples. Et ce que je n'oublierai jamais, c'est cette parole vraiment royale que prononça Votre Majesté dans un procès très grave qu'il s'agissait de terminer. Votre Majesté, inspirée par cet esprit sacré dont elle est douée pour le gouvernement des peuples, parla ainsi : « Les rois doivent gouverner les peuples conformément aux lois de leurs Etats, comme Dieu gouverne les créatures conformément aux lois de la nature ; et ils doivent user aussi rarement de la prérogative qui les met au-dessus des lois que Dieu use du pouvoir qu'il a d'opérer des miracles. » Néanmoins par cet autre livre que Votre Majesté a composé sur la monarchie libre, il n'est personne qui ne voie clairement que Votre Majesté ne connaît pas moins bien toute la plénitude de la puissance royale, et, pour employer une expression familière aux scolastiques, les ultimités des droits régaliens, que les limites et les bornes de l'office et des fonctions de roi. Je n'ai donc pas balancé à citer ce livre, sorti de la plume de Votre Majesté, à titre d'exemple du premier ordre et des plus éclatants des traités sur les devoirs particuliers et respectifs ; et ce livre, ce que j'en ai déjà dit, certes, je l'eusse dit également s'il eût été l'ouvrage d'un roi qui eût vécu il y a mille ans ; et je n'ai point été arrêté par les lois de ce décorum qui défend ordinairement de louer en face ; car c'est, après tout, ce qui est quelquefois permis, pourvu toutefois que les éloges n'excèdent point la mesure et ne viennent point mal à propos, et aient trait au sujet. Certes, Cicéron, dans son magnifique plaidoyer pour Marcellus, ne fait autre chose que tracer un tableau peint avec un talent admirable, dont le sujet est l'éloge de César ; harangue qu'il ne laissa pas de prononcer devant lui ; et c'est ainsi que Pline second en usa également à l'égard de Trajan. Revenons donc à notre sujet.

De plus, une matière qui se rapporte certainement à cette partie des devoirs respectifs de chaque vocation et de chaque profession, c'est cette autre doctrine qui est opposée à la première et qui en est comme le pendant, je veux dire celle qui a pour objet leurs fraudes, leurs rubriques, leurs impostures, leurs vices en un mot ; car les dépravations et les vices sont opposés aux devoirs et aux vertus. Ce n'est pas que le sujet dont nous parlons on l'ait omis dans une infinité d'écrits et de traités ; mais, si l'on en parle, ce n'est qu'en passant et en faisant de petites excursions pour faire des remarques de cette espèce. Mais de quelle manière le fait-on ? c'est sur le ton de la satire, sur un ton cynique, à l'exemple de Lucien. On prendra plutôt plaisir à lancer quelque trait malin, même contre ce qu'il peut y avoir de plus sain et de plus solide dans les arts, et à le tourner en ridicule, qu'on ne prendra de peine à en séparer ce qui s'y trouve de corrompu et de vicieux d'avec ce qui s'y trouve de pur et de salutaire. Mais comme Salomon l'a si bien dit : « La science se cache au railleur qui la cherche, mais elle va au-devant de l'homme studieux[1]. » En effet, quiconque ne s'approche de la science que pour la tourner en ridicule et la mépriser, y trouvera sans peine des sujets de plaisanterie, mais il n'y trouvera presque rien qui le rende plus savant ; tandis qu'un traité grave et judicieux sur le sujet dont nous parlons, un traité qui respirerait une certaine intégrité, une certaine franchise, serait une des plus fortes et des plus sûres défenses pour la vertu et la probité. Car, comme la fable, parlant du basilic, nous dit que si le premier il regarde l'homme il le tue, et qu'au contraire si c'est l'homme qui le premier regarde le basilic cet animal périt, il en est de même des ruses, des rubriques et de tous les moyens condamnables ; si on les découvre avant coup, ils perdent la faculté de nuire, mais au contraire, s'ils agissent avant qu'on les ait aperçus, c'est alors seulement qu'ils sont dangereux.

Ainsi nous avons bien des grâces à rendre à Macchiavelli et aux écrivains de cette espèce qui disent ouvertement et sans détour ce que les hommes font ordinairement et non ce qu'ils devraient faire ; car il serait impossible de réunir en soi, suivant le langage de l'Ecriture, la prudence du serpent et l'innocence de la colombe, si l'on ne connaissait à fond la nature du mal même ; et sans cette connaissance la vertu n'aurait ni défense ni sauvegarde suffisantes. Je dirai plus ; un homme bon et honnête ne pourra jamais corriger et amender les malhonnêtes gens et les méchants, s'il n'a pénétré dans tous les recoins et dans toutes les profondeurs de la méchanceté. En effet, ceux dont le jugement est

(1) *Prov.* c. 14, v. 6.

corrompu et dépravé partent de cette supposition, de ce préjugé, que l'honnêteté qu'ils dédaignent procède d'une certaine ignorance, d'une certaine simplicité de caractère, de cette propension des gens honnêtes à ajouter foi trop aisément aux harangueurs, aux pédagogues, ainsi qu'aux livres et aux préceptes de morale, à toutes ces maximes qu'on vante et qu'on rebat dans les entretiens ordinaires ; en sorte que s'ils ne voient clairement que leurs opinions dépravées et leurs principes pervers sont aussi bien connus de ceux qui les exhortent et les reprennent qu'ils le sont d'eux-mêmes, ils dédaigneront toute probité dans les mœurs et toute honnêteté dans les conseils, conformément à l'oracle admirable de Salomon : « L'insensé ne reçoit point les paroles de la prudence, si vous ne commencez par révéler ce qu'il recèle au fond de son cœur [1]. » Or, cette partie qui a pour objet les ruses et les vices respectifs, nous la classons parmi les choses à suppléer et nous la désignons sous le nom de satire sérieuse ou de traité sur l'intérieur des choses. A cette doctrine sur les devoirs respectifs appartiennent aussi les devoirs mutuels entre le mari et la femme, les parents et les enfants, le maître et le domestique. Il en faut dire autant des lois de l'amitié et de la reconnaissance, ainsi que des obligations civiles qui lient les uns aux autres les membres des confraternités et des sociétés de toute espèce, et même des devoirs qu'impose le voisinage, et d'autres semblables. Mais pour bien entendre ce que nous disons ici, il ne faut pas croire qu'on traite en ce lieu de ces choses-là, en tant qu'elles se rapportent à la science civile (considération qui n'appartient qu'à la politique), mais en tant que l'âme de chaque individu doit être formée et disposée d'avance pour garantir ces liens de la société.

Mais la doctrine qui a pour objet le bien de communauté, ainsi que celle qui traite du bien individuel, ne se contente pas de considérer leur objet absolument, elle le considère aussi comparativement ; et c'est à quoi se rapporte le soin de discuter les devoirs d'homme à homme, de cas à cas, de chose privée à chose publique, du temps présent à l'avenir. C'est ce qu'on peut voir par l'exemple du châtiment sévère et atroce que Junius Brutus infligea à ses enfants,

action que les uns élèvent jusqu'aux cieux, mais qui a fait dire à je ne sais quel poète :

Infelix, utcumque ferent ea facta minores [1].

C'est ce qu'on peut voir aussi par ce qui fut dit au souper auquel furent invités Brutus, Cassius et quelques autres. Comme quelqu'un, à ce repas, pour sonder les esprits au sujet de la conspiration formée contre César, eût adroitement proposé cette question ; « Est-il permis de tuer un tyran? » les sentiments des convives se partagèrent. Les uns disaient que cela était permis, vu que la servitude était le plus grand de tous les maux ; d'autres étaient pour la négative, prenant pour principe que la tyrannie était moins funeste que la guerre civile ; une troisième classe, dont l'opinion sentait un peu l'école d'Epicure, prétendait qu'il était au-dessous des sages de s'exposer pour des fous. Au reste il est une infinité de questions relatives aux devoirs comparatifs ; entre autres celle-ci, qui survient fréquemment : « Faut-il s'écarter de la justice pour sauver sa patrie, ou en vue de quelque bien notable qui en peut résulter dans l'avenir ? » Jason, Thessalien, disait ordinairement à ce sujet : « Il faut commettre quelques injustices pour pouvoir ensuite observer plus souvent la justice. » Mais cette réplique se présente aussitôt : « Quant à la justice présente, il ne tient qu'à vous de l'observer, mais vous n'avez point de garant de la justice future. » Que les hommes suivent, dans le présent, le parti le meilleur et le plus juste, abandonnant l'événement à la divine Providence. Voilà donc ce que nous avions à dire sur le modèle ou sur le bien.

CHAPITRE III.

Division de la doctrine de la culture de l'âme en doctrine des différences caractéristiques des âmes, doctrine des affections et doctrine des remèdes ou des cures. Appendice de cette même doctrine, lequel a pour objet l'analogie du bien de l'âme avec le bien du corps.

Actuellement donc, ayant parlé du fruit de

---

(1) *Prov.* c. 18, v. 2.

(1) Ô père malheureux !
Quoique doivent un jour en penser nos neveux...
Les deux vers qui terminent le sens sont :
La nature gémit ; mais la gloire est plus forte ;
Le père en lui se tait et le Romain l'emporte.
Virg. *Énéide*, liv. VI, v. 824, trad. de Delille.
Et on voit qu'il s'agit du fils de Brutus.

vie (et ce mot, nous le prenons dans le sens philosophique), reste à traiter de la culture qu'on doit à l'âme, partie sans laquelle la première n'est plus qu'une sorte d'image, de statue destituée de mouvement et de vie, sentiment qu'Aristote appuie élégamment de son suffrage, lorsqu'il dit : « Il faut donc parler de la vertu, dire ce qu'elle est et de quoi elle se compose. En effet il serait inutile de la connaître, si d'ailleurs on ignorait par quelles voies, par quels moyens on peut l'acquérir ; car ce n'est pas assez de connaître, pour ainsi dire, le signalement de la vertu, il faut savoir de plus comment on peut l'approcher, attendu qu'ici nous avons un double but : d'abord celui de connaître la chose même, puis celui de nous en mettre en possession. Et c'est à quoi nous ne réussirons pas, si nous ne savons et de quoi et comment elle se compose [1]. » Or, cette vérité qu'il inculque en termes si formels et en y revenant à plusieurs fois, lui-même ensuite il la perd de vue. Ce que nous disons ici nous rappelle ce mot de Cicéron au sujet de Caton d'Utique, mot qu'il regardait, disait-il, comme un éloge peu commun : « ce personnage a embrassé la philosophie, non pour disputer comme tant d'autres, mais pour vivre conformément à ses préceptes. » Et quoique, vu la mollesse du temps où nous vivons, il y ait peu de gens qui soient jaloux de cultiver leur âme, de la former et de régler leur vie entière sur quelque principe fixe, conduite qui dans un autre temps a fait dire à Sénèque : « Chacun délibère assez sur les parties de la vie, mais personne n'envisage la somme [2], » et qui pourrait donner à penser que cette partie est superflue, néanmoins cette négligence des autres ne nous engagera point du tout à la laisser intacte, et nous conclurons plutôt par cet aphorisme d'Hippocrate : « Lorsqu'un homme, atteint d'une maladie grave, ne sent point de douleurs, sachez que chez lui l'âme même est malade. » Les gens dont nous parlons auraient besoin de remèdes, non-seulement pour guérir leur maladie, mais même pour éveiller en eux le sentiment. Que si l'on nous objectait que la cure des âmes est l'office de la théologie sacrée, c'est ce que nous n'avons garde de disconvenir. Cependant, qui empêche la théologie de recevoir à son service la philosophie morale, à titre de prudente domestique, de suivante fidèle et toujours prête à lui obéir au moindre signe? En effet, le psaume dit que « l'œil de la servante regarde continuellement aux mains de la maîtresse [1], » quoiqu'il soit hors de doute qu'il est une infinité de choses qu'on abandonne à la prudence et aux soins de la servante. C'est ainsi que la morale doit obéir à la théologie, et se montrer docile à ses préceptes, de manière pourtant que, sans sortir de ses propres limites, elle peut renfermer en elle-même bien des documents sains et utiles.

Or, quand l'importance de cette partie est bien présente à notre esprit et que nous voyons qu'on n'a pas encore pris la peine de la rédiger en un corps de doctrine, cette négligence excite en nous le plus grand étonnement. Ainsi, comme nous la classons parmi les choses à suppléer, nous allons, suivant notre coutume, en donner quelque légère esquisse.

Avant tout, en ceci comme en tout ce qui regarde la pratique, il est bon de nous faire une idée juste et précise de nos moyens et de bien distinguer ce qui est en notre pouvoir de ce qui ne dépend pas de nous ; car dans l'un, on peut faire des changements, mais dans l'autre, on ne peut que faire des applications. Le cultivateur ne peut rien sur la nature du sol ni sur la température de l'air. Il en est de même du médecin ; il ne peut rien sur le tempérament ou la constitution du malade ni sur les divers accidents. Or, s'il s'agit de la culture de l'âme et de la cure de ses maladies, trois considérations se présentent à l'esprit, savoir : les différences caractéristiques des dispositions, les affections et les remèdes ; de même que dans le traitement des maladies du corps on envisage trois points, savoir : la complexion ou constitution du malade, la maladie et le traitement. De ces trois choses, la dernière seulement est en notre puissance, les deux autres ne dépendent pas de nous. Mais ces causes-là même qui ne dépendent pas de nous ne doivent pas moins être le sujet de nos recherches que les autres causes qui sont en notre puissance ; car c'est la connaissance exacte et profonde des unes et des autres qui doit servir de base à la doctrine des remèdes. Elle sert à les appliquer avec plus de facilité et de succès. Un

---

(1) *Morale*, liv. I, c. 1. *Mor. à Nicom.* II, c. 5, et X, c. 9.
(2) Ep. **71**, § 2.

(1) *Psaumes*, 122, v. 3.

habit ne peut pas se bien mouler sur le corps, si l'on ne commence par prendre la mesure de celui a qui il est destiné.

Ainsi la première partie de la doctrine de la culture de l'âme aura pour objet les différences caractéristiques des naturels ou des dispositions. Cependant nous ne parlons pas ici des propensions si communes aux vertus et aux vices, ou même aux émotions et aux affections, mais de penchants plus intimes et plus radicaux. Or, au sujet de cette partie, ce qui est encore bien fait pour exciter notre étonnement, c'est que les écrivains, tant moralistes que politiques, l'aient si souvent traitée négligemment ou tout-à-fait omise. Cependant rien n'est plus capable de verser un grand jour sur ces deux sciences. Dans les traditions astrologiques, on a distingué avec assez de justesse les naturels et les dispositions des hommes, considérés comme effets de la prédominance des planètes, en observant que les uns sont naturellement faits pour la contemplation, les autres pour les affaires, d'autres pour la guerre, ceux-ci pour briguer les emplois, ceux-là pour l'amour, d'autres encore pour les arts, d'autres enfin pour un genre de vie très varié. De même, chez les poètes (héroïques, satiriques, tragiques, comiques), on rencontre çà et là des simulacres de caractères, mais le plus souvent exagérés et excédant de beaucoup la réalité. Disons plus, ce sujet-là même (des divers caractères des âmes) est un de ceux sur lesquels les entretiens ordinaires (ce qui est fort rare et arrive pourtant quelquefois) sont plus savants que les livres mêmes. Mais les meilleurs matériaux d'un pareil traité doivent être tirés des plus sages historiens, et je ne dis pas seulement de ces panégyriques qu'on est dans l'usage de prononcer au décès de tel ou tel personnage illustre, mais bien plutôt du corps même de l'histoire, dans tous les cas où un personnage de cette sorte monte sur la scène; car ces portraits ainsi entrelacés avec les faits nous paraissent être des descriptions préférables à celles qu'on peut tirer d'un éloge ou d'une critique formelle. C'est ainsi qu'on trouve dans Tite-Live les portraits de Scipion l'Africain et de Caton l'Ancien; dans Tacite, ceux de Tibère, de Claude et de Néron; dans Hérodien, celui de Septime-Sévère; dans Philippe de Commines, celui de Louis XI, roi de France; dans François Guicciardini, ceux de Ferdinand, roi d'Espagne, de l'empereur Maximilien et des papes Léon et Clément. Ces écrivains, ayant pour ainsi dire les yeux perpétuellement fixés sur l'effigie des personnages qu'ils se proposent de peindre, ne font presque jamais mention de leurs actions publiques sans y mêler quelque trait sur leur naturel. On trouve aussi dans certaines relations des conclaves qui nous sont tombées dans les mains des traits qui peignent assez bien les caractères des cardinaux. Il en faut dire autant des observations qu'on trouve dans les lettres des ambassadeurs sur les conseillers des princes. Ainsi, de tous les matériaux dont nous venons de parler, matériaux féconds sans contredit et très abondants, faites un traité bien plein et bien soigné. Or, nous ne voulons pas que ces caractères, qui doivent faire partie de la morale, soient des portraits achevés comme ceux que l'on trouve dans les historiens ou les poètes ou dans les entretiens ordinaires, mais qu'on donne seulement les lignes de ces portraits, leurs contours les plus simples, lignes qui, mêlées et combinées ensemble, constituent la totalité de chaque effigie. Qu'on nous dise d'abord quelles sont ces lignes, en déterminant aussi leur nombre; puis comment elles sont liées et subordonnées les unes aux autres, afin qu'on puisse faire une savante et exacte anatomie des naturels et des âmes; enfin que ce qu'il y a de plus secret et de plus caché dans les dispositions des hommes soit mis dans le plus grand jour, et que de cette connaissance l'on puisse tirer de meilleurs préceptes pour la cure des âmes.

Or, ce ne sont pas seulement les caractères que la nature a empreints qui doivent trouver place dans un traité de cette espèce; mais de plus ceux qu'ont tracés dans l'âme différentes causes, telles que le sexe, l'âge, la patrie, la société, la forme, et autres semblables, et de plus ceux qu'y a gravés la fortune; par exemple, celle des princes, des nobles et des roturiers, des riches et des pauvres, des magistrats et des hommes privés, des gens heureux ou malheureux, et autres semblables; car nous voyons que Plaute regarde comme un prodige un vieillard capable de bienfaisance; « ce vieillard, dit-il, a toute la bienfaisance d'un jeune homme[1]. » Saint Paul recommande de soumettre les Cré-

---

[1] *Benignitas ejus, ut adolescentuli est.*
Miles gloriosus, acte III, sc. 1, v. 40.

tois à une discipline sévère. « Réprimandez-les durement[1], » dit-il, accusant le génie de cette nation, d'après ces paroles du poète : « Crétois, menteurs perpétuels, méchantes bêtes, ventres paresseux[2]. » Salluste remarque aussi, par rapport au naturel des rois, que chez eux rien n'est plus ordinaire que de souhaiter des choses contradictoires. « Le plus souvent, dit-il, les volontés des rois ne sont pas moins variables que violentes, et souvent elles sont contraires à elles-mêmes[3]. » Tacite remarque aussi que l'effet des honneurs et des dignités est plus souvent de détériorer les caractères que de les améliorer. « Vespasien, dit-il, fut le seul qui changea en mieux[4]. » Pindare fait aussi cette remarque qu'une fortune trop favorable et une prospérité soudaine énerve la plupart des âmes et les dissout. « Il est, dit-il, des hommes qui ne peuvent digérer une grande prospérité[5]. » Le Psalmiste nous fait entendre qu'il est plus facile de se modérer et de se régler dans l'état permanent que dans l'accroissement de sa fortune : « Si les richesses affluent, garde-toi d'y attacher ton cœur[6]. » Je ne disconviendrai pas qu'Aristote n'ait fait en passant quelques observations semblables, et qu'on n'en trouve aussi çà et là de telles dans quelques autres écrivains ; mais elles n'ont pas encore été incorporées dans la philosophie morale à laquelle elles sont propres ; et elles ne lui appartiennent pas moins que des observations sur les différentes espèces de sols et de glèbes n'appartiennent à l'agriculture, et que n'appartient à la médecine un traité sur les différentes complexions et habitudes des corps. Or, ce qu'on n'a pas encore fait en ce genre, il faut enfin se résoudre à le faire, si nous ne voulons prendre pour exemple la témérité des empiriques qui usent des mêmes remèdes pour toutes sortes de malades, de quelque constitution qu'ils puissent être.

Après la doctrine des caractères suit celle des affections et des émotions, qui sont comme les maladies de l'âme, ainsi que nous l'avons déjà dit. En effet, de même que les politiques anciens avaient coutume de dire, au sujet des démocraties, que le peuple était semblable à la mer et les orateurs aux vents ; car, de même que la mer serait tranquille et paisible par elle-même si les vents ne l'agitaient et n'en bouleversaient la surface, de même aussi le peuple de lui-même serait paisible et maniable si des orateurs séditieux ne lui donnaient l'impulsion et ne soulevaient ses passions ; c'est dans le même esprit qu'on peut assurer que l'âme humaine serait calme et d'accord avec elle-même, si les affections, semblables aux vents, n'y excitaient des tempêtes et n'y bouleversaient tout. C'est encore ici que nous avons lieu d'être étonnés qu'Aristote, qui a écrit tant de livres sur la morale, n'y ait pas traité des affections, qui en sont le principal membre, et leur ait donné place dans sa rhétorique, où elles n'interviennent qu'à titre d'accessoires, c'est-à-dire en tant qu'on peut, à l'aide du discours, les exciter et les émouvoir. Ses dissertations sur la volupté et la douleur ne remplissent point du tout l'objet d'un pareil traité, pas plus qu'un homme qui écrirait sur la lumière et la substance lumineuse ne serait censé avoir écrit sur la nature des couleurs particulières ; car le plaisir et la douleur sont aux affections particulières ce que la lumière est aux couleurs. J'aime mieux le travail des stoïciens sur ce sujet, autant du moins qu'on en peut juger par ce qui nous reste d'eux ; travail pourtant qui consiste plutôt dans certaines définitions subtiles que dans un traité bien complet et avec des développements suffisants. Je trouve aussi quelques petits ouvrages assez élégants sur telle ou telle affection, comme la colère, la mauvaise honte et un très petit nombre d'autres. Mais s'il faut dire ce que nous pensons sur ce point, les véritables maîtres en cette science, ce sont les historiens et les poètes ; eux seuls, en nous donnant une sorte de peinture vive et d'anatomie, nous enseignent comment on peut d'abord exciter et allumer les passions, puis les modérer et les assoupir ; comment aussi on peut les contenir, les réprimer, empêcher qu'elles ne se produisent au dehors par des actes ; comment encore, malgré les efforts qu'on fait pour les comprimer et les tenir cachées, elles se décèlent et se trahissent ; quels actes elles enfantent ; à quelles variations elles sont sujettes ; comment elles se mêlent et se compliquent ; comment elles ferraillent pour ainsi dire les unes contre les autres et se combattent, et une infinité d'autres choses de cette espèce. Mais de toutes les questions qui se rap-

---

(1) Ep. à Tit. c. 1, v. 13. (2) Paul à Tit. c. 1, v. 12. (3) Jugurt. c. 113. (4) Hist. liv. I, c. 50, vers la fin. (5) Olymp. Ode I, épode, § 13. (6) Psaumes, 61, v. 11.

portent à ce sujet, celle dont la solution est du plus grand usage en morale et en politique, c'est celle-ci : comment l'on peut régler une affection par une affection et employer l'une pour subjuguer l'autre ; a peu près comme les chasseurs se servent de certains animaux terrestres pour en prendre d'autres, et les oiseleurs de certains oiseaux pour prendre d'autres oiseaux ; ce que l'homme par lui-même et sans le secours des brutes serait peut-être hors d'état de faire. De plus, c'est sur ce fondement que s'appuie un double et excellent moyen qui est d'un continuel usage en politique. Je veux parler de la récompense et de la peine qui sont comme les deux colonnes des républiques, les deux affections prédominantes, l'espérance et la crainte, qui s'y rapportent, ayant le pouvoir de réprimer et d'étouffer toutes celles d'entre les autres affections qui pourraient être nuisibles. C'est ainsi que, dans le gouvernement des Etats, une faction peut servir à maintenir dans le devoir une autre faction ; et il en est de même du régime intérieur de l'âme.

Nous voici arrivés aux causes qui sont en notre pouvoir et qui agissent sur l'âme, qui affectent l'appétit et la volonté et qui la tournent à leur fantaisie ; sur quoi les philosophes auraient dû ne négliger aucune recherche pour connaître les forces et l'énergie de la coutume, de l'exercice, de l'habitude, de l'éducation, de l'imitation, de l'émulation, de la fréquentation, de l'amitié, de la louange, du blâme, de l'exhortation, de la réputation, des lois, des livres et des études, et d'autres causes semblables, si toutefois il en est d'autres ; car voilà ce qui règne en morale ; ce sont ces agents-là qui travaillent l'âme et lui donnent toutes sortes de dispositions. C'est de ces mêmes ingrédients que se composent les remèdes qui contribuent à conserver ou à rétablir la santé de l'âme, autant qu'on peut obtenir cet effet par les remèdes humains. Dans le nombre, nous en choisirons un ou deux sur lesquels nous nous arrêterons un peu et qui serviront d'exemples pour les autres. Nous dirons donc un mot de la coutume et de l'habitude.

Aristote a avancé une opinion qui nous paraît avoir je ne sais quoi d'étroit et de superficiel. Il prétend que l'habitude ne peut rien sur cette sorte d'actions que l'on qualifie de naturelles ; et pour en donner des exemples, il ajoute

« qu'on a beau jeter une pierre en haut mille fois de suite, elle n'en acquiert pas plus de tendance à monter d'elle-même ; que nous avons beau voir et entendre à chaque instant, nous n'en voyons et n'en entendons pas mieux[1] ; » car, quoique cette loi soit en effet observée dans quelques sujets où la nature est plus limitée (exception dont ce n'est pas ici le lieu de rendre raison), il en est tout autrement de ceux où la nature est, dans une certaine latitude, susceptible d'augmentation et de diminution.

Il a pu s'assurer par sa propre expérience qu'un gant un peu trop étroit, à force d'être mis, devient plus aisé ; qu'un bâton long-temps fléchi en sens contraire de son pli naturel demeure peu après dans l'état où on l'a mis ; que, par l'exercice, la voix devient plus forte et plus sonore ; que l'habitude rend capable d'endurer le froid et le chaud ; et il est une infinité d'exemples de cette espèce. Mais les deux derniers reviennent mieux à la question que ceux qu'il a allégués. Quoi qu'il en soit, plus il eût été vrai que les vices, ainsi que les vertus, ne consistent que dans l'habitude, plus il eût dû prendre à tâche de prescrire les règles à suivre pour acquérir ou perdre de telles habitudes ; car on pourrait composer de très bons préceptes pour régler les exercices tant de l'âme que du corps. Nous allons en exposer quelques-uns.

Le premier est de se garder, en commençant, des tâches trop difficiles ou trop mesquines ; car si vous imposez à un esprit médiocre un fardeau trop pesant, vous éteindrez en lui l'espérance et l'ardeur qu'elle inspire ; que s'il s'agit d'un esprit plein de confiance en ses propres forces, vous ferez aussi qu'il présumera trop de lui-même et qu'il se promettra de soi plus qu'il ne peut faire, ce qui entraîne avec soi la négligence. L'effet de cette méthode sur ces deux sortes d'esprits sera de tromper leur attente, ce qui humilie et décourage. Si la tâche est trop légère, alors vous aurez un grand déchet dans la somme de la progression.

Le second sera que, lorsqu'il s'agit d'exercer quelque faculté dont on veut acquérir l'habitude, il faut observer deux espèces de temps, savoir : celui où l'on est le mieux disposé pour le genre dont on veut s'occuper, et celui où on

---

(1) Mor. à Nicom. liv. II, c. 1, au commencement.

l'est le plus mal possible, afin de profiter du premier pour faire beaucoup de chemin, et de l'autre pour employer toute la vigueur de son esprit à lever les obstacles et les difficultés, et afin que les temps moyens coulent plus aisément et plus paisiblement.

Nous poserons pour troisième précepte celui dont Aristote dit un mot en passant, savoir : « qu'il faut, de toutes ses forces, en-deçà toutefois du degré extrême qui est vicieux, se porter du côté opposé à celui vers lequel la nature nous pousse le plus [1], » à peu près comme l'on fait en ramant en sens contraire du courant, ou en pliant un bâton du côté opposé à celui où il est fléchi, afin de le redresser.

Le quatrième précepte dépend de l'axiome incontestable : « Que l'âme humaine se porte, avec plus de plaisir et de succès, vers quelque but que ce soit, lorsque ce à quoi nous tendons n'étant pas notre objet principal, mais seulement accessoire, nous nous en occupons comme en faisant autre chose, » vu que l'âme humaine hait toute nécessité trop impérieuse, tout commandement trop absolu.

Il est une infinité d'autres choses qu'on pourrait prescrire utilement sur l'art de gouverner l'habitude ; car si l'on use d'une certaine prudence et d'une certaine adresse en contractant une habitude, c'est alors véritablement que (comme on le dit communément) elle devient une seconde nature ; mais si l'on s'y prend gauchement et si l'on marche au hasard, l'habitude ne sera plus que le singe de la nature, et au lieu d'en être la fidèle imitation, elle n'en sera qu'une copie maladroite et grimaçante.

De même, si nous voulions parler des livres et des études, de leur influence et de leur pouvoir sur les mœurs, n'aurions-nous pas sous notre main une infinité de préceptes et de conseils utiles tendant à ce but ? Un des plus saints personnages, dans son indignation, n'appelait-il pas la poésie « le vin des démons, » vu qu'en effet elle excite une infinité de tentations, de désirs désordonnés et de vaines opinions ? N'est-ce pas encore un mot bien judicieux et bien digne d'attention que cette sentence d'Aristote ? « Les jeunes gens n'ont point d'aptitude pour la morale, et sont de mauvais disciples en ce genre [2]. »

En effet, chez eux, l'effervescence des passions n'est pas encore calmée et assoupie par l'âge et l'expérience. Et, s'il faut dire ce que nous pensons sur ce sujet, ne serait-ce pas par cette raison même que les plus excellents livres et les plus éloquents discours des anciens, qui invitent si puissamment les hommes à la vertu, en présentant aux yeux de tous sa majestueuse et auguste image, et en livrant au ridicule les opinions populaires qui insultent à la vertu sous le personnage de parasite ; que ces livres, dis-je, et ces discours sont de si peu d'effet pour multiplier les gens de bien et réformer les mauvaises mœurs ? Ne serait-ce pas, dis-je, parce que, s'il est quelqu'un qui prenne la peine de les lire et de les méditer, ce ne sont point du tout des hommes dont le jugement soit mûri par l'âge, mais des enfants et des novices auxquels on les abandonne ? N'est-il pas également vrai que les jeunes gens ont encore moins d'aptitude pour la politique que pour la morale, avant d'être parfaitement imbus de la religion et de la doctrine des mœurs et des devoirs ? car, sans ces études préliminaires, leur jugement étant dépravé et corrompu d'avance, ils pourraient tomber dans l'opinion, qu'il n'est point de vraie moralité dans les choses humaines et qu'il faut tout mesurer d'après l'utilité ou le succès, comme le dit certain poète [1] :

... Prosperum ac felix crimen
Virtus vocatur [1].

ou comme un autre le dit :

Ille crucem pretium sceleris tulit, hic diadema [2].

Il est vrai que les poètes ne parlent ainsi que par indignation et sur le ton de la satire ; mais il est tel livre de politique où l'on a avancé cela sérieusement, positivement ; car c'est ainsi qu'il plaît à Macchiavelli de s'exprimer : « Si César eût été vaincu, il eût été plus odieux que Catilina. » Sans doute, comme s'il n'y eût eu d'autre différence que le succès entre je ne sais quelle furie pétrie de sang et de libertinage et

---

(1) *Mor. à Nicom.* liv. II, c. dernier.
(2) *Mor. à Nicom.* liv. I, c. 1, vers la fin ; seulement ce n'est pas de la morale, mais de la politique qu'il parle en cet endroit.

(1) Et c'est le crime heureux qu'on appelle vertu !
SÉN. v. 250 et 251.
(2) Et pour prix d'un forfait qui fut au fond le même,
L'un obtint une croix et l'autre un diadème.
JUV. sat. XIII, v. 105

une âme élevée, un personnage qui, de tous les hommes formés par la nature, eût, sans contredit (s'il eût été un peu moins ambitieux), le plus justement mérité notre admiration. Nous voyons par cet exemple même combien il importe que les hommes s'abreuvent à longs traits de doctrines morales et religieuses avant de goûter de la politique ; car nous voyons que ceux qui ont été nourris dans les cours des princes et formés aux affaires dès leur plus tendre enfance n'acquièrent jamais une probité bien sincère et bien intime ; et beaucoup moins encore l'acquerraient-ils si les maximes des livres s'accordaient avec les principes reçus dans une telle éducation. De plus, n'y aurait-il pas quelques précautions à prendre par rapport à ces maximes mêmes, ou du moins relativement à quelques-unes, de peur qu'elle ne rendissent les hommes opiniâtres, arrogants et insociables ; ce qui nous rappelle ce que Cicéron disait de Caton d'Utique : « Ces grandes qualités que nous voyons en lui, ces qualités vraiment divines qui le distinguent, sachez qu'elles lui appartiennent, qu'elles lui sont propres ; quant aux légers défauts que nous y apercevons, ce n'est pas de la nature qu'il les tient, mais de son maître[1]. » Il est une infinité d'autres principes relatifs à l'influence des livres et des études sur les mœurs ; car rien de plus vrai que ce mot d'un certain auteur : « Les études passent dans les mœurs ; » ce qu'il faut dire aussi de beaucoup d'autres causes, telles que les sociétés, la réputation, les lois de la patrie, causes dont nous venons de faire l'énumération.

Au reste, il est une certaine culture de l'âme qui exige encore plus de soins et de peines. Elle s'appuie sur ce fondement : « Que les âmes des mortels se trouvent, en certains temps, dans un état de plus grande perfection, et en d'autres temps, dans un état de plus grande dépravation. » Ainsi l'objet et la règle de cette culture est de tâcher d'entretenir les bons moments et d'effacer les mauvais, de les rayer, pour ainsi dire, du calendrier. Or, la fixation des bons moments peut être opérée de deux manières : par des vœux durables, ou du moins par de constantes résolutions et par des observances, des exercices, qui n'ont pas tant de valeur en eux-mêmes qu'en ce qu'ils maintiennent l'âme perpétuellement dans le devoir et l'obéissance. On peut aussi neutraliser les mauvais moments par deux espèces de moyens, savoir : en rachetant ou expiant le passé et en se faisant un nouveau plan de vie, et recommençant, pour ainsi dire, à vivre. Mais cette partie semble appartenir proprement à la religion ; et c'est ce qui ne doit nullement étonner, vu que la philosophie morale, pure et véritable, comme nous l'avons déjà dit, ne fait, à l'égard de la théologie, que le simple office de servante.

Ainsi nous terminerons cette partie de la culture de l'âme par le remède qui non-seulement est le plus sommaire et le plus abrégé, mais qui est aussi le plus noble et le plus puissant pour former l'âme à la vertu et la placer dans l'état le plus voisin de la perfection ; ce remède est : que les fins que nous choisissons et nous proposons pour diriger nos actions et notre vie entière soient droites, honnêtes et conformes à la vertu. Ces fins doivent pourtant être de telle nature que nous trouvions en nous-mêmes, en certaine mesure, la faculté d'y atteindre ; car si nous supposons une fois ces deux choses : l'une, que les fins de nos actions soient bonnes et honnêtes ; l'autre, que la volonté qu'a l'âme d'y atteindre et de s'en saisir soit fixe et immuable ; dès lors c'est une conséquence nécessaire que l'âme aille se perfectionnant de plus en plus et se façonne d'un seul coup à toutes les vertus. Et telle est véritablement l'opération qui retrace les œuvres de la nature, au lieu que les autres dont nous parlions semblent n'être que des œuvres de la main humaine. Car de même qu'un sculpteur, lorsqu'il fait une statue, ne figure que la partie dont il est actuellement occupé, et non les autres ; par exemple, s'il figure la face, le reste du corps demeure informe et grossier jusqu'à ce qu'il en soit là ; la nature, au contraire, lorsqu'elle forme une fleur ou un animal, figure toutes les parties à la fois, et d'un seul coup ébauche le tout. C'est ainsi que, lorsqu'on s'efforce d'acquérir la vertu par la seule habitude, tandis qu'on s'occupe de la tempérance, on fait peu de progrès dans la force ; mais si une fois on s'est consacré, dévoué à des fins droites et honnêtes, quelle que soit la vertu que ces fins imposent, commandent à

---

[1] Pour Murena, c. 39.

notre âme, nous nous trouverons tout imbus et disposés d'avance, par une certaine aptitude et un commencement d'inclination, à l'acquérir et à la produire au dehors. Et c'est peut-être là cet état de l'âme dont Aristote nous donne une si haute idée ; car telles sont ses expressions : « Or, à l'inhumanité il convient d'opposer la vertu qui est au-dessus de l'humanité et qu'on peut qualifier d'héroïque ou plutôt de divine ; » et peu après : « car la brute n'est susceptible ni de vice ni de vertu[1], » et, ajoute-t-il, « il en faut dire autant de la divinité. » Mais ce dernier état est quelque chose de plus élevé que la vertu ; l'autre n'est tout au plus que l'absence des vices[2]. »

Certes, Pline second, en usant de la licence propre à la pompeuse éloquence des païens, présente la vertu de Trajan, non comme une imitation, mais comme un modèle de la vertu divine, lorsqu'il dit « que les mortels ne doivent plus adresser aux dieux d'autre prière que celle-ci : qu'ils daignent se montrer aussi propices et aussi favorables aux mortels que Trajan l'a été[3]. » De telles expressions se ressentent trop de cette profane jactance des païens qui, trompés par de certaines ombres plus grandes que les corps, s'efforçaient vainement de les embrasser. Mais ce qui leur échappait, la vraie religion, la sainte foi du christianisme le saisit, en imprimant dans les âmes la charité, et c'est pour cela qu'on la qualifie de lien de perfection ; car c'est elle qui lie entre elles toutes les vertus et n'en forme qu'un seul corps. Rien de plus élégant que ce que dit Ménandre de l'amour sensuel, qui n'est qu'une mauvaise imitation de l'amour divin. « L'amour, dit-il, est un bien plus grand maître dans la vie humaine que le sophiste Gauche, » paroles par lesquelles il fait entendre que l'amour sait bien mieux donner aux mœurs et aux manières une certaine élégance qu'un sophiste, qu'un précepteur inepte, qu'il désigne par ce nom de Gauche ; car, avec tout l'appareil de ses lourds préceptes et de ses règles laborieuses, il ne saura jamais façonner un homme avec autant de facilité et de dextérité, et le mettre en état de connaître son propre prix et de se porter en toute occasion avec autant de grâce que de décence, je dis que ce sophiste ne donnera jamais de telles leçons aussi bien que l'amour le saura faire. C'est ainsi sans contredit que l'âme de tel homme que ce puisse être, dès qu'elle brûle du feu de la vraie charité, s'élève à un plus haut degré de perfection que par tout l'appareil de la morale, qui, comparée à cet autre maître, n'est qu'une sorte de sophiste. Disons plus : de même que Xénophon a si judicieusement observé que les autres affections, bien qu'elles élèvent l'âme, ne laissent pas de la fatiguer et de troubler son harmonie par leur ivresse et leurs excès, mais que le seul amour peut tout à la fois la dilater et la mettre d'accord, de même aussi toutes les autres facultés humaines, qui font l'objet de notre admiration, tout en nous donnant une certaine élévation, ne laissent pas d'être sujettes aux excès, tandis que la charité n'est point susceptible d'excès. Les anges, en aspirant à une puissance égale à celle de la Divinité, prévariquèrent et déchurent : « Je m'élèverai et serai semblable au Très-Haut[1]. » L'homme, en aspirant à une science égale à celle de Dieu, prévariqua et déchut aussi : « Vous serez semblables à des dieux, connaissant le bien et le mal[2]. » Mais en aspirant à devenir semblable à Dieu par la bonté et la charité, jamais ange ni homme ne fut ni ne sera en danger. Je dirai plus : c'est à cette imitation-là même qu'on nous invite : « Aimez vos ennemis ; faites du bien à ceux qui vous haïssent, et priez pour ceux qui vous persécutent et vous calomnient, afin d'être vraiment enfants de ce père qui est dans les cieux, qui fait luire son soleil sur les bons et les méchants, et qui verse indistinctement sa pluie féconde sur le juste et l'injuste[3]. » Disons encore de plus : dans l'archétype même de la nature divine, le paganisme plaçait ainsi les mots suivants : « *Optimus, maximus* (très bon, très grand.) » Or, l'Ecriture-Sainte prononce « que sa miséricorde est au-dessus de toutes ses œuvres[4]. »

Nous voici donc arrivés à la fin de la partie de la morale qui traite de la géorgique de l'âme. Et si, à la vue des différentes parties de cette science que nous avons touchées, quelqu'un s'imaginait que tout notre travail consiste à réunir en un corps de doctrine et à ré-

---

(1) *Mor. à Nicom.* liv. VII, c. 1. (2) *Id.*
(3) *Panég. de Trajan,* c. 74, § 4 et 5.

(1) Isaïe, c. 4, v. 14. (2) Genèse, c. 5, v. 44.
(3) Math. c, 5, v. 44. (4) Eccles. c. 18, v. 12.

duire en art ce que d'autres ont omis, le regardant comme trop connu, trop familier, et comme assez clair et assez évident par soi-même, il peut librement user de son jugement. Cependant qu'il se souvienne de l'avertissement que nous avons donné au commencement : que ce que nous cherchons en tout, ce n'est pas le beau, mais l'utile et le vrai. Qu'il se rappelle aussi un moment cette antique parabole des deux portes du sommeil :

Sunt geminæ Somni portæ, quarum altera fertur
Cornea, qua veris facilis datur exitus umbris;
Altera candenti perfecta nitens elephanto ;
Sed falsa ad cœlum mittunt insomnia manes [1].

La porte d'ivoire est sans doute d'une magnificence très propre à fixer les regards ; mais c'est par la porte de corne que passent les songes véritables.

Par forme de supplément à cette doctrine morale, nous pouvons ajouter une observation, c'est : qu'il est une certaine relation, une certaine analogie entre le bien de l'âme et le bien du corps ; car, de même que le bien du corps, comme nous l'avons dit, consiste dans la santé, la beauté, la vigueur et la volupté, de même, si nous envisageons le bien de l'âme d'après les principes de la morale, nous verrons clairement qu'il tend à un quadruple but : à rendre l'âme saine et exempte de troubles, belle et parée de véritables grâces, forte et agile pour exécuter toutes les fonctions de la vie, enfin sensible et non stupide, en un mot conservant un vif sentiment de la vraie volupté et capable de jouissances honnêtes. Or, ces quatre sortes d'avantages, qui se trouvent si rarement réunis dans le corps, se trouvent tout aussi rarement ensemble dans l'âme ; car vous verrez assez de gens, distingués par la vigueur de leur génie et par la force de leur âme, qui ne laissent pas d'être infestés par des agitations, et dont les mœurs manquent jusqu'à un certain point de grâce et d'élégance ; d'autres, qui n'ont que trop de cette grâce et de cette élégance, mais qui n'ont point assez de probité pour vouloir bien faire, ou assez de force pour le pouvoir ; d'autres encore, doués d'une âme honnête et purifiée de toute souillure de vice, mais qui ne savent ni se faire honneur à eux-mêmes ni être utiles à la république ; d'autres enfin, qui sont peut-être en possession de ces trois espèces d'avantages, mais qui, par une certaine austérité stoïque ou par une sorte de stupidité, font assez d'actes de vertus, mais ne savent point goûter les douces jouissances qui en doivent être le fruit. Que si parfois, de ces quatre avantages, deux ou trois se réunissent dans un seul et même individu, rarement, très rarement, comme nous l'avons dit, ils s'y trouvent tous ensemble. Nous avons désormais traité le principal membre de la philosophie humaine qui envisage l'homme en tant qu'il est composé de corps et d'âme, mais cependant comme isolé et non encore réuni en société.

LIVRE HUITIÈME.

CHAPITRE PREMIER.

Division de la science civile en doctrine sur l'art de traiter avec les autres, science des affaires et science du gouvernement ou de la république.

Une ancienne histoire, roi plein de bonté, rapporte qu'une multitude de philosophes s'étant assemblés en grand appareil en présence de l'envoyé d'un roi étranger, chacun d'eux prenait peine à étaler sa sagesse, afin que cet envoyé, prenant d'eux la plus haute idée, eût un beau rapport à faire sur la merveilleuse sagesse des Grecs. Cependant un d'entre eux ne disait mot et ne fournissait point sa part ; l'envoyé se tourna de son côté et lui dit : « Et vous, n'avez-vous rien à me dire dont je puisse faire mon rapport? — Rapportez à votre maître, lui répondit ce philosophe, que vous avez trouvé parmi les Grecs un homme qui savait se taire. » Quant à moi, en faisant cette espèce d'inventaire des sciences et arts, j'avais oublié d'y insérer l'art

---

[1] Deux portes du sommeil, deux passages divers
Aux songes voltigeants s'ouvrent dans les enfers;
L'une, resplendissante au sein de l'ombre noire,
Est formée avec art d'un pur et blanc ivoire·
Par là montent vers nous tous ces songes légers,
Des erreurs de la nuit prestiges mensongers;
L'autre est faite de corne, et du sein des lieux sombres,
Elle donne passage aux véritables ombres.

Virg. *Enéide*, liv. VI, v. 894 et suiv. trad. de Delille.

de se taire. Néanmoins cet art-là, puisque le plus souvent il nous manque, je l'enseignerai du moins par mon propre exemple. Or, comme l'ordre des choses mêmes m'a enfin conduit à parler peu après de l'art de gouverner, ayant à le faire devant un si grand prince qui est un maître consommé dans cet art, et qui l'a, pour ainsi dire, sucé dès le berceau, ne pouvant non plus oublier tout-à-fait le rang que j'ai occupé près de votre personne, j'ai cru devoir plutôt, en me taisant sur ce sujet qu'en le traitant devant Votre Majesté, lui prouver ce que je sais faire en ce genre. Cicéron observe qu'il est dans le silence, non-seulement un certain art, mais même une sorte d'éloquence. Aussi, dans une de ses lettres à Atticus, où il lui rend compte de certains entretiens qu'il avait eus avec un autre et de ce qui s'y était dit, il ajoute : « Ici j'empruntai quelque peu de votre éloquence, et je me tus. » Quant à Pindare, qui a cela de particulier que de temps en temps il frappe tout à coup les esprits par quelque petite sentence, qu'il les frappe, dis-je, comme avec une verge divine, il lance je ne sais quel trait semblable à ce qui suit : « Quelquefois ce qu'on ne dit pas fait plus d'impression que ce qu'on dit. »

Ainsi, sur cet art du silence, j'ai pris le parti de me taire, ou, ce qui approche beaucoup du silence, celui d'être fort succinct. Mais avant de passer aux arts du commandement, il est un assez grand nombre d'observations à faire sur les autres parties de la science civile.

La science civile embrasse un sujet si vaste et si varié qu'il est fort difficile de le ramener à des principes. Il est pourtant des moyens qui diminuent cette difficulté; car, en premier lieu, comme le premier Caton, surnommé le censeur, avait coutume de dire des Romains, ses concitoyens : « Ils ressemblent aux brebis, animaux tels qu'il est moins facile d'en mener un seul que le troupeau tout entier; car si vous pouvez venir à bout de pousser une seule brebis dans le droit chemin, à l'instant toutes les autres vont suivre celle-là; » on peut dire aussi qu'à cet égard le rôle de la morale est plus difficile que celui de la politique. En second lieu, la morale se propose de pénétrer, de remplir l'âme d'une bonté intime; mais la science civile n'exige rien de plus qu'une bonté extérieure qui suffit pour la société. Aussi n'est-il pas rare que le régime soit bon et le temps mauvais. C'est une remarque qu'on rencontre à chaque pas dans l'Ecriture lorsqu'il y est question des rois bons et religieux; il y est dit : « Mais le peuple n'avait pas encore tourné son cœur vers le Seigneur Dieu de ses pères. » Ainsi le rôle de la morale est aussi à cet égard plus difficile que celui de la politique. En troisième lieu, les Etats ont cela de propre que, semblables à de grandes machines, ils se meuvent fort lentement, et non pas sans un grand appareil; mais aussi, par cette même raison, sont-ils plus difficiles à ébranler; car, de même qu'en Egypte les sept années fertiles nourrirent les sept années stériles, de même aussi, dans les républiques, les bonnes institutions des premiers temps font que les erreurs des siècles suivants ne sont pas si promptement funestes; tandis que la volonté et les mœurs de chaque individu se dépravent plus rapidement. Ainsi cette circonstance qui charge la morale allége d'autant la politique.

La science civile a trois parties qui répondent aux trois actions sommaires de la société, savoir : l'usage du monde, la science des affaires et la science du commandement ou de la république; car il est trois espèces d'avantages que les hommes tâchent de se procurer par la société civile, savoir : remède contre la solitude, assistance dans les affaires et protection contre les injures. Or, ces trois espèces de prudences sont tout-à-fait différentes l'une de l'autre et rarement réunies : prudence dans la société, prudence dans les affaires et prudence dans le gouvernement.

Quant aux manières, il ne faut certainement pas y mettre d'affectation, beaucoup moins encore de la négligence; car la prudence qui sait les régler annonce une certaine dignité dans le caractère et donne de grandes facilités pour toutes les affaires, tant publiques que privées. En effet, de même que l'action est d'un si grand prix pour l'orateur (quoique ce soit quelque chose d'extérieur) qu'on la préfère à d'autres parties au fond plus importantes et qui tiennent davantage à l'intérieur; ainsi, dans un homme du monde, les manières et la méthode qui le gouverne (bien qu'elle ne roule que sur des choses toutes extérieures) ne laissent pas d'occuper, sinon le premier rang, du moins une place distinguée. En effet, quelle influence n'a pas l'air même du visage et la manière de le composer? C'est avec raison qu'un poète a dit:

Nec vultu destrue verba tuo [1].

Car l'on peut par l'air de son visage détruire toute la force d'un discours et en perdre tout l'effet, et l'on peut effacer par l'air de son visage les faits tout aussi bien que les discours; si nous en croyons Cicéron qui, en recommandant à son frère de témoigner beaucoup d'affabilité au peuple de son gouvernement, observe que cette affabilité ne consiste pas seulement à se rendre accessible, mais de plus à montrer un visage gracieux à ceux par qui on se laisse approcher. « Que sert, dit-il, de tenir sa porte ouverte si l'on tient son visage fermé [2]? » Nous voyons aussi qu'Atticus, vers le temps de la première entrevue de Cicéron avec César, la guerre étant encore allumée, l'exhorte par lettres, très sérieusement, à composer avec soin son geste, l'air de son visage, à lui donner de la gravité et de la dignité. Que si telle est la puissance d'une physionomie et d'un visage composé avec soin, quelle sera donc celle des entretiens familiers et de toutes les autres parties qui se rapportent à l'art de traiter avec les autres? Or, l'on peut dire que le sommaire, l'abrégé du décorum, de la dignité dont nous parlons, consiste presque en ce seul point : à garantir tellement et la dignité des autres et sa propre dignité qu'on tienne entre eux et soi la balance presque égale. Et c'est ce que Tite-Live n'a pas mal exprimé dans ce passage, où il donne l'idée de son propre caractère, « afin, dit-il, de ne paraître ni arrogant, ni servile; car, dans le premier cas, ce serait perdre de vue la liberté d'autrui, et dans le dernier, sa propre liberté [3]. » D'un autre côté, si l'on se pique trop de cette urbanité et de cette élégance de mœurs, les petites attentions portées à l'excès dégénèrent en une affectation ridicule et repoussante; « car, quoi de plus ridicule que de transporter le théâtre dans la vie ordinaire! » Je dirai plus : en supposant même qu'on ne donne pas dans cet excès vicieux, ces minuties consument trop de temps, et une âme qui s'abaisse à de pareils soins ne peut que se dégrader. Aussi, de même que, dans les colléges, les jeunes gens studieux, mais qui se prêtent trop au commerce de leurs égaux, reçoivent de leurs maîtres cet avertissement : « les amis sont des voleurs de temps; » on peut dire de même que cette vigilance si pointilleuse à observer le décorum dérobe beaucoup de temps à des méditations plus importantes. De plus, ceux qui se distinguent par cette urbanité, et qui semblent nés pour cela seulement, se complaisent dans ce frêle avantage et aspirent rarement à des vertus plus solides et plus élevées, au lieu que ceux qui sentent ce qui leur manque à cet égard tâchent d'y suppléer par une bonne réputation; car dès qu'un homme jouit d'une bonne réputation, tout lui sied; mais lorsque cet avantage manque, c'est alors seulement qu'il faut tâcher d'y suppléer par la facilité de mœurs et par l'urbanité. Mais dans les affaires il n'est point d'obstacle aussi puissant et aussi fréquent que cette vigilance pointilleuse à observer le décorum, et que cet autre défaut qui est subordonné au premier, je veux dire la sollicitude minutieuse à choisir les moments et les occasions; car, comme l'a si bien dit Salomon : « Celui qui regarde aux vents ne sème point, et celui qui regarde aux nuages ne moissonne point [1]. » Le plus souvent il faut plutôt créer les occasions que les attendre. En un mot, l'urbanité de mœurs est comme l'habit de l'âme; elle doit donc avoir tous les avantages et toutes les commodités d'un habit. D'abord elle doit être de nature à servir en toute occasion; en second lieu, elle ne doit être ni trop somptueuse ni trop recherchée. De plus, si notre âme est douée de quelque perfection, elle doit être de nature à la faire ressortir, et si nous avons quelque défaut, à y suppléer ou tout au moins à le voiler. Enfin cet habit ne doit pas être trop juste et mettre l'âme tellement à l'étroit que, dans l'action, ses mouvements en soient gênés et qu'elle ne puisse plus se remuer. Mais cette partie de la science civile qui regarde la manière de traiter avec les autres ayant été élégamment cultivée par quelques écrivains, elle ne doit en aucune manière être classée parmi les choses à suppléer.

---

(1) Gardez-vous de détruire l'effet de votre discours par l'air de votre visage. Ovid. *Art d'aimer*, liv. I, v. 312.
(2) Q. Cic. *sur la brigue du consulat*, § 11.
(3) *Discours d'Hannon*, dans Tite-Live. liv. XXIII, c. 12.

(1) Eccles. c. 11, v. 4.

CHAPITRE II.

Division de la science des affaires en doctrine sur les occasions éparses, et art de s'avancer dans le monde. Exemple de la doctrine sur les occasions éparses, tiré de quelques paraboles de Salomon. Préceptes sur l'art de s'avancer.

Nous diviserons la science des affaires en doctrine sur les occasions éparses et art de s'avancer dans le monde, deux parties dont l'une embrasse toute la variété des affaires et est comme le secrétaire de la vie humaine, et dont l'autre ne se rapporte qu'à l'agrandissement particulier de chaque individu. Elle recueille et suggère une infinité de petits moyens, dont l'ensemble peut servir à chacun de tablettes et de codicille secret. Mais avant de descendre aux espèces, nous ferons quelques observations préliminaires sur la science des affaires en général. Cette doctrine des affaires est un sujet que personne jusqu'ici n'a traité d'une manière qui répondît à son importance, et c'est sans contredit au grand préjudice de la réputation, tant des lettrés mêmes que des lettres ; car c'est de là qu'est né un inconvénient qui est pour les savants une vraie tache. Cet inconvénient est : l'opinion où l'on est que l'érudition et l'habileté dans les affaires sont rarement réunies. En effet, si l'on y fait bien attention, de ces trois sortes de prudence qui, comme nous l'avons dit, se rapportent à la science civile, celle qui regarde les manières est presque méprisée des savants, qui la regardent comme je ne sais quoi de servile et de tout-à-fait incompatible avec la vie contemplative. Quant à celle qui se rapporte à l'administration de la république, lorsque quelques-uns d'entre eux sont placés au gouvernail, on peut dire qu'ils s'acquittent assez mal de leur emploi, mais rarement sont-ils placés si haut. Quant à la prudences dans les affaires (et c'est celle dont nous parlons ici), partie sur laquelle roule toute la vie humaine, nous n'avons pas un seul livre sur ce sujet, à moins qu'on ne donne ce nom à quelques avis sur la manière de se conduire ; ce qui forme tout au plus un ou deux petits recueils qui ne répondent en aucune manière à l'étendue d'un si vaste sujet. En effet, si nous avions des livres sur ce sujet comme sur tant d'autres, je ne doute nullement que des savants, à l'aide de ces livres et d'un petit nombre d'expériences, ne l'emportassent de beaucoup sur des hommes sans lettres, même instruits par une longue expérience, et qu'en tournant contre eux leurs propres armes ils ne les frappassent de plus loin.

Et nous n'avons pas lieu de craindre qu'une telle matière soit trop diversifiée pour pouvoir être ramenée à des préceptes ; elle a beaucoup moins d'étendue que celle qui a pour objet l'administration de la république, science qui pourtant, comme nous le voyons, est très bien cultivée. Or, ce genre de prudence, il paraît que chez les Romains et dans les meilleurs temps, certains personnages en faisaient profession ; car Cicéron atteste[1] qu'il était passé en usage, quelque peu avant son siècle, que les sénateurs distingués par leur prudence et une longue expérience, tels que les Coruncanius, les Curius, les Lælius et autres, se promenassent à certaines heures fixes sur la place publique, et que là, se rendant accessibles à tous les citoyens, ils donnassent des consultations, non pas seulement sur le droit, mais sur des affaires de toute espèce, telle qu'une fille a marier, un fils à élever, une terre à acheter, un contrat à passer, une accusation à intenter, une défense à entreprendre ; enfin sur tout ce qui peut survenir dans la vie ordinaire. Par où l'on voit qu'il est un certain art de donner des conseils, même dans les affaires privées, résultant d'une expérience très diversifiée et d'une connaissance générale des choses, connaissance qui à la vérité s'applique aux cas particuliers, mais qui se tire de l'observation générale des cas semblables. C'est ainsi, comme nous le voyons, qu'en agit Cicéron, dans le livre qu'il composa pour son frère Quintus, sur la manière de briguer le consulat, le seul, parmi les ouvrages qui nous restent des anciens, qui traite d'une affaire particulière, livre qui, bien que les conseils qu'il renferme ne se rapportent qu'à l'affaire qu'il avait en vue, ne laisse pas de renfermer aussi bien des principes de politique, qui ne sont pas seulement d'un usage momentané, mais de plus une sorte de modèle perpétuel de la manière de se conduire dans les élections populaires. Mais je ne trouve en ce genre rien de comparable aux aphorismes qu'a publiés Salomon, prince dont l'Écriture a dit : « qu'il eut un esprit compara-

---

(1) *De l'Orateur*, § 3, c. 33.

ble au sable de la mer[1]; » car de même que le sable de la mer environne toutes les côtes de l'univers, de même aussi la sagesse de Salomon embrassait tout, les choses divines aussi bien que les choses humaines. Or, dans ces aphorismes, outre certains préceptes qui tiennent davantage de la théologie, vous trouverez un assez bon nombre de préceptes et d'avis moraux fort utiles, préceptes qui jaillissent des profondeurs de la sagesse, et de là vont se répandant sur le champ immense de la variété. Or, comme nous rangeons parmi les choses à suppléer la doctrine qui envisage les occasions éparses et qui a pour objet la première partie de la science des affaires, nous nous y arrêterons un peu, suivant notre coutume, et nous en proposerons un exemple tiré des aphorismes ou paraboles de Salomon. Nous ne pensons pas qu'on doive nous faire un sujet de reproche de cette liberté que nous prenons de donner un sens politique à certains passages de l'Ecriture-Sainte; car si nous avions encore les commentaires de ce même Salomon sur la nature des choses, commentaires où il traitait de tous les végétaux, depuis la mousse qui croît sur la muraille jusqu'au cèdre de Liban[2], il ne serait pas défendu de les interpréter dans le sens physique, ce qui doit nous être également permis en politique.

EXEMPLES

DE CETTE PORTION DE LA DOCTRINE DES OCCASIONS ÉPARSES, TIRÉS DE QUELQUES PARABOLES DE SALOMON.

I.

Parabole. « Une douce réponse rompt la colère[3]. »

Explication. Si la colère du prince ou de quelque autre supérieur s'allume contre vous, et que votre tour de parler soit venu, vous avez, suivant le conseil de Salomon, deux choses à faire : il recommande de faire une réponse, puis il veut qu'elle soit douce. Ce premier avis renferme trois préceptes : 1° de se garder d'un silence qui annonce la mauvaise humeur et l'opiniâtreté; car tout l'effet d'un tel silence est de rejeter la faute sur vous; il semble que vous n'ayez rien à répondre ou qu'en secret vous taxiez votre maître d'injustice, comme si ses oreilles étaient fermées, même a une juste défense. 2° Veut-il dire, gardez-vous de remettre cette réponse et de demander un autre temps pour votre défense; cette demande ferait naître contre vous le même préjugé que le premier parti, et vous sembleriez croire que votre maître ne se possède pas assez en ce moment; elle signifierait clairement que vous méditez quelque défense artificieuse et que vous n'avez rien à alléguer sur-le-champ; en sorte que le mieux est de faire d'abord un peu de réponse et de hasarder un commencement de justification qui naisse de la chose même; 3° c'est une réponse, une vraie réponse qu'il faut faire, une réponse, dis-je, et non un simple aveu ou un pur acte de soumission, mais une réplique qui tienne de l'apologie et de l'excuse. Toute autre conduite, en pareil cas, n'est rien moins que pure; à moins qu'on n'ait affaire à certaines âmes tout-à-fait généreuses et magnanimes, lesquelles sont fort rares; il faut enfin que cette réponse soit douce, et non rude ou choquante.

II.

Parabole. « Le serviteur prudent commandera au fils insensé, et il partagera l'héritage entre les frères[1]. »

Explication. Dans toute famille où règne le trouble et la discorde s'élève toujours quelque serviteur ou autre ami d'une condition inférieure qui, se portant pour arbitre, accommode les différends de la famille, et pour lequel, à ce titre, et la famille tout entière et le maître lui-même ont beaucoup de déférence. Si cet homme n'a en vue que son propre intérêt, il fomente et aggrave les maux de la famille. Mais s'il est vraiment fidèle et intègre, on lui a de grandes obligations, et cela au point qu'il peut à juste titre être regardé comme un frère, ou du moins avoir la procuration fiduciaire de l'héritage.

III.

Parabole. « L'homme sage, s'il s'amuse à quereller avec l'insensé, soit qu'il s'irrite ou qu'il badine, ne trouvera point de repos[2]. »

Explication. On nous recommande souvent d'éviter tout combat inégal, en ce sens qu'il

---

(1) *Rois,* liv. III, c. 4, v. 29.
(2) *Rois,* III, c. 4. v. 33. (3) *Proverbes,* c. 15, v. 1.

(1) *Prov.* c. 17, v. 2. (2) *Id.* c. 29, v. 9.

ne faut point lutter avec des gens au-dessus de soi. Mais un avertissement non moins utile, c'est celui que nous donne ici Salomon, de ne point quereller avec des gens au-dessous de soi; on y trouve toujours beaucoup de désavantage; car si on l'emporte il n'en résulte aucune victoire, et si l'on a le dessous il n'en résulte qu'un grand affront; et cette querelle, on aurait beau vouloir n'en faire qu'un badinage en y mêlant des airs de dédain et des termes méprisants, on n'en serait pas plus avancé. De quelque manière que nous nous y prenions, nous perdrons de notre considération et nous aurons peine à nous tirer d'affaire. Ce sera bien pis si cet homme avec lequel nous contestons a quelque teinte de folie, je veux dire s'il est quelque peu téméraire et insolent.

IV.

Parabole. « Garde-toi de prêter l'oreille à tous les propos qu'on peut tenir, de peur d'entendre ton serviteur disant du mal de toi[1]. »

Explication. Il est incroyable combien cette inutile curiosité et cette excessive envie de savoir ce qu'on pense de nous répand d'amertume sur notre vie; je veux dire quand nous allons épiant tous les secrets dont la découverte ne fait que nous affliger et n'avance point du tout nos affaires. Car en premier lieu tout ce que nous y gagnons, c'est de l'inquiétude et du chagrin, tout en ce monde n'étant qu'ingratitude et perfidie; en sorte que si l'on pouvait faire acquisition d'une sorte de miroir magique où l'on vît nettement toutes les haines dont on est l'objet et tout ce qu'on machine contre nous, le mieux serait de le jeter ou de le briser; car il en est de tous ces propos comme du murmure des feuilles, ils s'évanouissent bientôt. En second lieu, cette curiosité nous rend excessivement soupçonneux. Or, rien n'est plus préjudiciable à nos desseins, cette défiance les compliquant excessivement et y jetant de l'irrésolution. En troisième lieu, cette curiosité fixe le mal même, qui sans cela n'eût fait que passer; car il est dangereux d'exciter le dépit des hommes qui se sentent coupables; tant qu'ils s'imaginent qu'on ne les voit pas, il est aisé de les ramener, mais une fois qu'ils se voient démasqués ils s'en vengent en faisant encore pis.

Ainsi c'est avec raison qu'on a regardé comme un trait de souveraine prudence le parti que prit Pompée de jeter au feu tous les papiers de Sertorius sans les avoir lus lui-même et sans avoir permis à qui que ce soit de les lire.

V.

Parabole. « La pauvreté arrive comme un voyageur et l'indigence comme un homme armé[1]. »

Explication. Cette parabole décrit élégamment la manière dont se ruinent les prodigues et les gens trop insouciants sur leurs affaires domestiques. Car d'abord les causes qui nous obèrent et qui entament notre fortune viennent pour ainsi dire à pied et à pas lents, comme un voyageur; d'abord on ne les sent presque pas. Mais bientôt arrive en force l'indigence, semblable à un homme armé, avec une main si forte et si puissante qu'il est impossible de lui résister; et les anciens ont eu grande raison de dire que ce qu'il y a de plus fort en ce monde, c'est la nécessité. C'est pourquoi il faut aller au-devant du voyageur et se fortifier contre l'homme armé.

VI.

Parabole. « Celui qui instruit un railleur se fait tort à lui-même, et celui qui reprend un impie se fait une tache[2]. »

Explication. Cette parabole s'accorde avec le précepte du Sauveur par lequel il nous recommande de ne point semer nos perles devant des pourceaux[3]. On y distingue l'acte du conseil positif de celui de la réprimande; on y distingue aussi la personne du railleur de celle de l'impie. On y distingue enfin les deux espèces de retours différents qu'on trouve avec eux. En effet, dans le premier le seul retour est de perdre sa peine, et dans le dernier on y gagne de plus une tache; car lorsqu'on s'amuse à instruire et à endoctriner un railleur, d'abord on perd son temps avec lui, puis les autres se moquent de vos efforts, regardant vos tentatives comme inutiles et comme de la peine mal placée. Enfin le railleur lui-même dédaigne la science qu'on lui a apprise. Mais on court plus de risque encore en reprenant un impie; car

---

(1) *Eccl.* c. 7, v. 22.

BACON

(1) *Prov.* c. 6, v. 11, et c. 24, v. 34. (2) *Id.* c. 9, v 7. (3) MATH. c. 7, v. 6.

l'impie, non-seulement n'écoute pas, mais de plus, tournant pour ainsi dire ses cornes contre celui qui le redresse et qui lui est déjà devenu odieux, ne manque pas de l'accabler d'invectives ou du moins de l'accuser devant les autres.

VII.

Parabole. « Le fils sage est pour son père un sujet de joie, et le fils insensé un sujet d'affliction pour sa mère[1]. »

Explication. Cette parabole distingue parmi les joies et les afflictions domestiques celles qui sont propres au père et à la mère au sujet de leurs enfants. En effet le fils sage et rangé est un sujet de joie, surtout pour le père, qui connaît mieux le prix de la vertu, et qui, par cette raison, est plus charmé de le voir enclin au bien. Il trouve de plus, dans l'éducation qu'il lui a donnée, un nouveau sujet de se féliciter; il se sait bon gré de l'avoir si bien élevé par ses préceptes et son exemple. Au contraire, la mère compatit davantage aux disgrâces du fils, parce que l'affection maternelle est plus tendre et plus molle, puis parce qu'elle se dit que c'est peut-être son excessive indulgence qui l'a ainsi corrompu et dépravé

VIII.

Parabole. « La mémoire du juste sera accompagnée d'éloges, mais le nom de l'impie tombera en pourriture avec lui[2]. »

Explication. Cette parabole fait une distinction entre la réputation des gens de bien et celle des méchants, en montrant ce que doivent être l'une et l'autre après la mort. En effet, quant aux gens de bien, cette envie qui attaquait leur réputation tant qu'ils vivaient s'éteignant alors, leur nom va fleurissant et leur gloire croissant de jour en jour. Quant aux méchants, si quelquefois leur réputation se soutient pendant quelque temps par la faveur de leurs amis et de leur faction, bientôt à cette réputation d'un jour succède une longue infamie, et leur nom exhale en quelque manière une odeur fétide et repoussante.

IX.

Parabole. « Celui qui met le trouble dans sa maison ne possèdera que des vents[3]. »

Explication. Très utile avertissement par rapport aux dissensions et aux troubles domestiques; il est bien des gens qui, en faisant divorce avec leurs épouses, ou en déshéritant leurs enfants, ou en changeant fréquemment de domestiques, s'imaginent gagner beaucoup par ces changements et se flattent qu'ils pourront par là se mettre l'esprit en repos et que leurs affaires en iront mieux. Mais le plus souvent toutes ces espérances ne produisent que du vent; car ou après ces bouleversements les affaires n'en vont pas mieux, ou encore ces perturbateurs de leurs familles se jettent dans des embarras de toute espèce, ou n'éprouvent que de l'ingratitude de la part de ceux qu'ils ont adoptés et choisis après avoir chassé les autres. De plus cette conduite donne lieu à de mauvais bruits sur leur compte et leur fait une réputation assez équivoque, et Cicéron n'a pas eu tort de dire que toute réputation vient de notre maison[1]. Or, ces deux espèces d'inconvénients Salomon les désigne élégamment par cette expression · posséder des vents. Et c'est avec raison qu'il compare aux vents ce que gagne celui dont l'attente est trompée ou qui donne prise au caquet.

X.

Parabole. « La fin du discours importe plus que le commencement[2]. »

Explication. Cette parabole relève une erreur très familière, non-seulement à ceux qui font du discours leur principale étude, mais même aux hommes les plus sages. Voici en quoi elle consiste. La plupart des hommes s'occupent beaucoup plus du préambule et de l'entrée de leurs discours que de l'issue. Ils méditent avec plus de soin leurs exordes et leurs avant-propos que leurs péroraisons. Cependant ils devraient et ne pas négliger les premiers, et, portant encore plus leur attention sur les derniers comme étant d'une toute autre importance, les tenir tout prêts et tout digérés, en considérant mûrement et prévoyant autant qu'il est possible de quelle conclusion ils pourront user, et comment cette fin pourra servir à mûrir et à avancer leurs affaires. Et ce n'est pas tout : non-seulement il faut méditer avec soin les épilogues et les fins de discours qui se

---

(1) *Prov.* c. 10, v. 1. — (2) *Id.* c. 10, v. 7. — (3) *Id.* c. 11, v. 29.

(1) Q. Cic. *de la br. du consulat*, § 5. — (2) *Eccles.* c. 7, v. 9

rapportent aux affaires mêmes, mais il faut de plus prendre peine à imaginer quelque propos qu'on puisse jeter avec autant de dextérité que d'urbanité au moment où l'on prend congé. Deux conseillers que j'ai connus, deux hommes sans contredit du plus grand talent et d'une souveraine prudence, sur lesquels principalement portait le poids des affaires, avaient cela de propre et de familier que, chaque fois qu'ils conféraient avec leurs princes sur les affaires de ces derniers, ils ne terminaient pas l'entretien par ce qui tenait à l'affaire même en question, mais ils tâchaient de les distraire en jetant quelque plaisanterie ou quelque autre trait agréable. En un mot, comme dit le proverbe, ils dessalaient les saumons de mer dans de l'eau de rivière, et ce n'était pas le moins ingénieux de leurs expédients.

XI.

Parabole. « De même qu'une mouche morte donne une mauvaise odeur au parfum le plus suave, la moindre sottise a le même effet par rapport à un homme distingué par sa sagesse et par sa réputation [1]. »

Explication. C'est une injustice et un malheur attachés à la condition des hommes d'une éminente vertu, comme l'observe fort bien la parabole, qu'on ne leur pardonne pas la plus petite faute. Mais de même que, dans un diamant très éclatant, le plus petit grain, le plus petit nuage frappe la vue et fait une sorte de peine, quoique ce même défaut, s'il se fût trouvé dans une pierre de moindre prix, à peine y eût-on fait attention, de même, dans des hommes distingués par leur vertu, les plus petits défauts frappent la vue, et sont sévèrement critiqués ; défauts que, dans des hommes médiocres, on n'apercevrait pas, ou que du moins on leur pardonnerait aisément. Ainsi, dans un homme très prudent le plus petit trait d'imprudence, dans un homme très vertueux le plus petit délit, et dans un homme très poli et de mœurs élégantes le plus petit ridicule, leur fait perdre beaucoup de leur considération ; en sorte que ces personnages distingués ne feraient pas trop mal de mêler à dessein quelques petites sottises à leurs actions (non pas des vices toutefois), afin de conserver une sorte de liberté, et de confondre, par ce moyen, les marques de leurs petits défauts.

XII.

Parabole. « Les railleurs sont le fléau de la cité ; mais les sages détournent les calamités [1]. »

Explication. Il pourra paraître étonnant que, voulant désigner les hommes que la nature semble avoir faits tout exprès pour renverser et perdre les républiques, Salomon aille choisir le caractère, non de l'homme superbe et insolent, non de l'homme tyrannique et cruel, non de l'homme téméraire et violent, non de l'impie et du scélérat, non de l'homme injuste et oppresseur, non du séditieux et du brouillon, non du libertin et du voluptueux, non enfin le caractère du sot et de l'homme sans talents, mais bien celui du railleur. Ce choix néanmoins est vraiment digne de ce prince, qui connaissait si bien les vraies causes de la conservation et de la ruine des républiques ; car il n'est peut-être pas de fléau égal à celui dont les royaumes ou les républiques sont affligés, lorsque les conseillers des rois, ou les sénateurs, et en général ceux qui sont au gouvernail, sont d'esprit railleur. Les hommes de cette trempe vont toujours amoindrissant la grandeur des inconvénients, afin de paraître des sénateurs courageux, insultant à ceux qui pèsent ces inconvénients comme ils le doivent, et les taxant de timidité. Ils se moquent de ces délibérations si lentes, de ces discussions si approfondies, prétendant que ce n'est qu'un bavardage d'orateur, que rien n'est plus fastidieux, et qu'elles ne contribuent en rien au succès. Ils méprisent l'opinion publique, sur laquelle pourtant les princes doivent régler leurs desseins, et la regardent comme le caquet de la populace, comme le bruit d'un jour. La force et l'autorité des lois qui, selon eux, ne sont qu'une sorte de filets peu faits pour faire obstacle aux grands desseins, n'a pas plus le pouvoir de les arrêter. Les dispositions et les précautions qui regardent un avenir éloigné leur paraissent comme autant de rêves et d'imaginations mélancoliques. Par leurs bons mots et leurs sarcasmes, ils se jouent des personnages prudents et recommandables tout à la fois par l'élévation de leur capacité. En un mot, ils ruinent d'un seul coup tous les

---

(1) *Eccles.* c. 10, v. 1.

(1) *Prov.* c. 29, v. 8.

fondements du régime politique. Et c'est à quoi il faut faire d'autant plus d'attention qu'ils n'attaquent pas ouvertement, mais qu'ils minent sourdement l'édifice : or, ce talent si dangereux, on ne s'en défie pas autant qu'il le faudrait.

XIII.

Parabole. « Le prince qui prête une oreille facile aux paroles du mensonge n'aura que de méchants serviteurs[1]. »

Explication. Lorsque le prince est de caractère à prêter sans jugement une oreille facile et crédule aux médisants et aux sycophantes, il souffle, de la région où il est, une sorte de vent contagieux qui infecte et corrompt tous ses serviteurs. Les uns épient les terreurs du prince et les augmentent par de fausses relations; les autres réveillent dans son cœur les furies de l'envie, surtout contre les personnages les plus estimables; d'autres lavent leurs propres souillures et les crimes dont ils se sentent coupables en accusant les autres; d'autres encore, ne favorisant que leurs amis, font tout pour la gloire de ceux-ci et semblent ne faire voile qu'à leurs ordres, calomniant et dénigrant leurs compétiteurs; d'autres composent, contre leurs ennemis, des espèces de pièces de théâtre, et les débitent en vrais comédiens. Cette facilité du maître a une infinité d'autres semblables inconvénients. Tels sont du moins ses effets sur les plus méchants de ses serviteurs. Mais aussi ceux qui ont plus de mœurs et de probité, voyant qu'ils trouvent peu d'appui dans leur seule innocence, attendu que le prince ne sait pas démêler le vrai d'avec le faux, se dépouillent de cette probité si incommode; ils sont à l'affût des vents de cour, qui les font tournoyer d'une manière tout-à-fait servile; et c'est ce qu'observe Tacite au sujet de Claude [2]. « Il n'est point de sûreté, dit-il, auprès d'un prince qui ajoute foi à tout ce qu'on lui dit, et qui prend, pour ainsi dire, l'ordre de tout le monde. » Et Commines a fort bien remarqué aussi, « qu'il vaut encore mieux servir un prince dont les soupçons n'ont point de fin, qu'un prince dont la crédulité est sans mesure [3]. »

XIV.

Parabole. « Le juste a pitié de l'animal qui le sert; mais la pitié pour les méchants est cruauté[1]. »

Explication. C'est la nature même qui a planté dans le cœur humain le noble et généreux sentiment de la commisération; sentiment qui s'étend aux brutes mêmes, lesquelles, en vertu de la loi divine, sont soumises à son empire. Ainsi ce dernier genre de compassion a quelque analogie avec celle d'un prince pour ses sujets. Disons plus : il est hors de doute que plus une âme a d'élévation et de dignité, plus elle embrasse d'êtres sensibles dans sa compassion. En effet, les âmes étroites et dégradées s'imaginent que ce qui regarde les animaux n'est point du tout leur affaire; mais celle qui est vraiment la plus noble portion de l'univers est sensible dans le tout. Aussi voyons-nous que l'ancienne loi renfermait un bon nombre de préceptes qui n'étaient pas purement cérémoniels, mais plutôt destinés à inspirer la commisération; tel était celui qui défendait de manger la chair avec le sang, et autres semblables. De plus, les sectes des esséniens et des pythagoriciens s'abstenaient entièrement de la chair des animaux; et c'est une observance qui a lieu même aujourd'hui chez quelques habitants de l'empire du Mogol, par une superstition à laquelle rien n'a pu donner atteinte. Il y a plus : les Turcs, nation qui par son origine et ses institutions ne peut être que cruelle et sanguinaire, sont dans l'usage de faire l'aumône aux animaux mêmes, et ne trouvent pas bon qu'on les vexe, qu'on les fasse souffrir. Mais, de peur qu'on ne pense que ce que nous venons de dire justifie toute espèce de compassion, Salomon ajoute que la compassion pour les méchants est cruauté; et c'est ce qui a lieu lorsqu'on épargne les méchants et les scélérats que le glaive de la justice eût dû frapper. Et une compassion de cette nature est plus cruelle que la cruauté même, car la cruauté proprement dite ne s'exerce que sur tel ou tel individu; mais la pitié dont nous parlons, accordant l'impunité à la tourbe entière des méchants, les arme et les lance contre les gens de bien.

---

(1) *Prov.* c. 29, v. 12. (2) *Annales*, liv. XII, c. 3.
(3) *Choix de Mémoires et Chroniques du quinzième siècle*, dans la collection du *Panthéon*.

(1) *Prov.* c. 12, v. 1.

XV.

Parabole. « L'insensé lâche toute son haleine ; mais le sage réserve quelque chose pour l'avenir[1]. »

Explication. Cette parabole semble destinée à relever, non la futilité de certains hommes qui disent étourdiment et ce qu'il faut dire et ce qu'il faut taire; non cette intempérance de langue qui les porte à se donner carrière sans choix et sans jugement sur toutes sortes de personnes et de sujets ; non ce babil intarissable qui étourdit l'oreille et fait mal au cœur ; mais un autre défaut plus caché, une certaine manière de gouverner ses discours dans les entretiens particuliers, qui manque tout-à-fait de prudence et de politique. Il s'agit de la faute que commettent ceux qui lâchent, tout d'un trait et comme d'une haleine, tout ce qu'ils ont dans l'esprit par rapport au sujet en question, car rien n'est plus préjudiciable aux affaires. En effet, en premier lieu, un discours morcelé et qui se développe par parties pénètre beaucoup plus avant qu'un discours continu ; car un discours continu ne met pas l'auditeur à portée de bien peser chaque chose distinctement une à une, et ne laisse pas le temps à chaque raison de prendre pied, mais une raison chasse l'autre avant que la première se soit bien établie. En second lieu, il n'est point d'homme d'une éloquence si heureuse et si puissante qu'il puisse, du premier choc de son discours, rendre son interlocuteur tout-à-fait muet, et, pour ainsi dire, lui couper la langue. Cet autre, selon toute apparence, fera quelque réponse, quelque objection. Mais alors qu'arrivera-t-il? que ce qu'il eût fallu réserver pour le réfuter ou lui répliquer, ayant déjà été touché et dit avant coup, perd ainsi toute sa force et toute sa grâce. En troisième lieu, si ce qu'on a à dire, on ne le répand pas tout d'un coup, mais qu'on le présente par parties, en jetant tantôt une chose et tantôt une autre, on est à même de découvrir, par l'air du visage et les réponses de l'interlocuteur, quelle impression chaque chose fait sur lui ou s'il la prend en bon ou mauvais gré, de manière que ce qui reste à dire, on peut, redoublant de précautions, ou le supprimer tout-à-fait ou y mettre plus de choix.

XVI.

Parabole. « Si l'esprit de celui qui a la puissance s'élève contre toi, n'abandonne pas ton poste, car le traitement remédiera aux grandes erreurs de régime[1]. »

Explication. Cette parabole enseigne comment on doit se conduire lorsqu'on a encouru l'indignation et la colère du prince, précepte qui renferme deux parties. 1° Il recommande de ne pas abandonner son poste ; 2° de penser à la cure, comme dans une maladie grave, et de n'épargner pour cela ni soin ni précautions; car la plupart des hommes, lorsqu'ils voient leur prince irrité contre eux, disparaissent, et soit par l'impuissance de supporter la perte de leur considération, soit pour ne pas envenimer la plaie en se montrant, soit enfin pour rendre le prince témoin de leur affliction et de leur humiliation, se dérobent à leurs emplois et à leurs fonctions. Ils vont quelquefois jusqu'à abdiquer leurs magistratures et leurs dignités, et à les remettre entre les mains du prince ; mais Salomon improuve ce genre de traitement, le regardant comme préjudiciable, et cela par les raisons les plus fortes. D'abord cela même rend votre déshonneur trop public ; vos ennemis et vos envieux en deviennent plus hardis pour vous attaquer, et vos amis plus timides pour vous servir. Il en résulte aussi que la colère du prince qui, si elle n'était pas rendue publique, tomberait d'elle-même, se fixe davantage, et qu'ayant déjà ébranlé son homme elle le pousse dans le précipice. De plus cette retraite donne un certain air de malveillance et de mécontentement du présent, ce qui ajoute au mal de l'indignation le mal du soupçon. Or, voici en quoi consiste le traitement : en premier lieu, il ne faut pas se donner l'air d'être insensible à l'indignation du prince, soit par une sorte de stupidité, soit par une hauteur excessive ; mais il faut en paraître affecté comme on doit l'être, c'est-à-dire qu'il faut composer son visage, non en faisant paraître un air de mauvaise humeur et de rébellion, mais une tristesse grave et modeste. Il faut, dans tout ce que l'on fait, montrer moins de gaîté et d'enjouement qu'à l'ordinaire ; de plus, pour rétablir un peu vos affaires, usez de l'entremise d'un ami et engagez-le à faire entendre au prince, par un discours insinuant, de quelle douleur vous êtes intérieurement pénétré. En second lieu, évitez avec soin toutes les

(1) *Prov.* c. 29, v. 11.

(1) *Eccles.* c. 10, v. 4.

occasions, même les plus légères, de rappeler au prince la chose qui a excité sa colère et de toucher ainsi à la plaie, et beaucoup plus encore de l'irriter de nouveau et de lui donner lieu de vous faire une seconde réprimande devant les autres; saisissez avec soin toutes les occasions où votre service peut être agréable au prince, afin de lui témoigner le plus vif désir de réparer la faute commise et de lui faire sentir de quel serviteur il se priverait s'il venait à vous congédier; rejetez adroitement la faute sur les autres, ou insinuez que si vous l'avez commise, ce n'est point par mauvaise intention, ou encore faites remarquer la malignité de ceux qui vous ont dénoncé au roi, et faites voir qu'ils ont excessivement aggravé la chose; enfin tenez-vous continuellement éveillé, et occupez-vous sérieusement du traitement.

XVII.

Parabole. « Le premier qui plaide a toujours raison; puis vient l'autre partie et l'on informe contre elle[1]. »

Explication. En toute espèce de cause, la première information, pour peu qu'elle ait pris pied dans l'esprit du juge, y jette de profondes racines; elle le prévient et se rend maîtresse de lui, en sorte qu'il est bien difficile de l'effacer, à moins qu'il ne se trouve quelque fausseté manifeste dans la matière même de l'information, ou qu'on ne découvre quelque artifice dans la manière de l'exposer. En effet, une défense simple et nue, quoique juste, balancera difficilement dans l'esprit du juge le préjugé qui naît de la première information; une fois que la balance de la justice penche d'un côté, difficilement pourra-t-elle la ramener à l'équilibre. Ainsi le plus sûr, pour le juge, c'est de ne pas se permettre le plus petit jugement sur le droit avant d'être bien informé du fait, et d'avoir entendu sur ce point les deux parties l'une après l'autre; et ce que le défendeur peut faire de mieux quand il voit le juge prévenu, c'est de faire voir que sa partie adverse a employé quelque artifice, quelque ruse condamnable pour surprendre la religion du juge.

XVIII.

Parabole. « Celui qui nourrit trop délicatement un serviteur encore enfant le trouvera rebelle par la suite[1]. »

Explication. Les princes et les maîtres de toute espèce, d'après le conseil de Salomon, doivent, dans les grâces et les faveurs qu'ils répandent sur leurs serviteurs, garder certaines mesures. 1° Il faut les avancer par degrés et non par sauts; 2° les accoutumer aux refus; 3° et c'est ce que Macchiavelli recommande avec raison, il faut, outre les grâces qu'ils ont déjà obtenues, qu'ils aient toujours devant les yeux quelque autre but auquel ils puissent aspirer, sans quoi les princes, au lieu de la reconnaissance et des services qu'ils attendent de leurs serviteurs, ne feront à la fin que les rassasier et leur apprendre à leur résister. Une élévation subite rend insolent, et lorsqu'on est accoutumé à obtenir tout ce qu'on désire, on devient incapable de supporter un refus; enfin, ôtez les désirs, vous ôtez l'activité et l'industrie.

XIX.

Parabole. « Avez-vous vu un homme expéditif dans sa besogne; cet homme-là se tiendra debout devant les rois et il ne sera pas de ceux qu'on distinguera le moins[2]. »

Explication. De toutes les qualités que les rois considèrent dans le choix de leurs serviteurs et qu'ils y souhaitent le plus, celle qui leur est la plus agréable, c'est la célérité et une certaine promptitude à expédier les affaires. Quant aux hommes d'une prudence profonde, ils sont suspects aux rois; ce sont pour eux des espèces d'inspecteurs; ils craignent que ces esprits supérieurs n'abusent de leurs avantages pour les surprendre, les maîtriser et les tourner à leur fantaisie comme des machines. Les hommes populaires ne sont pas vus de meilleur œil; ils offusquent les rois parce qu'ils attirent sur eux-mêmes les regards du peuple; les hommes courageux passent pour des brouillons, l'on craint qu'ils n'osent plus qu'ils ne doivent; les hommes probes et intègres paraissent trop difficiles, trop peu disposés à obéir au moindre signe d'un maître; enfin il n'est point de vertu qui ne porte quelque ombrage aux rois, et qui ne les blesse par quelque côté; au lieu que la promptitude à exécuter leurs ordres n'a rien

---

(1) Prov. c. 18, v. 11; mais le sens est différent.

(1) Prov. c. 20, v. 21. — (2) Id. c. 22, v. 29

qui ne les flatte ; car les volontés des rois sont soudaines et ne souffrent point de délais ; ils s'imaginent qu'il n'est rien qu'ils ne puissent, et qu'il ne leur manque que des gens qui exécutent assez vite ce qu'ils commandent ; ainsi, avant tout, c'est la célérité qui leur est agréable.

XX.

Parabole. « J'ai vu tous ceux qui vivent et qui marchent sous le soleil, quitter le prince régnant pour se ranger auprès de celui qui était près de lui succéder[1]. »

Explication. Cette parabole relève la vanité des hommes qu'on voit accourir en foule auprès des successeurs désignés des princes et leur faire cortége. Or, la vraie racine de ce mal n'est autre que cette folie que la nature a si profondément plantée dans le cœur humain et qui rend les hommes trop amoureux des objets de leurs espérances, car on en voit peu qui ne se complaisent plus dans ce qu'ils espèrent que dans ce qu'ils possèdent. De plus, la nouveauté est agréable à la nature humaine, elle en est comme affamée ; or, dans le successeur du prince se trouvent ensemble ces deux choses, un objet d'espoir et la nouveauté. Or, ce que la parabole nous fait entendre, c'est cela même qu'autrefois Pompée dit à Sylla, et depuis Tibère à Macron : « Qu'on adore plus le soleil levant que le soleil couchant. » Et néanmoins ceux qui commandent ne sont pas autrement choqués de cet abandon et n'y attachent pas trop d'importance, comme on le voit par l'exemple de Sylla et de Tibère, mais ils se rient plutôt de la légèreté des hommes et ne s'amusent point à lutter contre des songes, car quelqu'un l'a dit : « L'espérance n'est que le rêve d'un homme éveillé[2]. »

XXI.

Parabole. « Il était une cité petite et mal peuplée. Un grand roi vint l'attaquer ; il combla les fossés, il fit une circonvallation, et toutes les dispositions nécessaires pour un siége furent achevées. Il se trouva dans cette ville un homme tout à la fois pauvre et sage, qui la sauva par sa sagesse ; mais ensuite cet homme pauvre, personne ne s'en souvint plus[3]. »

Explication. Cette parabole nous donne une idée du génie pervers et de la malveillance de la plupart des hommes. Dans le malheur, et lorsque la nécessité les presse, ils ont recours aux hommes prudents et courageux qu'ils méprisaient auparavant ; mais dès que l'orage est passé, ceux qui les ont sauvés n'éprouvent de leur part que de l'ingratitude : et ce n'est pas sans raison que Macchiavelli, à ce sujet, propose cette question, savoir : « Quel est le plus ingrat du prince ou du peuple ? » mais en attendant il taxe l'un et l'autre d'ingratitude. Cependant cet oubli dont nous parlons ne vient pas seulement de l'ingratitude du prince ou du peuple, il a encore une autre cause, savoir : la jalousie des grands, qui s'affligent en secret du plus heureux succès dont on ne leur a point l'obligation. Aussi ne manquent-ils pas de rabaisser le mérite de celui qui a rendu ce service et de le déprimer le plus qu'ils peuvent.

XXII.

Parabole. « La voie du paresseux est semblable à une haie d'épines[1]. »

Explication. Cette parabole nous montre avec beaucoup d'élégance que la paresse finit par la peine ; car lorsqu'on fait ses préparatifs avec toute la diligence et tout le soin requis, on a l'avantage de ne point heurter son pied contre aucune pierre d'achoppement, et d'aplanir le chemin avant de se mettre en marche ; au lieu que le paresseux, l'homme qui diffère jusqu'au dernier moment, est ensuite forcé de se faire un chemin à travers des broussailles et des épines qui l'arrêtent à chaque pas. C'est ce qu'on peut observer aussi dans le gouvernement de la famille. Quand on met à tout ce qu'on fait le soin et la diligence nécessaires, tout marche paisiblement et coule de soi-même sans bruit et sans fracas, sinon au premier grand besoin qui survient il faut tout faire à la fois ; les domestiques font un bruit terrible et toute la maison retentit de ce fracas.

XXIII.

Parabole. « Celui qui dans un jugement regarde au visage ne fait pas bien, et cet homme, pour une bouchée de pain, abandonnera la vérité[2]. »

Explication. Cette parabole remarque très

---

(1) *Eccles.* c. 4, v. 15. (2) *Id.* c. 15, v. 18. (3) *Id.* c. 9, v. 14.

(1) *Prov.* c. 15, v. 19. (2) *Id.* c. 28, v. 31.

judicieusement que, dans un juge, une certaine facilité de caractère est plus pernicieuse que l'avidité qui se laisse corrompre par des présents ; car il s'en faut de beaucoup que tout le monde puisse faire des présents, mais il est peu de causes où il ne se trouve quelque considération qui fasse fléchir l'esprit du juge dès qu'une fois il regarde aux personnes. Celui-ci est populaire, celui-là est une mauvaise langue, un autre est riche, un autre encore plaît davantage, tel lui est recommandé par un ami. Enfin, où domine l'acception de personnes, tout respire la partialité, et l'on rend des jugements iniques pour fort peu de chose ; en un mot, pour une bouchée de pain.

XXIV.

Parabole. « Un homme pauvre calomniant d'autres pauvres est semblable à une pluie violente qui amène la famine [1]. »

Explication. Cette parabole a été jadis exprimée et peinte dans la fable des deux hirondelles, dont l'une pleine et l'autre vide. L'oppression exercée par l'homme pauvre et affamé est beaucoup plus accablante que celle qu'exerce l'homme riche et comblé de biens, car le premier a recours à tous les raffinements de la maltôte et va furetant dans tous les coins pour trouver le dernier écu. Et pour marquer la différence de ces deux sortes d'hommes, on les comparait ordinairement aux éponges qui, lorsqu'elles sont sèches, pompent fortement l'humidité, et qui ne la pompent plus de même une fois qu'elles sont imbibées. Cette parabole renferme un utile avertissement ; d'un côté elle recommande aux princes de ne pas confier le gouvernement des provinces ou les magistratures à des hommes indigents et obérés ; de l'autre, elle conseille aux peuples de ne point exposer leurs souverains à lutter contre une grande indigence.

XXV.

Parabole. « L'homme juste succombant devant l'impie, c'est la fontaine qu'on trouble avec le pied ; c'est le filet d'eau corrompu [2]. »

Explication. Ce que recommande cette parabole, c'est de se donner bien de garde dans les républiques de certains jugements iniques et déshonorants rendus dans des causes célèbres et importantes, surtout lorsque l'effet du jugement est non d'absoudre un coupable, mais de condamner un innocent. En effet, les injustices qui se commettent entre particuliers ont à la vérité l'effet de troubler et de souiller les eaux de la justice, mais seulement dans les petits ruisseaux ; au lieu que les jugements iniques dont nous parlons, et qui ensuite font exemple, infectent et souillent les sources mêmes de la justice. Une fois qu'un tribunal s'est tourné du côté de l'injustice, à l'instant tout est bouleversé et l'administration n'est plus qu'un brigandage public ; c'est alors sans contredit que l'homme est pour l'homme un vrai loup.

XXVI.

Parabole. « Gardez-vous d'être l'ami d'un homme colère et de marcher avec un homme furieux [1]. »

Explication. S'il est vrai qu'entre honnêtes gens il faille respecter les droits de l'amitié et en remplir scrupuleusement tous les devoirs, c'est une raison de plus pour y regarder d'abord de bien près et pour choisir ses amis avec le plus grand soin. Pour ce qui est des défauts qui peuvent se trouver dans leur naturel et leur caractère, nous devons, quant à nous-mêmes, nous résoudre à les supporter. Mais si ces raisons nous imposent la nécessité de jouer à l'égard des autres tel ou tel rôle qu'il plaît à ces amis, c'est alors une bien triste chose que cette amitié, c'est une vraie tyrannie. Il importe donc, comme nous le recommande Salomon, pour assurer son repos et se mettre en sûreté, de ne point mêler dans nos affaires des hommes colères, de ces gens si prompts à susciter des querelles ou à les épouser ; car des amis de cette trempe nous impliquent sans cesse dans des différends et dans des factions, et il faudra ou rompre avec eux ou se compromettre.

XXVII.

Parabole. « Celui qui tait vos fautes recherche votre amitié, mais celui qui les rappelle sépare les alliés [2]. »

Explication. Il est deux méthodes pour ramener la paix et rapprocher les esprits : l'une commence par l'amnistie ; l'autre, en reparlant des injures, y joint des excuses et des apologies.

---

(1) *Prov.* c. 28, v. 3. (2) *Id.* c. 25, v. 26.

(1) *Prov.* c. 22, v. 24. (2) *Id.* c. 17, v. 9.

Ce qui me rappelle le sentiment d'un homme vraiment prudent, d'un vrai politique : « Moyenner la paix, disait-il, sans reparler du sujet de la querelle, c'est plutôt séduire les cœurs par l'amour du repos qu'accommoder les différends avec équité. » Mais Salomon, encore plus prudent que lui, est d'un sentiment contraire, et il préfère l'amnistie au remaniement de l'affaire. En effet, ce soin de rappeler le sujet de la querelle a plusieurs inconvénients : d'abord on met, pour ainsi dire, l'ongle dans la plaie ; et c'est s'exposer à susciter de nouvelles altercations, car les parties belligérantes ne sont jamais d'accord sur la mesure des injures réciproques; puis il faut en venir à des justifications. Or, chacun des deux partis aime mieux paraître avoir pardonné une offense qu'avoir reçu une excuse.

XXVIII.

Parabole. « Dans tout travail utile est l'abondance, mais où se trouve beaucoup de paroles se trouve aussi presque toujours l'indigence [1]. »

Explication. Dans cette parabole Salomon distingue le fruit du travail de la langue d'avec celui du travail des mains, donnant à entendre que le produit de l'un est la misère, et le produit de l'autre l'abondance.

En effet, il arrive presque toujours que les gens qui bavardent tant, qui se vantent sans cesse, qui font beaucoup de promesses, manquent de tout et qu'ils ne tirent aucun fruit de tant de discours. Rarement ils sont actifs et industrieux ; ils se nourrissent, ils dînent de ces discours, et se repaissent, pour ainsi dire, de vent. On peut dire, d'après un poète,

Qui silet est firmus [2].

Un homme qui sent que sa besogne avance s'applaudit à lui-même et se tait ; mais celui qui ne peut se dissimuler qu'il n'aspire qu'à un vain bruit de réputation se vante d'une infinité de choses ; il promet monts et merveilles.

XXIX.

Parabole. « Une censure franche et ouverte vaut mieux qu'une amitié qui se cache [3]. »

Explication. Cette parabole relève la mollesse de certains amis qui n'osent user du privilége de l'amitié pour reprendre librement et courageusement leurs amis, tant par rapport aux fautes que ceux-ci peuvent commettre que relativement aux risques qu'ils courent. « Que faire, dit ordinairement tel de ces amis si mous, quel parti prendre ? Je l'aime autant qu'il est possible, et s'il lui arrivait quelque malheur, je me mettrais volontiers à sa place ; mais je connais son humeur : si je lui parle trop librement, je le choquerai, ou tout au moins je l'affligerai, et je n'en serai pas plus avancé ; l'effet de mes remontrances sera plutôt de me brouiller avec lui que d'arracher de sa tête ce qui y est comme cloué. » Salomon condamne un ami de cette trempe, à titre d'homme sans nerf et sans utilité, et prononce qu'on tire plus de fruit d'un ennemi déclaré que d'un tel ami ; car cet ennemi peut, pour vous humilier, vous dire hautement ce qu'un ami trop indulgent oserait à peine vous dire à l'oreille.

XXX.

Parabole. « L'homme prudent se contente de bien peser toutes ses démarches, l'insensé a recours aux ruses [1]. »

Explication. Il est deux espèces de prudence : l'une saine et véritable, l'autre basse et fausse ; c'est cette dernière que Salomon ne balance pas à qualifier de folie. Celui qui s'adonne à la première ne marche qu'avec précaution et pèse avec soin toutes ses propres démarches, prévoyant de loin le danger, pensant de bonne heure au remède, s'appuyant du secours des gens de bien, se fortifiant contre les méchants, circonspect en commençant, soigneux de se ménager une retraite, prompt à saisir les occasions, ferme contre les obstacles, enfin n'épargnant aucun soin, aucune attention pour bien régler ses actions et ses démarches ; mais l'autre espèce est toute cousue de finesses et de ruses, elle met toute son espérance dans l'art de circonvenir les autres et de les tourner à sa fantaisie. Or, celle-ci, c'est avec raison que la parabole la rejette, non pas seulement comme malhonnête, mais même comme sotte, car en premier lieu ce ne sont pas là de ces choses qui soient en notre pouvoir, et il n'est point en cet art de règle fixe

---

(1) *Prov.* c. 14, v. 23.
(2) Celui qui sait se taire a de la fermeté.
    OVID. *Rem. d'amour*, v. 697.
(3) *Prov.* c. 27, v. 5.

(1) *Prov.* c. 15, v. 21

sur laquelle on puisse s'appuyer; mais il faut chaque jour imaginer de nouveaux stratagèmes, les premiers s'usant bientôt et devenant banaux. En second lieu, tout homme qui a une fois encouru la réputation d'homme double et artificieux, s'est privé par là du plus grand instrument dans les affaires, je veux dire de la confiance des autres ; aussi rarement ses succès seront-ils conformes à ses vœux. Enfin, toutes ces finesses peuvent paraître fort belles dans la spéculation et l'on peut s'y complaire, mais le plus souvent elles trompent l'attente de celui qui s'y fie. C'est ce que Tacite a fort bien observé. « Les entreprises dirigées par la ruse et l'audace sont fort belles en projet, difficiles dans l'exécution et malheureuses dans l'issue. »

XXXI.

Parabole. « Ne vous piquez pas d'être trop juste et plus sage qu'il ne le faut. Pourquoi vous laisser ainsi emporter tout d'un coup[1] ? »

Explication. Il est des temps, comme l'observe encore Tacite, où les grandes vertus mènent infailliblement un homme à sa perte[2] ; et c'est ce qui arrive quelquefois aux hommes distingués par leur vertu et leur justice, quelquefois tout à coup, et quelquefois aussi après l'avoir prévu de loin. Que si à ces qualités vous joignez de la prudence, c'est-à-dire si vous supposez qu'ils soient circonspects et vigilants pour leur propre sûreté, qu'y gagneront-ils ? que leur catastrophe arrivera tout à coup par des voies obscures et détournées, et qu'on les attaquera par surprise, pour éviter l'odieux d'une attaque ouverte et pour les perdre plus sûrement.

Quant à ce trop dont il est question dans la parabole, comme ce n'est pas un Périandre qui parle ici, mais un Salomon, qui observe souvent le mal dans la vie humaine, mais qui ne le conseille jamais, ce qu'il dit, il faut l'entendre, non de la vertu même, où il n'y a jamais d'excès, mais de l'affectation et de l'étalage qui excitent l'envie. Tacite fait entendre quelque chose de semblable au sujet d'un certain Lépidus, remarquant, comme une sorte de miracle, qu'il n'avait jamais ouvert aucun avis qui sentît la servilité, et que cependant il n'avait pas laissé de se conserver dans ces temps de cruauté. « Lorsque je réfléchis sur ce sujet, dit-il, je ne sais trop si ce n'est pas le destin qui gouverne toutes ces choses ; ou si plutôt il n'est pas en notre pouvoir de tenir, entre un honteux assujettissement et une hauteur insolente, un certain milieu tout à la fois exempt de bassesse et d'imprudence[1]. »

XXXII.

Parabole. « Fournis au sage l'occasion, et tu verras croître sa sagesse[2]. »

Explication. Cette parabole fait une distinction entre la sagesse qui est devenue une véritable habitude et qui s'est bien mûrie, et celle qui ne fait encore que flotter dans la cervelle et dans la pensée, et qui s'étale dans les discours, mais qui n'a point encore jeté de profondes racines ; car la première, dès qu'elle trouve une occasion pour s'exercer, s'éveille aussitôt, se met à l'ouvrage, s'étend au loin et semble alors se surpasser elle-même ; au lieu que l'autre, qui était si éveillée avant l'occasion, s'étonne et s'abat quand l'occasion est venue ; et cela au point que ceux mêmes qui croyaient en être vraiment doués, sont réduits à en douter, et à soupçonner que tous ces préceptes, dont leur esprit est plein, sont autant de rêves et de vaines spéculations.

XXXIII.

Parabole. « Celui qui aujourd'hui loue son ami à voix haute, sera pour lui demain, en se levant, une cause de malédiction[3]. »

Explication. L'effet des louanges modérées, données à propos et seulement par occasion, est de contribuer beaucoup à la réputation et à la fortune de ceux qui en sont le sujet ; mais des éloges excessifs, bruyants et donnés à contre-temps, ne servent de rien. Il y a plus, suivant le sens de la parabole, ils sont très nuisibles ; car en premier lieu ils décèlent l'intention de ceux qui les donnent ; ils semblent dictés par une excessive prévention en leur faveur, ou affectés à dessein pour séduire les personnes qu'on loue par des éloges peu mérités, plutôt que pour les faire valoir en faisant ressortir leurs qualités réelles. En second lieu, un éloge sobre et modéré invite les auditeurs à y ajouter quelque

---

(1) *Eccles.* c. 7, v. 17. (2) *Hist.* l, c. 2.

(1) *Annales,* liv. IV, c. 20. (2) *Prov.* c. 9, v. 9. (3) *Id.* c. 24, v. 14.

chose du leur, au lieu que les éloges prodigués et excessifs excitent ceux qui les entendent à en retrancher quelque chose. En troisième lieu (et ce qui est le principal point), on réveille l'envie contre celui qu'on loue excessivement; attendu que tous ces éloges trop marqués semblent avoir pour but d'humilier ceux des auditeurs qui ne volent pas moins.

XXXIV.

Parabole. « De même qu'on voit son visage dans le miroir des eaux, de même aussi le cœur humain est visible pour les hommes prudents[1]. »

Explication. Cette parabole distingue entre les esprits des hommes prudents et ceux des autres hommes, comparant les premiers à la surface des eaux, ou aux miroirs qui réfléchissent les images des objets, et assimilant les autres à la terre ou à une pierre brute qui ne les réfléchit point; et c'est avec d'autant plus de justesse que l'esprit d'un homme prudent est ici comparé à un miroir, que dans un miroir l'on peut contempler tout à la fois sa propre image et celle des autres, propriété qu'on ne peut attribuer aux yeux mêmes ou à un miroir. Que si l'esprit de l'homme prudent a assez de capacité pour pouvoir observer et démêler une infinité d'esprits et de caractères, reste à tâcher de le rendre assez souple pour varier ses applications et pour représenter toutes sortes d'objets.

Qui sapit innumeris moribus aptus erit[2]

Nous nous sommes peut-être un peu trop arrêtés sur ces paraboles de Salomon, et un peu plus que ne l'exigeait le simple dessein de donner un exemple; mais c'est la dignité même du sujet et de l'auteur qui nous a entraînés trop loin.

Or, ce n'était pas seulement chez les Hébreux, mais encore chez d'autres nations, que les anciens sages étaient dans l'habitude, lorsqu'il leur arrivait de faire quelque observation utile dans la vie commune, de la resserrer et de la réduire à une courte sentence, ou de la présenter sous la forme d'une parabole ou d'une fable. Quant aux fables, comme nous l'avons dit ailleurs, elles furent jadis les suppléments, et pour ainsi dire les lieutenants des exemples; mais comme aujourd'hui nous ne manquons pas d'histoires, on peut frapper plus vite et plus juste au but désigné. Cependant la manière d'écrire qui convient le mieux à un sujet aussi diversifié et aussi étendu que l'est un traité sur les affaires et sur les occasions éparses, la plus convenable, dis-je, serait celle qu'a choisie Macchiavelli pour traiter la politique, je veux dire celle qui procède par observations. Et, pour me servir d'une expression commune, par dissertations sur l'histoire et sur les exemples; car la science qui se tire des faits particuliers tout récents, et qui se sont pour ainsi dire passés sous nos yeux, est celle qui montre le mieux le chemin et qui apprend le plus aisément à repasser par les faits. Or, c'est suivre une méthode beaucoup plus utile dans la pratique, de faire militer la dissertation sous l'exemple, que de faire marcher d'abord la dissertation et d'y joindre ensuite l'exemple. Et il ne s'agit pas ici simplement de l'ordre, mais du fond même du sujet; car lorsqu'on expose d'abord l'exemple comme base de la dissertation, on le présente ordinairement avec tout l'appareil de ses circonstances, lesquelles peuvent quelquefois rectifier la dissertation, et quelquefois aussi la suppléer. On présente aussi un original à imiter et un modèle à suivre dans la pratique; au lieu que les exemples, lorsque ne les alléguant qu'en faveur de la dissertation on les propose d'une manière nue et succincte, ne font plus alors qu'obéir à la dissertation; ils en sont les esclaves.

Mais il est une différence qui mérite d'être observée. Comme c'est l'histoire des temps qui fournit les meilleurs matériaux pour les dissertations sur la politique, telles que celles de Macchiavelli, ce sont aussi les vies particulières qui fournissent les meilleurs documents pour les affaires, parce qu'elles embrassent toute la variété et tout le détail des affaires et des occasions, tant grandes que légères. Je dirai plus; on peut donner aux préceptes sur les affaires une base encore plus convenable que ces deux espèces d'histoires, savoir : en dissertant sur les lettres, mais seulement sur les plus réfléchies et les plus graves, telles que sont celles de Cicéron a Atticus et autres semblables, parce qu'elles présentent une image plus vive et plus fidèle des affaires que les annales et les vies particu-

---

(1) *Prov.* c. 27, v. 19.

(2) L'homme habile sait se faire aux habitudes de tous.
   Ovid. *Art d'aimer*, liv. I, v. 760.

lières. Voilà donc ce que nous avions a dire sur la matière et la forme de la première portion de la doctrine sur les affaires, qui traite des occasions éparses, et nous la rangeons parmi les choses à suppléer.

Il est une autre partie de la même doctrine, entre laquelle et la première il n'y a d'autre différence que celle qui se trouve entre ces deux choses : être sage en général et être sage pour soi. L'une semble se mouvoir du centre à la circonférence, et l'autre de la circonférence au centre; car il est un certain art de donner des conseils, et ainsi qu'un art de pourvoir à ses propres affaires; deux arts qui se trouvent quelquefois réunis dans le même individu, mais qui, le plus souvent, sont séparés ; et il est des hommes qui, pour gouverner leurs propres affaires, sont d'une prudence admirable, mais qui n'ont pas les talents nécessaires pour gouverner un État ou pour donner des conseils; semblables en cela à la fourmi, créature fort sage pour elle-même, et qui entend fort bien ses petits intérêts, mais qui ne laisse pas d'être nuisible au jardin. Cet art d'être sage à son profit n'était pas inconnu aux Romains eux-mêmes, tout bons curateurs de leur patrie qu'ils étaient. C'est ce qui a fait dire à un auteur comique :

Nam pol' sapiens fingit fortunam sibi[1].

Un de leurs proverbes disait aussi :

Faber quisque fortunæ propriæ[2],

et c'est le genre de talent que Tite-Live attribue à Caton l'Ancien, lorsqu'il dit de lui : « Telle était la vigueur de son âme et de son génie qu'en quelque lieu qu'il fût né il eût lui-même créé sa fortune[3]. »

Ce genre de prudence, si l'on en fait profession, non-seulement n'est rien moins que politique, mais semble être de mauvais augure et porter malheur. C'est une observation qu'on a faite par rapport à l'Athénien Timothée. Ce général, après avoir fait de grandes choses pour la gloire et l'avantage de sa patrie, rendant compte de son administration devant le peuple, comme il était alors d'usage, terminait chaque article par cette conclusion : « Or, remarquez bien, Athéniens, qu'en ceci la fortune n'a eu aucune part. » Mais il arriva qu'ensuite aucune de ses entreprises ne lui réussit. De telles expressions ont trop d'enflure et sentent son homme trop plein de lui-même. C'est à cette même présomption que se rapportent ces paroles qu'Ezéchiel prête à Pharaon : « Tu dis : ce fleuve est à moi ; c'est moi, moi qui me suis fait moi-même ce que je suis[1] ; » ainsi que ces mots du prophète Habacuc : « Ils triomphent et sacrifient à leur rets[2], » ou encore ce passage du poète parlant de Mézence, qui se piquait de mépriser les dieux.

*Dextra mihi Deus, et telum quod missile libro,
Nunc adsint*[3].

Enfin, jamais à ma connaissance Jules-César ne laissa plus sensiblement percer cet orgueil qui se cachait dans ses plus secrètes pensées qu'au moment où il lui échappa un mot semblable. Un aruspice lui rapportant que les entrailles ne s'étaient pas trouvées bonnes, il dit à demi-voix : « Elles le seront quand je le voudrai ; » parole qui précéda de très peu sa catastrophe. Mais cette excessive confiance, outre qu'elle a je ne sais quoi d'impie, a aussi toujours de funestes conséquences. C'est pourquoi les personnages vraiment grands, vraiment sages, ont cru devoir plutôt attribuer leurs heureux succès à leur fortune qu'à leur vertu et à leur habileté. Sylla, par exemple, se qualifiait d'heureux et non de grand; et César parla plus sagement lorsqu'il dit son pilote : « Tu portes César et sa fortune. »

Cependant ces sentences : « Chacun est l'artisan de sa fortune; le sage maîtrisera les astres même; il n'est point de route inaccessible à la vertu, » ces sentences, dis-je, et autres semblables, si, par la manière de les entendre et de les employer on les regarde plutôt comme des éperons pour éveiller l'industrie que comme des étriers pour servir d'appui à l'insolence, si elles ont plutôt pour but de donner aux hommes de la vigueur et de la constance dans leurs résolutions que de leur inspirer de l'arrogance et de la jactance, peu-

---

(1) Le sage, sans contredit, sait créer lui-même sa fortune.
PLAUT. *Trinum*. acte II, sc. 2, v. 84.
(2) Chacun est l'artisan de sa propre fortune.
(3) TITE-LIVE, XXXIX, c. 40.

(1) EZECH. c. 29, v. 3. — (2) HABAC. c. 1, v. 16.
(3) Mes dieux à moi, dit-il c'est mon bras et ma lance.
VIRG. *Enéide*, liv. X, v. 773, trad de Delille.

vent passer pour utiles et salutaires. Nul doute que, prises en ce sens, elles n'aient occupé quelque place dans l'âme des personnages magnanimes, et cela au point que, dans certaines occasions, ils avaient à dissimuler leur pensée à cet égard. C'est ainsi que nous voyons César-Auguste qui, comparé à son grand oncle, paraîtra plutôt différent qu'inférieur, mais qui certainement était plus modéré, que nous le voyons, dis-je, à l'article de la mort, priant ses amis de l'applaudir dès qu'il aurait expiré, comme se disant à lui-même qu'il avait très bien joué son rôle sur le théâtre de cette vie. Or, cette partie de la doctrine doit aussi être rangée parmi les choses à suppléer, non qu'elle soit omise dans la pratique, où l'on n'en fait que trop d'usage, mais parce qu'elle l'est dans les livres. C'est pourquoi nous allons, suivant notre coutume, donner une énumération des principaux points de cette doctrine, comme nous l'avons fait pour la précédente. Nous la désignerons sous ce nom : l'artisan de sa fortune ; ou par cette autre que nous lui avons déjà donné : doctrine sur l'art de s'avancer dans le monde.

Or, au premier coup d'œil, ne paraîtrons-nous pas entreprendre de traiter un sujet tout-à-fait nouveau et extraordinaire, en prétendant apprendre ainsi aux hommes à devenir eux-mêmes les artisans de leur fortune? C'est pourtant une science que chacun ne demande pas mieux que d'apprendre, jusqu'à ce qu'il en ait bien senti les difficultés ; car les règles à observer pour faire fortune ne sont ni moins importantes, ni en moindre nombre, ni moins difficiles que les préceptes à suivre pour devenir vertueux ; et l'entreprise de devenir un vrai politique n'est pas moins difficile ni moins sérieuse que celle de devenir un homme vraiment moral. Mais d'ailleurs le dessein de traiter cette science importe fort aux lettres; il importe pour leur donner tout à la fois du relief et du poids. Car d'abord, il importe surtout à l'honneur des lettres que ces grands praticiens sachent une fois que la science ne ressemble point du tout à tel petit oiseau, comme l'alouette, qui s'élève très haut, se délectant dans son ramage et s'en tenant là ; mais que plutôt, semblable à l'épervier, elle sait tout à la fois et prendre l'essor le plus élevé, et quelquefois aussi, lorsqu'il lui plaît, s'abattre tout à coup et fondre sur sa proie. De plus, cela même importe au dessein de perfectionner les lettres, parce que la vraie règle d'une recherche convenable est, qu'il ne se trouve dans le globe matériel rien qui n'ait son analogue, son parallèle dans le globe de cristal ou dans l'entendement, c'est-à-dire qu'il n'y ait dans la pratique aucune partie qui n'ait aussi sa théorie, sa science qui en traite. Et cet art de bâtir sa fortune, si les lettres y attachent quelque admiration, quelque estime, c'est tout au plus comme à une occupation du dernier ordre. En effet, notre fortune propre et particulière considérée comme un don de Dieu, accordé seulement pour n'être qu'à soi, un tel don ne serait en aucune manière une rétribution digne de nous. Il se trouve même assez souvent des personnages distingués qui renoncent volontairement à leur propre fortune pour s'occuper d'objets plus sublimes. Cependant la fortune, en tant qu'elle peut être un instrument de vertu, un moyen pour bien faire, mérite à ce titre de faire le sujet d'une méditation, d'une science.

A cette science appartiennent différents genres de préceptes, les uns sommaires, les autres plus diversifiés et plus détaillés. Les préceptes sommaires ont pour objet la connaissance exacte des autres et de soi-même. Le premier précepte que nous prescrirons, et c'est le pivot sur lequel roule toute la connaissance des autres, sera : qu'il faut tâcher autant qu'il est possible de se procurer la fenêtre que demandait Momus ; car ce dieu, apercevant dans l'édifice du cœur humain un grand nombre d'angles et de recoins, trouvait mauvais qu'il y manquât une fenêtre, à l'aide de laquelle on pût pénétrer dans ces replis obscurs et tortueux. Or, cette fenêtre, nous l'aurons, si nous n'épargnons aucune recherche, aucun soin, pour connaître à fond les individus avec lesquels nous avons à traiter quelque affaire, et pour avoir une parfaite connaissance de leurs naturels, de leurs passions, de leurs buts, de leurs mœurs, de leurs moyens, des ressources sur lesquelles ils comptent le plus et qui font toute leur force, ainsi que de leurs défauts, de leurs faibles, des meilleures prises qu'ils peuvent donner, de leurs amis, de leurs factions, de leurs protecteurs, de leurs clients ; et, au contraire, de leurs ennemis, de leurs envieux, de leurs compétiteurs, des moments où ils se laissent le plus aisément approcher :

Sola viri molles aditus et tempora nôris[1] ;

enfin, des plans et des règles qu'ils se sont faites, et d'autres choses semblables. Et ce n'est pas assez de ces renseignements sur les personnes, il faut prendre les mêmes informations par rapport aux actions qui d'un moment à l'autre sont en mouvement et sont pour ainsi dire sur l'enclume. Il faut savoir : comment on les gouverne, quel en est le succès, quelles passions les fomentent, quelles autres passions les combattent, de quel poids et de quelle influence elles peuvent être, quelles en doivent être les conséquences et autres choses semblables. En effet, non-seulement la connaissance des actions présentes est utile en elle-même, mais elle est si essentielle que, sans ces lumières, la connaissance des personnes est trompeuse et illusoire ; car les hommes changent avec les circonstances : ils sont tout autres quand ils sont embarrassés dans l'action et entraînés par le tourbillon des affaires que lorsqu'ils sont revenus à leur naturel. Or, toutes ces connaissances détaillées, tant sur les personnes que sur les actions, sont comme la mineure de tout syllogisme actif ; car il n'est point d'observation ou de principe (ce qui est la matière première des majeures politiques) dont la vérité ou l'exactitude puisse, lorsque la mineure est fausse, servir à établir solidement la conclusion. Or, qu'on puisse acquérir une connaissance de ce genre, c'est ce dont Salomon lui-même nous est garant lorsqu'il dit : « Les vraies intentions dans le cœur de l'homme sont comme une eau profonde ; mais l'homme prudent sait y plonger[2]. Or, quoique la connaissance même ne soit pas soumise aux préceptes, parce qu'elle a pour objet les individus, cependant on peut donner d'utiles préceptes sur la manière de l'acquérir.

Quant à la connaissance des hommes, il est six sources différentes où on peut la puiser, savoir : l'air du visage ou la physionomie, les paroles, les actions, le naturel, leur but, enfin les relations d'autrui. Quant à l'air du visage, ne nous en laissons pas trop imposer par ce vieil adage :

Fronti nulla fides[1] ;

car, bien que cette maxime soit assez vraie par rapport à la composition générale et la plus apparente du visage et du geste, néanmoins il est certains mouvements plus subtils, certain travail des yeux, de la bouche, du visage et du geste, qui, comme le dit fort élégamment Cicéron[2], ouvrent, pour ainsi dire, et tiennent ouverte certaine porte de l'âme. Quel homme fut jamais plus caché que Tibère ! Cependant Tacite, spécifiant les différences qu'il mit dans son ton et dans son style, en faisant l'éloge des exploits de Drusus et de ceux de Germanicus, dit, au sujet du dernier éloge : « C'était plutôt un discours d'apparat, et trop orné pour qu'on pût croire qu'il partait vraiment du cœur[3]. » Quant à celui de Drusus, il s'exprime ainsi : « Il s'étendit moins sur son sujet ; mais dans ce peu qu'il dit, il appuya davantage et parut ne dire que ce qu'il pensait[4]. » Ce même Tacite observe que Tibère, dans d'autres occasions, avait été quelque peu plus transparent, et dit de lui : « En toute autre circonstance, ses mots semblaient ne sortir qu'avec effort ; mais lorsqu'il s'agissait de rendre service, il parlait avec plus d'aisance et de liberté[5]. » Certes, il serait difficile de trouver un maître dans l'art de feindre et de dissimuler assez attentif et assez adroit, un homme, dis-je, qui pût maîtriser, et, comme quelqu'un l'a dit, commander son visage au point de faire disparaître d'un discours plein d'artifice et de dissimulation ces légères différences, et d'empêcher qu'on ne distinguât s'il est plus libre et plus facile, ou plus vague et moins suivi, ou plus sec et plus gêné qu'à l'ordinaire.

Quant aux paroles humaines, on en peut dire ce que les médecins disent des urines : que ce sont de vraies prostituées qui ne sont rien moins que ce qu'elles paraissent ; mais ce fard de courtisane se décèle dans deux cas, savoir : lorsqu'on parle sur-le-champ et dans les grandes émotions. C'est ainsi que Tibère, ému des pa-

---

(1) Seule enfin près de lui trouvant un doux accueil,
Tu savais du barbare apprivoiser l'orgueil.
 VIRG. Énéide, liv. IV, v. 424, trad. de Delille.
(2) *Prov.* c. 20, v. 5.

(1) Il ne faut pas se fier à la physionomie.
 MART. I, ép. 25, v. 4.
(2) *De la br. du consulat*, § 2. (3) *Annales*, liv. 1, c. 52.
(4) *Id.* (5) *Id.* liv. IV. c. 31.

roles piquantes d'Agrippine, sortit quelque peu en dehors des bornes de sa dissimulation naturelle : « Ces propos, dit Tacite, arrachèrent enfin quelques mots à cet homme si caché[1]; » et usant d'un vers grec pour le reprendre, il lui dit : « Ce qui vous déplaît, ma fille, c'est de ne pas régner. » Aussi le poète, pour donner une idée de ces grandes émotions, les qualifie-t-il de tortures, parce qu'elles forcent les hommes à révéler leurs pensées les plus secrètes :

Vino tortus et irâ[2].

Certes, l'expérience même atteste qu'il n'est point d'homme tellement fidèle à son secret et maître de lui-même que, de temps à autre, soit par l'impétuosité de la colère ou par jactance, ou encore dans les épanchements de la plus intime amitié, soit enfin par la faiblesse d'une âme surchargée du poids de ses pensées ou par l'impulsion de toute autre affection, il ne révèle et ne communique ses plus intimes pensées et ses sentiments les plus secrets. Mais de tous les moyens de forcer un homme à secouer ce qu'il cache dans son sein, le plus sûr est d'opposer dissimulation à dissimulation, conformément à ce proverbe espagnol : « Dis un mensonge, et tu arracheras la vérité. »

Je dis plus : quoique les actions soient le gage le plus certain des dispositions de l'âme, il ne faut pas trop s'y fier, si ce n'est après en avoir bien pesé et bien déterminé l'importance et la propriété ; car rien de plus vrai que ce mot : « Il tâche de gagner la confiance dans les petites choses afin de tromper ensuite avec plus de profit dans les grandes. » Aussi l'Italien, lorsque, sans aucun sujet manifeste, on le traite mieux qu'à l'ordinaire, croit-il être sur la pierre même où le crieur public fait ses proclamations. En effet, tous ces petits services nous rendent négligents ; ils assoupissent notre industrie et endorment notre vigilance, et c'est avec raison que Démosthènes les qualifie d'aliments de la paresse. De plus, quant à la nature et à la propriété de certaines actions qu'on regarde ordinairement comme des services, il est aisé de voir ce qu'elles ont d'insidieux et d'équivoque

par la manière dont Mutius en imposa à Marc-Antoine. S'étant réconcilié avec lui, mais de très mauvaise foi, il avança la plupart des amis de ce triumvir. Aussitôt, dit l'historien, « il leur prodigua des tribunats et des gouvernements[1], » et par cet artifice, au lieu de fortifier Antoine, comme il le semblait, il le désarmait au contraire ; et attirant à soi, par ce moyen, tous les amis du triumvir, il le laissait dans une sorte de solitude.

Mais la meilleure clef pour ouvrir les âmes, c'est de bien observer et de connaître à fond les génies et les naturels ou les intentions et les fins de tous les hommes qu'on veut pénétrer. On juge des gens simples et faibles par leur naturel, des hommes plus prudents et plus cachés par leurs buts. Une réponse assez spirituelle et assez plaisante, quoiqu'elle nous paraisse manquer de sincérité, c'est celle que fit certain nonce à son retour du pays où il avait résidé quelque temps en qualité d'ambassadeur ordinaire. Comme on le consultait sur le choix de son successeur, voici le conseil qu'il donna : « Il ne faut, dit-il, nullement penser à envoyer là un homme fort habile, mais plutôt un homme médiocre ; car il ne serait pas facile à un très habile homme de prévoir ce que pourraient faire des gens de cette espèce. » C'est en effet une faute très ordinaire aux gens les plus habiles que de juger des autres par eux-mêmes et de prendre leur propre esprit pour mesure de celui des autres ; en sorte que trop souvent ils frappent au-delà du but, en supposant les hommes occupés de grands desseins et de ruses fines et déliées dont ils ne sont guère capables de s'aviser. C'est ce qu'exprime fort élégamment le proverbe italien qui dit « qu'en fait d'argent, de prudence et de bonne foi, on en trouve toujours moins qu'on ne croyait. » Ainsi, quant aux personnes d'un esprit léger qui sont sujettes à beaucoup d'inconséquences, il faut plutôt en juger par leur naturel que par leur but. Il en est de même des princes, mais par une toute autre raison ; c'est aussi par leur naturel qu'on en juge le mieux, au lieu qu'on juge mieux des particuliers par la considération de leurs fins ; car les princes étant déjà au plus haut point d'élévation auquel puissent tendre les désirs humains, ils n'ont presque point de

---

(1) *Annales,* liv. IV, c. 52.
(2) Le vin et la colère lui donnant la torture.
HOR. II, ép. 18, v. 38.

(1) TAC. *Hist.* liv. IV, c. 34.

but fixe auquel ils puissent aspirer avec une certaine ardeur et une certaine constance, de buts par la situation et la distance desquels on puisse déterminer la direction de l'échelle de leurs actions; ce qui est entre autres la principale raison qui a porté l'Ecriture à prononcer que les cœurs des rois sont impénétrables [1]. Quant aux hommes privés, il n'en est presque point qui ne soit une espèce de voyageur qui chemine avec ardeur vers un certain but qui est pour lui comme le terme du voyage; et par la connaissance de ce terme il n'est pas difficile de deviner ce qu'il dira ou fera dans tel cas; car si telle ou telle chose est pour lui un moyen d'arriver à son but, il est probable qu'il la fera; dans la supposition contraire, il l'est qu'il ne la fera pas. Or, quant à cette recherche sur les inclinations et les buts dans les divers individus, il ne suffit pas de la faire simplement, il faut encore la faire comparativement, c'est-à-dire qu'il faut tâcher de découvrir ce qui, dans chaque individu, prédomine et aligne tout le reste. Aussi lisons-nous dans Tacite que Tigellinus, sentant bien qu'il le cédait à Petronius-Turpilianus pour le talent de guider Neron dans ses plaisirs et de lui en fournir continuellement de nouveaux, après en avoir fait lui-même l'essai, prit le parti d'épier les terreurs de son maître [2], et qu'à l'aide de cette découverte il ruina son adversaire.

Quant à la connaissance des hommes qu'on peut regarder comme secondaire et qui se tire du rapport d'autrui, il suffira de dire en peu de mots que, pour connaître leurs vices et leurs défauts, il faut s'adresser à leurs ennemis; pour connaître leurs vertus et leurs talents, à leurs amis; pour connaître leurs mœurs et leurs moments de facilités, à leurs domestiques; pour connaître leurs opinions et leurs méditations, à leurs amis les plus intimes, à ceux avec qui ils s'entretiennent le plus souvent. L'opinion populaire mérite peu d'attention. Le jugement des grands est plus hasardé; car devant eux les hommes marchent plus couverts. En un mot, la seule réputation fondée est celle que nous font les gens avec qui nous vivons [3].

Mais de toutes les manières de faire cette recherche, la voie la plus courte consiste en trois points: la première est de nous ménager un grand nombre d'amis et de nous lier avec des gens qui, par des connaissances aussi variées qu'étendues, tant sur les choses que sur les personnes, soient en état de nous instruire de tout; mais il faut surtout tâcher d'avoir sous sa main, pour chaque genre d'affaires et de personnes, un homme qui puisse nous donner sur chaque point en particulier des instructions certaines et solides. La seconde est de garder un juste tempérament, de tenir une sorte de prudent milieu entre ces deux extrêmes, parler trop librement et parler trop peu, en prenant plus souvent le parti de parler librement, mais en sachant toutefois se taire dès qu'il le faut; car l'avantage d'une certaine liberté à parler est d'agacer les autres et de les exciter à user avec nous de la même liberté, et de nous instruire par ce moyen de mille choses que sans cela nous n'aurions jamais sues. Il faut dire aussi que le silence fréquent nous procure une certaine confiance; il fait que les hommes aiment à nous communiquer leurs secrets et à les déposer, pour ainsi dire, dans notre sein. La troisième est de tâcher d'acquérir l'habitude d'être toujours éveillé, toujours présent à tout ce qui se dit et se fait devant nous; d'être à la chose et en même temps attentif à tous les incidents; car de même qu'Épictète veut que son philosophe à chaque action se dise à lui-même: « Voilà, quant à présent, ce que je veux, et quant à l'avenir, je veux aussi être fidèle à mon plan, » de même le politique doit se dire: « Voilà ce que je veux pour le moment, et je voudrais en même temps y joindre quelque chose qui pût m'être utile par la suite. » Aussi ceux qui ont naturellement le défaut d'être trop à la chose, trop occupés de l'affaire qu'ils ont actuellement dans les mains et qui ne pensent pas même à tout ce qui survient (ce qui, de l'aveu de Montaigne, était son défaut), ces gens-là peuvent être de bons ministres, de bons administrateurs de républiques; mais s'il s'agit d'aller à leur propre fortune, ils ne feront que boiter. Il faut, avant tout, réprimer les saillies de son esprit et modérer sa trop grande vivacité, afin de ne pas abuser de ses connaissances multipliées en se mêlant de trop de choses; car cette polypragmosyne (manie de se mêler de tout) a je ne sais quoi de téméraire et qui empêche de réussir; mais le véritable but de cette connaissance va-

---

[1] *Prov.* c. 25, v. 3. [2] *Annales*, liv. XIV, c. 57. [3] Cic. *de la br du consulat*, § 3.

riée sur les choses et les personnes, que nous recommandons d'acquérir, est de nous mettre en état de faire un choix plus judicieux dans les choses que nous entreprenons et dans les personnes que nous employons, afin de faire de plus sages dispositions et de tout exécuter avec plus de dextérité et de sûreté.

Après la connaissance des autres suit celle de soi-même ; car il ne faut pas prendre moins de peine ni mettre moins de soins, que dis-je ! il en faut mettre beaucoup plus, pour prendre de justes, d'exactes informations par rapport à soi-même que par rapport aux autres; car l'oracle qui nous dit : « Connais-toi toi-même » n'est pas seulement une règle générale de prudence, mais un précepte qui tient le premier rang en politique. Saint Jacques nous donne à cet égard un utile avertissement : « Que celui qui se regarde dans un miroir oublie aussitôt l'air de son visage[1]. » En sorte que c'est une nécessité de s'y regarder souvent, règle qui a également lieu en politique. En un mot, s'il est quelque différence à cet égard, c'est dans les miroirs seulement ; car le divin miroir où nous devons nous regarder, c'est la parole de Dieu ; mais le miroir du politique n'est autre que l'état actuel des choses et le temps où il vit.

Ainsi il faut, pour ainsi dire, se tâter soi-même, et faire, par rapport à soi, un examen bien détaillé, mais non pas un examen tel que pourrait le faire un homme trop amoureux de lui-même ; il faut, dis-je, se bien étudier par rapport aux talents, aux vertus et aux petites facilités qu'on peut avoir, comme aussi par rapport à ses défauts, aux talents qu'on n'a pas et aux obstacles qu'on trouve en soi, en faisant son compte de manière à s'exagérer toujours les derniers et à rabattre beaucoup des premiers. Or, d'après un tel examen, il faut embrasser les considérations suivantes :

Chacun doit en premier lieu considérer quel rapport se trouve entre ses mœurs, son naturel et le siècle où il vit. Que si l'un et l'autre sympathisent, on peut en toutes choses agir avec plus de liberté et suivre son penchant ; mais s'il s'y trouve de l'opposition, il faut alors, dans le cours de sa vie entière, marcher avec plus de précaution, plus couvertement et paraître plus rarement en public. Ce fut le parti que prit Ti-bère ; sentant bien que son caractère et ses goûts ne cadraient point du tout avec ceux de son siècle, il n'assista jamais aux jeux publics. Il y a plus : durant les douze dernières années de sa vie, il ne parut pas une seule fois dans le sénat, au lieu qu'Auguste parut continuellement en public ; et c'est ce qu'observe Tacite, puis il ajoute : « Mais Tibère, qui avait un tout autre caractère, tint une toute autre conduite[1]. » Périclès suivit le même plan que le dernier de ces deux Romains.

Il faut voir en second lieu quelle disposition l'on peut avoir pour les différentes professions, les divers genres de vie qu'on embrasse le plus ordinairement et qui sont les plus estimés, et en choisir un pour l'exercer, afin que, si on n'a pas encore fait ce choix, on puisse préférer le genre de vie le plus analogue et le plus convenable à son naturel ; et que si, ce choix étant déjà fait, on croit avoir embrassé une profession à laquelle la nature n'avait point destiné, on profite de la première occasion pour s'en tirer et se jeter dans une autre ; à l'exemple de Borgia, duc de Valentinois, qui quitta l'état ecclésiastique, pour lequel son père l'avait élevé, et, ne suivant plus que son penchant, prit le parti des armes, quoiqu'à vrai dire il se soit montré également indigne du commandement et du sacerdoce, ayant déshonoré l'un et l'autre par les mauvais exemples qu'il donna dans tous deux.

En troisième lieu, il faut, pour se bien apprécier, se comparer à ses émules, à ceux qui aspirent à la même fortune, et que, selon tout apparence, l'on aura pour compétiteurs, afin de choisir un métier où il y ait peu d'hommes qui se distinguent, et où il est vraisemblable qu'on pourra exceller soi-même. Telle fut la conduite que tint César, qui d'abord exerça la profession d'orateur, plaida des causes, et, pour tout dire, prit le parti de la robe ; mais voyant qu'il y aurait pour émules trois personnages déjà en haute réputation par leur éloquence, savoir : Cicéron, Hortensius et Catulus, et que, parmi les hommes d'épée, Pompée était le seul qui se distinguât, il abandonna son premier choix, et renonçant à la considération qu'on peut acquérir dans le barreau, se tourna du côté des armes et s'adonna aux exercices qui peuvent

---

(2) Ep. de saint Jacques, c. 1, v. 23-24.

(1) Annales, liv. I, c. 54.

former un homme de guerre; et ce fut pour avoir pris ce parti qu'à la fin il se trouva placé au premier rang.

En quatrième lieu, on doit aussi avoir égard à son propre naturel et à son propre génie dans le choix de ses amis et de ses liaisons ; car toutes sortes d'amis ne conviennent pas à toutes sortes de personnes : à telle personne il en faut qui aient un air imposant et qui parlent peu ; à telle autre des gens plus hardis à parler et à se vanter, et à d'autres d'autres encore. Et c'est une chose bien digne de remarque que l'espèce des amis que César s'était choisis. C'étaient Antoine, Hirtius Pansa, Oppius, Balbus, Dolabella, Pollion et autres semblables. Tous avaient coutume de faire cette espèce de serment : « Ainsi puissé-je mourir, afin que César vive ! » faisant gloire d'un dévouement sans réserve pour sa personne, et ne témoignant aux autres que du mépris et du dédain. Ils ne jouissaient pas d'une bien haute réputation, mais c'étaient tous des hommes agissants et expéditifs.

En cinquième lieu, défiez-vous des exemples, et gardez-vous de vous attacher trop puérilement à imiter les autres et de croire que ce qui leur est facile le sera également pour vous, sans considérer quelle prodigieuse différence il peut y avoir, pour l'esprit et le caractère, entre vous et ceux que vous vous proposez pour modèles. C'est la faute que fit Pompée, lequel, comme nous l'apprennent les écrits de Cicéron, avait coutume de dire : « Ce qu'a bien pu Sylla, pourquoi ne le pourrais-je pas aussi, moi[1] ? » en quoi il se trompait grossièrement, vu la prodigieuse distance qui se trouvait entre lui et Sylla, soit pour le naturel, soit pour le plan de conduite, le dernier étant féroce, violent et allant toujours à son but, l'autre étant grave, respectant les lois, préférant les moyens imposants qui pouvaient augmenter sa réputation et lui donner un certain air de majesté, et ayant, par cela même, moins d'activité et de vigueur dans l'exécution de ses desseins. Il est d'autres préceptes de cette espèce ; mais ceux que nous venons de donner suffiront pour servir d'exemples par rapport aux autres.

Or, se connaître soi-même, c'est déjà beaucoup pour l'homme ; mais ce n'est pas assez, il faut encore savoir se produire, se faire valoir ; en un mot, savoir se mouler, se dessiner, et cela avec toute la prudence et la dextérité possibles. Pour ce qui est de l'art de se faire valoir, il n'est rien de plus ordinaire que de voir des gens qui ont beaucoup de désavantage, quant à la réalité même de la vertu, ne pas laisser de l'emporter par la seule apparence de cette vertu. Et ce n'est pas la prérogative d'une prudence médiocre que de savoir se présenter avec une certaine grâce et un certain art, et de donner ainsi aux autres une haute idée de soi, en faisant avec adresse ressortir ses vertus, ses services et sa fortune, en évitant avec soin tout air d'arrogance et de dédain, et au contraire de savoir masquer ses défauts, ses disgrâces, ses taches, en s'arrêtant sur les premiers, et les tournant, pour ainsi dire, du côté du jour, en évitant avec soin de parler des derniers, et les effaçant par de favorables interprétations et autres semblables expédients. Aussi Tacite parlant de Mutianus, le personnage de son siècle le plus prudent et le plus actif dans les affaires, s'exprime ainsi à son sujet : « Il avait un certain art pour faire valoir tout ce qu'il avait dit ou fait[1]. » Il faut certainement un peu d'art pour exercer un pareil talent sans fatiguer les autres et s'attirer leur mépris ; mais il ne laisse pas d'être utile, et toute ostentation, quelle qu'elle puisse être, allât-elle même jusqu'au premier degré de vanité, serait plutôt un vice en morale qu'en politique ; car, comme on dit ordinairement : « Va ! calomnie hardiment, il en reste toujours quelque chose ; » on peut dire aussi par rapport à la jactance : « Crois-moi, vante-toi hardiment, il en reste toujours quelque chose, » à moins qu'elle ne soit tout-à-fait grossière et ridicule. Il n'est pas douteux qu'il en restera quelque chose auprès du peuple, quoique les sages ne fassent que s'en moquer. Ainsi, l'estime de la multitude sera une ample compensation du mépris du petit nombre. Or, ce talent de se faire valoir, si on l'exerce avec décence et avec jugement ; par exemple, si les louanges qu'on se donne ont un certain air de candeur et d'ingénuité, ou si on ne risque ces vanteries qu'au moment où l'on est environné de dangers (comme en parlant à des gens de guerre avant une action, ou lorsqu'on est en butte à

---

[1] *Lett. à Atticus*, liv. IX, ép 10.

[1] *Hist.* liv. II. c. 80.

l'envie), ou encore si les paroles qui sont à notre avantage semblent nous être échappées, et comme en pensant à toute autre chose, et qu'on n'ait pas l'air de se louer sérieusement, qu'on n'insiste pas trop sur ce sujet, ou qu'aux éloges qu'on se donne on mêle quelques critiques ou quelques plaisanteries, qu'on n'ait pas l'air de se louer ainsi de son propre mouvement, mais y étant comme forcé par les invectives et l'insolence des autres, ce genre de talent ne contribuera pas peu à votre réputation. Et l'on ne voit que trop de gens ayant naturellement des qualités solides, et à ce titre exempts de vanité, qui, par cela même, manquant de l'art de se faire valoir, sont punis de leur modestie même par la perte d'une partie de leur considération.

Mais quand tel esprit faible ou tel moraliste trop rigide improuverait cet art de se faire valoir, toujours serait-il forcé de convenir que nous devons faire tous nos efforts pour que la vertu ne soit pas, par notre incurie, frustrée de la récompense qui lui est due et de l'estime qu'elle mérite. Or, ce rabais auquel la vertu est exposée de la part de ceux qui l'apprécient, a lieu dans trois cas : en premier lieu lorsqu'on est trop prompt à offrir sa personne et ses services, et qu'on accourt, pour ainsi dire, avant d'être appelé; car des services ainsi offerts, c'est, en quelque manière, les payer que de ne les point refuser. En second lieu, lorsqu'au commencement d'une entreprise on abuse trop de ses forces, en faisant tout d'un coup ce qu'il n'eût fallu faire que peu à peu; ce qui, à la vérité, concilie d'abord un peu de faveur aux entreprises bien conduites, mais finit par amener le dégoût. En troisième lieu, quand on paraît trop sensible aux louanges, aux applaudissements, à la gloire et à la faveur, qui sont le fruit des vertus dont on a fait preuve, qu'on se hâte trop de s'en réjouir et qu'on semble s'y complaire. C'est à ce sujet qu'on nous donne cet utile avertissement : « Prends garde de paraître trop peu familier avec les grandes choses, en témoignant que les petites te font autant de plaisir que les grandes. »

Mais le soin de cacher ses défauts n'est pas de moindre importance que celui de faire ressortir ses propres vertus avec un certain degré d'art et de prudence. Or, il est, pour voiler nos défauts, trois principales espèces de moyens, et pour ainsi dire de cachettes, savoir : les précautions, les prétextes et la confiance. Nous qualifions de précaution la prudence qui fait qu'on n'entreprend rien qui soit au-dessus de ses forces, au lieu d'imiter ces esprits inquiets et quelque peu insolents, qui s'ingèrent trop aisément dans toutes sortes d'affaires; car, au fond, qu'y gagnent-ils? rien autre chose que de publier et de proclamer, en quelque manière, leurs propres défauts. Nous usons de prétexte, lorsqu'avec une prudence et une sagacité qui nous fraient doucement le chemin nous savons disposer les personnes qui nous jugent à se contenter des favorables et bénignes interprétations que nous donnons à nos défauts, et cherchons à leur faire entendre qu'ils viennent d'une toute autre source et ont un tout autre but qu'on ne le pense communément. En effet, ce n'est pas sans raison que, parlant de la manière dont le vice se cache, le poète a dit :

Sæpe latet vitium proximitate boni [1].

Si donc nous apercevons en nous quelque défaut, nous devons tâcher d'emprunter le rôle et l'habit de la vertu voisine, pour le cacher sous son ombre; par exemple, l'homme tardif et pesant doit se donner pour un homme grave, le lâche pour un homme doux, et ainsi des autres. Un autre expédient qui n'est pas moins utile, c'est d'alléguer quelque prétexte plausible et de répandre dans le monde quelque raison vraisemblable qui paraisse nous empêcher d'employer toutes nos forces, de manière que ce que dans le fond nous ne pouvons, nous ayons l'air seulement de ne le pas vouloir.

Quant à ce qui regarde la confiance, c'est certainement un remède impudent, mais qui est très certain et très efficace; elle consiste à montrer du mépris pour les choses auxquelles on ne peut atteindre, à la manière de ces marchands adroits qui, comme l'on sait, sont dans l'habitude de vanter leur marchandise et de dépriser celle des autres.

Il est pourtant un autre genre de confiance encore plus impudent; c'est de se présenter de front devant l'opinion publique, de lui faire

---

(1) Souvent le vice se cache à la faveur de sa ressemblance avec la vertu voisine. Ovid. *Art d'Aimer*, liv. I, v. 661.

une sorte de violence et de se vanter hautement de ses défauts, en se piquant d'exceller en cela même qui paraît la partie faible. Pour en imposer plus aisément aux autres à cet égard, rien de mieux que de paraître se défier de soi-même par rapport au genre où l'on excelle véritablement ; genre d'adresse dont nous voyons que les poètes ne manquent guère d'user ; car, lorsqu'un poète vous récite ses vers, si vous vous avisez d'en relever un qui ne soit pas des meilleurs, il ne manquera pas de vous dire : « Ce vers-là pourtant m'a coûté plus qu'une infinité d'autres ; » et aussitôt il citera un autre vers qu'il sait bien être beaucoup meilleur et pouvoir braver la critique, mais dont il paraîtra douter, et il vous demandera ce que vous en pensez. Avant tout, pour arriver au but dont il s'agit ici, je veux dire pour donner de soi aux autres une haute idée, et garantir, en toutes circonstances, ses droits et sa considération, rien, selon moi, n'importe plus que de ne point se désarmer et de ne pas se mettre en butte aux affronts et aux impertinences, par un excès de douceur et de bonté. Je dirai plus ; il est bon, en toutes circonstances, de lancer, pour ainsi dire, quelques étincelles, de témoigner qu'on a une âme libre et généreuse et où l'acide est mêlé avec le miel. Cette conduite, pleine de nerf et de vigueur, unie à une certaine promptitude à se venger des affronts, il est telles personnes pour qui elle est une loi ; loi qui leur est imposée par des disgrâces accidentelles et par une sorte de nécessité inévitable, à cause d'une certaine tache inhérente à leur personne ou à leur situation. Tel est le cas des personnes laides, des bâtards et de tous ceux auxquels est attachée quelque note d'infamie. Aussi voit-on communément que ces sortes de personnes, lorsqu'elles ne manquent pas de courage, sont presque toujours heureuses.

Quant à l'art de se déclarer, c'est toute autre chose que l'art de se faire valoir ; car le premier n'a pas simplement pour objet les bonnes qualités qu'on doit mettre en vue et les défauts qu'il faut voiler, mais de plus les actions particulières de la vie. Et l'on peut dire à ce sujet qu'il n'est rien de plus politique que de savoir tenir un milieu aussi juste que prudent, en ne découvrant et ne cachant qu'à propos ses sentiments par rapport aux actes particuliers.

Une profonde discrétion, le soin de cacher ses desseins, et une manière de traiter les affaires qui marche couvertement, et, pour emprunter plutôt une expression des langues modernes, qui fait tout à la sourdine, cette méthode est certainement utile et a des effets étonnants ; mais il arrive assez souvent que la dissimulation fait faire de lourdes fautes, où cet homme si caché se trouve embarrassé ; car nous voyons que les plus grands politiques n'ont pas fait difficulté de déclarer hautement leurs desseins, de montrer le but auquel ils visaient, et cela librement et sans détour. C'est ainsi que Sylla déclarait hautement qu'il souhaitait que tous les mortels fussent heureux ou malheureux, selon qu'ils lui seraient amis ou ennemis. Ce fut dans le même esprit que César, à son premier départ pour les Gaules, ne craignit pas de dire qu'il aimait mieux être le premier dans un village obscur que le second à Rome. Ce même César, la guerre étant déjà allumée, ne fut rien moins que dissimulé si nous en croyons ce que Cicéron dit : « que non-seulement il ne trouvait pas mauvais, mais même qu'il souhaitait, en quelque manière, qu'on le qualifiât de tyran[1], » comme il l'était en effet. Nous voyons aussi, dans une lettre de Cicéron à Atticus, combien peu César-Auguste prit la peine de dissimuler. A son entrée même dans les affaires et dans le temps où il faisait encore les délices du Sénat, il avait coutume d'employer, dans ses harangues au peuple, cette espèce de serment et de formule : « Puissé-je, en me conduisant ainsi, m'élever aux honneurs dont a joui mon père[2] ! » Qu'était-ce que cela, sinon la tyrannie même ? Il est vrai que, pour adoucir un peu l'odieux attaché à un tel langage, il étendait les bras vers la statue de Jules-César, qui était placée dans la tribune aux harangues. Toutes ces hardiesses-là, les Romains ne faisaient qu'en rire : « Qu'est-ce que ceci ? quel jeune homme ! » se disaient-ils les uns aux autres. Or, tous ces personnages que nous venons de nommer ont, dans toutes leurs entreprises, complétement réussi. Au contraire, Pompée, qui tendait au même but, mais par des voies plus couvertes et plus obscures, Pompée, que Tacite a peint par ce peu de mots : « Il était plus caché, sans être meil-

(1) *A Attic.* liv. X, ép. 4. (2) *Id.* liv. XVI, ép. 15.

leur[1], » et à qui Salluste fait le même reproche, en disant de lui : « Visage d'honnête homme et cœur de fripon[2] ; » ce Pompée, dis-je, à quoi tendait-il par toutes les machines qu'il faisait jouer? à cela même que nous disons, à cacher ses desseins tyranniques et son ambition, à précipiter la république dans un tel état d'anarchie et de confusion qu'on fût trop heureux de se jeter dans ses bras et de lui déférer la souveraine puissance qu'il aurait eu l'air de n'accepter que malgré lui. Or, comme il s'imaginait avoir déjà gagné ce point, ayant été créé seul consul (honneur qui n'avait jamais été conféré à qui que ce fût), il n'en avançait pas davantage vers son but, attendu que ceux mêmes qui étaient certainement très disposés à le seconder ne savaient pas au juste à quoi il visait ; en sorte qu'à la fin il fut obligé de recourir à un moyen trivial et usé, celui de feindre qu'il ne levait les troupes et ne prenait les armes que pour faire tête à César, tant il y a de lenteur, de hasard, et le plus souvent de mauvais succès attachés aux desseins ensevelis dans une dissimulation trop profonde. C'est ce que Tacite paraît aussi avoir voulu faire entendre lorsqu'il qualifie les petites ruses d'un caractère dissimulé de prudence du dernier ordre, et donne le premier rang aux moyens vraiment politiques, attribuant les premiers à Tibère et les derniers à Auguste ; car, en parlant de Livie il s'exprime ainsi : « Son génie cadrait tout à la fois avec l'adresse de son époux et le caractère dissimulé de son fils[3]. »

Quant au pli et au tour qu'il faut donner à son esprit, on doit prendre peine à le rendre souple et obéissant aux occasions et aux circonstances, en ôter toute dureté, toute raideur ; car il n'est point de plus grand obstacle dans les affaires et dans le projet d'établir sa fortune que le défaut exprimé par ces mots : « Il demeurait toujours le même, et cependant les mêmes qualités n'étaient plus de mise[4]. » Je veux parler du défaut de ces gens qui demeurent toujours les mêmes et qui continuent de céder à leur penchant quoique les temps soient changés. Aussi Tite-Live nous présente-t-il le premier Caton comme un très habile artisan de sa propre fortune, ajoutant qu'il avait un esprit versatile[1]. Voilà pourquoi certains personnages d'un caractère grave et soutenu, qui ne savent point se retourner, parviennent plutôt à une certaine considération qu'à de vrais succès ; or, ce défaut, il est des hommes en qui il vient de leur propre fonds, où la nature l'a planté, et qui sont pour ainsi dire naturellement visqueux, noueux. Dans d'autres c'est l'effet de l'habitude qui est une seconde nature, ou de l'opinion qui se glisse aisément dans certains esprits, qu'ils ne doivent point du tout se départir de la conduite qui leur a d'abord procuré d'heureux succès. Car Macchiavelli observe judicieusement, au sujet de Fabius-Maximus, qu'il s'attacha avec trop d'opiniâtreté à son ancienne et unique méthode de temporiser et de tirer la guerre en longueur, quoique la nature de la guerre actuelle fût toute autre et exigeât plus de promptitude et de vigueur[2]. Dans d'autres cette raideur est l'effet d'un défaut de jugement ; les hommes de cette trempe ne savent point saisir l'à-propos, la saison de chaque action, de chaque chose ; ils ne se retournent jamais qu'après coup et lorsque l'occasion est échappée. C'est cette espèce de défaut que Démosthènes relève dans les Athéniens, lorsqu'il leur dit qu'ils ressemblent à ces villageois qui, en s'essayant au métier de gladiateur, ne manquent pas, après le coup reçu, de porter aussitôt leur bouclier vers la partie frappée. Dans d'autres enfin cette raideur vient de ce qu'ils sont fâchés de perdre la peine qu'ils ont prise dans la route où ils sont une fois entrés, et de ce qu'ils ne savent pas battre la retraite, se flattant plutôt de pouvoir, par la seule constance, maîtriser les circonstances même. Quoi qu'il en soit, cette raideur et cette viscosité sont fort préjudiciables aux affaires et à la fortune de ceux qui sont entachés de ce défaut. Il n'est rien de plus politique que de rendre pour ainsi dire les roues de son âme concentriques à celles de la fortune et prompte à la suivre dans toutes ses révolutions. Voilà donc ce que nous avions à dire sur les deux préceptes sommaires relatifs à l'art de bâtir sa fortune. Quant aux préceptes de détails, ils ne sont pas en petit nombre ; mais nous nous contenterons d'en choisir quelques-uns qui devront suffire à titre d'exemples.

---

(1) *Hist.* liv. II, c. 58. (2) *Frag. de Sallusle.* (3) *Annales*, V. c. 1. (4) Cic. *dans Brutus*, c. 95, en parlant d'Hortensius.

(1) Liv. XXXIX, c. 40. (2) *Philippiques*, I.

Le premier précepte que doit suivre l'artisan de sa fortune, c'est d'avoir toujours l'équerre à la main et de l'appliquer partout avec adresse; je veux dire qu'il ne doit apprécier toutes choses et les estimer qu'en raison du plus ou moins d'influence qu'elles peuvent avoir sur sa fortune. Et ce n'est pas ici un soin qu'il faille prendre quelquefois en passant, mais c'est une attention qu'il faut avoir à chaque instant; car une chose non moins vraie qu'étonnante, c'est qu'on rencontre des gens de telle nature que la partie logique de leur âme (s'il est permis de s'exprimer ainsi) est excellente, tandis que la partie mathématique ne vaut rien du tout. Je veux dire qu'ils voient fort bien les conséquences des choses, mais n'entendent rien du tout à juger de leur prix; d'où il arrive qu'attachant par exemple un grand prix à l'entretien secret et familier avec les princes ou à l'estime de la multitude, lorsqu'ils ont pu obtenir ces deux prétendus avantages, ils en sont tout éblouis comme s'ils avaient atteint à quelque chose de fort grand, quoique dans le fait de tels avantages n'aient souvent d'autre effet que de nous mettre en butte à l'envie et de nous exposer à mille dangers. D'autres n'estiment les choses qu'en raison des difficultés qu'ils y trouvent et de la peine qu'ils y prennent, s'imaginant que tout l'espace qu'ils ont parcouru est autant de chemin fait vers le but. C'est ce qu'observe César au sujet de Caton d'Utique, lorsqu'il nous dit combien il était laborieux, assidu, infatigable, et le tout sans que les affaires en allassent mieux : « Dans tout, dit-il, il se donnait de grands mouvements et se passionnait pour tout ce qu'il faisait. » C'est d'après ce préjugé que certaines gens, sitôt qu'ils jouissent de la protection de quelque grand ou autre personnage éminent, s'imaginent avoir tout gagné et se flattent qu'il n'est plus rien qui ne doive leur réussir, quoiqu'à dire la vérité ce ne soient pas les grands instruments, quels qu'ils puissent être, mais bien les plus propres pour un ouvrage, à l'aide desquels on le conduit à sa fin avec le plus de promptitude et de succès. Or, pour former cette espèce de mathématique de l'âme, il faut d'abord savoir au juste et concevoir bien nettement ce qui, par rapport à l'établissement et à l'accroissement de notre fortune, doit être mis au premier rang, au second, et ainsi de suite. Pour moi je mets au premier rang le soin de réformer son caractère, d'en ôter les obstacles, d'en défaire pour ainsi dire les nœuds. Il est plus aisé, en défaisant ces nœuds et en levant ces obstacles, et aplanissant la route, de se frayer un chemin à la fortune, qu'il ne l'est de lever ces obstacles à l'aide des secours qu'on peut tirer de la fortune même. Au second rang je mets les richesses, et surtout l'argent, que bien des gens seraient tentés de mettre au premier rang, vu le grand service dont il est en toutes choses. Cette opinion, néanmoins, nous la rejetons, par la même raison qui a porté Macchiavelli à le faire, par rapport à un autre objet peu différent de celui-ci. Car comme un ancien proverbe dit que « l'argent est le nerf de la guerre, » il soutient au contraire que le vrai nerf de la guerre n'est autre que le nerf même des hommes courageux et guerriers. C'est précisément dans le même esprit qu'on peut dire que le vrai nerf de la fortune n'est pas l'argent, mais bien la vigueur de l'âme, le génie, la fermeté, l'audace, la constance, la modération, l'industrie, et autres qualités semblables. Au troisième lieu je place la réputation et la considération ; et cela d'autant plus que ces sortes de choses ont pour ainsi dire leurs saisons, leurs flux et reflux, en sorte que si une fois on laisse échapper l'occasion il est ensuite bien difficile de réparer entièrement cette négligence, vu qu'il est extrêmement difficile de relever une réputation qui commence à tomber. Je mets au dernier rang les honneurs, les dignités, auxquels on parviendra plus aisément par l'un ou l'autre de ces trois moyens, et mieux encore par les trois réunis, qu'en partant de certaines dignités pour aller à tout le reste. Mais comme en tout il importe principalement d'observer l'ordre des choses, il n'importe guère moins de garder l'ordre des temps. Car cet ordre-ci on n'est que trop sujet à commettre une grande faute en le troublant ; et c'est ce qui arrive lorsque, courant trop vite à la fin, on veut achever tout d'un coup ce qu'il faudrait ne faire que commencer, et qu'on s'élance du premier vol au degré le plus élevé en franchissant imprudemment ce qui se trouve à moyenne hauteur. Mais c'est avec raison qu'on nous donne cet avertissement :

Quod nunc instat agamus [1].

---

[1] Occupons-nous d'abord de ce qui presse le plus en ce moment. Virg. *Egl.* IX, v. 66.

Pour suivre le second précepte, gardons-nous de nous laisser entraîner, par une certaine grandeur et élévation d'âme, à des entreprises qui soient au-dessus de nos forces, et de ramer pour ainsi dire contre le courant; car l'on trouve un fort bon conseil par rapport à l'établissement de sa fortune, dans ces paraboles du poëte :

Fatis accede, deisque [1].

Il faut donc regarder bien attentivement autour de soi pour voir de quel côté le passage est ouvert ou fermé, et reconnaître ce qui présente des facilités ou des difficultés, de peur de nous fatiguer en pure perte dans une route inaccessible. Moyennant cette précaution nous nous garantirons des rebuts, nous ne demeurerons pas trop long-temps attachés à une même affaire, nous nous ferons une réputation d'hommes modérés, nous choquerons moins de gens, enfin on nous estimera heureux en voyant que telles choses qui peut-être seraient arrivées d'elles-mêmes paraîtront un fruit de notre industrie.

Le troisième précepte semble contredire quelque peu celui dont nous venons de parler, mais bien entendu il n'y paraîtra rien moins qu'opposé; ce précepte est qu'il ne faut pas toujours attendre les occasions, mais quelquefois les provoquer et les amener. C'est ce que fait aussi entendre Démosthènes en usant d'une sorte de langage magnifique : « De même, dit-il, qu'il est reçu que c'est au général de commander l'armée, un homme intelligent commande aux choses mêmes; de manière qu'il est toujours maître de faire ce qu'il juge à propos sans être jamais réduit à ne faire que suivre le cours des événements. » En effet, si nous y faisons bien attention, parmi les hommes réputés capables de gérer des affaires et de bien exécuter, nous distinguons deux classes fort différentes: les uns, qui savent très bien profiter des occasions, mais qui ne trouvent rien d'eux-mêmes et ne savent rien inventer; d'autres, qui sont tout entiers à imaginer des expédients, mais qui, lorsque des occasions favorables se présentent, ne savent point du tout les saisir. Tout homme qui possède l'un de ces deux ta-

lents sans l'autre, ne doit point être réputé un homme complet; ce n'est qu'une sorte de manchot.

Le quatrième précepte est de ne rien entreprendre qui consume trop de temps, mais d'avoir sans cesse l'oreille agacée par ce vers :

Sed fugit intereà, fugit irreparabile tempus [1].

Veut-on savoir pourquoi les hommes qui se sont consacrés à certaines professions qui exigent un temps et une peine infinis, tels que les jurisconsultes, les orateurs, les théologiens, les écrivains et autres semblables, ont moins de talent pour établir et avancer leur fortune? C'est par la raison même dont il est ici question : c'est que ce temps qu'ils consacrent à leurs études, ils en auraient besoin pour s'instruire sur une infinité de petites choses, pour épier les occasions, pour imaginer et ruminer une foule de petits moyens nécessaires pour établir leur fortune. Je dirai plus : on rencontre dans les cours des princes assez de gens qui ont un talent admirable pour établir leur propre fortune et ruiner celle des autres; gens qui néanmoins ne sont revêtus d'aucune charge publique, mais qui n'ont d'autre métier que celui de pratiquer cet art de s'avancer dans le monde dont nous parlons ici.

Le cinquième précepte est d'imiter en quelque manière la nature, qui ne fait rien en vain; ce qui ne nous sera pas difficile, pour peu que nous sachions combiner savamment et enchaîner nos affaires de toute espèce et y mettre de l'ordre, de la suite et de la liaison ; car dans chaque entreprise il faut disposer son esprit, s'arranger avec soi-même et subordonner ses vues les unes aux autres, de manière que si dans la route qui mène à tel but on ne peut atteindre au premier degré de succès, on puisse du moins prendre pied au second, ou tout au moins au troisième. Que si l'objet auquel on vise on ne peut pas même y mordre; eh bien! il faut, abandonnant son premier dessein, se tourner vers un autre et tâcher de tirer quelque autre fruit de la peine déjà prise. Que s'il n'est pas même possible d'en recueillir quelque fruit pour le moment, tâchons du moins d'en tirer quelque chose qui nous soit utile pour la suite.

---

(1) Marchons, à l'ordre du destin et des dieux.
LUCAIN, VIII, v. 486.

(1) . . . Le temps vole et s'enfuit sans retour.
VIRG. *Georg.* III, v. 284.

Si enfin il n'est pas même possible d'en tirer la plus petite utilité, soit pour le présent, soit pour l'avenir, reste donc à nous retourner, à faire tant qu'à la fin il en résulte du moins quelque léger accroissement dans notre réputation ; et ainsi du reste, en nous demandant sans cesse à nous-mêmes un compte dont il résulte que de chacune de nos entreprises, de chacun de nos desseins, il naisse pour nous quelque fruit, soit plus, soit moins, nous gardant bien de nous laisser tomber dans un état de consternation et de découragement, pour avoir peut-être manqué notre but principal ; car il n'est rien de moins séant à un politique que de n'avoir qu'une seule chose en vue ; c'est s'exposer à manquer une infinité d'occasions qui, au milieu des affaires, se présentent indirectement ; occasions telles quelquefois qu'elles peuvent nous conduire plus sûrement et plus aisément à telle chose qui nous serait très avantageuse qu'au but que nous avons actuellement en vue et qui nous occupe uniquement. Aussi rendons-nous donc bien familière cette règle : « Oui, sans doute, ceci il faut le faire, mais sans oublier cela[1]. »

Le sixième précepte est de ne point s'astreindre trop rigoureusement à une seule chose, quoiqu'elle semble, au premier coup d'œil, avoir peu d'inconvénients ; mais de tâcher d'avoir, pour ainsi dire, toujours quelque fenêtre pour s'envoler, et quelque porte de derrière pour rentrer.

Le septième précepte est cette antique maxime de Bias, pourvu toutefois qu'on n'y voie point une raison qui encourage à la perfidie, mais seulement une raison pour être circonspect, et pour modérer ses affections. « Aime ton ami, dit-il, comme pouvant devenir ton ennemi ; et hais ton ennemi, comme pouvant devenir ton ami ; » car c'est trahir ses intérêts et ruiner ses affaires que de se livrer excessivement à certaines amitiés dont il ne peut résulter que du mal, de se prêter à des haines importunes ou turbulentes, et à de puériles rivalités.

Ce peu de préceptes sur l'art de se pousser dans le monde suffiront à titre d'exemples ; car ce que nous devons rappeler de temps en temps aux lecteurs, c'est qu'il s'en faut de beaucoup que les esquisses que nous donnons des sujets à suppléer puissent être regardées comme des traités complets. Ce ne sont tout au plus que des coupons, des échantillons par lesquels on peut juger de la pièce entière. Certes nous ne sommes pas assez déraisonnables pour prétendre qu'on ne puisse faire fortune sans tant d'appareil ; car nous n'ignorons pas qu'elle semble couler d'elle-même dans le sein de certaines gens. D'autres y arrivent par le seul bénéfice de leur diligence et de leur assiduité, en y mêlant quelque peu de précautions, et cela sans beaucoup d'art et de travail. Mais de même que Cicéron, en faisant le portrait du parfait orateur, ne prétend pas que tel ou tel avocat puisse ou doive s'élever si haut ; de même encore qu'en donnant l'idée d'un prince ou d'un courtisan accompli (sujet que quelques écrivains ont entrepris de traiter), on prend pour modèle le plus haut degré de perfection de l'art et non une pratique banale ; c'est ainsi que, dans le dessein de former un politique, un homme, dis-je, qui ait le talent d'établir sa fortune, nous considérons plutôt ce qui doit être que ce qui est.

Mais ce dont nous ne devons pas manquer d'avertir, c'est que les préceptes que nous avons choisis et que nous offrons sont tous du genre de ceux qu'on peut qualifier de moyens honnêtes. Quant aux moyens condamnables : s'il se trouve quelqu'un qui soit tenté de prendre pour maître Macchiavelli, lequel prétend « qu'il ne faut pas beaucoup se soucier de la vertu même, mais seulement de la partie de son visage qui est tournée vers le public, et qui n'est que pour les spectateurs, attendu que, si la réputation d'homme vertueux est utile, la vertu même n'est au fond qu'un obstacle[1], » et qui ailleurs veut que son politique, pour établir sa prudence sur un fondement bien solide, commence par se dire que, « pour tourner les hommes à sa fantaisie et les déterminer à faire tout ce qu'on veut, il n'est d'autre moyen que la crainte ; qu'il faut donc prendre peine à les jeter dans toutes sortes d'embarras et de dangers, et les tenir toujours sur le qui-vive[2] ; » en sorte que son prétendu politique semble n'être que ce que les Italiens appellent un semeur d'épines ; ou si quelqu'un est curieux d'adopter le principe cité

---

(1) Math. c. 29, v. 25, et Luc, c. 11, v. 42.

(1) *Le Prince*, c. 18, premier volume de notre édition.
(2) *Id.* c. 17.

par Cicéron : « A la bonne heure! que mes amis périssent, pourvu que mes ennemis périssent avec eux[1], » à l'imitation des triumvirs, qui achetèrent la perte de leurs ennemis par celle de leurs amis ; ou encore si, prenant pour modèle Catilina, on veut jouer, dans l'Etat, le rôle d'incendiaire et de perturbateur, afin de pêcher en eau trouble, et de faire fortune plus rapidement, ce Catilina qui osait dire : « Si quelqu'un ose mettre le feu dans mes affaires, j'éteindrai ce feu, non avec de l'eau, mais en abattant tout[2]; » si enfin l'on veut convertir à son usage cette maxime de Lysander, qui avait coutume de dire « qu'on amusait les enfants avec des jouets et les hommes faits avec des serments; » et une infinité d'autres maximes perverses et pernicieuses de cette trempe, lesquelles, comme il arrive en toute chose, sont en bien plus grand nombre que les bonnes; si quelqu'un, dis-je, se complaisait dans cette sorte de politique pour ainsi dire sale, certes, je ne disconviendrai pas qu'un homme de ce caractère, par cela même que s'étant tout-à-fait dégagé des liens de la charité et de la justice, il se serait dévoué uniquement à la fortune et serait tout à cela, ne pût arriver à la fortune avec plus de promptitude et de facilité. Mais il en est de la vie comme d'un voyage où le chemin le plus court est aussi le plus fangeux et le plus sale. Si l'on ne veut que suivre le meilleur chemin, on n'a pas besoin de tant de détours. Or, tant s'en faut que les hommes doivent s'adonner à ces odieux artifices qu'ils doivent plutôt (pour peu qu'ils soient maîtres d'eux-mêmes et sachent se posséder, au lieu de se laisser entraîner par le tourbillon et pousser par le vent impétueux de l'ambition) avoir toujours présente à l'esprit cette maxime, qui est comme la chorographie générale du monde, que « Tout n'est que vanité et tourment d'esprit[3]; » ainsi que cette autre plus spéciale, que « l'être même séparé du bien-être n'est qu'une vraie malédiction; » malédiction d'autant plus grande que cet être a plus de grandeur et d'élévation; que le plus magnifique prix de la vertu est la vertu même, comme le vice est pour lui-même le dernier supplice ; pensée qu'un poète a si bien exprimée par ces mots :

Quæ vobis, quæ digna, viri, pro laudibus istis,
Præmia posse rear solvi? Pulcherrima primum
Di moresque dabunt vestri[1];

au contraire, un autre, en parlant des scélérats, a dit avec non moins de vérité : « Il trouvera dans son caractère même le châtiment qu'il mérite. » Je dirai plus : en même temps que les mortels tournent leur esprit en tous sens et promènent leurs pensées çà et là, cherchant les moyens d'établir leur fortune, ils doivent, dans ces allées et venues de leur esprit, élever leurs regards vers les jugements divins et l'éternelle Providence, qui se plaît à renverser l'édifice élevé par les méchants, à déconcerter leurs desseins, quelque profonds qu'ils puissent être, et à les réduire à néant, conformément à cette parole de l'Ecriture : « Il a conçu l'iniquité, et n'a enfanté que la vanité[2]. » Je dis plus : en supposant même qu'on s'abstînt de toute injustice et de tout mauvais moyen, ce soin perpétuel qu'on se donne, ce travail sans relâche, et, pour ainsi dire, sans dimanche, auquel on se condamne pour arriver à cette fortune après laquelle on soupire, empêchent de payer à Dieu la partie de son temps qui lui est due à titre de tribut ; car il paraît que, n'exigeant que la dîme de nos biens, il exige la septième partie de notre temps. En effet, à quoi bon porter un visage élevé vers le ciel, si l'on tient son esprit courbé vers la terre, et mangeant, pour ainsi dire, la poussière, comme le serpent ? C'est ce qui n'est pas non plus échappé aux païens.

Atque affigit humo divinæ particulam auræ[3].

Que si quelqu'un, se flattant et se faisant illusion à lui-même, se promettait de bien user de sa fortune, quoique établie par de mauvais moyens, comme on a dit d'Auguste et de Septime-Sévère, qu'ils auraient dû ou ne jamais naître ou ne jamais mourir, tant ils firent de mal pour établir leur fortune et de bien après l'avoir établie, qu'il se dise néanmoins que

---

(1) *Pour le roi Déjot.* c. 9. (2) *Pour Murena*, c. 25 ; et SALLUSTE, *Catil.* c. 31. (3) *Eccles.* c. 1, v. 2 et 14.

(1) Héroïques enfants ! ah! qui pourra jamais
 Acquitter votre dette et payer vos bienfaits?
 Oui, le ciel vous en doit la juste récompense,
 Et dans votre grand cœur vous la trouvez d'avance.
  VIRG. *Én.* liv. IX, v. 252, 3, 4, trad. de Delille.
(2) *Psaumes*, 7, v. 15, mais dans un autre sens.
(3) Et il tient attaché à la terre une portion de la substance divine. HOR. sat. II, v. 79.

cette manière de compenser le mal par le bien, quoiqu'elle obtienne des éloges après coup, on ne laisse pas, et avec de très justes raisons, d'en condamner le projet. Il ne sera donc pas inutile, dans cette course si rapide et si précipitée vers la fortune, de jeter sur ce grand feu un peu d'eau puisée dans ce mot assez ingénieux de l'empereur Charles-Quint, et qui se trouve parmi les instructions qu'il adresse à son fils : « que la fortune est d'une humeur semblable à celle des femmes qui dédaignent ceux de leurs prétendants qui s'empressent trop autour d'elle ; » mais ce dernier remède n'est destiné qu'à ceux dont le goût est dépravé par quelque maladie de l'âme. Que les hommes s'appuient plutôt sur une pierre qui est comme la pierre angulaire de la théologie et de la philosophie, deux sciences dont les principes sont presque entièrement d'accord par rapport à ce qu'on doit chercher en premier lieu ; car la théologie nous dit : « Cherchez d'abord le royaume de Dieu et tout le reste vous sera donné[1]. » Puis vient la philosophie qui nous dit : « Cherchez d'abord les biens de l'âme ; quant aux autres biens, ou ils viendront aussi, ou ils ne vous nuiront pas. » Or, ce fondement posé par la main humaine porte de temps à autre sur le sable, comme on le voit par l'exemple de Marcus-Brutus, qui, un instant avant sa mort, laissa échapper ce mot : « Je t'ai adorée, ô vertu ! comme quelque chose de réel ; mais tu n'es qu'un vain nom[2]. » Mais ce même fondement, posé par la main divine, est toujours appuyé sur la pierre. Nous terminerons ici la doctrine de l'art de s'avancer dans le monde et en même temps la doctrine générale des affaires.

CHAPITRE III.

Les divisions de la doctrine sur l'art de commander ou sur la république sont ici omises. On se contente de frayer la route à deux choses à suppléer, savoir : l'art de reculer les limites d'un empire, et la doctrine qui a pour objet la justice universelle ou les sources du droit.

Je passerai donc maintenant à l'art de commander ou à la doctrine sur l'administration de la république, doctrine dans laquelle est comprise l'économique, comme la famille l'est dans la cité. Or, sur cette partie, comme je l'ai déjà dit, je me suis imposé la loi de garder le silence. Ce n'est pas néanmoins que je me défie assez de moi-même pour me croire tout-à-fait hors d'état d'en discourir avec quelque peu d'intelligence et d'utilité, moi qui, après avoir passé successivement par tant d'emplois et de charges honorables, comme par autant de degrés, ai été élevé à la plus haute magistrature de ce royaume, honneur que j'ai dû plutôt à la faveur et à l'indulgence de Votre Majesté qu'à mon propre mérite ; moi qui ai exercé cette magistrature durant quatre années entières, et qui, à tant de titres, puis me regarder comme instruit par une longue expérience ; moi enfin qui ai été honoré, pendant dix-huit ans sans interruption, des entretiens et des commandements de Votre Majesté (avantage qui, d'une souche même, aurait pu faire un politique), et qui, entre autres genres de connaissances, ai fait une longue étude de l'histoire et des lois. Et toutes ces choses, si je les rappelle, ce n'est point du tout par jactance et pour donner une haute idée de moi à la postérité, mais bien plutôt parce que je pense qu'il importe quelque peu à la dignité des lettres qu'un homme, quel qu'il puisse être, né plutôt pour les lettres que pour tout autre genre d'occupations, et jeté dans les affaires par je ne sais quel destin, et contre son goût, n'ait pas laissé d'être élevé à des emplois civils si honorables et si difficiles, sous un roi infiniment sage. Mais si par la suite mon loisir enfante quelque chose sur la politique, ce sera tout au plus un avorton ou un enfant posthume. En attendant, toutes les sciences étant déjà pour ainsi dire placées sur leur siège, ne voulant pas que ce siège si élevé demeure vide, je me suis décidé à parler seulement de deux portions de la science civile qui ne touchent point aux secrets d'état, mais qui sont d'une nature plus commune, de les noter comme étant à suppléer, et d'en donner des exemples, suivant ma coutume.

Or, toutes les espèces de moyens dont se compose l'art de gouverner embrassent trois offices politiques, savoir : 1º celui de conserver un État ; 2º celui de le rendre heureux et florissant ; 3º celui de l'agrandir et d'en reculer les limites. Quant aux deux premiers offices, quelques écrivains en ont traité d'une manière distinguée, du moins pour la plus grande partie. Quant au troisième, ils n'en ont rien dit ; ainsi

---

(1) MATH. c. 6, v. 33. — (2) Vers d'un poëte grec inconnu.

nous le rangerons parmi les choses à suppléer, lui donnant le nom de consul sous le harnais, ou d'art de reculer les limites d'un empire.

Exemple d'un traité sommaire sur l'art de reculer les limites d'un empire.

Certainement ce mot fameux de Thémistocle, si on se l'applique à soi-même, comme il le fit, a je ne sais quoi d'incivil et de trop enflé; mais si, n'ayant que les autres en vue, on ne parlait ainsi qu'en général, alors sans doute ce mot nous paraîtrait renfermer une observation très judicieuse et une censure très grave. Invité dans un festin à jouer de la lyre, il répondit qu'il ne savait point toucher de cet instrument, mais qu'il saurait fort bien d'une petite bourgade faire une grande cité[1]. Nul doute que ces paroles, traduites dans le sens politique, ne marquent et ne distinguent très bien, dans ceux qui tiennent en main le gouvernail, deux espèces de talents fort différents. En effet, si nous considérons attentivement les conseillers des rois, les sénateurs et les autres personnages admis au maniement des affaires publiques, qui ont pu exister jusqu'ici, on en trouve quelques-uns (quoique très rarement) qui seraient très capables de faire d'un petit royaume, d'une petite cité, un grand empire, et qui ne laissent pas d'être de fort mauvais joueurs de flûte. Au contraire, il en est une infinité d'autres qui sont d'admirables artistes pour jouer de la lyre ou de la guitare (c'est-à-dire bien au fait du petit manége de cour), mais qui, loin d'être capables d'agrandir un Etat, semblent plutôt composés et organisés tout exprès pour ébranler et renverser l'Etat le plus heureux et le plus florissant; car, au fond, quel nom peut-on donner à tous ces talents du bas étage et à ces prestiges, dont les conseillers et autres hommes puissants se prévalent pour s'insinuer dans la faveur des princes ou pour se donner la vogue parmi la multitude, sinon celui d'un certain talent de joueur de flûte, attendu que ce sont là plutôt de ces choses qui plaisent pour le moment et qui font honneur aux artistes mêmes, que des moyens vraiment utiles et propres à augmenter l'étendue et la puissance des Etats dont ils sont les ministres. Nul doute qu'on ne rencontre encore d'autres hommes d'état, d'autres conseillers estimables, d'ailleurs bien au niveau des affaires, très capables de les gérer avec dextérité et de garantir un Etat de tout inconvénient notable, de toute catastrophe manifeste, mais qui sont bien loin de posséder cet art d'élever et d'agrandir les Etats.

Mais enfin, quels que puissent être les ouvriers, jetons les yeux sur l'œuvre même et tâchons de voir en quoi consiste la véritable grandeur des royaumes et des républiques, et par quels moyens on peut arriver à ce but; sujet si important que les princes en devraient être perpétuellement occupés et le méditer avec l'attention la plus soutenue, afin que, d'un côté, ne se faisant pas une trop haute idée de leurs forces, ils ne s'embarquent point dans des entreprises inutiles ou trop difficiles, et que, de l'autre, ils ne méprisent pas non plus leurs forces au point de se rabattre à des résolutions timides et pusillanimes.

1. La grandeur des empires, quant à leur masse et à l'étendue de leur territoire, est soumise à la mesure, et quant à leurs revenus, elle l'est au calcul. On peut, par le moyen du cens, s'assurer du nombre des citoyens, des têtes. Quant au nombre et à la grandeur des villes et des bourgs, on peut aussi en faire le tableau. Mais dans tous ces calculs politiques, qui ont pour objet les forces et la puissance d'un empire, rien n'est plus difficile que de déterminer avec justesse la valeur réelle et intrinsèque des choses, rien de plus sujet à l'erreur. Ce n'est pas à un gland ou à une sorte de noix d'un grand volume que le royaume des cieux est assimilé, mais au grain de moutarde, qui de tous les grains est le plus petit, et qui ne laisse pas de recéler en lui-même une certaine force, un certain esprit inné, en vertu duquel il se développe, s'élève à la plus grande hauteur et étend au loin ses rameaux. C'est ainsi qu'on trouve des royaumes, des Etats, lesquels, quant à l'étendue de leur territoire et de leur enceinte, peuvent passer pour très grands, et qui n'en sont pas plus propres à reculer leurs limites et à étendre au loin leur empire, et d'autres dont les dimensions sont assez petites et qui ne laissent pas d'être des bases sur lesquelles on peut asseoir de grandes monarchies.

2. Des villes fortifiées, des arsenaux pleins, des races généreuses de chevaux, des chariots

[1] Cic. Tusc. liv I, c. 2

armés, des éléphants, des machines de toute espèce, qu'est-ce au fond que tout cela, sinon la brebis revêtue de la peau du lion, si la nation même n'est, et par sa race et par son génie, courageuse et guerrière? Je dirai plus: le nombre même des troupes n'y fait pas beaucoup dès que le soldat est sans force et sans courage; et c'est avec raison que Virgile a dit: « Le loup ne s'inquiète guère du nombre des brebis[1]. » L'armée des Perses, campée dans les champs d'Arbelle, sous les yeux des Macédoniens, leur semblait un vaste océan d'hommes, en sorte que les généraux d'Alexandre, un peu étonnés de ce spectacle même, tâchaient de l'engager à livrer la bataille de nuit: « Non, non, répondit-il, je ne veux pas dérober la victoire[2]. » Ce fut une opinion semblable à celle de ces généraux qui rendit plus facile la défaite de Tigranes, roi d'Arménie. Ce prince, étant campé sur une certaine colline avec une armée de quatre cent mille hommes, et considérant l'armée romaine forte de quatorze mille tout au plus, qui marchait contre lui, dit à ses courtisans: « Si ce sont là des ambassadeurs, c'est beaucoup trop; mais si ce sont des soldats, c'est trop peu, » et il se complaisait dans ce bon mot. Cependant, avant le coucher du soleil, il éprouva qu'il y en avait encore assez pour faire de ses gens un carnage effroyable.

Il est une infinité d'exemples qui montrent combien entre la multitude et le courage le combat est inégal. Ainsi, qu'on tienne pour une vérité certaine et bien constatée que, par rapport à la grandeur d'un royaume ou d'un Etat, le principal point est que la nation soit de race et d'humeur belliqueuse. C'est aussi un proverbe plus rabattu que vrai que celui qui dit: « L'argent est le nerf de la guerre, » si d'ailleurs il s'agit d'une nation molle et efféminée qui n'ait point de nerf dans les bras; car c'est avec raison que Solon répondit à Crésus qui faisait devant lui un étalage de son or: « Oui; mais s'il vient un homme qui sache mieux que vous manier le fer, tout cet or lui appartiendra bientôt. » Ainsi, que tout prince et tout Etat, quel qu'il puisse être, dont les sujets naturels manquent de courage et de qualités guerrières, ne se fasse pas une trop haute idée de ses forces, et qu'au contraire les princes qui commandent à des nations courageuses et martiales sachent qu'ils ont assez de force pourvu qu'ils paient de leur personne. Quant à ce qui regarde les troupes mercenaires, remède qu'on emploie ordinairement lorsqu'on manque de troupes natives, toute l'histoire est pleine d'exemples qui montrent clairement que tout Etat qui s'appuie sur une telle ressource pourra peut-être, en étendant ses ailes, déborder un peu son nid; mais les plumes lui tomberont peu après.

3. La bénédiction de Judas et celle d'Issachar ne se trouvent jamais ensemble dans une même nation, je veux dire que jamais tribu ou nation ne sera tout à la fois et le lionceau[1] et l'âne qui succombe sous la charge[2]; car un peuple accablé d'impôts, et qui serait en même temps courageux et guerrier, c'est ce qu'on ne verra jamais. La vérité est que les contributions établies par le vœu général abattent moins les âmes et découragent moins les peuples que celles qu'impose le pouvoir arbitraire. C'est ce qu'il est aisé de voir par les taxes de la Basse-Allemagne qui portent le nom d'excises, et jusqu'à un certain point aussi par ce que les Anglais qualifient de subsides. Car il est bon d'observer que nous parlons ici de la disposition des âmes dans les sujets et non de leurs fortunes. Or, quand les taxes établies par le consentement de la nation et celles qui se lèvent à l'ordre d'un maître auraient le même inconvénient, quant à l'effet, d'épuiser les fortunes, elles ne laisseraient pas d'affecter les âmes bien différemment. Ainsi, qu'on établisse comme principe qu'un peuple accablé d'impôts est inhabile au commandement.

4. Mais une attention que doivent avoir les royaumes et les Etats qui aspirent à s'agrandir, c'est de prendre garde que les nobles, les patriciens et ce que nous appelons les gentilshommes ne se multiplient excessivement. L'effet de cette multiplication excessive est que le peuple du royaume devient vil et abject et n'est presque plus composé que d'esclaves et de manœuvres. Il en est à cet égard des Etats comme des taillis: si on laisse un trop grand nombre de baliveaux, le bois qui repoussera ne sera pas bien net et bien franc, mais la plus grande partie dégénérera en buissons et en broussailles. C'est ainsi que chez les nations où la no-

---

(1) Allusion à un vers de l'Eglogue VII, v. 52.
(2) Quinte-Curce, IV, c. 13.

(1) Genèse, v. 49. (2) Id. v. 14.

blesse est trop nombreuse, le bas-peuple sera vil et lâche, et dégénérera à tel point que sur cent têtes à peine en trouvera-t-on une capable de porter un casque, surtout s'il s'agit de l'infanterie, qui le plus ordinairement est la principale force des armées. Ainsi on aura une grande population et peu de forces réelles. Or, ce que nous avançons ici, il n'est point d'exemples qui le prouvent mieux que ceux de l'Angleterre et de la France ; car, quoique l'Angleterre le cède de beaucoup à la France pour l'étendue du territoire et le nombre des habitants, elle ne laisse pas d'avoir presque toujours l'avantage dans les guerres, par cette raison-là même que chez les Anglais les cultivateurs et les hommes du dernier ordre sont propres à la guerre, au lieu que les paysans de France ne le sont point. Et c'est en quoi Henri VII, roi d'Angleterre (comme nous l'avons expliqué plus en détail dans l'histoire de ce prince), semble avoir été inspiré par une prudence admirable et vraiment profonde, lorsqu'il imagina d'établir de petites métairies ou maisons de culture, à chacune desquelles était annexé un petit champ qui n'en devait point être détaché, et d'une étendue suffisante pour que de son produit le propriétaire pût vivre commodément, statuant aussi que ce champ serait cultivé par le propriétaire même du fonds, ou tout au moins par les usufruitiers, et non par des fermiers ou des mercenaires, des hommes à gages ; car c'est par les heureux effets d'une telle institution qu'une nation pourra mériter la qualification dont Virgile honore l'antique Italie :

Terra potens armis atque ubere gleba [1].

Il ne faut pas non plus oublier cette partie du peuple qui est presque particulière à l'Angleterre et qu'on ne trouve point ailleurs, que je sache, si ce n'est peut-être en Pologne, je veux dire les domestiques des nobles ; car les hommes de cette classe, pour l'infanterie, ne le cèdent nullement aux cultivateurs. Ainsi nul doute que cette pompe, cette magnificence hospitalière, ce nombreux domestique, et, pour ainsi dire, cette multitude de satellites qui sont en usage chez les nobles et les gens de qualité en Angleterre ne contribuent très réellement à la puissance militaire, et qu'au contraire, quand les nobles mènent une vie plus obscure, plus retirée et plus renfermée en elle-même, cela même ne diminue beaucoup les forces militaires.

5. Ainsi il ne faut épargner aucun soin pour que cet arbre de la monarchie, semblable à celui de Nabuchodonosor, ait un tronc assez ample et assez robuste pour soutenir ses branches et ses feuilles, c'est-à-dire que le nombre des naturels doit être plus que suffisant pour contenir les sujets étrangers. On peut donc regarder comme bien constitués pour étendre leur empire les Etats qui confèrent volontiers le droit de cité ; car ce serait folie de croire qu'une poignée d'hommes, quelque supériorité de génie et de courage qu'on lui suppose, puisse mettre et contenir sous le joug des contrées vastes et spacieuses. C'est ce qu'ils pourraient peut-être faire pour un temps ; mais un tel empire n'est point susceptible de durée. Les Spartiates étaient avares de ce droit de cité et lents à s'agréger de nouveaux citoyens. Aussi, tant qu'ils ne dominèrent que dans un espace borné, leur empire fut-il ferme et stable ; mais sitôt qu'ils eurent commencé à reculer leurs limites et à donner à leur empire trop d'étendue pour que la seule race des Spartiates naturels pût contenir aisément la multitude des étrangers, l'édifice de leur puissance croula bientôt. Jamais république n'ouvrit son sein à de nouveaux citoyens avec autant de facilité que la république romaine ; aussi sa fortune répondit-elle à une si sage institution, et la vit-on, s'étendant par degrés, former un empire aussi grand que l'univers entier. Les Romains étaient dans l'usage de conférer le droit de cité, et cela au plus haut degré ; je veux dire, non pas seulement le droit de commerce, de mariage, d'hérédité, mais même le droit de suffrage, le droit de pétition et celui de briguer les honneurs, et cela encore non pas seulement à tel ou tel individu, mais à des familles, à des villes et même à des nations entières. Ajoutez l'usage où ils étaient de tirer du corps des citoyens de quoi fonder des colonies, à l'aide desquelles la race romaine se transplantait sur un sol étranger. Or, ces deux moyens, si vous les mettez ensemble, et concevez bien ce que peut leur concours, vous direz hardiment, non que les Romains se répandirent sur l'univers entier, mais

(1) Pays riche et peuplé d'une race aguerrie.
Virg. *Énéide*, liv. V, v. 535, trad. de Delille.

que l'univers même se répandit sur les Romains, et telle est la plus sûre méthode pour reculer les limites d'un empire. Ce qui me cause quelquefois de l'étonnement, c'est que l'empire des Espagnols puisse, avec un si petit nombre de natifs, embrasser et tenir sous le joug tant de royaumes et de provinces. Mais certainement l'Espagne proprement dite peut être regardée comme un assez grand tronc, vu que son territoire est beaucoup plus étendu que celui qui était tombé en partage à Rome et à Sparte naissantes. Or, quoique les Espagnols n'accordent le droit de cité qu'avec assez de réserve, ils ne laissent pas de faire quelque chose d'approchant, vu qu'assez souvent ils reçoivent dans leurs troupes des hommes de toute nation, et que, dans leurs guerres, ils défèrent le commandement en chef à des étrangers. Cependant cet inconvénient dont je parle, c'est-à-dire le petit nombre des habitants naturels, il n'y a pas si long-temps qu'ils paraissent l'avoir senti et avoir pensé à y remédier, témoin la pragmatique sanction qu'ils n'ont publiée que cette année.

6. Il est certain que tous les arts sédentaires qui s'exercent, non en plein air, mais sous le toit, et que les mains-d'œuvre délicates qui demandent plutôt le travail des doigts que celui des bras, sont de leur nature contraires à l'esprit militaire. En général, les peuples belliqueux aiment à ne rien faire et craignent moins le danger que le travail ; et cette disposition, il faut bien se garder de la réprimer en eux pour peu qu'on ait à cœur de maintenir leurs âmes en vigueur. Aussi était-ce une grande ressource pour Athènes, Sparte et Rome que d'avoir, au lieu d'hommes libres, des esclaves auxquels ils abandonnaient ces sortes de travaux. Mais, depuis l'établissement du christianisme, l'usage des esclaves est presque entièrement tombé en désuétude. Un moyen toutefois qui approche fort de celui-là, c'est d'abandonner ces arts aux étrangers, que, dans cette vue, il faut tâcher d'attirer ou du moins accueillir aisément. Or, le peuple des natifs doit être composé de trois sortes d'hommes, de cultivateurs, de domestiques libres et de cette classe d'artisans dont les travaux demandent de la force et des bras d'hommes, tels que sont les ouvriers qui travaillent en fer, en pierre ou en bois, sans compter les troupes réglées.

7. De tout ce qui peut contribuer à l'agrandissement de l'empire d'une nation, ce qui tend le plus directement à ce but, c'est que cette nation fasse profession d'aimer les armes ; qu'elle en fasse gloire ; qu'elle les regarde comme la plus noble de toutes les professions ; qu'elle y attache les plus grands honneurs ; car ce que nous avons dit jusqu'ici ne regarde encore que la simple disposition à l'égard des armes. Mais au fond que servirait cette disposition, si l'on ne s'appliquait jamais à la chose même pour la réduire en acte ? Romulus, à ce qu'on rapporte ou comme on le feint, légua en mourant, à ses concitoyens, le conseil de cultiver avant tout l'art militaire, leur assurant que par ce moyen leur ville s'élèverait au-dessus de toutes les autres et deviendrait la capitale de l'univers.

Toute la structure de l'empire des Spartiates était organisée afin de les rendre belliqueux, disposition qui n'était pas des plus prudentes, mais qui supposait du moins un certain soin tendant à ce but. Les Macédoniens et les Perses eurent les mêmes institutions, mais avec moins de constance et de durée. Il fut aussi un temps où les Bretons, les Gaulois, les Germains, les Goths, les Saxons et les Normands se consacraient principalement à la profession des armes. Les Turcs, un peu aiguillonnés en cela par leur loi, suivent aujourd'hui le même plan ; mais chez eux l'art militaire, dans l'état où il est aujourd'hui, a fort décliné. Dans l'Europe chrétienne la seule nation qui conserve aujourd'hui cet usage et qui en fasse profession, ce sont les Espagnols ; mais après tout c'est une vérité si claire et si palpable, que le genre où l'on réussit le mieux c'est celui dont on fait sa principale étude, qu'il n'est pas besoin de paroles pour la prouver. Qu'il suffise de faire entendre que toute nation qui ne cultive pas *ex-professo* les armes et l'art militaire, qui n'en fait pas sa principale occupation, sa continuelle étude, ne doit pas prétendre à un certain agrandissement, ni se flatter qu'un tel avantage lui viendra comme de soi-même ; au contraire, qu'elle tienne pour certain, et de tous les oracles du temps c'est le plus sûr, que les nations qui ont fait long-temps profession des armes et qui en ont eu long-temps la passion (et c'est ce qu'on peut dire principalement des Romains et des Turcs) étendent leur empire avec une étonnante rapidité. Je dirai plus : les nations mêmes, qui n'ont fleuri par la gloire militaire que durant un seul siècle n'ont pas laissé d'en tirer cet avantage, que durant ce siècle elles sont parvenues à un tel point d'accroissement qu'ensuite, durant un grand nombre de siècles, quoique chez eux la discipline militaire se soit fort relâchée, elles n'ont pas laissé de rester à ce point.

8. Un précepte très analogue au précédent, c'est qu'un Etat ait des lois et des coutumes qui lui fournissent aisément et comme à la main de justes causes ou du moins des prétextes pour faire la guerre ; car il est dans les âmes de tous les hommes un sentiment de justice tellement inné que, lorsqu'il s'agit de la guerre qui entraîne après soi tant de calamités, ils ne se décident point à la faire sans une raison très grave ou du moins très spécieuse. Les Turcs ont toujours sous la main et comme à volonté un prétexte de guerre, savoir : la propagation de leur loi et de leur secte ; et les Romains, quoique leurs généraux tinssent à grand honneur d'avoir pu reculer les limites de leur empire, n'ont pourtant jamais entrepris de guerre dans le seul but de reculer ces limites. Ainsi toute nation qui aspire à commander doit se faire une habitude d'avoir un sentiment vif et prompt de toute injure, quelle qu'elle puisse être, faite à ceux de leurs sujets qui occupent la frontière, ou à leurs marchands, ou à leurs fonctionnaires publics, et à la première provocation ne point différer la vengeance ; par la même raison qu'elle soit prompte et alerte pour secourir ses alliés et ses confédérés. C'est une règle dont les Romains ne s'écartèrent jamais ; et cela au point que, si l'on commettait des hostilités contre quelqu'un de leurs alliés, même contre ceux qui avaient contracté avec d'autres des alliances défensives et qui imploraient le secours d'un grand nombre d'autres, les Romains accouraient toujours les premiers, ne se laissant jamais prévenir à cet égard ni enlever l'honneur attaché à un tel service. Quant à ce qui regarde les guerres allumées dans les anciens temps, en conséquence d'une certaine conformité ou correspondance tacite des Etats, je ne vois pas trop sur quels droits elles étaient fondées. Mais du genre de celles dont nous parlons ici furent les guerres entreprises par les Romains pour affranchir la Grèce et lui rendre la liberté ; telles aussi celles des Lacédémoniens et des Athéniens pour établir ou renverser des démocraties ou des oligarchies ; telles encore celles que firent certaines républiques ou certains princes, sous prétexte de protéger les sujets d'autres Etats et de les délivrer de la tyrannie. Mais, quant à notre objet actuel, il suffit de statuer qu'un Etat ne doit pas se flatter de pouvoir s'agrandir si, à la première occasion juste, il ne s'éveille aussitôt pour courir aux armes.

9. Aucun corps, soit naturel, soit politique, ne peut, sans faire d'exercice, jouir d'une santé ferme et inaltérable. Or, quant aux royaumes et aux républiques, une guerre juste et honorable est ce qui leur tient lieu d'exercice. La guerre civile est comme la chaleur de la fièvre ; mais une guerre au dehors est comme la chaleur qui naît du mouvement et qui contribue à la santé ; car l'effet d'une paix accompagnée d'inertie et d'une sorte d'engourdissement est d'amollir les âmes et de corrompre les cœurs ; mais quoi qu'il en puisse être par rapport au bonheur réel d'un Etat quelconque, il ne laisse pas d'importer fort à son agrandissement qu'il soit toujours en armes ; et quoiqu'une armée de vétérans, tenue perpétuellement sous le drapeau, soit d'une grande dépense et d'un grand entretien, c'est pourtant une force qui met une nation en état de donner la loi à ses voisins, ou qui du moins ajoute en toutes choses à sa réputation. C'est ce dont nous voyons un exemple frappant dans les Espagnols, qui depuis cent vingt ans entretiennent toujours une armée de vétérans dans certaines parties de leur empire, quoique ce ne soit pas toujours dans les mêmes.

10. L'empire de la mer est comme un abrégé de la monarchie. Cicéron écrivant à Atticus sur les préparatifs de Pompée contre César s'exprime ainsi à son sujet :

« Le plan de Pompée ressemble tout-à-fait à celui de Thémistocle ; il pense que celui qui est maître de la mer est maître de tout[1]. » Aussi n'est-il pas douteux qu'à la longue il ne fût parvenu à lasser César et à le consumer, si, enflé d'une vaine présomption, il ne se fût écarté de ce plan. Une infinité d'exemples montrent de quel poids sont les batailles nava-

(1) A Atticus, liv. X, ép. 8.

les. La bataille d'Actium décida de l'empire de l'univers, celle de Lépante contraignit les Turcs à recevoir une bride. Combien de fois les victoires remportées sur mer n'ont-elles pas suffi pour terminer les guerres? ce qui pourtant n'a eu lieu que dans les cas où l'on avait commis toute la fortune de ces guerres au hasard d'un pareil combat. Quoi qu'il en soit, il n'est pas douteux que celui qui est le maître de la mer agit en toute liberté, et que, par rapport à la guerre, il n'en prend qu'autant qu'il veut, au lieu que celui qui ne doit sa supériorité qu'aux troupes de terre ne laisse pas d'être exposé à une infinité d'inconvénients. Mais si, aujourd'hui, et chez nous autres Européens, la puissance navale (qui sans contredit est échue en partage à ce royaume de la Grande-Bretagne) est plus qu'en tout autre temps et qu'en tout autre lieu d'un grand poids pour élever une nation au premier rang, c'est ou parce que la plupart des royaumes de l'Europe ne sont pas simplement méditerranéens, mais en très grande partie ceints par la mer; ou encore parce que les trésors et les richesses des deux Indes sont attachés à cet empire de la mer et en sont comme l'accessoire.

11. Les guerres modernes semblent se faire dans les ténèbres, en comparaison de la gloire et de l'éclat qui, dans les temps anciens, rejaillissaient des exploits militaires sur les guerriers mêmes. Nous avons bien aujourd'hui, pour animer les courages, certains ordres militaires assez honorables, mais qui malheureusement sont devenus communs à la robe et à l'épée. Au même but tendent les marques distinctives et glorieuses qu'on voit dans les armoiries de certaines familles. Tels sont encore les hospices publics établis pour les soldats vétérans ou invalides; mais chez les anciens, c'était bien autre chose. Sur les lieux mêmes où les victoires avaient été remportées, on élevait des trophées, on prononçait des oraisons funèbres, on érigeait de magnifiques monuments en faveur de ceux qui étaient morts au champ d'honneur. Ajoutez les couronnes civiques, militaires, qu'on décernait à tel ou tel individu. Et ce titre même d'empereur que dans la suite les plus grands souverains empruntèrent des généraux d'armée, il faut le compter pour quelque chose. Oublions encore moins ces triomphes si fameux décernés aux généraux d'armée à leur retour des expéditions militaires heureusement terminées. Telles étaient enfin ces gratifications, ces largesses faites aux armées au moment de les licencier; ces moyens, dis-je, étaient si multipliés, ils étaient si grands, si éclatants, si imposants, qu'ils portaient pour ainsi dire le feu dans les âmes, échauffaient les cœurs les plus glacés et les enflammaient de l'ardeur des combats. Mais surtout l'usage du triomphe, chez les Romains, n'était pas, comme on pourrait le penser, une simple pompe, une sorte de vain spectacle, mais bien une des plus sages et des plus nobles institutions, attendu qu'elle renfermait trois avantages : d'abord, l'honneur et la gloire des chefs; puis celui d'enrichir le trésor public des dépouilles des ennemis; enfin celui de fournir de quoi faire des largesses aux soldats. Mais l'honneur du triomphe ne convient peut-être pas aux monarchies, si ce n'est en la personne du roi même, ou des fils du roi; et tel était l'usage à Rome, du temps des empereurs, qui, après les guerres qu'ils avaient faites en personne, réservaient pour eux et leurs enfants l'honneur même du triomphe, comme leur étant propre, n'accordant aux autres généraux que des robes triomphales et autres décorations de cette espèce.

Mais, afin de terminer ces discours, nous dirons, et c'est ce qu'atteste l'Écriture même, « qu'il n'est point d'homme qui, à force d'y songer, puisse ajouter une coudée à sa taille[1]; » ce qui n'est vrai que par rapport à la stature du corps humain; mais dans les dimensions beaucoup plus grandes des royaumes et des républiques, la vérité est, que l'avantage d'étendre un empire et d'en reculer les limites est au pouvoir des rois et de ceux qui commandent. Car, qui serait assez sage pour introduire des lois, des institutions et des coutumes de la nature de celles que nous venons de proposer et d'autres semblables, jetterait, pour les siècles suivants et pour sa postérité, des semences d'agrandissement. Mais ce sont là de ces sujets qu'on traite rarement devant les princes, et la plupart du temps, c'est à la seule fortune que l'on confie toutes ces choses.

Voilà donc, par rapport à l'art de reculer les limites d'un empire, ce qui, pour le moment,

---

[1] Math. c. 6, v. 27; et Luc, c. 12, v. 25.

se présente à notre esprit. Mais à quoi bon toute cette dissertation, la monarchie romaine devant être (du moins à ce qu'on croit) la dernière des monarchies mondaines? C'est afin d'être fidèles à notre plan que nous ne perdons jamais de vue ; car, des trois offices de la politique que nous avons marqués distinctement, celui d'agrandir un empire étant le troisième, nous n'avons pas dû le passer entièrement sous silence. Ainsi, des deux choses que nous avions notées comme étant à suppléer, reste la seconde, savoir : celle qui a pour objet la justice universelle ou les sources du droit.

Ceux des auteurs qui ont écrit sur les lois ont traité ce sujet en philosophes ou en jurisconsultes. Or les philosophes mettent en avant une infinité de choses fort belles pour le discours, mais trop éloignées de la pratique. Quant aux jurisconsultes, assujettis, dévoués à la lettre des lois de leur patrie, ou même des lois romaines ou pontificales, ils n'ont pas suffisamment usé de la liberté de leur jugement, et tout ce qu'ils disent sur ce sujet, ils semblent le dire du fond d'une prison. C'est sans contredit un genre de connaissances qui appartient aux hommes d'état. C'est à eux qu'il faut demander ce que comportent la nature de la société humaine, le salut du peuple, l'équité naturelle, les mœurs des nations, les diverses formes de gouvernement. Ainsi, c'est à eux de donner leurs décisions sur les lois, d'après les principes et les préceptes, soit de l'équité naturelle, soit de la politique. Il ne s'agit donc ici que de remonter aux sources de la justice et de l'utilité publique, et de présenter, dans chaque partie du droit, un certain caractère, une certaine idée du juste, à laquelle on puisse rapporter les lois particulières des royaumes et des républiques, afin de les mieux apprécier et de les corriger, pour peu qu'on ait cette entreprise à cœur et qu'on s'occupe de ce soin. Ainsi nous en donnerons un exemple, suivant notre coutume, et sous un seul titre.

Exemple d'un traité sommaire sur la justice universelle et sur les sources du droit, rédigé sous un seul titre et par aphorismes.

PRÉAMBULE. — *Aphorismes.*

1. Dans la société civile, c'est ou la loi ou la force qui commande. Or, il est une certaine espèce de violence qui singe la loi, et une certaine espèce de loi qui respire plus la violence que l'équité du droit. L'injustice a trois sources, savoir : la violence pure, un certain enlacement malicieux, sous prétexte de la loi ; enfin l'excessive rigueur de la loi même.

2. Tel est le vrai fondement du droit privé. L'effet d'une injustice, pour celui qui la commet, et en conséquence du fait même, est ou une certaine utilité, ou un certain plaisir, ou un certain risque, à cause de l'exemple qu'il donne. Quant aux autres, ils ne participent point à ce plaisir ou à cette utilité ; mais ils pensent que cet exemple s'adresse à eux-mêmes. C'est pourquoi ils se déterminent aisément à se réunir, pour se garantir tous, par le moyen des lois, de peur que l'injustice en faisant, pour ainsi dire, le tour, ne s'adresse successivement à chacun d'eux. Que si, par l'effet de la disposition des temps et de la complicité, il arrive que ceux qu'une loi menace soient en plus grand nombre et plus puissants que ceux qu'elle protège, alors une faction dissout la loi, et c'est ce qui arrive souvent.

3. Mais le droit privé subsiste, pour ainsi dire, à l'ombre du droit public ; car c'est la loi qui garantit le citoyen, et le magistrat qui garantit la loi. Or, l'autorité des magistrats dépend de la majesté du commandement, de la structure de la police et des lois fondamentales. Ainsi, pour peu que ces parties soient saines et que la constitution soit bonne, les lois seront bien observées et d'un heureux effet, sinon on y trouvera peu d'appui.

4. Or, l'objet du droit public n'est pas seulement d'être une simple addition au droit privé, de lui servir comme de garde, d'empêcher qu'on ne le viole et de faire cesser les injures ; mais de plus il s'étend à la religion, aux armes, à la discipline et aux embellissements publics, à tous les moyens de puissance ; en un mot, à tout ce qui concerne le bien-être de la société.

5. Le but, la fin que les lois doivent envisager, et vers laquelle elles doivent diriger toutes leurs jussions et leurs sanctions, n'est autre que de faire que les citoyens vivent heureux. Or, ce but, ils y parviendront si, la religion et la piété ayant présidé à leur éducation, ils sont honnêtes, quant à leurs mœurs ; en sûreté à l'égard de leurs ennemis, par leurs

forces militaires ; à l'abri des séditions et des injures particulières, par la protection des lois; obéissants à l'autorité et aux magistrats ; enfin, par leurs biens et leurs autres moyens de puissance, riches et florissants. Or, les instruments et les nerfs de toutes ces choses-là, ce sont les lois.

6. Ce but, les meilleures lois y atteignent; mais la plupart des lois le manquent. Or, entre telles et telles lois on observe des différences infinies, et il en est qui sont à une distance immense les unes des autres ; en sorte qu'il en est d'excellentes et de tout-à-fait vicieuses. Nous indiquerons donc, en raison de la mesure de notre jugement, certaines ordonnances qui sont comme des lois de lois, à l'aide desquelles on verra aisément ce que dans chacune des diverses lois il se trouve de bien ou de mal posé et constitué.

7. Mais avant de passer au corps même des lois particulières, nous dirons un mot des qualités et du mérite des lois en général. Une loi peut être réputée bonne quand il y a : 1º certitude dans ce qu'elle intime, 2º justice dans ce qu'elle prescrit, 3º facilité dans son exécution, 4º harmonie entre elle et les institutions politiques, et 5º tendance constante à faire naître la vertu dans les sujets [1].

TITRE Ier.

LA CERTITUDE EST LA PREMIÈRE DIGNITÉ DES LOIS.

8. Il importe tellement à la loi qu'elle soit certaine que, sans cette condition, elle ne peut pas même être juste. Si la trompette ne rend qu'un son incertain, qui est-ce qui se préparera à la guerre [2] ? » De même, si la loi n'a qu'une voix incertaine, qui est-ce qui se disposera à obéir ? Il faut donc qu'elle avertisse avant de frapper ; et c'est avec raison qu'on établit en principe : « que la meilleure loi est celle qui laisse le moins à la disposition du juge, » et c'est un avantage qui résulte de sa certitude.

9. L'incertitude de la loi peut avoir lieu dans deux cas : l'un, quand il n'y a point de loi portée ; l'autre, lorsque la loi établie est obscure et ambiguë. Il faut donc parler d'abord des cas omis par la loi, afin de trouver, par rapport à ces cas-là, quelques règles de certitude.

Des cas omis par la loi.

10. Les limites de la prudence humaine sont si étroites qu'elle ne peut embrasser tous les cas que le temps peut faire naître. Aussi n'est-il pas rare de voir des cas omis et nouveaux. Or, par rapport à ces cas, on emploie trois sortes de remèdes : ou l'on procède par analogie, ou l'on se règle sur des exemples, quoiqu'ils n'aient pas encore force de loi, ou par des juridictions qui statuent d'après les décisions d'un prud'homme et d'après la libre inspiration d'une conscience droite, soit que ces tribunaux soient prétoriens ou censoriens.

De la manière de procéder par analogie et d'étendre les lois.

11. Il faut, par rapport aux cas omis, déduire la règle du droit des cas semblables, mais avec précaution et avec jugement, en quoi il faut observer les règles suivantes : « Que la raison soit prolifique, mais que la coutume soit stérile et n'enfante pas de cas nouveaux. » Ainsi, ce qui est contraire à la raison du droit, ou encore ce dont la raison est obscure, ne doit point avoir une conséquence.

12. Un bien public et frappant attire à soi les cas omis. Ainsi, lorsqu'une loi procure à la république un avantage notable et manifeste, il faut, en l'interprétant, lui donner hardiment de l'extension et de l'amplitude.

13. C'est cruauté de donner la torture aux lois pour la donner aux hommes. Ainsi, je n'aime point qu'on étende les lois pénales, beaucoup moins encore les lois capitales, à des délits nouveaux. Que si le crime étant ancien et désigné par la loi, le mode de poursuite offre cependant un cas nouveau que la loi n'ait pas prévu, alors il vaut mieux s'écarter tout-à-fait des maximes du droit plutôt que de laisser les crimes impunis.

14. Dans les statuts qui abrogent le droit commun, principalement lorsqu'il s'agit de choses qui arrivent fréquemment et qui ont pris pied, je n'aime point qu'on procède par

---

[1] De ces cinq titres Bacon n'a traité que le premier, sur la certitude, comme pour fournir un modèle de ce que devaient être les autres.

[2] Aux Corinth. ép. 1, c. 14, v. 8

voie d'analogie des cas désignés aux cas omis ; car, si la république a bien pu se passer si long-temps de la loi tout entière, même dans les cas exprimés, on risque peu d'attendre qu'un nouveau statut vienne suppléer au cas omis.

15. Quant aux statuts qui sont visiblement des lois de circonstances et qui sont nés des situations où se trouvait la république, lorsqu'elles faisaient sentir toute leur force, si la situation actuelle est différente, c'est assez pour ces statuts que de se soutenir dans les cas qui leur sont propres ; et ce serait renverser l'ordre que de les appliquer, par une sorte de retrait, aux cas omis.

16. Il ne faut point tirer d'une conséquence une autre conséquence ; mais l'extension doit s'arrêter dans les limites des cas les plus voisins, sans quoi l'on tombera peu à peu dans des cas dissemblables, et la pénétration d'esprit aura plus d'influence que l'autorité des lois.

17. Quant aux lois et aux statuts d'un style plus concis, on peut en les étendant se donner plus de liberté ; mais par rapport à celles qui font l'énumération des cas particuliers, il faut user d'une plus grande réserve ; car, comme l'exception renforce la loi dans les cas non exceptés, par la raison des contraires, l'énumération l'infirme dans les cas non dénombrés.

18. Tout statut explicatoire ferme pour ainsi dire l'écluse du statut précédent, et n'admet plus d'extension par rapport à l'un ou à l'autre statut ; et lorsque la loi a commencé elle-même à s'étendre, le juge ne doit point faire de sur-extension.

19. Les mots et les actes solennels n'admettent point d'extension aux cas semblables ; car tout ce qui étant d'abord consacré par l'usage devient ensuite sujet au caprice, perd alors son caractère de solennité, et l'introduction des nouveaux usages détruit la majesté des anciens.

20. Mais on peut se permettre d'étendre la loi aux cas nés après coup, et qui n'existaient point dans la nature des choses, dans le temps où la loi fut portée ; car, ou il était impossible d'exprimer un cas de cette espèce, parce qu'il n'en existait point encore de tel, ou le cas omis peut être réputé exprimé s'il a beaucoup d'analogie avec les cas désignés. En voilà assez sur les extensions des lois dans les cas omis ; parlons actuellement de l'usage des exemples.

Des exemples et de leur usage.

21. Il est temps de parler des exemples où il faut puiser le droit lorsque la loi manque. Et quant à la coutume, qui est une sorte de loi, et aux exemples qui, par un fréquent usage, ont passé en coutume et sont une sorte de loi tacite, nous en parlerons en leur lieu ; nous ne parlons ici que des exemples qui se présentent rarement et de loin en loin, et qui n'ont point acquis force de loi. Il s'agit de savoir quand et avec quelles précautions il en faut tirer la regle du droit lorsque la loi manque.

22. Ces exemples doivent se tirer des meilleurs temps, des plus modérés, et non des temps de tyrannie, de factions et de dissolution ; car les exemples de cette dernière espèce ne sont que des bâtards du temps, ils sont plus nuisibles qu'utiles.

23. En fait d'exemples, les plus récents sont ceux qu'il faut regarder comme les plus sûrs ; car ce qui s'est fait peu auparavant, et dont il n'est résulté aucun inconvénient, qui empêche de le refaire ? Il faut convenir pourtant que ces exemples si récents ont moins d'autorité ; et, si par hasard il était besoin d'amender les choses, on trouverait que ces exemples si nouveaux respirent plus l'esprit de leur siècle que la droite raison.

24. Quant aux exemples plus anciens, il ne les faut adopter qu'avec précaution et avec jugement ; car le laps du temps amène tant de changements qu'il est telles choses qui, à considérer le temps, paraissent anciennes, mais qui, par rapport aux troubles qu'elles excitent et à la difficulté de les ajuster au temps présent, sont tout-à-fait nouvelles. Ainsi les meilleurs exemples sont ceux qui se tirent des temps moyens, et surtout des temps qui ont beaucoup d'analogie avec le temps présent, et cette analogie, quelquefois on la trouve plutôt dans un temps éloigné que dans un temps voisin.

25. Renfermez-vous dans les limites de l'exemple ou plutôt dans son voisinage ; mais gardez-vous bien, dans tous les cas, de passer ses limites ; car où manque une loi qui puisse servir de règle, on doit tenir presque tout pour suspect. Ainsi, il en doit être de ces exemples comme des choses obscures ; ne vous y attachez pas trop.

26. Il faut se défier aussi des fragments et des abrégés d'exemples, mais considérer le tout ensemble avec tout l'appareil de sa marche. Car s'il est contre le droit de juger d'une partie de la loi sans avoir envisagé la loi tout entière, à plus forte raison doit-on considérer le tout lorsqu'il s'agit des simples exemples, lesquels sont d'une utilité très équivoque, à moins qu'ils ne cadrent parfaitement.

27. Dans le choix des exemples, ce qui importe fort, c'est de savoir par quelles mains ils ont passé et qui les a maniés; car s'ils n'ont eu cours que parmi les greffiers seulement et les ministres de la justice, et d'après le courant du tribunal, sans que les supérieurs en aient eu pleine connaissance, ou encore parmi le peuple, qui, en fait d'erreur, est un grand maître, il faut marcher dessus et en faire peu de cas; mais si c'est parmi les sénateurs, parmi les juges ou dans les grands tribunaux, et qu'ils aient été mis sous leurs yeux, au point qu'on soit en droit de supposer qu'ils ont été appuyés de l'approbation, tout au moins tacite des juges, alors ils ont plus de poids et de valeur.

28. Quant aux exemples qui ont été publiés, en supposant même qu'ils aient été moins en usage, cependant, comme ils ont dû être discutés, et, pour ainsi dire, tamisés dans les conversations et les disputes journalières, on doit leur accorder plus d'autorité; mais ceux qui sont demeurés comme ensevelis dans les bureaux et les cabinets d'archives, et condamnés publiquement à l'oubli, ils en méritent moins; car il en est des exemples comme de l'eau, ce sont les plus courants qui sont les plus sains.

29. Quant aux exemples qui regardent les lois, nous n'aimons point qu'on les emprunte des historiens; mais nous voulons qu'on les tire des actes publics et des traditions les plus exactes. Car c'est un malheur attaché aux historiens, même aux meilleurs, qu'ils ne s'arrêtent point assez aux lois et aux actes judiciaires, et que, s'ils font preuve de quelque attention sur ce point, ils ne laissent pas de s'éloigner des documents les plus authentiques.

30. Un exemple qu'a rejeté le temps même où il s'est offert, ou le temps voisin, en supposant même que le cas auquel il se rapporte se présente de temps à autre, cet exemple, dis-je, ne doit pas être admis trop aisément; et bien que les hommes en aient quelquefois fait usage, c'est une raison qui conclut moins en faveur de cet exemple, que le parti qu'ils ont pris de l'abandonner, d'après l'épreuve, ne milite contre.

31. On n'emploie les exemples qu'à titre de conseil et non à titre d'ordre ou de commandement. Il faut donc en diriger l'usage de manière qu'ils se plient et s'ajustent au temps présent.

Voilà ce que nous avions à dire sur les lumières qu'on peut tirer des exemples lorsque la loi vient à manquer; parlons actuellement des tribunaux prétoriens et censoriens.

Des tribunaux prétoriens et censoriens.

32. Il doit y avoir des tribunaux et des juridictions qui statuent d'après l'arbitrage d'un prud'homme et la libre inspiration d'une conscience droite, dans tous les cas où manque une loi qui puisse servir de règle, la loi, comme nous l'avons déjà dit, ne suffisant pas à tous les cas, mais ne s'adaptant qu'à ce qui arrive le plus souvent. Car, comme l'ont dit les anciens, il n'est rien de plus sage que le temps qui chaque jour fait naître et invente, pour ainsi dire, de nouveaux cas.

33. Or, parmi ces nouveaux cas qui surviennent, il en est, au criminel, qui exigent une peine, et au civil, d'autres qui demandent un remède. Or, ces tribunaux qui se rapportent aux cas de la première espèce, nous les qualifions de censoriens, et ceux qui connaissent des cas de la dernière, nous les désignons sous le nom de prétoriens.

34. Que les tribunaux prétoriens aient la juridiction et le pouvoir nécessaires, non-seulement pour punir les délits nouveaux, mais même pour aggraver les peines déjà portées par les lois pour les délits anciens, si les cas sont odieux et énormes, en supposant toutefois qu'il ne s'agisse point de peines capitales, car tout ce qui est énorme est comme nouveau.

35. Que les tribunaux prétoriens aient aussi le pouvoir tant d'adoucir l'excessive rigueur de la loi que de suppléer à son défaut sur ce point; car si l'on doit offrir un remède à celui que la loi a laissé sans secours, à plus forte raison le doit-on à celui qu'elle a blessé.

36. Que ces tribunaux censoriens et prétoriens se renferment dans les cas énormes et extraordinaires, et qu'ils n'envahissent pas les juridictions ordinaires, de peur que par hasard

le tout n'aboutisse qu'à supplanter la loi, au lieu de la suppléer.

37. Que ces juridictions résident d'abord dans les tribunaux suprêmes et ne descendent pas aux tribunaux inférieurs ; car un pouvoir qui s'éloigne peu de celui d'établir des lois, c'est celui de les suppléer, de les étendre et de les modérer.

38. Cependant qu'on se garde bien de confier un tel pouvoir à un seul homme, et que chacun de ces tribunaux soit composé de plusieurs membres. Il ne faut pas non plus que les décrets sortent en silence, mais que les juges rendent raison de leurs sentences, et cela publiquement, en présence d'une assemblée qui les environne, afin que ce qui est libre, quant au pouvoir de décider, soit du moins circonscrit par la renommée et l'opinion publique.

39. Point de rubriques de sang : qu'on se garde bien de prononcer, dans quelque tribunal que ce soit, sur les crimes capitaux, sinon d'après une loi fixe et connue. Dieu commença par décerner la peine de mort, puis il l'infligea. C'est ainsi qu'il ne faut ôter la vie qu'à un homme qui ait pu savoir avant de pécher qu'il pécherait au risque de sa vie.

40. Dans les tribunaux censoriens, il faut donner aux juges une troisième balotte, afin de ne pas leur imposer la nécessité d'absoudre ou de condamner, et afin qu'ils puissent prononcer aussi que l'affaire n'est pas suffisamment éclaircie. Or, ce n'est pas assez d'une peine décernée par les tribunaux censoriens, il faut de plus une note, non un décret qui inflige un supplice, mais qui se termine par une simple admonestation qui imprime aux coupables une légère note d'infamie, et qui les châtie par une sorte de rougeur dont elle couvre leur visage.

41. Dans les tribunaux censoriens, lorsqu'il s'agit de grands crimes, de grands attentats, il faut punir les actes commencés et les actes moyens, quoique l'effet consommé ne s'ensuive pas ; et que telle soit la principale destination de ces tribunaux, attendu qu'il importe et à la sévérité que les commencements des critiques soient punis, et à la clémence qu'on empêche de les consommer en punissant les actes moyens.

42. Il faut surtout prendre garde que dans les tribunaux censoriens on ne supplée au défaut de la loi dans les cas que la loi n'a pas tant omis que méprisés, les regardant ou comme trop peu importants, ou comme trop odieux, et comme tels indignes de remède.

43. Mais avant tout il importe à la certitude des lois (ce qui est notre objet actuel) d'empêcher ces tribunaux de s'enfler et de se déborder tellement que, sous prétexte d'adoucir la rigueur de la loi, ils n'aillent jusqu'à l'affaiblir, et, pour ainsi dire, à en relâcher, à en couper les nerfs en ramenant tout à l'arbitraire.

44. Que ces tribunaux prétoriens n'aient pas le droit de décréter contre un statut formel ; car, si l'on souffre cela, bientôt le juge deviendra législateur, et tout dépendra de son caprice.

45. Chez quelques-uns il est reçu que les juridictions qui prononcent suivant le juste et le bon, et les autres qui prononcent selon le droit strict, doivent être attribuées aux mêmes tribunaux ; d'autres veulent avec plus de raison qu'elles le soient à des tribunaux différents et séparés ; car ce ne serait plus garder la distinction des cas que de faire un tel mélange de juridictions, mais alors l'arbitraire finirait par attirer à lui la loi même.

46. Ce n'était pas sans raison que chez les Romains s'était établi l'usage de l'Album du préteur, album sur lequel il prescrivait et publiait d'avance la manière dont il rendrait la justice et quelle espèce de droit il suivrait. A leur exemple, dans les tribunaux censoriens, les juges doivent, autant qu'il est possible, se faire des règles certaines et les afficher publiquement. En effet, la meilleure loi est celle qui laisse le moins à la disposition du juge, et le meilleur juge celui qui laisse le moins à sa propre volonté. Mais nous traiterons plus amplement de ces tribunaux lorsque nous en viendrons au lieu où il sera question des jugements. Nous n'en parlons ici qu'en passant et en tant qu'ils aident à se tirer d'affaire dans les cas omis par la loi et en tant qu'ils y suppléent.

De la rétroactivité des lois.

47. Il est une certaine manière de suppléer les cas omis, qui a lieu lorsqu'une loi, montant, pour ainsi dire, sur une autre loi, tire avec elle ces cas omis. Tel est l'effet des lois et des statuts qui regardent en arrière, comme on le

dit ordinairement, sorte de lois qu'on ne doit employer que très rarement et avec les plus grandes précautions, car nous n'aimons point à voir Janus au milieu des lois.

48. Celui qui, par des subtilités et des arguments captieux élude et circonscrit les paroles ou l'esprit d'une loi, mérite qu'une nouvelle loi l'enlace lui-même. Ainsi, dans les cas de dol et d'évasion frauduleuse, il est juste que les lois regardent en arrière et qu'elles se prêtent un mutuel secours, afin que celui dont l'esprit travaille pour éluder et ruiner les lois présentes ait tout à craindre des lois futures.

49. Quant aux lois qui appuient et fortifient les vraies intentions des actes et des instruments contre les défauts des formalités et de la marche judiciaire, c'est avec toutes sortes de raisons qu'elles embrassent le passé ; car le principal vice d'une loi qui regarde en arrière consiste en ce qu'elle est inquiétante. Mais le but des lois confirmatoires dont nous parlons est de maintenir la sécurité et de consolider ce qui est déjà fait ; il faut toutefois prendre garde de déraciner ce qui est déjà jugé.

50. Cependant il faut bien se garder de croire que les lois qui infirment les actes antérieurs soient les seules qui regardent en arrière, mais tenir aussi pour telles celles qui renferment des prohibitions et des restrictions par rapport aux choses futures qui ont une connexion nécessaire avec le passé. Par exemple, s'il existait une loi qui défendit à certains artisans de vendre le produit de leur travail, une telle loi en paraissant ne disposer que pour l'avenir, agirait cependant sur le passé ; car ces ouvriers n'auraient plus d'autre moyen pour gagner leur vie.

51. Toute loi déclaratoire, quoique dans son énoncé elle ne dise pas un mot du passé, ne laisse pas de s'y appliquer par la force de la déclaration même ; car l'interprétation ne commence pas au moment où cette déclaration a lieu, mais elle devient pour ainsi dire contemporaine de la loi même. Ainsi ne portez point de lois déclaratoires, sinon dans les cas où la justice peut se concilier avec la rétroactivité. Mais nous terminerons ici la partie qui traite de l'incertitude née du silence de la loi. Maintenant il faut parler de la partie qui traite des cas où il existe bien une loi, mais une loi obscure et ambiguë.

De l'obscurité des lois.

52. L'obscurité des lois tire son origine de quatre causes, savoir : 1º la trop grande accumulation des lois, surtout quand on y mêle les lois trop vieilles ; 2º l'ambiguité de leur expression, ou le défaut de clarté et de netteté dans cette expression ; 3º la négligence totale par rapport aux méthodes d'éclaircir le droit, ou le mauvais choix de ces méthodes ; enfin, 4º la contradiction et la vacillation des jugements.

1º *De la trop grande accumulation des lois.*

53. « Il pleuvra sur eux des filets, » dit le prophète[1] ; or, il n'est point de pires filets que les filets des lois, surtout ceux des lois pénales, lorsque leur nombre étant immense, et que le laps de temps les ayant rendues inutiles, ce n'est plus une lanterne qui éclaire notre marche, mais un filet qui embarrasse nos pieds.

54. Il est deux manières usitées d'établir un nouveau statut : l'une confirme et consolide les statuts précédents sur le même sujet, puis elle y fait quelque addition ou quelque changement ; l'autre abroge et biffe tout ce qui a été statué jusque-là ; puis, reprenant le tout, elle y substitue une loi nouvelle et homogène. Nous préférons cette dernière méthode ; car l'effet de la première est que les ordonnances se compliquent et s'embarrasent les unes dans les autres ; en la suivant, on remédie bien au mal le plus pressant, mais cependant on rend le corps même des lois tout-à-fait vicieux.

Quant à la dernière, elle exige de plus grandes précautions ; car alors c'est en effet sur la loi même qu'on délibère. Il faut donc, avant de porter la loi, bien examiner tous les actes antérieurs et les bien peser ; mais aussi le fruit de cette méthode est de mettre pour l'avenir toutes les lois parfaitement d'accord.

55. C'était un usage établi chez les Athéniens, par rapport à ces chefs de lois contraires qu'ils qualifiaient d'antinomies, de nommer chaque année six personnes pour les examiner ; et, lorsqu'ils ne pouvaient absolument les concilier, de les proposer au peuple, afin qu'il statuât sur ce point quelque chose de certain et de fixe. A cet exemple, ceux qui dans chaque gouvernement sont revêtus du pouvoir législatif, doivent, tous

---

(1) *Psaumes*, X, v. 7.

les trois ans, tous les cinq ans, ou après telle autre période qu'on aura choisie, remanier ces antinomies ; mais que des hommes délégués *ad hoc* les examinent et les préparent pour les présenter ensuite aux comices, afin que ce qu'on aura dessein de conserver soit établi et fixé par les suffrages.

56. Et ces chefs de lois contraires, il ne faut pas prendre trop de peine et se donner la torture pour les concilier et pour sauver le tout par des distinctions subtiles et recherchées ; car ce ne serait là qu'une sorte de toile tissue par l'esprit. Et quoiqu'un pareil travail ait un certain air de modération et de respect pour ce qui est établi, on doit néanmoins le regarder comme très nuisible, attendu qu'il ne fait, de tout le corps des lois, qu'un tissu inégal et irrégulier. Il vaut mieux abattre tout le mauvais et ne laisser debout que le meilleur.

57. Les lois tombées en désuétude, et pour ainsi dire usées, ne doivent pas moins que les antinomies être soumises à l'examen d'hommes délégués avec pouvoir de les supprimer. Car une loi expresse, qui est tombée en désuétude, n'étant pas pour cela régulièrement abrogée, il arrive de là que le mépris pour les lois trop vieilles rejaillit sur les autres et leur fait perdre quelque peu de leur autorité. Et il en résulte quelque chose de semblable au supplice de Mézence ; je veux dire que les lois vivantes périssent par leurs embrassements avec les lois mortes. Il ne faut épargner aucune précaution pour garantir les lois de la gangrène.

58. Je dirai plus : que les tribunaux prétoriens aient le droit de déroger provisoirement aux statuts trop anciens qui n'ont point été promulgués de nouveau. Car bien qu'on n'ait pas eu tort de dire qu'il ne faut pas que personne soit plus sage que les lois, néanmoins cette maxime ne doit s'entendre que des lois qui veillent et non de celles qui dorment.

Quant aux statuts plus récents qui se trouvent être contraires au droit public, ce n'est pas aux préteurs, mais aux rois, à des conseils plus augustes, aux puissances suprêmes, qu'il appartient d'y remédier, en suspendant leur exécution par des édits ou des actes, jusqu'au retour des comices ou de toute autre assemblée de cette nature qui ait le pouvoir de les abroger, et cela de peur qu'en attendant le salut du peuple ne périclite.

Sur les nouveaux Digestes de lois.

59. Que si les lois, à force de s'entasser les unes sur les autres, ont acquis un volume si énorme, et sont tombées dans une si grande confusion, qu'il soit devenu nécessaire de les remanier en entier et de les réorganiser, pour n'en former qu'un seul corps plus sain et plus agile, c'est de ce travail qu'avant tout il faut s'occuper ; une telle œuvre, tenez là pour une entreprise vraiment héroïque et croyez que ceux qui l'exécutent méritent de tenir place parmi les législateurs ou les réformateurs.

60. Or, cette espèce de purification des lois, ce nouveau Digeste, cinq choses sont nécessaires pour l'achever : 1º il faut supprimer les lois trop vieilles, que Justinien qualifiait de vieilles fables ; 2º bien choisir, parmi les antinomies, les lois les mieux éprouvées, en abolissant les contraires ; 3º rayer aussi les homoïonomies, c'est-à-dire les lois qui ont le même son et qui ne sont que des répétitions d'une même chose ; bien entendu que parmi ces lois vous choisirez la plus parfaite, laquelle tiendra lieu de toutes les autres ; 4º s'il se trouve des lois qui ne décident rien, mais qui se contentent de proposer des questions, les laissant indécises, supprimez-les également ; 5º quant à celles qui sont trop verbeuses et trop prolixes, il faut en rendre le style plus concis et plus serré.

61. En formant le nouveau Digeste, il faut mettre d'un côté les lois reçues à titre de droit commun et d'une origine en quelque manière immémoriale ; de l'autre, les statuts qu'on y a ajoutés de temps en temps, rédiger distinctement ces deux espèces de lois, et faire de chacune un corps à part, attendu qu'à bien des égards, lorsqu'il s'agit de rendre la justice, l'interprétation et l'administration du droit commun et celle de ces statuts particuliers ne sont point du tout la même chose. Or, c'est ce qu'a fait Tribonien dans le Digeste et dans le Code.

62. Mais dans la régénération et la réorganisation de cette sorte de lois et des anciens livres, conservez religieusement les paroles et le texte même de la loi, fût-il nécessaire pour cela de les transcrire par centons et par petites portions ; puis mettez-les en ordre et formez-en un tissu. Car peut-être serait-il plus aisé et même (à envisager les principes de la droite raison) peut-être vaudrait-il mieux composer un texte

tout neuf que de coudre ainsi ensemble tous ces morceaux. Cependant, en fait de lois, c'est moins au style et à l'expression qu'il faut regarder qu'à l'autorité, et à l'antiquité qui est comme son patron, sans quoi un pareil ouvrage aura je ne sais quoi de scolastique; il aura plutôt l'air d'une méthode que d'un corps de lois intimant des ordres.

63. En formant le nouveau Digeste, il ne faut pas supprimer tout-à-fait les anciens livres et les condamner à un oubli total, mais les laisser subsister dans les bibliothèques seulement, sans permettre au grand nombre et à toutes sortes de personnes d'en faire usage. En effet, dans les causes les plus graves, il ne sera pas inutile de considérer les changements et l'enchaînement des anciennes lois et d'y donner un coup d'œil. On ne peut disconvenir que ce vernis d'antiquité, dont on couvre les institutions nouvelles, ne leur donne je ne sais quoi d'auguste et d'imposant. Or, ce nouveau corps de lois, c'est à ceux qui dans chaque gouvernement sont revêtus du pouvoir législatif qu'il appartient de le consolider, de peur que, sous prétexte de digérer les anciennes lois, on n'impose inperceptiblement des lois nouvelles.

64. Cette restauration des lois, il serait à souhaiter qu'on la fît dans des temps qui, pour les lumières et les connaissances, l'emportassent sur les temps plus anciens, dont on remanie les actes et le travail; et malheureusement, dans cette refonte de Justinien, le contraire est arrivé. Car, quoi de plus malheureux que de s'en rapporter au discernement et au choix de siècles moins sages et moins savants, pour mutiler l'œuvre des anciens et la recomposer. Cependant trop souvent ce qui n'est rien moins que le meilleur ne laisse pas d'être nécessaire. Mais en voilà assez sur cette obscurité des lois qui résulte de leur excessive et confuse accumulation; parlons maintenant de l'ambiguité et de l'obscurité dans leur expression.

2° *De l'expression obscure et équivoque des lois.*

65. L'obscurité dans l'expression des lois vient, ou de ce qu'elles sont trop verbeuses, trop bavardes, ou au contraire de leur excessive brièveté, ou enfin de ce que le préambule de la loi est en contradiction avec le corps même de cette loi.

66. Il est temps de parler de cette obscurité des lois qui résulte de leur mauvaise expression. Le bavardage et la prolixité qui sont passés en usage dans l'expression des lois ne nous plaisent guère. Et loin que ce style diffus atteigne le but auquel il vise, au contraire il lui tourne le dos; car en prenant peine à spécifier et à exprimer chaque cas particulier en termes propres et convenables, on se flatte en vain de donner ainsi aux lois plus de certitude; on ne fait au contraire par cela même qu'enfanter une infinité de disputes de mots; et, grâce à ce fracas de mots, une interprétation conforme à l'esprit de la loi, le meilleur et le plus sain de tous les guides, n'en marche que plus difficilement.

67. Il ne faut pas pour cela tomber dans une brièveté trop concise ou affectée, pour donner aux lois un certain air de majesté et un ton plus impératif, surtout de notre temps, de peur qu'elles ne ressemblent à la règle des architectes de Lesbos. Ce qu'il faut affecter, c'est seulement le style moyen, en choisissant des expressions générales bien déterminées, lesquelles, sans spécifier minutieusement tous les cas qu'elles comprennent, ne laissent pas d'exclure visiblement tous ceux qu'elles ne comprennent pas.

68. Dans les lois ordinaires et politiques, pour l'intelligence desquelles on n'a point recours à un jurisconsulte, et où on ne s'en rapporte qu'à son propre sens, tout doit être expliqué plus en détail et proportionné à l'intelligence du vulgaire; tout en ce genre doit pour ainsi dire être montré du doigt.

69. Quant aux préambules de lois qui autrefois étaient réputés ineptes, et dans lesquels les lois ont l'air de disputer et non de donner des ordres, ils ne nous plairaient guère si nous étions capables de supporter les coutumes antiques. Mais, eu égard au temps où nous vivons, trop souvent ces préambules de lois sont nécessaires, non pas tant pour expliquer la loi que pour la persuader, pour se ménager la facilité de la présenter aux comices: en un mot, pour contenter le peuple. Quoi qu'il en soit, autant qu'il est possible, évitez ces préambules et que la loi commence à la jussion.

70. Bien que ce qu'on appelle ordinairement préfaces ou préambules de la loi fournisse quelquefois des lumières pour en bien saisir l'intention et l'esprit, néanmoins on ne doit pas s'en servir pour donner à cette loi plus d'ex-

tension et de latitude ; car souvent le préambule se saisit de certains faits plausibles et spécieux à titre d'exemples, quoique la loi ne laisse pas d'embrasser beaucoup plus, ou qu'au contraire la loi renferme des restrictions et des limitations dont il n'est pas besoin d'insérer la raison dans le préambule. Ainsi c'est dans le corps même de la loi qu'il faut chercher ses dimensions et sa latitude ; car souvent le préambule tombe en-deçà ou en-delà.

71. Mais il est une manière très vicieuse d'exprimer les lois, par exemple, lorsque les cas que la loi a en vue sont exprimés en détail dans le préambule ; car alors le préambule s'insère et s'incorpore à la loi même, ce qui y jette de l'obscurité et n'est rien moins que sûr, parce qu'ordinairement on n'examine et l'on ne pèse pas avec le même soin les paroles du préambule que celles qu'on emploie dans le corps même de la loi. Nous traiterons plus amplement de cette partie, qui a pour objet l'incertitude des lois résultante de leur mauvaise expression, quand il sera question de l'interprétation des lois. En voilà assez sur l'obscurité dans l'expression des lois ; il est temps de parler de la manière d'éclaircir le droit.

3° Des différentes manières d'éclaircir le droit et de lever les équivoques.

72. Il est cinq manières d'éclaircir le droit et de lever les équivoques, savoir : les recueils d'arrêts, les écrivains authentiques, les livres auxiliaires, les leçons, enfin les réponses ou les consultations des habiles jurisconsultes. Tous ces moyens, s'ils sont tels qu'ils doivent être, sont d'un grand secours pour remédier à l'obscurité des lois.

Sur les recueils d'arrêts.

73. Avant tout, ces arrêts rendus dans les tribunaux suprêmes et principaux et dans les causes les plus graves, surtout dans les causes douteuses et dans toutes celles qui présentent quelque difficulté et quelque nouveauté, il faut les recueillir avec autant d'exactitude que de sincérité ; car les jugements sont les ancres des lois, comme les lois sont les ancres des républiques.

74. Voici quelle doit être la manière de recueillir ces jugements et de les consigner dans des écrits. Ecrivez les cas avec précision et les jugements avec exactitude ; ajoutez-y les raisons des juges, je veux dire celles que les juges ont alléguées pour motiver leurs jugements ; ne mêlez point avec les cas principaux l'autorité des cas cités en exemples. Quant aux plaidoyers des avocats, à moins qu'il ne s'y trouve quelque chose d'excellent, n'en dites rien.

75. Les personnes chargées de recueillir les jugements de cette espèce doivent être choisies parmi les plus savants avocats, et il faut leur allouer d'amples honoraires sur le trésor public. Les juges doivent s'abstenir de tout écrit de cette espèce, de peur que, trop attachés à leurs propres opinions et s'appuyant trop sur leur propre autorité, ils ne passent les limites prescrites à un simple référendaire.

76. Digérez aussi ces jugements suivant l'ordre et la suite des temps, non sous une forme méthodique et par ordre de matières ; car les écrits de cette nature sont comme l'histoire et la narration des jugements, et non-seulement les actes même, mais encore le temps où ils ont eu lieu, donnent des lumières à un juge prudent.

Des écrivains authentiques.

77. Les lois mêmes qui constituent le droit commun, puis les constitutions ou les statuts, en troisième lieu ces jugements enregistrés, voilà les seuls matériaux qui doivent composer le corps du droit. Quant à d'autres documents authentiques, ou il n'en est point, ou s'il en est il ne faut les admettre qu'avec réserve.

78. Il n'est rien qui importe à la certitude des lois dont nous traitons ici, autant que le soin de réduire les écrits authentiques à une étendue modérée, et de se débarrasser du nombre immense des auteurs et des maîtres en ce genre ; masse énorme dont l'effet est que l'esprit de la loi est comme lacéré, que le juge s'étonne, que les procès deviennent éternels, et que l'avocat lui-même, désespérant de pouvoir lire avec assez d'attention tant de livres, et de se voir jamais au-dessus d'un pareil travail, recherche les abrégés et va au plus tôt fait. On pourrait tout au plus recevoir et tenir pour authentique, soit une bonne glose, soit un petit nombre d'auteurs classiques, ou plutôt quelque petite portion d'un petit nombre d'écrivains. Quant aux autres ils pourraient encore être de quelque usage dans les bibliothèques,

où on les laisserait subsister afin que les juges et les avocats pussent au besoin y jeter un coup d'œil. Mais dès qu'il s'agit de plaider, ne permettez pas qu'on les cite au barreau et qu'ils fassent autorité.

Des livres auxiliaires.

79. Mais ne souffrez pas que la science et la pratique du droit soient dénuées de livres auxiliaires. Ces livres sont de six espèces, savoir : 1° les institutions, 2° ceux qui traitent de la signification des mots, 3° les règles du droit, 4° les antiquités des lois, 5° les sommes et 6° les formules des actions.

80. Le meilleur livre pour préparer les jeunes gens et les novices à étudier les parties les plus difficiles du droit, à puiser dans cette science plus aisément et plus profondément, et a s'en bien pénétrer, ce sont les institutions ; ainsi donnez à ces institutions un ordre clair et facile à saisir. Dans cet ouvrage-là même parcourez tout le droit privé, non en supprimant certaines choses et vous arrêtant sur d'autres plus qu'il ne faut, mais en touchant chaque point avec une certaine brièveté, afin qu'à l'élève qui se dispose à lire avec toute l'attention requise le corps même des lois, il ne se présente plus rien qui soit tout-à-fait nouveau pour lui et dont il n'ait par avance quelque notion, quelque teinture. Quant au droit public, ne le touchez pas dans les institutions ; car ce droit-là, c'est aux sources mêmes qu'il faut le puiser.

81. Composez un ouvrage pour expliquer les termes du droit, mais sans vous attacher trop laborieusement, trop minutieusement à les expliquer et à en déterminer la signification ; car il ne s'agit pas ici de chercher des définitions exactes de ces mots, mais seulement des explications qui aident à entendre les livres de droit. Or, ce traité-là, il ne faut pas en ranger les matières par ordre alphabétique, ordre qu'on pourra réserver pour quelque index, mais il faut mettre ensemble tous les mots qui se rapportent à un même sujet, afin qu'ils se prêtent un mutuel secours et que l'un aide à entendre l'autre.

82. S'il est encore un ouvrage qui puisse contribuer à la certitude des lois, c'est un traité bien fait et bien soigné sur les règles du droit. Et telle est l'importance d'un ouvrage de cette nature, qu'il mérite d'être confié aux plus grands génies et aux plus habiles jurisconsultes, car ce que nous avons en ce genre ne nous plaît pas trop. Or, ces règles qu'il faut ainsi rassembler, ce ne sont pas seulement les règles connues et rebattues, mais aussi d'autres règles plus subtiles et plus profondes que l'on pourra extraire des rapports réciproques entre les lois et les choses jugées, du tout ensemble, et telles que l'on en trouve dans les meilleures rubriques. Ce sont comme autant de conseils dictés par la raison universelle, lesquels s'étendent aux diverses matières de la loi ; c'est comme le lest du droit.

83. Mais il ne faut pas prendre les déclarations, les décisions du droit pour autant de règles, et c'est ce que trop souvent l'on fait avec assez peu de jugement. Si l'on suivait cette méthode il y aurait autant de règles que de lois, car la loi n'est autre chose qu'une règle qui commande ; mais on ne doit tenir pour règle que ce qui est inhérent à l'essence même de la justice. Et c'est parce qu'il est de tels principes que le plus souvent, dans le droit écrit des États divers, on trouve presque les mêmes règles, qui varient toutefois en raison des formes particulières de gouvernement.

84. Après avoir énoncé la règle à l'aide d'un assemblage de mots précis et solides, ajoutez-y les exemples et les décisions des cas, mais surtout les distinctions les plus justes qui peuvent servir à les expliquer, ou les exceptions qui peuvent les limiter ; enfin tout ce qui, par son analogie, peut servir à étendre cette même règle.

85. On a raison de dire qu'il ne faut pas tirer le droit des règles, mais au contraire puiser les règles dans le droit positif. Et ces mots de la règle il ne faut pas y chercher une preuve, comme si c'était le texte d'une loi, car la règle n'établit pas la loi, mais ce n'est tout au plus qu'une sorte de boussole qui l'indique.

86. Outre le corps même du droit, il sera encore utile de jeter un coup d'œil sur les antiquités des lois auxquelles, quoique leur autorité se soit évanouie, est encore attachée une certaine vénération. Or, on doit regarder comme antiquités les écrits sur les lois et les jugements, publiés ou non, qui pour le temps ont précédé le corps même des lois, et il faut tâcher de ne les pas perdre. Ainsi extrayez-en ce qui peut s'y trouver de plus utile, car on y trouve bien des choses inutiles et frivoles, et rédigez-les en

un seul volume, de peur que les vieilles fables, pour employer l'expression de Tribonien, ne se mêlent avec les lois même.

87. Il importe fort à la pratique de distribuer méthodiquement l'ensemble du droit sous la forme de titres et de chapitres auxquels on pourra recourir au besoin comme à une sorte de magasin destiné aux usages journaliers. Ces livres sommaires mettent en ordre ce qui est épars, et abrégent ce que la loi a de trop diffus et de trop prolixe. Mais prenez garde que ces sommes en rendant la pratique plus facile ne rendent en même temps les hommes paresseux à étudier la science même; car leur destination est tout au plus d'aider à repasser le droit et non d'aider à l'apprendre. Or, ces sommes, il faut les composer avec autant de bonne foi que de soin et de jugement, de peur qu'elles ne fassent un larcin aux lois.

88. Recueillons aussi les diverses formules judiciaires en chaque genre d'affaires. Elles sont d'un grand secours pour la pratique, nous révélant les oracles des lois, et dévoilant ce qu'elles ont de plus caché, car il s'y trouve bien des choses qui ne sont pas faciles à saisir; mais dans les formules judiciaires, on les voit plus clairement et plus en détail; il en est de cela comme du poing et de la main ouverte.

Des réponses et des consultations.

89. Quant aux doutes particuliers qui s'élèvent de temps en temps, il faut avoir un moyen pour les dissiper, car il est malheureux pour ceux qui voudraient se garantir de l'erreur de ne point trouver de guide; il est malheureux qu'au moment même de prononcer il n'y ait point, avant que l'affaire soit décidée, de moyen pour connaître le droit.

90. Que les réponses, soit des avocats, soit des docteurs, à ceux qui les consultent sur le droit, aient une telle autorité qu'il ne soit pas permis au juge de s'en écarter, c'est là ce qui ne nous plaît point du tout; car c'est des seuls juges assermentés qu'il faut tirer le droit.

91. Qu'on essaie les jugements à l'aide de causes et de personnes feintes, afin d'entrevoir d'avance quelle pourra être la règle de la loi, c'est ce qui ne nous plaît pas davantage; car un tel jeu, qui rabaisse la majesté des lois, doit être regardé comme une sorte de prévarication, et il est honteux de donner aux jugements un air de jeu comique.

92. Ainsi, que les jugements et les réponses à ces consultations n'appartiennent qu'aux seuls juges, les premiers par rapport aux affaires actuellement pendantes, les dernières relativement aux questions difficiles qui sont actuellement sur le tapis. Or, ces consultations sur les affaires soit privées, soit publiques, ce n'est pas aux juges mêmes qu'il faut les demander (car si l'on se mettait sur ce pied, le juge se changerait en avocat); mais c'est au prince, c'est à l'État qu'il faut les demander, et c'est de là qu'elles doivent passer aux juges; puis les juges, appuyés d'une telle autorité, entendront les plaidoyers des avocats choisis par ceux que l'affaire regarde, ou assignés par les juges mêmes, s'il est nécessaire; ils entendront les raisons de part et d'autre; enfin, l'affaire bien considérée, ils feront droit et prononceront leur sentence. Que les consultations de cette espèce soient rapportées parmi les jugements rendus publiquement et qu'elles jouissent d'une égale autorité.

Des leçons.

93. Quant aux leçons et aux exercices nécessaires à ceux qui s'appliquent à l'étude du droit, qu'on les règle et qu'on les ordonne de manière qu'ils tendent à terminer les questions et les controverses sur le droit plutôt qu'à les exciter. A la manière dont on s'y prend aujourd'hui, il semble qu'on ouvre école exprès pour multiplier les altercations et les disputes sur le droit, comme pour faire montre de son esprit; abus fort ancien, et mal véritable, car, chez les anciens aussi, on se faisait gloire de se partager en sectes et en factions par rapport à une infinité de questions de droit, et de travailler plus à les fomenter qu'à les éteindre.

4° *De la contradiction et de la vacillation des jugements.*

94. Les jugements vacillent, ou parce que la sentence n'est pas assez mûrie et qu'on se presse trop de la rendre, ou par la jalousie réciproque des divers tribunaux, ou à cause du peu de bonne foi et d'intelligence avec lequel on enregistre les jugements, ou parce qu'on offre trop de facilité à la rescision; il faut donc pourvoir à ce que les jugements n'émanent que d'une délibération bien mûre, à ce que les tribunaux se respectent mutuellement, enfin à ce

que les jugements soient recueillis avec autant de bonne foi que d'intelligence. Que la voie à la rescision des jugements soit étroite, scadreuse, et comme semée de chausse-trapes.

95. Si, un jugement ayant été rendu sur un certain cas dans tel des principaux tribunaux, il intervient dans un autre tribunal un cas semblable, qu'on ne procède pas au jugement avant que consultation à ce sujet n'ait été faite dans quelque compagnie composée de juges supérieurs ; car si par hasard il est absolument nécessaire de casser quelque jugement, il faut du moins l'enterrer avec honneur.

96. Que les tribunaux soient sujets à ferrailler les uns contre les autres et qu'il y ait conflit de juridiction, c'est un inconvénient attaché à l'humanité, et il ne faut pas pour cela qu'en vertu de cette inepte maxime qui dit, « qu'un bon juge, un juge vigoureux, doit travailler à étendre la juridiction de son tribunal, » il ne faut pas, dis-je, nourrir ce vice de constitution et user de l'éperon où le frein serait nécessaire. Mais qu'en vertu de cet esprit contentieux, les divers tribunaux se permettent de casser les jugements les uns des autres, quoiqu'ils ne ressortissent point de leur juridiction, c'est un abus insupportable et auquel les rois, les sénats et en général le gouvernement ne doit pas manquer de remédier avec vigueur. Car, quel plus mauvais exemple que de voir les tribunaux, qui sont destinés à établir la paix, s'appeler pour ainsi dire en duel ?

97. Ne montrez pas trop d'inclination et de facilité pour la rescision des jugements, soit par la voie d'appel, ou par les pourvois pour cause d'erreur, ou par les révisions, ou autres semblables moyens. Quelques jurisconsultes professent que l'affaire doit être évoquée au tribunal supérieur, comme si elle était encore toute neuve, sans égard au premier jugement et le sursis étant tout-à-fait admis ; d'autres veulent que le jugement même subsiste dans toute sa vigueur, mais que l'exécution seulement cesse d'avoir lieu. Or, ni l'un ni l'autre ne nous plaît, à moins que les tribunaux par lesquels le jugement a été rendu ne soient tout-à-fait du dernier ordre. Nous aimerions mieux que le jugement subsistât et qu'on procédât à l'exécution, pourvu toutefois que caution fût donnée par le défendeur pour les dépens et dommages, au cas que le jugement encourût la rescision.

Ce sommaire sur la certitude des lois suffira pour donner un exemple du reste du Digeste que nous projetons. Ainsi nous avons désormais terminé la doctrine civile, eu égard du moins à la manière dont nous avons cru devoir la traiter. Terminons en même temps la philosophie humaine et avec elle la philosophie en général.

Enfin, respirant quelque peu et tournant nos regards vers ce que nous avons laissé derrière nous, nous pensons que le Traité que nous venons de donner ressemble assez à ces préludes à l'aide desquels les musiciens essaient leurs instruments lorsqu'ils les mettent d'accord, prélude qui, à la vérité, a je ne sais quoi de rude et de désagréable à l'oreille, mais dont l'effet sera que tout le reste n'en paraîtra que plus doux. C'est précisément dans cet esprit qu'en accordant la lyre des muses et en la mettant au véritable ton, nous la mettons en état de rendre, sous les doigts des autres et sous leur archet, des sons plus mélodieux. Certes, lorsque mettant sous nos yeux la disposition du temps où nous vivons, temps où les lettres semblent être revenues trouver les mortels pour la troisième fois, nous considérons en même temps les grands moyens, les grandes ressources dont elles sont armées dans cette troisième visite ; la pénétration et la profondeur qui distinguent un si grand nombre de génies de notre siècle ; les monuments admirables que les anciens nous ont laissés dans leurs écrits et qui sont comme autant de flambeaux placés devant nous pour éclairer notre marche ; l'art typographique, qui d'une main libérale distribue des livres aux gens de tout état ; les grandes navigations par lesquelles l'Océan a comme ouvert son sein à tous les mortels, voyages auxquels on a dû une infinité d'expériences inconnues aux anciens et qui ont fait prendre à l'histoire naturelle un accroissement immense ; le loisir et la tranquillité dont jouissent si complétement les meilleurs esprits dans les royaumes et les différentes provinces de l'Europe, les hommes de cette classe étant aujourd'hui moins embarrassés dans les affaires publiques qu'ils ne le furent chez les Grecs, dont le gouvernement était populaire, ou chez les Romains, à cause de l'étendue de leur empire ; la paix dont jouissent aujourd'hui la Grande-Bretagne, l'Espagne, l'Italie, la France même et une infinité d'autres contrées ; l'épuisement de tout ce qu'il semble qu'on pouvait imaginer ou dire sur les controverses de religion qui depuis si long-temps détournaient les esprits des autres genres d'études; l'éminente et souveraine érudition de Votre Majesté, à laquelle semblent se rallier tous les esprits, comme les oiseaux au phénix; enfin, la propriété inséparable du temps qui lui est comme inhérente et dont l'effet est que la vérité va se découvrant de jour en jour; quand, dis-je, je réfléchis sur tout cela, je ne puis me défendre d'élever assez haut mes espérances pour penser que cette troisième période des lettres l'emportera de beaucoup sur les deux autres périodes qui eurent lieu chez les Grecs et les Romains, pourvu que les hommes veulent connaître, avec autant de sincérité que de jugement, et leurs forces réelles et ce qui leur manque à cet égard, et que se passant pour ainsi dire de main en main le flambeau des sciences et non le boute-feu de la contradiction, ils regardent la recherche de la vérité comme la plus noble des entreprises et non comme un objet d'amusement ou d'ornement, et qu'ils signalent leur magnificence et emploient leurs fortunes dans des choses solides et dignes de leur attention, au lieu de les consumer à des choses triviales et qui se trouvent sous la main. Quant à ce qui regarde nos propres travaux, s'il plaisait à quelqu'un d'en faire un sujet de critique, il n'y gagnerait autre chose que de tirer de nous ce mot qui est le témoignage d'une souveraine patience: «Frappe, mais écoute.» Que les hommes nous critiquent autant qu'ils le voudront, mais du moins qu'ils prêtent l'oreille et qu'ils fassent attention à ce que nous leur disons; et ce serait choisir une voie d'appel très légitime (quoique peut-être un tel expédient ne fût pas des plus nécessaires) que d'en appeler des premières pensées des hommes à leurs secondes pensées, et du siècle présent à la postérité. Venons donc à la science qui a manqué aux deux premières périodes, car un si grand bonheur ne leur fut point accordé, je veux dire à la théologie sacrée, à celle qui est inspirée par la divinité même, et qui est, par rapport à tous les travaux et tous les voyages humains, comme le port, le lieu du repos.

LIVRE NEUVIÈME.

Désormais, roi plein de bonté, nous avons, en naviguant sur un très petit vaisseau (car telles sont les dimensions du nôtre), fait le tour tant de l'ancien que du nouveau continent des sciences; mais avons-nous eu, dans cette navigation, le vent favorable, et notre expédition a-t-elle été heureuse? C'est ce dont nous abandonnons le jugement à la postérité. Que nous reste-t-il donc à faire, sinon à nous acquitter de notre vœu, après avoir achevé notre entreprise? Cependant reste encore la théologie sacrée ou inspirée; mais si nous prenons le parti de la traiter avec un peu de suite, il nous faut passer de cette petite barque de la raison humaine dans le vaisseau de l'Eglise, le seul qui soit pourvu d'une boussole divine pour diriger sa course, car ce ne sera plus assez des étoiles philosophiques qui jusqu'ici ont éclairé notre navigation. Le mieux peut-être serait de garder le silence sur ce sujet; ainsi, quant aux divisions régulières de cette science, nous n'en parlerons point ici. Nous ne laisserons pas cependant de donner aussi sur ce sujet quelque léger essai, proportionné à notre peu de capacité en ce genre, et seulement à titre de vœu; ce que nous faisons d'autant plus volontiers que nous ne trouvons dans le corps de la théologie aucun département, aucun canton entièrement désert ou inculte, tant les hommes ont eu de soin et d'attention pour semer, soit le bon grain, soit l'ivraie!

Ainsi, nous proposerons trois appendices de la théologie, lesquels traiteront, non de la matière à laquelle la théologie a donné ou pu donner la forme, mais de cette forme seulement; et par rapport à ces traités, nous ne donnerons point, comme à notre ordinaire, d'exemples ni de préceptes, c'est un soin que nous abandonnons aux théologiens, car, comme nous l'avons dit, ce ne sont ici que des espèces de vœux.

1º La prérogative de Dieu embrasse l'homme tout entier et ne s'étend pas moins à la raison qu'à la volonté humaine, je veux dire qu'elle exige de l'homme un renoncement total à lui-même pour se dévouer uniquement à Dieu et se rendre semblable à lui. Ainsi, de même que nous sommes tenus d'obéir à la loi divine, quoique notre volonté y résiste, nous le sommes également d'avoir pour la parole de Dieu une foi entière, quoique notre raison regimbe contre. En effet, si nous n'ajoutons foi qu'aux choses conformes à notre raison, cet assentiment ce sera aux choses mêmes que nous le donnerons et non à leur auteur, et c'est une déférence que nous avons même pour les témoins d'une foi suspecte. Mais cette foi d'Abraham, qui lui fut imputée à justice, avait pour objet une promesse dont Sara ne faisait que se moquer, en quoi elle était une sorte d'image, d'emblème de la raison naturelle. Ainsi, plus un des divins mystères est incroyable et mal sonnant, plus en le croyant on rend d'honneur à Dieu, et plus aussi la victoire que remporte la foi est éclatante. Et de même on peut dire que plus les hommes, convaincus de leur indignité par le témoignage de leur conscience, placent tout l'espoir de leur salut dans la seule miséricorde divine, plus l'hommage qu'ils rendent à Dieu est éclatant, car tout désespoir est comme un affront fait à Dieu même. Il y a plus, si l'on y fait bien attention, c'est quelque chose de plus méritoire et de plus noble, de croire que de savoir, du moins de la manière dont nous savons dans cette vie ; car dans la science l'esprit humain obéit à l'action de la sensation, qui se réfléchit pour ainsi dire des choses matérielles, au lieu que dans la foi il obéit à l'action de l'âme qui est l'agent le plus noble. Il en sera tout autrement dans l'état de gloire, car alors la foi n'aura plus lieu et nous connaîtrons comme nous aurons été connus [1].

Concluons donc, que c'est dans la parole et les oracles de Dieu, et non dans les suggestions de la raison humaine, qu'il faut puiser la théologie sacrée, car il est écrit : « Les cieux même racontent la gloire de Dieu [2]. » Et non pas : « Les cieux racontent la volonté de Dieu. » C'est de cette volonté qu'il est dit : « C'est à la loi et aux témoignages qu'il faut les renvoyer, lorsque leurs actions ne sont pas conformes à cette parole, etc. ; » règle qui n'a pas seulement lieu par rapport à ces grands mystères de la nature divine, de la création, de la rédemption, mais aussi par rapport à la parfaite interprétation de la morale : « Aimez vos ennemis, faites du bien à ceux qui vous haïssent ; c'est ainsi que vous serez vraiment les enfants de ce père qui est dans les cieux, et qui verse également sa pluie féconde sur le juste et l'injuste [1] ; » paroles sans contredit bien dignes de ce genre d'applaudissement :

Nec vox hominem sonat [2] ;

car c'est là une voix qui est au-dessus de la lumière naturelle. De plus, nous voyons que les poètes païens, surtout lorsqu'ils prennent le ton pathétique, se plaignent assez souvent des lois et des doctrines morales, qui sont pourtant beaucoup plus indulgentes et plus relâchées que les lois divines, et ils semblent croire qu'avec une sorte de malignité, elles attentent à la liberté naturelle :

*Et quod natura remittit
Invida jura negant* [3].

C'est ainsi que s'exprima l'Indien Dendamis, parlant aux envoyés d'Alexandre : « A la vérité, disait-il, j'ai entendu parler de Pythagore et des autres sages de la Grèce ; je les regarde comme de grands personnages. Ils ont eu pourtant la simplicité d'attacher trop de vénération à je ne sais quels fantômes qu'ils qualifiaient de lois et de mœurs [4]. » Ainsi, c'est encore un point qu'il ne faut pas révoquer en doute, que la plus grande partie de la loi morale est trop sublime pour que la lumière naturelle puisse s'élever si haut. Néanmoins ce qu'on dit ordinairement, que de la seule lumière et de la seule loi naturelles, les hommes tirent quelque notion de la vertu et du vice, de la justice et de l'injustice, du bien et du mal, est parfaitement vrai. Mais ce mot de lumière naturelle peut être pris en deux sens différents : 1° en tant que cette lumière vient des sens, de l'induction, de la raison, des arguments, conformément aux lois du ciel et de la terre ; 2° en tant qu'elle éclaire l'âme humaine par le sens intime, par l'instinct, selon les lois de la conscience, qui est comme une étincelle, comme un reste de la

---

(1) Matth. c. 5, v. 44-45.
(2) Sa voix n'a rien d'humain. Virg., *Énéide*, liv. I, v. 328.
(3) Et ce que nous accordait la nature même, les lois, les envieuses lois, nous le dénient. Ovid. *Métam.* v. 531.
(4) Strab. liv. XV

(1) *Aux Corinth.* ép. 1. c. 13. v. 12. (2) *Psaumes*. 18. v. 2.

pureté antique et primitive. Or, dans ce dernier sens, l'âme humaine ne laisse pas de participer à cette lumière pour envisager et discerner la perfection de la loi morale, lumière qui pourtant n'est pas parfaitement nette, mais de nature à nous mettre plutôt en état de combattre les vices jusqu'à un certain point qu'à nous instruire pleinement sur nos devoirs. Ainsi, la religion, soit par rapport aux mystères, soit par rapport aux mœurs, dépend entièrement de la révélation divine.

Cependant la raison humaine, dans les choses spirituelles, a encore une infinité d'usages ; un vaste champ lui est ouvert ; et ce n'est pas sans raison que l'on qualifie la religion de culte raisonnable rendu à Dieu[1]. Qu'on se rappelle les cérémonies et les types de l'ancienne loi ; ils étaient rationnels et significatifs ; en cela bien différents des cérémonies de l'idolâtrie et de la magie, qui, étant comme sourdes et muettes, n'enseignent le plus souvent rien et sont tout-à-fait insignifiantes. Outre tant d'autres avantages que le christianisme a sur les autres religions, par rapport à l'usage de la raison et de la dispute, qui est un enfant de la raison, il garde un sage milieu entre le paganisme et le mahométisme, qui donnent dans les extrêmes : car la religion des païens n'offre rien de semblable à cette foi si constante des courageux confesseurs du christianisme, et dans la religion mahométane, au contraire, toute dispute est interdite, en sorte que l'une présente l'idée d'une masse d'erreurs infiniment multipliées et diversifiées, et l'autre celle d'une imposture adroite et circonspecte ; au lieu que l'usage de la raison et des disputes, renfermé toutefois dans les limites convenables, le christianisme et l'adopte et le rejette suivant les cas.

Dans les choses qui regardent la religion, la raison humaine peut avoir deux espèces d'usages, l'un pour l'explication des mystères, l'autre pour les conséquences qu'on en peut tirer. Quant à ce qui regarde l'explication des mystères, nous voyons que Dieu même ne dédaigne pas de s'abaisser à la portée de notre faible entendement, en expliquant ses mystères de maniere que nous puissions les saisir, en greffant, pour ainsi dire, ses révélations sur les principes et les notions de notre raison, et en ajustant ses inspirations à la nature de notre entendement, comme on ajuste la clef à la serrure ; en quoi pourtant nous devons aussi nous aider un peu nous-mêmes ; car, comme Dieu, dans ses illuminations, emprunte le secours de notre raison, nous devons aussi nous retourner, pour ainsi dire, dans tous les sens, pour nous rendre capables de recevoir ses mystères et de nous en bien pénétrer, pourvu toutefois que notre âme se dilate et s'étende à la mesure de ces mystères, au lieu de les rétrécir et de les ramener à sa propre mesure.

Quant aux conséquences, nous ne devons pas ignorer que l'usage de la raison et du raisonnement, qui nous est laissé par rapport aux mystères, n'est qu'un usage secondaire et relatif ; car une fois que les dogmes principaux et les principes de la religion ont été pour ainsi dire installés sur leurs siéges, au point d'être entièrement soustraits à l'examen de la raison, alors il est seulement permis d'en déduire, d'en dériver des conséquences par la voie d'analogie ; règle qui, à la vérité, n'a pas lieu dans les choses naturelles, car là les principes mêmes sont soumis à l'examen ; ils le sont, dis-je, par le moyen de l'induction, et point du tout à l'aide du syllogisme. Or, ces derniers principes n'ont rien de contraire à la raison, en sorte que c'est de la même source qu'on déduit et les propositions primaires et les moyennes. Dans la religion, il en est autrement. Ici les propositions primaires, ou principes, sont des hypostases ; c'est-à-dire des propositions subsistantes par elles-mêmes ; et de plus, elles ne sont pas au pouvoir de la raison qui déduit les conséquences. Or, c'est ce qui n'a pas seulement lieu dans la religion, mais même dans toutes les sciences, soit graves, soit frivoles, où les propositions primaires sont établies par convention, et non par raison ; car dans ces genres-là même, la raison, par rapport aux principes, n'est absolument d'aucun usage. Nous voyons que dans les jeux, par exemple, dans le jeu d'échecs et autres jeux semblables, les premières règles, les premières lois sont purement positives, purement conventionnelles ; règles qu'il faut adopter purement et simplement, et sans disputer ; mais s'il s'agit de gagner et de bien conduire son jeu, c'est ce qui demande de l'art et l'exercice de la raison. Il en est de même des lois humaines où il est une infinité

---

(1) PAUL, *aux Rom.* c. 12, v.

de maximes, de déclarations du droit, qui s'appuient beaucoup plus sur l'autorité que sur la raison. Ce sont choses sur lesquelles on ne dispute point ; mais de savoir ce qui est le plus juste, non absolument, mais relativement et par analogie avec ces maximes, c'est l'affaire de la raison, et c'est ce qui ouvre à la dispute un vaste champ. De cette nature est cette raison secondaire qui trouve place dans la théologie sacrée, et qui est fondée sur les ordonnances de Dieu même.

Or, de même que la raison humaine peut avoir, dans les choses divines, deux espèces d'usages, ces usages sont aussi susceptibles de deux sortes d'excès ; l'un a lieu lorsqu'on va recherchant avec trop de curiosité le mode du mystère ; l'autre, lorsqu'on donne aux conséquences autant d'autorité qu'aux principes. Car on peut regarder comme un vrai disciple de Nicodème celui qui, avec trop d'opiniâtreté, réitère cette question : « Comment pourrais-je renaître homme, moi qui suis déjà si vieux[1] ? » Et il ne faudrait pas non plus réputer pour un disciple de Paul celui qui n'aurait pas l'attention d'insérer de temps à autres dans ses instructions cette formule : « C'est moi qui parle ainsi, et non le Seigneur[2]. » Et cette autre : « Du moins telle est ma manière de penser[3]. » Car tel est le style qui convient à la plupart de ces conséquences. Ainsi, une entreprise qui nous paraît éminemment utile et salutaire, c'est la composition d'un traité exact et circonspect qui donne d'utiles préceptes sur l'usage de la raison humaine dans les matières de théologie ; ce serait une sorte de logique divine. Ce serait comme une espèce d'opiat qui aurait la propriété, non-seulement d'assoupir les spéculations qui travaillent l'école de temps en temps, mais encore de calmer la fureur des controverses qui excitent tant de troubles dans l'Eglise. Un traité de cette nature, nous lui donnerions pour titre Sophron, ou du légitime usage de la raison humaine dans les choses divines.

Ce qui importerait encore beaucoup à la paix de l'Eglise, ce serait d'expliquer bien clairement et bien nettement ce que c'est que cette alliance des chrétiens, que le Sauveur établit par ces deux sentences qui semblent se contredire quelque peu ; sentences dont l'une dit : « Celui qui n'est pas avec nous, est contre nous[1] ; » et l'autre : « Celui qui n'est pas contre nous, est avec nous[2]. » Par ces deux sentences, l'on voit clairement qu'il est quelques articles par rapport auxquels n'être pas du sentiment général, c'est être réputé hors de l'alliance, et qu'il en est d'autres sur lesquels on peut, sauf l'alliance, s'écarter de ce sentiment ; car les liens de la communion chrétienne sont ainsi marqués : « une même foi, un même baptême[3], » et non pas un seul rit, une seule opinion. Nous voyons aussi « que la tunique du Sauveur était sans couture[4] ; » or, le vêtement de l'Eglise est un vêtement de plusieurs couleurs. Il faut, dans le blé, séparer la paille d'avec le grain, mais il faut bien se garder d'arracher l'ivraie dans le champ. Lorsque Moïse trouva un Egyptien querellant avec un Israélite, il ne leur dit point : « Pourquoi vous querellez-vous ? » il tira son épée et tua l'Egyptien. Mais lorsqu'ensuite il rencontra deux Israélites qui se querellaient, quoiqu'il fût impossible qu'ils eussent également raison tous deux, il ne laissa pas de leur parler ainsi : « Vous êtes frères, pourquoi vous querellez-vous[5] ? » Ainsi, toutes ces choses bien considérées, c'est un soin qui semble être de la plus grande importance et utilité que de bien déterminer quelle est l'espèce et la latitude des points qui retranchent les hommes du corps de l'Eglise et qui les excluent de la communion des fidèles. Que si quelqu'un s'imagine que cela est déjà fait, qu'il considère avec quelle modération et quelle sincérité, et qu'il y pense à plus d'une fois. Quoi qu'il en soit, il y a toute apparence que tel qui s'aviserait de parler de paix, n'y gagnerait que cette réponse : « Est-ce qu'il faut parler de paix à Jéhu ? Qu'y a-t-il de commun entre la paix et toi[6] ? Passe, et suis-moi ; » car ce n'est pas la paix, mais la guerre, le schisme, qui est du goût de la plupart des hommes. Nous avons cru néanmoins devoir classer parmi les choses à suppléer un traité sur les degrés d'unité dans la cité de Dieu, le croyant utile et salutaire.

L'Ecriture-Sainte, lorsqu'il s'agit de former la théologie, joue un si grand rôle, qu'il faut surtout s'occuper de son interprétation. Or,

---

(1) S. Jean, c. 3, v. 4. — (2) Aux Corinth. ép. I, c. 7, v. 12. — (3) Id. v. 40.

(1) Math. c. 12, v. 30 ; et Luc, c. 11, v. 23. — (2) Luc, c. 9, v. 50. — (3) Paul, aux Eph. c. 9, v. 51. — (4) Jean, c. 19, v. 23. — (5) Rois, c. 2, v. 11-13. — (6) Rois, liv. VI, c. 9, v. 19.

nous ne parlons pas ici de l'autorité en vertu de laquelle on peut les interpréter, autorité qui s'appuie sur le consentement de l'Eglise, mais seulement la manière même de les interpréter. Et il est deux manières de le faire : l'une méthodique, l'autre plus libre. En effet, ces eaux divines, qui l'emportent infiniment sur celle du puits de Jacob, laquelle n'en est que l'image, se puisent et se distribuent de la même manière que les eaux naturelles tirées des puits ordinaires. Celles-ci, dès qu'elles sont tirées, on les recueille dans des réservoirs, dont on les dérive par une infinité de tuyaux pour la commodité de l'usage, ou on les verse aussitôt dans des vases pour les trouver sous sa main. Or, c'est la première de ces deux manières, la manière méthodique, qui a enfanté la théologie scolastique, laquelle a rassemblé la théologie en corps d'art, comme dans un réservoir, et de là les filets d'axiomes et de principes ont été dérivés et se sont distribués de toutes parts. Mais, dans la manière libre d'interpréter, se glissent deux sortes d'excès : l'un a lieu lorsqu'on suppose dans les Ecritures une perfection de telle nature qu'on soit obligé de puiser dans cette source toute espèce de philosophie, comme si tout autre genre de philosophie, quel qu'il pût être, était quelque chose de profane et de païen. C'est surtout dans l'école de Paracelse que ce genre d'excès a pris pied, et on le retrouve aussi dans quelques autres. C'est aux rabbins et aux cabalistes qu'il doit sa naissance ; mais il s'en faut de beaucoup que, ce but auquel ils visent, ils y atteignent. Au lieu de rendre hommage à l'Ecriture, comme ils le prétendent, ils ne font que la ravaler et la souiller ; car, chercher la terre et le ciel matériel dans la parole divine, dont il est dit : « Le ciel et la terre passeront, mes paroles ne passeront point[1], » c'est chercher parmi les choses éternelles ce qui n'est que passager. Et de même que, chercher la théologie dans la philosophie, c'est, en quelque manière, chercher les vivants parmi les morts ; de même aussi, et par la raison des contraires, chercher la philosophie dans la théologie, n'est autre chose que chercher les morts parmi les vivants. Cette autre manière d'interpréter, que nous qualifions d'excès, a, au premier coup d'œil, un certain air de réserve et de modération ; mais elle ne laisse pas d'outrager aussi l'Ecriture et d'être fort préjudiciable à l'Eglise ; elle a lieu, en un mot, lorsqu'on explique les écrits d'inspiration divine de la même manière que les écrits humains: Or, il ne faut pas oublier qu'à Dieu, auteur des Ecritures, sont parfaitement connues deux choses qui échappent à l'esprit humain, savoir : le secret des cœurs et la succession des temps. Ainsi les sentences de l'Ecriture étant de telle nature qu'elles parlent au cœur et embrassent les vicissitudes de tous les siècles, en vertu d'une prescience éternelle et certaine de toutes les hérésies, de toutes les contrariétés, de tous les différents états par lesquels l'Eglise doit passer, considérés tant dans le tout que dans chacun des élus, la vraie manière de les interpréter n'est pas de les prendre dans la latitude la plus apparente et dans le sens qui se présente d'abord, ou de considérer seulement à quelle occasion les paroles ont été dites, ou encore de chercher le sens précis dans l'enchaînement d'un passage avec ce qui précède et à ce qui suit ; mais, pour les bien entendre, il faut concevoir qu'elles embrassent, non pas seulement en totalité et collectivement, mais aussi distributivement, même par telle phrase ou par tel mot, une infinité de ruisseaux et de veines de doctrine destinées à arroser les diverses parties de l'Eglise et les âmes des fidèles une à une ; car c'est avec beaucoup de raison qu'on a observé que les réponses de notre Sauveur à un assez grand nombre de questions qu'on lui proposait ne semblent pas être trop *ad rem*, et paraissent comme peu pertinentes. Cette manière de répondre est fondée sur deux raisons : l'une, que, connaissant les véritables pensées de ceux qui l'interrogeaient, non pas simplement par leurs discours, à peu près comme nous pourrions le faire nous autres hommes, mais immédiatement et par lui-même, c'était en conséquence à leurs pensées et non à leurs discours qu'il répondait ; l'autre est qu'il ne parlait pas seulement à ceux qui étaient alors présents, mais de plus à nous qui vivons aujourd'hui, aux hommes de tous les temps et de tous les lieux, à qui son Evangile devait être prêché.

Après cette première touche, passons au traité que nous regardons comme étant à suppléer. On ne trouve sans doute, parmi les écrits des théologiens, que trop de livres de contro-

---

[1] Marc, c. 13, v. 32.

verse; la masse de cette théologie que nous qualifions de positive, est immense : lieux communs, traités particuliers, cas de conscience, discours publics et homélies; enfin, une infinité de commentaires prolixes sur les livres des Ecritures. Quant à ce que nous souhaitons et regardons comme à suppléer, voici ce dont il s'agit. C'est une collection succincte, saine et judicieuse d'annotations et d'observations sur les textes particuliers de l'Ecriture, sans se jeter dans des lieux communs, sans s'attacher aux controverses; enfin une collection qui ne sente pas trop l'art et la méthode et où les observations soient exposées telles qu'elles se présentent naturellement à l'esprit. C'est une perfection sans contredit qui se montre quelquefois dans les discours les plus savants, discours qui, pour la plupart, sont bientôt oubliés; mais elle n'a point pris racine dans les livres qui passent à la postérité. Nul doute que les vins qui, après un premier foulage, sont doucement tirés, ne soient plus suaves que ceux que le pressoir a exprimés, parce que ceux-ci contractent toujours un peu de la saveur de la grappe et de la peau du raisin. C'est ainsi que les doctrines les plus suaves et les plus salutaires sont celles qui coulent des Ecritures doucement exprimées, et qui n'ont aucune teinte de controverse ou de lieux communs. Or, un traité de cette nature, nous l'appelons émanation des Ecritures.

Il me semble désormais avoir achevé ce petit globe du monde intellectuel, avec le plus d'exactitude qu'il m'a été possible, ayant eu soin en même temps de désigner et d'esquisser les parties, dont, à mon sentiment, l'industrie et l'activité des hommes ne se sont pas assez constamment occupées, et qui ne nous paraissent pas assez cultivées. Que si, dans cet ouvrage, je me suis quelquefois écarté du sentiment des anciens, on doit penser que je ne l'ai fait qu'en vue d'un mieux, et point du tout dan l'intention d'innover et de suivre une route différente. Et je n'aurais pu être d'accord avec moi-même et avec le sujet que j'avais dans les mains, si je n'eusse eu la ferme résolution d'ajouter, autant qu'il était en moi, aux inventions des autres; ce qui ne m'empêchera pas de souhaiter que par la suite mes inventions soient surpassées par celles des autres. Et pour s'assurer de l'équité avec laquelle je me suis conduit à cet égard, il suffit de considérer que partout, en exprimant mes propres opinions, je les présente toute nues, et que je ne m'efforce point d'attenter à la liberté d'autrui par des réfutations contentieuses; car, dans les points où j'ai saisi la vérité, j'ai quelque espoir que si, à une première lecture, il se présente quelque doute, quelque objection, à une seconde lecture la réponse se présentera aussi d'elle-même. Mais dans les points mêmes où j'ai pu me tromper, je suis bien certain de n'avoir pas fait violence à la vérité par des arguments contentieux, lesquels sont presque toujours de nature à donner à l'erreur une sorte d'autorité qu'ils ôtent aux véritables découvertes, l'effet du doute étant de donner du relief à l'erreur et de faire rebuter la vérité. Au reste, je me suis rappelé cette réponse de Thémistocle qui, entendant le député d'une très petite ville pérorer magnifiquement, lui lança ce trait : « Mon ami, à tous ces beaux discours il manque une cité. » Certes, on pourrait m'objecter de même qu'à mes paroles il manque un siècle, un siècle peut-être tout entier pour ébaucher, et une infinité de siècles pour achever. Cependant, comme on a obligation des meilleures choses à ceux qui ont eu le mérite de les commencer, que ce soit assez pour nous d'avoir eu le courage de frayer la route et de semer pour la postérité.

DEUXIÈME PARTIE
DE LA GRANDE RESTAURATION DES SCIENCES.

NOUVEL ORGANE

ou

MÉTHODE POUR L'INTERPRÉTATION DE LA NATURE

(*NOVUM ORGANUM*).

DÉDICACE

AU SÉRÉNISSIME ET TRÈS PUISSANT PRINCE ET NOTRE SOUVERAIN JACQUES I,
PAR LA GRACE DE DIEU ROI DE LA GRANDE-BRETAGNE, DÉFENSEUR DE LA FOI, ETC.

Très sérénissime et très puissant roi, peut-être Votre Majesté m'accusera-t-elle de vol pour avoir dérobé à ses affaires[1] tout le temps qu'a exigé cet ouvrage, et je n'aurai rien à répondre, car le temps n'est pas chose qu'on puisse restituer. Toutefois, il en serait autrement, si celui que j'ai soustrait à votre service actuel pouvait ajouter dans l'avenir à la durée de votre nom et à la gloire de votre siècle, chose qui arrivera si mon livre a quelque mérite. Au moins est-il sûr qu'il a, sous tous les rapports, celui de la nouveauté, et pourtant il a été copié dans un bien vieux manuscrit, savoir : l'univers et la nature des choses et de l'esprit humain. A ne vous rien cacher, je puis dire, en ce qui me concerne, que s'il m'arrive quelquefois de priser cet ouvrage, c'est plutôt sous le rapport de l'époque qui l'a vu naître que sous celui du génie qu'il a fallu pour le produire. La seule chose qui doive étonner, c'est que l'idée ait pu en venir à quelqu'un, et que des opinions accréditées aient pu devenir à tel point suspectes à ses yeux. Le reste n'est qu'une conséquence obligée. Sans doute le hasard, pour parler le langage vulgaire, ou quelque chose qui tient du hasard, a part aux pensées des hommes aussi bien qu'à leurs paroles et à leurs actions ; aussi veux-je dire que c'est à l'immensité de la grâce et de la bonté divine, et à la félicité de votre règne, que j'attribue ce que cet ouvrage peut avoir de bon. Après vous avoir servi toute ma vie avec une affection qui ne se sera jamais démentie, peut-être, quand je ne serai plus, aurai-je assez bien fait pour que la lumière de ce flambeau, allumée tout à l'heure au milieu des ténèbres de la philosophie, éclaire encore la postérité. Oui, c'est au siècle du plus sage et du plus savant des rois qu'il appartient de voir la régénération et la complète restauration des sciences.

Il me reste à faire à Votre Majesté une demande qui n'est pas indigne d'elle, et dont le succès contribuerait puissamment au but que je me propose ; c'est que vous, qui en tant de choses nous retracez Salomon par la gravité de vos jugements, la sécurité de votre règne, l'élévation de vos sentiments et l'étonnante variété des livres que vous avez composés, vous daigniez, afin d'avoir avec lui un trait de res-

---

(1) J'emploie la traduction donnée de cette dédicace par M. de Vauzelles.

semblance de plus, donner des ordres pour que l'on choisisse et rassemble les matériaux d'une histoire naturelle et expérimentale, vraie, sévère, dépouillée de tout luxe de style, uniquement destinée à servir de base à la philosophie, et telle que nous la décrirons en son lieu ; si bien qu'après tant de siècles la philosophie et les sciences, cessant de porter sur le vide et d'être pour ainsi dire aériennes, posent enfin sur le solide fondement d'expériences bien constatées en tous genres. J'ai fourni l'organe et l'instrument ; mais c'est à la nature qu'il faut demander les matériaux.

Dieu conserve Votre Majesté.

De Votre Majesté sérénissime le plus humble et dévoué serviteur,

FRANÇOIS VERULAM, *Chancelier*.

LETTRE PARTICULIÈRE AU ROI JACQUES,

EN LUI ENVOYANT LE *NOUVEL ORGANE*.

Sous le bon plaisir de Votre Majesté, autre chose est de parler ou d'écrire publiquement, surtout au roi, autre chose de parler ou d'écrire en secret à un seul individu[1]. Aussi, quoique je vous aie dédié mon ouvrage, ou plutôt la partie de mon ouvrage que j'ai terminée, dans une épître que j'ai rendue publique, ai-je jugé convenable de l'adresser moins à votre personne qu'à votre jugement dans une lettre particulière.

Mon livre n'est au fond qu'une nouvelle logique, ou l'art de faire des découvertes et de juger des choses par la voie de l'induction, le syllogisme ne me paraissant pas convenir à l'étude des sciences naturelles. Je m'y suis proposé de rendre la philosophie et les sciences à la fois plus claires et plus actives. Sans doute un ouvrage qui a pour objet d'étendre les limites de la raison et d'exercer la puissance intellectuelle de l'homme n'était pas indigne d'être offert à vous, sire, qui êtes un si grand maître fait de raison et de choses utiles.

Deux membres de votre conseil, dont l'un est un illustre prélat, savent que je travaille depuis près de trente ans à cet ouvrage. Vous voyez que j'ai pris mon temps ; et si je l'ai publié aujourd'hui, malgré l'état d'imperfection dans lequel il est encore, c'est que je compte mes jours et désire parvenir au terme. Je me propose une autre chose en le publiant, qui est de m'assurer s'il ne serait pas possible de me faire aider dans le travail qui me reste à faire, savoir : dans la composition d'une histoire naturelle et expérimentale, fondement indispensable de toute vraie philosophie.

Cet ouvrage n'est encore qu'une figure d'argile, mais la protection de Votre Majesté peut y souffler la vie ; et pour vous dire tout ce que je pense, je tiens que cette faveur lui vaudrait autant que cent ans de correction de ma part. Je ne doute même pas que les siècles futurs ne mesurent l'estime qu'ils en feront sur celle que vous-même en aurez faite. Aussi est-ce moins pour moi que pour le bonheur et l'utilité du genre humain que je désire mériter votre suffrage. Il est pourtant, je l'avoue, une chose que j'ambitionne et que j'ose espérer ; c'est qu'un temps viendra où les hommes recevront plus de lumières des écrits des chrétiens que jamais ils n'en ont reçu de ceux des païens. J'en juge par mon premier ouvrage sur l'*Avancement et la dignité des sciences*, qui, m'assure-t-on, a été généralement goûté dans nos universités et colléges. Celui-ci a le même objet, seulement la matière y est plus approfondie.

Que Dieu conserve Votre Majesté.

FRANÇOIS VERULAM.

12 octobre 1620.

---

(1) Traduction du même M. de Vauzelles.

LETTRE D'ENVOI A L'UNIVERSITÉ DE CAMBRIDGE.

A MA NOURRICE L'UNIVERSITÉ DE CAMBRIDGE.

Comme votre fils et votre nourrisson, j'ai du plaisir à déposer dans votre sein cet ouvrage ; je croirais aventurer son sort si je le portais

DEDICACE.

ailleurs. Ne vous effrayez pas de ce que la voie que j'ai suivie est nouvelle; le cours des âges et des siècles doit nécessairement amener du nouveau. Il est une gloire qui sera toujours propre aux anciens, c'est celle du génie ; mais la foi n'est due qu'à la parole de Dieu et à l'expérience. Or, s'il n'est pas possible de ramener les sciences, telles qu'on les a faites, à l'expérience, il est au moins possible, quoique difficile, de refaire les sciences elles-mêmes par l'expérience.

FRANÇOIS VERULAM, *Chancelier.*

3 octobre 1620, de l'hôtel d'Yorck.

PRÉFACE.

Une des plus puissantes causes qui aient arrêté ou ralenti les progrès des sciences et de la philosophie est la témérité de ceux qu'une excessive confiance dans les forces naturelles de leur esprit, ou l'ambition et le désir de se distinguer, ont porté à dogmatiser sur la nature comme sur un sujet familier et suffisamment approfondi. La vigueur même d'esprit et la force d'éloquence qui les mettaient en état d'accréditer leurs opinions et de faire secte ne les rendaient que plus capables d'éteindre dans leurs disciples toute ardeur pour de nouvelles recherches ; et s'ils ont été utiles par les productions de leur propre génie, ils ont été cent fois plus nuisibles en énervant les autres génies ou les détournant de leur vraie direction. Quant à ceux qui, tenant la route opposée, affirmaient qu'on ne peut rien savoir avec certitude, cette opinion décourageante où les fit tomber, soit leur aversion pour les anciens sophistes, soit l'incertitude où flottait leur esprit, soit encore une certaine surabondance d'idées et de sciences mal digérées, ils l'appuyaient sans doute par des raisons qu'il serait injuste de mépriser ; mais ils n'ont pas su la déduire des vrais principes. Entraînés au-delà du but par la passion et l'esprit de parti, ils l'outrèrent et le firent dégénérer en affectation. Enfin, les philosophes des premiers temps de la Grèce, dont les ouvrages sont perdus, furent les seuls qui surent garder un sage milieu entre la jactance affirmative des premiers et la pusillanime acatalepsie des derniers. Tout en se plaignant sans cesse de la difficulté des recherches, de l'obscurité des choses, tout en donnant de fréquents signes d'impatience et en rongeant pour ainsi dire leur frein, ils n'ont pas laissé de s'occuper vivement de leur dessein et de s'attacher à l'étude de la nature avec une sorte d'opiniâtreté,

pensant avec raison que, pour terminer cette question même et savoir enfin si l'on peut en effet savoir quelque chose, il fallait, au lieu de disputer sur ce point, le décider par l'expérience. Encore ceux-là même s'abandonnèrent trop à l'impétuosité naturelle de leur entendement, sans aucune règle fixe qui le dirigeât ou le contînt, s'imaginant que, pour pénétrer dans les secrets de la nature, il suffisait de méditer avec obstination, de tourner pour ainsi dire son esprit dans tous les sens, et de le maintenir dans une agitation perpétuelle.

Quant à notre marche, autant elle est difficile à suivre, autant elle est facile à exposer. Car de quoi s'agit-il dans la méthode que nous proposons? d'établir des degrés de certitude, de donner de l'appui aux sens par une méthodique réduction des objets qui doivent être observés, mais en rejetant presque tout le produit des premières opérations de l'esprit qui suivent immédiatement les sensations, la route nouvelle et sûre que notre dessein est de tracer à l'entendement humain devant commencer aux perceptions des sens. Et c'était sans doute ce qu'avaient aussi en vue ces anciens philosophes, qui attachaient un si grand prix à la dialectique et lui faisaient jouer un si grand rôle. Par le soin même avec lequel ils traitaient cette science, il paraît qu'ils y cherchaient des secours pour l'entendement, tenant eux-mêmes pour suspects sa marche native et son mouvement spontané. Mais ce remède, ils l'appliquaient trop tard ; déjà l'esprit était dépravé par une infinité de mauvaises habitudes, tout comblé de simples ouï-dire, tout infecté de doctrines mensongères et obsédé par mille fantômes ; déjà tout était perdu. Ainsi les **règles** de la dialectique ne peuvent nullement réparer le mal, et servent plutôt à fixer les erreurs qu'à découvrir la vérité. Reste donc une seule ressource, un seul moyen de guérison, c'est de recommencer tout ce travail de l'entendement humain, de ne jamais l'abandonner à lui-même, mais de s'emparer de lui dès le commencement, de le diriger à chaque pas, et, pour tout dire, de ne le faire travailler qu'à force de machines. Certes, si les hommes eussent voulu exécuter tous les travaux mécaniques à l'aide de leurs seules mains, ils n'auraient pu mouvoir que de fort petites masses, et ils n'auraient fait en ce genre rien de grand. Mais faisons ici une courte pause pour contempler, dans cet exemple même comme dans un miroir fidèle, la vanité de nos prétentions et l'inutilité de nos efforts. Supposons qu'on eût dessein de transporter un obélisque d'une grandeur extraordinaire, pour servir de décoration à un triomphe ou à quelque autre fête de ce genre, et que ceux qui auraient entrepris ce travail voulussent l'exécuter avec leurs seules mains; un spectateur de sang-froid ne les prendrait-il pas pour une troupe d'insensés? Que si, augmentant le nombre des ouvriers, ils espéraient par ce seul moyen venir à bout de leur dessein, ne lui sembleraient-ils pas encore plus fous? Si encore, faisant un choix dans cette multitude et renvoyant les plus faibles pour n'employer que les plus vigoureux, ils se flattaient d'avoir tout fait par ce choix, ne lui sembleraient-ils pas au comble de la folie? Enfin, si, non contents de tout cela, et recourant à l'art de la gymnastique, ils ordonnaient que chaque ouvrier eût à ne se présenter au travail qu'après avoir enduit ses bras, ses mains et tous ses muscles de ces substances onctueuses dont les athlètes faisaient usage autrefois, et suivi exactement le régime qu'on leur prescrivait, ce spectateur, plus étonné que jamais, ne finirait-il pas par s'écrier : « Voilà des gens qui extravaguent avec une sorte de prudence et de méthode? Que de peine perdue!.. » Eh bien! c'est avec un zèle aussi extravagant et avec des efforts aussi impuissants que les hommes s'attroupent pour exécuter les travaux intellectuels, attendant tout, soit de la multitude et de l'accord des esprits, soit de la pénétration et de la supériorité du génie, ou encore, pour donner à leur esprit plus de nerf et de ressort, recourant à la dialectique, sorte d'art très analogue à celui des athlètes. Mais en dépit du zèle et de l'activité qu'ils mettent dans leurs travaux philosophiques, ils sont forcés de convenir qu'ils y appliquent leur entendement tout nu. Cependant il n'est pas douteux que, dans toute œuvre qu'exécute la main humaine, il est impossible, sans le secours des instruments et des machines, d'augmenter à un certain point la force de chaque individu, et de faire concourir efficacement les forces de tous; il en est de même des opérations de l'esprit.

Notre dessein toutefois, en proposant une nouvelle marche philosophique, n'est nullement de déposséder la philosophie aujourd'hui en honneur, ou toute autre actuellement existante ou à exister, qui pourrait être ou plus exacte ou plus complète; nous n'empêchons pas que les philosophies reçues ne servent à fournir un sujet aux disputes, un texte aux entretiens, ou des méthodes abréviatives et des facilités de toute espèce dans les affaires et dans les différentes professions; qu'on les emploie, si l'on veut, à ces usages. Nous devons même déclarer que la philosophie que nous proposons ne serait pas d'un grand service dans le commerce ordinaire de la vie. Ce n'est pas un objet qui soit comme sous la main et que tous puissent saisir aisément. Elle ne flatte point l'esprit humain en se mariant aux préjugés dont il est rempli : elle ne s'abaissera point à la portée des esprits ordinaires, et ils ne la pourront saisir que par ses effets et son utilité.

Ainsi, pour montrer une égale faveur à ces deux espèces de philosophies et ménager les intérêts de l'une et de l'autre, distinguons deux sources différentes de philosophie et deux départements des sciences, ainsi que deux tribus ou familles de philosophes et de contemplatifs, familles qui ne sont nullement étrangères l'une à l'autre, encore moins ennemies par état, mais au contraire intéressées à resserrer par des secours mutuels les liens naturels qui les unissent et à former entre elles une sorte de confédération. En un mot, distinguons un art de cultiver les sciences et un art de les inventer. S'il se trouve des personnes à qui le premier paraisse préférable et plaise davantage, soit par sa marche prompte et facile, soit à cause du fréquent usage dont il peut être dans la vie ordinaire, soit enfin parce qu'un défaut de vigueur dans l'esprit les rend incapables de saisir et d'embrasser dans toute son étendue cette seconde philosophie plus vaste et plus difficile (motif qui sera probablement celui du plus grand nombre), nous faisons des vœux pour eux et leur souhaitons les plus heureux succès, les laissant libres de suivre le parti qu'ils ont pris. Mais s'il existe un mortel courageux qui ait un vrai désir, non de rester comme cloué aux découvertes déjà faites et d'en faire simplement usage, mais d'ajouter lui-même à ces inventions; non de l'emporter sur un adversaire par sa dextérité dans la dispute, mais de vaincre la nature même par les œuvres; un homme, dis-je, qui ne perde point de temps à entasser d'imposantes vraisemblances, mais qui soit jaloux d'acquérir une véritable science, une science certaine et qui se démontre elle-même par ses œuvres, celui-là nous le reconnaissons pour un légitime enfant de la science; qu'il daigne se joindre à nous, et que, laissant derrière lui cette facile entrée des routes de la nature, route si long-temps battue par la multitude, il ose pénétrer avec nous jusqu'aux parties les plus reculées. Mais pour mieux faire entendre notre pensée et rendre les idées plus familières en y attachant des noms, appelons l'une de ces deux routes ou méthodes Anticipations et l'autre Interprétations de la nature, noms par lesquels nous les distinguons ordinairement. Voilà à quoi il faut tendre sans cesse. Quant à nous, nous avons voulu (et nous avons mis à cela tous nos soins) que tout ce que nous croirions devoir mettre en avant fût nonseulement vrai en soi, mais aussi pût se faire jour sans gêne et sans violence dans l'esprit des hommes, quoique occupés d'autres intérêts, quelque éloignés qu'ils fussent de notre sujet. Toutefois, quand nous traitons une matière aussi importante que l'est une restauration des études et des sciences, nous devons exiger de tous ceux qui, soit pour obéir à leur propre sentiment, soit pressés par l'autorité de la foule, soit convaincus par les formes de notre démonstration, qui ont acquis aujourd'hui toute l'autorité de décisions judiciaires, voudront se former ou énoncer une opinion sur un tel sujet, de vouloir bien aussi ne pas se flatter d'être en état de le faire après s'en être occupés seulement en passant et au milieu d'autres affaires. Il est juste qu'avant tout ils connaissent le sujet à fond; qu'ils essaient à marcher peu à peu par la voie que nous avons décrite, frayée, assurée; qu'ils s'habituent à la subtilité d'attention requise dans de semblables expériences; qu'ils corrigent enfin, par des efforts légitimes et tous faits à propos, les mauvaises habitudes profondément enracinées dans l'esprit. Et c'est alors seulement que, s'ils veulent exercer leur jugement, il pourra être en leur pouvoir de le faire.

SUJET ET PLAN DU *NOUVEL ORGANE*[1].

Ayant sans cesse notre but devant les yeux, exposons le tout d'une manière claire et dans un ordre non interrompu. Voici le sujet et la distribution de notre seconde partie. Cette partie est destinée à l'exposition d'une science qui apprend à exercer sa raison d'une manière plus sûre et plus parfaite qu'on ne l'a pu faire par toutes les méthodes découvertes ou publiées jusqu'ici, science dont le but est d'élever l'entendement humain, de reculer les limites de ses facultés, et de le mettre en état de surmonter les difficultés sans nombre que présente l'étude de la nature. A l'interprétation proprement dite sont consacrées trois autres parties, savoir: la troisième, la quatrième et la sixième; la cinquième, uniquement composée des anticipations (ou conclusions hâtives) qui sont le produit de la raison appliquée suivant la méthode ordinaire, n'étant que provisoire; mais vérifiées et fixées par notre méthode, ces anticipations nous conduiront peu à peu au sujet de la sixième partie.

Ainsi le sujet propre de cette seconde partie est l'entendement même, je veux dire l'art de le rectifier et de le diriger. C'est en quelque manière le tableau de tout cet appareil de moyens qui doit nous conduire à la plus parfaite administration

---

(1) Ce morceau, qui était comme l'ébauche du *Nouvel Organe*, et qui en donne le plan, a été publié parmi les morceaux divers de Bacon, d'abord par H. Gruter et ensuite par Rawley. J'ai cru convenable de le placer ici, puisqu'il présente l'analyse de l'ouvrage qui suit.

de la raison humaine. Et, quoique le nom seul de logique ou de dialectique ait pour nous je ne sais quoi de choquant, vu ce grand nombre de fausses méthodes auxquelles on l'applique, cependant notre dessein étant de conduire les hommes avec ménagement et par les routes qui leur sont familières, disons que l'art que nous allons exposer a en effet quelque rapport avec la logique vulgaire qui fait aussi profession et s'efforce de procurer des secours à l'entendement ; mais, outre plusieurs autres différences qui distinguent notre logique de la logique ordinaire, elle en diffère principalement en trois choses, savoir : la manière de commencer les recherches, la marche des démonstrations et le but ou la destination. La nôtre, en commençant une recherche, prenant les choses beaucoup plus haut, soumet à l'examen ce que la logique ordinaire adopte sur la foi d'autrui et en déférant aveuglément à l'autorité ; elle renverse tout-à-fait l'ordre qu'on suit ordinairement, soit pour démontrer les propositions, soit pour découvrir ou vérifier les principes, ou encore pour former les notions mêmes et pour entendre le témoignage des sens. Au lieu de s'élancer, pour ainsi dire, du premier saut, comme on le fait communément, aux principes les plus élevés ou aux propositions les plus générales pour en déduire ensuite les propositions moyennes, elle part, au contraire, de l'histoire naturelle et des faits particuliers, et ne s'élève qu'insensiblement et avec une extrême lenteur par l'échelle ascendante aux propositions tout-à-fait générales et aux principes du premier ordre, le but de cette science dont elle traite étant d'inventer et de juger, non pas simplement des arguments et des probabilités, mais des choses réelles, des moyens effectifs. Telle est donc la vraie destination de cette seconde partie ; passons à sa distribution.

De même que dans la génération de la lumière par réflexion, avant de la projeter sur un miroir il faut d'abord le polir, puis le placer dans la situation et l'aspect convenables, il faut aussi dans la génération des sciences commencer par mettre, pour ainsi dire, de niveau l'aire de l'entendement humain en le débarrassant de toutes les opinions et méthodes reçues ; puis tourner l'esprit de la manière convenable vers les faits qui doivent l'éclairer ; enfin, lorsqu'il est suffisamment préparé, lui présenter ces faits.

Or, la partie destructive, qui est la première de notre division, se subdivise en trois autres répondant aux trois espèces de fantômes qui assiègent l'esprit humain. En effet, ce sont ou des fantômes venus du dehors, dont les uns, originaires des différentes doctrines ou sectes philosophiques, s'étant établis dans l'esprit humain, l'ont comme envahi, et les autres tirent leur origine des fausses méthodes de démonstration ou des fantômes innés et comme inhérents à la substance même de l'entendement ; car, semblable à un miroir courbe dont la surface, fléchissant les rayons qui des objets viennent la frapper, change les images de ces derniers en raison de cette courbure, l'esprit humain, lorsque les objets l'affectent vivement par l'entremise des sens, ne réfléchit que de fausses images, et à la nature des choses mêle sa propre nature. Ainsi la première tâche qui nous est imposée est de licencier ou de bannir à jamais ces innombrables légions de théories qui ont livré de si grands combats. Notre seconde tâche est de débarrasser l'esprit humain des entraves que lui ont mises les fausses méthodes de démonstration. La troisième est de réprimer cette force séductive d'où naissent toutes les illusions de l'entendement et d'en extirper tous les fantômes innés, ou du moins, s'ils ne peuvent être entièrement extirpés, de les désigner assez clairement pour qu'ils cessent de troubler et que les objets reparaissent tels qu'ils sont ; car la peine et les précautions que nous prendrions pour enlever toutes les erreurs en philosophie deviendraient inutiles, quelquefois même nuisibles, si, en suite de la vicieuse constitution de l'esprit humain qui en est comme la racine, renaissaient des erreurs nouvelles et peut-être pires. Nous ne devons donc nous arrêter qu'après avoir détruit toute espérance de pouvoir, en appliquant sa raison suivant la méthode vague du grand nombre ou les prétendues directions que donne la dialectique, atteindre au véritable but de la philosophie ou la faire marcher rapidement vers ce but. Ainsi, nous ne pourrons regarder comme complétement traitée cette partie que nous qualifions de destructive qu'après avoir fait trois espèces de censures ou de réfutations, savoir : censure des différents systèmes philosophiques, censure des méthodes ordinaires de démonstration, censure de la raison native de l'homme. Nous n'ignorons pas que nous aurions pu, sans tant d'appareil, ajouter aux sciences des découvertes assez grandes et nous frayer à la réputation un chemin plus doux et plus facile ; mais, ne pouvant prévoir en quel temps un dessein tel que le nôtre se présenterait à l'esprit de quelque autre mortel, nous avons cru devoir remplir par nous-mêmes les engagements que nous avions pris et annoncés.

Après avoir débarrassé, et, pour ainsi dire, aplani l'aire de l'entendement humain, il faut ensuite le tourner d'une manière convenable, et le placer, pour ainsi dire, dans un aspect favorable à l'égard de ce que nous devons lui proposer. Lorsqu'il s'agit d'introduire quelque nouvelle opinion, la prévention contraire ne tire pas seulement sa force du préjugé invétéré en faveur de l'ancienne opinion, mais encore de l'idée fausse et anticipée qu'on se fait de la nouvelle. Il faut donc prévenir aussi cet inconvénient ; et ce n'est pas assez de dégager l'esprit de ses liens, il faut de plus le préparer, préparation qui consiste à donner de ce que nous avons en vue quelques notions seulement provisoires et comme usuraires, qui pourront suffire jusqu'à ce qu'on ait une pleine connaissance du sujet qui nous occupe, préparation, dis-je, qui se réduit presque uniquement à fermer tout accès aux soupçons et aux défiances qui, selon toute apparence, naîtraient des préjugés reçus (comme d'une sorte d'affection hypocondriaque et de maladie épidémique), et qu'il faut avant tout avoir soin de dissiper, de peur que, suivant l'expression de certain poète,

Occurrat faciet inimica atque omnia turbet [1].

Ainsi, si quelqu'un s'imaginait que les secrets de la nature sont comme sous le sceau de la Divinité et soustraits à la sagesse humaine par une sorte d'interdit, nous aurons soin de détruire ce préjugé, né de la faiblesse des uns et de la jalousie des autres, et nous présenterons nos vues de manière que, non-seulement nous n'aurons point à redouter la clameur de la superstition, mais que la religion même sera pour nous. Si quelque autre venait à penser qu'en exigeant de l'esprit humain qu'il reste, avec tant de persévérance et de sollicitude, perdu et comme noyé dans les flots de l'expérience et dans la multitude confuse des faits particuliers, nous le jetons dans l'état d'anxiété qui est l'effet naturel de cette confusion, et le tirons de cet état de calme et de sérénité, fruit des spéculations abstraites qui approche beaucoup plus de celui de la Divinité, nous montrerons, et c'est une distinction que nous espérons établir à jamais (mais à la honte de l'école tout entière qui ne rougit point d'adresser ses premiers hommages à des spéculations non moins stériles que chimériques, et d'en faire une sorte d'apothéose), nous montrerons, dis-je, quelle différence infinie se trouve entre les idées de l'esprit divin et les fantômes de l'esprit humain. D'autres, trop amoureux de leurs contemplations, n'aimeront point à nous entendre ainsi parler sans cesse d'exécution, de pratique, d'ouvrages. De tels discours, rebutants pour leur oreille dédaigneuse, leur sembleront ne convenir tout au plus qu'à de grossiers artisans. Mais nous leur ferons sentir combien ils sont, par une telle manière de penser, en contradiction avec leurs propres désirs, la pureté de la spéculation et ce genre d'invention qui mène à l'exécution n'ayant qu'une même base, qu'un même principe et qu'une même fin. Si quelque autre balançait encore, arrêté par le préjugé répandu que cette totale régénération des sciences est une entreprise beaucoup trop vaste et comme infinie, il nous sera facile de lui faire voir qu'elle est au contraire l'unique moyen de mettre fin aux erreurs en marquant un terme et des limites aux immenses et vagues excursions de l'esprit humain. En effet, la marche philosophique, qui consiste à faire une exacte et complète analyse des sujets d'observation, sans trop s'attacher aux individus, aux mesures très précises et aux différences minutieuses (degré de précision qui suffit dans les sciences), et à en extraire méthodiquement les notions ou idées, est infiniment plus courte, plus facile, plus à notre portée, et nous met beaucoup mieux en état de distinguer à chaque pas ce qui est fait de ce qui est à faire que cette autre manière de philosopher qui se réduit à des spéculations abstraites et à de vagues méditations. Tout le fruit qu'on retire de cette dernière, c'est de flotter sans cesse entre les opinions contraires et de tourner perpétuellement dans le même

---

[1] Nous ne rencontrions quelque visage ennemi qui jette le trouble dans les esprits

cercle. Quelque personnage grave et judicieux (du moins à ses propres yeux), transportant dans la philosophie la prudence défiante qui le gouverne dans les affaires, pensera peut-être que toutes nos propositions ne doivent être regardées que comme de simples vœux fondés sur des espérances excessives ; qu'au fond tout ce qu'on pourrait gagner par ces grandes innovations dans l'état philosophique, ce serait tout au plus de substituer aux anciennes opinions des opinions nouvelles, mais qu'après tout les affaires humaines n'en iraient pas mieux. C'est se méprendre sur notre objet, lui répondrons-nous ; il ne s'agit de rien moins ici que de bâtir un système ou de fonder une secte, et ce genre de changement que nous proposons diffère infiniment de tous ceux qu'on a proposés jusqu'ici dans les sciences et la philosophie. En suivant notre méthode, on peut se promettre une abondante moisson d'effets réels, de nouveaux moyens, pourvu que les hommes n'aillent pas, se hâtant de moissonner avant le temps, courir, avec un puéril empressement, après telle ou telle application fructueuse et s'en saisir comme d'autant de garants de l'utilité de leurs découvertes ultérieures. Les réponses détaillées que nous ferons sur ces différents points suffiront sans doute pour garantir les hommes de cette sorte de prévention qui pourrait naître de la fausse idée qu'on se serait faite de notre dessein. Et cette partie, que nous qualifions de préparatoire, pourra passer pour complétement traitée quand nous aurons prévenu toutes les objections qui pourraient venir ou de la religion, ou de la prudence des praticiens, et de sa compagne, la défiance, la circonspection, ou de toute autre semblable source.

Cependant, afin qu'il ne manque rien à cette partie, il reste à ôter, autant qu'il est possible, cette inertie et cette espèce d'engourdissement occasionnée dans certains esprits par ce que notre dessein peut avoir d'étrange. Or, cette mauvaise disposition de l'esprit ne peut être détruite que par l'indication de ses causes ; car ici, comme partout ailleurs, la connaissance des causes est le seul moyen de faire disparaître tout le merveilleux et de mettre fin à ce stupide étonnement qui enchaîne l'activité des esprits. Ainsi, afin qu'on cesse de s'étonner que le genre humain ait été fatigué, arrêté même par tant d'erreurs diverses et durant tant de siècles,

nous aurons soin de désigner distinctement toutes les difficultés, de dénoncer toutes les oppositions insidieuses, de découvrir tous les pièges qui ont jusqu'ici fermé tout accès à la philosophie ou ralenti sa marche, énumération et analyse dont la conséquence naturelle montre assez que nos espérances sont fondées sur les motifs les plus solides ; car, quoique cette véritable interprétation de la nature, dont nous sommes si profondément occupés, soit avec raison jugée très difficile, néanmoins, comme nous faisons voir dans cette discussion que la plus grande partie de ces difficultés tient à des choses qui, étant en notre disposition, sont par cette raison même susceptibles d'amendement et de correction, non à des choses qui excèdent les limites de notre puissance, il s'ensuit que le mal n'est pas sans remède ; je veux dire que le fort de cette difficulté n'est pas dans la nature même des choses ni dans la constitution de nos sens, mais seulement dans l'esprit humain.

Si on pensait [1] que cette exactitude minutieuse que nous employons dans le but de préparer les esprits était inutile et ne servait en effet qu'à une vaine parade et à l'ostentation, et qu'on demandât à prendre sur-le-champ connaissance du fait en laissant de côté tous les détours et les préliminaires, nous répondrons qu'une marche aussi franche et aussi nette serait aussi tout-à-fait de notre goût si elle était possible. Et plût à Dieu qu'il nous fût aussi facile de faire disparaître les difficultés et les obstacles qui encombrent notre chemin qu'il l'est de nous défaire d'un vain faste et d'un faux apparat ! Mais nous désirerions qu'on voulût bien se persuader que ce n'est pas en homme sans expérience des chemins que nous nous sommes lancé dans cette complète solitude, ayant surtout entre les mains un sujet tel, qu'on serait coupable en le perdant par inhabileté et presque coupable de s'y exposer.

Après avoir long-temps pesé et considéré l'état des choses et des esprits, nous avons donc trouvé qu'il était encore plus possible de se frayer une voie dans les esprits qu'une voie vers les choses mêmes, et que la fatigue d'exposer était presque aussi rude que celle d'inventer. Aussi, chose presque tout-à-fait nouvelle dans

---

[1] Cette fin de colonne et la suivante avaient été omises par l'ancien traducteur français.

les questions intellectuelles ! nous cherchons à ne marcher que pas à pas et à étayer à la fois en chemin nos méditations et celles des autres. Toute vaine idole peut en effet être renversée à l'aide des précautions, du zèle et de l'art convenables, tandis que la brusquerie et la violence lui donnent force. Ajoutons à cela que les hommes, tantôt retenus par l'admiration pour leurs pères, tantôt exaltés par leur propre confiance en eux-mêmes et toujours en résistance par l'effet d'une vieille habitude, ne savent jamais se montrer justes. En vain vous promettra-t-on de s'imposer l'équité comme un devoir et d'abjurer en quelque sorte tout préjugé ; ne vous fiez jamais à une semblable disposition d'esprit. Personne enfin ne saurait faire obéir son intelligence au gré de sa propre volonté, et l'esprit des philosophes n'est nullement soumis aux philosophes comme l'esprit des prophètes aux prophètes. Ce n'est donc ni l'équité, ni la sincérité, ni la félicité des autres qui peut nous servir, mais uniquement notre propre étude et notre propre expérience. A ces difficultés s'ajoute encore une autre difficulté qui n'est pas de peu d'importance, et tirée de notre propre caractère ; c'est qu'en vertu d'une résolution constante, nous nous sommes imposé la loi de veiller à la conservation de notre propre candeur et de notre simplicité, de ne pas recourir aux choses vaines pour nous frayer une voie vers la vérité, mais de diriger tellement nos efforts que ce ne soit jamais par un honteux artifice ou par l'imposture, ou par rien de semblable à l'imposture, mais uniquement par la lumière sûre de l'ordre et par une habile greffe des hommes nouveaux sur la plus saine partie des anciens, que nous espérons atteindre au but de nos vœux. Nous dirons donc en finissant : qu'en considérant tant de difficultés, les précautions minutieuses que nous avons prises nous semblent plutôt insuffisantes qu'inutiles.

Viendra ensuite la partie informatoire dont nous présentons ici l'esquisse d'une manière simple et nue. Les différents moyens qui peuvent contribuer à perfectionner les opérations de l'entendement se divisent en trois espèces de services (ou secours), savoir : service pour les sens, service pour la mémoire et service pour la raison. En indiquant les secours de la première espèce, nous enseignerons trois choses : 1° comment des observations et des expériences on peut extraire et composer une notion vraie, et comment le témoignage du sens qui n'indique par lui-même que des relations à l'homme peut être ramené aux relations à l'univers ; car nous ne donnons pas beaucoup aux sens, quant à la perception immédiate, mais seulement en tant que la sensation manifeste un mouvement ou une altération dans le sujet en question ; 2° comment les objets qui échappent aux sens, soit par l'excessive petitesse de leur tout, soit par la ténuité de leurs parties, soit par leur trop grande distance, soit par l'excessive lenteur ou vitesse du mouvement, soit encore par la trop grande familiarité de l'objet, soit enfin par toute autre cause ou circonstance, peuvent être ramenés à la portée des sens et soumis à leur jugement, et de plus, ce qu'il faut faire dans les cas où ces objets ne peuvent être rendus sensibles, et comment on peut suppléer à ce défaut, soit à l'aide des instruments, soit par l'observation délicate de certains degrés, soit par les indications du sensible à l'insensible que fournit l'observation de corps analogues, soit enfin par d'autres substitutions ou par toute autre voie. Nous parlerons en dernier lieu de l'histoire naturelle et expérimentale, mais seulement d'un genre d'histoire qui soit de nature à pouvoir servir de base à la philosophie. Nous montrerons aussi quelle est, dans les cas où l'histoire naturelle vient à manquer, la méthode expérimentale qu'on doit suivre pour y suppléer. En traitant ce sujet, nous indiquerons encore quelques moyens pour exciter et fixer l'attention. Car il est, dans l'histoire naturelle et la physique expérimentale, une infinité de choses qu'on sait depuis longtemps, mais dont la connaissance ne laisse pas d'être inutile, parce qu'on ne se les rappelle pas à l'instant précis où l'on en a besoin, faute d'avoir su exciter la force appréhensive de l'esprit. Telles sont les trois espèces de services qu'on peut rendre aux sens. En effet, il est clair qu'on doit fournir aux sens une matière ou des secours, soit pour suppléer à leur impuissance absolue, soit pour les redresser dans leurs déviations. On remédie au défaut de matériaux par l'histoire et les expériences ; au défaut de perception des sens par des substitutions, et à leurs déviations par des rectifications.

Voici en quoi consiste l'avantage des secours

destinés à la mémoire : on peut, de la multitude immense des faits et de la masse de l'histoire générale, détacher une histoire particulière et en disposer les parties dans un ordre tel que le jugement puisse travailler aisément sur ce sujet limité et exercer la fonction qui lui est propre ; car il ne faut pas se faire une trop haute idée des forces de l'esprit humain, ni espérer qu'il puisse parcourir un grand nombre de faits sans s'y perdre. La mémoire est manifestement insuffisante dans tous les cas, et incapable, soit d'embrasser une immensité de faits quand il est nécessaire de les considérer tous ensemble, ou, lorsqu'il faut choisir ceux qui se rapportent plus particulièrement à tel sujet limité, de suggérer précisément ceux dont on a besoin. Quant au premier inconvénient, il est facile d'y remédier, et il n'est même en ce genre qu'un seul remède ; c'est de n'adopter aucune recherche, aucune invention qui ne soit rédigée par écrit. Il en serait de l'homme qui prétendrait embrasser par sa seule pensée la totalité des faits dont la considération est nécessaire pour interpréter la nature, relativement à tel sujet particulier, comme de celui qui se flatterait de pouvoir faire de mémoire, ou même retenir, tous les calculs d'un livre d'éphémérides. Il est assez clair que nous donnons bien peu à la mémoire seule et au mouvement naturel et vague de l'esprit, puisque nous ne voulons pas même de cette invention par écrit dont nous venons de parler, à moins qu'elle ne procède à l'aide de tables coordonnées au sujet de la recherche. C'est donc principalement de ce dernier genre de secours qu'il faut s'occuper.

Or, le sujet de la recherche une fois déterminé, limité, séparé de la masse totale des choses, et comme isolé (opération sur laquelle nous donnerons aussi quelques utiles préceptes), ce service, ces secours destinés à la mémoire, se divisent en trois différents offices. 1° Nous montrerons quels sont, par rapport à un sujet proposé, les points généraux ou le genre de faits vers lesquels il faut principalement tourner son attention, points qui, réunis, seront comme la topique du sujet ; 2° dans quel ordre il faut ranger les faits pour en former des tables. Cependant nous sommes bien éloignés d'espérer qu'on puisse, dès le commencement, découvrir la véritable différence du sujet (celle qui dépend de ses relations à l'univers), et avec assez de précision pour qu'il en résulte une division exacte ; on ne pourra saisir d'abord qu'une différence apparente qui servira tout au plus à diviser passablement le sujet en ses parties ; car la vérité surnagera plutôt à l'erreur même qu'à la confusion, et il sera plus facile à la raison de corriger la division que de pénétrer dans la masse non divisée. Ainsi, la première opération n'étant que provisoire, nous indiquerons de quelle manière et dans quel temps la recherche doit être renouvelée, et quand les tables ou mémoires de la première suite doivent être remplacées par d'autres ; car nous voulons que les premières suites de tables ou de mémoires soient, pour ainsi dire, mobiles sur leurs pivots, qu'elles ne soient que des ébauches ou essais de recherche. Nous ne pourrons défendre victorieusement et recouvrer nos droits sur la nature qu'en réitérant les actions. Ainsi le service complet pour la mémoire se divise en trois parties, savoir : les lieux d'invention, l'art de dresser et combiner les tables, et la méthode à suivre en réitérant les recherches. Reste donc à parler 3° des secours destinés à la raison et auxquels sont subordonnés ceux des deux premiers genres ; car, à l'aide de ces deux premiers services, on ne peut établir un véritable principe, mais une simple notion, coordonnée à l'histoire méthodique dont elle est extraite ; notion, dis-je, constatée, vérifiée par le premier service, et tellement représentée par le second, que nous en soyons pour ainsi dire en possession.

Quant aux secours destinés à la raison, nous devrons naturellement préférer ceux qui l'aideront le mieux à exercer la fonction qui lui est propre et à remplir sa destination. Or, la raison n'a qu'une seule manière d'opérer ; mais elle peut avoir deux fins distinctes, deux usages différents ; car le but de l'homme peut être ou de savoir et de contempler, ou d'agir et d'effectuer, et l'on a en vue ou la connaissance et la simple contemplation de la cause, ou la nature de l'effet et l'étendue de son influence. Ainsi, connaître la cause d'un effet proposé, ou d'une nature donnée dans toute espèce de sujet où elle se trouve, est le véritable but de la science humaine ; et sur une base matérielle donnée, enter un effet quelconque, ou telle nature qu'on voudra (dans les limites toutefois du possible), est le but de la puissance humaine ; mais pour peu qu'on ait de pénétration et de justesse dans les idées, on reconnaît aisément que ces deux buts, en apparence différents, ne laissent pas de coïncider ; ce qui joue le rôle de cause dans la théorie, joue celui de moyen dans la pratique. Savoir, c'est connaître les causes ; exécuter, c'est employer les moyens répondants à ces causes. Si tous les moyens nécessaires pour exécuter toute espèce d'ouvrages à volonté étaient en la disposition de l'homme, il serait assez inutile de traiter séparément ces deux sujets ; mais comme les opérations de l'homme sont resserrées dans des limites beaucoup plus étroites que sa science, vu les nécessités sans nombre et la pénurie de l'individu, en sorte que ce dont on a le plus souvent besoin dans la pratique, c'est beaucoup moins une connaissance générale de tout ce qui peut être exécuté qu'une sorte de prudence, de sagacité, de tact pour choisir ce qui se trouve le plus sous la main, il nous paraît plus à propos de distinguer ces deux espèces de sujets et de les traiter séparément. Cependant nous emploierons la même division dans les deux cas, afin que ce troisième genre de secours s'applique également à la partie spéculative et à la partie active.

Quant à la partie spéculative, elle se réduit à un seul point, savoir : à établir un axiome vrai (ou un tout composé de faits identiques); car les propositions de ce genre sont les seules qu'on doive regarder comme une solide portion de la vérité, une simple notion n'en étant pour ainsi dire que la surface. Or, cet axiome, on ne peut l'extraire des faits qu'à l'aide de la forme d'induction légitime et proprement dite; méthode qui, après avoir suffisamment décomposé et analysé l'expérience, conclut nécessairement à l'aide d'exclusions et de rejections convenables; car l'induction vulgaire qu'on ne laisse pas d'employer à établir les propositions qu'on qualifie de principes n'est qu'une méthode d'enfant, dont les conclusions sont précaires et exposées à être renversées par le premier exemple contradictoire qui se présente. Aussi les dialecticiens, qui apparemment en sentaient le faible, n'ont-ils pas daigné s'en occuper sérieusement, et après l'avoir touchée en passant, ils l'ont abandonnée pour traiter d'autres sujets. Au reste, il est évident que les conclusions que l'on déduit par une induction quelconque, on les juge en même temps qu'on les invente ; qu'elles ne dépendent point des principes les plus élevés ni des propositions moyennes, mais qu'elles subsistent par elles-mêmes, doivent à leur propre masse toute leur solidité et n'ont pas besoin d'être prouvées par d'autres propositions. A plus forte raison doit-on penser que les axiomes extraits des faits, à l'aide de la véritable forme d'induction, se suffisent à eux-mêmes ; qu'ils sont plus certains et plus solides que les propositions auxquelles on donne ordinairement le nom de principes, et c'est celle de ce dernier genre que nous appelons ordinairement formule d'interprétation. Aussi le sujet que nous traitons avec le plus de soin et de clarté, c'est la confection des axiomes et la formule même d'interprétation.

Restent pourtant trois opérations qui, jointes à cette première, mènent plus sûrement au but ; opérations de la plus grande importance et sans l'explication desquelles notre méthode, toute-puissante qu'elle est dans ses effets sur l'entendement, serait encore très difficile à appliquer ; je veux parler des opérations nécessaires pour rendre la recherche continue, la varier et la resserrer ou l'abréger, afin qu'il ne reste dans l'art d'interpréter la nature ni interruption, ni discordances, ni longueurs, vu la courte durée de la vie humaine. Ainsi nous montrerons comment on peut se prévaloir des axiomes déjà découverts à l'aide de la formule pour chercher, et former les axiomes plus généraux et plus élevés, afin qu'on s'élève par degrés, et par des degrés non interrompus, à l'unité de la nature ; méthode toutefois à laquelle nous aurons soin d'en joindre une autre pour examiner et vérifier, à l'aide des expériences mêmes dont on sera parti, ces axiomes supérieurs. Sans cette vérification on retomberait dans les conjectures, les simples probabilités et les idées fantastiques. Voilà en quoi consiste la doctrine que nous appelons art de rendre la recherche continue. Quant à l'art de la varier, ce n'est autre chose que l'art d'approprier les recherches aux natures diverses, soit des causes dont la découverte est le but de ces recherches, soit des choses mêmes qui en sont le sujet. Ainsi, abandonnant les causes finales, dont l'indiscrète introduction dans la physique a dénaturé cette science, et sans remonter si haut, nous nous contenterons de prendre les choses au point où il ne s'agit que de varier la recherche des différentes formes et de l'approprier successivement à leur diversité; formes dont la découverte, regardée jusqu'ici comme impossible, a été avec raison abandonnée par ceux qui l'avaient rendue telle pour eux-mêmes par la marche trompeuse qu'ils suivaient; car le plus puissant et le plus heureux génie est encore insuffisant pour découvrir la forme de quelque sujet que ce puisse être, par le seul moyen des anticipations ou des méthodes d'argumentation de la dialectique.

Viendra ensuite la recherche des causes efficientes et des causes matérielles ou matières, non des causes efficientes éloignées, ni des matières communes, mais des causes prochaines et des matières préparées. Or, ce genre de recherche pour éviter les répétitions, l'affectation et les longueurs, nous l'appellerons recherche du progrès caché; et par progrès caché, nous entendons l'ordre, la suite de degrés ou gradation d'où résulte le changement à expliquer, c'est-à-dire l'effet opéré par le mouvement de la cause efficiente et des qualités variables ou accidentelles de la matière. Cette autre méthode de variation qui s'accommode aux natures diverses des différents sujets naît de deux conditions différentes qui peuvent les varier, savoir : ou de leur simplicité et de leur composition, la méthode qui dirige la recherche devant se diversifier selon que les sujets sont simples ou composés, ou d'une nature douteuse à cet égard, ou de l'abondance et de la disette des faits qu'on peut se procurer pour exécuter une recherche. Lorsque les faits abondent, la méthode est facile; mais lorsqu'ils sont en petit nombre, on est plus à l'étroit, et alors ce n'est qu'à force d'art, de sagacité, d'ingénieux équivalents qu'on peut remplir ce vide. Voilà, je pense, tous les points qu'il faut traiter pour compléter cette méthode de variations dans les recherches. Reste à parler de la manière de les resserrer, afin qu'on puisse, à l'aide de nos indications, non-seulement se frayer une route où il n'y en avait point, mais de plus abréger les routes connues. Cette méthode, comme toute autre voie abrégée, consiste principalement dans le choix. Or, dans tout ce qui peut être l'objet de nos recherches, il est deux espèces de prérogatives qui contribuent efficacement à les abréger, savoir : les prérogatives des faits ou exemples lumineux, caractéristiques, et dont un petit nombre peut tenir lieu d'un grand nombre d'autres pris au hasard, genre de choix dont l'avantage est d'économiser sur la masse de l'histoire, d'épargner à l'esprit des recherches vagues et pénibles, de longs tâtonnements. Puis nous indiquerons quels sont les sujets par lesquels il faut commencer l'interprétation de la nature, et qui, étant approfondis les premiers, peuvent la rendre ensuite plus facile, soit parce que ces sujets sont de telle nature, qu'étant bien éclaircis ils répandent un grand jour sur les suivants, soit à cause de la généralité de cette sorte de sujets, soit enfin à cause de la certitude dont de telles recherches sont susceptibles en elles-mêmes, ou de l'utilité dont elles peuvent être dans la physique expérimentale et les arts mécaniques. Ici se terminera la doctrine des secours qui se rapportent à la partie spéculative.

La partie active et les secours qui lui sont destinés se divisent en trois doctrines. Mais, avant de les indiquer, il est deux avertissements nécessaires pour nous faire jour dans les esprits. Le premier est que, dans ce genre de recherches qui procèdent à l'aide de la formule d'interprétation, la pratique se mêle continuellement à la théorie. Car, en conséquence de la nature même des choses, les axiomes et les propositions qu'on déduit de propositions plus générales, et qu'ensuite, en les développant, l'on résout en nouveaux faits particuliers et en moyens nouveaux, ne fournissent que des indications obscures et incertaines, au lieu que l'axiome qu'on a déduit des faits particuliers conduit par une route sûre, bien connue et toujours la même, à de nouveaux faits particuliers qui correspondent visiblement aux premiers. Le second avertissement est que les hommes ne doivent pas oublier que la recherche active doit être exécutée à l'aide de l'échelle descendante, dont nous nous sommes interdit l'usage dans la partie contemplative; car toute opération réelle n'a pour objet que les individus qui sont placés au degré le plus bas de cette échelle. Ainsi, des sujets les plus généraux il faut redescendre aux individus par les degrés de cette même échelle. Il est de plus impossible de parvenir à ces derniers à l'aide des axiomes simples, l'indication de toute espèce d'exécution et des règles qui la dirigent dépendant toujours de la réunion de plusieurs axiomes différents.

Après ces observations préliminaires, venons aux trois doctrines qui sont les trois membres de division de la partie active. La première indique le mode propre et distinct d'une recherche où il ne s'agit plus de découvrir une cause ou de former un axiome, mais d'exécuter quelque ouvrage qui alors est le but direct de la recherche. La seconde indique la manière de dresser des tables générales et pratiques, à l'aide desquelles on puisse, avec plus de promptitude et de facilité, déduire de la théorie des moyens pour exécuter des ouvrages de toute espèce. La troisième joint aux deux premières une certaine méthode pour chercher et déduire de nouveaux moyens; méthode imparfaite sans doute, mais qui n'est rien moins qu'inutile et à l'aide de laquelle on peut, des expériences connues, déduire d'autres expériences, sans établir aucun axiome; et comme il est une méthode d'invention qui mène de certains axiomes à d'autres axiomes, il est aussi une méthode inventive qui conduit d'expérience en expérience; route glissante et peu sûre à la vérité, mais qui méritait néanmoins que nous en fissions quelque mention. Voilà ce que nous avions à dire sur les secours destinés à la partie active et formant la dernière partie de notre division, et tel est, en peu de mots, le plan de la seconde partie de notre restauration des sciences.

A l'aide de toutes ces explications, nous espérons avoir assuré le mariage de l'esprit humain avec l'univers, sous les auspices de la bonté divine. Que l'épithalame de cette alliance soit notre vœu bien sincère à tous! Que les secours donnés à l'humanité naissent d'une telle union, comme une race de héros qui puissent triompher en grande partie des besoins et des misères des hommes!

Ajoutons quelques mots sur les résultats de cette association de travaux et sur leur succession. Les hommes ne connaîtront vraiment leurs forces que quand ils auront à les essayer, non sur l'infinité des choses, mais sur les choses omises. Ne renonçons pas à l'espérance qu'un jour, dans les siècles futurs, il ne se présente des hommes qui de ces faibles commencements sauront porter ces points d'appui de l'intelligence à une grande hauteur. La nature supérieure du bien prouve que tout ce qui se fait est l'œuvre de Dieu, et dans toutes les œuvres divines les principes les plus inaperçus par leur petitesse décident de l'issue des choses.

NOUVEL ORGANE

RÉDIGÉ EN APHORISMES

SUR L'INTERPRÉTATION DE LA NATURE

ET SUR LE RÈGNE DE L'HOMME.

LIVRE PREMIER.

I. L'homme, interprete et ministre de la nature, n'étend ses connaissances et son action qu'à mesure qu'il découvre l'ordre naturel des choses, soit par l'observation, soit par la réflexion; il ne sait et ne peut rien de plus.

II. La main seule et l'entendement abandonné à lui-même n'ont qu'un pouvoir très limité; ce sont les instruments et les autres genres de secours qui font presque tout, secours et instruments non moins nécessaires à l'esprit qu'à la main; et de même que les instruments de la main excitent ou règlent son mouvement, les instruments de l'esprit l'aident à saisir la vérité ou à éviter l'erreur.

III. La science et la puissance humaine se correspondent dans tous les points et vont au même but; c'est l'ignorance où nous sommes de la cause qui nous prive de l'effet; car on ne peut vaincre la nature qu'en lui obéissant; et ce qui était principe, effet ou cause dans la théorie, devient règle, but ou moyen dans la pratique.

IV. Approcher ou écarter les uns des autres les corps naturels, c'est à quoi se réduit toute la puissance de l'homme; tout le reste, la nature l'opère à l'intérieur et hors de notre vue.

V. Les seuls hommes qui se mêlent d'étudier la nature, ce sont tout au plus le mécanicien, le mathématicien, le médecin, l'alchimiste et le magicien; mais tous, du moins jusqu'ici, avec aussi peu de succès que de vraie méthode.

VI. Il serait insensé, et même contradictoire, de penser que ce qui n'a jamais été exécuté puisse l'être autrement que par des moyens qui n'ont pas encore été tentés.

VII. Au premier coup d'œil jeté sur les livres, les laboratoires et les ateliers, les productions de l'esprit et de la main de l'homme paraissent innombrables. Mais au fond, à quoi se réduisent cette abondance et cette variété si imposantes? à je ne sais quelle subtilité recherchée. Elle consiste bien moins dans le grand nombre des axiomes que dans une multitude d'opinions et de productions qui ne sont que des conséquences immédiates ou de faciles applications d'un petit nombre de choses déjà connues.

VIII. Je dis plus: tous ces moyens imaginés jusqu'ici sont bien plutôt dus au hasard et à la routine qu'aux sciences et à la méthode. Car ces sciences prétendues, dont nous sommes en possession, ne sont tout au plus que d'ingénieuses combinaisons de choses connues depuis long-temps et non de nouvelles méthodes d'invention ou des indications de nouveaux moyens.

IX. Au fond, les sources et les causes de tous les abus qui se sont introduits dans les sciences se réduisent à une seule, à celle-ci: c'est précisément parce qu'on admire et qu'on vante les forces de l'esprit humain qu'on ne pense point à lui procurer de vrais secours.

X. La subtilité des opérations de la nature surpasse infiniment celle des sens et de l'entendement, en sorte que toutes ces brillantes spéculations et toutes ces explications dont on est si fier ne sont qu'un art d'extravaguer méthodiquement; et si elles en imposent, c'est que personne encore n'a fait cette remarque.

XI. Comme les sciences que nous possédons ne contribuent en rien à l'invention des moyens, la logique reçue n'est pas moins inutile à l'invention des sciences.

XII. Cette logique, dont l'usage n'est qu'un abus, sert beaucoup moins à faciliter la recherche de la vérité qu'à fixer les erreurs qui ont pour base les notions vulgaires; elle est plus nuisible qu'utile.

XIII. Le syllogisme n'est d'aucun usage pour inventer ou vérifier les premiers principes des sciences. Ce serait en vain qu'on voudrait l'employer pour les principes moyens; c'est un instrument trop faible et trop grossier pour pénétrer dans les profondeurs de la nature. Aussi voit-on qu'il peut tout sur les opinions et rien sur les choses mêmes.

XIV. Le syllogisme est composé de propositions, les propositions le sont de mots, et les mots sont en quelque manière les étiquettes des choses. Que si les notions mêmes, qui sont comme la base de l'édifice, sont confuses et extraites des choses au hasard, tout ce qu'on bâtit ensuite sur un tel fondement ne peut avoir de solidité. Il ne reste donc d'espérance que dans la véritable induction, qui peut seule nous bien diriger dans une totale restauration devenue indispensable.

XV. Rien de plus faux ou de plus hasardé que la plupart des notions reçues, soit en logique, soit en physique, telles que celles de substance, de qualité, d'action, de passion, et la notion même de l'être; tout cela ne vaut rien, absolument rien. Encore moins peut-on faire fonds sur les notions de densité et de raréfaction, de pesanteur et de légèreté, d'humidité et de sécheresse, de génération et de corruption, d'attraction et de répulsion, d'élément et de matière, de forme, ni sur une infinité d'autres semblables, toutes notions fantastiques et mal déterminées.

XVI. Les notions des espèces du dernier ordre, comme celles de l'homme, du chien, du pigeon, et les perceptions immédiates des sens, comme celles du chaud, du froid, du blanc, du noir, sont beaucoup moins trompeuses; encore ces dernières mêmes deviennent-elles souvent confuses et incertaines, par différentes causes, telles que : la nature variable de la matière, l'enchaînement de toutes les parties de la nature et la prodigieuse complication de tous les sujets. Mais toutes les autres notions dont on a fait usage jusqu'ici sont autant d'aberrations (écarts, erreurs); aucune n'a été extraite de l'observation et de l'expérience par la méthode convenable.

XVII. Même licence et même aberration dans la manière de former et d'établir les axiomes, que dans celle d'abstraire les notions; et l'erreur est dans les propositions mêmes qu'on qualifie ordinairement de principes et qui toutes sont le produit de l'induction vulgaire; mais elle est beaucoup plus grande dans les prétendus axiomes et les propositions d'ordre inférieur qu'on déduit par le moyen du syllogisme.

XVIII. Ce qu'on a jusqu'ici inventé dans les sciences est presque entièrement subordonné aux notions vulgaires, ou s'en éloigne bien peu; mais veut-on pénétrer jusqu'aux parties les plus reculées et les plus secrètes de la nature, il faut extraire de l'observation et former, soit les notions, soit les principes, par une méthode plus exacte et plus certaine; en un mot, apprendre à mieux diriger tout le travail de l'entendement humain.

XIX. Il peut y avoir et il y a en effet deux voies ou méthodes pour découvrir la vérité. L'une, partant des sensations et des faits particuliers, s'élance du premier saut jusqu'aux principes les plus généraux; puis se reposant sur ces principes comme sur autant de vérités inébranlables, elle en déduit les principes moyens, ou les y rapporte pour les juger; c'est celle-ci qu'on suit ordinairement. L'autre part aussi des sensations et des faits particuliers; mais s'élevant avec lenteur par une marche graduelle et sans franchir aucun degré, elle n'arrive que bien tard aux propositions les plus générales; cette dernière méthode est la véritable, mais personne ne l'a encore tentée.

XX. L'entendement abandonné à lui-même suit précisément la même marche que lorsqu'il est dirigé par la dialectique, c'est-à-dire la première, car l'esprit humain brûle d'arriver aux principes généraux pour s'y reposer; puis après s'y être un peu arrêté, il dédaigne l'expérience. Mais la plus grande partie du mal doit être imputée à la dialectique, qui nourrit l'orgueil humain par le vain étalage et le faste des disputes.

XXI. L'entendement abandonné à lui-même dans un homme judicieux, patient et circonspect, surtout lorsqu'il n'est arrêté par aucune prévention née des opinions reçues, fait quelques pas dans cette autre route qui est la vraie, mais il y avance bien peu, l'entendement, s'il n'est sans cesse aidé et dirigé, étant sujet à mille inconséquences, et tout-à-fait incapable par lui-même de pénétrer dans les obscurités de la nature.

XXII. L'une et l'autre méthode, partant également des sensations et des choses particulières, se reposent dans les plus générales, mais avec cette différence immense, que l'une ne fait qu'effleurer l'expérience et y toucher pour ainsi dire en courant, au lieu que l'autre s'y arrête autant qu'il le faut et avec méthode. De plus, la première établit de prime-saut je ne sais quelles généralités abstraites, vagues et inutiles, au lieu que la dernière s'élève par degrés aux principes réels et avoués de la nature.

XXIII. Ce n'est pas une légère différence que celle qui se trouve entre les fantômes de l'esprit humain et les idées de l'esprit divin, je veux dire entre certaines opinions frivoles et les vraies marques, les vrais caractères empreints dans les créatures, et qu'on y aperçoit quand on sait les observer et les voir telles qu'elles sont.

XXIV. Il ne faut pas s'imaginer que des principes établis par la simple argumentation puissent être jamais d'un grand usage pour inventer des moyens réels et effectifs, la subtilité de la nature surpassant infiniment celle des arguments; mais les principes extraits des faits particuliers avec ordre et avec méthode conduisent aisément à de nouveaux faits particuliers, et c'est ainsi qu'ils rendent les sciences actives.

XXV. D'où ont découlé les principes sur lesquels on se fonde aujourd'hui? d'une poignée de petites expériences, d'un fort petit nombre de faits très familiers, d'observations triviales; et comme ces principes sont, pour ainsi dire, taillés à la mesure de ces faits, il n'est pas étonnant qu'ils ne puissent conduire à de nouveaux faits. Que si par hasard quelque fait contradictoire, qu'on n'avait pas d'abord aperçu, se présente tout à coup, on sauve le principe à l'aide de quelque frivole distinction, au lieu qu'il aurait fallu corriger d'abord le principe même.

XXVI. Ce produit spontané de la raison humaine, dont nous faisons usage pour raisonner sur les opérations de la nature, nous l'appelons, par cette raison même, anticipations de la nature, attendu que ce n'est qu'une production fortuite, machinale et prématurée. Mais les autres connaissances que nous tirons des choses, même observées et analysées avec méthode, nous les appelons interprétations de la nature. Telles sont les deux dénominations que nous employons ordinairement pour communiquer plus aisément nos idées.

XXVII. Les anticipations n'ont que trop de force pour extorquer notre assentiment; car, après tout, si les hommes, étant tous atteints de la même folie, extravaguaient précisément de la même manière, ils pourraient encore s'entendre assez bien.

XXVIII. Je dis plus; les anticipations subjuguent plus aisément notre raison que ne le font les interprétations de la nature, les premières n'étant extraites que d'une poignée de cette sorte de faits qu'on rencontre à chaque instant, que l'entendement reconnaît aussitôt et dont l'imagination est déjà pleine; au lieu que, les interprétations étant formées de notions prises çà et là, extrêmement différentes et fort éloignées, soit les unes des autres, soit des idées communes, ne peuvent aussi promptement frapper notre esprit; et les opinions qui en résultent, ne se mariant pas aussi aisément aux opinions reçues, semblent étranges, incroyables, mal sonnantes et sont comme autant d'articles de foi.

XXIX. Les anticipations et la dialectique sont assez utiles dans les sciences qui ont pour base les opinions et les maximes reçues, vu qu'alors il s'agit plus de subjuguer les esprits que les choses mêmes.

XXX. Quand tous les esprits de toutes les nations et de tous les siècles, concertant leurs travaux et se transmettant réciproquement leurs prétendues découvertes, formeraient une sorte de coalition, les sciences n'en feraient pas de plus grands progrès par le seul moyen des anticipations; car lorsque les erreurs sont radicales et ont eu lieu dans la première digestion de l'esprit, quelque remède qu'on applique ensuite et quelque parfaites que puissent être les fonctions ultérieures, elles ne corrigent point le vice contracté dans les premières voies.

XXXI. En vain se flatterait-on de pouvoir faire de grands progrès dans les sciences, en entassant, en greffant, pour ainsi dire, le neuf sur le vieux; il n'y a pas à balancer; il faut reprendre tout l'édifice par ses fondements, si l'on ne veut tourner perpétuellement dans le même cercle, en avançant tout au plus de quelques pouces.

XXXII. Rendons aux anciens auteurs l'honneur qui leur est dû; ayons même de la déférence pour tous, car il ne s'agit pas ici de comparer les esprits ou les talents, mais seulement les méthodes; et quant à nous, notre dessein n'est rien moins que de prendre ici le rôle de juge, mais seulement celui de guide.

XXXIII. Disons-le ouvertement; on ne peut, par le moyen des anticipations, c'est-à-dire des opinions reçues, juger sainement de notre méthode, ni de ce qui a été inventé en la suivant; car on n'est pas obligé de s'en rapporter au jugement de ce qui est soi-même appelé en jugement.

XXXIV. Ce que nous proposons ici n'est même pas trop facile à exposer; c'est une marche tout-à-fait nouvelle, et cependant on en voudra juger d'après les vieilles opinions.

XXXV. Borgia, parlant de l'expédition des Français en Italie, disait: qu'ils étaient venus la craie en main pour marquer leurs étapes, et non l'épée au poing pour faire une invasion. Il en est de même de notre méthode; nous voulons qu'elle s'insinue doucement dans les esprits les mieux disposés à la recevoir et les plus capables de la saisir; qu'elle s'y fasse jour peu à peu et sans violence; car dès que nous ne sommes d'accord ni sur les principes, ni sur les notions, ni même sur la forme des démonstrations, les réfutations ne peuvent plus avoir lieu.

XXXVI. Reste donc une seule méthode à employer, méthode fort simple; c'est, quant à nous, de mener les hommes aux faits mêmes, pour leur en faire suivre l'ordre et l'enchainement; mais eux de leur côté, il faut aussi qu'ils s'imposent la loi d'abjurer pour un temps toutes leurs notions et de se familiariser avec les choses mêmes.

XXXVII. La méthode des philosophes qui soutenaient *ex professo* le dogme de l'acatalepsie est, dans les commencements, presque parallèle à la nôtre; mais sur la fin elles s'écartent prodigieusement l'un de l'autre, et elles sont même opposées ; car eux, affirmant absolument et sans restriction qu'on ne peut rien savoir, ôtent ainsi aux sens et à l'entendement toute autorité, au lieu que nous, qui disons seulement qu'on ne peut, par la méthode reçue, acquérir de grandes connaissances sur la nature, nous proposons une autre méthode dont le but et de chercher et de procurer sans cesse des secours aux sens et à l'entendement.

XXXVIII. Non-seulement les fantômes ou les notions fausses qui ont déjà pris pied dans l'entendement humain et y ont jeté de si profondes racines obséderont tellement les esprits que la vérité aura peine à s'y faire jour; mais le passage une fois ouvert, ils accourront de nouveau dans la restauration des sciences et feront encore obstacle, si les hommes ne sont bien avertis de s'en défier et de prendre contre eux toutes sortes de précautions.

XXXIX. Ces fantômes qui obsèdent l'esprit humain, nous avons cru devoir (toujours pour nous faire mieux entendre) les distinguer par les quatre dénominations suivantes : fantômes de race (préjugés de l'espèce), fantômes de l'antre (préjugés de l'individu), fantômes de commerce (préjugés de langage), fantômes de théâtre (préjugés d'école).

XL. Quoique le plus sûr moyen pour bannir à perpétuité tous ces fantômes soit de ne former les notions et les axiomes que d'après les règles de la véritable induction, l'indication de ce genre d'erreurs ne laisse pas d'être d'une grande utilité; car la doctrine qui a pour objet ces fantômes est, à l'interprétation de la nature, ce que la doctrine qui a pour objet les sophismes est à la dialectique ordinaire.

XLI. Les fantômes de race ont leur source dans la nature même de l'homme; c'est un mal inhérent à la race humaine, un vrai mal de famille, car rien n'est plus dénué de fondement que ce principe : « Le sens humain est la mesure de toutes les choses. » Il faut dire au contraire que toutes les perceptions, soit des sens, soit de l'esprit, ne sont que des relations à l'homme, et non des relations à l'univers. L'entendement humain, semblable à un miroir faux, fléchissant les rayons qui jaillissent des objets, et mêlant sa propre nature à celle des choses, gâte, tord, pour ainsi dire, et défigure toutes les images qu'il réfléchit.

XLII. Les fantômes de l'antre sont ceux de l'homme individuel; car, outre les aberrations de la nature humaine prise en général, chaque homme a une sorte de caverne, d'antre individuel qui rompt et corrompt la lumière naturelle, en vertu de différentes causes, telles que : la nature propre et particulière de chaque individu, l'éducation, les conversations, les lectures, les sociétés, l'autorité des personnes qu'on admire et qu'on respecte, enfin la diversité des impressions que peuvent faire les mêmes choses, selon qu'elles rencontrent un esprit préoccupé et déjà vivement affecté par d'autres objets, ou qu'elles trouvent un esprit tranquille et reposé; en sorte que, rien n'étant plus inégal, plus variable, plus irrégulier que la disposition naturelle de l'esprit humain, considéré dans les divers individus, ses opérations spontanées sont presque entièrement le produit du hasard; et c'est ce qui a donné lieu à cette observation si juste d'Héraclite : « Les hommes vont cherchant les sciences dans leurs petits mondes particuliers et non dans le monde universel, c'est-à-dire dans le monde commun à tous. »

XLIII. Il est aussi des fantômes de convention et de société dont la source est la communication qui s'établit entre les différentes familles du genre humain. C'est à ce commerce même et aux associations de toute espèce que fait allusion le nom par lequel nous les désignons; car les hommes s'associent par les discours, et les noms qu'on impose aux différents objets d'échange, on les proportionne à l'intelligence des moindres esprits. De là tant de nomenclatures inexactes, d'expressions impropres qui font obstacle aux opérations de l'esprit. Et c'est en vain que les savants, pour prévenir ou lever les équivoques, multiplient les définitions et les explications ; rien de plus insuffisant qu'un tel remède; quoi qu'ils puissent faire, ces mots font violence à l'entendement.

XLIV. Il est enfin des fantômes originaires des dogmes dont les diverses philosophies sont composées, et qui, de là, sont venus s'établir dans les esprits. Ces derniers, nous les appelons fantômes de théâtre; car tous ces systèmes de philosophie qui ont été successivement inventés et adoptés sont comme autant de pièces de théâtre que les divers philosophes ont mises au jour et sont venus jouer chacun à leur tour, pièces qui présentent à nos regards autant de mondes imaginaires et vraiment faits pour la scène. Nous ne parlons pas seulement ici des opinions philosophiques et des sectes qui ont régné autrefois, mais en général de toutes celles qui ont pu ou peuvent encore exister, attendu qu'il est encore assez facile de composer une infinité d'autres pièces du même genre, les erreurs les plus opposées ayant presque toujours des causes toutes semblables.

Enfin, ce que nous disons, il ne faut pas l'entendre seulement des systèmes pris en totalité, mais même d'une infinité de principes et d'axiomes reçus dans les sciences, principes que la crédulité, en les adoptant sans examen et les transmettant de bouche en bouche, a accrédités. Mais nous allons traiter plus amplement et plus en détail de ces diverses espèces de fantômes, afin d'en garantir plus sûrement l'esprit humain.

XLV. L'entendement humain, en vertu de sa constitution naturelle, n'est que trop porté à supposer dans les choses plus d'uniformité, d'ordre et de régularité qu'il ne s'y en trouve en effet ; et quoiqu'il y ait dans la nature une infinité de choses extrêmement différentes de toutes les autres et uniques en leur espèce, il ne laisse pas d'imaginer un parallélisme, des analogies, des correspondances et des relations qui n'ont aucune réalité. De là cette supposition chimérique : que tous les corps célestes décrivent des cercles parfaits, espèce de conte physique qu'on n'a adopté qu'en rejetant tout-à-fait les lignes spirales et les dragons (aux noms près, qu'on a conservés) ; de là aussi celle du feu élémentaire et de sa forme orbiculaire, laquelle n'a été introduite que pour faire, en quelque manière, la partie carrée (le quadrille) avec les trois autres éléments qui tombent sous le sens. On a été encore plus loin ; on a imaginé je ne sais quelle proportion ou progression décuple qu'on attribue à ce qu'on appelle les éléments, supposant que leur densité va croissant dans ce rapport, et mille autres rêves de cette espèce. Or, les inconvénients de cette promptitude à faire des suppositions ne se font pas seulement sentir dans les opinions, mais même dans les notions simples et élémentaires ; elle falsifie tout.

XLVI. L'entendement une fois familiarisé avec certaines idées qui lui plaisent, soit comme généralement reçues, soit comme agréables en elles-mêmes, s'y attache obstinément ; il ramène tout à ces idées de prédilection ; il veut que tout s'accorde avec elles ; il les fait juges de tout ; et les faits qui contredisent ces opinions favorites ont beau se présenter en foule, ils ne peuvent les ébranler dans son esprit ; ou il n'aperçoit point ces faits, ou il les dédaigne, ou il s'en débarrasse à l'aide de quelques frivoles distinctions, ne souffrant jamais qu'on manque de respect à ces premières maximes qu'il s'est faites. Elles sont pour lui comme sacrées et inviolables ; genre de préjugés qui a les plus pernicieuses conséquences. C'était donc une réponse fort judicieuse que celle de cet ancien, qui, voyant suspendus dans un temple des portraits de navigateurs, qui, ayant fait un vœu durant la tempête, s'en étaient acquittés après avoir échappé au naufrage, et pressé par cette question de certains dévots : « Eh bien ! reconnaissez-vous actuellement qu'il y a des Dieux ? » répondit sans hésiter : « A la bonne heure ! mais montrez-nous aussi les portraits de ceux qui, ayant fait un vœu, n'ont pas laissé de périr. » Il en faut dire autant de toutes les opinions ou pratiques superstitieuses, telles que les rêves de l'astrologie judiciaire, les interprétations de songes, les présages, les némésis et autres. Les hommes infatués de ces chimères ont grand soin de remarquer les événements qui cadrent avec la prédiction ; mais quand la prophétie tombe à faux, ils ne daignent pas même y faire attention. Ce genre de préjugés serpente et s'insinue encore plus subtilement dans les sciences et la philosophie ; là, ce dont on est une fois engoué tire tout à soi et donne sa teinte à tout le reste, même à ce qui en soi-même a plus de vérité et de solidité. Je dis plus : abstraction faite de cet engouement et de ces puériles préventions dont nous venons de parler, c'est une illusion propre et inhérente à l'esprit humain, d'être plus affecté et plus excité par les preuves affirmatives que par les négatives, quoique, suivant les principes de la droite raison, il dût se prêter également aux unes et aux autres et les peser toutes avec le même soin. On peut même tenir pour certain qu'au contraire, lorsqu'il est question d'établir ou de vérifier un principe, l'exemple négatif a beaucoup plus de poids.

XLVII. Ce qui remue le plus fortement l'entendement humain, c'est ce que l'esprit conçoit aisément et qui le frappe aussitôt, en un mot ce qui se lie aisément aux idées dont l'imagination est déjà remplie et comme enflée. Quant aux autres idées, par l'effet naturel d'une prévention dont il ne s'aperçoit pas lui-même, il les contourne, il les façonne, il les suppose tout-à-fait semblables à celles dont la mémoire est déjà comblée; mais faut-il passer rapidement de ces idées si familières à des faits très éloignés et très différents de ceux qu'il connaît, genre de faits qui sont, pour les axiomes, comme l'épreuve du feu; l'esprit ne se traîne plus qu'avec peine et ne peut franchir cette grande distance, à moins qu'on ne lui fasse violence à cet égard et qu'il n'y soit forcé par la plus impérieuse nécessité.

XLVIII. L'entendement humain ne sait point s'arrêter et semble haïr le repos; il veut aller toujours en avant, et trop souvent c'est en vain qu'il le veut. Par exemple, on a beau vouloir imaginer les extrémités de l'univers, on n'en peut venir à bout; et quelques limites qu'on y veuille supposer, on conçoit toujours quelque chose au-delà. Il n'est pas plus facile d'imaginer comment l'éternité a pu s'écouler jusqu'à ce jour; car cette distinction qu'on fait ordinairement d'un infini *à parte ante* (antérieur en temps) et d'un infini *à parte post* (postérieur en temps) est tout-à-fait insoutenable. De cette double opposition il s'ensuivrait, qu'il existe un infini plus grand qu'un autre infini, que l'infini peut s'épuiser, qu'il tend au fini, etc. Telle est aussi la subtile recherche qui a pour objet la divisibilité de certaines lignes à l'infini, recherche qui fait bien sentir à l'esprit sa faiblesse. Mais cette faiblesse se fait sentir d'une manière tout autrement préjudiciable dans la recherche des causes; car, quoiqu'il doive y avoir et qu'il y ait en effet dans la nature des universaux positifs et réels qui au fond sont tout-à-fait inexplicables, néanmoins l'entendement humain, qui ne sait point s'arrêter et qui hait le repos, demande encore quelque chose de plus connu pour les expliquer; mais alors, pour avoir voulu aller trop loin, il retombe dans ce qui le touche de trop près, dans les causes finales qui tiennent infiniment plus à la nature de l'homme qu'à celle de l'univers. C'est de cette source qu'ont découlé tant de préjugés dont la philosophie est infectée, et c'est également le propre d'un esprit superficiel et peu philosophique de demander la cause des faits les plus généraux et de ne rien faire pour connaître celle des faits inférieurs et subordonnés à ceux-là.

XLIX. L'œil de l'entendement humain n'est rien moins qu'un œil sec, mais au contraire un œil humide et en quelque manière détrempé par les passions et la volonté, ce qui enfante des sciences arbitraires et toutes de fantaisie; car plus l'homme souhaite qu'une opinion soit vraie, plus il la croit aisément. Il rejette donc les choses difficiles parce qu'il se lasse bientôt d'étudier, les opinions modérées parce qu'elles rétrécissent le cercle de ses espérances, les profondeurs de la nature parce que la superstition lui interdit ces sortes de recherches, la lumière de l'expérience par mépris, par orgueil et de peur de paraître occuper son esprit de choses basses et périssables, les paradoxes parce qu'il redoute l'opinion du grand nombre. Enfin c'est en mille manières quelquefois imperceptibles que les passions modifient l'entendement humain, en teignent, pour ainsi dire, et en pénètrent toute la substance.

L. Mais le plus grand obstacle et la plus grande aberration de l'entendement humain a pour cause la stupeur, l'incompétence et les illusions des sens. Nous sommes constitués de manière que les choses qui frappent immédiatement nos sens l'emportent dans notre esprit sur celles qui ne les frappent que médiatement, quoique ces dernières méritent la préférence. Ainsi, dès que notre œil est en défaut, toutes nos réflexions cessent à l'instant; on n'observe que peu ou point les choses invisibles. Aussi toutes les actions si diversifiées qu'exercent les esprits renfermés dans les corps tangibles ont-elles échappé aux hommes et leur sont-elles entièrement inconnues; car lorsque quelque transformation imperceptible a lieu dans les parties de composés assez grossiers (genre de changement qu'on désigne communément par le mot d'altération, quoiqu'au fond ce ne soit qu'un mouvement de transport qui a lieu dans les plus petites parties), la manière dont s'opère ce changement est également inconnue. Cependant, si ces deux sujets-là ne sont bien éclaircis et mis dans le plus grand jour, ne nous flattons pas qu'il soit possible de faire rien de grand dans la nature, quant à l'exécution. Et ce n'est pas tout : la nature de l'air commun et de toutes les substances dont la densité est encore moindre (et combien n'en est-il pas?), cette nature, dis-je, n'est pas mieux connue, car le sens est par soi-même quelque chose de bien faible, de bien trompeur, et tous les instruments que nous employons, soit pour aiguiser nos sens, soit pour en étendre la portée, ne remplissent qu'imparfaitement ce double objet. Mais toute véritable interprétation de la nature ne peut s'effectuer qu'à l'aide d'observations et d'expériences convenables et appropriées à ce dessein, sans perdre jamais de vue cette distinction si importante que le sens ne doit être fait juge que de l'expérience, et que c'est l'expérience seule qui doit juger de la nature de la chose même.

LI. L'entendement humain, en vertu de sa nature propre et particulière, n'est que trop porté aux abstractions; il est enclin à regarder comme constant et immuable ce qui n'est que passager. Mais au lieu d'abstraire la nature il vaut mieux l'analyser, et en quelque manière la disséquer, à l'exemple de Démocrite et de ses disciples; école qui a su beaucoup mieux que toutes les autres y pénétrer et l'approfondir. Le sujet auquel il faut principalement s'attacher, c'est la matière même, ainsi que ses différentes textures et ses transformations. C'est sur l'acte pur qu'il faut fixer toute son attention; car les formes ne sont que des productions de l'esprit humain, de vraies fictions, à moins qu'on ne veuille donner ce nom de formes aux lois mêmes de l'acte.

LII. Tels sont les préjugés que nous comprenons sous cette dénomination: fantômes de races (ou préjugés de l'espèce), lesquels ont pour cause ou l'égalité de la substance de l'esprit humain, ou sa préoccupation, ou ses étroites limites, ou sa turbulence, ou l'influence des passions, ou l'incompétence des sens, ou enfin la manière dont nous sommes affectés par les objets.

LIII. Les fantômes de l'antre (ou préjugés de l'individu) ont leur source dans la nature propre de l'âme et du corps de chaque individu. Il faut compter aussi pour quelque chose l'éducation, l'habitude, et une infinité d'autres causes ou de circonstances fortuites. Ce genre de fantômes se divise en un grand nombre d'espèces. Cependant nous ne parlerons ici que de celles qui exigent le plus de précautions et qui ont le plus de force pour altérer la pureté de l'entendement.

LIV. La plupart des hommes ont une prédilection marquée pour telles ou telles sciences et spéculations particulières, soit parce qu'ils se flattent d'y jouer le rôle d'inventeurs, soit parce qu'ils y ont déjà fait des études pénibles et se sont ainsi familiarisés avec ces genres. Or, quand les hommes de ce caractère viennent à se tourner vers la philosophie et les sujets les plus généraux, ils les tordent pour ainsi dire et les moulent sur ces premières imaginations. C'est ce qu'on observe surtout dans Aristote, qui a assujetti toute sa philosophie à sa logique, et cela au point de la rendre toute contentieuse et presque inutile. Quant aux chimistes, d'un petit nombre d'expériences faites à l'aide de leurs fourneaux, ils ont bâti je ne sais quelle philosophie toute fantastique et qui n'embrasse qu'un objet très limité. Il n'est pas jusqu'à Gilbert, qui, après s'être long-temps fatigué dans la recherche de la nature et des propriétés de l'aimant, a forgé aussitôt un système de philosophie tout-à-fait analogue à son sujet favori.

LV. La différence la plus caractéristique et la plus marquée qu'on observe entre les esprits, différence vraiment radicale, c'est celle-ci: les uns ont plus de force et d'aptitude pour observer les différences des choses, les autres pour saisir les analogies. Les esprits qui ont de la pénétration et de la tenue, appuyant davantage sur chaque objet et s'y attachant plus constamment, sont par cela même plus en état d'y démêler les nuances les plus légères; les génies qui ont plus d'étendue, d'élévation et d'essor, n'en sont que plus capables de saisir les analogies les plus imperceptibles, de généraliser leurs idées et de les réunir en un seul corps. Ces deux sortes d'esprit donnent aisément dans l'excès en voulant ou percevoir des infiniment petits ou embrasser de vastes chimères.

LVI. Il est des hommes qui s'extasient devant l'antiquité; d'autres sont amoureux de leur siècle et embrassent toutes les nouveautés; il en est peu qui soient de tempérament à garder quelque mesure et à tenir le juste milieu entre ces deux extrêmes: arracher ce que les anciens ont planté de meilleur, ou dédaigner ce que les modernes proposent de plus utile. Ces prédilections font un tort infini aux sciences et à la philosophie, et c'est plutôt prendre parti pour les anciens ou les modernes que les juger. Si jamais on parvient à découvrir la vérité, ce ne sera pas au bonheur particulier de tel temps ou de tel autre, chose tout-à-fait variable, qu'on devra un si grand avantage, mais à la seule lumière de la nature et de l'expérience, lumière éternelle. Renonçons donc une fois à toutes ces partialités, de peur qu'elles ne subjuguent notre entendement et n'asservissent nos opinions.

LVII. Les méditations sur la nature et sur les corps, considérés dans leur état de simplicité, semblent briser l'entendement et le morceler comme le sujet qu'il considère. Au contraire, les méditations sur la nature et sur les corps, envisagés dans leur état de composition et dans leur configuration, étonnent l'esprit, l'engourdissent et détendent ses ressorts. C'est une différence qu'on aperçoit au premier coup d'œil, en comparant l'école de Démocrite avec les autres. La première est toujours tellement perdue dans les atomes qu'elle en oublie les ensembles et les composés ; les autres écoles, tout occupées à considérer les assemblages, restent si étonnées à cette vue qu'elles en deviennent incapables de saisir ce que la nature a de simple et d'élémentaire. Il faut se partager entre ces deux espèces de méditations et les faire se succéder alternativement, afin que l'entendement acquière tout à la fois de la pénétration et de l'étendue, afin aussi d'éviter les inconvénients dont nous venons de parler et les préventions dont ils sont la source.

LVIII. Sachons donc user de ces sages précautions pour bannir à jamais les préjugés individuels (ou fantômes de l'antre), préjugés qui ont pour principe ou la prédominance de certains goûts, ou un penchant excessif à composer ou à diviser, ou la prédilection pour certains siècles, ou enfin les trop grandes ou les trop petites dimensions des objets que l'on considère. Généralement parlant, tout homme qui étudie la nature doit tenir pour suspect tout ce qui flatte son entendement et fixe trop son attention. Plus un tel goût est vif et plus il faut redoubler de précautions pour maintenir l'entendement dans toute sa pureté et son impartialité.

LIX. Mais de tous les fantômes, les plus incommodes sont ceux qui, à la faveur de l'alliance des mots avec les idées, se sont insinués dans l'entendement. Les hommes s'imaginent que leur raison commande aux mots ; mais qu'ils sachent que les mots, se retournant pour ainsi dire contre l'entendement, lui rendent les erreurs qu'ils en ont reçues ; et telle est la principale cause qui rend sophistiques et inactives les sciences et la philosophie. Dans l'imposition des noms on a égard le plus souvent au peu d'intelligence du vulgaire. A l'aide de ces signes on ne divise les objets que par des traits grossiers et sensibles pour les vues les plus faibles. Mais survient-il un esprit plus pénétrant ou un observateur plus exact qui veuille changer ces divisions, les mots s'y opposent à grand bruit. Qu'arrive-t-il de là ? que les plus grandes et les plus imposantes disputes des savants dégénèrent presque toujours en disputes de mots ; discussions par lesquelles il vaudrait mieux commencer, en imitant à cet égard la sage coutume des mathématiciens, et qu'on pourrait peut-être terminer par des définitions prises dans la nature et dans les choses matérielles. Encore ce remède même serait-il insuffisant ; car les définitions elles-mêmes sont aussi composées de mots, et ces derniers ayant également besoin d'être définis, les mots enfanteraient d'autres mots sans fin et sans terme ; en sorte qu'il faut toujours en revenir aux faits particuliers, à leur suite et à leur enchaînement, comme nous le montrerons bientôt quand nous traiterons de la manière de former les notions et les principes.

LX. Les préjugés que les mots introduisent dans l'esprit humain sont de deux espèces : ou ce sont des noms de choses qui n'existent point, car de même qu'il y a des choses qui manquent de noms parce qu'on ne les a pas encore aperçues ou suffisamment observées, il y a aussi des noms qui manquent de choses qu'ils puissent désigner, parce que ces choses-là n'existent que dans la seule imagination qui les suppose ; ou ce sont des noms de choses qui existent réellement, mais confus, mal déterminés, n'ayant rien de fixe, et ne désignant que des notions hasardées. Il faut ranger dans la première classe : la fortune, le premier mobile, les orbites des planètes, l'élément du feu et cent autres dénominations semblables et sans objet réel, auxquelles des théories fausses ou hasardées ont donné cours. Mais cette sorte de fantômes est facile à bannir, car on peut, en abjurant une bonne fois et en biffant pour ainsi dire toutes les théories, s'en défaire et les expulser pour toujours.

Mais une autre espèce de préjugés plus compliqués et plus profondément enracinés, ce sont ceux qui ont pour principe des abstractions inexactes ou hasardées. Choisissez tel mot que vous voudrez, par exemple celui d'humidité, et voyez actuellement si toutes les significations qu'on lui donne sont bien d'accord entre elles. Tout bien examiné, vous trouverez que ce mot humidité n'est qu'un signe confus d'actions diverses qui n'ont rien de fixe, rien de commun, et qu'il est impossible de ramener à une seule idée générale, à un seul chef; car dans la langue commune il signifie et ce qui se répand aisément autour d'un autre corps, et ce qui est en soi indéterminable et n'a point de consistance, et ce qui cède aisément selon toutes les directions, et ce qui est aisé à diviser, à disperser, et ce qui se réunit ou se rassemble aisément, et ce qui est très fluide, très mobile. Il signifie encore ce qui adhère aisément à un autre corps et le mouille, enfin ce qui passe aisément de l'état de solide à l'état de fluide, en un mot ce qui se liquéfie aisément. Actuellement s'agit-il d'employer ce mot et de l'appliquer à quelque sujet; si vous préférez telle de ces significations si différentes, la flamme sera humide; ou bien prenez telle autre, l'air ne le sera pas; une autre encore, et la poussière très fine sera humide; telle autre enfin, et le verre même en poudre le sera; en sorte qu'il est aisé de voir que cette notion-là est tirée de celle de l'eau tout au plus et de quelques autres liquides fort communs, sans qu'on ait pris la peine de la vérifier et de suivre quelque méthode en faisant l'abstraction qu'elle suppose.

Cette inexactitude et cette aberration des nomenclatures a ses degrés. L'espèce de mots la moins vicieuse, ce sont les noms de substances particulières, surtout ceux des espèces inférieures et bien déduites. La notion de craie et celle de limon, par exemple, peuvent passer pour bonnes; celle de terre est mauvaise. Des notions encore pires, ce sont celles de certaines actions, comme celle-ci : engendrer, corrompre, altérer. Les pires de toutes sont celles des qualités, telles que pesanteur, légèreté, densité, etc. Cependant il faut convenir que, parmi les notions même que nous réprouvons, il peut s'en trouver qui soient un peu meilleures que les autres, et c'est ce qu'on peut dire de celles dont les objets, tombant plus fréquemment sous les sens et ayant été mieux observés, sont par cette raison même beaucoup plus connus.

LXI. Quant aux fantômes de théâtre, ce n'est point clandestinement qu'ils se sont insinués dans l'entendement; mais étant partis des théories fantastiques et des fausses méthodes de démonstration, ils y ont pour ainsi dire fait leur entrée en plein jour et publiquement. Or, ces théories et ces méthodes, entreprendre ici de les réfuter, ce serait oublier ce que nous avons dit à ce sujet et tomber en contradiction avec nous-mêmes; car dès que nous ne sommes pas d'accord sur les principes ni sur les formes de démonstration, il n'y a plus moyen d'argumenter. Quoi qu'il en soit, rendons aux anciens l'honneur qui leur est dû, et puisse cette déférence contribuer au succès de notre entreprise! Au fond nous ne leur ôtons rien, puisqu'il ne s'agit entre eux et nous que de la méthode. Car on l'a dit souvent : « Un boiteux qui est dans le vrai chemin devance aisément un bon coureur qui est hors de la route; » à quoi l'on peut ajouter que : plus celui qui est hors de la route est léger à la course, et plus il s'égare.

Au reste notre méthode d'invention laisse bien peu d'avantage à la pénétration et à la vigueur des esprits; on peut dire même qu'elle les rend tous presque égaux; car lorsqu'il est question de tracer une ligne bien droite ou de décrire un cercle parfait, si l'on s'en fie à sa main seule, il faut que cette main-là soit bien sûre et bien exercée, au lieu que si l'on fait usage d'une règle ou d'un compas, alors l'adresse devient tout-à-fait ou presque inutile; il en est absolument de même de notre méthode. Or, quoique les réfutations proprement dites ne puissent avoir lieu ici, nous ne laisserons pas de faire en passant quelques observations sur ces sectes ou ces théories fausses ou hasardées. Peu après nous indiquerons les signes extérieurs auxquels on peut reconnaître qu'elles sont mal constituées, et nous viendrons enfin aux causes d'un si durable, si unanime et si pernicieux accord dans l'erreur, afin qu'ensuite la vérité se fasse jour dans les esprits avec moins de violence et que l'entendement humain consente plus aisément à se laisser délivrer et pour ainsi dire purger de tous ses fantômes.

LXII. Les fantômes de théâtre (ou de théories) sont déjà presque innombrables; cependant leur nombre peut croître encore, et c'est ce qui arrivera peut-être un jour; car si les esprits, durant tant de siècles, n'eussent pas toujours été presque uniquement occupés de religion et de théologie, et que les gouvernements eux-mêmes, surtout dans les monarchies, n'eussent pas témoigné une si grande aversion pour les nouveautés de ce genre et même pour toutes les spéculations qui tendent indirectement au même but, aversion telle que si quelques écrivains s'en occupent encore de notre temps, ce n'est qu'aux risques et au détriment de leur fortune qu'ils osent le faire, trop assurés d'être, en le faisant, non-seulement frustrés des récompenses auxquelles ils pourraient prétendre, mais même sans cesse exposés à l'envie ou au mépris; sans ces obstacles, dis-je, nul doute que de nos jours on n'eût vu naître une infinité de sectes et de systèmes philosophiques, tout semblables à ceux qu'on vit autrefois dans la Grèce, où les esprits étaient plus libres, se multiplier et se diversifier si prodigieusement; car de même que sur les phénomènes célestes on peut imaginer différentes hypothèses, on peut aussi sur les phénomènes qui sont l'objet de la philosophie, bâtir une infinité de dogmes et de systèmes. Or, ces pièces que les philosophes viennent ainsi jouer successivement, productions vraiment théâtrales, ressemblent fort à celles qui paraissent sur le théâtre des poètes, et ont avec ces dernières cela de commun qu'étant destinées à produire de l'effet sur la scène et à plaire aux spectateurs, elles sont plus artistement composées et plus agréables que les narrations simplement historiques, parce que tous les objets qu'elles représentent elles les font paraître tels qu'on souhaiterait qu'ils fussent.

Généralement parlant, quand il s'agit de rassembler des matériaux pour la philosophie, où il y a peu à prendre on prend beaucoup, et où il y aurait beaucoup à prendre si l'on voulait, on prend fort peu; en sorte que, soit qu'on prenne d'une part ou de l'autre, le corps d'expérience et d'histoire naturelle sur lequel on veut asseoir la philosophie forme une base trop étroite. La tourbe des philosophes rationnels se contente d'effleurer l'expérience, puisant çà et là quelques observations triviales sans avoir pris la peine de les constater, de les analyser, de les peser; puis ils s'imaginent qu'il ne leur reste plus autre chose à faire qu'à tourner leur esprit dans tous les sens et à rêver à l'aventure.

Il est une autre espèce de philosophes qui n'embrassant qu'un sujet très limité et s'attachant à un petit nombre d'expériences, n'y ont à la vérité épargné ni temps ni soins; mais le mal est qu'ensuite ils ont osé entreprendre de former, avec ce peu de matériaux, des théories complètes et figurer un corps entier de philosophie, tordant tout le reste avec un art merveilleux et le ramenant à ce peu qu'ils savaient.

Vient enfin la troisième classe; ce sont ceux qui mêlent dans leur physique, aux observations et aux expériences, la théologie et les traditions consacrées par la foi et par la vénération publique; il en est même qui ont porté l'extravagance jusqu'au point de vouloir tirer les sciences directement des esprits et des génies, comme pour les tenir de la première main; en sorte que la tige des erreurs et de la fausse philosophie, se partage en trois branches, savoir: la branche sophistique, l'empirique et la superstitieuse.

LXIII. Cherchons-nous un exemple de la première espèce? nous en trouvons un très frappant dans Aristote, qui a sophistiqué sa philosophie naturelle par sa dialectique. Ne l'a-t-on pas vu bâtir un monde avec ses catégories, expliquer l'origine de l'âme humaine (cette substance de si noble extraction) par les mots de seconde intention; trancher de même la question qui a pour objet la densité ou la rareté (c'est-à-dire les deux qualités en vertu desquelles un corps prend de plus grandes ou de plus petites dimensions), et se tirer d'affaire par cette froide distinction de l'acte et de la puissance; soutenir qu'il y a dans chaque corps un mouvement propre et unique, et que s'il participe de quelque autre mouvement, ce dernier est produit par quelque cause extérieure; assertions auxquelles il en joint une infinité d'autres qui ne valent pas mieux, imposant à la nature même ses opinions comme autant de lois, et plus jaloux en toute question d'imaginer des moyens pour n'être jamais court et alléguer toujours quelque chose de positif, du moins en paroles, que de pénétrer dans la nature intime des choses et de saisir la vérité. C'est ce dont on sera encore mieux convaincu en comparant sa philosophie avec la plupart de celles qui furent célèbres chez les Grecs; car du moins l'on trouve dans ces dernières des hypothèses plus supportables, telles que les homoïomères d'Anaxagore; les atomes de Leucippe et de Démocrite ; le ciel et la terre de Parménide ; la discorde et l'amitié d'Empédocle; la résolution des corps dans la nature indifférente du feu et leur retour à l'état de corps dense. Or, dans toutes ces opinions-là on voit une certaine teinte de physique, on y reconnaît quelque peu de la nature et de l'expérience; cela sent le corps et la matière, au lieu que la physique d'Aristote n'est qu'un fracas de termes de dialectique, et cette dialectique il l'a remaniée dans sa métaphysique sous un nom plus imposant et pour paraître s'attacher plus aux choses mêmes qu'à leurs noms. Que si dans ses livres sur les animaux, dans ses problèmes et dans quelques autres traités il est souvent question de l'expérience, il ne faut pas s'en laisser imposer par le petit nombre de faits qu'on y trouve ; ses opinions étaient fixées d'avance. Et ne croyez pas qu'il eût commencé par consulter l'expérience, comme il l'aurait dû, pour établir ensuite ses principes et ses décisions; mais au contraire, après avoir rendu arbitrairement ses décrets, il tord l'expérience, il la moule sur ses opinions et l'en rend esclave ; en sorte qu'à ce titre il mérite encore plus de reproches que ses modernes sectateurs ; je veux parler des scolastiques, qui ont entièrement abandonné l'expérience.

LXIV. Mais la philosophie empirique enfante des opinions encore plus étranges et plus monstrueuses que la philosophie raisonneuse et sophistique ; car ce n'est rien moins qu'à la lumière des notions vulgaires qu'elle ose marcher, lumière qui, toute faible et toute superficielle qu'elle est, ne laisse pas d'être en quelque manière universelle et d'éclairer un grand nombre d'objets ; ce n'est pas, dis-je, sur ce fondement assez solide qu'elle s'établit, mais sur la base étroite d'un petit nombre d'expériences, et telle est la faible lueur dont elle se contente. Aussi ce genre de systèmes qui semblent si probables et si approchant de la certitude à ceux qui rebattent continuellement ce petit nombre d'expériences qui les appuient et qui en ont l'imagination frappée, paraissent-ils à tout autre incroyables et vides de sens. C'est ce dont on voit un exemple frappant dans les chimistes et leurs règles chimériques ; car, de nos jours, il serait peut-être difficile d'en trouver ailleurs, si ce n'est peut-être dans la philosophie de Gilbert. Mais ce n'est point une raison pour négliger toute espèce de précaution à cet égard. Car nous prévoyons déjà et pouvons prédire que si les hommes, éveillés par nos avertissements, s'appliquent sérieusement à l'expérience, en bannissant toutes les doctrines sophistiques, alors enfin, par l'effet de la précipitation naturelle à l'entendement et de son penchant à s'élancer du premier vol aux propositions générales et aux principes des choses, il est à craindre qu'on ne voie ces esprits systématiques se multiplier. Or, cet inconvénient que nous prévoyons de si loin, notre devoir était de tout faire pour le prévenir.

LXV. Mais cette dépravation de la philosophie, qui résulte de son mélange avec la théologie et les opinions superstitieuses, étend bien autrement ses ravages, et attaque ou les théories tout entières, ou leurs parties, l'entendement humain n'étant pas moins susceptible des impressions de l'imagination que de celles des notions vulgaires. Une philosophie contentieuse et sophistique enlace l'entendement ; mais cet autre genre de philosophie, fantastique, enflé et en quelque manière poétique, le flatte davantage. Car si la volonté de l'homme est ambitieuse, l'entendement humain a aussi son ambition, et c'est ce qu'on observe surtout dans les génies profonds et élevés.

L'exemple le plus éclatant en ce genre parmi les Grecs, c'est la philosophie de Pythagore, qui à la vérité était alliée à une superstition grossière, choquante et sensible pour les moindres yeux. Mais une superstition moins facile à apercevoir, et par cela même plus dangereuse, c'est celle de Platon et de son école. On la retrouve encore dans certaines parties des autres systèmes de philosophie ; on y introduit je ne sais quelles formes abstraites, des causes finales, des causes premières, en parlant à peine des causes secondes ou moyennes, et une infinité d'autres suppositions de cette espèce. C'est de tous les abus celui qui exige les plus grandes précautions; car il n'est rien de plus pernicieux que l'apothéose des erreurs, et c'est un vrai fléau pour l'entendement que cet hommage rendu à des chimères imposantes. Certains philosophes parmi les modernes se sont tellement livrés à leur engouement pour ces puérilités, qu'ils ont fait mille efforts pour établir la physique sur le premier livre de la Genèse, sur celui de Job et sur les autres livres sacrés, ce qui est (s'il est permis d'employer le langage des Saintes Ecritures) chercher les choses mortes parmi les vivantes. Et l'on doit faire d'autant plus d'efforts pour préserver les esprits de cette manie, que ce mélange indiscret des choses humaines avec les choses divines n'enfante pas seulement une philosophie fantastique et imaginaire, mais de plus l'hérésie. Ainsi, rien de plus salutaire que la circonspection en traitant de tels sujets, et c'est assez de rendre à la foi ce qui appartient à la foi.

LXVI. Voilà ce que nous avions à dire sur cette autorité qu'usurpent des philosophies fondées, ou sur les notions vulgaires, ou sur un petit nombre d'observations et d'expériences, ou enfin sur des opinions superstitieuses. Parlons maintenant du choix peu judicieux de la matière même sur laquelle travaillent les esprits, surtout dans la philosophie naturelle. L'entendement est quelquefois infecté de certaines préventions qui viennent uniquement de ce qu'étant trop familiarisé avec certains procédés, certaines manipulations des arts mécaniques où l'on voit les corps prendre successivement cent formes différentes par voie de combinaison ou de séparation, il est ainsi porté à imaginer que la nature fait quelque chose de semblable dans la totalité de l'univers. De là cette chimérique hypothèse des quatre éléments et de leur concours auquel on attribuait la formation des corps naturels. Au contraire, lorsque l'homme envisage la nature comme libre dans ses opérations, il tombe souvent dans l'hypothèse de la réalité des espèces, soit d'animaux, de végétaux ou de minéraux, ce qui ne mène que trop aisément à cette autre supposition : qu'il existe des formes originelles de toutes choses, des moules primitifs que la nature tend à reproduire sans cesse; et que tout ce qui s'en éloigne vient des aberrations de la nature, ou des obstacles qu'elle rencontre dans le cours de ses opérations, ou du conflit des espèces diverses, ou de la transplantation, de la greffe d'une espèce sur l'autre. Or, c'est de la première de ces deux suppositions qu'est née l'hypothèse des qualités primaires ou élémentaires; et c'est à la seconde que nous devons celle des qualités occultes et des vertus spécifiques, deux inventions qui ne sont au fond que deux simplifications, que deux manières d'abréger le travail de l'esprit, simplifications sur lesquelles il se repose et qui le détournent de l'acquisition de connaissances plus solides. Mais les médecins ont travaillé avec plus de fruit, en observant les qualités et les actions secondaires, telles que l'attraction, la répulsion, l'atténuation, l'incrassation, la dilatation, l'astriction, la discussion, la maturation et autres semblables. Et si, trop séduits par les deux espèces de simplifications dont je viens de parler, je veux dire les qualités élémentaires et les vertus spécifiques, ils n'eussent sophistiqué leurs excellentes observations sur les qualités secondaires, en s'efforçant de les ramener aux qualités primaires et de prouver qu'elles n'en sont que des combinaisons délicates et incommensurables, ou en n'étendant pas ces premières observations par d'autres observations du même genre, encore plus exactes et plus réitérées, jusqu'aux qualités du troisième et du quatrième ordre, au lieu de s'arrêter à moitié chemin, comme ils l'ont fait, ils auraient pu tirer un tout autre parti de ces excellentes vues, qui les auraient menés fort loin de ce côté-là. Et les propriétés de ce genre (je ne dis pas précisément les mêmes, mais seulement des propriétés analogues), ce n'est pas assez de les remarquer dans les remèdes administrés au corps humain, il faut aussi les observer dans les autres corps naturels et dans leurs variations.

Mais une omission encore plus nuisible que toutes ces simplifications hypothétiques, c'est qu'on va recherchant et considérant uniquement les principes quiescents de toutes choses, et non leurs principes mouvants (ou forces motrices), c'est-à-dire ce dont elles sont faites, et non ce qui les fait. Et il ne faut pas attacher tant d'importance aux distinctions introduites dans la physique vulgaire, pour différencier les actions et les mouvements, telles que celles de génération, de corruption, d'augmentation, de diminution, de transport; car voici à peu près ce que signifient ces dénominations. Selon eux, si un corps change seulement de lieu sans éprouver d'autre changement, c'est un mouvement de transport; si, le lieu et l'espèce, demeurant les mêmes, la qualité seule est changée, c'est une altération; mais si, par l'effet du changement, la masse ou la quantité de matière ne demeurent pas les mêmes, alors c'est un mouvement d'augmentation ou de diminution. Enfin si la variation va jusqu'à changer l'espèce même et la substance du sujet, et qu'il en résulte une véritable transformation, c'est une génération et une corruption. Voilà ce qu'ils entendent par ces mots; mais qu'est-ce que tout cela, sinon des distinctions populaires et triviales qui sont loin de pénétrer dans la nature intime des choses? Ce ne sont tout au plus que des mesures ou des périodes et non des espèces de mouvement; elles indiquent le combien, et non le comment ou le pourquoi (c'est-à-dire la quantité et non le mode, ou la cause formelle). Ils ne parlent ni de l'appétit naturel (tendance, force, effort) des corps, ni des secrets mouvements de leurs parties. Mais voici tout ce qu'ils font. Lorsque ce mouvement dont nous parlons occasionne dans l'extérieur et l'apparence du sujet quelque changement grossier et très sensible, ils s'en tiennent là; et c'est de ces différences superficielles qu'ils tirent leurs divisions. De plus, veulent-ils donner quelques indications sur les causes des mouvements et les ranger sous quelques divisions, ils se contentent de cette puérile distinction de mouvement naturel et de mouvement violent, distinction originaire elle-même d'une notion vulgaire et triviale. Car un mouvement, quelque violent qu'il puisse être, n'en est pas moins naturel; et, s'il a lieu, c'est parce que la cause efficiente fait agir la nature d'une autre manière tout aussi naturelle que la précédente.

Mais si, laissant de côté ces grossières distinctions, on nous disait qu'il existe dans les corps un appétit naturel pour leur contact mutuel (une tendance naturelle à se toucher réciproquement) et en vertu duquel ils ne souffrent pas que l'unité ou la continuité de la nature étant interrompue et en quelque manière coupée, le vide ait lieu; ou bien encore, si l'on disait que tous les corps tendent à rentrer dans leurs limites naturelles, de manière que si l'on vient à les porter en-deçà de ces limites par la compression, ou en-delà par la distension, ils font effort aussitôt pour recouvrer leurs premières dimensions et le volume qui leur est propre; ou enfin, si l'on disait qu'il existe aussi dans les corps une tendance à se réunir à la masse de leurs congénères ou analogues, tendance en vertu de laquelle les corps denses se portent vers le globe terrestre et les corps rares ou ténus vers la circonférence ou vers les cieux; si l'on disait cela ou quelque chose de semblable, alors nous dirions, nous : ce sont là des mouvements physiques et très réels. Quant aux autres dont nous parlions plus haut, nous disons que ce sont des mouvements purement logiques, des notions toutes scolastiques, comme il est facile de s'en assurer par la comparaison même que nous venons d'en faire.

Un autre abus non moins dangereux, c'est que, dans les recherches philosophiques, on va toujours s'élançant jusqu'aux principes des choses, jusqu'aux degrés extrêmes de la nature (au maximum et au minimum); et on ne s'occupe que de cela, on ne parle d'autre chose, quoique toute véritable utilité et toute vraie puissance dans l'exécution ne puisse résulter que de la connaissance des choses moyennes. Mais qu'arrive-t-il de là? qu'on ne cesse d'abstraire la nature (de substituer aux êtres réels de simples abstractions), jusqu'à ce qu'on soit arrivé à une matière purement potentielle et destituée de toute forme déterminée, ou qu'on ne cesse de diviser la nature (de diviser et subdiviser les corps par la pensée) jusqu'à ce qu'on soit arrivé aux atomes, toutes choses qui, même en les supposant vraies, ne contribueraient presqu'en rien à adoucir la condition humaine.

LXVII. Il faut aussi préserver l'entendement de la précipitation à accorder ou à refuser son assentiment; ce sont les excès en ce genre qui semblent fixer les fantômes et qui les perpétuent au point qu'il devient impossible de les bannir. Ce genre d'excès se divise en deux espèces de nature opposées : l'un est propre à ceux qui, en prononçant trop aisément, rendent les sciences dogmatiques et magistrales; l'autre l'est à ceux qui, en introduisant l'acatalepsie, amènent ainsi des spéculations vagues, sans fin et sans termes. Le premier de ces deux excès dégrade et abat l'entendement, l'autre l'énerve ; car la philosophie d'Aristote, à l'exemple des sultans qui, en montant sur le trône, égorgent d'abord tous leurs frères, commence par exterminer toutes les autres philosophies à force de réfutations et d'assauts ; puis le maître, débarrassé de tous ces adversaires, prononce sur chaque sujet. A ces questions qu'il a ainsi tranchées, il en substitue d'autres arbitrairement et les décide d'un seul mot, afin que tout paraisse certain et comme arrêté ; méthode qu'on n'a que trop suivie dans les philosophies qui ont succédé à celle-là, et qui n'est aujourd'hui que trop en vogue.

Quant à l'école de Platon, qui a introduit l'acatalepsie, ce fut d'abord par ironie, comme en se jouant et en haine des anciens sophistes, tels que Protagoras, Hippias et quelques autres, qui tous ne craignaient rien tant que de paraître douter de quelque chose ; mais ensuite la nouvelle accadémie en fit un dogme et la soutint *ex professo;* manière de philosopher qui est sans doute plus honnête et plus raisonnable que la hardiesse à prononcer décisivement, vu d'ailleurs qu'ils alléguaient pour leur défense des raisons assez spécieuses, savoir : qu'ils ne répandaient aucun nuage sur les objets ; que s'ils ne voyaient rien qu'ils pussent tenir pour absolument vrai, ils avaient du moins des probabilités sur lesquelles ils pouvaient régler leurs opinions et leur conduite. Cependant, quand une fois l'esprit humain a désespéré de la vérité, il ne se peut que toutes les études ne deviennent languissantes ; d'où il arrive que, devenu désormais incapable de se soutenir dans la route difficile d'une sévère philosophie, on s'en détourne pour se jeter dans des dissertations ingénieuses, errer négligemment dans des discours agréables, et se promener, pour ainsi dire, dans les sujets divers. Au reste, qu'on se rappelle ce que nous avons dit au commencement, et que nous ne perdons jamais de vue : qu'il ne s'agit pas de déroger à l'autorité des sens ou de l'entendement, mais seulement de secourir leur faiblesse.

LXVIII. En voilà assez sur les différents genres de fantômes et sur leur appareil. Ces fantômes, il faut, par une résolution constante et solennelle, y renoncer, les abjurer, en délivrer l'entendement, l'en purger ; car la seule route ouverte à l'homme pour régner sur la nature, empire auquel il ne peut s'élever que par les sciences, n'est autre que la route même qui conduit au royaume des cieux, royaume où l'on ne peut entrer que sous l'humble rôle d'un enfant.

LXIX. Mais les fausses méthodes de démonstration sont comme les citadelles, les forts des fantômes ; l'effet de celles qu'enseigne la dialectique ordinaire est presque toujours de rendre le monde entier esclave de la pensée humaine, et la pensée humaine esclave des mots. Les démonstrations sont en quelque sorte des sciences et des philosophies en puissance ; car telles ces démonstrations, telles aussi les spéculations et les théories qui en dérivent. Or, rien de plus illusoire et de plus insuffisant dans sa totalité que la méthode par laquelle on veut ordinairement nous conduire des sensations et des faits particuliers aux principes et aux conclusions. Cette méthode se divise en quatre parties, auxquelles répondent autant de vices qui leur sont propres. D'abord, les impressions mêmes des sens sont vicieuses ; car, ou les sens nous refusent leur secours, ou ils nous trompent ; eh bien ! on peut remédier à leur défaut par des substitutions et à leurs illusions par des rectifications. En second lieu, rien de plus irrégulier que la manière dont on s'y prend ordinairement pour extraire les notions et les déduire des impressions des sens ; rien de plus vague et de plus confus que ces notions. Reste donc à les mieux déterminer et à les limiter avec plus d'exactitude. En troisième lieu, cette sorte d'induction qui procède par voie de simple énumération ne vaut pas mieux. Elle déduit de l'observation et de l'expérience les principes des sciences, sans la précaution d'employer les exclusions de faits non concluants et d'analyser suffisamment la nature ; en un mot, sans choisir les faits. En dernier lieu, cette méthode d'invention et de démonstration, qui consiste à établir d'abord les principes généraux, à y appliquer ensuite les principes moyens pour établir ces derniers, cette méthode, dis-je, est la mère de toutes les erreurs ; c'est un vrai fléau pour toutes les sciences. Mais ce même sujet que nous avons déjà touché en passant, nous le traiterons plus amplement, lorsqu'après avoir achevé cette espèce d'expiation ou de purification, nous exposerons la vraie méthode à suivre dans l'interprétation de la nature.

LXX. Mais la meilleure de toutes les démonstrations, c'est sans contredit l'expérience, pourvu qu'on ne s'attache qu'au fait même qu'on a sous les yeux ; car si, se hâtant d'appliquer les résultats des premières observations aux sujets qui paraissent analogues aux sujets observés, on ne fait pas cette application avec un certain ordre et une certaine méthode, rien au monde de plus trompeur. Mais la méthode expérimentale qu'on suit de nos jours est tout-à-fait aveugle et stupide. Aussi, comme ces physiciens vont errants dans des routes incertaines, ne prenant conseil que de l'occasion, ils ne font que tournoyer dans un cercle immense d'objets ; et, en avançant fort peu, on les voit, tantôt prenant courage, hâter leur marche, tantôt se lasser et s'arrêter. Mais ce qu'ils cherchaient d'abord, ils ont beau le trouver, ils trouvent toujours quelque autre chose à chercher. Le plus souvent ils ne font qu'effleurer les faits et les observer comme en se jouant, ou tout au plus ils varieront un peu quelque expérience connue ; mais si leurs premières tentatives ne sont pas heureuses, ils se dégoûtent aussitôt et abandonnent la recherche commencée. Que si par hasard il s'en trouve un qui s'adonne sérieusement à l'expérience et qui fasse preuve de constance et d'activité, vous le verrez s'attacher à une seule espèce de faits, et y rester, pour ainsi dire, cloué, comme Gilbert à l'aimant et les chimistes à l'or. Cette manière de procéder est aussi peu judicieuse qu'étroite et mesquine ; car en vain espèrerait-on découvrir la nature d'une chose dans cette chose même ; il faut prendre plus de champ, généraliser la recherche, et l'étendre aux choses communes.

Si quelquefois même ils prennent à tâche d'établir sur l'expérience certains principes et quelque ombre de science, vous les voyez, toujours emportés par une ardeur indiscrète, se détourner de la route avant le temps et courir à la pratique, non pas seulement pour en recueillir les fruits, mais pour se saisir d'abord de quelque procédé fructueux, comme d'un gage et d'une sorte d'assurance de l'utilité de leurs travaux ultérieurs ; c'est quelquefois aussi pour se faire valoir aux yeux des autres et attacher l'estime publique à leurs occupations. Qu'arrive-t-il de là ? qu'à l'exemple d'Atalante, se détournant de la droite route et s'arrêtant pour ramasser la pomme d'or, ils laissent ainsi échapper la victoire. Or, dans la vraie carrière de l'expérience, si l'on veut en étendre les limites par des découvertes, il faut prendre pour modèle la divine sagesse et l'ordre qu'elle a suivi dans ses ouvrages ; car nous voyons que le premier jour Dieu ne créa que la lumière ; qu'il consacra ce jour tout entier à ce seul ouvrage et ne daigna s'abaisser à aucune œuvre matérielle et grossière. C'est ainsi qu'il faut, rassemblant une multitude de faits de toute espèce, tâcher d'abord d'en extraire la connaissance des causes et des principes. Il faut, en un mot, s'attacher d'abord aux expériences lumineuses, et non aux expériences fructueuses. Les principes une fois bien saisis et solidement établis fournissent à la pratique de nouveaux moyens, non d'une manière étroite, serrée et comme un à un, mais largement et avec profusion ; ils traînent après eux des multitudes et comme des armées de nouveaux procédés. Mais remettons à un autre temps ce que nous avons à dire sur les routes de l'expérience, routes qui ne sont pas moins embarrassées, pas moins barrées que celles de l'art de juger. C'est assez pour le présent d'avoir porté nos regards sur la méthode expérimentale vulgaire et d'avoir fait sentir combien ce genre de démonstration est vicieux. Déjà l'ordre de notre sujet exige que nous traitions actuellement des signes dont nous parlions il n'y a qu'un instant, et par lesquels on peut s'assurer du triste état des sciences et de la philosophie. Nous y ajouterons quelques observations sur les causes d'un phénomène qui, au premier coup d'œil, paraît étrange et presque incroyable ; car la connaissance des signes prépare l'assentiment, mais les causes une fois clairement exposées, le miracle s'évanouit ; deux discussions préliminaires qui aideront singulièrement à extirper de l'entendement tous les fantômes, avec plus de douceur et de facilité.

LXXI. Les sciences que nous possédons aujourd'hui nous sont presque entièrement venues des Grecs ; car ce que les auteurs romains, arabes, ou encore plus modernes, ont pu y ajouter, n'est pas d'un grand volume ou d'un grand prix ; et quelles que puissent être ces additions, il est toujours certain qu'elles ont pour base ce que les Grecs avaient inventé.

Or, cette sagesse des Grecs sentait son étalage de professeur et se délayait dans de verbeuses disputes, genre d'occupation le plus préjudiciable à la recherche de la vérité. Ainsi, le nom de sophiste, que ceux qui se qualifiaient eux-mêmes de philosophes renvoyaient par mépris aux anciens rhéteurs, tels que Gorgias, Protagoras, Hippias, Polus, etc., on peut dire qu'il convient à toute la classe et qu'il faut le donner aussi à Platon, à Aristote, à Zénon, à Épicure, à Théophraste et à leurs successeurs Chrysippe, Carnéades, etc. Je ne vois entre eux qu'une seule différence ; les premiers n'étaient qu'une troupe vagabonde et mercenaire ; ils couraient de ville en ville, étalant partout leur prétendue sagesse et la faisant chèrement payer. La conduite des derniers était plus noble et plus généreuse ; ils avaient un domicile fixe, ils ouvraient des écoles et philosophaient gratis. Néanmoins, les philosophes des deux espèces, bien que différents à certains égards, avaient cela de commun, qu'ils tenaient école, qu'ils faisaient de la philosophie un métier et étaient tous disputeurs. Tous fondaient certaines sectes, introduisaient des espèces d'hérésies philosophiques et les défendaient avec chaleur, en sorte qu'on peut appliquer à toutes ces doctrines sans exception ce mot assez heureux que le jeune Denys adressait au seul Platon : « Ce sont propos de vieillards oisifs à de jeunes ignorants. » Mais ces autres philosophes, plus anciens parmi les Grecs, Empédocle, Anaxagore, Leucippe, Démocrite, Parménide, Héraclite, Xénophane, Philolaüs (car nous ne daignons pas y joindre Pythagore, le tenant pour trop superstitieux), ceux-là, dis-je, n'ouvraient point d'école (du moins nous ne connaissons aucun fait qui le prouve) ; mais ils philosophaient dans un plus grand silence, s'appliquant à la recherche de la vérité avec plus de sévérité et de simplicité, je veux dire avec moins de faste et d'affectation ; conduite qui nous paraît beaucoup plus sage. Malheureusement leurs ouvrages ont été à la longue étouffés par des écrits plus frivoles, qui, s'accommodant mieux à la faible intelligence et aux passions du vulgaire, font plus aisément fortune, le temps, semblable à un fleuve, charriant jusqu'à nous les opinions légères et comme enflées, mais coulant à fond celles qui ont plus de poids et de solidité. Cependant ceux-ci mêmes n'étaient pas entièrement exempts du vice de leur nation. Ils furent aussi quelque peu entachés de la vanité et de l'ambition de fonder une secte ; ils attachaient encore trop de prix aux applaudissements de la multitude. Or, sitôt qu'on s'écarte de la vraie route pour courir après un objet si futile, il faut désespérer de la découverte de la vérité. Nous ne devons pas non plus passer sous silence le jugement ou plutôt la prophétie de certain prêtre égyptien touchant les Grecs : « Vous êtes toujours enfants, vous autres Grecs, disait-il, et vous n'avez ni l'antiquité de la science, ni la science de l'antiquité. » En effet, l'on peut bien, appliquant aux Grecs ce qui caractérise les enfants, dire d'eux qu'ils avaient une langue fort volubile pour babiller, mais qu'ils étaient inhabiles à la génération, et leur sagesse paraît non moins stérile en effets que féconde en paroles. Ainsi, les signes tirés de l'origine et de l'extraction de la philosophie aujourd'hui en vogue, ne sont rien moins que bons.

LXXII. Or, si les indications que fournit la considération du lieu et de la nation ne valent rien, les signes qu'on peut tirer du temps et des époques ne valent guère mieux. Rien de plus étroit et de plus borné que la connaissance qu'on avait alors, soit des temps, soit de l'étendue de l'univers, genre d'ignorance le pire de tous, surtout pour qui ne fait fonds que sur l'expérience ; car on n'avait pas même une histoire de mille années qui méritât ce nom ; tout se réduisait à des fables et à d'incertaines relations sur l'antiquité. Et une preuve que les anciens ne connaissaient que la moindre partie de l'univers, c'est qu'ils comprenaient indistinctement sous le nom de Scythes tous les Hyperboréens, et sous celui de Celtes tous les Occidentaux. En Afrique, on ne connaissait rien au-delà de la frontière d'Ethiopie, la plus voisine de l'Europe ; en Asie, rien au-delà du Gange ; encore moins connaissait-on les différentes contrées du Nouveau-Monde, pas même par ouï-dire ou d'après des relations certaines et constantes. Que dis-je ? plusieurs climats, des zones tout entières, où vivent et respirent une infinité de nations, leur étaient tellement inconnues qu'ils les avaient déclarées inhabitables. Quant aux excursions de Démocrite, de Platon et de Pythagore, si vantées chez les anciens et qu'on regardait comme des voyages de long cours, ce n'étaient tout au plus que de courtes sorties, de petites promenades dans les faubourgs ; au lieu que de notre temps la plus grande partie du Nouveau-Monde a été découverte, tout le contour de l'ancien est connu, et la masse des expériences ou des observations s'est accrue à l'infini. Si donc nous voulions, a l'imitation des astrologues, tirer quelque pronostic de l'heure de la naissance et de la génération de ces anciennes philosophies, ces signes ne nous annonceraient rien de grand à leur sujet.

LXXIII. Mais de tous les signes qui peuvent nous mettre en état d'apprécier ces doctrines, le plus certain et le plus sensible, ce sont leurs fruits ; car les fruits et les œuvres sont comme les garants et les cautions de la vérité des théories. Or, quels fruits ont porté ces spéculations philosophiques des Grecs et leurs dérivations dans les sciences particulières? A peine, durant le cours de tant de siècles, peut-on citer une seule expérience tendante à adoucir la condition humaine et dont on puisse se croire vraiment redevable à toutes ces spéculations et à tous ces dogmes philosophiques ; et c'est ce que Celse avoue avec autant d'ingénuité que de jugement. « Il ne faut pas croire, dit-il, que les remèdes qu'emploie la médecine aient été déduits méthodiquement de la connaissance des causes ou des principes de la philosophie, et n'en aient été que les conséquences pratiques ; mais, par une marche toute contraire, ces pratiques furent d'abord inventées, puis on se mit à raisonner sur tout cela ; on se mêla de chercher les causes, on osa les assigner. » Il n'est donc pas étonnant que, chez les Egyptiens, nation qui consacrait par des honneurs publics et rangeait parmi les dieux les inventeurs de choses utiles, on trouvât plus d'effigies d'animaux que d'images humaines, attendu que les animaux, guidés par le seul instinct naturel, ont mis les hommes sur la voie d'une infinité d'inventions utiles, au lieu que les hommes ont eu beau raisonner et entasser les arguments, ils n'ont fait, par ce stérile moyen, que peu ou point de vraies découvertes.

Cependant l'industrie des chimistes n'a pas laissé de produire quelques fruits, mais ce fut au hasard, comme en passant, et en variant jusqu'à un certain point leurs expériences, a peu près comme le font ordinairement les artisans, et non d'après les vrais principes de leur art ou à la lumière de quelque théorie ; car celle qu'ils ont imaginée tend plutôt à troubler la pratique qu'à l'aider. Il n'est pas jusqu'à ceux qui étaient versés dans ce qu'on appelle la magie naturelle qui n'aient inventé quelque peu, mais toutes inventions frivoles et tenant fort de l'imposture. Nous dirons encore à ce sujet, que le principe de religion, qui veut que la foi se manifeste par les œuvres, s'applique fort bien à la philosophie. Il faut aussi la juger par ses fruits, et si elle est stérile la rejeter comme inutile, surtout lorsqu'au lieu de raisins et d'olives qu'elle devrait donner, elle ne produit, à force de disputes et de débats, que des épines et des chardons.

LXXIV. Il faut aussi tirer quelques indications de l'accroissement et du progrès des sciences et des philosophies ; car celles qui ont leur fondement dans la nature même croissent et se perfectionnent ; quant à celles qui n'ont d'autre base que l'opinion, elles varient tout au plus, mais elles ne croissent point. Que si ces doctrines dont nous parlons et qui, dans leur état actuel, sont comme autant de plantes séparées de leurs racines, eussent été enracinées dans la nature même et de manière à pouvoir en tirer toute leur substance, les eût-on vues (comme cela n'est que trop arrivé) demeurer l'espace de deux mille ans presque dans le même état, et ne prendre aucun accroissement sensible, ou plutôt fleurir dans leurs premiers inventeurs et ne faire ensuite que décliner. Nous voyons pourtant que, dans les arts mécaniques qui ont pour base la nature même et sont éclairés par la lumière de l'expérience, les choses prennent un cours tout opposé ; car ces derniers arts (tant qu'ils plaisent et sont en vogue) sont comme pénétrés d'un esprit vivifiant qui les fait végéter et croître sans interruption ; d'abord grossiers, puis plus commodes, ils acquièrent ensuite de nouveaux degrés de perfection et vont toujours en croissant.

LXXV. Il est encore un autre signe à considérer, si toutefois il faut donner ce nom de signe à ce qu'on devrait plutôt regarder comme un témoignage, et comme le plus valide de tous les témoignages ; je veux parler de l'aveu formel des auteurs et des maîtres qui sont aujourd'hui le plus suivis ; car ceux-là même qui prononcent sur toutes choses avec tant de confiance ne laissent pas, de temps à autre et lorsqu'ils sont plus capables d'examen, de changer de langage et de se répandre aussi en plaintes sur la subtilité des opérations de la nature, sur l'obscurité des choses et la faiblesse de l'esprit humain. S'ils s'en tenaient à cet aveu, ils pourraient peut-être décourager les esprits les plus timides. Quant à ceux qui ont plus d'élan et de confiance en leurs propres forces, ces plaintes ne feraient qu'éveiller encore plus leur émulation et les exciter à redoubler d'efforts pour avancer plus rapidement dans la carrière des découvertes. Mais ce n'est pas assez pour eux que d'avouer leur propre ignorance et leur propre impuissance, il faut encore que tout ce qu'eux ou leurs maîtres n'ont pu découvrir ou exécuter, ils le relèguent hors des limites du possible, et comme en raisonnant d'après les principes de l'art, qu'ils le déclarent formellement impossible dans la théorie ou la pratique, tournant ainsi, par un orgueil et une envie démesurés, le sentiment qu'ils ont du néant de leurs inventions en calomnie contre la nature et en découragement pour les autres. De là cette nouvelle académie qui soutint *ex professo* le dogme de l'acatalepsie, et condamna ainsi le genre humain à des ténèbres éternelles. De là aussi cette opinion que la découverte des formes, ou des vraies différences des choses (qui ne sont au fond que les lois de l'acte pur), que cette découverte, dis-je, est absolument impossible. De là encore ces opinions reçues dans la partie pratique des sciences, que la chaleur du soleil et celle du feu artificiel sont de natures essentiellement différentes; ce qui tend à ôter aux hommes tout espoir de pouvoir exécuter, par le moyen du feu artificiel, rien de semblable à ce qu'opère la nature. De là, enfin, cet autre préjugé, que la seule espèce d'œuvre qui soit au pouvoir de l'homme, c'est la composition, mais que la mixtion ne peut être l'œuvre que de la seule nature. C'est ainsi qu'on parle ordinairement, de peur apparemment que les hommes ne se flattent de pouvoir, par les seules ressources de l'art, opérer la génération ou la transformation des corps naturels. Ainsi, les hommes, une fois bien avertis par ce signe, souffriront sans peine qu'on leur conseille de ne point commettre leur fortune ni leurs entreprises avec des opinions non-seulement désespérantes, mais qui semblent même vouées pour jamais au désespoir.

LXXVI. Un signe que nous ne devons pas non plus oublier, c'est cette perpétuelle mésintelligence et diversité d'opinions qui régnait entre les anciens philosophes, soit d'individu à individu, soit d'école à école; diversité qui montre assez que la route qui devait conduire des sens à l'entendement n'avait pas été trop bien tracée, puisque cette matière propre de la philosophie, je veux dire la nature même des choses qui est essentiellement une, s'était ainsi comme ramifiée et partagée en tant d'erreurs différentes. Et quoique de nos jours ces dissensions et ces diversités d'opinions sur les principes mêmes et sur le corps entier de la philosophie soient pour la plupart éteintes, néanmoins il reste encore une infinité de questions et de controverses sur les parties de la philosophie. Il est donc hors de doute qu'on ne trouve rien de certain et de solide, soit dans le fond même des philosophies, soit dans la forme des démonstrations.

LXXVII. Quant à ce que pensent certaines personnes qui s'imaginent montrer la véritable cause de cette approbation si universelle dont paraît jouir depuis tant d'années la philosophie d'Aristote, et l'expliquer suffisamment en disant que, dès qu'elle eut paru, toutes les autres tombèrent en désuétude et disparurent; que, dans les siècles suivants, n'ayant pu rien découvrir de meilleur, on s'en tint à celle-là, en sorte qu'elle a eu pour elle et les anciens et les modernes, cette assertion et l'explication dont on l'appuie ne doivent pas nous arrêter. En premier lieu, à ce qu'on peut dire de cette prétendue disparition ou abolition des anciennes philosophies après la publication des œuvres d'Aristote, je réponds que le fait est absolument faux; car long-temps après, savoir, du temps de Cicéron et même dans les siècles ultérieurs, les ouvrages des anciens philosophes existaient encore; mais depuis, les Barbares ayant inondé l'empire romain, et la science humaine ayant, pour ainsi dire, fait naufrage, alors enfin la philosophie d'Aristote et celle de Platon, telles que des planches moins compactes et plus légères, se soutinrent sur les flots du temps. Et, pour peu qu'on y regarde de plus près, on s'apercevra aisément que ce consentement unanime, qui en imposait à la première vue, n'est qu'un signe trompeur. La véritable unanimité est celle qui règne entre des hommes qui, dans toute la liberté de leur jugement et après un mûr examen, tombent d'accord sur les mêmes points ; mais comme cette multitude d'hommes, qui semblent être tous du même sentiment sur la philosophie d'Aristote ne s'accordent ainsi que par l'effet d'un même préjugé et d'une même déférence pour une autorité qui les subjugue tous, c'est plutôt un assujettissement commun, une coalition d'esclaves, qu'un vrai consentement. D'ailleurs, quand ce prétendu consentement serait aussi réel et aussi universel qu'on le dit, tant s'en faut qu'une telle unanimité doive être tenue pour une véritable et solide autorité, qu'au contraire, il fait naître une violente présomption en faveur du sentiment opposé ; et dans les choses intellectuelles, c'est de tous les signes le plus suspect. Il faut toutefois en excepter les questions de théologie et de politique, où le droit de suffrage doit subsister ; car au fond rien ne plaît au grand nombre que ce qui flatte l'imagination et enlace l'entendement en se liant aux notions vulgaires, comme nous l'avons déjà fait entendre. Ainsi ce mot si connu que Phocion appliquait aux mœurs s'applique également bien aux opinions philosophiques. « Lorsque la multitude, disait-il, est d'accord avec vous et vous applaudit, ayez soin aussitôt de vous bien examiner vous-même, afin de voir si, soit dans vos discours ou dans vos actions, il ne vous serait pas échappé quelque sottise. » Cette unanimité est donc un fort mauvais signe. Ainsi concluons en général que les signes qui peuvent nous mettre en état de juger de la vérité et de la solidité des doctrines ne nous annoncent rien de bon par rapport aux philosophies en vogue de nos jours, soit qu'on en juge par leur origine, par leurs fruits, par leurs progrès, par l'aveu des inventeurs ou des maîtres, ou même par l'approbation universelle dont elles semblent jouir. C'est désormais un point hors de doute et suffisamment prouvé.

LXXVIII. Il est temps de montrer par quelles causes, non moins puissantes que multipliées, les nations se sont attachées, durant tant de siècles, à ces différentes espèces d'erreurs et de préjugés. Ces causes une fois bien connues, on cessera d'être étonné que les vues exposées dans cet ouvrage se soient présentées si tard à l'esprit de quelque mortel, ou qu'un homme, quel qu'il puisse être, ait pu s'aviser le premier de penser à tout cela. Aussi est-ce ce que nous regardons nous-mêmes plutôt comme l'effet d'un certain bonheur que comme la preuve d'un talent supérieur ; oui, c'est plutôt un fruit du temps qu'une production du génie.

Or, en premier lieu, pour peu qu'on arrête son attention sur ce grand nombre de siècles qui en impose à la première vue et qu'on se fasse une juste idée de cette durée, on la verra se réduire à bien peu d'années. En effet, de vingt-cinq siècles, espace de temps où la science et la mémoire des hommes se trouvent presque entièrement circonscrites, à peine en peut-on détacher et marquer six qui aient été vraiment productifs pour les sciences et favorables à leur accroissement ; car le temps, ainsi que l'espace, a ses déserts et ses solitudes. A proprement parler, les sciences n'ont eu que trois révolutions ou périodes : la première chez les Grecs ; la seconde chez les Romains ; la troisième chez nous, je veux dire chez les Européens occidentaux ; périodes à chacune desquelles on ne peut guère attribuer que deux siècles. Les temps intermédiaires ont été des saisons défavorables pour les sciences et où elles n'ont eu qu'une bien mauvaise récolte, soit pour la quantité, soit pour la qualité ; car il est assez inutile de parler des Arabes et des scolastiques qui, par leurs innombrables et énormes volumes, sont plutôt parvenus à écraser les sciences qu'à en augmenter le poids. Ainsi ces progrès si faibles et si lents qu'ont faits les sciences durant tant de siècles, ce n'est pas sans fondement que nous les attribuons à l'étroite mesure des temps qui leur ont été favorables.

LXXIX. Au second rang se présente une cause qui, dans tous les temps et dans tous les lieux, est d'une grande influence. Cette cause est que dans les temps mêmes où les lettres et les talents de toute espèce ont fleuri le plus, ou ont été cultivés jusqu'à un certain point, la philosophie naturelle n'a eu en partage que la moindre partie de l'attention et de l'industrie des hommes. Cette science si négligée doit pourtant être regardée comme la mère de toutes les autres ; car une fois que les sciences et les arts sont séparés de cette science primaire qui est comme leur racine, on peut bien ensuite les polir et les façonner pour l'usage; mais on a beau faire alors, ils ne croissent plus. Or, il est constant que depuis l'époque où le christianisme eut été adopté et fut, pour ainsi dire, parvenu à son point de maturité, le plus grand nombre des esprits distingués s'appliquèrent à la théologie. Aussi n'avait-on pas manqué d'encourager ce genre d'études par les récompenses les plus magnifiques et par une infinité de secours de toute espèce. C'est donc cette étude de prédilection qui a occupé toute la troisième période, je veux parler de celle qui appartient à l'Europe occidentale, genre d'étude qui devait d'autant plus prévaloir qu'à peu près vers le même temps les lettres commencèrent à refleurir et les controverses sur la religion à se multiplier. Mais à l'époque précédente, je veux dire durant la période qui appartient aux Romains, la morale, qui parmi les païens tenait lieu de théologie, était le principal sujet de méditation des philosophes; toute leur attention, toute leur intelligence était concentrée et comme absorbée dans cette sorte de sujets. Ce n'est pas tout : les plus grands esprits de ce temps-là se jetaient dans les affaires et dans les professions actives, à cause de la vaste étendue de l'empire romain, dont l'administration exigeait les travaux combinés d'un grand nombre d'hommes éclairés. Mais l'âge où la philosophie naturelle paraît avoir fleuri chez les Grecs se réduit à une période de très courte durée; car les sept philosophes connus dans des temps plus reculés sous le nom de sages s'appliquèrent tous, Thalès excepté, à la morale et à la philosophie. Dans les temps ultérieurs, lorsque Socrate eut, pour ainsi dire, obligé la philosophie d'abandonner les cieux et de descendre sur la terre, la morale prévalut encore davantage et détourna les esprits de l'étude de la philosophie naturelle.

Mais cette période même où l'on s'attachait avec ardeur à l'étude de la nature fut bientôt infectée de l'esprit de contradiction et de la fureur d'innover en matière d'opinion, qui la rendirent inutile au progrès de la véritable science. Ainsi la philosophie naturelle ayant été si négligée et arrêtée par de si grands obstacles durant ces trois périodes, doit-on s'étonner que les hommes y aient fait si peu de progrès, eux qui étaient alors occupés de toute autre chose?

LXXX. A ces considérations, ajoutez que, parmi ceux-là même qui se sont appliqués à la philosophie naturelle, cette science a rarement trouvé un individu qui disposât de tout son temps; en un mot, un homme tout entier. Tout au plus me citerez-vous les veilles de tel moine dans sa cellule ou de tel gentilhomme dans son petit manoir; mais la philosophie n'était plus alors qu'une sorte de passage, de pont pour aller à d'autres sciences.

En un mot, cette auguste mère de toutes les sciences, on l'a indignement rabaissée au vil office de servante; on en a fait une aide de la médecine et des mathématiques; on l'a abandonnée à la jeunesse sans expérience, afin que ces esprits novices, d'abord pénétrés et en quelque manière imbibés de cette science comme d'une première teinture, en fussent mieux disposés pour en recevoir quelque autre. Cependant en vain se flatterait-on de faire, dans les sciences en général et surtout dans leur partie pratique, des progrès sensibles tant que la philosophie naturelle ne sera pas appliquée aux sciences particulières et que les sciences particulières à leur tour ne seront pas ramenées à la philosophie naturelle. C'est faute de cette liaison et de ces rapprochements que l'astronomie, l'optique, la musique, un grand nombre d'arts mécaniques, la médecine elle-même et (ce qu'on n'aurait peut-être jamais cru) la morale, la politique et la logique n'ont presque point de profondeur; qu'elles s'arrêtent à la superficie des choses, contentes du seul spectacle que leur offre la variété des objets ou la diversité des idées; car une fois que toutes ces sciences sont ainsi dispersées et établies chacune à part, la philosophie naturelle cesse de les nourrir. C'était pourtant cette seule science qui, en puisant aux vraies sources, savoir : dans l'exacte observation des mouvements célestes, de la marche des rayons lumineux, des sons, de la texture et du mécanisme des corps, des affections de l'âme et des perceptions de l'entendement; c'était elle seule, dis-je, qui pouvait ainsi leur donner de la substance, les faire végéter plus vigoureusement et croître plus rapidement. Il n'est donc nullement étonnant que la véritable science ait cessé de prendre de l'accroissement; ce n'est plus qu'un arbre séparé de ses racines.

LXXXI Veut-on connaître une autre cause

dû peu de progrès des sciences? la voici : il est impossible de marcher droit dans la carrière, tant que la borne sera mal posée et la fin mal déterminée. Quelle est donc la vraie borne des sciences et leur véritable fin? Cette fin est d'enrichir la vie humaine de découvertes réelles, c'est-à-dire de nouveaux moyens. Mais le troupeau des gens d'étude pense à toute autre chose : il est tout mercenaire ; ce sont tous hommes de louage, tous gens occupés à faire leur montre. Si par hasard vous rencontrez quelque homme de lettres ou artiste d'un esprit plus pénétrant et avide de gloire, qui s'occupe sérieusement de quelque découverte, malheur à lui ! ce ne sera qu'aux dépens de sa fortune. Mais tant s'en faut que le plus grand nombre se propose vraiment pour but d'augmenter la masse des sciences et des arts que, de cette masse qui est déjà sous leur main, ils ne tirent tout au plus que ce qui peut être de quelque usage dans leur profession, ou qui peut servir à augmenter leur fortune, à étendre leur réputation, ou à leur procurer tout autre avantage de cette espèce. Si encore, dans une si grande multitude il s'en trouve un seul qui ait pour la science une affection sincère et qui l'aime pour elle-même, vous le verrez plutôt occupé à varier le sujet de ses méditations et à se promener, pour ainsi dire, dans les différentes sciences, qu'à s'attacher constamment à la recherche de la vérité, en suivant une méthode sévère et rigoureuse. Si enfin vous en trouvez par hasard un seul qui soit capable de cette tenue et de cette sévérité, eh bien ! cet homme-là même cherchera tout au plus de ces vérités qui peuvent contenter l'esprit per l'indication des causes et l'explication d'effets déjà connus, non de ces vérités qui enfantent des effets nouveaux et utiles, comme autant de garants de l'utilité des recherches ultérieures et d'où jaillissent des principes dont la lumière inattendue éclaire en un instant tous les esprits. Ainsi la borne des sciences étant mal posée et leur fin mal déterminée, on n'a plus besoin d'être surpris que, dans les études subordonnées à cette fin, il ait résulté de cette méprise une si grande aberration.

LXXXII. Que la fin des sciences soit mal déterminée et la borne mal posée, c'est ce dont on ne peut douter ; mais, fût-elle mieux posée, on n'en serait pas plus avancé. La route qu'on a choisie pour aller au but est absolument fausse et tout-à-fait inaccessible. Est-il rien de plus étrange pour tout homme capable de juger sainement des choses que de voir qu'aucun mortel jusqu'ici n'ait pris soin, n'ait eu à cœur de tracer pour l'entendement une route qui partît des sens et de l'expérience, et qu'on ait abandonné le tout aux incertitudes et aux obscurités des traditions, ou encore aux alternatives et au tournoiement de la dispute et de l'argumentation, ou encore aux fluctuations et aux détours sans fin d'une expérience fortuite, vague et confuse? Que tout homme de sens, arrêtant son attention sur ce sujet, se demande quelle est la marche que suivent la plupart des hommes lorsqu'ils entreprennent quelque recherche et veulent jouer le rôle d'inventeurs ; la première chose qui va se présenter à son esprit, c'est cette marche grossière, destituée de toute méthode, qui leur est si familière. Or, voici comment s'y prend tout homme qui a la prétention de faire des découvertes : il va d'abord feuilletant toutes sortes de livres et compilant tout ce qui a été écrit sur le sujet qui l'occupe ; puis il ajoute à tout cela le produit de ses propres méditations ; enfin il met sa cervelle à la torture, sollicite avec chaleur son propre esprit, et invoque, pour ainsi dire, son génie, afin qu'il rende des oracles ; mais rien de moins solide et de plus hasardé que ces prétendues inventions qui n'ont pour base que de pures opinions.

Tel autre appelle à son secours la dialectique qui, au nom près, n'a rien de commun avec ce que nous avons en vue ; car les préceptes d'invention qu'elle donne n'ont nullement pour objet l'invention des principes et des axiomes principaux qui sont comme la substance des arts, mais seulement l'invention de ces autres principes qui paraissent conformes à ces premiers. Aussi, quand elle a affaire à ces hommes d'une curiosité importune qui la serrent de trop près et l'interpellent en lui demandant une méthode pour établir ou inventer de vrais principes, c'est-à-dire des axiomes du premier ordre, ne manque-t-elle pas de les payer d'une réponse fort connue en les renvoyant à chaque art, avec injonction de lui prêter, pour ainsi dire, serment et de lui faire hommage-lige.

Reste donc l'expérience pure qui, lorsqu'elle se présente d'elle-même, prend le nom de hasard, et, lorsqu'elle a été cherchée, retient le nom du genre (celui même d'expérience). Mais ce genre d'expériences dont ils font usage n'est autre chose, comme on le dit communément, qu'une sorte de balai sans lien, qu'un pur tâtonnement semblable à celui d'un homme qui, s'étant égaré la nuit, va tâtonnant de tous côtés pour retrouver son chemin. Mieux eût valu attendre le jour ou allumer un flambeau et penser ensuite à se mettre en route. Or, c'est précisément ce que fait la vraie méthode. Au lieu d'errer ainsi à l'aventure et de vouloir tout faire avant le temps, elle commence par allumer son flambeau, dont elle se sert ensuite pour montrer le chemin, en partant, non de l'expérience vague et faite après coup, mais de l'expérience bien digérée, bien ordonnée ; puis elle en extrait les principes. Enfin, de ces principes une fois solidement établis, elle déduit de nouvelles expériences, sachant assez que le Verbe divin lui-même, lorsqu'il travailla sur la masse immense des êtres, ne le fit pas sans ordre et sans méthode.

Si donc la science humaine a mal fourni sa carrière, que les hommes cessent de s'en étonner. Eh! en pouvait-il être autrement ? elle s'était égarée en partant, et prodigieusement écartée de la vraie route ; elle avait entièrement abandonné, déserté l'expérience, ou elle ne faisait qu'y tournoyer, que s'y embarrasser, comme dans un labyrinthe, au lieu que la véritable méthode conduit, à travers les forêts sombres de l'expérience, par un sentier bien droit et toujours le même, au pays découvert des axiomes.

LXXXIII. Cette mauvaise habitude que nous voulons détruire, s'est fortifiée par une opinion ou plutôt par une manière d'apprécier les choses désormais invétérées, mais où il n'entre pas moins d'orgueil que d'ignorance. Eh ! n'est-ce pas, s'écrient-ils, rabaisser la majesté de l'esprit humain que de vouloir le tenir si longtemps attaché à de grossières expériences, à tous ces détails minutieux, à ces objets soumis à l'empire des sens, et aussi limités que la matière dont ils sont composés ? Les vérités de cet ordre, ajoutent-ils, exigent de pénibles recherches ; elles n'ont rien qui élève l'âme quand on les médite ; elles donnent aux discours je ne sais quoi de sec et de rustique ; elles sont d'un assez mince produit, ne rendant presque rien dans la pratique ; leur multitude est infinie ; enfin elles sont si déliées et si fines qu'elles échappent à la vue la plus perçante. Voilà ce qu'ils disent ; et à la longue tel a été l'effet de ces discours qu'enfin la véritable route n'est pas seulement abandonnée, mais même interceptée, fermée ; et l'on ne se contente pas de négliger l'expérience ; on fait pis, on la dédaigne.

LXXXIV. Une autre cause qui a fait obstacle aux progrès que les hommes auraient pu faire dans les sciences, et qui les a, pour ainsi dire, cloués à la même place, comme s'ils étaient enchantés, c'est ce profond respect et cette aveugle déférence qu'ils ont d'abord pour l'antiquité, puis pour l'autorité de ces personnages qu'ils regardent comme des grands maîtres en philosophie, enfin pour l'opinion publique ; mais ce dernier point a déjà été traité.

Quant à l'antiquité, l'opinion qu'ils s'en forment, faute d'y avoir suffisamment pensé, est tout-à-fait superficielle et n'est guère conforme au sens naturel du mot auquel ils l'appliquent. C'est à la vieillesse du monde et à son âge mûr qu'il faut attacher ce nom d'antiquité. Or, la vieillesse du monde, c'est le temps même où nous vivons, et non celui où vivaient les anciens, et qui était sa jeunesse. A la vérité, le temps où ils ont vécu est le plus ancien par rapport à nous, et à cet égard ils sont nos aînés ; mais pas rapport au monde ce temps était nouveau, et sous ce rapport les anciens étaient en quelque manière les cadets de l'univers. Or, de même que lorsqu'on a besoin de trouver dans quelque individu une grande connaissance des choses humaines, et une certaine maturité de jugement, on cherchera plutôt l'une et l'autre dans un vieillard que dans un jeune homme, connaissant assez l'avantage que donnent au premier sa longue expérience, le grand nombre et la diversité des choses qu'il a vues, ouï dire ou pensées lui-même ; c'est ainsi et par la même raison que si notre siècle, connaissant mieux ses forces, avait le courage de les éprouver et la volonté de les augmenter en les exerçant, on aurait lieu d'en attendre de plus grandes choses que de l'antiquité, où l'on cherche ses modèles ; car le monde étant plus âgé, la masse des expériences et des observations s'est accrue à l'infini.

Et ce qu'il faut encore compter pour quelque

chose, c'est que, par le moyen des navigations et des voyages de long cours, qui se sont si fort multipliés de notre temps, on a découvert dans la nature et observé une infinité de choses qui peuvent répandre une nouvelle lumière sur la philosophie. De plus, ne serait-ce pas une honte pour le genre humain d'avoir fait de nos jours tant de découvertes dans le monde matériel et de souffrir en même temps que les limites du monde intellectuel fussent resserrées dans le cercle étroit des découvertes de l'antiquité?

Quant à ce qui regarde ces inventeurs ou ces maîtres en tout genre, quelle plus grande pusillanimité que d'accorder à de tels auteurs une infinité de prérogatives, en frustrant de ses droits le temps, auteur des auteurs mêmes, et à ce titre vraie source de toute autorité, car ce n'est pas sans raison qu'on a dit : « La vérité est fille du temps et non de l'autorité. » Ainsi, l'esprit humain étant comme fasciné par cette excessive déférence pour l'antiquité, les grands maîtres et l'opinion publique, doit-on encore être étonné que les hommes liés par cet assujettissement, comme par une sorte de maléfice, soient devenus incapables de consulter la nature même et de se familiariser avec ses opérations?

LXXXV. Ce n'est pas seulement l'admiration et la déférence pour l'antiquité, l'autorité et l'opinion publique, qui a porté les hommes à se reposer ainsi sur les découvertes déjà faites; c'est encore l'admiration pour les œuvres de la main humaine; et à cet égard le genre humain semble être dans l'abondance. En effet, si l'on se représente l'inépuisable variété et l'appareil pompeux de tous les procédés que les arts mécaniques ont introduits et comme entassés pour multiplier à l'infini les douceurs et les commodités de la vie, frappé de ce spectacle, on sera plus disposé à admirer l'opulence humaine qu'on n'aura le sentiment de l'indigence commune, ne s'apercevant pas que ces premières observations des hommes et ces primitives opérations de la nature, qui sont comme le premier mobile, comme l'âme de tout cela, ne sont pas en fort grand nombre; que pour faire de telles découvertes il n'a pas fallu fouiller bien avant, et que tout le reste n'est que le fruit de la patience et le produit d'une certaine subtilité ou régularité dans les mouvements de la main ou des instruments. Par exemple, s'il est un genre d'exécution qui exige de la précision, de l'exactitude et de l'adresse, c'est certainement la construction des horloges, qui par leurs rouages semblent imiter les mouvements célestes, et par leur mouvement alternatif et régulier le pouls des animaux. Eh bien, ces machines si ingénieuses tiennent tout au plus à un ou deux principes puisés dans la nature. Que si l'on tourne son attention vers ce qu'il peut y avoir de plus ingénieux et de plus délié dans les arts libéraux, ou même dans les procédés par le moyen desquels dans les arts mécaniques on fait prendre aux corps naturels mille formes différentes; si l'on examine bien toutes ces inventions, par exemple, quant aux arts de la première espèce, la découverte des mouvements célestes dans l'astronomie, celle des accords dans la musique et dans l'art grammatical, l'invention des lettres alphabétiques qui ne sont pas encore en usage à la Chine, ou que, dans les arts mécaniques, on considère les gestes de Bacchus et de Cérès, c'est-à-dire la préparation du vin, de la cervoise et des différentes sortes de pain ou de pâtisserie, enfin toutes les douceurs qu'ont pu nous procurer tous les raffinements de l'art du cuisinier et du distillateur; qu'après avoir bien considéré tout cela, on songe combien de temps on a consumé pour porter toutes ces inventions au degré de perfection où nous les voyons (je dis de perfection, parce que tous les procédés de cette espèce, si l'on en excepte ceux des distillations, étaient connus des anciens), et, comme nous l'avons déjà remarqué par rapport aux horloges, combien peu d'observations et de principes pris dans la nature elles supposent, qu'on se dise combien toutes ces petites découvertes étaient aisées à faire, en profitant d'une infinité d'occasions fortuites qui s'offrent toujours, ou de toutes les idées fugitives qui se présentent d'elles-mêmes à l'esprit; qu'on pèse, dis-je, avec soin toutes ces considérations, et bientôt perdant cette admiration qu'avaient excitée à la première vue ces faciles découvertes, on ne pourra plus que déplorer la condition humaine, en voyant cette disette d'inventions utiles et la stérilité de l'esprit humain durant tant de siècles. Or, observez que toutes ces inventions mêmes dont nous parlons ici ont de beaucoup précédé la philosophie et les arts qui ne se rapportent qu'à l'esprit; on peut dire même qu'à l'époque où sont nées ces sciences rationnelles et dogmatiques, l'invention des procédés utiles a pris fin.

Que si des ateliers on passe aux bibliothèques, on sera d'abord frappé d'admiration à la vue de cette immensité de livres de toute espèce qu'on y a entassés; puis venant à regarder ces livres de plus près, à bien examiner et les sujets qu'on y traite et la manière dont ils sont traités, en un mot tout leur contenu, on sera frappé d'étonnement en sens contraire, en s'assurant par soi-même que tous ces volumes se réduisent à d'éternelles répétitions des mêmes pensées. Et en voyant les hommes dire et redire, faire et refaire toujours les mêmes choses, de l'admiration qu'excitait au premier coup d'œil cette apparente abondance, l'on passera à un étonnement plus grand encore à la vue de l'indigence réelle qu'elle couvre, et l'on sentira enfin combien est pauvre et misérable cette prétendue science qui a jusqu'ici occupé les esprits et s'en est comme emparée.

Que si, daignant abaisser son esprit à la considération de choses plus curieuses qu'importantes, on passe aux travaux des alchimistes, on ne saura trop s'ils doivent être un objet de compassion ou de risée. En effet, l'alchimiste se berce d'éternelles et chimériques espérances. Lorsque ses premières tentatives ne sont point heureuses, il n'en accuse que ses propres erreurs et ne s'en prend qu'à lui-même; c'est qu'il n'aura pas bien compris les termes de l'art ou les expressions particulières des auteurs. Puis il va écoutant tous les contes qu'on lui fait à ce sujet et prêtant l'oreille à tous les petits secrets qu'on lui promet; ou bien ce sera peut-être que, dans les minutieux détails de ses manipulations, il se sera quelque peu écarté du vrai procédé; un grain ou une seconde de plus ou de moins, il tenait tout; et le voilà répétant mille et mille fois les mêmes essais sans jamais se lasser. Si, chemin faisant, et parmi les hasards de l'expérience, il rencontre quelque fait dont la physionomie soit un peu nouvelle et qui lui paraisse de quelque utilité, il s'en saisit aussitôt comme d'un gage et d'un garant de tout le reste. Son imagination se repait de cette petite découverte; il la vante, il l'exagère, en tous lieux il en fait un grand étalage, et ce léger succès lui faisant concevoir les plus hautes espérances l'encourage à continuer. Cependant l'on ne peut disconvenir que les alchimistes n'aient inventé bien des choses, et que nous ne leur devions même plus d'une découverte utile. Mais c'est à eux surtout que s'applique avec beaucoup de justesse la fable de ce vieillard qui, en léguant à ses enfants un prétendu trésor enfoui dans sa vigne, ajouta qu'il ne se rappelait pas bien l'endroit où il l'avait caché, mais qu'en cherchant avec un peu de constance ils le trouveraient. Le père mort, les voilà fouillant partout dans la vigne et remuant la terre en mille endroits. A la vérité ils ne trouvèrent point d'or, mais en récompense, par l'effet naturel d'une meilleure culture, la vendange suivante fut très abondante.

Quant aux hommes infatués de la magie naturelle, qui veulent tout expliquer par de prétendues sympathies et par d'oiseuses conjectures, ils ont imaginé une infinité de propriétés occultes et d'opérations merveilleuses; et si parfois ils trouvent quelque procédé réel et ostensible, ce seront des choses qui pourront étonner par leur nouveauté plutôt que des pratiques vraiment utiles.

Mais dans la magie superstitieuse, s'il est besoin de parler aussi de celle-là, il faut surtout observer qu'il est certains sujets d'un genre déterminé et limité où les arts, enfants de la curiosité et de la superstition, ont pu quelque chose ou su faire quelque illusion, dans tous les temps, chez toutes les nations et même dans toutes les religions. Ainsi, laissant de côté toutes les pratiques de cette espèce, nous résumerons ainsi tout ce que nous venons de dire: si quelquefois une des plus puissantes causes d'indigence est l'idée même exagérée qu'on se forme de son opulence, ce phénomène tout-à-fait naturel n'a rien qui doive exciter l'étonnement.

LXXXVI. Mais cette admiration si puérile et si peu fondée, dont on est frappé pour les sciences et les arts, s'est fort accrue par le manége et l'artifice de ceux qui se mêlent de les transmettre et de les enseigner. Dans ces traités-là, à la composition desquels préside presque toujours l'ambition et le désir de se faire valoir on les figure, on les taille et même on les déguise de manière que, lorsqu'ensuite on vient à les produire en public, il semble qu'il n'y manque plus rien et que l'auteur ait été jusqu'au bout. A en juger par leurs méthodes et leurs fastueuses divisions, on serait porté à croire que l'auteur a en effet embrassé tout ce qui pouvait faire partie du sujet, et qu'il ne reste plus rien à dire après lui ; et quoique tous ces membres de division soient mal remplis et comme autant de bourses vides, néanmoins, au jugement des esprits vulgaires, le tout a la forme et le tour d'une science complète.

Les premiers, les plus anciens philosophes qui s'attachaient aussi à la recherche de la vérité, travaillaient de meilleure foi et sous de plus heureux auspices. Les connaissances qu'ils avaient acquises par leurs observations et leurs méditations sur la nature, et qu'ils avaient dessein de conserver pour en faire usage au besoin, ils les semaient sans prétention dans des aphorismes, c'est-à-dire qu'ils les résumaient sous la forme de sentences courtes, détachées, et tout-à-fait dégagées des liens de la méthode. Ils ne se donnaient point l'air d'embrasser l'art en entier et ne s'en piquaient nullement. Mais pour peu qu'on réfléchisse sur la marche toute opposée que les auteurs suivent aujourd'hui, on cessera de s'étonner que les élèves ne pensent plus à faire de nouvelles recherches dans des sciences que ces maîtres, par le prestige de leurs méthodes, font regarder comme complètes et parvenues au plus haut point de perfection.

LXXXVII. Cette haute réputation et cette autorité dont jouissent les productions des anciens, il faut, en partie, l'imputer à la vanité et au peu de consistance de ceux d'entre les modernes qui ont proposé quelques nouveautés, surtout dans la partie pratique de la philosophie naturelle ; car il n'a paru que trop de charlatans et de songes-creux, en partie dupes de leur propre enthousiasme et en partie fripons, qui ont fait au genre humain de si magnifiques promesses qu'ils l'en ont fatigué, telles que prolongation de la vie humaine, retard de la vieillesse, prompte cessation de douleurs, moyens pour corriger les défauts naturels, illusions faites aux sens, secrets pour lier les affections ou les exciter au besoin, exaltation de facultés intellectuelles, transmutations de substances, recette pour fortifier et multiplier à volonté les mouvements, autre pour produire dans l'air des impressions et des altérations marquées, autres encore pour dériver à son gré les influences des corps célestes et les procurer à qui l'on veut, prédiction des choses futures, représentation des choses absentes et éloignées, révélation des choses cachées ; voilà ce qu'ils promettaient, et cent autres merveilles de cette nature, faisant de ces promesses un étalage et un trafic. Mais ce serait peu risquer de se tromper, et apprécier assez bien ces grands prometteurs que de dire : qu'il y a aussi loin de leur charlatanisme à la véritable science que des exploits d'Alexandre ou de Jules-César à ceux d'Amadis de Gaule ou d'Arthur de Bretagne ; car nous voyons dans l'histoire de grands capitaines dont les exploits réels surpassent infiniment ceux qu'on attribue faussement à ces héros obscurs des romans ; toutes choses qu'ils ont exécutées par des moyens qui n'étaient nullement fabuleux ni miraculeux. Cependant, quoique la vérité de l'histoire soit souventa1 térée par des fables, ce n'est pas une raison pour lui refuser la croyance qu'elle mérite lorsqu'elle ne dit que la vérité. Mais en attendant on ne doit plus être étonné, que tous les imposteurs qui ont tenté des opérations de la nature de celle que nous venons de dénombrer aient fait naître un violent préjugé contre toutes les nouveautés de ce genre, et que le dégoût général qu'a inspiré leur charlatanisme et leur excessive vanité intimide encore aujourd'hui tout mortel courageux qui serait tenté d'entreprendre quelque chose de semblable.

LXXXVIII. Mais ce qui a porté encore plus de préjudice aux sciences, est la pusillanimité de ceux qui les cultivent et l'étroite mesure ou le peu d'utilité de la tâche qu'ils s'imposent à eux-mêmes ; et cette pusillanimité n'est pas entièrement exempte de morgue et d'arrogance. D'abord, une excuse que ne manquent pas de se ménager dans chaque art ceux qui le professent, c'est de tirer de sa faiblesse même un prétexte pour calomnier la nature, et, ce à quoi leur art ne peut atteindre, de le déclarer, d'après ses prétendues règles, absolument impossible. Or, cet art-là, selon toute apparence, ne perdra pas son procès, attendu qu'il est ici juge et partie. Et cette philosophie aussi, sur laquelle nous nous reposons, fomente et caresse, pour ainsi dire, certaines opinions dont le but, pour peu qu'on y regarde d'un peu près, paraît être de persuader qu'on ne doit attendre de l'art ou de l'industrie humaine rien de grand, rien de vraiment puissant, rien, en un mot, qui signale l'empire de l'homme sur la nature. Tel est l'esprit de leurs assertions sur la différence essentielle qu'ils supposent entre la chaleur des astres et celle du feu artificiel, sur la mixtion, etc., comme nous l'avons déjà observé. Mais, pour peu que nous sachions pénétrer leurs vrais motifs, nous reconnaîtrons que tous ces discours de mauvaise foi tendent à circonscrire la puissance humaine ; que ce n'est qu'un artifice pour jeter les esprits dans le découragement, et non-seulement pour les décourager, mais même pour trancher d'un seul coup tous les nerfs de l'industrie et la porter à renoncer même à la faible ressource des heureux hasards de l'expérience machinale ; car, au fond, quel peut être leur but, sinon de persuader qu'il ne manque plus rien à leur art, et qu'il est suffisamment perfectionné, donnant tout à la gloriole et s'efforçant, avec une coupable adresse, de faire accroire que ce qui n'a point encore été trouvé ou compris est introuvable ou incompréhensible. Que si quelqu'un d'entre eux, s'évertuant un peu plus, a la noble ambition de s'illustrer par quelque découverte, vous le verrez presque toujours ne s'attacher qu'à un seul genre d'invention très borné, et ne rien chercher au-delà ; ce sera, par exemple, la nature de l'aimant, ou la cause du flux et reflux de la mer, ou le vrai système céleste, ou d'autres sujets de cette nature qui leur paraissent avoir je ne sais quoi de mystérieux et n'avoir pas encore été approfondi avec succès. Est-il rien cependant de moins judicieux que de rechercher la nature d'une chose dans cette chose même, quoiqu'il soit aisé de voir que telle nature, qui dans certains sujets paraît mystérieuse et enveloppée, se développe et se manifeste dans d'autres où elle est très sensible et comme palpable ; qu'ici elle étonne, et là n'excite pas même l'attention ? Telle est la nature de la consistance, qu'on ne daigne pas considérer dans le bois ou la pierre, et que dans ces substances on s'imagine expliquer par ce mot de solide, au lieu de faire à ce sujet une recherche expresse sur la tendance de ces corps à éviter la séparation de leurs parties et la solution de leur continuité, mais qu'on remarque seulement dans les bulles qui se forment à la surface de l'eau et où la cause plus cachée semble plus digne d'attirer les regards du génie, bulles qui s'enveloppent de certaines pellicules ou vésicules, et qui affectent d'une manière assez curieuse une figure hémisphérique, en sorte qu'elles évitent ainsi un instant la solution de continuité.

Or, la nature de ces choses mêmes qui dans certains corps semblent cachées, devenant sensible dans d'autres, au point d'en paraître commune et triviale, il est clair que cette nature ne se laissera jamais apercevoir tant que l'on bornera ses expériences et ses méditations aux sujets de la première espèce. Généralement parlant, pour obtenir parmi nous le titre d'inventeur, c'est assez de décorer les choses inventées depuis long-temps, de leur donner une forme plus élégante et un certain tour, ou encore d'en faire une application plus commode aux usages de la vie, ou même de les exécuter dans des dimensions extraordinaires, soit plus grandes, soit plus petites. Ainsi cessons d'être étonnés qu'on ne voie point se produire au grand jour des inventions plus nobles et plus dignes du genre humain. Eh ! en peut-il être autrement dans un temps où l'on voit les hommes s'attacher avec une ardeur puérile à je ne sais quelles entreprises petites et mesquines, et, ce qui est pis encore, s'imaginer, quand ils y réussissent, avoir poursuivi ou atteint quelque chose de vraiment grand ?

LXXXIX. Mais ce qu'il ne faut pas non plus oublier, c'est que la philosophie naturelle, dans tous les temps, a eu en tête un adversaire fort tracassier et fort pointilleux. Cet ennemi, c'est la superstition, c'est le zèle aveugle et immodéré pour la religion. Car nous voyons d'abord que, chez les Grecs, ceux qui les premiers se hasardèrent à assigner les causes naturelles de la foudre et des tempêtes furent, sous ce prétexte, accusés d'impiété et d'irrévérence envers les dieux ; et nous voyons aussi que les premiers pères de l'Eglise ne firent pas un meilleur accueil à ceux qui, après des démonstrations très certaines et qu'aucun homme de sens n'oserait combattre aujourd'hui, soutenaient que la terre est de figure sphérique et qu'en conséquence il doit y avoir des antipodes.

Nous pouvons même dire que de nos jours on s'expose plus que jamais en avançant de telles assertions sur la nature. La faute en est aux sommes et aux méthodes des théologiens scolastiques qui ont assez bien rédigé la théologie

(eu égard du moins à ce qu'ils pouvaient en ce genre), l'ayant réunie en un seul corps et réduit en art ; d'où a résulté un autre inconvénient, savoir : que la philosophie contentieuse et épineuse d'Aristote s'est mêlée, beaucoup plus qu'il n'aurait fallu, au corps de la religion.

Il est un autre genre d'ouvrages tendant au même but, mais par une autre voie ; ce sont les dissertations de ceux qui n'ont pas craint de déduire des principes et des autorités des philosophes la vérité de la religion chrétienne, et qui ont prétendu, en l'appuyant sur une telle base, lui donner plus de solidité, célébrant avec autant de pompe et de solennité qu'un mariage légitime l'union illicite de la foi et des sens, chatouillant les esprits par l'agréable variété des matières ou des expressions, et alliant toutefois les choses divines avec les choses humaines, deux sortes de sujets peu faits pour se trouver ensemble dans un même ouvrage. Or, observez que dans tous ces écrits où l'on mêle la théologie avec la philosophie on ne fait entrer que ce qui appartient à la philosophie reçue depuis long-temps. Quant aux découvertes nouvelles et aux améliorations, non-seulement on les en exclut, mais même on les en bannit expressément.

Enfin, tout considéré, vous reconnaîtrez que l'impéritie de certains théologiens a presque entièrement fermé l'accès à toute philosophie, même corrigée. Les uns, d'assez bonne foi, craignent un peu que ces recherches si approfondies ne passent les limites prescrites par la discrétion et la prudence ; et cette crainte vient de ce que, traduisant à leur manière et tordant indignement les passages de l'Ecriture-Sainte qui ont pour objet les divins mystères seulement, et ne s'adressant qu'à ceux qui veulent scruter les secrets de Dieu même, ils appliquent ces passages aux mystères de la nature qu'il n'est point défendu de vouloir pénétrer et qui ne sont point sous l'interdit. D'autres, plus rusés et qui y pensent à plus d'une fois, trouvent au bout de leurs calculs que si les causes et les moyens restaient inconnus, il serait plus aisé de tout mettre sous la main et sous la verge divine, disposition qui, selon eux, importe fort à la religion ; mais tenir un tel langage c'est vouloir gratifier Dieu par le mensonge. D'autres encore craindraient que par la force de l'exemple les mouvements et les innovations qui pourraient avoir lieu dans la philosophie, ne se communiquassent à la religion et ne finissent par y occasionner une révolution. D'autres enfin semblent craindre qu'au bout de toutes ces recherches sur la nature on ne rencontre tôt ou tard quelque fait ou quelque principe qui vienne à renverser la religion ou du moins à l'ébranler, surtout dans l'esprit des ignorants. Mais ces deux dernières craintes ont je ne sais quoi de stupide, et c'est à peu près ainsi que raisonneraient les animaux, s'ils se mêlaient de philosopher. Il semble que ces gens-là, dans le plus secret de leurs pensées, doutent un peu de la vérité de la religion et de l'empire de la foi sur les sens ; qu'ils aient sur toutes ces choses certaine défiance ; et voilà sans doute pourquoi la recherche des vérités qui ont pour objet les opérations de la nature leur paraît si dangereuse. Mais aux yeux de tout homme qui a sur ce sujet des idées saines, la philosophie naturelle est, après la parole de Dieu, le préservatif le plus sûr contre la superstition et l'aliment de la foi le mieux éprouvé. Ainsi, c'est avec raison qu'on la donne à la religion comme la suivante la plus fidèle qu'elle puisse avoir, l'une manifestant la volonté de Dieu et l'autre sa puissance. Un personnage sans doute qui ne s'abusait pas lui-même, c'est celui qui a dit : « Vous vous abusez, ignorant les Ecritures et la puissance d'un Dieu ; » mariant ainsi et unissant par un lien indissoluble l'information sur la volonté de Dieu à la contemplation des effets de sa puissance. Au reste, doit-on s'étonner de voir les progrès de la philosophie arrêtés lorsqu'on voit la religion passer ainsi et être comme entraînée du côté opposé par l'imprudence et le zèle inconsidéré de certaines gens?

XC. Et ce n'est pas tout ; dans les coutumes et les institutions des écoles, des académies, des colléges et autres établissements de ce genre, destinés à la culture des sciences et où les savants vivent rassemblés, les leçons et les exercices sont disposés de manière que ce serait un grand hasard s'il venait en tête à quelqu'un de méditer sur un sujet nouveau. Si tel d'entre eux a le courage d'user sur ce point de toute la liberté de son jugement, ce fardeau qu'il s'imposera, il le portera seul ; qu'il ne s'attende à aucun secours de la part de ceux avec qui il vit. Que s'il résiste au dégoût que doit naturellement lui inspirer un tel isolement, qu'il sache encore que cette activité et ce courage ne seront pas un léger obstacle à sa fortune dans cette sorte d'établissement. Toutes les études sont resserrées dans les écrits de certains auteurs, tous les esprits y sont comme emprisonnés ; et ces auteurs classiques, si quelqu'un ose s'écarter un peu de leurs opinions, à l'instant tous s'élèvent contre lui ; c'est un homme turbulent, un novateur, un brouillon. Il est pourtant une différence infinie entre les arts et les affaires publiques. Une révolution politique et une lumière nouvelle ne font pas, à beaucoup près, courir les mêmes risques ; car, si dans l'état politique un changement même en mieux ne laisse pas d'inquiéter, c'est à cause des troubles qu'il excite ordinairement, vu que le gouvernement roule principalement sur l'autorité, sur la pluralité des suffrages, sur la renommée, en un mot sur l'opinion ; au lieu que dans les sciences et les arts, ainsi que dans les mines d'où l'on tire les métaux, tout doit retentir du bruit que font les travailleurs et ceux qui veulent fouiller plus avant, en suivant les filons déjà connus, ou pour en découvrir de nouveaux. Du moins, ce serait ainsi que les choses iraient pour peu qu'on suivît les principes de la droite raison ; mais dans la réalité il s'en faut de beaucoup qu'elles marchent ainsi ; l'effet ordinaire de cette administration et de cette police des sciences, dont il est ici question, étant de les tenir tellement dans l'oppression qu'elles sont dans l'impuissance d'avancer d'un seul pas.

XCI. Mais quand cette jalousie qui arrête leurs progrès viendrait à s'éteindre, n'est-ce pas encore assez que tout effort et toute industrie en ce genre demeurent sans récompense ? Car malheureusement la faculté d'avancer les sciences et le prix qui leur est dû ne se trouvent pas dans les mêmes mains. Les talents nécessaires pour leur faire faire de rapides progrès sont le lot des grands génies ; mais le prix et les émoluments sont au pouvoir du peuple ou des grands, c'est-à-dire de gens dont les lumières sont rarement au-dessus du médiocre. Non-seulement de tels progrès demeurent sans récompense, mais même ceux qui les font ne sont rien moins qu'assurés de l'estime publique. Des vérités neuves et grandes sont au-dessus de l'intelligence du commun des hommes, et trop aisément renversées, éteintes par le vent des opinions vulgaires. Devons-nous donc être étonnés que ce qui est sans honneur soit aussi sans succès ?

XCII. De tous les obstacles qui empêchent les hommes de former dans les sciences de nouvelles entreprises et d'y prendre pour ainsi dire de nouveaux emplois, le plus puissant est la facilité même avec laquelle ils désespèrent du succès et supposent que toute grande découverte est impossible ; car c'est principalement en ce point que les hommes judicieux et sévères manquent de confiance et de courage, considérant à toute heure les obscurités de la nature, la courte durée de la vie, les illusions des sens, la faiblesse du jugement humain et cent autres semblables inconvénients. Vains efforts, pensent-ils, dans les révolutions de ce monde et dans ses différents âges ! les sciences ont leur flux et leur reflux ; on les voit, tantôt croître et fleurir, tantôt décliner et se flétrir, de manière cependant qu'après être parvenues à un certain degré suprême ou *maximum* elles ne vont jamais au-delà.

Aussi, lorsque vient à paraître quelque mortel ayant le sentiment de sa force, qui ose promettre de plus grandes choses ou les espère en silence, sa généreuse hardiesse est-elle taxée de présomption et imputée à défaut de maturité. Dans les entreprises de cette nature, dit-on alors, le commencement est flatteur, le milieu épineux, la fin humiliante. Et comme c'est dans l'esprit des hommes graves et judicieux que tombent le plus souvent ces pensées si décourageantes, il est trop vrai que nous devons être attentifs sur nous-mêmes, de peur que, séduits par un objet très beau sans doute et très grand en lui-même, nous ne venions à relâcher de la sévérité de notre jugement. Voyons quelle espérance peut nous luire et de quel côté se montre cette lumière. Rejetons toute fausse lueur d'espoir ; mais ce qui peut avoir en soi plus de solidité, tâchons de le bien discuter et de le bien peser. Il est même bon d'appeler à notre discussion cette sorte de prudence par laquelle on se gouverne ordinairement dans les affaires, science qui se fait une règle de la défiance, et, dans les choses humaines, suppose toujours le pire. C'est donc de nos espérances que nous allons parler, car nous ne sommes rien moins que de simples prometteurs ; nous ne dressons point d'embûches aux esprits, nous n'en avons pas même le dessein, mais nous conduisons les hommes de leur bon gré et comme par la main. Nous serons, il est vrai, plus à portée de remédier à ce découragement, qui fait obstacle aux progrès des sciences, quand nous en serons aux détails des expériences et des observations, surtout à nos tables d'invention, digérées et ordonnées avec le plus grand soin (tables qui appartiennent à la seconde ou plutôt à la quatrième partie de notre restauration des sciences, attendu que ces faits et cette méthode ne sont rien moins que de simples espérances, mais en quelque manière la chose même). Néanmoins, afin de ne rien précipiter, fidèle au plan que nous nous sommes fait, nous continuerons à préparer les esprits, préparation dont les motifs d'espérance que nous allons exposer ne sont point la moindre partie; car, ces motifs ôtés, tout ce que nous pourrions dire sur ce sujet servirait plutôt à affliger les hommes en pure perte, c'est-à-dire à les forcer de rabattre prodigieusement du prix excessif qu'ils attachent à ce qu'ils possèdent déjà et à les en dégoûter, à leur faire apercevoir et sentir plus vivement le malheur trop réel de leur condition, qu'à ranimer leur courage et à aiguillonner leur industrie par rapport à l'expérience. Il est donc temps d'exposer les conjectures et les probabilités sur lesquelles nous fondons nos espérances. En quoi nous suivrons l'exemple de Christophe Colomb, qui, avant d'entreprendre cette navigation fameuse dans l'Océan atlantique, commença par proposer les raisons d'après lesquelles il se flattait de découvrir de nouvelles terres et un nouveau continent; raisons qui, ayant été d'abord rejetées, mais ensuite confirmées par l'expérience, furent ainsi le principe et la source des plus grandes choses.

XCIII. C'est dans l'Être suprême, c'est dans Dieu même que nous devons chercher notre premier et plus puissant motif d'espérance; il en doit être le principe, comme il en est la fin; car l'objet auquel nous aspirons n'étant pas moins que le plus grand des biens, il est clair qu'il ne faut le chercher qu'en Dieu seul, vrai principe de tout bien et source de toute vraie lumière. Or, dans les opérations divines, les commencements, quelque faibles qu'ils puissent paraître, ont néanmoins toujours un effet certain, et ce qui a été dit des choses spirituelles : « Que le règne de Dieu arrive sans qu'on s'en aperçoive, » a également lieu dans toute grande opération de la divine Providence; tout y marche sans bruit, s'y fait sans qu'on le sente, et l'œuvre est entièrement exécutée avant que les hommes se soient persuadés qu'elle se faisait ou qu'ils y aient fait attention. Il ne faut pas non plus oublier cette prophétie de Daniel, touchant les derniers temps de la durée du monde : « Grand nombre d'hommes passeront au-delà des régions connues, et la science se multipliera; » prophétie dont le sens manifeste est qu'il est arrêté dans les destinées, c'est-à-dire dans les décrets de la divine Providence, que cette découverte des régions inconnues, qui par tant de navigation de long cours est déjà totalement accomplie ou s'accomplit actuellement même, que cette découverte, dis-je, et les grands progrès dans les sciences auront lieu à la même époque.

XCIV. Vient ensuite le puissant motif d'espérance qui se tire de la connaissance des erreurs du temps passé et des tentatives inutiles faites jusqu'ici. Quelle plus sage exhortation que celle qu'adressait à ses concitoyens certain politique : « Ce qui est pour vous, ô Athéniens! un sujet d'affliction et de désespoir quand vous tournez vos regards vers le passé, deviendra, sitôt que vous les tournerez vers l'avenir, un motif de consolation et d'espérance; car si, ayant rempli tous vos devoirs et usé de toutes vos ressources, vous n'eussiez pu néanmoins réparer vos pertes multipliées, ce serait alors seulement que, n'ayant plus même l'espoir d'un mieux et que vos maux étant désormais sans remède, vous auriez tout lieu de perdre entièrement courage et de desespérer ainsi de la république; mais comme vous ne pouvez justement attribuer à la seule force des choses et au seul ascendant irrésistible des circonstances les malheurs trop réels qui vous abattent, et ne devez les imputer qu'à vos propres fautes, cette considération même est ce qui doit vous remplir de confiance et vous faire espérer, qu'en évitant ces fautes ou en les réparant, vous vous élèverez de nouveau à cet état de splendeur et de force dont vous êtes déchus. » De même si, durant tant de siècles, les hommes, ayant suivi constamment dans la culture des sciences la vraie route de l'invention, n'y eussent fait aucun progrès, ce serait alors présomption et témérité que d'espérer pouvoir en reculer les limites. Mais les hommes s'étant mépris dans le choix de la route même et ayant consumé toute leur activité dans les sujets qui devaient le moins les occuper, il s'ensuit que le fort de la difficulté n'est point dans les choses mêmes et ne dépend point de causes sur lesquelles nous n'ayons aucune prise, mais qu'elle est seulement dans l'esprit humain, dans l'usage et l'application qu'on en fait ordinairement, inconvénient qui n'est rien moins que sans remède ; car autant il y a eu d'erreurs dans le passé, autant nous reste-t-il de motifs d'espérance. Or, ce sujet que nous allons traiter nous l'avons déjà légèrement touché. Cependant nous croyons devoir le reprendre, mais en peu de mots, dans un style simple et sans art.

XCV. Les philosophes qui se sont mêlés de traiter les sciences se partageaient en deux classes, savoir : les empiriques et les dogmatiques. L'empirique, semblabe à la fourmi, se contente d'amasser et de consommer ensuite ses provisions. Le dogmatique, tel que l'araignée, ourdit des toiles dont la matière est extraite de sa propre substance. L'abeille garde le milieu ; elle tire la matière première des fleurs des champs et des jardins ; puis, par un art qui lui est propre, elle la travaille et la digère. La vraie philosophie fait quelque chose de semblable ; elle ne se repose pas uniquement ni même principalement sur les forces naturelles de l'esprit humain, et cette matière qu'elle tire de l'histoire naturelle, elle ne la jette pas dans la mémoire telle qu'elle l'a puisée dans ces deux sources, mais après l'avoir aussi travaillée et digérée elle la met en magasin. Ainsi notre plus grande ressource et celle dont nous devons tout espérer, c'est l'étroite alliance de ces deux facultés : l'expérimentale et la rationnelle, union qui n'a point encore été formée.

XCVI. On ne trouve nulle part d'histoire naturelle parfaitement pure. Toutes celles que nous avons sont infectées de préjugés, et sophistiquées, savoir : dans l'école d'Aristote par la logique ; dans la première école de Platon par la théologie naturelle ; dans la seconde école du même philosophe, dans celles de Proclus et de quelques autres, par les mathématiques, science qui doit non engendrer, commencer la philosophie naturelle, mais seulement la terminer. Cependant l'inutilité de leurs tentatives ne doit pas nous décourager ; car en nous procurant une histoire naturelle pure et sans mélange, nous devons en attendre quelque chose de mieux.

XCVII. Il n'a point encore paru de mortel d'un esprit assez ferme et assez constant pour s'imposer la loi d'effacer entièrement de sa mémoire toutes les théories et les notions communes pour recommencer tout et appliquer de nouveau aux faits particuliers son entendement bien aplani, et, pour ainsi dire, tout ras. Aussi cette philosophie que nous tenons de la seule raison humaine abandonnée à elle-même n'est-elle qu'un amas, qu'un fatras composé du produit de la crédulité, du hasard et des notions que nous avons sucées avec le lait.

Mais s'il paraissait un homme d'un âge mûr qui, avec des sens bien constitués et un esprit purifié de toute prévention, appliquât de nouveau son entendement à l'expérience, ah ! ce serait de cet homme-là qu'il faudrait tout espérer. Or, c'est en quoi nous osons nous-mêmes aspirer à la fortune d'Alexandre-le-Grand. Et qu'on n'aille pas pour cela nous taxer de vanité, avant d'avoir vu la fin d'un discours dont le but propre est de bannir toute vanité. Car c'était ainsi que s'exprimait Eschine en parlant du grand Alexandre et de ses exploits : « Certes, cette vie que nous vivons n'a rien de mortel, et nous sommes nés pour que la postérité raconte de nous des prodiges. » Il semble que cet orateur regardait les exploits d'Alexandre comme autant de miracles. Mais dans les siècles suivants parut Tite-Live, qui sut mieux expliquer et apprécier ce miracle prétendu lorsqu'il dit, au sujet de ce conquérant « qu'au fond il n'eut d'autre mérite que celui d'avoir méprisé courageusement un vain épouvantail. » Nous pressentons que la postérité, portant de notre entreprise un semblable jugement, dira de nous « qu'au fond nous n'avons rien fait de vraiment grand, mais que ce qui paraissait tel aux autres nous l'avons un peu moins estimé. » Mais, comme nous l'avons dit tant de fois, notre unique espérance est dans la régénération des sciences, c'est-à-dire qu'il faut les recomposer et les tirer de l'expérience avec un ordre fixe et bien marqué. Or, que d'autres mortels aient exécuté une telle entreprise ou y aient même pensé, c'est ce que personne, je crois, n'oserait assurer.

XCVIII. Quant à l'expérience, sujet dont il est temps de s'occuper sérieusement, elle est encore sans fondements parmi nous ou n'en a que de bien faibles. Les expériences et les observations qu'on a rassemblées jusqu'ici ne répondent ni pour le nombre, ni pour le choix, ni pour la certitude, à un dessein tel que celui de procurer à l'entendement de sûres et amples informations; ces collections sont, à tous égards, insuffisantes. Les savants, classe d'hommes crédules et indolents, ont prêté l'oreille trop aisément à des contes populaires, ont adopté trop aisément de simples ouï-dire d'expérience, et n'ont pas craint d'employer de tels matériaux, soit pour établir, soit pour confirmer leur philosophie, donnant à ces relations si incertaines le poids d'un valide témoignage. Tels seraient des hommes d'état qui voudraient gouverner un empire, non sur des lettres et des relations d'ambassadeurs ou autres députés dignes de foi, mais sur des bruits de ville, de triviales anecdotes, et qui régleraient toutes leurs affaires sur de telles informations. Tel est aussi le genre d'administration qu'on a introduit en philosophie par rapport à l'expérience. Cette histoire naturelle sur laquelle on se fonde, je n'y vois rien d'observé avec la méthode convenable, rien de vérifié avec une sage défiance, rien de compté, de pesé, de mesuré. Or, quand l'observation est vague et sans ces déterminations, l'information n'est rien moins que sûre. Ces reproches pourront paraître étranges, et ces plaintes, quelque peu injustes à tel qui, considérant qu'un aussi grand homme qu'Aristote, aidé de toute la puissance d'un prince tel qu'Alexandre, a composé une histoire des animaux fort exacte; que d'autres depuis, avec plus d'exactitude encore, quoique avec moins de fracas, y ont beaucoup ajouté; que d'autres enfin ont écrit des histoires et des relations fort détaillées sur les plantes, les métaux et les fossiles, se laisserait éblouir par ces imposantes collections. Mais ce serait perdre de vue notre but principal et saisir assez mal notre pensée; car autre est la méthode qui convient à une histoire naturelle composée pour elle-même, autre la marche qu'on doit suivre dans celle dont le but est de procurer à l'entendement de suffisantes informations et de donner une base à la philosophie. Ces deux sortes d'histoires, déjà si différentes à une infinité d'autres égards diffèrent encore en ce point, que la première se borne à une simple description des diverses espèces de corps qu'offre la nature et ne dit rien de ce grand nombre d'expériences que fournissent les arts mécaniques. Dans les relations ordinaires d'homme à homme, la plus sûre méthode pour découvrir le naturel et les secrets sentiments de chaque individu est de l'observer dans les moments de trouble et de vive émotion. Il en est de même des mystères de la nature; elle laisse plus aisément échapper son secret lorsqu'elle est tourmentée et comme torturée par l'art, que lorsqu'on l'abandonne à son cours ordinaire, la laissant dans toute sa liberté. Quand l'histoire naturelle, qui est la base et le fondement de l'édifice, sera plus ample et d'un meilleur choix, ce sera alors seulement qu'on pourra espérer beaucoup de la philosophie naturelle; sans une telle collection, toute espérance serait vaine.

XCIX. Dans la collection de faits qu'on a tirée des arts mécaniques et qui semble si riche, nous découvrons, nous, une grande pauvreté par rapport à cette sorte de faits qui peuvent procurer à l'entendement les meilleures informations. L'artisan ne se soucie guère de la recherche de la vérité; il ne tend son esprit et n'étend la main que sur ce qui peut lui être de quelque service dans sa profession. Le seul temps où l'espérance de voir les sciences avancer à grands pas pourra passer pour bien fondée, sera celui où l'on aura l'attention de joindre et d'agréger à l'histoire naturelle une infinité d'expériences qui, bien que n'étant par elles-mêmes d'aucun usage, ne laissent pas d'être nécessaires pour la découverte des causes et des axiomes, expériences que nous qualifions ordinairement de lumineuses pour les distinguer de celles que nous désignons par le nom de fructueuses; car une propriété admirable qui caractérise celles de la première espèce, c'est de ne jamais tromper l'attente et de donner toujours infailliblement ce qu'on en voulait tirer. En effet, comme ce n'est pas pour exécuter telle opération qu'on en fait usage, mais pour découvrir la cause naturelle de tel phénomène, le résultat, quel qu'il puisse être, mène toujours au but, puisqu'il satisfait à la question et la termine.

C. Or, ce n'est pas assez de rassembler un plus grand nombre d'expériences et de les choisir avec plus de soin qu'on ne l'a fait jusqu'ici ; il faut encore suivre une toute autre méthode, un tout autre ordre, une toute autre marche pour continuer ces observations et les multiplier. Car l'expérience vague et qui n'a d'autre guide qu'elle-même n'est qu'un pur tâtonnement et sert plutôt à étonner les hommes qu'à les éclairer ; mais lorsqu'elle ne marchera plus qu'à la lumière d'une méthode sûre et fixe, lorsqu'elle n'avancera que par degrés et ira pour ainsi dire pas à pas, ce sera alors véritablement qu'on pourra espérer de faire d'utiles découvertes.

CI. Quand les matériaux d'une histoire naturelle, expérimentale, et telle (soit pour la quantité, soit pour le choix) que l'exige la fonction propre à l'entendement, ou, si l'on veut, au philosophe, quand, dis-je, de tels matériaux auront été rassemblés et seront sous notre main, il ne faudra pas pour cela permettre à l'entendement de travailler sur cette matière en vertu de son mouvement naturel et spontané, en un mot de mémoire ; car il n'est pas plus en état de se suffire à lui-même dans ses opérations qu'un homme doué de la plus heureuse mémoire ne pourrait apprendre par cœur et retenir exactement tous les nombres d'un livre d'éphémérides. Cependant jusqu'ici, dans l'invention, on a toujours fait jouer un plus grand rôle à la simple méditation qu'à l'écriture, et l'on n'a point encore appris à inventer la plume à la main. Mais la seule invention qui doive être approuvée, c'est l'invention par écrit ; et cette dernière méthode une fois passée en usage, espérons tout de l'expérience enfin devenue lettrée.

CII. De plus, comme les détails et les faits particuliers forment une multitude innombrable ; que ces faits, épars et répandus sur un grand espace, partagent excessivement l'attention, causent à l'esprit une sorte de tiraillement en tout sens et le jettent dans la confusion, on aura tout à craindre de ses écarts, de sa légèreté naturelle et de sa disposition à voltiger, à moins que, par le moyen de tables d'invention d'un bon choix, d'une judicieuse distribution et comme vivantes, on ne sache assembler et coordonner tous les faits appartenants au sujet de la recherche dont on s'occupe, et qu'ensuite on n'applique l'esprit à ces tables ainsi préparées et digérées, qui sont destinées à lui prêter secours.

CIII. Mais quand la masse des faits aura été en quelque manière mise sous nos yeux avec l'ordre et la méthode convenables, gardons-nous encore de passer tout d'un coup à la recherche des causes, ou, si nous le faisons, de nous trop reposer sur ce premier résultat Nul doute, à la vérité, que si les expériences tirées de tous les arts, puis rassemblées et rédigées comme nous venons de le dire, étaient mises sous les yeux mêmes d'un homme seul et soumises à son jugement, il ne pût, par la simple translation de ces expériences d'un art dans l'autre, faire par ce moyen une infinité de découvertes avantageuses et de présents utiles à la vie humaine, surtout à l'aide de la méthode expérimentale que nous désignons par le nom d'expérience lettrée. Cependant on ne doit pas trop faire fond sur cette ressource, mais espérer beaucoup plus de cette lumière nouvelle qui jaillira des axiomes extraits des faits particuliers par la vraie méthode et qui ensuite indiqueront de nouveaux faits ; car la route où l'on marche guidé par cette méthode n'est point un terrain uni, une sorte de plaine, mais un terrain inégal où l'on va tantôt en montant, tantôt en descendant. On monte des faits aux axiomes, puis on redescend des axiomes à la pratique.

CIV. Cependant il faut se garder de permettre à l'entendement de sauter, de voler, pour ainsi dire, des faits particuliers aux axiomes qui en sont les plus éloignés et que j'appellerais généralissimes, tels que sont ceux qu'on nomme ordinairement les principes des arts et de toutes choses, de les regarder aussitôt comme autant de vérités immuables et de s'en servir pour établir les axiomes moyens, ce qui serait en effet très expéditif. Et c'est ce qu'on a fait jusqu'ici, l'entendement n'y étant que trop porté par son impétuosité naturelle et étant d'ailleurs de longue main accoutumé, dressé à cela même par les démonstrations syllogistiques. Mais on pourra espérer beaucoup des sciences lorsque, par la véritable échelle, c'est-à-dire par des degrés continus, sans interruption, sans vide, on saura monter des faits particuliers aux axiomes du dernier ordre, de ceux-ci aux axiomes moyens, lesquels s'élèvent peu à peu les uns au-dessus des autres pour arriver enfin aux plus généraux de tous. Car les axiomes du dernier ordre ne diffèrent que bien peu de l'expérience toute pure. Mais les axiomes suprêmes ou généralissimes (je parle ici des seuls que nous ayons) sont purement idéaux; ce ne sont que de pures abstractions, n'ayant ni réalité ni solidité. Les vrais axiomes, les axiomes solides et comme vivants, ce sont les axiomes moyens sur lesquels reposent toutes les espérances et toute la fortune réelle du genre humain. C'est sur ceux-là que s'appuient aussi les axiomes généralissimes; et par ce mot nous n'entendons pas simplement des principes abstraits, mais des principes vraiment limités par des principes moyens.

Ainsi, ce qu'il faut pour ainsi dire attacher à l'entendement, ce ne sont point des ailes, mais au contraire du plomb, un poids, en un mot, qui le contienne et qui l'empêche de s'élancer ainsi de prime saut aux principes les plus élevés. Mais c'est une précaution qu'on a jusqu'ici négligée, et quand on l'aura prise, alors enfin l'on pourra se promettre des sciences quelque chose de grand et de solide.

CV. Lorsqu'il s'agit d'établir un axiome, il faut employer une forme d'induction toute autre que celle qui a été jusqu'ici en usage; et cela non-seulement pour découvrir et démontrer ce qu'on nomme communément les principes, mais pour établir aussi les axiomes du dernier ordre et les axiomes moyens, tous, en un mot. Car cette sorte d'induction qui procède par voie de simple énumération n'est qu'une méthode d'enfants qui ne mène qu'à des conclusions précaires, et qui court les plus grands risques de la part du premier exemple contradictoire qui peut se présenter; en général, elle prononce d'après un trop petit nombre de faits; encore est-ce de cette sorte de faits qu'on rencontre à chaque instants. Mais la forme d'induction vraiment utile dans l'invention ou la démonstration des sciences s'y prend tout autrement; elle analyse les opérations de la nature; elle fait un choix parmi les observations et les expériences, dégageant de la masse, par des exclusions et des rejections convenables, les faits non concluants; puis, après avoir établi un nombre suffisant de propositions, elle s'arrête enfin aux affirmatives et s'en tient à ces dernières. Or, c'est ce qui n'a point encore été fait, ni même tenté, si ce n'est peut-être par le seul Platon qui, pour analyser et vérifier les définitions et les idées, emploie jusqu'à un certain point cette méthode. Mais pour qu'on tire de cette dernière forme d'induction tout le parti qu'on en peut tirer, nous serons obligés de recourir à beaucoup de moyens dont aucun mortel ne s'est encore avisé; en sorte qu'elle exige encore plus de peine et de soins qu'on n'en a pris relativement au syllogisme. Or, cette même induction, ce n'est pas seulement pour découvrir ou démontrer les axiomes qu'il faut y avoir recours, mais encore pour déterminer les notions; et c'est, à proprement parler, sur cette ressource que se fondent nos plus grandes espérances.

CVI. Dans la confection d'un axiome, à l'aide de cette induction, il est une sorte d'examen, d'épreuve à laquelle il faut le soumettre; il faut voir, dis-je, si cet axiome qu'on établit est bien ajusté à la mesure des faits dont il est tiré, s'il n'a pas plus d'ampleur et de latitude, et au cas qu'il déborde en effet cette masse de faits, il faut voir s'il ne serait pas en état de justifier cet excès d'étendue en indiquant de nouveaux faits qui seraient comme une garantie, une caution de ce surplus; et cela pour deux raisons: d'abord, pour ne pas rester uniquement attaché à des choses inutiles; puis, de peur que, voulant saisir trop de choses à la fois, nous n'embrassions que des formes abstraites, c'est-à-dire que des ombres, et non des choses solides, réelles et déterminées. Lorsqu'on se sera suffisamment familiarisé avec cette méthode, alors enfin un puissant motif de plus fondera nos espérances.

CVII. Il est nécessaire de résumer et de rappeler aussi en ce lieu ce que nous avons dit plus haut sur la nécessité d'étendre la philosophie naturelle aux sciences particulières, et réciproquement de ramener ces dernières à la philosophie naturelle, afin que le corps des sciences ne soit point mutilé et qu'il ne se forme entre elles aucun schisme; sans ces rapprochements et cette liaison, il y a beaucoup moins de progrès à espérer.

CVIII. Telles étaient les indications que nous avions à donner sur les moyens de guérir le désespoir et de faire renaître l'espérance, en bannissant à jamais les erreurs du temps passé ou en les corrigeant. Voyons actuellement s'il ne nous reste point encore quelque autre motif d'espérance. Le premier qui se présente, c'est celui-ci: si une infinité de choses utiles ont pu se présenter aux hommes, quoiqu'ils ne les cherchassent pas, qu'ils fussent occupés de toute autre chose, et qu'ils les aient rencontrées comme par hasard, qui peut douter que s'ils les cherchaient à dessein, qu'ils fussent tout à la chose, et que, dans cette recherche, ils procédassent avec méthode et une certaine suite, non par élans et par sauts, ils ne fissent beaucoup plus de découvertes; car bien qu'il puisse arriver deux ou trois fois que tel rencontre enfin par hasard ce qui lui avait échappé lorsqu'il le cherchait avec effort et de dessein prémédité, cependant, à considérer la totalité des événements, c'est le contraire qui doit arriver. Ainsi, veut-on faire des découvertes, et en plus grand nombre et plus utiles, et à de moindres intervalles de temps, c'est ce qu'on doit naturellement attendre plutôt de la raison, d'une industrieuse activité, d'une judicieuse méthode, que du hasard, de l'instinct des animaux et d'autres causes semblables qui ont été jusqu'ici la source et le principe de la plupart des inventions.

CIX. Un autre motif qui pourrait faire naître encore quelque espérance, c'est que bien des choses déjà connues sont de telle nature qu'avant qu'elles fussent découvertes il était difficile d'en avoir même le simple soupçon. Que dis-je! on les eût regardées comme impossibles, méprisées comme telles, et l'on n'eût pas daigné s'en occuper; car les hommes jugent ordinairement des choses nouvelles par comparaison avec les anciennes, auxquelles ils les assimilent, et d'après leur imagination qui en est toute remplie, toute imbue. En un mot, ils veulent absolument deviner l'inconnu par le connu, conjectures d'autant plus trompeuses que la plupart de ces découvertes qui dérivent des sources mêmes des choses n'en découlent point par les ruisseaux ordinaires et connus.

Par exemple, si quelqu'un, avant l'invention de la poudre à canon et de l'artillerie, eût parlé ainsi : « On a inventé une machine par le moyen de laquelle on peut, de la plus grande distance, ébranler, renverser même les murs les plus épais et ruiner quelque fortification que ce puisse être, » on eût d'abord pensé à ces machines de guerre qui sont animées par des poids ou des ressorts; par exemple, à quelque nouvelle espèce de bélier, et l'on eût pris peine à imaginer une infinité de moyens pour en augmenter la force et en rendre les coups plus fréquents. Mais cette espèce de vent ou de souffle igné, cette substance qui se dilate et se débande avec tant de violence et de promptitude, on se fût d'autant moins avisé d'y penser, qu'on n'en connaissait aucun exemple, qu'on n'avait aucune analogie qui pût y conduire, si ce n'est peut-être les tremblements de terre et la foudre; deux phénomènes qu'on eût rejetés bien loin de sa pensée, les regardant comme deux grands secrets de la nature et deux opérations aussi inimitables qu'impénétrables.

De même si, avant la découverte de la soie, quelqu'un eût tenu un tel discours : « On a découvert une certaine espèce de fil dont on peut faire toutes sortes de meubles et de vêtements, fil beaucoup plus fin que tous ceux qu'on fait avec le lin ou la laine, et qui pourtant a beaucoup plus de force, de moelleux et d'éclat; » mais d'imaginer qu'un chétif vermisseau puisse fabriquer un tel fil et le fournir en si grande quantité, enfin, que ce travail se renouvelle tous les ans, qui s'en fût jamais avisé? Que si de plus la même personne eût hasardé quelques détails plus positifs sur ce ver même, on l'eût tournée en ridicule et prétendu qu'elle voulait parler de quelque nouvelle espèce d'araignée qui filait ainsi et à laquelle elle aurait rêvé.

De même si, avant l'invention de la boussole, quelqu'un eût dit qu'on avait inventé un instrument à l'aide duquel on pouvait distinguer et déterminer avec exactitude les pôles de la sphère céleste et les différentes situations des astres, on se serait d'abord imaginé qu'il ne s'agissait que de certains instruments d'astronomie construits avec plus d'exactitude et de précision. A force de tourmenter son imagination, on eût trouvé mille moyens pour arriver à ce but; mais qu'il fût possible de découvrir une telle espèce de corps dont le mouvement s'accordât si bien avec celui des corps célestes, et qui ne fût pas lui-même un corps céleste, mais seulement une substance pierreuse ou métallique, c'était ce qui eût semblé tout-à-fait incroyable. Ces découvertes pourtant avaient long-temps échappé aux hommes, et ce n'est point à la philosophie ou aux sciences de raisonnement qu'on les doit, mais au hasard, à l'occasion; et comme nous l'avons déjà dit, elles sont si hétérogènes et si éloignées de tout ce qui était déjà connu qu'aucune espèce de prénotion et d'analogie ne pouvait y conduire.

Il y a donc tout lieu d'espérer que la nature renferme encore dans son sein une infinité d'autres secrets qui n'ont aucune analogie avec les propriétés déjà connues, mais qui sont tout-à-fait hors des voies de l'imagination. Nul doute qu'elles ne se fassent jour à travers le labyrinthe des siècles, et que tôt ou tard elles ne se produisent à la lumière, comme celles qui les ont précédées ont paru dans leur temps; mais par la route que nous traçons, on pourrait les rencontrer beaucoup plus tôt, sur-le-champ même, les saisir toutes ensemble et avant le temps.

CX. Mais on aperçoit telles autres découvertes qui sont de nature à faire croire que le genre humain peut manquer les plus belles inventions, faute de voir ce qui est, pour ainsi dire, à ses pieds et passer outre sans le remarquer; car après tout, ces inventions de la poudre à canon, de la boussole, de la soie, du sucre et du papier, avaient nécessairement des relations quelconques à certaines propriétés naturelles; mais on ne peut disconvenir que l'art de l'imprimerie était quelque chose d'assez facile à imaginer, et presque sous la main. Néanmoins, faute d'avoir considéré que, si les caractères typographiques sont plus difficiles à arranger que les lettres à tracer par le seul mouvement de la main, il y a pourtant entre ces deux espèces de caractères cette différence essentielle, qu'à l'aide des caractères typographiques une fois placés on tire en fort peu de temps une infinité de copies, au lieu que l'écriture à la main n'en fournit qu'une seule; faute aussi d'avoir compris qu'il est possible de donner à l'encre un tel degré de consistance qu'en cessant d'être coulante elle puisse encore teindre, sans compter l'attention de tourner les caractères en haut et d'imprimer en dessus; c'est pourtant, dis-je, faute de ces considérations si simples que tant de siècles ont été privés d'une invention si utile et qui contribue si puissamment à la propagation des sciences.

L'esprit humain, dans cette carrière des sciences, est presque toujours si gauche et si mal disposé qu'il commence par se défier de ses propres forces et finit par mépriser ce qui l'avait d'abord étonné. Avant que certaines choses aient été découvertes, la possibilité d'une telle invention lui semble incroyable; mais sont-elles inventées, il lui semble au contraire incroyable qu'elles aient pu si long-temps échapper aux hommes. Or, c'est cette inconséquence même qui est pour nous une raison d'espérer qu'il reste encore une infinité de découvertes à faire, soit en saisissant certaines propriétés encore inconnues, soit en transportant d'un genre dans l'autre et en appliquant, à l'aide de cette méthode expérimentale que nous désignons sous le nom d'expérience lettrée, les propriétés déjà connues.

CXI. Voici encore un autre motif d'espérance qu'il ne faut pas oublier. Que les hommes daignent songer à l'énorme dépense de génie, de temps, de facultés, de moyens de toute espèce qu'ils ont faite jusqu'ici, le tout pour des études sans prix et sans utilité; qu'ils considèrent de plus que, si de telles études eussent été mieux dirigées et tournées vers des objets plus solides, il n'est point de difficultés qu'ils n'eussent pu surmonter ainsi. Nous ne pouvons nous dispenser d'ajouter ici cette réflexion, étant forcés d'avouer que le projet d'une histoire naturelle et expérimentale, ayant toutes les conditions nécessaires, et telle que nous l'embrassons dans notre pensée, est une entreprise vraiment grande, pénible, dispendieuse et presque royale.

CXII. Cependant il ne faut pas se laisser trop effrayer par la multitude des faits, qui au fond serait plutôt pour nous un nouveau motif d'espérance; car les phénomènes particuliers de la nature et des arts, une fois éloignés des yeux du corps et détachés, par abstraction, de la masse des choses, ne se présentent plus aux yeux de l'esprit que comme une poignée. Enfin cette route-ci a du moins un terme et elle débouche dans un terrain découvert, au lieu que l'autre est sans issue et l'on s'y embarrasse de plus en plus. Les hommes n'ont encore fait dans l'expérience que de très courtes pauses; ils n'ont fait que l'effleurer; ils ont perdu un temps infini dans de simples méditations et dans les pures opérations de leur esprit. Mais s'il existait parmi nous un seul homme qui fût en état de répondre avec justesse sur le fait de la nature, la découverte des causes et l'invention des axiomes seraient l'affaire d'un petit nombre d'années.

CXIII. Nous pensons qu'on pourrait encore trouver quelque motif d'espérance dans l'exemple que nous donnons nous-mêmes, et ce n'est pas par vanité que nous parlons ainsi, mais ce que nous disons il est utile de le dire. Si donc quelqu'un manque de confiance et de courage, qu'il jette les yeux sur moi, un des hommes de mon temps le plus occupé des affaires publiques, d'une santé quelquefois chancelante (ce qui entraîne avec soi une grande perte de temps), qui dans cette entreprise marche le premier et ne suis les traces de qui que ce soit, qui ne communique à aucun mortel ces nouvelles idées, et qui pourtant, ayant eu le courage de soumettre mon esprit aux choses et d'entrer dans la véritable route, n'ai pas laissé, je pense, d'y faire quelque pas ; que toutes ces circonstances, dis-je, mûrement pesées, il considère ce que pourraient, dirigés par les indications mêmes que nous venons de donner, un certain nombre d'hommes jouissant de tout le loisir nécessaire et concertant leurs travaux, surtout le temps même, le temps seul, et dans une route qui n'est pas uniquement accessible pour tels ou tels individus d'élite, comme la méthode rationnelle dont nous avons parlé, mais qui l'est pour tous, et où tous les travaux, toutes les tâches, principalement celles dont l'objet est de rassembler des expériences, pourraient être d'abord sagement distribuées, puis réunies pour concourir à un même but. Quand les hommes, las enfin de faire tous précisément les mêmes choses, auront su partager entre eux tout le travail, ce sera alors seulement qu'ils commenceront à connaître leurs forces et ce que peuvent ces forces réunies.

CXIV. Enfin, quoique nos espérances, par rapport à cette grande entreprise, soient encore bien faibles, cependant notre sentiment est, qu'il faut absolument en venir à l'essai, sous peine de mériter le reproche de lâcheté ; car ici il y a moins de risque à échouer qu'à ne pas essayer. En n'essayant point on est sûr de perdre le plus grand de tous les biens ; et en échouant que perdrait-on au fond ? tout au plus un peu de peine et de temps. Au reste, d'après ce que nous avons dit et même ce que nous n'avons pas dit, il nous semble que les plus puissants motifs d'espérance se trouvent ici, je ne dis pas seulement pour un homme ardent et prompt à faire des tentatives, mais je dirai aussi pour un homme prudent, circonspect et à qui il n'est pas facile d'en imposer.

CXV. Nous avons désormais exposé les différents motifs capables de mettre fin au découragement qui, de tous les obstacles aux progrès des sciences, est le plus puissant. Notre dessein n'est pas non plus de nous étendre davantage sur les signes et les causes des erreurs et de l'ignorance qui ont pris pied, et nous devons d'autant plus nous borner à ce que nous avons dit sur ce sujet que les autres causes plus cachées que le vulgaire n'aperçoit pas et dont il ne peut juger doivent être rapportées à notre analyse des fantômes de l'esprit humain.

Ici se termine également la partie destructive de notre restauration, laquelle comprend trois sortes d'examens critiques ou de censures, savoir : censure de la raison native de l'homme, censure des formes de démonstration et censure des doctrines, théories ou philosophies reçues. Cette triple censure a été telle qu'elle devait être ; nous y avons procédé par la seule voie des signes et de l'évidence des causes ; car n'étant d'accord avec les autres ni sur les principes, ni sur les formes de démonstrations, nous ne pouvions employer aucun autre genre de réfutation.

Ainsi il est temps de passer à l'art même et à la vraie manière d'interpréter la nature ; cependant quelques observations préliminaires ne seront pas inutiles. Comme notre but, dans ce premier livre d'aphorismes, est de préparer les esprits, non-seulement à bien entendre, mais même à adopter, à goûter ce qui doit suivre, l'entendement étant désormais débarrassé de préjugés, et devenu, pour ainsi dire, une table rase, il reste à maintenir les esprits dans la bonne disposition où nous les avons mis et dans une sorte d'aspect favorable à l'égard de ce que nous allons proposer ; car outre cette sorte de prévention qui a pour cause un préjugé ancien et invétéré, ce qui pourrait encore fortifier cette prévention, ce serait la fausse idée qu'on pourrait se faire de ce que nous avons en vue. Ainsi nous tâcherons dans ce qui suit de donner une idée juste et précise de notre objet, mais seulement une idée provisoire qui pourra suffire jusqu'à ce qu'on ait une pleine connaissance de la chose même.

CXVI. La première demande que nous ayons à faire, c'est qu'on ne s'imagine point qu'à l'exemple des anciens Grecs, ou de certains modernes, tels que Télèse, Patrice ou Severin nous ayons l'ambitieux projet de fonder une secte en philosophie ; ce n'est nullement notre dessein ; nous pensons même que les opinions abstraites de tel ou tel philosophe sur la nature et sur les principes des choses importent fort peu au bonheur du genre humain. Nul doute qu'on ne puisse, en suivant les traces des anciens, ressusciter une infinité de systèmes de cette espèce, ou en imaginer de nouveaux irés de son propre fonds, comme on peut inventer une infinité de systèmes astronomiques qui, quoique fort différents les uns des autres, ne laisseront pas de s'accorder tous assez bien avec les phénomènes célestes. Nous attachons fort peu de prix à toutes les inventions de ce genre, les regardant comme autant de pures suppositions et de conjectures aussi inutiles que hasardées. Mais notre véritable, notre ferme résolution est d'essayer si l'on ne pourrait pas asseoir sur des fondements plus solides la puissance et la grandeur de l'homme et reculer les limites de son empire sur la nature. Uniquement occupés de ce dessein, quoique nous ayons nous-mêmes sur différents sujets des observations, des expériences ou des découvertes qui nous semblent plus réelles et plus solides que toutes celles de ces esprits systématiques, et que nous avons rassemblées dans la cinquième partie de notre Restauration, cependant nous ne voulons hasarder aucune théorie générale et complète, persuadés qu'il n'est pas encore temps. D'ailleurs nous n'espérons pas que notre vie se prolonge assez pour nous laisser le temps d'achever la sixième partie, où serait exposée la philosophie que nous aurions découverte, en suivant constamment la véritable méthode dans l'interprétation de la nature. Ce sera encore assez pour nous de nous rendre utiles dans les parties intermédiaires (les deuxième, troisième, quatrième et cinquième), d'y faire preuve d'une sage défiance de nous-mêmes, et en attendant, de jeter à la postérité, avec toute la sincérité dont nous sommes capables, quelques semences de vérités solides. Enfin, ne sera-ce pas assez pour nous que de n'avoir épargné aucun soin pour ébaucher une aussi grande entreprise?

CXVII. Par la même raison que nous ne sommes point fondateurs de secte, nous ne sommes non plus ni donneurs ni prometteurs de procédés particuliers, de petites recettes. Il est toutefois ici deux objections qu'on voudra peut-être tourner contre nous qui parlons si souvent de pratique, d'exécution, et qui rebattons sans cesse ce sujet-là. Vous-mêmes, nous dira-t-on, donnez-nous donc quelque nouveau moyen d'une utilité frappante et qui soit une sorte de garantie de vos promesses. Notre méthode, répondrons-nous, notre véritable marche (comme nous l'avons si clairement, si souvent dit et voulons bien le redire) n'est rien moins que d'extraire des procédés déjà connus d'autres procédés, des expériences déjà faites d'autres expériences, à la manière des empiriques, mais de déduire d'abord des expériences et des procédés déjà connus les causes et les axiomes ; puis, de ces axiomes et de ces causes de nouvelles expériences et de nouveaux procédés, seule marche qui convienne à de légitimes interprètes de la nature.

Et quoique dans ces tables d'invention (dont est composée la quatrième partie de notre Restauration), ainsi que parmi ces faits particuliers qui nous servent d'exemples dans la seconde, enfin parmi ces observations que nous avons fait entrer dans notre histoire naturelle (et qui forment la troisième partie), il soit facile, avec un peu de pénétration et d'intelligence, d'apercevoir un assez grand nombre d'indications de procédés utiles et de pratiques importantes; cependant, nous le confessons ingénument, cette histoire naturelle qui est entre nos mains, soit que nous l'ayons puisée dans les livres ou que nous la devions à nos propres recherches, ne nous paraît ni assez complète ni assez vérifiée pour suffire à une véritable interprétation de la nature.

Si quelqu'un, pour ne s'être encore familiarisé qu'avec la seule expérience, se sent plus de goût, d'aptitude et de sagacité pour cette recherche des procédés nouveaux, nous lui abandonnons volontiers cette sorte d'industrie; il peut, s'il lui plaît, dans notre histoire et dans nos tables, glaner en passant bien des observations et des vues utiles, s'en saisir pour les appliquer aussitôt à la pratique, et s'en contenter comme d'une acquisition provisoire et d'une sorte de gage, en attendant que nos ressources soient plus multipliées. Pour nous, qui tendons à un plus grand but, nous condamnons tout délai, toute pause prématurée dans des applications de cette nature, les regardant comme le pommes d'Atalante auxquelles nous les comparons si souvent ; car nous, peu susceptibles de ce puéril empressement, ce n'est point après les pommes d'or que nous courons, mais mettant tout dans la victoire et voulant que l'art remporte sur la nature le prix de la course, au lieu de nous hâter de cueillir de la mousse ou de moissonner le blé avant qu'il soit mûr, nous attendons une véritable moisson et dans son temps.

CXVIII. Il est encore une autre objection qu'on ne manquera pas de nous faire. En lisant attentivement notre histoire naturelle et nos tables d'invention, et venant à rencontrer parmi les expériences mêmes quelques faits moins certains que les autres et même absolument faux, on se dira peut-être que nos découvertes ne sont appuyées que sur des fondements et des principes de même nature ; mais au fond ces petites erreurs ne doivent point nous arrêter, et dans les commencements elles sont inévitables. C'est à peu près comme si, dans un ouvrage manuscrit ou imprimé, une lettre ou deux par hasard se trouvaient mal placées ; cela n'arrêterait guère un lecteur exercé, le sentiment corrigeant aisément ces petites fautes. C'est dans le même esprit qu'on doit se dire que, si certaines observations fausses ou douteuses se sont d'abord glissées dans l'histoire naturelle, parce qu'y ayant ajouté foi trop aisément on n'a pas eu la précaution de les vérifier, cet inconvénient est d'autant plus léger que, redressé peu de temps après par la connaissance des causes et des axiomes, on est à même d'effacer ou de corriger ces petites erreurs. Il faut convenir pourtant que si, dans une histoire naturelle, ces fautes étaient considérables, fréquentes, continuelles, il n'y aurait ni art assez puissant, ni génie assez heureux pour les corriger entièrement. Si donc, dans notre histoire naturelle, vérifiée et rédigée avec tant de soin, de scrupule, je dirais-je presque de religion, il s'est glissé quelque peu d'erreur ou d'inexactitude, que faut-il donc penser de l'histoire naturelle ordinaire qui, en comparaison de la nôtre, a été composée avec tant de négligence et de crédulité, ou de la philosophie et des sciences fondées sur ces sables mouvants ? Ainsi ces légères erreurs de notre histoire naturelle ne doivent point inquiéter.

CXIX. On rencontrera aussi dans notre histoire naturelle, et parmi les expériences qui en font partie, bien des choses dont les unes paraîtront communes et de peu d'importance ; d'autres basses même et grossières ; d'autres enfin trop subtiles, purement spéculatives et de fort peu d'usage ; tous objets qui, ainsi envisagés, pourront détourner les hommes de leurs études en ce genre et à la longue les en dégoûter.

Quant aux observations qui paraissent triviales, que les hommes, pour apprécier ce jugement, daignent ouvrir les yeux sur leur conduite ordinaire à cet égard ; car voici ce qu'ils font le plus souvent. Lorsqu'ils rencontrent des faits rares, ils veulent absolument les expliquer, et ils croient y réussir en les rapportant et les assimilant aux faits les plus communs ; quant à ces faits si communs, ils ne sont point du tout curieux d'en connaître les causes ; mais ils les admettent purement et simplement, les regardant comme autant de points accordés et convenus.

Aussi ne cherchent-ils jamais les causes ni de la pesanteur, ni du mouvement de rotation des corps célestes, ni de la chaleur, ni du froid, ni de la lumière, ni de la dureté, ni de la mollesse, ni de la ténuité, ni de la densité, ni de la liquidité, ni de la solidité, ni de la nature des corps animés ou inanimés, ni de celle des parties similaires ou dissimilaires, ni enfin de celle du corps organisé ou non organisé, etc. Ces différences physiques, ils ne sont nullement curieux de les expliquer ; mais ils les admettent comme autant de vérités évidentes et généralement reçues, se contentant de disputer et de porter un jugement sur les autres phénomènes qui sont moins fréquents et moins familiers.

Pour nous, n'ignorant pas qu'il est impossible de porter un jugement valide sur les choses rares et remarquables, et qu'on peut encore moins faire de vraies découvertes sans avoir au préalable cherché et trouvé les causes des choses plus communes et les causes de ces causes, nous sommes en conséquence obligés de donner place dans notre histoire à des choses très connues. Nous voyons même que rien n'a plus nui à la philosophie que cette disposition naturelle qui fait que les choses fréquentes et familières n'ont pas le pouvoir d'éveiller et de fixer l'attention des hommes, et qu'ils les regardent comme en passant, peu curieux d'en connaître les causes; en sorte qu'on a beaucoup moins souvent besoin de les exciter à s'instruire de ce qu'ils ignorent qu'à fixer leur attention sur les choses connues.

CXX. Quant aux objets qu'on traite de vils et de bas, objets pourtant auxquels Pline veut qu'on commence par rendre hommage, ils ne méritent pas moins que les plus brillants et les plus précieux de trouver place dans une histoire naturelle, et cette histoire ne contracte pour cela aucune souillure; de même que le soleil pénètre dans les cloaques, ainsi que dans les palais, et n'en est point souillé. Pour nous, notre dessein n'étant point d'élever une sorte de pyramide ou de fastueux monument à l'orgueil de l'homme, mais de jeter dans son esprit les fondements d'un temple consacré à l'utilité commune et bâti sur le modèle de l'univers même, quelque objet que nous puissions décrire, nous ne faisons en cela que copier fidèlement l'original; car tout ce qui est digne de l'existence est aussi digne de la science, qui est l'image de la réalité. Or, les plus vils objets existent tout aussi réellement que les plus nobles. Disons plus, de même que de certaines matières putrides, telle que le musc et la civette, s'exhalent des odeurs très suaves, de même c'est souvent des objets les plus vils et les plus repoussants que jaillit la lumière la plus pure et que découlent les connaissances les plus exactes. Mais en voilà beaucoup trop sur ce sujet, un dégoût de cette espèce n'étant pardonnable qu'à des femmes ou à des enfants.

CXXI. Mais il se présente une autre objection qui demande un peu plus de discussion. Telles observations et telles vues que nous avons insérées dans notre histoire naturelle, offertes à un esprit vulgaire et même à toute espèce d'esprits trop accoutumés aux sciences reçues, pourront paraître d'une subtilité recherchée et plus curieuses qu'utiles. Aussi est-ce à cette objection que nous avons d'abord répondu et que nous allons répondre encore. Or, cette réponse, la voici : ce que nous cherchons dans les commencements et seulement pour un temps, ce sont les expériences lumineuses, et non les expériences fructueuses, imitant en cela, comme nous l'avons dit aussi, la marche de l'auteur des choses, qui le premier jour de la création ne produisit que la lumière, consacra à cette œuvre ce jour tout entier et ne s'abaissa à aucun ouvrage grossier.

Qu'on ne dise donc plus que ces observations si fines ne sont d'aucun usage; autant vaudrait, de ce que la lumière n'est point un corps solide ou composé d'une substance grossière, inférer qu'elle est inutile. Disons au contraire que la connaissance des natures simples, bien analysées et bien définies, est semblable à la lumière; qu'en nous frayant la route dans les profondeurs de la pratique et nous montrant les sources des principes les plus lumineux, elle embrasse ainsi par une certaine puissance qui lui est propre, et traîne après soi des multitudes et comme des légions de procédés utiles et de nouveaux moyens, quoiqu'en elle-même elle ne soit pas d'un fort grand usage. De même les lettres de l'alphabet, prises en elles-mêmes et considérées une à une, ne signifient rien et sont presque inutiles; ce sont elles pourtant qui composent tout l'appareil du discours; elles en sont les éléments et comme la matière première. C'est encore ainsi que les semences des choses, dont l'action est si puissante, ne sont d'aucune utilité, sinon au moment où, déployant cette action, elles opèrent le développement des corps. Enfin, quand les rayons de la lumière elle-même sont dispersés, si l'on ne sait les réunir, on ne jouit point de ses heureux effets.

Si l'on est choqué de ces subtilités spéculatives, eh! que dira-t-on des scolastiques qui se sont si étrangement infatués de subtilités d'une toute autre espèce qui, loin d'avoir une base dans la nature et la réalité des choses, étaient toutes dans les mots ou dans des notions vulgaires (ce qui ne vaut guère mieux), et destituées de toute utilité, non-seulement dans les principes, mais même dans les conséquences? Ce n'était rien moins que des subtilités de la nature de celles dont nous parlons ici, et qui, n'étant à la vérité d'aucun usage pour le moment, sont pour la suite d'une utilité infinie. Au reste, que les hommes tiennent pour certain que toute analyse très exacte et toute discussion très approfondie, qui n'a lieu qu'après la découverte des axiomes, ne vient qu'après coup et qu'il est alors fort tard; que le véritable, ou du moins le principal temps où ces observations si fines sont nécessaires, c'est lorsqu'il s'agit de peser l'expérience et d'en extraire les axiomes; mais ceux qui se complaisent dans cet autre genre de subtilités voudraient aussi embrasser, saisir la nature; vains efforts! quoi qu'ils puissent faire, elle leur échappe, et l'on peut appliquer à la nature ce qu'on a dit de l'occasion et de la fortune : qu'elle est chevelue par-devant et chauve par-derrière.

Enfin, à ce dédain que témoignent certaines gens pour les choses très communes, ou basses, ou trop subtiles et inutiles dans le principe, c'est assez d'opposer le mot de cette vieille à un prince superbe qui rejetait dédaigneusement sa requête, la jugeant au-dessous de la majesté souveraine; que ce mot, dis-je, leur serve de réponse et d'oracle; car il n'est pas douteux que cet empire sur la nature, auquel l'homme peut prétendre, dépend beaucoup de ces détails qui paraissent si minutieux à certaines gens; et quiconque, les jugeant tels, ne daigne pas s'en occuper, ne peut ni obtenir ni bien exercer cet empire.

CXXII. N'est-il pas étrange, nous dira-t-on encore, et même choquant, de vous voir ainsi écarter, jeter de côté les sciences et leurs inventeurs, tous à la fois, d'un seul coup, et cela sans vous appuyer de l'autorité d'un seul ancien, mais avec vos seules forces et seul de votre parti ?

Nous n'ignorons pas, répondrons-nous, que si nous eussions voulu procéder avec moins de candeur et de sincérité, il ne nous eût pas été fort difficile de trouver, ou dans les temps si anciens qui précédèrent la période des Grecs, temps où les sciences florissaient peut-être davantage, mais dans un plus grand silence, qu'à l'époque où elles tombèrent, pour ainsi dire, dans les trompettes et dans les flûtes des Grecs, ou bien encore quelque philosophe parmi ces Grecs mêmes, auquel nous pourrions attribuer nos opinions, du moins quant à certaines parties, et tirer quelque gloire de cette association avec eux; à peu près comme ces hommes nouveaux qui se forgent une noblesse, en se faisant descendre de je ne sais quelles familles anciennes et illustres, à la faveur de généalogies qu'ils savent fabriquer pour leur compte. Pour nous qui, nous appuyant sur la seule évidence des choses, rejetons toute fiction et tout artifice de cette nature, nous pensons qu'il n'importe pas plus au succès réel de notre entreprise de savoir si ce qu'on pourra découvrir par la suite était connu des anciens, et si, en vertu de la vicissitude naturelle des choses et des révolutions du temps, les sciences sont actuellement à leur lever ou à leur coucher, qu'il n'importe aux hommes de savoir si le Nouveau-Monde ne serait pas cet Atlantide dont parlent les anciens, ou s'il vient d'être découvert pour la première fois; car, lorsqu'on veut faire des découvertes, c'est dans la lumière de la nature qu'il faut les chercher, et non dans les ténèbres de l'antiquité.

Quant à l'étendue de cette censure qui embrasse toutes les philosophies à la fois, pour peu qu'on s'en fasse une juste idée, l'on sentira aisément que, par cela même qu'elle les embrasse toutes, elle est mieux fondée et plus modérée que si elle n'attaquait qu'une partie de ces systèmes; car si les erreurs n'eussent pas été enracinées dans les notions mêmes, la partie la plus saine des inventions en ce genre eût nécessairement un peu rectifié la plus mauvaise; mais ces erreurs étant fondamentales et de telle nature que les fautes à imputer aux hommes, ce sont beaucoup moins les faux jugements et les méprises que les négligences et la totale omission des opérations nécessaires, on ne doit plus s'étonner qu'ils n'aient pu atteindre à un but auquel ils ne tendaient pas, exécuter ce qu'ils n'avaient pas même tenté, fournir une carrière où ils n'étaient point entrés.

Ce que notre entreprise peut avoir de nouveau et d'extraordinaire ne doit pas non plus étonner. Si un homme, se reposant sur la justesse de son coup d'œil et la sûreté de sa main, se vantait de pouvoir, sans le secours d'aucun instrument, tracer une ligne plus droite et décrire un cercle plus exact que tout autre ne le pourrait de la même manière, on pourrait dire que son intention serait de faire comparaison de son adresse avec celle d'autrui; mais s'il se vantait seulement de pouvoir, à l'aide d'une règle et d'un compas, tracer cette ligne et ce cercle avec plus d'exactitude que tout autre ne le pourrait avec l'œil et la main seuls, alors il se vanterait bien peu. Or, les observations que nous ajoutons ici ne regardent pas seulement les premières tentatives, les premiers pas que nous faisons nous-mêmes; elles s'appliquent également à ceux qui doivent continuer ce que nous commençons ; car notre méthode d'invention dans les sciences rend tous les esprits presque égaux et laisse bien peu d'avantage à la supériorité du génie. Ainsi, nos découvertes en ce genre (comme nous l'avons souvent dit) sont plutôt l'effet d'un certain bonheur qu'une preuve de talent ; oui, c'est plutôt un fruit du temps qu'une production du génie, vu qu'à certains égards il n'y a pas moins de hasard dans les pensées de l'homme que dans ses œuvres et dans ses actions.

CXXIII. Ainsi, nous dirons de nous ce que disait de lui-même, assez plaisamment, un orateur d'Athènes. « Il est impossible, ô Athéniens ! disait-il, que deux orateurs, dont l'un boit du vin et l'autre ne boit que de l'eau, soient précisément du même avis. » Or, les autres hommes, tant anciens que modernes, n'ont bu dans les sciences qu'une liqueur crue et semblable à de l'eau, liqueur qui découlait naturellement de l'esprit humain, ou qu'ils en tiraient à l'aide de la dialectique, à peu près comme celle qu'on tire d'un puits à l'aide de certaines roues ; mais nous, nous buvons et nous offrons, en leur portant une santé, une liqueur extraite de raisins bien mûrs et cueillis à temps, choisis avec soin, puis suffisamment foulés, enfin clarifiés et purifiés dans un vase convenable. Ainsi nous ne pouvons, eux et nous, être parfaitement d'accord.

CXXIV. On ne manquera pas non plus de tourner contre nous certaine objection que nous faisions aux autres, touchant le but ou la fin des sciences, et l'on dira que celle que nous marquons n'est pas la plus utile, la véritable. La pure contemplation de la vérité, ajoutera-t-on, est une occupation qui semble plus noble et plus relevée que l'exécution la plus utile et la plus grande ; ce séjour si long et si inquiet dans l'expérience, dans la matière, dans cette multitude immense et si diversifiée de faits particuliers, tient, pour ainsi dire, l'esprit attaché à la terre, et le jetant dans l'état de trouble et d'anxiété qui est l'effet ordinaire de la confusion, il le tire de l'état de calme et de sérénité que lui procure la philosophie abstraite et qui semble approcher davantage de celui de la Divinité. Cette objection est tout-à-fait conforme à notre propre sentiment. Cette fois, enfin, nous sommes d'accord ; ce qu'ils entendent par la comparaison de ces deux états et ce qu'ils désirent est précisément ce que nous avons en vue et ce que nous voulons faire avant tout ; car au fond, quel est notre but ? c'est de tracer dans l'esprit humain une image, une copie de l'univers, mais de l'univers tel qu'il est, et non tel que l'imagine celui-ci ou celui-là, d'après les suggestions de sa propre et seule raison. Or, ce but, il est impossible d'y arriver si l'on ne sait analyser l'univers, le disséquer, pour ainsi dire, et en faire la plus exacte anatomie. Quant à ces petits mondes imaginaires, et singes du grand, que l'imagination humaine a tracés dans les philosophies, nous déclarons sans détour qu'il faut les effacer entièrement. Que les hommes conçoivent donc une fois (et c'est ce que nous avons déjà dit) quelle différence infinie se trouve entre les fantômes de l'entendement humain et les idées de l'entendement divin. Les premiers ne sont autre chose que des abstractions purement arbitraires, au lieu que les dernières sont les vrais caractères du Créateur de toutes choses, tels qu'il les a gravés et déterminés dans la matière, en lignes vraies, correctes et déliées. Ainsi, en ce genre comme en tant d'autres, la vérité et l'utilité ne sont qu'une seule et même chose ; et si l'exécution, la pratique doit être plus estimée que la simple spéculation, ce n'est pas en tant qu'elle multiplie les commodités de la vie, mais en tant que ces utiles applications de la théorie sont comme autant de gages ou de garants de la vérité.

CXXV. Au fond, nous dira-t-on peut-être encore, tout votre travail se réduit à refaire ce qui a déjà été fait ; les anciens eux-mêmes suivirent la route que vous suivez, et selon toute apparence, après toute cette mise dehors et tout ce fracas, vous finirez par retomber dans quelques-uns de ces systèmes philosophiques qui eurent cours autrefois. Eux aussi, ajoutera-t-on, ils commençaient par se pourvoir d'un grand nombre d'expériences et d'observations particulières ; puis les ayant rangées par ordre de matière et placées sous leurs divisions respectives, ils en tiraient leurs théories philosophiques et leurs traités pratiques ; enfin, le sujet bien approfondi, ils osaient prononcer et déclarer leur sentiment. Cependant ils jetaient çà et là dans leurs écrits quelques exemples, soit pour éclaircir les matières, soit pour faire goûter leurs opinions. Mais de publier leur recueil de notes, leurs codicilles, leur calepin, c'était ce qu'ils jugeaient aussi inutile que rebutant, en quoi ils imitaient ce qui se pratique ordinairement dans la construction des édifices ; car lorsqu'un édifice est achevé on fait disparaître la charpente et toutes les machines. Cette conjecture, répondrons-nous, peut être fondée, et il est à croire qu'ils ne s'y sont pas pris autrement. Mais à moins qu'on n'ait oublié ce que nous avons dit tant de fois, on trouvera aisément une réponse à cette objection, car nous-mêmes nous avons assez montré ce que c'était que cette méthode de recherche et d'invention des anciens ; et d'ailleurs n'est-elle pas assez visible dans leurs écrits? méthode, après tout, qui n'était autre que celle-ci : d'un certain nombre d'exemples et de faits particuliers auxquels ils mêlaient quelques notions communes et peut-être aussi quelques-unes des opinions alors reçues, surtout de celles qui avaient le plus de cours, ils s'élançaient du premier vol jusqu'aux conclusions les plus générales, c'est-à-dire jusqu'aux principes des sciences ; puis regardant ces principes hasardés comme autant de vérités fixes et immuables, ils s'en servaient pour déduire et prouver, à l'aide des moyens, les propositions inférieures dont ils composaient ensuite le corps de leur théorie ; enfin, s'ils rencontraient quelques exemples ou faits particuliers qui combattissent leurs assertions, d'un tour de main ils se débarrassaient de cette difficulté soit à l'aide de certaines distinctions, soit en expliquant leurs règles mêmes, soit enfin en écartant ces faits par quelques grossières exceptions. Quant aux causes des faits particuliers qui ne leur faisaient point obstacle, ils les moulaient à grand'peine sur ces principes et ne les abandonnaient point qu'ils n'en fussent venus à bout. Mais cette histoire naturelle et cette collection d'expériences qui leur servait de base n'était rien moins que ce qu'elle aurait dû être, et cette promptitude à s'élancer aux principes les plus généraux est précisément ce qui a tout perdu.

CXXVI. Peut-être encore tous les soins que nous nous donnons pour empêcher les hommes de prononcer avec tant de précipitation, en posant d'abord des principes fixes, et pour les engager à ne le faire qu'au moment où ayant passé, comme ils le devaient, par les degrés intermédiaires, ils seront enfin arrivés aux principes les plus généraux ; cette sollicitude, dis-je, pourra faire penser que nous avons en vue certaine suspension de jugement, et que nous voulons ramener toute la monarchie philosophique à l'acatalepsie ; mais ce serait s'abuser que de le croire ; ce n'est point du tout à l'acatalepsie que nous tendons, mais à l'encatalepsie. Notre dessein n'est point de déroger à l'autorité des sens, mais de les aider, ni de mépriser l'entendement, mais de le diriger. Et après tout ne vaut-il pas mieux, tout en ne se croyant pas suffisamment instruit, en savoir assez, que s'imaginer savoir absolument tout et d'ignorer pourtant tout ce qu'il faudrait savoir?

CXXVII. Quelqu'un pourra douter encore (car ce sera ici plutôt un léger doute qu'une véritable objection), douter, dis-je, si notre dessein est de perfectionner seulement la philosophie naturelle par notre méthode, ou d'appliquer également cette méthode aux autres sciences, telles que la logique, la morale et la politique. Or, ce que nous avons dit jusqu'ici doit s'entendre généralement de toutes les sciences ; et de même que la logique ordinaire, qui gouverne tout par le syllogisme, ne s'applique pas seulement aux sciences naturelles, mais à toutes les sciences sans exception, de même notre méthode, qui procède par la voie d'induction les embrasse toutes. Car notre plan n'est pas moins de composer une histoire et de dresser des tables d'invention soit sur la colère, la crainte, la honte et autres affections de cette nature, soit sur les faits et les exemples tirés de la politique, soit enfin sur les opérations de l'esprit, sur la mémoire, sur les facultés de composer et de diviser, de juger et autres semblables, que sur le chaud et le froid, ou sur la lumière, la végétation et autres sujets de ce genre. Cependant, comme après avoir préparé et rédigé notre histoire naturelle, la méthode d'interprétation que nous suivons n'a pas simplement pour objet les mouvements et les opérations de l'esprit, c'est-à-dire la logique vulgaire, mais la nature même des choses nous dirigeons l'entendement de façon qu'il puisse s'appliquer aux phénomènes et aux opérations de la nature par divers moyens appropriés aux différents sujets ; et c'est par cette raison qu'en exposant cette méthode d'interprétation nous donnons divers préceptes sur la manière d'appliquer jusqu'à un certain point la méthode d'invention à la nature et aux qualités particulières du sujet, qui est l'objet de la recherche actuelle.

CXXVIII. Il serait injuste de nous soupçonner d'avoir conçu le dessein de décréditer et de ruiner dans l'opinion publique la philosophie, les sciences et les arts aujourd'hui en vogue ; on doit penser au contraire que nous saisissons avec plaisir tout ce qui peut contribuer à les mettre en usage, à les faire valoir, à les accréditer. Nous n'empêchons nullement qu'ils ne fournissent une matière aux entretiens, des ornements aux discours, un texte aux professeurs, enfin qu'ils ne servent à multiplier les ressources et les commodités dans la vie ordinaire. Ce sera si l'on veut une monnaie qui aura cours parmi les hommes, à raison de la valeur qu'y attache l'opinion publique. Nous disons plus ; nous déclarons sans détour que cet autre genre de connaissances dont il s'agit ici remplirait assez mal ces différents objets, vu qu'il nous paraît tout-à-fait impossible de les abaisser à la portée des esprits ordinaires autrement que par l'exécution et les effets ostensibles. Cette affection, cette bonne volonté envers les sciences reçues est un sentiment dont nous faisons sincèrement profession, et ceux de nos écrits qui ont déjà paru, surtout notre ouvrage sur l'Accroissement et la Dignité des sciences, en feront foi. Il serait donc inutile désormais de chercher à en convaincre par de simples discours ; ce qui ne nous empêchera pas de donner sur ce sujet un dernier avertissement, savoir : qu'en se tenant aux méthodes aujourd'hui en usage on ne doit espérer des progrès fort sensibles ni dans la théorie, ni dans la propagation des sciences ; encore moins pourrait-on en tirer des applications suffisantes pour étendre beaucoup la pratique.

CXXIX. Reste à dire quelques mots sur l'utilité et l'importance de la fin que nous nous proposons. Or, ce que nous allons dire sur ce sujet, si nous l'eussions dit en commençant, un tel discours tenu ainsi avant le temps n'eût paru qu'un simple vœu assez peu motivé. Mais comme nous avons déjà montré de puissants motifs d'espérance et dissipé les préjugés contraires, ce qu'il nous reste à dire en aura plus de poids. De plus, si nous prétendions tout perfectionner, tout achever, en un mot tout faire, sans appeler les autres à partager nos travaux et les inviter à s'associer avec nous, nous nous garderions encore d'entamer ce sujet, de peur qu'un tel langage ne parût tendre qu'à donner une haute idée de notre entreprise et à nous faire valoir. Mais comme désormais nous ne devons plus épargner aucun moyen pour aiguillonner l'industrie des autres et animer leur courage, nous devons par la même raison mettre sous les yeux du lecteur certaines vérités tendantes à ce but.

Nous voyons d'abord que les découvertes utiles, les belles inventions sont ce qui tient le premier rang parmi les actions humaines, et tel fut sur ce point le jugement de la plus haute antiquité, qui décerna aux grands inventeurs les honneurs de l'apothéose. Quant à ceux qui n'avaient bien mérité de leurs concitoyens que par des services politiques, tels que les fondateurs de villes ou d'empires, les législateurs, ceux qui avaient délivré leur patrie de quelque grande calamité ou qui avaient chassé les tyrans, etc., et autres semblables bienfaiteurs, on ne leur conférait que le titre de héros. Or, pour peu qu'on sache faire une juste estimation des services de ces deux genres on ne trouvera rien de plus judicieux que cette différence dans les honneurs que leur décernait l'antiquité. Car les bienfaits des inventeurs peuvent s'étendre au genre humain tout entier ; mais les services politiques sont bornés à certaines nations et à certains lieux ; ces derniers ne s'étendent pas au-delà de quelques siècles, au lieu que les premiers sont d'éternels bienfaits. Ajoutez que les innovations politiques, même en mieux, ne marchent guère sans troubles et sans violence, au lieu que les inventions gratifient les uns sans nuire aux autres et font ressentir leur douce influence sans affliger qui que ce soit ; on peut même regarder les inventions comme autant de créations et d'imitations des œuvres divines, et c'est ce que sentait parfaitement le poète qui chanta ainsi :

Primæ frugiferos fœtus mortalibus ægris
Dididerant quondam præstans nomine Athenæ,
Et recreaverunt vitam, legesque rogarunt [1].

[1] Ce fut l'illustre cité d'Athènes qui la première, dispensant

On peut aussi observer relativement à Salomon que ce prince, pouvant tirer vanité de sa couronne, de ses trésors, de la magnificence de ses monuments, de sa garde redoutable, de son nombreux domestique, de sa flotte, enfin de la célébrité de son nom et de cette haute admiration qu'il excitait parmi ses contemporains, n'attachait pourtant aucune gloire aux avantages de cette nature, comme il le témoigne lui-même en déclarant que la gloire de Dieu est de cacher son secret, et la gloire du roi de découvrir ce secret.

Qu'on daigne aussi envisager la différence infinie qu'on peut observer pour la manière de vivre entre les habitants de telles parties de l'Europe des plus civilisées et ceux de la région la plus sauvage, la plus barbare du Nouveau-Monde; cette différence bien considérée, l'on sentira plus que jamais que, si l'on peut dire avec vérité que tel homme est comme un Dieu par rapport à tel autre homme, ce n'est pas seulement à cause des secours que l'homme procure quelquefois à ses semblables et des bienfaits qu'il répand sur eux, mais aussi à raison de la différence des situations. Or, quelle est la véritable cause qui met entre eux une si prodigieuse différence? Ce n'est certainement ni le climat, ni le sol, ni la constitution physique, ce sont les arts, les seuls arts, les connaissances.

Il est bon aussi d'arrêter un instant sa pensée sur la force, sur l'étonnante influence et les conséquences infinies de certaines inventions; et cette influence je n'en vois point d'exemple plus sensible et plus frappant que ces trois choses qui étaient inconnues aux anciens, et dont l'origine, quoique très moderne, n'en est pas moins obscure et sans éclat; je veux parler de l'art de l'imprimerie, de la poudre à canon et de la boussole. Car ces trois inventions ont changé la face du globe terrestre et produit trois grandes révolutions : la première dans les lettres, la seconde dans l'art militaire, la troisième dans la navigation; révolutions dont se sont ensuivis une infinité de changements de toute espèce, et dont l'effet a été tel qu'il n'est point d'empire, de secte ni d'astre qui paraisse avoir eu autant d'ascendant, qui ait pour ainsi dire exercé une si grande influence sur les choses humaines.

Il ne sera pas non plus inutile de distinguer trois espèces, et comme trois degrés d'ambition dans les âmes humaines. Au dernier rang on peut mettre ceux qui ne sont jaloux que d'étendre leur propre puissance dans leur patrie, genre d'ambition qui a quelque chose d'ignoble et de bas. Un peu au-dessus sont ceux qui aspirent à étendre l'empire et la puissance de leur patrie sur les autres nations, genre de prétention un peu plus noble sans doute, sans en être moins ambitieux. Mais s'il se trouve un mortel qui n'ait d'autre ambition que celle d'étendre l'empire et la puissance du genre humain tout entier sur l'immensité des choses, cette ambition (si toutefois on doit lui donner ce nom), on conviendra qu'elle est plus pure, plus noble et plus auguste que toutes les autres; or, l'empire de l'homme sur les choses n'a d'autre base que les arts et les sciences, car on ne peut commander à la nature qu'en lui obéissant.

Et ce n'est pas tout : si l'utilité de telle invention particulière a bien pu exciter l'admiration et la reconnaissance des hommes au point de regarder tout mortel qui a pu bien mériter du genre humain, par quelque découverte de cette nature, comme un être supérieur à l'humanité, quelle plus haute idée n'auront-ils pas de celui qui aura inventé un moyen qui rend toutes les autres inventions plus promptes et plus faciles? Cependant, s'il faut dire la vérité tout entière, de même que, malgré les continuelles obligations que nous avons à la lumière, sans laquelle nous ne pourrions ni diriger notre marche, ni exercer les différents arts, ni même nous distinguer les uns les autres, néanmoins la simple vision de la lumière est quelque chose de plus beau et de plus grand que toutes les utilités que nous en tirons; il est également hors de doute que la simple contemplation des choses, vues précisément telles qu'elles sont, sans aucune teinte de superstition ni d'imposture sans erreur et sans confusion, a en soi plus de grandeur et de dignité que tout le fruit réel des inventions.

Enfin si l'on nous objectait la dépravation des arts et des sciences, par exemple, cette multitude de moyens qu'ils fournissent au luxe et à la malignité humaine, cette objection ne de-

---

aux mortels affamés l'aliment le plus nécessaire, leur donna ainsi une nouvelle vie et des lois. LUCRÈCE, liv. VI, 1.

vrait point nous ébranler ; car on en pourrait dire autant de tous les biens de ce monde, tels que le génie, le courage, la force, la beauté, les richesses et la lumière même. Laissons le genre humain recouvrer ses droits sur la nature, droits dont l'a doué la munificence divine, et qui, à ce titre, lui sont bien acquis ; mettons-le à même de le faire en lui rendant sa puissance, et alors la droite raison, la vraie religion lui apprendront à en faire un bon usage.

CXXX. Mais il est temps d'exposer l'art même d'interpréter la nature ; et quoique nous puissions peut-être nous flatter d'avoir fait entrer dans cet exposé des préceptes très vrais et très utiles, cependant nous ne le croyons pas d'une nécessité si absolue qu'on ne puisse rien faire sans ce secours. Nous ne prétendons pas non plus avoir porté l'art à sa perfection. Car notre sentiment sur ce point est que, si les hommes, ayant sous leur main une histoire naturelle et expérimentale assez complète, étaient tout à leur objet, et pouvaient gagner sur eux-mêmes deux grands points, l'un de se défaire de toutes les opinions reçues, l'autre de contenir leur esprit dans les commencements, afin de l'empêcher de s'élancer de prime-saut aux principes les plus généraux ou à ceux qui les avoisinent, il arriverait, par la force propre et naturelle de l'esprit, et sans autre art, qu'ils retomberaient dans notre méthode même d'interprétation, vu que, les obstacles une fois levés, cette méthode est la marche véritable et spontanée de l'entendement humain. Cependant nos préceptes ne seront pas inutiles, et la marche de l'esprit en sera plus facile et plus ferme. Nous n'avons garde non plus de prétendre qu'on n'y puisse rien ajouter. Mais au contraire, nous qui considérons l'esprit humain, non-seulement quant aux facultés qui lui sont propres, mais aussi en tant qu'il s'applique et s'unit aux choses, nous devons dire hardiment qu'avec les inventions croîtra proportionnellement l'art même d'inventer.

LIVRE DEUXIÈME.

I. Produire dans un corps donné une nouvelle nature (mode ou manière d'être), ou enter de nouvelles natures sur une base matérielle proposée, est l'œuvre et le but de la puissance humaine. Quant à la découverte de la forme de la nature donnée, de sa vraie différence, de sa nature naturante, ou enfin de sa source d'émanation (car nous ne trouvons sous notre main que ces termes-là qui indiquent à peu près ce que nous avons en vue) ; cette découverte, dis-je, est l'œuvre propre et le but de la science humaine. Or, à ces deux buts primaires sont subordonnés deux buts secondaires et de moindre importance, savoir : au premier, la transformation des corps concrets, d'une espèce en une autre espèce (dans les limites du possible) ; au second, la découverte à faire (dans toute génération et tout mouvement productif) de l'action progressive et continue, de la cause efficiente bien reconnue et de la cause matérielle également connue, depuis l'instant où ces causes commencent à agir jusqu'à celui où la forme est introduite. Au second but répond aussi la découverte de la texture cachée des corps considérés dans l'état de repos, et abstraction faite de leurs mouvements.

II. S'il pouvait rester quelque doute sur le triste état des sciences aujourd'hui en vogue, certaines maximes fort connues en feraient foi ; car c'est une maxime reçue et très fondée que la véritable science est celle qui a pour base la connaissance des causes. On distingue aussi avec raison quatre sortes de causes, savoir : la matière, la forme, l'efficient et la fin. Mais, en premier lieu, quant à la cause finale, tant s'en faut qu'il soit utile de la considérer fréquemment dans les sciences, que c'est cette considération même qui les a le plus sophistiquées, si on en excepte celle qui a pour objet les actions humaines. En second lieu, la découverte des formes est regardée comme impossible. Quant aux causes matérielle et efficiente, je veux parler des causes éloignées de l'une et de l'autre espèce, les seules que l'on cherche aujourd'hui et dont on se contente trop aisément, sans envisager le progrès caché vers la forme, ce sont toutes notions peu approfondies, tout-à-fait superficielles et insuffisantes pour parvenir à une science réelle, à une science vraiment active. Mais en parlant ainsi nous sommes loin d'oublier que nous avons eu soin (aphorisme LI) de relever et de corriger l'erreur où tombe souvent l'esprit humain, en déférant aux formes le principal rôle dans l'essence ; car quoiqu'à proprement parler il n'existe dans la nature que des corps individuels opérant, par des actes purs et individuels aussi, en vertu d'une certaine loi, néanmoins dans les sciences la recherche, l'invention et l'explication de cette loi est une vraie base, tant pour la théorie que pour la pratique. C'est à cette loi-là et à ses paragraphes que nous attachons le nom de forme, que nous employons d'autant plus volontiers qu'il est usité et familier.

III. Ne connaître la cause de telle ou telle nature (par exemple, de la blancheur ou de la chaleur) que dans certains sujets, c'est n'avoir qu'une science imparfaite ; et n'être en état de produire tel effet que dans certaines matières choisies parmi celles qui en sont le plus susceptibles, c'est également n'avoir qu'une puissance imparfaite. Disons plus : si l'on ne connaît que les causes matérielle et efficiente, sortes de causes variables et passagères qui ne sont, à proprement parler, que de simples véhicules, des causes déférentes, à la faveur desquelles la forme passe dans certains sujets seulement, on pourra tout au plus obtenir quelques résultats nouveaux dans une matière analogue, jusqu'à un certain point, à celles sur lesquelles on a déjà opéré et d'ailleurs suffisamment préparée ; mais les bornes que la nature a plantées plus profondément, et qui jusqu'ici ont circonscrit la puissance de l'homme, on n'aura pas le pouvoir de les reculer. Mais s'il existe un mortel qui connaisse les formes, c'est cet homme seul qui peut se flatter d'embrasser les lois générales de la nature et de la voir parfaitement une, même dans les matières les plus dissemblables. Aussi, à la faveur de cette connaissance, ce qui n'a jamais été exécuté, ce que ni les vicissitudes de la nature, ni les expériences les plus ingénieuses, ni le hasard même n'eussent jamais réalisé, et ce dont on n'eût jamais soupçonné la possibilité, il pourra et le découvrir et l'effectuer.

IV. Quoique la route qui mène l'homme à la puissance et celle qui le conduit à la science soient très voisines et presque la même, cependant, vu l'habitude aussi invétérée que pernicieuse où il est de demeurer attaché à de pures abstractions, il nous paraît infiniment plus sûr de commencer la restauration et de reprendre les sciences par les fondements qui touchent de plus près à l'exécution, afin que la pratique détermine, sanctionne, pour ainsi dire, la théorie, en lui imprimant son propre caractère. Voyons donc, en supposant qu'on voulût introduire une nouvelle nature dans un corps donné, quel genre de précepte, de direction, de conséquence pratique, on préférerait pour régler sa marche dans une telle opération. Et ce précepte, tâchons de l'énoncer avec toute la clarté possible.

Par exemple, supposons qu'un homme voulût donner à l'argent la couleur jaune de l'or, ou augmenter considérablement sa pesanteur spécifique (sans déroger toutefois aux lois de la matière), ou encore rendre transparente une pierre opaque, ou rendre le verre malléable, ou enfin faire végéter un corps non végétant ; voyons, dis-je, quel précepte, quelle règle cet homme souhaiterait qu'on lui donnât. Il souhaiterait certainement qu'on lui indiquât un procédé dont le succès fût infaillible et qui ne trompât jamais son attente. En second lieu, il voudrait que la marche qui lui serait prescrite ne le mît point trop à l'étroit en l'astreignant à certains moyens ou procédés particuliers ; car il se pourrait qu'il n'eût pas actuellement ces moyens en sa disposition, ni la facilité de se le procurer ; et si par hasard, outre les moyens particuliers qu'on lui aurait prescrits, il en existait d'autres suffisants pour produire une telle nature et qui fussent en sa disposition ou à sa portée, ces moyens-là étant exclus par ce précepte trop limité, ils lui deviendraient inutiles. En troisième lieu, il souhaiterait que le procédé qu'on lui indiquerait fût moins difficile que l'opération même qui serait le sujet de sa recherche ; en un mot, qu'on lui indiquât quelque chose qui touchât de plus près à la pratique.

Si donc nous résumons en peu de mots toutes les conditions que doit réunir le précepte exact et complet, nous trouverons qu'elles se réduisent aux trois suivantes : certitude, liberté et facilité, relativement à la pratique. Or, l'invention d'un tel précepte et la découverte de la véritable forme ne sont qu'une seule et même chose. En effet, la forme d'une nature quelconque est telle que, cette forme étant supposée, la nature donnée s'ensuit infailliblement. Ainsi, partout où la nature donnée est présente, cette forme est présente aussi ; elle l'affirme universellement et elle se trouve dans tous les sujets où se trouve cette nature. Par la même raison, cette forme est telle que, dès qu'elle est ôtée d'un sujet, la nature donnée disparaît infailliblement. Ainsi, partout où la nature donnée est absente, cette forme est absente aussi ; elle la nie universellement et elle ne se trouve que dans les sujets doués de cette nature. Enfin, la véritable forme doit être telle qu'elle déduise la nature donnée, de quelque source de l'essence qui se trouve dans un plus grand nombre de sujets, et qui soit (comme on le dit ordinairement) plus connue de la nature que la forme elle-même. Ainsi, pour exprimer nettement et correctement l'axiome ou principe, vrai et complet, qui se rapporte à la science, on doit l'énoncer ainsi : « Il faut trouver une autre nature qui soit conversible avec la nature donnée, et qui cependant soit la limitation d'une nature plus connue, nature qui doit être son véritable genre, et dont par conséquent elle doit être une espèce. » Or ces deux préceptes, l'un théorique, l'autre pratique, ne sont au fond qu'une seule et même chose ; car ce qu'il y a de plus utile dans la pratique est aussi ce qu'il y a de plus vrai dans la théorie.

V. Le précepte ou axiome qui a pour objet la transformation des corps se subdivise en deux autres, dont le premier envisage chaque corps comme un assemblage, une combinaison de natures simples. C'est ainsi qu'en observant en détail toutes les qualités concourantes dans l'or, on trouve qu'il est de couleur jaune, fort pesant, et de telle pesanteur spécifique, malléable ou ductile, à tel degré ; qu'il n'est pas volatil ; qu'au feu il souffre peu de déchet ; qu'étant dissous il devient fluide à tel degré ; qu'il est dissoluble par tels menstrues et par tels procédés ; et il en faut dire autant de toutes les autres natures réunies dans l'or. Ainsi, tout axiome de ce genre se déduit de la considération des formes spécifiques des natures simples. En effet, qui connaît les formes et les procédés nécessaires et suffisants pour produire à volonté la couleur jaune, la grande pesanteur spécifique, la ductilité, la fixité, la fluidité, la dissolubilité, etc., et connaît de plus la manière de produire ces qualités à différents degrés, verra les moyens et prendra les mesures nécessaires pour réunir toutes ces qualités dans tel ou tel corps, d'où s'ensuivra sa transformation en or. Cette manière d'opérer est la première, la grande méthode ; car produire telle qualité simple, ou en produire plusieurs, c'est au fond la même chose, si ce n'est que, lorsqu'il s'agit d'en produire plusieurs à la fois, on est, quant à l'exécution, plus gêné, plus à l'étroit, vu la difficulté de réunir dans un même sujet tant de natures différentes qui ne se marient pas toujours aisément ensemble, sinon par les voies ordinaires de la nature. Quoi qu'il en soit, nous devons dire que la manière d'opérer qui envisage les natures simples, même dans un corps concret (composé), procède d'après la considération de ce qu'il y a d'éternel, d'immuable et d'universel dans la nature ; qu'elle agrandit prodigieusement les voies de la puissance humaine ; et son avantage à cet égard est si grand, que, dans l'état actuel des sciences, les hommes auraient peine à s'en faire une idée.

Le deuxième genre d'axiomes (qui dépend de la découverte du progrès caché de l'action génératrice) ne procède plus par la considération des natures simples, mais par l'observation des corps concrets et tels qu'ils se trouvent dans la nature abandonnée à son cours ordinaire. Supposons, par exemple, que l'objet de la recherche soit de savoir par quels principes ou premières causes, de quelle manière, par quelle espèce d'action progressive s'opère la génération de l'or, de tout autre métal ou de la pierre, à prendre l'une ou l'autre de ces substances depuis ses premières menstrues ou rudiments jusqu'à l'état de mine parfaite, ou encore par quelle sorte d'action graduelle et continue se forme l'herbe, à partir des premières concrétions des sucs dans le sein de la terre ou de son état de semence jusqu'au moment où la plante est entièrement formée ; sans oublier toutes les suites de mouvements, tous les efforts graduels et continus par lesquels la nature conduit son œuvre jusqu'à la fin ; il en est de même de la génération des animaux observée et décrite dans tous ses détails et dans la totalité de son cours, depuis l'instant où ils s'accouplent jusqu'à celui où ils mettent bas.

En effet, la recherche dont nous parlons n'a pas simplement pour objet la génération des corps, mais aussi les autres mouvements et les autres opérations de la nature; par exemple, il faut suivre la même méthode pour connaître toute cette suite non interrompue d'actions, tout ce progrès caché et continu, d'où résulte l'alimentation, à partir du moment où l'animal reçoit l'aliment jusqu'à celui de la parfaite assimilation; et de même s'il s'agit du mouvement volontaire dans les animaux, il faut le prendre depuis les impressions reçues par l'imagination et les efforts continus de l'esprit, jusqu'aux mouvements des muscles fléchisseurs ou extenseurs, et autres semblables; il en faut dire autant du mouvement développé de la langue, des lèvres et des autres instruments de la parole, et décrit jusqu'à l'émission des sons articulés; car ces sortes de recherches se rapportent aussi aux natures concrètes ou combinées ensemble, et considérées dans cet état d'agrégation ou de composition; mais alors on les envisage simplement comme des habitudes particulières, spéciales de la nature, non comme les lois générales et fondamentales qui constituent les formes. Cependant, il faut l'avouer, cette seconde méthode étant plus expéditive, plus à notre portée, nous laisse plus d'espérance de succès que la première, je veux dire celle qui procède par les formes des natures simples.

Or, la partie active qui répond à cette partie spéculative peut bien étendre les opérations de l'homme, de celles qu'on observe ordinairement dans la nature à celles qui les avoisinent, ou tout au plus à d'autres qui ne s'éloignent pas beaucoup de ces dernières; mais toute opération profonde et radicale sur les corps naturels dépend des axiomes du premier ordre dont nous parlions d'abord; je dirai plus: lorsque, l'exécution n'étant pas au pouvoir de l'homme, il est forcé de se contenter de la simple connaissance, comme dans toute recherche sur les corps célestes (car il n'est pas donné à l'homme de pouvoir agir sur les corps célestes, les changer ou les transformer), alors la recherche du fait même, de la simple vérité ou réalité de la chose, ne se rapporte pas moins que la connaissance des causes et des consentements (correspondances ou relations secrètes d'actions), à ces axiomes primaires et universels qui ont pour objet les natures simples, telles que la nature de la rotation spontanée, celle de l'attraction ou vertu magnétique et autres semblables; car, tant qu'on ne connaîtra pas bien la nature de la rotation spontanée, en vain espèrerait-on se mettre en état de décider cette question : Quelle est la véritable cause du mouvement diurne? est-ce la révolution de la terre sur elle-même, ou le mouvement des cieux?

VI. Ce que nous entendons par le progrès continu et caché est tout autre chose que ce qu'imagineront d'abord les hommes, abusés, comme ils le sont, par certaines préventions; car ce que nous désignons par ces mots, ce ne sont rien moins que certaines mesures, certains signes, certaines graduations ou échelles d'action, visibles dans les corps, mais une action tout-à-fait continue et considérée dans toute sa continuité qui échappe presque entièrement aux sens.

Par exemple, dans toute génération et transformation de corps il faut tâcher de démêler ce qui s'exhale et se perd d'avec ce qui reste ou vient du dehors, ce qui se dilate d'avec ce qui se contracte, ce qui s'unit d'avec ce qui se sépare, ce qui est continu d'avec ce qui est entrecoupé, ce qui donne l'impulsion d'avec ce qui empêche ou gêne le mouvement, ce qui domine d'avec ce qui est dominé, et une infinité d'autres différences de cette nature.

Et ces différences, ces circonstances, ce n'est pas seulement dans la génération ou la transformation des corps qu'il faut tâcher de les déterminer; mais de plus, dans toutes les autres espèces d'altérations et de mouvements, il faut tâcher de distinguer ce qui précède et ce qui suit, ce qui a plus de vitesse ou de lenteur, d'activité ou d'inertie, ce qui imprime le mouvement et ce qui le règle, etc., toutes différences mal déterminées et même tout-à-fait négligées dans les sciences reçues qui sont comme une étoffe grossière tissue par l'inexpérience; car toute action naturelle s'exécutant par parties infiniment petites, ou du moins si petites qu'elles échappent aux sens, en vain se flatterait-on de pouvoir gouverner la nature et transformer le produit de ces opérations avant d'avoir bien saisi et bien marqué toutes ces différences.

VII. La recherche et la découverte de la texture cachée et de l'intime constitution des différents corps, est un objet tout aussi neuf que la découverte du progrès caché et de la forme. Nous ne sommes encore qu'à l'entrée du sanctuaire de la nature, et nous ne savons pas nous ouvrir un passage pour pénétrer dans l'intérieur; cependant, en vain se flatterait-on de pouvoir, avec succès et à volonté, douer d'une nouvelle nature un corps donné, ou le transformer en un corps d'une autre espèce, si au préalable on n'a une parfaite connaissance de la manière de transformer ou d'altérer les corps. Autrement on donnera tôt ou tard dans des procédés insuffisants, inexacts, ou tout au moins difficiles et nullement appropriés à la nature du corps sur lequel on veut opérer; ainsi il faut encore frayer la route vers ce dernier but.

Ce n'est pas sans raison qu'on s'est attaché avec tant d'ardeur et de constance à l'anatomie des corps organiques, tels que ceux de l'homme et des animaux, genre d'observations aussi utiles que délicates, et judicieuse méthode pour approfondir la nature. Cependant ce genre d'anatomie n'envisage que des objets visibles, sensibles; et d'ailleurs ce qu'on peut découvrir par ce moyen ne se trouve que dans les corps organiques et leur est particulier. Enfin, de tels objets sont comme sous la main, et une telle étude est bien facile en comparaison de cet autre genre d'anatomie qui a pour objet la texture cachée dans les différents corps qu'on regarde comme similaires, surtout dans les corps d'une espèce déterminée et dans leurs parties, comme dans le fer, la pierre, etc., ainsi que dans les parties similaires de la plante ou de l'animal, telles que la racine, la feuille, la fleur, la chair, le sang, les os, etc. On peut dire même que, sur ce dernier point, les hommes n'ont manqué ni d'intelligence ni d'activité; car c'est à ce but même que tend le soin avec lequel les chimistes analysent les corps similaires, par le moyen des distillations et des différents procédés de décomposition; c'est, dis-je, afin que, par la réunion des parties homogènes, l'hétérogénéité du composé devienne plus sensible. Rien de plus nécessaire que de telles analyses, et elles remplissent en partie notre objet. Cependant, trop souvent cette méthode même est trompeuse; car il est une infinité de natures qu'on s'imagine n'avoir fait que séparer des autres, supposant qu'elles existaient dans le corps mixte avant sa décomposition, mais qui, dans le fait, ont été produites par le feu même ou les autres agents de décomposition. Mais eût-on découvert un moyen d'éviter ces méprises, ce ne serait encore là que la moindre partie du travail nécessaire pour découvrir la texture cachée et l'intime constitution, dans un composé quelconque; texture ou constitution que le feu ne peut que changer ou détruire, loin de la rendre plus sensible.

Ainsi, cette analyse et cette décomposition des corps, ce n'est point à l'aide du feu qu'il faut la faire, mais à l'aide de la raison et de la véritable induction, par le moyen de certaines expériences auxiliaires et décisives, par la comparaison de ces corps avec d'autres, en ramenant enfin leurs propriétés composées aux natures simples et à leurs formes combinées, entrelacées dans les mixtes proposés. En un mot, il faut, en quelque manière, quitter Vulcain pour Minerve, pour peu qu'on ait à cœur de rendre sensible, de placer dans une vive lumière la vraie structure ou texture des corps, texture d'où dépend toute qualité secrète, ou, pour nous servir d'une expression fort usitée, toute propriété spécifique. C'est de cette même source que découle la véritable règle de toute puissante altération ou transformation. Par exemple, il faut, dans chaque corps, déterminer tout ce qui concerne soit l'esprit, soit le corps tangible, savoir: d'abord la nature ou la proportion de l'un et de l'autre; puis, quant à cet esprit même, s'assurer s'il est en grande ou en petite quantité, dans l'état de dilatation ou de contraction, ténu ou grossier, s'il tient plus de la nature de l'air ou de celle du feu, s'il est actif ou inerte, faible ou vigoureux, dans l'état progressif ou rétrograde, continu ou entrecoupé, en harmonie ou en conflit avec tout ce qui l'environne. Il faut analyser de même l'essence du corps tangible qui n'est pas susceptible d'un moindre nombre de différences que l'esprit; il faut, dis-je, analyser sa texture, et l'éplucher, pour ainsi dire, fibre à fibre. Ce n'est pas tout; la manière dont cet esprit est logé et répandu dans la masse du corps proposé, ses pores, ses passages, ses conduits, ses ramifications, ses cellules, ses ébauches et ses tentatives, ou premiers essais de corps organique, voilà aussi ce qui doit être le sujet de la même recherche; mais dans cette recherche même et dans celle de toute secrète configuration, la lumière la plus vive, la vraie lumière, c'est celle qui jaillit des axiomes du premier ordre, c'est celle-là seule qui, dans une analyse aussi fine et aussi difficile, peut dissiper tous les nuages et éclairer toutes les parties du sujet.

VIII. Et nous n'irons pas pour cela nous perdre dans les atomes dont l'existence suppose le vide et une matière immuable (deux hypothèses absolument fausses); mais notre marche ne nous conduira qu'aux particules véritables de la matière et telles que nous les trouvons dans la nature. Il ne faut pas non plus se laisser trop aisément rebuter par les difficultés d'une analyse si délicate et si détaillée; mais au contraire se bien persuader que plus, dans ce genre d'étude, on tourne son attention vers les natures simples, plus aussi tout s'éclaircit et s'aplanit, puisqu'alors on passe du composé au simple, de l'incommensurable au commensurable, des raisons sourdes aux raisons déterminables, des notions vagues et indéfinies aux notions définies; comme on éprouve plus de facilité lorsqu'en apprenant à lire on épelle, ou lorsqu'en étudiant un concerto on le décompose en ses accords et ses tons élémentaires; car l'étude de la nature marche fort bien, lorsque la partie physique, en finissant, vient tomber dans les mathématiques. Il ne faut pas non plus avoir peur des grands nombres ni des fractions; dans tout problème qu'on ne peut résoudre qu'à l'aide des nombres, il est aussi aisé de poser ou de concevoir un million qu'une unité, ou un millionième qu'un entier.

IX. Des deux genres d'axiomes ou de principes que nous avons posés ci-dessus se tire la vraie division des sciences et de la philosophie, en attachant à ceux d'entre les termes reçus qui rendent le moins mal notre pensée la signification précise que nous y attachons nous-mêmes; en sorte que la recherche des formes qui sont, quant à leur marche et à leur loi, éternelles et immuables, constitue la métaphysique, et la recherche tant des causes matérielles et efficientes que du progrès caché et de la texture secrète constitue la physique. A ces deux parties théoriques sont subordonnées deux parties pratiques, savoir: à la physique la mécanique, et à la métaphysique la magie (en prenant ce nom dans le sens philosophique), science que nous mettons au premier rang, parce qu'elle ouvre à l'homme des routes plus spacieuses et l'élève à un plus grand empire sur la nature.

X. Ainsi, le but de la véritable science étant désormais bien fixé, il faut passer aux préceptes, et cela sans troubler ni renverser l'ordre naturel. Or, les indications qui doivent nous diriger dans l'interprétation de la nature comprennent en tout deux parties. Le but de la première est de déduire ou extraire de l'expérience les axiomes, et celui de la seconde de déduire et de faire dériver de ces axiomes de nouvelles expériences. La première partie se subdivise en trois autres, qu'on peut regarder comme trois espèces de services, savoir: service pour les sens, service pour la mémoire, enfin service pour la raison.

En effet, la première chose dont il faut se pourvoir, c'est une histoire naturelle et expérimentale d'un bon choix et assez complète, ce qui est la vraie base de tout l'édifice; car il ne s'agit nullement ici d'imaginer et de deviner, mais de découvrir, de voir ce que la nature fait ou laisse faire.

Or, les matériaux de l'histoire naturelle et expérimentale sont si variés et si épars que l'entendement, excessivement partagé et comme tiraillé en tous sens par cette multitude confuse d'objets, finira par s'y perdre, si on ne l'arrête, pour ainsi dire, pour les faire comparaître devant lui dans l'ordre convenable. Ainsi, il faut dresser des tables ou coordinations d'exemples et de faits, disposés de telle manière, que l'entendement puisse travailler dessus avec facilité.

Mais ces tables fussent-elles très bien rédigées, l'entendement abandonné à lui-même et opérant par son seul mouvement naturel n'en est pas moins incompétent et inhabile à la confection des axiomes, si l'on n'a soin de lui donner des directions et de l'appui. Ainsi, en troisième lieu, il faut faire usage de la vraie méthode inductive, qui est la clef même de l'interprétation. Nous traiterons d'abord ce dernier sujet; puis, en suivant l'ordre rétrograde, nous passerons aux autres parties.

XI et XII. La recherche des formes procède ainsi: sur une nature donnée on commence par soumettre à l'intelligence la série de tous les exemples connus qui s'appliquent à cette même nature, quoiqu'elle existe dans des matières dissemblables. Cette collection de faits doit s'exécuter d'une manière historique ; et pour cela il ne faut pas mettre trop de précipitation dans l'adoption des faits, mais les examiner avec maturité, et il est besoin de beaucoup de sagacité dans ce premier choix. Supposons qu'il s'agisse d'une recherche sur la forme de la chaleur.

Il faut, en premier lieu, chercher les exemples analogues par la nature de la chaleur. Nous allons les présenter sous la forme d'une table que nous appellerons *table de l'essence et de la présence*. En second lieu, il faut présenter à l'entendement, et comme en parallèle, des exemples tirés de sujets qui soient privés de la nature donnée ; car la forme, comme nous l'avons dit, ne doit pas moins se trouver absente de tous les sujets où la nature donnée ne se trouve pas, que présente dans tous ceux où se trouve cette nature. Mais s'il fallait faire l'énumération complète de tous les sujets de cette espèce, elle serait infinie. Ainsi, il faut accoupler les exemples négatifs avec les affirmatifs, et ne considérer les privations que dans les seuls sujets qui ont le plus d'analogie avec les autres sujets où la nature donnée est présente et sensible. Nous appellerons cette seconde table, *table de déclinaison ou d'absence dans les analogues*.

PREMIÈRE TABLE.	DEUXIÈME TABLE.
Table de l'essence et de la présence.	Table de déclinaison et d'absence dans les analogues.
1° Les rayons du soleil, surtout l'été et à midi.	1° On ne trouve pas que les rayons de la lune, des étoiles ou des comètes aient aucune chaleur sensible au tact ; il y a plus, c'est dans les pleines lunes qu'on observe les froids les plus âpres. Cependant l'on croit communément que les plus grandes étoiles fixes, lorsque le soleil est en conjonction avec elles, augmentent considérablement la chaleur de cet astre ; et c'est en effet ce qu'on observe lorsqu'il est dans le signe du lion et durant les jours caniculaires.
2° Les rayons du soleil réfléchis et concentrés ou réunis, comme ils le sont entre les montagnes, ou par des murs, mais plus encore par les miroirs brûlants.	2° Les rayons du soleil ne produisent aucune chaleur sensible dans ce qu'on appelle la moyenne région de l'air ; et ce froid qui y règne, on l'explique assez bien, en disant

que cette région n'est assez proche ni du corps même du soleil d'où émanent les rayons ni de la terre qui les réfléchit ; et ce qui appuie cette explication, c'est ce qu'on observe au sommet des hautes montagnes qui sont en tout temps couvertes de neige, à moins qu'elles ne soient prodigieusement élevées ; je dis prodigieusement, parce qu'on ne trouve jamais de neige ni sur le sommet proprement dit du pic de Ténériffe, ni sur celui des Andes du Pérou, les neiges n'occupant que la partie moyenne de leur penchant et ne s'étendant que jusqu'à une certaine hauteur. De plus, on s'est assuré que, sur ces mêmes sommets, l'air n'est nullement froid ; mais il est si rare, si ténu, si âcre sur les Andes, qu'il pique les yeux et les blesse par cette excessive acrimonie. Il irrite aussi l'orifice de l'estomac et excite le vomissement. De plus, les anciens ont observé qu'au sommet de l'Olympe l'extrême ténuité ou rareté de l'air obligeait ceux qui y montaient de se munir d'éponges imbibées d'eau et de vinaigre, qu'ils approchaient de temps en temps de leur bouche et de leurs narines, cet air si rare ne suffisant plus à la respiration. On rapporte aussi que, sur ce même sommet, où il n'y avait jamais ni pluie, ni neige, ni vent, il régnait un calme si parfait que certaines lettres que les sacrificateurs traçaient avec leur doigt dans la cendre des sacrifices, sur l'autel de Jupiter, subsistaient jusqu'à l'année suivante, sans s'effacer et même sans qu'on y aperçût le moindre changement. Aujourd'hui encore les voyageurs qui montent jusqu'au sommet du pic de Ténériffe n'y vont que de nuit, jamais de jour ; et peu après le lever du soleil leurs guides les avertissent et les pressent même de descendre de peur apparemment que cet air si ténu ne dissolve leurs esprits et ne les suffoque.

Il faut que, dans les régions situées près des cercles polaires, la chaleur résultante de la réflexion du soleil soit bien faible et ait bien peu d'action ; car des Flamands, qui hivernaient dans la Nouvelle-Zemble et attendaient que leur navire fût débarrassé des glaces énormes qui le tenaient comme bloqué, voyant au commencement de juillet leur espérance entièrement frustrée, prirent le parti d'abandonner le bâtiment et de se hasarder dans leur chaloupe. Ainsi il paraît que les rayons du soleil n'ont pas beaucoup de force, même sur une terre unie : et les rayons refléchis n'en ont guère davantage, à moins qu'ils ne soient multipliés et réunis par quelque cause ou circonstance. Et c'est ce qui arrive lorsque le soleil approche du zénith ; car alors les angles que les rayons réfléchis font avec les rayons incidents étant plus aigus, les rayons des deux espèces s'approchent, se serrent davantage ; au lieu que, dans les grandes obliquités du soleil, ces angles étant fort obtus, les lignes des rayons des deux espèces sont plus distantes les unes des autres. Au reste, il faut observer qu'il est beaucoup d'effets dus aux rayons du soleil ou à la simple chaleur, qui ne sont nullement proportionnés au degré de finesse de notre tact ; en sorte que, par rapport à nous, ces effets ne vont pas jusqu'à produire une chaleur sensible, mais que, par rapport aux autres corps, ils ne laissent pas d'imiter tous les effets de la chaleur.

Il serait bon de tenter l'expérience suivante : construisez un miroir d'une figure toute contraire à celle qu'on donne ordinairement aux miroirs brûlants ; placez-le entre la main et les rayons du soleil et voyez s'il diminue la chaleur produite par les rayons solaires, comme le miroir brûlant l'augmente et lui donne plus d'intensité. Car il est évident, pour qui connaît la marche des rayons solaires que, selon que ce miroir est construit dans une densité inégale, par rapport à son milieu et à ses côtés, les images paraissent plus diffuses et plus grandes ou plus resserrées et plus petites. Ainsi, il faut faire les mêmes observations par rapport à la chaleur.

Mais voici une expérience qui demande encore plus d'exactitude ; il faut voir si, à l'aide d'un miroir brûlant d'une grande force et construit avec le plus grand soin, on ne pourrait pas réunir les rayons de la lune au point de produire tout au moins un très faible degré de chaleur ; et comme il pourrait arriver que ce degré de chaleur fût trop faible pour être sensible au tact, il faudrait alors recourir aux verres qui indiquent la température, chaude ou froide, de l'air ; en sorte que les rayons de la lune, réunis à l'aide du miroir brûlant, fussent projetés sur la partie supérieure d'un verre de cette espèce, et alors voir s'il en résulterait quelque faible degré de chaleur qui fît baisser l'eau.

Il faudrait voir aussi quel effet produirait un miroir brûlant éprouvé sur un genre de chaleur qui ne fût point rayonnante ou lumineuse ; par exemple, sur celle du fer ou de la pierre simplement chauffés et non ardents, ou encore sur l'eau chaude ou tout autre corps ayant les mêmes conditions, et s'assurer si cette espèce de chaleur est augmentée par un tel miroir, comme l'est celle qui vient des rayons solaires.

Il faut encore éprouver le miroir brûlant par rapport à la flamme ordinaire.

3° Les météores ignés.

3° On ne voit pas que les comètes (si toutefois on est fondé à les ranger dans la classe des météores) aient le pouvoir d'augmenter constamment, ou d'une manière bien sensible, les chaleurs dans l'année de leur apparition. On a pourtant observé qu'elles occasionnent souvent des sécheresses. De plus, les poutres ou colonnes lumineuses, les tourbillons de feu et autres semblables phénomènes, paraissent plutôt l'hiver que l'été, et surtout lorsque le froid est très âpre, mais sec ; les foudres, les éclairs et le tonnerre sont assez rares en hiver ; leur temps est celui des grandes chaleurs. On croit communément que le météore, connu sous le nom d'étoiles qui filent, a plutôt pour cause une matière visqueuse qui s'allume et brille un instant que toute autre substance susceptible d'une chaleur un peu forte ; mais c'est un point qui ne peut être éclairci que par des observations plus exactes.

4° Les foudres brûlantes.

4° Il y a des éclairs qui donnent une lumière très vive, mais qui ne brûlent point ; ceux de ce genre ne sont jamais accompagnés de tonnerre.

5° Les éruptions des volcans, je veux dire les flammes qui s'élancent avec un bruit terrible des cavités des montagnes.

5° Il paraît qu'il peut y avoir des éruptions de flammes ou des volcans dans les pays froids aussi bien que dans les pays chauds, comme le prouvent ceux de l'Islande et du Groënland. On voit aussi que les arbres des premières contrées sont quelquefois plus résineux, plus imprégnés de poix et plus inflammables que ceux des dernières, comme on en trouve des exemples dans le sapin, le pin et autres arbres de cette espèce. Mais dans quelle situation, dans quelle espèce de sol, ces éruptions ont-elles lieu le plus ordinairement ? voilà ce qu'il faudrait savoir pour pouvoir joindre ici à l'affirmative une négative; et c'est une recherche dont on ne s'est pas encore assez occupé pour être en état de satisfaire à ces questions.

6° Toute espèce de flamme.

6° Toute espèce de flamme, sans exception, est chaude, l'est perpétuellement, et l'est plus ou moins. Mais à cet exemple affirmatif, il est tout-à-fait impossible d'en accoupler un négatif. On a cependant observé que cette sorte de lumière ou de lueur connue sous le nom de feu follet, et qui donne quelquefois contre un mur, n'a qu'un très faible degré de chaleur, peut-être un degré de chaleur égal à celui de la flamme de l'esprit-de-vin, qui est douce et tranquille. Une espèce de flamme encore plus douce, c'est celle qui, au rapport de certains historiens graves et dignes de foi, a paru quelquefois autour de la tête et de la chevelure de jeunes garçons ou de jeunes filles, flamme qui ne brûlait nullement cette chevelure et qui ne faisait que voltiger tout autour en tremblotant mollement et comme en la léchant. Mais un fait bien constaté, c'est celui d'un cheval faisant route de nuit, par un temps chaud et sec, et suant beaucoup, autour duquel parut une certaine lumière, sans aucune chaleur sensible. De plus, il y a quelques années (fait très connu et qui a presque passé pour un prodige), le fichu de certaine fille, très jeune encore, un peu secoué ou frotté, paraissait lumineux; ce qui pouvait venir de l'alun ou des autres sels dont le mouchoir était imprégné, qui y adhéraient superficiellement, s'y étaient comme incrustés et étaient brisés par le frottement. Un autre fait, qui n'est pas douteux, c'est que toute espèce de sucre, soit candi, soit ordinaire, pourvu toutefois qu'il soit un peu dur, étant rompu dans l'obscurité ou gratté avec un couteau, jette des étincelles. De même l'eau de mer, battue par les rames, et durant la nuit, paraît étincelante. Disons plus ; durant certaines tempêtes, et la nuit aussi, l'écume de la mer, fortement agitée, paraît toute lumineuse; genre de lumière auquel les Espagnols donnent le nom de poumon marin. Quant à l'espèce de flamme, connue des anciens navigateurs sous le nom de Castor et Pollux, et connue aussi des modernes sous celui de feu Saint-Elme, on ne s'est pas encore assuré, par l'observation, du degré de chaleur qu'elle peut avoir.

7° Tous les solides pénétrés de feu.

7° Tout corps fortement échauffé par le feu et poussé jusqu'au rouge ou jusqu'à l'incandescence, mais sans flamme, est perpétuellement chaud ; et à cette affirmative ne répond aucune négative. Mais ce qui en approche beaucoup, c'est l'exemple du bois pourri qui, la nuit, paraît lumineux, et cependant n'a aucune chaleur sensible au tact. Il en est de même des écailles de poisson lorsqu'elles se putréfient ; en les touchant, on n'y trouve aucune chaleur sensible. Il en faut dire autant des vers luisants et de l'espèce de mouche connue en Italie sous le nom de lucciole.

8° Les bains naturels d'eaux chaudes.

8° Quant aux eaux des bains chauds naturels, il faudrait savoir dans quelles sortes de lieux, dans quelles espèces de terrains elles coulent ordinairement; mais c'est ce dont on n'a pas encore assez pris soin de s'assurer. Ainsi, il n'y a pas non plus ici de négative.

9° Les liquides bouillants ou fortement chauffés.

9° Aux liquides très chauds, on peut accoupler, pour exemple négatif, ces liquides mêmes, lorsqu'ils sont dans leur état naturel. En effet, on ne trouve aucun liquide tangible qui soit naturellement chaud et qui demeure tel constamment. Mais la chaleur n'y est que passagère, purement accidentelle et de surérogation ; en sorte que les substances qui n'ont qu'une chaleur potentielle, et sensible seulement par ses effets, comme l'esprit-de-vin, les huiles essentielles de plantes aromatiques, extraites par les procédés chimiques, et même l'esprit de vitriol (l'acide vitriolique), l'esprit de soufre (l'acide sulfureux), et autres substances semblables, qui brûlent lorsqu'on leur laisse le temps d'agir, paraissent froids au premier contact. Or, l'eau des bains naturels, séparée de sa source et reçue dans un vase, se refroidit précisément comme celle qui a été échauffée par le moyen du feu. Il est vrai pourtant que les corps huileux paraissent un peu moins froids au tact que les corps aqueux. Par exemple, l'huile est moins froide que l'eau et la soie moins que le linge. Mais il faut renvoyer ces observations à la table des degrés du froid.

10° Les vapeurs et les exhalaisons chaudes; l'air lui-même qui est susceptible d'une chaleur très forte et en quelque manière furieuse lorsqu'il se trouve renfermé, comme dans les fourneaux de réverbère.

10° De même, à l'exemple affirmatif de la vapeur chaude, répond pour négative cette vapeur même considérée dans son état naturel et telle qu'on la trouve le plus ordinairement. Car les vapeurs qui s'exhalent des corps huileux, quoique très inflammables, n'ont aucune chaleur sensible au tact, si ce n'est au moment même où elles s'exhalent du corps chaud.

De même encore, à l'air chaud répond pour négative cet air même envisagé dans son état naturel. Car nous ne trouvons ici-bas d'autre air chaud que celui qui a été ou renfermé ou soumis à un frottement violent, ou manifestement échauffé par les rayons du soleil, par le feu artificiel ou par tout autre corps chaud.

11° Certaines températures chaudes et sèches qui ont pour unique cause la constitution actuelle de l'air, indépendamment de la saison.

11° Nous trouvons ici pour négative les températures accidentelles qui sont plus froides qu'elles ne devraient l'être, eu égard à la saison; températures qui, près de notre globe, ont pour cause les vents d'est ou de nord, comme les températures contraires ont pour cause un vent de sud ou d'ouest. On observe de plus que ces températures si douces sont accompagnées d'une certaine disposition à la pluie, et qu'au contraire les températures froides le sont d'une disposition à la gelée.

12° L'air souterrain,

12° Ici l'exemple négatif sera l'air renfermé dans les souterrains durant l'été. Car, en premier lieu, si l'on demande quelle est, par rapport au froid et au chaud, la nature de l'air considéré en lui-même, cette question fait naître des doutes assez fondés. En effet, quant à la chaleur qu'on observe dans l'air en certains temps, il la doit manifestement à l'impression des corps célestes; et quant au froid qu'on y observe aussi, il peut avoir pour cause l'expiration de la terre. Enfin, le froid qui règne dans la partie de l'atmosphère qu'on appelle la moyenne région a pour cause les vapeurs froides et les neiges; en sorte que l'air extérieur et atmosphérique ne peut nullement servir à porter un jugement décisif sur cette question de la nature de l'air. On en jugera mieux par des observations et des expériences sur l'air renfermé. Mais, pour ôter toute équivoque, il faut que le vaisseau où l'on renferme cet air soit de telle figure et de telle matière qu'on puisse être assuré que ce n'est pas ce vaisseau même qui, par sa force propre et particulière, communique à l'air qu'il contient un certain degré de chaleur ou de froid, qu'il ne livre pas aisément passage à l'air extérieur et n'en puisse recevoir les impressions. Ainsi, servez-vous, pour cette expérience, d'un pot de terre, bouchez-le bien exactement à l'aide d'un cuir mis en plusieurs doubles, et tenez cet air ainsi exactement renfermé pendant trois ou quatre jours; après quoi, pour décider le point en question, ayant ouvert ce vase, portez-y tout à coup la main, ou un thermomètre avec son échelle divisée très exactement.

ou renfermé dans certaines cavernes, surtout durant l'hiver.

13° Tous les corps velus (couverts ou composés de poils), comme la laine, la peau des animaux, le duvet ou les plumes des oiseaux, lesquels ont un faible degré de chaleur, une certaine tiédeur.

13° Il est une autre question qu'on peut faire sur ce même sujet; cette tiédeur qu'on observe dans la laine, dans les peaux d'animaux, dans les plumes et autres semblables corps, vient-elle d'un faible degré de chaleur inhérent à ces substances, en tant qu'elles sont comme des excréments d'animaux, ou aurait-elle pour cause une certaine substance grasse et huileuse qui par sa nature aurait de l'affinité avec la tiédeur? ou enfin, viendrait-elle seulement de ce que l'air y est renfermé et disséminé, comme nous l'avons dit dans l'article précédent? Car il paraît que tout air dont on intercepte la communication avec l'air extérieur contracte un faible degré de chaleur. Ainsi il faut choisir pour ces observations des corps filandreux, des tissus de lin et non de laine, de plume ou de soie, toutes substances qui sont des excrétions d'animaux. Il n'est pas non plus inutile d'observer que toutes les poudres, qui contiennent très certainement un air disséminé, sont moins froides au tact que les masses dont elles sont tirées. Nous pensons, par la même raison, que toute espèce d'écume (en qualité de composé qui contient aussi de l'air) est moins froide que la liqueur même où elle s'est formée.

14º Tous les corps, tant solides que fluides, soit denses, soit rares, tels que l'air même approché du feu pendant quelque temps ou en contact avec un corps chaud.

14º Celui-ci n'a point de négative; car nous ne connaissons aucun corps, soit tangible, soit aériforme, qui ne s'échauffe quand on l'approche du feu. Il est cependant, sur ce point, quelque différence du plus au moins entre telle et telle substance; les unes, comme l'air, l'huile et l'eau, s'échauffent plus vite; les autres plus lentement, comme les pierres et les métaux; mais ces détails appartiennent à la table des degrés.

15º Les étincelles tirées des cailloux et de l'acier par une forte percussion.

15º A cet exemple affirmatif on ne peut en opposer d'autre négatif qu'une observation connue, savoir : qu'on ne peut tirer des étincelles du caillou et de l'acier qu'autant que, par une forte collision, l'on détache du corps même de la pierre ou du métal, des particules très fines et très déliées; car il ne faut pas croire que le seul froissement de l'air soit une cause suffisante pour produire des étincelles, comme on se l'imagine communément. On observe aussi que ces particules étincelantes, entraînées par le poids de la matière qui a pris feu, se portent plutôt vers le bas que vers le haut, et qu'en s'éteignant elles se réduisent à une certaine fuliginosité qui a du corps.

16º Tout corps frotté avec force, comme la pierre, le bois, le drap, etc., en sorte qu'on voit quelquefois les timons et les essieux des roues prendre feu; et les Indiens occidentaux étaient dans l'usage d'allumer du feu par le simple frottement.

16º Notre sentiment est qu'à cet exemple on ne peut pas non plus joindre de négative; car nous ne voyons autour de nous aucun corps qui ne s'échauffe très sensiblement par le frottement; ce qui avait fait imaginer aux anciens que, si les corps célestes ont la faculté d'échauffer, ce n'est qu'en vertu du frottement violent de l'air, occasionné par la rapidité de leur révolution. Mais ce point ne peut être bien éclairci que par de nouvelles recherches dont le but serait de savoir si les corps lancés par des machines, tels que sont les balles des armes à feu, ne contractent pas, en vertu de la percussion même, un certain degré de chaleur dont on s'apercevrait en les touchant un instant après leur chute. Mais l'air en mouvement refroidit plus qu'il n'échauffe, comme en en voit des exemples dans les vents naturels, dans celui d'un soufflet, ou dans le souffle qu'on produit avec la bouche en la contractant. Mais au fond, un mouvement de cette espèce n'est pas assez rapide pour exciter la chaleur; et d'ailleurs, dans le corps mu, c'est un mouvement du tout et non des petites parties, comme il le faudrait; il n'est donc pas étonnant qu'il n'excite aucune chaleur.

17º Les herbes ou plantes vertes et humides, serrées en certaine quantité, et pressées ou foulées, comme les roses dans leur corbeille, les pois dans leur panier, et cela au point qu'assez souvent le foin, serré trop humide, prend feu spontanément.

17º Cet exemple mérite une recherche particulière et plus exacte; car les herbes et les végétaux verts et humides paraissent avoir je ne sais quelle chaleur faible, et si faible que dans leurs petites parties isolées elle n'est pas sensible au tact. Mais dès qu'elles sont entassées et renfermées de manière que leur esprit ne puisse s'exhaler et se perdre dans l'air, et qu'au contraire ces parties se fomentent réciproquement, alors elles s'échauffent à un degré sensible et quelquefois même elles prennent feu, si la matière est déjà suffisamment combustible.

18° La chaux arrosée d'eau. 18° Le sujet de cet exemple a besoin aussi d'être plus exactement observé, car la chaux, arrosée d'eau, paraît s'échauffer considérablement, soit par la concentration de la chaleur, qui auparavant était plus dispersée, comme nous l'avons déjà observé en parlant des herbes entassées et renfermées, soit par l'irritation ou l'exaspération de l'esprit igné, occasionnée par l'eau, d'où naît une sorte de combat et d'antipéristase. Reste à savoir laquelle de ces deux causes est la véritable, et c'est ce dont on s'assurera plus aisément en versant sur la chaux de l'huile au lieu d'eau; car l'huile pourra, aussi bien que l'eau, concentrer l'esprit renfermé dans la chaux, mais elle ne produira pas d'irritation. Or, ces expériences-là, il faut les étendre, leur donner plus de latitude, non-seulement en les tentant sur les cendres et les chaux de différents corps, mais aussi en versant sur ces corps différentes liqueurs.

19° Le fer, lorsqu'étant mis dans l'eau-forte et dans un vaisseau de verre, il commence à se dissoudre, et cela sans qu'il soit besoin de l'approcher du feu, etc. Il en est de même d'une dissolution d'étain, opérée par le même agent; mais alors la chaleur a moins d'intensité.

19° A cet exemple nous opposerons pour négative les autres métaux qui sont plus mous et plus faciles à liquéfier ou à rendre coulants. En effet, si l'on fait dissoudre de petites feuilles d'or par l'eau régale, cette dissolution ne donne aucune chaleur sensible au tact; il en est de même du plomb dissous dans l'eau-forte, et de même encore du mercure, du moins autant que je puis m'en souvenir. L'argent lui-même n'excite qu'un faible degré de chaleur. Il faut en dire autant du cuivre, si ma mémoire ne me trompe point. Mais celle de la dissolution d'étain est plus sensible; et la plus sensible de toutes, c'est celle qu'excitent le fer et l'acier, dont la dissolution est non-seulement accompagnée d'une chaleur très forte, mais même d'une violente ébullition. Ainsi la chaleur paraît naître du combat qui a lieu lorsque les eaux-fortes pénétrant, fouillant ces corps et séparant leurs parties avec violence, ces parties mêmes, en vertu de leur force de cohésion, résistent à cette autre force qui tend à les séparer. Aussi, lorsque les parties de ces corps, mis en dissolution, cèdent aisément, l'action du dissolvant fait-elle naître à peine un faible degré de chaleur.

20° Les animaux, surtout leurs parties intérieures, et en tous temps, quoique dans les insectes dont le corps a trop peu de volume cette chaleur ne soit pas sensible au tact.

20° A la chaleur des animaux, point de négative à opposer, si ce n'est l'exemple des insectes, à cause de leur peu de volume, comme nous l'avons déjà observé. Quant aux poissons comparés aux animaux terrestres, ce qu'on y observe, c'est plutôt un degré peu sensible qu'une totale privation de chaleur. Dans les végétaux on n'aperçoit aucun degré de chaleur sensible au tact, soit dans le corps des plantes, soit dans leurs gommes, soit dans leur moelle récemment ouverte. Mais rien n'est plus inégal et plus variable que la chaleur des animaux, soit d'une partie à l'autre (car autre est celle de la région du cœur, autre est celle du cerveau, autre celle des parties extérieures), soit dans les différents états par lesquels ils passent successivement, comme dans les violents exercices, dans les fièvres, etc.

21° Le fumier de cheval et tous les excréments récents d'animaux.

21° A peine trouve-t-on une négative à opposer à cet exemple-ci. Il y a plus : les excréments des animaux, même non récents, ont manifestement une certaine chaleur potentielle, comme on le voit par la propriété qu'ils ont d'engraisser les terres.

22° L'huile de soufre et l'huile de vitriol produisent sur le linge des effets très analogues à ceux de la chaleur; elles le brûlent.

23° L'esprit d'ori-

22° et 23° Les liqueurs (soit qu'on les désigne par le nom d'huiles ou par celui d'eaux), les liqueurs, dis-je, qui ont une grande et forte acri-

gan, et autres du même genre, produisent un effet semblable en brûlant (en corrodant) la partie osseuse des dents.

monie produisent des effets très semblables à ceux de la chaleur; elles séparent avec violence les parties des corps, elles les brûlent même lorsqu'on les laisse agir pendant quelque temps; cependant elles n'ont aucune chaleur sensible au premier tact de la main. Or, elles agissent, soit en vertu et en proportion de leur affinité avec les substances auxquelles on les applique, soit a raison de leur grandeur et de leur figure comparées à celles des pores de ces substances. L'eau régale, par exemple, dissout l'or et non l'argent; au contraire, l'eau-forte dissout l'argent et non l'or; mais ni l'une ni l'autre ne dissolvent le verre, et il en est de même des autres dissolvants.

24º L'esprit-de-vin, bien rectifié et d'une grande force, a aussi une action semblable à celle de la chaleur, et si semblable que si on y jette un blanc d'œuf il se durcit et devient d'un blanc mat, à peu près comme celui d'un œuf cuit. Si l'on y jette du pain, il se torréfie (se grille) et se revêt d'une croûte comme le pain rôti.

24º Il faudrait éprouver les effets de l'esprit-de-vin, d'abord sur le bois, puis sur le beurre, sur la cire, sur la poix, et voir si, par hasard, sa chaleur potentielle ne suffirait pas pour les liquéfier jusqu'à un certain point; car nous voyons, par les incrustations dont il est parlé dans l'exemple affirmatif placé en regard, que sa chaleur potentielle produit des effets très analogues à ceux de la chaleur actuelle. Ainsi il faudrait tenter ces mêmes expériences par rapport aux liquéfactions. On pourrait éprouver encore d'une autre manière les effets de cette chaleur, savoir : en employant un tube semblable à ceux des thermomètres, mais qui, au lieu d'une boule, eût à sa partie supérieure et extérieure une concavité. On mettrait dans cette concavité extérieure de l'esprit-de-vin bien rectifié, avec un couvercle, afin qu'il conservât mieux sa chaleur. Cela posé, il faudrait voir si l'esprit-de-vin, en vertu de sa chaleur potentielle, ne pourrait pas faire baisser l'eau dans le tube.

25º Les plantes aromatiques et de nature chaude, comme l'estragon, le cresson alénois lorsqu'il est vieux, etc., quoique ces plantes, soit entières, soit pulvérisées, ne sont point chaudes au tact; cependant, lorsqu'on les mâche pendant quelque temps, elles excitent dans la langue et le palais une certaine sensation de chaleur; elles semblent brûler.

25º Les plantes aromatiques, et en général celles qui ont une saveur âcre, surtout prises intérieurement, excitent une sensation de chaleur. Ainsi il faut oir sur quelles autres matières elles produisent des effets semblables à ceux de la chaleur. Or, s'il faut en croire les marins, lorsqu'on ouvre tout à coup des tas, des masses d'aromates qui ont été long-temps renfermés, ceux qui les premiers les remuent ou les transportent courent risque d'être atteints de fièvres et de maladies inflammatoires. Il y aurait encore ici telle expérience à faire pour savoir si les poudres de plantes aromatiques et d'autres semblables n'auraient pas, comme la fumée, la propriété de sécher le lard ou toute autre espèce de viande suspendue au-dessus.

26º Le fort vinaigre et tous les acides appliqués aux parties du corps dépouillées de l'épiderme, comme aux yeux, à la langue ou à quelque autre partie blessée et où la peau est enlevée, occasionnent un genre de douleur peu différente de celle qu'exciterait la chaleur même.

26º Cette acrimonie et cette force pénétrante dont nous venons de parler ne résident pas moins dans certaines substances de nature froide, telles que le vinaigre et l'huile de vitriol (l'acide vitriolique), que dans les substances de nature chaude, telles que l'huile d'origan et autres semblables. Aussi, les unes et les autres ont-elles également la propriété d'exciter la douleur dans les corps animés, et, en agissant sur les corps inanimés, celle de séparer leurs parties avec violence et de les brûler. Cet exemple-ci n'a pas non plus de négative qui y réponde; car, dans les corps animés, on ne connaît aucun genre de douleur qui ne soit accompagné d'une sensation de chaleur.

27º Les froids très

27º Le chaud et le

âpres occasionnent aussi une certaine sensation assez analogue à celle d'une brûlure.

Nam Boreœ penetrabile frigus adurit[1].

froid ont une infinité d'effets semblables, quoiqu'ils les produisent d'une manière tout-à-fait différente; on sait, par exemple, que les enfants, peu de temps après avoir frotté leurs mains de neige, les sentent comme brûlantes. De plus, le froid garantit les chairs de la putréfaction, tout aussi bien que le feu. Enfin, la chaleur, comme le froid, contracte les corps et diminue leur volume. Mais ces observations et autres de même nature, il serait plus à propos de les renvoyer à la recherche sur le froid.

28° Et ainsi des autres.

XIII. En troisième lieu, il faut faire comparaître devant l'entendement des exemples de sujets où la nature qui est l'objet de la recherche se trouve à différents degrés, en observant ses accroissements et ses décroissements, soit dans un seul sujet comparé à lui-même, soit en différents sujets comparés entre eux. En effet, comme la forme d'une chose n'est autre que cette chose même, et qu'il n'y a d'autre différence entre la chose et la forme que celle qui se trouve entre l'apparence et la réalité, l'extérieur et l'intérieur, la relation à l'homme et la relation à l'univers, il s'ensuit évidemment qu'on ne doit point regarder une nature comme la véritable forme, si elle ne décroît perpétuellement quand la nature en question décroît elle-même, et si elle ne croît aussi quand cette nature est croissante. Voilà pourquoi cette table-ci, nous l'appelons ordinairement table des degrés ou table de comparaison.

Table comparative des différents degrés de chaleur.

Ainsi, nous parlerons d'abord des corps qui n'ont aucun degré de chaleur sensible au tact, mais qui ne semblent avoir tout au plus qu'une certaine chaleur potentielle ou une disposition, une préparation à la chaleur.

Nous passerons ensuite aux corps doués d'une chaleur actuelle, c'est-à-dire sensible au tact, et nous en spécifierons les différents degrés ou intensités.

1° Parmi les corps solides et tangibles, on n'en connaît aucun qui soit chaud de sa nature et originellement; ni la pierre, ni le métal, ni le soufre, ni aucun fossile, ni le bois, ni l'eau, ni les cadavres des animaux ne sont chauds par eux-mêmes. Quant aux eaux chaudes des bains naturels, elles ne paraissent devoir leur chaleur qu'à des causes accidentelles, comme la flamme ou les feux souterrains que vomissent l'Etna et tant d'autres montagnes; ou au combat de certaines substances de natures opposées, cause semblable à celle dont on observe les effets dans les dissolutions de fer et d'étain. Ainsi, le degré naturel de chaleur des corps inanimés est, par rapport au tact humain, absolument nul. Cependant ces mêmes corps ne sont pas également froids; par exemple, le bois est moins froid que le métal; mais l'observation de ces différences appartient à la table des degrés du froid.

2° Cependant, s'il est question de la chaleur potentielle et de l'inflammabilité, nous trouvons une infinité de corps inanimés qui sont éminemment doués de cette qualité; tels sont le soufre, la naphte et l'huile de pétrole.

3° Les corps qui ont été chauds pendant un certain temps, tels que le fumier de cheval, parmi les substances animales, ou la chaux, peut-être aussi les cendres et la suie, conservent un reste obscur de leur première chaleur. Aussi est-il des substances qu'on distille et qu'on analyse en enterrant dans du fumier de cheval les vaisseaux qui les contiennent. Et la chaux arrosée d'eau s'échauffe à un degré très sensible, comme nous l'avons déjà observé.

4° On ne trouve parmi les végétaux aucune plante (telles que les larmes ou la moelle) qui soit d'une chaleur sensible au tact humain; cependant, comme nous l'avons dit plus haut, les herbes vertes et renfermées s'échauffent sensiblement. Et quant au tact intérieur, tel que celui du palais ou de l'estomac, ou même celui des parties extérieures, on trouve parmi les végétaux des substances qui, un peu de temps après avoir été appliquées sur ces parties (sous forme d'emplâtres ou d'onguent), excitent une sensation de chaleur, d'autres une sensation de froid.

5° On ne trouve dans les parties des ani-

---

[1] Le froid pénétrant de Borée le brûle.

maux, une fois mortes ou séparées du corps, aucune chaleur sensible au tact humain ; car le fumier de cheval même, si on n'a soin de le renfermer et de l'enterrer, ne conserve point sa chaleur. Quoi qu'il en soit, toute espèce de fumier paraît être douée d'une certaine chaleur potentielle, comme le prouve sa qualité d'engrais. Les cadavres des animaux ont aussi je ne sais quelle chaleur virtuelle et cachée. On observe même que dans les cimetières où l'on enterre journellement, la terre contracte une certaine chaleur occulte qui consume les cadavres nouvellement ensevelis beaucoup plus vite que ne le pourrait faire la terre pure. On prétend aussi que les Orientaux ont une espèce de toile fine et molle, faite de plumes d'oiseaux, qui a la propriété de dissoudre et de liquéfier le beurre qu'on y a légèrement enveloppé.

6° Tous les engrais, tels que les fumiers de toute espèce, la craie, le sable marin, le sel et autres semblables, ont une certaine disposition à la chaleur.

7° Tout corps dans l'état de putréfaction recèle quelque faible commencement de chaleur, chaleur pourtant qui ne va pas jusqu'au point d'être sensible au tact; car les substances mêmes qui, étant putréfiées, se résolvent en animalcules, comme la chair, le fromage, etc., ne paraissent pas chaudes au simple tact. Il en faut dire autant du bois pourri, qui la nuit paraît lumineux; on n'y trouve aucune chaleur sensible, et la chaleur dans les matières putrides se décèle par les odeurs fortes et repoussantes.

8° Ainsi, de tous les degrés de chaleur sensibles au tact, le premier paraît être celui de la chaleur des animaux, laquelle est susceptible d'une infinité de degrés différents et d'une grande latitude ; car le plus faible de tous ces degrés, tel que celui des insectes, n'est pas sensible au tact, et le plus haut degré égale à peine celui de la chaleur des rayons solaires, dans les pays ou dans les temps les plus chauds, et elle n'est jamais si forte que la main ne la puisse endurer. On rapporte cependant de Constantius, et de quelques autres individus d'une constitution extrêmement sèche et attaqués de fièvres très aiguës, que leur corps s'échauffait à tel point qu'on y pouvait à peine tenir la main et qu'il semblait la brûler.

9° Le mouvement, l'exercice, le vin, la bonne chère, l'acte de la génération, les fièvres chaudes, la douleur, toutes causes qui dans les animaux augmentent la chaleur naturelle.

10° Dans les accès de fièvres intermittentes les animaux sont d'abord saisis du frisson, mais ensuite ils s'échauffent prodigieusement, double phénomène qui a également lieu dans les fièvres chaudes et dans les fièvres pestilentielles.

11° Il y aurait de nouvelles observations à faire sur la chaleur comparée dans les animaux divers, comme poissons, quadrupèdes, serpents, oiseaux, et cela non-seulement dans les différentes espèces, comme celles du lion, de l'émouchet, de l'homme, etc.; car, suivant l'opinion commune, à l'intérieur les poissons sont très froids, et les oiseaux au contraire extrêmement chauds, surtout les pigeons, les éperviers, les autruches.

12° Autres recherches à faire sur la chaleur comparée dans un même animal et considérée dans ses différentes parties ; car le lait, le sang, le sperme, les œufs, n'ont qu'une chaleur assez faible et beaucoup moindre que celle dont est susceptible la chair extérieure de l'animal, lorsqu'il s'agite et fait de l'exercice. Mais quel est le degré de chaleur dans le cerveau, dans l'estomac, dans le cœur ou dans toute autre partie ? C'est ce qu'on n'a pas encore assez exactement déterminé par l'observation.

13° Tous les animaux, durant l'hiver, dans toute saison, et lorsqu'il règne une température très froide, sont froids à l'extérieur ; mais alors ils sont beaucoup plus chauds à l'intérieur que dans tout autre temps.

14° La chaleur produite par les corps célestes, même dans les pays, les temps de l'année et les jours les plus chauds, n'est jamais assez grande pour allumer du bois, de la paille ni même du linge brûlé, à moins qu'on ne la renforce par le moyen des miroirs ardents; cependant elle l'est assez pour faire fumer les corps humides.

15° S'il en faut croire les astronomes, il y a entre les astres des différences pour le degré de chaleur ou de froid; par exemple, la plus chaude de toutes les planètes, selon eux, c'est Mars, puis Jupiter, ensuite Vénus ; et celles qu'ils regardent comme froides sont la Lune et Saturne; ils regardent cette dernière comme la plus froide de toutes. Parmi les étoiles fixes, pensent-ils encore, la plus chaude est Sirius, puis le cœur du Lion ou Régulus, ensuite la Canicule, etc.

16° Plus le soleil est élevé sur l'horizon, ou, ce qui est la même chose, plus il est près du zénith, et plus sa chaleur se fait sentir ; ce qu'il faut penser aussi des autres planètes, en raison toutefois du degré de chaleur propre à chacune. Par exemple, Jupiter excite une plus grande chaleur lorsqu'il parcourt le signe du Cancer ou du Lion, que lorsqu'il est dans le Capricorne ou le Verseau.

17° On doit penser aussi que le soleil lui--même et les autres planètes doivent produire une plus forte chaleur dans leur périgée, ou leur plus grande proximité de la terre, que dans leur apogée, ou leur plus grand éloignement. Que s'il existe quelque région où le soleil soit en même temps à son périgée et plus élevé sur l'horizon, une conséquence nécessaire du concours de ces deux causes est qu'il doit dans cette région exciter une plus grande chaleur que dans celles où, dans le temps de son périgée, il est moins élevé; en sorte que, pour pouvoir déterminer les degrés de chaleur produits par les différentes planètes, il faut aussi comparer ces astres par rapport à leur plus ou moins d'élévation sur l'horizon, selon les différentes situations des lieux.

18° De plus, le soleil, ainsi que les autres planètes, paraissent occasionner une plus grande chaleur lorsqu'ils approchent de leur conjonction avec les plus grandes étoiles fixes. Par exemple, lorsque le soleil est dans le signe du Lion, près du cœur du Lion, de la queue du Lion, de l'épi de la Vierge, etc., de Sirius, de la Canicule, il y a plus d'action que lorsqu'il est dans le Cancer, signe où il est cependant plus élevé sur l'horizon. Enfin, l'on peut penser que les parties du ciel où se trouvent le plus grand nombre d'étoiles, et surtout les plus grandes, sont celles qui lancent le plus de chaleur sur notre globe, quoique cette chaleur ne soit nullement sensible au tact.

19° Tout considéré, trois causes peuvent augmenter la chaleur produite par les corps célestes, savoir : leur plus grande élévation sur l'horizon, leur proximité ou leur périgée, et leur conjonction avec les étoiles.

20° Il y a certainement fort loin de la chaleur des animaux ou même de celle qui est produite par les rayons des corps célestes, tels qu'ils arrivent jusqu'à nous, à celle de la flamme la plus douce, et plus encore à celle des corps ardents, ou enfin à celle des liqueurs et de l'air même fortement échauffés par le moyen du feu ordinaire. En effet, la flamme de l'esprit-de-vin, surtout lorsqu'elle est rare et nullement resserrée, n'a qu'une chaleur assez faible, chaleur pourtant suffisante pour enflammer la paille, le linge ou le papier ; effet dont sont incapables et la chaleur des animaux et celle du soleil, sans le secours des miroirs brûlants.

21° Or, les flammes et les corps ardents (chauffés jusqu'au rouge ou jusqu'à l'incandescence) sont susceptibles d'une infinité de degrés de chaleur différents. Mais les observations en ce genre ont été si peu exactes que nous ne pouvons que toucher ce sujet en passant. De toutes les espèces de flammes connues, la plus faible paraît être celle de l'esprit-de-vin, à moins qu'on n'imagine que le feu follet et les flammes qu'on a vues quelquefois autour de certains animaux en sueur ont encore moins de force. Viennent ensuite, à ce que nous pensons, les flammes des végétaux légers et poreux, tel que la paille, le jonc et les feuilles sèches, flammes dont ne diffèrent pas beaucoup celles des poils ou des plumes. Nous devons peut-être placer immédiatement après, les flammes des différentes espèces de bois, surtout de ceux qui ne contiennent pas beaucoup de résine ou de poix, en observant toutefois que la flamme des bois fort menus, tels que ceux dont on fait des fagots, est plus légère que celle des troncs et des racines, comme on peut s'en assurer par la vue de celui qu'on emploie dans les forges de fer, où le feu de fagots et de branches d'arbres ne serait pas d'une grande ressource. Nous pensons qu'il faut placer ensuite la flamme de l'huile, du suif, de la cire et celles de toutes les substances onctueuses et grasses de ce genre, flammes qui n'ont pas beaucoup d'action et de force. Mais une chaleur vraiment forte, c'est celle de la poix et de la résine ; et une chaleur plus forte encore, c'est celle du soufre, du camphre, de la naphte, de l'huile de pétrole ou des sels (après que la substance crue qu'ils contiennent s'en est dégagée par la décrépitation), ainsi que celle de la flamme des substances composées des précédentes, telles que la poudre à canon, le feu grégeois (connu sous le nom de feu sauvage), toutes substances dont la chaleur est si tenace qu'il est difficile de les éteindre avec l'eau seule.

22° Nous pensons aussi que la flamme qui s'élance de certains métaux imparfaits est très forte et très active. Mais toutes ces différences auraient besoin d'être vérifiées par des observations plus exactes.

23° Les flammes des foudres les plus redoutables par leurs puissants effets paraissent avoir infiniment plus d'activité que toutes celles dont nous venons de parler; et cette activité est telle qu'elles fondent le fer même et le réduisent en gouttes, effet dont toutes les précédentes seraient incapables.

24° Les corps chauffés jusqu'au rouge sont susceptibles de différents degrés qu'on n'a pas non plus observés avec assez de soin. Une chaleur que nous regardons comme une des plus faibles, c'est celle du linge brûlé qu'on emploie communément pour allumer du feu. Il en faut dire autant du bois spongieux ou des cordes desséchées dont on fait des mèches pour mettre le feu aux pièces d'artillerie. Vient ensuite le charbon de bois ou de terre, et même la brique chauffée jusqu'à rougir, et autres corps semblables. De toutes les chaleurs de ce genre, la plus forte nous paraît être celle des métaux ardents, tels que le fer, le cuivre et autres. Mais c'est encore un sujet qui demande des observations plus exactes.

25° Parmi les corps chauffés jusqu'à rougir, il en est qui sont beaucoup plus chauds que certaines flammes; par exemple, un fer rouge est beaucoup plus chaud et plus brûlant que la flamme de l'esprit-de-vin.

26° Parmi les corps dont la chaleur n'est pas poussée jusqu'au rouge ou jusqu'à l'incandescence, et néanmoins fortement chauffés par le moyen du feu ordinaire, il en est, comme les eaux bouillantes et l'air, même renfermé dans les fourneaux de réverbère, dont la chaleur surpasse de beaucoup celle des flammes mêmes et des corps rougis au feu.

27° Le mouvement augmente l'effet de la chaleur, comme on le voit par l'effet connu du souffle ou du vent d'un soufflet, moyen si nécessaire que, lorsqu'il s'agit de fondre et de liquéfier les métaux les plus durs, un feu mort et tranquille est insuffisant; il faut absolument l'animer par le moyen du soufflet.

28° Voici une expérience qu'il serait bon de répéter, et dont, autant que je puis m'en souvenir, le résultat fut tel que je le présente ici. Supposons qu'on ait placé un miroir brûlant à la distance d'un empan d'un corps combustible; il n'allumera ou ne brûlera pas aussi aisément cette matière que si, l'ayant d'abord placé, par exemple, à la distance d'un demi-empan, on le transporte par degrés et fort lentement jusqu'à la distance d'un empan; cependant le cône de rayons est le même, et leur concentration a également lieu dans les deux cas; mais, dans le dernier cas, c'est le mouvement même qui augmente la chaleur.

29° On croit communément que certains incendies qui ont lieu lorsqu'il règne un vent très fort font plus de progrès contre ce vent que dans sa direction, phénomène qu'on peut ainsi expliquer: le vent n'étant pas toujours égal, chaque fois qu'il vient à baisser, la flamme réagissant ou revenant en sens contraire, elle s'élance en arrière avec une vitesse et une force supérieure à celle que le vent lui avait donnée en la poussant devant lui.

30° La flamme ne brille ou ne s'engendre point si elle ne trouve à sa portée une concavité où elle puisse exécuter ses mouvements et jouer pour ainsi dire librement. Il faut en excepter les flammes flatteuses, comme celle de la poudre à canon et autres semblables; car alors la compression même qu'éprouve cette flamme ainsi emprisonnée ne fait qu'augmenter sa force et elle écarte ces obstacles avec une sorte de fureur.

31° Une enclume s'échauffe tellement sous le marteau que, si cette enclume n'était qu'une lame de métal fort mince, je ne doute point que les coups violents et réitérés du marteau ne l'échauffassent au point de la faire rougir comme elle rougirait au feu, et c'est encore une expérience à tenter.

32° Quant aux corps chauffés jusqu'à rougir, et tellement poreux que le feu y trouve un espace suffisant pour exécuter ses mouvements, si l'on empêche ce mouvement par une forte compression, le feu s'éteint aussitôt; c'est ce qui arrive au linge brûlé, à la mèche d'une chandelle ou d'une lampe allumée, ou même à un charbon ardent; dès qu'on les comprime, soit à l'aide d'une presse, soit en mettant simplement le pied dessus, ils s'éteignent.

33° Lorsqu'on approche un corps chaud d'un autre corps chaud, le premier augmente la chaleur du dernier, et en raison de cette proximité. C'est ce qui a lieu également par rapport à la lumière ; plus l'objet est près du corps lumineux, plus il est éclairé et visible.

34° Si l'on réunit plusieurs corps chauds, cette réunion augmente la chaleur de tous, à moins que ces corps ne soient tout-à-fait mêlés et confondus ensemble ; par exemple, un grand et un petit feu allumés dans un même lieu augmentent la chaleur l'un de l'autre ; mais une eau tiède mêlée avec une eau très chaude la refroidit.

35° Une autre cause qui augmente la chaleur, c'est la durée de l'action du corps qui la communique. En effet, l'on conçoit que cette chaleur, qui en découle continuellement et qui passe dans un autre corps, se joint, se mêle à celle qui s'y trouvait déjà, et la multiplie en quelque manière. Par exemple, un feu qui ne dure qu'une demi-heure échauffe moins une chambre que ne l'échaufferait un feu égal qui durerait une heure entière. Mais il n'en est pas de même de la lumière. Une lampe ou une chandelle allumée dans un lieu quelconque ne l'éclaire pas plus au bout d'une heure qu'au bout d'une minute.

36° L'irritation produite par le froid ambiant (environnant) est encore une cause qui augmente la chaleur, comme on l'observe dans le feu des cheminées durant une gelée très âpre, accroissement d'activité qui n'a pas simplement pour cause la contraction de la chaleur (ce qu'on peut regarder comme une espèce de réunion ou de concentration), mais de plus, comme nous l'avons déjà observé, l'irritation, l'exaspération. C'est à peu près ainsi que l'air fortement comprimé ou un bâton fléchi avec effort, et abandonnés ensuite à leur ressort naturel, ne reviennent pas précisément au point d'où on les a tirés, mais se portent beaucoup au-delà.

Il faudrait donc observer avec attention ce qui arriverait à une petite verge de bois ou à quelque autre corps analogue plongé dans la flamme, et voir s'il brûlerait plus vite dans la partie latérale de cette flamme que dans le milieu.

37° Les divers corps s'échauffent plus ou moins vite, et à cet égard on observe entre eux de grandes différences. Il faut remarquer en premier lieu qu'un très faible degré de chaleur suffit pour échauffer proportionnellement les corps mêmes qui s'échauffent le plus difficilement et pour y occasionner du moins ce léger changement. Par exemple, la simple chaleur de la main suffit pour échauffer une balle de plomb ou de tout autre métal qu'on y tient pendant quelques minutes, tant la chaleur s'excite et se transmet aisément dans les corps de toute espèce sans y occasionner d'ailleurs le moindre changement apparent.

38° De tous les corps que nous connaissons, celui qui reçoit la chaleur et la perd avec plus de facilité, c'est l'air, comme on le voit par ce qui se passe dans le thermomètre dont voici la construction : prenez un tube de verre de quelques pouces de longueur et terminé par une boule ; puis, l'ayant renversé, plongez-le dans un vaisseau aussi de verre et en partie rempli d'eau, mais de manière que son orifice touche le fond du vaisseau intérieur et que son cou s'appuie légèrement sur le bord de ce vaisseau, afin que ce tube puisse rester dans cette situation, stabilité qu'on lui donnera plus aisément en mettant un peu de cire à l'orifice du vaisseau inférieur, mais pas assez pour le boucher entièrement, et pour empêcher, en interceptant le passage de l'air extérieur, le mouvement facile et vif dont nous allons parler.

Or, avant de plonger le tube dans le vase inférieur, il faut chauffer la boule qui le termine et qui, dans l'expérience, doit, comme nous le disions, occuper la partie supérieure. Lorsque ce tube aura été remis à sa place, l'air contenu dans la boule et qui avait été dilaté par cette chaleur accidentelle qu'on lui avait donnée en l'approchant du feu, cet air, dis-je, contractera peu à peu à mesure qu'il perdra cette chaleur, et, après quelque temps, il n'aura plus qu'un volume égal à celui qu'avait une égale quantité de l'air ambiant ou commun au moment où on a plongé le tube dans le vaisseau inférieur. Or, à mesure que cet air se contractera, il attirera l'eau du vaisseau inférieur jusqu'à ce que cette eau, en remplissant une partie de la boule, l'ait réduit à un tel volume.

Il faut sur la longueur du tube fixer un papier

long et étroit sur lequel on aura tracé un certain nombre de divisions à volonté. Cet appareil une fois mis en place, selon que la chaleur du jour croîtra ou décroîtra, vous verrez l'air se dilater ou se contracter, ce qui sera indiqué par le mouvement alternatif de l'eau du tube, que la dilatation de l'air fera baisser et que sa contraction fera monter. Or, la sensibilité de l'air, par rapport au chaud et au froid, est si fine et si exquise qu'à cet égard elle surpasse infiniment celle du tact humain, en sorte qu'un rayon solaire ou la chaleur de l'haleine, ou mieux encore celle de la main appliquée à la partie supérieure du tube, fait sur-le-champ baisser l'eau d'une quantité sensible. Nous croyons cependant que l'esprit animal a un sentiment encore plus exquis du chaud et du froid, comme il serait facile de s'en assurer si la masse du corps qui l'enveloppe ne le rendait plus obtus.

39º Nous pensons qu'après l'air les corps les plus sensibles à la chaleur ce sont ceux qui ont été récemment contractés et modifiés par le froid; telles sont la glace et la neige, qui au plus faible degré de chaleur commencent à fondre et à se liquéfier. Vient ensuite peut-être le mercure, puis les substances grasses, telles que l'huile, le beurre et autres semblables; ensuite le bois, l'eau; enfin les pierres et les métaux qui ne s'échauffent pas aisément, surtout à l'intérieur. Mais la chaleur qu'ils ont une fois contractée ils la conservent long-temps, et ils la retiennent si obstinément qu'une pierre ou un morceau de fer chauffés jusqu'au rouge, jetés dans un bassin rempli d'eau froide et retirés presque aussitôt, sont encore, au bout d'un quart d'heure, tellement chauds qu'on ne peut y porter la main.

40º Moins un corps a de masse et plus il s'échauffe promptement à l'approche d'un corps chaud, ce qui prouve que toute chaleur près de notre globe est en quelque manière ennemie des corps tangibles.

41º La chaleur, quant à la sensation et au tact humain, est une chose variable et purement relative; car de l'eau tiède paraît chaude si la main qu'on y plonge est froide, et paraît froide si cette main est chaude.

XIV. Que notre histoire naturelle soit encore bien pauvre et bien incomplète, c'est ce dont on aura d'autant moins de peine à s'apercevoir que dans les tables précédentes, au lieu d'une histoire et de faits bien constatés, nous insérons quelquefois de pure tradition, de simples ouï-dire (sans oublier pourtant la précaution d'y joindre quelque avertissement qui mette le lecteur en état de distinguer les faits douteux de ceux qui sont appuyés sur de plus graves autorités); nous sommes souvent obligés d'employer ces expressions : « C'est un fait à vérifier, une expérience à tenter; » ou encore : « Ce point aurait besoin d'être éclairci par des observations plus exactes. »

XV. Pour marquer plus précisément la destination et le but des trois tables précédentes, nous les désignons ordinairement par ce titre : Comparution d'exemples ou de faits devant l'entendement. Mais après avoir ainsi fait comparaître ces exemples, il faut y appliquer l'induction même proprement dite, c'est-à-dire qu'il faut, d'après la considération attentive de la totalité et de chacun de ces exemples, trouver une nature qui soit toujours avec la nature donnée, ou dans le même sujet, ou en différents sujets, présente, absente, croissante et décroissante, et qui, de plus, soit, comme nous le disions plus haut, la limitation d'une nature plus commune (une espèce d'un genre plus connu). Or, ce que nous préservons ici, pour peu que l'esprit veuille le faire de primesaut et affirmativement, comme il le fait toujours lorsqu'il est abandonné à lui-même, aussitôt vont accourir les fantômes ou préjugés, les conjectures hasardées, les notions mal déterminées, d'où naîtront des axiomes qu'il faudra rectifier à chaque instant, à moins que, prenant goût à la dispute, nous ne nous accoutumions à argumenter en défense de l'erreur à la façon des scolastiques. Parmi ces résultats si incertains il y en aura sans doute de plus ou moins exacts et à raison du plus ou moins de vigueur des facultés de l'entendement qui travaillera sur de tels matériaux; mais à Dieu seul (véritable auteur et introducteur des formes), ou tout au plus aux anges et aux célestes intelligences, est réservée la faculté de connaître les formes immédiatement par la voie affirmative et dès le commencement de la contemplation, méthode trop peu proportionnée à la faiblesse de l'esprit humain, à qui il est donné seulement de procéder d'abord par les négatives, et, après des exclusions de toute espèce, d'arriver enfin, mais bien tard, aux affirmatives.

XVI. Ainsi il faut analyser et décomposer les phénomènes et les opérations de la nature, non pas à l'aide du feu matériel, mais à l'aide de l'esprit qui est comme un feu divin. Nous disons donc que le premier procédé de l'induction et la première opération tendant à la découverte des formes est de rejeter et d'exclure successivement chacune des natures qui ne se trouvent point dans tel exemple où la nature donnée est présente, ou qui se trouvent dans quelque exemple où cette nature est absente, ou encore qui croissent dans les sujets où cette nature donnée est décroissante, ou enfin décroissent dans ceux où cette même nature est croissante. Alors seulement, en seconde instance, après les exclusions ou réjections convenables, toutes les opinions volatiles s'en allant en fumée, restera au fond du creuset la forme affirmative, véritable, solide et bien limitée. Or, s'il ne s'agit que d'indiquer le but et à peu près la marche à suivre pour en approcher, cela est bientôt dit; mais ce but, on n'y arrive réellement qu'après bien des détours et des circuits. De notre côté, ne le perdant jamais de vue, peut-être serons-nous assez heureux pour ne rien oublier de ce qui peut y conduire.

XVII. Mais qu'on se garde (et nous ne saurions trop le redire), en nous voyant faire jouer aux formes réelles un si grand rôle, d'appliquer tout ce que nous en disons à ces autres formes auxquelles les esprits ne sont que trop accoutumés.

Car, 1º quant aux formes conjuguées qui sont (comme nous l'avons dit) des combinaisons de natures simples alliées ensemble suivant le cours ordinaire de la nature, comme celle du lion, de l'aigle, de la rose, de l'or et autres semblables, ce n'est point des formes de ce genre qu'il est question pour le moment; il sera temps d'en parler quand nous en serons aux procédés secrets et aux textures cachées, lorsqu'il s'agira de les découvrir dans les composés qu'on qualifie ordinairement de substances, c'est-à-dire dans les natures concrètes.

Et ce que nous disons des natures simples, qu'on n'aille pas non plus l'appliquer à des formes ou à des notions purement abstraites, c'est-à-dire non déterminées ou mal déterminées dans la matière. Pour nous, quand nous parlons des formes, nous n'entendons autre chose que les lois et les déterminations de l'acte pur qui caractérisent et constituent telle ou telle nature simple, comme la chaleur, la lumière ou la pesanteur dans toute espèce de matière ou de sujet qui en est susceptible. En effet, dire la forme de la chaleur ou la forme de la lumière et dire la loi de la chaleur ou la loi de la lumière, ce n'est pour nous qu'une seule et même chose; car nous avons grand soin de ne pas nous éloigner des objets réels ni de la partie active. Ainsi, quand nous disons, par exemple, dans la recherche sur la forme de la chaleur : rejetez la ténuité, ou, la ténuité ne fait point partie de la forme de la chaleur, c'est comme si nous disions : l'homme peut introduire la chaleur dans un corps dense, ou au contraire : l'homme peut ôter la chaleur à un corps ténu. Que si ces formes dont nous parlons ici semblaient à quelqu'un avoir aussi je ne sais quoi d'abstrait en ce qu'elles réunissent et allient ensemble certaines choses regardées communément comme hétérogènes (car on regarde, en effet, comme très hétérogènes : la chaleur des corps célestes et celle du feu artificiel; le rouge fixe dans la rose ou autres corps semblables et celui qui paraît dans l'iris ou dans les rayons que jette l'opale ou le diamant; la mort par submersion, par combustion, ou par le feu, ou par un coup d'épée, ou par une attaque d'apoplexie, ou par suite de la vieillesse, bien qu'il y ait similitude dans la nature, qui est la chaleur, le rouge et la mort); que celui, dis-je, qui parle ainsi sache se dire à lui-même qu'il a un entendement préoccupé et asservi par les préjugés, par l'habitude d'envisager les corps dans leur composition et par les opinions reçues, et que dans chaque chose il ne sait voir que le tout et non les parties. Car il n'est pas douteux que ces choses qui lui paraissent si hétérogènes et si étrangères les unes aux autres ne laissent pas de se réunir et de coïncider dans la forme ou la loi qui constitue ou la chaleur, ou le rouge, ou la mort. Qu'il se persuade que la puissance humaine ne peut être affranchie et dégagée des entraves que lui donne le cours ordinaire de la nature, ou s'étendre et s'élever à des agents nouveaux et à de nouvelles manières d'opérer, que par la révélation et l'invention des formes de ce genre. Cependant, après avoir ainsi envisagé la nature dans son unité, ce qui est le but principal, nous parlerons, dans un lieu convenable, des divisions et des ramifications de cette même nature, tant des plus communes et des plus apparentes que des plus intimes et des plus réelles.

XVIII. Il est temps désormais d'offrir un exemple de la réjection ou exclusion des natures que, d'après l'inspection de ces tables de comparution, on aura trouvées n'avoir rien de commun avec la forme de la chaleur; mais auparavant il est bon d'avertir que non-seulement chacune de ces tables suffit pour rejeter telle ou telle de ces natures, mais que c'est même assez d'un seul des exemples qu'elles contiennent. En effet, c'est une conséquence évidente de tout ce que nous avons dit qu'un seul fait contradictoire suffit pour ruiner toute conjecture sur la forme. Néanmoins, pour plus de clarté et afin que l'utilité de ces tables soit mieux sentie, nous doublerons ou réitérerons souvent l'exclusive.

Exemple de la réjection ou exclusion des natures qui n'ont rien de commun avec la forme de la chaleur.

1. Par les rayons du soleil est exclue la nature élémentaire.
2. Par le feu ordinaire et surtout par les feux souterrains qui sont très éloignés de la surface de notre globe et dont la communication avec les rayons du soleil est presque totalement interceptée, est exclue la nature céleste.
3. Par la propriété qu'ont les corps de toute espèce (savoir : minéraux, végétaux, parties extérieures des animaux, huile, eau, air, etc.) de s'échauffer à la seule approche du feu ou de tout autre corps chaud, est exclue toute diversité, toute complication, toute délicatesse particulière dans la texture des corps.
4. Par le fer rouge et les autres métaux, chauffés au même degré qui échauffent les autres corps et ne souffrent cependant aucun déchet quant à leur poids et à leur quantité de matière, est exclue l'introduction ou le mélange de la substance d'un autre corps chaud.
5. Par l'eau chaude, par l'air, ou même par les métaux et autres corps solides fortement chauffés, mais non jusqu'à rougir, est exclue la lumière et la substance lumineuse.
6. Par les rayons de la lune et des autres astres, excepté le soleil, est exclue encore la lumière et la substance lumineuse.
7. Par la comparaison du fer ardent avec la flamme de l'esprit-de-vin (comparaison d'où il résulte que le fer ardent a plus de chaleur et moins de lumière, et qu'au contraire la flamme de l'esprit-de-vin a plus de lumière et moins de chaleur), est exclue encore la lumière et la substance lumineuse.
8. Par l'or et les autres métaux chauffés jusqu'à rougir, qui sont des corps d'une grande densité, quant à leur tout, est exclue la ténuité.
9. Par l'air, qui le plus souvent est froid, et qui n'en est pas moins ténu, est exclue encore la ténuité.
10. Par le fer ardent, qui ne se dilate point, mais qui conserve sensiblement son volume, est exclus le mouvement local ou expansif, selon le tout.
11. Par la dilatation de l'air dans le thermomètre (et autres phénomènes analogues), air qui a visiblement un mouvement local et expansif et qui cependant ne contracte par ce mouvement aucune chaleur sensible, est exclus le mouvement local et expansif, selon le tout.
12. Par la facilité avec laquelle tous les corps deviennent chauds, sans aucune destruction ou altération notable, est exclue la nature destructive, ou l'introduction violente de quelque nouvelle nature.
13. Par l'analogie et la conformité des effets que produisent le chaud et le froid, est exclus le mouvement tant expansif que contractif, selon le tout.
14. Par la propriété qu'a le frottement d'exciter la chaleur, est exclue toute nature principale; or, par ce mot de principal nous entendons une nature positive, réellement existante dans l'univers et qui n'ait point été produite par une autre nature qui l'ait précédée.

Il y aurait bien d'autres natures à rejeter, car ce ne sont rien moins que des tables complètes que nous prétendons donner ici, mais seulement des exemples de ces tables.

Cela posé, ni la totalité, ni chacune des natures précédentes, ne sont des modes essentiels à la forme de la chaleur. Ainsi, dans tous les cas où l'homme voudra opérer sur la chaleur, il sera débarrassé de toutes les natures que nous venons de rejeter.

XIX. Nous avons donc, dans l'exclusive, (opération par laquelle on exclut les faits nonconcluants), jeté les fondements de l'induction, qui cependant ne sera entièrement terminée qu'à l'époque où nous pourrons nous fixer dans l'affirmative; et il ne faut pas croire que l'exclusive elle-même soit complète dans ces commencements; elle ne l'est point alors ni ne peut l'être; car cette exclusive, comme on vient de le voir, n'est autre chose qu'une réjection de natures simples. Mais si nous n'avons encore ni de vraies, ni d'exactes notions de ces natures simples, comment nous y prendrons-nous pour rectifier cette exclusive ? Or, quelques-unes de ces notions dont nous venons de parler dans l'exemple ci-dessus, comme celles de la nature élémentaire, de la nature céleste, de la ténuité, ne sont que des notions vagues et mal déterminées. Aussi nous qui n'ignorons pas et qui ne perdons jamais de vue la difficulté de notre entreprise, où il ne s'agit pas moins que d'élever l'entendement à la hauteur de la nature et de la réalité des choses, nous sommes loin de nous reposer sur ce peu de prétextes que nous avons donnés jusqu'ici; mais jaloux de pousser cette entreprise aussi loin qu'il nous sera possible, nous préparons et administrons même de plus puissants secours à l'entendement, secours que nous allons indiquer. Au reste, dans l'interprétation de la nature il faut preparer et former l'entendement de manière que, tout en se tenant ferme dans les degrés suffisants de certitude, il ne laisse pas de se dire, surtout dans les commencements, que ce qu'il aperçoit déjà dépend beaucoup de ce qu'il lui reste à voir.

XX. Cependant, comme la vérité survit plus aisément à l'erreur même qu'à la confusion, nous pensons qu'il ne sera pas inutile, après ces trois premières tables de comparution, dressées et mûrement considérées (comme nous l'avons fait), de permettre à l'entendement de s'évertuer et de tenter provisoirement l'œuvre de l'interprétation de la nature dans l'affirmative, d'après la considération, soit des exemples contenus dans ces tables, soit de ceux qui pourront se présenter ailleurs; genre de tentative que nous qualifions de permission accordée à l'entendement, ou encore d'ébauche de l'interprétation, ou de première vendange, ou de premières conclusions.

Premières conclusions sur la forme de la chaleur.

Il est à propos de remarquer que la forme de la chose en question (comme on n'en peut douter d'après tout ce que nous avons dit) se trouve dans la totalité et dans chacun des exemples où se trouve la chose elle-même; autrement ce n'en serait plus la forme. Ainsi, à proprement parler, il ne peut s'y trouver aucun exemple contradictoire. Cependant cette forme est beaucoup plus visible dans certains exemples que dans d'autres, savoir: dans ceux où la nature de cette forme est moins gênée, bridée, dominée par d'autres natures, et les faits de ce genre nous sommes dans l'usage de les appeler des coups de lumière, des exemples ostensifs. A la faveur de cette sorte d'exemples nous allons hasarder une première conclusion, relativement à la forme de la chaleur. La totalité et chacun de ces exemples que nous avons sous les yeux bien considérés, la nature, dont la chaleur est la vraie limitation, paraît être le mouvement, et c'est ce dont on voit un exemple dans la flamme qui est dans un perpétuel mouvement et dans les liqueurs bouillantes ou simplement très chaudes, dont le mouvement n'est pas moins continuel. C'est une assertion qui est confirmée par cette propriété qu'a le simple mouvement d'exciter la chaleur, comme le prouve assez l'effet connu du vent des soufflets ou des vents naturels; sur quoi voyez l'exemple 29, table III, effet que produisent aussi des mouvements de plusieurs autres genres (exemples 28 et 31, table III). C'est ce dont on ne pourra douter, pour peu que l'on considère qu'un des principaux moyens pour éteindre le feu et faire cesser la chaleur, c'est une forte compression dont l'effet, comme l'on sait, est aussi d'arrêter et de faire cesser le mouvement (exemples 30 et 32, table III), et que tout corps, quel qu'il puisse être, est détruit ou sensiblement altéré par toute espèce de feu ou de chaleur très forte et très violente; tous exemples qui montrent que la chaleur produit un mouvement très actif, une violente agitation, une sorte de tumulte dans les parties intimes des corps, mouvement qui tend insensiblement à la dissolution du composé.

Voici comment il faut entendre ce que nous venons de dire du mouvement. Nous disons que le mouvement est à la chaleur ce que le genre est à l'espèce, ce qui ne signifie pas que la chaleur engendre le mouvement ou que le mouvement engendre la chaleur, quoique cela même soit vrai aussi dans certains cas; mais que la chaleur prise en elle-même, en un mot le quoi précis de la chaleur, est un mouvement et rien autre chose; mais c'est un mouvement limité par des différences que nous allons y joindre, après avoir indiqué quelques précautions nécessaires pour éviter toute équivoque.

La chaleur, considérée par rapport au sentiment, n'est qu'une qualité respective, qu'une pure relation à l'homme et non à l'univers; et c'est avec raison qu'on la regarde comme le simple effet de la chaleur sur l'esprit animal. Il y a plus; rien en soi n'est plus variable qu'un effet de cette nature, le même corps, selon que le sens est disposé d'avance, excitant une perception de froid ou de chaud, comme on le voit par l'exemple 42, table III.

De plus, la simple communication de la chaleur, c'est-à-dire sa nature transitive, en vertu de laquelle un corps s'échauffe quand on l'approche d'un corps chaud, ou réciproquement, est encore une nature qu'il faut bien se garder de confondre avec la forme de la chaleur, et il faut mettre une grande différence entre ce qui est chaud et ce qui échauffe; car la chaleur s'excite par le simple frottement, sans aucune autre chaleur préexistante, fait qui exclut de la forme de la chaleur ce qui n'a que la simple propriété d'échauffer. Je dirai plus : quand un corps s'échauffe par l'approche d'un corps chaud, cela même n'a rien de commun avec la forme de la chaleur, mais dépend entièrement d'une nature plus élevée et plus commune, savoir, de la nature de l'assimilation ou de la faculté de se multiplier, ce qui doit être l'objet d'une recherche particulière.

Mais la notion du feu n'est qu'une notion purement populaire et tout-à-fait dénuée de justesse; car de quoi au fond est-elle composée? de l'idée de la chaleur et celle de la lumière conçues comme réunies dans tel ou tel corps, par exemple dans les flammes ordinaires et dans les corps chauffés jusqu'à rougir.

Ainsi, toute équivoque étant levée, passons enfin aux différences qui limitent le mouvement et le constituent dans la forme de la chaleur.

Nous disons donc que la première différence consiste en ce que la chaleur est un mouvement expansif par lequel un corps tend avec effort à se dilater et à occuper un plus grand espace. Cette différence se manifeste principalement dans la flamme où la vapeur grasse se dilate visiblement, et, s'étendant le plus qu'elle peut, devient ainsi une flamme volumineuse.

C'est ce qu'on observe aussi dans toute liqueur bouillante qu'on voit se gonfler, s'élever et laisser échapper un grand nombre de bulles qui continuent à se dilater jusqu'à ce qu'elles se soient converties en un corps beaucoup plus rare et plus volumineux que la liqueur elle-même, savoir, en vapeur, en fumée ou en air.

C'est ce qu'on voit également dans toute espèce de bois et de matières combustibles, où il se fait quelquefois une exsudation très sensible, mais toujours une évaporation.

Cette différence dont nous parlons n'est pas moins sensible dans la fusion des métaux, lesquels, étant des corps très compacts, ne s'enflent et ne se dilatent pas aisément; cependant leur esprit, après s'être dilaté en lui-même (dans l'espace qui lui est propre) et avoir fait effort pour se dilater encore davantage, finit par détacher tout-à-fait et pousser devant lui les parties les plus grossières et par les convertir en liquide; et si la chaleur même devient encore plus forte, il dissout une grande partie de ces molécules et les convertit en une substance volatile.

Cette première différence est encore visible dans le fer ou dans les pierres, espèces de corps qui à la vérité ne se fondent et ne se liquéfient point, mais qui ne laissent pas de s'amollir à un degré très sensible. Il en faut dire autant des verges de bois qui, étant un peu chauffées dans les cendres chaudes, deviennent flexibles.

Mais il n'est point de corps où ce mouvement expansif soit plus sensible que dans l'air qui, par le plus faible degré de chaleur, se dilate visiblement et d'un mouvement continu, comme on le voit dans l'exemple 38, table III.

Enfin cette même différence est marquée par la nature contraire du froid; car le froid contracte tous les corps et diminue leur volume; quelquefois même il le fait à tel point que, par un froid très âpre, on voit les clous tomber des murs, l'airain se déjeter, le verre même, chauffé d'abord et posé ensuite sur un corps froid, se déjeter aussi et se briser. De même l'air, par l'effet du plus léger refroidissement, se contracte et diminue de volume, comme on le voit dans l'exemple 38, table III; mais ce sujet sera traité plus amplement dans la recherche sur le froid.

Or, il n'est pas étonnant que le chaud et le froid aient tant d'effets analogues (voy. l'ex. 32, tab. II); car nous trouvons que plusieurs des différences suivantes (de celles, dis-je, dont je vais parler) conviennent également à l'une et à l'autre nature, quoique, dans la différence dont nous parlons ici, les deux modes de leur action soient diamétralement opposés; car le mouvement propre à la chaleur est celui d'expansion et de dilatation, et le mouvement propre au froid est celui de contraction et de rapprochement des parties.

Cette différence est très sensible dans une tenaille ou une verge de fer mise au feu; car si, la tenant dans une situation verticale, on applique sa main à la partie supérieure, on se brûle aussitôt; mais si l'on place la main latéralement ou plus bas que le feu, on n'éprouve cette sensation qu'un peu plus tard. C'est ce qu'on voit aussi dans les distillations *per descensum*, genre d'opération auquel on a recours pour distiller les fleurs les plus délicates dont les odeurs se dissiperaient trop aisément par les distillations ordinaires, l'industrie humaine ayant très bien senti la nécessité de placer le feu en dessous et non en dessus (comme on le fait ordinairement), afin qu'il eût moins d'action. Or, ce n'est pas seulement la flamme qui tend ainsi à se porter vers le haut, c'est en général toute espèce de chaleur.

Mais il faudrait, en renversant cette expérience, la tenter sur la nature contraire, savoir, sur celle du froid, afin de voir si le froid ne contracterait pas les corps en se portant de haut en bas, comme la chaleur les dilate en se portant de bas en haut. Ainsi, employez deux verges de fer ou deux tubes de verre parfaitement égaux à tout autre égard; chauffez-les un peu tous deux, puis appliquez de la neige ou une éponge imbibée d'eau froide, à la partie supérieure de l'un, et une autre éponge semblable, ou de la neige aussi, à la partie inférieure de l'autre. Cela posé, nous pensons que le refroidissement se fera sentir plus vite lorsque, l'éponge ou la neige étant appliquée à la partie supérieure de la verge ou du tube, on portera la main à la partie inférieure, que si le corps refroidissant était placé en dessous et la main en dessus; or c'est précisément le contraire de ce qui arrive à la chaleur.

La troisième différence consiste en ce que la chaleur est un mouvement non pas expansif uniformément et selon le tout, mais expansif seulement dans les petites parties du corps qui se dilate, et en même temps réprimé, repoussé et répercuté, en sorte qu'il en résulte un mouvement alternatif et de perpétuelle trépidation, un état d'essai, d'effort et d'irritation, occasionné par cette répercussion; de là cette espèce de fureur du feu et de la chaleur dans certains cas.

Les deux espèces de sujets où cette différence est le plus sensible sont la flamme et les liqueurs bouillantes, qui font de continuelles vibrations ou oscillations; on les voit alternativement s'élever par petites portions et retomber aussitôt.

C'est ce qu'on observe aussi dans les corps dont l'assemblage est si ferme que, fortement chauffés, et même jusqu'au rouge, ils ne se dilatent point et n'augmentent point de volume; tel est un fer rouge dont la chaleur, comme l'on sait, est très active, très âpre.

Cette différence sera encore plus facile à saisir si l'on considère combien, dans les temps extrêmement froids, le feu de nos foyers est âpre:

Si l'on considère de plus qu'on n'aperçoit aucune chaleur sensible dans l'air d'un thermomètre, lequel se dilate paisiblement, sans obstacle et sans répercussion, c'est-à-dire uniformément, également et d'un mouvement continu; à quoi l'on peut ajouter que les vents renfermés, lorsqu'ils viennent à s'échapper avec violence, n'excitent cependant aucune chaleur sensible, parce qu'alors c'est un mouvement total de toute la masse, et non un mouvement alternatif dans les petites parties. Mais, pour mieux éclaircir ce point, il faudrait tenter quelques expériences, afin de savoir si les parties latérales de la flamme ne brûlent pas avec plus de force que le milieu:

Si l'on considère enfin que toute combustion ne s'opère qu'à l'aide des plus petits pores du corps qui se brûle, en sorte que la combustion pénètre, fouille, mine, dégrade et stimule, comme s'il y avait la des milliers de pointes d'aiguilles. Voilà pourquoi les eaux-fortes (les acides), lorsqu'elles ont beaucoup d'affinité avec les corps sur lesquels elles agissent, produisent, en vertu de leur nature corrosive et poignante, des effets fort semblables à ceux du feu.

Cette différence qu'ici nous attribuons à la chaleur, lui est commune avec la nature du froid ; car dans un corps froid, le mouvement contractif est bridé et réprimé par la tendance à l'expansion, comme dans le corps chaud, le mouvement expansif est réprimé par la tendance à la contraction. Ainsi, soit que les parties du corps en question se portent de la circonférence au centre ou en sens contraire, la marche est la même ; mais les forces ne sont pas, à beaucoup près, égales dans les deux cas ; car nous ne connaissons, à la surface de notre globe, aucun corps dont le froid ait une grande intensité (voyez l'ex. 27, tabl. III).

La quatrième différence est encore une modification de la première ; elle consiste en ce que ce mouvement de stimulation ou de pénétration doit être un peu rapide, être d'une certaine vitesse et doit de plus résider dans des particules très petites, non pas toutefois d'une extrême ténuité, mais encore un peu grandes, en un mot de grandeur moyenne.

Cette différence se fera mieux sentir si l'on compare les effets du feu avec ceux du temps ; car le temps ou la durée dessèche, consume, mine, dégrade, pulvérise, ainsi que le feu, et même son action est plus fine et plus déliée ; mais comme ce dernier genre de mouvement est extrêmement lent et ne réside que dans des molécules d'une petitesse extrême, il n'en résulte aucune chaleur.

On la reconnaît encore en comparant la dissolution du fer avec celle de l'or ; car l'or se dissout sans exciter aucune chaleur, au lieu que la dissolution du fer est accompagnée d'une chaleur très forte et d'une violente effervescence, et cependant le temps nécessaire pour dissoudre l'un et l'autre est à peu près le même. La raison de cette différence est que, dans la dissolution de l'or, l'agent s'insinue paisiblement, subtilement, les petites parties du métal cédant aisément à son action, au lieu que, dans celle du fer, l'agent force e passage et il se livre là une sorte de combat, les parties du métal étant plus réfractaires et résistant plus obstinément.

Cette différence se manifeste encore, jusqu'à un certain point, dans certaines gangrènes ou mortifications de chairs, qui n'excitent ni une grande chaleur, ni une grande douleur, à cause de l'extrême ténuité des parties et subtilité des mouvements dont cette putréfaction est l'effet.

Telle est la première vendange (conclusion provisisoire) ou ébauche d'interprétation, relativement à la forme de la chaleur et en vertu d'une première permission accordée à l'entendement.

De cette première interprétation, il résulte que la forme, c'est-à-dire la véritable définition de la chaleur (de celle qui est relative non aux sens, mais à l'univers), que cette définition peut être énoncée en ce peu de mots « : La chaleur est un mouvement expansif, réprimé en partie et accompagné d'effort qui a lieu dans les parties moyennes ; » mais avec ces deux modifications : 1° que ce mouvement du centre à la circonférence est accompagné d'un mouvement de bas en haut ; 2° que cet effort, ce mouvement dans les parties moyennes, n'est ni faible ni lent, mais au contraire fort vif et un peu impétueux, que c'est une sorte d'élan.

Quant à la pratique, c'est précisément la même conséquence ; et telle est l'indication du procédé sommaire et général : si vous pouvez exciter dans tel corps naturel que ce soit un mouvement d'expansion, et, ce mouvement, le réprimer, le répercuter de manière que la dilatation ne procède pas également, et qu'elle obtienne son effet en partie et en partie le manque, à coup sûr vous engendrerez la chaleur, et cela sans qu'il soit besoin de considérer si le corps sur lequel vous voulez opérer est élémentaire (pour nous servir d'une expression commune) ou imbu par les corps célestes, lumineux ou opaque, ténu ou dense, augmenté de volume ou maintenu dans ses premières dimensions, tendant à se dissoudre ou demeurant dans le même état, animal, végétal ou minéral ; si c'est de l'eau, de l'huile, de l'air ou toute autre substance, peu importe, pourvu qu'elle soit susceptible d'un tel mouvement. Or, la chaleur, considérée par rapport à la sensation, est précisément la même chose. avec cette légère différence toutefois qui dépend de la constitution du sens respectif Passons maintenant aux autres genres de secours que nous avons promis.

XXI. Après avoir donné les tables de la première comparaison entre les analogues et la table de rejection ou exclusion, et la série des premières conclusions à en tirer sur la forme de la chaleur, il nous reste à rechercher les autres effets de l'intelligence, dans la recherche de l'interprétation de la nature et d'une induction véritable et complète. Lorsque, dans cette recherche, nous aurons besoin de recourir à des tables, nous renverrons à celles sur la présence et l'absence de la chaleur; mais lorsqu'il nous suffira d'un petit nombre d'exemples, nous les prendrons partout, afin de n'établir aucune confusion dans ces recherches, et en même temps de ne pas resserrer les sciences dans des limites trop étroites.

Nous traiterons : 1° des prérogatives de faits ou d'exemples ; 2° des appuis de l'induction ; 3° de la rectification de l'induction ; 4° de la variété des recherches selon la nature du sujet ; 5° des exemples pris dans la nature, et de ce qui concerne la recherche, c'est-à-dire par où il faut commencer et par où il faut finir ; 6° des bornes de la recherche, c'est-à-dire la synopsie de toutes les natures de l'univers ; 7° de la déduction régulière, c'est-à-dire selon l'ordre dans lequel est placé l'homme ; 8° des modèles de la recherche ; 9° enfin de l'échelle ascendante et descendante des axiomes.

XXII. Parmi les prérogatives des faits ou exemples, nous proposerons l'examen de la première catégorie, ou les exemples solitaires. Sous cette dénomination nous comprenons les exemples qui présentent des sujets semblables entre eux par la nature à définir, laquelle se trouve dans tous, mais différents à tout autre égard ; ou qui, au contraire, présentent des sujets semblables entre eux presqu'en tout, à la réserve de la nature en question, laquelle se trouve dans les uns et non dans les autres ; car il est évident que les exemples de ce genre épargnent bien des détours, accélèrent ou confirment l'exclusive, et qu'un petit nombre de ces exemples tient lieu d'une multitude d'autres pris au hasard.

Supposons que l'objet de la recherche soit la couleur en général ; les exemples solitaires seront alors les prismes, les diamants cristallins (les brillants), qui donnent des couleurs, soit lorsqu'on regarde à travers, soit lorsqu'on projette sur un mur les rayons de lumière qui les ont traversés. Il en est de même des rosées, etc. ; car les exemples de ce genre n'ont rien de commun avec ceux des couleurs fixes, dans les fleurs, les pierres colorées, les métaux, les bois, sinon la couleur même. D'où il est aisé de conclure que la couleur n'est autre chose qu'une modification de l'image de la lumière, qui pénètre à travers un corps transparent ou qui est réfléchie par un corps opaque ; modification qui dans la première espèce de corps est l'effet des différents degrés d'incidence (des rayons de lumière qui traversent le corps transparent), et dans la dernière espèce l'effet des différentes textures et configurations des corps colorés. Ce sont les faits de cette espèce que nous appelons exemples solitaires, quant à la ressemblance.

Réciproquement, dans la même recherche, les veines distinctes de blanc et de noir qu'on voit dans certains marbres, et la diversité de couleur qu'on observe dans des fleurs d'une même espèce, sont aussi des exemples solitaires ; car le blanc et le noir de ces marbres, ainsi que les taches blanches et purpurines de certaines espèces d'œillet et de giroflée, se ressemblent presqu'en tout, à l'exception de la couleur même. D'où il est naturel de conclure que la couleur n'a pas de fort étroites relations avec les qualités intimes d'un corps, mais qu'elle dépend seulement de quelques différences grossières, superficielles et presque mécaniques dans les situations respectives de ses parties. Tels sont les exemples solitaires, quant à la dissemblance ; et sous le nom commun d'exemples solitaires, nous comprenons ceux des deux espèces dont nous venons de parler.

XXIII. Parmi les prérogatives des faits ou exemples, nous mettrons au second rang les exemples de migration. Ce sont ceux où la nature en question passe du néant à l'être ou de l'être au néant. Ainsi, dans les deux parties symétriquement opposées et dont chacune est comme le pendant de l'autre, l'exemple est toujours double, ou plutôt ce n'est qu'un seul objet en mouvement et considéré dans son passage ou son prolongement jusqu'à la période contraire. Non-seulement les faits de ce genre accélèrent et renforcent l'exclusive, mais ils resserrent dans des limites plus étroites l'affirmative c'est-à-dire la forme elle-même, et rétrécissent, pour ainsi dire, l'espace où l'on est obligé de la chercher. En effet, il est de toute nécessité que la forme soit quelque chose qu'on ait introduit dans le sujet en question, par une migration de la première espèce, et qu'on en ait ôté et détruit par une migration de l'espèce opposée; car, quoique toute exclusive en général accélère et facilite l'affirmative, cependant on va plus directement à ce but en comparant un seul sujet à lui-même, relativement à une nature qui y paraît ou disparaît, qu'en comparant entre eux des sujets différents et tels que cette nature se trouve dans les uns et non dans les autres. Or, la forme (comme on n'en peut douter d'après tout ce que nous avons dit), se décelant une fois dans un seul sujet, devient aussi plus facile à apercevoir dans tous les autres, et plus la migration est simple, plus le fait est précieux. De plus, ces exemples de migration peuvent être d'un grand usage dans la pratique; comme ils présentent la forme unie à la cause efficiente ou destructive, par cela même ils indiquent clairement, dans plusieurs cas, les moyens d'exécution; moyens qu'il est ensuite facile d'appliquer à des sujets analogues. Cependant on ne laisse pas de courir quelque risque en employant des exemples de ce genre et on ne doit le faire qu'avec certaines précautions. Ils ont l'inconvénient de trop ramener la forme à la cause efficiente, de l'y trop assimiler, et, en fixant uniquement l'attention sur cette cause efficiente, de faire illusion à l'esprit par rapport à la cause formelle qu'il est alors tenté de confondre avec la première. Mais il ne faut jamais oublier que la cause efficiente n'est rien de plus que le véhicule de la forme; d'ailleurs, toute erreur sur ce point est aisée à prévenir ou à corriger, à l'aide d'une exclusive bien faite.

Voyons donc un exemple de ces migrations. Soit l'objet de la recherche, la couleur blanche; l'exemple de migration générative sera le verre entier comparé au verre pulvérisé, ou encore l'eau ordinaire comparée à l'eau changée en écume par son agitation ; car le verre entier et l'eau tranquille sont diaphanes sans être blancs; mais le verre pulvérisé et l'eau en écume sont blancs et non diaphanes. Ainsi, il faut chercher ce qu'il est arrivé de nouveau dans cette migration du verre ou de l'eau ; car il est évident que la forme de la blancheur est apportée et introduite par cette pulvérisation du verre et par cette agitation de l'eau. Or, qu'y a-t-il de nouveau ici? rien autre chose que la séparation des parties du verre ou de celles de l'eau et l'insertion de l'air, qui reste ensuite disséminé entre ces parties. Et ce n'est pas avoir fait peu de progrès vers la découverte de la blancheur que de savoir que deux corps diaphanes par eux-mêmes, mais plus ou moins, tels que l'air et l'eau, ou l'air et le verre, étant mêlés ensemble par petites portions, produisent la blancheur par l'effet de l'inégale réfraction des rayons de lumière.

Mais nous devons donner aussi un exemple de l'inconvénient auquel, comme nous l'avons dit, on est exposé en employant ce genre d'exemples, et des précautions à prendre pour le prévenir. Voici en quoi consistent le mal et le remède : l'entendement, dépravé par la considération trop fréquente des causes efficientes de cette espèce, sera porté à croire que l'air est essentiel à la forme de la blancheur et que les corps diaphanes sont les seuls qui puissent engendrer cette couleur ; deux opinions tout à-fait erronées et convaincues de faux par plusieurs exclusions. Mais si l'on pèse plus mûrement les deux faits dont il s'agit ici, en laissant de côté et l'air et toute conjecture de cette espèce, on concevra aisément que les corps d'une texture tout-à-fait uniforme (quant à leurs portions optiques) donnent la transparence ; que les corps inégaux, quant à leur texture simple, donnent le blanc; que ceux dont la texture composée est inégale, mais régulière, donnent toutes les autres couleurs, excepté le noir; enfin que les corps dont la texture composée est tout à la fois inégale, irrégulière et confuse, donnent le noir. Tel est l'exemple de migration générative dans la recherche qui a pour objet la forme de la couleur blanche. L'exemple de migration destructive, relativement à cette même forme, c'est l'écume dissoute ; car dès que l'eau une fois débarrassée de l'air est redevenue homogène et se trouve réduite à ses parties propres, elle recouvre sa transparence.

Or, ce qu'il ne faut pas non plus oublier, c'est que sous ce nom d'exemples de migration on doit comprendre non-seulement ceux des natures qui sont actuellement engendrées ou détruites dans un même sujet, mais encore ceux des natures qui y sont croissantes ou décroissantes, attendu que ces derniers mènent également à la découverte de la forme, comme on le voit clairement par la définition même que nous avons donnée des formes en général et par la table des degrés. Par exemple, le papier, lorsqu'il est sec, est blanc; mais lorsqu'on l'a mouillé, alors excluant l'air de ses pores et y recevant l'eau, il devient moins blanc et quelque peu transparent. Ainsi cette substance présentant les mêmes phénomènes que les deux exemples proposés plus haut, elle mène aux mêmes conséquences.

XXIV. Nous placerons au troisième rang les exemples ostensifs dont nous avons parlé dans la première conclusion provisoire ou ébauche d'interprétation relativement à la chaleur. Nous les qualifions aussi assez souvent de coups de lumière, d'exemples de liberté, d'exemples de prédominance. Ce sont ceux qui présentent la nature en question comme toute nue et subsistante par elle-même, ou encore dans son état d'exaltation, dans le plus haut degré de sa puissance, c'est-à-dire émancipée et sinon débarrassée, du moins victorieuse de tous les obstacles par sa grande intensité, anéantissant leur effet et rendant leur opposition inutile. Comme tout corps réunit en soi les formes d'un grand nombre de nature, lesquelles, en s'y combinant, forment un tout, il en résulte qu'elles s'émoussent, se rabattent, se rompent et se brident réciproquement, ce qui obscurcit et masque pour ainsi dire chacune de ces formes. Mais on rencontre des sujets où la nature en question est plus dans sa force qu'elle ne s'y trouve dans tous les autres, ce qui est l'effet de l'absence des obstacles ou de la prédominance de son action. Les exemples de ce genre sont ceux qui dévoilent le mieux la forme et sont par conséquent les plus ostensifs. Mais ces exemples mêmes exigent aussi certaines précautions, et pour empêcher l'entendement d'en abuser il faut réprimer son impétuosité naturelle; car tout ce qui semble étaler la forme et la forcer de se présenter à l'esprit doit être tenu pour suspect. Et alors, pour éviter toute méprise, il faut recourir à une exclusive exacte et sévère.

Supposons par exemple que le sujet de la recherche soit la chaleur, alors l'exemple vraiment ostensif du mouvement d'expansion qui comme nous l'avons dit, est la partie principale de la forme de la chaleur; cet exemple, dis-je, c'est le thermomètre à l'air. En effet, quoique dans la flamme l'expansion soit manifeste, cependant comme elle s'éteint à chaque instant, on n'y peut observer le progrès de cette expansion. L'eau chaude, vu la facilité avec laquelle ce liquide se convertit en vapeur et en air, ne montre pas non plus assez bien l'expansion de l'eau proprement dite et supposée demeurant dans l'état de corps tangible. Enfin, loin que le fer rouge et les autres corps de cette nature laissent apercevoir ce progrès, leur esprit mollissant au contraire, pour ainsi dire, contre leurs parties grossières et compactes qui lui opposent une résistance invincible, il arrive de là que l'expansion n'y est point du tout sensible. Mais le thermomètre montre parfaitement cette expansion dans la masse d'air qu'il contient; il la rend visible, il rend sensible sa dilatation progressive et continue.

Supposons encore que la nature à définir soit le poids ou la pesanteur. L'exemple ostensif relativement à la pesanteur, c'est le mercure; il l'emporte par son poids sur tous les autres métaux, excepté l'or, qui cependant n'est pas beaucoup plus pesant. Mais l'exemple tiré du mercure indique beaucoup mieux la forme de la pesanteur que celui qui se tire de l'or; car l'or, outre son grand poids, a aussi de la consistance et de la solidité, genre de qualité qui semble se rapporter à la densité; au lieu que le mercure, tout liquide et tout abondant en esprits qu'il est, ne laisse pas d'être beaucoup plus pesant que le diamant et que ceux d'entre les autres corps qu'on regarde comme les plus solides. Ce qui prouve que la forme du poids ou de la pesanteur ne dépend pas d'un tissu plus serré et d'un assemblage plus ferme, mais simplement de la quantité de matière.

XXV. Nous mettrons au quatrième rang les exemples clandestins, que notre coutume est de nommer aussi exemples de crépuscule. Ceux-ci sont en quelque manière opposés aux exemples ostensifs. Ce sont ceux qui présentent la nature donnée à son degré le plus faible et comme à son berceau, et comme faisant ses premières tentatives, ses premiers essais, mais masquée et vaincue par sa contraire. Les exemples de ce genre sont d'une grande utilité pour la découverte des formes, car, de même que les exemples ostensifs conduisent aisément aux différences, les exemples clandestins mènent aussi aisément aux genres, c'est-à-dire à ces natures communes dont les natures à définir ne sont que les limitations.

Supposons par exemple que la nature en question soit la consistance, ou cette propriété par laquelle un corps a des limites fixes, des dimensions déterminées, nature dont la contraire est la liquidité ou la fluidité, les exemples clandestins sur ce sujet sont ceux qui présentent dans un fluide quelque faible degré de consistance. Telle est une bulle d'eau, laquelle n'est autre chose qu'une sorte de pellicule (vésicule) qui a quelque consistance et des dimensions fixes ; pellicule composée de la substance même de l'eau proprement dite et dans l'état de corps tangible. Il en est de même de ce qu'on observe dans les gouttières ; lorsque l'eau y est en assez grande quantité pour fournir à un écoulement continu, elle prend la forme d'un filet délié, de peur que sa continuité ne soit interrompue. Mais s'il n'y a point assez d'eau elle tombe en gouttes rondes, figure qui de toutes est la plus propre à garantir l'eau de sa solution de continuité. Mais à l'instant même où le filet se rompt et où elle commence à tomber goutte à goutte, elle revient tout à coup de bas en haut et évite ainsi la solution de continuité. Je dirai plus ; on observe le même phénomène dans les métaux, qui étant fondus sont liquides et coulants, mais plus tenaces, plus adhérents ; leurs gouttes se retirent aussi de bas en haut, mais elles demeurent aussitôt adhérentes. Enfin on aperçoit quelque chose de semblable dans ces espèces de petits miroirs que font les enfants avec leur salive et à l'aide de tuyaux de jonc ; miroirs où l'on voit aussi une pellicule d'eau qui a quelque consistance. C'est ce dont les enfants, dans leurs jeux, fournissent un exemple encore plus frappant lorsqu'ayant pris de l'eau rendue un peu visqueuse par le savon qu'ils y ont fait dissoudre, ils la soufflent à l'aide d'un chalumeau et en forment une espèce de château de bulles, qui, par l'interposition de l'air, acquiert un certain degré de consistance et un degré tel, qu'on peut jusqu'à un certain point l'agiter dans tous les sens et le projeter sans rompre sa continuité. C'est ce qu'on voit encore mieux dans l'écume et dans la neige qui acquièrent une telle consistance qu'on pourrait presque les couper, quoique chacune de ces deux substances ne soit qu'un composé de l'air et de l'eau, qui tous deux sont fluides dans leur état ordinaire. Tous ces exemples prouvent assez que les idées qu'on attache communément à ces mots de consistance et de liquidité, sont des notions purement populaires, et que ces deux dénominations n'expriment que de simples relations aux sens ; qu'il existe réellement dans tous les corps une tendance à éviter la solution de continuité ; que dans les corps homogènes tels que les liquides, cette tendance est faible et languissante ; mais que dans les corps composés de parties hétérogènes elle est plus active et plus forte, parce que l'approche d'une substance hétérogène les resserre en déterminant leurs parties avec plus de force les unes vers les autres ; au lieu que l'introduction d'une substance homogène les dissout en relâchant leur assemblage.

Supposons de même que la nature en question soit l'attraction ou la tendance des corps à s'unir ; je dis que de tous les exemples relatifs à sa forme, le plus ostensif est l'aimant. Car la nature contraire à l'attraction est la non-attraction, quoique dans une substance semblable à tout autre égard. Tel est l'exemple du fer dans son état ordinaire, lequel n'attire point d'autre fer ; pas plus que le plomb n'attire d'autre plomb, le bois d'autre bois, ou l'eau d'autre eau. Mais un exemple vraiment clandestin sur ce sujet, c'est l'aimant armé de fer ou plutôt le fer dans un aimant armé ; car la loi de la nature porte qu'à une certaine distance un aimant armé n'attire pas le fer avec plus de force que ne le fait un aimant non armé, mais si vous approchez davantage le fer, alors l'aimant armé portera un poids beaucoup plus grand que le même aimant sans armure, différence qui n'a d'autre cause que l'analogie de substance du fer avec d'autre fer ; mais cette propriété-là était tout-à-fait clandestine et voilée dans le fer avant qu'on se fût avisé de le mettre en contact avec l'aimant. D'où il suit évidemment que la forme de l'attraction est quelque chose qui dans l'aimant est fort et actif, mais qui dans le fer est faible et caché. On a aussi observé que de petites flèches de bois sans pointes de fer décochées à l'aide de grands arbalètes pénétraient plus avant dans le bois, par exemple dans le flanc d'un vaisseau, que ces mêmes flèches armées de pointes de fer ; ce qui vient encore de l'analogie de substance du bois avec le bois, quoique cette propriété du bois y fût tout-à-fait cachée avant qu'on en eût fait l'expérience. De même, quoique l'air n'attire pas plus l'air que l'eau n'attire l'eau lorsque ces deux fluides font partie de masses un peu grandes de leur espèce, cependant deux bulles étant approchées l'une de l'autre, leur action réciproque fait que chacune se dissout plus aisément que si l'autre n'était pas là ; phénomène dont la véritable cause est l'attraction que l'eau exerce sur d'autre eau, et l'air sur d'autre air. Ainsi ces exemples clandestins, qui sont d'un si grand usage, comme nous l'avons déjà dit, c'est dans les plus petites et dans les plus subtiles portions de la matière qu'ils se présentent le plus souvent, les plus grandes masses de corps suivant des formes plus communes (ou obéissant à des lois plus générales), comme nous l'observerons encore dans le lieu convenable.

XXVI. Au cinquième rang doivent être placés les exemples constitutifs que nous appelons aussi ordinairement exemples par poignées (ou poignée de faits). Il s'agit de ceux qui constituent une espèce de nature à définir ; espèce envisagée alors comme une sorte de forme mineure (ou de forme du deuxième, du troisième, du quatrième ordre). Car les véritables formes, qui seules sont conversibles avec les natures à définir, étant pour ainsi dire cachées à une grande profondeur et difficiles à découvrir, la faiblesse de l'esprit humain nous fait une nécessité de ne point négliger, et même de remarquer avec la plus grande attention ces formes particulières qui, rassemblant, non pas la totalité, mais seulement un certain nombre de faits d'un même genre et en formant comme une poignée, les réunissent sous quelque notion commune ; tout ce qui tend à montrer la liaison et l'enchaînement des parties de la nature, même d'une manière imparfaite, ne laissant pas de frayer le chemin à la découverte des formes. Ainsi les exemples qui mènent à ce but ne sont nullement à mépriser et doivent jouir de quelque prérogative. Mais on ne doit pas en faire usage sans de grandes précautions ; car il est à craindre que l'entendement après avoir trouvé un certain nombre de ces formes particulières et en avoir tiré certaines divisions ou partitions de la nature, ne se repose entièrement là-dessus ; qu'au lieu de faire de nouveaux efforts pour découvrir la grande forme, il ne se hâte de supposer que dès la racine la nature est ainsi morcelée et divisée en un grand nombre de parties essentiellement différentes ; et que, préoccupé de cette idée, il ne dédaigne et n'abandonne pour toujours les recherches tendantes à réunir encore davantage ces parties, les regardant comme une spéculation aussi inutile que difficile, et qui ne peut aboutir qu'à de pures abstractions.

Soit, par exemple, la nature en question, la mémoire ou le moyen d'exciter et aider la mémoire. Les exemples constitutifs, par rapport à cette nature, sont d'abord l'ordre et la distribution méthodique, qui aide visiblement la mémoire ; à quoi il faut ajouter les lieux, dont on fait usage dans la mémoire artificielle, et qui peuvent être ou des lieux proprement dits, comme une porte, un coin, une fenêtre et autres semblables, ou des personnes connues et familières, ou toute autre espèce d'objets qu'on voudra y substituer (pourvu toutefois qu'on les dispose dans un ordre fixe), tels que des animaux, des plantes, des mots, des lettres, des caractères, des personnages historiques, objets qui, à la vérité, peuvent être plus ou moins commodes. Or, l'expérience prouve que des lieux de cette espèce aident singulièrement la mémoire et la portent quelquefois à un point qui surpasse infiniment celui où elle pourrait atteindre par ses seules forces naturelles. De même les vers sont plus faciles à apprendre par cœur et à retenir que la prose. Ainsi, de cette poignée de trois exemples, savoir : l'ordre, les lieux de la mémoire artificielle et les vers, se compose déjà une première espèce de secours pour la mémoire, et cette première espèce, on peut avec raison la qualifier d'abscission de l'infini (de limitation de l'indéfini). Car, lorsqu'on fait effort pour se rappeler quelque chose, si l'on n'a quelque prénotion ou perception de ce qu'on cherche, on le cherche long-temps avec beaucoup de peine et quelquefois en vain ; l'esprit alors va, pour ainsi dire, courant çà et là, et comme se perdant dans l'infini. Mais a-t-on une certaine prénotion de cette même chose, dès lors l'infini est comme rogné et réduit à un petit espace, où la mémoire ensuite trouve plus aisément ce qu'elle cherche. Or, dans ces trois exemples que nous venons de donner, la prénotion est claire et déterminée. Dans le premier exemple, ce doit être une image qui ait quelque relation, quelque analogie avec le lieu déterminé où on la place. Enfin, dans le troisième, ce doivent être des mots qui s'ajustent à la mesure du vers. C'est ainsi que l'indéfini est limité et réduit à une classe peu étendue. D'autres exemples nous donneront une autre espèce fondée sur ce principe : que tout ce qui ramène les idées abstraites à des idées sensibles, et leur donne, pour ainsi dire, un corps (moyen qui est d'un grand usage dans la mémoire artificielle), aide aussi la mémoire. De quelques autres exemples nous formerons une troisième espèce, en partant de ce principe : que tout ce qui est imprimé dans la mémoire par une passion forte, par exemple, que tout ce qui excite la crainte, l'admiration, la honte, le plaisir, etc., s'y grave plus profondément et facilite les opérations de cette faculté. D'autres exemples encore composeront une quatrième espèce, fondée sur cet autre principe : tout ce qu'on apprend dans les moments où l'esprit est libre, dans ceux où il n'est pas encore ou n'est plus préoccupé, par exemple, ce qu'on apprend durant l'enfance ou avant de se livrer au sommeil, enfin les choses qui ont lieu pour la première fois, toutes ces choses, dis-je, se gravent aussi plus profondément dans la mémoire. On formera aisément une cinquième espèce, si l'on considère combien la multitude des circonstances et des prises qu'on donne à la mémoire aide ses opérations. Tel est l'usage d'écrire par parties détachées ce qu'on veut se rappeler, de le lire ou de le réciter à haute voix. Enfin, d'autres exemples donneront cette sixième espèce, qui prend pour principe : que les choses qui sont attendues, et qui par cette cause excitent l'attention, se gravent plus aisément dans l'esprit que celles qui ne font, pour ainsi dire, qu'y passer. Aussi vous aurez beau lire vingt fois un écrit, vous ne l'apprendrez pas aussi aisément par cœur que si, de temps en temps, vous essayiez de le réciter, et en regardant le livre quand votre mémoire se trouve en défaut.

Voilà donc six formes ou genres d'exemples qui comprennent autant de moyens d'aider la mémoire, savoir : la limitation de l'indéfini, la déduction de l'intellectuel au sensible, l'impression faite par une forte affection, l'impression faite dans l'esprit libre, la multitude des prises et l'attente.

Soit encore prise pour exemple la nature du goût (ou de la gustation); on peut regarder les faits suivants comme autant d'exemples constitutifs par rapport à cette faculté. D'abord ceux que la nature a totalement privés de l'odorat ne discernent point au goût un aliment rance ou putride; ils ne distinguent pas mieux ceux où entrent de l'ail, de l'eau de rose, etc. De plus, si les personnes qui ont les narines bouchées par quelque cause accidentelle, un rhume, par exemple, si ces personnes, dis-je, ayant dans la bouche ou au palais quelque substance fétide ou d'odeur agréable, viennent à se moucher avec force, dans l'instant même elles en sentent l'odeur; exemples qui donneront et constitueront cette espèce ou partie du goût, savoir : que le sens du goût n'est, en grande partie, qu'une sorte d'odorat intérieur qui, passant, descendant des deux orifices intérieurs du nez, se répand de là dans la bouche et le palais. Au contraire, les saveurs salées, douces, âcres, acides, amères, etc., toutes ces saveurs-là, ceux qui sont totalement privés de l'odorat ou en qui l'organe de ce sens est accidentellement obstrué, les perçoivent tout aussi bien que les autres individus. D'où il suit évidemment que le sens du goût n'est qu'un composé d'un odorat intérieur et d'une sorte de tact très fin. Mais ce n'est pas ici le lieu de traiter en détail un tel sujet.

De même, supposons que la nature en question soit la communication d'une qualité quelconque sans communication de substance. L'exemple de la lumière constituera une espèce de communication, la chaleur et l'aimant constitueront l'autre; car la communication de la lumière est comme instantanée et cesse dès qu'on éloigne la lumière originelle (le corps lumineux). Mais la chaleur ou la vertu magnétique, une fois transmises ou plutôt excitées dans un corps, s'y attachent en quelque manière et y subsistent assez long-temps, quoiqu'on en éloigne le premier moteur.

Enfin, la prérogative des exemples constitutifs est d'autant mieux fondée qu'ils sont d'une grande utilité pour les définitions (surtout pour les définitions particulières) et pour les divisions ou partitions des natures. C'est le vif sentiment de cette utilité qui a fait dire à Platon : « Tout homme en état de donner de bonnes définitions et de bonnes divisions doit être regardé comme un Dieu. »

XXVII. Nous mettrons au sixième rang, parmi les prérogatives des faits, les exemples de conformité ou d'analogie que nous désignons aussi quelquefois par les dénominations de parallèles et de similitudes physiques. Ce sont ceux qui montrent, en effet, les similitudes, les convenances et les analogies des choses, non dans les formes mineures (ce qui est la fonction propre des exemples constitutifs), mais dans les composés mêmes (dans le concret) ; ces exemples sont comme le premier étage, les premiers degrés par lesquels on s'élève à l'unité des lois de la nature. Ce n'est pas qu'ils puissent servir à établir, dès le commencement, tel ou tel axiome; leur destination est seulement d'indiquer certaines corrélations entre les corps. Cependant, quoiqu'ils n'accélèrent pas beaucoup la découverte de la forme, ils ne laissent pas d'être d'une grande utilité en dévoilant la liaison, l'analogie et l'enchaînement des parties de l'univers ; ils font des membres de ce grand corps une sorte d'anatomie, et par conséquent ils mènent, comme par la main, à des axiomes plus élevés et plus importants, surtout à ceux qui ont pour objet la configuration et le tout-ensemble de l'univers, axiomes auxquels ils conduisent plutôt qu'aux natures et aux formes simples.

Parmi les exemples de conformité, on peut ranger les suivants : un miroir et l'œil, la structure de l'oreille et les lieux qui rendent des échos. Or, de cette conformité de leur structure, outre l'observation même de leur analogie, qui fournit une infinité d'applications, découle naturellement et se forme cet axiome : que les organes des sens et les corps qui occasionnent des réflexions vers les sens sont de nature analogue. De plus, l'entendement éclairé par ce premier aperçu parvient sans peine à certain axiome plus grand et plus élevé, savoir : qu'il n'y a entre les corrélations ou les sympathies des corps doués de sentiment et celles des corps inanimés qui en sont privés d'autre différence, sinon que les premiers ont de plus l'esprit animal logé dans un corps disposé à le recevoir et organisé pour cette fin, au lieu que cet esprit ne se trouve point dans les derniers. En sorte qu'autant il y a de corrélations et d'analogies dans les corps animés, autant il y aurait de sens dans les animaux, si la nature eût percé, dans les corps animés, des trous en nombre suffisant et de grandeur ou de figure convenable pour que l'esprit animal y trouvât un lieu où il pût aller et venir librement, et exécuter tous ses mouvements comme une machine appropriée à ce but ; et que, réciproquement, autant il y a d'espèces de sensations dans les animaux, autant il y a d'espèces de mouvements dans le corps inanimé où l'esprit animal ne se trouve pas, quoique, pour le dire en passant, les mouvements, dans les corps inanimés, soient nécessairement en beaucoup plus grand nombre que les espèces de sensations dans les corps animés, vu le très petit nombre des organes du sentiment. C'est ce dont on voit un exemple fort sensible dans les différentes espèces de sensations douloureuses. En effet, comme il est, dans les animaux, différentes espèces, et, pour ainsi dire, différents caractères de douleurs, telles que celles d'une brûlure, d'un froid âpre, d'une piqûre, d'une foulure, d'une distension violente et autres semblables, il n'est pas douteux que les différences corrélatives, du moins quant au mouvement, se trouvent aussi dans les corps inanimés, tels que le bois ou la pierre, lorsqu'ils sont brûlés, resserrés par la gelée, percés, coupés, fléchis ou écrasés, et ainsi des autres, quoiqu'ils n'en aient pas le sentiment, à cause de l'absence de l'esprit animal.

D'autres exemples de conformité (ce qui pourra paraître étrange), ce sont les racines et les branches des plantes ; car tout végétal, en vertu de l'action qui opère son développement, s'enfle et pousse ses parties du centre à la circonférence, tant vers le haut que vers le bas, et il n'y a point, au fond, entre les racines et les branches, d'autre différence sinon que les premières sont renfermées dans la terre au lieu que les dernières sont exposées à l'air et au soleil. En voici la preuve : si, ayant pris sur un arbre une branche tendre et vigoureuse, on la plie pour la faire entrer dans quelque motte de terre non adhérente au sol, elle poussera non une branche, mais une racine. Si, au contraire, ayant mis la racine en dessus, on la couvre d'une pierre ou de quelque autre substance dure qui arrête la pousse de bas en haut, et qui empêche la plante de pousser des feuilles, elle poussera des branches de haut en bas, en vertu de l'action de l'air auquel elle est exposée.

On peut encore ranger parmi les exemples de conformité les gommes des arbres et la plupart des pierres précieuses que l'on tire des rochers ; car les unes et les autres ne sont autre chose que le produit de certaines exsudations et filtrations de sucs. Dans les corps de la première espèce, ce sont les sucs des arbres, et dans ceux de la seconde les sucs pierreux ; de là le brillant et l'éclat qu'on remarque dans les unes et les autres, éclat qui a pour cause une filtration très exacte et très délicate des sucs. C'est par une cause toute semblable que les poils des animaux ne présentent pas des couleurs aussi belles et aussi vives que les plumes des oiseaux ; cette différence vient de ce que la peau n'est pas un filtre aussi délicat et aussi fin que le tuyau de la plume.

Nous pouvons encore regarder comme exemples de conformité le scrotum dans les animaux mâles et la matrice dans les animaux femelles ; en sorte que cette structure admirable qui fait la différence des sexes (du moins dans les animaux terrestres) semble se réduire à la très légère différence qui peut se trouver entre deux parties de même conformation, dont l'une est intérieure et l'autre extérieure ; la chaleur qui a plus de force et d'intensité dans le sexe masculin, poussant au dehors les parties génitales, au lieu que dans les femelles, où la chaleur est trop faible pour produire un semblable effet, ces parties restent en dedans.

Nous regarderons aussi comme exemples de conformité les nageoires des poissons, les pieds des quadrupèdes ainsi que les pieds et les ailes des oiseaux ; à quoi Aristote a ajouté les quatre flexions d'où résulte le mouvement sinueux des serpents ; en sorte que dans la totalité de l'univers les mouvements les plus ordinaires des êtres vivants paraissent s'exécuter par le moyen de membres et de flexions toujours au nombre de quatre.

Les dents des animaux terrestres, comparées au bec des oiseaux, sont encore un exemple de conformité, d'où il résulte que dans tous les animaux parfaits une certaine substance dure est déterminée vers la bouche.

Ce ne serait pas non plus abuser de l'analogie que d'appeler l'homme une plante renversée ; car la tête est comme la racine des nerfs et des facultés animales et les parties séminales sont en bas, en comptant pour rien les extrémités des bras et des jambes. Au contraire, dans les plantes, la racine, qui est comme leur tête, est ordinairement placée dans le lieu le plus bas et la semence dans la partie supérieure.

Mais un avertissement bien nécessaire ici, et que nous ne nous lasserons point de donner, c'est qu'en rassemblant et choisissant les faits pour en composer une histoire naturelle, il faut suivre un plan tout-à-fait contraire à celui qu'on se fait ordinairement, et se pénétrer d'un esprit tout opposé ; car jusqu'ici, à la vérité, les hommes n'ont pas manqué d'intelligence et d'activité dans l'étude de la nature, mais ils l'ont envisagée selon la diversité des êtres ou des phénomènes, et ils ont poussé l'exactitude en ce genre jusqu'au point de remarquer et d'expliquer les plus minutieuses différences des animaux, des végétaux et des fossiles ; différences qui, le plus souvent, ne sont tout au plus que des jeux de la nature, et non des objets dont la considération puisse être vraiment utile aux sciences. Ces sortes d'observations sont fort agéables sans doute et sont même de quelque utilité dans la pratique ; mais s'agit-il de pénétrer dans les profondeurs de la nature, de telles connaissances sont alors d'une utilité médiocre, pour ne pas dire nulle ; il faut donc tourner principalement son attention vers les similitudes et les analogies, tant dans les composés que dans leurs parties. C'est là proprement la marche qui peut nous mettre en état de saisir l'ensemble de la nature et le premier fondement de la véritable science.

Mais ces rapprochements ne doivent être faits qu'avec précaution ; ils exigent de la circonspection et de la sévérité. Il ne faut donner ce nom d'exemples d'analogie et de conformité qu'aux faits qui (comme nous l'avons dit en commençant) présentent des similitudes physiques, c'est-à-dire réelles, substantielles, et ayant leur racine dans la nature même, non des similitudes hasardées, spécieuses, moins encore de ces analogies superstitieuses dont se berce une coupable curiosité et semblables a celles qu'étalent sans cesse les auteurs qui traitent de la magie naturelle ; genre d'écrivains frivoles et superficiels qui, dans un sujet aussi grave, méritent à peine d'être nommés, et dont la sotte vanité va débitant des similitudes aussi stériles qu'imaginaires et quelquefois même controuvées à dessein.

Mais, laissant de côté ces chimères, nous dirons qu'il ne faut pas non plus négliger les exemples de conformité relatifs à la configuration du globe terrestre, du moins quant à ses grandes parties. Telles sont, par exemple, l'Afrique et la région du Pérou, y compris les contrées plus méridionales du même continent, lesquelles s'étendent aussi et s'allongent jusqu'au détroit de Magellan ; car, sur ces deux continents on voit des isthmes et des promontoires tout semblables ; ce qui ne sera pas arrivé par hasard et doit être l'effet d'une cause commune.

Il en est de même du nouveau monde et de l'ancien, comparés ensemble selon leur totalité, car tous deux sont fort larges vers le nord et fort étendus de l'est à l'ouest, mais au contraire tous deux fort étroits et d'une figure qui va en s'aiguisant de plus en plus vers le midi.

Il est encore deux exemples de conformité qui méritent d'être remarqués ; c'est d'abord ce froid si âpre qui règne dans ce qu'on appelle la moyenne région de l'air, puis ces feux si actifs qui s'élancent avec un bruit terrible des entrailles de la terre, dans les éruptions volcaniques, deux phénomènes qu'on peut regarder comme des maximum, comme des extrêmes de la nature, savoir : l'un, de la nature chaude, vers la concavité des cieux ; l'autre, de la nature froide, vers les entrailles de la terre ; double phénomène, dis-je, dont la cause est l'antipéristase ou l'action répulsive que chacune des deux natures exerce sur sa contraire.

Enfin l'analogie de certains axiomes pris dans les différentes sciences fournit encore une conformité d'exemples également remarquables ; par exemple, la figure de rhétorique qu'on nomme contre-l'attente est analogue à la figure musicale appelée déclinaison de la cadence (de la finale). De même l'axiome mathématique : deux choses égales à une troisième sont égales entre elles, rappelle celui qui est la base de toute la structure du syllogisme, forme de raisonnement par laquelle on unit deux idées qui s'accordent par rapport à une troisième, savoir : celle du moyen terme (ou terme moyen de comparaison). Enfin, une des qualités le plus souvent utiles en philosophie, c'est une certaine sagacité active qui rend capable de chercher et de saisir les conformités et les similitudes physiques.

XXVIII. Parmi les prérogatives des faits, nous mettrons au septième rang les exemples monodiques (de sujets uniques en leur genre ou d'espèces rares), que nous qualifions aussi assez souvent d'exemples irréguliers ou hétéroclites (en empruntant un terme des grammairiens). Les exemples de cette classe désignent, parmi les composés divers, ceux qui semblent n'être que des extravagances, des bizarreries de la nature, des espèces de sauts, et qui n'ont aucune analogie avec les choses du même genre. En effet, les exemples de conformité sont ceux qui ont de l'analogie avec d'autres, au lieu que les exemples monodiques sont ceux qui ne ressemblent qu'à eux-mêmes. La destination de ces derniers est précisément la même que celle des exemples clandestins ; ils aident l'esprit à s'élever à l'unité de la nature, à réunir ses parties sous les mêmes idées, pour découvrir les genres et les qualités communes, qualités qui ensuite doivent être particularisées et limitées par les vraies différences des choses à définir ; car il ne faut pas se désister de la recherche qui a pour objet les propriétés ou qualités observées dans des sujets qu'on peut regarder comme des prodiges de la nature, jusqu'à ce qu'on soit parvenu à les ramener à quelque classe de faits connus, et à les comprendre sous quelque forme ou loi certaine, en sorte qu'on voie clairement que toute cette apparente irrégularité ou singularité tient à quelque forme commune, et que tout le miracle n'est que l'effet naturel de certaines nuances délicates, d'une proportion et d'une combinaison rares dans les causes productrices, et non d'une différence vraiment spécifique ; mais aujourd'hui on ne fixe pas long-temps son attention sur les raretés de ce genre ; on se contente de les appeler les secrets, les grands mystères de la nature ; on les qualifie d'inexplicables, d'exceptions aux règles générales et on s'en tient là.

On peut regarder comme des exemples monodiques le soleil et la lune parmi les astres, l'aimant parmi les pierres, le mercure parmi les métaux, l'éléphant parmi les quadrupèdes, le sens vénérien parmi les différents genres de tact, la finesse de l'odorat du chien parmi les différentes espèces d'odorat; et même la lettre S dans la grammaire peut être regardée comme monodique, vu la facilité avec laquelle elle se prête à une combinaison avec d'autres consonnes, quelquefois avec deux, quelquefois même avec trois. Or, les exemples de ce genre sont très précieux ; ils vivifient l'étude de la nature et aiguisent l'intelligence humaine ; ils rectifient l'entendement dépravé par l'habitude et trop frappé de ce qui arrive le plus souvent.

XXIX. Au huitième rang parmi les prérogatives des exemples, nous mettrons les exemples de déviation, c'est-à-dire les erreurs de la nature, ses écarts, les monstres, en un mot tous les sujets où elle semble s'écarter de sa route ordinaire et s'égarer ; car les erreurs de la nature diffèrent des exemples monodiques en ce que ces derniers sont des prodiges d'espèce, au lieu que les premiers sont des prodiges d'individus. Mais ceux dont nous parlons ici ne laissent pas d'avoir précisément la même destination; leur usage est aussi de rectifier l'entendement asservi par l'habitude et de dévoiler les formes communes. Quand on rencontre de tels exemples, il ne faut pas non plus se désister de la recherche qu'on n'ait découvert la cause de cette espèce d'écart. Cependant cette cause même ne s'élève guère jusqu'à quelque forme proprement dite, mais seulement jusqu'au progrès caché vers la forme; car qui connaîtrait bien les voies de la nature connaîtrait par cela seul ses déviations, et qui connaîtrait bien ses déviations serait aussi en état de montrer ses voies.

Les exemples de déviation diffèrent encore des exemples monodiques en ce qu'ils fournissent de plus puissants moyens pour la pratique ; car engendrer de nouvelles espèces serait une entreprise trop difficile, mais varier les espèces connues et par cette seule variation produire une infinité de choses rares et extraordinaires le serait moins. Or, des prodiges de la nature aux prodiges de l'art le passage est facile. Si une fois l'on pouvait saisir la nature dans sa variation, et bien connaître la cause de cette variation, alors il serait facile à l'art de ramener la nature dans les voies où elle s'était égarée par hasard et de la conduire nonseulement à ce point, mais même à tout autre, ses écarts dans une seule direction frayant la route à des écarts et à des déviations dans toutes les directions. Or, par cela même que les exemples de cette classe sont en grand nombre, nous n'avons pas besoin d'en citer, et il faut composer une histoire naturelle *ex professo* où entrera la description de tous les monstres et de toutes les productions bizarres de la nature, en un mot de tout ce qui est nouveau, rare et extraordinaire ; mais une pareille histoire doit être faite avec le choix le plus sévère ; on n'y doit faire entrer que des faits authentiques. Il faut surtout tenir pour suspects tous les faits merveilleux qui ont des relations quelconques avec la religion, tels que les prodiges que rapporte Tite-Live, et regarder du même œil tous ceux qu'on rencontre dans les traités de magie naturelle et d'alchimie, et se défier de tout ce que rapportent les écrivains de ce caractère qui, semblables en cela aux amants de Pénélope, ont un goût trop vif pour les fables et les contes amusants. Ces faits enfin, il faut les tirer d'une histoire grave, sûre et appuyée de solides autorités.

XXX. Nous mettrons au huitième rang les exemples limitrophes, auxquels nous donnons aussi assez souvent le nom de participes (d'exemples de sujets mi-partis). Ce sont ceux où se présentent certaines espèces qui semblent être composées de deux espèces différentes ou n'être que des ébauches, des essais entre une espèce et l'autre. A proprement parler, on pourrait ranger ces exemples-ci parmi les exemples monodiques ou hétéroclites, vu qu'ils sont également rares et extraordinaires dans l'immensité des choses. Cependant par leur importance ils méritent d'être classés à part et de faire le sujet d'une analyse particulière ; car ils fournissent d'excellentes indications sur le mécanisme et la structure des composés divers. Ils dévoilent les causes du nombre et des qualités distinctives des espèces les plus communes dans l'univers, et, à l'aide du fil de l'analogie, conduisent l'entendement de ce qui est à ce qui peut être.

On peut regarder comme limitrophes les exemples suivants : la mousse qui tient le milieu entre la substance putride et la plante; certaines comètes entre les astres et les météores ignés ; les poissons volants entre les oiseaux et les poissons ; les chauves-souris entre les oiseaux et les quadrupèdes ;

Et même cet animal grimacier qui ressemble si fort à notre espèce et n'en est pas plus beau;

Enfin tous ces fœtus qui tiennent de deux espèces ou d'un plus grand nombre.

XXXI. Nous mettrons au deuxième rang parmi les prérogatives des faits les exemples de puissance, que nous appelons aussi quelquefois les productions du génie ou encore les secondes mains de l'homme. Ce sont les ouvrages les plus distingués et les plus parfaits, en un mot les chefs-d'œuvre dans chaque art. Car le principal but en philosophie étant de plier en quelque manière la nature pour approprier ses opérations à l'avantage et à l'utilité du genre humain, c'est un dessein tout-à-fait conforme à cette fin que celui de dénombrer et de décrire tous les procédés dont l'homme est depuis longtemps en possession, comme autant de provinces déjà conquises et assujetties, mais surtout ceux qui sont aujourd'hui le mieux développés et portés au plus haut point de perfection; car de ces moyens déjà connus à de nouvelles découvertes le passage sera plus prompt et plus facile que s'il eût fallu inventer sans un tel secours; et pour peu qu'un homme, ayant suffisamment considéré et analysé toutes ces découvertes déjà faites, s'anime ensuite et s'applique avec ardeur à l'invention, il ne pourra manquer d'étendre un peu ces procédés connus, ou ils le conduiront à d'autres fort analogues, ou enfin il en fera de plus belles et de plus utiles applications.

Ce n'est pas tout; mais de même qu'à la vue des productions les plus rares et les plus extraordinaires de la nature l'entendement s'éveille, et prenant un essor plus hardi s'élève à la recherche et à l'invention des formes dans l'étendue desquelles ces productions se trouvent comprises et dont la connaissance met en état de les imiter; ainsi à la vue des chefs-d'œuvre et des productions admirables de l'art, l'admiration même qu'ils inspirent excite à en chercher les raisons; et l'attention qu'ils excitent, jointe aux indications qu'ils fournissent, met en état de les expliquer. On peut dire même qu'à cet égard la vue de ces dernières a des effets plus puissants, attendu que la manière dont l'art opère ses prodiges est visible et palpable, au lieu que la nature, en opérant les siens, semble presque toujours cacher sa marche. Mais c'est une raison de plus pour ne pas s'attacher sans précaution à ce genre d'étude dont le principal inconvénient est d'abattre et d'atterrer en quelque manière l'entendement.

En effet, il est à craindre qu'à la vue de ces chefs-d'œuvre de l'art qui sont comme les sommités ou le comble de l'industrie humaine, l'entendement, frappé d'une excessive admiration, ne soit arrêté dans sa marche et lié comme par une sorte de maléfice relativement aux inventions en ce genre; qu'il ne puisse plus s'accoutumer à d'autres opérations et ne pousse la prévention jusqu'au point de s'imaginer qu'on ne peut plus rien exécuter dans le même genre qu'en suivant précisément les mêmes procédés ou tout au plus en redoublant d'attention, en opérant avec plus de précision et faisant ses préparatifs avec plus de soin.

Mais, loin de le penser, on doit au contraire tenir pour certain que tous les procédés inventés et observés jusqu'ici ne composent qu'une pratique assez pauvre et assez mesquine; que tout grand accroissement de puissance dépend et doit être dérivé avec méthode des sources mêmes des formes dont aucune encore n'a été découverte.

Ainsi, comme nous l'avons dit ailleurs, si un homme eût tourné son attention vers les béliers et autres machines dont les anciens faisaient usage dans les siéges, avec quelque effort et quelque tenue qu'il eût médité sur ce sujet, y eût-il même consumé sa vie entière, jamais pour cela il ne serait parvenu à l'invention de l'artillerie et autres armes à feu qui doivent tout leur effet à la poudre. De même on aurait eu beau méditer sur les étoffes fabriquées, soit avec la laine ou avec les fils tirés des végétaux, jamais pour cela on n'aurait découvert la nature du ver à soie et celle du fil que fournit cet insecte.

Une autre observation à faire sur ces inventions qu'on peut avec raison regarder comme les plus belles et les plus utiles, c'est qu'on ne les doit nullement à cette espèce de génie assez médiocre et de méthode assez facile qui développe et étend les arts, mais au pur, au seul hasard. Et ce hasard, qui le plus souvent ne multiplie les inventions qu'à force de siècles, il n'est qu'une seule chose qui puisse le suppléer et le prévenir, savoir : l'invention des formes.

Or, ces chefs-d'œuvre de l'art sont en si

grand nombre que cette multitude même nous dispense d'en donner des exemples. Reste donc à visiter et à considérer de plus près les arts mécaniques et même les arts libéraux (quant à leur pratique), afin d'en tirer des matériaux pour une histoire particulière toute composée des plus beaux secrets, des œuvres de main de maître, en un mot des productions les plus parfaites de chaque art, en y joignant une description bien circonstanciée de leurs procédés.

Dans cette collection que nous exhortons à faire avec le plus grand soin, nous ne prétendons pas qu'on doive s'astreindre aux seuls chefs-d'œuvre de chaque art, aux seuls ouvrages qui excitent l'admiration; car l'admiration est fille de la rareté, et les choses rares, quoiqu'en général elles tiennent à des natures assez communes, ne laissent pas d'exciter ce sentiment.

Mais au contraire des choses qui seraient faites pour attirer l'admiration à cause de telle différence vraiment spécifique qui les distingue, pour peu néanmoins qu'elles deviennent familières, n'excitent pas même l'attention. Cependant les exemples monodiques (ou singularités) de l'art ne doivent pas être observés avec moins d'attention que ceux de la nature dont nous venons de parler. Et de même que nous avons rangé parmi les exemples monodiques de la nature le soleil, la lune, l'aimant et autres corps semblables qui sont fort connus, mais qui, considérés par rapport à leur nature, sont presque uniques, il faut aussi classer parmi les exemples monodiques de l'art les ouvrages et les procédés qui, bien que fort connus, n'en sont pas moins uniques en leur espèce.

Si nous cherchons dans les arts des exemples monodiques, nous trouvons d'abord le papier, matière extrêmement commune, mais dont la texture ne laisse pas d'être singulière; car la plupart des matières qui sont des produits de l'art ou qui ne sont que de purs tissus sont à chaîne et à trame (à fils directs et tranverses) : telles sont les étoffes de soie ou de laine, les toiles et autres semblables; ou ce sont des espèces de concrétions de sucs épaissis et durcis ; tels sont la brique, l'argile de potier, le verre, l'émail, la porcelaine, et autres de cette nature, qui, lorsque leur grain est fin et serré, ont du brillant et de l'éclat, mais qui, dans la supposition contraire, se durcissent seulement jusqu'à un certain point et sans avoir ce luisant que leur donnerait une texture plus serrée. Cependant toutes ces substances formées de concrétions sont fragiles, elles ont peu de cohérence et de ténacité, au lieu que le papier est une substance tenace, susceptible d'être coupée et déchirée; en un mot, il ressemble fort et le dispute presque à la peau et aux membranes des animaux, ou aux feuilles des végétaux, ou à toute autre matière de cette espèce, composée par la nature même; car il n'est ni fragile comme le verre, ni tissu comme les étoffes et les toiles. Que s'il a aussi des fibres, ce ne sont pas des fibres distinctes et régulièrement arrangées, mais des fibres disposées confusément et qui se croisent dans tous les sens, précisément comme dans les substances naturelles; en sorte que, parmi les matières qui sont le produit de l'art, il serait difficile de retrouver quelque chose de semblable, et qu'il est tout-à-fait monodique. Mais parmi les produits de l'art il faut surtout préférer ceux qui imitent le mieux la nature, ou au contraire ceux qui la maîtrisent et renversent sa marche.

De plus, parmi les productions de l'intelligence et de la main humaines, il ne faut pas tout-à-fait mépriser les prestiges et les tours d'adresse, en un mot les jeux proprement dits. Quoique ce ne soient que des jouets et des bagatelles, on ne laisse pas d'en tirer d'assez grandes lumières et des connaissances applicables à des objets plus importants.

Enfin il ne faut pas non plus rejeter entièrement les relations superstitieuses et même magiques (en laissant à ce mot sa signification ordinaire); car, quoique les faits de ce genre soient comme étouffés par la masse énorme des fables et des mensonges qu'on y mêle, il est bon toutefois d'y donner un coup d'œil, afin de voir si dans cette immensité de prétendus miracles on ne trouverait pas quelque opération vraiment naturelle; par exemple, dans ce qu'ils disent sur les moyens de fasciner ou de fortifier l'imagination, sur la corrélation et l'action réciproque de certains sujets à des distances assez grandes; sur la transmission qui, selon eux, n'a pas moins lieu d'esprit à esprit que de corps à corps, et autres effets de cette nature.

XXXII. Il suit de tout ce que nous venons de dire que la recherche des cinq derniers genres d'exemples (savoir : des exemples de conformité, monodiques, de déviation, limitrophes et de puissance) ne doit point être retardée jusqu'au temps où l'on s'occupera *ex professo* de telle ou telle nature à définir, comme l'on doit réserver pour ce temps-là les autres espèces d'exemples que nous avons proposés d'abord, et la plus grande partie de ceux que nous proposerons par la suite ; mais qu'il faut, dès le commencement, en faire une collection, en composer une sorte d'histoire particulière, parce qu'ils servent à digérer tout ce qui entre dans l'entendement et à corriger sa mauvaise complexion ; laquelle, sans cela, serait nécessairement infectée, pervertie, dépravée par les choses familières et rebattues qui y formeraient autant de préjugés difficiles à vaincre.

Ainsi, les exemples de ces cinq dernières classes doivent être employés comme une sorte de remèdes préparatoires pour rectifier et purger l'entendement ; car tout ce qui le détourne des choses trop familières et le dégage des liens de l'habitude, nettoyant pour ainsi dire son aire et aplanissant sa surface, le prépare ainsi à recevoir la lumière pure et sèche des notions véritables.

Il y a plus : ces sortes d'exemples fraient le chemin à la pratique, comme il sera dit en son lieu et lorsque nous traiterons de la manière de déduire les conséquences pratiques.

XXXIII. Parmi les prérogatives des faits, nous mettrons au onzième rang les exemples d'accompagnement (concomitance) et les exemples hostiles (d'opposition ou d'exclusion), que nous appelons aussi exemples de propositions fixes. Ce sont ceux qui présentent tel corps ou composé, dans lequel se trouve perpétuellement la nature à définir, comme une sorte de compagne inséparable ; ou, au contraire, tel composé où la nature en question ne se trouve jamais et dont elle est perpétuellement exclue, comme une sorte d'ennemie. Car c'est d'exemples de ce genre que se forment les propositions certaines et universelles, soit affirmatives, soit négatives, c'est-à-dire les propositions dont le sujet sera tel genre de composés et l'attribut la nature même en question. En effet, les propositions particulières ne sont rien moins que fixes, lorsque, dans le genre de composé qui en est le sujet, la nature en question n'est que passagère et accidentelle, c'est-à-dire tantôt acquise tantôt perdue, et peut y entrer en quelque manière et en sortir alternativement. Nous devons même observer à ce sujet qu'il n'est point de proposition particulière qui ait de plus grandes prérogatives que d'autres, si l'on en excepte le seul cas de migration, dont nous avons parlé dans un des articles précédents. Et néanmoins, ces propositions particulières mêmes, comparées aux propositions universelles, sont d'une grande utilité, comme il sera dit en son lieu. Mais, dans ces propositions universelles, auxquelles nous attachons tant d'importance, ce n'est point une affirmative ou une négative rigoureuse et absolue que nous demandons ; elles rempliraient suffisamment notre objet dans le cas même où elles souffriraient une seule et même un petit nombre d'exceptions.

Or, l'avantage des exemples de concomitance est de resserrer l'affirmative de la forme. En effet, de même que nous voyons, dans les exemples de migration, l'affirmative de la forme se resserrer à tel point qu'il faut absolument supposer que la forme de la nature à définir est quelque chose qui est mis ou ôté, produit ou détruit par cet acte de migration, de même aussi l'affirmative de la forme se resserre tellement dans les exemples de concomitance qu'on est forcé de supposer que la forme de cette nature en question est quelque chose qui entre toujours dans la composition d'un corps de cette espèce ou qui en est perpétuellement exclus par une espèce d'antipathie ; en sorte que tout homme qui connaîtrait bien la constitution et la texture de ce corps ne serait pas loin de découvrir la forme de la nature proposée.

Soit par exemple la nature en question la chaleur ; alors l'exemple de concomitance sera la flamme. En effet, dans l'eau, dans l'air, dans les pierres, les métaux, et une infinité d'autres corps, la chaleur n'est que passagère et purement accidentelle, mais toute flamme est chaude ; en sorte que la chaleur entre perpétuellement et nécessairement dans la composition de tout corps enflammé. Mais nous ne trouvons point autour de nous d'exemple hostile (d'exclusion) par rapport à la chaleur ; car nos sens ne nous apprennent rien de ce qui se passe dans le sein de la terre ; et quant aux corps que nous connaissons il n'est aucun composé qui ne soit susceptible de chaleur.

Puis, en renversant le problème, supposons

que la nature en question soit la consistance ou la solidité, l'exemple hostile (ou d'exclusion) en ce genre, c'est l'air ; car le métal peut être tantôt solide, tantôt fluide ; il en est de même du verre, et l'eau elle-même peut, par sa congélation, acquérir de la solidité. Mais il est impossible que l'air devienne jamais solide et se dépouille de sa fluidité.

Il nous reste à donner sur les propositions fixes dont nous venons de parler deux avertissements utiles à notre objet actuel ; l'un est que, si la proposition universelle, soit affirmative, soit négative, dont on a besoin, manque absolument, il faut avoir soin de remarquer ce déficit même comme une sorte de non-être (de privation totale), et c'est ce que nous avons fait par rapport à la chaleur ; question où l'universelle négative (du moins quant aux êtres qui sont parvenus à notre connaissance) manque absolument dans la nature des choses. De même, soit la nature proposée, l'éternité ou l'incorruptibilité ; dans cette question, l'affirmative universelle n'a lieu relativement à aucun des corps qui nous environnent ; car, ni sous les cieux ni dans les parties supérieures de la terre, il n'est de corps dont on puisse dire qu'il est éternel ou incorruptible. L'autre avertissement est qu'aux propositions universelles, tant affirmatives que négatives, qu'on forme par rapport à quelque composé, il faut joindre les autres composés qui paraissent approcher le plus de la totale privation de la nature affirmée dans ces propositions, ou au contraire. Or, telles sont, par rapport à la chaleur, les flammes très faibles et qui brûlent très peu, et par rapport à l'incorruptibilité, l'or, qui est presque doué de cette qualité. Car ce rapprochement des deux extrêmes, dans chaque genre, indique les limites de la nature entre l'être et le non-être (la possession et la privation); et aidant à circonscrire les formes, il empêche qu'en s'étendant excessivement et s'éloignant des propriétés réelles et positives de la matière, elles n'aillent se perdre dans les abstractions.

XXXIV. Nous mettrons au douzième rang, parmi les prérogatives des faits, les exemples mêmes dont nous parlions dans l'aphorisme précédent, auxquels nous donnions le nom d'exemples subjonctifs et que nous qualifions aussi quelquefois de *non plus ultra* ou de limites. Or, les exemples de ce genre ne sont pas seulement utiles en tant qu'on les joint aux propositions fixes, mais ils le sont aussi par eux-mêmes et en vertu de leur propriété particulière. En effet, ils indiquent très clairement les vraies divisions de la nature et les mesures des choses ; ils montrent jusqu'à quel point la nature fait ou permet de faire telle ou telle opération, et marquent ainsi son passage d'un genre ou d'une espèce à l'autre. Tels sont l'or par rapport au poids, le fer relativement à la dureté, la baleine pour la stature des animaux, le chien par rapport à la finesse de l'odorat, l'inflammation de la poudre à canon pour la promptitude de l'expansion, et autres natures semblables.

Et il ne faut pas moins présenter dans ces exemples les qualités qui se trouvent au degré le plus faible que celles qui sont portées au plus haut degré (pas moins le minimum de chaque genre de qualité que son maximum), comme l'esprit-de-vin pour le minimum de pesanteur spécifique, la soie pour celui de la mollesse, la peau d'un ver très délié pour celui de la quantité de matière dans les animaux, etc.

XXXV. Au treizième rang, nous mettrons les exemples d'alliance ou d'union. Ce sont ceux qui confondent et réunissent les natures qu'on regarde ordinairement comme hétérogènes et que les divisions reçues supposent telles.

Mais les exemples d'alliance montrent que les effets qu'on attribue à tel de ces corps réputés hétérogènes, et qu'on regarde comme leur étant propres, appartiennent aussi à ceux qu'on croit d'une espèce différente, afin qu'on soit bien convaincu que cette hétérogénéité n'est point réelle ou du moins essentielle, et qu'elle n'est autre chose qu'une simple modification d'une nature commune aux sujets qu'on croit si différents. Ces exemples sont d'un grand usage pour élever l'entendement des différences aux genres.

Ils dissipent les trompeuses apparences des choses et font pour ainsi dire tomber leur masque ; car dans les composés où elles sont combinées, elles se présentent comme masquées.

Par exemple, soit la nature en question la chaleur ; c'est une division fameuse, et en quelque sorte authentique, que celle par laquelle on distingue trois genres de chaleurs, savoir : la chaleur des corps célestes, celle des animaux et celle du feu, prétendant que ces chaleurs (surtout l'une d'entre elles comparée aux deux autres) sont essentiellement, spécifiquement différentes et tout-à-fait hétérogènes, attendu que la chaleur des corps célestes et celle des animaux ont la faculté d'engendrer et de conserver, au lieu que la chaleur du feu dissout et détruit tout. Ainsi, l'exemple d'alliance sur ce sujet est cette expérience assez connue. Si l'on introduit une branche de vigne dans quelque partie d'une maison où l'on fasse du feu continuellement, les raisins mûrissent un mois plus tôt qu'ils n'auraient fait au dehors. Voilà donc la maturité d'un fruit encore suspendu à l'arbre avancée par le feu, et qu'on regardait pourtant comme l'effet propre de l'action du soleil. Ainsi, de cette première indication, l'entendement, rejetant toute idée d'hétérogénéité essentielle, s'élève à la recherche des vraies différences qui se trouvent entre la chaleur du soleil et celle du feu, et s'excite à chercher pourquoi leurs effets sont si différents, quoiqu'ils participent d'une nature commune.

Or, ces différences sont au nombre de quatre. La première est que la chaleur du soleil est beaucoup plus douce et plus modérée que celle du feu. La seconde consiste en ce que cette chaleur, telle du moins que l'air nous l'apporte, est beaucoup plus humide. En troisième lieu (ce qui est le point le plus essentiel), la chaleur du soleil est extrêmement inégale; elle va tantôt s'approchant et augmentant, tantôt s'éloignant et diminuant; variation qui est une des plus puissantes causes de la génération des corps. Car ce n'est pas sans fondement qu'Aristote prétend que la principale cause de ces générations et de ces corruptions que nous voyons à la surface de la terre est la route oblique que parcourt le soleil dans le zodiaque; obliquité qui, en partie par la succession alternative du jour et de la nuit, en partie par celle de l'été et de l'hiver, rend cette chaleur extrêmement inégale. Mais cette remarque si juste, le tranchant personnage ne manque pas de lui ôter aussitôt tout son prix; car se constituant à son ordinaire l'arbitre de la nature, il assigne magistralement, pour cause de la génération, l'approche du soleil, et son éloignement pour cause de la corruption, quoique l'une et l'autre, savoir, l'approche du soleil et son éloignement, soient, non pas distinctement, mais presque indifféremment, causes tant des générations que des corruptions, attendu que l'effet de l'inégalité de la chaleur est tout à la fois la génération et la corruption des composés, et que son égalité n'a d'autre effet que leur conservation. Il est une quatrième différence entre la chaleur du soleil et celle du feu, différence très importante; elle consiste en ce que la chaleur du soleil, croissant et décroissant avec beaucoup de lenteur, insinue ses effets par périodes fort longues, au lieu que le feu, vu l'impatience humaine, agit brusquement et par intervalles de temps fort courts. Mais s'il se trouvait un homme bien assidu qui, tempérant d'abord la chaleur du feu et la ramenant à un degré plus modéré et plus doux (effet qu'il est aisé d'obtenir par plus d'un moyen), sût ensuite y mêler quelque peu d'humidité, mais qui, sur toutes choses, sût patienter et attendre tout du temps, non pas tout-à-fait d'un temps proportionné à la lenteur des effets du soleil, mais d'un temps du moins beaucoup plus long que celui de la durée de nos opérations à l'aide du feu; cet homme-là détruirait pour toujours le préjugé de l'hétérogénéité de ces deux espèces de chaleur, et il tenterait ou il égalerait, et quelquefois même surpasserait, à l'aide du feu, les opérations du soleil. Un autre exemple d'alliance, c'est encore cette expérience où l'on ressuscite, par le moyen d'une chaleur douce, des papillons engourdis par le froid et restés comme morts; expériences qui prouvent que le feu n'a pas moins la propriété de vivifier les animaux que celle de mûrir les végétaux. Ajoutez-y la célèbre invention de Fracastor; je parle de cette poêle fortement chauffée dont les médecins entourent la tête des apoplectiques désespérés, poêle dont la grande chaleur, dilatant manifestement les esprits animaux comprimés par les humeurs qui obstruent le cerveau, et presque éteints, rétablit ainsi leur mouvement (précisément de la même manière que le feu agit sur l'eau et sur l'air), et qui, en conséquence de ce mouvement, les vivifie et les ranime. On fait aussi quelquefois éclore des œufs à l'aide du feu, effets tout-à-fait semblables à ceux de la chaleur animale, ainsi qu'une infinité d'autres, d'après lesquels il n'est plus permis de douter que la chaleur du feu ne puisse être modifiée dans certains sujets, de manière à imiter la chaleur des corps célestes et celle des animaux.

De même, supposons que les natures en question soient le mouvement et le repos; c'est encore une division fameuse et qui semble tirée des profondeurs de la philosophie que de dire : ou les corps naturels se meuvent circulairement, ou ils se meuvent en ligne droite, ou ils demeurent en repos. Car, ajoute-t-on, entre le mouvement sans terme, le repos dans un terme et le mouvement vers un terme, il n'est point de milieu. Or, quant au mouvement perpétuel de circulation, il paraît être propre aux corps célestes ; l'immobilité ou le repos semble l'être au globe terrestre. Quant aux autres corps dont les uns sont qualifiés de graves et les autres de légers, corps qui sont placés hors des lieux propres à ceux de leur espèce, ils se portent en ligne droite vers les masses ou assemblages de leurs congénères ou analogues, savoir : les corps légers en haut, vers la circonférence des cieux, et les corps graves en bas, vers la terre ; toutes distinctions fort belles sans doute, mais pour le discours.

Un exemple d'alliance qui détruit toutes ces divisions, c'est celui d'une comète fort basse, et qui, bien que située fort au-dessous des cieux, ne laisse pas d'avoir un mouvement circulaire. Quant à ce conte d'Aristote, qui suppose que la comète est liée à quelque astre et forcée de le suivre, il y a long-temps qu'il n'en est plus question ; non pas seulement parce que la raison qu'il en donne n'est nullement probable, mais bien parce que cette hypothèse est manifestement démentie par l'observation qui a démontré l'irrégularité du mouvement des comètes, lesquelles se meuvent dans toutes sortes de directions.

Un autre exemple d'alliance sur le même sujet, c'est le mouvement de l'air qui, entre les tropiques, où les cercles du mouvement diurne sont plus grands, paraît circuler lui-même d'Orient en Occident.

On pourrait encore regarder comme un exemple d'alliance le flux et le reflux de la mer, si, d'après les observations, l'on trouvait que les eaux elles-mêmes ont d'Orient en Occident un mouvement circulaire, mais lent et presque insensible, de manière cependant que deux fois par jour il soit répercuté (rétrograde). Si donc l'on trouve que les choses se passent ainsi, il s'ensuit évidemment que ce mouvement de circulation ne se termine pas aux corps célestes, mais qu'il est communiqué à l'air et à l'eau.

On peut dire aussi que la tendance, en vertu de laquelle on suppose que les corps légers se portent de bas en haut, est quelque peu douteuse, et on pourrait décider cette question en prenant pour exemple d'alliance la bulle d'eau. En effet, tant que l'air est sous l'eau il s'élève rapidement à la surface de ce fluide, en vertu de ce mouvement que Démocrite appelle mouvement de plaie, par lequel l'eau, en se portant vers le bas, frappe l'air et le force à s'élever, et non pas en vertu d'une tendance naturelle et positive de l'air même à monter. Or, lorsque ce fluide est arrivé à la surface de l'eau, la cause qui l'empêche quelque temps de s'élever davantage, c'est cette légère résistance qu'il éprouve de la part de l'eau, qui d'abord ne se laisse pas aisément diviser ; en sorte qu'il n'est rien de plus faible que cette tendance de l'air à s'élever.

Supposons encore que la nature en question soit la pesanteur : suivant la division reçue, les corps denses et solides se portent vers le centre de la terre ; les corps rares et ténus vers la circonférence des cieux ; les uns et les autres tendant aux lieux qui leur sont propres. Or, quant à la supposition de ces lieux, toute accréditée qu'elle est dans les écoles, je dis que c'est une idée tout-à-fait inepte et puérile que de supposer ainsi que le lieu puisse quelque chose. En effet, les philosophes semblent plaisanter lorsqu'ils disent que, si l'on perçait la terre, dès que les corps graves seraient arrivés au centre, ils s'y arrêteraient. C'est attribuer bien de la vertu et du pouvoir à un point mathématique, à un pur néant, que de le supposer capable de faire telle chose et d'attirer telle autre. Disons plutôt que la seule chose qui puisse agir sur un corps, c'est un autre corps. Mais cette tendance à se porter vers le haut ou vers le bas dépend soit de la texture du corps qui se meut, soit de sa sympathie ou de ses corrélations avec un autre corps. Et si l'on trouve quelque corps dense et solide qui, malgré cette densité et cette solidité, ne se porte point vers le centre de la terre, c'en est fait alors de cette belle division. Or, si l'on adopte le sentiment de Gilbert, qui prétend que la force magnétique par laquelle la terre attire les graves ne s'étend pas au-delà de sa sphère d'activité (car toute vertu, toute force, n'agit que jusqu'à une certaine distance), et que cette hypothèse, on puisse la vérifier par quelque fait, ce fait sera un exemple d'alliance sur ce sujet. Cependant il ne se présente à mon esprit pour le moment aucun fait certain et probant sur cette question. Ce qui paraît en approcher le plus, ce sont les trombes que l'on voit quelquefois dans la mer Atlantique, près des Indes occidentales. Car la force et la masse des eaux que ces trombes répandent tout à coup sont si grandes qu'on doit croire que cet amas d'eau s'était fait auparavant, qu'il était demeuré suspendu à cette hauteur, et qu'ensuite il a été plutôt jeté, poussé hors de là par quelque cause violente qu'il n'en est tombé en vertu de sa seule pesanteur naturelle; en sorte qu'on peut conjecturer qu'un corps d'une grande masse, fort dense et fort compacte, qui serait placé à quelque distance de la terre, y demeurerait suspendu, comme la terre elle-même, et n'en tomberait pas, à moins qu'il n'en fût chassé par quelque cause extérieure; mais c'est un point sur lequel nous ne pouvons rien assurer. Quoi qu'il en soit, par ce genre d'observations et par beaucoup d'autres que nous citons, il est aisé de voir combien notre histoire naturelle est pauvre, puisqu'au lieu de faits certains nous sommes réduits à alléguer des faits si douteux, de pures suppositions.

Soit enfin la nature en question les mouvements ou les opérations de l'esprit; on croit avoir fait une division bien exacte lorsqu'on les a divisés en raison humaine et instinct des brutes. Cependant il est telles actions qu'on voit faire à ces brutes et qui porteraient à penser qu'elles sont capables aussi de faire des espèces de syllogismes, surtout si l'on en veut croire ce qu'on rapporte de certain corbeau qui, durant une grande sécheresse, étant presque mort de soif, aperçut de l'eau dans le creux d'un tronc d'arbre, et n'y pouvant entrer parce que l'ouverture était trop étroite, ne cessa d'y jeter de petits cailloux jusqu'à ce que le niveau de l'eau s'élevât assez haut pour qu'il pût boire à son aise, et ce fait a depuis passé en proverbe.

Soit enfin la nature en question la visibilité; on croit faire une excellente division en disant que la seule lumière est douée d'une visibilité originelle; qu'elle est le principe de toute vision: que la couleur n'a qu'une visibilité secondaire, et que, sans la lumière, elle ne serait pas vue, en sorte qu'elle semble n'être qu'une image, qu'une modification de la lumière. Cependant on trouve aussitôt deux exemples d'alliance qui ruinent les deux parties de cette division, savoir: la neige vue en grande quantité et la flamme du soufre; car, dans la première, on voit une couleur tirant déjà sur la lumière, et dans la seconde, une lumière tirant déjà sur la couleur.

XXXVI. Nous mettrons au quatorzième rang, parmi les prérogatives des faits, les exemples de la croix, que nous qualifions ainsi en empruntant le nom de ces croix qu'on élève à l'entrée des chemins fourchus, et qui indiquent les lieux où conduisent les deux routes. Nous les nommons aussi, exemples décisifs ou de jugements définitifs, et, dans certains cas, exemples de l'oracle et du commandement. Voici leur mécanisme et leur destination. Lorsque, dans la recherche de la forme de quelque nature, l'entendement est comme en équilibre et tellement en suspens qu'il ne sait laquelle des deux natures il doit regarder comme la véritable cause (formelle) de la nature en question, incertitude où le jettent le grand nombre de natures qui se trouvent souvent réunies et concourantes dans un même sujet, les exemples de la croix montrent le lien étroit et indissoluble qui unit l'une de ces natures avec la nature en question, en faisant voir que l'autre n'y tient qu'accidentellement. Dès lors la question est terminée, et l'on peut admettre comme cause la première de ces deux natures en rejetant tout-à-fait l'autre. Ainsi, les exemples de cette espèce répandent un grand jour sur une recherche; ils sont pour ainsi dire d'une grande autorité, et d'un tel effet que la carrière de l'interprétation s'y termine quelquefois, et qu'alors ils mènent jusqu'au bout. De temps à autre on aperçoit de tels exemples parmi ceux qu'on connaissait déjà et qu'on avait envisagés d'une autre manière; mais le plus souvent ils sont entièrement nouveaux; on ne les rencontre qu'après les avoir cherchés, et ce n'est pas sans peine qu'on les trouve.

Supposons, par exemple, que la nature en question soit le flux et le reflux de la mer, double phénomène qui a lieu deux fois par jour, savoir: chaque fois, six heures pour le reflux et six heures pour le reflux, en négligeant une petite variation qui coïncide avec le cours de la Lune. Or voici la bifurcation qu'on trouve sur ce sujet.

Ce double phénomène a nécessairement pour cause ou le mouvement progressif et rétrograde des eaux (à peu près comme il arrive à l'eau qu'on agite dans un bassin, et qui, en baignant un côté, abandonne l'autre), ou le soulèvement des eaux de l'Océan au-dessus de leur niveau, ces eaux retombant ensuite à ce niveau et au-dessous, comme on l'observe dans une eau bouillante qui s'élève et retombe alternativement. Mais à laquelle de ces deux causes doit-on attribuer le flux et le reflux? voilà ce qu'il s'agit de savoir. Si l'on s'en tient à la première supposition, il est clair que le flux ne peut avoir lieu sur certaines côtes sans que le reflux ait lieu en même temps sur d'autres rivages. Ainsi, c'est là précisément le point de la question. Or, Acosta et quelques autres se sont assurés, par des observations très exacts, que le flux a lieu sur les côtes de la Floride dans le même temps que sur les côtes d'Espagne et d'Afrique, rivage opposé au premier. Cependant, si l'on y fait bien attention, cela même ne suffit pas pour établir l'hypothèse du soulèvement des eaux et ruiner celle de leur mouvement progressif; car il se pourrait que le mouvement des eaux fût progressif, et que néanmoins ces eaux, dans le même bassin, inondassent les deux rivages en même temps; or, c'est ce qui arriverait en effet si elles venaient d'ailleurs; je veux dire si d'un autre bassin elles se portaient dans celui dont nous parlons, à peu près comme dans les fleuves qui ont le flux et le reflux sur les deux rives en même temps, quoique le mouvement des eaux y soit visiblement progressif, attendu que du bassin de la mer voisine elles se portent dans le lit de ces fleuves par leur embouchure. Il se pourrait donc aussi que les eaux, venant en grande quantité de la mer des Indes, fussent déterminées, poussées dans le bassin de la mer Atlantique, et qu'en vertu de cette cause elles inondassent en même temps ses deux rivages. Reste donc à chercher un autre bassin où les eaux puissent décroître et où le reflux puisse avoir lieu dans le même temps. Or, nous trouvons aussitôt la mer Australe (la mer du Sud ou la mer Pacifique) qui suffit pour vérifier cette supposition, mer qui ne le cède point à la mer Atlantique et qui est même beaucoup plus étendue, beaucoup plus vaste.

Nous voilà donc enfin arrivés à un exemple de la croix sur ce sujet; le voici: si, par des observations exactes, on peut s'assurer qu'en même temps qu'il y a flux dans la mer Atlantique sur les deux rivages opposés (savoir, ceux de la Floride et de l'Espagne), il y a reflux à la côte du Pérou et sur toute la partie des côtes de la Chine qui borde la mer du Sud; alors, sans contredit, en vertu de cet exemple décisif, il faut rejeter tout-à-fait la supposition que le flux et le reflux de la mer ont pour cause le mouvement progressif; car il ne reste plus d'autre mer, d'autre bassin où le mouvement rétrograde, le reflux, puisse avoir lieu dans le même temps. Or, c'est ce dont il serait aisé de s'assurer, en s'informant des habitants de Panama et de ceux de Lima, contrée où les deux mers, savoir, la mer Atlantique et la mer du Sud, ne sont séparées que par un isthme fort étroit; en s'informant, dis-je, si le flux et le reflux ont lieu dans le même temps sur les deux rivages opposés de cet isthme, ou si c'est le contraire qui a lieu. Mais cette décision au fond n'est certaine qu'en supposant que la terre soit immobile; si au contraire il est vrai que la terre tourne, il se peut que les eaux ne tournant pas avec la même vitesse que le globe, il résulte de cette inégalité de vitesse une accumulation, un entassement des eaux qui forment un flux, et qu'ensuite ces eaux, au moment où elles ne peuvent plus s'accumuler ainsi, venant à retomber, forment le reflux; mais ce point mérite une recherche à part. Cependant, en admettant cette supposition même, toujours est-il vrai que, dans le temps où le flux a lieu dans certaines parties du globe, le reflux a nécessairement lieu dans d'autres parties.

De même, supposons que la nature en question soit le dernier des deux mouvements dont nous venons de parler, je veux dire le mouvement par lequel les eaux s'élèveraient et retomberaient alternativement; en supposant qu'après un suffisant examen, nous fussions obligés de rejeter l'hypothèse du mouvement progressif, alors nous aurons, par rapport à cette nature, une trifurcation; car il est de toute nécessité que le mouvement par lequel, dans les flux et reflux, les eaux s'élèvent pour retomber ensuite sans aucune addition de nouvelles eaux qui viennent s'y joindre latéralement, soit opéré par un des trois moyens suivants: ou que cette grande masse d'eau sorte des entrailles de la terre et y rentre alternativement; ou que ces eaux, leur masse, leur quantité demeurant absolument la même, se dilatent et se raréfient de manière à occuper un plus grand espace et à augmenter sensiblement de volume, et qu'ensuite elles se contractent proportionnellement; ou enfin que ces eaux, sans aucune augmentation dans leur quantité ou leur volume, soient attirées en dessus par quelque force magnétique et en quelque manière appelées par consentement (corrélation ou affinité), et qu'elles retombent ensuite à leur premier niveau. Ainsi, abandonnant les deux premières suppositions, tenons-nous-en, si l'on veut bien, à cette dernière, et voyons si ce soulèvement, par consentement ou par une force magnétique, a quelque chose de réel. Or, en premier lieu, il est évident que ces eaux contenues dans le bassin de la mer ne peuvent s'élever ainsi toutes ensemble, autrement il ne resterait plus rien pour les remplacer au fond de ce bassin; en sorte que, s'il existait en effet dans les eaux une tendance à s'élever ainsi, elle serait balancée, vaincue même par cette autre force qui tend à maintenir la continuité de toutes choses, ou, pour employer une expression reçue, par l'horreur du vide. Reste donc à supposer que, les eaux s'élevant d'un côté, elles décroissent par cela même et s'abaissent de l'autre. Il s'ensuit de plus que cette force magnétique ne pouvant agir également sur la totalité de ces eaux, c'est sur leur milieu qu'elle doit agir avec le plus de force, et par conséquent c'est vers le milieu du bassin que les eaux de la mer doivent le plus s'élever; effet qui ne peut avoir lieu sans qu'elles abandonnent les côtes et laissent les rivages à découvert.

Nous sommes donc enfin arrivés à un exemple de la croix sur ce sujet; le voici : si d'après d'exactes observations l'on trouve que dans les reflux la surface de la mer est plus arquée (plus convexe) et plus arrondie, les eaux s'élevant au milieu du bassin et abandonnant les côtes, c'est-à-dire les rivages, et qu'au contraire, dans les flux cette surface est plus unie, plus de niveau, les eaux revenant à leur première position, alors, sans contredit, en vertu de cet exemple décisif, on peut admettre l'hypothèse du soulèvement de ces eaux par une force magnétique, sinon il faut la rejeter entièrement.

Or, c'est ce dont il est facile de s'assurer dans les détroits, par le moyen de la sonde. Il faut donc voir si dans les reflux la mer est plus haute vers son milieu que dans les flux. Or, il est bon d'observer en passant que si cette dernière supposition est fondée, il se trouve aussi (par une disposition toute contraire à ce qu'on croit communément) que les eaux s'élevant durant le reflux et s'abaissant durant le flux, c'est en vertu de cet abaissement même qu'alors elles couvrent et inondent les rivages.

De même, soit la nature en question le mouvement de rotation spontanée, et supposons qu'il s'agisse de savoir au juste si ce mouvement diurne, par lequel le soleil et les étoiles nous paraissent se lever et se coucher, est un mouvement de circulation réel dans les corps célestes, ou si, n'étant qu'apparent dans ces corps, il est réel dans le globe terrestre; nous pourrons sur ce sujet avoir cet exemple de la croix. Si, ayant découvert dans l'Océan quelque mouvement d'Orient en Occident, même très lent et très faible, on trouve que ce mouvement ait plus de vitesse dans le corps de l'air, surtout entre les tropiques, où les cercles étant plus grands il doit être plus sensible; s'il se trouve aussi que dans les comètes ce mouvement soit déjà vif et d'une certaine force; si encore l'on trouve que dans les planètes ce même mouvement soit tellement disposé et gradué que sa vitesse croisse en raison directe de leur éloignement de la terre et en raison inverse de leur proximité; si enfin, dans le ciel étoilé, il a la plus grande vitesse possible, alors, sans contredit, il faudra regarder le mouvement diurne comme réel dans les cieux et renoncer pour toujours à l'hypothèse du mouvement réel de la terre; car alors il sera évident que le mouvement d'Orient en Occident est tout-à-fait cosmique, c'est-à-dire commun à toutes les parties de l'univers; que dans les sommités (les parties les plus élevées des cieux) il est infiniment rapide, et qu'ensuite, décroissant par degrés, il vient, en quelque manière, s'éteindre et mourir dans l'immobile, c'est-à-dire dans le globe terrestre.

De même encore, soit la nature en question cet autre mouvement de circulation dont les astronomes sont si occupés, mouvement qui, étant d'Orient en Occident, est par conséquent contraire, rénitent (résistant, réfractaire) au mouvement diurne que les anciens astronomes croyaient réel dans les planètes mêmes et le ciel étoilé, mais que Copernic et ses sectateurs attribuent encore à la terre : qu'on se demande enfin si, dans la nature entière, l'on trouve quelque autre mouvement de cette espèce, ou si plutôt ce n'est pas une pure fiction, une hypothèse gratuite et imaginée seulement pour abréger et faciliter les calculs, sans compter la sublime idée de faire décrire à tous les corps célestes des cercles parfaits ; car on ne prouve point du tout la vérité, la réalité de ce mouvement, soit en objectant le retard qui fait que chaque jour une planète ne répond pas précisément au même point du ciel que la veille, soit en alléguant que les pôles du zodiaque sont différents de ceux du monde, deux observations qui ont donné lieu à la supposition de ce mouvement chimérique. Quant au premier phénomène, on en rend aisément raison, en supposant que le premier mobile, tournant plus vite que la planète, la laisse chaque jour un peu en arrière, et quant au second on l'explique clairement par les lignes spirales, en sorte que la variation du retour des planètes et leur déclinaison vers les tropiques pourraient bien être plutôt de simples modifications du mouvement diurne et unique que des mouvements rénitents ou autour de pôles différents (de ceux de l'équateur). Ce qui est hors de doute, c'est que si l'on sait se faire peuple un instant, en revenant aux idées les plus naturelles et en oubliant toutes les hypothèses des astronomes et des scolastiques, tous gens à qui il n'est que trop ordinaire de donner un démenti aux sens et d'aimer l'obscurité, on conviendra qu'à en juger par les sens ce mouvement est tel que nous le disons ; ce qui est d'autant moins difficile à croire que nous-mêmes, il y a quelques années, à l'aide de certains fils de fer et d'un mécanisme assez simple, nous vînmes à bout de représenter ce mouvement tel qu'il est.

Mais voici quel exemple de la croix l'on pourrait trouver sur ce sujet. Si on lit dans quelque histoire digne de foi qu'il a paru telle comète dont la révolution n'était pas manifestement d'accord avec le mouvement diurne (pas même d'un accord mêlé de beaucoup de variations et d'irrégularités), mais qui tournait en sens contraire, alors sans doute il faudra bien se résoudre à croire qu'il peut exister un tel mouvement dans la nature ; mais si l'on ne découvre rien de semblable, il faut tenir pour suspecte l'hypothèse de ce mouvement, et, pour terminer la question, recourir à d'autres exemples de la croix.

De même, soit la nature en question la pesanteur ou la gravité ; il se présente d'abord deux suppositions à faire sur cette nature ; car on est forcé de supposer de ces deux choses l'une : ou que les corps graves et pesants tendent naturellement vers le centre de la terre en vertu de leur texture ou constitution, ou qu'ils sont attirés, entraînés par la masse corporelle du globe terrestre, qui est comme l'assemblée, le rendez-vous de leurs analogues ou congénères, et qu'ils se portent vers elle en vertu de cette analogie ou affinité. Que si la dernière cause est la véritable, il s'ensuit que la force et la vitesse avec laquelle les graves se portent vers la terre est en raison inverse de leur distance à cette planète, ou, ce qui est la même chose, en raison directe de leur proximité, ce qui est précisément la loi de l'attraction magnétique, proportion toutefois qui n'a lieu que jusqu'à une certaine distance ; en sorte que si des corps se trouvaient placés à une telle distance de notre globe que sa force attractive cessât d'agir sur eux, ils demeureraient suspendus comme la terre elle-même et cesseraient de tomber vers elle.

Nous aurons donc sur ce sujet cet exemple de la croix. Prenez deux horloges, dont l'une ait pour moteur un poids de plomb, par exemple, et l'autre un ressort ; ayez soin de les éprouver et de les régler de manière que l'une n'aille pas plus vite que l'autre ; placez ensuite l'horloge à poids sur le faîte de quelque édifice fort élevé et laissez l'autre en bas, puis observez exactement si l'horloge placée en haut ne marche pas plus lentement qu'à son ordinaire, ce qui annoncerait que la force du poids est diminuée. Tentez la même expérience dans les mines les plus profondes, afin de savoir si une horloge de cette espèce n'y marche pas plus vite qu'à l'ordinaire par l'augmentation de la force du poids qui lui sert de moteur. Cela posé, si l'on trouve que cette force diminue sur les lieux élevés et augmente dans les souterrains, il faudra regarder comme la véritable cause de la pesanteur l'attraction exercée par la masse corporelle de la terre.

De même, soit la nature donnée la polarité d'une aiguille de fer aimantée ; il se présente aussi sur cette nature deux suppositions à faire. Car il faut de deux choses l'une : ou que l'aimant avec lequel on touche le fer lui communique par soi-même la polarité, ou qu'il excite et dispose seulement ce métal à recevoir cette propriété, et qu'ensuite le mouvement même d'où résulte la polarité lui est communiqué par la présence de la terre, comme le pense Gilbert, qui accumule les preuves pour établir cette assertion ; car c'est proprement à ce but que tendent toutes les recherches qu'il a faites sur ce sujet avec tant de sagacité et de dextérité. Selon lui, une cheville de fer qui est restée fort long-temps dans la direction du nord au sud contracte insensiblement la polarité sans avoir été touchée par l'aimant ; ce qui porterait à penser que la terre elle-même qui, à cause de sa distance, n'a qu'une action très faible sur ce fer (car il prétend que la surface, la croûte extérieure du globe est destituée de toute vertu magnétique), que la terre, dis-je, suppléant au défaut du contact de l'aimant par la longue durée et la continuité de son action, excite d'abord le fer, et après l'avoir excité lui donne la conformation requise et la direction, qui n'en est qu'une conséquence. Il prétend de plus que si après avoir chauffé jusqu'à l'incandescence une verge de fer on la place dans la direction du nord au sud au moment même où on l'éteint, elle contracte aussi la polarité sans qu'on l'ait aimantée. Il semble que dans cette expérience les parties du fer d'abord mises en mouvement par l'ignition, puis venant à se resserrer tout à coup dans l'instant même de l'extinction, deviennent ainsi plus susceptibles de cette vertu qui émane de la terre, et en quelque manière plus sensibles à son action que dans toute autre disposition ; en un mot qu'elles sont comme éveillées par cette opération. Mais toutes ces observations, quoique bien faites, ne sont rien moins que suffisantes pour établir son sentiment sur ce point.

Voici quel exemple de la croix l'on pourrait se procurer sur ce même sujet. Prenez une petite sphère d'aimant que vous pourrez regarder comme représentant en petit le globe terrestre, et marquez ses pôles pour les reconnaître. Placez les pôles de ce petit globe dans la direction de l'est à l'ouest et fixez-le dans cette situation ; mettez ensuite sur ce globe une aiguille de fer non aimantée et laissez les choses en place pendant six ou sept jours. Cela posé, l'aiguille (et il n'y a aucun doute sur ce point), tant qu'elle demeurera sur le petit globe, abandonnant les pôles du monde, tournera ses extrémités vers les pôles de cet aimant, c'est-à-dire qu'elle restera dans la direction de l'est à l'ouest. Si ensuite l'on observe que cette aiguille, ayant été ôtée de dessus l'aimant et replacée sur son pivot, se tourne aussitôt vers le nord et le sud, ou à peu près, il faudra regarder comme la véritable cause de la polarité la présence de la terre. Mais si elle se tourne comme auparavant vers l'est et l'ouest, ou perd sa polarité, il faudra tenir pour suspecte cette supposition et faire de nouvelles recherches sur ce sujet.

De même encore soit la nature en question la substance corporelle de la lune ; et supposons qu'il s'agisse de savoir si la lune est une substance ténue et analogue à celle de la flamme ou de l'air, comme l'ont pensé un assez grand nombre de philosophes anciens, ou si c'est un corps dense et solide, comme le pensent Gilbert et plusieurs modernes, d'accord sur ce point avec quelques anciens. La principale raison sur laquelle est fondé ce dernier sentiment, c'est que la lune réfléchit les rayons du soleil et que les corps solides semblent être les seuls qui puissent réfléchir les rayons lumineux. Nous aurons donc ici pour exemple de la croix (si toutefois il peut y en avoir de tels sur ce sujet) les faits qui démontrent qu'un corps ténu tel que la flamme peut réfléchir les rayons lumineux, pourvu qu'il soit d'une épaisseur suffisante. Il est hors de doute que les rayons du soleil, réfléchis par la partie la plus élevée de l'atmosphère, sont la véritable cause du crépuscule. De plus, nous voyons que sur le soir les rayons solaires, réfléchis par le bord des nuages épais, ont plus d'éclat et de splendeur que ceux mêmes qui sont réfléchis par le corps de la lune, et cependant il n'est pas certain que ces nuages aient acquis une densité égale à celle de l'eau. Nous voyons encore que, durant la nuit, l'air obscur qui est derrière une fenêtre réfléchit la lumière d'une bougie tout aussi bien que le pourrait faire un corps dense. Mais une autre expérience qu'il faudrait tenter, ce serait de faire passer un rayon solaire par un trou pratiqué à un volet fermé, et de le faire tomber sur quelque flamme roussâtre ou bleuâtre. On sait que les rayons solaires tombant sur des flammes un peu faibles semblent les amortir et les éteindre à tel point qu'elles ont plutôt l'air de fumées blanches que de vraies flammes. Voilà, en fait d'observations propres pour servir d'exemples de la croix sur cette question, ce qui pour le moment se présente à notre esprit, et nous ne doutons nullement qu'on ne puisse en trouver de meilleurs. Quoi qu'il en soit, on ne doit pas s'attendre à voir une flamme réfléchir les rayons lumineux, à moins qu'elle ne soit d'une certaine épaisseur, sans quoi elle serait demi-transparente. Ainsi l'on doit tenir pour certain que tout corps d'une texture régulière et uniforme, ou réfléchit les rayons lumineux, ou les reçoit dans son intérieur et les transmet.

Soit encore la nature en question le mouvement des armes de trait, et en général des corps lancés en l'air, tels que dards, flèches, balles de mousquet, boulets de canon, etc. Ce mouvement, l'école, à son ordinaire, l'explique d'une manière tout-à-fait superficielle et ridicule. Sitôt que, par la dénomination de mouvement violent, elle a pu le distinguer de cet autre mouvement qu'elle qualifie de naturel, et que, pour rendre raison de la première percussion ou impulsion elle a su le ramener à cet axiome : « Deux corps ne peuvent exister en même temps dans le même lieu, autrement leurs dimensions se pénétreraient réciproquement; » dès qu'elle a ainsi parlé, tout est dit; la voilà contente de son explication et d'elle-même; elle ne s'embarrasse plus du progrès continu de ce mouvement. Il est pourtant deux suppositions à faire sur ce sujet : ou ce mouvement, peut-on dire, a pour cause l'air déférent (qui sert de véhicule) et qui se ramasse derrière le corps lancé, à peu près comme le fait l'eau d'un fleuve à l'égard d'un bateau, et le vent à l'égard des pailles et autres corps légers; ou l'on peut dire que les parties du corps pressé ou choqué ne pouvant soutenir l'impression du corps pressant ou choquant, se portent en avant pour s'en délivrer. Le premier de ces deux sentiments est celui de Fracastor et de tous ceux qui ont porté dans cette recherche un peu de pénétration et de sagacité. Nul doute que l'air ne joue ici quelque rôle; mais l'autre mouvement nous paraît avoir plus d'influence et de réalité, comme le prouvent une infinité d'expériences. Entre autres faits relatifs à cette question, en voici un qui suffit pour la décider : si, tenant entre le pouce et l'index une lame ou un fil de fer un peu raide et élastique, ou même un simple tuyau de plume divisé par la moitié (longitudinalement), on l'abandonne à lui-même, il saute et s'élance loin de la main. Or, il est clair que dans cette expérience on ne peut attribuer le mouvement à l'air qui se ramasse derrière le corps lancé, attendu que le principe de ce mouvement est au milieu de la lame ou de la plume, et non à ses extrémités.

De même encore, soit la nature en question cette soudaine et puissante expansion qui a lieu dans la poudre à canon lorsqu'elle prend feu, force expansive qui la met en état de renverser les plus épaisses fortifications et de lancer au loin des corps d'un si grand poids, comme on en voit des exemples dans les effets prodigieux des grandes mines et des grosses pièces d'artillerie. Voici la double supposition qui se présente sur ce sujet. Ce mouvement a pour cause ou la simple tendance du corps en question à se dilater après son inflammation, ou bien la tendance mixte de l'esprit cru, lequel fuit avec rapidité le feu dont il est environné et s'en échappe comme d'une prison. Or, l'école ainsi que l'opinion commune s'en tiennent à la première de ces deux tendances; car il est tel écrivain qui s'imagine raisonner très philosophiquement sur ce sujet en disant que la flamme, en conséquence de la forme même d'un élément de sa nature, est douée d'une certaine nécessité qui la force à occuper un espace plus grand que celui qu'occupait la substance inflammable lorsqu'elle était sous la forme de poudre à canon, et que c'est là justement la raison de ce mouvement d'expansion. Mais en raisonnant ainsi ils ne s'aperçoivent pas qu'à une première supposition assez gratuite ils en ajoutent une seconde, savoir : que la flamme est déjà engendrée. Ainsi, quand on leur accorderait la première ils n'en seraient pas plus avancés, puisque ces grandes masses dont nous parlions pourraient encore, par une forte compression, empêcher totalement la génération même de la flamme; en sorte que cette nécessité qu'ils supposent n'est rien moins que suffisante pour rendre raison de l'expansion à expliquer. En effet, qu'il y ait ici nécessairement expansion et que de cette expansion s'ensuive la projection ou le renversement du corps qui fait obstacle, c'est avec raison qu'ils le pensent. Mais cette nécessité on l'évite, on l'ôte tout-à-fait à l'aide de cette masse solide qui, en comprimant la substance inflammable, empêche la génération de la flamme. Et nous voyons que cette flamme, dans le premier instant où elle se forme, est faible et peu active; qu'elle a besoin d'une cavité où elle puisse pour ainsi dire s'essayer et jouer librement. Ainsi, la cause qu'ils assignent est tout-à-fait insuffisante pour expliquer un mouvement si violent. Mais la vérité est que la génération des flammes flatueuses de ce genre, de ces espèces de vents ignés, a pour cause le conflit, la lutte de deux substances de nature diamétralement opposées, savoir : le soufre, substance éminemment inflammable, et l'esprit cru renfermé dans le nitre ; substance aériforme qui a une sorte d'antipathie ou d'horreur pour la flamme, en sorte qu'il se livre là un combat terrible, le soufre s'enflammant autant qu'il le peut (car la troisième substance, savoir : le charbon, n'a ici d'autre fonction que celle d'incorporer et de bien lier ensemble les deux autres), tandis que l'esprit de nitre, lequel s'échappe autant qu'il le peut, se débande avec la plus grande force (propriété commune à l'air, à l'eau et à toutes les substances crues lorsqu'elles sont dilatées par la chaleur), et dans l'instant même de cette fuite, de cette éruption, les parties de l'esprit soufflant pour ainsi dire en tous sens la flamme du soufre, comme feraient des milliers de petits soufflets cachés dans l'intérieur de cette substance qui prend feu.

On pourrait trouver sur ce sujet deux espèces d'exemples décisifs; les uns, tirés des substances les plus inflammables, telles que le soufre, le camphre, la naphte et autres semblables, en y joignant leurs combinaisons, toutes substances qui s'enflamment plus promptement et plus aisément que la poudre à canon; ce qui montre assez que cette inflammabilité ne peut par elle-même produire de si puissants effets; les autres, tirés des substances qui ont de l'antipathie avec la flamme et qui la repoussent, tels que sont tous les sels. En effet nous voyons que si on les jette sur le feu ils s'en échappent avec bruit plutôt que de s'enflammer; décrépitation qu'on observe aussi dans les feuilles qui ont un peu de consistance et de raideur, les parties aqueuses s'en échappant avec violence avant que les parties huileuses s'enflamment. Mais la substance où ce phénomène est le plus marqué, c'est le mercure, et ce n'est pas sans fondement qu'on le qualifie d'eau minérale; car, sans inflammation et par le simple effet de son éruption et de son expansion, il déploie son action avec presque autant de violence que la poudre à canon. On dit même que mêlé avec la poudre il en augmente beaucoup la force.

De même supposons que le sujet en question soit la nature transitive de la flamme et son extinction de moment en moment. On ne voit pas que la nature de toutes les flammes que nous connaissons ait rien de fixe et de constant, mais il paraît qu'elles s'allument et s'éteignent presque à chaque instant ; car il est clair que dans celles de ces flammes qui sont de quelque durée, ce n'est pas la même flamme individuelle qui subsiste ainsi, mais une succession de flammes toujours nouvelles qui s'engendrent à mesure que les autres s'éteignent. C'est sur quoi il ne restera aucun doute pour peu que l'on considère que, si l'on ôte à la flamme son aliment, elle périt aussitôt. Or, voici la double supposition qui se présente sur ce sujet : cette nature instantanée de la flamme vient de ce que la cause qui l'a d'abord produite s'affaiblit, comme dans la lumière, les sons et les mouvements ordinairement qualifiés de violents, ou il faut dire que près de nous la flamme pourrait, sans aliment, subsister dans sa nature si les natures contraires qui l'environnent ne lui faisaient une sorte de violence et ne la détruisaient.

Ainsi le fait suivant nous fournit un exemple de la croix sur ce sujet. Nous voyons que dans les grands incendies les flammes s'élèvent extrêmement haut, la hauteur du sommet de la flamme étant toujours proportionnée à la largeur de sa base. Aussi voyons-nous que l'extinction commence toujours par les côtés, parties où la flamme est comprimée et en quelque manière violentée par l'air, au lieu que les portions centrales de cette flamme, qui ne sont pas en contact avec l'air, mais environnées en tous sens des parties latérales, demeurent les mêmes individuellement et ne s'éteignent point jusqu'à ce que l'air ambiant, dont la pression rétrécit la flamme de plus en plus à mesure qu'elle s'élève, la réduise enfin à rien. Voilà pourquoi toute flamme a la forme d'une pyramide dont la base, située autour de son aliment, est plus large, mais dont le sommet, qui est en contact avec l'air (substance ennemie), et qui de plus manque d'aliment, est plus aigu.

Au contraire, la fumée est plus étroite à sa base ; elle s'élargit à mesure qu'elle s'élève et prend ainsi la forme d'une pyramide renversée. L'air livre aisément passage à la fumée, au lieu qu'il comprime la flamme ; car il ne faut pas s'imaginer, avec certains rêveurs, que la flamme ne soit qu'un air enflammé, ces deux substances étant tout-à-fait hétérogènes.

On aurait un exemple de la croix plus exact et mieux approprié à la question, si, à l'aide de deux flammes de couleurs différentes, on pouvait réaliser cette conjecture aux yeux de l'observateur. Prenez un petit seau de métal ; fixez sur le fond de ce vaisseau une petite bougie allumée ; mettez le seau dans une cuvette, où vous verserez de l'esprit-de-vin en telle quantité que cette liqueur ne s'élève pas jusqu'au bord du seau, puis allumez l'esprit-de-vin. Cette liqueur donnera une **flamme bleue**, et la mèche de la bougie une **flamme jaune**. Ainsi voyez si la flamme de l'esprit-de-vin (qu'il sera aisé de distinguer à cause de la différence des deux couleurs) est toujours pyramidale, ou si plutôt elle n'affecte pas une figure sphérique, vu qu'ici elle ne trouve plus rien qui la comprime et la détruise. Si elle prend en effet cette dernière figure, on peut en inférer avec certitude que la **flamme** demeure la même individuellement tant qu'elle est environnée d'une autre flamme, et que l'air, son ennemi, ne peut lui faire violence. Voilà ce que nous avions à dire sur les exemples de la croix ; nous nous sommes fort étendus sur ce sujet afin qu'on s'accoutume peu à peu à juger de la nature d'après des exemples de cette espèce ou des expériences lumineuses, et non d'après de purs raisonnements et de simples probabilités.

XXXVII. Nous placerons au quinzième rang, parmi les prérogatives des faits, les exemples de divorce, qui indiquent la séparabilité de certaines natures qu'on trouve le plus souvent réunies ; ils diffèrent de ceux qu'on joint aux exemples de concomitance en ce que ces der niers prouvent la **séparabilité** de telle nature d'avec tel composé, auquel elle semble être familière, au lieu que ceux dont il s'agit montrent la séparabilité de telle nature d'avec telle autre nature. Ils diffèrent aussi des exemples de la croix en ce qu'ils ne sont point décisifs et qu'ils avertissent seulement que telle nature peut être séparée d'avec telle autre. Leur destination est de déceler les fausses formes, de détruire les conjectures hasardées sur ce sujet et de dissiper les illusions que font naître les choses trop familières ; ils sont comme le lest de l'entendement.

Par exemple, soient les natures en question ces quatre natures que Télèse veut qu'on regarde comme inséparables et comme étant, pour ainsi dire, de la même chambrée ; je veux dire, la chaleur, la lumière, la ténuité et la mobilité. On trouve plusieurs exemples de divorce entre ces quatre natures. Par exemple, l'air est ténu et fort mobile, sans être ni chaud ni lumineux ; la lune est lumineuse sans être chaude ; l'eau bouillante est chaude et n'est pas lumineuse ; une aiguille de fer, quoique très légère et très mobile sur son pivot, n'est pourtant qu'un corps froid, dense et opaque, et ainsi des autres.

De même, soient les natures en question la nature corporelle et l'action naturelle. Il semble que nous ne connaissions aucune action naturelle sans quelque corps où elle subsiste. Nous ne laisserons pas toutefois de trouver, sur ce sujet même, quelque exemple de divorce. Telle sera, par exemple, l'action magnétique en vertu de laquelle le fer se porte vers l'aimant, comme les graves se portent vers le globe terrestre, à quoi l'on peut ajouter certaines actions qui ont lieu à distance et sans contact immédiat ; car une action de cette espèce s'exerce dans un certain temps divisible en plusieurs moments et dans un certain espace divisible aussi en parties ou degrés. Il est donc, dans le temps, tel moment, et, dans le lieu, tel intervalle où cette action, cette vertu réside dans le milieu situé entre les deux corps qui produisent le mouvement. Ainsi, le point précis de la question est de savoir si ces deux corps, qui sont les termes du mouvement, disposent ou modifient les corps intermédiaires, et de telle manière que la vertu passe de l'un de ces termes à l'autre, par une file de corps vraiment contigus, qui la reçoivent et la transmettent successivement, et que, durant tout ce temps-là, elle ne subsiste que dans le milieu même, ou s'il n'y a ici autre chose que les deux corps, la vertu et l'espace. Or, dans l'action des rayons lumineux ou sonores, dans celle de la chaleur et d'autres natures qui se portent à distance, il est probable que les corps intermédiaires sont disposés, modifiés d'une manière analogue à cette action qu'ils transmettent, et cela d'autant plus qu'il faut que le milieu qui sert de véhicule à ces actions ait certaines qualités ; mais la vertu magnétique se transmet à travers toutes sortes de milieux indifféremment, et il n'en est aucun qui l'intercepte. Or, si cette vertu ou action n'a rien à démêler avec le milieu, il s'ensuit qu'il est une vertu ou action qui, durant un certain temps et dans un certain espace, peut subsister sans corps, attendu qu'alors elle ne subsiste ni dans les deux termes extrêmes de l'action ni dans le milieu. Ainsi, l'on peut regarder l'action magnétique comme un exemple de divorce sur la nature corporelle et sur l'action naturelle. À quoi l'on peut ajouter, comme une sorte de corollaire ou de profit qui n'est pas à négliger, que, même dans le sens philosophique, on peut alléguer tel fait qui prouve qu'il y a des êtres, des substances distinguées de la matière et incorporelles. En effet, si la vertu ou action naturelle émanée d'un corps peut subsister absolument sans corps durant un certain temps et dans un certain espace, la conséquence immédiate de cette proposition est que cette vertu peut bien aussi, dans son origine, émaner d'une substance incorporelle ; car il semble qu'une nature corporelle ne soit pas moins nécessaire pour conserver et transmettre l'action naturelle que pour la produire ou l'engendrer.

XXXVIII. Voici le lieu de placer cinq ordres ou classes d'exemples, que nous comprenons sous la dénomination générale d'exemples de la lampe, ou de première information, et dont la destination est de prêter secours aux sens. En effet, comme l'interprétation de la nature, partant des sens et de leurs perceptions, conduit, par un chemin droit, sûr et toujours le même, aux perceptions de l'entendement, qui constituent les notions justes et les vrais axiomes, il s'ensuit évidemment que plus les représentations mêmes des sens sont exactes et multipliées, plus ensuite les opérations de l'esprit sont faciles et sûres. Or, chacune de ces espèce d'exemples a sa destination propre et particulière. Ceux de la première espèce fortifient, étendent et rectifient les actions immédiates des sens ; ceux de la seconde espèce rendent sensible ce qui, sans leur secours, échapperait aux sens ; ceux de la troisième espèce indiquent les progrès continus ou séries de corps et de mouvements qu'on n'observe ordinairement que dans leurs résultats et leurs périodes ; ceux de la quatrième espèce, lorsque les sujets d'observation directe manquent absolument, fournissent aux sens des espèces d'équivalents. Enfin, ceux de la cinquième espèce éveillent pour ainsi dire le sens, l'excitent à l'attention, et de plus ils limitent la subtilité des choses. Nous allons traiter successivement et en détail de ces différentes espèces d'exemples.

XXXIX. Nous mettrons au seizième rang, parmi les prérogatives des faits, les exemples de la porte. Sous cette dénomination nous comprenons tous ceux qui aident et facilitent l'action immédiate des sens. Or, il n'est pas douteux que, parmi les sens, c'est celui de la vue qui joue le premier rôle ; aussi c'est principalement à celui-là qu'il faut tâcher de procurer des secours de toute espèce. Ces secours peuvent être de trois genres ; ils peuvent mettre en état, ou de voir ce qu'auparavant on ne voyait point du tout, ou de découvrir de plus loin les objets, ou enfin de les voir plus exactement et plus distinctement. Sous le premier genre (pour ne rien dire des besicles et autres semblables instruments, qui, ne servant qu'à rémédier à la faiblesse de la vue et à la mauvaise conformation de l'organe, ne nous apprennent d'ailleurs rien de nouveau) nous comprenons ces instruments de nouvelle invention (les microscopes), qui amplifient prodigieusement les images et à l'aide desquels on découvre les parties imperceptibles des corps, leurs textures les plus délicates et leurs mouvements les plus secrets. Ce n'est pas sans admiration qu'armé d'un tel instrument on voit nettement la figure exacte, les contours bien terminés, la couleur et les mouvements d'une puce, d'une mouche, du plus petit insecte, en un mot, une infinité d'objets qui seraient tout-à-fait invisibles à l'œil nu. On dit même qu'une ligne droite, tracée avec la plume ou le pinceau et considérée à l'aide de cet instrument, paraît toute tortueuse, toute composée de petites lignes courbes ou brisées, les mouvements de la main, quoique guidée par une règle, ni les traits de l'encre ou de la couleur, n'étant rien moins qu'égaux et uniformes ; inégalités toutefois si petites que, sans le secours d'un pareil instrument, il serait impossible de les apercevoir. Il est même je ne sais quelle observation superstitieuse que les hommes ont ajoutée à tout ceci (comme ils ne manquent guère de le faire en parlant de toutes les nouveautés qui ont quelque chose de merveilleux) ; ils prétendent que ces instruments font ressortir les ouvrages de la nature en rabaissant ceux de l'art ; ce qui ne signifie autre chose sinon que les textures naturelles sont plus délicates et plus parfaites que les tissus artificiels, dont ces instruments, qui rendent sensibles les plus petits objets, mettent à portée de découvrir les moindres défauts. Leur effet à cet égard est si étonnant que, si Démocrite en eût essayé un, il eût tressailli et se fût imaginé qu'on venait de découvrir un moyen pour apercevoir ces atomes qu'il avait pourtant déclarés tout-à-fait invisibles. Mais, après tout, ces mêmes instruments ne pouvant servir que pour des objets extrêmement petits et étant même insuffisants pour ceux de cette dernière espèce, dès qu'ils font partie de corps un peu grands, leur usage est très borné. Ah ! si l'on pouvait étendre cet usage aux petites parties de ces corps, et de manière que le tissu du linge parût comme un filet et qu'on pût distinguer les moindres parties, les inégalités insensibles, les différences imperceptibles (à la vue simple) des pierres précieuses, des liqueurs, des urines, du sang, des blessures et d'une infinité d'autres objets, ce serait alors véritablement que ces instruments deviendraient d'une grande utilité.

Du second genre sont ces autres instruments, dont l'invention est due à Galilée, instruments qui, tenant lieu de vaisseau ou d'esquif, servent à entretenir un commerce plus étroit avec les corps célestes et à les considérer de plus près. Grâce à cette invention, l'on sait déjà que la voie lactée n'est qu'un amas de petites étoiles toutes aisées à distinguer et à compter, ce dont les anciens n'avaient eu que le simple soupçon.

C'est encore à l'aide de cet instrument qu'on s'est assuré que ces espaces qu'on nomme les orbites des planètes ne sont pas entièrement d'étoiles, mais qu'on en trouve çà et là quelques-unes avant d'arriver au ciel étoilé proprement dit ; mais ces étoiles sont trop petites pour être aperçues sans lunettes astronomiques. Ce sont ces mêmes instruments qui ont fait découvrir ces petites étoiles qui semblent servir de cortége à la planète de Jupiter, découverte qui porte à croire que les mouvements des étoiles ont plusieurs centres différents. Armés de ces lunettes, nous distinguons, dans les taches de la lune, les parties claires d'avec les parties obscures, et nous déterminons la position des unes et des autres au point qu'on peut faire une sorte de sélénographie. De là enfin la découverte des taches du soleil et quelques autres semblables ; toutes inventions mémorables, autant néanmoins qu'on peut ajouter foi à des observations de cette nature, qui nous paraissent un peu suspectes, par cette raison surtout qu'on s'en est tenu à ce petit nombre de découvertes et qu'on n'a pas su découvrir, par le même moyen, une infinité d'autres choses qui ne méritaient pas moins d'être observées.

Du troisième genre sont les instruments qui servent à mesurer la terre, les astrolabes et autres semblables, qui n'augmentent point la portée du sens de la vue, mais qui rectifient et dirigent les observations de ce genre. Il existe sans doute d'autres exemples du même genre ou d'autres moyens d'aider les sens quant à leurs actions propres et immédiates ; mais si d'ailleurs ils ne peuvent nous procurer de nouvelles connaissances, comme alors ils ne se rapportent point à notre objet actuel, nous n'avons pas dû en faire mention.

XL. Nous mettrons au dix-septième rang les exemples de citation, terme emprunté du barreau et auquel nous donnons une signification analogue, parce que les exemples de ce genre citent, en quelque manière, et assignent à comparaître ce qui n'a pas encore comparu. Nous les désignons aussi quelquefois par la dénomination d'exemples d'évocation ; ce sont ceux qui ramènent à la portée des sens les objets qui, sans ce secours, leur échapperaient.

Or, ce qu'on veut observer échappe aux sens :

Ou parce que l'objet se trouve placé à une trop grande distance ;

Ou parce que l'action de cet objet est interceptée par les corps intermédiaires, par des obstacles ;

Ou parce que l'objet n'est pas de nature à faire impression sur le sens dont il s'agit ;

Ou parce qu'il est en trop petite quantité pour ébranler suffisamment l'organe du sens ;

Ou parce que le temps de son action ne suffit pas pour éveiller le sentiment et faire naître la sensation actuelle ;

Ou parce que le sens ne peut soutenir l'impression, le choc de l'objet ;

Ou enfin parce que le sens est déjà rempli et frappé d'un autre objet qui ne laisse plus de place à une nouvelle impression.

Or, ces différentes causes ou circonstances se rapportent principalement à la vue et au tact, les deux sens auxquels nous devons les plus amples informations et sur des objets qui leur sont communs, au lieu que chacun des trois autres sens ne nous procure que des informations immédiates, et sur des objets qui lui sont propres et particuliers.

Le premier genre de déduction n'est possible que lorsqu'à l'objet qu'on ne peut voir, à cause de sa trop grande distance, on ajoute ou substitue quelque autre objet qui peut exciter, agacer, pour ainsi dire, le sens, et de plus loin. Telle est la destination de ces signaux qu'on se fait à de grandes distances, à l'aide des feux, des cloches, et par d'autres moyens semblables.

La déduction du second genre a lieu quand ce qui se passe à l'intérieur d'un corps, et que l'interposition des parties extérieures empêche de voir, est rendu sensible par les effets extérieurs et par les fluides déterminés au dehors. C'est ainsi que l'état de l'intérieur du corps humain se manifeste par le pouls, les urines et autres signes de cette espèce.

Mais les déductions du troisième et du quatrième genre ayant un objet fort étendu et menant à une infinité de conséquences, il en faut chercher des exemples dans toute la nature et dans des sujets de toute espèce ; car on n'en saurait rassembler en trop grand nombre. Par exemple, on sent aisément que l'air, les esprits et autres semblables substances qui dans leur totalité sont très ténues et très subtiles, sont par cela même invisibles et impalpables. Ainsi, dans les recherches qui ont pour objet les substances de cette espèce, on ne peut absolument se passer de substitutions.

Soit donc la nature en question l'esprit renfermé dans les corps tangibles ; car tous les corps tangibles que nous connaissons renferment un esprit invisible et impalpable, auquel ils servent d'enveloppe et comme de vêtement, d'où résultent trois genres ou modes d'action, qui sont la triple source des puissants effets de l'esprit sur le corps tangible. Lorsque cet esprit, renfermé dans le corps tangible, s'exhale, il contracte ce corps et le dessèche ; s'il y est détenu il l'amollit ou le qualifie ; enfin, n'est-il ni tout-à-fait émis ni tout-à-fait détenu, alors il figure, il forme des membres, il assimile, il évacue, il organise. Or, toutes ces différentes actions sont rendues sensibles par leurs effets extérieurs.

En effet, l'esprit qui se trouve renfermé dans tout corps inanimé commence par se multiplier lui-même ; il ronge, pour ainsi dire, celles des parties tangibles qui, par leur disposition actuelle, lui donnent le plus de prise ; il les digère, il les transforme, il les convertit en sa propre substance et s'exhale avec elles. Cette confection et cette multiplication de l'esprit devient sensible par la diminution du poids ; car dans toute dessiccation il y a une diminution de quantité, un déchet, et ce déchet ne se prend pas sur l'esprit déjà formé et préexistant dans le composé, mais sur les parties mêmes qui étaient tangibles et qui viennent d'être converties en esprit, l'esprit proprement dit étant absolument sans pesanteur ; et alors la sortie ou l'émission de l'esprit est rendue sensible par la rouille dans les métaux et par d'autres putréfactions de ce genre qui ne sont que commencées et qui ne vont pas jusqu'au point où s'ébauche la vivification, celle de la dernière espèce se rapportant au troisième genre d'action. En effet, dans les corps très compactes, l'esprit ne trouvant point de pores, d'issues par où il puisse s'échapper, est forcé d'attaquer les parties tangibles, de les heurter, de les détacher les unes des autres et de les chasser devant lui, de manière qu'enfin il s'échappe avec elles. C'est ainsi que se forment la rouille et autres substances de cette nature. Mais la contraction des parties tangibles après l'émission d'une partie de l'esprit (émission d'où s'ensuit cette dessiccation dont nous parlions ci-dessus), cette contraction, dis-je, est rendue sensible par la dureté même du corps, qui alors est augmentée, mais plus encore par les fentes, les gerçures, le rétrécissement, les rides et les plis des corps, tous effets résultant de cette contraction. Par exemple, certaines parties du bois se déjettent et se resserrent, les peaux se rident, et ce n'est pas tout que ces rides; mais lorsque, par l'action d'une forte chaleur, l'émission de l'esprit est subite, ces peaux se contractent si promptement qu'elles vont jusqu'à se plier et se rouler sur elles-mêmes.

Au contraire, lorsque l'esprit, quoique retenu, ne laisse pas d'être dilaté et excité par la chaleur ou toute autre cause analogue, effet qui a lieu dans les corps très solides et très tenaces, tels de ces corps, comme le fer chauffé jusqu'à l'incandescence, s'amollissent seulement; d'autres, tels que certains métaux, deviennent coulants; d'autres enfin, tels que les gommes, la cire ou autres substances semblables, deviennent tout-à-fait liquides. Ainsi ces effets en apparence si contraires de la chaleur, qui durcit certains corps et en liquéfie d'autres, se concilient très bien par cette explication, surtout si l'on considère que dans les corps qui se durcissent il y a émission d'esprit, au lieu que dans ceux qui s'amollissent ou se liquéfient cet esprit est retenu et seulement agité dans les limites du composé; que le premier de ces deux phénomènes à concilier est l'effet propre de la chaleur et de l'esprit, et le dernier l'effet du simple rapprochement des parties tangibles, rapprochement dont l'émission de l'esprit n'est que la cause occasionnelle.

Mais si l'esprit, n'étant ni tout-à-fait retenu ni tout-à-fait émis, il s'agite seulement et s'essaie, pour ainsi dire, dans les limites du corps où il est comme emprisonné; si de plus il trouve sous sa prise des parties tangibles, souples, obéissantes, promptes à courir partout où il agit et à suivre tous ses mouvements, alors il en résulte une configuration régulière et la formation d'un corps organique avec tous ses membres et toutes les autres actions vitales, tant dans les végétaux que dans les animaux. Tous ces effets sont ramenés à la portée des sens par des observations exactes et suivies sur les premiers essais, les ébauches et les rudiments de la vie, dans les animaux qui naissent de la putréfaction, par exemple sur les œufs des fourmis, sur les vers, les mouches et les grenouilles qui paraissent après la pluie. Or, deux conditions sont nécessaires pour que la vivification ait lieu, savoir : une chaleur douce et une matière visqueuse; l'une, de peur qu'une dilatation trop subite ne force l'esprit à s'échapper; l'autre, afin que la raideur des parties n'oppose pas trop de résistance à son action expansive, et qu'au contraire il puisse les fléchir, les figurer, les mouler comme une cire.

Une autre différence bien importante et qui a une infinité d'applications, c'est celle-ci : on peut distinguer trois espèces ou modes d'esprit, savoir : l'esprit entrecoupé, l'esprit simplement rameux (ramifié, branchu); enfin l'esprit tout à la fois rameux et distribué en différentes cellules (ventricules, petites cavités, réservoirs). Le premier est celui de tous les corps inanimés, le second celui des végétaux, le troisième celui des animaux. Or, ces différences, il est beaucoup d'exemples déductifs à l'aide desquels on peut les mettre comme sous les yeux.

On conçoit aussi que les configurations et les textures les plus délicates des corps (quoique ces corps, pris dans leur totalité, soient visibles et palpables) ne laissent pas d'être impalpables et invisibles. Ainsi la recherche qui a pour objet ces textures doit procéder aussi par voie de déduction; mais parmi ces différences de texture et d'intime constitution, la plus radicale, la différence vraiment primaire, c'est celle qui se tire de la plus grande ou de la moindre quantité de matière comprise dans le même espace ou sous les mêmes dimensions; car ces autres différences, qui se rapportent soit à la dissimilarité des parties constitutives d'un même corps, soit à leurs différentes situations ou positions, ces différences, dis-je, ne sont que secondaires par rapport à celle dont nous parlons.

Soit donc la nature en question l'expansion ou la contraction de la matière dans les différents corps, ou leur densité respective, c'est-à-dire la quantité de matière qu'ils contiennent sous un volume déterminé. En effet, tout dans la nature démontre ces deux principes : rien ne se fait de rien, rien ne s'anéantit; mais la quantité proprement dite ou la somme totale des parties de la matière demeure toujours la même sans augmentation ni diminution. Une autre proposition non moins évidente est que cette quantité de matière contenue dans un même espace et sous un même volume est susceptible de plus ou de moins, et varie comme la nature des différents composés; par exemple, l'eau en contient plus que l'air, en sorte que, si quelqu'un se vantait de pouvoir changer un certain volume d'eau en un égal volume d'air, ce serait comme s'il disait qu'on peut anéantir telle portion de la matière; ou si, au contraire, il se faisait fort de convertir un certain volume d'air en un égal volume d'eau, ce serait comme s'il disait qu'on peut de rien faire quelque chose. Or, c'est proprement de la considération de cette plus grande ou moindre quantité de matière que tirent leur origine les notions abstraites exprimées par ces mots de densité et de rareté auxquelles on a attaché des significations si différentes et des idées si confuses. Une troisième proposition non moins certaine et sur laquelle on peut faire fonds, c'est que cette différence même dont nous parlons, je veux dire ce plus ou ce moins de matière propre dans tel ou tel corps, peut être déterminé par le calcul, et, comparaison faite entre les différentes espèces de corps, être réduit à des proportions exactes ou approchant de l'exactitude. Par exemple, si l'on disait que l'or contient, sous tel volume, telle quantité de matière, et que l'esprit-de-vin, pour égaler cette quantité de matière doit avoir un volume vingt-une fois plus grand, on ne se tromperait pas beaucoup.

Or, la quantité de matière et sa proportion sont rendues sensibles par le poids, car le poids d'un corps, du moins celui de ses parties tangibles, est proportionnel à sa quantité de matière. Mais l'esprit ou sa quantité de matière ne peut être déterminé par son poids, vu qu'il allége plutôt qu'il n'appesantit. Or, après avoir déterminé par l'expérience ces différentes proportions, nous en avons fait une table, où sont marqués les poids et les volumes des différentes espèces de métaux, de pierres, de bois, de liqueurs, d'huiles et d'un grand nombre d'autres substances tant naturelles qu'artificielles. C'est un vrai polychreste, tant par la lumière qu'elle répand sur la théorie que par les règles qu'elle fournit pour la pratique, et qui présente bien des résultats inattendus: car ce n'est pas peu que de savoir, par le moyen de cette table, que toute la différence qu'on observe entre les corps tangibles (nous ne parlons que de ceux dont les parties laissent peu de vide entre elles, et non des corps spongieux et où se trouvent beaucoup de cavités, en partie remplies d'air) ; que cette différence, dis-je, n'excède pas le rapport de vingt-un à un, tant la nature est bornée à cet égard, du moins cette partie de la nature dont l'usage nous est accordé et que nous connaissons par l'expérience.

Nous avons cru aussi que l'exactitude dont nous nous piquons nous faisait une loi d'essayer si nous ne pourrions pas déterminer la proportion des corps non tangibles ou pneumatiques (aériformes) comparés aux corps tangibles, et pour parvenir à ce but nous tentâmes l'expérience suivante. Nous prîmes une fiole de verre qui pouvait tenir une once, employant exprès un petit vaisseau, afin de n'avoir pas besoin d'une chaleur si forte pour produire l'évaporation dont nous parlerons plus bas. Nous remplîmes d'esprit-de-vin cette fiole jusqu'à la naissance du cou, choisissant l'esprit-de-vin préférablement à toute autre liqueur, parce que la table ci-dessus montre que de tous les corps tangibles (nous ne parlons que de ceux dont la substance est continue et non entrecoupée de cavités) c'est le moins dense et celui qui contient le moins de matière propre sous un volume déterminé. Ensuite nous pesâmes la fiole et la liqueur qu'elle contenait. Après quoi nous prîmes une vessie qui pouvait tenir deux pintes. Nous en exprimâmes l'air autant qu'il nous fut possible, en la comprimant au point que ses deux côtés se touchaient partout. Nous eûmes la précaution d'enduire cette vessie d'huile en la frottant un peu, afin de bien boucher tous les pores, au cas qu'il y en eût de trop grands. Nous fîmes entrer la partie supérieure de la fiole dans cette vessie que nous liâmes fortement autour de son cou, ayant un peu ciré le fil afin qu'il fût plus adhérent et qu'il serrât davantage. Enfin nous fîmes chauffer la fiole à un feu de charbon sur un petit fourneau. Quelques minutes après, la vapeur de l'esprit-de-vin, dilaté par la chaleur et converti en une substance pneumatique (aériforme), enfla la vessie peu à peu, et finit par la tendre dans tous les sens à peu près comme une voile enflée par le vent. Cela fait, nous ôtâmes la fiole de dessus le feu,

Bacon.

nous la posâmes sur un tapis, de peur qu'un refroidissement trop subit ne la rompît, et sur-le-champ nous fîmes un trou au haut de la vessie; autrement, à mesure que la chaleur aurait diminué, la vapeur aurait pu revenir à l'état de liquide et jeter ainsi de l'incertitude dans le résultat. Alors, ayant détaché la vessie, nous pesâmes l'esprit-de-vin qui restait dans la fiole; puis, comparant son poids actuel avec son premier poids, nous connûmes ainsi la quantité d'esprit-de-vin qui s'était convertie en vapeur ou en substance pneumatique; et ayant comparé le volume qu'avait eu cette substance dans l'état d'esprit-de-vin avec l'espace qu'elle occupait sous la forme de vapeur, nous eûmes un dernier résultat qui nous apprit que cette substance ainsi transformée avait acquis un volume cent fois plus grand qu'auparavant.

Soit encore la nature en question le chaud ou le froid, en supposant l'un et l'autre à des degrés trop faibles pour être perçus par les sens. Les variations de cette espèce sont rendues sensibles par le thermomètre que nous avons décrit plus haut. Il est vrai que ces légères différences du chaud et du froid ne sont pas sensibles au tact; mais la chaleur dilate l'air et le froid le contracte. Cependant cette expansion et cette contraction même ne sont pas non plus visibles; mais cet air, en se dilatant, fait baisser l'eau, en se contractant il la fait monter; et c'est alors enfin que ces effets deviennent sensibles à la vue, et non auparavant, ou dans tout autre cas.

De même, soit la nature en question le mélange ou la combinaison des parties constitutives des corps, et supposons qu'il s'agisse de savoir ce qu'ils contiennent de substance aqueuse ou huileuse, d'esprit, de cendres, de sels ou d'autres semblables substances, ou même de savoir plus spécialement ce que le lait, par exemple, contient de substance butireuse, caséeuse, séreuse, et ainsi des autres. Les parties constitutives de ces corps sont naturellement invisibles; mais elles deviennent sensibles par d'ingénieuses et savantes analyses, du moins quant à leurs parties tangibles; et quoique l'esprit qui s'y trouve renfermé ne soit pas sensible par lui-même, il ne laisse pas d'annoncer sa présence par les différents mouvements et efforts des corps tangibles dans l'acte et le procédé même de la décomposition. Il se manifeste aussi par des signes d'acrimonie et de qualité corrosive, par les diverses couleurs, odeurs et saveurs de ces mêmes corps après la décomposition. On ne peut disconvenir que les hommes, en multipliant et variant les distillations et les procédés de décomposition, n'aient fait les plus grands efforts pour découvrir les parties constitutives des différentes espèces de corps, mais avec aussi peu de succès que par les autres procédés aujourd'hui en usage. Toute cette marche n'est qu'un pur tâtonnement, qu'une méthode aveugle; je vois là beaucoup d'activité, mais bien peu d'intelligence et de vraie méthode. Ce qu'il y a de pis dans toutes ces tentatives, c'est qu'au lieu de rivaliser avec la nature en imitant ses opérations, on trouve moyen, par les chaleurs trop fortes ou les agents trop puissants qu'on emploie, de détruire ces textures délicates d'où dépendent les propriétés les plus intimes et leurs secrètes corrélations. Mais ce qui ne se présente pas même à leur esprit dans ces analyses et ce dont nous avons averti ailleurs, c'est que, lorsqu'on tourmente ainsi ces corps par le moyen du feu ou des substances très actives qu'on emploie pour les décomposer, c'est le feu même ou ce sont ces agents qui y introduisent la plupart des qualités qu'on y observe après la décomposition et qui n'existaient pas auparavant dans le composé; car il ne faut pas s'imaginer que toute cette vapeur qui s'élève d'une masse d'eau était dans l'eau même et faisait corps avec elle sous la forme de vapeur ou de substance aériformes; mais c'est le feu qui, en dilatant l'eau, a formé cette vapeur.

De même encore, toutes les épreuves qu'on fait subir aux composés, soit naturels soit artificiels, à l'aide desquels on distingue les vraies substances de celles qui sont sophistiquées (falsifiées) et l'on s'assure de leurs bonnes ou mauvaises qualités, ces épreuves, dis-je, se rapportent aussi à cette division, vu qu'elles rendent sensibles telles qualités qui sans ces manipulations seraient imperceptibles. Ainsi l'on ne doit rien épargner pour multiplier les procédés et les essais qui tendent à ce but.

Quant à ce qui regarde le cinquième genre d'objets qui échappent aux sens, il est clair que toute action d'où naît quelque sensation consiste dans un mouvement et que tout mouvement s'exécute dans un certain temps. Si donc le mouvement d'un corps est de telle lenteur ou de telle vitesse qu'il n'y ait aucune proportion entre le temps nécessaire pour qu'il s'exécute et celui qui le serait pour que la sensation eût lieu, alors l'objet n'est point perçu et il échappe tout-à-fait aux sens. On en voit un exemple dans le mouvement de l'aiguille d'une horloge, et en sens contraire (c'est-à-dire par rapport à l'extrême vitesse) dans celui d'une balle de mousquet ou autre arme à feu. Or, ces mouvements qui, à cause de leur extrême lenteur, sont imperceptibles dans leurs parties, deviennent sensibles dans leur somme, et c'est ainsi qu'on les considère ordinairement. Mais ces autres mouvements, que leur extrême vitesse rend imperceptibles, donnant moins de prise, on n'a pu encore en déterminer la mesure avec exactitude. Cependant il est dans l'étude de la nature une infinité de cas où ces déterminations seraient absolument nécessaires.

Quant au sixième genre de circonstances, où l'objet à observer échappe aux sens, savoir, celles où la force même avec laquelle il agit sur l'organe du sens empêche que la sensation n'ait lieu, la déduction se fait :

Ou en éloignant l'objet de l'organe du sens;

Ou en émoussant son impression par l'interposition d'un milieu qui soit de nature à affaiblir seulement cette impression sans la détruire entièrement;

Ou, enfin, en le faisant agir indirectement et par réflexion, toujours dans le cas où l'action directe serait trop forte. C'est ainsi qu'on affaiblit l'action des rayons du soleil en regardant cet astre dans un bassin rempli d'eau.

Le septième cas, savoir : celui où le sens est tellement surchargé et rempli d'un objet qu'il ne laisse plus de place à l'impression d'aucun autre, n'a lieu ordinairement que par rapport à l'odorat et aux odeurs. D'ailleurs, il n'a que très peu de rapport avec notre objet actuel. Ainsi, nous terminerons ici ce que nous avions à dire sur les différents moyens de rendre sensible ce qui échappe aux sens.

Quelquefois, cependant, la déduction se fait en ramenant l'objet imperceptible à la portée, non du sens de l'homme, mais de celui de tel animal qui pour certaine espèce d'objets a un sentiment plus fin que celui de notre espèce. C'est ainsi que, pour certaines odeurs, on s'en rapporte à l'odorat du chien, et que, pour la preuve de l'existence de la lumière que recèle un air qui n'est pas éclairé extérieurement, on s'en rapporte aux yeux du chat, du hibou et d'autres animaux de cette classe qui ont la faculté de voir la nuit. En effet, suivant l'opinion de Télèse (opinion assez fondée), dans l'air même réside une certaine lumière originelle, quoique faible, ténue et presque toujours insuffisante pour les yeux de l'homme et de la plupart des autres animaux. C'est à l'aide de cette lumière que ces autres animaux, aux organes desquels elle est proportionnée et suffisante peuvent voir durant la nuit ; car on ne peut se persuader qu'ils aient la faculté de voir sans l'intermède de la lumière ou à l'aide de la seule lumière interne.

Mais ce qu'il ne faut jamais oublier, c'est que nous ne parlons ici que des cas où les sens sont en défaut et du remède à cet inconvénient. Quant à leurs illusions et à leurs prestiges, c'est un sujet que nous renvoyons au traité qui a proprement pour objet le sentiment et les choses sensibles, en exceptant toutefois cette illusion générale des sens, qui consiste à ne nous faire connaître les choses et leurs différences, que relativement à l'homme et non relativement à l'univers ; erreur qu'on ne corrige que par le moyen de la raison et de la philosophie universelle.

XLI. Nous mettrons au dix-huitième rang, parmi les prérogatives des faits, les exemples de route que nous appelons aussi quelquefois exemples itinéraires ou articulés. Ce sont ceux qui indiquent les mouvements graduels et continus de la nature. Les exemples de ce genre échappent plutôt à l'observation qu'aux sens ; car les hommes étant d'une prodigieuse négligence sur ce point, ils n'étudient la nature que périodiquement et comme par sauts ; ils n'observent les corps que lorsqu'ils sont achevés, tout formés. Cependant, si l'on voulait se faire une juste idée de l'intelligence et de l'adresse d'un artisan ou d'un artiste, en un mot saisir le fin de son métier, on ne se contenterait pas de jeter un coup d'œil sur les matières brutes qu'il emploie et sur ses ouvrages tout faits ; on voudrait être là quand il travaille, afin de suivre ses procédés et ses manipulations dans tous leurs détails. C'est à peu près ainsi qu'il faut se conduire dans l'étude de la nature. Par exemple veut-on faire une recherche sur la végétation des plantes? il faut les suivre depuis le moment où la graine vient d'être semée, les observer sans interruption (ce qu'on peut faire aisément en tirant de la terre les graines qui y auront demeuré deux, trois, quatre jours, et ainsi de suite) et les considérer attentivement, afin de voir quand et comment cette graine commence à se gonfler, à regorger, pour ainsi dire, d'esprit; comment elle rompt sa corticule, jette des fibres, en se portant elle-même un peu de bas en haut, à moins que la terre ne lui oppose trop de résistance; comment, de ces fibres qu'elle jette, les unes, qui doivent former la racine, se portent vers le bas, et les autres, qui doivent former la tige, se portent vers le haut ou quelquefois serpentent latéralement, quand elles trouvent dans cette direction une terre plus molle et plus souple où elles peuvent s'ouvrir plus aisément un passage, et une infinité de détails de cette espèce.

Il faut, en suivant la même méthode, observer les œufs depuis le moment où commence l'incubation jusqu'à celui où ils sont éclos. A l'aide de cette marche, on verra l'action progressive et continue par laquelle l'embryon se vivifie et s'organise; on saura ce qui provient du jaune et quelles parties en sont formées; il en sera de même du blanc, et il en faut dire autant de tous les autres détails de cette nature. Enfin, on observera avec la même continuité les animaux qui naissent de la putréfaction. Quant aux animaux parfaits et terrestres, on ne pourrait observer leur formation qu'en disséquant les mères et tirant les fœtus de la matrice, ce qui répugnerait davantage à l'humanité, et il ne reste d'autre parti, après avoir renoncé à cette odieuse ressource, que celui de profiter des avortements, des hasards qu'offre la chasse, et d'autres semblables occasions. Quoi qu'il en soit, il faut faire autour de la nature une sorte de veillée, attendu qu'elle se laisse plutôt voir de nuit que de jour; car, les recherches et les études de ce genre peuvent être qualifiées de nocturnes, la lumière qui les éclaire étant perpétuelle, il est vrai, mais bien faible.

Il faut suivre la même marche en observant les corps inanimés, et c'est ce que nous avons fait nous-mêmes par rapport à la manière dont les différentes liqueurs s'ouvrent (se dilatent) par l'action du feu; car autre est le mode de cette dilatation dans l'eau, autre dans le vin, dans le vinaigre, dans l'opium, etc. La différence est encore plus marquée dans le lait, dans l'huile et autres substances de cette nature; différence que nous observâmes avec la plus grande facilité en faisant bouillir successivement différentes liqueurs à un feu doux et dans un vaisseau de verre, où toutes ces différences et toutes leurs nuances étaient plus sensibles. Mais ce sujet, nous ne devons ici que le toucher en passant, nous réservant de le traiter plus amplement et plus exactement quand nous en serons à la recherche des actions graduelles et cachées. Et il ne faut jamais oublier que notre dessein, dans cet ouvrage, n'est rien moins que de traiter les sujets mêmes, mais de donner de simples exemples destinés à éclaircir des méthodes qui sont notre principal objet.

XLII. Nous mettrons au dix-neuvième rang les exemples de supplément ou de substitution, que nous appelons ordinairement exemples de refuge. Leur destination est de suppléer l'observation directe lorsque le sens est tout-à-fait en défaut, et c'est à cette sorte d'exemples que nous avons recours comme à une dernière ressource, lorsque les exemples propres nous manquent absolument. Or, cette substitution peut se faire de deux manières: ou par graduation, ou par analogie. Par exemple, on ne connaît aucun milieu qui fasse entièrement obstacle à l'attraction que l'aimant exerce sur le fer, et qui l'intercepte tout-à-fait. Elle a son effet, soit qu'on interpose l'or, l'argent, le verre, la pierre; bois, eau, huile, étoffes, corps composés de fibres, air, flamme, etc., ni ces substances, ni aucune autre, ne peuvent empêcher cette attraction. Il se pourrait cependant qu'à force de varier les sujets d'observation on rencontrât enfin quelque milieu qui en diminuât l'effet plus que tout autre milieu, et qu'on trouvât là un plus et un moins, des degrés sensiblement différents. Par exemple, il se pourrait que l'aimant n'attirât pas également le fer à travers deux épaisseurs égales, l'une d'or, l'autre d'air, ou l'une d'argent rougi au feu, l'autre d'argent froid, et ainsi des autres. Car nous n'avons pas encore fait d'expériences dans cette vue, et celles-ci, nous ne les proposons qu'à titre d'exemples et d'indications qui peuvent suffire pour le moment. De même, nous ne connaissons aucun corps qui, étant approché du feu, ne s'echauffe; mais l'air s'échauffe plus vite que la pierre. Tel est donc le mode de ce genre de substitution qui se fait par la considération des degrés.

Quant à la substitution par voie d'analogie, elle est utile, sans doute, mais beaucoup moins certaine dans ses résultats, et elle exige plus de discernement. Elle a lieu lorsqu'on met à la portée du sens l'objet imperceptible, non en observant les effets sensibles du corps qui par lui-même est insensible, mais en observant d'autres corps plus sensibles et analogues au sujet en question. Par exemple, s'agit-il de connaître le mode du mélange ou de la combinaison des esprits (ou substances aériformes); on conçoit d'abord qu'il doit y avoir une certaine analogie entre les corps et leurs aliments. Or, l'aliment propre de la flamme est l'huile, ou, en général, toute substance grasse, et celui de l'air est l'eau ou toute substance aqueuse. Car, les flammes se multiplient par l'addition des vapeurs huileuses et l'air par l'addition des vapeurs aqueuses. Ainsi, il faut tourner son attention vers le mélange de l'eau avec l'huile, lequel se manifeste aux sens, au lieu que le mélange de l'air avec les flammes leur échappe. Or, l'huile et l'eau ne se mêlent que très imparfaitement, lorsqu'on se contente de les mettre et de les agiter ensemble; mais ces deux mêmes substances se combinent plus délicatement et plus exactement dans les plantes, dans le sang et les parties solides des animaux; d'où l'on peut déduire une conséquence assez probable, relativement aux substances pneumatiques ou aériformes, savoir: que les substances pneumatiques de la nature de l'air et celles qui tiennent de la nature de la flamme, lorsqu'elles sont simplement et mécaniquement confondues, ne se prêtent pas à une véritable combinaison, mais qu'elles paraissent se combiner plus exactement et plus parfaitement dans les esprits des animaux et des plantes; conjecture d'autant plus probable que tout esprit animé se nourrit de deux espèces d'humeur, savoir: de l'humeur aqueuse et de l'humeur huileuse, lesquelles sont ses aliments propres.

De même encore, supposons qu'il ne s'agisse plus du mélange exact, de la parfaite combinaison des substances pneumatiques et aériformes de différente espèce, mais seulement de leur composition, c'est-à-dire de savoir si elles s'incorporent aisément ensemble, ou si au contraire il y a des substances pneumatiques; par exemple, des vapeurs ou exhalaisons et autres semblables qui ne se mêlent point avec l'air commun, mais qui y demeurent seulement suspendues et comme flottantes sous la forme de globules, de gouttes, en un mot qui sont plutôt brisées et atténuées par l'air qu'elles n'adhèrent à ses parties et ne s'incorporent avec ce fluide. Or, une telle différence ne peut être aperçue par les sens dans l'air commun ou autres substances aériformes, vu leur extrême ténuité. Mais on peut se faire une idée de ces imparfaites combinaisons et entrevoir jusqu'à quel point elles sont possibles, en observant le mercure, l'huile et l'eau dans l'état de liquide. On en voit aussi un exemple dans l'air, si l'on considère comment il se divise et se morcelle lorsqu'il se dissipe et monte à travers l'eau sous la forme de bulles. Enfin un dernier exemple en ce genre, c'est la poussière excitée dans l'air, laquelle s'y élève et y demeure suspendue, tous phénomènes où il n'y a point d'incorporation. Or, cette représentation ou substitution dont nous venons de parler serait assez exacte, pour peu que l'on commençât par s'assurer s'il peut y avoir entre ces substances pneumatiques une hétérogénéité, des différences vraiment spécifiques et égales à celles qu'on observe entre les liquides. Ce point une fois décidé, on pourra sans inconvénient substituer par voie d'analogie ces simulacres visibles aux substances aériformes qu'on ne peut observer directement. Au reste, quoique nous ayons dit, de ces exemples de supplément, qu'il faut en tirer des lumières lorsque les exemples propres et directs manquent absolument, et y recourir comme à une dernière ressource, cependant on doit se persuader qu'ils sont encore d'un grand usage dans les cas mêmes où l'on ne manque point d'exemples directs; car alors ils concourent avec ces derniers à rendre l'information plus ample et plus certaine. Mais nous traiterons plus en détail de ce genre d'exemples lorsque l'ordre de notre sujet nous aura conduits à parler des adminicules de l'induction.

XLIII. Nous placerons au vingtième rang les exemples de dissection (ou d'analyse) que nous désignons aussi ordinairement par la dénomination d'exemples (agaçants ou stimulants), mais dans des vues différentes. Nous leur donnons cette dernière qualification, parce qu'en effet ils agacent l'entendement, et la première parce qu'ils nous excitent à pousser l'analyse de la nature aussi loin qu'il est possible, fonction qui nous engage quelquefois à leur donner aussi le nom d'exemples de Démocrite. Les exemples de cette classe, en avertissant l'esprit de l'extrême subtilité de certains corps ou de certains mouvements, l'éveillent, pour ainsi dire, l'excitent à l'attention et l'invitent à considérer de plus près les objets fort déliés et à les observer avec toute l'exactitude requise. Par exemple, l'entendement s'éveille lorsqu'il arrête son attention sur les faits suivants :

Quelques gouttes d'encre peuvent en s'étendant former des milliers de lettres et de lignes.

Un cylindre d'argent, doré superficiellement, peut être allongé au point de former un fil de plusieurs lieues et doré pourtant dans tous les points de sa surface.

Tel insecte imperceptible, qui se loge sous la peau, a pourtant un esprit et une infinité de parties toutes différentes et toutes distinctes.

Un peu de safran suffit pour teindre un muid d'eau.

Un grain de civette ou de musc répand son odeur jusque dans les plus petites parties d'une masse d'air beaucoup plus grande.

Une très petite quantité de certaines matières brûlées forme un nuage d'un volume immense.

Les différences les plus légères, les nuances les plus délicates des sons, par exemple celles des sons articulés, sont déterminées par l'air qui leur sert de véhicule dans toutes sortes de directions ; différences qui, quoique très atténuées et très affaiblies, ne laissent pas de pénétrer par les pores et les interstices du bois et de l'eau, sans compter qu'elles s'y répercutent ; le tout, avec la plus grande vitesse et très distinctement.

La lumière et la couleur même franchissent en un clin d'œil des espaces immenses, pénètrent à travers des corps très compactes, tels que le verre à travers l'eau, et y forment des milliers d'images qui se diversifient à l'infini ; enfin elles s'y réfractent et s'y réfléchissent.

L'aimant agit à travers les corps de toute espèce, même les plus durs et les plus compactes.

Mais ce qui est encore plus étonnant, c'est que, de toutes les actions qui s'exercent dans l'air, milieu commun à toutes indifféremment, il n'en est pas une seule qui fasse obstacle à une autre ; je veux dire que, dans le même temps et dans la même masse d'air, passent et repassent, dans toutes les directions possibles, un grand nombre d'images diverses d'objets visibles, de sons délicatement articulés, d'odeurs spécifiquement différentes, comme celles de la violette, de la rose, etc. ; ainsi que la chaleur, le froid, les vertus magnétiques, etc. ; et cela, dis-je, toutes à la fois, sans que l'une empêche l'autre, comme si chacune avait ses routes particulières, ses passages propres et tellement distincts que l'une ne pût jamais rencontrer et heurter l'autre.

Cependant, à ces exemples d'analyse, nous en joignons ordinairement d'autres que nous appelons limites de la dissection (ou de l'analyse). Ces exemples étant ainsi accouplés, on voit, dans ceux dont nous avons parlé en premier lieu, que deux actions de différents genres ne se troublent ni ne s'empêchent réciproquement, au lieu que, de deux actions du même genre, l'une amortit et éteint l'autre. C'est ainsi que la lumière du soleil éteint pour ainsi dire celle du ver luisant ; que le bruit du canon couvre la voix humaine ; qu'une odeur forte efface une odeur délicate ; qu'une chaleur d'une grande intensité étouffe une chaleur plus faible ; et qu'enfin une lame de fer placée entre l'aimant et d'autre fer intercepte l'action de cet aimant. Mais nous renvoyons aussi ce que nous avons à dire sur ces exemples au traité sur les adminicules de l'induction, où est leur véritable place.

XLIV. Dans les aphorismes précédents, nous avons traité des exemples qui sont destinés à prêter secours aux sens et qui se rapportent principalement à la partie informative ou à la théorie ; car l'information commence aux sensations. Or, toute l'opération intellectuelle se termine par les œuvres ; et comme la simple connaissance en est le commencement, l'exécution en est la fin. Ainsi, dans les aphorismes suivants, nous traiterons principalement des exemples qui se rapportent spécialement à la pratique ou partie opérative.

Ces exemples sont de deux genres et forment en tout sept espèces, que nous comprenons ordinairement sous la dénomination commune d'exemples pratiques. Or, la pratique est susceptible de deux vices ou défauts, auxquels répondent deux genres de perfections dont elle est aussi susceptible; car l'opération peut être ou trompeuse ou onéreuse. Si l'opération est quelquefois trompeuse, même après une recherche des propriétés qui a d'ailleurs toute l'exactitude nécessaire, c'est surtout parce qu'on a mal déterminé, mal mesuré les forces et les actions des corps. Or, les forces ou actions des corps sont circonscrites et mesurées, ou par les espaces qui sont les parties du lieu, ou par les instants qui sont les parties du temps, ou par la quantité de matière, ou par la prédominance de telle vertu. Si ces quatre choses n'ont été bien examinées et bien pesées, les sciences pourront être fort belles dans la théorie, mais elles seront inutiles dans la pratique. Or, ces quatre genres d'exemples qui se rapportent à notre objet actuel, pour les comprendre tous sous un seul nom, nous les appellerons exemples mathématiques ou exemples de mesure.

La pratique devient onéreuse, ou parce qu'avec les choses nécessaires on en mêle d'inutiles, ou par l'excessive multiplication des instruments, ou à cause de la grande quantité de matière qui semble nécessaire pour produire tel effet ou exécuter tel ouvrage. Ainsi, l'on doit attacher le plus grand prix aux exemples qui ont la propriété de diriger la pratique vers les objets les plus intéressants pour le genre humain, ou d'épargner une partie des instruments, ou d'économiser sur les matières et (s'il est permis d'employer cette expression) sur le mobilier. Or, pour désigner aussi par un seul nom les trois espèces d'exemples qui se rapportent à ce triple but, nous les appellerons exemples propices ou favorables. Nous allons traiter successivement et en détail de ces sept différentes espèces d'exemples; et ce sera par cet exposé que nous terminerons cette partie, qui a pour objet les prérogatives ou dignités des différentes classes d'exemples.

XLV. Nous mettrons au vingt-unième rang, parmi les prérogatives des faits, les exemples de la verge ou du rayon, que nous appelons aussi assez souvent exemples de portée (ou de *non plus ultra*); car les forces ou actions des corps se font sentir et leurs mouvements ont leurs effets dans des espaces, non pas infinis ou fortuits, mais limités, fixés et déterminés. Or, ces espaces, dans toutes les natures qui peuvent être l'objet de nos recherches, il importe fort à la pratique de les déterminer avec précision et d'en bien marquer les limites; et cela non-seulement pour ne pas manquer le but dans l'exécution, mais encore afin de donner à la pratique plus d'étendue et de puissance. Car on est quelquefois maître de donner aux forces ou actions une plus longue portée et de rapprocher en quelque manière les choses éloignées en diminuant l'effet de la distance, comme le font les télescopes, lunettes, etc. Mais il est des vertus (et en assez grand nombre) qui n'agissent et n'affectent que dans le seul cas d'un contact immédiat et manifeste; c'est ce qui a lieu dans le choc des corps, où l'un ne peut déplacer l'autre si le corps poussant ne touche le corps poussé. Les remèdes qu'on applique extérieurement, comme emplâtres, onguents, etc., n'exercent pas leur action et ne produisent pas leurs vrais effets si on ne les met en contact avec le corps. Enfin, les objets du tact et du goût n'excitent point de sensation s'ils ne sont contigus aux organes respectifs. Il est d'autres vertus qui agissent à distance, mais à des distances très petites; propriétés dont on n'a encore observé qu'un petit nombre, quoiqu'elles soient en plus grand nombre qu'on ne le soupçonne. Et pour tirer nos exemples des sources les plus connues, c'est ainsi que le succin (l'ambre jaune) et le jais attirent les pailles et autres corps légers; que les bulles d'un fluide, approchées l'une de l'autre, se dissolvent réciproquement; que certains purgatifs tirent les humeurs des parties supérieures du corps, et ainsi des autres effets semblables. La vertu magnétique par laquelle le fer et l'aimant, ou deux aimants, ou deux fers aimantés, se portent l'un vers l'autre, agit dans toute sa sphère d'activité, sphère qui est déterminée, mais fort petite; au lieu que s'il existe en effet une vertu qui émane de la terre même (c'est-à-dire de ses parties un peu intérieures) et qui influe sur une aiguille de fer, du moins quant à sa direction vers les pôles, cette action-là s'exerce à une grande distance.

De plus, s'il est quelque force magnétique qui ait pour cause une certaine corrélation ou affinité entre le globe terrestre et les corps pesants, ou entre le globe de la lune et les eaux de la mer, force dont l'existence est rendue assez probable par la variation périodique et d'un demi-mois qu'on observe dans les flux et les reflux ; ou enfin une corrélation entre le ciel étoilé et les planètes, par laquelle ces planètes soient élevées et comme appelées à leurs apogées, toutes ces forces agissent à de très grandes distances. On trouve aussi des matières qui s'enflamment ou qui prennent feu à des distances assez grandes ; c'est ce qu'on rapporte de la naphte babylonique. La chaleur se communique aussi à de fort grandes distances ; il en faut dire autant du froid. Par exemple, les habitants des contrées voisines du Canada observent que les masses glaciales qui, après s'être détachées des terres, flottent dans l'Océan septentrional et se portent par la mer Atlantique vers les côtes dont nous parlons, lancent pour ainsi dire le froid et se font sentir de fort loin. Les odeurs également se font sentir à des distances notables ; mais alors il y a toujours quelque émission de substance vraiment corporelle. C'est ce qu'observent ordinairement ceux qui font voile près des rivages de la Floride ou près de certaines côtes de l'Espagne, où il y a des forêts entières de citronniers, d'orangers et d'autres arbres odoriférants, ou de grands espaces couverts de romarin, de marjolaine et d'autres plantes analogues. Enfin, les radiations de la lumière et les impressions des sons s'étendent à de fort grandes distances.

Mais toutes ces forces ou vertus, soit qu'elles agissent à de grandes ou à de petites distances, agissent certainement, dans tous les cas, à des distances déterminées et fixées par la nature, en sorte qu'il se trouve là une sorte de *non plus ultrà* qui est en raison de la masse ou quantité de matière des corps, de l'intensité plus ou moins grande des vertus, enfin des facilités ou des obstacles résultants de la nature des milieux où s'exercent ces actions, toutes choses calculables et dont il faut déterminer avec soin la quantité. Ce n'est pas tout : les mesures des mouvements que l'on qualifie ordinairement de violents (tels que ceux des armes de trait, des armes à feu et en général des corps lancés, des roues et autres semblables), ayant aussi manifestement leurs limites certaines et fixes, doivent également être observées et déterminées avec la plus grande exactitude.

S'il est des vertus qui agissent dans le contact et non à distance, il en est d'autres qui agissent à distance et non dans le contact, qui en outre agissent plus faiblement à une distance moindre et avec plus de force à une plus grande distance. La vision, par exemple, s'opère imparfaitement dans le contact ; mais elle a besoin d'un milieu et d'une certaine distance. Cependant je me souviens d'avoir ouï dire à un personnage digne de foi, qu'au moment où on lui faisait l'opération de la cataracte (opération qui consiste à introduire une aiguille d'argent sous la cornée, à détacher cette pellicule qui forme la cataracte et à la pousser dans l'un des angles de l'œil), il avait vu le mouvement de cette aiguille à l'instant où elle passait sur sa prunelle. Mais en supposant même que le fait soit vrai, il n'en est pas moins certain qu'on ne voit bien clairement et bien distinctement les grands corps qu'à la pointe du cône formé par les rayons qui s'élancent de l'objet placé à une certaine distance de l'œil ; de plus, les vieillards voient mieux les objets d'un peu loin que de fort près. Quant aux armes de traits et aux corps lancés, il est certain que le coup est moins fort de très près que d'un peu loin. Ces circonstances et autres semblables relatives à la partie de la mesure des mouvements, qui a pour objet la détermination des distances, doivent être observées avec le plus grand soin.

Il est un autre genre de mesure locale des mouvements qu'il ne faut pas non plus négliger ; il a pour objet, non les mouvements progressifs, mais les mouvements sphériques, c'est-à-dire ceux d'expansion et de contraction en vertu desquels les corps tendent naturellement ou se prêtent à occuper un plus grand ou un moindre espace ; car, entre autres mesures de mouvements, il importe beaucoup de savoir précisément à quel degré de compression ou d'extension les différentes espèces de corps se prêtent aisément et sans effort ; de marquer le point où ils commencent à résister ; en un mot, de bien déterminer le *maximum* ou *non plus ultrà* à l'un ou l'autre égard. On voit un exemple de la première espèce dans une vessie enflée lorsqu'on vient à la comprimer ; car tant que la compression de l'air ne passe pas un certain point, la vessie soutient cet effort ; mais si l'on appuie davantage, l'air ne se laisse plus comprimer et la vessie se rompt.

Mais nous-mêmes, à l'aide d'une expérience plus délicate, nous avons obtenu une détermination plus exacte en ce genre. Nous prîmes une clochette de métal, fort mince, fort légère, et semblable à celles qui nous servent de salière; nous la plongeâmes dans une cuvette remplie d'eau, de manière qu'elle entraînait avec soi jusqu'au fond de la cuvette l'air renfermé dans sa propre concavité. Sur ce fond nous avions d'abord mis une balle au-dessus de laquelle devait être placée la clochette, et tel fut notre résultat dans deux différents cas. Lorsque la balle était fort petite par rapport à la concavité de la clochette, l'air se resserrait pour occuper un moindre espace; mais lorsque la balle était trop grande pour que l'air cédât aisément, alors cet air, ne pouvant plus soutenir une plus grande pression, soulevait d'un côté ou de l'autre la clochette et s'élevait par bulles à la surface de l'eau.

De plus, après avoir éprouvé jusqu'à quel point l'air est compressible, pour savoir ensuite jusqu'à quel degré il est extensible, nous fîmes l'expérience suivante. Nous prîmes un œuf de verre qui avait un trou à l'un de ses bouts; à l'aide d'une forte succion, nous le vidâmes d'air en partie par ce trou, que nous bouchâmes aussitôt avec le doigt; puis, ayant plongé cet œuf dans l'eau, nous ôtâmes le doigt. Cela posé, l'air tendu par la succion, mis, par ce moyen, dans une sorte d'état violent, dilaté fort au-delà de son volume naturel, et tendant par cela même à se contracter, à occuper un moindre espace (de manière que si l'œuf n'eût pas été plongé dans l'eau, l'air extérieur s'y serait porté avec rapidité et en produisant un sifflement); cet air, dis-je, en se resserrant, tira l'eau après soi, jusqu'à ce que ce liquide fût dans l'œuf en quantité suffisante pour que l'air n'y occupât plus qu'un espace égal à celui qu'il occupait avant la succion.

Il est donc certain, comme nous venons de le dire, que les corps très ténus, tels que l'air, sont susceptibles d'un certain degré notable de contraction, au lieu que les corps tangibles, tels que l'eau, sont beaucoup moins compressibles ou beaucoup plus difficiles à réduire à un moindre volume. Mais jusqu'à quel point se laissent-ils comprimer? C'est ce que nous avons déterminé par l'expérience suivante.

Nous fîmes jeter en moule une sphère de plomb creuse qui pouvait contenir environ deux pintes, et dont les côtés, assez épais, étaient en état de résister à une très grande force. Nous la remplîmes d'eau par un trou que nous y avions fait; puis nous bouchâmes ce trou avec du plomb fondu, de manière que ce plomb étant refroidi et consolidé, la sphère devenait toute solide; ensuite, nous aplatîmes cette sphère par deux côtés opposés, en la frappant avec un gros marteau. Une conséquence nécessaire de cet aplatissement était que l'eau occupât un moindre espace, la sphère étant de tous les solides (de même diamètre) celui qui a le plus de capacité. Lorsque nous vîmes que les coups de marteau ne faisaient plus rien, nous fîmes usage d'une presse, en sorte qu'à la fin l'eau, ne se laissant plus comprimer, filtrait à travers le plomb sous la forme d'une rosée fine. Enfin, déterminant par le calcul la diminution de volume qui avait dû résulter de l'aplatissement, nous sûmes ainsi que l'eau s'était comprimée d'autant, effet toutefois que nous ne pouvions attribuer qu'à la force prodigieuse que nous avions employée pour comprimer cette sphère.

Les corps plus solides, plus secs et plus compactes, tels que la pierre, le bois ou le métal, sont encore moins susceptibles de compression et d'extension, ou ne s'y prêtent qu'à un degré presque imperceptible; mais ils se délivrent de la violence qu'on leur fait en se brisant ou en se portant en avant, ou par des mouvements et des efforts de tout autre espèce. C'est ce dont on voit des exemples dans les bois ou les métaux que l'on courbe avec effort, dans les horloges qui ont pour moteur un ressort composé d'une lame de métal pliée en deux, dans les armes de trait et les corps lancés, dans les corps qu'on frappe avec un marteau, et dans une infinité d'autres mouvements semblables. Or, tous ces effets si diversifiés, il faut en tenir compte dans l'étude de la nature et les observer avec soin, en y joignant leurs mesures, soit par l'exacte détermination des quantités, soit par simple estimation, soit enfin par des comparaisons; en un mot, par les moyens qu'on a en sa disposition.

XLVI. Nous mettrons au vingt-deuxième rang les exemples de cours auxquels nous donnons ordinairement le nom d'exemples de clepsydre, en empruntant le nom de ces horloges dont les anciens faisaient usage, et où ils mettaient de l'eau au lieu du sable. Ce sont ces exemples qui mesurent les actions ou mouvements naturels par les divisions du temps, comme les exemples de la verge les mesurent par les divisions de l'espace ; car toute action ou mouvement naturel a nécessairement une certaine durée. Il en est de lents et de rapides ; mais, quelle que soit leur vitesse, toujours est-il vrai qu'ils s'exécutent dans un nombre d'instants déterminé et fixé par la nature. Les actions mêmes qui semblent être subites et qui s'exercent (comme on le dit communément) en un clin d'œil, ne laissent pas, lorsqu'on les considère avec beaucoup d'attention, de paraître susceptibles de plus et de moins par rapport à leur durée.

Par exemple, nous voyons que les révolutions des planètes s'achèvent dans des espaces de temps calculés et connus. Il en est de même du flux et du reflux de la mer. Le mouvement par lequel les corps graves se portent vers le globe terrestre et les corps légers vers la circonférence des cieux, a aussi une certaine durée qui varie selon la nature des corps qui se meuvent et celle du milieu qu'ils traversent. Le mouvement d'un vaisseau à la voile, ceux des animaux et ceux des armes de trait, et en général des corps lancés, tous ces mouvements s'exécutent dans des espaces de temps qui, du moins pris en somme, sont calculables. Quant à ce qui regarde la chaleur, nous voyons que les enfants, durant l'hiver, se lavent pour ainsi dire les mains dans la flamme sans se brûler ; que les faiseurs de tours, à l'aide de certains mouvements prestes et précis, renversent et relèvent un vase rempli de vin ou d'eau, et lui font faire le tour entier sans répandre la liqueur. Il n'est pas jusqu'aux compressions et aux dilatations et aux éruptions des corps qui ne s'opèrent, les unes plus vite, les autres plus lentement, selon la nature du mouvement et du corps mû, mais toujours dans des espaces de temps déterminés. On sait aussi que dans l'explosion de plusieurs canons tirés tous à la fois, et dont le bruit se fait entendre quelquefois jusqu'à la distance de trente milles, ceux qui se trouvent près de l'endroit où se fait cette décharge d'artillerie l'entendent plus tôt que ceux qui en sont éloignés. Dans la vision, genre de sensation qui dépend d'une action trop rapide pour que l'impression soit sentie, il faut qu'elle soit d'une certaine durée ; c'est ce dont on voit un exemple dans les corps dont l'extrême vitesse rend le mouvement invisible. Tel est celui d'une balle de mousquet ; car le passage de la balle est si rapide que son mouvement n'a pas le temps de faire impression sur l'organe de la vue.

Cet exemple et d'autres semblables ont fait naître dans notre esprit un soupçon qui a je ne sais quoi d'étrange et de bizarre. Doit-on croire, nous disions-nous, qu'un ciel serein et semé d'étoiles est vu dans le temps même où il est réellement tel, ou qu'il ne l'est qu'un peu de temps après ; et dans l'observation des corps célestes ne faudrait-il pas distinguer un temps vrai et un temps apparent, comme on distingue un lieu vrai et un lieu apparent ? distinction que les astronomes ne manquent pas de faire relativement aux parallaxes, tant il nous paraissait incroyable que les rayons des corps célestes pussent traverser si rapidement tant de milliards de lieues et frapper l'œil en un instant. Il nous semblait plutôt qu'ils devaient employer un certain temps à franchir une si prodigieuse distance. Mais ce doute (du moins par rapport à une différence notable entre le temps apparent et le temps vrai) s'est ensuite entièrement dissipé, dès que nous sommes venus à considérer quel immense déchet doivent essuyer les rayons lumineux en parcourant de si grands espaces, et combien l'image formée par le corps réel de l'étoile doit être affaiblie au moment où l'œil la reçoit ; dès que nous avons considéré de plus qu'ici-bas les corps blanchâtres seulement sont aperçus en un instant à la plus grande distance et tout au moins à celle de soixante milles. Car il n'est pas douteux que la lumière des corps célestes doit, quant à la force de la radiation, l'emporter infiniment, non-seulement sur la couleur d'un blanc éclatant, mais même sur la lumière de toutes les flammes qui peuvent se trouver autour de nous. De plus, cette vitesse prodigieuse du corps même des astres emportés par le mouvement diurne a étonné certains hommes graves et judicieux, à tel point qu'ils ont mieux aimé croire au mouvement de la terre qu'à celui de la sphère céleste ; cette vitesse, dis-je, rend plus croyable la force avec laquelle les astres dardent leurs rayons, et la rapidité avec laquelle leur lumière franchit ces espaces immenses. Mais ce qui a le plus contribué à fixer notre opinion sur ce point, c'est que, s'il y avait en effet un intervalle de temps notable entre la présence réelle d'un astre et la vision, les images visuelles seraient souvent interceptées ou rendues confuses par les nuages qui pourraient s'élever tandis qu'elles traverseraient l'espace, et par d'autres semblables changements survenus dans le milieu qu'elles ont à traverser. Quoi qu'il en soit, en voilà assez sur les mesures absolues des mouvements.

Mais il ne suffit pas de déterminer ces mesures absolues des mouvements et des actions; il est également nécessaire, il importe même beaucoup plus de les déterminer comparativement; ces comparaisons mènent à une infinité de conséquences et d'applications utiles. Or, l'on sait que, dans l'explosion d'une arme à feu, on voit la lumière assez long-temps avant d'entendre le coup, quoique la balle doive frapper l'air plus tôt que ne le fait la flamme, qui, étant derrière, ne peut sortir qu'après cette balle, différence qui vient de ce que le mouvement de la lumière est beaucoup plus rapide que celui du son. Nous voyons aussi que l'organe de la vue reçoit beaucoup plus promptement les images visuelles qu'il ne les laisse échapper. Voilà pourquoi une corde d'instrument, poussée par le doigt avec une certaine force, paraît doublée ou triple, l'œil commençant à voir la seconde et la troisième image avant d'avoir cessé de voir la première. C'est par la même raison qu'un anneau qu'on fait tourner paraît une sphère, et qu'un flambeau qu'on transporte avec une certaine vitesse semble avoir une queue.

C'est même sur ce fondement de l'inégalité des mouvements, quant à la vitesse, que Galilée a appuyé l'hypothèse à laquelle il a recours pour expliquer le flux et le reflux de la mer. Selon lui, le globe terrestre tournant avec plus de vitesse que les eaux placées à sa surface, et ces eaux montant les unes sur les autres, elles s'entassent ainsi et retombent ensuite, deux effets alternatifs et périodiques qui ont de l'analogie avec ce qu'on observe dans un bassin en partie rempli d'eau, auquel on imprime un mouvement rapide. Mais il n'a imaginé cette hypothèse qu'en supposant qu'on lui accorderait ce qu'on ne peut réellement lui accorder, savoir : le mouvement diurne de la terre; et d'ailleurs, faute d'être suffisamment instruit de ce mouvement de la mer, qui a lieu de six heures en six heures.

Mais un exemple de ce que nous avons en vue, c'est-à-dire des mesures comparatives des mouvements, et qui est en même temps une preuve de l'utilité du sujet que nous traitons, ce sont les mines, où des masses énormes de terre, de fortifications, d'édifices et autres corps semblables, sont renversées ou sautent en l'air par l'explosion d'une très petite quantité de poudre. Voici la raison de ces prodigieux effets. Le mouvement expansif de la poudre qui donne l'impulsion est infiniment plus rapide que celui de la pesanteur qui pourrait opposer quelque résistance, en sorte que le premier mouvement est achevé avant que le mouvement contraire soit commencé. De même, lorsqu'on veut lancer, jeter, chasser fort loin un corps, on y réussit moins par un coup fort que par un coup vif et sec; sans quoi comment se pourrait-il qu'une si petite quantité d'esprit dans les animaux, surtout dans des animaux aussi gros que le sont la baleine ou l'éléphant, fût suffisante pour mouvoir et gouverner une si grande masse corporelle, si ce n'était la vitesse prodigieuse des mouvements de l'esprit et la lenteur de cette masse corporelle à résister?

Enfin le principe dont il est question ici est un des principaux fondements des expériences de la magie dont nous parlerons ci-après, expériences où une très petite masse en surmonte une fort grande et la maîtrise, c'est-à-dire qu'il faut faire en sorte que de deux mouvements, l'un par la grande supériorité de sa vitesse prévienne l'autre et s'achève avant que cet autre commence.

Enfin la considération de ce qui précède ou suit, de ce qui est premier ou dernier, n'est pas non plus à négliger. Par exemple, il est bon d'observer que dans une infusion de rhubarbe on obtient d'abord la qualité purgative, puis l'astrictive. Nous avons éprouvé quelque chose de semblable relativement à l'infusion de violette dans du vinaigre, opération où l'on extrait d'abord l'odeur la plus suave et la plus délicate de la fleur, puis une partie plus terrestre qui altère cette odeur. C'est pourquoi, si l'on met des violettes à infuser durant vingt-quatre heures, on n'obtient ainsi qu'une odeur très faible. Mais comme l'esprit odorant (recteur) de cette fleur est en très petite quantité, si l'on réitère six fois l'infusion, en ayant chaque fois l'attention de ne la faire durer qu'un quart d'heure et de renouveler les violettes, alors on aura un extrait de la première qualité. Par le moyen de cette réitération, quoique les violettes, ainsi renouvelées, ne soient restées qu'une heure et demie en infusion, on obtiendra une odeur qui ne le cèdera point à celle de la plante même et qui subsistera une année entière. Il faut observer cependant que cette odeur ne sera dans toute sa force qu'environ un mois après l'infusion.

Si l'on tourne son attention vers les plantes aromatiques macérées dans l'esprit-de-vin, puis distillées, on verra que ce qui s'élève d'abord n'est qu'un flegme, qu'une substance purement aqueuse et qui n'est d'aucun usage; puis monte une eau plus spiritueuse; ensuite une eau plus chargée de parties aromatiques. Il est dans les distillations une infinité de différences de cette nature qui méritent d'être remarquées; mais en voilà assez pour de simples exemples.

XLVII. Nous mettrons au vingt-troisième rang les exemples de quantité que nous appellerons aussi les doses de la nature, en empruntant un terme de la médecine; ce sont ceux qui mesurent les vertus (forces, actions) des corps par comparaison avec leur quantité de matière, et qui nous apprennent suivant quelles proportions cette quantité de matière influe sur l'intensité de la vertu. Or, en premier lieu, il est des vertus ou propriétés qui ne subsistent que dans une certaine quantité cosmique, c'est-à-dire qui a une certaine corrélation ou proportion avec la configuration et l'ensemble de l'univers. Par exemple, la terre est immobile et ses parties tombent. Les eaux de la mer ont leur flux et leur reflux, élévation et abaissement alternatifs qui n'ont pas lieu dans les fleuves, à moins que la mer n'y remonte. La plupart des vertus agissent aussi en raison du plus ou du moins dans la quantité de matière du corps qui en est doué. Par exemple, les grandes masses d'eau ne se corrompent pas aisément, les petites beaucoup plus vite. Le moût et la bière, dans de petites outres, mûrissent plus vite et deviennent plus tôt potables que dans de grands tonneaux. Si l'on met des herbes dans une grande quantité de liqueur, on a plus tôt une infusion qu'une imbibition; mais si la liqueur est en petite quantité, on a plus tôt une imbibition qu'une infusion. Autre est sur le corps humain l'effet du bain, autre celui d'un léger arrosement (des douches). De plus, les petites rosées répandues dans l'air ne tombent jamais; elles se dissipent et s'incorporent avec ce fluide. De même, et comme on peut s'en assurer par ses propres observations, si l'on pousse son haleine sur un diamant, ce peu d'humidité qui s'y attache se résout et disparaît aussitôt, semblable à un léger nuage que le vent dissipe. Un petit morceau d'aimant n'attire pas un aussi gros morceau de fer que l'aimant tout entier. Il est aussi des propriétés par rapport auxquelles la petite quantité peut plus que la grande. C'est ce qui a lieu lorsqu'il s'agit de percer, de pénétrer; une pointe aiguë pénètre plus vite qu'une pointe obtuse; un diamant taillé à facettes entame le verre, et ainsi des autres.

Mais il ne faut pas s'en tenir ici aux quantités indéfinies; il faut de plus tâcher de déterminer les proportions respectives, je veux dire le rapport de la quantité de matière à l'intensité de la vertu, dans les corps de chaque espèce. Car on est naturellement porté à croire que cette intensité est précisément proportionnelle à cette quantité; par exemple, qu'une balle de plomb de deux onces doit tomber deux fois plus vite qu'une balle d'une once, ce qui est absoment faux, et les proportions ne sont pas, à beaucoup près, les mêmes dans tous les genres de propriétés; elles sont le plus souvent fort différentes, quelquefois même contraires. Ainsi c'est par l'observation et l'expérience même qu'il faut déterminer ces mesures, et non d'après des conjectures ou probabilités.

Enfin, dans toute recherche sur les opérations de la nature, il faut s'assurer de la quantité de matière requise pour produire chaque effet, qui en est comme la dose.

XLVIII. Nous mettrons au vingt-quatrième rang les exemples de lutte que nous appelons aussi quelquefois exemples de prédominance. Ceux de cette classe indiquent les prédominances ou cessions réciproques des différentes espèces de propriétés ou de vertus. Ils apprennent à distinguer celles auxquelles la supériorité de force donne l'avantage sur les autres d'avec celles que leur infériorité force à céder aux premières; car les mouvements, les tendances, les efforts, les propriétés de toute espèce se composent, se décomposent et se compliquent tout aussi bien que les corps. Ainsi nous donnerons d'abord l'énumération et la définition des principales espèces de mouvements ou de vertus actives. Par ce moyen leurs forces respectives étant plus faciles à comparer, les exemples de lutte et de prédominance en seront plus sensibles.

Soit le premier de ces mouvements le mouvement d'antitypie de la matière, lequel réside dans chacune de ses parties et en vertu duquel elle résiste complétement à son anéantissement, en sorte qu'il n'est ni incendie, ni poids, ni dépression, ni violence, ni laps de temps, qui puisse réduire absolument à rien telle partie de la matière, quelque petite qu'on puisse l'imaginer, qui puisse faire qu'elle cesse d'être quelque chose et d'occuper quelque lieu, qui puisse empêcher (dans le cas même où elle serait soumise à l'action la plus violente) qu'elle ne se délivre en changeant de forme ou de lieu, ou qu'enfin, si tout moyen de se dégager lui est ôté, elle ne demeure telle qu'elle est ; quoi qu'on puisse faire, on ne fera jamais qu'elle ne soit rien ou qu'elle ne soit nulle part. Or, ce mouvement, l'école, qui tire presque toujours ses définitions ou ses dénominations des simples effets, bons ou mauvais, des choses à définir ou à désigner, et non de leurs causes intimes, le désigne par cet axiome : « Deux corps ne peuvent exister en même temps dans un seul et même lieu ; » ou bien, selon elle, c'est le mouvement qui empêche qu'il n'y ait pénétration réciproque de dimensions. Comme ce mouvement est inhérent à tous les corps sans exception, il est inutile d'en donner des exemples.

Soit le second de ces mouvements celui de liaison (ou de continuité de corps à corps), par lequel un corps se refuse à sa séparation, même à celle de la moindre de ses parties, d'avec les autres corps, tous ces corps tendant à s'unir et à demeurer en contact les uns avec les autres. Comme ce mouvement réside aussi dans tous les corps sans exception, il est clair qu'il est également inutile d'en donner des exemples. C'est celui que l'école désigne par la dénomination d'horreur du vide, mouvement en vertu duquel on attire l'eau par le moyen de la succion ou des pompes, et la chair à l'aide des ventouses. C'est aussi en vertu de ce mouvement que, dans une cruche percée par le bas, l'eau demeure suspendue et ne coule point si l'on ne débouche l'orifice supérieur pour donner passage à l'air, et il produit une infinité d'autres effets semblables.

Soit le troisième mouvement celui que nous appelons mouvement de liberté, par lequel les corps font effort pour se délivrer de toute compression ou extension extraordinaire et pour recouvrer le volume qui leur est propre. On trouve aussi une infinité d'exemples de ce mouvement. Tels sont (quant à l'effort pour se délivrer de la compression) ceux de l'eau dans l'action de l'animal qui nage, de l'air dans celle de l'oiseau qui vole, de l'eau encore dans celle du rameur, de l'air dans les ondulations des vents, enfin ceux des ressorts dans les horloges. Un autre exemple qui n'est pas à mépriser, c'est celui de l'air dans ces canonnières qui servent de jouet aux enfants. Ils creusent un morceau d'aune ou de quelque bois de cette espèce ; ils font entrer à force, par chacune de ses extrémités, une espèce de bourre composée d'un morceau de quelque racine qui ait beaucoup de suc ; puis, à l'aide d'une sorte de piston, ils chassent l'une de ces deux bourres vers l'extrémité où est l'autre. Passé un certain point, celle qui est placée à cette dernière extrémité s'échappe tout à coup avec bruit avant d'avoir été touchée par l'autre ou par le piston et est lancée fort loin. Quant à l'effort pour se délivrer d'une forte extension, on peut en donner pour exemple le mouvement de l'air qui reste dans les œufs de verre après une forte succion ; les cordes, le cuir, le drap et autres étoffes, tous corps qui après avoir été détirés reviennent sur eux-mêmes et se contractent, à moins que la longue durée de cette extension ne les fasse rester dans l'état où on les a mis. Ce mouvement, l'école le qualifie de mouvement inhérent à la forme de l'élément, dénomination très peu exacte, attendu que ce mouvement n'est pas seulement propre à l'air, à l'eau, à la flamme, etc., mais commun à tous les corps, quelle que soit leur consistance (leur densité), comme bois, fer, plomb, drap, étoffes, membranes, tous corps qui ont un volume déterminé, certains modules de dimensions dont ils ne s'éloignent qu'avec peine, du moins sensiblement. Mais ce mouvement de liberté se présentant à chaque instant et tenant à une infinité d'autres phénomènes, il est nécessaire de le désigner avec plus de précision et de le bien distinguer ; car il est tels physiciens qui, n'ayant sur ce sujet que des notions très superficielles, confondent ce mouvement avec celui d'antitypie et avec celui de liaison, savoir : l'effort pour se délivrer de la compression avec le premier et l'effort pour se délivrer de l'extension avec le dernier, s'imaginant que les parties des corps se cèdent réciproquement et s'écartent les unes des autres pour empêcher la pénétration réciproque des dimensions, ou que ces corps reviennent sur eux-mêmes et se contractent pour empêcher que le vide n'ait lieu. Mais pour que l'air, par exemple, se comprimât au point d'acquérir la densité de l'eau, ou le bois au point d'acquérir celle de la pierre, il ne serait nullement besoin qu'il y eût pénétration de dimensions, et cependant alors la compression de ces deux espèces de corps excèderait de beaucoup celle qu'ils endurent ordinairement. De même, pour que l'eau se dilatât au point d'acquérir la rareté de l'air, ou la pierre au point d'acquérir celle du bois, le vide ne serait pas non plus nécessaire, et cependant alors leur degré d'extension surpasserait de beaucoup celui auquel ils se prêtent le plus souvent. Ainsi cette augmentation et cette diminution de densité dont nous parlons ne sont pas portées assez loin pour qu'on ait à craindre la pénétration réciproque des dimensions ou le vide, qui ne pourraient avoir lieu que dans les degrés extrêmes de condensation et de raréfaction, deux limites en deçà desquelles s'arrêtent et roulent les mouvements dont nous parlons et qui ne sont autre chose que certaines tendances des corps à se maintenir dans le degré de consistance (de densité) qui leur est propre, ou, si on l'aime mieux, dans leurs formes, à ne s'en pas écarter subitement, mais seulement par des voies douces qui les engagent, pour ainsi dire, à s'y prêter. Et ce qui est beaucoup plus nécessaire, comme pouvant mener à une infinité de conséquences utiles, c'est de faire bien comprendre aux hommes que le mouvement violent que nous qualifions de mécanique, et que Démocrite (qui, par la manière dont il définit et caractérise ses mouvements primaires, est au-dessous des philosophes les plus médiocres) appelle mouvement de plaie, n'est autre chose que le mouvement de liberté tendant à relâcher et à étendre un corps comprimé et resserré. En effet, dans toute action consistant ou à pousser seulement un corps pour l'écarter, ou à lui imprimer un mouvement rapide à travers l'air, l'écartement ou le mouvement rapide en avant n'a point lieu si les parties du corps à mouvoir ne sont affectées extraordinairement et comprimées avec une certaine force. Et c'est alors seulement que les parties se poussant ou se chassant les unes les autres de proche en proche, le tout est déplacé, non-seulement en se portant en avant, mais en tournant en même temps sur lui-même, afin que ces parties puissent aussi par ce moyen se délivrer de l'état violent où elles sont ou supporter toutes plus également l'action à laquelle elles sont soumises. Mais en voilà assez sur ce mouvement.

Soit le quatrième mouvement celui d'hylès (tendant à changer le volume d'un corps). Ce mouvement est symétriquement opposé à celui de liberté dont nous venons de parler et qui en est comme le pendant; car, en vertu du mouvement de liberté, lorsqu'une cause quelconque tend à donner aux corps de nouvelles dimensions, un autre volume, soit en les dilatant, soit en les contractant, ils ont une sorte de répugnance pour un tel changement; ils s'y refusent, ils le fuient et tendent de toutes leurs forces à revenir à leur ancien état et à recouvrer le volume qu'ils avaient. Au contraire, par le mouvement dont nous parlons actuellement, les corps tendent à acquérir de nouvelles dimensions, et ce changement, ils s'y prêtent assez promptement, quelquefois même ils y tendent par l'effort le plus puissant, comme on le voit dans l'explosion de la poudre à canon. Or, les instruments ou moyens de ce mouvement (non pas les seuls, mais certes les plus puissants et les plus fréquents) sont le chaud et le froid. Par exemple, lorsque l'air, par voie d'extension, se trouve dilaté (comme il l'est par la succion dans l'œuf de verre dont nous avons parlé), il tend à revenir en se contractant à son premier état; mais si ensuite il vient à être échauffé, alors au contraire il tend à se dilater; il souhaite en quelque manière d'acquérir de nouvelles dimensions; il passe volontiers à ce nouvel état, et (pour employer l'expression commune) à cette nouvelle forme. Cependant, après s'être un peu dilaté, il est peu jaloux de revenir à son premier état, à moins qu'on ne l'y invite en le refroidissant; ce qui, à proprement parler, n'est pas un retour, mais une vraie, une seconde transformation en sens contraire de la première. De même, lorsque l'eau est resserrée et contractée par voie de compression, elle regimbe et veut redevenir ce qu'elle était, c'est-à-dire se dilater et devenir plus rare ; mais survient-il un froid intense et continu, alors elle se condense spontanément et se change volontiers en glace ; que si ce froid est tout-à-fait continu et n'est interrompu par aucun attiédissement (condition qui a lieu dans les cavernes un peu profondes), elle se convertit en cristal et ne revient plus à son premier état.

Soit le cinquième mouvement celui de continuation (de continuité de partie à partie, ce que Newton appelle force de cohésion). Or, par ce mot, nous n'entendons pas la continuité absolue et primaire d'un corps avec un autre corps ; car ce serait alors le mouvement de liaison, mais la continuité des parties d'un même corps et sa tendance à continuer de former un même tout spécifique et déterminé. En effet, il n'est pas douteux que tous les corps se refusent à la solution de leur continuité, les uns plus, les autres moins, mais tous jusqu'à un certain point ; car si, ayant d'abord fixé notre attention sur les corps durs, tels que l'acier et le verre, et reconnu qu'ils résistent avec la plus grande force à leur discontinuation, nous tournons ensuite nos regards vers les liquides, où cette résistance, à la première vue, semble nulle ou du moins très faible, nous trouvons néanmoins qu'ils n'en sont pas entièrement destitués ; qu'elle y subsiste réellement ; qu'elle y est comme dans son minimum et s'y décèle par un grand nombre d'effets assez connus, tels que les bulles que forment les liquides, la figure arrondie de leurs gouttes et le filet délié que forme l'eau des gouttières, la viscosité des corps glutineux et autres faits de ce genre. Mais, de tous les cas où cette tendance se manifeste, celui où elle est le plus sensible, c'est lorsqu'on tente la solution de continuité sur un corps déjà réduit en parties extrêmement petites. Par exemple, dans un mortier, lorsqu'on a pilé et atténué les matières jusqu'à un certain point, le pilon ne fait plus rien. L'eau ne peut s'ouvrir un passage par une fente extrêmement petite. L'air même, nonobstant sa grande ténuité, ne pénètre pas d'abord dans les pores d'un corps solide et ne s'y insinue qu'à force de temps.

Soit le sixième mouvement celui que nous appelons mouvement vers le gain, ou mouvement d'indigence. C'est celui en vertu duquel les corps qui sont comme relégués parmi les substances tout-à-fait hétérogènes et ennemies, trouvant par hasard l'occasion et la facilité d'éviter les substances qui leur sont contraires et de s'unir à d'autres avec lesquelles elles ont plus d'affinité (en supposant même que cette affinité ne soit pas très grande), ne laissent pas de s'unir aussitôt avec ces dernières et de les préférer comme quelque chose de mieux. Ils semblent regarder cela comme une sorte de gain (ce qui nous a engagés à les désigner par ce mot) et chercher ces substances comme s'ils en avaient besoin. Par exemple, l'or, ou tout autre métal, n'aime point à être environné, enveloppé d'air ; aussi alors, dès qu'il rencontre quelque corps grossier, comme le doigt, un morceau de papier ou tout autre corps semblable, il s'y attache aussitôt et ne s'en sépare pas aisément. De même, le papier, le drap et tout autre corps de cette espèce ne s'accommode pas bien de l'air qui s'insinue dans ses pores et qui s'y trouve mêlé avec ses parties tangibles ; et c'est par cette même raison qu'ils s'imbibe si aisément d'eau ou de toute autre liqueur en excluant l'air de ses pores. Enfin, lorsqu'un morceau de sucre ou une éponge est plongée dans l'eau ou dans le vin, quoique sa partie supérieure soit fort élevée au-dessus du niveau de la liqueur, elle ne laisse pas de l'attirer peu à peu jusqu'à son sommet.

D'où l'on tire une excellente règle pour les décompositions et les dissolutions ; car, laissant de côté les substances corrosives et les eaux-fortes (les acides minéraux) qui s'ouvrent aisément un passage, supposons qu'un corps solide soit combiné avec une substance avec laquelle il n'ait pas d'affinité, et qu'à cette combinaison on ajoute une troisième substance avec laquelle il ait beaucoup plus d'affinité qu'avec celle à laquelle il se trouve actuellement uni comme par force ; aussitôt ce corps s'ouvre, ses parties s'écartent les unes des autres, son assemblage se relâche et il reçoit dans ses pores cette troisième substance, en excluant et chassant, pour ainsi dire, celle avec laquelle il s'était d'abord uni ; et ce n'est pas seulement dans le cas du contact que ce mouvement de gain fait et peut quelque chose, car l'action électrique (sur laquelle Gilbert et quelques autres ont débité tant de fables) n'est autre chose qu'un certain appétit (une tendance, une force répulsive) d'un corps excité par un léger frottement, lequel, ne souffrant pas aisément le contact de l'air, préfère celui d'un corps tangible lorsqu'il se trouve à sa portée.

Soit le septième mouvement celui que nous appelons mouvement d'agrégation majeure et par lequel les corps se portent vers la masse de leurs congénères, savoir : les corps graves vers le globe terrestre, et les corps légers vers la circonférence des cieux. Ce mouvement, l'école, d'après des observations très superficielles, l'a décoré du nom de mouvement naturel. Elle ne voyait, à l'extérieur des corps, rien de sensible et de frappant qui pût produire un tel mouvement; voilà sans doute pourquoi elle l'a cru naturel et inné dans les corps, ou c'est peut-être parce qu'il est perpétuel; mais s'il l'est en effet, doit-on s'en étonner? Le ciel et la terre sont toujours là, au lieu que les causes, les principes des autres mouvements sont tantôt présents, tantôt absents. Voyant donc que ce mouvement est sans interruption, et que partout où les autres cessent il subsiste et se présente à chaque pas, ils l'ont en conséquence déclaré le seul propre, inhérent et perpétuel, regardant tous les autres comme extérieurs et accidentels; mais, dans la vérité, ce n'est qu'un mouvement faible et peu actif; car, hors les cas où les corps en mouvement ont une très grande masse, il cède aux autres tant qu'ils peuvent avoir leur effet; et quoique la considération de ce mouvement ait rempli et préoccupé la plupart des esprits au point de masquer et de faire oublier tous les autres, il n'en est pas mieux connu et il a donné lieu à une infinité d'erreurs.

Soit le huitième mouvement celui d'agrégation mineure, par lequel les parties de même espèce dans un corps se séparent des parties de différentes espèces et se rassemblent entre elles, par lequel aussi les corps entiers, les tous, en vertu de l'affinité de leur substance, s'embrassent, semblent se caresser, quelquefois même s'attirent à une certaine distance, s'approchent les uns des autres et s'unissent. C'est ainsi que, dans le lait, la crème surnage au bout d'un certain temps; que, dans le vin, la lie et la tartre se déposent; car il ne faut pas croire que ces phénomènes soient de simples effets des mouvements de gravité et de légèreté en vertu desquels certaines parties se portent vers le haut et les autres vers le bas, mais les regarder plutôt comme des effets de la tendance des parties homogènes à se rapprocher les unes des autres et à se réunir. Or, il est deux différences essentielles qui distinguent ce mouvement de celui d'indigence : l'une est que, dans les effets de ce dernier, la principale cause est l'aiguillon (le stimulus) d'une nature contraire et ennemie qui, en repoussant certaines parties, les pousse par cela même les unes vers les autres; au lieu que, dans les combinaisons résultantes du mouvement dont nous parlons actuellement (en supposant toutefois l'absence de tout lien et de tout obstacle), les parties s'unissent par analogie ou affinité, nonobstant l'absence de toute nature ennemie qui, en les combattant, les unisse plus fortement; l'autre est qu'ici l'union est plus étroite et se fait pour ainsi dire avec plus de choix. Dans le premier cas, si les deux corps, n'ayant pas beaucoup d'affinité l'un avec l'autre, peuvent du moins éviter la substance ennemie, ils ne laissent pas de s'unir assez bien; mais dans le dernier, les substances s'unissent en vertu d'une très forte analogie; elles sont sœurs, et, réunies, semblent ne faire qu'un. Or, ce mouvement-ci se trouve dans tous les corps composés et y serait très sensible s'il n'y était lié et comme bridé par les autres appétits (tendances, forces, efforts) et les autres nécessités des corps qui troublent l'union à laquelle ils tendent naturellement.

Trois principales causes peuvent lier (diminuer ou détruire) ce mouvement, savoir : la torpeur (l'inertie) des corps, le frein de la substance dominante dans le composé et le mouvement extérieur. Quant à ce qui regarde l'inertie des corps, nul doute qu'il n'y ait dans tous les corps tangibles une sorte de paresse susceptible de plus ou de moins, une certaine horreur du mouvement, horreur telle que, si l'on n'a soin de les éveiller, pour ainsi dire, et de les exciter, contents de leur état actuel, ils aiment mieux demeurer tels qu'ils sont que se remuer un peu pour être mieux. Or, cette inertie on peut la secouer (diminuer ou détruire) par trois sortes de secours ou de moyens, savoir : par la chaleur ou par la force l'action supérieure de quelque corps analogue, ou enfin par un mouvement vif et puissant. En premier lieu, quant au secours qui se tire de la chaleur, c'est ce qui a donné naissance à ce principe qu'on énonce si affirmativement : « que la chaleur est ce qui sépare les substances hétérogènes et réunit les homogènes, » définition des péripatéticiens dont Gilbert s'est moqué avec raison ; c'est à peu près, pensait-il, comme si, pour définir l'espèce humaine, on disait : « L'homme est ce qui sème du blé et qui plante des vignes. » En effet, donner de telles définitions, c'est vouloir définir les choses par leurs simples effets et encore par des effets très particuliers. Mais cette définition dont nous parlons pèche principalement en ce que ces mêmes effets ne sont nullement propres à la chaleur et qu'elle ne les produit qu'accidentellement, attendu que le froid en fait autant, comme nous le dirons ci-après. La véritable cause de ces effets à expliquer est la tendance des parties homogènes à s'unir, la chaleur n'ayant d'autre effet que celui de secouer leur inertie qui auparavant liait cette tendance. Quant au secours qui se tire de la vertu communiquée par un corps analogue, on en voit un exemple admirable dans l'aimant armé, qui excite dans le fer la propriété d'attirer d'autre fer par l'analogie ou affinité de substance, l'inertie du fer étant secouée (diminuée ou détruite) par la vertu de l'aimant. Enfin, si nous passons au secours qui se tire du mouvement extérieur, nous en voyons un exemple dans les flèches de bois dont la pointe est également de bois et qui pénètrent plus avant dans d'autre bois que lorsqu'elles sont armées de fer, effet qui a pour cause l'analogie de substance, l'inertie du bois étant surmontée par le mouvement rapide de la flèche. Nous avions déjà fait mention de ces deux derniers exemples dans l'aphorisme sur les exemples clandestins.

Quant aux effets qui peuvent avoir lieu quand le mouvement d'agrégation mineure est lié par le frein du corps dominant, ils sont très sensibles dans la décomposition du sang et des urines par le froid ; car, tant que ces fluides sont pénétrés d'un esprit plein de vie et d'activité qui gouverne et maintient ensemble leurs parties de différentes espèces en qualité de maître et de seigneur du tout, les parties homogènes ne se réunissent point, vu ce frein qui les en empêche ; mais sitôt que cet esprit s'est exhalé ou est suffoqué par le froid, les parties dégagées du frein, obéissant à leur tendance naturelle, se rapprochent et s'unissent. Aussi voit-on que tous les corps qui contiennent un esprit âcre et pénétrant, comme les sels et autres substances analogues, se conservent et ne se décomposent pas, ce qu'on doit attribuer au frein permanent et durable de cet esprit dominant et impérieux qui les maintient ensemble.

Actuellement cherchons-nous un exemple de la manière dont le mouvement d'agrégation mineure est lié par le mouvement extérieur, nous le trouvons surtout dans les corps que leur agitation garantit de la putréfaction. Or, toute putréfaction a pour cause la réunion des parties homogènes ; d'où résulte (pour nous servir d'une expression commune) la corruption ou dissolution de la première forme et la génération d'une nouvelle ; car la putréfaction qui fraie le chemin à la génération de la nouvelle forme est précédée par la dissolution de l'ancienne, qui n'est que la réunion même des parties homogènes. Cette réunion, si rien ne l'empêche, il n'en résulte qu'une simple dissolution ou décomposition ; mais si elle rencontre différents obstacles, alors s'ensuivent des putréfactions qui sont des rudiments ou des ébauches d'une génération nouvelle. Que si le corps (et c'est précisément ce dont il est question dans cet article) est fréquemment agité à l'aide d'un mouvement extérieur, alors ce mouvement de liaison, qui est faible, facile à vaincre, et qui exige que les corps en question soient en repos de la part des corps extérieurs, ce mouvement, dis-je, est troublé et cesse d'avoir lieu, explication appuyée d'une infinité d'exemples. C'est ainsi que le mouvement d'une eau courante ou continuellement agitée la garantit de la putréfaction ; que les vents, en débarrassant l'air de ses parties pestilentielles, le purifient ; que le grain retourné, remué dans les greniers, se conserve mieux ; qu'enfin tous les corps agités à l'extérieur ne se putréfient pas aisément à l'intérieur.

Reste à parler d'un genre de réunion dont les parties d'un composé sont susceptibles, et que nous ne devons pas oublier, savoir : de celui d'où résultent le durcissement et la dessiccation ; car, dans un corps un peu poreux, tel que le bois, les os, les membranes et autres de cette nature, après que l'humeur, convertie en esprit, s'est exhalée, les parties grossières se contractent avec plus d'effort et s'unissent plus étroitement, d'où s'ensuit le durcissement et la dessiccation, effet qui, selon nous, a moins pour cause le mouvement tendant à prévenir le vide que le mouvement d'union et d'affinité dont nous parlons.

Quant à ce qui regarde l'attraction à distance, elle est rare, et cependant elle est encore moins observée que fréquente. Si nous en cherchons des exemples, nous voyons qu'une bulle rompt une autre bulle; que les médicaments tirent les humeurs en vertu de l'analogie et de l'affinité de la substance; que, de deux cordes montées à l'unisson, l'une étant pincée met l'autre en mouvement, quoiqu'elles soient sur deux instruments différents. Ce mouvement paraît même avoir lieu dans les esprits animaux, quoiqu'on ne l'y ait pas encore aperçu; mais il réside au degré le plus éminent dans l'aimant et le fer aimanté. Ce que nous disons ici des mouvements de l'aimant nous fournit l'occasion d'en bien marquer les différences. Il est dans l'aimant quatre vertus, ou genres d'actions, qu'il ne faut pas confondre, mais considérer une à une et distinctement, quoique la stupide admiration des hommes les ait empêchés jusqu'ici de faire ces distinctions. La première est l'attraction d'aimant à aimant, de fer à aimant, ou de fer aimanté à autre fer, aimanté ou non. La seconde est la propriété de se tourner vers le nord et le sud; à quoi il faut joindre la déclinaison. La troisième est la faculté qu'a l'aimant ou le fer aimanté d'agir à travers l'or, le verre, la pierre, etc. La quatrième enfin est la communication de la vertu de l'aimant au fer, du fer aimanté à d'autre fer, et cela sans communication de substance. Mais nous ne parlons ici que de la première de ces quatre propriétés, savoir : de la vertu attractive. Un autre exemple frappant d'attraction, c'est celle que l'or et le mercure exercent l'un sur l'autre, et qui est si forte que l'or attire le mercure, même lorsque ce dernier métal est mêlé avec un onguent et disséminé entre ses parties; et les ouvriers qui se trouvent continuellement exposés aux vapeurs du mercure ont ordinairement la précaution de tenir dans leur bouche un morceau d'or, pour ramasser ces émanations, sans quoi il leur affecterait violemment le crâne et les os. Aussi voit-on qu'au bout d'un certain temps cet or blanchit. Voilà ce que nous avions à dire sur le mouvement d'agrégation mineure.

Soit le neuvième mouvement le mouvement magnétique. Quoique celui-ci se trouve compris sous le genre du mouvement d'agrégation mineure, cependant, s'il agit à de grandes distances et sur des corps d'une grande masse, il mérite une recherche à part, surtout si, ne commençant pas par le contact immédiat (condition requise pour un grand nombre d'autres mouvements) et ne s'y terminant pas non plus (comme le font tous les mouvements agrégatifs), il n'a d'autre effet que d'élever et d'enfler, pour ainsi dire, les corps. S'il est vrai, par exemple, que la lune élève les eaux de la mer et enfle les substances humides; que le ciel étoilé attire les planètes vers leurs apogées; que le soleil entraîne tellement avec soi Vénus et Mercure que ces deux planètes ne puissent s'éloigner de cet astre que jusqu'à un certain point, tous ces mouvements paraissent ne se bien classer ni sous le nom d'agrégation majeure, ni sous celui d'agrégation mineure; mais il semble qu'ils doivent être regardés comme des mouvements d'agrégation moyenne et imparfaite, et qu'à ce titre ils doivent former une espèce à part.

Soit le dixième mouvement celui de fuite (de répulsion), mouvement tout-à-fait contraire à celui d'agrégation mineure, et par lequel les corps, en vertu d'une certaine antipathie, fuient ou mettent en fuite les substances ennemies, s'en séparent et refusent de se mêler avec elles. Car, quoique dans certains cas ce mouvement semble n'être qu'accidentel ou n'être qu'une simple conséquence du mouvement d'agrégation mineure, et que les substances homogènes ne se réunissent qu'après avoir exclu et éloigné d'elles les substances hétérogènes, cependant on doit le regarder comme un mouvement positif et en former une espèce distincte, vu que dans une infinité de sujets cette tendance à la répulsion paraît jouer un plus grand rôle que la tendance même à l'union. Ce mouvement se manifeste d'une manière frappante dans les excrétions des animaux. Il n'est pas moins sensible dans la répugnance que plusieurs sens, surtout l'odorat et le goût, témoignent pour certains objets qui les affectent respectivement ; car l'odorat rejette tellement une odeur très fétide qu'il en résulte, par communication, un mouvement d'expulsion dans l'orifice de l'estomac. Une saveur amère et rebutante est tellement rejetée par le palais et le gosier qu'elle occasionne, par une semblable corrélation, un ébranlement, un mouvement de trépidation dans toute la tête. Ce même mouvement dont nous parlons a beaucoup d'autres effets. Il se manifeste dans certaines antipéristases, par exemple dans la région moyenne de l'air, dont le froid habituel paraît être une rejection (une répulsion) de la nature froide occasionnée par le voisinage de la région céleste. Il paraît aussi que les grandes effervescences et les inflammations qui ont lieu dans le sein du globe terrestre sont des rejections de la nature chaude repoussée par l'intérieur de la terre. Car lorsque le chaud et le froid sont en petite quantité, ils se tuent, pour ainsi dire, réciproquement; mais s'ils sont en grande masse, et forment, pour ainsi dire, des armées complètes, alors ils se livrent combat et le plus faible est débusqué par le plus fort. On dit que le cinname et les autres substances odoriférantes, étant placées près des latrines et des lieux fétides, retiennent plus obstinément leur odeur, parce qu'alors elles se refusent à leur émission et à leur mélange avec les matières fétides. Nul doute que le mercure, qui tend naturellement à se réunir en un seul corps, ne trouve à cet égard de grands obstacles dans la salive de l'homme, dans la graisse de porc, dans la térébenthine et autres substances de ce genre, qui empêchent ses parties de se réunir, vu le peu d'analogie et d'affinité qu'elles ont avec de telles substances qu'elles fuient, quand elles en sont environnées de tous côtés; en sorte que la tendance des parties de ce métal à fuir ces autres substances avec lesquelles elles sont mêlées est plus forte que leur tendance à s'unir à celles de leur propre espèce; et c'est ce qu'on appelle la mortification du mercure. De plus, si l'huile ne se mêle point avec l'eau, ce n'est pas simplement l'effet de la différence de leurs pesanteurs spécifiques, mais plutôt celui du peu d'affinité qu'elles ont l'une avec l'autre, comme le prouve l'exemple de l'esprit-de-vin, qui, bien que plus léger que l'huile, ne laisse pas de se mêler très exactement avec l'eau. Mais les sujets où ce mouvement de fuite ou de répulsion se montre de la manière la plus sensible sont le nitre et autres substances crues de ce genre, qui toutes ont horreur de la flamme, comme on l'observe dans la poudre à canon, dans le mercure et même dans l'or. Quant au mouvement par lequel le fer fuit l'un des pôles d'un aimant, Gilbert a observé qu'à proprement parler ce n'est point une fuite, une répulsion, mais l'effet d'une conformité, d'une tendance commune à prendre la situation respective la plus convenable.

Soit le onzième mouvement celui d'assimilation ou de multiplication de soi-même, ou enfin de génération simple. Or, par génération simple, nous n'entendons pas celle des composés, des mixtes, tels que les plantes et les animaux, mais celle des corps similaires. Le mouvement dont nous parlons est celui par lequel les corps similaires transforment d'autres corps qui ont de l'affinité avec eux, ou qui du moins sont bien disposés, bien préparés pour cette opération, et les convertissent en leur propre substance ou en leur propre nature. Telle est d'abord la flamme qui, en se multipliant par le moyen de l'huile et des vapeurs huileuses, qui sont ses aliments propres, engendre de nouvelle flamme. Tel est aussi l'air qui, en se multipliant par le moyen de l'eau et des vapeurs aqueuses, engendre de nouvel air. Tel est encore l'esprit, soit végétal, soit animal, qui, en se multipliant à l'aide des parties les plus ténues de ses aliments, tant aqueux qu'huileux, engendre aussi de nouvel esprit. Telles sont enfin les parties solides des plantes et des animaux, comme la feuille, la fleur, la chair, les os, et ainsi des autres, toutes parties dont chacune tire des sucs alimentaires une substance qu'elle s'assimile, qu'elle s'approprie, et qui sert à réparer ses pertes continuelles. Car personne, sans doute, ne prendra plaisir à extravaguer avec Paracelse qui, aveuglé par ses distillations, voulait que la nutrition s'opérât par voie de simple séparation. Selon lui, le pain et la viande recèlent un œil, un nez, un foie, etc.; dans les sucs de la terre se trouvent cachées la feuille, la fleur, etc.; et de même qu'un sculpteur, en retranchant d'une masse grossière de bois ou de pierre tout le superflu, et le rejetant, en tire ainsi la forme d'une feuille, d'une fleur, d'un œil, d'un nez, d'un pied, d'une main, etc.; de même aussi cet archée, ou ce sculpteur interne qu'il suppose, tire des aliments, par voie de séparation et de rejection, chaque membre et chaque partie : voilà ce qu'il prétend. Mais, abandonnant cette ridicule supposition, tenons pour certain que chacune des parties, tant similaires qu'organiques, soit dans les végétaux, soit dans les animaux, commence par attirer et extraire des aliments les mêmes sucs, ou du moins des sucs peu différents (ce qu'elle fait avec une sorte de choix); qu'ensuite elle se les assimile et les convertit en sa propre substance. Or, cette assimilation simple n'a pas seulement lieu dans les corps animés; mais les corps inanimés sont aussi doués de cette faculté assimilative, comme nous l'avons dit en parlant de l'air et de la flamme. Il y a plus, cet esprit peu actif et comme mort qui se trouve renfermé dans tout corps tangible, inanimé, ne laisse pas de travailler sans cesse à digérer les parties grossières et à les convertir en esprit qui puisse ensuite s'exhaler; d'où résulte la diminution du poids et la dessiccation, comme nous l'avons dit ailleurs. Et en traitant de l'assimilation, il ne faut pas trop dédaigner cette accrétion qu'on distingue ordinairement de l'alimentation, et qui a lieu, par exemple, lorsque la terre grasse qui se trouve entre des cailloux se durcit et se convertit à la longue en une substance pierreuse, ou lorsque les écailles dont se revêtent les dents, se changent en une substance qui n'est pas moins dure que la dent même; car notre sentiment est qu'il existe dans tous les corps une tendance à s'assimiler les autres corps, et qui n'est pas moins universelle que la tendance à s'unir avec les substances de même espèce; mais cette dernière est souvent liée, ainsi que la première, quoiqu'elle ne le soit pas par les mêmes moyens. Or, ces différentes espèces de liens, ainsi que les différentes manières dont elles s'en dégagent, étant deux sujets qui se rapportent à l'art de restaurer la vieillesse, doivent être observées avec la plus grande attention. Enfin, une observation non moins importante, est que, par les neuf espèces de mouvements dont nous avons parlé jusqu'ici, les corps semblent ne tendre qu'à leur propre conservation, au lieu que par le dixième dont nous parlons actuellement, ils tendent à leur propagation.

Soit le douzième mouvement celui d'excitation, qui semble n'être qu'une espèce dont le mouvement d'assimilation est le genre, et auquel, par cette raison, nous donnons quelquefois ce dernier nom. En effet, c'est un mouvement qui tend à se répandre, à se communiquer, à passer d'un corps à l'autre, à se multiplier tout aussi bien que celui dont nous venons de parler; et le plus souvent ils se ressemblent par leurs effets, quoiqu'ils diffèrent par les sujets sur lesquels ils agissent et par la manière d'opérer; car le mouvement d'assimilation agit avec une sorte d'empire; il commande au sujet respectif et force l'assimilé à prendre la nature de l'assimilant; au lieu que le mouvement d'excitation procède en quelque manière avec art, par voie d'insinuation et comme à la dérobée; il invite seulement l'excité à revêtir la nature de l'excitant. De plus, ce sont les corps, les substances mêmes que transforme le mouvement d'assimilation; par exemple, il résulte de son action plus de flamme, plus d'air, plus d'esprit, plus de chair, etc.; mais dans le mouvement d'excitation, ce sont les vertus, les qualités ou modes seulement qui se multiplient et qui passent d'un corps à l'autre; par exemple, il résulte de son action plus de chaleur, plus de vertu magnétique, plus de putridité.

Or, ce mouvement se trouve au degré le plus éminent dans le chaud et le froid; car lorsqu'un corps en échauffe un autre, si alors la chaleur se répand, ce n'est point du tout par la communication de la première chaleur, mais seulement par l'excitation successive du dernier corps à ce mouvement, qui est la forme de la chaleur et dont nous avons parlé dans la première vendange (ou conclusion provisoire) sur la nature de cette qualité. Aussi la chaleur s'excite-t-elle beaucoup plus lentement et plus difficilement dans la pierre et le métal que dans l'air, ces deux espèces de corps étant beaucoup plus inhabiles et plus lents à recevoir ce mouvement; en sorte qu'on peut, avec quelque probabilité, soupçonner qu'il est, dans le sein de la terre, telles substances qui refusent tout-à-fait de s'échauffer, parce que, vu leur extrême condensation, elles sont destituées de cet esprit qui, le plus souvent, est le principe du mouvement d'excitation. C'est ainsi que l'aimant doue le fer d'une nouvelle disposition de parties et d'un mouvement conforme au sien; mais, quant à lui, il ne perd rien de sa vertu. De même le levain de pâte et la levure de bière, la présure du lait et certains poisons, excitent et provoquent, dans la pâte, la bière, le fromage ou le corps humain, un mouvement qui, se communiquant de proche en proche, se répand dans le tout, moins par la force de l'excitant que par la disposition antérieure de l'excité, et sa facilité à céder.

Soit le treizième mouvement celui d'impression, qui est encore une espèce de genre compris sous le nom de mouvement d'assimilation. De tous les mouvements qui se communiquent et se répandent, c'est le plus subtil. Nous avons cru devoir le constituer en espèce propre et positive, à cause de la différence importante qui le distingue des deux premiers. Car le mouvement d'assimilation proprement dit transforme les corps mêmes, et de telle manière que, si vous ôtez le premier moteur, cela n'influe point du tout sur les effets ultérieurs. Par exemple, ni la première inflammation du corps qu'on allume, ni la première conversion d'une substance non-aériforme en air, n'influe sur la flamme ou sur l'air qui est ensuite engendré. De même le mouvement d'excitation subsiste assez long-temps, quoiqu'on ôte le premier moteur; par exemple, il subsiste dans le corps échauffé après qu'on a ôté le corps échauffant, dans le fer aimanté quand on a ôté l'aimant, enfin dans la masse de farine après qu'on a ôté le levain; au lieu que le mouvement d'impression, quoiqu'il ait aussi la faculté de se répandre et de se communiquer, ne laisse pas de dépendre perpétuellement du premier moteur, en sorte que, ce moteur étant ôté ou cessant d'agir, ce mouvement cesse et périt aussi. Aussi ne faut-il qu'un instant, ou du moins qu'un temps fort court, pour le faire naître. Pour distinguer ce mouvement d'assimilation ou d'excitation de celui dont nous parlons actuellement, nous appelons le premier, mouvement de la génération de Jupiter, parce qu'en effet sa génération subsiste, et le dernier, mouvement de la génération de Saturne, parce qu'à peine né il est aussitôt dévoré et absorbé. Or, celui-ci se manifeste dans trois choses : dans les rayons de la lumière, dans les vibrations des sons, et dans les phénomènes magnétiques, du moins quant à la communication. En effet, la lumière ôtée, les couleurs disparaissent à l'instant, ainsi que toutes ses autres images. Si, après avoir frappé un corps sonore, on fait cesser l'ébranlement occasionné par cette percussion, le son périt presque aussitôt. Car, quoique les sons soient susceptibles d'être agités par les vents dans le milieu qui leur sert de véhicule, à peu près comme les corps flottans le sont par les ondes, cependant, pour peu qu'on approfondisse ce sujet, on conçoit aisément que le son ne dure pas autant que le résonnement. En effet, lorsqu'on frappe sur une cloche, le son paraît durer assez long-temps, ce qui peut aisément induire en erreur; et en effet, l'on se tromperait fort si l'on s'imaginait que le son, durant tout ce temps-là, demeure comme flottant, comme suspendu dans l'air; ce qui est absolument faux, car ce résonnement n'est rien moins que le même son individuel et continu, mais un son qui se renouvelle d'instants en instants. Et c'est ce dont il est aisé de s'assurer en touchant le corps frappé, pour arrêter son mouvement; par exemple, si l'on saisit la cloche avec assez de force pour arrêter son mouvement (ses vibrations), le son périt aussitôt et elle cesse de résonner. C'est ce qu'on observe aussi dans les instruments à corde. Si, après le premier coup donné à une corde on la touche ou avec le doigt, si c'est une harpe, ou avec la plume, si c'est un tympanon ou une mandoline, le résonnement cesse à l'instant. De même, sitôt qu'on ôte l'aimant, le fer tombe. Mais on ne peut ôter ainsi la lune à l'Océan sur lequel elle agit, ni la terre aux corps pesants tandis qu'ils tombent. Ainsi, on ne peut tenter sur l'action de ces deux grands corps une expérience semblable à celles dont nous venons de parler; mais dans les deux cas, la loi est la même.

Soit le quatorzième mouvement celui de configuration ou de situation, par lequel les corps appètent (tendent à) non telle union ou telle séparation, mais telles situations respectives, telle distribution dans un tout, en un mot telle configuration. Ce mouvement est très difficile à apercevoir et a été jusqu'ici fort mal observé. Dans certains cas même il semble presque inexplicable, quoiqu'il nous paraisse n'être rien moins que tel. Par exemple, demande-t-on pourquoi le ciel tourne plutôt d'orient en occident que d'occident en orient, ou pourquoi il tourne autour de deux pôles dont l'un est situé près des deux Ourses plutôt qu'autour d'Orion ou de tout autre point du ciel? une telle question semble avoir pour principe je ne sais quel étonnement stupide, ces choses-là, pense-t-on, devant se tirer immédiatement de l'expérience, être admises purement et simplement comme positives. Il n'est pas douteux qu'il n'y ait dans la nature bien des choses qu'on doit regarder comme les dernières de toutes et comme inexplicables; mais celle dont nous parlons paraît n'être pas de ce nombre, et notre sentiment est qu'elle a pour cause une certaine corrélation ou harmonie entre les parties de l'univers, corrélation qui n'a pu encore être saisie et déterminée par l'observation. Que si l'on admet l'hypothèse du mouvement de la terre d'occident en orient, les mêmes questions ont également lieu ; car d'abord pourquoi la terre tourne-t-elle sur des pôles quelconques ? En second lieu, pourquoi ces pôles doivent-ils être placés où ils sont plutôt qu'ailleurs ? Voilà deux questions auxquelles il faut répondre dans tous les cas. La polarité de l'aimant, je veux dire sa direction et sa déclinaison, se rapporte aussi au mouvement dont nous traitons. De plus, il est, comme on n'en peut douter, dans les corps tant naturels qu'artificiels, surtout dans ceux qui ont de la consistance et non dans les fluides, une position respective, un arrangement, une distribution de parties déterminée et constante, une sorte de tissu, des espèces de fibres assemblées de telle manière, toutes choses qu'il importe de connaître et qu'il faut tâcher de découvrir. Sans la connaissance de cette texture intime, on ne peut maîtriser ces corps et les modifier à volonté. Quant aux cercles et aux ondulations qu'on observe dans les liquides, et à la faveur desquels, lorsqu'ils sont comprimés, leurs parties, avant de pouvoir se délivrer de cette compression, se soulèvent réciproquement, afin de partager entre elles l'action à laquelle elles sont soumises et de la supporter toutes également, ce phénomène, nous l'avons, avec plus de fondement, attribué au mouvement de liberté.

Soit le quinzième mouvement celui de transmission (par les pores ou *meatus*), lequel consiste en ce que les vertus ou actions des corps éprouvent plus ou moins d'obstacles ou de facilité à leur transmission de la part des milieux qui leur servent de véhicules, différences dépendant de la nature de ces corps, des vertus qui opèrent et du milieu où ils exercent leur action ; car tel milieu convient à la lumière, tel autre au son, tel autre encore au chaud et au froid, tel autre enfin aux vertus magnétiques. Il en faut dire autant des autres actions envisagées respectivement et sous ce point de vue.

Soit le seizième des mouvements à dénombrer le mouvement royal (car telle est la dénomination que nous employons pour le caractériser) ou le mouvement politique, par lequel les parties qui dans un corps prédominent et commandent, mettent, pour ainsi dire, un frein aux autres, les domptent, les subjuguent, les gouvernent et les forcent à se réunir, à se séparer, à s'arrêter, à se mouvoir, à se placer, non pas en obéissant simplement aux tendances qui leur sont propres, mais de la manière la mieux appropriée et tendant le plus directement au bien-être de cette partie qui commande, en sorte qu'il y a là une sorte de gouvernement et de police que la partie régnante exerce sur les parties sujettes. Ce mouvement réside au degré le plus éminent dans les esprits des animaux. Tant qu'il est dans sa force, il règle tous les mouvements des autres parties et les tempère les uns par les autres. Il se trouve aussi dans les autres corps, mais à un degré inférieur, comme nous l'avons observé en parlant du sang et des urines qui ne se dissolvent point avant que l'esprit qui mêlait leurs différentes parties et les maintenait ensemble dans l'état de combinaison ait été émis ou suffoqué. Or, quoique dans la plupart des corps les esprits dominent, vu la rapidité de leurs mouvements et leur force pénétrante, cependant le mouvement dont nous parlons ne leur est pas tout-à-fait particulier ; mais dans les corps mêmes qui, étant très condensés, ne sont pas intimement pénétrés d'un esprit plein de vie, de force et d'activité (tel que celui du mercure et du vitriol), ce qui domine, ce sont les parties grossières ; en sorte que si l'on ne trouve quelque moyen pour secouer ce joug, pour rompre ce frein, on ne doit point se flatter de pouvoir opérer quelque nouvelle transformation dans les corps de cette espèce. Or, comme le but propre de cette série, de cette distribution de mouvements n'est autre que de rendre leurs prédominances plus faciles à découvrir par le moyen des exemples de lutte, en nous voyant ainsi faire mention de cette prédominance parmi les mouvements, on sera porté à croire que nous perdons de vue notre objet actuel ; mais ce serait s'abuser que de le penser, car, dans cette dernière application du mouvement royal, ce n'est pas de la prédominance des mouvements et des forces que nous parlons, mais seulement de la prédominance des parties dans les corps, ce qui est tout-à-fait différent, vu que c'est cette dernière sorte de prédominance qui constitue l'espèce particulière de mouvement dont nous parlons ici.

Soit le dix-septième des mouvements à dénombrer le mouvement spontané de rotation, par lequel les corps qui aiment à se mouvoir et qui se trouvent bien placés jouissent de leur nature, n'obéissent qu'à leur propre impulsion, ne tendent qu'à eux-mêmes et semblent ne rechercher que leurs propres embrassements. En effet, les corps paraissent susceptibles de trois différents états : ils peuvent ou se mouvoir sans tendre à aucun terme, ou se tenir tout-à-fait en repos, ou se porter vers un terme ; et quand ils y sont arrivés, selon que leur nature les détermine, ils tournent sur eux-mêmes ou se reposent. Quand ceux qui se trouvent bien placés aiment le mouvement, ils se meuvent circulairement, c'est-à-dire d'un mouvement éternel et sans fin ; mais ceux qui, étant bien placés, ont horreur du mouvement, demeurent dans un parfait repos. Ceux qui ne sont pas bien placés se meuvent en ligne droite (comme s'ils choisissaient le plus court chemin) vers la masse de leurs congénères. Or, ce mouvement de rotation est susceptible de neuf différences.

La première est celle du centre autour duquel les corps se meuvent.

La seconde est relative aux pôles sur lesquels ils font leurs révolutions.

La troisième se rapporte à la grandeur de la circonférence qu'ils décrivent dans leur révolution, grandeur proportionnée à la distance où ils sont du centre de cette révolution.

Le quatrième dépend de l'espace qu'ils parcourent dans un temps déterminé, selon que la rotation est plus lente ou plus rapide.

La cinquième est relative à la direction, au sens dans lequel ils se meuvent ; par exemple, d'orient en occident ou d'occident en orient.

En sixième lieu, ils peuvent, dans leur révolution, s'éloigner du cercle parfait, par des spires plus ou moins distantes de leur centre (du centre de cette révolution) ;

Septièmement, ou par des spires plus ou moins distantes de leurs pôles ;

Huitièmement, ou par des spires plus ou moins écartées les unes des autres.

La neuvième et dernière différence naît de la variation de leurs pôles, si ces pôles sont mobiles, différence qui n'appartient pas proprement à la rotation, à moins que cette variation ne soit l'effet d'un mouvement circulaire.

Ce mouvement, suivant une opinion commune et invétérée, est regardé comme propre aux corps célestes ; mais c'est un point qui a donné lieu à une grande et longue dispute entre les astronomes, tant anciens que modernes, dont quelques-uns ont attribué à la terre même le mouvement de rotation, dispute qui n'est pas encore terminée. Cependant, une question qui méritait tout autrement d'être discutée (si toutefois cet autre point n'est pas hors de dispute), c'est de savoir si le mouvement dont il s'agit (en supposant que la terre soit immobile) se termine aux limites de la région céleste, ou si plutôt on ne doit pas penser que, descendant pour ainsi dire de là, il se communique à l'air et aux eaux de l'Océan. Quant à cet autre mouvement de rotation qui a lieu dans les armes et les corps lancés, comme dards, flèches, balles d'armes à feu, et autres corps semblables, nous le renvoyons à l'aphorisme où nous avons traité du mouvement de liberté.

Soit le dix-huitième mouvement celui de trépidation, qui, dans le sens des astronomes, nous paraît assez douteux. Quant à nous, lorsque nous promenons nos regards sur la nature entière pour découvrir toutes les tendances des corps, ce mouvement-là se présente à notre esprit, et nous paraît devoir être constitué en espèce. Or, celui-ci nous semble être un mouvement d'éternelle captivité ; je veux dire que les corps qui, eu égard à leur nature, ne se trouvent ni tout-à-fait bien ni tout-à-fait mal placés, sont dans un perpétuel mouvement de trépidation ; qu'ils sont alors dans une sorte d'inquiétude, ne sachant pas se contenter de leur état actuel et n'osant se porter plus avant. C'est un mouvement de cette nature qu'on observe dans le cœur et le pouls des animaux ; il est nécessairement dans tous les corps qui, étant dans un état d'incertitude et de suspension entre les avantages et les inconvéniens, et faisant effort pour se délivrer des derniers, se portent pendant quelque temps vers les premiers, et sont de nouveau repoussés vers le point d'où ils étaient partis.

Vient enfin le dix-neuvième et dernier mouvement, qui semble mériter à peine ce nom et qui est pourtant un mouvement très réel. Qu'il nous soit permis de l'appeler mouvement tendant à l'inertie, ou d'horreur pour le mouvement. C'est par celui-ci que la terre, en vertu de sa seule masse, demeure immobile, ses extrémités se portant vers son milieu. C'est aussi en vertu de cette tendance que tous les corps extrêmement condensés ont horreur du mouvement, et que, pour toute détermination, ils ont celle de ne se point mouvoir. On a beau les exciter, les agacer d'une infinité de manières pour les engager à se remuer, néanmoins ils conservent leur nature autant qu'il leur est possible. Que si enfin on parvient à les mettre en mouvement, ils ne cessent de travailler pour recouvrer leur repos, qui est leur état naturel, c'est-à-dire qu'ils tendent de toute leur force à ne se plus mouvoir; et quant à ce dernier point, pour l'obtenir ils ne manquent pas d'activité; ils tendent à ce but avec assez de légèreté et de rapidité, comme ennuyés et impatients de tout délai à cet égard. Or, ce mouvement, nous ne pouvons en voir tout au plus qu'une partie et qu'une faible image; car, en vertu de cette espèce de concoction et de digestion que les corps célestes font subir à tous les corps tangibles qui se trouvent près de nous, non-seulement aucun de ces corps ne se trouve au plus haut degré de condensation, mais même tous sont combinés avec une certaine quantité d'esprit.

Nous avons désormais dénombré et défini les espèces et les éléments simples des mouvements, de tendances et de vertus actives qu'on peut regarder comme les plus universelles dans la nature, et cette esquisse que nous en donnons suppose une certaine connaissance de la nature; cependant nous n'avons garde de prétendre qu'à ces espèces indiquées on n'en puisse ajouter d'autres; qu'en suivant de plus près les veines et les ramifications des choses on ne puisse changer ces divisions et en donner de plus exactes; enfin, qu'on ne puisse les réduire à un plus petit nombre; bien entendu qu'on ne se contentera pas de certaines divisions abstraites, et telles que seraient celles qu'on voudrait faire en disant que les corps appètent ou leur conservation, ou leur exaltation, ou leur propagation, ou la jouissance de leur nature; ou même en disant que les mouvements des corps tendent à la conservation et au bien, soit de l'univers entier, comme les mouvements d'antitypie et de liaison, ou des grandes communautés (des grandes masses), comme les mouvements d'agrégation majeure, de rotation et d'horreur du mouvement; ou enfin, des formes spécifiques et particulières, comme les autres mouvements. Car quoique ces distinctions soient assez fondées cependant, si elles ne sont pas déterminées par les propriétés de la matière, conformes à la texture réelle des composés et tracées d'après les vraies lignes de démarcation, elles sont de peu d'utilité et de pure spéculation. Cependant elles peuvent suffire pour le moment et être d'un assez grand usage, quand il ne s'agit que de vérifier les prédominances des forces ou vertus et de chercher les exemples de lutte, ce qui est notre objet actuel.

En effet, parmi les mouvements que nous venons d'indiquer, il en est d'absolument invincibles; quelques-uns, plus forts que les autres, les lient, les brident, les maîtrisent, les gouvernent, les modifient. Ceux-ci sont de tous les mouvements ceux qui agissent à la plus grande distance, et qui ont la plus longue portée; ceux-là agissent avant coup et préviennent tous les autres par leur célérité. Il en est enfin qui se favorisent, se conservent, se fortifient, s'étendent et s'accélèrent réciproquement.

Par exemple, le mouvement d'antitypie est tout-à-fait invincible et comme de diamant; mais le mouvement de liaison est-il également invincible? C'est sur quoi il nous reste quelques doutes; car nous n'oserions décider cette question, savoir: si le vide, soit accumulé, soit disséminé, a réellement lieu. Mais ce dont nous ne doutons nullement, c'est que la raison qui a déterminé Leucippe et Démocrite à introduire l'hypothèse du vide, savoir: que, sans le vide, un même corps ne pourrait occuper et remplir tour à tour de grands et petits espaces, est absolument fausse. Car ces changements de volume ne sont au fond que les effets de certains plis de la matière, qui se plie et se replie, pour ainsi dire, dans l'espace, entre certaines limites et sans l'interposition du vide. Et il n'est pas vrai qu'il y ait dans l'air deux mille fois plus de vide que dans l'or, comme ils le prétendent. C'est ce dont nous sommes suffisamment convaincus par la connaissance que nous avons des puissants effets et de la force supérieure des substances pneumatiques qui, selon eux, nageraient dispersées dans le vide comme des grains d'une fine poussière, et par beaucoup d'autres preuves. Quant aux autres mouvements, il sont tantôt dominants, tantôt dominés, à raison de leur force, de la quantité de matière qui en est douée, de leur vitesse, de la distance à laquelle ils agissent ; enfin, à raison des obstacles ou des facilités qu'ils éprouvent pour exercer leur action.

Par exemple, tel aimant armé attire et tient suspendu un morceau de fer soixante fois plus pesant ; jusque-là c'est le mouvement d'agrégation mineure qui l'emporte sur celui d'agrégation majeure. Mais si vous augmentez le poids du fer, c'est alors le second mouvement qui prévaut. Un levier de telle force soulève un corps de tels poids ; jusqu'ici c'est le mouvement de liberté qui a l'avantage sur le mouvement d'agrégation majeure ; mais le poids à soulever est-il plus grand, ce même mouvement aura le dessous. Un cuir tendu avec une certaine force ne se rompt pas, et alors c'est le mouvement de continuité qui surmonte le mouvement d'extension ; mais si vous étendez le cuir avec encore plus de force, il se rompt, et le mouvement de continuité est surmonté. L'eau s'écoule par une fente de telle grandeur, et dans ce cas le mouvement d'agrégation majeure l'emporte sur le mouvement de continuité. Si la fente est trop petite, alors le premier succombe et le mouvement de continuité a le dessus. Si, n'ayant mis dans un fusil que du soufre pulvérisé avec la balle, vous faites feu, la balle n'est pas chassée. Ici c'est le mouvement d'agrégation majeure qui a l'avantage sur le mouvement d'expansion ; mais si vous chargez avec de la poudre, alors ce qui prévaut c'est le mouvement expansif dans le soufre, aidé par le mouvement d'expansion et celui de répulsion combinés dans le nitre, et ainsi des autres. Enfin ces exemples de lutte qui indiquent les prédominances des vertus ou forces, et qui montrent selon quelles proportions et quelles mesures déterminables par des nombres elles prédominent ou succombent, sont d'une si grande utilité, qu'il ne faut épargner ni temps ni peine pour en rassembler de toutes les espèces.

Il faut aussi observer avec soin la manière dont succombent certains mouvements, et jusqu'à quel point ils cèdent aux mouvements supérieurs ; je veux dire qu'il faut tâcher de savoir s'ils cessent tout-à-fait, ou si, continuant à faire effort, ils ne sont que liés et suspendus. En effet, dans les corps que nous connaissons il n'est point de véritable repos ni dans les tous ni dans les parties, et ce à quoi l'on donne ordinairement ce nom n'est qu'une apparence. Or, tout repos apparent est l'effet ou de l'équilibre ou de la prédominance absolue des mouvements ; de l'équilibre, comme dans une balance qui, lorsque les poids mis dans les bassins sont parfaitement égaux, demeure immobile ; de la prédominance, comme dans une cruche percée par le bas où l'eau reste en repos et demeure suspendue par la prédominance du mouvement de liaison. Cependant il faut, comme nous l'avons dit, observer jusqu'à quel point les mouvements qui succombent font **effort**. Supposons, par exemple, qu'un lutteur, étant tenu à terre étendu de son long, les bras et les jambes liés, ou retenu par tout autre moyen de manière qu'il ne puisse se remuer, tente de toutes ses forces de se relever, quoique tous ses efforts soient inutiles ; ils n'en sont pas moins réels ni moins grands. Or, pour décider cette question, savoir, si le mouvement qui succombe par la prédominance d'un autre mouvement est totalement anéanti ou s'il subsiste et continue de faire effort, quoique cet effort ait cessé d'être visible, il faudrait laisser de côté les conflits et luttes de mouvements où il est difficile à apercevoir, et tourner son attention vers les concours et combinaisons de mouvements où il serait peut-être plus apparent. Par exemple, ayant bien déterminé l'espace qu'un fusil peut faire parcourir à la balle, ou celui qui est entre le tireur et ce qu'on appelle le blanc, il faudrait tâcher de savoir si le coup de cette balle serait plus faible, en tirant de bas en haut, cas où le coup ne serait l'effet que d'une seule espèce de mouvement, qu'en tirant de haut en bas, autre cas où le coup serait l'effet composé du mouvement de la gravité combiné avec le mouvement imprimé par la poudre.

Il faut encore recueillir avec soin les principes relatifs à ces prédominances et qu'on rencontre sur sa route; par exemple celui-ci : plus le bien appété est commun, plus le mouvement qui y porte a de force. C'est ainsi que le mouvement de liaison qui se rapporte à la communauté (au système entier) de l'univers est plus fort que le mouvement de gravité qui ne se rapporte qu'à la communauté (au système) des corps denses. Et cet autre principe : que les appétits ou tendances qui n'ont pour objet qu'un bien privé ne prévalent pas ordinairement sur ceux qui ont pour objet un bien public, si ce n'est dans les petites quantités. Et ces deux principes, plût à Dieu qu'ils prévalussent dans l'état civil et politique !

XLIX. Nous mettrons au vingt-troisième rang, parmi les prérogatives des faits, les exemples indicatifs, c'est-à-dire ceux qui indiquent et montrent pour ainsi dire du doigt tout ce qui peut être utile aux hommes ; car la puissance et la science mêmes, lorsqu'elles sont seules, peuvent bien agrandir la nature humaine, mais sans pouvoir rendre l'homme plus heureux. C'est pourquoi il faut aller, pour ainsi dire, cueillant dans le champ immense de la nature tout ce qui s'applique le mieux aux usages de la vie humaine. Mais le vrai moment de parler de ces applications, ce sera celui où nous traiterons des déductions à la pratique (des conséquences pratiques). De plus, dans le temps même où nous serons proprement occupés de l'interprétation de la nature, en traitant chaque sujet particulier, nous réserverons toujours une feuille pour l'humanité ; sorte de feuille optative (la feuille des souhaits); car il est un art de chercher, de souhaiter même, qui fait partie de la science.

L. Mettons au vingt-quatrième rang les exemples polychrestes; ce sont ceux qui par leurs relations multipliées ont une infinité d'applications et qui se présentent le plus souvent; aussi épargnent-ils beaucoup de travail et d'essais. Or, quant aux instruments, machines et autres inventions de ce genre, il sera temps d'en parler lorsque nous traiterons de l'application de la théorie à la pratique et des méthodes expérimentales. Nous ferons plus alors; dans les histoires particulières des différents arts nous donnerons des descriptions détaillées de tous les instruments et autres moyens déjà connus et adoptés dans la pratique. Mais nous nous bornerons, pour le moment, à donner les indications les plus générales en ce genre, et seulement à titre d'exemples polychrestes.

Nous disons donc qu'outre ce moyen général et simple qui consiste à approcher les uns des autres les corps divers, on peut agir sur les corps naturels par sept principales espèces de moyens, savoir les suivantes :

1º En écartant les difficultés et levant les obstacles ;

2º Par la voie de compression, d'extension, d'agitation et autres semblables ;

3º Par le moyen du chaud et du froid;

4º En les tenant dans un lieu convenable durant un certain temps;

5º En réprimant et réglant le mouvement ;

6º Par les affinités ou corrélations spéciales;

7º A l'aide d'une alternation convenable et employée à propos ;

Ou enfin par l'ordre et la suite qu'on met dans l'emploi de ces sept méthodes, ou du moins de quelques-unes.

Quant à ce qui regarde le premier genre de moyens, l'air commun qui est toujours là et qui se glisse partout, ainsi que les émanations des corps célestes, troublent fort la plupart des opérations. Ainsi tous les moyens qui peuvent aider à s'en débarrasser peuvent être réputés de vrais polychrestes. A cet objet se rapporte la matière et l'épaisseur des vaisseaux où l'on met les corps préparés pour quelque opération. Il en est de même de tous les expédients imaginés pour boucher exactement ces vaisseaux, soit qu'on les rende solides dans toutes leurs parties, ou qu'on emploie pour boucher les ouvertures ce que les chimistes appellent le lut de sagesse. Boucher ces vaisseaux à l'aide de certaines liqueurs qui occupent tout l'espace de leurs orifices, est encore une pratique fort utile. C'est dans cette vue qu'on verse un peu d'huile sur le vin ou sur les autres liqueurs extraites des végétaux. Cette huile se répand sur la surface de la liqueur, lui tient lieu de couvercle et la garantit parfaitement du contact nuisible de l'air. Il n'est pas jusqu'aux poudres de différentes substances qui ne remplissent assez bien le même objet; car, quoique elles contiennent toujours un peu d'air disséminé entre leurs parties, elles ne laissent pas de garantir les corps de l'action violente de l'air extérieur et réuni en masse. C'est ainsi que l'on conserve des raisins et d'autres fruits en les mettant dans du sable ou de la farine. La cire même, le miel, la poix ou autres substances visqueuses et tenaces, fournissent un bon enduit pour boucher très exactement les vaisseaux, en fermant le passage soit à l'air, soit à tout ce qui peut venir de la région céleste. Nous avons fait nous-mêmes quelques expériences dans cette vue, en tenant un vaisseau et quelques autres corps dans le mercure, celle de toutes les substances susceptibles de se répandre autour d'un corps et de l'envelopper exactement qu'on doit certainement regarder comme la plus dense. Les cavernes et en général les souterrains sont aussi d'un grand usage pour empêcher l'insolation et pour garantir les corps de la rapacité de l'air extérieur et libre, souterrains qui servent de greniers dans les parties septentrionales de l'Allemagne. Un autre moyen tendant au même but, c'est de tenir les corps au fond de l'eau. J'ai ouï parler de certaines bouteilles remplies de vin, qu'on avait descendues au fond d'un puits dans la seule vue de rafraîchir cette liqueur; mais soit oubli ou négligence, ces bouteilles étant restées là durant plusieurs années, et en ayant été tirées à la fin, non-seulement le vin n'était pas éventé et affaibli, mais il était devenu plus fin et plus généreux, ce qui venait sans doute d'une combinaison plus parfaite de ses principes. Si le but qu'on se propose exigeait que les corps fussent tenus au fond de l'eau, par exemple, au fond d'une rivière ou de la mer, sans cependant être en contact avec ce liquide, ni être renfermés dans des vaisseaux exactement bouchés, mais seulement environnés d'air, il faudrait alors avoir recours à une sorte de vaisseau qu'on a quelquefois employé pour travailler sur des bâtiments submergés; vaisseaux tellement construits que le plongeur, en y venant respirer de temps en temps, pouvait rester fort long-temps sous l'eau. Voici quelle était la construction de cette machine et la manière d'en faire usage. C'était une sorte de tonneau de métal qu'on faisait descendre bien perpendiculairement jusqu'à la surface de l'eau, c'est-à-dire, de manière que son orifice (placé en bas) fût toujours parallèle à cette surface, et en le plongeant dans cette situation on entraînait jusqu'au fond de la mer tout l'air qu'il contenait. Là il était porté sur trois pieds, à peu près comme ce qu'on appelle un trépied. La longueur de ces pieds était de quelque peu moindre que la hauteur d'un homme. A la faveur de cet appareil, le plongeur, dès que la respiration venait à lui manquer, pouvait introduire sa tête dans la cavité du tonneau, y respirer pendant quelque temps, puis retourner à son ouvrage. Nous avons ouï dire aussi qu'on avait inventé une autre machine en forme de petit navire ou de bateau, à l'aide de laquelle des hommes pouvaient parcourir sous l'eau un assez grand espace. Mais dans un vaisseau tel que celui dont nous parlions plus haut, l'on pourrait suspendre tel corps qu'on voudrait, ce qui est dans cette expérience notre principal objet.

Tous ces moyens imaginés pour tenir les corps exactement renfermés ont une autre utilité; ils ne servent pas seulement à fermer tout accès à l'air extérieur, comme nous le disions, mais de plus à empêcher l'évaporation de l'esprit du corps sur l'intérieur duquel on veut opérer; car il faut que tout homme qui travaille sur les corps naturels soit assuré de ses quantités totales et bien certain qu'elles n'ont souffert aucun déchet, que rien n'a transpiré au dehors, ni ne s'est exhalé. Alors, comme la nature même s'oppose à tout anéantissement, pour peu que l'art parvienne à empêcher la déperdition ou l'évaporation de la moindre partie, il en résultera dans les corps des altérations intimes et profondes, et il est à ce sujet une opinion très fausse qui s'est accréditée; opinion qui, pour peu qu'elle fût vraie, détruirait toute espérance relativement à la conservation de la quantité totale sans déchet. On s'imagine que les esprits de corps et l'air, atténués par une forte chaleur, ne peuvent être renfermés, retenus dans aucun vaisseau clos; qu'ils s'ouvrent toujours quelques passages par les pores les plus subtils de ces corps et s'échappent par ces issues. La véritable source de ce préjugé n'est autre que l'expérience triviale d'un pot renversé sur l'eau d'une cuvette et où l'on a mis une chandelle ou un papier allumé; car, à l'aide de cette disposition, l'eau est attirée dans le pot et s'y élève jusqu'à une certaine hauteur; à quoi il faut joindre celle des ventouses qui, ayant été mises sur la flamme pendant quelque temps et échauffées par ce moyen, attirent ensuite les chairs; car on s'imagine que, dans ces deux expériences, l'air étant dilaté et chassé au dehors par la chaleur, sa quantité est diminuée d'autant, et que le vide qu'il laisse en s'échappant est ensuite rempli par l'eau ou les chairs qui viennent occuper sa place, en vertu du mouvement de liaison (ou horreur du vide), ce qui est absolument faux. Et il ne faut pas croire qu'ici ce soit la quantité d'air qui est diminuée; ce qui l'est réellement, c'est seulement son volume; il se contracte, et voilà tout. Le mouvement, par lequel l'eau le remplace, n'a lieu, ne commence jamais avant que la flamme soit éteinte et l'air refroidi. Aussi les médecins, pour que les ventouses attirent avec plus de force, ont-ils soin de mettre dessus des éponges imbibées d'eau froide. Ainsi, on ne doit point du tout craindre que l'air ni les esprits s'échappent si aisément. Il n'est pas douteux que tous les corps, même les plus solides et les plus compacts, n'aient leurs pores; mais l'air ni les esprits ne se laissent pas si aisément réduire à ce degré extrême de subtilité qui serait nécessaire pour qu'ils y trouvassent un passage, et l'eau elle-même ne s'écoule point par une fente fort étroite.

Quant au second des deux genres de moyens dénombrés, la principale observation à faire sur ce sujet, c'est que les compressions et autres moyens violents de cette nature sont certainement les plus efficaces pour opérer un mouvement local et autres semblables, ce dont on voit assez d'exemples dans les machines, les armes de trait, les corps lancés, etc. Ce sont aussi les plus puissants pour détruire un corps organique aussi bien que toutes les vertus qui ne sont, à proprement parler, que des modes ou des effets du mouvement; par exemple, les compressions détruisent toute espèce de vie et même de flamme ou d'ignition. Ce genre d'action dérange, ruine tout mécanisme; elle détruit même toutes les vertus qui dépendent d'un certain arrangement de parties et de différences un peu grossières dans les parties intégrantes d'un composé, par exemple, les couleurs. En effet, la couleur n'est pas la même dans une fleur entière et dans la même fleur écrasée, ni la même dans le succin entier et dans le succin pulvérisé.

Il en faut dire autant des saveurs; autre est la saveur d'une poire qui n'est pas mûre, autre celle de la même poire comprimée et foulée; dans ce dernier cas, la saveur de ce fruit devient sensiblement plus douce. Mais s'agit-il d'opérer dans des corps similaires des altérations et des transformations plus profondes et plus intimes, alors ces moyens violents ne peuvent presque rien, attendu que les corps n'acquièrent pas, par les moyens de cette nature, un degré de densité qui soit susceptible de quelque durée, mais tout au plus une densité passagère, forcée, et de telle manière qu'ensuite ils font de continuels efforts pour se tirer de cet état violent et revenir à leur premier état. Cependant il ne serait pas inutile de faire à ce sujet quelques observations ou expériences plus précises, afin de savoir si la condensation ou la raréfaction d'un corps vraiment similaire, tel que l'eau, l'air, l'huile ou autres substances semblables, ainsi opérée par des moyens violents, ne pourrait pas devenir fixe et constante au point que ces corps changeassent pour ainsi dire de nature; et c'est ce dont il faudrait s'assurer d'abord par le simple mouvement, puis par des moyens auxiliaires et à l'aide d'affinités ou d'autres corrélations. Or, c'est un point que nous aurions pu décider nous-mêmes, si de telles idées se fussent présentées à notre esprit, lorsque nous condensâmes l'eau à coups de marteau ou à l'aide d'une presse, expérience dont nous avons parlé ailleurs, et si nous eussions pensé à examiner l'état de ce liquide en-deçà du degré de condensation où il commençait à s'échapper par les pores du métal. Cette sphère que nous avions ainsi aplanie, nous aurions dû la laisser dans cet état pendant quelques jours et alors seulement en tirer de l'eau, afin de voir si elle recouvrerait aussitôt le volume qu'elle avait avant sa condensation. Si elle ne l'eût pas recouvré sur-le-champ ou du moins peu de temps après, il semble qu'on aurait pu en inférer que cette condensation était devenue constante; mais si le résultat eût été tout opposé, il eût été clair qu'elle s'était rétablie en recouvrant son premier volume et que la condensation n'avait été que passagère. C'est ce qu'il aurait fallu faire aussi par rapport à l'extension de l'air dans les œufs de verre. Nous aurions dû, après une forte succion, boucher les œufs sur-le-champ et solidement, puis les laisser en cet état pendant quelques jours ; et alors enfin l'on aurait vu si, après qu'on les aurait débouchés, l'air eût été attiré avec un sifflement, ou si, après qu'on aurait plongé ces œufs dans l'eau, ce liquide eût été attiré en aussi grande quantité qu'il l'eût été dans le cas où l'on n'aurait pas attendu si long-temps ; car il est probable que cet effet aurait eu lieu, ou c'est du moins une chose dont il est bon de s'assurer, vu que dans les corps un peu dissimilaires la seule durée produit de tels effets. Par exemple, si, après avoir courbé avec effort un bâton, on le laisse quelque temps dans cette situation, il ne se redresse plus. Et qu'on n'aille pas attribuer cet effet à la diminution de la quantité de matière du bois, occasionnée par le laps de temps; car, en attendant encore plus long-temps, le même effet a lieu dans une lame de fer, quoiqu'elle ne soit pas perspirable et ne souffre aucune évaporation. Que si la seule durée ne suffit pas pour faire réussir l'expérience, il ne faut pas pour cela se rebuter, mais recourir à d'autres moyens ; car ce ne serait pas peu gagner que de pouvoir, par ces moyens violents, introduire dans les corps des natures (qualités) fixes et constantes. Par cette voie l'on pourrait peut-être, à force de condenser l'air, le convertir en eau et opérer une infinité de semblables transformations, l'homme étant beaucoup plus maître des moyens violents que de tous les autres.

Le troisième des sept genres de moyens dénombrés se rapporte au grand et double instrument, tant de l'art que de la nature ; je veux dire au chaud et au froid. Mais la puissance humaine semble être, à cet égard, tout-à-fait boiteuse et avoir un pied beaucoup plus faible que l'autre ; car nous avons bien sous notre main la chaleur du feu artificiel, qui a infiniment plus de force et d'intensité que celle du soleil (considérée du moins dans l'état où elle nous parvient) et que celle des animaux ; mais nous n'avons d'autre froid que celui qui nous vient naturellement durant l'hiver ou celui que nous trouvons dans les cavernes et autres souterrains, ou enfin celui que nous nous procurons en entourant de neige et de glace les corps que nous voulons refroidir ; degrés de froid comparables tout au plus à cette chaleur qui règne en plein midi dans une contrée située dans la zone torride, en supposant même qu'elle soit augmentée par la réverbération des murs et des montagnes. Ces degrés de chaleur et de froid sont tels que les animaux peuvent les endurer pendant un certain temps ; mais ils ne sont rien en comparaison de la chaleur d'une fournaise ardente ou d'un froid répondant à un tel degré de chaleur. Aussi, dans la région où vit l'homme tout tend à la raréfaction, à la dessiccation et à la consomption, presque rien à la condensation et à l'amollissement, sinon par des voies et des méthodes en quelque manière bâtardes. Ainsi, il ne faut épargner aucun soin pour rassembler des relatifs au froid, et il nous paraît qu'on en trouvera de tels :

En exposant les corps sur des tours élevées, durant les gelées âpres ;

En les plaçant dans des caves et autres souterrains ;

En les entourant de neige et de glace ;

En les descendant au fond des excavations très profondes et faites dans cette vue ;

En les tenant au fond des puits ;

En les tenant plongés dans le mercure ou dans d'autres métaux (liquéfiés) ;

En les plongeant dans les eaux qui ont la propriété de pétrifier le bois ;

En les enfouissant dans la terre, à l'exemple des Chinois, qui, à ce qu'on rapporte, emploient ce moyen pour la fabrique de la porcelaine : on dit que les matières qu'ils destinent à cela demeurent dans la terre pendant quarante ou cinquante ans, et qu'ils les lèguent à leurs héritiers comme des espèces de mines artificielles ;

Ou enfin en employant d'autres moyens semblables.

De plus, il faut observer avec soin les condensations que la nature opère à l'aide du froid, afin de tirer, de la connaissance de leurs causes bien vérifiées, des moyens tendant au même but et qu'on puisse transporter dans les arts. De ce genre est l'humidité qu'on trouve sur le marbre et sur les pierres qui suent. Telle est encore cette espèce de rosée qu'on trouve le matin sur les vitres quand il a gelé durant la nuit précédente. On en trouve encore des exemples dans la formation de ces vapeurs qui, en se réunissant dans le sein de la terre, s'y convertissent en eau et y forment des espèces de réservoirs d'où naissent une infinité de sources, et dans beaucoup d'autres faits de ce genre.

Outre ces corps dont le froid est sensible au

tact, il en est d'autres qui sont doués d'une sorte de froid potentiel (dispositif) et qui ont aussi la propriété de condenser ; mais il paraît qu'ils n'agissent que sur les corps animés et rarement sur d'autres. De ce nombre sont plusieurs espèces de médicaments et de topiques. Les uns, tels que les astringents et les incrassants, condensent les chairs et les parties tangibles ; d'autres condensent les esprits mêmes ; et tel est surtout l'effet des narcotiques (ou soporifiques). Car les médicaments soporifiques (je veux dire ceux qui provoquent le sommeil) peuvent condenser les esprits de deux manières : l'une, en calmant les mouvements violents et irréguliers, l'autre, en repoussant et mettant pour ainsi dire en fuite les esprits. Par exemple, la violette, la rose sèche, la laitue et autres substances de cette espèce, qui doivent leurs qualités bénignes à certaines vapeurs amies du corps et modérément rafraîchissantes, invitent les esprits à se rapprocher, à se réunir, diminuent leur force pénétrante et calment leurs mouvements inquiets. L'eau de rose aussi mise sous les narines, dans les syncopes, fait que les esprits, d'abord trop dilatés et relâchés, se resserrent et prennent plus de corps ; elle semble les nourrir. Mais les opiates et les autres substances analogues repoussent les esprits par leurs qualités malignes et ennemies. Aussi, dès qu'on les applique à une partie, les esprits s'en échappent aussitôt et n'y coulent plus aisément. Lorsqu'on prend ces substances intérieurement, leurs vapeurs montent à la tête, chassent selon toutes les directions les esprits contenus dans les ventricules du cerveau ; et comme ces esprits, ainsi resserrés, ne trouvent plus d'issues pour s'échapper, ils sont en conséquence forcés de se réunir et de se condenser ; effet qui va quelquefois jusqu'à les éteindre et les suffoquer. Ces mêmes opiates, pris à dose médiocre, ont un effet contraire. Par leur action médiate et secondaire (je veux dire par cette condensation qui résulte de la réunion des esprits), ils les fortifient, leur donnent plus de consistance, répriment leurs mouvements vagues et incendiaires. C'est par ce même effet qu'ils sont d'une grande utilité pour la cure des maladies et pour la prolongation de la vie.

Les préparations qui rendent les corps plus aisés à refroidir ne sont pas non plus à négliger. Par exemple, on s'est assuré par l'expérience que l'eau un peu tiède se glace plus aisément que l'eau tout-à-fait froide, et ainsi des autres préparations

De plus, comme la nature ne dispense le froid qu'avec épargne, pour y suppléer, il faut imiter les pharmaciens qui, au défaut du remède positif et spécifique qu'on leur demande, y substituent ce qui en approche le plus et font ce qu'on appelle un quiproquo, substituant par exemple au baume le bois d'aloës et la casse au cinname. Il faut donc, à l'aide d'observations multipliées et variées, voir s'il n'y aurait pas quelque chose qui pût remplacer le froid, je veux dire voir si l'on ne pourrait pas opérer, par exemple, dans les corps, des condensations par tout autre moyen que le froid, dont elles sont pour ainsi dire l'œuvre (l'effet) propre et spéciale. Les différentes espèces de condensations (autant du moins qu'on a pu s'en assurer jusqu'ici) se réduisent à quatre. La première paraît s'opérer par voie de simple impulsion des parties les unes vers les autres (par leur rapprochement purement mécanique), ce qui ne peut guère produire une densité constante (car les corps ainsi comprimés se rétablissent ensuite), mais peut du moins tenir lieu d'un moyen auxiliaire. La seconde s'opère par la contraction des parties grossières, après l'émission ou la sortie des parties les plus ténues ; effet qu'on observe dans les corps durcis par le feu, dans la trempe réitérée des métaux et autres semblables exemples. La troisième a pour cause la réunion des parties homogènes et les plus solides d'un corps, lesquelles auparavant étaient séparées les unes des autres et mêlées avec des parties moins solides ; cet effet a lieu lorsqu'on ramène le mercure sublimé à l'état de mercure coulant, métal qui, sous la forme de poudre, a beaucoup plus de volume que sous cette dernière forme. Il en faut dire autant de toutes les opérations par lesquelles on purifie les métaux en les débarrassant de leurs scories. La quatrième espèce de condensation s'opère par le moyen des affinités et autres secrètes corrélations, c'est-à-dire en approchant des corps qu'on veut condenser des substances qui condensent en vertu d'une certaine force occulte, corrélations qui jusqu'ici n'ont été que très rarement observées ; ce qui n'est rien moins qu'étonnant, car, jusqu'à ce qu'on soit parvenu à la découverte des formes, on ne doit pas se flatter de parvenir à la découverte de ces corrélations. Quant aux corps animés, il n'est pas douteux qu'il n'y ait bien des médicaments qui, pris soit intérieurement, soit extérieurement, condensent en vertu des affinités dont nous venons de parler ; mais ces effets sont fort rares dans les corps inanimés. Il est vrai qu'on parle beaucoup, soit dans les conversations, soit dans les livres, d'un arbre qui se trouve dans une des Açores ou des Canaries (car je ne me rappelle pas bien où), et duquel distille continuellement une quantité d'eau suffisante pour fournir aux besoins des habitants. Si nous en croyons Paracelse, l'herbe appelée rosée du soleil se couvre de rosée vers le midi et dans le temps de la plus grande chaleur du jour, tandis que toutes les autres herbes sont dans un état de dessèchement ; mais pour nous, nous regardons ces deux relations comme fabuleuses. Quoi qu'il en soit, si les faits de cette espèce étaient vrais, ils seraient très précieux et mériteraient bien d'être observés de près. De plus, nous ne pensons point que les rosées mielleuses et semblables à de la manne que l'on trouve au mois de mai sur la feuille du chêne soient produites et ainsi condensées par une certaine affinité ou par quelque propriété particulière aux feuilles de cette espèce d'arbres. Mais, comme elles tombent également sur les feuilles des autres arbres, elles s'arrêtent et se fixent sur les feuilles du chêne seulement, parce que ces dernières sont plus compactes et non spongieuses, comme la plupart de celles des autres espèces.

Quant à ce qui regarde la chaleur, ce qui manque aux hommes à cet égard, ce ne sont pas les moyens et les facultés, mais seulement l'attention nécessaire pour observer exactement et bien connaître tels de ses effets, surtout les plus nécessaires de tous, quelles que soient, à ce sujet, les vanteries des spagyristes. En effet, l'on observe et l'on voit assez les effets produits par les chaleurs qui ont beaucoup d'intensité. Quant aux chaleurs plus douces, dont l'action est plus dans les voies de la nature, on ne fait pas même de tentatives en ce genre, et par conséquent leur pouvoir demeure toujours inconnu. Aussi voyons-nous, grâces aux travaux de ces vulcains si vantés, les esprits des corps être exaltés au plus haut degré, comme dans les eaux-fortes et autres huiles chimiques ; les parties tangibles se durcir après l'émission des principes volatils et se fixer quelquefois ; les parties homogènes se séparer, et même les substances hétérogènes se mêler et s'incorporer grossièrement. Mais nous voyons surtout la structure des corps composés et leurs textures les plus délicates détruites et tout-à-fait confondues. Il aurait pourtant été nécessaire d'observer et d'éprouver aussi l'action et les effets d'une chaleur plus douce, afin d'opérer des combinaisons plus parfaites et de composer des textures plus régulières en imitant à cet égard les opérations de la nature et l'action du soleil, comme nous l'avons déjà insinué dans l'aphorisme qui a pour objet les exemples d'alliance ; car les œuvres de la nature s'exécutent par des molécules beaucoup plus petites, des mouvements plus déliés, des combinaisons plus exactes, des dispositions de parties plus régulières et plus variées que toutes celles qui peuvent être le produit du feu employé comme on l'a fait jusqu'ici. Mais si, par le moyen des chaleurs et des puissances artificielles, on pouvait imiter la nature au point de produire des espèces semblables aux siennes, de perfectionner les espèces déjà existantes et de multiplier leurs variétés, ce serait alors véritablement qu'on reculerait les limites de l'empire de l'homme, à quoi il faudrait tâcher de joindre une plus prompte exécution. La rouille du fer, par exemple, ne se forme qu'à force de temps, au lieu que la conversion de ce métal en safran de Mars est l'affaire d'un instant ; il en est de même du vert-de-gris et de la céruse. Le cristal est le produit de plusieurs siècles, et le verre celui de quelques heures. De la lente concrétion de certains sucs se forment les pierres, et il faut bien peu de temps pour cuire la brique. Quoi qu'il en soit, il ne faut épargner ni soins ni industrie pour rassembler des observations et des expériences sur les effets respectifs de toutes les différences dont la chaleur est suceptible, soit quant à l'espèce, soit quant au degré ; par exemple :

Les effets de la chaleur des corps célestes et produits par leurs rayons directs, réfléchis, réfractés, resserrés et réunis à l'aide des miroirs brûlants ;

Ceux de la foudre, de la flamme, du feu de charbon ;

Ceux du feu fait avec des matières de différente espèce ;

Ceux du feu libre, renfermé, resserré, débordant comme un torrent, enfin modifié par les différentes formes et structures des fourneaux ;

Ceux du feu, soit excité par le souffle, ou tranquille et non excité ;

Ceux du feu placé à des distances plus ou moins grandes des corps sur lesquels il agit ;

Ceux du feu transmis par différentes espèces milieux ;

Ceux des chaleurs humides, comme celle du bain-marie, du fumier ou des animaux, soit à l'intérieur, soit à l'extérieur, ou enfin du foin entassé ;

Ceux des chaleurs sèches, de la cendre, de la chaux, du sable mis au feu ;

En un mot, les chaleurs de toute espèce et leurs différents degrés.

Mais le sujet vers lequel nous devons principalement diriger nos observations et nos expériences, ce sont les effets et les produits de la chaleur qui s'approche et s'éloigne par degrés, avec un certain ordre, périodiquement, à des intervalles de temps convenables ou avec une extrême lenteur ; car cette régulière inégalité est vraiment fille du ciel et mère de toute génération. Quant à une chaleur violente, soudaine et comme par sauts, n'en attendez rien de grand. C'est ce dont on voit une preuve sensible dans les végétaux ainsi que dans les matrices des animaux, où la chaleur est sujette à de grandes inégalités produites par différentes causes, telles que les exercices, le sommeil, l'alimentation, les passions des femelles durant la gestation, etc. Enfin, dans les matrices mêmes de la terre où se forment les métaux et les fossiles, cette inégalité a lieu et y a ses effets : raison de plus pour relever le défaut de jugement de certains alchimistes, de ceux, dis-je, qui se donnent pour réformés et qui se flattent d'opérer des merveilles à l'aide de la chaleur uniforme de leurs lampes, entretenue pendant un temps infini précisément au même degré. Nous terminerons ici ce que nous avions à dire sur les effets et les produits de la chaleur. Il n'est pas encore temps de traiter à fond ce sujet, avant qu'on n'ait mieux approfondi et considéré de plus près l'intime constitution et la texture cachée des différentes espèces de corps. Quand le modèle qu'on veut imiter est bien connu, c'est alors seulement qu'il est temps de chercher des instruments, de les ajuster et de les mettre en œuvre.

Le quatrième moyen d'opérer, c'est le temps, qui est en quelque manière le *factotum* de la nature, c'est-à-dire tout à la fois son receveur et son dépensier. Quand nous disons le temps, nous parlons d'une expérience où un corps est abandonné à lui-même durant un temps notable, et, dans l'intervalle, garanti de l'action de toute force extérieure ; car, lorsque tous les mouvements étrangers et accidentels cessent, les mouvements intérieurs s'exécutent complétement et se manifestent ; or, les opérations du temps sont beaucoup plus subtiles et plus délicates que celles du feu. Par exemple, on ne parviendrait jamais par le moyen du feu à clarifier aussi parfaitement le vin qu'à l'aide du temps seul ; les parties des substances pulvérisées par le feu ne sont jamais aussi fines et aussi déliées que celles des substances qui se sont résoutes et consumées à force de siècles. Et même les combinaisons ou incorporations qui sont l'effet soudain et précipité du feu sont beaucoup moins parfaites que celles qui sont le produit du temps seul. Mais toutes les textures diverses, toutes les différentes constitutions que tâchent de prendre les corps long-temps abandonnés à eux-mêmes, et dont ils font pour ainsi dire successivement l'essai, telles que peuvent être les différentes espèces de putréfaction, sont détruites par le feu et par les chaleurs fortes. Une autre observation qui n'est point du tout étrangère à notre sujet, c'est que les mouvements des corps exactement clos ont quelque chose d'un peu violent, car cette clôture si exacte empêche ou gêne les mouvements spontanés d'un corps. Telle est la raison pour laquelle les effets de la seule durée, dans un vaisseau tout-à-fait ouvert, contribuent spécialement aux séparations ; dans un vaisseau tout-à-fait clos, aux mixtions exactes, aux parfaites combinaisons ; enfin, dans un vaisseau, en partie clos et où l'air entre quelque peu, aux putréfactions. Quoi qu'il en soit, il faut rassembler de tous côtés des exemples relatifs aux produits et aux effets de la seule durée.

Mais le régime du mouvement, qui est le cinquième genre de moyens, n'est pas le moins puissant. Lorsqu'un corps qui n'a pas d'action par lui-même, se trouvant à la rencontre d'un autre corps, empêche, repousse, circonscrit, favorise ou dirige son mouvement, c'est là ce que nous appelons le régime du mouvement, lequel dépend le plus souvent de la forme et de la structure des vaisseaux. Par exemple, un vaisseau de figure conique et placé dans une situation droite favorise la condensation des vapeurs, comme on le voit par l'effet de celle des alambics. Mais lorsque le sommet du cône est en bas, il favorise les défécations, par exemple, celle du sucre, dont les formes ont cette figure et cette situation. Quelquefois il est besoin que les vaisseaux aient des sinuosités et que leur figure aille en s'élargissant et se rétrécissant alternativement, ou aient d'autres figures semblables. Toutes les différentes espèces de filtrations se rapportent aussi à cette classe ; et, dans cette opération, le corps qui se trouve à la rencontre de l'autre livre passage à certaines parties de ce dernier corps, et le ferme aux autres. Or, la filtration ne s'opère pas toujours extérieurement; quelquefois aussi un corps s'infiltre dans l'intérieur d'un autre corps, et c'est ce qui arrive lorsqu'on met de petites pierres dans l'eau pour y ramasser le limon, ou lorsqu'on clarifie des sirops à l'aide du blanc d'œuf, substance visqueuse à laquelle s'attachent les parties grossières, qui deviennent ainsi plus faciles à séparer des autres et à enlever. C'est encore à ce régime de mouvement que Telesio, qui avait bien peu approfondi ce sujet, a attribué les figures des animaux, frappé apparemment de ces sinus, de ces espèces de poches qu'on trouve dans la matrice. Mais il aurait dû aussi nous montrer une semblable conformation dans les coques d'œuf, lesquelles pourtant n'ont ni rides ni inégalités. On peut regarder aussi comme un vrai régime de mouvement toute opération qui consiste à modeler les corps et à les jeter en moule pour leur donner telle figure déterminée.

Quant aux effets opérés par les affinités ou les oppositions, ils sont ensevelis dans une profonde obscurité ; car ces propriétés occultes et spécifiques, ces sympathies et ces antipathies dont on parle tant, ne sont en grande partie que des productions d'une philosophie dépravée ; et l'on ne doit point se flatter de pouvoir découvrir toutes ces secrètes corrélations avant la découverte des formes et des textures simples, une affinité n'étant autre chose que l'analogie réciproque et la convenance des formes et des textures.

Or, les plus grandes et les plus universelles de ces corrélations ne sont pas entièrement inconnues; ainsi c'est par celles-là qu'il faut commencer. La première et la principale de ces différences consiste en ce que certains corps qui ont beaucoup de rapport entre eux par leur texture diffèrent prodigieusement par la quantité de leur matière, tandis que d'autres au contraire, très analogues par leur quantité de matière, diffèrent beaucoup par leur texture. Et les chimistes ont observé avec raison que dans ce ternaire de principes qu'ils supposent, le mercure et le soufre qui en font partie pénètrent dans toutes les régions de ce vaste univers et sont répandus partout (car leur théorie sur le sel est tout-à-fait inepte, et ils ne l'ont imaginée qu'afin de pouvoir classer sous ce nom toutes les substances terreuses, fixes et sèches). Mais dans les deux autres se manifeste sensiblement une des affinités ou corrélations les plus universelles de la nature ; car il y a beaucoup d'affinité entre le soufre, l'huile, la vapeur grasse, et peut-être la substance, le corps même d'une étoile. D'un autre côté, le mercure, l'eau et les vapeurs aqueuses, l'air, peut-être encore l'éther pur et répandu entre les étoiles, ont aussi entre eux beaucoup d'affinité. Cependant ces deux quaternaires, ou ces deux grandes familles de corps (en les considérant chacune dans leurs classes et leurs limites respectives), diffèrent prodigieusement par la densité ou quantité de matière ; mais, quant à leur texture, ils ont beaucoup d'analogie et d'affinité, comme on en voit la preuve dans un grand nombre de sujets. Au contraire, les divers métaux ont beaucoup de rapport entre eux par la quantité de matière, surtout en comparaison des végétaux; mais ils diffèrent à une infinité d'égards quant à leur texture ; il en faut dire autant des différentes espèces d'animaux et de végétaux, dont les textures sont prodigieusement diversifiées. Mais si on les envisage par rapport à leurs densités ou quantité de matière, toutes leurs différences à cet égard se trouvent renfermées dans les limites d'un petit nombre de degrés.

Vient ensuite la plus universelle de toutes les corrélations, après celle dont nous venons de parler, je veux dire celle qui se trouve entre les corps principaux (les substances composantes ou les éléments des composés, leurs principes), et les substances qui les fomentent ou les nourrissent, en un mot, entre les menstrues et leurs aliments. Ainsi il faut chercher sous quel climat, dans quelle espèce de sol et à quelle profondeur s'engendrent les différentes espèces de métaux. Il faut faire les mêmes recherches par rapport aux pierres précieuses, soit qu'on les tire des rochers ou qu'on les trouve dans des mines ; chercher aussi dans quelle espèce de sol chaque espèce d'arbre, d'arbrisseau ou de plante herbacée vient le mieux et semble se plaire le plus ; comme aussi quelles sortes d'engrais, soit fumiers de toute espèce, soit craie, soit sable marin, cendres, etc., ils préfèrent, et lesquels de ces engrais conviennent le mieux à chaque espèce de sol. Il en faut dire autant de la greffe des arbres et des plantes, ainsi que des règles à suivre pour qu'elle réussisse, c'est-à-dire de celles qui montrent sur quelles espèces de plantes telles autres espèces se greffent avec le plus de succès : toutes choses qui dépendent aussi des affinités et des convenances réciproques. Il est en ce genre une expérience dont le résultat n'est pas sans agrément, et qu'on a, dit-on, tentée dans ces derniers temps. Je veux parler de la greffe de sauvageon sur sauvageon, (car jusque-là on n'avait pratiqué la greffe que sur les arbres de jardin), et à l'aide de laquelle on obtient de plus grandes feuilles et de plus gros glands. Ainsi, l'on se procure par ce moyen des arbres qui donnent plus d'ombre. De même il faut déterminer comparativement les aliments qui conviennent aux différentes espèces d'animaux, et aux préceptes positifs en ce genre joindre les négatifs. Par exemple, les animaux carnivores ne vivent pas volontiers de plantes herbacées. Aussi, quoique l'homme ait, par sa seule volonté, beaucoup plus de pouvoir et d'empire sur son corps que tous les autres animaux, néanmoins l'ordre des Feuillants, dit-on, a été bientôt réduit à rien, la nature humaine étant incapable de soutenir long-temps un régime tel que celui qu'ils avaient choisi. Par la même raison, il faut observer avec soin les matières diverses des putréfactions d'où s'engendrent certains animaux.

Disons donc que les analogies ou affinités des corps élémentaires avec ceux qui leur sont subordonnés (car on peut regarder comme tels ceux que nous avons spécifiés), que ces corrélations, dis-je, sont assez sensibles, et qu'il en est de même de celles des sens avec leurs objets respectifs ; genre de corrélations faciles à apercevoir, qui, étant observées avec soin et bien analysées, peuvent répandre un grand jour sur celles qui demeurent plus cachées.

Mais les affinités et les oppositions intimes, ou, si l'on veut, les amitiés et les inimitiés secrètes (car nous sommes las de ces mots de sympathie et d'antipathie, à cause des idées superstitieuses et puériles qu'on y a attachées) sont ou mal appliquées, ou entremêlées de fables, ou en fort petit nombre, pour avoir été trop peu observées. Par exemple, si quelqu'un, ayant observé que la vigne et le chou plantés l'un près de l'autre ne viennent pas bien, supposait, pour expliquer cette apparente opposition, une certaine antipathie entre ces deux espèces de végétaux, il ferait une supposition fort inutile, puisqu'il suffit, pour rendre raison de ce phénomène, de dire que ces deux plantes ayant beaucoup de sucs, et en étant fort avides, elles se dérobent l'une à l'autre les sucs de la terre et s'affament réciproquement ; de même en observant que les bluets et les coquelicots se multiplient dans presque tous les champs à blé, et rarement ailleurs, au lieu de dire qu'il y a une certaine affinité ou analogie entre le blé et ces deux autres plantes, il faudrait dire au contraire qu'il y a entre elles une sorte d'opposition, le bluet et le coquelicot ne se formant et ne se nourrissant que de cette partie des sucs de la terre que le blé rejette et abandonne, en sorte que toute la préparation nécessaire pour rendre une terre propre à produire ces deux espèces de plantes, c'est d'y semer du blé. Il est un grand nombre de fausses applications de cette espèce qui ont besoin d'être ainsi rectifiées. Quant aux sympathies fabuleuses, notre sentiment est qu'il faut les rejeter tout-à-fait. Reste donc ce petit nombre d'affinités dont la réalité est prouvée par des faits bien constatés, telles que celles de l'aimant et du fer, de l'or et du mercure, et autres semblables. Parmi le grand nombre d'observations et d'expériences que les chimistes ont faites sur les métaux, on trouve aussi quelques autres corrélations qui méritent de fixer l'attention. Mais où l'on trouve le plus grand nombre de ces affinités ou corrélations, c'est dans certains remèdes qui, en vertu de ce qu'on appelle leurs qualités occultes ou leurs propriétés spécifiques, sont comme affectés à tels membres ou organes, à telle espèce d'humeur, à tel genre de maladie, quelquefois même à telle constitution individuelle. Il ne faut pas non plus négliger les corrélations existantes entre les mouvements ou les affections de la lune et les affections (ou modes passifs) des corps inférieurs; les corrélations, dis-je, telles que peuvent les indiquer les expériences et les observations tirées de l'agriculture, de la navigation, de la médecine, ou autres semblables, en ne les adoptant qu'après un sévère examen, et en mettant dans ce choix autant de sincérité que de jugement. Mais cette rareté des faits relatifs aux secrètes corrélations n'est qu'une raison de plus pour les recueillir avec soin, d'après des traditions et des relations dignes de foi, pourvu qu'on le fasse en se dépouillant de tout laisser-aller et de toute crédulité; en un mot, qu'on n'adopte de tels faits qu'avec la plus grande circonspection et avec une sorte de foi chancelante. Reste un genre de corrélations, qui, considéré par rapport à la manière dont on place les corps pour les faire agir les uns sur les autres, semble tout-à-fait destitué d'art et de méthode, mais qui, envisagé par rapport à l'utilité, est un vrai polychreste; je veux dire la combinaison et l'union, facile ou difficile, des corps, par voie de simple apposition ou juxta-position. Car il est des corps qui se mêlent et s'incorporent aisément ensemble et d'autres qui ne se combinent qu'avec peine. Par exemple, les terres pulvérisées s'incorporent préférablement avec l'eau, les chaux et les cendres avec l'huile; et ainsi des autres. Il faut rassembler des exemples de la disposition et de l'éloignement des corps, non-seulement pour la combinaison et l'incorporation, mais de plus pour telle distribution, tel arrangement de parties, après qu'ils ont été mêlés ensemble; enfin, des exemples de prédominances qui ont lieu dans les composés, lorsque la mixtion des substances composantes s'est opérée complètement.

Reste enfin le septième et dernier genre de moyens, savoir, la méthode qui consiste à employer successivement et alternativement les moyens des six premières classes; genre de méthode dont, avant d'avoir approfondi chacun des six autres, il ne serait pas encore temps d'offrir des exemples. Or, la suite et l'enchaînement d'une alternation de ce genre, ainsi que la manière de se l'approprier aux différents effets qu'on a en vue, est ce qu'il y a de plus difficile à déterminer; mais cette méthode une fois bien saisie est d'un continuel usage dans la pratique. Le plus grand obstacle en ceci c'est l'impatience même des hommes et le peu de goût qu'ils ont ordinairement pour toute spéculation ou exécution de ce genre. C'est néanmoins comme le fil du labyrinthe; c'est le seul qui puisse nous bien guider et nous mettre en état d'exécuter de grandes choses. Mais en voilà assez pour de simples exemples polychrestes.

LI. Nous mettrons au vingt-septième rang, parmi les prérogatives des faits, les exemples magiques. Nous désignons sous ce nom tous ceux où soit la matière, soit la cause efficiente, est en très petite quantité, eu égard à la grandeur des produits ou des effets qui s'ensuivent; proportion telle que ces effets, quoiqu'assez communs, semblent quelquefois tenir du miracle, les uns à la première vue, d'autres même après l'examen le plus attentif. Les exemples de cette espèce sont assez rares, et la nature par elle-même ne les dispense qu'avec épargne. Mais nous ignorons ce qu'en ce genre elle pourrait faire si elle était mieux approfondie, si l'on découvrait les formes essentielles, les graduations cachées et les textures secrètes des différents corps; et c'est une connaissance réservée aux siècles suivants. Or, ces effets magiques, autant du moins que nos connaissances actuelles nous permettent de le conjecturer, s'opèrent de trois manières: ou par la faculté qu'a telle ou telle substance de se multiplier elle-même, comme on en voit des exemples dans l'action du feu, dans celle des poisons réputés spécifiques, ainsi que dans les mouvements communiqués et renforcés par des roues; ou par la propriété qu'ont d'autres substances d'exciter, d'inviter, pour ainsi dire, un corps au mouvement. Tel est l'aimant, qui excite ainsi une infinité d'aiguilles, sans rien perdre de sa vertu ni souffrir le moindre déchet à cet égard. Tel est aussi le levain et il en faut dire autant de toutes les substances de ce genre; ou, enfin, par l'antéversion (la précession) du mouvement, comme nous l'avons supposé pour expliquer les effets de la poudre à canon, de l'artillerie et des mines; trois espèces de moyens dont les deux premiers exigent la recherche des affinités et autres corrélations, et le troisième la mesure des mouvements. Mais est-il, en effet, quelque moyen de transformer les corps en opérant sur leurs plus petites parties, et de changer les textures les plus déliées de la matière ; genre d'opération qui pourrait conduire à toutes les espèces de transformations possibles, et qui aurait de si puissants effets que l'art pourrait exécuter en un moment ce que la nature ne fait que par de longs détours et à force de temps? c'est sur quoi jusqu'ici nous n'avons aucun indice. Or, ce même amour de la vérité, qui dans les choses réelles et solides fait que nous allons toujours jusqu'au bout et aspirons à ce qu'il y a de plus élevé, fait aussi qu'ayant une perpétuelle aversion pour tout ce qui respire la présomption et la vanité, nous l'attaquons toujours avec toutes nos forces réunies et tâchons de le ruiner à jamais.

LII. Nous terminerons ici ce que nous avions à dire sur les prérogatives des faits ou exemples. Nous devons avertir en finissant que notre Organe n'est qu'une simple logique, et non un traité de philosophie positive. Cependant, le but de cette logique étant de diriger l'entendement et de lui apprendre, non à s'accrocher, pour ainsi dire, à de vaines abstractions et à poursuivre des chimères, comme la logique vulgaire, mais à saisir la nature et à l'analyser, à découvrir les vraies propriétés des corps, leurs actions réelles et bien déterminées dans la matière, en un mot, à acquérir une science qui ne découle pas seulement de la nature de l'esprit, mais aussi de la nature même des choses, on ne doit pas être étonné de voir cet ouvrage semé et enrichi d'observations, d'expériences et de vues qui appartiennent à la science de la nature, et qui, en éclaircissant nos préceptes, sont comme autant de modèles de notre marche philosophique. Or, ces prérogatives des faits ou exemples, comme on l'a vu, sont comprises sous vingt-sept noms, savoir : 1° les exemples solitaires, 2° les exemples de migration, 3° les exemples ostensifs, 4° clandestins, 5° constitutifs, 6° conformes, 7° monodiques, 8° les exemples de déviation, 9° de limite, 10° de puissance, 11° d'accompagnement, 12° d'exclusion, 13° les exemples subjonctifs, 14° les exemples d'alliance, 15° les exemples de la croix, 16° de divorce, 17° de la porte, 18° de citation, 19° de route ou de passage, 20° de supplément, 21° de dissection, 22° de radiation, 23° de cours, 24° les doses de la nature, 25° les exemples de lutte ou de prédominance, 26° les exemples polychrestes, enfin 27° les exemples magiques. Or, voici en quoi consiste l'utilité de ces exemples et leur avantage sur les exemples ordinaires.

En général ils ont pour objet, ou la partie informative (la théorie), ou la partie opérative (la pratique).

Quant à la partie informative, ils prêtent secours ou aux sens ou à l'entendement : aux sens, comme les cinq classes d'exemples de la lampe ; à l'entendement, ou en accélérant l'exclusive de la forme, comme les solitaires, ou en resserrant dans un plus petit espace et indiquant de plus près l'affirmative de la forme, comme les exemples de migration, les exemples ostensifs et ceux d'accompagnement ou d'exclusion, joints aux exemples subjonctifs; ou en élevant l'entendement et le conduisant aux genres, aux natures communes, soit immédiatement, comme les exemples clandestins, monodiques et d'alliance, soit par l'indication des classes immédiatement inférieures comme les exemples constitutifs, soit enfin par l'indication des espèces du dernier ordre, comme les exemples conformes ; ou en rectifiant l'entendement et le dégagement des entraves de l'habitude, comme les exemples déviants, ou en le conduisant à la grande forme; c'est-à-dire, à la connaissance de la constitution et de la structure de l'univers, comme les exemples limitrophes ; ou enfin en le mettant en garde contre les fausses formes et les causes imaginaires, comme les exemples de la croix et de divorce.

Quant aux exemples qui se rapportent à la partie opérative, leur avantage est de mettre sur la voie de la pratique, ou de déterminer les mesures, ou de faciliter l'exécution. Ils mettent sur la voie de la pratique, soit en montrant par où il faut commencer et empêchant d'entreprendre ce qui a déjà été exécuté, comme les exemples de puissance ; soit en indiquant ce à quoi l'on peut aspirer, eu égard aux moyens dont on dispose, comme les exemples indicatifs. Ils déterminent les mesures, comme ces quatre classes d'exemples que nous avons qualifiées de mathématiques. Enfin ils facilitent l'exécution, comme les exemples polychrestes et magiques.

De plus, parmi ces vingt-sept classes d'exemples, il en est dont il faut se pourvoir et faire une collection dès le commencement, sans attendre qu'on en soit à la recherche spéciale de la forme de telle ou telle nature. De ce genre sont les exemples monodiques, de conformité, de déviation, limitrophes, de puissance, de la porte, indicatifs, polychrestes et magiques. Car les exemples de cette nature appuient, dirigent ou rectifient les sens et l'entendement; ou, en général, facilitent l'exécution en enrichissant la pratique de nouveaux moyens et de nouveaux procédés. Quant aux autres espèces d'exemples, il sera temps de les rassembler lorsque nous dresserons des tables de comparution, pour appliquer la méthode d'interprétation à telle nature particulière dont nous chercherons la forme ou cause essentielle. Les exemples doués, et, pour ainsi dire, décorés de ces prérogatives, étant combinés avec les exemples vulgaires, en sont, pour ainsi dire, l'âme; et, comme nous l'avons dit en commençant, un petit nombre de ces exemples choisis tient lieu d'une multitude d'exemples pris au hasard. Ainsi, lorsqu'il sera question de la composition des tables, on n'épargnera aucun soin pour multiplier ces exemples et les ranger avec ordre dans ces tables. Il faudra aussi leur donner place dans les ouvrages suivants, où ils ne seront pas moins nécessaires. Ainsi, nous devions faire marcher en avant le traité dont ces exemples font le sujet.

Après avoir traité ce qui faisait l'objet de notre premier point, indiqué dans le n° XXI, c'est-à-dire 1° les prérogatives des faits et des exemples, nous allons passer au deuxième et au troisième point, c'est-à-dire : 2° appuis de l'induction, 3° notifications de l'induction; ensuite aux concrets, aux procédés latents, et aux schematismes latents, et successivement aux autres points indiqués dans le même livre, n° XXI[1], afin que, comme des tuteurs probes, fidèles, nous rendions compte aux hommes de l'état de leur fortune après l'émancipation de leur intelligence, et au moment où ils sont arrivés à majorité. De cette situation dans laquelle ils vont se trouver placés résultera nécessairement l'amélioration de l'état des hommes et comme conséquence nécessaire aussi l'accroissement de leurs pouvoirs sur la nature. L'homme en effet, en tombant de son état d'innocence, s'est laissé détrôner de sa souveraineté sur les créatures. Il peut en partie recouvrer l'une et l'autre dans cette vie : l'innocence par la religion et la foi, la souveraineté ici-bas par les arts et les sciences. La malédiction qui a frappé les hommes n'a pas en effet rendu la nature complétement rebelle; mais en vertu de cet arrêt suprême : «Tu mangeras ton pain à la sueur de ton front,» c'est par des travaux multipliés et non certes par de vaines disputes ou d'oiseuses cérémonies magiques que la création sera forcée de **fournir** à l'homme son pain, c'est-à-dire de **venir** se plier à tous les usages de la vie humaine.

---

(1) Bacon a laissé cet ouvrage interrompu et n'a jamais publié les traités qu'il indique ici comme compléments de son Nouvel organe.

MODÈLE

D'UNE HISTOIRE NATURELLE ET EXPÉRIMENTALE

(*PARASCEVE AD HISTORIAM NATURALEM ET EXPERIMENTALEM*).

Idée de l'histoire naturelle et expérimentale qui doit servir de base et de fondement à la vraie philosophie.

Notre but, en publiant ainsi par parties notre Grande Restauration, est de mettre de bonne heure à l'abri quelques-unes de nos plus utiles productions et d'en assurer l'existence. Le même motif nous détermine à donner, immédiatement après les ouvrages qui ont déjà paru, l'esquisse d'une histoire naturelle et expérimentale qui, par le choix, la quantité et l'ordre de ses matériaux, puisse servir de base à la vraie philosophie, et fournir à l'interprète de la nature le sujet, le fond sur lequel il doit bientôt travailler. Le véritable lieu de cette esquisse serait sans doute dans le livre qui doit traiter des préliminaires et des préparatifs de l'étude de la nature ; mais des raisons plus fortes que celles de la simple convenance nous ont déterminés à la publier avant le temps. Cette histoire que nous embrassons par notre pensée est un ouvrage immense qui ne peut être exécuté qu'à force de peines, de soins et de dépenses ; elle exige le concours et les travaux concertés d'un grand nombre d'hommes, et c'est, comme nous l'avons dit ailleurs, une entreprise vraiment royale. Notre dessein serait donc d'inspirer à d'autres, par cet exposé, du goût, du zèle même pour une entreprise aussi grande que nécessaire, et si nous y parvenions, tandis que nous exécuterions successivement, et selon l'ordre que nous avons tracé, les parties que nous nous sommes réservées, cette partie-ci, qui est d'un fort grand détail, serait aussi peu à peu exécutée par nos associés, peut-être même de notre vivant, du moins si telle était la volonté du grand Être qui dispose de nos jours et de nos destinées ; car, nous l'avouons ingénument, un tel fardeau nous accablerait si d'autres ne nous aidaient à le porter. Quant à la méthode qui doit diriger tout le travail propre à l'entendement, c'est une tâche que nous n'imposons qu'à nous seuls et que nous ne désespérons pas de remplir à l'aide de nos seules forces ; mais les matériaux que nous voulons lui procurer sont en si grande quantité et tellement dispersés que, pour les rassembler de toutes parts, nous avons en quelque manière besoin de facteurs et de correspondants. Ajoutons que ces recherches si faciles, et dont tout homme est capable, semblent être un peu au-dessous d'une entreprise telle que la nôtre, et ne pas mériter que nous y consumions un temps que nous pouvons employer plus utilement. Cependant nous nous chargerons de la partie la plus essentielle de ce travail même, c'est-à-dire d'exposer, avec toute l'exactitude et la clarté requises, le plan et le mode de la seule histoire naturelle qui puisse remplir notre objet, de peur que, faute d'avertissement sur ce point, on ne fasse toute autre chose que ce que nous demandons, et que, prenant pour modèles les histoires naturelles déjà en vogue, on ne s'éloigne beaucoup trop du véritable but. Mais, avant de traiter ce sujet, nous ne devons pas oublier certaine observation que nous avons souvent faite, et qui dans ce lieu même, plus que dans tout autre, devient absolument nécessaire. Quand tous les hommes, dans tous les âges, se seraient réunis ou se réuniraient par la suite, le genre humain tout entier s'adonnant à la philosophie, et tout le globe se couvrant d'académies, d'instituts, de collèges, d'écoles, de sociétés de savants, néanmoins, sans une histoire naturelle et expérimentale de la nature de celle que nous prescrivons et recommandons ici, jamais la philosophie et les sciences n'auront fait ou ne feront des progrès vraiment dignes de la raison humaine, au lieu qu'à l'aide d'une telle histoire, pourvue de matériaux en abondance, d'un bon choix et judicieusement digérés, en y joignant les expériences auxiliaires et lumineuses qui pourront se présenter ou qu'il faudra

---

(1) Ce traité se rapporte au dixième point, mentionné dans le § XXI du Nouvel organe.

imaginer dans le cours même de l'interprétation, l'étude de la nature et l'invention des sciences seraient l'affaire d'un petit nombre d'années. Ainsi il faut ou s'occuper sérieusement de cette histoire ou tout abandonner ; car tel est l'unique fondement sur lequel on puisse établir une philosophie réelle, agissante et vraiment digne de ce nom. Ce fondement une fois posé, les hommes alors, comme éveillés d'un profond sommeil, verront quelle différence infinie se trouve entre les chimères, les rêves de l'imagination et cette philosophie effective dont nous parlons; alors, dis-je, ils se convaincront par eux-mêmes de la solidité et de la clarté des réponses qu'on obtient en interrogeant sur la nature la nature même.

Ainsi nous commencerons par donner des préceptes généraux sur la manière de composer une histoire de ce genre. Puis nous en donnerons un exemple, un modèle fort détaillé, où nous aurons soin d'insérer de temps à autre des indications sur ce qu'on doit principalement chercher, et sur le but auquel on doit rapporter ou approprier chaque espèce de recherche, plan que nous suivrons afin que ce but étant une fois nettement conçu et bien saisi, cette connaissance même suggère à d'autres ce qui aurait pu nous échapper. Or, cette histoire dont nous allons donner l'esquisse, pour la mieux caractériser, nous l'appelons ordinairement histoire primaire ou mère de toutes les autres.

Aphorismes sur la manière de composer l'histoire naturelle.

I. La nature peut se trouver dans trois états différents et subir en quelque manière trois espèces de régime : ou elle se développe complétement dans toute la liberté de son cours ordinaire, ou elle est comme dépossédée et chassée de son état par la qualité réfractaire et l'opiniâtre résistance de la matière rebelle, ou enfin elle est liée, figurée, moulée par l'art et le ministère de l'homme. Au premier état se rapporte ce qu'on appelle ordinairement les espèces, au second les monstres, au troisième toutes les productions de l'art. En effet, dans ces dernières, l'homme impose à la nature une sorte de joug, et elle est, pour ainsi dire, à ses ordres ; car sans l'homme tout cela ne se serait point fait. C'est là, dis-je, que, par les soins et le ministère de l'homme les corps prenant une face nouvelle, il se crée en quelque manière un autre univers et change à chaque instant les décorations du théâtre. Ainsi l'histoire naturelle se divise en trois parties; elle traite ou de la marche libre et directe de la nature, ou de ses écarts, ou de ses liens; en sorte que nous serions assez fondés à la diviser en histoire des générations, des préter-générations et des arts. Cette dernière partie est celle que nous qualifions ordinairement de mécanique et d'expérimentale. Mais notre but, en faisant cette division, n'est point du tout de faire entendre qu'on doit traiter ces trois parties séparément ; car au fond rien n'empêche de réunir l'histoire des monstres dans chaque espèce avec l'histoire de l'espèce même. Quant aux productions de l'art, il est quelquefois plus à propos d'en joindre la description à celle des espèces auxquelles elles se rapportent et quelquefois aussi il vaut mieux les en séparer. Ainsi le mieux à cet égard est de prendre conseil des choses mêmes, le trop et le trop peu de méthode ayant également l'inconvénient d'occasionner des répétitions et des longueurs.

II. L'histoire naturelle qui, envisagée par rapport à son sujet, se divise en trois parties très distinctes, comme nous l'avons dit, peut aussi être divisée en deux parties, relatives aux deux espèces d'usage qu'on en tire ; car on l'emploie ou pour acquérir la simple connaissance des choses mêmes dont l'histoire est le dépôt, ou comme matière première de la philosophie, comme étant, pour ainsi dire, la pépinière, le fond de la véritable induction. C'est de ce dernier usage qu'il s'agit actuellement ; actuellement, dis-je, car jamais dans les temps précédents il n'en fut question.

En effet, ni Aristote, ni Théophraste, ni Dioscoride, ni Pline, ni les naturalistes modernes, bien inférieurs à eux, ne se sont proposé cette fin dont nous parlons. Nous aurions beaucoup fait si ceux qui dans la suite entreprendront une histoire naturelle, ayant l'œil sans cesse fixé sur ce but, étaient convaincus qu'ils ne doivent avoir en vue, dans leurs narrations, ni le plaisir du lecteur, ni même son utilité actuelle et immédiate, mais seulement les avantages d'une collection de faits, riche, variée et suffisante pour la confection des vrais axiômes.

Si ce but était perpétuellement présent à leur esprit, ils sauraient bien se prescrire à eux-mêmes la manière dont ils doivent écrire une histoire de ce genre; car c'est la destination d'un ouvrage qui en doit déterminer la forme ou le mode.

III. Plus une telle entreprise exige de travail et de soins, plus on doit prendre peine à la débarrasser de toutes superfluités. Ainsi les naturalistes ont encore besoin de trois avertissements tendant à empêcher qu'ils ne tournent trop leur attention vers des objets inutiles, et qu'en augmentant à l'infini le volume de cette collection ils n'y sacrifient la qualité à la quantité.

En premier lieu, on laissera de côté les antiquités, les citations fréquentes, les autorités et même les controverses, les discussions verbeuses, les réfutations, en un mot toute philologie et tout étalage d'érudition. On ne citera point d'auteurs, sinon pour attester des faits douteux, et on ne se permettra de discussion que pour éclaircir les points les plus importants. Quant aux similitudes, aux allusions, aux figures et aux brillantes expressions, il faut absolument renoncer à tout cela; et même, tout ce qu'on fera entrer dans cette histoire, on l'exposera d'une manière serrée et concise afin que l'ouvrage en ait plus de substance et qu'on y trouve toute autre chose que des mots; car il n'est personne qui, ayant à rassembler et à mettre en place des matériaux pour la construction d'un vaisseau, d'un édifice, etc., s'amuse à les disposer dans un bel ordre et à les distribuer d'une manière qui flatte la vue (comme ces marchandises qu'on étale dans une boutique); mais il met toute son attention à les bien choisir et à les arranger dans le lieu où il les dépose, de manière qu'ils y occupent le moindre espace possible. Tel doit être l'esprit de la collection dont nous parlons.

En second lieu, ce qui ne remplit pas mieux notre objet, c'est le luxe de certaines histoires naturelles, surchargées de descriptions et de représentations de sujets de trois règnes, multipliées et variées à un point qui ne peut satisfaire que la seule curiosité. Car, au fond, toutes ces petites singularités ne sont que des espèces de jeux, de licences de la nature; autant vaudrait avoir égard aux légères nuances qui différencient les individus. De telles études peuvent être regardées tout au plus comme une sorte de promenade agréable parmi les productions de la nature; mais on n'en peut tirer qu'une lumière bien faible pour les sciences, et des connaissances de ce genre sont à peu près inutiles.

En troisième lieu, il faut rejeter également les narrations superstitieuses (je ne dis pas celles qui excitent le plus grand étonnement et qui tiennent du prodige, si d'ailleurs elles sont appuyées sur des témoignages dignes de foi et de fortes probabilités), mais les relations vraiment superstitieuses et toutes les prétendues expériences de la magie cérémonielle. Car nous ne voulons pas que l'enfance de la philosophie, à laquelle l'histoire naturelle donne pour ainsi dire le premier lait, se berce de ces contes de vieilles femmes. Il sera temps peut-être, lorsqu'on aura un peu plus pénétré dans les profondeurs de la nature, de parcourir légèrement ces sujets mystiques pour les examiner; et si dans ce marc on trouve encore un peu de sève, on pourra l'en extraire et la mettre à part pour s'en servir au besoin; mais en commençant il faut écarter tout cela. Quant aux expériences mêmes de la magie naturelle, avant de leur donner place dans la collection, on aura soin de les discuter et de les éplucher avec toute la sévérité requise, surtout celles qu'on déduit ordinairement de ces sympathies et antipathies si rebattues, et qu'on adopte avec tant de simplicité et de facilité, soit à les croire, soit à en controuver d'autres.

Et ce ne sera pas avoir peu fait que d'avoir débarrassé de ces trois espèces de superfluités notre histoire naturelle; autrement des milliers de volumes suffiraient à peine pour contenir tout cela. Mais ce n'est pas encore tout: dans un ouvrage qui doit par lui-même avoir beaucoup d'étendue, il n'est pas moins nécessaire d'exposer d'une manière très succincte ce qu'on y fait entrer, que d'en retrancher tout le superflu. A la vérité, cette exposition si précise, si sévère et si châtiée, sera un peu moins amusante, soit pour le lecteur, soit pour l'auteur même; mais on ne doit pas oublier qu'il s'agit beaucoup moins ici de se procurer une habitation agréable, une espèce de maison de plaisance, qu'une sorte de grenier, de grange, de magasin, où l'on puisse trouver au besoin et prendre à mesure, tout ce qui sera nécessaire dans le travail de l'interprétation qui doit succéder, et qui est le principal objet.

IV. Dans l'histoire que nous demandons, ce que nous avons principalement en vue, et dont, avant tout, on doit s'occuper, c'est de lui donner une assez vaste étendue, et de la tailler, pour ainsi dire, à la mesure de l'univers; et au lieu de resserrer le monde entier dans les étroites limites de l'esprit humain, comme on l'a fait jusqu'ici, il faut relâcher peu à peu les liens de l'entendement, le dilater en quelque manière, et lui donner enfin assez de capacité pour embrasser l'image de l'univers entier, mais de l'univers tel qu'il est. Car ces vues si resserrées, cet esprit si étroit, qui fait qu'on envisage trop peu d'objets et qu'on veut prononcer d'après ce peu qu'on a vu, c'est cela même qui a tout perdu. Résumant donc cette distribution que nous avons faite de l'histoire naturelle, et en conséquence de laquelle cette histoire a été divisée en histoire des générations, des préter-générations et des arts, nous subdiviserons actuellement celle des générations en cinq parties, savoir : 1º l'histoire des espaces et des corps célestes; 2º celle des météores et de ce qu'on appelle les régions de l'air, je veux dire de ces espaces qui s'étendent depuis la lune jusqu'à la surface de la terre; partie à laquelle (et simplement pour mettre de l'ordre dans notre exposé) nous avons aussi assigné les comètes de toute espèce, tant les plus élevées que les plus basses, quelles que puissent être d'ailleurs leur nature et leur véritable lieu; 3º celle de la terre et de la mer; 4º l'histoire de ce qu'on désigne ordinairement par le nom d'éléments, comme la flamme ou le feu, l'air, l'eau et la terre. Or, en employant ce mot d'éléments, nous ne prétendons pas qu'on doive regarder ces substances comme les premiers principes de toutes choses, mais seulement comme les plus grandes masses de corps naturels. Car les différentes espèces de corps sont tellement distribuées dans la nature qu'il y a des substances qui s'y trouvent en très grande quantité et même dont la masse est immense, par la raison que leur constitution n'exige dans la matière dont elles sont composées qu'une texture facile et commune (et tels sont les quatre espèces de corps dont nous venons de parler); mais qu'il en est d'autres qui ne se trouvent dans l'univers qu'en très petite quantité et qui n'y sont semés qu'avec épargne, leur constitution étant le produit d'un assemblage de parties très différentes, d'un tissu fin et délié, d'une organisation très particulière et très déterminée; tels sont les composés connus sous le nom d'espèces, comme métaux, plantes, animaux, etc. Ainsi, les substances du premier genre seront appelées les grandes classes (ou collections), et celles du second genre les petites classes. Or, cette partie qui traite des grandes classes (ou collections) est le quatrième membre de l'histoire des générations; et quoique dans la seconde et la troisième partie nous parlions aussi de l'air, de l'eau et de la terre, nous ne confondons pas pour cela ces deux parties avec la quatrième; car dans la seconde et la troisième l'histoire n'envisage ces grandes masses que comme étant des parties intégrantes de l'univers, et par le rapport qu'elles ont avec sa configuration et son ensemble, au lieu que la quatrième renferme l'histoire de leur substance et de leur nature, envisagée comme résidante, avec toute sa force et toute son énergie, dans chacune de leurs parties similaires, mais abstration faite de leur rapport avec le tout. Enfin la cinquième partie renferme l'histoire des petites classes ou des espèces qui ont été jusqu'ici le principal sujet de l'histoire naturelle. Quant à l'histoire des préter-générations, il serait plus à propos, comme nous le disions plus haut, de la réunir avec celle des générations; ce qu'il faut toujours entendre de celle dont les faits, quoique fort étonnants, ne laissent pas d'être naturels. L'histoire superstitieuse, je veux dire celle des miracles et des prodiges vrais ou faux, doit d'autant moins nous arrêter ici que nous la reléguons dans un traité *ex professo*; et ce traité, ce n'est pas en commençant qu'il faut l'entreprendre, mais un peu plus tard, et lorsqu'on aura fait quelques progrès dans l'étude de la nature.

Reste donc l'histoire des arts ou de la nature transformée et en quelque manière retournée; celle-ci, nous la divisons en trois parties. Car elle se tire ou des arts mécaniques, ou de la partie active et pratique des arts libéraux, ou de ce nombre infini d'expériences et de procédés qui ne forment pas encore des arts proprement dits, même de ceux qu'offre quelquefois l'expérience la plus commune et qui n'ont nullement besoin d'art. Ainsi, quand de toutes ces parties dont nous venons de faire l'énumération, savoir : des générations, des préter-générations, des arts et des expériences les plus familières, on aura composé une histoire détaillée, il nous semble qu'on n'aura rien omis de ce qui peut mettre les sens en état de procurer à l'entendement de sûres et d'amples informations. Et alors enfin nous ne serons plus confinés dans ce cercle étroit où depuis tant de siècles nous sommes liés par une sorte d'enchantement ; mais nous aurons fait, en quelque manière, le tour de la vaste enceinte de l'univers et égalé notre histoire à l'immensité de son véritable sujet.

V. De toutes les parties que nous venons de dénombrer, la plus utile, relativement à notre principal but, c'est l'histoire des arts ; son avantage est de montrer les choses en mouvement et de mener plus directement à la pratique, de jeter une vive lumière sur les objets naturels, en levant ce voile et cette espèce de masque dont les couvrent leur apparence extérieure et la prodigieuse variété de leurs figures. Enfin, ce sont les vexations de l'art qui, semblables aux chaînes et aux menottes dont Aristée lia Protée, décèlent les mouvements les plus énergiques et les derniers efforts de la matière. Car les corps se refusent à leur destruction, à leur anéantissement, et comme pour l'éviter prennent une infinité de formes différentes. Ainsi, quoique cette histoire ait je ne sais quoi de mécanique, de grossier et d'ignoble (du moins à la première vue), cependant il ne faut épargner ni temps ni soins pour la bien traiter.

De plus, les arts que l'on doit préférer ici, ce sont ceux qui, en s'exerçant sur les corps naturels et sur les matériaux des divers composés, les rendent plus sensibles et leur font subir une infinité d'altérations et de préparations, comme l'agriculture, l'art du cuisinier, la chimie, l'art du teinturier, etc., à quoi il faut joindre tous ceux qui ont pour objet le verre, l'émail, le sucre, la poudre à canon, les feux d'artifice, le papier et autres semblables substances. Les procédés dont l'observation et l'analyse sont d'une moindre utilité, ce sont ceux qui ne consistent que dans un mouvement plus fin, plus précis ou plus régulier des mains ou des instruments, tels que ceux de l'art du tisserand, du forgeron et de l'architecte ; il faut en dire autant de la construction des horloges, grandes ou petites, des moulins, etc., quoique les observations mêmes de ce genre ne doivent pas être tout-à-fait dédaignées, soit parce que dans ce grand nombre de procédés il s'en trouve qui ont quelque rapport avec l'altération des corps, soit parce qu'ils donnent des connaissances plus exactes et plus détaillées sur le mouvement de translation, connaissances d'autant plus utiles qu'elles mènent à une infinité d'autres.

Mais un avertissement absolument nécessaire par rapport aux matériaux de cette histoire et qu'on doit graver profondément dans sa mémoire, c'est qu'en faisant un choix parmi les expériences propres aux arts, il faut donner place dans notre collection, non-seulement à celles qui mènent au but de leurs arts respectifs, mais aussi à celles qui n'y mènent pas et qui peuvent être instructives. Par exemple, que des écrevisses ou des langoustes soient de couleur de boue quand elles sont crues et qu'elles deviennent de plus en plus rouges à mesure qu'elles cuisent, c'est ce qui n'importe guère au cuisinier, comme n'influant point sur leur saveur ; mais cet exemple même ne laisserait pas d'être assez précieux dans une recherche qui aurait pour objet la nature de la couleur rouge, attendu que le même phénomène se présente dans les briques cuites. De même que les chairs prennent plus vite le sel durant l'hiver que durant l'été, ce fait ne fournit pas seulement une indication au cuisinier pour employer à propos et en suffisante quantité ce genre d'assaisonnement ; mais un autre avantage de cet exemple, c'est d'indiquer la nature du froid et le genre d'impression qui lui est propre. Ce serait donc se tromper grossièrement que de s'imaginer qu'il suffit, pour remplir notre objet, de réunir ainsi en un seul corps des expériences tirées de tous les arts dans la seule vue de perfectionner chaque art plus rapidement, quoique dans plus d'un cas cet avantage même ne soit pas tout-à-fait à mépriser ; notre véritable intention et notre but direct est que ces connaissances qui découlent des expériences mécaniques prennent toutes leur cours vers le vaste océan de la philosophie. Quant aux exemples les plus distingués en chaque genre (et ce sont ceux qu'on doit chercher avec le plus de soin), ce qui doit diriger dans ce choix, ce sont les prérogatives des faits, c'est-à-dire le plus ou moins de lumière qu'on en peut tirer pour la découverte des causes.

VI. Nous devons aussi résumer en ce lieu ce que nous avons traité plus amplement dans les aphorismes XCIX, CXIX et CXX de l'ouvrage précédent et le redire ici en peu de mots à titre de précepte. Il faut, disions-nous, faire entrer dans cette histoire naturelle, expérimentale et philosophique : 1° les faits les plus communs, même ceux qui, étant très familiers et universellement connus, semblent ne pas mériter d'être consignés dans un écrit ; 2° les choses réputées viles, grossières, basses, rebutantes, sales mêmes ; car tout est propre et net aux yeux de ceux qui le sont eux-mêmes. Et s'il est vrai que l'argent provenant de l'urine ne laisse pas de sentir bon, à bien plus forte raison peut-on le dire de tout ce qui peut fournir quelque lumière, quelques solides connaissances. Il faut également y donner place aux choses qui paraissent frivoles et puériles ; et qu'on ne soit pas étonné d'y voir ces espèces de jouets, car il s'agit en effet de redevenir tout-à-fait enfant. Il faut y placer enfin celles qui semblent être d'une excessive et frivole subtilité, qu'on est d'abord tenté de regarder comme minutieuses, parce qu'elles ne sont par elles-mêmes d'aucun usage ; car, comme nous l'avons dit, tous les faits qu'on insère dans cette histoire, ce n'est pas pour eux-mêmes qu'on les y rassemble ainsi ; et ce n'est pas par leur valeur intrinsèque qu'il faut juger de leur prix, mais par leur plus ou moins d'aptitude à être transportés dans la philosophie et par l'influence qu'ils peuvent y avoir.

VII. De plus, nous ne saurions trop recommander de ne rien avancer sur les phénomènes de la nature, soit sur les corps mêmes, soit sur leurs propriétés, qu'après avoir, autant qu'il est possible, tout compté, mesuré, pesé et déterminé ; car ce sont les effets, les œuvres que nous avons en vue, et non de pures spéculations. Or, la physique et les mathématiques judicieusement combinées enfantent la pratique. Ainsi, il faut déterminer avec précision, par exemple, dans l'histoire des espaces et des corps célestes, les distances respectives des planètes et les temps de leurs révolutions ; dans l'histoire de la terre et de la mer, la circonférence d'un grand cercle du globe terrestre, ainsi que les espaces respectifs qu'occupent à sa surface la terre et les eaux ; dans l'histoire de l'air, le degré de compression que peut endurer ce fluide sans opposer une trop grande résistance ; dans l'histoire des métaux, leurs pesanteurs respectives ou spécifiques et une infinité d'autres quantités de cette nature. Mais lorsqu'on ne peut s'assurer des proportions exactes, il faut recourir à de simples estimations et à des comparaisons indéfinies. Par exemple, si l'on a quelques doutes sur les distances déterminées par les observations et les calculs astronomiques, on pourra supposer que la lune est située en-deçà de l'ombre du globe terrestre ; que Mercure est plus élevé que la lune, et il en sera de même de toutes les autres mesures ; et même lorsqu'on n'aura pu déterminer les quantités moyennes, on donnera du moins les quantités extrêmes. Par exemple, on pourra s'exprimer ainsi : le poids du fer que peut soutenir un aimant très faible est à celui de la pierre même dans tel rapport ; et un aimant très vigoureux lève soixante fois son poids, comme nous en avons nous-mêmes fait l'épreuve sur un aimant armé et fort petit. Or, nous savons assez que ces exemples déterminés ne sont ni communs ni faciles à trouver, et que c'est dans le cours même de l'interprétation qu'il en faut chercher de tels, lorsqu'ils deviennent nécessaires, et à titre de faits auxiliaires. Cependant, lorsqu'ils se présenteront d'eux-mêmes, si on n'a pas lieu de craindre qu'ils ralentissent excessivement la composition de l'histoire naturelle, on aura soin de les y insérer.

VIII. Quant à la crédibilité des faits divers auxquels il s'agit de donner place dans notre collection, ces faits sont nécessairement ou certains, ou douteux, ou manifestement faux. En rapportant les faits du premier genre, on se contentera de la simple exposition ; mais ceux du second genre ne doivent être exposés qu'avec remarques ; par exemple, on y joindra ces expressions : « On dit, on rapporte, je tiens d'un auteur digne de foi, » et autres semblables avertissements ; mais d'exposer plus amplement les raisons pour adopter ou rejeter un fait, serait trop entreprendre, et la narration serait trop ralentie par de telles discussions. D'ailleurs, ces raisons pour ou contre un fait importent assez peu à notre objet actuel ; car, comme nous l'avons observé (dans l'aphorisme CXVIII de l'ouvrage précédent), la fausseté de ces faits controuvés, à moins qu'ils ne se présentent à chaque pas et ne fourmillent dans la collection, sera démontrée peu après par la **vérité** même des axiomes. Cependant s'il s'agit d'un fait de quelque importance, soit par les conséquences qu'on en peut tirer dans la théorie, soit par les applications qu'on en peut faire dans la pratique, alors il faut désigner nommément l'auteur qui le rapporte, et cela non pas d'une manière nue et sèche, mais en entrant dans quelques détails à ce sujet; par exemple, dire s'il le rapporte sur la foi d'autrui et se contente de le transcrire (et de ce genre sont la plupart de ceux que Pline a compilés), ou s'il l'affirme sciemment et d'après ses propres observations; on doit dire encore si c'est un événement qui se soit passé de son temps ou dans les temps précédents; si ce fait est de la nature de ceux qui, en les supposant vrais, ont nécessairement un grand nombre de témoins; si cet auteur est un homme inconsidéré et qui parle souvent au hasard, ou un écrivain réservé, judicieux et circonspect, toutes circonstances qui donnent plus ou moins de poids à un témoignage. Enfin, quant aux faits manifestement faux, mais qui n'ont pas laissé d'avoir cours, à force d'être répétés, tels que les suivants qui, soit par une longue crédulité, soit à cause des similitudes qu'on en tirait, ont pris pied durant tant de siècles : que le diamant diminue la vertu de l'aimant et la force de l'ail; que l'ambre jaune attire toute espèce de substances, à l'exception du basilic, et une infinité de contes du même genre; ces faits, dis-je, ce n'est pas assez du simple silence pour les exclure de notre collection, il faut les proscrire formellement afin qu'ils ne gênent plus la marche des sciences.

De plus, si l'on rencontre quelque fait qui en ait imposé à la crédulité et qui ait donné naissance à de puériles opinions, il ne sera pas inutile d'en faire la remarque. Par exemple, on a attribué à la plante connue sous le nom de satyrion la propriété d'exciter l'appétit vénérien, parce que sa racine est figurée à peu près comme des testicules; mais on pourra observer que la véritable cause de cette configuration est que chaque année, au pied de cette plante, naît une nouvelle racine de forme bulbeuse, la dernière venue adhérant à celle de l'année précédente, assemblage d'où résulte cette apparence de testicules; et une preuve de ce que nous avançons ici, c'est qu'en examinant plus attentivement cette nouvelle racine on trouve qu'elle est solide et pleine de suc, au lieu que l'ancienne est flasque et spongieuse. Ainsi, il n'est nullement étonnant que, si on les jette dans l'eau toutes deux, l'une surnage tandis que l'autre va au fond; voilà pourtant à quoi se réduit tout le merveilleux qui a fait ajouter foi à toutes les autres vertus chimériques de cette plante.

IX. Reste à parler de certains appendices ou additions qu'on peut faire à l'histoire naturelle, et qui peuvent être utiles, en la disposant à s'ajuster, à se plier plus aisément à l'œuvre de l'interprétation qui doit succéder. Ces additions sont de cinq espèces.

En premier lieu, il faut joindre à cette histoire diverses questions, non pas des questions sur les causes, mais de simples questions de fait, afin de solliciter l'esprit, de l'agacer et de l'exciter à étendre ses recherches. Par exemple, dans l'histoire de la terre et de la mer, cette question : la mer Caspienne a-t-elle aussi un flux et un reflux? et quelle est la durée de l'un et de l'autre? ou cette autre : les terres australes sont-elles un continent, ou n'est-ce qu'une île? et autres questions semblables.

En second lieu, quand on rapportera une expérience nouvelle et délicate, il sera bon d'exposer en détail le procédé qu'on aura suivi en la faisant, afin que les lecteurs, suffisamment avertis des précautions avec lesquelles ils doivent la répéter, puissent juger par eux-mêmes si l'information qu'ils voudront en tirer sera sûre ou trompeuse, et même afin d'exciter leur industrie à chercher d'autres procédés encore plus exacts et plus précis, s'il en est de tels.

En troisième lieu, si l'écrivain a quelque doute sur l'observation ou l'expérience qu'il rapporte, il ne doit point du tout le dissimuler ni user de réticence sur ce point, mais l'exprimer franchement et tel qu'il est, sous forme de note ou d'avertissement. Nous souhaitons que cette histoire primaire soit écrite avec la plus religieuse exactitude et avec autant de scrupule que si l'auteur eût prêté serment pour chaque article; car le volume des œuvres de Dieu (autant du moins qu'il est permis de comparer la majesté des choses divines avec l'humble nature des choses terrestres) est comme le second volume des Saintes-Écritures.

En quatrième lieu, il ne sera pas inutile de semer dans l'ouvrage, à l'exemple de Pline, quelques observations sur différents sujets; par exemple, d'observer, dans l'histoire de la terre et de la mer, que la figure des deux continents (si toutefois on peut faire fond sur les relations des navigateurs) va en se rétrécissant et comme en s'aiguisant vers le sud; qu'au contraire elle va en s'étendant et s'élargissant vers le nord; qu'en conséquence le contraire a lieu par rapport aux mers; que ces grandes mers qui pénètrent fort avant dans les terres et qui en rompent la continuité s'étendent du nord au midi et non de l'est à l'ouest, à l'exception peut-être des régions extrêmes qui sont voisines des pôles. Il est un autre genre d'additions qui ne seront pas non plus déplacées dans notre histoire; je veux parler de certaines règles qui ne sont, à proprement parler, que des observations générales, universelles, par exemple les suivantes : que Vénus ne s'éloigne jamais du soleil de plus de 46 degrés, ni Mercure de plus de 25; que les planètes plus élevées que le soleil ont un mouvement extrêmement lent, parce qu'elles sont à une très grande distance de la terre, et que les autres planètes situées en-deçà de cet astre ont un mouvement plus rapide, par la raison des contraires. Il est encore un genre d'observations auxquelles jusqu'ici on n'a pas pensé et qui ne laissent pas d'être importantes; je veux dire qu'il faudrait joindre aux remarques sur ce qui est d'autres remarques sur ce qui n'est pas; par exemple, remarquer, dans l'histoire des corps célestes, qu'on n'en trouve point qui soit de figure oblongue ou triangulaire; mais que tous sont de figure sphérique; c'est-à-dire, ou simplement sphérique comme la lune, ou anguleuse à la circonférence et ronde dans le milieu, comme les étoiles, ou ronde au milieu et environnée d'une sorte de chevelure, comme le soleil; ou encore observer qu'on ne voit point d'étoiles qui par leur arrangement et leurs situations respectives forment quelque figure tout-à-fait régulière; par exemple, qu'on n'en trouve point qui forment un quinconce, un carré exact ou toute autre figure parfaite, quoiqu'on ait donné à ces assemblages d'étoiles les noms de delta, de couronne, de croix, de chariot, etc.; à peine même y trouverait-on une ligne parfaitement droite, si ce n'est la ceinture et l'épée d'Orion.

En cinquième lieu, il est d'autres additions qui, pouvant être utiles à des hommes inventifs, seraient très nuisibles à des hommes crédules, et qui, en donnant aux premiers l'impulsion nécessaire, ne feraient qu'égarer les derniers; je veux dire que si dans l'histoire naturelle dont nous parlons on exposait en peu de mots et comme en passant les opinions reçues, avec leurs variations et les différentes sectes auxquelles elles ont donné naissance, un tel exposé pourrait servir à agacer l'entendement et à donner des idées, pourvu qu'on n'y cherchât que cela, mais rien de plus.

X. On peut se contenter de ce petit nombre d'aphorismes ou préceptes généraux. Pour peu qu'on observe constamment ces règles, l'histoire que nous proposons ira droit au but et ne formera point un volume excessif. Que si, malgré le soin que nous avons de la circonscrire et de la limiter, elle semble encore trop vaste à tel esprit timide et pusillanime, qu'il jette les yeux sur nos bibliothèques et considère d'une part le corps du droit civil ou du droit canon, de l'autre le nombre infini de volumes de commentaires qu'y ont ajoutés les docteurs et les jurisconsultes, et qu'il voie la différence prodigieuse qui se trouve entre l'un et l'autre pour la masse et le volume. Il en est de même de l'histoire naturelle; car ce qui nous sied à nous, espèces de greffiers ou de scribes fidèles qui ne faisons que recueillir et transcrire les lois mêmes de la nature, c'est la brièveté, la précision, et ce sont les choses mêmes qui nous imposent la loi d'être concis. Quant aux opinions, aux décisions et aux spéculations, elles sont sans nombre et sans fin.

Dans la distribution de notre ouvrage, nous avons fait mention des vertus cardinales (des forces primordiales et universelles) de la nature; nous avons dit alors qu'on devait composer l'histoire de ces forces ou qualités actives avant de passer à l'œuvre même de l'interprétation, et c'est ce que nous n'avons point du tout perdu de vue. Mais ce travail difficile, nous avons eu l'attention de le réserver pour nous-mêmes; car, avant que les hommes se soient un peu plus familiarisés avec la nature et accoutumés à la suivre de plus près, nous n'oserions encore faire fond sur l'intelligence et l'exactitude des autres dans une telle recherche. Ainsi nous commencerons par donner l'esquisse et quelques exemples des histoires particulières.

Mais les circonstances difficiles où nous nous trouvons et le peu de loisir dont nous jouissons en ce moment nous permettent tout au plus de publier un catalogue d'histoires particulières dont on ne trouvera ici que les seuls titres. Dès qu'il nous sera possible de nous occuper plus particulièrement de cet objet, nous aurons soin de montrer, comme en nous interrogeant nous-mêmes dans le plus grand détail, quels sont, par rapport à chacune de ces histoires, les points vers lesquels on doit principalement diriger les recherches, et l'exposition de leurs résultats, c'est-à-dire quels sont les points qui, dans chaque espèce de sujet, étant bien éclaircis, mènent le plus directement à notre but (à la découverte des causes essentielles). Ces indications réunies formeront comme autant de topiques particuliers (collection de lieux communs relatifs à des sujets particuliers) ; et si l'on nous permet d'emprunter un moment quelques termes du barreau dans ce grand procès dont la divine Providence a daigné nous accorder la connaissance et l'instruction, procès par lequel le genre humain s'efforce de recouvrer ses droits sur la nature, ces topiques nous aideront à interroger cette nature même et tous les arts humains article par article.

Catalogue des histoires particulières.

I.

1. Histoire du ciel, ou histoire astronomique ;
2. Histoire de la configuration du ciel et de ses parties en rapport avec la terre et ses parties, ou histoire cosmographique ;
3. Histoire des comètes.

II.

4. Histoire des météores ignés ;
5. Histoire des éclairs, des foudres, des tonnerres et autres météores lumineux ;
6. Histoire des vents continus ou instantanés et des ondulations de l'air ;
7. Histoire des iris ou arcs-en-ciel ;
8. Histoire des nuages considérés à l'élévation où on les voit ordinairement ;
9. Histoire de la couleur bleue de la partie supérieure de l'atmosphère, du crépuscule, des parhélies, des parasélines, des différentes couleurs des images de ces deux astres, de toutes les variations apparentes des corps célestes occasionnées par les variations du milieu ;
10. Histoire des pluies ordinaires, des pluies d'orages, des pluies extraordinaires, et même de ce qu'on appelle les cataractes du ciel ou de tout autre phénomène de ce genre ;
11. Histoire de la neige, de la grêle, de la gelée, des frimas, des brumes, de la rosée et d'autres phénomènes analogues ;
12. Histoire de tous les corps qui tombent ou descendent de la région supérieure et qui s'y sont formés ;
13. Histoire des sons ou bruits venant de la région élevée, en supposant qu'il y en ait d'autres que celui du tonnerre ;
14. Histoire de l'air considéré par rapport à son tout et à la configuration ou à l'ensemble de l'univers ;
15. Histoire des saisons et des températures ou constitutions de l'année considérées par rapport aux variations des lieux ou des temps et aux périodes d'années, ainsi que des déluges, des chaleurs, des sécheresses et d'autres semblables phénomènes.

III.

16. Histoire de la terre et de la mer, de leur figure et de leur contour, de leur configuration respective et de leur figure, allant en s'élargissant ou se rétrécissant et se terminant en pointe, des îles en mer, des golfes, des lacs d'eau salée situés dans les terres, des isthmes, des promontoires, etc. ;
17. Histoire des mouvements du globe de la terre et de la mer (de l'orbe supérieur composé en partie de terre et en partie d'eau), s'il en est de tels, et indication des observations par lesquelles on peut s'en assurer ;
18. Histoire des grands mouvements et des grandes perturbations de la terre et de la mer, savoir : des tremblements de terre, des ouvertures qui se font à sa surface, des nouvelles îles qui s'y forment, des îles flottantes, des terres que la mer détache en pénétrant dans les continents, des invasions et des débordements de la mer, et au contraire des rivages qu'elle abandonne, des éruptions de feux et d'eaux qui s'élancent du sein de la terre, et d'autres phénomènes de même nature ;

19. Histoire naturelle et géographique, qui comprend la description des montagnes, des vallées, des forêts, des plaines, des sables, des marais, des lacs, fleuves, torrents, fontaines; de toutes les variétés que présentent leurs sources, et d'autres choses semblables, abstraction faite des nations, provinces, villes et autres choses relatives à l'homme;

20. Histoire du flux et reflux de la mer, des Euripes, des ondulations et autres mouvements de ses eaux;

21. Histoire des autres modifications accidentelles de la mer, de sa salure, de ses diverses couleurs, de ses différentes profondeurs, des roches, montagnes et vallées qui se trouvent sous ses eaux.

IV.

Viennent ensuite les histoires des grandes masses.

22. Histoire de la flamme et des corps dont la chaleur est poussée jusqu'au rouge ou jusqu'à l'incandescence;

23. Histoire de l'air envisagé par rapport à la nature de sa substance et abstraction faite du tout dont il fait partie;

24. Histoire de l'eau envisagée de la même manière;

25. Histoire des différentes espèces de terre, de leur substance, dis-je, et non de leur rapport avec le tout.

V.

Suivent les histoires des espèces.

26. Histoire des métaux parfaits, de l'or et de l'argent, de leurs mines, de leurs veines, de leurs marcassites et des différentes opérations qu'on fait subir à leurs mines;

27. Histoire du mercure;

28. Histoire des fossiles, tels que le vitriol, le soufre, etc.;

29. Histoire des pierres précieuses, comme brillants, rubis, etc.;

30. Histoire des pierres, comme marbre, pierre de touche, caillou, etc.;

31. Histoire de l'aimant;

32. Histoire de certaines substances de nature équivoque, qui ne sont ni tout-à-fait fossi-

les ni tout-à-fait végétales, comme les sels, l'ambre jaune, l'ambre gris, etc.;

33. Histoire chimique des métaux et des minéraux;

34. Histoire des plantes, arbres, arbrisseaux, arbustes, herbes, etc. et de leur différentes parties, comme racines, tige, branches, aubier, écorce, feuilles, fleurs, fruits, semences, larmes, etc.;

35. Histoire chimique des végétaux.

36. Histoire des poissons, de leurs différentes parties et de leur génération;

37. Histoire des oiseaux, de leurs différentes parties et de leur génération;

38. Histoire des quadrupèdes, de leurs parties et de leur génération;

39. Histoire des serpents, vers, mouches et autres insectes, de leurs parties et de leur génération;

40. Histoire chimique de toutes les substances animales.

VI.

Viennent ensuite les différentes histoires relatives à l'homme.

41. Histoire de la forme et des parties extérieures de l'homme, de sa stature et du tout ensemble, de son visage, de ses linéaments, des différences et des variations dont toutes ces choses sont susceptibles et qui peuvent avoir pour causes celles des races, ou celles des climats, ou des différences moins sensibles;

42. Histoire physiognomique de ces mêmes choses (c'est-à-dire ayant pour objet les pronostics qu'on en peut tirer);

43. Histoire anatomique ou histoire des parties intérieures de l'homme et de toutes leurs variétés, telles qu'on les peut observer dans sa structure ou sa conformation naturelle, et non envisagées seulement comme vices de conformation, comme maladies, comme modifications accidentelles et préter-naturelles;

44. Histoire des parties similaires de l'homme, telles que chair, os, membranes, etc.;

45. Histoire des humeurs et en général des fluides qui se trouvent dans le corps humain, tels que sang, bile, sperme, etc.;

46. Histoire des matières excrémentitielles, de la salive, des urines, sueurs, déjections, sé-

diments, etc., des cheveux, poils, ongles et autres parties semblables qui se renouvellent ;

47. Histoire des facultés attractive, digestive, rétentive, expulsive, de la sanguification, de l'assimilation des aliments aux différents membres, de la conversion du sang et de sa fleur en esprit, etc. ;

48. Histoire des mouvements naturels et involontaires, tels que ceux du cœur, du pouls ou des artères, de l'éternument, des poumons, celui de l'érection de la verge, etc. ;

49. Histoire des mouvements mixtes, ou en partie naturels et en partie volontaires, tels que la respiration, la toux, l'action d'uriner, de débarrasser le ventre, etc. ;

50. Histoire des mouvements volontaires, par exemple, de ceux des instruments nécessaires pour produire les sons articulés et de ceux des yeux, de la langue, du gosier, des mains, des doigts, de la déglutition, etc. ;

51. Histoire du sommeil et des songes ;

52. Histoire des diverses habitudes du corps, de l'embonpoint, de la maigreur, des diverses complexions, etc. ;

53. Histoire de la génération de l'homme ;

54. Histoire de la conception, de la vivification, de la gestation dans la matrice, de l'enfantement, etc. ;

55. Histoire de l'alimentation et de toutes les espèces d'aliments, tant solides que liquides, des différentes espèces de régime alimentaire, de leurs variétés et variations, selon les nations, les individus, le temps, les lieux, etc. ;

56. Histoire de l'accroissement et du décroissement du corps humain dans son tout et ses parties ;

57. Histoire du cours entier de la vie humaine (de l'enfance, de l'adolescence, de la jeunesse, de la vieillesse), de sa longue ou de sa courte durée, et d'autres choses semblables, suivant les races et autres moindres différences ;

58. Histoire de la vie et de la mort ;

59. Histoire médicinale des maladies, de leurs symptômes et de leurs signes ;

60. Histoire médicinale des différentes espèces de cures et de remèdes, en un mot, de tous les moyens de guérison ;

61. Histoire médicinale des substances et des moyens qui peuvent concourir à la conservation du corps et de la santé ;

62. Histoire médicinale de tout ce qui peut contribuer à la beauté et aux agréments du corps humain ;

63. Histoire médicinale des substances ou des moyens qui peuvent produire quelque altération dans le corps humain, et de tout ce qui appartient au régime altérant ;

64. Histoire de l'art du pharmacien ;

65. Histoire chirurgicale ;

66. Histoire chimique des différentes espèces de médicaments ;

67. Histoire de l'œil, de la vue et des choses visibles, ou histoire optique ;

68. Histoire de la peinture, de la sculpture, de l'art de modeler, etc. ;

69. Histoire de l'ouïe et des sons ;

70. Histoire de la musique ;

71. Histoire de l'odorat et des odeurs ;

72. Histoire du goût et des saveurs ;

73. Histoire du tact et de ses objets ;

74. Histoire du plaisir de la génération, considéré comme une espèce de tact ;

75. Histoire des douleurs corporelles, envisagées aussi comme différentes espèces de tact ;

76. Histoire du plaisir et de la douleur en général ;

77. Histoire des affections, telles que la colère, l'amour, la honte, etc. ;

78. Histoire des facultés intellectuelles, c'est-à-dire de la faculté de penser ;

79. Histoire des divinations naturelles ;

80. Histoire de l'art de découvrir les choses cachées, mais de l'ordre naturel ;

81. Histoire de l'art du cuisinier et des arts qui y sont subordonnés, tels que ceux du boucher, du pêcheur, du chasseur, de l'oiseleur, etc. ;

82. Histoire de l'art du boulanger, de toutes les substances et de tous les procédés relatifs à la panification ; enfin de tous les arts qui se rapportent à celui-là, tels que celui du meunier, etc. ;

83. Histoire de l'art de faire le vin ;

84. Histoire de l'art de composer les différents genres de boissons ;

85. Histoire de l'art du confiseur, de la confection des sucreries et autres douceurs de ce genre ;

86. Histoire du miel ;

87. Histoire du sucre ;

88. Histoire des différentes espèces de laitages ;

89. Histoire des différents genres de bains et d'onctions;

90. Histoire mélangée de tous les arts qui ont pour objet le soin ou les agréments du corps, tels que celui du perruquier, du parfumeur, etc.;

91. Histoire de l'orfévrerie et des arts qui s'y rapportent;

92. Histoire de l'art de fabriquer les étoffes de laine et des arts qui en dépendent;

93. Histoire de l'art de fabriquer les étoffes de soie et de tous les arts corrélatifs;

94. Histoire des différentes manipulations et matières nécessaires pour fabriquer toutes les espèces de toiles ou d'étoffes de lin, de chanvre, de coton, de soie, de poils d'animaux, ou d'autres substances filamenteuses, et de tous les arts qui s'y rapportent;

95. Histoire de l'art du plumassier;

96. Histoire de l'art du tisserand et des autres arts qui y sont subordonnés;

97. Histoire de l'art du teinturier;

98. Histoire de l'art de préparer les cuirs ou de celui du corroyeur, et des arts correspondants;

99. Histoire de l'art de fabriquer les oreillers, lits de plume, etc.;

100. Histoire de l'art du forgeron, du taillandier, etc.;

101. Histoire de l'art de tailler la pierre;

102. Histoire de l'art du tuilier, briquier, etc.;

103. Histoire de l'art du potier;

104. Histoire de l'art de fabriquer le ciment, le stuc, de l'art d'incruster, de celui du plâtrier, etc.;

105. Histoire des arts du charpentier et du menuisier;

106. Histoire de l'art du plombier;

107. Histoire du verre, de toutes les matières vitrescibles, et de l'art du verrier, du vitrier, etc.;

108. Histoire de l'architecture en général;

109. Histoire de l'art de construire les charrettes, chariots, chaises roulantes, litières et voitures de toute espèce;

110. Histoire de l'art typographique, de la librairie, de la calligraphie, et de tous les arts qui ont pour objet les différents moyens employés pour sceller, cacheter, etc., pour la fabrique de l'encre, du papier, du parchemin, des membranes; pour préparer les plumes, etc.

111. Histoire de la cire et de l'art du cirier;

112. Histoire de l'art de fabriquer les ouvrages d'osier, de l'art du vannier, etc.;

113. Histoire de l'art du nattier, et en général de l'art de fabriquer tous les ouvrages en paille, en jonc, etc.;

114. Histoire de l'art de fabriquer les balais, les vergettes, brosses, etc.;

115. Histoire de l'agriculture, des champs, vignobles, pâturages, bois, etc.;

116. Histoire de l'art du jardinier;

117. Histoire de l'art du pêcheur;

118. Histoire de l'art du chasseur, de l'oiseleur, etc.;

119. Histoire de l'art militaire et des arts qui s'y rapportent, tels que ceux qui ont pour objet la fabrique des armes blanches, des arcs, des flèches, des fusils, des pistolets, des canons; de l'art de construire les balistes, catapultes, scorpions, et les machines de toute espèce;

120. Histoire de l'art de la navigation, ainsi que de toutes les pratiques et de tous les arts qui s'y rapportent;

121. Histoire de l'athlétique et de tous les exercices du corps;

122. Histoire de l'équitation;

123. Histoire des jeux de toute espèce;

124. Histoire de l'art des faiseurs de tours, de prestiges, etc.;

125. Histoire mélangée, ayant pour objet différentes espèces de matières employées dans les arts ou métiers, telles que l'émail, la porcelaine, différentes espèces de ciment, etc.;

126. Histoire des sels;

127. Histoire mixte, ayant pour objet les différentes espèces de machines et de mouvements mécaniques;

128. Histoire générale et composée de la description et des résultats de toutes les expériences connues, qui ne font encore partie d'aucun art proprement dit, ni d'aucune collection.

VII.

On doit aussi composer des histoires relatives aux mathématiques pures, quoique les matériaux d'une telle histoire soient plutôt des réflexions que des observations ou des expériences, et composent plutôt une science d'idées qu'une science de faits.

129. Histoire arithmétique, ou de la nature et

de la puissance (des propriétés) des nombres.

130. Histoire géométrique, ou de la nature et des propriétés des figures.

Il ne sera pas inutile d'avertir qu'un grand nombre d'expériences devant nécessairement tomber sous 2, 3, 4, etc., titres différents, par exemple, que l'histoire des plantes et l'histoire de l'art du jardinier devant avoir un grand nombre d'articles communs, il est à propos, dans les recherches qu'on veut faire sur les différentes espèces de corps, de les envisager successivement selon l'ordre qui les distribue dans les différents arts où ils sont employés ; et dans l'exposition, de les envisager par rapport à leurs natures, analogues ou différentes, pour les classer plus méthodiquement ; c'est-à-dire d'une manière mieux appropriée à notre principal but. Car ce qui nous intéresse dans cette histoire des arts, ce sont beaucoup moins ces arts eux-mêmes, que les lumières qu'on en peut tirer pour éclairer les différentes parties de la philosophie auxquelles ils se rapportent. Mais le meilleur ordre, dans tous les cas, sera celui qui naîtra des choses mêmes et de la connaissance de leur destination.

TROISIÈME PARTIE
DE LA GRANDE RESTAURATION DES SCIENCES.

HISTOIRE NATURELLE
ET EXPÉRIMENTALE,
TENDANT A POSER LES FONDEMENTS DE LA PHILOSOPHIE,
OU
PHÉNOMÈNES DE L'UNIVERS
(PHÆNOMENA UNIVERSI)

DÉDICACE
AU TRÈS ILLUSTRE ET TRÈS EXCELLENT PRINCE CHARLES,
FILS ET HÉRITIER DU ROI TRÈS SÉRÉNISSIME JACQUES.

Très illustre et très excellent prince,

J'offre très humblement à votre Altesse les prémices de mon Histoire naturelle. C'est chose minime, comme le grain de moutarde ; mais cependant elle sera fertile en résultats, s'il plaît à Dieu. Je me suis imposé le devoir, comme par un vœu sacré, de confectionner et de publier tous les mois, pendant lesquels la bonté de ce Dieu (dont je célèbre ici la gloire dans ce cantique nouveau) daignera prolonger ma vie, une ou plusieurs parties de mon ouvrage, selon que ces parties seront plus ou moins difficiles ou plus ou moins abondantes. Peut-être d'autres hommes aussi seront-ils poussés par mon exemple à de semblables efforts, surtout lorsqu'ils auront bien vu ce dont il s'agit. Car c'est dans une histoire naturelle bonne et bien organisée que se trouvent les clefs des sciences et des faits. Dieu protége Votre Altesse !

De Votre Altesse,
le très humble et dévoué serviteur,
FRANÇOIS SAINT-ALBAN.
Année 1622.

TITRES DES HISTOIRES ET DES RECHERCHES
DESTINÉES AUX SIX PREMIERS MOIS, INDIQUÉS PLUS HAUT.

1. Histoire des vents [1].
2. Histoire de la densité et de la rareté, ainsi que de la coïtion et de l'expansion de la matière dans l'espace [2].
3. Histoire de la gravité et de la légèreté [3].
4. Histoire de la sympathie et de l'antipathie dans les choses [1].
5. Histoire du soufre, du mercure et du sel [2].
6. Histoire de la vie et de la mort [3].

[1] Cette histoire a été terminée et publiée par Bacon.
[2] On a retrouvé cette histoire dans ses papiers après sa mort.
[3] Non faite.

[1] Non faite.
[2] Non faite ; mais on retrouve des fragments de ces histoires dans son *Sylva sylvarum*.
[3] Terminée et publiée par Bacon.

AVERTISSEMENT.

1. On ne saurait assez recommander aux hommes et les supplier dans leur propre intérêt, de subordonner leur esprit à l'observation attentive des choses, de chercher les sciences dans un monde supérieur, et même d'ajourner toute spéculation philosophique pure, dont ils ne pourraient espérer que peu de fruits, tant que l'histoire naturelle et la physique expérimentale, exactes et rigoureuses, ne seront pas coordonnées et achevées. A quoi visent en effet ces petits cerveaux et leurs emphatiques puérilités ? Certes, l'antiquité a été assez fertile en hypothèses philosophiques ; nous avons celles de Pythagore, de Philolaüs, de Xénophane, d'Héraclite, d'Empédocle, de Parménide, d'Anaxagore, de Leucippe, de Démocrite, de Platon, d'Aristote, de Zénon et d'autres encore. Tous ces philosophes ont forcé à plaisir, comme autant de fables, les éléments de leurs mondes, et ils ont professé, ils ont publié ces folles fictions, les unes plus élégantes et avec un degré de plus de vraisemblance, les autres plus informes et plus grossières. Aujourd'hui, grâce à l'institution des écoles et des colléges scientifiques, il y a sans doute plus de sagesse et de maturité dans les esprits ; toutefois, de pareilles divagations n'ont pas encore entièrement disparu, et Patrice, Telesio, Severinus le Danois, Gilbert l'Anglais, Campanella, ont aussi voulu se mettre en scène et ils ont osé produire d'autres fables qui, il est vrai, n'ont point eu de retentissement dans le monde et n'exerçaient aucune séduction sur l'esprit. A cela rien d'étonnant : une foule de systèmes et de sectes de ce genre peut apparaître dans tous les siècles, et l'exubérance de ces sortes de productions est vraiment inépuisable. Telle fantaisie s'empare de celui-ci, telle autre sourit à celui-là ; un jour pur et serein ne s'est pas encore levé sur les choses. Chacun, regardant l'univers du fond de sa cervelle comme du fond de l'antre de Platon, bâtit son système ; l'un, doué d'une intelligence plus élevée, avec plus de subtilité et de bonheur; l'autre, plus faible et vulgaire en sa conception, avec un moindre succès sans doute, mais avec autant d'entêtement. Ne voyons-nous pas des hommes savants et même, relativement au degré des lumières actuelles éminents, décider dans leur sagesse que la science est tout entière dans certains auteurs classiques de leur choix et qu'elle n'est que là, comme si un peu de liberté et de variété était dans l'étude chose ennuyeuse ! Ne les voyons-nous pas imposer ces livres aux maîtres et en instiller chaque jour les doctrines dans l'esprit des jeunes gens ? Nous pourrions donc dire, pour nous servir de l'expression piquante de Cicéron sur l'année césarienne, que l'astre de la lyre est créé par un édit et que l'autorité fait la vérité, non la vérité l'autorité. Ce mode d'institution et de discipline, qui proscrit tout ce qui tend au perfectionnement des idées, est admirablement mis en pratique dans le temps présent. Ne dirait-on pas que nous expions le péché de nos premiers parents, sans que pour cela nous soyons corrigés de la tentation d'y tomber nous-mêmes ? Ceux-ci tentèrent de s'égaler à Dieu : leurs descendants prétendent davantage, car nous créons des mondes, nous commandons à la nature et nous la dominons ; nous voulons que tout soit selon les vues mesquines de notre présomption, non suivant la sagesse divine, suivant les lois de la nature même des choses ; je ne sais ce que nous torturons le plus des choses ou des esprits ; mais, sans nous enquérir aucunement des signes qui peuvent nous révéler le sceau de Dieu, nous imprimons d'emblée celui de notre image à ses créatures et à ses œuvres. Ce n'est donc pas sans sujet que nous perdons de notre empire sur les créatures, et bien qu'après la chute de l'homme il lui ait été laissé quelque pouvoir sur les créatures indociles pour les soumettre et les conduire par des moyens vrais et solides, notre insolence nous fait perdre cette faculté parce que nous voulons nous élever au rang de Dieu et nous abandonner aux errements de notre propre raison.

2. Si nous nous sentons quelque humilité devant le créateur ; si nous éprouvons ce sentiment de vénération qui proclame en nous la gloire de ses œuvres ; s'il reste en nos cœurs quelque amour de nos semblables, assez de dévouement au soulagement des besoins et des misères de l'humanité ; si nous sommes assez possédés de l'amour de la vérité pour pénétrer le sens des

AVERTISSEMENT.

choses; si notre esprit n'a pas moins horreur des ténèbres et que nous soyons animés du désir d'épurer l'entendement humain, il faut incessamment recommander aux hommes de rejeter en partie ou du moins d'écarter ces systèmes frivoles et à rebours du droit sens, qui ont formulé hardiment des thèses là où il n'y avait lieu qu'à des hypothèses, qui ont enchaîné l'expérience et se sont insolemment posés au-dessus des œuvres de Dieu. C'est humblement, avec un sentiment de crainte révérentielle, et après s'être en quelque sorte purifiés de toute idée préconçue, que les hommes doivent aborder le grand livre de la création et en dérouler les pages, le contempler longuement, le méditer et s'en pénétrer religieusement. C'est là que se trouve écrite la langue qui s'est étendue sur tous les points de la terre et qui n'a pas subi la confusion babylonienne. Que les hommes en reprennent les rudiments; que, redescendant la vie et redevenus en quelque sorte enfants, ils ne rougissent pas d'en étudier l'abécédé; qu'ils n'épargnent aucun labeur pour pénétrer dans les entrailles de la nature et lui arracher ses secrets; qu'ils luttent sans relache, qu'ils restent sur la brèche, qu'ils meurent s'il le faut.

3. Quoique dans notre Restauration nous ayons renvoyé l'histoire naturelle à la troisième partie de l'ouvrage, suivant l'ordre approprié à nos fins, nous avons cru devoir changer cette marche pour aborder cette histoire immédiatement[1]. Nous n'ignorons pas que, même en ce qu'il y a de plus important, il nous reste beaucoup à faire dans notre Organe; cependant, il nous a paru plus convenable de soulever un grand nombre de questions appartenant à l'ensemble de l'ouvrage que de nous borner à en épuiser seulement quelques-unes. Et, pleins de cette ardeur que Dieu seul, telle est notre intime conviction, inspire à l'esprit, nous avons fait tous nos efforts pour que ce qui n'a pas encore été tenté ne le soit pas en vain dans la suite. Il nous est aussi venu la pensée, qu'il existe sans doute sur la surface de l'Europe bon nombre d'esprits capables, libres, élevés, sagaces et persévérants : eh bien! quand de fait il s'en rencontrerait un tout semblable, qui comprît la portée et approuvât l'usage de notre Organe, il serait peut-être encore assez embarrassé et manquerait des premiers moyens d'initiation aux vraies connaissances philosophiques. S'il s'agissait d'une chose qu'on pût acquérir par la lecture des livres de philosophie, par la discussion ou la méditation, un pareil homme, quel qu'il fût, suffirait sans doute largement à l'entreprise. Mais si maintenant, comme c'est notre avis, nous le renvoyons à l'étude même de l'histoire naturelle et aux expériences des arts, il reste indécis; ce n'est plus dans ses habitudes, et il n'a pour pareille œuvre ni temps ni argent. Nous ne pouvons cependant pas raisonnablement prétendre qu'il renonce aux anciens errements avant que nous lui en ayons procuré de meilleurs. Qu'une histoire de la nature et des arts, fidèle, nourrie de faits et bien digérée, soit donc déroulée sous les yeux des hommes, et c'est alors qu'il y aura tout lieu d'espérer que, puisque, à une époque pauvre en expériences, le génie si vigoureux de l'antiquité, dont il n'est pas rare de rencontrer encore aujourd'hui de nobles restes, a trouvé en lui-même assez de ressources pour fabriquer en philosophie, avec un éclat de bois ou une coquille, de petites nacelles d'un travail vraiment admirable, à plus forte raison pourra-t-il, quand il aura sous la main de beaux et bons matériaux, construire de solides et magnifiques bâtiments. Or, un tel résultat est atteignable lors même que l'on continuerait à suivre l'ancienne route, préférablement à la nouvelle, c'est-à-dire celle de notre Organe, la seule bonne à notre avis. Cela revient à dire que notre Organe, même achevé, ne serait pas, sans l'histoire naturelle, d'un grand secours, tandis que l'histoire naturelle, sans l'Organe, avancerait encore beaucoup la Restauration des sciences. C'est donc avant tout sur ce point qu'il nous a paru plus juste et plus sensé de concentrer toute attention. Que Dieu, créateur, conservateur, Restaurateur de l'univers, daigne, nous l'en supplions par son fils unique qui a vécu parmi nous, environner de sa puissante protection cet ouvrage, qui, en répandant le bienfait d'une régénération nouvelle sur l'espèce humaine, proclame hautement la grandeur divine elle-même.

---

[1] En classant les matériaux divers de Bacon, complets ou imparfaits, nous avons cru devoir rendre ce morceau à la troisième partie, qui n'existe que par morceaux détachés.

SYSTÈME

DE L'HISTOIRE NATURELLE.

4. Quoique sur la fin de la partie de notre Organe, qui a déjà paru[1], nous ayons consigné des préceptes sur l'histoire naturelle et la physique expérimentale, c'est dans celle que nous présentons aujourd'hui que nous avons cru devoir exposer avec plus d'exactitude et de précision la loi et la forme de ces sciences. Aux titres renfermés dans le catalogue, qui ont rapport à des faits particuliers, nous ajoutons (ce que d'ailleurs nous avions annoté en ce même catalogue comme objet d'une histoire à part) d'autres titres sur des faits généraux. Tels sont les divers actes par lesquels la matière semble parler à notre intelligence, à savoir les formes de première classe, les mouvements simples, la somme des mouvements, leurs mesures, etc. De ces divers objets nous avons rédigé un nouvel abécédaire (table), et nous l'avons placé à la fin de ce volume.

5. C'est plutôt par choix que par ordre (vu l'impossibilité où nous étions de les indiquer tous) que nous avons procédé dans l'énonciation des titres; car l'investigation en était ou très grave en raison des usages, ou très commode à cause de l'abondance des expériences, ou très difficile et d'un haut intérêt par rapport à l'obscurité du sujet, ou extrêmement féconde en exemples d'après la différence des titres entre eux.

6. Dans chaque titre, après un court préambule ou une brève introduction, nous posons de suite des topiques particuliers, en d'autres termes, les divers objets de l'investigation, autant pour éclairer les recherches actuelles que pour en provoquer de nouvelles. En effet, nous sommes maîtres des questions, nous ne le sommes pas des choses. Et toutefois, nous n'avons pas tellement observé l'ordre des questions dans l'histoire que ce qui nous est un secours dût nous devenir un obstacle.

7. L'histoire et les expériences se présentent en première ligne. Si elles comportent une énumération ou une série de détails, ces détails se développent dans des tables; autrement il en est traité ailleurs.

8. Comme l'histoire et les expériences nous manquent souvent, particulièrement ces faits lumineux qui, comme des poteaux indicateurs, nous mettent sur la voie de l'interprétation des causes, nous proposons, quant aux expériences nouvelles, une marche à suivre (autant qu'il a été donné à notre esprit de le pressentir), appropriée au but de nos recherches. Ces indications sont présentées comme appartenant à l'histoire. Car quel autre moyen nous est offert à nous qui ouvrons la voie?

9. Nous expliquons le mode de toute expérience un peu délicate que nous avons adopté, et cela pour obvier à toute erreur, aussi bien que pour exciter d'autres esprits à des procédés meilleurs et plus exacts.

10. Nous présentons notre route d'avertissement, quant aux précautions à prendre contre les illusions ou fausses apparences des choses, contre les méprises et les vagues aperçus qui paraissent se glisser dans nos recherches et dans nos découvertes, afin que par là nous parvenions, autant que possible, à exorciser, en quelque sorte, tous les fantômes de l'esprit.

11. Nous avons rédigé nos observations sur l'histoire et les expériences de manière à ce que l'interprétation de la nature en devienne presque un corollaire.

12. Nous interposons les commentaires, et, en quelque sorte, les rudiments de l'interprétation des causes avec mesure, et plutôt en suggérant ce qui peut être qu'en déterminant ce qui est.

13. Nous prescrivons et établissons des règles en quelque sorte mobiles et comme les axiomes ébauches, qui se présentent à notre esprit en voie de recherche, non en mesure de conclusion; ces premiers principes sont de quelque utilité s'ils ne sont pas de toute vérité.

14. Ne perdant jamais de vue l'intérêt de l'humanité, nous ne cessons (bien que la lumière elle-même soit chose plus élevée que les choses qu'elle éclaire) de mettre sous les yeux de l'esprit et de rappeler à ses souvenirs ce

---

[1] Dans les Parascève qui suivent le Nouvel Organe et qui terminent la deuxième partie.

qui est de nature à stimuler en lui l'activité pratique, persuadés que nous sommes que telle et si déplorable est l'étourderie des hommes, que, faute d'avertissement à cet égard, il leur arrive parfois de marcher sans les voir sur les merveilles qui sont à leurs pieds.

15. Nous indiquons les travaux irréalisables, ou du moins ceux qui n'ont pu encore s'effectuer, et les choses impossibles, ou celles du moins qui n'ont pas encore été découvertes, sous autant de titres particuliers ; et nous réunissons ensuite aux découvertes et conquêtes de l'esprit humain les investigations qui se rapprochent le plus de celles dont le succès est ou impossible ou tout-à-fait incertain, afin que par là l'ingéniosité humaine soit à la fois vivement excitée et fortement encouragée.

6. D'après ce que nous avons dit, on voit que l'histoire, dont nous venons d'esquisser le système, ne remplit pas seulement le cadre de la troisième partie de la Restauration, mais offre encore une préparation sérieuse à la quatrième, à cause des titres de l'abécédaire et des topiques, ainsi qu'à la sixième, à cause de ses observations philosophiques, de ses commentaires et de ses principes.

INTRODUCTION

TENDANT A POSER LES FONDEMENTS

D'UNE PHILOSOPHIE DE L'HISTOIRE NATURELLE.

17. Puisque l'esprit humain ne nous paraît pas être encore entré dans les véritables voies de la pensée et de l'expérience, nous avons cru devoir consacrer nos efforts à redresser sa marche fausse et tortueuse. Est-il en effet rien de plus méritoire pour la raison que de voir l'homme délivré par elle des fantômes de l'esprit et des bévues de l'expérience ; que de l'avoir amené à consolider et resserrer les liens qui l'unissent à la nature, et d'avoir établi entre eux deux, par le fait d'une expérimentation savante, une sorte de commerce intime ? De cette manière l'esprit conquiert de suite une haute et sûre position, et, devenant promptement maître de la matière dont il traite, il fait une ample récolte d'applications utiles. Or, les premiers linéaments de ce travail émanent de tout point de l'histoire naturelle ; car, toute la philosophie des Grecs, avec ses sectes infinies, et tout ce qui en ce genre peut exister de nos jours, me paraît reposer sur une base trop étroite d'histoire naturelle, et s'être permis de conclure beaucoup plus hâtivement que ne le comportaient les données obtenues. En effet à l'aide de quelques traditions que leur ont fournies l'expérience et qu'ils ont omis de vérifier, ces philosophes ont cru pouvoir, pleins de confiance dans les ressources de la dialectique, résoudre toutes les questions par la seule force de l'esprit. Et quand il est arrivé aux chimistes, ainsi qu'aux physiciens et aux empiriques, d'oser essayer des observations et de la philosophie, comme ils n'avaient que peu ou point d'habitude de la rigueur scientifique, c'est toujours de la plus étrange manière qu'ils ont ployé les derniers faits acquis à la mesure des faits antérieurs, et ils ont émis des opinions encore plus vicieuses et plus bizarres que les rationalistes eux-mêmes ; car les premiers n'ont inféré d'un grand nombre de faits que peu de principes, et les derniers avec peu de données ont formulé un grand nombre de préceptes, lesquelles deux méthodes, à vrai dire, sont radicalement mauvaises et impuissantes.

18. Mais l'histoire naturelle, telle qu'elle a été colligée jusqu'à ce jour, peut paraître riche au premier aperçu, tandis qu'au fond elle est pauvre et stérile et ne présente nullement le caractère que nous lui voulons. En effet, elle regorge de fables et de suppositions folles ; elle abonde en traditions, en questions de mots, en récits vides ; elle est dédaigneuse des choses solides et curieuse des choses vaines. Ce qu'il y a de plus fâcheux dans cette abondance, c'est qu'elle ait prétendu embrasser la recherche des choses naturelles et qu'elle ait négligé ou méprisé en grande partie celle des mouvements, celle des faits physiques. Et cependant combien ces derniers sont plus puissants que les autres

pour nous faire pénétrer dans les entrailles de la nature ! Le spectacle infini de cette nature est pour nous vague et diffus ; mais dans les opérations mécaniques le jugement est mis en jeu ; nous discernons les divers modes et la marche même de la nature, et nous ne nous bornons pas seulement aux effets extérieurs. Toute la sagacité du physicien se concentre en dedans du point dont nous nous occupons. Celui, en effet, qui a une œuvre déterminée à exécuter, tout entier à la chose et à ses fins, ne va pas diriger son esprit ou sa main sur des particularités étrangères, quand bien même elles pourraient peut-être aussi avoir leur utilité dans le but de ces recherches. Il faut donc apporter ici un soin parfait, être difficile sur les preuves, ne pas regarder à la dépense et s'armer surtout d'une patience infinie. Ce qui fait que les expériences sont le plus souvent en définitive sans résultat, c'est qu'on s'attache d'abord à celles qui promettent beaucoup et qui ne jettent au fond aucune lumière sur les choses ; c'est qu'on emploie tout ce qu'on a de forces à produire une œuvre d'éclat, un ouvrage magnifique qui frappe, et nullement à déceler les mystères cachés de la nature, ce qui est l'œuvre des œuvres et la marque d'une supériorité véritable. La curiosité et l'orgueil ont porté souvent les hommes à se livrer avec ardeur à la recherche des choses occultes et peu communes, au mépris des observations et des expériences vulgaires. Ils paraissent avoir été conduits à en agir ainsi, soit parce qu'ils étaient entraînés par un désir effréné de renommée, ou parce qu'ils s'abusaient au point de croire que l'œuvre de la philosophie consistait à appliquer et réduire les faits communs et généraux à quelques faits particuliers, ne se doutant pas que cette œuvre est dans la recherche des causes des phénomènes les plus vulgaires, et même des causes encore plus élevées de ces causes.

19. Or, la cause principale de cette fausse direction, si fréquente dans les recherches sur l'histoire naturelle, vient de ce qu'on s'est trompé, non pas seulement dans l'œuvre, mais dans la conception même de l'œuvre. La science de la nature, telle qu'on nous l'a faite, semble avoir été conçue non pour servir d'introduction et comme de nourriture à la philosophie et aux sciences, mais en vue d'elle-même, pour l'utilité qu'on peut tirer des expériences ou de l'agrément des récits. Nous nous efforcerons sur ce point de venir en aide à la réforme autant qu'il sera en nous. Nous avons déjà dit tout ce que la science doit aux philosophies qui procèdent par abstraction. Nous croyons être en possession des voies de la vraie et bonne induction, si féconde en résultats, et pouvoir aider, comme au moyen de machines ou d'un fil conducteur, des facultés sans cela incompétentes et tout-à-fait au-dessous de l'exigence scientifique. Nous n'ignorons pas que si nous eussions voulu faire entrer de force dans un système plus ambitieux l'instauration des sciences que nous avons conçue, nous aurions probablement pu en recueillir plus d'honneur ; mais comme Dieu a mis en nous un esprit qui sait se soumettre aux exigences des choses, et qui, fort de l'importance de son œuvre et plein de foi dans le succès, laisse volontiers de côté les choses purement spécieuses, nous nous sommes donné cette tâche dont tout autre probablement n'aurait pas voulu ou qu'il n'eût pas traitée dans le système de nos idées.

20. Nous aurions ici, au moment d'entrer en matière, deux avis importants à donner aux hommes du passé et surtout à ceux d'aujourd'hui. Nous voudrions d'abord qu'on renonçât à cette idée qui, bien que très fausse et très dangereuse, s'empare de l'esprit des hommes et l'obsède entièrement, savoir : que la recherche des faits particuliers est une entreprise infinie et sans issue, tandis qu'au contraire il n'est point de terme aux opinions et aux disputes, et que les fantaisies de l'esprit sont condamnées à de perpétuelles erreurs et à des variations sans fin, les distinctions des faits particuliers et des informations des sens, sans tenir compte des trop minces détails, ce qui est inutile à la recherche de la vérité, étant susceptibles d'une parfaite clarté et ne se noyant pas dans un océan illimité. Nous désirerions ensuite qu'on ne perdît jamais de vue ce dont il s'agit, et que, quand on rencontre dans le cours de l'investigation plusieurs faits vulgaires, futiles, qui n'ont que la consistance de l'ombre, même parfois assez peu dignes, et auxquels, comme on dit, il faut céder le pas, on n'allât pas se figurer que notre intention est de plaisanter ou de rabaisser l'esprit humain au-dessous de lui-même ; car ce n'est pas pour eux que ces faits ont été recherchés ou décrits, mais parce qu'aucune autre

voie n'est ouverte à l'esprit humain et qu'ils ne laissent pas d'être utiles à la constitution et au complément de l'œuvre. Nous avons pris pour but de nos efforts une chose très sérieuse, et, autant que possible, à la hauteur de l'esprit humain ; c'est que la lumière de la nature, dont le nom seul jusqu'à ce jour a fait du bruit, cette lumière pure et nullement fantastique, fût allumée dans notre siècle par le flambeau que Dieu lui-même a mis dans nos mains. Nous déclarons hardiment professer l'opinion que cette subtilité de pensées et d'argumentations à contre-sens, soit pour avoir omis en son lieu l'information première, soit pour n'avoir pas su dès le principe se tracer une marche philosophique, ne peut, malgré le concours des esprits de tous les âges, présenter un tableau exact et complet de la science, et qu'il en est de la nature comme de la fortune, qui a une belle chevelure par-devant et qui est chauve par-derrière. Il reste donc à reprendre par sa base la construction de tout l'édifice, et cela à l'aide d'instruments plus puissants. Il faut, se dépouillant de toute opinion exagérée, ouvrir au règne de la philosophie et des sciences (trésor des puissances humaines) un accès comme celui du royaume des cieux, où il n'est donné d'entrer qu'avec le cœur de l'innocence ; car la nature ne se laisse vaincre que par celui qui sait lui obéir. Quant, en définitive, à la manière de procéder que nous conseillons ici, bien qu'elle soit terre à terre, nous sommes loin pour cela de la dédaigner, surtout quand nous venons à penser qu'elle a procuré aux hommes, selon la diversité des moyens et des esprits, une foule de résultats utiles ; et cependant nous l'estimons assez peu auprès de la voie qui conduit directement à la science et à la puissance humaine, lorsqu'on est aidé par la force de Dieu, à qui nous demandons humblement de vouloir bien doter par nos mains de nouvelles aumônes la grande famille humaine.

21. La nature des choses est ou franche, comme dans les êtres normaux, ou perturbée, comme dans les monstres, ou enchaînée à certaines conditions, comme dans les expériences des arts ; quant aux phénomènes extraordinaires de tout genre, ils doivent être notés à part comme faits mémorables. Mais l'histoire des êtres normaux ou des espèces, telle que nous l'avons des plantes, des animaux, des métaux, des fossiles, est grossie outre mesure et déborde de curiosités. L'histoire des phénomènes extraordinaires est vaine et retentissante ; celle des expériences est boiteuse, ébauchée, incomplète, et conçue uniquement en vue d'applications pratiques immédiates, nullement dans un esprit philosophique. C'est pourquoi nous avons arrêté de resserrer l'histoire des espèces, de passer au crible et purger celle des prétendues merveilles, et de concentrer la plus grande partie de notre attention sur les expériences physiques et industrielles, ainsi que sur les qualités de la matière qui répondent le mieux au but de l'investigation. Aussi bien, que nous importent les jeux et les caprices de la nature ? Ce sont là de minces différences de forme, qui ne changent rien au fond, et à l'égard desquelles l'histoire naturelle ne met pas de terme au luxe de ses paroles. La connaissance des merveilles de la nature a certainement pour nous de l'intérêt, si ces merveilles ont été observées avec goût et discernement ; mais d'où vient l'intérêt qu'elles nous inspirent ? Ce n'est pas du charme de la surprise, mais de ce qu'une pareille étude nous initie quelquefois au secret de son art en élevant spontanément jusqu'à la prévision des phénomènes. Nous accordons sans contester la première place aux moyens artificiels qui ont spécialement pour objet de jeter du jour sur la nature des phénomènes, non pas tant parce que ces moyens sont par eux-mêmes des plus importants que parce qu'ils sont de très fidèles interprètes des choses naturelles. Serait-on jamais parvenu à donner une explication aussi satisfaisante de la nature de la foudre et de l'arc-en-ciel avant que des machines de guerre, et l'image artificielle du spectre solaire sur un mur eussent démontré la manière dont agissent ces deux fluides ? Que si ces moyens sont de fidèles interprètes des causes, ils ne pourront manquer d'être des indices sûrs et précieux des effets. Toutefois nous ne jugeons pas convenable de détacher de cette triple division notre histoire, de façon à traiter de chaque ordre de faits dans une catégorie spéciale ; mais nous rapprocherons les divers genres, réunissant les effets naturels aux effets artificiels, ceux qui sont vulgaires à ceux qui ont quelque chose de merveilleux, nous attachant par-dessus tout aux points les plus utiles.

22. Or, il y aurait plus de grandeur à commencer par l'exposition des phénomènes célestes. Mais, ne voulant nous départir en rien de la sévérité de notre système, nous placerons de préférence sur le premier plan les phénomènes constituants de la nature, qui se manifestent également dans le ciel et sur la terre. Nous commencerons par l'histoire des corps considérés d'après leur différence apparente la plus simple, comme la quantité relative plus ou moins grande de matière pondérable renfermée sous le même volume. Et de même que dans le nombre des vérités reconnues il n'en est point de plus irréfragable que cette double proposition : « Rien n'est fait de rien, et rien de ce qui existe ne peut être réduit à rien, » et qu'ainsi la masse totale de la matière subsiste et persiste de toute éternité, et ne peut d'aucune façon, en dépit de toutes les inductions hasardeuses tirées de la considération de la forme, être augmentée ni diminuée, de même incontestablement, bien qu'à un moindre degré d'évidence, une quantité plus ou moins grande de matière peut être renfermée sous le même volume, suivant la diversité des corps, dont les uns sont à n'en pas douter trouvés plus denses, et les autres moins. Un vase ou récipient alternativement rempli d'eau et d'air ne contient pas la même portion de matière; il en renferme plus dans le premier cas, moins dans le second. Si donc on prétendait qu'un volume d'air peut exactement produire le même volume d'eau, c'est comme si l'on prétendait que quelque chose peut être fait de rien; car ce qui manquerait de matière devrait donc sortir de rien. Réciproquement, si l'on prétendait qu'un volume donné d'eau peut être réduit à un volume égal d'air, c'est comme si l'on disait que quelque chose peut être réduit à rien; car ce qu'il y aurait en plus de matière devrait ici être réduit à rien. Ainsi, il n'est pas douteux pour nous que ces sortes de choses ne comportent le calcul, calcul peut-être difficile à effectuer pour certains esprits, mais positif et sûr en réalité. Par exemple, qui pourrait affirmer être arrivé à une notion exacte, si, comparant la matière de l'or à celle de l'esprit-de-vin, il se bornait à dire que la densité de la première surpasse celle de la seconde d'une ou deux fois environ?

23. Au moment de produire cette partie de notre histoire sur les diverses qualités de matière qui peuvent être renfermées sous le même volume, ainsi que sur la cohésion et l'expansion de la matière, d'où dérivent les notions de la densité et de la rareté, à proprement parler, nous observerons un ordre tel que d'abord nous déterminerons tour à tour la pesanteur spécifique des divers corps, comme l'or, l'eau, l'huile, l'air, le feu, etc. La pondération des divers corps étant une fois déterminée, nous présenterons en regard du poids le volume et l'extension de chacun d'eux ; car le même corps, sans qu'on y ajoute ou qu'on en ôte rien, peut, sous diverses impulsions, tant internes qu'externes, affecter un volume plus ou moins considérable, proportionnellement à sa force de cohésion ou d'expansion. Tantôt les corps résistent et s'efforcent en quelque sorte de revenir à leur premier volume, tantôt ils dépassent tout-à-fait leur volume et ne s'empressent pas d'y revenir. Arrivés là, nous relaterons, quant à l'extension, les différences et la densité de certains corps, considérés dans leurs divers états, tels que la pulvérulence, l'oxidation, la vitrification, la dissolution, la vaporisation, soit provoquée par la chaleur, soit spontanée, l'inflammation, etc. Ensuite nous exposerons les mouvements et les effets produits, le progrès et le terme de la contraction et de la dilatation, soit lorsque les corps reviennent à leur état antérieur, soit lorsqu'ils l'outrepassent. Nous noterons particulièrement les modifications et les transitions par lesquelles s'effectuent les contractions et les dilatations de cette espèce de corps, et nous signalerons les forces et les effets qui se manifestent sous l'influence de ces compressions et dilatations. Persuadés que rien n'est plus difficile, dans l'état présent des esprits, que de se familiariser dès le principe avec la nature, nous ajouterons nos observations sérieuses, pour appeler sur ce point l'attention des hommes et les amener à en faire l'objet de leurs méditations. Pour ce qui regarde la démonstration ou la manifestation de l'état de densité et de rareté de la matière dans les corps, nous n'hésitons pas le moins du monde à reconnaître que, relativement aux corps solides et palpables, le mouvement de leur gravitation, selon le mot du jour, en puisse être l'expression parfaite et rigoureuse. En effet, plus le corps est dense, plus il est grave. Quant à

la détermination de la pesanteur relative des corps volatils et aériformes, la balance nous fait défaut, et il nous faudra recourir à d'autres moyens. Nous commencerons par l'or, qui, de tous les corps connus, est le plus lourd, et qui renferme le plus de matière sous un volume donné ; et à ce propos il ne faut pas croire que les connaissances positives soient assez avancées pour que nous puissions traiter de toutes les substances métalliques renfermées dans le sein de la terre. Nous rapporterons les poids des autres corps au poids de l'or considéré sous un volume convenu, prévenant le lecteur que nous n'entendons nullement faire ici l'histoire des poids, et que nous ne nous en occupons qu'autant qu'elle peut servir à éclairer la question des pesanteurs spécifiques.

24. Comme il ne s'agit pas ici de se livrer aux conjectures et à la divination, mais de découvrir et de savoir, et que c'est surtout dans l'examen et la vérification des premiers expériments qu'on doit se proposer un pareil but, nous avons définitivement arrêté que, dans tous les cas d'expérimentation un peu délicate, nous ferions immédiatement connaître le mode même de l'expérimentation. De la sorte, l'esprit ayant bien la conscience de la manière dont les notions lui sont arrivées, on verra jusqu'à quel point la foi doit aller, et ce qu'il restera à faire, soit pour élaguer les erreurs qui pourraient rester encore, soit pour provoquer et effectuer des vérifications plus soignées et plus rigoureuses. En outre, nous donnerons de sérieux et francs avertissements quant aux objets qui nous auront paru avoir été moins explorés, et qui seront pour cela plus obscurs et comme sur les limites de l'erreur. Enfin, nous ajouterons, comme nous l'avons dit un peu plus haut, nos propres observations, pour que, tout en conservant les diverses parties intégrantes de la philosophie, nous fassions converger la science de la nature vers la philosophie, à laquelle elle servirait ainsi d'introduction. Nous aurons encore le soin de noter, quelles qu'elles puissent être, les observations et expériences qui dépassent le but de nos recherches, et qui réellement appartiennent à d'autres titres, et cela pour prévenir toute confusion dans nos recherches.

TABLE

DES ÉCRITS DE FRANÇOIS BACON

SUR L'HISTOIRE NATURELLE ET LA PHYSIQUE EXPÉRIMENTALE

I. HISTOIRES SPÉCIALES.

I. HISTOIRE DE LA DENSITÉ ET DE LA RARETÉ, soit de la cohésion et de l'expansion de la matière dans l'espace (*ouvrage posthume*).

Introduction.
Table de la cohésion et de l'expansion de la matière dans l'espace par rapport aux corps palpables ou pondérables, avec le calcul des pesanteurs spécifiques considérées dans les différents corps.
Table de l'extension de la matière dans le même espace ou sous le même volume, dans les mêmes corps entiers et diminués.
Table de l'extension de la matière dans le même espace ou sous le même volume, quant aux corps crus et distillés.
Table des corps à l'état aériforme, d'après un commentaire dont il est question plus haut, dans l'ordre de leurs progrès vers une extension plus grande.
Dilatations par incorporation simple ou admission d'un nouveau corps.
Dilatations par l'expansion d'un fluide inné.
Dilatations et ouvertures des corps qui se font par le feu et la chaleur factice, simple, extérieure.
Dilatations par chaleur extérieure en distillations.
Dilatations et relaxations des corps par réduction du froid.
Dilatations des corps qui ont lieu soit par communication de calorique, soit par l'influx auxiliaire d'un autre corps.
Dilatations des corps par libération de leur gaz.
Dilatations causées par la fusion entière et la rencontre d'un corps d'une nature sympathique.
Dilatations produites par assimilation ou transition à un état de ténuité plus grande.
Dilatations ou écartements par l'effet d'une force extérieure.
Dilatations par disgrégation.
Contractions causées par émission ou déposition d'un corps introduit.
Contractions par la constriction de parties devenues plus grandes après l'émission d'un gaz.
Contractions des corps par un froid actuel extérieur.
Contractions des corps par un froid potentiel.
Contractions par l'échappement et l'antipéristase.
Contractions des corps par assimilation ou transition à un état de densité plus grande.
Contractions des corps par l'effet d'une force extérieure.
Règles mobiles.
Résultats ultérieurs souhaités faisant suite aux résultats prochains.

II. HISTOIRE DES VENTS.

Topiques particuliers ou points de recherches sur les vents.

Noms des vents.
Vents libres.
Vents généraux.
Vents fixes.
Vents concomitants.
Qualités et puissance des vents.
Origines locales des vents.
Générations accidentelles des vents.
Vents extraordinaires et bourrasques.
Phénomènes concourant à la formation des vents.
Limites des vents.
Succession des vents.
Mouvements des vents.
Mouvements des vents dans les voiles des vaisseaux.
Mouvements des vents dans d'autres machines de main d'homme.
Pronostics des vents.
Fausses apparences des vents.
Règles mobiles sur les vents.
Charte humaine ou résultats ultérieurs souhaités faisant suite aux résultats prochains relativement aux vents.

III. HISTOIRE DE LA VIE ET DE LA MORT.

Introduction.
Topiques particuliers ou points de recherches sur la vie et la mort.
Nature durable.
Dessiccation, obstacles à la dessiccation et amollissement des corps desséchés.
Longévité et brièveté de la vie dans les animaux.
Alimentation et moyens d'alimentation.
Longévité et brièveté de la vie dans l'homme.
Médications favorables à la longévité (hygiène).
Buts ultérieurs.
1. Opération sur le principe vital pour qu'il conserve et renouvelle sa première force.
2. Opération sur l'exclusion de l'air.
3. Opération sur le sang et la chaleur qui concourt à sa production.
4. Opération sur les fluides du corps.
5. Opération sur les intestins pour l'expulsion des aliments.
6. Opération sur les organes extérieurs pour l'attraction des aliments.
7. Opération sur les aliments eux-mêmes pour leur absorption.
8. Opération sur l'acte ultérieur de l'assimilation.
9. Opération sur le ramollissement de ce qui commence à dessécher, ou malaxation des corps.
10. Opération sur l'expulsion des humeurs anciennes et la formation d'humeurs nouvelles, c'est-à-dire sur la rénovation partiellement successive.
Prodromes de la mort.
Différences de la jeunesse et la vieillesse.
Règles mobiles sur la durée de la vie et les formes de la mort.

IV. HISTOIRE DES CORPS PONDÉRABLES.

On n'en a que l'introduction.

V. HISTOIRE DES AFFINITÉS ET RÉPULSIONS.

L'introduction seule existe.

VI. HISTOIRE DU SOUFRE, DU MERCURE ET DU SEL.

Une introduction seulement.

VII. HISTOIRE DU SON ET DE L'AUDITION,

ET PREMIÈRES RECHERCHES A CE SUJET,

En d'autres termes, Traité de la forme du son et de la marche latente ou Principe du son et de l'audition

(ouvrage posthume).

De la génération du son et de la première percussion.
Durée du son, de son expiration et son extinction.
De la confusion et la perturbation du son.
Des auxiliaires et empêchements adventices du son; de l'arrêt du son et la variété des milieux.
De la pénétration du son.
De l'expansion du son et de sa direction ou fusion, et de l'espace qu'il remplit à la fois et successivement.
De la diversité des sons sonores, des instruments et des différentes espèces de son connues.
De la multiplication, de l'augmentation, de la diminution et fractionnement du son.
De la répercussion du son et de l'écho.
De l'harmonie et la disharmonie des phénomènes d'audition et de vision, et d'autres manifestations, dites aériennes.
De la rapidité de la génération et de l'extinction du son, et du temps dans lequel elles ont lieu.
De l'affinité et la non-affinité que le son a avec le mouvement local et manifeste de l'air dans lequel il est propagé.
De la communication de l'air percuté et comprimé avec l'air, les corps et leurs gaz ambiants.

VIII. SUJETS DE QUESTIONS RELATIVES AUX MINÉRAUX

(opuscule posthume).

Composition ou union des minéraux et des métaux.
Séparation des minéraux et des métaux.
Transformation des métaux en formes, corps et natures divers.
Retour des métaux à leur premier état.

IX. RECHERCHES SUR L'AIMANT

(opuscule posthume).

X. RECHERCHES SUR LES MUTATIONS, TRANSFORMATIONS, MULTIPLICATIONS ET ACTIONS DES CORPS

(opuscule posthume).

II. HISTOIRES GÉNÉRALES.

HISTOIRE NATURELLE ou *SYLVA SYLVARUM*,

divisé en dix centuries

(ouvrage posthume).

TABLES DES EXPÉRIENCES.

CENTURIE I.

Sur la filtration externe et interne, expériences 8.
Sur le mouvement résultant de la pression des corps, exp. 3.
Sur la séparation des substances opérée par le seul poids, exp. 3.
Sur la manière de faire des infusions exactes, soit dans les liquides, soit dans l'air, exp. 7.
Sur la force de cohésion résidante dans les liquides, exp. 1.
Sur les fontaines artificielles, exp. 1.
Sur la qualité vénéneuse de la chair humaine, exp. 1.
Sur la conversion de l'air en eau, exp. 1.
Sur les moyens d'embellir et d'altérer la forme du corps humain, exp. 1.
Sur la condensation de l'air, en vue de le rendre plus pesant et nutritif, exp. 1.
Sur la combinaison de la flamme avec l'air, exp. 1.
Sur la nature occulte et primitive de la flamme, exp. 1.
Sur les forces respectives du centre et des parties latérales de la flamme, exp. 1.
Sur le mouvement de la gravité ou de la pesanteur, exp. 1.
Sur la diminution du volume total de certains corps combinés ensemble, exp. 1.
Sur la manière de rendre les vignes d'un plus grand rapport, exp. 1.
Sur les différentes espèces de purgatifs, et la manière dont ils opèrent, exp. 9.
Sur les aliments les plus substantiels, soit solides, soit liquides, exp. 15.
Sur le fil médicinal (ou la méthode à suivre dans le traitement des maladies), exp. 1.

TABLE DES ÉCRITS DE BACON.

Sur les cures qui sont l'effet de la seule habitude, exp. 1.
Sur les cures opérées par les excès mêmes, exp. 1.
Sur les cures opérées par des mouvements qui ont pour cause une corrélation harmonique, exp. 1.
Sur les maladies de nature opposée à la disposition antérieure des corps, exp. 1.
Sur le régime à suivre avant et après les purgations, exp. 1.
Sur les moyens d'arrêter le sang, exp. 1.
Sur le changement d'aliments et de médicaments, exp. 1.
Sur la diète, exp. 1.
Sur les causes productives du froid, exp. 7.
Sur la conversion de l'air en eau, exp. 7.
Sur les différentes causes qui peuvent durcir les corps, xp. 8.
Sur la facilité avec laquelle l'air absorbe l'humeur aqueuse, exp. 1.
Sur la force de cohésion, exp. 1.
Sur la manière de changer la couleur des poils ou des plumes, exp. 1.
Sur les différentes manières dont les animaux se nourrissent avant de naître, exp. 1.
Sur la sympathie et l'antipathie, appliquées aux usages de la médecine, exp. 3.
Sur les opérations les plus secrètes de la nature, exp. 1.
Sur l'action puissante du feu et de la chaleur, exp. 1.
Sur l'impossibilité d'un véritable anéantissement, exp. 1.

CENTURIE II.

Expériences et observations diverses
Sur les sons et la musique, exp. 14.
Sur les tons et sur les corps ou mouvements sonores et non sonores, exp. 9.
Sur la production, la conservation et la transmission du son; fonction de l'air dans ces trois cas, exp. 14.
Sur les causes qui peuvent rendre le son plus gros ou plus grêle, et sur celles qui l'amortissent, exp. 25.
Sur les causes qui peuvent rendre les sons plus forts ou plus faibles, et les porter à des distances plus ou moins grandes, exp. 3.
Sur la communication des sons, exp. 3.
Sur l'égalité et l'inégalité des sons, exp. 9.
Sur la différence du grave à l'aigu, et sur les sons musicaux, exp. 6.
Sur les proportions d'où dépend la différence du grave à l'aigu, exp. 4.
Sur les sons intérieurs et extérieurs, exp. 4.
Sur les sons articulés, exp. 9.

CENTURIE III.

Expériences et observations diverses
Sur les mouvements des sons selon toutes les directions possibles, exp. 6.
Sur la durée et l'extinction des sons, ainsi que sur le temps nécessaire pour leur génération et leur propagation ou transmission, exp. 5.
Sur la transmission et la non transmission des sons, exp. 1.
Sur le milieu ou véhicule des sons, exp. 4.
Sur les différences et les variations que produisent dans les sons les corps qui les transmettent, exp. 3.
Sur le mélange et la combinaison des sons, exp. 5.
Sur les causes ou circonstances qui peuvent rendre les sons plus agréables, exp. 7.
Sur la faculté d'imiter les sons, exp. 6.
Sur la réflexion des sons, exp. 13.
Sur les analogies et les différences qui existent entre les choses visibles et les choses sensibles à l'ouïe, exp. 23.
Sur la sympathie et l'antipathie réciproque des sons, exp. 3.
Sur les obstacles et les secours relatifs à l'ouïe, exp. 4.
Sur la nature immatérielle et subtile des sons, exp. 4.
Sur les couleurs vives et éclatantes que présentent à la vue les dissolutions de certains métaux, exp. 1

Sur la prolongation de la vie humaine, exp. 1.
Sur la force de cohésion dans les corps, exp. 1.
Sur l'analogie des effets du temps avec ceux de la chaleur, exp. 1.
Sur les mouvements qui sont l'effet de la faculté imitative, exp. 1.
Sur les maladies contagieuses, exp. 1.
Sur l'incorporation des liqueurs avec les substances pulvérisées, exp. 1.
Sur les avantages et les inconvénients des exercices du corps, exp. 1.
Sur les aliments très rassasiants, exp. 1.

CENTURIE IV.

Expériences et observations
Sur la clarification des liqueurs et sur les moyens d'accélérer cette opération, exp. 11.
Sur les moyens d'accélérer la maturation, soit celle des boissons, soit celle des fruits, exp. 15.
Sur l'art de faire l'or, exp. 1.
Sur les causes qui provoquent ou accélèrent la putréfaction exp. 12.
Sur les moyens de prévenir, de ralentir ou d'accélérer la putréfaction, exp. 11.
Sur le bois pourri et lumineux, exp. 1.
Sur les accouchements avant terme, exp. 1.
Sur l'accélération de l'accroissement, et surtout de celui de la stature, exp. 1.
Sur le soufre et le mercure, exp 5.
Sur le caméléon, exp. 1.
Sur les feux souterrains, exp. 1.
Sur les eaux nitreuses, exp. 1.
Sur la congélation de l'air, exp. 1.
Sur la congélation de l'eau et sa conversion en cristal, exp. 1.
Sur la manière de conserver la couleur et l'odeur des feuilles de rose, exp. 1.
Sur les causes qui peuvent augmenter ou diminuer la durée de la flamme, exp. 10.
Sur les corps enfouis ou tenus au fond de l'eau, exp. 5.
Sur la manière dont les différentes espèces de vents affectent le corps humain, exp. 1.
Sur les maladies d'été et d'hiver, exp. 1.
Sur les années, les saisons et les températures pestilentielles, exp. 1.
Sur les maladies épidémiques, exp. 1.
Sur la conservation des liqueurs dans des puits ou des souterrains profonds, exp. 1.
Sur le défaut des bègues, exp. 1.
Sur la nature et les causes des odeurs agréables, exp. 4.
Sur les signes auxquels on peut reconnaître les eaux les plus salubres, exp. 7.
Sur la chaleur tempérée qui règne durant certaines saisons dans la zone torride, exp. 1.
Sur la couleur des nègres, exp. 1.
Sur les mouvements que font encore certains animaux récemment tués, exp. 1.

CENTURIE V.

Expériences et observations
Sur les causes ou moyens qui peuvent accélérer la germination, exp. 12.
Sur les causes ou moyens qui peuvent la retarder, exp. 9.
Sur les moyens d'améliorer les fruits, fleurs, graines, semences, etc., des arbres, arbrisseaux, plantes herbacées, etc., exp. 55.
Sur la composition ou la combinaison des fruits ou des fleurs de différentes espèces, exp. 3.
Sur la sympathie et l'antipathie de certaines plantes, exp. 19.
Sur la manière de donner des propriétés médicales aux arbres, arbrisseaux, plantes herbacées, etc., et à leurs fruits fleurs, semences, etc., exp. 2.

Application de plusieurs méthodes de Nouvel Organe aux expériences et observations qui font le sujet de cet ouvrage, et aux instruments de physique ou de mathématiques qu'elles rendent nécessaires.

I. Méthode de gradation.
II. Méthode de renversement.
III. Méthode d'alternation.

Centurie VI.

Expériences et observations de simple curiosité
Sur les fruits et les plantes en général, exp. 17.
Sur les plantes qui dégénèrent et se convertissent en plantes d'une autre espèce, exp. 14.
Expériences et observations relatives aux moyens d'augmenter ou de diminuer à volonté l'accroissement des arbres, surtout en hauteur, et de se procurer des arbres nains, exp. 5.
Sur les plantes imparfaites et les excroissances ou superfétations végétales, exp. 26.
Sur la production des plantes parfaites sans semence, exp. 11.
Sur les plantes exotiques, exp. 3.
Sur les différentes saisons où croissent les plantes, exp. 6.
Sur la durée des plantes herbacées, arbres, arbrisseaux, etc., exp. 5.
Sur les diverses figures des plantes, exp. 5.
Sur les caractères distinctifs des plantes, exp. 4.
Sur les moyens de composer ou d'améliorer la terre et d'aider son action, exp. 6.

Centurie VII.

Observations sur les analogies et les différences qui existent entre les corps animés et les corps inanimés, exp. 6.
Observations relatives, soit aux analogies et aux différences qui existent entre les plantes et les animaux, soit aux êtres qui participent de ces deux règnes, exp. 3.
Expériences et observations diverses sur les plantes, exp. 67.
Sur la guérison des blessures, exp. 1.
Sur la substance grasse répandue dans la chair des animaux terrestres, exp. 1.
Sur les moyens d'accélérer la maturation des boissons, exp. 1.
Sur les poils des animaux terrestres et le plumage des oiseaux, exp. 1.
Sur la célérité des mouvements dans les oiseaux, exp. 1.
Sur le plus ou moins de transparence de l'eau de la mer, selon le vent qui règne, exp. 1.
Sur les différences à mettre entre la chaleur d'un feu sec et celle de l'eau bouillante, exp. 1.
Sur la manière dont l'eau modifie la chaleur, exp. 1.
Sur le bâillement, exp. 1.
Sur le hoquet et ses causes, exp. 1.
Sur l'éternuement, exp. 1.
Sur la sensibilité des dents aux plus légères impressions, exp. 1.
Sur la langue, exp. 1.
Sur le sens du goût, exp. 1.
Sur les saisons et les années pestilentielles, exp. 1.
Sur les propriétés spécifiques des simples appliquées à la médecine, exp. 1.
Sur le plaisir de la génération, exp. 1.
Sur les insectes, exp. 5.
Sur les moyens de sauter, de courir et de lancer un corps avec plus de force, exp. 1.
Sur les sensations agréables ou déplaisantes, et principalement sur celles qui se rapportent à l'ouïe, exp. 1.

Centurie VIII.

Expériences et observations

Sur les veines de terre médicinale, exp. 1.
Sur la dilatation et le renflement des éponges, exp. 1.
Sur certains poissons de mer mis dans l'eau douce, exp. 1.
Sur l'attraction produite par l'analogie de substance, exp. 1.
Sur une boisson dont on fait beaucoup d'usage en Turquie (le café), exp. 1.
Sur les sueurs, exp. 6.
Sur les vers luisants, exp. 1.
Sur les différentes manières dont les passions affectent le corps, exp. 10.
Sur le rire, ses causes et ses effets, exp. 4.
Sur les chenilles, exp. 1.
Sur les mouches cantharides, exp. 1.
Sur la lassitude et les moyens de la diminuer, exp. 2.
Sur les animaux qui peuvent quitter leur peau, leurs écailles, etc., exp. 1.
Sur l'effet de certaines attitudes, exp. 3.
Sur les années pestilentielles, exp. 1.
Sur les pronostics relatifs aux grands hivers, exp. 1.
Sur les médicaments qui condensent et raniment les esprits, exp. 1.
Sur certaines nations qui se peignent le corps, exp. 1
Sur le bain et les onctions, exp. 1.
Sur le papier marbré, exp. 1.
Sur la sèche ou le calmar, exp. 1.
Sur une espèce de terre dont le poids augmente spontanément, exp. 1.
Sur le sommeil, exp. 1.
Sur les dents et autres substances dures qui se trouvent dans le corps des animaux, exp. 11.
Sur la génération et la durée de la gestation de différentes espèces d'animaux, exp. 3.
Sur les images visuelles, exp. 2.
Sur l'impulsion et la percussion, exp. 3.
Sur le chatouillement, exp. 1.
Sur la rareté des pluies en Egypte, exp. 1.
Sur la clarification, exp. 1.
Sur les plantes qui n'ont jamais de feuilles, exp. 1.
Sur la matière du verre, exp. 1.
Sur les moyens de prévenir ou de retarder la putréfaction, et principalement celle des cadavres humains, exp. 1.
Sur le nitre, exp. 1.
Sur certaines eaux où flottent des corps très pesants, exp. 1.
Sur les matières combustibles qui ne se consument point ou presque point, exp. 1.
Sur les moyens de diminuer la dépense du chauffage, exp. 1.
Sur les ventilateurs, exp. 1.
Sur la salubrité et l'insalubrité de l'air, exp. 1.
Sur les moyens d'augmenter la quantité du lait dans les animaux qui en donnent, exp. 1.
Sur certains sables qui ont de l'affinité avec le verre, exp. 1.
Sur la formation et l'accroissement du corail.
Sur la récolte de la manne, exp. 1.
Sur les moyens de corriger le vin, exp. 1.
Sur le feu grégeois et autres feux artificiels, exp. 1.
Sur certains ciments qui deviennent aussi durs que le marbre, exp. 1.
Sur les blessures et les ulcères à la tête et aux jambes, exp. 1.
Sur les vents du sud, exp. 1.
Sur les blessures faites avec le fer et le cuivre, exp. 1.
Sur les mortifications de chair occasionnées par le froid, exp. 1.
Sur la pesanteur spécifique de certains corps, exp. 1.
Sur les corps qui surnagent, exp. 1.
Sur le mouvement de conversion des corps lancés, exp. 1.
Sur l'eau considérée comme pouvant être le véhicule ou milieu du son, exp. 1.
Sur le mouvement rétrograde des esprits occasionné par les objets déplaisants, exp. 1.
Sur la réflexion des sons déjà réfléchis ou les échos d'échos, exp. 1.

Sur l'analogie des effets de la simple imagination avec ceux des sensations, exp. 1.
Sur les moyens de conserver les corps, exp. 1.
Sur l'accroissement et la multiplication des métaux, exp. 1.
Sur l'immersion d'un métal vil dans un plus précieux, exp. 1.
Sur les causes qui peuvent rendre les métaux plus fixes.
Sur la tendance perpétuelle de tous les corps à changer, exp. 1.

CENTURIE IX.

Expériences et observations

Sur la faculté de percevoir résidante même dans les corps privés de sentiment, en rapport avec l'art de la divination et de la révélation des choses cachées, exp. 30.
Sur les signes ou pronostics relatifs aux années d'une constitution pestilentielle et insalubre, exp. 29.
Sur les différentes causes qui, en agissant sur l'estomac, y excitent l'appétit, exp. 1.
Sur l'odeur de l'arc-en-ciel, exp. 1.
Sur les odeurs agréables et leurs causes, exp. 1.
Sur les causes de la putréfaction, exp. 2.
Sur les mixtes imparfaits, exp. 1.
Sur l'état de concoction et sur celui de crudité, exp. 1.
Sur les altérations majeures, exp. 1.
Sur les corps fusibles ou non fusibles, exp. 1.
Sur les corps considérés comme fragiles ou tenaces, exp. 1.
Sur les deux genres de substances pneumatiques qui se trouvent dans l'intérieur des corps, exp. 1.
Sur la concrétion et la dissolution des corps, exp. 1.
Sur les corps durs et les corps mous, exp. 1.
Sur les corps ductiles et extensibles.
Sur les différentes qualités de la matière et les textures intimes des corps, exp. 1.
Sur le durcissement qui est l'effet de l'analogie ou de l'affinité de substance, exp. 1.
Sur le miel et le sucre, exp. 1.
Sur la possibilité de raffiner davantage les métaux les plus vils, exp. 1.
Sur certaines espèces de ciments et de pierres, exp. 1.
Sur la manière de changer la couleur des poils et des plumes, exp. 1.
Sur les caractères distinctifs des deux sexes dans les animaux, exp. 1.
Sur le volume respectif des différentes espèces d'animaux, exp. 1.
Sur les moyens de se procurer des fruits sans pepins et sans noyaux, exp. 1.
Sur les moyens d'améliorer le tabac, exp. 1.
Sur les effets semblables des chaleurs de différentes espèces, exp. 1.
Sur le renflement des corps qu'on fait bouillir, exp. 1.
Sur l'édulcoration des fruits, exp. 1.
Sur les viandes comestibles ou non comestibles, exp. 1.
Sur la salamandre, exp. 1.
Sur la différence des altérations que le temps occasionne dans les fruits et dans les boissons, exp. 1.
Sur la racine appelée orris, exp. 1.
Sur la compression des liqueurs, exp. 1.

Sur les altérations que produit l'eau dans l'air contigu.
Sur la nature de l'air, exp. 1.
Sur les yeux et la vue, exp. 1.
Sur la couleur de l'eau de la mer, exp. 1.
Sur les poissons à écailles, exp. 1.
Sur l'inégalité de force du côté droit et du côté gauche, exp. 1.
Sur les frictions, exp. 1.
Sur le genre d'illusion qui fait paraître plane une sphère vue de loin, exp. 1.
Sur le mouvement apparent des limites de l'ombre et de la lumière, exp. 1.
Sur les vagues et les brisants, exp. 1.
Sur les moyens de dessaler l'eau de mer, exp. 1.
Sur l'eau de certains puits creusés au bord de la mer, et qui redevient salée, exp. 1.
Sur ce genre d'attraction qui est l'effet de l'analogie ou affinité de substance, exp. 1.
Sur l'attraction, exp. 1.
Sur la chaleur qui règne dans l'intérieur de la terre, exp. 1.
Sur les moyens de traverser les airs en volant, exp. 1.
Sur l'écarlate, exp. 1.
Sur l'opération par laquelle on noue l'aiguillette, exp. 1.
Sur l'eau que la flamme fait monter dans un vaisseau, exp. 1.
Sur les différentes espèces d'influence de la lune, exp. 8.
Sur le vinaigre, exp. 1.
Sur les animaux qui dorment durant tout l'hiver, exp. 1.
Sur la génération des animaux, soit par voie d'accouplement, soit par la putréfaction, exp. 1.

Supplément à cette centurie.

Première addition. Table raisonnée de signes et de lois dont la connaissance peut servir à prévoir les grands hivers, les inondations, etc.
Définitions, limitations et avertissements, exp. 8.
Table de lois et de signes avec les explications, exp. 13.
Remarques, exp. 3.
Conséquences pratiques, exp. 9.
Seconde addition ; sur l'art de traverser les airs en volant.

CENTURIE X.

Expériences et observations diverses

Sur la transmission ou l'influence des vertus immatérielles, et sur le pouvoir de l'imagination ; trois avertissements, exp. 11.
Sur l'émission des esprits sous la forme de vapeurs, d'exhalaisons ou d'émanations analogues à celles qui constituent les odeurs, exp. 26.
Sur l'émission des espèces immatérielles qui affectent certains sens, exp. 1.
Sur l'émission des vertus immatérielles émanées des âmes ou des esprits des individus humains, et ayant pour causes les passions, l'imagination, etc., exp. 21.
Sur la force secrète de la sympathie et de l'antipathie, exp. 30.
Sur les propriétés occultes, exp. 1.
Sur la sympathie générale des âmes humaines, exp. 2.
Projet d'un remède contre la goutte.

FRAGMENT D'UN LIVRE PERDU

AYANT POUR TITRE :

ABÉCÉDAIRE DE LA NATURE

Tiré des écrits posthumes de Bacon, publiés en 1679, par Th. Tenison, dans son *Baconiana*, Londres.)

Comme une foule de substances nous viennent de la terre et des eaux, qu'un très grand nombre s'évaporent et se dissipent dans l'air, que beaucoup d'autres sont métamorphosées et dissoutes par le feu, les recherches que nous avons encore à faire n'auraient pas la clarté suffisante, si la nature de ces grandes masses qui se présentent si souvent sur la scène n'était préalablement bien connue et expliquée. Nous y joignons des recherches sur les corps célestes et sur les météores, comme appartenant aux masses majeures (de premier ordre) et plus universellement répandues.

Masses majeures (de premier ordre); re-recherches 67e, τ''', ou de la terre.

Masses majeures : recherche 68e, υ''', ou de l'eau.

Masses majeures : recherche 69e, φ''', ou de l'air.

Masses majeures : recherche 70e, χ''', ou du feu.

Masses majeures : recherche 71e, ψ''', ou des corps célestes.

Masses majeures : recherche 72e, ω''', ou des météores.

Conditions des êtres.

Pour diriger les esprits dans les recherches, il nous reste à exposer ici les conditions des êtres qui semblent être d'un ordre supérieur (supersensible), qui tiennent peu de la nature des corps ordinaires et qui cependant, avec la méthode que nous suivons, peuvent jeter beaucoup de lumière sur les autres êtres.

Ainsi que l'a fort bien observé Démocrite, la nature des choses est riche, elle est infinie, selon son expression, en matière première et en variétés individuelles ; mais elle est tout à la fois très limitée dans le nombre de ses combinaisons et dans celui des espèces, au point de paraître en quelque sorte étroite et pauvre, puisque toutes les espèces connues ou probables s'élèveraient à peine à un faisceau d'un millier.

D'après ces faits et cette considération que les résultats même négatifs, joints aux résultats positifs, ne laissent pas de fournir à l'esprit des informations utiles, nous avons pensé qu'il fallait d'abord établir un ordre de recherches sur l'être et le non-être. Elles seront exposées sous le n° 74, A''''.

Conditions des êtres, A'''', ou de l'être et du non-être.

Le possible et l'impossible ne sont autre chose que la présence ou l'absence en soi de la faculté (de la force potentielle) d'arriver à l'existence. Ce sujet est traité dans la recherche 74e, B''''.

Conditions des êtres, B'''', ou du possible et de l'impossible.

La quantité de matière plus ou moins grande, l'espèce d'éléments rares ou communs, sont aussi des conditions virtuelles d'existence (portent aussi en eux la faculté de donner l'être), sous le rapport de la quantité. Ce sera l'objet de la recherche 75e, γ''''.

Conditions des êtres, γ'''', ou de la quantité en plus et en moins.

Le durable et le transitoire, le permanent et l'instantané sont des conditions virtuelles d'existence, sous le rapport du temps. Il en sera traité dans la 76e recherche, δ''''.

Conditions des êtres, δ'''', ou du permanent et du transitoire.

Le normal et l'anormal sont des conditions virtuelles d'existence, selon qu'il s'agit du cours régulier de la nature ou de ses aberrations. Ce sera l'objet de la recherche 77e, ε''''.

Conditions des êtres, ε'''', ou du normal et de l'anormal.

Le naturel et l'artificiel sont encore des conditions virtuelles d'existence, selon que les choses ont lieu en dehors ou à l'aide de l'intervention de l'homme. Ce sujet sera exposé dans la 78e recherche, ζ''''.

Conditions des êtres, ζ'''', ou du naturel et de l'artificiel.

Nous n'avons pas ajouté d'exemples à l'appui dans l'explication de l'ordre de notre abécédaire, parce que nos recherches portent avec elles toute la lumière possible.

Quant aux titres suivants, lesquels nous avons distribué selon l'ordre de notre abécédaire, il ne faut point leur supposer plus d'importance que nous ne l'entendons et les prendre pour les divisions vraies et immuables des choses.

Une telle pensée dans l'auteur n'annoncerait pas moins de présomption de sa part, que s'il osait avancer qu'il sait les choses même qu'il cherche. Celui-là seul qui a creusé à fond la nature des choses a capacité pour en faire le partage et tracer de sa main une distribution qu'elles acceptent. Ce sera assez que nos divisions provisoires se prêtent commodément à la marche la plus convenable de l'esprit dans les recherches, et c'est pour le moment ce qui importe le plus.

RÈGLE ou LOI
DE L'ABÉCÉDAIRE.

Voici comment nous avons constitué et coordonné notre abécédaire.

L'histoire naturelle et les expériences occupent les premières places. Lorsque ces notions entraînent avec elles une série un peu longue de détails, nous les exposons ensemble dans des tables; autrement il en est traité çà et là dans le cours de l'ouvrage.

Comme l'histoire et les expériences nous font souvent défaut, particulièrement les faits lumineux, qui sont comme des jalons par le secours desquels on peut arriver à l'intelligence des causes, nous fournissons des indications quant aux expériences nouvelles, lesquelles indications forment comme le plan d'une nouvelle histoire naturelle; car que nous reste-t-il de mieux à faire, à nous qui entrons les premiers dans la voie?

Quand une expérience est plus délicate qu'une autre, nous en expliquons le mode, pour prévenir toute erreur à cet égard et pour exciter les autres à trouver en cela quelque chose de mieux.

Nous parsemons çà et là notre route d'avertissements sur les précautions à prendre contre les fausses apparences des choses et les erreurs qui altèrent plus ou moins nos découvertes.

Nous avons rédigé nos observations sur l'histoire naturelle et les expériences, de telle sorte que l'interprétation de la nature ne se fît pas ensuite long-temps attendre.

Enfin nous nous enhardissons jusqu'à tenter parfois quelques essais d'interprétation, mais bien humbles et tout-à-fait terre à terre, qui, selon nous, ne méritent aucunement l'honneur de ce nom d'interprétation. Qu'est-il en effet besoin de nous enfler et en imposer, pour nous qui avons eu tant de fois l'occasion de professer que l'histoire naturelle et ses expériences, notre premier besoin, étaient encore loin d'avoir fourni en quantité suffisante les matériaux sans lesquels l'interprétation de la nature ne saurait être exacte et complète, et que c'était assez pour nous si nous ne restions pas au-dessous de ces premières conditions.

Dans l'intérêt de l'ordre et de la clarté, nous ouvrons au lecteur, sous forme de préface, quelques avenues aux investigations; de même, pour que nos recherches ne paraissent pas trop décousues, nous ne négligerons pas d'interposer tout ce qui peut contribuer à former une trame bien unie.

Nous stimulons le lecteur par l'indication de quelques moyens de vérification pratique.

Nous faisons suivre les *Desiderata*, résultats ultérieurs qu'on n'a pas encore atteints, de leurs annexes immédiates, et cela pour tenir en éveil la curiosité industrieuse de l'esprit humain.

Nous ne nous dissimulons pas que quelquefois nos recherches s'enchevêtrent tellement que plusieurs objets de ces recherches échoient également à des titres différents; toujours est-il que nous procéderons de façon à éviter autant que possible l'ennui des répétitions et la fatigue des renvois, prêts cependant en une matière déjà si enveloppée de nuages, à sacrifier s'il le faut ce dernier avantage à la clarté de nos renseignements.

Telle est la règle et la loi de l'abécédaire. Que Dieu fondateur, conservateur, restaurateur de l'univers, veuille bien, nous l'en supplions par son Fils unique, lequel a vécu parmi nous, environner de sa puissante faveur cette œuvre qui n'aspire à s'élever jusqu'à son trône que pour redescendre en bienfaits sur le genre humain!

QUATRIÈME PARTIE

DE LA GRANDE RESTAURATION DES SCIENCES.

ÉCHELLE DE L'ENTENDEMENT

ou

FIL DU LABYRINTHE

(SCALA INTELLECTUS, SIVE FILUM LABYRINTHI).

PRÉFACE PROJETÉE.

Certes, les sceptiques, ceux qui font profession de ne croire à rien, ne seraient pas facilement attaquables s'ils apportaient sur ce point quelque tempérament à la rigueur de leur arrêt. Si, par exemple, ils venaient nous déclarer : qu'il n'y a de chose parfaitement sue et légitimement entrée dans l'esprit que celle qui est sue dans ses causes ; que la connaissance par les causes est de nature à prendre un accroissement indéfini, et à s'élever de plus en plus comme par une chaîne incessante aux vérités les plus incontestables ; de telle sorte que la connaissance entière des particularités de ce monde ne puisse résulter que d'un embrassement complet de l'universalité des choses, je ne vois pas ce que dans ce cas on aurait raisonnablement à leur opposer. Ne répugne-t-il pas en effet de croire qu'on puisse rien savoir d'une manière sûre avant qu'on ait largement pris ses points d'appui dans l'explication des causes ? et n'est-il pas téméraire et tout à la fois d'un esprit borné de gratifier l'humaine nature d'une connaissance parfaite de l'univers ? Mais ces philosophes, loin de montrer la même sagesse de vue et réserve de conclusion, n'ont pas craint de profaner de tout point les révélations des sens, ce qui ne va pas à moins qu'à un désespoir absolu de toute conclusion. Et quand encore ils se seraient abstenus de pareille calomnie, la dispute qu'ils ont provoquée sur ce point n'en serait pas moins, s'il en faut dire notre avis, intempestive et chicaneuse, alors que, en deçà de cette incontestable vérité qui paraît être à leur portée, un si grand champ reste encore ouvert à l'ingéniosité humaine que la poursuite de résultats ultérieurs, au préjudice de tant d'applications utiles à moissonner sur la route, semble une prétention absurde et extravagante. Aussi, de quelque façon qu'ils s'y soient pris par leur distinction du vrai ou du probable, pour détruire la certitude de la science, paralyser les applications utiles, et, quant à l'activité pratique, laisser dans le plus complet abandon certaines catégories de choses, ils n'en ont pas moins, sans aucun doute, en déracinant par là du cœur des hommes toute espérance de découvrir la vérité, coupé les ailes au génie de l'investigation ; et par l'esprit de désordre qu'ils ont reproduit dans leurs recherches, ils ont fait dégénérer la grande affaire des découvertes en une vaine lutte d'esprit, en un exercice scolastique de discussion. Toutefois nous ne saurions absolument nier que, si nous tenons par quelque point d'attache aux anciens, c'est plus particulièrement de ce genre de philosophes dont nous aimerions à être rapprochés, à cause de tout ce qu'ils ont dit et annoté de remarquablement sage sur les incertitudes des sens, l'infirmité du jugement humain et la convenance de l'esprit de doute et de réserve ; réflexions auxquelles nous en pourrions ajouter une infinité d'autres qui ont trait au même objet, de telle sorte qu'entre eux et nous il n'existe guère que cette différence, savoir : que s'ils décident, eux, qu'on ne peut absolument rien savoir, nous prononçons, nous, qu'on ne saura jamais rien tant qu'on persistera dans la voie où on a marché jusqu'à ce jour. Or, nous ne rougissons nullement de cette alliance; car, si on comprend à cet égard dans une même catégorie non-seulement ceux qui de principe et d'opinion professent la même doctrine, mais encore ceux qui la rendent en quelque sorte manifeste par l'espèce d'interrogatoire et d'argumentation qu'ils établissent sur ce point, ou qui, par le chagrin et le dépit que leur cause l'obscurité des choses, l'avouent et en quelque sorte la proclament, ou qui l'agitent, la débattent au fond de leur cerveau et n'en laissent échapper à de rares intervalles que de sourds murmures, on retrouvera dans ce nombre les hommes les plus éminents de l'antiquité, comme les princes des grandes méditations, dans l'intimité desquels personne ne rougirait de se trouver admis. Il n'est guère arrivé en effet qu'à un ou deux philosophes de l'antiquité d'affecter l'assurance des conclusions *à priori*. Cette manie présomptueuse ne domina qu'en des temps barbares plus rapprochés de nous, et si de nos jours on en remarque encore quelques traces il ne faut l'attribuer qu'à une sorte de parti pris, à un reste d'habitude et à un effet de l'incurie. Cependant on reconnaîtra facilement dans cette alliance dont nous venons de parler que, si quelque harmonie a d'abord régné entre nous et les anciens, un dissentiment profond nous a ensuite séparés; car, quoique à un premier aperçu nous ne paraissions pas différer beaucoup d'avec eux, en ce qu'ils prononcent l'incompétence de l'esprit humain purement et simplement, tandis que chez nous le même arrêt est subordonné à une condition, l'intervalle qui nous désunit n'en revient pas moins à ceci, savoir : que ne voyant ou espérant aucun remède à cette plaie, ils laissent là une entreprise commencée, et que, foulant aux pieds la certitude des sens, ils ruinent la science jusque dans ses derniers fondements, alors que nous, inventeurs à cet égard d'une méthode nouvelle, nous nous efforçons, par la guerre que nous faisons à toutes les erreurs, de restituer et diriger tant les sens que l'esprit. De là vient que ces philosophes, regardant la partie comme perdue, s'en consolent en laissant leur esprit s'étendre librement et à plaisir dans ces espaces sans bornes, et que nous, pressentant une contrée reculée et d'un accès difficile, nous implorons incessamment l'exaucement du désir que nous avons que cette contrée soit la terre promise du genre humain.

Nous avons donc dans le deuxième livre décrit le point de départ des voies à suivre, et, étant entrés aussitôt nous-mêmes dans ces voies, nous avons, dans le troisième, traité des phénomènes et de l'histoire de l'univers, par le moyen d'une infinité d'expériences diverses, pénétré dans les fourrés les plus épais et touffus de la nature, et, à l'aide d'une grande subtilité d'observations, nous nous sommes fait jour à travers les ronces et les épines dont ils étaient embarrassés. Or, nous voici maintenant arrivés à des plages plus découvertes, mais aussi à de plus rudes escarpements, des forêts au pied des monts. Nous passons en effet par un chemin sûr et qui ne change jamais, quoique nouveau et non encore tenté, de l'histoire aux considérations générales. Et c'est ici que vient très bien s'appliquer aux voies de spéculation que nous avons cru devoir suivre l'allégorie si célèbre et si fort en honneur chez les anciens, du double chemin de la vie active, des embranchements duquel l'un, à l'entrée uni et facile, aboutissait à des lieux escarpés, infranchissables ; l'autre, dès l'abord ardu et suspendu sur des précipices, se terminait en plaine. Celui en effet qui dès les premiers pas de l'investigation adoptera certains principes scientifiques fixes, dont ensuite il puisse commodément user comme d'une machine à solutions, celui-là, s'il continue à marcher toujours devant lui, et que, par trop de complaisance ou de méco tentement de lui-même, il ne renonce pas à son entreprise, est bien sûr de trouver au bout l'issue du premier embranchement. Celui, au contraire, qui aura été assez sage pour refréner d'abord son jugement, et qui, s'élevant peu à peu n'aura cherché, avec une patience héroïque et infatigable, à franchir les sommités des choses que comme les cimes des monts, progressivement et l'une après l'autre, celui-là parviendra sans doute au pic le plus élevé de la science, où il respirera une lumière éthérée, d'où se déroulera à ses yeux le spectacle le plus magnifique, et dont le versant le conduira par une molle pente à toutes les applications usuelles.

Et de même que nous avions consigné dans le deuxième livre les principes d'une vraie et légitime investigation, nous avons arrêté d'en proposer et décrire ici, selon la variété des sujets, les modèles ou exemplaires sous la forme qui nous a paru le plus appropriée à la nature des choses, et que nous donnons comme éprouvée et débattue. Toutefois, nous écartant en cela des habitudes des hommes, nous n'accordons pas à toutes les parties de ce formulaire une valeur ou importance telle qu'elles soient exclusives de tous autres procédés que ceux qu'il recommande, et qu'il faille absolument en passer par là. Nous ne pensons pas que l'habileté et les succès qu'on doit s'en promettre soient nulle part à poste fixe, et rien ne s'oppose à ce que ceux qui ont plus de loisir ou qui se sont déjà tirés des difficultés dont il fallait avant tout poursuivre la solution ne poussent ou fassent tourner à mieux nos premières indications ; et, à cet égard, nous ne craignons pas même d'ajouter que c'est souvent ainsi que l'art véritable fait des progrès.

FIL DU LABYRINTHE.

Lorsqu'il est arrivé à certaines personnes de ne pas vouloir donner leur acquiescement aux opinions philosophiques des anciens, ce que nous avons vu être l'effet quelquefois d'une certaine force d'intelligence, plus souvent d'une certaine légèreté d'esprit, ces personnes ont motivé d'une manière assez banale leur dissidence à cet égard en disant que, bien qu'elles s'écartassent des vues de l'antiquité, elles en adoptaient cependant tout ce qui était parfaitement d'accord avec le langage des sens, et que tout homme qui se serait bien prononcé à lui-même de ne pas se laisser enchaîner par l'autorité et de s'en rapporter avant tout à lui-même et aux sens, ne tarderait pas à passer dans leurs rangs. Quant à nous, nous n'avons prétendu ni triompher des informations du sens par la controverse, ni élever sur leurs ruines de pures abstractions ; loin de là, nous leur avons fourni une matière beaucoup plus riche et abondante qu'on ne l'avait fait jusqu'à ce jour ; nous nous sommes entièrement mis à leur service pour en redresser les erreurs et en quelque sorte la restituer ; nous avons augmenté leur puissance, et, repoussant loin de nous toute fantaisie de l'esprit, assujettissant la raison à une marche réglée, nous en avons fortifié, éduqué la perceptivité, si bien que, lorsque ces hommes dont nous venons de parler semblent ne garantir l'autorité des sens que par une simple profession de foi, c'est en réalité que nous le faisons, nous, notre philosophie n'étant à vrai dire qu'une seule et même chose avec les sens restitués et affranchis. D'après cela nous devons peu nous promettre de la foi et l'adhésion des hommes, attendu que notre raison, notre manière scientifique de procéder, loin de sympathiser aucunement avec celle des anciens, suit une direction totalement différente. Or, ceux qui, rebattus des assertions des anciens, ont repris leur besogne en sous-œuvre par la voie des sens et de l'expérience, se sont en effet dès l'abord livrés à ce genre de recherches avec zèle et vigueur, s'attachant plus particulièrement aux faits qui leur semblaient renfermer la raison de tous les autres, et de ces poignées, de ces quote-parts d'expériences, ils se sont hâtés de forger leurs systèmes, philosophant ainsi d'une manière étroite et incomplète, en faisant d'un petit nombre de données la base et le fondement de tout le reste. Pourtant cette manière de philosopher est fréquemment celle qui a le plus d'empire et de succès dans le monde, à cause de l'infirmité des facultés humaines, qui se laissent surtout séduire par ce qui se présente à elles avec le plus d'ensemble et de promptitude, et qui, impatientes du doute et de l'indécision, ou négligent ce dont elles n'ont encore pu s'assurer, ou l'entrevoient vaguement et obscurément comme ces hallucinations dont a coutume de s'emplir ou de se gonfler notre fantasque imagination. Mais nous qui n'avons pas seulement à notre service quelques instruments isolés, mais un arsenal complet de documents divins, nous qui jugeons en conscience et d'après l'ensemble des choses, nous n'avons presque à qui nous adresser; nous sommes à chercher de quel côté nous trouverions accès plus facile à la confiance des hommes, ce que nous apportons s'élevant plus haut que les notions, s'étendant plus loin que les expériences que nous venons de signaler. Il est donc inévitable que dans plusieurs de ces aperçus hâtifs et complaisants les sens laissent quelque chose à désirer et que d'un autre côté certaines choses abstruses, presque mystérieuses, leur paraissent accessibles; car les sens sont sujets à l'erreur, quoiqu'ils portent en eux les moyens de se redresser, et que, si de ce côté les erreurs viennent vite, les indices de rectifications semblent être aussi prompts qu'elles.

C'est pourquoi nous sommes entrés dans une voie tout-à-fait nouvelle d'exposition, appropriée aux choses mêmes, non en disputant, en nous étayant d'exemples rares et épars, double mode de capter la confiance, qui pouvait nous devenir funeste, à nous dont les jugements reposent sur des notions élaborées, non sur la base étroite d'une expérience décousue et tronquée, mais formée en accumulant sans relâche expérience sur expérience, en ramenant les hommes à la source des choses, en déroulant sous leurs yeux toute la marche que suit l'esprit en ses diverses directions. Que si donc il y en a qui ne veuillent procéder que par arguments, qui se contentent pour juger d'un petit nombre d'exemples, qui se laissent arrêter par l'autorité de certains noms, qui, faute de tête, de cœur ou de temps, ne puissent suivre avec nous le développement de notre œuvre et la scruter intérieurement, nous n'avons certes sur ce point rien de sérieux à démêler avec eux, et ce sera assez pour nous de leur citer ici ce mot de Philocrate sur Démosthènes: « Ne vous étonnez pas, Athéniens, si je ne puis être d'accord avec Démosthènes : il boit de l'eau et moi je bois du vin. » En effet, on peut dire qu'ils boivent une liqueur dure et crue, ou découlant naturellement ou tirée artificiellement de l'intelligence, tandis que nous, nous faisons d'amples libations avec le jus d'une quantité de raisins tous parfaitement mûrs et venus en leur terme, cueillis et ramassés par grappes, écrasés ensuite sous un pressoir et dont la liqueur s'épure dans les vases qui la reçoivent. Puisse la Divinité ne pas permettre que nous donnions un songe de notre imagination pour un modèle du monde, et nous aider assez de sa grâce pour que nous signalions, dans la nature et les êtres, l'Apocalypse, la vision des traces et des voies de sa puissance créatrice !

RECHERCHE RÉGULARISÉE
SUR LE MOUVEMENT.

I. Machine inférieure de l'entendement, ou série de cahiers quant aux apparences premières.

1. Fascicules, ou cahiers de l'histoire coordonnée par rapport à la première apparence : Des formes et différences du mouvement.

Mouvement d'extériorité, ou mouvement d'un corps en simple contact avec un autre.

Mouvement d'intériorité, ou mouvement moléculaire des corps en contact immédiat de fusion intime.

Mouvement portant sur les fibres mêmes des corps, ou mouvement d'identité.

Mouvement d'assimilation, ou mouvement de la génération de Jupiter.

Mouvement par voie d'empreinte ou de percussion, ou mouvement de la génération de Saturne.

Mouvement d'excitation, ou mouvement de génération feinte.

2. Fascicules, ou cahiers de l'histoire coordonnée par rapport au deuxième point : Des sujets ou des corps qui contiennent le mouvement.

3. Fascicules, ou cahiers de l'histoire coordonnée par rapport au troisième point : Des véhicules, ou des corps qui impriment le mouvement.

4. Fascicules, ou cahiers de l'histoire coordonnée par rapport au quatrième point : Des opérations et des résultats du mouvement.

5. Fascicules, ou cahiers de l'histoire coor-

donnée par rapport au cinquième point : Des espaces parcourus, ou des mesures du mouvement.

6. Fascicules, ou cahiers de l'histoire coordonnée par rapport au sixième point : De la sphère d'activité du mouvement.

7. Fascicules, ou cahiers de l'histoire coordonnée par rapport au septième point : De la coordination des mouvements.

8. Fascicules, ou cahiers de l'histoire coordonnée par rapport au huitième point : Des associations de mouvements.

9. Fascicules, ou cahiers de l'histoire coordonnée par rapport au neuvième point : Des affinités de mouvements.

10. Fascicules, ou cahiers de l'histoire coordonnée par rapport au dixième point : De la puissance des mouvements composés.

11. Fascicules, ou cahiers de l'histoire coordonnée par rapport au onzième point : De la force du mouvement à son origine et dans sa continuation.

12. Fascicules, ou cahiers de l'histoire coordonnée par rapport au douzième point : De toutes les autres particularités du mouvement.

13. Rudiment, ou cahiers d'anatomie.

14. Veines délaissées, ou cahiers d'une seconde division.

15. Axiome de l'extérieur, ou cahiers de l'observation.

16. Colonnes d'Hercule, ou cahiers de l'impossibilité apparente, ou *Desiderata* de l'humanité.

17. Produit net, ou cahiers d'applications usuelles, ou champ de l'activité humaine.

18. Anticipation, ou cahiers d'une interprétation encore un peu opaque.

19. Pont, ou cahiers préparatoires à de nouveaux cahiers.

II. Machine supérieure de l'entendement, ou série de cahiers relatifs aux apparences secondes.

Cahiers nouveaux.

Nous avons, comme on le peut voir, accompli la tâche que nous nous étions proposée de présenter un modèle des recherches à effectuer sur la nature, sujet le plus compréhensif et le plus étendu qui puisse se présenter à l'attention des hommes, et nous avons donné à ce modèle la forme que nous croyons le mieux appropriée à la nature des choses et aux besoins de l'esprit. Toutefois, nous ne faisons à personne, comme c'est l'habitude en pareil cas, une nécessité de suivre ce formulaire à la lettre, comme s'il ne pouvait pas en exister d'autre et qu'il fût l'oracle de l'art; mais, après des essais multipliés, forts d'une longue pratique, et, nous osons le croire, d'une certaine maturité de jugement, nous n'hésitons pas à présenter ce nouveau plan ou système de distribution des choses pour l'œuvre de l'intelligence, comme éprouvé et discuté. Cela n'empêche pas que ceux qui sont plus riches en loisir, ou qui se seront déjà tirés des difficultés dont il était d'abord nécessaire de poursuivre la solution, ou qui auront une intelligence plus large, des vues plus élevées, puissent, s'il leur convient, mener la chose à mieux. Nous sommes en effet convaincus que l'art des découvertes grandit avec les découvertes elles-mêmes; et il ne convient nullement de condamner l'esprit de recherche et les succès qu'on peut s'en promettre à quelques procédés immuables; car je ne vois aucune nécessité à ce que l'exercice de l'art devienne lui-même un obstacle à la perfection de l'art.

Or, de ce que nous sommes entrés dans une voie nouvelle d'enseignement et d'exposition scientifique, de ce que nous avons répandu çà et là la doctrine et les préceptes comme en passant et comme si nous eussions eu en vue toute autre chose, nous croyons avoir en cela fait preuve d'une grande raison; mais au surplus nous ne faisons ici nul mystère de la marche par nous suivie, comprenant parfaitement que nous ne devons rien attendre que de la justice des hommes ou plutôt des destinées communes, puisqu'aussi bien c'est de l'intérêt de l'humanité, non du nôtre propre, qu'il s'agit ici.

Nous croyons avoir gagné un premier point extrêmement important, celui de nous faire parfaitement comprendre. Autre chose en effet est de rattacher des exemples à chaque précepte pris à part, autre chose de construire et produire pour ainsi dire de toutes pièces l'édifice complet et achevé d'un ouvrage entier. Dans la considération mathématique, par exemple, si on a une machine ou un modèle *ad hoc* la démonstration suit claire et facile, tandis que, si on manque de ce secours, les questions paraissent enveloppées et plus subtiles qu'elles ne le sont en réalité ; l'expérience ayant de plus appris à cet égard que plus l'instrument de démonstration est d'une grande portée, plus il est exact et lumineux.

Nous espérons être récompensés de la modestie et de la simplicité de notre allure, qui n'a cherché ni à faire violence ni à tendre de piéges aux jugements des hommes, mais qui au contraire s'est bornée, en les mettant à découvert, à exposer l'état réel des choses. Personne avant nous n'avait ramené les hommes aux sources de la nature et aux choses elles-mêmes, et cela pour qu'ils pussent mieux juger du courant habituel de ces choses, ce qui s'offre journellement à leurs regards. Loin de là, chacun n'avait fait servir les exemples et l'expérience qu'à acquérir plus de crédit à ses propres paroles, non à donner plus d'indépendance au jugement des autres. Nous croyons donc avoir doublement bien mérité du genre humain en le mettant tout à la fois en possession de deux choses d'un grand prix et d'un haut attrait pour lui, la puissance et l'indépendance ; j'entends une puissance d'action sur la nature et l'indépendance des jugements. Et de même qu'en matière de juridiction civile les arrêts les plus droits et les plus purs sont en général ceux qui n'ont été que peu influencés par les hardiesses, les mouvements, l'éloquence même de l'orateur, et sont presque entièrement l'œuvre, le résultat des preuves testimoniales, de même les jugements sur la nature sont d'autant meilleurs que pour se produire ils ont été sobres de dissertations, de controverses, de spéculations, et qu'ils se fondent davantage sur les témoignages évidents et accumulés de l'expérience. Il est rare en effet que la passion ou quelque intérêt ne soit pas au fond de tous les témoignages d'auteur ; alors qu'au contraire les témoignages et les réponses des choses, quelquefois obscurs et ambigus, sont du moins toujours sincères et purs.

Nous avons échappé, je crois, à un grave inconvénient, à certain mouvement de répulsion et de prévention de la part de ceux à qui on s'adresse. Les esprits sages, sérieux et qui procèdent mûrement, ont effectivement pour habitude de taxer toute nouveauté de légèreté et de vanité, de ne pas tenir plus de compte des nouvelles sectes que des esprits follets, de dédaigner les nouvelles opinions à l'égal de vaines apparences, et ils pensent qu'il importe assez peu que les hommes soient ou non d'accord sur les théories, à moins qu'anciennes et consacrées elles se plient mieux, en raison de l'assentiment général et de l'usage, aux affaires de ce monde. Pour échapper à cet inconvénient, nous n'avions d'autre moyen que de frapper tellement les sens par la grandeur de l'exemple que dès l'abord il fût impossible à l'homme d'un esprit médiocre de ne pas reconnaître et constater dans notre œuvre quelque chose de solide, prudent et réservé, marqué au coin du travail et du bien public, n'ayant rien de commun avec la manière de procéder et les habitudes d'une nouvelle école ou d'une nouvelle secte.

De cette façon, nous le jugeons ainsi, les anciens, et tous ceux en général qui professent une doctrine philosophique quelconque, perdront de l'autorité et du crédit dont ils ont jusqu'à ce jour joui, sans toutefois être destitués de l'honneur et des respects qui leur sont dus, ce qui ne sera l'effet d'aucun moyen pris à cet égard, mais tout simplement le résultat de la force même des choses. Il n'échappera du moins à personne que si les philosophes dont nous parlons eussent été aussi exacts et aussi scrupuleux que nous, ils eussent renversé des fondements sur lesquels ils reposent leurs théories et leurs opinions.

Certainement on en pourrait douter si les opinions seules de ces philosophes nous étaient parvenues et si nous ne connaissions leur mode de recherche et de démonstration. Il nous fût venu en pensée que dès le principe de leurs méditations ils avaient rassemblé une collection de faits nombreux et puissants, et qu'ils l'avaient disposée dans un ordre semblable ou même supérieur au nôtre ; qu'alors, après avoir jugé le moment venu de prononcer sur la vérité découverte, ils avaient rédigé par écrit leurs décisions, leur explication des choses, leurs liaisons d'idées, n'employant que çà ou là un exemple ou un autre pour l'éclaircissement de leur doctrine ; qu'ils avaient cru inutile et fastidieux de publier leurs essais, leurs notes, espèces de codicilles et de commentaires ; qu'ils avaient en cela agi convenablement, comme un architecte qui, après avoir achevé un édifice, s'empresse de faire disparaître les échelles, les machines et tous les instruments de construction. Mais ces philosophes n'ont pas procédé de façon à se faire juger ainsi, puisqu'ils avouent eux-mêmes leur méthode, leur mode de recherche, et que leurs écrits en portent au front l'image bien empreinte. Cette méthode n'était autre que celle-ci :

De quelques exemples auxquels leurs sens étaient habitués, ils arrivaient en courant aux conclusions les plus générales, c'est-à-dire aux principes des sciences, à l'immuable vérité, desquels dérivaient médiatement leurs conclusions secondaires. De ce système ainsi construit, si quelque difficulté surgissait à l'occasion d'un fait qui paraissait contredire leurs idées, à l'aide de leurs distinctions et de l'explication de leurs règles, ils le faisaient rentrer de force dans leurs catégories. Si au contraire ils découvraient la cause d'un cas particulier, ils l'accommodaient ingénieusement à leurs spéculations. De là la source et le moyen de toutes leurs erreurs ; car la tâche de l'expérience était trop hâtée et les conclusions médiates qui sont réellement les nerfs des travaux scientifiques, ou étaient négligées, ou reposaient sur un fondement fragile, et, à l'expérience des sens qui leur manquait, ils substituaient une malheureuse et illégitime spéculation de leur esprit. Si de temps en temps il est fait mention dans leurs écrits de faits particuliers ou de quelques exemples, cela vient toujours trop tard et après qu'ils ont de tout point arrêté leur système.

Notre méthode est entièrement opposée à celle-ci, ce que nos tables établissent hors de toute controverse. Si on nous accorde cela, nous ne rabattons rien de l'admiration qu'on a vouée à quelques philosophes anciens ou à tout autre. Effectivement, dans tout ce qui vient de l'esprit et de la méditation ces hommes se sont montrés éminents. Mais telle est notre méthode qu'elle égalise presque toutes les intelligences et tous les esprits ; car, de même que si l'on tente de tracer une ligne droite avec le seul secours de la fermeté de la main et de la justesse du regard il faut une prodigieuse habileté de tact et de vue, alors qu'il en faut peu si on essaie de tracer cette ligne avec une règle ; ou, pour parler plus simplement, de même que pour se remémorer et pour réciter un long discours, une tête de puissante mémoire est bien supérieure à une tête oublieuse, tandis qu'il n'en est pas ainsi lorsqu'il s'agit de réciter un discours écrit ; ainsi, par la même raison un homme peut être supérieur à un autre homme dans cette contemplation des choses que supporte seule la force de l'esprit, mais dans les recherches que l'on fait au moyen de nos tables et suivant leur usage bien entendu, il n'y a guère d'autre différence dans le génie des hommes que celle qui se trouve dans leurs sens. Il y a mieux : c'est que nous redoutons même comme un danger la fougue et la subtilité pénétrante d'un esprit emporté par son propre mouvement ; aussi n'est-ce pas des plumes ou des ailes, mais du plomb et un lest que je voudrais attacher au génie de l'homme.

Notre méthode offre de plus cet autre avantage, qu'avec le secours de nos tables nous n'hésitons nullement à nous lancer dans l'entreprise la plus difficile peut-être qui puisse se présenter, en supposant toutefois qu'on y mette le soin et l'attention qu'un pareil sujet comporte. Cet avantage est si réel que, lorsque les hommes, d'abord embarrassés et bronchant à la besogne, se seront peu à peu accoutumés à la subtilité radicale des choses incessamment soumises à leurs regards, ainsi qu'aux nuances parfaitement signalées et caractérisées dans l'expérience, aussitôt la subtilité des dissertations et des controverses qui jusqu'à ce jour a absorbé toutes les forces de l'esprit ne leur paraîtra plus que comme un jouet, une sorte de charme magique, une ombre vaine, et ils prononceront de la nature ce qu'on a coutume de dire de la fortune, qu'on ne peut la prendre aux cheveux que par-devant, attendu qu'elle est chauve par-derrière. Effectivement, toute cette subtilité tardive et à rebours du droit sens, qui ne vient en quelque sorte qu'après coup, si parfois il lui arrive d'effleurer la nature et d'atteindre jusqu'à elle, ne parvient jamais à s'en emparer et s'en rendre maître.

Nous pensons aussi avoir produit une méthode pleine de sève et de vie. Notre science en effet ne se présente pas ici séparée de la souche, mais bien avec toutes ses racines pendantes, afin que, transplantée dans de meilleurs esprits, comme une jeune plante dans une terre plus féconde, elle puisse recevoir bientôt un grand et heureux développement. S'il nous est arrivé parfois d'admettre trop légèrement un fait ou une opinion, de manquer d'attention ou de sagacité sur un point, de nous endormir sur un autre, ou d'interrompre à tort le fil naturel des recherches, nous avons néanmoins posé les choses de telle sorte que nos erreurs pussent être aisément aperçues et écartées, avant qu'elles aient eu le temps d'imprégner trop avant l'ensemble de la science; nous avons procédé de façon que la succession et la continuation de nos travaux fût prompte et facile; chose importante, car l'esprit humain aura la conscience de ses forces, non pas tant lorsque la masse des esprits aura passé par les mêmes points de la science, que lorsqu'un grand nombre se sera plus particulièrement attaché à en combler les lacunes.

La mention et la recommandation fréquente que nous faisons de notre système aurait pu nous attirer certaines plaisanteries, et nous y avons échappé, ce nous semble, en astreignant les hommes à la considération individuelle des choses elles-mêmes, et leur donnant par là le droit d'être aussi exigeants vis-à-vis de nous que nous pouvons l'être à leur égard. Ce n'est pas sans raison, en effet, que nous avons tant parlé des travaux d'une telle entreprise. On le comprendra lorsqu'on aura constaté dans nos tables le peu de place qu'y occupent les travaux anciens et le peu d'importance que nous leur accordons, lorsqu'on aura approfondi l'esprit de notre méthode philosophique, lorsqu'on aura vu que cette méthode ne va pas tirer les nouveaux travaux des travaux déjà effectués, à la manière des empiriques, mais qu'elle s'attache à faire sortir de ces travaux les causes mêmes, et à établir sur ces causes une fois trouvées l'idée de nouveaux travaux plus avancés, comme font les vrais interprètes de la nature. On sera tout-à-fait persuadé de l'importance de nos paroles à ce sujet lorsqu'on aura vu combien notre méthode nous éloigne de ces écarts qui jettent souvent, dès le premier pas, dans des entreprises vagues et prématurées, et combien elle astreint l'esprit à épier le moment opportun et à savoir attendre le moment convenable, qui est d'ordinaire déterminé d'avance.

Enfin, nous avons atteint ce point, ce nous semble, d'avoir mis le public à même de se former une opinion juste, non-seulement quant à la partie du système de notre Restauration des sciences, mais aussi quant à son étendue et à ses dimensions. Nous avons procédé ainsi pour qu'on ne vînt pas s'imaginer que l'œuvre où nous nous engagions était quelque chose d'immense et au-dessus des forces humaines, mais pour qu'on se persuadât bien qu'une entreprise qui consiste en des recherches sur la nature, difficilement réalisables par des travaux isolés, l'était très facilement par des travaux réunis. On sait que d'ordinaire ce qui est le plus utile est justement ce qui est le plus borné.

Afin que ce que nous avançons fût plus évident, nous avons cru devoir joindre à notre travail des tables générales, disposées par ordre de matière.

La première traite du mouvement, la deuxième de la chaleur et du froid, la troisième du rayonnement des corps et des impressions qu'ils déterminent à distance, la quatrième de la végétation et des divers modes de vie des êtres organisés, la cinquième des passions du corps animal, la sixième des sens et des objets extérieurs, la septième des affections de l'âme, la huitième de l'entendement humain et de ses facultés.

Ces tables, qui comprennent les phénomènes naturels considérés abstractivement, appartiennent à la catégorie de la forme. Les tables suivantes, qui traitent du mécanisme et de l'ensemble des choses, appartiennent à la catégorie de la matière.

La neuvième traite de l'architecture du monde, la dixième des généralités relatives aux substances ou des accidents divers de l'essence, la onzième des divers états de consistance de la matière dans les corps ou de la non-homogénéité des parties, la douzième des espèces ou de la structure des êtres et des caractères ordinairement associés, la treizième des particularités relatives aux substances ou des propriétés. Nous avons été jusque-là, afin de renfermer dans nos treize tables l'universalité des recherches.

Nous rédigeons aussi dans l'occasion, et suivant le besoin du moment, des tables plus petites, que nous désignons sous le nom de sonde. Nous ne renfermons dans celles-ci même aucune recherche, si ce n'est par ordre et avec une mention expresse suffisante.

Reste une seconde partie, moindre par son étendue, plus importante par sa nature. Après avoir fait connaître la construction d'une machine, nous donnons des notions et des avis sur la manière de s'en servir.

TOPIQUES

D'UNE RECHERCHE SUR LA LUMIÈRE ET SES EFFETS

I. *Table des corps qui ont une lumière propre.*

Voir d'abord quels sont les différents corps qui engendrent de la lumière, comme les étoiles, les météores de feu, la flamme, le bois, les métaux, et les autres corps ignés; le sucre pendant qu'on le taille ou qu'on le brise, les vers luisants, les gouttelettes d'eau de mer retombant en rosée sous les coups, les yeux de certains animaux, certains bois pourris, le grand éclat de la neige. L'air pourrait peut-être posséder en propre une faible lumière en harmonie avec l'organe visuel des animaux nocturnes. Le fer et l'étain, lorsqu'on les plonge dans l'eau-forte pour les dissoudre, éprouvent une sorte d'ébullition, et sans ignition développent une vive chaleur; examiner s'ils émettent alors quelque trace de lumière. La combustion de l'huile a plus d'éclat dans les grands froids. Dans des nuits sèches, on aperçoit quelquefois une faible lumière autour des flancs d'un cheval en sueur. On a même vu errer dans la chevelure de certains hommes une lueur semblable à l'ondoiement d'une petite flamme. Cela est arrivé à Lucius Martius, en Espagne. On a trouvé autrefois une ceinture de femme qui brillait, non point lorsqu'elle était en repos, mais sous l'action d'un frottement. Elle était teinte en vert, et il entrait de l'alun dans cette teinture. Cette lumière était accompagnée d'une sorte de crépitation. Rechercher si l'alun brille pendant qu'on le taille ou le brise. L'alun, je le présume, exige une plus grande force de percussion que le sucre, vu sa plus grande densité. Il y a aussi des chaussettes qui jettent quelque apparence de lueur quand on s'en dépouille, soit par l'effet de la sueur, soit par celui de l'alun dont la teinture se trouve imprégnée.

II. *Table des corps qui n'émettent point de lumière ou qui la perdent instantanément.*

Voir quels sont les corps qui n'émettent point de lumière et qui ont pourtant une grande ressemblance avec ceux qui en émettent. L'eau bouillante ne produit point de lumière. Il en est de même de l'air quoique fortement échauffé. Les miroirs et les diamants, qui réfléchissent avec tant d'éclat la lumière, n'en émettent cependant point qui leur soit propre.

Examiner aussi avec soin dans ces apparitions phénoménales le moment unique où, dans la succession des instants, paraît et disparaît la lumière, comme en passant. Le charbon en ignition est lumineux, mais comprimé fortement il perd aussitôt sa lumière. Si on fractionne et divise en plusieurs parties le corps d'un ver luisant, le fluide cristallin qui y est contenu ne laisse pas de conserver encore pendant un peu de temps une lumière qui ne tarde pas à s'évanouir, etc.

III. *Table des degrés d'intensité de la lumière.*

Voir quelle est la lumière plus ou moins intense, plus ou moins vibratile. La flamme du bois produit une forte lumière, celle de l'esprit-de-vin une un peu plus faible, celle du charbon entièrement allumé une plus obscure et visible à peine, etc.

IV. *Couleurs de la lumière.*

Examiner les diverses nuances de couleur que revêtent les corps enflammés.

Parmi les étoiles, il en est de blanches, de resplendissantes, de rougeâtres et d'autres d'une teinte plombée.

Les flammes ordinaires sont d'une couleur comme safranée; les météores célestes, la flamme de la poudre à canon l'emportent sur toutes les autres par l'éclat de leur blancheur. La flamme du soufre est bleuâtre et belle. Les flammes de certains corps sont couleur de pourpre. On n'a pas remarqué de flammes vertes; celle qui se rapproche le plus de cette couleur est la lumière du ver luisant. On ne connaît pas non plus de flammes écarlates; le fer en ignition est rouge, et si l'ignition est plus intense, il devient presque blanc.

V. *Réflexion de la lumière.*

Voir quels corps réfléchissent la lumière, tels que les miroirs, les eaux, les métaux polis, la lune, les pierres précieuses. Tous les liquides dont la surface est égale et polie luisent un peu. Ce reflet est comme un premier degré de lumière.

Examiner attentivement si la lumière d'un corps brillant peut être réfléchie par un autre corps brillant, dans le cas où, par exemple, on opposerait un fer incandescent aux rayons du soleil ; car les corps réflecteurs se renvoient indéfiniment de l'un à l'autre les rayons qui dans ces passages perdent successivement de leur intensité.

VI. *Multiplication de la lumière.*

Etudier la multiplication de la lumière, par exemple, à travers des miroirs semblables, placés en perspective, au moyen desquels la lumière peut s'aviver, se projeter au loin et se répercuter pour nous faire ainsi distinguer les objets avec plus de précision et de netteté ; c'est un moyen en usage parmi les artistes et les artisans ; ils interposent un bocal rempli d'eau entre le flambeau et l'objet à éclairer.

Examiner si tous les corps, à leur plus grand volume, ne réfléchissent pas la lumière ; car la lumière, autant qu'il le paraît, traverse les corps ou est réfléchie par eux. C'est pour cela que la lune, quoique corps opaque, nous paraît lumineuse et nous renvoie d'autant plus de lumière que son volume est plus grand.

Examiner aussi si l'agrégation des corps lumineux a multiplié la lumière. Cela n'est pas douteux des corps également brillants. Rechercher si une lumière, absorbée par une lumière plus grande au point de n'être plus visible par elle-même, ajoute cependant quelque chose à la seconde ; les corps brillants ajoutent à l'intensité de la lumière, ce qui fait, par exemple, qu'un lit orné d'une couverture de soie a plus d'éclat que s'il était simplement d'un tissu de laine.

La réfraction multiplie aussi la lumière ; les pierres précieuses taillées à facettes et les fragments de verre ont plus d'éclat que s'ils présentaient une surface plane.

VII. *Moyen d'atténuer la lumière.*

Etudier les moyens d'atténuer la lumière, ainsi qu'il arrive par l'exubérance d'une lumière plus intense, par l'interposition de milieux épais ou opaques. Il est certain, par exemple, que les rayons du soleil tombant sur la flamme d'un foyer la font apparaître comme une espèce de fumée blanchissante.

VIII. *Opérations ou effets de la lumière.*

Observer les opérations et les effets de la lumière, qui, comme on le voit, sont peu nombreux, et n'ont pas d'action quant à l'altération des corps, particulièrement des corps solides ; car c'est avant tout la lumière que la lumière génère dans les corps, et rarement elle y provoque des propriétés nouvelles.

Certainement la lumière donne plus de ténuité à l'air ; elle est agréable aux animaux et les réjouit. Elle ranime les rayons éteints de toutes les couleurs et de toutes les choses visibles, car toute couleur est une image réfractée de la lumière, etc.

IX. *De la vitesse de la lumière.*

Etudier la marche de la lumière, qui paraît être instantanée ; car la lumière qui afflue depuis plusieurs heures dans une chambre ne l'éclaire pas plus que si elle venait d'entrer, tandis qu'il en est autrement de la chaleur et des phénomènes analogues.

En effet, la première chaleur acquise persiste et la chaleur subséquente s'y sur-ajoute. Quelques personnes pensent cependant que le crépuscule peut provenir en partie des derniers rayonnements de la lumière.

X. *Direction et propagation de la lumière.*

Examiner attentivement la direction et la propagation de la lumière. La lumière se projette tout autour de son foyer ; rechercher si la lumière s'élève peu à peu et à la fois, ou si elle s'irradie avec égalité en haut et en bas. La lumière enfante partout la lumière autour d'elle ; de sorte que, si un foyer de lumière est en partie intercepté par un corps opaque, la lumière qui en émane ne laisse pas d'éclairer tous les objets à l'entour, à l'exception de ceux qui se trouvent dans l'ombre du corps interposé; et pourtant ces derniers objets reçoivent encore quelques reflets de la lumière environnante, puisqu'on peut distinguer un objet placé dans le champ de cette ombre avec plus de facilité que si aucune lumière ne rayonnait à l'entour. C'est pourquoi la matière apparente d'un corps lumineux et la lumière elle-même sont très probablement choses différentes. La lumière ne pénètre pas les corps fibreux et d'une cristallisation confuse; cependant elle n'est point arrêtée par la solidité et la dureté du milieu, comme cela se voit dans le verre et autres substances semblables. Aussi la ligne droite et une direction non transversale des pores paraissent plus favorables à la transmission de la lumière.

La lumière rayonne parfaitement dans l'air; plus il est pur et mieux il transmet la lumière. Examiner si l'air est un véhicule pour la lumière; du moins nous remarquons que les sons semblent être transportés par le vent, de sorte que nous les entendons de plus loin lorsque le vent vient à nous que lorsqu'il souffle dans une direction contraire. Existe-t-il quelque chose de semblable relativement à la lumière?

XI. *Diaphanéité des corps.*

Etudier encore la diaphanéité des corps. La mèche d'une bougie s'aperçoit à travers la flamme; mais à travers de plus grandes flammes les objets ne paraissent plus à notre vue. Toute diaphanéité disparaît dans un corps en ignition, comme il est facile de le voir dans le verre, qui perd toute sa transparence quand il est en feu; la substance de l'air est diaphane, celle de l'eau de même; mais ces deux corps diaphanes, mêlés ensemble dans la neige ou l'écume, cessent de l'être et semblent alors acquérir une lumière qui leur est propre.

XII. *Rapports et dissemblances de la lumière avec les autres corps.*

S'occuper des rapports et des dissemblances de la lumière avec les autres corps. Relativement à sa génération, la lumière a surtout d'étroits rapports avec la chaleur, la ténuité et le mouvement. Étudier l'union et la séparation de ces éléments, eu égard à la lumière; étudier aussi les différents degrés de leur union ou séparation. La flamme de l'esprit-de-vin ou d'un feu follet donne une chaleur beaucoup plus douce que celle du fer en ignition, et cependant une lumière plus intense. Les vers luisants, les vagues brisées de la mer, et beaucoup de phénomènes que nous avons énumérés, projettent de la lumière, mais n'ont point de chaleur sensible au toucher; les métaux enflammés sont encore d'une densité très grande, et cependant ils recèlent en eux une chaleur ardente; l'air au contraire est un des corps les plus ténus, mais il manque de lumière. De plus, l'air et les vents même ont un mouvement rapide, et cependant ils n'émettent pas de lumière. Au contraire, les métaux en ignition ne se dépouillent jamais de leur mouvement insensible, et toutefois ils dardent la lumière.

Quant aux affinités de la lumière, qui sont relatives, non pas à sa génération, mais à sa propagation, rien ne paraît avoir plus de rapport avec la lumière que le son. Aussi faut-il étudier avec soin leurs harmonies et leurs dissemblances. Or, voici leurs harmonies.

La lumière et le son remplissent l'air ambiant; ils parcourent l'un et l'autre les plus longs espaces, mais la première avec beaucoup plus de rapidité que le second.

Regardez des canons, vous voyez la flamme avant d'avoir entendu le bruit de l'explosion.

La lumière et le son offrent des nuances très délicates: le son dans les mots articulés par exemple, la lumière dans toutes les images des choses visibles.

La lumière et le son ne produisent ou n'engendrent presque rien, si ce n'est dans les sens et l'intelligence des animaux.

La lumière et le son produisent facilement et s'évanouissent très vite. Tout le monde sait que le son qui s'échappe d'une corde ou d'une cloche est produit par le premier choc; car dès qu'on met le doigt sur la corde ou qu'on arrête la cloche le son cesse à l'instant, d'où il est manifeste que la durée du son est produite par la succession des vibrations. La lumière est absorbée par une plus grande lumière, comme le son par un plus grand son, etc.

Voici les dissemblances.

La lumière et le son diffèrent d'abord en ce que, comme nous l'avons dit, la lumière est plus rapide que le son.

La lumière embrasse de plus grands espaces que le son.

La lumière est-elle portée à travers les airs comme le son? c'est ce qui est incertain. La lumière ne se dirige qu'en ligne droite, le son se dirige en ligne oblique et en tout sens.

En effet, regardez un objet dans l'ombre d'un corps opaque, vous ne croirez pas que la lumière pénètre cet objet, mais bien qu'elle illumine seulement l'air ambiant, lequel projette quelques reflets sur l'espace placé dans l'ombre.

Mais le son, répercuté par un côté d'une muraille, est entendu de l'autre côté sans avoir beaucoup perdu de son intensité. On entend le son même entre les parois des corps solides, quoique alors il devienne plus grêle, comme cela se remarque dans les sons produits sous les pierres hématites ou dans les corps frappés dans l'eau. Pour la lumière, vous ne la verrez pas dans un corps solide et non diaphane, parfaitement opaque. La lumière pénètre dans de plus grandes profondeurs que le son, comme dans le fond des rivières. Enfin tout son est généré dans le mouvement et en vertu d'une percussion manifeste du corps ; il n'en est pas de même de la lumière.

Quant aux antipathies formelles de la lumière, à moins qu'on ne prenne pour telles certains caractères négatifs, on n'en remarque pas ; il est toutefois très présumable que l'immobilité des parties d'un corps est très antipathique à la lumière ; car rien ne brille presque, qui ne soit merveilleusement mobile par sa propre nature ou excité par la chaleur, le mouvement ou l'esprit vital, etc.

Je comprends parfaitement qu'il ne faille pas borner ses recherches aux indications naturelles, dont nous n'avons guère proposé que quelques exemples, mais qu'on doive encore y ajouter, selon que le comporte la nature des choses, quelques articles spéciaux.

CINQUIÈME PARTIE

DE LA GRANDE RESTAURATION DES SCIENCES.

PRODROMES,

ou

ANTICIPATIONS DE LA PHILOSOPHIE SECONDE.

(PRODROMI SIVE ANTICIPATIONES PHILOSOPHIÆ SECUNDÆ.)

PRÉFACE RÉSERVÉE.

Nous pensons que le législateur à qui on demanda s'il avait donné à ses concitoyens les meilleures lois fit acte de bon citoyen et d'homme sage quand il répondit : « Oui, les meilleures de celles qu'ils étaient disposés à accepter ». Il est, en effet, des hommes pour qui il ne suffit pas d'avoir bien pensé (nous pourrions presque dire rêvé); il faut encore qu'ils recherchent, non ce qui leur semble le plus utile, mais ce qui doit être, avec le plus de probabilité, admis et approuvé; il faut enfin qu'ils sacrifient la chose à l'effet. Quant à nous, quoique nous professions le plus vif amour pour la république humaine, notre patrie commune, il ne nous est pas permis de nous soumettre à cette raison et à cette exclusion législatoriale; car, nous n'imposons pas, selon notre bon plaisir, des lois à l'intelligence ni aux choses, mais fidèles secrétaires de la nature, nous écoutons et nous écrivons en quelque sorte sous sa dictée les lois qu'elle a portées et publiées. C'est pourquoi, soit que celles-ci doivent être agréées ou rejetées par les suffrages de l'opinion, nous n'en remplirons pas moins nos fonctions avec bonne foi. Ce n'est pas que nous rejetions l'espoir qu'il ne se trouve aujourd'hui et qu'il se trouvera dans la postérité des hommes qui puissent saisir et digérer, pour ainsi dire, les points importants de la science, et se feront un devoir de les éclaircir et de les élaborer. Ouvrir les sources des choses, indiquer les avantages qui en émanent, chercher enfin partout les traces des voies véritables, tel sera (avec l'aide du Tout-Puissant) le but de notre vie et de nos constants efforts, n'ayant rien tant en vue que l'intérêt général et l'enseignement commun. Tout en recherchant les faits principaux, nous ne laissons pas de côté ceux qui leur sont inférieurs; car ils ne diffèrent entre eux qu'en ce que les uns sont ordinairement plus et les autres moins à notre portée. Bien que nous apportions, selon nous, des données plus justes que les anciennes et que celles consacrées par l'usage, nous ne nous opposons pas à ce que ces dernières conservent leur poids auprès de beaucoup d'hommes; nous disons plus, nous désirons qu'elles soient commentées et revues, et qu'elles jouissent d'un grand crédit. Notre but n'est point d'arracher les hommes tous ensemble et tout d'un coup aux systèmes qu'ils ont suivis et adoptés. La flèche ou le trait qu'on lance suit la direction donnée, bien que dans sa course elle effectue ses conversions et qu'elle roule continuellement; de même, quoique notre marche tende à un but ultérieur, nous parcourrons la voie consacrée et connue sans nous permettre d'en sortir.

Nous nous servons donc aussi, avec une sagesse réfléchie, de la raison commune et des démonstrations vulgaires, tout en en abdiquant l'empire, et nous apporterons le même soin dans l'exposition des faits déjà trouvés et démontrés d'après ces règles, de tout, en un mot, ce qui renferme un fond vrai et utile, que dans celle de nos propres investigations. Nous n'entendons pas, toutefois, nous rétracter en rien par là de ce que nous avons dit de l'incompétence des premières philosophies et des anciennes démonstrations. Notre dessein a été au contraire de les présenter pour le loisir et le délassement de ceux qui, arrêtés par un juste motif de défaut de santé ou de temps, voudront borner leurs recherches aux régions et aux provinces anciennes des sciences, en d'autres termes, à leurs étroites limites. Nous avons voulu aussi les présenter à ceux qui rechercheront la vraie connaissance de la nature d'après nos principes, pour que, dans notre route de pourvoyeur de science, ces philosophies leur servent d'hôtelleries et de tentes où ils puissent se reposer et se rafraîchir de leurs fatigues. De notre côté, nous n'en continuerons pas moins à travailler dans l'intérêt des hommes, et à offrir à leur imagination des données qui ont avec la nature une plus grande affinité. Ce n'est pas que nous nous supposions assez de génie ni que nous ayons en notre talent assez de confiance pour en attendre ce noble résultat ; mais c'est parce que nous ne doutons pas qu'un homme, quelque borné qu'il soit, s'il est doué d'ailleurs d'une saine raison, s'il a la volonté et le pouvoir de chasser les préjugés de son esprit, de se choisir un monde sérieux et raisonné d'investigation, et de se livrer à une étude approfondie de l'histoire naturelle et de tous ses points particuliers avec toute la liberté et l'attention de ses facultés, nous ne doutons pas. disons-nous, que cet homme, quel qu'il soit. pénètrera beaucoup plus profondément dans les secrets de la nature par lui-même, par les propres formes naturelles de son esprit, par ses seules anticipations enfin, que par la lecture d'auteurs de tous genres, ou une méditation abstraite et infinie, ou des discussions continuellement répétées ; il arrivera à la connaissance intime des choses, bien qu'il n'ait fait usage d'aucune machine et qu'il n'ait suivi aucun système d'interprétation. Et pourquoi n'oserions-nous pas espérer de l'étude un tel résultat pour nous-mêmes, surtout quand nous considérons la pratique et l'expérimentation auxquelles nous nous sommes livrés dans nos recherches, et dont le propre est de corriger et de changer la manière même de penser de l'esprit? Nous ne voudrions pas qu'on nous accordât ce crédit, si nous réclamions pour nos préceptes la foi que nous avons refusée à ceux des anciens. Loin de là; nous déclarons et nous avouons ici que nous ne voulons nullement être retenus par les faits que nous allons exposer, comme si toutes les parties de notre philosophie seconde et de notre système d'inductions ne devaient plus être retouchées.

Notre intention a été de rapporter le résultat épars de nos méditations, et non de les confiner dans un cadre et un ordre méthodique. Nous pensons que cette forme convient à une science toute jeune encore, qui a besoin d'être examinée jusque dans sa tige et ses racines ; elle convient aussi à celui qui ne vient point fixer les parties constituantes de la science, mais qui ne veut pour le moment que se livrer sans restreinte à des recherches particulières sur chacune de ces parties.

SIXIÈME PARTIE

DE LA GRANDE RESTAURATION DES SCIENCES.

PHILOSOPHIE SECONDE

ou

SCIENCE ACTIVE

(SCIENTIA ACTIVA).

RÈGLES MOBILES

(TIRÉES DE L'HISTOIRE DES VENTS.)

Il existe des principes particuliers et généraux ; les uns et les autres sont variables pour nous, car ce n'est pas le temps pour nous de nous prononcer sur une telle matière. Mais les principes particuliers pourront, je le pense, être recueillis ou répandus dans différents articles ; quant aux principes généraux qui sont en petit nombre, nous les extrairons sans retard et les retrancherons.

1. Le vent n'est pas autre chose que l'air mu, soit par une simple impulsion, soit par le mélange des vapeurs.

2. Les vents produits par la simple impulsion de l'air se forment de quatre manières, soit par le mouvement propre de l'air, soit par la dilatation de l'air par la chaleur solaire, soit par l'arrivée d'un air soumis à un froid subit, soit enfin par la compression exercée sur lui par les corps étrangers. Outre celles-ci, il est une cinquième manière qui consiste dans l'agitation et la secousse de l'atmosphère, suite de l'influence des astres ; mais une telle interprétation doit être passée sous silence en ce moment et être reçue avec réserve.

3. La principale cause des vents formés par le mélange des vapeurs, est la surcharge de l'air ancien, produite par l'air formé nouvellement de vapeurs ; aussi la masse de l'atmosphère occupe une étendue plus considérable et recherche un espace plus vaste.

4. Cet air nouveau, quoiqu'en petite quantité, produit dans la masse de l'atmosphère une véritable augmentation de volume, de manière que cet air nouveau produit par la résolution des vapeurs pousse plus au mouvement la masse qu'elle ne la rend plus considérable ; mais l'ensemble du vent est formé par l'air ancien ; car ce n'est pas l'air nouveau qui pousse au-devant de lui l'air ancien, comme s'ils constituaient deux corps séparés, mais bien l'un et l'autre qui par leur union tendent à occuper une plus vaste étendue.

5. Quand un autre principe de mouvement s'unit à cette même surcharge de l'air (dont nous venons de parler), c'est un accessoire qui fortifie et augmente la cause principale ; aussi les vents considérables et impétueux sont-ils rarement produits par la seule surcharge de l'air.

6. Les accessoires qui s'unissent à la surcharge de l'air sont au nombre de quatre : le dégagement du gaz du sein de la terre, l'expulsion du gaz de la région moyenne de l'air (comme on l'appelle), la dissolution d'un nuage formé, et la mobilité et l'âcreté de ces mêmes exhalaisons.

7. Le vent se meut presque toujours latéralement ; celui qui est formé par une simple surcharge se dirige ainsi dès l'origine ; celui qui vient des exhalaisons terrestres ou du reflux des régions élevées suit cette route peu de temps après, à moins que l'éruption, la précipitation et la répercussion n'aient été trop violentes.

8. L'air supporte une certaine compression avant de se ressentir de la surcharge et de chasser au-devant de lui la masse d'air qui l'entoure, d'où il arrive que tous les vents sont un peu plus denses que l'air lorsqu'il est en repos.

9. Les vents s'apaisent de cinq manières : par des vapeurs qui s'amassent, qui s'incorporent à l'air, qui se subliment, qui se transportent çà et là, enfin qui manquent.

10. Les vapeurs et l'air même se réunissent pour former de la pluie de quatre manières : ou par leur abondance, qui les rend plus pesantes, ou par le froid, qui les condense, ou par les vents contraires, qui les poussent, ou enfin par les obstacles, qui les renvoient.

11. Les vapeurs autant que les exhalaisons peuvent être l'élément des vents ; car si la pluie n'est jamais produite par les exhalaisons, les vents, au contraire, sont très souvent formés par les vapeurs. Mais ce qu'il importe de savoir, c'est que les vents formés par les vapeurs s'incorporent plus facilement à l'air pur et s'apaisent plus tôt ; ils ne sont point aussi opiniâtres que ceux qui doivent leur origine aux exhalaisons.

12. La manière d'être et les différentes conditions du calorique n'entrent pas moins dans la formation des vents que l'abondance et les particularités de la matière.

13. Pour former les vents, la chaleur du soleil doit être proportionnée de sorte qu'elle les excite, mais pas assez fortement pour qu'ils produisent de la pluie, ni pas assez faiblement pour qu'ils se désunissent et se dissipent.

14. Les vents soufflent de la partie où se trouvent placés leurs foyers ; lorsque ceux-ci sont placés variablement, de manière à ce que plusieurs vents soufflent en même temps, alors le plus fort anéantit le plus faible et l'entraîne dans sa direction.

15. Les vents sont formés depuis la surface de la terre jusqu'aux régions froides de l'air ; mais ils sont plus fréquents près de nous, plus forts dans les régions élevées.

16. Les régions où soufflent les vents chauds sont plus chaudes qu'elles ne devraient l'être en raison de leur climat ; de même celles que les vents froids parcourent sont plus froides que ne le ferait supposer leur position.

RÈGLES MOBILES

SUR LA DURÉE DE LA VIE ET LES DIVERSES FORMES DE LA MORT

(TIRÉES DE L'HISTOIRE DE LA VIE ET DE LA MORT).

1. La consomption n'arrive que quand ce qu'un corps a perdu passe à un autre.

2. Dans tout corps tangible se trouve un esprit qui est enveloppé et renfermé dans des dépouilles grossières ; et c'est de cet esprit que la consomption et la dissolution tirent leur origine.

3. En abandonnant le corps, l'esprit se dessèche ; mais si au contraire il y est retenu et s'il exerce une action adoucissante à l'intérieur, il le liquéfie, ou le putréfie, ou le vivifie.

4. Dans tous les corps animés se trouvent deux esprits : les esprits mortels, tels qu'ils existent dans les corps inanimés, et en outre les esprits vitaux.

5. Les fonctions naturelles sont propres à différentes parties, mais l'esprit vital les excite et les aiguise.

6. Les esprits mortels sont d'une substance qui a de l'analogie avec celle de l'air ; les esprits vitaux se rapprochent plus de la substance de la flamme.

7. Les esprits ont deux besoins : l'un de se multiplier, l'autre de s'échapper et de s'unir à tout ce qui est de même nature.

8. L'esprit emprisonné, s'il n'avait pas assez

de force pour engendrer un nouvel esprit, réagirait sur les parties grossières.

9. L'altération des parties dures se remarque bientôt quand l'esprit ne s'échappe ni ne procrée.

10. Pour la verdeur du corps, la chaleur de l'esprit doit être forte et non âcre.

11. La condensation des esprits dans la substance où ils sont renfermés a pour effet de prolonger la vie.

12. Les esprits, quand ils sont abondants, tendent plus à s'échapper et détruisent davantage que quand ils le sont moins.

13. L'esprit répandu également dans le corps tend moins à en sortir et le ruine moins que s'il y était distribué inégalement.

14. Les mouvements irréguliers et bruyants des esprits les portent plus à s'échapper et causent une destruction plus considérable que s'ils étaient constants et toujours semblables.

15. Dans un corps de constitution solide, l'esprit est retenu même malgré lui.

16. Les substances oléagineuses et onctueuses, quoique peu tenaces, retiennent facilement l'esprit.

17. La prompte évaporation de l'humeur aqueuse conserve plus long-temps dans ses propriétés l'humeur oléagineuse.

18. L'exclusion de l'air est une circonstance favorable à la prolongation de la vie, si l'on prend soin de prévenir les autres inconvénients.

19. Les esprits des jeunes hommes étant placés dans le corps des vieillards, ils pourraient faire rétrograder la nature.

20. Les sucs qui donnent plus de résistance et d'humidité au corps concourent à la prolongation de la vie.

21. Tout ce qui pénètre intimement et qui cependant n'a point d'âcreté engendre les sucs humectants.

22. L'assimilation n'est jamais plus facile que lorsque tout mouvement local vient à cesser.

23. Une nutrition par juxta-position, si elle était possible, et non par intus-susception, serait favorable à la prolongation de la vie.

24. Si la digestion est assez imparfaite pour que la nutrition ne s'étende pas au loin, alors les parties extérieures devront être fortifiées pour qu'elles puissent attirer jusqu'à elles les principes nutritifs.

25. Toute rénovation subtile du corps se fait ou sous l'influence de l'esprit, ou sous celle des adoucissants.

26. Le ramollissement est le résultat de l'action des substances homogènes qui pénètrent et obstruent les parties.

27. La rénovation fréquente des parties réparables s'étend aussi aux parties qui le sont moins.

28. Les substances rafraîchissantes qui ne passent point par l'estomac sont favorables par leur emploi à la prolongation de la vie.

29. Les effets de la chaleur qui consume autant qu'elle répare sont une complication qui met le plus grand obstacle à la prolongation de la vie.

30. La guérison des maladies repose sur l'emploi momentané des remèdes ; mais la prolongation de la vie doit être le résultat d'un long régime.

31. L'esprit vital est immédiatement frappé de mort lorsqu'il vient à manquer ou de mouvement, ou de rafraîchissement, ou d'aliment.

32. La flamme est une substance d'un moment ; l'air est au contraire une substance fixe. L'esprit vital propre aux animaux occupe le milieu entre ces deux substances.

OUVRAGES MORAUX.

ESSAIS
DE MORALE ET DE POLITIQUE

(*SERMONES FIDELES SEU INTERIORA RERUM*).

DÉDICACE

AU TRÈS ILLUSTRE ET TRÈS EXCELLENT SEIGNEUR GEORGES, DUC DE BUCKINGHAM, GRAND AMIRAL D'ANGLETERRE.

Très honoré Seigneur,

Salomon a dit : « Une bonne renommée est comme un parfum odorant et précieux. » Je ne doute pas que tel soit l'avantage de votre nom dans la postérité. Vous avez en effet été également distingué par votre mérite et par la fortune, et vous avez fondé des biens qui ne périront pas.

Il m'a paru à propos de publier le recueil de mes Essais qui, de tous mes ouvrages, ont été le mieux accueillis, peut-être parce qu'ils semblent entrer plus qu'aucun autre dans le fond des affaires et s'y incorporer. Je les ai augmentés en nombre et en valeur, de manière à en faire un ouvrage entièrement neuf, et j'ai pensé que mon affection aussi bien que mes obligations envers Votre Seigneurie me faisaient un devoir de les faire précéder de votre nom dans l'édition anglaise aussi bien que dans l'édition latine. Je me plais à nourrir l'espoir qu'à la faveur de la version latine, qui est une langue universelle, ils pourront vivre tant que vivront les livres et les lettres.

J'ai dédié au roi ma Grande Restauration ; j'ai dédié au Prince Royal mon Histoire de Henri VII et quelques parties de mon Histoire Naturelle ; je dédie ces Essais à Votre Seigneurie ; c'est un des meilleurs fruits que la faveur divine m'ait permis de tirer des travaux de ma plume. Que Dieu protège Votre Seigneurie !

De Votre Seigneurie,

le très dévoué et très fidèle serviteur.

Année 1625.

Fr. SAINT-ALBAN

LETTRE D'ENVOI AU MARQUIS D'EFFIAT

(Écrite originairement en français).

Monsieur l'ambassadeur [1], mon fils,

Voyant que Vostre Excellence faict et traicte mariages entre les princes d'Angleterre et de France [2], mais aussi entre les langues, puisque faites traduire mon livre de l'Avancement des Sciences en françois, j'ai bien voulu vous envoyer mon livre dernièrement imprimé, que j'avois pourveu pour vous ; mais j'estois en doutte de le vous envoyer pour ce qu'il estoit escrit en anglois [1]. Mais à ceste heure, pour la raison susdite, je le vous envoye. C'est un recompilement de mes Essayes Morales et Civiles, mais tellement enlargies et enrichies, tant de nombre que de poids, que c'est de fait un œuvre nouveau.

Je vous baise les mains et reste

votre très affectionné ami et très humble serviteur,

Fr. SAINT-ALBAN.

---

[1] Il était ambassadeur extraordinaire à Londres ; il fut le père du fameux Cinq-Mars.

[2] Il s'agit du mariage de Henriette-Marie de France, fille d'Henri IV, avec Charles.

[1] Il parut en anglais en 1597.

RÈGLES MOBILES
SUR LE DENSE ET LE RARE
(TIRÉES DE L'HISTOIRE DU DENSE ET DU RARE).

1. La masse de matière contenue dans l'univers est toujours la même ; rien ne peut être fait de rien, ni rien ne peut retourner à rien.

2. Certains corps contiennent une quantité de matière plus grande, d'autres une quantité moindre sous le même volume.

3. Le plus et le moins de la matière sont les bases de la condensation et de la raréfaction, telles qu'on doit les entendre.

4. La condensation et la raréfaction ont un terme que l'on ne peut dépasser ; mais cette règle n'est pas applicable à tous les corps que nous connaissons.

5. Il n'existe dans la nature ni vide, ni confusion, ni mélange.

6. Entre les termes de condensation et de raréfaction, il est un état particulier de la matière au moyen duquel elle se replie et se combine sans laisser de vide.

7. Les combinaisons que présentent les différences de condensation et de raréfaction dans les objets tangibles que nous connaissons ne s'élèvent guère au-dessus de trente-deux.

8. La différence du tangible le plus raréfié au pneumatique le plus condensé a cent combinaisons et plus.

9. La flamme est plus raréfiée que l'air, comme l'huile l'est plus que l'eau.

10. La flamme n'est point un air raréfié, comme l'huile n'est point une eau raréfiée ; mais ce sont des corps tout-à-fait hétérogènes et qui n'ont l'un avec l'autre qu'une très faible affinité.

11. Les esprits vitaux des végétaux et des animaux sont des soufflets composés de pneumes aériformes et enflammés, comme leurs sucs sont composés de fluides aqueux et oléagineux.

12. Tout ce qui est tangible en nous a un pneume ou un esprit vital qui lui est attaché et qu'il tient renfermé.

13. Nous ne trouvons pas répandus en nous les esprits vitaux, tels que ceux des végétaux et des animaux, mais ils sont enfermés et enchaînés dans l'objet tangible.

14. La condensation et la raréfaction sont les effets de la chaleur et du froid ; le froid condense, le calorique raréfie.

15. Le calorique produit une expansion simple sur les corps pneumatiques.

16. Le calorique agit de deux manières sur les objets tangibles ; il dilate toujours dans les corps pneumatiques ; mais dans les matières denses, tantôt il contracte, tantôt il dilate.

17. Voici la règle de ce phénomène : l'émission de l'esprit contracte et endurcit le corps ; s'il y est retenu, il le ramollit et le liquéfie.

18. La liquéfaction commence du pneume en se répandant dans les corps ; les autres dissolutions commencent du corps dense en détruisant l'effet du pneume.

19. Après la chaleur et le froid, les moyens les plus puissants de raréfaction et de condensation sont l'attraction et la répulsion des corps.

20. Quand, après une secousse, le corps revient à son état naturel, ce retour dilate et condense à la fois, effet contraire à celui produit par la secousse.

21. L'assimilation dilate et condense selon que le corps qu'on assimile est plus rare ou plus dense que celui auquel il est assimilé.

22. Plus les corps sont rares, plus ils sont susceptibles de dilatation et de contraction au moyen d'une force extérieure jusqu'à de certaines limites.

23. Si la tension ou la pression dans un corps rare surpasse les limites de la résistance, alors les corps plus raréfiés reprennent leur état normal avec beaucoup plus de puissance que ceux qui sont plus denses, parce qu'ils jouissent d'une activité plus grande.

24. L'expansion la plus puissante est celle de l'air unie à celle de la flamme.

25. Les dilatations et les contractions sont imparfaites dans les corps où le retour à l'état naturel est facile et spontané.

26. La densité et la raréfaction ont un grand rapport avec la pesanteur et la légèreté.

27. Pour obtenir la condensation, l'homme n'a que de faibles moyens, parce qu'il ne peut produire un froid assez élevé.

28. Le temps est comme un feu qui effleure et il produit les mêmes effets que le calorique, mais avec beaucoup plus de ménagement.

29. Le temps putréfie ou dessèche les corps.

ESSAIS DE MORALE ET DE POLITIQUE.

I. *De la vérité.*

Qu'est-ce que la vérité, disait Pilate ironiquement et sans vouloir attendre la réponse? On ne voit que trop de gens qui se plaisent dans une sorte de vertige, et qui, regardant comme un esclavage la nécessité d'avoir des opinions et des principes fixes, veulent jouir d'une entière liberté dans leurs pensées ainsi que dans leurs actions. Cette secte de philosophes qui faisait profession de douter de tout est éteinte depuis long-temps ; mais on trouve encore assez d'esprits vagues et incertains qui semblent être atteints de la même manie, mais sans avoir autant de nerf et de substance que ces anciens sceptiques. Cependant ce qui a accrédité et consacré tant de mensonges, ce ne sont ni les difficultés qu'il faut surmonter pour découvrir la vérité, ni le travail opiniâtre qu'exige cette recherche, ni cette espèce de joug qu'elle semble imposer à l'esprit quand on l'a trouvée, mais un amour naturel, quoique dépravé, pour le mensonge même. Parmi les philosophes les plus modernes de l'école grecque, il en est un qui s'est spécialement occupé de cette question, et qui a en vain cherché pourquoi les hommes ont une prédilection si marquée pour le mensonge, lorsqu'il ne leur procure ni plaisir, comme ceux des poètes, ni profit, comme ceux des marchands, mais semblent l'aimer pour lui-même. Pour moi je dirai : de même qu'un jour trop éclatant est moins favorable aux illusions du théâtre que la lumière plus faible des bougies et des flambeaux, de même la vérité dans tout son éclat est aussi moins favorable aux prestiges, à l'étalage et à la pompe théâtrale de ce monde, que sa lumière un peu adoucie par le mensonge. La vérité, toute précieuse qu'elle paraît, n'a peut-être qu'un prix comparable à celui d'une perle que le grand jour fait valoir, et non égal à celui d'un brillant ou d'une escarboucle qui joue davantage aux lumières. Quoi qu'il en soit, il n'est pas douteux qu'un peu de fiction alliée avec la vérité ne fasse toujours plaisir. Oter des âmes humaines les vaines opinions, les fausses estimations, les fantômes séduisants et toutes ces chimériques espérances dont elles se paissent, ce serait peut-être les livrer à l'ennui, au dégoût, à la mélancolie et au découragement. Un des plus grands docteurs de l'Église (dont la sévérité nous paraît toutefois un peu outrée) qualifie la poésie de vin des démons, parce que les illusions dont elle remplit l'imagination occasionnent une sorte d'ivresse, et cependant la poésie n'est encore que l'ombre du mensonge. Mais le mensonge vraiment nuisible, ce n'est pas celui qui effleure l'esprit humain et qui ne fait, pour ainsi dire, qu'y passer, mais celui qui y pénètre plus profondément et qui s'y fixe, en un mot, celui dont nous parlions d'abord. Quelque idée que les hommes puissent se faire du vrai et du faux, dans la dépravation de leurs jugements et de leurs affections, la vérité, qui est seule juge d'elle-même, nous apprend que la recherche, la connaissance et le sentiment de la vérité, qui en sont comme le désir, la vue et la jouissance, sont le plus grand bien qui puisse être accordé à l'homme. La première chose que Dieu créa dans les jours de la formation de l'univers ce fut la lumière des sens, et la dernière celle de la raison ; mais son œuvre perpétuelle, œuvre propre au jour du sabbat, c'est l'illumination même de l'esprit humain. D'abord il répandit la lumière sur la surface de la matière ou du chaos, puis sur la face de l'homme qu'il venait de former ; enfin il répand éternellement la lumière la plus pure et la plus vive dans les âmes des élus. Lucrèce, ce poète qui a su donner quelque relief à la dernière et à la plus dégradante de toutes les sectes, n'a pas laissé de dire avec l'élégance qui lui est propre : « Un plaisir assez doux, c'est celui d'un homme qui, du haut d'un rocher où il est tranquillement assis, contemple un vaisseau battu par la tempête. C'en est un également doux de voir d'une tour élevée deux armées se livrant bataille dans une vaste plaine et la victoire incertaine passant de l'une à l'autre alternativement. Mais il n'est point de plaisir comparable à celui du sage qui, des hauteurs de la vérité (hauteurs qu'aucune autre ne commande et où règne perpétuellement un air aussi pur que serein), abaisse ses tranquilles regards sur les opinions mensongères et les tempêtes des passions humaines; » pourvu toutefois, devait-il ajouter, qu'un tel spectacle n'excite en nous qu'une indulgente commisération et non l'orgueil ou le dédain. Certes, tout mortel qui, animé du feu divin de la charité et reposant sur le sein de la Providence, n'a d'autre pôle, d'autre pivot que la vérité, a dès ce monde un avant-goût de la céleste béatitude.

Actuellement si nous passons de la vérité philosophique ou théologique à la vérité pratique, ou plutôt à la bonne foi et à la sincérité dans les affaires, nous ne pourrons douter (et c'est une maxime incontestable pour ceux mêmes qui s'en écartent à chaque instant) qu'une conduite franche et toujours droite ne soit ce qui donne le plus d'élévation et de dignité à la nature humaine, et que la fausseté dans le commerce de la vie ne soit semblable à ces métaux vils qu'on allie avec l'or, et qui, en le rendant plus facile à travailler, en diminue la valeur. Toutes ces voies obliques et tortueuses assimilent l'homme au serpent qui rampe parce qu'il ne sait pas marcher. Il n'est point de vice plus honteux et plus dégradant que celui de la perfidie, ni de rôle plus humiliant que celui d'un menteur ou d'un fourbe pris sur le fait. Aussi Montagne, cherchant la raison pour laquelle un démenti est un si grand affront, résout ainsi cette question avec son discernement ordinaire : « Si l'on y fait bien attention, dit-il, qu'est-ce qu'un menteur, sinon un homme couard à l'endroit des hommes et brave à l'endroit de Dieu? » En effet, mentir n'est-ce pas braver Dieu même et plier lâchement devant les hommes? Enfin, pour donner une juste idée de l'énormité des crimes tenant du mensonge et de la fausseté, disons que ce vice, en comblant la mesure des iniquités humaines, sera comme la trompette qui appellera sur les hommes le jugement de Dieu; car il est écrit que le Sauveur du monde, à son dernier avénement, ne trouvera plus de bonne foi sur la terre.

II. *De la mort.*

Les hommes craignent la mort comme les enfants craignent les ténèbres; et ce qui renforce l'analogie, les terreurs de la première espèce sont aussi augmentées dans les hommes faits par ces contes effrayants dont on les berce. Nul doute que de profondes méditations sur la mort, envisagée comme conséquence du péché originel et comme passage à une autre vie, ne soit une occupation pieuse et utile au salut; mais la crainte de la mort, envisagée comme un tribut qu'il faut payer à la nature, n'est qu'une faiblesse. Et même dans les méditations religieuses sur ce sujet, il entre quelquefois de la superstition et de la puérilité; par exemple, dans un de ces livres que les moines méditent pour se préparer à la mort on lit ce qui suit : « Si la plus légère blessure faite au doigt peut causer de si vives douleurs, quel horrible supplice doit-ce être que la mort, qui est la corruption ou la dissolution du corps tout entier? » Conclusion pitoyable, attendu que la fracture ou la dislocation d'un seul membre cause de plus grandes douleurs que la mort même, les parties les plus essentielles à la vie n'étant pas les plus sensibles. C'est donc un mot très judicieux que celui de l'écrivain qui a dit, en parlant simplement en philosophe et en homme du monde : « L'appareil de la mort est plus terrible que la mort même. » En effet les gémissements, les convulsions, la pâleur du visage, des amis désolés, une famille en pleurs, le lugubre appareil des obsèques, voilà ce qui rend la mort si terrible.

Il est bon d'observer à ce sujet qu'il n'est point dans le cœur de l'homme de passion si faible qu'elle ne puisse surmonter la crainte de la mort. La mort n'est donc pas un ennemi si redoutable, puisque l'homme a toujours en lui de quoi la vaincre. Le désir de la vengeance triomphe de la mort, l'amour la méprise, l'honneur y aspire, le désespoir s'y réfugie, la peur la devance, la foi l'embrasse avec une sorte de joie, et même, si nous devons en croire l'histoire romaine, après que l'empereur Othon se fût donné la mort, la compassion, qui est la plus faible de toutes les afflictions humaines, engagea quelques-uns de ceux qui lui étaient le plus attachés à suivre son exemple, résolution, dis-je, qu'ils prirent par pure compassion pour leur chef et comme la seule digne de ses partisans. A ce genre de motif Sénèque ajoute l'ennui, la satiété et le dégoût. « Mépriser la mort, dit ce philosophe, il n'est pas besoin pour cela de courage ni de désespoir; c'est assez d'être las de faire et refaire depuis si long-temps les mêmes choses et d'être ennuyé de vivre. »

Un fait également digne d'attention, c'est le peu d'altération que l'approche de la mort produisit dans l'âme forte et généreuse de certains personnages qui ne se démentirent pas même dans ces derniers moments et furent dignes d'eux-mêmes jusqu'à la fin. Par exemple, les derniers mots de César Auguste furent une espèce de compliment : « Livie, dit-il à son épouse, adieu, et souvenez-vous de notre mariage. » Tibère mourant dissimulait encore. « Déjà, dit Tacite, ses forces l'abandonnaient, mais la dissimulation restait. » Vespasien mourut en raillant, et sur sa chaise percée se sentant mourir peu à peu : « Eh ! dit-il, je crois que je deviens un Dieu. » Les dernières paroles de Galba furent une espèce de sentence : « Soldat, si tu crois ma mort utile au peuple romain, frappe ; » puis il tendit la gorge à son assassin. Septime-Sévère mourut en expédiant une affaire : « Approchez, dit-il, et finissons cela, pour peu qu'il me reste encore le temps de le faire. » Il en fut de même de beaucoup d'autres personnages. Les stoïciens se donnent trop de soins pour exciter les hommes à mépriser la mort, et tous leurs préparatifs ne font que la rendre plus terrible ; j'aime mieux celui qui a dit que « la mort est la dernière fonction et le dernier acte ou le dénouement de la vie. » Il est aussi naturel de mourir que de naître, et l'homme naissant souffre peut-être plus que l'homme mourant. Celui qui meurt au milieu d'un grand dessein dont il est profondément occupé ne sent pas plus la mort que le guerrier qui est frappé mortellement dans la chaleur d'un combat. L'avantage propre de tout grand bien auquel on aspire et qui remplit l'âme est d'ôter le sentiment de la douleur et de la mort même. Mais heureux, mille fois heureux celui qui, ayant atteint à un objet vraiment digne de ses espérances et de son attente, peut en mourant chanter comme Siméon : « *Nunc dimittis*, etc. » Un autre avantage de la mort, c'est d'ouvrir au grand homme mourant le temple de mémoire en éteignant tout-à-fait l'envie. « Ce même homme que tous envient, dit Horace, sitôt qu'il aura fermé les yeux, tous l'aimeront. »

III. *De l'unité du sentiment dans l'Eglise chrétienne.*

La religion étant le principal lien de la société humaine, il est à souhaiter pour cette société que la religion elle-même soit resserrée par l'étroit lien de la véritable unité. Les dissensions et les schismes en matière de religion étaient un fléau inconnu aux païens. La raison de cette différence est que le paganisme était plutôt composé de rits et de cérémonies relatives au culte des dieux que de dogmes positifs et d'une croyance fixe ; car on devine assez ce que pouvait être cette foi des païens dont l'Eglise n'avait pour docteurs et pour apôtres que des poètes. Mais l'Ecriture-Sainte, en parlant des attributs du vrai Dieu, dit de lui que c'est un Dieu jaloux. Aussi son culte ne souffre-t-il ni mélange ni alliage. Nous croyons donc pouvoir nous permettre un petit nombre de réflexions sur cet important sujet de l'unité de l'Eglise, et nous tâcherons de faire des réponses satisfaisantes à ces trois questions : Quels seraient les fruits de cette unité ? Quelles en sont les vraies limites ? Enfin par quels moyens pourrait-on la rétablir ?

Quant aux fruits de cette unité, outre qu'elle serait agréable à Dieu (ce qui doit être la fin dernière et le but de tous les buts), elle procurerait deux avantages principaux, dont l'un regarde ceux qui sont encore aujourd'hui hors de l'Eglise et l'autre est propre à ceux qui se trouvent déjà dans son sein. A l'égard du premier de tous les scandales possibles, les plus grands et les plus manifestes sont sans contredit les schismes et les hérésies, scandales pires que celui même qui naît de la corruption des mœurs ; car il en est à cet égard du corps spirituel de l'Eglise comme du corps humain, où une blessure et une solution de continuité est souvent un mal plus dangereux que la corruption des humeurs, en sorte qu'il n'est point de cause plus puissante pour éloigner de l'Eglise ceux qui sont hors de son sein et pour en bannir ceux qui s'y trouvent déjà que les atteintes données à l'unité. Ainsi, quand les sentiments étant excessivement partagés on entend l'un crier : « Le voilà dans le désert, » et l'autre dire : « Non, non, le voici dans le sanctuaire, » c'est-à-dire quand les uns cherchent le Christ dans les conciliabules des hérétiques et les autres sur la face extérieure de l'Eglise, alors on doit avoir l'oreille perpétuellement frappée de ces paroles des saintes Ecritures : « Gardez-vous de sortir. » L'apôtre des gentils, dont le ministère et la vocation étaient spécialement consacrés à introduire dans l'Eglise ceux qui se trouvaient hors de son sein, s'exprimait ainsi en parlant aux fidèles : « Si un païen ou tout autre infidèle, entrant dans votre Eglise, vous entendait parler ainsi différentes langues, que penserait-il de vous? Ne vous prendrait-il pas pour autant d'insensés? » Certes, les athées ne sont pas moins scandalisés lorsqu'ils sont étourdis par le fracas des disputes et des controverses sur la religion. Voilà ce qui les éloigne de l'Eglise et les porte à tourner en ridicule les choses saintes. Quoiqu'un sujet aussi sérieux que celui-ci semble exclure toute espèce de badinage, je ne puis m'empêcher de rapporter ici un trait de ce genre qui peut donner une juste idée des mauvais effets de ces disputes théologiques. Un plaisant de profession a inséré dans le catalogue d'une bibliothèque imaginaire un livre portant pour titre : « Cabrioles et singeries des hérétiques. » En effet, il n'est point de secte qui n'ait quelque attitude ridicule et quelque singerie qui lui soit propre et qui la caractérise, extravagance qui, en choquant les hommes charnels ou les politiques dépravés, excite leur mépris et les enhardit à tourner en ridicule les saints mystères.

A l'égard de ceux qui se trouvent déjà dans le sein de l'Eglise, les fruits qu'ils peuvent retirer de son unité sont tous compris dans ce seul mot : la paix, ce qui renferme une infinité de biens; car elle établit et affermit la foi, elle allume le feu divin de la charité. De plus, la paix de l'Eglise semble distiller dans les consciences mêmes et y faire régner cette sérénité qui règne au dehors. Enfin elle engage ceux qui se contentaient d'écrire ou de lire des controverses et des ouvrages polémiques à tourner leur attention vers des traités qui respirent la piété et l'humilité.

Quant aux limites de l'unité, il importe avant tout de les bien placer. Or, on peut à cet égard donner dans deux excès opposés; car les uns, animés d'un faux zèle, semblent repousser toute parole tendant à une pacification : « Eh quoi ! Jéhu est-il un homme de paix? Qu'y a-t-il de commun entre la paix et toi? Viens et suis-moi. » La paix n'est rien moins que le but des hommes de ce caractère; il ne s'agit pour eux que de faire prédominer telle opinion et telle secte qui la soutient. D'autres, au contraire, semblables aux Laodicéens, plus tièdes sur l'article de la religion et s'imaginant qu'on pourrait, à l'aide de certains tempéraments, de certaines propositions moyennes et participant des opinions contraires, concilier avec dextérité les points en apparence les plus contradictoires, semblent ainsi vouloir se porter pour arbitres entre Dieu et l'homme. Mais il faut éviter également ces deux extrêmes, but auquel on parviendrait en expliquant, en déterminant d'une manière nette et intelligible pour tous en quoi précisément consiste cette alliance dont le Sauveur a stipulé lui-même les conditions par ces deux sentences ou clauses qui, à la première vue, semblent contradictoires : « Celui qui n'est pas avec nous est contre nous, celui qui n'est pas contre nous est avec nous, » c'est-à-dire si l'on avait soin de séparer et de bien distinguer les points fondamentaux et essentiels de la religion d'avec ceux qui ne doivent être regardés que comme des opinions vraisemblables et de simples vues ayant pour objet l'ordre et la discipline de l'Eglise. Tel de nos lecteurs sera tenté de croire que nous ne faisons ici que remanier un sujet trivial, rebattu, et proposer inutilement des choses déjà exécutées ; mais ce serait une erreur, car ces distinctions si nécessaires, si on les eût faites avec plus d'impartialité, elles auraient été plus généralement adoptées.

J'essaierai seulement de donner sur cet important sujet quelques vues proportionnées à ma faible intelligence. Il est deux espèces de controverses qui peuvent déchirer le sein de l'Eglise et qu'il faut éviter également : l'une a lieu lorsque le point qui est le sujet de la dispute étant frivole et de peu d'importance, il ne mérite pas qu'on s'échauffe comme on le fait en le discutant, la dispute n'ayant alors pour principe que l'esprit de contradiction ; car, à la vérité, comme l'un des pères de l'Eglise l'a observé, la tunique du Christ était sans couture, mais le vêtement de l'Eglise était bigarré de différentes couleurs ; et il donne à ce sujet le précepte suivant : « Qu'il y ait de la variété dans ce vêtement, mais sans déchirure ; car l'unité et l'uniformité sont deux choses très différentes. » L'autre genre de controverse a lieu lorsque le point qui est le sujet de la discussion étant de plus grande importance, on l'obscurcit à force de subtilités, en sorte que, dans les arguments allégués de part et d'autre, on trouve plus d'esprit et d'adresse que de substance et de solidité. Souvent un homme qui a de la pénétration et du jugement, entendant deux ignorants disputer avec chaleur, s'aperçoit bientôt qu'ils sont au fond du même avis et qu'ils ne diffèrent que par les expressions, quoique ces deux hommes, abandonnés à eux-mêmes, ne puissent parvenir à s'accorder à l'aide d'une bonne définition. Or, si, malgré la très légère différence qui peut se trouver entre les jugements humains, un homme peut avoir assez d'avantage à cet égard sur d'autres hommes pour faire sur eux une telle observation, il est naturel de penser que Dieu, qui du haut des cieux scrute tous les cœurs et lit dans tous les esprits, voit encore plus souvent une même opinion dans deux assertions où les hommes, dont le jugement est si faible, croient voir deux opinions différentes, et qu'il daigne accepter l'une et l'autre également. Saint Paul nous donne une très juste idée des controverses de ce genre et de leurs effets, par l'avertissement et le précepte qu'il offre à ce même sujet : « Evitez, dit-il, ce profane néologisme qui donne lieu à tant d'altercations et ces vaines disputes de mots qui usurpent le nom de science. » Les hommes se créent à eux-mêmes des oppositions et des sujets de dispute où il n'y en a point, disputes qui n'ont d'autre source que cette trop grande disposition à imaginer de nouveaux termes dont on fixe la signification de manière qu'au lieu d'ajuster les mots à la pensée, c'est au contraire la pensée qu'on ajuste aux mots.

Or, il y a aussi deux espèces de paix et d'unité qu'on doit regarder comme fausses : l'une est celle qui a pour fondement une ignorance implicite ; car toutes les couleurs s'accordent ou plutôt se confondent dans les ténèbres. L'autre est celle qui a pour base l'assentiment direct, formel et positif à deux opinions contradictoires sur les points essentiels et fondamentaux. La vérité et l'erreur sur des points de cette nature peuvent être comparés au fer et à l'argile dont étaient composés les doigts des pieds de la statue que Nabuchodonosor vit en songe. On peut bien les faire adhérer l'une à l'autre, mais il est impossible de les incorporer ensemble.

Quant aux moyens et aux dispositions dont l'unité peut être l'effet, les hommes, en s'efforcant de rétablir ou de maintenir cette unité, doivent bien prendre garde de donner atteinte aux lois de la charité ou de violer les lois fondamentales de la société humaine. Il est parmi les chrétiens deux sortes d'épées : l'une spirituelle et l'autre temporelle, épées dont chacune ayant sa destination et sa place ne doit en conséquence être employée qu'à propos à maintenir la religion ; mais dans aucun cas on ne doit employer la troisième, savoir, celle de Mahomet ; je veux dire qu'il ne faut jamais propager la religion par la voie des armes ni violenter les consciences par de sanglantes persécutions, hors les cas d'un scandale manifeste, de blasphèmes horribles ou de conspirations contre l'Etat, combinées avec des hérésies. Beaucoup moins encore doit-on, dans les mêmes vues et sous le même prétexte, fomenter des séditions, autoriser des conjurations, susciter des révoltes, mettre l'épée dans les mains du peuple ou employer tout autre moyen de cette nature et tendant à la subversion de toute espèce d'ordre et de gouvernement; car tout gouvernement légitime a été établi par Dieu même. Employer ces odieux moyens, c'est heurter la première table de la loi contre la seconde, et, en considérant les hommes comme chrétiens, oublier que ces chrétiens sont des hommes. Le poète Lucrèce, ne pouvant supporter l'horrible action d'Agamemnon sacrifiant sa propre fille, s'écrie dans son indignation : « Tant la religion a pu inspirer d'atrocité ! » Mais qu'aurait-il dit du massacre de la Saint-Barthélemi, de la conspiration des poudres, etc., si ces horribles attentats avaient été commis de son temps? De telles horreurs l'auraient rendu cent fois plus épicurien et plus athée qu'il n'était ; car, comme dans les cas même où l'on est obligé d'employer l'épée au service de la religion, on ne doit le faire qu'avec la plus grande circonspection, c'est une mesure abominable que de mettre cette arme entre les mains de la populace. Abandonnons de tels moyens aux Anabaptistes et autres furies de cette trempe. Ce fut sans doute un grand blasphème que celui du démon lorsqu'il dit : « Je m'élèverai et je serai semblable au Très-Haut. » Mais un blasphème encore plus grand, c'est de présenter, pour ainsi dire, Dieu sur la scène et de lui faire dire : « Je descendrai et je deviendrai semblable au prince des ténèbres. » Serait-ce donc un sacrilége plus excusable de dégrader la cause de la religion et de s'abaisser à commettre ou à conseiller sous son nom des attentats aussi exécrables que ceux dont nous parlons, comme assassinats de princes, boucherie d'un peuple entier, subversion des Etats et des gouvernements, etc.? ne serait-ce pas faire, pour ainsi dire, descendre le Saint-Esprit, non sous la forme d'une colombe, mais sous celle d'un vautour ou d'un corbeau, et hisser sur le pacifique vaisseau de l'Eglise l'odieux pavillon qu'arborent sur leurs bâtiments des pirates et des assassins? Ainsi il est de toute nécessité que l'Eglise, s'armant de sa doctrine et de ses augustes décrets, les princes de leur épée, enfin les hommes éclairés du caducée de la théologie et de la philosophie morale, tous se concertent et se coalisent pour condamner et livrer à jamais au feu de l'enfer toute action de cette nature ainsi que toute doctrine tendant à la justifier; et c'est ce qu'on a déjà fait en grande partie. Nul doute que, dans toute délibération sur le fait de la religion, on ne doive avoir présent à l'esprit cet avertissement et ce conseil de l'apôtre : « La colère de l'homme ne peut accomplir la justice divine. »

Nous terminerons cet article par une observation mémorable d'un des saints pères, observation qui renferme aussi un aveu très ingénu. « Ceux, dit-il, qui soutiennent qu'on doit violenter les consciences sont eux-mêmes intéressés à parler ainsi; et ce dogme abominable n'est pour eux qu'un moyen de satisfaire leurs odieuses passions. »

IV. *De la vengeance.*

La vengeance est une sorte de justice sauvage et barbare. Plus elle est naturelle, plus les lois doivent prendre peine à l'extirper. Car, à la vérité, la première injure offense la loi, mais la vengeance semble la destituer tout-à-fait et se mettre à sa place. Au fond, en se vengeant, on n'est tout au plus que l'égal de son ennemi, au lieu qu'en lui pardonnant on se montre supérieur à lui; pardonner, faire grâce, c'est le rôle et la prérogative d'un prince. « La vraie gloire de l'homme, a dit Salomon, c'est de mépriser les offenses. » Le passé n'est plus, il est irrévocable, et c'est assez pour les sages que de penser au présent et à l'avenir. Ainsi, s'occuper trop du passé, c'est perdre son temps et se tourmenter inutilement. Personne ne fait une injure pour l'injure même, mais pour le plaisir, le profit ou l'honneur qu'il espère en retirer. Ainsi, pourquoi m'irriterais-je contre un autre homme de ce qu'il aime plus son individu que le mien? Mais supposons même un homme d'un mauvais naturel qui m'offense sans aucun but et par pure méchanceté; eh bien! pourquoi m'en fâcherais-je? C'est apparemment que cet homme est de la nature des épines et des ronces qui piquent et égratignent parce qu'elles ne peuvent faire autrement. La sorte de vengeance la plus excusable est celle qu'on tire des injures auxquelles les lois ne remédient point; mais alors il faut se venger avec une certaine prudence et de manière à ne pas encourir la peine portée par la loi, autrement votre ennemi aura toujours l'avantage sur vous et vous recevrez deux coups au lieu d'un. Il est des personnes qui méprisent une vengeance obscure et qui veulent que leur ennemi sache d'où lui vient le coup; cette sorte de vengeance est certainement la plus généreuse; car alors on peut croire que, si l'offensé se venge, c'est moins pour goûter le plaisir de la vengeance et de rendre le coup que pour obliger l'offenseur à se repentir; mais les coups d'une âme lâche et perfide ressemblent aux flèches tirées pendant la nuit. Certain mot de Côme de Médicis, duc de Florence, au sujet des amis perfides ou négligents, a je ne sais quoi d'austère et de désolant; les torts de cette espèce lui semblaient impardonnables. « La loi divine, disait-il, nous commande de pardonner à nos ennemis, mais elle ne nous commande point de pardonner à nos amis. » Mais Job parlait dans un meilleur esprit lorsqu'il disait : « N'est-ce pas de la main de Dieu que nous tenons tous les biens dont nous jouissons? Ne devons-nous pas accepter de la même main les maux que nous souffrons? » Il en doit être de même des amis qui nous abandonnent ou nous trahissent. Tout homme qui médite une vengeance ne fait que rouvrir sa plaie que le temps seul aurait fermée.

Les vengeances entreprises pour une cause commune sont presque toujours heureuses, comme le prouvent assez les succès des conjurations formées pour venger la mort de Jules-César, celle de Pertinax et celle de Henri III, roi de France; mais il n'est pas de même des vengeances particulières. Disons plus : les hommes vindicatifs, dont la destinée est semblable à celle des sorciers, commencent par faire beaucoup de malheureux et finissent par l'être eux-mêmes.

V. De l'adversité.

Une des plus belles pensées de Sénèque, pensée d'une grandeur et d'une élévation vraiment stoïques, c'est celle-ci : « Les biens attachés à la prospérité ne doivent exciter que nos désirs ; mais les biens propres à l'adversité doivent exciter notre admiration. » Certes, si l'on doit qualifier de miracle tout ce qui commande à la nature, c'est surtout dans l'adversité qu'on en voit. Une autre pensée encore plus haute que celle dont nous venons de parler, et même trop haute pour un païen, c'est la suivante : « Le plus grand et le plus beau spectacle, c'est de voir réunies dans un même individu la fragilité d'un homme et la sécurité d'un Dieu. » Cette pensée aurait mieux figuré dans la poésie, genre auquel semblent appartenir ces sentiments si élevés ; et la vérité est que les poètes n'ont pas tout-à-fait négligé ce noble sujet ; car c'est cette sécurité même qui semble être figurée par une fiction assez étrange des anciens poètes, fiction qui renferme quelque mystère et qui se rapporte visiblement à une disposition de l'âme très analogue à celle du vrai chrétien ; les poètes, dis-je, ont feint qu'Hercule, dans l'expédition entreprise pour délivrer Prométhée (qui représente la nature humaine), traversa l'Océan dans un vase d'argile ; allégorie qui peint assez vivement ce courage qu'inspire le christianisme et qui met l'homme en état de cingler, dans le vaisseau d'une chair fragile, sur l'océan orageux de cette vie, et de braver les tempêtes innombrables des passions humaines. Mais pour user d'un langage moins relevé, disons simplement que la vertu propre à la prospérité est la tempérance, et la vertu propre à l'adversité est la force d'âme, la plus héroïque des vertus morales. La prospérité est le genre de bénédiction proposé par l'Ancien-Testament ; mais l'adversité est celle que propose le Nouveau, comme une marque plus spéciale de la faveur divine ; et même, dans l'Ancien-Testament, on voit que David joue sur sa harpe autant d'airs lugubres que d'airs joyeux, et que le pinceau du Saint-Esprit s'est beaucoup plus exercé à peindre les afflictions de Job que les éclatantes prospérités de Salomon. On peut observer aussi, dans les ouvrages de peinture ou de broderie, qu'un sujet gai sur un fond triste et obscur est plus agréable qu'un sujet triste sur un fond gai et éclatant. Or, ce que nous disons du plaisir des yeux, il faut l'appliquer aux plaisirs du cœur. La vertu à cet égard est semblable à ces substances odorantes qui, étant broyées ou brûlées, exhalent un parfum plus suave ; car la prospérité découvre mieux les vices et l'adversité les vertus.

VI. De la dissimulation et de la feinte, ou de l'artifice.

La dissimulation n'est qu'une fausse image de la politique ou de la prudence ; car il faut avoir tout à la fois beaucoup de force dans l'esprit et dans le caractère pour savoir quand il est à propos de dire la vérité et pour oser alors la dire. Ainsi, les plus mauvais politiques, quoi qu'on en puisse dire, ce sont les plus dissimulés.

« Livie, dit Tacite, était très bien assortie à la dextérité ou à la politique de son époux et à la dissimulation de son fils ; » cet historien attribuant, comme on le voit, l'adresse et la vraie politique à Auguste, et la seule dissimulation à Tibère. De plus, Mucius, exhortant Vespasien à prendre les armes contre Vitellius, lui dit : « Nous n'aurons pas à lutter contre le grand discernement d'Auguste, ni contre la circonspection et la profonde dissimulation de Tibère. » Les facultés qui sont le principe de l'adresse ou de la vraie politique sont très différentes de celles d'où dépendent la réserve ou la dissimulation, et les premières ne doivent point être confondues avec les dernières. Lorsqu'un homme a assez de pénétration et de jugement pour discerner aisément ce qu'il doit découvrir, ce qu'il doit cacher entièrement et ce qu'il ne doit laisser voir qu'en partie, à quelles personnes et dans quelles occasions il peut s'ouvrir. genre de talent qui est proprement celui de l'homme d'état, et que Tacite appelle avec raison l'art de vivre ; un homme, dis-je, qui a cette faculté, a rarement besoin de dissimuler, et la dissimulation ne serait pour lui qu'un embarras et une petitesse qui ferait souvent obstacle à ses desseins ; mais si l'on manque d'un tel discernement, on se trouve forcé d'être couvert et dissimulé. En effet, lorsqu'un homme ne sait pas varier ses moyens et faire un choix parmi ceux dont il dispose, ce qu'il peut faire de mieux, c'est de prendre les voies les plus sûres et de se tenir dans les routes battues ; car ceux qui ont la vue courte doivent marcher doucement. On voit, en général, que les personnes très habiles et qui ont de vrais talents ont une manière de traiter franche et ouverte à laquelle elles doivent une réputation de droiture et de sincérité ; mais aussi, semblables à des chevaux bien dressés, savent-elles faire à propos une volte ou un arrêt ; et dans le petit nombre de cas où un peu de dissimulation devient nécessaire, cette opinion même qu'on a de leur franchise et de leur bonne foi les rend impénétrables.

Cet art de se voiler et de se cacher est susceptible de trois modes ou degrés : le premier est celui d'un homme réservé, discret et silencieux, qui ne donne point de prise sur lui et ne se laisse pas deviner ; le second est cette sorte de dissimulation que je qualifie de négative ; c'est celle d'un homme qui, à l'aide de certains signes ou indices trompeurs, réussit à paraître tout autre qu'il n'est réellement. Le troisième degré est celui de la dissimulation positive ou affirmative, et propre à celui qui feint expressément et se dit formellement tout autre qu'il n'est ; c'est la feinte ou l'artifice proprement dit.

Quant au premier de ces trois degrés, c'est la vertu d'un confesseur ; et le fait est qu'un homme discret entend bien des confessions ; car personne n'est tenté de s'ouvrir à un bavard et à un indiscret ; mais on recherche un homme dont la discrétion est connue pour s'ouvrir à lui. Comme la confession proprement dite n'est pas seulement une confidence dont on veuille tirer quelque utilité, mais de plus un soulagement pour un homme qui a besoin de décharger sa conscience, de même un homme secret et connu pour tel apprend une infinité de choses qu'on lui dit plutôt pour se débarrasser du fardeau de ses pensées que pour les lui communiquer et les lui apprendre. En un mot, les mystères sont le partage et le lot de la discrétion. La nudité de l'âme n'est pas moins indécente que celle du corps, au lieu qu'un peu de réserve et de circonspection dans les discours, les manières et les actions, attire le respect. Les grands parleurs sont presque toujours vains et crédules, et celui qui dit trop aisément ce qu'il sait dira tout aussi aisément ce qu'il ne sait pas. Ainsi on doit tenir pour certain que l'habitude du secret est une ressource politique, ainsi qu'une vertu morale ; mais il ne faut pas non plus que le visage prévienne la langue ou révèle ce qu'elle veut taire ; c'est une grande faiblesse que de se laisser pénétrer par ses gestes, par sa contenance et par l'espèce de trahison d'un visage indiscret, attendu qu'on observe plus attentivement les indices de cette nature et qu'on y croit plus qu'aux paroles.

Quant au second degré, je veux dire la dissimulation négative, elle est souvent une conséquence naturelle et nécessaire de la discrétion ; en sorte que tout homme qui veut être secret est forcé de dissimuler quelque peu. Les hommes sont trop fins pour permettre à l'homme le plus réservé de paraître tout-à-fait indifférent entre deux partis opposés, de retenir parfaitement son secret et de tenir la balance tellement égale qu'elle ne paraisse pencher ni d'un côté ni de l'autre. Lorsqu'ils veulent pénétrer dans le cœur d'un homme, ils l'obsèdent de questions insidieuses, le tâtent de tous les côtés, et le retournent tellement qu'à moins de garder un silence obstiné et choquant, il est forcé tôt ou tard à se découvrir un peu et à les mettre sur la voie par ses réponses. Prend il le parti de se taire, ils devineront tout aussi bien ses sentiments secrets par son silence même qu'ils auraient pu le faire par ses discours. Quant aux réponses ambiguës et semblables à celles des oracles, on ne s'en paie pas long-temps, et à la fin on est obligé de s'expliquer avec plus de clarté. Ainsi, il est impossible de garder long-temps un secret, sans se permettre un peu de dissimulation, qui alors, comme nous venons de le dire, n'est qu'une suite et une dépendance de cette discrétion même.

Quant au troisième degré, qui est la feinte positive et l'artifice ou le déguisement, c'est le plus criminel et le moins politique des trois, excepté dans des affaires d'une grande importance et dans certains cas assez rares. En conséquence, l'artifice et le déguisement tourné en habitude est un vice qui vient d'une fausseté naturelle, d'un caractère timide, ou de quelque autre grand défaut ; et ce défaut, la nécessité où l'on est de le voiler fait qu'on use souvent de déguisement, même par rapport à toute autre chose et sans une vraie nécessité, mais seulement pour n'en pas perdre l'habitude.

Il est trois grands avantages attachés à la dissimulation et au déguisement ; le premier est d'endormir les opposants et de les surprendre. Lorsque les desseins d'un homme viennent à être généralement connus, cette découverte donne pour ainsi dire l'alarme à ses adversaires et les fait accourir pour lui barrer le chemin. Le second est de s'assurer une retraite en cas de mauvais succès ; car, en déclarant ouvertement ses desseins, on s'engage en quelque manière à réussir sous peine de perdre sa réputation. Le troisième est de découvrir plus aisément les desseins des autres. Lorsqu'un homme paraît s'ouvrir avec confiance, on ne lui rompt pas en visière ; on le laisse avancer tant qu'il veut, et en échange de ses discours qui paraissent libres et ingénus, on lui communique volontiers ses propres pensées. C'est ce que dit certain proverbe espagnol et un peu fripon : « Dis hardiment un mensonge, et tu arracheras une vérité ; » comme s'il n'y avait pas d'autre moyen que l'artifice pour faire de telles découvertes.

Mais ces trois avantages sont balancés par trois inconvénients. Le premier est que la dissimulation et le déguisement sont des signes de crainte ; ce qui, dans toute espèce d'affaires, fait manquer le but ou y fait arriver plus tard. Le second est qu'ils font naître des doutes et de l'incertitude dans l'esprit des personnes qui vous auraient secondé, si vous eussiez été un peu moins couvert ou dissimulé, ce qui réduit un homme presque à lui seul et le prive de toute assistance. Le troisième inconvénient est que tout homme artificieux et dissimulé se prive ainsi de l'instrument le plus puissant et le plus nécessaire pour l'action ; je veux dire du crédit et de la confiance des autres. Le meilleur tempérament et la meilleure combinaison en ce genre seraient d'avoir, avec une réputation de franchise, l'habitude du secret, la faculté de dissimuler au besoin, et même celle de feindre, lorsqu'il n'y a pas d'autre expédient.

VII. *Des parents et de leurs enfants.*

Cette joie si douce que les pères et les mères éprouvent à la vue de leurs enfants ou en pensant à eux est toute intérieure et reste cachée, ainsi que les craintes et les afflictions qu'ils ressentent à leur sujet ; ils ne peuvent exprimer leurs jouissances et ils ne veulent pas découvrir leurs peines. Le plaisir de travailler pour ses enfants adoucit tous les travaux ; mais aussi ils rendent les disgrâces plus amères et les chagrins plus cuisants. Ils multiplient les soins et les inquiétudes de la vie, mais en même temps ils adoucissent l'idée de la mort et la rendent moins terrible. Se perpétuer par ses enfants, par sa race, est un avantage commun à l'homme et à la brute ; mais se perpétuer par sa réputation, par des services éclatants et d'utiles institutions qui laissent un long souvenir, est une prérogative propre à l'homme. Aussi voit-on que les ouvrages les plus mémorables et les plus beaux établissements ont été faits par des hommes qui n'avaient point d'enfants et qui semblaient s'être uniquement attachés à bien exprimer l'image de leur âme ou de leur génie ; image qui devait leur survivre quand celle de leur corps aurait été détruite. Ainsi, les hommes qui s'occupent le plus de la postérité, ce sont ceux mêmes qui n'ont point de postérité. Ceux qui ont les premiers illustré leur famille sont ordinairement un peu trop indulgents pour leurs enfants, qu'ils considèrent non-seulement comme destinés à perpétuer leur race, mais encore comme héritiers de leurs glorieuses actions ou productions ; ils les envisagent tout à la fois comme leurs enfants et comme leurs créatures.

Les pères et les mères qui ont un certain nombre d'enfants ont rarement une égale tendresse pour tous ; il y a toujours quelque prédilection, souvent injuste et mal placée, surtout celle des mères ; de là ce mot de Salomon : « Un fils sage est pour son père un sujet de joie, mais un mauvais fils est pour sa mère un sujet de honte et d'affliction. » On observe aussi dans une nombreuse famille que le père et la mère ont plus d'égards pour les aînés, et que tel des plus jeunes fait leurs délices, au lieu que ceux qui sont au milieu sont comme oubliés, quoique assez ordinairement ils se tournent plus au bien que les autres.

L'avarice des pères ou des mères envers leurs

enfants est un vice inexcusable; elle les décourage, les avilit, les excite à tromper, les porte à fréquenter de mauvaises compagnies; puis, quand ils sont une fois maîtres de leur bien, ils donnent dans la crapule ou dans un luxe outré et se jettent dans des dépenses excessives qui les ruinent en peu de temps. La conduite la plus judicieuse que les pères et les mères puissent tenir à cet égard envers leurs enfants, c'est de retenir avec plus de soin leur autorité naturelle que leur bourse.

Une coutume très imprudente des pères et des mères, des instituteurs et des domestiques, c'est de faire naître et d'entretenir entre les frères une certaine émulation qui dégénère en discorde lorsqu'ils sont dans un âge plus avancé, et trouble la paix des familles.

Les Italiens mettent peu de différence dans leur tendresse entre les fils et les neveux ou les autres proches parents, pourvu qu'ils soient du même sang qu'eux; ils ne s'embarrassent pas qu'ils soient de la ligne directe ou de la ligne collatérale; et la vérité est que la nature n'y met pas beaucoup plus de différence; nous voyons même assez souvent tel individu qui ressemble plus à son oncle ou à tout autre de ses plus proches parents qu'a son propre père; ce qui paraît dépendre d'une sorte de hasard.

Il faut avoir soin de diriger de très bonne heure tout le plan de l'éducation vers l'état ou le genre de vie auquel on destine les enfants, et faire soi-même ce choix pour eux; car, dans cet âge si tendre, ils sont plus souples et plus dociles. Il n'est pas même absolument nécessaire de régler ce choix sur leurs dispositions naturelles, en supposant qu'ils réussiraient mieux dans le genre pour lequel ils ont le plus d'inclination. Cependant, lorsqu'on voit dans un enfant une aptitude et une facilité extraordinaires pour certains genres d'études, d'exercices ou d'occupations, il faut alors suivre ces indications au lieu de contrarier la nature et le penchant qui les y porte. Mais, généralement parlant, le plus judicieux précepte à cet égard, est celui-ci : « Choisissez toujours le meilleur; puis l'habitude le rendra agréable et facile. »

Parmi les enfants, ce sont ordinairement les cadets qui deviennent les meilleurs sujets; mais rarement (pour ne pas dire jamais) ils réussissent, lorsqu'on a en leur faveur déshérité leurs aînés

VIII. *Mariage, célibat.*

Celui qui a une femme et des enfants a donné des otages à la fortune, car ce sont autant d'entraves et d'obstacles aux grandes entreprises, soit que la vertu ou le vice nous porte à ces desseins. Quoi qu'il en soit, il n'est pas douteux que les plus beaux ouvrages et les plus utiles établissements n'aient été faits par des célibataires ou par des hommes qui, n'ayant point d'enfants, avaient pour ainsi dire épousé le bien public auquel ils avaient voué toutes leurs affections. Il semblerait toutefois, à la première vue, que ceux qui ont des enfants devraient s'occuper avec plus de sollicitude de cet avenir auquel ils doivent pour ainsi dire transmettre ces gages si chers, et l'on voit en effet assez de célibataires dont toutes les pensées se terminent à leur seul individu et qui regardent comme une pure folie tous ces soins et toutes ces peines qu'on se donne pour un temps où l'on ne sera plus.

Il en est d'autres qui ne regardent une femme et des enfants que comme un sujet de dépense; et même, parmi les célibataires les plus riches, il en est d'assez extravagants pour être tout glorieux de n'avoir point d'enfants et qui se flattent d'en paraître plus riches, parce qu'ils auront peut-être entendu telle personne dire : « M. N..... est bien riche; » et telle autre personne répondre : « Oui, sans doute, mais il a beaucoup d'enfants, » comme si cette circonstance diminuait d'autant sa fortune.

Mais le motif qui porte le plus ordinairement au célibat, c'est l'amour de l'indépendance. C'est ce qu'on observe surtout dans certains individus amoureux d'eux-mêmes, hypocondriaques, susceptibles, et tellement sensibles à la plus légère contrainte qu'ils seraient tentés de regarder leurs jarretières comme des chaînes. C'est parmi les célibataires qu'on trouve ordinairement les meilleurs amis, les meilleurs maîtres et les meilleurs domestiques, mais non pas les meilleurs sujets; car ils se déplacent trop aisément; et c'est dans cette même classe qu'on voit le plus de fugitifs.

Le célibat convient aux ecclésiastiques; lorsqu'on a chez soi un étang à remplir, on ne laisse pas volontiers aller l'eau à ses voisins, et lorsque la charité est trop occupée au logis, elle ne peut se répandre au dehors. Il est assez indiffèrent que les juges et les magistrats soient mariés ou non; car si un homme de cette classe est facile à corrompre, il aura un domestique cent fois plus avide que ne l'eût été son épouse. Quant aux soldats, je vois dans l'histoire que les généraux, en leur parlant pour les animer au combat, leur rappellent toujours le souvenir de leurs femmes et de leurs enfants. Ainsi, je serais porté à croire que le mépris du mariage parmi les Turcs est ce qui rend leurs soldats moins courageux et moins résolus.

Au reste, une femme et des enfants sont pour ainsi dire une école perpétuelle d'humanité; et quoique, en général, les célibataires soient plus charitables que les gens mariés parce qu'ils ont moins de dépenses à faire, d'un autre côté ils sont plus cruels, plus austères, plus durs et plus propres à exercer l'office d'inquisiteur, parce qu'ils ont autour d'eux moins d'objets qui puissent réveiller fréquemment dans leur cœur le sentiment de la tendresse. Les individus d'un naturel grave et sérieux, qui sont aussi des hommes d'habitude et par cela même d'un caractère constant, sont ordinairement de bons maris. Aussi la fable dit-elle d'Ulysse qu'il préféra sa vieille à l'immortalité.

Trop souvent les femmes chastes, enflées du mérite de cette chasteté et fières de leur terrible vertu, sont d'un caractère revêche et intraitable. Une femme n'est ordinairement fidèle, chaste et soumise à son époux, qu'autant qu'elle le croit prudent; opinion qu'elle n'aura jamais de lui si elle s'aperçoit qu'il est jaloux.

Les femmes sont les maîtresses des jeunes gens, les compagnes des hommes faits et les nourrices des vieillards; de manière qu'on ne manque jamais de prétextes pour prendre une femme quand on a cette fantaisie. Cependant les anciens n'ont pas laissé de mettre au nombre des sages celui à qui l'on demandait à quel âge il fallait se marier, et qui fit cette réponse: « Quand on est jeune il n'est pas encore temps, et quand on est vieux il n'est plus temps. »

On observe trop souvent que les pires maris sont ceux qui ont les meilleures femmes, soit que le caractère habituellement difficile de leurs époux donne plus de prix aux complaisances et aux bonnes manières qu'ils ont de temps en temps pour elles, soit qu'elles fassent gloire de leur patience même; et c'est ce qui arrive surtout lorsque ce mari devenu si insupportable, est de leur propre choix, et qu'elles l'ont pris contre l'avis de leurs parents; car alors elles veulent justifier leur folie et n'en avoir pas le démenti.

IX. *De l'envie.*

De toutes les affections de l'âme, les deux seules auxquelles on attribue ordinairement le pouvoir de fasciner et d'ensorceler sont l'amour et l'envie. Ces deux passions ont également pour principe de violents désirs; elles enfantent toutes deux une infinité d'opinions fantastiques et de suggestions extravagantes. L'une et l'autre agissent par les yeux et viennent s'y peindre; toutes circonstances qui peuvent contribuer à la fascination, si les effets de ce genre ont quelque réalité. Nous voyons aussi que l'Écriture-Sainte appelle l'envie un œil malfaisant, et que les astrologues qualifient de mauvais aspects les malignes influences des astres. Ainsi, c'est un point accordé que, dans l'instant où l'envie produit ses pernicieux effets, c'est par les yeux qu'elle agit et par une sorte d'éjaculation ou d'irradiation. On a même poussé les observations de ce genre au point de remarquer que les moments où les coups que portent l'œil d'un envieux sont les plus funestes sont ceux où la personne enviée triomphe dans le sentiment trop vif de sa propre gloire, ce qui aiguise, en quelque manière, les traits de l'envie; sans compter que dans cet état d'expansion de la personne enviée, ses esprits se portant davantage au dehors, ils vont pour ainsi dire au-devant du coup que l'envieux leur destine.

Mais quoique ces observations si subtiles méritent qu'on leur donne quelque place dans le traité auquel elles appartiennent naturellement, nous les abandonnerons pour le moment, et nous tâcherons de résoudre d'une manière satisfaisante les trois questions suivantes: 1° Quelles sont les personnes les plus disposées à envier les autres? 2° Quels sont les individus les plus exposés à l'envie des autres? 3° Quelle différence doit-on mettre entre l'envie publique et l'envie particulière?

Un homme sans mérite envie toujours celui des autres, car l'âme humaine se nourrit, ou de son propre bien ou du mal d'autrui; et lorsque le premier de ces deux aliments lui manque, elle se rassasie de l'autre. Tout homme qui désespère d'atteindre au degré de talent ou de vertu qu'il voit dans un autre le déprime tant qu'il peut, pour le rabaisser, du moins en apparence, à son propre niveau.

Tout homme fort curieux, et qui aime trop à se mêler des affaires d'autrui, est ordinairement envieux ; car tous les mouvements qu'il se donne pour s'immiscer dans les affaires des autres, n'étant pour lui rien moins qu'un moyen nécessaire pour mieux faire les siennes, il est à croire qu'il trouve du plaisir à considérer si curieusement les affaires des autres, pour remarquer leurs fautes, saisir leurs ridicules et se faire de ce spectacle une sorte de comédie, celui qui ne se mêle que de ses propres affaires ayant rarement sujet de porter envie aux autres. L'envie est une passion remuante, une coureuse, qui se tient rarement à la maison ; il n'est point de curieux qui ne soit malveillant.

Les hommes d'une naissance illustre portent presque toujours envie aux hommes nouveaux qu'ils voient s'élever, parce qu'alors la distance où ils étaient d'eux leur semble diminuée.

C'est une illusion semblable à celle que nous éprouvons quelquefois par rapport aux objets visibles, par exemple, lorsque d'autres avançant rapidement nous restons en place ou avançons plus lentement, il nous semble que nous reculons.

Les personnes très laides ou très difformes, les eunuques, les vieillards et les bâtards, sont ordinairement envieux ; car tout homme affligé d'une disgrâce qu'il croit sans remède, et qui désespère d'améliorer sa conduite, s'efforce de détériorer celle des autres, à moins que ces disgrâces, naturelles ou accidentelles, ne se trouvent jointes à une âme généreuse et héroïque dans un homme qui veuille, en les tournant à son avantage, passer pour une sorte de prodige et faire dire de lui : « C'est pourtant un eunuque, ou un boiteux, qui a fait de si grandes choses ! » De ce caractère fut l'eunuque Narsès, ainsi qu'Agésilas et Tamerlan, qui étaient boiteux.

Il en est de même de ceux qui, après de longues disgrâces, parviennent à se relever. Mécontents de tous leurs contemporains, ils regardent les disgrâces des autres comme une sorte de compensation et d'indemnité pour celles qu'ils ont eux-mêmes essuyées.

Ceux qu'une trop grande avidité pour les éloges et pour toute espèce de gloire porte à vouloir exceller dans plusieurs genres sont nécessairement envieux. Ils trouvent à chaque pas des sujets d'envie ; car il est impossible que personne ne les surpasse dans un ou dans plusieurs des genres dont ils se piquent. Tel fut le caractère de l'empereur Adrien, qui portait une envie mortelle aux peintres, aux sculpteurs, aux architectes, etc., tous genres où il se piquait d'exceller.

Enfin, la plupart des hommes portent envie à leurs parents, à leurs collègues, à ceux avec lesquels ils ont été élevés, lorsqu'ils les voient s'avancer et se distinguer. Ils regardent l'élévation de leur émule comme un sujet de reproches qui met entre eux et lui une distinction humiliante, et qui est toujours présente à leur esprit, sentiment que les discours publics et la réputation de leur rival réveillent sans cesse. L'envie de Caïn contre Abel fut d'autant plus vile et plus criminelle que, dans le temps où le sacrifice de son frère fut préféré au sien, personne ne fut témoin de cette préférence.

Quant à ceux qui sont plus ou moins exposés à l'envie, nous observerons : 1° que les personnes d'un mérite transcendant, lorsqu'elles viennent à s'élever, ont moins à craindre l'envie, parce qu'on est généralement persuadé que cette fortune leur était due ; car ce qui excite ordinairement l'envie, ce sont les récompenses ou les libéralités, et non le simple paiement d'une dette. De plus, on ne porte envie aux autres qu'autant que l'on se compare à eux ; où il n'y a point de comparaison il ne peut y avoir d'envie. Aussi voit-on que les rois ne sont point enviés par leurs sujets, mais seulement par d'autres rois. On doit toutefois remarquer que les personnes de peu de mérite, d'un mérite médiocre, sont plus exposées à l'envie au commencement de leur fortune que dans la suite, et que le contraire arrive aux personnages d'un mérite éminent ; quoique ce mérite soit toujours le même, son éclat diminue ; les yeux s'y accoutumant peu à peu, sans compter qu'il est tôt ou tard obscurci par celui des nouveau-venus qui paraissent sur la scène.

L'élévation des personnes d'une naissance

illustre est moins enviée que celle des hommes nouveaux ; il semble qu'en s'élevant ainsi elles ne fassent que jouir d'un droit attaché à leur naissance ; de plus leur fortune ne paraît pas fort augmentée par ces distinctions ; et l'envie est semblable aux rayons du soleil, qui donnent avec plus de soin sur les coteaux que sur les plaines. Aussi ceux qui montent insensiblement sont-ils moins exposés à l'envie que ceux qui s'élèvent tout d'un coup, et, pour ainsi dire, d'un seul saut.

Lorsque les honneurs sont accompagnés de soins, de travaux pénibles et de dangers, ceux qui en jouissent sont moins enviés ; on trouve que ces honneurs leur coûtent fort cher, quelquefois même on les plaint, et la compassion guérit de l'envie. Aussi les plus prudents et les plus judicieux d'entre les personnages élevés aux dignités, affectent-ils de se plaindre continuellement de la vie pénible qu'ils mènent : « Quelle triste vie ! » s'écrient-ils souvent ; non qu'ils le pensent réellement, mais seulement pour émousser les traits de l'envie ; observation toutefois qui ne s'applique qu'à ceux qui se trouvent chargés d'affaires difficiles, sans paraître les avoir attirées à eux. Car rien au contraire n'attire plus l'envie que cette ambitieuse avidité qui porte à accaparer toutes sortes d'affaires ; et la plus sûre méthode qu'un personnage constitué en dignité puisse employer pour l'éteindre, c'est de laisser en place tous les subalternes, en respectant scrupuleusement tous les droits et les priviléges attachés à leurs emplois respectifs. Moyennant ces ménagements, tous ses inférieurs seront pour lui autant d'écrans qui le garantiront de l'envie.

Rien n'est plus exposé à l'envie que ceux auxquels leur élévation donne de l'orgueil, et qui semblent n'être contents que lorsqu'ils peuvent étaler leur prétendue grandeur, soit par une fastueuse magnificence, soit en triomphant isolément de tout opposant et de tout compétiteur, au lieu qu'un homme prudent sacrifie quelquefois à l'envie, en se laissant à dessein surpasser et effacer même, dans des choses auxquelles il attache peu d'importance. Il est vrai, néanmoins, qu'en jouissant d'une haute fortune d'une manière franche et ouverte, mais sans faste et sans ostentation, on donne moins de prise à l'envie qu'en affectant une excessive simplicité et en se parant d'une artificieuse modestie ; car, dans le dernier cas il semble qu'on désavoue la fortune et qu'on se reconnaisse indigne de ses faveurs, ce qui est pour les autres un nouveau sujet de vous porter envie.

Enfin, comme nous avions dit au commencement que l'envie tenait un peu de la sorcellerie, il faut employer pour les envieux le même remède qu'on emploie ordinairement pour les possédés, c'est-à-dire (pour user des termes de l'art) transférer le sort et le détourner sur un autre sujet. Aussi les plus judicieux et les plus adroits d'entre les personnages élevés aux grands emplois ont-ils soin de faire paraître sur la scène quelque sujet sur lequel ils attirent l'attention publique et font tomber le poids de l'envie qui, sans cet intermédiaire, tomberait sur eux ; tantôt ils la rejettent sur leurs subalternes ou leurs domestiques, tantôt sur leurs collègues mêmes et sur leurs émules. Ils ne manquent jamais de sujets auxquels ils puissent faire jouer ce rôle, et ils en trouvent assez parmi ces hommes d'un caractère violent, audacieux et avides de pouvoir, qui veulent absolument être employés, à quelque prix que ce puisse être.

A l'égard de l'envie publique, nous observerons d'abord qu'elle a en soi quelque chose de bon, au lieu que l'envie particulière n'a rien que de mauvais ; car l'envie publique est une espèce d'ostracisme qui sert à éclipser les personnes dont les qualités éclatantes pourraient être dangereuses. C'est, en général, un frein nécessaire pour contenir les grands et les empêcher d'abuser de leur influence.

Cette sorte d'envie que les Latins désignaient par le mot *invidia*, et qui, dans les langues modernes, est désignée par celui de mécontentement, est un sujet que nous traiterons plus amplement en parlant des troubles et des séditions. C'est dans un état une espèce de maladie contagieuse ; car, de même que les maladies de cette espece, en se répandant peu à peu, gagnent les parties saines et les corrompent ; de même un mécontentement général une fois excité, infectant les ordres les plus justes et les mesures les plus sages du gouvernement, les dénature dans l'opinion publique et les fait paraître autant de nouvelles imprudences ou de nouvelles injustices. Ainsi l'on gagne peu à entremêler d'actions louables les actions odieuses qui l'ont fait naître. Cette conduite mixte est un signe de faiblesse et annonce qu'on redoute l'indignation publique qui, semblable encore en cela aux maladies contagieuses, attaque plutôt et plus violemment ceux qui la craignent.

Cette envie publique s'attache plutôt aux grands officiers et ministres, qu'aux principes et aux états mêmes; mais voici une règle sûre à cet égard : si le mécontentement qui s'adresse au ministre est fort grand, quoique les motifs en soient légers; ou encore s'il est général et attaque tous les ministres sans distinction, alors ce mécontentement, fût-il encore secret, regarde la totalité du gouvernement et le prince même.

Nous terminerons cet article par une observation générale sur l'envie, savoir : 1° que de toutes les affections humaines c'est la plus constante et la plus opiniâtre, au lieu que les autres passions ne se font sentir que de temps en temps et à raison des causes accidentelles qui les excitent et les provoquent. Ainsi on a eu raison de dire qu'il n'est jamais fête pour l'envie; car elle est toujours en action et trouve partout son aliment. On a observé aussi que l'envie, ainsi que l'amour, fait tomber dans un état de langueur celui qui en est atteint, effet que les autres passions ne produisent point, parce qu'elles sont moins continues et nous donnent plus fréquemment du relâche. C'est aussi la plus basse et la plus avilissante de toutes les passions. C'est pourquoi l'Ecriture-Sainte en a fait l'attribut propre et spécial du démon, qui va pendant la nuit semer de l'ivraie parmi le bon grain ; car l'envie ne porte ses coups que dans les ténèbres et travaille invisiblement à détériorer les meilleures choses qui, dans la parabole dont ce passage est tiré, sont souvent figurées par le bon grain.

X. De l'amour.

Le théâtre a de plus grandes obligations à l'amour que la vie réelle de l'homme. En effet, cette passion est le sujet le plus ordinaire des comédies et quelquefois même celui des tragédies; mais elle cause de grands maux dans la vie ordinaire, où elle est, tantôt une sirène, tantôt une furie. On doit observer que parmi les grands hommes, soit anciens, soit modernes, dont la mémoire s'es conservée, on n'en voit aucun qui se soit livré avec excès aux transports d'un amour insensé, ce qui semble prouver que les grandes âmes et les grandes affaires sont incompatibles avec cette faiblesse. Il faut toutefois en excepter Marc-Antoine et Appius le décemvir; le premier était un homme adonné à ses plaisirs et de mœurs déréglées, mais l'autre était d'un caractère sage et austère : ce qui semble prouver que l'amour peut non-seulement s'emparer d'un cœur où il trouve un facile accès, mais encore se glisser furtivement dans le cœur le mieux fortifié, si l'on n'y fait bonne garde. Une des pensées les plus méprisables d'Epicure, c'est celle-ci : « Nous sommes l'un pour l'autre un théâtre assez grand, » comme si l'homme qui fut formé pour contempler les cieux et les objets les plus relevés n'avait autre chose à faire que de demeurer perpétuellement à genoux devant une chétive idole, et d'être esclave, je ne dis pas de ses appétits gloutons, comme la brute, mais du plaisir des yeux, des yeux, dis-je, destinés à de plus nobles usages. Pour juger à quels excès cette passion insensée peut porter l'homme et combien elle peut l'exciter à braver, pour ainsi dire, la nature et la réalité des choses qu'il apprécie, il suffit de considérer que l'usage perpétuel de l'hyperbole, figure presque toujours déplacée, ne convient qu'à l'amour. Or, cette exagération n'est pas seulement dans les expressions des amants, elle est aussi dans leurs idées. En effet, quoiqu'on ait dit avec fondement que le flatteur par excellence et celui avec lequel s'entendent tous les petits adulateurs est notre amour-propre, cependant un amant est un flatteur cent fois pire; car, quelque haute idée que puisse avoir de lui-même l'homme le plus vain, elle n'approche pas de celle que l'amant a de la personne aimée. Aussi a-t-on eu raison de dire qu'il est impossible d'être en même temps amoureux et sage. Or, non-seulement cette faiblesse paraît ridicule à ceux qui en voient les effets sans y être intéressés, et qui en sont (actuellement) exempts, mais elle le paraît bien davantage à la personne aimée, lorsque l'amour n'est pas réciproque; car il est également vrai que l'amour est toujours payé de retour et que ce retour est ou un amour égal ou un secret mépris; raison de plus pour nous tenir en garde contre cette passion qui nous fait perdre les choses les plus désirables, et qui souvent elle-même est tout-à-fait à pure perte et manque son objet. Quant aux autres pertes qu'elle cause, les poètes nous en donnent une très juste idée lorsqu'ils disent que l'insensé qui donna la préférence à Hélène (à Vénus) perdit les dons de Junon et de Pallas. En effet, quiconque se livre à l'amour renonce par cela seul à la fortune et à la sagesse. Le temps où cette passion a ses redoublements, et, pour ainsi dire, son flux, ce sont les temps de faiblesse, par exemple celui d'une grande prospérité ou d'une extrême adversité. Ce sont ordinairement ces deux situations (quoiqu'on n'ait pas encore appliqué cette remarque à la dernière) qui allument ou attisent ordinairement le feu de l'amour, ce qui montre assez qu'il est l'enfant de la folie. Ainsi, quand on ne peut se défendre entièrement de cette passion, il faut du moins prendre peine à la réprimer, en l'écartant avec soin de toute affaire sérieuse et de toute action importante; car si une fois elle s'y mêle, elle brouillera tout et vous fera manquer le but. Je ne vois pas trop pourquoi les guerriers sont si fort adonnés à l'amour; serait-ce par la même raison qu'ils sont adonnés au vin, et parce que les périls veulent être payés par les plaisirs?

L'amour est une affection naturelle à l'homme; il est porté par instinct à aimer ses semblables, et lorsque ce sentiment expansif ne se concentre pas sur un ou deux individus, alors, se répandant de lui-même sur un grand nombre, il devient charité, humanité, vertu; et c'est ce qu'on observe quelquefois dans les religieux. L'amour conjugal produit le genre humain, l'amitié le perfectionne, mais l'amour profané et illégitime l'avilit et le dégrade.

XI. *Des grandes places et des dignités.*

Les hommes qui occupent les grandes places sont toujours esclaves, esclaves du prince ou de l'Etat, esclaves de l'opinion publique, esclaves des affaires, en sorte qu'ils ne sont maîtres ni de leurs personnes, ni de leurs actions, ni de leur temps. N'est-ce pas une étrange manie que celle de vouloir commander en perdant sa liberté, et acquérir un grand pouvoir sur les autres en renonçant à tout pouvoir sur soi-même? On ne monte qu'avec peine à ces grands emplois, c'est-à-dire qu'on parvient par de rudes travaux à des travaux encore plus rudes, et par mille indignités à des dignités. Dans ces postes si élevés le terrain est glissant; il est difficile de s'y soutenir, et l'on n'en peut descendre que par une chute ou du moins par une éclipse, ce qui est toujours affligeant. « Quand on n'est plus ce qu'on a été, à quoi bon continuer de vivre? » On ne peut pas toujours se retirer quand on le veut, et souvent aussi on ne le veut pas quand on le devrait. La plupart des hommes ne peuvent endurer une vie privée, malgré l'âge et les infirmités qui demanderaient de l'ombre et du repos; en quoi ils ressemblent à ces vieux bourgeois qui, n'ayant plus assez de force pour se promener par la ville, demeurent assis à leur porte, où ils exposent leur vieillesse à la risée.

Les personnages revêtus des grands emplois ont besoin d'emprunter l'opinion des autres pour se croire heureux; car, s'ils n'en jugeaient que d'après leur propre sentiment, ils ne pourraient se croire tels. Mais lorsqu'ils songent à ce que les autres pensent d'eux et qu'ils considèrent combien de gens voudraient être à leur place, alors, encouragés par cette opinion des autres, ils parviennent enfin à se faire accroire qu'ils sont heureux; ils le sont en quelque manière, par ouï-dire et sur parole, quoique dans les courts moments où ils rentrent en eux-mêmes ils sentent bien qu'ils ne le sont pas; car s'ils sont les derniers à sentir leurs torts, ils sont les premiers à sentir leurs peines. Les hommes revêtus d'un grand pouvoir sont presque toujours étrangers à eux-mêmes; perdus dans le tourbillon des affaires qui leur causent de continuelles distractions, ils n'ont pas le temps de se replier sur eux-mêmes pour s'occuper de leur corps ou de leur âme.

« La mort la plus honteuse, dit Sénèque le tragique, c'est celle de l'homme qui, étant connu de tous, meurt inconnu à lui-même. »

Les grands emplois donnent indistinctement le pouvoir de faire le bien et celui de faire le mal; mais le dernier est un vrai malheur, et s'il est quelque chose de mieux de n'avoir pas la volonté de faire le mal, ce qui en approche le plus, c'est de n'en avoir pas le pouvoir. Mais toute notre ambition en aspirant à une grande autorité doit être seulement d'acquérir le pouvoir de faire le bien; car de bonnes intentions, quoique fort agréables à Dieu, ne paraissent aux autres hommes que de beaux rêves quand on ne les réalise point ; or, on ne peut les réaliser qu'à l'aide d'un pouvoir très étendu et d'un poste très élevé qui commande pour ainsi dire toute la place.

Les mérites et les bonnes œuvres doivent être la fin dernière de toutes les actions humaines, et la conscience du bien qu'on a fait est pour l'homme le parfait repos ; car si l'homme participe aux travaux de la Divinité, il doit aussi participer à son repos. Il est dit que « Dieu, considérant les œuvres de ses mains, vit que tout ce qu'il avait fait était bon, et qu'ensuite il se reposa. »

Dans l'exercice de votre charge ayez toujours devant les yeux les meilleurs exemples, car une judicieuse imitation tient lieu d'un grand nombre de préceptes. Après avoir exercé votre emploi pendant un certain temps, considérez votre propre exemple, afin de voir si vous n'auriez pas mieux commencé que vous ne continuez. Ne négligez pas non plus les exemples de ceux d'entre vos prédécesseurs qui ont mal exercé le même emploi, non pour vous faire valoir en relevant leurs fautes, mais pour mieux apprendre à les éviter. Lorsque vous avez quelque réforme à faire, faites-la sans faste et sans ostentation ; améliorez le présent sans faire la satire du passé. Ne vous contentez pas de suivre les meilleurs exemples, mais tâchez d'en donner à votre tour d'aussi bons à imiter. Tâchez de ramener toutes choses à l'esprit de leur première institution, après avoir cherché et découvert en quoi et comment elles ont dégénéré ; ce que vous ferez en consultant deux espèces de temps, savoir : l'antiquité pour connaître ce qu'il y a de meilleur, et les temps moins éloignés pour savoir ce qui convient le mieux au vôtre.

Ayez une marche et des règles fixes, afin qu'on puisse savoir d'avance ce qu'on doit attendre de vous, mais sans vous attacher avec trop d'obstination à ces règles qu'il est quelquefois nécessaire de plier un peu ; et lorsque vous vous en écartez, montrez nettement les raisons qui vous y obligent.

Défendez courageusement les droits attachés à votre charge, mais en évitant soigneusement tout conflit de juridiction ; exercez vos droits en silence, *et ipso facto*, au lieu de recourir à d'importunes réclamations et d'étourdir le public de vos bruyantes prétentions. Défendez également et respectez vous-même les droits attachés aux charges de vos subalternes, et croyez qu'il est plus honorable de diriger le tout que de vouloir se perdre dans cette multitude immense de petits détails qui les regardent.

Accueillez gracieusement, tâchez même d'attirer tous ceux qui peuvent vous donner d'utiles avis ou vous soulager dans l'exercice de votre charge ; gardez-vous d'éloigner ceux qui vous offrent des lumières ou des secours de cette espèce, en leur faisant essuyer des rebuts et en leur faisant entendre qu'ils se mêlent de trop de choses.

La lenteur, l'incivilité, la corruption et la facilité de caractère, tels sont les quatre principaux vices ou défauts dans les hommes en place. Quant à la lenteur, soyez accessible, ponctuel, expéditif ; terminez une affaire avant d'en commencer une autre et ne les entassez pas sans nécessité. A l'égard de la corruption, ne vous contentez pas de lier à cet égard vos propres mains et celles de vos domestiques ou de vos subalternes, mais liez aussi celles des solliciteurs pour empêcher qu'ils ne fassent des offres. L'intégrité pourra produire le premier de ces deux effets ; mais pour obtenir le second il faut de plus faire profession de cette intégrité et montrer hautement l'horreur que vous inspire toute vénalité ; car ce n'est pas assez d'être incorruptible, il faut de plus être connu pour tel et se garantir soigneusement du plus léger soupçon à cet égard. Ainsi, quand vous êtes obligé de changer de sentiment ou de marche, faites-le ouvertement en exposant nettement les raisons qui vous y obligent, et sans user d'artifice pour dérober ces variations à la connaissance des autres. De même si vous témoignez pour un de vos domestiques ou de vos subalternes une prédilection trop marquée, et qui ne paraisse pas fondée sur des raisons solides, on le regardera comme la porte secrète pour introduire chez vous la corruption. Quant à la rudesse et à l'incivilité, elle n'est bonne à rien et ne peut servir qu'à mécontenter tous ceux qui ont à faire à vous. La sévérité inspire la crainte, mais l'incivilité attire la haine. Les réprimandes d'un homme en place doivent être graves sans être piquantes. A l'égard de la facilité de caractère, c'est un défaut pire que la corruption et la vénalité même. On ne peut recevoir des présents et se laisser corrompre que de temps en temps, au lieu qu'un homme qui se laisse trop aisément vaincre par l'importunité et gagner par les petites considérations trouve à chaque pas des difficultés qui l'arrêtent ou le détournent du droit chemin. Salomon, l'a dit : « Avoir trop d'égard aux personnes est une faiblesse criminelle ; un homme de ce caractère transgressera la loi et vendra la justice pour une bouchée de pain. »

Les anciens ont eu raison de dire que la place montre l'homme ; en effet, une grande place montre les uns en beau et les autres à leur désavantage. « Galba, dit Tacite, eût été, d'un consentement unanime, jugé digne de l'empire s'il n'eût jamais été empereur. Vespasien, dit-il ailleurs, est le seul qui, après être parvenu au souverain commandement, ait changé en mieux ; » avec cette différence toutefois, que dans la première de ces deux observations il ne s'agit que de la capacité pour le commandement, au lieu que l'autre regarde les mœurs et le caractère. En effet, la grandeur d'âme d'un personnage que les honneurs et les dignités ont rendu meilleur ne peut être douteuse, et un tel changement est le signe le plus certain de l'élévation de ses sentiments ; car, de même qu'au physique, les corps qui se trouvent hors de leur lieu naturel s'y portent avec violence, et lorsqu'ils y sont arrivés, demeurent en repos. Tant que la vertu aspire aux honneurs qui lui sont dus, elle est dans un état violent ; mais lorsqu'elle est parvenue à ce poste élevé auquel elle aspirait, alors, se trouvant à sa place, elle est calme et tranquille.

On ne monte aux grandes places que par un escalier tournant, et si l'on trouve des factions sur son chemin, il faut se pencher un peu d'un côté en montant, et lorsqu'on est en haut il faut rester au milieu, se tenir droit et garder l'équilibre.

Respectez la mémoire de votre prédécesseur, n'en parlez qu'avec estime et tendresse ; si vous le déprimez, votre successeur vous paiera de la même monnaie.

Si vous avez des collègues, ayez pour eux les plus grands égards, et ne craignez point de leur donner part aux affaires dont vous êtes chargé ; car il vaut mieux les appeler quand ils ne s'y attendent pas que de les exclure lorsqu'ils auraient lieu de s'attendre à être appelés.

Dans les réponses que vous donnez en particulier aux solliciteurs ou aux postulants, et dans les entretiens ordinaires, perdez un peu de vue la prérogative de votre charge et n'affectez pas trop de dignité ; faites plutôt en sorte qu'on dise de vous : « C'est un autre homme quand il est dans l'exercice de sa charge. »

XII. *De l'audace.*

L'observation que nous allons faire semble à la première vue convenir mieux à un rhéteur qu'à un philosophe ; cependant, envisagée par une certaine face, elle mérite l'attention des sages mêmes. « Quelle est la partie la plus essentielle à l'orateur, demandait-on à Démosthènes ? — C'est l'action. — Quelle est la seconde ? — L'action. — Et la troisième ? — L'action encore. » Il ne disait rien en cela qu'il n'eût appris de sa propre expérience ; car personne ne posséda ce genre de talent à un plus haut degré que lui ; cependant la nature l'avait peu favorisé à cet égard, et il ne l'avait acquis que par un travail opiniâtre. On peut être étonné de voir ce grand homme attacher tant d'importance à cette partie de l'orateur qui peut passer pour la plus superficielle et semble n'être tout au plus qu'un talent de comédien, la mettre au-dessus de l'invention, de l'élocution et de toutes ces autres parties qui paraissent beaucoup plus nobles, que dis-je, la désigner seule, comme si dans un orateur elle était le tout. Mais cette préférence n'était que très fondée ; il entre dans la composition de la nature de l'esprit humain beaucoup plus de folie que de sagesse. En conséquence, les talents qui se rapportent à la partie folle de l'esprit, et qui la subjuguent, ont un tout autre pouvoir sur la multitude que ceux qui se rapportent à sa partie sage. L'audace est dans l'exécution ce que l'action oratoire est dans le simple discours ; elle a dans les relations civiles et politiques une influence et des effets qui tiennent du prodige. Quel est le plus puissant instrument dans les affaires, peut-on dire aussi ? — L'audace. — Quel est le second ? — L'audace. — Et le troisième ? — L'audace encore. Cependant l'audace, fille de l'ignorance et de la sottise, est réellement au-dessous des vrais talents ; mais elle entraîne, elle subjugue et ensorcelle pour ainsi dire les hommes sans jugement ou sans courage qui forment le plus grand nombre. Quelquefois aussi elle subjugue les sages mêmes dans leurs moments de faiblesse et d'irrésolution. Aussi fait-elle des miracles dans un Etat populaire ; mais elle a moins d'influence et d'ascendant sur un prince ou un sénat, et les hommes très audacieux réussissent mieux dans les commencements que dans la suite, car ils promettent toujours beaucoup plus qu'ils ne peuvent tenir. Le corps politique, ainsi que le corps humain, a ses charlatans qui se mêlent aussi de le traiter. Les hommes de cette trempe entreprennent aisément de grandes cures, et ils réussissent deux ou trois fois par hasard ; mais comme leur prétendue science a peu de fond, ils échouent bientôt et perdent la vogue. Quelquefois cependant ils se sauvent en imitant le miracle de Mahomet. Cet imposteur avait promis et persuadé au peuple que, par la vertu de certaines paroles, il ferait venir vers lui une montagne sur laquelle ensuite il prierait pour ceux qui observeraient fidèlement sa loi. Le peuple étant assemblé, Mahomet appelle la montagne et réitère plusieurs fois cet appel ; mais la montagne tardant à venir, il ne se démonte point et se tire d'affaire en disant : « Eh bien ! puisque la montagne ne veut pas venir vers Mahomet, Mahomet ira lui-même vers la montagne. » Aussi lorsque ces hommes audacieux, après avoir fait de magnifiques promesses, se trouvent forcés de manquer honteusement de parole, au lieu de rougir de leur sottise ils se tirent d'affaire comme Mahomet, à l'aide de quelque subterfuge, et vont toujours leur train. Il n'est pas douteux que les hommes de ce caractère ne soient fort ridicules aux yeux des hommes de jugement et quelquefois même un peu aux yeux du vulgaire ; ce qui ne peut être autrement, car le vrai principe du rire et du ridicule est l'absurdité et le défaut de convenance ; or, qui heurte plus fréquemment toutes les lois de la convenance qu'un homme audacieux et impudent ? Rien surtout n'est plus ridicule qu'un effronté de cette espèce ; lorsqu'il perd toute contenance, son visage alors se démonte tout-à-fait et devient extrêmement difforme, ce qui n'est nullement étonnant, car dans la honte ordinaire les esprits ne sont qu'un peu agités, au lieu que dans celle d'un effronté il reste tout-à-fait immobile, et il est aussi interdit qu'un joueur d'échecs qu'on vient de faire échec et mat au milieu de ses pièces ; dernière observation toutefois qui conviendrait mieux à une satire qu'à un traité aussi sérieux que celui-ci.

Mais une observation qu'on ne doit pas oublier, c'est que l'audace est aveugle ; elle ne connaît ni périls ni inconvénients ; en conséquence, elle est très dangereuse dans une délibération et n'est utile que dans l'exécution. Ainsi ces audacieux ne sont bons qu'en second et ne valent rien dans les premiers rôles ; car tant qu'on délibère il est bon de voir les dangers, mais dans l'exécution il faut les perdre de vue, à moins qu'ils ne soient très imminents.

XIII. *De la bonté, soit naturelle, soit acquise.*

J'entends par ce mot de bonté une affection ou un sentiment qui nous porte à souhaiter que nos semblables soient heureux, et qui a pour objet le bien général de l'humanité. C'est ce que les Grecs appelaient philanthropie, car le terme d'humanité qu'on y a substitué dans les langues modernes n'a ni une signification assez étendue ni assez de force pour rendre mon idée. J'appelle simplement bonté l'habitude de faire du bien, et bonté naturelle l'inclination ou le penchant à en faire. C'est la plus noble faculté de l'âme humaine et la plus grande des vertus ; elle assimile l'homme à la Divinité, dont elle est le principal attribut. La bonté morale répond à la charité chrétienne et n'est pas susceptible d'excès, mais seulement d'erreur et de méprise par rapport à son objet. C'est une ambition excessive qui a causé la chute des anges, et un désir excessif de savoir qui a causé celle de l'homme, mais dans la charité il ne peut y avoir d'excès ; jamais ange ni homme ne peut courir de risque en s'y livrant tout entier. L'inclination à faire du bien ou la bonté dispositive est si profondément enracinée dans la nature humaine que lorsqu'elle ne s'exerce point envers les hommes elle s'exerce envers les animaux comme on en voit des exemples parmi les Turcs, peuple qui, bien que cruel, pousse la sensibilité pour les bêtes mêmes jusqu'au point de faire l'aumône aux chiens et aux oiseaux, en sorte qu'au rapport du baron de Busbeck un orfèvre vénitien courut risque d'être lapidé par le peuple de Constantinople pour avoir mis une espèce de baillon à un oiseau qui avait un bec extrêmement long. Cependant cette vertu même, je veux dire la bonté, la charité, a ses erreurs et ses méprises ; les Italiens ont même à ce sujet cet odieux proverbe : « Il est si bon qu'il n'est bon à rien ; » et Nicolas Macchiavelli, un de leurs docteurs, a bien eu l'impudence d'avancer, en termes clairs et formels, que le christianisme avait été nuisible aux hommes très bons et en avait fait la proie des hommes injustes et tyranniques. Ce qui le faisait parler ainsi, c'est qu'en effet jamais religion, loi ou secte n'a exalté la bonté ou la charité autant que l'a fait la religion chrétienne. Ainsi, pour éviter tout à la fois le scandale et le danger, il est bon de connaître les erreurs qu'un sentiment si louable en lui-même peut faire commettre. Ne négligez aucune occasion ni aucun moyen pour faire du bien aux hommes, mais sans être esclave de leurs fantaisies, ni la dupe de leur visage composé, ce qui serait pure facilité ou mollesse de caractère, c'est-à-dire une vraie faiblesse et une servitude pour les âmes honnêtes. Ne donnez pas non plus une perle au coq d'Esope, qui préférerait un grain d'orge. Le meilleur précepte en ce genre, c'est l'exemple de Dieu même qui fait luire son soleil et tomber sa pluie sur le juste et l'injuste indistinctement, mais qui ne dispense pas à tous en même mesure les richesses, les honneurs ou les talents. Les biens qui sont naturellement communs, doivent être communiqués à tous sans distinction ; mais ceux qui de leur nature sont moins communs ne doivent être donnés qu'avec choix. Prenez garde aussi en faisant la copie de briser l'original, car la théologie même nous apprend que l'amour de nous-mêmes est l'original et que l'amour du prochain n'est que la copie. « Vends tout ce que tu as, donnes-en le produit au pauvre et suis-moi ; » oui, mais ne vends tout ce que tu as qu'autant que tu es bien décidé à me suivre, c'est-à-dire ne prends ce parti extrême qu'en embrassant un genre de vie où tu puisses faire, avec de petits moyens, autant de bien que d'autres en feraient avec les plus grandes richesses; autrement, en voulant grossir le ruisseau, tu tarirais la source. Non-seulement on observe dans plusieurs individus une habitude de bonté dirigée par la raison ; mais il en est aussi qui ont une inclination naturelle à faire du bien, et d'autres encore qui ont un désir naturel de nuire et qui semblent se plaire à faire le mal. Le plus faible degré de cette malignité naturelle, c'est un caractère morose, revêche, difficile, contrariant, agressif, malicieux ; mais le plus marqué se décèle par l'envie et dégénère en méchanceté proprement dite. Les hommes de ce caractère se réjouissent des disgrâces et des fautes d'autrui ; c'est pour eux une sorte de fête, et ils ne manquent guère de les aggraver. Ils cherchent les malheureux dont le cœur est blessé, non comme ces chiens qui léchaient les plaies de Lazare, mais plutôt comme les mouches qui s'attachent aux parties excoriées et qui enveniment les plaies. Ce sont de vrais misanthropes qui, sans avoir dans leur jardin un arbre aussi commode que celui qu'offrait aux Athéniens certain philosophe atrabilaire, voudraient néanmoins mener pendre tous les hommes. C'est pourtant de ce bois même que se font les grands politiques ; car les hommes de cette trempe peuvent être comparés à ces bois courbes qui sont bons pour faire des vaisseaux destinés à être violemment agités, mais qui ne valent rien pour la construction des maisons, qui doivent rester immobiles.

La bonté se manifeste par différentes espèces d'effets et de signes qui lui sont propres et qui la caractérisent. Par exemple, un homme civil, gracieux et empressé pour les étrangers, annonce par cette conduite qu'il se croit citoyen du monde entier, que son cœur n'est point une sorte d'île séparée de toute autre terre, mais un continent qui tient à tous les autres. S'il est plein de commisération pour les infortunés, il montre que son cœur est semblable à cet arbre si précieux qui donne le baume à ceux qui le blessent. S'il pardonne aisément les offenses, c'est une preuve que son âme est tellement élevée au-dessus des injures que les traits de la malignité ne peuvent y atteindre. S'il est sensible aux plus légers services, cette délicatesse prouve qu'il regarde plutôt aux intentions des hommes qu'à leurs mains ou à leur bourse. Si enfin il s'élève au degré sublime de charité de saint Paul, qui souhaitait d'être anathématisé en Jésus-Christ pour assurer le salut de ses frères, cet héroïque désir annonce en lui une nature toute divine et une espèce de conformité avec Jésus-Christ.

XIV. *De la noblesse.*

En traitant de la noblesse nous l'envisagerons d'abord comme faisant partie d'un État, puis comme un certain genre de distinction entre les particuliers et comme la condition d'une certaine classe de citoyens. Une monarchie où il n'y a point de noblesse est un pur despotisme, une tyrannie absolue ; de ce genre est celle des Turcs. La noblesse tempère, délaie pour ainsi dire le pouvoir souverain et détourne un peu de la famille royale les regards du peuple. Quant aux démocraties, elles n'en ont pas besoin; elles sont même plus tranquilles et moins sujettes aux séditions quand elles n'ont point de familles nobles ; car alors on regarde à l'affaire proposée et non à la personne qui la propose ou qu'on propose pour la gérer ; et si l'on y regarde, c'est en vue de l'affaire même, en n'envisageant que les qualités personnelles du sujet sans avoir égard à ses armoiries et à sa généalogie. Nous voyons par exemple que la république des Suisses se soutient fort bien, malgré la diversité des religions et la division du pays par cantons, parce que le vrai lien qui unit ces petits Etats et leurs citoyens est l'utilité qu'on peut tirer des personnes et non leur dignité. Par la même raison, le gouvernement des provinces unies des Pays-Bas est excellent, car l'égalité entre les personnes amène l'égalité dans les conseils, rend les lois plus impartiales, et fait qu'on paie plus volontiers les taxes et les contributions.

Une noblese respectée et puissante augmente la splendeur et la majesté du prince, mais en diminuant son pouvoir ; elle donne au peuple plus de vie et de ressort, mais en l'appauvrissant et en rendant sa condition plus dure. Il est bon que la noblesse ne soit pas plus puissante que ne l'exige l'intérêt du prince et celui de l'État, mais en conservant toutefois un pouvoir suffisant pour réprimer les classes inférieures, et afin que l'insolence populaire, venant pour ainsi dire se briser contre cette espèce de rempart, ne puisse atteindre à la majesté du prince. Une noblesse fort nombreuse appauvrit un État et a beaucoup d'autres inconvénients, car outre le surcroît de dépense qu'elle occasionne, une partie de cette noblesse devient fort pauvre avec le temps, ce qui met une sorte de disproportion entre les honneurs et les biens.

A l'égard de la noblesse envisagée comme une distinction entre les particuliers, un vieux château, ou tout autre édifice antique qui s'est parfaitement conservé, inspire une sorte de respect ; il en est de même d'un arbre de haute futaie qui est encore frais et entier malgré son âge. Or, si des corps insensibles peuvent s'attirer une sorte de vénération, que sera-ce donc d'une antique et illustre famille qui a résisté aux vicissitudes et aux orages des temps ? Une nouvelle noblesse n'est visiblement qu'une dérivation du pouvoir souverain, au lieu que l'ancienne semble être l'ouvrage du temps seul. Les premiers individus auxquels une famille doit sa noblesse et son illustration ont ordinairement des qualités plus éclatantes, mais moins de droiture et de probité que leurs descendants, car rarement on s'élève autrement que par un mélange de bons et de mauvais moyens. Mais il importe à l'État même que la mémoire de leurs vertus passe à leur postérité pour lui servir d'exemple, et que leurs vices soient pour ainsi dire ensevelis avec eux. Mais ces prérogatives mêmes que les nobles doivent à leur seule naissance les rendent souvent moins industrieux et moins actifs que les roturiers. Or, tout homme qui manque de talents est naturellement porté à envier ceux des autres, sans compter que les nobles, étant déjà placés fort haut, ne peuvent plus s'élever beaucoup, et tout homme qui reste à la même hauteur tandis que les autres montent, s'imaginant par cela même descendre, ne peut guère se défendre du sentiment de l'envie. Mais si la noblesse est plus envieuse elle est moins enviée ; car, étant naturellement destinée à jouir des honneurs, cela même la garantit de l'envie qu'on porte aux hommes nouveaux. Les rois qui, étant à même de choisir dans la noblesse de leurs États des sujets d'une grande capacité, les emploient volontiers, y gagnent beaucoup ; car alors tout dans leurs affaires marche avec plus d'aisance et de célérité, les nobles trouvant presque toujours plus de soumission et d'obéissance dans le peuple auquel ils semblent nés pour commander.

XV. Des troubles et des séditions.

Il importe aux pasteurs du peuple de bien connaître les pronostics de ces tempêtes qui peuvent s'élever dans un État et qui sont ordinairement plus violentes quand les partis opposés qui les excitent approchent de l'égalité; à peu près par la même raison que les tempêtes vers les équinoxes sont plus violentes que dans tout autre temps. Or, avant que les troubles et les séditions éclatent dans un état, certains bruits sourds et vagues, signes du mécontentement général, les présagent, comme dans la nature le vague murmure d'un vent souterrain et le sourd mugissement des flots qui commencent à se soulever annoncent la tempête.

« Souvent aussi, dit le poète, en lui découvrant les secrets mécontentements, il lui annonce que la sédition approche; souvent en lui révélant les complots qu'on trame sourdement contre lui, il lui prédit la guerre ouverte dont il est menacé. »

Des libelles et des discours licencieux contre le gouvernement se multipliant rapidement et devenant publics, de fausses nouvelles tendant à blâmer ses opérations, se répandant de tous côtés et crues trop aisément; voilà des présages de troubles et de séditions. Virgile, donnant la généalogie de la Renommée, dit qu'elle était sœur des géants.

« Elle est sœur de Cœé et d'Encelade ; la terre, dit-on, irritée et fécondée par la colère des immortels, l'enfanta la dernière. »

Comme si ces bruits dont nous parlons ne se faisaient entendre qu'après que la sédition est passée et n'en étaient que les restes! mais la vérité est qu'ils en sont ordinairement le prélude. Quoi qu'il en soit, le poète observe judicieusement qu'il n'y a d'autre différence entre les séditions et les bruits séditieux que celle qui se trouve entre le frère et la sœur, entre le mâle et la femelle, surtout lorsque le mécontentement général est porté au point que les plus justes et les plus sages opérations du gouvernement et celles qui devraient le plus contenter le peuple sont prises en mauvaise part et malignement interprétées ; ce qui montre que ce mécontentement est à son comble, comme l'observe Tacite lorsqu'il dit : « Le mécontentement public est si grand qu'on lui reproche également et le bien et le mal qu'il fait. » Mais de ce que ces bruits dont nous parlons sont un présage de troubles, il ne s'ensuit point du tout qu'en prenant des mesures très sévères pour les faire cesser on préviendrait ces troubles, car souvent lorsqu'on a le courage de les mépriser ils tombent d'eux-mêmes, et toutes les peines qu'on se donne pour les faire cesser ne servent qu'à les rendre plus durables.

De plus, certain genre d'obéissance dont parle Tacite doit être suspect : « Ils demeuraient tous dans le devoir, dit-il, de manière toutefois qu'ils étaient plus disposés à raisonner sur les ordres du gouvernement qu'à les exécuter. » En effet, discuter ces ordres, se dispenser par des excuses de les exécuter ou les éluder par des plaisanteries, ce sont autant de manières de secouer le joug, autant d'essais de désobéissance, surtout lorsque ces raisonneurs qui défendent le gouvernement parlent bas et avec timidité, tandis que leurs opposés parlent haut et avec insolence.

De plus, comme l'a judicieusement observé Macchiavelli, lorsqu'un prince, qui devrait être le père commun de tous ses sujets, se livre trop à l'un des deux partis et penche excessivement à droite ou à gauche, il en est de son gouvernement comme d'un bateau qui, étant trop chargé d'un côté, finit par chavirer. C'est une vérité qu'apprit à ses dépens Henri III, roi de France, car il ne se joignit d'abord à la ligue que pour abattre plus aisément les protestants, mais ensuite cette ligue même se tourna contre lui. Lorsque, dans la défense d'une cause, l'autorité royale n'est plus qu'une sorte d'accessoire, les sujets croyant avoir un lien plus sacré que celui de l'obéissance qu'ils doivent au souverain, dès lors le prince commence à être dépossédé de son autorité.

Quand les rebelles et les factieux parlent ou agissent ouvertement et avec audace, leur insolence annonce qu'ils ont déjà perdu tout respect pour le gouvernement; car les mouvements des grands, dans un Etat, doivent être subordonnés à ceux du prince qui doit y être le premier mobile; en quoi ces hautes classes doivent être semblables aux planètes qui, dans l'hypothèse reçue (celle de Ptolémée), sont emportées d'un mouvement très rapide, d'orient en occident, en vertu de celui de toute la sphère qu'elles sont forcées de suivre, mais qui se meuvent beaucoup plus lentement d'occident en orient, en vertu de leur mouvement propre. Ainsi, lorsque les grands, n'obéissant plus qu'à leur propre impulsion, ont un mouvement très violent, c'est un signe que toutes les orbites sont confondues et que tout le système tend à sa destruction ; car le respect des sujets est le don que Dieu a fait aux rois ; il est la base de leur puissance, et quelquefois il les menace de les en dépouiller : « Je délierai la ceinture (le bandeau) des rois. »

Ainsi, lorsque ces quatre piliers de toute espèce de gouvernement : la religion, la justice, la prudence et le trésor public, sont ébranlés ou affaiblis, c'est alors qu'il faut recourir aux prières pour obtenir du beau temps. Mais terminant ici ce que nous avions à dire sur les pronostics des séditions (sujet d'ailleurs sur lequel les observations mêmes que nous allons faire répandront encore beaucoup de lumière) nous allons traiter : 1° des matériaux c'est-à-dire de l'aliment ou de la cause matérielle, des séditions ; 2° de leurs motifs ou de leurs causes efficientes ; 3° enfin des remèdes et des préservatifs contre ce genre de calamité.

La cause matérielle des séditions est évidemment le premier objet qui doive fixer notre attention. En effet, n'est-il pas clair que le plus sûr moyen pour prévenir une sédition, autant que les circonstances le permettent, c'est d'en ôter d'abord la cause matérielle ; car lorsque la matière combustible est amassée et préparée, il serait difficile de dire d'où partira l'étincelle qui mettra le feu. Or les séditions ont deux principales causes matérielles, savoir : une grande disette et de grands mécontentements (un grand nombre de nécessiteux et de mécontents) ; car il n'est pas douteux qu'autant il y a d'hommes ruinés ou obérés dans un État, autant il y a de votants pour la guerre civile. C'est ce que Lucain n'a pas manqué d'observer, lorsqu'avant de faire le tableau de la guerre civile des Romains il en montre les véritables causes dans l'état même où Rome se trouvait alors.

« De là l'usure vorace et ces intérêts qui, en s'accumulant, donnent des ailes au temps ; de là encore la foi si souvent violée et la guerre devenue l'unique ressource pour le plus grand nombre. »

Cette même situation du plus grand nombre qui regarde la guerre comme son unique ressource, et qui en conséquence la souhaite, est un signe assuré et infaillible qu'un État est disposé aux troubles et aux séditions. Si ce grand nombre d'hommes ruinés, obérés et nécessiteux se trouve en même temps dans les hautes classes et parmi le bas peuple, le danger n'en est que plus grand et plus imminent ; car les pires révoltes sont celles qui viennent du ventre. Quant aux mécontentements, ils sont dans le corps politique ce que les humeurs corrompues sont dans le corps humain, leur effet ordinaire étant aussi d'exciter une chaleur excessive et d'y causer une inflammation. Mais alors le prince ou le gouvernement ne doit pas mesurer le danger sur la justice ou l'injustice des motifs qui ont ainsi aliéné les esprits ; ce serait supposer au peuple beaucoup plus de raison et de justice qu'il n'en a communément ; trop souvent on le voit regimber contre ce qui peut lui être utile. Encore moins doit-il juger du péril par l'importance ou la réalité des griefs tendant à soulever la multitude ; car lorsque la crainte est beaucoup plus grande que le mal, les mécontentements publics n'en sont que plus dangereux, attendu que la douleur a une mesure, au lieu que la crainte n'en a point ; sans compter que dans les cas où l'oppression est portée à son comble, cette oppression même qui a lassé la patience du peuple lui ôte le courage et le pouvoir de résister ; mais il n'en est pas de même lorsqu'il n'a que des craintes. Le prince ou le gouvernement ne doit pas non plus se trop rassurer par cette seule considération que les mécontentements qui se manifestent alors ont eu lieu fréquemment, ou subsistent depuis longtemps, sans qu'il en ait encore résulté d'inconvénient notable. Car, quoique tout nuage n'excite pas une tempête, cependant s'il en passe beaucoup, à la fin il en viendra un qui crèvera et qui donnera du vent, et si tous ces petits nuages qu'on méprise viennent à se réunir, la tempête, pour avoir été un peu retardée, n'en sera que plus affreuse; c'est ce que dit un proverbe espagnol : « Lorsqu'on est au bout de la corde, la plus petite force suffit pour la rompre. »

Les motifs ou les causes les plus ordinaires des séditions sont les grandes et soudaines innovations par rapport à la religion, aux lois, aux coutumes antiques, etc. les infractions de priviléges et d'immunités, l'oppression générale, l'avancement des hommes sans mérite, l'instigation des puissances étrangères, l'arrivée d'une multitude d'étrangers, ou une prédilection trop marquée pour quelques-uns d'entre eux, les grandes chertés, des armées licenciées tout à coup et sans précaution, des factions poussées à bout; en un mot tout ce qui peut irriter le peuple et coaliser un grand nombre de mécontents en leur donnant un intérêt commun.

Quant aux remèdes et aux préservatifs contre les séditions, il en est de généraux que nous allons indiquer en masse, et sans nous astreindre aux lois de la méthode. Mais pour opérer une cure complète et radicale, il faut appliquer à chaque espèce de maladie de ce genre le remède qui lui est propre, et par conséquent faire beaucoup plus de fond sur la prudence personnelle de ceux qui gouvernent que sur des préceptes et des règles fixes.

Le premier de tous ces remèdes ou préservatifs, c'est d'ôter ou de diminuer, autant qu'il est possible, cette cause matérielle de sédition dont nous parlions plus haut, je veux dire la pauvreté, la disette qui se fait sentir dans un Etat. Or, les moyens qui peuvent mener à ce but sont de dégager toutes les routes du commerce, de lui en ouvrir de nouvelles et d'en bien régler la balance, d'encourager les manufactures et l'industrie nationale, de bannir l'oisiveté, de mettre un frein au luxe et aux dépenses ruineuses par des lois somptuaires, d'encourager aussi par des récompenses et des lois impartiales tout ce qui tend à la perfection de l'agriculture, de régler le prix des denrées et de toutes les choses commerciales, de modérer les taxes et les impositions, etc. Généralement parlant, il faut prendre garde aussi que la population, surtout quand les guerres ne la diminuent point, n'excède la quantité d'hommes que le royaume peut nourrir par le produit de son agriculture, de son industrie et de son commerce. Mais pour pouvoir déterminer avec justesse la quantité de cette population, il ne suffit pas d'avoir égard au nombre absolu des têtes, car un petit nombre d'hommes qui dépensent beaucoup et qui travaillent très peu ruineraient plus promptement un Etat que ne le feraient un grand nombre d'hommes très laborieux et très économes. Aussi, lorsque le nombre des nobles et autres personnes de distinction est en trop grande proportion avec les classes inférieures du peuple, ils appauvrissent et épuisent l'Etat. Il en est de même d'un clergé très nombreux qui après tout ne met rien à la masse, ainsi que les gens de lettres, et en général les gens d'étude, dont le nombre ne doit pas non plus excéder de beaucoup celui que les émoluments des professions actives qui exigent des connaissances peuvent entretenir.

Voici une autre observation qu'on ne doit pas perdre de vue : une nation ne peut s'accroître, par rapport aux richesses, qu'aux dépens des autres, attendu que ce qu'elle gagne, il faut bien que quelqu'un le perde. Or, il est trois sortes de choses qu'une nation peut vendre à une autre; savoir : la matière première ou le produit brut, le produit manufacturé, et le transport (le fret ou le nolage). Ainsi, lorsque ces trois roues principales tournent avec aisance, les richesses affluent dans le pays. Quelquefois, suivant l'expression du poète, « la façon, et en général le travail a plus de prix que la matière », je veux dire que le prix de la main-d'œuvre ou du transport excède souvent celui de la matière première et enrichit plus promptement un Etat. C'est ce dont nous voyons un exemple frappant dans les habitants des Pays-Bas, dont les mines les plus riches sont au-dessus de la surface de la terre, et qui par leur industrie l'emportent sur toutes les autres nations.

Le gouvernement doit surtout prendre des mesures pour empêcher que tout l'argent comptant du pays ne s'accumule dans un petit nombre de mains; autrement un Etat pourrait mourir de faim au sein de l'abondance, l'argent, ainsi que le fumier, ne fructifiant qu'autant qu'on a soin de le répandre; but auquel on parviendra en étouffant ou du moins en réprimant ces trois monstres dévorants, l'usure, le monopole et la manie de convertir en pâturages les champs à grain, etc.

Quant aux moyens de calmer les esprits et d'apaiser le mécontentement général, ou du moins d'en prévenir les plus dangereuses conséquences, nous observerons d'abord que chaque Etat est composé de deux principales classes, savoir : la noblesse et les roturiers qui forment le plus grand nombre. Quand un seul de ces deux ordres est mécontent le danger n'est pas fort grand, les mouvements du peuple étant toujours lents et de tres courte durée lorsqu'il n'est pas poussé et dirigé par les grands, et les grands ne pouvant presque rien en ce genre si la multitude n'est disposée à se soulever d'elle-même. Mais lorsque les grands n'attendent que le mouvement de l'insurrection spontanée du bas peuple pour se déclarer eux-mêmes, c'est alors que le danger est vraiment imminent. Jupiter, dit la fable, ayant appris que les dieux avaient formé le projet de le lier, se détermina, d'après le conseil de Pallas, à appeler à son secours Briarée aux cent bras ; allégorie dont le vrai but, comme on n'en peut douter, est de montrer aux rois combien il leur importe de ménager le peuple et de n'épargner aucun soin pour gagner son affection.

Laisser à un peuple la liberté de se plaindre et d'exhaler sa mauvaise humeur (pourvu toutefois que ces plaintes ne soient pas poussées jusqu'à l'insolence et à la menace) est encore un ménagement salutaire ; car si vous répercutez les humeurs vicieuses et déterminez le sang de la blessure à couler au dedans, vous y occasionnerez des ulcères malins et de mortels aposthumes.

Il est encore un autre moyen pour ramener les esprits lorsqu'ils sont aliénés et pour assoupir les mécontentements ; c'est de faire jouer à Prométhée le rôle d'Epiméthée, car il n'est point de remède plus efficace. Dès qu'Epiméthée, dit la fable, vit que tous les maux étaient sortis de la boîte de Pandore, il laissa tomber le couvercle, et par ce moyen l'espérance resta au fond de cette boîte. En effet, amuser les hommes en les berçant d'espérances et les mener avec dextérité d'une espérance à l'autre est le plus sûr antidote contre le poison du mécontentement ; et le caractère distinctif d'un gouvernement prudent et sage est cette adresse même à endormir les sujets, en les nourrissant d'espérances lorsqu'il lui est impossible de leur procurer une satisfaction plus réelles, et de savoir gouverner les esprits de manière que, dans le cas même d'un malheur inévitable, il leur reste toujours quelque espérance d'en échapper, ce qui n'est pas si difficile qu'on pourrait le penser, les individus ainsi que les factions étant naturellement disposés à se flatter eux-mêmes, ou du moins à affecter, pour faire parade de leur courage, les espérances qu'ils n'ont point.

Une autre méthode pour prévenir les funestes effets du mécontentement général, méthode fort connue, mais qui n'en est pas moins sûre, c'est de n'épargner aucun moyen pour empêcher que le peuple ne se porte vers quelque personnage distingué qui puisse lui servir de chef, en former un corps régulier et diriger tous ses mouvements. J'entends par chef un homme d'une naissance illustre, jouissant d'une grande réputation, assuré de la confiance du parti mécontent, ayant lui-même des sujets particuliers de mécontentement, et vers lequel par conséquent le peuple tourne naturellement les yeux. Lorsqu'un personnage si dangereux se trouve dans un Etat, il faut tout faire pour le gagner, l'engager à se rapprocher du gouvernement et l'y attacher, non pas en passant, mais fortement et par des avantages solides qu'il ne puisse espérer du parti opposé ; ou, si l'on n'y peut réussir, il faut lui opposer quelque autre sujet distingué dans le même parti, et qui puisse, en partageant avec lui la faveur populaire, balancer son influence. Généralement parlant, la méthode de diviser et de morceler, pour ainsi dire, les factions et les ligues qui se forment dans un Etat, en commettant les chefs les uns avec les autres, ou du moins en semant, faisant naître entre eux des défiances et des jalousies ; cette méthode, dis-je, n'est rien moins que méprisable ; car si ceux qui tiennent pour le gouvernement sont divisés et luttent les uns contre les autres, tandis que les factieux agissent de concert et sont étroitement unis, tout est perdu.

J'ai aussi observé en parcourant l'histoire que certains mots ingénieux et piquants que des princes ou autres personnages éminents ont laissé échapper ont allumé des séditions. César se fit un tort irréparable par cette plaisanterie : « Sylla n'était qu'un ignorant, il n'a pas su *dicter*, » mot qui ôta pour toujours aux Romains l'espoir qu'ils avaient de le voir tôt ou tard abdiquer la dictature. Galba se perdit par ce mot : « Mon usage est de choisir des soldats et non de les acheter, » ce qui ôta aux soldats tout espoir d'obtenir de lui le donatif (la gratification que les empereurs romains à leur avénement donnaient à l'armée) ; il en fut de même de Probus qui eut l'imprudence de dire : « Si je vis encore quelques années, l'empire romain n'aura plus besoin de soldats, » paroles désespérantes pour son armée. On en peut dire autant de beaucoup d'autres. Ainsi les princes, dans des circonstances difficiles et en parlant sur des affaires délicates, doivent bien prendre garde à ce qu'ils disent, surtout de lâcher de ces mots extrêmement précis qui sont comme autant de traits aigus et qui semblent dévoiler leurs secrets sentiments. Quant aux discours plus étendus, comme ils sont moins remarqués, ils ont moins d'effet et sont moins dangereux.

Enfin les princes doivent avoir toujours auprès d'eux à tout événement un ou plusieurs personnages distingués par leur courage ou leurs talents militaires et d'une fidélité éprouvée pour étouffer les séditions dès le commencement. Sans cette ressource, une cour prend trop aisément l'épouvante lorsque les troubles viennent à éclater, et elle se trouve dans cette sorte de danger dont Tacite donne une si juste idée en disant : « La disposition des esprits était telle que peu d'entre eux osant commettre le dernier attentat, un plus grand nombre le souhaitait et tous l'auraient souffert. » Mais il faut que ces généraux dont nous parlons soient d'une fidélité plus assurée que ceux du parti populaire; autrement le remède serait pire que le mal.

XVI. De l'athéisme.

J'aimerais mieux croire toutes les fables de la Légende, du Thalmud et de l'Alcoran, que de croire que cette grande machine de l'univers, où je vois un ordre si constant, marche toute seule et sans qu'une intelligence y préside. Aussi Dieu n'a-t-il jamais daigné opérer des miracles pour convaincre les athées, ses ouvrages mêmes étant une sensible et continuelle démonstration de son existence. Une philosophie superficielle fait incliner quelque peu vers l'athéisme, mais une philosophie plus profonde ramène à la connaissance d'un Dieu; car, tant que l'homme dans ses contemplations n'envisage que les causes secondes qui lui semblent éparses et incohérentes, il peut s'y arrêter et n'être pas tenté de s'élever plus haut; mais lorsqu'il considère la chaîne indissoluble qui lie ensemble toutes ces causes, leur mutuelle dépendance, et, s'il est permis de s'exprimer ainsi, leur étroite confédération, alors il s'élève à la connaissance du grand Être qui, étant lui-même le vrai lien de toutes les parties de l'univers, a formé ce vaste système et le maintient par sa Providence. L'absurdité même des opinions de la secte la plus suspecte d'athéisme est la meilleure démonstration de l'existence d'un Dieu; je veux parler de l'école de Leucippe, de Démocrite et d'Épicure; car il me paraît moins absurde de penser que quatre éléments variables, avec une cinquième essence, immuable, convenablement placée et de toute éternité, puissent se passer d'un Dieu, que d'imaginer qu'un nombre infini d'atomes ou d'éléments infiniment petits et n'ayant aucun centre déterminé vers lequel ils puissent tendre aient pu par leur concours fortuit, et sans la direction d'une suprême intelligence, produire cet ordre admirable que nous voyons dans l'univers. Nous trouvons dans l'Écriture-Sainte ces paroles si connues : « L'insensé a dit dans son cœur : Il n'est point de Dieu. » Remarquez qu'elle ne dit pas qu'il le pense, mais seulement qu'il se le dit à lui-même plutôt comme une chose qu'il souhaite et qu'il tâche de se faire accroire que comme une chose dont il soit intimement persuadé. Les seuls hommes qui osent nier l'existence de Dieu sont ceux que croient avoir intérêt à sa non-existence; et ce qui prouve bien que l'athéisme est plus sur les lèvres qu'au fond du cœur, c'est de voir que les athées aiment tant à parler de leur opinion, comme s'ils cherchaient à s'appuyer de l'approbation des autres pour s'y fortifier. On en voit même qui veulent se faire des prosélytes et qui prêchent leur opinion avec autant d'enthousiasme et de fanatisme que des sectaires; en un mot l'athéisme a ses missionnaires ainsi que la religion; que dis-je? il a même ses martyrs, qui aiment mieux subir le plus affreux supplice que de se rétracter. S'ils étaient vraiment persuadés que Dieu n'existe point, son existence une fois niée, tout serait fini, et ils n'auraient plus rien à dire; à quoi bon se tourmenter ainsi pour cette opinion négative? On a prétendu qu'Épicure dissimulait sa véritable opinion sur ce point; que, pour mettre en sûreté sa réputation et sa personne, il affirmait publiquement qu'il existait des êtres parfaitement heureux et jouissant tellement d'eux-mêmes qu'ils ne daignaient pas se mêler du gouvernement de ce monde inférieur; mais qu'au fond il ne croyait point du tout à l'existence de la Divinité, et ne parlait ainsi que pour s'accommoder au temps. Mais cette accusation nous paraît d'autant plus dénuée de fondement que, dans ses entretiens particuliers sur ce sujet, son langage était quelquefois sublime et vraiment divin : « Ce qui est vraiment profane, disait-il alors, ce n'est pas de nier les dieux du vulgaire, mais d'appliquer aux dieux les opinions de ce profane vulgaire. » Platon lui-même aurait-il mieux parlé? Et quoiqu'Epicure ait eu l'audace de nier la Providence des dieux, il n'eut jamais celle de nier leur nature. Les sauvages de l'Amérique ont des noms particuliers pour désigner spécifiquement tous leurs dieux, mais ils n'en ont point qui répondent à notre mot Dieu. C'est à peu près comme si les païens n'avaient eu que ces noms de Jupiter, d'Apollon, de Mars, etc., et n'avaient pas eu celui de *Deus* en latin, de *Dios* en grec, ce qui prouve que les nations les plus barbares, sans avoir de la Divinité une idée aussi étendue et aussi grande que la nôtre, en ont du moins une notion imparfaite. Ainsi les athées ont contre eux les sauvages réunis avec les plus profonds philosophes. On trouve rarement des athées réels désintéressés et purement théoriques, tels que Diagoras, Bion, Lucien, etc. Peut-être encore se peut-il qu'ils le paraissent plus qu'ils ne le sont ; car on sait que ceux qui combattent une religion ou une superstition reçue sont toujours accusés d'athéisme. Mais les vrais athées, ce sont les hypocrites qui manient sans cesse les choses saintes, et qui, n'ayant aucun sentiment de religion, les méprisent au fond du cœur.

L'athéisme peut avoir différentes causes : 1º un trop grand partage de sentiments et les disputes sur la religion, surtout lorsqu'elles se multiplient excessivement ; car, lorsqu'il n'y a que deux opinions et deux partis qui les défendent, cette opposition même donne plus de zèle et de ferveur à l'un et à l'autre. Mais s'il règne une grande diversité d'opinions, cette multiplicité fait naître des doutes sur toutes et introduit l'athéisme. 2º La conduite scandaleuse des prêtres, quand elle est portée au point qui faisait dire à saint Bernard : « Il ne faut plus dire tel le peuple, tel le prêtre ; car aujourd'hui le prêtre est cent fois pire que le peuple. » 3º De fréquentes railleries sur les choses saintes, ce qui extirpe du fond des cœurs le respect dû à la religion. 4º Enfin les sciences et les lettres, surtout au sein de la paix et de la prospérité ; car les troubles et l'adversité ramènent à la religion.

Ceux qui nient l'existence de Dieu s'efforcent d'abolir la plus noble prérogative de l'homme ; car l'homme par son corps n'est que trop semblable aux brutes, et si par son âme il n'a pas quelque ressemblance avec la Divinité, ce n'est plus qu'un animal vil et méprisable. Ils ruinent aussi le vrai fondement de la magnanimité et tout ce qui peut élever la nature humaine. En effet, voyez combien un chien même a de courage et de générosité lorsqu'il se sent soutenu de son maître qui lui tient lieu d'une divinité et d'une nature supérieure, courage que certainement il n'aurait point sans cette confiance que lui inspire la présence et l'appui d'une nature meilleure que la sienne. C'est ainsi que l'homme qui se sent assuré de la protection de la Divinité, et qui repose pour ainsi dire sur le sein de la divine Providence, tire de cette opinion et du sentiment qui en dérive une vigueur et une confiance à laquelle la nature humaine abandonnée à elle-même ne saurait atteindre. Ainsi l'athéisme, déjà odieux à mille égards, l'est surtout en ce qu'il prive la nature humaine du plus puissant moyen qu'elle ait pour s'élever au-dessus de sa faiblesse naturelle. Or, il en est à cet égard des nations comme des individus ; jamais nation n'a égalé le peuple romain pour l'élévation des sentiments et la magnanimité. Écoutez Cicéron lui-même montrant la véritable source de cette grandeur d'âme :

« Quoique nous soyons quelquefois un peu trop amoureux de nos institutions et de nous-mêmes, ô pères conscripts! cependant, quelque haute idée que le peuple romain puisse avoir de sa supériorité naturelle, comme il ne l'emportait ni sur les Espagnols par le nombre, ni sur les Gaulois par la hauteur de la stature et la force de corps, ni sur les Carthaginois par la ruse, ni sur les Grecs par les sciences, les lettres et les arts, ni enfin sur les Latins et les Italiens par cet amour inné de la liberté qui semble être le caractère distinctif, l'instinct et comme l'âme de tous les habitants de cette contrée ; s'il a vaincu et surpassé en tant de choses toutes les nations connues, ce n'est donc point à ces qualités particulières qu'il a dû ses victoires et cet ascendant, mais à la seule piété, à la seule religion, à cette seule espèce de science et de sagesse qui consiste à penser et à sentir que l'univers entier est mu et gouverné par l'intelligence et la volonté suprême des dieux immortels. »

XVII. *De la superstition.*

Il vaut mieux n'avoir aucune idée de Dieu que d'en avoir une idée indigne de lui, l'un n'étant qu'ignorance ou incrédulité, au lieu que l'autre est une injure et une impiété; car on peut dire avec fondement que la superstition est injurieuse à la Divinité. « Certes, dit le judicieux Plutarque, j'aimerais mieux qu'on dît que Plutarque n'existe point que d'entendre dire qu'il existe un certain homme appelé Plutarque qui mange tous ses enfants aussitôt après leur naissance, comme les poètes le disent de Saturne. » Et comme la superstition est plus injurieuse à Dieu que l'irréligion, elle est aussi plus dangereuse pour l'homme; l'athéisme du moins lui laisse encore beaucoup d'appuis et de guides, tels que la philosophie, les sentiments de tendresse qu'inspirent la nature même, les lois, l'amour de la gloire, le désir d'une bonne réputation, toutes choses qui suffiraient pour le conduire à un certain degré de vertu morale, du moins extérieure, en supposant même qu'il soit tout-à-fait sans religion, au lieu que la superstition renverse tous ces appuis et établit dans les âmes humaines un vrai despotisme. Aussi l'athéisme n'a-t-il jamais troublé la paix des empires; car il rend les individus très prudents par rapport à ce qui les regarde eux-mêmes, et fait qu'ils ne s'occupent que de leur propre sûreté sans s'embarrasser de tout le reste. Nous voyons aussi que les temps les plus enclins à l'athéisme sont les temps de paix et de tranquillité, tels que celui d'Auguste, au lieu que la superstition a bouleversé plusieurs Etats en y introduisant un nouveau premier mobile qui, en imprimant son mouvement violent à toutes les sphères du gouvernement, démontait tout le système politique. Le plus habile maître en fait de superstition, c'est le peuple; car dans tout ce qui tient aux opinions de cette nature, les sages sont forcés de céder aux fous, et en renversant l'ordre naturel on ajuste tous les raisonnements aux usages établis. On peut regarder comme une observation très judicieuse celle que firent à ce sujet certains prélats du concile de Trente, assemblée où la théologie scolastique joua le premier rôle. Les astronomes, disaient-ils, ont imaginé des excentriques, des épycicles, des orbites et autres machines pour expliquer les phénomènes célestes, quoiqu'ils sussent fort bien que rien de tout cela n'existait réellement. Les scolastiques, à leur exemple, ont inventé des principes très subtils et des théorèmes fort compliqués pour motiver ou expliquer la pratique et les usages de l'Eglise.

Les causes les plus ordinaires de la superstition sont : les rits et les cérémonies destinés à flatter la vue et les autres sens; l'affectation de sainteté toute extérieure et toute prosaïque; une vénération excessive pour les traditions, ce qui surcharge et complique d'autant la doctrine de l'Eglise; le manége des prélats pour augmenter leurs richesses et leurs prérogatives; trop de facilité à se prêter aux bonnes intentions et aux vues pieuses, ce qui donne entrée aux innovations dans la doctrine et la discipline; la manie d'attribuer à la Divinité les nécessités, les facultés et les passions humaines en assimilant Dieu à l'homme, ce qui mêle à la vraie doctrine une infinité d'opinions fantastiques; enfin les temps de barbarie, surtout si les peuples sont alors affligés de désastres et de calamités. La superstition, lorsqu'elle se montre sans voile, est un objet difforme et ridicule; car, de même que la ressemblance du singe avec l'homme augmente la laideur naturelle de cet animal, de même la fausse ressemblance de la superstition avec la religion ne rend la première que plus hideuse; et de même que les viandes les plus saines, lorsqu'elles se corrompent, se changent en vers, la superstition convertit la sage discipline et les coutumes les plus respectables en momeries et en observances puériles. Quelquefois aussi, à force de vouloir éviter la superstition ordinaire, on tombe, sans s'en apercevoir, dans un autre genre de superstition, et c'est ce qui arrive lorsqu'on se flatte de ne pouvoir s'égarer en s'éloignant le plus qu'il est possible de la superstition établie depuis long-temps. Ainsi, en voulant épurer la religion, il faut éviter avec soin l'inconvénient où l'on tombe par la super-purgation; je veux dire celui d'emporter le bon avec le mauvais, ce qui ne manque guère d'arriver quand le peuple est le réformateur.

XVIII. *Des voyages.*

Les voyages en pays étrangers font durant la première jeunesse une partie de l'éducation, et dans l'âge mûr une partie de l'expérience; mais on peut dire d'un homme qui entreprend un voyage avant d'avoir fait quelques progrès dans la langue du pays où il veut aller, qu'il va à l'école et non qu'il va voyager. Je voudrais d'abord qu'un jeune homme ne voyageât que sous la direction d'un gouverneur ou d'un domestique sage et de bonnes mœurs, qui eût voyagé lui-même dans le pays où il se propose d'aller, qui en sût la langue et qui fût en état de lui indiquer d'avance quels sont dans ce même pays les objets qui méritent le plus de fixer l'attention d'un observateur, quelles liaisons plus ou moins étroites il doit y contracter, quels exercices, quelles sciences ou quels arts y sont portés à un certain degré de perfection ; car autrement un jeune homme voyagera pour ainsi dire les yeux bandés, et, quoique hors de chez lui, de ses foyers, il ne verra rien.

N'est-il pas surprenant que dans les voyages de mer, où l'on ne voit que le ciel et l'eau, on ait soin de tenir des journaux, et que dans les voyages de terre, où à chaque pas s'offrent tant d'objets dignes d'attention, on prenne si rarement cette peine ? comme si les objets ou les événements qui se présentent fortuitement méritaient moins d'être consignés sur des tablettes ou dans une relation que les observations qu'on s'était proposé de faire. Il faut donc s'accoutumer à faire la relation détaillée de ses voyages. Or, les choses qui méritent le plus de fixer l'attention d'un voyageur sont : les cours des princes, surtout dans les moments où ils donnent audience aux ambassadeurs, les cours de justice quand on y plaide des causes mémorables, les assemblées du clergé ou les consistoires ecclésiastiques, les temples et les monastères, ainsi que les monuments qu'on y admire, les murs et les fortifications des villes grandes ou petites, les ports, rades, bassins, havres, etc., les antiquités et les belles ruines, les bibliothèques, les collèges, les lieux où l'on soutient des thèses et ceux où l'on enseigne les sciences, les lettres et les arts, les vaisseaux et leurs chantiers, les palais les plus magnifiques, les plus beaux jardins, les promenades publiques, les maisons de plaisance, châteaux, etc., les arsenaux de mer et de terre, les greniers et magasins publics, les changes, les bourses, les plus riches magasins de marchands, les académies où la jeunesse fait ses exercices, la manière de lever les troupes et de les exercer, la discipline militaire, la tactique, etc., les spectacles où se rend la meilleure compagnie, les trésors et les dépôts de choses précieuses, les garde-meuble, les cabinets de raretés, enfin il faut voir ce qu'il y a de plus remarquable dans tous les lieux où on passe; il faut aussi que le gouverneur ou le domestique qui doit conduire et diriger le jeune voyageur prenne d'avance sur toutes ces particularités des informations exactes et détaillées. A l'égard des tournois, des fêtes publiques, cavalcades, bals masqués, bals parés, festins, noces, pompes funèbres, exécutions et autres spectacles de ce genre, il ne sera pas fort nécessaire d'y faire penser les jeunes gens; ils y courront assez d'eux-mêmes. Cependant il ne serait pas non plus à propos qu'ils les dédaignassent tout-à-fait.

Si l'on veut qu'un jeune homme recueille beaucoup de fruits de son voyage en peu de temps, qu'il soit en état d'en faire la relation avec autant de justesse que de précision, et de résumer le tout en peu de mots, voici la marche qu'il faut lui faire suivre :

1º Il est absolument nécessaire, comme nous l'avons déjà dit, qu'avant d'entreprendre son voyage il sache déjà passablement la langue du pays où il doit aller, et que son gouverneur, ou le domestique qui doit le conduire, ait, comme nous l'avons dit aussi, quelque connaissance de ce pays. Il faut de plus qu'il soit muni d'un livre de géographie, de la topographie ou au moins d'une bonne carte géographique du pays où il doit voyager, carte qui lui servira comme de clef pour toutes ses recherches; qu'il ait soin de faire un journal; qu'il ne séjourne pas trop long-temps dans les mêmes lieux, mais plus ou moins et à raison des observations qu'il peut y faire. S'il fait, dans une capitale ou dans une ville du second ordre, un séjour de quelque durée, il doit changer fréquemment de demeure et passer d'un quartier à l'autre, sans donner toutefois dans l'excès à cet égard. C'est le plus sûr moyen de multiplier ses relations et de s'instruire complétement des lois du pays, de ses coutumes, de ses usages, etc.; qu'il évite avec soin la société de ses compatriotes; qu'il prenne ses repas dans des endroits où viennent manger aussi des personnes bien nées et instruites. Lorsqu'il partira d'un lieu pour aller dans un autre, il aura soin de se procurer des lettres de recommandation pour quelques personnes de distinction, résidantes dans le lieu où il doit aller et qui pourront lui ménager des facilités pour y voir ou y apprendre toutes les choses qui mériteront d'exciter sa curiosité. Voilà les moyens d'abréger son voyage et d'en recueillir promptement les fruits.

Quant aux liaisons plus ou moins étroites qu'on peut contracter dans les pays où l'on voyage, les personnes qu'il faut le plus rechercher, ce sont les ambassadeurs, députés, résidents, secrétaires d'ambassade et autres membres du corps diplomatique. Par ce moyen, en voyageant dans un seul pays, on acquiert beaucoup de lumières et un commencement d'expériences sur beaucoup d'autres.

Il aura soin de visiter dans chaque lieu où il s'arrêtera les personnages distingués en chaque genre, surtout ceux qui sont très célèbres dans d'autres pays, afin de pouvoir juger par lui-même si leur air, leurs manières et leurs mœurs répondent à cette grande réputation qu'ils se sont acquise au loin.

Il doit fuir avec le plus grand soin toutes les occasions de disputes et de querelles; elles naissent ordinairement dans les parties de débauche ou au jeu, ou encore pour des femmes, pour une place retenue, pour le pas, pour des paroles offensantes. Ainsi, qu'il évite avec soin toute liaison étroite avec des hommes emportés, querelleurs, et qui se font aisément des ennemis; car ils l'impliqueraient infailliblement dans leurs querelles et le compromettraient fréquemment.

Quand notre voyageur est de retour dans sa patrie, il ne doit pas perdre totalement de vue les pays qu'il a parcourus, mais cultiver l'amitié des hommes de mérite ou éminents en dignité qu'il a connus particulièrement, et entretenir avec eux un commerce de lettres; qu'on s'aperçoive plutôt par ses discours qu'il a voyagé, que par ses manières et ses vêtements; encore faut-il que dans ses discours il soit retenu, et attende plutôt qu'on lui fasse des questions sur ses voyages que de raconter ses aventures à tout propos; qu'il vive et se présente de manière qu'on voie clairement qu'il n'a pas abandonné les manières, les coutumes et les mœurs de son pays pour faire parade de celles des étrangers; mais que de tout ce qu'il a pu apprendre dans ses voyages il n'a cueilli que la fleur, pour la transporter dans les usages et les manières de son pays.

XIX. *De la souveraineté et de l'art de commander.*

Est-il un état plus malheureux que celui du mortel qui n'a presque rien à désirer et a presque tout à craindre! Tel est pourtant le sort le plus ordinaire des souverains. Ils sont si élevés au-dessus des autres hommes qu'il ne reste presque plus rien au-dessus d'eux et à quoi ils puissent aspirer; aussi leur âme est-elle perpétuellement livrée à la langueur, à l'ennui et au dégoût. Ils sont assiégés de périls, de craintes, d'ombrages et de soupçons, qui rendent leur cœur très difficile à connaître; et c'est ce que dit formellement l'Écriture-Sainte : « Le cœur des rois est impénétrable. » En effet, lorsqu'un homme qui est rongé de soucis et rempli de soupçons n'a aucun désir prédominant qui puisse régler tous les autres et faire concourir toutes ses volontés à un but fixe, son cœur est très difficile à pénétrer. Aussi voit-on souvent les princes, se créant à eux-mêmes des désirs, se passionner pour des objets frivoles ou pour des occupations indignes d'eux, tels que la chasse, les bâtiments, l'élévation d'un favori, la création d'un ordre militaire ou religieux. Ce sera souvent tel des arts libéraux, quelquefois même un art mécanique, qui fera leur unique occupation. Néron, par exemple, était musicien, Domitien tireur d'arc, Commode armurier, et Caracalla était cocher. De tels goûts dans des personnages d'un rang si élevé semblent étranges à ceux qui ne connaissent pas ce principe : « l'âme humaine se plaît beaucoup plus à avancer dans les petites choses qu'à demeurer stationnaire dans les grandes. » Nous voyons aussi que les rois qui ont fait de rapides conquêtes durant leur jeunesse, mais qui ensuite ont été forcés de s'arrêter, parce qu'il leur était impossible d'aller en avant sans essuyer quelque échec ou rencontrer quelque obstacle, ont fini par devenir mélancoliques et superstitieux, comme l'éprouvèrent Alexandre-le-Grand, Dioclétien, et de notre temps Charles-Quint; car, lorsque l'homme qui était accoutumé à avancer rapidement trouve un obstacle qui l'arrête, il est mécontent de lui-même et il devient tout différent de ce qu'il était.

Il est bien difficile de connaître à fond la constitution, et, s'il est permis de s'exprimer ainsi, le tempérament d'un empire, et de savoir au juste quel régime lui convient; car tout tempérament, bon ou mauvais, est composé de contraires; mais savoir faire une judicieuse combinaison de ces contraires, ou les employer alternativement en les mêlant et les confondant l'un avec l'autre, sont deux choses très différentes. Ainsi, la réponse d'Apollonius à Vespasien sur ce sujet est pleine de sens et offre aux princes une grande leçon. Cet empereur lui demandant quelles avaient été les véritables causes de la perte de Néron : « Néron, répondit-il, savait bien accorder sa harpe et en jouer; mais dans le gouvernement il montait ses cordes tantôt trop haut, tantôt trop bas. » Rien n'affaiblit ou ne ruine plus promptement l'autorité que les variations d'un gouvernement qui passe souvent, et sans jugement, d'un extrême à l'autre, en tendant et relâchant alternativement les ressorts de cette autorité.

Il est vrai qu'aujourd'hui toute l'habileté des ministres et des hommes d'état semble se réduire à savoir trouver de prompts remèdes aux dangers les plus prochains et esquiver les difficultés à mesure qu'elles naissent, au lieu de prévoir de loin la tempête et de s'en garantir par des moyens et des positions solides dont l'effet se prolonge dans l'avenir; mais attendre les dangers comme ils le font, n'est-ce pas, en quelque manière, braver la fortune et prendre plaisir à lutter contre elle? Le véritable homme d'état ne s'endort point ainsi; il ne voit point d'un œil tranquille la matière première des séditions s'amasser près de lui, et il se hâte de la dissiper; car une fois que la matière combustible est préparée, qui peut empêcher qu'une étincelle y mette le feu, et qui peut dire d'où partira cette étincelle?

Les princes sont assiégés de difficultés sans cesse renaissantes et quelquefois insurmontables; mais la plus grande de toutes est dans leur propre caractère; car le défaut le plus ordinaire des princes, comme l'observent Tacite et Salluste, c'est d'avoir en même temps des volontés contradictoires; c'est là le solécisme le plus fréquent du souverain; il ne peut souffrir l'exécution de l'ordre qu'il vient de donner lui-même; il veut la fin et ne peut endurer le moyen.

Les rois ont des relations nécessaires avec leurs voisins, avec leurs femmes et leurs enfants, avec le clergé, avec la haute noblesse et celle du second ordre ou les simples gentilshommes, avec les commerçants, avec le peuple des classes inférieures, avec les troupes, etc. Sans un peu de vigilance et de circonspection, ce sont là autant d'ennemis.

A l'égard de leurs voisins, les circonstances et les situations sont tellement diversifiées qu'il est impossible de donner des règles générales sur ce point, sinon une seule qui est utile dans tous les cas et qu'il ne faut jamais perdre de vue, la voici : ayez sans cesse les yeux ouverts sur vos voisins et n'épargnez aucun moyen pour les empêcher de s'agrandir, de devenir plus puissants et de se mettre ainsi plus en état de vous nuire, soit en étendant leur territoire surtout de votre côté, soit en attirant à eux le commerce, etc. Or, généralement parlant, ce sont les conseils d'état, toujours subsistants, qui doivent prévoir et prévenir cette sorte d'inconvénients. Durant le triumvirat de Henri VIII, roi d'Angleterre, de François I, roi de France, et de l'empereur Charles V, ces princes observèrent parfaitement cette règle; ils s'inspectaient réciproquement avec tant de vigilance que pas un des trois ne pouvait gagner un pouce de terrain sans que les deux autres se liguassent contre lui pour établir l'équilibre, et leur marche constante était de ne jamais faire la paix qu'après en être venu à bout. Il en fut de même de la ligue formée entre Ferdinand, roi de Naples, Laurent de Médicis, duc de Toscane, et Louis Sforze, duc de Milan; ligue qui, suivant Guicciardini, fut la sauvegarde et le salut de l'Italie.

Quelques scolastiques prétendent qu'il n'est permis de faire la guerre qu'après une injure reçue et une provocation manifeste; mais nous pouvons renvoyer cette prétendue règle aux moines casuistes; car la crainte fondée d'un péril imminent est une cause légitime de guerre. Il est permis de prévenir le coup dont on est menacé et de l'éviter en frappant le premier.

Quant aux reines, l'histoire offre dans plusieurs des exemples de perfidie et de cruauté qui sont de terribles leçons pour les rois. Livie, en empoisonnant son époux, se couvrit d'une éternelle infamie; Roxelane, ayant causé la perte du prince Mustapha, déjà si célèbre, excita ensuite de grands troubles dans la maison et la succession de son époux. L'épouse d'Edouard II contribua beaucoup à la dépossession et à la mort du sien. Ces catastrophes sont à craindre, surtout quand les reines, ayant des enfants d'un premier lit, veulent les élever au trône, ou quand elles ont des amants favorisés.

L'histoire offre aussi de sanglants exemples de ce que les rois ont à craindre de la part de leurs enfants, et quelquefois aussi les enfants sont les victimes des soupçons des pères. La mort violente de Mustapha fut si fatale à la race de Soliman que la succession des Turcs, depuis la mort de ce prince, est fort suspecte; car on a soupçonné Sélim II d'avoir été supposé. La mort de Crispus, que son père Constantin-le-Grand fit mourir, fut également fatale à sa maison. Deux autres de ses fils moururent aussi de mort violente, et Constantin III du nom ne fut guère plus heureux; à la vérité il mourut de maladie, mais peu de temps après que Julien eut pris les armes contre lui. La mort de Démétrius, fils de Philippe II, roi de Macédoine, retomba sur le père, qui en mourut de regret et de repentir.

L'histoire n'offre que trop de ces odieux exemples, et l'on n'en voit presque point où les pères aient acquis quelque avantage réel en attentant à la vie de leurs propres fils, à moins que ceux-ci n'eussent pris les armes contre eux, comme Sélim I contre Bajazet II, et les trois fils de Henri II, roi d'Angleterre, qui se révoltèrent aussi contre leur pere.

Des prélats puissants et orgueilleux peuvent aussi se rendre redoutables aux rois, comme on en voit des exemples dans Thomas Beckett et Anselme, tous deux archevêques de Cantorbéry, qui eurent l'audace de mesurer leur crosse avec l'épée du souverain. Cependant ils avaient à faire à des princes qui ne manquaient pas de courage et de fierté, je veux dire Guillaume-le-Roux, Henri I et Henri II. Mais les ecclésiastiques ne sont réellement à craindre pour le gouvernement que dans deux cas, savoir : lorsqu'ils dépendent d'une autorité étrangère, et lorsque la collation des bénéfices dépend du peuple ou de leurs seigneurs respectifs et immédiats.

Quant à la haute noblesse, il est bon que le prince tienne les grands à une certaine distance de sa personne, afin de leur imprimer du respect. Cependant, si le roi les abaisse et les avilit excessivement, il pourra devenir plus absolu; mais il sera moins affermi sur son trône et moins en état d'exécuter ses desseins. C'est une observation que j'ai faite dans mon histoire de Henri VII, roi d'Angleterre, qui opprimait sa noblesse, imprudence qui fut la vraie cause de ces troubles et de ces révoltes qu'il eut à essuyer; car, quoique les nobles restassent soumis, cependant leur secret mécontentement les empêchait de le seconder, et il était obligé de tout faire lui-même.

La noblesse du second ordre, corps dont les membres sont plus dispersés, est par cela même peu dangereuse. Elle parlera quelquefois un peu haut, mais elle fera plus de bruit que de mal. De plus, c'est un contre-poids nécessaire pour balancer l'influence de la haute noblesse et l'empêcher de devenir trop puissante. Enfin, l'autorité que la noblesse de l'ordre inférieur exerce sur le peuple étant plus immédiate, elle n'en est que plus propre à apaiser les émeutes populaires.

Les commerçants sont la veine-porte du corps politique; lorsque le commerce n'est pas florissant, ce corps peut avoir des membres robustes, mais ses parties seront mal nourries et il aura peu d'embonpoint. Les taxes imposées sur cette classe de citoyens sont rarement avantageuses aux revenus du souverain; car ce qu'il peut gagner par ce moyen sur une centaine d'individus, il le reperd sur une province entière qu'il appauvrit, la masse de ces impositions ne pouvant croître qu'aux dépens de la masse totale des fonds employés dans le commerce.

Les classes inférieures du peuple ne sont a craindre que dans deux cas, savoir : quand elles ont un chef puissant et renommé, ou quand on touche trop à la religion, aux anciennes coutumes ou aux moyens dont il tire sa subsistance.

Enfin, les gens de guerre sont dangereux dans un État quand, restant toujours sur pied, ils ne forment qu'un seul corps et sous un seul chef, ou lorsqu'ils sont trop accoutumés aux faveurs et gratifications; danger dont nous voyons assez d'exemples dans les fréquentes révoltes des janissaires de Constantinople et dans celles des gardes prétoriennes des empereurs romains. Mais quand on a l'attention de lever des hommes et de les exercer en différents lieux, en mettant à leur tête plusieurs chefs et en ne les accoutumant pas trop à ces gratifications, on procure ainsi à l'État une défense toujours subsistante et sans courir de risques.

Les princes peuvent être comparés aux corps célestes; ils font les bons et les mauvais temps; ils reçoivent beaucoup d'hommages; mais ils ont plus d'éclat et de majesté que de repos. Tous les préceptes qu'on peut donner aux rois sont compris dans ces deux avertissements de l'Écriture-Sainte : « Souviens-toi que tu es homme; mais souviens-toi en même temps que tu es un Dieu sur la terre » (ou le lieutenant de la Divinité); avertissements dont l'un doit servir de frein à leur pouvoir et l'autre à leur volonté.

XX. *Du conseil et des conseils d'état.*

La preuve la plus sensible de confiance qu'on puisse donner à un autre homme, c'est de le choisir pour son conseiller; car, lorsqu'il confie à un autre ses biens, ses enfants, son bonheur même ou telles affaires particulières, il ne lui confie encore qu'une partie de ce qu'il a et de ce qu'il est, au lieu qu'il met sa personne même, c'est-à-dire le tout à la discrétion de ceux qu'il choisit pour ses conseillers. Mais il est juste que, de leur côté, ses conseillers soient sincères et d'une fidélité à toute épreuve.

Quand un prince est assez sage pour se former un conseil de personnes d'élite, il ne doit pas craindre que son autorité en souffre ni que le public le soupçonne d'incapacité, puisque Dieu même a un conseil, et que le nom le plus auguste qu'il ait donné à son fils bien aimé est celui de conseiller. C'est dans un judicieux et sage conseil que réside toute stabilité; quelque sages mesures qu'on puisse prendre, les choses humaines ne seront jamais entièrement exemptes d'agitation; mais si les affaires ne sont débattues et agitées plus d'une fois dans un conseil, le gouvernement lui-même sera sujet à toutes les agitations et à toutes les vicissitudes de la fortune; il flottera dans une incertitude et une irrésolution perpétuelles; on le verra sans cesse faire et défaire, sans règle et sans but fixe; en un mot, sa marche incertaine et chancelante sera semblable à celle d'un homme ivre. Le fils de Salomon sentit, par sa propre expérience, quelle est la force et le pouvoir d'un bon conseil, comme son père en avait vu la nécessité; car ce fut par un conseil mal choisi que le royaume chéri de Dieu fut d'abord démembré, puis ruiné sans ressource; genre de conseil sur lequel on peut faire deux observations fort instructives, qui nous serviront à démêler les bons conseils d'avec les mauvais : l'une, qui concerne les personnes, est que ce conseil était tout composé de jeunes gens; l'autre, qui regarde le résultat de la délibération, est que ces conseillers si jeunes ne suggéraient au prince que des conseils violents.

La haute sagesse de l'antiquité brille éminemment dans une fable qui paraît avoir été inventée pour montrer aux rois combien il leur importe d'être étroitement unis, et en quelque manière incorporés avec leur conseil, mais en même temps avec quelle prudence et quelle politique ils doivent s'en servir. Car, en premier lieu, les poètes feignent que Jupiter épousa Métis, qui est l'emblème du conseil; première fiction qui nous donne à entendre que la souveraineté et le conseil doivent être mariés ensemble. En second lieu, après que Jupiter, ajoutent-ils, eut épousé Métis, elle conçut de lui, elle devint grosse; mais le dieu ne voulant pas attendre le terme de l'accouchement, la dévora; il eut une espèce de grossesse, et ensuite il accoucha de Pallas, qui sortit de son cerveau toute armée. Cette fable, quelque monstrueuse qu'elle puisse paraître, ne laisse pas de renfermer un des plus grands secrets de l'art de gouverner; elle nous montre d'une manière sensible comment le prince doit tirer parti de son conseil. 1° Elle nous donne à entendre qu'il doit y proposer toutes les affaires importantes;

ce qui répond à la première conception et à la première grossesse. En second lieu, quand les matières ayant été discutées, dirigées, et en quelque manière couvées dans le sein de son conseil, sont en état d'être mises au jour, il ne doit pas permettre à ce conseil de passer outre, ni souffrir qu'il s'attribue à lui-même la décision en la publiant en son propre nom, et comme de sa seule autorité. Il faut au contraire que le prince évoque à lui l'affaire en totalité, afin que la nation soit persuadée que tous les édits et les statuts (qu'on peut alors comparer à Pallas armée, parce qu'ils sont prononcés avec toute la maturité, la prudence et l'autorité nécessaires), que ces statuts, dis-je, émanent uniquement du chef suprême, et non-seulement qu'ils procèdent de son autorité (ce qui serait suffisant pour montrer sa puissance et insuffisant pour augmenter ou soutenir sa réputation), mais même de sa seule volonté, de sa seule prudence et de son propre jugement.

Cherchons maintenant quels sont les inconvénients auxquels le prince s'expose en formant un conseil d'état, ou en le consultant, et quels sont les moyens nécessaires pour prévenir ces inconvénients ou y remédier. Les principaux et les plus connus se réduisent à trois. Le premier est que les affaires étant communiquées à un assez grand nombre de personnes, on ne peut guère compter sur le secret. Le second est que l'autorité du prince en paraît affaiblie, qu'il semble ainsi se défier de sa propre capacité et n'avoir pas la force de se gouverner lui-même. Le troisième est le danger des conseils perfides, intéressés, et plus utiles à celui qui les donne qu'à celui qui les reçoit.

Pour prévenir ces inconvénients, les Italiens ont imaginé, et les Français ont adopté, sous quelques-uns de leurs rois, les conseils secrets, et connus sous le nom de conseils du cabinet, remède pire que le mal.

A l'égard du secret, rien n'oblige le prince à communiquer toutes ses affaires à son conseil, et il est maître de ne le faire qu'avec choix et discernement, soit par rapport aux matières, soit par rapport aux personnes. Il n'est pas non plus nécessaire que le prince, lorsqu'il met une affaire en délibération, déclare son propre sentiment; il doit, au contraire, être très réservé sur ce point et prendre garde de se laisser pénétrer. Quant au conseil du cabinet, on pourrait graver sur la porte ces mots : « Je suis plein de fentes et d'issues. » Une seule personne assez vaine pour tirer gloire de savoir de tels secrets, et assez indiscrète pour les révéler, nuira cent fois plus qu'un grand nombre d'autres qui, avec beaucoup de mauvaises qualités, seraient du moins persuadés que leur premier devoir est de garder religieusement de tels secrets. Il est, à la vérité, des affaires qui exigent le plus profond secret, sur lequel on ne pourra guère compter si elles sont communiquées à plus d'une ou de deux personnes, outre le prince; et après tout ce ne sont pas celles qui réussissent le moins ; car, outre le secret dont on est alors assuré, ce qui est déjà un grand avantage, il y a aussi plus de concert, de suite, de constance et de facilité dans l'exécution, un petit nombre de personnes ayant moins de peine à se bien entendre. Mais encore faut-il alors que le prince ait un grand fond de prudence, et qu'il ait la main assez ferme pour tenir lui-même le timon. Il faut de plus que ces conseillers intimes auxquels il se communique ainsi soient sincères, d'une probité reconnue, et fidèlement attachés aux vues de leur maître. C'est ce dont on voit un exemple frappant en la personne de Henri VII, roi d'Angleterre, qui ne confiait jamais ses affaires les plus importantes qu'à deux personnes, Fox et Morton.

Quant au second inconvénient, je veux dire l'affaiblissement de l'autorité du prince, c'est une crainte chimérique. Je dirai plus ; lorsque le prince assiste en personne aux délibérations de son conseil, sa présence dans une si auguste assemblée rehausse plutôt l'éclat de la majesté royale, qu'elle ne la rabaisse. Jamais prince ne perdit en effet de son autorité pour avoir trop dépendu de son conseil, sinon dans deux cas, savoir : lorsque certains membres y ont eu trop d'influence, surtout lorsqu'un seul y a pris trop d'ascendant, ou lorsque plusieurs membres se sont coalisés dans des vues particulières, deux inconvénients faciles à découvrir et à éviter.

A l'égard du dernier inconvénient, savoir, les conseils perfides et intéressés, il est évident que ces paroles de l'Ecriture-Sainte : « Il ne trouvera plus de bonne foi sur la terre, » doivent être appliquées à tel siècle pris en masse et non à tels ou tels individus. Très heureusement il y a encore des hommes fidèles, sincères, vrais, pleins de droiture et de franchise, détestant tout manége, tout artifice et toute dissimulation. Voilà les hommes que les princes devraient tâcher d'attirer à eux et d'attacher par les plus forts liens à leur personne. D'ailleurs, rarement ces conseillers d'état sont tous d'intelligence et parfaitement d'accord entre eux. Ordinairement la jalousie et la défiance réciproque les portent à s'observer de près les uns les autres, et à s'inspecter pour ainsi dire réciproquement, en sorte que si tel d'entre eux se hasardait à donner des conseils captieux et tendant à ses fins particulières, le prince en serait bientôt averti. Mais le remède radical à cet inconvénient est que les princes tâchent de connaître leurs conseillers aussi bien que ces conseillers les connaissent eux-mêmes ; car le premier talent d'un prince est de bien connaître tous ceux qu'il emploie. D'un autre côté, il ne convient nullement à des conseillers que le prince honore de sa confiance d'épier tous ses discours et toutes ses actions pour pénétrer au fond de son cœur, et les conseillers les mieux constitués sont ceux qui emploient plutôt leur talent et leur sagacité à améliorer les affaires de leur maître qu'à étudier ses penchants et à approfondir son naturel ; lorsqu'un tel esprit animera tous ses travaux, il sera plus occupé à lui donner de sages conseils qu'à le flatter et à lui complaire. Une méthode qui peut être fort utile aux princes, c'est de prendre les avis de leurs conseillers, tantôt dans leurs assemblées, tantôt séparément ; car un avis donné en particulier est plus libre et plus sincère, au lieu qu'en public mille considérations obligent de taire une partie de sa pensée, et quelquefois le tout. Dans un entretien particulier, on se livre plus hardiment à son propre génie ; mais dans une assemblée on cède davantage à celui des autres. Il faut donc employer ces deux moyens alternativement : consulter dans le particulier ceux d'entre les conseillers qui ont le moins d'influence, afin de les mettre plus à leur aise, et en plein conseil ceux qui ont le plus d'ascendant, afin de les contenir plus aisément dans les bornes du respect.

Il serait très inutile à un prince de demander des conseils sur ses affaires s'il n'en demandait aussi sur les personnes qu'il emploie ou veut employer ; car les affaires sont comme des images inanimées, et toute l'âme de l'action est dans le choix des personnes. Or, ces informations qu'il faut prendre sur les personnes, ce n'est pas pour en avoir simplement une idée générale, vague, et semblable à celles qui sont la base d'un théorème de mathématiques, mais une idée précise et spécifique ; il faut, dis-je, que toutes les questions de ce genre aient pour objet le caractère individuel et le génie propre de chaque sujet à employer ; car le choix judicieux des personnes est la preuve la plus sensible qu'un prince puisse donner de son discernement, et les erreurs les plus dangereuses sont celles qu'on commet sur ce point. Les meilleurs conseillers, comme quelqu'un l'a dit, ce sont les morts ; ils ne flattent et ne craignent plus qui que ce soit, au lieu qu'un conseiller vivant est souvent tenté et quelquefois même forcé de pallier, d'affaiblir ou d'adoucir la vérité. Ainsi il est utile de conférer quelquefois avec les livres, surtout avec ceux qu'ont écrit des hommes qui ont été eux-mêmes acteurs sur le théâtre du monde.

Aujourd'hui, et en beaucoup de lieux, les conseils ne sont que des espèces de cercles et d'entretiens familiers où l'on discourt sur les affaires plutôt qu'on ne les discute ; on s'y presse trop d'arriver à la conclusion et de convertir en décrets ces résultats superficiels. Il vaudrait beaucoup mieux, lorsqu'il s'agit d'une affaire très importante, prendre un jour pour la proposer et remettre au lendemain la décision, car la nuit donne conseil. Ce fut ainsi qu'on en usa par rapport au traité d'union proposé entre l'Angleterre et l'Ecosse ; aussi régna-t-il dans cette assemblée beaucoup d'ordre et de régularité. Je voudrais qu'on assignât un jour fixe pour les requêtes ou pétitions des particuliers. Par ce moyen les demandeurs ou pétitionnaires, assurés du jour où ils seraient entendus, n'auraient besoin de se préparer que pour ce jour là et perdraient beaucoup moins de temps. Moyennant cette même disposition, dans les assemblées où l'on ne devrait traiter que d'affaires importantes, on ne serait plus distrait par les petites et l'on serait tout à la chose.

Dans le choix des commissaires qui doivent rapporter des affaires au conseil, il vaut mieux employer des personnes tout-à-fait indifférentes et qui n'aient point encore d'opinion fixe que de prétendre établir une sorte d'égalité ou d'équilibre à cet égard, en combinant ensemble des personnes d'opinions opposées, et dont chacune soit en état de défendre la sienne.

Je souhaiterais encore qu'on établît des comités perpétuels pour différents objets, tels que le commerce, les finances, la guerre, les griefs, etc.; pour telles espèces d'affaires, pour telles provinces, etc. Dans les Etats où il y a plusieurs conseils subordonnés, et un seul conseil supérieur, comme en Espagne, ces conseils inférieurs ne sont, à proprement parler, que des commissions perpétuelles, analogues à celles dont nous parlons ici, mais revêtues d'une plus grande autorité.

S'il arrive que le conseil ait besoin de prendre des informations relativement à ce qui concerne différentes professions, comme celles de jurisconsulte, de navigateur, de négociant, d'artisan, etc., il consultera de préférence les hommes mêmes qui exerceront ces professions, et qui devront être entendus d'abord par les commissaires, puis par le conseil, si les circonstances l'exigent. Au reste, il ne doit pas leur être permis de se présenter en foule et tumultuairement, ni de s'expliquer en criant à pleine tête et dans le style tribunitien, ce qui servirait plutôt à étourdir et à fatiguer l'assemblée qu'à l'instruire.

Une table fort longue ou carrée, ronde ou ovale, etc., ou des siéges placés tout autour de la salle et près de la muraille, ne sont point du tout des choses indifférentes; quoique ces dispositions semblent ne tenir qu'à la forme et être purement extérieures, elles ne laissent pas d'avoir des effets très réels. Par exemple, lorsque la table est fort longue, le petit nombre des personnes assises au haut bout ont un avantage naturel et emportent souvent l'affaire, au lieu qu'à une table carrée ce seront les conseillers assis au bas bout qui auront l'avantage.

Lorsque le prince assiste en personne au conseil, il doit être très réservé et bien prendre garde de laisser deviner trop tôt son sentiment; car s'il se laisse pénétrer de bonne heure, tous les assistants ne s'appliqueront qu'à lui complaire, et au lieu de lui donner librement un avis salutaire, ils lui chanteront : *Placebo tibi, Domine*, Seigneur, je tâcherai de vous complaire[1].

(1) Psaume de David.

XXI. *Du délai et de la lenteur dans les affaires.*

La fortune est semblable à un marché où assez souvent, en attendant un peu, on achète à plus bas prix. Quelquefois au contraire elle est semblable à la sibylle qui, à mesure qu'elle brûle ses livres, surfait d'autant ceux qui lui restent, et demande pour le dernier le prix qu'elle avait d'abord demandé pour le tout. L'occasion, dit le poëte, est chevelue par-devant et chauve par-derrière; en offrant son vase elle présente d'abord l'anse, puis la panse, qui est plus difficile à saisir. Le plus haut degré de la prudence humaine consiste à bien saisir l'instant où il faut commencer et à semer à temps; lorsque le danger paraît petit, il n'en est que plus grand, et il nuit plutôt aux hommes en les surprenant qu'en leur faisant violence. De plus, il vaut quelquefois mieux aller au-devant du danger que de rester trop long-temps en sentinelle et de le laisser venir; car celui qui veille trop court risque de s'endormir, mais celui qui, en prenant trop ses précautions, attire en quelque manière le danger, donne dans l'extrême, l'excès opposé. Il peut lui arriver la même chose qu'à ces soldats qui se laissant abuser par l'effet de la lune qui, étant fort basse, donnait au dos de leurs ennemis et projetait leur ombre en avant, les crurent plus proches qu'ils n'étaient et lancèrent trop tôt leurs traits. Il faut, avant d'agir, bien s'assurer si l'affaire est à son point de maturité, et généralement parlant, pour réussir dans un grand dessein, il faut en confier le commencement à Argus aux cent yeux et la fin à Briarée aux cent bras, c'est-à-dire être d'abord très vigilant, puis voler au but. Ce casque de Pluton, lequel, suivant la fable, couvre la marche de l'homme habile et le rend invisible, ne représente autre chose que le secret dans les conseils et la célérité dans l'exécution; car lorsque le moment d'agir est venu, le secret n'est rien en comparaison de la diligence, et quelquefois aussi ce secret est l'effet de la célérité même, comme la balle de mousquet échappe à la vue par sa vitesse.

XXII. *De la ruse et de la finesse.*

Par ce mot de ruse ou de finesse, nous entendons une fausse et criminelle prudence qui ne marche que par des voies obliques et tortueuses. Il y a certes une différence infinie entre un homme fin et un homme prudent, non-seulement par rapport à l'honnêteté, mais même par rapport à l'habileté ; et tel qui sait mêler les cartes n'en joue pas mieux. De même on voit assez de cabaleurs qui peuvent jouer un rôle parmi les factieux, et qui n'en sont pas moins des hommes sans talents. Connaître les hommes et connaître les affaires sont deux genres de connaissances très différents et qui ne se trouvent pas toujours réunis dans les mêmes personnes ; car on en voit assez qui savent saisir le faible de chaque individu ou les moments de faiblesse des personnes d'un caractère plus soutenu, et qui ne laissent pas de manquer de capacité relativement à la partie réelle et substantielle des affaires. C'est le caractère distinctif de ceux qui ont plus étudié les hommes que les livres. Les hommes de cette trempe ont plus d'aptitude pour la pratique que pour la spéculation, et pour l'exécution que pour les délibérations. Ils peuvent être de quelque service dans les routes qu'ils connaissent le mieux ; mais si, les éloignant un peu de leur routine, vous les mettez avec d'autres hommes, ils n'y sont plus, et toutes leurs ruses sont en défaut. « Voulez-vous connaître la différence qui se trouve entre un homme sage et un insensé ? disait un ancien philosophe ; envoyez-les tous deux en pays étranger, et vous verrez. » Cette règle appliquée aux hommes dont nous parlons montrerait bientôt leur peu de fond. Comme ces hommes si fins sont assez semblables aux petits merciers, il ne sera pas inutile de mettre au grand jour le fonds de leur boutique.

Une méthode familière aux hommes rusés, c'est de considérer attentivement le visage de leurs interlocuteurs, comme les Jésuites, qui en ont fait un précepte, le recommandent et comme ils le font eux-mêmes ; car on voit assez d'hommes prudents, circonspects, et dont le cœur est pour ainsi dire opaque, mais dont le visage est comme transparent et dont la physionomie se démonte aisément ; bien entendu que celui qui regarde fixement son interlocuteur aura l'attention de baisser de temps en temps les yeux, comme le font aussi les Jésuites.

Une autre ruse du même genre, qu'on peut employer pour obtenir plus aisément et plus promptement ce qu'on veut demander à une personne, c'est de l'entretenir sur quelque autre sujet qui l'intéresse avant de lui faire la demande ; ce qui, en détournant ou partageant son attention, la met hors d'état de voir tous les inconvénients de ce qu'on lui propose et de faire des objections. Un personnage de ma connaissance, qui était conseiller et secrétaire d'état sous le règne d'Elisabeth, employait souvent cette ruse pour obtenir d'elle ce qu'il voulait. Lorsqu'il se rendait auprès de cette princesse pour lui faire signer quelque bill, il commençait par l'entretenir sur quelque affaire très importante, pour la distraire et empêcher qu'elle ne fît trop d'attention à ce bill.

On peut encore obtenir par surprise le consentement d'une personne, en lui faisant la demande au moment où on la voit occupée d'une affaire très pressée, qui l'intéresse vivement, et où elle n'a pas le temps de faire une attention suffisante à ce qu'on veut lui proposer.

Un des plus sûrs moyens pour faire manquer un projet qu'une autre personne pourrait faire adopter en le proposant avec autant de dextérité que de bonne foi, c'est de se charger soi-même de la proposition, en feignant d'avoir l'affaire à cœur, et de la proposer de manière à la faire rejeter.

S'interrompre au milieu de son discours, comme si l'on s'apercevait qu'on a parlé mal à propos, est un moyen pour tenir en appétit l'interlocuteur et lui faire naître le désir d'entendre la suite du discours commencé.

De plus, comme ce que vous dites est toujours plus intéressant et fait un meilleur effet lorsque vous êtes invité par une question à le dire, que si vous le disiez de vous-même et l'offriez pour ainsi dire sans qu'on vous le demandât, vous pouvez provoquer cette question en changeant de visage et de contenance, afin d'exciter l'interlocuteur à vous demander quelle est la cause de votre émotion. Tel fut l'expédient que Néhémias employa pour exciter l'attention de son souverain ; et à la question que le prince lui fit à ce sujet il répondit : « C'est la première fois que mon visage paraît triste devant le roi. »

Lorsqu'on est obligé d'apprendre à un roi ou à tout autre supérieur une nouvelle affligeante, et en général de lui dire des choses désagréables, il faut employer, pour rompre la glace sur ce sujet, un subalterne dont les parôles aient moins de poids, et réserver le principal mot pour une personne plus considérée, de manière cependant que ce mot étant la réponse naturelle à une question provoquée par ce qu'aura dit la première, la seconde semble le dire seulement par occasion et n'être qu'auxiliaire; expédient que Narcisse eut la prudence d'employer pour apprendre à l'empereur Claude l'étrange nouvelle du mariage de Messaline sa femme, avec Silius.

Quand on veut répandre une nouvelle ou une opinion sans en paraître l'auteur, et en général sans attirer sur soi l'attention publique, on peut dans cette vue employer les formules suivantes : On prétend que... Le bruit court que... Avez-vous ouï dire que... etc.

Certain homme de ma connaissance, lorsqu'il écrivait une lettre pour quelque affaire qu'il avait fort à cœur, ne parlait point dans le corps de cette lettre de ce qui l'intéressait le plus, mais le mettait dans le post scriptum, comme une chose oubliée et presque indifférente.

Un autre homme de ma connaissance employait une ruse à peu près semblable lorsqu'il allait trouver une personne pour l'entretenir sur une affaire qu'il avait à cœur; il mettait la conversation sur d'autres sujets et ne parlait point du tout de ce qui l'intéressait le plus, puis il s'en allait, mais ensuite il revenait sur ses pas et lui parlait de l'affaire comme d'une chose qu'il avait presque oubliée.

D'autres, à l'heure où il est probable qu'une personne à laquelle ils veulent parler d'une affaire viendra les trouver, s'arrangent pour qu'elle les trouve tenant à la main une lettre relative à cette affaire ou se livrant à quelque occupation extraordinaire qui s'y rapporte, afin que cette personne à son arrivée, croyant les surprendre en leur faisant des questions à ce sujet, leur fournisse ainsi l'occasion de s'expliquer sur ce qui les intéresse et d'en parler comme par hasard.

Une autre ruse comparable aux précédentes, mais d'un genre plus odieux, c'est de lâcher à dessein des paroles un peu hardies devant un homme sujet à s'approprier l'esprit des autres et de les laisser comme tomber, afin qu'il les ramasse, et qu'en les répétant ailleurs il se fasse du tort à lui-même. Deux hommes de ma connaissance, sous le règne d'Élisabeth, briguaient en même temps l'office de secrétaire. Quoiqu'ils fussent concurrents, ils ne laissaient pas de vivre ensemble assez amicalement, et leur concurrence même était quelquefois le sujet de leur conversation. Un jour l'un des deux dit à l'autre : « Briguer l'emploi de secrétaire lorsque le souverain est sur son déclin, c'est s'exposer beaucoup; pour moi, je n'ambitionne point du tout un tel honneur. » L'autre se saisit de ce propos lâché à dessein, et dans un entretien fort libre avec quelques amis eut l'imprudence de dire que pour lui il n'était point du tout ambitieux de devenir secrétaire lorsque le souverain était sur son déclin. Le premier, ayant su cela, manœuvra de manière que ce propos fut redit à la reine, mais attribué à son adversaire; cette princesse, qui se croyait encore dans la vigueur de l'âge, en sut si mauvais gré à ce dernier que depuis elle ne lui permit jamais de reparler de l'emploi auquel il aspirait.

Il est une autre ruse du même genre que les Anglais désignent assez ridiculement par cette expression proverbiable : *retourner le chat dans la poêle*, et qui consiste à attribuer à une autre personne ce qu'on lui a dit soi-même dans le tête-à-tête. Or il est très facile d'en imposer aux autres sur ce point; car lorsque ces paroles ont été dites dans une conversation entre deux personnes seulement, comment les autres pourraient-ils savoir laquelle des deux les a dites et prouver que c'est l'une plutôt que l'autre ? Souvent même les deux interlocuteurs ne pourraient dire ce qui en est.

Un autre moyen non moins perfide, c'est d'accuser indirectement son adversaire en se justifiant soi-même par des propositions négatives, en disant par exemple : Moi je ne fais pas telle chose; moyen que Tigellinus employait pour rendre Burrhus suspect à Néron. « Pour moi, disait-il, on ne me voit pas faire des projets pour un autre règne; mon unique ambition est de voir l'empereur jouir d'une santé prospère et régner long-temps. »

Il y a des personnes qui ont une telle provision de contes et d'historiettes qu'ils ont toujours sous la main un apologue dont ils enveloppent tout ce qu'ils veulent faire entendre et insinuer; ce qui leur sert en même temps à ne point donner de prise par des assertions positives et à faire goûter davantage tout ce qu'ils ont à dire.

Lorsqu'on veut faire une demande à une autre personne, il est bon d'exprimer cette demande de manière que la réponse même qu'on veut obtenir s'y trouve énoncée en propres termes, ce qui lui épargne de l'embarras et l'aide à se décider.

Il est des personnes qui dans la conversation attendent pendant un temps infini l'occasion de pouvoir hasarder ce qu'elles ont à vous dire. Combien de circuits elles font autour de ce point auquel à la fin elles en veulent venir ! et combien de sujets différents elles traitent avant d'en venir là ! C'est un art qui exige beaucoup de patience, mais qui ne laisse pas d'avoir son utilité.

Une question hardie et imprévue suffit quelquefois pour étourdir l'homme le plus attentif sur lui-même, et le surprendre au point de le forcer à se découvrir. Ce fut ce qui arriva il y a quelques années à un homme qui, ayant été banni de Londres et y étant revenu, avait changé de nom pour être moins aisément reconnu. Tandis qu'il se promenait dans l'église de Saint-Paul, une personne qui était derrière lui s'étant avisée de l'appeler tout à coup par son vrai nom, il se retourna involontairement et se décela ainsi.

Au reste, toutes ces ruses vraiment dignes d'un petit mercier sont en grand nombre, et il ne serait pas inutile d'en faire une collection, car rien n'est plus nuisible dans un État que cette erreur qui fait si souvent confondre la finesse avec la prudence.

Cependant il est beaucoup de gens qui dans une affaire ne sont bons qu'au départ et à l'arrivée, mais qui dans le cours du voyage ne sont d'aucun service. Ils ressemblent à ces maisons qui ont une fort belle porte et un magnifique escalier, mais où l'on ne trouverait pas un appartement passable. Aussi, lorsqu'une affaire est à sa fin, trouveront-ils quelquefois une heureuse issue et un bon résultat ; mais dans la discussion et le débat ils ne sont bons à rien ; cependant ils savent quelquefois tirer avantage de ce défaut même de talents, et acquérir par ce moyen une certaine réputation. S'il faut les en croire, ils ne sont pas nés pour disputer, mais seulement pour décider et pour diriger les autres. Certains hommes aiment mieux bâtir leur fortune et leur réputation sur les piéges qu'ils tendent aux autres que sur des moyens justes et solides. Ils doivent s'appliquer cette sentence de Salomon : « Le sage se contente d'être attentif sur lui-même et de veiller sur ses propres démarches ; l'insensé se détourne du droit chemin et se jette dans les tortueux sentiers de la ruse. »

XXIII. *De la fausse prudence de l'égoïste.*

La fourmi est un petit animal qui entend fort bien ses petits intérêts et n'en est pas moins un fléau pour les jardins et les vergers. Les hommes qui s'aiment trop eux-mêmes sont comme elles un fléau pour le public. Sachez donc vous partager sagement entre votre propre intérêt et l'intérêt commun ; soyez juste envers vous-même sans être injuste envers les autres, surtout envers votre patrie et votre roi. Est-il rien de plus vil que de faire de son seul intérêt le centre de toutes ses actions? c'est être tout matériel et tout terrestre. Car la terre est fixe et immobile sur son centre ; mais tout ce qui a de l'affinité avec les cieux tend à quelque autre être, comme à son centre et auquel il est utile. L'égoïsme d'un prince qui rapporte tout à son seul intérêt, est à certains égards un mal plus supportable ; car l'intérêt du prince n'est pas l'intérêt d'un seul homme, mais encore celui d'un grand nombre d'autres, le bien et le mal qui lui arrivent intéressant presque toujours la fortune publique. Mais lorsque ce vice est l'unique mobile d'un sujet dans une monarchie ou d'un citoyen dans une république, c'est une vraie calamité. Toutes les affaires qui passent par ses mains se ressentent de ses vues intéressées. Il les détourne de leur direction naturelle pour les diriger vers ses fins particulières, qui sont presque toujours excentriques et fort différentes de celles du maître ou de l'État. Ainsi, que les princes ou les États ne donnent leur confiance qu'à des hommes exempts de ce vice, s'ils ne veulent que leur service ne soit plus que l'accessoire. Ce qui rend les hommes de ce caractère plus dangereux, c'est qu'il n'y a aucune proportion entre le bien qu'ils se font à eux-mêmes et le mal qu'ils font aux autres. Ce serait déjà une assez grande disproportion que l'intérêt du sujet fût préféré à celui du maître ; mais c'est bien pis quand les plus grands intérêts du maître sont sacrifiés au plus petit avantage du sujet. Or, telle est la conduite de ces ministres, trésoriers, ambassadeurs, généraux, officier sou autres serviteurs infidèles et corrompus dont nous parlons ici. En ajoutant dans la balance le poids de leur vil intérêt, ils la font toujours trébucher de leur côté et ruinent ainsi les plus importantes affaires de leur maître. Le plus souvent l'avantage qu'ils tirent de ces infidélités n'est proportionné qu'à leur fortune, au lieu que le mal qu'ils font en échange est proportionné à celle de leur maître; car ces égoïstes ne sont rien moins que scrupuleux, et ils ne feront pas difficulté de mettre le feu à la maison de leurs voisins pour cuire leurs œufs. Cependant ces mêmes hommes sont souvent en faveur auprès de leur maître, parce qu'après leur propre intérêt ils n'en ont point de plus cher que celui de plaire à ce maître; et ils sacrifient sans cesse à l'un ou à l'autre de ces deux buts les plus grands intérêts du souverain ou de l'État.

Cette prudence de l'égoïste s'ébranche en plusieurs espèces, toutes plus pernicieuses les unes que les autres. C'est tantôt la prudence des rats, qui ne manquent pas d'abandonner une maison quand elle est près de s'écrouler; tantôt celle du renard, qui chasse le blaireau du trou qu'il avait creusé pour lui; quelquefois aussi celle du crocodile, qui répand des larmes quand il veut dévorer. Mais ce qu'il ne faut pas oublier, c'est que ces hommes qui sont ainsi amants d'eux-mêmes, sans avoir de rivaux, genre de caractère que Cicéron attribue à Pompée, finissent ordinairement par échouer dans leurs desseins; et après n'avoir durant toute leur vie sacrifié qu'à eux-mêmes, finissent par être eux-mêmes des victimes immolées à l'inconstance de la fortune, à laquelle pourtant ils se flattaient d'avoir coupé les ailes par leur prudence intéressée.

XXIV. *Des innovations.*

Tout animal naissant est d'abord informe et n'est encore qu'une espèce d'ébauche; il en est de même des innovations, qui sont les enfants du temps; principe toutefois qui a ses exceptions, car on sait que ceux qui les premiers ont illustré leurs familles sont ordinairement plus dignes de cette illustration que leurs successeurs. Or, ce que nous disons des hommes, il faut le dire aussi des choses; et dans la plupart des institutions humaines, le premier plan, qui est comme le premier modèle et l'original, est rarement égalé par les imitations ou les copies qu'on en fait dans les temps ultérieurs; car le mal, auquel la nature humaine se porte d'elle-même depuis qu'elle est pervertie, va naturellement toujours en croissant, au lieu que le bien, auquel elle ne se porte qu'en se faisant une sorte de violence à elle-même, va naturellement en décroissant. Tout remède est une innovation, et quiconque fuit les remèdes nouveaux appelle, par cela même de nouveaux maux; car le plus grand de tous les novateurs c'est le temps même. Or, le temps changeant naturellement les choses en pis, comme nous venons de le dire, si l'homme par sa prudence et son activité ne s'efforce pas de les changer en mieux, quand verra-t-il la fin de ses maux? Il est vrai que ce qui est établi depuis long-temps et enraciné par l'habitude peut, sans être très bon en soi-même, être du moins plus convenable, et que les choses qui ont long-temps marché ensemble se sont ajustées et pour ainsi dire mariées les unes aux autres, au lieu que les institutions nouvelles ne s'ajustent pas si bien aux anciennes; et quelque utiles qu'elles puissent être en elles-mêmes, elles sont toujours un peu nuisibles par ce défaut de convenance et de conformité. Il en est d'elles comme des étrangers, qui sont plus admirés et moins aimés.

Tout ce que nous venons de dire serait parfaitement vrai si le temps lui-même n'introduisait naturellement aucun changement; mais le fait est que le temps s'écoule sans interruption comme un fleuve, et son instabilité est telle que l'excessive stabilité des institutions et un attachement opiniâtre aux anciennes coutumes causent autant de troubles que les innovations mêmes, et ceux qui ont trop de vénération pour l'antiquité ne sont qu'un objet de ridicule pour leurs contemporains. Ainsi les hommes, dans leurs innovations, devraient imiter le temps même, qui amène sans doute de grands changements, mais par degrés et presque sans qu'on le sente. Autrement toute nouveauté est vue de mauvais œil, et en améliorant certaines choses on fera que beaucoup d'autres empirent; car alors celui qui gagne au changement n'en rend grâce qu'au temps seul, au lieu que celui qui y perd le regarde comme une injustice et s'en prend aux novateurs.

On ne doit pas non plus se décider trop aisément à faire de nouvelles expériences sur le corps politique pour remédier à ses maux, hors le cas d'une urgente nécessité ou d'une utilité manifeste. Et avant de se déterminer à ces innovations, il faut être bien sûr que c'est le désir de réformer qui attire le changement, et non le désir de changer qui attire la réforme. En un mot, toute innovation doit être sinon toujours rejetée, du moins toujours un peu suspecte ; et c'est ce que nous apprend l'Ecriture-Sainte lorsqu'elle nous dit : « Commençons par nous tenir sur les voies antiques, puis regardons autour de nous pour découvrir la meilleure route ; puis, quand nous l'aurons découverte, ayons le courage d'y marcher. »

XXV. *De l'expédition dans les affaires.*

Une diligence affectée est un vrai fléau dans les affaires ; on peut la comparer à ce que les médecins appellent prédigestion, ou digestion trop hâtive, dont l'effet est de remplir le corps de crudité et d'humeurs vicieuses qui sont des semences de maladies. Ainsi, ne mesurez pas votre diligence par le temps employé dans une affaire, mais par vos progrès vers le but. Et de même que, dans la course, ce n'est pas en faisant de grandes enjambées ou en levant fort haut les pieds qu'on arrive plus vite au terme, mais en allant toujours droit au but et sans se lasser, de même aussi l'expédition dans les affaires ne consiste pas à embrasser tout en une seule fois, mais à suivre l'affaire avec constance et sans s'écarter. On voit assez d'hommes qui, se piquant d'être de grands travailleurs, et plus jaloux de paraître expéditifs que de l'être réellement, ne donnent pas aux affaires le temps qu'elles exigent et précipitent tout. Cependant, abréger une affaire en simplifiant les matières, ou l'abréger en la tronquant, sont deux choses bien différentes. Mais quand on traite une affaire avec précipitation, à chaque séance ou entrevue on la voit tantôt avancer, tantôt reculer, et l'on est obligé d'y revenir à plusieurs fois. Un personnage de ma connaissance avait coutume de dire à ceux qu'il voyait se presser trop de finir : « Allez un peu plus doucement, afin que nous finissions plus tôt. »

D'un autre côté, la vraie diligence est une qualité précieuse ; car le temps est la vraie mesure de la valeur des affaires, comme l'argent est la mesure de la valeur des marchandises ; et quand elles consument le temps, c'est acheter trop cher le succès. La lenteur des Spartiates parmi les anciens et celle des Espagnols parmi les modernes ont passé en proverbe : *Mi venga la muerte de España!* puisse ma mort venir de l'Espagne ! car alors elle sera un peu long-temps à venir.

Prêtez une oreille attentive à ceux qui vous donnent la première information sur une affaire, et au lieu d'interrompre le fil de leurs discours, contentez-vous de les diriger un peu dans le commencement, afin qu'ils ne s'écartent point ; car tout homme qu'on empêche de suivre l'ordre qu'il s'était tracé ne sait plus où il en est ; il redit vingt fois la même chose ; il est obligé de prendre du temps pour se rappeler ses idées, et il devient ainsi beaucoup plus prolixe qu'il ne l'eût été, si on l'eût laissé s'expliquer à sa manière ; car le souffleur même devient quelquefois plus ennuyeux et plus fatigant que l'acteur qui ne sait pas bien son rôle.

Les répétitions font sans doute perdre du temps ; cependant rien n'abrége autant que celles dont le but est de bien déterminer l'état de la question, ce qui épargne la plus grande partie des discours inutiles qu'on retranche par ce moyen. Les discours prolixes et recherchés sont précisément aussi commodes pour l'expédition des affaires qu'une robe à longue queue l'est pour la course.

Les discours préliminaires, les digressions, les excuses, les compliments, et autres accessoires qui n'intéressent que la personne qui parle, font perdre beaucoup de temps, et quoiqu'ils semblent être des preuves de modestie, c'est encore la vanité qui les suggère. Cependant, si vous vous appercevez que la disposition des personnes auxquelles vous avez affaire vous est fort contraire, gardez-vous d'entrer trop tôt en matière ; car toute forte prévention exige un exorde et un préambule pour la détruire, comme une fomentation est nécessaire pour faire pénétrer un onguent.

La véritable source, l'âme de l'expédition dans les affaires, c'est l'ordre, la méthode, une judicieuse distribution et des divisions exactes. Cependant il ne faut pas que ces divisions soient en trop grand nombre, ni fondées sur des distinctions trop subtiles ; car celui qui ne divise point du tout ne pourra jamais pénétrer dans une affaire, et celui qui divise trop la matière, l'embrouillant ainsi au lieu de l'éclaircir, n'en sortira jamais avec honneur. Le vrai moyen d'épargner le temps, c'est de bien prendre son temps ; car une motion faite à contre-temps n'est que de l'air battu. Il y a dans toute affaire trois parties essentielles : la préparation, l'examen ou la discussion, et la perfection ou la conclusion. Si l'on veut expédier, c'est l'examen qui demande le plus de temps et de personnes, les deux autres en exigeant beaucoup moins.

Procéder par écrit au commencement d'une affaire est un moyen qui, en facilitant la discussion, contribue à l'expédition ; car, en supposant même que ce premier écrit soit rejeté, cependant cette négative même procurera toujours plus de lumières qu'une considération vague et simplement verbale de l'affaire, comme les cendres sont plus productives que la poussière.

XXVI. *De l'affectation de prudence et du manége des formalistes.*

Si nous devons en croire l'opinion commune, les Français sont plus sages qu'ils ne le paraissent et les Espagnols le paraissent plus qu'ils ne le sont. Quoi qu'il en soit des nations à cet égard, cette distinction peut être appliquée aux individus ; car l'apôtre, en parlant des faux dévots, dit qu'ils n'ont que les apparences et les dehors de la piété, sans avoir les effets et la réalité. Tels sont aussi, en fait de prudence et de capacité, les hommes que nous avons en vue dans cet article ; ils ont le talent de ne faire, avec beaucoup d'appareil et de gravité, rien du tout ou presque rien. C'est un spectacle assez plaisant et même ridicule pour un homme judicieux de considérer leur manége et de voir avec quel art ils se mettent, pour ainsi dire, en perspective, pour donner à une simple superficie l'apparence d'un corps solide. Quelques-uns sont si retenus et si réservés, qu'ils n'étalent jamais leur marchandise au grand jour ; ils feignent toujours d'avoir quelque chose en réserve, et lorsqu'ils ne peuvent se dissimuler qu'ils parlent de choses qui excèdent leur capacité, ils tâchent de paraître les savoir, mais vouloir les taire seulement par prudence. Il en est d'autres qui, ne parlant que du visage et du corps, sont pour ainsi dire sages par signes, comme Cicéron l'observait au sujet de Pison : « Vous répondez, disait-il, en haussant un de vos sourcils jusqu'au front et en abaissant l'autre jusqu'au menton, que vous avez en horreur la cruauté. » D'autres croyant en imposer à l'aide d'un grand mot qu'ils prononcent d'un air tranchant et sentencieux, vont toujours leur train, comme si on leur avait accordé ce qu'au fond il leur serait impossible de prouver. D'autres encore, se donnant l'air de mépriser tout ce qui excède leur capacité, et feignant de le laisser de côté comme une bagatelle, voudraient ainsi faire passer leur ignorance réelle pour une preuve de jugement et de sagesse. D'autres encore ont toujours sous leur main quelque frivole distinction, et tâchant de vous amuser à l'aide de ces subtilités minutieuses, ils déclinent le point essentiel de la question. Aulugelle s'exprime ainsi au sujet d'un homme de ce caractère : « C'est un diseur de riens qui, à force de distinctions, pulvérise le sujet le plus solide. » Platon en donne un exemple dans son Protagoras, où il introduit Prodicus, en lui prêtant un discours tout composé de distinctions depuis le commencement jusqu'à la fin. Dans toute délibération, les hommes de ce caractère ont grand soin d'adopter la négative ; car une fois que la proposition mise sur le tapis est rejetée, il n'y a plus rien à faire, au lieu que, si on la met en discussion, c'est une nouvelle besogne qui se présente. Cette fausse prudence ruine toutes les affaires. Pour terminer cet article, nous observerons qu'il n'est point de marchand prêt à faire faillite, ni de pauvre honteux, qui emploie autant de petits artifices pour cacher sa misère et soutenir son crédit que ces hommes vides de sens, dont nous parlons, en emploient pour acquérir ou conserver une réputation de prudence et de capacité. Ils y réussissent quelquefois et parviennent à jouer un certain rôle ; mais gardez-vous de les employer dans les affaires de quelque importance, car vous tireriez plus aisément parti d'un homme un peu plus sot et un peu plus rond que de ces formalistes.

XXVII. *De l'amitié.*

« Un homme qui recherche la solitude est

ou une bête sauvage ou un Dieu. » Celui qui parlait ainsi ne pouvait réunir en moins de mots plus de vérités et d'erreurs ; car, en premier lieu, il n'est pas douteux que tout homme qui a une aversion naturelle et secrète pour la société des autres hommes tient un peu de la bête sauvage ; mais il est très faux qu'il entre quelque chose de divin dans le caractère de celui qui montre un éloignement si marqué pour ses semblables, à moins que ce goût pour la retraite n'ait pour principe, non le plaisir d'être seul, mais le désir de fuir toute distraction et de s'entretenir avec soi-même, dans un recueillement plus parfait, sur des sujets relevés ; avantage dont quelques païens, tels qu'Epiménide de Crète, Empédocle de Sicile et Apollonius de Thyane, se sont faussement vantés de jouir, et dont ont réellement joui plusieurs d'entre les anciens anachorètes et d'entre les Pères de l'Église chrétienne. Mais il est peu d'hommes qui comprennent bien en quoi consiste la vraie solitude et qui en aient une idée assez étendue ; car une foule n'est rien moins qu'une société ; une multitude de visages n'est tout au plus qu'une galerie de portraits, et une conversation entre des personnes qui n'ont que de l'indifférence les unes pour les autres n'est guère plus agréable que le son d'une cymbale. Cet adage latin : « grande ville, grande solitude, » a trait à ce que nous disons ; car assez ordinairement, dans une grande ville des amis se trouvent écartés les uns des autres et ne peuvent se rejoindre que rarement. Quoi qu'il en soit, nous pouvons dire qu'il n'est point de solitude plus affreuse que celle de l'homme sans amis, et que sans l'amitié ce monde n'est, à proprement parler, qu'un désert. Ainsi, en ce sens, celui qui est incapable d'amitié tient plus de la bête sauvage que de l'homme.

Le principal fruit de l'amitié est qu'elle fournit continuellement l'occasion de se décharger du fardeau de ces pensées souvent affligeantes que font naître et renaître sans cesse les passions qui nous rongent, en un mot de soulager son cœur. On peut prendre de la salsepareille pour les obstructions du foie, des eaux calybées pour l'opilation de la rate, de la fleur de soufre pour l'affection pulmonique et du castoreum pour fortifier le cerveau ; mais il n'est point de recette plus sûre pour dilater son cœur et le soulager qu'un véritable ami auquel on puisse communiquer ses joies, ses afflictions, ses craintes, ses soupçons, etc., genre de communication qui a quelque analogie avec la confession auriculaire.

On est au premier coup d'œil étonné de voir les princes attacher tant de prix à cette sorte d'amitié dont nous parlons, que, pour se l'assurer, ils vont quelquefois jusqu'à exposer leur personne, leur autorité et leur couronne même ; car les princes sont dans une telle élévation qu'ils ne peuvent cueillir ce doux fruit de l'amitié qu'en élevant à leur hauteur quelqu'un de leurs sujets pour en faire en quelque manière leur égal et leur compagnon, ce qui les expose à beaucoup d'inconvénients. Les langues modernes qui désignent les amis du prince par les titres de favoris, de *privados*, etc., semblent faire entendre par ces dénominations que ce n'est de la part du prince qu'une faveur, une grâce ou une simple privauté ; mais l'expression que les Romains employaient à ce sujet en montre beaucoup mieux la véritable cause et la vraie destination. Ils les nommaient *participes curarum*, participants des soins et des soucis. Et ce sont en effet des communications de cette espèce qui resserrent le plus le nœud de l'amitié entre le prince et son sujet, vérité dont on ne pourra douter si l'on considère que ce ne sont pas seulement les princes faibles et esclaves de leurs passions qui recherchent avec tant d'ardeur cette sorte d'amitié, mais aussi les princes les plus sages, les plus politiques et les plus fermes. Quelques-uns d'entre eux ont favorisé tels de leurs sujets au point de leur donner et de recevoir d'eux le nom même d'ami, voulant aussi que les autres les désignassent tous deux par ce terme dont on n'use ordinairement que de particulier à particulier.

Lorsque Sylla fut en possession de la souveraine puissance, il éleva Pompée, qui depuis fut décoré du surnom de Grand, à un tel degré d'autorité que celui-ci osa se vanter dans la suite d'être plus puissant que lui ; car Pompée ayant obtenu le consulat pour un de ses amis malgré la brigue de Sylla, et le dictateur lui témoignant avec hauteur son mécontentement à ce sujet, le jeune homme lui imposa silence par cette réponse si fière : « Le soleil levant a plus d'adorateurs que le soleil couchant. » César vivait dans une telle intimité avec Decimus-Brutus que dans son testament il le désigna pour son héritier immédiatement après son neveu (son petit-neveu Octave), et ce prétendu ami eut assez d'ascendant sur son esprit pour l'attirer au sénat, où les conjurés l'attendaient pour lui donner la mort ; car César, intimidé par quelques mauvais présages et par un songe de sa femme Calpurnie, étant déterminé à renvoyer le sénat et à ne pas sortir ce jour-là, il le prit par la main en lui disant : « Nous espérons que vous n'attendrez pas pour aller au sénat que votre épouse ait fait de meilleurs rêves. » Et il le détermina ainsi à sortir.

Il jouissait à un tel point de la faveur et de la confiance de Jules-César qu'Antoine, dans une lettre rapportée mot à mot par Cicéron dans une de ses philippiques, le qualifiait d'enchanteur et de sorcier, voulant faire entendre qu'il avait comme ensorcelé César. L'histoire rapporte qu'Auguste avait élevé à un si haut degré d'honneur et de puissance Agrippa, homme de basse extraction, qu'ayant un jour consulté Mécène sur le choix d'un époux pour sa fille Julie, il reçut de lui cette réponse : « Il faut la marier à Agrippa ou la faire mourir ; car vous l'avez fait si grand qu'entre ces deux partis extrêmes il n'y a plus de milieu. » L'amitié de Tibère pour Séjan était si étroite et il l'avait tellement approché de soi qu'on ne les regardait plus que comme une seule et même personne, et que le prince, dans une lettre qu'il lui écrivait, s'exprimait ainsi : « J'ai cru qu'en considération de notre amitié je ne devais pas vous cacher cela. » Aussi le sénat, voulant consacrer cette amitié si extraordinaire, fit-il ériger un autel à l'amitié du prince comme à une déesse. On vit régner une amitié au moins égale entre Septime-Sévère et Plantianus, liaison si étroite qu'il le soutenait en toute occasion, même contre son propre fils que cet ami osait quelquefois traiter fort durement, et dans une lettre qu'il écrivit à son sujet au sénat il s'exprimait ainsi : « J'ai une telle affection pour ce personnage que je souhaite qu'il me survive. » Si ces princes eussent été d'un caractère semblable à celui de Trajan ou de Marc-Aurèle, on pourrait attribuer cette tendresse à un excès de bonté naturelle ; mais si l'on considère combien ceux dont nous parlons étaient politiques, fermes, sévères et attachés à leurs propres intérêts, on est forcé d'en conclure que ces princes, quoique placés au plus haut point de grandeur et de puissance auquel un mortel puisse aspirer, auraient jugé leur propre félicité imparfaite si l'acquisition d'un ami ne l'eût complétée. Mais ce qui doit principalement fixer notre attention est que ces mêmes princes avaient une épouse, des enfants, des neveux, etc. Cependant ces objets si chers ne pouvaient leur tenir lieu d'un ami. Nous ne devons pas non plus oublier ici une observation judicieuse de Philippe de Commines au sujet de Charles-le-Hardi, duc de Bourgogne, son premier maître : Il ne voulut jamais, dit-il, communiquer ses affaires à qui que ce fût, ni même parler des soucis qui le rongeaient, et moins encore de ses chagrins les plus cuisants. Cette réserve excessive, ajoute-t-il, augmenta encore dans les derniers temps de sa vie et finit par altérer un peu sa raison. Certes, si Commines l'avait jugé nécessaire, il aurait pu appliquer cette même observation à Louis XI, roi de France, son second maître, à qui ce caractère sombre et caché servit de bourreau sur la fin de ses jours. Ce précepte symbolique de Pythagore : « Ne ronge pas ton cœur, » quoiqu'un peu obscur et énigmatique, ne laisse pas d'être plein de sens, et si l'on ne craignait pas d'user d'une qualification trop dure, on pourrait dire que ceux qui manquent de vrais amis auxquels ils puissent s'ouvrir et se communiquer sont des espèces de cannibales qui dévorent leur propre cœur. Mais une dernière observation à faire sur ce premier fruit de l'amitié, c'est que cette libre communication d'un homme avec son ami a deux effets qui, bien qu'opposés, sont également salutaires, savoir : de redoubler les joies et de diminuer les afflictions ; car il n'est personne qui, en faisant part de ses succès à son ami, ne sente augmenter sa joie en la communiquant, et qui, au contraire, en répandant pour ainsi dire son âme dans le sein de son ami et en lui révélant ses chagrins les plus secrets, ne se sente soulagé. Ainsi l'on peut dire avec raison que l'amitié produit dans l'âme humaine des effets analogues à ceux que les alchimistes attribuent à leur pierre philosophale, laquelle, si nous voulons les en croire, produit sur le corps humain des effets qui, bien qu'opposés, lui sont également avantageux. Mais sans chercher des objets de comparaison dans les opérations mystérieuses de l'alchimie, nous trouovns danle cours ordinaire de la nature une image sensible des avantages de l'amitié ; car nous voyons que dans les composés physiques l'union facilite et renforce les actions naturelles, au lieu qu'elle affaiblit et amortit toute impression violente ; l'union des âmes produit aussi sur elles ce double effet.

Le second fruit de l'amitié n'est pas moins utile pour éclairer l'esprit que le premier l'est pour augmenter les plaisirs et diminuer les peines du cœur ; car si d'un côté ces communications libres et amicales, en dissipant les tempêtes et les orages des passions, peuvent ramener dans l'âme humaine le calme et la sérénité, de l'autre, en dissipant la confusion et l'obscurité des pensées, elles répandent une lumière aussi vive que douce dans l'entendement humain ; ce qu'il ne faut pas entendre seulement des conseils salutaires et désintéressés qu'on peut par ce moyen recevoir de son ami, autre avantage dont nous parlerons ci-après, mais d'un effet un peu différent et également avantageux. Tout homme, dis-je, dont l'esprit est agité et comme obscurci par une multitude confuse de pensées qu'il a peine à débrouiller, sentirait sa raison se fortifier quand il ne ferait que les communiquer à son ami et discourir avec lui sur ce qui l'occupe ; car alors il discute ses opinions avec plus de facilité et range ses idées avec plus d'ordre, enfin il juge mieux de la vérité et de l'utilité de ses pensées quand elles sont exprimées par des paroles. Enfin par ce moyen il devient pour ainsi dire plus prudent, plus sage que lui-même, effet qu'il obtiendra plus sûrement par une conversation d'une heure que par une méditation d'un jour entier. Thémistocle usait d'une comparaison fort juste, lorsqu'il disait au roi de Perse que les discours des hommes étaient semblables à des tapisseries à personnages déroulées et tendues où l'on voyait nettement les figures qui y étaient représentées, au lieu que leurs pensées, avant d'être communiquées, ressemblaient à ces mêmes tapisseries encore pliées ou roulées. Or, ce second fruit de l'amitié qui consiste à ouvrir l'esprit et à éclaircir les idées, il ne faut pas croire qu'on ne puisse le cueillir qu'avec des amis d'un esprit supérieur et capables de donner un bon conseil. Un tel interlocuteur sans doute vaudrait mieux. Cependant on s'instruit encore soi-même en produisant ses pensées au dehors, en les communiquant à une personne quelconque, et en aiguisant pour ainsi dire son esprit contre une pierre qui ne coupe point, mais fait couper. En un mot, il vaudrait encore mieux parler à une statue ou à un tableau que de ne point parler du tout et de demeurer dans un silence continuel qui étouffe pour ainsi dire les meilleures pensées.

Actuellement, pour rendre plus complet ce second fruit de l'amitié, ajoutez-y un autre avantage qui est plus sensible et plus généralement connu ; je veux dire les conseils salutaires et désintéressés qu'on peut recevoir d'un véritable ami. Héraclite a dit avec raison dans une de ses énigmes : que la lumière sèche est toujours la meilleure. Or, il n'est pas douteux que la lumière qu'on reçoit par le conseil d'un ami ne soit plus sèche et plus pure que celle qu'on peut tirer de son propre entendement et qui est toujours en quelque manière détrempée et teinte par nos passions et nos goûts habituels ; en sorte qu'il n'y a pas moins de différence entre le conseil qu'on reçoit d'un ami et celui qu'on se donne à soi-même qu'entre le conseil d'un ami et celui d'un flatteur ; car le plus grand de tous nos flatteurs c'est notre amour-propre, et le plus sûr remède contre cette flatterie est la franchise et la liberté d'un ami. Il est deux sortes de conseils, dont les uns se rapportent aux mœurs et les autres aux affaires. Quant à ceux de la première espèce, les avis sincères d'un ami sont le plus sûr et le plus doux préservatif pour se conserver un cœur sain. Se demander à soi-même un compte exact et sévère est un remède trop pénétrant et trop corrosif. La simple lecture des livres de morale est un remède extrêmement faible. Observer ses propres fautes et les considérer dans un autre individu comme dans un miroir est un remède d'autant moins sûr que ce miroir est souvent infidèle et ne rend pas toujours exactement les images. Mais la recette la plus sûre et la plus douce c'est sans contredit le conseil d'un véritable ami. Les personnes qui n'ont pas en leur disposition un ami qui puisse leur parler librement d'elles-mêmes et leur donner à propos un conseil nécessaire tombent dans une infinité de fautes et d'inconséquences grossières qui finissent par ruiner leur réputation et leur fortune. On peut leur appliquer ce mot de saint Jacques : « Tel homme après s'être regarde dans un miroir oublie aussitôt son visage. » A l'égard des affaires, un proverbe ancien dit que deux yeux voient mieux qu'un; celui qui regarde jouer voit mieux les fautes que celui qui joue. Un homme encore irrité est moins sage que celui qui, après un premier mouvement de colère, a prononcé les vingt-quatre lettres de l'alphabet; enfin, on tire plus juste en appuyant son mousquet sur une fourchette qu'en ne l'appuyant que sur le bras. De même un ami sage et fidèle est un secours et un appui continuel pour tout homme qui n'a pas la présomption de croire qu'il sait tout et que toute la sagesse humaine est dans sa tête. En un mot, le bon conseil est ce qui dirige toutes les affaires en les laissant marcher directement vers le but. Celui qui, au lieu de consulter toujours une même personne d'une sagesse et d'une fidélité reconnue, consulte telle personne sur une affaire et telle autre sur une autre, fait certainement beaucoup mieux que celui qui ne prend conseil de qui que ce soit; mais il s'expose à deux grands inconvénients : l'un est de ne recevoir que des conseils intéressés, car les sincères et désintéressés sont extrêmement rares et le conseil donné est presque toujours dirigé vers l'intérêt de celui qui le donne; l'autre est qu'on recevra souvent des conseils très nuisibles ou du moins mêlés d'avantages et d'inconvénients et qui ne laisseront pas d'être donnés de très bonne foi. Si vous appelez un médecin, expert dans la maladie dont vous êtes atteint, mais qui ne connaisse pas bien votre tempérament, vous courez risque qu'il ne vous ôte la fièvre qu'en vous donnant la colique et qu'il ne tue la maladie qu'en tuant le malade. Mais vous n'aurez plus un tel risque à courir avec un véritable ami qui, connaissant à fond votre naturel, vos habitudes et votre situation, ne vous donnera que des remèdes convenables à votre complexion actuelle et non des palliatifs qui, après vous avoir été un peu utiles, vous seraient très nuisibles. Ainsi, ne faites point fond sur les conseils donnés par tant de personnes différentes; conseils dont l'effet serait plutôt de vous jeter dans l'incertitude et l'irrésolution que de vous diriger et de vous fixer.

A ces deux fruits de l'amitié qui consistent à calmer et à régler les affections de l'âme ou à faciliter et à diriger les opérations de l'entendement se joint le troisième et dernier fruit que je comparerais volontiers à une grenade remplie d'une infinité de petits grains; car l'amitié procure une infinité de petits secours, de petits soulagements dans les différentes actions ou situations de la vie. Pour embrasser d'un seul coup d'œil les différents avantages attachés à l'amitié, il suffit de considérer combien il est de choses qu'on ne peut bien faire par soi-même, et alors nous comprendrons que les anciens, en disant qu'un ami est un autre nous-mêmes, ne disaient pas assez, puisqu'un ami est quelquefois pour nous beaucoup plus que nous-mêmes. Tous les hommes sont mortels, et trop souvent leur vie ne dure pas assez pour qu'ils aient la satisfaction de voir l'entier accomplissement des desseins qu'ils ont eu le plus à cœur, tels que ceux d'établir leurs enfants, de mettre la dernière main à un ouvrage commencé, etc. Mais celui qui possède un véritable ami peut s'assurer que ce qu'il aura souhaité ne sera pas oublié après lui, et par ce moyen il aura pour ainsi dire deux vies en sa disposition. Chaque individu n'a qu'un seul corps qui est circonscrit dans le lieu qu'il occupe et n'en peut occuper deux en même temps. Deux amis se doublent pour ainsi dire réciproquement; car ce qu'on ne peut faire par soi-même, on le fait par son ami. Or, que de choses un homme ne peut avec bienséance dire ou faire lui-même! Par exemple, on ne peut, sans blesser la modestie, parler des services qu'on a rendus et moins encore les exagérer; on ne saurait quelquefois s'abaisser à demander soi-même une grâce et à supplier, etc.; mais toutes ces mêmes choses, qui seraient peu séantes dans la bouche de celui qu'elles intéressent personnellement, ont toujours bonne grâce dans celle d'un ami. De plus, il n'est personne qui n'ait des relations d'où naissent certaines convenances qu'il ne doit pas oublier et qui le gênent souvent. Par exemple, on est obligé de prendre avec son fils le ton d'un père, avec sa femme le ton d'un mari, avec un ennemi un ton soutenu, etc., au lieu qu'un ami peut prendre le ton et le style qu'exigent les circonstances, sans être lié alors par de telles convenances. Mais si je voulais faire l'énumération de tous les avantages qu'on peut tirer de l'amitié, cet article serait immense. Tout est compris dans cette règle; lorsqu'un homme ne peut jouer seul et complétement son personnage, s'il n'a point d'amis il est de toute nécessité qu'il abandonne la partie.

BACON.

XXVIII. *Des dépenses.*

Les richesses ne sont de vrais biens qu'autant qu'on les dépense et que cette dépense a pour but l'honneur ou de bonnes actions ; mais les dépenses extraordinaires doivent être proportionnées à l'importance des occasions mêmes qui les nécessitent ; car il est tel cas où il faut savoir se dépouiller de ses biens, non-seulement pour mériter le ciel, mais aussi pour le service et l'utilité de sa patrie. Quant à la dépense journalière, chacun doit la proportionner à ses propres biens et la régler uniquement sur ses revenus, en les administrant de manière qu'ils ne soient pas gaspillés par la négligence ou la friponnerie des domestiques. Il est bon aussi de la régler dans son imagination sur un pied beaucoup plus haut que celui où on veut la mettre réellement, afin que le total paraisse toujours au-dessous de ce qu'on avait imaginé. Tout homme qui ne veut pas que sa fortune décroisse et qui veut rester constamment au niveau doit se faire une loi de ne dépenser que la moitié de son revenu, et celui qui veut augmenter son bien ne doit dépenser que le tiers de sa rente. Ce n'est rien moins qu'une bassesse à de grands seigneurs d'entrer dans le détail de leurs affaires, et si la plupart d'entre eux ont tant de répugnance pour les soins de cette espèce, c'est beaucoup moins par négligence que pour ne pas s'exposer au chagrin qu'ils ressentiraient s'ils les trouvaient fort dérangées. Cependant, pour pouvoir guérir des blessures, il faut commencer par les sonder. Ceux qui ne veulent pas gérer eux-mêmes leurs affaires et veulent s'épargner tout cet embarras n'ont d'autre ressource que celle de bien choisir les personnes qu'ils chargent de leurs intérêts, avec la précaution de les changer de temps en temps, les nouveaux-venus étant plus timides et moins rusés. Celui qui ne peut ou ne veut pas donner un certain temps à ses affaires doit affermer ses biens et mettre toute sa dépense à prix fait. Celui qui dépense beaucoup sur un article doit être économe sur un autre ; par exemple, s'il aime à tenir une bonne table, il doit épargner sur sa toilette ; et s'il aime les riches ameublements, il doit mettre la réforme sur son écurie, et ainsi du reste ; car s'il veut dépenser de toute manière il se ruinera infailliblement. Lorsqu'on a dessein de liquider son bien, on peut nuire à sa fortune en le faisant trop vite comme en le faisant trop lentement ou trop tard ; car on ne perd pas moins en se hâtant trop de vendre qu'en empruntant de l'argent à gros intérêts. Assez ordinairement un grand dépensier, qui ne prend qu'une seule fois le soin de se liquider, s'endette de nouveau ; car lorsqu'il se voit hors d'embarras il revient à son naturel, au lieu que celui qui ne se liquide que peu à peu, contractant l'habitude de l'ordre et de l'économie, met ainsi la réforme dans ses mœurs comme dans ses biens et dans ses dépenses. Celui qui a un vrai désir de rétablir ses affaires ne doit pas négliger les plus petits objets ; il est moins honteux de retrancher les petites dépenses que de s'abaisser à de petits gains. A l'égard de la dépense journalière, il faut la régler de façon qu'on puisse toujours la soutenir sur le même pied qu'en commençant ; cependant on peut, dans les grandes occasions, qui sont assez rares, se permettre un peu plus de magnificence qu'à l'ordinaire.

XXIX. *De la véritable grandeur des royaumes et des États*[1]

Il entrait trop de présomption et de vanité dans ce que Thémistocle répondit un jour en parlant de lui-même ; mais s'il eût parlé de quelque autre, sa réponse eût été très estimable. Quoi qu'il en soit, elle peut servir de matière à de sages réflexions. On le pria dans un festin de jouer du luth ; il répondit qu'il ne savait point jouer de cet instrument, mais que d'un petit bourg il en savait faire une grande ville. Ces paroles peuvent exprimer (par métaphore) deux talents fort différents dans ceux qui sont employés aux affaires d'état ; car si l'on examine avec attention les conseillers et les ministres des rois, on en trouvera peut-être quelqu'un qui sera capable d'agrandir un petit État, mais qui ne saura point jouer du luth, et au contraire on en trouve beaucoup qui savent jouer du luth et du violon, c'est-à-dire, qui sont experts dans les arts de la cour, mais qui ont si peu des capacités nécessaires pour accroître un petit État, qu'il semble même que la nature les ait formés exprès pour ruiner et détruire les États les plus florissants. Certainement ces arts vils et bas par lesquels les con-

---

(1) La traduction de cet essai est tirée de l'édition publiée en 1754.

seillers et les ministres gagnent souvent la faveur de leur maître et une sorte de réputation parmi le peuple ne mérite pas un autre titre que celui de ménétriers ou de violons ; car ces sortes de talents sont seulement propres à s'amuser et plutôt une espèce d'ornement dans celui qui les a qu'ils ne peuvent être utiles et avantageux pour l'agrandissement d'un État ou d'un royaume. Il est vrai cependant qu'on voit quelquefois des ministres qui ne sont point au-dessous des affaires, qui sont même capables de les bien conduire et d'éviter les dangers et les inconvénients manifestes, et qui, avec tout cela, sont fort éloignés de l'habileté nécessaire pour étendre un petit État. Mais de quelque espèce que soient les ouvriers, considérons l'ouvrage, et voyons quelle est la véritable grandeur d'un État et quels sont les moyens de le rendre florissant. C'est une chose sur laquelle les princes doivent réfléchir sans cesse, pour ne pas s'engager dans des entreprises vaines et téméraires, en présumant trop de leurs forces ; et aussi pour ne pas se prêter à des conseils bas et timides, en ne présumant pas assez de leur puissance.

A l'égard de l'étendue d'un État, elle ne peut se mesurer ; ses finances et ses revenus se calculent, le peuple se dénombre et l'on voit les plans des villes ; mais il n'y a rien de plus difficile et de plus sujet à l'erreur que de vouloir juger de la véritable force, de la puissance et de la valeur intrinsèque d'un État. Le royaume du ciel est comparé, non pas à une grosse noix, mais à un grain de moutarde, qui est un des plus petits grains ; mais il a la propriété de s'élever et de s'étendre en peu de temps. De même il y a des États d'une grandeur considérable qui ne sont point cependant propres à s'accroître, et d'autres, quoique petits, qui peuvent servir de fondement à de très grands royaumes. Des villes fortes, des arsenaux bien fournis, de bons haras, des chariots, des éléphants, des canons et d'autres machines de guerre, ne sont que des moutons couverts de la peau du lion, lorsque la nation n'est point naturellement brave et guerrière ; le nombre même ne se doit point considérer si les soldats manquent de courage ; car, comme dit Virgile, *Lupus numerum pecorum non curat;* le loup ne se met pas en peine du grand nombre des moutons. L'armée des Perses se présenta aux Macédoniens dans les plaines d'Arbelles comme une inondation d'hommes, de sorte que les cœurs généreux eux-mêmes étonnés représentèrent à Alexandre le péril où était son armée et lui conseillèrent d'attaquer les Perses pendant la nuit ; mais il répondit qu'il ne voulait pas dérober la victoire et qu'elle était plus facile qu'ils ne pensaient. Tigrane l'Arménien étant campé sur une hauteur à la tête d'une armée de quatre cent mille hommes, et voyant avancer celle des Romains, qui n'était en tout que de quatorze mille combattants, dit en plaisantant de ce petit nombre : « S'ils viennent pour une ambassade ils sont trop ; si c'est pour combattre ils sont trop peu. » Cependant, avant la nuit, il se trouva qu'ils étaient assez pour le mettre en fuite et faire un grand carnage de ses troupes. Il y a une infinité d'exemples qui font voir que la valeur l'emporte sur le nombre, et l'on doit convenir que le courage du peuple est le point capital de la grandeur d'un État. Il est bien plus ordinaire qu'il n'est vrai, de dire que l'argent est le nerf de la guerre. A quoi sert-il quand les nerfs des bras manquent et que le peuple est efféminé ? Solon eut raison de répondre à Crésus qui lui faisait voir son or : « Si quelqu'un vient qui ait de meilleur fer, il vous enlèvera tout cet or. » Qu'un prince donc ne compte pas sur ses forces si son peuple n'est pas belliqueux ; et au contraire, si son peuple est guerrier, qu'il sache qu'il est puissant, pourvu qu'il ne se manque pas à lui-même.

A l'égard des troupes auxiliaires, qui sont ordinairement le remède pour une nation qui n'est point aguerrie, tous les exemples montrent que ce qui repose dessus pourra bien pour un temps étendre ses ailes, mais qu'à la fin il perdra de ses plumes.

La bénédiction de Juda et celle d'Issachar ne se trouveront jamais ensemble, c'est-à-dire que le même peuple ne sera jamais à la fois le jeune lion et l'âne sous le fardeau. Un peuple trop chargé de taxes ne sera jamais guerrier ; mais celles qui sont mises par le consentement de l'État abattent moins son courage que celles qui sont imposées par un pouvoir despotique, comme on peut le remarquer par les Accises des Pays-Bas et les subsides d'Angleterre. Je parle du courage, et non pas des richesses ; car je sais bien que les taxes étant les mêmes, (qu'elles soient mises par le consentement de l'État ou par un pouvoir absolu), elles appauvrissent également; mais elles feront un effet différent sur l'esprit des sujets; et de là nous pouvons conclure qu'un peuple surchargé d'impôts n'est pas propre à l'empire.

Les royaumes et les États qui aspirent à s'agrandir doivent prendre garde que la noblesse ou les gentilshommes ne se multiplient trop. Le peuple devient trop abattu et esclave en effet des gentilshommes. Comme un taillis où l'on a laissé trop de baliveaux ne repousse pas bien et dégénère en buisson, de même dans un État, s'il y a trop de gentilshommes, le peuple sera sans force et sans courage. De cent têtes, pas une ne sera propre pour le casque, surtout pour servir dans l'infanterie, qui est la force d'une armée. Vous aurez donc beaucoup de monde et peu de force. Ce fut avec une sagesse admirable que Henri VII, roi d'Angleterre (duquel j'ai parlé au long dans l'histoire que j'ai écrite de son règne), ordonna des terres et des maisons d'une valeur certaine et modérée pour maintenir un sujet dans une abondance suffisante et dans une condition qui ne fût pas servile. Il voulut aussi que ce fût le propriétaire, ou du moins l'usufruitier, et non pas des métayers, qui tinssent la charrue et qui cultivassent le champ. Cela produit dans un État ce que Virgile dit de l'ancienne Italie :

Terra potens armis, atque ubere glebœ.

Cette partie du peuple qui n'est, je crois, qu'en Angleterre et en Pologne, a aussi son utilité pour la guerre et ne doit pas être négligée, je veux dire ce grand nombre de valets qui suivent les nobles; et sans doute que la magnificence, la splendeur de l'hospitalité et un grand cortége de domestiques, comme si c'étaient des gardes (suivant la manière des seigneurs d'Angleterre), contribue beaucoup à la puissance d'un État militaire, et au contraire une manière de vivre obscure et privée parmi la noblesse ternit l'éclat des armes.

Il faut avoir soin que le tronc de l'arbre de ⟨mo⟩narchie de Nabuchodonosor soit assez ⟨gros⟩ et assez de force pour porter ⟨…⟩ dire que les sujets natu⟨rels soient en grand⟩ nombre pour conte⟨ster […] c'e⟩st pour cela que les États ⟨accor⟩dent des lettres de natu⟨ralité⟩ sont propres pour l'empire. Il serait ridicule de penser qu'une poignée de gens, quelque capacité et quelque courage qu'ils eussent, pussent retenir sous leur domination une grande étendue de pays, du moins pour long-temps. Les Lacédémoniens accordaient difficilement des lettres de naturalité, ce qui fut cause que pendant que leur État ne s'accrut pas leurs affaires se conservèrent en bon ordre; mais sitôt qu'ils s'étendirent et qu'ils devinrent trop grands pour le nombre des sujets naturels qu'ils avaient, ils tombèrent en décadence. Jamais État n'a naturalisé les étrangers si facilement que les Romains, et leur fortune répondit à cette prudente maxime, puisque leur empire a été le plus grand qui fût jamais. Ils accordaient facilement ce qu'on appelle *jus civitatis*, et dans le plus haut degré, c'est-à-dire non-seulement *jus commercii, jus connubii, jus hæreditatis*, mais aussi *jus suffragii*, et *jus petitionis sive honorum*, le droit des honneurs, et non-seulement à quelques personnes en particulier, mais à des familles entières, à des villes et quelquefois à des nations. Ajoutez à cela leur coutume d'envoyer des colonies parmi les autres peuples. Si vous faites attention à ces maximes, vous ne direz plus que les Romains ont couvert toute la terre, mais que toute la terre s'est couverte de Romains, et c'était la meilleure voie pour arriver à la grandeur. Je suis souvent étonné comment l'Espagne, avec si peu de sujets paternels, pouvait conserver sous sa domination tant d'États et de provinces; mais l'Espagne est bien plus grande que n'était Sparte dans ses commencements; et quoiqu'il arrive rarement que les Espagnols accordent des lettres de naturalité, ils font ce qui en approche davantage, prenant indifféremment des soldats de toutes les nations et même souvent des généraux étrangers. Il paraît, par la pragmatique sanction publiée cette année, qu'ils sont fâchés de manquer d'habitants et qu'ils veulent y remédier.

Il est certain que les arts sédentaires et casaniers qui s'exercent plutôt avec les doigts qu'avec les bras sont contraires de leur nature à une disposition militaire. Les peuples belliqueux aiment ordinairement l'oisiveté et préfèrent le danger au travail. On ne doit pas trop réprimer cette inclination si l'on veut conserver leur courage. C'était un grand avantage à Sparte, à Rome, à Athènes que la plus grande partie de leurs ouvriers fussent des esclaves; mais la loi chrétienne a presque aboli cet usage. Ce qui en approche le plus, c'est d'avoir des étrangers pour ces sortes d'ouvrages, de tâcher de les attirer ou pour le moins de les bien recevoir quand ils viennent. Mais les sujets naturels doivent être de trois espèces : laboureurs, valets et ouvriers, c'est-à-dire ceux qui se servent de leurs bras et leurs forces, comme forgerons, maçons, charpentiers, etc., sans compter les soldats. Surtout rien ne contribue davantage à la grandeur d'une nation que lorsqu'elle est portée aux armes par son inclination, qu'elle les regarde comme son plus grand honneur, qu'elle en fait sa principale occupation et sa première étude; car ce que nous avons dit jusqu'à présent sert seulement à rendre une nation capable de faire la guerre; mais à quoi sert la capacité et le pouvoir sans l'inclination et l'action? Les Romains prétendaient que Romulus après sa mort leur avait envoyé cet oracle et cette instruction : « Qu'ils s'appliquassent aux armes sur toutes choses s'ils voulaient parvenir à l'empire du monde. » Toute la constitution du gouvernement de Sparte tendait aussi à ce point, que ses citoyens devinssent guerriers, mais avec une intention plus sage que bien digérée. Celui des Perses et des Macédoniens visait encore pendant quelque temps à ce but. Les Gaulois, les Allemands, les Scythes, les Saxons, les Normands et quelque autres ont eu durant long-temps la même intention, et les Turcs la témoignent encore aujourd'hui quoiqu'ils soient fort déchus. Mais dans la chrétienté les Espagnols paraissent les seuls qui y pensent. Il est évident que chacun profite dans la chose à laquelle il s'applique le plus, et c'est assez d'avoir fait remarquer que toute nation qui ne s'adonne pas aux armes doit attendre que la grandeur vienne s'offrir, et qu'il est sûr au contraire que les nations qui s'y attachent avec constance font de très grands progrès, comme on peut le voir par l'exemple des Romains et des Turcs, et ceux même qui ne se sont abandonnés à la guerre que pendant un siècle sont parvenus à une grandeur qui les a soutenus long-temps après avoir négligé l'exercice des armes. Il est donc nécessaire, suivant ces préceptes, qu'un Etat ait des lois et des coutumes qui puissent fournir communément de justes occasions, ou pour le moins des prétextes plausibles de faire la guerre; car les hommes ont naturellement de la vénération pour la justice et n'entreprennent pas volontiers la guerre qui entraîne après elle un si grand nombre de maux, à moins qu'elle ne soit fondée sur un bon ou du moins sur un spécieux prétexte. Les Turcs en ont toujours un quand ils veulent s'en servir, qui est la propagation de leur foi; et quoique la république romaine accordât de grands honneurs aux généraux qui par leurs victoires donnaient plus d'étendue à son empire, cependant elle n'a jamais, du moins en apparence, entrepris une guerre dans le seul dessein de s'agrandir. Il faut donc qu'une nation qui songe à l'empire soit fort alerte sur les différends qui naîtront à l'égard de ses limites, de son commerce ou du traitement de ses ambassadeurs, et qu'elle ne temporise point quand on la provoque; il faut aussi qu'elle soit prompte à envoyer du secours à ses alliés. C'est ainsi que les Romains en ont toujours usé; si un de leurs alliés était attaqué et qu'il eût aussi une ligue défensive avec d'autres nations, s'il demandait du secours, les Romains voulaient toujours être les premiers à lui en envoyer, ne se laissant jamais prévenir dans l'honneur du bienfait.

A l'égard des guerres qui se faisaient anciennement en faveur de la conformité des gouvernements et par une correspondance tacite, je ne vois pas sur quels droits elles étaient fondées, comme celle des Romains pour la liberté de la Grèce, et celle des Lacédémoniens et des Athéniens pour établir ou pour détruire les démocraties et les oligarchies. Telles sont encore celles que font les princes ou les républiques pour délivrer de la tyrannie les sujets d'autrui. Mais il suffit à cet égard d'avertir qu'une nation ne doit pas aspirer à la grandeur, si elle ne se réveille sur toutes les occasions de s'armer qui pourront s'offrir.

Nul corps, soit naturel ou politique, ne peut se conserver en santé sans exercice. Une guerre juste et honorable est pour un royaume ou pour un Etat l'exercice le plus salutaire. Une guerre civile est semblable à la chaleur de la fièvre; mais une guerre étrangère peut se comparer à la chaleur causée par l'exercice qui serve le corps en santé. Une longue paix les courages et corrompt les mœurs. Il est avantageux, je ne dis pas pour la commodité, mais pour la grandeur d'un Etat, qu'il soit presque toujours en armes ; et, quoiqu'il en coûte beaucoup pour avoir perpétuellement une armée sur pied, c'est cependant ce qui rend un prince ou un Etat l'arbitre de ses voisins, ou qui le met pour le moins en une grande estime. L'Espagne en est une preuve ; elle a toujours eu depuis cent vingt ans une armée entretenue d'un côté ou d'un autre.

Celui qui se rend maître sur mer va à la monarchie universelle par le plus court chemin. Cicéron écrivant à Atticus lui mande au sujet des préparatifs de Pompée contre César : « *Consilium Pompei planè Themistocleum est; putat enim qui mari potitur eum rerum potiri.* » Et sans doute Pompée aurait à la fin lassé César si, par une confiance trop vaine, il n'eût pas changé son premier plan.

Nous voyons les grands effets des batailles navales par celle d'Actium qui décida de l'empire du monde et par celle de Lépante qui a arrêté les progrès des Turcs. Il arrive souvent qu'un combat naval met fin à une guerre, mais c'est quand les puissances ennemies veulent remettre à une bataille la décision de leur querelle ; car il est certain que celui qui est le maître de la mer jouit d'une grande liberté et qu'il met à la guerre les bornes qu'il lui plaît, au lieu que par terre celui même qui est supérieur a cependant quelquefois beaucoup de difficultés à surmonter pour en venir à une affaire décisive. La puissance navale de la Grande-Bretagne est aujourd'hui d'une extrême importance pour elle, non-seulement parce que le plus grand nombre des Etats de l'Europe sont presque environnés de la mer ou du moins qu'elle les touche de quelque côté, mais aussi parce que les trésors des Indes paraissent un accessoire à l'empire de la mer. Il semble que les guerres d'à présent soient faites dans l'obscurité en comparaison de toute cette gloire ancienne et de tout cet honneur qui rejaillissait autrefois sur les gens de guerre. Nous n'avons pour exciter le courage que quelques ordres militaires et qu'on a encore rendus communs à la robe et à l'épée, quelques marques sur les armes et quelques hôpitaux pour les soldats hors d'état de servir par leur âge ou par leurs blessures ; mais anciennement les trophées dressés sur les champs de bataille, les oraisons funèbres à la louange de ceux qui avaient été tués et les tombeaux magnifiques qu'on leur élevait, les couronnes civiques et murales, le nom d'empereur que les plus grands rois ont pris dans la suite, les célèbres triomphes des généraux victorieux, les grandes libéralités que l'on faisait aux armées avant que de les congédier, toutes ces choses, dis-je, étaient si grandes, en si grand nombre et si brillantes qu'elles suffisaient pour donner du courage et porter à la guerre les cœurs les plus timides. Mais surtout la coutume des triomphes chez les Romains n'était point un vain spectacle, mais un établissement noble et prudent qui renfermait en lui ces trois points essentiels : la gloire et l'honneur des généraux, l'augmentation du trésor public et des gratifications pour les soldats. Mais peut-être que cet honneur éclatant du triomphe ne convient pas dans les Etats monarchiques, si ce n'est en la personne des rois ou de leurs fils. C'est ainsi que les Romains en usèrent dans le temps des empereurs qui réservaient à eux seuls et à leurs fils l'honneur du triomphe pour les guerres qu'ils avaient achevées en personne, et n'accordaient aux généraux que la robe et quelques autres marques de triomphe.

Pour finir ce discours, personne (comme l'Ecriture-Sainte le dit) ne peut ajouter par ses soins une coudée à sa stature ; mais dans la fabrique des royaumes et des Etats il est au pouvoir des princes et de ceux qui gouvernent d'augmenter et d'étendre leur empire ; car en introduisant avec prudence des lois et des coutumes semblables ou peu différentes de celles que nous avons proposées ici, il est sûr qu'ils jetteront sur leur postérité une semence de grandeur. Mais ordinairement les princes ne pensent pas à ces choses et laissent à la fortune d'en décider.

XXX. *De la manière de conserver sa santé.*

Il est à cet égard, pour chaque individu, une sorte de prudence qui ne se rapporte qu'à lui, et qui est plus sûre que toutes les règles générales de la médecine ; elle est toute comprise dans cette seule règle ; remarquez avec soin, en vous observant vous-même, ce qui vous est salutaire et ce qui vous est nuisible. Telle est la plus sûre méthode pour conserver sa santé, et la meilleure espèce de médecine préservative. Cependant ce premier raisonnement : telle chose ne convient pas à mon tempérament, ainsi je dois cesser d'en faire usage, est mieux fondé que celui-ci : telle chose ne me nuit point; ainsi je puis, sans inconvénient, continuer d'en faire usage. Car la vigueur qui est propre à la jeunesse remédie d'abord à une infinité de petits excès qu'on se permet; mais ce sont des espèces de dettes qu'on paie dans un âge plus avancé. Considérez, à mesure que vous avancez en âge, que la diminution de vos forces exige des ménagements et ne vous permet plus de faire les mêmes choses, car on ne brave pas impunément la vieillesse. Ne faites aucun changement subit dans les parties essentielles de votre régime, et si la nécessité vous y oblige, ayez soin d'y approprier tout le reste de votre manière de vivre; car une maxime un peu mystérieuse, et qui n'en est pas moins vraie, c'est celle-ci : dans le corps humain, ainsi que dans le corps politique, un grand nombre de changements faits tous à la fois sont moins dangereux qu'un seul, s'il est considérable. Ainsi, examinez toutes les différentes parties de votre régime, comme aliments, sommeil, exercices, vêtements, logement, etc., et si vous y trouvez quelque chose qui vous soit nuisible, tâchez de vous en déshabituer peu à peu; mais si ce changement vous nuit, revenez à vos premières habitudes; car il vous serait très difficile de bien distinguer ce qui est généralement salutaire de ce qui ne convient qu'à votre constitution individuelle. Avoir l'esprit libre et l'humeur enjouée aux heures des repas et du sommeil est un des préceptes dont la pratique contribue le plus à la prolongation de la vie. Quant aux passions et aux affections de l'âme, évitez avec soin l'envie, les craintes accompagnées d'anxiétés, la rancune, les afflictions profondes, les occupations qui exigent des recherches subtiles, épineuses, contentieuses, etc., les joies immodérées, la tristesse concentrée et sans communication; nourrissez en vous l'espérance et la bonne humeur plutôt que la joie excessive; variez vos plaisirs au lieu de vous en rassasier; excitez fréquemment en vous le sentiment de l'admiration et de la surprise, par le moyen de la nouveauté; préférez les études qui présentent à l'imagination des objets nobles, grands et relevés, comme l'histoire, la fable, le spectacle de la nature. Si vous vous abstenez de toute espèce de médicament tant que vous êtes en santé, votre corps aura peine à en supporter les effets lorsqu'une maladie ou une incommodité vous obligera d'en faire usage. Si au contraire vous vous y accoutumez trop dans l'état de santé, lorsque ensuite une maladie les rendra nécessaires, le corps n'éprouvant alors aucune impression extraordinaire, ils n'auront pas assez d'effet. La diète renouvelée périodiquement dans certaines saisons et pendant un certain temps me paraît préférable au fréquent usage des médicaments; elle est plus altérante, mais elle occasionne moins d'agitations et fatigue moins les organes.

Lorsque le corps éprouve quelque dérangement extraordinaire, ne le négligez point, mais consultez à ce sujet un homme de l'art. Dans l'état de maladie, occupez-vous principalement de votre santé; mais dans l'état de santé, agissez, allez hardiment, et sans trop vous occuper de votre corps. Car toute personne qui aura accoutumé son corps à soutenir des chocs fréquents, pourra, dans ses maladies (à l'exception toutefois des maladies aiguës), se guérir à l'aide de la seule diète et d'un régime un peu plus doux. Celse donne à ce sujet un conseil qu'il n'eût pas été en état de donner comme médecin, s'il n'eût été en même temps un personnage d'une prudence consommée. Selon lui, la méthode qui contribue le plus sûrement à la conservation de la santé et à la prolongation de la vie est celle qui consiste à varier son régime alimentaire, ses exercices et ses occupations, en combinant ensemble les contraires et en se portant vers les deux extrêmes alternativement, mais un peu plus fréquemment vers l'extrême le plus doux; par exemple il faut s'accoutumer aux veilles et au long sommeil alternativement, mais en donnant un peu plus au sommeil excessif qu'aux veilles excessives; ou encore faire diète dans certains temps et dans d'autres temps d'amples repas, mais en péchant à cet égard un peu plus souvent par excès que par défaut; enfin mener une vie très active et une vie plus sédentaire alternativement, mais plus souvent une vie active. C'est le moyen de donner à la nature ce qui peut la flatter et en même temps assez de vigueur pour exécuter ou supporter les choses les plus difficiles et les plus pénibles. Parmi les médecins, les uns, trop indulgents pour leur malade et se prêtant excessivement a ses fantaisies, s'écartent trop aisément et trop souvent des lois d'un traitement régulier et méthodique; or, en flattant le malade, ils flattent aussi la maladie. D'autres, au contraire, trop rigides et trop esclaves des règles de l'art, ne voulant point s'en écarter dans le traitement, ne donnent point assez au tempérament individuel, à la situation ou à des positions particulières du malade. Appelez un médecin dont la marche tienne le milieu entre ces deux extrêmes, ou, si vous ne pouvez en trouver un de ce genre, combinez ensemble les deux opposés. Mais en consultant l'un ou l'autre, n'ayez pas moins de confiance en celui qui connaît bien votre tempérament qu'en celui qui a la plus grande réputation d'habileté.

XXXI. *Du soupçon.*

Le soupçon est, parmi nos pensées, ce que la chauve-souris est parmi les oiseaux, et comme elle il ne voltige que dans l'obscurité. On ne doit pas l'écouter, ou du moins s'y livrer trop aisément; il obscurcit l'esprit, éloigne nos amis, et fait que l'on marche avec moins de facilité et de constance vers le but. Les soupçons disposent les rois à la tyrannie, les époux à la jalousie et les hommes les plus sages à l'irrésolution et à la mélancolie. Ce défaut vient plus de l'esprit que du cœur, et souvent les âmes les plus courageuses n'en sont pas exemptes. Henri VII, roi d'Angleterre, est un exemple frappant de cette vérité; il y a eu peu de princes qui aient été en même temps aussi courageux et aussi soupçonneux que lui; les soupçons ont moins d'inconvénient dans un esprit de cette trempe, qui ne leur donne entrée qu'après les avoir suffisamment examinés pour en déterminer le degré de probabilité; mais dans un caractère faible et timide ils prennent pied trop aisément. Le soupçon est fils de l'ignorance; ainsi le vrai remède à cette infirmité, c'est de s'instruire au lieu de nourrir les soupçons et de les couver pour ainsi dire dans le silence, car les soupçons se nourrissent dans les ténèbres et se repaissent de fumées. Après tout, ces soupçons et ces ombrages sont aussi injustes que nuisibles; les hommes ne sont rien moins que des anges; ils vont à leurs fins, comme vous allez aux vôtres; vous qui les soupçonnez, exigeriez-vous qu'ils s'occupassent de votre intérêt plutôt que du leur? Ainsi le plus sûr moyen pour modérer ces soupçons, c'est de prendre ses précautions, comme s'ils étaient fondés, et de les réprimer comme s'ils étaient faux; car l'avantage de ces soupçons ainsi modérés sera que nous nous arrangerons de manière que, dans le cas même où ce que nous soupçonnons se trouverait vrai, nous n'en aurons rien à craindre.

Les soupçons qui ne nous viennent que de nous-mêmes ne sont qu'un vain bourdonnement, mais ceux que nous inspirent et que nourrissent les propos malicieux ou inconsidérés des rapporteurs et des nouvellistes sont une sorte d'aiguillon qui les fait pénétrer plus profondément. Le meilleur expédient pour sortir du labyrinthe des soupçons, c'est de les avouer franchement à la personne même qui en est l'objet. Par ce moyen nous nous procurerons probablement un peu plus de lumières sur le sujet de notre défiance, sans compter que nous rendrons cette personne plus circonspecte et plus attentive sur elle-même, pour ne plus donner lieu à de tels soupçons. Mais gardez-vous de faire de tels aveux à une âme basse et perfide; lorsqu'un homme de ce caractère se voit soupçonné, il ne faut plus compter sur sa fidélité, comme dit le proverbe italien : *Sospette licenzia fede*, comme si le soupçon devait congédier, pour ainsi dire, et chasser la bonne foi, qu'il doit au contraire ranimer et obliger à se manifester si clairement qu'on ne puisse plus en douter.

XXXII. *De la conversation.*

On rencontre assez d'hommes qui dans la conversation sont plus jaloux de faire parade de la fécondité de leur esprit et de montrer qu'ils sont en état de défendre toute espèce d'opinions et de parler pertinemment sur toutes sortes de sujets, que de faire preuve d'un jugement assez sain pour démêler promptement le vrai d'avec le faux, comme si le vrai talent en ce genre consistait plutôt à savoir tout ce qu'on peut dire que ce qu'on doit penser. Il en est d'autres qui ont un certain nombre de lieux communs et de textes familiers sur lesquels ils ne tarissent point, mais qui, hors de là, sont réduits au silence; genre de stérilité qui les fait paraître monotones, et qui les rend d'abord ennuyeux, puis fort ridicules, dès qu'on découvre en eux ce défaut. Le rôle le plus honorable qu'on puisse jouer dans la conversation, c'est d'en fournir la matière, d'empêcher qu'elle ne roule trop long-temps sur le même sujet, de la faire, avec dextérité, passer d'un sujet à un autre, ce qui est pour ainsi dire mener la danse. Il est bon de varier le ton de la conversation et d'y entremêler les discours sur les affaires présentes avec les discussions, les narrations avec les raisonnements, les interrogations avec les assertions, enfin le badinage avec le sérieux. Mais elle devient languissante quand on s'appesantit trop sur un même sujet. A l'égard de la plaisanterie, il y a des choses qui ne doivent jamais en être le sujet et qui doivent être en quelque manière privilégiées à cet égard; par exemple, la religion, les affaires d'état, les grands hommes, les personnes constituées en dignité, les affaires graves des personnes présentes, enfin toute disgrâce qui doit exciter la compassion. Il est aussi des personnes qui craindraient que leur esprit ne s'endormît si elles ne lançaient quelque trait piquant ; c'est une habitude très vicieuse et dont il faut tâcher de se défaire.

Parce, puer, stimulis et fortius utile loris[1].

Autre chose est une plaisanterie qui a du sel, autre chose une raillerie amère, et il ne faut point confondre un bon mot avec un sarcasme; car si un homme satirique fait craindre aux autres son esprit, il doit à son tour craindre leur mémoire. Celui qui fait beaucoup de questions, apprend beaucoup et plaît généralement, surtout s'il sait bien approprier ces questions au genre d'esprit des personnes auxquelles il les fait. En leur fournissant l'occasion de parler de ce qu'elles savent le mieux, il les rend contentes d'elles-mêmes et de lui, et il enrichit son esprit de nouvelles connaissances qui lui coûtent peu. Cependant il faut aussi prendre garde de devenir importun en faisant trop de questions coup sur coup et comme si l'on faisait subir à ses interlocuteurs une sorte d'examen ou d'interrogatoire. Laissez parler les autres à leur tour, et s'il se trouve quelqu'un qui s'empare trop souvent de la parole ou qui la retienne trop long-temps, et qui se rende ainsi le tyran de la conversation, détournez-le adroitement, afin que tel qui s'est tu trop long-temps puisse

à son tour entrer pour ainsi dire en danse. Si vous avez quelquefois l'adresse de feindre d'ignorer ce que vous savez le mieux, vous paraîtrez souvent savoir ce que vous ignorerez peut-être. Il ne faut parler de soi que très rarement et avec beaucoup de réserve. Un homme de ma connaissance disait d'un autre qui avait ce travers : « il faut que cet homme soit d'une grande sagesse, puisqu'il parle si souvent de lui-même. » Il n'est qu'une seule manière de se louer de bonne grâce, c'est de louer, dans un autre, une vertu ou un talent qu'on possède soi-même. Gardez-vous aussi de vous permettre fréquemment des personnalités piquantes et de tirer trop souvent sur les personnes présentes. La conversation doit être comme une promenade en pleine campagne et non comme une route qui conduit à telle ville, ou comme une avenue qui conduit au château de M. N... J'ai connu dans une de nos provinces occidentales deux personnes, dont l'une se distinguait par la manière noble dont elle exerçait l'hospitalité et qui tenait une très bonne table, mais qui aimait un peu trop à railler, et qui faisait ainsi acheter un peu trop cher sa magnificence. L'autre demandant un jour à un de leurs amis communs qui avait dîné chez ce magnifique railleur, si à table il n'avait rien lancé de piquant contre quelques-uns des convives, celui à qui il faisait cette question lui ayant répondu qu'il avait en effet pris cette licence : « Je me doutais bien, répliqua-t-il qu'il aurait ainsi gâté un bon dîner. »

La discrétion et l'à-propos dans les discours valent mieux que l'éloquence, et bien approprier ce que l'on dit au caractère et au tour d'esprit de ses auditeurs est un genre de talent préférable à celui d'une diction élégante et méthodique. Savoir bien parler de suite, sans avoir la répartie prompte et juste, est un signe de pesanteur dans l'esprit. Avoir la répartie vive et ne savoir pas faire un discours de suite décèle un esprit stérile et qui a peu de fonds. On sait que les animaux qui courent le mieux ne sont pas ceux qui ont le plus de souplesse pour faire des détours, et c'est la différence qu'on observe entre le lévrier et le lièvre. Circonstancier minutieusement tout ce que l'on dit et se jeter dans un long préambule avant de venir au fait rend les entretiens fastidieux ; mais aussi ne spécifier aucune circonstance rend le discours brusque, maigre et sec.

---
[1] Ne fais pas si souvent usage de l'éperon et tiens-lui la bride haute. OVIDE, *Métam.* II, 127.

XXXIII. Des colonies ou plantations de peuples.

De toutes les entreprises formées dans les temps primitifs, les plus héroïques furent les colonies ou plantations de peuples. Le monde dans sa jeunesse faisait plus d'enfants qu'il n'en fait à présent qu'il est devenu vieux ; car on peut regarder les colonies comme les enfants des nations plus anciennes (des peuples premiers nés.) J'aime une plantation de peuple dans un sol pur et net, je veux dire dans un lieu où l'on ne soit pas obligé de déplanter un peuple pour en planter un autre ; ce qui, à proprement parler, serait une extirpation et non une vraie plantation.

Il en est d'une colonie comme d'un bois qu'on plante ; on ne doit pas espérer d'en tirer aucun fruit avant une vingtaine d'années, ni de grands profits avant un terme beaucoup plus long. C'est l'avidité d'un gain précoce qui a ruiné la plupart des colonies. Cependant on ne doit pas trop négliger des profits qui viennent un peu vite, lorsque le fonds qui les donne, c'est-à-dire la colonie, n'en souffre point.

C'est une entreprise honteuse et fort mal entendue que de vouloir former une colonie avec l'écume et le rebut d'une nation ; je veux dire avec des malfaiteurs, des bannis, des criminels condamnés ; c'est la corrompre et la perdre d'avance. Les hommes de cette trempe sont incapables d'une vie réglée ; ils sont paresseux et ont de l'aversion pour tout travail utile et paisible ; ils commettent de nouveaux crimes, consument en pure perte les provisions, se lassent bientôt d'une telle vie, et ne manquent pas d'envoyer de fausses relations dans leur pays, au préjudice de la colonie. Les hommes qu'on doit préférer pour une colonie sont ceux qui exercent les professions actives et les plus nécessaires, comme jardiniers, laboureurs, ouvriers en fer et en bois, pêcheurs, chasseurs, pharmaciens, chirurgiens, cuisiniers, brasseurs, etc.

En arrivant dans le pays où vous voulez établir la colonie, commencez par observer quelles sont les denrées, surtout les comestibles, que le sol produit naturellement et spontanément, comme châtaignes, noix, pommes de pin, prunes, cerises, olives, dattes, miel sauvage, etc. Puis considérez quels sont, parmi le genre de comestibles qui croissent promptement et dans l'espace d'une année, ceux que ce pays produit de lui-même ou peut produire aisément, comme panais, carottes, navets, oignons, raves, choux, melons communs, melons d'eau, maïs, etc. Le froment, l'orge et l'avoine demanderaient trop de travail dans les commencements ; mais on y peut semer des pois et des fèves qui viennent sans beaucoup de culture, et qui peuvent tenir lieu de viande ainsi que de pain. Le riz, qui produit beaucoup, peut remplir le même objet. On devra surtout être muni d'une abondante provision de biscuit et de farine pour nourrir la colonie jusqu'à ce qu'elle puisse recueillir du blé dans le pays même. A l'égard du bétail et de la volaille, prenez les espèces qui sont le moins sujettes à des maladies et qui multiplient le plus, telles que porcs, chèvres, poules, oies, dindons, pigeons, lapins, etc. Les provisions doivent être distribuées par rations et comme dans une ville assiégée. Le terrain employé au jardinage et au labour doit être un bien commun, et ses productions doivent être serrées dans des magasins publics. Il faudra toutefois en excepter quelques petits morceaux de terre dont on laissera la jouissance à des particuliers, pour y exercer leur industrie.

Voyez aussi, parmi les productions naturelles du pays, celles qui pourraient être un objet de commerce et une source de profit pour la colonie, comme on l'a fait à l'égard du tabac dans la Virginie, ce qui pourra défrayer en partie l'établissement ; bien entendu qu'aucune de ces entreprises ne pourra porter préjudice à la colonie. Dans la plupart des lieux où l'on établit des colonies, on ne trouve que trop de bois ; mais c'est une marchandise d'un facile débit, et dont il sera facile de tirer parti dans le pays même, pour peu qu'on y trouve des mines de fer et des courants d'eau pour les moulins, le fer étant un des meilleurs objets de commerce. Si la chaleur du climat permet d'établir des salines dans le pays, c'est encore un essai à faire, à cause du profit qu'on peut en tirer. La soie végétale (*sericum vegetabile*), si l'on en trouve dans ce pays, sera aussi un objet très lucratif. La poix, le brai et le goudron ne manqueront pas non plus dans un pays où il y aura beaucoup de pins ou de sapins. Les drogues et les bois de senteur, quand on en trouve, sont encore des marchandises précieuses. Il en est de même de la soude et de beaucoup d'autres objets de commerce. Mais ne songez pas trop aux mines (métalliques), surtout dans les commencements; ce sont des entreprises dispendieuses et souvent trompeuses, le grand profit qu'on espère en tirer faisant négliger des objets plus solides.

A l'égard du gouvernement, il est bon qu'il soit entre les mains d'un seul, mais avec un conseil. Ce gouvernement doit être militaire, adouci toutefois par quelques limitations ou restrictions. Mais le principal avantage que les colons, en vivant dans le désert, doivent tirer d'une telle situation, c'est d'avoir sans cesse devant les yeux l'Être suprême et son culte. Gardez-vous de mettre le gouvernement entre les mains d'un trop grand nombre de personnes, surtout de personnes intéressées elles-mêmes dans les entreprises de la colonie, et il vaut mieux qu'elle soit gouvernée par des gentilshommes que par des marchands, car ces derniers n'ont ordinairement en vue que le profit actuel, le gain précoce.

Que la colonie soit exempte de toute espèce d'impôts jusqu'à ce qu'elle ait pris un certain accroissement; et non-seulement elle doit être exempte d'impôts, mais même elle doit avoir une entière liberté de transporter et de vendre ses denrées où bon lui semblera, à moins qu'on n'ait quelque raison particulière et importante pour limiter ce commerce.

Ayez soin de n'augmenter la colonie que par degrés et de ne pas la surcharger d'hommes, en les y envoyant par grosses troupes; mais transportez-y des hommes à mesure que la population diminue, et des provisions au prorata.

Souvent les colonies sont détruites en peu de temps pour avoir fait leur établissement trop près de la mer, des rivières, etc., ou dans des cantons marécageux. Il est bon toutefois, dans les commencements, de ne pas trop s'éloigner des côtes ou du bord des rivières, pour prévenir la difficulté du transport des denrées, des marchandises, ou d'autres semblables inconvénients. Mais ensuite il vaut mieux s'étendre dans l'intérieur du pays et bâtir dans des situations plus saines, que de se placer dans des lieux où des eaux abondantes nuisent à la salubrité de l'air. Il importe aussi à la santé des colons qu'ils aient une abondante provision de sel, soit pour en faire usage avec les aliments, soit pour faire des salaisons.

Si vous établissez votre colonie dans un pays de sauvages, il ne suffit pas de les amuser par de petits présents, il faut de plus gagner leur cœur par une conduite constamment honnête et juste, sans oublier toutefois de pourvoir à votre sûreté. Ne gagnez point leur amitié en les aidant à attaquer leurs ennemis, mais seulement en les protégeant et en les défendant. Ayez soin d'envoyer de temps en temps quelques-uns de ces sauvages à la métropole, afin qu'ils puissent voir par leurs propres yeux combien la condition des hommes civilisés est plus heureuse que la leur et en donner à leur horde une haute idée. Quand l'établissement est consolidé, il est temps de planter avec des femmes comme on l'a fait d'abord avec des hommes, afin de ne pas dépendre du dehors pour réparer le déchet de la population.

Il n'est point de lâcheté plus criminelle ni plus odieuse que celle d'abandonner une colonie, après avoir voulu ou souffert que les individus dont elle est composée se détachassent de la métropole. Car, outre le déshonneur naturellement attaché à une telle action ou négligence, c'est sacrifier le sang d'une infinité de malheureux dont on a soi-même causé la détresse.

XXXIV. *Des richesses.*

Si je voulais donner une juste idée des richesses, je les appellerais le bagage de la vertu, qualification qui serait encore plus exacte si je pouvais employer un terme qui répondit exactement au mot *impedimenta*, par lequel les Romains désignaient le bagage d'une armée; les richesses étant pour la vertu ce que le bagage est pour une armée. Il est sans doute très nécessaire, mais il embarrasse sa marche, et le soin de le défendre fait souvent perdre des occasions d'où dépend la victoire. Les richesses n'ont d'utilité qu'autant qu'on prend plaisir à les répandre; tout le reste n'est qu'une vaine opinion et qu'un bonheur idéal. Où se trouve beaucoup d'opulence se trouvent aussi beaucoup de gens qui en profitent. Quel avantage, au fond, procure-t-elle à celui qui en est le possesseur? tout au plus celui de voir tout ce gaspillage, le simple plaisir des yeux. Ainsi, on ne jouit point soi-même de la totalité d'une grande fortune. Voici tout le fruit des richesses : la peine de les garder, le soin de les dispenser ou le sot plaisir de les étaler, voilà tout ; mais elles ne procurent au possesseur aucun avantage solide. Savez-vous pourquoi on a attaché un prix imaginaire à certains cailloux brillants, et pourquoi on a entrepris tant de fastueux ouvrages ? c'était afin que les grandes richesses semblassent être bonnes à quelque chose. Mais, direz-vous, celui qui les possède ne peut-il pas s'en servir pour se racheter, en quelque manière, des dangers, des peines et des incommodités sans nombre auxquels les pauvres sont exposés ? Non, vous répondrais-je ; et c'est Salomon lui-même qui me suggère cette réponse. « Le riche, dit-il, en contemplant ses immenses biens, se croit bien fort ; c'est une espèce de forteresse qu'il se bâtit dans son imagination. » Mais ce prince observe avec sa sagesse ordinaire que cette prétendue forteresse n'est que dans l'imagination du riche et non dans la réalité. En effet, les richesses vendent plus souvent le possesseur qu'elles ne le rachètent et perdent plus de riches qu'elles n'en sauvent. Ainsi gardez-vous d'aspirer à une fastueuse opulence. Et n'est-ce pas assez pour vous d'une fortune que vous puissiez acquérir justement, dispenser judicieusement, donner gaîment et abandonner sans peine ? Cependant, n'affectez pas non plus un mépris philosophique ou monacal pour les richesses ; apprenez plutôt à en faire un bon usage, à l'exemple de Rabirius-Posthumus, dont Cicéron fait l'éloge en ces termes : « La nature même des moyens qu'il emploie pour augmenter sa fortune prouve assez qu'en aspirant à l'opulence il n'y cherche pas une proie pour son avarice, mais un instrument pour sa bienfaisance. » Ecoutez aussi Salomon, et gardez-vous ensuite de courir aux richesses : « Celui qui court aux richesses, dit-il, ne sera pas long-temps innocent. » Suivant une fiction des poètes, quand Plutus, qui est le dieu des richesses, est envoyé par Jupiter, il vient à petits pas et en boitant ; mais quand il est envoyé par Pluton il court, il vole ; allégorie qui signifie que les richesses acquises par un travail utile et par des moyens honnêtes ne viennent qu'à pas lents, au lieu que celles qui viennent par la mort d'autrui, par des successions, des legs, etc., pleuvent et fondent en quelque manière sur ceux auxquels elles tombent en partage. On pourrait aussi, en donnant un autre sens à cette fable et en regardant Pluton comme le démon, en faire une application également juste ; car, lorsque les richesses viennent du démon et sont acquises par des moyens frauduleux ou violents, en un mot, par des injustices et des voies criminelles, elles semblent accourir.

Il est assez de moyens pour s'enrichir, mais il en est peu d'honnêtes ; l'économie est un des plus sûrs. Cependant ce moyen même n'est pas entièrement innocent ; il déroge un peu aux devoirs qu'imposent l'humanité et la charité. La perfection des méthodes d'agriculture et leur amélioration en ce genre sont la voie la plus naturelle et la plus simple pour s'enrichir ; car les présents que fait la terre aux hommes qui savent les mériter par leur travail et leur industrie sont les dons de la mère commune des mortels. Cette voie, à la vérité, est un peu lente ; cependant, lorsque des hommes déjà riches appliquent leurs fonds à la culture, leur fortune, à la fin, prend un prodigieux et rapide accroissement. J'ai connu un lord qui avait fait une fortune immense par cette voie ; il était riche en troupeaux de gros et de menu bétail, en bois, en mines de charbon, de plomb et de fer, en blé et autres choses de cette nature, en sorte que la terre était pour lui un second Océan qui lui procurait une infinité de biens par une continuelle importation. Quelqu'un observait judicieusement à ce sujet que dans les commencements il en avait coûté à ce seigneur beaucoup de soins et de travaux pour acquérir un bien médiocre, mais qu'ensuite il était parvenu avec beaucoup moins de peine à la plus grande opulence. Car lorsqu'un homme a de grands fonds, il a un avantage immense et continuel sur tous les autres ; il peut profiter des meilleures occasions, acheter en gros et à meilleur marché réserver ses denrées pour les temps où elles se vendent le mieux ; enfin, participer même aux profits de ceux qui, ayant moins de fonds, sont obligés d'emprunter ou d'acheter de lui, tous moyens qui le mettent à même de s'enrichir promptement. Les gains et les émoluments des différentes professions sont honnêtes et légitimes ; les deux causes qui peuvent les augmenter sont la diligence et la réputation de probité acquise par une manière de traiter toujours droite et juste. Mais les profits du commerce sont d'une nature un peu plus douteuse, surtout lorsqu'on ne les fait qu'en profitant de la détresse des autres; lorsque, pour avoir les marchandises à meilleur compte, on corrompt les domestiques, commis, etc., des vendeurs ; lorsqu'on écarte par des moyens frauduleux ceux d'entre les concurrents qui seraient disposés à donner un prix plus haut. Or, quand les hommes de caractère achètent pour revendre, ils subornent le courtier pour gagner davantage des deux côtés. Les compagnies ou sociétés de commerce sont encore un moyen pour s'enrichir, quand on sait bien choisir ses associés.

L'usure est un des plus faciles moyens pour s'enrichir, mais en même temps un des moins honnêtes ; car l'usurier mange son pain à la sueur du front d'autrui et travaille le jour du sabbat. Cependant, quoique cette voie soit assez sûre, elle ne laisse pas d'avoir aussi ses risques, les notaires et les courtiers exagérant assez souvent, pour leur intérêt particulier, la fortune des emprunteurs, quoiqu'ils n'ignorent pas que les affaires de ces derniers soient réellement fort dérangées. Celui qui invente une chose utile ou très agréable, ou qui la met le premier en vogue et qui obtient un privilége pour le débit, est quelquefois inondé de richesses, comme l'éprouva le premier qui fit du sucre aux Canaries. Ainsi, lorsqu'un homme a une bonne logique, je veux dire lorsqu'il est tout à la fois très inventif et très judicieux, il a en main un moyen pour s'enrichir promptement, surtout si les circonstances lui sont favorables. Mais celui qui ne veut que des profits assurés parvient rarement à une grande fortune, et celui qui aime trop à risquer finit ordinairement par une faillite. Ainsi, il faut combiner ensemble les entreprises périlleuses avec celles dont les profits sont plus assurés, afin que les dernières mettent en état de supporter les pertes auxquelles exposent les premières. On s'enrichit encore promptement par les monopoles et les accaparements, ou seulement en achetant en gros pour revendre aux marchands en détail, quand les lois ne mettent pas trop d'entraves aux commerces de ce genre, surtout lorsqu'on spécule avec assez de justesse pour prévoir dans quels temps et dans quels lieux la demande de la marchandise qu'on achète sera la plus forte.

Les richesses qu'on acquiert au service des rois ou des grands sont honorables en elles-mêmes ; mais si elles sont le prix de la flatterie ou de bas artifices, elles avilissent et dégradent au lieu d'honorer. Cependant, cet art de chasser pour ainsi dire aux successions et aux legs des riches, art que Tacite reproche à Sénèque, en disant qu'il semblait prendre au filet les successions et les hommes riches qui n'avaient point d'enfants ; cet art, dis-je, est pour s'enrichir une voie encore plus honteuse que la précédente, et d'autant plus infâme que, dans ce dernier cas, on est obligé de flatter et d'abuser des personnes d'un rang bien inférieur. Ne croyez pas trop à ces gens qui affectent de mépriser les richesses ; car ceux qui les méprisent si hautement sont ordinairement ceux qui désespèrent de les acquérir, et vous n'en trouverez point qui y soient plus attachés quand ils les ont une fois acquises.

Ne poussez pas l'économie jusqu'à la lésine : les richesses ont des ailes ; quelquefois elles s'envolent d'elles-mêmes pour ne plus revenir, mais quelquefois aussi il faut les faire voler au loin, afin qu'elles en rapportent d'autres.

Les hommes en mourant laissent leurs richesses ou au public, ou à leurs enfants, ou à leurs collatéraux, ou à leurs amis. Lorsque les legs ou les successions de ces différentes espèces sont modérés, ils ont des effets plus avantageux. De grands biens laissés à un héritier sont un appât qui attire les oiseaux de proie autour de lui, et ils les dévorent en peu de temps, à moins que l'âge et un jugement mûr ne le garantissent de leur avidité. De même les dons magnifiques faits au public par les mourants, et les fastueuses fondations qui font partie de leurs dispositions testamentaires, sont comme des sacrifices sans sel, et des aumônes semblables aux sépulcres blanchis qui ne renferment bientôt que corruption. Ainsi, ne mesurez pas vos dons et vos legs par la valeur matérielle de ce que vous donnez, mais par la convenance, et observez en cela comme en toute autre chose les justes proportions. Enfin, ne différez point ces dons jusqu'à l'article de la mort ; car, à proprement parler, un mourant donne le bien d'autrui et non le sien.

XXXV. *Sur les prophéties et autres prédictions.*

Nous ne parlerons dans cet article ni des prophéties sacrées et déposées dans les livres saints, ni des oracles des païens, ni des prédictions naturelles, mais seulement des prophéties qui ont eu un certain renom et dont les sources sont tout-à-fait inconnues, par exemple : on lit dans l'Ancien-Testament que la Pythonisse consultée par Saül lui dit : « Demain, toi et ton fils vous serez avec moi. » On trouve dans Virgile des vers imités d'Homère, et qui disent en substance : « Un jour les enfants d'Énée régneront sur toutes les nations de l'univers ; à cet empire succèderont leurs descendants, et la postérité même de leur postérité, sans fin et sans terme ; » prophétie qui semble désigner l'empire romain. On connaît aussi ces vers de Sénèque-le-Tragique : « Un jour et dans les siècles les plus reculés des navigateurs audacieux, se frayant une route nouvelle à travers l'Océan, découvriront une terre immense qu'il embrasse dans son vaste sein ; alors un monde nouveau paraîtra aux yeux des mortels étonnés, et Thulé (l'Islande) ne sera plus la dernière limite du monde connu. » Cette prophétie semble annoncer la découverte de l'Amérique. La fille de Polycrate, tyran de Samos, vit en songe son père baigné par Jupiter, et recevant l'onction par le ministère d'Apollon. En effet, peu de temps après, ce tyran ayant été mis en croix dans un lieu découvert, son corps exposé à un soleil très ardent se couvrit de sueur, et fut ensuite baigné par la pluie. Philippe, roi de Macédoine, rêva qu'il apposait son sceau sur le ventre de son épouse, et en expliquant ce songe à sa manière, s'imagina que son épouse était stérile ; mais Aristandre, son devin, lui dit qu'au contraire son épouse était enceinte, attendu qu'ordinairement on ne cachetait pas les vaisseaux vides. Le fantôme qui apparut à Brutus dans sa tente lui dit : « Tu me reverras à Philippes. » Tibère dit un jour à Galba : « Et toi aussi, Galba, tu goûteras un peu de la souveraine puissance. » Lorsque Vespasien était encore en Judée, une prophétie très répandue dans les contrées orientales annonçait que celui qui, en partant de la Judée, marcherait vers l'Italie,

obtiendrait l'empire de l'univers ; prophétie qu'on pourrait appliquer au Sauveur du monde, mais que Tacite, qui l'a rapportée, appliquait à Vespasien. Domitien, dans la nuit qui précéda le jour où il fut tué, vit en songe une tête d'or naissant de la nuque de son cou. En effet, les princes qui lui succédèrent firent, du temps de leur règne, un nouveau siècle d'or. Henri VI, roi d'Angleterre, dit un jour, en se lavant les mains et en montrant un jeune seigneur qui tenait l'aiguière et qui régna depuis sous le nom de Henri VII « : Ce sera ce jeune homme qui à la fin deviendra possesseur de cette couronne que nous nous disputons aujourd'hui. » Je me souviens d'avoir ouï dire au docteur Pena, lorsque j'étais en France, que la reine mère, Catherine de Médicis, qui croyait à l'astrologie, ayant fait tirer l'horoscope de Henri II, son époux, mais en ne donnant que l'heure de la naissance de ce prince et en lui supposant un autre nom, l'astrologue, après avoir fait son calcul, répondit à cette princesse que son époux serait tué en duel. A cette réponse la reine se mit à rire, se croyant bien assurée que son époux, dans le rang élevé où il était, ne pouvait être exposé à un malheur de cette espèce. Mais le fait est que Henri II fut tué dans un tournoi ; car ce prince joûtant avec le comte de Montgommery, et la lance de son adversaire s'étant brisée, le tronçon l'atteignit à la visière, et entrant dans l'œil le blessa mortellement. On connaît aussi cette prédiction de l'astronome Reggiomontanus (Jean Muller) « : L'année 88 sera une année mémorable. » On jugea que cette prédiction s'accomplissait, lorsque Philippe II, roi d'Espagne, envoya contre l'Angleterre cette flotte si formidable que les Espagnols appelaient l'*invencible armada*, la plus grande qui eût jamais paru en mer, sinon quant au nombre des vaisseaux du moins quant à leur force. A l'égard du songe de Cléon, on peut croire que ce n'était qu'une plaisanterie ; il rêva qu'un dragon d'une longueur prodigieuse le dévorait, et il fut très effrayé par l'explication qu'un charcutier lui donna de ce songe.

Les prédictions de cette espèce sont en très grand nombre, surtout si l'on y joint celles des astrologues et les songes prophétiques. J'ai cru devoir m'en tenir ici aux plus connus et aux plus accrédités qui pourront du moins servir.

Ces prétendues prophéties doivent être toutes également méprisées et peuvent tout au plus tenir lieu de ces contes dont on berce les bonnes gens auprès du feu durant les longues nuits de l'hiver ; mais lorsque je dis méprisées, je veux dire seulement qu'elles ne méritent pas qu'on y ajoute foi ; car d'ailleurs le soin que certaines gens prennent de les publier, de les répandre et de les accréditer mérite d'autant plus l'attention d'un gouvernement qu'elles ont quelquefois causé de grands malheurs. Je vois même en plusieurs lieux des lois expresses et très sévères établies pour les supprimer. Mais actuellement on peut me demander comment des prédictions si hasardées ont pu s'accréditer ainsi. C'est ce qu'on peut attribuer à trois causes : 1º lorsque l'événement prédit est conforme à la prédiction, les hommes remarquent cette conformité ; mais dans le cas opposé ils ne remarquent point du tout le défaut d'accord, genre de méprise où ils tombent également par rapport aux songes et à tout autre genre de prédiction superstitieuse. 2º Souvent des conjectures assez probables ou d'obscures traditions se convertissent en prophéties ; l'homme abusé par un penchant inné pour tout ce qui tient de la divination et un vif désir de connaître l'avenir, s'imaginant trop aisément qu'il peut prédire hardiment ce qu'au fond il ne peut que conjecturer, explication qu'on peut appliquer aux vers prophétiques de Sénèque-le-Tragique ; car les terres connues de son temps ne formant alors qu'une très petite partie de la surface du globe, il était aisé de concevoir qu'il devait y avoir au-delà de l'Océan Atlantique des terres d'une grande étendue, et il n'était nullement probable que tout cet espace ne fût qu'une vaste mer sans continent et sans île, raisonnement qui, étant encore appuyé de cette antique tradition qu'on trouve dans le Timée de Platon et sur ce qu'il dit de son Atlantide, put fort bien enhardir le poète à convertir la conjecture en prophétie. 3º La dernière et la principale cause est que la plupart de ces prédictions, dont le nombre est infini et qui sont un fruit de l'imposture ou de la folie, ont été faites après coup.

XXXVI. *De l'ambition.*

L'ambition est une passion dont les effets sont très semblables à ceux de la bile ; car on sait que cette humeur, lorsqu'elle est parfaitement libre dans son cours, rend les hommes ardents, actifs, entreprenants ; mais lorsque ses voies sont obstruées, elle devient maligne et vénéneuse. Il en est de même de l'ambition. Tant qu'un ambitieux trouve la route libre pour s'élever et aller toujours en avant, il est plus tracassier et plus bruyant que dangereux ; mais si ses désirs rencontrent des obstacles insurmontables, un mécontentement secret qui le ronge lui fait regarder de mauvais œil les hommes et les affaires ; il n'est satisfait que lorsque tout va de travers, ce qui est la plus criminelle et la plus dangereuse de toutes les dispositions dans un homme attaché au service d'un prince ou d'un Etat. Ainsi, lorsqu'un prince se croit dans la nécessité de se servir d'un ambitieux, il doit l'employer et le récompenser de manière qu'il aille toujours en avançant et sans jamais rétrograder. Mais comme ce mouvement toujours progressif dans un sujet expose le maître à bien des inconvénients, il vaudrait peut-être mieux ne pas employer du tout un homme de ce caractère ; car si ses services ne le font pas monter, il fera en sorte que ses services tomberont avec lui. Mais, comme nous venons de dire que le prince ne doit employer ces ambitieux que dans le cas d'une urgente nécessité, reste à montrer quels sont les cas où ils peuvent être nécessaires. Il faut choisir, pour le commandement des armées, les hommes les plus habiles en ce genre, sans considérer s'ils sont ambitieux ou non. Les services de cette espèce sont si nécessaires qu'ils compensent tous les autres inconvénients, et vouloir ôter à un homme de guerre son ambition, ce serait vouloir lui ôter ses éperons. Un prince peut encore se faire d'un ambitieux une sorte de bouclier ou de plastron pour se garantir des coups de l'envie et des dangers de toute autre espèce ; car ce rôle si dangereux, qui voudrait le jouer, sinon l'ambitieux semblable à un pigeon aveugle qui va toujours en montant parce qu'il ne voit pas autour de lui ? On peut aussi se servir d'un ambitieux pour abaisser un autre ambitieux qui s'élève trop, comme Tibère employa Macron pour abattre Séjan. Ainsi les ambitieux pouvant être utiles dans les cas que nous venons de spécifier, reste à dire comment on peut les réprimer et les employer de manière à n'avoir rien à craindre de leur part.

Or, un ambitieux est moins à craindre lorsqu'il est de basse extraction que lorsqu'il joint à ses autres avantages celui d'une naissance illustre. Il est aussi moins à craindre lorsqu'il a des manières brusques, inciviles et repoussantes, que lorsqu'il est affable, gracieux et populaire. Enfin il est moins dangereux lorsque son élévation est encore récente que lorsqu'ayant pour ainsi dire blanchi dans les postes honorables qu'il occupe, il s'y est comme enraciné.

Bien des gens taxent de faiblesse un prince qui a un favori. Je ne suis point du tout de leur sentiment, et c'est au contraire le meilleur remède à l'ambition des grands; car lorsque la faveur ou la disgrâce dépend d'un favori, il n'est point à craindre qu'un autre s'élève trop. Une méthode non moins sûre pour tenir en bride un ambitieux, c'est de lui opposer quelque autre personnage aussi ambitieux et aussi fier que lui pour le balancer. Mais alors il faut avoir un personnage moyen et d'un caractère modéré pour maintenir l'équilibre entre eux et prévenir les troubles; sans ce lest, le vaisseau roulerait trop. Enfin le prince peut au moins protéger et encourager quelque sujet d'un ordre inférieur qui lui servira comme de fouet pour corriger les ambitieux. Quant à la méthode de leur faire envisager une disgrâce et une ruine prochaine, elle peut être suffisante lorsqu'ils sont timides. Mais ce parti serait très dangereux s'ils étaient audacieux et entreprenants; il pourrait, loin de les arrêter, les exciter au contraire à précipiter l'exécution de leurs desseins. A l'égard des moyens de les abattre lorsque la nécessité des affaires l'exige et qu'on ne peut sans danger le faire tout d'un coup, la conduite la plus adroite qu'on puisse tenir avec eux, c'est d'entremêler tellement les faveurs et les disgrâces qu'ils ne sachent plus au juste ce qu'ils ont à espérer ou à craindre et se trouvent perdus comme dans un labyrinthe. Au reste, une noble ambition et le désir de se distinguer par les grandes choses est beaucoup moins dangereuse que celle d'un homme plein de prétentions qui veut briller dans tout et qui en conséquence se mêle de tout. Cette dernière est une source de confusion et de désordre. Cependant un ambitieux qui se mêle de tant de choses et qui est fort agissant est encore moins dangereux que celui qui est puissant par le grand nombre de ses créatures et des personnes qui dépendent de lui. L'homme qui veut tenir le premier rang parmi les plus habiles s'impose une grande tâche, et pour la bien remplir il est forcé de se rendre réellement utile au public.

Les honneurs peuvent procurer trois sortes d'avantages : le pouvoir de faire le bien, la facilité d'approcher du prince et des grands, enfin celui d'augmenter sa réputation et sa fortune. Le sujet dont l'ambition n'aspire qu'au premier de ces trois avantages est l'homme honnête et vertueux, et la vraie sagesse dans un prince consiste à savoir démêler parmi ceux qui le servent celui qui agit par un tel motif. Ainsi les princes et les Etats doivent préférer pour les emplois publics les sujets plus jaloux de bien remplir leurs devoirs que de s'élever, ceux qui, en se chargeant des affaires, les prennent en affection et qui aspirent plus au bon témoignage de leur propre conscience qu'à des succès éclatants. Enfin ils ne doivent pas confondre un homme tracassier et intrigant avec un homme dont l'activité a pour principe le désir de bien faire.

XXXVII. *Du naturel envisagé dans l'homme.*

Le naturel est souvent voilé ou déguisé, quelquefois vaincu, rarement tout-à-fait détruit. Si on lui fait violence, il revient avec plus de force quand il reprend le dessus. L'instruction et de sages préceptes peuvent modérer son impétuosité, mais l'habitude seule a le pouvoir de le changer et de le dompter. Celui qui veut vaincre son naturel ne doit s'imposer ni une trop grande ni une trop petite tâche. Dans le premier cas il se découragerait, parce que ses efforts seraient souvent impuissants, et dans le second cas il ne gagnerait pas assez sur son naturel, quoiqu'il eût souvent le dessus. Dans les commencements, pour rendre ces exercices moins pénibles, il doit employer quelques adminicules, comme une personne qui apprend à nager emploie des vessies ou des faisceaux de jonc pour se soutenir plus aisément sur l'eau. Mais au bout d'un certain temps il doit augmenter à dessein les difficultés en s'exerçant, à l'exemple des danseurs, qui pour se rendre plus agiles s'exercent avec des souliers fort pesants ; car lorsque les exercices sont plus difficiles que les actions ou les occupations ordinaires, on se perfectionne davantage et plus promptement.

Lorsque, le naturel ayant plus de force et d'énergie, la victoire est en conséquence plus difficile, il faut aller par degrés. Or, voici en quoi consiste cette graduation : 1º il faut tâcher de réprimer tout-à-fait et d'arrêter pour ainsi dire son naturel pour le moment et pendant un certain temps, à l'exemple de celui qui, lorsqu'il se sentait en colère, prononçait les vingt-quatre lettres de l'alphabet avant de rien faire ; 2º il faut modérer son naturel en lui cédant de moins en moins, comme le ferait une personne qui, voulant perdre l'habitude du vin, boirait d'abord deux coups au lieu de trois, puis un seul coup au lieu de deux, ou qui, au lieu de boire de grands coups, n'en boirait d'abord que de moyens, puis de petits, et à la fin s'abstiendrait tout-à-fait de l'usage de cette liqueur ; 3º enfin dompter tout-à-fait son naturel en ne lui cédant plus en rien. Mais si l'on avait assez de force d'âme et de constance pour s'affranchir d'un seul coup de la tyrannie de son naturel, cela vaudrait encore mieux. Le seul mortel dont l'âme ait recouvré toute sa liberté, c'est celui qui, ayant su rompre tous les liens qui la blessaient, a enfin cessé de sentir la violence qu'il s'est faite.

Il ne faut pas non plus rejeter cette antique règle qui prescrit de plier son caractère ou son esprit en sens contraire de son naturel pour le rectifier plus aisément, comme on fléchit un bâton en sens contraire de sa courbure pour le redresser, règle toutefois qu'il ne faut appliquer qu'au seul cas où cet extrême opposé n'est pas lui-même un vice.

Quand vous vous exercez pour contracter une nouvelle habitude, ne le faites point par un effort trop continu, mais prenez de temps en temps un peu de relâche ; car un peu d'interruption et de repos donne plus de vigueur et d'élan pour recommencer l'attaque ; sans compter qu'une personne qui n'est pas encore suffisamment perfectionnée dans les choses qu'elle pratique sans interruption contracte ainsi l'habitude des défauts ainsi que des perfections, inconvénient dont le plus sûr remède est d'interrompre à propos cette occupation. Cependant ne vous fiez pas trop à cette prétendue victoire sur votre naturel ; il pourra rester assez long-temps enseveli, mais la première occasion tentatrice le ressuscitera tout à coup, comme l'éprouva cette chatte dont parle Ésope dans une de ses fables, et qui, ayant été changée en femme, se tint fort décemment assise à table jusqu'au moment où elle vit courir une souris. Évitez donc avec soin ces occasions tentatrices ou tâchez de vous y accoutumer assez pour qu'elles ne fassent plus d'impression sur vous. Le naturel d'un individu se manifeste d'une manière plus sensible dans une vie privée et dans un commerce étroit, parce qu'alors, étant plus à son aise, on se montre sans affectation. Il se décèle aussi dans les violentes émotions qui font oublier toutes les règles et tous les préceptes, enfin dans une situation nouvelle et imprévue, cas où nos habitudes nous quittent.

Heureux le mortel dont la vocation s'accorde avec son naturel ! autrement il peut dire : « Mon âme a été long-temps hors de chez elle ! » En effet, quelle vie plus insupportable que celle d'un homme qui est continuellement occupé de choses qu'il n'aime point ? À l'égard des études, il faut avoir des heures fixes pour s'appliquer à celles auxquelles on n'est pas naturellement porté. Quant à celles qui vous plaisent, vous ne devez pas vous inquiéter des heures à cet égard ; vos pensées n'y voleront que trop d'elles-mêmes, et vous pourrez y employer le temps que ne réclameront ni les affaires ni des études moins agréables, mais plus nécessaires.

La nature a pour ainsi dire semé dans notre âme de bonnes et mauvaises herbes. Ainsi employons notre vie entière à cultiver les premières et à déraciner les dernières.

XXXVIII. *De l'habitude et de l'éducation.*

Les pensées des hommes dépendent de leurs inclinations et de leurs goûts ; leurs discours dépendent de leurs lumières, des maîtres qu'ils ont eus et des opinions qu'ils ont embrassées ; mais c'est l'habitude seule qui détermine leurs actions, comme l'observe judicieusement Macchiavelli, mais en appliquant cette observation à un cas de nature odieuse. En fait d'exécution, il ne faut s'en fier ni à la force du naturel ni aux plus magnifiques promesses, si tout cela n'est fortifié et comme sanctionné par l'habitude.

« Par exemple, dit-il, pour exécuter un grand attentat, soit conspiration, soit tout autre, ne vous fiez ni à la férocité naturelle de l'individu, ni à l'audace avec laquelle il l'entreprend, mais choisissez un homme qui ait déjà trempé ses mains dans le sang. » Sans doute ; mais Macchiavelli n'avait pas entendu parler du moine Jacques Clément, ni de Ravaillac, ni de Jaureguy, ni de Balthasar Gérard, ni de Guy Faux. Cependant sa règle n'en est pas moins sûre, et il n'est pas douteux que ni le naturel ni les engagements les plus sacrés n'ont un pouvoir égal à celui de l'habitude. Cependant le fanatisme seul peut rivaliser avec elle ; il a fait de nos jours tant de progrès que les assassins les plus novices qu'il inspire ne le cèdent pas aux bouchers les plus endurcis, et les vœux dictés par la superstition ont pour les sanglantes exécutions une force égale à celle de l'habitude. Mais dans tout autre cas la prépondérance de l'habitude est manifeste. Eh ! qui peut encore douter de son pouvoir lorsqu'il voit les hommes, après tant de promesses, de protestations, d'engagements formels et de grands mots, faire et refaire précisément ce qu'ils ont déjà fait, comme s'ils étaient autant d'automates et de machines montées seulement par l'habitude. Voici quelques exemples de son pouvoir tyrannique ; on voit des Indiens (je ne parle que de leurs gymnosophistes) s'asseoir tranquillement sur un bûcher et se sacrifier ainsi par le feu. On voit même les veuves se disputer l'honneur d'être brûlées avec leurs époux. Les jeunes garçons de Sparte se laissaient fouetter jusqu'au sang sur l'autel de Diane sans pousser un seul cri. Je me souviens qu'au commencement du règne de la reine Elisabeth, un rebelle d'Irlande, qui avait été condamné au gibet, fit présenter un placet au lord député pour obtenir la grâce d'être pendu avec une corde à puits (d'osier tors) et non avec une corde ordinaire, parce que la coutume de son pays, disait-il, était d'employer à cet usage celles de la première espèce. En Moscovie, certains moines durant l'hiver se plongent dans l'eau par pénitence et y demeurent jusqu'à ce qu'elle soit toute gelée autour d'eux. Or, si tel est le pouvoir de l'habitude, tâchons donc de n'en contracter que de bonnes.

Les habitudes contractées dès l'âge le plus tendre sont sans contredit les plus fortes. C'est ce que nous appelons l'éducation, qui n'est au fond qu'une habitude contractée de bonne heure. Par exemple, on sait que les enfants et les jeunes gens apprennent plus aisément les langues que ne le peuvent les hommes faits, parce que, dans les deux premiers âges, la langue plus souple se prête plus aisément aux mouvements et aux inflexions qu'exige la formation des sons articulés. Par la même raison, les membres ayant plus de souplesse et d'agilité dans les jeunes gens, leur corps se forme plus aisément à toutes sortes d'exercices et de mouvements, au lieu que ceux qui apprennent plus tard ont beaucoup plus de peine à prendre le pli. Il faut toutefois en excepter un très petit nombre d'individus, qui ont soin de laisser leur âme toujours ouverte aux nouvelles impressions et de ne point contracter d'habitude dont ils ne puissent se défaire, afin de pouvoir se perfectionner continuellement.

Or, si l'habitude a déjà tant de force dans un individu isolé, elle a un tout autre pouvoir sur ceux qui se trouvent réunis en société comme dans une armée, un collège, un couvent, etc. Dans ce dernier cas, l'exemple instruit et dirige, la société soutient et fortifie, l'émulation éveille et aiguillonne ; enfin, les honneurs élèvent l'âme ; en sorte que, dans ces lieux ou ces congrégations, la force de l'habitude est à son plus haut point, à son maximum. L'expérience prouve assez que la multiplication des vertus, dans notre espèce, est l'effet des sages institutions d'une judicieuse discipline et des sociétés bien ordonnées ; car les républiques, et en général les bons gouvernements, nourrissent les vertus déjà nées ; mais rarement ils savent les semer et les faire germer. Le malheur est qu'aujourd'hui les moyens les plus efficaces sont appliqués à des fins peu dignes de l'homme.

XXXIX. De la fortune.

Il est, comme on n'en peut douter, beaucoup de causes purement accidentelles qui peuvent mener les hommes plus rapidement à la fortune ; telles sont la faveur des grands, d'heureux hasards, la mort des autres ou les successions ; enfin, des occasions favorables aux talents ou aux vertus qui nous sont propres ; mais le plus souvent la fortune de chaque individu est dans ses mains, comme l'a dit un poète : « Chacun est l'artisan de sa propre fortune. » Mais pour désigner plus précisément la principale et la plus puissante des causes dont nous avons fait l'énumération, disons hardiment que c'est la sottise de l'un qui fait la fortune de l'autre; et l'expérience prouve en effet que le moyen le plus sûr et le plus prompt pour faire fortune est d'être toujours prêt à profiter des fautes d'autrui. Un serpent ne devient un dragon qu'après avoir dévoré un autre serpent. Les vertus éminentes et qui ont beaucoup d'éclat n'attirent que des éloges; mais il y a des vertus secrètes et cachées qui contribuent davantage à notre fortune; c'est une certaine manière élégante, délicate et aisée, de se faire valoir; genre de talent que les Espagnols expriment en partie par le mot de *desenvoltura*, ce qui signifie que, pour faire fortune, il faut avoir, non un caractère raide et difficile, mais une âme souple, versatile et toujours disposée à tourner avec la roue de cette fortune. Tite-Live, voulant donner une juste idée de Caton-le-Censeur et le bien caractériser, s'exprime ainsi à son sujet : « La vigueur d'âme et de corps était portée à tel point dans ce personnage, qu'en quelque lieu qu'il fût né il aurait fait sa fortune. » Puis il ajoute : « Il avait un génie souple et versatile. » Pour peu qu'un homme ait la vue perçante et regarde autour de lui, tôt ou tard il apercevra la fortune; car, quoiqu'elle soit aveugle, elle n'est pas invisible. Le chemin de la fortune est semblable à la voie lactée; c'est un assemblage de petites étoiles, dont chacune étant séparée des autres serait invisible, mais qui, étant réunies, répandent une lumière assez vive; et pour parler sans figures, c'est un assemblage de facultés et d'habitudes, de talents et de vertus, déliés et imperceptibles. Parmi les qualités nécessaires pour faire fortune, les Italiens en comptent quelques-unes dont on ne se douterait guère. Selon eux, pour qu'un homme ait toutes les conditions requises et soit assuré de réussir de parvenir, il faut qu'il ait un *poco di matto*, un grain de folie. En effet, il est deux qualités essentielles pour parvenir : l'une est d'avoir ce grain de folie, et l'autre de n'être pas trop honnête homme. Aussi, ceux qui sont uniquement dévoués à la patrie ou au souverain ont rarement de grands succès; car tandis qu'un homme, détournant ses regards de lui-même, les fixe sur un objet étranger à lui, il perd son chemin et ne va pas à son propre but. Une fortune très rapide rend un homme présomptueux, turbulent, et, pour user d'une expression française, entreprenant ou remuant; mais une fortune acquise avec peine augmente son habileté.

La fortune mérite nos respects et nos hommages, ne fût-ce qu'en considération de ses deux filles, la confiance et la réputation; car tels sont les deux effets que produisent les heureux succès, l'un en nous-mêmes, l'autre dans ceux avec qui nous vivons et dans leurs procédés avec nous. Les hommes prudents, pour se soustraire à l'envie à laquelle les exposent leurs talents ou leurs vertus, attribuent leurs succès à la fortune ou à la divine Providence. Par ce moyen ils jouissent en paix de leur supériorité; sans compter qu'un personnage illustre donne une plus haute idée de lui-même lorsqu'il peut persuader qu'une puissance supérieure veille sur ses destinées. C'est dans ce même esprit que César disait à son pilote dans une tempête : « Ne crains rien, mon ami, tu portes César et sa fortune; » et que Sylla préférait la qualification d'heureux ou de fortuné à celle de grand. On a observé aussi que ceux qui ont eu la présomption d'attribuer leurs succès à leur propre prudence et à leurs propres directions ont fini par être très malheureux; observation qui s'applique surtout à l'Athénien Timothée. Dans une harangue où il rendait compte de ses opérations militaires devant l'assemblée du peuple, il ajouta plusieurs fois cette remarque : « Observez, Athéniens, que la fortune n'a eu aucune part à ce succès; » depuis cette époque il fut malheureux dans toutes ses entreprises. Parmi les personnes qui ont de grands succès, il en est dont la fortune ressemble aux vers d'Homère, qui sont plus faciles et plus coulants que ceux des autres poètes, comme Plutarque l'observe dans la vie de Timoléon, en comparant la fortune de ce personnage avec celle d'Agésilas et d'Epaminondas.

XL. *De l'usure.*

Assez d'écrivains ingénieux se sont donné carrière contre l'usure et les usuriers; quoi de plus odieux, disent les uns, d'allouer au diable la dîme qui est la part de Dieu! L'usurier, disent les autres, est le plus insigne profanateur du sabbat; il travaille même le dimanche. D'autres encore disent que l'usure est ce bourdon dont parle Virgile lorsqu'il dit : « Les abeilles chassent le troupeau fainéant des bourdons. » Tel autre prétend que l'usurier enfreint continuellement la première loi que Dieu donna à l'homme après sa chute; loi conçue en ces termes : « Tu mangeras ton pain à la sueur de ton front, » et non à la sueur du front d'autrui. Tel autre encore veut que les usuriers portent le bonnet jaune, parce qu'ils judaïsent. D'autres enfin prétendent que vouloir que l'argent produise de l'argent c'est aspirer à un gain contre nature. Pour moi, tout ce que je me permettrai de dire sur ce sujet si rebattu, c'est que l'usure est une de ces concessions faites à la dureté du cœur humain et un abus qu'il faut tolérer, parce que le prêt et l'emprunt étant nécessaires à chaque instant, la plupart des hommes sont trop intéressés pour prêter sans intérêt. Quelques écrivains ont proposé de remplir le même objet, à l'aide de banques nationales, en y joignant des moyens artificiels, et par cela même suspects, pour s'assurer du véritable état de la fortune des emprunteurs; mais peu d'entre eux nous ont procuré des lumières vraiment utiles relativement à l'usure. Il est donc nécessaire de donner une espèce de tableau de ses avantages et de ses inconvénients, afin qu'on puisse démêler le bon d'avec le mauvais et se procurer l'un en évitant l'autre; mais surtout prenons garde, en voulant aller au mieux en ce genre, d'aller au pis.

Inconvénients de l'usure. 1° Elle diminue le nombre des marchands; car si l'argent n'était pas gaspillé dans ce vil agiotage, où il est comme stérile, il serait employé en marchandises et fructifierait par le commerce, qui est la veine-porte du corps politique ou le canal servant à l'importation des richesses. 2° L'usure rend les marchands plus pauvres; en effet, de même qu'un fermier ne peut faire de grandes avances à la terre ni en tirer un produit proportionnel lorsqu'il est obligé de payer une grosse rente, un marchand ne peut faire son commerce avec autant de profit et de facilité lorsqu'il est obligé d'emprunter à gros intérêts.

Le troisième inconvénient, qui n'est qu'une conséquence des deux premiers, est la diminution du produit des douanes, qui a nécessairement son flux et son reflux, correspondants et proportionnels à ceux du commerce. 4° L'usure entasse et concentre tout l'argent d'un royaume ou d'une république dans les mains d'un petit nombre de particuliers; car les gains de l'usurier étant assurés, tandis que ceux des autres (soit qu'ils commercent avec leurs propres fonds ou avec des fonds d'emprunt) sont très incertains, il est clair qu'à la fin du jeu presque tout l'argent doit rester à celui qui fournit les cartes; et l'expérience prouve qu'un État est toujours plus florissant lorsque les fonds sont plus également distribués. 5° L'usure fait baisser le prix des terres et des autres immeubles; car assez ordinairement l'argent est presque tout employé au commerce ou à la culture des terres; deux genres d'emplois auxquels l'usure fait obstacle, en attirant à elle tout l'argent. 6° En détournant du travail les citoyens, elle éteint leur industrie et diminue le nombre des inventions utiles qui tendent à la perfection de tous les arts; toutes directions que l'argent prendrait naturellement pour fructifier, s'il n'était absorbé par ce gouffre où il demeure stagnant. 7° L'usure est une sorte de vermine qui suce continuellement le plus pur sang d'une infinité de particuliers, et qui, en les épuisant, épuise à la longue l'État même.

Avantages de l'usure. 1° Quoique l'usure, à certains égards, soit nuisible au commerce, elle lui est utile à d'autres égards; car on sait que la plus grande partie du commerce se fait par des marchands, ou encore jeunes, ou en général peu avancés, qui ont souvent besoin d'emprunter à intérêt; en sorte que si l'usurier retirait ou retenait son argent, il en résulterait une stagnation dans le commerce.

En second lieu, si l'on ôtait aux particuliers cette commodité d'emprunter de l'argent à intérêts dans leurs pressants besoins, ils seraient bientôt réduits aux dernières extrémités et forcés de vendre à un très vil prix leurs biens, soit meubles, soit immeubles, ce qui les ferait tomber d'un mal insupportable dans un beaucoup plus grand; car l'usure ne fait que les miner peu à peu, au lieu que, dans le cas supposé, les prompts et gros remboursements les ruineraient d'un seul coup. Les hypothèques, ou ce qu'on appelle obligations mortes, ne remédieraient pas à ce mal ; car, ou ceux qui prêtent à hypothèque exigent qu'on leur paie des intérêts, ou bien, s'ils ne sont pas remboursés au jour préfix, ils en agissent à toute rigueur et ne font pas scrupule de se faire adjuger la confiscation. Je me rappelle ce que disait à ce sujet un campagnard très riche et très avare : « Maudits soient, disait-il, ces usuriers ! ils nous enlèvent tous les profits que nous faisions par les emprunts sur gages, ou avec obligation, quand les débiteurs ne satisfaisaient pas à leurs engagements. » Quant au troisième et dernier avantage de l'usure, c'est se repaître de chimères que d'espérer qu'on puisse jamais imaginer des dispositions dont l'effet soit de rendre plus fréquents les prêts sans intérêt ; et si l'on se déterminait à défendre aux prêteurs, par une loi expresse, de tirer l'intérêt de l'argent prêté, il en résulterait une infinité d'inconvénients. Ainsi, ne parlons point d'abolir l'usure, tous les Etats, monarchiques ou républicains, l'ayant tolérée, soit en fixant le taux de l'intérêt, soit autrement. Une telle idée doit être renvoyée à l'Utopie de Morus.

Parlons actuellement de la manière de modérer et de régler l'usure, je veux dire des moyens par lesquels on peut en éviter les inconvénients sans en perdre les avantages. Il me semble qu'en balançant judicieusement les uns avec les autres, il n'est pas impossible de s'assurer de deux avantages principaux : l'un de limer les dents de l'usure, afin que, malgré son avidité, elle morde un peu moins ; l'autre de procurer aux hommes très pécunieux des facilités et des avantages qui les invitent à prêter leur argent à des négociants, ce qui contribuerait à entretenir et à animer le commerce ; double objet qu'on ne peut remplir qu'en fixant deux taux différents pour l'intérêt de l'argent, l'un plus bas, et l'autre plus haut. Car s'il n'y avait qu'un seul taux et un peu bas, ce réglement soulagerait un peu les emprunteurs ; mais alors les marchands auraient peine à trouver de l'argent ; sans compter que la profession de commerçant étant la plus lucrative de toutes, elle peut en conséquence supporter des emprunts à un denier plus haut. Voici ce qu'il faut faire pour concilier et réunir tous les avantages : qu'il y ait, comme nous venons de le dire, deux taux, l'un pour l'usure libre et permise à tous les sujets ou citoyens sans exception ; l'autre pour l'usure permise seulement à certaines personnes et en certains lieux où il y a un grand commerce. Ainsi, que le taux de l'usure généralement permise soit réduit à cinq pour cent ; que ce taux soit rendu public par un édit et une déclaration portant que les prêts à cet intérêt sont libres pour tout le monde. En conséquence, que le prince ou la république renonce à toute amende exigée de ceux qui se contenteront de ce léger bénéfice ; par ce moyen, les emprunts seront plus faciles et ce sera un grand soulagement pour les campagnes. Ce même réglement contribuera aussi beaucoup à hausser le prix, à augmenter la valeur relative des terres ; car la rente des terres étant actuellement en Angleterre à six pour cent, elle excédera par conséquent le taux de l'intérêt fixé à cinq pour cent. L'effet de cette même disposition sera d'encourager l'industrie et tous les arts tendant à perfectionner les choses utiles ; car alors le plus grand nombre de ceux qui auront des fonds aimeront mieux les employer de cette manière, afin d'en tirer un profit supérieur à ce taux de l'intérêt, surtout ceux qui sont accoutumés à de plus grands profits. De plus, qu'on permette à des personnes désignées de prêter de l'argent à des marchands connus, mais à un intérêt plus haut que celui qui est fixé pour le plus grand nombre ; cependant que ce soit aux conditions suivantes : 1º que l'intérêt même pour le marchand soit un peu moins haut que celui qu'il payait auparavant. Moyennant cette double disposition, tous les emprunteurs, marchands ou autres, auront un soulagement ; bien entendu que ces prêts ne se feront point par le moyen d'une banque ou tout autre fonds public, que chacun au contraire reste maître de son argent ; non que je désapprouve entièrement ces banques, mais parce que le public y prend difficilement confiance. Que le prince ou la république exige quelque rétribution pour les permissions qu'on accordera, et que le surplus du bénéfice reste tout entier au prêteur. Si ce droit ne diminue que très peu son profit, il ne suffira pas pour le décourager ; car celui, par exemple, qui auparavant prêtait ordinairement à dix ou neuf pour cent se contentera de huit plutôt que d'abandonner le métier et de quitter des gains assurés pour des gains incertains. Le nombre de ceux auxquels on accordera la permission de prêter ne doit pas être limité, mais on ne l'accordera qu'aux villes où le commerce fleurit. Moyennant cette restriction, des particuliers ne pourront abuser de leur permission pour prêter l'argent d'autrui au lieu du leur, et le taux de neuf pour cent, fixé pour les personnes qui auront des permissions particulières, n'empêchera pas les prêts au taux courant de cinq pour cent, vu que personne n'aime à envoyer son argent fort loin de sa résidence ni à le mettre entre des mains inconnues.

Si on m'objecte que ce que je viens de dire autorise en quelque manière l'usure qui auparavant n'était permise qu'en certains lieux, je réponds qu'il vaut beaucoup mieux permettre une usure ouverte et déclarée que de souffrir tous les ravages que fait l'usure lorsqu'elle est secrète, par la connivence de ceux qui la font avec ceux qui en ont besoin, ou qui, obligés par état à la punir, la favorisent.

XLI. *De la jeunesse et de la vieillesse.*

Un homme peut être jeune par le nombre d'années qu'il a vécu et être déjà vieux par l'emploi de ses heures, s'il n'a pas perdu son temps; mais c'est ce qui arrive rarement. Généralement parlant, la jeunesse ressemble aux premières pensées, qui sont ordinairement moins sages que les secondes; car les pensées ont leur jeunesse ainsi que les individus. La jeunesse est naturellement plus inventive que la vieillesse; elle est plus féconde en conceptions vives, qu'on serait quelquefois tenté de prendre pour des inspirations divines. Les hommes qui ont une âme toute de feu et fréquemment agitée par de violents désirs ne sont mûrs pour l'action qu'après avoir pour ainsi dire dépassé le méridien (le midi ou l'été) de la vie. Tels furent Jules-César et Septime-Sévère; la jeunesse du dernier, disent les historiens, fut livrée à des égarements et même à des passions violentes et qui tenaient de la fureur; il n'en fut pas moins un des hommes les plus dignes du souverain commandement. Mais un personnage d'un caractère plus paisible, plus serein et plus reposé, peut se distinguer et faire de grandes choses dès sa jeunesse. Nous en voyons des exemples dans Auguste, Côme de Médicis, Gaston de Foix et quelques autres. Un homme d'un âge mûr, qui a le feu et la vivacité de la jeunesse, est très bien constitué pour les affaires. La jeunesse a plus d'aptitude pour l'invention que pour le jugement et le raisonnement, pour l'exécution que pour les délibérations, et pour les nouveaux projets que pour les choses déjà établies. Car l'expérience des personnes d'un âge mûr est pour elles un guide très sûr dans tous les cas auxquels cette expérience peut s'appliquer; mais dans tous les cas nouveaux elle les abuse et alors elle les égare ou les arrête. Les erreurs des jeunes gens ruinent ordinairement les affaires; celles des vieillards y nuisent aussi, et ils manquent le but en ne faisant pas assez ou assez tôt. Les jeunes gens embrassent plus qu'ils ne peuvent étreindre; ils savent exciter des mouvements qu'ils ne savent pas arrêter; ils volent au but sans considérer la nécessité de peser, de choisir, de modérer et de graduer les moyens. Ils suivent en aveugles un petit nombre de principes hasardés. Ils se précipitent dans des nouveautés d'où naissent des inconvénients qu'ils n'ont pas su prévoir. Ils tentent les remèdes extrêmes dès le commencement, et, ce qui double toutes leurs fautes, ils ne veulent jamais en convenir ni travailler à les réparer; semblables à un cheval fougueux qui ne veut ni tourner ni arrêter. Les vieillards font trop d'objections, perdent trop de temps à délibérer, n'osent pas assez, chancellent et se repentent avant d'avoir failli; rarement ils vont jusqu'au bout, et ils se contentent presque toujours d'un succès médiocre. Le plus sûr moyen serait de combiner ensemble les deux âges. Moyennant cette combinaison, dans le présent les vertus et les talents propres à chacun des deux âges remédieraient aux vices et aux défauts de l'autre; et quant à l'avenir, les jeunes gens apprendraient mieux leur rôle, quand les vieillards même seraient acteurs. Enfin, cette judicieuse combinaison produirait aussi d'heureux effets au dehors; car si la vieillesse a pour elle l'autorité, la jeunesse a pour elle la faveur du grand nombre. Dans les jeunes gens la morale vaut mieux, et les vieillards l'emportent par la prudence et la politique. Un certain rabbin, considérant ce texte de l'Écriture-Sainte : « Vos jeunes gens auront des visions et vos vieillards n'auront que des songes, » en inférait que les jeunes gens étaient admis plus près de la Divinité que les vieillards, par la raison, pensait-il, qu'une vision est une révélation plus claire et plus manifeste qu'un songe. Plus on s'est abreuvé de ce monde, plus on est empoisonné, et la vieillesse perfectionne plus les facultés intellectuelles qu'elle ne rectifie les désirs et la volonté. Certains esprits qui mûrissent avant le temps perdent de bonne heure toute leur sève; ce sont des esprits qui, étant trop aigus, s'émoussent aisément. Tel fut celui du rhéteur Hermogène, qui, après avoir composé des livres d'une excessive subtilité, tomba de bonne heure dans une sorte d'imbécillité. On peut ranger dans la même classe ceux qui ont des talents et des facultés plus convenables à la jeunesse qu'à l'âge mûr, par exemple une éloquence facile, abondante et fleurie; c'est une remarque que fait Cicéron touchant la manière oratoire d'Hortensius : « Il demeurait toujours le même, dit-il, mais les mêmes choses ne lui convenaient plus. » Il en faut dire autant de ceux qui, ayant pris au commencement un essor trop élevé, se trouvent ensuite comme accablés du poids de leur propre grandeur; tel fut Scipion l'Africain, sur lequel Tite-Live fait cette remarque : « Ses dernières années ne répondaient point aux premières. »

XLII. *De la beauté.*

La vertu, semblable à un diamant d'une belle eau, qui a plus de jeu lorsqu'il est mis en œuvre avec élégance et sans ornements, figure aussi beaucoup mieux dans un corps bien proportionné, mais qui a plutôt un air de dignité qui imprime le respect qu'une beauté délicate et efféminée qui plaise simplement aux yeux. Rarement les très belles personnes ont un mérite transcendant. Il semble que la nature en les formant ait été plus jalouse de composer un tout régulier qu'un tout d'une sublime perfection. Aussi assez ordinairement sont-elles plutôt sans défaut que distinguées par un génie supérieur ou une âme très élevée, et plus jalouses de briller par les agréments extérieurs que d'acquérir un mérite réel. Mais cette règle ne laisse pas d'avoir des exceptions, entre autres César-Auguste, Titus-Vespasien, Philippe IV, roi de France (surnommé le Bel); Edouard IV, roi d'Angleterre; l'Athénien Alcibiades; Imaël, sophi de Perse; tous personnages qui eurent une âme grande et élevée quoiqu'ils fussent les plus beaux hommes de leur temps. En fait de beauté, on préfère des formes gracieuses à un beau teint et la grâce dans les mouvements du visage et de tout le corps à celle même des formes. Ainsi ce qu'il y a de plus séduisant dans la beauté, la peinture ne peut l'exprimer. Elle n'est pas non plus en état de rendre cet air animé d'une personne vivante ni cette vive impression qu'elle fait à la première vue. Il n'est point de belle personne qui, envisagée en totalité, soit absolument sans défaut. Il serait difficile de dire lequel fut le plus extravagant d'Apelles et d'Albert Durer, dont l'un voulait composer une beauté idéale et parfaite à l'aide de proportions géométriques, et l'autre en réunissant toutes les plus belles parties qu'il aurait pu trouver en différents visages.

De telles beautés, je pense, ne plairaient qu'au peintre qui les aurait composées, et je ne crois pas que jamais peintre puisse composer un visage idéal plus beau que tous les visages réels, ou, s'il y réussit, ce sera tout au plus par un heureux hasard, à peu près comme un musicien compose un très bel air sans autre règle que le sentiment et le goût. Pour peu qu'on y fasse attention, on trouvera beaucoup de visages dont les parties, prises une à une, ne sont rien moins que belles, et dont l'ensemble ne laisse pas d'être agréable. S'il est vrai que l'élément le plus essentiel de la beauté soit la grâce des mouvements, comme nous le disions plus haut, il serait moins étonnant de voir des personnes qui dans un âge mûr sont plus agréables que de jeunes personnes; ce qui est conforme à ce mot d'Euripide : « L'automne des belles personnes est encore beau. » Car les jeunes personnes ne peuvent observer en tout les convenances aussi bien que les personnes mûres; les grâces qu'on leur trouve viennent en partie de ce que leur jeunesse même leur sert d'excuse. La beauté ressemble à ces premiers fruits de l'été qui se corrompent aisément et ne sont point de garde. Les fruits les plus ordinaires de la beauté sont le libertinage dans la jeunesse et le repentir dans la vieillesse. Cependant, lorsqu'elle est ce qu'elle doit être, elle fait briller les vertus et rougir les vices.

XLIII. *De la laideur et de la difformité.*

Les personnes laides ou difformes sont ordinairement au pair avec la nature ; elle les a maltraitées, elles la maltraitent à leur tour et lui rendent le change ; car assez ordinairement, comme le dit l'Ecriture même, elles n'ont point de naturel. Il est certain qu'il y a une corrélation naturelle entre le corps et l'âme ; et lorsque la nature a erré dans l'un, il est à craindre qu'elle n'ait aussi erré dans l'autre. Mais l'homme ayant la liberté du choix par rapport à la forme de son âme, quoiqu'il soit nécessité relativement à celle de son corps, les inclinations naturelles peuvent être effacées par la vive lumière de la science et de la vertu, comme la faible lueur des étoiles l'est par l'éclat du soleil. On ne doit donc pas regarder la laideur ou la difformité comme un signe assuré d'un mauvais naturel, mais seulement comme une cause qui manque rarement son effet. Quiconque se connaît un défaut personnel qu'il ne peut s'ôter, et qui l'expose sans cesse au mépris, a par cela même un aiguillon qui l'excite continuellement à faire des efforts pour se garantir de ce mépris. Aussi les personnes laides sont-elles ordinairement très hardies, d'abord pour leur propre défense, puis par habitude, cette même cause les rendant aussi plus intelligentes et leur donnant surtout une vue perçante pour découvrir les défauts des autres, afin d'avoir autant de prise sur eux et de prendre leur revanche. De plus, leur difformité même les garantit de la jalousie des personnes qui ont sur elles un avantage naturel à cet égard, et qui s'imaginent qu'elles seront toujours à même de les mépriser quand elles le voudront. Leur désavantage naturel endort leurs rivaux et leurs émules, qui les croient dans l'impossibilité de s'élever jusqu'à un certain point, et qui ne sont bien persuadés du contraire qu'au moment où ils les voient en possession d'un poste élevé. Ainsi la difformité est dans un génie supérieur un moyen pour s'élever et un avantage réel. Les rois avaient autrefois et ont encore aujourd'hui, dans certains pays, beaucoup de confiance aux eunuques, parce que les individus souvent exposés au mépris général ont ordinairement plus de fidélité pour celui qui est leur unique défense ; mais cette confiance qu'on a pour eux ne se rapporte qu'à de viles fonctions ; on les regarde **plutôt comme de bons espions et d'adroits rapporteurs que comme des ministres** d'une grande capacité ou de bons officiers. Il en est de même des personnes laides, et, par la même raison, par la raison, dis-je, que nous avons déjà exposée, parce que, lorsqu'elles ont de l'âme et du ressort, elles n'épargnent aucun soin pour se délivrer du mépris, soit par la vertu, soit par le crime. Ainsi il n'est pas étonnant que ces personnes disgraciées par la nature deviennent quelquefois de grands hommes, comme Agésilas, Zongir (Zéhangir), fils de Soliman, Esope, Guasca, président du Pérou ; personnages auxquels on pourrait peut-être ajouter Socrate ainsi que beaucoup d'autres.

XLIV. *Des négociations ou de l'art de traiter les affaires.*

Généralement parlant, il vaut mieux traiter verbalement que par lettres et par des personnes tierces que par soi-même. Les lettres sont bonnes lorsqu'on veut s'attirer et se procurer une réponse par écrit, ou lorsqu'on se propose de représenter en temps et lieu, pour se justifier, ses propres lettres dont on aura gardé copie, ou enfin lorsqu'on peut craindre d'être interrompu dans une conversation pour affaires, ou en partie entendu par d'autres. Au contraire, toute personne qui a un extérieur avantageux et imposant, ou qui veut traiter avec son inférieur doit négocier verbalement et parler elle-même. On doit encore traiter de cette manière lorsqu'on veut laisser lire dans ses yeux et seulement deviner ce qu'on ne veut pas dire, ou lorsqu'on veut se réserver la liberté de désavouer ou d'interpréter ce qu'on aura avancé.

Si vous négociez à l'aide d'un tiers, choisissez plutôt une personne d'un caractère droit et d'un esprit ordinaire, qui suivra exactement les ordres qu'elle aura reçus et vous rendra fidèlement tout ce qu'elle aura vu ou entendu, qu'une de ces personnes adroites qui, en se mêlant des affaires d'autrui, savent s'en attirer l'honneur ou le profit, et qui, en rapportant une réponse, y ajoutent toujours du leur pour vous contenter et se faire valoir elles-mêmes. Ayez soin aussi de choisir par préférence des personnes qui souhaitent vivement le succès de l'affaire dont vous les chargez ; ce désir les rendra plus actives et plus intelligentes ; préférez aussi des personnes dont le caractère et le tour d'esprit aient du rapport avec l'affaire dont vous les chargez; par exemple, un homme qui ait de l'audace, pour faire des plaintes ou des reproches; un homme insinuant, pour persuader; un homme fin, pour faire des observations et des découvertes; enfin, un homme brusque, entier et intraitable, pour une affaire qui a quelque chose d'injuste et de déraisonnable. Employez encore par préférence ceux qui ont déjà réussi dans les affaires dont vous les avez chargés; ils auront plus de confiance en leur propre habileté; ils compteront davantage sur eux mêmes, et feront tout leur possible pour soutenir l'opinion que leurs premiers succès vous auront donnée de leur capacité. Il vaut mieux sonder de loin celui à qui vous avez affaire que d'entrer en matière tout d'un coup, à moins que votre dessein ne soit de le surprendre par une question imprévue. Il vaut mieux aussi traiter avec ceux qui aspirent à quelque chose et qui sont encore en appétit qu'avec ceux qui, ayant déjà obtenu tout ce qu'ils désiraient, sont contents de leur situation et ont pour ainsi dire déjà dîné. Dans un traité où les demandes sont réciproques, celui qui obtient le premier ce qu'il souhaite a presque gagné la partie, avantage auquel il ne peut raisonnablement prétendre, si la nature de l'affaire n'est telle que sa demande doive passer la première, et s'il n'a l'adresse de persuader à la personne avec laquelle il négocie qu'elle aura besoin de lui dans une autre occasion, ou enfin s'il n'a une entière confiance en sa probité. Le but de toutes les négociations est de découvrir ou d'obtenir quelque chose. Les hommes se découvrent, ou par confiance, ou par colère, ou par surprise, ou par nécessité, je veux dire lorsqu'on les serre d'assez près pour les mettre dans l'impuissance de trouver des prétextes et d'aller à leurs fins sans se découvrir et sans se laisser pénétrer. Pour subjuguer un homme, il faut connaître son naturel et ses goûts; pour le persuader, savoir à quel but il vise; enfin, pour l'intimider, connaître ses faibles et les prises qu'il donne, ou enfin il faut tâcher de gagner ses amis et les personnes qui ont le plus de pouvoir sur son esprit, afin de le gouverner par cette voie. Lorsqu'on négocie avec des personnes rusées et artificieuses, il faut, pour saisir le véritable sens de leurs discours, avoir toujours l'œil fixé sur leur but. Il faut parler très peu avec elles, et leur dire ce à quoi ils s'attendent le moins; mais, dans toutes les négociations un peu difficiles il ne faut pas vouloir semer et moissonner en même temps, et on doit avoir soin de préparer les affaires et de les conduire par degrés à leur point de maturité.

XLV. *Des clients et des amis d'un ordre inférieur.*

Tâchez de vous débarrasser des clients trop coûteux, car quelquefois en voulant trop allonger sa queue on raccourcit ses ailes; et par clients coûteux j'entends non-seulement ceux qui vous jettent dans de grandes dépenses, mais encore ceux qui par de trop fréquentes sollicitations vous mettent trop en frais à cet égard. Tout ce que les clients ordinaires peuvent exiger de leurs patrons, c'est l'appui, la recommandation et la protection dont ils peuvent avoir besoin. Il faut éviter avec plus de soin encore les hommes d'un caractère inquiet et turbulent qui s'attachent à vous moins par affection pour votre personne que par haine contre quelque autre dont ils sont mécontents; car telle est une des principales causes de cette mésintelligence qu'on voit si souvent régner entre les grands. Il en faut dire autant de ces clients pleins de vanité qui vantent à grand bruit leurs patrons et se font leurs trompettes; ils ruinent toutes les affaires par leurs indiscrétions, et, en échange de l'honneur qu'ils tirent de leurs liaisons avec vous, ils vous suscitent une infinité d'envieux et d'ennemis. Il est une autre espèce de clients encore plus dangereuse; je veux parler de certains hommes excessivement curieux, qu'on peut regarder comme de vrais espions et qui cherchent continuellement à pénétrer les secrets d'une maison pour les porter dans une autre. Ils sont ordinairement en faveur, parce qu'ils paraissent officieux et rapportent des deux côtés. Que les subalternes s'attachent à leurs supérieurs dans la même profession, par exemple les soldats aux officiers et les officiers aux généraux sous lesquels ils ont servi; une telle conduite est louable et généralement approuvée, même dans les monarchies, pourvu qu'il n'y entre point de faste ni d'affectation de popularité. Mais de toutes les manières d'acquérir des clients, la plus honorable et la plus juste, c'est de faire profession d'honorer et de protéger les hommes de mérite, de quelque ordre ou condition qu'ils puissent être. Cependant, lorsque la différence à cet égard n'est pas très sensible, il vaut mieux avoir pour clients des hommes d'un mérite un peu au-dessus du commun que des hommes d'un mérite supérieur; et s'il faut dire la vérité tout entière, dans un temps de corruption un homme très actif est d'un meilleur service qu'un homme vertueux.

Dans le gouvernement d'un Etat, il est bon que le traitement ordinaire soit à peu près égal pour toutes les personnes du même rang; car, en témoignant aux uns une préférence trop marquée on les rend insolents et on mécontente les autres. Mais en dispensant les grâces et les faveurs, on doit le faire avec choix et distinction, ce qui rend les personnes favorisées plus reconnaissantes et les autres plus empressées, parce qu'alors c'est, comme nous venons de le dire, une faveur et non une chose due. Cependant il ne faut pas d'abord trop favoriser un même homme, parce qu'il serait impossible de continuer à le faire dans la même proportion, ce qui le rendrait à la fin insensible à toutes les faveurs qu'il recevrait. Il est dangereux de se laisser gouverner par une seule personne, ce qui est un signe de faiblesse et donne prise à la médisance; car tel qui n'oserait vous censurer directement ne manquera pas de médire de celui qui vous conduit, et votre réputation en souffrira. Cependant il est encore plus dangereux de se livrer à plusieurs personnes à la fois. Par cette excessive facilité l'on devient inconstant et sujet à se déterminer d'après la dernière impression. Prendre conseil d'un petit nombre d'amis est une conduite aussi honorable que prudente; car celui qui regarde le jeu, voit mieux que celui qui joue. La véritable amitié est fort rare en ce monde, surtout entre égaux; c'est pourtant celle qui a été le plus célébrée. Si cette sublime amitié existe, c'est seulement entre le supérieur et l'inférieur, parce que la fortune de l'un dépend de l'autre.

XLVI. *Des solliciteurs et des postulants.*

Dans la multitude immense des affaires, il est beaucoup de projets et de prétentions injustes; et trop souvent les brigues des particuliers nuisent à l'intérêt public. Il est aussi beaucoup de choses, bonnes en elles-mêmes, qu'on entreprend avec de mauvaises intentions; non-seulement avec des vues injustes par rapport au but, mais avec beaucoup de mauvaise foi par rapport au succès, et qu'on commence sans avoir la moindre envie de les finir; vous trouvez assez de gens qui se chargent de vos demandes et qui promettent de vous servir avec ardeur, sans se soucier d'effectuer leur promesse. Cependant, s'ils s'aperçoivent que l'affaire est près de réussir par un autre, ils voudront avoir part au succès; ils trouveront moyen de vous persuader qu'ils y ont contribué; ils se mettront au second rang parmi ceux que vous récompenserez. Enfin, tandis que l'affaire sera pendante, ils tireront parti des espérances du postulant ou du solliciteur. Il est aussi des personnes qui se chargent de vos affaires dans la seule vue de croiser quelque autre, ou pour s'instruire en passant de telle chose dont elles ne peuvent être informées que par ce moyen, sans se soucier de ce que deviendra l'affaire et en ne visant qu'à leur but particulier, ou à qui en général les affaires d'autrui servent de moyen pour faire leurs propres affaires, de point pour aller à leur propre but. Il en est même qui se chargent de solliciter pour vous, dans le dessein formel de vous faire échouer, pour rendre un bon office à votre partie adverse, à votre compétiteur ou à votre ennemi déclaré.

Si on y fait bien attention, on reconnaîtra que, dans toute demande ou pétition, il y a toujours une sorte de droit à considérer, savoir: un droit d'équité si c'est une demande de justice, et un droit de mérite si c'est une demande de grâces. Dans le premier cas, si votre inclination vous porte à favoriser la partie qui a tort, servez-vous plutôt de votre crédit pour accommoder l'affaire que pour l'emporter. Dans le second cas, si vous penchez pour celui qui a le moins de mérite, abstenez-vous du moins de médire du plus digne et de le déprimer. Lorsque vous n'êtes pas bien au fait de certaines demandes, rapportez-vous-en sur ce sujet au jugement de quelque ami sûr et intelligent qui vous instruise de ce que vous pouvez faire avec honneur; mais il faut alors bien de la prudence et du discernement pour le choix d'un ami qui mérite une telle confiance, autrement vous courez risque d'être trompé sur tout et mené par le nez. Aujourd'hui les solliciteurs et les postulants sont si sujets à essuyer des délais et des renvois perpétuels, qu'un procédé franc et ouvert, soit en refusant d'abord nettement de se charger de l'affaire, soit en ne leur faisant point illusion par rapport au succès, en leur disant naturellement l'état où elle se trouve, et en n'exigeant pas d'eux plus de reconnaissance qu'on n'en a mérité de leur part; que cette sincérité, dis-je, est devenue non-seulement louable et juste, mais très agréable aux parties et que c'est leur rendre un vrai service. Quant aux demandes de grâces, la diligence de celui dont la demande prévient celles de tous les autres ne serait pas une raison suffisante pour le préférer; cependant, si l'on tirait de lui des lumières qu'on n'aurait pu se procurer par le moyen de tout autre, il ne faudrait pas non plus se prévaloir contre lui de sa confiance, mais du moins trouver bon qu'il tirât parti de ses autres moyens, et même lui tenir un peu compte, soit de sa diligence, soit des connaissances qu'on aurait tirées de lui. Ignorer la valeur de ce que l'on demande est un signe d'inexpérience et d'impéritie, comme en ignorer la justice ou l'injustice est le signe d'une conscience peu délicate. Un profond secret sur les demandes qu'on veut faire est un des plus sûrs moyens pour réussir; car, quoique l'on puisse décourager tel de ses compétiteurs en manifestant ouvertement ses espérances bien fondées, cependant cette publicité ne laisse pas d'en susciter d'autres et de les enhardir à se mettre sur les rangs. L'essentiel, pour obtenir une grâce, est de saisir les occasions, non-seulement par rapport à ceux qui ont le pouvoir de les accorder ou de les refuser, mais encore à l'égard de ceux qui sont disposés à entrer en concurrence avec vous ou à vous traverser par tout autre motif.

Dans le choix de la personne que vous voulez charger du soin de vos affaires, ayez plutôt égard à l'aptitude et à la convenance par rapport à ces affaires mêmes, qu'au rang et à la dignité. Par la même raison, choisissez plutôt l'homme qui se mêle de peu d'affaires, que celui qui veut les embrasser toutes. Quelquefois le dédommagement qu'on vous accorde, après vous avoir fait essuyer un refus, vaut mieux que ce qu'on vous a refusé, pourvu toutefois que vous ne paraissiez pas trop découragé ou trop mécontent. « Demandez une chose injuste pour obtenir plus aisément une chose juste. » Cette maxime peut être fort utile à un homme qui jouit d'une haute faveur; dans tout autre cas, il vaudrait mieux graduer ses demandes, afin de parvenir par degrés à ce qu'on souhaite, et obtenir toujours quelque chose en attendant; car, tel qui aura d'abord couru le risque de perdre par un premier refus l'affection du suppliant, ne voudra pas ensuite s'exposer par un nouveau refus à l'éloigner pour toujours, et à perdre ainsi le fruit des grâces qu'il lui aura déjà accordées. Rien en apparence ne coûte moins à un personnage éminent que des lettres de recommandation, et il semble qu'il ne puisse honnêtement les refuser. Cependant, lorsqu'elles sont prodiguées à des hommes qui les méritent peu, elles nuisent beaucoup à la réputation de celui qui les a accordées. Rien n'est plus dangereux dans un pays que ces solliciteurs banaux des affaires d'autrui qui excellent à donner aux prétentions du premier venu une apparence de droit et d'équité; c'est un talent funeste aux affaires publiques et un vrai fléau dans un État.

XLVII. *Des études.*

Les études sont pour l'esprit une source d'amusement, d'ornement et d'habileté. Une source d'amusement, dans la retraite et la solitude; une source d'ornement, dans les entretiens particuliers et les discours publics; enfin une source d'habileté, dans la vie active où elles mettent en état de faire des observations et des dispositions judicieuses. Un homme instruit par la seule expérience est plus propre pour l'exécution, et même pour juger en détail des personnes et des choses prises une à une; mais un homme instruit par l'étude l'emporte sur lui pour les vues générales et la direction principale des affaires. Employer trop de temps à l'étude n'est qu'une paresse décorée d'un beau nom; prodiguer à tout propos les ornements qu'on peut tirer de ses études n'est qu'une affectation; ne juger des hommes et des choses que d'après les règles tirées des livres est une méthode qui ne convient qu'à un scolastique et à un pédant. Les lettres perfectionnent la nature, et sont elles-mêmes perfectionnées par l'expérience, les talents naturels, ainsi que les plantes, ayant besoin de culture; mais les directions qu'on en tire sont trop générales et trop vagues si elles ne sont limitées et déterminées par l'expérience. Les intrigants méprisent les lettres, les simples se contentent de les admirer, les sages savent en tirer parti; car les lettres seules sont insuffisantes et ne suffisent pas même pour nous apprendre à bien user des lettres. Ce qui peut nous apprendre à en faire un bon usage, c'est une certaine prudence qui n'est pas en elles, qui est au-dessous d'elles et qu'on ne peut acquérir que par l'expérience ou l'observation. Quand vous lisez un ouvrage, que ce ne soit ni pour contredire l'auteur et le réfuter, ni pour adopter sans examen ses opinions et le croire sur sa parole, ni pour briller dans les conversations; mais pour apprendre à réfléchir, à penser, à examiner, à peser et ce que dit l'auteur et tout le reste. Il y a des livres dont il faut seulement goûter, d'autres qu'il faut dévorer, d'autres enfin, mais en petit nombre, qu'il faut pour ainsi dire mâcher et digérer. Je veux dire qu'il y a des livres dont il ne faut lire que certaines parties; d'autres qu'il faut lire tout entiers, mais rapidement et sans les éplucher; enfin, un petit nombre d'autres qu'il faut lire et relire avec une extrême application. Il en est aussi qu'on peut lire, en quelque manière, par députés et en en faisant faire des extraits par d'autres. Bien entendu qu'on ne lira ainsi que ceux qui traitent des sujets peu importants ou qui ont été écrits par des auteurs médiocres. Dans tout autre cas, ces livres ainsi distillés sont aussi insipides que ces eaux distillées qu'on trouve dans le commerce. La lecture donne à l'esprit de l'abondance et de la fécondité; la conversation, de la prestesse et de la facilité; enfin, l'habitude d'écrire, de la justesse et de l'exactitude. Tout homme qui est paresseux à écrire a besoin d'une grande mémoire pour y suppléer; celui qui converse rarement ne peut y suppléer que par une grande vivacité naturelle d'esprit; enfin, celui qui lit peu a besoin d'une grande adresse pour paraître savoir ce qu'il ignore. Les différents genres d'ouvrages produisent sur ceux qui les lisent des effets analogues à ces genres. L'histoire rend un homme plus prudent, la poésie le rend plus spirituel, les mathématiques plus pénétrant, la philosophie naturelle (la physique) plus profond, la morale plus sérieux et plus réglé, la rhétorique et la dialectique plus contentieux et plus fort dans la dispute. En un mot, les études se changent en mœurs (ou passent dans les mœurs). Je dirai plus, il n'est point dans l'esprit de vice ou de défaut qu'on ne puisse corriger par des études bien appropriées à ce but, comme on peut prévenir (guérir ou pallier) les maladies proprement dites par des exercices convenables. Par exemple, jouer à la boule est un remède ou un préservatif pour la gravelle et les maux de reins; tirer de l'arc en est un pour la pulmonie et les maux de poitrine; la promenade est salutaire à l'estomac, l'équitation au cerveau, etc. De même un homme dont l'esprit est sujet à beaucoup d'écarts et a peine à se fixer doit s'appliquer aux mathématiques; car pour peu qu'en lisant ou en écoutant une démonstration de ce genre on ait un moment de distraction, il faut tout recommencer. S'il est confus et peu exact dans ses distinctions, qu'il étudie les scolastiques, hommes doués d'un merveilleux talent pour couper en quatre un grain de millet; s'il a peu de disposition naturelle à discuter les matières, à fouiller dans les livres ou dans sa mémoire pour établir ou éclaircir un point à l'aide d'un autre, qu'il se familiarise avec les cas des jurisconsultes. Ainsi, l'étude peut fournir des remèdes spécifiques et propres à chaque vice ou défaut dont l'esprit est susceptible.

XLVIII. *Des factions et des partis.*

Plusieurs politiques ont avancé une opinion qui nous paraît dénuée de fondement; selon eux, un prince dans le gouvernement de ses États, ou un grand dans la conduite de ses affaires, doit surtout avoir égard aux factions qui se forment près de lui. Si nous devons les en croire, c'est la partie la plus essentielle de la politique. Il me semble au contraire que la vraie prudence consiste à s'occuper plutôt des intérêts communs et à préférer les dispositions et les institutions sur lesquelles les différents partis sont d'accord. Je ne dis pas toutefois que ces factions ne doivent jamais être prises en considération. Les personnes d'un ordre inférieur qui veulent s'élever doivent s'attacher à un parti; mais le plan le plus sage pour les grands et autres personnes qui sont déjà par elles-mêmes assez puissantes, c'est de demeurer neutres et de garder l'équilibre en ne penchant ni d'un côté ni de l'autre. Cependant, si un homme qui n'est pas encore très avancé et qui s'est attaché à un parti le sert avec assez de modération et de ménagement pour ne pas se rendre odieux à l'autre, il se fraie un chemin plus facile en passant pour ainsi dire entre les deux factions. La faction la plus faible a ordinairement plus d'accord, de constance et d'unité ; et l'on observe presque toujours qu'une faction composée d'un petit nombre d'hommes résolus et opiniâtres l'emporte sur une faction plus nombreuse et plus modérée. Quand l'une des deux factions est éteinte, l'autre se divise en deux factions nouvelles ; par exemples, tant que la faction de Lucullus et des premiers du sénat put se soutenir contre celle de César et de Pompée, ces deux derniers furent étroitement unis ; mais lorsque l'autorité du sénat fut entièrement ruinée, la seconde faction se divisa. Il en fut de même de la faction d'Antoine et d'Octave contre Brutus et Cassius ; dès que celle-ci fut abattue, Octave et Antoine rompirent ensemble. Ces exemples se rapportent directement aux factions qui se font une guerre ouverte ; mais il en est de même de toutes les factions possibles, quelle que soit leur manière de lutter. Celui qui n'était que le second dans un parti devient quelquefois le premier quand ce parti se divise ; quelquefois aussi il perd entièrement son crédit ; car certains hommes ne sont bons que pour la lutte, et dès que cette lutte cesse ils deviennent inutiles. On voit aussi assez d'hommes qui, une fois parvenus au poste auquel ils aspiraient, abandonnent le parti même qui les a aidés à s'élever et s'attachent au parti opposé ; selon toute apparence, se croyant assurés de conserver leurs anciens partisans, ils tâchent d'augmenter leur influence en se faisant de nouveaux amis. On observe aussi assez souvent qu'un traître, en changeant à propos de parti, s'élève plus vite ; car, lorsque la balance est en équilibre, un seul homme qui change de parti la faisant trébucher du côté où il entre, celui-ci lui en a toute l'obligation. La conduite mesurée d'un homme qui se maintient neutre entre deux factions n'est pas toujours une preuve de modération ; ce n'est souvent qu'un manége pour aller à son but particulier, en tirant avantage des deux factions en même temps, en se faisant pousser vers son but par les deux partis à la fois. En Italie, lorsqu'un pape a souvent à la bouche ces mots de *padre commune*, père commun, il devient suspect ; et d'après cet indice, on présume qu'il n'emploiera le pouvoir dont il est revêtu qu'à l'agrandissement de sa famille. C'est une faute capitale dans un souverain que de se joindre à l'une des factions qui se sont formées dans ses Etats ; elles sont toujours funestes aux monarchies ; elles y introduisent en apparence une obligation plus forte que celle de l'obéissance due au souverain : les membres de la faction où il entre le regardent comme un d'entre eux. C'est ce dont on a vu un exemple frappant dans la fameuse ligue de France. Lorsque des factions ont trop d'influence et font trop de bruit dans un Etat, c'est un signe assuré de la faiblesse du prince ; car rien n'est plus préjudiciable à ses affaires et à son autorité. Les mouvements des factions dans une monarchie ne doivent que suivre ceux du prince, qui doit être le premier mobile de tout le système politique. En un mot, pour employer les idées et le langage des astronomes, ils doivent être semblables à ceux des astres inférieurs qui, en obéissant à leur mouvement propre, ne laissent pas d'être emportés par le mouvement général et commun du premier mobile.

XLIX. *Des manières, de l'observation des convenances et de l'usage du monde.*

Lorsqu'un homme est réduit à son mérite réel et solide, il faut que ce mérite soit d'un grand poids, comme la pierre doit être bien riche lorsqu'elle est montée sans feuilles. Pour peu que l'on se fasse une juste idée de l'importance des belles manières, on sentira qu'il en est des éloges qu'elles attirent comme des gains : en effet, suivant le proverbe, ce sont les gains légers qui rendent la bourse pesante ; car les petits gains reviennent souvent, au lieu que les grands arrivent rarement. De même ces petites perfections de détail dont nous parlons sont celles qui attirent les plus grands éloges ; l'usage en est continuel et elles se font remarquer à chaque instant, au lieu qu'on a rarement occasion de mettre en œuvre une grande vertu ou un grand talent. Ainsi ces petites attentions et ces égards qui composent ce qu'on appelle l'usage du monde peuvent ajouter beaucoup à notre réputation. Croyons-en sur ce point la reine Isabelle de Castille : « Ces manières polies et engageantes, disait-elle, sont de perpétuelles lettres de recommandation pour ceux qui les ont; » et ce n'est point une chose si difficile à acquérir; il suffit pour cela de ne la point mépriser, d'être un peu attentif aux manières des autres, et pour le reste, de compter un peu sur soi; car si l'on étudie trop ces petites convenances qui doivent être saisies à la volée, ces belles manières qu'on voudra se donner perdront ce qu'elles ont de plus agréable, le naturel et l'aisance, l'affectation, à cet égard comme à tout autre, étant toujours choquante.

Les manières étudiées de certaines personnes ressemblent aux vers dont toutes les syllabes sont comptées. Manquer d'égards et d'attention pour les autres, c'est leur apprendre à en manquer pour nous et à perdre le respect qu'ils nous doivent. C'est surtout avec les étrangers et les formalistes qu'il ne faut pas se dispenser de ces égards et de ces petites attentions. D'un autre côté, l'air cérémonieux, la politesse excessive est non-seulement fastidieuse, mais même suspecte, et fait perdre la confiance de ceux avec qui l'on traite. Cet art de s'insinuer dans les esprits et de gagner les cœurs tient à certaines formules de politesse, au fond assez communes, mais qui à la longue sont d'un grand effet si l'on sait les saisir et les placer à propos. Comme la familiarité ne s'établit que trop entre personnes du même rang ou du même âge, c'est surtout avec ses égaux qu'il faut conserver un peu sa dignité; mais on risque moins à se relâcher un peu plus à cet égard avec ses inférieurs, dont on est toujours maître de se faire respecter. Celui qui veut toujours tenir le dé dans la société ou dans les affaires rassasie de soi et diminue ainsi sa propre valeur. Il est bon d'avoir fréquemment de la déférence pour les autres, en ne faisant que les suivre et les seconder, mais en le faisant de manière à leur faire sentir que ce n'est pas par une excessive facilité, mais par politesse et par égard pour eux. Cependant, en déférant au sentiment ou au goût des autres, il est bon d'ajouter toujours quelque chose du sien; par exemple, si vous vous rendez à leur opinion, modifiez un peu votre assentiment, en y joignant quelques distinctions ; si vous acceptez leur conseil, ajoutez vous-même quelques raisons à celles qui vous ont persuadé. Ne soyez pas trop complimenteur ; si vous aviez ce défaut, quelque mérite que vous eussiez d'ailleurs, vos envieux ne manqueraient pas d'en profiter pour vous donner un ridicule et vous attacher l'épithète de flagorneur. Un défaut également nuisible dans les affaires, c'est d'attacher trop d'importance aux petites considérations, d'être trop attentif à saisir les moments et les occasions. Salomon dit à ce sujet : « Celui qui regarde trop aux vents ne sème point, et celui qui regarde trop aux nuages ne moissonne point. » Un homme adroit sait faire naître plus d'occasions qu'il n'en trouverait naturellement : les manières d'un homme, ainsi que ses habits, ne doivent être ni trop recherchées ni trop étroites, mais tout à la fois attentives et assez aisées pour le décorer et le faire valoir sans gêner sa démarche.

L. *De la louange.*

Les louanges sont les rayons réfléchis de la vertu; mais comme l'image n'est semblable à l'objet représenté qu'autant que le miroir est fidèle, la gloire qui vient du peuple est ordinairement fausse, son estime étant plutôt le prix d'un certain étalage que d'un vrai mérite. Un mérite transcendant est au-dessus de sa portée; il loue volontiers les vertus du dernier ordre; les vertus moyennes excitent son admiration ou plutôt son étonnement; quant aux vertus sublimes, il n'en a pas même le sentiment. L'apparence du mérite, le simulacre de la vertu, voilà ce qui enlève les suffrages de la multitude. La renommée est semblable à un fleuve qui soulève les corps légers en coulant à fond ceux qui ont plus de poids et de solidité. Mais lorsque les suffrages des hommes distingués par leur naissance ou leur mérite se joignent à ceux de la multitude, alors seulement l'on peut dire avec l'Ecriture-Sainte qu'une bonne renommée est semblable aux parfums les plus suaves; elle s'étend au loin, ne se dissipe jamais; car le parfum des substances onctueuses dont elle parle est de plus longue durée que celui des fleurs. Il entre tant de fausseté dans la plupart des éloges, qu'on ne peut pas y ajouter foi et qu'ils peuvent être justement suspects ; souvent c'est pure flagornerie. Si c'est un flatteur ordinaire, il aura des lieux communs qui lui serviront à encenser toutes sortes de personnes indistinctement ; mais si c'est un flatteur adroit, sa voix ne sera que l'écho de celle du flatteur par excellence, je veux dire de l'amour-propre de la personne à flatter ; il aura soin de lui attribuer le genre de talent ou de vertu dont elle se pique le plus ; il osera vous louer des qualités que vous savez bien vous-même ne pas avoir, et sur les choses dont vous rougissez intérieurement, sans s'embarrasser de ce que vous dit votre propre conscience. Il est d'autres louanges qui sont données à bonne intention et inspirées par le respect. De cette nature sont les hommages qu'on doit aux princes et aux grands ; c'est ce que les anciens appelaient : « Instruire les personnes par les éloges mêmes qu'on leur donne ; » c'est-à-dire lorsqu'on les loue des qualités qu'ils n'ont pas et qu'ils devraient avoir. Il est des hommes qu'on loue malicieusement et à dessein de leur nuire en leur suscitant beaucoup d'envieux : « Les pires ennemis ce sont ceux qui louent. » Les Grecs avaient un proverbe superstitieux qui disait que, « lorsqu'une personne en louait une autre dans l'intention de lui nuire, il venait une pustule au nez de celle-ci ; » ce qui a trait à ce proverbe anglais : « Si vous mentez, il vous viendra un bouton sur la langue. » Il n'est pas douteux que des éloges modérés, donnés à propos et sans éclat, ne contribuent beaucoup à la réputation de celui qui en est le sujet. Mais Salomon a dit : « Celui qui se lève de grand matin pour louer à haute voix son ami sera pour lui un sujet de malédiction. » Louer à grand bruit une personne ou une chose, c'est exciter les envieux à contredire ces éloges et à la déprimer. Il ne convient pas de se vanter soi-même, sinon en certains cas assez rares ; mais il est permis de louer son emploi ou sa profession ; c'est ce qu'on peut faire de bonne grâce et même avec une sorte de noblesse et de grandeur. Ceux d'entre les cardinaux romains qui sont théologiens, moines ou scolastiques, usent d'une qualification tout-à-fait méprisante et injurieuse en parlant des emplois et des offices relatifs aux affaires temporelles, tels que ceux d'ambassadeurs, de ministres, de généraux d'armée, de juges, de magistrats, etc. Ils les appellent *sbirreie* (des sbirreries) ; comme si de telles fonctions n'étaient guère au-dessus de celles de sergent, d'huissier, d'appariteur, etc. Saint Paul, en parlant de lui-même, dit souvent : « Quant à moi, je parle comme un insensé ; » mais en parlant de son ministère il dit : « Je ne craindrai pas d'exalter en toute occasion mon apostolat. »

LI. *De la vanité ou de la vaine gloire.*

Une des fables les plus ingénieuses d'Esope, c'est celle de la mouche qui, étant posée sur l'essieu d'un chariot, s'écrie : « Oh ! que de poussière je fais lever ! » Les personnes dont cette mouche est l'emblème sont si vaines et si présomptueuses que, lorsqu'une chose va d'elle-même ou par un pouvoir supérieur, si elles y ont eu la plus petite part, elles s'imaginent qu'elles ont tout fait. Les glorieux sont toujours d'un caractère inquiet et turbulent ; car il n'y a point de vanité sans une comparaison de soi-même avec les autres. Il faut de plus qu'ils soient violents pour soutenir leurs fanfaronnades ; mais heureusement ils sont incapables de secret, ce qui les rend moins dangereux, comme le dit ce proverbe français qui les caractérise : « Beaucoup de paroles, peu d'effet (ou beaucoup de bruit, peu de fruit). » Cependant ce défaut même peut quelquefois être utile dans les affaires. Lorsqu'on veut répandre quelque bruit, créer quelque opinion, acquérir une réputation de talent, de vertu ou de puissance, ce sont d'excellentes trompettes. Ils sont aussi d'un bon service dans tous les cas semblables à celui où se trouvaient Antiochus et les Étoliens ; car il y a des occasions où des mensonges et des exagérations portées des deux côtés à la fois peuvent être d'un grand effet. Supposons, par exemple, qu'un homme voulant engager deux puissances dans une guerre contre une troisième, exagère, en parlant à chacune, les forces et la puissance de l'autre ; cette ruse pourra le faire réussir des deux côtés. Quelquefois encore un homme qui ménage une affaire entre deux particuliers peut, en donnant à chacun une haute idée de son pouvoir sur l'esprit de l'autre, augmenter ainsi son influence sur tous les deux. Dans ce cas, et dans tous les cas semblables, un menteur de cette espèce peut faire quelque chose de rien ; car un mensonge produit une opinion, et cette opinion a des effets très réels, très substantiels. Il est bon que les gens de guerre soient un peu glorieux et vantards ; car, de même qu'un fer aiguise un autre fer, les prouesses et les vanteries des uns aiguisent le courage des autres. Dans toutes les entreprises difficiles, grandes et périlleuses, les glorieux sont nécessaires pour donner le branle et mettre les autres en train, les hommes circonspects et judicieux ayant plus de lest que de voiles. Il en est de même de la gloire d'un homme de lettres ; sa renommée ne volera pas si haut si la vanité n'y joint quelques plumes. Les auteurs qui ont écrit sur le mépris de la gloire ont mis leur nom en tête du traité. Socrate, Aristote, Galien (et même Hippocrate) étaient glorieux. L'expérience prouve que la vanité d'un personnage ne contribue pas peu à perpétuer sa mémoire, et les vertus les plus célébrées en ont eu moins obligation à la justice et à la reconnaissance des autres hommes qu'à elles-mêmes. Certes la réputation de Cicéron, de Sénèque et de Pline-le-Jeune, eût été bien moins durable sans ce grain de vanité qui entrait dans la composition de leur caractère et de leur génie ; en quoi elle ressemble à ces vernis qui rendent le bois tout à la fois plus luisant et plus durable. Mais le défaut dont je parle ici n'a rien de commun avec cette qualité que Tacite attribue à Mucien. « Ce personnage, dit-il, avait un talent particulier pour faire valoir tout ce qu'il avait dit ou fait. » Cependant un talent de ce genre ne procède pas de vanité, mais d'une rare prudence qui, étant une combinaison de grandeur d'âme et de discrétion, est non-seulement convenable, mais même agréable ; car toutes ces excuses qu'un écrivain fait à ses lecteurs, cette déférence qu'il a pour eux, et sa modestie même, qu'est-ce autre chose sinon une adroite ostentation, un certain art de se faire valoir ? Or, de tous ces moyens de se faire valoir, le plus judicieux et le plus adroit, c'est celui dont parle Pline-le-Jeune, et qui consiste à louer dans les autres les vertus ou les talents qu'on possède soi-même. « En louant ainsi un autre, dit-il, il est clair que vous vous servez vous-même ; car si, étant inférieur à vous, dans ce genre que vous cultivez tous deux, il ne laisse pas de mériter des éloges, vous en méritez bien davantage, et si, étant supérieur à vous, il ne mérite aucun éloge (comme on pourrait le croire, si vous n'aviez soin de le louer), vous en méritez encore moins. » Un glorieux est le jouet des sages, l'idole des sots, la proie des parasites, et l'esclave de sa propre vanité.

LII. *De la gloire et de la réputation.*

La grande réputation dépend d'un certain art de faire valoir ses talents et ses vertus, de les mettre dans un jour avantageux, mais sans affectation. Ceux qui courent trop ouvertement après la gloire font ordinairement plus parler d'eux qu'ils n'excitent d'admiration sentie. D'autres, au contraire, semblent obscurcir leur propre mérite lorsqu'il faudrait savoir le mettre en vue, et par cette maladresse manquent la réputation à laquelle ils auraient eu droit de prétendre. Lorsqu'un homme vient à bout d'exécuter ce qui n'avait jamais été tenté ou qui l'avait été sans succès, ou enfin ce qui avait été achevé, mais porté à un moindre degré de perfection, il acquiert par ce moyen une plus grande réputation que si, en suivant les traces d'un autre, il eût exécuté une entreprise plus difficile ou qui exigeait de plus grands talents ou de plus grandes vertus. Si un homme sait combiner ses actions et les tempérer tellement les unes par les autres que quelques-unes soient agréables à toutes les factions et en général à tous les corps dont l'Etat est composé, le son des éloges qui en seront le prix n'en sera que plus harmonieux ; ce sera l'accord parfait. C'est savoir fort mal ménager sa réputation que de s'engager dans une entreprise où un échec est plus honteux que le succès n'est glorieux. La gloire qu'on acquiert en surpassant ses rivaux est ordinairement plus éclatante et peut être comparée à un diamant qui, étant taillé à facettes, en a toujours plus d'éclat. Ainsi tâchez de l'emporter sur vos compétiteurs, en les surpassant, s'il est possible, dans leur propre genre. Des domestiques, des clients ou des amis discrets contribuent beaucoup à notre réputation, comme le dit cette sentence des anciens : « Toute réputation, bonne ou mauvaise, vient de ceux avec qui nous vivons ; » et le meilleur moyen de prévenir et d'émousser l'envie, c'est de déclarer ouvertement et de prouver par sa conduite même qu'on est plus jaloux de mériter une grande réputation que de l'obtenir ; c'est aussi d'attribuer plutôt nos succès à la fortune ou à la divine Providence qu'à nos talents, à nos vertus ou à notre prudence.

Voici quelle idée nous nous faisons des différents degrés de gloire et d'honneur dus aux hommes qui ont sur les autres une souveraine autorité. Au premier rang sont les fondateurs d'empire (soit monarchies, soit républiques), tels que Romulus, Cyrus, César, Othman, Ismaël. Au second sont les législateurs décorés aussi du titre de seconds fondateurs, et qui, commandant encore après leur mort par les lois qu'ils ont laissées, peuvent être regardés comme des espèces de princes perpétuels. De ce nombre sont Solon, Lycurgue, Justinien, Edgar, Alphonse de Castille, surnommé le Sage, qui a fait les *Siette partidas* (les sept partitions). Au troisième rang sont les libérateurs ou sauveurs, je veux dire ceux qui ont délivré leur patrie de quelque fléau, tels que guerres civiles, tyrans, joug des étrangers, etc. Dans cette classe on peut ranger César-Auguste, Vespasien, Aurélien, Théodore et Henri VII, roi d'Angleterre. Au quatrième rang nous mettrons ceux qui par des victoires éclatantes ont reculé les limites du territoire de leur patrie ou l'ont garantie de l'invasion des étrangers. Au dernier rang sont les pères de la patrie ou ceux qui, en gouvernant conformément aux lois de la justice, font le bonheur de leur patrie durant leur vie. Ceux que nous plaçons à ces deux derniers rangs sont en si grand nombre qu'il est inutile d'en citer des exemples. Quant aux degrés d'honneur et de gloire que méritent les personnages du second ordre, au premier rang sont ceux que les Romains appelaient *participes curarum* (participants des soins et des soucis du prince), je veux dire ces personnages sur lesquels les souverains se déchargent de la plus grande partie du poids des affaires et vulgairement appelés leurs bras droits. On doit placer immédiatement après, les grands capitaines, ceux, dis-je, qui n'ont commandé les armées qu'en qualité de lieutenants des souverains et qui leur ont rendu des services éclatants. Au troisième rang sont les favoris ; j'entends seulement ceux qui, en restant à la hauteur où ils devaient être, se sont contentés d'être agréables au prince et de contribuer à son bonheur par une douce intimité sans être nuisibles au peuple. Au quatrième sont les hommes d'état, savoir : ceux qui, étant revêtus des plus grandes charges, remplissent honorablement la tâche qui leur est imposée. Il est un autre genre d'honneur que nous pourrions peut-être placer au premier rang ; je veux parler de celui qui est dû à ces hommes, aussi rares que sublimes, qui se dévouent à une mort certaine pour la gloire ou l'utilité de leur patrie ; tels furent Régulus et les deux Décius.

LIII. *Des devoirs d'un juge.*

Les juges ne doivent jamais oublier que leur office est *jus discere* et non *jus dare*, c'est-à-dire d'interpréter et d'appliquer la loi et non de la faire, ou, comme on le dit communément, de la donner. Autrement l'autorité qu'ils usurperaient deviendrait toute semblable à celle que s'arroge l'Eglise romaine qui, sous prétexte d'expliquer l'Ecriture-Sainte, ne fait pas difficulté d'en altérer le sens, d'y ajouter ce qu'il lui plaît, de déclarer article de foi ce qu'elle n'y a pas trouvé, et d'introduire ainsi, au nom de l'antiquité, de vraies nouveautés. Un juge doit être plus savant qu'ingénieux, plus vénérable que gracieux et populaire, et plus circonspect que présomptueux. Mais avant tout il doit être intègre : c'est pour lui une vertu d'état et la qualité propre à son office. « Maudit soit, dit la loi, celui qui déplace les bornes destinées à marquer les limites des possessions ! » celui qui déplace une simple pierre servant de limite est certainement très coupable, mais c'est un juge partial qui se rend coupable de ce crime, au premier chef, et qui déplace une infinité de bornes, en rendant une sentence inique par rapport aux terres et aux autres genres de propriétés. Car une seule sentence inique amène de plus grands maux qu'un grand nombre de crimes commis par les particuliers ; ceux-ci ne corrompent que les ruisseaux, que de simples filets d'eau, au lieu que le juge corrompt la source même, comme le dit Salomon : « Un juste perdant sa cause devant un injuste adversaire, c'est une calamité comparable à celle d'une eau troublée et corrompue dès sa source. » L'office et les devoirs d'un juge se rapportent aux parties (aux plaideurs), aux avocats, aux greffiers, aux notaires, scribes, clercs et autres ministres subalternes de la justice ; enfin au prince et au gouvernement dont il relève. 1° Pour ce qui regarde les causes et les parties, l'Ecriture dit : « Il y a des juges qui convertissent le jugement en absinthe »; il en est aussi, aurait-elle pu ajouter, qui le convertissent en vinaigre. Car l'injustice d'une sentence la rend amère, et elle s'aigrit par les délais. Le premier devoir et le principal but de l'office d'un juge est de réprimer la violence et la fraude. Or, la première est d'autant plus pernicieuse qu'elle est plus ouverte, et la dernière est d'autant plus funeste qu'elle est plus couverte et plus cachée. A quoi l'on peut ajouter les procès trop contentieux que les cours de justice doivent rejeter comme un aliment indigeste et empoisonné. Un juge doit s'aplanir les chemins à une juste sentence, de la même manière que Dieu prépare ses voies, je veux dire en élevant les vallées et en abaissant des collines. Ainsi, quand le juge s'aperçoit que l'une des parties a trop de prépondérance sur l'autre par la violence et l'âpreté de sa poursuite, par l'adresse avec laquelle elle prend ses avantages, par une cabale qui l'appuie, par la protection des hommes en place, par l'habileté de son avocat ou par toute autre cause semblable, c'est alors que le juge doit donner une preuve sensible de sa sagesse et de son intégrité, en sachant, malgré ces inégalités, tenir entre eux la balance parfaitement égale, afin de pouvoir pour ainsi dire asseoir sa sentence sur un sol uni et parfaitement de niveau. « Celui qui se mouche avec trop de force se tire du sang, et lorsque le vin est trop foulé il a une saveur revêche et il sent la grappe. » Le juge ne doit donc pas fonder sa sentence sur une interprétation trop rigoureuse de la loi ni sur des conséquences tirées de trop loin, surtout dans l'interprétation des lois pénales; il ne doit pas faire un moyen de rigueur de ce qui, dans l'intention du législateur, n'est qu'un moyen de terreur. Autrement il voudrait faire tomber sur le peuple cette pluie dont parle l'Ecriture dans ce verset : « Il fera pleuvoir sur eux des filets. » Car lorsque les lois pénales sont suivies avec une excessive rigueur, on peut les comparer à une pluie de filets ou de piéges qui tombent sur les peuples. Ainsi, lorsque ces lois pénales ont long-temps dormi, ou ne conviennent plus au temps présent, il est de la prudence d'un juge de les restreindre dans leur application; le devoir d'un juge étant de considérer non-seulement les choses mêmes, mais aussi le temps de chaque chose. Dans les causes capitales, le juge doit envisager d'un œil sévère l'exemple que donne le délit, et d'un œil de commisération le délinquant.

Quant aux avocats et au conseil des parties la gravité et la patience à écouter les plaidoyers sont des éléments essentiels de la justice. Un juge grand parleur et qui coupe fréquemment la parole aux avocats n'est qu'une cymbale étourdissante. Il ne convient pas non plus à un juge de vouloir faire parade de la vivacité de son esprit en prévenant ce que l'avocat doit dire et dont il aurait été mieux informé en se donnant la patience d'écouter. Il ne doit donc pas interrompre, couper les preuves ou les conclusions des avocats, ni aller au-devant des informations par des questions précipitées, en les supposant même très pertinentes; en un mot, il doit écouter jusqu'au bout. Les fonctions et les obligations d'un juge à l'audience se réduisent à quatre. Il doit : 1º saisir et marquer la suite et l'enchaînement des preuves; 2º modérer la longueur des plaidoyers en élaguant les répétitions inutiles, tout ce qui n'a aucun rapport direct avec l'affaire et qui ne tient point à la cause, les digressions, les écarts; 3º récapituler, trier, comparer et rassembler les points les plus essentiels parmi les moyens allégués de part et d'autre; 4º enfin prononcer la sentence; tout ce qu'on fait de plus est de trop et a ordinairement pour cause la vanité du juge, la démangeaison de parler, l'impatience à écouter, le défaut de mémoire ou l'impuissance de soutenir et de fixer son attention. On est quelquefois étonné de l'ascendant qu'un avocat audacieux peut prendre sur un juge, qui devrait, pour se rendre semblable à Dieu qu'il représente lorsqu'il est sur son siége, abaisser les orgueilleux et élever les humbles. Mais ce qui est encore plus choquant, c'est que les juges ont des avocats favoris auxquels ils témoignent une prédilection scandaleuse; partialité qui, en augmentant les honoraires des avocats et les épices du juge, rend celui-ci suspect de corruption et de collusion. Cependant, lorsqu'une cause a été bien plaidée et maniée avec autant de méthode que de netteté, le juge doit quelques éloges à l'avocat, surtout à celui qui a perdu sa cause. Ces éloges ont le double effet de soutenir le crédit de l'avocat auprès de son client et de faire perdre à celui-ci sa prévention en faveur de sa propre cause. L'intérêt public exige aussi que le juge fasse, avec les ménagements convenables, quelques réprimandes aux avocats lorsqu'ils donnent à leurs clients des conseils artificieux, et lorsqu'une négligence visible de leur part rend la défense plus faible, lorsque les faits sont mal exposés et trop peu circonstanciés, lorsque leurs moyens ne sont que de pures chicanes, lorsqu'ils plaident avec une audace offensante pour le juge; enfin, lorsqu'ils défendent une cause visiblement mauvaise. L'avocat ne doit pas étourdir le juge par les éclats de sa voix ni user d'artifice et de manége pour remettre sur le tapis une cause déjà jugée. Le juge de son côté ne doit pas interrompre l'avocat et l'arrêter à moitié chemin, mais lui laisser le temps de s'expliquer, pour ne pas donner lieu à la partie de se plaindre que son avocat et ses preuves n'ont pas été entièrement entendues.

A l'égard des greffiers, des notaires et autres bas officiers, le lieu où l'on rend la justice est un lieu sacré, et non-seulement le tribunal, mais encore les bancs et toute l'enceinte doivent être exempts de scandale et de corruption. Car, comme le dit l'Écriture-Sainte: « On ne vendange point parmi les ronces et les épines. » De même la justice ne peut donner ses doux fruits parmi les ronces et les buissons, c'est-à-dire parmi des scribes trop avides et trop cupides. Or, on en trouve au barreau de plus d'une espèce : 1° ceux qui en semant des procès n'engraissent les cours de justice qu'en faisant maigrir les peuples; 2° ceux qui engagent les cours dans des conflits de juridiction et qui ne sont rien moins que les amis de ces cours (titre dont ils se targuent ordinairement), mais qui n'en sont que les parasites; qui nourrissent leur orgueil et les excitent par leurs flatteries à passer les limites de leur ressort; qui enfin font leurs propres affaires aux dépens de la réputation de ceux qu'ils flattent; 3° ceux qu'on peut regarder comme la main gauche des cours; qui, par des détours subtils et de pures chicanes, faisant prendre un mauvais tour aux procédures, entraînent la justice vers des routes tortueuses et dans un vrai labyrinthe; 4° les exacteurs impitoyables. C'est surtout à eux que s'applique cette comparaison, qu'on fait ordinairement des cours de justice aux buissons, sous lesquels les brebis trouvent un abri durant l'orage, mais où elles laissent une partie de leur toison. Au contraire un greffier blanchi dans sa profession, d'une probité reconnue, bien au fait des actes déjà passés et des jugements déjà rendus, circonspect dans ceux qu'il couche de nouveau, expert dans la procédure et bien au courant du tribunal, est un excellent guide pour une cour et montre souvent au juge même la route qu'il doit tenir.

Pour ce qui concerne le prince ou l'État, les juges doivent avant tout se rappeler cette conclusion des douze tables : « Que le salut du peuple soit la suprême loi, » et poser pour principe que : « Si les lois ne tendent pas à ce but, on doit les regarder comme des règles captieuses et de faux oracles. » Ainsi tout marche avec plus d'ordre et d'harmonie dans un État lorsque les princes confèrent souvent avec les juges, et réciproquement lorsque les juges consultent souvent le souverain et le gouvernement, savoir : le prince, lorsqu'une question de droit intervient dans les délibérations politiques, et les juges, lorsque des considérations qui intéressent l'État même se rencontrent dans des matières de droit. Car il arrive assez souvent qu'une affaire portée en justice, et qui ne roule que sur le tien et le mien, a cependant des conséquences qui peuvent intéresser l'État; et j'appelle affaires d'état non-seulement ce qui quelque relation avec les intérêts du souverain, mais même tout ce qui peut introduire quelque grande nouveauté ou offrir quelque exemple dangereux, ou enfin ce qui intéresse visiblement une grande partie de la nation. Que personne ne se laisse abuser par ce faux principe : « qu'il y a une incompatibilité naturelle entre des lois justes et la vraie politique, » ces deux choses étant dans le corps politique comme les esprits vitaux et les nerfs où ces esprits se meuvent.

Les juges doivent aussi se souvenir que le trône de Salomon était soutenu par des lions. Ainsi, que les juges soient des lions; mais que ces lions soient sous le trône. Qu'ils veillent continuellement pour empêcher qu'on n'attaque les droits de la souveraineté. Enfin les juges ne doivent pas être assez peu instruits de leurs droits et de leurs prérogatives pour ignorer que leur devoir leur commande et que leur droit leur permet de faire un prudent usage et une judicieuse application des lois. C'est en ce sens qu'ils doivent s'appliquer ces paroles de l'apôtre, touchant la loi supérieure à toutes les lois humaines : « Nous savons que la loi est bonne pourvu toutefois qu'on en use légitimement. »

LIV. *De la colère.*

Vouloir étouffer en soi toute semence de colère n'est qu'une fanfaronnade de stoïcien. Il est un oracle plus sûr qui doit nous guider : « Mettez-vous en colère, dit l'Écriture Sainte, mais gardez-vous de pécher; que le soleil ne se couche pas sur votre colère; » ce qui signifie qu'on doit mettre des bornes à sa colère, c'est-à-dire en modérer les mouvements et en abréger la durée. Nous montrerons d'abord comment on peut, en général, modérer et rompre en soi l'inclination et la disposition habituelle à la colère (l'irascibilité); 2° comment les mouvements particuliers de cette passion peuvent être réprimés ou du moins comment on peut empêcher qu'elle n'ait des conséquences trop funestes; 3° comment on peut exciter ou apaiser cette passion dans un autre individu.

Quant au premier point, le meilleur remède est de réfléchir sur les effets que cette passion produit ordinairement et sur les désordres sans nombre qu'elle cause dans la vie humaine. Or, le meilleur temps pour ces réflexions, c'est lorsque l'accès de colère est passé. Sénèque a dit avec raison que les effets de la colère ressemblent à la chute d'une maison qui, en tombant sur une autre, se brise elle-même. L'Écriture-Sainte nous exhorte à posséder notre âme par la patience; en effet, quiconque perd patience perd alors la possession de son âme. L'homme ne doit pas ressembler à l'abeille qui laisse sa vie dans la blessure. La colère est certainement une faiblesse; et on sait que ce sont ordinairement les individus les plus faibles, tels que les enfants, les femmes, les vieillards, les malades, etc., qui y sont le plus sujets. Quoi qu'il en soit, lorsqu'on est en colère, il vaut mieux témoigner du mépris que de la crainte, afin de paraître plutôt au-dessus qu'au-dessous de l'injure et de la personne qui l'a faite; ce qui sera toujours facile pour peu qu'on sache garder de mesures et se posséder dans la colère.

A l'égard du second point, les causes et les motifs de la colère se réduisent à trois : 1° une trop grande sensibilité aux injures et une excessive susceptibilité de caractère. On ne se met en colère qu'autant qu'on se croit offensé; aussi les personnes délicates et très susceptibles par rapport à l'honneur sont-elles plus irascibles que les autres. Il est une infinité de choses qui les blessent et qu'une nature plus forte ne sentirait pas. 2° La disposition à trouver dans les circonstances de l'injure des signes de mépris; car le mépris provoque et enflamme la colère autant que l'injure même. Aussi les personnes ingénieuses à trouver ces signes de mépris dans tout ce qui peut les choquer s'emportent-elles plus fréquemment que les autres. 3° La crainte où est l'offensé que l'injure ne fasse tort à sa réputation. Le vrai remède à tous ces inconvénients, remède indiqué par Gonzalve de Cordoue, c'est d'avoir un honneur semblable à une toile forte. Mais le meilleur préservatif contre cette passion, c'est de gagner du temps en se persuadant, si l'on peut, que le moment de la vengeance n'est pas encore venu; qu'on en sera le maître dans un autre temps, et que, n'ayant pas besoin de se presser, on prend patience.

Quant aux moyens d'empêcher que la colère n'ait des effets dont on ait lieu de se repentir, il est deux précautions à prendre pour parvenir à ce but. La première est de s'abstenir de toute expression trop dure, de toute personnalité trop piquante; car les invectives qu'on peut adresser à toutes sortes de personnes font moins d'impression sur chaque individu. La seconde est de se garder de révéler un secret par un mouvement de colère; une telle indiscrétion bannirait pour toujours un homme de la société, dont il deviendrait le fléau. Il faut encore, lorsqu'on a quelque affaire en main, avoir l'attention de ne pas la rompre par colère, et, dans le cas même où l'on s'abandonnerait à cette passion, ne faire du moins aucune démarche qui ne laisse plus de retour.

Quant aux moyens d'exciter ou de calmer cette passion dans une autre personne, tout dépend de bien choisir les moments. Or, 1° une personne qui est déjà de mauvaise humeur est plus facile à irriter; 2° en interprétant les procédés, les discours, etc., d'une personne, de manière à faire croire à celle qui est mécontente d'elle qu'elle y a mis beaucoup de mépris pour elle; moyen conforme à ce que nous avons déjà dit ; et par conséquent on pourra apaiser cette passion par les deux moyens diamétralement opposés ; je veux dire que, pour porter à une personne les premières paroles sur une chose qui peut la mettre en colère, il faut choisir les moments où on la voit de bonne humeur ; car tout dépend de la première impression. L'autre moyen est une bénigne interprétation de l'offense reçue ; je veux dire qu'il faut tâcher de faire croire à la personne offensée que l'offenseur ne l'a pas fait par mépris pour elle, et attribuer la chose à un malentendu, à la crainte, à la passion, ou à toute autre cause de cette nature.

LV. *De la vicissitude des choses.*

« Il n'est rien de nouveau sur la terre, » a dit Salomon ; assertion qui a quelque rapport avec ce dogme imaginaire de Platon : « Toute science n'est que réminiscence ; » et avec cette autre sentence du même Salomon : « toute prétendue nouveauté n'est qu'une chose qui avait été oubliée, » d'où l'on peut conclure que le fleuve Léthé coule sur la terre ainsi que dans les enfers. Je ne sais quel astrologue, dont les idées sont un peu abstruses, prétend que, sans l'action combinée de deux causes dont les effets sont permanents, savoir : l'une, que les étoiles sont toujours à peu près à la même distance les unes des autres et dans les mêmes situations respectives ; l'autre, que le mouvement diurne est perpétuel et uniforme ; que sans ces deux causes, dis-je, aucun individu ne pourrait subsister un seul instant.

La nature, comme on n'en peut douter, est dans un flux et reflux perpétuel ; à proprement parler, il n'est point de repos absolu et parfait. Les deux grands linceuls qui ensevelissent toutes choses dans l'oubli sont les déluges et les tremblements de terre. A l'égard des conflagrations (ou grands embrasements spontanés), et des grandes sécheresses, leur effet ne va jamais jusqu'à détruire entièrement les habitants des contrées où ces fléaux se font sentir. Le char de Phaéton ne roula que pendant un jour ; ce qui annonce que l'embrasement allégoriquement figuré par cette fable ne fut pas de longue durée. Cette sécheresse, qui dura trois ans, dans le temps d'Élie, et que ce prophète avait annoncée, fut particulière à un certain pays et n'en détruisit pas toute la population. Quant à ces embrasements si fréquents dans les Indes-Occidentales, et occasionnés par la foudre, ce n'est qu'un accident purement local et qui s'étend peu. Quant aux autres genres de calamités ou de fléaux, les individus qui en échappent sont ordinairement des hommes grossiers, ignorants, obligés de vivre dans les montagnes, et qui ne peuvent donner aucune tradition authentique des temps qui ont précédé ces fléaux, en sorte qu'alors tout demeure enseveli dans un oubli aussi complet et aussi universel que si aucun individu n'eût échappé. Pour peu que l'on considère attentivement la constitution et la manière de vivre des naturels des Indes-Occidentales, on peut, avec assez de probabilité, les regarder comme une race plus nouvelle et plus jeune que toutes celles de l'ancien monde. Et il est encore plus vraisemblable que sa destruction presque totale ne fut point occasionnée par des tremblements de terre, quoi qu'ait pu dire à l'Athénien Solon certain prêtre égyptien qui prétendait que l'Atlantide avait été engloutie dans une révolution de cette espèce. Cette catastrophe doit plutôt être attribuée à un déluge particulier, car les tremblements de terre sont rares en Amérique, au lieu qu'on y voit un grand nombre de fleuves larges, profonds, arrosant de vastes contrées, et en comparaison desquels tous ceux de l'Asie, de l'Afrique et de l'Europe ne sont que des ruisseaux. A quoi il faut ajouter que leurs montagnes, appelées les Andes, sont beaucoup plus hautes que toutes celles de l'ancien continent ; montagnes où les débris de cette race infortunée auront pu se réfugier durant et après ce déluge particulier. Quant à l'observation de Machiavelli, qui prétend que la jalousie et l'animosité réciproque des sectes est une des causes qui contribuent le plus à abolir la mémoire des choses, et qui reproche à Grégoire-le-Grand d'avoir fait tous ses efforts pour détruire entièrement les antiquités païennes, je ne crois pas que ce fanatisme ait pu produire de si grands effets, ou du moins des effets durables, comme le prouve l'exemple même de Sabinien, un de ses successeurs, qui trouva moyen de faire revivre toutes ces mêmes antiquités.

Ce n'est pas ici le lieu de traiter des révolutions et des vicissitudes des corps célestes. A la vérité, si le monde n'était pas de toute éternité destiné à finir, la grande année de Platon aurait pu avoir quelque réalité et ramener en gros les mêmes phénomènes, mais non pas en faisant reparaître précisément les mêmes individus et dans les mêmes situations ; ce qui n'est qu'une opinion chimérique inventée par ceux qui attribuent aux corps célestes, non une influence générale et vague sur les corps terrestres, comme nous le pensons nous-même, mais une influence plus précise et capable de produire tel effet spécifique sur tel individu. Quant aux comètes, il est hors de doute qu'elles ont une influence sensible sur les mouvements et les manières d'être de ces corps sublunaires ; mais jusqu'ici on s'est plus occupé à déterminer leurs orbites et à attendre ou à prédire leurs retours qu'à observer sagement leurs effets, surtout leurs effets respectifs et comparés ; je veux dire à déterminer avec précision les effets propres de telle espèce de comètes, par exemple, de telle grandeur, de telle couleur, dont la queue a telle direction, située dans telle région du ciel, et dont l'apparition est de telle durée, etc.

Il existe à ce sujet une opinion à la vérité un peu hasardée, mais que je ne voudrais pas non plus rejeter entièrement, et qui me paraît mériter d'être vérifiée. On a, dit-on, observé dans les Pays-Bas (je ne me rappelle pas dans quelle partie) qu'au bout de trente-cinq ans les mêmes années, les mêmes saisons, les mêmes températures ou météores (tels que grandes gelées, grande humidité, grande sécheresse, hivers doux, étés moins chauds, reviennent, et à peu près dans le même ordre) ; révolution que les habitants de la contrée dont nous parlons appellent la prime. J'ai cru devoir en faire mention, parce qu'ayant moi-même comparé certaines années dont je me souviens avec celles qui leur correspondaient dans le passé, j'ai trouvé en effet que les dernières étaient assez semblables aux premières.

Mais abandonnons ces observations sur la nature et revenons à ce qui concerne l'homme. Or, la plus grande vicissitude qu'on observe parmi les hommes, c'est celle des religions et des sectes ; car ce sont ces sphères d'opinions qui exercent la plus puissante influence sur les âmes humaines. La vraie religion est la seule qui soit bâtie sur le roc, et toutes les autres sont plantées dans un sable mouvant et continuellement agitées par les flots du temps. Ainsi, nous allons donner quelques vues et hasarder quelques observations sur les causes productives des nouvelles sectes et quelques avis sur ce même sujet autant du moins que la faiblesse naturelle de l'esprit humain permet d'arrêter le cours de ces opinions si tyranniques et de trouver quelque remède à ces grandes révolutions.

Quand la religion, reçue et établie depuis long-temps, est déchirée par les disputes et les débats ; quand ses ministres, au lieu de s'attirer la vénération publique par une vie exemplaire et sainte, comme ils le devraient, se rendent odieux et méprisables par une vie scandaleuse ; si en même temps les peuples sont plongés dans une stupide ignorance et dans la barbarie, c'est alors qu'on doit craindre la naissance de quelque nouvelle secte, surtout s'il s'élève dans le même temps quelque esprit extraordinaire, amateur de paradoxes, assez audacieux pour les avancer publiquement et assez opiniâtre pour les défendre à tous risques. Or, toutes ces conditions se trouvaient réunies lorsque Mahomet publia sa loi. Mais il est deux autres conditions sans lesquelles une secte déjà formée ne peut s'étendre beaucoup ; l'une est le dessein manifeste et public de ruiner ou d'affaiblir l'autorité établie ; car rien n'est plus agréable au peuple et plus propre à le séduire qu'un tel dessein ; l'autre est d'ouvrir la porte ou de laisser le champ libre à la volupté.

Les hérésies spéculatives, telle que fut autrefois celle des Ariens et qu'est aujourd'hui celle des Arminiens, peuvent s'accréditer jusqu'à un certain point dans les esprits, mais elles ne peuvent occasionner de grandes révolutions dans un Etat, à moins qu'elles ne se trouvent combinées avec le mécontentement général et d'autres causes politiques.

On peut établir et planter de nouvelles sectes par trois sortes de moyens, savoir : par de prétendus miracles ou des prestiges quelconques, par l'éloquence ou la force de la persuasion, ou par les armes. Quant aux martyrs, je les qualifie de miracles parce qu'ils semblent excéder les forces de la nature humaine. J'en dis autant d'une rare pureté de mœurs et d'une vie en apparence toute sainte.

Le plus sûr moyen pour étouffer dans leur naissance les sectes ou les schismes, c'est de réformer les abus, de terminer les plus petits différends, de procéder avec douceur, en s'abstenant de toute sanglante persécution, enfin d'attirer et de ramener plutôt les principaux chefs en les gagnant par des largesses, des places et des honneurs, qu'en les irritant par la violence et la cruauté.

L'histoire nous offre une infinité d'exemples de révolutions et de vicissitudes occasionnées par les guerres. Elles dépendent alors de trois principales causes, savoir : du théâtre de la guerre, de la nature et de la qualité des armes; enfin de la discipline militaire, de la tactique; en un mot, du degré de perfection de cet art. Il semble que dans les temps les plus anciens les guerres se portaient le plus ordinairement d'Orient en Occident. Car les Assyriens, les Perses, les Égyptiens, les Arabes et les Scythes, qui tous ont fait successivement des invasions, étaient des nations orientales. Les Gaulois, à la vérité, étaient une nation occidentale; mais des deux irruptions qu'ils firent, l'une fut dans cette partie de l'Asie-Mineure appelée depuis la Gallo-Grèce, et l'autre contre les Romains. Il est certain que l'Orient et l'Occident n'ont dans les cieux aucun point fixe qui les distingue sur la terre et qui se rapporte à l'un plutôt qu'à l'autre. Aussi l'histoire ne fournit-elle point d'observation constante qui prouve que les guerres se portent plutôt de l'est à l'ouest qu'en sens contraire. Mais le nord et le midi sont distingués par des différences constantes et dépendantes de leur situation par rapport aux cieux. Aussi a-t-on rarement vu les peuples méridionaux envahir les contrées septentrionales; au lieu que le contraire est presque toujours arrivé; ce qui prouve assez que les habitants des contrées septentrionales sont naturellement plus belliqueux; ce qui peut dépendre des astres qui exercent plus particulièrement leur influence sur l'hémisphère boréal ou de la grande étendue des continents situés vers le nord, l'hémisphère boréal, du moins sa partie connue, étant presque entièrement occupée par la mer; ou enfin du grand froid qui règne dans les parties septentrionales, cause qu'on peut regarder comme la principale. Car, indépendamment de la discipline militaire, ce froid, rendant les corps plus solides et capables d'une plus grande résistance, rend ainsi les hommes plus robustes et plus courageux. C'est ce que prouve l'exemple des Araucaniens, nation dont le pays est situé dans la partie la plus méridionale de l'Amérique, et qui l'emportent par le courage sur tous les Péruviens.

Dans tout empire qui est sur son déclin et qui a perdu la plus grande partie de ses forces militaires, on doit s'attendre à des guerres; car, tant que les grands empires sont dans un état de vigueur et de prospérité, comme alors ils ne mettent leur confiance que dans les troupes nationales, ils énervent et détruisent ainsi les forces naturelles des provinces conquises. Mais aussi, lorsque ces troupes viennent à manquer tout-à-fait ou à s'affaiblir, tout est perdu, et ils deviennent la proie de leurs ennemis. C'est ce dont on voit un exemple frappant dans la décadence de l'empire romain et dans celle de l'empire d'Occident après la mort de Charlemagne, époque où chaque oiseau vint reprendre ses plumes. C'est ce qui arriverait aussi à la monarchie d'Espagne, si ses forces venaient à décroître sensiblement. L'accroissement trop grand ou trop rapide et les réunions d'États dont cet accroissement est souvent l'effet sont aussi des causes naturelles de guerres. Car un état dont l'étendue et la puissance croissent tout à coup est comparable à un fleuve qui, en s'enflant extraordinairement, déborde ses rives et inonde les terres voisines. Une autre observation qui mérite de fixer l'attention d'un politique, c'est celle-ci : lorsque dans une partie du monde il se trouve peu de nations encore plongées dans la barbarie et beaucoup de nations civilisées, les hommes ne se déterminent pas aisément au mariage et ne veulent point avoir d'enfants, à moins qu'ils ne soient à peu près assurés de pouvoir fournir à leur subsistance et à leur entretien, observation qu'on peut appliquer à toutes les nations aujourd'hui existantes, à l'exception toutefois des Tartares; et alors ces grandes inondations ou émigrations d'hommes qu'on a vues autrefois sont peu à craindre. Si, au contraire, cette contrée est habitée par des peuples fort pauvres et qui multiplient beaucoup, sans trop s'embarrasser d'avance de la subsistance de leurs enfants, alors c'est une nécessité qu'une fois par siècle, ou du moins une fois en deux siècles, ils se déchargent de leur population sur les contrées voisines et les envahissent. C'était ce que les anciens peuples du Nord étaient dans l'habitude de faire, en tirant au sort pour décider quels seraient ceux qui resteraient et ceux qui iraient chercher fortune ailleurs. Lorsqu'une nation d'abord guerrière, perdant l'esprit militaire, s'abandonne au luxe et à la mollesse, elle est sûre d'être attaquée ; car ordinairement de tels états s'enrichissent en dégénérant ; c'est tout à la fois une riche proie et une proie sans défense, double motif qui provoque l'invasion.

Quant à la nature et à la qualité des armes, il serait difficile de trouver une règle sur ce point ; cependant elles ont aussi leurs vicissitudes, car il est certain que les habitants de la ville des Oxidraques se servirent d'une sorte d'artillerie que les Macédoniens qualifiaient de foudres, d'éclairs et d'armes magiques.

On sait aujourd'hui que la poudre à canon, ainsi que les grandes et petites armes à feu, étaient connues et employées à la Chine il y a plus de deux mille ans. Voici quelles doivent être les conditions des armes de cette espèce, et en quoi elles ont été perfectionnées. 1º Elles doivent porter fort loin, ce qui les rend d'autant plus dangereuses et meurtrières pour l'ennemi ; or, tel est l'avantage des canons et des grands mousquets, des espingoles, des pierriers, etc. 2º La force du coup doit entrer aussi en considération et à cet égard l'artillerie moderne l'emporte de beaucoup sur les béliers et sur toutes les machines de guerre des anciens ; 3º et elles doivent être d'un facile service, par exemple, il faut s'en servir en tous temps, qu'elles soient faciles à transporter, à diriger, etc.

Quant à la manière de faire la guerre, les nations ont d'abord mesuré la force de leurs armées par le nombre, la vigueur et le courage de leurs soldats. Pour vider leurs querelles, ils se défiaient en bataille rangée, en marquant le jour et le lieu du combat ; mais ces armées si nombreuses, on ne savait pas encore les ranger en bataille. Dans la suite, l'expérience ayant fait sentir les inconvéniens de ces armées si nombreuses, on en réduisit le nombre ; alors on apprit l'art de choisir des postes avantageux, de faire des diversions, celui des campements, des marches et des contre-marches,
des réserves, des retraites vraies ou feintes, etc., et la tactique fit les mêmes progrès.

Dans la jeunesse des empires, c'est la profession militaire qui fleurit ; puis viennent les lettres, les sciences et les arts. A l'époque suivante, postérieure de très peu à la précédente, les armes et les arts libéraux fleurissent ensemble pendant quelque temps. Enfin sur le déclin des Etats ce sont les arts mécaniques et le commerce qui sont en honneur. Les lettres ont leur enfance où elles ne font pour ainsi dire que balbutier. Puis vient leur jeunesse, caractérisée par cette abondance et ce luxe de pensée et d'expressions qui est propre à cet âge. Dans leur âge mûr, les idées et le style, en se resserrant peu à peu, deviennent plus solides. Enfin en vieillissant elles deviennent sèches et maigres. Quant aux amateurs de philologie qui ont exercé leur plume sur ce même sujet, leurs écrits en ce genre ne sont qu'un amas de contes et de remarques futiles qui ne méritent point de trouver place dans un traité aussi sérieux que celui-ci.

LVI. *Des bâtimens*[1].

Les maisons sont bâties pour y vivre dedans et non pour les regarder au dehors. C'est pourquoi il faut que l'usage en soit préféré à la symétrie, si ce n'est que l'on puisse avoir l'un et l'autre. Ces curiosités superflues qu'on y apporte pour les rendre agréables à l'œil ne sont bonnes que pour les palais enchantés de nos poètes, qui les bâtissent à peu de frais. Celui qui entreprend de faire un beau bâtiment en un lieu incommode et mal situé se met lui-même en prison. Or, vous remarquerez que, par une mauvaise situation, je n'entends pas seulement un lieu où l'air est malsain, mais aussi où il est inégal, comme l'on peut voir en plusieurs belles assiettes jetées sur quelques collines et environnées de hautes montagnes, où la chaleur du soleil aboutit de toutes parts, outre que le vent s'y assemble par tourbillons, ce qui fait que l'on remarque (et cela fort soudainement) d'aussi grandes diversités de chaud et de froid comme si vous demeuriez en deux lieux différents. Or, si quel-

---

(1) La traduction de cet essai est de Baudouin, qui a publié, en 1636, la première traduction d'une partie des ouvrages moraux de Bacon.

que chose rend mauvaise une situation, c'est l'air sans doute s'il n'est assez bien tempéré. A quoi vous pouvez ajouter l'éloignement des lieux où se tiennent les marchés, et les chemins dont l'abord est difficile. Que si vous consultez avec Momus, vous trouverez qu'un mauvais voisinage est ce qui la fait encore pire. J'omets plusieurs autres choses qui l'incommodent, comme une disette d'eau, de bois, d'ombrage, de fertilité, et un mélange de terres de diverse nature. J'ajoute à cela l'inégalité du pays, qui manque d'un aspect agréable et de lieux propres en quelques distances pour le plaisir du levrier et de l'oiseau. Il faut prendre garde aussi que la maison ne soit ni trop proche ni trop éloignée de la mer, ou qu'elle ait la commodité de quelque rivière navigable, et qui ne soit point sujette aux débordements Que si elle est trop éloignée des grandes cités, cela pourra rompre le cours des affaires; si trop proche, il faudra craindre que toutes les provisions ne soient enlevées ou du moins renchéries. Or, comme il n'est pas possible de trouver ces choses ensemble, ainsi il est bon de les connaître toutes et d'y penser exactement, afin d'en tirer le meilleur. Il est vrai que s'il y a plusieurs départements, il les faudra disposer de telle sorte que ce qui manquera à l'un se retrouve en l'autre. Je dirai à ce propos que Lucullus répondit fort bien à Pompée, lorsqu'admirant en une sienne maison la magnificence de ses galeries et de ses chambres qui étaient si amples et si claires qu'on ne pouvait rien voir de plus beau : « Assurément, lui dit-il, voici un excellent lieu pour l'été, mais que faites-vous en hiver?» En suite de quoi Lucullus fit cette réponse : « Quoi? ne me croyez-vous pas aussi sage que quelques oiseaux, qui changent toujours de demeures quand le sentiment naturel leur apprend que l'hiver s'approche? » Pour passer maintenant à la situation du lieu de la maison même, nous imiterons Cicéron, lorsqu'écrivant quelques livres d'éloquence, au premier il en donne les préceptes et au dernier la perfection. Nous décrirons donc un palais de prince et en ferons un petit modèle; car c'est une chose bien étrange de voir maintenant en Europe de si grands bâtiments, tels que sont le Vatican, l'Escurial et quelques autres, sans qu'il s'y trouve à peine une belle salle. Voilà pourquoi je dis que vous ne sauriez rendre un palais parfait si vous n'avez deux départements séparés, l'un pour les festins, comme il est rapporté dans le livre d'Esther, et l'autre pour les officiers ou pour les serviteurs domestiques; si bien que tous deux servent ensemble et pour la magnificence et pour la demeure. Mais j'entends que les deux côtés fassent une partie du frontispice de la maison, et qu'encore qu'ils soient différents par le dedans, ils ne laissent pas d'être uniformes par le dehors. Avec cela je voudrais qu'il y eût au milieu une belle tour en forme de dôme, et au département réservé pour les festins, une grande salle, haute d'environ quarante pieds, et au-dessous un lieu propre pour s'habiller et se préparer aux jours de triomphe et de cérémonie. Quant a l'autre côté où est le département des domestiques, je désire qu'il soit divisé premièrement en une salle et en une chapelle, avec une séparation entre deux. Pour plus grand embellissement, il faut qu'il y ait au bout deux cabinets, l'un d'hiver et l'autre d'été. Au-dessous de ces départements seront les cuisines, avec les offices de sommellerie, panneterie et autres semblables. Pour revenir à la tour, il sera bon qu'elle soit composée de deux étages, chacun desquels ait dix-huit pieds de hauteur, avec un balustre aux environs, où seront mises quelques statues, afin que le bâtiment en paraisse plus agréable. J'approuve fort aussi qu'on divise les départements, et que l'escalier par où l'on monte aux chambres d'en haut soit fait en forme de vis et percé à jour de tous côtés, où l'on pourra mettre à l'entour des statues de bois bronzées; et au plus haut, de faire quelque belle plate-forme. Cela vous servira de logement au besoin, si ce n'est que vous destiniez quelqu'un des départements d'en bas pour une salle du commun, pour ce qu'autrement vous auriez le dîner des serviteurs après le vôtre, car le flaire des viandes monterait en haut comme par un soupirail. Voilà pour ce qui est du frontispice de la maison, où j'entends que la hauteur du premier escalier soit de seize pieds, qui sera à la hauteur du département d'en bas.

Au-delà du frontispice ou de la façade, il y doit avoir une belle cour qui ait à ses quatre coins de beaux escaliers par où l'on monte à de petites tours flanquées en dehors, non dans le rang de tout l'édifice, et proportionnées au bâtiment le plus bas. Cette cour ne doit point être pavée, de peur d'une trop grande réflexion de chaleur en été et d'une excessive froideur en hiver. Il est vrai qu'aux côtés on y pourra faire quelques allées, et au milieu de petits sentiers qui seront pavés, et les quartiers semés d'herbe, qu'on aura soin de couper également, mais non pas trop près. Le département destiné pour les festins et pour les réjouissances doit être composé de galeries magnifiques, où il y ait quantité de fenêtres colorées de diverses sortes d'ouvrages, placées à une égale distance, et qui par dehors s'avancent en rond du côté du département des domestiques; il y aura des chambres pour recevoir et entretenir les compagnies; le tout situé de telle sorte que les chambres soient chaudes en hiver et froides en été. Vous verrez quelquefois de belles maisons si ouvertes et si pleines de vitres, que vous ne savez d'abord où vous mettre pour vous parer du soleil ou du froid. Or, quoique j'approuve fort l'usage des fenêtres courbées, si est-ce que dans les maisons qui sont bâties en la ville les droites me semblent encore meilleures, à cause de l'égalité qu'il faut observer du côté des rues. Il est vrai que ces autres sont grandement propres pour la conférence, outre qu'elles empêchent l'entrée du vent et du soleil. Néanmoins je ne voudrais pas qu'il y en eût davantage de quatre qui regardassent dans la cour par les côtés seulement.

Au-delà de cette première cour il faut qu'il y en ait une autre petite par-dedans qui soit d'égale proportion et environnée de beaux jardins. En son enclos elle aura pour la bienséance plusieurs arcades, avec un pavillon pour s'y mettre à l'ombre en été. L'ouverture des fenêtres ne doit être que du côté du jardin, et le pavé si uni qu'il ne soit ni trop rude ni aussi trop enfoncé, afin d'éviter toute humidité. Avec cela, qu'il y ait au milieu de cette cour une fontaine ou quelque belle statue, et qu'elle soit pavée comme la première. Ces bâtiments des deux côtés pourront servir de logement particulier et les galeries aussi. Que si de hasard le prince ou quelque autre personne de qualité tombait malade, l'une de ces galeries sera fort propre pour y loger, présupposé qu'il y ait tout auprès des chambres, des antichambres,

des cabinets et des garde-robes. Voilà pour ce qui est du second étage. Quant à celui d'en-bas, il faut qu'il y ait une belle galerie ouverte, sur des piliers, et au troisième une autre semblable à celle-ci, pour avoir la veue et la fraîcheur du jardin. Aux deux coins du côté qui avance le plus, seront deux beaux cabinets gentiment pavés, bien tapissés et vitrés d'un beau cristal. Qu'il y ait aussi une fenêtre en forme de galerie, qui s'avance droit au milieu, où pour l'embellir on pourrait mettre toutes sortes de gentillesses. Que si la situation le permettait, ce serait une chose bien agréable qu'il y eût en la galerie d'en-haut quelques fontaines qui de la muraille s'épandît en divers lieux. Voilà tout ce que j'avais à vous dire touchant le modèle de ce palais. Mais pour l'embellir davantage, je trouverais à propos qu'auparavant qu'en aborder l'entrée, il y eût trois cours, la première en forme de pré, environnée d'une simple muraille, la seconde enjolivée de créneaux, et la troisième carrée, sans être enfermée que de terrasses plombées par haut, et par le dedans soutenue de piliers et d'arcades. Touchant les offices, ils doivent être à quelque distance et avoir des galeries basses pour passer au palais.

LVII. *Considérations sur les jardins* [1].

Ce fut Dieu qui le premier planta un jardin. Et certes, de toutes les douceurs de la vie humaine, nulle n'est aussi pure que celle que nous y trouvons; il n'est pas moins utile à la santé des hommes qu'à leur plaisir; sans lui, les édifices et les palais ne sont que des ouvrages manuels, rien n'y respire la nature. Cependant, il est à remarquer que dans les siècles où l'on a fait des progrès en civilisation et en magificence, on est plutôt parvenu à construire de beaux édifices qu'à planter des jardins élégants et agréables, comme s'il y avait quelque chose d'aussi parfait que la beauté des jardins.

Je voudrais que chaque mois de l'année les jardins royaux fussent renouvelés; que les plantes qui poussent et fleurissent dans le mois y fussent apportées tour à tour. Pour décembre, janvier et la fin de novembre, on choisirait les plantes qui sont en vigueur pendant tout

---

[1] Cet essai n'avait pas été publié encore en français. La Salle l'a omis, ainsi que le précédent, dans sa traduction.

l'hiver, telles que le houx, le lierre, le laurier, le genévrier, les cyprès, l'if, le buis, le pin, le sapin, le romarin, la lavande, la pervenche à la fleur blanche, pourpre et azurée, la germandrée, les iris, pour leurs feuilles; les orangers, les citronniers et le myrte, que l'on conserverait dans des serres chaudes; et la marjolaine, qu'on planterait près d'un mur exposé au midi. Viendrait ensuite pour la fin de janvier et février l'arbuste de la camélie d'Allemagne ou mezéréou, qui fleurit à cette époque, le safran printanier à la fleur jaune et azurée, les primevères, les anémones, la tulipe précoce, la jacinthe des Indes, la chameïris et la fritillaire. Pour mars on aurait toutes sortes de violettes, surtout celles qui sont simples et de couleur pourpre, parce qu'elles viennent les premières; le faux narcisse jaune, les marguerites, l'amandier, qui fleurit alors, l'oranger, le cornouiller, qui sont aussi en fleurs, et l'églantier odorant. Pour avril, la violette blanche multiple, la pariétaire jaune, la giroflée, le gazon, les iris, toutes les espèces de lis, le romarin, la tulipe, la pivoine multiple, le narcisse franc, le chèvre-feuille, le cerisier, le poirier et le prunier de différentes espèces, qui se couvrent alors de fleurs, l'acanthe et le lilas, qui commencent à ouvrir leurs feuilles. Pour mai et juin, des espèces variées d'œillets et de roses, les mousseuses exceptées, parce qu'elles ne fleurissent que plus tard; les fraises, l'aube-épine, l'ancolie, la buglose, le cerisier, qui porte alors des fruits, la groseille, le figuier également en fruit, le framboisier, les fleurs de vigne, la lavande, le satirion de jardin aux blanches fleurs, le lis des vallées, le pommier en fleurs et le bluet. Pour juillet, les œillets des Indes de diverses espèces, la rose musquée, le tilleul en fleurs, les poiriers, les pommiers et les pruniers précoces. Pour le mois d'août, des prunes de tous genres, des poires, des abricots, des noisettes, des melons à grosses côtes, des pieds d'alouettes de toutes couleurs, ou de la consoude royale. Pour septembre, des raisins, des pommes, des pavots de couleurs différentes, des oranges, des pêches, des figues, des cornouilles, des poires d'hiver ou coins. Pour octobre et le commencement de novembre, des cormes, des nèfles, des prunes sauvages, des roses tardives, de la mauve qui pousse en fleurs roses et autres plantes semblables. Les plantes que je viens d'énumérer conviennent au climat de Londres; mais je voudrais qu'on adoptât mon idée, pour qu'il y eût partout une sorte de printemps éternel, autant que le permet la nature du lieu.

Certes, il est plus agréable de respirer l'odeur des fleurs, qui se répand dans l'air et qui y ondule comme l'harmonie de la musique, que de les cueillir. Rien aussi ne contribue plus au plaisir que fait éprouver leur parfum, que de connaître les fleurs et les plantes qui, en croissant et en restant sur leurs tiges, exhalent un souffle délicieux dont l'air se parfume. Les roses pâles, ainsi que celles des buissons, n'émettent aucune odeur pendant qu'elles poussent et ne se mêlent pas à l'air; et ceci est si vrai qu'en se promenant près d'une haie on ne sentira pas la moindre odeur, bien qu'on en fasse l'essai au moment de la rosée du matin. Il en est de même pour le laurier lorsqu'il croît; il ne donne presque point d'odeur, les mêmes observations s'appliquent au romarin et à la marjolaine. Mais ce qui au-dessus de tout empreint l'air en poussant du parfum le plus suave, c'est la violette, surtout la violette blanche aux fleurs multiples, qui fleurit deux fois par an, au milieu d'avril et à la fin d'août. Immédiatement après elle, vient la rose musquée; ensuite les feuilles de fraisier; quand le fraisier commence à se passer, leur odeur a quelque chose de si doux qu'elle tourne le cœur. Je citerai encore les fleurs de la vigne, qui se montre dans les grappes nouvellement découvertes, et qui ressemblent à de la poussière, comme celle qu'on remarque sur la tige du plantain; l'églantier odorant; la pariétaire jaune, qui a une odeur fort agréable, quand on la plante près des fenêtres d'un salon ou d'une chambre à coucher exposée en plein midi; les œillets, tant grands que petits; les fleurs du tilleul; les fleurs du chèvre-feuille, qu'on élève très haut; enfin les fleurs de lavande. Je ne parle pas des fleurs de la fève, parce qu'elles viennent dans les champs. Il y a encore trois plantes qui répandent dans l'air l'odeur la plus agréable; mais il faut pour les sentir qu'elles soient foulées et écrasées; ce sont la pimprenelle, le serpolet et la menthe aquatique. Que les promenades en soient donc toutes ensemencées pour qu'en les foulant on en fasse sortir le parfum.

Quant à l'étendue du jardin (qu'on remarque que je parle ici des jardins royaux, comme je l'ai fait pour les édifices), elle ne doit pas avoir moins de trente arpents, et il est bon de diviser ce terrain en trois parties : une pelouse à l'entrée, une pépinière ou un lieu solitaire à la sortie, et le jardin principal au milieu; on doit ensuite établir des promenades des deux côtés. Je voudrais qu'on employât quatre arpents pour le gazon, six pour la pépinière, huit pour les promenades de côté, et douze pour l'emplacement du corps du jardin. La pelouse me plaît pour deux raisons : premièrement elle flatte mes yeux, parce que rien ne les charme plus qu'un gazon bien fauché et verdoyant; ensuite parce qu'elle ouvre dans le milieu un passage qui conduit au fronton d'une charmille magnifique dont le jardin doit être entouré. Mais comme le sentier sera long, et que dans les grandes chaleurs de l'année ou du jour l'ombrage du jardin ne doit pas être enlevé de la promenade par les rayons du soleil, à travers le gazon on construira des allées couvertes de douze pieds de hauteur, bien taillées intérieurement sur les deux côtés de la pelouse, et on pourra ainsi pénétrer dans le jardin sans solution de continuité d'ombrage. Quant aux ornements et aux figures de terre de différentes couleurs dont on bariole l'entablement des croisées, ce sont de pures bagatelles, bonnes tout au plus pour des ouvrages de pâtisserie. La forme carrée est celle qui convient le mieux à un jardin ; de tous côtés cette forme doit être renfermée dans une charmille élégante et bien arquée. Que les arceaux s'élèvent au-dessus des pilastres en treillage et qu'ils aient dix pieds de haut sur six de large, et que les espaces entre les pilastres soient de la même dimension que la largeur de l'arceau. Qu'au-dessus des arceaux on continue la charmille à quatre pieds de hauteur, toujours en treillage; que sur la partie supérieure de chaque arceau on construise ensuite une tourelle assez spacieuse pour recevoir une volière; qu'on place enfin au-dessus des interstices des arceaux quelques petites figures dorées, encadrant des vitraux où viennent se refléter en couleurs variées et brillantes les rayons du soleil. Je proposerais que cette charmille fût élevée sur un tertre sans raideur, mais légèrement incliné, de six pieds de haut et entièrement émaillé de fleurs. Je demanderais aussi que ce carré de jardin n'occupât point toute la largeur du terrain, mais qu'on laissât assez d'espace pour ménager diverses allées des deux côtés, où viendraient aboutir les avenues couvertes de la pelouse dont j'ai parlé; mais à l'entrée et à la sortie du jardin il faut se garder de rattacher de semblables allées aux charmilles; à l'entrée, pour que du gazon on ne perde pas la vue de cette belle charmille; à la sortie, pour ne pas masquer la vue de la pépinière à travers les arceaux.

Quant à la disposition du terrain renfermé dans la charmille, on peut la varier selon son goût; tout ce que je demande, c'est que, quel que soit l'arrangement qu'on lui donne, on ne s'attache pas trop aux objets de pure curiosité et de patience. Je n'aime point les figures taillées sur le genévrier ou tout autre arbuste; ce sont des enfantillages; mais j'admire de petites charmilles basses et arrondies en forme de bordures, avec des pyramides peu élevées. J'admets également des colonnes et de hautes pyramides en treillage, distribuées en différentes parties et recouvertes de charmille. Les avenues, à mon avis, doivent être grandes et spacieuses ; les allées étroites et couvertes sont bonnes sur les côtés, mais tout-à-fait déplacées dans le corps du jardin. Je conseillerais aussi qu'on élevât au milieu du jardin un joli monticule où l'on pourrait arriver par trois escaliers et trois avenues assez larges pour que quatre personnes y marchassent de front ; et je tiendrais à ce que ces avenues fussent disposées en cercles parfaits, sans aucune figure de fortifications. La hauteur du monticule serait de trente pieds, et sur le sommet se trouverait un élégant pavillon garni de cheminées arrangées avec goût et d'une petite quantité de vitraux.

Parlons maintenant des bassins; c'est un des plus beaux ornements des jardins, à cause de la fraîcheur qu'ils répandent; mais qu'on se garde d'admettre des étangs et des viviers, car ils rendent le lieu malsain et le remplissent de mouches, de grenouilles et d'autres animaux non moins incommodes. Voici les deux sortes de bassins que j'aimerais : l'un où l'eau jaillisse et s'écoule continuellement; l'autre, réservoir brillant d'une eau limpide, serait carré, aurait trente ou quarante pieds, et pour qu'il ne fût jamais bourbeux, ne renfermerait point de poisson. Quant au premier, les pièces d'ornement dorées et en marbre, aujourd'hui en usage, pourraient être employées avec grâce ; mais dans ce genre de bassin, il y a une difficulté : il faut diriger l'eau de manière à ce qu'elle s'échappe continuellement et ne s'arrête jamais, soit dans le bassin ou dans la citerne ; il ne faut pas que la stagnation lui fasse perdre sa couleur, ni qu'elle devienne tantôt verte, tantôt rouge, ou de tout autre teinte ; elle ne doit pas enfin engendrer de mousse ni exhaler de mauvaise odeur. Pour la conserver limpide on la nettoiera chaque jour à la main. Il serait bien également de l'entourer de quelques marches pour y monter et de l'enceindre de dalles élégantes. La seconde espèce de bassin, qu'on peut appeler un bain, est susceptible de recevoir beaucoup d'objets d'ornements et de curiosité sur lesquels nous ne nous arrêterons pas ; par exemple, le fond, ainsi que les côtés, serait décoré de différentes pièces ; çà et là des vitraux de diverses couleurs et d'autres corps polis et brillants y répandraient de l'éclat ; sur la dernière rangée il pourrait même y avoir un cercle de petites statues. Mais le point important est, comme nous l'avons déjà dit à propos du premier bassin, de tenir l'eau en mouvement continuel ; ainsi il faudrait que l'eau du bain fût alimentée par un réservoir placé au-dessus, conduite par des canaux bien arrangés, et renvoyée sous terre par des tuyaux de même dimension, pour qu'elle ne se trouve pas arrêtée. S'il faut dire ce que je pense des inventions simplement curieuses, comme celles de courber l'eau en un cercle sans qu'il s'en répande, de donner à l'eau diverses formes, celles de plumes, de coupes de verre, de voiles, de cloches et autres semblables ; s'il me faut parler des roches artificielles et des ornements de ce genre, je dirai qu'ils peuvent plaire aux yeux, mais qu'ils ne contribuent en rien à la salubrité ni à la véritable douceur des jardins.

Je voudrais que la pépinière, dont nous avons fait la troisième partie de tout le jardin, représentât, autant que possible, l'image d'un désert naturel. Il ne s'y trouverait pas un seul arbre de planté, si l'on excepte les rangées de ceux que je conseille de mettre en certains endroits, pour offrir une avenue abritée par les branches et le feuillage, et ouverte çà et là par des trouées. Une partie de cette avenue recevrait les rayons du soleil et serait abondamment chargée de fleurs odoriférantes, de manière à ce que la promenade en fût parfumée ; partout ailleurs je tiendrais à ce que la pépinière fût découverte et sans arbre. J'aimerais cependant assez à la voir entrecoupée de buissons d'églantier odorant, de chèvre-feuille et de vigne sauvage ; mais ce que je désirerais le plus serait de couvrir partout la terre de violettes, de fraises principalement et de primevères ; car ces plantes répandent une odeur délicieuse et s'élèvent avec succès dans l'ombre. Quant aux buissons et aux avenues d'arbres, nous voudrions que le goût décidât leur place et non la symétrie. J'approuve aussi beaucoup ces petits tertres, semblables aux amas qu'élèvent les taupes (comme on en trouve communément dans les bruyères sauvages) ; qu'on ensemence les uns de serpolet, de petits œillets, de germandrée, dont la fleur est si belle, de pervenche, de violettes, de fraises ; les autres de marguerites, de roses rouges, de lis des vallées, de l'hellébore à la fleur de pourpre, et de toutes les plantes aussi douces que belles. Qu'une partie de ces tertres reçoive des arbustes dans la partie supérieure ; qu'on y découvre le rosier, le genévrier, le houx, l'oxyacanthe (celui-ci moins que les autres, à cause de la force de son odeur lorsqu'il fleurit), le groseiller à baies rouges, le cassis, le romarin, le laurier, l'églantier odorant, etc. Il est nécessaire de tailler ces arbustes pour qu'ils ne deviennent pas difformes en poussant.

Il nous reste à distribuer le terrain de chaque côté en allées particulières, ombragées pendant toutes les parties du jour. Il faut avoir soin d'en mettre quelques-unes à l'abri de la violence des vents, de manière à ce qu'on puisse s'y promener comme dans un portique. Pour cette raison, c'est-à-dire pour en éloigner les vents, elles doivent être closes aux extrémités. Ces allées ainsi fermées auront leur sentier couvert de sable et non de gazon, pour qu'on s'y promène sans humidité. On placera dans la plupart de ces allées des arbres fruitiers de chaque espèce, tant pour les cloisons extérieures que dans les rangées intérieures. Et il faut bien remarquer alors que l'élévation où l'on plante les arbres fruitiers soit large et basse et qu'elle aille légèrement en montant ; on peut y semer quelques fleurs odoriférantes, mais en petit nombre, pour qu'elles n'absorbent point la nourriture des arbres. Aux extrémités du terrain latéral je verrais avec plaisir de petits monticules à une hauteur telle de la cloison extérieure qu'on pût du monticule jouir de la vue de la campagne.

Pour en revenir au corps principal du jardin, je ne m'opposerais pas à ce qu'on y fît quelques avenues spacieuses et plantées de chaque côté d'arbres fruitiers ; je consentirais même à ce que quelques plants de ces arbres fussent élevés à peu de distance ; je n'interdirais pas non plus des berceaux avec des siéges placés avec ordre et élégance ; mais tout cela ne devrait pas être trop entassé ; car le jardin doit avant tout être à découvert pour que l'air y circule librement. Je voudrais enfin qu'on allât chercher l'ombre dans les allées latérales, quand on se promènerait pendant la chaleur du jour ou de l'année ; le jardin n'a été fait que pour les parties les plus tempérées de l'année, pour le printemps et l'automne ; mais dans l'été on ne doit y aller que le matin ou le soir, ou bien dans les jours nébuleux.

Je n'aime pas les volières, à moins qu'elles ne soient assez grandes pour être garnies en dessous de gazon et même d'arbustes en pleine végétation ; de cette manière, les oiseaux volent avec plus de liberté, et ils sont plus indépendants dans leurs plaisirs et dans leur société ; ensuite on ne voit dans aucune partie de la volière une malpropreté qui dégoûte toujours.

Comme pour établir dans les allées des descentes et des montées variées et agréables il faut un don particulier de la nature et qu'elles ne peuvent pas se construire partout, nous n'avons proposé que des plants d'avenues qui conviennent à tous les lieux.

Nous avons donc tracé la forme d'un jardin royal, en partie d'après des préceptes et en partie d'après une mesure générale et nullement précise. Nous nous sommes montrés prodigues dans les dépenses à faire. Mais peu importe aux princes qui, comme on le voit de nos jours, s'en remettent la plupart du temps à leurs jardiniers et dépensent des sommes non moins considérables à rassembler sans jugement les objets les plus disparates ; ils accumulent les statues et d'autres objets d'art bons pour la pompe et la magnificence, mais tout-à-fait inutiles au plaisir et à l'agrément véritable des jardins.

DE LA SAGESSE
DES ANCIENS.

PRÉFACE DE L'AUTEUR.

Les événements de l'antiquité la plus reculée, à l'exception toutefois de ceux qui se trouvent consignés dans les Livres-Saints, ont été ensevelis dans l'oubli le plus profond. A ce silence que l'histoire garde sur les temps primitifs ont succédé les fables des poètes, et à ces fictions les histoires qui sont entre nos mains, en sorte que ces fables sont comme un voile tendu entre cette antiquité si reculée dont la mémoire est entièrement effacée et les temps ultérieurs dont l'histoire s'est conservée. La plupart de mes lecteurs sans doute s'imagineront que ce traité n'est qu'un pur jeu d'esprit et n'a pour objet que le simple amusement; qu'en expliquant ces fables je prends les mêmes licences que les poètes ont prises en les inventant, conjecture d'autant plus naturelle que si tels eussent été mon but et mon plan je n'aurais fait après tout qu'user de mes droits en mêlant quelquefois, par forme de distraction et de délassement, à des recherches plus difficiles, ces explications qui sont le fruit de mes méditations et de mes lectures. Je n'ignore pas non plus combien une telle matière est souple et ductile, ni combien il est facile, avec un peu d'adresse et de sagacité, de controuver des analogies imaginaires, et d'attribuer avec assez de vraisemblance, aux inventeurs de ces fictions, des idées qu'ils n'ont jamais eues. Enfin je sais que les interprétations de ce genre doivent être d'autant plus suspectes qu'on a dans tous les temps abusé des facilités qu'on trouvait à cet égard ; car un assez grand nombre d'écrivains ont détourné le sens de ces fables des poètes pour les appliquer à leurs propres inventions ou du moins à leurs propres opinions, auxquelles ils voulaient attacher cette vénération qu'inspirent naturellement les choses antiques, genre de prestige qui n'est particulier à aucun siècle et dont les anciens n'ont pas moins usé que les modernes. C'est ainsi, par exemple, que Chrysippe, abandonnant le rôle de philosophe pour jouer celui d'un interprète de songes, attribuait aux plus anciens poètes les opinions des stoïciens, et que les chimistes, abusés par une prévention encore plus ridicule, ont voulu appliquer ces jeux de l'imagination des poètes aux transformations des corps et aux expériences qu'ils faisaient à l'aide de leurs fourneaux. Nous connaissons, dis-je, tous ces abus, et nous pressentons toutes les objections auxquelles ils peuvent donner lieu, voyant assez combien d'esprits frivoles ou audacieux se sont donné carrière par rapport à ces allégories. Mais après avoir mûrement considéré et suffisamment pesé tous ces inconvénients, nous n'y voyons point du tout une raison pour changer de sentiment sur ce point ni pour abandonner notre dessein ; car en premier lieu la licence ou l'ineptie d'un petit nombre d'écrivains ne doit pas décréditer toutes les paraboles sans exception, ni rien ôter à l'honneur qui leur est dû en général. Les proscrire et les rejeter toutes indistinctement serait même une décision téméraire et une sorte d'impiété ; car la religion même aimant à couvrir du voile mystérieux de l'allégorie les augustes vérités qu'elle nous enseigne, vouloir déchirer ce voile serait vouloir mettre une sorte de prohibition et d'interdit sur le commerce que ces emblèmes établissent ou entretiennent entre les choses divines et les choses humaines ; mais tenons-nous-en pour le moment à ce qui concerne la sagesse purement humaine. J'avoue ingénument que je suis très disposé à croire que la plupart de ces fables des anciens poètes renfermaient dès l'origine un sens mystérieux et allégorique, soit que je me laisse subjuguer par cette vénération qu'inspire naturellement l'antiquité, soit parce qu'en approfondissant ces fictions je découvre quelquefois entre le sens qu'elles présentent naturellement et la texture même de la fable, ou les noms des êtres mis en action dans la fiction, une analogie si exacte, si sensible et si frappante qu'on ne peut disconvenir que les inventeurs n'aient eu en vue ce sens même et ne l'aient à dessein couvert du voile de l'allégorie; car il n'est point de mortel, quelque aveugle et dépourvu d'intelligence qu'on veuille le supposer, qui ne conçoive à la première vue que la fable où il est dit qu'après la défaite et la mort des géants la terre enfanta la renommée, qui fut ainsi en quelque manière leur sœur posthume, se rapporte à ces murmures et à ces bruits séditieux qui, après qu'une révolte a été assoupie et presque entièrement étouffée, se répandent et voltigent encore pendant quelque temps, ou qui, en lisant dans les poètes que le géant Typhon, ayant coupé les nerfs à Jupiter, les emporta, et qu'ensuite Mercure les ayant dérobés les rendit à ce dieu, ne reconnaisse aussitôt que cette fable représente allégoriquement ces violentes insurrections qui coupent aux rois les deux principaux nerfs, savoir, ceux de l'argent et de l'autorité, de manière toutefois qu'à l'aide de discours gracieux et populaires ou de sages édits ils recouvrent pour ainsi dire furtivement et en très peu de temps l'affection de leurs sujets et la force qui en dérive; ou qui enfin, en lisant dans les auteurs fabuleux que dans cette expédition si mémorable des géants l'âne de Silène, qui ne cessa de braire durant le combat, contribua beaucoup à la défaite de ces enfants de la terre, ne voie au premier coup d'œil que cette fiction désigne ces immenses coalitions de rebelles qu'on voit le plus souvent dissipées par des nouvelles hasardées et de vains bruits qui répandent la terreur parmi eux. De même, qui ne voit aisément dans plusieurs de ces fictions l'analogie de certains noms avec les personnes ou les choses qu'ils désignent? Par exemple, le nom de Métis, l'une des épouses de Jupiter, signifie proprement le conseil, la prudence; celui de Typhon les gonflements, les soulèvements ou les insurrections; celui de Pan l'univers entier, le grand tout; celui de Némésis la vengeance, etc. On ne doit pas non plus être étonné de voir les poètes mêler quelquefois à leurs fictions des faits historiques, ou y faire d'autres additions pour rendre la narration plus agréable, ou confondre les temps, ou enfin transporter une partie de telle fable dans telle autre pour former du tout une nouvelle allégorie. Ces variations n'ébranlent point notre sentiment et sont d'autant moins étonnantes que les inventeurs de ces fables n'ont ni vécu dans les mêmes temps, ni visé aux mêmes buts, quelques-unes de ces fictions étant fort anciennes et les autres beaucoup plus modernes, les unes servant de voile à des principes ou à des systèmes de physique et les autres à des maximes de morale ou de politique. Ajoutez que dans quelques-unes de ces fables la narration est quelquefois si ridicule et si absurde que cette absurdité même démontre leur destination et leur sens allégorique; car lorsque la narration d'une fable n'a rien d'invraisemblable ni de choquant, on peut présumer qu'on ne l'a inventée que pour le simple amusement, et que dans cette vue on a tâché de donner au récit la vraisemblance historique. Mais lorsqu'on y voit des choses que personne ne se serait jamais avisé de raconter ni même d'imaginer, on peut en inférer qu'elles avaient une autre destination. De ce dernier genre est la suivante. Jupiter, disent les poètes, épousa Métis; sitôt qu'il la vit enceinte, il la dévora; il eut ensuite lui-même une sorte de grossesse, et, au terme ordinaire de l'accouchement, Pallas sortit de son cerveau toute armée. Il est clair qu'un conte si monstrueux, si extravagant et si éloigné de toutes les voies de la pensée humaine ne se serait pas présenté de lui-même à l'esprit mortel, pas même en songe. Une des considérations qui ont le plus contribué à confirmer notre sentiment sur ce point, c'est que la plupart des fables dont nous parlons n'étaient pas de l'invention des poètes qui les ont publiées ou rendues célèbres, tels que Homère, Hésiode, etc.; car s'il était bien prouvé que ces fictions appartenaient réellement aux poètes dont nous les tenons, une telle origine (autant que nous pouvons le présumer) ne nous annoncerait ni de grandes vues, ni un but fort élevé. Mais, pour peu qu'on les lise avec quelque attention, on reconnaîtra aisément que ces poètes les rapportent comme ayant été adoptées et reçues dans des temps plus anciens, non comme nouvelles et comme étant de leur invention. De plus, des auteurs contemporains les uns des autres les rapportant de différentes manières, on doit en inférer que ce qu'elles ont de commun vient des temps plus anciens, et que leurs différences et leurs variations viennent des additions que les différents auteurs auront jugé à propos d'y faire pour les embellir et les rendre plus agréables; ce serait même cette dernière considération qui leur donnerait plus de prix à nos yeux, et qui nous déterminerait à les regarder, non comme des productions de ces poètes mêmes qui nous les ont transmises ni de leurs contemporains, mais comme d'augustes débris d'un siècle plus éclairé et comme une sorte de souffle léger qui, des traditions de quelques nations beaucoup plus anciennes, est venu pour ainsi dire tomber dans les trompettes et les flûtes des Grecs. Cependant si quelqu'un s'obstinait encore à soutenir que le sens allégorique de ces fables y a été mis après coup et non dès l'origine, nous lui laisserons volontiers son opinion sur ce point, et nous l'abandonnons à cette sévérité de jugement qu'il affecte dans cette question; mais, pour peu qu'il provoque et mérite une réplique, nous lui livrerons un nouvel assaut en lui opposant une considération encore plus importante et plus frappante. Les paraboles, lui dirons-nous, ont été dans tous les temps employées à deux usages de nature très différente, et ont même eu souvent deux destinations opposées; car ces allégories dont on revêt certaines vérités peuvent servir et servent en effet tantôt à les voiler, tantôt à les éclaircir. Mais, laissant pour le moment la première de ces deux destinations afin d'éviter toute discussion sur ce sujet, et en accordant même que les fables les plus anciennes n'étaient que des fictions vagues et sans objet, n'ayant pour but que le simple amusement, toujours est-il certain que les fictions inventées dans les temps ultérieurs ont eu la seconde de ces deux destinations, et il n'est point d'homme un peu éclairé qui ne les regarde comme une invention fort judicieuse, très solide, très utile aux sciences, et même d'une nécessité absolue pour remplir ce second objet dont nous venons de parler, je veux dire pour mettre à la portée des moindres esprits les vérités récemment découvertes, mais trop éloignées des opinions vulgaires, et les pensées trop abstraites. Aussi, dans ces premiers siècles, temps où les inventions et les déductions de la raison humaine, même celles qui aujourd'hui sont triviales et rebattues, étaient encore nouvelles et paraissaient étranges, tous les écrits et les discours étaient remplis de fables, d'apologues, de paraboles, d'énigmes, d'emblèmes, d'allégories et de similitudes de toute espèce. A cette époque, ce langage figuré n'était pas encore un moyen destiné à envelopper des vérités qui, bien qu'utiles, ont besoin d'être un peu voilées, mais une simple méthode d'enseignement; car alors les esprits, encore faibles et grossiers, repoussant toute pensée trop subtile ou trop abstraite, ne pouvaient encore saisir que les vérités sensibles. Comme l'invention des hiéroglyphes est plus ancienne que celle des lettres de l'alphabet, l'invention de ces paraboles a aussi précédé celle des arguments, et, même de nos jours, tout homme qui veut éclairer les esprits en ménageant leur faiblesse est encore obligé de suivre la même méthode et de recourir fréquemment aux similitudes. Ainsi, terminant ce préambule par une vérité importante, la sagesse des premiers siècles, dirons-nous, fut ou très grande ou très heureuse : très grande si les premiers sages inventèrent à dessein ces figures et ces allégories; très heureuse si, en visant à un autre but, ils eurent du moins le mérite de fournir une matière, une occasion et un moyen pour donner tant d'élévation et de dignité aux contemplations humaines. Quoi qu'il en soit, nous espérons que nos méditations sur ce sujet ne seront pas tout-à-fait inutiles, et que nous remplirons du moins l'un ou l'autre des deux objets indiqués; car, à l'aide de ces interprétations des antiques paraboles, nous répandrons quelque jour sur les obscurs écrits de quelques anciens ou sur les choses mêmes. Cependant, s'il nous est permis d'exposer notre sentiment sur ce point avec une liberté philosophique et sans témoigner de mépris pour ceux qui nous ont précédés dans cette carrière, nous ne craindrons pas de dire que les productions en ce genre publiées jusqu'ici se réduisent presqu'à rien; et quoique des écrivains très laborieux aient traité fort amplement cette matière, le genre même est tombé dans une sorte d'avilissement, parce que ces premières tentatives pour expliquer les fables les plus anciennes ont été faites par des hommes peu éclairés, dont la science s'élevait à peine au-dessus des lieux communs, et qui, n'ayant appliqué ces allégories qu'à des opinions vulgaires, ont manqué le vrai but et n'ont fait qu'effleurer cet important sujet. Pour nous, abandonnant aux écrivains dont nous venons de parler les faciles découvertes qu'ils ont pu faire en ce genre, nous tâcherons de pénétrer plus avant dans ces profondeurs de l'antiquité et de saisir ces vérités plus fécondes que les premiers sages couvrirent du voile mystérieux de la fable et de l'allégorie.

DE LA SAGESSE DES ANCIENS.

I. *Cassandre, ou de l'excessive liberté dans les discours.*

Cassandre, selon les poètes, fut aimée d'Apollon, et, tout en éludant les désirs de ce dieu, elle ne laissa pas d'entretenir ses espérances, jusqu'à ce qu'elle eût extorqué de lui le don de la divination (la faculté de prédire l'avenir); mais sitôt qu'elle fut en possession de ce qu'elle avait voulu obtenir par cette longue dissimulation, elle rejeta toutes ses prières et le rebuta ouvertement. Le dieu, ne pouvant révoquer le don qu'il lui avait fait, mais indigné d'avoir été joué par cette femme artificieuse, et brûlant du désir de se venger, y joignit une condition qui en fit pour elle un vrai châtiment; car, en lui laissant la faculté de prédire avec justesse, il lui ôta celle de persuader; en sorte que, depuis cette époque, malgré la vérité de ses prédictions, personne n'y ajoutait foi; disgrâce qu'elle éprouva dans une infinité d'occasions, et surtout relativement à la ruine de sa patrie, qu'elle avait su prédire sans que personne eût daigné l'écouter ou la croire.

Cette fable paraît avoir été imaginée pour montrer l'inutilité des conseils les plus sages, donnés avec une généreuse liberté, mais mal à propos et sans les ménagements nécessaires; elle semble désigner ces individus d'un caractère âpre, difficile et opiniâtre, qui ne veulent point se soumettre à Apollon ou au dieu de l'harmonie, ne prenant ni le ton, ni le mode, ni la mesure des personnes et des choses (qui dans leurs discours ne savent régler ni leur ton ni leur style sur la disposition des auditeurs); en un mot, qui ne savent point chanter sur un ton pour les oreilles savantes et sur un autre ton pour les oreilles novices, qui enfin semblent ignorer qu'il est un temps pour parler et un temps pour se taire; car, quoique les gens de ce caractère aient toutes les connaissances et toute l'énergie requises pour donner un conseil salutaire et courageux, cependant, malgré tous leurs talents et tout leur zèle comme ils manquent de la dextérité nécessaire pour manier les esprits, rarement ils réussissent à persuader ce qu'ils conseillent et ils ont peu d'aptitude pour les affaires. Ils sont même nuisibles à ceux avec qui ils se lient et dont ils se font écouter; ils hâtent la ruine de leurs amis, et alors enfin, je veux dire lorsque le mal auquel ils ont eux-mêmes contribué par la raideur et l'âpreté de leur caractère est consommé et sans remède, ils passent pour des oracles, pour de grands prophètes, pour des hommes qui ont la vue longue. C'est ce dont on vit un exemple frappant en la personne de Caton d'Utique. Ce Romain prévit que la ruine de sa patrie serait l'effet de deux causes, savoir: d'abord la conspiration de César et de Pompée, puis leur mésintelligence. Son génie élevé vit cette catastrophe long-temps avant l'événement, et sa prédiction fut une espèce d'oracle; mais ce malheur qu'il sut prévoir de si loin, il ne sut pas le prévenir; il fut même assez imprudent pour y contribuer, et son âpreté hâta la ruine de sa patrie; observation judicieuse qu'a faite Cicéron lui-même, avec cette élégance qui lui était propre. » Caton, disait-il, est un personnage d'un grand sens, cependant il ne laisse pas de nuire quelquefois à la république; il nous parle comme si nous vivions dans la république de Platon, et non dans cette lie (ce marc) de Romulus.

II. *Typhon, ou les révoltes.*

Junon, indignée de ce que Jupiter avait engendré, de lui-même et sans le concours de son épouse, Pallas qui était sortie toute armée de son cerveau, fatigua long-temps par ses prières tous les dieux et toutes les déesses, afin qu'ils la missent aussi en état d'enfanter sans la coopération de Jupiter. Les dieux, vaincus par ses importunités, ayant consenti à sa demande, elle ébranla la terre jusque dans ses fondements; secousse qui donna naissance à Typhon, monstre d'une stature immense et de l'aspect le plus terrible; un serpent fut chargé de le nourrir. Lorsqu'il fut grand, il déclara aussitôt la guerre à Jupiter. Dans ce combat, le dieu fut vaincu et tomba au pouvoir du géant, qui, l'ayant mis sur ses épaules, le porta dans une région obscure et fort éloignée; puis il lui coupa tous les nerfs des pieds et des mains, et après l'avoir ainsi mutilé, il le laissa dans ce triste état; mais ensuite Mercure eut l'adresse de dérober au géant les nerfs de Jupiter et les rendit à ce dieu. Jupiter, ayant ainsi recouvré toutes ses forces, attaqua de nouveau le monstre; il le blessa d'abord d'un coup de foudre, et du sang qui coula de la blessure qu'il fit naquirent quantité de serpents; alors enfin il lança contre lui le mont Etna, et, l'écrasant de cette masse énorme, il le tint immobile, état où il est encore.

Cette fable paraît avoir été imaginée pour montrer les vicissitudes de la destinée des princes, ainsi que les causes et le remède de ces révoltes qui s'élèvent quelquefois dans les monarchies; car c'est avec raison qu'on pense que les rois sont (ou doivent être) unis à leurs peuples comme Jupiter à Junon, et par une sorte de lien conjugal; mais trop souvent corrompus par la longue habitude du commandement, ils le font dégénérer en tyrannie; ils attirent à eux toute l'autorité; ils foulent aux pieds les priviléges et les droits de tous les ordres de l'État; ils dédaignent les avis de leur sénat (du conseil d'état, et en Angleterre ceux du parlement), c'est-à-dire qu'ils exercent un pouvoir arbitraire, voulant que leurs ordres les moins réfléchis soient exécutés sur-le-champ et que leur caprice ait force de loi. Puis les peuples, indignés d'une telle conduite et las de l'oppression, tâchent d'enfanter aussi sans la coopération du prince, se créant d'eux-mêmes quelque chef et lui déférant le commandement; cette insurrection a ordinairement pour cause les instigations et les sollicitations des grands, qui, une fois coalisés, tentent de soulever le peuple; soulèvement d'où résulte dans l'État une sorte de gonflement figuré dans cette fable par l'enfance de Typhon. Cette agitation croît et est en quelque manière nourrie par la malignité innée et le mécontentement du peuple; disposition qui est le serpent le plus dangereux pour les rois; puis, lorsque les rebelles ont rassemblé toutes leurs forces et pris toutes leurs mesures, la révolte éclate et dégénère en guerre ouverte. Or, ces insurrections étant la source d'une infinité de maux, soit pour les peuples, soit pour les rois, c'est avec raison qu'elles sont ici représentées par la monstrueuse effigie de Typhon. Les cent têtes de ce monstre figurent la division et la multiplicité des pouvoirs; ses gueules enflammées désignent les incendies; ces serpents qui lui servent de ceinture ou de collier indiquent les maladies pestilentielles qui règnent alors, surtout durant les siéges; ses mains de fer se rapportent aux massacres; les serres d'aigle sont l'image des rapines et des vexations; enfin les plumes dont tout son corps est couvert représentent les bruits inquiétants qui se répandent alors, ainsi que les nouvelles fâcheuses et les vaines terreurs dont ces bruits sont la source. Quelquefois le parti insurgé prend tellement le dessus que les rois, emportés pour ainsi dire par les rebelles, sont forcés d'abandonner le siége de leur empire et leurs principales villes, de rassembler autour d'eux le peu de forces qui leur restent et de se retirer dans quelque province éloignée et peu connue, après avoir perdu leurs trésors et leur autorité, qui sont leurs deux principaux nerfs. Cependant quelque temps après, pour peu qu'ils supportent leur disgrâce avec une sage patience, ils recouvrent leurs nerfs par l'industrie et la dextérité de Mercure; je veux dire que par de sages édits, par leur affabilité, par des discours gracieux et populaires, ils regagnent peu à peu l'affection de leurs sujets, qui ensuite paient avec joie les contributions, et c'est ainsi que l'autorité du prince reprend une nouvelle vigueur. Cependant les princes les plus prudents et les plus circonspects se gardent bien de tenter souvent la fortune en pareille circonstance et de risquer des batailles ; ils tâchent seulement de ruiner la réputation des rebelles par quelque exploit mémorable. Si cette tentative est couronnée par le succès, les rebelles étant découragés et abattus par cette grande blessure et commençant à redouter la vengeance du prince, tout le feu qui leur reste s'exhale en vains murmures, figurés dans cette fable par le sifflement des serpents. Ensuite, désespérant tout-à-fait de leur fortune et perdant entièrement courage, ils commencent à se disperser en fuyant, et alors enfin il est temps pour les rois de les écraser en jetant sur eux le mont Etna, c'est-à-dire de tomber sur eux avec toute la masse des forces du royaume.

III. *Les cyclopes, ou les ministres de terreur.*

Les poètes ont feint que Jupiter, indigné de la barbarie et de la férocité des cyclopes, les précipita dans le Tartare et les condamna ainsi à une éternelle prison ; mais la déesse Tellus (la terre) lui persuada de les élargir et de les employer à fabriquer ses foudres. Le dieu ayant suivi ce conseil, ces cyclopes se mirent aussitôt à fabriquer des foudres et autres instruments de terreur, en travaillant sans relâche et avec un bruit menaçant. Mais dans la suite des temps, Jupiter, irrité contre Esculape, fils d'Apollon, parce qu'il avait ressuscité un homme par le pouvoir de son art, mais comme il cachait avec d'autant plus de soin cette colère (qui, n'étant excitée que par une action très louable en elle-même et qui avait été célébrée comme elle méritait de l'être, lui paraissait injuste à lui-même), il déchaîna contre lui, par ses secrètes instigations, les cyclopes, qui obéirent aussitôt à ses ordres et fulminèrent Esculape. Apollon tira vengeance de ce meurtre en les perçant de ses flèches sans que Jupiter s'y opposât.

Cette fable paraît désigner allégoriquement la conduite de certains rois ; car quelquefois les princes de ce caractère châtient et dépouillent de leurs emplois des ministres cruels et sanguinaires ; mais ensuite, abusés par les conseils de Tellus, c'est-à-dire par des conseils peu généreux et peu honorables, soit pour ceux qui les donnent, soit pour ceux qui les suivent, ils rappellent ces ministres disgraciés et les emploient dans les occasions où ils croient avoir besoin d'exacteurs impitoyables et de sévères exécuteurs de leurs volontés. Ces derniers, qui sont cruels de leur nature et de plus aigris par le souvenir de leur disgrâce, ne manquent pas d'exécuter de tels ordres avec tout le zèle et toute la diligence possibles ; mais comme ils manquent ordinairement de prudence et se hâtent trop d'exercer ce dangereux office pour se remettre en faveur tôt ou tard, excités par la connaissance qu'ils ont des intentions du prince, mais sans avoir reçu des ordres précis à ce sujet, ils se rendent coupables de quelque barbare exécution qui excite l'indignation universelle. Alors les princes, pour décliner l'odieux attaché à de telles actions, le rejettent sur ces ministres, les abandonnent tout-à-fait, et les laissent ainsi exposés au ressentiment, aux délations et à la vengeance des parents ou des amis de ceux contre lesquels ils ont exercé leur cruauté. Enfin ils les livrent à la haine publique, et alors tout le peuple applaudissant, par de bruyantes acclamations, à la conduite du prince qui semble n'avoir d'autre but que celui de faire justice, et faisant mille vœux pour sa prospérité, ces ministres de terreur subissent, quoiqu'un peu tard, la peine qu'ils ont méritée.

IV. *Narcisse ou l'homme amoureux de lui-même.*

Narcisse, suivant les poètes, devint célèbre par ses grâces et sa beauté ; mais l'éclat de ses avantages extérieurs était terni par de continuels dédains et par un orgueil insupportable. Ainsi, n'aimant que lui-même, il menait une vie solitaire, parcourant les forêts et ne s'adonnant qu'à la chasse avec un fort petit nombre de compagnons auxquels il tenait lieu de tout. La nymphe Écho le suivait aussi en tous lieux. Un jour, las de la chasse et poussé par sa destinée, il vint se reposer, vers le milieu du jour, près d'une fontaine dont les eaux étaient claires et limpides ; y ayant aperçu sa propre image, il ne se lassait point de la considérer, et il en devint tellement amoureux que, forcé de tenir ses regards fixés sur cet objet si cher, il s'affaiblit peu à peu et tomba dans un mortel engourdissement. Après sa mort les dieux le métamorphosèrent en cette fleur qui porte son nom, qui paraît s'épanouir au commencement du printemps et qui est consacrée aux dieux infernaux, tels que Pluton, Proserpine et les Euménides.

Cette fable paraît avoir pour objet le tour d'esprit de ces individus qui, infatués de leur beauté ou de quelque autre avantage qu'ils doivent à la seule nature et non à leur propre industrie, s'aiment excessivement et sont pour ainsi dire amoureux d'eux-mêmes. Assez ordinairement les hommes de ce caractère n'aiment point à paraître en public et ont de l'éloignement pour les affaires; car dans la société et dans une vie plus active, ils auraient à essuyer ou des affronts, ou des négligences, toutes disgrâces qui pourraient les troubler et les décourager. Aussi mènent-ils presque toujours une vie retirée, timide et solitaire, contents d'une petite société toute composée de personnes qui les cajolent, qui défèrent toujours à leur sentiment, applaudissent à tous leurs discours et sont comme leurs échos. Mais, enflés de ces continuels applaudissements, gâtés par ces cajoleries et rendus presque immobiles par cette admiration qu'ils ont pour eux-mêmes, ils deviennent excessivement paresseux et tombent dans une sorte d'engourdissement qui les rend incapables de toute entreprise dont l'exécution demande un peu de vigueur et d'activité. C'est avec autant de jugement que d'élégance que les poètes ont choisi une fleur printanière pour image des individus dont nous parlons. En effet, les hommes de ce caractère ont une certaine fleur de talent et acquièrent un peu de célébrité durant leur jeunesse; mais dans l'âge mûr ils trompent l'attente de leurs admirateurs et ces grandes espérances qu'on avait conçues d'eux. C'est dans le même esprit que les poètes ont feint que cette fleur est consacrée aux dieux infernaux, les hommes atteints de cette maladie n'étant propres à rien. Or, tout ce qui de soi-même ne donne aucun fruit, mais passe et s'efface à l'instant comme la trace du vaisseau qui sillonne les ondes, était consacré par les anciens aux ombres et aux dieux infernaux.

V. *Le Styx, ou les promesses, les conventions et les traités.*

Dans un grand nombre de fables ou de fictions poétiques, il est fait mention de ce serment unique par lequel les dieux se liaient lorsqu'ils voulaient faire une promesse irrévocable. En faisant ce serment, ils n'attestaient aucune puissance céleste et ne juraient par aucun des attributs divins, mais seulement par le Styx, fleuve des enfers qui, faisant plusieurs révolutions autour du noir empire de Pluton, l'environnait comme une ceinture à plusieurs doubles. Cette formule de serment était toujours employée seule, et on ne la joignait jamais à aucune autre pour lui donner plus de force et la rendre inviolable; car la peine décernée contre ceux qui la violaient étant celle que les dieux redoutaient le plus, savoir, celle d'être exclus du banquet des dieux pendant un certain nombre d'années, elle formait une sanction suffisante.

Cette fable paraît avoir pour objet les conventions et les traités des princes; car on est malheureusement trop fondé à observer à ce sujet que ces traités, quelque solennels qu'ils puissent être et de quelque serment qu'ils soient appuyés, ont si peu de stabilité qu'on doit plutôt regarder ces serments comme une espèce de cérémonial et de formalité destinée à en imposer au vulgaire que comme une sûreté et une garantie qui puisse assurer l'exécution de ces traités. Osons dire plus : dans les cas mêmes où les liens de la parenté (qui sont comme la sanction de la nature) et des services mutuels se joignent à ces serments, le tout paraît à la plupart des princes insuffisant pour balancer leurs ambitieuses prétentions et pour ne pas céder aux prérogatives licencieuses de la souveraineté.

Ce qui est d'autant moins étonnant, qu'il est toujours facile aux princes de pallier par une infinité de prétextes spécieux leur cupidité, leur ambition et leur mauvaise foi, attendu qu'ils ne voient au-dessus d'eux aucune puissance à laquelle ils soient forcés de rendre compte de leurs actions. Aussi a-t-on raison de dire que la garantie proprement dite et la vraie sanction de ces traités n'est rien moins qu'une puissance céleste, mais la nécessité (la seule qui soit respectée des puissances de ce monde), le danger imminent de leurs États et l'utilité réciproque; car la plus élégante image de la nécessité, c'est le Styx, fleuve redoutable que tout mortel doit passer et ne repassera jamais. Ce fut aussi la seule divinité que l'Athénien Iphicrate voulut avoir pour garant d'un traité, et comme cet illustre personnage est le seul qui ait osé dire hautement ce que tant d'autres pensaient secrètement, il ne sera pas inutile de rapporter ici ses propres paroles. Voyant les Lacédémoniens imaginer et proposer une infinité de précautions et de sanctions pour assurer l'exécution d'un traité : « Vous ne pouvez, leur dit-il, ô Lacédémoniens ! vous donner des liens assez forts et nous donner une sûreté suffisante qu'en nous faisant voir clairement que vous nous avez mis entre les mains des moyens suffisants pour vous mettre hors d'état de nous nuire dans le cas même où vous seriez tentés de le faire. » Ainsi, soit qu'on ôte aux princes la faculté de nuire, soit qu'ils courent risque de se perdre tout-à-fait en violant leurs traités, soit enfin qu'ils craignent que la diminution de leur territoire, de leurs revenus, du produit de leurs douanes ou des pensions que leur paient d'autres princes, soit une conséquence de ces infractions ; dans tous ces cas, dis-je, on peut regarder leurs traités comme garantis par une sanction aussi forte que s'ils juraient par le Styx ; car alors ils craignent véritablement d'être exclus de la table des dieux, figure que les anciens employaient pour représenter les droits, les honneurs, les avantages et les prérogatives de la souveraineté, telles que l'affluence des biens de toute espèce et le bonheur qui y sont naturellement attachés.

VI. *Endymion, ou le favori.*

La lune, suivant la fable, aima le berger Endymion ; mais ce commerce était d'une nature singulière et tout-à-fait extraordinaire ; car, tandis que ce berger dormait dans une certaine grotte percée par la seule nature dans les rochers de Lathmos, la lune descendait de la sphère supérieure et s'offrait d'elle-même aux caresses de l'aimable berger endormi, puis remontait dans les cieux. Néanmoins ce sommeil et ce repos ne nuisaient pas à la fortune d'Endymion ; tandis qu'il dormait, son troupeau, par le pouvoir de la déesse son amante, engraissait et multipliait à vue d'œil, en sorte qu'aucun berger du canton n'avait des troupeaux comparables aux siens, soit pour le nombre, soit pour la beauté.

Cette fable paraît destinée à donner une juste idée des inclinations, des goûts et des mœurs des souverains ; car ces princes ayant l'esprit rempli de pensées affligeantes et disposé au soupçon, n'admettent pas aisément dans leur familiarité la plus intime les personnages curieux et pénétrants dont l'âme est pour ainsi dire toujours éveillée et attaquée d'une sorte d'insomnie ; mais ils préfèrent des hommes d'un caractère plus paisible, plus complaisants, disposés à se prêter à tous leurs caprices, insouciants à l'égard des mœurs de leur maître, qui ont toujours l'air de tout ignorer, de ne s'apercevoir de rien, et qui semblent être endormis ; enfin en qui ils trouvent une déférence aveugle plutôt qu'une complaisance étudiée. C'est en faveur des hommes de ce caractère que les princes veulent bien se relâcher de leur majesté, descendre de leur hauteur, comme la lune descendait de la sphère supérieure en faveur d'Endymion, et se débarrasser de ce masque imposant qu'ils sont obligés de porter continuellement, et qui est pour eux une sorte de fardeau. Enfin c'est avec eux qu'ils aiment à vivre dans la plus étroite familiarité et qu'ils croient pouvoir le faire sans danger. C'était ce qu'on observait surtout dans Tibère-César, prince d'un caractère extrêmement difficile, qui n'avait pour favoris que des hommes qui, à la vérité, connaissaient très bien tous ses vices, mais qui dissimulaient cette connaissance avec une sorte d'obstination et d'insensibilité, observation qu'on a faite également sur Louis XI, roi de France, prince très circonspect et très artificieux. Et ce n'est pas au hasard que les poètes dans cette fable font mention de cette grotte où dormait Endymion ; car assez ordinairement les favoris de cette espèce ont dans certains lieux retirés des maisons de plaisance où ils invitent leur maître à se rendre pour se délasser en se mettant à son aise et se déchargeant tout-à-fait du poids de leur fortune. On doit observer aussi que la plupart de ces favoris insouciants font très bien leurs affaires et tirent de cette familiarité du prince des avantages très réels. Il se peut, à la vérité, que leur maître ne les élève point aux grandes dignités ; mais comme il a pour eux une affection sincère et ne les aime pas seulement en vue de l'utilité et des services qu'il peut tirer d'eux, il verse sur eux une infinité de grâces d'une autre espèce, et par sa munificence il ne tarde pas à les enrichir.

VII. LA SŒUR DES GÉANTS.

VII. *La sœur des géants, ou la renommée.*

Les géants, qui étaient enfants de la terre, firent la guerre à Jupiter et aux autres dieux, mais ils furent vaincus et écrasés par la foudre. Puis la terre, irritée par l'effet de la colère même des dieux et voulant tirer vengeance de la défaite de ses fils, enfanta la renommée, qui doit en conséquence être regardée comme leur sœur puînée et posthume, suivant cette fiction d'un poète célèbre :

« La terre, irritée par la colère des dieux, l'enfanta, dit-on, après Cée et Encelade. »

Voici quel paraît être le sens de cette fable. La terre représente la nature séditieuse du vulgaire ou du peuple qui, étant presque toujours mécontent de ceux qui gouvernent, soupire après les innovations. Cette mauvaise disposition, lorsque l'occasion paraît favorable, enfante pour ainsi dire les rebelles et les séditieux qui trament des complots et se coalisent pour attaquer les souverains et les détrôner. Puis, lorsque le parti insurgé est battu et la révolte étouffée, cette même nature de la populace, qui applaudit en secret aux perturbateurs des États et qui ne peut endurer le repos, enfante des bruits séditieux, des murmures, des médisances, des plaintes et des libelles qui circulent pour décréditer le gouvernement et le rendre odieux ; en sorte que les discours et les déportements des rebelles semblent être d'une même extraction, d'une même race, et ne différer tout au plus que par le sexe, les actions étant mâles et les paroles femelles.

VIII. *Actéon et Penthée, ou l'homme trop curieux.*

Cette indiscrète curiosité qui va épiant les secrets d'autrui, et qui assez ordinairement est peu scrupuleuse dans le choix des moyens qu'elle emploie pour les découvrir, est allégoriquement figurée dans deux fables inventées par les anciens, savoir : dans la fable d'Actéon et dans celle de Penthée. Actéon étant survenu par hasard lorsque Diane était au bain et l'ayant vue tout-à-fait nue, elle le métamorphosa en cerf, et il fut mis en pièces par les chiens mêmes qu'il avait nourris. Penthée, voulant voir par ses propres yeux les sacrifices secrets et les orgies de Bacchus, monta sur un arbre pour satisfaire sa curiosité, en punition de laquelle il fut attaqué de frénésie. Or, la démence de Penthée était de telle nature que tous les objets lui paraissaient doubles, il voyait deux soleils, deux villes de Thèbes, etc., en sorte que lorsqu'il voulait aller à Thèbes il croyait voir d'un autre côté une autre ville de Thèbes, ce qui le faisait revenir sur ses pas, et trompé par cette illusion il ne faisait qu'aller et venir, monter et descendre, n'ayant plus ni de but fixe ni de repos. C'est ce que dit le poète Horace.

« Semblable à Penthée, apercevant la troupe des Euménides, et voyant deux soleils, deux Thèbes, etc. »

La première de ces deux fables a pour objet les secrets des princes et la seconde les mystères de la religion ; car ceux qui sont parvenus à découvrir les secrets des princes sans avoir été admis dans leur conseil et contre leur volonté sont assurés de leur devenir odieux. Aussi, n'ignorant pas que leur maître, indisposé contre eux, épie les occasions et cherche des prétextes pour les perdre, ils mènent une vie timide comme les cerfs et tout leur fait ombrage. Trop souvent aussi leurs propres domestiques, pour faire leur cour au prince, les accusent et contribuent à leur perte. Car, lorsqu'un homme ayant encouru la haine du prince, sa disgrâce devient publique, il trouve dans ses propres domestiques autant de traîtres qui se joignent à ses ennemis, et il éprouve le sort d'Actéon.

Le malheur de Penthée est d'une autre nature ; lorsque l'homme, prenant un essor téméraire et oubliant trop aisément sa condition de mortel, veut, du haut de la nature et de la philosophie (hauteur représentée dans cette fable par cet arbre sur lequel Penthée monta), découvrir les divins mystères, sa témérité est punie par une incertitude et une irrésolution perpétuelles ; car la lumière de la nature et la lumière divine étant très différentes, les hommes dont nous parlons croient voir deux soleils. En quoi ils ressemblent à Penthée, s'imaginant voir deux villes de Thèbes ; car Thèbes, dans la fable que nous expliquons, représente les buts, les fins des actions humaines, cette ville étant alors la résidence, l'asile de Penthée ; d'où il arrive qu'en toutes circonstances, flottant dans une incertitude et une irrésolution perpétuelles, ils ne savent de quel côté tourner leurs pas et ne font que tournoyer ou aller et venir, en s'abandonnant sans réflexion aux soudaines impulsions de leur esprit et en cédant toujours à l'impression du moment.

IX. *Orphée, ou la philosophie.*

Cette fable, dont Orphée est le sujet et qui est assez connue, mais qui n'a pas encore été interprétée avec assez d'exactitude dans toutes ses parties, paraît être l'image de la philosophie prise en totalité ; car tout ce qui concerne ce personnage vraiment divin, versé dans tous les genres d'harmonie, attirant et subjuguant tout par la douceur de ses accords, s'applique naturellement à la philosophie. En effet, les travaux d'Orphée l'emportent sur ceux d'Hercule, comme les œuvres de la sagesse sur celles de la valeur, par l'importance, l'étendue et la durée de leurs effets.

Orphée, dit cette fable, ne pouvant se consoler de la perte d'une épouse tendrement aimée qui avait été enlevée par une mort prématurée, et se fiant au pouvoir de sa lyre, conçut le hardi dessein de descendre aux enfers pour supplier les mânes (les divinités du noir séjour) de lui rendre sa compagne, et son espérance ne fut pas trompée ; car Orphée ayant apaisé les mânes par la suave mélodie de ses chants et de sa lyre, il lui fut permis d'emmener son épouse, mais à condition qu'elle le suivrait par derrière, et qu'avant d'arriver aux limites communes du noir empire et de celui de la lumière il aurait l'attention de ne la pas regarder. Mais Orphée, vaincu par son amour et son inquiétude au moment où la condition était près d'être remplie, ayant eu l'imprudence de se retourner, son épouse fut ramenée précipitamment dans les enfers, et il la perdit pour toujours. Dès cet instant, s'abandonnant à la mélancolie et prenant toutes les femmes en aversion, il se retira dans des lieux solitaires où ses chants et sa lyre produisant d'aussi puissants effets que dans les enfers, il attira d'abord à lui les animaux de toute espèce, même les plus féroces, en sorte que, dépouillant leur instinct, perdant leur férocité et leur avidité, le désir de l'accouplement, en un mot tous leurs appétits naturels, et subjugués par la douce mélodie de ses chants et de sa lyre, ils se rassemblaient autour de lui comme des spectateurs sur un théâtre et se tenaient ensemble paisiblement, attentifs seulement à ces sons enchanteurs. Ce ne fut pas tout : tel fut dans ces lieux le pouvoir et l'influence de la musique que les arbres et les pierres mêmes, s'ébranlant et se mettant en mouvement, vinrent se poser et se ranger autour de lui dans le plus bel ordre. Il excita par ses brillants succès l'admiration de tous ses contemporains ; mais ensuite les femmes de Thrace, pleines de l'esprit du dieu Bacchus et poussées par une religieuse fureur, accourant dans ces mêmes lieux, embouchèrent leur terrible cornet dont les sons rauques et éclatants couvrirent ceux de la lyre d'Orphée et en détruisirent tout l'effet. Alors l'harmonie, qui était l'unique lien de cet ordre admirable et de cette société universelle, étant tout-à-fait troublée et tous les animaux retournant à leur naturel, ils recommencèrent à se poursuivre et à se combattre les uns les autres, tandis que les arbres et les rochers, abandonnant ces places où ils s'étaient posés avec ordre, se dispersaient également. Enfin, Orphée lui-même fut mis en pièces par ces femmes furieuses et ses membres furent dispersés dans les champs. L'Hélicon, fleuve consacré aux muses, fut si affligé de cette mort que, dérobant ses eaux à la lumière, il prit son cours sous terre et ne reparut que dans d'autres lieux.

Voici quel paraît être le vrai sens de cette fable ; on doit observer d'abord que les chants d'Orphée et les sons de sa lyre ont deux effets et deux buts différents ; l'un d'apaiser les mânes, l'autre d'attirer les animaux, les arbres, etc. ; le premier se rapportant visiblement à la philosophie naturelle et le dernier à la philosophie morale et politique. Car le but le plus élevé de la philosophie est de rétablir entièrement les choses corrompues en les ramenant à leur premier état ou de les conserver dans leur état actuel en les préservant de toute dissolution, ou du moins en retardant leur putréfaction, ce qu'on peut regarder comme le premier et le plus faible degré de l'effet à produire. Or, si une telle entreprise n'est pas impossible, il est évident qu'on ne peut l'exécuter que par une judicieuse combinaison des substances et des forces contraires de la nature habilement tempérées les unes par les autres, combinaison élégamment figurée par les doux accords et la savante harmonie de la lyre d'Orphée. Cependant une telle entreprise étant toute hérissée de difficultés, rarement les tentatives en ce genre sont heureuses. La cause de ces mauvais succès n'est autre, selon toute apparence, que la précipitation, la minutieuse exactitude, la pesante assiduité et le désir excessif d'être instruit avant le temps; d'où il arrive que la philosophie, après avoir ainsi manqué le but, affligée avec raison de l'impuissance de ses efforts, se tourne vers les choses humaines, et, subjuguant les âmes par la douceur de l'éloquence et par la force de la persuasion, y insinue l'amour de la vertu, de la justice et de la paix, engage les hommes à se réunir pour ne plus former qu'un seul corps, à subir le joug sacré des lois, à se soumettre à l'autorité d'un gouvernement, à réprimer la violence de leurs passions, à écouter les sages maximes que la philosophie leur enseigne et à les suivre pour leur propre utilité. Lorsque ces leçons de la philosophie fructifient, des édifices s'élèvent, des villes sont fondées, des champs ensemencés, des arbres plantés; travaux élégamment figurés par ces arbres et ces pierres qui viennent se poser et se ranger avec ordre autour d'Orphée. C'est encore avec beaucoup de jugement et de méthode que l'inventeur de cette fable suppose que les philosophes ne se sont occupés de la formation ou de la conservation des sociétés humaines qu'après avoir entrepris de restaurer entièrement ou de rajeunir un corps mortel, et avoir enfin manqué tout-à-fait le but; car c'est une considération plus sérieuse et un sentiment plus profond de l'inévitable nécessité de mourir qui excite les hommes à aspirer avec tant d'ardeur à un autre genre d'éternité en éternisant leur nom par des actions, des productions ou des services qui laissent un long souvenir. C'est encore avec fondement que le poète feint qu'Orphée, après avoir sans retour perdu son épouse, eut de l'aversion pour les femmes et le mariage: car les douceurs du mariage et les tendres sollicitudes attachées à la paternité sont autant d'obstacles qui détournent les hommes des hautes entreprises et les empêchent de rendre à leur patrie ces services mémorables dont nous venons de parler, parce qu'alors, contents de se perpétuer par leur race et leur postérité, ils sont moins jaloux de s'immortaliser par de grandes actions. Cependant, quoique les œuvres de la sagesse politique tiennent le premier rang parmi les choses humaines, leurs effets ne s'étendent que sur certaines contrées, ils n'ont qu'une durée limitée, et la période où leur influence est circonscrite une fois révolue, tout s'efface pour jamais; car après que les empires, soit royaumes, soit républiques, ont fleuri et prospéré pendant un certain temps, la paix y est troublée par des révoltes, des séditions, des guerres; au bruit des armes les lois se taisent, et les hommes retournant à leurs inclinations dépravées, les champs sont ravagés et les villes renversées. Peu de temps après, si ces fureurs sont de quelque durée, les lettres mêmes et la philosophie sont tellement déchirées qu'il n'en reste plus que quelques fragments dispersés comme les débris d'un naufrage et où se trouvent quelques planches sur lesquelles se sauvent un petit nombre de vérités précieuses, et alors règne l'ignorance avec la barbarie, l'Hélicon dérobant ses eaux à la lumière et coulant sous terre. Cependant, en conséquence de la vicissitude naturelle des choses humaines, au bout d'un certain temps ces eaux se font jour encore à la surface et y coulent de nouveau, mais dans d'autres lieux et pour d'autres nations.

X. *Le ciel, ou les origines.*

Le ciel, au rapport des poètes, était le plus ancien des dieux; Saturne, son fils, lui coupa les parties génitales avec une faux. Ce fils eut ensuite un grand nombre d'enfants, mais il les dévorait aussitôt après leur naissance. Enfin Jupiter fut le premier qui put échapper à sa voracité. Dès qu'il fut devenu grand, il précipita Saturne dans le Tartare et prit possession du trône. De plus, il coupa aussi les parties génitales à son père, avec la même faux qui avait servi à mutiler son aïeul, et les jeta dans la mer, ce qui donna naissance à Vénus. Quelque temps après, Jupiter, étant à peine affermi sur son trône, eut à essuyer deux guerres mémorables; la première contre les Titans qu'il vainquit par le secours du soleil, le seul d'entre eux qui fût de son parti et qui se distinguât dans cette guerre; la seconde contre les géants, qui furent aussi défaits et dispersés par les foudres et les armes de Jupiter. Enfin, quand il eut réduit ces derniers, il régna paisiblement.

Cette fable paraît être une sorte d'énigme servant d'enveloppe à un système sur l'origine des choses, peu différent de l'hypothèse adoptée dans la suite par Démocrite, le premier qui ait osé affirmer l'éternité de la matière et nier l'éternité du monde, en quoi il a un peu plus approché que les autres de la vérité que le Verbe divin nous a révélée ; car nous lisons dans l'Écriture-Sainte, qu'avant les ouvrages des six jours la matière était encore informe et confuse.

Voici quel est le sens de cette phrase : le ciel est cette vaste concavité qui embrasse la totalité de la matière ; Saturne est cette matière même qui a ôté à son père toute faculté d'engendrer ; car la quantité totale de la matière est toujours la même et n'est susceptible ni d'augmentation ni de diminution. Les agitations et les mouvements irréguliers de la matière ne produisirent d'abord que des assemblages confus, incohérents et imparfaits ; ce n'étaient encore pour ainsi dire que des ébauches du monde ; mais dans la suite des temps se forma un tout plus régulier et susceptible de se maintenir dans son premier état. Ainsi, la première division des temps est désignée par le règne de Saturne ; et lorsque le poète dit que ce dieu dévorait tous ses enfants, ces paroles indiquent les fréquentes dissolutions des premiers assemblages et leur courte durée ; la seconde est figurée par le règne de Jupiter, qui relégua ces composés si variables et ces formes si passagères dans le Tartare, lieu dont le nom signifie trouble, agitation. Ce lieu paraît être tout l'espace compris entre la région inférieure des cieux et l'intérieur de la terre, espace occupé par tout ce qui est variable, fragile, mortel et corruptible. Durant cette première génération des choses qui eut lieu pendant le règne de Saturne, Vénus ne prit point naissance ; car, tant que la discorde prévalut sur la concorde dans la totalité de la matière, l'univers dut subir quelques variations dans son ensemble et dans sa structure même ; générations passagères qui eurent lieu avant que Saturne fût mutilé ; mais lorsque ce premier mode de génération cessant, cet autre mode qui s'opère par le moyen de Vénus (c'est-à-dire par l'accouplement) commença, la concorde qui était alors dans toute sa force prit tout-à-fait le dessus ; en sorte que l'univers, qui était enfin devenu un tout régulier et durable, un système complet, n'éprouva plus de changement que dans ses parties. Cependant, Saturne, quoique détrôné, mutilé et relégué, n'était pas tout-à-fait mort, et l'opinion de Démocrite était que le monde pouvait retomber dans l'ancien chaos, et qu'il pouvait y avoir à cet égard des espèces d'interrègnes. Le poète Lucrèce souhaite que cette confusion n'ait pas lieu de son temps.

« Puisse la fortune, qui gouverne tout, éloigner de nous cette vaste catastrophe, et le raisonnement, plutôt que l'expérience, nous prouver sa possibilité ! »

Or, après que le système du monde, en vertu des forces qui l'animaient, eut pris un peu de consistance dans sa totalité, il ne fut pas néanmoins tout-à-fait exempt de confusion ; car il y eut encore pendant quelque temps dans les régions célestes des mouvements très sensibles, qui furent tellement assoupis par la force victorieuse du soleil que le système du monde n'en eut pas moins de stabilité. Il y eut aussi dans les régions inférieures quelques bouleversements passagers, occasionnés par des inondations, des tempêtes, des vents, des tremblements de terre plus universels que ceux qui se font sentir de notre temps ; mais quand ces désordres momentanés cessèrent aussi d'avoir lieu, alors un ordre et un calme durables régnèrent enfin dans la totalité de l'univers. Mais on peut dire au sujet de cette fiction que si cette fable renferme un système, réciproquement ce système renferme une fable ; car nous savons (et cette vérité est un article de foi) que toutes ces hypothèses ne sont que les oracles des sens qui depuis long-temps ont cessé de dire la vérité, l'Écriture-Sainte nous apprenant que c'est l'Être infiniment puissant et intelligent qui a créé l'ordre, le système et la matière même de l'univers.

XI. *Protée, ou la matière.*

Les poètes ont feint que Protée était un pasteur au service de Neptune : c'était, selon eux, un vieillard et de plus un devin d'un ordre supérieur, qui, par sa science aussi étendue que profonde, avait mérité la qualification de trois fois grand ; car il connaissait non-seulement l'avenir, mais même le passé et le présent ; en sorte qu'outre la divination, art où il excellait, il était en état de débrouiller le chaos des plus hautes antiquités et de dévoiler tous les secrets de la nature. Il faisait son séjour dans une caverne immense où il se retirait vers le milieu du jour pour y compter son troupeau d'animaux marins, après quoi il se livrait au sommeil. Ceux qui voulaient le consulter ne pouvaient tirer aucune réponse de lui qu'en le garrottant très étroitement ; le vieillard alors faisait tous ses efforts pour se dégager de ses liens et subissait une infinité de métamorphoses ; il se changeait en feu, en fleuve, en différentes espèces d'animaux ; mais si l'on tenait ferme, il reprenait enfin sa première et sa véritable forme.

Le sens de cette fable paraît s'appliquer aux secrets de la nature et aux différentes espèces de modes, de qualités ou de conditions de la matière ; car le personnage de Protée représente la matière même, qui est dans l'univers ce qu'il y a de plus ancien après Dieu. Or, la matière habite pour ainsi dire sous la concavité des cieux comme sous la voûte d'une caverne. Il est dit que Protée est serviteur et sujet de Neptune, parce que toute opération, toute distribution et tout emploi de la matière se fait principalement par le moyen des fluides. Le troupeau de Protée paraît n'être autre chose que l'image des espèces ordinaires d'animaux, de plantes et de minéraux où la matière paraît se répandre, et en quelque manière s'épuiser ; en sorte qu'après avoir complètement formé ces espèces elle semble dormir ou se reposer, et n'être plus tentée d'en former d'autres ou de préparer leur formation ; voilà ce que signifie cette partie de la fable qui dit que Protée compte son troupeau et se livre ensuite au sommeil. Il est dit qu'il fait cette opération vers le midi et non vers l'aurore ou vers le soir, c'est-à-dire dans le temps où la matière est suffisamment préparée, élaborée et pour ainsi dire mûrie, pour former et faire éclore les espèces ; temps qui tient le milieu entre celui où se forment les simples ébauches de ces espèces et celui où elles dégénèrent. Or ce temps, comme l'histoire sacrée en fait foi, fut celui même de la création (de la formation de l'univers) ; car alors, par la force de cette parole divine : « Qu'elle produise » (ou produits) la matière, à l'ordre du Créateur, au lieu de faire ses circuits et ses essais ordinaires, exécuta du premier coup l'opération finale. « Il dit, et la matière coulant à l'instant dans tous les moules en même temps, les espèces furent formées et l'univers entier fut moulé d'un seul jet. » La fable suppose Protée dégagé de ses liens et parfaitement libre avec son troupeau, parce que l'immensité des choses, envisagée avec les structures communes et les formes ordinaires des espèces, présente la matière dans un état de parfaite liberté, et pour ainsi dire le troupeau des combinaisons les plus faciles ; mais si un ministre de la nature, éclairé et guidé par le génie, prend peine à lui faire une sorte de violence et à la tourmenter de toutes les manières, comme s'il avait le dessein formel de l'anéantir, alors la matière, résistant à toutes ces forces qu'il emploie contre elle (car elle ne peut être vraiment anéantie que par la toute-puissance divine), et faisant effort pour se dégager de ses liens, se tourne en tous sens pour s'échapper, subit les plus étranges métamorphoses et prend successivement une infinité de formes différentes ; en sorte qu'alors, après avoir parcouru toutes les combinaisons, tous les modes, tous les degrés, toutes les nuances, et en quelque manière fait le cercle, elle semble revenir à son premier état si l'on continue à lui faire violence. Or, la plus sûre méthode pour la resserrer et la lier ainsi, c'est de lui mettre pour ainsi dire des menottes, c'est-à-dire d'employer les moyens extrêmes (le maximum et le minimum dans chaque genre d'opération). Cette partie de la fable, qui suppose que Protée est devin et connait tout à la fois le passé, le présent et l'avenir, est parfaitement conforme à la nature même de la matière ; or il est évident que tout homme qui connaîtrait les passions, les appétits et les procédés primitifs de la matière (les forces primordiales et les opérations primitives et intimes de la matière), aurait par cela seul une connaissance générale et sommaire des faits passés, présents et futurs, quoiqu'une telle connaissance ne pût s'étendre aux faits particuliers et individuels.

XII. *Memnon, ou l'homme précoce.*

Memnon, disent les poètes, était fils de l'Aurore. Il se faisait remarquer par la beauté de ses armes ; devenu célèbre par le vent de la faveur populaire et encouragé par les vains applaudissements de la multitude, il partit pour la guerre de Troie. Mais comme il aspirait avec trop de précipitation et de témérité à se faire un grand nom, ayant osé combattre Achille, le plus courageux et le plus fort des Grecs, il fut vaincu et tué. Jupiter, affligé de la mort prématurée de ce guerrier et déplorant son sort, envoya à ses funérailles une infinité d'oiseaux pour accompagner le corps et l'honorer par des chants qui avaient je ne sais quoi de lugubre et de plaintif. On lui érigea dans la suite une statue qui, lorsqu'elle était frappée des rayons du soleil, rendait aussi des sons plaintifs.

Cette fable paraît désigner les jeunes hommes de grande espérance enlevés par une mort prématurée. On peut en effet les regarder comme les enfants de l'Aurore; car, séduits par quelque avantage extérieur qui les distingue et par de vains applaudissements, ils forment des entreprises au-dessus de leurs forces, ils osent défier des héros, ils se mesurent avec eux et succombent dans un combat si inégal; mais une commisération universelle et de longs regrets honorent leur mémoire. Rien dans les destinées des mortels n'est plus déplorable et n'excite de plus vifs regrets que la vertu moissonnée dans sa fleur; car celui qui périt ainsi avant le temps n'a pas encore assez vécu pour rassasier de lui-même ni pour exciter l'envie qui pourrait adoucir un peu ces regrets et tempérer cette compassion. De plus, ces lamentations et ces gémissements, ce n'est pas seulement à leurs funérailles qu'ils se font entendre, mais ils sont de longue durée et se prolongent dans l'avenir. C'est surtout dans les grandes innovations et au commencement des grandes entreprises qu'on peut regarder comme les rayons du soleil levant, qu'on voit ces regrets se renouveler.

XIII. *Tithon, ou la satiété.*

Une fable très ingénieuse dit que l'Aurore aima Tithon, et que, souhaitant de vivre éternellement avec lui, elle supplia Jupiter d'accorder à son amant le don de l'immortalité; mais que, par une étourderie assez ordinaire dans une femme, elle oublia de demander aussi qu'il fût exempt de vieillir. En conséquence Tithon, devenu immortel, mais vieillissant de plus en plus et accablé des maux de cette vieillesse qui allaient toujours en croissant (la mort qui lui était refusée ne pouvant y mettre fin), devint le plus malheureux des hommes. Heureusement pour lui, Jupiter qui en eut pitié le changea enfin en cigale. Cette fable est un ingénieux emblème de la volupté et de ses inconvénients. En effet, la volupté, dans ses commencements, qu'on peut regarder comme son aurore, est si agréable aux hommes qu'ils souhaiteraient que ces jouissances fussent éternelles, oubliant trop que tous ces plaisirs doivent finir par l'ennui et le dégoût, qui est comme la vieillesse de la volupté, en sorte qu'à la fin les hommes n'étant plus capables de jouissances effectives, mais n'ayant perdu que le pouvoir de jouir, sans en avoir perdu le désir et la volonté, aiment ordinairement à parler des plaisirs qu'ils ont goûtés dans la force de l'âge, se contentant alors de simples discours sur ce sujet et de ces jouissances idéales. C'est ce qu'on observe surtout dans les hommes très voluptueux et dans les guerriers, les premiers dans leur vieillesse aimant les discours obscènes, et les derniers, au même âge, se plaisant à raconter leurs prouesses; en quoi les uns et les autres ressemblent aux cigales dont toute la force est dans leur voix.

XIV. *L'amant de Junon, ou la bassesse d'âme.*

Les poètes ont feint que Jupiter, pour jouir plus paisiblement de ses amours, prit une infinité de formes différentes, comme celles de taureau, d'aigle, de cygne, de pluie d'or; mais que, pour solliciter Junon, il prit une forme très ignoble et très ridicule, savoir, celle d'un coucou mouillé par une pluie d'orage, tout tremblant et tout morfondu.

Cette fable très ingénieuse pénètre dans les replis les plus profonds du cœur humain; en voici le sens : que les hommes ne se flattent pas au point d'imaginer qu'après s'être distingués par mille preuves de talents et de vertus ils seront assurés de l'estime générale et gagneront tous les cœurs; c'est un double avantage qu'ils n'obtiendront qu'à raison du tour d'esprit et du caractère des personnes dont ils rechercheront l'estime et l'affection. S'ils ont affaire à des personnes dépourvues de toutes qualités estimables et qui n'aient que de l'orgueil joint à beaucoup de malignité (genre de caractère figuré dans cette fable sous le caractère de Junon), qu'ils se persuadent bien qu'ils doivent commencer par se dépouiller de tout ce qui peut leur faire honneur et leur donner du relief; autrement ils échoueront. Et ce n'est pas assez d'une complaisance outrée; en pareil cas c'est de la bassesse et de l'abjection qu'il faut.

XV. *Cupidon, ou l'atome.*

Ce que les différents poètes ont dit de l'Amour ne peut convenir à un seul personnage (à une seule et même divinité); cependant leurs fictions sur ce sujet ne diffèrent pas tellement les unes des autres qu'on ne puisse, pour éviter tout à la fois la confusion et la duplicité de personnages, rejeter ce qu'elles ont de différent et prendre ce qu'elles ont de commun pour l'attribuer à un seul. Certains poètes, dis-je, prétendent que l'Amour est le plus ancien de tous les dieux et par conséquent de tous les êtres, à l'exception du chaos, qui selon eux n'est pas moins ancien que lui. Or, les philosophes ou les poètes de la plus haute antiquité ne qualifient jamais le chaos de divinité. La plupart d'entre eux, en parlant de cet Amour si ancien, supposent qu'il n'eut point de père; quelques-uns l'appellent l'œuf de la nuit (*ovum noctis*). Ce fut lui qui, en fécondant le chaos, engendra tous les dieux et tous les autres êtres. Quant à ses attributs, ils se reduisent à quatre principaux. Ils le supposent : 1° éternellement enfant, 2° aveugle, 3° nu, 4° armé d'un arc et de flèches. L'autre Amour, suivant d'autres poètes, est le plus jeune des dieux et le fils de Vénus; on lui donne tous les attributs du plus ancien, et ils se ressemblent à certains égards.

Cette fable se rapporte au berceau de la nature et remonte à l'origine des choses. L'Amour paraît n'être que l'appétit ou le *stimulus* (la tendance primitive ou la force primordiale) de la matière, ou, pour développer un peu plus notre pensée, le mouvement naturel de l'atome. C'est cette force unique et la plus ancienne de toutes qui, en agissant sur la matière, forme et constitue tous les composés; elle est absolument sans père, c'est-à-dire sans cause, la cause d'un effet en étant pour ainsi dire le père. Or, une telle force ne peut avoir aucune cause dans la nature, excepté Dieu (exception qu'il faut toujours faire); car rien n'ayant existé avant cette force, elle ne peut avoir de cause productive ni être un effet, et comme elle est ce qu'il y a de plus universel dans la nature, elle n'a pas non plus de genre ni de forme (de différence spécifique). En conséquence, quelle que puisse être cette force, elle est positive, absolument sourde (unique en son espèce et en son genre, sans corrélatifs et incomparable). De plus, s'il était possible de connaître sa nature et son mode d'action, on ne pourrait parvenir à cette double connaissance par celle de sa cause; car étant après Dieu la cause de toutes les causes, elle est elle-même sans cause et par conséquent inexplicable. Il se peut toutefois que la pensée humaine ne puisse saisir et embrasser son véritable mode. Ainsi les poètes le regardent avec raison comme l'œuf pondu par la nuit. Ce philosophe sublime, dont les ouvrages font partie des Saintes-Écritures, s'exprime ainsi à ce sujet : « Il a fait chaque chose pour être belle en son temps, et il a livré le monde à leurs disputes, de manière cependant que l'homme ne découvre jamais l'œuvre que Dieu a exécutée depuis le commencement jusqu'à la fin; » car la loi sommaire de la nature ou la force de ce Cupidon que Dieu a imprimée lui-même dans toutes les particules de la matière et dont l'action réitérée ou multipliée produit toute la variété des composés; cette force, dis-je, peut frapper légèrement et effleurer tout au plus la pensée humaine, mais elle n'y pénètre que très difficilement. Le système des Grecs sur les principes matériels suppose beaucoup de pénétration et de profondeur dans leurs recherches. Quant à ces principes du mouvement d'où dépendent les générations, ils n'ont eu sur ce sujet que des idées très superficielles et peu dignes d'eux, et c'est principalement sur le point dont il est question ici qu'ils semblent tous être aveugles et ne faire que balbutier. Par exemple, l'opinion des péripatéticiens qui suppose que le vrai *stimulus* (aiguillon ou principe du mouvement) de la matière est la privation, se réduit à des mots qui semblent désigner quelque chose et qui dans le fait ne désignent rien du tout. Quant à ceux qui rapportent tout à Dieu, c'est avec raison qu'ils le font, car tout doit se terminer là; mais au lieu de s'élever par degrés comme ils le devraient, ils sautent pour ainsi dire à la cause première. Il n'est pas douteux que la loi sommaire et unique dont toutes les autres ne sont que des cas particuliers, et qui par son universalité constitue la véritable unité de la nature, ne soit subordonnée à Dieu. C'est cette loi même dont nous parlions plus haut et qui est comprise dans ce peu de mots : l'œuvre que Dieu a exécutée depuis le commencement jusqu'à la fin. Quant à Démocrite qui remonte plus haut que tous les autres philosophes, après avoir donné à l'atome un commencement de dimension et une figure, il ne lui attribue qu'un seul Cupidon, c'est-à-dire qu'un seul mouvement primitif et absolu auquel il joint un mouvement relatif; car son sentiment est que tous les atomes, en vertu de leur mouvement propre, tendent à se porter vers le centre du monde; mais que ceux qui ont plus de masse se portant avec plus de vitesse vers ce centre et frappant ceux qui en ont moins, les déplacent et les forcent ainsi à se mouvoir en sens contraire, c'est-à-dire vers la circonférence. Mais cette hypothèse n'embrassant que la moindre partie des considérations nécessaires nous paraît étroite et superficielle; car ni le mouvement circulaire des corps célestes, ni les mouvements, soit expansifs, soit contractifs, qu'on observe dans une infinité de corps, ne peuvent être ramenés à ce principe unique, et il paraît impossible de les concilier avec un tel mouvement. Quant au mouvement de déclinaison et à la fortuite agitation de l'atome imaginé par Épicure, ce n'est qu'une supposition gratuite, une opinion aussi frivole qu'absurde et un aveu indirect de son ignorance sur ce point. Ainsi il paraît que ce Cupidon est enveloppé d'une nuit profonde et beaucoup plus difficile à découvrir qu'il ne serait à souhaiter. Ainsi, abandonnant pour le moment la recherche de sa nature, passons à celle de ses attributs. Rien de plus ingénieux que cette fiction qui suppose que Cupidon est dans une éternelle enfance; car les composés qui ont un certain volume sont sujets à vieillir, au lieu que les premières semences des choses, les atomes, dis-je, étant infiniment petits (et indestructibles), demeurent pour ainsi dire dans une perpétuelle enfance. C'est aussi avec d'autant plus de fondement qu'on le suppose nu, qu'aux yeux de tout homme qui se fait une juste idée des composés ils paraissent comme vêtus et masqués. A proprement parler, il n'est dans la nature rien de nu, sinon les éléments de la matière. La supposition de l'aveuglement de Cupidon est aussi une très judicieuse allégorie; car ce Cupidon, de quelque nature qu'il puisse être, semble être totalement dépourvu de providence (d'intelligence), son mouvement et sa direction dépendant uniquement des corps qui l'avoisinent et dont il sent l'action. Il se meut pour ainsi dire à tâtons comme les aveugles, ce qui doit nous donner une plus haute idée de cette Providence divine et souveraine qui de ces atomes tout-à-fait dépourvus de providence (d'intelligence) et comme aveugles, mais nécessités par une loi fixe et émanée d'elle, a su tirer ce bel ordre et cette harmonie que nous admirons dans l'univers. Le dernier attribut de Cupidon, je veux dire son arc et ses flèches, signifie que cette force qu'il représente est de nature à pouvoir agir à distance; car ce qui agit à distance semble lancer des flèches. Or, tout philosophe qui suppose les atomes et le vide est par cela seul forcé de supposer que la force de l'atome peut agir à distance. Sans une action de cette espèce (vu le vide interposé), aucun mouvement ne pourrait être excité ni communiqué; tout s'engourdirait et demeurerait immobile. Quant au plus jeune des deux Cupidons, les poètes le regardent avec raison comme le plus jeune des dieux; car avant la formation des espèces il devait encore être sans énergie et sans vigueur. Dans la description que les poètes en font l'allégorie se rapporte en partie aux mœurs et s'y applique aisément. Cependant la dernière a plus d'un rapport avec la première; car Vénus produit un appétit (un désir vague) pour l'union des corps et la génération. Cupidon, son fils, détermine cette affection et l'applique à tel individu. Ainsi c'est Vénus qui est le principe de la disposition générale, et Cupidon celui des sympathies plus particulières. Le premier dépend de causes plus prochaines (et plus faciles à découvrir) et le dernier de causes plus élevées, d'une sorte de fatalité et en quelque manière de cet ancien Cupidon qui est le vrai principe de toute sympathie individuelle.

XVI. *Diomède, ou le zèle religieux.*

Diomède s'étant déjà fait un grand nom et

XVI. DIOMÈDE.

étant devenu cher à Pallas, cette déesse l'excita par les plus puissants motifs (et il n'était déjà que trop téméraire) à ne pas épargner Vénus s'il la rencontrait dans le combat ; ce qu'il exécuta avec audace, ayant blessé Vénus à la main. Cette action téméraire resta impunie pendant un certain temps, et ce guerrier s'étant illustré par les plus grands exploits, il retourna dans sa patrie ; mais y ayant essuyé de grands malheurs, il prit le parti de s'en bannir et de se réfugier en Italie. Il y fut aussi heureux dans les commencements. Le roi Daunus, son hôte, lui fit de riches présents, lui procura un établissement honorable, et on lui érigea même dans ce pays un grand nombre statues. Mais à la première calamité qui affligea ce peuple chez lequel il s'était réfugié, le roi Daunus s'imagina qu'elle avait pour cause la faute qu'il avait faite, en recevant dans son palais un homme qui avait encouru la haine des dieux pour avoir attaqué, le fer en main, et blessé une déesse envers laquelle il eût commis un sacrilége quand il n'aurait fait même que la toucher. En conséquence, pour délivrer sa patrie du fléau qu'il regardait comme le châtiment de cette faute, et sans égard aux droits de l'hospitalité qui lui parurent devoir céder à ceux de la religion, il tua Diomède, il fit abattre toutes les statues de ce héros et abolit tous les honneurs qu'on lui rendait ; on ne pouvait même sans danger déplorer cette fin tragique. Mais ses compagnons, malgré cette défense, pleurant continuellement la mort de leur chef et faisant tout retentir de leurs plaintes, furent changés en cygnes, oiseaux qui, près de mourir, ont eux-mêmes un chant fort doux, qui a je ne sais quoi de lugubre et de plaintif.

Le sujet de cette fable est tout-à-fait extraordinaire et unique en son genre ; car nous ne connaissons aucune fable où il soit dit que tout autre héros que Diomède ait blessé quelque divinité. Cette fiction est visiblement destinée à peindre le caractère et le sort d'un homme dont la principale fin et le dessein formel sont d'attaquer et de ruiner par la force des armes quelque culte divin ou quelque secte religieuse, même puérile, ridicule et méritant à peine de fixer l'attention ; car, quoique les guerres sanglantes au sujet de la religion aient été inconnues aux anciens, les dieux du paganisme n'étant pas entachés de cette jalousie qui est l'attribut propre du vrai Dieu, cependant la sagesse de ces philosophes des premiers temps fut si étendue et si profonde qu'ils surent imaginer, prévoir et peindre sous le voile de l'allégorie ce qu'ils n'avaient pu encore apprendre par leur propre expérience. Ainsi, lorsque ceux qui, ayant à combattre une secte religieuse, même puérile, frivole, corrompue et devenue infâme (ce qui est figuré dans cette fable sous le personnage de Vénus), au lieu de désabuser et de corriger ces sectaires par la seule force de la raison et de la sagesse, par l'influence d'une vie exemplaire, enfin par le poids des exemples (à imiter) et des autorités, veulent extirper cette secte par la rigueur excessive des châtiments et l'exterminer par le fer et le feu, ils peuvent sans doute y être puissamment excités par la déesse Pallas, c'est-à-dire par un jugement sévère et une vigueur d'esprit qui les mettent en état de démêler ces illusions et de percer le voile de l'imposture, enfin, par une haine éclairée pour les opinions dépravées et par un zèle louable en lui-même ; ils se font ordinairement une grande réputation par ce moyen pendant un certain temps, et le vulgaire, à qui rien de modéré ne peut plaire, les regardant comme les seuls vrais défenseurs de la vérité et vengeurs de la religion offensée, tandis que tous les autres lui paraissent trop tièdes et trop timides, les vante à grand bruit et a pour eux un respect qui tient de l'adoration. Cependant cette gloire et cette prospérité durent rarement jusqu'à la fin ; mais tous ces moyens violents finissent toujours par être funestes à ceux qui les ont employés, à moins qu'une prompte mort ne les mette à l'abri des vicissitudes de la fortune. Quant à cette partie de la fable qui dit que Diomède fut tué par son hôte même, elle est destinée à nous faire entendre et à nous rappeler cette affligeante vérité : que les différences d'opinions en matière de religion et les schismes provoquent des trahisons et des perfidies, même entre les personnes auxquelles les liens les plus sacrés font une loi de s'épargner réciproquement ; et lorsqu'il y est dit que ces plaintes et ces regrets auxquels la mort de Diomède donna lieu étaient regardés comme des crimes et même punis par des supplices, elle nous rappelle ou nous apprend que les plus grands crimes n'étouffent jamais entièrement dans tous les cœurs le sentiment de la compassion pour ceux qui les ont commis et qui en subissent le châtiment mérité ; que ceux même qui ont ces crimes en horreur ne laissent pas d'avoir pitié des criminels et de déplorer leur sort par des motifs d'humanité. En effet, si cette commisération réciproque était interdite et réputée criminelle (même dans le cas supposé), ce serait la plus grande des calamités. Cette fable nous fait aussi entendre que dans les démêlés au sujet de la religion, où les deux partis se taxent mutuellement d'impiété, la compassion pour ceux du parti opposé est suspecte et souvent punie comme un crime ; qu'au contraire les plaintes et les lamentations des hommes d'une même secte et réunis par une même opinion, représentées ici par celles des compagnons de ce héros, paraissent ordinairement éloquentes et mélodieuses comme celles des cygnes ou des oiseaux de Diomède. C'est cette partie de la fable qui mérite le plus de fixer notre attention ; car elle nous fait entendre, sous le voile de l'allégorie, que les dernières paroles de ces hommes courageux qui se voient près de subir le dernier supplice pour la cause de la religion, semblables au chant des cygnes mourants, ont une prodigieuse influence sur les auditeurs ; qu'elles font sur eux, dans l'instant même où elles se font entendre, l'impression la plus profonde, et se perpétuent encore dans leur âme par un long souvenir.

XVII. *Dédale, ou le mécanicien.*

Les anciens ont voulu représenter sous le personnage de Dédale (homme à la vérité très ingénieux et très inventif, mais dont la mémoire doit être en exécration) la science, l'intelligence et l'industrie des mécaniciens (des artistes ou des artisans), mais appliquée à de criminels usages ; en un mot, l'abus qu'on en peut faire, et même qu'on n'en fait que trop souvent. Ce Dédale après avoir tué son condisciple et son émule, ayant été obligé de s'expatrier, ne laissa pas de trouver grâce devant les rois des autres contrées et d'être traité honorablement dans les villes qui lui donnèrent un asile. Il inventa et exécuta une infinité d'ouvrages mémorables, soit en l'honneur des dieux, soit pour la décoration des villes et des lieux publics ; mais cette grande réputation qu'il avait acquise, il la devait beaucoup moins à ces ouvrages estimables qu'au criminel emploi qu'il avait fait de ses talents ; car ce fut sa détestable industrie qui mit Pasiphaé à portée d'avoir un commerce charnel avec un taureau ; et ce fut à son pernicieux génie que le Minotaure, qui dévora tant d'enfants de condition libre, dut son infâme et funeste origine. Puis ce mécanicien, ne réparant un mal que par un mal plus grand, et entassant crime sur crime, imagina et exécuta le fameux labyrinthe pour la sûreté de ce monstre. Dans la suite, Dédale n'ayant pas voulu devoir uniquement sa réputation à des inventions et à des ouvrages nuisibles (en un mot ayant voulu fournir lui-même des remèdes au mal qu'il avait fait, comme il avait précédemment fourni des instruments au crime), ce fut encore à lui qu'on dut l'ingénieuse idée de ce fil à l'aide duquel on pouvait suivre tous les détours du labyrinthe et le parcourir en entier sans s'y perdre. La justice de Minos s'attacha long-temps à poursuivre ce Dédale avec autant de diligence que de sévérité ; mais toutes ses perquisitions furent inutiles ; le mécanicien trouva toujours des asiles et échappa à toutes les poursuites de ce juge inexorable. Enfin, lorsque Dédale voulut apprendre à son fils l'art de traverser les airs en volant, celui-ci, quoique novice dans cet art, ayant voulu faire parade de son habileté, s'éleva trop haut et fut précipité dans la mer.

Voici quel paraît être le sens de cette parabole ; elle commence par une observation très judicieuse sur cette honteuse passion qu'on voit si souvent régner entre les artistes distingués par leurs talents et qui les domine à un point étonnant ; car il n'est point de jalousie plus âpre et plus meurtrière que celle des hommes de cette classe ; observation suivie d'une autre destinée à montrer combien cette punition de l'exil, infligée à Dédale, était peu judicieuse et mal choisie. En effet les artistes (les artisans et les gens de lettres) distingués sont accueillis honorablement chez presque toutes les nations, en sorte que l'exil est rarement pour eux un véritable châtiment ; car les hommes des autres professions ou conditions ne tirent pas aussi aisément parti de leurs talents hors de leur patrie, au lieu que l'admiration qu'excitent les hommes de talent et leur renommée se propage et s'accroît plus aisément en pays étrangers, la plupart des hommes étant naturellement portés à donner la préférence aux étrangers sur leurs concitoyens relativement aux ouvrages et aux productions de ce genre.

Ce que cette fable dit ensuite des avantages et des inconvénients des arts mécaniques est incontestable. En effet, la vie humaine leur doit presque tout ; elle leur doit tout ce qui peut contribuer à rendre la religion plus auguste, à donner au gouvernement plus de majesté et à nous procurer le nécessaire, l'utile ou l'agréable ; car c'est de leurs trésors que nous tirons tout ou presque tout pour satisfaire nos vrais et nos faux besoins. Cependant, c'est de la même source que dérivent les instruments de vice et même les instruments de mort ; car sans parler de l'art des courtisanes et de tous ces arts corrupteurs qui leur fournissent des armes, nous voyons assez combien les poisons subtils, les machines de guerre et autres fléaux de cette espèce (dont nous avons obligation au génie inventif des mécaniciens et autres physiciens), l'emportent par leurs effets meurtriers sur l'affreux Minotaure.

Le labyrinthe est un emblème très ingénieux de la nature de la mécanique prise en général. En effet, les inventions et les constructions les plus ingénieuses de cette espèce peuvent être regardées comme autant de labyrinthes, vu la délicatesse, la multitude, le grand nombre, la complication et l'apparente ressemblance de leurs parties, dont le jugement le plus subtil et l'œil le plus attentif ont peine à saisir les différences ; assemblages où, sans le fil de l'expérience, on court risque de se perdre. Ce n'est pas avec moins de justesse et de convenance qu'on ajoute dans cette fable que ce fut le même homme qui imagina tous les détours du labyrinthe et qui donna l'idée de ce fil à l'aide duquel on pouvait le parcourir sans s'y perdre ; car les arts mécaniques, ayant leurs inconvénients ainsi que leurs avantages, sont comme autant d'épées à deux tranchants qui servent, tantôt à faire le mal, tantôt à y remédier ; et le mal qu'ils font quelquefois balance tellement le bien qu'ils peuvent faire que leur utilité semble se réduire à rien. Les productions nuisibles des arts et les arts eux-mêmes, lorsqu'ils sont crnicieux de leur nature, sont exposés aux poursuites de Minos, c'est-à-dire à l'animadversion des lois qui les condamnent, les punissent et les interdisent au peuple. Cependant, en dépit de toute la vigilance du gouvernement, ils trouvent toujours moyen de se cacher et de se fixer dans les lieux mêmes d'où l'on veut les bannir ; ils trouvent partout une retraite et un asile. C'est ce que Tacite lui-même observe très judicieusement sur un sujet très analogue à celui-ci, je veux dire sur les mathématiciens et les tireurs d'horoscopes : « Classe d'hommes, dit-il, qu'on voudra sans cesser chasser de notre ville et qui y restera toujours. » Cependant les arts pernicieux ou frivoles de toute espèce, qui font toujours de magnifiques promesses, ne tenant presque jamais parole, se décréditent tôt ou tard, en conséquence de leur étalage même ; et, s'il faut dire la vérité tout entièr sur ce sujet, le frein des lois serait toujours insuffisant pour les réprimer, si la vanité mêm de ces charlatans ne désabusait tôt ou tard vulgaire auquel ils ont d'abord fait illusion.

XVIII. *Erichthon, ou l'imposture.*

Les poètes feignent que Vulcain, étant amoureux de Minerve, tenta d'abord de la séduire mais qu'ensuite, emporté par la force de sa passion, il voulut lui faire violence, et que dans cette lutte même il répandit sa semence sur la terre, ce qui donna naissance à Erichthon, enfant d'une forme extraordinaire ; ses parties supérieures étaient d'une grande beauté, mais ses cuisses ou ses jambes, extrêmement menues, avaient la forme d'une anguille ou d'un serpent. Honteux de cette difformité et voulant en dérober la connaissance à tout le monde, il introduisit l'usage des chars ; moyen qui, en effet, laissait voir ce qu'il avait de plus beau en cachant ce qu'il avait de difforme.

Voici le sens de cette fable étrange et aussi monstrueuse que son sujet. Lorsque l'art, qui est ici représenté par le personnage de Vulcain (à cause de ce nombre infini d'opérations utiles qu'on ne peut faire que par le moyen du feu), fait pour ainsi dire violence à la nature (figurée dans cette fable par Minerve, à cause de l'intelligence qu'exigent ces opérations), rarement, dis-je, les efforts qu'il fait pour la vaincre et la dompter sont couronnés par le succès, et il n'atteint presque jamais à son but principal. Mais à force d'essais et de tentatives (qu'on peut regarder comme une sorte de lutte), il parvient enfin à opérer quelques générations imparfaites et à former quelques nouveaux composés, incohérents, agréables à la vue, mais qui ne remplissent qu'en partie l'objet principal, et qui, à cet égard, semblent clocher. Cependant les imposteurs et les charlatans en ce genre font un grand étalage de ces produits imparfaits de leur industrie, dérobant aux spectateurs, à l'aide de certains prestiges, la connaissance de ce qui peut y manquer, et les montrent en tous lieux, d'un air triomphant, montés pour ainsi dire sur le char de leur vanité. C'est ce qu'on observe surtout par rapport aux résultats des opérations chimiques et à certains genres de machines ou d'instruments de nouvelle construction ou de structure délicate ; ce qui doit paraître d'autant moins étonnant que la plupart des hommes, beaucoup plus occupés de pousser leur entreprise ou d'arriver à leur but que d'éviter les écarts et de corriger leurs erreurs, aiment mieux lutter avec la nature et lui faire violence que mériter ses faveurs par une sage déférence et par une méthodique assiduité.

XIX. *Deucalion, ou la restauration.*

Les poètes racontent que les anciens habitants de la terre ayant tous été submergés et détruits par le déluge universel, Deucalion et Pyrrha, qui étaient restés seuls, animés du désir de réparer la perte immense du genre humain, désir louable en lui-même et qui les a rendus justement célèbres, l'oracle, qu'ils consultèrent à ce sujet, leur répondit qu'ils ne pourraient parvenir à ce but qu'en prenant les os de leur mère et en les jetant derrière eux. L'effet de cette étrange réponse fut d'abord de les affliger et de les jeter dans le découragement; mais ensuite, en y réfléchissant plus mûrement, ils comprirent enfin que ces os, dont parlait l'oracle, n'étaient autres que les pierres qui sont en quelque manière les os de la terre, mère commune des mortels.

Cette fable dévoile un des plus profonds secrets de la nature et est destinée à relever une des erreurs les plus communes parmi les hommes ; leurs idées étroites et superficielles sur la nature font qu'ils se flattent de pouvoir restaurer entièrement et renouveler des composés à l'aide de leurs parties putréfiées et de leurs débris, à peu près comme le phénix renaît de ses cendres ; espoir d'autant plus trompeur que les matières de cette espèce, ayant déjà achevé toute leur période et pour ainsi dire fait leur temps, ne sont plus propres à opérer des recompositions. Ainsi il faut au contraire revenir sur ses pas et employer des principes (éléments) plus communs.

XX. *Némésis, ou les vicissitudes naturelles des choses.*

Némésis, suivant les poètes, était une déesse qui méritait les hommages de tous les mortels et que devaient surtout redouter les puissances et les heureux de ce monde. Elle était fille de l'Océan et de la Nuit. Les poètes en font cette description : elle avait des ailes et portait aussi une couronne, tenant de la main droite une lance de frêne, et de la gauche une fiole toute remplie d'Éthiopiens ; enfin, elle avait pour monture un cerf.

On peut expliquer ainsi cette parabole : d'abord ce nom de Némésis signifie vengeance ou rétribution (compensation). La fonction de cette déesse était d'arrêter le cours des prospérités des gens trop heureux et d'y mettre une sorte d'opposition, semblable à celle des tribuns du peuple, en interposant son *veto*. Et nonseulement elle réprime et châtie l'orgueil et la présomption de ceux que des succès continuels rendent insolents, mais même elle balance par des disgrâces les prospérités des hommes les plus justes et les plus modestes, comme si aucun mortel ne devait être admis au banquet des dieux que pour y servir de jouet. Pour moi, lorsque j'ai lu dans Pline le petit chapitre où il fait l'énumération des disgrâces et des infortunes de César-Auguste, que j'avais d'abord regardé comme le mortel le plus fortuné qui eût existé, et qui eût su même jouir de sa fortune avec beaucoup de prudence et de méthode, et dans le caractère duquel on ne voyait ni enflure, ni timidité, ni faiblesse, ni confusion, ni mélancolie ; quand je voyais, dis-je, dans ce récit, qu'il fut même un jour tenté de se donner la mort, alors je conçus la grandeur et la puissance de cette déesse qui avait pu traîner à son autel une telle victime. Lorsque les poètes disent qu'elle est fille de l'Océan, c'est pour nous faire entendre que les vicissitudes des choses et les jugements divins sont ensevelis dans l'obscurité la plus profonde et sont un mystère pour tous les mortels.

C'est avec raison que cette vicissitude est représentée ici par l'Océan, dont le flux et le reflux en sont la fidèle image. Or, cette Providence, dont les dispositions se dérobent à nos yeux, est très judicieusement figurée par la nuit. Les païens avaient aussi quelque idée de cette nocturne et mystérieuse Némésis, et avaient observé comme nous que les jugements humains sont rarement d'accord avec les jugements divins.

« Nous vîmes tomber aussi Riphée, le plus juste des Troyens et le plus religieux observateur des lois de l'équité; mais les dieux en jugèrent autrement (Virgile). »

Némésis est représentée avec des ailes à cause de ces changements subits et imprévus qu'on observe dans les choses humaines; car nous voyons que dans tous les temps les personnages les plus distingués par leurs lumières et leur prudence ont péri par les dangers mêmes qu'ils méprisaient le plus. Cicéron, par exemple, lorsque Décimus Brutus l'avertit de se défier de la mauvaise foi d'Octave et de son cœur ulcéré, ne lui fit d'autre réponse que celle-ci : « Quant à moi, mon cher Brutus, j'ai pour vous toute l'affection que vous méritez, et je vous sais gré d'avoir bien voulu que je fusse instruit de ces bagatelles que vous m'apprenez. »

Cette couronne que porte Némésis désigne l'effet ordinaire de la nature maligne et envieuse du vulgaire; car à la chute des personnages qui ont été long-temps fortunés et puissants à ses yeux, il triomphe et couronne Némésis. Cette lance qu'elle tient de la main droite se rapporte à ceux qu'elle frappe et perce tout à coup. Quant à ceux qu'elle n'immole pas ainsi par une soudaine catastrophe, elle ne laisse pas de les avertir de se tenir sur leurs gardes, en leur montrant le noir et sinistre attribut qui est dans son autre main ; car, pour peu que les personnages élevés au plus haut point de prospérité soient encore capables de quelque réflexion, elle leur présente sans cesse la sombre perspective de la mort, des maladies, des disgrâces, des perfidies de leurs amis des embûches de leurs ennemis, de l'instabilité naturelle des choses, et mille autres objets affligeants renfermés dans sa fiole, et représentés par les Ethiopiens. Virgile ajoute à sa description de la bataille d'Actium cette judicieuse réflexion : « Au son du sistre égyptien, elle (Cléopâtre) appelle ses guerriers au centre de l'armée ; elle ne regarde pas encore derrière elle et ne voit pas ces deux serpents qui la menacent. »

Mais, peu de temps après, de quelque côté qu'elle se tournât, elle voyait devant elle des légions entières d'Ethiopiens. Une addition non moins ingénieuse du poète inventeur de cette fable, c'est que Némésis a pour monture un cerf, animal très vivace. En effet, ceux qui sont enlevés à la fleur de leur âge peuvent prévenir par cette mort prématurée les coups de Némésis et lui échapper; mais ceux dont la puissance et les prospérités ont été de très longue durée sont sans contredit continuellement exposés à ses coups et pour ainsi dire sous elle.

XXI. *Achéloüs, ou le combat.*

Suivant une fable très ancienne, Hercule et Achéloüs se disputant la main de Déjanire, la querelle se termina par un combat. Achéloüs, après avoir pris successivement différentes formes pour résister plus aisément à Hercule (car il avait la faculté de se transformer ainsi à volonté), se présenta enfin à son adversaire sous celle d'un taureau, dont les mugissements et les yeux étincelants inspiraient la terreur, et se prépara au combat sous cette forme ; mais Hercule, gardant sa forme ordinaire, fondit aussitôt sur lui. Ils se combattirent corps à corps ; enfin Hercule eut l'avantage sur le taureau et lui rompit une corne. Son adversaire, éprouvant des douleurs insupportables et trop épouvanté pour être tenté de recommencer le combat, racheta sa corne en donnant en échange à Hercule la corne d'Amalthée ou d'abondance.

Cette fable a pour objet les expéditions militaires. Les préparatifs de guerre sont fort variés dans le parti qui est sur la défensive, et qui est ici représenté par Achéloüs, employant pour sa défense un grand nombre de moyens différents et de précautions ; il se présente pour ainsi dire sous plusieurs formes différentes; mais les préparatifs de celui qui fait l'invasion sont fort simples et il ne se montre que sous une seule forme; il se présente seulement avec son armée, ou quelquefois peut-être avec sa flotte, voilà tout; au lieu que celui qui attend l'ennemi sur son propre territoire prépare et se ménage une infinité de défenses et de ressources. Il fortifie certaines places, en fait démanteler d'autres; il fait retirer et met en sûreté dans les villes fortifiées et dans les châteaux-forts d'assiette les habitants des campagnes, des bourgs et des petites villes; rompt les ponts et même les démolit tout-à-fait; rassemble toutes ses troupes avec les munitions nécessaires et les poste en différents lieux, par exemple, sur les bords des rivières, sur les ports, dans les gorges des montagnes, dans les bois, etc., et fait beaucoup d'autres dispositions de cette nature, en sorte que le pays prend chaque jour une face nouvelle et change pour ainsi dire de forme à chaque instant, comme Achéloüs. Enfin, lorsqu'il est suffisamment muni, préparé et fortifié, il offre en quelque manière l'image d'un taureau terrible et menaçant. Celui qui fait l'invasion cherche l'occasion de livrer bataille et s'attache principalement à ce but, craignant de manquer de vivres en pays ennemi; si, cette occasion se présentant, il sait en profiter et remporte la victoire, alors son avantage consiste manifestement en ce que l'ennemi, découragé par sa défaite, ayant perdu sa réputation, enfin n'espérant plus pouvoir réparer complétement ses pertes ni rassembler assez de forces pour lui opposer une nouvelle armée et tenir la campagne, se retire dans les lieux fortifiés et inaccessibles, lui abandonnant ainsi toutes les villes ouvertes et le plat pays, que l'ennemi ravage et pille sans trouver d'opposition; ce qui est pour lui comme la corne d'Amalthée ou d'abondance.

XXII. *Atalante, ou l'amour du gain.*

Atalante étant déjà devenue très célèbre par sa légèreté à la course, Hippomène vint lui disputer cette gloire; les conditions du combat étaient qu'Hippomène épouserait Atalante s'il était vainqueur et serait mis à mort s'il était vaincu. La victoire paraissant assurée à Atalante, qui avait remporté le prix sur tous ceux qui le lui avaient disputé et qui s'était fait un grand nom par la défaite et la mort de tous ses rivaux, Hippomène prit le parti de recourir à la ruse. S'étant procuré trois pommes d'or, il les apporta avec lui. Sitôt que la course fut commencée, Atalante eut bientôt devancé Hippomène, qui, se voyant ainsi resté derrière, jugea qu'il était temps d'employer son stratagème; il jeta donc la première pomme, mais sur le côté de la lice, soit afin qu'Atalante pût la voir, soit afin de l'engager à se détourner de la droite ligne pour la ramasser et de lui faire perdre du temps. Atalante (qui avait le faible de son sexe), se laissant éblouir par l'éclat de cette pomme, quitta le stade, courut après la pomme et se baissa pour la ramasser. Hippomène, profitant du temps qu'elle perdait, franchit un assez grand espace et la laissa derrière. Cependant Atalante, qui avait naturellement l'avantage sur lui, eut bientôt regagné le temps perdu et le devança de nouveau. Mais Hippomène, ayant jeté successivement les deux autres pommes, la retarda tellement par ce moyen qu'il remporta le prix, qu'il dut à la ruse et non à son agilité.

Cette fable figure allégoriquement et d'une manière sensible les combats que l'art livre à la nature. En effet, l'art (qui est ici représenté par Atalante) a cela de propre, du moins lorsqu'il ne rencontre aucun obstacle qui retarde sa marche, que ses opérations sont plus promptes que celles de la nature. Il est en quelque manière plus léger à la course et arrive plus tôt au but. C'est une vérité dont une infinité d'opérations connues fournissent des preuves sensibles; par exemple, on obtient plus promptement des fruits à l'aide de la greffe que par le moyen d'un noyau. On sait aussi que les briques cuites se durcissent beaucoup plus vite que le limon dont se forment les pierres. Il en est de même en morale; le temps nous console, et à la longue les chagrins les plus cuisants s'évanouissent par le bienfait de la seule nature. La philosophie, qui est pour ainsi dire l'art de vivre, nous épargne ce long délai et dissipe presque sur-le-champ ces douleurs que la nature ne détruit qu'en les usant pour ainsi dire à force de temps. Mais cette marche si prompte qui peut donner à l'art tant d'avantages sur la nature, trop souvent des pommes d'or la retardent, au grand préjudice des intérêts de l'humanité; car jusqu'ici on n'a vu ni science ni art qui ait poursuivi constamment sa course et en allant toujours droit au but (qui est comme la borne plantée au bout de la lice). Mais les arts quittent continuellement le stade et se jettent à droite ou à gauche, pour courir au gain ou à de frivoles avantages, comme Atalante,

« Qui, s'écartant de la lice, court après cet or qu'elle voit rouler à côté d'elle et se baisse pour le ramasser. »

Qu'on cesse donc de s'étonner en voyant que l'art n'a pu jusqu'ici vaincre la nature, et, suivant les conditions du combat, la tuer en quelque manière et la détruire, mais qu'au contraire l'art tombe au pouvoir de la nature et qu'il est forcé de lui obéir comme une femme mariée l'est d'obéir à son époux.

XXIII. *Prométhée, ou du véritable état de l'homme (de la condition humaine).*

Suivant une antique tradition, l'homme fut l'ouvrage de Prométhée et fut formé du limon de la terre ; cependant Prométhée joignit à la masse quelques particules tirées de différentes espèces d'animaux ; puis, amoureux de son œuvre, jaloux de ne devoir qu'à lui-même tout ce qu'il pourrait y ajouter, et voulant être non-seulement l'auteur du genre humain, mais même son bienfaiteur, en lui procurant les plus grandes ressources, il monta furtivement dans les cieux portant avec lui un faisceau de tiges de cette plante connue sous le nom de férule, et ce faisceau, mis en contact avec le char du soleil, ayant pris feu, il apporta ce feu sur la terre et en fit présent aux hommes en leur apprenant la manière d'en faire usage. Mais les hommes, après avoir reçu de lui un si grand bienfait, ne le payant que d'ingratitude, formèrent une conspiration contre lui et l'accusèrent de ce larcin au tribunal de Jupiter. Cette accusation, toute odieuse qu'elle était, ne laissa pas d'être agréable à Jupiter et aux autres dieux. Ainsi, satisfaits de la conduite des mortels en cette occasion, non-seulement ils leur permirent de faire usage du feu, mais ils leur accordèrent un don cent fois plus durable et plus précieux, celui d'une éternelle jeunesse. Les hommes, charmés de ce présent et se livrant à une joie immodérée, mirent imprudemment sur un âne le présent des dieux. Durant le temps de leur retour, leur âne, poussé par une soif ardente, s'étant approché d'une fontaine gardée par un serpent, celui-ci ne voulut lui permettre de s'y désaltérer qu'à condition qu'il lui donnerait ce qu'il portait sur son dos, quoi que ce pût être. Le pauvre âne, pressé par la soif, fut obligé d'accepter cette dure condition ; et ce fût ainsi que la faculté de rajeunir et le don d'une éternelle jeunesse passa de l'espèce humaine à celle des serpents ; elle fut le prix de quelques gouttes d'eau. Lorsque Prométhée, qui se réconcilia depuis avec les hommes, vit que la récompense de leur accusation leur avait ainsi échappé, fidèle à son caractère malicieux et voulant se venger de Jupiter, contre lequel son cœur était encore ulcéré, il ne craignit point d'employer la ruse dans un sacrifice qu'il lui offrit. Il immola donc à ce dieu deux taureaux ; mais ces deux victimes étaient de nature bien différentes, car il avait mis dans la peau de l'un toute la chair et la graisse des deux, ne laissant à l'autre que les os et la peau rembourrée de paille et d'autres matières molles pour la tenir tendue ; puis, affectant des sentiments religieux et le désir de se rendre agréable à Jupiter, il le supplia de choisir celui des deux taureaux qui lui plairait le plus. Le dieu, indigné de son impudence et de sa mauvaise foi, mais charmé de trouver une occasion et un prétexte pour se venger, choisit à dessein celui qui n'avait que la peau et les os. Puis il s'occupa de sa vengeance ; et, persuadé que le plus sûr moyen pour réprimer l'insolence de Prométhée était de faire quelque funeste présent au genre humain (la formation de l'homme étant l'œuvre dont cet impie se glorifiait le plus), ordonna à Vulcain de former une femme parfaitement belle, à laquelle tous les dieux firent aussi chacun un don, et qui en conséquence fut appelée Pandore. De plus, ils lui mirent entre les mains un très beau vase où étaient renfermés tous les maux de l'âme et du corps, mais l'espérance était au fond. Cette femme, s'étant d'abord rendue auprès de Prométhée, tâcha de l'engager à recevoir ce vase et à l'ouvrir ; mais Prométhée était trop prudent pour accepter une telle offre. Piquée de ce refus, elle alla trouver Epiméthée, frère de Prométhée, mais d'un caractère bien différent. Celui-ci, qui était plus téméraire, ne balança point à ouvrir le vase ; puis, voyant que tous les maux en sortaient et se répandaient rapidement sur la terre, il sentit trop tard sa faute et tâcha aussitôt de la réparer en remettant le couvercle sur le vase ; mais tous les maux en étaient déjà sortis, et il ne put y retenir que l'espérance qui resta au fond. Jupiter alors considérant tous les crimes dont Prométhée s'était rendu coupable (crimes d'autant plus graves qu'après avoir dérobé le feu du ciel et insulté à la majesté du maître des dieux par un sacrifice trompeur, il y avait mis le comble en voulant violer Pallas), il le fit garrotter et le condamna à un supplice éternel, dont telle était la nature : transporté sur le mont Caucase, il y fut attaché à une colonne, de manière qu'il ne pouvait faire aucun mouvement. Dans cette situation, un aigle lui rongeait continuellement le foie durant le jour ; mais, durant la nuit, toute la partie de ce foie qui avait été dévorée se reproduisait d'elle-même, afin que la matière et la cause de ses douleurs se renouvelant sans cesse son supplice fût éternel. Cependant ses douleurs eurent une fin ; car Hercule, ayant traversé l'Océan dans un vase de terre que le soleil lui avait donné, arriva au Caucace et délivra Prométhée, après avoir tué l'aigle qu'il perça de ses flèches. Dans la suite on institua en l'honneur de Prométhée des jeux où ceux qui disputaient la victoire devaient courir un flambeau à la main ; ceux dont le flambeau s'éteignait avant qu'ils eussent parcouru toute la carrière perdaient le prix, et il était adjugé à celui qui était le premier arrivé au but sans que le sien se fût éteint.

Cette fable renferme, sous le voile d'une ingénieuse allégorie, un assez grand nombre de vérités, dont quelques-unes sont sensibles et les autres plus difficiles à apercevoir. Aussi les premières ayant été d'abord aperçues, les dernières ont-elles échappé à la pénétration de tous ceux qui ont tenté jusqu'ici d'expliquer cette fiction ; car les anciens, promenant leurs regards dans l'immensité des choses, pensaient que la formation et la constitution de l'homme était l'œuvre la plus propre à la Divinité, la plus digne d'elle, et c'est la seule qu'ils aient attribuée à la divine Providence ; opinion qui a pour base deux vérités incontestables. En premier lieu, la nature humaine (l'homme) est en partie composée d'un esprit et d'un entendement qui est le siége propre de la providence (de la prévoyance) ; il serait absurde de supposer et impossible de se persuader que des éléments bruts aient pu être le principe d'une raison et d'une intelligence ; d'où l'on est forcé de conclure que la providence de l'âme humaine a pour modèle, pour principe et pour fin, une Providence suprême. En second lieu l'homme est comme le centre du monde, du moins quant aux causes finales ; car si l'homme pouvait être ôté de l'univers, tout le reste ne ferait plus qu'errer vaguement et flotter dans l'espace sans but et sans objet ; en un mot, pour me servir d'une expression reçue et même triviale, le monde ne serait plus qu'une sorte de balai défait et dont les brins se disperseraient faute de lien. En effet, tout semble destiné et subordonné à l'homme, car lui seul sait tout s'approprier et tirer parti de tout. Les mouvements périodiques et les révolutions des astres lui servent à distinguer et à mesurer les temps ou à déterminer la situation des lieux. Les météores lui fournissent des pronostics pour prévoir les saisons, la température ou d'autres météores. Les vents lui fournissent une force motrice pour la navigation, pour les moulins et pour une infinité d'autres machines ; les plantes et les animaux de toute espèce, des matières pour le logement et le vêtement, des aliments, des remèdes, des instruments et des moyens pour faciliter, abréger et perfectionner tous ses travaux ; en un mot, une infinité de choses nécessaires, commodes ou agréables, en sorte que tous les êtres qui l'environnent semblent s'oublier eux-mêmes et ne travailler que pour lui. Et ce n'est pas au hasard que le poëte, inventeur de cette fiction, ajoute que, dans cette masse destinée à former l'homme, Prométhée mêla et combina avec le limon des particules tirées de différents animaux. En effet, de tous les êtres que l'univers embrasse dans son immensité, il n'en est point de plus composé et de plus hétérogène que l'homme. Ainsi ce n'est pas sans raison que les anciens l'ont qualifié de petit monde, de microcosme, le regardant comme un abrégé du monde entier. Or, quoique les chimistes, qui ont abusé de ce mot de microcosme et qui en ont détourné la signification en le prenant à la lettre, en aient détruit toute l'élégance et toute la vraie force, lorsqu'ils ont avancé que tous les minéraux et tous les végétaux ou des substances très analogues se trouvent dans le corps humain, cette ridicule exagération ne détruit en aucune manière ce que nous venons de dire, et il n'en est pas moins certain que, de

XXIII. PROMÉTHÉE.

tous les corps connus, c'est le plus mélangé et celui qui présente le plus de substances différentes et de parties distinctes ; complication à laquelle il est naturel d'attribuer les propriétés et les facultés étonnantes dont il est doué ; car les corps très simples n'ont qu'un très petit nombre de forces ou de propriétés et dont l'effet est prompt et certain, parce qu'elles n'y sont point balancées par d'autres qui puissent les affaiblir et les émousser, comme elles le sont dans les corps plus composés. Mais la multitude des propriétés et l'excellence des facultés dépend de la composition et d'une plus grande diversité dans les parties constitutives. Cependant l'homme à son origine semble être nu et désarmé ; il est long-temps sans pouvoir se secourir lui-même ; il manque de tout. Aussi Prométhée se hâta-t-il de dérober le feu du ciel, qui est si nécessaire à l'homme pour satisfaire la plupart de ses besoins ou de ses fantaisies. Que si l'âme peut être appelée la forme par excellence, et la main le premier de tous les instruments, le feu peut être regardé comme le plus puissant de tous les secours et le plus efficace de tous les moyens. C'est de là que l'industrie humaine et les arts mécaniques tirent leurs principales ressources ; c'est un agent dont l'homme varie à l'infini l'emploi et l'usage. La manière dont Prométhée s'y prit pour faire ce larcin s'applique, avec beaucoup de justesse, à notre explication, et est tirée de la nature même de la chose ; il est dit qu'il se servit pour cela d'une férule qu'il fit toucher au char du soleil ; or la férule sert à frapper, à donner des coups ; ce qui se rapporte au vrai mode de génération du feu, qui est ordinairement excité par de vives percussions et des chocs violents qui, en atténuant les matières et en les mettant en mouvement, les préparent à recevoir la chaleur des corps célestes, les met en état de prendre feu et de le dérober, pour ainsi dire, furtivement au char du soleil. Vient ensuite la partie de cette fable qui mérite le plus de fixer l'attention. Les hommes, y est-il dit, au lieu de ces remerciments et de cette gratitude qu'ils semblaient devoir à celui qui leur avait fait un tel présent, le payant d'une accusation, dénoncèrent Prométhée et son larcin au tribunal de Jupiter ; accusation qui fut si agréable au dieu que sa munificence versa sur eux de nouveaux bienfaits. N'est on pas étonné de voir ce dieu approuver et récompenser même leur ingratitude envers leur auteur et leur bienfaiteur, crime si commun parmi nous ? Mais le vrai sens de cette partie de la fiction est très différent de celui qu'elle présente à la première vue ; en voici la vraie signification. Lorsque les hommes accusent ainsi leur art et leur propre nature, le sentiment que suppose une telle accusation est plus louable et a de plus heureux effets qu'on ne le pense, la disposition contraire déplaisant aux dieux, et étant pour l'homme une source de maux ; car ceux qui vantent excessivement la nature humaine ou les arts dont l'homme est en possession, et qui sont comme en extase devant ce peu qu'ils possèdent, veulent en même temps qu'on regarde comme complètes les sciences dont ils font profession ou qu'ils cultivent ; admiration d'où résulte une double méprise. En premier lieu, ils sont moins respectueux envers la Divinité, aux perfections de laquelle ils semblent comparer leur faible intelligence. En second lieu, ils se rendent moins utiles aux autres hommes, parce que, s'imaginant qu'ils sont déjà arrivés au but et que leur tâche est remplie, ils ne font plus de nouvelles recherches. Au contraire, ceux qui accusent et dénoncent les arts et la nature humaine, se plaignant continuellement de leur ignorance et de leur impuissance, ont une idée plus juste et plus modeste de leur état ; disposition qui éveille leur industrie et les excite à faire de nouvelles recherches ; raison de plus pour être étonné du peu de jugement et de la faiblesse de ceux qui, endossant la livrée de certains maîtres et devenus esclaves d'un petit nombre de philosophes arrogants, ont une si haute vénération pour cette philosophie des péripatéticiens (qui après tout n'était que la plus faible portion de la philosophie des Grecs) que toute accusation ou critique dont elle est le sujet leur paraît non-seulement inutile, mais même suspecte et dangereuse ; c'est à leurs yeux une sorte d'hérésie. Ainsi, abandonnant cette philosophie magistrale d'Aristote, qui tranche sur tout et semble ne jamais douter de rien, croyons-en plutôt Empédocle et Démocrite, qui se plaignent continuellement, le premier avec une sorte de colère et d'indignation, le dernier avec plus de réserve et de modestie, que tout dans l'étude de la nature, est hérissé de difficultés ; que l'homme est plongé dans les plus profondes ténèbres, qu'il ne sait rien, absolument rien; que la vérité est au fond d'un puits ; qu'elle est tellement mêlée et entrelacée avec l'erreur qu'il est impossible de démêler l'une d'avec l'autre; car il est inutile de parler de la troisième académie, qui sur ce point a excédé toute mesure et a porté le doute jusqu'à l'extravagance. Ainsi les hommes doivent être bien persuadés que l'effet ordinaire de cette dénonciation des arts humains et de la nature même de l'homme, genre d'accusation agréable à la Divinité, est de l'engager à répandre de nouveaux bienfaits sur les accusateurs ; que cette accusation si âpre, si violente et en apparence si injuste, intentée contre Prométhée, quoiqu'ils lui doivent leur existence et une partie de leurs lumières, ne laisse pas d'être plus judicieuse qu'une gratitude excessive et une admiration outrée pour ses présents; enfin, que la trop haute idée que l'homme a de son opulence est une des principales causes de son indigence. Quant à ce don que les hommes reçurent pour prix de leur accusation, je veux dire celui d'une perpétuelle jeunesse, il est d'une nature qui nous porterait à penser que les anciens ne désespéraient pas de la découverte des moyens et des procédés nécessaires pour retarder la vieillesse et prolonger la vie humaine, mais qu'ils la regardaient plutôt comme un de ces secrets précieux que les hommes avaient possédés autrefois et laissé échapper de leurs mains par leur paresse, leur incurie et leur négligence, que comme un avantage qui ne leur eût jamais été accordé et qui leur eût même été refusé pour toujours; car ils nous font entendre assez clairement dans cette fiction (en y indiquant le véritable usage du feu, et en relevant avec autant de force que de justesse les erreurs de l'art), que si les hommes ne sont pas possesseurs de ce secret ce n'est pas que les dieux l'aient mis hors de leur portée, mais parce qu'ils s'en sont eux-mêmes privés en mettant ce don si précieux sur un âne pesant et tardif; fidèle image de cette expérience aveugle et stupide, dont la marche excessivement lente a donné lieu à cette plainte si ancienne sur la courte durée de la vie et les longueurs de l'art. Quant à nous, notre sentiment est que l'on n'a pas encore su faire une judicieuse combinaison de la méthode dogmatique et de la méthode empirique, qui ne sont pas faites pour être séparées, mais pour s'aider

réciproquement, et qu'on a l'imprudence de confier les présents des dieux, ou à la témérité d'une philosophie abstraite, espèce d'oiseau qui ne fait que voltiger, ou aux lenteurs de l'expérience fortuite, qui est l'âne de la philosophie. Et cet âne même, on ne doit pas non plus en avoir trop mauvaise idée ni en trop mal augurer, il peut toujours être de quelque utilité. En effet, tout homme qui, dirigé par des règles et une méthode aussi sûres que fixes, s'adonnerait à l'expérience avec un zèle soutenu et sans que la soif de ces expériences qui n'ont pour objet qu'un vil gain ou un vain étalage l'excitât jamais à jeter (ou à laisser prendre) son fardeau pour courir après ces objets frivoles; cet homme, dis-je, pourrait nous apporter de nouveaux dons de la munificence divine. Lorsque les poètes ajoutent que le don d'une jeunesse perpétuelle passa des hommes aux serpents, ce n'est qu'une circonstance ajoutée pour embellir cette fable, à moins qu'on ne pense que les anciens, par cette addition, ont voulu aussi faire entendre que les hommes devraient rougir de n'avoir pu jusqu'ici, à l'aide du feu et des arts dont ils sont en possession, s'approprier ce que la nature même a accordé à tant d'autres animaux. De plus, cette réconciliation subite des hommes avec Prométhée, après avoir fait une si grande perte et avoir vu ainsi toutes leurs espérances trompées, renferme une observation aussi utile que judicieuse; c'est une fidèle image de l'inconstance et de la légèreté de la plupart des hommes qui se mêlent de faire des expériences; car lorsque leurs premières tentatives ne sont pas heureuses et ne répondent pas à leurs désirs, ils se découragent aussitôt et abandonnent tout pour revenir précipitamment à leur ancienne marche et à leurs premières opinions, avec lesquelles ils se réconcilient. La fable, après avoir décrit l'état de l'homme par rapport aux arts et aux facultés intellectuelles, passe à la religion; car la culture des arts a presque toujours marché de front avec le culte divin, qui a été ensuite envahi et souillé par l'hypocrisie. Ainsi ce double sacrifice, ces deux victimes offertes par Prométhée, nous donnent une juste idée de l'homme vraiment religieux et de l'hypocrite; car dans la peau de l'un des deux taureaux se trouve la graisse dont l'inflammation et la fumée sont l'emblème de l'amour et du zèle pour la gloire de Dieu, sentiment qui enflamme les cœurs en élevant les pensées; elle renferme et contient aussi les entrailles, image de la charité; enfin des chairs substantielles, qui représentent la substance et la réalité d'une piété sincère. La peau de l'autre taureau ne contient que des os arides et dépouillés de chair qui ne laissent pas de tenir cette peau tendue, et de lui donner toute l'apparence d'une très belle victime. Ce dernier taureau est l'emblème de ces rits extérieurs et de ces fastueuses cérémonies dont les hommes chargent et enflent pour ainsi dire le culte divin, toutes choses bonnes pour l'ostentation et l'étalage, mais qui n'ont rien de commun avec la vraie piété; et les hommes, non contents de se jouer de la Divinité par cet orgueilleux hommage, ont l'audace d'imputer à Dieu même leur propre vanité, de soutenir que de telles offrandes sont de son choix et que c'est lui-même qui les a prescrites. Mais le prophète les dément en faisant parler Dieu lui-même sur ce sujet; il se plaint en ces termes de l'espèce d'option qu'ils lui donnent : « Est-ce donc là ce jeûne que j'ai prescrit? est-ce moi qui ai voulu que l'homme se contentât de mortifier ainsi son corps durant le cours d'une seule journée et courbât ainsi la tête comme le roseau débile? Qu'ai-je besoin de vos boucs et de vos génisses? »

Après avoir décrit l'état de la religion, la fable passe à la description des mœurs et des misères attachées à la condition humaine, dont elle indique la principale source. C'est une opinion assez commune, et qui n'en est pas moins fondée, que cette Pandore est l'emblème de la volupté (des désirs illicites), qui, après l'invention des arts nécessaires, des commodités de la vie et des raffinements du luxe, a pour ainsi dire allumé son flambeau. Aussi est-ce à Vulcain (qui est l'emblème du feu) que sont attribuées les inventions et les travaux qui ont pour objet la volupté, source impure d'où découlent une infinité de maux et de calamités, avec le tardif repentir, maux qui se font sentir non-seulement aux individus, mais même aux empires, soit royaumes, soit républiques; car c'est de là que dérivent la guerre, les troubles, les révoltes et la tyrannie. Mais ce qui doit ici fixer principalement notre attention, ce sont les deux conditions opposées, les deux exemples, et en quelque manière les deux tableaux contraires tracés dans cette fable sous les personnages de Prométhée et d'Épiméthée; car ceux qui ont embrassé la secte d'Epiméthée manquent ordinairement de prévoyance; leur vue n'est pas de très longue portée; ils mettent au premier rang les douceurs dont ils peuvent jouir dans le présent, insouciance qui les expose à une infinité de dangers, de malheurs et de difficultés contre lesquels ils sont obligés de lutter sans cesse. Mais du moins ils ont l'avantage de se satisfaire, de céder à leur penchant et de suivre leur propre goût; à quoi il faut ajouter une infinité d'espérances chimériques qu'ils doivent à leur ignorance même, et dont ils se paissent comme d'autant de rêves agréables; songes flatteurs qui adoucissent les misères de leur condition. Mais l'école de Prométhée est composée d'hommes très prudents qui, découvrant fort loin dans l'avenir, s'épargnent et éloignent par leurs précautions, prises longtemps d'avance, les maux dont ils sont menacés. Mais cet avantage même est balancé par un terrible inconvénient qui s'y trouve attaché. Ces mêmes hommes se privent d'une infinité de plaisirs et de douceurs; ils luttent continuellement contre leur propre penchant et font violence à leur naturel, sans compter les craintes, les inquiétudes et les soucis dont ils sont perpétuellement rongés, inconvénient pire que le premier; car, liés comme Prométhée à la colonne inébranlable de la nécessité, ils sont tourmentés par une infinité de pensées affligeantes (représentées par l'aigle de la fable, parce qu'elles ne font pour ainsi dire que voltiger); pensées dont l'aiguillon les pénètre et qui leur rongent pour ainsi dire le foie, à la réserve de quelques instants de relâche, où ils respirent un peu et qui sont pour eux comme le repos de la nuit; mais ces craintes et ces inquiétudes renaissent bientôt pour les tourmenter de nouveau. Aussi il est peu d'hommes qui sachent réunir en eux tous les avantages attachés à ces deux dispositions contraires de l'âme, je veux dire la sûreté réelle qui est le fruit d'une sage prévoyance et la sécurité attachée à une judicieuse insouciance et au mépris du danger. On ne peut parvenir à ce double but que par le moyen d'Hercule, c'est-à-dire de ce courage soutenu, de cette force d'âme et de cette constance qui fait que l'homme préparé à tout événement, et disposé à mépriser les maux ainsi que les biens, sait prévoir sans crainte, jouir sans dégoût (excès) et souffrir sans impatience. Mais une circonstance qu'on ne doit pas oublier ici, c'est que cette égalité d'âme n'était point naturelle à Prométhée, mais qu'il l'avait acquise et qu'il la devait au secours d'un autre, nul individu n'ayant naturellement une âme assez forte pour s'élever si haut. Elle lui était venue des lieux situés au-delà de l'Océan, et il en avait l'obligation au soleil, qui avait fourni les moyens nécessaires pour la lui apporter; car elle était l'effet et le fruit de la sagesse et de profondes méditations sur l'instabilité, les vicissitudes, et, s'il est permis de s'exprimer ainsi, sur les ondulations de la vie humaine; méditations qui peuvent être comparées à la navigation d'Hercule traversant l'Océan (dans un vase de terre). Virgile a su peindre avec son élégance ordinaire cet état de l'âme en indiquant sa véritable source :

« Heureux qui, ayant découvert les causes de tout, a su mettre sous ses pieds les vaines terreurs, le destin inexorable et le fracas de l'avare Achéron ! »

C'est avec le même jugement que l'auteur de la fiction que nous expliquons ajoute, pour encourager les hommes et fortifier leur âme, que ce héros d'une si haute stature ne laissa pas de traverser l'Océan dans un vase de terre, de peur qu'ils n'allèguent pour excuse la fragilité de leur nature et ne s'imaginent ou ne prétendent qu'elle est tout-à-fait incapable d'une telle force et d'une telle confiance. Sénèque avait une plus haute idée des forces de la nature humaine, lorsqu'il s'exprimait ainsi : « Est-il un spectacle plus imposant et plus auguste que de voir réunies dans un même homme la fragilité d'un mortel et la sécurité d'un dieu ? »

Mais revenons sur nos pas pour éclaircir un point que nous avons passé à dessein, et afin de ne pas en séparer d'autres qui avaient entre eux une liaison et une connexion naturelle; je veux parler du crime que commit Prométhée en sollicitant Pallas et en voulant attenter à la pudicité de cette déesse; car ce fut proprement pour ce crime, le plus grand de tous ceux dont il s'était rendu coupable, qu'il fut condamné à avoir les entrailles continuellement dévorées par un aigle. Cette partie de la fiction nous paraît destinée à faire entendre que les hommes, fiers d'avoir porté leurs arts à un certain degré de perfection et enflés de l'étendue de leurs connaissances, tentent souvent de soumettre la sagesse divine à leurs sens et à leur raison; prétention audacieuse dont la conséquence nécessaire et la punition naturelle est cette espèce de déchirement et cette perpétuelle agitation d'esprit figurée par le supplice de Prométhée. Ainsi les hommes doivent, avec toute la modestie et la soumission convenables, faire une juste distinction entre les choses divines et les choses humaines, entre les oracles des sens et ceux de la foi, à moins qu'ils ne veuillent embrasser l'hérésie ou une philosophie fantastique et mensongère. Reste à parler des jeux institués en l'honneur de Prométhée, où ceux qui disputaient le prix couraient un flambeau à la main. Cette dernière partie de la fable se rapporte également aux arts et aux sciences, comme le feu dérobé au ciel par Prométhée, et en mémoire duquel ils furent institués; elle renferme une observation très judicieuse, savoir : qu'on ne doit attendre de rapides progrès dans les sciences que de la succession des individus ou des nations qui les cultivent, et non de la vivacité ou de la vigueur d'esprit d'un seul individu ou d'une seule nation. En effet, ceux qui sont les plus légers à la course sont peut-être ceux qui ont le moins d'adresse pour tenir leur flambeau allumé, son extinction pouvant tout aussi bien être l'effet de la rapidité de la course que de sa lenteur. Malheureusement les courses et les joûtes de cette espèce sont tombées en désuétude depuis long-temps, les sciences n'ayant été florissantes qu'avec leurs premiers inventeurs, tels qu'Aristote, Galien, Euclide, Ptolomée, etc., et leurs successeurs n'ayant rien fait et presque rien tenté de grand. Il serait à souhaiter que ces jeux en l'honneur de Prométhée ou de la nature humaine fussent rétablis; ils pourraient exciter une louable émulation et provoquer des joûtes utiles, car alors la succession des sciences ne dépendrait plus du frêle flambeau d'un seul individu, flambeau perpétuellement agité et toujours prêt à s'éteindre. Ainsi on ne saurait trop exhorter les hommes à s'éveiller eux-mêmes et à fournir leur carrière avec vigueur, au lieu de se reposer entièrement, comme ils le font, sur l'autorité d'un petit nombre d'esprits.

Telles sont les vérités que cette fable si connue nous présente sous le voile mystérieux de l'allégorie. Cependant nous ne disconvenons pas qu'elle n'en renferme un grand nombre d'autres qui se rapportent aux mystères du christianisme. Avant tout, cette navigation qu'Hercule entreprit dans un vase de terre pour délivrer Prométhée paraît être une figure de l'incarnation du Verbe divin, qui daigna pour ainsi dire faire voile sur l'Océan de ce monde, revêtu d'une chair humaine (espèce de vase fragile), pour la rédemption du genre humain. Mais nous devons nous arrêter ici, car nous nous sommes interdit toute interprétation trop libre en ce genre, de peur de porter un feu étranger et profane sur l'autel du Seigneur.

XXIV. *Charybde et Scylla et Icare, ou la route moyenne (le milieu entre les extrêmes).*

La médiocrité, ou la route moyenne, est ce qu'on approuve et qu'on vante le plus en morale ; elle l'est un peu moins en logique, quoiqu'elle n'y soit pas moins utile ; elle n'est suspecte qu'en politique, où elle ne doit en effet être suivie qu'avec choix et seulement dans certains cas. Or, les anciens représentaient, en morale, la médiocrité (ou la voie moyenne) par celle qui fut prescrite à Icare, et en logique, par la route moyenne et directe entre Charybde et Scylla, route dont il est si souvent fait mention à cause de la difficulté qu'on éprouve à la suivre constamment et des risques que l'on court en s'en écartant à droite ou à gauche. Dédale, étant près de traverser les airs avec son fils pour franchir la mer Égée, lui recommanda de ne voler ni trop haut ni trop bas ; car ses ailes n'étant fixées qu'avec de la cire, s'il volait trop haut il était à craindre que la chaleur du soleil ne la fit fondre, et s'il volait trop bas, la vapeur humide de la mer pouvait rendre cette cire moins adhérente. Mais Icare, avec une audace et une présomption assez ordinaire dans un jeune homme, prit un essor trop élevé et fut précipité dans la mer.

Le sens de cette fiction est très clair et très connu ; elle signifie que la route de la vertu est le droit chemin entre l'excès et le défaut. Mais il n'est pas étonnant que l'excès ait été la cause de la perte d'Icare. En effet, l'excès est le vice propre à la jeunesse, et le défaut celui de la vieillesse. Cependant de ces deux fausses routes Icare avait encore choisi la moins mauvaise, vu que le défaut est avec raison regardé comme le pire des deux extrêmes, l'excès ayant une teinte de magnanimité et une sorte d'affinité avec les cieux, région vers laquelle il semble s'élever comme les oiseaux, au lieu que le défaut semble ramper comme les serpents. De là ce mot si connu et si judicieux d'Héraclite : «Lumière sèche, excellent esprit.» En effet, si l'âme, dans son vol, rase trop la terre, elle contracte de l'humidité et perd tout son ressort ; mais aussi, en se portant du côté opposé il faut le faire avec mesure, afin que cette sécheresse si vantée rende la lumière plus subtile sans exciter un incendie. Ces vérités que nous venons d'exposer sont toutes connues. Quant à la route moyenne entre Charybde et Scylla, elle se rapporte tout à la fois à l'art de la navigation et à l'art d'être heureux. Si le vaisseau donne dans Scylla il se brisera contre les rochers, et s'il tombe dans Charybde il sera englouti. Le sens et la force de cette parabole, que nous ne faisons ici que toucher en passant (et qui nous jetterait dans des détails infinis si nous voulions en développer l'explication), est que toute science, dans ses règles et ses principes, doit tenir le juste milieu entre les écueils des distinctions trop subtiles et trop multipliées, et le gouffre des universaux, ou idées et propositions trop générales ; car ces deux extrêmes sont devenus fameux par les naufrages multipliés des esprits, des sciences et des arts.

XXV. *Le Sphinx, ou la science.*

Le Sphinx, dit la fable, était un monstre dont la forme bizarre participait de celle de plusieurs animaux. Il avait le visage et la voix d'une jeune fille, les ailes d'un oiseau et les serres d'un griffon. Il se tenait ordinairement sur une montagne de la Béotie, poste d'où il infestait les chemins ; s'y tenant en embuscade, il se jetait tout à coup sur les passants, et après s'être saisi d'eux il leur proposait des questions très obscures et très difficiles à résoudre, en un mot des énigmes que les Muses lui avaient apprises. Lorsque ces pauvres captifs, ne pouvant résoudre ces questions ni deviner le mot de ces énigmes, demeuraient muets et confus, il les mettait en pièces. La Béotie ayant été long-temps affligée de ce fléau, les Thébains proposèrent pour prix la couronne de Thèbes à celui qui pourrait expliquer les énigmes du Sphinx. OEdipe, homme d'une grande pénétration (mais dont les pieds, qui avaient été percés durant sa première enfance, étaient encore enflés), tenté et excité par la grandeur du prix, accepta la condition proposée et voulut courir les risques de l'essai. Plein de courage et comptant beaucoup sur lui-même, il se présenta devant le Sphinx, qui lui proposa cette énigme : « Quel est l'animal qui marche d'abord à quatre pieds, puis à deux, ensuite à trois, enfin à quatre une seconde fois ? » OEdipe, qui avait l'esprit très présent, répondit sur-le-champ et sans hésiter : « Cet animal, c'est l'homme même ; car immédiatement après sa naissance il se traîne sur quatre pieds et alors il semble ramper. Quelque temps après, ayant plus de force, il se tient dans une attitude droite et marche à deux pieds ; dans sa vieillesse, obligé de se servir d'un bâton pour se soutenir, il a pour ainsi dire trois pieds ; enfin dans la vieillesse décrépite il est forcé de garder le lit et redevient en quelque manière un animal à quatre pieds. » Ainsi OEdipe ayant remporté la victoire par la justesse de cette réponse, il tua le Sphinx ; puis ayant mis sur un âne le corps de ce monstre, il le mena en triomphe à Thèbes. Il fut aussitôt proclamé roi, conformément au décret qui l'avait excité à tenter la fortune.

Cette fable ingénieuse et pleine de sens paraît figurer allégoriquement la science, surtout lorsque la pratique y est jointe à la théorie. En effet, on peut regarder la science comme une sorte de monstre, attendu qu'elle excite l'admiration ou plutôt le stupide étonnement des ignorants qui la regardent comme une espèce de prodige. Il est dit que la forme du sphinx participait de celle de différentes espèces d'animaux, à cause de l'étonnante diversité des êtres qui peuvent être les objets des contemplations humaines. Ce visage et cette voix de jeune fille représentent les discours agréables des savants qui, pour le dire en passant, sont aussi un peu bavards. Les ailes du sphinx signifient que les sciences et les inventions se répandent aussitôt et volent en tous lieux ; car la science se communique aussi aisément que la lumière, et un seul flambeau suffit pour en allumer un grand nombre d'autres. C'est aussi avec raison qu'on donne au sphinx des ongles très aigus et recourbés ; car les principes et les arguments des sciences pénètrent l'esprit, s'en saisissent et le maîtrisent à tel point qu'il reste subjugué par la force des raisons et ne peut résister à la conviction. C'est une observation qu'a faite Salomon lui-même. « Les paroles du sage, dit-il, sont comme autant d'aiguillons ou de clous enfoncés profondément. » Or, toute science semble être placée sur une montagne escarpée. C'est avec fondement qu'on la regarde comme quelque chose de sublime et d'élevé ; car de cette hauteur où la science est placée, elle semble abaisser ses regards sur l'ignorance et les promener sur l'espace immense qui l'environne, comme on le peut faire du sommet d'une montagne très élevée. On ajoute que le sphinx infestait les chemins, parce que dans le pélerinage de cette vie l'homme trouve partout l'occasion de s'instruire et des sujets de méditation. Le sphinx propose aux passants des questions obscures, des énigmes difficiles à expliquer et que les muses lui ont apprises. Cependant, tant que ces énigmes ne sont connues que des muses, il ne s'y joint aucune teinte de cruauté ; car, tant que le but des méditations et des recherches se borne au seul plaisir de savoir, de s'instruire, l'entendement est à son aise et aucune nécessité ne le presse. Il ne fait alors qu'errer et pour ainsi dire se promener en toute liberté. La diversité des sujets qu'il médite est agréable et ses doutes même ne sont pas sans plaisir. Mais sitôt que les énigmes passent des muses au sphinx, c'est-à-dire lorsqu'il faut appliquer la théorie à la pratique, faire un choix entre plusieurs moyens, former une résolution fixe, prendre son parti sur-le-champ et passer aussitôt à l'exécution, alors ces énigmes ne sont plus un amusement, et, si l'on n'en trouve le mot, elles deviennent une source d'inquiétudes ; l'esprit est tiraillé en tous sens et l'âme est déchirée, c'est un vrai supplice. En conséquence, à ces énigmes proposées par le sphinx sont jointes deux conditions de natures bien opposées. Celui qui ne peut les résoudre est conduit au supplice de l'incertitude et de l'irrésolution, au lieu que celui qui les résout obtient une couronne ; car tout homme qui ne se mêle que des affaires qu'il entend arrive à son but, ou, ce qui est la même chose, il est

XXV. LE SPHINX.

couronné par le succès, et tout habile ouvrier commande à son ouvrage ; il est maître et comme roi de la chose. Or, ces énigmes du sphinx sont de deux espèces, les unes ayant pour objet la nature des choses et les autres la nature humaine. Et ceux qui parviennent à résoudre les énigmes de l'une ou de l'autre espèce obtiennent aussi l'un ou l'autre de ces deux prix, l'empire sur la nature ou l'empire sur leurs semblables. Le but propre et la fin dernière de la vraie philosophie, c'est de régner sur tous les êtres, sur les corps naturels, sur les remèdes, sur les machines, sur les animaux, les hommes, etc., quoique l'école (le troupeau des scolastiques), contente d'un petit nombre de moyens déjà inventés qu'elle trouve sous sa main et de quelques mots fastueux, néglige tout-à-fait les choses mêmes et l'exécution qu'elle semble quelquefois rejeter entièrement et dédaigner. Mais l'énigme proposée à OEdipe et dont la solution le plaça sur le trône avait pour objet la nature de l'homme. En effet, tout homme qui a su approfondir la nature humaine peut toujours être l'artisan de sa propre fortune et est né pour le commandement. C'est une observation que Virgile a faite en indiquant les talents et les arts qu'il jugeait propres aux Romains.

« Et toi, Romain, souviens-toi que ton partage est de régner sur les nations ; tels seront tes seuls talents et ta seule science. »

Un autre fait qui s'applique avec beaucoup de justesse à cette dernière observation, c'est que César-Auguste, soit par hasard, soit à dessein, avait fait graver sur son sceau la figure d'un sphinx ; car il dut l'empire à sa profonde politique. Durant le cours d'une longue vie, il sut résoudre, avec autant de promptitude que de justesse, un grand nombre d'énigmes sur la nature humaine ; et ces énigmes, dans une infinité d'occasions, étaient si importantes que, s'il n'en eût trouvé la solution sur-le-champ, il eût été perdu presque sans ressource. La fable ajoute que le corps du sphinx vaincu fut mis sur un âne, addition très judicieuse ; car lorsque les vérités les plus abstruses sont une fois bien éclaircies et ensuite publiées, l'esprit le plus médiocre est en état de les comprendre, de les saisir et en quelque manière de les porter. Une autre circonstance qu'il ne faut pas oublier, c'est que ce même homme qui fut vainqueur du sphinx avait les pieds enflés et peu d'aptitude pour la course. En effet, lorsque les hommes veulent résoudre les énigmes du sphinx, leur précipitation et leur impatience leur font manquer la solution, et alors le sphinx demeurant victorieux, ils éprouvent ce tiraillement et ce déchirement d'esprit qui est l'effet ordinaire des disputes auxquelles ils se livrent, au lieu de régner par les œuvres et les effets, (comme ceux qui savent endurer les longueurs d'une méditation soutenue.

XXVI. *Proserpine, ou l'esprit.*

Pluton, suivant les poètes, après le partage mémorable de l'univers, eut pour son lot l'empire des enfers. Désespérant d'obtenir en mariage une déesse par la douceur de ses discours, de ses procédés et de ses manières, il ne vit d'autres moyens que le rapt pour satisfaire ses désirs et se procurer une épouse. En conséquence, ayant épié l'occasion, il enleva Proserpine, fille de Cérès et d'une rare beauté, tandis qu'elle cueillait des fleurs de narcisse dans les prairies de la Sicile. Aussitôt qu'il se fut saisi d'elle il la mit sur son char et l'emmena dans les enfers. Elle y fut traitée avec le plus grand respect et y reçut les honneurs et le titre de reine du sombre empire. Cérès, ne voyant plus reparaître sa fille, tomba dans la plus profonde affliction, et ayant allumé un flambeau, elle se mit à parcourir toute la terre pour la chercher ; mais toutes ses recherches furent inutiles. Ayant appris par hasard que sa fille avait été emmenée aux enfers, elle alla aussitôt trouver Jupiter, dont elle obtint, à force d'instances et de larmes, que Proserpine lui fût rendue, mais à condition que sa fille, depuis son arrivée dans les enfers, n'aurait encore rien mangé, condition qui rendit cette grâce inutile à la mère ; car on sut que Proserpine avait avalé trois grains de grenade. Cependant Cérès ne perdit pas encore toute espérance ; elle renouvela ses prières et ses larmes qui ne furent pas sans effet, et il fut décidé que Proserpine passerait alternativement six mois de l'année avec son époux et les six autres mois avec sa mère. Dans la suite, Thésée et Pirithoüs furent assez téméraires pour vouloir l'enlever à son époux. Durant leur expédition aux enfers, ils s'assirent sur une pierre pour se reposer; mais ensuite, quand ils voulurent se lever, ils ne le purent et y demeurèrent éternellement assis. Cependant Proserpine continua de régner dans les enfers, et en sa considération Pluton accorda aux mortels un grand privilége dont ils n'avaient pas encore joui; car jusqu'à cette époque tout homme qui descendait aux enfers y restait pour jamais. Mais on mit à cette loi une seule exception, savoir: que tout mortel qui pourrait porter en présent à Proserpine le rameau d'or serait ensuite maître de retourner sur la terre. Ce rameau, unique en son espèce, n'appartenait à aucune espèce particulière d'arbre, d'arbrisseau ou de plante, mais on le trouvait comme le gui sur un arbre d'une autre espèce; il était caché dans une immense et épaisse forêt, et dès qu'il était arraché il en repoussait aussitôt un autre.

La fable de Proserpine paraît avoir pour objet cet esprit éthéré (cette substance pneumatique), cet esprit vivifiant et fécondant qui exerce son action dans le sein de la terre, qui est le principe du développement et de l'accroissement des végétaux, et dans lequel ils se résolvent après leur décomposition; car les anciens désignaient par le nom de Proserpine cet esprit émané des cieux et précipité de la sphère supérieure, lequel est renfermé et retenu dans le sein de la terre représentée par Pluton, hypothèse dont certain poète donne ainsi une assez juste idée:

« Soit que la terre, alors récemment détachée de la sphère supérieure et comme neuve, retînt encore les semences émanées du ciel avec lequel elle avait été naguère confondue. »

Il est dit que cet esprit avait été ravi par la terre, parce qu'on ne peut le retenir et le fixer dans les corps par une opération lente et qui lui laisse le temps de s'exhaler, mais seulement en l'y renfermant brusquement et en resserrant aussitôt les parties solides qui l'environnent, à peu près comme on ne peut mêler l'eau avec l'air qu'en agitant ensemble et très violemment ces deux fluides; et c'est en effet par ce moyen même qu'ils se trouvent réunis dans l'écume, l'air alors étant pour ainsi dire ravi par l'eau. C'est aussi avec raison qu'on ajoute dans cette fable que Proserpine fut enlevée au moment où elle cueillait des fleurs de narcisse dans les vallées ; car ce mot Narcisse signifie stupeur ou engourdissement. et les circonstances où l'esprit est le plus disposé à être enlevé par la matière terrestre, c'est lorsqu'il commence à se coaguler et à contracter une sorte d'engourdissement. C'est encore avec fondement que dans cette fiction le poète attribue à Proserpine un honneur dont l'épouse d'aucun autre dieu n'a jamais joui; je veux dire celui d'être la reine des enfers ; car c'est cet esprit dont nous parlons qui gouverne la matière et qui fait tout dans ces régions souterraines, Pluton y étant comme stupide (purement passif) et ne s'y mêlant de rien. Or, ce même esprit, l'éther ou les corps célestes, représentés ici par Cérès, font continuellement effort pour l'attirer à eux et s'en ressaisir. Quant à ce flambeau des cieux ou à cette torche ardente que la fable met entre les mains de Cérès, elle désigne visiblement le soleil dont la fonction est d'éclairer toute la surface de la terre; et s'il était possible de recouvrer Proserpine, ce ne pourrait être que par le secours de cet astre ; cependant elle demeure fixée et comme confinée dans la région inférieure. Or, ces deux conventions de Jupiter et de Cérès dont il est parlé ensuite donnent une juste idée des causes de cette fixation. En effet, il n'est pas douteux que ces esprits dont nous venons de parler ne puissent être retenus par deux espèces de causes dans une matière solide et terrestre : 1º par toute cause qui resserre les parties tangibles des composés, et par le moyen de toute substance qui obstrue leurs pores ; ce qui répond à l'emprisonnement violent (de Proserpine) ; 2º par l'addition d'un aliment de nature analogue à la sienne, genre de fixation représenté par le séjour volontaire de Proserpine aux enfers. Car une fois que l'esprit renfermé dans un corps a commencé à s'emparer de sa substance et à s'en nourrir, il ne tend plus avec autant de force à s'exhaler, mais il y fixe son séjour comme dans le domaine qui lui est propre. Voilà quel est le sens de cette partie de la fable où il est dit que Proserpine avait avalé quelques pepins de grenade ; autrement Cérès, en parcourant toute la terre son flambeau à la main, aurait pu dès long-temps la recouvrer et l'emmener avec elle; car l'esprit qui réside dans les métaux et autres substances minérales peut y être fixé et retenu principalement par la solidité de la masse, au lieu que ceux qui sont renfermés dans les plantes et les

XXVI. PROSERPINE.

animaux sont logés dans des corps très poreux où ils trouvent une infinité d'issues par lesquelles ils s'échapperaient bientôt s'ils n'y étaient pour ainsi dire volontairement fixés par cet aliment qu'ils y trouvent. Le second accord ou traité en vertu duquel Proserpine doit demeurer six mois avec son époux et six autres mois avec sa mère n'est qu'un ingénieux emblème de la distribution de l'année ; cet esprit qui est répandu dans la masse du globe terrestre, restant durant les six mois d'été dans la région supérieure où il opère le développement des végétaux, puis retournant dans le sein de la terre où il reste fixé durant les six mois d'hiver.

Pour ce qui est de la téméraire entreprise formée par Thésée et Pirithoüs pour enlever Proserpine, voici ce qu'elle signifie. Ces esprits subtils qui se portent de la région céleste vers la terre, où ils se logent dans une infinité de corps, au lieu de pomper l'esprit souterrain, de se l'assimiler, de s'en emparer et de l'entraîner avec eux en s'exhalant, se coagulent dans ces corps, et ne retournent plus dans la région céleste ; en sorte qu'ils augmentent ainsi le nombre des sujets de Proserpine et restent soumis à son empire.

Quant au rameau d'or, il nous serait difficile de soutenir les violents assauts des chimistes (des alchimistes), s'ils nous attaquaient sur ce point ; car ils ont une si haute idée de leur pierre philosophale que, lorsqu'ils l'auront trouvée, outre les montagnes d'or qu'ils nous promettent et qu'alors ils nous donneront, la restauration complète du corps humain et de tout autre corps en sera aussi le fruit ; mais nous sommes intimement persuadés que toute leur théorie sur ce double sujet est dénuée de fondement, et nous soupçonnons même que leur pratique est également illusoire. Ainsi, laissant de côté cette pierre merveilleuse et ceux qui la cherchent, nous nous contenterons d'exposer ici notre sentiment sur la dernière partie de la fable que nous interprétons. Plus nous méditons sur une infinité d'allégories des anciens, plus nous nous persuadons qu'ils ne regardaient point la conservation et la restauration complète des corps comme des choses impossibles à l'homme, mais seulement comme des choses difficiles et placées hors des routes battues. C'est même ce qu'ils paraissent faire entendre sous le voile de l'allégorie, dans cet endroit que nous expliquons, attendu qu'ils ont supposé que le rameau d'or se trouvait dans une immense et épaisse forêt ; ils supposaient aussi que ce rameau était d'or, parce que ce métal est l'emblème de la durée. Enfin, ils disaient que ce rameau était comme greffé sur un arbre d'une autre espèce, pour faire entendre qu'on ne doit pas se flatter de pouvoir obtenir des effets de ce genre par le moyen de quelque drogue facile à composer ou par quelque procédé simple et naturel, mais par quelque procédé extraordinaire et à force d'art.

XXVII. *Les sirènes, ou la volupté.*

On a de tout temps appliqué la fable des sirènes aux dangereux attraits de la volupté ; mais dans l'application qu'on en a faite jusqu'ici, et qui est assez juste quant au fond, on n'a saisi que ce qui se présentait à la première vue. Cette sagesse des anciens peut être comparée à des raisins mal foulés, et dont on a exprimé quelques sucs en y laissant ce qu'il y avait de meilleur.

Les sirènes étaient filles d'Achéloüs et de Terpsichore, une des neuf muses. Dans les premiers temps elles eurent des ailes ; mais ayant fait aux muses un téméraire défi, ces ailes leur furent ôtées. De ces plumes qui leur furent arrachées les muses se firent des espèces de couronnes, en sorte que depuis cette époque elles ont toutes des ailes à la tête à l'exception d'une seule, savoir, celle qui était la mère des sirènes. Ces sirènes habitaient certaines îles de l'aspect le plus riant ; lorsque de la hauteur où elles se tenaient ordinairement elles apercevaient des vaisseaux, elles s'efforçaient de séduire les navigateurs par leurs chants mélodieux, tâchant d'abord de les engager à s'arrêter, puis de les attirer jusqu'à elles ; et lorsqu'elles y réussissaient, après s'être saisies d'eux, elles les égorgeaient. Leur chant n'était rien moins qu'uniforme et monotone, mais elles savaient en varier le mode, le ton et la mesure, pour l'approprier au naturel et au goût de ceux qu'elles voulaient séduire. Par le moyen de cet art perfide, elles avaient fait périr un si grand nombre d'hommes que la surface des îles qu'elles habitaient paraissait dans l'éloignement d'une blancheur éclatante, à cause des ossements dont elles étaient couvertes. Cependant on pouvait se garantir de ce fléau par deux genres de moyens, dont l'un fut employé par Ulysse et l'autre par Orphée. Le premier ordonna à tous ses compagnons de se boucher les oreilles avec de la cire. Pour lui, voulant faire l'épreuve des effets de ce chant, mais sans courir aucun risque, il se fit attacher au mât de son vaisseau en défendant à tous ses compagnons, sous des peines très sévères, de le détacher dans le cas même où il le leur ordonnerait. Quant à Orphée, jugeant cette précaution inutile, il se mit à chanter les louanges des dieux en s'accompagnant de sa lyre et d'un ton si élevé que sa voix, couvrant tout-à-fait celle des sirènes, celle-ci ne produisit plus aucun effet.

Cette fable se rapporte visiblement aux mœurs, et quoique le sens de cette allégorie soit facile à saisir, elle n'en est pas moins ingénieuse. Les voluptés ont pour cause principale l'abondance, l'affluence des biens, avec un sentiment de joie et d'expansion. Lorsque les hommes étaient encore plongés dans la plus profonde ignorance, ils cédaient aux premières séductions, et les voluptés qui alors avaient des ailes les entraînaient rapidement; mais dans la suite, la science et l'habitude de réfléchir, qui les mit en état de réprimer du moins les premiers mouvements de l'âme et de prévoir les conséquences de ces plaisirs auxquels ils étaient tentés de se livrer, ôta aux voluptés leurs ailes; heureux effet des sciences qui donna aux muses plus de relief et de dignité! car lorsqu'on se fut assuré, par l'exemple de quelques âmes fortes, que la philosophie pouvait inspirer le mépris des voluptés, elle parut quelque chose de sublime et d'élevé, c'est-à-dire qu'elle parut capable d'élever l'âme au-dessus du limon terrestre auquel elle semblait être restée attachée jusqu'à cette époque, et de donner pour ainsi dire des ailes à la pensée humaine dont le siége est la tête. Cette muse qui, suivant la fable, étant mère des sirènes, fut la seule qui n'eût point d'ailes, représente les sciences et les arts frivoles qui n'ont pour objet que le simple amusement. Tels étaient ceux dont Pétrone faisait ses délices et auxquels il attachait tant de prix qu'après avoir reçu sa sentence de mort et près de la subir, il voulut goûter encore quelques plaisirs; et comme celui que procurent les lettres faisait partie des siens, au lieu de méditer quelque ouvrage qui pût lui inspirer de la fermeté, il ne voulut lire que des poésies légères dans le goût de celles-ci :

« Vivons, aimons, ô ma Lesbie! crois-en ton amant; ces maximes sévères que certains vieillards chagrins rebattent sans cesse, ne valent pas un denier.

Et celles-ci : « Abandonnons à des vieillards le soin de chercher quels sont nos droits respectifs, de pâlir sur le juste et l'injuste, et de garder tristement l'immense dépôt des lois. »

En effet, les productions de ce genre semblent vouloir arracher aux muses les plumes dont leurs couronnes sont formées pour les rendre aux sirènes.

Il est dit dans cette fable que les sirènes faisaient leur résidence dans des îles, parce qu'en effet les voluptés cherchent ordinairement des lieux écartés et tâchent de se dérober aux regards des hommes. Le chant des sirènes, son pernicieux effet et cet art perfide avec lequel elles le variaient, sont des choses dont l'application est assez connue et qui désormais n'ont plus besoin d'explication. Mais la blancheur de ces îles, occasionnée par la grande quantité d'ossements dont elles étaient couvertes, est une circonstance qui renferme un sens plus caché et plus profond. Cette partie de la fable parait destinée à faire entendre que les exemples, aussi frappants que multipliés, des malheurs auxquels on s'expose en se livrant trop aux voluptés sont des avertissements presque toujours insuffisants et très rarement écoutés.

Reste à expliquer cette partie de la fable qui indique les remèdes, et qui, bien que facile à expliquer, n'en est pas moins judicieuse et ne mérite pas moins de fixer notre attention. Or, ces préservatifs contre le poison de la volupté se réduisent à trois; la philosophie fournit les deux premiers et la religion le troisième. Le premier est de remonter à la source du mal et de le prévenir en évitant avec le plus grand soin toutes les occasions tentatives et les objets trop séduisants, comme le firent les compagnons d'Ulysse conformément à l'ordre de leur chef; remède toutefois qui ne convient et qui n'est absolument nécessaire qu'aux âmes faibles et vulgaires représentées dans cette fable par les compagnons d'Ulysse; car les âmes plus élevées, armées d'une ferme résolution, peuvent braver

XXVII. LES SIRÈNES.

la volupté et même s'exposer impunément aux tentations les plus dangereuses ; disons plus, elles aiment à faire ainsi l'épreuve de leur vertu et l'essai de leurs forces : elles ne dédaignent même pas de s'instruire de tous ces détails frivoles qui concernent les voluptés, non pour s'y livrer, mais seulement pour les mieux connaître. C'était ce que Salomon disait de lui-même, après avoir fait l'énumération très détaillée de tous les plaisirs dont il jouissait ou pouvait jouir ; énumération qu'il termine ainsi : « Et la sagesse n'a pas laissé de demeurer avec moi. » Ainsi les héros de cette classe ont assez de force pour demeurer en quelque manière immobiles au milieu des objets les plus séduisants et s'arrêter sur le penchant même du précipice ; la seule précaution qu'ils prennent, à l'exemple d'Ulysse, c'est d'interdire à ceux qui les environnent les conseils pernicieux et ces lâches complaisances qui amollissent et ébranlent l'âme la plus ferme. Mais le plus puissant et le plus sûr de tous les remèdes, c'est celui d'Orphée qui, en chantant les louanges des dieux sur un ton très élevé, couvrit la voix enchanteresse des sirènes et en prévint ainsi les dangereux effets ; car les profondes méditations sur les choses divines l'emportent sur les voluptés, non-seulement par leurs puissants effets, mais même par les plaisirs aussi vifs que purs qui en dérivent.

ŒUVRES DIVERSES

NOUVELLE ATLANTIDE

(*NOVA ATLANTIS*).

A notre départ du Pérou, contrée où nous avions séjourné pendant une année entière, nous fîmes route vers la Chine et le Japon par la mer Pacifique, et ayant des vivres pour un an. Nous eûmes pendant cinq mois des vents favorables de la partie de l'est, quoique un peu faibles; puis ils sautèrent à l'ouest et y restèrent fixés pendant fort long-temps. Nous ne faisions alors que très peu de chemin, et, ennuyés d'une si longue traversée, nous étions quelquefois tentés de retourner au Pérou; mais ensuite il s'éleva des vents de sud tirant un peu de l'est, et qui, malgré tous nos efforts pour tenir le vent, nous poussèrent fort avant vers le nord. Enfin, les vivres vinrent à nous manquer tout-à-fait, quoique nous eussions eu grand soin de les ménager; alors, nous voyant isolés au milieu d'une mer immense et sans vivres, nous nous regardâmes comme perdus et nous nous préparâmes tous à la mort. Cependant nous nous mîmes un jour tous en prières, élevant nos cœurs vers l'Être suprême, notre dernière et notre unique ressource. Vers le soir du lendemain, nous aperçûmes à quelque distance vers le nord, et fort près de l'horizon, une bande noire semblable à des nuages épais et fixes. Jugeant que ce pouvait être la terre, nous reprîmes un peu courage, sachant assez que cette mer si vaste, qui était encore presque toute inconnue, pouvait avoir des îles et même des continents qui n'eussent pas encore été découverts. Ainsi nous gouvernâmes, durant toute la nuit, vers le point où la terre avait paru se montrer. En effet, à la pointe du jour, nous découvrîmes très distinctement une terre basse et couverte de bois, ce qui était la vraie cause de cette couleur sombre que nous avions aperçue la veille.

Après avoir fait voile encore pendant une heure et demie, nous entrâmes dans un port qui nous parut très sûr. Ce port tenait à une ville d'une grandeur médiocre, mais de fort belle apparence, surtout du côté de la mer. Nous comptions tous les instants où nous restions éloignés de la terre. Nous portâmes donc droit vers la côte et nous mouillâmes fort près du rivage. Déjà nous nous préparions à débarquer dans nos bateaux; mais nous vîmes aussitôt quelques habitants tenant en main des cannes avec lesquelles ils nous firent signe de ne pas aborder; défense toutefois qui ne fut accompagnée d'aucun geste menaçant. Cependant cette défense ne laissa pas de nous jeter dans le découragement et nous délibérâmes sur ce que nous avions à faire. Pendant cette délibération, nous vîmes venir vers nous un petit bateau portant environ huit personnes, dont une avait à la main une verge semblable à celle d'un huissier et teinte en bleu à ses deux extrémités. Ce personnage monta sur notre bord avec un air de confiance et de sécurité. Un de nous s'étant avancé vers lui, il tira de son sein un petit rouleau de parchemin plus jaune que le nôtre, mais plus éclatant et aussi uni que les feuilles de ces tablettes qui servent pour écrire, mais d'ailleurs flexible et moelleux. Il le remit à celui qui s'était avancé, et nous y trouvâmes cet ordre écrit en langue hébraïque ancienne, en grec ancien aussi, en latin assez pur et en espagnol : « Que personne de votre équipage ne descende à terre; dans seize jours, à dater d'aujourd'hui, vous quitterez cette côte, à moins qu'on ne vous permette d'y faire un plus long séjour. En attendant, si vous avez besoin d'eau douce, de vivres, de remèdes ou d'autres secours pour vos malades, enfin, si votre vaisseau a besoin d'être radoubé, faites-nous connaître par écrit tous ces besoins; nous nous ferons un devoir de vous accorder tout ce qui vous sera nécessaire, ainsi que l'exige de nous la loi commune de l'humanité. » Ce rouleau portait l'empreinte d'un sceau; on y voyait deux ailes de chérubin, non déployées comme elles le sont ordinairement, mais baissées et surmontées d'une petite croix. Celui qui nous avait délivré cet ordre retourna aussitôt au rivage et nous laissa un seul domestique pour rapporter notre réponse. Nous délibérâmes encore sur ce sujet et nous fûmes d'abord dans une grande perplexité. D'un côté cette défense de débarquer et cet ordre de quitter si promptement la côte nous inquiétaient et nous affligeaient; de l'autre, considérant que cette nation savait plusieurs langues étrangères et qu'elle était pleine d'humanité, nous nous rassurâmes un peu. Mais ce qui nous rassurait le plus, c'était cette croix que nous avions vue sur l'empreinte du sceau, ce qui était pour nous d'un assez heureux présage.

Notre réponse, conçue en espagnol, fut que notre vaisseau était en assez bon état, vu que nous avions plutôt éprouvé des calmes et des vents contraires que des tempêtes; mais que nous avions beaucoup de malades à bord et que, si l'on ne leur permettait pas de descendre à terre, leur vie pourrait être en danger. Sur ce même écrit, nous spécifiâmes tous nos autres besoins, en ajoutant que nous avions encore quelques marchandises et que, s'il plaisait aux habitants de s'accommoder d'une partie, nous paierions ainsi tout ce qu'on nous fournirait, notre intention étant de ne leur être point incommodes. Nous offrîmes au domestique quelques ducats pour lui et une pièce de velours cramoisi pour l'officier qui avait apporté l'ordre; mais il refusa nos présents et ne daigna pas même les regarder. Il nous quitta aussitôt et s'en retourna dans un autre bateau qu'on lui avait expédié exprès.

Environ trois heures après avoir délivré notre réponse, nous vîmes paraître un personnage qui avait l'air d'un magistrat. Il était vêtu d'une longue robe de camelot, d'un bleu beaucoup plus éclatant que le nôtre, et dont les manches étaient fort larges. Il était coiffé d'un turban de forme très élégante, mais plus petit que ceux des Turcs, et au-dessous duquel tombaient avec grâce ses cheveux qui étaient bouclés; son air et son maintien étaient imposants. Dans son bateau, qui était en partie doré, on ne voyait avec lui que quatre personnes; mais il était suivi d'un autre qui en contenait une vingtaine.

Lorsqu'il fut à une portée de fusil du vaisseau, on nous fit signe, de son bateau, de venir au-devant de lui avec quelques-uns des nôtres; ordre auquel nous obéîmes, en envoyant aussitôt dans le canot le lieutenant avec quatre hommes de l'équipage.

Lorsque notre bateau fut à une portée de pistolet du sien, nous reçûmes ordre de nous arrêter, ce que nous fîmes sur-le-champ. Alors ce personnage dont j'ai parlé se leva, et, élevant la voix, nous demanda en espagnol si nous étions chrétiens. Nous répondîmes hardiment que nous l'étions, cette croix que nous avions vue sur l'empreinte du sceau, nous ayant ôté toute crainte à cet égard. A cette réponse, élevant sa main vers le ciel et la rapprochant latéralement de sa bouche, geste qu'ils font ordinairement en rendant grâces à Dieu, il nous dit: « Si vous affirmez tous avec serment que vous n'êtes point des pirates et que depuis quarante jours vous n'avez pas répandu le sang humain, soit injustement, soit même justement, on vous permettra de descendre à terre. » Nous répondîmes que nous étions tous prêts à faire le serment qu'il exigeait. Un des quatre hommes de son cortège, qui paraissait être un greffier, écrivit aussitôt notre réponse. Puis un autre personnage de son cortége, après que le chef lui eut dit quelques mots à l'oreille, éleva la voix et nous parla ainsi:
« Voici ce que monseigneur (ici présent) m'ordonne de vous dire: ce n'est ni par orgueil ni par mépris qu'il ne monte pas sur votre bord; voici ses raisons pour ne pas vous approcher: votre réponse par écrit dit que vous avez à bord beaucoup de malades, et le conservateur de la santé de cette ville lui avait recommandé de se tenir toujours à une certaine distance en vous parlant. » Nous lui répondîmes, après nous être inclinés profondément, que la conduite

qu'il avait tenue avec nous jusque-là était pleine d'égard et d'humanité ; que l'attention même qu'il avait de nous rendre raison de ses précautions était une nouvelle preuve de sa bonté, mais que nous avions lieu de croire que la maladie de nos gens n'était pas contagieuse. Sur cette réponse il nous quitta et retourna à terre. Quelque temps après le greffier vint à bord ; il tenait à la main un fruit particulier à cette contrée, assez semblable à une orange, mais d'un jaune tirant davantage sur le rouge et d'une odeur très suave ; c'était sans doute un préservatif dont il s'était muni, au cas que nous eussions quelque maladie contagieuse. Il nous délivra la formule du serment, que nous fîmes aussitôt et qui commençait ainsi : « Au nom de Jésus, fils de Dieu, et par ses mérites, etc. » Il nous prévint aussi que le lendemain matin on viendrait nous chercher pour nous conduire à l'hospice destiné aux étrangers, où nous trouverions tout ce qui nous serait nécessaire, soit aux malades, soit à ceux qui étaient en santé ; après quoi il prit congé de nous. Et comme nous essayâmes de lui faire accepter quelques pièces d'or, il nous répondit en souriant qu'il n'était pas dans l'usage de recevoir deux salaires pour une seule besogne ; ce qui signifiait sans doute qu'il était salarié par l'Etat et qu'il se contentait de ses appointements ; car j'ai appris dans la suite qu'ils qualifient d'homme à double salaire tout fonctionnaire public qui reçoit des présents.

Le lendemain matin nous vîmes paraître le même officier qui, la veille, au moment où nous nous disposions à descendre à terre, nous avait fait signe de ne pas débarquer. Il nous dit qu'il était chargé de nous conduire à l'hospice des étrangers et qu'il était venu exprès de très bonne heure afin que nous eussions la journée entière pour notre débarquement et nos autres opérations : « Mais si vous voulez bien m'en croire, ajouta-t-il, vous enverrez quelques-uns d'entre vous, pour voir le lieu qui vous est destiné et afin de pouvoir nous dire vous-mêmes ce que nous pourrions faire pour l'accommoder à votre usage ; après quoi, vous débarquerez vos malades et le reste de l'équipage. »

Nous le remerciâmes, en lui disant que Dieu daignerait sans doute récompenser lui-même les soins qu'ils voulaient bien prendre de malheureux étrangers. En conséquence, six d'entre nous furent nommés pour le suivre. Lorsque nous fûmes à terre, il commença à marcher devant nous, après s'être retourné un instant vers nous et nous avoir dit : « Je suis à vos ordres et je vais vous servir de guide. » Il nous fit traverser trois belles rues, et dans tous les endroits où nous passions nous trouvâmes un peuple nombreux, mais qui paraissait moins être attiré par la curiosité qu'être venu pour nous recevoir et nous saluer. Leurs gestes et leur maintien avaient je ne sais quoi de civil et d'obligeant ; quelques-uns même, à mesure que nous passions près d'eux, ouvraient un peu les bras en les étendant vers nous, geste qui parmi eux signifie : « Salut, soyez le bienvenu. » Cet hospice des étrangers est une maison spacieuse et de fort belle apparence. Elle est bâtie en briques un peu plus bleues que les nôtres. Elle est percée de belles fenêtres, dont les carreaux sont ou de verre ou d'une forte batiste huilée. Nous ayant fait entrer dans le parloir, qui était une fort belle salle, à laquelle on montait par quelques marches, il nous demanda combien nous étions en tout et quel était le nombre de nos malades ; nous répondîmes que nous étions en tout cinquante-un et que nous avions dix-sept malades. Il nous pria de patienter un peu en attendant qu'il fût de retour. Etant revenu environ une heure après, il nous invita à venir voir les chambres qui nous étaient destinées. Il y en avait dix-neuf en tout ; il nous parut que, suivant leur idée, les quatre plus belles étaient réservées pour l'état-major, dont chaque membre devait en avoir une pour lui seul, et que les quinze autres étaient pour le reste de l'équipage, sur le pied d'une pour deux hommes.

Ces chambres étaient toutes fort propres, fort claires et assez bien meublées. Ensuite il nous conduisit dans une longue galerie, assez semblable à un dortoir de couvent, où il nous fit voir dix-sept cellules également propres, ayant des cloisons de bois de cèdre, mais toutes du même côté, l'autre n'étant qu'une espèce de corridor bien éclairé. On voyait dans ce dortoir quarante cellules toutes semblables ; c'était beaucoup plus qu'il ne nous en fallait ; mais il paraît que c'était une espèce d'infirmerie à l'usage des étrangers. Il nous dit qu'à mesure que chacun de nos malades se rétablirait on les ferait passer dans une chambre, attendu qu'outre celles que nous avions vues il y en avait dix autres de réserve et destinées à cela. Après quoi, nous ayant fait revenir dans le parloir, il leva un peu sa canne, geste qu'ils font toujours lorsqu'ils veulent donner quelque ordre, et il nous dit : « Je dois vous avertir que, pour vous conformer aux lois de ce pays, passé aujourd'hui et demain, temps qui vous est accordé pour faire débarquer tout votre monde, vous devez vous tenir pendant trois jours dans cette maison et n'en point sortir du tout. Mais cet ordre ne doit point vous inquiéter ni vous faire regarder cet hospice comme une espèce de prison; c'est pour votre propre avantage qu'on vous le donne; on veut seulement que vous vous reposiez et que vous jouissiez de toute la tranquillité qui vous est nécessaire. Il ne vous manquera rien; on a eu soin de laisser six hommes du pays pour vous servir. Si durant tout ce temps-là vous avez quelque chose à faire dire ou à tirer du dehors, commandez hardiment; ils sont à vos ordres et s'empresseront de satisfaire vos moindres désirs. » Nous le remerciâmes d'un ton très affectueux et avec le respect que nous inspiraient de si généreux procédés. La bonté divine, nous disions-nous, se manifeste dans cette heureuse contrée. Nous nous hasardâmes aussi à lui offrir une vingtaine de pièces d'or; mais il nous répondit : « Non, je vous remercie; il ne serait pas juste que je fusse payé deux fois; » et alors il nous quitta. Aussitôt on nous servit le dîner, composé de mets tous excellents dans leur espèce et tels qu'on n'en voit point de semblables en Europe dans les maisons régulières et les plus richement dotées.

Nous eûmes aussi trois sortes de boissons, savoir : du vin proprement dit, une liqueur extraite de quelque grain et analogue à la bière, mais plus limpide; enfin, une sorte de cidre fait avec un fruit particulier à ce pays; toutes liqueurs aussi agréables que rafraîchissantes. On nous apporta encore une grande quantité de ces oranges rougeâtres dont nous avons parlé; elles étaient destinées à nos malades, et on nous les donna comme un remède éprouvé pour toutes les maladies qu'on peut contracter à la mer. On y joignit une boîte remplie de pilules grises ou blanchâtres, en nous recommandant d'en faire prendre une à chacun d'eux tous les soirs avant de se mettre au lit, et en nous assurant qu'elles hâteraient leur rétablissement. Le lendemain, lorsque nous fûmes débarrassés de tout le travail nécessaire pour mettre à terre nos malades et nos effets, je rassemblai tous nos gens et je leur parlai ainsi : « Frères et amis, tâchons de réfléchir un peu sur nous-mêmes et de nous faire une juste idée de notre situation. Nous voilà sans doute sortis, pour ainsi dire, du ventre de la baleine comme Jonas, et déposés à terre; mais quoique nous soyons à terre, nous sommes encore entre la vie et la mort; car nous sommes à une distance prodigieuse, soit de l'ancien monde, soit du nouveau. Pourrons-nous jamais retourner en Europe? c'est ce que nous ignorons et ce que Dieu seul peut savoir; il a fallu une espèce de miracle pour nous amener ici, il en faut un second pour nous en tirer. Ainsi, par la double considération du danger dont nous sommes délivrés et de celui où nous sommes encore, élevant nos cœurs et nos pensées vers la Divinité, tâchons de redresser nos sentiers et de nous réformer. De plus, nous sommes dans un pays vraiment chrétien, environnés d'hommes pleins de religion et d'humanité. Conduisons-nous de manière à n'avoir pas à rougir devant eux; et si nous n'avons pas la force de nous corriger réellement, ayons du moins la prudence de leur cacher nos vices et nos défauts. Ce n'est pas tout; un ordre intimé sans doute avec beaucoup d'égard et de civilité, mais formel, nous a confinés pour trois jours dans cette maison; qui sait si leur intention, en nous retenant ici, ne serait pas de nous tâter, de nous étudier, de connaître nos mœurs et nos maximes, pour savoir comment ils doivent nous traiter, bien déterminés à nous chasser aussitôt, s'ils les trouvent mauvaises. Ces six hommes qu'on a laissés pour nous servir sont peut-être autant d'espions; ils auront les yeux sur nous et nous observeront sans cesse. Ainsi, pour peu que nous pensions au salut de nos âmes et de nos corps, conduisons-nous de manière à être en paix avec Dieu et à trouver grâce aux yeux de cette excellente nation. »

Tous nos gens avaient été fort attentifs à mon discours; il n'y eut parmi eux qu'une voix pour me remercier de ces salutaires avis; tous m'assurèrent qu'ils ne perdraient pas un instant de vue cet avertissement et me promirent de se conduire honnêtement, décemment et de manière à ne pas choquer ce peuple généreux. Nous passâmes donc ces trois jours de retraite dans la joie et la sécurité, attendant patiemment qu'ils fussent écoulés, et résignés à tout ce qu'on voudrait ensuite ordonner de nous. Dans ce temps si court, nous vîmes nos malades se rétablir avec une promptitude qui semblait tenir du miracle.

Le quatrième jour, nous vîmes paraître un personnage que nous n'avions pas encore vu ; son vêtement, assez semblable à celui de ce magistrat dont nous avons parlé d'abord, était aussi d'un bleu éclatant, mais son turban était encore plus petit, et l'on y voyait une petite croix rouge à la partie supérieure ; il avait aussi une cravate de toile très fine. En entrant, il s'inclina un peu et ouvrit les bras en les étendant vers nous. Nous le saluâmes à notre tour, mais d'un air beaucoup plus respectueux, et d'autant plus soumis que nous attendions de lui notre sentence de vie ou de mort. Il témoigna le désir de s'entretenir avec quelques-uns d'entre nous ; presque tous sortirent, et nous ne restâmes que six ; alors il nous parla ainsi :

« Je suis chrétien de religion, prêtre par état et directeur de cette maison en titre d'office. Je viens donc vous offrir mes services, que vous pouvez accepter et à titre d'étrangers et à titre de chrétiens, mais surtout au dernier titre. J'ai à vous annoncer des choses qui ne vous seront peut-être pas désagréables ; l'Etat vous permet de faire ici un séjour de six semaines. Mais cette limitation ne doit point vous affliger ; cet ordre, dont je suis chargé, n'est rien moins que précis ; pour peu que vos affaires demandent plus de temps, je ne désespère pas d'obtenir pour vous un plus long délai. Je dois vous prévenir aussi que cet hospice des étrangers est une maison fort riche en ce moment et qu'elle est fort en avance par rapport à ses revenus qui se sont prodigieusement accumulés pendant les trente-sept dernières années, temps où il ne s'en est présenté aucun. Ainsi, vous ne devez avoir aucune inquiétude sur ce point. L'Etat vous défraiera sans peine durant tout votre séjour ici ; on ne regardera pas à cette légère dépense, et une telle considération ne vous fera pas accorder un seul jour de moins. Quant à vos marchandises, si vous en avez apporté, on s'en accommodera à des conditions qui vous seront avantageuses, et vous aurez en retour, soit des marchandises du pays, soit de l'or ou de l'argent à votre choix ; car, de vous payer d'une manière ou de l'autre, c'est ce qui nous est tout-à-fait indifférent. Si vous avez quelque autre demande à faire, ne craignez pas de témoigner vos moindres désirs, et soyez assurés qu'il ne vous sera fait aucune réponse qui puisse vous affliger. Je dois seulement vous avertir qu'aucun de vous, sans une permission spéciale, ne peut s'éloigner des murailles de cette ville de plus d'un karan (un mille et demi). » Après nous être entre-regardés, dans l'admiration où nous étions d'un procédé si généreux et vraiment paternel, nous répondîmes que les expressions nous manquaient pour le remercier dignement de la manière noble et délicate dont il nous prévenait, en ne nous laissant rien à désirer ; qu'il nous semblait avoir dans ce pays un avant-goût de la béatitude éternelle, attendu qu'après avoir été si long-temps entre la vie et la mort, nous nous trouvions actuellement dans une situation où nous n'avions que des sujets de joie et d'espérance ; que nous nous conformerions avec toute la docilité possible à l'ordre qu'on nous donnait, quoique nous eussions tous un désir aussi vif que naturel de pénétrer un peu plus dans cette terre fortunée et vraiment sainte. Nous ajoutâmes que nous n'oublierions jamais dans nos prières le magistrat respectable qui daignait nous parler ainsi, ni la nation entière. Nous lui offrîmes, à notre tour, nos services, en le suppliant de disposer de nos personnes et de tout ce que nous possédions. Il répondit qu'étant prêtre il n'aspirait qu'au prix qui convenait à un prêtre, savoir, à notre amour fraternel en retour du sien et au salut de nos âmes et de nos corps. Après quoi il prit congé de nous, non sans verser quelques larmes de tendresse, et nous laissa dans des sentiments confus, mais fort doux, de joie et de reconnaissance. Nous nous disions les uns aux autres que nous avions débarqué sur une terre habitée par des anges, dont la bonté se manifestait de jour en jour, et qui, en nous prévenant sur tout, nous procuraient des consolations auxquelles avant notre arrivée nous ne devions pas nous attendre, et dont alors nous n'avions pas même d'idée.

Le lendemain, vers dix heures du matin, le directeur reparut ; après nous avoir salués, il nous dit d'un ton familier qu'il venait nous rendre visite, et ayant demandé une chaise il s'assit. Une dizaine d'entre nous s'assirent près de lui, les autres étant déjà sortis ou s'étant alors retirés par respect. Lorsque tout le monde se fut placé, il parla ainsi : « Dans cette île de Bensalem (car tel est son nom dans notre langue), nous jouissons d'un avantage qui nous est particulier ; grâce à notre isolement, à la distance où nous sommes de toute autre terre, au secret qu'une loi formelle impose à nos voyageurs et à la prudente réserve avec laquelle nous admettons les étrangers, nous connaissons la plus grande partie de la terre habitable, en demeurant nous-mêmes tout-à-fait inconnus aux autres nations. Ainsi, comme ce sont ordinairement les personnes les moins bien informées qui ont le plus d'informations à prendre, je crois que pour rendre notre conversation plus intéressante, je dois plutôt me disposer à répondre à vos questions qu'à vous en faire. » Nous répondîmes que nous lui devions de très humbles remercîments pour la liberté qu'il voulait bien nous accorder à cet égard ; qu'en effet nous pensions, d'après ce que nous avions déjà vu ou entendu, que rien ne devait être plus intéressant pour nous que tout ce qui concernait cet heureux pays ; nous ajoutâmes qu'avant tout, ce qui nous intéresserait le plus, nous qui avions le bonheur de nous trouver réunis avec eux dans un lieu si éloigné des deux continents, et qui ne désespérions pas de l'être encore dans une meilleure vie, étant chrétiens comme eux, ce serait de savoir comment, malgré cette distance où ils étaient de toute autre contrée et les mers immenses qui les séparaient de celle où le Sauveur du monde s'était incarné et avait donné sa loi, ce peuple avait pu être converti au christianisme ; en un mot quel avait été son apôtre. A cette question son visage parut rayonnant de joie et de satisfaction. « Vous m'avez gagné le cœur, nous dit-il, en débutant avec moi par une telle question ; elle prouve que vous mettez avant tout le royaume des cieux ; je me ferai donc un vrai plaisir de satisfaire d'abord à cette question.

« Environ vingt ans après l'Ascension de notre Sauveur, tout le peuple de Renfusa, ville située sur la côte orientale de cette île, aperçut, durant une nuit nébuleuse, mais calme, et à la distance d'environ un mille en mer, une grande colonne de lumière, non pas une pyramide, mais une vraie colonne de forme cylindrique qui, ayant pour base la surface des eaux, s'élevait dans les airs à une hauteur prodigieuse ; elle était surmontée d'une croix lumineuse aussi, mais dont la lumière était beaucoup plus éclatante que celle de cette colonne. A ce spectacle si extraordinaire tous les habitants accoururent sur le rivage. Après l'avoir admiré en silence pendant quelque temps, ils se jetèrent dans des bateaux pour venir le considérer de plus près. Mais, lorsque ces bateaux en furent à trois ou quatre toises, ceux qui les montaient se sentirent tout à coup arrêtés et il leur fut impossible d'avancer d'un pied de plus. Ils pouvaient à la vérité faire le tour, mais aucun ne pouvait franchir cette distance. Ils prirent donc le parti de se ranger tous autour de la colonne, en formant une sorte d'amphithéâtre, tous occupés à considérer cet étonnant spectacle qu'ils regardaient comme un signe céleste. Dans un de ces bateaux se trouvait par hasard un des sages dont est composée une société que nous appelons la maison de Salomon. C'est une sorte d'académie ou d'institut qu'on peut regarder comme la lumière et l'œil de cet empire. Ce personnage, ayant donc considéré pendant quelque temps avec une religieuse attention cette colonne et cette croix, se prosterna la face contre terre ; puis, s'étant relevé et restant à genoux, il leva sa main vers les cieux et adressa cette prière : « Grand Dieu ! souverain maître de la terre et des cieux, dont la grâce infinie a accordé aux membres de notre ordre la faculté de connaître les ouvrages de la création, de pénétrer dans les plus profonds mystères de la nature et de démêler, autant que le comporte la faible intelligence des enfants des hommes, des vrais miracles d'avec les simples opérations de la nature, les productions de l'art et les prestiges de toute espèce, je certifie et je déclare à tout ce peuple ici assemblé, que ce spectacle qui s'offre à ses yeux est un vrai miracle et qu'ici est ton doigt puissant ; et comme la doctrine consignée dans nos livres nous apprend que tu n'opères jamais de tels prodiges, sans quelque fin utile, grande et digne de toi (les lois de la nature n'étant que tes propres lois dont tu ne t'écartes jamais que par de puissants motifs), nous te supplions humblement de nous rendre ce signe propice, de nous en faire connaître le véritable sens et de nous mettre ainsi en état d'en user d'une manière conforme à tes augustes intentions ; ce que tu sembles avoir daigné toi-même nous promettre en nous l'envoyant. »

« A peine le sage eut-il prononcé cette prière qu'il sentit son bateau se détacher et se mettre de lui-même en mouvement, quoique tous les autres demeurassent immobiles comme auparavant. Ayant donc pris cette facilité, qui n'était accordée qu'à lui, pour une permission spéciale d'approcher, il donna ordre à ses rameurs de faire avancer le bateau doucement et en silence près de la colonne. Mais avant qu'il y fût arrivé, cette colonne et la croix dont elle était surmontée se brisèrent en une infinité de morceaux tous lumineux qui, se répandant peu à peu dans les airs, y parurent comme un ciel étoilé et disparurent presque aussitôt. A la place qu'avait occupée la base de la colonne on ne vit plus qu'une sorte de boîte ou de coffret, dont toute la surface était sèche, quoiqu'elle eût été en partie baignée par les flots. Sur la partie antérieure, je veux dire sur celle qui était tournée vers le sage, parut tout à coup une branche de palmier, aussi verte et aussi fraîche que si elle eût végété. Le sage prit le coffret avec tout le respect dont tant de merveilles l'avaient pénétré, et lorsqu'il l'eut déposé dans le bateau, il s'ouvrit de lui-même. On n'y trouva qu'un livre avec une lettre. Les caractères de l'un et de l'autre étaient tracés sur un parchemin très fin, très éclatant et assez semblable à celui dont nous avons déjà parlé, le tout enveloppé dans une toile également fine. Ce volume contenait tous les livres canoniques de l'Ancien et du Nouveau Testament, tels que vous les avez ; car nous n'ignorons pas quels sont les livres reçus dans votre Eglise ; l'Apocalypse même s'y trouvait aussi. On y voyait de plus certains livres faisant partie du Nouveau Testament, mais qui n'avaient pas encore été écrits. Quant à la lettre, elle était conçue en ces termes :

« Moi, Barthélemy, serviteur du Très-Haut et apôtre de Jésus-Christ, j'ai été averti par un ange, qui m'a apparu dans une vision glorieuse, de confier aux flots de l'Océan ce coffret et ce qu'il contient ; je déclare et je certifie à tous les habitants de l'heureuse contrée au rivage de laquelle abordera ce sacré dépôt, que dans ce jour-là même le salut lui parviendra ; que ce livre et la loi qu'il manifeste seront pour eux une source intarissable de paix et de volontés saintes ; c'est un don de Dieu le père et de Jésus-Christ son fils. »

« Ce livre et cette lettre donnèrent lieu à un miracle non moins grand que le premier et tout semblable à celui qui s'opéra lorsque les apôtres, prêchant l'Évangile pour la première fois à tant de nations diverses, furent également intelligibles pour toutes ; car, quoique, outre les naturels, cette contrée fût alors habitée par des Juifs, des Persans et des Indiens, cependant chacune de ces nations, en lisant ce livre et cette lettre, les entendit comme si l'un et l'autre eussent été écrits dans sa langue respective. Ainsi, de même que les débris du genre humain avaient été conservés par l'arche de Noé, cette nation choisie fut préservée des illusions et de l'aveuglement des infidèles par ce coffret et ce qu'il contenait, en vertu du pouvoir apostolique et miraculeux de saint Barthélemy, évangélisant dans les parties les plus reculées de l'univers. »

Après ce début, le directeur fit une légère pause ; mais aussitôt on vint le demander, et il fut obligé de nous quitter ; ce qui mit fin à ce premier entretien.

Le lendemain ce même personnage vint de nouveau nous rendre visite immédiatement après notre dîner, et nous fit ses excuses en disant : « Hier, une affaire qui est survenue m'a obligé de vous quitter un peu brusquement ; mais je viens aujourd'hui pour m'en dédommager et pour passer le reste de la journée avec vous, si ma société et mon entretien avec vous ne vous sont pas désagréables. — L'un et l'autre, répondîmes-nous aussitôt, nous sont tellement agréables que nous en perdons de vue tous les dangers dont nous avons été délivrés et tous ceux auxquels nous pourrons encore être exposés ; nous pensons même qu'une seule heure qui s'écoule avec vous est beaucoup mieux employée que toutes les années de notre vie passée. » A ce compliment il s'inclina légèrement, et lorsque nous fûmes tous assis il nous dit : « Nous sommes convenus hier que c'était à vous de me faire des questions, et à moi d'y répondre. » Un d'entre nous, après avoir un peu hésité, lui dit qu'il y avait en effet un point sur lequel nous aurions souhaité d'avoir quelque éclaircissement, que nous lui aurions déjà demandé si nous n'eussions craint qu'une question de cette nature ne lui parût indiscrète et trop hardie; mais qu'un peu encouragés par cette bonté et cette indulgence dont il nous donnait des preuves continuelles, nous nous déterminions enfin à la lui faire, en le suppliant d'avance, au cas qu'il ne la jugeât pas digne d'une réponse, de vouloir bien l'excuser, même en la rejetant. « Nous avons très bien remarqué, continua-t-il, ce que vous nous faisiez l'honneur de nous dire hier, que cette heureuse contrée où nous sommes est inconnue aux autres nations, au lieu que vous connaissez toutes celles de l'univers ; ce dont nous ne pouvons douter en voyant que vous possédez les langues de l'Europe et que vous êtes instruit de presque tout ce qui nous concerne. Quoique, nous autres Européens, nonobstant les navigations de très long cours et les immenses découvertes que nous avons faites dans ces derniers temps, nous n'ayons jamais entendu parler de votre île, au fond notre étonnement à cet égard n'est pas sans fondement. Car toutes les nations peuvent avoir connaissance les unes des autres, soit par les voyages que chacune fait dans les autres contrées, soit par les relations des étrangers qu'elle reçoit chez elle. Et quoique toute personne qui prend la peine de parcourir les autres pays s'instruise beaucoup mieux sur ce qui les concerne en voyant tout par ses propres yeux qu'elle ne le pourrait faire par de simples relations en restant chez elle, ces nations toutefois peuvent, même par ce dernier moyen tout imparfait qu'il est, avoir quelque connaissance les unes des autres. Cependant nous n'avons jamais ouï parler d'aucun vaisseau qui, étant parti de cette île, ait abordé soit à quelque côte de l'Europe, soit à celles des Indes orientales ou occidentales, ou qui, étant parti de ces mêmes contrées, y soit revenu après avoir abordé à cette île ; mais ce n'est pas encore ce qui nous étonne le plus, car la situation de cette île, qui est comme perdue au milieu d'une mer immense, peut être l'unique cause de cette différence. Mais comment, nous disions-nous, les habitants de cette île si éloignée de toutes les autres contrées, peuvent-ils avoir une si parfaite connaissance de nos langues, de nos livres, de nos affaires, de tout ce qui nous concerne ? voilà ce qui nous paraît inexplicable ; car cette faculté de voir les autres en demeurant soi-même invisible semble être réservée aux intelligences supérieures et aux puissances célestes. » A cette réflexion le directeur sourit gracieusement et nous dit : « Vous n'aviez pas tort, mes amis, de me faire un peu d'excuse avant de hasarder une telle question, et la réflexion que vous y joignez ; car vous semblez croire que ce pays est habité par des magiciens qui envoient dans les autres contrées des esprits aériens pour y prendre des informations sur tout ce qui s'y passe et leur en rapporter des nouvelles. » Nous lui répondîmes avec toute la modestie et la soumission possibles, en lui témoignant toutefois par notre air et notre contenance que nous ne regardions son observation que comme un badinage ; que nous étions en effet très disposés à croire qu'il y avait dans cette île quelque chose de surnaturel, mais tenant plutôt de la nature des anges que de celle des sorciers et des esprits infernaux ; mais que, pour lui déclarer sans détour notre pensée, le vrai motif qui nous avait fait balancer à lui faire des questions de ce genre était beaucoup moins la prévention dont il parlait que le souvenir de ce qu'il nous avait dit la veille, savoir : qu'une loi formelle de leur île imposait à tous les habitants un rigoureux secret envers les étrangers. « Votre mémoire, mes amis, ne vous a pas trompés, répondit le directeur ; cette loi existe en effet. Aussi, dans ce que j'ai à vous dire, serai-je obligé d'user de quelque réserve et d'omettre certaines particularités qu'il ne m'est pas permis de vous révéler ; mais j'en dirai du moins assez pour satisfaire votre discrète curiosité.

« Vous saurez d'abord, mes chers amis (le fait pourra vous paraître incroyable), qu'il y a trois mille ans, ou un peu plus, on entreprenait des navigations de très long cours, plus fréquemment et avec plus de courage qu'aujourd'hui même. Ne croyez pas toutefois que j'ignore les grands accroissements que l'art de la navigation a pris dans vos contrées depuis environ cent vingt ans ; je sais parfaitement tout cela, et cependant je dis qu'alors il était porté à un plus haut degré, soit que l'exemple de cette arche, qui durant le déluge universel avait sauvé les debris du genre humain, eût inspiré aux hommes assez de confiance pour se hasarder sur les mers, soit par toute autre cause. Quoi qu'il en puisse être, le fait est certain. Les Phéniciens, entre autres, et surtout les Tyriens, avaient alors de nombreuses et puissantes flottes ; il en était de même des Carthaginois, une de leurs colonies, quoique leur ville principale fût située plus à l'ouest. Quant aux contrées orientales, les Egyptiens et les habitants de la Palestine étaient aussi grands navigateurs. Il en faut dire autant de la Chine et de la Grande-Atlantide, connue parmi vous sous le nom d'Amérique, qui aujourd'hui n'a plus que des jonques ou des canots, mais qui alors avait une multitude de vaisseaux de haut-bord. Je lis aussi dans quelques-unes de nos histoires les plus authentiques, que notre île avait, à cette époque dont je parle, quinze cents vaisseaux du premier rang. Vos histoires ne font aucune mention de tout cela ou n'en parlent que bien peu, mais ce sont pour nous autant de faits constatés.

« Vers le même temps, cette île était connue de toutes les nations dont nous venons de parler et dont les vaisseaux y abordaient sans cesse. Et comme il arrive ordinairement, dans ces vaisseaux se trouvaient aussi des individus originaires d'autres contrées situées plus avant dans les terres, par exemple, des Perses, des Chaldéens, des Arabes, etc., en sorte que toutes les nations alors puissantes et renommées se rendaient dans nos ports. C'est même de là que tirent leur origine plusieurs familles et même plusieurs tribus encore subsistantes parmi nous. Quant à nos propres vaisseaux, ils faisaient voile dans toute sorte de directions ; les uns, passant par ce détroit que vous appelez les colonnes d'Hercule, se rendaient dans les ports de la Méditerranée, d'autres dans ceux de la mer Atlantique ou de la Baltique, etc. ; quelques-uns même remontaient jusqu'à Pékin, aujourd'hui appelé Cambalu dans la langue des Chinois ; d'autres enfin allaient à Quinze, ville située sur la côte de l'est, non loin des confins de la Tartarie orientale.

« Vers ce même temps encore et un siècle après, ou un peu plus, les habitants de la Grande-Atlantide étaient dans la plus grande prospérité. Cependant je ne vous citerai point la description et la relation d'un personnage célèbre parmi vous, et qui prétendait que les descendants de Neptune s'établirent dans la contrée dont nous parlons. Je ne vous dirai rien de leur principale ville, du temple, ni du palais superbe qu'on y admirait, ni de la montagne sur laquelle il était bâti, ni du fleuve immense et navigable qui, en faisant autour de cette montagne une infinité de circonvolutions, environnait ce temple et cette ville comme une sorte de ceinture ou de collier ; ni enfin de la magnifique rampe par laquelle on montait à cette ville fameuse, toute cette relation ne me paraissant qu'un tissu de fables et de fictions poétiques ; mais la vérité est que dans cette Atlantide, soit au Pérou, alors connu sous le nom de Coya, soit au Mexique, alors appelé Tirambel, se trouvaient, dans le temps dont je parle, deux Etats puissants et renommés par leurs armes, leurs flottes et leurs richesses ; Etats tellement puissants que dans un même temps, ou tout au plus dans l'espace de dix ans, ils entreprirent deux grandes expéditions, les Péruviens ayant traversé la mer Atlantique pour aller attaquer l'Europe, et les Mexicains ayant tourné vers notre île en traversant la mer du Sud. Quant à la première de ces deux expéditions, qui fut contre l'Europe, il paraît que l'auteur dont je viens de parler tira quelques lumières sur ce sujet de la relation du prêtre égyptien qu'il cite dans la sienne ; mais il n'est pas douteux que cette double expédition n'ait eu lieu. Mais fût-ce le peuple athénien (je ne parle ici que des plus anciens habitants de l'Attique) qui eut la gloire de les réprimer et de les vaincre, c'est ce que je ne puis décider ; tout ce que je sais et qu'on peut regarder comme certain, c'est que cette expédition fut fort malheureuse et qu'il n'en revint pas un seul vaisseau, pas même un seul individu. L'autre expédition se serait terminée par une semblable catastrophe si les Mexicains ne s'étaient adressés à des ennemis infiniment plus humains ; car le roi de cette île, nommé Altabis, prince plein de sagesse et guerrier consommé, ayant bien comparé ses forces avec celles de ses ennemis, prit si bien ses mesures, dès qu'ils furent débarqués, qu'étant parvenu à séparer leur armée de terre d'avec leur flotte, à l'aide d'une flotte et d'une armée beaucoup plus nombreuses, il prit l'une et l'autre comme dans un filet, et les ayant forcées à se rendre tous à discrétion, n'exigea d'eux d'autre condition que celle de promettre avec serment de ne jamais porter les armes contre lui, et les renvoya ensuite sans leur faire aucun mal. Mais la Divinité prit soin elle-même de le venger et d'infliger le châtiment dû à cette ambitieuse et injuste expédition ; car dans l'espace d'un siècle tout au plus, la Grande-Atlantide fut totalement détruite, non par un grand tremblement de terre, comme le prétend l'auteur cité, ce qui serait d'autant moins croyable que toute cette contrée y est peu sujette, mais par un déluge particulier, en un mot, par une vaste inondation, ce qui est beaucoup plus vraisemblable, vu que dans cette contrée on voit encore aujourd'hui des fleuves beaucoup plus grands que dans toute autre partie du monde, ainsi que des montagnes très élevées d'où les eaux peuvent avoir beaucoup de chute et se répandre au loin. A la vérité, durant cette inondation, les eaux ne s'élevèrent pas excessivement, leur hauteur en quelques endroits n'ayant été que d'environ quarante pieds au-dessus de leur niveau ordinaire. Ainsi, quoique généralement parlant elle ait détruit et les hommes et les animaux terrestres, cependant quelques sauvages trouvèrent moyen d'échapper à ce fléau. Les oiseaux se sauvèrent aussi sur les arbres les plus élevés. Quant aux hommes, quoiqu'en plusieurs lieux ils ne manquassent pas d'édifices dont la hauteur excédait de beaucoup la profondeur des eaux, cependant, comme cette inondation fut de très longue durée, ceux même d'entre les habitants des terres basses qui n'avaient pas été noyés ne laissèrent pas de périr, faute d'aliments et d'autres choses nécessaires à la vie. Ainsi nous ne devons plus être étonnés de voir le continent de l'Amérique si mal peuplé et habité par des hommes aussi féroces qu'ignorants, les habitants de cette partie du monde étant un peuple nouveau, et plus nouveau de mille ans au moins que tous les autres ; car tel fut au moins le temps qui s'écoula entre le déluge universel et cette inondation particulière. Quant aux restes de cette race infortunée, ils se réfugièrent sur les montagnes et peuplèrent ensuite peu à peu les régions plus basses. Ce peuple sauvage et grossier n'étant nullement comparable à Noé et à ses enfants, qui étaient une famille choisie dans tout l'univers, ils ne purent laisser à leur postérité des arts, des sciences, des connaissances, de l'urbanité, etc. Sur ces montagnes où ils firent d'abord leur demeure et où régnait un froid rigoureux, ils n'eurent d'abord d'autres vêtements que des peaux de tigres, d'ours, de chèvres à longs poils, etc., les seuls qu'ils pussent trouver dans ces lieux élevés. Puis, lorsqu'ils descendirent dans les vallées et les plaines où régnaient des chaleurs insupportables, ne sachant pas encore se faire des vêtements plus légers, ils furent forcés d'aller nus, et ils en contractèrent l'habitude qui existe encore aujourd'hui parmi leurs descendants. Ils aimaient seulement à se parer de plumes éclatantes, goûts qu'ils tenaient de leurs ancêtres, qui furent excités à préférer ce genre d'ornement à tout autre par la vue de cette multitude infinie d'oiseaux qu'ils trouvaient sur les lieux élevés et qui s'y étaient réfugiés comme eux, tandis que les terres basses étaient inondées. Ainsi, vous voyez que ce fut par les suites naturelles et nécessaires de cette grande et terrible catastrophe que nous cessâmes de trafiquer avec les nations américaines, celles de toutes les nations de l'univers avec lesquelles nous avions le plus de commerce, à cause de la proximité même où nous sommes de leur continent. Quant aux autres parties du monde, on conçoit plus aisément que l'art de la navigation dut y décliner et s'y perdre presque entièrement par différentes causes, telles que des guerres fréquentes ou les vicissitudes qui sont le naturel et simple effet du temps. On renonça surtout aux voyages de long cours, faute de vaisseaux propres pour un tel dessein, les galères et autres bâtiments de ce genre dont on faisait alors usage ne pouvant résister à la violence des flots de l'Océan. Vous voyez actuellement pourquoi et comment ce genre de communication, que les autres nations pouvaient dans ces temps si anciens avoir avec nous, cessa tout-à-fait d'avoir lieu, à l'exception toutefois de certains accidents assez rares et semblables à celui qui vous a amenés ici. Quant à l'interruption de ce genre de correspondance que nous pouvions avoir avec les autres nations en nous rendant nous-mêmes chez elles, elle eut une autre cause que je dois aussi vous faire connaître ; car je ne vous dissimulerai pas que nos flottes, soit pour la multitude, la grandeur et la force des bâtiments, le nombre des matelots, l'habileté des pilotes, et en général pour tout ce qui concerne la navigation, ne soient aujourd'hui au moins égales à celles que nous avions autrefois ; mais pourquoi, avec de si grands moyens pour nous porter en tous lieux, avons-nous pris le parti de rester chez nous? c'est ce qu'il s'agit de vous expliquer; et lorsque je vous aurai donné ce dernier éclaircissement, alors enfin j'aurai pleinement satisfait à la plus importante de vos questions.

« Il y a environ dix-neuf cents ans, cette île était gouvernée par un prince dont nous révérons la mémoire presque jusqu'à l'adoration, non par un enthousiasme superstitieux, mais parce que ce grand personnage, quoique mortel, fut pour nous l'instrument de la Divinité. Nous le regardons comme le législateur de cet empire; son nom était Salomon. Il eut (s'il m'est permis d'employer le langage des Saintes-Ecritures) un cœur d'une immense latitude et qui était une source intarissable de vertus, source non moins active que pure. Il fut tout entier à son peuple et n'eut d'autre désir que celui de le rendre heureux. Ce roi, dis-je, considérant que cette île, qui a cinq mille six cents milles (environ dix-neuf cents lieues) de tour, et dont le sol était dans presque toutes ses parties d'une rare fertilité, était une terre vraiment substantielle, n'avait nullement besoin des étrangers et pouvait se suffire à elle-même; considérant de plus que tous les vaisseaux appartenant à cet Etat pouvaient être utilement employés, soit à la pêche, soit à de petites navigations de port en port (au cabotage), soit enfin à de courts voyages aux îles de sa dépendance; considérant enfin l'état heureux et florissant où se trouvait cet empire, état si heureux et si parfait qu'il y avait mille moyens pour le changer en pis contre un seul tout au plus pour le changer en mieux, il pensa que pour mettre le comble aux grandes choses qu'il avait faites et donner toute la perfection possible à ses institutions, toutes dirigées par des vues héroïques et élevées, il ne lui restait plus qu'à prendre de justes mesures pour les perpétuer, autant du moins que le comportait la prévoyance humaine. En conséquence, parmi les lois fondamentales de cet Etat, il en établit quelques-unes dont l'objet spécial était d'éloigner de l'île tous les étrangers qui, même après le malheur de l'Amérique, se rendaient encore en grand nombre dans nos ports, statuts dont le but était de prévenir de dangereuses innovations et toute altération dans la pureté de nos mœurs. Je sais que les Chinois ont aussi une loi expresse qui défend aux étrangers de s'introduire chez eux sans une permission spéciale, loi qui subsiste encore aujourd'hui; mais c'est une disposition pitoyable et qui n'a abouti qu'à faire des Chinois une nation curieuse, ignorante, timide et inepte. Le statut de notre législateur fut dirigé par un esprit bien différent et adouci par le plus heureux tempérament; car en premier lieu il respecta tous les droits de l'humanité, et il eut soin d'assurer par une fondation expresse des secours à tous les étrangers qui se trouveraient dans la détresse. C'est ce dont vous avez fait vous-mêmes l'épreuve, mes chers amis. » A cette observation du directeur, nous nous levâmes tous et nous nous inclinâmes respectueusement comme nous le devions. Il continua ainsi: « Ce prince, dis-je, qui voulait concilier les droits de l'humanité avec les précautions de la politique, pensa que ce serait déroger aux lois de la première que de retenir les étrangers malgré eux, et pécher contre les règles de la dernière que de souffrir que ces étrangers, après avoir observé de fort près l'état de cet empire, allassent le découvrir aux autres nations. Il statua en conséquence que tous ceux d'entre les étrangers auxquels on aurait permis de descendre à terre resteraient maîtres de quitter cette île au moment où ils le voudraient, mais que ceux qui témoigneraient un désir formel de s'y établir y recevraient un traitement fort avantageux et qu'on pourvoirait à leur subsistance pour leur vie entière; en quoi notre législateur eut des vues si étendues et si justes que depuis l'époque où cette loi si sage fut établie, on n'a jamais vu un seul vaisseau retourner dans son pays, mais tout au plus treize individus en différents temps qui ont pris ce parti et auxquels on a donné pour cela des bâtiments du pays même. J'ignore ce que ce petit nombre d'individus qui ont voulu retourner dans leur patrie ont pu y rapporter à notre sujet; mais on peut présumer que toutes leurs relations auront été regardées comme autant de rêves. Quant aux voyages que nous aurions pu faire dans les autres contrées, notre législateur a jugé nécessaire d'y mettre les plus grandes restrictions, précautions qu'on n'a pas prises à la Chine; car les vaisseaux chinois vont partout où ils veulent ou peuvent aller, ce qui prouve que la loi par laquelle ils interdisent aux étrangers l'entrée dans leurs ports est une loi dictée par la crainte et la pusillanimité. Mais cette défense de notre législateur n'est pas sans exception, et celle qu'il y a mise est vraiment digne de lui ; car elle a le double avantage de nous mettre en état de profiter des lumières des autres nations en communiquant avec elles et de nous préserver des inconvénients ordinairement attachés à une telle communication. Mais comment s'y est-il pris pour parvenir à ce double but ? C'est ce qu'il s'agit actuellement de vous expliquer. Ces détails à la première vue pourront vous paraître une sorte de digression ; mais en attendant quelque peu, vous reconnaîtrez qu'ils ont une étroite relation avec notre objet. Vous saurez donc, frères et amis, que, parmi les institutions de notre législateur, la plus admirable et la plus utile fut celle d'un ordre ou d'une société appelée parmi nous la société de Salomon. Nous la regardons comme la lumière et le flambeau de cet empire. Elle est spécialement consacrée à la contemplation et à l'étude des œuvres de la Divinité, en un mot de toute la création. Quelques-uns de nos savants pensent que le nom de cette société n'est autre que celui même du fondateur, mais un peu corrompu, et que son premier nom était maison de Salomon ; mais dans nos archives les plus authentiques nous le trouvons écrit précisément comme nous le prononçons aujourd'hui, ce qui me fait présumer que le nom de cet institut n'est autre que celui de ce grand roi des Hébreux si illustre parmi vous et qui est d'autant moins étranger pour nous que nous possédons certaines parties de ses ouvrages qui sont totalement perdus pour vous, nommément son histoire naturelle où il traitait de toutes les plantes, depuis le cèdre qui s'élève sur le mont Liban jusqu'à l'hyssope qui croît sur les murailles, et de tout ce qui a vie et mouvement ; ce qui me porte à penser que notre législateur, trouvant dans ses propres sentiments et ses propres desseins beaucoup d'analogie avec ceux de ce roi des Juifs, voulut décorer du nom de ce grand prince, comme d'un titre, sa noble et généreuse institution (conjecture d'autant plus probable que dans nos archives les plus antiques cet ordre ou cet institut est appelé tantôt institut de Salomon, tantôt l'institut des œuvres des six jours, notre excellent prince ayant, selon toute apparence, appris des Hébreux mêmes que Dieu créa ce monde et tout ce qu'il contient dans l'espace de six jours), et qu'en conséquence cet excellent prince, ayant spécialement consacré cet ordre à la découverte de la nature intime des choses, dans la double vue d'exciter de plus en plus ses heureux sujets à rendre hommage au grand Être qui a formé l'univers et à les mettre de plus en plus à portée d'user de ses bienfaits, crut devoir attacher aussi à cet institut le second de ces deux noms. Mais pour revenir à notre principal objet, vous saurez que notre législateur, après avoir interdit à son peuple toute navigation dans les autres contrées qui ne faisaient pas partie de cet empire, statua en même temps que de douze en douze ans on expédierait de cette île deux vaisseaux pour les différentes contrées successivement ; que chacun de ces vaisseaux porterait trois frères ou membres de la maison de Salomon, dont la mission n'aurait d'autre but que celui de nous procurer des lumières sur les affaires et la situation des autres Etats, mais spécialement sur tout ce qui pouvait concerner leurs sciences, leurs arts, leurs manufactures et leurs inventions ; qu'en conséquence ils auraient ordre d'apporter des livres, des instruments et des modèles en tous genres, afin de nous mettre en état de profiter des connaissances acquises dans l'univers entier ; que les deux vaisseaux, après avoir mis à terre les six missionnaires, reviendraient aussitôt, et que ces personnages demeureraient dans les pays étrangers jusqu'à ce que six autres vinssent les relever ; que ces deux vaisseaux n'auraient d'autre cargaison qu'une grande quantité de vivres et une forte somme d'argent qui serait à la disposition des missionnaires, soit pour acheter tout ce qu'ils croiraient utile à leur patrie, soit pour récompenser dignement ceux qui leur auraient procuré ou des choses utiles et ostensibles, ou en général de nouvelles connaissances. Mais quelles mesures prend-on pour que les marins de l'ordre inférieur ne soient pas découverts lorsqu'ils sont obligés de débarquer ? De quelles nations ceux qui doivent rester à terre pendant un certain temps prennent-ils les noms et les vêtements pour se déguiser ? Quelles contrées ont été jusqu'ici désignées aux missionnaires et quelles autres contrées sont les lieux de rendez-vous pour les missionnaires ultérieurs ? et mille autres circonstances et détails de cette espèce, qui appartiennent à la pratique, ce sont autant de points sur lesquels je ne dois pas vous instruire; et vous êtes vous-mêmes trop discrets, mes chers amis, pour exiger de moi de tels éclaircissements. Quoi qu'il en soit, vous voyez que notre commerce avec les autres nations n'a point pour but l'acquisition de l'or, de l'argent, des pierres précieuses, des étoffes de soie, des épices ni d'autres semblables commodités ou babioles, toutes choses matérielles et indignes de nous, mais seulement celle que l'auteur de toutes choses daigna créer la première; laquelle donc? la lumière, ô mes chers amis! la lumière, dis-je, la lumière seule que nos généreux missionnaires vont recueillant soigneusement dans tous les lieux où ils la voient briller et pour ainsi dire germer. » Le directeur, après avoir prononcé ces paroles d'un ton affectueux, garda le silence, en quoi nous l'imitâmes, nos langues étant comme liées par l'admiration qu'avait excitée en nous son discours, où nous voyions d'ailleurs une sincérité qui ne nous laissait plus aucun doute sur tout ce qu'il venait de nous dire. Pour lui, voyant que nous avions encore quelque chose à lui dire et que nous avions peine à trouver des expressions, il nous tira d'affaire en nous faisant d'obligeantes questions sur notre voyage, sur nos intérêts, sur nos desseins. Il finit par nous conseiller amicalement de délibérer entre nous pour déterminer nous-mêmes le temps de notre séjour dans l'île. Il ajouta que nous ne devions avoir aucune inquiétude à ce sujet et qu'il se flattait d'obtenir pour nous du gouvernement tout le temps que nous pourrions souhaiter. Alors nous nous levâmes tous et nous nous avançâmes pour baiser le pan de sa robe; mais il ne voulut pas le souffrir et aussitôt il prit congé de nous. Quand nos gens apprirent que l'État donnait un traitement fort avantageux à ceux d'entre les étrangers qui voulaient rester dans l'île et s'y établir, il ne fut pas facile de les engager à avoir encore soin du vaisseau; ils voulaient tous aller sur-le-champ trouver les magistrats de cette ville pour leur demander l'établissement. Cependant, à force d'instances et de représentations, nous parvînmes à réprimer un peu leurs désirs à cet égard, et nous les engageâmes à attendre que nous pussions délibérer tous en commun pour choisir le meilleur parti et nous fixer tous à une même résolution.

Dès ce moment nous nous regardâmes comme libres, et nous n'eûmes plus aucune crainte pour l'avenir. Nous vivions fort agréablement, parcourant la ville pour y voir ce qui méritait d'être vu, ainsi qu'une partie des environs, sans passer toutefois les limites qui nous avaient été prescrites. Nous fîmes connaissance avec plusieurs habitants, dont quelques-uns étaient des personnages de quelque distinction. Tous nous accueillaient avec des manières si franches et si affectueuses qu'ils semblaient disposés à recueillir dans leur sein d'infortunés étrangers, accueil qui nous faisait presque oublier ce que nous avions de plus cher dans notre patrie. Nous trouvions à chaque instant dans cette ville des objets dignes de notre attention et qui nous paraissaient toujours nouveaux. Certes, s'il est un pays qui mérite de fixer les regards d'un observateur, c'est celui où nous étions alors. Un jour, deux d'entre nous furent invités à voir une fête, appelée dans la langue du pays la fête de la famille, fête où tout respire la piété la plus tendre, les plus doux sentiments de la nature et la bonté intime qui fait le vrai caractère de cette heureuse nation. Voici quels sont le sujet et la forme de cette auguste cérémonie : tout homme qui vit assez long-temps pour voir trente individus tous issus de lui, tous vivants, et tous au-dessus de l'âge de trois ans, a droit de donner cette fête, dont le trésor public doit faire tous les frais. Deux jours avant cette fête, le père ou le chef de la famille, appelé dans la langue du pays le tirsan, invite trois de ses amis à son choix à le venir trouver. Le gouverneur de la ville, du bourg, en un mot du lieu où la fête doit être célébrée, l'honore aussi de sa présence, et tous les individus de la famille (des deux sexes indistinctement) sont tenus de se rendre auprès de lui. Ces deux jours sont employés par le tirsan à délibérer sur tout ce qui peut être utile à cette famille. S'il y a entre eux quelque procès, quelque mésintelligence, on y met fin; si quelque individu de la famille est réduit à l'indigence ou affligé de quelque autre malheur, on pourvoit à sa subsistance, ou on lui donne tout autre genre de secours dont il peut avoir besoin; s'il y a quelques sujets vicieux et adonnés à l'oisiveté ou à tout autre genre de vie répréhensible, il essuie une réprimande dans cette assemblée, il y encourt une censure formelle. On s'y occupe aussi d'établir les filles nubiles, de diriger ceux qui sont en âge de prendre un état sur le choix du genre de vie qu'ils doivent embrasser ; enfin, on donne sur ces différents points tous les ordres ou les avis nécessaires. Le gouverneur s'y trouve présent afin d'appuyer de son autorité les décrets du tirsan et d'en assurer l'exécution, précaution toutefois qui est rarement nécessaire, tant cette nation sait respecter l'ordre de la nature et est disposée à la déférence qu'elle inspire pour la vieillesse. De plus, le tirsan, parmi les mâles issus de lui, en choisit un qui devra désormais habiter et vivre continuellement avec lui, et qui dès ce moment prend le nom d'enfant de la Vigne, qu'il doit toujours porter dans la suite. On verra ci-après la raison de cette dénomination et de ce titre. Le jour même de la fête, le tirsan, après la célébration de l'office divin, s'avance sur une place spacieuse qui est devant le temple et destinée à la cérémonie. A l'extrémité de cette place la plus éloignée du temple est un endroit où le terrain est un peu relevé et où l'on monte par une seule marche. Là, près de la muraille, se trouve un fauteuil devant lequel est une table couverte d'un tapis ; au-dessus de ce fauteuil est un dais, en grande partie composé de lierre un peu plus blanc que le nôtre, et dont la feuille, qui a quelque analogie avec celle du peuplier connu en Angleterre sous le nom de peuplier argenté, a encore plus d'éclat, lierre qui conserve sa verdure durant tout l'hiver. Ce dais est aussi en partie formé de fils d'argent et de fils de soie de différentes couleurs, qui servent à maintenir ensemble les branches du lierre. C'est ordinairement l'ouvrage des filles de cette famille ; ce dais est recouvert d'un réseau délié de soie et d'argent, mais le corps du dais est proprement de lierre. Lorsqu'il est ôté et défait, les amis de la famille se font gloire d'en emporter quelques branches et de les garder. Au moment où le tirsan sort du temple, il est accompagné de toute sa ligne descendante, les mâles marchant devant lui et les femmes à sa suite. Lorsque l'individu dont cette nombreuse lignée est issue est de l'autre sexe, alors cette femme se place à la droite du fauteuil, dans une espèce de tribune un peu élevée et ayant une travée sur le devant, une porte secrète, et une fenêtre garnie de carreaux de verre, dont le châssis est orné de moulures et de sculptures, en partie dorées et en partie peintes en bleu. C'est de là qu'elle voit toute la cérémonie sans être vue elle-même. Lorsque le tirsan est arrivé près du fauteuil, il s'y assied, et alors tous les individus de la famille se rangent près de la muraille, les uns près de lui, les autres sur les côtés de la terrasse, dans l'ordre marqué seulement par leur âge et sans aucune distinction de sexe, mais tous se tenant debout. Lorsqu'il est assis, toute la place se trouve remplie d'un peuple nombreux, mais sans bruit et sans confusion. On voit paraître quelque temps après, à l'autre extrémité de cette place, un Taratare, qui est une espèce de héraut, ayant à ses côtés deux jeunes garçons, dont l'un porte un rouleau de ce parchemin jaune et luisant dont nous avons parlé, et l'autre une grappe de raisin toute en or et ayant une queue fort longue. Le héraut et les deux jeunes garçons portent des manteaux de satin bleu ou tirant sur le vert de mer ; mais celui du héraut est broché et se termine par une queue. Alors le héraut, après avoir fait trois saluts profonds, s'avance vers la terrasse, puis il prend en main le rouleau de parchemin. Ce rouleau est une charte royale, contenant l'octroi d'une pension que le prince accorde au père de famille, avec d'autres concessions, privilèges, exemptions ou marques d'honneur. On y voit toujours cette suscription en forme d'adresse : A tel, etc., notre bien-aimé et notre créancier ; formule qu'on n'emploie jamais que pour ce seul cas ; car, selon eux, le prince n'est vraiment redevable qu'à ceux qui propagent et étendent la race de ses sujets.

L'empreinte du sceau apposé à cette charte est l'effigie même du roi, gravée en or et de relief. Or, quoique cette charte soit expédiée d'office et comme de droit, cependant on ne laisse pas d'en varier le style à volonté et à raison de la dignité de la famille, du nombre de ses membres, etc. Le héraut lit cette charte à haute voix, et, pendant cette lecture, le père ou le tirsan se tient debout, étant soutenu par deux de ses enfants qu'il a choisis *ad hoc*. Puis le héraut, montant sur la terrasse, lui remet en main la charte, et alors s'élèvent jusqu'aux cieux cent mille voix qui font entendre ce cri d'allégresse, parti de tous les cœurs : « Heureux, mille fois heureux, les peuples de Bensalem ! » Ensuite le héraut prend des mains de l'autre enfant la grappe de raisin, dont le pédicule ainsi que les grains sont d'or, comme nous l'avons dit ; mais ces grains sont colorés avec beaucoup d'art. Lorsque le nombre des mâles dans cette famille dépasse le nombre des femmes, ils sont teints d'une couleur purpurine et portent à leur sommet la figure du soleil ; mais si c'est le nombre des individus de l'autre sexe qui l'emporte, ils sont alors d'un vert tirant un peu sur le jaune et portent à leur sommité un petit croissant. Le nombre de ces grains égale ordinairement celui des individus de cette famille. Le héraut porte aussi cette grappe au tirsan, qui la remet à celui de ses enfants qu'il a choisi précédemment pour vivre toujours avec lui, et qui devra dans la suite, chaque fois que le chef de la famille paraîtra en public, la porter devant lui comme une marque d'honneur, et telle est la raison pour laquelle il est appelé l'enfant de la Vigne. Lorsque la cérémonie est achevée, le tirsan se retire, et quelque temps après revient pour dîner ; repas où il est seul, assis dans le même fauteuil et sous le dais, comme auparavant. Jamais aucun de ses enfants, quel que puisse être son rang ou sa dignité, ne mange avec lui, à moins qu'il n'ait l'honneur d'être membre de l'institut de Salomon. A table il n'est servi que par ses propres enfants, savoir, les mâles qui, en s'acquittant de ce devoir, se tiennent à genoux, tandis que les femmes de cette famille restent debout et appuyées contre la muraille. Toute cette partie de la place, qui est plus basse que la terrasse, est couverte à droite et à gauche de tables où mangent les personnes que le tirsan a invitées, et qui sont servies avec autant d'ordre que de décence. Sur la fin du repas, qui dans les plus grandes solennités ne dure jamais plus d'une heure et demie, on chante un hymne dont les paroles varient au gré du génie de l'auteur qui l'a composé, car ils ont d'excellents poètes ; mais le sujet de cet hymne est toujours l'éloge d'Adam, de Noé et d'Abraham, trois personnages dont les deux premiers peuplèrent le monde, et dont le dernier fut le père des croyants. Cet hymne se termine toujours par des actions de grâces rendues à la Divinité pour la naissance du Sauveur, naissance par laquelle toutes les générations humaines furent bénies. Après le dîner, le tirsan se retire une seconde fois, et, se plaçant dans un endroit désigné, où il reste seul, il y fait une courte prière ; puis il revient une troisième fois pour bénir tous ses descendants, qui alors sont debout et rangés autour de lui, comme ils l'étaient dans la cérémonie qui a précédé. Il les appelle tous un a un, et selon l'ordre qu'il lui plaît, en changeant toutefois rarement celui de leur âge ; chaque individu appelé (la table étant alors ôtée) se met à genoux devant le tirsan, qui lui fait l'imposition des mains, en prononçant cette formule consacrée : « Fils ou fille de Bensalem, écoute ma parole, celle de l'homme par lequel tu respires et jouis de la lumière. Que la bénédiction du père de la vie, du prince de la paix et de la colombe sacrée, reposant sur toi, multiplie les jours de ton pélerinage et les rende tous heureux » Il parle aussi à chacun d'eux ; après quoi, s'il se trouve quelques sujets de talents distingués ou d'une éminente vertu (sujets toutefois dont le nombre ne doit pas excéder celui de deux), il les appelle une seconde fois ; puis posant sa main vénérable sur leurs épaules, tandis qu'ils se tiennent debout devant lui, il leur dit d'un ton affectueux : « Votre naissance, ô mes enfants! fut pour moi, pour tout Bensalem, un présent de la Divinité ; c'est à elle que vous devez tout ce que vous êtes et qu'il faut en rendre grâces ; allez en paix, mes chers enfants, et persévérez jusqu'à la fin. » Il ne les congédie qu'après avoir délivré à chacun d'eux une sorte de bijou ayant la forme d'un épi de blé, que dans la suite ils devront toujours porter sur le devant de leur turban ou de leur coiffure. A cette dernière cérémonie succèdent la musique, les danses et autres genres de divertissements particuliers à cette nation, ce qui dure tout le reste du jour. Tel est l'ordre de cette fête aussi auguste qu'attendrissante.

Quelques jours après la célébration de cette fête, je fis connaissance avec un marchand de cette ville, appelé Joabin, liaison qui devint ensuite très étroite. Il était juif et circoncis ; car ils ont encore parmi eux quelques familles ou tribus originaires de cette nation, établies depuis long-temps dans cette ile et auxquels ils laissent une entière liberté par rapport à la religion ; ce qu'ils font d'autant plus volontiers que ces juifs de Bensalem sont d'un tout autre caractère et animés d'un tout autre esprit que ceux des autres parties du monde ; car on sait que les autres juifs détestent jusqu'au nom de chrétien, qu'ils ont une haine secrète et invétérée pour les nations chez lesquelles ils vivent et une disposition continuelle à leur nuire, au lieu que ceux-ci donnent au Sauveur du monde les qualifications les plus relevées et sont tendrement attachés aux habitants de Bensalem. Par exemple, ce juif même dont je parle reconnaît habituellement que le Christ était né d'une Vierge et qu'il était d'une nature supérieure à l'humanité. Il prétendait que Dieu l'avait mis à la tête de ces Séraphins qui environnent son trône. Ils l'appelaient la voie lactée, l'Élie du Messie et lui déféraient une infinité l'autres titres semblables; toutes qualifications qui étaient sans doute fort au-dessous de celles qui conviennent à la divine majesté du Sauveur, mais pourtant d'un style beaucoup plus supportable que celui dont les autres juifs usent ordinairement en parlant du Christ. Quant aux habitants de Bensalem, ils ne tarissaient pas sur leur éloge; il aurait même voulu (d'après la tradition de je ne sais quels juifs établis dans l'île) nous persuader que ce peuple était aussi issu d'Abraham, mais par un autre fils qu'ils appelaient Nachoram; que Moïse, par je ne sais quelle science occulte et cabalistique, avait établi les lois pleines de sagesse qui gouvernaient cette île; qu'à l'avénement du vrai Messie et lorsqu'il siégerait sur son trône dans Jérusalem, le roi de Bensalem serait assis à ses pieds, tandis que tous les autres potentats seraient obligés de se tenir éloignés. Mais en laissant de côté tous ces rêves judaïques, le juif qui me parlait ainsi était au fond un personnage savant, d'une prudence consommée et parfaitement instruit des lois et des coutumes du pays où nous étions. Dans un de nos entretiens je lui témoignai la vive impression qu'avait faite sur moi la description de cette fête appelée la fête de la famille qu'ils célébraient de temps en temps et à laquelle deux d'entre nous avaient été invités, lui assurant que je n'avais jamais ouï parler d'aucune cérémonie où les plus respectables et les plus doux sentiments de la nature présidassent d'une manière plus marquée; et comme la propagation des familles est une conséquence naturelle de l'union conjugale, je le priai d'entrer avec moi dans quelques détails sur les lois et les coutumes qu'ils observaient par rapport au mariage et de m'apprendre s'ils

BACON.

étaient fidèles à cette union si sainte; s'ils se contentaient d'une seule épouse; car, ajoutai-je, les nations aussi jalouses de favoriser la population que celle-ci semble l'être tolèrent ordinairement la polygamie. A toutes ces questions il me fit la réponse suivante : « Ce n'est pas sans raison, mon cher ami, que vous exaltez si fort l'institution de cette fête de la famille; car une expérience continuelle nous a appris que les familles qui ont le bonheur de participer aux bénédictions que cette fête répand sur elles fleurissent et prospèrent ensuite d'une manière plus sensible que toutes les autres; mais daignez me prêter votre attention et je vous apprendrai du moins tout ce que je sais sur ce point. Vous saurez d'abord qu'il n'est pas sous les cieux de nation plus chaste et plus exempte de toute souillure que celle de Bensalem; et si je voulais la bien caractériser je l'appellerais la vierge de l'univers. Je me souviens d'avoir lu dans un de vos auteurs qu'un saint ermite de votre religion ayant souhaité de voir sous une forme corporelle l'esprit de fornication, un nain extrêmement noir et difforme lui appparut à l'instant. Mais je ne doute point que, s'il eût aussi souhaité de voir l'esprit de chasteté qui anime cette heureuse nation, il ne lui eût apparu sous la forme d'un ange de la plus grande beauté; car je ne connais parmi les mortels rien de plus beau ni de plus digne d'admiration que la pureté des mœurs de ce peuple. Aussi ne voit-on chez eux aucun lieu de prostitution, point de femmes publiques, ni rien qui en approche. Je dirai plus : ils sont fort étonnés et même indignés d'apprendre qu'en Europe vous toleriez un si infâme abus; ils prétendent que, par cette tolérance, vous avez en quelque manière destitué le mariage et l'avez empêché de remplir sa vraie destination, attendu que le mariage est un remède ou un préservatif contre les funestes effets de la concupiscence illicite, et que la concupiscence est un aiguillon naturel qui de lui-même porte assez au mariage. Mais lorsque les hommes trouvent sous leur main un remède plus agréable à leurs passions dépravées, ils dédaignent presque toujours le mariage. Voilà pourquoi l'on voit parmi vous une multitude d'individus qui préfèrent un célibat impur au saint joug du mariage, et dans le petit nombre de ceux qui se marient la plupart encore prennent-ils fort tard ce parti: ils attendent pour s'imposer ce joug que leur première vigueur soit épuisée et que la fleur de leur jeunesse soit flétrie; encore, lorsqu'ils prennent enfin une épouse, qu'est-ce au fond qu'un tel mariage, sinon une sorte de trafic ou de marché, où l'on n'envisage que la dot et la fortune ou le crédit de ceux auxquels on s'allie et la considération qu'on peut acquerir soi-même par ce moyen? vues intéressées auxquelles se joint tout au plus quelque désir d'avoir des héritiers, désir toutefois si faible qu'il approche fort de l'indifférence; toutes vues, toutes fins bien opposées à cette union si sainte de l'homme et de la femme qui fut à l'origine des choses la véritable fin de l'institution du mariage. Et il ne se peut que des hommes qui ont consumé la plus grande partie de leurs forces dans des jouissances si honteuses, et dont la substance est déjà corrompue, attachent beaucoup de prix au bonheur d'avoir une postérité, et aient autant de tendresse pour leurs enfants (qui sont une émanation de cette substance dépravée) que des hommes qui, en vivant chastement, ont conservé toute leur vigueur et en ont pour les leurs. Mais le mariage est-il du moins un remède tardif à ces désordres comme il doit en être un, s'il est vrai que ce soit par une nécessité réelle qu'on les tolère? Point du tout; ces désordres, même après le mariage, subsistent pour lui faire une sorte d'affront. Le commerce criminel et honteux avec des prostituées, on ne le punit pas plus dans les gens mariés que dans les célibataires. Un goût dépravé pour le changement et pour les caresses étudiées des courtisanes, qui ont su réduire en art le crime et l'impureté même, rend le mariage insipide et le fait regarder comme une sorte de tribut et d'imposition. Ils ont ouï dire que vous toléricz cet abus pour éviter de plus grands maux, tels que les avortements, les adultères, les viols, la pédérastie et autres semblables; mais ils qualifient de fausse prudence une telle précaution, et une tolérance de cette espèce leur paraît fort semblable à celle de Loth qui, pour épargner un affront à ses hôtes, prostitua ses filles; ils soutiennent qu'on gagne très peu par cette tolérance criminelle; que les vices et les passions corrompues dont on craint les effets n'en subsistent pas moins et même se multiplient.

Il en est, disent-ils, d'un désir immodéré ou illicite comme du feu; en l'étouffant tout à coup, on peut parvenir à l'éteindre; mais, pour peu que vous lui donniez d'air, il agit avec une sorte de fureur. Quant à la pédérastie, ce crime leur est inconnu et ils ignorent jusqu'à son nom. Cependant on ne voit en aucune contrée d'amis aussi tendres et aussi constants que dans celle-ci. En un mot, comme je l'ai observé d'abord, les histoires que j'ai lues ne font mention d'aucun peuple aussi chaste que celui-ci. Ils ont même coutume de dire à ce sujet que tout individu qui viole les lois de la chasteté cesse de se respecter lui-même; car leur sentiment est que ce respect pour soi-même est, après la religion, le plus puissant frein du vice. » Après cette observation l'honnête juif se tut; j'étais plus disposé à le laisser parler qu'à parler moi-même; cependant, comme il me paraissait peu convenable de garder le silence tandis qu'il se taisait, je me contentai de cette courte réflexion : « Je puis vous dire actuellement, mon cher ami, ce que la veuve de Sarrepta a dit au prophète Elie : que vous êtes venus pour nous rappeler le souvenir de nos fautes; car j'avoue ingénument que la justice de Bensalem l'emporte infiniment sur la justice de l'Europe. » A ce discours il s'inclina un peu et continua ainsi : « Ils ont des lois fort sages relativement au mariage; ils ne tolèrent pas la polygamie. Il n'est pas permis à deux personnes de se marier ni de faire aucun contrat tendant à ce but sans avoir pris pour se connaître au moins un mois à dater de leur première entrevue. Lorsque deux personnes se marient sans le consentement de leurs parents, leur coutume n'est point de rompre ce mariage; on ne les punit que dans leurs héritiers, les enfants provenus d'un tel mariage n'héritant que du tiers des biens de leurs parents. J'ai lu dans les écrits d'un de vos philosophes la description d'une république imaginaire où les deux futurs, avant de contracter ensemble l'union indissoluble, ont permission de se voir l'un et l'autre dans un état de parfaite nudité. Cette nation-ci condamne un tel usage; un rebut, après une telle visite réciproque qui suppose la plus grande familiarité, devenant un affront. Mais comme l'une ou l'autre des deux personnes à marier pourrait avoir quelques défauts secrets, pour prévenir le dégoût et la froi deur qui en seraient la suite, on a recours à un expédient plus honnête et plus décent. Près de chaque ville on voit deux pièces d'eau appelées les étangs d'Adam et d'Ève, où deux amis, l'un pour le jeune homme, l'autre pour la jeune personne, peuvent sans être vus eux-mêmes les examiner tandis qu'ils s'y baignent. »

Notre entretien fut tout à coup interrompu par une sorte de courrier portant une veste fort riche, et qui vint parler au juif. Celui-ci se tournant vers moi me dit : « Vous voudrez bien m'excuser ; on me demande pour une affaire pressée qui m'oblige de vous quitter. » Le lendemain matin, m'étant venu retrouver, il me dit d'un air satisfait : « Vous êtes plus heureux que vous ne pensez ; on annonça hier au gouverneur de cette ville l'arrivée d'un des membres de l'institut de Salomon ; il sera ici d'aujourd'hui en huit ; il y a douze ans que nous n'avons vu aucun de ces personnages ; celui-ci fera son entrée publiquement ; mais on ignore le vrai motif de son retour ; je tâcherai de procurer à vous et à vos compagnons des places commodes pour voir ce spectacle. »

Je le remerciai en lui disant que cette nouvelle me causait la même joie qu'à lui. Au jour marqué, le personnage attendu fit en effet son entrée ; c'était un homme entre deux âges, de taille moyenne et d'un extérieur vénérable. Sa physionomie un peu mélancolique annonçait une âme douce et généreuse ; on y voyait l'expression caractérisée de la tendre commisération. Son vêtement extérieur était une robe à manches fort larges, d'un beau noir et surmontée d'un chaperon. Le vêtement de dessous, qui tombait jusqu'aux pieds, était d'un lin extrêmement fin et d'une blancheur éclatante, ainsi que sa ceinture et sa cravate. Ses gants surtout attiraient l'attention par le grand nombre de pierreries dont ils étaient ornés. Sa chaussure était d'un velours violet. Il avait la partie inférieure et latérale du cou découverte jusqu'aux épaules. Il était coiffé d'une sorte de bonnet dont la forme avait quelque analogie avec celle d'un casque ou d'une montera espagnole, et au-dessous duquel tombaient avec grâces ses cheveux qui étaient noirs et bouclés. Sa barbe, qui était de même couleur, mais un peu plus claire, avait une forme arrondie. Il était dans une espèce de litière supportée par deux chevaux, dont le harnais et la housse étaient d'un velours bleu broché d'or. Aux deux côtés de cette litière marchaient deux valets de pied ou coureurs, dont la veste était de même étoffe. La caisse de cette litière était de bois de cèdre doré et orné de bandes de cristal, avec cette différence toutefois que le panneau de devant était enrichi de saphirs enchâssés dans une bordure d'or, et celui de derrière, d'émeraudes enchâssées de même. Au milieu de l'impériale on voyait briller un soleil d'or et rayonnant, au-devant duquel était une figure d'ange de même métal et dont les ailes étaient déployées. La caisse était entièrement revêtue d'un brocard d'or à fond blanc. Elle était précédée de cinquante hommes, tous dans la fleur de la jeunesse, tous ayant des tuniques fort larges de satin blanc, qui descendaient jusqu'à la moitié des jambes, et des bas de soie de même couleur. Leurs chaussures étaient de velours bleu et leurs chapeaux, de même étoffe, étaient garnis d'un plumet qui en faisait le tour. Immédiatement devant la litière marchaient, tête nue, deux hommes vêtus d'une espèce d'aube d'un lin très fin et d'une blancheur éclatante, qui descendait jusqu'aux pieds, et dont la ceinture, ainsi que la chaussure, était de velours bleu ; l'un portait une croix et l'autre une crosse pastorale, assez semblable à celle d'un évêque ; ces deux attributs n'étaient point de métal comme à l'ordinaire, mais la croix était d'un bois balsamique et la crosse de bois de cèdre. Dans cette entrée on ne voyait personne à cheval ni devant ni derrière la litière ; précaution qu'on avait sans doute prise pour éviter toute confusion et tout accident. Derrière la litière marchaient les magistrats et les principaux officiers des corporations de la ville. Le personnage qui faisait son entrée, et qui était seul assis dans la voiture, avait sous lui un coussin d'une sorte de peluche bleue et fort belle, et sous ses pieds un tapis de soie semblable à une perse, mais beaucoup plus beau. Lorsqu'on eut commencé à marcher, il ôta le gant de sa main droite, et, l'étendant hors de la litière, il bénissait le peuple partout où il passait, mais en silence. On ne voyait dans cette entrée ni tumulte ni confusion. La litière et tout le cortége trouvaient partout le passage parfaitement libre. Le peuple, qui affluait sur toutes les places et dans toutes les rues, s'y trouvait rangé avec autant d'ordre qu'une armée en bataille ; ceux même d'entre les spectateurs qui se tenaient aux fenêtres y avaient un maintien decent et respectueux ; chacun semblait être à son poste.

Lorsque l'entrée fut finie, le juif me dit : « Je n'aurai pas le plaisir de vous voir ces jours-ci comme à l'ordinaire et comme je le souhaiterais, le gouvernement de cette ville m'ayant donné une fonction qui m'obligera de me tenir continuellement près de ce grand personnage. » Trois jours après, étant venu me retrouver, il me dit : « Vous êtes plus heureux que vous ne pouviez l'espérer ; le membre de l'institut de Salomon, ayant appris votre arrivée ici, m'a chargé de vous dire qu'il trouvait bon que vous fussiez tous introduits en sa présence, et qu'il aurait de plus un entretien particulier avec un de vous à votre choix ; ce sera après-demain, et comme il se propose de vous donner ce jour-là sa bénédiction, son intention est que vous vous présentiez dans la matinée. Nous nous présentâmes en effet au jour et à l'heure prescrits. Je fus choisi par mes compagnons pour l'entretien particulier. Nous le trouvâmes dans une salle de fort belle apparence, ornée d'une tapisserie et d'un tapis magnifiques. Il n'y avait point de marche à monter pour arriver jusqu'à lui. Il était assis sur une espèce de trône assez bas et richement orné. Au-dessus était un dais de satin bleu broché d'or. Il était seul, à la réserve de deux pages ou valets de pied qui se tenaient à ses côtés pour lui faire honneur. Son vêtement de dessous était précisément le même que le jour de son entrée ; mais par-dessus, au lieu d'une robe, il ne portait qu'un simple manteau d'un beau noir, attaché sur les épaules et surmonté d'une tête semblable à celle d'une cape. En entrant nous le saluâmes très respectueusement comme on nous en avait averti. Lorsque nous fûmes près du trône il se leva, tira le gant de sa main droite et nous donna sa bénédiction. Ensuite, nous approchant tous successivement, nous baisâmes le bas de sa cravate ; après quoi, tous les autres s'étant retirés, je restai seul avec lui. Il fit signe aux deux pages de se retirer aussi ; puis, m'ayant ordonné de m'asseoir près de lui, il me parla ainsi en espagnol :

« Dieu répande sur toi sa bénédiction, mon cher fils ! mon dessein est de te faire présent du diamant le plus précieux que je possède, et, en considération de cet amour que nous devons à l'Être suprême et à nos semblables, je vais t'instruire de la noble constitution de l'institut de Salomon. Et dans cet exposé, mon cher fils, j'observerai l'ordre suivant :

« 1º Je te ferai connaitre le véritable but de cette fondation;

« 2º Les instruments et les dispositions à l'aide desquels nous exécutons tous nos ouvrages;

« 3º Les différentes fonctions attribuées aux membres de notre société;

« 4º Nos rits, nos statuts et nos coutumes.

« Le but de notre établissement est la découverte des causes, et la connaissance de la nature intime des forces primordiales et des principes des choses, en vue d'étendre les limites de l'empire de l'homme sur la nature entière et d'exécuter tout ce qui lui est possible.

« Quant à nos dispositions et à nos instruments, nous avons des souterrains d'une grande capacité et de différentes profondeurs, la hauteur des plus profonds étant de six cents brasses. Quelques-uns sont creusés sous de hautes montagnes, en sorte que ces cavités, en ajoutant à l'excavation faite dans la montagne même, celle qu'on a faite au-dessous du rez-de-chaussée peut avoir trois milles de profondeur. Car la hauteur de la montagne comptée depuis le sommet jusqu'au pied, et la profondeur de la cavité comptée depuis le rez-de-chaussée, sont pour nous la même chose, l'effet de l'une et de l'autre étant également de soustraire les corps à l'action du soleil, à celle des rayons des différents corps célestes et à celle de l'air extérieur. Nous appelons ces souterrains la région inférieure. Ils nous servent à coaguler, à durcir, à refroidir ou à conserver des corps de différentes espèces. Nous les employons aussi pour imiter les minéraux et les fossiles naturels, et à produire de nouveaux métaux artificiels à l'aide de compositions et de matières préparées *ad hoc*, et tenues ensevelies dans ces souterrains pendant un grand nombre d'années. Enfin, ce qui pourra vous paraître étonnant, ces cavités nous servent pour guérir certaines maladies et pour prolonger la vie de certains individus, espèces d'ermites qui se sont déterminés d'eux-mêmes à vivre dans ces lieux, qui s'y trouvent pourvus de tout ce qui peut leur être nécessaire, et qui sont en effet très vivaces. Nous tirons d'eux bien des lumières que nous ne pourrions nous procurer par tout autre moyen.

« A quoi il faut ajouter d'autres cavités où sont déposées différentes espèces de ciments et de terres, à peu près comme les Chinois tiennent enfouie, pendant plusieurs années, celle qui est la base de leur porcelaine. Mais nous sommes mieux assortis qu'eux en ce genre, et nous en fabriquons de plusieurs espèces qui sont plus fines et plus belles que la leur. Nous avons aussi différentes espèces d'engrais et de compositions de terres destinées à augmenter la fécondité du sol.

« Nous avons encore de hautes tours, les plus élevées ayant au moins un demi-mille de hauteur. Quelques-unes aussi ont été bâties à dessein sur de hautes montagnes, en sorte que si l'on ajoute la hauteur de la montagne à celle de la tour, le sommet de celle-ci se trouve élevé au moins de trois milles au-dessus du rez-de-chaussée. La partie la plus élevée de ces tours est ce que nous appelons la région supérieure ; car cette partie de la région de l'air qui se trouve située entre le sommet et le pied, nous l'appelons la région moyenne. Ces tours, autant que le comportent leurs différentes situations et élévations, servent pour l'insolation, le refroidissement ou la conservation de certains corps, et pour l'inspection de différents météores, tels que vents, pluies, neiges, grêles, etc., ainsi que pour l'observation de certains météores ignés. Sur quelques-unes de ces tours vivent aussi des ermites que nous visitons de temps en temps et auxquels nous prescrivons ce qu'ils doivent principalement observer.

« Nous avons, de plus, de grands lacs et des étangs, les uns d'eau salée, les autres d'eau douce, et par le moyen desquels nous nous procurons des poissons et des oiseaux aquatiques de toute espèce. Au fond de quelques-uns nous déposons certains corps naturels qui restent ainsi plongés pendant plusieurs années, l'expérience nous ayant appris qu'on n'obtient pas les mêmes effets en tenant des corps au fond de l'eau qu'en les tenant enfouis dans la terre même ou plongés dans l'air souterrain ; à quoi il faut ajouter d'autres lacs ou étangs dont l'eau devient douce en se filtrant, et d'autres encore dont l'eau, naturellement douce, devient salée par le moyen de l'art. Sur certains rochers, dont les uns sont environnés d'eau et les autres sont sur le rivage, nous faisons les opérations qui exigent le concours de l'air et des vapeurs de la mer. Nous avons encore des courants et des chutes d'eau avec leur cours, qui nous servent à produire plusieurs espèces de mouvements violents, ainsi que des machines mises en mouvement par le vent ou destinées à renforcer son action, et qui nous servent aussi à produire des mouvements de différentes espèces.

« Nous avons aussi des puits ou des fontaines artificielles qui imitent les sources ou les bains d'eaux minérales naturelles, les eaux des nôtres étant aussi chargées de différentes substances minérales, telles que soufre, vitriol, fer, acier, cuivre, plomb, nitre, etc., ainsi que d'autres puits ou réservoirs plus petits, qui nous servent pour différents genres d'infusions ; leurs eaux se chargent de cette manière plus promptement et plus complétement des différentes substances et de leurs qualités respectives qu'elles ne le feraient dans les petits vaisseaux qu'on emploie ordinairement pour ces infusions. C'est par ce moyen que nous nous procurons une liqueur appelée parmi nous eau de paradis, qui, après les différentes préparations qu'elle a subies, devient extrêmement salutaire, et peut contribuer soit à la conservation de la santé, soit à la prolongation de la vie.

« Dans certains édifices très spacieux et très élevés nous imitons les différentes espèces de météores, tels que la neige, la grêle, la pluie, soit celles où il ne tombe que de l'eau, soit celle où il tombe d'autres substances, et le tonnerre, les éclairs, etc., ainsi que la génération de certains animaux dans l'air, tels que grenouilles, crapauds, mouches, sauterelles, etc.

« Nous avons aussi des salles, hospices, infirmeries, appelées parmi nous chambres de santé, dont nous savons modifier l'air à volonté, en lui donnant toutes les qualités que nous jugeons convenables, soit pour guérir différentes espèces de maladies, soit pour entretenir simplement la santé.

« Nous avons des bains aussi beaux que spacieux, dont l'eau est chargée de différentes substances, soit pour la cure des maladies, soit pour amollir toute l'habitude du corps humain lorsqu'il est trop desséché, et d'autres pour donner du ton et de la force aux nerfs, aux viscères, en un mot, à toute la substance du corps, soit solide, soit fluide.

« Nous avons de plus des jardins et des vergers aussi spacieux que diversifiés par leurs productions ; diversité qui a moins pour objet la beauté du spectacle et l'agrément de la promenade que d'observer les différentes qualités que le sol peut avoir ou acquérir, et qui le rendent propre à produire différentes espèces d'arbres ou de plantes. Nous en avons d'autres plantés d'arbres ou d'arbrisseaux (y compris des vignes), dont les fruits ou les baies nous servent à composer différents genres de boissons. C'est là que nous tentons toutes les espèces possibles de greffes en fentes, en écusson, par approche, etc. ; expériences qui ont souvent des résultats aussi utiles que curieux. Nous possédons aussi des moyens pour rendre les fleurs et les fruits de ces plantes, de ces arbres ou de ces arbrisseaux, plus précoces ou plus tardifs, mais surtout pour accélérer la germination, l'accroissement, la floraison et la fructification des végétaux. Nous avons des procédés pour obtenir des fruits plus gros ou d'un goût plus agréable, ou, en général, d'une saveur, d'une odeur, d'une couleur ou d'une figure différente de celles qu'ils ont ordinairement. Il en est que nous modifions de manière à leur donner des propriétés médicales.

« Nous avons encore des méthodes pour produire différentes espèces de plantes, sans être obligé de les semer, et par la seule combinaison de terres de différentes espèces. Nous en avons aussi pour produire des plantes nouvelles et tout-à-fait différentes des espèces connues. Enfin, nous parvenons à transformer les arbres ou les plantes d'une espèce en végétaux d'une autre espèce.

« Nous avons aussi des parcs et des clos où nous faisons nourrir des animaux terrestres et des oiseaux de toute espèce. Or, si nous les nourrissons, ce n'est pas à titre de rareté et simplement pour satisfaire une vaine curiosité, mais afin de ne pas manquer de sujets pour l'anatomie comparée ; car nous ne hasardons aucune opération sur le corps humain sans en avoir fait et réitéré fréquemment l'essai sur ceux des animaux ; expériences qui nous présentent quelquefois des résultats fort extraordinaires ; par exemple, nous voyons des animaux qui continuent de vivre, quoique même après la destruction ou l'amputation de telle de leurs parties que vous regardez comme essentielle à la vie, et d'autres que nous rappelons à la vie quoiqu'ils soient dans un état où vous les jugeriez tout-à-fait morts, etc. Nous faisons aussi sur les animaux l'essai de différentes espèces de poisons, comme nous faisons sur eux l'essai des opérations chirurgicales ou des remèdes propres à la médecine. Nous parvenons quelquefois, par le moyen de l'art, à leur donner une taille plus grande et surtout plus haute que celle qu'ils ont ordinairement, et quelquefois aussi, arrêtant l'accroissement des animaux, nous les réduisons à une taille extrêmement petite et nous en faisons des espèces de nains. Nous rendons les uns plus féconds qu'ils ne le sont naturellement et les autres moins féconds ou même tout-à-fait stériles. Nous savons produire les variétés les plus singulières dans leur couleur, leur figure, leur tempérament, leur folie, leur activité, etc. En faisant accoupler des individus d'espèces différentes et en croisant ces espèces en mille manières, nous en produisons de nouvelles dont les individus ne sont pas inféconds, comme on croit parmi vous qu'ils doivent l'être. Nous faisons naître de la seule putréfaction des serpents, des vers, des mouches et des poissons d'une infinité d'espèces différentes, et parmi les individus ainsi engendrés quelques-uns sont des animaux parfaits, ayant un sexe très distinct et la faculté de se multiplier par voie d'accouplement. Or, tous ces résultats, ce n'est point par hasard que nous les obtenons, mais nous savons d'avance quel sera le produit de nos opérations ; nous pouvons dire avec certitude qu'en combinant ensemble telles espèces de matière et par tel procédé nous produirons telle espèce d'animal.

« Nous avons aussi des pièces d'eau particulières où nous faisons sur les poissons des épreuves semblables à nos expériences sur les animaux terrestres et sur les oiseaux.

« Nous avons encore des lieux consacrés à la génération de ces sortes de vers ou de mouches qui sont d'une utilité spéciale et connue, tels que vos vers à soie ou vos abeilles.

« Je n'entrerai point avec vous dans des détails fastidieux sur nos brasseries, nos boulangeries et nos cuisines, où l'on fait sous notre direction différents genres de boissons, de pain ou d'autres aliments, soit solides, soit liquides, aussi rares qu'admirables par leurs propriétés. Outre le vin qu'on fait ordinairement avec le raisin, nous faisons différentes espèces de liqueurs fermentées avec des sucs de fruits, de grains, de racines, etc., ainsi qu'avec le miel, le sucre, la manne ou encore avec des fruits desséchés par l'insolation ou cuits au four, ou enfin avec les larmes qu'on tire par incision ou qui découlent naturellement de certains arbres, et avec les sucs que fournit la moelle de certains roseaux. Ces boissons sont de différents âges; quelques-unes même datent de quarante ans. Nous avons de plus différents genres de bière faite avec des plantes herbacées, des racines et des épices. Quelquefois, avec les boissons de ces différents genres nous combinons et incorporons autant qu'il est possible des viandes délicates, des œufs, des substances dont le lait est la base, etc., boissons dont quelques-unes peuvent servir tout à la fois d'aliments solides et liquides, et tellement substantielles que beaucoup d'individus, surtout parmi ceux qui sont avancés en âge, peuvent s'en nourrir uniquement et se passer de toute autre espèce d'aliment. Nous n'épargnons surtout aucun soin pour nous procurer des boissons dont les parties soient extrêmement divisées et tellement atténuées qu'elles puissent pénétrer aisément toute la substance du corps, mais sans aucune teinte d'acrimonie et de qualité mordicante ou corrosive. Nous y réussissons tellement que, si vous mettiez sur le revers de la main quelques gouttes de telle de ces liqueurs, elle en pénétrerait insensiblement toute l'épaisseur et parviendrait en très peu de temps jusqu'à la paume, liqueur toutefois dont la saveur ne laisse pas d'être très douce. Nous avons aussi certaines espèces d'eaux qui sont portées par le moyen de l'art à un tel point de maturité qu'elles deviennent nourrissantes et d'ailleurs si agréables au goût que plusieurs d'entre nous renoncent à toute autre boisson. Outre le pain qu'on fait ordinairement avec la farine de grain, nous en faisons avec différentes espèces de racines, de noix, d'amandes, de châtaignes, de glands, etc. Nous avons même du pain de viandes ou de poissons desséchés, employant pour le faire différentes sortes de levains et d'assaisonnements, genres de pains dont les uns sont éminemment doués de la propriété d'exciter l'appétit et les autres tellement nourrissants que beaucoup d'individus qui s'en nourrissent uniquement ne laissent pas de vivre fort long-temps. Quant aux viandes, il en est qui, à force d'être battues, deviennent si tendres et se mortifient à tel point (mais sans contracter le moindre degré de putréfaction) que la chaleur de l'estomac le plus faible suffit pour les convertir en bon chyle, comme celle de l'estomac le plus vigoureux suffit pour convertir ainsi les viandes qui n'ont point subi cette préparation. Nous avons aussi différents genres de viandes, de pains et de boissons qui sont tellement substantiels que ceux qui s'en nourrissent peuvent ensuite endurer un très long jeûne sans en être incommodés, et d'autres dont la propriété est de rendre le corps de ceux qui s'en nourrissent sensiblement plus solide et plus dur, d'autres enfin qui augmentent notablement leur force et leur agilité.

« Quant à nos apothicaireries, vous concevez aisément combien elles doivent l'emporter sur les vôtres. Si, en fait d'animaux et de végétaux, nous avons infiniment plus d'espèces et de variétés que vous n'en avez (car nous connaissons fort bien toutes celles de l'Europe), nos médicaments, nos drogues et les ingrédients dont nous les composons doivent aussi être beaucoup plus diversifiés. Nous en avons qui ont été gardés pendant des temps plus ou moins longs et quelques-uns qui ont subi de très longues fermentations. Quant à leur préparation, non-seulement nous savons extraire pour cela les principes des différentes substances à l'aide des distillations, des dissolutions, des infusions, des digestions opérées par une chaleur douce et uniforme, des filtrations à travers des corps de différentes espèces, telles que papier, linge, laine, bois, etc., et même à travers des corps beaucoup plus solides, mais c'est surtout par la composition des drogues que notre pharmacie l'emporte sur la vôtre; car il en est dont nous combinons et incorporons ensemble si parfaitement tous les principes qu'elles ont toute l'apparence des composés naturels.

« Nous avons différentes espèces d'arts mécaniques qui vous sont encore inconnus, ainsi que les matières et les ouvrages qui en sont le produit, comme papier, toiles, étoffes de soie, tissus de toute espèce et même des tissus de plume d'un éclat surprenant. Nos teintures l'emportent aussi sur les vôtres par leur finesse, leur éclat et leur solidité. Or, nous avons des ateliers et des boutiques tant pour les manufactures qui sont d'un usage commun que pour celles que nous nous sommes réservées ; car vous saurez que parmi celles dont je viens de faire l'énumération, il en est qui sont déjà répandues dans toute l'île. Cependant, lorsque celles de cette dernière espèce sont de notre invention, nous en gardons aussi des modèles.

« A l'aide de fours, de fourneaux et d'étuves de différentes grandeurs et de différentes formes, nous nous procurons différents modes ou degrés de chaleur ; par exemple, une chaleur vive et pénétrante, forte et constante, douce ou âpre, animée par le souffle ou tranquille, sèche ou humide, et autres semblables. Mais nous nous attachons surtout à imiter autant qu'il est possible la chaleur du soleil et des corps célestes, qui est, comme vous le savez, sujette à de grandes inégalités, à des gradations croissantes et décroissantes, à des variations alternatives et périodiques, variations à l'aide desquelles nous obtenons les plus étonnants effets. De plus, nous employons quelquefois la chaleur du fumier, quelquefois aussi celle des meules de foin et des herbes qui s'échauffent très sensiblement lorsqu'avant de les entasser ou de les serrer on n'a pas eu soin de les faire sécher (fenner) suffisamment ; enfin celle de la chair, du sang et autres de cette nature.

« Nous avons encore des lieux destinés aux fortes insolations, et d'autres lieux dans l'intérieur de la terre où règne un certain degré de chaleur qui est le produit de la nature ou de l'art, modes ou degrés de chaleur que nous excitons ou employons selon que l'exige la nature de l'opération que nous avons en vue.

« Nous avons aussi des maisons d'optique et de perspective où nous faisons toutes les expériences relatives aux rayons lumineux et aux couleurs ; par exemple, à l'aide de corps non colorés et transparents, nous produisons des couleurs de toute espèce à volonté, non pas des espèces d'iris semblables à ceux qui sont l'effet des prismes ou de certains diamants, mais des couleurs proprement dites subsistant par elles-mêmes simples et fixes. Nous avons aussi des moyens pour renforcer la lumière à volonté. Nous la projetons à de grandes distances ; nous la rendons si vive et si forte qu'elle nous met en état de distinguer les traits et les points les plus déliés ; nous la colorons à volonté. Nous faisons une infinité de prestiges et d'illusions par rapport aux objets de la vue. Nous savons faire paraître leur grandeur, leur figure, leur couleur, leurs situations, leurs mouvements, tout autres qu'ils ne sont réellement. Il en est de même des ombres.

« Nous avons différents procédés qui vous sont encore inconnus pour rendre lumineux les corps de toute espèce, non d'une lumière réfléchie et comme empruntée, mais d'une lumière propre et originelle. Nous avons des instruments pour voir nettement et distinctement les objets les plus éloignés ; nous en avons même de deux espèces opposées en ce genre, les uns qui rapprochent en apparence les objets éloignés et d'autres qui font paraître éloignés les objets voisins ; en un mot nous faisons paraître ces distances tout autres qu'elles ne sont réellement. Nous avons d'autres instruments à l'usage des personnes dont la vue est affaiblie, mais très supérieurs à vos lunettes ou autres verres ayant la même destination. Nous avons encore des instruments à l'aide desquels on peut voir nettement et distinctement les plus petits objets ; par exemple, la figure et la couleur des plus petits insectes, les glaces et les plus petits défauts dans les pierres précieuses. Ils nous servent aussi pour observer la nature intime de l'urine et du sang, tous objets qui, sans un tel secours, ne seraient pas visibles. Nous faisons voir des iris et des halos artificiels, en un mot des couleurs apparentes autour des corps lumineux. Enfin nous avons une infinité de moyens pour réfléchir, réfracter, concentrer, multiplier, renforcer les rayons lumineux émanés des objets visuels, soit pour multiplier les images, soit pour produire tout autre genre d'illusion, soit au contraire pour mettre en état de les mieux observer.

« Nous avons aussi des pierres précieuses de toute espèce, dont la plupart sont d'une grande beauté, y compris certaines espèces que vous n'avez point. Il en faut dire autant des cristaux et des verres de toutes sortes. Nous avons entre autres des verres tirés des métaux, et d'autres matières que vous n'employez pas à cet usage. Joignez à cela des fossiles, des marcassites et certains métaux ou minéraux imparfaits que vous n'avez pas non plus. Nous avons encore des aimants d'une force prodigieuse et d'autres pierres également rares, qui sont des produits de la nature ou de l'art.

« Dans d'autres édifices nous faisons toutes les expériences relatives aux sons et à leur génération. Nous avons plusieurs genres d'harmonie et de mélodies qui vous sont inconnus. Par exemple, nous en avons qui marchent par quart de ton et par intervalles encore plus petits, ainsi que différentes sortes d'instruments de musique que vous n'avez pas non plus, et qui rendent des sons beaucoup plus doux que les vôtres ; enfin des cloches, des sonnettes et des timbres dont les sons flattent extrêmement l'oreille. Nous produisons à volonté des sons aigus et faibles, ou graves et volumineux ; en un mot, nous les atténuons ou nous les grossissons à notre gré. Nous savons modifier des sons naturellement purs et coulants, de manière qu'ils paraissent comme tremblotants. Nous produisons encore à volonté des sons articulés et toutes les lettres de l'alphabet, soit les consonnes soit les voyelles, que nous imitons, ainsi que les différentes espèces de voix et de chants des animaux terrestres et des oiseaux. Nous avons aussi des instruments pour suppléer à la faiblesse de l'ouïe et pour en étendre la portée, instruments à l'aide desquels on peut entendre les sons les plus faibles venant des objets voisins et ceux qui sont affaiblis par le trop grand éloignement du corps sonore. Nous avons de plus des échos artificiels et très curieux ; les uns, produits par des obstacles qui semblent s'envoyer et se renvoyer la voix comme une balle, font entendre le même son un grand nombre de fois, les uns le renforçant et d'autres l'affaiblissant ; d'autres encore le rendent plus clair et plus perçant ; d'autres enfin le rendent plus sourd, ou plus creux, ou plus profond. Nous savons aussi porter les sons les plus faibles à de très grandes distances, à l'aide de tuyaux ou de concavités qui les renforcent, instruments et cavités qui sont de différentes formes, les uns en ligne droite, les autres en ligne brisée ; d'autres encore composés de sinuosités.

« Nous avons encore des édifices destinés à nos expériences relativement aux fumigations, aux parfums, aux odeurs de toute espèce, expériences auxquelles nous en joignons d'autres sur les saveurs. Nous connaissons des procédés pour renforcer les odeurs, et, ce qui pourra vous paraître étrange, pour les multiplier. Nous tirons les odeurs de toute espèce de corps bien différents de ceux d'où elles s'exhalent naturellement. Nous imitons, par le moyen de l'art certaines saveurs naturelles au point de tromper le goût le plus fin. Dans cette même maison est une partie destinée à faire des confitures, des sucreries, des douceurs, soit sèches, soit liquides ; endroit où l'on fait aussi différentes sortes de vins, de laitages, de bouillons, de sauces, de salades, etc., beaucoup plus agréables au goût, que tout ce que vous avez en ce genre.

« Dans une autre partie de nos maisons, consacrée à la mécanique, on trouve des machines et des instruments destinés à produire des mouvements de toute espèce. Nous en produisons de beaucoup plus vifs et de beaucoup plus rapides que tous ceux que vous pourrez produire à l'aide de vos armes à feu et d'autres machines de ce genre. Nous savons faciliter ces mouvements et en augmenter la force, à l'aide de roues et d'autres moyens semblables, quoique la force motrice ait très peu d'intensité ; nous savons en augmenter la force au point qu'ils l'emportent de beaucoup sur tous ceux que vous pouvez produire à l'aide de vos canons, de vos mortiers, et de ce que vous appelez des machines infernales. Nous avons aussi de la grosse artillerie et des machines de guerre de toute espèce, à quoi il faut ajouter une sorte de poudre particulière et dont la composition est fort différente de la vôtre, ainsi que des feux grégeois, susceptibles de brûler, même dans l'eau, et inextinguibles ; enfin, des feux d'artifices de toute espèce, soit pour le simple plaisir du spectacle, soit pour l'attaque et la défense. Nous imitons le vol des oiseaux et nous pouvons, jusqu'à un certain point, voyager dans les airs. Nous avons, de plus, certains vaisseaux ou bateaux à l'aide desquels on peut naviguer sous les eaux, et d'autres qui résistent mieux que les vôtres à la violence des flots. Dans ce même édifice on voit des horloges, des pendules et des montres d'une construction très ingénieuse et très délicate, ainsi que des machines mises en mouvement par l'air ou par l'eau, et où ces deux fluides, ranimant le mouvement par une sorte de circulation, l'entretiennent fort long-temps ; enfin on voit aussi dans nos cabinets de physique quelques mouvements perpétuels. Nous imitons le mouvement des animaux à l'aide d'automates, de figures semblables à celles de l'homme, des animaux terrestres, des oiseaux, des poissons, des serpents, etc. ; enfin nous produisons par différents moyens une infinité de mouvements très diversifiés, dont la force et la délicatesse surpassent tout ce qu'il est possible d'imaginer.

« Nous avons aussi un cabinet de mathématiques où l'on voit des instruments de géométrie et d'astronomie, de toute forme et de toute grandeur, construits avec toute la précision et l'exactitude possibles.

« Nous avons, de plus, une maison spécialement consacrée aux expériences qui peuvent tromper le sens, maison où nous exécutons une infinité de tours et de jeux, comme apparitions de fantômes, voix qui se font entendre sans qu'on voie qui que ce soit, et autres prestiges de ce genre. Vous n'aurez pas de peine à croire que nous, qui pouvons produire tout naturellement tant d'effets extraordinaires, nous ne puissions tromper les hommes d'une infinité de manières pour peu que nous voulussions cacher nos moyens pour rendre ces effets encore plus étonnants et les faire paraître miraculeux; mais nous défendons toute espèce d'imposture et de mensonge.

« Nous avons décerné de fortes amendes, et même la peine d'infamie, contre tous ceux d'entre nos membres qui, par des prestiges ou des artifices quelconques, s'efforceraient de donner un air de prodige à des effets purement naturels, en enjoignant à tous de présenter ces effets tels qu'ils sont et de faire connaître leurs véritables causes, pour détruire l'étonnement qu'ils excitent d'abord.

« Telles sont, ô mon fils! les possessions et les richesses du noble institut de Salomon.

» Quant aux différentes espèces d'emplois et de fonctions assignés aux membres de cet institut, les voici :

« Douze d'entre nous sont chargés de voyager dans les pays étrangers, mais sous les noms d'autres nations, car nous dérobons avec soin à toutes les autres la connaissance de la nôtre. Ils ont ordre de rapporter des contrées qu'ils auront parcourues des machines, des instruments, des échantillons, des modèles, des expériences et des observations de toute espèce; nous les appelons commerçants de lumière.

« Trois autres membres sont chargés de recueillir dans les livres les expériences utiles ou lumineuses qu'ils pourront y trouver; nous qualifions ceux-ci de plagiaires.

« Nous en avons trois autres pour extraire de tous les arts mécaniques, ainsi que des arts libéraux, des sciences mêmes, et de toutes ces pratiques isolées qui ne font pas encore partie des arts proprement dits, toutes les expériences et les observations qui peuvent se rapporter à notre but ; ces derniers sont nos collecteurs.

« Trois autres encore s'occupent à tenter de nouvelles expériences sur le choix desquelles nous nous en rapportons à eux ; ceux-ci sont nos pionniers ou nos mineurs.

« Nous en avons aussi trois pour ranger dans des tables, sous leurs titres respectifs, toutes les expériences et les observations faites ou recueillies par ceux des quatre premières classes; ce qui facilite beaucoup les opérations de l'esprit nécessaires pour tirer de tous ces faits des conséquences générales et en extraire les principes ; nous qualifions ceux-ci de compilateurs, de rédacteurs.

« Trois autres encore, chargés d'examiner toutes les expériences, de les comparer, soit entre elles, soit aux différents buts et besoins de la vie humaine, tâchent de les appliquer à l'utilité des autres hommes, soit pour améliorer leur condition, soit pour donner de nouvelles lumières aux savants, lumières destinées à diriger la pratique et à faciliter la découverte des causes ; à donner une base aux prédictions et aux autres genres de conjectures; enfin à acquérir la connaissance des particules, des forces et des mouvements les plus intimes des corps ; nous donnons à ceux-ci le titre d'évergètes ou de bienfaiteurs.

« Cela posé, après plusieurs assemblées générales, assemblées destinées à examiner tous ces faits et à se consulter réciproquement, tous ces faits étant bien considérés et bien analysés, trois membres tâchent d'imaginer d'autres expériences plus lumineuses, plus décisives et qui puissent nous mettre en état de pénétrer plus profondément dans les mystères de la nature ; nous donnons à ces trois derniers le nom de lampes.

« Nous en avons encore trois pour examiner toutes les expériences de ce dernier genre, et ils doivent ensuite nous en communiquer tous les résultats dans nos assemblées ; nous les appelons les greffiers.

« Enfin il en est qui, après avoir considéré toutes les observations faites par les précédents, cherchent les rapports de toutes ces vérités, et tâchent d'en tirer des conséquences générales et d'en extraire les principes qu'ils énoncent ensuite sous la forme d'aphorismes ; nous appelons ces derniers interprètes de la nature.

« Nous avons aussi, comme vous pouvez le penser, des novices ou élèves, pour perpétuer notre ordre, qui sans cette précaution s'éteindrait bientôt, ainsi qu'un grand nombre de domestiques et d'aides, tant d'un sexe que de l'autre. Nous avons aussi des assemblées et des délibérations, dont l'objet spécial est de désigner les observations, les expériences et les inventions qui doivent être publiées et celles que nous devons nous réserver ; car tous les membres de l'institut s'obligent avec serment à garder le plus rigoureux secret sur toutes les vérités dont la publication nous paraît dangereuse. Cependant parmi celles de cette dernière espèce il en est que nous révélons au prince et au sénat ; mais d'autres encore que nous ne communiquons à qui que ce soit.

« Quant à ce qui regarde nos rits, nos coutumes et nos dispositions, nous avons deux galeries fort belles et fort spacieuses où sont rangés avec ordre des modèles des inventions les plus utiles et les plus dignes de fixer l'attention des observateurs ; dans l'autre on voit les statues des inventeurs les plus distingués. Par exemple, on y voit celle de votre Christophe Colomb, de ce pilote génois qui découvrit le premier les Indes-Occidentales ; celle de l'inventeur de l'art nautique ; celle du moine inventeur des armes à feu et de la poudre à canon ; celles des inventeurs de la musique, de l'art d'écrire, de l'art typographique, de l'astronomie, de la métallurgie, de l'art de faire le verre, de l'art de nourrir et élever les vers à soie, et d'employer leur fil précieux, de l'art de faire le vin, de l'agriculture, surtout de l'art de cultiver le blé et de faire le pain ; celles des inventeurs de tous les arts qui ont pour objet les métaux, le verre, la soie, le vin, le pain, le sucre, etc. Or, cet honneur, cet hommage perpétuel que nous leur rendons ce n'est point au hasard mais d'après des traditions plus certaines et plus authentiques que les vôtres. Dans cette même galerie on voit aussi les statues de nos propres inventeurs les plus distingués. Mais comme vous n'avez pas encore vu ces inventions, je crois devoir vous épargner de longues et fastidieuses descriptions qui ne suffiraient pas pour vous en donner une juste idée. Quoi qu'il en soit, lorsque quelqu'un parmi nous invente une chose vraiment utile, nous lui érigeons peu de temps après une statue et nous lui assignons une pension assez forte. De ces statues, les unes sont de bronze, les autres de marbre, d'autres de parangon (pierre de touche), quelques-unes de cèdre ou d'autres bois précieux, mais elles sont dorées et enrichies d'autres ornements. Il en est aussi de fer, d'argent et d'or.

« Nous avons des hymnes et une liturgie consacrés pour rendre journellement hommage au souverain auteur de ces ouvrages admirables qui sont l'objet de nos contemplations, et pour chanter cette bonté inépuisable dont le caractère est empreint dans toutes les parties de l'univers. Nous avons aussi des prières spécialement destinées à implorer son secours dans nos travaux philosophiques, à le supplier d'éclairer notre marche et à lui demander toutes les connaissances nécessaires pour appliquer toujours nos inventions à de louables et saints usages.

« Enfin, nous parcourons successivement toutes les villes de ce vaste empire ; nous y publions, à mesure que l'occasion s'en présente et que la nécessité l'exige, toutes les inventions que nous jugeons pouvoir leur être utiles. Nous leur prédisons (prédictions toutefois qui n'ont pour base que des indications purement physiques), nous leur annonçons, dis-je, les événements et les phénomènes qui peuvent les intéresser, tels que maladies épidémiques, pestes, multiplication excessive des insectes nuisibles, famines, tempêtes, ouragans, tremblements de terre, vastes et longues inondations, comètes, la température qui sera dominante dans l'année commune, et une infinité d'autres choses de cette nature ; et nous prescrivons aux habitants de ces villes les mesures à prendre, soit pour prévenir ces fléaux, soit pour remédier à leurs funestes effets. »

Lorsque le personnage qui m'adressait ce discours eut cessé de parler, il se leva ; je me mis à genoux, comme on m'avait averti de le faire ;

alors imposant sa main sur ma tête, il me dit d'un ton tout à la fois affectueux et solennel : « Que le souverain auteur de toute sagesse daigne bénir et ta personne et cette relation que tu viens d'entendre ! Je te permets de la publier pour l'utilité des autres nations ; car, pour nous qu'elle regarde, nous sommes ici dans le sein de Dieu et dans une terre tout-à-fait inconnue. »

Après quoi il me quitta ; mais j'appris ensuite qu'il avait donné ordre de compter à moi et à mes compagnons deux mille ducats ; car ils font de grandes largesses dans tous les lieux où ils se trouvent et dans toutes les circonstances qui l'exigent.

(Le reste manque)

DES PRINCIPES

ET DES ORIGINES,

ou

EXPLICATION DES FABLES DE CUPIDON ET DU CIEL,

SERVANT DE VOILE AUX SYSTÈMES DE PARMÉNIDE, DE TÉLESIO ET DE DÉMOCRITE.

(DE PRINCIPIIS ATQUE ORIGINIBUS.)

Ce que les différents poètes de l'antiquité ont dit de Cupidon ou de l'Amour ne peut être appliqué à une seule et même divinité. Je dirai plus : ils supposent deux Cupidons et donnent le même nom à deux divinités très distinctes, entre lesquelles cependant ils mettent une telle différence qu'ils regardent l'un comme le plus ancien des dieux et l'autre comme le plus jeune. Quoi qu'il en soit, c'est de la plus ancienne de ces deux divinités qu'il s'agit principalement ici. Cela posé, les poètes prétendent que cet Amour dont nous parlons est le plus ancien de tous les dieux et par conséquent de tous les êtres, à l'exception du chaos qui, selon eux, n'est pas moins ancien que lui. Les poètes, en parlant de ce même Amour, supposent toujours qu'il n'eut point de père. Ce fut lui qui, par son union avec le ciel, engendra les dieux et tous les autres êtres. Quelques-uns cependant prétendent qu'il provint d'un œuf couvé par la nuit. Quant à ses attributs, ils se réduisent à quatre principaux. Ils le supposent : 1° éternellement enfant, 2° aveugle, 3° nu, 4° armé d'un arc et de flèches. La force, qui lui est propre et qui le caractérise, est la principale cause de l'union et de la combinaison des corps. On lui met en main les clefs de la terre, de la mer et des cieux. L'autre Cupidon, suivant les poètes, est le plus jeune des dieux. On lui donne tous les attributs du plus ancien, auxquels on en ajoute d'autres qui lui sont propres et qui le caractérisent.

Cette fable paraît indiquer, sous le voile d'une courte allégorie, un système sur les principes des choses et sur les origines du monde, système qui diffère peu de celui que Démocrite a publié et qui toutefois nous paraît moins hasardé, mieux purifié de suppositions gratuites et plus conséquent ; car, quoiqu'à parler en général ce philosophe ne manque ni d'exactitude ni de pénétration, cependant, outre qu'il se livrait trop à ses premières idées et ne savait point s'arrêter, il ne se soutenait pas assez et son système est quelquefois incohérent ; mais quoique les assertions mêmes qu'on découvre sous le voile de la fable que nous allons expliquer soient un peu moins vagues et moins hasardées, elles ne laissent pas d'avoir le défaut commun à toutes celles que produit l'entendement humain, lorsqu'il s'abandonne à son mouvement naturel et prend un essor téméraire au lieu de marcher pas à pas à la lumière de l'expérience ; car les philosophes des premiers siècles étaient aussi sujets à de tels écarts. Nous devons observer en premier lieu que toutes les assertions et les opinions avancées par les anciens philosophes et rapportées dans cet exposé ne sont appuyées que sur la seule autorité de la raison humaine et sur le témoignage des sens, dont les oracles ont été avec raison rejetés depuis l'époque, désormais assez ancienne, où la lumière du Verbe divin a révélé aux mortels des vérités plus utiles et plus certaines.

Cela posé, le chaos, qui était aussi ancien que Cupidon, représente la masse et la totalité de la matière confuse, et Cupidon représente cette matière même, ainsi que sa nature et sa force primordiale ; en un mot, les principes des choses. On le suppose absolument sans père, c'est-à-dire sans cause ; car la cause d'un effet en est pour ainsi dire le père (la mère) et rien n'est plus commun que cette métaphore. Or, la matière première ou la force et l'action qui lui est propre ne peut avoir une cause dans la nature (excepté Dieu, exception qu'il faut toujours faire en pareil cas), rien n'ayant existé avant elle ; elle ne peut être regardée comme un effet ; et, comme elle est ce qu'il y a de plus universel dans la nature, elle n'a point non plus de genre ni de forme (de différence spécifique). En conséquence, quelle que puisse être cette matière avec sa force ou son action, c'est une chose positive et absolument sourde, unique en son espèce et en son genre, sans relation et incomparable. Il faut la prendre telle qu'on la trouve, et on n'en peut juger à l'aide de quelque prénotion fondée sur l'analogie. S'il était possible de connaître sa nature et son mode d'action, on ne pourrait parvenir à cette connaissance par celle de sa cause. Etant après Dieu la cause de toutes les causes, elle est elle-même sans cause et par conséquent inexplicable ; car, dans cette recherche des causes naturelles, il est un terme où il faut savoir s'arrêter et demander ou chercher soi-même quelle est la cause d'une force primordiale ou d'une loi positive de la nature. Ce n'est pas moins manquer de philosophie que de ne point demander ou chercher celles des choses qui, étant subordonnées à d'autres, sont susceptibles d'explication. Ainsi, c'est avec fondement que les sages de l'antiquité supposent que Cupidon est sans père, c'est-à-dire sans cause. Or, cette observation sur laquelle nous insistons ici n'est rien moins qu'indifférente, j'oserai même dire qu'il en est peu d'aussi importante ; car rien n'a plus contribué à dénaturer la philosophie que la recherche qui a pour objet les père et mère de Cupidon ; je veux dire que la plupart des philosophes, au lieu d'admettre purement et simplement les résultats de l'observation relativement aux principes des choses, de les prendre, pour ainsi dire, tels que la nature même les présente, de les adopter comme une sorte de doctrine positive qu'on n'est pas obligé de prouver et dont on ne doit pas demander la preuve, et comme des espèces d'articles de foi fondés sur l'expérience même, ont voulu les déduire de certaines observations purement grammaticales, des règles de la dialectique, de petits corollaires mathématiques, des notions communes et d'autres sources semblables qui ne sont à proprement parler que des produits diversifiés des écarts de l'esprit humain ; petites ressources auxquelles il s'accroche lorsqu'il se jette hors de la nature.

Ainsi tout homme qui étudie la nature doit avoir constamment présente à l'esprit cette vérité : que Cupidon n'a ni père ni mère ; vérité qui l'empêchera de se perdre dans des conjectures aussi vagues qu'inutiles et de prendre les mots pour les choses. Lorsque l'esprit humain veut généraliser, il va toujours trop loin ; il abuse de ses propres forces, et, après avoir passé le terme que la nature lui a marqué, il retombe dans ses idées les plus familières et revient ainsi au point d'où il est parti ; car, vu la faiblesse et les limites naturelles de l'entendement, les idées qui lui sont les plus familières, celles, dis-je, qu'il peut se représenter aisément, concevoir toutes ensemble et lier par des rapports, étant ordinairement celles qui le frappent et l'affectent le plus, il arrive de là que, lorsqu'il est parvenu à ces propositions universelles auxquelles l'expérience même l'a conduit, il ne veut pas s'en contenter et s'y arrêter ; mais alors, cherchant quelques vérités plus connues que celles qu'il veut absolument expliquer, il se prend aux propositions qui l'ont le plus affecté ou séduit, et s'imagine y trouver des explications plus satisfaisantes et des démonstrations plus rigoureuses que dans les propositions universelles qu'il aurait dû admettre purement et simplement.

Ainsi nous avons désormais prouvé que l'essence primitive et la force primordiale de la matière n'a aucune cause et qu'elle est par cela même inexplicable. Actuellement, quel est le mode de cette chose dont il ne faut pas chercher la cause et qui en effet n'en a point ? C'est ce qu'il nous reste à chercher. Or, ce mode est lui-même fort difficile à découvrir, et c'est un avertissement que l'auteur même de cette allégorie nous donne assez ingénieusement en supposant que Cupidon provint d'un œuf couvé par la nuit, et tel est aussi le sentiment du poète sublime dont les écrits font partie des Livres Saints ; il s'exprime ainsi à ce sujet : « Dieu a fait chaque chose pour être belle en son temps.

et il a livré le monde a leurs disputes, de manière toutefois que l'homme ne peut découvrir l'œuvre que Dieu a exécutée depuis le commencement jusqu'à la fin; » car, tandis que toutes les parties de l'univers sont dans un flux et reflux perpétuel, l'essence primitive de la matière et la loi sommaire de la nature subsistent éternellement, loi qui paraît désignée par cette phrase : « L'œuvre que Dieu a exécutée depuis le commencement jusqu'à la fin. » Cependant la notion de cette force que Dieu lui-même a imprimée aux particules primitives et les plus déliées de la matière, et dont l'action multipliée ou réitérée opère toutes les variétés et les variations des composés, cette notion, dis-je, peut frapper légèrement et effleurer la pensée humaine, mais elle n'y pénètre que très difficilement. Si l'on applique ce que la fable dit de l'œuf couvé par la nuit aux démonstrations par le moyen desquelles on peut mettre au jour Cupidon (faire éclore l'œuf de la nuit) ou la force primordiale de la matière, cette application aura beaucoup de justesse ; car les conclusions qu'on tire par le moyen des propositions affirmatives peuvent être regardées comme les enfants de la lumière, au lieu que celles qu'on déduit par le moyen des négatives semblent n'être que les enfants des ténèbres et de la nuit. C'est avec raison que ce Cupidon est représenté par l'œuf que la nuit fait éclore en le couvant ; car, s'il est possible d'acquérir quelques connaissances sur la force qu'il représente, ce ne peut être que par le moyen des exclusions et des négatives. Or, toute preuve qui procède par la voie des exclusions est une sorte d'ignorance ou de nuit, du moins par rapport à ce qu'elle renferme, qu'on ne voit pas encore et qu'on ne découvrira qu'à la fin. Démocrite avait donc raison de dire que les atomes ou les semences de toutes choses et les forces qui leur sont propres ne ressemblent à rien de ce qui peut tomber sous les sens, mais qu'ils sont tout-à-fait invisibles, impalpables, etc. C'est ainsi que Lucrèce, qui n'a fait que revêtir du langage poétique le système de ce philosophe, les caractérise :

« Ils ne ressemblent ni au feu, ni à l'air, ni à l'eau, ni à la terre, ni à rien de ce qui peut tomber sous les sens. »

Et en parlant de la force inhérente à ces atomes il dit :

« La nature des éléments d'où résultent toutes les générations doit aussi être cachée et échapper aux sens, afin qu'aucune force ne puisse prévaloir contre la leur ni faire obstacle à leur action. »

Ainsi les atomes ne sont semblables ni à des étincelles de feu, ni à des gouttes d'eau, ni à des bulles d'air, ni à des grains de poussière, ni aux particules déliées de l'esprit (des substances pneumatiques ou aériformes), ni à celles de l'éther ; et leur force ou leur forme (leur essence, leur mode essentiel, ce qui les constitue) n'est ni la pesanteur, ni la légèreté, ni le chaud ou le froid, ni la densité ou la rareté, ni la dureté ou la mollesse, ni aucune autre des qualités ou des forces qu'on observe dans les composés et dans les corps d'un plus grand volume, les qualités dont nous venons de parler et toutes celles du même genre étant elles-mêmes composées. De même le mouvement naturel de l'atome n'est ni le mouvement de descension (chute) qualifié par le vulgaire de mouvement naturel, ni le mouvement en sens contraire que Démocrite appelle mouvement de plaie et occasionné par une moindre pesanteur spécifique, ni le mouvement d'expansion ou de contraction, ni le mouvement d'impulsion et de liaison, ni le mouvement circulaire des corps célestes, ni aucun autre de ces mouvements qu'on observe dans les corps. Cependant, non-seulement c'est dans la substance même des atomes que se trouvent les éléments de tous les corps, mais leur mouvement et leur force est aussi le principe de toutes les forces et de tous les mouvements. Néanmoins le système de Démocrite paraît différer sur ce point (je veux dire par rapport aux mouvements des atomes comparé à celui des corps d'un plus grand volume) et s'éloigner un peu de celui qui se trouve renfermé dans cette fable ; et non-seulement le sentiment de Démocrite diffère de celui qui est allégoriquement figuré par cette fiction, mais ce philosophe diffère aussi de lui-même, et ses autres suppositions sont presqu'en contradiction avec les premières. En effet, il aurait dû attribuer aux atomes un mouvement différent de ceux des corps composés, comme il leur avait attribué une substance et des qualités ou forces différentes. Mais le mouvement de descension (de chute) des corps graves et celui d'ascension des corps légers (qu'il explique en supposant que les corps les plus pesants frappant les corps plus légers, et les forçant de leur céder la place les forcent ainsi à se mouvoir de bas en haut), ces deux mouvements, dis-je, sont ceux qu'il regarde comme les seuls mouvements primitifs et naturels, et que, d'après cette supposition, il attribue aux atomes. Mais le système renfermé dans la parabole est plus cohérent et plus conséquent ; il suppose que les atomes et les composés diffèrent à tous ces égards, savoir : par rapport à leur substance, leur force et leurs mouvements respectifs. De plus, cette allégorie nous fait entendre que les exclusions dont nous avons parlé ont une fin, un terme et une mesure, car la nuit ne couve pas éternellement. Si les recherches que l'homme peut faire sur la nature de la Divinité ont cela de propre qu'elles ne se terminent jamais par des propositions affirmatives, il n'en est pas de même de celles dont il est question ici ; car dans celle-ci, après les exclusions et les négations convenables, on peut affirmer et établir quelque chose. Cet œuf, dis-je, après l'avoir couvé à propos et pendant un temps suffisant, on parvient à le faire éclore, et non-seulement on le fait éclore, mais on en fait sortir le vrai Cupidon, c'est-à-dire qu'on peut extraire de l'ignorance non-seulement quelque notion du sujet de la recherche, mais même une notion claire et distincte. Telle est l'idée qu'on peut se faire d'une recherche sur cette matière première, et qui paraît être la plus conforme au sens de la fable que nous expliquons. Il nous reste à parler de Cupidon lui-même, c'est-à-dire de cette matière première, et nous tâcherons, à l'aide des indications que nous donne cette fable, de répandre quelque lumière sur ce sujet. Nous n'ignorons pas toutefois que les opinions de ce genre paraissent étrangères et presque incroyables, qu'elles ne pénètrent que très difficilement dans les esprits, et c'est ce dont nous voyons un exemple frappant dans cette hypothèse de Démocrite sur les atomes. Comme elle était assez élevée au-dessus des notions vulgaires, il fallait un peu de pénétration et des méditations profondes sur la nature pour l'entendre parfaitement. Aussi le vulgaire, en l'interprétant à sa manière, la rendit-il ridicule ; puis elle fut en quelque manière agitée et presque éteinte par le vent des opinions et des disputes que firent naître les autres philosophies. Cependant ce grand homme ne laissa pas d'exciter l'admiration de ses contemporains mêmes qui le qualifièrent de *pantathlus*. Il fut, d'un consentement unanime, regardé comme le plus grand physicien de son temps et passa même pour une espèce de mage (de sorcier). Ce système de Démocrite ne peut être entièrement enseveli dans l'oubli ou effacé ni par les continuels assauts que lui livra la philosophie contentieuse d'Aristote, qui voulait s'établir sur les débris de toutes les autres, et qui, à l'exemple des princes ottomans, croyait ne pouvoir régner en sûreté qu'après avoir égorgé tous ses frères, qui se flattait enfin et se vantait même de pouvoir délivrer la postérité de toute espèce de doute ; ni par le respect que s'attirait la philosophie imposante et majestueuse de Platon. Mais, tandis que le fracas d'Aristote et l'étalage de Platon faisaient valoir et mettaient en vogue dans les écoles les systèmes de ces deux philosophes, celui de Démocrite était en honneur parmi les sages qui aimaient à méditer dans le silence de la retraite. Il est également certain que dans les siècles où la philosophie fut cultivée par les Romains, celle de Démocrite ne laissa pas de subsister et de plaire ; car Cicéron, par exemple, ne parle jamais de ce philosophe sans en donner la plus haute idée, et quelque temps après un poète (Juvenal) dont les écrits sont parvenus jusqu'à nous, et qui, selon toute apparence, en parlant de Démocrite, se conforma à l'opinion reçue dans son siècle, en a fait le plus pompeux éloge.

« Personnage, dit-il, dont la profonde sagesse montre assez que les plus grands génies et les hommes dignes de servir de modèles aux autres peuvent naître dans une contrée habitée par des hommes stupides et où règne un air épais. »

Ainsi ce ne furent ni Aristote ni Platon qui firent disparaître la philosophie de Démocrite, mais Genseric, Attila et les autres Barbares; car la science humaine ayant pour ainsi dire fait naufrage, la philosophie d'Aristote et celle de Platon, semblables à des planches d'un bois léger et gonflé, surnagèrent et parvinrent jusqu'à nous, tandis que des productions plus solides coulaient à fond et étaient ensevelies dans un oubli presque total. La philosophie de Démocrite paraît mériter que nous la vengions de cet oubli; ce que nous ferons d'autant plus volontiers qu'elle est appuyée sur l'autorité des siècles les plus reculés. Ainsi, en premier lieu, la fable que nous expliquons personnifie Cupidon et lui attribue une enfance éternelle, des ailes, un arc et des flèches, etc., tous attributs que nous allons expliquer en détail. Mais nous devons commencer par observer que cette matière première dont parlent les anciens et qu'ils regardent comme le principe commun de tous les corps, est une matière revêtue d'une forme douée de plusieurs qualités déterminées; car cette autre matière, abstraite, dépouillée de toute qualité déterminée et purement passive, que d'autres philosophes ont supposée, n'est qu'un produit fantastique de l'esprit humain, les choses qu'il saisit le plus aisément et qui l'affectent le plus vivement étant ordinairement celles qui lui paraissent avoir le plus de réalité. Voilà pourquoi les êtres, ou les modes chimériques que les scolastiques qualifient de formes, semblent exister plus réellement que la matière et l'action même; outre que cette matière première est cachée, son action est passagère et s'écoule pour ainsi dire sans cesse. L'esprit saisit moins fortement l'idée de l'une, et la notion de l'autre a plus de peine à y prendre pied, au lieu que les images dont nous parlons paraissent sensibles et constantes; en sorte que cette matière première et commune semble n'être qu'une sorte d'accessoire et d'étai. On regarde l'action comme une simple émanation de la forme, et dans les explications ces formes jouent le principal rôle. De là, selon toute apparence, le règne de ces formes et des idées dans les essences; à quoi ils ont ajouté je ne sais quelle matière idéale et fantastique. Ces illusions et ces préjugés se sont accrus par une teinte de superstition qui s'y est jointe et qui est ordinairement l'effet des écarts et des excès où donnent tôt ou tard les esprits qui ne savent pas s'arrêter. De là aussi le règne des idées abstraites auxquelles on a attaché tant d'importance, qui se sont introduites dans la philosophie avec une sorte de majestueuse assurance, et qui en ont tellement imposé au vulgaire que la multitude immense des rêveurs a presque étouffé la société peu nombreuse des philosophes mieux éveillés. Mais heureusement la plupart de ces préjugés se sont dissipés, quoique tel savant de nos jours ait pris peine à relever et à étayer toutes ces opinions qui tombaient d'elles-mêmes; entreprise qui nous paraît plus hardie qu'utile [1]. Mais il est aisé de sentir combien le système des philosophes qui regardent cette matière abstraite comme le principe de toutes choses est absurde, et il n'y a que des préjugés invétérés qui puissent empêcher de sentir cette absurdité; car, à la vérité, quelques philosophes ont prétendu qu'il existait réellement des formes séparées de la matière; mais aucun d'eux n'a avancé qu'il existait réellement une matière indépendamment de ces formes, pas même ceux qui la regardaient comme un premier principe. D'ailleurs, n'est-il pas absurde de prétendre que des êtres fantastiques constituent les êtres réels? car il ne s'agit point d'imaginer une méthode commode pour concevoir la nature des êtres et pour établir entre eux des distinctions commodes, mais de savoir ce que sont réellement ces êtres primitifs (ou primaires) et les plus simples, d'où dérivent tous les autres. Or, l'être principe de tous les autres doit avoir une existence toute aussi réelle que ceux qui en dérivent, et même en quelque manière plus réelle; car il doit exister par lui-même, et c'est par lui que tous les autres doivent exister. Mais ce que les philosophes dont nous parlons disent de cette matière abstraite ne vaut guère mieux que le système de ceux qui prétendent que l'univers et tout ce qu'il contient est composé de catégories ou d'autres notions semblables et purement logiques; car, soit qu'on dise que le monde tire son origine et est composé de la matière, de la forme et de la privation, soit qu'on prétende qu'il l'est de choses contraires, peu importe, et je ne vois pas une grande différence entre ces deux suppositions. Mais presque tous les philosophes de l'antiquité, tels qu'Empédocle, Anaxagore et Anaximènes qui à tout autre égard avaient des idées très différentes de cette matière première, s'accordaient du moins en ce qu'ils prétendaient que cette matière était active et revêtue de quelque forme, qu'elle était le véhicule de cette forme dans les composés où elle entrait; enfin, qu'elle avait en elle-même le principe de son mouvement; et l'on est forcé de s'en faire cette idée si l'on ne veut abandonner tout-à-fait l'expérience. Aussi tous ces philoso-

---

(1) Patrizio de Venise, qui avait tâché de ressusciter la philosophie de Platon, surtout ses hypothèses sur les idées.

phes ont-ils soumis leur esprit aux choses et conformé leurs opinions à l'état réel de l'univers. Au contraire, Platon a voulu assujettir la nature aux pensées humaines, et Aristote les pensées aux mots. Les philosophes de ce temps-là, ayant déjà du goût pour la dispute et le bavardage, commençaient à négliger toute recherche sérieuse de la vérité. Ainsi, nous devons plutôt rejeter ces opinions toutes à la fois que nous amuser à les réfuter en détail; car elles ne doivent être attribuées et elles ne conviennent qu'à des philosophes plus jaloux de discourir beaucoup que d'étendre leurs connaissances. En un mot, cette matière abstraite est la matière des disputes et non celle de l'univers; mais tout homme qui veut faire des progrès réels dans la philosophie doit analyser et pour ainsi dire disséquer la nature au lieu de l'abstraire. Quand on dédaigne cette analyse, on est forcé de recourir à des abstractions, et l'on doit se bien persuader que la matière première, la forme première, et même le premier principe du mouvement (supposé tel qu'on le trouve et qu'il est donné par l'observation) sont inséparablement unis; car les abstractions relatives au mouvement ont aussi enfanté une infinité d'opinions sur les âmes, les vies; comme si, ne pouvant expliquer toutes ces choses par la matière et sa forme, on était obligé, pour en rendre raison, de supposer qu'elles dépendent de principes qui leur sont propres et particuliers. Ces trois choses ne doivent nullement être séparées, mais seulement distinguées; et, quelle que puisse être la matière première, on ne doit reconnaître pour telle qu'une matière revêtue d'une forme, douée de certaines qualités déterminées, et constituée de manière que toute espèce de force, de qualité, d'essence, d'action et de mouvement naturel, puisse n'en être qu'une conséquence et une émanation. Mais on ne doit pas craindre pour cela que les corps ne puissent plus se mouvoir, que l'univers ne tombe dans une sorte d'engourdissement et qu'on ne puisse expliquer cette variété qu'on observe dans la nature; nous ferons voir le contraire ci-après. Que la matière première soit revêtue de quelque forme, c'est ce que fait entendre la fiction même que nous expliquons; car Cupidon y est personnifié et caractérisé; de manière cependant qu'il a été un temps où la matière, prise en totalité, était encore informe et confuse, le chaos étant destitué de toute forme, au lieu que Cupidon en a une, toutes assertions conformes au texte des Saintes-Écritures; car il n'y est pas dit qu'au commencement Dieu créa l'hymen (le principe d'union ou la force attractive), mais le ciel et la terre.

On trouve même dans les Livres Saints quelque description de l'état où était l'univers avant les ouvrages des six jours; on y voit une mention formelle et distincte de la terre et de l'eau, qui sont des noms de formes; mais il y est dit que la terre était encore dans un état de confusion. Cependant si la fable que nous expliquons personnifie Cupidon, d'un autre côté elle le représente comme nu. Ainsi, immédiatement après l'erreur de ceux qui supposent qu'une matière abstraite est le vrai principe de toutes choses, on doit placer celles des philosophes qui prétendent qu'elle n'est pas dépouillée de toute qualité semblable à celle des corps composés, en observant toutefois que l'erreur des derniers est diamétralement opposée à celle des premiers. Mais ces considérations appartiennent proprement au sujet que nous commençons à traiter. Nous avons déjà fait quelques observations de ce genre en parlant de la méthode qu'on doit suivre dans une recherche sur la matière première; il reste à voir, parmi les philosophes qui prétendent que cette matière première est revêtue d'une forme quelconque, quels sont ceux qui lui ont attribué une forme native et nue, et ceux qui ont supposé que cette forme lui venait d'ailleurs et lui avait été donnée. Nous connaissons quatre opinions différentes sur ce point, opinions avancées et soutenues par quatre sectes de philosophes.

Ceux de la première classe prétendent qu'il n'existe qu'un seul principe de toutes choses et que la diversité des êtres dépend de la nature variable de ce principe. Ceux de la seconde classe, qui attribuent aussi l'origine de toutes choses à un seul principe, supposent que la diversité des êtres dépend des différentes dimensions, figures et situations de ce principe matériel et unique (des différentes proportions, combinaisons et situations respectives de ces éléments d'une seule espèce). Ceux de la troisième classe, qui supposent plusieurs principes, pensent que la diversité des êtres dépend de la proportion, de la combinaison et de l'action réciproque de ces principes de différentes espèces. Enfin, ceux de la quatrième classe supposent une infinité, ou du moins un grand nombre de principes, mais doués de qualités spécifiquement et originellement différentes. Ces derniers n'ont pas besoin de nouvelles suppositions pour expliquer la diversité des êtres, attendu qu'ils supposent cette diversité dans les principes mêmes et rompent l'unité de la nature dès le commencement. La seconde classe est la seule qui nous paraisse représenter Cupidon tel qu'il est, je veux dire nu et pour ainsi dire dans sa nudité native. La première le représente comme couvert d'un voile, la troisième comme vêtu d'une tunique de plusieurs couleurs, et la quatrième comme enveloppé dans un manteau, et, en quelque manière, comme masqué. Nous allons faire quelques observations sur chacun de ces systèmes, afin d'indiquer avec plus de précision le vrai sens de cette fable. On doit observer, en premier lieu, que, parmi les philosophes qui n'ont admis qu'un seul principe de toutes choses, on n'en trouve aucun qui ait attribué cette fonction à la terre; la considération de sa tendance au repos, de son peu d'activité, de son inertie naturelle, de sa nature passive, qui la rend susceptible de l'action des corps célestes, du feu, etc., empêchait qu'ils n'en eussent cette idée. Cependant les sages des premiers siècles plaçaient la terre immédiatement après le chaos, supposant qu'elle fut d'abord la mère, puis l'épouse du ciel, mariage d'où provinrent tous les êtres. Mais on ne doit pas croire pour cela qu'ils regardassent la terre comme le principe de l'essence (de l'existence), mais seulement comme le principe et l'origine de la structure, de l'ordre et du système de l'univers. Ainsi, nous renverrons l'explication de ce point au lieu où nous expliquerons la fable du ciel et où nous traiterons des origines, recherche qui doit succéder à celle des principes.

Mais Thalès regardait l'eau comme le principe de toutes choses; car il voyait que la plus grande partie de la matière était dans l'état d'humeur, surtout dans celui d'humeur aqueuse; que, pour être conséquent, on devait regarder comme le vrai principe de toutes choses ce dans quoi (l'espèce de matière où) résident le plus souvent les forces ou les énergies de tous les êtres, mais surtout les éléments des générations et des restaurations (des recompositions). Il considérait de plus que la semence des animaux est humide; que les graines, les semences, les amandes, etc., des végétaux sont tendres et molles tant qu'elles ont la faculté de végéter et conservent leur fécondité; que les métaux peuvent aussi devenir fluides et coulants; qu'on peut les regarder comme des sucs concrets de la terre ou plutôt comme des espèces d'eaux minérales; que la terre elle-même n'est féconde et ne recouvre sa fécondité qu'autant qu'elle est arrosée par les pluies, les fleuves, etc.; que la terre et le limon semblent n'être autre chose que des sédiments de l'eau; que l'air est le produit de l'expiration (de l'évaporation) de l'eau, et semble n'être qu'une eau dilatée; que le feu lui-même ne peut être excité, se nourrir et subsister que par le moyen d'une humeur; que cette humeur grasse et onctueuse dont se nourrissent et vivent en quelque manière la flamme et le feu n'est qu'une espèce d'eau mûrie et qui a subi une concoction suffisante. Il considérait encore que la substance de l'eau est répandue dans l'univers entier comme un aliment commun; que la terre est environnée de l'Océan; qu'une quantité immense d'eaux d'où dérivent les fontaines et les fleuves (semblable au sang qui coule dans les veines et les artères d'un animal) arrose la surface et l'intérieur de la terre; que dans la région supérieure se trouvent d'immenses amas d'eaux qu'on peut regarder comme autant de réservoirs qui fournissent aux eaux inférieures et à l'Océan de quoi réparer leurs pertes. Il pensait même que les feux célestes pompant ces eaux et ces vapeurs s'en nourrissaient, attendu qu'ils ne pouvaient subsister sans aliment ni le tirer d'ailleurs; que la figure naturelle de l'eau, je veux dire celle des gouttes de ce liquide, qui est ronde et sphérique, est semblable à celle de l'univers. Il considérait enfin qu'on observe dans l'air et dans la flamme des ondulations semblables à celles de l'eau; que ce dernier fluide est très mobile, son mouvement toutefois n'étant ni trop lent ni trop rapide; et que dans cet élément s'engendre une infinité de poissons ou d'autres animaux analogues.

Mais Anaximène regardait l'air comme le principe unique de toutes choses, sentiment qui paraît très fondé, si, dans la détermination du principe de toutes choses, on doit avoir égard à la masse et au volume ; car c'est l'air qui occupe les plus grands espaces dans l'univers. En effet, à moins qu'on ne suppose le vide séparé et occupant de grands espaces ou qu'on n'adopte le préjugé en quelque manière superstitieux qui porte à croire que les corps et les espaces célestes diffèrent spécifiquement et essentiellement des corps et des espaces terrestres, toute cette partie de l'espace compris entre le globe terrestre et les limites les plus reculées du ciel, dans laquelle on ne voit ni astres ni météores, paraît être remplie d'une substance aérienne. Or, le globe terrestre n'est qu'un point en comparaison de cet espace immense ; et cette partie même des espaces célestes qui est occupée par les étoiles est extrêmement petite par rapport au tout ; car, dans la partie de cet espace qui est la plus voisine de nous, les étoiles paraissent fort écartées les unes des autres et comme dispersées, et quoique dans la région la plus éloignée elles soient innombrables, cependant, si l'on considère l'immensité des espaces que ces étoiles laissent entre elles, elles paraîtront elles-mêmes n'y être que des points presque imperceptibles ; en sorte que tous ces corps semblent nager et se perdre dans cet air comme dans un vaste océan. Il y a aussi une grande quantité d'air et d'esprit (de substance aériforme et pneumatique) renfermée dans les eaux et dans les cavités du globe terrestre ; substances auxquelles ces eaux doivent leur fluidité et leur écoulement ; quelquefois même elles dilatent, gonflent et soulèvent la terre et les eaux. Or, non-seulement la terre est poreuse, mais elle est sujette à des tremblements et à des secousses qui sont des indices manifestes de cet air qui s'y trouve renfermé. S'il est vrai que les principes doivent être d'une nature qui tienne le milieu entre les extrêmes (condition sans laquelle ils ne pourraient produire une si grande diversité dans les êtres dont ils sont les éléments), l'air, qui est le seul fluide où se trouve cette condition, doit donc être regardé comme le vrai principe de toutes choses. En effet, l'air est en quelque manière le lien commun de tous les corps, non-seulement parce qu'il se trouve en tous lieux et remplit sur-le-champ tout espace laissé vide, mais surtout par la raison même qu'il est d'une nature moyenne et comme indifférente ; car c'est ce fluide qui transmet le plus aisément la lumière et les ombres, ainsi que les différentes espèces ou nuances de couleurs ; toutes choses dont il est comme le véhicule, transmettant également les sons harmoniques et, ce qui est encore plus étonnant, les plus légères impressions et les différences les plus délicates des sons articulés, ainsi que celles des odeurs ; et non-seulement les différences qui distinguent et caractérisent les odeurs suaves ou fétides, fortes ou faibles, pénétrantes ou non pénétrantes, mais même les différences propres et spécifiques de la rose, de la violette, etc. ; les transmettant, dis-je, sans les confondre. De plus l'air se prête en quelque manière indistinctement et avec une sorte d'indifférence à la transmission de ces qualités si puissantes et si connues sous les noms de chaud et de froid, d'humidité et de sécheresse. C'est aussi dans ce fluide que les vapeurs aqueuses, les exhalaisons onctueuses, les esprits salins et les fumées des métaux demeurent suspendus et se meuvent suivant une infinité de directions différentes. C'est encore par l'intermède de l'air que les émanations de la région céleste, les corrélations harmoniques et les oppositions (les forces attractives et répulsives) agissent secrètement et sans y trouver d'obstacle. En sorte que l'air est comme un second chaos où les semences (les principes) de toutes choses se portent en tous sens et agissent ou font effort pour agir. Enfin, si l'on doit qualifier de principes les substances où réside une force générale et vivifiante, comme c'est principalement dans l'air qu'on observe une telle force, c'est à ce fluide plus qu'à tout autre qu'on doit attribuer la fonction de principe ; conséquence qui paraît d'autant plus conforme à l'opinion commune, que dans l'usage on emploie indistinctement et l'on prend souvent l'un pour l'autre ces trois mots : air, esprit et âme. Et ce n'est pas tout-à-fait sans fondement qu'on les confond ainsi ; car, si la respiration n'a pas lieu dans les rudiments (ou ébauches) de vivification, tels que les embryons et les œufs, du moins elle est inséparablement unie à toute vivification un peu avancée ; les poissons même, lorsque la surface de l'eau vient à se glacer, sont bientôt suffoqués. Le feu s'éteint promptement lorsqu'il n'est pas environné d'un air qui puisse l'animer ; il semble n'être qu'une sorte d'air frotté et embrasé par une violente irritation; au contraire l'eau semble n'être qu'un air coagulé. L'air transpire et s'exhale continuellement du sein de la terre, et il paraît que la substance terrestre pour prendre la forme de ce fluide n'a pas besoin de passer par l'état aqueux.

Héraclite, philosophe plus pénétrant et plus profond que ceux dont nous venons de parler, mais dont l'hypothèse paraît moins vraisemblable, regardait le feu comme le principe de toutes choses; car, selon lui, pour découvrir et déterminer les vrais principes des choses, il fallait chercher, non une nature moyenne, qui par cela même est ordinairement variable et corruptible, mais une nature parfaite et supérieure à toutes les autres, qui fût le terme de la corruption et de l'altération. Or, il voyait que c'était dans les corps solides et d'une certaine consistance qu'on observait le plus de variétés et de variations, car les corps de cette espèce peuvent s'organiser et devenir des espèces de machines, où la seule différence, par rapport à la configuration, peut produire les plus grandes variations à tout autre égard, comme on le voit dans les animaux et dans les plantes; et même si l'on observe avec un peu d'attention les corps solides et non organiques, on y aperçoit aussi de très grandes différences. En effet, quelle diversité ne règne-t-il pas entre les parties mêmes des animaux, qualifiées ordinairement de similaires, telles que le cerveau, les trois humeurs et le blanc de l'œil, les os, les membranes, les cartilages, les nerfs, les veines, la chair, la graisse, la moelle, le sang, le sperme, les esprits animaux, le chyle, etc., ainsi qu'entre les parties des végétaux, telles que la racine, l'écorce, la tige, la feuille, la fleur, la semence. Les fossiles ne sont certainement pas organiques; cependant on ne laisse pas d'y observer de très grandes différences d'espèce à espèce dans un même genre, et d'individu à individu dans une même espèce. Ainsi la consistance et la solidité paraissent être la base la plus ample et la plus large de cette inépuisable variété que nous admirons dans la nature, au lieu que les liquides ne sont pas susceptibles d'organisation; car on ne trouve dans la nature entière aucun animal ni aucune plante dont la substance soit entièrement fluide. La nature de la liquidité ou de la fluidité est donc incompatible avec cette diversité dont nous parlons et l'exclut absolument. Cependant ces mêmes liquides peuvent encore différer les uns des autres jusqu'à un certain point, comme le prouvent les caractères propres et particuliers qui servent à distinguer les différentes espèces de corps fusibles, de sucs naturels et de liqueurs provenues des distillations. Mais dans l'air et les substances aériformes, les limites de cette variété sont plus resserrées, et il y règne une sorte d'uniformité générale; car on n'y trouve ni les couleurs, ni les saveurs qui servent à distinguer les unes des autres certaines liqueurs, mais on y trouve celles des odeurs; différences toutefois qui s'évanouissent aisément et qui ne sont pas inhérentes à ce fluide; en sorte que plus les corps approchent de la nature ignée, plus on y voit décroître la diversité; et lorsque enfin on est parvenu à la nature du feu, du feu, dis-je, rectifié et très pur, toute organisation et toute propriété spécifique disparaissent, et alors la nature semble se réunir en un seul point comme au sommet d'une pyramide, et être parvenue au sommet de l'action qui lui est propre. Aussi voit-on qu'Héraclite désigne par le nom de paix l'inflammation ou l'ignition, parce qu'elle ramène la nature à l'unité ou à l'uniformité; et par celui de guerre la génération, parce qu'elle produit la diversité; et pour expliquer jusqu'à un certain point cette loi en vertu de laquelle la nature va et revient sans cesse de la variété à l'unité et de l'unité à la variété par une sorte de flux et reflux perpétuel, il prétend que le feu se condense et se raréfie alternativement, de manière toutefois que cette raréfaction, tendant à l'état d'ignition, est la marche directe et progressive de la nature, au lieu que la condensation est sa marche rétrograde et une sorte de privation graduelle. Il pensait que ce double effet s'opérait, dans la totalité de la matière, en vertu d'une sorte de nécessité (d'une loi nécessaire), et dans des périodes ou espaces de temps déterminés; en sorte que ce grand tout, qui se développe à nos yeux, sera un jour enflammé dans sa totalité, et dans un autre temps retournera à son premier état; en un mot, qu'il est sujet à une succession alternative d'inflammations et de générations. Si nous pouvons nous en rapporter à ce peu que l'histoire nous apprend touchant ce philosophe et ses opinions, il paraît qu'il pensait que la nature ne suit pas la même marche lorsqu'elle tend à l'inflammation que lorsqu'elle tend à l'extinction; car son sentiment, par rapport à l'échelle (ou à la gradation) de l'inflammation, ne diffère pas de l'opinion commune sur ce point; il pensait, dis-je, que la matière passe par degré de l'état terrestre à l'état aqueux, de celui-ci à l'état aérien, et de l'état aérien à l'état igné; mais il renversait cet ordre par rapport à l'extinction. Le feu, disait-il, en s'éteignant devient d'abord terre, et cette terre semble n'être qu'une sorte de fuliginosité ou de sédiment du feu; puis cette terre contracte de l'humidité (devient humide), d'où résulte la production et la fluidité de l'eau, qui, par son expiration (évaporation) et sa dilatation, devient air; en sorte que le passage de l'état igné à l'état terrestre est subit et non graduel.

Le sentiment de ceux qui n'admettaient qu'un seul principe et qui étaient moins jaloux de l'emporter dans la dispute que d'observer la nature telle qu'elle était, nous paraît autant ou plus fondé que les précédents; ils méritent surtout des éloges pour n'avoir attribué à Cupidon qu'une seule espèce de vêtement, qui, comme nous l'avons dit, est plutôt une sorte de voile léger qu'une toile forte et épaisse. Nous appelons vêtement de Cupidon une forme quelconque attribuée à la matière première, en supposant de plus qu'elle a quelque analogie de substance avec la forme de tel être du second ordre. Les hypothèses de ceux qui regardent l'air, l'eau ou le feu comme le premier principe de toutes choses, sont appuyées sur des fondements si faibles, qu'elles ne seraient pas difficiles à réfuter; mais, au lieu de les discuter une à une, nous nous contenterons de les réfuter en masse.

Ainsi, en premier lieu, nous observerons que ces anciens philosophes paraissent avoir suivi, dans la recherche des premiers principes, une méthode peu judicieuse, se contentant de chercher parmi les corps apparents et sensibles celui qui leur paraissait l'emporter sur tous les autres par ses qualités, et l'avoir regardé comme principe de tout, mais seulement d'après les idées de perfection qu'ils s'étaient faites à cet égard, et non d'après l'observation et la mûre considération de la réalité des choses, supposant très gratuitement que cette nature, qu'ils croyaient si parfaite, était la seule dont on pût dire avec fondement qu'elle était réellement ce qu'elle paraissait être; que toutes les autres n'étaient au fond que cette même nature, quoiqu'elles parussent en différer: en sorte qu'ils semblent n'avoir voulu parler qu'au figuré, ou s'être laissé séduire par ces idées de perfection qu'ils attachaient à certains corps l'impression la plus forte ayant donné sa teinte à tout le reste. Cependant tout philosophe qui veut connaître la nature telle qu'elle est ne doit point avoir de telles prédilections et ne doit regarder comme vrai principe de toutes choses que ce qui convient non-seulement aux corps les plus volumineux, les plus nombreux et les plus actifs, mais aussi aux plus petits, aux plus rares et aux plus inertes. Ce que les hommes admirent le plus, c'est ce qu'ils rencontrent le plus (c'est ce qui les frappe le plus); mais la nature, qui n'est point sujette à de telles préventions, ouvre son vaste sein à tous les êtres également. Que si ces philosophes dont nous parlons, au lieu d'adopter ce principe unique, d'après les idées de perfection qu'ils attachent à certains corps, le font purement et simplement (indépendamment d'un tel motif), alors leur métaphore devient encore plus choquante; ils tombent dans une équivoque manifeste, et ce n'est plus ni au feu, ni à l'eau, ni à l'air réel de la nature, mais à je ne sais quelle substance fantastique et purement idéale qu'ils laissent ce nom de feu, d'air, etc., et en y attachant des idées très différentes des idées communes. De plus, ils paraissent tomber dans le même inconvénient que ceux qui regardent une matière abstraite comme premier principe. Car, de même que ceux-ci supposent une matière potentielle dans son tout, ceux-là en supposent une qui l'est du moins en partie. Ils admettent aussi une matière revêtue d'une forme (actuellement existante et douée de telles qualités), du moins à certains égards, savoir, par rapport à leur principe même, mais purement potentielle à tout autre égard; et ils ne gagnent pas plus en supposant l'existence d'un principe de cette nature que les autres en regardant comme telle une matière abstraite. Cependant ils présentent à l'entendement humain un objet qui lui donne un peu plus de prise, qui fixe davantage ses idées, sur lequel il croit pouvoir se reposer, et à l'aide duquel il croit avoir une notion un peu plus étendue et plus complète de ce principe ; mais, dans le siècle où ils vivaient, les prédicaments n'étaient pas encore assez en vogue pour que ce principe d'une matière abstraite pût se cacher sous la foi et la tutelle de quelque prédicament de la substance. Aussi aucun d'entre eux n'a-t-il osé imaginer une matière purement fantastique ; mais ils ont regardé comme principe une des substances qui tombent sous les sens, en un mot un être réel. Quant à la manière dont il varie, se modifie et se distribue, ils ont pris plus de liberté à cet égard, et celle qu'ils ont supposée est tout-à-fait chimérique, car ils n'ont pas su découvrir par quel appétit ou stimulus (force, tendance ou effort), par quel moyen, quelle voie, quelle marche et quelle gradation un premier principe dégénère et revient ensuite à son premier état. De plus, on observe dans l'univers une infinité de choses contraires et d'oppositions ; par exemple, les corps sont denses ou rares, chauds ou froids, lumineux ou opaques, animés ou inanimés, toutes choses qui, luttant les unes contre les autres, s'affaiblissent ou se détruisent réciproquement. Vouloir faire dériver tous ces contraires d'un seul principe matériel comme d'une seule source, sans donner la plus légère idée de la manière dont cette cause unique peut produire tous ces effets opposés, est une marche propre à des philosophes qui, effrayés de la difficulté de cette recherche, prennent le parti de l'abandonner. Car, à la vérité, si le fait même était suffisamment constaté par le témoignage des sens, il faudrait bien l'admettre tel qu'il serait, quoique son mode et ses causes demeurassent inconnues ; et même si l'on pouvait, par la seule force du raisonnement, découvrir quelque mode vraisemblable et capable de produire tous ces effets, il faudrait peut-être alors s'élever au-dessus des apparences. Mais il serait injuste d'exiger que nous accordassions notre suffrage à des philosophes qui supposent des êtres dont l'existence n'est pas constatée par le témoignage des sens, et qui ne prennent pas même la peine de nous montrer par des raisons satisfaisantes la possibilité de leur existence. De plus, s'il n'y avait qu'un seul principe de toutes choses, on devrait en trouver des traces et des indices dans tous les corps ; il devrait y jouer le principal rôle et y prédominer plus ou moins ; enfin, rien de contraire a ce principe ne devrait jamais y prédominer. De plus, il faudrait qu'il fût placé au milieu (au centre), afin que tout le reste pût l'approcher et qu'il pût se répandre aisément dans tous les points de sa sphère d'activité. Or, dans le système dont nous parlons, il n'est pas question de tout cela ; car la terre, à laquelle on refuse les honneurs et la fonction de principe, contracte et conserve des qualités diamétralement opposées à celles des trois substances, dont telle ou telle autre est regardée comme principe ; par exemple elle oppose son inertie et son opacité à la mobilité et à la nature lucide (à la lucidité) du feu ; sa densité et sa solidité à la ténuité et à la mollesse (fluidité de l'air) ; sa sécheresse et sa raideur à l'humidité et à la souplesse de l'eau, sans compter que la terre elle-même, occupant le milieu (le centre), en exclut toutes les autres substances. De plus, s'il n'existait qu'un seul principe, il devrait être de nature à se prêter également et indifféremment à la génération et à la dissolution ; car c'est aussi le propre d'un principe que toutes choses s'y résolvent comme elles en dérivent ; or, c'est ce qu'on ne peut dire d'aucun des principes supposés, l'air et le feu n'étant nullement propres à fournir une matière à la génération, au lieu que les autres corps peuvent se résoudre en ces deux substances. Au contraire l'eau, dont l'action est douce et bénigne, est par cela même propre à la génération, et les autres substances ne s'y résolvent que difficilement ; c'est ce qu'on verrait aisément si les pluies venaient à cesser pendant quelque temps. De plus, la putréfaction même ne ramène nullement les substances à l'état aqueux, je veux dire qu'elle ne les réduit point en une eau pure et crue. Mais l'erreur de ces philosophes consiste principalement en ce qu'ils ont qualifié de principe une substance corruptible et mortelle ; car c'est ce qu'ils font lorsqu'ils admettent un principe qui peut dégénérer dans les composés et y perdre sa nature propre et spécifique, comme le dit certain poète : « La transformation de tout corps qui sort de ses limites est la mort de ce qui existait auparavant ; » observation d'autant plus nécessaire ici que, suivant l'ordre naturel de notre exposé, nous devons parler actuellement de cette troisième secte de philosophes qui soutenaient l'hypothèse de la pluralité de principes; secte qui, à la première vue, paraît appuyer ses assertions sur de plus solides fondements que toutes les autres, mais qui ne laisse pas d'avoir plus de préjugés et de hasarder un plus grand nombre de suppositions. Ainsi, après avoir examiné ces hypothèses prises en général, nous allons les discuter une à une.

Nous avons dit qu'une partie de ces systématiques, qui admettaient plusieurs principes, prétendait que leur nombre était infini. Cependant nous n'examinerons point ici ce sentiment, les considérations sur l'infini se rapportant à la fable du ciel. Mais quelques-uns des anciens philosophes, entre autres Parménide, supposent l'existence de deux principes seulement, savoir : le feu et la terre, ou le ciel et la terre. Car, selon lui, le soleil et les autres astres sont de véritables feux, des feux, dis-je, purs et limpides (clairs, transparents) et très différents du nôtre qui, ayant été par hasard précipité sur la terre (comme Vulcain), est demeuré faible et boiteux ; système renouvelé dans ces derniers temps par Telesio, savant distingué qui s'était instruit à fond de la doctrine des péripatéticiens (si toutefois celle qu'ils enseignaient méritait ce nom), et qui a su tourner contre eux leurs propres arguments, mais qui n'avait pas le même talent pour établir des opinions positives et savait mieux détruire que construire (démolir que rebâtir). Quant au système proprement dit de Parménide, il nous reste très peu de chose sur ce sujet. Cependant les fondements d'une hypothèse fort semblable ont été jetés dans le traité succinct que Plutarque a composé sur le premier froid ; opuscule dont le fond paraît avoir été tiré de quelque autre traité plus ancien qui existait encore de son temps, mais qui n'est point parvenu jusqu'à nous ; car on y trouve plus de profondeur et de force de raisonnement qu'on n'en voit ordinairement dans les écrits de l'auteur qui a publié ce système. Il paraît que Telesio a profité des vues qu'il y a trouvées et qu'elles l'ont excité à défendre avec beaucoup de chaleur dans ses traités de physique l'hypothèse de Parménide. **Les opinions de cette secte se réduisent à ce qui suit** : les formes, les êtres actifs, et par conséquent les substances primaires (du premier ordre) sont le chaud et le froid. Cependant ces deux substances sont incorporelles. Mais il existe une matière passive et potentielle qui leur fournit une masse corporelle sur laquelle l'une et l'autre peuvent exercer leur action ; matière qui est susceptible de ces deux natures (de ces deux genres d'impressions opposées), mais qui par elle-même est inerte et destituée de toute activité. La lumière n'est qu'une dérivation de la chaleur, mais d'une chaleur raréfiée et atténuée qui, en se concentrant, devient plus forte et plus sensible. Par la raison des contraires, l'opacité est l'effet de la privation ou de l'affaiblissement de la nature lumineuse, deux effets produits par le froid. La rareté et la densité sont deux espèces de textures ou de toiles ourdies (de constitutions des corps produites) par le chaud et le froid, qui sont alors à leur égard comme les agents et les ouvriers. L'effet du froid est de contracter et de condenser les corps, au lieu que celui de la chaleur est de les étendre et de les dilater. L'effet de la dernière de ces deux textures est aussi de rendre les corps plus mobiles et plus actifs; celui de la première est de diminuer leur aptitude au mouvement et d'augmenter leur inertie. Ainsi c'est par le moyen de la rareté et de la ténuité que la chaleur excite ou entretient le mouvement, et c'est par le moyen de la densité que le froid le ralentit ou le détruit. D'où il suit qu'il y a et qu'on peut supposer quatre natures (qualités) corrélatives et co-essentielles, qui répondent (deux à deux) au chaud et au froid, dont elles ne sont que des dérivations ou des émanations, mais qui en sont inséparables. Ces quatre qualités sont, d'une part, la chaleur, la lumière (la lucidité), la rareté et la mobilité. A ces quatre qualités répondent, de l'autre part, ces quatre autres qui leur sont diamétralement opposées : le froid, l'opacité, la densité et l'immobilité. Le siège des quatre qualités de la première conjugaison (combinaison) et des textures qui en sont les effets est le ciel (et les astres), principalement le soleil ; celui de la combinaison des quatre qualités opposées est la terre, car le ciel, en vertu d'une chaleur complète (portée au plus haut degré) et d'une matière extrêmement dilatée, est très chaud, très lumineux, très ténu et très mobile. La terre au contraire, en vertu d'un froid extrême que rien n'affaiblit et d'une matière extrêmement contractée, est très froide, très opaque, très dense et tout-à-fait immobile, ayant même une sorte d'aversion et d'horreur pour le mouvement. La partie la plus élevée des cieux conserve entièrement sa nature et sans aucune diminution, n'étant susceptible que de quelques différences par rapport au degré ou du plus au moins, et étant trop éloignée pour être exposée aux assauts et à l'action violente de son contraire. Il en est de même de l'intérieur de la terre par rapport à sa nature respective qui s'y trouve également permanente. Dans les extrémités (dans les limites des deux régions) où les deux contraires sont plus voisins et plus en prise l'un à l'autre, ils agissent réciproquement l'un sur l'autre et se livrent un éternel combat. En conséquence, le ciel, dans la totalité de sa masse et de sa substance, est exclu de chaleur et destitué de toute nature ou action contraire ; chaleur toutefois qui n'y est pas distribuée uniformément, certaines parties étant plus chaudes que les autres ; car la chaleur du corps, et comme de la substance même de chaque étoile, a beaucoup d'intensité, et celle qui règne dans les espaces que les étoiles laissent entre elles en a beaucoup moins. Cette chaleur n'est pas non plus la même dans toutes les étoiles ; quelques-unes paraissent être plus ardentes que les autres, leur lumière étant plus vive et plus scintillante, de manière toutefois que la nature contraire, supposée même au plus faible degré, ne peut pénétrer jusqu'à cette région qui, à la vérité, est susceptible de plus et de moins par rapport à sa nature propre et spécifique, sans l'être d'aucun degré de la nature contraire. Mais on ne doit pas juger du feu céleste ni de sa chaleur par le feu commun (ou terrestre), le premier ayant toute sa pureté et toute sa force originelle, ce qu'on ne peut dire du dernier. Car notre feu, se trouvant hors du lieu qui lui est propre et tout environné de contraires, est, comme tremblotant ; il est dans une sorte d'indigence, ayant besoin d'un aliment pour se nourrir et se conserver ; enfin il est perpétuellement disposé à fuir cette région étrangère et à s'élever vers la région céleste, au lieu que dans les cieux il est dans sa **véritable place** ; il n'y est exposé à l'action violente et aux assauts d'aucune substance contraire ; il y est dans un état permanent, il y subsiste et s'y conserve par lui-même ou tout au plus par le moyen de ses analogues ; il y exerce librement et sans obstacle toutes les espèces d'actions qui lui sont propres. De même le ciel est lumineux dans toutes ses parties, mais il ne l'est pas dans toutes également. En effet, parmi les étoiles observées et nombrées, il en est qui ne sont visibles que par un temps très serein, et la voix lactée n'est qu'un assemblage de très petites étoiles qui ne produisent qu'une blancheur et non une lumière proprement dite et suffisante pour les laisser voir toutes distinctement. Il n'est pas douteux qu'il n'y ait une infinité d'étoiles invisibles pour nous, et en conséquence que le corps même du ciel ne soit lumineux dans toute son étendue ; mais cette lumière n'est ni assez vive, ni assez forte, ni assez concentrée pour pouvoir franchir ces espaces immenses et parvenir jusqu'à nos yeux. On conçoit aussi que le ciel, pris en totalité, est composé d'une substance rare et ténue ; qu'aucune condensation ou contraction violente n'a rendu telle de ses parties plus dense et plus compacte que les autres, quoique sa matière soit plus rare et plus ténue dans certaines parties que dans d'autres. Enfin le mouvement du ciel est tel que doit être celui d'un corps très mobile ; je veux dire que c'est un mouvement circulaire, c'est-à-dire **un mouvement sans terme**, et tel que le corps circulant n'a en quelque manière d'autre terme que lui-même, au lieu que tout corps qui dans son mouvement suit une ligne droite se porte vers un terme comme pour s'y reposer. Ainsi le ciel pris en totalité se meut circulairement, et il n'est aucune de ses parties qui n'ait un tel mouvement. Cependant le ciel est susceptible de quelques inégalités relativement à sa chaleur, à sa lumière et à sa ténuité ; il l'est également de quelques différences par rapport à son mouvement, différences d'autant plus sensibles et d'autant plus faciles à déterminer, à constater, qu'un tel mode (le mouvement circulaire) excite davantage l'attention de l'observateur, donne plus de prise à l'observation et peut plus aisément être soumis au calcul. Ce mouvement circulaire peut, en différentes parties du ciel, différer quant à sa vitesse ou à la courbe décrite. En effet, 1° il peut être ou plus rapide ou plus lent ; 2° le corps circulant peut décrire ou un cercle parfait ou une courbe qui tienne de la spirale, dont les spires soient plus ou moins écartées les unes des autres, et en conséquence, après avoir fait sa révolution entière, ne pas revenir précisément au point d'où il est parti ; car la ligne spirale tient tout à la fois du cercle et de la ligne droite. Or, c'est ce qu'on observe dans le ciel même ; je veux dire que ses différentes parties ne se meuvent point avec des vitesses égales et ne reviennent pas chaque jour exactement aux points où elles étaient la veille (dans les instants correspondants) ; en un mot elles décrivent des spirales. Par exemple, les étoiles errantes et les planètes (et les comètes) ont des vitesses inégales ; et ces planètes s'éloignent visiblement de l'équateur en allant et revenant d'un tropique à l'autre. Plus les astres sont élevés et éloignés de nous, plus leur mouvement circulaire est rapide, et plus aussi les spires de la courbe qu'ils décrivent sont rapprochées les unes des autres ; car pour peu qu'envisageant sans prévention tous ces phénomènes et en les prenant tels que les donne l'observation on suppose un seul mouvement diurne naturel et simple dans les corps célestes, en rejetant l'hypothèse spécieuse, mais purement mathématique, dont le but est de ramener tous les mouvements célestes à des cercles parfaits ; pour peu encore qu'on regarde comme réelles les lignes spirales que les planètes paraissent décrire, et qu'au lieu de s'en laisser imposer par l'apparence des deux mouvements en sens contraire, savoir, celui d'orient en occident (attribué au premier mobile) et celui d'occident en orient (qualifié de mouvement propre des planètes) ; pour peu, dis-je, qu'on les réduise à un seul et qu'on explique les différences observées (par rapport au temps) dans le retour des planètes aux mêmes points, en supposant qu'elles devancent le premier mobile ou le laissent en arrière, et en employant la supposition même des lignes spirales pour rendre raison de la différence observée entre les pôles de la sphère et ceux du zodiaque ; pour peu, en un mot, qu'on se permette ces suppositions si simples et naturelles, on sera bientôt convaincu de ce que j'ai avancé. Par exemple, on voit que la lune, qui de toutes les planètes est la plus basse et la plus voisine de nous, a un mouvement plus lent, et décrit une courbe dont les spires sont plus écartées les unes des autres, et qu'elle a par sa nature quelque affinité ou analogie avec cette portion de la région céleste qui, à cause du grand éloignement où elle est de la nature contraire, est dans un état permanent. Mais Telesio a-t-il laissé subsister ou changé les anciennes limites des deux natures? Pensait-il, dis-je, que la nature de la lune était toute semblable à celle de la région plus élevée, ou croyait-il que l'action de la nature contraire à la nature céleste s'étendait au-dessus (se portait même au-delà) de cette planète? C'est un point sur lequel ce philosophe ne s'est pas assez nettement expliqué. Or, la plus grande portion de la terre, qui est l'assemblage, la masse et comme le siège des substances de nature opposée, est aussi dans un état permanent, et l'influence des corps célestes ne peut pénétrer jusque-là. Mais quelle est l'étendue de cette portion ? c'est une question dont la solution serait assez inutile ; il suffit de savoir qu'elle est douée de ces quatre qualités : le froid, l'opacité, la densité et le repos ou l'immobilité ; qu'elle les possède au degré le plus éminent, sans qu'aucune cause puisse les diminuer.

Ce même philosophe pense que la région où s'opèrent toutes les générations est cette partie de la terre qui se trouve vers la surface du globe, et qu'il regarde comme une espèce d'écorce ou de croûte ; que tous les êtres, et en général tous les composés que nous pouvons observer, et sur lesquels nous avons des connaissances plus ou moins exactes, même les plus pesants, les plus durs, et ceux qui se trouvent à une grande profondeur (telles que les métaux, les pierres), enfin la mer même, sont composés d'une terre travaillée et en partie transformée par la chaleur des corps célestes ; terre qui a contracté par ce moyen un certain degré de chaleur, de radiation (de lucidité), de ténuité et de mobilité, et qui est d'une nature moyenne entre celle du soleil et celle de la terre (proprement dite). D'où il suit évidemment que cette terre pure dont nous parlions plus haut se trouve fort au-dessous de la mer, des minéraux et de toute espèce de composé qui peut être le produit d'une génération ; enfin, que tout l'espace compris entre cette terre pure et la lune, ou une région plus élevée, est occupé par une sorte de nature moyenne, qui est le produit des actions et réactions du ciel et de la terre, tempérées les unes par les autres. Car c'est dans l'espace compris entre les parties les plus élevées des cieux et les parties les plus intérieures de la terre que se trouvent les plus violentes agitations, les combats et les luttes de toute espèce, à peu près comme dans les empires les frontières sont les plus exposées aux incursions et aux invasions, tandis que les provinces du centre jouissent d'une paix profonde; en sorte que chacune de ces deux natures contraires a perpétuellement la faculté ainsi que le désir de se multiplier continuellement elle-même et d'engendrer quelque chose de semblable à soi, de se répandre en tous sens, d'occuper la masse entière et immense de la matière, de combattre et de surmonter son opposée, de la débusquer et de se mettre en sa place; qu'elle a de plus la faculté de percevoir les forces et les actions de sa contraire en percevant aussi ses propres forces et ses propres actions, perception qui la mettent en état de se mouvoir et d'occuper la place qui lui convient relativement à l'autre; enfin que de ce perpétuel combat résultent toutes les différentes espèces d'êtres, d'actions, de forces, de qualités, etc. Cependant le philosophe dont nous exposons le système paraît attribuer dans quelques endroits de ses écrits certaines qualités ou conditions à la matière passive, ce qu'il ne fait toutefois qu'en hésitant et en très peu de mots : 1° il dit que la quantité de cette matière n'est jamais augmentée ni diminuée par les formes et les êtres actifs, mais que la somme des particules matérielles est toujours la même dans l'univers; 2° il lui attribue le mouvement de pesanteur et de chute. Enfin il hasarde même quelques conjectures sur les éléments et la composition de cette matière; mais il s'explique avec plus de clarté lorsqu'il dit que le chaud et le froid (leurs forces et leurs quantités étant supposées égales) agissent avec moins de force dans une matière rare et développée que dans une matière très dense et très compacte, cette action dépendant moins de leur propre mesure que de celle de cette matière. Il a aussi tenté d'expliquer comment de cette lutte et de ce combat des deux contraires peuvent résulter tant de générations ainsi que l'admirable fécondité de la nature; explication qu'il applique d'abord à la terre, qui est le principe de la nature inférieure, et il fait voir pourquoi la terre n'a pas été depuis long-temps et ne sera même jamais absorbée par le soleil. La première cause en est, dit-il, parce qu'elle est à une distance immense des étoiles fixes et même à une distance assez grande du soleil. La seconde cause qu'il assigne dans cette explication, c'est l'obliquité des rayons solaires par rapport aux différentes parties de la terre; car, dans la plupart des régions du globe terrestre, le soleil n'est jamais au zénith, et ses rayons ne frappent jamais perpendiculairement la surface du sol, en sorte que sa chaleur n'agit jamais sur la totalité du globe avec une très grande force. La troisième cause est l'obliquité du mouvement du soleil dans sa révolution annuelle suivant le zodiaque (l'écliptique), eu égard aussi aux mêmes parties de la terre; d'où il arrive que la chaleur du soleil, quelle que soit son intensité absolue, ne croît pas perpétuellement, mais seulement par intervalles (dans certains temps). La quatrième cause est la vitesse du mouvement diurne du soleil, qui fait une si grande révolution en si peu de temps; en sorte que la chaleur de cet astre n'agit pas long-temps sur les mêmes points et n'y est pas deux instants de suite au même degré. La cinquième est la matière qui se trouve sans interruption entre le soleil et la terre; car l'espace que traversent les rayons solaires n'est rien moins que vide, mais rempli d'une infinité de corps qui résistent à leur action. Comme ils sont obligés de lutter contre ces corps et de vaincre leur résistance, ils en éprouvent un grand affaiblissement, affaiblissement d'autant plus grand que, plus ils se portent en avant et s'affaiblissent d'autant, plus aussi les corps qui se trouvent à leur rencontre leur opposent de résistance, surtout lorsqu'ils sont arrivés à la surface de la terre, où ils éprouvent non-seulement de la résistance, mais même une sorte de répulsion. Quant à la manière dont se fait cette transformation, voici à peu près quelle idée l'on peut s'en faire. Il règne entre ces deux natures une guerre éternelle et pour ainsi dire acharnée; elles n'ont entre elles aucune analogie qui puisse leur servir de lien commun, et, à l'exception du mouvement d'Hylès, il n'est point non plus de tierce nature (de nature intermédiaire) par le moyen de laquelle elles puissent s'unir. En conséquence, chacune de ces deux natures tend, par un effort perpétuel, à détruire l'autre, à s'introduire dans toute la masse de la matière et à y régner seule. Le soleil, par exemple (comme l'auteur dont nous parlons le dit souvent en propres termes), tend à convertir la terre en soleil, et réciproquement la terre tend à convertir le soleil en terre ; ce qui n'empêche pas que tout ne marche suivant un ordre constant, dans des temps déterminés, avec des mesures précises et convenables ; en sorte que chaque action est préparée, qu'elle commence, continue, croît, décroît et cesse conformément aux lois auxquelles tous les êtres sont soumis ; tous effets qui ne sont pas produits par les lois résultantes de l'analogie ou de l'accord de ces deux natures (substances), mais par une sorte d'impuissance (par l'impuissance actuelle de l'une des deux) ; car l'augmentation ou la diminution de toute force ou action de ce genre ne vient pas simplement d'une cause capable d'en augmenter ou d'en diminuer l'intensité, mais du choc (de l'action) de la nature ou force opposée, qui lui fait obstacle et qui lui sert comme de frein. La diversité, la multiplicité et même la complication de toute opération de ce genre a nécessairement pour cause une de ces trois choses : la force de la chaleur, la disposition de la matière, et la manière dont cette chaleur a agi précédemment ou agit actuellement sur cette matière. Cependant ces trois choses sont unies par des relations très étroites, et sont réciproquement causes et effets l'une de l'autre. La chaleur envisagée seule, peut différer d'elle-même par sa force spécifique, par sa quantité (son intensité, et la quantité de matière essentiellement ou accidentellement chaude), par sa durée, par le milieu à travers lequel elle agit, enfin par le mode de sa succession ; elle est susceptible de plusieurs genres de variations par rapport à sa succession même, telles que, le rapprochement ou l'éloignement du corps chaud, l'augmentation ou la diminution, soit graduelles, soit soudaines, de cette chaleur, ses retours ou ses réitérations, par intervalles de temps plus ou moins grands, et beaucoup d'autres semblables. On peut distinguer des chaleurs d'une infinité d'espèces qui diffèrent les unes des autres par leur force et leur nature, selon que leur degré de pureté est plus ou moins inférieur à celui de la chaleur du soleil, qui est la première source de toutes. Il ne faut pas croire non plus que toutes les chaleurs sans distinction puissent se fomenter mutuellement ; mais lorsque leurs degrés diffèrent notablement, elles peuvent s'affaiblir ou se détruire réciproquement, comme le font des degrés de froid très différents ; en sorte que suivant l'expression de Telesio, les chaleurs très faibles sont, par rapport aux chaleurs très fortes, des espèces de traîtres et de transfuges qui conspirent avec le froid. Aussi voit-on que la chaleur vive qui réside dans le feu et qui semble darder son action, étouffe et tue, en quelque manière, la chaleur plus faible qui serpente pour ainsi dire dans l'eau, et de même on sait qu'une chaleur non naturelle, excitée dans le corps humain par des humeurs putrides, éteint et suffoque la chaleur naturelle. Que la chaleur soit susceptible de très grandes différences par rapport à sa quantité, c'est une vérité trop connue et trop évidente pour avoir besoin de preuves ; on sait assez qu'un ou deux charbons n'échauffent pas autant qu'un plus grand nombre. On peut juger des effets de l'augmentation de la quantité de chaleur par ceux de la multiplication et de la concentration des rayons solaires par voie de réflexion ; car une seule réflexion double le nombre de ces rayons (qui agissent) et plusieurs réflexions réunies en augmentent le nombre dans une plus grande proportion (c'est-à-dire en proportion que ces réflexions se multiplient). On doit rapporter aussi et joindre aux effets de la quantité primitive et originelle de la chaleur ceux de sa réunion (de la réunion ou du rapprochement des corps chauds). C'est ce dont on peut juger également et par la même raison, en comparant les effets de l'obliquité des rayons solaires avec ceux de leur perpendicularité ; car plus l'angle que le rayon réfléchi fait avec le rayon direct (incident) est aigu, et en conséquence plus ces deux rayons se rapprochent l'un de l'autre, plus la chaleur qu'ils produisent est forte et sensible. Le soleil même, lorsqu'il répond à certaines étoiles de la première ou de la seconde grandeur, et à celles qui jettent le plus d'éclat, telles que Sirius, Régulus ou l'Épi de la Vierge excite de très grandes chaleurs. Il est également certain que les effets de la chaleur dépendent beaucoup de sa durée, les effets de toute espèce de force ou d'agent naturel étant, comme l'on sait, proportionnels à la durée de son action ; car d'abord cette action a besoin d'un certain temps pour produire son effet, et il en faut beaucoup pour augmenter sensiblement cet effet. En conséquence, l'effet de la durée de la chaleur est de convertir une chaleur égale et uniforme en une chaleur progressive et par conséquent inégale, comme on en voit des exemples et des preuves dans les chaleurs si fortes qui se font sentir quelque temps après le solstice d'été et quelques heures après midi; car quoique dans ces deux temps la chaleur produite par l'action actuelle du soleil, qui est alors moins élevé sur l'horizon, soit moins grande, cependant, comme les degrés de chaleur qu'il produit actuellement se joignent à ceux qu'il a produits antérieurement, l'effet total, qui est proportionnel à la somme de ces degrés, est alors plus grand à cause de leur accumulation, et même dans les régions les plus septentrionales et les plus froides, où les rayons solaires qui sont très obliques même durant l'été agissent avec peu de force, l'effet de cette obliquité est quelquefois (durant cette saison) compensé par la longue durée des jours et de l'action de cet astre. Le milieu qui transmet la chaleur et qui en est comme le véhicule est aussi une cause qui peut augmenter ses effets; c'est ce que prouvent assez les variations dans la température et les changements de temps qu'on observe dans une même saison; par exemple, il règne quelquefois un froid assez sensible durant l'été et une température assez douce durant l'hiver. De même un vent de midi et un temps pluvieux ou nébuleux ont une influence très sensible sur les vignes, les blés et les autres productions de la terre, quoique le soleil décrive son orbite comme à l'ordinaire et qu'on n'y observe aucun changement à cet égard Les différentes dispositions et constitutions de la température répondant aux différentes révolutions des saisons et des années, constitutions qui sont tantôt pestilentielles et morbifiques, tantôt salutaires et bienfaisantes, dérivent de la source même que je viens d'indiquer, je veux dire des différentes constitutions de l'air qui est le milieu commun. Ces dispositions dépendent elles-mêmes des vicissitudes et des altérations de la température dans les temps précédents, la température de chaque année et de chaque saison influant de proche en proche sur celle des saisons ou des années suivantes, et beaucoup plus long-temps peut-être qu'on ne le pense. Or, comme la succession, ou si l'on veut, l'ordre dans lequel se succèdent les différents degrés de chaleur, influe sur cette chaleur même de plusieurs manières, cette influence en est d'autant plus grande, et le soleil ne pourrait être une cause si puissante et une source si féconde de générations de toute espèce, si la situation même de cet astre qui est le grand mobile (moteur) du tout ne variait d'une infinité de manières par rapport à la terre et à ses différentes parties; car le soleil décrit une orbite circulaire; son mouvement est rapide, son cours est oblique (il décrit l'écliptique qui est oblique par rapport à l'équateur) et il revient sur ses pas (il va et revient sans cesse d'un tropique à l'autre); mouvement d'où résulte nécessairement la succession alternative de sa présence et de son absence, de son éloignement et de son rapprochement, de l'obliquité et de la perpendicularité de ses rayons, de ses retours plus prompts ou plus tardifs; en sorte que, dans aucun temps ni dans aucun lieu, la chaleur émanée du soleil n'est uniforme ou ne revient aussitôt au même degré, si ce n'est peut-être sous les tropiques, et que ces grandes variations dans le corps (l'astre) engendrant, correspondent parfaitement à des variations non moins grandes dans les corps engendrés; à quoi l'on peut ajouter les variétés et les variations innombrables dans la nature et la constitution du milieu, ou du véhicule. Or, tout ce que nous venons de dire sur les effets des différents degrés d'une chaleur d'une seule et même espèce, peut être appliqué aux effets des vicissitudes et des différents modes de successions des chaleurs de différente espèce. Ainsi, c'est avec fondement qu'Aristote a prétendu qu'on devait attribuer les générations et les corruptions des composés à la route oblique que le soleil suit en décrivant le zodiaque (l'écliptique). On doit observer toutefois que sa manie de prononcer magistralement sur tout, de se porter en quelque manière pour arbitre de la nature, de faire à son gré des distinctions et des combinaisons, a dénaturé cette grande idée et lui en a ôté presque tout le mérite. Son erreur consiste en ce que, au lieu d'attribuer la génération et la corruption (qui, pour le dire en passant, n'est jamais purement privative, mais grosse d'une autre génération) à l'inégalité de la chaleur du soleil,

---

(1) C'est-à-dire suivie de la génération d'un autre composé.

prise en totalité, je veux dire à l'éloignement et au rapprochement de cet astre pris ensemble, il a attribué spécialement et distinctement la génération au rapprochement du soleil et la corruption à son éloignement ; explication peu judicieuse et trop semblable à celles du vulgaire. Que si quelqu'un, voyant attribuer au soleil toutes les générations, étonné d'une telle explication, nous objectait que le soleil est avec raison regardé comme un feu et que l'effet propre du feu est plutôt de détruire que d'engendrer, nous lui répondrons que cette objection est frivole, et n'a d'autre fondement que l'opinion fantastique qui suppose que les effets du soleil et ceux du feu artificiel sont essentiellement différents. L'expérience et l'observation prouvent qu'ils ont une infinité d'effets communs ; par exemple, ils ont l'un et l'autre la propriété de mûrir les fruits, de conserver dans les pays froids les plantes délicates des pays chauds, de faire éclore les œufs, de clarifier les urines troubles (car nous rapportons à la même classe la chaleur des rayons solaires et celle des animaux), de ranimer et de ressusciter, en quelque manière, les animaux engourdis par le froid, d'exciter des vapeurs et des exhalaisons, etc. Cependant il faut convenir que l'action de notre feu n'imite que très imparfaitement celle du soleil et que ses effets n'en approchent pas; car la chaleur du soleil a trois caractères distinctifs qu'il serait difficile de donner tous au feu artificiel. 1° Cette chaleur est plus douce et plus salubre que celle du feu commun par cela même qu'elle est plus faible, à cause de la grande distance de cet astre ; avantage toutefois qu'il ne serait pas impossible de se procurer par le moyen de l'art, les moyens d'exciter et d'entretenir une telle chaleur étant plutôt inconnus que difficiles à imaginer. 2° La chaleur de cet astre est transmise par une infinité de milieux qui sont de nature à lui donner des propriétés particulières, entre autres cette force générative et prolifique dont nous parlions. 3° (Et cette dernière différence est la principale) elle est très variable et d'une inégalité en quelque sorte régulière, car elle croît, décroît, commence, cesse toujours graduellement, ses différents degrés ne se succédant jamais les uns aux autres précipitamment et comme par sauts. Il serait difficile de graduer ainsi la chaleur du feu artificiel et de la faire passer par des milieux de cette espèce, cependant nous présumons qu'à force d'industrie, d'attention et d'adresse, on pourrait parvenir à ce double but. Telles sont en substance les observations que Telesio a faites sur les différentes espèces et les différents degrés de chaleur.

Quant au froid, qui est le principe contraire, à peine daigne-t-il faire mention de la manière dont il se gradue et se distribue, à moins qu'il n'ait pensé que les observations qu'il a faites sur la disposition de la matière (sujet que nous allons traiter en second lieu) étaient suffisantes pour remplir cet objet ; ce qu'il devait d'autant moins penser, que lui-même prétendait que le froid n'était rien moins qu'une simple privation de chaleur, mais un vrai principe actif, rival de la chaleur et en quelque manière son compétiteur. Or, tout ce qu'il dit touchant la disposition de la matière n'a d'autre but que de faire voir comment la chaleur agit sur cette matière, la travaille, la modifie, la transforme, etc., sans faire aucune mention du froid, auquel il semble même ne pas penser. Nous y penserons pour lui, et nous dirons ce qu'il aurait pu dire sur ce sujet, nous qui examinons tout avec toute la bonne foi dont nous sommes capables et avec une sorte de prévention favorable pour les inventions d'autrui. L'immobilité et la situation fixe de la masse, qui est le siège principal du froid, répond parfaitement à la mobilité et à la versatilité de la substance, qui est le siège et le sujet de la chaleur. C'est en quelque manière l'enclume immobile sous le marteau ; car, si les deux principes contraires eussent été également variables et faciles à altérer, ils n'auraient produit et engendré que des êtres passagers et éphémères. De plus, la densité et la solidité de la matière du globe terrestre et des corps adjacents compense jusqu'à un certain point l'étendue immense de la région du feu (c'est-à-dire de la région céleste). En effet, ce qu'il faut envisager ici, c'est beaucoup moins la grandeur des espaces que la quantité de matière qu'ils contiennent. C'est avec raison qu'on ne fait point ou presque point mention de la nature du froid, de sa force et de la manière dont il agit, attendu que nous n'avons sur ce sujet aucune observation ou expérience qui puisse nous diriger avec sûreté ; car, si d'un côté le feu artificiel, qui est comme le lieutenant du soleil et qui manifeste la nature de la chaleur, est en notre disposition, de l'autre nous n'avons rien que nous puissions substituer de la même manière au froid de la terre et trouver toujours sous notre main, pour faire des observations ou des expériences de ce genre. Le froid rigoureux qui transpire du globe terrestre et de la région circonvoisine durant l'hiver, ou dans les pays froids presqu'en tout temps, n'est qu'une sorte de tiédeur et même de bain chaud en comparaison de celui qui est renfermé dans le sein de la terre ; en sorte que le froid dont l'homme a la sensation et la possession le met à cet égard dans une situation semblable à celle où il serait s'il n'avait en sa disposition d'autre chaleur que celle qu'excite le soleil durant les étés les plus chauds ou dans la zone torride en tout temps, chaleur qui, comparée à celle d'une fournaise ardente, peut être regardée comme une sorte de fraîcheur; mais le froid que l'homme substitue par le moyen de l'art au froid naturel ne mérite pas de fixer notre attention. Ainsi il nous reste à examiner les assertions de Telesio touchant la disposition de la matière sur laquelle la chaleur agit et dont l'effet est de provoquer, de renforcer, d'empêcher ou de changer l'action qui lui est propre ; elle peut influer de quatre manières différentes sur cette action et avoir quatre espèces d'effets. La première différence se tire de la chaleur, préexistante ou non dans le corps en question ; la seconde de la quantité plus ou moins grande de la matière de ce corps; la troisième du degré de souplesse de cette matière ; la quatrième de la dilatation ou de la contraction du corps sur lequel elle agit. Quant à la première différence, Telesio prétend que dans tous les corps connus réside une certaine chaleur occulte, qui, pour n'être pas sensible au tact, n'en est pas moins réelle; que cette chaleur originelle se joint à celle qui survient dans ce corps; enfin qu'elle est provoquée et excitée par cette dernière à exercer l'action qui lui est propre et à agir par elle-même. Ce qui prouve cette assertion, ajoute-t-il, c'est qu'il n'existe aucun corps, soit métal, soit pierre, eau ou air, que le contact ou l'approche du feu ou d'un corps chaud ne puisse échauffer lui-même, effet qui, selon toute apparence, n'aurait pas lieu si une chaleur préexistante et cachée dans ce corps ne le préparait à recevoir et à contracter cette chaleur nouvelle et sensible. Il prétend même que le plus et le moins à cet égard, je veux dire la facilité plus ou moins grande des différents corps à s'échauffer, est proportionnelle à la mesure de cette chaleur préexistante. L'air, par exemple, ajoute-t-il, est très susceptible à cet égard, le plus faible degré de chaleur se communiquant aisément à ce fluide, même celui que recèle la substance de l'eau et qui n'est pas sensible au tact ; l'eau elle-même s'échauffe plus promptement que la pierre, le métal ou le verre. Si tel corps d'une de ces trois dernières espèces paraît s'échauffer plus vite que l'eau, c'est tout au plus à sa surface et non dans son intérieur, attendu que la communication de partie à partie est moins facile dans les solides que dans les fluides. C'est par cette raison que la surface des métaux s'échauffe plus promptement que celle de l'eau, au lieu que leur intérieur et leur masse totale s'échauffent plus lentement. La seconde différence se tire de la quantité de matière comprise sous un volume déterminé. Si le corps en question est fort dense, les forces partielles de la chaleur y étant plus réunies et plus concentrées, leur effet doit être augmenté d'autant, au lieu que dans un corps rare ces forces étant plus dispersées leur effet doit être moindre. C'est ainsi, par exemple, que la chaleur des métaux en incandescence est plus forte que celle de l'eau bouillante et même que celle d'une flamme, en observant toutefois que cette flamme, à cause de sa ténuité, est plus pénétrante ; car la flamme des charbons ardents ou du bois n'a pas une très grande activité, à moins qu'elle ne soit animée par le souffle ou le vent, qui, en la mettant en mouvement, la pousse vers le corps sur lequel elle doit agir et la met ainsi plus en état d'y pénétrer. De plus, la chaleur de certaines flammes, comme celle de l'esprit-de-vin (surtout lorsqu'elle a peu de volume et est peu concentrée), est si faible que la main pourrait presque l'endurer. La troisième différence, qui est la souplesse de la matière, se subdivise en plusieurs autres plus petites, et selon lui elle est susceptible de sept degrés différents. 1º Le premier de ces degrés est la ductilité ou la flexibilité et la malléabilité, qui est l'état ou le mode d'une matière disposée à céder un peu à une action très violente, savoir : à celle qui tend à la comprimer ou à l'étendre, mais surtout à celle de la dernière espèce ; 2º la mollesse, c'est-à-dire la disposition ou l'état d'un corps qui obéit à une action beaucoup moins forte ou même qui cède à la plus légère impulsion et au simple tact de la main sans opposer une résistance sensible ; 3º la viscosité ou la ténacité, qui est en quelque manière un commencement de fluidité ; car un corps visqueux, au plus léger contact d'un autre corps, commence à couler ou plutôt à filer sans solution de continuité. Il perd aisément ses dimensions et sa figure, quoiqu'il n'ait pas d'écoulement spontané, les parties d'un fluide adhérant avec plus de force les unes aux autres qu'elles n'adhèrent à tout autre corps, au lieu que celles d'un corps visqueux adhèrent plus fortement à un corps extérieur que les unes aux autres.

4º La fluidité même ou la disposition d'un corps qui renferme une certaine quantité d'esprit dont les parties sont très solides et n'adhèrent que les unes aux autres, qui a peu de consistance, n'a point de dimensions fixes et perd aisément sa figure.

5º Un autre degré est l'état de vapeur ou celui d'une matière atténuée au point d'être intangible, et qui est encore plus fluide, plus mobile et plus disposée à céder à la moindre impression que celles de la classe précédente, enfin à qui la plus légère impression ou impulsion donne des mouvements d'ondulation et de trépidation. 6º Le sixième est l'état d'exhalaison grasse (onctueuse), qu'on peut regarder comme une sorte de vapeur qui, après avoir subi une concoction plus parfaite, est parvenue à une plus grande maturité, et qui, ayant ainsi plus d'analogie, d'affinité avec la nature ignée, est plus disposée à s'enflammer. 7º Le septième est celui de l'air même qui, suivant Telesio, est réellement doué d'une chaleur native, assez grande et assez active, comme on n'en pourra douter, si l'on considère que dans les régions même les plus froides il ne se gèle ni ne se coagule jamais.

En second lieu, ajoute-t-il, ce qui prouve évidemment que l'air est naturellement chaud, c'est que tout air renfermé, séparé de la masse de l'air atmosphérique et abandonné à lui-même, contracte aisément une certaine tiédeur, comme on l'observe journellement dans la laine et les autres matières filamenteuses. De plus, dans les lieux clos et peu spacieux, l'air qu'on respire est comme suffocant, ce qui vient de ce que l'air, lorsqu'il est ainsi renfermé, commence à recouvrer la nature qui lui est propre (les qualités qui lui sont propres), au lieu que l'air extérieur et atmosphérique est continuellement rafraîchi par le froid qui transpire et s'exhale du globe terrestre. Ajoutez à cela que l'air commun, celui, dis-je, que nous respirons ordinairement, étant modifié par les corps célestes, participe quelque peu de leurs qualités; car il recèle déjà un faible degré de lumière, comme on en voit des exemples dans les animaux qui peuvent voir durant la nuit et dans les lieux obscurs. Tels sont, suivant Telesio, les différents degrés dont la disposition de la matière est susceptible ; mais il ne s'agit ici que de ses états moyens, car dans cette énumération il n'a pas compris les deux extrêmes ou limites, savoir : d'un côté les corps durs et raides et de l'autre le feu lui-même. Mais, outre ces différences par rapport au degré, il dit que cette disposition peut aussi varier prodigieusement, à raison de la diversité des parties constitutives d'un composé, les différentes portions (espèces) de matière qui se trouvent réunies et combinées dans un même corps pouvant être rapportées à un seul des degrés dont il a fait l'énumération ou à plusieurs degrés différents, c'est-à-dire les unes à tels degrés et les autres à d'autres, ce qui peut varier à l'infini l'action et les effets de la chaleur. Ainsi cette quatrième différence dépend aussi nécessairement de la texture et de la situation du corps sur lequel la chaleur agit, ce corps pouvant être ou clos et compacte, ou d'un tissu plus lâche et exposé à l'air libre ; car dans le dernier cas la chaleur n'agit que par degrés, en prenant pour ainsi dire les parties une à une, en les séparant peu à peu les unes des autres et en en détachant quelques-unes de la masse, au lieu que dans le premier cas elle pénètre toute cette masse, elle agit sur le tout ; car alors elle n'éprouve aucun déchet ; mais la chaleur préexistante et la nouvelle se réunissant, elles concourent à la production de l'effet, d'où résultent des altérations plus grandes, plus intimes, plus profondes et plus complètes, quelquefois même des transformations proprement dites. Mais nous entrerons dans de plus grands détails sur ce sujet lorsque nous traiterons du mode et de l'action d'où résultent ces dispositions de la matière. Cependant Telesio fait de vains efforts pour marquer les vraies différences et faire des distinctions bien précises entre ses quatre qualités primaires : la chaleur, la lumière (la lucidité), la ténuité, la mobilité, et les quatre opposées, savoir : le froid, l'opacité, la densité et l'immobilité; enfin pour expliquer comment celles de la première classe peuvent se trouver combinées (1 à 1, 2 à 2, 3 à 3, etc.) avec celles de la classe opposée dans les mêmes corps. En effet, on voit à chaque instant des corps actuellement chauds ou très disposés à le devenir qui ne laissent pas d'être denses, immobiles et noirs. On en voit aussi d'autres qui, étant ténus, mobiles et lumineux ou blancs, ne laissent pas d'être froids, et il en est de même des autres; car quelques-uns de ces corps ont telle des qualités de l'une de ces deux classes sans avoir les trois autres, ou deux seulement sans avoir les deux autres, toutes ces qualités de l'une et de l'autre classe se réunissant et se combinant d'une infinité de manières qui ne s'accordent point du tout avec son système et ses suppositions. Telesio se tire assez mal de toutes ces difficultés et n'imite que trop la conduite de ses adversaires, qui commencent toujours par hasarder des décisions magistrales avant de faire des observations ou des expériences, et qui, dans l'explication des faits particuliers, après avoir abusé soit de leurs facultés intellectuelles, soit des choses mêmes, et tourmenté en pure perte les unes et les autres, se flattant d'avoir surmonté toutes les difficultés, triomphent orgueilleusement et abondent dans leur propre sens. A ce triomphe toutefois succèdent le découragement et de simples vœux; car dans sa conclusion il prétend qu'à la vérité on peut distinguer et déterminer en gros et pour ainsi dire en masse, soit les différentes forces et mesures de la chaleur, soit les différents modes ou degrés de disposition de la matière, mais qu'il est impossible à l'esprit humain d'assigner, de distinguer et de déterminer avec exactitude et précision ces modes et ces degrés; qu'il y a toutefois du plus et du moins dans cette impossibilité même, les différents modes et degrés de disposition dont la matière est susceptible étant plus faciles à distinguer que les différents degrés de force et les différentes mesures de la chaleur, malheur d'autant plus grand, ajoute-t-il, que ces connaissances (si elles pouvaient être acquises) se- raient l'unique moyen d'étendre autant qu'il serait possible et de porter au plus haut point d'élévation la science et la puissance humaine. Voici comment il s'exprime à ce sujet et quels sont ses propres termes : « Il serait inutile de chercher et de vouloir déterminer l'espèce, la quantité et la mesure de chaleur nécessaires pour opérer des transformations; l'espèce de matière, le mode et le degré de disposition (dans la matière à transformer) nécessaires pour exécuter ces transformations; enfin les espèces d'êtres qui peuvent être transformés par ces moyens en telles ou telles autres espèces, des recherches de cette nature excédant les limites de l'intelligence humaine. En effet, quel est le mortel qui puisse déterminer les forces respectives des différentes espèces de chaleurs, diviser en quelque manière la chaleur même en ses degrés, enfin déterminer la quantité de matière où cette chaleur réside ou est introduite? puis, après s'être assuré de ces déterminations, approprier avec justesse et précision telle quantité, telle disposition et telle action de la matière à telle force et à telle quantité déterminée de chaleur, ou réciproquement approprier telle force et telle quantité déterminée de chaleur, etc. » Plût à Dieu que les hommes doués d'un génie pénétrant qui ne manquent pas de loisir et qui peuvent contempler la nature dans une parfaite tranquillité pussent atteindre un jour à ce grand but! S'ils nous procuraient de telles connaissances, non-seulement nous saurions tout, mais même nous pourrions tout. Du moins Telesio, en avouant ingénument son impuissance à cet égard et en exhortant les autres à entreprendre ce qu'il croit au-dessus de ses forces, est-il en cela de meilleure foi que ses adversaires, qui, dans tous les cas où l'art qu'ils ont eux-mêmes enfanté est insuffisant pour les mener à un but, ne manquent pas de déclarer, d'après les principes mêmes de cet art prétendu, que la chose est tout-à-fait impossible, en sorte que l'art né court jamais risque de perdre son procès, attendu qu'il est lui-même juge et partie.

Il nous reste à parler du troisième point de considération, je veux dire du mode de l'action. Le sentiment de Telesio sur ce point se réduit à trois assertions : 1° (et cette première observation nous l'avons déjà faite nous-mêmes), il n'admet dans la nature aucune espèces de symbolisations (de correspondances, d'harmonies ou de corrélations harmoniques) semblables à celles que supposent les péripatéticiens, et en vertu desquelles certains corps agissant pour ainsi dire de concert s'aident réciproquement et concourent aux mêmes effets. En conséquence, toute génération, et par conséquent tout effet dans les corps, a pour cause non une alliance ou un accord de cette espèce, mais une victoire, une prédominance de l'un des deux principes ou agents contraires sur l'autre. Cette assertion n'est rien moins que nouvelle, car Aristote lui-même, dans son examen du système d'Empédocle, y relève cette même supposition. Empédocle, dit-il, après avoir avancé que la discorde (la guerre ou l'inimitié) et la concorde (l'amitié ou la paix) sont les deux principes et les deux causes efficientes de toutes choses, venant ensuite à expliquer la manière dont ces deux causes agissent, ne parle que de la discorde et semble avoir entièrement oublié sa contraire. La seconde assertion est que la chaleur, en vertu de son action propre, directe, prochaine et immédiate, tend à convertir en humeur toute espèce de matière, en sorte qu'il ne faut rapporter ni la sécheresse à la chaleur ni l'humidité au froid. Atténuer et humecter ne sont au fond qu'une seule et même chose, et ce qu'il y a de plus ténu est aussi ce qu'il y a de plus humide, car on entend ici par substance ou matière humide (humeur), toute matière qui cède à la plus faible impression qui, se divise aisément et se rétablit avec la même facilité, enfin, qui n'a point de dimensions ni de figures fixes et constantes; toutes conditions qui se trouvent plutôt réunies dans la flamme que dans l'air que les péripatéticiens toutefois regardent comme la substance la plus humide; qu'en conséquence l'action propre de la chaleur est d'attirer l'humidité (l'humeur), de s'en nourrir, de la dilater, de la répandre, de l'introduire dans les corps, de l'engendrer, au lieu que celle du froid tend toujours à la sécheresse, à la concrétion, au durcissement et à la consolidation. Dans cette partie de son exposé, Telesio prétend qu'Aristote, en rapportant la sécheresse à la chaleur, a été un observateur peu exact et un systématique incohérent, qu'il a voulu commander à l'expérience même et l'assujettir à ses opinions fantastiques. Si la chaleur, dit-il, dessèche quelquefois les corps, ce n'est qu'accidentellement (médiatement); c'est parce que dans un corps hétérogène et composé de parties dont les unes sont très grossières et les autres très ténues, la chaleur, en attirant ces dernières à la surface, en les atténuant encore davantage et rendant par ce moyen leur émission plus facile, provoque ainsi cette émission. Les parties grossières se rapprochant et se resserrant ensuite, le tout devient ainsi plus sec, plus dense et plus compact. Cependant, lorsque cette chaleur est un peu forte, les parties grossières s'atténuent aussi et deviennent fluides, comme on en voit un exemple dans les briques; car d'abord une chaleur d'une force médiocre suffit pour convertir en briques la terre grasse; mais une chaleur plus forte vitrifie la matière même de la brique. Ces deux premiers dogmes peuvent être qualifiés de négatifs et ne sont à proprement parler que la réfutation de deux erreurs; mais le troisième est affirmatif et positif; or, non-seulement il est positif, mais de plus il établit une distinction fort juste par rapport au mode d'action. Ce mode, dit-il, se subdivise en deux autres; ce peut être ou une réjection (répulsion ou expulsion) ou une conversion (transformation). L'un ou l'autre de ces deux modes est réduit en acte (a lieu, se réalise) selon que la chaleur a plus ou moins de force et que la matière a telle ou telle disposition. Or on peut établir sur ce point deux règles ou principes. Lorsque le chaud et le froid sont en grande masse, et, formant pour ainsi dire deux armées complètes, se livrent un combat, l'un des deux, savoir le plus fort, chasse l'autre de son poste; car tous les corps, semblables à des armées, se poussent et se délogent réciproquement; mais lorsque ces deux contraires sont en petite quantité, le résultat de cette lutte est une conversion ou transformation, et alors les corps sont plus disposés à périr ou à changer de nature qu'à changer de lieu. C'est ce dont on voit un exemple frappant dans la région la plus élevée de l'atmosphère; quoiqu'elle soit plus voisine de la région céleste, qui est le siège propre et naturel de la chaleur, cependant elle est plus froide que celle qui est voisine de la surface de la terre; car dans la partie de l'atmosphère la moins éloignée de la région qui est le siège propre et naturel du chaud (du calorique), celui-ci, se repliant pour ainsi dire sur lui-même et se concentrant, repousse toute la masse (ou la totalité) du froid qui a pu s'élever jusque-là et le chasse tout à la fois. De plus, il se pourrait qu'il régnât dans l'intérieur de la terre et à une grande profondeur une chaleur plus forte qu'à sa surface; car on peut présumer que, dans la région voisine de celle du premier froid, celui-ci, excité et animé par l'action de son contraire, le chasse, le repousse avec beaucoup de force, le fuit, se replie sur lui-même, se concentre et acquiert ainsi plus d'intensité. L'autre cause est que dans un lieu découvert la chaleur occasionne une expulsion, au lieu que dans un lieu clos elle produit une conversion (transformation). C'est ce dont on peut juger par ce qui se passe dans les opérations qu'on peut faire à l'aide des vaisseaux clos, où la matière atténuée et vulgairement qualifiée d'esprit, ne pouvant s'exhaler et étant comme emprisonnée, occasionne des fermentations et des altérations intimes et profondes; le même effet a lieu dans un corps très compacte, parce que ses parties étant fort serrées, il se sert en quelque manière à lui-même de vaisseau.

Tel est le système de Telesio, et peut-être aussi celui du Parménide; système toutefois où le philosophe moderne, dont l'esprit était dépravé par les préjugés des péripatéticiens, a un peu mis du sien en y ajoutant la supposition du mouvement d'Hylès (d'expansion et de contraction). Cette hypothèse ne serait pas tout-à-fait dénuée de vraisemblance, si ôtant de l'univers l'homme et les arts mécaniques qui tourmentent pour ainsi dire la matière, on envisageait ensuite le système du monde tel qu'il pourrait être après cette soustraction. La théorie de Telesio est une sorte de philosophie pastorale qui semble contempler l'univers à son aise et par manière de passe-temps; car il fait des observations assez judicieuses sur l'ensemble et l'ordre de l'univers. Mais il n'en est pas de même de ce qu'il dit sur les principes; il tombe même dans une erreur grossière par rapport à cet ensemble. Dans son hypothèse, le système du monde semble être éternel, et il ne parle point du chaos, ni des variations sans nombre qui ont pu et dû même avoir lieu dans le grand tout. Toute philosophie, soit celle de Telesio, soit celle des péripatéticiens ou toute autre qui,

en imaginant un système du monde, le bâtit, le balance et l'étaie, de manière qu'il ne paraisse point dériver du chaos, n'est qu'une philosophie superficielle, et qui se sent trop de la faiblesse naturelle de l'esprit humain; car tout homme qui ne raisonne que d'après le témoignage des sens, doit naturellement penser que la matière est éternelle; mais que cet ordre que nous voyons dans l'univers ne l'est pas.

Tel était aussi le sentiment des sages de l'antiquité la plus reculée, y compris Démocrite, celui d'entre les philosophes grecs, dont la sagesse a le plus approché de celle des premiers temps. Nous trouvons ce même sentiment consigné dans les Saintes-Écritures, avec cette différence toutefois que le texte sacré dit que la matière tient son existence de l'Être-Suprême; au lieu que ces philosophes prétendent qu'elle existe par elle-même; car il est, sur ce point, trois vérités essentielles que ce texte nous apprend; 1º la matière a été créée et tirée du néant; 2º le système ou l'ordre de l'univers est émané du Verbe divin (de la parole du Tout-Puissant), et par conséquent il est faux que la matière se soit d'elle-même tirée du chaos, et arrangée dans l'ordre que nous admirons; 3º cet ordre (du moins avant la prévarication du premier homme) était le meilleur possible, je veux dire le meilleur de ceux dont la matière (supposée telle qu'elle avait été créée) était susceptible par elle-même. Mais les philosophes dont nous parlons n'ont pu s'élever à aucune de ces vérités; car, ne pouvant soutenir l'idée d'une création ni croire que le monde ait pu être tiré du néant, ils prétendent qu'après une infinité de combinaisons irrégulières, qui étaient comme autant d'essais, la matière s'est enfin arrangée dans ce bel ordre. Ils s'embarrassent fort peu de l'optimisme, eux qui pensent que le monde même (ou la matière envisagée par rapport à son ensemble et à la disposition de ses parties) naît, meurt et renaît par une succession alternative sans fin et sans terme; en un mot, qu'aucune de ces formes n'est constante. Ainsi, c'est la foi qui doit être notre seul guide dans cette question, et c'est dans les livres destinés à l'affermir que nous devons chercher la vérité. Mais la matière une fois créée aurait-elle pu, dans l'espace d'un nombre infini de siècles, se distribuer ainsi d'elle-même, et en vertu de la seule force que le souverain auteur de toutes choses lui avait imprimée en la créant, s'arranger dans le meilleur ordre possible, comme on l'a fait en un instant par l'action puissante du Verbe divin? C'est une question que nous ne devrions peut-être pas entreprendre de résoudre ; l'acte qui opère en un instant ce qui, suivant le cours ordinaire de la nature, exigerait un grand nombre de siècles, n'étant pas moins propre à la toute-puissance que celui de la création des êtres, et l'un n'étant pas moins miraculeux que l'autre. Or, il paraît que la nature divine a voulu se manifester et briller par cette double émanation de sa toute-puissance : 1º en opérant avec une puissance infinie sur l'être et le néant, je veux dire en tirant l'être du néant ; 2º en agissant sur le mouvement et le temps, c'est-à-dire en accélérant le progrès de l'être, et hâtant la marche de la nature, qui est ordinairement si lente dans ses opérations. Mais nous devons renvoyer ces observations à la fable du ciel, où nous traiterons plus amplement ce sujet, que nous nous contentons ici de toucher en passant. Ainsi, nous allons continuer d'examiner le système de Telesio. Plût à Dieu que tous les philosophes convinssent une fois d'un consentement unanime de ne plus soutenir que les êtres réels sont composés d'êtres chimériques, et que les principes réels le sont d'êtres fantastiques ; enfin, de ne plus vouloir nier des choses visiblement contradictoires! Or, un principe abstrait n'est point un être réel, et de plus un être mortel ne peut être un principe ; en sorte que l'esprit humain, pour peu qu'il veuille être d'accord avec lui-même, est forcé par une invincible nécessité de recourir à l'hypothèse des atomes, qui sont de véritables êtres matériels, ayant une forme, des dimensions, un lieu, etc., et ayant de plus l'antitypie (l'impénétrabilité) des forces, des tendances, des mouvements. Tandis que les corps naturels périssent, l'atome est immuable et éternel. En effet, les corps d'un grand volume (composés) étant sujets à une infinité de dissolutions qui varient elles-mêmes à l'infini, il est de toute nécessité que ce qui reste immuable et est comme une espèce de centre fixe soit quelque chose de potentiel et d'infiniment petit. Or, la chose dont nous parlons n'est pas seulement potentielle, car le premier potentiel (le potentiel primaire ou par excellence) ne peut être semblable aux autres potentiels (aux potentiels du second, du troisième ou de tous les autres ordres), qui sont telle chose actuellement et telle autre chose en puissance ou potentiellement (c'est-à-dire qui, étant mobiles, peuvent devenir tout différents de ce qu'ils sont actuellement, et qui d'ailleurs sont composés); mais il doit être tout-à-fait abstrait, attendu qu'il exclut toute espèce d'acte (d'actualité) et renferme en lui-même toute espèce de puissances. Reste donc à supposer que la chose en question est infiniment petite, à moins qu'on ne prétende qu'il n'existe point réellement de principes; que les différents corps sont réciproquement principes les uns des autres ; que la loi et l'ordre de leurs transformations et de leurs variations sont constants, immuables et éternels ; que l'essence même est variable et passagère, ce qu'il vaudrait mieux déclarer formellement et affirmativement que de s'exposer, à force de vouloir établir quelque principe éternel, à tomber dans une erreur cent fois pire, je veux dire dans celle de prendre pour tel un principe purement fantastique ; car du moins le premier de ces deux sentiments peut conduire à quelque résultat fixe, savoir, à celui-ci : que, dans cette supposition, les corps de différentes espèces se changeant les uns les autres de proche en proche, ces changements font pour ainsi dire le cercle, au lieu que la première hypothèse, en conséquence de laquelle on regarde comme des êtres réels de pures notions et de simples conceptions (qui, à proprement parler, ne sont pour l'esprit humain que des adminicules et des espèces d'étais), est sans issue et ne mène absolument à rien. Cependant nous ferons voir ci-après que la supposition même que nous faisons ici ne peut se soutenir et que les choses ne peuvent être ainsi ; mais lorsque Telesio met aux prises l'un avec l'autre ses deux principes ou agents contraires, le combat qu'il suppose alors entre eux est étrange et tout-à-fait inégal, soit par rapport au nombre de troupes, soit relativement à la manière de combattre. Quant au premier de ces deux points, il prétend qu'il n'y a qu'une seule terre et que notre globe es unique en son espèce, au lieu que l'armée céleste est innombrable. La terre n'est même qu'un point dans l'univers, au lieu que les espaces et les régions célestes sont immenses. Or, pour lever cette difficulté, il ne suffit pas d'observer que la terre et les corps congénères (analogues, de même nature) sont composés d'une matière très dense et très compacte; qu'au contraire le ciel et les corps célestes le sont d'une substance extrêmement rare et ténue; car, quoiqu'il y ait sans contredit une très grande différence à cet égard entre les corps de la première espèce et ceux de la dernière, cependant elle ne serait pas encore assez grande pour rendre ces deux armées égales ni même pour mettre entre elles une sorte de proportion. L'hypothèse de ce philosophe ne peut se soutenir qu'autant qu'il attribue à ses deux principes ou agents du premier ordre, sinon des volumes égaux, du moins des quantités égales de matières; autrement l'ordre de l'univers ne pourrait être durable ni le système général avoir quelque consistance; car tout philosophe qui, étant déjà d'accord avec Telesio sur tous les autres points, attribuera comme lui une quantité de matière infiniment plus grande à l'un de ses deux principes qu'à son opposé, sera embarrassé par des difficultés sans cesse renaissantes et ne pourra jamais s'en tirer. Aussi Plutarque, dans le petit dialogue qu'il a composé sur cette espèce de visage qu'on croit voir dans la lune, a-t-il observé très judicieusement à ce sujet : qu'il n'est nullement vraisemblable que la nature, dans la distribution de la matière, ait assigné au globe terrestre seul toute la substance compacte, surtout si l'on considère cette multitude immense d'astres qui roulent dans les cieux. Gilbert, séduit par cette idée, s'y est tellement abandonné qu'il n'a pas craint d'avancer qu'il existe une infinité de globes solides et opaques, comme la terre et la lune; globes qui sont semés dans les espaces célestes entre les globes lumineux. De plus, les péripatéticiens, après avoir affirmé que les corps célestes sont éternels par eux-mêmes et que les corps sublunaires ne le sont que par succession et par rénovation, ont cru ne pouvoir soutenir cette assertion qu'en assignant aux éléments (à tous les éléments) des quantités de matière et pour ainsi dire des parts à peu près égales; et c'était ce qu'ils voulaient dire lorsqu'ils prétendaient que chaque élément a en même temps dix fois plus de volume et dix fois moins de densité que l'élément intérieur qu'il enveloppe; supposition fantastique et qui peut être regardée comme un rêve physique. Cependant le but de ces observations n'est rien moins que de faire entendre que nous rejetons la totalité de ce système, mais seulement de faire voir que telles de ses parties ne peuvent subsister ensemble; qu'à certains égards il est incohérent, et que supposer gratuitement, comme le fait Telesio, que la terre est l'unique principe (agent) contraire au ciel, c'est tomber dans une inconséquence et une absurdité. Or, cette hypothèse paraîtra encore plus insoutenable si, après avoir envisagé les objections auxquelles il s'expose en supposant une si énorme différence entre le ciel et la terre relativement à la quantité de matière, on considère aussi la différence prodigieuse que la nature a mise entre l'un et l'autre par rapport à l'intensité des forces et à la sphère d'activité; car le combat entre les deux principes opposés serait bientôt terminé si, tandis que les traits de l'une des deux armées porteraient assez loin pour frapper l'ennemi, ceux de l'autre tombaient entre deux. Or, personne ne doute que l'action du soleil ne parvienne jusqu'à la terre, et personne au contraire n'oserait assurer que celle de la terre s'étend jusqu'à cet astre. En effet, de toutes les vertus (forces, qualités ou modes) qu'enfante la nature, la lumière et l'ombre sont celles qui se portent aux plus grandes distances et dont la sphère d'activité a le plus d'étendue; car l'extrémité de l'ombre de notre globe tombe en-deçà du soleil, au lieu que la lumière du soleil passerait à travers le globe terrestre s'il était transparent. Or, le chaud et le froid dont nous parlons ne se portent jamais à d'aussi grandes distances que la lumière et l'ombre; d'où il suit que si l'ombre même de la terre ne s'étend pas jusqu'au soleil (ne se porte pas à une distance égale à celle où le soleil est de cette planète), beaucoup moins encore le froid qui transpire de notre globe parviendra-t-il jusqu'à cet astre. En conséquence, si cette supposition est fondée, s'il est vrai, dis-je, que le soleil et le chaud, agissant sur certains corps intermédiaires, l'action du principe contraire ne puisse se porter aussi loin, leur faire obstacle et affaiblir la leur, il est de toute nécessité que le soleil et le chaud, gagnant de proche en proche et s'étendant par degrés jusqu'à la terre et à la région adjacente, envahissent d'abord l'espace qui les avoisine, puis les régions plus éloignées, enfin le tout, d'où résulterait ce vaste incendie ou cette conflagration de l'univers qui, selon Héraclite, doit avoir lieu un jour. De plus, si l'on suppose, a l'exemple de Telesio, que les deux principes du chaud et du froid ont la faculté de communiquer leur propre nature, de se multiplier et de convertir tout le reste en leur propre substance, on est forcé, pour ne pas être en contradiction avec soi-même, de supposer aussi que chacun de ces deux principes agit ainsi sur ses analogues, autant et plus que sur ses opposés, en sorte que dès long-temps le ciel devrait s'être enflammé et toutes les étoiles réunies s'être confondues les unes avec les autres ; mais pour serrer de plus près ce système de Telesio, nous allons indiquer quatre objections ou arguments qui pourraient le ruiner sans ressource; car une seule de ces objections suffisant pour le renverser, que serait-ce donc si elles étaient réunies ? 1º Il est dans la nature beaucoup d'actions ou d'effets, même très puissants et très généraux, qu'on ne peut en aucune manière rapporter au chaud et au froid. 2º Il est aussi des natures, qualités ou modes, dont le chaud et le froid ne sont que les conséquences et les effets. Or, si ces natures peuvent produire l'un ou l'autre de ces deux effets, ce n'est pas simplement en excitant la chaleur préexistante dans les corps en question ou par l'approche d'un corps déjà chaud, mais en produisant immédiatement une chaleur proprement dite et originelle. Ainsi, la supposition de Telesio est doublement défectueuse, et les deux principes qu'il suppose manquent tout à la fois des deux conditions requises, puisqu'il y a des choses qu'ils ne produisent point et qu'il en est d'autres qui les produisent eux-mêmes. 3º On doit observer par rapport aux effets que produisent le chaud et le froid (effets qui, à la vérité, sont en très grand nombre et très multipliés), qu'ils ne les produisent qu'à titre de causes efficientes et d'organes (d'instruments ou de causes instrumentales) et non comme causes intimes et proprement dites. 4º Cette combinaison et cette corrélation des quatre qualités primaires (et des quatre opposées) est démentie par l'observation et l'expérience.

Ainsi, nous allons traiter en détail ces différents points. Tel de nos lecteurs peut-être pensera qu'en réfutant ce système de Telesio nous prenons une peine d'autant plus inutile qu'il n'est pas fort accrédité ; mais un motif de cette nature ne saurait nous refroidir, et l'indifférence publique pour une opinion ne sera jamais pour nous une raison assez forte pour nous empêcher de la soumettre à l'examen, quand elle méritera d'être examinée. Nous avons une très haute idée de ce philosophe. Nous sommes persuadés qu'il aimait sincèrement la vérité, et qu'il a rendu de vrais services à la philosophie en rectifiant certaines opinions ; nous le regardons même comme le premier d'entre les modernes qui ait mérité le titre de philosophe. D'ailleurs, en l'attaquant, ce n'est pas à Telesio lui-même que nous en voulons, mais seulement au restaurateur de la philosophie de Parménide, qui mérite nos hommages. Mais le principal motif qui nous a déterminés à entrer dans de si grands détails sur ce système, c'est qu'en le réfutant nous employons plusieurs arguments qui pourront servir également à réfuter d'autres hypothèses que nous examinerons dans la suite, ce qui nous épargnera beaucoup de répétitions inutiles ; car il est beaucoup d'erreurs qui, bien que différentes en elles-mêmes, tiennent tellement les unes aux autres et sont tellement entrelacées les unes avec les autres qu'on peut, à l'aide d'une seule réfutation, les ruiner toutes à la fois et pour ainsi dire les faucher toutes d'un seul coup. Voyons actuellement quelles sont dans la nature les vertus (les forces, les qualités actives) et les actions qu'on ne peut ramener au chaud ni au froid par aucune analogie réelle ou corrélation véritable, même en abusant de ses facultés intellectuelles. Posons d'abord pour principe cette donnée même de Telesio : « Que la quantité totale de la matière de l'univers est éternellement la même et n'est susceptible ni d'augmentation ni de diminution. » Or, cette condition (cet attribut) par lequel la matière se conserve et se soutient elle-même, il daigne à peine en parler, la regardant comme purement passive, et supposant qu'elle se rapporte plutôt à la quantité qu'à la forme (à la cause formelle) et à l'action, comme s'il était inutile de l'attribuer au chaud ou au froid, qui, selon lui, ne sont les sources (principes) que des seules formes actives et des forces. La matière, selon ce même philosophe, n'est pas destituée de toute qualité sans exception. mais seulement de toute qualité active, de toute force proprement dite.

Cette assertion est un des plus grands écarts de l'esprit humain, et elle paraîtrait même tout-à-fait étrange, si le consentement unanime et le préjugé commun sur lequel elle s'appuie ne détruisaient tout étonnement sur ce point. En effet, quelle plus grande erreur que celle de qualifier de passive la force imprimée à la matière et en vertu de laquelle elle se préserve tellement elle-même de toute destruction que le choc simultané de toute la matière de l'univers (moins une seule molécule) réunie en une seule masse, et de tous les agents les plus puissants également réunis, serait insuffisant pour anéantir cette particule, quelque petite qu'on puisse l'imaginer, et pour empêcher qu'elle n'occupe un certain espace, qu'elle n'ait certaines dimensions, qu'elle ne résiste invinciblement à toute pénétration et ne demeure éternellement impénétrable, et que réciproquement elle n'exerce elle-même quelque action et ne produise quelque effet. Comment, dis-je, peut-on refuser la qualification d'active à une telle force, la plus irrésistible que nous connaissions, et tellement insurmontable qu'on est tenté de la regarder comme une sorte de destin, de fatalité et de nécessité? Or, cette condition (cet attribut) de la matière, Telesio n'a pas même tenté de la rapporter au chaud et au froid; tentative qui aurait été d'autant plus inutile qu'il n'est point d'incendie ni d'engourdissement ou de congélation qui puisse ajouter à la totalité de la matière ou en retrancher une seule particule. Or, c'est ce qu'on peut dire également de la matière dont le soleil est composé et de celle qui se trouve au centre de la terre; mais l'erreur de Telesio consiste principalement en ce qu'après avoir très bien senti que la masse de la matière (que la quantité totale de la matière de l'univers) est toujours la même, il ferme les yeux comme à dessein sur l'attribut, en vertu duquel elle se conserve ainsi; et, plongé dans les plus profondes ténèbres du péripatétisme, il ne regarde cet attribut que comme un accessoire. C'est néanmoins ce qu'il y a de plus essentiel et de plus digne de la qualification de principe. C'est cette vertu (cet attribut) qui fait que chaque particule de la matière occupe nécessairement une place quelconque dans l'univers et empêche que tout autre ne l'occupe en même temps; qu'elle est par elle-même d'une solidité infinie et pour ainsi dire de diamant. En un mot, c'est de cette source qu'émane tout décret, toute décision irrévocable prononcée par une autorité inviolable sur le possible et l'impossible. Les scolastiques ordinaires, en traitant ce sujet, se tirent d'affaire à l'aide de quelques mots, et, après avoir posé pour principe que deux corps ne peuvent être en même temps dans un même lieu, ils croient avoir tout dit. Quant à la vertu dont nous parlions (et à son mode), ils ne peuvent se résoudre à l'envisager les yeux ouverts et à la disséquer pour ainsi dire jusqu'au vif, faute de sentir que ce point une fois bien éclairci servirait ensuite à en éclaircir une infinité d'autres et répandrait la plus vive lumière sur toutes les sciences. Quoi qu'il en soit, cette vertu (et c'est ce dont il est question ici) ne peut être expliquée par les deux principes de Telesio, et par conséquent ne peut y être rapportée. Passons actuellement à cet autre attribut qui est symétriquement opposé au précédent et qui est pour ainsi dire le pendant; je veux dire à celui en vertu duquel toutes les parties de la matière tendent à rester unies (à conserver leur contiguité); car, de même que toute matière se refuse à son anéantissement, elle résiste aussi à sa solution de continuité et à sa séparation absolue d'avec tous les autres corps. Mais cette loi de la nature est-elle aussi générale, aussi puissante et aussi inviolable que celle dont nous venons de parler? C'est ce qui nous paraît fort douteux; car Telesio, à l'exemple de Démocrite, suppose le vide accumulé (occupant de grands espaces) et sans bornes, en sorte que, selon eux, les corps pris un à un se prêtent quelquefois à leur séparation absolue d'avec toute espèce de matière; ce qu'ils ne font toutefois qu'avec beaucoup de peine, et seulement dans les cas où ils s'y trouvent contraints par quelque action très puissante qui les maîtrise et leur fait une sorte de violence. C'est une assertion que Telesio s'efforce d'établir sur quelques expériences ou observations, et principalement sur celles qu'on allègue ordinairement pour réfuter l'hypothèse du vide, en les choisissant et les étendant de manière qu'il semble être en droit d'en conclure que les corps, lorsqu'une force médiocre tend à les séparer, demeurent contigus; mais que, lorsqu'ils sont soumis à une action plus violente et en quelque manière tourmentés, mis à la torture, ils admettent un peu de vide; et c'est, dit-il, ce qu'on observe dans les clepsydres, où l'on se sert d'eau au lieu de sable; car, lorsque le trou par lequel l'eau doit s'écouler est extrêmement petit elle ne s'écoule pas, à moins que l'on ne donne de l'air à la partie supérieure; au lieu que, si ce trou est fort grand, l'eau y affluant en grande quantité prend son écoulement, le vide qui peut se former au-dessus n'y faisant plus obstacle. C'est ce qu'on observe également dans les soufflets; car si, après avoir rapproché l'un de l'autre les deux panneaux et bouché l'orifice du tuyau de manière que l'air ne puisse plus s'y introduire, vous tentez ensuite d'écarter l'un de l'autre ces deux panneaux, pour peu que la peau soit mince et faible elle se rompt; ce qui n'arrivera pas si cette peau est épaisse et forte. Mais ces expériences n'ont pas encore été faites avec assez d'exactitude; elles ne remplissent nullement l'objet de la recherche dont il s'agit et ne sont rien moins que décisives. Ainsi, quoique Telesio se pique de suivre la nature d'assez près pour se mettre en état de faire de vraies découvertes et d'observer plus distinctement ce que les autres n'ont vu que très confusément, ses résultats ne sont rien moins que satisfaisants. Il n'a pas su lever toutes les difficultés, et dans cette recherche il s'arrête à moitié chemin, comme il le fait presque toujours lui-même, à l'exemple des péripatéticiens que la lumière de l'expérience semble offusquer comme les hiboux; non qu'ils aient la vue trop faible, mais soit à cause d'une sorte de cataracte qui est sur leurs yeux et qui est l'effet de leurs préventions, soit parce qu'ils n'ont pas assez de patience et de tenue pour analyser complétement leur sujet et n'abandonner la recherche qu'après avoir décidé tous les points douteux et dissipé toutes les obscurités. Quoi qu'il en soit, la question dont nous sommes actuellement occupés, je veux dire celle où il s'agit de savoir jusqu'à quel point le vide peut avoir lieu, ou de combien les particules les plus déliées de la matière peuvent se rapprocher ou s'écarter les unes des autres, et quelle est, sur ce point, la loi fixe et invariable de la nature; cette question, dis-je, étant une des plus importantes et des plus difficiles qu'on puisse proposer en physique, nous croyons devoir la renvoyer au livre où nous traiterons, *ex professo*, du vide;

car, dans cet examen du système de Telesio, peu importe de savoir si la nature a en effet horreur de toute espèce de vide, ou (en employant le langage même de Telesio, qui se flatte de s'exprimer sur ce sujet avec plus d'exactitude et de précision que tout autre) si les corps tendent naturellement à conserver leur contiguïté (à rester en contact les uns avec les autres) et à prévenir une entière solution de continuité; car nous ne craignons pas de déclarer formellement que cette horreur du vide ou cette tendance au contact mutuel ne dépend nullement du chaud ni du froid. Aussi Telesio lui-même ne l'a-t-il pas attribué à ces deux causes; et, pour peu qu'on ne s'en rapporte qu'à l'expérience et à l'observation, il est évident qu'elles n'en dépendent point; car toute portion de matière qui se met en mouvement attire en quelque manière sur ses traces quelque autre portion de matière (qui vient remplir le vide que l'autre a laissé derrière elle), soit que la première ou la dernière soit chaude ou froide, humide ou sèche, dure ou molle, amie ou ennemie (de nature analogue ou opposée); en sorte qu'un corps chaud attirera ainsi à sa suite un corps très froid plutôt qu'il ne se prêtera à sa séparation absolue d'avec toute espèce de matière et à son parfait isolement. Cette force de cohésion, cette tendance des parties de la matière à rester liées les unes aux autres est plus forte que l'antipathie du chaud et du froid, et tellement prédominante, que les diverses formes ou qualités spécifiques ne peuvent en empêcher l'effet. Ainsi, cette force de cohésion ne dépend nullement des principes du chaud et du froid. Viennent ensuite les deux vertus (ou forces) qui, selon toute apparence, ont porté Telesio, ainsi que Parménide, à déférer en quelque manière le sceptre au chaud et au froid, mais avant d'avoir suffisamment discuté et vérifié leurs droits, je veux dire cette force en vertu de laquelle les corps s'ouvrent, sa raréfient, se dilatent et s'étendent de manière à occuper un plus grand espace et à augmenter de volume, ou au contraire cette autre force toute opposée en vertu de laquelle ils se condensent, se contractent et se resserrent de manière à occuper un moindre espace et à diminuer de volume. Cela posé, Telesio aurait dû faire voir comment et jusqu'à quel point cette double force et les deux mouvements qui en sont les effets peuvent dériver du chaud et du froid ; enfin, jusqu'à quel point ces deux forces peuvent agir et ces deux mouvements avoir lieu indépendamment de ces deux causes. Ce philosophe a eu raison d'assurer d'avance que la rareté et la densité sont les effets propres et directs du chaud et du froid, qui sont réellement les deux principales causes de la dilatation et de la contraction des corps.

Mais s'ils sont les deux principales causes de ces changements de volume, ils n'en sont pas toutefois les seules causes, et cette assertion trop vague et trop générale n'est vraie qu'autant qu'on y joint quelques distinctions ou restrictions ; car il est une infinité de corps qui, dans certains cas, se dilatant ou se contractant aisément et comme de bon gré, changent de forme constitutive, de mode essentiel et spécifique, et alors ne recouvrent plus leur volume naturel, mais qui, dans d'autres cas, en se dilatant et se contractant, conservent leur forme primitive et le volume qui leur est propre. Or, le mouvement progressif par lequel ces corps changent de volume dépend presque uniquement du chaud et du froid. Mais il n'en est pas de même du mouvement rétrograde par lequel ils recouvrent leur premier volume ; l'eau, par exemple, soumise à l'action de la chaleur et à sa force expansive, se dilate et se convertit en air. Il en est de même de l'huile et des autres substances grasses que la chaleur convertit aussi en exhalaisons (en vapeurs onctueuses) et en flamme. Mais lorsque cette transmigration (conversion, transformation) est complète, ni les substances aqueuses, ni les substances onctueuses ne font effort pour revenir à leur premier état. Il en faut dire autant de l'air qui, étant soumis à l'action de la chaleur, se dilate et occupe un plus grand espace. Mais si, dans le progrès dont nous parlons et par lequel ces substances changent de volume, elles ne font pour ainsi dire que la moitié du chemin, elles se rétablissent dès que la chaleur cesse et recouvrent le volume qui leur est propre, de manière toutefois que le chaud et le froid influent aussi quelque peu sur le mouvement rétrograde par lequel elles reviennent à leur état naturel et recouvrent leur volume primitif, au lieu que les corps distendus ou détirés, non par l'action de la chaleur, mais par celle d'une force mécanique, se rétablissent et recouvrent leur volume naturel avec une extrême promptitude sitôt que cette force cesse d'agir, sans que le froid ou la diminution de la chaleur ait aucune part à ce rétablissement. C'est ce qu'on observe lorsqu'après avoir évacué par voie de succion une partie de l'air renfermé dans un œuf de verre on retire sa bouche, ou lorsqu'après avoir levé l'un des panneaux d'un soufflet on l'abandonne à lui-même ; car dans la première expérience l'air rentre dans l'œuf, et dans la seconde le panneau levé retombe de lui-même sur l'autre. Mais ces effets et la propriété qu'ils démontrent sont beaucoup plus sensibles dans les corps solides et grossiers que dans l'air ou tout autre fluide ; par exemple, pour peu qu'on détire une pièce de drap ou qu'on tende une corde avec force, l'une et l'autre se contractent et se rétablissent par une espèce de ressaut sitôt que la force qui les a tendues ou détirées cesse d'agir. Il en est de même de la compression, l'air fortement comprimé et condensé dans une cavité s'échappant avec violence dès qu'il trouve une issue. De même, tous les mouvements mécaniques vulgairement qualifiés de violents, par exemple, celui qu'un corps dur frappant un autre corps dur lui imprime, et celui des corps lancés à travers l'air ou l'eau, ne doivent être attribués qu'à l'effort que le corps frappé, comprimé ou lancé, fait pour se délivrer de la compression. Cependant on ne voit dans tous ces effets aucunes traces, aucuns vestiges de chaud ni de froid, leur influence y étant tout-à-fait nulle. Il serait inutile de répondre, suivant les principes du système de Telesio, que la nature a peut-être assigné et approprié telle portion (proportion ou mesure) de chaud ou de froid à telle quantité de matière occupant tel espace, ou, ce qui est la même chose, ayant telle densité, distribution qui peut être l'effet d'une certaine analogie (entre la densité et le chaud ou le froid), et que cette supposition étant une fois admise, quoique dans la dilatation d'un corps il n'y ait aucune addition de chaud ou de froid, cependant, comme dans le nouvel espace qu'occupe ce corps il y a plus ou moins de matière qu'il ne faudrait à raison du chaud ou du froid qui s'y trouve, l'effet est le même que si on eût ajouté ou ôté une quantité proportionnelle de l'un ou de l'autre de ces deux principes. **Mais une telle réponse, toute ingénieuse qu'elle soit,** ne ressemble que trop à celles que font ordinairement les philosophes, plus jaloux de ne jamais rester court et de soutenir leur opinion que de connaître la nature et la réalité des choses; car si, après avoir comprimé ou étendu (distendu, détiré) les corps de cette espèce (élastiques), on les chauffe, puis on les refroidit suivant une proportion beaucoup plus grande que celle qui leur est propre (lorsqu'ils sont dans leur état naturel); par exemple, si, après avoir détiré avec force une pièce de drap, on la soumet à l'action du feu, cela n'empêchera point que son élasticité ne produise son effet ordinaire et qu'elle ne se rétablisse en recouvrant son premier volume, d'où il suit évidemment que le chaud ni le froid ne contribuent sensiblement à la propriété en vertu de laquelle telle espèce de corps a telle densité, et c'est pourtant la considération de cette propriété même qui est le principal fondement de l'hypothèse que nous examinons. Il est deux autres propriétés très générales et très connues qu'on ne peut non plus ramener aux principes du chaud et du froid; je veux parler de celles en vertu desquelles les corps tendent vers les plus grandes masses de leurs congénères (de leurs analogues), propriétés dont la plupart des philosophes n'ont eu qu'une idée fausse ou superficielle; par exemple, les scolastiques, divisant tous les mouvements en deux espèces, savoir : en mouvements naturels et en mouvements violents, prétendent que les corps graves se portent naturellement de haut en bas et les corps légers de bas en haut, et, après cette frivole distinction, ils se flattent d'avoir tout expliqué; mais au fond qu'est-ce que toutes ces expressions, la nature, l'art, la violence, etc.? Ce ne sont que des abréviations purement verbales, nominales, et non de vraies explications. Ce n'était pas assez de qualifier de naturel le mouvement dont nous parlons, il fallait de plus déterminer l'espèce d'appétit ou d'affection (de force ou de tendance) qui en est la véritable cause; car il est une infinité d'autres mouvements qui dépendent de forces ou de tendances très différentes, et c'étaient ces différences mêmes qu'il aurait fallu saisir. De plus, on pourrait observer à ce sujet que les mouvements qu'ils appellent violents devraient plutôt être qualifiés de naturels que celui auquel ils donnent cette qualification, en supposant toutefois qu'elle convienne mieux à celui qui, ayant le plus de force, a aussi des relations plus directes et plus étroites avec la configuration (l'ensemble, le système) de l'univers; car le mouvement d'ascension et de descension (de bas en haut ou de haut en bas) dont il s'agit ici n'est rien moins que prédominant et universel; il ne se fait sentir que dans certaines régions et cède à beaucoup d'autres mouvements. Lorsqu'ils prétendent que les corps graves se portent de haut en bas et les corps légers de bas en haut, c'est à peu près comme s'ils disaient que les corps pesants sont pesants et que les corps légers sont légers; car l'attribut de leur proposition se trouve renfermé dans son sujet, pour peu qu'on donne à ce dernier terme sa véritable signification. Cependant si, par cette dénomination de corps graves, ils désignent les corps denses, et par celle de corps légers les corps rares, ils font à la vérité quelques pas de plus vers le but; mais alors ils s'en tiennent à un simple mode concomitant au lieu de chercher une cause proprement dite. Quant à ceux qui, pour rendre raison du mouvement des corps pesants et de celui des corps légers, prétendent que les premiers tendent vers le centre de la terre et les derniers vers la région céleste, ou, ce qui est la même chose, vers la circonférence, ils disent quelque chose de plus positif et ils indiquent du moins une cause quelconque, mais ils ne montrent pas la véritable et ils manquent tout-à-fait le but; car un lieu n'est point un être réel qui puisse avoir une force déterminée et exercer une action; un corps ne peut être mis en mouvement ou modifié d'une manière quelconque que par un autre corps, et tout corps tendant à occuper la place qui lui convient tend à se placer, non dans tel lieu absolu, mais dans telle situation, relativement à tel autre corps dont l'action le met en mouvement et avec lequel ensuite il forme une nouvelle combinaison.

CONSIDÉRATIONS POLITIQUES[1]

POUR ENTREPRENDRE LA GUERRE CONTRE L'ESPAGNE.

AU PRINCE DE GALLES[2].

Monseigneur,

Votre Altesse a un nom d'empereur; un Charles a le premier apporté l'Empire en France, un autre Charles le transporta le premier en Espagne; pourquoi la Grande-Bretagne n'aura-t-elle pas son tour? Mais pour parler avec plus de solidité, laissant à part tout ce qui tient de la vanité et de la flatterie, entreprendre la guerre contre l'Espagne est une œuvre digne de considération et qui a besoin de grands préparatifs et d'une extrême diligence. Celui qui ne parle pas de la sorte est véritablement zélé pour sa patrie, mais d'un zèle dépourvu de connaissance. L'Espagnol néanmoins n'est pas un géant, comme on nous le voudrait bien faire accroire, et celui qui pense que l'Espagne est beaucoup plus puissante que cet État, assisté comme il est et comme il peut être, n'est pas un grand homme d'état. Ce serait juger de la grandeur des royaumes par l'apparence et par le courant de leur fortune, et non pas par leur propre valeur et par leurs véritables forces. C'est pourquoi, bien que j'eusse entièrement éloigné mes pensées des affaires publiques, voyant toutefois que c'est ici un nouveau sujet qui importe infiniment à ma patrie, je me suis enfin résolu d'écrire ce que j'ai appris de cette matière, tant par la longue et continuelle expérience que j'ai eue des affaires d'État que par la lecture des plus excellents livres de politique et d'histoire. C'est ce que je présente humblement à Votre Altesse, afin qu'au moins elle reconnaisse dans la faiblesse de ma capacité la force de mon affection, conformément au proverbe espagnol : *Desvario sempre con la calientura*, il n'y eut jamais chaleur d'affection qui ne fût accompagnée de quelque faiblesse.

Trois choses sont nécessaires pour entreprendre une guerre légitime : que la querelle soit juste, qu'on ait des forces et des provisions suffisantes, et que l'on fasse un bon choix des desseins. Premièrement je justifierai le mérite de la querelle, secondement je balancerai les forces, et enfin je proposerai plusieurs desseins différents sans en déterminer le choix, parce que ce n'est pas une chose qui se puisse faire facilement dans un discours de cette nature, ni une matière dont je sois maintenant capable, n'étant aujourd'hui en effet qu'un étranger dans les présentes occurrences.

Les guerres, à proprement parler (je n'entends pas celles qui n'ont pour but que l'ambition ou le pillage) sont des procès d'appel au tribunal de la justice de Dieu, n'y ayant point de supérieurs en terre pour les terminer. Ce sont, comme aux procès civils, des plaintes ou des défenses. Nous avons donc trois justes fondements de guerre contre l'Espagne; le premier d'une plainte et les deux autres de défenses. Salomon dit : que la corde faite de trois cordons ne se rompt pas aisément, principalement quand chacun des cordons est fort de lui-même. Voici nos trois fondements : le recouvrement du Palatinat, la juste crainte de la subversion de notre État, et encore une juste crainte de la subversion de nos Églises et de notre religion. En traitant des deux derniers fondements de guerre, je vous ferai voir clairement que les guerres que l'on prévient sur de justes craintes sont de vraies guerres défensives aussi bien que si c'était sur des invasions actives, et de plus que les guerres défensives

---

[1] Traduction par Maugars, conseiller, secrétaire-interprète du roi en langue anglaise, dédiée au cardinal de Richelieu, Cramoisy, 1634.

[2] Roi sous le nom de Charles I.

pour la religion (je ne parle pas de la rébellion) sont très justes, encore que les guerres offensives qu'on fait pour la religion doivent être fort peu souvent approuvées, si elles n'ont quelque mélange de titres et d'intérêts civils. Tout ce que je dirai sur ce sujet sera semblable à un peloton de fil dont on peut faire avec l'aiguille de fort beaux ouvrages.

Pour établir la justice de la querelle touchant le recouvrement du Palatinat, je ne monterai point si haut que de discuter le droit de la guerre de Bohême. Que s'il est hors de doute de notre côté, alors il n'y a pas l'ombre d'un pretexte à retenir le Palatinat, ce ravissement étant une augmentation de la première injure et une surcharge d'injustice. Mais je ne me crois point assez savant dans les coutumes, transactions et priviléges du royaume de Bohême, pour être capable de traiter cette matière, et je ne peux pas vous donner ce dont je ne suis pas le maître. Néanmoins je vous dirai en passant, positivement et résolument, qu'il est impossible qu'une monarchie élective soit aussi libre et aussi absolue qu'une héréditaire, non plus qu'il serait possible à un père d'avoir autant de puissance et d'intérêt sur un fils adoptif que sur un naturel, *quia naturalis obligatio fortior civili*; joint que cette maxime vulgairement reçue est presque infaillible, *nil magis naturæ consentaneum est quàm ut iisdem modis res dissolvantur quibus constituuntur*; de sorte que si le peuple a part et proit en l'élection d'un prince, vous ne le pouvez pas priver du droit de son suffrage lorsqu'il s'agit de la destitution ou translation du même prince. Que si l'on dit que c'est une dangereuse opinion pour les papes, empereurs et rois électifs, il est vrai qu'elle est et doit être très dangereuse à la personne de ces papes, empereurs et rois électifs, qui passent les bornes de leur devoir et deviennent tyrans. Mais c'est une très saine et très salutaire opinion pour leurs siéges, empires et royaumes, et pour eux-mêmes s'ils sont sages, *plenitudo potestatis est plenitudo tempestatis*. Or, la principale cause pourquoi je n'examine pas ce point est parce que je n'en ai pas besoin, et qu'en traitant du droit de la guerre je ne veux pas mêler les matières douteuses avec celles qui sont hors de doute; car, de même que dans les causes criminelles, où il y va de la vie d'un homme, *in favorem vitæ*, il faut que les preuves soient bien claires, d'autant plus doivent-elles être évidentes dans le jugement de la guerre, où il y va de la vie d'un million de personnes. Je prends l'affaire au pis et demeure d'accord que la guerre entreprise par le comte palatin sur la Bohême a été injuste, et puis faites l'argument, qui n'est pas plus tôt fait que résolu. Le voici dans la thèse. On fait une guerre offensive qui est injuste de la part de l'agresseur; la poursuite de la guerre porte le défendant à assaillir et envahir l'ancien et indubitable patrimoine du premier agresseur, qui devient alors défendeur; demeurera-t-il sans rien faire? ne se mettra-t-il point en défense? ou, s'il est dépossédé, ne fera-t-il pas la guerre pour le recouvrement? Il n'y a personne qui soit si privé de jugement qui ne le doive affirmer. Le fort de la Cadmée fut pris par Phœbidas, Lacédémonien, et la cité de Thèbes investie par embûches et en violant l'alliance. Dans la suite de l'action, le fort fut repris et la ville recouvrée, et la guerre portée jusqu'aux murailles de Sparte. Je le demande: la défense de la ville de Sparte et l'expulsion des Thébains hors de l'ancien territoire de la Laconie était-elle injuste? La prise que firent les Vénitiens sur les Français de cette partie du duché de Milan située sur la rivière d'Adde fut très ambitieuse et très injuste; cela attira la guerre sur les Vénitiens avec une telle tempête que Padoue et Trévise furent prises sur eux, et tout le domaine qu'ils avaient sur le continent de l'Italie abandonné, et eux confinés dans leurs eaux salées. Quelqu'un dira-t-il que ce mémorable recouvrement de Padoue et la défense qu'ils en firent (lorsque tous les gentilshommes vénitiens, qui d'ailleurs n'étaient pas fort belliqueux, pour la grande affection qu'ils portaient à leur patrie, devinrent dès le premier jour aguerris), et aussi que la reprise de Trévise et de tout le reste de leur terre fut injuste à cause que leur querelle aurait eu un mauvais fondement. La guerre du duc d'Urbin, neveu de Jules second, quand il se fit chef des mutins espagnols, fut la plus injuste du monde; le support de rebelles désespérés, une invasion du patrimoine de Saint-Pierre; le sort de la guerre tomba sur le duc par la perte de son État, dont le droit lui était indubitable. Néanmoins, il n'y eut point de pénitencier qui lui eût conseillé d'abandonner son bien, encore qu'il lui eût enjoint une très rude pénitence pour expier la première offense ; car après il reprit très heureusement son duché, qui est demeuré dans sa famille jusques aujourd'hui. Il n'y a jamais eu rien de plus injuste que l'invasion de l'armée espagnole sur nos mers en l'année 1588 ; notre terre leur était une terre sainte, ils ne devaient pas y aborder. Dirai-je donc que la défense que firent les Espagnols de Lisbonne et de Calais était injuste. Il y a mille exemples sur ce sujet, *Utor in re non dubiâ exemplis non necessariis.* La raison en est claire. Les guerres ne sont que vengeances et réparations, lesquelles ne doivent durer que selon la durée et la qualité des injures reçues ; et c'est pourquoi, lorsqu'une guerre offensive volontaire se change par la fortune de la guerre en une guerre défensive nécessaire, la scène de la tragédie est aussi changée et il faut commencer un nouvel acte ; car encore que les actions particulières de la guerre soient impliquées de faits, elles ont néanmoins de part et d'autre leurs droits différents et leurs raisons diverses ; semblable aux procès difficiles qui ont quelquefois apparence de droit et de justice des deux côtés. Mais ceci est si clair qu'il n'est pas besoin d'y insister davantage ; et néanmoins, s'il était nécessaire d'en dire mon avis, je dirais que notre cause est la meilleure, puisque l'empereur est maintenant en possession paisible de la Bohême ; et bien qu'il soit vrai que *non datur compensatio injuriarum,* il y aurait eu bien plus d'apparence de retenir le Palatinat par forme de représaille, si la Bohême eût été perdue ou qu'elle fût encore le théâtre de la guerre. Je n'en parlerai pas davantage. Quant au titre de forfaiture sur lequel l'empereur s'est rendu juge et partie et s'est fait justice à lui-même, je ne dirai que ce mot. Il y aurait bien des affaires en Allemagne, Italie et autres lieux, s'il fallait que les forfaitures et confiscations que donne l'empereur passassent pour de bons et valables titres.

Voilà pour ce qui est du premier fondement de guerre que nous avons contre l'Espagne, par forme de plainte touchant le recouvrement du Palatinat. Passant sous silence tout ce qui donnerait occasion d'un plus grand discours et que je pourrais vérifier par un grand nombre d'exemples, savoir : que tout ce qu'on gagne par un traité frauduleux doit être restitué *in integrum,* ainsi que nous voyons tous les jours des exemples de ceci dans les instances civiles (car les images des grandes choses se voient quelquefois bien mieux raccourcies dans la glace d'un petit miroir) ; nous voyons, dis-je, que quand l'une des parties se laisse endormir, sous prétexte d'arbitrage ou d'accord, et que l'autre partie durant ce temps-là gagne artificieusement quelque avantage, la cour néanmoins remet les choses comme elles étaient auparavant, sans avoir égard à toutes ces surprises. Enfin, que personne ne s'abuse ; quand je parle de la guerre pour le recouvrement du Palatinat, je n'entends pas que la guerre se fasse seulement en ce pays-là directement, mais partout ailleurs où l'ennemi possède quelque chose ; car examinez ce que les anciens appelaient *jus fœciale,* et tous les exemples, et vous trouverez qu'il n'y a aucun scrupule qu'après une ambassade *ad res repetendas,* après un refus et une dénonciation de guerre, la guerre soit restreinte dans le lieu de la querelle ; mais chacun prend son avantage où il peut et où ses desseins le conduisent.

Je viens au second fondement de guerre que nous avons contre l'Espagne ; c'est à savoir une juste crainte de la subversion de notre État. La guerre n'est donc pas pour le Palatinat seulement, mais pour l'Angleterre, l'Écosse, l'Irlande, pour notre prince, pour notre patrie ; bref pour tout ce que nous possédons. Sur quoi je dois vous prouver deux choses : l'une qu'une juste crainte sans aucune invasion ou offense est un fondement suffisant de guerre et passe en nature d'une défensive ; l'autre, que nous avons assez de causes de justes craintes de la part d'Espagne. Je dis de justes craintes ; et comme les jurisconsultes donnent une fort bonne définition dans la cause particulière que la crainte légale *est justus metus qui cadit in constantem virum,* aussi pour la cause publique *est justus metus qui cadit in constantem senatum;* je n'entends pas de celles qui proviennent de simples ombrages de jalousies et de légères appréhensions, mais d'une claire prévoyance d'un danger éminent.

Touchant la première proposition, il est a propos d'entendre ce que les siècles passés nous ont appris. Thucydide, en son histoire de la guerre péloponésiaque, dit en termes bien clairs que la vraie cause de la guerre était la grandeur toujours croissante des Athéniens, et la crainte que les Lacédémoniens en avaient, et il ne feint point de l'appeler une nécessité imposée aux Lacédémoniens de faire la guerre, qui sont les mots d'une pure défensive, ajoutant que les autres causes n'étaient que des prétextes spécieux et populaires : *Verissimam quidem, sed minimè sermone celebratam, arbitror extitisse belli causam, Athenienses magnos effectos et Lacedemoniis formidolosos, necessitatem illis imposuisse bellandi; quæ autem propalam ferebantur, utrinque causæ istæ fuerunt.* Je crois que la véritable cause de la guerre, quoique ce soit celle qui ait été la moins divulguée, est que les Athéniens étant devenus grands et puissants, et par conséquent formidables à leurs ennemis, imposèrent aux Lacédémoniens une absolue nécessité de faire la guerre; mais les causes qu'on alléguait de part et d'autre publiquement étaient telles, etc. Lorsque Sulpitius Galba consul persuadait aux Romains de prévenir la guerre contre le dernier Philippe, roi de Macédoine, à cause des grands préparatifs qu'il faisait, et que ses desseins tendaient à ruiner quelques-uns des confédérés des Romains, il parlait avec assurance, et eux qui n'entendaient pas sa conception la prenaient pour une guerre offensive. *Ignorare videmini, Quirites, non utrum bellum an pacem habeatis vos consuli, neque enim liberum id vobis permittet Philippus, qui terrâ marique ingens bellum molitur; sed utrum in Macedoniam legiones transportetis, an hostem in Italiam recipietis.* « Il me semble, Romains, que c'est folie de consulter si vous aurez la guerre ou la paix. Philippe donnera bon ordre que vous n'en ferez pas le choix, lui qui vous prépare une puissante guerre, tant par mer que par terre; mais il faut savoir si vous transporterez la guerre en Macédoine ou si vous la recevrez en Italie. » Lorsque Antiochus incitait Prusias, roi de Bithynie, qui était ligué dans ce temps-là avec les Romains, à se joindre avec lui pour leur faire la guerre, il lui représentait une juste crainte de cette grandeur démesurée des Romains qui s'épandait partout, la comparant au feu qui était toujours allumé et qui passait de royaume en royaume. *Venire Romanos ad omnia regna tollenda, ut nullum usquam orbis terrarum nisi Romanum imperium esset, Philippum et Nabim expugnatos, se tertium peti, ut quisque proximus ab oppresso sit, per omnes velut continens incendium pervasurum.* « Que les Romains venaient pour envahir tous les royaumes et pour rendre Rome la monarchie universelle du monde; que Philippe et Nabis étaient déjà ruinés, et que c'était à son tour d'être attaqué, et qu'il devait craindre que, comme il était le plus proche, le feu ne l'embrasât bientôt. » Sur quoi il faut remarquer que *crescunt argumenta justi metûs*, ces États ambitieux considérant que tout le monde sait qu'ils aspirent à la monarchie universelle et qu'ils cherchent toutes sortes d'occasions d'étendre leurs limites. C'est pourquoi, dans les délibérations de guerre qu'on a prises contre les Turcs, on a soutenu avec jugement que les princes chrétiens avaient toujours un suffisant fondement de guerre contre l'ennemi, non-seulement pour la cause de la religion, mais sur une juste crainte, et d'autant plus qu'il y a une loi fondamentale parmi les Turcs qu'ils peuvent en tout temps sans être provoqués faire la guerre en la chrétienté pour la propagation de leur loi; de sorte qu'une perpétuelle crainte de guerre pend sur la tête des chrétiens, et partant ils peuvent quand bon leur semblera les prévenir. Démosthènes se moque des guerres qui ne sont pas offensives, comparant ceux qui les ont à des paysans qui s'escriment dans une salle, lesquels ne se mettent jamais sur leurs gardes qu'ils n'aient reçu le coup. *Ut barbari pugiles dimicare solent, itá vos bellum geritis cum Philippo; ex his enim is qui ictus est ictui, semper inhæret; quod si eum alibi verberes, illic manus transfert, ictum autem depellere, aut prospicere, neque scit, neque vult.* Clinias, Candiot, parle dans Platon d'une façon cruelle et désespérée, comme s'il ne devait point y avoir de paix parmi les hommes et que chaque nation dût prendre son avantage pour faire la guerre contre l'autre. Toutefois dans ce discours plein de violence nous en pouvons tirer quelque chose de moral, savoir : que chaque État doit demeurer sur ses gardes et plutôt prévenir que d'être prévenu. Voici ces mots : *Quam rem ferè vocant pacem, nudum et inane nomen est : reverâ autem omnibus adversus omnes civitates bellum sempiternum perdurat.* « Ce que la plupart des hommes nomment paix, ce n'est qu'un nom en l'air ; il y a toujours véritablement parmi les États une guerre secrète. » Je sais fort bien que ce passage n'est que l'objection et non pas la décision, et que puis après il le réfute ; mais néanmoins, comme j'ai déjà dit ci-devant, l'on en peut tirer ceci de véritable : que si cette générale malignité et disposition à la guerre, qu'il se figure faussement être parmi les nations, provient d'une injuste crainte d'être oppressé, ce n'est plus alors une véritable paix, ce n'en est plus que le nom.

Quant à l'opinion d'Iphicrate, Athénien, elle approche fort de celle de Clinias, ne voulant pas seulement pour faire la guerre une juste crainte, mais disant qu'il y a encore parmi les républiques une espèce de guerre et qu'il n'y a jamais d'alliance certaine et assurée avec vos voisins que quand vous les aurez réduits à l'impuissance de faire mal, comme nous voyons dans son traité de paix qu'il fit avec les Lacédémoniens, où il leur dit fort intelligiblement qu'il n'y aurait jamais de paix véritable et assurée entre eux s'ils ne se soumettaient à des conditions telles que, étant une fois accordées, il ne serait plus dorénavant à leur pouvoir de faire mal aux Athéniens, encore qu'il le voulussent. Et pour dire vrai, si vous l'avez bien remarqué, ç'a été de tout temps une des plus ordinaires maximes des bons ministres d'état, de veiller continuellement à ce que les États voisins n'empiétassent sur les princes qu'ils servaient, soit par approches ou accroissement de leurs terres, ou en ruinant les confédérés, ou empêchant le commerce, ou par autres moyens semblables ; et quand ils ont été prévenus de quelques-unes de ces entreprises, leur faire payer par une forte guerre et ne jamais faire la paix qu'avec un avantage signalé. C'est une chose bien mémorable, et qui est encore aujourd'hui aussi récente que si elle était arrivée depuis peu de jours, combien ce triumvirat de rois, Henri huitième d'Angleterre, François premier de France et Charles cinquième empereur et roi d'Espagne, ont été prévoyants dans leur temps, qu'à peine l'un des trois a pu gagner un pied de terre que les deux autres ne fissent tout incontinent leurs efforts de remettre les affaires de l'Europe en une égale balance. On usa de la même prévoyance au siècle précédent, par cette ligue qui fut faite expressément contre la trop grande puissance des Vénitiens, entre Ferdinand roi de Naples, Laurent de Médicis, duc de Florence, et Louis Sforce, duc de Milan, ainsi que rapporte Guicciardini au commencement de son histoire, en faisant comme un calendrier des bons jours d'Italie ; mais ce fut de sorte que les confédérés avaient perpétuellement l'œil l'un sur l'autre, de peur que l'un d'eux ne surpassât ses bornes. Pour conclure, bien que quelques scolastiques, plus propres à manier des plumes que des épées, semblent être d'avis qu'une guerre offensive doit être *ultio*, revanche, qui présuppose une attaque et une injure précédente, ils ne viennent pas pourtant à ce point que nous traitons d'une juste crainte, ni même ils n'ont pas assez d'autorité pour juger cette question contre tous les exemples des histoires ; car certainement tant que les hommes seront hommes, fils de Prométhée, comme disent les poètes, et non pas d'Epiméthée, et tant que la raison sera raison, une juste crainte sera une juste cause d'une guerre prévenante, et principalement s'il arrive qu'il y ait une nation qu'on découvre manifestement aspirer à de nouvelles conquêtes ; alors on ne pourra pas justement accuser les autres États de ne point attendre le premier coup ou de ne pas accepter la courtoisie de Polyphème d'être mangé le dernier.

J'observe bien davantage sur ce passage de Platon que j'ai ci-devant cité, prenant même le parti de celui qui est pour la résolution contre l'objection de Clinias, et prouve qu'une juste crainte est une juste cause d'une guerre offensive, quoique cette crainte ne procède pas du soupçon d'être assailli du dehors, et que d'ailleurs les États voisins ne nous donnent aucun sujet de les craindre. Platon ajoute encore que si une république, dans un mauvais tempérament de son corps, craint que quelque sédition ou quelque guerre intestine ne s'élève parmi ses citoyens, elle pourra se décharger de ses mauvaises humeurs en entreprenant une guerre étrangère. Ce remède fut présenté à Charles neuvième par Gaspard de Coligny, lui persuadant par vives raisons d'entreprendre une guerre en Flandre pour éteindre les guerres civiles de France ; mais ce conseil-là ne fut pas heureux. Aussi n'ai-je pas envie de soutenir cette proposition, parce que je n'opposerai jamais la politique à la morale, voyant que la véritable morale n'est qu'une servante de la théologie et de la religion. Saint Thomas, un des plus excellents théologiens, arrête particulièrement son style contre les passions dépravées qui règnent en faisant la guerre, conformément à saint Augustin ; *nocendi cupiditas, ulciscendi crudelitas, implacatus et implacabilis animus, feritas rebellandi, libido dominandi ; et si quœ sunt similia, hæc sunt quœ in bellis jure culpantur.* Le même saint Thomas définissant les justes causes de la guerre, en parle en termes généraux : *Requiritur ad bellum causa justa, ut scilicet illi qui impugnantur mereantur. Impugnatio culpœ* est un mot bien *propter aliquam culpam impugnationem* plus général que *ultio injuriœ.* Voilà pour ce qui est de la première proposition du second fondement de guerre contre l'Espagne, à savoir : qu'une juste crainte est une juste cause de guerre et qu'une guerre qui prévient l'ennemi est une vraie défensive.

La seconde ou mineure proposition est que ce royaume a juste cause de craindre d'être ruiné par l'Espagne. Sur quoi il faut observer que les craintes et les soupçons des hommes sont toujours accompagnés de plus d'incertitude et d'obscurité que leurs actions ; et d'ailleurs la crainte se présente souvent à notre imagination d'une telle sorte qu'elle éblouit plutôt les yeux qu'elle ne les ouvre. C'est pourquoi je parlerai conformément au sujet que je traite, probablement, modérément et brièvement. Je ne vous déduirai pas aussi ces craintes pour les appliquer aux présentes occurrences ; mais je m'arrêterai seulement aux fondements généraux, laissant le reste aux conseils secrets.

Croyez-vous que ce soit peu de chose que la couronne d'Espagne ait étendu ses limites depuis soixante ans beaucoup plus que les Ottomans n'ont fait les leurs ? je ne dis pas par des alliances et par des unions, mais par armes, par occupations et par invasions. Grenade, Naples, Milan, le Portugal, les Indes orientales et occidentales sont les usurpations de cette couronne. Ils avaient de grandes prétentions sur la Bretagne, sur une partie de la Picardie et du Piémont ; mais ils n'y ont pu parvenir. Ils ont aujourd'hui plus de rage et de passion de posséder la Valteline qu'un vautour n'en a de prendre une alouette, et le Palatinat est à leur bienséance ; de sorte qu'il n'y a rien de plus clair que cette nation espagnole court à l'empire du monde cependant que tous les États de la chrétienté demeurent les bras croisés. Considérez un peu leurs titres en vertu desquels ils ont acquis et possèdent encore aujourd'hui ces nouveaux royaumes, et vous les trouverez remplis de tant de variétés et tellement conditionnés qu'il est bien aisé de reconnaître qu'ils se les sont eux-mêmes fabriqués, pour nous apprendre qu'en quelque temps qu'on les surprenne ils ne manqueront jamais de prétextes. C'est pourquoi tant de nouvelles conquêtes, tant d'alarmes et d'entreprises, avec cette facilité à trouver des prétextes dont ils se savent prévaloir, doivent bien servir de réveil-matin aux autres nations pour se tenir sur leurs gardes.

Viendrons-nous, de cette générale ambition qu'ils ont à étendre leurs limites, à cette particulière disposition de nous mal faire et à cette envie qu'ils ont toujours eue dessus nous. Ils se sont efforcés par deux fois de s'emparer de ce royaume d'Angleterre une fois par un mariage avec la reine Marie et la seconde fois par conquête en quatre-vingt-huit, avec des forces par mer et par terre, qui ne cédaient point à celles qu'ils ont aujourd'hui. En ce temps-là de quatre-vingt-huit, il nous fut donné de fort bons avis et véritables que leur dessein était, voyant que la guerre des Pays-Bas tirait de longue et qu'elle était fomentée et entretenue par le secours des Anglais, qu'il n'y avait point d'autre moyen pour la terminer sinon d'assaillir l'Angleterre, qui servait aux Hollandais d'une porte de derrière. Eh ! qui nous donnera caution, je vous prie, qu'ils ne reprennent ce même conseil et ce même dessein ? De sorte que nous sommes en un étrange danger ; car si nous souffrons la ruine des Hollandais, qui sont nos dehors, nous demeurerons tous nus et démantelés. Que si, en les secourant puissamment comme nous devons et les remettant sur pied, nous n'attaquons pas incontinent l'Espagne, nous hasardons de changer la scène de la guerre et de la tourner en Irlande ou en Angleterre, comme il arrive aux rhumes et aux défluxions, que si, en divertissant le cours du lieu affecté, vous n'ôtez la cause de la maladie, elles coulent et tombent sur d'autres parties. Ils ont encore par deux fois envahi l'Irlande : une fois sous la bannière du pape, lorsqu'ils furent défaits par le lord Grey, et une autre fois en leur nom, quand ils furent défaits par le lord Mounjoy. Par là vous pourrez juger de la bonne volonté qu'ils nous portent. Mais on pourra dire que c'est un almanach des années passées ; que depuis quatre-vingt-huit tout a bien été ; que les Espagnols n'ont point assailli ce royaume, bien que nous les ayons provoqués puissamment par deux invasions que nous avons faites sur eux. Il est vrai ; mais aussi considérez qu'immédiatement après quatre-vingt-huit ils furent long-temps embrouillés, en protégeant la ligue qui était en France, ce qui les occupait entièrement ; et puis ayant été fort matés par les continuelles étreintes que leur donnaient les Français, ils furent contraints de se reposer pour prendre haleine et tâcher de réparer leurs premières pertes. Mais il semble aujourd'hui que les choses reviennent en leur premier état et avec bien plus de désavantage pour nous ; car maintenant qu'ils ont comme joint leurs terres de Milan à la Valteline, du Palatinat aux Pays-Bas, nous voyons comme ils s'opiniâtrent après la ruine de ces États, ayant en mépris presque toute la nation allemande, et ne craignant aucune opposition, si elle ne vient du côté d'Angleterre. Par quoi, ou nous devons souffrir la ruine des Hollandais, à notre très grand préjudice, ou nous mettre au hasard, comme je l'ai dit ci-devant, que l'Espagne ne tire au plus beau et ne se jette où bon lui semblera. Nous ne devons pas aussi oublier le danger interne et domestique qui pend sur nous du côté des catholiques anglais, qui sont bien plus affectionnés et attachés à l'Espagne qu'ils n'ont été ci-devant. Ce qui nous doit faire ressouvenir de l'affaire de quatre-vingt-huit, lorsque le dessein des Espagnols était, quelques années auparavant l'invasion, de préparer un parti en ce royaume, pour se joindre à eux à leur arrivée, ainsi que nous apprîmes par quantité de lettres secrètes. Ils se vantaient qu'ils abuseraient et endormiraient la reine et son conseil de manière à n'inspirer aucune crainte du côté des catholiques anglais, parce qu'ils savaient bien qu'on ne jetterait les yeux que sur quelque tête éminente, sur laquelle ils se pussent réunir ; et n'en trouvant point d'assez digne, l'État serait en sûreté de ce côté-là et n'aurait aucune appréhension d'eux. Sur quoi ils se proposaient de faire en sorte envers les peuples, tant par réconciliations, confessions et promesses secrètes, qu'ils ne se soucieraient point d'aucun chef ; et voici la raison pour laquelle les Espagnols tirèrent des séminaires anglais des hommes qu'ils envoyèrent et dispersèrent par toute l'Angleterre, environ la vingt-troisième année du règne de la reine Élisabeth ; auquel temps on eut le premier soupçon de l'invasion de l'armée espagnole et qu'on commença aussi à faire de sévères lois contre les catholiques anglais. Et partant ils feront fort bien de changer leurs remercîments ; et en cas qu'ils remercient l'Espagne de la faveur qu'ils ont reçue d'elle, qu'ils la remercient aussi de leurs périls et de leurs misères ; car rien n'a rendu leur affaire si mauvaise que l'appréhension qu'on a eue de la grandeur de l'Espagne ; et ajoutant la raison d'État au cas de conscience et de religion, cela a réveillé les lois contre eux. Et il semble qu'en quelque sorte nous sommes dans les mêmes termes aujourd'hui, si la clémence de Sa Majesté n'y donne ordre. Je le souhaite pour mon particulier, et que le procédé qu'on tient envers eux tende plutôt à la sûreté et à la prévoyance de l'État qu'à la persécution de la religion. Pour conclure les choses que nous avons touchées brièvement, elles nous peuvent servir comme d'une couverture pour le futur, pour représenter combien ce royaume a juste cause de crainte du côté de l'Espagne, omettant, comme j'ai déjà dit, toutes les occurrences présentes et plus secrètes.

Le troisième fondement de guerre que nous avons contre l'Espagne est une juste crainte de la subversion de nos églises et de notre religion. Ceci n'a pas besoin de beaucoup de discours, parce que si cette guerre est défensive, comme je vous ai prouvé qu'elle l'est, personne ne doutera qu'une guerre défensive contre un étranger ne soit permise quand il y va de la religion. Il y a bien plus de difficulté pour une guerre offensive, et toutefois je me suis souvent étonné comment les théologiens manquent de paroles pour persuader la guerre de la Terre-Sainte et du Saint-Sépulcre, et que saint Bernard n'en ait pas assez pour la recommander. Mais moi, qui omets dans ce petit abrégé les choses nécessaires, il ne me serait pas séant de traiter les choses inutiles. Il n'y a personne qui doute que, si le pape ou le roi d'Espagne démandait que nous eussions à quitter notre religion sur peine de la guerre, cette demande serait aussi injuste que celle que les Perses firent aux Grecs de la terre et de l'eau, ou celle des Ammonites aux Israélites, de l'œil droit. Et nous voyons que tous les païens intitulaient leurs guerres défensives *pro aris et focis*, préférant leurs autels à leurs terres ; de sorte que c'est une chose vaine d'en parler davantage. Nous dirons seulement que la crainte que nous avons de la subversion de nos églises, du côté d'Espagne, est d'autant plus juste que les autres princes catholiques se contentent de maintenir leur religion dans leurs dominations et ne se mêlent point avec les sujets des autres princes. Au contraire les Espagnols ont toujours pratiqué du temps de Charles cinquième et du temps de la ligue de France, et maintenant avec nous, de s'entremêler par traités avec les États étrangers, et de se déclarer protecteurs généraux du parti des catholiques par tout le monde, comme si la couronne d'Espagne voulait planter par les armes la loi du pape, ainsi que les Ottomans font celle de Mahomet. C'est assez traiter ce point touchant la justification de la querelle au cas où Sa Majesté désirerait entreprendre la guerre ; car tout ce que j'ai dit et tout ce que je dirai n'est que pour montrer ce qu'elle peut faire.

La seconde partie dont je me suis proposé de parler est de balancer les forces d'Espagne avec les nôtres. Ce discours ne tend aussi à autre chose qu'à vous faire voir ce que nous pouvons faire, qui est de deux sortes : l'une comme juste et l'autre comme possible. J'ai déjà parlé de l'une, il faut que je vous parle maintenant de l'autre. Je dis que l'Espagnol n'est pas un géant ; et quand bien même il serait un géant, il en arriverait comme entre David et Goliath, car Dieu est de notre côté. Mais laissant tous ces arguments surnaturels, et pour parler dans un sens humain et politique, je me laisse porter à croire par ces deux lumières qui conduisent tous les hommes, l'expérience et la raison, que les forces d'Angleterre ne doivent point redouter celles d'Espagne. Je commencerai avec l'expérience ; car c'est là que la raison commence aussi.

Penserons-nous que ce soit un cas d'aventure qu'en toutes les actions de guerre petites et grandes qui nous sont arrivées depuis tant d'années, que nous avons eu quelque chose à débattre avec l'Espagne, les Anglais en toutes les rencontres aient eu l'avantage et en soient sortis à leur honneur ? Ce n'est pas la fortune, elle n'est pas si constante ; il y a quelque chose dans la nation et dans le courage naturel des peuples. Je vous en veux faire une liste tirée de la vérité historique, qui ne sera point augmentée par l'ornement du langage. Vous me direz que ce discours serait plus propre à un général d'armée quand il est près de donner bataille, il est vrai ; mais il n'est pas moins propre à un chef de conseil, lorsqu'on délibère de faire la guerre. Je ne dis pas aussi ces choses pour mépriser les Espagnols, que je crois être des meilleurs soldats de l'Europe ; et ce nous a été beaucoup d'honneur si nous avons toujours eu de l'avantage sur eux.

En l'an 1578, fut ce jour fameux qui ensevelit la réputation de Don Juan d'Autriche et sa personne incontinent après. Don Juan possédant beaucoup plus de forces, assisté du prince de Parme, de Mondragon, de Mansele et des meilleurs capitaines d'Espagne, étant comme assuré de la victoire, chargea d'abord l'armée des États bravement et furieusement auprès de Rimevant ; mais après le combat soutenu l'espace d'un jour, il fut repoussé et contraint de faire retraite avec grande perte de ses gens et le cours de ses entreprises fut entièrement arrêté. Cela arriva particulièrement par la prouesse et par la vertu de nos troupes anglaises et écossaises, conduites par les sieurs Norris et Stuart, leurs colonels ; lesquelles troupes n'étaient arrivées à l'armée que le jour d'auparavant, harassées d'un long et mauvais chemin ; et ce qui est remarquable, les soldats, étant plus sensibles à un peu de chaleur du soleil qu'à la crainte de la mort, jetèrent leurs armes et leurs habits et combattirent en chemises, et tout le monde crut que sans la mort du comte de Bossu, qui chargeait les Espagnols dans leur retraite, qu'ils eussent tous absolument été défaits. Mais ce fut assez que de châtier don Juan et se venger du traité de paix avec lequel il avait amusé les États à son arrivée. Il n'y a point de doute qu'outre le témoignage de tous les historiens, l'on ne doive attribuer la fortune de ce jour au service que les Anglais et Ecossais y rendirent, en comparaison d'un autre combat qui fut donné par le même don Juan à Gemblours, six mois auparavant, où le succès fut tout contraire, à cause qu'il n'y avait en l'armée qu'une poignée d'Anglais et d'Ecossais qui furent mis en désordre par leur cavalerie même.

La première guerre qui fut faite par les Espagnols sur le royaume d'Irlande fut en l'an 1580, parce que le dessein qu'ils avaient eu sur Stukeley se détourna en Afrique, et l'effort qu'ils avaient fait sur Sanders et Fits-Maurice n'était qu'une pure folie. En cette année l'Irlande fut envahie par les forces italiennes et espagnoles, sous la bannière du pape et la conduite de saint Joseph, n'étant que sept cents hommes ou peu davantage, qui prirent terre à Smerwick en la province de Kerry. Pauvre nombre pour conquérir l'Irlande ; car véritablement c'était leur dessein ! Ils avaient apporté des armes pour cinq mille hommes, en espérance d'en armer les rebelles irlandais. Leur projet était de se fortifier en quelque place forte de cette pauvre et désolée contrée, et de s'y nicher jusqu'à ce qu'un plus grand secours leur arrivât. Ils se hâtèrent à cette entreprise, poussés par une particulière raison d'état, afin que par cette invasion de l'Irlande et le bruit qu'ils en feraient, ils troublassent le conseil d'Angleterre et fissent diversion de quelque secours qu'on préparait ici pour envoyer aux Pays-Bas. Ils choisirent une place où ils bâtirent un fort qu'ils nommèrent le fort de l'Or ; de là la faim les faisait quelquefois sortir dans les bois comme les bêtes. Incontinent après, le fort fut assiégé par lord Grey, vice-roi, avec un nombre plus petit que celui de ceux qui étaient dans le fort ; heureusement, à la vérité ; car on se hâta de s'attacher à eux avant que les rebelles les joignissent. Après un siège de quatre jours seulement et de deux ou trois assauts avec perte des leurs, ceux qui avaient résolu de tenir bon dans le fort plusieurs mois, jusqu'à ce que le secours fût arrivé d'Espagne ou au moins des rebelles irlandais, se rendirent à discrétion. Il ne se trouva pas assez d'hommes dans l'armée anglaise pour garder chacun un prisonnier ; et c'est la raison pour laquelle le vice-roi, craignant d'heure en heure d'être attaqué des rebelles et ne se trouvant pas assez de vaisseaux pour les renvoyer, les fit tous passer au fil de l'epée,

de quoi la reine Elisabeth fut ensuite fort fâchée.

En l'an 1582 fut cette mémorable retraite de Gand, un des exploits de guerre qui a été le plus estimé, parce que, selon le jugement des hommes de guerre, les retraites honorables ne cèdent point aux braves combats, vu qu'elles ont moins de fortune, plus de discipline et encore plus de valeur. Il y avait environ trois cents chevaux et trois mille hommes de pied, commandés par le chevalier Jean Norris ; lesquels furent chargés par le prince de Parme, fondant sur eux avec sept mille hommes de cheval ; et outre ce, toute l'armée des Espagnols était prête de marcher. Néanmoins le chevalier Norris fit sa retraite sans désordre jusqu'à la ville de Gand, l'espace de quelques milles, dans une belle campagne, avec moins de perte de ses gens que de ceux des ennemis, le duc d'Anjou et le prince d'Orange considérant avec admiration de dessus les murailles de Gand cette belle action.

En l'année 1585 s'ensuivit cette heureuse expédition de Drake et de Carlile dans les Indes Orientales, où je mets à part la prise de Saint-Jacques et de Saint-Dominique dans Hispaniola, comme des surprises plutôt que des rencontres ; mais celle de Carthagène, où les Espagnols avaient été avertis de notre venue et avaient assemblé leurs forces, fut une des plus hardies entreprises et le plus dangereux assaut qui se soit vu ; car, pour arriver à la ville, il n'y avait qu'une langue de terre entre la mer d'un côté et la rivière de l'autre, laquelle était fortifiée d'un rempart et d'une barricade ; de sorte qu'ils avaient un grand ascendant sur nos gens, leur artillerie tonnant et tirant tout droit de dessus le rempart et des galeries qui flanquaient sur la mer, et toutefois ils forcèrent le passage et prirent la ville. Quant à l'expédition de Drake en 1587, s'efforçant de prendre les vaisseaux espagnols et toutes leurs provisions sur leurs côtes, je sais bien que le combat ne fut pas furieux. Néanmoins, cela nous fait connaître que l'Espagne est fort faible et tardive à s'émouvoir, souffrant qu'une petite flotte de vaisseaux anglais fît une invasion dans leurs havres, sur leurs côtes, de Cadix jusqu'à Sagres, et de là à Cascaes, et de mettre à feu et à fonds et emmener leurs plus grands vaisseaux, avec cinquante ou soixante petits, à la vue de leurs forts et de leur grand-amiral le marquis de Santa-Cruz, le meilleur capitaine de mer qu'ils eussent, sans qu'il leur fût disputé par aucun combat d'importance. Il me souvient que Drake, dans un style plein de vanité de soldat, appelait cette entreprise, brûler la moustache au roi d'Espagne.

L'entreprise de 1588 mérite bien qu'on s'y arrête davantage, comme étant un miracle du temps. L'Espagne en cette année arma la plus puissante flotte qui se soit jamais vue sur mer; car encore qu'il y en ait eu de plus grande pour le nombre, toutefois pour la force, pour la structure des vaisseaux, pour les grandes pièces d'artillerie et pour les provisions, il n'y en eut jamais de semblable. Leur dessein était de ne pas seulement faire une invasion, mais une entière conquête du royaume d'Angleterre. Le nombre des vaisseaux était de cent trente, dont il y avait soixante-douze grands galions, semblables à des tours et des châteaux flottants, armés de trente mille tant soldats que mariniers. Ils avaient été plus de cinq ans à préparer cette grande flotte qui avait reçu tant de bénédictions du pape Sixte, et qui avait été destinée, comme par une mission apostolique, à réduire ce royaume à l'obéissance du Saint-Siége; et pour une plus auguste marque de cette sainte guerre, il y avait douze vaisseaux qu'ils avaient nommés du nom des douze apôtres. Ils avaient encore mis sur pied en Flandre une puissante armée des vieilles bandes, au nombre de cinquante mille hommes, commandée par le duc de Parme, un des meilleurs capitaines de son temps après Henri quatrième, pour se joindre à leurs forces de mer; et pour cet effet, ils avaient fait faire de longs bateaux pour les transporter à la faveur de cette grande flotte, ne doutant point qu'elle ne fût maîtresse absolue de la mer. Contre toutes ces forces nous avions préparé de notre côté cent navires, non pas si grands, mais bien plus agiles et de meilleur service, outre une flotte de trente vaisseaux, pour garder les détroits de mer. Nous avions encore sur pied deux armées, outre dix mille hommes qui étaient dispersés au long des côtes du Midi. Ces deux armées étaient composées, savoir : l'une de vingt-cinq mille hommes, tant de pied que de cheval, pour repousser l'ennemi en abordant à terre, et l'autre de vingt cinq mille hommes aussi, pour garder la reine et demeurer à la cour. Il y avait encore d'autres soldats dispersés dans toutes les parties du royaume, mais non pas en corps d'armée. Ces deux armées étaient conduites par deux généraux de noble extraction, mais plutôt courtisans et fidèles à l'État qu'hommes de guerre; toutefois ils étaient assistés de capitaines de grande expérience et de grande valeur. La fortune de la guerre se joua au commencement et rendit cette entreprise inutile. La flotte espagnole sortit de Lorogno au mois de mai et fut dispersée çà et là par le mauvais temps. La nôtre fit voile de Plymouth un peu plus tard, vers les côtes d'Espagne, à dessein de combattre les Espagnols; mais à raison des vents contraires et sur l'avis qu'elle eut que les Espagnols s'étaient retirés en arrière, craignant qu'ils ne passassent auprès des côtes d'Angleterre pendant qu'elle les cherchait bien loin, elle retourna pareillement à Plymouth à la mi-juillet. Nous reçûmes encore en ce temps-là un avis, bien que faux, qu'il était impossible aux Espagnols de faire aucune chose cette année-là, sur quoi notre flotte était sur le point de se débander, et même quantité de nos gens avaient déjà mis pied à terre, lorsqu'on découvrit sur nos côtes occidentales cette invincible flotte que toute l'Europe nommait ainsi par une ostentation espagnole. C'était une espèce de surprise; car, comme nous avons dit, plusieurs de nos gens avaient déjà mis pied à terre et nos vaisseaux tout près de se séparer. Néanmoins, notre amiral, avec les vaisseaux qu'il fit équiper, fit voile devers eux, en sorte que de cent vaisseaux à peine trente le suivirent. Néanmoins, avec ce peu et ceux qui lui arrivaient de jour en jour, nous leur donnâmes la chasse; et les Espagnols par faute de courage, qu'ils nommaient faute de commission, refusèrent le combat, se mettant à l'abri de leurs plus forts navires et s'enfuirent vers Calais. Nos gens les suivirent cinq ou six jours durant, en combattant continuellement, firent un grand carnage des leurs, prirent deux de leurs grands vaisseaux et en coulèrent quantité à fond, et en un mot les mirent tous en déroute, comme si c'eût été une défaite, et les nôtres reçurent peu ou point de dommage. Les Espagnols cependant ancrèrent à Calais, en attendant leurs forces de terre, qui ne vinrent pas. Ils alléguèrent ensuite que le duc de Parme avait artificieusement retardé sa venue ; mais ce n'était qu'une invention des Espagnols portés d'envie contre le duc, à cause qu'il était Italien et que son fils était prétendant au royaume de Portugal ; et ce fut particulièrement pour les sauver du mépris et de la mauvaise réputation qu'ils avaient acquise par le succès de cette entreprise. Leur excuse était que leur général de mer avait une commission limitée, qui lui défendait de combattre jusqu'à ce que les forces de terre l'eussent joint, et que le duc de Parme avait un commandement particulier sous main d'empêcher le dessein ; mais c'était une étrange commission, et une étrange obéissance qu'on rendait à cette commission, de voir des hommes parmi le feu et le sang furieusement assaillis ne pas se défendre ; cela est contraire aux lois de la nature et de la nécessité. Pour ce qui est du duc de Parme, on ne lui avait pas moins promis que de le faire roi d'Angleterre sous la domination du pape et la protection du roi d'Espagne. De plus tout le monde sait que le duc demeura long-temps en sa place, en faveur et en crédit auprès du roi d'Espagne, par les grands emplois et les services qu'il rendit ensuite en France. Même il est très certain que le duc fit tout son possible pour se mettre sur mer. Il est vrai que la flotte espagnole ayant éprouvé par le combat qu'elle avait eu avec les Anglais combien de dommage elle avait reçu et combien peu elle en avait fait, à cause de l'agilité de nos vaisseaux et de l'expérience de nos hommes de mer, étant aussi commandée par un général de peu de courage et d'expérience, ayant perdu dès le commencement deux de ses meilleurs capitaines de mer, Pedro de Valdez et Michel d'Ojeda, n'osa pas hasarder une bataille sur mer, mais se réserva pour faire une entreprise sur terre. D'autre côté, les vaisseaux pour transporter leurs forces leur manquèrent dès le commencement, et le conseil d'Espagne avait cru pour certain que leur flotte serait maîtresse de la mer, et ainsi capable de garder et de protéger les petits vaisseaux destinés à transporter leurs forces de terre, et il arriva au contraire que leur flotte fut mise en déroute et eut bien de la peine à se sauver elle-même ; d'ailleurs, que les Hollandais opposèrent à leurs forces de terre une brave flotte de trente vaisseaux fort bien équipée et ordonnée. Les choses étant en cet état, il eût fallu que le duc de Parme eût volé, s'il eût eu envie d'aborder l'Angleterre, d'autant plus qu'il ne pouvait avoir ni barques ni mariniers. Il est certain toutefois que le duc attendait de jour à autre le retour de l'armée, même au temps où elle rôdait sur les côtes du Nord. Or, pour retourner à l'armée que nous avions laissée à l'ancre auprès de Calais, elle n'y demeura pas long-temps ; car ainsi qu'avait accoutumé de le dire plaisamment le sieur Rawley, elle en fut incontinent chassée avec des fusées. Un petit bateau de feu, sans hommes, envoyé à la faveur des vents durant la nuit, leur donna une si furieuse épouvante qu'ils coupèrent leurs câbles et laissèrent leurs ancres dans la mer. Ensuite ils demeurèrent fort étonnés deux ou trois jours durant vers Gravelines, et là ils furent encore battus. Auquel temps notre seconde flotte qui gardait les détroits de mer vint se joindre à l'autre. Sur ce, les Espagnols entrèrent en une plus grande terreur ; et voyant que quantité de leurs vaisseaux coulaient à fond de jour à autre, perdirent tout courage, et au lieu de venir par l'embouchure de la Tamise tout droit à Londres, comme ils l'avaient projeté, ils s'enfuirent du côté du Nord, cherchant leur fortune et étant toujours poursuivis de près par la flotte anglaise, jusqu'à ce que nous fûmes contraints de les laisser par faute de poudre. Les Espagnols ne purent endurer la vue d'Écosse et même ils n'osèrent pas mettre pied à terre en Irlande ; mais seulement ennoblirent les côtes du débris de leurs vaisseaux, tirant toujours doucement du côté du Nord, tant qu'ils furent en doute d'être poursuivis. Enfin, se voyant tout seuls et hors de danger, ils reprirent la route d'Espagne, ayant perdu soixante vaisseaux et la plus grande partie de leurs hommes. Voilà la fin de ce géant de mer, de cette invincible flotte, qui ne brûla pas seulement un de nos villages sur terre, ni même ne prit pas le moindre petit bateau sur mer, mais qui voguait çà et là dans les déserts de la mer du Nord, et qui, selon la malédiction de l'Ecriture, vint contre nous par un chemin et s'enfuit devant nous par sept chemins, ne servant seulement qu'à rendre véritable le jugement d'un astrologue, qui avait prédit long-temps auparavant, *octagesimus octavus mirabilis annus*, mais pour faire voir à la postérité les merveilleux jugements de

Dieu, sur ceux qui aspirent à des orgueilleuses entreprises.

L'année suivante, 1589, nous ne donnâmes point haleine aux Espagnols, mais nous devînmes agresseurs et mîmes pied à terre en Espagne ; et quoique nous manquâmes dans notre entreprise, qui était de rétablir Don Antonio au royaume de Portugal, toutefois on aura de la peine à rencontrer une action qui nous révèle mieux les secrets de la puissance de l'Espagne, laquelle étant bien considérée, consiste plutôt en de vieilles bandes qu'elle a toujours eu sur pied en quelque partie de la chrétienté depuis soixante ans, qu'en la force de ses royaumes et de ses provinces ; car qu'y a-t-il de plus étrange et qui fasse mieux connaître l'impuissance de l'Espagne sur sa terre, de dire qu'une armée de dix mille Anglais, avec une flotte de vingt-six navires de guerre et quelques petits vaisseaux pour le transport, prit en deux mois par escalade une ville d'importance, en battit et assaillit une autre, défit de grandes forces en campagne, força un pont puissamment barricadé, mit l'armée à terre en trois divers lieux du royaume, marcha sept jours dans le cœur de l'Espagne, logea trois nuits dans les faubourgs de la ville principale, battit ses forces jusque dans les portes de cette ville, posséda deux forts sur la frontière, et s'en revint après tout cela avec peu de perte d'hommes, sinon par maladie. Et l'on crut pour véritable que, sans trois malheurs qui nous arrivèrent en ce voyage, savoir : le défaut de provisions et particulièrement de canons de batterie, et sans le mauvais ordre de la flotte qui avait reçu l'ordre de remonter la rivière de Lisbonne, et enfin sans les maladies qui arrivèrent à l'armée à cause de la chaleur de la saison et du dérèglement des soldats, l'entreprise eût eu sans doute un bon succès et Lisbonne eût été emportée. Mais quoi qu'il en soit, ceci fait voir à tout le monde que peu d'Anglais faisant une invasion en Espagne peuvent avoir une juste espérance de victoire, ou au moins un passeport pour s'en retourner en sûreté.

En l'an 1591 arriva ce mémorable combat d'un navire anglais, nommé *the Revenge*, commandé par le chevalier Grenvil, mémorable, dis-je, et presque incroyable ; et quoique ce ne fût qu'une défaite, elle surpassait pourtant une victoire, semblable à Samson qui tua plus d'hommes à sa mort qu'il n'avait fait pendant toute sa vie. Ce navire, l'espace de quinze heures, demeura comme un cerf parmi les chiens, assiégé et combattu de quinze grands vaisseaux d'Espagne, faisant partie d'une flotte composée de cinquante-cinq vaisseaux, le reste étant un peu éloigné pour leur servir d'aide. Parmi ces grands navires qui combattaient, le grand Saint-Philippe en était un. C'était un navire de quinze cents tonneaux, prince des douze apôtres de mer, qui fut bien aise d'esquiver du *Revenge*. Ce brave vaisseau *Revenge* n'ayant que deux cents hommes tant soldats que mariniers, dont il y en avait quatre-vingts de malades, néanmoins, après un combat soutenu quinze heures durant et deux navires de l'ennemi coulés à fond à ses côtés, après un grand carnage d'hommes, ne se rendit jamais que par composition, les ennemis admirant eux-mêmes la vertu du capitaine et toute la tragédie du navire.

En l'an 1596, fut la seconde invasion que nous fîmes sur la terre d'Espagne heureusement achevée par ce grand et fameux comte de Nottingham, amiral. Cette journée passa comme un éclair ; car en moins de quinze heures la flotte du roi d'Espagne fut défaite et la ville de Cadix prise. Leur flotte était de cinquante grands vaisseaux avec vingt galères. Leurs navires furent battus et mis en fuite avec une telle furie que les Espagnols furent eux-mêmes leurs exécuteurs et les brûlèrent de leurs propres mains, et les galères se retirèrent au long des côtes. La ville était belle, forte, bien bâtie, riche, fameuse dans l'antiquité, et dont aujourd'hui on parle à cause de ce désastre. Il y avait dedans quatre mille hommes de pied et quatre cents de cheval. Elle fut saccagée et brûlée, bien qu'on usa d'une grande clémence envers les habitants. Mais ce qui n'est pas moins étrange que cette soudaine victoire, c'est la grande patience des Espagnols, qui, nous voyant demeurer sur leurs terres plusieurs jours ne nous firent aucun dommage ni ne nous suivirent point et ne firent aucune action de revanche par après.

En l'an 1600 fut donnée la bataille de Newport aux Pays-Bas, la seule bataille qui ait été donnée depuis beaucoup d'années en çà en ces pays-là, parce que les batailles ont été fort fréquentes dans les guerres de France, mais fort rares en Flandre. Les Hollandais étaient sur la défensive. Les forces des deux armées n'étaient pas fort inégales ; celle des États excédait en quelque chose l'autre ; mais cela était compensé par la qualité des soldats, les Espagnols ayant choisi la fleur de toutes leurs forces. L'archiduc était l'assaillant et gagna le fruit de sa diligence ; car il chargea quelques compagnies écossaises qui avaient été envoyées pour garder un passage, et par ainsi séparées du corps de l'armée, et les tailla en pièces. Cette brave infanterie, ne pouvant pas faire une honorable retraite ni une fuite deshonorante, garda la place jusqu'à la mort. Cette entrée à la bataille aiguisa le courage des Espagnols, bien qu'elle émoussât leurs épées, en sorte qu'ils marchèrent orgueilleusement avec l'assurance de faire une défaite de toute l'armée. La rencontre qu'ils firent de la bataille qui suivait fut une juste rencontre qui ne fut point précipitée. La fortune de ce jour-là ne s'arrêta pas sur quelques rangs, mais tous les escadrons firent leurs preuves et combattirent, non pas sans nous faire douter du succès. *Stat pedi pes, densusque viro vir.* Il arriva quelque faute dans l'armée des Hollandais, provenant de la trop grande hâte que quelques-uns de leurs gens eurent de joindre les ennemis, qui empêcha que leurs grosses pièces d'artillerie ne tirassent ; mais enfin les Espagnols furent tous défaits et plus de cinq mille hommes tant pris que tués, entre lesquels étaient les principaux de l'armée. L'honneur de cette journée fut donnée par les ennemis et les Hollandais même aux Anglais. Le sieur François Vere, dans un commentaire particulier qu'il a fait de ce combat, rend le témoignage que, de quinze cents qu'ils étaient en tout, huit cents furent tués sur la place ; et, ce qui est presque incroyable dans un jour de victoire, de sept cents qui restaient il n'y en eut que deux qui ne furent pas blessés. Le sieur François Vere emporta le premier honneur de cette action. Le prince d'Orange lui avait donné ce jour-là la direction de l'armée ; et après lui le sieur Horace Vere, son frère, fut un des premiers à se signaler dans le combat. Les sieurs Cecil et Ogle y rendirent aussi un service éminent.

En l'an 1601 arriva la bataille de Kinsale en Irlande. Par cette invasion l'on jugera combien de temps un Espagnol peut vivre sur la terre d'Irlande, ce qui n'est pas plus de trois ou quatre mois. Les Espagnols y eurent tous les avantages du monde, et personne ne croira, considérant le peu de forces qu'on employa contre eux, qu'on les eût chassés si tôt. Ils obtinrent sans résistance la ville de Kinsale, sur la fin de septembre, une petite garnison de cent cinquante soldats laissant la ville, et les habitants les recevant comme amis. Le nombre des Espagnols qui se mirent dans la ville était de deux mille soldats des vieilles bandes, sous la conduite de don Jean d'Aquila, homme de grande valeur. La ville était forte d'elle-même. Il n'y manquait aussi aucune industrie pour la fortifier de tous côtés et la rendre tenable, selon la forme et la discipline des fortifications espagnoles. En ce temps-là les rebelles irlandais étaient devenus fort orgueilleux, étant encouragés par les premiers succès ; car encore que le lord Mountjoy, vice-roi, et sir George Carew, lord-lieutenant du comte de Munster, eussent rendu plusieurs bons services à leur préjudice, toutefois la défaite qu'ils avaient faite des Anglais à Blackwater un peu auparavant, et le traité qu'ils avaient fait avec le comte d'Essex un peu trop à leur honneur, était encore tout frais en leur mémoire. Le vice-roi n'y perdit point de temps et fit ses diligences pour recouvrer la ville avant qu'il leur arrivât un nouveau secours, l'investit en octobre et y mit le siége durant trois mois d'hiver. Durant ce temps-là, les Espagnols firent quelques sorties ; mais ils furent toujours repoussés avec perte. En janvier un nouveau secours vint d'Espagne, de deux mille hommes et plus, commandés par Alphonso d'Ocampo. Sur l'espérance de ce secours Tyrone et O'Donnel assemblèrent leurs forces, au nombre de sept mille hommes, sans compter les régiments espagnols, et se mirent en campagne, résolus de secourir la ville, de faire lever le siége et de donner bataille aux Anglais. Voici la disposition. L'armée anglaise était de six mille hommes, fatigués et lassés d'un long siége d'hiver, engagés au milieu d'une armée qui était en bien plus grand nombre que la leur, fraîche et vigoureuse, et d'une ville bien fortifiée et remplie de braves gens. Mais quel fut l'événement ? le voici en peu de mots. Après que les forces irlandaises et espagnoles furent arrivées et se furent montrées fort braves et lestes, ils se contentèrent de rendre l'honneur aux Anglais, qui fut de les charger les premiers ; et quand on vint au combat, on ne remarqua point d'autre différence entre la valeur des rebelles irlandais et des Espagnols sinon que les uns s'enfuirent avant que d'être chargés et les autres incontinent après. De plus les Espagnols qui étaient dans la ville avaient une si bonne mémoire des pertes de leur première sortie qu'une armée qui était venue pour leur délivrance ne les put pas attirer dehors. Pour conclusion, les Anglais eurent une victoire absolue, ayant tué plus de deux mille des ennemis, pris neuf enseignes, dont il y en avait six espagnoles, avec le général Ocampo prisonnier, et eux avec si peu de perte que cela n'est pas croyable, n'ayant perdu qu'un homme, le cornette du sieur Grahame, avec beaucoup de blessés. Immédiatement après la défaite la ville fut rendue par composition, et non-seulement cela, mais par articles exprès il fut accordé que toutes les forces espagnoles qui étaient en divers lieux dans l'Irlande s'en iraient, ce qu'ils firent ; et ils rendirent aussi toutes les places où ils s'étaient mis, bien plus fortes que celle de Kinsale, comme Castel-Haven, Baltimore et Bere-Haven. Ils s'en allèrent véritablement au son des trompettes, en publiant et trompettant toutes sortes de reproches contre la terre et la nation irlandaise, de façon que d'Aquila dit tout haut en traitant : « que quand le diable montra sur une montagne à Jésus-Christ tous les royaumes de la terre et toute leur gloire, il ne doutait point que le diable ne se fût réservé l'Irlande et ne l'eût gardée pour lui-même. »

Je me contente de ces exemples-ci, passant sous silence beaucoup d'autres preuves de la valeur et de la fortune des Anglais en ces derniers temps, comme aux faubourgs de Paris, à Gravelines, à Dreux en Normandie, en quelques rencontres en Bretagne, à Ostende, et plusieurs autres, d'autant plus que ce ne sont pas rencontres faites avec les Espagnols et les Anglais, et aussi qu'elles n'ont pas été si remarquables qu'elles méritassent d'être jointes avec les premières que je vous ai ci-devant alléguées. Il est vrai que parmi les dernières aventures, les voyages de Drake et de Jean Hawkins aux Indes-Occidentales ont été malheureux. Néanmoins, ce n'est pas d'une telle sorte qu'ils puissent interrompre la possession en laquelle nous sommes d'avoir toujours eu du meilleur sur les Espagnols, en tous les derniers combats, d'autant plus que le désastre de cette journée arriva particulièrement par maladie, comme il appert par la mort des deux généraux Drake et Hawkins, qui moururent de la même maladie que les autres. L'entreprise sur terre de Panama provint d'un mauvais conseil, en ne prenant pas bien ses mesures ; car elle fut fondée sur une fausse créance qu'on avait que les passages vers Panama n'étaient pas mieux fortifiés que Drake les avait laissés. Toutefois, ce ne fut pas un combat d'importance, mais une retraite, après que les Anglais eussent éprouvé la force de leur premier fort et eussent connaissance des deux autres forts bien plus éloignés, près desquels ils devaient marcher. Il est vrai que dans le retour de notre flotte anglaise, elle fut attaquée par Avellaneda, amiral de vingt grands navires espagnols, la nôtre n'étant que de quatorze vaisseaux remplis de malades, privés de leurs généraux et n'ayant autre dessein que de retourner chez eux. Néanmoins, les Espagnols ne leur donnèrent qu'une salve auprès du cap de Los Corrientes, avec quelque petit combat ; encore s'en retirèrent-ils avec perte, quoique ce fût une chose nouvelle aux Espagnols d'en recevoir si peu dans toutes les actions où ils ont eu à démêler avec les Anglais. Avellaneda en tira une grande vanité, et il n'avait fait autre chose que de les avoir accompagnés de bien loin, du cap de Los Corrientes au cap Antonio. Néanmoins, dans le langage d'un soldat et d'un Espagnol, il l'appela une chasse.

Mais avant que je passe outre, il est à propos de répondre à une objection qui fera que la conclusion que nous tirerons des expériences des temps passés aux temps présents sera bien meilleure et bien plus parfaite. On nous pourra dire qu'aux premiers temps dont nous avons parlé, l'Espagne n'était pas si puissante qu'elle l'est aujourd'hui, et que l'Angleterre de l'autre côté avait toutes choses bien plus faciles pour entreprendre. C'est pourquoi comparons indifféremment ces disparités du temps, et nous verrons clairement qu'elles seront à l'avantage de l'Angleterre en ce temps ici. Mais d'autant que nous ne voulons pas nous égarer dans les choses générales, nous nous arrêterons au temps précis, comparant l'état de l'Espagne et de l'Angleterre de l'année quatre-vingt-huit avec la présente qui court. En traitant ce point, je ne me mêlerai point des comparaisons personnelles des princes, des ministres et des capitaines, tant de mer que de terre, qui étaient en ce temps-là et qui sont aujourd'hui dans les deux royaumes d'Espagne et d'Angleterre; mais seulement je m'arrêterai sur des points réels, pour balancer justement l'état des forces et des affaires des deux temps. Néanmoins, je vous ferai bien voir clairement par ces comparaisons personnelles que la balance l'emporte de notre côté. Mais je les laisse, parce que je ne veux rien dire du présent gouvernement qui tienne de l'esprit de flatterie ou de censure.

Premièrement, il est certain que l'Espagne ne possède pas aujourd'hui paisiblement un pied de terre de plus qu'elle n'en avait en quatre-vingt-huit. Quant à la Valteline et au Palatinat, c'est une maxime d'État que : tous pays de nouvelle conquête sont à charge, jusqu'à ce que l'établissement en soit bien fait et arrêté. D'autre côté, l'Angleterre s'est uni l'Ecosse et a réduit l'Irlande à l'obéissance, qui sont de puissantes augmentations.

Secondement, en quatre-vingt-huit, le royaume de France, capable seul de contrebalancer l'Espagne, était embrouillé par la ligue qui donnait la loi à son roi et dépendait entièrement de l'Espagne. Aujourd'hui la France est unie sous un roi jeune et vaillant, généralement obéi, roi de Navarre aussi bien que de France, et qui n'est en façon du monde prisonnier, quoiqu'il soit lié d'une double chaîne d'alliance avec l'Espagne.

En troisième lieu, il y avait en quatre-vingt-huit, sur le siége de Rome, un moine tonnant et fier, qui remettait toutes choses entre six et sept ou de six à cinq, si nous faisons allusion à son nom[1]; et encore qu'il eût envie par la suite de montrer les dents à l'Espagne, il eût eu bien de la peine avant que d'en venir là. A présent est monté sur le siége pontifical un personnage par une légitime élection, qui n'est en façon du monde obligé au parti des Espagnols, homme nourri dans les ambassades et dans les affaires d'état, qui tient beaucoup du prince et rien du moine; et encore qu'il aime bien la chaire, il aime pourtant le tapis par dessus la chaire, c'est-à-dire l'Italie avec ses libertés.

(1) SIXTE-QUINT.

En quatrième lieu, le roi de Danemarck en quatre-vingt-huit était inconnu à l'Angleterre et inclinait plutôt du côté d'Espagne ; aujourd'hui il est allié au sang d'Angleterre et engagé dans la querelle du Palatinat. Alors même Venise, Savoie, les princes et les villes d'Allemagne, n'avaient qu'une crainte légère de la grandeur d'Espagne, et seulement une appréhension des desseins ambitieux des Espagnols; maintenant cette crainte est aiguisée par les entreprises des Espagnols sur la Valteline et sur le Palatinat, qui est proche d'eux.

En cinquième et dernier lieu, les Hollandais, qui sont en perpétuelle lutte avec l'Espagne, possèdent maintenant cinq navires contre un, et la même proportion en trésors et commodités à celle qu'ils avaient en quatre-vingt-huit; même il n'est pas possible, quelque chose qu'on dise, que les coffres d'Espagne soient plus pleins aujourd'hui qu'ils étaient en quatre-vingt-huit; car l'Espagne n'avait point en ce temps-là d'autre guerre que celle des Pays-Bas, qui était comme ordinaire ; à présent elle a joint à celle-là une guerre extraordinaire de la Valteline et du Palatinat. Et ainsi je conclus ma réponse à cette objection touchant la différence des temps, ne pénétrant pas dans de plus secrets passages d'état, mais gardant ce style dont parle Sénèque : *Plus significat quàm loquitur.*

Je passerais ici sous silence cette matière d'expérience, si je ne croyais qu'il fût nécessaire de vous découvrir une très fausse observation, qui est communément reçue de chacun, contraire à la vraie relation des temps et de l'expérience ; c'est à savoir, qu'aussitôt que l'Espagnol a mis le pied en quelque lieu, il n'en sort jamais ou fort peu souvent. Il n'y a rien de plus faux que cela. Il n'y a pas long-temps qu'ils entrèrent en Bresse et en quelques lieux de la Bretagne, et après ils en sortirent. Ils tenaient Calais, Ardres, Amiens, et après ils le rendirent, ou plutôt en furent chassés. Depuis ce temps-là ils ont eu Verceil et l'ont quitté. L'autre jour ils avaient la Valteline, et aujourd'hui ils l'ont mise en dépôt. Nous verrons avec le temps ce qu'ils feront à Ormus, que le Persan a pris sur eux ; de sorte que, pour en parler franchement et véritablement, ils ont fait quantité d'entreprises et n'en ont soutenu aucune constamment, chose du tout contraire à cette mauvaise tradition qu'on a d'eux. Avant ce temps-là, laissant les poursuites qu'ils ont faites en Afrique, que depuis ils abandonnèrent, lorsque leur grand empereur Charles avait fermé la Germanie, il fut contraint à la fin de sortir d'Inspruch aux flambeaux, comme en mascarade, et de quitter tout ce qu'il avait gagné en Allemagne. Je ne doute point que la même chose n'arrive au Palatinat, et que l'empereur ne soit contraint d'en sortir de la même sorte. Et par ainsi je conclus ce fondement que j'ai posé : que l'Espagne ne peut faire de mal à la Grande-Bretagne quand sa Majesté voudra entreprendre la guerre, tant par l'expérience que par l'histoire du temps.

Parmi ces fondements de raison, j'en ferai un extrait des principales et les déduirai brièvement. Quant à la situation, je passe par-dessus, quoique ce ne soit pas un point de petite importance. L'Angleterre, l'Ecosse, l'Irlande et nos confédérées les Provinces-Unies, sont situées d'une telle façon qu'elles ne sont accessibles que par mer, ou au moins il faut passer de grandes rivières, qui sont de naturelles fortifications. Quant aux provinces d'Espagne, elles sont si séparées les unes des autres qu'il est bien aisé de faire choix du lieu de la guerre et de mener du secours où on en aura le dessein. Il y a trois moyens pour la puissance militaire : hommes, argent et confédérés. Pour les hommes, il faut considérer la valeur et le nombre. Je ne parle point de la valeur : prenez-la des témoignages que j'ai produits ci-devant ; toutefois cette ancienne observation n'est pas fausse : que la valeur des Espagnols gît en l'œil de celui qui y regarde, mais que la valeur des Anglais gît dans le cœur des soldats. La valeur de la gloire et la valeur d'un courage naturel sont deux choses différentes. Mais passons outre et parlons du nombre. L'Espagne est une nation bien clair-semée de peuple, en partie à cause de la stérilité du terroir et en partie à cause des habitants qui en sont tirés pour divers emplois, dans la grande étendue des terres qu'ils possèdent ; de sorte qu'on a tenu pour miracle de voir dix ou douze mille Espagnols natifs en une armée ; et il est certain, comme nous avons dit ci-devant en passant, que le secret de la puissance d'Espagne consiste en de vieilles bandes, composées de forces mélangées de toutes sortes de nations, que depuis beaucoup d'années en çà, ils ont eu sur pied, en toutes sortes d'occasions, et que s'il leur arrivait une mauvaise fortune dans une bataille, il leur serait bien difficile d'y suppléer. On fait un conte d'un ambassadeur espagnol qui, étant un jour dans le trésor de Saint-Marc à Venise, avait les yeux fixés en terre. Etant interrogé pourquoi il avait la vue en bas, il répondit « qu'il considérait si ce trésor n'avait point de racine comme son maître en avait, afin que, si on le dépensait, il recrût puis après. » Mais quoi qu'il en soit de leur trésor, véritablement leurs forces auront bien de la peine à trouver des racines ; si elles en ont, elles sont bien tardives à germer. Il est vrai qu'ils ont les Walons qui sont de robustes soldats ; mais leur pays n'est qu'un coin de terre, et, d'un autre côté, il ne se trouve point dans le monde une semblable source d'un peuple brave et militaire comme l'est l'Angleterre, l'Ecosse, l'Irlande, avec les Provinces-Unies ; si les guerres les fauchent, ils reviennent bientôt.

Quant à l'argent, il n'y a point de doute que ce ne soit une des principales parties de la grandeur de l'Espagne ; car par là elle maintient ses vieilles bandes, et l'Espagne est le seul Etat de l'Europe où croît l'argent ; mais c'est en cette partie sur toutes les autres que nous devons considérer le chatouilleux et faible état de la grandeur d'Espagne. Leur grandeur consiste en leur trésor, leur trésor en leurs Indes, et leurs Indes, si l'on pèse les choses, ne sont qu'accessoires à ceux qui sont maîtres de la mer, de sorte que l'essieu sur lequel tourne leur grandeur sera bientôt coupé par celui qui sera plus fort qu'eux sur mer. C'est ici que je me remets aux opinions de toutes sortes de personnes, ennemies ou autres, savoir : si les forces maritimes de la Grande-Bretagne et des Provinces-Unies ne sont pas capables de battre les Espagnols sur mer. Si cela est, les chaînons de cette chaîne sur laquelle ils tiennent leur grandeur sont dissous ; mais si l'on dit : « Posez le cas que l'Espagne soit telle que nous avons dit ; venons à nous-mêmes, et nous ne nous trouverons pas peut-être en état, quant aux trésors, d'entrer en guerre avec l'Espagne. » A quoi je réponds que je ne pense pas cela, tout va bien, et les bourses des cœurs des peuples sont pleines. Mais il y a un autre point qui résout cette objection ; car encore que les guerres soient les causes générales de la pauvreté et de la dépense de l'argent, au contraire la principale nature de cette guerre, si on la fait contre l'Espagne, par mer, est pour être lucrative et avantageuse; de sorte que si nous y marchons rapidement au commencement, la guerre se continuera d'elle-même. C'est pourquoi il faut faire une grande différence entre les travaux d'Hercule par terre et les voyages de Jason par mer pour la Toison d'or.

Quant aux confédérés je ne prétends pas vous donner la connaissance, de quelle sorte les princes et les Etats de l'Europe sont affectionnés envers l'Espagne; car c'est pénétrer dans les secrètes occurrences du temps présent, et en tout ce traité ici je me suis empêché d'en dire mon avis. Mais pour parler de ce que nous voyons, je vois que les princes ont beaucoup de sujets de querelle et de jalousie et peu d'amitié et de confiance avec l'Espagne; je vois que la France est en lutte avec elle pour trois principales parties de sa monarchie, Navarre, Naples et Milan, et depuis peu en différend touchant la Valteline; je vois qu'une fois en trente ou quarante ans vient un pape qui jette les yeux sur le royaume de Naples, pour le recouvrer à l'Église, comme avaient projeté Jules II, Paul IV et Sixte-Quint. Quant à ce grand corps d'Allemagne, je vois qu'ils ont bien plus de raison de faire alliance avec les rois de France, de la Grande-Bretagne et du Danemarck, pour la liberté de la nation allemande et pour l'expulsion des forces espagnoles et étrangères, qu'ils n'avaient dans les années 1552 et 1553, auquel temps ils se liguèrent avec Henri II sur les mêmes articles contre Charles-Quint, qui avait pris possession d'une grande partie de l'Allemagne, à l'aide du discord des princes allemands qu'il avait lui-même semé et fomenté, laquelle ligue fit en ce temps-là son effet et chassa tous les Espagnols de cette partie d'Allemagne et rétablit la nation en son ancienne liberté et en son honneur. Pour les Indes-Occidentales, bien que l'Espagne n'y ait pas reçu beaucoup d'échecs, si ce n'a été d'Angleterre, je vois néanmoins que tous les princes y ont quelque espèce de prétention, n'estimant les titres des Espagnols que comme des monopoles de ces grands pays, où ils n'ont en la plus grande partie qu'une possession imaginaire. Quant à l'Afrique du côté d'Occident, les Mores chassés de Valence avec leurs alliés pendent comme une nuée ou une tempête sur l'Espagne. Gabor du côté d'Orient est semblable à un vent qui s'élève tous les ans sur le parti d'Autriche, et la Perse est entrée en hostilité avec l'Espagne et lui a donné le premier coup en prenant Ormus. C'est une observation que chacun a faite, que Venise tient que son État est presque en feu si les Espagnols retiennent la Valteline. La Savoie a appris par une nouvelle expérience que l'alliance d'Espagne n'est pas une sûreté contre l'ambition d'Espagne, et la Bavière sait trop bien que les mérites et les services n'obligent les Espagnols que d'un jour à l'autre. Je ne dis pas pourtant, malgré toutes ces choses, que l'Espagne ne purifie ce mauvais sang par ses particulières et artificieuses négociations; mais il est encore dans le corps et se changera en de mauvais accidents lorsqu'on n'y pensera pas. Au moins ces choses-ci nous font voir clairement ce qui peut servir à notre dessein : que l'Espagne est fort destituée de confédérés qui lui soient fidèles et assurés; et c'est pourquoi je conclurai ce discours avec une parole d'un conseiller d'état d'Espagne qui n'est pas sans mystère. Il dit un jour à son roi sur quelque occasion qui se présentait : « Sire, je dirai à Votre Majesté ce mot pour sa consolation : elle n'a plus que deux ennemis; l'un est tout le monde en général, et l'autre ce sont vos propres ministres. » Et là-dessus je finirai cette seconde partie dont je m'étais proposé de parler, qui était de balancer les forces d'entre les rois d'Angleterre et d'Espagne

DES BALS MASQUÉS
ET DES FÊTES PUBLIQUES.

L'objet dont nous allons nous occuper[1] paraîtra bien frivole au milieu de tant de choses sérieuses et, cependant, puisque les princes veulent absolument avoir des fêtes, il vaut mieux qu'on y trouve une élégance gracieuse qu'une profusion sans goût.

Une danse exécutée au son de la voix a quelque chose de très imposant et d'infiniment agréable, pourvu, bien entendu, que les paroles soient chantées par un chœur, et que ce chœur, placé à une certaine élévation, soit de temps en temps accompagné par la musique. Il faut aussi que l'air soit approprié à la circonstance. Le jeu de la pantomime combiné avec le chant a aussi beaucoup de grâce, surtout dans le dialogue ; je dis le jeu, mais non la danse, car rien n'est de plus mauvais goût que de danser en chantant. Dans les chants dialogués, les voix doivent être fortes et mâles ; il faut une basse-taille et un ténor, mais jamais de haute-contre. L'air doit être majestueux et tragique, et non pas joli ou gracieux. Il est une manière de placer les chanteurs qui est d'un très heureux effet ; c'est de les échelonner des deux côtés de la salle comme par étages, de façon à ce qu'ils s'élèvent alternativement les uns au-dessus des autres ; alors les sons volent pour ainsi dire d'un chœur à l'autre, l'un reprenant quand l'autre cesse, comme cela se pratique pour des antiennes dans des chants d'église. C'est un enfantillage que d'astreindre la danse à certaines figures. On peut remarquer en général que je ne fais ici mention que de ce qui frappe naturellement les sens, et non de ce qui ne produit l'étonnement que par artifice. Les changements de décoration ont cependant une grande beauté, et excitent beaucoup de plaisir quand ils sont faits sans effort et sans bruit, car la vue se trouve récréée par la variété avant d'avoir pu éprouver l'ennui. Que la salle soit inondée de lumières, et surtout de lumières diversement nuancées. Que les masques ou les autres personnages qui doivent descendre de la scène s'annoncent par des mouvements dans le lointain, car rien n'est plus propre a attirer la vue, et l'on cherche avec plaisir à voir distinctement ce que l'on n'avait d'abord aperçu que confusément. Que les chants soient joyeux et sonores, et ne ressemblent pas au gazouillement des oiseaux. Que la musique aussi soit vive et retentissante, et qu'elle se fasse entendre à propos. Les couleurs qui font le plus bel effet à la lumière sont le blanc, le rose, et une sorte de vert semblable à celui de la mer. Des fleurs, des paillettes d'or, tout en étant peu coûteuses, ont beaucoup d'éclat. Pour les broderies vraiment riches, c'est autant de perdu, car on ne peut les distinguer. Que les costumes des personnages soient gracieux, et tels qu'ils leur aillent bien lorsqu'ils ont ôté leurs masques. Surtout qu'on ne choisisse pas des costumes trop connus, comme ceux de Turcs, de soldats, de mariniers, etc. Ceux qui se déguisent en personnages comiques ne doivent pas porter des costumes trop longs. Les déguisements les plus usités dans le genre comique sont ceux de fous, de satyres, de singes, de sauvages, de bouffons, de bêtes, d'esprits, de sorcières, d'Éthiopiens, de nains, de nymphes, de paysans, d'Amours, de statues mouvantes, etc. Quant aux anges, ce sont des personnages trop peu comiques pour prêter à de pareils déguisements ; et d'un autre côté tout ce qui est hideux, comme démons, géants, etc., ne convient pas davantage. Surtout que la musique, au son de laquelle dansent les masques, soit amusante et pleine de transitions subites et extraordinaires. Comme dans des assemblées pareilles il fait généralement très chaud, rien n'est plus agréable que de faire sentir de temps en temps des odeurs suaves et délicieuses, sans répandre pour cela des eaux parfumées. Des masques des deux sexes, réunis par paires,

---

[1] Ce morceau pourrait être ajouté aux *Essais*. Bacon ne l'a pas inséré dans la traduction latine qui en a été faite sous le nom de *sermones fideles*, mais il se trouve dans l'édition anglaise sous le numéro XXXVII. Je me sers ici de la traduction faite par M. Bouillet.

contribuent beaucoup à la variété et à la beauté du coup d'œil. Mais tout cela ne servira de rien s'il ne règne dans la salle le plus grand ordre et la plus grande propreté.

Quant aux joûtes, tournois et courses, leur éclat consiste principalement dans la magnificence des chars sur lesquels les concurrents font leur entrée, surtout si les chars sont attelés d'animaux extraordinaires, tels que des lions, des ours, des chameaux. Ces fêtes tirent aussi une partie de leur splendeur des diverses marches de guerriers, de leurs costumes éclatants, de leurs armures et du magnifique équipement de leurs chevaux. Mais en voilà assez sur de telles futilités.

SUR LES ROIS[1].

1. Un roi sur la terre est un Dieu mortel. Dieu vivant l'a honoré de son propre nom, mais en l'avertissant toutefois qu'il devait mourir comme un homme, de peur qu'il ne se flattât dans son orgueil que Dieu, en lui donnant son propre nom, lui avait aussi fait part de sa nature.

2. De tous les hommes, les rois sont ceux auxquels le Créateur doit le moins, car c'est pour eux que Dieu a fait le plus, et ce sont eux en général qui font le moins pour Dieu.

3. Un roi qui ne veut pas trouver sa couronne trop pesante doit la porter tous les jours; s'il la croit trop légère, il ne sait pas de quel métal elle est faite.

4. Il doit faire de la religion la règle de son gouvernement, et non un contre-poids dans la balance politique; car celui qui ne voit rien de plus dans la religion trouvera sa propre destinée écrite dans ces mots : « *Mané, thécel, pharés*, il a été trouvé trop léger, son royaume lui sera ôté. » (*Dan.*, chap. 5, vers. 25.)

5. Et le roi qui ne regarde pas la religion comme la meilleure base de sa puissance est dépourvu de piété et de justice, et perd ainsi les deux plus fermes appuis du trône.

6. Il doit être capable de donner des conseils lui-même, mais il ne doit pas avoir en son opinion une entière confiance; car, quoique des événements heureux puissent la justifier, néanmoins, comme de bons conseils peuvent produire des résultats funestes, il vaut mieux qu'ils soient imputés à un sujet qu'à un souverain.

7. Il est la source des honneurs, mais cette source ne doit pas couler avec trop d'abondance; autrement les courtisans vendent l'eau, et alors, comme disent les papistes en parlant des puits sacrés, elle perd sa vertu.

8. Il est l'âme de la loi, non pas seulement parce qu'il est *lex loquens*[1] lui-même, mais aussi parce qu'il donne la vie à la lettre morte en la faisant agir sur ses sujets *præmio et pœna*[2].

9. Un roi sage doit le moins possible changer les lois, car toute innovation dans le gouvernement est dangereuse. Il en est du corps politique comme du corps humain : *Omnis subita immutatio est periculosa*[3]; et quand même le changement est fait dans des vues d'amélioration, il fait cependant concevoir des craintes; car celui qui change les lois fondamentales d'un Etat croit que le seul bon titre à une couronne c'est la conquête.

10. Un roi qui met en vente les charges judiciaires opprime le peuple; car il apprend à ses juges à vendre la justice. *Pretio parata, pretio venditur justitia*[4].

11. La générosité et la magnificence sont sans doute des vertus royales, mais un roi prodigue est plus près d'être tyran qu'un roi parcimonieux; car lorsqu'on trouve l'abondance chez soi, on ne convoite pas le bien d'autrui; mais quand on est dans le besoin, on s'empare de ce qui est plus près de soi, et cela par les voies les plus expéditives. Un roi doit donc être sage et savoir jusqu'où il peut porter raisonnablement ses dépenses.

---

(1) Ce morceau n'est composé que de pensées détachées et peut être ajouté comme complément des *Essais*. Je me sers de la traduction qu'en donne M. Bouillet dans les notes de son excellente édition latine des *Œuvres philosophiques* de Bacon.

(1) Loi parlante.
(2) Par la récompense et par le châtiment.
(3) Tout changement subit est dangereux.
(4) La justice achetée se revend.

12. Le roi qui n'est pas craint n'est pas aimé, et celui qui comprend bien son rôle doit viser à se faire craindre aussi bien qu'à se faire aimer. Cependant ses sujets ne doivent pas l'aimer parce qu'ils le craignent, mais le craindre parce qu'ils l'aiment.

13. Ainsi donc il doit toujours ressembler à celui dont il porte le grand nom, et lui ressembler non-seulement en tempérant par sa miséricorde les décisions sévères de sa justice, mais encore en ne laissant jamais vivre celui qui a mérité la mort; car, outre que le peuple gémit d'une clémence si déplacée, on fait plus pour étouffer l'affection de ses sujets quand on suspend le glaive de la justice qu'on ne fait pour l'exciter quand on étend sa clémence sur le coupable; et certes là où l'amour est mal placé la crainte n'existe plus.

14. Les plus grands ennemis d'un roi sont ses flatteurs; car, quoique dans leurs paroles ils soient toujours pour lui, ils font qu'un grand nombre de gens se déclarent contre lui.

15. Un roi se doit tout entier au bien public; il ne doit pas ses affections à un seul individu; toutefois il est en quelque sorte nécessaire qu'il accorde une faveur plus spéciale à certains hommes en petit nombre qui ont un mérite éminent.

16. Il doit surtout prendre garde à cinq choses s'il ne veut pas que sa couronne soit pour lui *infelix felicitas*[1] : 1° que *simulata sanctitas*[2] ne soit pas dans l'église, car ce serait *duplex iniquitas*[3]; 2° que *inutilis æquitas*[4] ne siége pas avec le chancelier, car ce serait *inepta misericordia*[5]; 3° que *utilis iniquitas*[6] n'ait pas la garde du trésor, car ce serait *crudele latrocinium*[7]; 4° que *fidelis temeritas*[8] ne soit pas son général, car il ne pourrait s'ensuivre que *sera pœnitentia*[9]; 5° que *infidelis prudentia*[10] ne soit pas son secrétaire, car ce serait *anguis sub viridi herba*[11]. En un mot, comme il a le plus de puissance, c'est lui qui doit prendre le plus de soins. Il doit être le serviteur de son peuple; autrement il n'aurait aucune mission sur la terre. Celui qui ne l'honore pas est presque un athée, car il n'a pas dans son cœur la crainte de Dieu.

(1) Malheureux bonheur. — (2) Sainteté feinte. — (3) Double iniquité. — (4) Equité inutile. — (5) Compassion inepte. — (6) Utile iniquité. — (7) Cruel larcin. — (8) Témérité fidèle. — (9) Repentir tardif. — (10) Prudence infidèle. — (11) Un serpent caché sous le gazon.

DE LA RENOMMÉE.

Chez les poètes la renommée est un monstre[1]. Ils en font une description en partie élégante et belle[2], et en partie aussi sévère et arbitraire. Ils disent : Voyez; autant de plumes, autant d'yeux sous chaque plume; autant de langues, autant d'oreilles toujours dressées.

(1) Ce morceau est un complément de l'article sur La Sœur des Géants dans la *Sagesse des anciens*, article VII, p. 551. Il n'avait pas été traduit.

(2) La description faite ici par Bacon est prise des vers suivants de *l'Énéide*

Fama, malum quo non aliud velocius ullum,
Mobilitate viget, viresque acquirit eundo.
Parva metu primo, mox sese attollit in auras,
Ingrediturque solo, et caput inter nubila condit.
Illam Terra parens, ira irritata Deorum,
Extremam, ut perhibent, Cœo Enceladoque sororem
Progenuit, pedibus celerem et pernicibus alis.
Monstrum horrendum, ingens, cui, quot sunt corpore
    plumæ,
Tot vigiles oculi subter, mirabile dictu,
Tot linguæ, totidem ora sonant, tot subrigit aures.
Nocte volat cœli medio terræque, per umbram
Stridens, nec dulci declinat lumina somno,
Luce sedet custos aut summi culmine tecti,

Turribus aut altis, et magnas territat urbes,
Tam ficti pravique tenax, quam nuncia veri.
            Æneid., l. IV, v. 174 et suiv.

Voici la traduction qu'en donne l'abbé Delille :
Faible dans sa naissance et timide à sa source,
Ce monstre s'enhardit et s'accroît dans sa course,
La terre l'enfanta pour se venger des cieux.
Elle aime à publier les faiblesses des dieux.
Digne sœur des géants qu'écrasa leur tonnerre,
Son front est dans l'Olympe et ses pieds sur la terre.
Rien ne peut égaler son bruit tumultueux,
Rien ne peut devancer son vol impétueux;
Pour voir, pour écouter, pour semer les merveilles,
Ce monstre ouvre à la fois d'innombrables oreilles,
Par d'innombrables yeux surveille l'univers,
Et par autant de voix fait retentir les airs.
La nuit d'un vol bruyant il poursuit sa carrière,
Jamais le doux sommeil ne ferme sa paupière,
Le jour il veille assis sur le palais des rois,
Et de là répandant son effrayante voix,
A l'univers surpris incessamment raconte
La vérité, l'erreur, et la gloire et la honte.

Voilà pour le côté fleuri. Ils ajoutent par de remarquables allégories : sa force augmente en marchant ; elle a les pieds sur la terre et la tête dans les nues. Le jour elle fait sentinelle, mais la plupart du temps elle voltige la nuit. Elle chante les actions vraies ou fausses. C'est l'effroi des grandes cités. Mais ceci est plus fort : ils racontent que la terre, mère des géants qui livraient assaut à Jupiter, irritée de voir la défaite de ses enfants, mit aussitôt au monde la Renommée. Car il est certain que les rebelles, représentés par les géants, et la Renommée séditieuse, ainsi que les libelles fameux, sont frères et sœurs de l'un et de l'autre sexe. Il ferait donc une action utile celui qui pourrait dompter ce monstre et l'habituer à manger dans sa main, et le dresser à attaquer et à tuer tous les autres oiseaux de proie en planant au-dessus d'eux.

C'est là le fruit de l'imagination des poètes. En politique, point de sujet dont on fasse moins de cas que les fruits de la Renommée, et pourtant il exige une attention sérieuse. Voyons donc ce qu'il y a de vrai ou de faux dans ces récits, comment les bruits sont semés et excités, comment ils s'accroissent et se multiplient, et enfin comment on les étouffe et on les anéantit.

La renommée, surtout dans la guerre, a une puissance si forte que presque toutes les actions empruntent d'elles leurs grandeurs. Mucianu vainquit Vitellius en répandant le bruit que celui-ci avait proposé d'envoyer en Germanie les légions de Syrie et de transporter en Syrie celles de Germanie, ce qui les fit entrer dans une violente fureur.

Jules-César attaque Pompée à l'improviste parce qu'il lui avait imposé de la sécurité et de la négligence dans ses dispositions de guerre en faisant adroitement courir le bruit que ses soldats ne se pressaient pas, et qu'ils voulaient l'abandonner avant d'entrer en Italie, harassés qu'ils étaient par les guerres et chargés des dépouilles de la Gaule. Livia disposait tout pour assurer le trône à son fils Tibère en ne cessant de répandre le bruit de la convalescence de Tibère son mari. C'est une habitude des pachas ; on cache souvent la mort de l'empereur turc aux janissaires et aux autres troupes pour ne pas exposer au pillage, selon leurs coutumes, Constantinople et les autres villes. Thémistocle persuada à Xerxès de vider incontinent la Grèce en lui annonçant faussement que les Grecs voulaient rompre le pont de navires construit sur l'Hellespont.

Il y a mille autres exemples de cette nature, et plus ils sont nombreux, plus il est inutile de les rapporter ; car on les trouve partout. Je conseille donc aux princes d'attacher aux récits et aux bruits de la renommée la même importance qu'aux actions et aux conseils.

PRIÈRE OU PSAUME

DE FRANÇOIS BACON.

O Seigneur infiniment bon, Père infiniment miséricordieux, qui me protéges depuis ma jeunesse, j'adore en toi mon Créateur, mon Rédempteur, mon consolateur. Tu pénètres, ô mon Dieu! les retraites et les replis les plus cachés de tous les cœurs; tu sais quelle est leur sincérité; tu juges l'hypocrisie; tu pèses comme dans une balance les libres pensées des hommes et leurs actions; tu mesures comme avec une règle tous leurs desseins, et ni leur vanité ni leur perversité ne peuvent t'échapper.

Daigne te rappeler, ô Seigneur! quelle marche a suivie ton serviteur à ton égard; souviens-toi de mes premières recherches et de mes premières intentions. J'ai chéri tes fidèles, j'ai déploré les divisions de ton Eglise, je me suis plu dans l'éclat de ton sanctuaire. Je n'ai cessé de t'invoquer en faveur de la vigne que ta main a plantée dans cette nation pour qu'elle reçoive enfin une pluie bienfaisante, et qu'elle étende ses rameaux jusqu'à la mer et aux ruisseaux. Le sort du malheureux et le pain du pauvre ont été pour moi des objets d'une précieuse attention; j'ai eu horreur de toute cruauté et de toute insensibilité de cœur; j'ai pris les intérêts de tous les hommes, bien qu'ils m'en aient récompensé par leur dédain. Quand j'ai rencontré des ennemis, je ne leur en ai pas voulu, et presque jamais le soleil ne s'est couché sans que ma colère ne fût éteinte. J'ai été comme la colombe exempt de grande méchanceté. Ta création et surtout ta Sainte-Ecriture ont été le livre de mes méditations. Je t'ai cherché dans les cours, dans les champs et dans les jardins, mais je t'ai trouvé dans ton temple.

J'ai commis mille péchés et dix mille offenses; et cependant je t'ai toujours sanctifié, et mon cœur par ton secours a toujours été un charbon ardent sur ton autel. Seigneur, qui fais ma force, depuis mes premières années j'ai toujours été au-devant de toi dans toutes les voies que j'ai suivies, grâce à ta miséricorde paternelle, à tes pénitences pleines de consolation, ainsi qu'à ta Providence dont j'ai reçu tant de preuves. Tu m'as comblé d'une grande faveur, et tu m'as aussi imposé de grandes mortifications; tu ne m'as presque jamais abandonné, et lorsque mes biens temporels s'augmentaient, j'ai senti les traits que tu dirigeais secrètement contre moi. Lorsque je m'élevais devant les hommes, l'humiliation m'a abaissé devant toi; et maintenant même que mes pensées roulent surtout sur la paix et l'honneur, je sens que ta main s'appesantit sur moi et que tu m'as presque dépouillé de ton ancienne charité pour que je reste dans ton école paternelle, non comme un enfant adultérin, mais comme un fils légitime. Tes jugements contre moi sont justes à cause de mes péchés dont le nombre passe celui des grains de sable de la mer; mais entre ces péchés et ta miséricorde il n'y a aucune proportion. Que sont en effet les grains de sable de la mer, la terre et le ciel? Ce n'est rien auprès de tes bontés. Outre mes nombreux péchés, j'avoue que je suis ton débiteur pour les bonnes largesses de tes dons et de ta grâce que je n'ai nullement thésaurisées, ni même livrées, comme j'ai dû le faire, à ces banquiers dont j'aurais pu tirer grand bénéfice, mais que j'ai employées follement à des choses auxquelles je n'ai été aucunement propre. Je pourrais donc dire avec vérité : « Mon âme a été une étrangère dans le pays de mon habitation[1]. » Sois-moi favorable, ô Seigneur! pour les mérites de mon Sauveur; reçois-moi dans ton sein ou conduis moi dans ta voie.

(1) Psaume 119.

CONFESSION DE FOI

DE FRANÇOIS BACON.

Je crois que rien n'est sans commencement, excepté Dieu; qu'il n'y a aucune nature, aucune matière, aucun esprit, mais qu'un seul et même Dieu; que Dieu, étant de toute éternité tout-puissant, seul sage, seul bon dans sa nature, est aussi de toute éternité le Père, le Fils et le Saint-Esprit en trois personnes.

Je crois que Dieu est tellement saint, pur et parfait, qu'il lui est impossible d'arrêter ses regards sur aucune créature, bien qu'elle soit l'œuvre de ses mains; que ni un ange, ni un homme, ni le monde ne pourraient ou ne peuvent rester devant ses yeux un seul moment, à moins qu'il ne les regarde dans la face du Médiateur; que ce fut pour cette raison que l'Agneau de Dieu fut immolé avant tous les siècles en face de celui à qui tout est présent. Sans cette volonté éternelle il lui aurait été impossible de se mettre à aucune œuvre de création; mais il aurait joui seulement et éternellement de la société heureuse et individuelle de trois personnes en Dieu.

Mais que dans sa bonté éternelle et sa charité infinie, se déterminant à devenir créateur et à communiquer avec ses créatures, sa volonté éternelle a ordonné qu'une seule personne participerait à la seule nature de Dieu et à celle de chacune de ses créatures; qu'une véritable échelle serait placée dans la personne du Médiateur, au moyen de laquelle il serait permis à Dieu de descendre parmi les créatures et aux créatures de monter jusqu'auprès de Dieu; qu'alors Dieu, par la grâce du Médiateur, se tournant vers ses créatures (bien qu'elles fussent loin de partager sa lumière et d'approcher de son trône), traça les lois de sa volonté sainte et secrète par laquelle quelques-unes de ses créatures resteraient et demeureraient dans leur état, d'autres succomberaient parfois et se relèveraient, et d'autres enfin succomberaient entièrement et ne se relèveraient plus dans leur état, mais conserveraient cependant leur être comme sous le joug de sa colère et de la corruption; il fit tout cela en regardant la face du Médiateur. Je crois réellement que tel est le grand mystère et le centre parfait de **tous** les rapports de Dieu avec ses créatures, et que toutes ses autres œuvres admirables s'y rattachent et s'y rapportent.

Qu'il a choisi, par sa seule volonté, l'homme pour être la créature à la nature de laquelle s'unirait la personne du Fils éternel de Dieu; qu'il a choisi parmi les générations des hommes un petit troupeau auquel il a bien voulu, par sa propre participation, montrer les richesses de sa gloire; que tout le ministère des anges, la damnation des démons et des réprouvés, la direction générale de toutes les créatures et la dispensation des temps n'ont eu d'autre but que d'établir des voies et des intermédiaires auprès du trône de Dieu, afin que Dieu fût en outre glorifié dans les saints, qui ne font qu'un corps avec sa tête, dans le Médiateur qui ne fait qu'un avec le Père.

Que, par l'effet de sa volonté éternelle, il a daigné, pour son bon plaisir et selon des circonstances et des occasions que lui seul connaît, devenir créateur, et qu'il créa tout par son Verbe éternel, et qu'il console et conserve tout par son Esprit éternel.

Que tout ce qu'il a créé était bon dans le premier état; qu'il a laissé le principe de tout mal et de toute vanité au libre arbitre de la créature; mais qu'il s'est réservé en même temps le principe de tout retour à la liberté de sa grâce, en faisant servir et en tournant la chute et la défection de la créature (qui avait été connue par sa prescience de toute éternité) à lui préparer l'entrée à son conseil éternel auprès du Médiateur et à l'œuvre qu'il avait résolu d'accomplir en lui.

Que Dieu a créé des esprits dont quelques-uns sont restés dans leur état et dont les autres ont succombé; qu'il a créé aussi le ciel et la terre, et toutes leurs cohortes et leurs générations; et qu'il leur a imposé des lois constantes et perpétuelles que nous appelons nature, qui n'est rien autre chose que les lois de la création.

Que ces lois eurent trois changements ou trois époques, et subirent un quatrième ou dernier changement. Le premier fut, quand la masse informe du ciel et de la terre fut créée; le second se trouve dans l'intervalle de l'arrangement de l'œuvre des six jours; le troisième s'est opéré après la malédiction; celui-ci ne doit nullement cependant être considéré comme une nouvelle création; le quatrième arrivera à la fin du monde d'une manière qui n'est pas encore bien démontrée. En sorte que les lois qui existent aujourd'hui et qui dureront inviolablement jusqu'à la consommation des siècles furent mises en vigueur lorsque Dieu se reposa de son œuvre universelle et cessa de créer, mais éprouvèrent un changement partiel par la malédiction. Depuis cette époque jusqu'à nos jours elles ne sont pas du tout changées.

Que, bien que Dieu se soit reposé et ait cessé de créer depuis le premier sabbat, cependant sa volonté divine n'en agit ni ne s'en accomplit pas avec moins de force ni d'exactitude par la Providence, sur tout ce qui est grand comme sur ce qui est petit, sur ce qui est particulier comme sur ce qui est général, que s'il le faisait par miracle et une nouvelle création, quoique son action ne soit pas immédiate et directe, mais qu'elle s'opère par des intermédiaires, sans violer la nature qui est sa propre loi sur la créature.

Que l'âme humaine n'est nullement sortie, dans sa première origine, de la matière du ciel et de la terre, mais qu'elle a été immédiatement inspirée par Dieu, en sorte que les voies et la direction de Dieu vers les esprits ne sont point comprises dans la nature, c'est-à-dire dans les lois de la terre et du ciel, mais qu'elles sont réservées aux lois de sa volonté secrète et de sa grâce. Dieu n'a jamais cessé de s'en occuper, et il ne s'arrête jamais entièrement dans l'œuvre de la rédemption, comme il s'est arrêté dans l'œuvre de la création; mais il persistera continuellement dans ce travail jusqu'à ce que la fin des siècles arrive. Alors ce travail aura aussi une fin, et un éternel sabbat commencera. En outre, quand Dieu déroge aux lois de la nature par des miracles (qu'on peut regarder comme de nouvelles créations), il ne descend à de tels actes qu'en ayant en vue l'œuvre de la rédemption, œuvre bien supérieure à celle de la création, et à laquelle tendent et se rapportent tous les phénomènes et les miracles de Dieu.

Que Dieu a créé l'homme à son image, avec une âme raisonnable, avec l'innocence, le libre arbitre et la puissance; qu'il lui a donné une loi et un commandement que l'homme eut le pouvoir d'observer, mais qu'il n'a pas observé. Je crois que l'homme renonça tout-à-fait à Dieu par la pensée présomptueuse que les ordres et les défenses de Dieu n'étaient pas des règles du bien et du mal, mais que le bien et le mal avaient leurs principes et leur origine propres, et qu'il désirait la science de ces principes, œuvre et fantôme de son imagination; qu'il voulut dépendre, non pas de la volonté de Dieu qui lui avait été révélée, mais de lui-même et de sa lumière naturelle, comme s'il était un Dieu, péché aussi contraire à toute la loi divine que possible; que ce péché, qui n'en est pas moins grand pour cela, ne prit nullement son origine dans la méchanceté de l'homme, mais qu'il y fut insinué par la suggestion et les instigations du diable, première créature pécheresse, qui succomba par sa propre méchanceté et non par la tentation d'un autre.

Qu'après la chute de l'homme, la justice de Dieu lui infligea la mort et la vanité, et que l'image de Dieu s'effaça de l'homme; et que le ciel et la terre, qui avaient été créés pour l'usage et le service de l'homme, furent assujettis à la corruption par sa chute; mais qu'aussitôt et sur-le-champ après que le Verbe de la loi divine eût été, quant à l'obéissance, rendu inutile par la chute de l'homme, il y succéda un Verbe plus grand, celui de la promesse divine, pour que la justice de Dieu s'accomplît ainsi par la foi.

Que la loi de Dieu, ainsi que le Verbe de sa promesse, seront immuables de toute éternité; qu'ils ont été révélés de diverses manières, selon la dispensation des temps. Car la loi avait été gravée sur les restes de la lumière naturelle qui subsistaient après la chute et qui en étaient un témoignage suffisant; elle se manifesta ensuite plus ouvertement par la loi écrite. Plus tard, par la promulgation des prophètes, elle fut expliquée plus clairement; elle fut enfin exposée dans sa plus grande perfection par le Fils de Dieu, le grand prophète, l'interprète par excellence et la révélation personnifiée de la loi.

Je crois aussi que le Verbe de la promesse fut également manifesté et transmis, d'abord par la révélation et l'inspiration immédiate, ensuite par les figures qui ont été de deux sortes : l'une, les rites et les cérémonies de la loi ; l'autre, la continuation de l'histoire du monde ancien et de l'église des Juifs, continuation qui, littéralement parlant, peut s'appeler ainsi avec raison, mais qui n'est au fond qu'une allégorie féconde et l'ombre de l'œuvre de la rédemption qui en a été la suite. Cette même promesse, c'est-à-dire l'Evangile, a été annoncée et proclamée par les prophètes, ensuite par le Fils lui-même, enfin par le Saint-Esprit, qui éclairera l'Eglise jusqu'à la consommation du monde.

Que, dans l'accomplissement du temps, selon la promesse et le serment de Dieu, Jésus-Christ, Fils unique de Dieu et le sauveur du monde, rejeton d'une race élue, est né fruit béni des entrailles d'une femme ; qu'il a été conçu par l'apparition et l'opération du Saint-Esprit, et a été incarné dans le sein de la Vierge Marie ; que, non-seulement le Verbe a pris chair ou a été uni à la chair, mais qu'il s'est fait chair, quoique sans confusion de substance ou de natures, en sorte que le Fils éternel de Dieu, et surtout le Fils béni de Marie, se sont réunis en une seule personne ; que cette personne ne fait tellement qu'une, que la Vierge Marie peut être appelée, selon la vérité et la foi catholique, Déipare, ou mère de Dieu ; que cette personne ne fait tellement qu'un qu'il n'y a aucune unité dans la nature universelle (pas même celle de l'âme et du corps humain) aussi parfaite, puisque les trois célestes unités (dont celle du Fils est la seconde) surpassent toutes les unités naturelles : la grâce du Verbe, l'unité de trois personnes en Dieu, l'unité de Dieu et de l'homme dans le Christ, et l'unité du Christ et de son Eglise. C'est par l'opération du Saint-Esprit que se font ces deux dernières unités ; car c'est par le Saint-Esprit que le Christ a été incarné et vivifié dans la chair, et c'est par le Saint-Esprit que l'homme a été régénéré et vivifié dans l'Esprit.

Que Jésus-Christ, Notre Seigneur, a été incarné afin d'être à la fois le prêtre et la victime pour le péché ; expiation et sacrifice en-vers la justice de Dieu qui lui mérita la gloire et le royaume des cieux ; exemple de toute justice, prédicateur du Verbe qui a été personnifié en lui, ministre des cérémonies, pierre angulaire destinée à renverser le mur mitoyen de matière entre les Juifs et les Gentils, médiateur pour l'Eglise, maître de la nature dans ses miracles, vainqueur de la mort et de la puissance des ténèbres dans sa résurrection. Je crois qu'il a exécuté toute la volonté de Dieu, qu'il a rempli sur la terre tous les devoirs sacrés de sa mission, qu'il a accompli toute l'œuvre de la rédemption et du rétablissement de l'homme à un état supérieur à celui des anges (car l'état de l'homme par la création a été peu au-dessous de celui des anges), et qu'il a racheté et rétabli tout selon la volonté éternelle de Dieu, son Père.

Qu'il y a eu une époque où notre Seigneur Jésus-Christ est né, laquelle époque arriva sous Hérode, roi de Judée ; qu'il a souffert sous le pouvoir de Ponce-Pilate, gouverneur romain, et sous le pontificat de Caïphe ; qu'il a été trahi par Judas, l'un des douze apôtres ; qu'il a été crucifié à Jérusalem ; et qu'après une mort réelle et naturelle, et après le dépôt de son corps dans le tombeau, il s'est dégagé le troisième jour des chaînes de la mort ; qu'il est ressuscité ; qu'il s'est montré vivant à un grand nombre de témoins élus, pendant l'espace de plusieurs jours ; que, quand ce temps se fut écoulé, il est monté au ciel devant les yeux d'une nombreuse assemblée ; qu'il ne cesse de prier Dieu pour nous, et qu'il en descendra au jour prescrit, dans la plus grande gloire, pour juger le monde.

Que la passion et les mérites du Christ suffisent pour effacer les péchés du monde entier ; mais que néanmoins ils n'auront de force efficace que pour ceux-là seuls qui auront été régénérés par le Saint-Esprit, et que la grâce pénètre quand il le veut. Cette grâce, comme une semence incorruptible, vivifie l'esprit de l'homme et le transforme entièrement en fils de Dieu et en membre du Christ ; car de ce que le Christ s'est fait homme, et de ce que l'homme a reçu l'inspiration de l'Esprit du Christ, il en résulte une voie ouverte et un compte mutuel par lesquels le péché et la colère tombent de l'homme sur le Christ, et le mérite et la vie sont transmis par le Christ à l'homme. Cette semence du Saint-Esprit forme d'abord en nous par la foi vive l'image du Christ mis à mort ou crucifié, et enfin elle renouvelle en nous l'image d'un Dieu de sainteté et de charité. Toutefois ce double acte s'opère bien imparfaitement et à des degrés bien inégaux, même parmi les élus de Dieu, tant par rapport à la vigueur des feux de l'Esprit que par rapport à ses lumières. Ces lumières cependant sont plus ou moins grandes dans leurs généreuses proportions; par exemple, il y a une différence, quant à nous et quant à l'Eglise, avant le Christ; elle n'en a cependant pas moins participé à un et même salut, et aux mêmes moyens de salut que nous.

Que l'action du Saint-Esprit, bien qu'elle ne se rattache, par aucun moyen déterminé, au ciel ou à la terre, s'opère cependant d'ordinaire par la prédication du Verbe divin, par l'administration des sacrements, le pouvoir des pères sur leurs enfants, les sermons, les lectures, les censures de l'Eglise, la société mutuelle des fidèles, la croix et les mortifications, les bienfaits de Dieu, les jugements divins prononcés contre les autres, les miracles, enfin par la contemplation des créatures. Dieu se sert de ces moyens (bien que quelques-uns l'emportent beaucoup sur les autres) comme pour appeler à lui et convertir ses élus, sans se démettre cependant de son pouvoir d'appeler les hommes par sa grâce immédiate, à toutes les heures et à tous les moments du jour, c'est-à-dire de la vie humaine, s'il lui plaît de le faire.

Que le Verbe de Dieu, par lequel il a manifesté sa volonté, a été propagé par les révélations et les traditions jusqu'à Moïse; que l'Ecriture a passé depuis Moïse jusqu'à celui des apôtres et aux évangélistes; que dans leur siècle, après l'arrivée du Saint-Esprit (principe de toute vérité), le livre de l'Ecriture a été fermé et scellé pour empêcher quelque nouvelle addition; que l'Eglise n'a aucune autorité ni pouvoir sur l'Ecriture pour enseigner ou ordonner quelque chose de contraire au saint Evangile, et qu'elle est comme l'arche d'alliance où les livres de l'Ancien-Testament ont été gardés et conservés, c'est-à-dire que l'Eglise n'a reçu que la garde et le dépôt de l'Ecriture pour la postérité, avec une seule interprétation, mais la seule qui puisse en être tirée.

Je crois en l'Eglise catholique et universelle de Dieu, répandue sur toute la surface du monde, qui est l'épouse du Christ et le corps du Christ, formée des patriarches du monde ancien, de l'église des Juifs, des âmes des fidèles chrétiens qui sont morts, de celles des fidèles qui ont combattu pour la foi, des noms qui n'ont pas encore vu le jour, mais qui cependant sont inscrits depuis des siècles sur le livre de la vie. Je crois aussi que l'Eglise est visible, distincte et connue par les œuvres extérieures de l'alliance de Dieu, par le dépôt de sa sainte doctrine; qu'elle ne fait qu'un avec les sacrements de Dieu et l'invocation et la célébration de ce saint nom; qu'il y a une sainte succession dans les prophètes du Nouveau-Testament et les pères de l'Eglise, depuis le temps des apôtres et des disciples qui voyaient le Christ incarné jusqu'à la consommation du ministère de son œuvre; que ces apôtres et disciples ont été appelés par Dieu au moyen d'une grâce infuse et d'une onction intérieure, mais dont une vocation extérieure et l'ordination de l'Eglise étaient la suite.

Je crois que les âmes de ceux qui meurent dans le Seigneur seront heureuses; qu'elles se reposeront de leurs peines, et qu'elles jouiront de la vue de Dieu; qu'elles resteront toutefois ainsi pour attendre la révélation de sa gloire lors du jugement dernier; qu'alors tous les humains ressusciteront avec un autre corps, et qu'ils comparaîtront et recevront devant le tribunal du Christ leur sentence éternelle; que la gloire des saints sera alors complète, et que le trône sera livré à Dieu le Père; que dès ce jour toutes choses demeureront dans la situation et dans l'état qu'elles recevront alors. En sorte qu'il y a trois époques (si l'on peut s'exprimer ainsi) ou parties d'éternité: la première, celle qui précéda tous les siècles et où la Divinité a été seule sans la société d'aucune des créatures; la seconde, celle du mystère qui doit durer depuis la création jusqu'à la consommation du monde; la troisième enfin, celle de la révélation du Fils de Dieu, qui est la dernière et qui se prolongera éternellement sans subir aucun changement.

DES SECOURS A DONNER

AUX FACULTÉS INTELLECTUELLES,

ÉPITRE ADRESSÉE A HENRI SAVIL.

Monsieur,

A mon retour de notre entrevue d'Eton, où vous m'aviez invité à aller me reposer dans le genre de société qui convient le plus à mes goûts, mes réflexions sont tombées sur un point dont la philosophie s'occupe trop, et que les lois négligent entièrement : je veux parler de l'éducation de la jeunesse. Après y avoir appliqué mon esprit pendant quelques moments, j'ai trouvé que la route en était étroite, et j'ai même observé dans les dissertations des philosophes, qui abondent sur ce sujet, un silence inexplicable sur ce qui touche à la partie élémentaire. Car leurs ouvrages traitent bien de la manière d'élever et d'instruire la jeunesse dans les vertus morales (c'est-à-dire dans l'amour du travail, l'abstinence des plaisirs, l'obéissance, l'honneur, etc.), mais ils ne disent rien des moyens propres à éclairer et à développer les facultés intellectuelles (c'est-à-dire la pensée, la mémoire et le jugement). Se sont-ils donc imaginés que c'était seulement l'œuvre de la nature, ou ont-ils cru qu'il fallait s'en rapporter aux différentes dispositions naturelles qui enseignent l'usage de la raison et de la parole ? Mais, quant au premier point, quelles que soient les distinctions qu'on ait établies entre les dispositions et les facultés, l'expérience montre toutefois que les mouvements et les facultés de la mémoire et du jugement sont non-seulement gouvernés et dirigés, mais encore rendus plus solides et plus étendus par un usage et une pratique sagement combinés ; par exemple quand on s'exerce à l'art de tirer la flèche, on apprend à approcher davantage du but, ainsi qu'à tirer un arc plus difficile à manier. Quant au second, peut-on dire que nos facultés naturelles comportent des préceptes de logique et de rhétorique? Pour peu qu'on y regarde, on verra que ces dernières remplissent un rôle tout-à-fait distinct de celui des premières ; en effet, la partie de la science instrumentale (savoir, celle qui apprend à se servir de l'instrument) ne peut enseigner aussi comment l'instrument se fait ou s'aiguise. Or, ayant trouvé que ce chemin n'avait pas encore été frayé, je m'en suis occupé comme d'un passe-temps, et j'ai décidé, selon mon ancienne coutume, de vous dédier mon travail, comme un hommage à un ami cher et à un homme de bien ; car vous êtes à même de le mettre en pratique, et vous avez plus de capacité et de loisir que moi pour l'examiner à fond. Mais peut-être penserez-vous que c'est Ἄριστον μὲν ὕδωρ, de l'eau excellente, c'est-à-dire un sujet peu élevé, bien que très étendu et très utile. Mais je ne sais pas pourquoi il y aurait moins d'élévation dans la science qui enseigne à faire agir la plus haute et la plus belle faculté de l'âme. D'ailleurs, quel qu'il soit, s'il jaillit de cet essai quelques étincelles de lumière utile, elles seront dues à notre liaison et à notre amitié. Je termine en priant Dieu qu'il vous ait en sa sainte grâce.

DISSERTATION

SUR LE DÉVELOPPEMENT DES FACULTÉS INTELLECTUELLES.

I. J'ai toujours regardé comme fausse et pernicieuse cette phrase proverbiale : « Chacun est l'artisan de sa fortune », à moins, toutefois, que l'on ne s'en serve comme d'un argument et d'un aiguillon contre la paresse. Car autrement, si on la prend au pied de la lettre, et si l'homme doit en tirer l'opinion orgueilleuse qu'il peut comprendre et juger tout ce qui arrive, il attribue ses succès à sa prudence et à son habileté, et ses revers à ses erreurs et à sa négligence. Chaque jour nous montre qu'un tel homme jouit bien moins de sa bonne fortune que celui qui, sans prôner ses talents, assigne une grande part de sa prospérité au bonheur et à la Providence qui le gouverne. Mais si l'on changeait ainsi cette phrase : « Chacun est l'artisan de son esprit, » il y aurait quelque chose de plus vrai et de plus utile ; car elle apprendrait aux hommes à se rendre maîtres d'eux-mêmes, et à corriger les imperfections qu'ils tâchent seulement de cacher ; à atteindre enfin les vertus et les qualités dont ils s'efforcent seulement de montrer le masque. Tout le monde veut appartenir à la première espèce d'artisans ; peu d'hommes au contraire s'attachent à la seconde, et cependant l'augmentation de la fortune corrige rarement l'esprit, tandis que le débrouillement de l'intelligence lui ouvre généralement une carrière facile et lui permet d'arriver à la fortune. Il est indubitable, qu'on le croie ou non, que, de même que le plus magnifique des métaux, l'or, est le plus flexible de tous et le plus propre à être travaillé, ainsi le plus parfait des êtres animés, l'homme, est le plus propre à recevoir des développements, des perfectionnements, des impressions et des modifications, non-seulement en ce qui touche son corps, mais encore en ce qui touche son âme et son esprit ; en un mot, non-seulement en ce qui a rapport à ses sentiments et à ses passions, mais encore en ce qui tient aux facultés de son intelligence et de sa raison.

II. En effet, quant au corps humain, nous trouvons un nombre infini d'exemples étonnants, qui révèlent la puissance que donne sur la nature un exercice suivi, dans les actions mêmes qui nous paraissent les plus difficiles et les moins possibles. D'abord dans les mouvements volontaires ; bien que nous les appelions ainsi, nous voyons que leur principe ou leur point de départ n'est point volontaire. Il est de mon pouvoir et de ma volonté de courir ; mais il n'est ni en mon pouvoir ni en ma volonté de courir plus vite que ne le permet la légèreté et la disposition de mon corps. Nous voyons des sauteurs et des funambules dont l'agilité et les tours de force nous offrent de surprenants spectacles. De même, ceux qui semblent lutter contre la nature humaine par la patience avec laquelle ils endurent les douleurs présentent aux hommes religieux des exemples qui montrent combien l'on peut supporter, et qui prouvent que les enfants des Spartiates ont pu être si violemment frappés de verges sur l'autel que quelquefois ils en mouraient, sans cependant avoir proféré la moindre plainte. Si nous passons aussi aux facultés qui paraissent encore plus involontaires, comme le jeûne prolongé et l'abstinence luttant contre la voracité, l'impossibilité de satisfaire la soif et de se garantir du froid le plus rigoureux, nous avons eu et nous avons encore des hommes qui ont montré dans ces souffrances la victoire de leur corps. Même dans la respiration n'avons-nous pas vu des individus qui, en plongeant et en restant sous l'eau, ont prouvé qu'ils pouvaient retenir leur haleine pendant un espace presque incroyable de temps. D'autres ont enduré, sans être suffoqués, la chaleur étouffante d'une fournaise, intolérable pour certaines personnes. Des charlatans ont contourné et mis leurs corps en diverses formes. Quelques-uns enfin se sont laissés aller jusqu'à des transports et des extases. Tout cela indique de combien de manières différentes et jusqu'à quel point le corps humain peut se transformer. Si l'on pense qu'une telle habileté vienne de quelque propriété secrète de leur nature, au moyen de laquelle ces individus en seront venus à ce point, et qu'il n'est pas permis à tout le monde d'en faire autant, bien qu'on l'essaie, et qu'on en donne pour preuve le petit nombre d'hommes semblables, j'accorderai qu'une plus grande aptitude est la cause de la perfection, mais je nierai qu'une moindre aptitude prouve l'impossibilité de le faire. Le funambule qui aura commencé dès sa jeunesse acquerra une plus grande agilité ; mais il n'en est pas moins vrai que tout homme sera apte, à un moindre degré, à être aussi funambule. On ne saurait douter, en effet, que ces saltimbanques pourraient être plus communs, et qu'on pourrait apprendre des tours d'un autre genre, qui n'ont pas été essayés, si deux causes n'en avaient empêché : premièrement le manque de confiance qui les fait passer pour impossibles, et qui donne lieu d'appliquer les paroles du poète :

Possunt, quia posse videntur.

Personne ne sait ce qu'il peut faire, à moins qu'il ne croie aussi qu'il peut faire beaucoup. En second lieu on néglige ces sortes d'exercices parce qu'ils sont vils, méprisables, inutiles, et par conséquent peu lucratifs, bien qu'ils coûtent beaucoup de travail et de douleur.

III. La volonté de l'homme est donc tout-à-fait docile et obéissante, et elle est susceptible de recevoir de grands remèdes pour la corriger et la modifier. Le premier de tous est la religion qui est la plus capable de la changer et de la transformer, jusques dans les inclinations les plus profondes et les mouvements les plus intimes. Après elle viennent l'opinion que la tradition a transmise et la crainte que l'éducation a imposée ou que les discussions ou la conviction ont imprimée. Immédiatement après vient l'exemple, qui règle la volonté de l'homme d'après ce qui se fait le plus généralement. En quatrième lieu on doit admettre le cas où un sentiment est remplacé ou corrigé par un autre, comme l'irrésolution par la honte, la lâcheté par le déshonneur, l'engourdissement par l'indignation, la paresse par l'émulation, etc. Enfin quand toutes ces circonstances, ou l'une d'elles, ont formé une nouvelle volonté, l'usage et l'habitude viennent fortifier et effectuer ces diverses modifications. On ne doit donc pas s'étonner que cette faculté de l'âme (la volonté ou choix d'action), qui change le sentiment et les passions, n'étant que le commencement ou le principe de la volonté, puisse comme tout le reste être gouvernée et modifiée, et ce qui le prouve, c'est la quantité de différents remèdes qui peuvent y être appliqués et agir sur elle. Il y a une si grande multitude d'effets connus sur ce point qu'il est inutile de les énumérer. Nous ferons seulement remarquer qu'ils se divisent généralement, comme correctifs, en deux classes de remèdes : le premier émane de la raison et du cœur ; le second se nomme ordinairement palliatif. En effet, ou nous voulons réformer réellement nos affections, soit en les maîtrisant si elles sont trop violentes, soit en les excitant si elles sont trop faibles et énervées, ou bien nous voulons les cacher, ou, si l'occasion le demande, les broder et en faire ostentation. De nombreux exemples du premier cas se rencontrent dans les écoles des philosophes et dans l'étude des vertus morales ; mais on peut en trouver du second dans les palais des princes et dans le monde, où il est reçu non-seulement de dissimuler et d'étouffer tout-à-fait les sentiments (pour qu'il n'en transpire aucun signe extérieur), mais encore de feindre et d'affecter vivement des airs qui manifestent des marques des sentiments tout-à-fait étrangers au cœur, comme un rire de commande, des larmes forcées, etc.

Ce qui suit provient des notes que Bacon a jetées pêle-mêle.

IV. Les facultés intellectuelles sont moins susceptibles de recevoir des remèdes que la volonté et le corps de l'homme. Cependant l'exercice, qui l'emporte de beaucoup sur les autres auxiliaires, agit avec bien plus de force sur les premières que sur les autres.

Ancienne pratique des philosophes : Dans toutes recherches possibles, examiner les deux côtés des choses.

Exercer les élèves à improviser des vers *à cloche-pied*, selon l'expression d'Horace, c'est-à-dire sans difficulté.

S'exercer comme les étudiants en droit à raconter de mémoire.

Discussions des sophistes, et exercices de polémique contradictoire, infaillibilité de leur effet.

Secours que peut trouver une mémoire artificielle dans un exercice opiniâtre.

Parades et farces des bouffons qui excitent une hilarité générale.

V. Moyens de développer l'intelligence et ses facultés :

Ne point imiter les exemples, comme il arrive dans la volonté qui se forme par la conversation, et parler ici des réflexions qui ont été formulées à propos de l'imitation ; réfuter (s'il semble bon de le faire dans le courant de l'ouvrage) l'opinion de Cicéron, tendant à persuader à chacun de se proposer un modèle à imiter. Exposer la ressemblance des figures.

Arts, logique, rhétorique ;

Auteurs anciens : Aristote, Platon (*Theætete, Gorgias le sophiste, Protagoras*), Aristote et son école ; argumentation, critique, rhétorique. Organon, Cicéron, Hermogène. Auteurs modernes, Ramus, Agricola. *Rien de sacré.* Lullius, son ouvrage intitulé Typocosmia. — Livres à consulter : Dictionnaire de Cooper, Recueil des mots propres aux métaphores, par Matheus; Agrippa, *sur la Vanité*, etc.

Question à traiter : Quel genre de modèle doit-on se proposer? Sommaire des considérations préliminaires : comparaison de la doctrine d'Aristote avec la boutique d'un cordonnier, où se trouvent des chaussures de tous genres ; exordes des discours de Démosthènes ; exemples de Cicéron sur les divers moyens de préparer ses auditeurs.

VI. Appuyer sur les exercices, et indiquer la différence qu'il y a entre se servir d'un instrument et le tremper. Comparaison des principes à établir contre les lois de la nature et de la société.

Cinq préceptes à observer.

1. Régler les exercices sur la vie, c'est-à-dire faire en sorte qu'ils procurent de l'habileté dans le genre d'action dont l'homme aura le plus besoin.

2. Instituer des exercices indirects et détournés, qui perfectionnent peu à peu et progressivement les facultés, que des exercices directs pourraient effrayer et détruire. Cette marche doit surtout s'observer dans le cas où l'on rencontre une faculté faible, non en elle-même, mais par une disposition accidentelle; ainsi, par exemple, si le défaut de mémoire provient de la légèreté d'esprit ou du manque d'une attention soutenue, alors les mathématiques ou l'étude des lois sont d'un grand secours; car si l'esprit se met à divaguer sur ces matières, on ne peut guère compter sur son retour.

3. Améliorations à introduire dans les exercices : Danser avec de lourdes chaussures ; marcher avec une armure pesante et avec des sacs; si l'on rencontre des individus épais et maladroits, exciter la vivacité en proposant des exercices qui offrent une récompense et du plaisir :

Ainsi les bons maîtres donnent des bonbons aux enfants pour qu'ils apprennent leurs premières leçons [1].

4. Précautions à prendre dans les exercices :

[1] ... Ut pueris olim dant crustula blandi
Doctores, elementa velint ut discere prima.
Hor. Sat., l, s. 1, v. 25.

prévenir un faux mouvement (et les commençants en font toujours) pour que ce mouvement en se prolongeant n'engendre pas une mauvaise méthode, et qu'il ne dégénère pas en habitude; par exemple, un mouvement trop précipité des doigts sur la harpe.

5. Ordre à suivre dans les sciences, et enchaînement à observer dans les exercices : la logique et la rhétorique doivent s'enseigner après la poésie, l'histoire et la philosophie. Que le premier exercice ait pour but de faire traiter un sujet avec pureté et clarté; on s'occupera plus tard de l'élégance et de la vivacité.

Les exercices qui se font dans les colléges et les examens appartiennent à la mémoire ou à l'invention; dans le premier cas on récite mot à mot ce que l'on a écrit et appris dans un cahier; dans le second on parle sans préparation; les discours font peu d'usage de l'une et de l'autre, car nous disons bien des choses qui n'ont pas été méditées mot par mot, et qui ne sont pas non plus exactement improvisées. C'est pourquoi l'exercice doit se faire en se donnant le temps de respirer, en réfléchissant aux principaux points du sujet, et alors en composant le discours d'abondance. On y parviendra de deux manières : en écrivant sur des tablettes, et en parlant sans s'en servir. Il est, en effet, permis dans un grand nombre de discours de prendre des notes concises, et même si l'on ne s'y accoutume pas, la mémoire se trouvera en défaut.

La mémoire ne profite en rien des narrations qui se font dans les colléges, c'est-à-dire qu'elle ne se perfectionne nullement par des récits de dates, de personnages, de lieux et de noms. Il y a une grande différence entre l'art de disserter et celui de rapporter ou de narrer et de décrire. La dissertation est d'un usage indispensable.

Il est souvent aussi très utile de raconter brièvement et de resserrer la narration.

DIALOGUE
SUR LA GUERRE SACRÉE.

A MON TRÈS RÉVÉREND PÈRE EN JÉSUS-CHRIST LANCELOT ANDREWS, ÉVÊQUE DE WINCHESTER, CONSEILLER PRIVÉ DE SA MAJESTÉ.

Vénérable prélat,

Ce n'est pas une de nos moindres consolations que celle que nous éprouvons en considérant les rapports des malheurs d'autrui avec les nôtres. Car les exemples nous touchent bien plus que les raisonnements ; ils nous pénètrent ensuite de cette vérité que l'Ecriture nous présente pour le soulagement de nos peines, savoir : qu'il n'y a rien de nouveau dans ce qui nous est arrivé. Ces exemples nous émeuvent donc d'autant plus que leur rapport est plus grand avec notre situation, et ils ont encore bien plus d'effet quand nous voyons que la fortune n'a pas moins frappé ceux qui par leur rang et leur mérite nous étaient bien supérieurs. En effet, en nous comparant avec des hommes plus dignes que nous, nous caressons d'un côté notre vanité, et, de l'autre, nous en venons à cette sage et salutaire conclusion que, puisque des hommes meilleurs que nous ont supporté des maux semblables, nous n'avons aucune raison de nous plaindre d'une manière excessive.

Quant à moi, j'ai fait grand usage de ce genre de consolation, bien que, comme chrétien par la miséricorde infinie de Dieu, j'en aie goûté de bien plus élevées. C'est pourquoi, après avoir recueilli les souvenirs que les faits et les livres avaient gravés dans ma mémoire, j'ai repassé les nombreux exemples des temps anciens et modernes. Mes pensées, je l'avoue, se sont arrêtées, se sont reposées même, principalement sur trois hommes, à cause de leur rang élevé et du rapport parfait entre leur destinée et la mienne pendant une partie de ma carrière. Chacun d'eux occupa dans sa patrie les plus hautes places de la magistrature ; tous trois ne durent pas leur ruine à des revers dans les combats ni à d'autres genres d'infortune, mais ils furent dépouillés de leurs charges par des jugements et par l'autorité des lois, comme accusés et convaincus d'un crime. Tous trois aussi furent de célèbres écrivains, en sorte que la mémoire de leur malheur est passée à la postérité, et qu'elle offre en quelque sorte un tableau représentant un effet nocturne, au milieu d'autres cadres ayant pour sujets leurs plus belles œuvres et leurs brillantes actions. Tous trois aussi, si leur sort pouvait nous éclairer, donnèrent des exemples capables d'éteindre l'ambition dans ceux qui voudraient tenter de nouveau la fortune ; chacun d'eux fut rappelé d'une manière glorieuse et réhabilité, mais il ne revint que pour éprouver une chute plus terrible qui se termina par une mort violente. Ces trois hommes furent Démosthènes, Cicéron et Sénèque. Or, en considérant la ressemblance que la fortune et la profession établissaient entre ces grands hommes et moi, je me mis à observer et à rechercher comment ils supportèrent leurs infortunes, et surtout comment ils employèrent le temps qu'ils passèrent éloignés des affaires publiques, et déchus du droit d'y participer. Je voulais tirer de leur exemple non-seulement les moyens d'adoucir mes maux, mais encore de m'instruire sur ma conduite : j'examinai alors les effets différents qu'avaient produit sur eux leurs malheurs, surtout quant au point principal des recherches auxquelles je m'étais livré, savoir l'emploi de leur temps et de leur plume. Je vis que Cicéron, pendant tout son exil, qui dura près de deux ans, se laissa tant aller au désespoir et à l'abattement qu'il n'écrivit que quelques lettres efféminées, remplies de lamentations. Cependant, de ces trois hommes, il avait moins que tous, selon moi, raison de tant regretter son sort ; car bien qu'il eût été condamné et que son jugement fût de ceux qui avaient le plus de poids, c'est-à-dire qu'il résultait d'une loi qui prononçait son exil et la confiscation de tous ses biens au profit du trésor public ; bien que cette loi portât que ses maisons seraient détruites, et que la peine de mort serait appliquée à quiconque travaillerait à sa réhabilitation ; néanmoins sa disgrâce, même de son temps, ne fut point regardée comme infamante et ne fut considérée que comme un effet d'événements orageux qui l'avaient renversé dans leur tourbillon. Le jugement, au contraire, qui proscrivit Démosthènes le couvrait d'ignominie, puisqu'il avait été convaincu de concussion, et non-seulement de ce crime, mais encore de deux autres chefs d'accusation, ceux de trahison et de lèze-majesté. Cependant il sembla se ressentir si peu de son malheur que durant son exil il ne cessa pas de s'occuper de la politique et de conserver son influence dans les affaires ; il alla même dans ses lettres jusqu'à donner très souvent des conseils aux Athéniens, comme s'il eût été encore assis au timon de la république. Nous voyons la preuve de ce fait dans quelques-unes de ses lettres, qui sont parvenues jusqu'à nous. Sénèque, je l'avoue, après avoir été condamné comme convaincu de corruption et d'autres crimes, et exilé dans une île déserte, ne joua pas un rôle très brillant ; car, quoiqu'il ne cessât pas d'écrire, il ne voulut pas toutefois se mêler des affaires publiques, mais il employa les loisirs que sa situation lui avait procurés à écrire quelques livres d'une haute sagesse et d'une utilité perpétuelle, bien que dans le nombre il s'en trouve de moins importants.

Ces exemples m'engagèrent plus que jamais à suivre un dessein auquel d'ailleurs me portaient mes goûts ; je me déterminai à consacrer tout le temps que j'avais de libre à composer des ouvrages, et à placer le peu de richesses intellectuelles que Dieu m'avait départies, non pas sur des banques particulières comme auparavant, mais dans les bourses publiques, qui ne s'épuisent jamais et qui donneront toujours un intérêt certain. Or, ayant publié, il y a quelques années, une partie de ma *Restauration des sciences*, ouvrage qui est, à moins que l'amour paternel ne me trompe, le meilleur de ceux que j'ai composés, je résolus de travailler sans relâche à le terminer dans ses autres parties ; c'est ce que je suis en train de faire maintenant. Bien que cet ouvrage m'ait valu des témoignages nombreux et tels que je ne pouvais attendre des suffrages plus unanimes et plus honorables dès mon entrée dans une matière si obscure, je n'en fus pas moins persuadé que cet ouvrage est bien au-dessus de l'intelligence des hommes, de ceux surtout qui n'ont qu'un jugement médiocre. Après avoir renversé pour un moment l'ordre que j'avais adopté, je me décidai à abaisser le sujet à la portée des sens, en leur présentant des exemples, des analogies d'*Histoire naturelle*, et des recherches sur cette science ; j'ai déjà terminé une partie de ce travail. D'un autre côté, mon ouvrage sur *la Dignité et l'accroissement des sciences* peut être regardé comme une préparation et la clef propre à mieux ouvrir les idées de ma Restauration, car le premier contient un mélange de notions anciennes et nouvelles ; la Restauration, au contraire, ne renferme que des notions nouvelles, si l'on en excepte quelques anciennes, éparses çà et là, uniquement pour exercer le goût. Je crus qu'il était convenable de traduire cet ouvrage d'anglais en une langue universelle, et d'y joindre plusieurs additions importantes, principalement dans le second livre, qui a rapport aux divisions des sciences ; et j'ai tant ajouté que je pense que ce livre, divisé maintenant en plusieurs, peut être considéré comme la première partie de la Restauration, à laquelle j'ai donné d'abord le nom de *Classification des sciences*. Je crois donc par là avoir satisfait à tous mes engagements. Ce travail est aussi terminé. D'un autre côté, comme je ne pouvais oublier entièrement le rôle de magistrat, que j'avais rempli si longtemps (et si j'en perdais le souvenir assez d'autres s'en souviendraient), je me mis à écrire un ouvrage *sur les lois*. J'avais pour but de donner à la justice un caractère qui tînt le milieu entre les données fausses et spéculatives de lois qu'avaient faites les philosophes, et les écrits des jurisconsultes qui s'étaient trop asservis aux juridictions de leurs pays, ou s'étaient laissés arrêter par les coutumes de leur gouvernement. Mais je n'ai point terminé cet ouvrage, d'abord parce qu'il m'aurait pris trop de temps, et ensuite parce qu'il m'a semblé qu'il ne devait venir qu'après d'autres sujets ; j'en ai seulement présenté une petite partie, comme exemple, dans le huitième livre *de la Dignité et de l'accroissement des sciences*. J'avoue que j'avais réellement résolu de composer pour ma patrie un *Digeste* de lois, mais comme pour un te travail j'avais besoin de la coopération de beaucoup de jurisconsultes, et que je ne pouvais pas l'entreprendre seul, j'abandonnai ce dessein. D'ailleurs, en publiant ma Grande Restauration, je m'étais proposé pour but de rendre service à la grande famille humaine en général, d'améliorer sa condition, d'assurer son bonheur et d'obtenir de la nature une plus grande part de lumière pour ses facultés. Dans mon ouvrage *sur les lois*, dont j'ai resserré les principes, comme je l'ai dit plus haut, je m'étais proposé également pour but de rendre service à l'humanité, mais en ce qui touche la société civile et les connaissances de la science gouvernementale. J'avais aussi pensé que je devais laisser une œuvre d'utilité et de gloire à ma patrie, que j'ai tendrement chérie ; et ce sentiment est si vif que, bien que les charges que j'ai remplies fussent au-dessus de mon mérite, mon amour pour le bien-être commun et mes efforts dans ce but surpassaient de beaucoup les hautes dignités où je fus élevé. Par conséquent, quand j'eus abandonné mon projet de travail *sur les lois anglaises*, je désirai donner à ma patrie un gage de mon affection, et c'est dans ce dessein que je me mis à écrire mon *Histoire de Henri VII*. Quant au livre que j'ai publié depuis longtemps sous le titre d'*Essais moraux et politiques*, je lui donne aujourd'hui celui de *Fidèles discours* et *discours sur l'intérieur des choses* ; je l'ai beaucoup augmenté et enrichi, et je l'ai enfin traduit d'anglais en latin. Je me livre à ce genre d'écrits de temps en temps pour soulager et reposer mon esprit ; et cependant je n'ignore pas que de semblables ouvrages, bien qu'ils soient moins pénibles et moins difficiles, pourront peut-être illustrer et élever mon nom plus que ceux que j'ai traités et que je traite encore. Pour que mon opuscule *sur la sagesse des anciens* fût moins exposé à périr, j'ai donc cru devoir le publier de nouveau dans le volume de mes *Œuvres politiques et morales*.

Mais en repassant dans mon esprit tous ces différents ouvrages, j'ai remarqué qu'ils allaient en général à la ville et aucun au temple, si j'en excepte quelques idées éparses qui ont rapport à la religion. Et cependant, après avoir goûté et puisé dans le temple de si fortes consolations, je veux aussi y apporter mon offrande. J'ai donc choisi un sujet où des points religieux et politiques se trouvassent mélangés, et qui tînt le milieu entre la contemplation et la pratique ; je veux parler de mon *Essai sur la guerre sacrée*. Qui sait, en effet, s'il ne pourrait pas arriver que notre souhait s'accomplît et qu'il surgît un vengeur :

Exoriare aliquis. . . . .

Les grandes choses, surtout dans ce qui touche à la religion, naissent souvent de faibles commencements, et parfois un monument invite à élever l'édifice. N'ayant jamais eu de goût pour les dédicaces adulatrices, j'ai cru devoir faire hommage de ce Traité à Votre Révérence, comme un gage de mon attachement et de mon amitié ; je vous l'offre aussi à un autre titre, parce que je pense que parmi les grands personnages de cette époque vous avez droit au plus profond respect.

Le fidèle ami de Votre Révérence,

Fr. SAINT-ALBAN.

AVERTISSEMENT

TOUCHANT

UNE GUERRE SAINTE.

ÉCRIT EN L'ANNÉE M DC XXII.

INTERLOCUTEURS :

Eusebius, théologien orthodoxe et modéré.
Gamaliel, protestant ardent.
Zebedoeus, catholique ardent.
Martius, militaire.
Eupolis, politique.
Pollion, courtisan.

En la maison d'Eupolis, à Paris, se réunirent Eusebius, Zebedoeus, Gamaliel et Martius, tous personnages d'une haute naissance, mais de caractères fort différents. Eupolis lui-même était présent ; et pendant qu'ils conféraient ensemble, Pollion, qui venait de la cour, se présenta au milieu d'eux, et aussitôt qu'il les vit il leur dit avec son esprit plaisant et sa malice ordinaire :

Pollion. Vous voilà quatre qui pourriez former un monde bien conditionné ; car vous différez les uns des autres comme les quatre éléments, et pourtant vous vivez en paix comme eux. Quant à Eupolis, il est si modéré et si exempt de passions que nous l'appellerons la cinquième essence (l'éther).

Eupolis. Si à nous cinq, Pollion, nous pouvons former le grand monde, vous seul suffiriez pour en faire un petit ; puisqu'en théorie comme en pratique vous rapportez tout à vous-même.

Pollion. Et que font ceux qui agissent sur ce principe sans l'avouer ?

Eupolis. Ils sont moins francs que vous, et n'en sont que plus dangereux. Mais asséyez-vous donc avec nous ; nous parlions des affaires actuelles de la chrétienté, et nous serions bien aises d'avoir là-dessus votre opinion.

Pollion. Messieurs, j'ai beaucoup marché ce matin, et il fait bien chaud ; il faudra donc que vos discours me chatouillent bien agréablement les oreilles pour que mes yeux restent ouverts. Cependant, si vous me permettez de vous réveiller quand votre conversation s'endormira, je veillerai de mon mieux.

Eupolis. Cela nous fera grand plaisir. Seulement je crains que vous ne regardiez tous nos projets que comme de philanthropiques rêveries ; car de bonnes intentions, sans le pouvoir de les réaliser, ne sont que des rêves. Enfin, monsieur, quand vous êtes entré, Martius avait su à la fois fixer notre attention et exciter notre intérêt ; et cela se trouve à merveille pour secouer votre envie de dormir, car il débutait comme la trompette qui sonne le boute-selle. Veuillez donc, s'il vous plaît, recommencer, Martius ; car votre discours mérite bien d'être entendu deux fois, et je vous assure que la présence de Pollion est loin de nuire à la composition de votre auditoire.

Martius. Au moment de votre arrivée, Pollion, je disais franchement à ces messieurs qu'à mon avis, depuis plus d'un demi-siècle, toutes les entreprises des princes chrétiens étaient marquées au coin de la faiblesse et de la petitesse ; ce sont partout guerres sans motifs, comme les procès que se font de litigieux particuliers, quand ils feraient bien mieux de s'en rapporter à un arbitrage ; c'est la chétive conquête d'un village ou d'un petit territoire ; on dirait un paysan qui achète un clos ou une pièce de terre pour arrondir sa métairie. Et quand on aurait combattu pour une ville telle que Milan ou Naples, ou pour un territoire comme celui du Portugal ou de la Bohême, ces guerres ne ressemblent-elles pas à celles que se faisaient les païens d'Athènes, de Sparte ou de Rome, pour assouvir leur ambition et leur intérêt séculier? De tels combats sont-ils dignes de l'épée d'un chrétien? L'Eglise, il est vrai, envoie des missions, et chez les nations barbares et jusque dans les îles les plus éloignées; c'est fort bien; mais ce n'est que *Ecce unus gladius hic.* Ce sont les princes et les souverains chrétiens qui manquent à la propagation de la foi par les armes. Notre Seigneur, qui a dit à ses disciples : *Ite et prædicate* (allez et prêchez) a aussi du haut du ciel adressé à Constantin ces grandes paroles : *Hoc signo vinces* (tu vaincras sous l'étendard de la croix). Quel soldat chrétien ne se sentirait pas touché d'une pieuse émulation en voyant les ordres religieux de Jésus, de Saint-Augustin et de Saint-François rendre de si grands services à la foi, et agrandir les limites du monde chrétien, pendant qu'un ordre militaire de Saint-Jacques, ou de Saint-Michel, ou de Saint-George, ne s'occupe qu'à piller, à festoyer, et à observer de vains rites et d'inutiles cérémonies? En vérité, les marchands eux-mêmes porteront témoignage contre les princes et les nobles de l'Europe; car ils ont su se frayer un chemin sur les mers jusqu'aux extrémités du monde; ils envoient assez de vaisseaux et d'équipages espagnols, anglais, hollandais pour faire trembler la Chine; et tout cela pour des perles, des pierres précieuses, des parfums; mais pour les perles du royaume du ciel, pour les diamants de la Jérusalem céleste, pour les parfums du jardin de l'époux, pas un mât n'a été dressé, pas un pavillon n'a été arboré. Ils ne comptent pour rien de verser le sang chrétien en combattant entre eux; mais pas une goutte de ce sang précieux ne coule pour la cause du Christ. Mais je reviens à mon sujet. Je conviens que depuis cinquante ans, période dont je veux parler, il y a eu trois guerres mémorables, faites aux infidèles par les chrétiens qui ont été les agresseurs; car quand on ne fait que se défendre, on exerce un droit naturel, mais on ne fait pas une œuvre de piété. La première fut cette célèbre et heureuse guerre qui se termina par la victoire de Lépante, qui mit dans la bouche de l'Ottoman un frein qui la lui déchire encore. Ce fut là surtout l'œuvre de cet excellent pape, Pie cinq, et je ne sais pourquoi ses successeurs ne l'ont pas canonisé. La seconde fut la noble, mais malheureuse expédition que Sébastien, roi de Portugal, fit seul en Afrique. Mais pourquoi seul? que les autres souverains répondent. La dernière fut la campagne du brave Sigismond, prince de Transylvanie, dont les brillants succès furent interrompus par les chrétiens eux-mêmes, malgré les avis paternels du digne pape Clément VIII. Voilà tout ce que je me rappelle.

Pollion. Ah! et que dites-vous donc de l'extirpation des Maures de Valence?....

A cette question soudaine, Martius s'arrêta un peu embarrassé. Gamaliel le prévint en disant :

Gamaliel. Je crois que Martius a bien fait de n'en pas parler, car pour moi, je n'ai jamais approuvé cette action; et il semble que Dieu ne l'ait pas agréée non plus; car le roi sous lequel cet événement s'est passé, et que vous autres catholiques vous appelez un prisme sanctifié et immaculé, mourut dans la fleur de son âge; et l'instigateur de cette vigoureuse mesure, dont la fortune paraissait basée sur un roc, a été renversé et ruiné; et il y en a qui pensent que l'Espagne souffre encore des suites de cette malheureuse affaire; car un grand nombre de ces prétendus Maures, éprouvés par l'exil, sont restés fidèles et bons chrétiens, à cela près qu'ils brûlent de la soif de se venger.

Zebedœus. Ne jugez pas témérairement ce grand acte, Gamaliel; ce fut comme le van du Christ qui a passé sur ce pays pour séparer la paille du bon grain. Pouvez vous montrer que la couronne d'Espagne ait fait avec les infidèles un traité comme celui de Josué avec les Gibéonites, qui permettait à cette race maudite de se multiplier sur la Terre-Sainte? Observez aussi que cette grande action fut accomplie par un édit : il n'y eut point de tumulte; l'épée ne fut pas mise dans les mains du peuple.

Eupolis. Je crois que Martius a évité de parler de l'édit de Valence, non parce qu'il en porte un jugement bon ou mauvais, mais parce que cela n'entre pas dans son sujet, qui est la guerre extérieure et non les actes de l'autorité sur les citoyens du pays qui ne peuvent résister. Mais laissons, s'il vous plaît, Martius continuer son discours, car il parle en vérité comme un prédicateur en cuirasse.

Martius. Il est vrai, Eupolis, que le but principal de mon discours est la religion et la piété;

mais quand je ne parlerais que comme un homme charnel, mon opinion serait la même ; car pour acquérir aujourd'hui de la grandeur et de la gloire mondaine, il n'y a pas d'entreprise telle qu'une bonne guerre contre les infidèles. Ce que j'avance ici n'est pas une nouveauté, ni le vain projet d'une imagination creuse ; c'est un fait prouvé par des événements récents, qui, peut-être, offraient un peu moins de difficultés. Les Castillans, il n'y a guère qu'un siècle, découvrirent un nouveau monde; ils soumirent et colonisèrent le Mexique, le Pérou, le Chili et autres pays des Indes occidentales. Voyez tous les trésors que cette conquête a versés sur l'Europe ; les impôts sont devenus dix fois, vingt fois plus forts qu'auparavant. Parmi ces richesses, l'or fut, il est vrai, accumulé et caché, mais l'argent devint de jour en jour plus commun. D'ailleurs, quel agrandissement de puissance et de territoire ! C'était la première fois qu'un seul homme doublait la surface du monde, comme on peut bien le dire quand on pense à ce qui existe déjà et à ce qui se fera par la suite quand le reste de ce vaste continent sera habité et colonisé. Et pourtant l'on ne peut pas dire avec vérité que la propagation de la foi chrétienne fut le motif de cette découverte, de cette occupation et de cette colonisation; non ; ce fut l'or et l'argent, le profit et la gloire temporelle : le but principal de la Providence divine n'était que secondaire dans l'intention des hommes ambitieux. On peut en dire autant des fameuses navigations et des conquêtes d'Emmanuel, roi de Portugal, dont les armes commencèrent à cerner l'Afrique et l'Asie et à lui assurer non-seulement le commerce des épices, des diamants, du musc et des drogues, mais aussi un pied-à-terre des places fortes dans le lointain Orient. Car là encore ce ne fut point le zèle religieux, mais la soif des richesses et du pouvoir qui lança les vaisseaux.

« Le résultat de ces deux entreprises est que les deux Indes obéissent maintenant à l'Espagne ; le soleil, comme on l'a dit en se servant d'une expression brillante, ne se couche jamais sur ses domaines, mais éclaire toujours l'une ou l'autre de ses provinces. C'est là un des rayons de la gloire espagnole, mais ce n'est pas là la gloire plus stable qui élève la couronne d'Espagne au-dessus de toutes les puissances qui l'ont précédée. Pour conclure, nous voyons que dans les guerres contre les infidèles et les gentils, l'honneur mondain et le profit temporel se trouvent réunis aux avantages spirituels et religieux.

Pollion. Avec votre permission, Martius, je prendrai la liberté de vous faire observer que les sauvages sont comme les bêtes des forêts et les oiseaux de l'air, qui sont *feræ naturæ*; ils deviennent la propriété de quiconque s'en empare ; ils appartiennent au premier occupant ; mais il n'en est pas ainsi des peuples civilisés.

Martius. Je n'admets point une telle différence entre les créatures raisonnables. L'intérêt général du genre humain peut toujours justifier une guerre ; peu importe le degré de civilisation du peuple qu'on attaque. Je n'admets pas non plus que les peuples du Mexique et du Pérou fussent des brutes aussi sauvages que vous le prétendez, ni qu'il y eût une si grande différence entre eux et la plupart des infidèles qui se trouvent ailleurs. Dans le Pérou, bien que les habitants fussent nus, ce qui tenait à leur climat, et qu'ils eussent plusieurs coutumes fort barbares, le gouvernement des Incas s'était montré humain et civilisateur. Les Incas avaient fait abandonner le culte d'une multitude d'idoles fantastiques et leurs peuples n'adoraient plus que le soleil. Or, je me rappelle que le livre de la sagesse reconnaît plusieurs degrés d'idolâtrie et met l'adoration ridicule des idoles bien au-dessous d'un culte rendu à la création de Dieu. Quelques autres prophètes aussi reconnaissent cette différence dans leur métaphore de la fornication impure avec les bêtes. Les Péruviens sous les Incas avaient des temples magnifiques, des tribunaux réguliers pour rendre la justice ; ils étaient soumis et dévoués à leurs rois. Ils se montraient justes et généreux envers leurs ennemis, puisqu'ils leur offraient d'abord les lois péruviennes qui valaient mieux que les leurs, et ne tiraient l'épée que quand ils les refusaient. Il en était de même de la monarchie élective du Mexique. Quant aux hommes de l'Orient, les peuples de Goa, de Calcutta, de Malacca, étaient des gens polis et voluptueux, remarquables par leur frugalité et l'élégance de leurs manières, quoiqu'ils ne le fussent pas par la bravoure. A bien examiner, on trouvera que les Turcs sont plus barbares que les nations dont nous venons de parler : un gouvernement tyrannique teint du sang des empereurs à chaque succession ; une foule de vassaux et d'esclaves ; point de seigneurs, point de gentilshommes, point d'hommes libres, point d'héritage, point d'anciennes familles ; des hommes qui sont dépourvus de toutes les affections naturelles, et qui, selon le langage de l'Ecriture sainte, *comptent pour rien les désirs des femmes* ; un peuple sans piété filiale, sans amour paternel, sans morale, qui n'a ni sciences, ni arts, ni belles-lettres, qui sait à peine mesurer un arpent de terre ou une heure du jour ; sale et sans goût dans sa manière de vivre et de se loger ; en un mot la honte de la société humaine. Et pourtant cette nation a changé le jardin du monde en un désert ; car on l'a justement observé : la terre qui porte l'empreinte des pieds du cheval d'un musulman ne produit plus de blé.

Pollion. Au milieu de toutes vos invectives, Martius, rendez au moins aux Turcs la justice de vous rappeler qu'ils ne sont point idolâtres. Car si, comme vous l'avez dit, il y a une grande différence entre l'homme stupide qui adore l'œuvre de ses mains et celui qui adore l'œuvre de Dieu, il y en a une aussi grande entre celui qui s'incline devant la créature et celui qui n'adresse des hommages qu'au Créateur. Les Turcs reconnaissent Dieu le père, créateur du ciel et de la terre, première personne de la Trinité, quoiqu'ils refusent de croire aux deux autres.

A cette observation, Martius sembla réfléchir, et Zebedœus prit la parole avec quelque aigreur.

Zebedœus. Prenons garde, Pollion, de tomber sans nous en apercevoir dans l'hérésie de Manuel Comnène, empereur de Grèce, qui affirmait que le Dieu de Mahomet était le vrai Dieu. Cette opinion fut non-seulement condamnée par le synode, mais regardée comme une folle impiété ; et l'évêque de Thessalonique a lui reprocha en termes si amers et si étranges qu'on ne saurait les répéter.

Martius. J'avoue que je pense bien sincèrement que, pour la religion comme pour la gloire, je crois qu'une guerre contre les Turcs vaudrait mieux qu'une entreprise contre tout autre peuple infidèle, païen ou sauvage, présent, passé ou futur, bien qu'un moindre danger ou une plus grande chance de succès puisse nous attirer ailleurs. Mais avant de continuer je serais bien aise de reprendre haleine ; c'est pourquoi je propose que l'un de vous, mes seigneurs, prenne la parole. Je le désire d'autant plus que je vois parmi vous de savants interprètes de la loi divine, quoiqu'ils l'expliquent de différentes manières, et que je me défie avec raison de mon propre jugement, d'abord parce que j'en reconnais la faiblesse, ensuite parce que je crains que mon zèle ne m'entraîne. Je n'ajouterai donc rien de plus, jusqu'à ce que la légitimité d'une telle guerre ait été prouvée par ceux qui sont plus que moi capables de la défendre sur ce terrain.

Eupolis. Je suis bien aise, Martius, de voir dans un militaire tant de modération et d'observer que votre enthousiasme, pour une guerre qui vous échauffe le cœur et qui vous paraît sainte, ne vous transporte pas au point d'oublier la question de légitimité ou de la prendre témérairement pour concédée. Et puisque cette conférence prospère si bien, si vos seigneuries me le permettent, je ferai une proposition pour donner à chacun son rôle, à chacun son côté de la question.

Tout le monde consentit et Eupolis continua :

Je crois qu'il serait convenable que Zebedœus voulût se charger de discuter cette question : Une guerre pour la propagation de la foi, sans aucun autre motif, est-elle ou n'est-elle pas légitime, et dans quelles circonstances ? J'avoue aussi que je voudrais aller plus loin et savoir si cette légitimité est seulement facultative ou si elle est obligatoire pour les princes et les États chrétiens ; et s'il plaît à Gamaliel de se charger de cette partie de la controverse, la question de légitimité absolue sera complétement résolue. Restera cependant à la discuter relativement ; c'est-à-dire, en admettant qu'une telle guerre soit légitime ou même obligatoire, n'y a-t-il pas d'autres choses qu'on doive lui préférer ? par exemple, l'extirpation des hérésies, la réunion des schismes, ou même la solution des difficultés temporelles, etc. ; et jusqu'à quel point pourrait-on se permettre de la soumettre ou de la mêler à des considérations étrangères ? ou doit-elle toujours les dominer et passer devant comme leur étant supérieure ? Comme cette discussion sera longue et qu'Eusebius n'a encore rien dit, s'il plaît à nos seigneuries, nous l'en chargerons ; ce sera sa pénitence. Quant à Pollion, qui a un tact si subtil pour distinguer ce qui est solide et réel d'avec ce qui n'a qu'une apparence spéciale et vaine, je pense qu'il ne regarde tous ces projets que comme des impossibilités et des châteaux en Espagne. Nous le prierons donc de vouloir bien battre notre entreprise en brèche avec toutes ses forces. Si par ses lumières il nous en démontre la vanité, nous n'y penserons plus, ou du moins nous la débarrasserons de ce qui est infaisable. Et comme j'avoue que moi-même je ne suis pas de cette opinion, bien que j'aie affaire à forte partie en luttant contre Pollion, je ferai de mon mieux pour prouver que cette entreprise est possible, et pour indiquer les moyens d'écarter ou de vaincre les obstacles qui s'y opposent. Ensuite Martius reprendra son discours démonstratif et délibératif sur les moyens de lui assurer le succès. Je ne donne ceci que comme un avis ; c'est à vos seigneuries à établir un autre ordre de discussion s'il leur plaît.

Non-seulement on approuva la distribution, mais chacun accepta son rôle. Comme le jour était fort avancé on remit la discussion au lendemain. Pollion dit seulement :

Pollion. Vous ne vous trompez pas sur mon compte, Eupolis, car je crois qu'à moins de broyer la chrétienté dans un mortier pour en faire une nouvelle pâte, il n'y a pas moyen de penser à une nouvelle croisade. J'ai toujours été d'opinion que la pierre philosophale et une guerre sacrée n'étaient qu'une billevesée à l'usage des cerveaux fêlés, qui ont une plume dans la tête au lieu de l'avoir sur leur chapeau. Néanmoins je suis courtois, et si tous les cinq vous êtes d'un autre avis, surtout quand vous m'aurez entendu, je serai prêt à certifier avec Hippocrate qu'Athènes a perdu la tête et que Démocrite seul est sensé. Et pour que vous ne me regardiez pas comme un adversaire tout-à-fait irréconciliable, je veux bien d'avance vous donner quelques conseils dans l'intérêt de votre côté de la question. Vous allez tous sans doute discuter des questions bien solennelles ; mais faites d'abord ce que je vais vous dire. Le pape est caduque, son glas sonne déjà. Ayez soin, dès qu'il sera mort, d'en faire choisir un dans la fleur de l'âge, qui n'ait que cinquante ou soixante ans tout au plus. Qu'il s'appelle Urbain, car ce fut un pape de ce nom qui fit prêcher la première croisade et emboucha la trompette sacrée qui fit prendre les armes pour la terre sainte.

Eupolis. Vous parlez bien ; mais soyez, je vous en prie, un peu plus sérieux dans cette conférence.

Le lendemain, les mêmes personnes se réunirent comme elles en étaient convenues. On s'assit, et Pollion dit en plaisantant que la guerre était déjà commencée, car il n'avait fait toute la nuit que rêver janissaires, Tartares et Sultans. Ensuite Martius dit :

Martius. La distribution des rôles qu'Eupolis a faite hier au soir, et que nous avons tous approuvée, me paraît parfaite, excepté en un point ; ce n'est pas la distribution elle-même qui est fautive, c'est seulement l'ordre de la discussion. Car elle est tellement disposée que Pollion et Eupolis auront à débattre la possibilité et l'impossibilité de la guerre avant que je déduise les moyens à employer pour la faire. **Or,** j'ai souvent observé dans de pareilles délibérations, que la discussion des moyens d'exécution peut changer tout-à-fait une opinion préconçue sur la possibilité, de sorte que telle entreprise qui paraissait d'abord possible a été par le scalpel de la discussion convaincue d'impossibilité, et réciproquement telles aventures que l'on regardait comme impossibles sont devenues très plausibles par l'explication des voies et moyens d'y parvenir, la discussion agissant en ce cas comme la lumière d'un transparent qui nous fait voir sur un tableau des objets que la lumière directe ne nous montrait pas. Je ne dis pas cela pour changer l'ordre que vous avez établi, mais pour que Pollion et Eupolis ne prononcent pas d'une manière trop péremptoire sur la question de possibilité, avant de m'avoir entendu déduire mes moyens d'exécution. Ils pourront d'ailleurs se réserver le droit de répliquer quand une fois ils auront sous les yeux le plan de l'entreprise.

Tout le monde applaudit à la sagesse et à la gravité de cette recommandation. Là-dessus Eupolis observa :

Eupolis. Puisque Martius revient sur ce qui a été décidé hier au soir, il me sera permis, pour amender ma proposition, de rappeler une omission plus importante qu'un défaut d'ordre. Je pense que nous aurions dû insérer, comme un annexe à la question de légitimité, cette

rage ou manquer d'occasion, ou bien être touché de repentir. Mais publier et maintenir : que tout homme vivant a le droit d'attenter à la vie du roi, c'est présenter au peuple une coupe empoisonnée, une tentation universelle, une légion de démons entrant à la fois dans les cœurs de tous ceux qui sont prédisposés à la trahison. Là ce qui manque à l'un se trouve dans beaucoup d'autres. Si un homme faiblit, un autre osera; si l'un n'a pas l'occasion, un autre la trouvera; si l'un hésite ou se repent, l'autre sera violent jusqu'au bout. Et enfin, les conspirations particulières ne durent qu'un temps; elles se dissipent; mais celle-ci est une conspiration perpétuelle et une source intarissable de nouveaux complots. Voilà ce que j'avais à dire sur la nature du délit.

J'en viens à mon troisième point; la doctrine qui prétend que, sur l'excommunication du pape, avec sentence de déposition, un roi peut être tué par le premier homme venu; que c'est un acte de justice et non un meurtre; que tous les sujets sont relevés de leur serment de fidélité, et que les rois eux-mêmes sont livrés comme une proie à qui voudra les saisir. J'ai déjà dit que je ne ferai point là-dessus de subtiles arguments. Je crois que cette opinion doit être accusée comme impie et non discutée comme douteuse. Elle mériterait que tous les princes chrétiens des deux religions fissent une croisade contre les auteurs, afin de les extirper de dessus la face de la terre; mais elle ne mérite pas que des écrivains ou des orateurs la discutent. Je parlerai donc fort peu à ce sujet, et ce que je veux dire je le dirais lors même que je serais papiste. J'y mettrais même plus de vivacité et d'indignation; car repousser cette horrible doctrine est un avantage pour nous protestants, tandis que pour les catholiques, la professer est une honte; et ce sera leur ruine.

Cette monstrueuse opinion est coupable de trois évidents et odieux scandales :

1º C'est un scandale contre la religion chrétienne, car c'est arborer l'étendard de l'irréligion et de l'athéisme;

2º Elle est subversive de tout gouvernement et de toute société;

3º Elle est pour les papistes un très grand malheur; car les plus modérés de ces hommes trompés sont vraiment bien à plaindre.

Quant au premier scandale : que l'on recherche les opinions les plus exécrables, les coutumes les plus détestables du paganisme, du mahométanisme et de toutes les hérésies, on ne trouvera rien qui approche de cette doctrine. Prenez les exemples les plus atroces de l'histoire des païens, les proscriptions de Sylla, et plus tard celles des triumvirs; qu'était-ce? Elles ne concernaient qu'un nombre limité de personnes, et encore toutes n'étaient pas livrées au fer du premier venu. Mais qu'est-ce que cela, comparé à la proscription d'un roi et de tous ceux qui voudront le défendre? Et quelle était la récompense du soldat qui avait tué un proscrit? Une misérable pièce d'argent. Mais quelle sera la récompense de celui qui tuera le roi? le royaume du ciel. Le plus grand scandale des temps païens, c'est que quelquefois les prêtres sacrifiaient des hommes; mais vous n'entendrez jamais parler d'une hiérarchie qui ait sacrifié des rois.

Les mahométans se font un devoir de propager leur religion par la force des armes, mais par d'honorables guerres et non par des lâchetés et des assassinats dans l'ombre. Il y eut un prince sarrazin, duquel est dérivé le nom d'assassins, qui avait sous ses ordres des sicaires qu'il envoyait pour tuer différents princes d'Orient. Ce fut par le poignard d'un de ces fanatiques que périt Amurath Ier; ce fut par l'un d'eux que fut blessé Édouard Ier d'Angleterre. Mais cet assassin couronné fut anéanti par le concours général de tous les princes mahométans.

Les anabaptistes ont avec l'accusé un plus grand rapport. Ils font profession de vouloir renverser tous les magistrats; et ils peuvent chanter le psaume : « Ils mettent leurs rois dans les chaînes et leurs nobles dans les fers. » Voilà la gloire de ces nouveaux saints, qui ressemble beaucoup à l'autorité que le pape s'attribue sur les rois. Mais il y a cette différence : que la leur est une fureur fanatique et que la doctrine en question est une perversité mélancolique et solennelle. « Il s'est fait du mal une loi, il a appelé le mal légitime. »

Quant à la défense qu'ils présentent, en vérité, elle ne fait qu'aggraver le crime, car d'une cruauté envers l'homme ils font un blasphème envers Dieu. Dire que cela est *in ordine ad spirituale*, dans une intention pieuse et pour le salut de leurs âmes, c'est en effet prendre directement la Divinité pour l'auteur du mal et le faire ressembler à l'esprit des ténèbres; c'est dire avec ceux dont parle saint Paul : « Faisons le mal pour qu'il en résulte un bien, » et dont l'apôtre dit : « Leur condamnation est juste. »

Cette doctrine est subversive de tout gouvernement ; cela est de la dernière évidence et ne regarde pas les princes protestants seulement, mais aussi les princes catholiques, comme l'a fort judicieusement observé le roi. Et ce n'est pas seulement un danger pour les princes, c'en est un aussi pour les particuliers. Car que l'on étudie l'histoire pour connaître quelles ont été pour les princes les causes d'excommunication et surtout de déposition, ce qui en est l'expression la plus exagérée; on verra qu'ils n'ont pas été excommuniés seulement pour raison de schisme ou d'hérésie, mais souvent pour l'investiture des évêchés et des bénéfices, pour avoir envahi les possessions ecclésiastiques, ou pour avoir nui en quelque manière à la personne ou à la propriété des ecclésiastiques. Les catholiques prétendent même que l'on peut être excommunié pour n'importe quel péché, et là-dessus leurs docteurs ne sont pas d'accord. Quelques-uns soutiennent que le pouvoir temporel du pape est immédiat; d'autres pensent qu'il est seulement *in ordine ad spirituale*, en vue du spirituel; mais tout cela n'est que vaine subtilité et revient au même. Qu'y a-t-il qui ne puisse devenir spirituel par induction, surtout quand celui qui décide est à la fois juge et partie ? Une malheureuse expérience ne nous l'a que trop bien appris. Car cette doctrine du régicide a été mise en pratique aussi bien contre les rois catholiques que contre les rois protestants; excepté qu'il a plu à Dieu, dans son admirable Providence, que les princes papistes sont tombés sous le poignard, tandis que les tentatives contre les princes protestants ont échoué, excepté celle contre le prince d'Orange; et encore ce malheureux ne fut-il victime qu'après qu'il se fût joint au duc d'Anjou et aux papistes. Quant aux sujets, il me semble qu'une conséquence rigoureuse de cette logique les soumet aux mêmes chances que les rois; car un évêque aura aussi bien le droit d'excommunier un particulier, de donner son bien au premier occupant et de le faire assassiner, que le pape a le droit de le faire à un roi; un évêque aussi pourra absoudre un fils de son devoir envers son père, comme le pape absout les sujets de leur devoir envers leurs rois. Et ceci n'est pas une induction de ma façon, c'est ce qu'affirme le pape Urbain II dans une lettre à Godefroy, évêque de Lucques, que rapporte le cardinal Baronius dans ses Annales : *Non illos homicidas arbitramur, qui adversus excommunicatos zelo catholicæ matris ardentes eorum quoslibet trucidare contigerit*[1]; nous ne regardons pas comme homicides ceux qui, par zèle pour la sainte Église leur mère, auront tué des excommuniés. » Et il parle là de toute sorte d'excommunications.

---

[1] Tome XI, p. 802.

(Ici se terminent les considérations générales.)

PREMIERS RUDIMENTS

DE LA GRANDE RESTAURATION.

(*INSTAURATIONIS MAGNÆ PRIMA RUDIMENTA.*)

PRODUCTION VIRILE DU SIÈCLE,

OU

GRANDE RESTAURATION

DE LA PUISSANCE HUMAINE SUR L'UNIVERS.

TEMPORIS PARTUS MASCULUS.

Dieu le Père, Dieu le Verbe et Dieu l'Esprit nous adressons les plus humbles et les plus ardentes prières pour qu'en considération des misères des hommes et du court voyage de cette vie, où nous avons à passer un petit nombre de jours malheureux, ils ouvrent de nouveaux cours à leurs sources de bonté pour le soulagement de nos peines ; nous leur demandons aussi d'empêcher que la révélation des phénomènes humains ne soit contraire aux œuvres divines, et que l'ouverture des voies et une plus grande production de lumière naturelle n'engendrent dans nos âmes l'incrédulité et les ténèbres envers leurs mystères sacrés. Nous les supplions au contraire de permettre que l'intelligence, pure et dégagée de ses fantômes et de sa vanité, soumise et entièrement assujettie à leurs divins oracles, accorde à la foi ce qui est dû à la foi.

APHORISMES ET CONSEILS

SUR LES SECOURS DE L'ESPRIT

ET SUR LA PRODUCTION DE LA LUMIÈRE NATURELLE.

1. L'homme, ministre et interprète de la nature, ne peut agir et s'instruire qu'en proportion de ce qu'il aura découvert de l'ordre de la nature par l'observation des faits ou par les réflexions de son esprit ; il ne sait ni ne peut rien de plus.

2. La main seule de l'homme, quelque robuste et active qu'elle soit, n'a de forces que pour un petit nombre d'ouvrages dont le résultat est facile à obtenir. Ce n'est que par le secours des instruments qu'elle parvient à en accomplir un grand nombre de ceux qui présentent des difficultés. Mais on n'en a pas moins besoin pour l'esprit que pour la main.

3. Les instruments de la main excitent la main, règlent son mouvement ; de même les instruments de l'esprit aident l'esprit à trouver la vérité ou à éviter l'erreur.

4. Il est de la puissance humaine de mettre une nature quelconque sur une base donnée de matière possible jusqu'à certaines limites; de même il est de la science humaine de connaître dans tout sujet les causes d'un effet donné. La puissance et la science humaine se correspondent exactement; car ce qui est cause dans la spéculation devient règle pour l'action.

5. Celui qui ne connaît la cause de quelque nature, comme de la blancheur ou de la chaleur, que dans certains sujets, n'a qu'une science imparfaite; et celui qui ne peut produire un effet que sur une certaine matière de celles qui en sont susceptibles n'a également qu'une puissance imparfaite.

6. Celui qui ne connaît les causes de certaine nature particulière que dans tels ou tels sujets, celui-là connaît la cause matérielle et concrète. Ces causes n'ont point une grande portée et n'indiquent que la marche et la forme de la cause absolue. Et celui qui comprend l'unité d'une nature dissemblable dans les matières, celui-là connaît les formes des choses.

7. Celui qui connaît les causes matérielles et concrètes, celui-là compose ou divise, ou transporte, ou produit des découvertes déjà faites; il parvient même à de nouvelles découvertes dans une matière jusqu'à un certain degré semblable et préparée; il ne change pas les limites des choses fixées à un point plus élevé.

8. Celui qui connaît les formes, celui-là découvre et met au jour ce qui n'a point été encore fait et ce que ni les vicissitudes de la nature ni une habile expérimentation n'auraient jamais mis en action, et ce qui aurait échappé à la pensée humaine.

9. La vérité et la puissance ont une seule et même voie et un seul et même perfectionnement; ils consistent à trouver les formes des choses. Il résulte de leur connaissance une spéculation exacte et une opération libre.

10. Le moyen de trouver les formes est simple et unique; il s'agit seulement de procéder par l'exclusion ou la réjection des natures. En effet, toutes les natures qui cessent d'exister quand une autre nature donnée leur est adjointe, ou qui existent quand une nature donnée est exclue, n'appartiennent point à la forme, et, après que la réjection ou la négation a été effectuée, il reste la forme et l'affirmation. Par exemple, si l'on recherche la forme de la chaleur et qu'on trouve de l'eau chaude sans clarté, on doit rejeter la lumière; si l'on trouve un air raréfié sans chaleur, on doit rejeter la raréfaction. On a bientôt fait de dire cela, mais ce n'est que par un long circuit qu'on y parvient.

11. Peu importe que la position des termes soit spéculative ou active; car quand on dit: la lumière n'appartient pas à la forme de la chaleur, n'est-ce pas comme si l'on disait: pour produire la chaleur, il n'est point nécessaire de produire aussi la lumière? (*Le reste manque.*)

Ce n'est pas par notre puissance qu'il en est ainsi. O Père tout-puissant! En considérant les œuvres de tes mains, tu as vu que tout était pour le mieux; l'homme, en examinant ses propres œuvres, a vu que tout n'était que vanité et tourment d'esprit. C'est pourquoi, si nous nous épuisons de fatigues dans la considération de tes œuvres, tu nous feras participer à ta joie et à ton repos. Nous te demandons humblement que cette espérance nous soutienne, et que par nos mains la grande famille humaine reçoive de toi de nouveaux bienfaits. Nous t'en supplions par ton éternel amour, par notre Jésus ton Christ, Dieu qui s'est fait homme parmi nous.

DOUZE PENSÉES.

SUR L'INTERPRÉTATION DE LA NATURE.

De la condition de l'homme.

I. L'homme, ministre et interprète de la nature, n'agit et ne s'instruit qu'en proportion de ce qu'il observera de l'ordre de la nature par l'investigation des faits ou les réflexions de son esprit, malgré les obstacles que lui présenteront les lois de la nature.

II. Or, il se trouve un terme de puissance et de science humaine dans les facultés dont la nature a doué l'homme pour l'action et la pensée; il en est un aussi dans les choses qui sont à sa portée; car, au-delà de ces dernières bases, les premiers instruments sont entièrement inutiles.

III. Ces facultés, toutes faibles et incapables qu'elles sont en elles-mêmes, si elles sont dirigées avec ordre et raison, ont un si grand pouvoir qu'elles mettent à la disposition de notre jugement et de notre usage les choses les plus éloignées de nos sens et de notre portée, et qu'elles surmontent une plus grande difficulté de travail et une plus grande obscurité de science qu'on n'a pu en rencontrer jusqu'ici.

IV. La vérité est une, l'interprétation est une; mais nos sens nous trompent, notre esprit nous aveugle et l'étude nous répugne. Cependant dans le travail de l'interprétation on s'écarte plutôt de la bonne voie qu'on n'y est arrêté par des difficultés.

Des difficultés de l'interpretation.

V. Tout homme incapable de se soumettre au doute et avide de tout affirmer finira par établir des principes qu'il croira sages, clairs et irrécusables, et, pour soutenir leur vérité, il écartera ou admettra les autres principes selon qu'ils lui seront contraires ou favorables. Cet homme prendra les mots pour les choses, la folie pour la raison, la fable pour la vérité, et ne pourra interpréter.

VI. Celui qui n'aura pas mêlé, confondu et réduit en une masse toute la classification des choses, qui consiste dans les espèces vulgairement établies ou même dans les noms qu'on leur a appliqué, ne verra pas l'unité de la nature ni les limites véritables des choses, et ne pourra pas interpréter.

VII. Celui qui, dès le principe et avant tout, n'examinera pas à fond les mouvements de l'esprit humain, et qui n'y recherchera pas avec loin la marche de la science et le siége des erreurs, celui-là ne trouvera partout que des fantômes et pour ainsi dire des incantations, et, à moins qu'il ne rompe la fascination, il ne pourra interpréter.

VIII. Celui qui recherchera les causes des faits vulgaires et complexes, tels que la flamme, le sommeil, la fièvre, sans se reporter aux natures simples, d'abord à celles que la raison populaire a rendues telles, et ensuite à celles que l'art a réduites et en quelque sorte sublimées à une plus grande simplicité, celui-la, s'il ne se trompe dans les autres points, ajoutera peut-être quelque chose d'utile aux découvertes et en approchera même beaucoup; mais il n'aura rien fait pour triompher des plus grandes difficultés de la science, et il ne méritera pas le titre d'interprète.

Du caractère de l'interprète.

IX. Celui qui veut se livrer à l'interprétation des faits doit préparer et disposer ainsi son esprit : il ne faut pas qu'il soit sectateur de la nouveauté, ni de la routine, ni de l'antiquité; il ne doit pas non plus se complaire dans la contradiction ni se soumettre en esclave à aucune autorité. Qu'il ne se hâte pas dans les affirmations, et qu'il ne flotte pas incessamment dans les doutes; qu'au contraire toutes les investigations reposent sur un certain degré de preuves. Que l'espoir du succès soit pour lui un motif de travail et non de repos; qu'il n'attache pas de prix à la rareté, ni aux difficultés, ni à l'éclat des choses; qu'il les estime seulement pour leur véritable importance; qu'il fasse administrer ses affaires particulières, sans cependant négliger tout-à-fait ses intérêts. En pénétrant dans les vérités des erreurs et dans les erreurs des vérités, il doit apporter la plus grande prudence dans son examen et se garder également du dédain et de l'admiration. Qu'il approfondisse les avantages de sa nature; qu'il se montre tolérant pour la nature des autres; car il ne faut pas s'emporter contre la pierre qui vient à heurter. Qu'il observe les natures des choses d'une manière et les usages des hommes d'une autre; qu'il sache bien distinguer la nature mixte des mots, c'est-à-dire ceux qui peuvent aider l'investigation ou lui nuire; qu'il fasse que l'art de découvrir grandisse avec les découvertes. Il ne doit pas par vanité cacher ni étaler la science qu'il a acquise; sa conduite doit être franche et prudente. Qu'il ne mette ni ambition ni fiel dans la publication de ses découvertes; qu'il leur donne des racines vigoureuses et vivaces pour les préserver des injures du temps et leur assurer la force de propager la science; que son œuvre enfin soit telle qu'elle ne puisse engendrer d'erreurs et qu'elle lui mérite surtout un lecteur légitime.

Des devoirs de l'interprète.

X. Quand l'interprète se sera ainsi disposé et préparé, il suivra la marche suivante : il considérera la condition de l'homme, écartera les difficultés de l'interprétation, et, prêt alors à commencer son œuvre, il préparera l'histoire, il établira des séries coordonnées de cahiers, ainsi que des tableaux de matières, d'arrangement, de notes et de titres. Il représentera la solitude des choses et sa propre image ; il fera même un choix de certains faits et s'occupera d'abord de ceux qui sont primitifs et présents, c'est-à-dire de ceux qui sont surtout utiles à la découverte des autres faits et aux besoins humains. Il établira aussi des avertissements, qui sont d'un grand secours pour la matière de son œuvre. Et, après avoir ainsi disposé l'ordre de son ouvrage et de nouveaux cahiers, il commencera avec maturité et achèvera avec succès l'interprétation qu'il trouvera facile, marchant d'elle-même et s'échappant en quelque sorte de l'esprit. Après ce travail, il verra et comptera incessamment, sous une lumière pure et naturelle, les mouvements réels, éternels et simples de la nature dont la marche réglée et invariable produit la variété infinie, non-seulement de notre temps, mais encore de tous les âges. Il aura soin en même temps d'enregistrer attentivement, comme un bénéfice net, dès le commencement de son œuvre, le grand nombre de faits inconnus à la science. Mais alors, donnant toute son attention au bien de l'humanité et ne perdant point de vue l'état présent des connaissances, il mettra tout dans un ordre différent et disposera ses recherches à l'action. Aux natures les plus secrètes il en attribuera d'autres possibles ; dans celles qui sont totalement inconnues, il aura recours à un raisonnement d'induction. Il établira en dernier lieu, comme pour une seconde nature, des possibilités générales dont les erreurs peuvent passer pour des monstruosités, mais dont la prérogative de son art le justifie.

De la prévision des phénomènes.

XI. Ces préceptes, mon fils, t'inspirent plus de zèle et d'espoir, et tu t'étonnes qu'il y ait à exploiter une mine aussi riche de travaux fructueux et entièrement ignorés, et qu'elle n'ait pas été découverte auparavant, ou qu'elle ne le soit pas de nos jours. Tu me demandes aussi positivement a connaître sa nature, et tu exiges qu'elle te promette l'immortalité ou l'aisance, ou des plaisirs enivrants. C'est trop demander, mon fils ; tu veux que la science t'assure autant de richesse que l'ignorance t'a fait prévoir de misère. L'art s'occupera-t-il d'une telle entreprise ? Je vais répondre à ta question, et te satisferai autant qu'il m'est possible. Il n'est nullement étonnant, mon fils, que ces travaux n'aient point été connus au premier abord. La science enfante vite, mais le temps lentement. Et ces hautes découvertes qui ont précédé celles dont je parle n'ont point été faites peu à peu par les lumières de nations naissantes, mais ont été révélées tout d'un coup par le *hasard*, selon l'expression vulgaire. Dans les arts mécaniques il y a une sorte d'extension de la chose déjà trouvée, mais on ne saurait en bonne justice y appliquer le nom de découverte. La route n'est pas longue, mon fils, mais tortueuse. Ne puis-je pas me tromper quand je dis que ces inventions n'ont pas été mises au jour avant notre temps ? T'est-il possible de déterminer tout ce qui a été connu de toute l'antiquité, de tous les hommes en particulier et dans chaque pays ? Mais je veux bien ne pas insister sur ce point, mon fils, et te faire entrer dans des considérations plus élevées. Tu ne doutes pas que, si les hommes n'existaient pas, un grand nombre des choses qui ont été faites par l'art, comme on dit, n'eussent jamais été trouvées, telles qu'une statue de marbre ou un manteau. Les hommes ont donc aussi eux-mêmes des mouvements auxquels ils obéissent ? Oui, mon fils, et, bien que ces mouvements soient plus subtils et plus difficilement saisis par la science, ils n'en sont pas moins certains. « Sans doute, diras-tu, les hommes obéissent à la volonté ; mais qu'est-ce que cela prouve ? Le hasard est la même cause dans l'univers que la volonté dans l'homme. Comment donc se fait-il qu'un phénomène ait besoin de l'homme pour se produire, et qu'il soit cependant hors de la portée humaine ? » L'homme rencontre pour ainsi dire certains faits sur son passage, et il parvient à l'interprétation des autres par la prévision des résultats et à l'aide de moyens acquis. Cette connaissance de faits majeurs, il la doit aux faits vulgaires. Dans la classe des premiers on rangera donc ou les découvertes qui ne tirent point du hasard ou des phénomènes vulgaires un effet également à notre portée, ni un mode ou une lumière d'opération. De telles œuvres s'appellent épistémides, c'est-à-dire filles de la science; c'est au moyen de la science et de l'interprétation seule qu'elles sont produites, puisqu'il ne s'y trouve rien d'accessible à nos yeux. Entre ces faits d'interprétation et les faits vulgaires, combien crois-tu qu'il y a de degrés? Pense à ces avis, mon fils, et scelle-les dans ta mémoire.

XII. Il me reste enfin à te donner, mon fils, le conseil le plus important : c'est d'apporter un soin éclairé et prudent dans la distinction de l'interprétation des choses naturelles et divines, et de ne point permettre qu'elles puissent se confondre. Il y a eu assez d'erreurs sous ce rapport. Dans cette étude on n'apprend rien que par le rapprochement des choses; bien qu'elles paraissent dissemblables elles renferment cependant une ressemblance de famille qui n'échappe pas à l'interprète. Dieu seul ne peut être comparé à rien. C'est pourquoi tu ne dois pas attendre de l'interprétation des lumières assez vives pour approfondir sa nature. Accorde à la foi, mon fils, ce qui est dû à la foi.

PRODUCTION VIRILE DU SIÈCLE,

OU TROIS LIVRES

SUR L'INTERPRÉTATION DE LA NATURE.

I. DÉGROSSISSEMENT DE L'ESPRIT ET DIRECTION QU'IL DOIT SUIVRE EN SES DIVERSES APPLICATIONS,

II. FLAMBEAU DE LA NATURE, OU FORMULE D'INTERPRETATION;

III. NATURE ILLUMINÉE, OU VÉRITÉ DES CHOSES.

(*PERPOLITIO ET APPLICATIO MENTIS.* — *LUMEN NATURÆ.* — *NATURA ILLUMINATA.*)

FRAGMENT DU LIVRE PREMIER.

CHAPITRE PREMIER.

Mode rationnel d'exposition.

Je vois, mon fils, bien des hommes ne consulter ni leur conscience, ni leur devoir, soit en communiquant les découvertes qu'ils se flattent d'avoir faites dans l'étude de la nature, soit en se les réservant pour eux-mêmes. Aussi préjudiciable, mais moins grande peut-être est la faute de ceux qui, bien intentionnés d'ailleurs, n'ont pas l'expérience suffisante et ignorent l'art et les moyens d'exposer les idées selon le mode le plus convenable.

Ce n'est pas que je prétende me plaindre de cette mauvaise foi ou de cette ignorance chez les maîtres qui enseignent les sciences. Assurément si leur incapacité à cet égard ôtait de leur valeur aux sujets qu'ils traitent, on pourrait donner carrière à son indignation, mais ici la futilité des matières semble expliquer l'inhabileté de l'enseignement. Pour moi, qui veux suivre une route toute différente, je n'emploierai avec toi ni les vains calculs de l'esprit, ni les obscurités du langage, ni l'autorité de la religion, ni les traditions populaires, ni certaines expériences fameuses dont on étaye avec tant d'art le vain échafaudage de théories mensongères ; c'est la nature et ses œuvres que je vais en réalité t'exposer et te mettre en quelque sorte sous la main. Un tel sujet, je te le demande, mérite-t-il d'être flétri par l'orgueil, l'ignorance, ou toute autre imperfection de celui qui le traite? Oui, tel je veux me montrer à toi, et dans cet esprit (c'est du moins la seule des choses d'ici-bas que je désire) je reculerai jusqu'à de certaines limites l'empire si déplorablement restreint de l'homme sur l'univers. La bonne foi la plus consciencieuse, toutes les lumières dont je suis capable, une connaissance approfondie des hommes et des choses, présideront à mes leçons, suivant la méthode qui me paraîtra la plus rationnelle.

« Mais enfin, me diras-tu, quelle est cette méthode rationnelle d'exposition? Allons, mettez de côté tout artifice, tout détour; montrez-nous la chose toute nue pour que nous puissions faire usage de notre raison. » Plût à Dieu, mon cher fils, que les choses en fussent au point qu'il me fût permis de te satisfaire en cela! Mais est-ce quand toutes les avenues, tous les accès de vos âmes sont obsédés par les préjugés les plus grossiers qui s'attachent à elles, qui s'y gravent profondément, qui en font en quelque sorte partie intégrante, que la lumière pure et limpide de la vérité trouvera un fond net où elle puisse se réfléchir? Il nous faut donc trouver une nouvelle méthode pour la faire pénétrer dans les ténèbres des intelligences. A force d'art et d'adresse on parvient à détruire la folie dans ceux qui en sont atteints, tandis que la violence et une lutte soutenue ne font que l'irriter davantage; c'est ainsi que l'égarement universel demande quelques ménagements. Eh quoi! regarderiez-vous comme futiles les conditions d'un mode rationnel d'exposition scientifique, et vous sembleraient-elles tellement simples et faciles que l'exposition ne pût offrir aucun danger en ne donnant jamais lieu, jamais prise à l'erreur, qu'elle portât naturellement en elle la puissance de persuader, d'écarter les injures du temps en faisant prospérer, progresser journellement la science à l'instar d'une plante vivace et florissante; et qu'enfin elle semblât nommément s'adresser à tels esprits, en quelque sorte faits pour elle et mieux préparés à la comprendre? Ces conditions, les ai-je remplies; c'est ce que l'avenir décidera.

CHAPITRE II.

Censures des philosophes.

Je ne me dissimule nullement, mon fils, qu'il nous faut reléguer au loin ces méchants philosophes plus mensongers que les poètes mêmes, corrupteurs des esprits, qui ont dénaturé les faits; et plus loin encore leurs fauteurs et leurs flatteurs, et toute cette tourbe émérite de bavards. Où est le coryphée de la bande? que je le dévoue à l'obscurité qui l'attend. Pourquoi en effet ne laisserai-je pas parler la vérité, alors que nous sommes assourdis des sottes raisons qu'ils balbutient à nos oreilles? Toutefois, il serait peut-être plus convenable de les flétrir nominativement, afin que, vu le grand crédit dont ils jouissent, ceux qui n'auraient pas été nommés ne puissent se croire exceptés de notre réprobation. Et qu'on n'aille pas s'imaginer qu'au milieu de ces haines invétérées et de ces combats à mort je me sois jeté à travers ces larves et ces ombres comme pour servir de renfort à l'un des partis.

Ainsi donc, je citerai d'abord devant nous Aristote, détestable sophiste, ébloui d'une subtilité vaine, vil jouet des mots. Lorsque l'esprit humain, poussé d'aventure comme par un vent favorable vers quelque vérité semblait s'y reposer, il osa jeter aux esprits les plus dures entraves, édifier un système de déraison et prétendre refaire notre éducation avec des mots. De cette souche nous sont venus ces subtils diseurs de riens qui, s'écartant des chemins frayés, méconnaissant la lumière de l'histoire et des faits, sont parvenus, à l'aide de la matière si ductile de leurs préceptes et de leurs thèses, et grâce à la mobilité incessante de leur esprit, à produire une foule innombrable de sectes chétives.

Or, le chef suprême de ces sectes est d'autant plus coupable qu'ayant pénétré dans les régions les plus lumineuses de l'histoire, il n'a mis au monde que quelques ténébreux simulacres qu'on dirait sortis des entrailles de la terre. Et quant à l'histoire même des faits particuliers, il nous a laissé pour toute œuvre une sorte de toile d'araignée qu'il nous donne comme base, tandis qu'elle n'est d'aucune consistance et n'a aucune valeur, œuvre parfaitement semblable à celle que de nos jours à fabriquée à grand'peine Jérôme Cardan, qui n'est pas plus qu'Aristote d'accord avec les choses qu'avec lui-même.

Ne va pas croire pourtant, mon fils, que dans ce jugement porté par moi sur Aristote je conspire contre lui avec certain novateur, Pierre Ramus, qui a secoué son joug. Je n'ai rien de commun avec ce repaire d'ignorance, cette pernicieuse lèpre de la littérature, ce père aux abrégés classiques, qui eût voulu faire entrer à toute force et enchaîner dans les liens de son étroite méthode la substance des choses, et quand il y a substance, la laisse glisser à travers ses doigts et n'en retient plus que d'arides et misérables bagatelles. Thomas d'Aquin aussi de son côté, ainsi que Scot et ses sectaires, transporta dans le *non-être* la variété infinie de l'*être*, et dans l'*être* au contraire le vide du *non être*; comme l'homme y est porté, il affecte des dehors naturels avec une telle impudence qu'il me paraît descendre même au-dessous du sophiste. Mais laissons ces misérables.

A ton tour, Platon, pointilleur harmonieux, poète gonflé, théosophe en délire, certes pendant que tu livrais ta phraséologie et que tu nous jetais aux oreilles je ne sais quel murmure philosophique, pendant que tu nous présentais un simulacre de la science, en la voilant, pendant que tu cherchais à séduire les esprits par tes vagues inductions et semblais par là les émanciper, tu as su embellir de tes discours les banquets des lettrés et des citoyens, tu as pu les charmer tous les jours par la grâce et l'onction de ton éloquence. Mais en faisant mentir la vérité, cette habitante indigène de l'esprit humain, et qui n'a de refuge nulle autre part, en détournant nos esprits de l'histoire et des faits auxquels ils ne sauraient jamais trop s'attacher, en prétendant leur apprendre à pénétrer par une sorte de contemplation dans eux-mêmes et à se dérouler avec complaisance dans leurs fantaisies ténébreuses et confuses, tu as assurément fait preuve d'imposture au premier chef. De plus, par un méfait non moindre, tu as présenté aux hommes l'apothéose de la folie et tu as osé couvrir du manteau de la religion des conceptions misérables. Du reste, le plus grand mal n'est pas que tu te sois constitué le père des philologues, et que sous ta direction et tes auspices un assez grand nombre d'esprits, séduits par la renommée de ton génie et le charme populaire et flatteur de tes connaissances de faits, aient altéré dans son principe la sévère investigation du vrai. De ces derniers font partie Marcus Cicéron, Sénèque, Plutarque de Chœronée et plusieurs autres fort inférieurs.

Arrivons maintenant aux médecins. J'attaquerai d'abord Galien, homme d'un esprit fort étroit, déserteur de l'expérience, dissertateur frivole. N'est-ce pas toi, Galien, qui arraches à l'infamie et mets à l'abri des flétrissures l'ignorance et la paresse de tes confrères, toi qui as lâchement circonscrit leur art et leurs fonctions? N'est-ce pas toi qui, en décrétant d'incurabilité tant de maladies, condamnes tant de vies souffrantes et réduis l'espérance des malades comme la pratique de l'art? O canicule! ô peste! c'est toi qui, t'emparant avidement et faisant parade des propriétés merveilleuses de la polypharmacie, comme attribut de la nature, et de l'opposition entre les feux du ciel et de ceux de la terre, as pourtant soumis méchamment à la règle la puissance humaine et qui t'appliques à renforcer à jamais l'ignorance par le désespoir. Ton indignité te sauve d'un plus ample informé. Emmène aussi avec toi, si tu veux, tes compagnons et alliés les Arabes, fondateurs des pharmacies, qui avec une extravagance de théorie égale à celle des autres ont composé surabondamment, d'après les conjectures les plus superficielles, des médicaments vulgaires, qui promettaient beaucoup plus qu'ils ne pouvaient tenir. Fais-toi accompagner encore de la tourbe insignifiante des modernes sectaires.

Holà! nomenclateur, ouvre-nous tes registres. Mais il n'en est point dont les noms lui aient paru dignes d'y être inscrits. Certainement j'admets quelques degrés parmi les diseurs de rien de cette espèce. La pire et la plus absurde espèce se compose de ceux qui prétendent renfermer l'universalité de l'art dans les liens de la méthode et dans les limites étroites de leurs conceptions, auxquels le vulgaire applaudit pour leur élocution et la régularité de leurs divisions. Tel est Fernel. Plus tolérables sont ceux qui, tout en les noyant dans de stupides dissertations, ont fourni une plus grande variété d'observations et montré une meilleure entente des expériments. Tels sont Arnold de Ville-Neuve et autres de ce genre.

J'aperçois d'un autre côté la cohorte des chimistes, à la tête desquels se pavane Paracelse, qui, par son audace, mérite d'être pris à part. Ceux que nous venons de fustiger sont des apôtres de mensonge : toi, tu en es un type monstrueux. Quels oracles de Bacchus, émule d'Epicure, vas-tu puiser dans le champ des météores ? A cet égard ce philosophe semble émettre ses opinions au hasard, comme un homme à moitié endormi et qui pense à toutes choses. Toi, plus absurde que le hasard, tu es toujours prêt à jurer sur l'énoncé du plus grossier mensonge. Mais voyons un peu tes autres qualités. Quelles imitations de germes naturels, quelles harmonies, quels parallèles entre leurs éléments rêves-tu, fanatique accoupleur de fantômes ? Tu as fait de l'homme un automate. Elles sont admirables en effet ces subtiles distinctions, produits fantasques de ton cerveau, par lesquelles tu as brisé l'unité de la nature ! Aussi toléré-je plus volontiers Galien pondérant ses éléments que toi parant tes songes. Celui-ci se préoccupe des qualités occultes des choses, toi de leurs qualités communes et vulgaires. Combien nous sommes malheureux d'avoir vécu au milieu de ces détestables inepties ! Qu'il est insupportable de voir un homme consommé en imposture venir inculquer dans les esprits une prétendue triade de principes, conception qui n'est pourtant pas de tout point inutile et qui ne laisse pas d'avoir quelques points de contact avec la nature des choses ! Entends l'énumération de méfaits encore plus graves. Confondant les choses divines avec les choses naturelles, le sacré avec le profane, les dissidences de sectes avec de pures fictions, tu as, imposteur sacrilége, profané la vérité divine et humaine. Tu n'as pas seulement, comme les sophistes, obscurci la lumière de la nature dont ta bouche impure souille si souvent le nom sacré, tu as voulu l'étouffer. Ils ont déserté l'expérience, toi tu l'as trahie. Subordonnant à une contemplation prescrite l'évidence matérielle et palpable des choses, et cherchant dans les diverses formes des substances le calcul du mouvement, tu t'es efforcé de corrompre les sources de la science et de dépouiller l'esprit humain ; et aux ambages, aux difficultés fastidieuses des expériences auxquelles les sophistes sont opposés et dont sont peu capables les empiriques, tu as ajouté d'autres obstacles nouveaux et non appropriés à leur objet ; tant tu t'es éloigné par tes procédés dépourvus d'expérience de la représentation exacte de la nature, tant tu l'as méconnue ! Tu as encore, autant qu'il était en toi, enchéri sur l'emphase des magiciens, en refoulant les pensées importunes par l'espérance, et l'espérance par des promesses formelles, tout à la fois artisan et produit d'imposture.

Paracelse, je t'envie un de tes sectateurs, Pierre Sévérin, homme qui ne méritait pas de se consumer dans ces inepties. Certes, tu lui dois beaucoup, Paracelse, en ce que, par ses accents, ses modulations et ses inflexions de voix séduisantes, il a rendu agréables et harmonieux les braiements qui s'échappaient d'ordinaire de ton sein, fils adoptif des ânes, et qu'il a transformé de détestables mensonges en fables divertissantes. Je te pardonne, Sévérin, si, profondément dégoûté de la doctrine des sophistes non-seulement devenus stériles, mais encore professant en quelque sorte le désespoir de tout résultat, tu as cherché d'autres fondements à notre édifice en ruines. Mais comme ces bases se présentaient sous le sceau de Paracelse, recommandées par les fanfares des proclamations publiques, par des subterfuges ténébreux, par l'autorité de certaines connivences avec les pratiques du culte et autres charlatanismes de cette sorte, emporté par un mouvement violent, tu t'es précipité, non dans les sources de la nature, mais dans les gouffres sans fond de l'espérance. En cela tu n'aurais pas mal procédé si, t'élançant des opinions vagues de l'esprit à une connaissance exacte de la nature, tu eusses pu voir ainsi, non-seulement diminuer les difficultés de l'art, mais s'étendre la carrière de ta vie.

Mais à cette sentence portée contre Paracelse, il me semble voir tous les chimistes frappés de stupeur. Il faut sans doute qu'ils reconnaissent dans ses écrits leurs propres décrets, qu'il a promulgués plutôt qu'il ne les a fondés, et que, s'écartant en cela de la manière antique, il a corroborés prudemment de son arrogance, puisque, d'accord entre eux par un large concert de mensonge, ils manifestent partout les plus vastes espérances, et qu'errant à travers les voies obliques de l'expérience, il leur arrive quelquefois de rencontrer sur leur chemin par hasard, non par le bénéfice de leur méthode, certains résultats utiles. Dans les théories de cette espèce, en fidèles élèves des fourneaux, ils ne s'écartent pas des procédés de leur art. De même qu'un frêle enfant, à la vue d'un éclat de bois jeté sur le rivage, conçut l'idée d'en construire un vaisseau, de même ces souffleurs enfumés, pour avoir fait quelques chétives expériences de distillation, ont entrepris avec ce peu de données de fonder une philosophie qui ne s'est jamais départie de la folle poursuite des fantômes toujours fuyants devant leurs analyses et leurs essais d'éliminations. Pourtant je ne les mets pas tous sur la même ligne, puisque je reconnais d'abord entre eux, en première catégorie d'hommes utiles, ceux qui, non plus autant préoccupés de théories, se bornent comme Roger Bacon à poursuivre, par une sorte de mécanisme subtil, les conséquences des acquisitions faites, et que j'en distingue une autre perverse et maudite, ceux qui accaparent de tous côtés des applaudissements pour leurs théories, se faisant un instrument et une protection de la religion, de l'espérance et de l'imposture, comme ont fait Isaac Holland et une longue bande du troupeau des chimistes.

Allons, qu'Hippocrate s'avance, cette grande renommée consacrée par l'antiquité, ce distributeur de longévité. Quand Galien et Paracelse se disputent ardemment l'un et l'autre l'honneur de s'abriter sous l'autorité d'un pareil homme comme à l'ombre d'un âne, qui n'éclaterait de rire? Cet homme en effet, en matière d'expérience, semble être frappé d'une sorte d'habitude visuelle qui se manifeste par un regard, je ne dirai pas flottant et en quête des objets, mais stupide et sans ressort. Puis, revenu un peu de sa stupeur, il adopte, non les fantômes monstrueux des théories, mais les ombres élégantes qui voltigent à la surface de l'histoire. Gonflé de ces vaines images et déjà à moitié sophiste, grâces à la concision usitée alors dont il s'enveloppe, il proclame enfin, au gré de ses auditeurs, des oracles dont ceux-ci ambitionnent de passer pour les interprètes, alors qu'en réalité, à la faveur de sentences abruptes et indécises, il ne fait pas autre chose que soustraire à la censure certaines opinions sophistiques, ou flétrir d'un superbe dédain les observations des hommes simples.

Tout à côté de la doctrine de cet homme, qui n'est pas tant mauvaise qu'inutile, vient se placer, suivant l'opinion commune, celle de Cornelius Celse, sophiste plus suivi, s'attachant davantage à des faits moins simples, apportant une sorte de tempérament dans les progrès de la science, et se bornant à amputer les erreurs dans leurs conséquences sans les détruire dans leurs racines. Telle est en conscience mon opinion sur tous ces philosophes.

Tu vas sans doute me demander, mon fils, si de plus mauvaises doctrines encore, comme on le voit assez souvent, n'ont pas régné, vu surtout la tendance habituelle de la science à devenir populaire? si le temps, comme un fleuve, n'engloutit pas les choses solides et de poids pour ne laisser surnager que les choses légères et gonflées de vent? ce qu'ont produit ces anciens chercheurs de la vérité, Héraclite, Démocrite, Pythagore, Anaxagore, Empédocle, et tant de philosophes de ce genre, plus connus par les écrits des autres que par les leurs propres? ce que je prononce sur le silence et les doctrines secrètes de l'antiquité? A te parler à ma manière, ou plutôt selon ce qui te convient, je ne conteste pas aux anciens tel ou tel fragment; j'entends parler de véritables découvertes, non de pures théories, et encore ces productions sont-elles plutôt preuve à mes yeux de zèle et de bonne foi que de véritable science. Mais, quant à ces choses qui n'ont pas même laissé de traces parmi nous, si je voulais montrer qu'elles n'ont jamais été qu'un tissu laborieux et décevant de conjectures, tu as sans doute trop de bon sens pour croire que de gaîté de cœur, moi qui n'eus jamais en vue que le bien futur de l'humanité, j'aille descendre jusqu'à ces vieilleries philologiques. Or, pour que tu puisses te faire une idée exacte du présent, qui, comme un être à deux visages, regarde en même temps le passé et l'avenir, j'ai résolu de t'offrir des tables du temps envisagé sous ce double point de vue, lesquelles embrasseront non-seulement le cours et la progression de la science, mais encore des vues d'avenir.

Et ne cherche pas, avant de l'avoir vu, à deviner ce que ce travail peut être; car il ne t'est pas donné de l'apprécier exactement à l'avance. Si je te fais en cela défaut, ne va pas t'en inquiéter; car ce don n'est destiné qu'à quelques-uns d'entre vous et particulièrement aux plus faibles, à qui je voudrais donner par là plus de vie. En un mot c'est aux sources même de la lumière naturelle qu'il faut aller puiser la science, et non aux ténèbres de l'antiquité. Peu importe ce qui a été fait, il faut savoir surtout ce qu'on doit faire. Si l'on te livrait un empire subjugué par les armes et la victoire, est-ce que tu songerais à t'enquérir si tes ancêtres l'ont possédé ou non, et provoquerais-tu là-dessus de vaines chicanes de généalogie? Tel est mon jugement sur les mystères de l'antiquité.

Quant aux chefs d'écoles que tu as désignés et à plusieurs autres du même genre, il sera plus facile de les juger; l'erreur peut revêtir une foule de formes, la vérité n'en a qu'une. Et si les gouvernements du temps et les craintes naturelles à ces sortes d'esprit n'eussent détourné de l'idée d'entreprendre de longs voyages, on eût probablement rapporté des erreurs de bien d'autres rivages. Un océan immense enveloppe en effet l'île de la Vérité; et il nous reste encore à essuyer bien des coups de vent, à renverser bien des idoles. Voilà encore un Bernardin Telesio qui se hâte avant le temps de monter sur la scène; il nous débite une nouvelle fable qui fait assez peu de bruit et qui n'était pas d'une contexture fort élégante. Ne vois-tu pas, mon fils, que ces subtils faiseurs de cercles excentriques et concentriques, que ces conducteurs du char de la terre semblent se complaire dans une évocation de phénomènes vague et ambiguë. Il en est tout-à-fait de même dans les théories générales. Représente-toi un homme qui ne possédant que sa langue maternelle, mais sachant lire l'écriture d'un idiome inconnu par lui (suis bien, mon fils, la justesse de la comparaison), irait naïvement, sur la simple analogie de sons et de caractère entre quelques mots de cet idiome et ceux de sa langue, leur supposer la même signification, bien qu'ils en fussent souvent fort éloignés, et qui ensuite, à l'aide du rapprochement de ce petit nombre de signes, prétendrait à grand effort d'esprit et avec force licence, deviner le sens de tout le discours. Les interprètes de la nature n'ont pas procédé autrement; car, rapportant aux faits les fantômes de leur esprit, je ne dis pas dans leurs scènes d'apparat, mais principalement dans leurs rapports avec le public et jusqu'au fond de leurs retraites, ils s'empressent de conclure sur les plus légères analogies, et tirent ensuite une interprétation générale du simple rapport qu'ils croient apercevoir entre ces vaines ombres.

Mais il est temps enfin, mon fils, de faire retraite et de nous purifier du contact de tant de souillures et vilénies auxquelles, je l'avoue, nous n'avons mis la main que dans un but d'utilité. L'accusation que j'ai dirigée contre tous ces hommes n'est pas encore à la hauteur de leur véritable culpabilité, et cependant, je le sens, tu ne comprendrais pas facilement toute la justesse de ma critique. Sois pourtant bien persuadé, mon fils, que la sentence portée par moi contre eux n'est rien moins qu'un outrage, et on aurait le plus grand tort de m'assimiler ici à un Velleius dont il est question dans Cicéron, philologue déclamateur, qui, n'abordant les opinions qu'en courant, les renverse plutôt qu'il ne les brise ; à un Agrippa, homme d'un jour, dont le nom profane la gravité de cette thèse, bouffon trivial, contournant tout à plaisir, faisant de tout une ignoble farce (chose pourtant cruelle qu'à défaut d'hommes je me voie obligé de me mettre en parallèle avec des brutes). Au surplus, je me flatte qu'en y regardant de près tu sauras distinguer après coup, sous le voile de la satire, les pures intentions de mes récriminations, concentrées et condensées pour ainsi dire par un singulier artifice dans chacune de mes expressions, dirigées et lancées avec une sûreté de regard imperturbable au point le plus vulnérable des torts que j'avais à signaler. De plus, comme ils pouvaient, en raison de la nature de leurs méfaits et de la perversité de leurs intentions, n'apparaître que comme une foule confuse et indistincte, c'est par des griefs personnels à chacun d'eux et bien prononcés que je les ai fait asseoir sur le banc des accusés. L'esprit humain en effet, mon fils, gonflé des observations provoquées par ses incursions dans le monde des faits, produit et génère bien des espèces différentes d'erreurs. Aristote, par exemple, fut une souche très vivace de l'une de ces espèces d'erreurs, de même Platon et d'autres après lui. Quant aux critiques de détail que tu parais désirer, à Dieu ne plaise que je fasse cette injure aux brillantes destinées du genre humain, héritier présomptif de l'empire du monde, que j'aille par des voies détournées poursuivre les ombres les plus fugitives. La lumière qu'il faut avant tout produire, mon fils, c'est la lumière pure et radieuse de la vérité, qui doit répandre un merveilleux éclat sur l'universalité de choses et dissiper à l'instant toutes les erreurs, et non pas la lueur de quelques pauvres et pâles lampes, qu'il s'agit de porter dans chaque coin et recoin de mensonges et d'erreurs. Méprise, mon fils, l'objet d'aussi vaines recherches; elles profanent en quelque sorte la dignité de l'esprit humain. Je t'entends déjà me demander si, dans les systèmes des anciens philosophes, rien n'est vrai, tout est faux. Mais ce serait là, mon fils, du malheur et un malheur étonnant, ce ne serait pas l'ignorance. Il n'est personne en effet à qui de temps en temps il n'arrive de heurter sur sa route à quelque vérité. Ainsi quand Héraclite commence par reprocher aux hommes de chercher la vérité dans des sphères privées, au lieu de l'étudier dans la sphère commune, il me semble en cela inaugurer convenablement sa philosophie. Lorsque Démocrite, attribuant à la nature une variété immense et infinie, s'écartait par là des sentiers battus par la presque totalité des autres philosophes, entichés de vues spéciales et avec cela esclaves de la routine, lorsque par cette opposition il portait un coup également funeste à ces deux travers contradictoires de leur esprit, et ouvrait ainsi à la vérité une route nouvelle entre deux extrêmes, je crois qu'il faisait de la saine philosophie. Les nombres de Pythagore me paraissent encore d'un bon augure; je loue l'indien Dindamus d'avoir appelé l'habitude anti-nature. Je l'avouerai même, ce n'est pas sans plaisir que j'écoute Epicure disputant, il est vrai puérilement et à la manière des philologues, contre l'explication de ce qu'on appelle causes finales. J'aime à me récréer et à m'épanouir avec Pyrrhon et les académiciens hésitant et balbutiant comme des enfants. Ces philosophes traitent leurs préjugés comme certains amants bourrus leurs maîtresses, qu'ils accablent incessamment d'outrages, sans pouvoir jamais s'en séparer. Et ce n'est pas sans raison que je prends plaisir à leur société; car si les autres philosophes ne connaissent que le droit chemin des créations de leur esprit, ceux-ci sont par le même genre de fantaisie poussés dans un cercle d'idées vraiment facétieuses. Enfin Paracelse et Séverin, en appelant à grands cris les hommes à la méthode expérimentale, me paraissent sous ce rapport d'admirables hérauts de ma philosophie. Qu'est-ce à dire? sont-ils pour cela en possession de la vérité? pas le moins du monde; les proverbes des gens grossiers s'emploient quelquefois très bien pour appuyer une vérité. Si un porc, en remuant la terre avec son groin, vient à tracer par hasard la lettre A, tu ne t'imaginerais pas pour cela, mon fils, qu'il eût pu de même y tracer un poème entier. Autre chose est la vérité qui procède de l'analogie scientifique, de la méthode d'induction, autre chose la vérité qui résulte de l'intersection des erreurs entre elles. Celle-ci est discordante et isolée, celle-là uniforme et féconde; cela est vrai aussi dans les arts. La découverte de la poudre à canon, par exemple, si elle eût été le résultat d'une certaine série de travaux, qu'elle n'eût pas été purement fortuite et occasionnelle, ne serait point restée isolée, mais on lui eût dû sans doute une foule de précieuses inventions dérivant du même principe. Autre chose en effet est une tentative industrielle, autre chose un acte de méthode rationnelle. Si donc, dans leurs vaines théories, ils ont parfois rencontré une de ces vérités miennes, j'entends dire la vérité des choses, ne va pas nous placer dans ton estime, eux plus haut, moi plus bas, puisque leur ignorance sur tout le reste montre assez qu'ils ne doivent pas cet avantage à l'analogie scientifique.

Tu me demandes encore, mon fils, si leurs écrits ne peuvent servir qu'à envelopper des parfums et des aromes; je ne dis pas cela; on peut en tirer certain profit, pauvre il est vrai et mesquin, et leur assigner un rôle, mais bien différent de celui auquel ils étaient destinés et qu'ils usurpent encore aujourd'hui. Il y a encore d'autres ouvrages moins connus, mais dont on peut recueillir un plus grand fruit. Bien des gens, par exemple, admirent les œuvres morales de Platon et d'Aristote, et pourtant une plus grande vérité d'observation jaillit à cet égard des œuvres de Tacite. Au surplus, nous dirons quand il en sera temps quelle utilité on peut tirer de leurs écrits, quels sont ceux ou il y a le plus à gagner, et ceux, en bien petit nombre, qui peuvent nous aider dans l'interprétation de la nature.

Enfin, mon fils, je t'entends m'adresser cette question : « Est-ce que vous pouvez les remplacer tous ? » Je te répondrai avec franchise et d'après mon sens intime. Je veux, mon bien-aimé fils, te faire contracter une union chaste et légitime avec les choses elles-mêmes. De cette union naîtra (vœu supérieur à celui de tous les épithalames) une race fortunée de véritables héros qui triompheront des imperfections innombrables de la nature humaine, imperfections plus désastreuses que tous les tyrans, les monstres et les géants, et cette race répandra l'abondance parmi les hommes et leur procurera la sécurité du repos et du bonheur.

Mais si, maintenant que ton esprit n'est point encore dégagé de ses préjugés, je t'abandonnais seul aux ambages étourdissants de l'expérience, tu ne manquerais pas de regretter ton guide ; tu ne pourrais, malgré toute la puissance de la volonté, dépouiller sur de simples préceptes, sans la connaissance des choses, le vieil homme des préjugés.

On ne peut rien tracer sur des tablettes avant d'avoir effacé ce qu'on y avait d'abord écrit ; on ne peut rien effacer au contraire de l'esprit avant d'y avoir gravé quelque chose. Et quand il pourrait se faire que tu secouasses les préjugés du foyer domestique, il serait encore à craindre que, sans préparation suffisante à cet égard, tu te laissasses subjuguer par ceux du voyage. Tu t'es trop habitué à marcher sous un maître ; c'est ainsi qu'à Rome, après l'affermissement de la tyrannie, le serment au nom du sénat et du peuple romain, ne fut plus qu'un vain mot. Allons, mon fils, livre-toi à moi avec confiance afin que je te rende à toi-même.

DE

L'INTERPRÉTATION DE LA NATURE.

PRÉAMBULE.

Pensant que j'étais né pour servir l'humanité, et étant convaincu qu'il est du droit commun de se consacrer au bien-être de la grande famille humaine, et que l'usage de cette liberté est ouvert à tous, comme celui de l'eau et de l'air, j'examinai ce qui pouvait être le plus utile aux hommes, et je considérai en même temps ce à quoi la nature m'avait rendu le plus propre. Je trouvai alors que le plus grand service qu'on pouvait rendre au genre humain était de faire des découvertes et d'agrandir le domaine des arts qui embellissent la vie. Car j'observai que dans les premiers âges du monde des hommes grossiers avaient consacré les noms de quelques inventeurs et de quelques révélateurs de découvertes également grossières, et qu'ils les avaient élevés au rang des dieux ; je vis qu'au contraire les actions des héros, qui avaient fondé des villes ou établi des lois, qui s'étaient rendus célèbres en pratiquant la justice ou en combattant l'iniquité, avaient été renfermées dans les limites étroites des temps et des lieux ; je pensai alors que la carrière d'inventeur, bien que moins brillante, promettait des résultats d'une utilité plus universelle et une gloire moins périssable. Il me sembla surtout que si quelqu'un, quoiqu'il ne fît pas de découverte particulière, exécutait cependant une œuvre très importante, qui était de jeter sur la nature une lumière assez forte pour éclairer de ses premiers rayons les plages qui touchent à celles des faits déjà connus, et que si ensuite, en abaissant cette lumière, il montrait et mettait sous les yeux les choses les plus cachées ; il me sembla qu'un tel homme agrandirait le domaine de l'empire humain sur l'univers, qu'il affranchirait ses semblables des chaînes de l'ignorance, et les délivrerait de celles du besoin. Or, je reconnus en moi un penchant plus décidé pour l'étude de la vérité que pour toute autre chose ; car j'avais un esprit assez prompt pour saisir les rapports des choses (faculté très précieuse), et assez persévérant et attentif pour observer les différences les plus subtiles. J'avais en outre le goût des investigations et la force de me soumettre au doute ; j'éprouvais du plaisir à la méditation, et une certaine réserve à former mes opinions ; il ne me coûtait pas de renoncer à une erreur, et rien ne me plaisait comme l'ordre en toutes choses. Je ne me sentais ni enthousiasme pour les modernes, ni une admiration aveugle pour les anciens ; je détestais enfin toute imposture. Je jugeai donc qu'il y avait un certain rapport et une certaine union entre ma nature et la vérité.

Cependant, par ma naissance et mon éducation, j'avais été initié aux affaires publiques, et quelquefois, comme il arrive à un jeune homme, je m'étais laissé détourner par des conseils ; d'un autre côté, je croyais que ma patrie réclamait de moi des travaux particuliers, que je ne devais pas également aux autres pays ; j'espérais aussi que, si j'obtenais dans le gouvernement un rang honorable, je pourrais plus facilement faire usage de mes idées et de mes observations pour exécuter le plan que j'avais formé. Je me livrai donc à l'étude des affaires publiques, et je me recommandai avec une modestie convenable et une franchise honnête à ceux de mes amis qui pouvaient faire quelque chose pour moi. Une autre considération me fit aussi réfléchir que ces travaux, quelque utiles qu'ils pussent être, ne tendaient qu'à améliorer l'Etat et augmenter les lumières de cette vie mortelle ; et l'espérance me vint que, si j'obtenais un emploi public, je pourrais, vu l'état déplorable de la religion au temps où j'étais né, être de quelque utilité au salut des âmes dans l'autre monde. Mais on accusait mon but d'ambition ; j'avançais déjà en âge, et ma mauvaise santé m'avertissait que j'aurais dû y penser plus tôt ; j'en concluais donc que je n'accomplirais nullement mes devoirs si je ne rendais pas aux hommes les services qui étaient en mon pouvoir, et si je m'appliquais à ceux qui dépendaient de l'appui des autres. Ces réflexions changèrent toutes mes idées, et je me livrai entièrement, d'après ma première résolution, à l'interprétation de la nature.

La déviation des connaissances humaines en usage aujourd'hui, et la ruine presque complète des sciences, que je prévoyais par le cours des choses, n'ont point diminué mon courage, car bien que je ne redoute pas des incursions de Barbares (à moins que la domination espagnole ne vienne à s'étendre, à accabler les autres peuples de ses conquêtes et à s'affaiblir elle-même par le poids de son empire), un malheur non moins grand semblait menacer les sciences et les lettres. Les guerres civiles, par le nouveau caractère que nous leur avons vu naguère présenter, me paraissent devoir parcourir une grande partie de la surface du monde ; les vues mesquines des sectes, le système superficiel et pernicieux de tout raccourcir, ont succédé à la philosophie. Et ce n'est plus l'imprimerie qui serait assez forte pour arrêter toutes ces calamités ; car la science énervée, qui se laisse aller à la mollesse, qui n'ambitionne que gain et louanges, qui ne sait pas résister à l'entraînement de l'opinion, et qui se laisse jouer par les artifices et les impostures, cette science sera infailliblement accablée par les malheurs que j'ai signalés. Une science dont la dignité est défendue par l'évidence et les résultats de ses avantages est loin de courir les mêmes dangers.

Je suis sans inquiétude sur les injures du temps, et je me soucie peu de celles des hommes. Si l'on m'accuse de parler trop haut, je répondrai simplement : que dans le monde la modestie est bienséante, mais que dans les contemplations il ne faut avoir égard qu'à la vérité. Si l'on me demande de montrer mes preuves, je dirai franchement : qu'il suffit pour un homme encore assez jeune, valétudinaire et occupé d'affaires publiques, d'être entré sans guide et sans lumière dans le sujet le plus obscur de tous, et d'avoir construit la machine et la fabrique, bien qu'il ne l'ait point éprouvée et mise en mouvement. J'avouerai ici en même temps qu'une véritable interprétation de la nature doit dès son principe, avant qu'elle ne soit arrivée à un certain degré de généralité, se conserver pure et éloignée de toute application à la pratique. Car je n'ignore pas que ceux qui se sont laissés entraîner le moins du monde par les flots de l'expérience, étant dépourvus de courage et ne voulant que faire du bruit, ont cherché mal à propos des résultats dès le commencement de leur entreprise, et que par conséquent ils se sont effrayés et ont fait naufrage. Si quelqu'un me demande ensuite d'exposer les points particuliers de ce que je me propose, cet homme saura que, vu l'état actuel de la science, les hommes ne sont pas même assez savants pour le demander. Quant à celui enfin (ce qui vaudrait moins la peine d'y faire attention) qui oserait parler sur ce sujet comme il le fait en politique, où l'on a coutume de tout juger par des considérations de personne, ou de ne rien conjecturer que par des rapprochements de faits semblables, je lui répondrai, par l'ancien proverbe : qu'un boiteux dans le bon chemin arrive plus tôt que le coureur qui s'en écarte ; et qu'il ne faut pas chercher d'exemple analogue, puisqu'il ne s'en trouve pas sur ce sujet.

Disons maintenant ce qui m'a engagé à publier cet ouvrage : j'ai voulu que tout ce qui tend à établir des rapports intellectuels et à défricher les esprits incultes des hommes soit rendu vulgaire et passe de bouche en bouche ; la main achèvera l'œuvre à l'aide du discernement et du jugement. Je sais que c'est un artifice commun et établi parmi les imposteurs, de dérober à la connaissance du vulgaire certaines choses qui ne valent pas mieux que les niaiseries dont ils gratifient ouvertement tout le monde. Quant à moi, libre de tout charlatanisme, je n'ai en vue que l'édifice de l'interprétation, d'où sortiront d'utiles découvertes, dont le germe fermentera dans des génies droits et précieux, qui naîtront dans les siècles à venir avec des lumières plus fortes et plus éclatantes. Je prépare le ciment pour les constructions que d'autres auront à bâtir. Je ne m'inquiète pas comment ils s'acquitteront de leur ouvrage particulier ; car je ne suis pas un chasseur de renommée, et je ne tiens pas, comme les hérésiarques, à former une secte ; je regarderais également comme ridicule et honteux d'attendre quelques avantages personnels d'une si grande entreprise. La conscience du service que je rends, et la réalisation d'une œuvre à laquelle des considérations de fortune ne pourront me faire renoncer, sont les seules récompenses que j'ambitionne.

PENSÉES ET VUES
SUR L'INTERPRÉTATION DE LA NATURE,
OU
DE L'INVENTION DES CHOSES ET DES OEUVRES.

COGITATA ET VISA DE INTERPRETATIONE NATURÆ.

I.

J'ai fait la réflexion suivante : Les connaissances que possède aujourd'hui le genre humain ne peuvent lui donner un sens intime de la réalité ni de la grandeur des choses ; car nous entendons les médecins déclarer beaucoup de maladies incurables, et dans le traitement des autres ils commettent généralement des erreurs et finissent par renoncer, faute de moyens. Nous voyons les alchimistes vieillir et se tuer pour obtenir les résultats de leurs spéculations ; ceux qui s'occupent de la magie naturelle ne font aucune découverte solide ni fructueuse ; les arts mécaniques tirent peu de lumière de la philosophie, et l'on continue seulement à tisser les toiles de l'expérience, travail qui promet aussi peu d'honneur que de profit ; système qui, je le sais, produit d'excellentes choses, mais dont les hommes cependant ne peuvent recueillir les fruits qu'à travers mille entraves et mille circuits.

J'en ai donc tiré ces conclusions : les découvertes faites jusqu'à ce jour doivent être regardées comme imparfaites et ébauchées ; dans l'état actuel des sciences, il ne faut en attendre de nouvelles que du long espace de siècles ; et celles que l'intelligence humaine a produites jusqu'ici ne peuvent nullement être attribuées à la philosophie.

II.

Dans ce rétrécissement des connaissances humaines, ce qu'il y a de plus déplorable pour le présent et de plus triste pour l'avenir, c'est que les hommes, pour leur malheur, s'efforcent de cacher sous un voile la turpitude de l'ignorance, et de se montrer contents dans un tel état de misère. Que nous dit le médecin? Les nombreuses précautions de son art, précautions si utiles pour la défense de sa profession et l'importance de son titre, ne suffisent pas à l'excuse de sa faiblesse; il en fait en quelque sorte une règle générale de sa science; il ne parle que de prudence, et, pour couvrir son ineptie, il calomnie la nature; selon lui, ce que l'art n'a pas encore atteint, la nature ne doit pas l'attendre de l'art. Mais nous savons, il est vrai, que l'académie ne peut pas se condamner quand elle est juge dans sa propre cause. La philosophie même, à l'école de laquelle s'est formée la médecine de nos jours, professe les mêmes principes; elle nourrit dans son sein certaines règles et certains préceptes, qui, pour peu qu'on les regarde de près, voudraient amener à la conclusion, qu'il ne faut rien attendre de l'art ni du secours des hommes dans ce que la nature offre de difficile et de dominant. Il résulterait d'un tel raisonnement, que la chaleur de l'astre, c'est-à-dire du soleil, serait en tout point différente de celle du feu; ensuite, que la composition est l'œuvre de l'homme, et le mélange l'œuvre exclusive de la nature, et autres futilités semblables. En examinant ce système, nous verrons qu'il ne tend à rien moins qu'à comprimer perfidement les facultés humaines, à décourager sciemment et artificieusement les investigations, à couper en outre les ailes de l'expérience et à arrêter et énerver les efforts de l'esprit; les sectateurs de cette doctrine n'ont qu'un désir, c'est de faire croire que l'art est arrivé à sa perfection; ils n'ambitionnent qu'une gloire (but aussi ridicule que pernicieux), celle de persuader que ce qui n'a pas été découvert ne pourra jamais l'être. Quant à l'alchimiste, il commet des erreurs avec connaissance de cause; ne pouvant se soustraire à la voix de sa conscience qui lui reproche de n'avoir pas assez compris les termes de son art et des auteurs, il croit alors devoir appliquer son esprit à rendre les traditions obscures et à ne produire que du bavardage, ou, sachant bien qu'il n'a pas pénétré dans les difficultés, les analogies et les véritables points de la pratique, il se jette dans l'infini à la recherche d'expériences dont les résultats selon lui doivent être des plus heureux. Et tout en poursuivant ainsi à travers un étourdissant labyrinthe des découvertes qui lui semblent nouvelles ou qui lui promettent de grands avantages, il repaît son esprit de chimères, prône, encense ses œuvres, et s'attache à l'espoir d'un succès qui lui échappe toujours. Examinons maintenant ce que font ceux qui se livrent à la magie naturelle: ils voient qu'on produit des effets surnaturels (c'est-à-dire en dehors de l'état ordinaire des choses), et à peine s'aperçoivent-ils qu'ils ont fait violence à la nature, qu'ils donnent des ailes à leur imagination et ne songent guère plus à pousser ou à ralentir le vol de leur pensée; ils osent donc s'engager à faire les découvertes les plus importantes et ne réfléchissent pas qu'il y a des phénomènes d'un genre vulgaire et presque défini, auxquels s'est exercée la magie de toutes les nations, et dont la superstition de tous les âges s'est fait un jeu. Celui qui s'occupe des arts mécaniques n'avance pas davantage, s'il lui est arrivé de perfectionner d'anciennes inventions, ou même de les rendre plus élégantes; s'il est parvenu à composer et à représenter en corps ce qu'il a vu en parties éparses; s'il a su approprier les choses à leur usage avec plus de commodité et de bonheur. S'il a exposé un ouvrage d'une grosseur plus grande ou même d'un volume plus petit qu'on n'avait coutume de le faire, il se met au nombre des inventeurs des choses.

J'en ai donc tiré ces conclusions: l'invention de choses nouvelles et d'arts inconnus répugnent à l'homme, comme un effort vain et insensé. Ou ils croyent qu'il existe d'importantes découvertes, mais qu'ils doivent seulement les admirer et les entourer d'un silence et d'un respect religieux; ou bien ils s'abaissent au point de regarder de misérables productions et de serviles compilations comme des inventions nouvelles. Il résulte de tout cela qu'on détourne l'esprit des hommes d'un travail constant et louable, et de nobles entreprises dignes du genre humain.

III.

Les hommes, en jetant les yeux sur la variété des productions et sur la beauté de ces ornements que les arts mécaniques ont fabriqués pour le luxe du monde, sont plus portés à s'étonner de la richesse humaine qu'à sentir leur propre indigence; ils ne voient point que l'intelligence de l'homme et le travail de la nature, qui devraient être l'âme et le premier mouvement de cette variété, sont aussi rares que superficiels; que presque tout est l'œuvre de la patience humaine et du mouvement adroit et régulier de la main ou des instruments; et, sous ce rapport, une boutique ressemble admirablement à une bibliothèque qui étale aussi une grande variété de livres; mais si on les examine de près, on trouvera qu'ils n'offrent que des répétitions infinies d'un même travail; malgré le désir que le relieur a eu d'inventer, les couvertures ne diffèrent que par leurs ornements et leur format.

J'en ai tiré cette conclusion : l'opinion que nous avons de notre opulence est une des causes de notre pauvreté; les productions et les branches de sciences sont très nombreuses pour les yeux, mais il en est peu qui méritent un sérieux examen.

IV.

Les systèmes de nos jours se posent avec tant d'ambition et de suffisance, et se présentent avec un ton si tranchant et en apparence si profond, qu'il semblerait que tous les arts en particulier sont arrivés au suprême degré de perfection. Il se trouve en effet dans ces méthodes et dans ces commentaires des vues qui ont l'air d'embrasser et de couler à fond toutes les matières en général qui peuvent tomber sur le sujet traité. Bien que tous les membres en soient maigres, effilés et dépourvus de tout suc réel des choses, ils n'en prétendent pas moins à la forme et à la substance d'un corps sain et robuste. On s'efforce de faire passer quelques écrits d'auteurs du plus mauvais choix pour des traités complets et pour l'essence même des arts; ceux de nos pères qui ont recherché les premiers la vérité le faisaient avec bien plus de bonne foi et de succès; ils avaient coutume de tirer la science qu'ils voulaient recueillir de la contemplation des choses, et de mettre en usage des aphorismes concis et des principes épars, qu'ils ne tâchaient pas de lier par des systèmes. En donnant l'image nue des découvertes déjà faites, et en indiquant les espaces et les vides que laissaient les découvertes à faire, ils n'induisaient pas ainsi en erreur et poussaient en même temps les esprits à la méditation et la pensée à l'invention des faits. Mais aujourd'hui, on nous montre les sciences pour nous imposer des vues particulières, et non pour éclairer notre jugement; on fait usage d'une malheureuse autorité pour arrêter les heureux efforts qu'on pourrait faire en faveur du progrès. Nous pouvons donc dire que ceux qui ont hérité des sciences de nos ancêtres et qui les transmettent jouent à la fois les rôles de maître et d'élèves; ils ne découvrent rien et ne savent même pas ajouter aux découvertes déjà faites. Il suit nécessairement de là que les sciences sont restées stationnaires et qu'elles ne changent nullement de place. Depuis plusieurs siècles il a été d'usage, et il en est de même aujourd'hui, que non-seulement une assertion demeure une assertion, mais qu'une question demeure une question et qu'elle reste dans cet état.

J'en ai donc tiré cette conclusion : des colonnes qu'il est défendu de franchir ont été élevées et fixées comme si elles l'eussent été par la main du destin, et on ne doit aucunement s'étonner de ne pas obtenir ce que les hommes n'ont ni l'espoir ni la volonté d'acquérir.

V.

Dans ce que j'ai dit sur le découragement et sur la fierté des hommes en ce qui touche la plupart des sectateurs des sciences, j'ai peut-être été trop loin; car le plus grand nombre d'entre eux agissent bien différemment; ils recherchent vraiment la science avec ardeur et plaisir; je dois ajouter que c'est à cause des avantages et des appointements de professeurs, ou même à cause du reflet et des ressources qu'ils en tirent. Certes, quand on se propose un tel but dans les sciences, bien s'en faut qu'on veuille augmenter la masse des connaissances, puisqu'on n'y cherche que ce qu'il y a de réellement matériel et que ce qui peut se changer et se dissoudre en métal de bon aloi. Mais ce n'est pas le seul mal : si dans le grand nombre de ces individus il en est un qui se sente mû d'un zèle et d'un amour véritables pour la science, qui la recherche pour elle-même, on trouvera qu'il s'occupe plus de présenter la variété des choses que leur vérité. S'il s'en trouve un qui s'enquière un peu plus sérieusement de la vérité, on verra que cette vérité consiste à jeter une lumière plus subtile sur les choses déjà connues, et non à produire une lumière nouvelle. S'il en est un enfin imbu encore d'un assez grand zèle pour vouloir produire une lumière nouvelle, on verra qu'il s'attache à une lumière qui puisse exhiber de loin de trompeuses apparences et nous montrer de près des faits et des découvertes importantes.

J'ai donc été amené par tout cela à la même conclusion qu'auparavant, c'est-à-dire : qu'on ne doit pas être surpris qu'il n'y ait pas eu de char de fait quand on voit les hommes dévier de la route pour des considérations si minimes, et surtout quand on remarque que le but même n'a pas encore été indiqué et marqué à aucun homme, du moins autant que je le sais. Ce but n'est autre que de doter sans relâche la famille humaine de nouvelles découvertes et de forces intellectuelles.

VI.

Dans cet état déplorable des sciences, ce qu'il y a de plus malheureux c'est le sort des sciences naturelles ; les hommes s'en étant légèrement occupés et l'ayant ensuite entièrement négligée, elle n'a pas été cultivée ni approfondie plus que les autres connaissances. Après que le christianisme se fût établi et répandu, la plupart des esprits se livrèrent à la théologie, et les hommes de cette secte en rendirent l'étude attrayante en y rattachant les plus grandes récompenses et en l'entourant de secours de tous genres. Dans le siècle suivant l'attention des philosophes se porta principalement sur des commentaires de philosophie morale, philosophie qui pour les incrédules tenait lieu en grande partie de la théologie ; et dans ces deux époques, de hauts génies en assez grand nombre s'appliquèrent à la politique, surtout pendant l'époque de la grandeur romaine, qui, à cause de l'étendue de son empire, avait besoin d'un grand concours de bras. Le temps où l'histoire naturelle parut être dans l'état le plus florissant chez les Grecs fut de courte durée ; elle fut ensuite gâtée par des systèmes contradictoires, et enfin elle perdit toute son utilité par les préceptes d'ambitieux novateurs. A partir de cette époque on ne rencontre pas le nom d'un homme qui se soit livré à l'histoire naturelle, ni qui se soit adonné aux recherches ; au point que cette science n'a pas occupé depuis longtemps la pensée entière d'un être humain, à moins qu'on ne cite l'exemple de quelque moine dans sa cellule, ou d'un noble passant les nuits au travail dans sa maison de campagne ; et de tels exemples ne se trouveront que très rarement. L'histoire naturelle servait ensuite de passage et d'auxiliaire à d'autres branches ; et cette digne ancêtre des sciences se métamorphosa en esclave ; on l'assujettit à la médecine et aux mathématiques, on lui imposa la charge de dégrossir les esprits bruts des jeunes gens, et de leur donner pour ainsi dire une première couche qui les préparât à en recevoir une autre avec plus de bonheur et de facilité.

J'en ai donc conclu : qu'il fallait attribuer l'abandon où se trouve l'histoire naturelle au petit nombre de personnes qui s'en occupent, ainsi qu'à l'étude précipitée et superficielle qu'elles en font. Je n'en conclus pas moins maintenant que cette négligence influe extrêmement sur l'état général des connaissances humaines ; car tous les arts et toutes les sciences arrachés de cette racine se polissent peut-être ou deviennent en usage, mais ils ne prendront aucun accroissement.

VII.

L'histoire naturelle a rencontré un ennemi incommode et sous tous les rapports très difficile à vaincre ; je veux parler de la superstition et de l'enthousiasme aveugle et intolérant de la religion. Nous savons en effet que ceux des Grecs qui exposèrent pour la première fois les causes naturelles de la foudre et des orages devant un auditoire d'hommes ignorants furent condamnés comme coupables d'impiété ; et les cosmographes qui, sur les démonstrations irrécusables qu'aucun homme raisonnable n'attaquerait aujourd'hui, déclarèrent que le monde avait la forme d'une boule, et qui par conséquent établirent les antipodes, n'échappèrent pas à l'accusation de quelques patriarches de la foi chrétienne. Ces hommes ne furent guère mieux traités ; accusés du même crime, on ne leur arracha pas la vie, mais la gloire. Les discussions sur la nature, comme cela se passe de nos jours, n'en devinrent alors que plus amères à cause de la témérité des théologiens scolastiques et de la nature de leurs moyens de défense. Après avoir mis autant qu'ils le purent de l'ordre dans la théologie et en avoir fait une sorte d'art, ils allèrent plus loin, ils introduisirent dans le corps de la religion la philosophie querelleuse et désordonnée d'Aristote. Dans notre siècle on observe encore la même marche, et aucune opinion ni aucune doctrine n'obtient plus de succès que celle des hommes qui célèbrent avec beaucoup d'emphase et de solennité l'union prétendue légitime de la théologie et de la philosophie, c'est-à-dire de la foi et de la raison ; écoles qui, en flattant les esprits par une agréable variété de choses, mêlent en même temps de la manière la plus déplorable les choses divines et humaines. Or, pour peu qu'on y fasse attention, une alliance si fausse et si pernicieuse n'est pas moins dangereuse pour l'histoire naturelle qu'une hostilité ouverte. Car une union et une société semblable n'embrassent que les connaissances acquises ; tout progrès ou toute addition, ou même toute amélioration n'en est exclue qu'avec plus de sévérité et d'entêtement. Enfin le parti de la religion ne fait que répandre des insinuations méchantes et une haine stérile contre tout avancement, et pour ainsi dire contre toutes nouvelles régions de philosophies. Les uns avancent avec plus de franchise qu'ils craignent qu'en faisant de plus profondes recherches dans le sein de la nature on n'aille au-delà de la limite donnée et permise de la circonspection ; de telles gens ont tort d'appliquer ce qui est dit des divins mystères, dont beaucoup restent cachés sous le sceau de la Divinité, aux secrets de la nature, qu'aucun commandement n'a enjoint de séparer ; d'autres prétendent avec moins de bonne foi que, si l'on ignore les causes des effets, on rapportera plus volontiers tout à la main et à la baguette divine (conviction qu'ils croient importer beaucoup à la religion). Parler ainsi ce n'est rien moins que vouloir servir Dieu par un mensonge. D'autres craignent aussi que les mouvements et les révolutions de la philosophie ne se portent et ne se terminent contre la religion ; d'autres enfin semblent redouter que dans l'investigation de la nature il ne puisse se trouver quelque chose qui renverse la religion ; pensées qui ont toutes deux certaine odeur d'incrédulité et de sagesse peu édifiante ; la dernière surtout ne peut être mise en doute ou venir à l'idée sans impiété.

Je ne pouvais donc ignorer que dans de semblables opinions il se trouvait beaucoup de faiblesse, et même une bonne dose de jalousie et de colère. Car l'histoire naturelle, d'après la parole de Dieu, est le remède le plus infaillible de la superstition ; elle est aussi le meilleur aliment de la foi. Ce n'est donc pas sans raison que je la regarde comme l'auxiliaire le plus fidèle et le plus puissant, puisque d'un côté elle révèle la volonté, de l'autre la puissance de Dieu. Il ne s'est pas trompé celui qui a dit : « Vous êtes aveugles, parce que vous ne connaissez point le livre ni la puissance de Dieu, » c'est-à-dire parce que vous n'appliquez pas vos yeux à l'image de sa volonté, ni votre esprit à l'œuvre de sa toute-puissance, liées l'une avec l'autre par un nœud indivisible. Bien que ce soit la vérité pure et simple, il n'en demeure pas moins vrai qu'il faut compter parmi les obstacles les plus forts de l'histoire naturelle les craintes inspirées à un zèle ignorant et à la superstition par la controverse.

VIII.

Dans les usages et la composition des académies, des collèges et autres établissements semblables qui ont été destinés à la résidence et aux travaux mutuels d'hommes savants, tout se trouve en opposition avec le progrès des sciences ; d'abord la tourbe professante est beaucoup trop nombreuse, et ensuite elle est trop mercenaire. Les leçons et les exercices sont combinés de manière à empêcher que des idées différentes ne puissent venir à l'esprit des auditeurs. Mais s'il arrive à quelqu'un d'user de la liberté d'investigation et de jugement, il sentira bientôt qu'il doit se résigner à un entier isolement. S'il a le courage de supporter ce malheur, il éprouvera cependant que cette opiniâtreté et cette noble indépendance seront un grand obstacle à sa fortune. En effet, les études dans ces sortes d'établissements se bornent pour ainsi dire à un certain catalogue d'auteurs dont on ne doit pas s'écarter ou qu'on ne doit pas combattre sous peine d'être sur-le-champ reprimandé comme un brouillon ou comme un audacieux novateur. Et cependant, si l'on considère la question sans partialité, on conviendra qu'il y a une grande différence entre l'administration des gouvernements et celle des arts. Car une lumière nouvelle et une révolution ne font pas courir dans l'un et l'autre cas les mêmes dangers; dans les gouvernements tout mouvement tendant même à un but d'amélioration est considéré comme un acte de désordre, parce que tout pouvoir repose sur l'autorité, la concorde, l'estime et l'opinion, et non sur la démonstration et la vérité; mais dans les sciences et les arts, qu'on pourrait comparer à des mines de métal, tout doit retentir des nouvelles fouilles et des progrès ultérieurs. Tels doivent être les sentiments de tout homme raisonnable et éclairé.

J'en ai donc conclu toute ma vie : que la direction et l'administration des sciences telles qu'elles existent aujourd'hui n'ont pour but que de tyranniser les hommes de progrès et d'empêcher la propagation des lumières.

IX.

On rencontre aussi dans l'opinion et le jugement des hommes beaucoup d'obstacles qui empêchent le libre accès de nouvelles découvertes dans les sciences. La plupart, en effet, mécontents de leur nature, s'attachent à l'antiquité et pensent que si le sort avait voulu que nous qui vivons aujourd'hui nous fissions des recherches sur les points qui ont été les objets des investigations et des découvertes des anciens, nous serions loin d'égaler le mérite de leurs travaux; ils croient aussi que si un homme, fort de son génie, voulait se livrer à un entier examen, il arriverait infailliblement qu'il tomberait sur les mêmes résultats que ceux qui ont été approuvés de l'antiquité, ou bien sur d'autres qui, jugés et rejetés depuis long-temps par l'antiquité, sont restés avec raison dans un oubli profond. D'autres, ne faisant nul cas de la famille et de l'intelligence humaine de l'une et de l'autre époque, soit ancienne, soit moderne, professent une opinion singulière et superstitieuse; ils sont persuadés que les principes des sciences nous sont venus des esprits, et que de nouvelles découvertes peuvent sortir également de leur mérite et de leur réunion. D'autres ont une opinion plus sage et plus sérieuse, mais d'une portée plus dangereuse; ils désespèrent entièrement du développement des sciences en réfléchissant à l'obscurité de la nature, à la brièveté de la vie, aux erreurs des sens, à la faiblesse du jugement, aux difficultés et aux immenses variétés des expériences. Ils ajoutent que les excès de l'espérance qui nous fait promettre de plus grands résultats que ceux que nous possédons annoncent par conséquent un esprit impuissant et pas assez mûr, qui produira un commencement agréable, un milieu difficile à saisir, et une fin tout-à-fait confuse et incompréhensible. Et ils ne désespèrent pas moins du fruit que de la réalisation de l'œuvre : « Les sciences, disent-ils, peuvent naître et se développer dans de grands génies; mais il appartient au peuple ou aux grands, ou à d'autres hommes d'un faible savoir, de décerner aux sciences leurs récompenses et de prononcer sur leur valeur. » Ceux qui proposent leurs vues et ceux qui sont appelés à les juger sont donc d'une capacité tout-à-fait différente, et il arrive de là qu'il n'y a que les découvertes qui conviennent au jugement populaire et au sens commun qui réussissent. C'est ainsi que l'opinion de Démocrite sur les atomes devint en usage, parce que, étant un peu plus éloignée, on se faisait un jeu de l'étudier. Par conséquent, des pensées profondes sur la nature peuvent se révéler quelquefois, mais elles répugneront infailliblement presque autant que la religion, aux sentiments des hommes; et bientôt après (à moins qu'on n'en démontre et qu'on n'en fasse valoir l'utilité évidente et supérieure, soin qu'on a négligé jusqu'ici) elles seront chassées et éteintes par les vents des opinions vulgaires; en sorte qu'on pourrait dire : que le temps est comme un fleuve qui emporte ordinairement tout ce qui est léger et rempli de vent, et qui submerge tout ce qui est substantiel et solide.

J'en ai donc conclu : que les obstacles à l'amélioration des sciences sont non-seulement extérieurs et étrangers, mais ont même leur origine et leur source dans les sentiments des hommes.

X.

La nature vague et indéfinie des mots se joue de l'intelligence des hommes et la tyrannise en quelque sorte; car les mots sont pour ainsi dire des médailles qui représentent l'image et la domination du vulgaire ; ils composent ou divisent tout selon les notions populaires et les acceptions des choses, qui sont généralement remplies d'erreurs et de confusion ; en sorte que les enfants, en apprenant à parler, sont forcés d'acquérir et de recevoir une déplorable cabale d'erreurs. Et bien que des hommes sages et savants tâchent par tous les moyens de se délivrer de cet esclavage en forgeant de nouvelles expressions, chose difficile, et en interposant des définitions, chose ennuyeuse, tous leurs efforts cependant n'ont pu réussir à secouer le joug et à empêcher que des disputes infinies dans les discussions les plus vives ne s'élèvent sur les mots, et, ce qui est encore bien pis, que ces misérables cachets de mots ne laissent dans l'esprit leurs marques et leurs empreintes; et ce n'est pas seulement dans le discours qu'ils sont désagréables, ils sont aussi nuisibles au jugement et à l'intelligence.

J'en ai donc conclu : qu'au nombre des causes intérieures des erreurs, il faut compter celle-là comme très influente et très contraire.

XI.

Outre les difficultés générales des sciences et des connaissances humaines, l'histoire naturelle, surtout la partie de la physique expérimentale, rencontre d'autres préjugés et d'autres obstacles particuliers. Car quelques-uns de ses praticiens en ont grandement affaibli le crédit et la confiance ; ces hommes, vains et futiles, les uns par crédulité, les autres par imposture, ont accablé le genre humain de promesses ; ils ont été jusqu'à avancer qu'ils pouvaient prolonger la vie, retarder la vieillesse, soulager les douleurs, corriger les défauts naturels, tromper les sens, arrêter et exciter les maladies, verser les lumières et même le génie dans les facultés intellectuelles, transmuter les substances, multiplier à l'infini les mouvements, empreindre l'air et en changer l'état, prédire l'avenir, représenter l'image du passé, révéler les secrets, et beaucoup d'autres frivolités semblables. Je pense que celui qui a exprimé le jugement suivant sur ces charlatans a beaucoup approché de la vérité : « Il y a, dit-il, autant de différence entre les hâbleries de ces hommes et les arts véritables de la philosophie qu'il y en a entre les combats de Jules César et d'Alexandre et ceux d'Amadis de Gaule ou d'Arthur de Bretagne dans l'histoire. »

Nul doute en effet que ces illustres capitaines n'aient accompli de plus grands exploits que ceux que les romans attribuent à ces héros fantastiques ; mais ils ont employé pour cela des moyens et des mesures qui ne tenaient en rien de la fable et du prodige. Il ne serait donc pas juste de refuser créance à l'histoire véridique, parce qu'elle a parfois été faussée et violée par la fiction. Car bien qu'Ixion ait engendré les Centaures d'une nuée, fantôme imaginaire, Jupiter n'en a pas moins engendré de Junon Hébé et Vulcain, c'est-à-dire des images admirables et divines de la nature et de l'art.

Refuser de croire à tout indistinctement, bien qu'on sache qu'il y a quelques vérités, c'est, selon moi, le comble de l'absurdité. J'en ai conclu toutefois : que la voie de la vérité était depuis longtemps fermée ou du moins bien rétrécie par de telles jongleries, et que les extravagances de certains charlatans étouffent même de nos jours toute élévation d'idée

XII.

On trouve dans l'esprit humain un penchant naturel que fortifient encore l'opinion générale et les vices de l'éducation, et qui a arrêté et détourné les progrès de l'histoire naturelle ou physique expérimentale. Cette opinion ou pensée orgueilleuse et funeste est que la majesté de l'esprit humain s'abaisse en s'occupant longtemps et entièrement d'expériences et de particularités qui tombent sous les sens et purement matérielles ; car on considère généralement les spéculations de ce genre comme un travail pénible, un sujet peu relevé de méditation et de style, une pratique grossière, enfin comme une science d'une étendue infinie et un recueil de misérables subtilités. En conséquence on la rejette comme ne convenant nullement à la gloire des arts. Cette opinion ou disposition d'esprit a été beaucoup fortifiée par une autre non moins orgueilleuse ni moins fausse, qui avançait que la vérité est en quelque sorte une qualité indigène de l'intelligence humaine et qu'elle ne vient pas d'autre part ; et que les sens excitent plus qu'ils n'instruisent l'entendement.

XIII.

Ce n'est pas seulement des faits qui s'expliquent difficilement qu'il faut chercher à savoir quelque chose ; car il peut arriver que la fortune du genre humain brise ces entraves et surmonte ces obstacles. Il faut encore s'assurer par le plus sévère examen de ce que peut être telle philosophie reçue de nos jours ou tout autre philosophie de l'antiquité poussée sur nos rivages comme les épaves des naufrages. Je trouve que l'histoire naturelle que nous avons reçue des Grecs n'est guère qu'un enfantillage de la science, puisque, ainsi que les enfants, elle se montre prompte à babiller, inhabile et impuissante à produire. C'est en vain qu'Aristote, qui passe pour le prince unique de cette philosophie, n'abordant pas même la nature et n'en ayant rien tiré, fut versé dans les notions communes de son temps et s'occupa de les rapprocher, de les opposer l'une à l'autre et de les préciser. Au surplus, que peut-on attendre de solide de celui qui a prétendu faire sortir le monde de ses catégories, et quelle importance y a-t-il à ce qu'on ait posé comme principes des choses la matière, la forme et l'exclusion ou la substance, la qualité et la relation. Mais ce n'est pas encore le moment d'insister sur de pareilles questions ; car comment songer à fonder une juste critique, avant d'être tombé d'accord des principes et des modes de démonstration ? D'un autre côté, il y aurait une légèreté indigne du sujet qui nous occupe, et partant une sorte d'arrogance, à prétendre faire justice par la plaisanterie d'un homme investi d'une si grande autorité, je dirais presque de la dictature en philosophie ; ce qui n'a pas empêché qu'avec une dialectique qu'il ne puise qu'en lui, ce dont il se glorifie trop largement, il ait corrompu la science naturelle. Certes, pour en finir avec ce philosophe, Platon fit preuve d'un génie plus élevé en tournant autour de la connaissance des formes et n'appliquant pas seulement l'induction aux principes, mais à toutes les matières, quoiqu'au fond ce soit bien en vain qu'il ait montré ces deux tendances, attendu qu'il n'a jamais saisi que des formes abstraites, et admis que des inductions vagues. Quiconque regardera avec quelque attention au fond des écrits et dans l'esprit de ce philosophe s'assurera qu'il ne s'est occupé de la philosophie naturelle que tout juste autant qu'il le fallait pour son nom de philosophe et le soin de sa réputation, ou pour qu'il en rejaillit un certain reflet de grandeur sur ses doctrines morales et politiques. Il n'a pas moins faussé par sa théosophie qu'Aristote par sa dialectique le véritable aspect de la nature ; et, s'il faut parler vrai, il a touché d'aussi près au rôle de poëte que l'autre au rôle de sophiste. Au moins est-il permis de puiser à leurs sources mêmes les spéculations de ces derniers, puisque les monuments de leurs œuvres existent, tandis qu'il en est autrement de Pythagore, Empédocle, Héraclite, Anaxagore, Démocrite, Parménide, Xénophon et autres, des opinions desquels nous ne connaissons que des fragments, et encore par l'organe des interprètes et la voie de la tradition, ce qui exige de notre part, pour compenser l'injustice du sort à leur égard, un examen plus scrupuleux et une plus grande intégrité de jugement. C'est donc avec le soin le plus minutieux, avec le zèle le plus scrupuleux, que j'ai consulté, recueilli sur ces opinions jusqu'aux plus faibles murmures, et ce n'est pas avec moins de ponctualité, d'exactitude, que j'ai cherché à débrouiller et vérifier tout ce qu'on en peut découvrir dans la controverse d'Aristote, les citations de Platon et Cicéron, le recueil de Plutarque, les vies de Laërce, le poëme de Lucrèce, ou ailleurs en tous autres mémoires ou traditions. Et d'abord il n'y a pas de doute que, si les opinions de ces philosophes se trouvaient consignées dans leurs propres ouvrages, elles offrissent alors une plus grande consistance, résultat de l'harmonie et le soutien réciproque des diverses parties d'un même système et de leur concentration par la démonstration ; ce qui explique pourquoi, ainsi morcelées, elles nous paraissent faibles et ce qui m'a préservé de les juger avec trop de dédain. J'ai encore eu occasion de remarquer, au milieu de vues si diverses, nombre d'aperçus pleins de sens et de maturité, quant à l'observation de la nature et à l'assignation des causes, quoique d'autres sur d'autres points, comme cela arrive assez souvent, aient été plus heureux. Seulement les découvertes et les sentences de Pythagore, bien que ses Nombres touchent peut-être par quelque endroit à la physique, ont été en majeure partie telles qu'on les dirait plutôt propres à fonder un ordre religieux qu'à inaugurer une école de philosophie, ce qu'au surplus l'événement confirma ; car cette discipline était plus dans le goût des manichéens et des mahométans que dans celui des philosophes. D'autres philosophes se sont aussi occupés de physique, et il en est parmi eux qui, dans les fouilles profondes et intelligentes qu'ils ont faites de la nature, sont allés beaucoup plus loin qu'Aristote. On l'a donc supplanté à la manière des princes ottomans qui égorgent leurs frères pour régner à leur place, et en cela on n'a fait qu'accomplir le vœu général. Au surplus, mon jugement sur Aristote et ces autres philosophes grecs n'est pas différent. Leurs jugements et leurs systèmes sont comme les divers sujets des diverses fictions scéniques arrangées pour un dénouement quelque peu vraisemblable, les unes avec plus d'élégance, les autres avec moins de soin et d'habileté, et ils offrent un caractère particulier aux fictions de ce genre; c'est de plaire davantage et de sembler de meilleur aloi que des récits vrais. Or ces doctrines publiées et répandues n'ont pu suffire pour épuiser les divagations et les erreurs de l'esprit humain, et si les mœurs et les tendances politiques de ces temps n'eussent été contraires et hostiles à toute innovation de ce genre, même purement spéculative, nul doute que beaucoup d'autres sectes se fussent produites en philosophie naturelle. En effet, de la même manière qu'en astronomie, aux yeux de ceux qui croient que la terre tourne, comme pour ceux qui expliquent la même chose par des mouvements excentriques et concentriques, la question des phénomènes célestes et les débats qu'elle a engendrés ne se dessinent et se prononcent pas plus en faveur de l'un que de l'autre système, jusqu'à ce point que les calculs des tables coïncident avec les deux; de même, et plus communément encore, en philosophie naturelle, pourra-t-on voir se formuler plusieurs théories très discordantes entre elles, mais pourtant d'accord avec elles-mêmes, quoique faisant un abus égal et tirant un parti différent des indications vulgaires sur lesquelles en ces sortes de matières porte d'ordinaire notre critique. Aussi n'avons-nous pas manqué de gens qui, de notre temps et de celui de nos pères, ont élucubré de nombreux systèmes de philosophie naturelle. Télésio, nous ne l'avons pas pu encore oublier, s'est mis en scène pour nous débiter une nouvelle fable plus vraisemblable, quant au fond du sujet, que digne d'applaudissement pour l'art de la composition, et il n'y a pas si long-temps que Fracastor., sans prétendre faire secte, a cependant en ce genre assez libéralement usé de la liberté de l'esprit de recherche et d'induction. Cardan aussi n'a pas moins osé, mais il est vrai d'une manière plus superficielle. Et dernièrement encore n'avons-nous pas vu un contemporain, Gilbert, qui, après avoir très laborieusement, avec une grande force et tenue de jugement, comme à grand renfort d'expériences, persécuté la nature de l'aimant, s'est aussitôt avancé comme le chef d'une nouvelle école en philosophie naturelle, et n'a pas craint de tourner en dérision le nom de Xénophane pour la manière de voir duquel il penchait. Ces philosophes et leurs imitateurs présents et futurs ne peuvent donc manquer d'aller grossir la tourbe des anciens. C'est toujours de leur part l'unique et même façon de procéder, c'est-à-dire que ce sont toujours des hommes qui prononcent sur un petit nombre de données, qui ne font d'habitude qu'effleurer la nature, et qui, lorsqu'il leur arrive de pénétrer un peu dans son sein, ne s'y décident nullement pour la vérité des contemplations ou l'utilité des applications. En effet, de tant de philosophies élaborées et pratiquées pendant l'espace de tant d'années, on serait embarrassé de citer une seule expérience qui tende au soulagement de l'humanité ou à l'accroissement de ses ressources, et qu'on puisse à juste titre rattacher aux spéculations de ce genre. Que dis-je? la conception d'Aristote sur les quatre éléments, à laquelle il a donné plutôt de l'autorité que de la base, et qui, avidement adoptée par les médecins, a entraîné après soi les doctrines liées entre elles des quatre tempéraments, des quatre humeurs et des quatre propriétés essentielles, est apparue comme une mauvaise et fatale étoile dont l'influence a profondément stérilisé le champ de la médecine ainsi que celui de plusieurs parties de la physique, vu que les esprits, se laissant facilement séduire par tout ce qu'il y a de bien arrangé et pondéré en de telles inepties, s'arrêtent là et ne songent à rien de mieux. En attendant, la multitude des questions et controverses qui se sont élevées au sujet des philosophies de ce genre, flotte et bourdonne de tous côtés, au point que ces philosophies me paraissent une vivante reproduction de cette fable de Scylla, dont le corps, commençant par le buste d'une vierge, se terminait, à partir de la ceinture, par des monstres aboyants qui s'y cramponnaient. C'est ainsi que ces doctrines présentent au premier aspect des parties nobles et belles; mais lorsqu'on en vient aux parties de la génération et qu'il s'agit pour elles de produire, dès lors, à la place d'un fruit sain et robuste, on ne trouve plus que chicanes et inquiètes controverses. Toutefois n'omettons pas de remarquer que tout ce qui a été dit pour renverser telles ou telles doctrines encore debout accuse ces doctrines, et nullement le génie et les travaux de ceux qui les ont posées. Plus en effet on est d'abord puissant d'effort et de génie, plus, dès qu'une fois on n'est plus guidé par la lumière de la nature, par l'histoire et l'évidence des faits particuliers, on s'enfonce, on s'entortille dans les sinuosités les plus abstruses, les cavernosités des fantômes et des idoles de l'esprit humain. Il ne faudrait pas au reste se figurer que, si on fait ici le procès aux théories philosophiques générales, on prétende absoudre de tout blâme les déterminations de causes secondes dont il est ordinairement question dans les ouvrages de ces philosophes; car celles-ci ne valent pas mieux que celles-là, non pas tant parce qu'elles en sont une dépendance que parce qu'elles ne témoignent d'aucune sévérité d'examen, ne pouvant leurs déductions, sans jamais pénétrer au cœur de la nature, que jusqu'aux notions du domaine commun, qui se présentent tout d'abord, et où l'esprit humain puisse étourdiment se mettre à l'aise et s'établir avec complaisance, offrant toujours ce défaut, commun à tout le reste, que si les expériences et phénomènes récents, cohérents entre eux comme les diverses parties d'un même tissu, s'y rattachent exactement à d'autres plus anciens, la chose a lieu sans qu'il en résulte jamais la fixation d'aucune détermination, d'aucune règle qui mettent sur la voie d'expériences ou de phénomènes tout-à-fait nouveaux ou non encore connus. Or, après avoir ainsi parcouru les rivages de ces philosophies, en portant mes regards tout autour de moi, je les ai laissés tomber sur le sanctuaire de l'antiquité, lequel m'est apparu comme un défilé obscur et enveloppé de nuages, et j'ai vu que,

si je ne m'étais pas imposé une aussi grande sincérité avec les hommes, il ne me serait pas difficile de leur persuader que chez les anciens sages, longtemps avant que les Grecs occupassent eux-mêmes la scène, la science de la nature, sans faire autant de bruit, ne jetait pas moins d'éclat; et qu'ainsi, selon la tendance des hommes nouveaux, chez lesquels l'estime d'une race antique croît en proportion des disputes et supputations de généalogie auxquelles elle a donné lieu, il serait plus solennel de rattacher à ces connaissances primitives celles des temps modernes. Mais, fort de l'évidence des choses, je repousse toute condition d'imposture, et, quelle que puisse être mon opinion sur les temps dont nous parlons, je ne pense pas que, relativement à la question qui nous occupe, il nous importe plus de savoir si les dernières découvertes ont été de tout point inconnues aux anciens, et si le coucher et le lever de ces astres de l'intelligence ne doivent pas être attribués aux vicissitudes du temps que, de constater si le nouveau monde ne serait point par hasard l'ancienne Atlantide, et s'il aurait été connu du vieux monde ou si c'est aujourd'hui pour la première fois qu'il est découvert. N'est-ce pas après tout à la lumière de la nature elle-même qu'il faut aller puiser la découverte des choses? Est-il pour cela besoin de remonter jusqu'aux ténèbres de l'antiquité? Il m'était donc venu pour cela en pensée de garder le silence sur la méthode et la philosophie des chimistes, ce que j'aurais fait pour l'honneur de ces derniers qui n'ont voulu contracter aucune espèce d'alliance avec ces philosophies entièrement épuisées, eux qui avaient mis au jour et donné au monde tant de nobles découvertes. Toutefois je ne puis m'empêcher de faire remarquer que la manière dont ils ont procédé n'est pas mal retracée par cette fable du vieillard qui légua à ses fils, sans autre précision du lieu, un trésor enfoui dans sa vigne, d'où il arriva que ceux-ci, ayant tourné et retourné en cent façons la terre de la vigne, ne purent jamais parvenir à découvrir aucun trésor, mais trouvèrent le moyen de faire par cette espèce de labour une récolte plus abondante. Semblablement les enfants de cet art, en s'ingéniant, à tort ou à raison, pour découvrir l'or enfoui dans les entrailles de la nature, n'ont pas été d'un médiocre secours et d'une mince utilité aux hommes. Du reste, leurs découvertes ne tirent pas leurs principes et les accroissements qu'elles ont reçus par la suite d'autres moyens et procédés que ceux des arts mécaniques, les moyens et procédés de la pure expérience ; car, pour la philosophie, la partie spéculative de leur art, loin qu'elle soit irréprochable, a quelque chose de plus grossier encore que les fictions philosophiques dont nous venons de parler. En effet, bien que la supposition de trois principes existants n'ait pas été de tout point inutile et qu'elle touche par quelque endroit à la nature elle-même, ils n'en ont pas moins, pour la plus grande partie des choses, par induction d'un petit nombre de distillations, tout ramené en philosophie aux éliminations et libérations des divers éléments des corps, sans tenir aucun compte des altérations réelles. Or la base en cela de leur doctrine, sur laquelle porte toute leur philosophie, c'est : qu'il existe quatre principes ou éléments des choses dans lesquels s'évaluent les germes des individus et des espèces, cette quadruplicité de formes n'étant d'ailleurs selon eux que l'expropriation exacte de la différence des éléments eux-mêmes, de telle sorte qu'on ne trouve rien dans le ciel, l'air, l'eau ou la terre qui n'ait son pendant et son analogue dans les trois autres éléments. Certes voilà des folies auxquelles un habile contemplateur de la nature accorderait à peine une place parmi ses songes. L'harmonie du monde n'a pas été envisagée d'un autre œil par les sectateurs de la magie naturelle, lesquels expliquent tout par les sympathies et les antipathies des choses, et attribuent à ces mêmes choses, sur des conjectures gratuites et grossières, des vertus et des effets admirables. Il faut du reste le leur pardonner, parce qu'au milieu de tant de fables il leur arrive parfois de rencontrer des résultats avec lesquels, il est vrai, ils cherchent plutôt à séduire et étonner qu'à se rendre réellement utiles ; mais néanmoins, il faut l'avouer, l'effet du nouveau et de l'extraordinaire est souvent tel qu'ils impriment une secousse heureuse à la nature, et qu'ils auront rendu service, sinon de fait et immédiatement, du moins par la lumière qu'ils font jaillir autour d'eux.

De tout cela j'ai conclu : qu'il n'y a ni dans les spéculations des Grecs et des modernes, ni dans les traditions de l'alchimie ou de la magie naturelle, rien qui tende à l'accroissement des ressources de l'humanité. Dévouant donc à l'oubli toutes ces billevesées, tout au plus dignes de servir de pâture au vulgaire, nous devons, comme de véritables enfants de lumière, porter nos pas d'un autre côté.

XIV.

Il entre encore dans notre plan de traiter des modes de démonstration ; car les démonstrations, par la force dont elles sont douées, valent une philosophie, et, selon qu'elles procèdent ou non régulièrement, il en suit infailliblement des doctrines justes ou fausses. Or j'ai constaté que les démonstrations en usage ne sont ni complètes ni exactes, ce qui n'est nullement une raison de s'écarter, comme quelques-uns l'ont fait, du témoignage des sens ; car les erreurs des sens, qui ne portent que sur quelques détails, ne sont pas très préjudiciables à l'ensemble de la science, parce qu'elles ne peuvent manquer d'être corrigées par l'intellect mieux informé, tandis que l'intellect seul, ne prenant ses points d'appui que dans la nature, sans le secours d'aucune méthode, reste au-dessous de l'exigence des choses et prononce trop hâtivement. Est-il en effet capable de reconnaître et coordonner aux fins d'une information nécessaire tout le bagage des faits particuliers, et est-il assez net et pur pour se représenter les images vraies et natives des choses, sans aucune altération de forme et de couleur ? On peut même affirmer à cet égard qu'en général l'esprit humain est comme un miroir inégal qui reçoit et réfléchit les rayons des choses non sur un plan uni, mais sur une foule de facettes diversement posées, et qu'ainsi il n'est personne qui, en raison de son éducation, de ses études et de sa propre nature, ne soit sous l'influence d'une force séductrice et comme en proie à un démon familier qui déçoivent et troublent son esprit par une foule de vaines apparences. De tout cela je ne conclurai certes pas à l'acatalepsie, à l'impossibilité d'arriver à une connaissance vraie ; car il est évident pour tout le monde que, si même avec le secours d'une main ferme et sûre, avec une parfaite justesse de coup d'œil, on ne peut parvenir à tracer une ligne tout-à-fait droite ni à décrire un cercle absolument rond, la chose est pourtant toute simple et parfaitement réalisable alors que dans le premier cas on tire un trait tout le long d'une règle et que dans le second on promène l'une des pointes du compas autour d'un point fixe marqué par l'autre pointe. De même en mécanique, la main seule de l'homme ne peut suffire qu'à un petit nombre de travaux, tandis que cette même main, par la force et le secours des instruments, vient à bout des œuvres tout à la fois les plus vastes et les plus délicates. Il suit donc de là que, pour atteindre en ceci l'art, il faut nécessairement traiter de la démonstration qui est elle-même sous la loi de l'art. A ce sujet, je resserrerai en peu de mots mon opinion sur le syllogisme, vénéré par Aristote à l'égal d'un oracle. Quant aux doctrines qui après mûre considération des faits émanent de l'entendement lui-même, comme les doctrines morales et politiques, c'est incontestablement une chose utile et un puissant auxiliaire pour l'esprit; mais en ce qui concerne les choses naturelles, c'est un instrument qui, n'étant pas construit de façon à se faire jour au milieu des difficultés et obscurités qu'elles présentent, échoue complétement devant elle. En effet, le syllogisme résulte assurément de plusieurs propositions, les propositions de plusieurs mots, les mots étant comme les témoignages et les étiquettes des notions et des conceptions. D'où il arrive que si es notions elles-mêmes, qui sont l'âme des mots, sont vagues, fausses, indéterminées, ce qui en physique, jusqu'à présent du moins, s'est reproduit presque constamment, tout ce qui en découle croule avec elles. Reste donc l'induction comme dernier et unique secours et refuge en cette matière. Et ce n'est pas sans raison que je place toutes mes espérances en elle, parce qu'elle est la seule qui, par une œuvre laborieuse et fidèle, puisse recueillir les suffrages des choses et les porter jusqu'à l'intelligence. Mais on ne l'a connue jusqu'ici que de nom; et la force qui lui est propre comme la manière dont elle s'emploie ont jusqu'à ce jour été ignorées des hommes. Voici au surplus ce que je crois devoir remarquer au sujet de l'induction : sous le double point de vue de son emploi et de sa forme, les hommes ont également été en faute, parce que d'abord impatients de tout ce qui retardait leur marche, cherchant de tous côtés des chemins qui leur abrégeassent la longueur de la route, se hâtant de colloquer en lieu sûr quelques faits qui fussent pour la controverse comme les pôles autour desquels elle pût tourner, ils ne se sont servis de l'induction que pour les principes généraux des sciences, espérant follement se tirer des difficultés subséquentes par la déduction syllogistique, et parce qu'ensuite reportant tous leurs soins sur le syllogisme au préjudice de ce genre de démonstration auquel ils n'accordaient plus qu'une attention rapide et médiocre, ils n'en ont conçu qu'une forme par trop simple et puérile, qui procédant seulement par énumération ne pût pour cela conclure que provisoirement, et non nécessairement. Ainsi donc, lorsque je pense ainsi des démonstrations, il ne doit être étonnant pour personne qu'en philosophie naturelle je ne sois pas d'accord avec les autres, tant anciens que modernes. Et au fait il ne peut guère se faire, pour le dire en plaisantant, que ceux qui boivent de l'eau et ceux qui boivent du vin soient les uns et les autres animés de la même force vitale; ils s'abreuvent en effet, les uns d'une liqueur crue ou découlant spontanément ou tirée artificiellement de l'entendement, et moi je prépare avec une infinité de raisins, mûrs et venus en leur temps, cueillis et ramassés par grappes, jetés ensuite sous un pressoir, une liqueur qui s'épure et se clarifie dans les vases qui la reçoivent, et je me festoye avec cette liqueur toujours la même et cependant incapable de jeter jamais dans l'ivresse, puisqu'elle n'accorde ou ne laisse absolument rien aux vapeurs des fantaisies de l'esprit.

J'en ai conclu que ces philosophies, qui depuis longtemps nous occupent, doivent être rejetées, non-seulement pour la stérilité de leurs œuvres, mais encore pour la faiblesse et le faux semblant des démonstrations qui les accompagnent, attendu qu'elles sont tout à la fois, désertées par les choses, destituées des auxiliaires qu'elles s'étaient préparés, et trahies par ces auxiliaires eux-mêmes.

XV.

Il nous faut aussi traiter à part des moyens usités de découvrir, si réellement il y en a eu. Je parle ainsi parce que ce ne sont pas tant les erreurs et les déviations que la solitude et le vide qui se font ici remarquer, ce qui frappe l'esprit d'une certaine stupeur. Il n'est personne en effet qui ait pris à cœur ou à tâche de diriger les forces du génie vers la découverte des arts ou celles de l'intelligence vers l'édification des sciences en un mot, et qui ait consolidé la route dans ce but. Pour tout on s'en est remis et on s'en remet aux usages et aux traditions, aux traces à peine marquées et aux sinuosités des sujets eux-mêmes, aux flots du hasard et aux ambages de l'expérience. Aussi n'est-ce pas sans raison que chez les Égyptiens, qui, d'après un usage fort ancien parmi eux, avaient coutume de consacrer religieusement les inventeurs des choses, on voit dans les temples tant d'images de bêtes, attendu que les animaux, bien que privés de raison, se sont trouvés de fait ou d'instinct de pair avec les hommes, quant à la découverte de plusieurs produits de la nature, les hommes ayant fort perdu de leur prérogative à cet égard. Toutefois nous n'en examinerons pas moins ce qui s'est fait sur ce point. Et d'abord, quant au premier moyen de ce genre, simple et sans artifice, en général familier à tous les hommes, il ne s'agit pas d'autre chose que de recueillir et examiner ce qui a été dit par d'autres sur l'objet de la découverte poursuivie et d'y ajouter ensuite ses propres méditations ; car, pour celui qui consisterait à faire suivre en cela la foi d'autruy ou secouer en quelque sorte son esprit et presque à l'invoquer pour lui faire rendre à lui seul des oracles, il n'est pas, je pense, nécessaire d'ajouter que cela n'a pas l'ombre d'un fondement rationnel. Suit le genre d'invention qui est admis chez les dialecticiens, lequel n'appartient guère que de nom au sujet qui nous occupe, puisqu'avec ce moyen il ne s'agit pas de découvrir les principes et les axiomes dont se compose l'art lui-même, mais seulement ce qui paraît le mieux lui convenir et cadrer avec lui. Aussi les esprits plus exacts, plus difficiles et qui ne s'en remettent qu'à eux-mêmes de leurs propres affaires, semblent-ils en ceci assujettir les dialecticiens à se lier par quelque formule solennelle envers chaque art en leur prêtant à tous foi, hommage et comme une espèce de serment. Reste l'expérience pure qui, si elle est fortuite, prend le nom de hasard ; si elle est le résultat d'une recherche, reçoit celui d'expérience. Or cette expérience, l'expérience en usage, savez-vous ce que c'est ? pas autre chose qu'un mauvais balai qui se détache de tous côtés. Il y a plus, c'est que ceux mêmes qui se sont sérieusement occupés, à l'aide d'une foule d'expériences diverses et aventureuses, de dévoiler telle ou telle nature d'être, de mettre en lumière certains phénomènes, tantôt maniaques, tantôt frappés de confusion, ou sont restés au milieu de leur œuvre dans une sorte de stupeur ou ont contracté une espèce de vestige, ne trouvant ordinairement que le résultat ultérieur de leurs recherches. Or la chose ne pouvait guère avoir lieu autrement. N'est-il pas en effet d'un homme ignorant et tout-à-fait étranger aux procédés de l'art, de se flatter de pouvoir de tout point découvrir en soi, sous la forme positive de chaque individu, la nature de chaque chose, nature qui bien qu'au fond toujours la même semble être ici latente, là manifeste, et pour ainsi dire palpable, ce qui fait qu'elle jette les uns dans l'ébahissement et n'attire pas même l'attention des autres ; témoin cette propriété des corps appelée force de cohésion, qui s'explique d'une manière si subtile et je dirais presque ingénieuse dans le phénomène de l'eau bouillante, laquelle effectivement se projette en vésicules hémisphériques, tandis que dans le bois ou dans la pierre ce même phénomène à peine sensible semble s'y dérober sous l'appellation générale de *solides*, donnée à ces espèces de corps.

Ce n'est donc pas tant l'ignorance qu'une sorte de fatalité qui a présidé aux travaux des hommes en cette matière, puisque ceux-là même qui par malheur ou séduction se sont laissés entraîner hors de la carrière qu'ils devaient obstinément suivre, se sont montrés fermes et imperturbables dans d'autres directions analogues.

XVI.

Cessons enfin de désespérer, comme nous l'avons fait, de l'avenir, ou du moins de nous plaindre de l'inanité du présent, et voyons plutôt entre ces deux partis lequel convient le mieux : ou de briser ici notre marche en cherchant toutefois à utiliser des acquisitions réelles, ou d'organiser et de tenter quelque nouveau moyen de pousser nos affaires dans une meilleure voie. Avant tout, pour nous aider à triompher d'une matière aussi rebelle, pour élever notre industrie à la hauteur d'une entreprise aussi ardue, il est bien d'envisager l'excellence de la fin et de l'objet de nos recherches. Or voici à cet égard les idées qui m'étaient venues : dans les temps anciens les inventeurs des choses, par un effet du transport et de l'enthousiasme qu'ils excitaient alors, recevaient les honneurs divins, tandis que ceux qui se signalaient par quelques grands services dans la carrière politique, comme les fondateurs de villes, les législateurs d'empire, ceux qui avaient arraché leur patrie à de longues dissensions, les dompteurs de tyrans et autres hommes semblables, ne se voyaient conférer que les honneurs accordés aux héros. Ce n'est pas sans raison que dans ces premiers temps pareille distinction s'est ainsi prononcée; car les premiers ont voulu faire jouir le genre humain entier du résultat de leurs travaux, et les seconds n'ont eu en vue dans leurs efforts que telles régions déterminées, tels districts fixes de population, les bienfaits de ceux-là rendant la vie heureuse sans l'intervention d'aucun trouble, d'aucune contrainte, les bienfaits de ceux-ci se faisant toujours plus ou moins acheter par le tumulte et la violence. Que si l'utilité de telle ou telle découverte particulière a fait une impression telle, que celui qui dans la portée d'un seul bienfait de son génie a pu embrasser tout le genre humain ait été pour cela élevé au-dessus de l'humanité, combien plus grande et vraiment sublime ne devrait pas paraître une invention qui, renfermant en soi par une vertu secrète toutes les autres inventions particulières, débarrassât l'esprit humain de ses entraves et lui ouvrit une large voie, de telle sorte qu'avec ce secours, comme à l'aide d'un guide sûr et fidèle, il pût pénétrer en des régions nouvelles jusqu'aux confins du monde. Or, de même que dans ces âges primitifs, alors que les hommes ne pouvaient dans leurs courses maritimes se diriger que par l'observation des étoiles, ils ont bien pu par ce seul moyen parcourir toutes les côtes du vieux continent, traverser quelques mers particulières et intérieures, tandis qu'avant qu'ils pussent parvenir à traverser l'Océan, à découvrir les contrées d'un nouveau monde, il a fallu pour garantie d'un pareil voyage que l'usage de l'aiguille nautique se répandît partout; ainsi, par une raison tout-à-fait semblable, les découvertes qui jusqu'à ce jour ont été faites dans les arts et les sciences ont pu l'être par l'instinct, la pratique, l'observation, la réflexion, parce qu'en général ces découvertes étaient accessibles aux sens; mais, avant qu'il soit donné à l'esprit humain de toucher aux rives lointaines et ignorées de la nature, il est au préalable nécessaire qu'il ait trouvé un meilleur moyen d'employer, de diriger et d'appliquer ses facultés. La découverte d'un pareil moyen serait donc sans nul doute la production la plus haute, la production vraiment virile du siècle. A ce propos je remarquais dans les Saintes-Écritures que le roi Salomon, au milieu de sa puissance, de ses richesses, de la magnificence de ses œuvres, du cortège nombreux et de la suite brillante de ses gardes et ses serviteurs, avec les ressources d'une flotte, un nom éclatant de renommée, et l'admiration dont il remplissait le cœur des hommes, ne tirait cependant vanité d'aucune de ces choses et qu'il se bornait à dire : « que la gloire de Dieu est de cacher le fond des choses, celle d'un roi de le découvrir. » Et comme si les hautes perfections de Dieu pouvaient prendre quelque intérêt au spectacle du jeu naïf et innocent de ces enfants, qui ne se cachent que pour se trouver, j'ai, dans mes habitudes d'indulgence et de bonté pour mes semblables, désiré avoir pour second, à un pareil jeu, l'esprit humain. Or, la gloire qui s'attache aux découvertes est la seule qui puisse relever la nature humaine, et qui bien loin pourtant, comme il arrive dans le monde politique, d'être fâcheuse pour qui que ce soit, loin de changer ou entamer la conscience, rend des services, et répand des bienfaits qui n'ont coûté à personne ni dommage ni larmes. La nature de la lumière est en effet pure et sans maléfice; on peut en pervertir l'usage, on ne saurait la corrompre elle-même.

A ce sujet, repassant en mon esprit les divers objets de la passion des hommes et les modes de leur ambition, je distinguai trois genres d'ambition, si toutefois il est permis de donner ce nom à l'un des mobiles que j'ai en vue: la première, l'ambition de ceux qui sont poussés à amplifier par de grands efforts, aux dépens de leurs concitoyens, leur puissance personnelle, ce qui est vulgaire et bas; la seconde, l'ambition de ceux qui aspirent à élever la puissance de leur pays au-dessus de celle des autres, ce qui est certainement plus digne, mais n'est pas moins intéressé; la troisième, l'ambition de ceux qui travaillent à fonder la puissance, à élever l'empire de l'homme lui-même et du genre humain sur l'universalité des choses, ce qui, sans nul doute, est plus pur et plus auguste que tout le reste. Or, l'homme n'obtient d'empire que par la science : à cet égard son savoir est la mesure de son pouvoir ; mais il n'est donné à aucune force humaine de briser la chaîne des causes naturelles, puisqu'aussi bien on ne peut triompher de la nature qu'en se soumettant à elle. Or, pendant que je roulais et agitais dans mon esprit tout ce qui pouvait se présenter à ma pensée sur la vertu ou la force des découvertes, vertu si simple et si pure qu'elle se confond avec le service et le bienfait qu'elle procure, cette qualité ne m'est apparue nulle part avec plus d'éclat que dans trois découvertes qui ont été inconnues des anciens et dont les prémices n'ont pas encore à beaucoup près jeté tout l'éclat qu'on est en droit d'en attendre, je veux parler de l'art de l'imprimerie, de la poudre à canon et de l'aiguille nautique. Ces découvertes, en petit nombre, comme on voit, et qui, pour l'époque où elles ont paru, ne sont pas très distantes l'une de l'autre, ont en effet changé la face et l'état des choses sur le globe, savoir: la première dans le monde littéraire, la seconde dans la sphère des armes, la troisième dans le système de navigation, d'où a depuis procédé une infinité d'autres révolutions qui, certes, n'échappent point à des regards attentifs ; en sorte qu'il n'est pas de gouvernement, de doctrine, d'astre qui aient exercé une plus grande puissance, je dirais même un influx si intime sur les choses humaines, que ces trois moyens mécaniques. Sous le rapport des services que déjà elles ont pu rendre, cela n'est nullement difficile à admettre dès qu'on vient à considérer quelle énorme disproportion dans la condition des hommes existe entre la partie d'Europe la plus civilisée et telle ou telle région des Nouvelles-Indes, si profondément sauvage encore et barbare, disproportion telle que l'homme peut à bon droit être à l'homme comme un Dieu ; je ne dis pas quant au fait des secours et des services de l'un par rapport à l'autre, mais quant à la seule différence de l'état réel qui les sépare. Et ce n'est pas à dire que ce soit là un effet du sol, du ciel, de l'organisation, c'est le produit des arts. Or, entre l'ancien monde des sciences et le nouveau monde de ce globe, il y a ce point de contact que les vieilles idées y sont en beaucoup plus grand honneur que les nouvelles ; d'où découle la nécessité que les avantages à retirer des arts se montrent de beaucoup supérieurs à ceux que nous avons obtenus jusqu'à ce jour, afin qu'on s'en fasse comme un levier puissant pour infléchir profondément la nature, la vaincre, la subjuguer et la remuer jusque dans ses derniers fondements, puisqu'il arrive presque toujours que ce qui se découvre au premier regard que l'on jette sur les choses ne porte en général que des fruits assez chétifs, tandis qu'au contraire tout ce qui recèle en soi une grande force a d'ordinaire ses racines profondément cachées. Mais s'il se trouvait quelqu'un qui, trop épris, trop fervent de contemplation, ne pût, sans être désagréablement affecté, entendre incessamment répéter à ses oreilles cette mention si élogieuse des résultats obtenus, qu'il se tienne pour assuré qu'en cela il serait infidèle à ses propres instincts, attendu qu'en ce genre les résultats de nos recherches ne sont pas seulement les bienfaits de la vie, mais des gages de vérité. Et ce qui, en matière de religion, est requis avec beaucoup de raison, savoir, qu'on témoigne sa foi par ses œuvres, est parfaitement applicable en philosophie naturelle, où de même la science se montre par les résultats. La vérité en effet se manifeste et s'établit par les jalons des découvertes successives plus que par l'argumentation ou même par les observations des sens ; ce qui fait qu'à mes yeux il n'existe qu'un seul et même procédé pour doter et la condition et l'esprit de l'homme.

Or, tout ce qui vient d'être dit sur la grandeur du but que nous mesurons de notre esprit et que nous posons devant nous, loin d'avoir dépassé en quelque chose la vérité, est resté plutôt au-dessous d'elle.

XVII.

Ce qui a été dit de l'excellence du but que nous nous proposons pouvant être assimilé à des vœux, il convient d'examiner avec soin l'espèce d'espérance qui brille à nos regards, et de quel côté elle nous vient. Nous devons prendre garde aussi qu'une fois pris et possédés de l'amour d'une bonne et belle chose, nous perdions ou voyions s'altérer en nous la sévérité du jugement. D'où dérive l'opportunité qu'il y aurait encore d'imiter en cela la prudence des affaires qui se défie des prescriptions ordinaires et est toujours prête à supposer des chances défavorables. De tous ces souffles d'espérance, nous devons donc rejeter ceux qui sont par trop volatiles, mais discuter ceux qui semblent offrir quelque consistance. Or, la première pensée qui se présentait à l'esprit de celui qui prenait régulièrement les augures, c'est que ce qui arrive, à cause de la nature éminente du bien, vient manifestement de Dieu, et que ce qui, des œuvres divines, a un fois pris commencement, quelque faible et imperceptible que soit cette première origine, doit nécessairement avoir son accomplissement. Je tire aussi des présages de la nature du temps, car, de l'aveu de tout le monde, la vérité est fille du temps.

On fait donc tout à la fois preuve et d'une grande faiblesse de jugement et d'une lâche adulation, en attribuant aux auteurs toutes les acquisitions faites jusqu'à ce jour, et en refusant à l'auteur des auteurs comme à celui de toute autorité, au temps, ce qui lui appartient de cette moisson. Or, ce n'est pas seulement du droit commun du temps, c'est encore de la prérogative de notre âge que j'ose bien augurer. L'opinion, en effet, que chacun porte avec jalousie en soi, sur l'antiquité, est sans aucun esprit de critique et semble contredire cette dénomination même d'antiquité, laquelle ne s'applique en toute propriété qu'à un monde même de vieillards ou bien à un âge avancé. Et au fait, tout ainsi que nous attendons une plus grande connaissance des affaires humaines et un jugement plus mûr d'un homme avancé en âge que d'un jeune homme, à cause de son expérience et de la multitude de choses qu'il a vues, entendues et méditées, nous sommes très disposés à croire notre siècle capable, s'il connaissait ses forces, qu'il voulût expérimenter la nature et considérer attentivement les faits, d'exécuter de plus grandes choses que les siècles antérieurs; ce qui doit être, puisque enfin notre siècle répond à un âge plus avancé du monde et qu'il a ajouté aux expériences, aux observations des siècles qui l'ont précédé une foule d'autres expériences et observations. Et, dans cette appréciation, il faudrait bien se garder d'omettre les navigations et pérégrinations lointaines et si fréquentes de nos jours, lesquelles ont été pour nous une occasion de connaître plusieurs choses de ce globe qui ne nous étaient pas encore tombées sous les yeux et peuvent apporter de nouvelles lumières à la philosophie. Ne serait-il pas en effet honteux pour les hommes que, si des espaces considérables du monde matériel, des terres, des mers, des constellations, ont été en ce temps découvertes et explorées dans une immense étendue, les découvertes des anciens et l'enceinte étroite où se sont débattues leurs idées fussent restées les limites du monde intellectuel? La condition des temps en Europe, quant à l'administration des affaires publiques, n'est pas plus défavorable, l'Angleterre se trouvant augmentée, la Gaule pacifiée, l'Espagne fatiguée, l'Italie et l'Allemagne en repos; d'où il suit que, l'équilibre des grandes puissances étant obtenu et l'état des nations influentes étant affermi sur sa base, les choses paraissent incliner à la paix, qui est aux sciences comme un ciel doux et serein aux productions du sol. L'état des lettres, en même temps, loin de renfermer rien de fâcheux, semble se présenter avec une certaine faveur, tant sous les auspices de l'art de l'imprimerie, inconnu des anciens, par le bienfait duquel les inventions et pensées de chacun peuvent traverser les espaces avec la rapidité de la foudre, que grâce à l'apaisement des disputes de religion, hors desquelles l'esprit humain, excédé de l'ennui qu'elles lui ont causé, va sans doute se reporter avec plus de vivacité à contempler la puissance, la sagesse et la bonté de Dieu dans ses propres œuvres. Mais s'il reste encore des personnes qui se sentent en quelque sorte entraînées par l'accord unanime et permanent des temps sur ce point vers la spéculation des anciens, ces personnes, du premier moment qu'elles jetteront un regard sévère et profond sur l'antiquité, y reconnaîtront d'abord des chefs, en fort petit nombre, puis des esprits à la suite et faisant nombre; voilà tout; car les hommes qui ont passé de l'ignorance au préjugé, non à une adhésion formelle, laquelle ne se forme que par l'interposition du jugement, se sont avisés un jour de faire corps. Au surplus, cette série de temps, pour qui sait la voir, se réduit à un intervalle très resserré. En effet, de plusieurs centuries de vingt-cinq ans, portée ordinaire d'une mémoire d'homme, à peine en distingue-t-on cinq qui aient réellement servi à l'approvisionnement des sciences et en aient fécondé le domaine; encore ce court espace de temps a-t-il été ensemencé et cultivé plutôt avec d'autres sciences qu'avec les faits de la nature elle-même. On ne compte guère en effet que trois forces nouvelles et périodes distinctes de doctrines : la première chez les Grecs, la seconde chez les Romains, la troisième dans l'occident de l'Europe ; tout le reste du temps a été envahi par des guerres ou d'autres caprices ; et quant à la récolte des sciences, on ne rencontre plus autre part que landes et déserts. Tel est le résumé de mes méditations sur le temps. Je vais maintenant passer à exposer mes conjectures sur la force et la nature du hasard. Sans contredit le hasard a été le principe de beaucoup de découvertes dont la nature des choses n'a pas moins fourni l'occasion, ce qui ne veut pourtant pas dire qu'aux Nouvelles-Indes, par exemple, où le silex n'est pas en abondance, un Prométhée ne s'y fût pas produit aussi bien qu'en Europe et n'y eût pas fait sa découverte du feu de la même façon ; car, dans les choses qui sont toujours là et pour ainsi dire sous la main, le hasard nous met libéralement sur la voie des découvertes ; dans celles qui ne sont pas d'un usage journalier, il se montre plus avare à cet égard ; mais enfin avec le temps, avec les siècles à son service, il produit, il accouche. Et, de fait, pourquoi le hasard vieillirait-il, pourquoi s'épuiserait-il ? Je n'en vois pas la raison. Mais, pensai-je, si les hommes, sans chercher et tout en s'occupant d'autre chose, ont cependant fait bien des découvertes, quelle plus ample moisson, je le demande, ne feraient-ils pas en ce genre s'ils s'avisaient de chercher, et de chercher avec ordre et méthode, et non par bond et ressaut ? Effectivement, bien qu'il puisse se faire quelquefois qu'un travailleur vienne à achopper juste sur le même point dont précédemment la recherche aura en vain épuisé les forces d'un autre, c'est sans nul doute le contraire qui se voit ordinairement. Le hasard n'opère qu'à de rares intervalles, après coup et par saccades : l'art fonctionne avec suite, précision et ensemble. Je pense encore que, des découvertes déjà mises au jour, il y a lieu de tirer quelques légitimes inductions propres à faciliter notre initiation dans la partie secrète que nous n'avons pu encore atteindre. Et pourtant je suis bien sûr qu'avant que ces découvertes fussent connues et publiées, il n'était venu à l'esprit de personne d'en rien soupçonner. Les pronostics qu'on forme sur ce qui n'a pas encore émergé dans le monde se modèlent sur ceux des anciens à cet égard et sur les idées que, d'après leur nature présumée, on se forge à l'avance de ce genre de choses ; ce qui est une très trompeuse manière de spéculer, puisque ce qu'on tire de la source universelle des êtres ne suit pas toujours le cours habituel des choses. C'est ainsi, par exemple, que si, avant le phénomène de la détonation des armes de guerre, quelqu'un en eût décrit les effets et eût dit qu'on venait de découvrir une force par laquelle les remparts des villes et les plus formidables citadelles étaient, même à une grande distance, ébranlés et renversés de leurs fondements, on eût sans doute fait alors des commentaires à perte de vue sur les forces des machines de guerre et autres semblables, prodigieusement augmentées par les poids, les roues et autres moteurs de ce genre ; mais, quant à l'espèce de vent de feu qui se manifeste en ce phénomène, comme dans l'hypothèse on n'en eût pas vu encore d'exemple, sinon toutefois dans les tremblements de terre et les éclats de foudre, que certainement personne n'eût supposé alors pouvoir être imités par l'art, on ne s'en serait fait absolument aucune idée. De même, si, avant la découverte du fil de soie, quelqu'un eût annoncé quelque part qu'il existait telle espèce de fil propre au tissage des vêtements et du linge, qui l'emportait de beaucoup sur le fil de lin ou de laine par sa ténuité, sa force, son éclat et sa mollesse, tout le monde l'eût aussitôt supposé provenir ou de quelque soie végétale, ou du poil délicat de certains animaux, ou du plumage et du duvet de tels ou tels oiseaux, et personne n'eût pensé au travail de tisserand exécuté chaque année en si grande abondance par un ver ; et on y eût si peu songé que si quelqu'un se fût avisé alors de faire entendre le nom ver, il eût infailliblement été tourné en ridicule, comme un homme qui eût vu dans ses rêves de nouvelles toiles d'araignées. Et ainsi des autres secrets qu'enserre encore le sein de la nature, lesquels sont en grande partie propres à tromper l'imagination et fausser les calculs des hommes. Au surplus, si, au milieu des conjectures que je forme, il m'arrive de restreindre les espérances de certaines personnes quant aux découvertes à faire, en ce que, tirant ma raison à cet égard des premières données qui se présentent, je prononce que ces découvertes sont ou impossibles ou peu vraisemblables, ces personnes doi-

PENSÉES ET VUES SUR L'INTERPRÉTATION DE LA NATURE.

vent savoir que je ne suis pas assez savant, je ne dis pas pour deviner et prédire, mais pour formuler des vœux exactement appropriés à l'état des choses. Je n'en pense pas moins que les découvertes déjà faites en ont généré d'autres, d'une nature diverse et presque contraire, qui prouvent que l'homme peut marcher sans s'en apercevoir sur le corps de nobles et importantes découvertes placées sous ses pas. En effet, de même que les découvertes de la poudre à canon, du fil de soie, de l'aiguille nautique, du sucre et autres semblables, paraissent avoir été en quelque sorte portées par les propriétés de la nature et des choses, celle de l'imprimerie ne renferme certes rien qui ne fût ostensible, presque sous la main et comme suggéré par les connaissances acquises jusqu'alors. Mais ici l'esprit humain joue tellement de malheur, et d'ordinaire il est si mal préparé à fournir cette carrière de l'invention, qu'à l'égard de bien des choses il commence par se défier de lui-même et qu'il finit peu après par se prendre en dédain, c'est-à-dire qu'il paraît d'abord incroyable qu'on puisse découvrir quelque chose de semblable à ce qu'on imagine, et qu'ensuite, après que la découverte a eu lieu, il devient de nouveau incroyable que la même chose ait si longtemps pu échapper à tous les regards. Du reste, ce qui m'encourage à espérer, c'est qu'il reste encore une foule de découvertes à obtenir, je ne dis pas seulement de tentatives entièrement nouvelles, mais des acquisitions déjà faites, recevant plus d'extension et un autre genre d'application. J'ai donc accepté comme augures bons et heureux ces premiers symptômes que j'ai observés dans les arts mécaniques et dans leur marche, particulièrement rapportée à celle de la philosophie; car les arts mécaniques, comme s'ils étaient doués de quelque principe de vie, s'accroissent et se perfectionnent chaque jour, tandis que la philosophie est adorée et célébrée comme une idole qui reste là immobile. Sous la main des premiers ouvriers, ces arts se montrent rudes, informes et embarrassés, mais ils ne tardent pas à acquérir de nouvelles forces, de nouveaux avantages, à la différence de la philosophie, qui, vigoureuses même dans les premiers auteurs, décline presque aussitôt après. La seule raison à donner d'une marche aussi contraire est qu'en mécanique la plupart des esprits convergent sur un seul point, et qu'en philosophie chaque esprit cherche à renverser les conceptions des autres. Que si on s'est rangé sous la bannière de tel ou tel chef philosophique, sans songer le moins du monde à étendre son œuvre, on s'absorbe entièrement dans l'office servile de la rendre plus élégante ou plus compacte. C'est pour cela que toute philosophie, arrachée des racines de l'expérience qui la fit germer et grandir, est une chose morte. Poussé par ce genre d'idées, voici ce que je remarquai : Les procédés des arts et des sciences étant, de l'aveu de tout le monde, ou empiriques, ou rationnels, ou philosophiques, je ne vois pas que ces derniers soient encore bien engagés et bien liés : pour les esprits empiriques, ils ne savent qu'entasser et consommer, à la manière des fourmis; quant aux rationalistes, c'est d'eux-mêmes qu'ils tirent leur toile, à la manière des araignées. Mais il est un procédé, celui de l'abeille, intermédiaire entre ces deux derniers, lequel consiste à tirer des fleurs des jardins et des champs une matière qu'elle sait ensuite, par une vertu qui lui est propre, élaborer et digérer. Or, ce système de travail ne diffère en rien de celui de la vraie philosophie, alors que, après avoir reçu de l'histoire naturelle et des expériences mécaniques une matière quelconque, elle la reporte, non pas telle quelle dans la mémoire, mais déjà changée et modifiée, dans l'intelligence. Je n'ignore pas d'ailleurs que, parmi les empiriques, il en est qui ne veulent pas passer pour de purs empiriques, et qu'il est, d'un autre côté, des dogmatiques qui ont la prétention d'être tenus pour habiles et sagaces en matière d'expérience; mais ce sont là les artifices de quelques hommes qui cherchent à capter un peu d'estime afin de l'emporter plus facilement les uns sur les autres, chacun dans son parti : au fond il y a toujours eu divorce, je dirais presque hostilité ouverte, entre ces manières de procéder. Si donc un jour elles contractent entre elles une étroite et sainte alliance, je suis, je crois, fondé à en tirer les présages les plus heureux et les plus prospères.

Voici, au surplus, ce que j'ai souvent eu occasion de remarquer, savoir : qu'il se dépensait pour des choses et des études, à vrai dire inutiles, une somme d'esprit, de temps, de ressources, devant l'équivalent de laquelle, consacrée à de sains et solides objets, il n'est pas de difficultés qui pût résister. Il n'est pas exact que les hommes éprouvent une espèce d'horreur devant la multitude des faits particuliers, puisque les phénomènes des arts sont comme un arsenal, où ne cessent de puiser les auteurs de systèmes qui ont une fois rompu avec l'évidence des choses. Dans tout ce qui vient d'être dit, il n'est rien qui ne tende à inspirer quelque espérance ; mais la plus solide que nous puissions nourrir en ce genre nous vient des erreurs du passé, et c'est au point où nous en sommes sur la route de l'investigation que s'applique merveilleusement l'adage politique : que la considération d'un passé détestable est pour nous la garantie d'un avenir excellent. Effectivement les erreurs de ce genre, celles dans lesquelles sont tombés les anciens, venant à cesser tout d'un coup, ce à quoi nos fréquentes admonitions n'auront pas peu contribué, il en doit résulter un tout autre aspect des choses. Sans doute si, pendant l'espace de tant d'années, après avoir adopté une route, les hommes n'avaient cependant pu avancer d'un pas, il n'y aurait pas même une seule espérance à concevoir; mais comme il en est autrement, il devient alors manifeste que la difficulté gît dans la matière et le sujet, lesquels sont indépendants de nous, non dans l'instrument qui est en notre pouvoir; en d'autres termes, dans les choses elles-mêmes et l'obscurité naturelle qui les enveloppe, non dans l'esprit humain et l'emploi de ses facultés. Il n'est pas moins évident que la route à parcourir n'est interceptée par aucune lourde masse ou aucun grand obstacle, mais que seulement elle est encore vierge de tout vestige humain ; qu'ainsi on peut bien, au premier moment où on la considère, éprouver un peu de frayeur de sa solitude, mais que c'est là le seul genre d'appréhension qu'elle inspire. Enfin je suis encore d'avis qu'il convient même de s'assurer si quelque léger et imperceptible souffle d'espérance ne s'exhalerait pas du nouveau continent que nous allons aborder, quoique un achoppement, un revers dans cette nouvelle carrière, n'entraîne pas pour nous les mêmes dangers que dans l'ancienne, où il y allait de la conquête ou la perte d'un grand bien, tandis qu'ici nous ne risquons qu'une toute petite œuvre humaine.

Or, de tout ce que j'ai pu dire et ne pas dire, il découle, je crois, beaucoup d'espérance non-seulement pour l'homme ingénieux en matière d'expérience, mais même pour celui qui ne croit que difficilement aux résultats.

XVIII.

Maintenant que l'étude de la nature est pour nous en pleine activité, et que nous savons parfaitement ce que nous devons espérer, voyons un peu les moyens à prendre pour arriver au but. Là-dessus voici les idées générales que j'ai cru convenable d'enfermer et de resserrer dans quelques sentences claires et nettes. Il m'a semblé qu'il fallait absolument s'écarter de la voie suivie jusqu'à ce jour et se servir de la condamnation du passé comme d'un oracle pour l'avenir; il m'a semblé qu'il fallait dépouiller complétement les théories, les opinions et les notions communes ; que l'intelligence libre et rase devait alors aborder à nouveau les faits particuliers, afin qu'il ne s'ouvrît pas pour le royaume de la nature d'autre route que pour le royaume des cieux, où il n'est permis d'entrer qu'avec le cœur de l'innocence; j'ai cru qu'il était bien de former comme une pépinière et d'accumuler une masse de faits particuliers qui par leur nombre, leur genre, leur certitude, leur précision, pussent nous fournir une information suffisante, et qu'il fallait tirer ces faits, soit de l'histoire naturelle, soit des expériences mécaniques, plutôt de ces derniers, parce que la nature se trahit plus pleinement quand l'art la presse et lui fait violence que lorsqu'elle est laissée en liberté. Il m'a paru que cette masse de faits devait être resserrée dans des tables, et digérée dans un ordre tel que l'intelligence pût agir sur elle et accomplir son œuvre, si nous voulions nous modeler en cela sur l'œuvre du Verbe divin lui-même qui n'a pu sans doute opérer sans méthode sur la masse des choses. De ces faits particuliers, enregistrés dans des tables, il ne convient nullement de passer de suite à la recherche de nouveaux faits ; ce qui du reste ne serait pas sans utilité, et formerait comme une sorte d'*expérience écrite ;* mais il vaut mieux formuler d'abord quelques lois générales et communes et faciliter par là le progrès naturel de l'intelligence. Il faut en même temps réprimer ce mouvement et cet élan naturel, mais mauvais, de notre esprit qui le porte à s'élancer d'un petit nombre de faits aux lois les plus hautes et les plus générales, comme sont, par exemple, celles qu'on appelle principes des arts et des sciences, et à résoudre ensuite tout le reste par une série descendante de conséquences médiates. Il vaut mieux trouver et dégager d'abord les lois les plus prochaines, ensuite les médiates, et s'élever ainsi par degrés continus, comme à l'aide d'une véritable échelle; car il en est à peu près de la route des spéculations et de l'intelligence comme de celle de la vertu dans cette fable si célèbre des anciens; cette route se bifurquait en deux branches, dont l'une, facile à l'entrée, aboutissait à des lieux inaccessibles, et l'autre, ardue et escarpée dès l'abord, se terminait en une plaine unie. Il faut donc admettre la forme d'induction qui conclut du particulier au général, de façon à ce qu'il soit démontré qu'aucun fait nouveau ne puisse venir la contredire, et éviter ainsi le double écueil de généraliser des faits trop rares et trop superficiels, et de ne chercher la science, comme dit un ancien, que dans des sphères privées, non dans la sphère générale. La seule généralisation qui doive être adoptée et admise, est celle qui ne se mesure et ne se circonscrit pas uniquement dans les faits particuliers d'où on l'a tirée, mais qui, plus large et plus compréhensive, trouve dans son ampleur et son étendue comme une caution qui la confirme par l'indication de nouveaux faits particuliers. Ainsi craignons, ou de rester enchaînés dans le cercle des faits connus, ou de ne saisir dans un embrassement trop large que des ombres et des formes abstraites. Sans doute on peut en outre faire bien des découvertes qui ne concourent pas tant au bien de la chose en soi qu'à l'abréviation du travail et à l'amélioration de la moisson intellectuelle; mais pour juger si ces pensées sont vraies ou fausses, il faudra provoquer, s'il est besoin, les opinions des hommes et s'en tenir aux effets.

XIX.

Ce dont je m'occupe n'est pas une simple opinion, mais une œuvre réelle, et je crois jeter dans cette œuvre les fondements non d'une école ou d'un système, mais d'un mouvement vaste et profondément utile. Aussi ma pensée se porte-t-elle non-seulement sur les moyens de mettre à fin ce travail, mais encore sur ceux de le communiquer et de l'exposer avec tout le soin convenable. Or, je trouve que les hommes dans la science qu'ils croient avoir acquise, selon qu'ils semblent la receler en eux-mêmes ou la mettre en lumière, se montrent toujours en cela les esclaves de la vanité ou de la renommée. Ceux surtout qui proposent les choses les moins solides ont l'habitude de placer leurs idées dans une vague et douteuse lumière, afin de donner par là des voiles à leur vanité. Pour moi, je pense que j'accomplis une œuvre qu'il serait indigne de souiller d'une ombre de vanité ou d'ambition; je crois pourtant qu'à moins d'être complètement neuf dans l'expérience des choses et des hommes, et de vouloir s'engager dans une route entièrement inexplorée, il ne faut jamais perdre de vue qu'il en est des erreurs invétérées comme des transports des maniaques dont on ne triomphe qu'à force d'art et d'adresse, mais qu'on exaspère davantage par la violence et la contrainte. C'est pourquoi je crois devoir employer la prudence et certains tempéraments, autant qu'ils peuvent se concilier avec la sincérité et la droiture, afin d'éteindre les contradictions plutôt que de les exciter. C'est dans ce but que je prépare sur la nature un ouvrage qui puisse détruire les erreurs avec le moins d'âpreté possible et arriver aux sens des hommes sans les troubler. J'atteindrai probablement ce but avec plus de facilité si j'évite de m'imposer pour guide, et si je montre et répands la lumière, comme venant de la nature, de telle sorte qu'on puisse même après cela se passer de guide. Mais comme le temps fuit et que je me trouve mêlé plus que je ne le voudrais aux affaires publiques, l'exécution de ce plan me paraît longue, surtout lorsque je viens à penser à l'incertitude de la vie et au grand intérêt que j'aurais de me hâter d'établir quelque chose en lieu de sûreté. J'ai donc cru devoir suivre une marche plus simple qui, non encore essayée dans le public, pût avoir néanmoins assez de force pour conjurer l'avortement d'une conception si salutaire.

Or, après avoir longuement et scrupuleusement médité et pesé la chose, j'ai décidé avant tout de proposer sur quelques sujets des *tables de découvertes* ou *formules de légitime recherche*, en d'autres termes, la matière des faits particuliers coordonnée pour le travail de l'intelligence. Cette publication sera comme un exemple et un dessein visible de l'œuvre entière. On ne peut rien trouver, je pense, qui mette plus en lumière la vraie route de la vérité et des détours de l'erreur, qui montre plus évidemment que tout ce qu'on a allégué jusqu'à ce jour ne renferme que des mots, rien non plus qui soit plus antipathique à l'esprit d'un homme qui se méfierait au fond de son œuvre ou qui voudrait lui imprimer plus d'honneur et de renom qu'elle n'en mérite. Que s'il ne m'est pas donné d'achever la réalisation des pensées que je porte en projet, il est des esprits plus fermes et plus élevés qui, sans le secours de plus amples renseignements, avec les seules indications que je leur offre, peuvent par eux-mêmes présenter et conquérir la découverte du reste. Je suis d'ailleurs sur ce point à peu près de l'opinion de celui qui disait : « En voilà assez pour les esprits sages et tout ce que je pourrais dire de plus serait superflu aux yeux de ceux qui ne le sont pas.» Il me semble encore qu'il est trop abrupt de commencer l'enseignement par les tables elles-mêmes, et il sera plus opportun, je crois, de présenter quelques préliminaires *ad hoc*, ce que je pense au reste avoir déjà fait, car tout ce que j'ai dit jusqu'à présent n'a pas d'autre but. Enfin si l'on trouve quelque chose de bon dans ce que j'ai dit ou dirai plus tard, il faut l'offrir comme le plus précieux parfum d'un sacrifice, et à Dieu, et aux hommes qui, à l'image de Dieu, font découler d'un pur amour et d'un esprit de charité le bien sur leurs frères.

PENSÉES

SUR LA NATURE DES CHOSES.

(COGITATIONES DE NATURA RERUM.)

I. *Section des corps, du continu et du vide.*

La doctrine de Démocrite sur les atomes si elle n'est vraie peut être employée utilement pour la démonstration. En effet, il n'est pas facile de saisir par la pensée ou d'exprimer par les paroles la subtilité primitive de la nature et telle qu'on la trouve dans les choses mêmes, à moins qu'on ne suppose l'existence des atomes. Les atomes sont pris sous deux acceptions qui diffèrent peu entre elles : ou l'on entend par là le dernier terme ou la particule la plus petite de la division des corps, soit par l'incision, soit par la fraction ; ou bien l'on entend un corps qui n'admet pas de vide.

Quant à la première acception, on peut établir comme sûres et certaines les deux propositions suivantes : l'une, que les corps sont susceptibles d'une division et d'une comminution bien supérieures à celles de la vue ; l'autre, que cette division et cette comminution ne sont pas infinies, ni continuellement divisibles. En effet, pour peu qu'on en fasse un sérieux examen, on trouvera que dans les corps continus les parcelles surpassent de beaucoup celles que l'on trouve dans les corps brisés et discontinus ; car nous voyons qu'un peu de safran infusé et délayé dans de l'eau, fut-ce même un tonneau entier, conserverait assez de couleur pour qu'à l'œil nu on pût distinguer cette eau d'une eau tout-à-fait pure. Certes, cette division du safran, au moyen de l'eau, surpasse la ténuité de la poussière la plus fine. L'évidence de ce fait se démontrera si l'on mélange un peu de poudre de bois de Brésil, de fleur de grenadier, ou de toute autre substance fortement colorée, qui ait cependant plus de propension à se mêler et à s'incorporer aux liquides que le safran. Il serait donc ridicule de prendre pour des atomes ces petits corpuscules que l'œil découvre sous les rayons du soleil ; ils ressemblent à de la poussière, tandis que, comme le disait Démocrite, personne n'a vu ni ne pourra jamais voir un atome. Mais cette division des corps se montre encore d'une manière bien plus admirable dans les odeurs ; car, si un peu de safran est capable de colorer un tonneau d'eau, un peu de musc peut remplir de son odeur une salle spacieuse, et la communiquer d'une pièce à une autre. Qu'on ne s'imagine pas que les odeurs, comme la lumière, le calorique et le froid, se répandent sans communication de substance ; l'expérience prouve que les substances solides, telles que le bois et les métaux, s'imprègnent d'odeurs et les conservent longtemps ; et par frottement, par lotion, on peut les en séparer et les en priver. Dans ces cas et autres semblables, tout homme sensé conviendra que l'expansion n'est pas infinie, lorsqu'on voit ces sortes de divisions et de diffusions soumises à des espaces, à des limites, aux quantités des corps, ainsi que le montrent les exemples cités plus haut.

Passons à la seconde acception de l'atome, qui suppose le vide, et définit l'atome d'après l'absence du vide. La distinction de Héron, qui rejette le vide accumulé, et admet le vide mélangé, est exacte et profonde. En effet, voyant que les corps se liaient par une suite non interrompue, qu'on ne pouvait trouver ni assigner aucun espace qui ne fût occupé par quelque corps ; et remarquant surtout que les corps lourds et pesants se laissaient soulever, et abandonnaient et violaient même leurs propriétés plutôt que de permettre leur séparation d'un corps contigu, il en conclut que le vide d'une espèce supérieure, c'est-à-dire le vide accumulé, ne peut exister dans l'ordre de la nature. En s'apercevant au contraire que la même matière est susceptible d'être resserrée et comprimée, et ensuite d'être distendue et dilatée de nouveau, enfin d'occuper et de remplir des espaces inégaux, tantôt plus grands, tantôt plus resserrés, il ne vit pas que cette marche directe et inverse des corps sur eux-mêmes pût s'effectuer autrement que par le vide interposé, moindre sans doute dans un corps comprimé, plus grand dans un corps dilaté ; qu'il fallait nécessairement que cette contraction se fît en vertu de l'un des trois moyens : ou celui que nous avons émis, savoir, celui qui détruit le vide par le moyen de la contraction ; ou celui qui admet qu'un autre corps qui s'y trouvait engagé ou mélangé en soit exprimé ; ou bien enfin celui qui s'opère par quelque condensation ou raréfaction naturelle des corps, quelle qu'elle soit.

Ce moyen semble ne pouvoir s'appliquer à l'expression d'un corps léger. En effet, les éponges et les corps également poreux se contractent lorsqu'on en soustrait l'air. Mais il est démontré par une foule d'expériences que l'air lui-même est susceptible d'être comprimé dans un espace remarquablement limité. Faut-il donc admettre que l'on a extrait une partie plus subtile de ce même air, puis une autre, et ainsi de suite à l'infini ? Une telle opinion tombe devant l'expérience, puisque plus les corps sont légers, plus ils sont susceptibles d'être contractés, ce qui serait le contraire si la contraction se faisait par l'expression d'une partie plus légère.

Il n'est pas nécessaire de nous occuper beaucoup du second mode, qui admet que les mêmes corps, sans avoir subi aucun changement, n'ont pas une densité ni une raréfaction égales. Ce serait donner comme positif un principe inintelligible et inexplicable, telles que sont à peu près les propositions d'Aristote.

Il reste donc le troisième mode qui suppose le vide. Si on l'admet, il semble difficile et presque incroyable qu'il existe un vide mélangé, quoique l'on trouve partout la matière ; que si l'on examine avec calme les exemples cités plus haut de l'eau colorée par le safran et de l'air imprégné d'odeurs, on se convaincra aisément qu'on ne peut montrer aucune partie d'eau où il ne se trouve de safran, et qu'il est cependant évident, si l'on compare le safran et l'eau avant leur mélange, que le volume de l'eau est bien plus considérable que celui du safran ; que si l'on trouve ce fait dans des corps différents, à plus forte raison doit-il se rencontrer quand il s'agit de la matière et du vide.

Mais, sous ce rapport, la considération d'Héron, en ce qu'elle repose sur l'expérience physique est bien inférieure à celle de l'illustre philosophe Démocrite ; car Héron, n'ayant point trouvé dans notre globe le vide absolu, en a nié l'existence ; et cependant rien n'empêche que dans les régions de l'air, où les corps jouissent certainement d'une expansion plus grande, il n'y ait un vide absolu.

Dans ces recherches et autres semblables, il faut prendre garde de ne pas se laisser confondre et entraîner dans la défiance à cause de l'extrême ténuité de la nature. Il faut penser que les unités et les sommes des choses sont également soumises au calcul ; car il est aussi facile de dire ou de penser mille années que mille instants, quoique cependant les années se composent d'une multitude d'instants. Qu'on ne croie pas non plus que ces recherches tendent à satisfaire une spéculation curieuse plutôt qu'à accomplir des œuvres sérieuses et utiles ; on peut voir, en effet, que les philosophes et d'autres savants, qui se sont livrés à l'étude de l'expérience et à la méditation de la nature particulière des choses, qui ont fait pour ainsi dire l'anatomie de la nature, se sont livrés aussi à de semblables recherches, bien qu'ils ne les aient pas approfondies avec succès. La cause principale et véritable qui a toujours arrêté les effets de la philosophie que nous possédons, est l'adoption de subtilités de mots et de notions vulgaires ; jamais elle n'a étudié les secrets de la nature, ni voulu la chercher dans son principe.

II. *De l'égalité et de l'inégalité des atomes ou particules élémentaires.*

Les découvertes et les préceptes de Pythagore furent tels en général, qu'ils étaient plus propres à fonder un ordre de religion qu'à ouvrir une école de philosophie, et c'est ce que l'expérience a démontré. Cette doctrine trouva plus de croyance et de développements dans l'hérésie des manichéens et la superstition de Mahomet que parmi les philosophes. Cependant son opinion, que le monde repose sur les nombres, peut être admise en ce sens qu'elle remonte aux principes de la nature. Il y a, et l'on peut réellement admettre deux hypothèses sur les atomes ou les éléments des choses ; l'une, celle de Démocrite, attribue aux atomes l'inégalité et la forme, et par la forme la situation ; l'autre, celle de Pythagore, affirme que toutes les molécules élémentaires sont égales et semblables. Car celui qui reconnaît l'égalité des atomes, pose nécessairement en principe que tout consiste dans les nombres ; celui, au contraire, qui admet les autres attributs, considère en particulier la nature primitive des atomes outre les nombres ou moyens de contact.

A cette question spéculative, nous répondrons par une question active, qui peut la déterminer ; nous la tirons de Démocrite : « Tout peut-il se faire de tout ? » L'ayant considérée comme contraire à la raison, il traita de la différence des atomes. Quant à nous, la question nous semble mal présentée, et n'infirmer en rien la première, si on la comprend sous le rapport de la transmutation immédiate des corps. Mais posons-la ainsi : tout ne passe-t-il pas par des détours déterminés et des mutations intermédiaires ? Telle est la véritable question. Nul doute, en effet, que les éléments des choses, bien qu'ils soient semblables, quand ils se sont une fois réunis et enchaînés étroitement, admettent toutes les propriétés de corps dissemblables, jusqu'à ce qu'ils se soient délivrés de ces mêmes combinaisons et de cet enchaînement ; d'où il résulte que la nature et les propriétés des corps composés ne présentent pas moins d'obstacle ni d'empêchement à leur transmutation immédiate que celles des corps simples. Mais Démocrite, qui se montre si habile dans ses investigations des principes des corps, est tout-à-fait au-dessous de lui-même et dans une erreur continuelle, dans son analyse des principes des mouvements ; et c'est un défaut où sont tombés tous les philosophes. Quant à l'utilité de la recherche dont nous parlons, sur le premier état des éléments ou des atomes, nous ne savons pas si ce n'est pas tout-à-fait la plus importante ; car elle règle d'une manière parfaite l'acte et la puissance, et modère véritablement l'imagination et les œuvres.

Il en découle aussi une autre recherche, dont l'utilité a moins de portée, mais qui s'applique plus spécialement aux choses et aux faits. Nous voulons parler de celle qui a rapport à la séparation et à l'altération, c'est-à-dire à ce qui se fait par la séparation et par d'autres moyens. Il y a, en effet, une erreur assez commune parmi les hommes, qui s'est encore beaucoup accrue par le système des chimistes, savoir qu'il faut attribuer à la séparation tout ce qui tend à se désagréger. Par exemple, quand l'eau se vaporise, on croira volontiers que la partie rare s'échappe et que la partie dense subsiste ; on peut voir ce phénomène opérer dans le bois, où une partie s'envole en flamme et en fumée, et où une autre se réduit en cendres. On pourra penser que le même fait s'opère aussi dans l'eau, quoiqu'il ne se présente pas avec autant d'évidence ; car bien que tout un volume d'eau semble parfois entrer en ébullition et se vaporiser, certaine lie, cependant, semblable à la cendre, peut rester adhérente au vase. Mais c'est une apparence qui trompe l'esprit. Il est, en effet, indubitable que tout un volume d'eau peut se changer en fluide aériforme; et si quelque particule reste adhérente au vase, ce n'est pas par différence de propriété et séparation de la partie dense qu'il en arrive ainsi, mais sans doute parce qu'une partie, bien que d'une substance entièrement semblable à celle qui se vaporise, s'est trouvée toucher le vase. L'expérience nous en fournit un exemple dans le vif argent, qui peut se volatiliser tout entier et se condenser de nouveau, sans la moindre diminution de volume. C'est ainsi que l'huile des lampes et le suif des chandelles, tout le corps gras se volatilise, sans qu'il en résulte aucune incinération; car la fumée se produit après la flamme et non avant la flamme; c'est le cadavre, en quelque sorte, de la flamme, et non le résidu du suif et de l'huile.

Ces faits nous offrent un argument pour combattre l'opinion de Démocrite sur la différence des éléments ou des atomes; argument irrécusable quant au rapport physique; car, quant aux préjugés, il est beaucoup trop simple et trop faible, parce que la philosophie vulgaire applique sa matière mensongère d'une manière égale et commune à tous les corps.

III. *De la négligence des anciens dans leur recherche sur le mouvement et sur les principes du mouvement.*

Placer l'étude de la nature dans l'examen et la contemplation du mouvement, c'est se montrer habile observateur des phénomènes; mais observer et présenter les principes inertes des choses, c'est vouloir dire des mots et soulever des discussions. J'appelle inertes les principes qui enseignent de quoi les choses se composent et en quoi elles consistent, mais qui ne disent rien de la puissance et du moyen qui les réunissent. Il ne suffit pas, et il importe peu, pour agir et étendre la puissance ou la pratique scientifique, de connaître de quoi les choses se composent si l'on en ignore les règles et les moyens de mutations et de transformations. Prenons pour exemple les arts mécaniques, dont les inventions semblent avoir produit toutes ces hautes recherches sur les principes des choses. Celui qui connaît les simples ingrédients de la thériaque pourra-t-il par cela même la composer? ou bien celui qui la sous a main les véritables matériaux pour fabriquer du sucre, du verre ou des étoffes, semble-t-il posséder l'art qui les prépare et les confectionne? Et c'est cependant à la recherche et à l'étude de ces principes inertes que les hommes se sont spécialement appliqués, semblables en cela à celui qui se proposerait et se contenterait de se livrer à l'anatomie de la nature morte, sans rechercher les facultés et les propriétés de la nature vivante.

Ce n'est pour ainsi dire qu'en passant qu'on a parlé des principes du mouvement, de sorte qu'on ne saurait assez s'étonner de voir avec quelle négligence et quel abandon on s'est livré à l'étude et à la recherche de ce qu'il y a de plus grand et de plus utile. Car examinons un peu les questions dont on s'occupe communément pour déterminer s'il y a excitation de la matière par la privation, s'il y a passage de la matière à l'idée, s'il y a agrégation de particules semblables, s'il y a mouvement fortuit des atomes dans le vide, s'il y a divergence et concordance, s'il y a mouvements réciproques du ciel et de la terre, s'il y a harmonie des éléments par des propriétés inconnues, s'il y a influence des corps célestes, s'il y a sympathies et antipathies des choses, s'il y a des vertus occultes et des propriétés spécifiques, s'il y a fatalité, fortune et nécessité, et autres généralités semblables qui ne sont, à vrai dire, que des spectres et des fantômes qui nagent et se jouent sur la surface des choses comme sur celle des eaux. Nous le demandons, de telles spéculations amélioreront-elles la condition humaine ou étendront-elles le domaine des sciences? Telles sont celles cependant qui remplissent ou qui enflent plutôt l'imagination, sans résultat utile pour la découverte des phénomènes, la mutation des corps ou la détermination du mouvement. Car, quant au mouvement violent et naturel, au mouvement spontané et d'autre espèce, aux termes du mouvement, on ne s'est livré qu'à de creuses arguties et on ne s'est appliqué qu'à de petites subtilités; on n'a pas cherché à pénétrer dans les entrailles de la nature, mais on s'est plutôt arrêté à l'écorce. Qu'on quitte donc cette voie, et que de semblables discussions soient abandonnées à de bas discoureurs; qu'on recherche enfin les penchants et les affections des choses, source d'où jaillit l'immense variété d'effets et de mutations qui nous surprend dans les œuvres de l'art et de la nature. Tâchons de lier la nature comme Aristée enchaîna Protée; car il y a à découvrir et à dénouer différentes espèces de mouvements, qui sont de véritables chaînes de Protée. Qu'on trouve en effet les causes et les difficultés du mouvement, c'est-à-dire des causes motrices et répulsives, et l'on parviendra facilement ensuite à la conversion et à la transformation de la matière même.

IV. *De la division commune du mouvement, de son inutilité et de son peu de portée.*

La division du mouvement admise en philosophie nous semble étroite et sans fondement, parce qu'elle divise la chose seulement par ses effets; et une telle donnée ne peut nullement instruire sur les causes, car la génération, la corruption, l'augmentation, la diminution, l'altération et la translation ne sont autre chose que les œuvres et les effets du mouvement. Quand ces phénomènes sont parvenus à une mutation évidente, soumise aux sens vulgaires, on les décore alors de ces noms, fruit d'une bien médiocre contemplation. Car nous ne doutons pas que cette philosophie les explique ainsi : quand des corps se sont avancés par le mouvement, quelle qu'en soit l'espèce, en recevant une nouvelle forme ou en quittant l'ancienne (ce qui ressemble à une période et au terme d'un espace exact), on appelle cela mouvement de génération et de corruption ; s'ils conservent au contraire leur forme et admettent seulement une nouvelle quantité et un nouveau volume, on nomme cela mouvement d'augmentation et de diminution ; mais s'ils conservent leur volume et leur enceinte ou leurs limites, tout en changeant cependant de propriétés, d'actions et d'affections, on donne à ce mouvement le nom d'altération ; si enfin ils ne changent pas de forme, de volume ni de quantité, et ne font que changer de lieu, on donne à ce fait la dénomination de mouvement de translation.

Mais pour peu que l'on considère cette division avec soin et attention, on verra qu'elle présente la mesure et les périodes du mouvement, c'est-à-dire le cours et les faits du mouvement, sans parler de ses véritables différences, puisqu'elle dit ce qui s'opère sans donner à peine la raison du phénomène. De semblables expressions sont donc nécessaires pour enseigner, et elles conviennent à la dialectique, mais elles sont dépourvues de science naturelle. Tous ces mouvements sont composés et décomposés, et composés à l'infini pour l'observateur consciencieux qui veut pénétrer jusqu'aux points les plus simples. Car les principes, les sources, les causes et les formes du mouvement, c'est-à-dire les affections et les propriétés de toute espèce de matière, ont besoin d'être connues de la philosophie ainsi que les impressions et les impulsions du mouvement, le frein et la résistance, les passages et les obstacles, la succession et le mélange, les détours et les enchaînements, en un mot toute l'histoire du mouvement. Et certes, ce ne sont pas des discussions amères, des discours passables, ni de vagues contemplations, ni enfin de fausses doctrines qui peuvent avancer la marche de la science. Mais on doit faire en sorte de pouvoir, par des moyens véritables et par l'interprétation rigoureuse de la nature, exciter, empêcher, retenir, lâcher, multiplier, assoupir et arrêter tout mouvement dans les corps qui en sont susceptibles, et de parvenir ainsi à opérer la conservation, la mutation et la transformation des substances.

On doit surtout faire des recherches sur les mouvements simples, primitifs et fondamentaux d'où partent tous les autres ; car il est bien démontré que plus l'on trouvera de mouvements simples, plus la puissance humaine s'agrandira, se débarrassera des matières spéciales et préparées, et s'enrichira d'œuvres nouvelles. Et de même que les mots ou les expressions de toutes les langues, dont la variété est si grande et si étendue, se composent d'un petit nombre de simples lettres, de même tous les actes et toutes les propriétés des choses se composent de quelques natures et de quelques principes de simples mouvements. Il serait honteux d'ailleurs pour l'homme d'avoir étudié avec tant de soin les modulations de sa voix, et d'ignorer totalement la voix de la nature, imitant en cela les hommes des premiers siècles ; avant que les lettres ne fussent en usage, ils s'appliquaient uniquement à l'étude des sons composés et de la voix, et laissaient de côté celle des éléments et des lettres.

V. *De la quantité déterminée de la matière et de ses mutations sans qu'elle puisse jamais se détruire.*

Il est évident pour tout le monde que tout change et que rien ne se détruit, et que le volume de la matière reste toujours le même. Et de même qu'il fallait la toute-puissance de Dieu pour créer quelque chose de rien, de même une toute-puissance égale est nécessaire pour que quelque chose se réduise à rien. Que ce fait s'opère par le défaut de propriété conservatrice ou par l'acte de dissolution, peu importe; il suffit que la volonté du Créateur s'y révèle. Pour que l'imagination ne s'écarte pas de cette hypothèse et qu'elle ne se forme pas l'idée de quelque fausse matière, nous disons que cette matière est produite par nous et qu'elle est revêtue d'une propriété telle qu'on peut avancer avec vérité, qu'il y a plus de matière dans un corps et moins dans un autre, bien qu'ils n'aient point tous deux le même volume. Par exemple, il y en a plus dans le plomb, moins dans l'eau, et beaucoup moins encore dans l'air; et ces différences s'étendent non-seulement à l'infini et à un nombre incalculable, mais encore on peut les déterminer avec exactitude, à tel point qu'elles peuvent être soumises aux calculs, comme plus d'une fois, trois fois et ainsi de suite. Or, si l'on dit que l'air peut se faire avec de l'eau ou bien que l'eau peut se faire avec de l'air, je comprendrai parfaitement; mais si l'on dit qu'un même volume d'eau peut se changer en un même volume d'air, je ne comprendrai pas; car c'est comme si l'on eût dit que quelque chose peut se réduire à rien. De même, en renversant les termes, si l'on dit qu'une mesure donnée d'air (par exemple, une vessie remplie d'un certain volume d'air) peut se changer en un volume égal d'eau, c'est comme si l'on eût dit que quelque chose peut se faire de rien. De ces hypothèses il nous a donc semblé qu'on peut tirer trois préceptes ou avis utiles, qui permettront aux hommes d'étudier la nature avec plus de lumière, et par cela même avec plus de succès.

Le premier est d'engager les hommes à forcer la nature à leur rendre ses comptes, c'est-à-dire que, quand ils verront un corps, qui d'abord était soumis à leurs sens, s'échapper et disparaître, ils ne doivent recevoir ni liquider aucun compte avant qu'il ne leur ait été prouvé où ce corps a passé et vers quelles substances il s'est retiré. De nos jours cette recherche se fait avec une extrême négligence, et la contemplation cesse ordinairement quand les yeux ne sont plus d'aucun secours; en sorte qu'on ne connaît pas la retraite de la flamme, phénomène des plus vulgaires, puisqu'il n'est nullement vrai qu'elle se change en une colonne d'air.

Le second a pour but de faire voir aux hommes la loi invincible qui force la nature à se maintenir et à ne se dissoudre ni se réduire à rien; de les empêcher ensuite de négliger le travail et le mouvement de la matière, et de leur inspirer le désir de découvrir jusqu'à ses derniers effets et de pénétrer les causes de sa résistance. Ce conseil, nous le savons, pourra paraître peu ingénieux; il nous semble toutefois fort utile et d'une haute portée. Nous présenterons donc, si on veut le permettre, quelques observations sur ce sujet. Qu'on sache bien que le plus grand obstacle que l'opérateur ou le praticien rencontre est la difficulté de conserver, comprimer et pétrir une certaine masse de matière sans diminution ou augmentation; mais par la séparation on peut vaincre la dernière difficulté. Il y a deux sortes de séparation : ou quand une partie de la matière se volatilise, comme dans la décoction; ou quand elle fait corps à part, comme dans la crème. C'est pourquoi, pour opérer une mutation profonde et intime des corps, il ne faut que travailler la matière par des moyens convenables, si toutefois ces deux espèces de séparations ne sont pas interdites; car la matière n'est véritablement comprimée que lorsque toute voie d'expansion est fermée.

Le troisième tend à engager les hommes, quand ils voient s'opérer les altérations des corps dans une même masse de matière sans augmentation ni diminution, à renoncer à une erreur profondément enracinée qui les porte à croire que l'altération se fait seulement par la séparation; à les faire réfléchir ensuite avec plus de soin et d'exactitude sur les diverses formes d'altérations quand ils doivent les rapporter à la séparation, ou à la décomposition seulement et à la position différente des parties sans autre séparation, ou quand enfin ils doivent les attribuer à toutes les deux. Car je ne m'imagine pas, quand une poire, encore sure et verte, est fortement frottée ou pelée et pétrie, qu'elle en acquière de la douceur, non plus que quand l'ambre ou le diamant sont réduits à la poussière la plus fine, ils en perdent leur couleur. Une partie remarquable de la matière est perdue, mais les parties du corps ont seulement une nouvelle position.

Il nous reste à arracher de l'esprit humain une erreur dont la portée, si on y ajoutait foi plus longtemps, ferait renoncer à la recherche des faits que nous avons présentés. On croit généralement que les gaz, quand ils sont parvenus à un degré élevé de raréfaction par le calorique, même dans les vases les plus solides, par exemple ceux d'argent ou de verre, se volatilisent par des pores et des passages qui s'y trouvent, principe tout-à-fait dénué de vérité. L'air, en effet, ou le gaz, bien que raréfié par une grande chaleur, ne se perd pas assez facilement pour pouvoir chercher et se frayer un passage par de semblables pores. Et de même que l'eau ne s'écoule pas par une fente très petite, de même l'air ne s'échappe pas par de tels pores; car de même que l'air est bien plus rare que l'eau, de même de tels pores sont bien plus subtils que des fentes visibles, et d'un autre côté il n'aurait pas besoin d'être étouffé sous un vase couvert si de tels passages lui étaient ouverts. L'exemple qu'on présente est malheureux ou plutôt misérable, comme le sont la plupart des contemplations de la philosophie vulgaire, toutes les fois qu'elle a traité des faits particuliers. Voici ce qu'on dit : si l'on jette une feuille de papier allumé dans un verre et si l'on tourne sur-le-champ l'ouverture du verre sur un vase d'eau, l'eau monte. On en conclut qu'après que la flamme et l'air raréfié par la flamme, qui avaient occupé quelque espace, ont transpiré par les pores du vase, il faut qu'un corps quelconque les remplace. On cite aussi les ventouses, qui attirent les chairs. Quant à l'acte de l'eau et de la chair, ils ont parfaitement raison; mais quant à la cause qui précède cet acte, ils sont dans une ignorance complète. Il n'y a pas, en effet, une émission de corps qui laisse un espace libre, il y a seulement contraction du corps. Le corps sur lequel la flamme tombe remplit un espace bien moindre que la flamme avant qu'elle ne fût éteinte. De là vient le vide qui demande un autre corps. Et cela se démontre d'une manière évidente par les ventouses; car lorsqu'on veut les faire tirer avec plus de force, on les entoure d'éponges imbibées d'eau fraîche pour que l'air intérieur soit condensé par le froid et qu'il se comprime en un moindre espace. Qu'on cesse donc de se troubler et de se fatiguer le cerveau sur une aussi facile vaporisation des gaz; car les gaz d'odeurs, de goût et autres dont on est si avide, ne sortent pas toujours de leurs enclos, mais y restent confondus : c'est un fait démontré.

VI. *De l'immobilité apparente dans les corps solides et liquides.*

Certains corps semblent être dans un repos complet et privés de mouvement. Cette apparence est vraie quant à leur masse tout entière, mais elle trompe l'esprit quant à leurs parties. Le repos simple et absolu, en parties et en tout, n'existe pas; et ce que nous regardons comme tel est produit par les obstacles, les empêchements et les équilibres des mouvements. Par exemple, dans des vases percés dans le fond, qui servent à arroser les jardins, l'eau ne s'écoule pas par les trous quand le haut en est fermé hermétiquement. Il est évident que ce fait s'opère par un mouvement de rétraction et non par une propriété de repos. L'eau, en effet, ne tend pas moins à descendre que si elle était libre de ses mouvements; mais comme dans le haut du vase il ne se trouve pas de corps pour la remplacer, il en résulte que l'eau du bas est retenue par celle du haut et qu'elle est assujettie à une force irrésistible; car si dans une lutte un homme en tient un autre plus faible de manière à l'empêcher de remuer, malgré tous les efforts de celui-ci, il n'en est pas moins vrai qu'il y a mouvement de résistance, bien qu'il soit impuissant et qu'il soit soumis à un mouvement de force supérieure.

Ce que nous disons de la fausse immobilité de certains corps est utile à connaître dans une foule de faits, et jette quelque lumière sur les recherches de la nature du solide et du liquide, c'est-à-dire de la consistance et de la fluidité. Les corps solides semblent, en effet, ne point s'écarter ni bouger de leur position, et les liquides se mouvoir et se confondre; car on ne peut élever une colonne d'eau, ou toute autre forme, comme on peut le faire avec du bois et de la pierre. On serait donc porté à croire que les parties supérieures de l'eau, par le mouvement qu'on nomme naturel, tendent à s'écouler, et que ces parties dans le bois n'ont pas la même tendance. Il n'en est pourtant pas ainsi, puisqu'on remarque dans les parties du bois qui se trouvent placées dans le haut le même mouvement que dans celles de l'eau. Toutes deux tendent à aller en bas, et ce mouvement s'opèrerait s'il n'était arrêté et retenu par un mouvement plus puissant. Nous voulons parler de la propriété de continuité, ou éloignement de séparation, qui appartient également à l'eau et au bois ; mais dans l'un, le mouvement de gravité est plus fort, et dans l'autre plus faible. Il est, en effet, facile de s'apercevoir que les corps liquides sont aussi assujettis à ce mouvement. Nous voyons dans les bulles d'eau que, pour éviter la séparation, l'eau se met en pellicules d'une forme hémisphérique. Nous voyons aussi dans les gouttières que l'eau, pour qu'il n'y ait pas cessation de continuité, s'avance et s'allonge en un mince filet d'eau jusqu'à ce qu'il en arrive une quantité suffisante ; et si l'eau manque pour qu'il y ait continuité, elle se forme alors en petites gouttes rondes dont le diamètre est bien plus grand que n'était celui du filet. Nous voyons enfin que l'eau ne peut guère être soumise à une moindre diminution quand elle s'écoule par son poids naturel sans concussion à travers des ouvertures et des fentes, quelque petites qu'elles soient. Il est donc démontré que la propriété de continuité appartient aussi aux corps liquides, quoiqu'à un faible degré. Elle est très puissante, au contraire, dans les corps solides, et l'emporte sur le mouvement naturel ou mouvement de gravité ; car si l'on pense que dans une colonne de bois ou de pierre les parties supérieures ne tendent pas à s'échapper, mais à se soutenir dans la même position, on reviendra facilement de cette erreur en considérant que la colonne, ou tout autre objet semblable, ne peut demeurer debout, penche et est entraînée par son poids si la hauteur n'en est pas proportionnée à la largeur de la base, en sorte que dans les constructions élevées on est obligé de leur donner la forme pyramidale et de les rendre plus étroites vers le sommet.

Ce serait une difficile investigation que celle de la nature qui augmente ou diminue cette propriété de continuité. Peut-être supposerait-on que les parties des corps sont plus denses et plus compactes, et que celles des corps liquides sont plus rares et plus déliées, ou bien que les corps liquides ont un gaz qui est le principe de leur fluidité et qui manque aux corps solides, et autres données semblables. Mais ni l'une ni l'autre de celles-ci ne sont conformes à la vérité.

Il est évident que la neige et la cire, qui sont susceptibles d'être desséchées, façonnées et soumises aux impressions, sont beaucoup plus rares que le vif argent et le plomb fondu. La différence de leur poids le prouve. Si l'on nous objecte ensuite qu'il peut se faire que la neige, ou la cire, tout en étant dans son tout plus rare que le vif argent, peut cependant avoir des parties plus closes et plus compactes ; mais qu'étant un corps spongieux et admettant beaucoup de cavités et d'air, elle peut par conséquent être rendue plus légère en somme, comme on le voit dans la pierre de ponce, où bien que celle-ci, sous le rapport du volume, soit peut-être plus légère que le bois, si cependant on les réduit tous deux en poudre, il en arrive que la poussière de pierre de ponce est plus pesante que celle de bois, parce que ses cavités n'existeront plus, nous savons que ces faits ont été observés et opposés. Mais que dira-t-on de la neige ou de la cire fondue où les cavités ont été remplies ? Que répondra-t-on sur les corps de la gomme, du mastic et de beaucoup d'autres chez lesquels on ne voit pas ces cavités et qui cependant sont plus légers qu'un grand nombre de liquides ?

Quant à ce qu'on avance sur le gaz, qui donne aux choses la vertu et la force de la fluidité, cette opinion paraît juste au premier coup d'œil et elle s'accorde même avec les notions vulgaires ; elle est pourtant fausse et ignorante, puisqu'elle ne repose pas sur la vérité et qu'elle est presque en opposition avec elle. Car le gaz dont on parle (on aura peine à le croire) produit réellement la solidité et non la fluidité. On peut s'en convaincre par l'exemple de la neige ; bien que ce soit un corps composé d'air et d'eau, et que l'air et l'eau se répandent séparément, elle acquiert cependant de la consistance dans le mélange. Si l'on nous répond que cela peut venir de la condensation de l'air, on cessera de le penser pour peu qu'on remarque que l'écume est un corps tout-à-fait semblable à la neige que le froid ne pourrait nullement condenser.

Si enfin on nous objecte que dans l'écume aussi la condensation ne vient pas du froid, mais bien de l'agitation et de la percussion, nous renverrons aux enfants qui, avec un peu d'air soufflé par un tuyau ou une plume, et un peu d'eau rendue gluante par le mélange d'une petite quantité de savon, élèvent une série immense et variée de bulles.

Telle est la loi de ce phénomène : les corps à l'attouchement d'un corps sympathique ou semblable se rompent et s'étendent ; à l'attouchement d'un corps dissemblable, au contraire, s'endurcissent et se resserrent. Par conséquent, l'opposition d'un corps étranger est la cause de la consistance. Ainsi nous voyons que l'huile mêlée avec de l'eau, comme il arrive dans les onguents, perd jusqu'à un certain point la liquidité, qui se trouvait auparavant dans l'eau et dans l'huile. Nous voyons, au contraire, que le papier imbibé d'eau se détend et perd de la consistance qu'il possédait auparavant à cause de l'air qui se trouvait dans ses pores. Si d'un autre côté on l'imbibe d'huile, il se détend moins, parce que l'huile sympathise moins avec le papier. Nous observons la même chose dans le sucre et autres substances semblables qui se fondent quand elles sont mises dans de l'eau ou du vin, non-seulement lorsqu'elles sont au-dessous de ces liquides, mais encore qui les absorbent et les attirent lorsqu'elles sont au-dessus.

VII. *De la conformité des corps qui sont doués de sentiment et de ceux qui en sont privés.*

Les propriétés des corps qui sont doués de sentiment et celles des corps qui en sont privés ont un grand rapport ; elles ne diffèrent qu'en ce que, dans les corps doués de sensibilité, on trouve la respiration. En effet, la pupille de l'œil ressemble à un miroir ou à de l'eau ; elle jouit également de la propriété de recevoir ou de renvoyer les images de la lumière et des choses visibles. L'organe de l'ouïe est comme un obstacle placé au milieu d'une caverne pour renvoyer la voix et le son. Les attractions des corps inanimés, puis leur éloignement et leurs répulsions (je parle de celles qui sont l'effet de leur propriété) sont tout-à-fait conformes à l'odorat et à la perception agréable ou désagréable des odeurs dans les animaux. Quant au toucher et au goût, ils rendent, en messagers et en interprètes, d'un côté toute violence que peuvent ressentir les corps inanimés, et de l'autre une impression agréable et délicieuse, enfin toutes les formes de ces mêmes sensations. Dans les corps privés de sentiments, les compressions, les extensions, les érosions, les séparations, et autres accidents semblables, ne s'aperçoivent pas dans leur marche et ne deviennent évidents que quand l'effet est produit ; dans les animaux, au contraire, ils se passent avec le sentiment de la douleur, selon les divers genres ou degrés de violence, à cause de la pénétration générale de la respiration. C'est d'après ce principe que l'on connaît si quelque animal possède d'autres sens que ceux que nous avons comptés. Et quels peuvent être le nombre et l'espèce de sens dans tous les genres d'animaux ? car c'est des propriétés de la matière convenablement reconnue que sera déduit le nombre des sens, si toutefois les organes le permettent, et la respiration se rencontre.

VIII. *Du mouvement violent; les corps ne cèdent à l'impulsion ou à la percussion qu'à cause de la pression des molécules, bien que ce phénomène soit invisible.*

Le mouvement violent, selon l'expression reçue, au moyen duquel les traits, les pierres, les flèches et les boulets volent dans les airs, est de tous les mouvements le plus vulgaire. Et cependant les hommes ont mis une négligence incompréhensible et inexcusable à en observer et à en rechercher la cause. C'est se rendre coupable d'une grave omission que de ne pas en étudier la nature et la puissance, puisque la connaissance de ce mouvement est d'une utilité sans bornes, et qu'elle est en quelque sorte l'âme et la vie de l'artillerie, des machines et de toute la science mécanique.

Un grand nombre de philosophes croient que c'est avoir suffisamment approfondi le sujet qu'avoir trouvé la dénomination de mouvement violent et établi une distinction entre celui-ci et le mouvement naturel. S'appliquer à nommer les choses et non à les expliquer ; enseigner à se tirer d'embarras par l'affirmation ou la négation, et à l'exprimer sans réfléchir ni se comprendre, voilà bien le caractère et le système particulier d'Aristote et de son école.

D'autres montrent moins de légèreté, et, s'appuyant sur le principe que deux corps ne peuvent occuper la même place, ils disent que celui qui est le plus fort doit donner l'impulsion, et que celui qui est le plus faible y obéit ; que cette obéissance ou fuite, si elle est produite par une force moins grande, ne dure qu'autant que la première impulsion est continuée, comme dans le broiement ; mais que si l'on emploie une force plus grande, quand même le corps qui aura produit l'impulsion aura cessé d'agir, le mouvement se prolonge jusqu'à ce qu'il se ralentisse peu à peu, comme dans le jet du javelot. Ensuite, par une autre coutume de la même école, ils recherchent bien les principes de la chose, mais ils s'inquiètent peu de sa suite et de sa fin, comme si tous les autres points étaient une conséquence du premier. Il arrive de là que, par une impatience précipitée, ils abandonnent bientôt leur sujet. Ils parlent, il est vrai, de la cause qui fait que les corps obéissent au choc ; mais, après que le corps qui produit l'impulsion s'est éloigné, de sorte que la nécessité de la confusion des corps a entièrement cessé, ils ne disent pas pourquoi le mouvement continue, et ne semblent guère le comprendre eux-mêmes. D'autres enfin, qui ont mis plus de soin et de persévérance dans leurs recherches, ayant remarqué dans les vents et autres causes semblables la force de l'air, qui est capable de renverser les tours et les arbres, ont pensé que cette force, qui lance et accompagne les projectiles après la première impulsion, doit être attribuée à l'air, parce qu'il est agité en masse et avec violence derrière le corps qui est entraîné par son mouvement, comme, par exemple, un vaisseau l'est par un courant d'eau. Ceux-ci n'abandonnent pas leur sujet ; ils l'examinent jusqu'au bout, mais pourtant ils s'écartent continuellement de la vérité.

Voici comment le phénomène s'opère. Le mouvement principal semble exister dans les parties du corps même qui est soumis à l'impulsion, mouvement qui, à cause de son extrême rapidité, n'est pas perceptible et échappe à des observateurs trop peu attentifs et qui se contentent d'un examen trop superficiel. Mais, pour quiconque y apporte une sérieuse attention, il est évident que les corps durs se laissent difficilement comprimer, et qu'ils jouissent en quelque sorte d'une sensibilité très délicate ;
et ce fait est si vrai que, pour peu qu'on les fasse sortir de leur état naturel, ils tendent avec une grande force à recouvrer leur liberté et à retourner à leur ancien état. Pour y arriver, toutes les parties, à commencer par celle qui la première a reçu l'impulsion, se poussent et s'aident naturellement comme par une force extérieure, et il se fait un ébranlement et une commotion continuels et très intenses des parties, quoique ces impressions ne soient nullement visibles. Nous voyons ce phénomène s'opérer dans le verre, le sucre, et dans les substances fragiles du même genre, qui, lorsqu'on les coupe ou les sépare par un instrument tranchant ou un fer pointu, se brisent aussitôt dans les autres parties éloignées du trajet que parcourt le tranchant. Ce fait démontre d'une manière évidente la communication du mouvement de pression sur les parties subséquentes. Ce mouvement, après s'être communiqué à toutes les parties et en avoir mesuré la force, opère la solution dans la partie qui, d'après la disposition antérieure du corps, était moins compacte. Cependant ce même mouvement, tant qu'il parcourt toutes les parties et y porte le trouble, n'est point perceptible aux yeux, qui ne le perçoivent que lorsque la rupture ou solution de continuité s'est effectuée. Nous avons encore d'autres exemples : qu'on courbe et qu'on saisisse fortement, entre le pouce et l'index, par les extrémités, un fil de fer, une baguette, une partie dure d'une plume, ou tout autre corps, pourvu qu'il soit flexible et qu'il offre quelque résistance, on les verra s'élancer sur-le-champ aussitôt que cessera la pression. La cause de ce mouvement n'est certainement pas dans les extrémités qui sont serrées entre les doigts ; mais elle est dans la partie moyenne qui supporte l'effort, et c'est pour s'en délivrer que ce mouvement se produit. Cette expérience démontre péremptoirement que la cause du mouvement que l'on tire de l'impulsion de l'air ne saurait être admise ; car il ne se fait pas de percussion qui émette de l'air. Ceci se démontre encore par un exemple des plus simples : lorsque nous prenons des noyaux de prunes frais et encore visqueux, et que nous pressons un peu les doigts, nous les lançons ainsi à une grande distance. Dans ce nouvel exemple, la compression remplace la percussion. L'effet de cette sorte de mouvement se montre clairement par les conversions et les

rotations continuelles des projectiles pendant leur course. Ils avancent, il est vrai, mais leur marche s'opère en décrivant des spirales, c'est-à-dire par un double mouvement de progression et de rotation sur eux-mêmes. Et ce mouvement spiral, tout rapide et néanmoins libre et commun aux objets qu'il puisse être, nous a fait douter s'il ne dépendait pas d'un principe plus élevé. Mais nous pensons qu'il n'a pas d'autre cause que celle dont nous nous occupons en ce moment ; car la pression d'un corps excite assez le mouvement dans ses parties ou dans ses molécules pour qu'elles s'échappent et se mettent en liberté par tous les moyens possibles. Le corps n'est donc pas seulement poussé et lancé en ligne droite, mais il tente encore de s'échapper dans tous les sens, et de là sa rotation; et les deux moyens lui servent également à se délivrer. Il se passe dans les corps solides quelque chose d'insaisissable et de caché qui est évident et pour ainsi dire palpable dans les corps mous. En effet, de même que la cire ou le plomb, ou tout autre corps de ce genre, lorsqu'ils sont frappés du marteau, cèdent non-seulement dans la direction du coup, mais encore sur les côtés et en tous sens, de même les corps durs et élastiques cèdent en droite ligne et en rond. Cette obéissance générale dans les corps mous, et particulièrement dans les corps durs, s'explique facilement ; et cette propriété du corps dur, lorsqu'il court et s'élance, s'observe aisément dans la forme du corps mou. Qu'on n'aille pas toutefois penser qu'outre ce mouvement, qui est la cause première, nous n'attribuions pas quelque influence à l'air qui sert de véhicule, et qui peut seconder le mouvement principal, l'empêcher, le détourner ou même le diriger. Son influence est en effet très grande. L'interprétation du mouvement violent ou mécanique qu'on a négligée jusqu'ici est une source inépuisable pour la pratique.

IX. *Du mouvement des bouches à feu; il n'a été observé qu'en partie et ne l'a pas été dans la principale.*

La connaissance de la cause des pièces d'artillerie, et l'explication de ce mouvement puissant et admirable, sont défectueuses et n'ont pas été envisagées dans leur partie principale. On dit que la poudre de guerre, quand elle est convertie et réduite en flamme, se dilate et occupe un espace plus considérable ; qu'il s'ensuit que deux corps ne peuvent occuper la même place, ou qu'il ne peut y avoir pénétration des dimensions, ou que la forme élémentaire ne peut être détruite, ou enfin que la position des parties ne peut être contre la nature de tout un corps qui s'oppose à l'expulsion ou à l'effraction. C'est ce que l'on dit ; et ce raisonnement ne manque pas de justesse ; car cette tendance et cette propriété de la matière est pour quelque chose dans ce mouvement. Mais on se trompe pourtant en ce qu'on se hâte d'attribuer ce phénomène à la nécessité de se dilater, sans avoir auparavant réfléchi sur sa nature. En effet, que le corps de la poudre occupe un plus grand espace lorsqu'il est enflammé, il y a certainement nécessité ; mais que le corps de la poudre s'enflamme et qu'il le fasse aussi rapidement, il n'y a pas même nécessité, mais cela dépend de la réunion et de la conformité précédente des mouvements. Nul doute que le corps solide et pesant, qui est poussé et éloigné par cette sorte de mouvement, ne fasse tous ses efforts pour résister jusqu'à ce qu'il cède ; que s'il se trouve d'une force supérieure, la victoire lui reste, c'est-à-dire que la flamme ne chasse pas le projectile, mais que le projectile paralyse l'effort de la flamme ; que si, au lieu de poudre de guerre, on prend du soufre ou du camphre, ou toute autre matière inflammable, si ensuite, l'assemblage des corps empêchant leur inflammation, on les réduit en grains de poudre, après les avoir mélangés avec une certaine quantité de poudre de genièvre ou de quelque autre bois combustible, on n'obtiendra pas cependant ce mouvement puissant et rapide s'il ne s'y trouve pas de salpêtre. Mais le mouvement d'inflammation sera arrêté et comprimé par la masse du corps résistant ; il ne se développera point et n'atteindra pas son effet.

Voici ce qui se passe réellement. Le mouvement dont il s'agit est double et composé. En effet, outre le mouvement d'inflammation qui s'opère surtout dans la partie sulfureuse de la poudre, il s'en produit un autre plus fort et plus violent. Il vient de l'exhalaison crue et aqueuse, résultant principalement du nitre ainsi que du charbon de bois, qui se répand aussi, comme font les vapeurs produites par le calorique, et en même temps, ce qui est la cause capitale, excité par l'envahissement rapide du calorique et de la flamme, il éclate avec impétuosité, et facilite par ce moyen l'inflammation. Nous trouvons l'origine de ce mouvement dans les pétillements de feuilles sèches de laurier ou de lierre lorsqu'on les jette dans le feu, et plus encore dans le sel, qui a plus de rapport avec la nature de la substance dont il s'agit. Il se passe quelque chose d'analogue dans le suif humide des chandelles et dans la flamme qui sort en sifflant du bois vert. Ce mouvement se produit à un grand degré dans le vif argent, qui est un corps crû et semblable à une eau minérale. Si, après l'avoir enfermé dans un récipient, on le soumet à l'action du feu, ses forces ne le cèdent pas beaucoup à celles de la poudre de guerre. Nous avons cité ces exemples pour engager les hommes et leur apprendre en même temps à ne pas s'arrêter à une seule considération dans leurs investigations des causes, et à ne pas se prononcer trop légèrement ; ils doivent au contraire examiner tout ce qui se rattache à leur sujet, de manière à y fixer des racines fortes et profondes.

X. *De la dissemblance des corps célestes et des corps sublunaires, quant à l'éternité des uns et à la mutabilité des autres ; faiblesse de ce principe.*

C'est un principe admis que l'universalité de la nature peut se diviser et se distinguer par le moyen des deux globes céleste et terrestre, de manière qu'il y ait une division pour les corps célestes et une autre pour les sublunaires ; et il ne nous semble pas avoir été adopté sans raison si l'on n'en pousse pas la portée au-delà de certaines bornes ; car il n'y a pas de doute que les régions placées au-dessus et au-dessous du globe lunaire n'aient des différences grandes et nombreuses avec les corps contenus dans les mêmes espaces. Et cela n'est pas cependant plus prouvé qu'il ne l'est que les corps de l'un et de l'autre globe ont des tendances, des propriétés et des mouvements communs. Nous devons donc suivre l'unité de la nature, tablir entre eux des distinctions plutôt que des subdivisions, et ne point en scinder l'étude.

Quant au principe qui a été admis plus tard, que les corps célestes ne subissent pas de mutations, tandis que les corps sublunaires ou élémentaires, selon l'expression reçue, y sont soumis ; que la matière des derniers peut se comparer à une courtisane qui revêt continuellement de nouvelles formes, et que celle des premiers ressemble à une matrone qui met son bonheur dans une union stable et absolue ; ce principe, disons-nous, nous paraît faible et vulgaire, et ne repose que sur l'apparence et la superstition. En un mot, c'est une hypothèse chancelante de toutes parts et sans fondement. Ni cette éternité que l'on donne au ciel, ni cette mutabilité que l'on attribue à la terre, ne leur conviennent ; car de ce qu'on ne les voit pas il ne faut pas conclure qu'il ne se fait pas de mutations dans le ciel ; la ténuité du corps et la distance du lieu trompent la vue. On remarque en effet un grand nombre de changements dans l'air, comme dans la chaleur, le froid, les odeurs et les sons, et cependant ils ne sont pas perceptibles aux yeux. Il en serait de même, je pense, si l'œil était placé dans le disque de la lune ; à une aussi grande distance il ne pourrait observer ce qui se passe chez nous, et les différents mouvements qui s'opèrent à la surface de la terre, et les révolutions des machines, et les mouvements des animaux, des plantes et de tous les autres corps dont les dimensions, à cause de l'éloignement, n'égalent pas celle du moindre fétu de paille. Mais dans les corps dont le volume et la grandeur sont assez étendus pour franchir l'espace et devenir perceptibles à nos regards, nous pouvons nous convaincre qu'ils sont soumis à des mouvements dans les régions célestes, comme le prouvent certaines planètes ; je parle des corps qui ont conservé la configuration constante des étoiles fixes, par exemple, celle qui fut vue de nos jours dans Cassiopée.

Quant à la terre, lorsqu'on est parvenu dans ses profondeurs, sans s'arrêter à cette incrustation ni à ce mélange qu'on trouve à sa superficie et dans les parties qui en sont le plus rapprochées, il semble qu'on y observe les marques de cette perpétuité qu'on suppose au ciel. Nul doute, en effet, que si la terre éprouvait des mutations dans ses profondeurs, par suite de ces mutations il s'opérerait aussi, dans la partie que nous habitons, des révolutions plus remarquables que celles que nous y voyons. Certes, la plupart des tremblements de terre, les irruptions des fleuves et les embrasements des volcans, ne s'élèvent pas tout-à-fait des entrailles de la terre, mais des régions qui en approchent, puisqu'ils n'occupent qu'une petite étendue à la surface; car plus l'espace et le cratère qu'ils occupent à la surface de la terre sont étendus, plus leurs racines et leurs sources doivent se rapprocher de ses entrailles. Les tremblements de terre remarquables (je veux dire remarquables par rapport à leur étendue et non à leur violence) qui n'ont que rarement lieu, peuvent être comparés aux comètes dont nous avons parlé, qui ne se montrent qu'à de longs intervalles; de sorte que ce que nous avons dit au commencement se trouve justifié, c'est-à-dire : qu'il existe un grand rapport entre le ciel et la terre quant à leur stabilité et à leurs révolutions.

Si l'on veut avoir un autre exemple de l'égalité et de la réalité du mouvement dans les corps célestes, nous pouvons citer, comme partageant inséparablement l'éternité avec eux, l'Océan, qui, dans son flux et son reflux, montre une invariabilité presque aussi grande.

Enfin, si l'on objecte encore qu'on ne peut cependant pas nier qu'à la superficie de la terre et dans les parties qui en sont les plus voisines il s'opère une infinité de mutations, et qu'il n'en est pas de même dans le ciel; nous répondrons : que nous ne les égalons pas en tout; et pourtant, si nous prenons la partie supérieure et moyenne de l'air (qu'on appelle région) pour la superficie ou l'enveloppe extérieure du ciel, comme nous entendons par superficie ou enveloppe extérieure de la terre, l'espace où les animaux, les plantes et les minéraux se rencontrent, on y trouvera de même des formations et des mutations diverses et de toutes sortes. Par conséquent, presque toute cette confusion, ce conflit et cette révolution me semblent se passer pour ainsi dire sur les confins du ciel et de la terre, ainsi qu'il arrive dans les troubles civils, pendant lesquels on voit souvent les frontières de deux Etats ravagées par des incursions et des désastres continuels, tandis que les provinces intérieures des Etats jouissent d'une paix et d'une tranquillité profonde.

Personne, s'il y réfléchit bien, ne fera intervenir ici la religion. Cette prérogative d'être incorruptible n'a pu être attribuée à un ciel matériel que par une vanité païenne. L'Ecriture-Sainte donne également au ciel et à la terre l'éternité et la destruction, mais avec un degré différent de gloire et de respect; car, si d'un côté on lit *que le soleil et la lune sont des témoins éternels et fidèles dans le ciel*, on lit d'un autre *que les générations passent, mais que la terre demeurera éternellement*. Au reste, un seul passage nous apprend que l'un et l'autre doivent finir : *Le ciel et la terre passent, mais le Verbe de Dieu est éternel*.

Ce n'est pas dans le désir de présenter de nouveaux principes que nous avons fait ces observations, mais c'est parce que nous prévoyons que ces prétendues dissemblances et ces fausses divisions seront un grand obstacle aux progrès de la vraie philosophie et à l'interprétation de la nature.

RÉFUTATION
DES SYSTÈMES PHILOSOPHIQUES.

(*REDARGUTIO PHILOSOPHIARUM.*)

Dans la critique des philosophies dans laquelle nous allons entrer, nous savons à peine de quel côté nous tourner, parce que la voie ouverte aux autres réfutations nous est fermée. En effet, nous avons une si grande foule d'erreurs à combattre que ce n'est pas en tirailleurs que nous devons tâcher de les détruire, mais c'est en colonnes serrées qu'il nous faut les disperser; si nous nous contentions de simples escarmouches et d'attaques corps à corps, notre but serait manqué, par l'absence de toute règle d'argumentation, puisque nous ne nous accordons pas sur les principes, et, qui plus est, puisque nous rejetons les formes mêmes des preuves et la valeur des démonstrations. Si ensuite (et c'est la seule ressource qui semble nous rester) nous tâchons de tirer du bons sens et de justifier par l'expérience les faits que nous avançons, nous retombons encore dans le même obstacle; et oubliant ce que nous avons dit sur l'importance de préparer les esprits, on trouvera que nous avons suivi un principe contraire; car nous tomberons brusquement et directement sur les choses, vers lesquelles nous avons cru nécessaire d'ouvrir et d'aplanir une voie, à cause des préjugés et des préventions dont les esprits sont imbus. Mais nous ne renoncerons pas pour cela le moins du monde à notre système; nous nous proposerons pour but de découvrir et d'expliquer des faits qui justifient notre système, tantôt en employant des signes au moyen desquels on puisse juger les philosophies, tantôt signalant çà et là dans ces philosophies des erreurs monstrueuses et des fantômes imaginaires pour en détruire l'autorité. Et nous n'ignorons pas toutefois que les racines de ces erreurs ont pénétré trop profondément pour pouvoir les extirper par la critique, surtout quand nous considérons que ce caractère de suffisance et de pédanterie, qui rejette les opinions sans les réfuter, n'est ni nouveau ni étranger pour les hommes érudits. Ne perdant point de vue la hauteur de notre sujet, nous argumenterons d'une manière aussi sérieuse et aussi élevée qu'il le mérite. Notre espoir en nous livrant à cette réfutation n'est point de faire autorité, mais seulement d'éveiller un esprit de tolérance et de justice; encore ne voulons-nous obtenir ce succès qu'auprès des esprits doués de nobles vues et de fermeté. On ne peut, nous le savons, s'arracher avec assez de force à ce commerce continuel d'erreurs, et venir à nos principes avec assez de résolution pour ne pas vouloir consacrer encore quelques pensées aux données anciennes et aux idees reçues. Nul doute qu'on n'ira point inscrire sur les tablettes de nouvelles lignes à moins qu'on n'en efface les premières; dans l'esprit aussi on n'effacera guère de premières idées à moins qu'on en ait de nouvelles à y inscrire.

Nous avons été au-devant de cette répugnance; et le but de cet ouvrage, nous le disons franchement, est de diriger ceux qui veulent nous écouter, et non d'entraîner ceux qui ne le veulent pas. Nous repoussons toute violence, comme nous l'avons déjà déclaré; et notre entreprise nous rappelle le bon mot de Borgia sur l'expédition de Charles en Italie, où les Français, dit-il, étaient venus avec de la craie pour marquer leurs logements, et non avec des armes pour combattre. Nous prévoyons un résultat et un succès semblables pour nos découvertes; car elles pourront plu tôt gagner et soumettre les esprits éclairés et capables qu'elles ne frapperont ceux qui pensent différemment. Mais dans le sujet dont nous nous occupons, et qui a pour but de réfuter les philosophies, nous avons été secourus par un hasard heureux et surprenant.

Pendant que je m'occupais de cet ouvrage, un de mes amis arriva de France; après nous être salués et nous être entretenus familièrement de nos affaires, il me dit: « Comment emploies-tu les loisirs que te laissent tes fonctions publiques, ou du moins tes vacances? — Ta question m'enchante, répliquai-je; crois-tu donc que je les passe à ne rien faire? Je travaille à la restauration de la philosophie, de manière à en élaguer tout ce qu'elle a de vain et d'abstrait, et à la rendre la source de bienfaits pour la vie humaine. — C'est une noble tâche, dit-il; et quels sont tes collaborateurs? — Je suis sûr de moi, répondis-je, mais je ne compte sur personne; je n'ai pas même un être avec lequel je puisse m'entretenir de ce sujet, pour développer et discuter mes idées. — Tu as fort à faire alors, » me dit-il. Et il ajouta ensuite: «Apprends cependant que d'autres travaillent à cette restauration.» Je témoignai ma joie à cette nouvelle et je m'écriai: « Tes paroles me mettent du baume dans le sang et me rendent la vie; car j'ai rencontré dernièrement une vieille sorcière qui dans ses prédictions cabalistiques m'a annoncé que mon fœtus expirerait dans la solitude. — Veux-tu, dit mon ami, que je te raconte ce qui m'arriva en France à ce sujet? — De tout mon cœur, lui répondis-je, et je t'en rendrai mille grâces. »

Il m'apprit alors qu'appelé à Paris par un de ses amis, il fut introduit dans une assemblée d'hommes, " telle, dit-il, que tu aimerais à en voir; car jamais événement plus agréable ne m'arriva de ma vie. » Elle se composait d'environ cinquante membres, parmi lesquels il ne se trouvait pas un jeune homme; tous étaient d'un âge mûr, et portaient sur leur visage l'empreinte des nobles sentiments et de la vertu. Dans le nombre il en reconnut plusieurs revêtus de charges honorables, et quelques-uns même qui avaient leur siége au parlement; il remarqua aussi des prélats, qui appartenaient presque au premier rang; il s'y rencontrait enfin, dit-il, des savants étrangers de différentes nations. A son entrée, il les trouva occupés à des discussions particulières; ils étaient cependant assis sur des siéges arrangés avec ordre, et paraissaient attendre l'arrivée de quelqu'un.

Bientôt après entra un vieillard dont les traits auraient annoncé une douceur et une tranquillité parfaite, si sa figure n'eût pas porté une teinte de mélancolie; tous s'étant levés à son approche, il promena ses regards avec bienveillance sur l'assemblée : « Je n'ai jamais pu me figurer, dit-il, comment il pouvait se faire que les moments de liberté de chacun de vous, quand je vous regarde séparément, puissent ainsi coïncider en un seul et même temps; et je ne saurais assez m'étonner comment cela peut arriver. » Un membre lui répondit que cette coïncidence n'était due qu'à lui, puisqu'il n'y avait aucune affaire qu'ils ne suspendissent dans l'espoir de l'entendre. » Je vois que la perte du temps que vous passerez ici au détriment de beaucoup d'individus auxquels vos moments particuliers auraient pu être utiles, retombera sur moi. Puisqu'il en est ainsi, je dois tâcher de ne pas vous retenir trop longtemps. » Après ces paroles il s'assit, non dans une tribune ou sur un siége élevé, mais au milieu des autres membres, et commença de cette manière à s'entretenir avec eux. Le narrateur de ce fait reproduisit, comme il put, le discours qu'il entendit, et assura que, lorsqu'il le repassa avec l'ami qui l'avait introduit, il le trouva bien inférieur à ce qui avait été dit. Il portait sur lui la copie imparfaite de ce discours. Elle était ainsi conçue :

« Vous êtes hommes et mortels, mes fils, et votre condition ne vous inspirera pas tant de regrets, quand vous vous serez suffisamment rappelé votre nature. Dieu, créateur du monde et des hommes, vous a donné des âmes capables de concevoir l'univers, sans cependant que cette connaissance puisse leur suffire. Il s'est donc réservé votre foi, et a soumis le monde à vos sens; mais il n'a pas permis que l'une et l'autre révélation fussent claires; il les a enveloppées d'obscurité, pour exercer votre pensée et la récompenser par les découvertes de faits sublimes. Sur les choses divines j'attends de vous les plus hautes lumières; mais quant aux choses humaines, je crains pour vous qu'une longue erreur ne vous ait aveuglés; car je pense que vous êtes convaincus que vous jouissez d'un état prospère et florissant des sciences Permettez-moi de vous prier encore de ne point voir de richesse ni d'utilité dans les connaissances que vous possédez, de ne point vous imaginer que vous êtes parvenus à un degré bien élevé, que vous n'avez aucun vœu à former, et que vos travaux sont accomplis; voyez les choses différemment.

« Dans tout cet étalage d'écrits dont les sciences sont si vaines et si orgueilleuses, cherchez quelles lumières ils apportent; examinez-les bien de près, et partout vous ne retrouverez que des répétitions infinies des mêmes sujets : vous ne verrez de variété que dans le style, la coordination, les exemples et le luxe de typographie; mais quant à leur fond, leur valeur et leur véritable influence, ce n'est qu'une suite de redites et de pauvres copies; de manière qu'au milieu de cette richesse il y a pénurie, et que dans ce jeûne on éprouve la satiété. Et s'il m'était permis d'user de l'intimité de nos entretiens pour plaisanter à ce sujet, je vous dirais que votre science me paraît ressembler beaucoup à la table d'un Amphitryon de Chalcide. Interrogé par ses hôtes comment il avait pu se procurer une si grande variété de gibier, il répondit que tous les mets avaient été préparés avec un porc domestique. Certes, vous ne nierez pas que toute cette variété n'est autre chose qu'une faible partie de la philosophie des Grecs, et non pas même celle qui a été nourrie dans les bois et les forêts de la nature, mais qui a été renfermée dans les écoles et les cellules, comme un animal qu'on a engraissé à la maison. Retranchez en effet les Grecs, et même un petit nombre, que peuvent présenter les Romains, les Arabes ou les savants de notre temps, qui ne soit tiré d'Aristote, de Platon, d'Hippocrate, de Galien, d'Euclide et de Ptolémée? Possédez-vous autre chose que leurs données? Vous voyez donc que vos espérances et votre bien-être reposent presque sur six têtes et six intelligences assez étroites. Et cependant Dieu ne vous a pas donné des âmes raisonnables pour que vous portiez à des hommes le tribut que vous lui devez, c'est-à-dire votre foi, qui n'appartient qu'à la Divinité ; il ne vous a pas accordé une forte et puissante perception de sens pour contempler les œuvres de quelques hommes, mais bien pour étudier les siennes, le ciel et la terre. En célébrant ses louanges, en adressant des hymnes à votre auteur, joignez-y dans vos cantiques, si vous le voulez, les noms de ces hommes ; rien ne vous en empêche.

« Et d'ailleurs cette science qui est à la fois à vous par l'usage que vous en faites, et aux Grecs par son origine, et qui étale un si grand appareil, quel genre de sagesse a-t-elle emprunté à ses auteurs ? car leur philosophie a été très variée. Or la variété est contraire à la vérité, bien qu'elle n'implique pas l'erreur ; elle est à la vérité ce qu'est l'arc-en-ciel au soleil, la plus faible et la plus débile en quelque sorte de toutes les images, mais quelquefois c'est une image. Aristote (c'était aussi un Grec) nous a ensuite dépouillés de cette variété ; sans doute, à mon avis, pour égaler les hauts faits de son royal et conquérant élève. On a fait de cet élève (si j'ai bonne mémoire) l'éloge suivant :

Felix terrarum prædo, non utile mundo
Editus exemplum, terras tot posse sub uno
Esse viro.

Ne pourrait-on pas appeler le maître *felix* DOCTRINÆ *prædo* ? Peut-être serait-ce trop sévère ; mais la suite de l'éloge peut fort bien s'appliquer à lui, car il n'a nullement été utile à l'humanité celui qui a enchaîné tant de hauts génies et tant d'esprits libres. Vous savez donc maintenant, mes fils, combien vos ressources sont faibles, et de quel petit nombre d'hommes elles vous viennent ; car, pour toute richesse, vous n'avez que les contributions de quelques philosophes. Examinons ensuite l'utilité de votre doctrine.

« Mais quelle voie, je ne dis pas obtiendrons-nous, car vous êtes favorablement disposés, mais inventerons-nous et préparerons-nous pour parvenir à vos âmes et à vos sens ? car c'est chose difficile. Comment ferons-nous jaillir et éclater les lumières naturelles, et en dégagerons-nous les fausses lueurs étrangères qui les absorbent ; comment enfin nous donnerons-nous à vous, pour que nous vous rendions à vous-mêmes. Des préjugés sans nombre se sont établis ; on s'est imbu de faux principes, et après les avoir adoptés on les a répandus. Les théologiens ont souvent puisé à cette philosophie, et ont fondé une sorte de doctrine spéculative dans laquelle les deux sciences se sont trouvées combinées. Les hommes publics, qui regardent comme un point fort important pour leur réputation d'être considérés comme savants, ont surchargé de passages puisés à cette source leurs écrits et leurs discours. On a aussi, mes fils, forgé à dessein des mots et des expressions dictés par cette même philosophie et appropriés à ses idées et à ses préceptes, de sorte qu'en apprenant à parler, vous vous êtes nécessairement imbus et pénétrés d'un monde d'erreurs que je ne qualifierai pas pour le moment. Et non-seulement, l'usage général les a confirmés, mais ils ont été en quelque sorte consacrés par la sanction que leur ont donnée les académies, les colléges, les différents ordres, je dirai presque les gouvernemens.

« Vous-mêmes, y renoncerez-vous sur-le-champ ? Vous le conseillons-nous ? Non, mes fils, je ne vous le demande pas ; je ne veux pas vous dépouiller des fruits de votre philosophie, je veux vous en laisser jouir, et il n'entre pas dans mon dessein de vous isoler de la société. Continuez à faire usage de la philosophie que vous avez acquise, à puiser dans son sein des arguments pour vos discussions, à en orner vos discours ; qu'elle serve à vous donner de l'importance auprès des hommes vulgaires ; car la véritable philosophie vous sera peu utile pour de tels usages : elle n'est pas à notre disposition, ne se saisit pas en passant, ne peut être employée comme l'ornement secondaire de nos connaissances acquises, ne descend pas à la portée du vulgaire, si ce n'est par son utilité et ses œuvres. Conservez-les donc toutes deux, et faites-en usage selon le besoin et l'occasion ; dans vos rapports avec la nature servez-vous de la nôtre, et dans vos rapports avec le peuple ayez recours à l'autre. Il n'est en effet personne d'une intelligence supérieure à qui il ne soit arrivé d'avoir réprimé ses forces devant un autre homme d'une intelligence inférieure, et qui ne se soit en un mot dépouillé de ses moyens pour se mettre à la portée d'un autre! Pour me servir, selon ma coutume, d'une expression familière, voici le conseil que je vous donne : « Possédez Laïs, pourvu que Laïs ne vous possède pas. » Supportez la loi du préjugé, donnez-vous aux autres, mais ne vous rendez pas; conservez-vous pour une société plus digne. Et ce que nous vous demandons est d'autant moins difficile à accorder que les biens que vous possédez continueront à être une source de profit et d'honneur ; vous pourrez donc entendre plus facilement mettre ces mêmes biens en doute sous le rapport de la vérité et de l'utilité.

« Or, je suppose que vous soyez venu le mieux disposé du monde à faire dans ce bien même abnégation entière de tout ce que vous avez cru et appris jusqu'ici, à renoncer aux opinions reçues et à vos idées ; il n'en faudrait pas moins en venir à la démonstration de la vérité; et pourtant c'est le point qui nous arrête : nous savons à peine de quel côté nous tourner pour vous pénétrer d'une chose si imprévue et si nouvelle. Certes le principe de discussion nous est enlevé, puisque nous ne sommes pas d'accord avec vous sur les principes. L'espoir de vous convaincre nous est aussi refusé, puisque nous avons mis en doute et que nous avons même attaqué les démonstrations qui sont actuellement en usage. Dans une telle situation d'esprit, la vérité même peut échouer auprès de vous. Il me faut alors préparer votre intelligence avant de l'instruire, guérir vos esprits avant de les exercer, nettoyer enfin l'aire de votre entendement avant d'y construire, et c'est dans ce but que vous vous êtes réunis aujourd'hui. La manière dont nous discuterons le point en question, et la générosité dont nous ferons preuve, nous inspirent l'espérance du succès.

« Vous le savez, mes fils, il y a dans l'âme humaine, quelque occupée et assiégée qu'elle soit d'ailleurs, une partie pure d'entendement, toujours ouverte à la vérité; on y pénètre par une pente légèrement inclinée. C'est par là, mes fils, que j'espère parvenir à vous convaincre. Vous et moi, dépouillons-nous du caractère d'hommes savants, si tant est que nous le soyons, et devenons pour ainsi dire des hommes ordinaires : oublions la nature des choses et ne tirons nos interprétations que de certains signes extérieurs; car c'est un moyen qui nous est ouvert comme à tous les hommes.

« Votre doctrine, comme je l'ai déjà dit, vous est venue des Grecs. Quel était le caractère de cette nation? Je n'entrerai pas, mes fils, dans les causes de sa décadence; je ne répéterai ni n'imiterai les raisonnements que d'autres ont déjà faits à ce sujet. Je dirai seulement que ce fut toujours un peuple brouillon et bavard, caractère tout-à-fait contraire à la sagesse et à la vérité. Et ici je dois rapporter les paroles adressées par un grand-prêtre égyptien à un des plus grands hommes de la Grèce, et citées par un illustre écrivain de la même nation. Ce grand-prêtre sans doute les caractérisa avec une admirable justesse quand il dit : « Grecs, vous serez toujours des enfants. » N'a-t-il pas deviné juste ? très juste en vérité; car les Grecs ont été éternellement des enfants, et cela non-seulement dans l'histoire et dans leurs récits, mais beaucoup plus encore dans la contemplation de la nature. Et comment cette philosophie ne ressemblerait-elle pas aux contes de l'enfance, quand elle n'a su que babiller, sans avoir jamais pu rien trouver ni produire ? Ne s'est-elle pas toujours montrée ridicule dans ses discussions et pauvre dans ses œuvres ? Souvenez-vous donc, comme dit le prophète, avec quelle pierre vous avez été ciselés, et rappelez-vous parfois que la nation qui vous sert de modèle est grecque.

« Examinons ensuite quel était le caractère de l'époque où cette philosophie a commencé à naître et à se répandre. Le siècle, mes fils, où elle a été fondée touchait aux temps fabuleux, était pauvre d'histoire, n'avait que peu de connaissances et de lumières sur les pays étrangers et sur l'univers en général ; il ne jouissait point de la dignité imposante de l'antiquité ni des avantages des temps modernes; en un mot, il manquait à la fois de noblesse et d'autorité. Il est en effet permis de croire qu'il y eut dans l'antiquité des hommes divins, dont la sagesse l'emportait beaucoup sur la raison commune des hommes. On ne peut s'empêcher ensuite d'avouer que notre siècle a sur celui dont nous parlons l'avantage de jouir de près de deux mille ans d'événements et d'expérience, et de connaître deux tiers de plus de l'univers, sans parler des œuvres de grands génies et des fruits de leurs méditations. Voyez donc combien les esprits de ce siècle se sont logés étroitement, ou plutôt combien ils se sont confinés, soit que l'on calcule votre science sur l'échelle du temps ou sur celle des régions. Car on ne possédait pas alors une histoire de mille années, qui fût digne du nom d'histoire; tout n'était que fables et rêveries. Quelles connaissances géographiques avaient-ils, ces Grecs qui désignaient indistinctement sous le nom de Scythes tous les peuples du Nord, et sous celui de Celtes tous les peuples de l'Occident? Que savaient-ils, ces hommes dont les lumières, fondées seulement sur des ouï-dire, ne s'étendaient pas en Afrique au-delà de la partie la plus voisine de l'Ethiopie, et en Asie au-delà du Gange, et qui se doutaient encore bien moins des provinces du Nouveau-Monde? N'ont-ils pas présenté comme inhabitables plusieurs climats et plusieurs zones où des peuples innombrables vivent et respirent? Et ne célèbre-t-on pas comme une grande entreprise les voyages de Démocrite, de Platon et de Pythagore, qui, certes, ne furent pas de long cours, mais ressemblent plutôt à des excursions de banlieue?

« L'expérience, mes fils, est comme l'eau; plus elle s'étend, moins elle se corrompt. Aujourd'hui, comme vous le savez, l'Océan a été parcouru sur toute sa surface, de nouveaux mondes ont été découverts, et les extrémités des terres des anciens ne sont plus ignorées, non plus que leurs véritables divisions. Or, en considérant la nature de notre époque et de notre siècle, ainsi que la naissance et les productions de notre philosophie, les Chaldéens n'ont-ils pas fait une prédiction importante?

« Examinons maintenant les hommes. Sur ce point, nous avons le bonheur de leur conserver leur gloire, et de pouvoir en même temps montrer notre modération et tenir notre promesse; résultat qui n'est point dû à quelque artifice de notre part, mais que comporte et qu'impose le sujet lui-même. Nous n'avons en effet, mes fils, ni jalousie ni vanité dans le cœur, et nous ne voulons disputer ni la palme du génie ni l'empire de l'enseignement; notre but et notre intention sont bien différents, et vous en serez bientôt persuadés. Nous ne déprécions donc ni le génie des anciens, ni leur mérite, ni leur haute intelligence; mais nous attaquons le genre de leurs travaux, leur manière de voir, leur autorité et leurs principes; car on ne peut se figurer combien ils arrêtent les progrès des sciences, ni combien l'idée qu'on a de leurs richesses nous appauvrit.

« Il y a deux hommes, mes fils, dont on peut trouver les préceptes dans leurs propres livres; ce sont Platon et Aristote. Plût à Dieu qu'il en eût été de même pour les autres! Mais Aristote, selon la coutume des Ottomans, pensa qu'il ne pouvait régner qu'en assassinant ses frères. Ce dessein ne s'accomplit pas sur-le-champ, sans doute, mais dans la suite il fut exécuté avec trop de succès. Nous avons donc résolu de ne dire que quelques mots sur ces deux hommes. Nous ne mettons pas sur la même ligne Xénophon, écrivain aussi agréable que citoyen distingué. Nous n'avons pas à nous occuper beaucoup de ceux qui ont fait de la philosophie une sorte de voyage doux et délicieux de l'esprit, et qui n'y ont pas vu une province difficile et pénible à explorer.

« Or, ceux qui ne comptent pas parmi les génies humains ces deux hommes, Aristote et Platon, ou les jugent mal, ou manquent d'équité à leur égard. Certes, leur génie fut grand, pénétrant et sublime. Voyons cependant d'abord à quelle classe de philosophes ils appartiennent; car je trouve trois divisions à faire entre ceux qui sont livrés à la profession de la philosophie. La première est celle des sophistes, qui en parcourant les cités et en séjournant dans chacune d'elles ont fait métier d'enseigner aux jeunes gens la sagesse, moyennant un salaire; tels furent Gorgias, Protagoras et Hippias. Platon les attaque continuellement et les poursuit de ses railleries presque comiques; car ce n'étaient pas seulement des rhéteurs ou des écrivains de harangues, ils prétendaient encore à la connaissance universelle des choses. La seconde renferme ceux qui, avec plus de pompe et d'importance, ouvraient des écoles dans des lieux et des demeures fixes, qui fondaient des systèmes ou établissaient une secte, et avaient, en outre, des auditeurs, des sectateurs et des successeurs; de ce nombre étaient Platon, Aristote, Zénon et Épicure; car Pythagore attira bien aussi des auditeurs et établit une secte, mais on trouvait plutôt dans sa doctrine des traditions que des discussions, et elle se rapprochait plus de la superstition que de la philosophie. A la troisième appartiennent ceux qui, loin du bruit et de l'éclat de la chaire, se livraient sérieusement à la recherche de la vérité et à la contemplation des choses, et qui, solitaires comme Endymion, et en quelque sorte assoupis, philosophaient pour eux-mêmes ; ou bien ceux qui admettaient un petit cercle d'hommes pénétrés du même amour, et qui accomplissaient leur entreprise dans de doux entretiens ; ceux enfin qui ne se plaisaient pas, comme Galathée, à se jouer dans les ondes, mais aimaient à se trouver dans les orages des discussions. Tels furent Empédocle, Héraclite, Démocrite, Anaxagore et Parménide ; car on ne pourrait prouver que ces savants aient jamais ouvert des écoles ; ils ont mis en écrit leurs spéculations et leurs découvertes, et les ont livrées à la postérité.

« Certes, vous voyez maintenant, mes fils, ce dont il s'agit. Je pense que les deux premières classes, bien qu'elles se repoussent et se combattent mutuellement, se rattachent cependant l'une à l'autre par leurs rapports. Je n'hésiterai donc pas à vous dire que je place Platon et Aristote parmi les sophistes, mais d'un rang relevé et réformé, car je ne vois pas de différence. Peut-être m'opposerez-vous qu'ils ne changeaient pas de lieu et qu'ils ne se transportaient pas d'une ville à une autre ; qu'ensuite ils ne vendaient pas leurs leçons, et qu'ils n'avaient pas la sotte vanité de l'omniscience ; vous m'objecterez enfin qu'il y avait chez eux un caractère plus grave et plus noble ; je vous répondrai qu'il y avait école, auditeur et sectateur. Par conséquent, vous voyez qu'ils appartiennent à la même classe. Parlons maintenant des hommes en particulier, en nous rappelant toujours de laisser de côté les choses, et de ne tirer nos interprétations que de certains signes extérieurs.

« En commençant par Aristote, nous demandons à votre mémoire, mes fils, si dans sa physique et sa métaphysique vous n'entendez pas plus souvent les expressions de la dialectique que celles de la nature. Que peut-on, en effet, attendre de celui qui a formé le monde, pour ainsi dire, de catégories ? qui a traité le sujet de la matière et du vide, du rare et du dense, par la distinction de l'acte et de la puissance ; qui ne s'est presque occupé de l'espèce de l'âme que comme d'un sujet d'un ordre secondaire ? Voilà des faits qui parlent ; c'est pourquoi nous ne croyons pas devoir entrer dans un tel examen ; car, de même qu'il y aurait de l'ingratitude à entreprendre une juste réfutation, de même il y aurait de l'orgueil à attaquer par la satire les opinions d'un si grand homme. On ne trouve pas chez lui de bons signes, parce que son génie est trop bouillant et emporté, parce qu'il fait la guerre aux pensées des autres et en quelque mesure aux siennes, parce qu'il met tout en question et qu'il est sans cesse en contradiction avec lui-même, parce qu'il attaque sans merci ni égard l'antiquité, parce qu'on trouve dans ses œuvres une obscurité recherchée et beaucoup d'autres défauts, où se découvre le caractère du maître et non l'investigation de la vérité.

« Si l'on dit à cela que la critique est peut-être facile, mais qu'il est cependant incontestable qu'après la publication des ouvrages d'Aristote la plupart des livres des anciens furent en quelque sorte oubliés ; qu'ensuite on ne trouve rien de mieux dans les temps postérieurs ; que par conséquent Aristote est un grand homme pour avoir ainsi dominé sur l'une et l'autre époque, et qu'il est vraisemblable que la philosophie s'est pour ainsi dire fixée en lui, de manière qu'on doit s'en tenir à le conserver et à l'honorer ; un tel raisonnement, mes fils, me semble convenir à un homme ou ignorant, ou partial, ou paresseux ; car c'est montrer une sorte de paresse, comme dit l'Écriture, que s'attribuer une prudence infaillible et une sagesse plus pesante que le poids septuple de raisons ordinaires. Et certes, s'il faut dire toute la vérité, on trouvera une excessive paresse dans ce raisonnement ; et nous y voyons l'orgueil naturel au cœur de l'homme, qui non-seulement pardonne à ses défauts, mais réclame encore pour eux un respect presque profane ; qui prêche l'abandon des travaux, des recherches et des expériences, au lieu de prêcher la méfiance, sûre compagne de la sagesse ; orgueil qui vient de la paresse de quelques hommes particuliers, qui prétendent représenter le jugement et avoir l'autorité de la société en général.

« Maintenant nous vous ferons cette question : Aristote est-il un grand homme parce qu'il a dominé sur les écrivains qui l'ont précédé et sur ceux qui lui ont succédé ? vraiment, le pensez-vous ? Mais il n'est pas plus grand que le plus grand des imposteurs. Car voici la maxime particulière de l'imposture, de l'imposture par excellence, de l'Antéchrist : « Je suis venu au nom de mon père, a dit la vérité même, et vous ne m'avez pas reçu ; tandis que si quelqu'un vient en son propre nom, vous le recevrez. » Avez-vous entendu, mes fils? sous un sens figuré, mais pieux et vrai, celui qui vient au nom du père ou de l'antiquité ne sera pas reçu; mais celui qui a usurpé l'autorité, qui renverse et détruit l'ordre établi, et qui sera venu en son propre nom, celui-là les hommes le suivent. Or, si jamais en philosophie il est venu quelqu'un en son propre nom, certes c'est Aristote, qui ne prit en tout conseil que de lui-même, qui méprisa tellement l'antiquité qu'il daigna à peine nommer un des anciens, à moins que ce ne fût pour le critiquer et l'insulter. Il alla plus loin; il ne rougit pas de dire en paroles éloquentes (et dans sa méchanceté il devinait juste) qu'il était probable que nos ancêtres avaient été formés de terre ou de limon, à en juger par leurs opinions et leurs pratiques stupides et véritablement bourbeuses.

« Il n'est point vrai, d'ailleurs, que les ouvrages des anciens philosophes, après qu'Aristote les eût vaincus par son pouvoir, aient été oubliés sur-le-champ. Car nous voyons quelle opinion on avait encore de la sagesse de Démocrite après le temps des Césars :

> *Cujus prudentia monstrat*
> *Magnos posse viros, et magna exempla daturos,*
> *Vervecum in patriá, crassoque sub aere nasci.*

« Il est ensuite assez démontré que, dans les beaux siècles de l'empire romain, beaucoup d'ouvrages d'anciens Grecs avaient été conservés avec soin. Et Aristote n'aurait pas eu assez de puissance (bien qu'il en eût la volonté) pour les détruire, si Attila, Genséric et les Goths ne lui fussent venus en aide pour accomplir cette ruine. Et après que la science humaine eut éprouvé ce terrible naufrage, cette planche de la philosophie aristotélique fut sauvée, comme étant quelque chose de plus léger et de moins solide, et elle fut retirée avec soin à cause de la perte de tous les autres matériaux.

« Quant à l'opinion que les hommes ont de l'unanimité des suffrages, elle manque d'exactitude et de force. Vous a-t-on énuméré et mentionné dans les annales tous les enfantements du temps? connaissez-vous ceux qui ont été détruits ou cachés, ou connus seulement dans les autres parties du monde? savez-vous combien **il y a d'avortements qui n'ont jamais vu le jour? Que les hommes cessent donc d'attribuer au** monde et d'imposer aux siècles leurs étroites idées. Que dirait-on si nous avançons qu'il n'y a pas eu suffrage, et si nous nions qu'il y ait unanimité légitime et véritable, quand les hommes croient par force et jugent sans conviction? Ils ont passé, mes fils, de l'ignorance au préjugé; il y a enfin plutôt concours de personnes que de sentiments. En dernier lieu, tout en admettant cette unanimité, si nous la repoussons comme une erreur, aurons-nous à nous repentir de notre santé, au milieu de cette maladie générale et épidémique? Certes, mes fils, dans les choses intellectuelles, et en exceptant les choses divines, rien n'est d'aussi mauvais augure que l'assentiment général, quand la vérité descend du ciel. On ne plaît, en effet, à la multitude qu'en frappant l'imagination, comme la superstition, ou qu'en s'adressant aux notions vulgaires, comme la doctrine des sophistes; et tant s'en faut que cette approbation unanime ait un poids vrai et solide, qu'elle inspire une forte présomption pour le sentiment contraire. Et c'est avec raison qu'un Grec s'écria : *Quelle sottise ai-je donc fait?* en entendant autour de lui de nombreux applaudissements.

« Lors même qu'Aristote mériterait la réputation dont il jouit, je ne vous en conseillerais pas davantage de vous en tenir aux pensées et aux principes d'un seul homme, comme s'il était un oracle. Comment, mes fils, excuser cet esclavage volontaire? êtes-vous donc si inférieurs aux auditeurs de certain moine hérétique; au bout de sept ans ils cessèrent de dire : *Ipse dixit*, et vous, vous le dites au bout de deux mille ans? Vous n'auriez pas ce grand homme si sa doctrine ne l'avait pas emporté sur celles des anciens, et pourtant vous craignez de faire pour lui ce qu'il a fait pour l'antiquité. Vous irez plus loin, si vous voulez m'en croire : non-seulement vous refuserez cette dictature à cet homme, mais encore à tous les hommes présents et futurs; vous les suivrez dans leurs découvertes utiles, comme il convient à des êtres clairvoyants, et non indistinctement dans toutes, comme il sied à des aveugles. Faites l'essai de vos forces, et vous n'aurez pas à vous en repentir; car vous n'êtes pas inférieurs à Aristote sur chaque point, quoique vous puissiez l'être sous le rapport de l'ensemble; et, vous l'avouerez, vous le surpassez de beaucoup sous un rapport, le plus important de tous; je veux parler des exemples, des expériences et des enseignements que le temps vous a fournis. Car j'accorde qu'il ait fait, comme on le dit, un livre où il avait rassemblé les lois et coutumes de deux cent cinquante-cinq cités; je ne doute pas cependant que les mœurs et les exemples de la république romaine seule n'aient donné plus de lumières sur l'administration civile et militaire que toutes ces institutions réunies. Il en est arrivé de même en physique et en histoire naturelle. D'ailleurs, avez-vous reçu la vie pour négliger non-seulement vos propres facultés, mais pour repousser encore les bienfaits que les progrès du temps vous apportent? Délivrez-vous donc enfin de ces chaînes, assujettissez-vous à la nature, mais ne soyez plus les esclaves d'un seul homme.

« Quant à Platon, voici notre opinion sur son caractère : bien qu'il ne fût point arrivé au gouvernement, et qu'il eût été en quelque sorte éloigné de l'administration des affaires par les troubles de l'époque, porté cependant à la politique par son caractère et son inclination, il tendit principalement ses efforts vers ce but; par conséquent, il ne chercha pas à pénétrer très loin dans la philosophie naturelle; il voulut seulement s'en occuper assez pour acquérir le nom et la célébrité de philosophe, et entourer d'une certaine dignité ses doctrines morales et politiques. Il en résulte que tout ce qu'il a écrit sur la nature manque de vigueur. D'un autre côté, il n'a pas moins gâté la nature avec sa théologie que ne l'a corrompue Aristote avec sa dialectique. Les signes chez lui seraient très bons, si le reste y eût répondu, parce qu'il prétendait à la connaissance des formes et qu'il employait en tout le système d'induction, non-seulement pour les principes, mais encore pour les propositions intermédiaires; double découverte réellement divine, et à cause de laquelle je ne dirai pas seulement qu'il reçut, mais mérita le nom de divin, bien qu'il l'ait corrompue et rendue inutile en s'attachant à des formes abstraites, et en ne tirant la matière d'induction que de faits communs et vulgaires, parce que de semblables exemples, étant plus connus, convenaient mieux aux discussions. Or, comme il lui manquait une contemplation et une observation attentive des choses naturelles, seule matière de la philosophie, on ne doit nullement s'étonner qu'un génie élevé et un mode heureux de recherche lui aient peu servi. Pour nous, nous tombons, je ne sais comment, de la considération des signes sur les choses mêmes; on ne peut, en effet, guère les séparer, et nous pensons que ce n'est pas sans plaisir que vous nous avez entendu le démontrer.

« Peut-être désirez-vous ensuite connaître notre sentiment sur les autres, qui nous sont connus non par leurs propres écrits, mais par ceux des anciens, comme Pythagore, Empédocle, Héraclite, Anaxagore, Démocrite, Parménide et quelques autres. Sur ce point, mes fils, nous ne vous cacherons rien, et nous vous montrerons notre sentiment sans la moindre réserve. Sachez donc que nous avons saisi avec soin et attention les moindres bruits sur les opinions et les principes de ces hommes; que nous avons parcouru tout ce qui se rattache à eux, soit dans les critiques d'Aristote, les citations de Platon et de Cicéron, dans la collection de Plutarque, dans les vies de Laërce, dans le poème de Lucrèce, soit enfin dans les fragments ou les histoires et récits épars qu'on peut trouver; et nous ne l'avons pas fait avec négligence et précipitation, mais nous y avons mis toute la patience et la bonne foi possibles. Certes, on ne peut douter un seul instant que si les pensées des écrivains, que nous ne possédons que par des entremetteurs peu fidèles, se trouvaient transmises par dans leurs propres ouvrages, de manière à pouvoir les puiser à leurs sources, qu'elles auraient une bien plus grande valeur; car les forces des théories consistant dans l'harmonie continue et le soutien mutuel des parties, et, pour ainsi dire, dans le cercle de la démonstration, il en résulte que, comme elles n'ont été transmises que partiellement, elles perdent beaucoup de leur mérite.

« Et nous n'hésitons pas à avouer que, parmi tant de principes variés, nous en avons trouvé beaucoup de justes quant à la contemplation de la nature et à l'explication des causes, et que, parmi ces philosophes, comme il devait nécessairement arriver, il s'en rencontre qui ont écrit avec plus de bonheur que d'autres. Si on les compare à Aristote, nous sommes tout-à-fait convaincus qu'il y en eut dans le nombre qui, sur beaucoup de points, ont pénétré bien plus avant dans la nature qu'Aristote; et cela devait être, parce qu'ils cultivaient plus religieusement l'expérience, surtout Démocrite, qui, à cause de sa haute science naturelle, passait pour devin. Mais il nous faut cependant, pour continuer à agir avec vous sans détour et sans masque, vous dire en peu de mots ce que nous pensons de ces noms illustres. Les principes et les théories de tous ces philosophes nous paraissent ressembler aux données des différentes pièces qu'on joue sur le théâtre, données dans lesquelles la vérité a reçu des formes tantôt gracieuses, tantôt négligées, et quelquefois grossières ; ils ont ensuite le caractère qui appartient spécialement à ces pièces, c'est-à-dire qu'ils paraissent plus ingénieux et plus agréables que des récits véritables, et plus propres à persuader. Or, ces auteurs s'étant moins pliés au goût et aux préjugés en quelque sorte du théâtre, qu'Aristote et Platon et les autres sophistes, ont été moins vains et moins imposteurs, et sous ce rapport plus sains d'esprit ; sous les autres, ils leur ressemblent entièrement. En effet, le vaisseau de la philosophie des Grecs ne paraît faire qu'un tout ; les erreurs ont été différentes, **les causes de ces erreurs ont été communes.**

« Nous allons plus loin : nous ne doutons pas que si le pouvoir fût resté entre les mains du peuple et des cités libres, il eût été impossible que les divagations de l'esprit humain, poussées par les vents populaires, se fussent arrêtées et retenues au milieu de commentaires de théories si nombreux et si différents. En astronomie nous voyons que ceux qui veulent que la terre tourne et ceux qui ont adopté l'ancien système font une démonstration égale des phénomènes célestes, et qu'ils se répondent même les uns aux autres par des calculs et des preuves opposées. Ces contradictions se rencontrent aussi en philosophie naturelle, science où il est encore plus facile de trouver plusieurs théories très différentes entre elles et pourtant également opiniâtres, traitant toute l'expérience d'une manière contraire et appelant en témoignage des indices vulgaires qui, même de nos jours, ont force de loi dans les questions philosophiques.

« Et dans notre siècle, dans ce temps d'indifférence où des débats religieux ont épuisé les esprits, nous n'avons pas manqué d'écrivains qui aient pensé à produire quelques nouvelles données de philosophie naturelle ; car Telesio **venu de Cosenza** pour se montrer en scène a représenté une nouvelle pièce plus remarquable par son sujet que célèbre par son succès. Et Gilbert, de la Grande-Bretagne, après avoir recherché la nature de l'aimant et avoir mis dans ses investigations la fermeté et la constance la plus laborieuse, et les avoir entourées d'une suite et en quelque sorte d'une armée d'expériences, menaçait aussitôt de fonder une nouvelle philosophie, et il ne craignit pas de s'amuser à changer le nom de Xénophane en celui de Xénomane, qui lui paraissait préférable. Nous avons eu ensuite Fracastor, qui, bien qu'il n'ait pas fondé de secte, montra cependant une liberté convenable de jugement. Cardan eut la même hardiesse, mais c'est un philosophe moins profond.

« Je pense, mes fils, que vous êtes étonnés de l'exclusion étendue et générale des opinions et des auteurs que vous nous avez entendu prononcer. Malgré votre estime pour nous, vous paraissez craindre pourtant de ne pas pouvoir tous partager notre sentiment. Vous êtes tous inquiets et impatients de savoir comment la chose finira et quelles seront les conditions qui vous seront offertes. Nous ne vous tiendrons donc pas plus longtemps en suspens ; nous mettrons un terme à votre étonnement, et vous approuverez notre antipathie, à moins qu'elle ne soit injuste. Vous vous rappelez d'ailleurs que nous avons déjà dit quelque chose de semblable au commencement de cette réfutation. Nous ne voulons pas laisser aux anciens leur autorité et leur influence, parce qu'elles sont pernicieuses ; mais nous n'attaquerons nullement leur honneur ni leur réputation. Nous pourrions cependant, usant de notre droit et de celui qui appartient à tous, critiquer et signaler leurs fausses découvertes et leurs faux principes ; mais nous croyons heureusement n'en avoir pas besoin pour confondre nos envieux et fermer la bouche à nos contradicteurs.

« Écoutez donc, mes fils, ce que nous avons à vous dire. Si nous déclarions apporter de meilleures données que les anciens, après être entrés dans la même voie qu'ils ont suivie, nous ne pourrions empêcher, par aucun artifice de mots, qu'on ne nous accusât de prétendre à une supériorité de génie, ou de mérite ou d'intelligence, prétention qui n'a rien d'illicite ni de nouveau, mais qui serait ridicule en raison de la limite de nos forces. Ces forces, nous le savons parfaitement, sont inférieures non-seulement à celles des anciens, mais encore à celles des modernes. Mais, pour parler franchement, un boiteux dans la bonne route, comme on dit vulgairement, arrive plus tôt qu'un habile coureur dans la mauvaise. Nous avons suivi un autre système. Souvenez-vous que la question est sur la manière et non sur les forces, et que nous venons comme démonstrateurs et non comme juges. Par conséquent, pour nous exprimer sans déguisement et sans artifice, nous disons hautement que nous sommes d'opinion que si tous les génies de tous les siècles se réunissaient en un seul, ils ne pourraient faire grands progrès dans les sciences, vu le point où elles sont arrivées aujourd'hui, c'est-à-dire, pour parler clairement, qu'il est impossible d'avancer avec la méditation et l'argumentation. Nous allons plus loin : nous soutenons que plus le génie d'un homme est puissant, plus il se précipite et se perd dans des labyrinthes et en quelque sorte dans des abîmes d'idées fantastiques, quand il vient à s'écarter de la lumière naturelle, c'est-à-dire de l'histoire et de l'évidence des choses particulières.

« Ne vous est-il pas arrivé, mes fils, de remarquer quelle subtilité et quelle force d'esprit on rencontre chez les philosophes scolastiques, si enclins à la mollesse et aux méditations et si arrogants à cause de l'obscurité même dans laquelle ils avaient été élevés? Avez-vous examiné les toiles d'araignées qu'ils nous ont transmises, aussi admirables par le tissu et la finesse du fil que dépourvues d'intérêt et d'utilité? Quant à nous, nous vous promettons une chose ; c'est que la méthode que nous appliquons aux arts et le mode d'investigation que nous proposons sont tels qu'ils produiront presque, comme les héritages des Lacédémoniens, l'égalité de l'esprit et des facultés parmi les hommes ; car de même que pour décrire une ligne droite ou un cercle parfait l'habileté de la main et de la vue est pour beaucoup si l'on n'essaie de le faire que par la persévérance de la main et le jugement des yeux, mais que si l'on emploie une règle ou un compas pour former ces figures il n'en est pas de même ; par une raison semblable, dans la contemplation des choses qui dépend seulement des forces de l'esprit, un homme peut l'emporter de beaucoup sur un autre; mais par le système que nous proposons il ne se trouve guère plus de différence dans l'intelligence des hommes qu'il n'en existe ordinairement dans leur jugement. Ensuite nous redoutons un danger de la subtilité et de la précipitation de l'esprit, quand il est abandonné à son propre mouvement, et nous mettons tous nos soins non à donner des plumes et des ailes au génie des hommes, mais à y attacher du plomb et des poids. On ne semble en effet nullement se douter combien l'étude de la vérité et de la nature est chose sérieuse et combien elle laisse peu de liberté à l'imagination humaine. Ne croyez pas cependant que nous allons vous présenter quelque découverte étrangère ou mystique ou un Dieu tragique. Notre méthode repose uniquement sur l'expérience raisonnée et sur l'art et le moyen d'interpréter loyalement la nature, et sur la véritable voie du jugement ouvertes à l'intelligence.

« Ne voyez-vous pas, mes fils, la conséquence qui découle de ce que nous avons dit? D'abord nous conservons aux anciens tout leur honneur ; car, sous le rapport du génie et de la méditation, ils se sont montrés dignes de toute notre admiration, et, si nous eussions suivi la même voie, nous sommes convaincus que nous aurions été loin d'égaler leurs progrès. Vous comprenez ensuite sans doute que cette exclusion générale des auteurs n'a pas la même portée que si nous eussions rejeté les uns et approuvé les autres ; car nous aurions porté un jugement, tandis que, comme nous l'avons dit, nous faisons une simple démonstration. Enfin vous observerez aussi ce qui nous reste, soit qu'il nous plaise de nous attribuer quelque chose, soit qu'il plaise aux autres de nous l'accorder. Ce n'est point la palme du génie, du mérite ni de l'intelligence, mais une fortune qui vous appartient plus qu'à nous, puisqu'elle est plutôt avantageuse par son utilité qu'étonnante par sa découverte.

« Car, de même que vous vous étonnez peut-être que cette idée nous soit venue à l'esprit, de même nous sommes surpris à notre tour qu'elle n'ait pas frappé les autres depuis longtemps ; qu'aucun homme n'ait eu à cœur d'apporter aide et secours à l'intelligence humaine pour contempler la nature et éveiller l'expérience, mais qu'on ait tout abandonné aux brouillards des traditions, aux vertiges et aux tourbillons des arguments, ou aux ondes du hasard et aux ambiguïtés d'expériences sans suite, et qu'on n'ait pas enfin ouvert une voie intermédiaire entre l'expérience et les principes. Mais cependant nous cessons d'être surpris en considérant qu'on peut voir en beaucoup de points que l'esprit humain est si maladroit et si mal composé, qu'au premier abord il manque de confiance et se méprise bientôt après, et qu'il semble incroyable d'abord qu'on puisse jamais trouver telle ou telle chose, et quand on l'a découverte il semble encore incroyable que les hommes aient pu l'ignorer si longtemps. Pour dire la véritable cause, ce n'est pas tant l'obscurité et la difficulté du sujet dont nous nous occupons qui en a arrêté la découverte, que l'orgueil humain auquel répugne la nature en général et surtout en cette partie, défaut qui pousse les hommes à ce point de démence qu'ils consultent plutôt leurs propres inspiration, que celles de la nature, comme si les arts se faisaient et ne se découvraient pas.

« Dans l'espèce de promenade que vous avez faite, mes fils, au milieu des statues des anciens, peut-être avez-vous remarqué qu'une partie du portique était séparée par un voile. Ce sont les sanctuaires de l'antiquité avant la doctrine des Grecs. Mais pourquoi revenir à des temps dont les faits et les traces ont entièrement disparu? L'antiquité n'est-elle pas comme la renommée, qui cache sa tête dans les nues et qui raconte des fables, publiant le faux et le vrai? Je sais trop bien que, si je voulais agir avec moins de bonne foi, il ne me serait pas difficile de persuader aux hommes que les sciences et la philosophie florissaient avec bien plus de force, bien que peut-être aussi avec moins de bruit, parmi d'anciens sages, longtemps avant le temps des Grecs ; et cela serait d'autant moins extraordinaire que je pourrais y rattacher tout ce qui a été dit à ce sujet, ainsi que le font de nouveaux parvenus qui prétendent descendre de quelque race ancienne au moyen de bruits et de conjectures généalogiques.

« Mais, ne nous appuyant que sur l'évidence des choses, nous sommes décidés à repousser toute occasion d'imposture, quelque faciles et ingénieux que soient les moyens de la soutenir. C'est pourquoi nous ne donnons pas ici notre jugement sur l'observation suivante : Bien que les récits des poètes soient d'une matière flexible, nous n'aurions pas hésité cependant à reconnaître qu'il n'y a guère dans de semblables histoires rien de secret et de mystérieux, si elles avaient été controuvées par ceux qui les rapportent. Nous croyons qu'il n'en est pas ainsi ; car la plupart nous sont transmises comme choses généralement admises et connues, et non comme nouvelles et présentées pour la première fois. De là vient que nous y avons attaché un certain respect, comme si c'étaient des restes sacrés d'un âge meilleur. Mais, quoi qu'il en soit, nous pensons qu'il n'importe pas plus pour notre sujet de savoir si l'état des sciences que nous avons supposé, ou peut-être un autre supérieur, existait chez les anciens, qu'on ne doit s'occuper à découvrir si le Nouveau-Monde n'était pas l'île Atlantide connue des anciens ou s'il n'a été trouvé que récemment. L'invention des choses doit venir de la lumière de la nature, et on ne doit pas l'attendre de la nuit des temps reculés.

« Nous croyons devoir vous donner maintenant, bien que peut-être vous ne nous la demandiez pas, notre opinion sur l'espoir que vous fondez sur la philosophie des chimistes. En effet, votre philosophie, si féconde en discussions, si stérile en résultats, a excité en quelques-uns une haute idée de la chimie. Certes, quant à ce qui concerne la pratique des chimistes, il nous semble qu'on peut la comparer à la fable du vieillard qui légua à ses fils de l'or enfoui dans une vigne sans pouvoir se rappeler précisément le lieu où il se trouvait. Il arriva qu'ils se mirent aussitôt à bêcher la vigne et qu'ils n'y trouvèrent point de trésor, mais que par ce travail ils rendirent la vendange beaucoup plus abondante. De même aussi les fils de la chimie, en s'efforçant d'arracher l'or (soit qu'ils s'y prennent bien ou mal) que la nature a caché et en quelque sorte enfoui dans son sein, en faisant des recherches et des tentatives nombreuses, ont procuré aux hommes de grandes richesses et ont doté la famille et la science humaine de plusieurs découvertes qui ne sont pas à dédaigner.

« Mais nous pensons que leur science spéculative est légère et peu sage. Semblables au jeune enfant qui, ayant trouvé un éclat de bois, voulut en faire un vaisseau, eux aussi, trop confiants en leurs talents, ont voulu fonder la philosophie sur quelques expériences du laboratoire. Ce genre de théories est plus souvent et plus ouvertement taxé de vanité que l'autre, qui certainement est moins superficiel et plus prudent ; car la philosophie vulgaire, en examinant tout et pour ainsi dire en goûtant à chaque chose, s'est fait des partisans chez la plupart des hommes. Mais de quelques points particuliers qu'on a approfondis vouloir juger de tous les autres, c'est se résoudre à se tromper et renoncer à la confiance des autres, et c'est dans cette dernière classe que nous rangeons la philosophie chimique.

« Prenons dans ce système le principe qui est la base de la philosophie des chimistes. D'après eux, il y a quatre matrices ou éléments des choses dans lesquelles les semences ou espèces des choses forment leurs fœtus. Ces espèces se produisent sous quatre formes, savoir selon la différence de chaque élément, de manière que dans le ciel, l'air, l'eau et la terre, on ne trouve aucune espèce qui n'ait quelque liaison et pour ainsi dire quelque parallèle avec les trois derniers éléments. Ainsi, sous le titre gracieux de *microcosme*, on a fait de l'homme un pantomime soufflé par chacun d'eux. Une telle idée, selon nous, n'a pu séduire un homme raisonnable ; nous disons plus : un observateur intelligent de la nature, fût-ce même dans ses rêveries, ne pourrait concevoir une phalange si bizarre des choses naturelles.

« Mais on doit bénir ces divagations en ce qu'elles peuvent éclairer notre prudence, et en ce que cette philosophie, comme nous l'avons déjà dit, par son côté faux peut servir d'antistrophe à la philosophie vulgaire ; car de même que cette dernière, d'un grand nombre de faits ne tire que peu de fruits pour le domaine de l'invention, de même l'autre d'un petit nombre de faits procure beaucoup de fruits. Quant à nous, mes fils, souhaitons-nous un Paracelse, homme, comme on peut le désirer, d'une voix assez forte pour qu'il célèbre et proclame la lumière de la nature qu'il présente si souvent.

« Puisque nous venons de parler des chimistes, nous croyons devoir dire aussi quelques mots sur la fameuse magie naturelle qui maintenant a déshonoré son nom solennel et presque sacré ; car il y a déjà longtemps qu'elle est en honneur auprès des philosophes chimiques. Quant à nous, elle nous semble trop au-dessous de nos travaux et de notre attention pour que nous prononcions contre elle une condamnation à laquelle d'ailleurs elle échapperait par son peu d'importance. En effet, qu'a de commun avec nous cette science dont les dogmes ne sont que chimères et superstition, et dont les œuvres ne sont que prestiges et imposture ? Car, entre autres mensonges, si elle pousse une investigation jusqu'à l'effet, c'est plus dans le but de produire du merveilleux et de soutenir ses intérêts que dans celui de l'utilité générale et scientifique. A presque tous les résultats des expériences magiques on peut appliquer justement les paroles d'une poëte badin :

..... *Pars minima est ipsa puella sui.*

« De même qu'il appartient à la philosophie de faire paraître toutes choses moins admirables qu'elles ne le sont, par l'effet de ces démonstrations, de même aussi il appartient à l'imposture de faire paraître dans tout plus de merveilleux qu'il n'y en a, par l'effet de ses jongleries et de ses faux appareils. Et je m'étonne toutefois autant de voir qu'on ait du mépris que de la confiance pour ces charlatans ; car d'où peut venir le remède du satyrion contre l'impuissance et celui des poumons du renard contre la phthisie, si ce n'est de leur école ? Mais nous nous sommes occupés trop longtemps de ces savants ridicules ; car c'est trop parler de gens qui, par cela même qu'ils sont absurdes, ne peuvent nullement être dangereux.

« Reprenons le fil de notre discours et examinons par les signes la philosophie que nous adoptons. Il nous a fallu, mes fils, vous dire tout cela pour préparer votre intelligence, but que nous nous sommes proposé jusqu'ici ; car il y a dans les esprits un double préjugé ou disposition défavorable contre les innovations toutes les fois qu'on en propose. L'un vient de l'opinion qu'on s'est formée par les principes reçus, l'autre de l'anticipation ou de l'idée fausse qu'on se fait d'avance sur la chose qui est présentée, comme si elle appartenait à l'un de ces sujets condamnés et rejetés depuis longtemps, ou du moins à ceux qui, par leur légèreté ou leur absurdité, répugnent à l'esprit.

« Revenons donc sur nos pas et considérons les signes. D'abord, mes fils, parmi les signes aucun ne se montre ni n'éclate mieux que par ses fruits. De même qu'en religion c'est un principe que la foi se prouve par ses œuvres.

de même on peut dire en philosophie que toute doctrine vaine est stérile, et surtout quand au lieu des fruits du raisin et de l'olive elle produit les chardons des discussions et les épines des différends. Quant à votre philosophie, je crains qu'on ne puisse y appliquer avec raison on-seulement le vers suivant :

Infelix solum et steriles dominantur avenœ :

mais encore celui-ci :

Candida succinctam latrantibus inguina monstris.

« En effet, vue de loin, elle ressemble à une jeune fille assez belle si l'on n'en regarde que le buste ; car l'ensemble est assez agréable et en quelque sorte assez attrayant ; mais quand on en est venu aux détails, par exemple au tronc et aux parties génératrices, enfin à celles d'où il puisse sortir quelques fruits, alors, au lieu d'œuvres et de faits, dignes et légitimes rejetons de la contemplation, on ne trouvera que des monstres étourdissants et criards fameux par la foule d'intelligences qu'ils ont fait échouer dans le gouffre de l'erreur.

« Le principal auteur de ce mal est Aristote, dont la philosophie est nourrice de la vôtre. Il se faisait un jeu ou une gloire de fausser les questions d'abord, pour les creuser ensuite, en sorte qu'il suscita des contradictions au lieu de défendre la vérité. Il démontre la science par des questions proposées, dont il donne la solution, exemple aussi faux que pernicieux. Car affirmer et prouver avec raison, établir un principe et le traiter judicieusement, c'est le moyen d'éloigner et en quelque sorte de prévenir de loin et de chasser les erreurs et les contradictions ; mais lutter contre chacune d'elles, c'est vouloir ne mettre aucun terme au sujet et semer des discussions. Quand on avance un corps simple de lumière et de vérité, à quoi sert de mettre à chaque angle de petits lumignons pâles de réfutations ? Pourquoi, quand on détruit des doutes, exciter et pour ainsi dire engendrer d'autres doutes par la solution même ? Mais il semble qu'Aristote se soit surtout appliqué à ce que les hommes eussent des arguments tout prêts pour se prononcer sur tout, répondre à tout et se tirer d'embarras sur tout, plutôt qu'à leur donner des convictions profondes, des pensées solides ou une érudition véritable. Ensuite votre philosophie s'accorde si bien avec son auteur, qu'elle suspend et éternise les questions qu'il a soulevées ; d'où il paraîtrait qu'on cherche, non à renverser la vérité, mais à entretenir la discussion ; en sorte que le conseil de Nasica l'emporterait sur celui de Caton. Car on ne tâche pas de profiter du temps pour détruire les doutes, comme pour surprendre les ennemis par derrière et pénétrer ensuite dans les provinces ultérieures ; mais on fait en sorte que ces éternelles questions, comme Carthage, entretiennent cette guerre d'argumentation.

« Quant à ce qui concerne les fruits et la récolte des œuvres, je crois que cette philosophie, durant tant d'espaces d'années de travail et de culture, ne pourrait pas même citer une seule expérience qui tende à soulager et enrichir la condition humaine et qui puisse être opposée comme réellement utile aux spéculations de la philosophie ; en sorte que l'instinct des bêtes brutes a produit plus de découvertes que les discours d'hommes érudits. En effet, Celse reconnaît avec franchise et raison : que les expériences médicales furent d'abord découvertes par le hasard, et qu'ensuite les hommes les étudièrent, en analysant et en déterminant leurs causes ; et que ce ne fut pas le contraire qui arriva, c'est-à-dire que les expériences ne vinrent point de la philosophie ni de la connaissance des causes ; et ce n'est pas le dernier reproche que nous lui adressons. Cette philosophie aurait rendu de grands services à la pratique, bien qu'elle ne l'eût pas enrichi d'expériences, si elle en eût rendu l'usage plus pur et plus prudent (ce dont elle s'occupe fort peu), et si elle n'eût pas nui à son extension et à ses progrès ; car ce qu'il y a de plus déplorable et de plus pernicieux, c'est que non-seulement elle ne produise aucune découverte, mais encore qu'elle les arrête et les étouffe.

« Examinons, mes fils, le système d'Aristote sur les quatre éléments, fait vulgaire et peu profond, puisqu'on rencontre de tels corps en nombre et en quantité plus considérable ; principe qu'il a plutôt mis en vigueur qu'il ne l'a découvert, puisqu'il appartenait à Empédocle ; principe dont les médecins se sont ensuite avidement emparés, et qui a donné naissance à la réunion des quatre complexions, des quatre humeurs, des quatre qualités premières. Ce système, on peut l'affirmer avec vérité, a été comme un astre malheureux et contraire, et a amené dans la médecine et dans beaucoup de travaux mécaniques une extrême stérilité; car les hommes, en se contentant de babioles et de fadaises si étroites, et en ne s'occupant de rien de plus, ont négligé les observations réelles et utiles des choses. Par conséquent, si nous devons apprécier les signes par leurs résultats, vous voyez à quoi ils se réduisent.

« Maintenant, mes fils, considérons les signes sous le rapport du développement. Certes, si cette science n'était pas comme une plante séparée de ses racines, si elle se rattachait au sein et aux entrailles de la nature et en tirait ses aliments, il ne serait pas arrivé ce que nous voyons se passer depuis deux mille ans; les sciences ne seraient pas restées dans le même état et auraient pris un essor remarquable. Il est bien arrivé parfois qu'un individu s'est mis à les polir, les orner et les appliquer, pendant qu'une foule d'autres étaient en train de les déchirer, les défigurer et les corrompre; mais dans tous les cas, jamais elles n'ont reçu ni extension ni développement. Nous observons tout le contraire dans les arts mécaniques; à peine reçoivent-ils quelque impulsion qu'ils prennent aussitôt de la force et de l'accroissement; d'abord grossiers, ils deviennent ensuite commodes et finissent par se perfectionner, et suivent ainsi continuellement une marche d'amélioration, tandis que la philosophie et les sciences intellectuelles sont traitées comme des statues; on les adore et on les chante, sans jamais oser les remuer de place. On les voit même quelquefois se montrer sous leur premier auteur dans un état florissant, mais ensuite l'enthousiasme tombe et s'éteint entièrement.

« Il n'est pas étonnant qu'une telle différence s'observe entre la mécanique et la philosophie. Dans la première les esprits se confondent, et dans la seconde ils se corrompent et se perdent. Que si l'on croit qu'il en est de l'état des sciences comme de celui des autres choses : qu'il suffit qu'un auteur se place à la tête de son temps par une étude et une analyse sérieuse des autres écrivains, pour assurer aux sciences un avenir de progrès et de perfectionnement; que cette voie d'amélioration une fois ouverte, des successeurs mettront leur gloire à expliquer et à répandre les vues de cet auteur et à les faire goûter du siècle; avoir cette opinion, disons nous, c'est donner au genre humain plus de sagesse, d'ordre et de bonheur que l'expérience n'en révèle; car une telle œuvre échouerait, et si la folie des hommes y puisait quelques pensées, ce ne serait que pour les dénaturer. Voici comment les choses se font : dès qu'il paraît un ouvrage où quelques points scientifiques ont été recherchés et éclaircis par le travail et les observations de plusieurs savants, ouvrage où chacun d'eux a traité la partie spéciale de ses études, il surgit aussitôt un homme à l'esprit présomptueux, au langage puissant et à la méthode populaire, qui fait à son gré un seul corps d'ouvrage de ces différentes parties, et le livre à la postérité; compendium où tout se trouve tronqué et corrompu, et d'où sont inévitablement rejetés les passages qui présentent les contemplations les plus élevées et les plus utiles, comme opinions outrées et extravagantes. Ensuite la postérité émerveillée de la facilité et de la concision du sujet, se réjouit de son bonheur, ne cherche rien au-delà, et continue l'œuvre des serviles mutilations dont nous venons de parler. Quant à nous, mes fils, soyons persuadés que tout ce qui est fondé sur la nature a des sources et des branches continuellement nouvelles comme les eaux vives, tandis que tout ce qui repose sur l'opinion est bien susceptible de variété, mais jamais d'accroissement.

« Nous avons encore un autre signe, si toutefois on peut se servir de cette expression; car c'est plutôt un témoignage, et même le plus fort des témoignages; je veux parler de la confession et du jugement qu'ont écrits sur eux-mêmes les auteurs en qui vous mettez toute votre foi. En effet, ceux aussi qui ont usurpé en quelque sorte la dictature dans les sciences, et qui se prononcent avec tant de confiance sur les choses, font entendre de temps à autre, quand ils recouvrent leur raison, des plaintes sur la subtilité de la nature, l'obscurité des choses, la faiblesse de l'esprit humain, et autres motifs semblables. Et n'allez pas, mes fils, attribuer ces aveux à la modestie et à l'humilité, les plus précieuses de toutes les qualités dans les productions intellectuelles; ne soyez pas bons et indulgents à ce point; car ce n'est pas une confession, mais une profession ou déclaration qui prend évidemment naissance dans l'orgueil, la jalousie et d'autres sentiments du même genre; car ils veulent faire croire que tout ce qui n'a pas été connu ou abordé par eux ou par les maîtres est placé et éloigné au-delà des bornes du possible; voilà quelle est cette modestie et cette humilité.

« Or, un tel raisonnement est on ne peut plus fatal au progrès de la science; car dans les limites étroites des connaissances humaines, rien n'est plus déplorable pour le présent, ni plus triste pour l'avenir, que de voir les hommes soustraire l'ignorance à la honte, calomnier la nature pour ne pas reconnaître la faiblesse de leur art, et interdire comme impossible tout ce que leur science n'a pu atteindre. L'art, il est vrai, ne peut pas se condamner quand il est juge dans sa propre cause. Vous trouverez dans la philosophie beaucoup d'opinions et de principes qui sortent de cette source et qui ne tendent à rien moins qu'à entretenir ce faux et singulier découragement dans la théorie et la pratique, pour défendre par ce moyen pernicieux l'honneur et la gloire de l'art.

« C'est de là qu'est sortie l'école académique, qui s'est fait un système d'être inintelligible et qui a condamné les hommes à des ténèbres éternelles. C'est de là qu'est venue l'opinion qu'il est impossible de trouver les formes ou différences exactes des choses, en sorte que les hommes se promèneraient dans le vestibule de la nature sans tâcher de s'ouvrir un passage dans l'intérieur du palais. C'est de là que sont sorties ces misérables hypothèses : que la chaleur du soleil et celle du feu sont totalement différentes l'une de l'autre dans leur espèce, et que la composition est l'œuvre de l'homme, mais que le mélange est l'œuvre de la nature seule; hypothèses qui tendent à empêcher que l'art n'essaie de pénétrer jusqu'à la nature, où n'espère forcer sa demeure, comme Vulcain força celle de Minerve. De là sont venues bien d'autres données absurdes, qui révèlent autant le sentiment que leurs auteurs avaient de leur propre faiblesse, que leur intention d'arrêter les efforts de l'ingéniosité des autres.

« Or, mes fils, je ne vous conseillerais nullement d'exposer votre fortune, par amour et bienveillance pour nous, dans une entreprise non-seulement désespérée mais encore vouée au désespoir. Mais tandis que dans votre intérêt et dans celui de la science nous nous laissons aller à ces digressions, le temps s'écoule, et nous tenons à ce que votre initiation exerce sur vous la même influence que le mois d'avril ou le printemps exerce sur la nature; qu'elle brise l'indifférence glaciale de vos cœurs et qu'elle y fasse fleurir les germes de la vérité.

« Il nous reste à examiner le plus certain de tous les signes, celui des moyens; car en tout il faut une méthode, et c'est d'elle que dépendent la valeur et la substance du principe; selon qu'elle est bien ou mal établie, les choses et les conséquences sont utiles ou pernicieuses. Il en résulte que, si les moyens sur lesquels se fonde votre philosophie ne sont ni justes ni vraisemblables, nous en concluons que l'espoir qu'elle vous inspire est crédule et frivole. Et certes, mes fils, s'il fallait transporter un obélisque d'une grandeur colossale, pour l'ornement d'un triomphe ou d'une solennité semblable, et si des hommes essayaient d'y parvenir avec le secours seul de leurs mains, ne penseriez-vous pas qu'ils ont besoin d'ellébore? S'ils augmentaient le nombre des ouvriers, et que par ce moyen ils crussent pouvoir réussir, ne les regarderiez-vous pas comme plus fous encore? Ou bien s'ils faisaient un choix, en écartant les plus faibles et en n'employant que les plus forts et les plus vigoureux, et que par ce moyen ils ne doutassent pas d'accomplir leur entreprise; si, non contents de cela, ils recouraient à l'expédient athlétique, et ordonnaient que tous vinssent avec les mains, les bras et les nerfs frottés et préparés avec des onguents, ne vous écrieriez-vous pas qu'ils mettent toute leur raison et toute leur science à faire des folies? Et cependant les hommes ne montrent pas moins d'absurdité dans leurs entreprises intellectuelles, en n'employant pas d'autre secours que celui de l'intelligence, en attendant de grands résultats de la multitude et de la supériorité des écrivains, et en fortifiant les nerfs de l'esprit par la dialectique, qui peut être regardée comme une sorte de préparation athlétique, au lieu de se servir de machines à l'aide desquelles les forces de chacun seraient employées et concourraient à l'œuvre.

« De même qu'on n'apporte à l'esprit aucun secours convenable, de même on emploie de faux moyens pour l'étude des phénomènes physiques. Qu'en dirons-nous, en effet? Suffit-il donc pour fonder une philosophie de juger la nature d'après quelques expériences communes et vulgaires, et d'envelopper ensuite des siècles entiers dans des méditations? En vérité, mes fils, je ne savais pas que les hommes fussent assez aimés de la nature pour qu'elle voulût nous découvrir ses secrets et nous octroyer ses bienfaits après une aussi courte et légère entrevue. Les hommes semblent nous observer et contempler la nature, comme s'ils étaient placés dans une tour haute et lointaine d'où ils pourraient en apercevoir l'image, ou plutôt une vapeur semblable à son image, sans qu'il leur fût possible de distinguer et de saisir les différences des choses (point le plus essentiel des recherches), à cause de leur subtilité et de l'intervalle de la distance. Et cependant ils travaillent et s'éveртuent, et forcent leur intelligence comme ils forceraient leurs yeux; ils en excitent la perspicacité en la faisant méditer, et l'aiguisent en la faisant agir; ils ont recours aux ressources de l'argumentation pour s'en servir comme de miroirs artificiels, et comprendre et saisir par l'imagination ces différences et ces subtilités de la nature. Certes, ce serait faire preuve d'un jugement bien étroit et d'un zèle bien ridicule, si, pour voir plus clairement et distinctement, on montait dans une tour, chargé de lunettes pour y appliquer les yeux, quand on peut, sans ces lourds instruments et cette extrême fatigue, en venir à son but par un moyen facile et bien supérieur en résultat et en succès, c'est-à-dire, en descendant et en s'approchant plus près des choses. Et cependant, dans l'exercice de l'intelligence, les hommes ne montrent pas moins d'irréflexion.

« Nous ne devons pas exiger, mes fils, que la nature vienne au-devant de nous, et il doit nous suffire que, quand nous nous rendons près d'elle avec le respect convenable, elle nous permette de la contempler. Que s'il venait à l'esprit de quelqu'un d'avancer: qu'il est certain que les anciens et Aristote même ont préparé une foule d'exemples ou de particularités par le principe de leurs méditations, et qu'ils ont ouvert et parcouru la voie que nous présentons et indiquons comme nouvelle, en sorte que nous pourrions être regardés comme faisant ce qui a été déjà fait; nous répondrions, mes fils, qu'une telle allégation est insensée; car eux-mêmes exposent leur méthode et leur moyen d'investigation, et leurs écrits en portent l'image fidèle. Ils passaient brusquement d'inductions sans importance aux conclusions les plus générales, pôles, pour ainsi dire, des discussions, et sacrifiaient tout pour en rendre la vérité éternelle et immuable. Car quand la science fut fixée, s'il s'élevait une controverse sur un exemple ou une démonstration qui était en contradiction avec les principes émis, ils ne se mettaient pas à corriger le principe, mais en hommes ingénieux ils le laissaient vivre, arrangeaient au moyen de quelque distinction subtile et adroite et intercalaient au moyen d'une exception des exemples qui faisaient leur affaire; si la démonstration présentait un sens non contradictoire, mais obscur, tantôt ils l'ajustaient à leurs propres idées et tantôt le torturaient de la manière la plus pitoyable. Une telle doctrine nous semble manquer de base.

« N'allez donc pas vous tromper en voyant dans quelques écrits d'Aristote un assez grand nombre de citations, d'exemples et de particularités. N'oubliez pas qu'ils n'ont été ajoutés que plus tard, et après que cette addition eût été regardée comme nécessaire; car il n'avait pas pour habitude de laisser le champ libre à l'expérience, il l'assujettissait, au contraire, à ses principes; et loin de vouloir la rendre le mobile de recherches communes et exactes, il la contraignait à défendre l'influence particulière de sa doctrine. Ne vous imaginez pas non plus que cette subtilité des différences, dont nous sentons si vivement le besoin, se rencontre et s'explique assez clairement dans les distinctions des philosophes scolastiques; croyez, d'ailleurs, que cette subtilité tardive a été d'un impuissant secours pour effacer de l'œuvre originale la négligence, la précipitation et la légèreté qu'on y remarquait. Il est impossible, mes fils, de remplir une telle lacune, et ce que l'on dit ordinairement de la fortune, soyez-en persuadés, peut s'appliquer aussi avec vérité à la nature; elle a des cheveux par-devant, mais elle est chauve par-derrière. Or, toute cette subtilité et cette attention, qui ne sont venues que lorsque le temps véritable de l'observation était passé, eût bien pu effleurer et toucher la nature, mais jamais elles ne l'ont saisie ni arrêtée.

« Je suis convaincu d'une chose, et vous ne tarderez pas à le reconnaître vous-mêmes; une fois que vous vous serez un peu accoutumés à la subtilité réelle et naturelle des choses, et aux différences qu'explique et démontre l'expérience, qui se révèlent aux sens, ou du moins que les sens découvrent, vous considérerez aussitôt comme chose vaine et comme une sorte de fantôme et de sortilége cette autre subtilité de discussions et de mots, qui a si singulièrement surpris votre esprit et votre admiration.

« Par conséquent, mes fils, laissons de côté toutes ces philosophies abstraites, et attachons-nous uniquement aux choses; ne recherchons pas la gloire de fonder une secte, mais occupons-nous sérieusement de la richesse et de la grandeur humaine; formons entre l'esprit et la nature une chaste et légitime union, à laquelle préside la miséricorde divine; prions Dieu, dont la puissance et la volonté règlent tout, et qui, comme père des hommes et de la nature, est aussi celui des lumières et des consolations, de permettre que de cette union il naisse, non des monstres de notre imagination, mais une race de héros capables de dompter et de détruire les monstres, c'est-à-dire qu'il en sorte des découvertes utiles et salutaires, capables de vaincre et de soulager, autant que possible, les besoins de l'humanité. Que tel soit le vœu de l'épithalame.

« Certes, mes fils, il n'est personne qui ne reconnaisse que les facultés des arts et des sciences ne soient ou empiriques ou rationnelles. On n'a pas encore pu les voir se mélanger et se confondre d'une manière satisfaisante; car les empiriques, à l'exemple de la fourmi, amassent seulement des faits et ne font usage que de l'expérience acquise; les rationalistes, au contraire, à l'exemple de l'araignée, tissent des toiles d'après leur propre imagination. L'abeille nous offre un juste milieu à suivre : elle cueille le suc de son miel sur les fleurs des champs comme sur celles des jardins, mais elle sait en même temps le préparer et le digérer avec une habileté admirable. L'œuvre de la véritable philosophie est tout-à-fait semblable; elle ne dépose pas intégralement dans sa mémoire la substance qu'elle a recueillie de l'histoire naturelle et des expériences mécaniques, mais elle lui fait subir dans l'intelligence des changements et des modifications. Espérez donc les bienfaits célestes d'un miel préparé de cette sorte, et ne dites pas avec le paresseux : « Le lion est sur la « route, » mais secouez les chaînes qui vous oppriment, et recouvrez votre liberté intellectuelle.

« Et certes, après votre propre courage, rien ne vous excitera à faire plus d'efforts que le souvenir des progrès, des grands résultats et des hautes conquêtes de notre âge. C'est sans vanité que nous avons opposé notre *plus ultrà* au *non ultrà* des anciens; c'est sans folie, mais avec toute notre raison, avec l'expérience et la démonstration de nouvelles machines, que nous avançons que le *non imitabile fulmen* est devenue une *imitable* foudre. Nous ne nous sommes pas arrêtés là, nous avons imité le ciel même; car il appartient au ciel d'entourer le monde, et nos vaisseaux ont comme lui enveloppé dans leurs courses toute la surface du monde. D'ailleurs, aujourd'hui que toutes les parties du globe matériel, c'est-à-dire des terres et des mers, sont complétement ouvertes et connues, il serait honteux pour nous que les bornes du globe intellectuel n'allassent pas au-delà des découvertes et des doctrines étroites des anciens.

« Ensuite, les découvertes des régions de l'univers et de celles de la science se rattachent et se lient les unes aux autres par un nœud assez puissant. Beaucoup de faits physiques, en effet, se sont révélés par ces navigations et ces excursions lointaines, et pourront procurer de nouvelles lumières à la sagesse et à la science humaine, et rectifier par l'expérience les opinions et les conjectures des anciens. Cette double recherche, enfin, ne nous semble pas seulement unie par le même but, mais encore par la prophétie. Car l'oracle du prophète paraît l'avoir exprimé clairement, quand, en parlant des derniers temps, il a ajouté : « *Multi pertransibunt « et multiplex erit scientia;* » comme s'il était écrit que le même âge et le même siècle dussent aller ou pénétrer dans les régions inconnues du monde, et augmenter ou multiplier les sciences.

« Nous avons acquis aussi l'art de l'imprimerie, art ignoré des anciens, et à l'aide duquel les découvertes de chacun peuvent se répandre avec la rapidité de l'éclair, et avec un effet assez puissant de communication pour exciter aussitôt les recherches des autres et fondre ensemble toutes les découvertes. Profitons donc des avantages de notre temps, et ne vous rendez pas coupables de négligence quand tant de bienfaits vous sont offerts. Quant à nous, mes fils, après avoir commencé à préparer vos esprits, nous n'abandonnerons pas notre tâche. Car nous savons qu'il n'en est pas des tablettes de l'esprit, comme des tablettes ordinaires : on ne peut inscrire quelque chose sur les dernières qu'après en avoir effacé ce qu'elles contenaient ; on ne peut guère effacer ce que renfermaient les autres, qu'après y avoir inscrit quelque chose de nouveau.

« Nous ne prolongerons donc pas plus longtemps cet examen, et nous terminerons en vous priant de croire que vous ne devez pas attendre de nos découvertes de si grands résultats que vous ne puissiez en espérer de plus grands encore de vous-mêmes. Nous prévoyons pour nous le sort d'Alexandre (ne nous accusez pas de vanité avant d'avoir entendu où nous en voulons venir); ses conquêtes, quand la mémoire en était encore toute fraîche, passaient pour des prodiges; l'un de ses rivaux en gloire le dit en propres termes: « La vie humaine n'est point faite pour nous; mais nous ne sommes nés que pour que la postérité raconte de nous des prodiges. » Mais dès que cet enthousiasme se fut refroidi et que les hommes eurent considéré de plus près cette renommée, il est bon de remarquer le jugement qu'un écrivain romain porta sur le conquérant des Perses : « Il n'a d'autre mérite que celui d'avoir osé avec raison mépriser de vaines considérations. » La postérité dira la même chose de nous, quand, délivrée, revenue à elle-même et ayant fait l'essai de ses propres forces, elle nous aura dépassés de beaucoup dans la carrière que nous avons ouverte. Ce jugement, nous l'avouons, sera très juste, s'il prononce qu'il ne se trouve rien de grand dans nos investigations ; point tout-à-fait juste si l'on accorde à nos efforts le grand mérite qui est dû à l'humilité, à l'absence de cet orgueil humain qui a tout corrompu et qui, au lieu du sceau divin, a consacré quelques méditations frivoles dans les œuvres de la nature. Sous ce rapport, en vérité, nous sommes hautement satisfaits de nos travaux, et nous nous regardons comme très heureux et comme ayant bien mérité de l'humanité, parce que nous avons montré ce que peut faire l'humiliation sincère et légitime de l'esprit humain. Au reste, les hommes verront ce dont ils nous sont redevables; quant à nous, nous nous devons tout entiers à votre bien-être. »

Ce discours parut à tous les assistants digne de la grandeur du nom humain et du genre humain, et ils pensèrent qu'il respirait plutôt la liberté que la présomption, et en parlant ensuite entre eux, ils disaient qu'ils étaient comme des gens qui voyaient la clarté du soleil en sortant d'un lieu sombre et ombragé : d'abord on voit moins qu'auparavant, mais on a la douce certitude de pouvoir jouir bientôt d'une lumière plus pure.

Alors celui qui me faisait ce récit me dit : « Que penses-tu de ces idées? — Elles m'ont fait le plus grand plaisir, lui répondis-je. — S'il en est ainsi, ajouta-t-il, au cas où tu viendrais à écrire quelque chose sur ce sujet, tâche de les y insérer, et fais en sorte que le fruit de mon voyage ne soit pas perdu. — Tu as raison, répliquai-je, et je n'oublierai pas de suivre ton conseil. »

CORRESPONDANCE.

LETTRE AU ROI JACQUES,

SUR LA VÉRITABLE GRANDEUR DU ROYAUME DE LA GRANDE-BRETAGNE.

Fortunatos nimium sua si bona norint.

L'étendue géographique des royaumes peut se mesurer facilement et sans aucune chance d'erreur. Il n'en est pas ainsi des forces et de la puissance des États; car rien n'est si difficile à apprécier, et dans aucun calcul l'erreur n'est plus grave et ne conduit à de plus dangereux résultats. Car un peuple qui a une trop haute opinion de ses forces peut se lancer témérairement dans de gigantesques entreprises ou provoquer insolemment ceux qui sont plus puissants que lui-même; et d'un autre côté, si une nation n'a pas une juste idée de ses ressources, elle se croira quelquefois obligée de se soumettre aux injustices et aux insultes qu'elle devrait fièrement ressentir, et souvent elle perdra de précieuses occasions d'avancer son bien-être. C'est pourquoi, afin qu'il soit mieux connu quel degré de puissance Votre Majesté a reçu de Dieu, quelle grandeur cette île a reçue de vous, et quelle force vous transmettrez, avec la grâce du Tout-Puissant, à vos enfants et aux générations futures de ce royaume-uni dont vous êtes le fondateur, il m'a paru bon, d'après mes faibles connaissances, de lever pour ainsi dire le plan et de dresser un état exact de la grandeur réelle de ce royaume de Bretagne; car je suis convaincu que la prétendue prédiction *Video solem orientem in occidente*, je vois le soleil se lever dans l'ouest, peut s'appliquer à la Grande-Bretagne, du moins aussi bien qu'à tout autre royaume de l'Europe, et que de tous les grands empires qui, de mémoire d'homme, se sont élevés sur la face de la terre habitable, aucun n'eut pour principe un germe aussi fécond que notre royaume, quelle que soit sa destinée future, qui dépendra nécessairement de la volonté de Dieu et de sa bénédiction sur vos descendants. Et comme je n'ai pas l'intention de représenter cette grandeur au moyen d'une vaine rhétorique qui grossit les objets comme lorsqu'on les voit dans l'eau, mais que je veux au contraire la mesurer d'une manière exacte et positive comme avec un compas, je procéderai par un ordre clair et facile; car la confusion dans les arguments peut faire valoir de vaines insinuations, mais c'est la clarté et l'évidence qui conviennent à des preuves logiques. Je commencerai par réfuter les erreurs ou plutôt par ramener à une juste mesure les idées exagérées de quelques personnes qui attribuent beaucoup trop d'importance à certains éléments de grandeur qui ne sont pas essentiels. Ensuite j'examinerai et je mettrai dans tout leur jour les bases fondamentales de la véritable grandeur, bases solides que l'on méconnaît souvent. Enfin je ferai incidemment une rapide application de ces principes généraux de bonne politique à l'état et à la position actuelle des royaumes de Votre Majesté. La première partie de mon sujet se divise en quatre articles :

1° Dans la mesure de la grandeur des États on compte généralement trop sur l'étendue des territoires ;

---

(1) Je n'ai inséré dans ce volume que la partie publique de cette correspondance, qui forme à elle seule trois volumes in-8°. La plupart de ces lettres de Bacon sont relatives à des intérêts privés et transitoires, et peuvent servir de renseignements dans une biographie. J'ai donné les deux lettres suivantes comme tout-à-fait propres à faire connaître ses vues politiques, et comme étant d'un intérêt public universel.

2° On attribue trop de valeur aux richesses et aux revenus ;

3° On fait trop de cas de la fertilité du sol et de l'abondance des marchandises ;

Et 4° on compte trop sur la force des places de guerre et des citadelles.

Dans ma seconde partie je démontrerai en six articles :

1° Que la véritable grandeur exige qu'un royaume soit dans une position géographique favorable ;

2° Qu'elle consiste surtout dans la population et dans la vigueur de la race d'hommes ;

3° Qu'elle dépend aussi de la bravoure et de l'esprit militaire du peuple, qui doit composer les armées ;

4° Qu'elle exige que chaque citoyen inscrit puisse faire un bon soldat, et que la carrière des armes ne soit pas exclusivement ouverte à certaines classes ;

5° Qu'elle exige que le gouvernement soit de nature à donner aux citoyens de la dignité et du courage, et non à les abrutir comme de serviles vassaux ;

Et 6° qu'elle exige que le gouvernement soit maître de la mer.

Que l'on ne s'étonne pas si je ne parle pas de la religion, des lois et du gouvernement ; ce serait oublier mon sujet, qui consiste à parler de la puissance et de l'agrandissement d'un État, et non de ce qui peut et doit concourir à sa conservation, à son bonheur et à son bien-être en général. Parlons d'abord de l'étendue du territoire. La véritable grandeur des royaumes de la terre n'est pas sans quelque analogie avec le royaume du ciel, que notre Seigneur ne compare pas à une grosse noix ; car il dit qu'il ressemble à une très petite graine, bien entendu qu'elle doit avoir en elle la faculté de croître et de se développer. Une grande étendue de territoire, un grand nombre de provinces éloignées, est plutôt une charge qu'une source de puissance, comme il est facile de le prouver par la raison et par l'expérience : par la raison, attendu qu'il n'y a que deux manières de défendre une province éloignée, savoir : par les forces naturelles de la province elle-même ou par les forces protectrices de la mère-patrie, et dans ce dernier cas les habitants sont généralement désarmés. Or, les États sont exposés à deux dangers : au dehors l'invasion, au dedans la révolte, et les provinces éloignées doivent nécessairement tomber dans l'un ou l'autre de ces périls ; car si l'on compte sur les forces naturelles des provinces, elles se révolteront à main armée, et si on veut les défendre par les armes de la métropole, elles seront toujours bien faciles à envahir. Il est impossible de sortir de ce dilemme.

Quant à l'expérience je citerai seulement deux exemples qui sont frappants et décisifs ; premièrement le royaume de Perse, qui s'étendait depuis l'Égypte inclusivement jusqu'à la Bactriane et jusqu'aux frontières de l'Inde, et qui fut conquis comme en courant, en moins de sept années, par une nation dont le territoire était à peine plus grand que celui de notre Bretagne, et qui était connue depuis fort peu de temps, puisqu'à peine avait on entendu parler de la Macédoine avant le règne de Philippe, fils d'Amyntas. Et c'est une erreur vulgaire que de croire que cette conquête ait exigé une valeur bien extraordinaire, bien qu'Alexandre passe pour l'une des merveilles du monde. Ceux qui ne jugent que sur les règles d'une saine politique ne regardent cette opinion que comme un préjugé basé sur l'ignorance. Voici ce que dit Tite-Live en parlant de ce héros : « *Nihil aliud quàm benè ausus vana contemnere*, il n'a d'autre mérite que d'avoir osé mépriser ce qui était méprisable. » Notre auteur estime par là qu'un vaste territoire n'est qu'une vaine apparence qui peut étonner un esprit faible, mais qui ne saurait arrêter un homme de ferme résolution. Ceux qui connaissent bien l'histoire de ces temps-là vous diront que l'occasion dont Alexandre sut si bien profiter s'était déjà offerte deux fois à d'autres que les circonstances empêchèrent d'en profiter, savoir : à Agésilas et à Jason de Thessalie. Agésilas, après s'être rendu maître de la Basse-Asie, avait la mission et l'intention d'envahir le reste de l'empire lorsqu'il fut rappelé dans son pays par une guerre que lui firent les Athéniens et les Thébains, entraînés par leurs orateurs qu'avait corrompus l'or de la Perse, comme Agésilas le disait plaisamment en déclarant qu'il avait été repoussé vers sa patrie par cent mille archers perses, c'est-à-dire par cent mille pièces d'or ; car la monnaie des Perses portait l'effigie d'un archer. Quant à Jason de Thessalie, c'était un homme d'une naissance obscure, une espèce de soldat de fortune qui avait su, par son courage et par son habileté à profiter des événements, se former une grande armée de volontaires et d'aventuriers à la grande terreur des Grecs qui, dans leur inquiétude, ne savaient où ce nuage allait crever. Il fit savoir enfin qu'il avait en vue une expédition contre cet empire des Perses qu'Alexandre conquit peu de temps après; mais il en fut empêché par une conspiration contre ses jours; il fut assassiné. Il est donc évident que ce ne fut pas un miracle de fortune ou d'héroïsme qui éleva si haut la monarchie macédonienne, mais seulement le peu d'unité de ce vaste empire des Perses qui n'attendait qu'un conquérant un peu résolu pour en devenir la proie.

Je citerai pour second exemple l'empire romain, qui ne subit aucune diminution de territoire jusqu'au temps de Jovien, bien qu'assurément il eût bien perdu en force et en vertu. C'est du moins ce que disaient ceux qui s'opposaient à la reddition de Nisibis en Perse, lors de la honteuse retraite des Romains. Ils attestaient que, depuis huit siècles, les Romains n'avaient encore jamais renoncé à un territoire sur lequel ils avaient une fois établi leur gouvernement d'une manière stable et paisible. Et cependant, aussitôt après Jovien et vers la fin du règne conjoint de Valens et de Valentien, qui furent ses successeurs immédiats, et encore plus dans la suite, l'empire romain, malgré son étendue, ne fut plus que comme un cadavre que déchirèrent à merci les vautours et les corbeaux pendant bien des siècles, terrible exemple de la différence qu'il y a entre la mesure du terrain et celle des forces. L'expérience et la raison nous permettent donc de conclure que la grande étendue de territoire est si loin d'être inséparable de la puissance que souvent elle est incompatible avec la véritable grandeur. Mais pour ramener cette erreur à la vérité qui lui sert de base, nous dirons que l'étendue d'un territoire donne de la force à un État, quand elle réunit les quatre conditions suivantes :

1° Que les parties du territoire sont compactes et non dispersées;

2° Que la région qui est le cœur de l'empire et le siége du gouvernement est capable de maintenir et de défendre les autres parties qui ne sont que des provinces ou des appendices;

3° Que l'armée est assez forte et le peuple en général assez martial pour maintenir et défendre cette étendue;

4° Qu'aucune des provinces n'est inutile à l'État, mais que chacune lui procure quelque avantage.

La première de ces conditions est si évidemment nécessaire qu'il est presque inutile d'en parler; car si un État se compose de points épars au lieu de lignes, et de lignes étroites au lieu de surfaces, il ne peut jamais représenter un corps solide, et c'est dans la solidité qu'est la force. Mais à quoi bon parler de principes mathématiques? Il est bien assez évident, politiquement parlant, que si les parties d'un État sont disjointes et éloignées de manière à être interrompues par des pays qui reconnaissent une autre souveraineté, on ne pourra les secourir promptement en cas d'invasion, ni les soumettre facilement en cas de révolte, ni enfin les reconquérir sans de grands efforts, dans le cas où l'on viendrait à les perdre d'une manière ou d'une autre. Aussi nous voyons quel travail sans fin ç'a été pour le roi d'Espagne de recouvrer les Pays-Bas, quoique ces provinces fussent son patrimoine et non une conquête. La plus grande difficulté fut pour lui la distance. C'est encore ainsi que notre nation a conservé Calais cent ans après avoir perdu ses autres possessions françaises, parce que Calais était le point le plus rapproché de nous; et cependant les Français qui en étaient encore plus près s'en emparèrent par surprise avant que nous pussions y porter du secours.

Titus Quintius avait donc bien raison de comparer l'État des Achéens à une tortue qui est en sûreté tant qu'elle se tient bien ramassée dans sa carapace, mais qui met sa vie en danger rien qu'en exposant au dehors un de ses membres; car il en est ainsi des États qui ont des provinces dispersées dont la défense absorbe toutes les forces de l'État et finissent par le ruiner. Nous voyons donc que les grandes monarchies, comme celles des Perses, des Romains et des Turcs, au moment de leur force n'avaient point de ces provinces éloignées avec lesquelles on ne peut communiquer qu'à travers des États étrangers. Ces empires n'avaient pas non plus de ces bandes étroites de territoires ni de ces angles aigus qui offrent tant de frontières et si peu de surface et de résistance. Leurs domaines étaient compactes, massifs et carrés; mais cette condition est au-dessus de toute discussion.

La seconde condition consiste dans le rapport qu'il doit y avoir entre la région principale et celles qui ne sont que secondaires et dépendantes. On peut comparer ce rapport à celui qui doit exister entre le tronc d'un arbre et ses branches; car si la frondaison est très vaste et que la tige soit trop faible, il ne peut y avoir de solidité. Or j'appelle le corps principal de l'Etat le pays où il n'y a point d'étrangers, ou du moins celui où tous les étrangers sont naturalisés. Quand la république romaine commença à s'accroître, elle accorda le droit de cité aux Latins, ensuite à tous les Italiens, parce que la souche primitive ne pouvait soutenir à la fois les provinces et l'Italie comme branches ou comme provinces. Le même principe les obligea plus tard à admettre dans la cité la plus grande partie des Gaules. L'histoire nous fournit la contre-partie de cette expérience dans la politique des Lacédémoniens, qui étaient fort scrupuleux à cet égard, et qui, ne voulant point s'assimiler leurs confédérés, s'appuyaient seulement sur les Spartiates de naissance. A peine eurent-ils acquis une certaine étendue de domaine que leur faible tige se trouva surchargée. Lorsque les Thébains et autres se révoltèrent contre eux, un des principaux conjurés fit devant l'assemblée de ses associés un discours plein de raison, et leur démontra que l'état de Sparte était comme une rivière qui, après avoir coulé seule pendant quelque temps, se grossit des ruisseaux et des autres rivières qu'elle reçoit dans son lit, qu'alors elle devenait un puissant fleuve, mais que près de sa source elle n'était toujours qu'un faible ruisseau. Il leur conseillait donc d'attaquer et d'envahir le territoire continental de Sparte, sachant qu'on trouverait peu de résistance de la part des villes et des campagnes : des villes, parce que dans l'orgueil de leur puissance ils ne fortifiaient pas leurs villes continentales ; de la campagne, parce qu'elle était épuisée par les garnisons qu'il fallait envoyer au loin. L'expérience vint confirmer la vérité et la sagesse de cet avis, au grand étonnement de toute la Grèce.

Nous avons en troisième lieu à parler de la proportion qui doit exister entre l'étendue de l'Empire et sa force militaire. Il est impossible de la mieux démontrer que par l'exemple des deux grands empires que nous avons déjà cités, en les comparant à eux-mêmes à différentes époques. Pour la Perse comme pour Rome, l'étendue de territoire fut d'abord une source de grandeur et de force, et plus tard une cause de faiblesse. Quand ces empires étaient animés d'un esprit belliqueux, leurs nombreuses provinces leur donnaient des forces, des hommes, des trésors et ajoutaient au prestige de leur grandeur ; mais quand une fois leur courage vint à s'amollir, ces vastes provinces leur devinrent un fardeau ; car les légions de la métropole avaient corrompu, supplanté et énervé les forces naturelles des provinces qui comptaient sur la mère-patrie pour les défendre et les gouverner. Et quand cette direction supérieure se relâcha et devint impuissante, tout l'État se trouva accablé de sa grandeur et finit par crouler sous son propre poids. Voilà la véritable raison de ces inondations de Barbares qui tombèrent de l'Est et du Nord-Ouest sur l'empire romain, et qu'on serait d'abord tenté d'attribuer à une constellation ou à quelque étrange révolution de la nature. C'était tout simplement la décadence de l'empire romain qui avait avili et efféminé la vigueur naturelle des provinces, et qui, ne pouvant plus y suppléer par un principe vital, souverain et impérial, les abandonna comme une proie facile à la cupidité des nations voisines qui vinrent s'engraisser de leurs dépouilles. Ce raisonnement nous porte à croire que le vaste empire des Turcs ne peut manquer de se dissoudre par lambeaux sitôt que leur courage et leur discipline militaire se relâcheront; et ce temps ne me paraît pas éloigné. Dans le corps de l'homme, une grande taille est sans doute un avantage; mais dans la vieillesse c'est un fardeau. Il en est de même d'un vaste territoire, qui sur le déclin d'un empire ne sert qu'à le faire pencher et tomber plus vite.

Quant à la quatrième et dernière condition, il est vrai qu'on ne peut exiger des différentes parties d'un royaume qu'elles concourent également, comme le font les membres du corps humain, à l'avantage de l'ensemble; il suffit que chacune se rende utile à sa manière. Certaines provinces sont plus riches, d'autres sont plus peuplées, d'autres enfin sont plus guerrières. Il y en a qui sont avantageusement situées pour repousser les étrangers, d'autres sont placées de manière à tenir en respect des populations rebelles ou suspectes. Il en est qui sont de peu de valeur, mais qui peuvent être améliorées par de judicieuses plantations et par une bonne administration. Il est donc difficile de dire au juste quel territoire il faudrait abandonner tout-à-fait, à moins que ce ne soit les provinces conquises pendant la guerre, et qu'il serait trop difficile et trop dispendieux de conserver ; telles étaient les acquisitions de Henri VIII, telle était aussi la possession de Tournai et de Boulogne ; telles sont une infinité de conquêtes dont on ne s'empare que pour les facilités de la stratégie, et que l'on rend presque toujours quand on fait un traité de paix.

Nous avons donc distingué les cas où l'étendue du terrain est avantageuse et ceux où elle est nuisible. L'application de ces prémisses à la position particulière de votre royaume de Grande-Bretagne peut se faire en peu de mots ; car, ainsi que je l'ai déjà dit, je ne veux point faire de vaines exagérations, je veux seulement observer les faits et les exprimer avec exactitude.

1° Le domaine et l'empire de Votre Majesté comprend toutes les îles de l'Océan du Nord-Ouest dans toute son étendue, jusqu'aux barrières infranchissables de la mer Glaciale, du côté de l'Irlande ; et dans toute cette région il n'y a aucun mélange ni aucune interruption causée par des pays étrangers. Les diverses parties de votre État ne sont donc séparées que par la mer dont vous êtes incontestablement le maître.

2° La somme de territoire de l'État de Votre Majesté est plus grande que ne l'étaient les territoires primitifs des plus grandes monarchies qui aient existé ; car la Grande-Bretagne est plus grande que la Perse proprement dite, plus grande que la Macédoine et plus grande que l'Italie. Vous avez donc une souche suffisante pour supporter des branches aussi touffues que celles de l'arbre de Nabuchodonosor, s'il eût plu à Dieu de les y ajouter.

3° La vaillance de vos peuples serait capable de défendre un territoire beaucoup plus grand que celui que la Providence leur a assigné ; mais nous reparlerons de ce sujet en son lieu.

4° Nous devons reconnaître que les parties de votre domaine que l'on peut regarder comme les plus pauvres ne le sont cependant pas plus que les régions dont les peuples conquirent le monde il y a quelques siècles. Nous voyons aussi que la réunion des deux parties de l'île principale a pour ainsi dire fermé la porte aux étrangers, et que la configuration du nord de l'Écosse et sa position à l'égard du nord de l'Irlande a eu un excellent effet pour apaiser les troubles de ce dernier pays, rien que par la terreur qu'une telle position inspira aux rebelles. Voilà tout ce que nous avions à dire sur l'étendue du territoire d'un empire.

Notre second article doit prouver que l'on attribue trop d'importance aux richesses et aux revenus quand on veut se former une idée de leur grandeur.

Personne n'ignore combien dans ces temps dégénérés on adore l'argent, comme s'il était un Dieu tout-puissant dans les affaires publiques et particulières. Mais, laissant encore de côté cette erreur populaire, nous allons en appeler à la raison et à l'expérience, et non à notre propre raison, que l'on pourrait appeler paradoxale, mais à celles d'hommes dont le jugement fait autorité. Solon, qui n'était pas un philosophe spéculatif, mais bien un homme d'état et un législateur, fit une bien mémorable observation à Crésus qui lui montrait les immenses trésors qu'il avait entassés : « Quiconque aura de meilleur fer que vous, lui dit-il, s'emparera de tout votre or. » L'opinion de Macchiavelli n'est pas non plus à mépriser, surtout quand on pense qu'il avait sous les yeux l'exemple de son pays et de son siècle. Il se moque de ce vulgaire préjugé fondé sur un discours de Mutianus, lieutenant de Vespasien, qui disait que l'argent est le nerf de la guerre ; Macchiavelli dit que c'est une dérision, et qu'il n'y a pas d'autre nerf de guerre que les nerfs et les muscles des hommes qui savent se battre, et que jamais peuple pauvre et vaillant n'eut à lutter contre un peuple riche sans lui faire payer au moins tous les frais de la guerre. Et n'avait-il pas de bonnes raisons pour parler ainsi, lui qui voyait une armée française dans le plus grand dénuement, bien que ce fût plutôt par l'insouciance habituelle de ce peuple que par le manque de ressources, se faire un chemin l'épée au côté par leur seule réputation, d'un bout à l'autre de l'Italie, de la riche Italie qui venait de jouir d'une longue paix ? Ils prirent et ils laissèrent les provinces suivant leurs caprices et sans rencontrer le moindre obstacle.

Et ce n'est pas seulement l'expérience de ce temps-là, c'est celle de tous les temps qui tend à prouver la fausseté de cette opinion qui suppose que l'or et non le fer est l'arbitre des batailles. Et le texte même de Mutianus sur lequel on s'appuie est tronqué ; car il a dit : *Pecuniæ sunt nervi belli civilis*, l'argent est le nerf de la guerre civile, ce qui est vrai parce qu'une guerre civile ne se fait pas entre gens de différents courages, et que d'ailleurs les partis sont plus souvent achetés que vaincus. Mais pour ce qui est des guerres étrangères, remarquez bien que vous ne trouverez pas dans l'histoire une seule grande monarchie qui n'ait eu un commencement chétif, misérable et même à peine connu. Ces empires ont encore en cela ressemblé au royaume du ciel dont il est dit : *Regnum Dei non venit cum observatione*, on ne voit pas venir le royaume du ciel. La Perse était un pays montagneux, et son peuple bien pauvre en comparaison des Mèdes et des autres nations qu'il a vaincus et soumis. Dans l'État de Sparte, la pauvreté était ordonnée par la loi ; l'or, l'argent et les riches ameublements étaient interdits. La Macédoine était un pays inconnu et mercenaire avant le règne de Philippe. L'impériale Rome fut fondée par de pauvres bergers. L'empire des Turcs, qui devint depuis la terreur du monde, n'était d'abord qu'une bande de Scythes de la Sarmatie, qui descendirent comme des vagabonds sur la province appelée maintenant Turcomanie ; après bien des fortunes diverses, des débris de ces bandes scythiques est sortie la race ottomane. Mais la prééminence et la supériorité de la vaillance sur la richesse ne fut jamais si bien prouvée que par les deux grandes irruptions de peuples pauvres qui vinrent inonder l'empire romain : les uns venaient de l'Orient, c'étaient les Arabes ou Sarrazins ; les autres de l'Ouest, ou plutôt du Nord, c'étaient les Goths, les Vandales. Ces peuples, comme s'ils eussent été les héritiers légitimes de l'empire qui se mourait, entrèrent en Égypte, en Asie, en Grèce, en Afrique, en Espagne et en Gaule. Tous ces pays leur tombèrent entre les mains, non comme une proie, mais comme un patrimoine ; car ils ne sont pas venus les piller pour s'en retourner chargés de dépouilles, mais ils s'y sont établis et maintenus ; leur postérité y existe encore et les pays portent leurs noms. Tous ces hommes n'avaient d'autre richesse que leur courage, d'autres titres que leur aventureuse épée, et leur pauvreté était leur seule loi de conscription. C'est que parmi ces peuples un homme n'attendait pas pour se marier qu'il eût les moyens de vivre, comme on le fait chez les nations civilisées ; la population croissait indéfiniment sans égard pour les ressources du pays ; et la nécessité, à ce que prétendent certains écrivains, leur apprit à se débarrasser du surcroît de leur population. Tous les habitants étaient partagés en trois lots ; on tirait au sort, et un tiers de la nation était forcé d'émigrer et de s'abandonner à l'aventure. Il arrive quelque chose d'analogue à la nation des Suisses, que leur pays montagneux et la forme républicaine du gouvernement fait multiplier bien au-delà de leurs moyens de subsistance. Ce peuple a encore bien prouvé la supériorité du fer sur l'or à la bataille de Granson, après laquelle un des principaux joyaux de la couronne ducale de Bourgogne fut vendu douze sous par un pauvre Suisse qui ne connaissait pas plus une pierre précieuse que le coq dont parle la fable d'Ésope. Les Suisses n'ont point fondé de colonie par la force des armes ; mais leur réputation de valeur est telle que non-seulement leurs soldats ont été employés et payés par les étrangers, mais que leur alliance a été demandée et achetée par les plus grands rois de l'Europe ; de sorte que la fortune, agissant envers eux comme certains princes envers leurs serviteurs, ne leur a point octroyé de terre, mais leur a fait de belles pensions ; et cette singulière charte est devenue à jamais mémorable et sanctionnée par le malheur de Louis XII. Ce prince, se trouvant importuné des réclamations des Suisses qui lui demandaient une augmentation de paie, se mit en colère et laissa échapper ces paroles : « Est-ce que ces vilains de monta-« gnards prétendent me mettre à contribution ? » Cette exclamation lui coûta le duché de Milan et ruina pour toujours ses affaires en Italie. Et même aujourd'hui il serait impossible aux Suisses de vivre sans faire des invasions chez leurs voisins, s'ils ne faisaient émigrer une bonne partie de leur population au service des provinces et des États étrangers, ce qui les débarrasse non-seulement sous le rapport du nombre, mais aussi parce que dans ce nombre se trouvent les esprits les plus turbulents et les plus entreprenants.

Nous pouvons donc encore conclure que de même que l'étendue de territoire sans la bravoure militaire n'est qu'un fardeau, de même les trésors et les richesses sans cette même vaillance ne sont qu'une proie et un appât pour l'étranger. Il nous reste encore à débarrasser aussi une vérité de l'erreur qui l'obscurcit, et à établir que la richesse ne peut accroître la grandeur et la force d'un État qu'aux trois conditions suivantes :

1º A la même condition que l'étendue du territoire, c'est-à-dire pourvu qu'elle soit accompagnée de bravoure militaire ;

2º La richesse contribue à la grandeur quand elle est plutôt modérée qu'excessive, et surtout quand une partie de l'État est pauvre et que toutes les autres sont riches ;

3º La richesse d'un État lui est plus ou moins utile suivant les hommes qui la possèdent.

Quant à la première condition, on ne niera pas que, à égalité de vaillance, la plus longue bourse doit remporter la victoire. Quand un lutteur a affaire à un athlète beaucoup plus fort que lui, il lui sert peu d'avoir l'haleine longue et de pouvoir se battre longtemps, puisqu'il est vaincu au premier tour ; mais si les forces des deux lutteurs sont à peu près les mêmes au commencement, c'est celui qui a la meilleure haleine qui l'emportera à la fin, parce qu'il s'épuise moins vite que l'autre et peut lutter plus longtemps. Il en est ainsi de deux peuples en guerre ; si l'un est brave et l'autre efféminé, l'argent ne servira à rien ; mais s'ils sont à peu près égaux en valeur, l'État le plus riche pourra continuer plus longtemps la lutte et finira par prévaloir. Mais si l'on pense que l'argent peut, dès les commencements, donner à un peuple un avantage qu'aucune supériorité de bravoure ne saurait compenser, qu'on jette les yeux en arrière sur les exemples que nous avons déjà cités, et l'on sera forcé d'avouer que toutes les munitions et les machines ne sont que des apparences et des jongleries qui ne peuvent protéger la peur contre le courage. On y verra des troupes de soldats couverts d'armes à l'épreuve, prises dans les arsenaux de rois qui n'épargnaient assurément pas la dépense, culbutées par des hommes qui s'étaient armés au hasard, et chacun suivant ses moyens ; on y verra des armées, fournies de chevaux élevés exprès pour la guerre dans des haras impériaux, de chariots armés, d'éléphants, et d'autres semblables épouvantails, domptées par des légions à peine vêtues. Je dirai la même chose de ces villes si bien fortifiées et si honteusement rendues. Avec tous ces engins de guerre, quand la valeur manque, il ne reste qu'un mouton dans la peau d'un lion.

Le second point est qu'une suffisance de biens vaut mieux qu'une surabondance, c'est un adage fort connu ; car l'excès des richesses n'a jamais eu de bons résultats ni pour les États ni pour les particuliers. Elles rendent les hommes mous et efféminés et peu entreprenants, ou bien insolents et orgueilleux, et par suite trop ambitieux ; mais le plus ordinairement les riches sont craintifs et ont peur de perdre, comme l'exprime le proverbe *timidus Plutus*, de sorte qu'il est inutile d'appuyer davantage sur ce sujet. Mais il y a une partie de cette assertion qui mérite une attention toute particulière, parce qu'elle exprime une vérité moins généralement connue, quoiqu'elle soit aussi certaine ; c'est qu'il faut qu'un pays qui doit s'agrandir se trouve dans la condition qu'exige le poète, *multis utile bellum*, il faut que beaucoup d'hommes aient intérêt de faire la guerre ; position malheureuse sans doute pour un État, si, comme l'auteur cité, on voulait parler de la guerre civile, mais fort heureuse au contraire pour un État par rapport à la guerre extérieure qui ne manquera pas de l'agrandir. L'expérience ou l'étude de l'histoire nous apprend qu'il y a trois choses qui portent les États à guerroyer : l'ambition des chefs, une population qui fait profession de l'état de soldats, et enfin la pénurie d'un grand nombre de sujets. Cette dernière cause de guerre est la plus irrésistible et la plus constante, et c'est la véritable raison de ce que nous avons déjà fait observer : que les plus grands royaumes de la terre sont sortis de commencements pauvres et chétifs, comme les herbes les plus fortes sortent des terres les plus stériles.

Le troisième point, qui doit traiter de la distribution de la richesse dans l'État, est très simple et fort facile à discuter ; car l'argent, pour être avantageux à l'État, doit être distribué de manière à être facilement levé au profit du trésor et des dépenses publiques. Cette seule condition en renferme trois ; car il faut :

1º Qu'il y ait une quantité suffisante de numéraire, tant dans le trésor public que dans la bourse des particuliers ;

2° Que la richesse des particuliers soit en un grand nombre de mains, et non entassée dans celles du petit nombre ;

3° Qu'elle se trouve dans la bourse de ceux qui l'épargnent et qui l'accroissent, et non dans celle de ceux qui dépensent et qui prodiguent.

Car ce n'est pas de grandes richesses entre les mains d'un sujet qui le rendent plus utile à l'État en cas de besoin, puisque l'expérience nous apprend que les particuliers sont d'autant moins disposés à donner leur argent, qu'il est le plus dans leur intérêt de faire ce sacrifice. Quand on parle de guerre, le numéraire disparaît; chacun le retient et le cache pour s'assurer son bien-être individuel, selon ce que dit Salomon : « L'homme, dans son imagination, se fait une forteresse de ses trésors. » C'est ce que prouvent une infinité d'exemples. Aucun n'est plus remarquable que celui de Constantin, dernier empereur des Grecs, dont les sujets de Constantinople aimèrent mieux ménager leurs trésors pour l'ennemi que de les prêter libéralement à leur prince. Et quand la richesse est accumulée en un petit nombre de mains, il est impossible qu'elle soit prête à être versée dans les caisses publiques; d'abord parce que les fortunes très grandes sont difficiles à apprécier et à taxer, et parce que le fardeau des contributions paraît beaucoup plus léger quand il est supporté par le grand nombre. Il faut se rappeler aussi que ces immenses fortunes ne se font que par l'absorption de la substance du grand nombre, suivant l'adage qui les compare à la rate, viscère qui ne se gonfle que quand le reste du corps languit et maigrit. Enfin, ceux-là sont les moins aptes à fournir un surplus d'argent pour l'État, qui ne peuvent trouver de surplus pour accroître leur fond ; c'est pourquoi il n'y a pas d'États moins capables de soutenir les charges de la guerre, ou de défrayer de grandes entreprises que ceux dont la richesse est accumulée entre les mains des nobles et des gentilshommes. Car telle est leur magnificence et leur extravagance, telle est leur ambition et leur désir d'agrandir leur pouvoir et de pousser aux honneurs les membres de leurs familles, et surtout tel est leur petit nombre, relativement à la masse de la nation, qu'il y a fort peu à attendre d'eux quand l'État a besoin de ses ressources. C'est tout le contraire dans les États dont le numéraire se trouve entre les mains des marchands, des bourgeois, des artisans, des tenanciers et des fermiers. Nos voisins des Pays-Bas m'en fournissent un exemple frappant; car jamais, avec toute leur frugalité et leur industrie, ils n'auraient pu soutenir d'aussi lourdes charges, si ce n'était qu'il y avait parmi eux une rivalité et une émulation de travail excitées par la distribution à peu près égale de la richesse entre un grand nombre de personnes, et encore que cette richesse n'appartient pas exclusivement aux nobles, mais se trouve en grande partie entre les mains des travailleurs.

Venons maintenant à l'application de ce principe aux royaumes de Votre Majesté.

Quant aux richesses de votre couronne, je ne crois pas me tromper en disant : qu'il n'en est aucune en Europe qui ait une si grande proportion de domaines royaux et de revenus. Puis, en examinant bien vos droits et votre prérogative, on verra que vous avez au moins autant de ressources et de moyens de remplir votre trésor qu'aucun des autres rois, et cela, sans opprimer ni taxer votre peuple ; car vous avez des droits qui sont inconnus dans la plupart des autres pays : les riches mines de métaux sont à vous quand même le terrain serait à vos sujets ; vous avez la garde-noble des pupilles, quand ils possèdent des terres de franc-alleu ; vous avez droit d'aubaine et de confiscation dans les cas de trahison ; tous les procès criminels se font au nom de Votre Majesté, comme plaignant, et il en résulte que les amendes et le casuel en reviennent à votre trésor, ou au moins la moitié, si c'est un sujet qui se porte accusateur. Et si l'on calcule les revenus que vous tirez de vos ports de mer, de vos cours de justice, du timbre, de votre clergé, etc., on verra que la loi d'Angleterre a largement pourvu à la richesse de votre couronne, sans que vous soyez obligé de lever des taxes sur vos sujets. Quant au commerce, il est vrai que les rois de notre pays ont toujours dédaigné de le faire, parce que c'est une source de revenu qui leur a paru incompatible avec la dignité royale ; mais il est évident que la position de notre île est telle qu'il est impossible de calculer les immenses avantages que vous pourriez en retirer, si vous faisiez ce qu'ont fait les rois de Portugal et les ducs de Florence.

Parlons maintenant de la richesse de vos sujets. (*Il y a ici une lacune qui n'a pas été remplie.*)

Pour en venir aux articles affirmatifs, le premier est : que la véritable grandeur exige qu'un royaume soit dans une position géographique favorable.

Je ne veux pas ici parler des superstitions touchant la fatale destinée des empires, ni du rapport mystérieux de leur configuration avec celle des constellations célestes ; je ne veux parler que de l'aptitude de certaines contrées à favoriser l'action des hommes et du gouvernement. Tout bien considéré, il faut trois choses pour qu'un pays puisse devenir un grand empire : d'abord, il faut qu'il soit d'un difficile accès ; secondement, qu'il ne soit point placé comme au bout du monde, mais qu'il soit commodément situé au milieu de plusieurs grandes régions ; et, troisièmement, que ce soit un pays maritime, ou du moins traversé par de grands fleuves navigables, et non situé au centre d'un continent. Ces conditions ne sont point imaginaires, elles résultent de l'étude attentive de l'histoire. Toutes les grandes monarchies étaient tellement situées que, si l'on voulait leur choisir une position plus avantageuse, on ne le pourrait pas. Cela montre que la nature peut faire plus que l'industrie humaine ou les circonstances, surtout pendant une longue suite d'années. Une attention soutenue nous démontrera encore que, même après la ruine de ces empires, la fortune a continué de planer comme une ombre autour de leurs capitales, et de hanter, pour ainsi dire, les sièges de ces défuntes grandeurs, où elle était retenue par l'aptitude naturelle du lieu qui est immuable. Nous voyons d'abord l'excellente situation de l'Égypte qui paraît avoir été la première des grandes monarchies ; elle est commodément située sur deux mers qui sont pour elle comme deux grands bras pour embrasser l'Asie et l'Afrique, sans compter l'avantage que lui procure le fameux fleuve du Nil. Aussi nous voyons que la fortune s'est arrêtée deux fois sur ses rives, quoiqu'à des époques bien éloignées, la première fois du temps de Sésostris, et la seconde sous les Mamelucks, sans compter ni la visite qu'elle y fit du temps des Ptolémées, ni la grandeur des califes et des sultans. Or cette région est d'un accès étroit et difficile ; les Romains l'appelaient ordinairement *Claustra Ægypti* (*memorandum : parler ici des deux autres conditions appliquées à l'Égypte*). Examinons de même la situation de Babylone, bâtie en regard des grands lacs et entre les deux grands fleuves navigables du Tigre et de l'Euphrate, et pour ainsi dire au centre du monde, comme pour commander à la fois aux quatre points cardinaux. Aussi les dynasties ont beau changer, le siège de l'empire reste le même. Après les deux empires d'Assyrie, dont les monarques étaient les maîtres naturels de Babylone, viennent les rois de Perse qui, bien qu'étrangers, conservèrent cette ville comme capitale. Les rois de Perse demeuraient bien quelquefois à Suze et à Ecbatane, que l'on appelait leurs pavillons d'été et d'hiver, à cause de la douceur du climat de l'une et la fraîcheur de l'air dans l'autre ; mais le siège du gouvernement était toujours à Babylone. Alexandre-le-Grand aussi suivait l'avis de l'Indien Calanus, qui lui montra une vessie enflée qui se soulevait par un bout si l'on appuyait sur l'autre ; il résolut de rester à Babylone qui était le centre de son empire, et ce fut là qu'il mourut. Et bien que Seleucus et ses descendants et autres successeurs d'Alexandre s'avisèrent d'illustrer leurs noms en fondant d'autres villes, comme Antioche, Seleucie, etc., et qu'ils firent les plus grands efforts pour les agrandir et les embellir ; la suprématie resta toujours à la ville que la nature avait créée reine des cités. Il y a plus ; sous le règne même des Parthes, elle était encore Babylone-la-Grande, comme il paraît par ce vers de Lucain, qui écrivait du temps de Néron :

Cumque superba staret Babylon spolianda trophæis.

Plus tard elle devint encore la capitale des plus célèbres califes. Aujourd'hui même la ville de Bagdad, bâtie tout près des ruines de Babylone, est une des plus belles satrapies d'Orient. La Perse aussi, ouverte sur la mer, et inaccessible par terre à cause de ses montagnes, et placée dans une situation centrale, a eu ses trois grandes époques historiques : celle de Cyrus, celle du nouvel Artaxerxe, qui agrandit son empire dans le temps qu'Alexandre Sévère était empereur de Rome ; et dans les temps modernes, celle du sophi Ismaël, dont les descendants sont encore aujourd'hui les rivaux des empereurs turcs.

Il y a encore Constantinople, la ville la mieux située du monde, entre l'Asie et l'Europe.

(*Ce morceau n'a pas été achevé.*)

LETTRE A SIR GEORGES VILLIERS[1],

SUR LA MANIÈRE DE SE CONDUIRE DANS SA PLACE DE PREMIER MINISTRE[2].

Vous renouvelez dans votre dernière lettre la demande que vous m'avez déjà faite de vive voix. Vos désirs sont pour moi des ordres, quoique je sois bien incapable d'y répondre. Il a plu au roi de jeter sur vous un regard de faveur, et vous désirez gagner l'estime de votre maître et ne pas vous contenter de ses affections. Je ne puis que louer votre noble ambition. C'est ainsi que la faveur peut être durable ; celle qui ne se base que sur les affections personnelles est bâtie sur le sable et ne peut durer longtemps.

Lorsque la bénédiction de Dieu, à qui je sais que vous attribuez votre avancement dans la faveur du roi qui a discerné votre mérite et en attend tout ce que l'on peut attendre d'un vrai gentilhomme, vous eut élevé jusqu'à l'honneur d'être l'œil, l'oreille et même le cœur de votre gracieux maître, et que vous eûtes reconnu par expérience la difficulté de cette position qui vous rend l'intermédiaire entre tant d'hommes et leur souverain, il vous a plu de demander l'avis de votre serviteur, d'abord sur la manière de vous conduire dans ce poste si éminent et si dangereux si l'on manque de sagesse, et ensuite sur les moyens d'expédier facilement les affaires à la satisfaction du roi et des intéressés, sans pour cela vous accabler de fatigues. Je vais donc vous donner mon opinion sur l'une et l'autre question, ce sera plutôt celle d'un pauvre ermite que celle d'un habile courtisan.

D'abord vous avez eu tort de vous adresser au plus humble de vos serviteurs pour vous aider dans une affaire d'une si haute importance.

Vous savez que je ne suis ni courtisan ni homme d'état : j'ai jusqu'à présent mené une vie plus contemplative qu'active ; je connais mieux les livres que les hommes. Je ne puis guère que deviner les choses sur lesquelles vous me consultez. Néanmoins pour vous montrer ma soumission, même aux dépens de ma discrétion, je vais vous obéir.

Je prendrai d'abord la permission de vous rappeler la nature de votre place actuelle. Vous n'êtes pas seulement un courtisan, vous êtes l'ami intime et confidentiel de votre maître, dont vous possédez l'oreille. Vous êtes aussi son favori, et vous possédez son cœur. Tout le monde le croit et le juge ainsi. Car les rois, même les plus sages, ont eu leurs amis, leurs intimes, et cela dans tous les siècles ; ils ont des préférences ainsi que les autres hommes. Les princes ont des favoris, tantôt pour leur communiquer leurs pensées afin de les mûrir par la discussion, tantôt pour en faire les confidents de leurs chagrins et pour leur demander des consolations ; quelquefois aussi c'est pour s'en faire un rempart contre le mécontentement ou la méchanceté de leurs sujets : car les rois ne peuvent pas se tromper. Quand il y a erreur, leurs ministres en sont responsables, et il faut bien que ceux qui les approchent de plus près supportent le plus lourd fardeau de cette responsabilité. Ne vous faites donc point d'illusion sur votre position. La colère du peuple ne peut atteindre le roi, mais il n'est pas à l'abri de ses censures. Vous êtes son ombre, et, soit qu'il tombe dans l'erreur et qu'il ne veuille pas l'avouer, préférant en laisser le blâme à ses ministres, dont vous êtes le plus en vue, ou que vous commettiez vous-même une faute ou que vous la laissiez commettre, c'est vous qui devez souffrir, et peut-être serez-vous offert en holocauste pour apaiser la multitude. Mais certes, je ne pense pas que ce soit dans ce but que vous avez été élevé, car vous servez un maître dont la sagesse et la bonté sont telles qu'il a moins à craindre peut-être de la fureur

---

(1) Depuis duc de Buckingham.

Cette lettre fut écrite par Bacon, à la demande de Villiers lui-même.

ou du mécontentement du peuple qu'aucun des rois ses prédécesseurs. Je suis donc bien sûr que le roi ne vous a choisi que parce qu'il vous a trouvé tel qu'il vous désire, ou du moins capable de devenir tel. Car, je puis le dire sans flatterie, votre extérieur promet tout ce qu'on peut attendre d'un vrai gentilhomme. Mais que vous ayez été choisi pour un but ou pour un autre, il est à propos que vous soyez sur vos gardes, et que vous compreniez bien la valeur de ce titre de favori, afin que, dans le cas le plus probable, vous montriez au roi toute votre reconnaissance en prenant bien ses intérets; ou, pour mettre les choses au pire, pour veiller à votre propre sûreté.

Votre étoile se lève; son éclat éblouit les yeux des hommes; que votre imprudence ne la fasse pas passer comme un météore.

Vous avez entrepris une tâche importante; sentinelle toujours vigilante, c'est sur vous que le roi compte pour savoir la vérité; le flatter c'est le trahir; lui cacher ce qui touche à son honneur ou à sa justice, c'est une aussi haute trahison que d'attenter à sa vie. Un faux ami est plus dangereux qu'un ennemi déclaré. Il est écrit que les rois sont des dieux sur la terre. Cette expression n'est que relative et non absolue; car le texte: « *Dixi Dii estis* je vous ai dit: Vous êtes des dieux, » est suivi de ces paroles: « *Sed moriemini sicut homines;* » ils mourront donc comme des hommes et leur pensée périra. Ne pouvant tout voir de leurs yeux, tout entendre de leurs oreilles, ils sont obligés de s'en rapporter à leurs ministres, même pour des affaires très importantes. Les rois sont responsables devant Dieu, dont ils sont les vassaux, de toutes leurs actions et omissions volontaires; mais un ministre, qui est l'œil et le bras droit de son roi, répondra devant Dieu et devant les hommes des fautes qu'il aura commises dans l'exécution de ses devoirs, fautes qui sont un manque de foi. L'opinion est toute-puissante. Un courtisan avait une fois demandé comme une grande faveur à son empereur que, toutes les fois qu'il viendrait en l'impériale présence, il lui fût permis de murmurer quelques mots dans l'oreille de son maître, bien qu'il n'eût rien à dire. Cette faveur n'était pas sans quelque avantage pour lui, parce qu'on le croyait le confident de l'empereur; mais une telle réputation ne serait qu'éphémère si l'homme ne pouvait la soutenir par un mérite réel; elle serait à la merci de la moindre indiscrétion. Mais quand un favori se fait un piédestal de ses talents et de ses vertus s'il sert bien son roi et s'il expédie les affaires, il ne peut manquer de prospérer.

Si vous comprenez bien votre situation, vous devez vous attendre à avoir bien peu de repos. Quand vous ne serez pas auprès de la personne de votre maître, tous ceux qui ont des affaires à la cour viendront vous solliciter; et vous ne pouvez les éviter ni les éloigner tout-à-fait sans encourir beaucoup de blâme; car si vous ne l'avez déjà éprouvé, vous l'éprouverez bientôt; vous serez entouré d'une foule de solliciteurs. Quiconque aura à faire au roi ne se croira pas dans le bon chemin tant que vous n'aurez pas consenti à être son bon ange, ou du moins si vous ne lui promettez pas de ne pas être pour lui un mauvais génie. Quant au roi votre maître, vous lui devez la vérité. Gardez-vous de le flatter, surtout dans une affaire qui concerne son bon gouvernement; car si vous le faites, vous êtes devant Dieu aussi coupable que le traître qui lèverait sur lui une épée sacrilége; et quant aux solliciteurs qui viendront à vous, rien ne vous fera tant d'honneur, et rien n'allégera davantage le poids des affaires que de rendre justice à chacun, et cela le plus vite possible; car, croyez-moi, ce qu'il y a de plus agréable après une réponse favorable, c'est un refus poli et prompt. Les solliciteurs y gagneront l'avantage de ne pas perdre leur temps et vous celui d'être débarrassé d'eux. S'ils obtiennent de vous ce qu'ils ont demandé, ils vous auront une double obligation, car *bis dat qui citò dat*, c'est donner deux fois que de donner vite, et surtout de donner avec courtoisie.

Pour obtenir ce résultat voici ce que je me permettrai de conseiller humblement: Fixez une certaine heure du jour pour donner audience. Si l'on vient vous parler d'une affaire facile ou peu importante, on peut vous l'exposer de vive voix; vous y répondrez de même. Mais si l'affaire est plus compliquée ou plus importante, faites-vous-en donner un mémoire par écrit et ordonnez que l'on revienne un certain jour pour avoir la réponse. De votre côté ne manquez pas de parole, à moins que des affaires d'état de la plus haute importance ne vous y forcent. Quand vous avez reçu vous-même les pétitions, car on aimera à les remettre entre vos mains, faites-les lire par votre secrétaire pour qu'il souligne ce qu'elles peuvent contenir d'important; cela est rarement bien long. Les pétitions une fois préparées ainsi, réservez-vous une heure dans la journée pour les lire, et après les avoir classées selon leur nature, confiez-les à deux ou trois amis sûrs et éclairés pour qu'ils vous donnent à ce sujet leur opinion et leurs raisons pour ou contre. Si la chose est très importante, il n'y aurait pas de mal d'envoyer une copie de la pétition à chacun de vos amis pour qu'ils les examinent séparément et sans communiquer ensemble. Ils vous enverraient chacun leurs réponses par écrit à époque fixe. De cette manière vous vous prépareriez une réponse impartiale ; et en comparant toutes ces *responsa prudentium* vous pourriez juger des talents et du discernement de vos amis, et en même temps parler sur les affaires et prononcer comme un oracle. Mais ne vous en rapportez jamais à votre jugement seul, car aucun homme ne peut tout savoir. Ne vous fiez pas non plus à vos serviteurs, qui pourraient vous tromper pour gagner quelques écus, car le blâme en retomberait sur votre tête.

Pour faciliter l'expédition des affaires, je vous conseille encore de diviser toutes les pétitions en différentes classes. Je crois qu'il devrait y en avoir huit :

I. Affaires de religion, Église, ecclésiastiques ;

II. Affaires de justice, jurisprudence, jurisconsultes ;

III. Affaires du conseil d'état, ministres, grands officiers de la couronne ;

IV. Affaires étrangères, ambassades, ambassadeurs ;

V. Affaires de paix ou de guerre, étrangères ou civiles, marine, fortifications et ce qui les concerne ;

VI. Commerce intérieur et extérieur ;

VII. Colonies ou plantations lointaines ;

VIII. La cour, ses priviléges et son personnel.

Tout ce qui ne pourra pas se ranger sous un de ces chapitres ne sera probablement pas digne d'occuper votre attention ; les affaires qui se classeront ainsi vous donneront bien assez d'occupation.

I. Je commence par la première classe d'affaires qui concernent la religion.

1. D'abord, soyez vous-même un bon protestant de l'Eglise d'Angleterre, qui est assurément aussi orthodoxe que toute autre Église chrétienne.

Si l'on s'adresse à vous pour quelque affaire touchant la religion, les ecclésiastiques ou le gouvernement de l'Eglise, n'en jugez point par vous-même, mais consultez quelques graves et savants théologiens, surtout de ceux qui mènent une vie réglée et exemplaire.

2. Vous n'aurez pas à donner de conseils à ce sujet au roi votre maître. Le plus grand de ses titres impériaux est d'être le Défenseur de la Foi ; et il l'emporte en science, non-seulement sur les autres princes, mais même sur les autres hommes. Soyez son disciple, et vous serez dans la bonne voie.

Si l'on met en question la doctrine de l'Eglise d'Angleterre telle qu'elle est exprimée dans les trente-neuf articles, fermez vos oreilles ; car cette doctrine a été établie d'une manière si saine et si orthodoxe que toute discussion est désormais inutile, et même dangereuse pour l'honneur et la stabilité de notre religion, qui a été cimentée par le sang des martyrs et des confesseurs dont le nom a retenti dans tout le monde chrétien. Les ennemis de notre religion sont d'un côté les catholiques romains, dont les dogmes sont incompatibles avec la vérité de la religion professée par l'Eglise d'Angleterre, qui a protesté contre Rome, d'où nous est venu le nom de protestants ; et de l'autre côté les anabaptistes, les séparatistes, et tous les dissidents dont les dogmes sont pleins de schismes et contraires aux principes monarchiques. Pour les tenir en respect, il suffit de faire exécuter les lois qu'a faites à cet égard le parlement.

3. Quant au gouvernement de l'Eglise par des évêques, etc., je ne dirai pas absolument avec quelques théologiens qu'il est de droit divin, *jure divino* ; mais je dirai du fond de mon cœur que je le crois le plus en rapport avec la vérité apostolique et le mieux adapté à un gouvernement monarchique. Je ne m'appuierai sur aucune autre autorité que celle de l'excellente proclamation que notre roi lui-même fit dans la première année de son règne, et que l'on imprime toujours au commencement de notre liturgie. Je vous conseille de la lire ; et si jamais il est question d'innovations, priez le roi de la relire aussi ; rien n'est plus dangereux pour un Etat que d'écouter les innovateurs.

La discipline de l'Eglise n'est pas, il est vrai, une partie essentielle de notre religion; mais il est bien dangereux d'y toucher, de crainte que le dogme lui-même ne soit mis en danger. C'est pourquoi, si l'on vous proposait quelque changement dans la hiérarchie, avant d'y prêter la main ou de le recommander au roi, ayez bien soin de lire et de lui faire lire la proclamation dont je viens de parler. Vous y trouverez de si sages de si puissantes raisons de ne pas écouter tous ces vains projets, que vous resterez convaincus qu'il est on ne peut plus dangereux d'y prêter l'oreille. Pour vous fortifier encore dans cette pensée, lisez et remarquez le plus sage des hommes, le roi Salomon : « Mon fils, crains l'Éternel et le roi, et ne le mêle point avec des gens remuants. »

4. Prenez garde, je vous en prie, de ne pas vous laisser aller à encourager les catholiques romains. Je ne puis vous flatter. On dit dans le monde que plusieurs de vos parents sont de cette religion ; la nature vous fait une loi de les aimer et de les respecter ; mais vous êtes allié à leurs personnes et non à leurs erreurs.

5. Les archevêques et les évêques sont, sous le roi, les gouverneurs de l'Eglise et des affaires ecclésiastiques. Ne faites pas donner les places importantes à ces dignitaires par faveur ou par intérêt; tâchez qu'elles ne soient accordées qu'au mérite, à la science et à la vertu. Les mœurs des ecclésiastiques doivent être exemplaires.

6. Quant aux doyens, aux chanoines et aux prébendaires des églises cathédrales, ils étaient très utiles à l'Église dans les commencements de leur institution. Ils formaient le conseil de l'évêque, non-seulement pour l'administration de son revenu, mais encore et surtout pour le gouvernement spirituel. Faites votre possible pour n'avoir dans ces places que des hommes dignes de les remplir, par leur piété, leur savoir et leur sagesse ; faites que le roi s'en occupe, et ramenez-les à leurs fonctions primitives.

7. Vous serez souvent sollicité jusqu'à l'importunité d'accorder des cures à de jeunes théologiens; vous pouvez sans doute, *cæteris paribus*, à égalité de mérite, rendre de cette manière quelques services à vos amis ; mais rappelez-vous bien que la faveur seule n'est pas un titre suffisant. Les recteurs des paroisses ont la charge des âmes ; il leur en sera demandé un compte rigoureux, et ceux qui les auront placés partageront grandement leur responsabilité.

8. Outre les catholiques romains, il y a dans le royaume d'autres sectaires, comme les anabaptistes, les brownistes et autres, qui se sont remués plus d'une fois, sous prétexte d'un zèle ardent pour la réforme de la religion. Le roi votre maître les connaît fort bien ; un mot suffira pour les lui rappeler ; il a été à même de les apprécier en Écosse ; j'espère qu'il se défiera d'eux en Angleterre ; la moindre concession les fait se lever comme un incendie.

9. De graves et majestueuses cérémonies dans les églises sont aussi convenables qu'édifiantes ; mais il faut prendre garde d'y laisser introduire des innovations ; elles pourraient devenir un objet de scandale. Les hommes sont enclins au soupçon. La véritable religion protestante est dans le précieux juste-milieu ; ses ennemis sont dans les extrêmes à droite et à gauche.

10. Les ecclésiastiques doivent être respectés à cause de leurs fonctions et mis à l'abri de toute injure ; mais si l'un d'eux mène une vie déréglée et scandaleuse, il ne faut pas qu'il trouve protection ou impunité. L'exemple de quelques-uns est dangereux pour le grand nombre.

11. Il faut veiller avec soin à ce que le patrimoine de l'Église ne soit point détourné d'une manière sacrilège et appliqué à des usages temporels. Sa Majesté, dans sa religieuse sagesse, a déjà mis fin à un abus de ce genre, qui avait fait beaucoup de mal, et qui, sans lui, en aurait fait encore davantage. Tâchez donc que de tels abus ne se renouvellent plus.

12. Il faut encourager les colléges et les écoles pour y former de jeunes sujets pour l'Église et pour l'État, à mesure que les vieux s'en vont. Depuis plus d'un siècle notre royaume s'est fait remarquer par sa littérature ; si le talent se trouve encouragé, il ne fera pas défaut.

II. Après la religion, ce qu'il y a de plus important c'est la justice. Le trône du roi repose sur la justice et sur la clémence.

1. Que la règle de la justice soit la loi du pays, arbitre impartial entre le roi et ses sujets. et entre un sujet et un autre. Je ne veux pas

trop m'étendre sur l'excellence de nos lois, de peur qu'à cause de ma profession on ne m'accuse de partialité; mais je puis le dire en vérité: il n'y en a point de meilleures dans le monde chrétien.

Elles sont les meilleures et les plus impartiales qui existent entre un prince et son peuple; elles donnent à l'un la plus juste des prérogatives; à l'autre la meilleure des libertés. Si quelquefois il s'en fait une injuste déviation, *hominis est vitium, non professionis*, la faute en est à l'homme, et non à la profession.

2. Autant qu'il vous sera possible, ne laissez introduire dans l'Etat aucun pouvoir arbitraire. Le peuple anglais aime ses lois, et rien ne peut lui plaire davantage que la certitude de les conserver intactes. Ce que les nobles dirent autrefois dans le parlement : « *Nolumus leges Angliæ mutare*, nous ne voulons pas changer les lois de l'Angleterre, » est maintenant gravé dans le cœur de tous les Anglais.

3. Mais comme les lois ne vivent que lorsqu'elles sont exécutées, que le premier de vos soins soit d'avoir de bons juges. Pour faire un bon juge, il faut un homme savant dans sa profession, patient et attentif à écouter les plaidoyers, prudent dans l'administration de la justice, éloquent pour convaincre les parties plaidantes et l'auditoire, juste dans ses jugements; et enfin, il faut que le juge soit un homme de courage, craignant Dieu et détestant l'avarice. Un ignorant ne peut pas, un lâche n'ose pas être un bon juge.

4. Ne vous permettez jamais d'intervenir de vive voix ou par écrit dans une cause qui se plaide ou qui doit se plaider par-devant un tribunal; ne permettez à aucun seigneur de le faire si vous pouvez l'en empêcher; détournez surtout le roi d'une telle pensée, de quelque importunité qu'on le tourmente à cet égard. Si une telle démarche réussissait, la justice serait pervertie; et si le juge est assez juste et assez courageux pour n'être pas détourné de son devoir, de telles sollicitations ne peuvent que laisser une tache de soupçon. Un juge doit être chaste comme la femme de César; il ne faut pas que l'on puisse soupçonner son intégrité. L'honneur du juge est l'honneur du roi; car il le représente.

5. L'institution des juges de circuits est très utile. Ce sont ces juges qui deux fois l'an parcourent tout le royaume, pour juger les causes particulières, pour vider les prisons, en un mot pour administrer la justice dans les districts qui forment le circuit qui est assigné à chaque président. Mais ils pourraient être beaucoup plus utiles au roi pour la bonne administration de la province qu'ils parcourent si l'on y pensait bien.

6. Car si on leur donnait des instructions à ce sujet, ils pourraient, mieux que qui que ce soit, faire au roi un rapport sur l'état du peuple, sur ses penchants, ses intentions et ses mouvements, ce qu'il serait bien utile de connaître à fond.

7. Dans ce but, je voudrais qu'avant de partir pour leurs circuits les juges reçussent, tantôt du roi lui-même, tantôt du lord chancelier ou du lord garde-des-sceaux, l'ordre de joindre à l'exécution de leurs fonctions un service si important dans le temps où nous vivons, et qu'à leur retour ils rendissent un compte exact du sujet de leur mission, en faisant un rapport sur l'état où ils ont trouvé les comtés par où ils ont passé et où ils ont tenu leurs assises, et sur celui où ils les ont laissés.

8. Et afin qu'ils puissent mieux remplir cette tâche qui est très importante, il serait à propos de leur donner cette mission d'une manière solennelle et publique, comme cela a lieu ordinairement dans la Chambre Étoilée, à la fin du semestre qui précède le départ des juges pour leurs circuits. Ce serait aussi un moyen de montrer au peuple le zèle du roi pour la bonne administration de la justice et des lois. Quelquefois on y ajouterait des instructions particulières, vu que tout n'est pas bon à être publié.

9. Je voudrais encore que les juges restassent un peu plus longtemps dans chaque endroit où ils tiennent leurs assises, un jour de plus dans chaque comté, par exemple. Cela ne ferait pas une bien grande augmentation d'appointements, et cela conviendrait mieux à la gravité de leurs fonctions; car à présent ils sont souvent obligés de se lever de grand matin et de se coucher fort tard pour pouvoir expédier toutes les affaires, ce qui leur donne beaucoup de mal ainsi qu'aux plaideurs eux-mêmes, car leurs audiences ne se tiennent vraiment pas dans les *horæ juridicæ*. Ce qui est plus important encore, c'est que cela donnerait le temps, *quasi*

aliud agentes, comme en faisant tout autre chose, de s'enquérir de l'état moral du pays.

10. Il est à propos que les shériffs des comtés, accompagnés des principaux gentilshommes, viennent avec une suite convenable, mais sans trop de luxe, au-devant des juges des assises, quand ceux-ci arrivent dans le comté; cela est non-seulement une politesse, mais un acte utile; car c'est montrer du respect et de la déférence pour la personne et pour la dignité de ceux qui viennent au nom du roi.

11. Si quelqu'un intrigue pour être nommé juge, quant à moi, je m'en défierais; et s'il cherche directement ou indirectement à acheter cette place, il devrait être repoussé avec honte : « *Vendere jure potest, emerat ille prius;* il a le droit de vendre, celui qui a acheté. »

12. Quand une place de président devient vacante, on peut y nommer un des juges suppléants du même tribunal, ou d'un autre, qui ait fait preuve de mérite et de talent. Ce sera un encouragement pour lui et pour les autres.

13. Après les juges, je voudrais que l'on choisît avec le plus grand soin les avocats que l'on élève au rang de *serjeants-at-law*[1], puisque c'est parmi eux que l'on choisit les juges. On ne devrait admettre au nombre des *serjeants-at-law* que ceux dont on pourra faire des juges plus tard quand ils auront acquis au barreau l'expérience nécessaire. Faites donc en sorte d'abolir l'indigne et récent usage d'acheter et de vendre ces charges. Cela peut convenir à quelques courtisans, mais cela ne fait honneur ni au roi ni à l'avocat qui achète.

14. Quant aux gens du roi, surtout son procureur et son solliciteur général, je n'ai rien à en dire. Ils travaillent constamment dans l'intérêt du roi, non-seulement pour ses revenus, mais encore pour toutes les parties de son gouvernement. Le roi et ceux qui s'intéressent à son service ne manqueront donc pas de faire de judicieux choix. Il faut que le parquet du roi se compose d'hommes savants dans leur profession, sans être ignorants de beaucoup d'autres choses, et fassent preuve d'une grande habileté dans les choses qui leur sont confiées.

15. Le procureur du roi par-devant la cour des pupilles a tout-à-fait le rang et les fonctions de juge. Ce qui a été dit des juges lui est donc applicable, et les observations faites sur le choix des juges des trois grandes cours de Westminster ne doivent pas être oubliées si l'on a à nommer un procureur pour cette cour des pupilles (*court of wards*).

16. Il en est de même du procureur du roi du duché de Lancastre, qui est juge du tribunal, mais qui remplit les fonctions de procureur du roi quand il s'agit d'une affaire en litige concernant les revenus du duché.

10. Je ne dois pas oublier les juges des quatre circuits que forment les douze comtés du pays de Galles. Ils sont moins élevés en dignité et ne sont pas nécessairement de même degré que les autres, excepté le président du tribunal de Chester, qui est président à mortier. Il faut pourtant les choisir avec autant de soin que les autres, et par les mêmes raisons, et parce qu'on les fait quelquefois passer dans les autres tribunaux.

18. Il y a donc, comme vous le voyez, plusieurs classes de cours de justice : les cours supérieures, les cours provinciales et les cours inférieures. Il est à désirer que chacune ne s'occupe que des affaires qui sont de sa compétence. La justice est bien mieux et bien plus paisiblement administrée quand les différents tribunaux n'interviennent pas mal à propos dans les affaires qui appartiennent aux autres. Leurs différentes attributions sont assez clairement définies pour qu'il n'y ait à ce sujet aucune discussion.

19. Après avoir parlé des juges, il est à propos de dire un mot des principaux ministres de la justice qui sont chargés de faire exécuter les arrêts. D'abord, il y a les grands shériffs des comtés. Cette fonction remonte à une haute antiquité; je suis sûr qu'elle existait avant la conquête. Je recommande le choix de ces grands officiers à toute votre sollicitude; faites aussi que le roi s'en occupe sérieusement. Tâchez autant que possible qu'il ne tombe que sur des hommes bien capables et bien fidèles; car le grand-shériff a des pouvoirs très étendus, puisqu'il peut légalement lever et mettre sous les armes tout le *posse comitatus* (le ban et l'arrière-ban) de son comté.

20. Il est donc dans l'esprit et dans l'intention de la loi que le choix d'un grand-shériff se fasse sur la recommandation des grands officiers du royaume, et sur l'avis des juges qui sont censés connaître toute la noblesse des pro-

---
[1] Avocats du roi.

vinces. Il est vrai qu'à la rigueur le roi peut nommer un shériff de sa propre autorité, mais la vieille manière est la meilleure.

21. Mais je condamne tout-à-fait un usage qui s'est depuis peu glissé à la cour par un escalier dérobé ; c'est qu'il arrive souvent que des gentilshommes recommandés par le suffrage unanime de leurs concitoyens des provinces sont mis de côté, pendant qu'on nomme shériff un individu qui n'est ni connu, ni digne de l'être ; et tout cela pour de l'argent.

22. Je ne dois pas oublier de vous parler des lords-lieutenants et des députés-lieutenants des comtés. Ce sont eux qui sont chargés des affaires militaires, en cas d'une invasion ou d'une rébellion à l'intérieur. Il faut aussi les choisir avec discernement, leur donner de prudentes instructions et leur laisser le moins possible de pouvoir arbitraire. Il faut encore surveiller les contrôleurs des conscriptions (*muster-masters*) et autres officiers inférieurs, pour les empêcher de sortir des limites de leurs pouvoirs respectifs, ce qui nuirait beaucoup au service du roi.

23. Les juges de paix sont très utiles. Autrefois ils étaient appelés les conservateurs de la paix ; ce sont encore les mêmes offices, seulement plusieurs actes de parlement ont changé leur dénomination et ont étendu leur juridiction à beaucoup de cas. Ils n'en sont que plus capables de conserver la paix du royaume, et il n'en est que plus important de faire un bon choix.

24. Mais je dirai hardiment qu'on ne devrait jamais nommer un juge de paix par faveur, ni seulement dans l'intention d'augmenter sa considération dans sa résidence ; il ne faut en cela penser qu'au service du roi. On ne doit point non plus les renvoyer pour satisfaire la haine d'un grand seigneur ; ces choses ont été faites, et le service du roi n'y a rien gagné assurément.

25. Encore un mot, s'il vous plaît, sur les principes qui doivent modérer la justice du roi. Aux juges a été laissée la sentence, mais la miséricorde est restée entre les mains du roi ; la justice et la clémence sont les soutiens de son trône royal.

26. Si le roi ne pense qu'à la justice, il paraîtra trop sévère ; s'il est toujours clément, il se fera mépriser. Il faut des exemples de justice pour épouvanter les uns, il faut des grâces pour consoler les autres. Les uns inspirent la crainte, les autres l'amour. Si un roi ne sait pas se faire craindre et aimer en même temps, il est perdu.

27. Je n'ai encore parlé que des tribunaux ordinaires, il me reste à vous entretenir sur la cour du parlement d'Angleterre. C'est une cour souveraine ; il faut donc que je n'en parle qu'avec respect et précaution.

28. Cette institution est chez nous fort ancienne ; elle se compose des deux chambres, celle des pairs et celle des communes. Le roi est la tête majestueuse de ce grand corps. Le roi, par sa seule autorité et en vertu de mandat, peut les convoquer : c'est aussi lui qui a le droit de les proroger ou de les dissoudre ; mais chacune des chambres peut s'ajourner.

29. Quand les chambres sont ainsi convoquées, elles forment moins une cour de justice qu'un grand conseil du roi ; c'est le grand conseil de la nation, pour conseiller le roi dans les affaires d'une très haute importance et d'une grande difficulté, dans l'intérêt du roi et de son peuple.

30. Aucune loi nouvelle ne peut se faire, aucune loi ancienne ne peut être abrogée que par le consentement commun des deux chambres, où les projets sont préparés, discutés et présentés ; mais il n'y a rien de conclu sans l'assentiment royal de Sa Majesté. Les projets de loi ne sont que des embryons, c'est le souffle du roi qui leur donne la vie.

31. Cependant la chambre des pairs a dans certains cas les attributions d'une cour de justice ; elle peut ouïr les débats et prononcer une sentence ; elle peut casser un jugement de la cour du banc du roi (*king's bench*) qui est cependant la plus haute cour de justice du royaume. Mais cela ne peut se faire que par un mandat d'erreur *in parliamento;* c'est pourquoi sa puissance n'est pas *absoluta potestas*, comme quand elle fait des lois, mais seulement *limitata potestas*, selon l'esprit des lois du pays.

32. Mais la chambre des communes n'exerce aucun pouvoir judiciaire, si ce n'est celui de censurer ses propres membres en matière d'élection, ou pour des délits commis dans ou contre la chambre elle-même ; mais elle n'a pas, et n'a jamais eu, le pouvoir même d'administrer un serment pour préparer une cause.

33. Les sessions du parlement sont dans ce pays d'une grande utilité. On doit le convoquer

toutes les fois que les affaires du royaume l'exigent. Les sessions doivent durer le temps nécessaire et pas davantage; car une session trop longue est un fardeau pour le peuple, à cause des justes priviléges qui s'attachent aux membres du parlement et à leurs gens, priviléges qu'il faut religieusement respecter, mais qu'il faut bien se garder d'accroître, de crainte qu'ils ne finissent pas empiéter sur le pouvoir légitime de la couronne.

34. Je n'ai parlé jusqu'à présent que de ce qu'on appelle très justement le *droit commun* d'Angleterre, puisqu'il domine presque tous les cas et toutes les causes, tant civiles que criminelles. Mais il y en a un autre que l'on appelle le droit civil ou le droit des gens; il ne doit pas être négligé, bien qu'il ait moins d'étendue que l'autre. Et, bien que je professe le droit commun, je suis assez ami de mon pays, de la vérité et de la science pour vous conseiller très sérieusement d'encourager ceux qui font profession du droit civil et, que pour cela l'on nomme des *civiliens*; autrement nous pourrions nous trouver dans un grand embarras, faute de docteurs instruits, si nous venions à avoir affaire avec un prince ou un État étranger.

III. J'en viens maintenant au conseil d'état et aux grands officiers du royaume, qui deviennent ordinairement les conseillers du roi.

1. Il y a deux sortes de conseillers dans le cabinet: d'abord, les *consiliarii nati*, comme je puis les appeler; tel est le prince de Galles et les autres fils du roi s'il en a. Je ne parlerai pas de ceux-là, puisqu'ils sont, de naissance, les conseillers naturels du roi, et que c'est dans le cabinet qu'ils doivent apprendre à gouverner plus tard.

2. Les autres conseillers sont ceux que le roi choisit pour l'aider dans les affaires de son gouvernement; il les appelle à lui par considération pour leurs mérites et leurs talents, et surtout à cause de leur fidélité éprouvée à sa personne et à sa couronne. La *table du conseil* est ainsi nommée du lieu où les conseillers se réunissent habituellement. La seule cérémonie nécessaire pour faire un conseiller est son serment de fidélité qu'il fait entre les mains du roi. Ces honorables personnages font dès lors partie du cabinet. Ils ne peuvent y venir que lorsque le roi les appelle, et il peut quand il veut les dispenser de s'y présenter; ce dont ils ne pourraient se dispenser eux-mêmes à leur volonté.

3. Puisque telle est la nature de leur service, on conçoit combien il importe de les choisir avec soin. Il est à désirer que ce soit des hommes aussi fidèles que sages et expérimentés dans les affaires; ce n'est qu'à cette condition qu'ils peuvent être les appuis du trône.

4. Il est à propos d'appeler dans le conseil des hommes jeunes encore, afin qu'ils s'accoutument au maniement des affaires, qui ne leur seront entièrement confiées que quand ils auront atteint un âge plus mûr. D'autres y sont appelés à cause de leur haut rang dans la société; mais la présence de tous ces conseillers n'est pas aussi nécessaire que celle de ceux sur qui porte réellement le poids des affaires.

5. Je ne voudrais pas cependant que les conseillers fussent en trop grand nombre, parce qu'alors ils seraient moins considérés. Je sais que la reine Élisabeth, sous laquelle j'ai eu le bonheur de naître et de vivre longtemps, tenait à avoir un conseil moins nombreux que sage.

6. Le devoir d'un conseiller privé ne se borne pas à se présenter à la table du conseil quand sa présence est exigée, ni à donner simplement son avis quand on le lui demande; il doit aussi s'occuper à étudier ce qui peut être avantageux au bien public, et faire part du résultat de ses études au roi ou aux autres conseillers, suivant le besoin. Ceci vous regarde vous-même plus que tout autre, puisque vous tenez une plus grande place dans ses affections.

7. Je prendrai la liberté de vous prier de conseiller une chose à Sa Majesté: c'est que quand une nouvelle affaire est présentée au conseil, aucun membre ne devrait donner immédiatement son avis d'une manière positive, parce que beaucoup d'hommes n'aiment pas à revenir sur une opinion fortement prononcée, même quand ils s'aperçoivent de leur erreur. Il vaut donc mieux que le projet soit seulement lu et les principales raisons pour ou contre seulement indiquées d'une manière dubitative, afin qu'il soit discuté avec connaissance de cause, à une autre réunion.

8. Quand une affaire importante a été débattue, et que l'on paraît disposé à en venir à une conclusion, je suis d'avis qu'on la remette au lendemain, si l'on n'est pas trop pressé, parce qu'une seconde considération peut fournir des raisons de la changer, ce qui ferait peu d'honneur au conseil.

9. Je désirerais qu'il plût au roi de présider quelquefois le conseil, cela lui donnerait de la dignité et du crédit; mais il faut qu'il s'abstienne d'y venir trop souvent, parce que l'on ferait moins de cas de sa présence s'il la prodiguait. D'ailleurs, elle pourrait gêner la liberté des délibérations.

10. Outre le devoir de donner leur avis, les conseillers sont encore tenus *ex vi termini*, d'après les appellations même de conseillers privés, de garder le secret des délibérations; c'est pour cela qu'on les appelle *de privato consilio regis*, ou bien encore *à secretioribus consiliis regis*.

11. Il faut recommander aux conseillers de s'abstenir de toute considération sur les questions de propriété; ils ne doivent point connaître du *meum et tuum*. Qu'ils laissent cela aux tribunaux ordinaires.

12. De même qu'il faut choisir avec soin les conseillers, de même aussi il importe d'avoir de bons secrétaires de la table du conseil, pour enregistrer le résultat de leurs délibérations. Sa Majesté devrait donc, si elle ne l'a déjà fait, donner des ordres précis et sévères pour qu'aucun des secrétaires du conseil ne se permette de donner des copies des délibérations, sans le commandement exprès du conseil même; et pour que personne, excepté le secrétaire et ses commis, n'ait accès aux registres. C'est pourquoi les serviteurs et les commis des secrétaires devraient être astreints au secret aussi bien que leurs maîtres.

13. Quant aux grands officiers du royaume, j'ai peu de chose à dire à leur sujet. La plupart ne peuvent pas être sans inconvénient exclus du conseil. Ainsi ce qui a été dit du choix des conseillers est applicable à eux. Je conseille seulement en général de les employer selon la spécialité de leurs talents.

14. Je crois qu'il serait bon d'avoir dans le conseil des hommes de différentes professions, comme cela était dans le temps de la reine Élisabeth: un évêque au moins, à cause des questions qui peuvent se présenter sur les affaires et le gouvernement de l'Église; un ou plusieurs légistes; quelques militaires; d'autres qui connaissent bien les affaires étrangères. Par ce mélange, les conseillers pourront s'aider mutuellement de leurs lumières spéciales. Si cela ne suffisait pas, on pourrait encore consulter des personnes étrangères au conseil, pourvu qu'elles fussent bien au fait du sujet en discussion; et l'on aurait soin de le faire avec assez d'adresse pour qu'elles ne se doutassent pas du but qu'on se propose.

IV. J'ai maintenant à vous parler des négociations étrangères et des ambassades envoyées aux princes étrangers. C'est un sujet sur lequel je suis peu capable de m'étendre.

1. Je vous dirai seulement ce qui se faisait pendant le règne heureux de la reine Élisabeth, que l'on peut, sans déroger, chercher à imiter en beaucoup de choses. Elle avait coutume de choisir ses envoyés suivant la nature de l'ambassade qui leur était confiée. C'est une bonne règle.

2. S'il s'agissait d'une ambassade de félicitation ou de cérémonie, et ces ambassades-là ne doivent pas être négligées, elle envoyait un seigneur très noble et très riche, qui s'en trouvait fort honoré, et qui s'en acquittait noblement, pour se faire honneur de ses richesses sans être à charge au trésor de Sa Majesté.

3. Mais si c'était une affaire d'état plus importante, elle choisissait un homme grave, judicieux et plein d'expérience, et non un homme trop jeune pour connaître les affaires, ni un vieillard qui n'eût d'autre mérite que sa gravité et sa formalité.

4. Mais avec eux on envoyait aussi de jeunes gentilshommes de bonne espérance, en qualité de secrétaires ou autrement, suivant leurs qualités; cela les formait et les rendait capables de s'acquitter d'une semblable mission une autre fois.

5. On avait soin aussi d'envoyer des hommes graves et sages, connaissant bien le droit des gens, dont quelques-uns savaient la langue du pays et avaient déjà été à la cour de ces princes, et étaient familiarisés avec leurs coutumes. Toutes ces personnes aidaient l'ambassadeur de leurs conseils en particulier; mais ne se mêlaient pas ostensiblement des affaires, dont tout l'honneur devait rester à l'ambassadeur.

6. Si l'ambassade avait pour but quelque affaire de commerce, on y employait principalement des personnes versées dans le droit des gens ou dans le droit civil, et on leur adjoignait quelques hommes d'expérience. Cette ambassade se faisait ordinairement aux frais des sociétés ou compagnies de marchands qui étaient les plus intéressées au succès des négociations.

7. Quand il fallait envoyer des ambassadeurs

résidents pour demeurer près des cours étrangères, soit pour être au courant de leur politique, soit pour pouvoir être avec ces cours en relation non interrompue, on choisissait des hommes vigilants, actifs et discrets, sachant la langue du pays. Avec eux l'on envoyait encore ceux que l'on espérait pouvoir devenir capables d'une pareille mission.

8. Les envoyés avaient soin de donner à temps intelligence et information de tout ce qui se passait à l'étranger, en correspondant soit avec la reine elle-même, soit avec les secrétaires d'état, avec lesquels ils étaient mis en rapport immédiat.

9. Leurs dépenses étaient payées par le trésor, suivant les frais qu'il leur était nécessaire de faire pour vivre honorablement dans le pays où ils étaient ; mais ils n'étaient récompensés de leurs services qu'à leur retour en Angleterre. On s'arrangeait alors pour leur donner quelque place honorable et lucrative, selon leurs mérites, mais de nature à ne pas les rendre à charge au trésor de la reine.

10. A leur départ on leur délivrait par écrit les instructions générales qu'ils pouvaient montrer aux ministres de l'État où ils allaient ; mais ils avaient aussi leurs instructions particulières dans certaines circonstances. A leur retour, ils rendaient compte de certaines choses à la reine elle-même, de certaines autres affaires au conseil privé ou aux secrétaires d'état, qui en faisaient l'usage nécessaire, ou les communiquaient au conseil si besoin était.

11. C'était alors l'usage d'envoyer à l'étranger, sur la recommandation des secrétaires d'état ou des conseillers-privés, de jeunes hommes capables pour qu'ils apprissent les langues et se missent en état d'être chargés de telles missions pour l'avenir. La reine défrayait leurs dépenses, qui n'étaient pas très considérables, puisqu'ils voyageaient comme de simples particuliers, et lorsqu'ils se montraient capables, on tirait parti de leurs talents. Je vous recommande cet usage, qui est comme une pépinière d'hommes d'état.

V. Maintenant passons à la paix et la guerre et aux choses qui y ont rapport. Par caractère comme par profession, je suis pour la paix, s'il plaît à Dieu de nous la conserver aussi longtemps que nous en avons déjà joui.

1. J'espère que je vous trouverai de la même opinion, et vous n'aurez pas la peine d'en convaincre le roi notre maître ; car il a été jusqu'à présent comme un Salomon pour notre Israël ; et la devise qu'il a choisie, « *Beati pacifici*, heureux les pacifiques, » prouve son excellent jugement ; mais il faut employer des moyens pour conserver ce bien inappréciable.

2. Notre Dieu est le Dieu de la paix, c'est un de ses attributs. Il faut donc adresser à lui nos prières pour qu'il nous accorde une longue paix ; c'est là le premier point.

3. Mais le roi ne doit pas négliger les moyens humains et louables de la conserver. Au dedans, la justice est la meilleure garantie ; au dehors, soyez prêts à la guerre, c'est le plus sûr moyen d'avoir la paix.

4. Il y a des guerres civiles et des guerres étrangères. Quant à une guerre entreprise par le roi contre un autre peuple, j'espère que cela n'est pas à craindre ; le roi a pour cela trop de piété et de justice. Son domaine est assez vaste, il est borné par l'Océan, et sa position a appris au roi et au peuple à s'arrêter et à dire : *Nec plus ultrà*.

5. Quant à une guerre d'invasion de la part de l'étranger, nous n'avons qu'à être sur nos gardes ; c'est tout ce qu'il faut pour être complétement à l'abri.

6. Car si nous sommes toujours prêts à recevoir un ennemi que l'ambition ou la malice pourrait nous susciter, nous pouvons être bien sûrs que nous vivrons longtemps en paix sans que personne ose nous attaquer.

7. Pour être prêt comme je viens de le dire, je vous recommanderai d'avoir soin des fortifications, de la marine royale et en général de toute la marine du royaume, car nos vaisseaux sont nos murailles de bois ; chaque vaisseau de guerre est un fort imprenable, et tous nos ports et nos rades, si nombreuses et si sûres, sont les redoutes qui en défendent l'approche.

8. Pour la construction des vaisseaux, il n'y a pas au monde de sol qui produise d'aussi bon bois. Nous avons aussi du fer en abondance ; mais il faut veiller à ce que nos bois de construction navale ne soient pas gaspillés.

9. Quant aux agrès, comme nous sommes encore obligés d'acheter à l'étranger les voiles et les cordages, il faut donc en faire bonne provision d'avance et ne pas attendre à en avoir besoin ; mais nous sommes réellement

blâmables de ne pas les produire chez nous ; il n'y a que la poix et le goudron que notre sol nous refuse.

10. Aucune nation ne l'emporte sur nous dans l'art de bâtir des vaisseaux, soit de guerre soit de transport. Les constructeurs et charpentiers de navires doivent être encouragés.

11. Nous pouvons faire nous-mêmes la poudre à canon et les autres munitions de guerre. Nous pouvons aussi en prendre à l'étranger en échange de nos produits, ce qu'il ne faut pas négliger.

12. Le royaume ne manque pas de marins. La marine marchande peut au besoin fournir des équipages à nos vaisseaux de guerre et se recruter elle-même parmi les bateliers des rivières, si ces derniers ont de l'ouvrage et sont bien payés.

13. Les officiers de marine méritent aussi vos soins. Il faut qu'ils aient de l'avancement suivant leurs mérites.

Ne mettez pas de côté en temps de paix les hommes braves qui se sont rendus capables de commander sur terre ou sur mer. Ayez en magasin une bonne provision d'armes et de munitions de toute espèce, comme si vous étiez à la veille d'une bataille ; que nos ports de mer et nos forts soient armés en guerre comme si la prochaine marée devait nous apporter une flotte ennemie. Une telle prévoyance est la meilleure des garanties ; mais de toutes les guerres, que le roi et le peuple prient Dieu de les préserver d'une guerre intestine ; que le roi par sa sagesse, sa justice et sa modération, prévienne un tel malheur ; s'il arrive, qu'il y remédie, et que le peuple par son obéissance éloigne de lui ce fléau. Pour ce qui est d'une guerre d'invasion, faite pour agrandir les limites de notre empire, qui est assez vaste et naturellement borné par la mer, je crois qu'une telle tentative ne serait ni juste ni sage. Il serait d'ailleurs très difficile de l'entreprendre avec espérance de succès, puisque les sujets de ce royaume pensent qu'il serait illégal de les forcer de traverser la mer sans leur consentement, sous prétexte d'une conquête incertaine ; mais pour résister à une invasion ou pour soumettre des rebelles, tout sujet peut être obligé de sortir de son comté. Le royaume forme un ensemble indivisible ; sans cela nous offririons bientôt un second exemple de ce qui a été dit ailleurs : *Dum singuli pugnamus, omnes vincimur*, en combattant séparément nous avons tous été vaincus.

14. Notre alliance avec la Hollande est un appui mutuel qui donne une grande force à deux peuples voisins. Nos flottes réunies formeraient au besoin une force qu'aucune nation n'oserait attaquer. Cette alliance doit être inviolable.

15. Nous avions autrefois à craindre l'Ecosse, qui faisait souvent des irruptions sur nos provinces du Nord ; mais l'heureuse union des deux royaumes sous un seul roi, notre gracieux souverain, a pour toujours, je l'espère, fait cesser les dissensions entre ces deux pays. Que l'Angleterre ne donne aucune cause de mécontentement, et je pense que les Ecossais ne seront pas les agresseurs ; s'ils le font, ils trouveront assurément que, bien qu'ils soient les premiers-nés des sujets de notre roi, c'est à nous qu'appartient le droit d'aînesse ; ce n'est pas une raison pour leur faire tort, ni pour souffrir qu'ils nous en fassent.

16. Il n'y a donc pas de danger de guerre civile, et puisse Dieu dans sa miséricorde détourner de nous ce fléau, qui est le pire de tous ! C'est à la justice et à la sagesse du roi de la prévenir s'il le peut ; si pourtant elle arrivait ; *quod absit*, qu'il éteigne l'incendie le plus tôt possible.

17. Il n'y a pas, et il ne peut y avoir de prétendants à la couronne ; nous ne pourrions donc nous faire une guerre civile que sur nos propres entrailles. Il y a deux remèdes : le *remedium præveniens*, qui prévient le mal ; c'est le meilleur en politique comme en médecine. Il consiste en un gouvernement juste et impartial qui ôte tout sujet de sédition. Le second est le *remedium puniens*, le châtiment, si le premier ne suffit pas. La vigilance et le zèle des députés-lieutenants des comtés ne peut manquer de contribuer à notre sûreté.

18. Mais si cela ne suffisait pas, il faudrait que des recherches faites à temps découvrissent les membres corrompus du corps social, afin qu'ils fussent retranchés. La clémence dans un tel cas serait une cruauté.

19. Cependant si les chefs de complots peuvent et doivent être punis, la multitude égarée verra son erreur et rentrera dans le devoir. Le roi peut alors être clément envers elle ; sa misé-

ricorde sera à la fois honorable et de bonne politique.

20. Un roi doit, en cas de malheur, avoir un trésor bien rempli ; il ne faut pas qu'il soit sans argent puisque l'argent est le nerf de la guerre, ni qu'il compte sur la complaisance des autres, qui pourrait lui manquer dans le besoin.

21. Il faut qu'il ait des magasins bien remplis et des munitions qui s'achètent à l'étranger et de celles qui se produisent dans son royaume. Toutes ces provisions doivent être sous la garde d'officiers vigilants et fidèles.

22. Il doit aussi choisir des généraux habiles et expérimentés pour faire la guerre, soit contre les étrangers, soit contre les rebelles. Il ne faut pas prendre pour cela de ces jeunes étourdis, qui au courage de se battre joignent l'habitude de jurer, de boire et de faire tapage, et qui ne sont capables ni de gouverner les autres ni de se gouverner eux-mêmes.

23. Si un général se conduit bien, qu'il ne soit point découragé par les calomnies de ceux qui veulent le supplanter, soit par ambition, soit par envie, soit par trahison, soit par tout autre mauvais motif. Une main ferme est encore plus nécessaire pour le commandement des armées que pour l'administration des affaires civiles, car une faute pendant la guerre est souvent irréparable.

22. Si Dieu bénit ces efforts et que le roi revienne en paix dans sa capitale à la fin de la guerre civile, qu'il accorde des honneurs et des récompenses à ceux qui se seront montrés fidèles et zélés ; que les traîtres qui auront entraîné la multitude soient sévèrement punis ; et que les amis et les serviteurs froids qui seront restés neutres pendant le conflit soient notés avec du charbon noir, *carbone nigro*.

VI. Me voici arrivé au sixième article, qui est le commerce intérieur et extérieur. Je commencerai par celui qui se fait entre les citoyens ; c'est celui-là qui est essentiel, qui fait vivre les sujets du royaume, et qui est la base de celui que l'on fait à l'étranger. Si le premier a pour but le nécessaire, le dernier a en vue l'utile et l'agréable.

1. Quant au commerce intérieur, je commence par vous recommander l'agriculture ; c'est elle qui donne du blé pour nourrir les sujets et qui en fournit même à l'exportation. J'ai été témoin dans le temps d'Élisabeth de plusieurs disettes qui firent dépenser des sommes énormes pour acheter du blé à l'étranger.

2. Les laboureurs industrieux trouveront bien par eux-mêmes les moyens d'améliorer leurs terres en y ajoutant de la chaux, de la marne, de la craie, du sable de mer dans les localités où l'on peut s'en procurer ; mais il n'y aurait pas de mal à les y faire penser et à encourager leur industrie.

3. Les vergers, quand ils sont plantés dans des expositions favorables, sont aussi avantageux qu'agréables. Il n'y a pas de meilleure boisson que le cidre et le poiré pour porter en mer.

4. Les jardins sont aussi très profitables, quand ils sont plantés en artichauts, en racines et autres légumes bons pour la nourriture de l'homme ; c'est alors qu'ils sont très bien nommés jardins potagers.

5. Les plantations de houblon, de pastel, de colza et de navette rapportent beaucoup quand on choisit bien son terrain. Elles sont donc un avantage pour le royaume, qui à différentes époques a été obligé d'acheter ces commodités à l'étranger.

6. La plantation et l'entretien des bois, et surtout des bois de charpente, est une culture non-seulement utile, mais indispensable ; il faut que notre postérité puisse bâtir des maisons et des vaisseaux.

7. Il serait bien avantageux pour le royaume de dessécher les marécages en faisant écouler les eaux salées ou les eaux douces.

8. Beaucoup de ces terrains feraient d'excellents pâturages ; des fermiers industrieux en tireraient bon parti.

9. On pourrait prendre de bonnes terres arables sur les forêts et les chasses qui sont éloignées des châteaux royaux. On devrait aussi tirer parti des terres communales, pourvu toutefois qu'on ménageât les intérêts des pauvres, qui seuls en profitent aujourd'hui.

10. Rendre les rivières navigables est un ouvrage très utile ; c'est en faire les artères par où circulera la richesse d'un bout du royaume à l'autre.

11. Il faudrait planter du chanvre et du lin ; ce serait pour notre pays une richesse toute nouvelle. Nous avons pour cela d'aussi bonnes terres que les étrangers.

12. Si en outre on convertissait ces produits en cordages et en toile, l'avantage serait bien plus grand.

13. Il en est ainsi des laines et des peaux d'Angleterre, dont on devrait alimenter des manufactures et des tanneries.

14. Nos dames anglaises aiment à porter des dentelles fort chères ; elles en font grand cas quand elles viennent d'Italie, de France ou de Flandre, tandis que, si ces dentelles étaient faites chez nous, un écheveau de fil pourrait acquérir sous les doigts de nos femmes dix fois, vingt fois sa valeur primitive.

15. Les bestiaux sont très profitables, surtout les chevaux, non-seulement pour les voyages, mais pour la guerre. Le cheval anglais ne le cède en force, en courage et en vitesse à aucune race étrangère.

16. Nos minéraux, tels que le plomb, le fer, le cuivre et surtout l'étain ont une grande valeur et font travailler un grand nombre de robustes ouvriers. Ce serait bien dommage que les mines fussent négligées.

17. Mais ce qui vaut mieux que le travail des mines, c'est le produit de la pêche sur les côtes de ce royaume et sur les mers qui en dépendent. Nos voisins, qui ne sont qu'à une demi-journée de navigation de nos rivages, peuvent nous en démontrer la valeur. Il y a sans doute assez de place sur la mer pour que deux peuples y pêchent sans se disputer ; ce serait une pépinière de matelots.

18. Ce royaume s'est depuis quelques années considérablement enrichi par le commerce extérieur. Si ce commerce se fait avec sagesse, il ne peut manquer de devenir une source inépuisable de richesses. Il faut pour cela avoir soin que l'exportation surpasse l'importation en marchandises ; autrement nous serions obligés de payer la différence en argent.

19. Ce résultat serait facile à obtenir, si les négociants pouvaient être persuadés ou forcés de ne prendre en retour que des marchandises utiles, et non de vaines futilités qui nous poussent vers le luxe.

20. Il faut surtout se garder d'autoriser des monopoles sous de spécieux prétextes de bien public. Le monopole est le chancre du commerce.

21. Pour faire exécuter tous ces projets, on pourrait nommer une commission permanente d'hommes honnêtes et intelligents, qui régulariserait le mouvement commercial en Angleterre et à l'étranger. Cette commission serait subordonnée au conseil privé ; je crois qu'elle produirait des effets très avantageux.

VII. Parlons maintenant des colonies et des plantations lointaines. Elles sont presque indispensables pour servir d'écoulement au surplus de la population, et peuvent devenir une source de revenus si elles sont administrées avec sagesse.

1. D'abord pour que l'emplacement soit bien choisi, il doit réunir beaucoup de conditions : comme par exemple la situation près de la mer, pour que les colons puissent communiquer facilement avec la mère-patrie ; la température, qui pour convenir aux Anglais doit être plutôt froide que chaude. Il faut encore que le pays soit bien boisé, qu'il y ait des mines, et que le sol produise des fruits qui lui soient naturels, afin qu'on puisse juger s'il produira du blé et autres commodités, et s'il sera favorable aux bestiaux. Il est nécessaire aussi qu'il y ait des rivières pour la navigation intérieure, et pour fournir du poisson. Enfin, il faut que les naturels du pays ne soient pas trop nombreux, mais qu'il y ait de la place pour eux et pour les nouveau-venus. Je crois que l'on trouverait facilement toutes ces conditions réunies dans les Indes-Occidentales.

2. Il faut éviter de s'établir dans un endroit où il y ait déjà des colons chrétiens d'un autre pays, ni même en un lieu trop voisin d'un état ou d'une colonie étrangère. Il vaudrait mieux que l'emplacement fût choisi par les aventuriers et les marchands qui sont toujours les premiers à visiter ces lieux, que de leur être indiqué par le roi ; il faut que le peuple colonise librement, autrement les colons ont l'air d'être des exilés. Ces établissements étrangers s'établissent avec l'autorisation du roi, mais non par son ordre.

3. Quand le lieu est choisi, la première chose à faire, c'est d'y envoyer un bon gouverneur qui, sans avoir le nom de vice-roi, en aura nécessairement tout le pouvoir. Si le premier homme qui aura entrepris de coloniser n'est pas capable de gouverner, il ne faudra pas pour cela l'exclure du pouvoir, mais vous lui adjoindrez, à son choix, quelques personnes capables de le guider.

4. En partant, les gouverneurs doivent avoir

leurs commissions, ou lettres patentes signées du roi, pour qu'ils reconnaissent leur dépendance de la couronne d'Angleterre, et aussi leur droit d'en être protégés; et ils doivent en même temps recevoir quelques instructions générales sur la manière de se conduire dans le pays. Ces instructions seront pour eux des lois.

5. Mais la loi générale qui doit les guider, c'est le droit commun d'Angleterre; il serait donc convenable que l'on y envoyât un homme assez instruit dans nos lois, au cas où il ne s'en trouverait pas un qui voulut y aller de son propre mouvement, ce qui vaudrait mieux. Il leur servirait d'abord de chancelier, et plus tard, quand la colonie serait bien établie et devenue plus nombreuse, on leur donnerait des tribunaux, comme il y en a en Angleterre.

6. Aussitôt établis, il faut que les colons puissent se défendre contre les étrangers et contre les naturels; vous devriez alors leur envoyer des armes et des munitions, et un habile militaire pour les instruire et les commander.

7. Il sera nécessaire que la discipline de l'église dans la colonie soit la même que celle de l'église d'Angleterre, autrement il se ferait un schisme et une déchirure dans la robe du Christ, qui doit être sans couture. Il faudra donc que le roi, en vertu de son pouvoir suprême en matières ecclésiastiques, les soumette à la juridiction de quelque évêché de ce pays.

8. Pour mieux se défendre contre un ennemi commun, je crois qu'il faudrait que les différentes colonies fussent sur le même continent, pas trop loin les unes des autres, afin qu'elles puissent s'entre-protéger. Plus elles seront isolées, plus elles seront faibles.

9. Que les colons se fassent d'abord des maisons bâties à la hâte; quand ils auront le loisir, ils pourront s'en construire de meilleures. Qu'ils sèment du blé, et qu'ils soignent leurs bestiaux; qu'ils pensent d'abord au nécessaire, plus tard ils s'occuperont des agréments de la vie, ou de la production des objets dont ils pourront trafiquer.

10. Ils ne manqueront pas probablement de bois de construction pour les maisons et les vaisseaux; peut-être même trouveront-ils des mines des métaux les plus riches. Mais la plus productive des mines d'or, c'est l'agriculture, et ensuite la pêche et la navigation.

11. En peu de temps ils seront à même de bâtir des navires et même de grands vaisseaux pour le cabotage et pour le long cours; ils tireront d'Angleterre les objets dont ils auront besoin, et en échange, nous en recevrons les produits naturels de leur sol, ou de leur culture.

12. Mais il faut tout faire pour empêcher d'aller se réfugier aux colonies, les banqueroutiers frauduleux, et les criminels qui voudraient se soustraire à la vindicte de nos lois. Qu'on n'y laisse pas non plus aller d'hérétiques et de schismatiques. S'il s'en glisse un dans la plantation, qu'il en soit chassé; car les colonies les recevant mauvais nous les rendraient pires.

13. Qu'il ne soit permis à aucun marchand, sous prétexte de commerce, d'abuser de la position toujours difficile des premiers colons.

14. Pour régulariser tous ces mouvements et pour obvier aux difficultés, qu'il plaise à Sa Majesté de nommer un conseil inférieur qui résidera en Angleterre et dont les attributions seront de conseiller, puis de mettre à exécution les mesures qui auront été jugées avantageuses pour ces plantations. Ce conseil rendra compte de ses opérations au roi ou à la table du conseil et en recevra des instructions et des ordres.

15. Que les intérêts du trésor royal ne soient pas négligés. On se fera un revenu tant par la réservation de petites redevances et de servages que par la douane. On mettra de faibles droits sur l'importation et l'exportation de certaines marchandises; mais il faudrait que tout cela fût très modéré afin de ne pas décourager les colons. Quand une fois la colonie sera florissante, on pourra augmenter toutes ces charges et les rendre dignes de figurer sur les livres de l'échiquier.

Il faudra cependant encore prendre les précautions suivantes :

1. Qu'aucun homme ne soit forcé d'aller coloniser; car ce serait le bannir et non exiger de lui le service légal d'un homme libre.

2. Si des schismatiques, des proscrits ou des criminels se transportent dans une plantation, qu'on les envoie chercher et qu'on les ramène sur-le-champ. De tels hommes ne sont pas propres à fonder une colonie.

3. Qu'on n'extermine point les naturels sous prétexte de les convertir; Dieu n'approuverait point de pareils sacrifices.

4. Que les colons continuent à être gouvernés d'après les lois du royaume dont ils sont, et doivent continuer d'être les sujets.

5. Qu'on y établisse la même pureté de dogme et la même discipline ecclésiastique qu'en Angleterre, sans aucun mélange de papisme ni d'anabaptisme, de peur qu'ils ne se divisent en factions et en schismes, et que la colonie, après avoir reçu de mauvais citoyens, ne nous les rende pires qu'avant.

6. Que les colons s'occupent de métiers profitables et de manufactures utiles adaptées au sol et au climat et qui puissent être utiles à l'Angleterre et à la colonie en même temps, en fournissant aux colons des moyens d'échange pour obtenir de nous les choses qui leur manqueront.

7. Que l'on instruise les planteurs afin d'en faire d'assez bons soldats pour qu'ils puissent se défendre eux-mêmes, de manière qu'ils ne deviennent pas tout à coup la proie d'un autre peuple quand ils auront planté, défriché et bâti.

8. Établir entre le pays nouveau et la mère-patrie des relations commerciales telles qu'il ne sera pas au pouvoir d'un petit nombre de marchands de vendre trop cher, sous prétexte d'apporter aux colons des objets absolument nécessaires; car ce serait là le moyen de les tenir toujours dans la pauvreté.

9. Donner aux colons des gouverneurs sages et fort capables de poser pour le roi les fondements d'un quatrième royaume.

10. Que l'on prenne garde, lorsqu'un homme a bien commencé une entreprise utile, qu'un autre homme ne vienne, par des insinuations et des calomnies, le supplanter injustement. Ce serait un grand découragement pour tous les hommes de conscience et de talent.

11. Que le roi nomme une commission chargée de surveiller toutes ces entreprises, de régler tout ce qui concerne les colonies et d'en rendre compte au roi ou au conseil d'état.

Le commerce est une chose fort étrangère à ma profession; néanmoins je ferai là-dessus quelques conjectures, et je résumerai ici certaines mesures qui, à moins que je ne me trompe fort, seront d'un grand avantage pour le pays et pour notre maître.

1. Voici la fondation d'un commerce profitable. Que notre exportation en marchandise soit plus considérable que notre importation; de cette manière la richesse du royaume augmentera sans cesse, puisque la balance nous sera payée en argent monnayé.

2. Que le marchand n'importe pas en retour des colifichets et des vanités comme ceux qui se sont avisés d'importer des singes et des paons. Il faut de bonnes marchandises bien solides. Le nécessaire avant tout, ensuite l'utile, puis l'agréable, mais jamais rien pour le luxe.

3. Que l'on mette un frein à la vanité de notre siècle; c'est le voisinage des autres nations qui nous en a infestés, et nous allons au-delà de nos modèles. Que l'on évite le luxe des vêtements et surtout celui de la mode, qui est le plus frivole. J'ai entendu dire que les Espagnols, peuple grave que nous ferions bien d'imiter en cela, permettent aux comédiens et aux courtisanes de porter de splendides vêtements, mais qu'aux hommes sobres et sages, ainsi qu'aux matrones, ce luxe est défendu sous peine d'infamie, châtiment plus sévère pour des cœurs bien placés que les plus fortes amendes.

4. Le luxe de la table, les mets et les vins dispendieux qui viennent de l'étranger devraient être interdits. Les sages s'en privent d'eux-mêmes; il n'y aurait pas de mal à faire une loi pour retenir les fous. Les excès dans lesquels le vin nous fait tomber nous coûtent bien cher, et il ne nous en revient que des maladies. Si nous étions aussi sages que nous pourrions le devenir dans une couple d'années, s'il nous fallait absolument nous enivrer, nous pourrions le faire à moitié prix.

5. S'il nous faut des broderies et des dentelles, qui sont plus coûteuses que chaudes ou même gracieuses, que ne les faisons-nous manufacturer chez nous? Que l'on dise au moins de nous: *Materiam superabat opus*.

6. Au lieu de tant vanter ce qui nous vient d'au-delà du détroit ou ce qui se fabrique ici par la main des étrangers, perfectionnons nos produits, faisons travailler de préférence nos concitoyens. Nous avons de la laine, faisons du drap. Nous pourrions avoir du chanvre et du lin et en faire de la toile; nos produits acquerraient ainsi une valeur dix fois, vingt fois plus grande.

7. De tout ce que vous pouvez faire pour le bien public je vous recommande surtout le per-

fectionnement de l'agriculture et particulièrement cette partie qui consiste à améliorer les terres par des engrais. Il n'y a pas de meilleur placement d'argent. Le roi ne peut reculer les bornes de son royaume insulaire, mais il peut en doubler les revenus et la population par un bon système d'agriculture.

8. Les rivières navigables sont l'âme du commerce. Elles sont comme autant de pompes aspirantes qui attirent la richesse. Qu'on fasse donc des canaux, mais que l'intérêt particulier n'en monopolise pas les avantages.

9. Enfin je vous supplie de prendre en sérieuse considération l'inépuisable mine d'or que renferment les mers qui baignent nos côtes. La pêche suffirait pour nous enrichir. Avons-nous besoin d'un exemple? Je dirai à l'Anglais : « Va donc voir la fourmi, paresseux. » Ce texte n'a pas besoin de commentaire. Un bon vent nous portera en quelques heures là où vous pourrez voir la mine et les mineurs [1].

10. Pour régler toutes ces affaires, il serait bon d'avoir un conseil inférieur auquel tous ces soins pourraient être confiés, et qui rendrait compte au gouvernement.

VIII. Me voici arrivé au dernier de mes chapitres : la cour, ses priviléges et son personnel. Nous avons jusqu'à présent regardé le roi comme *pater patriæ*, père de la patrie ; nous allons maintenant le voir dans sa maison comme *pater familias*.

1. Une cour est un petit royaume, un royaume est une grande cour. Je ne dirai qu'un mot, un seul mot pour vous rappeler que la conduite du roi doit être exemplaire : *Regis ad exemplum*, etc. Quant à cela, Dieu merci ! votre tâche sera bien facile ; car notre gracieux maître, par sa piété, sa bonté et sa justice, est un modèle à citer non-seulement à ses sujets, mais encore aux princes étrangers. Mais enfin il est homme, et quelques *memento* pourront être utiles ; et, si on les fait avec discrétion, ce n'est pas lui qui s'en fâchera.

2. Mais vous devez surtout veiller, car vous m'avez ordonné de parler franchement, à ce que les grands seigneurs de la cour, et vous tout le premier qui êtes le plus en évidence, ne deveniez point des objets de scandale par votre orgueil, votre luxe et vos injustices.

(1) En Hollande.

3. Il faut que les grands officiers de la maison du roi soient prévoyants et économes, pour que sa maison soit toujours tenue avec splendeur et sans gaspillage. Il faut qu'ils sachent faire concorder les dépenses avec les revenus. Cependant dans le choix de ces personnes le roi peut écouter ses penchants avec moins d'inconvénient que dans celui des conseillers d'état, qui ne doivent être choisis que par la froide raison, puisqu'il y va de l'intérêt du public.

Néanmoins il importe qu'il ait des serviteurs fidèles et honnêtes qui soient d'un extérieur agréable, qui sachent fléchir le genou, baiser la main et rendre d'autres services agréables à la personne du roi, bien que peu importants d'ailleurs comparés au service public. Le roi David [1] s'était fait une règle de conduite pour le choix de ses courtisans. C'était un sage et bon roi, et tout roi sage et bon fera bien de suivre son exemple. Si donc il trouve un serviteur en faute, ce qui ne peut pas toujours se découvrir tout de suite, qu'il prenne la même résolution que le roi David : « Celui qui usera de tromperie ne demeurera point dans ma maison. » Ainsi, pour les serviteurs qui doivent manier les deniers du roi, il faut encore faire de bons choix, puisqu'il y va de son intérêt et de la splendeur de sa maison.

4. Quant aux autres officiers domestiques, comme je puis me permettre de les appeler, pour les distinguer, il faut aussi les surveiller avec attention. Ordinairement on les avance par ancienneté ; c'est un noble moyen de récompenser leurs bons services ; mais il ne faut pas que le roi s'astreigne constamment à ce principe, de peur que les officiers de sa maison ne finissent par regarder cet avancement comme un droit. Il ne faut pas non plus qu'il change l'ordre d'ancienneté sans un motif apparent. Ne déplacez jamais un domestique pour plaire à un grand seigneur, à moins qu'il n'y ait une raison manifeste de le faire.

5. Vous pourrez donc quelquefois intervenir à propos dans la domesticité de la maison du roi ; mais en général il faut laisser cela aux gentilshommes au bâton-blanc [2], à qui il appartient de

(1) Psaume CI, v. 6, 7.
(2) *The white-staffs* : les bâtons-blancs. On désigne sous ce nom le grand maître-d'hôtel (lord stewart of the household) et le grand chambellan (lord chamberlain), qui tous deux

répondre au roi de la bonne administration de sa maison, et aux autres officiers du tapis-vert[1], qui leur sont subordonnés et qui forment dans le palais une espèce de conseil et de cour de justice.

6. Quant aux lois du tapis-vert, je ne les connais pas. Je sais seulement qu'elles doivent être en harmonie avec le droit commun d'Angleterre.

7. Pour fournir la table du roi et celle du prince, Sa Majesté a de grandes ressources dans le droit de pourvoi. Si ce droit est levé avec discrétion, il ne peut être une charge bien lourde pour le sujet; mais les pourvoyeurs en abusent quelquefois. Dans plusieurs endroits du royaume, ce droit, au lieu de se payer en nature, a été commué en une certaine somme d'argent. En s'y prenant bien il ne serait pas difficile de l'établir ainsi partout. Il faudrait en renouveler l'appréciation de temps en temps dans l'intérêt commun du roi et du peuple.

8. Rappelez au roi la nécessité d'économiser ses revenus fixes et casuels et d'avoir un trésor bien rempli en cas de besoin ou de danger. Des coffres vides font un bien mauvais effet; ils sont cause quelquefois que le peuple oublie son devoir quand il pense que le roi est obligé d'avoir recours à lui.

9. Je crois qu'il ne doit pas récompenser ses serviteurs à l'aide des confiscations ou des amendes qui résultent des condamnations prononcées par la chambre étoilée ou par les autres tribunaux. Cette espèce de revenu casuel ne doit point être affermé, ni donné, ni promis d'avance; cela ne serait ni honorable ni profitable.

10. Outre les affaires, il faut bien qu'il y ait à la cour des amusements et des plaisirs. Quand il y a une reine et des dames d'honneur, on donne nécessairement des bals, des mascarades, des spectacles. Lorsque, comme à présent, il n'y a ni reine ni princesses, on est encore obligé d'avoir des fêtes, des dîners pour recevoir honorablement les étrangers. Mais il faut tâcher que ces festins coûtent plus d'esprit que d'argent.

11. Pour le roi et le prince, les seigneurs et les chevaliers de la cour, je recommanderais comme amusements, suivant les saisons, le manége, les tournois, les courses, le ballon et la chasse. Ces exercices sont beaucoup plus salubres que les jeux efféminés.

Maintenant que le prince Charles grandit et va bientôt devenir un homme, et qu'il montre une disposition douce et bonne, ce serait une tâche déshonorante pour vous, qui êtes placé si près de lui, si vous l'entraîniez ou si vous le laissiez entraîner dans de mauvaises voies par de vils flatteurs ou par des débauchés. Tout le royaume a intérêt à ce qu'il reçoive une éducation vertueuse, et si, tout en gardant une respectueuse distance vous intervenez avantageusement dans son éducation, un jour il vous en remerciera.

12. On peut cependant aussi jouer aux cartes et aux dés quand la saison ne permet pas les exercices au grand air; mais il ne faut pas en abuser pour tuer le temps, encore moins pour gaspiller sa fortune.

Je n'abuserai pas plus longtemps de votre patience. J'ai parcouru tous les sujets dans l'ordre où je me les étais proposés. Veuillez faire de tout cela ou d'une partie de tout cela l'usage qu'il vous plaira, ou conservez ces réflexions, si cela vous plaît, pour y ajouter vous-même ce que vous suggérera votre expérience.

Je prends encore la liberté de vous rappeler votre position. Vous êtes placé comme une sentinelle; si vous vous endormez, vous êtes perdu; vous tombez plus vite que vous n'êtes monté

---

portent un bâton blanc pour marque distinctive de leur dignité. Chacun d'eux est chargé de la surveillance d'une partie de l'administration et des attributions royales. Au lord stewart appartient tout ce qui concerne les salaires et appointements des divers officiers de la domesticité royale; au lord chamberlain la direction des fêtes et plaisirs royaux, et de ce nombre est encore le théâtre, dont la direction est restée jusqu'aujourd'hui entre ses mains. C'est lui qui autorise ou défend la représentation d'une pièce et la soumet à sa censure, comme lorsque le théâtre n'était payé que par la cour. Toute forme, toute loi, toute habitude sont vivaces chez nos voisins d'outre-Manche. Au reste, si on veut avoir quelques détails circonstanciés sur les diverses dignités de cour, on peut lire, à la suite de ma notice sur Olivier de la Marche (dans un des volumes du Choix de chroniques et mémoires du *Panthéon*) ce qui en est dit dans l'*Estat de la maison du duc Charles de Bourgogne*. Beaucoup de ces usages se sont encore conservés, du moins pour la forme, en Angleterre.

(1) *The officers of the green-cloth:* les officiers du tapis-vert. On appelle ainsi en Angleterre la commission chargée de surveiller les dépenses faites pour les bâtiments royaux et leur ameublement. C'est le *boardord of green-cloth* qui est chargé aussi de l'ameublement de Westminster-hall toutes les fois qu'il s'agit d'un procès criminel déféré aux chambres selon leurs attributions, les chambres étant regardées dans ce cas et pour la forme, comme un conseil du roi.

Je n'ai plus qu'un mot à vous dire qui vous concerne personnellement. Vous servez un bon et gracieux maître; son jeune fils donne de grandes espérances, vous ne devez pas le négliger. Conduisez-vous avec prudence avec l'un comme avec l'autre. N'adorez pas le soleil levant de manière à paraître oublier le père qui vous a élevé si haut; mais ne vous attachez pas au père assez exclusivement pour que le fils ait lieu de se trouver négligé. Avec de la prudence vous leur plairez à tous deux. Je crois que cela ne vous sera pas difficile. Puissiez-vous vivre longtemps favori du roi et du prince!

Si vous désirez que le père ou le fils prenne à cœur quelques-unes de ces observations, ou vos propres idées qui assurément vaudront bien mieux, tâchez d'éveiller leur attention en citant sur le même sujet quelque auteur ancien ou quelque écrivain bien impartial et à l'abri de tout soupçon. Cela fera souvent plus d'impression que si vous émettiez simplement votre opinion, ce qui paraîtrait quelquefois trop présomptueux ou trop pédantesque.

Vivez longtemps, faites le bonheur de votre roi et de votre pays; alors vous ne serez pas un vain météore ni une étoile filante, mais une belle et brillante étoile fixe, *stella fixa*, heureux en ce monde et plus heureux en l'autre. *Deus manu te ducat,* que Dieu vous conduise par la main, c'est la sincère prière de
Votre très obligé et très dévoué serviteur.

DESIDERATA

DE FRANÇOIS BACON.

(Extrait de son ouvrage sur la Dignité et l'Accroissement des Sciences.)

LIVRE II.

Erreurs de la nature, ou histoire des préter-générations.
Histoire de la nature enchaînée ou de la mecanique.
Histoire inductive, ou histoire naturelle destinée à servir de base à l'édifice de la philosophie.
Œil de Polyphème, ou histoire littéraire.
Histoire des prophéties.
Philosophie déduite des paraboles anciennes.

LIVRE III.

Philosophie première, ou des axiomes communs à toutes les sciences.
Astronomie vivante.
Astrologie épurée.
Succession des problèmes naturels.
Arrêts des philosophes anciens.
Partie de la métaphysique relative aux formes des choses.
Magie naturelle, ou transition des formes à l'œuvre.
Inventaire des richesses humaines.
Catalogue des polychrestes.

LIVRE IV.

Les triomphes de l'homme, ou du plus haut point où puisse parvenir la nature humaine.
Physionomie des corps en mouvement.
Narrations médicales.
Anatomie comparée.
De la cure des maladies réputées incurables.
Euthanasie extérieure, ou sur les apparences véritables de la mort.
Des remèdes constatés.
Imitation des eaux thermales naturelles.
Fil médical.
Sur l'art de prolonger la vie.
De la substance de l'âme sensible.
Des efforts de l'esprit dans le mouvement volontaire.
De la différence entre la perception et la sensation.
Racines de la perspective, ou de la forme de la lumière.

LIVRE V.

Expérimentation critique ou Chasse de Pan.
Nouvel organe ou nouvel instrument.
Topiques particuliers.
Catalogue des idoles ou préjugés
De l'analogie des démonstrations

LIVRE VI.

Sur les signes des choses.
Grammaire philosophique.
Tradition de la lampe, ou méthode à transmettre aux générations futures.
De la bonne direction dans les entretiens particuliers.
Couleurs ou apparences du bien et du mal apparent, tant simple que comparé.
Opposition des choses.
Formules oratoires mineures.

LIVRE VII.

Satire sérieuse, ou sur l'intérieur des choses.
Géorgiques de l'âme, ou de la culture des mœurs.

LIVRE VIII.

Secrétaire de la vie pratique ou des occasions éparses.
L'artisan de la fortune de chacun, ou de l'art de se conduire dans les difficultés de la vie.
Le consul en fonction, ou sur l'art d'étendre les frontières d'un empire.
De la justice universelle, ou des sources du droit.

LIVRE IX.

Sophron, ou du légitime usage de la raison dans les choses divines.
Irénée, ou des degrés de l'unité dans la cité de Dieu.
Les Outres célestes, ou émanations des Saintes Écritures.

FIN DES ŒUVRES DE BACON.

TABLE DES MATIÈRES

CONTENUES DANS CE VOLUME.

	Pages
Dédicace à M. P. de la Romiguière.	vij
Notice sur François Bacon.	ix

GRANDE RESTAURATION DES SCIENCES.

	Pages.
Exposition de l'ouvrage.	1
Epître dédicatoire.	2
Préface.	3
Distribution de l'ouvrage en six parties.	8
Sujets de ces différentes parties.	9

PREMIÈRE PARTIE
DE LA DIGNITÉ ET DE L'ACCROISSEMENT DES SCIENCES.

LIVRE I.

Livre premier.	16

LIVRE II.

Préambule.	49
Chap. I. Division générale de la science humaine en histoire, poésie et philosophie ; division qui se rapporte aux trois facultés de l'entendement, mémoire, imagination, raison ; que la même division convient à la théologie.	54
Chap. II. Division de l'histoire en naturelle et civile, ecclésiastique et littéraire, laquelle est comprise dans l'histoire civile. Autre division de l'histoire naturelle en histoire des générations, des préter-générations et des arts.	55
Chap. III. Division de l'histoire naturelle, relativement à son usage et à sa fin, en narrative et inductive. Que la fin la plus importante de l'histoire naturelle est de prêter son ministère à la philosophie et de lui servir de base, ce qui est la véritable fin de l'induction. Division de l'histoire des générations en histoire des corps céleste, histoire des météores, histoire de la terre et de la mer, histoire des grandes masses ou congrégations majeures.	58
Chap. IV. Division de l'histoire civile en histoire ecclésiastique, histoire civile proprement dite et histoire littéraire. Que l'histoire littéraire nous manque. Préceptes sur la manière de la composer.	59
Chap. V. De la dignité et de la difficulté de l'histoire civile.	61
Chap. VI. Distribution de l'histoire civile en mémoires, antiquités et histoire complète.	id.
Chap. VII. Division de l'histoire complète en chroniques, vies et relations. Développement de ces trois parties.	62
Chap. VIII. Division de l'histoire des temps en histoire universelle et histoire particulière. Avantages et inconvénients de l'une et de l'autre.	64
Chap. IX. Division de l'histoire des temps en annales et en journaux.	id.
Chap. X. Division de l'histoire civile en pure et en mixte.	66
Chap. XI. Division de l'histoire ecclésiastique en histoire ecclésiastique spéciale, histoire prophétique et histoire de Némésis.	67
Chap. XII. Des appendices de l'histoire, lesquels envisagent les paroles des hommes comme l'histoire elle-même considéré leurs actions. Leur division en harangues, en épîtres et en apophthegmes.	68
Chap. XIII. Du second des principaux membres de la science, savoir : de la poésie. Division de la poésie en narrative, dramatique et parabolique. Trois exemples de la poésie parabolique.	id.
Premier exemple de la philosophie selon les paraboles antiques dans les sciences naturelles. De l'univers représenté par la fable de Pan.	70
Second exemple de la philosophie selon les paraboles antiques, en politique. De la guerre, figurée par la fable de Persée.	77
Troisième exemple de la philosophie selon les paraboles antiques, en morale. De la passion, figurée par la fable de Bacchus.	79

LIVRE III.

Chap. I. Division de la science en théologie et philosophie. Division de la philosophie en trois doctrines qui ont pour objet Dieu, la constitution de la philosophie première, comme mère de toutes les sciences.	81
Chap. II. De la théologie naturelle et de la doctrine qui a pour objet les anges et les esprits, doctrine qui en est un appendice.	84
Chap. III. Division de la philosophie naturelle en théorique et pratique. Que ces deux parties doivent être séparées, et dans l'intention de celui qui les traite et dans le corps même du traité.	85
Chap IV. Division de la science spéculative de la nature en physique spéciale et métaphysique, la physique ayant pour objet la cause efficiente et la matière, et la métaphysique considé-	

rant la cause formelle et la cause finale. Division de la physique en doctrine sur les principes des choses, doctrine sur la structure de l'univers ou le système du monde, et doctrine sur la variété des choses. Division de la doctrine sur la variété des choses en science des abstraits et science des concrets. La distribution de la science des concrets est renvoyée aux mêmes divisions que reçoit l'histoire naturelle. Division de la science des abstraits en science des modifications de la matière et en science des mouvements. Deux appendices de la physique particulière, savoir : les problèmes naturels et les opinions des anciens philosophes. Division de la métaphysique en science des formes et science des causes finales. 86

Chap. V. Division de la science pratique de la nature en mécanique et en magie, deux sciences qui répondent aux deux parties de la théorique, savoir : la mécanique à la physique, et la magie à la métaphysique. Epuration du mot de magie. Deux appendices de la science pratique, savoir : l'inventaire des richesses humaines et le catalogue des polychrestes. 100

Chap. VI. Du grand appendice de la philosophie naturelle, tant que pratique, c'est-à-dire les mathématiques; qu'elles doivent plutôt être placées parmi les appendices que parmi les sciences substantielles. Division des mathématiques en pures et en mixtes. 102

LIVRE IV.

Chap. I. Division de la doctrine sur l'homme en philosophie de l'humanité et philosophie civile. Division de la philosophie d'humanité en doctrine sur le corps humain, et doctrine sur l'âme humaine. Constitution d'une doctrine générale de la nature ou de l'état de l'homme. Division de la doctrine de l'état de l'homme en doctrine de l'homme individu, et doctrine de l'alliance de l'âme et du corps. Division de la doctrine de l'homme individu en doctrine des misères de l'homme et doctrine de ses prérogatives. Division de la doctrine de l'alliance en doctrine des indications et doctrine des impressions. Attribution de la physiognomonie et de l'interprétation des songes à la doctrine des indications. 104

Chap. II. Division de la doctrine qui a pour objet le corps humain, en médecine et en science de la volupté. Division de la médecine en trois fonctions, savoir : conservation de la santé, guérison des maladies et prolongation de la vie; que la dernière partie, qui traite de la prolongation de la vie doit être séparée des deux autres. 108

Chap. III. Division de la partie de la philosophie humaine qui a l'âme pour objet, en doctrine du souffle de vie et doctrine de l'âme sensible ou produite. Seconde division de la même philosophie en doctrine de la substance et des facultés de l'âme, et doctrine de la destination; des objets de ces facultés. Deux appendices de la doctrine des facultés de l'âme, doctrine de la divination naturelle et doctrine de la fascination. Division des facultés de l'âme sensible en mouvement et sentiment. 110

LIVRE V.

Chap. I. Division de la doctrine sur la destination et les objets des facultés de l'âme humaine, en logique et morale. Division de la logique en art d'inventer, de juger, de retenir et de transmettre. 123

Chap. II. Division de la faculté inventive des arts et inventive des arguments. Qu'il nous manque la première de ces deux parties qui tient le premier rang. Division de l'inventive des arts en expérience guidée et nouvel organe. Esquisse de l'expérience guidée. 127

Chap. III. Division de l'invention des arguments en provision oratoire et en topique. Division de la topique en générale et particulière. Exemple de la topique particulière dans la recherche sur la pesanteur et la légèreté. 136

Topique particulière, ou articles de la recherche qui a pour objet la pesanteur et la légèreté. 138

Chap. IV. Division de l'art de juger, en jugement par induction et jugement par syllogisme. On agrège le premier au nouvel organe. Seconde division du jugement par syllogisme, en réduction directe et réduction inverse. Seconde division de cette seconde partie en analytique et en doctrine des critiques. Division de la doctrine des critiques en réfutation des sophismes, critique de l'herménie, et examen critique des images ou fantômes. Division des fantômes en fantômes de tribu, fantômes de caverne et fantômes de commerce. Appendice sur l'art de juger, lequel a pour objet l'analogie des démonstrations avec la nature de chaque sujet. 140

Chap. V. Division de l'art de retenir, en doctrine des adminicules de la mémoire et doctrine de la mémoire même. Division de la doctrine de la mémoire en prénotion et emblème. 145

LIVRE VI.

Chap. I. Division de la traditive en doctrine sur l'organe du discours, doctrine sur la méthode du discours, et doctrine sur l'embellissement du discours. Division de la doctrine sur l'organe du discours en doctrine sur les marques des choses, sur la locution et sur l'écriture, parties dont les deux dernières constituent la grammaire et en sont les deux divisions. Division de la doctrine sur les signes des choses, en hiéroglyphes et caractères réels. Seconde division de la grammaire en littéraire et philosophique. Agrégation de la poésie, quant au mètre, à la doctrine sur la locution. Agrégation de la doctrine des chiffres à la doctrine sur l'écriture. 147

Exemple de l'alphabet bilittéraire. 151

Lettre extérieure tirée de la première épître de Cicéron, et dans laquelle est enveloppée la lettre des Spartiates. 152

Chap. II. La doctrine sur la méthode du discours est constituée comme une partie principale et substantielle de la traditive; on la qualifie de prudence de la traditive. Dénombrement des divers genres de méthodes, avec leurs avantages et leurs inconvénients. 153

CONTENUES DANS CE VOLUME.

Chap. III. Des fondements et de l'office de la rhétorique ; trois appendices de la rhétorique qui n'appartiennent qu'à l'art de s'approvisionner, savoir : les teintes du bien et du mal, tant simple que comparé ; le pour et le contre, et les petites formules du discours. 157
Exemples des couleurs du bien et du mal apparent tant absolu que comparé. 159
Exemples du pour et du contre. 168
Exemples de petites formules. 182
Chap. IV. Deux appendices généraux de la traditive, savoir : la critique et l'art d'instruire la jeunesse. 183

LIVRE VII.

Chap. I. Division de la morale en doctrine du modèle et géorgique de l'âme. Division du modèle, c'est-à-dire du bien, en bien absolu et bien comparé. Division du bien absolu en bien individuel et bien de communauté. 186
Chap. II. Division du bien individuel ou personnel en bien actif et bien passif. Division du bien passif en bien conservatif et bien perfectif. Division du bien de communauté en offices généraux et offices respectifs. 191
Chap. III. Division de la doctrine de la culture de l'âme en doctrine des différentes caractéristiques des âmes, doctrine des affections et doctrine des remèdes ou des cures. Appendice de cette même doctrine, lequel a pour objet l'analogie du bien de l'âme avec le bien du corps. 196

LIVRE VIII.

Chap. I. Division de la science civile en doctrine sur l'art de traiter avec les autres, science des affaires et science du gouvernement ou de la république. 204
Chap. II. Division de la science des affaires en doctrine sur les occasions éparses, et art de s'avancer dans le monde. Exemple de la doctrine sur les occasions éparses, tiré de quelques paraboles de Salomon. Préceptes sur l'art de s'avancer. 207
Exemples de cette portion de la doctrine des occasions éparses, tirés de quelques paraboles de Salomon. 208
Chap. III. Les divisions de la doctrine sur l'art de commander ou sur la république sont ici omises. On se contente de frayer la route à deux choses à suppléer, savoir : l'art de reculer les limites d'un empire, et la doctrine qui a pour objet la justice universelle ou les sources du droit. 234
Exemple d'un traité sommaire sur l'art de reculer les limites d'un empire. 235
Exemple d'un traité sommaire sur la justice universelle et sur les sources du droit. 241
Préambule. — Aphorismes. id.
Titre I. La certitude est la première dignité des lois. 242
Des cas omis par la loi. id.
De la manière de procéder par analogie et d'étendre les lois. id.
Des exemples et de leur usage. 243
Des tribunaux prétoriens et censoriens. 244

De la rétroactivité des lois. 245
De l'obscurité des lois. 246
1° De la trop grande accumulation des lois. id.
Sur les nouveaux digestes de lois. 247
2° De l'expression obscure et équivoque des lois. 248
3° Des différentes manières d'éclaircir le droit et de lever les équivoques. 249
Sur les recueils d'arrêts. id.
Des écrivains authentiques. id.
Des livres auxiliaires. 250
Des réponses et des consultations. 251
Des leçons. id.
4° De la contradiction et de la vacillation des jugements. id.

LIVRE IX.

Livre neuvième. 253

DEUXIÈME PARTIE.

NOUVEL ORGANE.

Dédicace au roi Jacques I. 259
Lettre particulière au roi Jacques I. 260
Lettre d'envoi à l'université de Cambridge. id.
Préface. 261
Sujet et plan du Nouvel Organe. 263

LIVRE I.

Livre premier. 271

LIVRE II.

Livre second. 315
Table de l'essence et de la présence. 322
Table de déclinaison et d'absence dans les analogues. id.
Table comparative des différents degrés de chaleur. 329
Exemple de la réjection ou exclusion des natures qui n'ont rien de commun avec la forme de la chaleur. 336
Premières conclusions sur la forme de la chaleur. 337
Modèle d'une histoire naturelle et expérimentale. 406
Aphorismes sur la manière de composer l'histoire naturelle. 407
Catalogue des histoires particulières. 414

TROISIÈME PARTIE.

PHÉNOMÈNES DE L'UNIVERS.

Dédicace au prince Charles. 419
Titres des histoires et des recherches destinées aux six premiers mois, indiqués dans la dédicace. id.
Avertissement. 420
Système de l'histoire naturelle. 422
Introduction tendant à poser les fondements d'une philosophie de l'histoire naturelle. 423
Table des écrits de Bacon sur l'histoire naturelle et la physique expérimentale. 425
I. Histoires spéciales. — I. Histoire de la densité et de la rareté. id.
II. Histoire des vents. id.
III. Histoire de la vie et de la mort. 428
IV. Histoire des corps pondérables. id.
V. Histoire des affinités et des répulsions. id.
VI. Histoire du soufre, du mercure et du sel. id.
VII. Histoire du son et de l'audition. id.

	Pages.
VIII. Question sur les minéraux.	428
IX. Recherches sur l'aimant.	id.
X. Recherches sur les mutations, transformations, multiplications et actions des corps.	id.
XI. Histoires générales. — I. Histoire naturelle ou Silva Silvarum.	id.
Fragment d'un livre perdu ayant pour titre : Abécédaire de la Nature.	432
Règle ou loi de l'abécédaire.	433

QUATRIÈME PARTIE.

FIL DU LABYRINTHE.

Préface projetée	434
Fil du labyrinthe.	436
Recherche régularisée sur le mouvement.	437
Topiques d'une recherche sur la lumière et ses effets.	442
I. Table des corps qui ont une lumière propre.	id.
II. Table des corps qui n'émettent point de lumière ou qui la perdent instantanément.	id.
III. Table des degrés d'intensité de la lumière.	id.
IV. Couleurs de la lumière.	id.
V. Réflexion de la lumière.	443
VI. Multiplication de la lumière.	id.
VII. Moyen d'atténuer la lumière.	443
VIII. Opérations ou effets de la lumière.	id.
IX. De la vitesse de la lumière.	id.
X. Direction et propagation de la lumière.	id.
XI. Diaphanéité des corps.	444
XII. Rapports et dissemblances de la lumière avec les autres corps.	id.

CINQUIÈME PARTIE.

PRODROMES

OU ANTICIPATIONS DE LA PHILOSOPHIE SECONDE.

Préface réservée.	446

SIXIÈME PARTIE.

PHILOSOPHIE SECONDE

OU SCIENCE ACTIVE.

Règles mobiles (tirées de l'histoire des vents).	446
Règles mobiles (tirées de l'histoire de la vie et de la mort).	449
Règles mobiles (tirées de l'histoire du Dense et du Rare).	451

OUVRAGES MORAUX.

ESSAIS DE MORALE ET DE POLITIQUE.

Dédicace au duc de Buckingham.	452
Lettre d'envoi au marquis d'Effiat.	id.
I. Essai. De la vérité.	453
II. De la mort.	454
III. De l'unité du sentiment dans l'Église chrétienne.	455
IV. De la vengeance.	458
V. De l'adversité.	459
VI. De la dissimulation et de la feinte, ou de l'artifice.	id.
VII. Des parents et de leurs enfants.	461
VIII. Mariage, célibat.	462
IX. De l'envie.	463
X. De l'amour.	466
XI. Des grandes places et des dignités.	467
XII. De l'audace.	469
XIII. De la bonté, soit naturelle, soit acquise.	470
XIV. De la noblesse.	472
XV. Des troubles et des séditions.	473
XVI. De l'athéisme.	477
XVII. De la superstition.	479
XVIII. Des voyages.	480
XIX. De la souveraineté et de l'art de commander.	481
XX. Du conseil et des conseils d'état.	484
XXI. Du délai et de la lenteur dans les affaires.	487
XXII. De la ruse et de la finesse.	id.
XXIII. De la fausse prudence de l'égoïste.	490
XXIV. Des innovations.	491
XXV. De l'expédition dans les affaires.	492
XXVI. De l'affectation de prudence et du manège des formalistes.	493
XXVII. De l'amitié.	id.
XXVIII. Des dépenses.	498
XXIX. De la véritable grandeur des Etats et des royaumes.	id.
XXX. De la manière de conserver sa santé.	503
XXXI. Du soupçon.	504
XXXII. De la conversation.	id.
XXXIII. Des colonies ou plantations de peuples.	506
XXXIV. Des richesses.	507
XXXV. Sur les prophéties et autres prédictions.	510
XXXVI. De l'ambition.	511
XXXVII. Du naturel, envisagé dans l'homme.	512
XXXVIII. De l'habitude et de l'éducation.	513
XXXIX. De la fortune.	514
XL. De l'usure.	515
XLI. De la jeunesse et de la vieillesse.	518
XLII. De la beauté.	519
XLIII. De la laideur et de la difformité.	id.
XLIV. Des négociations et de l'art de traiter les affaires.	520
XLV. Des clients et des amis d'un ordre inférieur.	521
XLVI. Des solliciteurs et des postulants.	522
XLVII. Des études.	523
XLVIII. Des factions et des partis.	524
XLIX. Des manières, de l'observation des convenances et de l'usage du monde.	525
L. De la louange.	526
LI. De la vanité ou de la vaine gloire.	527
LII. De la gloire ou de la réputation.	528
LIII. Des devoirs d'un juge.	529
LIV. De la colère.	532
LV. De la vicissitude des choses.	533
LVI. Des bâtiments.	536
LVII. Considération sur les jardins.	538

DE LA SAGESSE DES ANCIENS.

Préface.	543
I. Cassandre, ou de l'excessive liberté dans les discours.	546
II. Typhon, ou les révoltés.	547

CONTENUES DANS CE VOLUME.

	Pages.		Pages.
III. Les cyclopes, ou les ministres de terreur.	548	XVI. Diomède, ou le zèle religieux.	558
IV. Narcisse, ou l'homme amoureux de lui-même.	id.	XVII. Dédale, ou le mécanicien.	560
V. Le Styx, ou les promesses, les conventions et les traités.		XVIII. Erichthon, ou l'imposture.	561
VI. Endymion, ou le favori.	549	XIX. Deucalion, ou la restauration.	562
VII. La sœur des géants, ou la renommée.	550	XX. Némésis, ou les vicissitudes naturelles des choses.	id.
VIII. Actéon et Panthée, ou l'homme trop curieux.	551	XXI Achéloüs, ou le combat.	563
IX. Orphée, ou la philosophie.	id.	XXII. Atalante, ou l'amour du gain.	564
X. Le ciel, ou les origines.	552	XXIII Prométhée, ou du véritable état de l'homme (de la condition humaine).	565
XI. Protée, ou la matière.	553	XXIV. Charybde et Scylla et Icare, ou la route moyenne (le milieu entre les extrêmes).	571
XII. Memnon, ou l'homme précoce.	554		
XIII. Tithon, ou la satiété.	555		
XIV. L'amant de Junon, ou la bassesse d'âme.	556	XXV. Le Sphinx, ou la science.	id.
	id.	XXVI. Proserpine, ou l'esprit.	573
XV. Cupidon, ou l'atome.	557	XXVII. Les sirènes ou la volupté.	575

OEUVRES DIVERSES.

NOUVELLE ATLANTIDE (*Nova Atlantis*.)	572	DIALOGUE SUR LA GUERRE SACRÉE.	665
DES PRINCIPES ET DES ORIGINES, ou Explication des fables de Cupidon et du ciel, servant de voile aux systèmes de Parménide, de Telesio et de Démocrite (*de principiis atque originibus*).	605	A mon très révérend père en Jésus-Christ Lancelot Andrews, évêque de Winchester, conseiller privé de S. M.	id.
		Avertissement touchant une guerre sainte, écrit en l'année 1622.	668
CONSIDÉRATIONS POLITIQUES pour entreprendre la guerre contre l'Espagne.	654	Questions de lord Bacon sur la légitimité d'une guerre pour la propagation de la religion.	678
ADRESSE AU PRINCE DE GALLES.	651	RÉQUISITOIRE de sir François Bacon, chevalier, procureur général du roi, sur le duel, à propos d'un acte d'accusation par devant la chambre étoilée contre Priest et Wright.	679
DES BALS MASQUÉS.	652		
SUR LES ROIS.	653		
DE LA RENOMMÉE.	654		
PRIÈRE ou psaume de François Bacon.	656		
CONFESSION DE FOI de François Bacon.	657	Décret de la chambre étoilée sur cette cause, le 26 janvier 1614.	685
DES SECOURS à donner aux facultés intellectuelles.	661		
Epître adressée à Henri Savil.	id.	RÉQUISITOIRE CONTRE OWEN, accusé de haute trahison par-devant la cour de King's Bench, par sir François Bacon, procureur général de S. M.	687
Dissertation sur le développement des facultés intellectuelles.	id.		

PREMIERS RUDIMENTS DE LA GRANDE RESTAURATION.

PRODUCTION VIRILE DU SIÈCLE, ou Grande Restauration de la puissance humaine sur l'univers (*Temporis partus masculus*).	691	DE L'INTERPRÉTATION DE LA NATURE. Préambule.	702
Invocation.	id.	PENSÉES ET VUES SUR L'INTERPRÉTATION DE LA NATURE, ou de l'invention des choses et des œuvres (*Cogitata et visa de interpretatione naturæ*).	710
Aphorismes et conseils sur les secours de l'esprit et sur la production de la lumière naturelle.	691	PENSÉES SUR LA NATURE DES CHOSES.	725
Douze pensées sur l'interprétation de la nature.	692	I. Section des corps, du continu et du vide.	id.
I à V. De la condition de l'homme.	id.	II. De l'égalité et de l'inégalité des atomes ou particules élémentaires.	726
V à VIII. Des difficultés de l'interprétation.	693		
IX. Du caractère de l'interprète.	id.	III. De la négligence des anciens dans leurs recherches sur le mouvement et sur les principes du mouvement.	727
X. Des devoirs de l'interprète.	694		
XI et XII. De la prévision des phénomènes.	id.	IV. De la division commune du mouvement, de son inutilité et son peu de portée.	
Production virile du siècle, ou trois livres sur l'interprétation de la nature. Liv. I. Dégrossissement de l'esprit et direction qu'il doit suivre en ses diverses applications. Liv. II. Flambeau de la nature, ou formule d'interprétation. Liv. III. Nature illuminée, ou vérité des choses (*Perpolitio et applicatio mentis. — Lumen naturæ. — Natura illuminata*).	695	V. De la quantité déterminée de la matière et de ses mutations sans qu'elle puisse jamais se détruire.	729
		VI. De l'immobilité apparente dans les corps solides et liquides.	731
		VII. De la conformité des corps qui sont doués de sentiment et de ceux qui en sont privés.	732
Fragment du livre Ier.	id.	VIII. Du mouvement violent; les corps ne cèdent à l'impulsion ou à la percussion qu'à cause de la pression des molécules bien que ce phénomène soit invisible.	733
CHAP. Ier. Mode rationnel d'exposition.	id.		
CHAP. II. Censures des philosophes.	696		

TABLE DES MATIÈRES CONTENUES DANS CE VOLUME.

	Pages
IX. Du mouvement des bouches à feu; il n'a été observé qu'en partie et ne l'a pas été dans le principe.	735
X. De la dissemblance des corps célestes et des corps sublunaires, quant à l'éternité des uns et la mutabilité des autres: faiblesse de ce principe.	735
RÉFUTATION DES SYSTÈMES PHILOSOPHIQUES.	736

CORRESPONDANCE.

	Pages
Lettre au roi Jacques SUR LA VÉRITABLE GRANDEUR de la Grande-Bretagne.	755
Lettre à sir H. Villiers, depuis duc de Buckingham, SUR LES DEVOIRS D'UN PREMIER MINISTRE.	764

1477. — ABBEVILLE. — TYP. ET STÉR. GUSTAVE RETAUX.

www.ingramcontent.com/pod-product-compliance
Lightning Source LLC
Chambersburg PA
CBHW061733300426
44115CB00009B/1197